香河县志

（1979—2008）

香河县地方志编纂委员会　编

方志出版社
Publishing House of Local Records

图书在版编目（CIP）数据

香河县志．1979—2008 / 香河县地方志编纂委员会编．—北京：方志出版社，2017.5

ISBN 978-7-5144-2416-4

Ⅰ．①香… Ⅱ．①香… Ⅲ．①香河县—地方志—1979—2008 Ⅳ．①K292.24

中国版本图书馆 CIP 数据核字（2017）第 109764 号

香河县志（1979—2008）

编　　者：香河县地方志编纂委员会
责任编辑：刘方圆

出 版 人：冀祥德
出 版 者：方志出版社
地址　北京市朝阳区潘家园东里 9 号（国家方志馆 4 层）
邮编　100021
网址　http：//www.fzph.org
发　　行：方志出版社发行中心
电话（010）67110500
经　　销：各地新华书店
印　　刷：廊坊市国彩印刷有限公司

开　　本：889×1194　1/16
印　　张：61.8
字　　数：1694 千字
版　　次：2017 年 5 月第 1 版　2017 年 5 月第 1 次印刷
印　　数：0001-3000 册

ISBN 978-7-5144-2416-4　**定价**：698.00 元

香河县地方志编纂委员会

2007.7—2010.11

主　任：张贵金

副主任：刘永红　冯印涛　王建生　李春发　金贵婷　安国亮

成　员：任振宇　姜建明　夏亦飞　高景全　吴海斌　马文龙　方维民　赵建民　李相印　信振杰　田立军　薛松海　刘春波　陈宝新　周春国　刘建华　康国民　蔡学平　李宝利　王金祥

2010.11—2012.6

主　任：张贵金

副主任：刘永红　凌少奎　李春发　赵　玉　盛泽良　刘建华

成　员：张年台　李朝民　夏亦飞　陈宝新　高景全　吴海斌　王占栋　杜昕民　张云华　李相印　李志刚　佟永平　薛松海　吴君清　周春国　薛金强　贾春城　赵文林　李海涛　李宝利　赵龙武

2012.6—2013.10

主　任：王小卫

副主任：张洪升　陈　刚　李春发　爱新觉罗闾娜　盛泽良　周志广

成　员：陈　斌　李朝民　夏亦飞　陈宝新　高景全　吴海斌　王占栋　杜昕民　张云华　李相印　李志刚　佟永平　路春青　吴君清　姚立民　薛金强　贾春城　赵文林　李海涛　李宝利　郝仲亮

2013.10—2015.3

主　任：王小卫

副主任：张洪升　张玉林　李春发　李艳霞　李一超　刘奖波

成　员：高景全　郭宏伟　吴海斌　冯国祥　周志广　佟永平　王长泉　夏亦飞　张云华　蔡学平　李海涛　李志刚　王占栋　李朝民　陈宝新　姚立民　薛金强　杨玉华　李宝利　樊振华

2015.3—

主　任：李桂强

副主任：张洪升　田立军　佟永平　李艳霞　李一超

成　员：吴海斌　刘奖波　王立生　夏亦飞　李　杰　高景全　冯国祥　周志广　姜建明　张云华　蔡学平　李海涛　李志刚　苏　宽　李朝民　史长承　姚立民　赵树军　石宝智　李宝利　樊振华

2017.4—

主　　任：王文强

常务副主任：齐建光

副 主 任：韩　超　田立军　张浩波　李一超

成　　员：刘奖波　孙宏伟　王立生　夏亦飞　李　杰　高景全　冯国祥　刘　宇　沈雪松　高立军　姜建明　蔡学平　康会伟　李　月　白颖浩　李朝民　史长承　姚立民　赵树军　石宝智　肖凤双　张　勇　陈光华　樊振华

香河县地方志编纂委员会办公室

主　任：高景全
副主任：周开锋（任至 2013 年 10 月）　李志楠（2016 年 1 月任）
成　员：赵淑玲　周洪秀　王红艳　张　丹　闫振春

前排左起：周开锋　高景全　李志楠
后排左起：周洪秀　王红艳　张　丹　赵淑玲　闫振春

《香河县志（1979—2008）》编修人员

学术指导：缴世忠
主　　编：高景全
编　　辑：周开锋　赵淑玲　周洪秀　张　丹　闫振春　陈述龙　杜怀银　尹俊如
排　　版：庄清华　赵亚芳
校　　对：王树春

前排左起：周开锋　周洪秀　张　丹　王红艳　赵淑玲　闫振春
后排左起：杜怀银　尹俊如　高景全　陈述龙　李志楠

《香河县志（1979—2008）》稿评审专家

二审稿评审专家：陈晓炜　董志强　缴世忠　马福香　于盼粘

前排　左二：廊坊市地方志办公室原主任黄志强　左三：安国市地方志办公室副编审、《安国市志》主编于盼粘　右二：廊坊市地方志办公室主任陈晓炜　右三：大城县地方志办公室原主任缴世忠　右四：石家庄市地方志办公室副主任、《石家庄市志》常务副主编马福香　左四：廊坊市人民政府副秘书长李冬梅　左五：香河县人民政府副县长李艳霞　右一：香河县地方志办公室主任、《香河县志》主编高景全　左一：廊坊市人民政府信息科科长陈平

后排　左一：闫振春　左二：周红秀　左三：《固安县志》副主编路春年　左四：廊坊市地方志办公室副主任张宏胜　左五：香河县人民政府七科科长马国栋　左六：王红艳　右一：周开锋　右二：赵淑玲　右三：张丹　右四：《固安县志》主编洪炳军　右五：陈述龙　右六：杜怀银

三审稿评审专家：张英聘　黄志强　孙进柱　李淑萍　缴世忠　于盼粘

第一排　右四：中国地方志指导小组办公室科研处处长、研究员、博士生导师张英聘　右一：廊坊市地方志办公室原主任黄志强　左二：保定市地方志办公室主任、编审孙进柱　左三：秦皇岛市地方志办公室副主任、副编审李淑萍　左一：大城县地方志办公室原主任缴世忠　右二：安国市地方志办公室副编审、《安国市志》主编于盼粘　右三：廊坊市人民政府副处级调研员霍立新　左四：香河县人民政府副县长李艳霞

第二排　右五：廊坊市地方志办公室主任王福民　右三：香河县地方志办公室主任、《香河县志》主编高景全　左二：廊坊市地方志办公室副主任张宏胜　左三：廊坊市地方志办公室副主任李王娜　左一：周红秀　右一：尹俊如　右二：陈述龙

第三排　右一：香河县人民政府七科科长马国栋　右二：王红艳　左一：闫振春　左二：杜怀银

河北省终审组专家

杨洪进（省方志办主任）　王广才（省方志办原副主任）　杨胜旗（省方志办副主任）
徐振田（省方志办编审）　阴记东（省方志办编审）　王　蕾（省方志办副主任）
任丽英(省方志办副编审)　陈瑞青（省社科院历史所研究员）

序　一

悉闻《香河县志（1979—2008）》即将出版，我作为香河人，倍感欣慰。

我的家乡香河是河北省仅有的 3 个同时接壤京津的县份之一，也是河北省环首都绿色经济圈十四县之一，距北京市中心 45 公里，距天津市中心 70 公里，处于环渤海经济圈的核心腹地、京津“一小时经济圈”的黄金节点，素有“京畿明珠”之美誉。香河历史悠久，文化底蕴厚重。震惊中外的“安平事件”发生在香河；享誉全国的武术大师张策、京剧名家郝寿臣、国学大师张中行出生在香河；顺治和康熙年间，香河人袁懋功先后官至户部侍郎、兵部左侍郎兼都察院右副督御史，巡抚云南、山东，为官清廉，深受百姓爱戴；香河老人肉身不腐之谜引起了国内外医学专家、人文科学专家、人体科学专家极大兴趣，纷纷来到香河，对香河老人的生命特异现象进行深入探讨和研究；全国第二、北方最大的家具城以及第一城坐落在香河。

近年来，香河县委、县政府坚持以科学发展为主题，以京津冀一体化为契机，抢抓机遇，积极转变经济发展方式，以“生态香河、产业香河、品质香河”建设为目标，努力保障和改善民生，全县经济平稳较快增长，社会各项事业全面进步。

《香河县志（1979—2008）》以朴实流畅的语言，全面、真实地记述了改革开放 30 年香河发展的历史，讴歌了县委、县政府带领全县人民艰苦奋斗取得的重大成就，是全体编纂人员本着“尊重历史、对历史负责”的态度，用心血浇铸的一部好书。

我衷心祝愿香河县委、县政府认真总结过去的经验教训，团结带领全县人民再接再厉、奋发图强、努力拼搏，为早日实现“率先达小康、进军百强县”的奋斗目标而努力。

是为序。

北京市人民政府原常务副市长

張百發

二〇一六年八月二十二日

序 二

修志治史可以知兴替、明得失，乃为政者一大要事！

《香河县志（1979—2008）》几经寒暑，业已成稿，即将付梓面世，这是全县社会主义文化建设的重大成果，实值嘉喜。

香河县历史悠久，文化底蕴深厚。历史上曾多次编修县志，为后人保存了大量的珍贵史料。2001 年，编纂出版了中华人民共和国成立后第一部《香河县志》，真实记录了香河县人民群众创造历史的辉煌篇章，为我们今天的工作提供了宝贵的经验。随着改革开放的不断深入，全县上下高举中国特色社会主义理论伟大旗帜，解放思想、抢抓机遇、艰苦奋斗、众志成城，全县的政治建设、经济建设、文化建设、社会建设均取得了长足发展。2009 年，县委、县政府决定开始编修《香河县志（1979—2008）》，目的是将改革开放之后香河县快速发展的实践真实、详尽地记录下来，让更多的人全面了解和认识改革开放以来香河县所取得的巨大成就和发生的显著变化。

《香河县志（1979—2008）》是中华人民共和国成立后香河编修的第二部志书，与首轮志书有 12 年的重合，可以说是香河县的改革开放志。30 年，弹指一挥，在县委、县政府的坚强领导和全县人民的共同努力下，香河经济和社会各项事业发生了翻天覆地的变化。2001 年，跻身全国最具发展活力的百强县行列；2003 年，综合经济实力进入全省十强行列，位居第七位。

古人云:“治天下者以史为鉴，治郡国者以志为鉴。”编史修志是中华民族悠久的文化传统，“存史、资政、教化”是地方志功能的集中体现。地方志历来被喻为是构成中华民族文化历史的三大支柱（国史、家谱、方志）之一，是传承中华文明的纽带，是展示当代中国风范的载体．是中华民族优秀文化的瑰宝。

《香河县志（1979—2008）》的编修是香河县的一项重大文化工程，功在当代，利在千秋。在编修过程中，全县各纂修单位在人、财、物等方面给予了鼎力支持，各位编纂者甘于清苦，耐于寂寞，胸怀高度的历史责任感，或深入社会，调查研究，广征资料，旁征博采，秉笔直书；或伏于案端，驾驭资料，笔耕不辍。其情其景，感人心目，其行其功，实值嘉赞。在《香河县志（1979—2008）》即将出版之际，略记千言，置为志序。

中共香河县委书记

香河县人民政府县长

二〇一七年五月十日

《香河县志（1979—2008）》资料供稿人名录

（排名不分先后）

程亚民	王雅楠	高 塘	董 涛	朱亚莉	程艳红	任冬艳	张 健	刘 平	李宏振	雷淑莲
王海秋	齐宏亮	刘洪来	吴红云	周月如	田景刚	石瑞林	李春喜	冯学树	程大军	韩金凤
李正红	赵景军	张春艳	刘艳丽	张殿超	张海生	孙建勇	刘金月	董 苑	谢 静	田雁铭
任晓明	孔召阳	白元石	喻 园	宋国长	佟艳华	后文静	赵玉杰	刘子桢	王海燕	艾银伶
郑 巍	王云鹏	许艳秀	张学胜	彰春丰	程凤武	朱金栋	张伯刚	陈洪静	周国良	彰 伟
陈 月	夏亦飞	何 静	冯国祥	周洪浩	李朝民	陈 彬	孔立民	李文伯	张 江	张祥宇
吴英俊	刘焕邦	杨 迪	薛福宁	崔 磊	张秀俊	江林涛	周永新	梁建新	吴国际	吴 华
孟昭辉	宫 玲	李志楠	李朱瑾	刘新梅	杨洪海	卢雨莲	李金凤	李洪波	薛福巨	池占凤
刘晶玉	李国琪	马仲卿	陈建玲	李开平	王智林	宋立生	王艳茹	刘跃波	孙瑞生	任晓静
孙宏杰	孙志坚	张兴华	张 超	王诗维	陈丽丽	靳洪坤	单松梅	周劲松	刘凤芝	杨 波
李恩芝	李永祥	赵金国	巨凤霞	王 茜	王树营	吴海斌	马 静	任春艳	韩亚静	张 颖
孟宪奎	张立明	任永涛	阮宝凤	刘广义	马雅林	周贵友	方 辉	龚万林	杜振江	李 刚
王立辉	韩 庆	陈 江	闵爱国	刘东鑫	薛东兴	李树玺	王长东	韩立华	邵亚海	盛 成
王志才	郭永杰	孟召臣	崔景富	张彦芳	马万章	崔成成	李恒修	袁宝军	路凤彦	朱宏昌
宋国凤	薛福艳	李海起	邱雅楠	吕学智	张和华	张 磊	刘宝明	杜怀银	许艳萍	陈宝国
周婷婷	王国立	陈彩霞	康艳云	王亚娟	李雅莉	何建妤	马松柏	崔立强	吕 鹏	邵晓彪
王银瑞	夏 征	白瑛彪	傅文江	崔建立	苏绍辉	李金中	张立军	陈淑玲	张建新	程晓东
张振海	周 强	杨玉华	谷爱华	吴 霞	孟繁章	田素让	韩玉明	王宏伟	杨雪莲	贾 立
王丽华	杨 鹏	韩艳明	李春生	程金友	马新颖	金 茹	庞卫东	曹杰军	李欣荣	张万海
张雪峰	李志良	王冬梅	张爱华	李书民	安红霞	康学鹏	王宝臣	李春艳	魏 静	李本山
侯荣民	吴丽霞	李淑玲	马广宏	郭景梅	刘建凤	李家赞	勾国新	刘建新	梁 俊	孙宏伟
曹雪梅	周俊海	李静海	刘宝强	绳 宇	靳洪山	王辉义	张建军	王国良	张 杰	刘毅力
周凤伟	王伟玉	庹振江	李海云	曹 芳	樊振华	刘国庆	侯玉江	王文正	刘晓静	王雪庚
张连生	刘玉文	王雅智	王从新	郎瑞芸	刘吉顺	杨福祥	何 丽	赵自力	赵万年	江 斌
李俊森	孙亚君	阮红玉	李克金	王翠鑫	赵朋初	桂 香	杨秋红	张占其	刘 徽	樊宝华
安广友	宋世峰	赵春森	张金香	马 冰	曹 峰	马瑞庆	韩立民	张秀云	李梓杨	马荣华
王亚军	李秋成	王怀勇	王晓颖	赵永生	赵红梅	张小章	袁德永	周智丽	魏 蕾	殷 郡
张肖霞	薛 雷	石 丽	许向荣	李海霞	庄英艳	周宏年	陈立友	马冬梅	侯士龙	殷桂群

城乡建设

香河县城全景（2015 年 8 月，航拍截图，王志强）

大爱城（2016年9月，大爱城提供）

香河县城夜景（2015 年 3 月，牛宝森）

香河新城广场全景（2016 年 8 月，赵祥茹）

香河新城广场一隅（2015 年 5 月，牛宝森）

香河规划展览中心（2015 年 5 月，牛宝森）

绣水经典小区（2015 年 5 月，牛宝森）

香河文化艺术中心（2017年4月，牛宝森）

京哈高速香河收费站（2015 年 5 月，牛宝森）

京津花园（安平镇 103 国道东，2015 年 7 月，牛宝森）

天琴湾小区（2009年，宣传部提供）

安平镇王指挥庄村公园一角（2011 年 8 月，牛宝森）

亚太城公园（2014 年 9 月，王志强）

城区污水处理（2016 年 9 月，牛宝森）

运河大道两侧绿化公园（2015 年 5 月，牛宝森）

雾炮车作业（2015 年 8 月，牛宝森）

渠口镇康庄村街道（2011 年 11 月，牛宝森）

环卫工清晨作业归程（2015 年 8 月，牛宝森）

公共厕所维护（2016 年 7 月，牛宝森）

一城雄踞

第一城全景（2015 年 6 月，牛宝森）

开城迎宾 (2015 年 5 月，牛宝森)

福海辉映正安宫（2011 年 8 月，牛宝森）

福安宫 (2013 年 4 月，高景全)

大安寺 (2013 年 8 月，高景全)

中幡表演（2015 年 2 月，牛宝森）

明安宫 (2013 年 8 月，高景全)

一城烟花（2014 年 9 月，牛宝森）

节日夜晚 (2015 年 10 月，牛宝森)

双虹拥抱第一城（2014 年 6 月，牛宝森）

家具之都

家具大道 (2015 年 8 月，航拍截图，王志强)

金钥匙家居品牌CBD (2015 年 8 月，航拍截图，王志强)

明泰来家具城 (2015 年 5 月，牛宝森)

贵都家具城（2015 年 5 月，牛宝森）

经纬家具城（2016 年 8 月，航拍截图，王志强）

鑫亿隆家具城（2015年5月，宣传部提供）

亚太城（2013 年 8 月，牛宝森）

中唐红木城（2013年9月，高景全）

喜临门北方家具有限公司，坐落香河环保产业园区，成立于2010年1月。占地面积30公顷，建筑面积60万平方米，年可生产床垫100万张。主要生产、加工、销售软体家具，床上用品，塑料泡沫；销售钢木家具，日用金属制品，服装鞋帽，文具，办公用品，装饰材料及装潢材料（除危险化学品），工艺品；货物进出口。（2016年6月，牛宝森）

喜临门立体库。库位1792个，占地面积2000平米，存储床垫1.5万千余张，节省占地面积1万余平方米，管理人员只需2名，节省人员6名，4个出库口30秒可以完成一托产品的出库，入库提货效率提高50%，准确率100%。(2016年6月，牛宝森)

海绵库房。仓库管理人员在核查库存量，以便准确及时掌握动态的库存信息，及时反馈给计划人员。(2016年6月，牛宝森)

包缝车间。该工序为包边工序，是床垫生产中最关键的工序之一，主要负责床垫面子和围边组合包缝工作，使床垫四边顺直。该工序配备了目前行业最先进的全自动包边设备，整个生产过程中设备自动传送翻转，不需人力翻转，大大减少人力，生产效率可达120张/天。(2016年6月，牛宝森)

河北双叶家具有限公司，坐落双安路南侧，香五路西侧。成立于 2006 年 11 月，是专业设计生产销售实木家具的现代化大型企业，年生产能力为 150 万件（套）实木家具。主要产品有餐厅、卧房、书房、客房、宾馆、办公、家装、饰品、实木复合地板等九大系列近300多个品种。产品远销俄罗斯、德国、加拿大、韩国、日本等国家。(2016 年 9 月，牛宝森)

爱依瑞斯家具有限公司办公大楼(2016年9月，牛宝森)

爱依瑞斯家具有限公司，2009年11月成立，坐落香河淑阳工业园区，占地11.2公顷，员工1000余人。主要生产沙发、床垫等高档精品软体家具，是国内最大沙爱依瑞斯专业发生产基地，年可生产10万件套软体家具。

爱依瑞斯缝纫车间（2016 年 9 月，牛宝森）

爱依瑞斯裁剪车间（2016 年 9 月，牛宝森）

影视华堂

华府厅堂 (2015 年 6 月，牛宝森)

华府 (2014 年 2 月，牛宝森)

外景拍摄场地 (2015 年 6 月，牛宝森)

外景拍摄场地 (2015 年 4 月，牛宝森)

外景拍摄场地(2015 年 4 月，牛宝森)

外景拍摄场地(2014 年 2 月，牛宝森)

外景拍摄场地(2015 年 4 月，牛宝森)

外景拍摄场地(2015 年 6 月，牛宝森)

外景拍摄场地(2015 年 6 月，牛宝森)

外景拍摄场地(2014 年 2 月，牛宝森)

富水荷香

运河小岛（2016 年 8 月，航拍截图，王志强、赵祥茹）

运河晚霞（2014 年 3 月，牛宝森）

潮白河日出（2013 年 1 月，牛宝森）

潮白河大桥（2016 年 7 月，赵祥茹）

潮白河鸟瞰图（2016 年 8 月，航拍截图，王志强）

运河远景（2015 年 9 月，刘永红）

潮白河湿地（2014 年 5 月，牛宝森）

运河人家（2014 年 3 月，牛宝森）

撒网（2015 年 5 月，牛宝森）

潮白河打鱼人（2014 年 4 月，牛宝森）

潮白荷韵（2014 年 9 月，周景峰）

鹭鸟欢唱潮白河（2013 年 9 月，牛宝森）

万亩荷塘

2014 年 1 月，万亩荷塘被河北省林业厅确定为省级湿地公园；是年 12 月，被国家林业局确定为国家级湿地公园 (2015 年 7 月，李静)

荷上观音 (2015 年 9 月，牛宝森)

观荷长廊 (2015 年 8 月，牛宝森)

晚霞映荷塘 (2015 年 6 月，牛宝森)

观荷亭 (2015 年 8 月，牛宝森)

残荷 (2015 年 10 月，牛宝森)

莲藕生产 (2013 年 5 月，牛宝森)

杨家寨 (2016 年 10 月，牛宝森)

杨家将塑像 (2016 年 10 月，牛宝森)

杨家寨景区（2017年4月，高景全）

九圣寺（2016年8月，释法源）

特色产业

机器人产业园路标（2015 年 5 月，牛宝森）

机器人产业园园区（2015 年 5 月，牛宝森）

机器人生产车间（2015 年 5 月，牛宝森）

钣金加工（2016 年 9 月，牛宝森）

汽车底盘车架（2016年7月，牛宝森）

凯华齿轮生产（2013年8月，牛宝森）

汽车后视镜（2013年7月，宣传部提供）

轮转印刷机（2004年5月，宣传部提供）

爱迪牌手风琴（2016年3月，牛宝森）

景泰蓝制作：制胎和点蓝 (2013 年 10 月，牛宝森)

“第一城”系列白酒（2016年9月，第一城酒业有限公司提供）

美食小吃

2011 年 5 月 21 日，“香河县第一届肉饼技能大赛”在第一城广场举行（牛宝森）

香河肉饼（2013 年 3 月，牛宝森）

运河豆丝（豆片）（2013年3月，高景全）

焦溜饹馇（2016 年 10 月，牛宝森）

软溜饹馇（2016 年 10 月，牛宝森）

炸饹馇盒（2016 年 10 月，牛宝森）

臭豆腐制作——上屉（2016 年 10 月，牛宝森）

发酵（2016 年 10 月，牛宝森）

出缸（2016 年 10 月，牛宝森）

成品包装（2016 年 10 月，牛宝森）

古树雄姿

银杏树（香城屯，树龄 800 年。左图 2013 年 8 月，吕健摄；右图 2013 年 11 月，牛宝森摄）

国槐（韩营庄，树龄 1200 年。2013 年 11 月，牛宝森）

国槐（铁佛堂小学，树龄 850 年。2013 年 11 月，牛宝森）

国槐（店子务，树龄 120 年。1938 年 8 月 1 日 11 时，日军用 3 挺机枪和步枪疯狂扫射，67 名无辜群众倒在槐树下，另 40 名群众受伤，制造了骇人听闻的店子务惨案。2013 年 11 月，牛宝森）

国槐（周庄，树龄 800 年。2013 年 11 月，牛宝森）

国槐（前马坊，树龄 600 年。2013 年 11 月，牛宝森）

国槐（枳根城，树龄 300 年。2016 年 8 月，牛宝森）

国槐（霍刘赵，树龄 120 年。2013 年 11 月）

国槐（于辛庄，树龄 260 年。2013 年 11 月，牛宝森）

国槐（王指挥庄，树龄 200 年。2014 年 10 月，牛宝森）

国槐（于辛庄，树龄 260 年。
2013 年 11 月，牛宝森）

楸树（戴家阁，树龄 300 年。
2016 年 9 月，牛宝森）

旱柳群（青龙湾河滩，树龄 100 年。2015 年 5 月，牛宝森）

凡 例

一、志书命名 本志是2001年6月中国对外翻译出版公司出版发行《香河县志》的续志，系统地记述改革开放30年香河县自然、政治、经济、文化、社会的发展变化。由香河县地方志编纂委员会领导，县政府地方志办公室实施编纂。志书命名为《香河县志（1979—2008）》。

二、指导思想 以马克思列宁主义、毛泽东思想、邓小平理论、“三个代表”重要思想、科学发展观为指导，深入贯彻落实习近平总书记系列重要讲话精神和治国理政新理念新思想新战略。客观真实地反映香河县历史发展轨迹，以发挥地方志书的“资治、存史、教化”作用。

三、编纂原则 遵循国务院《地方志工作条例》。坚持以人为本，秉笔直书，详异略同。以改革开放和经济建设为记述重点，凸显香河县经济社会发展现状。扩展人文部类记述，充分展示社会主义精神文明建设成果。补前志之无，纠前志之误。

四、范围断限 以2008年12月31日县辖政区为准，事涉域外者，酌情而书。虽然前志下限断至1990年，但是为了完整记述改革开放的历程和巨大变化，本志上限上溯于1979年，下限断至2008年。对个别起于上限之前或止于下限之后的事物，适当上溯或下延。与上志交叉年份，若数据有矛盾以此志为准。

五、篇目结构 遵循“事以类聚”“类为一志”的原则，采用编章节体式，编下设章、节、目、子目。目为记事主体。志首设概述、大事记；中为专志，设28编，依次为建置区划、自然环境、人口、居民、家具业、河北香河经济开发区、第一城、经济综述、经济体制改革、城乡建设、交通 邮电 电力、财政 税务、金融业、经济综合管理、农业、水利、工业 建筑业、商业贸易、中国共产党地方组织、政权 政协、人民团体、综合政务、政法 国防、教育 科技、文化、医药卫生 体育、旧迹辑存、人物；志末设附录、索引、编后记等。

六、名企立编 香河县家具产业从无到有，从个体手工制作到现代化集约生产，历经30年发展，已是驰名中外的“中国北方家具商贸之都”，成为县域经济的支柱产业，故单独立编记述。

七、园区设编 “河北香河经济开发区”建区15年，至2008年地区生产总值38.50亿元，财政收入4.20亿元，居全省43个省级经济技术开发区第10位，成就斐然，全省瞩目，故单独设编记述。

八、“一城”入志 香河第一城是仿明清皇城建筑群，由国内5家企业合资建于1992年，历经20年发展，已闻名遐迩，妇孺皆知。旅游观光、休闲度假、影视拍摄、各种会议络绎不绝，是香河县的亮点名片，单设一编，详加记述。

九、体裁运用 采用述、记、志、传、图、表、录、索引8种体裁，以志为主体。概述，综括县情，彰明因果；大事记，以时为序，采用编年体，兼用纪事本末体，简记县内30年大事、要事；志体，坚持客观记述，一般述而不作，寓褒贬于记事之中；传记，力求记清人物的基本情况和主要功绩，可使用定论性语言；人物表章下不设节，直列各表。志首编排香河县区位示意图、香河县政区图、香河县城区图，以及万历、康熙、民国等不同时期香河县城区示意图等图照，各编、章、节、目随文插入图照。酌情使用图表，以直观显示事物全貌。附录资料，均保持原貌。

十、人物入志 坚持“生不立传”的原则，遴选有突出贡献和影响较大的已故本籍人或在本县生活、工作过的客籍人物立传，不以官职取人。传主以生年排序。对业绩卓著的香河籍在世人物，采用“以事系人”方法散记于有关部类或列入相关名人表；《文化》编相应章节设人物简介。《人物》编中香河籍部队副师级（含）以上人物表（先正师后副师）、香河籍学者名人表以出生先后排序；专业副高职及以上人物表以评定日期先后顺序排列；劳动模范、先进人物表以授予时间先后顺序排列。同一人同一年份受不同部门表彰，或同一人不同年份受同一部门表彰，均在表格中分别列出。记述县级领导人任职期限，本志下限年仍然在职者，记为“XX年X月—2008年12月”。

十一、编下序言 各编标目下均撰写无题序，略述背景，勾勒脉络，彰明因果，简言现状。为避免无谓重复，除个别章、节外，一般不设无题序。节下未设条目的记述，类属综合性记事，不应视为节下序。

十二、行文规范 遵循《中华人民共和国国家通用语言文字法》《简化字总表》，采用规范的现代语文体，使用规范汉字，不用方言土语，不用模糊词语，不用时态助词，酌用“二名法”（在本地惯用名称后括注学名）。对事物、人物，直书其事，直称其名，不用第一、第二人称。记述地名，以现代标准地名为准。对于组织、机构、法律法规、文件、会议、社会活动等，一般使用全称；在志书中多次出现的称谓词语，在各编第一次出现时，全称之后括注简称，以下用简称，例如：中国共产党香河县委员会（以下简称县委）、香河县人民政府（以下简称县政府）、中国人民政治协商会议香河县委员会（以下简称县政协）等。

十三、照片摄制 志书中照片主要在所记事物发生时拍摄；有的时限内事物因无当时照片，根据需要在下限后拍摄；旧迹照片查无作者和拍摄时间的，只注明事物名称。

十四、出版规范 志书中所涉及数字、计量单位、标点符号等，遵循国家新闻出版的有关规定执行。

十五、纪年方法 志书记事使用公元纪年。民国纪年使用阿拉伯数字，括注公元纪年，需要使用“年代”的，一律以世纪加年代标示，例如“20 世纪 80 年代”。涉及历史纪年的，使用汉字数字，括注公元年份。

十六、资料来源与注释 入志资料遴选于各承编单位提供的资料稿、各级档案馆、图书馆、史志书籍、报刊、网络、经过考订的口碑资料、专题调查等。志书中有些专业术语、时政词语、简称、简缩语等读者难于读懂的词语，采用页下注释，以方便读志用志采撷资料。

目 录

第五编　家具业

第六编　河北香河经济开发区

第七编　第一城

第八编 经济综述

第九编 经济体制改革

第十编 城乡建设

第十一编　交通　邮电　电力

第十二编　财政　税务

第十三编　金融业

第十四编　经济综合管理

第十五编 农 业

第十六编 水 利

第十七编 工业 建筑业

第十八编　商业贸易

第十九编　中国共产党地方组织

第二十编　政权　政协

第二十一编　人民团体

第二十二编　综合政务

第二十三编　政法　国防

第二十四编　教育　科技

第二十五编　文　化

第二十六编　医药卫生　体育

第二十七编　旧迹辑存

第二十八编　人　物

附　录

香河县志

概 述

一

香河地处河北省中部略偏东，位于燕山南麓平原，地理位置为北纬 39° 37′ 至 39° 51′ ，东经 116° 51′ 至 117° 12′ ，位居廊坊市东北部。四周相邻 5 个县（区、市），东与天津市宝坻区毗连，南隔青龙湾河与天津市武清区相望，西与北京市通州区为邻，北与三河市、大厂回族自治县接壤。县域呈枫叶形，东西最长 25.5 公里，南北最宽 23.5 公里，县界长 160.86 公里，面积 448 平方公里。是全省仅有的 3 个同时接壤京津的县份之一，也是河北省环首都绿色经济圈 14 个县之一。县城距北京市中心 45 公里，距首都机场 60 公里；距天津市中心 70 公里；直距河北省省会石家庄市中心 386.2 公里，直距廊坊市城区 52 公里；距宝坻区城区 30 公里，距大厂回族自治县县城区 17.5 公里，距通州区城区 35 公里，距武清区城区 45 公里。

香河县人民政府（以下简称县政府）驻地淑阳镇，位于县域中部，北运河东侧，潮白河以南；县城位于县域中部偏西，正处于环渤海经济圈的核心腹地，京津“一小时经济圈”的黄金节点。京津、唐通两大公路和京哈（原京沈）高速公路贯穿全县。2008 年底，辖 7 个镇 2 个乡，300 个行政村，2 个街道办事处及 1 个省级经济开发区、1 个农业高新技术园区、1 个现代产业园和 1 个家具产业基地，有 100836 户，308376 人，平均每平方公里 673 人；据 2000 年全国第五次人口普查统计，有汉族、回族、满族、蒙古族、朝鲜族、壮族等 25 个民族，汉族人口占 98.3%。

县域为海河流域冲积平原，地势西北高东南低，最高点海拔 15.9 米，最低点海拔 4.9 米，自然坡降三千分之一。过境河流有北运河、潮白河、青龙湾、引泃入潮等。香河县系北温带大陆性季风气候，四季分明，秋短夏长，冷暖干湿变化较大。多年平均气温 11.6℃，年极端高温 40.7℃，极端最低气温-21.2℃。年均降水量 580.8 毫米。年均日照 2651.5 小时，占可照时数的 60%，太阳年总辐射 5186.3 兆焦耳/平方米，年均风速 2.2 米/秒，无霜期 206 天。

土地多为壤质土，厚而宜耕。水资源均为淡水，多年平均可利用水资源总量 1.9762 亿立方米。农作物以小麦、玉米、谷子、高粱、大豆、芝麻、花生、薯类、棉花为主，还有大麦、稗子、糜黍、黑豆、红小豆、绿豆、豌豆等。20 世纪 90 年代，瓜、菜种植渐具规模，冬、春大棚种植遍布全县，种类除原有的白菜、韭菜、豆角、西红柿、芹菜、辣椒、茄子等，还增加了佛手瓜、草莓等移植品种。

20 世纪 80 年代初，落实林业政策，确权发证，落实林权归属，推行林业承包责任制，开展全民义务植树活动，林业生产进入持续稳定发展阶段。2008 年底，全县林地面积 10993 公顷，森林覆盖率 24%，林木品种有杨树、柳树、槐树、榆树、椿树、松树、合欢树等。

域内陶用黏土分布广泛，且得到一定程度的开发利用。马家窝至西延寺一线的热水资源有很大的开发价值。

优越的地理环境，丰富的自然资源，为县内各项事业的发展奠定了坚实的物质基础。

二

1979—2008 年，香河县从农村经济体制改革到工业体制改革，从商贸流通体制改革到财税、金融等宏观调控体制改革，从教育、科技、卫生改革到社会等一系列改革成效显著，党政机构、行政管理体制、干部人事制度等改革取得重大进展。改革在香河大地上描绘了一幅绚丽的画卷，奏响了一曲恢宏的乐章。

改革开放之初，首先在思想观念上逐步确立和形成了实践是检验真理唯一标准的思想共识。政治生活日趋民主化、常态化，全面实施改革开放，为建设中国特色社会主义打下了思想基础。

领导体制实行党政分开，恢复了县、乡两级人民政府，确保了中共香河县委员会（以下简称县委）、县政府能够集中精力抓改革、抓发展。同时积极稳妥地推进机构改革、干部人事制度改革、实行公务员制度为主要内容的政治体制改革，精简机构，裁撤冗员，使各级政府更加务实、高效和充满活力。同时，不断完善科学的干部考核评价体系，打造一支想干事、能干事、干成事的干部队伍，为经济社会发展提供了坚强的组织保障。

民主法制建设，恢复了人民代表大会制度、民主政治协商制度，使政府的决策置于法律监督和民主监督之下，确保了县委决策和政府施政的科学化、民主化和法制化。推进了依法治县和依法治村、依法保障公民的合法权益不受侵害的民主法制建设，确保了社会的安定团结。同时，积极推进基层民主政治建设，落实民主权利与义务，实行村民自治，依法扩大基层民主，推行村务公开、政务公开、厂务公开，基层民主制度日趋完善。香河县在“一五”至“四五”普法期间，连续被评为全国普法先进县。

宽松和谐的社会政治环境为经济社会的发展提供了可靠的保障。30 年间，县委、县政府按照中共中央确立的以经济建设为中心，坚持政治体制改革与经济体制改革密切配合的方针，贯彻落实科学发展观，本着富民强县的理念，一心一意谋发展，聚精会神搞建设，带领全县人民向小康县迈进。随着政治文明、精神文明建设的不断加强，政治体制、经济体制和法制建设日臻完善，新技术革命浪潮的迭起，香河经济社会各项事业得以协调、科学发展。

三

中共十一届三中全会后，香河经济得到了迅速恢复和发展。2001 年，跻身全国最具发展活力的百强县行列；2003 年，综合经济实力进入全省十强行列，居第七位。

农业是首兴之业。农业实现了质的飞跃。全县农村陆续实行了以土地承包到户为主要内容的家庭联产承包责任制。1983 年以后，有了土地经营自主权的农民开始迈向市场经济。县委、县政府根据县域农业资源多元化的特点，不断出台政策，引导农民发展商品生产，调整农业产业结构，发展“两高一优”（高产、高效、优质）农业，大力发展蔬菜、经济作物和优质干鲜果品，全县形成了“宜粮则粮，宜菜则菜，宜果则果，宜畜则畜”的农业生产格局。20 世纪 80 年代开始的黄淮海农业综合开发工程，促进了香河农业的发展。到 20 世纪 90 年代，全县形成了种植、养殖、加工并举，农林牧副渔综合发展的农业格局。农业机械化程度逐年上升，全县有耕、种、收机具 7017 台，加工、植保、排灌等机具 3.5 万台(件)，农业机械总动力 128567 千瓦。机耕土地面积 21333 公顷，基本上实现了耕、播、脱粒和排灌机械化，耕作模式、品种改良、植物保护、科学施肥等先进技术得到了普遍应用。21 世纪初，按照“服务城市、富裕农民”的方针，县委、县政府深化调整农业生产结构，大力推广科学种田，农业产业不断跃上新台阶。从 1979 年的粮食单产 3.96 吨、总产 92270 吨，至 2008 年，单产 6.45 吨、总产 201709 吨，分别比 1979 年增长 1.63 倍和 2.19 倍；2008 年全县农业总产值 215933 万元，比 1979 年 6558 万元增长 32.93 倍。

工业渐成支柱。工业、建筑业进入了全面发展时期。初期，由农村工、副业演化形成的乡镇工业异军突起，几乎与县办工业各占半壁江山。1990 年，全县乡镇企业摊数发展到 15153 个，从业人员 55272 人，占农村总劳动力 43.46%；营业总收入 58520 万元；总产值 64194 万元，占全县工农业总产值 79.49%，乡镇工业总产值（现价）52775 万元；总利润 6373 万元，其中工业企业利润 4832 万元；上缴税金 1676 万元，占全县财政收入 55.35%。乡镇企业的发展，为农村实行联产承包责任制以后大批富余劳动力的转移提供了大量就业空间。到了 20 世纪 90 年代初，县委、县政府下大力调整工业结构，不断与京津等大城市联姻建立新企业，一些老企业全面技术改造，不断上新项目，开发新产品，全县形成了由县办工业和乡镇企业为主要组成的建筑建材、机械制造、家具沙发、服装鞋帽、花丝首饰、旅游制品、纸制品包装、食品加工八大支柱行业。随着扩大企业自主权，实行厂长负责制和承包经营责任制，企业不断焕发了生机和活力。20 世纪 90 年代中期开始，强化项目建设，大力招商引资，鼓励民营投资，民营工业越来越占据了县域经济的重要位置。20 世纪 90 年代末期，县办工业和乡镇集体企业逐渐改制，过渡为股份制企业和民营企业。这一时期，房地产建筑行业渐成气候。21 世纪初，县委、县政府将工业强县、大项目建设、深化改革和扩大开放作为经济工作的重中之重，随着招商引资力度的加大，一大批外资、合资、独资企业落户香河经济开发区。至 2008 年，开发区累计引进项目 181 个，总投资 60 亿元。其中，三资项目 66 个，投资额 5.2 亿美元。这一时期，民营企业占据县内工业的主导地位，其中，房地产业有了较大规模发展。2008 年，全县工业总产值 2381505 万元，利税 64189 万元，分别是 1979 年的 785.46 倍和 116.92 倍。1990—2008 年，全县有 10 余种工业产品获省部级优质产品称号。

县委、县政府一直将第三产业的崛起作为经济发展产业链中重要的一环。在中央和地方一系列政策的推动下，商贸、物资、餐饮、旅游、娱乐等行业有了显著发展；交通、邮电、通讯等领域不断加大基础设施建设投入，扩展了第三产业发展的空间；金融业和技术市场建设为第一、第二产业的发展提供了强有力的支持。

商贸业日趋繁荣。随着人民生产生活水平的提高，物质的逐渐丰富，全县的九大农村集贸市场日渐繁荣。蔬菜瓜果形成了县城和李庄两大批发市场，不仅供应全县和附近区、县，且畅销京、津、冀及东北、内蒙古等地。20 世纪 80 年代初，县内私营沙发业兴起，大批沙发家具制作、销售者向外省市扩展经营，足迹遍及大半个中国。因沙发家具生产、销售业的需要，家具材料和家具销售市场应运而生。20 世纪 90 年代中期，星罗棋布的家具销售店逐渐向县城东南部集中，香河家具城初具规模。随着外地家具业投资者的涌入，使家具城规模越来越大，终于形成了全国第二、北方最大、集产供销为一体的中国香河家具城——中国北方家具商贸之都，来此生产经销者遍布全国 30 个省、市、自治区。到 2008 年底，中国香河家具城的展厅面积 120 万平方米，年销售额 120 亿元，上缴税金 3400 万元。随着家具生产厂家的逐渐增多和规模增大，形成了家具生产企业群。兴起于 20 世纪 80 年代初的香河东部的大箬帚、墩布市场和起于 20 世纪 90 年代的金属制品市场，大批量地销往京、津、冀等各省、市，经久不衰。随着商业改制，百货市场经营全部改为民营，县城及各个乡镇街面上，日用百货、家用电器、五金交电、厨具洁具、医药卫生等各种商铺、超市林立；华联香百超市不仅成为香河最大的百货超市，并且跨市、县经营，收益丰盈。20 世纪 90 年代后，随着全国较大的人文景观第一城在香河县内建成，香河的旅游业也迅速兴起。第一城这座将明清皇城和皇家园林建筑风格与当代建筑科技相融合的宏伟建筑，总面积 266 万平方米，每年接待游客和国际、国内重大会议及全国性会演、会展人员 600 万人次。随着经贸活动的扩大和流动人口的大量增加，宾馆、饭店、度假村等各种服务行业也得到相应发展。

经贸的快速发展，县城区和家具城及省级经济开发区的不断扩建，城镇人口和流动人口的剧增，促进交通业日益发达。县内原有的渣油路得到了扩修拓展，乡镇间的土路逐渐改建为渣油路；20 世纪 90 年代后期至 21 世纪初，县内修了双安（安头屯—安平）、运河大道等几条高标准公路，行政村之间也逐渐修通了渣油路或水泥路。1979 年，香河县内有公路 6 条，总里程 78.8 公里；2008 年，全县有公路 458 条，总里程 836.2 公里。公路通乡镇率和通村率均 100%。县内国、省道也得到扩建或新建。贯穿县域西部的京津 103 国道在 20 世纪 90 年代扩建；穿越北部的京哈（原京沈）高速公路于 20 世纪 90 年代建成并投入使用；另有京塘、唐通、夏安 3 条省道贯通。这些国、省道与县内公路纵横相贯，便利了人们的出行，促进了经贸活动的繁荣。2008 年，县城与各乡镇之间不仅有 5 路班车连通，且与北京之间有 938 路、810 路两路公共客运班车，还有直达或路过的通往天津、廊坊、保定、石家庄、沧州、邯郸、张家口、承德、秦皇岛及山东、内蒙古、东北等地的班车及货运包车。2008 年底，全县共有载重汽车 5267 辆，挂车 44 辆，年货运量 153 万吨，货运周转量 2860 吨/公里；全县日客运量 10000 人次。县城内有飞机票、火车票代销售点及国际、国内旅游的旅行社，人们旅游国内外各地便利。

邮政通讯事业迅猛发展。1979 年，香河邮电局 1 处，邮政所 9 个，服务网点 7 处；电话交换机总容量 60 门，电传机、发报机、载波机 12 台，电话机 1091 部，长途电话线路 12 条，电报直拍是重要通讯手段；全县邮路总长 76 公里；报纸、杂志发行 263 万份。随着经贸往来的活跃和人民生活水平的提高，对邮电通讯服务也产生了更高的需求。20 世纪 90 年代，邮政、电信分设，电信又分为联通和移动两个分公司。2008 年，香河联通分公司拥有固定电话 100081 部、移动电话 28080 部，开通固定电话、小灵通、数据通信和网上出租等基础电信业务；香河移动分公司拥有“全球通”“神州行”“动感地带”三大品牌，有手机用户124254户。邮政方面与全国的陆、海、空邮寄业务网络有效衔接，国内、国际的快速专递业务十分畅通。

供电事业不断壮大。1979年，全县有城关35千伏变电站一座。到1990年，全县有35千伏变电站4座，110千伏变电站1座，35千伏主变压器11台，总容量27350千伏安；35千伏和3～10千伏配电线路664公里，3～10千伏配电变压器1183台，容量84875千伏安。至2008年，香河县内拥有220千伏变电站1座，110千伏变电站3座，35K千伏变电站9座（含水利变电站1座）。其中，220千伏主变2台，总容量240000千伏安；110千伏主变6台，总容量280000千伏安；35千伏主变20台，总容量121900千伏安；10千伏配电变压器3111台，总容量474640千伏安。

四

20世纪90年代后，香河的“两城文化”影响越来越深远。明清皇家文化与当代建筑艺术结构相融合的第一城文化独具特色，全国性的文化艺术活动多次在这里举办；中国传统家居与欧美当代家居文化相融合的中国香河家具城家居文化闻名遐迩，在国际、国内都产生了巨大影响，吸引国际友人和全国各省市的朋友前来参观购物，享受这里浓厚的时代家居文化氛围。中央电视台、人民日报等各大新闻媒体和新浪、搜狐等网站给多次报道香河的“两城文化”。

文艺领域认真贯彻“双为”“双百”方针，一大批文艺新人脱颖而出，为繁荣香河文化做出了贡献。20世纪80—90年代，香河有评剧团1个，演职员35人，曾聘请著名评剧表演艺术家新凤霞为名誉团长；影剧院、文化馆各1座，乡镇文化站17处，农村俱乐部174个，电影放映队18个，年均放映7813场次。儿童文学创作曾赢得“南有江阴，北有香河”之誉，有些作品被国外出版或转载。至2008年，全县文学艺术领域有国家协会会员8人，省协会会员40人，市协会会员150人。1979—2008年，在各级刊物发表文章2777篇，出版专著149部。

1979年，全县有高中2所，初中21所，小学272所，幼儿园1所，在校学生30914人，教职员工1367人。从1985年起，全县普及初等教育，到2008年，全县68所小学、11所中学全部达到普及九年制义务教育办学标准。全县保留2所高中，在校学生7380人，教职工690人；初中得到调整，全部转为国办，共有学校11所，在校学生10104人，教职工1197人；小学68所，在校学生17447人，教职工1907人；另外民营接纳初中生、小学生的寄宿学校等也相继出现，在校学生665人；67所县、乡（镇）幼儿园分别达到廊坊市一、二级幼儿园办园标准。1979至2008年，向大中专院校输送新生23281人。另外，成人教育方兴未艾，1984年起，先后培养各类人才3万多名。

1979年，县内只有1所县级医院，1所城关卫生院，16个乡镇卫生所。至2008年底，全县共有县级医疗机构6家，乡镇卫生院9家；有村街卫生室318家。全县共有国家医护人员1095人，农村医生364人，形成了县、乡、村三级卫生医疗网络。农村医疗保险全面推开，并设立了县农村合作医疗管理中心。与此同时，同济医院、新华医院、北大医院等一批民营医院陆续建立，从业人员118人。全县药品经营单位93家，方便了群众。1990年，全县有高级技术职称55人，中级技术职称716人，初级以下技术职称2462人。到2008年底，全县拥有高级技术职称156人，中级技术职称的1012人，初级技术职称的2868人；1982—2008年，有近百项科研成果先后获省、市级奖。

体育事业英才辈出。清末闻名海内的香河籍武术大师张策影响县内几代人沿袭习武之风，通背拳术多次在全国比赛中夺冠。学校、工厂摔跤、游泳和棋类等传统项目广为传承。武术学校、武术班和各种体育班多有开办。工厂、学校、农村全民健身活动全面开展，日益成为自觉行动。20世纪90年代后，随着国家足球和国安足球训练中心及第一城有关大型体育训练场馆落户香河，促进了县内体育事业的发展。2008年底，全县有各类体育活动场所、全民健身中心445处；1979—2008年，先后有37人获国家级体育裁判员称号。竞技体育不断取得较好成绩。女子篮球曾连续六届取得省比赛冠军，香河运动员四获廊坊地区（市）运动会团体总分第一名。在国内重大比赛中，少年门球队曾多次全国夺冠或取得前三名，有2人3次破少年女子跳高、女子400米跨栏河北省纪录，2人2次破男子1500米、女子400米跨栏全国纪录，4人获省运会第1名，3人获全国运动会冠军，其中王桂满于1981年6月在日本举行的中国、日本、加拿大三国田径对抗赛中获1500米、800米银牌和铜牌。

五

人民生活水平日益提高。

随着国民经济的发展，人民群众的生活逐渐由温饱向小康生活迈进。1990年，全县农民人均纯收入905.95元，农民人均占有粮食244.9公斤，人均住房面积18.85平方米；职工人均工资1599.6元，人均住房面积18.5平方米。20世纪90年代初期，农村的土坯房逐渐为砖瓦房所取代，一些农户开始安装电话，用上了自来水，食粮改以小麦粉、大米为主，摩托车、彩电、电冰箱进入农民家庭；到20世纪90年代后期和21世纪初期，普通农户都安装了电话，用上了手机，有的买了小轿车和卡车。随着工资待遇的增长，干部职工家庭的生活水平有了大幅度提高；随着城镇化的加快，绝大多数城镇干部职工家庭都搬入了楼房，室内装饰水平越来越高；95%以上家庭装了电话、购买了手机，60%～70%的家庭购买了电脑，30%以上家庭购买了汽车。2008年，全县农民年人均收入7535元，是1979年的8.3倍；城镇居民年人均收入18106元，是1979年的34倍；城镇居民人均住房面积39.3平方米，是1990年的2倍。1979年以后，社会福利服务设施逐渐增多。1990年，养老、人身、财产等保险项目12个，承保总额31494万元，综合赔付率44.3%；从2001年开始，干部、职工全部纳入社会养老、医疗保险。2008年，全县城镇低保户795户、2189人，全年发放城镇低保资金404.3万元；农村低保3503户、7326人，全年发放农村低保资金565.42万元。光荣院、敬老院共收养、供养“五保”（保吃、保穿、保住、保医、保葬）孤老优抚对象427人。香河的养老和社会保险业曾双跨全省先进行列。

经济体制改革促进了全县经济大发展。1979至2008年，香河县地区生产总值由7996万元增长到750026万元，增长92.8倍，人民生活逐年富裕。改革开放30年，在历史的长河里只是弹指一挥间。继往开来，随着京津冀进一步协同发展，香河的明天会更好。

大 事 记

1979 年

1月2日，县委召开全县农业学大寨先进集体和劳动模范表彰大会，326个先进集体、231名模范个人受奖。

2月15日至28日，县委召开县、公社、大队、生产队2100多人参加的四级干部会议，传达贯彻中共十一届三中全会精神，学习中央《关于加快农业发展若干问题的决定（草案）》和《农村人民公社工作条例（试行草案）》，明确将工作重点转移到社会主义建设上来，提出农业实行生产责任制。

3月2日，香河县革命委员会转发县计划生育办公室《关于香河县计划生育若干问题的试行规定》。“规定”要求：青年应坚持晚婚；结婚年龄农村男25周岁、女23周岁，城镇男26周岁、女24周岁；已婚夫妇生育子女最好一个，最多两个，第一、第二胎的间隔一般在四年以上；对终生只要一孩的夫妇予以表扬奖励。

3月28日，王洪廉任中共香河县委书记、香河县革命委员会主任。

3月，历时11个月的全部摘掉“右派分子”帽子工作结束，对82名干部错划为“右派”、10名干部错划为“中右分子”、34名干部错定为“反社会主义分子”问题给予改正、恢复名誉；对失去公职的8名干部重新作了安置；对受株连的家属子女办理了农转非手续。

同月，1978年冬季开始的全县“一批”（批判江清反革命集团）、“双打”（打击阶级敌人破坏和资本主义势力进攻）、“三整顿”（整党、整风、整社）工作基本结束。

4月13日，中国人民建设银行廊坊地区支行香河县办事处改称中国人民建设银行香河县支行。

5月11日，恢复香河城关、刘宋、渠口、安平、安头屯、五百户和蒋辛屯等集镇的传统集期。

6月7日，香河县召开首次计划生育表彰大会，60对终身只生一孩的育龄夫妇受奖。

7月1日，香河县社队企业管理局建筑建材公司成立。

9月10日，香河县气象站测报员张伟生、县光荣院服务员张宝霞、渠口公社西河头大队团支部书记刘俊杰和渠口供销社团支部分别被共青团中央授予“全国新长征突击手”和“全国青年工作先进单位”光荣称号。

9月24日，夜，王家摆公社太平庄刑满释放的阎XX(男)用硫酸将本村党支部书记张志越爱人陈春方和6岁小孩脸部及双目烧成重伤，作案后逃跑。案发后，局长宋帮祥带领干警通过昼夜奋战，仅两天时间，犯罪嫌疑人阎XX即被逮捕归案。

9月25日至27日，廊坊地区秋季中学生田径运动会在香河中学举行。

9月，香河县医院首次实施气管异物取出术成功。一名6岁患儿因瓜子卡在气管内到院就诊，孟庆云成功将异物取出。

同月，香河县体委被评为全国群众体育工作先进集体。武学儒应邀参加第四届全国运动会。

11月，县医院迁入现址（新开街）。占地约2.33公顷，二层门诊楼60间，两栋病房180间，总建筑面积9200平方米。

是年，赵庄、梁家务、邵庄等大队，先后实行联产到劳、小段包干、定额管理等形式的农业生产责任制。

1980 年

1月，廊坊运输公司香河县运输站成立。

2月，全县17个公社相继成立财政所。

3月3日至7日，县委召开2100多人参加的四级干部会议，学习中共中央十一届五中全会精神，研究以落实生产责任制为中心的各项经济政策。

3月27日，香河县实行党政分开，机关分设。县委书记王洪廉不再担任县革委会主任一职，改由赵诚接任。

3月，香河县将302名小商贩和小手工业者，从原资产阶级工业者中区别出来，明确为劳动者成分，享有同本企业职工同等待遇。

春，庞营村复员军人温福生，农闲试做简易沙发成功。乡亲争相取经效仿，不到一年，制作沙发就成了附近村民的家庭副业。

4月1日至5日，中国共产党香河县第三次党员代表大会召开，到会正式代表385人。会议听取并审议了上届县委的工作报告，选举产生了中共香河县第三届委员会和纪律检查委员会。大会选举王洪廉为县委书记。

4月18日，恢复建立中国农业银行香河县支行。

4月20日，在省地中学生田径等级赛中，香河中学获第1名。

4月27日至30日，香河县第六届人民代表大会第一次会议召开，出席代表437名，选举王惠连为县人大常委会主任。会议决定将香河县革命委员会改为香河县人民政府，选举赵诚为县长。

4月，撤销知识青年上山下乡办公室、学大寨办公室。

5月10日，县政府召开工业会议，继续贯彻国民经济调整、改革、整顿、提高方针，部署发展工业工作。

5月27日，在意大利都灵举行的世界第四届中学生运动会上，香河中学王桂满以2′12″的成绩获女子800米长跑第5名。

5月，县政府人事科建立，1981年6月县劳动局建立，1984年1月，机构改革，撤销人事科、劳动局，合并为劳动人事局。2002年8月劳动人事局更名为人事劳动和社会保障局。

6月20日至22日，连续发生两起自然灾害。20日下午4时刮起10级大风，21日夜11时至22日凌晨，在普降大雨的同时，连降三阵冰雹。两起灾害损失小麦5620吨、秋田作物11.9万亩（约7933.33公顷），损失财物折款40多万元。灾后，县委、县政府组织570多名干部深入受灾社队开展救灾工作。

7月8日，城关变电站迁至五百户，于1981年6月建成送电。

8月23日，香河县召开青少年教育工作会议，研究部署加强青少年的教育工作。

9月8日，中共香河县委农村工作部建立。

10月，广播事业管理局改称广播事业局，1983年7月改称广播电视局。

11月29日，县政府发布关于加强市场管理、稳定物价的公告。

11月，全县17个公社分别成立农业经营管理站。

12月1日至6日，召开全县公社全体干部会议，学习中央[1980]75号文件精神，研究农业生产责任制和农业调整问题。

12月12日，香河县司法局成立。

同日，香河县城镇建设管理局成立，2002年4月更名为香河县房产管理局。

是年冬，蒋辛屯公社头百户大队率先实行“大包干（家庭联产承包）责任制。接着，渠口、蒋辛屯、东鲁家口等公社共1133个生产队也相继推行了各类形式的农业生产责任制。占全县总队数的91.02%。

是年，11.6万亩（约7733.33公顷）玉米、谷子，受一、二代螟虫危害，减产粮食762.5吨。

是年，拆除安平事件谈判遗址——香河中学小礼堂。小礼堂建于1941年，年久失修，又经地震、“文化大革命”的破坏，已成危房。鉴于学生安全进行拆除，但保留了礼堂外貌照片和部分古建构件。

1981年

1月8日，《人民日报》登载了“香河县韦各庄三队年终分配问题”的来信，反映该队超分配问题，县委及时组织有关人员调查并予纠正。

2月，全县98名工程技术干部套改、晋升为助理工程师、技术员等。翌年底，经有关部门批准，全县共有中级专业技术职称的39人。其中，工程师12人，主治医师15人，农艺师10人，兽医师、经济师各1人。

3月，县委、县政府档案科建立。1984年3月撤销档案科，1987年1月设档案局。1996年4月，档案局改为县委直属事业单位。

4月7日，刘宋、渠口、五百户、蒋辛屯成立公安派出所。

5月，县委、县政府信访科建立，1982年6月信访科改为信访办公室。1996年4月更名为信访局。

6月3日，县地名委员会办公室建立，由政府办兼管，开始地名普查工作。1983 年 12 月结束普查，编辑出版《香河县地名资料汇编》一册。1984 年 7 月地名办改由民政局兼管，1985 年 11 改由县地方志编纂委员会办公室兼管，1987 年 11 月改由民政局兼管。

7 月，刘宋、五百户等 6 个公社，出动 2200 多劳动力，加固青龙湾左堤。该工程共长 1750 米、动土 36000 立方米。

8 月 13 日，县政府发布《关于保护林木制止乱砍乱伐的布告》，对红庙、谢屯等几起盗伐集体林木案件予以惩罚。

8 月 22 日，中共香河县委制定《包干到户责任制试行条例（草案）》。

9 月，香河中学女子篮球队代表廊坊地区参加在沧州举行的河北省中学生“三好杯”篮球赛，荣获冠军。

同月，香河县科学技术协会成立，县委副书记李杏田兼主任。

10 月 7 日，中共香河县委政法领导小组改为中共香河县委政法委员会，张志诚任书记。

12 月 28 日，香河县多种经营先进集体、先进个人表彰会议召开，鼓励支持发展城乡集体和个体经济。到 1985 年，全县乡镇企业 541 个，从业人员 14226 人；村办、户办、联户办企业 230 个，从业人员 2506 人；农民进城办商业、服务业达 2610 家。

12 月，钳屯中学体育教师贾瑞民，在全国“千名优秀体育教师”评选活动中被评为优秀体育教师。

是年，香河中学教师米玉芹当选全国植物教学学会理事。

1982 年

1 月 12 日至 14 日，县委召开综合治理社会治安工作会议。公社、县直各单位 1000 多人参加会议。

2 月 15 日，赵诚任县委书记，免去王洪廉县委书记职务。

2 月，撤销财税局，建立财政局和税务局。1994 年 8 月，香河县税务局分设为香河县国家税务局和香河县地方税务局。

3 月 23 日，安头屯、钳屯、孙止务、钱旺村、金辛庄、梁家务、大七里庄、石虎辛庄、李庄、香城屯、王家板成立公安派出所。

3 月，县政府物价科建立，1983 年 7 月撤销物价科建物价委员会，1984 年 1 月，撤销物价委员会建物价局。1996 年 4 月并入工商局，1997 年 9 月机构单列。2002 年 4 月更名为物价监督检查所。

同月，县农业区划办公室建立，由县计划委员会兼管。

同月，全县文明礼貌月活动取得明显成效。这是香河县第一个文明礼貌月活动，共组织 4 次全县规模的突击活动，20 万人次走上街头巷尾，田间路旁，结合农事大搞净化、绿化。

4 月 5 日，孙家止务、大七里庄公社分别改名大罗屯公社和东鲁口公社。

4 月 10 日，中共香河县委党史资料征集办公室成立。于 1988 年 12 月 1 日，出版发行了《中共香河县党史》一书。1989 年 11 月，更名为党史研究室。2002 年 8 月更名为县委党史办公室。

4 月，全县 1277 个生产队建立了各种形式的生产责任制。其中，1014 个生产队实行了大包干，占总队数的 79.4%。

同月，建立打击经济领域违法犯罪办公室，1987 年 1 月撤销。

5 月 10 日，县司法局公证处成立，开始受理公证业务。

5 月，全县 17 个公社均成立了文化站。12 月 7 日至 10 日，廊坊地区在香河县召开群众文化工作现场会，并到香河城关、渠口、安头屯等公社文化站参观。

6 月 21 日，恢复建立中共香河县委统一战线工作部。

7 月 5 日，依照《国务院关于地名命名、更名暂行规定》，经县政府研究决定，金辛庄公社刘庄等 24 个大队更名。如刘庄、王庄子改为南刘庄、南王庄子等。

7 月 24 日，香河县个体劳动者协会成立。

7 月，全县震灾恢复工作基本结束。1976 年地震发生后，全县人民艰苦奋斗，重建家园。同时，国家曾 6 次拨款共 619 万元，并无偿和有偿调拨牲畜、钢筋、水泥、木材等大批物资，支援香河抗震救灾工作。

8月1日，香河县法律顾问处成立并对外办公。1995年7月，组建成为宝成律师事务所。

8月，县工业局撤销，建立香河县经济委员会。1993年7月28日建立香河县经济贸易局，性质为企业单位，经费自负。1996年4月，撤销经委，与经贸局合并建立新的经贸局。1998年2月撤销经贸局，建经委，同年3月，经贸局更名为工业局。2002年4月撤销企业局和工业局，成立经贸局。2006年3月将经贸局整合成立工业经济运行局。

10月15日，李健民任县政府代理县长，免去赵诚兼任的县政府县长职务。

12月25日，香河县锅炉厂研制的LRS-1000型双层燃烧热水锅炉通过技术鉴定，获廊坊地区科技成果二等奖。

12月，香河县落实政策办公室撤销。自1978年成立后，对“文化大革命”中立案审查的9234个案件予以复查，给万余名干部、群众恢复了名誉，并做适当安置。为3456户恢复土改时所定的阶级成分等。

是年，在河北省第六届运动会上，香河中学王玉海在90公斤级举重项目上，获抓举、挺举和总成绩第1名。

是年底，县气象局撤销。1987年11月复设气象局。

1983年

1月1日，香河县开始征收增值税和征集国家能源交通重点建设资金。

1月，零售商业、饮食服务业在县内试行经营承包责任制。

2月7日，香河县鲁家务村去台人员高健（原名高象均），从中国台湾经日本回家探亲。

3月1日至3日，香河县第六届人民代表大会第二次会议召开，会议选举李健民为县长。

3月29日，香河县农机厂研制的XPG-2A型天湖牌滚桶式洗衣机、农具厂研制的qzp-1.6圆盘式铡草机分别获廊坊地区科研成果一等奖和二等奖。

4月，香河县委政策落实办公室，给7名国民党起义、投诚人员落实了政策，并做了妥善安置。

同月，气象局正式安装GE-80型天气图传真接收机，用于天气预报。

5月，香河中学被廊坊地区体委、教育局命名为“廊坊地区篮球传统项目学校”。

7月4日至6日，召开全县发展商品生产、加强财政税收工作会议。会议要求：适应商品生产发展的新形势，大力抓好生财、聚财、用财工作。

7月，香河县工人俱乐部被中华全国总工会授予“工人的学校和乐园”荣誉称号。

同月，香河县老干部局成立。

同月，供销合作社联合社监事会建立。

8月15日，香河县审计局成立。

8月，香河县集中判处一批杀人、强奸、抢劫、拐卖人口、留容妇女卖淫和重大盗窃等刑事犯罪分子，共计125人，扭转了对严重刑事犯罪打击不力的倾向，社会治安趋于好转。

同月，农业资源调查和农业区划工作结束。历经1年零4个月，共完成78份约60万字的成果报告，绘图202幅，表格229张，编写出《香河县综合农业区划》等10个成果报告。

9月1日，金辛庄、大罗屯、王家摆、安平、钳屯、李庄、香城屯、钱旺村、东鲁家口、石虎辛庄、梁家务工商行政管理所和税务所成立。

9月，安头屯变电站动工兴建，总容量3600千伏安，于1985年1月10日竣工。

同月，香河县体育运动委员会被评为全国群众体育工作先进单位，副主任田巨兴应邀出席了在上海举行的第五届全国运动会。

10月中旬，全县“两户一体”表彰大会召开，专业户、重点户、经济联合体代表等280多人参加了会议。会上表彰了先进典型，参观了“商品生产图片展览”。

10月，大中专招生工作结束。全县455名考生有102人被录取，名列廊坊地区首位。

同月，在国家物资总局主办的全国先进民用煤炉展览会上，香河县煤炭公司胡文明研制的纯青三型蜂窝煤节煤炉，热效率居同类产品之首。

11月16日，县级机构改革工作结束。县纪律检查委员会升格为县级机构，县委、县人大、县政协主要领导人更换。县委由9人组成，大专学历的5人；县政府正副县长由7人减为5人，其中3人具有大专以上学历。乔中任代县长。

11月17日，发展商品生产会议召开。号召全县大力发展建筑业、建材运输业、服务加工业等农村商品生产。

11 月，全县开展清理黄色淫秽物品活动，至1989 年结束。共查处贩售、播映黄毒者 51 人，拘留 1 人，罚款 5 人。

同月，县农林水办公室撤销。

12 月底，县直机构进行改革，设局级机构 43个，比改革前减少 3 个。局级领导干部由 137 人，减少到 122 人，平均年龄 44.7 岁，比改革前降低5.5 岁。具有大专文化程度的占 20.44%。

12 月，县农林局、农业机械管理局、畜牧水产局撤销，合并为农业局。1990 年 7 月成立香河县畜牧水产局。1996 年 4 月，农业局更名为农林局，2002 年 4 月，更名为农业局，同时成立林业局。

同月，县工建交办公室、财贸办公室撤销。

同月，全长 4600 米，宽 7 米的环城公路建成通车。

是年，香河中学高考成绩连续第五年名列廊坊地区前三名。

1984 年

1 月 3 日至 7 日，政协香河县第一届委员会第一次会议召开，出席委员 72 名。

1 月 5 日至 7 日，香河县第六届人民代表大会第三次会议召开。补选李杏田为县人大常委会主任、乔中为县长。

1 月，县计划生育办公室撤销，改建为计划生育委员会。1996 年 4 月改称计划生育局。

3 月，全县社队体制进行改革。17 个公社管委会改为 16 个乡、1 个镇政府，300 个大队改为村。4 月，刘宋渠口乡改为镇建制；8 月，安平乡改称安平镇。组织机构实行党、政、企分设，设乡镇党委、政府、农工商总公司。农村生产大队改为村民委员会。

5 月 14 日，香河县淑阳市场开土动工，1986 年 4 月 9 日落成剪彩。

5 月 19 日，在廊坊地区中学生篮球赛上，香河中学篮球队包揽了初、高中男、女队 4 块金牌。

5 月，县民兵训练基地在钱旺村乡西马家窝村北落成使用。

6 月 9 日，省委第一书记高杨到香河县视察农村庭院经济。

6 月 28 日，《经济日报》报道香河县第二建筑工程公司成功运用地板一次抹面见光新工艺，全面提高了施工质量和工效。

6 月，县成人教育中心成立。1996 年 4 月并入教育局。

7 月 15 日，县委、县政府召开三级干部大会，隆重表彰两户一体代表。随着家庭经营体制的建立，一大批专业户、重点户相继出现，全县“两户”总数达 21929 个，占总农户的 39.94%。

7 月，在省中学生篮球赛上，香河中学男、女篮球队双双夺冠。

同月，香河县社队企业管理局改称香河县乡镇企业管理局。2002 年 4 月撤销。

8 月，香河县民间故事集《杨六郎威镇三关口》由河北人民出版社出版。

9 月 11 日，县委、县政府在北京举办 70 多名同乡座谈会，北京市副市长张百发到会并讲话，号召香河籍在京工作人员积极为家乡建设出谋划策。

11 月 26 日至 30 日，香河县第七届人民代表大会第一次会议召开，出席会议代表 219 名。

11 月，石虎辛庄乡谭家务村杨越芹、杨桂秋和高志国等 3 户农民联合办起“贝尼”火鸡场，饲养美国尼古拉和法国贝帝纳优种火鸡。到 1985 年底，存栏蛋鸡 700 只，销售额近 11.4 万元。

12 月 3 日，省委书记张曙光到香河县视察沙发市场和个体沙发厂。

是年，渠口镇建成占地 11000 平方米的大笤帚专业市场，日上市达 7000 多人。

是年，县土产公司与北京杨庄火车站联合办起了铁路全世界托运处。

1985 年

1 月 11 日，容量为 31500 千伏安的大变压器正式接火送电，缓解了香河县供电紧张的状况。

1 月，中国人民银行香河县支行撤销。1986 年 7 月，恢复建立中国人民银行香河县支行。

同月，中国工商银行香河县支行建立。

2 月 26 日，县磷肥厂下马，原厂资产、设备和人员由县经委负责安排。

3 月 9 日，全县开始县、乡、村整党，到翌年

1月结束。参加整党党员11695人，占党员总数的94.62%。

3月中旬，县医院首次成功进行了包囊虫脓肿切开引流术及输尿管取石术。

3月23日，经廊坊地区行署批准，安平镇为对外开放镇。

3月，香河县被廊坊地区确定为养鸡基地，年养鸡56.4万只。

4月11日，动工整修县城街道，到8月30日完工，县财政投资24万元。共投入19万工日，完成土方6900立方米，下水道980米，路面12000平方米，人行道砌筑5200平方米。

4月，香河县第一所村办医院——金辛庄乡矬口医院开诊。

5月1日至4日，在廊坊地区第一届青少年运动会上，香河中学王怀海以12.09米、33.88米的成绩，打破地区铅球、铁饼掷远记录。

5月，中国人民保险公司香河县支公司建立。1996年4月，分为中保财产保险有限公司香河县支公司和中保人寿保险公司香河县营业部。

6月10日，渠口棉站发生火灾，烧毁皮棉12吨，库房11间，损失折款6000余元。

6月15日夜，安平手风琴部件厂下料车间发生火灾，烧毁厂房14间，木材12立方米，设备31件，损失折款9570元。

7月，县首饰厂生产的银蓝首饰小件，获第五届中国工艺品"百花奖"和优秀创作一等奖（希望杯奖）；县木器厂生产的淑阳牌大漆家具，在河北省高档卧室套装家具质量评比中，获得第1名。

8月26日，香河县地方志办公室成立，作为常设机构，列入事业编制。

9月10日，县委、县政府召开庆祝第一个教师节大会。会后，县主要领导分别到各乡镇和县直各校看望教师。

9月13日，黄院村发现第一例疑似霍乱病人，经省防疫站确诊为"小川型"副霍乱。由于防疫措施及时，没有扩散和蔓延。

9月18日，著名书法家启功为香河中学题写校名——"河北香河中学"。

9月底，县私营企业——瑞龙气体厂开发生产的"高纯氮气"投入市场。

秋，香河四中学生关艳明，勇擒正在行窃自行车的小偷，受到县教育局、公安局的表彰。

12月18日至21日，中国共产党香河县第四届代表大会召开，到会代表363人。会议审议通过县委、县纪检委工作报告，选举产生了本届委员会和纪律检查委员会。李健民当选为县委书记，刘志当选为县纪律检查委员会书记。

12月，张树藩任香河县人民政府代县长。

同月，省委书记邢崇智到县木器厂视察，鼓励金漆家具要打入国际市场。

是年，县委、县政府批转了《香河县关于在全县公民中基本普及法律常识的规划》，明确规定"一五"（1986—1990年）普法的重点内容和重点对象。香河县被评为全省"一五"普法先进县，县委书记张树藩被评为"一五"普法全国先进个人。

是年，香河中学孙雪山在全国中学生田径运动会上以1.87米的成绩获得跳高第2名。

是年，县石油公司从商业局划出，由河北石油公司廊坊公司管理，1996年改建为河北石油集团香河县石油有限责任公司，2000年2月改建为中国石油化工股份有限公司河北香河分公司。

1986年

4月12日，凌晨一时许，县公安局抓获蒙面持刀入室强奸犯罪嫌疑人贾XX，受到省公安厅表彰。贾XX自1984年11月30日至1986年4月8日作案22起，1986年8月24日上午8时20分被廊坊地区中级人民法院执行死刑。

4月15日至18日，县人大七届二次会议召开，参加会议代表216人。会议通过了县人大常委会主任李杏田的辞职报告，补选王玉明为人大常委会主任，张树藩为县长。

5月7日，县职称领导小组及其办公室建立，并开始办公。

5月，梁家务乡长城安全带厂试制成功的无缝环新型安全带通过省部级有关单位鉴定，18种产品技术指标达到国内外同类产品水平。

6月，经济技术协作办公室建立。1991年8月，在协作办基础上建立县对外经济委员会，对外仍称协作办，对内隶属外经委的一个科室。1993年6月撤销对外经济委员会。

7月，县金属结构厂与北京激光器械厂联合研制的二氧化碳激光治疗仪通过省级鉴定，并荣获1986年度河北省优秀产品二等奖。

同月底，河北省广播电视厅在渠口镇西新建微波站一处，塔高80米，翌年6月投入使用。

8月3日，日本高岛屋本社贩壳促进会早崎昭夫等人，到县首饰厂洽谈业务。

9月中旬，孙小营村窑地发现石斧一把，经廊坊地区文物考古部门鉴定，该斧系新石器晚期遗物，对了解香河境内早期人类生产、生活状况，有很高研究价值。

10月9日，县公安局侦破了自8月以来的系列入室盗窃纵火案，犯罪嫌疑人朱XX被抓获。香河公安局受到了省公安厅的表彰，并给刑警队记集体二等功一次。

10月中旬，香河县邮电局正式办理集邮和储蓄业务。

11月4日，香河县消费者协会成立。

12月，香河县烟草专卖局建立。1991年1月划归中国烟草总公司管理。

是年，县妇联组织全县妇女开展“双学”（学文化、学技术）和“维权”（维护女合法权益）活动。开办各类技术培训班，支持妇女勤劳致富；鼓励妇女学法、懂法、守法，用法律维护自己的合法权益。

是年，香河中学承办廊坊地区中学生篮球赛。

1987年

1月19日，香河县土地管理局成立。2002年8月更名为香河县国土资源局。2003年12月由地方管理改为双重管理。

1月22日，香河县被农牧渔业部批准为瘦肉猪生产基地。农牧渔业部一次性投资50万元。

1月23日，县外贸局农产品公司被盗，丢失山羊板皮305张，损失折款6200余元，被县政府通报批评。

2月，联邦德国青少年文学参观团到香河中学访问。

4月3日，张树藩任县委书记，侯国强任政府代县长。

4月8日，国务院副总理万里到香河县沙发市场、水上市场、木器厂和首饰厂视察，就农业和工副业生产作重要指示。

4月，香河县精神文明建设委员会办公室成立，由宣传部代管。1991年1月为独立的科级单位，1996年4月并入宣传部，1997年3月，恢复文明办机构设置。

5月3日至6日，政协香河县第二届委员会第一次会议召开，出席委员101名。

5月4日至7日，香河县第八届人民代表大会第一次会议召开，参加会议代表154名。选举王玉明为人大常委会主任，选举侯国强为县政府县长。

5月6日，由世界卫生组织、联合国儿童基金会、中国儿童计划免疫协调小组组成的儿童计划免疫检查团，检查香河县30个村210名儿童进行卡介苗、脊髓灰质炎、白百破、麻疹等4种疫苗的接种率、覆盖率情况。

5月22日17时45分，香河遭风雹灾害，雹灾涉及14个乡镇。最严重的刘宋镇降雹30分钟，雹厚5厘米。全县受灾面积18.7万亩(约12466.67公顷)。

5月，香河中学被国家体委、国家教委命名为“全国体育传统项目学校先进单位”。

同月，北京师范大学附属实验中学主任刘佳复牵头组织北京有关高三文理各学科高、特级教师刘振桂、陈天敏、储宝云、王树声等到香河中学对毕业班进行高考辅导，一直持续到1996年。

6月，香河县燃料公司纯青三型蜂窝煤炉在全国先进民用型煤具评比中获先进奖。

7月1日，香河县中医院建成开诊。

7月4日晚9时10分，境内遭暴风雨、冰雹袭击近30分钟，雹最大直径10厘米，全县受灾面积48.5万亩（约32333.33公顷），损失折合人民币1600万元。

7月19日，国家科委主任宋健到香河考察星火计划落实情况。

7月，县建筑业管理局（县建筑工程总公司）建立，1998年3月县建筑工程总公司与建设局分设，为县办集体企业。

8月9日，河北省妇幼卫生工作现场会在香河县召开，国家卫生部、省、地、县有关领导和记者等150多人参加。

8月26日，香河县人民法院在水上市场正门对10名严重刑事犯罪分子进行公开宣判，到会群众一万余人。

8月，香河县标准计量局成立。1993年9月更名为香河县技术监督局。1999年1月，改为垂直管理，12月更名为县质量技术监督局。

9月23日，县政府印发《关于打击拐卖妇女儿童犯罪活动的通知》，当晚组织统一行动，收容审查20人。

10月27日，香河县举行第一批工商企业承包合同签字仪式，22家企业签订企业承包合同。

12月10日，香河县装修、装饰集团成立，第一批吸收10个企业，这是香河县第一家企业集团。

12月，经省、地有关部门批准，香河县成为地区级文明县城，矬口村为省级文明村，县中医院为省级文明单位。

1988年

2月4日，香河县卫生局局长徐玉光被评为全国文明卫生建设先进工作者。

2月20日，卫生部副部长何界生到香河县视察，对妇幼保健和防疫工作给予肯定。

3月16日，中国记者协会采访团一行14人到香河安平乐器厂、矬口村千斤顶厂等乡镇企业采访。

3月21日，县委、县政府召开全县表彰广播大会，246名个人受到表彰。其中晋升一级工资10名，授予模范工作者称号50名，记大功奖励61名，记功奖励124名。

同日，省政府拨款15万元重修安平事件谈判遗址，由于其他原因一直未修。

4月12日，第七届全国政协委员、著名书法家刘炳森为外贸局、淑阳市场和安平镇题写牌匾。

4月15日，全县16所卫生院，全部实行了招标承包责任制。

4月，香港达利实业有限公司与香河建筑装修公司合作，共同投资100万美元，成立生产壁纸的友恒装饰技术材料有限公司，为本县第一家与港合资企业。

同月，香河县监察局建立，1993年4月与县纪委合署办公。

5月10日，华人世界杂志社、人民日报、经济日报、乡镇企业报等13家新闻单位记者，以及北京作协、总政文工团等著名作家、演员和香河县35名企业家举行联谊活动。农业部原副部长刘培植及地、县领导参加了活动。

5月15日，矬口汽车工具厂生产的20150型1500吨液压滚轮式千斤顶通过省级鉴定为20世纪80年代国际同类产品水平。

6月14日零时，香河进入全省自动转报网，实现了转发电报自动化。

6月30日，香河县首饰厂获省轻工厅链条AC小组奖及轻工部银烧兰AC小组优秀质量管理奖。

7月4日，原沈阳军区副司令员曾雍雅（解放战争时期任十四军区司令员指挥香河保卫战）到香河县访问，重登当年指挥阵地。

7月8日，省长岳岐峰到香河听取县委、县政府工作汇报。

7月21日，香河县境内降暴雨，降水量约在100毫米以上，14万亩（约9333.33公顷）农作物被淹，房屋倒塌382间，直接经济损失10余万元。

7月，刘宋医院发生计划生育手术医疗事故，程官屯村村民倪素华结扎术后腹内大出血抢救无效死亡。

8月11日，中央电视台一行5人到香河县香城屯乡周庄村拍摄农业专题片。

8月，社会上出现抢购风，城镇储蓄急剧下降，至9月平息。

10月15日，香河淑阳市场（水上市场）被国家工商局命名为“国家级文明集贸市场”。到1992年10月连续三届获此殊荣。市场建于1984年，2002年2月至2004年8月，市场陆续关闭，开发建设新天地住宅楼。

10月，香河县经济体制改革委员会建立，1996年4月改称香河县经济体制改革办公室。2006年3月撤销。同月，城关镇改称淑阳镇。

12月，雀林院建筑队长刘永森，投资18万元建成雀林院小学，受到省政府表彰。

同月，香河县首饰厂获轻工部出口创汇先进企业奖。

是年，县政府对县城12条主要街道命名。依次是迎宾路、府前街、淑阳大街、新华大街、康平路、康宁路、新开街、向阳路、兴济路、永明路、文昌街、新立街。

是年，法国汉字家兼记者纪可梅女士到香河县拍摄表演艺术家新凤霞深入农村培养演员的专题片。参加拍摄的有新凤霞、北京电影制片厂导演黄建中、《中国戏剧研究》杂志记者吴刚等8人。次日，在政府会议室举行聘任仪式，聘新凤霞、黄建中为县评剧团名誉团长和文化艺术顾问。

1989年

1月19日，香河县供销社与英国樱桃谷农场集团、台湾巨轮企业有限公司联营筹建“香河英香鸭养殖加工有限公司”。1997年12月24日转让给香河正大有限公司。

1月，由县长侯国强签署发布两个通告：关于开展集中打击刑事犯罪活动的通告；关于严禁赌博活动的通告。

2月26日至28日，香河县八届三次人代会召开，选举产生出席廊坊市第一届人代会代表31人。

3月8日，全国妇联为县妇联女干部何雪贞颁发长期从事妇女工作荣誉证书。

4月13日，香河县包装公司发生火灾，直接经济损失25万余元，保险公司理赔15.6万元。

5月2日，河北省军区司令员董学森抵香河检查武装部建设工作。

5月14日，美国林肯中学教师到香河中学访问。

7月，县国防教育办公室成立，设在县人武部。

8月1日，香河县海河流域平原农业开发办公室建立，后改称黄淮海农业综合开发办公室。1998年2月改称香河县农业开发办公室。

8月21日至23日，香河县第六次妇女代表大会召开。

9月5日晚7时，香河县沿青龙湾河一线遭大风袭击，沿途十几个村庄、10多公里1万多亩（约600公顷）庄稼被刮倒，直接损失粮食1000吨。

10月15日，廊坊市田径运动会在香河中学举办。

10月19日，香河县第一位农村中共党员于德恒追悼会在县火化场殡仪馆举行。县及县直各单位主要领导参加了追悼会。次日，县委书记张树藩、县长侯国强等到东梨园村对其家属进行慰问。

11月，香河县开始颁发居民身份证，当月发出11万多张。

同月，文教局分建为教育局和文化局。1996年4月，文化局与体育运动委员会合并，成立文化体育局。

12月14日至16日，中国共产党香河县第五次代表大会召开，到会代表141人。会议审议通过了县委、县纪委工作报告，选举产生了本届县委、县纪律检查委员会，张树藩为县委书记。

12月25日，香河县关心下一代工作委员会建立，简称“关工委”。

12月26日，香河县残疾人联合会理事会产生，成德发当选为执行理事会理事长。

是年，香河县粮食产量超历史最高水平，受农业部嘉奖。

是年，香河中学对高一新生进行军训，并参观军营。自此每年对新生都进行军训。

是年，香河中学王红云获省中学生物理竞赛一等奖。

1990年

1月3日，国务院副总理田纪云到香河县首饰厂等县办企业视察。

2月底，县委、县政府召开1989年度表彰大会。

4月11日至14日，政协香河县第三届委员会第一次会议召开，出席委员113名。

4月12日至15日，香河县第九届人民代表大会第一次会议召开，参加会议代表192名。

4月20日，香河县召开清理“三角债”工作会议，部署乡镇以上工商企业的“三角债”“连环债”的清理工作。

4月24日，县公安局侦破了自1985年至此在安头屯一带发生的多起入室暴力强奸案。犯罪嫌疑人阚XX被抓获。

同日，商业部部长胡平到香河县调研。

5月23日，台湾巨轮有限公司董事长黄士杰到香河县考察天使塑胶有限公司项目土建工程进展情况。

5月27日，中组部部长吕枫到香河县检查贯彻落实十三届六中全会精神情况。

6月13日至20日，刘宋镇、钱旺乡、钳屯乡连续发生三起麦场火灾，烧毁68.3亩（约45533.33公顷）小麦。

6 月 29 日晨，香河县境内遭风雹袭击，受灾面积达 17.02 万亩（约 11346.67 公顷），直接经济损失 1521 万元。廊坊市拨给 20 吨平价尿素、100 吨平价柴油，救助灾民。

7 月 17 日晚、18 日晨，刘宋、渠口两镇再次遭冰雹袭击，受灾面积 1000 公顷。

8 月 19 日零时，香河县邮电局 DD14 半自动设备直接进入廊坊市邮电局的万门程控进行长途交换，至此，香河县实现了国内长途来话全自动和去话半自动接续。

9 月 18 日，香河县在东礼堂广场举办亚运之光火炬接力仪式，县及县直各单位主要领导和数千名群众、运动员等参加了此项活动。上午 9 时，县委书记张树藩点燃火炬后，传递（火炬）活动在境内开始，到月底结束。

10 月，中共香河县委政策研究室设立，与县委办公室合署办公。1996 年 4 月划为县委办公室内部机构，规格不变。

11 月 1 日至 3 日，省委书记邢崇智到香河县检查工作。视察了县办企业，就农村服务问题走访了鲢口、大窑上、北李庄、三百户等村。

11 月 27 日，代省长程维高率工作组一行 28 人，到香河县首饰厂和木制椅厂视察，就“八五”期间的经济发展讲了意见。

11 月 28 日，香河县文学艺术界联合会成立。

12 月 30 日，金辛庄乡大华计算机辅助设备厂生产的同福牌 Br-S 型伸缩式软椅，获河北省 1990 年度优质产品奖。

是年，林业部授予香河县“林业达标县”称号。

1991 年

1 月 18 日，凌晨 2 时许，武清县下伍旗乡张洪生等 5 人到香河县香城屯董桂生（张洪生内弟）家抢劫。作案过程中杨海等误将同伙穆青富杀死。8 月 3 日主犯张洪生、杨海被判处死刑立即执行，乔宝仓被判处无期徒刑，张洪利被判处死刑缓期二年执行。

1 月，县廉政工作领导小组办公室建立，为常设机构。1993 年 7 月撤销并入县纪委。

同月，县委机要室改称县委机要局，1996 年 4 月并入县委办公室，对外保留名称，规格不变。1999 年 11 月 3 日改称香河县保密局。

3 月 23 日，县委、县政府召开广播表彰大会，对 1990 年度先进集体、先进个人、文明村、文明单位、优秀党员、优秀党务工作者进行表彰。

3 月 26 日，中共香河县第五届委员会第三次全体（扩大）会议召开。会议审议通过了中共香河县委《关于国民经济和社会发展“八五”计划》和《十年规划建议草案》及《香河县委一九九一年工作指导纲要》。

3 月，县委、县政府批转香河县依法治县领导小组《关于在公民中开展法制宣传教育的第二个五年规划》，明确规定 1991—1995 年“二五”普法的重点内容和重点对象。“二五”普法香河县被中宣部、司法部评为全国先进县，县委副书记董林被评为全国先进个人。

5 月，香河县石虎辛庄乡李文龙和钱旺村乡勾国新两名小学生，在长春市举行的全国华罗庚金杯赛中，双获铜牌。

6 月 4 日，经省委批准、市委决定：任命侯国强为中共香河县委书记，储延平为香河县委副书记并提名储为县长。

6 月 20 日至 21 日，麦收期间，梁务乡苍头村、刘宋镇程官屯村、蒋辛屯乡大荒庄村相继发生火灾，对此县政府予以通报。

6 月 27 日，河北省委宣传部召开全省首届农村“党的优秀宣传员”命名表彰会，40 名农村优秀宣传员受嘉奖。香河县大罗屯乡通讯员杜怀银被省委宣传部授予农村“党的优秀宣传员”称号。

6 月，县社会治安综合治理办公室成立，为常设机构，与政法委员会合署办公。

7 月，县委制定《关于在农村深入开展社会主义思想教育的意见》，决定利用三年时间，每年抽三分之一的干部分三批在全县 300 个村普遍进行一次社会主义思想教育。经过两个月的调查研究，10 月 18 日，召开第一期农村“社教”工作动员大会，拉开了“社教”工作的序幕。10 月 21 日，498 名社教干部（含省市）进驻首批铺开的 100 个村街。一至三期“社教”分别于 1992 年 5 月 14 日、12 月 22 日、1993 年 5 月 29 日结束。1994 年 1 月 19 日，召开全县乡镇社教工作总结表彰大会，标志着“社教”工作圆满结束。

10 月 1 日，香河县电视台建成试播，总投资

165.6 万元，占地面积为 1700 平方米。

10 月 20 日，香河县 2000 门市话交换机开通，同时进入全国电话网。该工程投资 320 万元，历时 5 个月，新铺设地下管道 2.146 公里，新增电缆 21 公里，更新旧电缆 15.6 皮长公里，更新旧架空电缆 15 皮长公里。市话装机 993 户，交换机实占门数 1020 户，共装国际、国内直拨电话 154 部。

10 月 29 日，非洲加蓬共和国驻华特命全权大使莱尼翕戈•恩敦巴本杰明，到香河洽谈在加蓬建厂事宜，并在县领导陪同下参观考察县木器厂和首饰厂。

10 月，县委党史研究室尹俊如撰写的《安平事件始末》一文获河北省党史系统征编研优秀成果二等奖。

同月，香河县电信综合大楼竣工，总投资 134.7 万元，建筑面积 1636.28 平方米。

11 月 18 日，西河头扬水站维修工程竣工。该工程于 3 月 4 日开工，工期 8 个多月，排水流量 6 立方米/秒，工程质量评定为优良，总投资 146 万元。

11 月 20 日，清淤扩挖自流渠下坡（后湾道至霍刘赵闸），工程全长 8 公里，完成土方 13.04 万立方米。

11 月，香河县直属机关工作委员会和县直机关纪律检查委员会成立，同时撤销县直机关党委。

是年，渠口矿山机械厂研制的 XF-200 破碎机通过省级鉴定，产品水平居国内领先地位。

是年，香河县科委被评为省级科技管理先进集体。

1992 年

2 月 5 日，商业部部长胡平到香河视察。

2 月 29 日，县委、县政府通报表彰 1991 年度先进集体 200 个，先进个人 467 名，先进基层党组织 55 个，优秀党员 635 名，优秀党务工作者 55 名，优秀党小组长 32 名。命名文明乡（镇）2 个，文明村 78 个，乡镇文明单位 48 个，县直文明单位 173 个。

2 月，商业部确定香河县为首批禽肉类（养鸭）社会化服务体系示范县。

3 月 12 日，加尔梅斯等拉美九国大使，在农业部国际合作司副司长刘从梦、外交部拉美参赞、乡镇企业司副司长及省市领导陪同下，参观了香河矬口汽车工具厂、王家摆光华旅游制品厂两家出口创汇企业。

3 月 16 日，“中美预防神经管畸形合作项目”科研协议书在廊坊签订，香河代表同时签字。

3 月 20 日，县政府常务副县长王怀远应加蓬共和国邀请，率北京香河旅游家俬联合公司有关人员赴加蓬共和国考察在加蓬建木器加工厂事宜。

4 月 21 日，香河县举办首届草莓新闻发布会。大会邀请《人民日报》《经济日报》和北京、天津电视台等十几家新闻单位参加。会议对提高香河知名度，繁荣香河经济起到积极作用。

5 月 16 日，香河县在北京市政协礼堂召开与北京经济技术协作单位联谊会。县五套班子主要领导，县经委、乡镇企业局、外经委的负责人及县办工业、乡镇企业 27 家企业的厂长、经理参加会议，参加会议的还有 49 家在京协作单位的 87 名负责人。

6 月 2 日，香河县医用设备厂开发生产的 02、03 型医用床和三折叠医用垫，在哈尔滨召开的首届中国医疗保健精品博览会上荣获金奖。

6 月 10 日，香绣渠中段清淤工程完工。全长 6730 米，动土 90955 立方米，用工 27.5 万个工日，工期 17 天。

8 月 29 日，淑阳街道办事处（香河县县城街道办事处）建立。

同日，安平经济技术开发区管理委员会、香河县工贸实业开发总公司建立。

10 月 1 日，香河人民广播电台正式开播。

10 月 7 日，杨汭任县政府代县长。

10 月 18 日，香河安平开发区“天下第一城”奠基典礼举行。“天下第一城”仿造明清北京城墙、城楼基调建设，总投资 6.5 亿元，占地 227.8 公顷，由北京国安公司与香河县联合兴建。

11 月 6 日，香河县沙发城举行奠基典礼。

11 月 17 日至 23 日，以五十显武为团长的日本鹿岛町友好访问团对香河进行为期 7 天的访问。

11 月 30 日，梁家务干渠对嘴闸维修工程竣工。工程于 10 月 8 日开工，工期 53 天，共用工 6500 个，完成土方 6000 立方米，总投资 27 万元。

12 月 24 日至 26 日，中国共产党香河县第六次代表大会召开，147名代表参加会议。会议听取、审查和通过中共香河县第五届委员会工作报告和中共香河县纪律检查委员会工作报告；选举产生中共香河县第六届委员会和中共香河县纪律检查委员会；选举侯国强为县委书记。

1993年

1月18日，安平经济技术开发区被省政府确定为省级经济技术开发区。

3月1日至3日，政协香河县第四届委员会第一次会议召开，出席委员130名。

3月2日至4日，香河县第十届人民代表大会第一次会议召开，参加会议代表198名。选举杨汭为县政府县长。

3月11日，位于新开街与夏安路交叉处北侧的香河县新汽车站启用，旧车站即行废止。2001年，被新建的五一路带状公园占用。

4月9日，渠口镇牛济河村发生特大火灾，涉及200户，损失10万元。

4月16日，县委、县政府对1992年度先进集体和先进个人进行表彰。先进基层党支部42个，优秀党员616名，优秀党务工作者47名，优秀党小组长31名，优秀知识分子12名。命名1992年度文明乡镇2个，文明村56个，乡镇文明单位47个，县直文明单位200个。全县1992年度受行政奖励326人。

4月27日，“京东五彩城”在安平经济技术开发区举行奠基典礼。

5月4日，在全国小学生奥林匹克竞赛中，香河县张庄小学赵普生取得全市最高分，获全国一等奖，另有8名小学生获二等奖，10名获三等奖。

5月27日，香河县第一家行业协会组织——香河县印刷包装协会成立。

6月4日，中国农业银行香河支行被中国人民银行、中国金融工会委员会命名为全国金融先进单位。

6月5日，香河县第五中学学生王秩然在“九三”全国初中数学联赛中获一等奖。

6月23日至25日，原中顾委常委、全国政协副主席刘澜涛，视察香河“天下第一城”、香河首饰厂、英香鸭养殖有限公司。

6月26日，蒋辛屯卫生院改名为香河县气管炎哮喘专科医院，医院隶属县卫生局管理，院长享受科级待遇。

6月28日，中国人体科学研究院到香河县协商胡庄子村88岁老人周凤臣遗体回香河安顿事宜。周凤臣从1992年11月24日晚10：45在京长子处去世尸体不腐引起科研部门的高度重视，专家意见是回老家香河存放再做观察。7月5日安顿就绪。

7月1日，县委、县政府发布《关于奖励发展经济有功人员的规定》。

7月，香河县经济技术开发区工作委员会建立。

8月19日下午，刘宋、王家摆、五百户、大罗屯等乡镇遭受风雹袭击，风力达7~8级，最大冰雹密度为300粒/平方米，全县受灾面积约7万亩（约4666.67公顷)，其中绝收3万亩(2000公顷)。

9月8日，香河县与人体科学研究院在香河安平经济开发区共同兴建“中国国际人体科学城”项目签字仪式在香河宾馆举行。

9月23日，县物资、商业、供销、粮食、外贸等五部门分别成立集团总公司。

10月22日，以县长杨汭为团长的赴日本鹿岛町经济考察团启程，进行为期7天的考察，于10月29日回国。

10月，香河县有线电视台正式开播。

11月29日，香绣渠小店子闸工程竣工。该闸设计排水流量为8.28立方米/秒，控制排水面积10平方公里，总投资255万元。

12月26日，香河县万门程控电话正式开通使用。总投资2588万元，从日本引进NEC万门程控交换机，全县进入全国自动直拨网，全部程控化，被省政府命名为“乡乡通电话先进县。”

是年，香河县普及九年制义务教育和扫除青壮年文盲通过省政府验收。

是年，香河县殡仪馆被省政府评为殡仪服务一等奖。1993—1997年，香河县连续被省政府评为“殡葬改革红旗县”。

是年，香河中学徐铁华作为优秀教师代表参加在人民大会堂召开的全国教师节庆祝大会。

1994年

1月，县委、县政府下发《关于在全县农村推行股份合作制的实施意见》。

2月，香河县土地局完成“香河县土地利用总体规划”，获国家土地局科技成果三等奖。

3月21日，经河北省民政厅批准，五百户乡、蒋辛屯乡、安头屯乡撤乡设镇。

4月1日，全县双文明表彰大会在东礼堂召开。对1993年度为全县经济发展做出贡献的近80个单位和100多名有功人员进行表彰和奖励，资金总额137.37万元。同时，命名1993年度全县文明乡镇2个，文明村街49个，乡镇文明单位48个，县直文明单位215个。

4月18日至20日，国家教委对香河县“普九”工作进行督导检查，通过国家验收。

4月21日，省开发办、财政厅、审计厅、林业厅、水利厅、农行和市有关负责人，在县领导陪同下，对香河县第二期农业综合开发情况进行检查验收，认定香河县第二期农业综合开发达到“八五”前三年水平。

4月，在全国小学生奥林匹克数学竞赛中，香河县2人获一等奖，2人获二等奖，10人获三等奖，居全市榜首。在全国“九章杯”小学生数学竞赛中，香河县2人获一等奖，5人获二等奖，7人获三等奖。

同月，县城乡建设环境保护局撤销，组建城乡建设环境保护委员会，1995年8月建立城乡建设环境保护局。撤销建筑业管理局，1996年4月改称香河县建设局。

5月10日，完成总长15公里的乡镇光缆传输工程，总投资320万元，实现了县乡（镇）传输数字化。

5月24日，全县农业结构调整第一战役取得阶段性胜利，春季完成果树种植面积30.7万亩（约20466.67公顷），改造沙荒地1.29万亩（860公顷），打井143眼，修井15眼。

5月27日，小康建设工程动员大会召开，6月6日抽调238名机关干部组成119个小康工作组入驻村街。1995年3月29日，廊坊市小康建设现场会在香河县召开。同年5月19日，全县小康建设总结命名大会召开，命名108个村为首批小康村，表彰了在小康建设中做出重要贡献的22个先进工作组和52名优秀工作队员。1996年7月1日，经过综合考核验收，省委、省政府认定香河县为小康县。

7月1日，县委召开“一先三优”表彰大会。对1993年度做出突出成绩的52个先进党支部、605名优秀党员、48名优秀党务工作者和24名优秀党小组长进行表彰。

7月，全县受到严重的洪涝、沥涝、风雹灾害，农作物受灾面积15.6万亩（10400公顷），成灾面积10万亩（约6666.67公顷），损坏倒塌房屋2615间，损坏水利设施456处，造成23家企业停产，损坏通讯、供电线路9300米。

8月26日，王会平任中共香河县委书记。

8月，税务局划分为国家税务局和地方税务局。

10月7日，渠口、钱旺、安头屯、五百户、安平、刘宋7个乡镇建立农村合作基金会。

11月16日至18日，香河县参加廊坊市在北京举办的经济技术合作洽谈暨产品展示会，外贸项目签订合同8个，合同利用外资553.89万美元，内联项目31个，引域外资金2.97亿元。

是年，香河县淑阳市场被授予国家级文明市场称号。

是年，香河中学停止招收初中学生，更名为“河北省香河县第一中学”，简称“香河一中”。

1995年

1月15日，香河县电话号码由6位升至7位。

2月15日，香河县农村合作基金会成立大会召开。

3月3日，香河县双文明表彰大会召开。会上，命名表彰了在1994年度为全县经济和社会发展做出贡献的单位和个人，并颁发了奖状和奖金。其中，文明乡镇2个，文明村55个，乡镇文明单位46个，县直文明单位228个，优秀厂长（经理）20名。奖金共90.93万元。

3月8日，省委、省政府授予钱旺乡姜吴街村调解委员会主任张振华“河北省人民调解工作先进个人”称号。

3月14日，香河县卫生局被卫生部、国家中医药管理局、人事部授予“全国卫生系统先进集体”称号。6月15日，中央人民广播电台在《新闻和报纸摘要》节目中，以《香河县卫生系统跨入全国先进行列》为题进行报道。

4月7日，香河县私营企业协会成立大会暨第一次代表大会召开。

4月24日，交通局公路管理工程队副队长王永和、城内第二小学教师韩淑萍被授予“河北省劳动模范”称号。

4月，全国小学生奥林匹克数学知识竞赛揭晓，香河县2人获一等奖，9人获二等奖，6人获三等奖。

5月，香河县金星环保设备研究所XGG-IV型斜多管旋风除尘净化器、京香水暖器材厂博大高效炊事采暖炉、丽天工贸公司930高光冷瓷三个项目，参加河北省第九届发明展览会均获金奖。

6月6日，东干渠下段清淤工程完工，全长9816米，动土13.97立方米，工期50天。

6月24日，国务院侨办副主任李海峰、省政府副秘书长兼省经协办主任魏秉礼陪同OS公司副总裁孙宗瀚、中国宇辰（集团）公司总裁张宇辰先生到香河安平经济技术开发区考察，并达成三个项目的投资意向。

7月1日，香河县召开中国共产党建党74周年庆祝大会，对1994年度在党务工作中做出突出成绩的52个先进党支部、420名优秀党员、31名优秀党务工作者、25名优秀党小组和5名人民的好公仆进行表彰。

7月9日至10日，以日本国松本市市长有贺正为团长，百赖常雄为副团长的友好城市访问团一行28人，在廊坊市有关领导陪同下，对香河县进行友好访问。

7月10日，廊坊市常务副市长陈百旺，副市长张树藩、牟景文带领市直有关部门负责人，在香河召开制冷器项目专题办公会议，当场解决项目资金300万元。

7月20日，县医院门诊楼破土动工，至1996年8月建成并投入使用。

7月22日，中美威斯顿设计公司河北分公司总经理王华、河北省大名实业集团发展总公司总经理郑大中、河北威远实业股份有限公司经理霍丽君、首钢业务经理王邵秋一行到香河考察安平开发区、县首饰厂、北京香河旅游家俬公司和燕岭重工集团，并达成4个项目的投资意向。

8月，县医药管理局建立。2003年3月，医药管理局改为药品监督管理局，为廊坊市药品监督管理局直属单位。2006年4月，药品监督管理局改为食品药品监督管理局，为市局直属单位。

同月，香河县干部考核工作委员会办公室成立，挂靠县委组织部。2002年5月撤销，职能交由组织部承担。

9月19日，香港裕丰集团执行董事姚锦华先生为香河县光荣院捐款，县长杨纳、副县长石文芝出席捐款仪式并代表县委、县政府表示感谢。

9月19日至25日，由县长杨纳、副书记董林带队，县五套班子领导，各乡镇党委书记及县直有关部门负责人一行40人，对张家港市两个文明建设、乡镇企业发展和城镇建设管理进行参观考察，同时赴江阴华西村学习企业管理和发展的经验。

10月27日，伊朗卫生考察团一行5人，在全国人大常委、中国妇幼保健中心主任仁英教授的陪同下，到香河考察妇幼保健工作，对县、乡、村三级保健网建设、管理工作给予高度评价。

同日，国家原主席杨尚昆亲笔为香河职业技术教育中心题写校名。

10月，香河县在全省率先实现“村村架电缆，村村通电话”。

是月，原国家主席杨尚昆为“香河县职业技术教育中心”题写校名。

11月17日，省委、省政府授予香河县委、县委老干部局“老干部工作先进集体”称号。

11月18日至20日，香河县1995年经贸洽谈暨产品展销会隆重开幕。全国政协常委、中国新亚欧大陆发展促进会会长芮杏文，国家环保局纪检书记蔡振武，北京市委常委、副市长张百发及廊坊市有关领导出席祝贺。签约项目38个，总投资8.6亿元，协议引进资金7.9亿元，发布项目50个，达成50万元以上购销合同52个，合同成交额达1.48亿元。

11月26日，香河县农业高新技术园区信息发布会召开。中国农科院副院长高历生，河北省科委副主任王世奎，省开发办副主任尹立敏及廊坊市有关领导出席会议。会上共签约项目17个。

11月29日，全国人大常委会副委员长卢嘉锡到香河县五百户镇、蒋辛屯卫生院检查医疗保健工作。

11月，香河三小教师陈国强参加全国目标教学专业委员会举办的第七届目标教学研讨会，获示范课一等奖，交流论文一等奖，教导主任陈敬之获指导奖。

12 月，省政府命名河北燕岭重工集团有限公司、香河县东华纸制品有限公司、香河县新星现代办公设备有限公司为“河北省百强私营企业”。

1996 年

1 月 18 日，香河县与清华大学联谊及科技合作签字仪式举行。县长杨汭与清华大学校长助理兼产业集团总裁荣泳霖就经济技术合作签约，清华大学和香河县有关领导及部分局长、企业厂长（经理）出席了签字仪式。

1 月，香河县光荣院被省民政厅评为省甲级光荣院。

同月，香河县信用合作社联合社与农业银行分设，由农行代管，12 月正式与农行脱钩。

3 月 8 日，全县双文明总结表彰大会召开。会上，表彰奖励了在 1995 年对全县社会和经济发展做出贡献的 85 个单位和 70 名有功人员。同时，命名 1995 年度文明乡镇 4 个，文明村 12 个，乡镇文明单位 541 个，县直文明单位 249 个。

3 月 12 日至 15 日，香河县第十届人民代表大会第四次会议召开，会议讨论通过了县政府关于《国民经济和社会发展“九五”计划和 2010 年远景目标纲要》的决议。会议补选孙殿高为县政府县长。

4 月 20 日，香河县县乡机构改革暨并乡扩（建）镇工作会议召开。对县直党政机构和行政区划分别进行了重新设置。县直党政机构由原 45 个改为 32 个，乡镇区划设置由 7 个镇 10 个乡改为 7 个镇 2 个乡。

4 月，香河县司法局被省委、省政府评为全省“文化十下乡、十进村”红旗单位。

同月，县人民武装部改归军队建制。

同月，中共香河县委组织员办公室成立，挂靠县委组织部。2002 年 10 月并入组织部。

同月，县驻京办事处设立。

同月，县对外开放办公室设立。1998 年 4 月撤销对外开放办公室，建立招商局，与计划局合署办公。1998 年 12 月与计划局分设。2004 年 4 月更名为香河县开放办公室。2006 年 3 月与经贸局部分职能整合组建商务局。

5 月 2 日，县政府第四次常务会议召开，研究《关于县乡机构改革三定工作的安排意见和清理机关事业单位混岗人员的实施方案》。

5 月 9 日，全县县直党政机关、事业单位及 9 个乡镇“三定”（定单位工作职能、定内设股级机构、定单位人员编制）工作完成。至此，全县机构改革和并乡扩镇工作结束。

5 月 10 日，中国国际广播电台外国新闻专家采访团一行 15 人到安平开发区东方化纤厂、爱宝首饰集团、北京香河旅游家俬公司等企业参观考察。

6 月 17 日，北运河曹店橡胶坝工程竣工典礼举行。北运河曹店跌水橡胶坝工程自 1995 年 11 月 25 日开工，1996 年 5 月 31 日竣工。总投资 766 万元，全长 80 米，宽 6　5 米，高 3　5 米，设计流量 1038 立方米/秒，蓄水能力达 2183 万立方米。

6 月，全县开展文化“十下乡、十进村”活动。此项活动由县委宣传部牵头，组织协调职能部门和群众团体，按照职责范围，分工负责，各自做好图书、电影、科技、戏剧和文娱活动、广播电视、政策宣传、法律咨询、体育活动、医疗卫生、生活新风等“十下乡、十进村”工作。

7 月 1 日，香河县委作出《关于表彰“一先双优”“双十佳”和“人民好公仆”的决定》，表彰 1995 年度在党建和两个文明建设中取得优异成绩和做出突出贡献的 45 个先进党支部、380 名优秀党员、27 名优秀党务工作者、十佳党支部和十佳党支部书记，命名 8 名人民好公仆。

8 月 4 日，国家开发办常务副主任韩连贵到香河县视察综合开发区和北运河曹店橡胶坝。

9 月 11 日，美国疾病控制中心主任撒切尔博士率领的代表团在国家卫生部科技副司长秦新昭及市县领导陪同下，到香河县考察中美预防神经管畸形合作项目运行情况。

9 月 16 日，香河人民医院举行门诊楼落成典礼和病房楼奠基仪式。1997 年 11 月 28 日病房楼落成并投入使用。

9 月，太平洋保险公司香河代理处成立。

10 月 11 日，'96 海外企业家、科技专家考察团一行 42 人到香河县考察。

10 月 25 日，香河县收费管理局成立，为政府二级局，挂靠财政局。

10月28日，香河防汛工作被省防汛办确认为全国抗旱服务组织示范县。

10月，新光荣院建成，占地约7333平方米，建筑面积4000平方米，收养老人36名。

11月6日，县公安局新办公楼落成，主楼面积4700平方米，刑侦办公楼及其附属工程2300多平方米，总造价650万元。

11月16日，香五路西侧排水干渠清淤工程完工。全长7941米，动土25万立方米，工期8天。

11月18日，香河县建筑工程公司获建设部颁发的建筑企业质量最高奖——金屋奖。

11月，县委、县政府批转了《香河县依法治县领导小组关于在公民中开展法制宣传教育的第三个五年规划》，明确规定了1996—2000年“三五”普法的重点内容和重点对象。“三五”普法香河县被中宣部、司法部评为全国先进县。

同月，中国农业发展银行香河县支行成立。

12月26日至29日，中共香河县委召开第六届委员会第九次全委会议，审议通过《香河县社会主义精神文明建设“九五”规划》。

是年，省委命名谢永森为“优秀党务工作者”；县卫生局杜唯艳被评为全国妇幼卫生先进工作者。

是年，县一小学生孙逊获全国少儿书画大赛金奖。

是年，县文联吕永杰书法作品获中国书画报优秀作品二等奖，纪念长征胜利60周年书法展二等奖；姬志民获炎黄杯书画大赛金奖；姜志齐获日本书画展银奖。

1997年

1月至8月，香河县第一中学、第二中学、第五中学，香河县职业技术教育中学、淑阳中学、安头屯中学相继建起高标准教学楼和实验楼，总投资2125万元。

2月23日，1996年度“双文明”总结表彰大会召开，对在1996年度为促进经济发展和社会进步做出突出贡献的92个有功单位和近100名有功人员给予表彰和奖励，奖金总额为126万元。同时命名1996年度全县文明乡镇4个，文明村102个，乡镇文明单位51个，县直文明单位267个。

2月，县委平房办公区拆迁改建七层办公楼，11月15日，各部门进入新办公楼开始办公。

4月8日至9日，世界银行贷款项目考察团一行15人到香河县考察了五百户镇兴隆庄养牛场和香城屯村的养牛情况。

4月10日，向阳院拆迁改造如期完成331户居民的拆迁安置工作。此项工作1996年12月30日开始，历经103天，共拆除大小房屋1449间，面积23076.34平方米。

4月11日，扩大开放、宣传香河记者招待会召开。来自中央电视台、北京电视台、河北电视台、廊坊电视台及报社的记者共50余名。

4月24日，1996年度乡局级领导班子工作实绩考核结束。对93个局级领导班子和555名领导干部进行了综合考核，实绩突出领导班子64个，优秀领导干部72名，称职干部482名，不称职干部1名。

6月24日，香河县委下发了《关于表彰“优秀乡镇党委”“红旗党支部”“一先双优”的决定》，对1996年度在加强党的建设和两个文明建设中取得优异成绩和做出突出贡献的3个优秀乡镇党委、11个红旗党支部、37个先进党支部和345名优秀共产党员、24名优秀党务工作者予以表彰。

6月，香河县公安局被评为全国优秀公安局。

7月16日，中共香河县委召开第六届委员会第十次全委会议，讨论通过了《香河县“九五”农业产业化规划及近期工作重点》。

7月20日至23日，河北省卫生厅代表国家卫生部对香河县防疫站进行综合评审验收，确定为一等防疫站。

7月28日，国家防汛办副主任张士彤一行6人到香河县检查防汛工作。

8月8日，中纪委正局级检查员张志远到香河县检查、指导信访工作。

9月，香河建筑工程公司获国家一级资质证书。

10月2日，国务院副总理田纪云参观了天下第一城，并为其题词：“弘扬民族文化，再塑文明景园”。

10月，在全国目标教学第十一次研讨会上，香河县二小教师丁冬侠和四中教师高勤获国家级讲课一等奖。

11月26日，香河—河北双安农业园区信息发布会召开。会上共签约项目 17 个，签订供销合同 4 项。

11 月 28 日，香河人民医院病房楼落成并投入使用，工程投资 1200 万元，总面积 10000 平方米。

11 月，香河一中政教处副主任宋文龙视学生为亲人，视工作为生命的事迹，在《河北日报》《廊坊日报》及廊坊电视台、香河电视台播发。市县掀起了学习宋文龙事迹的高潮。

12 月 24 日，香河正大有限公司成立暨香河英香鸭养殖加工有限公司转让签约仪式举行，来自中央、省、市的各级领导和新闻界人士 60 余人出席了签约仪式。

是年，香河县老干部局连续第 4 年被省委、省政府评为老干部工作先进集体。

1998 年

2 月 6 日至 8 日，政协香河县第五届委员会第一次会议召开，出席委员 131 人。

2 月 7 日至 9 日，香河县第十一届人民代表大会第一次会议召开，参加会议代表 177 人。会议选举尹志峰为县政府县长。

2 月 16 日至 18 日，中国共产党香河县第七次代表大会召开，参加会议代表 178 人。大会听取、审议、通过了中共香河县第六届委员会工作报告和中共香河县纪律检查委员会工作报告；选举产生了中共香河县第七届委员会和中共香河县纪律检查委员会；选举孙殿高为县委书记。

3 月 10 日，全县双文明表彰暨农村政治工作会议召开。命名文明乡镇 4 个，文明村街 115 个，乡镇文明单位 45 个，县直文明单位 315 个。

3 月 28 日，京秦高速公路廊坊段开工典礼在香河举行，省、市有关部门领导到会祝贺。京秦高速公路是国家重点工程。其中，廊坊段位于香河县境内，全长 21.3 公里，11 月 10 日正式通车运营。

3 月，县教育局被省政府命名为“1997 年度扫盲工作先进集体”；五百户镇被国家绿化委授予“1997 年度造林绿化百佳乡（镇）”称号。

4 月 2 日，省政府命名香河县东华纸制品有限公司、河北燕岭重工集团为河北省百强私营企业。

同日，王焕中被省委、省政府授予“河北省发展个体私营经济先进工作者”称号。

4 月 4 日，北京房地产开发经营公司将香河文博馆（位于香河县安平经济开发区）无偿赠予县政府，赠予仪式在香河文博馆举行。

4 月 9 日，近百名中央党校省部级领导班子成员到香河视察指导工作，并在省、市领导陪同下，实地考察了华北制冷集团、淑阳镇胡庄子村人体科学研究展和天下第一城。

4 月 11 日至 12 日，河北省计划生育工作现场会在香河召开。

4 月 20 日，县财政局白树仁被财政部命名为 1997 年度税收财务物价大检查全国先进个人。

4 月 21 日，香河县创建全国科技先进县工作通过国家科委验收，成为廊坊市首批全国科技工作先进县。

4 月 24 日，国家原主席杨尚昆、国务院副秘书长崔占福、国家旅游局长何光韦一行到天下第一城视察指导工作。

4 月 28 日，香河县公安局被授予“全国优秀公安局”荣誉称号。

同日，由国家旅游局主办，天下第一城娱乐有限公司承办，历时 40 天的“'98 华夏城乡游中国旅游欢乐节”在香河天下第一城开幕，国务院副总理钱其琛、省委副书记赵金铎、副省长杨迁等领导及各界来宾 3000 余人参加了开幕式。

5 月 8 日，香河广场工程竣工。该工程于 1997 年 4 月兴建，占地 21300 平方米，总投资 600 万元。

5 月 17 日至 24 日，以县委书记孙殿高为名誉团长、县长尹志峰为团长的香河经贸代表团赴石家庄参加河北省经贸洽谈会。共签约项目 14 个，利用外资 7107.9 美元，达成外资合作意向 14 个，其中外资项目 11 个，投资 2282 万美元，意向利用外资 1943.5 万美元，内资项目 3 个，总投资 130 万元，引资 650 万元。

5 月 21 日，台湾大才青商会一行 15 人在北京青联有关负责人陪同下到香河参观考察。

5 月 28 日，北京至香河 938 路公共汽车进城剪彩仪式在香河宾馆门前举行。剪彩结束后，与会人员乘 938 路公共汽车进行首次试运行。当年，香河县 1 至 5 路小公共汽车又相继开通。

6 月 4 日，由公安、供电、供水等多家部门组成的香河县“110”社会服务系统正式启动。

6 月 9 日，香河县医院成功为一位 86 岁老人实施胆管 4×3.5 厘米结石取出术。术后患者生命体征平稳，神志清醒。6 月 28 日，《健康报》就此刊登文章《耄耋老人巨大结石被切除》。

6 月 11 日，香河县红十字会成立，由县卫生局管理。

6 月 19 日，由省旅游局主办，“天下第一城”承办的“’98 中国（国际）生命与健康文化节”开幕式在天下第一城隆重举行，国际奥委会副主席何振梁等领导到会祝贺。

6 月 20 日，为庆祝香港回归祖国一周年，中共中央决定在香港举行庆典活动，并决定香河天下第一城远瀛观大水法景区为外场地之一。中央电视台在天下第一城举行了大型音乐演奏会并进行了先期拍摄。

6 月 29 日，香河县防雷中心成立暨挂牌仪式在县气象局举行。

同日，科学技术部授予香河县“1997 年度全国科技工作先进县”称号。

6 月，省公安厅为香河县公安局殷志刚荣记一等功。

同月，钱旺乡土堡子村被中组部授予“1997 年度全国农村基层党组织建设先进党支部”称号。

7 月 1 日，县委召开庆“七一”电视大会，表彰了 10 名“人民的好公仆”和 48 个先进党支部、343 名优秀党员、24 名优秀党务工作者、6 个农村红旗支部、3 个优秀乡镇党委。

7 月 6 日，省长叶连松在市县领导陪同下视察了天下第一城，并对有关工作进行了指导。

7 月 10 日，香河县电网高度自动化、实用化通过了由华北电力调度局、廊坊供电局、廊坊市农电管理局等专家测试组的达标验收。这标志着香河县电网调度自动化系统在电网安全经济运行等方面，进入了科学化、现代化管理的新时期。

7 月 15 日，双安路贯穿剪彩仪式在钳屯乡政府驻地举行。此工程于 1997 年 3 月开始施工，连接安平和安头屯两大乡镇，从时间上缩短了与京津的距离。

7 月 24 日，县直政务公开栏建设工程竣工，28 个县直主要部门将办事程序、办事依据等内容进行公开。

8 月 20 日，县医院、渠口中心卫生院和安平中心卫生院通过省级评估，被命名为“爱婴医院”。

8 月 27 日，香三公路（香河至三河）改造工程竣工。该工程于 1998 年 3 月开始施工，全长 51 公里，投入资金 495 万元，是 102 国道与唐通线省道的重要接口。

8 月，省委、省政府命名香河县为 1997 年度省级文明县城；命名人行、国税局、中医院为 1997 年度省级文明单位；卫生局孟庆云被英国国际传统医学会授予世界知名医家金奖。

9 月，香河一中教师宋文龙获全国优秀教师称号。

同月，邮电局撤销，成立邮政局和电信局。1999 年 7 月电信重组，分离出移动电信业务。2000 年 7 月企业改制，香河县电信局更名为河北省电信公司香河县分公司。

10 月 2 日，全国人大常委会副委员长田纪云，在北京国安公司总经理李士林、廊坊市委书记张成起等领导的陪同下视察了天下第一城。

10 月 29 日，农业产业化办公室、农业高新技术园区管理委员会成立。

10 月，县委党校被中央党校函授学院评为“先进辅导站”。

11 月 6 日，在全国计划生育系统“双优”表彰会上，香河县计生局被授予“全国计生系统先进集体”称号。

11 月 9 日，香河县被省政府授予“1998 年度农田水利基本建设海河杯竞赛先进县二等奖”。

11 月 15 日，香绣渠清淤扩挖工程竣工。该工程于 11 月 8 日开工，施工总长 7209 米，开挖土方约 14 万立方米。

12 月 15 日至 16 日，首都科技界农业成果展示会在香河召开。首都 28 家科研单位、6 家新闻单位出席。共举办科技讲座 60 余场，发布科研成果 200 余项，发布实用信息 6000 余条，签订合作意向 100 余项。

12 月，省教委对香河一中进行重点中学评估验收。

同月，香河一中成为河北省首批示范性高中。

同月，县水利局更名为水务局。

是年，香河县被省政府命名为“扫盲工作先进县”和“两基”（基本普及九年义务教育、基本扫除青壮年文盲）工作先进县。

1999年

1月4日，县委对全县乡镇干部进行大范围调整，共调整干部97名。调整后乡镇党政班子平均年龄为36.3岁，比调整前下降了21岁，大专文化的占65.4%，比调整前提高了9.5%。

1月，县工商行政管理局改为省垂直管理。

同月，钱旺村乡人民政府改称钱旺乡人民政府。

3月2日至5日，以色列国家博物馆项目负责人罗尼一行3人参观了香河灯展和地方特色文艺演出，并就农业、工业等领域进行了友好交流。

3月11日，全县双文明表彰大会召开。表彰在1998年度两个文明建设中做出贡献的114个单位和65名个人，命名了9个文明乡镇、94个文明村街、368个文明单位，为两个文明单位颁发奖金总额170万元。

3月31日，全县乡局级领导班子及领导干部1998年度实绩考核结束。在95个领导班子和673名领导干部中，评出实绩突出领导班子3个，实绩较差领导班子1个；优秀领导干部115名（7名记二等功，19名记3等功，嘉奖89名），称职领导干部557名，不称职领导干部2名。

4月16日，全县1999年度首批总投资1000万元以上开工、竣工项目集体开工暨竣工典礼大会召开，22家国家、省、市新闻单位及80多名国内外客商参加了此次活动。这次新开工项目41个，总投资13.84亿元。

4月19日下午4时50—58分，香河县出现了时间达8分钟的冰雹灾害天气。冰雹直径达8～11毫米，密度为60～70/平方米，涉及受灾乡镇4个，受灾面积4000余亩（约267公顷），受灾损失30万元。

4月21日至22日，在廊坊′99北方春季农产品产销衔接洽谈会上，香河县共签约项目21个，合作金额2.45亿元，达成10个意向，意向金额6000万元。

5月13日，石锡贵任县委书记。

5月16日至22日，在石家庄′99河北对外贸易洽谈会上，香河县与总投资1450万元的云辉庄园、耶克尔公司等签约，合同利用外资77.8万美元。

5月19日，河北农业开发现场会暨现代化农业培训会在香河县召开，确定香河县农业综合示范区为河北省首家现代化农业示范区。

5月，县委党史研究室尹俊如撰写的《为了这一方热土》获中国中央编译局、红旗出版社出版的《当代共产党人》优秀作品一等奖。

6月25日，在廊坊′99廊坊科技经贸洽谈会上，香河县签约项目10个。其中，内资项目6个，总投资2.36亿元；外资项目4个，总投资2305万美元，合同利用外资178.5万美元。

6月29日，县委作出《关于表彰“优秀乡镇党委”“红旗党支部”“一先双优”的决定》。表彰了在1998年度加强党建工作和两个文明建设中取得优异成绩的4个优秀乡镇党委、10个红旗党支部、40个先进党支部、24名优秀党务工作者、310名优秀党员。

6月，广东客商谭海良投资2500万元，在淑阳工贸小区内建筑了第一座域外最大规模的家具城——北方广东家具城（简称北广家具城），分为A、B、C、D、E五座，总面积6万平方米。

7月25日，乌干达驻华大使菲利浦一行5人到香河县洽谈经营合作项目。

9月10日，驻斯洛文尼亚大使吴俊峰等20多位驻外使节参观天下第一城。

9月14日，台湾屏东科技大学教授颜昌瑞等4位农业专家考察安平开发区。

9月18日，日本桑原正明夫妇、英国Mr William.j.cahdier等150名外籍专家考察香河安平开发区。

9月22日，以色列农业专家达尼尔一行2人到香河县考察、讲学。

10月28日，香河农业开发示范区正式挂牌命名为“国家农业综合示范区”暨“农业现代化试验区”。

11月6日，县委制定了《关于清理乡镇不在编人员的实施方案》，全县乡镇、机关事业单位开始清理整顿不在编人员，于12月20日结束，共清理清退860名乡镇临时工、农业户口合同制、民办教师和代课教师。

11月12日，全省学校体育卫生工作经验交流会在香河县召开。

11月26日，省长钮茂生视察香河县高氏温室基地、香安农业新产品基地和花卉基地。

同日，在第三届（廊坊）北方农副产品暨农业技术交易会上，香河县共达成合作意向40项，总金额5496万元，有6种农产品被评为省农业名优产品。

11月28日，省委书记叶连松视察香河县双安农业技术园区的高氏高档温室特菜基地和东方花卉种苗繁育基地。

12月7日至8日，第二届首都界农业成果展示会在香河县召开，共签订协议14项，达成合作意向20多项。

12月10日，中共香河县农业高新技术园区工作委员会建立。

12月17日至19日，中华首届舞龙大会在天下第一城举行。这是中国文联主办的庆祝香港回归迎接千禧龙年的一项大型民间活动，共有全国12个省市31个代表队近200条龙参加。

12月，县技术监督局更名为县质量技术监督局，由上级业务主管部门垂直管理。

是年，香河县被省委、省政府命名为“扫盲工作先进县”“创建文明县工作先进县”“创建文明村镇工作先进县”“城市环境综合整治优胜县城”；被省委命名为“1998年度计划生育工作先进单位”。公安局被公安部命名为“全国公安保卫战线英雄模范集体”。民政局被省委、省政府、省军区命名为“开展双三好活动先进单位”（地方转业干部安置好、优抚政策落实好、为部队排忧解难好；军队遵守纪律好，参加地方经济建设好、为驻地群众服务好）。县委老干部局被省委、省政府命名为“老干部工作先进集体”；香河东华纸制品有限公司、燕龙汽车配件制造有限公司被评为“河北省优秀企业”。在′99全国专利（新产品技术）博览会上，香河金辉医用设备有限公司生产的ICV特护病床和华北致冷设备有限公司的半导体冷暖饮水机获得金奖；县工商局王宇被省委、省政府评为发展个体私营经济先进工作者和省级市场建设先进工作者，张智勇被国家行政管理局授予粮食市场管理先进个人称号；县文联吕永杰书法作品在迎澳回归马石祺奖中获金奖，李开平书法获全国民间工艺美术书法大展精英奖。

2000年

1月1日，中国世界时光节暨世纪公园大典在天下第一城隆重举行。

1月19日，全国高等教育自学考试助学工作现场会在香河召开。

1月，县职教中心被省教委评定为“省级重点职业学校”。

2月24日，国家体育总局局长伍绍祖、中国足协常务副主席王俊生到刘宋镇北务屯村实地视察建设中的国家足球（香河）训练基地和北京国安足球（香河）训练基地。

3月3日，全县双文明表彰大会召开。会上表彰了在1999年度两个文明建设中做出突出贡献的149个单位和个人，命名了9个文明乡镇、150个文明村（街）、336个文明单位。

3月14日，全县“三讲”教育动员大会召开。第一批县（处）级以“讲学习、讲政治、讲正气”为主要内容的“三讲”教育正式开始。经过自我剖析、听取意见，交流思想、开展批评，认真整改、巩固成果三个阶段，于5月12日结束。

3月16日，全县学习“三个代表”重要思想及“双思”（致富思源、富而思进）教育实践动员大会召开。

3月29日，县委对全县乡局级领导班子和领导干部1999年度工作实绩考核结束，共评出实绩突出领导班子52个，实绩比较突出领导班子42个，实绩一般领导班子1个，实绩突出领导干部139名，实绩比较突出领导干部703名，实绩一般干部2名，实绩较差领导干部1名，其中7名记二等功奖励，26名记三等功奖励，104名嘉奖奖励。

4月1日，原中央政治局常委宋平到正大有限公司、钱旺义井村和国能集团华北制冷设备有限公司检查指导工作。宋平为义井村题词“发扬人民民主，建设社会主义新农村”，为国能集团华冷设备有限公司题词“科技创新，勇攀高峰”。

4月27日，全国政协副主席孙孚凌到香河考察农业产业化和农业结构调整情况，参观了县农业技术园区和天下第一城。

4月，香河县刑警大队被公安部、共青团中央授予“1999年度全国公安系统青年文明号”称号。

5月1日至20日，全县县级党员干部开展“住村访户”活动，分深入学习、住村访户、总结交流三个阶段进行。

5月12日，刘宋北务屯村小学举行奠基仪式，该校由中信国安公司捐款200万元兴建，北京市常务副市长张百发、县长尹志峰被聘为名誉校长。

5月25日至26日，第三届首都科技界农业成果展示会在香河县召开。首都25家科研单位的50余位专家现场发布信息300余条，发放各种技术资料3万余份，举行科技讲座20场次，签订合作协议10项，达成合作意向60余项。

6月20日，全国首届禁毒肃毒科普教育研讨会在香河县召开。全国人大常委会副委员长程思远、吴阶平，省政协副主席王幼辉等领导出席研讨会。

6月28日，香河县被省委、省政府授予1999年度“基层组织建设先进县”荣誉称号。

6月29日，县委作出《关于表彰“优秀乡镇党委”“红旗党支部”“一先双优”的决定》，对在加强党的建设、两个文明建设中取得优异成绩和做出突出贡献的5个优秀乡镇党委、8个红旗党支部、37个先进党支部、26名优秀党务工作者、334名优秀党员予以通报表彰。

8月8日，北京军区政治部主任吕志中将率北京军区工作组到香河考察指导民兵工作。

8月，香河县地税局被省委、省政府命名为“文明单位”。

9月2日，省委书记王旭东到香河县国能华冷集团参观考察。

9月8日，北京华联连锁店香百超市加盟店开业。

9月18日，省军区党委做出《关于开展向香河县人民武装部学习的决定》，对香河县人武部连续四年被省军区评为先进人武部，是年又被北京军区表彰为科技练兵、学习成才先进单位和先进党委、荣立集体三等功的成绩给予充分肯定。

10月12日，全市依法治县（市、区）现场经验交流会在香河县召开。

10月25日，全市农业调整现场汇报会在香河县召开。

11月1日，省政协副主席、省委统战部部长吴振华率领驻冀全国政协委员视察团视察指导香河小城镇建设工作，并实地考察了香河广场、香河家具城及第一城。

12月3日，县公安局成功打掉“京东特大系列抢劫强奸犯罪团伙”。公安部部长贾春旺作出重要批示：“对香河县予以表彰，充分肯定他们一举除掉这个流氓团伙，为民除害”。

是年，香河县被农业部、环保部联合命名为秸秆还田综合利用先进县；县总工会被中华全国总工会命名为先进职工之家；县检察院被最高人民检察院、团中央联合命名为全国优秀青少年维权岗；县公安局被公安部命名为全国优秀公安局，淑阳派出所被公安部评为全国人民满意基层单位；县教育局被教育部考试中心命名为自考先进单位；淑阳工贸小区被农业部命名为全国乡镇企业示范区；安头屯农技站被农业部命名为全国农业技术推广先进单位；钱旺乡贾庄村被全国计划生育协会命名为全国计划生育先进村街；县纪委被中纪委命名为优秀信息点；县人武部被省委、省政府、省军区命名为全面建设先进单位，被北京军区命名为科技练兵先进单位、学习成才活动先进单位、先进党委、基层全面建设先进单位，被省军区命名为先进人武部；人行香河支行、香河一中被省政府、省残联协会命名为残疾人之家；安平镇被省委、省政府命名为双基建设先进乡镇；县工商行政管理局王宇被国家工商总局授予全国工商管理系统优秀管理人员荣誉称号。

2001年

2月13日，县委对全县“十佳政法干警”“十佳贤内助”“十佳支持政法综治工作热心人”“十佳治保主任”“十佳调委主任”进行通报表彰。

2月26日，县委对全县乡局级领导班子和领导干部2000年度工作实绩考核结束，共评出实绩突出领导班子59个，实绩比较突出领导班子36个，实绩一般领导班子2个，优秀领导干部179名，称职领导干部685名，基本称职领导干部4名，不称职领导干部1名，其中7名记二等功奖励，35名记三等功奖励，137名嘉奖奖励。

2月28日，全县双文明表彰大会召开。会上表彰了在2000年度两个文明建设中做出突出贡献的106个单位和52名个人，命名了9个文明乡镇、

115个文明村（街）、333个文明单位。为两个文明单位和个人颁发奖金总额255　87万元。奖励9人农转非指标24个。

3月7日，县纪委、监察局被评为优秀中央纪委信息直报点，王凤海被评为全国纪检监察系统先进信息工作者。

3月9日，全县“三个代表”重要思想学习教育活动动员大会召开。在全县广泛开展以代表中国先进生产力的发展要求、代表中国先进文化的前进方向、代表中国最广大人民的根本利益为主要内容的“三个代表”重要思想学习教育活动。2002年7月1日，香河县被省委授予“农村‘三个代表’重要思想学教活动暨基层组织建设先进县”，2个“学教”单位受到省委表彰。2002年7月15日活动结束，县委对活动中做出优异成绩和突出贡献的30个先进乡镇党委和县直部门、60个先进村街和站所、10个先进督导组、164名先进个人予以表彰。

同日，北京施—德室内设备技术有限公司开业剪彩仪式在香河贝德装饰有限公司举行。

3月12日，县委对2000年度新闻宣传工作中做出突出贡献的10个先进集体和67名先进个人进行通报表彰。

4月3日，国务院安全生产督察组在国家安全生产监管局局长赵岸青带领下，到香河县检查安全生产工作。

4月8日，国际计生联评估团到香河县钱旺乡田贾庄村考察计划生育工作。

4月27日，香河县举行18岁青年成年仪式。1000名年满18岁的成人代表在香河县委广场面对国旗进行庄严宣誓，充分表达自己18岁的心情和愿望。

5月10日，全国人大常委会副委员长、国家计生协会会长姜春云，全国人大法工委副主任张维庆、乔小阳，国家计生协常务副会长杨魁孚等领导到钱旺乡田贾庄村、淑阳镇闫庄、高氏纸制品有限公司实地考察。

5月18日至22日，县委书记石锡贵、县长尹志峰带队参加河北省“5·18”经贸洽谈会。其间，共签约项目46个，其中外资项目15个，内资项目31个，签约投资总额达22.88亿元，在各县（市、区）排名第一；合同引资16.77亿元，全市排名第二。2001年项目履约率达93.5%。

5月25日至26日，第四届首都科技界农业成果展示会在香河鸿运宾馆举行。

6月27日，“天下第一城”娱乐有限公司变更为第一城娱乐有限公司。

6月29日，县委作出《关于表彰“优秀乡镇党委”“红旗党支部”“一先双优”的决定》，对在加强党的建设、两个文明建设中取得优异成绩和做出突出贡献的3个优秀乡镇党委、14个红旗党支部、36个先进党支部、26名优秀党务工作者、347名优秀党员予以通报表彰。

6月，《香河县志》出版发行。明万历四十七年（1619年）、康熙十七年（1678年）、民国25年（1936年）先后出版3部《香河县志》，本部《香河县志》为第4部，也是中华人民共和国成立后首部县志。

7月12日，以色列驻华使馆农业处公使衔参赞欧慕然到香河考察，对香河县农业发展和农业园区建设成果表示赞赏。

8月31日，殷志刚任县政府代县长。

9月5日，在北京人民大会堂召开“新奥运·新契机·新香河”投资环境说明会。全国人大常委会原副委员长布赫、王光英，全国政协原副主席马文瑞等出席了会议。会议由中央电视台节目主持人李修平主持。

9月14日，香河县召开五一路带状公园和绣水街两大工程建设誓师大会。

9月20日，香河县第十一届人民代表大会第五次会议召开。大会补选殷志刚为县政府县长。

9月26日至28日，县委书记石锡贵、县长殷志刚率团参加第五届北方（廊坊）农副产品暨农业技术交易会，签约项目11项，合同金额或意向金额4440万元。

10月24日，全县廉政书法作品展和廉政文艺演出举行，中纪委副秘书长金道铭及市、县主要领导观看了作品展和文艺演出。

10月31日，香河县中医院被国家中医药管理局批准为全国农村中医工作先进县建设单位。

11月23日，县委做出“关于表彰五一路带状公园、绣水街建设中有功单位和个人的通报”，对75个单位和个人进行表彰奖励。

是年，县文联丁震宇民间故事《文劫》选入2001年度全国最佳故事选；张玉清长篇小说《凶险的夏天》获冰心图书奖，《长不大的男孩和长大的女孩》获2000年度河北作协“十佳”优秀作品奖。是年，县巡警防暴大队被命名为全省十佳巡警防暴大队。

是年，县委、县政府批转了《香河县依法治县领导小组关于在公民中开展法制宣传教育的第四个五年规划》，明确规定2001—2005年“四五”普法的重点内容和重点对象。“四五”普法香河县被评为全国先进县，司法局局长谢万顺被评为全国先进个人。

2002年

1月10日，全县开展2002年第一个民主议事日活动。

1月18日，香河县公安局召开“京东特大系列抢劫、强奸案”专案组被公安部荣记一等功荣誉庆功大会。“京东特大系列抢劫、强奸案”专案组经过20余天连续奋战，抓获犯罪嫌疑人14名，破案30余起，总案值人民币300余万元，收缴赃款、赃物价值人民币20余万元。会上，还对2001年公安战线做出突出成绩的单位和个人进行了表彰。

3月4日，县委做出《关于对实绩突出下基层工作组和优秀下基层干部进行表彰的决定》，对21个实际突出工作组和61名优秀下基层干部给予通报表彰。

3月11日，县委、县政府做出“关于表彰开展争创人民满意的政法干警和人民满意的政法单位活动先进集体和先进个人的决定”，对11个人民满意的政法单位和11名人民满意的政法干警进行通报表彰。

3月25日，县委做出《关于在全县开展“解放思想转作风，调查研究抓落实，与时俱进促发展”大讨论活动的安排意见》，集中解决的问题共有5个方面18个问题。

4月3日，香河家具市场管理委员会建立。

4月4日，县委、县政府决定表彰全县“三五”普法先进集体和先进个人。1996年全县开始实施“三五”普法规划，香河被评为全国先进县，县委、县政府对34个先进集体、51名先进个人进行通报表彰。

4月8日，全国政协副主席、中华全国供销合作总社理事会主任白立忱在河北省政协副主席杨国春和市、县有关领导陪同下到香河进行工作考察。

4月12日，香河县委召开乡级人大换届选举工作会议。

4月16日，全县双文明表彰大会召开。会上表彰了在2001年度两个文明建设中做出突出贡献的94个单位和34名个人，命名了9个文明乡镇、115个文明村（街）、299个文明单位。为两个文明单位和个人颁发奖金总额359.79万元。奖励9人农转非指标29个。

4月17日，全县机构改革动员大会召开。这次机构改革，共精减机关事业单位工作人员751人，其中副科级以上干部274人。

4月，家具城管理委员会、房产管理局、园林绿化管理局、城区管理综合执法局、林业局和热力公司成立；撤销县物资局、外贸局、商业局，分别建立物资总公司、外贸总公司、商业总公司。

同月，计划局改称发展计划局。

同月，县地震局撤销，职能交由科技局承担。

5月17日，廊坊成和办公家具工程有限公司在蒋辛屯镇新世纪工业园区内举行奠基典礼。

5月18日至23日，县委书记石锡贵、县长殷志刚带领香河县代表团赴廊坊参加第十九届河北省经贸洽谈会。洽谈会上共有47个项目签约，总投资57.6亿元，合同引资54.2亿元；省市会签约项目11个，总投资17.5亿元，合同引资15.9亿元，其中，外资项目6个，总投资16010万美元，合同引资14510万美元，内资项目5个，总投资4.2亿元，合同引资3.9亿元；会中会签约项目36个，总投资14.5亿元，合同引资12.6亿元，其中，外资项目8个，总投资3124.2万美元，合同引资2303.6万美元，内资项目28个，总投资11.9亿元，合同引资10.64亿元。

5月31日，副省长宋恩华邀请国家林业局、中国林科院、中国花协等单位的专家，带领省科技厅、省林业局等有关部门负责人到香河考察。

6月1日，《人民日报》刊登消息：香河县推行厂务公开、集体合同，依法维护职工合法权益，中央人民广播电台也在《今日中国》栏目中播出。

6月5日，全省公安基层执法单位和民警执法质量考评试点工作现场经验交流会在香河县召开。

6 月 13 日，县委、县政府通报表彰“质量兴县、名牌兴企”工作 6 个先进单位、24 个先进企业、30 名先进个人。

6 月 16 日，县中医院举行门诊及住院楼落成典礼仪式。

6 月 17 日，廊坊市农村财务管理工作现场会在香河县召开。

6 月 23 日，香河中辰工业园区战略研讨会在县政府五楼举行。7 月 18 日举行中辰（香河）高科技工业生物发展园签约暨奠基仪式。

6 月 27 日，县委作出《关于表彰“优秀乡镇党委”“红旗党支部”“一先双优”的决定》，对在加强党的建设、两个文明建设中取得优异成绩和做出突出贡献的 9 个优秀乡镇党委、13 个红旗党支部、37 个先进党支部、30 名优秀党务工作者、130 名优秀党员予以通报表彰。

7 月 2 日，中国科学院院士、中国工程院院士吴良镛，清华大学教授毛其智等一行 5 人，就香河县城市规划、开发区发展和第一城建设等方面内容进行调查研究。实地考察了香河广场、家具城、街头公园、安平开发区、第一城和潮白河绿色长廊等处建设发展情况，对香河今后发展提出了建设性意见。

7 月 19 日，中央电视台《外国人看中国》栏目编导金瑞民等一行 3 人到钳屯乡张庄村就农民生产、生活等劳动场景进行实地拍摄，展示香河农村新形象。

7 月 25 日，省长钮茂生对香河县家具城进行实地考察，并对家具城今后的发展提出指导性意见。

7 月 28 日，香河县被省委、省政府评为省级双拥模范县，县光荣院为省双拥先进集体。

7 月，香河县被省委、省政府评为省级文明县城。

8 月 3 日凌晨 4：00—4：50，香河县发生强降雨天气，并伴有短时大风，最大降雨量为 38.5 毫米，部分农作物发生严重灾害。全县玉米受灾面积达 12.35 万亩（约 8233.33 公顷），其中有 8 万亩（约 5333.33 公顷）减产六成以上，1000 公顷绝收，蔬菜受灾面积为 100 公顷，林果受灾面积为 1270 亩（约 84.67 公顷）。

8 月 12 日，省长钮茂生、清华大学校长王大中，副省长才利民，市委书记孙建群，市委常委、三河市委书记孙殿高，副市长王志欣及省市有关部门主要负责人，到香河县参观第一城建设和格林尼克电子科技有限公司、贝德建筑装饰有限公司，并对香河县今后加快发展提出指导性意见。

8 月 15 日，香河广场举行公民道德实践千人签名活动。来自全县各行各业的 1200 余人分别在两块 10 米长的红布上签上了自己的名字，发放公民道德建设宣传材料 2000 余份，营造了开展公民道德建设的良好氛围。

8 月 27 日，50 名香河代表到北京参加中央电视台《乡村大世界》节目的现场录制。8 月 31 日，以介绍香河县农业、工业、三产、民间艺术等内容，展示香河县改革开放新成就的大型综艺节目《乡村大世界》在中央电视台 7 套播出，白雪、耿莲凤、莫元季等演艺界知名人士到场助兴。

8 月，县粮食局由行政机构转为事业机构。

9 月 3 日，河北省工商系统党风廉政建设汇报暨现场会在香河召开。

9 月 8 日，国家足球训练基地在香河建成正式投入使用。

9 月 12 日，河北省通信公司香河分公司成立。

9 月 17 日，中央政治局常委、中纪委书记、全国总工会主席尉健行对香河县非公企业——鑫义时装有限公司和贝德建筑装饰有限公司民主管理工作开展情况进行视察，与企业领导和职工代表进行了座谈。尉健行对香河县“企业之家”建设表示满意，并对全县工会工作给予高度评价。

9 月 29 日，香河县在贵宾楼前举行诗词学会成立暨书画展览周开幕仪式。

10 月 16 日，香河县被省政府评为民政工作先进县。

10 月 18 日至 22 日，县委书记石锡贵、县长殷志刚带领香河县代表团赴廊坊参加第六届中国（廊坊）农产品暨优种交易会。会上共签约项目 13 项，总投资 1.85 亿元，合同引资 9110 万元，其中省签约项目 1 项，市签约项目 2 项。

10 月 22 日，黑龙江省交通厅、哈尔滨市交通局将写有“真诚互助、友谊长存”的锦旗送到香河县，以表达对香河县成功阻止哈尔滨市一起突发性集体上访事件的感激之情。

10 月，渠口镇被农业部批准为全国乡镇企业科技园区。

11 月 4 日，著名相声表演艺术家马季等演艺界知名人士参观香河家具城和香河老人故居。

11 月 5 日，投资 1100 万元的香河县影剧院落成剪彩。2008 年 9 月拆迁。

同日，参加河北省一清华大学（廊坊）“北三县”发展战略研讨会的河北省主要领导及省直有关部门负责人、清华大学有关领导、专家、教授、河北清华研究院负责人、廊坊市主要领导及市直有关部门负责人一行 50 余人，到香河调查县情，指导县城经济发展战略的制定。

11 月 6 日，香河县公安局消防楼举行落成典礼。

11 月 12 日，由北京决策咨询中心组织，国家计委、外经贸部、科技部、中国未来学会、人民日报社等单位、部门专家、学者一行 20 人到香河县参观考察。

11 月 14 日至 15 日，中科院农村现代化建设课题组一行到香河县考察调研农村现代化工作。课题组一行在听取了香河县农村工作总体情况介绍和实地考察了家具城、第一城和农业园区建设情况后，就在参观考察中发现的一些问题及日后一段时期农业农村工作发展的前景与香河县交换了意见。

11 月 21 日，全县领导干部大会召开，传达《中共河北省委办公厅关于认真学习贯彻党的十六大精神的通知》精神，部署香河县委学习贯彻党的十六大精神。11 月 29 日，邀请中央党校张荣臣教授就如何学好十六大报告进行了讲授，四大班子领导、乡镇及县直各部门负责共 240 余人聆听了讲座。12 月 14 日，省十六大精神宣讲团到香河县做辅导报告，三河市、大厂县和香河县四大班子全体领导、香河县各乡镇、开发区、农业园区、家具城等单位的股级以上干部及县直部门副科级以上干部听了报告。

11 月 22 日，香河县举行唐通公路改扩建一期工程竣工剪彩仪式。

11 月 24 日，香河县举行“中国香河家具城新闻发布会”。市县有关领导、中国家具协会、河北省家具协会领导以及京、津、冀等地各大电视台、电台、报社新闻记者参加了新闻发布会。

12 月 3 日，世界卫生组织官员琼•布赖恩（Joan.Bryan）博士一行 34 人到香河参观考察三级保健网建设和妇幼工作情况。

12 月 4 日，省外事办驻刘宋镇孙庄村工作组向该村捐赠款物 10 余万元，其中电脑 4 台、图书 500 余册。

12 月 6 日，香河县档案馆通过了省四级考评验收。

12 月 21 日至 23 日，由北京市原常务副市长、中国评剧院艺术总监张百发带队的中国评剧院为香河县广大群众奉上了《李三娘》《贬官记》《大脚皇后》等六场精彩演出。

12 月 29 日，中国共产党香河县家具城工作委员会建立。

2003 年

1 月 6 日至 8 日，中国共产党香河县第八次代表大会召开。参加会议代表 177 名。大会听取、审议通过了中共香河县第 7 届委员会工作报告和中共香河县纪律检查委员会工作报告；选举产生中共香河县第八届委员会和中共香河县纪律检查委员会；选举石锡贵为县委书记。

1 月 9 日至 11 日，香河县第十二届人民代表大会第一次会议召开，参加会议代表 181 名。同日，政协香河县第六届委员会第一次会议召开，出席委员 140 名。

1 月 21 日，县委、县政府做出关于表彰全县文艺界做出突出贡献的老同志和文艺创作先进个人的决定，获得突出贡献奖 12 名，文艺繁荣奖 31 名。

2 月 9 日，香河县影剧院举办庆新春名家名票名段演唱会。来自中国京剧院、北京京剧院、天津京剧院的著名京剧表演艺术家浩亮、曲素英、李鸣岩、李维康、耿其昌、孟广禄等演唱了《白毛女》《红灯记》《珠帘寨》《铡美案》等 20 多个名剧的精彩唱段。

2 月 18 日，县委做出关于对实绩突出下基层工作组和优秀下基层干部进行表彰的决定，对在 2002 年度考核中评选出的 25 个实际突出工作组和 72 名优秀下基层干部给予通报表彰。

同日，在全国妇女创业及再就业工作会暨巾帼建功活动表彰大会上，县医院被授予“巾帼文明示范岗”称号，受到大会表彰。

3月1日，报纸《新香河》创刊发行。9月按照中央有关精神，加大报刊治理工作，《新香河》停刊。《新香河》自创刊至停刊共出版发行26期。

3月4日，县委对全县乡局级领导班子和领导干部2002年度工作实绩考核结束，共评出实绩突出领导班子78个，实绩比较突出领导班子22个。连续三年以上被评为实绩突出班子，授予优秀领导班子荣誉称号57个。评出优秀干部244名，其中35名记三等功奖励，209名嘉奖奖励，称职干部629名，不称职干部1名。

3月10日，县委、县政府对在2002年度“质量兴县、名牌兴企”工作中做出突出贡献的6个先进单位、27家先进企业、31名先进个人进行通报表彰。

3月12日，县委、县政府对2002年度19个植树造林先进集体和13名先进个人进行通报表彰。

3月14日，全县“双文明”表彰暨“树、讲、求”活动动员大会召开。会上表彰了在2002年度两个文明建设中做出突出贡献的77个单位和47名个人，命名了9个文明乡镇、82个文明村（街）、322个文明单位。为两个文明单位和个人颁发奖金总额316.54万元。奖励9人农转非指标28个，奖励7人7块金牌。对在全县开展“树正气讲团结求发展，全力推进两个率先”主题教育实践活动进行安排部署。

3月20日，省委书记白克明到香河县进行工作调研。白克明实地考察了家具城、国能华冷、高氏公司、格林尼克、贝德、第一城等项目并详细听取了廊坊市及北三县工作汇报，就廊坊及北三县工作讲了重要意见。

3月26日，省委党校地厅级领导干部进修班学员一行30余人到香河参观考察。

4月9日，中华全国供销合作总社党组书记、理事会常务副主任周声涛一行4人察看了五百户镇民得利超市、京香养殖加工有限责任公司两个县供销社系统企业，对香河县供销系统企业所取得的成绩给予充分肯定。

4月16日，东南亚国家驻京专家代表团一行35人，参观了第一城、家具城并听取了香河县县情和投资环境介绍。

4月21日，全县非典型肺炎防治工作会议召开，对香河县非典型肺炎防治工作进行了周密紧急安排部署。

4月24日，县领导殷志刚、张学义、王世强带领县公安局负责同志到安平检查站、鑫义时装有限公司和京沈高速香河出口就防治非典型肺炎工作进行督导检查。晚上，县领导殷志刚、邳振一、张显强、杨培苏、王世强组织召开全县非典型肺炎防治工作调度会，就“非典”防治工作进行再安排、再部署。

4月26日，县防治非典型肺炎工作领导小组召开会议，对省防治工作领导小组《关于认真做好在北京务工返乡人员“非典”防疫工作的紧急通知》精神进行了传达贯彻，并在全县防治“非典”工作进一步研究部署的基础上，重点对全县在京务工返乡人员总体情况进行了综合分析，并研究制定了相关具体措施。

4月27日，103国道香河段发生挖沟断道、阻断交通事件。

5月3日，建设防治“非典”定点医院调度会召开，殷志刚等领导到场考察，确定地址在此基础上，邳振一、王辉云召集各参建单位，就具体建设工作进行了责任分工。要求各单位从即日动手，调齐工人，备集建筑材料，不分昼夜加紧施工，确保按质、按期完成防治“非典”定点医院建设任务。

同日，县政府组织召开了全县防治“非典”捐款动员大会。

5月4日，县委、县政府机关抗击“非典”捐赠仪式在县委办公楼院内举行。县党政班子全体成员及县委、县政府楼内机关全体职工约280余人参加捐款仪式。共募集资金4.21万元。

5月5日，全县抗击“非典”捐赠仪式举行，各乡镇、安平开发区、家具城管委会、经济主管部门、中省直部门和县内企业等共计70余家单位负责人汇聚县委机关楼前，慷慨解囊、义务捐赠、鼎力支持抗击“非典”。此次活动共募集资金310万元。全县共募集资金420万元。

5月6日，县政协召开了企业界委员“抗非典献爱心”捐款座谈会，会上张宝芙委员捐款5000元、王秀东委员捐款3000元、崔长林委员捐款2000元、魏书沆委员捐款500元、黄春银委员捐款500元，据统计全县委员通过各种渠道向社会捐款39万多元。

5 月 16 日，廊坊市委任命殷志刚为中共香河县委书记，于宝华为中共香河县委委员、常委、副书记，并提名于宝华为县政府县长。

5 月 28 日，用于治疗非典病人的香河县第二人民医院正式落成。

6 月 1 日，中国香河国家足球训练基地副总经理王友民先生代表国家足球训练基地及全体员工向香河县捐款 24250 元，支持全县全力抗击“非典”。

6 月 29 日，香河县在家具城组织召开 60 个千万元以上项目开竣工庆典新闻发布会，邀请了包括《人民日报》《光明日报》、中央电视台等在内近 30 位国家重要媒体代表到会，进行实地参观采访和报道。

7 月 1 日，香河县庆“七一”表彰大会暨优化发展环境动员大会召开。会上对取得优异成绩和做出突出贡献的 7 个基层党委（工委）、50 个先进党支部、105 名优秀共产党员和 56 名优秀党务工作者予以表彰。对在全县开展“强化发展意识，提高干部素质，优化发展环境”主题教育活动进行安排部署。

7 月 4 日，2002 年度“县长特别奖”颁奖仪式在香河宾馆二楼会议室隆重举行，县委书记殷志刚代表县委、县政府向正大公司、紫辰集团等七家企业颁发了“县长特别奖”奖牌。

7 月 7 日至 9 日，国家体育总局在足球管理中心香河基地召开“2003 年全国体育局长会议”。

7 月 18 日，省长季允石一行 3 人到香河县进行工作调研。

7 月 26 日，台湾旅行业品质保障协会考察团一行到香河县考察。

7 月 31 日，香河县公安局淑阳派出所被公安部命名为全省唯一“全国模范公安派出所”。

8 月 8 日，中央纪委、监察部信访举报工作座谈会在香河第一城召开，中纪委副书记张惠新，中纪委信访室主任张继同，副主任潘选民及北京、上海、天津、重庆、河北等十省、市纪委副书记、信访室主任参加会议。

9 月 4 日，加勒比地区国家部长培训班一行 15 人到第一城进行参观考察。

9 月 18 日至 19 日，香河县第十二届人民代表大会第二次会议召开。会议接受殷志刚辞去县政府县长职务，选举于宝华为县政府县长。

9 月 27 日，在日本蕾茵博国际投资股份公司董事长刘甚秋的陪同下，日本企业和财界考察团一行 5 人专程到香河县考察投资环境和日本工业园情况。

10 月 17 日，美国欧乐集团投资公司董事长鲍勃先生一行 7 人到香河县参观考察。

10 月 19 日，在第一城国际会议中心召开了全省推进城镇化战略市长座谈会，国家建设部部长汪光焘、省长季允石，河北省各市市长参加会议。

10 月 27 日，全国六省市政法队伍建设座谈会在第一城召开。中央政法委队伍建设室副主任刘勉义及北京、河北、黑龙江、广东、四川、陕西六省市政法委政治部副主任参加会议。

11 月 14 日，副省长付双建带领省重点项目办有关人员及河北省各市市长、常务副市长一行 50 余人到香河第一城、金钥匙家具汇展中心参观考察。

11 月 23 日，金钥匙国际家具（香河）汇展中心开业剪彩。

11 月 24 日，由原中顾委委员、中华诗词学会名誉会长李锐，原河北省副省长、省诗词协会名誉会长宋叔华带队一行 14 人，到香河县参观考察。

12 月 2 日，香河县被国家计生协会评为全国计划生育协会工作县级先进单位。

12 月 3 日，县委、县政府通报表彰县检察院和县公安局淑阳派出所。2002 年度，全县政法系统共有 25 个集体和 29 名个人受到市以上表彰，其中县公安局淑阳派出所在全国 5 万余参评派出所中脱颖而出，成为公安部授予的 35 个“全国模范公安派出所”之一；县检察院获得“全省人民满意检察院”荣誉称号。

同日，在金钥匙国际家具（香河）汇展中心举行 2003—2004 鲁能杯中国乒乓球俱乐部女子超级联赛（正大主场）。

12 月 8 日，中央纪委委员、交通部纪委书记金道铭一行在省交通厅公路局局长杨国华的陪同下，到香河县检查指导公路建设工作。

是年，香河县委老干部局被省委、省政府授予“老干部工作先进集体”光荣称号。

2004 年

1 月 26 日，全国人大常委、中国外商投资协会会长、原国家外经贸部长石广生，到第一城和家具城参观考察。

2月3日，香河县发生一起特大抢劫杀人案，公安局参战干警经过70多个小时连续奋战，将2名犯罪嫌疑人抓捕归案。3月10日，县委、县政府对“2·3”特大案件专案组进行通报表彰。

2月9日，县委、县政府发出《关于2003年度乡局级领导班子和领导干部考核结果的通报》，经对100个乡局级领导班子和927名领导干部进行全面考察考核，共评出实绩突出领导班子73个，实绩比较突出领导班子26个，实绩较差领导班子1个，优秀领导干部247名，称职领导干部677名，不称职领导干部3名，有34名优秀领导干部荣记三等功，嘉奖213名。

2月13日，2003年度全县“双文明”表彰大会召开。会上表彰了在2003年度两个文明建设中做出突出贡献的138个单位和56名个人，命名表彰了9个文明乡镇、110个文明村（街）、276个文明单位。为“两个文明”建设优秀单位和个人颁发奖金总额592.59万元。

2月13日至14日，由国务院纠风办副主任、中纪委纠风室主任胡玉敏带队的国务院纠风办领导一行30余人，到香河县过党团组织生活。

2月27日，县委、县政府对2003年度全县人口与计划生育工作先进单位和先进个人进行通报表彰。授予6个乡镇为“计划生育协会先进乡镇”，表彰15个计划生育工作先进单位，对54名先进个人授予“计划生育优秀工作者”称号。

3月2日，中华中西医临床医学会气管炎哮喘专业委员会在香河县气管炎医院成立并对外挂牌，院长孟庆云被聘为副会长。

3月3日，中组部党建研究所所长王庭大、副所长赵子平等一行40余人，到香河县参观考察。

3月10日，卢旺达驻中国大使约瑟夫·博内萨(Joseph Bonesha)一行4人到香河县参观考察。

3月11日，国家贸促会会长万季飞一行9人，到香河县考察家具市场建设情况。

3月15日，香河家具生产基地领导小组及办公室成立。

3月16日至25日，香河县组成经贸代表团赴东莞、佛山、香港等地招商引资。在招商考察期间组织了香河家具工业园投资环境说明会、出席了河北省（香港）投资贸易洽谈会、商机廊坊（香港）推展周暨“5•18”启动仪式等活动。

3月20日，中央政治局委员、全国人大常委会副委员长、中华全国总工会主席王兆国一行11人到香河县视察工会工作。

3月21日，罗马尼亚驻中国大使馆公使衔参赞丹西米翁一行4人到香河县参观考察。

3月26日，县委、县政府举行了“爱心超市”开业庆典仪式，标志着香河县扶贫济困长效体系进一步健全。

3月，香河县安全生产监督管理局成立。

同月，县职教中心被教育部命名为首批“国家级重点中等职业教育学校”。

4月11日，《香河开发区总体规划纲要》专家评审会在第一城召开。经专家评审后，原则通过《香河开发区总体规划纲要》。

4月17日，在绣水街南侧、五一渠东侧举办经纬家具城•材料城奠基仪式。

4月21日至22日，“香河经验”研讨会在第一城召开。会议对香河加强社会治安综合治理，保持社会长期和谐稳定的经验进行讨论和论证。

4月23日至24日，全国纪委秘书长工作研讨会在第一城召开。会议就如何做好纪检监察工作进行了深入研讨。

4月27日，北京新闻媒体对香河极个别农户使用高毒农药生产韭菜进行了报道。县委、县政府立即采取得力措施，对韭菜生产、销售进行严格整治。4月29日，北京市工商局抽检的17个韭菜样品全部合格。

5月9日至10日，在第一城国际会议中心召开全国“关于党的基层组织做好新时期群众工作问题调研”协调会议。

5月10日，全县粮食直补工作顺利完成。共计发放补贴资金320万元，补贴面积19200公顷（向农户兑付粮补资金316.5万元，奖励种粮大户3.5万元）。这是香河县历史上第一次对种粮农民进行直接补贴。

5月18日，香河县组团参加了省第二十一届“5·18”经贸洽谈会，会上共签约项目和成果项目66个，项目总投资54.6亿元，合同引进域外资金46亿元。

5月19日，由外交部前常务副部长田曾佩带队的中国前外交官联谊会理事团一行 89 人到香河参观考察。在实地察看了第一城和家具城后，田曾佩对全县经济建设等工作给予较高评价。

5 月 29 日至 30 日，首都新闻界领导到香河县参观考察，在实地参观了家具城、第一城、香河老人故居后，在第一城康体中心参加了首届“香河家具城”杯首都新闻界领导保龄球赛。

5 月，香河县规划局成立。

6 月 5 日，唐山市玉田县考察团一行 100 余人，在县委书记王久宗带领下到香河县参观考察。

6 月 6 日，国家行政学院“区域创新能力建设专题研究班”全体学员一行 70 余人，到香河县参观考察。

6 月 9 日至 12 日，县长于宝华率领香河科技代表团，参加了在清华大学举行的“高新技术与区域经济发展论坛”。于宝华做了题为《依靠科技进步，推进县域经济跨越式发展》的发言。

6 月 18 日，县委、县政府做出《关于全面推进文明生态村创建工作的实施意见》。

6 月 18 日至 19 日，沧州市沧县考察团一行 30 余人到香河县参观考察。

6 月 26 日至 27 日，博鳌亚洲论坛秘书长龙永图及参加环渤海地区合作机制会议的北京、天津、山东、山西、辽宁、内蒙古等省、市、自治区领导，在省长季允石，市委书记吴显国、市长王爱民的陪同下到香河参观考察。龙永图一行对香河的经济发展给予高度评价。

6 月 29 日，香河县庆“七一”表彰大会召开。对取得优异成绩和做出突出贡献的 8 个基层党委（工委）、50 个先进党支部、50 名优秀党务工作者、100 名优秀党员予以通报表彰。

7 月 2 日，华北五省市（北京、天津、河北、山西、内蒙古）老年体协主席、副主席、秘书长一行 100 余人，到香河县参观考察。

7 月 29 日，香河县举行防空警报试鸣演习。

8 月 12 日，香河县家具行业协会成立大会暨一届一次理事会隆重举行，香河县家具行业协会正式成立。

8 月 26 日，21 世纪韩中交流协会会长金汉圭一行，到香河县参观考察。

8 月 30 日，双安（安头屯至安平）路、国安（国家足球训练基地至安头屯）路改扩建工程竣工通车。

9 月 1 日，柬埔寨前首相洪森到香河参观考察。

9 月 20 日，在县委广场举行了创建“文明香河”“诚信香河”千人签名活动。县四大班子领导、县直机关干部代表、乡镇村街代表、执法服务部门代表、学生代表共计 1200 余人参加了签名活动。

9 月 21 日，阿联酋驻华大使朱马·拉希德·贾西姆到香河新华珐琅有限公司参观考察。

9 月 28 日，香河县获得省农田水利建设基本建设“海河杯”二等奖，这是香河县连续第八年获得此项荣誉。

10 月 3 日，香河县在鑫亿隆家居广场举行“十一”黄金周家具城促销活动开幕式暨鑫亿隆家具城开业庆典。全国家具协会副秘书长陈宝光，河北省家具协会理事长刘俊峰，县四大班子领导，各乡镇、开发区、农业园区、家具城和县直各单位主要负责人，鑫亿隆家具城进驻商户代表及北京、天津、河北等地新闻媒体记者共计 400 余人参加了活动。

10 月 10 日至 12 日，国家林业局林业总站副总站长林海涛和处长王菊芳对香河县林业站合格县检查验收，对林业站建设和全县的林业工作给予高度评价并被认定合格。

10 月 18 日至 20 日，香河县组团参加了第八届中国（廊坊）农产品交易会。会上香河县共签约 15 个项目，总投资 3.1 亿元，合同利用域外资金 2.62 亿元。签约项目总投资额、合同引进域外资金总额在廊坊排名第二。

10 月 28 日，香河县与天津武清区共同举行中营大桥竣工通车剪彩仪式，标志着香河县与武清区共同出资修建的中营大桥正式竣工通车。

10 月 29 日，香河县被评为全省 2003 年度农业开发红旗县和项目管理先进县。

11 月 3 日，省档案考评验收组一行 5 人对香河县档案馆晋升省三级进行了考评验收，批准香河县档案馆晋升省三级。

11 月 4 日，香河县普及学前三年教育工作达到省定合格标准，顺利通过验收。

11 月 5 日至 7 日，原中纪委常务副书记侯宗宾、光明日报社副主编赵德润，到香河进行工作调研。

11 月 7 日，国家中医药管理局专家评审组，到香河县就创建全国农村中医工作先进县进行评审验收。香河县顺利通过专家组验收，成为全国农村中医工作先进县。

11 月 11 日至 12 日，第二届国际金融论坛年会在第一城隆重召开。本次论坛年会决定，国际金融论坛建立理事会将定期定制召开年会，并将第一城作为国际金融论坛永久会址。

11 月 22 日至 23 日，全省依法治校现场会在香河召开。会议就依法治校工作进行了广泛深入的研究探讨，总结和推广香河依法治校工作经验。

11 月 23 日，北京军区司令员朱启上将、副参谋长王定庆，视察香河县人武部正规化建设和第一城国防教育基地。

11 月 24 日，国家“七部委”检查验收组一行 3 人，对香河县土地市场治理整顿工作进行专项检查验收。

同日，中华诗词学会副会长周笃文、副会长兼秘书长欧阳鹤、中华诗词杂志社社长丁国庆等，到香河县义井村调查农村文化建设。

12 月 6 日至 8 日，全省基层残联组织建设工作调度会在第一城召开。会议结束后，与会人员实地参观了淑阳镇残联、淑阳镇光荣院、河南止务村和残联“爱心超市”，并对香河县的残联工作和社会发展给予了高度评价。

2005 年

1 月 13 日，国家环保总局验收组专家，对香河县 ISO14000 国家示范区创建工作进行考核验收。

1 月 15 日，香河绿色东方农牧科技发展有限公司与澳大利亚南澳洲政府生殖与发育研究中心签订协议，成立中澳肉羊研究中心，就“肉用绵羊 JIVET(幼畜繁殖)技术”在中国的推广应用技术进行合作研究。2006 年 5 月 20 日研究试验取得了圆满成功。

2 月 2 日，由市、县领导和基层党员干部代表共计 240 余人参加的香河县保持共产党员先进性教育活动动员大会召开。第一批“先进性教育活动”由党政机关和部分事业单位参加，从 2005 年 1 月底开始到 2005 年 6 月底结束。

2 月 3 日，香河县发生中华人民共和国成立后最大灭门惨案。淑阳镇大王庄村三强沙发厂厂长薛 XX 一家 4 口人被杀死在厂区宿舍内，70 多小时后，犯罪嫌疑人段 XX、宋 XX 被抓获归案。

3 月 4 日，香河县境内唐通路 98 公里处发生一起死亡 4 人、伤 4 人的特大交通事故。

3 月 5 日，县委、县政府发出《关于 2004 年度乡局级领导班子和领导干部考核结果的通报》，经对 101 个乡局级领导班子和 971 名领导干部进行全面考察考核，共评出实绩突出领导班子 73 个，实绩比较突出领导班子 27 个，实绩一般领导班子 1 个，优秀干部 242 名，称职干部 729 名，有 36 名优秀领导干部荣记三等功，嘉奖 206 人。

3 月 10 日，香河县工作会议暨 2004 年度双文明表彰大会召开。会上表彰了在 2004 年度两个文明建设中做出突出贡献的 173 个单位和 36 名个人，命名表彰了 9 个文明乡镇、103 个文明村（街）、282 个文明单位。为“两个文明”建设优秀单位和个人颁发奖金总额 801.51 万元。

3 月 14 日，由农业部主办，农业部市场与经济信息司、种植业管理司、农业机械化管理司、河北省农业厅、廊坊市农业局、香河县人民政府承办的“全国放心农资下乡进村”现场咨询活动，在香河县鑫亿隆家居文化广场前举行。农业部、省农业厅及市、县农业局相关司、处、科室及上万名群众参加了活动。

3 月 23 日，县委、县政府对 2004 年度创建文明生态村工作 3 个先进乡镇、5 个先进村街、7 个先进帮建单位、25 名先进个人进行通报表彰。

3 月 25 日，由全国政协港澳台侨委员会主任郭东坡带队的考察团一行 30 余人，到香河县参观考察。

3 月 25 日至 26 日，中央党校“革命传统和改革开放成果”参观考察团一行 30 余人，到香河县参观考察。

4 月 2 日，美国卫生部部长助理阿尔玛·戈尔登博士、美国卫生和福利部卫生专员克雷格·夏皮罗博士及兰斯顿一行 3 人，到香河县参观访问。重点考察了三级保健网、项目工作、生育健康电子监测系统的运转、儿童保健和预防接种情况。

4 月 8 日，在五百户镇海潮汽车配件项目现场举行香河县投资千万元以上项目集体开竣工庆典活动。

4 月 11 日，县委、县政府对 2004 年度全县人口与计划生育工作先进单位和先进个人进行通报表彰。授予6个乡镇为“计划生育工作优秀乡镇”，表彰15个计划生育工作先进单位，对65名先进个人授予“计划生育优秀工作者”称号。

4月14日至15日，由中组部干部监督局副局级调研员陈鸿敏带队的党政领导干部选拔任用调研组一行3人，到香河县就领导干部买官卖官、带病提拔等现象进行调研。

4月20日至21日，由世界银行项目经理周卫国、经济专家Weatherhogg和刘学明3人组成的项目检查团，对香河县世行肉牛发展项目进行检查。9月14日，世界银行驻中国代表处中蒙副局长刘小云、人类发展部主任于小庆、城市发展部哲理等一行9人，对香河县世行小规模肉牛发展项目进行考察，为10月召开的G20会议做准备。

4月24日，河北省医院管理学会专家一行3人，受中华医院管理学会委托，到香河县人民医院验收争创全国百姓放心示范医院第三主题“绿色医疗环境主题”暨全国百姓放心医院创建活动，对医院创建工作给予充分肯定。

5月12日，香河县哮喘医院被中国信誉论坛组委会评为“质量信誉单位”，经联盟理事会推举为中国企业质量信誉联盟医疗卫生行业理事单位，院长孟庆云被推选为中国企业质量信誉联盟医疗卫生行业理事。

5月13日，京、津、冀美国白蛾联防会在香河县召开。

5月18日，由人事部副部长侯建良带队的考察团一行20余人，到香河县参观考察。

同日，蒙古国前总统奥其尔巴特先生一行到香河县参观考察。

5月18日至21日，香河县组团参加了“5·18”东北亚暨环渤海国际商务节。共签约项目42个，总投资36.17亿元，合同引资31.2亿元。

5月19日，韩国、澳大利亚、海外侨商代表团一行40余人到香河县参观考察。

同日，日本企业投资考察团到香河县参观考察。

5月28日，下午出现了较强雷阵雨天气，降水量24.4毫米，造成小麦倒伏，直接经济损失1725万元。

6月5日，香河县2004年度农业开发项目全部竣工，经市检查组综合评价，项目建设总成绩列廊坊各县（市、区）首位。2004年年初，香河县被确定为全省6个农业开发重点示范县之一。

6月23日，市委书记王增力带领全市重点项目建设工作会议与会人员一行80余人，到香河县就项目建设参观考察。

6月28日，下午5时17分左右，安平镇一街菜市场西南角，站在农用车旁的一名蔬菜游商被雷击中当场身亡，旁边的亲属被雷击出3米远。

7月1日，香河县委做出决定，对取得优异成绩和做出突出贡献的7个基层党委、50个先进党支部、50名优秀党务工作者、132名优秀党员予以通报表彰。

7月6日，以色列驻华大使海逸达博士与农业参赞及以色列联合发展公司负责人等一行8人，到香河参观以色列现代温室示范项目，对此项目和香河县的投资环境表示满意，并表达了进一步合作的意向。

7月13日，由国家防汛抗旱总指挥部办公室综合处处长万海斌、国家海委副主任田友及京、津、冀防办负责人组成的北三河（北运河、潮白河、沟河）防汛检查组，在省水利厅副厅长李清林的陪同下，对北三河防汛情况进行了检查，对北三河防汛准备工作给予充分肯定。

7月24日至30日，县长于宝华、副县长王小卫应韩国统一株式会社的邀请，带领县开放办、经贸局、淑阳镇和高氏集团、燕岭公司的负责人赴韩国进行为期7天的招商考察。

7月25日，香河县对原县水泥厂4.54公顷的土地使用权采取拍卖的形式成功出让，成交价1300万元人民币，开创了河北省工业用地拍卖的先河。

8月7日，建设部科技司司长、第29届奥运会组委会市场开发部副部长赖阳一行，对香河县家具产业未来发展前景进行调研。

8月8日，省、市农业开发办公室批复香河县实施2005年农业综合开发土地治理项目，建设规模2.5万亩（约1666.67公顷），总投资1266万元，其中市以上无偿资金856万元，项目规模和投资总量均居全省第一。

8月18日至19日，由中国开发区协会主办、河北省开发区协会协办的中国北方开发区新时期研讨会在香河开发区举行。

8 月 22 日，张维平等 6 名涉嫌绑架、抢劫的犯罪嫌疑人被抓获。该团伙自 2005 年 3 月起 5 个月中疯狂作案 20 起。

8 月 25 日，香河县公安局局长李建国参加了全国公安保卫战线英雄模范立功集体代表大会，受到中共中央总书记、国家主席、中央军委主席胡锦涛等中央领导的亲切接见，捧回 2003—2004 年度全国优秀公安局的奖牌。

8 月 27 日，全省“三北”建设造林观摩会在香河县召开。

8 月，投资 1.3 亿元，拥有建筑面积 72000 平方米的香河一中新校区竣工，高一学生和部分教职工迁入新校区。2006 年 8 月 19 日，香河一中师生全部迁入新校区，原一中校址为三中使用。

9 月 20 日，在香河广场举行了各界代表共 1300 余人参加的《香河县诚信公约》发布暨宣誓大会。

9 月 21 日，辽宁省新民市参观考察团一行 18 人，到香河县就旅游项目建设情况进行参观考察。

10 月 15 日，由北京市人口计生委、河北省人口计生委共同策划的“京冀同倡婚育新风、携手共建和谐社会”大型评剧演出，在香河县影剧院演出《刘巧儿新传》，国家一级演员、梅花奖获得者谷文月等著名演员登台表演。

10 月 15 日至 16 日，第七届 20 国集团财长和央行行长（G20）会议在第一城召开。20 国集团成员的财政部长、中央银行行长以及世界银行、国际货币基金组织和欧洲中央银行等 3 个国际机构的负责人参加会议。财政部部长金人庆和中国人民银行行长周小川联合主持此次会议。该会议是中国迄今为止举办的最高规格的财金会议。会议以“加强全球合作，实现世界经济平衡有序发展”为主题，主要讨论了全球宏观经济形势与发展、布雷顿森林机构 60 周年战略回顾与改革议程、发展援助和创新融资机制、人口老龄化与移民、创新发展理念等议题。

10 月 20 日，爱尔兰贸展团一行 15 人到香河考察。

10 月 21 日至 23 日，香河县组团参加了第九届中国（廊坊）农产品交易会暨 2005 年中国国际农业博览会。共有 17 家企业和单位参展，展位 19 个，居全市首位。王止务亚臣面粉加工厂生产的“雪五”牌面粉荣获大会名优产品称号。

10 月 25 日，中国人民解放军总参管理局原政委、中将吴志远，最高人民检察院原常务副检察长梁国庆到香河县参观考察。

10 月 27 日，在香河开发区建安特厂区南侧举行了中美合资泰来华顿低温设备有限公司奠基仪式，全国政协副主席阿不来提•阿不都热西提及省、市、县有关领导，各乡镇党委书记、经委主任，县直有关单位负责人及项目单位所邀请的嘉宾参加了奠基仪式。奠基仪式由中央电视台著名节目主持人水均益主持。

10 月 31 日至 11 月 1 日，国家农开办主任王建国带领农开办有关处室负责人，到香河县考察农业开发项目建设情况。

11 月 1 日，青龙湾大桥建成通车举行剪彩仪式。

11 月 15 日，香河县普及特殊教育工作通过省普及特殊教育达标验收组验收，认定为达标县。

11 月 28 日，中国民间中医药研究开发协会，全国民间疗法专业委员会委员、韩国韩中自然医学研究会会长、韩国万民救援汉方医院院长杨钟润，副院长姜声义到香河县哮喘医院参观学习，对医院的建设及所取得的成绩给予高度赞扬。12 月 24 日至 25 日，中国民间中医药研究开发协会全国民间疗法专业委员会第一次会议在香河县哮喘医院召开。

11 月 29 日，国家环保总局验收廊坊市创建国家环保模范城市交换意见会在第一城召开。

是年，国家统计局就综合经济实力对全国乡镇进行排名，淑阳镇入围千强镇行列，排名第 776 位，此后连年入围，且排名逐步上升。

2006 年

1 月 11 日，香河县企业家“送温暖、献爱心”光彩事业捐赠仪式举行。

1 月 12 日，廊坊市粮食局国有粮食购销企业产权制度改革验收小组对香河县粮改进行检查验收。1 月 16 日，廊坊市粮食局下发了《关于确认香河县国有粮食购销企业产权制度改革合格的通知》，标志着香河县国有粮食购销企业产权制度改革圆满完成。

2 月 10 日，香河开发区通过国家发改委审核验收，审核后的名称为“河北香河经济开发区”。

2月19日至25日，由县委书记殷志刚带队的香河考察团赴桐乡、绍兴、义乌、永康、杭州等地进行学习考察。

2月27日，全县乡镇党委换届工作会议召开。至4月1日，全县9个乡镇党委换届选举工作全部完成，选举产生了新一届党委班子、纪委班子和乡镇出席县九次党代会代表。

3月3日至4日，由香港《文汇报》执行总编仇学忠带队的“港澳记者河北行”采访团一行，到香河家具城和第一城参观考察。

3月8日，省、市委宣传部一行20余人，到香河县就农村文化设施建设情况进行调研。

3月9日，澳门电业公司总经理李炳权、香港富临集团财务总监柳小凤（女）到香河县参观考察。

3月11日，省政协副主席、统战部部长陈秀芳带领省委党校第二期中青班校友学员一行，到香河第一城参观考察。

3月21日，中央政治局常委、全国人大常委会委员长吴邦国在省委书记白克明、省长季允石及市、县主要领导陪同下，到香河县考察。

3月23日，市政府召开全市会展旅游工作会议，对2005年度全市会展旅游工作进行表彰。香河县是唯一同时荣获“2005年度廊坊市展览招商工作先进单位”和“2005年度廊坊市旅游工作先进单位”两项荣誉称号的县。

3月24日，县委、县政府发出《关于2005年度乡局级领导班子和领导干部考核结果的通报》，经对102个乡局级领导班子和950名领导干部进行全面考察考核，共评出实绩突出领导班子79个，实绩比较突出领导班子23个，优秀干部261名，称职干部689名，有40名优秀领导干部荣记三等功，嘉奖221人。

3月27日，省教育厅在香河县二中、钳口小学举办“河北省中小学实验课现场会”。

3月31日，科技部科技富民强县考察团一行120余人到香河农业园区绿色东方农牧科技发展有限公司考察。

3月，香河县淑阳派出所被省公安厅政治部评为2005年全省治安基础工作会战先进集体。同时，为淑阳派出所记集体二等功一次。

同月，香河县机构调整，原香河县经济体制改革委员会办公室和原香河县发展计划局整合成立香河县发展改革局；将原经济贸易局整合成立香河县工业经济运行局；将原农业局和畜牧水产局整合成立香河县农业局；将原计划生育局更名为人口和计划生育局；香河县商务局在香河县发展改革局挂牌，由开放办公室（招商局）和原经济贸易局部分职能整合组成；设立畜牧兽医局，由农业局管理。

4月1日至3日，香河县组团参加“河北•香河（深圳）投资环境推介会”。

4月3日，香河县工作会议暨2005年度双文明表彰大会召开。会上表彰了在2005年度两个文明建设中做出突出贡献的128个单位和42名个人，命名表彰了9个文明乡镇、96个文明村（街）、281个文明单位。为“两个文明”建设优秀单位和个人颁发奖金总额1593.6万元。奖励12个企业汽车12辆。

同日，县委、县政府通报表彰了2005年度十佳系列评选活动中的“五个十佳”：十佳诚信单位、十佳诚信企业、十佳诚信学校、十佳诚信村街、十佳诚信家庭。

4月11日至12日，中共中央政治局常委李长春在省委书记白克明、省长季允石及市、县等有关领导的陪同下到香河县考察。

4月14日，香河县医疗机构协会成立。

4月27日，全市社会治安防控体系和“三位一体”调解工作体系建设现场会在香河县召开。

4月28日，香河县第一家信用担保有限公司——三强信用担保公司举行揭牌仪式。

同日，县委、县政府对2005年度全县人口与计划生育工作先进单位和先进个人进行通报表彰。授予6个乡镇为“人口和计划生育工作优秀乡镇”，表彰15个人口和计划生育工作先进单位，对30名先进个人授予“人口和计划生育优秀工作者”称号。

5月4日，中央书记处书记、中纪委副书记何勇到香河县进行工作考察。

5月11日，全国政协副主席、农工民主党中央常务副主席李蒙一行到第一城视察。

5月15日，省政府认定230家企业为河北省农业产业化经营重点龙头企业，香河县华香清真肉类加工有限公司榜上有名；香河正大有限公司监测合格，再次被认定为省级农业产业化经营重点龙头企业。

同日，县委、县政府对2005年度文明生态村创建工作2个先进乡镇、9个先进村街、15个先进帮建单位、63名先进个人进行通报表彰。

5月18日至19日，由韩国前总理李寿成及夫人金京顺带队的考察团一行15人，到香河县参观考察。

5月19日，广西壮族自治区考察团一行10人，到香河县第一城和家具城参观考察。

5月20日，香河县敬老院建设捐款仪式举行。

5月23日，中央党校中央国家机关分校直属班一行50余人，就和谐廊坊及社会主义新农村建设情况到香河参观考察。

5月25日，全市反邪教警示教育现场观摩会在香河县召开。

5月29日，美国伍斯特市政府代表团一行10人在前任州议员、市长代表亚瑟•蔡斯的带领下，到香河县参观考察。

5月，香河县被国家农业开发办公室确定为北京周边农业开发重点示范县，成为展示全省乃至全国农业开发成果的窗口。

6月18日至20日，中国共产党香河县第九次代表大会召开，参加会议代表261名。会议听取、审议、通过了中共香河县第八届委员会工作报告和中共香河县纪律检查委员会工作报告；选举产生了中共香河县第九届委员会和中共香河县纪律检查委员会；选举殷志刚为县委书记。

6月23日，刘宋镇荆庄村在一场大雨后，由村东向西延伸出现一条地裂缝，县国土资源局接到报告后立即组成调查组，并聘请专家对现场进行了踏勘、分析，同时对整治工作进行了立项，并立即展开了相关防治工作。

6月26日，香河县委对11个基层党委（工委）、50个党支部（总支）、220名优秀个人、先进基层党组织、优秀党务工作者、优秀共产党员和先进性教育优秀工作者进行通报表彰。

6月27日至28日，内蒙古自治区党委书记储波、自治区政府主席杨晶率自治区党政代表考察团一行15人，到香河第一城参观考察。

7月4日，香河县四大班子全体领导带领各乡镇党委书记、家具城管委会主任、开发区管委会副主任、县直有关单位主要负责人及企业家代表，到大厂县和霸州市考察项目工作。

7月5日，永清县项目考察团一行67人到香河县参观考察。

7月18日，全省首家、全国第二家县级对外科技合作交流办公室在香河县挂牌成立，标志着香河县科技外事工作迈出了新的一步。

7月19日，在省农业开发办公室组织的全省2005年度土地治理项目检查验收中，经验收组综合考评，香河县再次被确定为全省土地治理项目建设“红旗县”。

7月20日，香河县文化艺术研究院挂牌成立。

7月26日至28日，参加“艺海流金——燕赵之旅”文化交流活动的港澳文化界人士100余人，到香河县参观考察。参访团一行实地参观了第一城，并在正安宫三层多功能厅举行了文化交流座谈会及书画家笔会。

8月21日，县公安局交警大队新办公楼落成。9月14日，县公安局交警大队指挥中心举行落成剪彩仪式。

8月24日，“2006北京动力锂离子电池技术及产业发展国际论坛”在香河第一城举行。

8月31日，科技部在安平镇举行“新农村建设系列科技丛书”首发式暨赠书仪式。并在第一城国际会展中心召开科技支持新农村建设座谈会。

8月，《香河年鉴》第一卷出版发行。

8月，香河县普通中学整合工作顺利完成，全县普通中学由22所压缩到13所，且全部升格为国办学校。

9月8日，香河京运通机械配件有限公司举行开业典礼仪式。

9月10日，由中国汽车运动联合会举办的2006第四届欧曼•欧康杯全国卡车大赛在香河第一城举行北京总决赛。

9月12日，淑阳工业新区产业定位及发展战略研究工作末次报告会召开。科尔尼公司就研究成果作终期报告。

9月12日至15日，由中国社会科学院、联合国、新布雷顿森林委员会和国际金融论坛理事会联合主办，中国社科院、中信集团、新华社联合承办的第三届国际金融论坛年会在香河第一城举行。年会主题是“2006：中国金融开发新格局”。

9月13日，全省交警系统“三基”工程建设现场会在香河第一城召开。

同日，香河第一城举行盛大的大安寺恢复落成庆典仪式，中国佛教协会副会长、峨眉山方丈永寿大和尚、中国佛教掌门人一诚大和尚出席落成仪式。

9月14日至15日，秦皇岛党政考察团一行60人在市委书记宋长瑞的带领下，到香河县参观考察。

9月16日，河北省首届移交政府安置的军队离休干部和军队无军籍退休退职职工“八一杯”棋牌赛决赛阶段在第一城举行。

9月20日，香河县举行老年大学建校十周年庆祝活动。

同日，武警部队第三期军师职领导干部培训班学员一行60人到香河县参观考察。

9月22日，香河县公安局五百户刑警中队被公安部评为全国先进刑警中队。

9月25日，2006年中美预防出生缺陷和残疾合作项目工作会议开幕式在第一城举行。

9月26日至28日，香河县组团参加第十届中国（廊坊）农产品交易会。共组织30多家农字形企业到会参展，签约项目16个，7个农产品荣获大会名优农产品称号。参展企业数量、签约项目数量及获得名优农产品称号数量均居廊坊市首位。

10月10日，全省秋季农机作业汇报观摩会在香河县召开。会议对全省秋季农业生产工作进行总结，并现场观摩了王指挥庄的秸秆粉碎还田、免耕播种等农机作业情况。

10月22日至26日，首届国际反贪局联合会年会和会员代表大会在香河第一城举行。有137个国家和地区、12个国际组织机构的近千名代表出席。中共中央政治局常委、中央政法委书记罗干出席闭幕式并发表重要讲话。大会通过了《国际反贪局联合会章程》，共同签署了《国际反贪局联合会第一次年会暨会员代表大会决议》，选举产生了国际反贪局联合会的领导机构，确定了国际反贪局联合会今后的发展战略。

10月26日，全县“维修服务到农村”公益活动举行启动仪式，活动为期4天。

10月27日，县街道办事处撤销，设立新开、新华街道办事处。

11月11日，备受瞩目的“2006第46届国际小姐全球总决赛”闭幕式暨颁奖晚会在香河第一城金色大厅举行。

11月16日，香河县刘宋镇程官屯村发生一起特大杀人案。村民王XX、周XX、王XX一家3口被杀死在自家屋内，经过64小时的艰苦工作，犯罪嫌疑人倪XX、裴XX被抓获。

同日，丰田汽车公司和一汽丰田汽车销售有限公司在香河第一城举办新花冠全球首发仪式，全世界消费者期待已久的第10代新花冠率先在中国亮相，新花冠的中文名字为“卡罗拉”。

11月30日，香河县2006年度农业综合开发土地治理项目全部完工。工程总规模1.5万亩，涉及渠口镇、钱旺乡等12个村街，总投资843万元，项目规模和投资额位居全市第一。共硬化及平整农路40公里，新建桥涵36座，安装变压器10台，新打机井63眼，铺设防渗管道90公里，植树4.5万株。

12月5日至6日，由湖南省委常委、政法委书记、公安厅厅长李江带队的湖南省公安厅警务考察团一行117人，到香河县参观考察。

12月13日，香河县农村信用合作联社创立大会暨第一届社员代表大会召开，标志着香河县农村信用社已经进入了一个新的历史发展时期。2007年1月18日举行联社开业庆典揭牌仪式。

12月30日，县委、县政府批转了《香河县法制宣传教育领导小组关于在公民中开展法制宣传教育的第五个五年规划》，明确规定了2006至2011年“五五”普法的重点内容和重点对象。

2007年

1月5日，县委、县政府对“四五”普法宣传教育工作中的26个先进集体和25名先进个人进行通报表彰。

1月19日，在全市农业开发2007年度项目计划会上，确定香河县2007年度农业开发项目中低产田改造规模2万亩（约1333.33公顷），计划投资1869万元(市以上财政无偿资金1335万元)，其中部分资金用于支持新农村建设，农开项目总投资和无偿资金均位居全省农业开发土地治理项目首位，再创香河县农业开发资金历史最高水平。

1月25日，香河县被国家发改委确定为首批国家农业综合开发支持新农村建设示范区。

同日晚，主题为“万家灯火平安夜”的公安部春节电视文艺晚会在香河第一城金色大厅举办。最高人民法院院长肖扬、最高人民检察院检察长贾春旺出席了晚会，公安部及河北省公安厅等1800余人观看了演出。

1月30日，全市民间纠纷排查调处工作现场会在香河县召开。

2月5日，中纪委第六纪检监察室副厅级巡视员周福生一行10人，到香河县考察指导工作。

3月8日，县长于宝华在县家具城与到香河县参观考察的北京大学CEO高级研究班部分学员进行座谈。于宝华向客人详细介绍了香河县经济和社会发展情况，并希望北京大学CEO高级研究班学员聚焦香河，香河将为其投资创业提供广阔的发展平台。

3月25日，市委决定免去殷志刚香河县委书记、常委、委员职务，任命杨文华为香河县委委员、常委、书记；于宝华不再担任县政府县长，免去其香河县委副书记、常委、委员职务；免去张贵金香河县纪委书记职务，提名其为县政府县长。

4月3日，张贵金被任命为县政府副县长、代县长。

4月5日，县委、县政府发出《关于2006年度乡科级领导班子和领导干部考核结果的通报》，经对102个乡科级领导班子和939名领导干部的年度考核，共评出实绩突出领导班子76个，实绩比较突出领导班子25个，优秀干部176名，称职干部762名，不称职干部1名。有30名优秀领导干部荣记三等功，嘉奖146人。

4月9日，县委、县政府对2006年度文明生态村创建工作2个先进乡镇、5个先进村街、13个先进帮扶单位、60名先进个人进行通报表彰。

4月13日，香河现代产业园和香河经济开发区整体开发签约仪式举行。

4月16日，北京泰来华顿低温设备公司香河分公司在香河开发区举行竣工典礼仪式，美国哈斯科公司董事长兼首席执行官哈德威先生，美国商务部、驻华使馆、美中商会及国家质检总局有关领导出席庆典仪式。

同日，香河县房管局举行数字房产综合网络管理系统启动仪式。

4月25日，在鑫亿隆家居文化广场前举行了“中国北方家具商贸之都”授牌仪式。

4月，在全省公安系统2006年度总结表彰中，香河县公安局被河北省公安厅评为2006年度全省优秀公安局，也是廊坊市唯一一家获此殊荣的单位。局长戴文光、政委吴海斌被河北省公安厅荣记个人二等功一次。

同月，香河县农村义务教育经费保障机制改革全面启动。从2007年春季开学起，全部免除义务教育阶段学生杂费，将义务教育经费足额纳入县财政预算。

5月11日，2006年度“双文明”表彰大会召开。会上表彰了在2006年度两个文明建设中做出突出贡献的169个单位和36名个人，命名表彰了9个文明乡镇、67个文明村（街）、268个文明单位、2个文明小区。为两个文明建设优秀单位和个人颁发奖金总额4310.3万元。奖励16个企业汽车16辆。

5月16日，市卫生局局长高玉带领市卫生局有关人员，向香河县卫生系统捐赠救护车及部分医疗器械。

5月17日，全县项目集体签约仪式暨投资环境说明会召开，会上60个项目举行了集体签约仪式。

同日，河北双叶家具有限公司在县家具制造业基地园区举行奠基典礼仪式。

5月19日，在燕郊开发区召开的“5·18”河北省重点园区展评比中香河开发区被评为一等奖。

5月22日，县委常委、副县长冯印涛、县政协副主席常育国带领紫辰集团、高氏集团等17家企业参加了“廊坊市爱心家园（孤儿院）募捐活动”，香河县企业家共捐款115万元。

5月24日，国家行政学院培训部主任赵晓东带领第二十期厅局级公务员培训班学员一行100余人，到香河县参观考察。

5月28日至29日，政协香河县第七届委员会第一次会议召开，出席委员156名。

5月28日至30日，香河县第十三届人民代表大会第一次会议召开，参加会议代表180名。会议选举张贵金为县政府县长。

5月29日，美国华尔街投资公司董事长王国金到香河县洽谈运河两岸生态开发项目。30日下午，县长张贵金与美国华尔街投资集团董事长王国金签署合作开发框架协议。7月9日至11日，王国金一行4人，到香河县就投资建设集团总部、商贸物流服务中心等项目进行考察。

5月，香河一中路宝全被河北省人民政府批准为特级教师。

6月7日，北京爱依瑞斯家具有限公司和香河欧利莱家具有限公司在淑阳工业园举行开工仪式。

6月8日，廊坊市农广校在刘宋镇刘宋村举行农民教育培训示范村建设揭牌仪式。市、县农广校向刘宋村赠送了农业科技图书、MP3、VCD、光盘及磁带，并开展了农业科技现场咨询活动。

6月11日至12日，教育部在第一城召开了全国师范生实习支教工作座谈会。

6月26日，驻河北省的部分全国人大代表和省人大代表小组长培训班学员一行160余人到香河县参观考察。

同日，县委、县政府做出决定，对全县平安创建工作中的88个先进单位和30名先进个人进行通报表彰。

6月29日，在县贵宾楼大会议室召开纪念建党86周年暨庆“七一”表彰大会，对取得优异成绩和做出突出贡献的6个基层党委、51个先进基层党组织、50名优秀党务工作者、100名优秀党员予以通报表彰。

同日，在县影剧院举办“构建和谐的心灵——和谐香河大讲堂”主题讲座活动，北京师范大学教授于丹就如何实现个人心灵和谐与社会和谐的共融作了题为《构建和谐的心灵》的报告。

6月，香河县再次被河北省文化厅命名为“河北省民间文化艺术之乡”，安头屯镇被命名为“河北省民间文化艺术之乡（中幡会）”。

7月12日，由安次区四大班子主要领导带队的考察团一行60余人，到香河县参观考察项目建设情况。

7月21日，在安运桥东侧举行香河开发区朗森工业园运河大道项目开工奠基仪式。

7月26日，香河开发区运河大道建设表彰大会召开，对运河大道建设中的5个先进单位和56名先进个人进行通报表彰。道路全长15公里，路面宽32米，一期投资1.1亿元。仅用了28天时间，实现了香河建设史上的第一效率。

同日，全市办案警务区、看守所职务犯罪专用审讯室和法律服务中心建设现场会在香河县召开。

7月，河北省人民政府公布了第二批省级非物质文化遗产名录，香河县安头屯中幡、大河各庄竹马成功入选该名录。

8月3日，在县影剧院门前举行了城区环境集中整治启动仪式。

8月6日，洪培敏向香河教育事业捐款仪式举行。隆邦实业有限公司董事长洪培敏先生投资香河，心系教育，为香河教育捐款1000万元。

8月17日，省国土资源厅下达了关于2007年国家投资土地开发整理项目计划的通知，对香河县刘宋镇国家级基本农田整理项目批准下发专项资金1457万元。该项目区基本农田面积864.78公顷，可增加耕地41.88公顷，项目总投资1457万元，涉及荆庄、大田村、孙庄、西王各庄、东王各庄、马庄、南孙庄、东张庄、倪庄9个行政村的集体土地。

8月20日，香河开发区瑞盛现代产业园开园奠基仪式举行。

8月25日，五百户镇香椿营村发生一起全家5口人被杀的特大杀人案，专案组日夜奋战，15天便将犯罪嫌疑人抓捕归案。9月20日，县委、县政府对县公安局侦破“8·25”特大命案专案组进行了通报表彰。

9月3日上午，河北省作家协会儿童文学艺术委员会成立大会暨河北省儿童文学创作座谈会在第一城召开。

9月10日，河北展望集团向香河县教育奖励基金捐款仪式举行。童妙来先生代表河北展望集团向香河县教育奖励基金捐款100万元。

9月14日，省解决教师住房问题经验交流现场会在香河一中召开。

9月29日，在鑫亿隆家居文化广场A座与金钥匙国际家具香河汇展中心之间举行了香河家具城建城十周年暨第七届国际家具文化节庆典仪式。

10月8日，美国国家疾病控制中心考察团一行3人，在北京医科大学生育健康研究所李竹教授等人陪同下到香河县参观考察。

10月13日，由石家庄市卫生局局长闻宏海带队的参观团一行80人，到香河县参观医院院务公开工作。

10月15日，香河开发区总投资6亿元、建筑面积 13.25 万平方米的亚洲最大单体酒店福安宫大酒店建成投入使用。

10 月 16 日，香河县重点项目集体签约暨华泰汽配产业园奠基仪式举行。

10 月 19 日，刘宋镇在第二次全国农业普查中，被评为省级先进集体。

同日，2007 年中华外科周暨第十六届亚洲外科年会在香河第一城举行，来自国内及亚洲、欧美等外科界的专家学者 4000 余人参加了会议。

10 月 31 日，全省无障碍建设示范城市检查验收组到香河县就“无障碍建设工作先进县（市）”工作进行检查验收。

10 月，廊坊市第一批非物质文化遗产保护名录公布，香河县的张策通臂拳、文武高跷会、王家摆民间吹打乐、花丝、珐琅镶嵌、西路评剧等 6 项非物质文化遗产项目入选该名录。

11 月 12 日至 13 日，香河县国家级肉鸭饲养及加工示范区顺利通过验收，并获同类示范区考核最高分数，被专家组誉为“示范区的典范”。

11 月 23 日，新华社、省市防范办就防范和处理邪教问题到香河调研。

11 月 27 日，全国工商联党组书记、第一副主席全哲洙到香河县参观考察。

12 月 6 日，香河县委发出《关于在全县开展解放思想大讨论活动的实施意见》。此项活动集中三个月时间，分学习动员、征求意见，对照检查、讨论整改，考核评议、总结提高三个阶段进行。

12 月 12 日至 13 日，第三次中美战略经济对话在香河第一城举行，中共中央政治局委员、国务院副总理吴仪出席。

12 月 14 日，中央党校“中国社会主义新农村道路”课题组到香河县调研。

12 月 21 日，文化部全国文化信息资源共享工程督导组一行，到香河县检查验收文化信息资源共享试点建设情况。

12 月，在全省公安系统年度总结表彰中，香河县公安局再获殊荣——被河北省公安厅评为 2007 年度全省优秀公安局。局长戴文光、政委吴海斌再次被河北省公安厅荣记个人二等功一次。

12 月，香河县顺利通过“2005—2006 年度全国科技进步先进县”考核，这是继 1997 年成为廊坊市首批全国科技进步先进县以后，连续十年获此殊荣。

2008 年

1 月 11 日，国家质检总局调研组一行到香河县现场调研国家家具产品质量检验中心筹建情况。

1 月 21 日，中国水利科学院副院长贾全生带领水利部农村饮水安全调研组一行，到双安水厂考察了解农村饮水安全情况。

1 月 22 日，香河县举行“电视进万家”捐赠活动。华鑫非织造布有限公司将 100 台电视无偿捐献给全县 100 户特困残疾人家庭。

2 月 20 日，石家庄市第一医院院长闫纯锴、党委书记赵旭兰一行 123 人，到香河县参观县医院、心脑血管医院人性化服务暨内部管理工作。

3 月 6 日，国家新闻出版总署出版司副司长黄晓新一行 3 人，到香河县检查指导新闻出版工作。

3 月 14 日，县委、县政府发出《关于 2007 年度乡科级领导班子和领导干部考核结果的通报》，经对 101 个乡科级领导班子和 917 名领导干部的年度考核，共评出实绩突出、创优争先班子 38 个，实绩突出班子 63 个，优秀干部 195 名，称职干部 722 名。有 30 名优秀领导干部荣记三等功，嘉奖 165 人。

4 月 3 日，全县 2007 年度双文明表彰大会召开。会上表彰了在 2007 年度两个文明建设中做出突出贡献的 129 个单位和 33 名个人，命名表彰了 9 个文明乡镇、125 个文明村（街）、247 个文明单位、1 个文明小区。为两个文明建设优秀单位和个人颁发奖金总额 264.9 万元，奖励 22 个单位汽车 22 辆。

4 月 10 日，县委、县政府对 2007 年度全县人口与计划生育工作先进单位和先进个人进行通报表彰。授予 7 个乡镇为“人口和计划生育工作优秀乡镇”，表彰 15 个人口和计划生育工作先进单位，对 45 名先进个人授予“人口和计划生育优秀工作者”称号。

4 月 14 日，全市项目拉练观摩团到香河县蒋辛屯镇观摩国际潮流仓项目。

4 月 29 日，在鑫亿隆家居文化广场 A 座三楼会议室举行由搜狐网焦点家居网主办的 2008 奥运中国之“宜居中国”系列报道“香河家具城十年崛起论坛”活动。

同日，中国家具协会、国家标准委员会在顺隆宾馆四楼会议室举办《深色名贵硬木家具》标准出台新闻发布会，30 多家新闻单位的编辑记者、家具城管委会有关负责人及家具城所有老板、物业经理、各家具城红木家具销售经理和销售人员参加了发布会。

5 月 8 日，香河县举行超亿元项目集体签约暨开工奠基仪式，共计 1900 人参加。

5 月 14 日，奥运安保工作动员大会召开。

5 月 16 日，县委在机关楼前举行“情系灾区、奉献爱心”抗震救灾捐款活动。

5 月 22 日，中国邮政储蓄银行香河县支行成立揭牌仪式举行。

5 月 26 日，县四大班子党员领导及县委机关党员干部举行“特殊党费”缴纳活动。

5 月，根据县委、县政府关于行政区域划分的安排部署，从淑阳镇所属 53 个村街中划出 16 个村街（东南街、东北街、西南街、西北街、西店、安抚寨、周元、南台、白庙、刘庄、胡庄子、万辛村、北岗子、段庄、闫庄、前店子），并从机关干部中抽调 50 人分别归属到新华街道办和新开街道办。

6 月 3 日，省农业开发土地治理项目“红旗县”检查团深入到香河县渠口镇 2007 年农业开发项目区实地进行联查评比，对农业开发工作给予充分肯定和高度评价。

6 月 10 日，现代产业园国合源高档建材项目举行签约仪式。

6 月 18 日，家具制造业基地项目举行签约仪式。

6 月 19 日，多次骑摩托车抢夺行人黄金饰品的 2 名犯罪嫌疑人被抓获，成功破获了抢夺行人黄金饰品案 30 余起。

6 月 20 日，钳屯乡政府与北京协成房地产开发有限公司，就“京东•国际新城”项目进行正式签约。

6 月 22 日，国家林业局“三北”防护林体系工程建设 30 周年座谈会在第一城召开。

6 月 27 日，纪念建党 87 周年暨庆“七一”表彰大会召开。会上，对 32 个基层党组织、30 名优秀党务工作者、150 名优秀共产党员、40 个“助民创业”工作组进行通报表彰。

7 月 4 日，由商务部组织的 16 位新任驻外国家经济商务参赞，到香河县参观考察。

7 月 5 日，省司法厅厅长李益民、副厅长王大为到香河县检查指导奥运安保、司法所建设和法律进市场工作开展情况。

7 月 15 日，县委、县政府对 2007 年度文明生态村创建工作 3 个先进乡镇、5 个先进村街、30 个优秀和先进帮扶单位、93 名创建及帮扶先进个人进行通报表彰。

7 月 16 日，中美商会代表团一行到香河县参观考察。

7 月 24 日，省交通厅常务副厅长陈永久，到香河县考察增设京沈高速公路香河第二出口筹备情况。

8 月 11 日，省军区副政委李光聚一行 4 人，到香河县督导检查奥运安保工作。

9 月 6 日，省奥运安保督导组一行 5 人，到家具城检查指导奥运安保、矛盾纠纷调解和法律市场工作开展情况。

9 月 19 日，国家行政学院县长进修班部分学员一行到香河县参观考察。

9 月 25 日，全县奥运安保工作总结表彰大会召开。

10 月 9 日，市长王爱民带领全市项目拉练观摩团一行，到香河县观摩项目建设情况。

10 月 14 日，“全省科技工作座谈会”与会人员到香河县参观考察。

10 月 24 日，全市人口计生双文明创建现场会在香河县召开。

10 月 30 日，司法部老干部考察团一行 200 人到淑阳镇司法所参观。

11 月 8 日，欧盟前主席、卢森堡前首相、中欧联合商会主席雅克•桑特一行到香河县参观访问，双方就产业发展合作设想进行了交流洽谈。

11 月 9 日，由中央综治办督导室主任胡增印带队的中央综治委检查组一行 4 人，到香河县就“2005 至 2008 年度全国综治工作先进集体”进行检查验收。

11 月 10 日，中国家具协会理事长贾清文一行，到香河县就共建中国北方家具产业基地事宜进行对接洽谈。

11 月 17 日，全国政协学习和文史委员会大运河保护与申遗河北调研组一行，到香河县就大运河保护与申遗情况进行考察调研。

11 月 19 日，香河县林业局被全国绿化委员会、人力资源社会保障部、国家林业局授予“三北防护林建设突出贡献单位”荣誉称号，全省仅有 6 个县（市、区）获得此项荣誉，林业局作为先进单位代表被邀参加了在人民大会堂举行的表彰大会。

12 月 3 日，双安水厂举行通水庆典，这是香河县第一个农村集中供水项目。该项目于 2007 年 4 月开工建设，总投资 1919 万元，日供水能力 2922 吨，通水覆盖 38 个村，解决了刘宋、安头屯两个乡镇 49000 人的饮用水安全问题。

12 月 4 日至 5 日，全省乡（镇）卫生院建设暨新农合工作现场会议在香河县召开。

12 月 23 日，在第一城金色大厅举办“中央电视台春节戏曲大联欢走进香河”戏曲晚会。

12 月 24 日，香河县政府与国内大型民营企业广东香江集团拟在香河打造亚洲最大的家居总部集群基地项目举行正式签约仪式。

12 月，香河县被国家人口计生委授予“全国计划生育优质服务先进单位”荣誉称号，是 2008 年度廊坊市唯一获此殊荣的县。

12 月，香河县被国家林业局授予美国白蛾防治工作先进集体。

是年，县委、县政府先后投资 550 万元，建成了包括指挥室、安检室、装备室、候问室、物证保管室、重点人员信息比对室以及图书室、洗衣房等“五小”工程为一体的安平公安检查站，并安装了智能卡口及监控系统，配备了搜爆仪、防爆毯、二代身份证检测仪等技防装备，成为北京外围的一道坚实屏障；投资 950 万元，在交通流量最大的新开街、府前街和永泰路设置了隔离带，安装了隔离护栏，改造路口 12 个，实行机动车、非机动车分道行驶；对城区 8 条街道进行罩面，重新施划交通标线 1.5 万米，改建公共汽车站 18 个，在主要街道宽阔地带施划了 320 个停车位，更换路灯 900 盏，并对供水、供电、热力、通讯等设施进行了综合改造，实现了城区街道美化、亮化的目标。同时，完成了新华大街、绣水街西延和迎宾路南延工程，减小了城区道路的通行压力。投资 2500 万元新修了唐通公路，与县城绣水街连接，使大货车全部分流；针对香河县西部交通基础设施相对薄弱的实际，投资 3600 万元建成长 18 公里，双向六车道设计，纵贯全县南北的运河大道，直接连通大香、唐通、香安公路，并将县城与县西部的朗森工业园、荣盛工业园联系在一起，形成方便、快捷的交通网络。

第一编　建置区划

香河县历史悠久，早在新石器时代就有人类聚居生息。辖域建置始于辽代会同元年（938 年），时县城东南滨水，掬觉微香，故名香河，迄今已有一千多年的历史。

香河县地处河北省中部偏东，廊坊市东北部，为海河流域冲积平原，背燕山而面渤海，临首都而依天津，素有“京畿明珠”之美誉。总面积 447.99 平方公里，县人民政府驻地淑阳镇。

第一章　建　置

第一节　境域位置

一　地理位置

香河县位于北纬 39° 37′ 至 39° 51′，东经 116° 51′ 至 117° 12′，地处燕山南麓平原，位居河北省中部偏东，廊坊市东北部。东与天津市宝坻区毗连，南隔青龙湾河与天津市武清区相望，西与北京市通州区为邻，北与三河市、大厂回族自治县（以下简称大厂县）接壤。全境呈枫叶形，东西最长 25.5 公里，南北最宽 23.5 公里，县界总长 160.86 公里，总面积 447.99 平方公里。

县人民政府驻地淑阳镇，位于县境中部略偏西北，北运河之东，潮白河之西，距北京市中心 45 公里，距天津市中心 70 公里，距河北省会石家庄 386.2 公里，距廊坊市 52 公里。京津、唐通两大公路和京沈高速公路贯穿全境。县治淑阳镇至宝坻城区 30 公里，至大厂县城 17.5 公里，至通州城区 35 公里，至武清城区 45 公里。

二　境域演变

香河县建置始于辽代会同元年（938 年），时县境辽阔，辖今香河、宝坻、宁河地域。金世宗大定十二年（1172 年），划出县境东部 15000 户置宝坻县，县境始狭。元、明至民国初年，香河境域无大变化。

据史料记载，从民国 35 年（1946 年）至 2008 年的 62 年间，与邻县接壤的一些村庄归属经历了多次变更。

民国 35 年（1946 年）1 月，河北屯、后洞上、洞上、刘怀庄、李大人庄、桐高村、张辛庄、杨家场、艾庄子、小杨庄、肖赶庄、裴庄、石薄庄、冯庄、马庄、李各庄、小崔庄、李辛庄、韩家口、小黄庄、九池元、亢庄子 22 个村划归武清县。同年初，原属香河县的牛牧屯、桥上、小沙务、大沙务、黄东仪（含下坡子）、侯东仪（含上坡子）、赵庄、侯各庄、于次 9 个村划归通县。7 月，香河县艾台村划归三河县管辖。8 月，河北屯等 22 个村复归香河县。

民国 36 年（1947 年）7 月，原属宝坻县的荣各庄、商汪甸、前独立庄、东太平庄、东王各庄、西王各庄 6 个村划归香河县。

民国 37 年（1948 年）4 月，河北屯等 22 村再划归武清县。翌年 3 月，复归香河县。

1952 年 10 月至 1955 年 9 月，先后将东彭家务、西彭家务、王必屯、北袁庄、梁庄、杨辛庄、冯滦庄、定福庄、东马各庄和西马各庄 10 个村划归三河县、大厂县（区）。

1956 年 7 月，原属通县、武清的安平（一、二、四街）和扁城（二分之一村）划归香河县。

1958 年 11 月，将香河县管辖的罗庄、大友垡、刘皮庄、刘辛庄、朱庄、段庄、前段庄、褚庄、神机马房、马神庙、柴庄、李胡庄、丁庄、东王庄、李大人庄（含刘怀庄）、桐高村（桐城、高辛庄、高庄）、张辛庄、杨家场、艾庄子、亢庄子、三里屯、肖赶庄（肖庄、赶庄）、裴庄、石薄庄（石庄、薄庄）、冯庄、河北屯、马庄、小黄庄、九池元、李各庄、后洞上、洞上、小杨庄、小崔庄、李辛庄和韩家口 36 个自然村划归武清县。

1962 年 6 月，将宝坻县的庆功台、韩庄、窦庄、卸甲庄、蔡庄、谭家务 6 个行政村划入香河县。

此后至 2008 年，全县共辖 300 个行政村，村街归属无变化。

第二节 建置沿革

香河县历史悠久。据孙小营村窑地发现石斧证明，这里早在新石器时代就有人类聚居生息。商代以前归属，无文字记载。

西周分冀州为幽、并二州，封召公奭于冀燕（都蓟，今北京），此遂属幽州燕国。

春秋、战国时为燕地。

秦并六国，建三十六郡，划燕地为上谷、渔阳二郡，此时属渔阳郡。

汉高祖六年（公元前 201 年），始置雍奴县（今天津市武清区），此地为雍奴县东北境，属幽州渔阳郡。

东汉，属幽州渔阳郡。幽州并冀州，属冀州渔阳郡。

三国魏时，初属幽州广阳郡，后隶燕国。西晋时属幽州燕国。东晋十六国，先后属后赵、前秦、后燕辖地。

南北朝初期属北朝北魏。太平真君七年（446 年），隶北魏幽州渔阳郡雍奴县。永熙三年（534 年），北魏分东、西魏，属东魏。武定八年（550 年），隶北齐东北道渔阳郡。承光元年（577 年），改隶北周幽州（总管府）渔阳郡。

隋开皇三年（583 年），废渔阳郡，属幽州。隋大业三年（607 年），废幽州置涿郡，改属涿郡。

唐初，高祖改郡为州。至贞观元年（627 年），分天下为十道，雍奴县为河北道幽州都督府（后升大都督府）之辖县。唐天宝元年（742 年），复设郡领县，幽州改称范阳郡，雍奴县改称武清县，此地属范阳郡武清县地。后唐同光元年（923 年）李存勖称帝，遂属后唐。后晋天福元年（936 年），石敬瑭勾结契丹灭后唐，割燕云十六州给契丹，此地属契丹。

契丹会同元年（938 年），于武清县孙村（今香河县淑阳镇）置榷盐院，为贮盐新仓。后居民集聚，渐成井肆，遂析武清县东北境及三河、潞县地置香河县。时县境较阔，约辖今香河、宝坻、宁河地域，隶南京道析津府。

北宋宣和四年（1122 年），金攻克辽南京（今北京），香河属金。宣和五年（1123 年），金以燕京（辽称南京）及涿、檀、易、顺、景、蓟之地还宋，香河随之归宋，徽宗赐名清化县。

金天会三年（1125 年），金尽取燕山府及所属州县，清化县复名香河县，属中都路大兴府（今北京西南）。大定十二年（1172 年），划香河境东部 15000 家置宝坻县。承安三年（1198 年），宝坻县升置盈州，香河隶之，后盈州废，仍属中都大兴府。

元太祖十年（1215 年），克金中都（今北京），香河始归元之属地。至元九年（1272 年），属大都路大兴府。至元十三年（1276 年），升漷阴县（今北京市通州区漷县镇）为漷州，香河县属大都路漷州。至元二十一年（1284 年），属直隶中书省大都路总管府。

明洪武元年（1368 年），香河隶漷州，属山东行省北平府。洪武二年（1369 年），改隶北平行省北平府。洪武十年（1377 年）二月至十三年（1380 年）二月，香河县归属漷州。明永乐元年（1403 年），属北京行省顺天府，明永乐十九年（1421 年），改属京师顺天府。

清顺治元年（1644 年），属直隶省顺天府。康熙二十七年（1688 年），顺天府设四路厅，香河县属东路厅。

民国元年（1912 年），香河县属直隶省顺天府。民国 3 年（1914 年），改顺天府为京兆地方，香河属之。民国 17 年（1928 年），南京国民政府将京兆地方并入河北省管辖，香河属河北省。

民国 24 年（1935 年），殷汝耕等在通县成立“冀东防共自治政府”，辖香河等 22 个县和唐山、秦皇岛两市。是年 8 月，日伪香河县公署成立，隶河北省冀东道。

民国 30 年（1941 年）至民国 34 年（1945 年）8 月，冀东敌后抗日游击战争迅猛发展。为适应抗日战争的需要，在中国共产党的领导下相继成立了联合县民主政权。

民国 33 年（1944 年）9 月，析香河、武清、宝坻三县连境地区设立香（河）、武（清）、宝（坻）联合县，香河东部、南部地区属冀热边区五专区，民国34年（1945年）1月属冀热辽区十八专区。

民国34年（1945年）1月，香河县西北部地区属通（县）、三（河）、香（河）联合县，隶冀热辽区行署第十四专署。是年8月15日，日本无条件投降，9月,香河县城解放。

民国35年（1946年）1月，各联合县撤销，恢复香河原县制。香河属冀东区（行署）第十八专署。

民国37年（1948年）7月，香河县第二次解放。1949年8月1日，河北省人民政府成立，香河属河北省通县专区。1958年4月，通县专区撤销，香河改属唐山专区。是年11月，撤销香河建制并入宝坻县。1959年6月，仍属唐山专区。当月地市合并后，改隶唐山市。1960年3月，改属天津市。1961年6月，天津市所辖宝坻（含香河）等县划归河北省天津专区。1962年6月，恢复香河县建制，属河北省天津专区。1967年11月，天津专区改为天津地区，香河改属天津地区。1973年12月，天津地区改称廊坊地区，香河属之。1988年9月13日，国务院批准，撤销廊坊地区和廊坊市（县级），设立廊坊市（地级）和廊坊市安次区，廊坊地区所属8个县划归廊坊市，香河县改属廊坊市。自此廊坊市辖香河县至今。

第二章　行政区划

第一节　区划变动

1979年，香河县辖城关、孙家止务、王家摆、安平、钳屯、李庄、五百户、香城屯、刘宋、安头屯、金辛庄、钱旺村、渠口、石虎辛庄、大七里庄、蒋辛屯、梁家务17个人民公社，共298个生产大队，1387个生产队。1982年4月，孙家止务人民公社改称大罗屯人民公社，大七里庄人民公社改称东鲁家口人民公社。

1984年3月，公社改乡，香河县辖1个镇、16个乡，即城关镇、安平乡、刘宋乡、渠口乡、大罗屯乡、王家摆乡、钳屯乡、李庄乡、五百户乡、香城屯乡、安头屯乡、金辛庄乡、钱旺村乡、石虎辛庄乡、东鲁家口乡、蒋辛屯乡、梁家务乡，辖300个行政村和1个居民委员会。同年4月，河北省民政厅批准，刘宋、渠口乡改为镇的建制，8月安平乡改为镇的建制。

1988年10月，城关镇改称淑阳镇。1992年8月29日，香河县淑阳街道办事处成立。1994年3月21日，经河北省民政厅批准，五百户乡、蒋辛屯乡、安头屯乡撤销，设立五百户镇、蒋辛屯镇、安头屯镇。

1996年4月，香河县并乡扩镇，撤销大罗屯乡、王家摆乡、金辛庄乡、李庄乡、香城屯乡、东鲁家口乡、石虎辛庄乡、梁家务乡等8个乡。将金辛庄乡、大罗屯乡并入淑阳镇，淑阳镇辖原淑阳镇22个村、金辛庄乡15个村和大罗屯乡16个村，共计53个行政村；将香城屯乡、李庄乡并入五百户镇，五百户镇辖原五百户镇24个村、香城屯乡10个村和李庄乡9个村，共计43个行政村；将石虎辛庄乡、东鲁家口乡并入渠口镇，渠口镇辖原渠口镇27个村、东鲁家口乡12个村和石虎辛庄乡9个村，共计48个行政村；将梁家务乡并入蒋辛屯镇，蒋辛屯镇辖原蒋辛屯镇24个村和梁家务乡11个村，共计35个行政村；将王家摆乡并入安平镇，安平镇辖原安平镇13个村和王家摆乡16个村，共计29个行政村。经过此次区划调整后，香河县辖淑阳镇、安平镇、五百户镇、刘宋镇、安头屯镇、渠口镇、蒋辛屯镇7个镇，钱旺村乡、钳屯乡2个乡，1个淑阳街道办事处。有300个行政村和1个居民委员会。

1998年3月26日，香河县县城街道办事处委员会建立，并将淑阳街道办事处更名为县城街道办事处，下辖7个居民区委员会。

1999年1月20日，河北省民政厅批复，将钱旺村乡更名为钱旺乡。

2008年5月，香河县将县城街道办事处划分为新开街道办事处和新华街道办事处，原10个社区居委会分2个街道办事处管辖，同时将淑阳镇所辖西南街、东南街、南台、前店子、段乔各庄、闫乔各庄、周园、安抚寨，划归新开街道办事处管辖；

白庙、北岗子、东北街、西店子、西北街、刘庄、万福辛庄、胡庄子 8 个村，归新华街道办事处管辖。淑阳镇所管辖的行政村由原来的 53 个减少到 37 个。

2008 年 11 月，河北省人民政府批准，香河现代产业园成立。

2008 年底，香河县辖淑阳镇、安平镇、五百户镇、刘宋镇、安头屯镇、渠口镇、蒋辛屯镇 7 个镇，钱旺乡、钳屯乡 2 个乡，新开、新华 2 个街道办事处。河北香河经济开发区、香河现代产业园、香河县家具制造业基地 3 大省级园区、1 个农业园区（香河县农业高新技术园区），1 个家具城，共计 300 个行政村和安抚、永泰、段庄、康宁、新开、新绣、新华、迎宾、永兴、城西 10 个社区居民委员会。

第二节 勘 界

1997 年 9 月 12 日，香河县与相邻区县联合开展勘定县界工作。经过踏界、取证谈判、埋设界桩、测绘建档，至 2001 年 8 月完成勘界工作。香河县与北京市通州区、天津市武清区、天津市宝坻区、河北省廊坊市大厂县、三河市交界，边界线总长为 160.86 公里。

香河县—北京市通州区。省界总长为 35.2 公里，涉及双方 5 个乡镇 32 个村，设置界桩 2 个，埋桩完成时间为 1998 年 8 月。测绘完成时间为 1998 年 12 月。

香河县—天津市武清区。省界总长为 42.7 公里，涉及双方 7 个乡镇 45 个村，设置界桩 1 个，埋桩完成时间为 2001 年 4 月。测绘完成时间为 2001 年 5 月。

香河县—天津市宝坻区。省界总长为 42.58 公里，涉及双方 7 个乡镇 35 个村，设置界桩 2 个，埋桩完成时间为 2001 年 4 月。测绘完成时间为 2001 年 5 月。

香河县—三河市。县界总长为 20.74 公里，涉及双方 5 个乡镇 17 个村，设置界桩 1 个，埋桩完成时间为 1998 年 3 月。测绘完成时间为 1998 年 4 月。

香河县—大厂县。县界总长为 19.64 公里，涉及双方 4 个乡镇 18 个村，设置界桩 1 个，埋桩完成时间为 1998 年 3 月。测绘完成时间为 1998 年 4 月。

2008 年香河县边界情况一览表

表 1-2-1

边界名称	涉及乡镇	涉及村	邻县、乡（镇）、村（街）名称	
京冀线（香河县—通州区）（省界）	蒋辛屯镇	苍头	通州区西集镇	侯各庄、赵庄
	蒋辛屯镇	王店子、河北吴村	通州区西集镇	尹家河、大沙务
	淑阳镇	凌家吴村	通州区西集镇	大沙务
	淑阳镇	郭辛庄、孙家止务	通州区西集镇	牛牧屯
	安平镇	鲁家务	通州区西集镇	桥上、辛集
	安平镇	高庄、乔庄、枳根城	通州区西集镇	杨家洼
	安平镇	三间房、堡上	通州区漷县镇	曹庄、小屯
	安平镇	赶古庄	通州区漷县镇	纪各庄
	安平镇	扁城	通州区漷县镇	尖平庄
	安平镇	安平一街、二街	通州区漷县镇	觅子店、南屯、穆家坟、梁家务

续表 1-2-1

边界名称	涉及乡镇	涉及村	邻县、乡（镇）、村（街）名称	
津冀线（香河县—武清区）	安平镇	安平二街	武清区河西务镇	瓦屋、毛窑
	安平镇	小友垡	武清区河西务镇	大友垡、水牛村
	钳屯乡	红庙	武清区河西务镇	秦营
	五百户镇	后土门楼、前土门楼	武清区河西务镇	庄窝、小沙河
	五百户镇	吴打庄、李庄	武清区河西务镇	木厂、龚庄、马头
	五百户镇	邢家营、东双街	武清区河西务镇	五七村、土城
	五百户镇	南太平庄、荒凌庄	武清区下伍旗镇	西王庄、北齐庄、刘皮庄
	五百户镇	兴隆庄、仉村	武清区下伍旗镇	后段庄、褚庄
津冀线（香河县—武清区）（香河县—宝坻区）（省界）	五百户镇	南张庄、霍刘赵	武清区下伍旗镇	马房、马神庙、柴庄
	刘宋镇	小陈庄	武清区下伍旗镇	丁庄、东王庄
	刘宋镇	刘庆庄、中营	武清区河北屯镇	李大人庄、桐高村
	刘宋镇	庆功台	武清区河北屯镇	北张辛庄、杨家场
	刘宋镇	庆功台	宝坻区大口屯镇	石辛庄、南仁埒、前寒河
	刘宋镇	刘宋村	宝坻区新开口镇	前六家口、后六家口
	刘宋镇	东张庄、倪庄	宝坻区新开口镇	焦庄、彭家务
	刘宋镇	东王各庄	宝坻区新开口镇	洛水坨、小王辛庄
	安头屯镇	商汪甸	宝坻区新开口镇	洛水坨、小王辛庄
	渠口镇	荣各庄	宝坻区史各庄镇	张贾庄、大刘辛
	渠口镇	戴家阁、渔阳院	宝坻区史各庄镇	郭杨各庄
	渠口镇	东魏各庄	宝坻区史各庄镇	黄家集、杨辛庄
	渠口镇	东鲁家口、北张庄	宝坻区牛道口镇	赵各庄
	渠口镇	唐屯、青户、谭家务	宝坻区牛道口镇	李三店、宜城
	渠口镇	黄沙务、卸甲庄	宝坻区牛道口镇	庞各庄
香三线（香河县—三河市）（县界）	渠口镇	韩庄	三河市新集镇	西罗村、大罗村
	渠口镇	躲各庄	三河市皇庄镇	虎将庄、西达屯
	渠口镇	阎胡套、魏家滩	三河市皇庄镇	艾台、大王庄
	钱旺乡	东马家窝	三河市皇庄镇	王辛庄
	钱旺乡	西马家窝	三河市皇庄镇	杨各庄
	蒋辛屯镇	打鹳户	三河市皇庄镇	大朱庄、钳公庄

续表 1-2-1

边界名称	涉及乡镇	涉及村	邻县、乡（镇）、村（街）名称	
香大线（香河县—大厂县）（县界）	蒋辛屯镇	打鹳户	大厂县陈府乡	东杨辛庄、吴辛庄
	蒋辛屯镇	后骆驼港	大厂县陈府乡	马家庙
	蒋辛屯镇	祁羊店、小祁庄	大厂县陈府乡	漫兴营
	蒋辛屯镇	大马坊、北六百户	大厂县大厂镇	西杨辛庄、西彭府
	蒋辛屯镇	后场、北李庄	大厂县大厂镇	梁庄
	蒋辛屯镇	岭子	大厂县祁各庄镇	定福庄、陈家府

2008 年香河县边界交汇点情况一览表

表 1-2-2

	毗邻县（市）		所处乡（镇）、村（街）		邻县乡（镇）、村（街）	
三省（三县）交汇点	河北省香河县	北京市通州区	安平镇	安平二街	漷县镇	梁家务
	河北省香河县	天津市武清区	安平镇	安平二街	河西务镇	瓦屋
	河北省香河县	河北省三河市	蒋辛屯镇	打鹳户	皇庄镇	大朱庄
	河北省香河县	河北省大厂县	蒋辛屯镇	打鹳户	陈府乡	东杨辛庄
	河北省香河县	河北省三河市	渠口镇	韩庄	新集镇	大罗村
	河北省香河县	天津市宝坻区	渠口镇	韩庄	牛道口镇	庞各庄
	河北省香河县	天津市宝坻区	刘宋镇	庆功台	大口屯镇	石辛庄
	河北省香河县	天津市武清区	刘宋镇	庆功台	河北屯镇	杨家场
	河北省香河县	河北省大厂县	蒋辛屯镇	苍头	祁各庄镇	陈家府
	河北省香河县	北京市通州区	蒋辛屯镇	苍头	西集镇	侯各庄

第三章　县　城

第一节　城区概况

一　面积人口

香河县城坐落在县境中部略偏西北，县人民政府驻地淑阳镇，西依北运河，东靠潮白河，地势平坦，交通便利，是全县政治、经济、文化中心。

城垣旧为近方形土城，中华人民共和国成立初期，城区面积 0.45 平方公里，人口 5192 人（其中，不以农业为主要谋生者 3315 人），全城除几家手工业作坊外，几乎没有工业。

随着工农业生产发展，城区面貌逐渐改观，城区人口不断增长。

1987 年，城区人口和比重分别为 2.01 万人和 7.38%。至 1989 年底，县城面积扩展到 3 平方公里。

1990 年，县城规划区面积扩大到 10.2 平方公里，规划区分城区和郊区，含 24 个村庄。城区含周园、安抚寨、东南街、西南街、东北街、西北街、西店子；郊区含南台、北岗子、刘庄、万福辛庄、胡庄子、白庙、许台、前套、后套、大王庄、朱庄、计庄、矬口、段乔各庄、阎乔各庄、前店子、河北止务。县城建成区面积 2.41 平方公里，为解放初期的 5.36 倍。人口 2.26 万人，较解放初（0.52 万人）增长 4.35 倍。

1993 年底，县城人口 4.1 万人，其中农业人口 2.3 万人，非农业人口 1.8 万人，各类流动人口 4000 人。城区面积 4 平方公里。

1999 年，县城人口已发展到 5.5 万人。

2001 年，县城建成区面积扩大到 7.51 平方公里。

2008 年，香河县城辖新华街道办事处和新开街道办事处。县城总人口为 60153 人，较解放初（5192 人）增长 11.59 倍。

经过近 60 年的建设，香河县城面貌焕然一新。2008 年，县城面积由中华人民共和国成立初期时的 0.45 平方公里扩展到 11.47 平方公里，道路、给排水、绿化、供电、照明、环卫等市政设施从无到有，发展迅速，县城功能日趋完善。

二 城区道路

1979 年，香河县城有东、西大街，南、北大街，东城街，政府街 6 条主要街道。进入 20 世纪 80 年代，香河县进行大规模城区道路改造。1988 年，县政府对县城 12 条主要街道命名。12 条主要街道为迎宾路、府前街、淑阳大街、新华大街、康平路、康宁路、新开街、向阳路、兴济路、永明路、文昌街、新立路。

2004 年，香河县对县城区 13 条主要街道和 6 条次要街道重新命名、更名，并对沿街单位、门市、商铺进行初步编码。13 条主要街道为新华大街、府前街、淑阳大街、新开街、绣水街、永泰路、安抚路、康平路、康宁路、迎宾路、永明路、兴济路、五一路；6 条次要街道为文昌街、向阳街、东新立街、西新立街、步行街、花园街。

县城内道路由北向南依次为新华大街、府前街、淑阳大街、文昌街、新立街、向阳街、新开街、绣水街；由西向东依次为五一路、兴济路、永明路、迎宾路、康宁路、康平路、安抚路、永泰路。

第二节 城中村及社区居民委员会

一 城中村

1979 年，香河县城没有城中村。1985 年以后，香河县城不断改造提升，城区面积不断扩大。至 1990 年，城中村含周园、安抚寨、东南街、西南街、东北街、西北街、西店子 7 个村街。至 2008 年底，县城规划区内有安抚寨、周园、段乔各庄、阎乔各庄、南台、前店子、东南街、西南街、东北街、西北街、西店子、北岗子、胡庄子、刘庄、万福辛庄、白庙 16 个村街。（行政村街基本情况见第一编第四章第二节）

二 社区居民委员会

1984 年，香河县城城区建有 1 个居民委员会。随着县城居民人口的不断增长，1992 年 8 月 29 日，香河县在县城区成立淑阳街道办事处。同年 7 月 25 日，对县城居民点进行调整，重新划分并命名新开小区、永明小区、朝阳小区、向阳小区、平安小区、府前家属区、前店家属区、北岗家属区、万福家属区、新立家属区、光明家属区、医院家属区、市场楼住宅区 13 个住宅小区。

1997 年 6 月 9 日，在原 13 个居民小区基础上成立新华街居委会、南台居委会、站西居委会、安抚寨居委会、花园居委会、新开街居委会、段庄居委会 7 个居民委员会。

1998 年 3 月 26 日，香河县县城街道办事处委员会建立，并将淑阳街道办事处更名为县城街道办事处，下辖 7 个居民委员会。

2002 年 1 月 5 日，将县城区原 7 个居民委员会调整为迎宾区居委会、康宁区居委会、新绣区居委会、永兴区居委会、永泰区居委会、城西区居委会、新开区居委会、安抚区居委会、段庄区居委会、新华区居委会 10 个居民委员会。

2005 年，香河县对全县街、路、巷、门、楼、户进行统一编码，规范命名 94 个居民小区。

2008 年 5 月，香河县将县城街道办事处划分为新开街道办事处和新华街道办事处。原 10 个社区居民委员会分两个街道办事处管辖。同时，10 个居民委员会更名为社区居民委员会。至 2008 年底，香河县县城辖 2 个街道办事处，共 10 个社区居民委员会，96个居民小区。

新开街道办事处辖6个社区居民委员会：

安抚社区居民委员会　东至永泰路、西至迎宾路、南至淑阳大街、北至新华大街，辖区面积1.5平方公里。辖小区13个，包括法院小区、农行小区、财政小区、纸管小区、人行小区、安福家园、中行小区、武装小区、康平小区、花丝小区、广电小区、育龙小区、颐和小区。住户1766户，居民4415人。

永泰社区居民委员会　东至计庄村西，西至永泰路、南至矬口村北、北至新华大街，辖区面积0.6平方公里。辖小区7个，包括信用联社小区、矬口平房小区、计庄子平房小区、木器厂小区、香江逸景小区、兴业家园、永泰园小区。住户553户，居民1085人。

段庄社区居民委员会　东至永泰路，西至康宁路、南至绣水街（前店子居民区）、北至新开街，辖区面积1平方公里。辖小区5个，包括段庄小区、县社小区、驻军小区、前店子小区、矬口小区。住户1190户，居民3200人。

康宁社区居民委员会　东至康宁路，西至迎宾路、南至绣水街（供电小区）、北至新开街，辖区面积0.5平方公里。辖小区6个，包括供电局小区、康宁园小区、花园小区、民政小区、阳光小区、绣南小区。住户1642户，居民3018人。

新开社区居民委员会　东至迎宾路，西至永明路、南至绣水街（迎宾小区）、北至新开街，辖区面积0.7平方公里。辖小区4个，包括一建小区、南台小区、烟草小区、迎宾小区。住户1133户，居民2237人。

新绣社区居民委员会　东至永明路，西至五一路、南至绣水街、北至新开街，辖区面积0.8平方公里。辖小区6个，包括新绣小区、天琴湾小区、斜道北小区、斜道南小区、东南街一小区、东南街二小区。住户1089户，居民2576人。

新华街道办事处辖4个社区居民委员会：

新华社区居民委员会　东至白庙、西至五一路、南至新华大街、北至潮白大堤，辖区面积2.8平方公里。辖13个小区，包括欧陆豪庭小区、永新小区、新华嘉园小区、育华小区等。住户5237户，居民15711人。

迎宾社区居民委员会　东至永泰路、西至迎宾路、南至新开街、北至淑阳大街，辖区面积1平方公里。辖4个小区，包括中心小区、财政物资小区、工商小区、金玉源小区。住户683户，居民1590人。

永兴社区居民委员会　东至迎宾路、西至五一路、南至新开街、北至新华大街，辖区面积2平方公里。辖29个小区，包括裕龙小区、欣西苑小区、福宁园小区等。住户3337户，居民10525人。

城西社区居民委员会　东至五一路、西至职教中心，南至绣水街、新华大街西延，辖区面积0.8平方公里。辖9个小区，包括安居小区、供电小区、税务小区、劳动小区等。住户1324户，居民3825人。

第四章　乡镇、街道办事处

第一节　乡　镇

一　并乡扩镇前概况

1995年底，香河县辖7个镇10个乡，即淑阳镇、刘宋镇、渠口镇、安平镇、蒋辛屯镇、五百户镇、安头屯镇、钳屯乡、钱旺村乡、大罗屯乡、王家摆乡、李庄乡、香城屯乡、金辛庄乡、东鲁家口乡、石虎辛庄乡、梁家务乡。

淑阳镇

地处香河县中部略偏西北，为县政府所在地。南、西部与金辛庄、钳屯、大罗屯等乡为邻；东、北部隔潮白河与钱旺村、蒋辛屯两乡相望。1995年底，总面积31.85平方公里。辖22个行政村街（东南街、西南街、东北街、西北街、西店子、南台、周园、安抚寨、许台、白庙、胡庄子、万福辛庄、北岗子、刘庄、朱庄、大王庄、杜屯、孟庄、郎庄、前套、后套、池套）和1个居民委员会。共4378户，总人口29342人，其中回、满等少数民族307人。农业人口15851人，非农业人口13491人。镇人民政府驻县城府前街中段路北。

1979 年，称城关人民公社。1984 年 3 月，改城关人民公社为城关镇。1988 年 10 月改称淑阳镇。

1995 年底，全镇有耕地 939.60 公顷，人均占有耕地约 0.06 公顷。农作物有小麦、玉米、花生和蔬菜等。是年粮食单产 10.80 吨/公顷，总产 7786 吨，其中小麦总产 3083 吨，玉米总产 4703 吨。

镇办工业有机械修造、珐琅、服装、建筑等 10 多家企业，年产值 1004 万元，年收入 978.7 万元；村办工副业有玛钢、铸造、塑料、珐琅、汽车修理及饮食服务等 13 摊，年产值 794.7 万元，利税 156.14 万元。珐琅制品工艺精细，享有盛名；镇服装厂生产的“雪莲牌”绒毛衫，远销美国、日本、澳大利亚等国。镇内有较大型国营、集体商（场）店 10 多家，联户、个体工商户有百货、服装、烟酒、饮食、家具店等。

每逢农历一、三、五、七、九为集日。1990 年上集 3 万多人次，年成交额 2534 万多元，为全县集镇之最。

淑阳镇交通方便，四通八达，每日都有往返北京、天津、唐山、廊坊及相邻各县的客、货运班车。镇西关有汽车站 1 处。

镇内人口稠密，建筑设施齐全。1990 年底，有幼儿园 5 所，镇办中、小学 8 所。另外，县师范、国办中学（2 所）、县办城内小学（3 所）、县文化馆、工人俱乐部、老干部活动中心、县人民医院、中医院（外辖 3 个门诊所）、妇幼保健站、卫生防疫站坐落在域内。

安平镇

安平镇地处香河县最西端，位于京、津、冀三省市交汇处。镇人民政府驻地安平一街距县城 12.5 公里。全镇总面积 14.25 平方公里，辖 13 个行政村街（安平一街、安平二街、安平四街、安平东庄、安平后庄、扁城、赶古庄、谢屯、延福屯一村、延福屯二村、草沙河、成辛庄、小友垡）。1995 年底，全镇共有 2539 户，10538 人，耕地约 846.23 公顷。

1979 年，称安平人民公社，1984 年 8 月改称安平镇。

地势平坦，土质均为壤土，属温带大陆性季风气候，年平均气温 11. 3℃，无霜期 177 天左右，年平均降水量 668 毫米。耕地占总面积的 69%，其中粮食作物面积占总耕地的 81.9%。农作物有小麦、玉米、棉花、花生等。1995 年，粮食总产 3894 吨，单产 11.51 吨/公顷。

镇办工业有塑料、印刷、乐器、钟表等 7 个行业；村办工副业有纸盒、皮鞋、运输、冲压件、针织、饮食服务等。“爱迪牌”手风琴获国家专利，并远销美国、日本、德国等 20 多个国家和地区。为发挥地处京津之间区位优势，在京津公路两侧建起大型沙发、农贸市场，逢农历二、五、八、十为集日，贸易繁荣。

安平镇交通方便，文教卫生事业发展很快。有公共汽车站 1 处，每天都有直达北京、天津、唐山、廊坊等地的班车。文化站 1 个，镇村办中、小学 9 所；镇卫生院 1 所。

安平人民具有光荣的革命斗争传统，震惊中外的“安平事件”就发生在此。

五百户镇

镇人民政府驻地五百户在县城南偏东 9.85 公里处，位于青龙湾河北侧。总面积 30.25 平方公里。辖 24 个行政村（土山、四百户、三百户、骡子王、南蔡庄、夏辛庄、兴隆庄、仉村、高辛庄、曹庄、黄营、五百户、西张庄、前马房、后马房、头百户、马各庄、六百户、八百户、九百户、十百户、孙小营、东七百户、西七百户）。1995 年底，全镇共有 4850 户，19741 人，耕地约 2082.98 公顷。主要农作物有小麦、玉米、大豆等。是年，粮食总产 18517 吨，单产 10.83 吨/公顷。

1979 年，称五百户人民公社。1984 年 3 月改称五百户乡。1994 年 3 月 21 日，经河北省民政厅批准，撤销五百户乡，设立五百户镇。

全镇境内有五一劳动渠、香五公路两侧排水渠和香五自流渠等骨干排灌工程。

五百户镇三百户村大叶烟以质佳叶大而畅销津、京等地。镇办企业有毛衫、印染、机械配件、绢花、珐琅等 6 家。每逢农历二、六、十为集日。

1990 年底，有镇办中学 1 所，小学 17 所。另外，香河县第五中学坐落在镇域内，有文化站、邮电支局各 1 处，中心卫生院 1 所。

香五公路南北贯通全境，交通便利。

境内有兴隆庄遗址 1 处。

刘宋镇

地处县城东南部，镇人民政府驻地刘宋村距县城 16 公里。东与天津市宝坻县接壤，南隔青龙湾与天津市武清县相望。全镇总面积59平方公里，辖25个行政村（刘宋、东张庄、倪庄、马庄、程官屯、庆功台、王家务、八户、德辛庄、西太平庄、小刘庄、幞头屯、吴庄、尹庄、北村、北务屯、辛立屯、中营、刘庆庄、小陈庄、荆庄、大田、东王各庄、西王各庄、南孙家庄），1995年底，共有8902户，35445人，耕地约4192.73公顷。农作物主要有小麦、玉米、花生等。是年，粮食总产31542吨，单产10.49吨/公顷。

1979年，称刘宋人民公社，1984年4月改称刘宋镇。

每逢农历一、四、七、九为集日，邻县农民多汇于此，集市贸易活跃，1990年成交额为568.1万元。

镇有汽车站一处，每日有经县城直达北京、天津、廊坊等地班车。

1990年底，有国办、镇办中学各1所，中心小学、村办小学23所，卫生院1所。

镇内八户村北有战国遗址1处。

安头屯镇

镇人民政府驻地安头屯四村位于县城东南9.15公里处。北依潮白河，东与宝坻县新开口乡相连。总面积45.88平方公里。辖25个行政村（安头屯一村、安头屯二村、安头屯三村、安头屯四村、孙家庄、铁佛堂、石辛庄、庞营、西口头、北口头、东口头、前口头、韩营庄、杨营庄、孙营庄、赵营庄、黄庄、顾家屯、东兴隆庄、东太平庄、商汪淘、前独立庄、后独立庄、大青庄务、小青庄务）。1995年底，全镇共有7008户，27230人，耕地约2975.19公顷。主要农作物小麦、玉米、大豆等。是年，粮食总产20435吨，单产8.67吨/公顷。

1979年，称安头屯人民公社，1984年3月改称安头屯乡，1994年3月21日，经河北省民政厅批准，撤销安头屯乡，设立安头屯镇。

香绣排水渠、东干渠、商汪淘排水渠等贯穿全境。

1990年底，有镇办企业6家，以砖瓦、建筑、珐琅、地毯为主；村办工副业有五金构件、铸造、珐琅等16摊。

逢农历二、六、九为集日。

香（河）（刘）宋公路通过全境，交通方便。

1990年底，有镇办中学1所，小学17所；有文化站1处；卫生院1所。

渠口镇

镇人民政府驻地渠口村，位于县城东11.75公里处。南有潮白河，北依“老五河”故道，总面积36.02平方公里，辖27个行政村（渠口、金庄、许庄、王刘鄚、邵庄、店子务、孙各庄、康庄、宣教寺、小河各庄、魏家滩、温庄、东梨园、小鄚、北渠口、三岔口、卢庄、邱庄、韦各庄、高山庄、炭户庄、荣各庄、牛济河、小高坨、西梨园、阎胡套、戴家阁）。1995年底，全镇有6604户，27760人，耕地约2452.07公顷。农作物主要有小麦、玉米、花生等。是年，粮食总产17351吨，单产8.28吨/公顷。

1979年，称渠口人民公社，1984年4月改称渠口镇。

镇办企业、村办企业众多。大笤帚及原料市场为北方最大的农贸市场，每逢农历双日为集，物资沟通面向北京、天津、保定、唐山、秦皇岛、张家口及辽宁、内蒙古等地。

镇办中学1所，小学16所，卫生院1所。另外，香河县第三中学坐落在镇域内。

渠口镇历史悠久，东汉渔阳太守张堪曾募人于此开渠种稻，渠口之名亦由此而来，渠道故迹今尚可见。

蒋辛屯镇

镇人民政府驻地蒋辛屯村在县城北偏西7.25公里处。北接大厂县，南隔潮白河与香河县城相望。辖24个行政村（大荒庄、前骆驼港、小朱庄、双营、打鹌户、后骆驼港、祁羊店、小祁庄、大马坊、小马坊、北六百户、后场、挠子庄、姬庄、匠庄、蒋辛屯、北五百户、闻庄、北四百户、小尹庄、后建各庄、前建各庄、王庄子、百家湾），面积33平方公里。1995年底，全镇共有4222户，16825人，耕地约2042.01公顷。主要农作物有小麦、玉米、大豆、花生等。是年，粮食总产11880吨，单产6.68吨/公顷。

1979年，称蒋辛屯人民公社。1984年3月改称蒋辛屯乡。1994年3月21日，经河北省民政厅批准，撤销蒋辛屯乡，设立蒋辛屯镇。

境内有鹌池河、丰收渠、梁家务干渠、百家湾排水渠和3座中、小型扬水站。

每逢农历二、五、八、十为集日。

夏（垫）安（平）公路通过全境，交通便利。

1990年底，镇内有文化站1处，镇办中学1所，村办小学8所。另外，香河县第六中学坐落在镇域内。有卫生院1所。

钱旺村乡

乡人民政府驻地钱旺村距县城5.3公里。南、西紧靠潮白河，北、东与三河县沓辛屯乡及渠口镇搭界。全乡总面积36.9平方公里，下辖21个行政村（土堡子、马房顶、北刘庄、袁庄、田贾庄、焦康庄、义井、达古庄、大高坨、袁官屯、大六王庄、小六王庄、大河各庄、富各庄、东马家窝、西大街、后大街、和平街、姜吴街、成自务、钱旺村）。1995年底，全乡共有6613户，25026人，耕地约2285.47公顷。农作物主要有小麦、玉米、大豆等。是年，粮食总产15354吨，单产10.47吨/公顷。

1979年，称钱旺村人民公社。1984年3月改称钱旺村乡。

经济以农为主，兼营林、牧、副、渔各业。1990年底，乡办企业有矿山配件、电梯、制帽、饮料、建筑等6家；村办企业18家，主要有造纸、珐琅、花丝、地毯、绢花、砖瓦等行业。

1990年底，辖区内有文化站1处。县属职业中学和乡办中学各1所，小学19所。有乡卫生院1所。

境内有唐通、香（河）三（河）公路穿过，交通便利。

钳屯乡

乡人民政府驻地钳屯村位于香河县城西南4.9公里处。西依北运河，南靠青龙湾河，中部香五自流渠贯穿全境。全乡总面积31平方公里，辖21个行政村（红庙、茅草店、后家湾、二百户、起河屯、坨子、东延寺、西延寺、前延寺、李辛庄、贾庄、窝头、钳屯、叶屯、尚店、张庄、池屯、赵屯、草寺、西刘庄、雀林院）。1995年底，全乡共有5303户，22035人，耕地约2072.20公顷。主要农作物小麦、玉米、大豆等。是年，粮食总产16835吨，单产10.56吨/公顷。

1979年，称钳屯人民公社，1984年3月改称钳屯乡。

1990年底，乡办企业有首饰、塑料、皮件、皮鞋、建筑等10家；村办工业21摊，以皮鞋（件）、纸盒（箱）、塑料和五金制品为大宗。为北京皮鞋厂加工的“百花牌”和“海河牌”皮鞋为全国名牌产品，深受消费者的欢迎。

1990年底，有乡、村办中小学16所，卫生院和文化站各1所。

境内有香河去天津、廊坊等地的汽车穿过，交通便利。

大罗屯乡

乡人民政府驻地大罗屯位于县城西偏北3.1公里处。北靠潮白河，西临北运河。1995年底，辖16个行政村（凌家吴村、河南吴村、郭辛庄、赶水坝、孙家止务、姚家止务、王家止务、宋家止务、姬家止务、河南止务、河北止务、大罗屯、小罗屯、前小屯、后小屯、赵庄）。总面积21.8平方公里，4684户，14182人。其中满、蒙等4个少数民族共309人。

1979年，称孙家止务人民公社。1982年4月，因公社机关驻地由孙家止务迁至大罗屯村北，故更名大罗屯人民公社。1984年3月改称大罗屯乡。

主要农作物小麦、玉米、大豆等。1995年底，有耕地约1164.46公顷，其中粮食作物670.67公顷，总产为7333吨，单产10.94吨/公顷。

1990年，该乡充分利用河滩、闲散地资源，开发果园约152.73公顷，占全县第一位。乡办企业有炊具、汽车改装、铸造、皮鞋、珐琅等7家，产值299.2万元，从业人员296人；村办工副业有纸盒、纸花、制糖果、面粉加工、农机配件等9摊，从业187人。有汽车改装厂改装生产地JL630型旅游车、JL513型货车、警车、救护车等被公安部和中国汽车工业联合会确认为定点生产的名优产品。

夏（垫）安（平）公路穿境而过，交通便利。

1990年，有乡办中学1所、村办小学8所；乡文化站1所；卫生院1所。

王家摆乡

乡人民政府驻地王家摆在县城西偏南6.3公里处。东以北运河为界，西北跟北京市通县觅子店乡接壤，因机关驻地王家摆村，故取名王家摆乡。面积18.3平方公里。辖16个行政村（周庄、西贾庄、甘露寺、王家摆、谭庄、曹店、王指挥庄、乔庄、枳根城、北太平庄、三间房、堡上、孙家务、陈辛庄、鲁家务、高庄）。1995年底，全乡共有2625户，10945人，耕地约920.31公顷。

1979年，称王家摆人民公社，1984年3月改称王家摆乡。

王家摆乡地势平坦，除少量沙石质外，其余均为壤土质。内有北运河、龙凤减河通过，耕地均能浇灌。这里属温带大陆性季风气候，年平均气温11.3℃，无霜期177天左右。年平均降水量668毫米。其中粮食作物面积占75.85%。为香河县有名的粮、果、蔬菜区。主要农作物有小麦、玉米、大豆等。1995年，粮食总产5332吨，单产10.43吨/公顷。

1990年底，乡镇企业8家，主要有旅游制品、服装、纸箱（盒）、玻璃、建筑等。产值1290万元。光华旅游制品厂生产的"四季青"牌各式衬衫、派克服、防寒服等远销北京、山西、宁夏、内蒙古等地；开发生产的旅游帐篷、屏风、野营床、折叠椅等受到美、德、日本及东南亚地区客商的青睐。农村工副业有铸造、灯具、刀具、纸盒等14摊，产值516.5万元。

1995年底，有乡办中学1所，小学6所，在校学生1700人。有文化站1处。乡卫生院1所。

夏安公路穿境而过，交通方便。

李庄乡

乡人民政府驻地李庄村在县城南偏西11.25公里处。南、东、西三面跟天津武清县搭界，北靠青龙湾河，北运河自西北向东南穿境而过。总面积13平方公里，为全县17个乡镇中面积最小的乡。辖9个行政村（前土门楼、后土门楼、西王家务、李庄、邢家营、南太平庄、吴打庄、东双街、荒凌庄）。1995年底，全乡有1964户，8305人，耕地789.18公顷。主要农作物有小麦、玉米、蔬菜等。是年，粮食总产2434吨，单产11.31吨/公顷。

1979年，称李庄人民公社。1984年3月改称李庄乡。

李庄乡种韭菜有200多年历史，素有"韭菜之乡"的美称，近供京、津，远销辽宁、内蒙古等地。邢营臭豆腐以加工独特，味香色正而享誉京东各地。乡办企业有珐琅、建筑等，村办工副业有地毯、表带等。

辖区有乡、村办中小学4所，文化站1处，卫生院1所。有通往县城及京、津等地公路，交通方便。

香城屯乡

乡人民政府驻地香城屯位于县城南11公里处。南靠青龙湾河，东、北、西分别联接刘宋、安头屯、五百户等乡镇。总面积20.25平方公里。辖10个行政村（香城屯、南周庄、南张庄、霍刘赵、田各庄、香椿营、南石辛庄、仓上、于辛庄、董家湾）。1995年底，全乡共有2631户，9922人，耕地1290.20公顷。主要农作物有小麦、玉米、蔬菜等。是年，粮食总产9611吨，单产10.88吨/公顷。

1979年，称香城屯人民公社。1984年3月改称香城屯乡。

境内乡镇企业有铸造业、皮件、服装等。村办、个体办工副业，以牛、羊屠宰、皮毛生意为大宗。

1983年在回民村香椿营开辟了皮毛市场，参加交易的有来自京、津、唐、山西、沧州等客商。

辖区内有乡、村办中小学7所，文化站1处，乡卫生院1所。有通往各地的公路，交通方便。

境内有栖隐寺古塔遗址和香城银杏树2株，树龄近千年；霍刘赵古槐树1株，树龄近500年。

金辛庄乡

乡人民政府驻地金辛庄距县城东南2.9公里。辖15个行政村（南刘庄、南王庄子、金辛庄、矬口、计庄、小店子、前彭家务、后彭家务、黄院、前井亭、中井亭、后井亭、段乔各庄、阎乔各庄、前店子）。总面积14平方公里。1995年底，全乡有2516户，8939人。其中蒙古族6人，满族5人，朝鲜族1人。

1979年，称金辛庄人民公社。1984年3月改称金辛庄乡。

主要农作物有小麦、玉米、蔬菜等。1995年底，全乡有耕地811.26公顷，其中粮食作物面积693.33公顷；粮食总产7520吨，单产10.85吨/公顷。农业总产值918万元。

1990年，乡办企业有气动椅、计算机配件、钢窗、环保器械、木器、工艺品、丝织等9家，产值996万元，从业人员492人；村办企业有珐琅、工艺品、雕刻、印刷、彩印、染绒、冲压、冷压、汽修等27家，创产值3389万元。全乡开发具有市场竞争能力的定型产品780种，3项获省优、4项获市优。其中1.5吨液压轮式千斤顶、DL型酸雾净化器、气动椅、金漆家具等一批名优产品在市场上畅销不衰。

乡办文教卫生事业发展很快，1990年，有文化站1处；乡办中学1所、村办小学6所，幼儿园

1所；乡、村办卫生院各1所。

香（河）（刘）宋公路从乡中心穿过，交通方便。

石虎辛庄乡

乡人民政府驻地石虎辛庄位于县城东偏北12.25公里处。北与三河县接壤，东与天津市宝坻县相连。总面积13.9平方公里，辖9个行政村（固庄、躲各庄、韩庄、窦庄、卸甲庄、黄沙务、蔡庄、谭家务、石虎辛庄）。1995年底，全乡共有2889户，11851人，耕地924.93公顷，占乡总面积的66.54%。主要农作物有小麦、玉米、谷子等。粮食总产7492吨。单产9.60吨/公顷。

1979年，称石虎辛庄人民公社。1984年3月改称石虎辛庄乡。

全乡大笤帚加工业发达，有“笤帚之乡”美誉。

有乡办中学1所，村办小学7所，卫生院1所。

东鲁家口乡

乡人民政府驻地东鲁家口位于县城东13.8公里处。东与天津市宝坻县相邻，西接古镇渠口，为潮白、鲍邱、引沟入潮三河交汇处。总面积15.9平方公里，三面临水，地势低洼。至1990年底，有洼地4.8平方公里，占全乡总面积的30.2%。辖12个行政村（渔阳院、大七里庄、小七里庄、东魏各庄、西魏各庄、东鲁家口、大鲁家口、北张庄、西河头、唐屯、青户庄、青寺）。乡人民政府驻地东鲁家口村。1995年底，全乡有2382户，9468人，耕地804.96公顷。

1979年，称大七里庄人民公社。后因公社机关驻地迁到东鲁家口，故于1982年4月更名东鲁家口人民公社，1984年3月，改称东鲁家口乡。

全乡经济以农业为主。主要农作物有小麦、玉米、高粱等。解放前由于地势低洼，十年九涝，粮食产量低而不稳。中华人民共和国成立后国家投资防涝治洼，兴修水利。到1990年底，开挖渠道29条，修排灌站一处，排水量为1.34立方米/秒，打井162眼，基本根除水患。1995年，粮食总产4741吨。单产9吨/公顷。

全乡有乡办中学1所，村办小学7所，卫生院1所。

唐通公路横穿本乡，东可抵津、唐山、秦皇岛，西可进京。

渔阳院有东汉渔阳太守张堪督耕处遗址。

梁家务乡

乡人民政府驻地梁家务位于县城西北9.5公里处。北邻大厂县，西靠潮白河，隔河与通县西集镇相望。总面积22.2平方公里，辖11个行政村（王店子、苍头、岭子、梁家务、河北吴村、北三百户、北头百户、大窑上、程辛庄、杨簸箕庄、北李庄）。1995年底，全乡共有3183户，12505人，耕地1634.13公顷。主要农作物有小麦、玉米、大豆、高粱等。粮食总产10109吨，单产7.59吨/公顷。

1979年，称梁家务人民公社。1984年3月改称梁家务乡。

全乡土地平坦，为全县地势最高地区。

1990年底，乡内有文化站1处。有乡办中学1所，村办小学11所。有卫生院1所。

境内有柏油公路1条，可由乡人民政府驻地通往县城，交通较为方便。

乡内有战国前岭子“北岗子”遗址和苍头“官坟”遗址。

二 并乡扩镇后概况

1996年4月，香河县并乡扩镇，将原17个乡镇合并为7个镇2个乡。2008年底，香河县辖淑阳镇、安平镇、五百户镇、刘宋镇、安头屯镇、渠口镇、蒋辛屯镇、钱旺乡、钳屯乡。

淑阳镇

1996年4月，撤销金辛庄乡和大罗屯乡，并入淑阳镇。淑阳镇辖原淑阳镇22个行政村、原金辛庄乡15个行政村和原大罗屯乡16个行政村。

淑阳镇地处香河县中部略偏西北，为县政府所在地。南、西部与钳屯乡、安平镇、北京市通州区为邻，东、北部隔潮白河与钱旺乡、蒋辛屯镇相望，东南部与五百户、安头屯两镇接壤。1997年底，镇人民政府驻地由原址迁至县城新开街站西小区，距县政府1公里。2005年，全国第一届千强镇排名公布，淑阳镇入围，位列634位。

2008年5月，根据县委、县政府关于行政区域划分的安排部署，划出16个村街分别归属到新华街道办和新开街道办。至年底，全镇总面积32.21平方公里。辖行政村街37个。总户数26556户，总人口73379人，乡村人口25571人，劳动力11872人。工农业总产值1513580万元，农民人均纯收入7898元。全镇有耕地2143.16公顷，粮食播种面积 2532.67 公顷，粮食单产 6510 千克/公顷，总产 16480 吨；蔬菜播种面积 969.2 公顷，蔬菜单产 61380 千克/公顷，总产 59492 吨。农业总产值实现 20013 万元；全镇生猪存栏 7500 头，羊 7800 只，牛 700 头，家禽 241000 只。有喷灌设备 20 套，机井 380 眼，大中型农业机械 240 台。农林牧渔服务业总产值 20013 万元（现价产值）。

是年底，全镇企业从业人员 63571 人。企业总产值 1504000 万元，利润 114564 万元，上缴国家税金 23860 万元。镇域骨干企业有中冶长城重型机械、华鑫集团、第一城酒业、希泉泡沫、旭明源汽车配件、汇利丰压延塑胶有限公司等。

第三产业繁荣兴旺，全镇商业、服务业、饮食业网点 500 余个，从业人员万余人，占全镇劳动力总数的 80%。

大（厂）香（河）公路、香（河）（刘）宋公路穿境而过，境内设有汽车站，交通发达。

镇内人口稠密，建筑设施齐全。有国办中学 3 所，镇办小学 10 所，民办小学 1 所。医院 2 所。所辖村街均有卫生室。

（说明：上文统计数字中，乡村人口、劳动力、耕地面积、粮食播种面积、粮食单产、粮食总产、蔬菜播种面积、蔬菜单产、蔬菜总产，是按 37 个村街统计的，其余数字都是按 53 个行政村统计的。）

2008 年淑阳镇行政村街基本情况表

表 1-4-1

村街名称	户数（户）	人口数（人）	劳动力数（人）	耕地面积（公顷）	粮食总产量（吨）	农民人均纯收入（元）
南刘庄	353	1498	764	137.55	1221.45	7374
南王庄子	80	298	152	43.01	302.50	7710
前彭家务	86	363	185	46.52	347.75	7544
后彭家务	87	384	196	42.34	329.16	7651
计庄	143	598	305	6.75	195.04	8664
黄院	178	695	354	79.21	335.23	6899
前井亭	99	385	197	42.03	642.20	7798
中井亭	97	381	194	38.33	381.54	7780
后井亭	99	369	188	37.95	290.02	8207
金辛庄	196	751	383	64.14	455	8033
矬口	299	1087	554	64.49	585.89	8918
小店子	33	131	67	13.91	117.65	7500
杜屯	192	721	366	42.15	361.70	7908
孟庄	136	490	248	40.19	286.10	7995
郎庄	142	531	270	42.57	284.70	7988
池套	178	704	359	61.16	325.90	8063
前套	124	394	200	22.44	237.50	8065
后套	137	515	264	38.44	330.10	8015
许台	104	431	218	35.77	287.97	7802
朱庄	110	440	218	18.29	144.80	7876
大王庄	249	898	451	65.36	464.10	7944
大罗屯	245	869	443	88.71	594.30	7788
小罗屯	261	986	503	132.36	828	7685

续表 1-4-1

村街名称	户数（户）	人口数（人）	劳动力数（人）	耕地面积（公顷）	粮食总产量（吨）	农民人均纯收入（元）
前小屯	136	489	252	40.25	348.40	8446
后小屯	139	566	289	37.30	259	7774
赵庄	141	559	285	63.74	474.20	8505
姬家止务	315	1169	596	115.75	982.60	7643
河北止务	281	1152	587	61.71	534.80	8099
河南止务	323	1253	639	79.84	622.20	8007
孙家止务	465	1736	885	143.69	1235.90	8412
宋家止务	125	485	247	57.11	303.94	7687
姚家止务	137	549	280	48.77	373.52	8121
王家止务	153	630	321	55.88	330.70	8130
凌家吴村	176	656	335	57.94	348	8142
河南吴村	325	1254	640	93.72	673.76	7992
郭辛庄	160	615	314	44.10	375.36	7779
赶水坝	138	539	275	39.72	270	7619

安平镇

1996 年 4 月，撤销王家摆乡，并入安平镇。安平镇辖原安平镇 13 个行政村和王家摆乡 16 个行政村。

安平镇地处香河县最西端，位于京、津、冀三省市交汇处，西与北京市通州区相邻，南与天津市武清区接壤。镇人民政府驻地安平一街，距县城 12.5 公里。

2008 年底，全镇总面积 33.52 平方公里，辖 29 个行政村街，总户数 7403 户，总人口 20543 人，乡村人口 20363 人，劳动力 12850 人。居民多为汉族，回族、满族人口为 330 人。耕地面积约 1653.53 公顷。粮食播种面积 1181.8 公顷，粮食单产 6465 千克/公顷，总产量为 7632 吨；蔬菜面积约 1210.13 公顷，单产 58935 千克/公顷，总产 71326 吨。年末生猪存栏 4900 头，牛 300 头，羊 5100 只，家禽 42100 只。农林牧渔服务业总产值 17960 万元（现价产值），农业机械总动力 47367 千瓦，农村非农业总产值 43112 万元，财政收入 2830 万元，农民人均纯收入 6572 元。

安平镇地处大北京经济圈的中心地带，地理位置得天独厚。北距北京 46 公里，距首都机场 56 公里，南距天津 67 公里，距天津新港 106 公里。省级香河经济开发区位于镇内；总投资 60 亿元国内最大的人文景观——第一城也坐落在此。

交通便利。夏安公路、103 国道在镇内通过，北京市区 938 路公交车直达镇内。

全镇已实现“六通一平”（通路、上水、下水、电、讯、暖，土地平整），村村通公路。镇内拥有多家金融机构，可实现国内通存通兑；拥有程控电话 1 万门，可提供国际国内直拨和无线通讯业务以及上网服务等；电力供应充足，新建 110 千伏变电站 1 座；给排水通畅。

全镇已普及九年制义务教育，并着重提高人口的文化素质。全镇具有大专以上学历的人口比例达 10%，有 40%的人学历在高中以上。

镇内各类企业 200 余家，从业人员 12000 人。全镇已经形成了印刷包装、旅游服务两大主导行业。创造出了“爱迪”牌自由低音手风琴，“京华香”牌清真牛肉等名牌产品，涌现了一批有一定规模的企业。天音乐器公司是国内四大手风琴生产厂家之一，产品 95%出口；华林印务有限公司是华北地区印刷包装业的排头兵；华香肉类有限公司是本地区规模较大的集肉牛养殖、加工、销售于一体的农字型龙头企业。

2008 年底，镇有国办中学 1 所，中心小学 6 所，卫生院 2 所。村村有卫生室。

2008年安平镇行政村街基本情况表

表 1-4-2

村街名称	户数（户）	人口数（人）	劳动力数（人）	耕地面积（公顷）	粮食产量（吨）	农民人均纯收入（元）
安平一街	241	784	580	84.57	713	7526
安平二街	342	1072	630	82.41	1200	6810
安平四街	231	895	853	33.83	623	6649
安平东庄	104	385	275	40.87	454	6192
安平后庄	165	524	426	15.50	122	6512
扁　城	317	1153	867	17.74	425	6755
赶古庄	244	685	409	41.93	290	6567
谢　屯	250	720	570	19.39	185	6908
周　庄	385	1275	904	146.26	594	6117
甘露寺	61	262	185	26.82	160	6134
延福屯一村	262	787	562	44.92	166	6368
延福屯二村	255	883	640	25.84	94	6050
成辛庄	189	714	467	67.36	540	6967
小友垡	145	478	314	67.57	740	6024
西贾庄	158	517	360	61.58	460	6834
王家摆	331	1168	776	153.78	360	6303
谭　庄	126	401	293	41.71	245	6312
曹　店	88	339	225	41.97	270	6315
北太平庄	68	257	155	45.43	240	6175
陈辛庄	136	460	287	49.75	350	6098
王指挥庄	336	1139	845	116.49	240	7271
高　庄	347	1255	876	168.77	830	6887
鲁家务	388	1285	882	107.31	690	6583
三间房	67	258	187	45.43	250	6487
枳根城	77	292	189	27.18	540	6294
乔　庄	72	245	158	22.33	320	5936
堡　上	70	238	157	20.83	327	5606
草沙河	87	289	204	20.76	224	6118
孙家务	146	542	360	49.75	480	6483

五百户镇

1996年4月，撤销香城屯乡和李庄乡，并入五百户镇。五百户镇辖原五百户镇24个行政村、原香城屯乡10个行政村和李庄乡9个行政村。

镇人民政府驻地五百户村，在香河县城南偏东9.85公里处。镇域与天津市武清区毗邻，青龙湾河、北运河穿境而过。2008年底，辖区总面积61.99

平方公里，下辖43个行政村街，10610户，36462人，劳动力17342人，乡村人口37069人；农林牧渔服务业总产值57162万元（现价产值）；工业总产值24827万元；农业总产值57112万元；乡镇企业增加值73033万元；工商企业营业收入23.91亿元；总利润13176万元；固定资产投入71372万元，其中城镇固定资产投入62872万元，财政收入2452万元，农民人均纯收入5907元；农业机械总动力74824千瓦；农村非农行业总产值248272万元。年末生猪存栏8500头，牛2500头，羊13600只，家禽60万只。

全镇农业以种植为主，共有耕地面积4197.8公顷，粮食播种面积4001公顷，粮食单产6570千克/公顷，总产量26257吨；蔬菜种植面积约4401.67公顷，单产55905千克/公顷，总产246101吨，其中温室大棚约466.67公顷，冷棚约866.67公顷。镇区内林地面积2420公顷，其中农田林网约2186.67公顷，经济林120公顷，用材林约113.33公顷，林木覆盖率达到40%。1998年、2001年两次被全国绿化委员会评为绿化造林先进集体。1998年，四百户村被全国绿化委员会命名为全国造林绿化千佳村。

境内企业主要有汽车配件、家具生产、铸造、橡胶制品、水泥管铸造、高级纸制品生产等。自2008年始打造五百户镇全民创业辅导基地，镇域经济由农业大镇向工业强镇转变。

2005年10月，镇内仉村大桥建成通车，成为香河与天津相连的第二通道。

2008年，镇内有国办中学1所，小学8所，医院3所。村村有卫生室。

2008年五百户镇行政村街基本情况表

表1-4-3

村街名称	户数（户）	人口数（人）	劳动力数（人）	耕地面积（公顷）	粮食总产量（吨）	农民人均纯收入（元）
土　山	270	1084	518	121.19	661	5788
四百户	221	721	346	99.89	463	5735
三百户	181	611	285	60.43	341	5395
骡子王	232	820	393	76.13	551	5625
南蔡庄	113	395	188	37.58	233	5379
夏辛庄	124	422	202	41.91	317	5605
兴隆庄	89	325	154	30.43	323	5536
仉　村	351	1258	600	137.70	1067	5709
高辛庄	103	379	180	45.57	387	5329
曹　庄	129	486	233	45.19	479	5529
黄　营	266	972	465	130.57	845	5394
五百户	581	2212	1103	165.88	1453	6757.5
西张庄	134	445	213	47.1	307	5391
前马房	409	1409	678	158.52	1230	5732
后马房	340	1218	584	134.10	904	5771
头百户	154	543	260	55.17	453	5297
马各庄	83	320	153	36.33	369	5368
六百户	181	588	281	62.95	510	5599
八百户	188	673	320	82.5	741	5680

续表 1-4-3

村街名称	户数（户）	人口数（人）	劳动力数（人）	耕地面积（公顷）	粮食总产量（吨）	农民人均纯收入（元）
九百户	219	790	379	98.3	716	5401
十百户	210	717	343	65.7	725	5719
孙小营	288	1026	483	102.5	1022	5763
东七百户	220	740	358	116.5	846	5345
西七百户	253	1065	511	123.9	1233	5478
李　庄	358	1295	619	132.14	444	6211
吴打庄	236	811	388	76.51	71	6049
前土门楼	369	1184	567	110.45	149	6388
后土门楼	161	512	245	62.08	114	6046
西王家务	264	917	439	95.03	219	6212
邢家营	279	974	468	98.33	519	5686
荒凌庄	322	1074	515	137.88	648	6273
南太平庄	189	642	307	72.29	344	6198
东双街	141	527	253	48.99	281	5580
香城屯	538	1960	938	272.56	1184	5796
香椿营	495	1969	946	184.96	1417	6612
霍刘赵	430	1641	786	232.24	1116	5795
南周庄	129	446	214	45.10	460	6221
南张庄	165	634	304	54.53	600	5445
南石辛庄	104	390	187	59.33	539	6046
田各庄	473	1855	887	292.90	889	6369
仓　上	63	264	126	50.90	328	5491
于辛庄	126	457	219	58.95	434	6267
董家湾	82	298	143	36.89	315	6364

刘宋镇

1996 年 4 月，香河县并乡扩镇，刘宋镇无变动。

刘宋镇地处香河县东南部，镇人民政府驻地刘宋村距县城 16 公里。东与天津市宝坻区接壤，南隔青龙湾与天津市武清区相望。2008 年底，全镇总面积 62.88 平方公里，辖 25 个行政村，9890 户（农业 8190 户，非农业 1700 户），39858 人（农业 34673 人，非农业 5185 人），回族、满族、蒙古族人口 150 人，占全镇人口的 0.3%，劳动力 15130 人，乡村人口 35244 人。

2008 年，全镇有耕地约 4144.81 公顷，农作物以粮食为大宗，兼种豆类、棉花等。粮食播种面积 4995.13 公顷，总产 3.14 万吨，单产 6285 千克/公顷，农业总收入 22090 万元；蔬菜面积约 1798.33 公顷，单产 62220 千克/公顷，总产 111899 吨；年末生猪存栏 13800 头，牛 3300 头，羊 6100 只，家禽 355600 只；农林牧渔服务业总产值 35749 万元（现价产值）。1990 年，镇办企业有机械厂、木制品厂、火锅厂、砖厂等 11 家，总产值 556.72 万元，总收入 531.15 万元，其中刘宋炊具厂生产的炭火锅造型美观、质优价廉，畅销不衰；村办企业 45 家，多以家具制品、地毯、制鞋、制帽为主。

1990 年后，镇办、村办企业相继倒闭，以家具制造、汽车配件、制毯、弹棉、锻造为主的非公有制企业逐渐发展壮大起来。到 2008 年，全镇非公有制企业达到700家，总产值141000万元，利润35250万元。全镇科技型支柱企业为华美齿轮有限公司，该公司生产的齿毂、封火盖、拨叉等产品，均通过美国汽车协会质量检验中心鉴定，公司大部分产品被天津汽车公司采用，技术水平达到国际先进水平，部分产品出口美国、日本等国家和地区，公司还荣获廊坊市科技进步二等奖，被评为河北省科技进步先进企业。

2000 年，全镇占地面积约 6.67 公顷的刘宋综合集贸市场建成，市场内商贸楼建筑面积达 20000 多平方米，先后吸引白沟、安新、唐山、天津等地的几十户批发商入住，每逢农历一、四、七、九为集日，邻县农民多汇于此，集市贸易活跃，2008 年成交额突破 1000 万元。同 1990 年相比，增长 76.03%。

2003 年，请河北农大、涿州市建设局规划设计室等多家单位合作规划设计了计划占地约 133.33 公顷的刘宋工业园（又称刘宋镇全民创业辅导基地）。到 2008 年底，刘宋工业园已具雏形，入园企业 14 家，成为推动全镇经济发展的重要平台。

随着改革开放的不断深入，刘宋镇基础设施日趋完善，交通方便，四通八达。香宋路、倪李（倪庄至李庄）路贯通刘宋。2005 年，香北（香河至天津市武清区河北屯）线通车，打通了刘宋通往香河、天津的交通要道。镇有汽车站一处，每日有经县城直达北京、天津、廊坊等地班车。

全镇文教卫生事业发展很快。有文化站 1 个，大型文化广场 1 个。有国办中学 1 所，中心小学 7 所，在校学生 4750 人，教职工 300 多人。有卫生院 1 所，医护人员 43 人。有村卫生室 33 个，每村至少 1 个，农村医生 33 人。

镇内八户村北有战国遗址 1 处。

2008 年刘宋镇行政村街基本情况统计表

表 1-4-4

村街名称	户数（户）	人口数（人）	劳动力数（人）	耕地面积（公顷）	粮食产量（吨）	农民人均纯收入（元）
刘　宋	1079	3910	1720	328.35	2440	6524
东张庄	509	2281	1028	201.32	1980	6356
倪　庄	242	963	432	112.62	1019	6116
马　庄	256	1066	455	110.95	983	6301
程官屯	508	1998	850	260.77	2157	6350
庆功台	800	3314	1510	514.74	3658	6475
王家务	440	1908	800	112.62	851	6172
八　户	333	1306	610	183.33	1274	6301
德辛庄	90	362	157	44.09	279	6243
小刘庄	210	845	362	99.70	687	6210
西太平庄	112	458	235	51.53	146	6288
幞头屯	473	1965	870	244.28	1774	6386
吴　庄	133	480	230	60.46	435	6312
尹　庄	111	441	220	59.24	445	6303
北　村	134	491	226	73.77	575	6293
北务屯	515	2246	976	319.03	2418	6500
辛立屯	243	989	436	130.20	641	6147
中　营	706	3050	1430	310.98	2474	6403

续表 1-4-4

村街名称	户数（户）	人口数（人）	劳动力数（人）	耕地面积（公顷）	粮食产量（吨）	农民人均纯收入（元）
刘庆庄	408	1748	781	187.49	1592	6201
小陈庄	54	205	79	29.48	222	6585
荆　庄	210	889	406	113.92	871	6332
大　田	329	1291	559	160.17	1369	6374
东王各庄	277	1139	493	161.50	1072	6410
西王各庄	219	1156	494	191.96	1394	6219
南孙家庄	190	743	330	82.32	644	6406

安头屯镇

1996 年 4 月，香河县并乡扩镇，安头屯镇无变动。

镇人民政府驻地安头屯四村位于县城东南 9.15 公里处。北依潮白河，东与天津市宝坻区新开口镇相连。至 2008 年底，全镇总面积 45.83 平方公里。辖 25 个行政村，全镇共有 7685 户，25889 人，劳动力 11956 人，乡村人口 26325 人。有满族、蒙古族、土家族、回族、朝鲜族等少数民族，人口 217 人。耕地面积约 3109.05 公顷，粮食耕种面积 3169.8 公顷，粮食单产 6645 千克/公顷，总产 2.11 万吨；蔬菜面积约 1973.33 公顷，单产 60225 千克/公顷，总产 118839 吨。年末生猪存栏 10400 头，牛 2000 头，羊 4400 只，家禽 245600 只。农林牧渔服务业总产值 27252 万元（现价产值），农民人均纯收入 6073 元，财政总收入 895 万元，农业机械总动力 2.22 万千瓦，农村非农行业总产值 12.31 亿元。

有民营企业 262 家，以家具、纺织、包装、铸造等为主，企业务工人员 3812 人。2007 年创建全民创业辅导基地 1 个，至 2008 年底已扩大到包含镇区西部双安公路两侧北口头、东口头、石辛庄等 7 个村；2008 年全镇企业总产值 12.31 亿元，增加值 3.31 亿元，利润 7520 万元，纳税 852 万元，全社会固定资产投资完成 6.62 亿元，其中城镇固定资产投资完成 6.1 亿元，引进资金 1.2 亿元，完成财政收入 895 万元。

2004 年集市迁至镇区西、铁佛堂村东侧新建市场，占地约 0.67 公顷，吸引镇域内 25 个村街及附近其他乡镇村民来此交易。主要交易蔬菜、水果、鱼肉、衣服等日常生活用品。逢农历二、六、八、十为集日。

香绣排水渠、东干渠、商汪甸排水渠等纵贯全境。

香宋、双安、国安公路贯穿全境，交通便利。

有中学 1 所，2006 年由乡办（安头屯中学）统一改为国办（香河县第十中学），有教职工 70 人，在校生 520 人；小学 8 所，其中中心小学 5 所，完全小学 3 所，教职工 113 人，在校学生 1450 人。有文化站 1 处。卫生院 1 所，医护人员 24 人，农村医生 15 人。村村有卫生室。

2007 年，经县人民政府批准，将商汪淘改为商汪甸。

2008 年安头屯镇行政村街基本情况表

表 1-4-5

村街名称	户数（户）	人口数（人）	劳动力数（人）	耕地面积（公顷）	粮食产量（吨）	农民人均纯收入（元）
安头屯一村	330	1247	616	139.57	984.6	6022
安头屯二村	250	911	411	99.06	677.6	5887
安头屯三村	264	1030	461	118.11	686.8	6087
安头屯四村	237	913	423	105.29	630.8	6065

续表 1-4-5

村街名称	户数（户）	人口数（人）	劳动力数（人）	耕地面积（公顷）	粮食产量（吨）	农民人均纯收入（元）
孙家庄	136	529	205	50.93	340	5795
铁佛堂	649	2563	1468	317.53	2139	6093
石辛庄	249	1038	469	104.49	861.8	6087
庞　营	255	912	414	119.66	853	6011
西口头	223	880	403	87.81	659.5	6013
北口头	224	935	414	102.31	897.6	6080
前口头	193	776	323	97.55	713.7	5942
东口头	233	954	420	124.07	910.7	6039
韩营庄	223	884	392	112.18	546.6	5948
杨营庄	136	560	220	68.61	803.8	5861
孙营庄	279	1031	462	145.77	1163.5	6116
赵营庄	212	832	362	100.20	732.5	6076
黄　庄	334	1112	523	135.13	1078.4	6106
顾家屯	351	1356	646	162.23	979	6050
东兴隆庄	151	587	255	99.35	513	5848
东太平庄	142	545	246	77.07	515	5694
商汪洵	497	1796	902	242.40	1497.6	6293
前独立庄	157	629	279	74.08	408.5	5942
后独立庄	403	1517	800	140.80	746.5	6051
大青庄务	576	2301	1047	234.24	1492	6431
小青庄务	122	487	210	50.61	342	6031

渠口镇

1996 年 4 月，撤销东鲁家口乡和石虎辛庄乡，并入渠口镇。渠口镇辖原渠口镇 27 个行政村、原东鲁家口乡 12 个行政村和石虎辛庄乡 9 个行政村。

镇人民政府驻地渠口村位于县城东 11.75 公里处。京沈高速、唐通公路穿境而过。东临天津市宝坻区，西与钱旺乡相连，南至潮白河畔，北与三河市接壤。

2008 年底，全镇总面积 64.75 平方公里，辖 48 个行政村，总户数 16438 户，总人口 46582 人，劳动力 22363 人，乡村人口 47026 人。耕地面积约 4215.70 公顷。粮食种植面积 5166.8 公顷，粮食单产 6315 千克/公顷，粮食总产量 32672 吨；蔬菜面积 519.6 公顷，单产 62430 千克/公顷，总产 32442 吨。年末生猪存栏 14800 头，牛 1300 头，羊 12100 只，家禽 495700 只。农林牧渔服务业总产值 22667 万元（现价产值），农民人均纯收入 6488 元，财政收入 3470.3 万元，农业机械总动力 57695 千瓦，农村非农行业总产值 722161 万元。

钣金产业是镇域经济发展的主要产业。钣金、矿机配件、现代办公设备、工艺美术及大笤帚、墩布是渠口镇的特色产业，主导着全镇的经济命脉。本镇有国办中学 1 所，小学 9 所。医院 3 所。村村有卫生室。

2007 年，经县人民政府批准，将王刘酆、小酆更改为王刘圈、小圈。

附调研报告 1

渠口镇大笤帚发展状况调查

渠口镇的笤帚、墩布是渠口镇的传统产业，重要的农产品加工业，也是特色产业，素有“中国笤帚之乡”的美誉。经过几十年的发展，该产业整体实力不断增强，群体数量不断壮大，已成为镇域经济发展的一支主要力量。

一、笤帚、墩布加工业发展历程

渠口镇的笤帚加工起源于20世纪50—60年代，最初仅局限于石虎辛庄村。当地农民在农闲时加工大笤帚，由于当时社会因素及生产条件的制约，发展缓慢。进入80年代，伴随着改革开放，农户生产积极性提高又开始加工笤帚，产品销往北京、天津两地，产品占据了市场，赢得用户好评，使一部分农户先富起来，同时也带动周围几个村，群体数量不断壮大，市场不断扩展，逐步创出了渠口大笤帚的名声。经过几十年的发展，由单一的笤帚发展到墩布、面板、菜板、木杆等多个品种。

二、笤帚、墩布加工业的优势

1. 具备了大发展的实力和条件。通过多年的不断发展，产品由单一的笤帚发展到墩布、面板、菜板、木杆等多个品种，占据了北方市场，产品最初只限于京津地区销售，随着产业规模的扩大，市场逐步延伸到鲁、黑、吉、辽、内蒙古、晋、豫等地区，同时有十几家在北京、天津等大城市建立自己的销售网点，实现了与市场的对接。

2. 带动了一方百姓增收致富。笤帚、墩布加工业主要分布在以石虎辛庄为中心，躲各庄、阎胡套、窦庄等几个村，产业的蓬勃发展，一方面使先期从事这种行业生产的人成为带领农民致富的带头人，另一方面，该行业成为当地农民增收的主要途径，因为生产技术简单易学，男女皆可且为劳动密集型行业，吸纳劳动力较多，这就解决了一部分农民就业问题。

三、笤帚、墩布加工业现状

全镇从事笤帚、墩布、面板、木杆加工户分布情况为：石虎辛庄笤帚、墩布加工户120户，面板加工户7户，木杆加工户50户。卸甲庄笤帚、墩布加工户35户，面板加工户18户。固庄笤帚、墩布加工户13户，木杆加工户4户，面板加工户2户。躲各庄笤帚、墩布加工户14户，木杆加工户4户，面板加工户1户。韩庄笤帚、墩布加工户17户，木杆加工户4户，面板加工户2户。窦庄笤帚、墩布加工户15户，木杆加工户4户，面板加工户1户。黄沙务笤帚、墩布加工户25户，面板加工户4户。阎胡套大杆加工户3户。

1. 从事笤帚、墩布加工户239户，总资产3560万元，从业人员2150人，年产笤帚、墩布2500万把，年销售收入12500万元，利润840万元。

2. 从事面板加工户33户，总资产520万元，从业人员297人，年产面板4950立方，年销售收入845万元，利润120万元。

3. 从事木杆加工户67户，总资产1040万元，从业人员653人，年销售收入1875万元，利润205万元。

四、行业制约因素

1. 农民组织化程度低。首先，农户家庭经营在一定意义上推动了传统农业走向有效的均衡状态，使既有的各种要素得到合理配置和有效使用，但分散的、无组织状态使其无法突破自然经济性质的单一生产机能，存在参与市场竞争所需的市场运作，获取信息和投融资等机能缺损，农户的生产能力、贸易能力、生产开发能力以及风险承受能力较弱。其次，由于经营分散，广泛存在恶性内部竞争，极大地限制了全行业的整体效益。

2. 技术创新乏力。笤帚、墩布农副产品一个明显的劣势在于不论产品品种、质量，还是生产、加工和流通环节的科技含量都很低，随着需求群体变化，研发的精细产品较少，走入超市的产品少，不能赢得更多城市消费人群。

3. 市场因素。由于市场原材料涨价等诸多因素影响，使该产业也受到影响，产生无秩竞争，材料以次充好，偷工减料，致使产品质量降低，从而影响销售，失去了市场份额。

渠口镇人民政府 张海生

2010年4月16日

附调研报告2

渠口镇钣金业发展状况调查

滚动发展，钣金业成为全镇经济发展的强力支撑。钣金行业作为渠口镇的特色产业，兴起于20世纪80年代末，最初仅局限于本镇店子务村，经过十几年从无到有，从小到大滚雪球式发展，已成为全镇经济发展的支柱产业，无论是规模、效益还是投资方面都在全镇经济总量中占相当大比重。一是规模不断壮大。至2008年底，全镇从事钣金制品生产的个体、私营企业240余家，就业职工人数4200人，资产总额达4.5亿元。是年，钣金行业完成产值10.26亿元，占全镇个体、私营经济总量的34.7%。二是投入不断增加。随着企业的不断发展，原有钣金企业不断增加投入扩大规模，同时也带动了一批新上项目的建设。近年发展概况：2001年，全镇钣金行业新上项目10个，完成投入5100万元；2002年，全镇钣金行业新上项目23个，完成投入1.2亿元；

2003年，全镇钣金行业新上项目40个，完成投入1.7亿元；

2004年，全镇钣金行业新上项目10个，完成投入6100万元；

2005年，全镇钣金行业新上项目9个，完成投入7300万元；

2006年，全镇钣金行业新上项目11个，完成投入7000万元；

2007年，全镇钣金行业新上项目7个，完成投入4900万元；

2008年，全镇钣金行业新上项目4个，完成投入3400万元。钣金行业投入的不断增加，促进了特色产业的发展壮大，增强了特色产业优势，提升了全镇经济综合实力。三是社会贡献不断增大。1999年，钣金行业上缴税金120万元，占全镇个体、私营企业总量的20.5%；2000年，上缴税金204万元，占全镇个体、私营企业总量的24.5%；2003年，上缴税金960万元，占全镇个体、私营企业总量的36.5%。2004年，钣金行业完成产值9.1亿元，上缴税金1050万元。分别占全镇经济总量的36.3%和37.6%。

规范提高，钣金业具备了大发展的实力条件。一是开发出了一批定型产品。通过多年的市场研究和开拓创新，渠口钣金产品品种由原来单一的文件柜，发展到电器柜、网络机柜、超市货架及教学设备等20多个品种，创出了“圣环”“亿华”等十几个知名品牌，产品被广泛应用于各个领域。正信钣金厂曾经为西昌卫星发射中心生产了发射装置的主要配件；琛宝电器设备厂生产的监控设备被北京大学、北京教育学龄前院及张家口市交通指挥中心等多家单位采用；宏远金属制品厂生产的自动控制柜被航天部十二所采用。二是扶持发展了一批大户骨干企业。通过多年的滚动发展，一批企业完成了原始积累，不断发展壮大，开始由分散型向集约型转变，由数量型向规模型转变。2008年，全镇总投资在300万元以上的钣金项目65个，其中超千万元的项目5个。总资产在1000万元以上的企业达到5家。三是初步建立了现代企业制度。通过提高管理水平，增强标准化意识，企业产品质量和管理水平不断升经有。友邦电器设备有限公司、万通金属制品厂等10家钣金龙头企业先后通过ISO 9002国际质量管理体系认证。四是占据了北方市场。渠口镇的钣金产品最初只限于京津地区销售，随着产业规模的扩大，市场逐步延伸到了河南、山西、山东、东北三省等地区，同时有60多家企业分别在北京、天津、大连等20多个城市建立了自己的销售网点80多个，实现了企业与市场的广泛对接。

社会效益显著，带动了一方百姓增收致富。渠口镇钣金企业主要分布在以店子务村为中心的宣教寺、康庄、王刘圈等十几个村，企业蓬勃发展，一方面使一批农民成为新时期的农民企业家，成为带领农民致富的带头人。如店子务全村400多户，仅钣金厂就有100多家，拥有高级轿车50多辆，成为远近闻名的“钣金村”。另一方面，钣金行业已经成为当地农民增收的一条主要途径。因为生产技术简单易学，男女皆可，而且为劳动密集型行业，吸纳劳动力较多，附近20多个村的农民免去了“东奔西走找活忙”之苦，只要找个工厂就能把班上，“农民上班一族”已成为当地农村靓丽的一景。2008年，钣金行业共吸纳劳动力4500人，这部分农民的收入80%来自上班工资。店子务村2008年农民人均纯收入已达8853元。

渠口镇人民政府　张海生

2010年4月16日

2008年渠口镇行政村街基本情况统计表

表1-4-6

村街名称	户数（户）	人口数（人）	劳动力数（人）	耕地面积（公顷）	粮食产量（吨）	农民人均纯收入（元）
渠　口	443	1659	1211	128.19	1069	7556
金　庄	340	1391	1015	138.13	1055	6623
许　庄	208	815	595	52.88	445	5139
王刘圈	385	1544	1127	161.17	1401	6594
邵　庄	273	1003	730	107.91	828	6368
店子务	482	1929	1387	167.81	1399	8853
宣教寺	410	1595	1168	168.23	1110	6782
康　庄	200	796	584	59.76	434	6690
小河各庄	160	555	405	60.13	479	5568
魏家滩	212	855	624	82.11	605	6139
温　庄	142	579	380	39.90	335	6088
孙各庄	226	842	613	87.01	717	5285
西梨园	154	599	438	58.57	353	6741
东梨园	471	1699	1241	187.49	1216	6647
小　圈	215	872	635	104.09	754	6485
北渠口	192	746	548	55.76	519	7172
三岔口	125	576	416	45.80	351	6493
卢　庄	54	212	153	24.10	183	6024
韦各庄	150	612	447	54.55	362	4938
高山庄	150	531	388	52.93	325	6279
荣各庄	290	1149	803	104.69	870	5540
戴家阁	340	1323	949	123.49	965	5039
小高坨	78	338	248	31.09	239	6289
牛济河	274	1101	803	119.81	917	6107
石虎辛庄	592	2455	1825	182.00	1613	6378
固　庄	207	799	584	67.83	563	6988
躲各庄	254	893	613	82.23	635	6835
韩　庄	350	1582	1168	111.70	1004	5436
窦　庄	209	942	694	51.29	406	6904
卸甲庄	416	1787	1314	148.01	1433	7140
黄沙务	305	1190	876	120.61	1030	6673
蔡　庄	234	924	679	76.97	493	6627
谭家务	313	1252	949	92.23	797	6405
邱　庄	72	278	204	27.70	181	6544

续表 1-4-6

村街名称	户数（户）	人口数（人）	劳动力数（人）	耕地面积（公顷）	粮食产量（吨）	农民人均纯收入（元）
阎胡套	350	1296	950	138.54	1027	6701
炭户庄	243	987	723	91.30	633	6970
渔阳院	216	930	679	102.57	813	5945
大七里庄	169	680	496	78.50	651	6405
小七里庄	100	387	277	41.31	421	6279
东魏各庄	233	888	650	81.52	683	6667
西魏各庄	377	1567	1168	114.14	510	6650
大鲁家口	250	1003	730	98.05	702	7741
东鲁家口	82	324	234	31.97	252	5530
西河头	360	1453	1095	79.88	692	5782
唐　屯	219	834	613	73.75	354	6079
北张庄	163	627	460	54.99	470	5505
青　寺	53	240	175	25.89	199	6016
青户庄	110	447	329	26.20	163	5814

蒋辛屯镇

1996 年 4 月，撤销梁家务乡，并入蒋辛屯镇。蒋辛屯镇辖原蒋辛屯镇 24 个行政村和梁家务乡 11 个行政村。

镇人民政府驻地蒋辛屯村，位于县城北偏西 7.25 公里处。镇域位于香河县西北角，北接大厂县，南隔潮白河与淑阳镇相望，西与北京市通州区搭界，东与钱旺乡相邻。2008 年底，全镇总面积 55.97 平方公里，辖 35 个行政村，8814 户，27358 人，劳动力 11987 人；耕地面积约 3542.48 公顷；粮食耕种面积 4474.2 公顷，单产 6525 千克/公顷，总产 29214 吨；蔬菜面积约 301.67 公顷，单产 58155 千克/公顷，总产 17544 吨。年末生猪存栏 13800 头，牛 3000 头，羊 5700 只，家禽 344500 只。农林牧渔服务业总产值 19108 万元（现价产值），农民人均纯收入 5573 元，财政总收入 2302 万元，农业机械总动力 34950 千瓦，农村非农行业总产值 17550 万元。城镇固定资产投资完成 128388 万元，规模以上工业企业实现增加值 21455 万元，实现利润 1671 万元，实现产值 81161 万元。

是年底，镇域骨干企业有廊坊成和办公家具有限公司、天力轻钢建材有限公司、香河超达纸品包装有限公司、香河中冶输送机械制造有限公司、香河富士嘉利纸制品有限公司、通利达福利纸业有限公司等等。

是年底，镇有国办中学 1 所，中心小学 6 所。有医院 2 所。村村有卫生室。

原夏（垫）安（平）公路、大香线、京沈高速穿境而过，镇域南部设有京沈高速出口，村村通公路，交通发达。

2008 年蒋辛屯镇行政村街基本情况统计表

表 1-4-7

村街名称	户数（户）	人口数（人）	劳动力数（人）	耕地面积（公顷）	粮食产量（吨）	农民人均纯收入（元）
北六百户	308	1095	478	159.53	1204.5	5872
后　场	93	315	147	48.53	525.9	5555

续表 1-4-7

村街名称	户数（户）	人口数（人）	劳动力数（人）	耕地面积（公顷）	粮食产量（吨）	农民人均纯收入（元）
大马坊	89	318	143	43.93	437.3	5345
小马坊	107	321	150	48.65	467.7	5794
蒋辛屯	200	715	292	81.02	631.6	5762
河北吴村	495	1748	788	202.92	1891.2	6064
北李庄	195	667	288	98.48	1220	5472
北五百户	270	1025	433	125.98	1045.2	5121
北三百户	259	920	396	160.05	1908.7	5847
北头百户	335	1276	516	172.67	1761.6	5352
岭　子	300	1104	516	159.66	1445.2	5797
王店子	260	855	414	136.93	1375.3	5672
小祁庄	132	422	201	90.54	805	5023
闻　庄	135	489	228	63.35	224.4	6625
大窑上	330	1157	525	100.69	995.1	4719
杨簸箕庄	151	552	237	68.06	654.4	5144
苍　头	200	655	306	79.98	683.2	5511
梁家务	505	1872	799	253.21	2111.7	5299
挠子庄	55	195	135	21.22	35.2	5538
打鹳户	553	2078	896	301.75	2543.8	5399
双　营	197	776	335	95.08	768.4	5515
大荒庄	85	295	144	49.67	153.8	4813
前骆驼港	290	994	502	119.28	619.4	5352
小朱庄	79	270	151	29.27	156.5	5259
匠　庄	71	218	119	28.47	37.5	6697
姬　庄	218	738	271	100.29	496.3	5785
后骆驼港	140	475	207	60.09	434.6	6294
王庄子	115	394	172	55.25	430.8	6142
百家湾	326	1098	446	106.06	981	5510
前建各庄	299	1132	397	92.96	682.2	5821
后建各庄	267	898	389	103.09	615.7	5478
祁羊店	185	629	275	95.73	656.6	5484
北四百户	130	455	187	64.19	296.6	5648
小尹庄	148	470	209	58.80	481.2	5744
程辛庄	189	671	295	67.20	416.7	5871

钱旺乡

1996 年 4 月，香河县并乡扩镇，钱旺村乡无变动。1999 年 1 月 20 日，经河北省民政厅批准，将钱旺村乡更名为钱旺乡。

乡人民政府驻地钱旺村，距县城 5.3 公里。南、西紧靠潮白河，北与三河市皇庄镇搭界，东与渠口镇毗邻。全乡总面积 36.51 平方公里，下辖 21 个行政村。

2008 年，全乡 7057 户，23162 人；劳动力 12885 人，乡村人口 22416 人。农林牧渔服务业总产值 19095 万元(现价产值)，农民人均纯收入 5858 元，财政总收入 1782.8 万元，农业机械总动力 73650 千瓦，农村非农行业总产值 77511 万元。年末生猪存栏 8000 头，牛 1000 头，羊 7500 只，家禽 399700 只。

全乡耕地面积约 2186.96 公顷。粮食播种面积 2292.2 公顷，单产 6360 千克/公顷，总产 14575 吨；蔬菜种植面积约 1143.07 公顷，单产 64515 千克/公顷，总产 73751 吨。大田作物集中在钱旺乡中东部大部分村街。种植业发达的村街主要集中在田贾庄、马房顶、袁庄、北刘庄等村街。温室蔬菜有黄瓜、西红柿、苦瓜、豆角、莴笋等 20 来个品种。由于 2005—2006 年连续两年的农业开发整治工程，全乡大部分农田改为水浇田，都铺设了防渗管道，实现了节水灌溉目标。

全乡私营企业 75 家，营业收入 22800 万元，从业人员 3250 人；个体 554 家，营业收入 13290 万元，从业人员 2550 人。2003 年钱旺工业园建立，2007 年义井、大河各庄、后大街 3 个创业辅导基地建立，形成“一园三基地”全民创业大格局。2008 年，“一园三基地”新上项目 31 个，总投资 2.86 亿元。主要行业为家具、钣金、电子产品、铝型材等。特色产业主要有大河各庄砖厂、田贾庄蔬菜种植、焦庄拆板业等。

有大河各庄村和后大街村 2 个集贸市场。商业街 1 条，即乡政府所在地的商贸一条街。至 2008 年底，围绕小城镇建设，吸引到乡区商业街来经营的商家店铺近 20 家，吸引农村剩余劳动力百余人。

民间文化事业繁荣。有文化站 1 个。2003 年将文化站改为文化广播服务中心，定编 5 人，设主任 1 名，工作人员 4 名。有民间文化团体 1 个，即义井农民诗词学会，于 2002 年冬成立，在册会员 30 余人，联系诗词爱好者近百人，诗词爱好者遍布全乡各村街、各行业，并定期出版刊物《潮白诗词》。民间花会有大河各庄“竹马”、义井“秧歌”、大六王庄“高跷”、成自务“小车”、田贾庄“莲花灯”等。

县属中学 1 所，小学 5 所，在校学生 891 人，教职工 123 人。乡卫生院 1 所，医护人员 21 人，农村医生 30 人。村村有卫生室。

京沈高速公路、唐通公路、平香线公路横穿腹地。全乡有村村通工程列养路线 33 条，完成总里程 44.565 公里。

附

“一园三基地”简介

自 2007 年全县开展全民创业活动以来，钱旺乡在钱旺村、义井、大河各庄等 11 个村创建了 3 个村级创业辅导基地，巩固和壮大了乡工业园，形成了“一园三基地”的发展格局。“一园”指乡工业园，“三基地”指义井、大河、后大街三个创业辅导基地。规划占地约 236.67 公顷，截至 2008 年底已开发约 124.67 公顷。已投资 650 万元，修水泥路 24500 平方米，铺设下水管道 4150 米，架高压线 5500 米。

截至 2008 年底，工业园和创业辅导基地入区企业 105 家。其中乡工业园 41 家，义井创业辅导基地 45 家，大河创业辅导基地 12 家，后大街创业辅导基地 7 家。主要行业为家具、钣金、电子产品、铝型材等。

钱旺工业园

建于 2003 年初，是乡级创业辅导基地。整个园区位于香河县城东，西起潮白河畔，东至平香线与唐通公路交汇处。沿新修通唐公路两侧，规划占地约 133.33 公顷，涉及钱旺村、达古庄、成自务、小六王庄、大高坨、大六王庄等 6 个村街。截至 2008 年底，已开发土地约 73.33 公顷。投资 300 万元，新修水泥路 15000 平方米，铺设下水管道 2500 米，架高压线 2500 米，基础设施建设实现了四通一平。有 41 个项目入驻园区，总投资达 9 5 亿元，其中建成投产 32 个，在建项目 6 个，计划开工项目 1 个，竣工项目 2 个。

义井创业辅导基地

位于钱旺乡义井村东，唐通公路北侧，规划占地约66.67公顷。截至2008年底，已开发约36.67公顷，有企业45家，以钣金、建材、家具、电动车为主导行业。是年纳税220万元，解决就业950人。基础设施建设投入70万元，修路4500平方米，铺设下水管道850米，架设高压线路1200米。

后大街创业辅导基地

规划占地10公顷，截至2008年底，已开发8公顷。有企业7家，总投资4410万元。其中，在建项目2个，计划开工项目2个，已竣工项目3个。主要以家具、铝型材为主导行业。是年纳税100万元，解决就业300人。基础设施建设先后投入15万元，架设高压线路1000米。

大河创业辅导基地

规划占地约26.67公顷。先后分两期开发建设，一期约13.33公顷，二期约13.33公顷，截至2008年底已开发约6.67公顷。有企业12个，总投资2020万元。其中在建项目1个，计划开工项目2个，已经竣工项目9个。主要以钣金、家具为主导行业。是年纳税160万元，解决就业500人。基础设施建设投入30万元，修路5000平方米，铺设下水管线800米，架设高压线路800米。

2008年钱旺乡行政村街基本情况表

表1-4-8

村街名称	户数（户）	人口数（人）	劳动力数（人）	耕地面积（公顷）	粮食产量（吨）	农民人均纯收入（元）
土堡子	131	498	301	82.10	400.2	5436
马房顶	262	934	589	94.48	601.5	5813
袁　庄	167	604	348	43.19	312.4	5755
北刘庄	208	720	363	78.29	568.8	5760
田贾庄	365	1361	841	157.19	784.5	6037
焦康庄	466	1718	1182	149.47	837.7	6026
西大街	229	945	514	85.24	461.4	5811
后大街	385	1425	837	125.29	903.3	5858
和平街	214	806	505	77.01	528.8	5772
姜吴街	332	1228	649	132.56	1004.5	5783
东马家窝	300	1083	602	110.45	923.4	5829
富各庄	168	622	338	45.58	324.2	5895
大河各庄	643	2496	1557	184.88	1492.7	5953
成自务	691	2355	1419	251.41	1642.5	5761
小六王庄	142	550	310	58.88	407.4	6144
大六王庄	308	1104	596	123.02	832.6	5749
袁官屯	163	579	365	60.45	377.4	5636
大高坨	276	987	664	76.94	489.5	5759
达古庄	129	465	241	52.12	343.2	5712
义　井	354	1146	708	86.87	672.6	6010
钱旺村	274	910	643	110.83	666	6008

钳屯乡

1996年4月，香河县并乡扩镇，钳屯乡无变动。乡人民政府驻地钳屯村，位于香河县城西南4.9公里处。西依北运河，南靠青龙湾河，中部香五自流渠贯穿全境。全乡总面积34.21平方公里，下辖21个行政村。2008年底，全乡6383户，20328

人。其中回族3人，蒙古族18人，满族93人。劳动力10010人，乡村人口19468人；耕地面积约2206.85公顷，粮食播种面积约2609.33公顷，粮食单产6660千克/公顷，总产17109吨；蔬菜面积约930.33公顷，单产64725千克/公顷，总产60218吨。年末生猪存栏6300头，牛1500头，羊5300只，家禽466800只。农林牧渔服务业总产值22011万元（现价产值），农民人均纯收入6345元，财政收入1752.3万元，农业机械总动力38669千瓦，农村非农行业总产值118469亿元，工农业经济总收入17.3亿元，农业总产值1.9亿元，乡镇企业增加值3.46亿元，工商企业营业收入11.62亿元，全社会固定资产投资80649万元。

截至2008年，创建贾庄村、张庄村、西刘庄村、西延寺村、池屯村和钳屯村6个全民创业基地。2008年新开工建设项目32个，总投资18360万元。新增个体工商户81户，私营企业17户，新增就业1300人，完成创业培训2500人次，实现增加值33600万元，税金1600万元。

逢农历一、三、七为集日。二百户村集市位于二百户村西的公路上，占地面积300平方米，吸引附近红庙、茅草店、后家湾、二百户、起河屯等10余村的村民来此交易。经营种类为食品、衣帽等日常生活用品。

双安路和夏安线贯通全境，交通便利。村民进城赶集可乘坐2路和5路公交车，出行比较方便。

辖区内有文化站1处。县属中学1所，在校学生589人，教职工62人。小学6所，在校学生共计794人，教职工153人。有乡卫生院1所，医护人员29人，农村医生21人。村村有卫生室。

2008年钳屯乡行政村街基本情况表

表1-4-9

村街名称	户数（户）	人口数（人）	劳动力数（人）	耕地面积（公顷）	粮食产量（吨）	农民人均纯收入（元）
红庙	467	1648	929	135.98	1597	5874
茅草店	198	690	370	96.91	547	5815
后家湾	310	968	550	138.06	709	5822
二百户	488	1721	950	207.42	1723	5811
起河屯	349	1275	670	134.69	795	5815
坨子	162	612	370	76.00	499	5855
东延寺	339	1187	600	134.55	1099	5866
西延寺	462	1601	910	151.76	1274	5878
前延寺	224	785	410	76.51	711	5885
李辛庄	155	552	360	40.35	425	5852
贾庄	252	830	430	107.71	834	5873
窝头	102	377	260	40.10	379	6218
钳屯	339	1134	570	143.70	1103	5919
叶屯	180	606	420	70.41	597	5887
尚店	208	698	380	85.01	495	5887
张庄	306	1118	510	180.77	1019	5854
池屯	288	973	480	115.31	1007	5877
赵屯	184	704	400	73.94	573	5868
草寺	140	539	310	72.80	473	5913
西刘庄	215	776	442	54.73	494	5865
雀林院	183	674	403	70.12	664	5875

第二节 街道办事处

香河县新开街道办事处

2008年5月23日成立，办事处驻县城迎宾路中段路东花园小区内，迎宾社区新开街20号。主要辖新开大街以南，夏安线以东地区。北与新华街道办事处相邻，西、南、东三面被淑阳镇环绕。辖区面积7.4平方公里，下辖6个社区居民委员会、8个村街。是年总人口23412人，其中村街5745人，社区17667人。辖小区62个，其中封闭式小区10个。居民多为汉族，回、满民族63人；农业人口5745人，非农业人口17667人；居民人均纯收入8463元；半年完成财政收入7686万元，耕地面积约153.64公顷。

香河县新开街道办事处前身为香河县城街道办事处，1992年8月29日成立街道办事处初称淑阳街道办事处，1998年3月改称县城街道办事处。

1992年12月，县城街道办事处内设科室有办公室、财务科、计划生育室，人员编制为8名。2002年4月，街道办事处由行政机构转为事业机构；7月，成立物业办公室，同时，办公室与财务科合并成立党政办公室。2003年1月，内设机构3个：党政办公室、计划生育办公室、物业办公室，人员编制13人。2008年5月23日，成立新开街道办事处。设立行政机构5个，即党政办公室、计划生育办公室、社会事务办公室、财经办公室、建设办公室；事业机构5个，即社区服务中心、物业服务中心、劳动保障事务所、司法所、财政所，人员编制80人。

2003年县城街道办事处位于县城文昌街西端路北，2005年迁至新华大街北侧，2007年又迁至迎宾路东侧。辖区总面积10.2平方公里，辖康宁、段庄、新开、永泰、新绣、安抚、新华、永兴、城西、迎宾10个居民委员会。2008年5月23日，撤销县城街道办事处，分别成立新华、新开两个街道办事处。

办事处所属8个村街无土地耕种，村民多从事家具制造销售、仓储物流、房屋出租等行业。有中国北方家具商贸之都称号的香河家具城坐落在辖区内，大型企业有东华纸制品有限公司，大型超市有香河华联香百超市，家具、建材为新开街道办事处支柱产业。

办事处地处城区，交通方便，基础设施齐全，辖区内有重点中学1所（香河第二中学），小学2所（香河城内二小、香河城内三小），老干部活动中心1处，医院1所（香河县中医院）。

2008年新开街道办事处行政村街基本情况统计表

表1-4-10

村街名称	户数	人口			少数民族（人数）	占地面积（公顷）	固定资产（万元）	总收入（万元）	人均纯收入（元）
		总数	其中						
			男	女					
西南街	389	1296	608	688	4	23.67	600	180.00	5000
东南街	180	670	350	320	—	16.00	1000	120.00	8281
南　台	206	665	314	341	30	28.74	67	108.00	8379
前店子	182	687	343	344	—	17.33	50	33.00	8207
段乔各庄	140	614	282	332	1	58.00	180	203.00	8600
阎乔各庄	145	549	264	285	—	42.32	130	195.60	3500
周　园	280	1031	618	413	—	13.33	10000	116.00	8000
安抚寨	115	433	200	233	5	13.33	200	30.00	6000

2008 年新开街道办事处社区居民委员会基本情况统计表

表 1-4-11

社区居民委员会名称	户数	人口					少数民族（人数）	辖区面积（平方公里）	人均收入（元）
		总数	其中						
			男	女	农业	非农业			
新开	1133	2237	1082	1155	783	1454	—	0.7	12800
康宁	1642	3018	1485	1533	845	2158	15	0.5	11000
段庄	1190	3200	1460	1740	680	2520	—	1.0	9800
安抚	1766	4415	2940	1475	—	—	—	1.5	14000
永泰	553	1085	527	558	462	624	9	0.6	9600
新绣	1089	2576	1251	1325	475	2101	—	0.8	9900

香河县新华街道办事处

2008 年 5 月 23 日成立，驻地位于康平路北段西侧，安抚社区康平路 6 号。辖区范围东至白庙村，西至西外环路，南至淑阳大街，北至潮白河南堤，辖区总面积 4.6 平方公里。辖 8 个村街、4 个社区居民委员会，辖区总人口 36741 人。其中农业人口 2068 户，7631 人；城镇居民 9804 户，29110 人。耕地面积约 362.78 公顷。当年，工业总产值 3.09 亿元。

内设机构 10 个。其中，行政机构 5 个，即党政办公室、计划生育办公室、社会事务办公室、财经办公室、建设办公室；事业机构 5 个，即社区服务中心、物业服务中心、劳动保障事务所、司法所、财政所。人员编制 70 人。

办事处地处城区，交通方便，基础设施齐全。辖区内有师范 1 所，重点中学 2 所（香河县第一中学、香河县第三中学），小学 1 所（香河县城内第一小学），幼儿园 1 所，特殊教育学校 1 所；大型企业 2 个（义林制衣有限公司、绿地集团）。香河县人民医院、心脑血管医院、妇幼保健站、卫生防疫站坐落在辖区内。

2008 年新华街道办事处行政村街基本情况统计表

表 1-4-12

村街名称	户数	人口			少数民族（人数）	占地面积（公顷）	固定资产（万元）	总收入（万元）	人均纯收入（元）
		总数	其中						
			男	女					
白　庙	186	630	312	318	—	13.53	106.03	6582	7896
北岗子	420	1478	736	742	—	36.33	96.42	11206	8248
东北街	312	1226	623	603	85	7.68	170.93	12013	8408
西店子	120	420	208	212	—	7.55	133.95	10403	7951
西北街	476	1552	782	770	209	12.06	64.16	11390	8220
刘　庄	120	380	187	193	—	5.81	28.56	5068	7790
万福辛庄	336	1200	611	589	—	19.60	36.34	13963	7702
胡庄子	130	530	272	258	—	7.83	423.19	9211	7993

2008 年新华街道办事处社区居民委员会基本情况统计表

表 1-4-13

社区居民委员会名称	户数	人口					少数民族（人数）	辖区面积（平方公里）	人均收入（元）
		总数	其中						
			男	女	农业	非农业			
新华	5237	15711	7863	7848	6285	9426	—	2.8	15000
永兴	3337	10525	5285	5240	970	9555	—	2.0	14000
城西	1324	3825	1930	1895	143	3682	—	0.8	12100
迎宾	683	1590	786	804	356	1234	—	1.0	11000

第二编　自然环境

香河县地处燕山南麓，属冲洪积扇缘向冲积平原过渡的交接地。受北运河与潮白河影响，全境为海河流域冲积平原。地势西北高东南低，最高海拔15.9米，最低4.9米，自然坡降1/3000，地势平坦。

县域属于大陆性季风气候，为暖温带半湿润气候区，其特征四季分明，秋短冬长，冷暖干湿变化较大。

县境四面环河，属海河水系。过境河流主要有北运河、潮白河，青龙湾河、引泃入潮河等。水资源均为淡水，基本属于中等富水区。上游排污，使香河县水资源受到严重破坏，由于干旱，河道径流明显减少，只有潮白河和北运河常年有径流，属于五类水质，据2007年水质检测，54个村街地下水的含氟量超标。

土地多为壤质土，厚而宜耕。域内野生植物品种约计200余种。野生动物有兔、鼠、雀、鹰、蛙、蛇、蚯蚓等50多种。陶用黏土分布广泛，且得到一定程度的开发利用。马家窝至西延寺一线的热水资源有很大开发价值。

香河县自然灾害主要有气象灾害和生物灾害。农业气象灾害主要有旱、涝、连阴雨、大风、寒潮、雷暴、霜冻、干热风、冰雹、大雾等。生物灾害分林业和农业生物灾害。1979至2008年底，在全县发生的林业有害生物种类共有95种。进入2000年后，香河县常见的农作物病虫草鼠害种类由20世纪50—70年代几种发展到120种，每年受害（指达到防治指标）面积由20000公顷次发展到约225573.33公顷次。

第一章　地质地貌

第一节　地　质

一　地层

根据中国地层区划，香河县属华北地层大区，东北部西马家窝至西延寺以东，后马房至荆庄以北属燕山分区唐山小区，其他部分属华北平原分区冀中小区。全县均为第四纪地层覆盖。据地质钻探揭露香河县各时代地层发育情况如下：

蓟县系　岩性为灰色、灰白色白云岩、含燧石白云岩、白云质灰岩和灰黑色、灰绿色页岩，厚3000～4000米。分布在西马家窝至西延寺以东，后马房至荆庄以北，地表以下300～600米；大罗屯至王家摆以南、钳屯至土门楼以西，地表以下2000～5000米。

青白口系　岩性为灰黑色、绿色、灰绿色页岩、海珠石页岩类砂岩，上部为灰白色夹紫红色白云质灰岩，厚460～700米。分布在安头屯镇南部地表以下300～500米。

侏罗—白垩系　上部为棕红色、褐红色含砾粗砂岩夹薄层泥岩；中部为灰白色、黑色泥岩夹煤层，局部含砾砂岩；下部为棕褐色泥岩和沙质泥岩夹薄层砂岩，厚1600米左右。分布在大罗屯至王家摆一带，地表以下2100米。

下第三系　上部以棕红色、棕褐色泥岩、砂岩、含砾粗砂岩为主；下部为灰色、灰白色泥岩、细沙岩、黑色泥岩夹褐煤层及安山玄武岩，厚1200～2000米。主要分布在马家窝至西延寺以西，后马房至荆庄以南，地表以下1000～1500米。

上第三系　上部灰白色、棕黄色、棕红色泥岩、砂岩、含砾粗砂岩；下部为棕红色、棕色泥岩夹灰色砂岩，含砾砂岩，厚200～1200米，分布县境的西部与南部。

中—下更新统　为黄、灰黄、棕黄色细砂及中砂至粗砂含砾，夹灰褐、黄灰绿、黄棕、棕红色黏土，部分地区夹黏土含砾、卵石或含泥砾卵石层，厚100～200米。广泛分布在县境内地表180～250米以下。

上更新统　黄色、灰黄色、局部地区夹黄绿色、灰黑色亚黏土、亚砂土、黏土夹中砂、细砂、粗砂局部含砾、卵石、含钙结核和铁锰质结核。砂层松散，分选磨圆均较好，为主要含水层。厚 110～230 米，广泛分布在境内地表以下 20～40 米。

全新统 黄褐色、灰黄色、灰色亚粘土、亚砂土夹粉细砂、中砂层，局部夹 1～2 层厚 2～5 米淤泥质黏土及亚黏土，为主要浅层含水层，厚 25～40 米。广泛分布在全县地面以下。

二 地质构造

香河县大地构造位置属华北地台区，横跨两个二级构造单元，后马房至荆庄以北属燕山台褶带，以南属淮河台向斜。全境分属三个四级大地构造单元。

宝坻凸起 位于县境东北部，西马家窝至西延寺以东，后马房至荆庄以北。新生代以来，一直为燕山山地的一部分，岩石裸露地表，至第四纪下更新世才逐渐被冲洪积地层所掩埋。基岩地层以蓟县系、青白口系白云岩、白云质岩为主，深埋 300～500 余米。基岩地区有一定起伏，高差达 200 米以上。

大厂凹陷 位于县境西部、西马家窝至西延寺以西。更新代以来，为一断陷槽地，沉积厚度大。基岩埋深达 1500～4500 米。

武清凹陷 位于后马房至荆庄一线以南。新生代以来，地壳一直处于沉降区，新生界冲洪积、湖积地层厚度达 2000～6000 米，并经历多次海水入侵。

香河县境内新生界基底断裂，主要有：

西马家窝至西延寺断裂（亦称香河断裂） 走向北 35 度东。张性正断层，东侧上升，西侧下降。基岩地层蓟县系与中生界接触。断裂以东缺整个第三系。

后马房至荆庄断裂 走向近东西。压性逆冲断层，北侧上升，南侧下降。基岩地层蓟县系与中生界接触。断裂以北第四系地层直接覆盖在基岩上，以南新生界连续沉积，发育完全。

次要断裂尚有金辛庄至戴家阁，马家窝至石虎辛庄等东西向断裂带。

2006 年 6 月 23 日，大雨后，刘宋镇荆庄村出现由东向西一条地裂缝，长 1000 余米。

三 岩浆岩

香河县境内岩浆活动主要有两期：一为燕山期。以火山岩、火山碎屑岩为主，分布在大厂凹陷与武清凹陷中;在境东部宝坻凸起区，以煌斑岩脉侵入基岩中。二为喜山期。以安山玄武岩为主，夹在第三系地层中，分布在大厂凹陷区。

四 地质发展史

香河县境地质演化与发展的历史可划为三个阶段：

地槽阶段 由太古代至下元古代，当时地壳构造运动与岩浆活动均较剧烈，形成一套深变质岩石，埋藏地层深部。

地台阶段 由上元古代至中生代早期。这时期地壳运动相对比较稳定，一直被海水浸没，中奥陶纪海水退出形成陆地，志留纪、泥盆纪时均为陆地。至中石炭纪以后又被海水多次浸没，形成滨海沼泽相含煤沉积。二叠纪至三叠纪早期为一个大的冲洪积平原，接受了巨厚的砂岩、泥岩沉积。

地洼阶段 三叠纪末期香河县境进入地洼构造演化阶段，侏罗纪至白垩纪时期香河县境造山运动、火山活动剧烈。第三纪开始燕山山地急剧上升隆起，华北平原急剧沉降，香河县后马房至荆庄以北为燕山山地，岩层裸露地表经受剥蚀，以南为堆积平原区，县境西部为大厂山间断陷盆地，附近地区有较小规模的火山活动。直至第四纪初香河县境的山地才被冲洪积层逐渐掩埋，形成今日的大平原景观。

第二节 地 貌

一 地貌形成历史

香河县从 2500 万年前的古老第三纪晚期开始，直至 200 万年前的第四纪初期，县境北部为燕山山地，南部为华北平原，西北部香河县城至通州西集之间，为一山间断陷盆地。之后，燕山山地与河北平原的界限逐渐北移，被山前冲洪积层掩埋形成华北大平原的一部分。第四纪早期海水曾入侵大厂县夏垫、顺义北法信，后县境南部又遭受多次海浸。

二 地貌成因类型划分

其地貌景观按成因类型可划分为：

构造堆积地貌 香河县西部的大厂凹陷区和南部的武清凹陷区，新地质构造运动表现为连续沉降，燕山山前河流冲洪积物质在此急剧堆积，形成倾斜平原，使天然河道呈蛇曲状，迂回系数较大，达 1.5～2.2 以上。

构造淤积地貌 香河县东北部的宝坻凸起区，在整个华北平原的新地质构造沉降运动中，属沉降作用期较晚，沉降速率相对较小的地区。某一阶段尚有相对上升趋势，而使通过它的河道经常淤塞而绕行，如光绪十二年（1886 年）潮白河与马家窝至渔阳院故道的淤塞即此原因。区内为渍水洼地星罗棋布，天然河道迂迴系数一般小于 1.5。

三 地貌形态

香河县地貌形态可划分两种类型：

山前冲洪积扇前缘地貌 位于香河县西马家窝至西延寺一线以西，大致以海拔 10 米等高线为界，为潮白河前冲洪积扇的前缘，地面高程 10～15.9 米，坡降 0.4‰左右，河道尚有微弱的侵蚀下切能力，呈现为地下河。

山前冲洪积扇前洼地地貌 位于西马家窝至西延寺一线以东，地面高程 4.9～10.0 米，坡降 0.2‰～0.3‰。河流以缓流淤积作用为主，形成一系列洼地和较厚的黏土层。河道易淤塞，呈现地上河。

因此在扇缘向冲积平原上，从水平到垂直，都表现出河流冲击的特点，低洼中心属于湖泊静水沉积物，质地黏重。全县地势西北高，东南低，海拔（黄海）高程 4.9～15.9 米，西北部蒋辛屯镇高程 10～15.9 米，中部及北运河两岸高程 7～10 米，东部东南部的刘宋镇、渠口镇、安头屯镇东部，高程为 4.9～7 米。

第二章 气 候

第一节 特 征

香河县属于大陆性季风气候，为暖温带半干旱半湿润气候区，具有四季分明、寒暑交错、干湿界限明显的气候特点。

春季（3 月至 5 月）：少雨、多风、蒸发大，日照充足，回暖快，易于干旱，冷暖多变。

夏季（6 月至 8 月）：高温高湿，雨水集中。

秋季（9 月至 11 月）：雨量骤减，天气晴爽，冷暖适中。

冬季（12 月至次年 2 月）：寒冷干燥，日照短，雨雪稀少，多西北风。

第二节 日 照

1979—2008 年，香河县年均日照总数 2651.1 小时，占可照时数的 60%；春季日照时数多，冬季日照时数少。

单位：小时

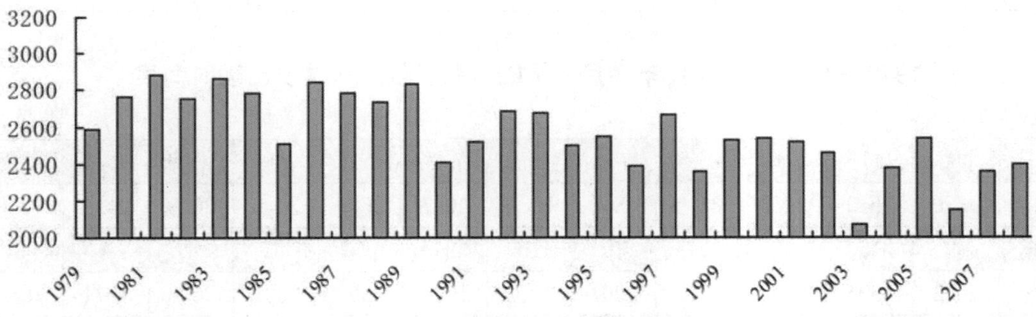

图 2-2-1 1979—2008 年香河县历年年日照时数变化图

1979—2008年香河县累年年、季、月平均日照时数表

表 2-2-2 单位：小时

月份	3月	4月	5月	6月	7月	8月	9月	10月	11月	12月	1月	2月
月平均	228.3	245.1	279.3	260.5	217.2	220.5	234.3	221.1	181.0	178.3	193.0	192.5
季平均	752.7			698.2			636.4			563.8		
年平均	2651.1											

第三节 温 度

1979—2008年，香河县年平均气温12.1℃，极端最高气温40.7℃，出现在1999年7月24日；极端最低气温-20.8℃，出现在1986年12月28日。夏季平均气温较高，7月平均气温26.3℃，其次是6月和8月；冬季各月平均气温均在0℃以下，1月最低，为-4.5℃。

单位：℃

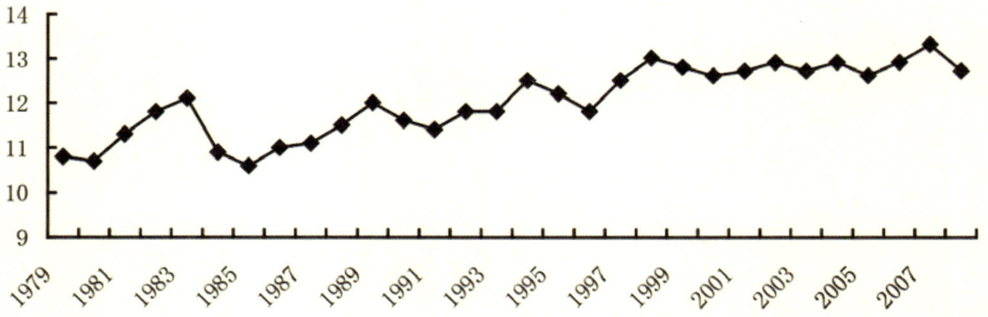

图2-2-2 1979—2008年香河县历年平均气温变化图

1979—2008年香河县累年年、季、月平均气温表

表 2-2-3 单位：℃

	3月	4月	5月	6月	7月	8月	9月	10月	11月	12月	1月	2月
月平均	5.7	14.0	19.8	24.3	26.3	25.2	20.2	13.0	4.1	-2.3	-4.5	-1.0
季平均	13.0			25.2			12.4			-2.7		
年平均	12.1											

1979—2008年香河县年（月）极端最高（低）气温及出现时间表

表 2-2-4 单位：℃

		1月	2月	3月	4月	5月	6月	7月	8月	9月	10月	11月	12月	年极值
最高气温	极值	13.9	19.9	27.2	31.9	38.2	39.2	40.7	36.6	34.6	30.8	21.2	13.6	40.7
	日期	4	13	31	27	19	13	24	1	1	4	4	3	24/7
	年份	2002	1996	2002	1972	2001	1972	1999	2000	2001	2006	1971	1989	1999
最低气温	极值	-21.2	-18.1	-12.2	-2.6	3.1	9.4	15.5	11.5	3.9	-5.1	-11.2	-20.8	-20.8
	日期	31	2	6	1	2	6	27	29	28	30	29	28	28/12
	年份	1990	1990	1985	1991	1991	1987	1989	1979	1986	1986	1987	1986	1986

第四节　降　水

一　降水年际变化和降水变率

1979—2008 年，香河县年均降水量 545.9 毫米，最大降水量 879.4 毫米（1994 年），最小降水量 321.0 毫米（1983 年），二者相差 2 倍多，易引起旱涝灾害。

单位：毫米

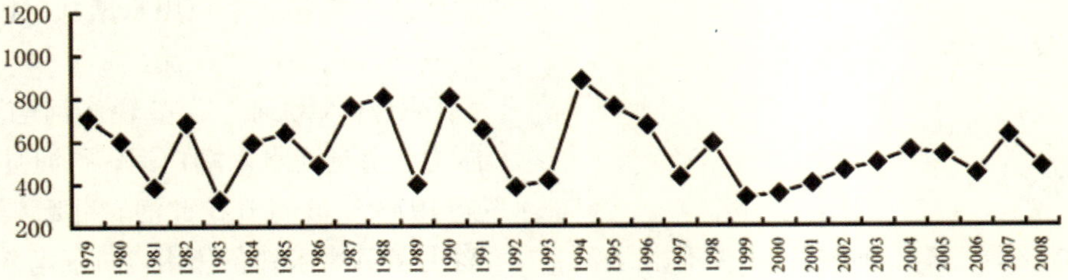

图 2-2-3　1979—2008 年香河县历年降水量变化图

二　降水季节分配

香河县降水的年变化为一峰一谷的形式，据 1979—2008 年统计，12 月最少，仅有 2.8 毫米，占全年降水量的 0.5%；7 月最多，为 165.9 毫米，占全年降水的 30.4%；8 月以后降水又迅速减少。

1979—2008 年香河县历年各季、月平均降水量及其占年降水量百分率表

表 2-2-5　　　　单位：毫米

季	春			夏			秋			冬			全年
月份	3	4	5	6	7	8	9	10	11	12	1	2	
降水量/毫米	73.4			380.2			82.3			10.0			545.9
	10.0	21.6	41.8	77.8	165.9	136.5	47.0	24.5	10.8	2.8	3.1	4.1	
百分率	1.8	4.0	7.7	14.3	30.4	25.0	8.6	4.5	2.0	0.5	0.6	0.8	100
	13.4			69.6			15.1			1.8			

三　降水日数

各月不同量级降水日数均以 7 月、8 月为最多，且降水强度大，雨日集中，地面径流多，农作物利用率低，低洼地易形成积水而造成淹害。

第三章　水文水系

第一节　水　文

一　水文地质

香河县西部处于夏垫至马房断裂带隆起区，东部是香河断裂带隆起区，中部两断裂带之间，处于大厂凹陷区，基岩以上覆盖着第四纪冲洪积层，由于河流搬迁及古地质构造运动影响，使香河县地质条件复杂，地层沉积无规律，土壤颗粒细，层数多，储水条件差，地下水运动以垂直交替为主，水平径流缓慢，基本属于中等富水区。

二　水文气象

香河县属温带季风型大陆性气候，春干秋湿，夏热冬寒。1979—2008年，香河县年均降水量545.9毫米，最大降水量879.4毫米（1994年），最小降水量321.0毫米（1983年），二者相差2倍多，易引起旱涝灾害。其中，夏季降水占全年的69.6%。

第二节　水　系

一　地表水

香河县四面环河，属海河水系。主要有北运河、青龙湾河、潮白河、引泃入潮河4条行洪河道，全县流域面积442平方千米，河道总长66千米，此外境内还有凤港减河（龙凤减河）、鹔池河、窝头河、牛牧屯引河等支流小河分布其间，以及干渠、支渠，初步建立起香河县洪、涝、旱、碱综合治理的水利工程体系。

北运河　系（北）京杭（州）大运河北段。自安平镇鲁家务村西北入香河县，经安平镇、淑阳镇、钳屯乡、五百户镇曲道南流，至五百户镇东双街村南出境。境内流程20.38千米，流域面积237.52平方千米。河道两岸有堤，左岸堤长23.81千米，右堤长8.28千米，堤顶宽6米，堤高3米。河槽宽35米，水深1～2米，河道纵坡1/9000，防洪设计标准20年一遇，由于有的河段采沙深达数米，洪峰流量1330立方米/秒。该河除汛期行洪外，主要为天津市送水。

青龙湾河　为北运河分洪河道。自香河县五百户镇土门楼闸起，沿钳屯、五百户、刘宋等乡镇南部边界东流，于刘宋镇庆功台村东南入宝坻区境，境内流长18.20千米。两岸堤长不一，左堤长18.25千米，右堤长5.44千米，堤顶宽8米，高4米，河底设计宽度90米，纵坡1/7000，设计防洪标准20年一遇，洪峰流量1330立方米/秒，该河汛期行洪，非汛期无水。

潮白河　由潮河、白河在北京市密云区城南汇合而成。自蒋辛屯镇岭子村西入香河县，原经安平、蒋辛屯、淑阳镇、钱旺、渠口等乡镇，沿潮白河旧道（又称老五河故道）东流入宝坻县，后汇入泃河。1950年8月，为减轻泃河汛期行洪压力，在钱旺乡焦康庄村西改道南流，沿蒋辛屯、淑阳、钱旺、安头屯、渠口等乡镇边界曲道东流，于渠口镇荣各庄东南入宝坻区境。境内流长28.20千米，流域面积183.95平方千米，两岸堤长46.74千米，顶宽8米，高4.50米，设计纵坡1/4000，设计防洪标准20年一遇，洪峰流量2850立方米/秒。潮白河水量年际变化较大，年内分配不均，加之2000年后连续干旱和北京市用水增加，下游灌溉用水靠汛末或冬春引蓄河道积流。

引泃入潮河　为减轻泃河与蓟运河汛期行洪压力，引泃河水入潮白河，香河县于1972年10月至1973年5月开挖此河。北起渠口镇躲各庄东，南止渠口镇东魏各庄南。向东南入宝坻区，汇流潮白河。境内流长7.89千米，两岸堤防总长15.77千米，堤顶宽6米，高5米，河槽宽100米，设计纵坡1/5500，防洪标准10年一遇，洪峰流量830立方米/秒，历年最大流量450立方米/秒。

鹔池河　发源于香河县蒋辛屯镇北三百户村附近，经蒋辛屯、姬庄、挠子庄、祁羊店、后骆驼港至打卜户村北入三河市，汇流鲍邱河。全长12千米，境内流长7.9千米。属季节性河道，非汛期断流无水。

窝头河　发源于香河县渠口镇三岔口村西北。东南流向，经渠口镇的芦庄、炭户、金庄转渠口镇的西河头至渔阳院村南入宝坻区境，汇流潮白河。境内流程15.50千米，为季节河道。

牛牧屯引河（潮白新河）　开挖于1974年，引潮白河水入北运河，全长3.8千米，境内流程300米，该河主要为分洪输水河道，2000年后断流干涸。

二　地下水

香河县水文地质类型为冲积洪积型，基岩以上覆盖着冲积洪积层。由于河流搬迁及古地质构造运动影响，地质条件较为复杂，地基沉积无一定规律，地面坡度缓，土壤颗粒细，层数多，储水条件差。按照地下水资源的富水程度和开采条件，划分两个区：

中深井结合区　包括河间地带及冲积平原区，面积217.8平方千米。所辖乡镇为蒋辛屯、钱旺、渠口以及安头屯和刘宋东、南部地区等。该区含水层单层厚度小，岩性颗粒细，是香河县弱富水区，多大于50米中井采水，单井出水量20～40吨/小时，适宜井距250米，井管直径250毫米。

中浅井混合开采区 位于冲积平原上，面积240.2平方千米。由于开采段含水层厚，顶层埋藏浅，贮水条件好，是香河县富水性好的地区。主要分布在淑阳镇、安平镇、五百户镇、钳屯乡及刘宋镇、安头屯镇西部等。该区适宜井深50～100米，井距150～200米，井口直径500～600毫米。单井出水量30～45吨/小时。

第四章 土 壤

第一节 土壤类型及分布

香河县土壤类型受地貌类型影响，差异较大。据1982年3月土壤普查结果，分3个土类，8个亚类，10个土属，56个土种。

一 褐土类（K）

褐土类面积约5000.03公顷，占总土地面积的11.55%。分布在蒋辛屯、淑阳等两个镇31个村庄。褐土类又分3个亚类，3个土属，10个土种。

褐土亚类（K） 多在蒋辛屯镇东、淑阳镇北等地区，面积约18.77公顷，因以丘状或岗状存在，比平地高出2～4米。此类又分1个土属，2个土种。

潮褐土亚类（LK） 分布在蒋辛屯镇、淑阳镇，面积约为3954.97公顷，占褐土面积的79.1%，此类发育在褐土残丘周围洪积冲积母质上，地势平坦，高程10～15米。又分1个土属，7个土种。

褐土性土（MK） 分布在北运河、潮白河、青龙湾河两岸近处呈沙丘状存在，高出地面3～5米，面积约1026.29公顷，占褐土面积的20.5%。下分1个土属，1个土种。

二 潮土类（L）

潮土分布面积最大，为耕性良好的主要土类，面积约38290.37公顷，占土壤总面积的88.45%。分布在县东部、东南部和南部。地面高程5～11米。主要分4个亚类，5个土属，45个土种。

潮土亚类（L） 钱旺、安平、五百户、渠口等多个乡镇都有分布，面积约35390.95公顷，占潮土面积的92.43%。此亚类分沙质潮土、壤质潮土和黏质潮土等3个土属，24个土种。沙质潮土面积约237.41公顷，占潮土面积的0.62%，又分通体沙质潮土和沙质腰壤潮土两个土种；壤质潮土分沙壤质、轻壤质和中壤质潮土以及间层质地不同的土壤类型，面积33782.24公顷，占潮土面积的88.2%；黏质潮土面积为1401.9公顷，占潮土面积的3.66%。

褐土化潮土亚类（KL） 存在于安平、钳屯、渠口等乡镇的缓岗下部、准缓岗和褐土周围地带，面积约1718.71公顷，占潮土面积的4.49%，分7个土种。

盐化潮土亚类（SL） 属次生盐渍化潮土类，以硫酸盐含量为主。分布在安头屯东、刘宋镇北及潮白河沿岸地区，面积约1085.09公顷，占潮土面积的2.83%。分1个土属，11个土种。

沼泽化潮土亚类（GL） 以黏质中度沼泽化潮土为主。常见于蒋辛屯前建各庄东南、鶶池河洼地及渠口镇窝头河故道等，面积约65.03公顷，占潮土面积的0.17%，分1个土属3个土种。

三 风砂土类（E）

风砂土类只有1个土属1个土种。多以流动、半流动、砂丘存在，面积约30.59公顷，占总土地面积的0.07%。分布在淑阳、安平、五百户、钱旺等乡镇。

第二节 土壤养分

一 大量元素含量

据2006年土壤化验结果，香河县耕层土壤有机质含量3.98～32.8克/千克，平均值为19.20克/千克；全氮含量为0.317～1.785克/千克，平均值1.091克/千克；速效磷（P_2O_5）含量为2～153毫克/千克，平均值40毫克/千克；速效钾（K_2O）含量22～341毫克/千克，平均值150毫克/千克；pH值6.8～9.1，平均值8.1。

2006 年香河县耕层土壤大量元素余缺指标表

表 2-4-1

项目 \ 级别		1	2	3	4	5	6
有机质	含量（克/千克）	>40	30～40	20～30	10～20	6～10	<6
	面积（公顷）	0	0	11597.94	16318.86	0	0
	占总耕地（%）	0	0	41.54	58.46	0	0
全氮	含量（克/千克）	>2	1.5～2	1～1.5	0.75～1	0.5～0.75	<0.5
	面积（公顷）	0	0	27916.80	0	0	0
	占总耕地（%）	0	0	100	0	0	0
速效磷	含量（毫克/千克）	>40	20～40	10～20	5～10	3～5	<3
	面积（公顷）	6918.49	20998.32	0	0	0	0
	占总耕地（%）	24.78	75.22	0	0	0	0
速效钾	含量（毫克/千克）	>200	150～200	100～150	50～100	30～50	<30
	面积（公顷）	0	17290.29	10626.51	0	0	0
	占总耕地（%）	0	61.94	38.06	0	0	0

二　微量元素含量

据 2006 年土壤化验结果表明，香河县耕层土壤有效铜含量在 0.31～6.03 毫克/千克之间，平均值为 1.51 毫克/千克；土壤有效铁含量在 2.13～42.2 毫克/千克之间，平均值为 11.17 毫克/千克；土壤有效锰含量在 5.92～46.7 毫克/千克之间，平均值为 20.02 毫克/千克；土壤有效锌含量在 0.02～6.92 毫克/千克之间，平均值为 1.50 毫克/千克；土壤有效硼含量在 0.02～1.18 毫克/千克之间，平均值为 0.58 毫克/千克。

2006 年香河县耕层土壤微量元素余缺指标表

表 2-4-2

项目 \ 级别		1	2	3	4	5
有效铜	含量（毫克/千克）	>2	1～2	0.5～1	0.2～0.5	<0.2
	面积（公顷）	0	27916.80	0	0	0
	占总耕地（%）	0	100	0	0	0
有效铁	含量（毫克/千克）	>20	10～20	4.5～10	2.5～4.5	<2.5
	面积（公顷）	4590.61	6574.93	16751.27	0	0
	占总耕地（%）	16.44	23.55	60.01	0	0
有效锰	含量（毫克/千克）	>30	15～30	5～15	1～5	<1
	面积（公顷）	0	27916.80	0	0	0
	占总耕地（%）	0	100	0	0	0
有效锌	含量（毫克/千克）	>2	1～2	0.5～1	0.3～0.5	<0.3
	面积（公顷）	0	25879.17	2037.64	0	0
	占总耕地（%）	0	92.70	7.30	0	0

续表 2-4-2

项目 \ 级别		1	2	3	4	5
有效硼	含量（毫克/千克）	>2	1～2	0.5～1	0.25～0.5	<0.25
	面积（公顷）	0	2926.14	4590.61	20400.06	0
	占总耕地（%）	0	10.49	16.44	73.07	0

三　耕地地力等级的行政区域分布

香河县的耕地共分为四个地力等级，以下将各等级地在各乡镇的分布状况列表。

2006年香河县耕地地力等级的行政区域分布表

表 2-4-3　　单位：公顷

等级	一级地		二级地		三级地		四级地	
乡镇	面积	占全县同级%	面积	占全县同级%	面积	占全县同级%	面积	占全县同级%
蒋辛屯镇	352.48	8.75	1147.21	12.77	1567.45	20.11	463.42	6.52
渠口镇	1439.35	35.73	423.13	4.71	1580.70	20.28	606.28	8.53
钱旺乡	570.02	14.15	11.68	0.13	434.93	5.58	1322.02	18.60
淑阳镇	557.53	13.84	299.15	3.33	1272.82	16.33	751.99	10.58
安平镇	8.46	0.21	767.20	8.54	66.25	0.85	936.07	13.17
安头屯镇	371.82	9.23	1131.04	12.59	1489.50	19.11	20.61	0.29
钳屯乡	115.61	2.87	757.32	8.43	385.04	4.94	955.26	13.44
五百户镇	114.00	2.83	1869.49	20.81	371.01	4.76	1608.45	22.63
刘宋镇	499.12	12.39	2576.50	28.68	626.67	8.04	442.80	6.23
合计	4028.39	100	8983.63	100	7794.37	100	7107.62	100

第五章　野生动植物

第一节　野生动物

据民国《香河县志》物产篇记载：境内野生动物数量居多者，有兽类7种，禽类34种，鳞类19种，介类8种，虫类25种等。

20世纪60年代起，很多野生动物受生存环境恶化和人类过量捕杀的影响，狼、鹤、鶘、雉、秃鹫等已经绝迹，狐、黄鼬、狸所见无几。20世纪90年代后，随着生态环境的逐步改善和人们保护生物意识的增强，野生动物的种类、数量都有不同程度的增加。至2008年底，香河县境内主要野生动物有：

一　环节动物

蚯蚓。

二　软体动物

（一）腹足类：田螺、蜗牛、钉螺。

（二）瓣鳃类：河蚌等。

三　节肢动物

（一）甲壳类：虾、蟹、潮虫和水蚤（鱼虫）等。

（二）昆虫及其他类：主要益虫有蜜蜂、桑蚕、蜻蜓、瓢虫、赤眼蜂、螳螂和食蚜虻等8种；农业害虫有蝗虫、玉米螟、黏虫、蚜虫、红蜘蛛、食心虫、棉铃虫、菜螟、蟋蟀、象鼻虫、蝼蛄、蛴槽和地老虎等 50 多种；林业害虫有春尺蠖、杨扇舟蛾、杨毒蛾、舞毒蛾、扁刺蛾、光肩星天牛、桑天牛、桃蛀螟、梨小食心虫、苹果红蜘蛛、松毛虫、金龟子、青叶蛾等 70 余种。还有蚂蚁、苍蝇、虱、跳蚤、蟑螂、蚊、牛虻、蜈蚣、蚰蜒（钱串子）、马蜂、蝴蝶、寒蝉（俗称二瑟）、夏蝉（俗称小热热）、蛔蛔、蜘蛛、蝎子等。

四　脊椎动物

（一）鱼类：鲤鱼、草鱼、白鲢鱼、花鲢鱼、鲶鱼、鲫鱼、鳝鱼、黄瓜鱼、麦穗鱼、胖头鱼、黑鱼、石鲢鱼、泥鳅、金鱼等。

（二）两栖类：青蛙、虎纹蛙、沼蛙、蟾蜍等。

（三）爬行类：蛇（菜花蛇、锦蛇）、蜥蜴、壁虎、龟、鳖等。

（四）鸟类：野生候鸟类有鸿雁（俗称大雁）、鹭鸶、天鹅、野鸭、沙鸥、灰鹤等，当地野生禽鸟有鹰、燕（家燕，金腰燕）、灰鹊、花鹊、麻雀、布谷鸟、百灵、斑鸠、黄鹂、画眉、鹌鹑、山雀、乌鸦、啄木鸟、伯劳鸟（俗称胡不拉）、猫头鹰、戴胜鸟（俗称地闷子）等，水生鸟类有鹬鸟、翠鸟等。

（五）兽类（哺乳动物）：狐、野兔、刺猬、獾（俗称地狗子）、狸子、黄鼬（俗称黄鼠狼）、田鼠、豆鼠（俗称大眼贼）、仓鼠、鼹鼠（俗称地排子）、蝙蝠等。

第二节　野生植物

2008 年，域内野生植物品种约计 200 余种。其中，被子类植物品种最多，达 150 多种。蕨类（节节草）、裸子类（银杏）、苔藓类（墙藓、地藓）、藻类（水绵、小球藻）、菌类（木耳、蘑菇）等共有 20 余种。药用植物有枸杞、生地、益母草、薄荷、车前子等 50 多种。以下仅将常见的野生植物列表。

2008 年香河县野生植物一览表

表 2-5-1

科名	属名	种名	主要用途	生长地
桑　科	葎草属	葎草（拉拉秧）	全草入药	宅道旁
鼠李科	荇菜属	荇菜	—	田间　园地
大戟科	铁苋菜属	铁苋菜	入药	道边　宅旁
	大戟属	地锦草	入药	荒地
毛茛科	毛茛属	茴茴蒜	入药	—
堇菜科	堇菜属	紫花地丁	入药	荒坡　坑边
报春科	点地梅属	点地梅	—	堤坡　道旁
藜　科	藜属	扫帚菜	可食　饲料	园田　湿地
		灰菜		园田　湿地
马齿苋科	马齿苋属	马齿苋（马扎菜）	可食　饲料	园田　湿地
蓼　科	酸模属	马蓼	—	田间　荒坡
		酸模叶蓼（酸溜）	可食	荒地
	蓼　属	扁蓄（竹节草）	茎入药	野坡　荒地
牦牛儿苗科	牦牛儿苗属	老鹳草	全草入药	荒地
十字花科	荠属	荠菜	可食	草地
	独立菜属	独立菜	—	田间　荒地
	诸葛属	诸葛菜（二月兰）	—	田埂　堤坡
	蔊属	蔊菜	—	荒地
	播娘属	播娘蒿	—	堤坡　渠旁

续表 2-5-1

科名	属名	种名	主要用途	生长地
萝藦科	萝藦属	萝藦（地个浪）	—	荒地 荒坡
鹅绒藤科	鹅绒藤属	地梢瓜	—	荒地 荒坡
苋科	苋属	反枝苋（人心菜）	可食	田旁 宅旁
茜草科	猪殃殃属	猪殃殃	—	荒地
紫草科	砂引草属	砂引草	花籽药用	坟头 坡地
附地菜科	附地菜属	附地菜	—	堤坡
毛鞭科	牡荆属	荆条	编织	荒地 沟地
豆科	米口袋属	米口袋	饲料	荒地
	草木樨属	草木樨	饲料	荒地 洼地
	苜蓿属	紫苜蓿	饲料	荒地 洼地
	槐属	苦参	—	村旁 野坡
	胡枝子属	胡枝子	—	荒地
	鸡眼属	鸡眼草	—	荒地
茄科	茄属	龙葵	入药	田边 地头
	曼陀罗属	山茄子（洋金花）	花入药	堤坡 荒地
玄参科	地黄属	生地黄	茎入药	潮地
唇形科	茺蔚属	益母草	茎入药	堤坡地
	夏至草属	夏至草	入药	田头 荒地
	薄荷属	薄荷	入药	庭院 田地
车前科	车前属	车前子（车轱辘圆）	全草入药	潮湿地
菊科	蒿属	长艾叶	—	沟旁 土坡
		青蒿	全草入药	渠沟 洼地
	苍耳属	苍耳（苍子秧）	种子药用	河滩 草地
	蓟属	大蓟（刺儿菜）	全草入药	田边 地头
	苦荬菜属	苦荬菜（小蓟）	全草入药	田间 地头
	蒲公英属	蒲公英	全草入药	宅旁 道边
	鬼针草属	鬼针草	全草入药	河滩 草地
	旋复花属	旋复花	饲料	田间 地头
鸢尾科	马蔺属	马蔺	药用花籽	坟头 坡地
蒺藜科	蒺藜属	蒺藜（蒺藜狗）	种子药用	村边 道旁
禾本科	鹅冠草属	鹅冠草	—	坟头 坡地
	马唐属	马唐	饲料	田坎 沟边
	狗尾草属	狗尾草	—	田坎 沟边
	白茅属	白茅草	饲料	荒坡 野洼
	稗草属	稗草	饲料	荒坡 野洼

续表 2-5-1

科名	属名	种名	主要用途	生长地
禾本科	牵牛属	圆叶牵牛（喇叭花）	籽入药	村边　道旁
		裂叶牵牛（喇叭花）	籽入药	村边　道旁
	菟丝属	菟丝	籽入药	寄生其他植物
	旋花属	田旋花	—	寄生其他植物
	打碗花属	打碗花	—	—
香蒲科	蒲棒属	蒲棒草	枕芯	沟渠边
伞形科	蛇床属	蛇床	籽入药	沟渠边
	水芹属	水芹	—	河滩　坑塘
莎草科	芦苇属	芦苇	根入药	坑塘　洼地
	莎草属	莎草	—	沟渠边
	苔草属	羊胡草	饲料	湿地
	藨草属	水葱	饲料	湿地
浮萍科	浮萍属	浮萍	饲料	坑塘　水坑
木贼科	木贼属	问荆（节节草）	入药	荒坡　道边
木耳科		黑木耳	食用	朽木根
伞菌科	蘑菇属	蘑菇	—	朽木根

第六章　自然资源

第一节　土地资源

一　1988 年土地资源详查

1988 年，全县进行了土地资源详查，境内土地总面积为 44752.60 公顷。其中，耕地 29916.77 公顷，占总土地面积的 66.85%；园地 645.45 公顷，占总土地面积的 1.44%；林地 551.63 公顷，占总土地面积的 1.23%；居民点及工矿用地 6009.43 公顷，占总土地面积的 13.43%；交通用地 1401.56 公顷，占总土地面积的 3.13%；水域 5046.62 公顷，占总土地面积的 11.28%；未利用 1181.15 公顷，占总土地面积的 2.64%。

二　2007 年第二次土地调查

2007 年 7 月 1 日至 2010 年 12 月 31 日，香河县开展第二次土地调查。本次调查结果，全县土地总面积 44798.71 公顷。其中，耕地面积 26229.17 公顷，占土地总面积的 58.55%；园地面积 506.00 公顷，占 1.13%；林地面积 2299.24 公顷，占总面积的 5.13%；草地面积 505.77，占总面积的 1.13%；城镇村及工矿用地 9247.98 公顷，占总面积的 20.64%；交通运输用地 1808.66 公顷，占总面积的 4.04%；水域及水利设施用地 3964.77 公顷，占总面积的 8.85%；其他土地 237.12 公顷，占总面积的 0.53%。

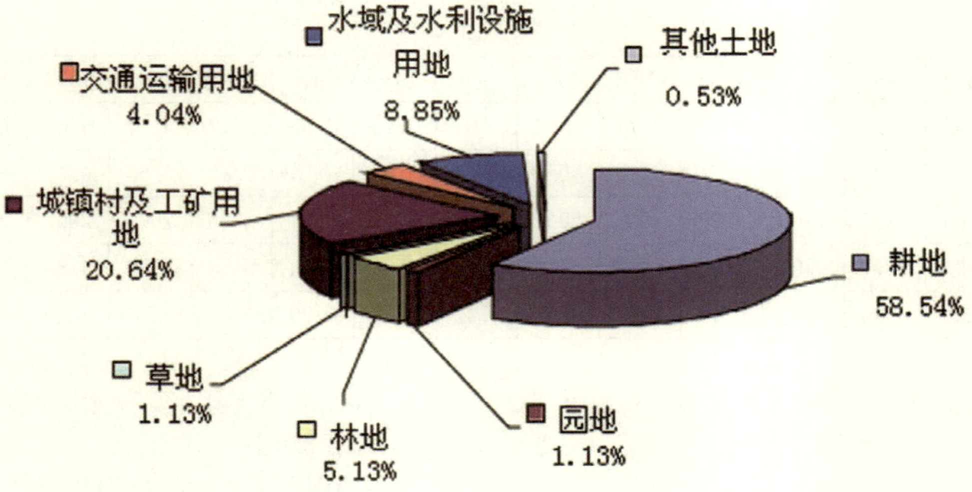

图 2-6-1 2008 年香河县土地利用现状分类面积饼图

第二节 水资源

一 数量及分布

（一）地表水

1. 数量

2008 年，香河县入境水量为 8.374 亿立方米，出境水量为 6.152 亿立方米，河道过境水，主要指潮白河、北运河、青龙湾、引泃入潮等四条河流带来的水量。2008 年香河县引蓄水总量为 0.7813 亿立方米，径流量为 7.015 亿立方米。地表径流时空分布与降水吻合，受地表面与其他因素影响比降水变化更为剧烈，年际变化悬殊，变差系数在 0.72～12 之间，枯水年不易形成径流，而丰水年径流相对很大。年内分配受降水影响，有明显的暴雨型特征，产流集中在汛期（6—9 月份），非汛期各月降雨少，则不能形成径流条件。

2. 质量

2001—2005 年，香河县经济迅猛发展，人民生活水平日益提高，但随之而来的工业废水和生活污水的排放量也日益增多，加之上游排放污水，使香河县水体受到严重污染，水资源环境受到很大影响。

另外，进入 2000 年后香河县持续干旱，造成河道径流明显减少，部分河道出现断流，只有潮白河和北运河常年有径流，属于五类水质，主要化学成分为高锰酸钾、非离子氨、亚硝酸盐、挥发酚、溶解氧等。

（二）地下水

1. 数量

据县水务局资料统计，2008 年，香河县浅层地下水资源量为 0.8231 亿立方米。

2. 流向及水位变化

（1）流向及坡度

香河县地下水流向基本与地面方向一致，自西北流向东南；水力坡度 5.3/10000～5.5/10000，地下水埋深随流向而递减，西北部埋深较大，东南部埋深较小。

（2）水位变化

根据动态观测资料，地下水年内变化：从 9 月至次年 5 月处于下降趋势，特别是从 3 月底小麦返青灌溉开始，由于降雨少连续开采量大，水位迅速下降，到 5 月底至 6 月初，水位处于年内最低值；进入汛期开采量减少，降雨增多，由于入渗补给影响，地下水位逐步回升，8 月底水位达到最高值。如此反复循环。

地下水年际变化：受年降水丰、枯及开采量大小变化而异，从 1982 年至 2008 年地下水埋深过程可见 26 年间地下水位变化。

1982—2008 年香河县地下水埋深统计表

表 2-6-1

年　份	1982	1983	1984	1985	1986	1987	1988	1989	1990	1991	1992	1993	1994	1995
埋深（米）	3.95	4.32	4.87	4.30	3.18	3.68	3.07	3.73	3.55	3.67	4.22	4.67	4.17	3.41
变化值（米）	—	0.37	0.55	-0.57	-0.12	-0.5	-0.61	-0.66	-0.18	0.12	0.55	0.45	-0.5	-0.76
年　份	1996	1997	1998	1999	2000	2001	2002	2003	2004	2005	2006	2007	2008	—
埋深（米）	3.35	3.71	4.03	4.24	4.87	4.79	5.22	4.90	5.10	5.12	4.99	4.88	5.09	—
变化值（米）	-0.06	0.36	0.32	0.19	0.63	-0.08	0.43	-0.32	0.20	0.02	-0.13	-0.11	0.21	—

（3）水文地质条件及地下水埋藏分布规律

香河县水文地质类型为冲洪积型，基岩以上覆盖着冲洪积层。由于河流搬迁及古地质构造运动影响，地质条件较为复杂，地积沉积无一定规律，地面坡度缓，土壤颗粒细，层数多，储水条件差，按富水分级标准为中等富水区。

地下水以垂直交替为主，水平径流缓慢，由于受水文地质条件影响，全县各地富水性也不同，南部和西部地下水主要是潜水类型，北部和东部为浅层承压水或微承压水类型。

二　水质检测

随着香河县经济的迅猛发展，污水的排放日益严重，加之上游泄污，使县域内水资源受到严重的破坏，水环境受到很大影响。

（一）地表水质

香河县主要行洪河道为潮白河、北运河、青龙湾、引泃入潮 4 条河道。河北省水文环境监测中心廊坊分中心在香河境内有 2 个监测断面，分别为潮白河赶水坝断面和北运河土门楼断面。

1. 2003 年香河县主要河流水质检测状况

（1）评价范围

主要为潮白河、北运河。分析评价是利用河北省水环境监测中心廊坊分中心的监测资料。

（2）监测项目

酸碱度（pH 值）、氯离子、硫酸盐、溶解氯、高锰酸钾指数、非离子氯、亚硝酸盐氮、挥发酚、氰化物、总砷、总汞、六价铬、总铜、总镉、总铅、氟化物、硝酸盐氮、溶解性铁等 18 项。

（3）评价方法与评价标准

采用水质分类评价法和综合污染指数法，将计算所得的每个监测断面的某项参数的年算数平均值与各类水质的评价标准对照，确定水质类别。根据河流、水库和洼淀的供水功能，评价标准参照《中国地表水资源质量年报》和《全国重点河段水质通报》中所采用的评价标准。

（4）主要河流水质状况

2003 年，香河县主要河流潮白河、北运河水质类别 75，属重度污染。

2003 年香河县主要河流水质状况表

表 2-6-2

河名	站名	评价河长	综合污染指数	水质类别	主要污染物和超标指数	污染程度
潮白河	赶水坝	62.3 厘米	1.97	75	溶解氧（0.44）、亚硝酸盐氮（0.95）、高锰酸钾（6.0）、非离子氨（26）、镉（0.20）	重污染
北运河	土门楼	21.0 厘米	1.25	75	高锰酸钾（0.9）、汞（0.50）、亚硝酸盐类（0.93）、非离子氨（10）	重污染

2. 2007 年香河县主要河流水质检测状况

2003 年后，尽管污染程度没有减轻，但超标项目相对减少，超标倍数降低，主要超标物为氨氮和总磷。据 2007 年监测资料表明：潮白河为劣五类水体，属重污染河段，水体较清，有少量藻类。从污染物上分析，赶水坝站主要污染物为氨氮（13.9倍）、总磷（16.5倍）、亚硝酸盐氮（5.64倍）。

北运河为劣五类水，属主污染河段，水体较清，有少量藻类。从污染物上分析，土门楼站主要污染物为氨氮（12.7倍）、总磷（16.6倍）、亚硝酸盐氮（5.24倍）。

由于华北地区已连续多年干旱，地表面缺水严重，大部分雨水被截流和下渗，造成香河县河道上游客水来量较小，水量置换少，河道水体自洁能力下降，加之上游来水一般为生活污水和工业废水，致使评价河段污染比较严重。香河过境河道水质符合农田灌溉用水标准，一般矿化度0.539克/升，个别达0.817克/升。灌溉系数大于18，盐度小于15，碱度小于0，pH值在7.5～8.7之间。

（二）地下水质

1．2003年浅层地下水水质评价

（1）监测情况

2003年香河县浅层地下水水质监测井2眼，地下水埋深均小于18米，采样时间为2月、4月、6月、8月、10月、12月6个月，分别代表地下水在年内不同季节的变化情况。

（2）评价项目

根据国家《地下水质量标准》(GB/T14848-93)，2003年度评价项目选定为酸碱度（pH）、氯离子、硫酸盐、总硬度、亚硝酸盐氮、硝酸盐氮、高锰酸钾、挥发酚、氰化物、总砷、总汞、六价铬、氟化物、氨氮等14项。

（3）评价标准与评价方法

评价以国家《地下水质量标准》(GB/T14848-93)作为标准。评价方法采用单项组分评价和综合评价两种。

（4）水质状况

2003年香河县水质较差，主要污染物为氨氮。

2．2007年地下水质检测情况

香河地下水的水化学类型主要为重碳酸镁和重碳酸钙镁型水。在平面分布上以重碳酸镁型水最广泛，其他诸如重碳酸钙镁和重碳酸钠镁等类型较少。在垂直混合开采区，地下水化学变化无明显差别。香河县浅层地下水水质监测井有2眼，地下水埋深均小于6米，采样时间为5月和9月，分别代表地下水年内不同季节变化期的水质情况，评价标准为GB/T14848—93。

2007年，香河县2眼水井水质较差和水质极差各1眼，主要污染物为氟化物、亚硝酸盐氮、氨氮、总硬度。

香河县地下水矿化度较低，一般在0.3克/升～1.0克/升之间，属低于2克/升标准淡水。pH值7～7.8之间，灌溉系数大于18，盐度小于15，碱度小于0，水温在12℃～16℃之间。氟离子在第四纪浅层地下水中含量偏高。据水质检测，刘宋镇、五百户镇、蒋辛屯镇、淑阳镇、渠口镇、安头屯镇、安平镇等7个乡镇54个村街的地下水的含氟量超标。其中，刘宋镇西王各庄村氟含量达到7.27毫克/升。为此，2003—2006年，香河县实施自来水村村通工程。

2007年香河县氟含量超标村街统计表

表2-6-3

序号	所属乡镇	村街	氟含量（毫克/升）		备注
			1.0～2.0	2.0以上	
1	安头屯镇	赵营庄	—	3.13	已安降氟装置
2		黄庄	1.67	—	—
3		后独立庄	1.31	—	—
4		大青庄务	1.19	—	—
5		铁佛堂	—	2.01	—
6		安头屯三村、安头屯二村	1.51	—	—
7		孙营庄	1.64	—	—
8		东太平庄	—	3.92	—

续表 2-6-3

序号	所属乡镇	村街	氟含量（毫克/升）		备注
			1.0～2.0	2.0 以上	
9	安头屯镇	顾家屯	1.31	—	—
10		东口头	1.86	—	—
11		东兴隆庄	1.30	—	—
12		商汪甸	1.34	—	—
13		前独立庄	1.41	—	—
14	安平镇	安平四街	—	2.90	—
15		乔庄、三间房、枳根城	—	2.74	—
16		谭庄、曹店	—	2.20	—
17		西贾庄	1.99	—	—
18		安平二街	1.63	—	—
19		周庄、甘露寺	1.57	—	—
20		堡上	2.75	—	—
21		草沙河	1.89	—	—
22		孙家务	1.83	—	—
23		安平东庄	1.88	—	—
24		王家摆、北太平庄	—	3.50	—
25	刘宋镇	王家务	—	4.57	—
26		大田	1.95	—	—
27		八户	—	2.45	—
28		吴庄	—	5.33	—
29		荆庄	—	2.60	—
30		北务屯	—	2.32	—
31		庆功台	—	2.79	—
32		东王各庄	—	4.21	—
33		南孙家庄	—	2.00	—
34		东张庄	—	6.96	—
35		马庄	—	2.96	—
36		刘庆庄	—	2.06	—
37		倪庄	—	2.79	—
38		西王各庄	—	7.27	—
39		尹庄、幞头屯	—	2.97	—
40		北村	—	2.21	—
41		刘宋	1.88	—	—
42	五百户镇	田各庄	1.66	—	—
43		香椿营	1.89	—	—
44		西七百户	1.53	—	—
45	蒋辛屯镇	仓头	1.49	—	—
46	淑阳镇	凌家吴村	1.25	—	—
47	渠口镇	荣各庄	—	2.10	—
合计		54	25	29	—

三　开发利用

（一）水资源总量

水资源包含地表水资源和地下水资源两部分，水资源总量指一定区域内当地降水形成的降水和地下产水量，即当地地表水资源量加上地下水资源量再扣除两者之间的重复计算量，其中，地下水资源量指与大气降水和地表水有水力联系的当地主要开采深度内矿化度小于 2 克/升浅层地下水淡水资源量。

2000—2003 年香河县水资源总量表

表 2-6-4

年份	地表水资源量（万立方米）	地下水资源量（万立方米）	重复量（万立方米）	水资源总量（万立方米）	面积（平方公里）	人口（万人）	人均水量（立方米/人）	公顷均水量（立方米/公顷）	产水模数（万立方米/年平方公里）
2000	13030	8231	710	20551	437	30.6216	671	4710	47
2001	9900	8231	715	17416	437	30.6586	568	3990	40
2002	10151	8231	715	17667	437	30.6832	576	4050	40
2003	8878	8231	758	16351	437	30.5662	535	3690	37

（二）可利用量

香河县地下水资源可利用量相对比较稳定在 7023 万立方米左右，而地表水资源可利用量随年总蓄水量、河道引水量等的变化而变化，2003 年地表水资源可利用量为 8000 万立方米左右，水资源可利用量随着引水、蓄水、调水等工程的兴建而逐渐增加。

2000—2003 年香河县水资源开发利用状况表

表 2-6-5　　　　单位：万立方米

年份	合计	地表水				地下水			
		农业用水	工业用水	生活用水	合计	农业用水	工业用水	生活用水	合计
2000	13746	7776	—	—	7776	2678	818	2774	5970
2001	15226	9200	—	—	9200	2827	1218	1981	6026
2002	15700	9487	—	—	9487	2013	458	2890	6213
2003	15591	8100	—	—	8100	3321	757	2870	7491

说明：1. 农业用水包括农田灌溉用水和林牧渔业用水

2. 生活用水中包括城镇和农村居民用水以及公共用水、城区河污排水、牲畜用水

四　水资源评价

（一）地表水

香河县四面环河，河道过境水量逐年减少，应该积极引水、蓄水、提水，为灌溉补充地下水源提供条件。香河县受降水影响，水量年内分配极不均匀，年际变化较大，加之地处平原，地势平缓，缺乏拦蓄条件，汛期河道洪水大部分流向境外，当地暴雨自产地表径流，除渠道、坑塘截流外也被排入河道。

据统计，香河县过境水可利率只占 16%左右，自产地表径流拦蓄量占总量 70%左右。2008 年，香河县引蓄水总量为 0.7813 亿立方米。

（二）地下水

从水文地质条件看，除北部河间地带及东南部冲积平原个别地区以外，地下水含水层埋深较浅，易采易补，水质矿化度较低，适合发展灌溉和工业生活用水。地下水补给来源主要是大气降水入渗，其补给量随年内季节变化。在多年气象周期内，随

降水丰枯而异，年际变化大，多年平均降水补给量一般占地下水总补给量的70%左右，其次是河渠坑塘引蓄入渗补给。2000 年后，由于地下水大量开采，地下水位逐渐降低。2008 年，香河县地下水可开采量为 0.7805 亿立方米。

综上所述，地表水和地下水是水资源的两种表现形式，它们之间相互联系而又互相转化，在水资源大量开发和利用的情况下，河道基流和地下水补给量将成为地面和地下两种不同开发方式互相争夺的对象。因此必须将地表水和地下水作为一个整体进行分析和评价。

水资源评价是合理开发利用和科学管理水资源的基础，为了满足社会对水资源的需求，必须根据水资源时空分布的特点修建必要的引水、蓄水、提水、调水等工程，进行水资源时空分配。在工程措施条件下可利用的水量，随着工程的兴建而逐渐增加，但由于社会的迅速发展和人民生活水平的不断提高，对水资源的需求会越来越大，供需矛盾会很突出。

2008 年，全市正在全面建设节水型社会，促进经济的可持续发展。如何提高水资源的承载力，以有限的水资源支撑国民经济持续发展是今后面对的严峻课题。

第三节　生物资源

香河县域内可利用的野生动植物资源，主要是野生药材和坑塘、河渠、滩地边缘的野草。物种情况见本编第五章野生动植物。

第四节　矿产资源

县境多为第四纪沉积物所覆盖，金属矿藏很少，只有砖瓦与陶用黏土和少量石油、天然气及地下热水等。

砖瓦与陶用黏土，系洪水泛滥淤积物。砖瓦黏土分布较广，厚约 2～5 米，储量较多；陶用黏土多在县西部及东南部低洼地区，但近年陶器销量一般，实际开发量不大。

据香河县国土资源局 2008 年资料记载，香河县矿产资源主要有河沙、建筑用的黏土和机砖用的黏土。矿业基本情况是产业规模小，矿产品比较单一。有黏土机砖场 8 家，年机砖生产能力 12000 万块。

据石油部门地质评价资料显示，境内钳屯至安平之间，石油、天然气有一定储量，因处华北油田边缘地区，有待开发利用。

境内地热资源较为丰富。沿马家窝至西延寺断裂和后马房至荆庄断裂深至 1000～2000 米处，可找到 40℃～60℃热水。东北部宝坻凸起区，深 300～500 米的中上元古界碳酸盐地层中，也可找到大流量岩溶裂隙型温水资源，可供进一步勘测开发利用。

第七章　自然灾害

第一节　气象灾害

一　干旱

旱灾可导致河道断流，地下水位下降，田地龟裂，粮食歉收；干旱还将造成水资源匮乏，导致工农业生产和生活用水不足；干旱还导致火灾多发；另外，干旱发生时还因降水不足，土地墒情下降，致使土地沙化、盐碱化，而土地沙化又使沙尘暴活动加剧。

据县气象局相关资料统计，1979—2008 年，香河县共发生干旱灾害 6 次。其中最严重的一次发生在 2006 年春季，此次灾害造成农田受灾面积 41 万亩（约 27333.33 公顷），经济损失 152 万元。

二　洪涝

1979—2008 年，香河县最大过程雨量为 386.5 毫米，出现在 1994 年 7 月 6 日至 13 日。

此次降水使全县受到严重洪涝、沥涝、风雹灾害，农作物受灾面积 15.6 万亩（10400 公顷），成灾 10.3 万亩（约 6866.67 公顷），损坏、倒塌房屋 2615 间，损坏水利设施 456 处，造成 23 家企业停产，损坏通讯、供电线路 9300 米。

另一次严重洪涝灾害发生在 2002 年 8 月 3 日至 5 日，累计降水 64 毫米，瞬时风力 8 级，农作物受灾 17.22 万亩（11480 公顷），经济损失 3199.7 万元。蔬菜受灾 1040 亩（约 69.33 公顷），经济损失 20.8 万元，其他作物受灾 561 亩（37.4 公顷），经济损失 11.2 万元。

据县气象局相关资料统计，1979—2008 年，香河县由暴雨、暴雪所致的洪涝灾害共计 18 次。

1979—2008 年香河县历年暴雨日数统计表

表 2-7-1　　单位：日

年份	>50 毫米日数	>100 毫米日数	全年	年份	>50 毫米日数	>100 毫米日数	全年
1979	3	—	3	1994	2	1	3
1980	1	1	2	1995	3	—	3
1981	1	—	1	1996	—	1	1
1982	3	—	3	1997	2	—	2
1983	—	—	—	1998	1	—	1
1984	—	1	1	1999	—	—	—
1985	1	—	1	2000	1	—	1
1986	2	—	2	2001	1	—	1
1987	3	—	3	2002	—	—	—
1988	1	1	1	2003	2	—	2
1989	1	1	—	2004	—	—	—
1990	1	—	1	2005	1	—	1
1991	—	—	—	2006	1	—	1
1992	—	1	1	2007	2	1	3
1993	—	—	—	2008	1	—	1

三　寒潮

寒潮的统计标准，日最低气温≤5℃时，同时满足下面四条件中任意一个：日平均气温 24 小时下降≥4℃或 48 小时下降≥6℃，日最低气温 24 小时下降≥6℃或 48 小时下降≥8℃，记为一次中等寒潮过程；当日最低气温≤5℃时，同时满足下面四条件中任意一个：日平均气温 24 小时下降≥6℃或 48 小时下降≥8℃，日最低气温 24 小时下降≥8℃或 48 小时下降≥10℃，记为一次强寒潮过程。

1979—2008 年香河县历年寒潮天气日数统计表

表 2-7-2　　单位：日

年份	中等	强	全年	年份	中等	强	全年
1979	6	4	10	1994	4	3	7
1980	8	5	13	1995	1	3	4
1981	6	3	9	1996	10	3	13
1982	5	5	10	1997	6	2	8
1983	6	4	10	1998	5	2	7

续表 2-7-2

年份	中等	强	全年	年份	中等	强	全年
1984	6	1	7	1999	2	2	4
1985	5	2	7	2000	5	2	7
1986	8	2	10	2001	6	2	8
1987	8	3	11	2002	3	—	3
1988	10	—	10	2003	6	3	9
1989	7	1	8	2004	6	1	7
1990	6	3	9	2005	10	1	11
1991	9	2	11	2006	6	2	8
1992	3	3	6	2007	2	2	4
1993	5	3	8	2008	4	2	6

四　大风

1979—2008 年，香河县大风（瞬时风速≥17.0 米/秒，即风力达到或超过 8 级称为大风）年均 7.3 天，以春季大风最多。

香河县历史上曾出现的大风最大风速为 24.0 米/秒，达 9 级风力，风向为西北风，出现在 1979 年 1 月 20 日。夏季强对流天气发生时，也曾出现过风速为 22.7 米/秒的大风，破坏力极大。在无较强天气系统影响时，一般午后风速较大，日落前减小，日出前最小。

据县气象局相关资料统计，1979—2008 年，香河县由大风所致的灾害共计 17 次。1980 年 6 月 20 日，县内梁家务、淑阳镇一带遭受历史上罕见的龙卷风袭击，风速达 24 米/秒，损毁房屋 6307 间，折断树木 47000 棵，伤 70 人，死 1 人。1984 年 8 月 7 日，狂风、雷雨、冰雹突然大作，10 米高烟囱被刮倒，折断树木 3000 余棵，果木落果 20 万公斤（200 吨），农作物受灾面积 40 万亩（约 26666.67 公顷），各类损失折合 250 多万元。

单位：米/秒

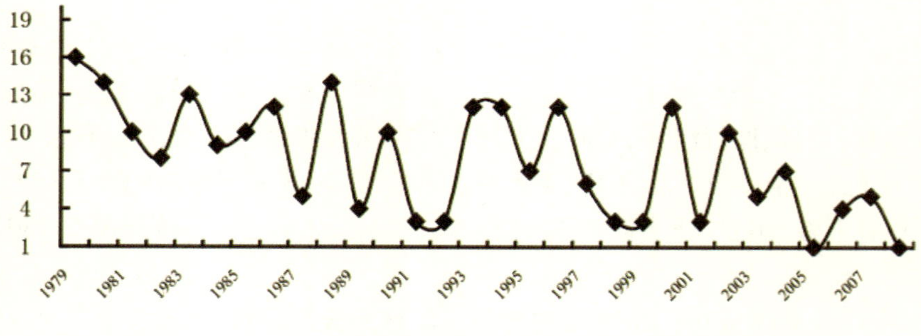

图 2-7-1　1979—2008 年香河县历年年平均风速变化图

五　冰雹

香河县冰雹一般发生在 4—9 月期间，以 5—6 月降雹概率较高。降雹时间持续 5 分钟以下的占 25%，20 分钟以上的占 13%，最长的达 23 分钟之久，最短的只有 3 分钟。香河县冰雹一般像卫生球或枣大小，最大的像核桃。

主要路径有两条，一条是东北路径，自三河市入境进入天津市武清区；另一条是西北路径，自北京市通州区入境进入天津市宝坻区。

据县气象局相关资料统计，1979至2008年，香河县由冰雹、暴雨、大风所致的灾害共计14次。1987年7月5日20时0分至20时30分，境内受雷雨、大风、冰雹袭击近30分钟，冰雹最大直径10厘米，如柿子大小，最大风力10级以上。全县有36万亩（24000公顷）农田受灾，玉米、高粱等作物倒伏，瓜、菜、果树被砸坏，或严重落花、落果，碗口粗大树被折断3600棵，总计损失1600万元。

六 雷暴

香河县历年（1979—2008年）平均雷暴日数为26.5天，最多为46天，出现在1985年；夏季雷暴日数最多，占全年的75%。最早出现在2002年3月29日，最晚出现在2004年11月9日。

据县气象局相关资料统计，1979—2008年，香河县由雷暴所致的灾害共计9次。其中较详细记载的2次。1984年8月22日，因受切变线影响，中午前后出现强雷雨天气，附近乡村有一人被雷电击死，全县击毁电视机70台。2005年6月28日，17时17分左右，安平镇一街菜市场西南角，站在农用车旁的一名蔬菜游商被雷击中当场身亡，旁边的亲属被雷击出3米远。

七 干热风

干热风，表现为高温、低湿和伴有一定的风力，破坏作物的水分平衡和光合作用的进行，风向西南。

干热风是危害小麦的重要气象灾害。小麦处于灌浆、乳熟期时，遇到气温和水分条件的突变和持续高温、低湿天气，致使小麦植株蒸腾强度骤然加大，根系活力减退，造成水分平衡失调，生理机能加速，致使植株过早衰老。干热风对小麦的危害，除了茎叶枯干、降低对光能的利用外，主要是缩短灌浆过程、降低千粒重，迫使小麦提前成熟。遇轻干热风的年份，可能减产 5%～10%；重的年份，可能减产 10%～20%，有时可达30%以上，而且影响小麦的品质及降低出粉率。

香河县干热风出现在5月中旬到6月中旬，此段时间正值小麦灌浆成熟期，影响较大。

八 连阴雨

每年4—11月香河县均可出现连阴雨天气，尤其以7—8月连阴雨次数最多。危害最大的是麦收期连阴雨和秋收期连阴雨，它们不仅导致庄稼不能正常收获，还将推迟下一作物的播种，同时容易导致下一茬作物烂苗。出现连阴雨时应注意及时排水，防止引起作物渍涝。

九 霜冻

霜冻是一种由低温造成的灾害。香河县历年平均初霜冻日期是10月21日，最早在9月28日（1987年），最晚在11月10日（1999年）；历年终霜冻平均日期是3月27日，最早是3月2日（1982年、1995年），最晚在5月2日（1991年）。累年无霜冻日数平均206天，最长241天，最短160天。

据县气象局相关资料统计，1979—2008年，香河县由霜冻所致的灾害共计1次。发生在1984年4月27日。27日最低气温为1.7℃，地面最低温度为-1.6℃，使早春农作物受到不同程度的冻害，受灾农作物主要是棉花和蔬菜。全县棉田受灾面积828亩（55.2公顷），其中成灾面积197亩（约13.13公顷），此外，还有740亩（约49.33公顷）早种的黄瓜、豆角、西葫芦等蔬菜也被冻坏，全县共有1568亩（约104.53公顷）农作物受灾，总成灾面积937亩（约62.47公顷）。

1979—2008年香河县历年霜冻初终日表

表2-7-3

年份	初日	终日	年份	初日	终日
1979	10月30日	3月14日	1994	10月17日	3月15日
1980	10月21日	4月16日	1995	10月20日	3月2日
1981	10月21日	3月28日	1996	10月30日	4月3日
1982	10月10日	3月2日	1997	10月26日	3月19日

续表 2-7-3

年份	初日	终日	年份	初日	终日
1983	10 月 23 日	3 月 27 日	1998	10 月 5 日	3 月 22 日
1984	10 月 19 日	4 月 27 日	1999	11 月 10 日	3 月 22 日
1985	10 月 20 日	4 月 12 日	2000	10 月 30 日	3 月 16 日
1986	10 月 17 日	4 月 20 日	2001	10 月 20 日	3 月 12 日
1987	9 月 28 日	4 月 12 日	2002	11 月 3 日	3 月 7 日
1988	10 月 20 日	3 月 30 日	2003	10 月 24 日	3 月 22 日
1989	10 月 14 日	3 月 21 日	2004	10 月 23 日	3 月 18 日
1990	10 月 6 日	3 月 18 日	2005	10 月 14 日	3 月 14 日
1991	10 月 25 日	5 月 2 日	2006	10 月 14 日	3 月 5 日
1992	10 月 19 日	4 月 12 日	2007	10 月 23 日	4 月 6 日
1993	10 月 23 日	4 月 11 日	2008	10 月 19 日	3 月 19 日

说明：霜冻初终日指上午 7 月 1 日至本年 6 月 30 日。

十　大雾

大雾是近地面空中浮游大量微小的水滴。根据水平能见度大小分“轻雾”（能见度为 1～10 公里）、“雾”（能见度 500～1000 米）、“浓雾”（能见度 50～500 米）和“强浓雾”（能见度不足 50 米）。

单位：次

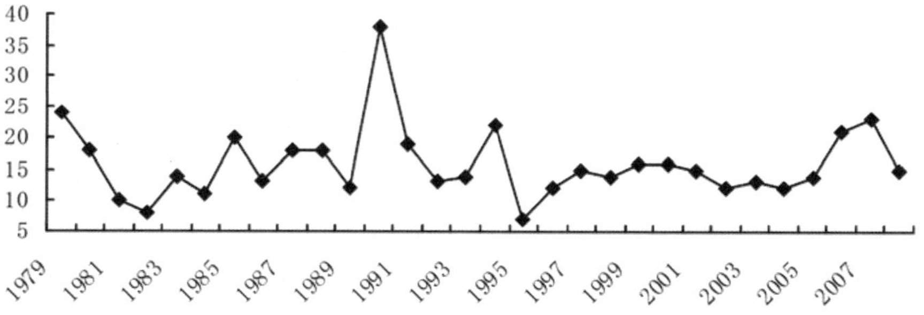

图 2-7-2　1979—2008 年香河县历年大雾出现次数统计图

第二节　生物灾害

一　林业病虫种类与危害

改革开放后，受县内林地面积增加和苗木引进渠道多样化及贸易活动日益频繁等因素影响，林业有害生物的传播途径大大增加，种类不断增多，危害程度日趋加重。1990 年，全县共发现林业病虫害 21 种。至 2008 年底，在全县发生的林业有害生物种类发展到 95 种，其中病害 23 种，虫害 72 种，涉及 6 个目，37 个科。

在全县发生及危害比较严重的林业有害生物有：

杨树蛀干害虫：主要虫种是光肩星天牛、桑天牛。

杨树食叶害虫：主要有美国白蛾、杨扇舟蛾、杨毒蛾、舞毒蛾、扁刺蛾及春尺蠖等。

2003 年 9 月，第三代美国白蛾从天津市宝坻区、武清区传入，蔓延至全县，发生疫情的村街达

105 个，林木虫株率为 15.9%，疫情呈点、片发生，部分地块发生严重。2006 年发生最为严重，全县 300 个村街皆有不同程度的发生，部分村街地段发生严重。树上遍布白色网幕，树下农作物叶片被吃秃。

2001 年，春尺蠖在香河县五百户镇四百户林带爆发，发生面积约 133.33 公顷，所有树木的树叶全部被吃光。由于全县大面积营造杨树纯林，所引进苗木渠道复杂，给春尺蠖的蔓延创造有利条件。2007—2008 年连续两年发生严重，主要发生在夏安线、双安路、国安路、潮白河大堤、京沈高速路及部分片林，发生严重地段树木的叶片全部被吃光。

林木病害：主要包括杨树腐烂病、溃疡病、杨树黑斑病、杨树灰斑病、根癌病等。由于种植密度过大，2000 年后雨水充足，发病率较高，发生程度在全县各乡镇均有不同程度的上升，已成为杨树幼龄林的一大灾害。

果树病虫害：主要包括苹果腐烂病、炭疽病、轮纹病、梨黑星病、葡萄霜霉病、桃蛀螟、梨小食心虫、苹果红蜘蛛等。

二 农业病虫种类与危害

据资料记载，20 世纪 50—70 年代香河县每年农业有害生物发生面积只有 20000 公顷次，农作物病虫种类只有几种。虫害主要是“地下害虫、麦叶蜂、黏虫、玉米螟、棉铃虫”；病害只有“小麦丛矮病、麦类锈病（条锈、叶锈）、黑粉病、玉米大、小斑病”。

进入 20 世纪 80 年代各种病虫草鼠害年发生面积 50000 公顷次。其中，病害年受害面积约 16666.67 公顷次，主要有麦类锈病、白粉病、黑穗病；玉米大、小斑病，黑粉病；棉花立枯病、炭疽病、角斑病、棉枯、黄萎病；蔬菜软腐病、黑斑病、霜霉病、疫病、角斑病等。虫害年受害面积约 33333.33 公顷次，主要有麦蚜、麦蜘蛛、麦叶蜂、玉米螟、玉米蓟马、玉米红蜘蛛、黏虫、东亚飞蝗、土蝗、蟋蟀、高粱蚜、大豆天蛾、棉蚜、棉铃虫、棉花红蜘蛛、菜青虫、小菜蛾、烟青虫、蝼蛄、蛴螬、金针虫、地老虎。其中，蚜虫、玉米螟、黏虫、东亚飞蝗、土蝗、地老虎、蝼蛄、蛴螬危害最大。

进入 20 世纪 90 年代，全县各种病虫草鼠害年发生面积增加到 133333.33 公顷次。病害有 39 种，包括真菌、细菌、病毒及生理性病害。危害最大的有 21 种。增加病害品种有蔬菜病毒病、根腐病、枯黄萎病等。虫害有 46 种，危害最大的有 23 种，以鳞翅目、鞘翅目、同翅目、膜翅目最多，主要害虫增加品种有黑斑麦潜蝇、草地螟，以及菜蚜、美洲斑潜蝇等。20 世纪 90 年代防治棉铃虫已成许多农户的一大难题。随着棉花面积缩小，棉铃虫转而危害其他农作物及茄果类蔬菜。美洲斑潜蝇 20 世纪 90 年代传入香河县。

进入 21 世纪后，香河县常见的农作物病虫草鼠害有 120 种，每年受害（指达到防治指标）面积约 225573.33 公顷次。其中蔬菜病虫草鼠害发生面积约 53333.33 公顷次。2000—2008 年，玉米病害增加了褐斑病、弯孢霉叶斑病、顶腐病、玉米病毒病。蔬菜病害不断加重，尤其是生理性病害如花打顶、脐腐病、干烧心等；小麦吸浆虫、玉米异跗萤叶甲等是 2000 年以后增加的虫害。

草害有 35 种，年受害面积 39600 公顷次，主要有荠菜、播娘蒿、藜、雀麦、狗尾草、苦苣、打碗花、田旋花、刺菜、马唐、葎草。

迁飞性害虫相继出现。2003 年，东亚飞蝗出现高密度蝗蝻，每平方米 3000 头。2004—2008 年两次出现草地螟成虫。

区域性有害生物种类发生严重。2002 年 5 月底，剥穗调查中始发现小麦吸浆虫。2004 年，个别田块出现严重减产，每公顷仅有 750 至 1500 千克产量。到 2008 年，全县 80%麦田普遍发现小麦吸浆虫。

蔬菜病虫害在原有的基础上增加了根结线虫病和一些生理性病害，并逐年加重。

第三编 人口

香河县面积小，人口多，人口密度大。1979至2008年，人口缓步增长，人口密度及其分布也有很大变化。1979年，全县总户数56945户，总人口247296人，人口密度540人/平方千米。2008年，全县总户数100836户，总人口308376人，人口密度673人/平方公里。20世纪70年代后，计划生育工作的开展，使人口数量从高增长转为较平稳增长，人口素质得到很大提高。随着社会的发展，人口的民族、性别、年龄、农业非农业、文化、职业构成不断发生变化。改革开放后，农民跨地区流动、务工经商者越来越多，人口迁入迁出较为频繁，流动人口数量不断上升。

第一章 人口总量与分布

第一节 人口总量

1979年，全县有56945户、247296人，户均4.34人。1979至1999年，人口逐年缓步递增，人口净增66388人。1999年为人口最高峰，达313684人。2000年后，人口略有下降。2008年，全县有100836户、308376人，户均3.06人。

人口增长速度变缓的主要原因是：自20世纪70年代国家实行计划生育政策以后，人口控制能力不断增强；人民群众的生育观念发生了重大变化，多子多福、重男轻女生育观念已被少生优生、注重生育质量理念逐步取代。

1979—2008年香河县人口情况统计表

表3-1-1

年份	总户数			总人口			年份	总户数			总人口		
	合计（户）	农业户（户）	非农业户（户）	合计（人）	农业人口（人）	非农业人口（人）		合计（户）	农业户（户）	非农业户（户）	合计（人）	农业人口（人）	非农业人口（人）
1979	56945	55479	1466	247296	237216	10080	1994	79222	71610	7612	304855	278304	26551
1980	57652	56052	1600	248210	237766	10444	1995	79705	70585	9120	306209	278324	27885
1981	59681	57507	2174	250019	238307	11712	1996	79978	70592	9386	307633	278263	29370
1982	60340	58057	2283	253805	240237	13568	1997	81081	70954	10127	309802	279177	30625
1983	61750	58775	2975	255906	241263	14643	1998	82971	71285	11686	311828	277621	34207
1984	62541	59349	3192	259009	243554	15455	1999	84156	71423	12733	313684	280661	33023
1985	63122	59618	3504	262139	245768	16371	2000	89132	72287	16845	306216	272101	34115
1986	63988	60015	3973	265825	248540	17285	2001	90706	72348	18358	306585	270502	36083
1987	68153	61081	7072	272358	254110	18248	2002	91173	72942	18231	306832	268942	37890
1988	69969	63372	6597	277061	257592	19469	2003	91458	73049	18409	305662	276272	28778
1989	72354	66169	6185	283997	263322	20675	2004	92612	74581	18031	305050	276272	28778
1990	73997	67203	6794	296104	274499	21605	2005	93421	74799	18622	305222	187339	117883
1991	74686	68548	6138	298397	276282	22115	2006	93524	75330	18194	305247	223031	82216

续表 3-1-1

年份	总户数			总人口			年份	总户数			总人口		
	合计（户）	农业户（户）	非农业户（户）	合计（人）	农业人口（人）	非农业人口（人）		合计（户）	农业户（户）	非农业户（户）	合计（人）	农业人口（人）	非农业人口（人）
1992	75606	69398	6208	301092	277513	23579	2007	95944	75422	20522	306198	222598	83600
1993	76780	70023	6757	303170	279000	24170	2008	100836	76329	24507	308376	222601	85775

说明：2001 年以后由于户籍制度统计方法改革，取消农业户和非农业户两个指标，农业户改为乡村户。2003 年以后，根据城镇发展的需要，把淑阳镇和其他 6 个建制镇区人口纳入非农业人口统计

2004—2008 年乡村户数、2007 年末职工人数等数据摘自 2005—2009 年《廊坊经济统计年鉴》。其他数据均取自香河县统计局 1979—2008 年《国民经济统计资料汇编》（2004 年农业人口数为乡村人口数）

第二节 人口分布

一 分布

1979 年，全县农业人口 237216 人，主要分布在 300 个行政村街；非农业人口 10080 人，占全县总人口 4.25%，主要分布在县城及 17 个人民公社驻地。1982 年，全县农业人口 240237 人，占总人口 94.65%；非农业人口 13568 人，占 5.35%。1982 年后，香河县大量农村剩余劳动力从土地上解放出来，流向县城、乡镇政府驻地等县办工业、乡镇企业、私营企业的聚集地。同时，随着县域经济的开放搞活和商品经济的发展，许多农民进城经商，加上一些富裕起来的农民在城镇买房居住，使人口呈现向城镇集中的趋势。2000 年第五次人口普查，全县总人口 308874 人，乡村人口 270531 人，占总人口 87.59%；城镇人口 38343，城镇化率 12.41%。2003 年，根据上级统计部门指示精神，在 2000 年基础上调整统计口径。当年，全县常住人口 308142 人，城镇人口 116724 人，城镇化率 37.88%。2008 年，全县常住人口 314635 人，城镇人口 143788 人，城镇化率 45.70%。

说明：1. 人口普查总人口非当年年底实有总人口

2. 常住人口=当年总人口+居住半年以上外来人口-外出半年以上本地人口

二 密度

1979 年，全县人口密度 540 人/平方千米；1989 年，为 620 人/平方千米；1999 年，为 685 人/平方千米，达人口密度最高值；2008 年，为 673 人/平方千米，比 1979 年每平方千米增加 133 人。

1979 年、1995 年、1996 年、2008 年香河县乡（镇）人口密度对照表

表 3-1-2

乡（镇）	1979 年			1995 年			1995 年比1979 年增加	1996 年			2008 年			2008 年比1996 年增加
	总人口（人）	面积（平方千米）	人口密度（人/平方千米）	总人口（人）	面积（平方千米）	人口密度（人/平方千米）	（人/平方千米）	总人口（人）	面积（平方千米）	人口密度（人/平方千米）	总人口（人）	面积（平方千米）	人口密度（人/平方千米）	（人/平方千米）
淑阳镇	13823	31.85	434	29342	31.85	921	487							
大罗屯乡	11766	21.80	540	14182	21.80	651	111	59920	52.32	1145	73379	52.32	1403	258
金辛庄乡	7202	14	514	8939	14	639	125							
安平镇	8321	14.25	584	10538	14.25	740	156	21397	33.52	638	20543	33.52	613	-25
王家摆乡	9108	18.30	498	10945	18.30	598	100							
五百户镇	16772	30.25	554	19741	30.25	653	99							
李庄乡	6831	13	525	8305	13	639	114	37760	61.99	609	36462	61.99	588	-21
香城屯乡	8224	20.25	406	9922	20.25	490	84							
刘宋镇	30945	59	524	35445	59	601	77	35582	62.88	566	39858	62.88	634	68
安头屯镇	23137	45.88	504	27230	45.88	594	90	27401	45.83	598	25889	45.83	565	-33
渠口镇	23483	36.02	652	27760	36.02	771	119							
石虎辛庄乡	9743	13.90	701	11851	13.90	853	152	49402	64.75	763	46582	64.75	719	-44
东鲁家口乡	8098	15.90	509	9468	15.90	595	86							
蒋辛屯镇	14443	33	438	16825	33	510	72	29270	55.97	523	27358	55.97	489	-34
梁家务乡	10703	22.20	482	12505	22.20	563	81							
钳屯乡	18372	31	593	22035	31	711	118	22053	34.21	645	20328	34.21	594	-51
钱旺乡	20367	36.90	552	25026	36.90	678	126	24848	36.51	681	23162	36.51	634	-47

第三节 姓 氏

据1987年底统计，全县有姓氏252个，其中单姓251个，复姓1个。万人以上的姓有4个：王姓28190人，张姓27185人，李姓25447人，刘姓13796人。千人以上姓氏37个，千人以下姓氏211个。

据2008年底统计，全县有姓氏395个，其中单姓393个，复姓2个。按人数由多到少排列，排在前十名的姓氏有王姓26935人，张姓24559人，李姓22319人，刘姓12456人，赵姓7158人，杨姓5391人，陈姓5282人，周姓4851人，高姓4685人，孙姓3779人。

其余姓氏按汉语拼音先后顺序依次是：

蔼、艾、安、巴、白、柏、包、鲍、暴、毕、边、表、宾、薄、卜、蔡、曹、岑、柴、常、厂、畅、车、成、程、池、迟、仇、储、楚、褚、揣、慈、从、丛、崔、达、笪、代、戴、单、党、邓、邸、帝、殿、刁、丁、东、董、豆、窦、杜、段、掇、耳、凡、樊、范、方、房、费、丰、封、冯、逢、伏、符、付、傅、富、干、甘、冈、稿、葛、庚、耿、弓、宫、龚、巩、勾、古、谷、固、顾、关、官、管、桂、郭、国、果、哈、海、韩、杭、郝、何、和、贺、赫、洪、侯、后、候、呼、胡、花、华、滑、怀、郇、皇甫、黄、会、霍、姬、吉、计、纪、季、冀、家、贾、菅、简、江、姜、将、蒋、焦、解、金、晋、靳、经、荆、井、景、鞠、巨、瞿、阚、康、柯、孔、匡、来、赖、兰、蓝、郎、乐、雷、冷、黎、连、廉、练、梁、粱、廖、林、蔺、凌、柳、龙、娄、卢、芦、鲁、陆、逯、路、闾、吕、律、栾、罗、骆、雒、麻、马、麦、满、毛、茅、梅、门、蒙、孟、祢、米、苗、闵、闽、缪、磨、莫、墨、木、慕、穆、那、奈、南、倪、年、聂、聶、宁、牛、农、潘、庞、裴、彭、邳、皮、平、蒲、戚、祁、齐、祈、钱、钳、强、乔、谯、钦、秦、青、卿、邱、裘、曲、屈、全、冉、饶、任、荣、茹、阮、芮、瑞、桑、沙、商、尚、邵、申、沈、绳、盛、师、施、石、时、史、舒、树、帅、水、司、斯琴格日乐、宋、苏、隋、随、谈、覃、谭、汤、唐、陶、腾、滕、田、铁、佟、桐、童、涂、屠、庹、万、汪、危、韦、维、卫、尉、魏、温、文、闻、翁、乌、吴、仵、伍、武、席、下、夏、鲜、咸、县、相、香、向、项、萧、肖、谢、辛、信、刑、邢、熊、修、胥、徐、许、宣、玄、薛、荀、闫、严、阎、颜、晏、姚、要、叶、伊、衣、宜、怡、易、殷、尹、印、应、尤、于、余、俞、虞、郁、喻、元、袁、苑、岳、云、昝、臧、曾、翟、詹、湛、章、彰、甄、郑、钟、种、朱、郑、诸、竹、祝、庄、卓、宗、邹、祖、左、佐。

第二章 人口变动

第一节 自然变动

1978年后，计划生育成为一项基本国策。随着计划生育工作开展，香河县人口得到有效控制，从高增长转为较平稳增长。1979—1991年，人口自然增长率控制在7‰～12.4‰之间。1992—2008年，计划生育工作逐步深入人心，社会保障和福利事业发展日趋完善，人口自然增长得到有效控制，由平稳增长转为趋缓增长，人口自然增长率控制在0.68‰～4.9‰之间。

第二节 机械变动

一 迁入

1979—2008年，香河县迁入人口共128508人，年均迁入4284人。1987年、1988年、1989年、1990年迁入人口数量均超过5000人，其中，1990年数量最多，达13663人，其余年份均维持在2440～4970人之间。

人口迁入的原因，主要是婚姻、接受安置大中专毕业生、复原转业军人及务工经商等。2007年，香河县出台了《服务经济发展十八条措施》，研究制定了《香河县户籍制度改革实施细则》，放宽了户口迁移政策，吸引高素质人才，吸纳外来资金推进城市化进程。2008 年，为在香河县内购置房产的外来购房户和为县域经济发展做出特殊贡献的78 名外来各类人才办理了户口登记，实现了农村人口城市化，外来人口本地化。

二 迁出

1979—2008 年，香河县迁出人口共 110146 人，年均迁出 3672 人，30 年间迁入比迁出人口多 18362 人。1979 年、1989 年，迁出人口数量均超过 5000 人。其中，1979 年最多，为 5341 人，其余年份在2570～4920 人之间变动。

人口迁出的原因，主要是婚姻、升学和参军、外出务工经商等。

1979—2008 年香河县人口变动情况统计表

表 3-2-1

年度	自然变动			机械变动		
	出生人数（人）	死亡人数（人）	自然增长率（‰）	迁入人数（人）	迁出人数（人）	机械增长率（‰）
1979	3597	1550	8.28	3688	5341	-6.68
1980	3577	1844	6.98	3346	4165	-3.30
1981	4077	1765	9.25	4279	4917	-2.55
1982	4346	1785	10.09	4475	3250	4.83
1983	3853	1791	8.06	3670	3631	0.15
1984	4316	1708	10.07	4963	4588	1.45
1985	4500	1744	10.51	3444	3070	1.43
1986	4656	1644	11.33	4343	3669	2.54
1987	4547	1335	11.79	6521	3950	9.44
1988	5194	1788	12.29	5147	3850	4.68
1989	4694	1706	10.52	9039	5091	13.90
1990	4780	1842	9.92	13663	4494	30.97
1991	4195	1743	8.22	2725	2579	0.49
1992	3313	1842	4.89	4870	3651	4.05
1993	3099	2030	3.53	3009	3250	-0.79
1994	2446	2041	1.33	4698	4328	1.21
1995	2406	2109	0.97	3381	3281	0.33
1996	2547	2152	1.28	3869	3988	-0.39
1997	2370	2162	0.67	4020	4022	-0.01
1998	2370	1941	1.38	2774	2936	-0.52
1999	2248	1912	1.07	3057	3327	-0.86
2000	2329	1963	1.20	4129	3699	1.40
2001	2318	1831	1.59	3722	3665	0.19
2002	2352	1752	1.96	3201	3308	-0.35
2003	2309	1748	1.84	2630	3242	-2.00
2004	2267	1939	1.08	2441	3225	-2.57
2005	2815	1906	2.98	2646	2898	-0.83
2006	2871	1887	3.22	3474	3280	0.64
2007	2998	2062	3.06	3338	2763	1.88
2008	3137	2196	3.05	3946	2688	4.08

说明：1979—1985 年数据取自香河县《国民经济统计资料汇编》，1986—1990 年数据取自 2001 年版《香河县志》，1991—2008 年数据取自公安部门相关统计资料

第三节 人口流动

一 流出人口

改革开放后，大批剩余劳动力从土地上解放出来，从事第二、第三产业。他们之中有的在县内打工或经商；有的离开香河县，走向城市和发达地区打工或经商，成为流动人口大军的主流。随着社会发展流动人口数量不断上升。

香河县外出打工经商人员主要从事沙发制造与销售行业，全国各省市都有香河打沙发人的身影，他们最远到达海南岛、新疆、西藏、云南及黑龙江省漠河县等地。其次是从事建筑、餐饮服务、加工销售等行业，流向较为集中，主要集中在北京、天津、廊坊等城市。外出打工或经商人员中青壮年人较多，男性占绝大部分，年龄在 20～50 岁，文化程度大部分为小学和初中。他们大多常年在外，只在节假日回来与留守老人、孩子团聚。还有一小部分外出打工经商人员农闲在外打工，农忙时回家耕种，外出时间一般在 6～10 个月。2000 年后，随着农耕农收机械化程度的提高，农忙时返乡的人员逐渐减少。全家外出打工或经商人员较少。离家外出打工或经商人员主要集中在离城镇较远、交通不便、商业不发达、企业较少的乡镇。

外出务工增加了经济收入，成为农民家庭收入的主要部分。调查统计显示，一个农民外出打工年均收入是务农年均收入的 8 倍。一些有头脑的外出打工经商人员，多年外出打工或经商，学到了技术，汲取了经验，积累了资金，成为自己创业的重要资本。

二 流入人口

随着改革开放的深入和招商引资力度的增强，香河家具产业、房地产业等兴起并不断发展，餐饮服务业日益繁荣，外来打工经商者日增。

外来人口中，打工者占绝大部分，多为 20 至 50 岁的青壮年，文化程度在初中以下。主要分布于香河县城区、家具城及各乡镇工业园内。从事商贸、饮食服务、服装加工、娱乐、建筑、制造等行业。主要来自河南、四川、山东、湖北、安徽、黑龙江、吉林、辽宁等省及河北省承德、张家口等市。

外来人口中，也有一些经商、办企业者，主要从事家具制造与销售、建筑、服装、食品、眼镜等行业，主要集中在县城区、家具城或离县城较近、交通较便利的村街。主要来自广东、福建、浙江、江苏等省，也有一部分来自北京、天津、山东、四川、山西、辽宁、吉林、黑龙江等地。

流动人口的增加，对发展香河经济、服务群众生活起到一定作用。但外来人口良莠不齐，给社会治安和计划生育带来新问题。

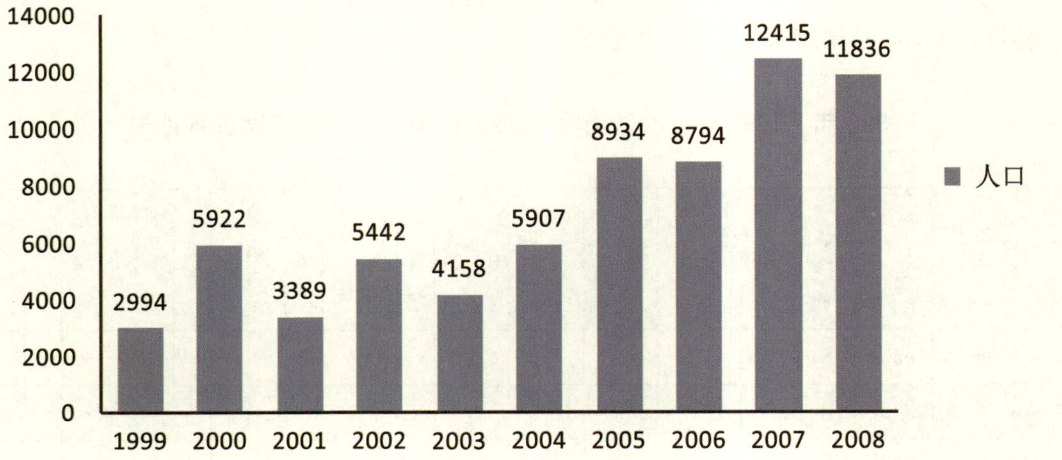

图 3-2-1 1999—2008 年香河县暂住证办理情况示意图

第三章　人口构成

第一节　民族构成

1982年第三次人口普查，总人口为250487人，其中汉族248255人，占人口总数的99.1%；回族1950人，满族272人，朝鲜族1人。在1964年原有汉族、回族、满族、朝鲜族4个民族的基础上，又增加了蒙古族3人、壮族4人、苗族2人。

1990年，第四次人口普查结果：总人口为293143人，其中汉族289674人，占人口总数的98.8%；回族2360人，满族956人，蒙古族87人，土家族23人，壮族21人，朝鲜族8人，藏族6人，布依族5人，苗族1人，侗族1人，未识别民族者1人。县内民族个数由1982年的7个增加到11个。增加民族及人口：土家族23人，藏族6人，布依族5人，侗族1人，未识别民族者1人。

2000年，第五次人口普查结果：总人口为308874人，其中汉族303588人，占人口总数的98.3%；回族2730人，满族1959人，蒙古族349人，土家族64人，壮族41人，朝鲜族52人，藏族18人，布依族10人，苗族17人，侗族6人，维吾尔族7人，彝族11人，白族2人，哈尼族4人，黎族1人，佤族3人，畲族3人，土族2人，达斡尔族1人，仡佬族1人，锡伯族1人，鄂温克族2人，赫哲族1人，基诺族1人。县内民族个数由1990年的11个增加到25个。增加民族及人口：维吾尔族7人，彝族11人，白族2人，哈尼族4人，黎族1人，佤族3人，畲族3人，土族2人，达斡尔族1人，仡佬族1人，锡伯族1人，鄂温克族2人，赫哲族1人，基诺族1人。

截至2004年底，香河县除汉族外，共有回族、满族、蒙古族等18个少数民族，人口总数为4735人，占总人口的1.53%。其中，回族2798人，满族1491人，蒙古族268人，土家族44人，朝鲜族34人，壮族21人，藏族12人，布依族10人，苗族17人，侗族6人，维吾尔族7人，彝族11人，哈尼族4人，佤族3人，畲族3人，以及土族、白族、鄂温克族各为2人。

2008年底，全县境内有少数民族7个，少数民族人口达到5847人。其中回族2850人，满族2400人，蒙古族441人，土家族66人，朝鲜族39人，壮族31人，苗族20人。

在聚居分布上，汉族人口分布全县各地。尽管少数民族人口数量较少，但分居于县内各地。回族人口主要集中在淑阳、安平、五百户、刘宋等镇27个自然村，满族人口不多，但分布较广。相对集中的少数民族居民村落有回族居民村香椿营、董家湾、安平一街和满族居民村六百户、凌家吴村等。

1982年、1990年、2000年香河县人口普查各族人口状况统计表

表3-2-2

民族/年份	汉		回		满	蒙古	土家	壮	朝鲜	藏	布依	苗	侗	维吾尔	彝	哈尼	佤	畲	土	白	鄂温克	黎	达斡尔	仡佬	锡伯	赫哲	基诺	未识别
	人	占总人口%	人	占总人口%																								
1982	248255	99.1	1950	0.8	272	3	—	4	1	—	—	2	—	—	—	—	—	—	—	—	—	—	—	—	—	—	—	—
1990	289674	98.8	2360	0.8	956	87	23	21	8	6	5	1	1	—	—	—	—	—	—	—	—	—	—	—	—	—	—	1
2000	303588	98.3	2730	0.9	1959	349	64	41	52	18	10	17	6	7	11	4	3	3	2	2	2	1	1	1	1	1	1	—

第二节 性别构成

香河县历史上受“男尊女卑”“养儿防老”等思想影响，男性人口超过女性。1979—2008 年，随着人民生活水平和人口素质的提高，男、女人口比例日趋合理。据 2008 年底统计，全县男性 154401 人，女性 153975 人，性别比例基本平衡。

1979—2008 年香河县人口性别比例统计表

表 3-2-3　　单位：人

年份	总人口	男	女	性别比女=100	年份	总人口	男	女	性别比女=100
1979	247296	124819	122477	101.91	1994	304928	152983	151945	100.68
1980	248210	125312	122898	101.96	1995	306209	153656	152553	100.72
1981	250019	125938	124081	101.50	1996	307633	154490	153143	100.88
1982	253805	128372	125433	102.34	1997	309802	155352	154450	100.58
1983	255906	129902	126004	103.09	1998	311828	156256	155572	100.44
1984	259009	131553	127456	103.21	1999	313684	156731	156953	99.86
1985	262139	133023	129116	103.02	2000	306216	153004	153212	99.86
1986	265825	134877	130948	103.00	2001	306585	153204	153381	99.88
1987	272358	137057	135301	101.30	2002	306832	153449	153383	100.04
1988	277061	139220	137841	101.00	2003	305662	152817	152845	99.98
1989	283997	142340	141657	100.48	2004	305050	152517	152533	99.99
1990	296104	148393	147711	100.46	2005	305222	152713	152509	100.13
1991	298397	149377	149020	100.23	2006	305247	152875	152372	100.33
1992	301092	150887	150205	100.45	2007	306198	153321	152877	100.29
1993	303170	151899	151271	100.42	2008	308376	154401	153975	100.28

说明：总人口数为年末数字；1979—1985 年、1990 年数据均根据香河县《国民经济统计资料汇编》统计，1986 年、1988 年、1989 年男、女数据统计取自 2001 年版《香河县志》，1987 年数据根据廊坊地区《国民经济统计资料汇编 1987 年》统计，1991—1995 年数据均取自统计部门资料《香河县军事志人口篇》，1996—2008 年数据摘自 1997—2009 年《廊坊经济统计年鉴》

第三节 年龄构成

1982 年第三次人口普查，全县总人口 250487 人。0～14 岁的人口 66241 人，占总人口的 26.44%；15～59 岁人口 155580 人，占总人口的 62.11%；60 岁及以上老年人口 28666 人，占总人口的 11.44%（其中 65 岁及以上老年人口 20055 人，占总人口的 8.01%），境内人口年龄构成过快进入“老年型”。

1990 年第四次人口普查，全县总人口 293143 人。0～14 岁的人口 83814 人，占总人口的 28.59%；15～59 岁人口 177463 人，占总人口的 60.54%；60 岁及以上老年人口 31866 人，占总人口的 10.87%（其中 65 岁及以上老年人口 22255 人，占总人口的 7.59%）。

2000 年第五次人口普查，全县总人口 308874 人。0～14 岁的人口 71617 人，占总人口的 23.19%；15～59 岁人口 199443 人，占总人口的 64.57%；60 岁及以上老年人口 37814 人，占总人口的 12.24%（其中 65 岁及以上老年人口 26530 人，占总人口的 8.59%）。

2000年香河县人口普查年龄构成情况统计表

表 3-2-4　　　　　　　　　　　　　　　　　单位：人

年龄	人口数			年龄	人口数			年龄	人口数		
	合计	男	女		合计	男	女		合计	男	女
总计	308874	154698	154176	33	5432	2652	2780	67	2066	994	1072
不满1岁	2559	1325	1234	34	6472	3138	3334	68	1868	869	999
1	2879	1553	1326	35	6758	3238	3520	69	1760	813	947
2	2857	1474	1383	36	7250	3457	3793	70	1751	812	939
3	3270	1714	1556	37	8282	3985	4297	71	1596	746	850
4	3346	1696	1650	38	6087	2956	3131	72	1795	845	950
5	2830	1450	1380	39	3031	1486	1545	73	1369	646	723
6	2696	1397	1299	40	3299	1608	1691	74	1054	436	618
7	2876	1465	1411	41	3248	1665	1583	75	1122	474	648
8	3344	1714	1630	42	5148	2667	2481	76	1021	441	580
9	4420	2254	2166	43	5331	2728	2603	77	957	430	527
10	6482	3373	3109	44	5119	2687	2432	78	1040	463	577
11	7582	3909	3673	45	5620	2911	2709	79	817	358	459
12	8653	4256	4397	46	5376	2792	2584	80	608	265	343
13	9457	4774	4683	47	5157	2686	2569	81	614	235	379
14	8366	4177	4189	48	5338	2769	2569	82	605	225	380
15	6378	3209	3169	49	4333	2208	2125	83	515	195	320
16	5706	2887	2819	50	3849	1970	1879	84	394	141	253
17	4348	2244	2104	51	4188	2188	2000	85	291	109	182
18	4898	2506	2392	52	2976	1506	1470	86	304	117	187
19	3917	1987	1930	53	3088	1645	1443	87	231	68	163
20	3215	1586	1629	54	2832	1489	1343	88	202	67	135
21	3847	1913	1934	55	2644	1369	1275	89	135	40	95
22	3716	1845	1871	56	2459	1242	1217	90	92	25	67
23	2978	1529	1449	57	2346	1203	1143	91	67	21	46
24	3165	1612	1553	58	2447	1279	1168	92	68	18	50
25	2867	1446	1421	59	2289	1199	1090	93	39	10	29
26	3258	1599	1659	60	2178	1186	992	94	26	6	20
27	3811	1876	1935	61	2261	1237	1024	95	8	1	7
28	4628	2280	2348	62	2519	1395	1124	96	7	2	5
29	5089	2453	2636	63	2215	1112	1103	97	8	1	7
30	5525	2797	2728	64	2111	1118	993	98	8	3	5
31	5395	2631	2764	65	2087	1030	1057	99	2		2
32	6303	3108	3195	66	2002	982	1020	100岁及以上	1		1

附

香河县进入老龄化社会调查报告

60周岁及以上老年人占人口总数百分比达到或突破10%，是进入老龄化社会的标志。据香河县1982年第三次人口普查资料表明，全县60周岁及以上人口为28666人，约占总人口（250487人）的11.44%，可见，香河县自1982年已进入老龄化社会。

据第四次人口普查资料表明，1990年总人口为293143人，其中60周岁及以上人口31866人，约占总人口的10.87%。据第五次人口普查资料统计，2000年总人口为308874人，其中60周岁及以上人口37814人，约占总人口的12.24%。根据香河县公安局统计资料统计，2003年总人口为305662人，其中60岁以上人口40169人，约占总人口的13.14%；2005年总人口为305222人，其中60岁以上人口39771人，约占总人口的13.03%；2008年，香河县总人口308376人，其中60岁以上41379人，约占总人口的13.42%。根据香河县民政局资料统计，2008年，香河县空巢老人2435人，三无老人（指城镇居民中无劳动能力，无生活来源、无赡养人和抚养人，或者其赡养人和抚养人确无赡养或抚养能力的60周岁及以上老年人。）536人，低保老人894人，百岁老人8人，五保老人入院率85.9%，敬老院入院老人410人，其中，渠口敬老院145人，刘宋敬老院127人，淑阳敬老院138人，县光荣院36人。

以上数据均表明，自1990至2008年，香河县老年人口在总人口中所占比例在不断增长，人口老龄化程度越来越高。

老龄化社会的影响是多方面的：

一　人口数量和结构的变化使农村家庭养老功能受到冲击和削弱。改革开放以来，大量农村青壮年劳动力向城镇流动，这种不断加快的城市化进程将导致未来农村老年人人口比例大幅上升。农村由于计划生育的实施，“四二一”型家庭（四个老人，一对夫妻、一个孩子）结构在逐年上升，子女对老年人经济支持的能力逐渐减弱，家庭养老功能日趋弱化，国家又不具备很快将农村老年人纳入到社会养老保险制度的条件，随着市场经济体制的逐步形成，农村集体经济薄弱，也不可能为老年人提供更多的福利保障。

二　养老方式正在由以家庭养老为主导向家庭与社会共同养老的方式过渡。真正的“三无”对象和收入较高的老年人数量较少，而依靠家庭和退休金的中低收入的老年人数量庞大，家庭养老方式仍占主导地位，但对农村贫困家庭和城镇工薪阶层家庭来说已不堪重负。现有的以保障“三无”对象基本生活权益为主要任务的敬老院及光荣院，收养的老人只占全部老年人总数的1%。以政府支持、社会各方参与的社会养老方式势在必行。

三　日益膨胀的高龄人口对社区医疗和社区服务产生了巨大压力。随着人口老化的发展，特别是高龄人口增多后，生活不能自理或自理困难的老人也会增多，家庭小型化使家庭的料理功能弱化，高龄老人对社区的依附性越来越强，需要具有家庭环境的养老机构，需要托老服务，上门服务以及不同层次的专业服务，但香河县现有的敬老院、光荣院等集中养老设施远远不能满足需求，从而使老年社会福利事业的发展与老龄人口日益膨胀的需求矛盾日益突出。

截至2008年底，香河县有老年活动站9个，老年活动中心10个，老年活动教室251个，老年人参与人数10200人。老年大学1个，在校人数267人。

针对社会老龄化的种种问题，应采取以下三种对策：

一　以经济建设为中心，大力发展生产力，这是解决养老问题的基础。只有经济发展了，才能不断增加对社会福利事业的资金投入和政策扶持，才能为老年人提供更充足的养老基金，才能腾出更多的人力去发展第三产业，发展各种形式的养老机构和老年服务业。

二　以居家养老为主导，辅之以社区养老。截至2008年底，老年人的经济来源水平较低、不稳定，老年人社会福利事业又相对滞后于社会经济的发展水平，这就决定了养老福利保障要立足于以居家养老为主，居家养老是符合中国国情的养老方式，它有利于最大限度地保持和延长老年人的自立能力，发挥老年人自身作用，政府应制定优惠政策，以市场为导向，大力发展社区养老设施，满足不同层次老年人需求。

三　建立一个由多种层次、多种性质、多种类型服务网络组成的社会化老年社会服务体系。即以非营利性的公益服务为主体，以商业性的营利服务和纯福利性的服务为补充，对需要帮助的老年人提供分层次的养老服务。既兴办老年公寓、小型福利院、敬老院、托老所等福利服务设施，成立家政服务组织，上门为老人提供洗衣、洗澡、做饭、做家务等其他特殊服务。由于现阶段老年人以家庭养老为主，老年福利事业不仅要帮助家庭无力照顾的老人，更重要的是弥补家庭服务功能的弱点和不足，以维护家庭养老，主要任务是在争取政府支持扩大和兴建公办养老机构的同时，立足社区，鼓励社会力量投资建立一批层次不同、形式多样的福利设施和服务项目，为老人提供及时、全面的服务。

香河县老龄工作委员会办公室
2008年12月

香河县老年人优待办法

为弘扬中华民族尊老敬老传统美德，体现党和政府及社会对老年人的关怀，让老年人共享社会发展成果，根据《中华人民共和国老年人权益保障法》《河北省老年人优待办法》等法律法规，结合香河县实际，特对本县境内常住户口的老年人（60周岁以上的公民，以居民身份证为准）制作如下优待办法：

一、县长途汽车客运站候车室内应设老年人专座。938公共汽车和小公共汽车内张贴关心、照顾老年人的标志，老年人可以优先购买车票，优先检票进站、上车。

二、全县各医疗机构应为老年人提供优质医疗服务，医院各科室设优先照顾老人标志，医院门诊大厅、走廊内设老年人休息专座，老年人可以优先就诊、化验、检查、交费、取药，需要住院治疗的，优先安排床位。有条件的医院和社区卫生服务机构应当设置老年人家庭病床。

县医院、县中医院及各乡镇卫生院等政府举办的非营利性医院（门诊）对65岁以上老年人就医，普通门诊挂号费实行半价优惠。

三、老年人进入公园（不含带有景点性质的植物园、动物园、自然公园等）免购大门票；进入风景名胜区、国有各旅游景（点）、博物馆、文物馆、文化宫、俱乐部、图书馆、美术展览馆、纪念馆、陵园以及其他宣传教育馆所，一律购半价大门票，70岁以上老年人可免费进入上述场所。

四、各体育场（馆）举办体育比赛、表演，老年人观看门票实行半价（不含国际比赛）。老年人在体育场参加健身活动，免缴场地费。

五、老年人免费使用收费公共厕所。

六、农村老年人不承担筹劳义务，农村70岁以上老年人不承担兴办公益事业筹资义务。

七、老年人因其合法权益受到侵害而提起诉讼的案件，各级法院应当依法优先受理、审理、执行。老年人缴纳诉讼费确有困难的，依法可以缓交、减交或免缴诉讼费。

法律援助机构、律师事务所和其他法律咨询服务机构，应当为符合援助条件的老年人免费提供有关维护其合法权益的法律咨询。老年人因其合法权益受到侵害，需要律师帮助的，应优先给予法律帮助，对符合条件确实无力支付律师费用的，依照有关规定免收法律服务费。

八、对百岁以上老年人，每人每月由民政部门发给不低于100元的保健补贴，所需资金由所在县财政支付。

九、为老年人提供服务的各有关单位、场所，应挂牌明示或设老年人服务窗口，文明服务。任何单位和组织不得另附规定。

十、县老龄工作机构要会同有关部门加强监督检查，对不履行优待老年人义务的，由当地政府责令其改正，并进行批评教育，造成严重后果的，追究有关人员的责任。

十一、老年人凭《河北省老年优待证》享受本优待规定。优待证由省老龄工作委员会办公室统一印制和管理，县老龄工作机构负责发放。

十二、本规定自2006年3月1日起执行，凡与本办法不一致的其他规定，以本办法为准。具体问题由县老龄工作委员会办公室负责解释。

2006年3月1日

2008年香河县百岁老人发放保健补贴一览表

表 3-2-5

姓 名	性 别	出生年月	家庭住址	发放期限	发放金额
喻 成	男	1905.11.19	安头屯镇小青庄务	2008.1—2008.12	1200
翟 均	男	1906.9.4	安头屯镇小青庄务	2008.1—2008.12	1200
马曹氏	女	1907.9.4	刘宋镇辛立屯村	2008.1—2008.12	1200
刘桂兰	女	1907.10.10	淑阳镇黄院	2008.1—2008.12	1200
何淑荣	女	1907.11.29	钱旺乡小六王庄	2008.1—2008.12	1200
于庆敏	女	1908.7.2	渠口镇三岔口	2008.7—2008.12	600
胡庆金	女	1908.9.16	钳屯乡前延寺	2008.9—2008.12	400
于高氏	女	1908.10.11	刘宋镇王家务	2008.10—2008.12	300
合 计	8人 8200元				

2008年底香河县90周岁及以上长寿老人名录

表 3-2-6

所属乡镇（街道办）	姓名	性别	民族	出生年月	政治面貌	户口所在地	身体状况
淑阳镇	张荞山	男	汉	1918.7.15	群众	后套村	好
	孟广蓝	女	汉	1917.11.27	群众	孟庄村	好
	苏文仲	男	汉	1918.10	群众	许台村	一般
	勾云芳	女	汉	1915.7	群众	许台村	一般
	魏金兰	女	汉	1915.8.6	群众	刘庄村	一般
	王连顺	男	汉	1915.10.18	群众	王庄子村	好
	李士荣	女	汉	1918.2.2	群众	前彭务村	好
	赵桂芝	女	汉	1918.2.12	群众	计庄子村	好
	刘桂兰	女	汉	1907.10.10	群众	黄院村	—
	石光珍	女	汉	1915.8.17	群众	黄院村	一般
	李万珍	女	汉	1911.3.8	群众	黄院村	一般
	董玉文	女	汉	1918	群众	大王庄	好
	侯朋如	男	汉	1915.6.2	群众	小罗屯	一般
	宋车氏	女	汉	1918	群众	宋止务	一般
	赵长姨	女	汉	1915.10.22	群众	孙止务	一般
	董 敏	女	汉	1902.4.24	群众	孙止务	一般
安平镇	胡玉珍	女	汉	1915.7	群众	太平庄村	良好
	成文德	男	汉	1914.2	群众	成辛庄村	—
	杨淑珍	女	汉	1917.5	群众	成辛庄村	良好
	张 才	女	汉	1914.2	群众	成辛庄村	健康
	李玉兰	女	汉	1917.9	群众	谭庄村	健康
	马岩亭	男	汉	1914.8	群众	谭庄村	健康
	李仕英	女	汉	1915.3	群众	贾庄村	良好

续表 3-2-6

所属乡镇（街道办）	姓名	性别	民族	出生年月	政治面貌	户口所在地	身体状况
五百户镇	李秀芬	女	汉	1917.5	群众	骡子王	健康
	高太明	男	汉	1916.3	党员	五百户镇未岗区	—
	勾万合	男	汉	1909.7	群众	骡子王	—
	赵淑芹	女	汉	1918.5	群众	蔡庄	健康
	刘　臣	女	汉	1913.2	群众	夏辛庄	不健康
	江淑英	女	汉	1918.3	群众	仉村	健康
	张德珍	女	汉	1917.9	群众	仉村	健康
	王德海	男	汉	1918.1	党员	后马坊	健康
	刘玉芳	女	汉	1917.6	群众	后马坊	—
	马杨氏	女	汉	1918.6	群众	马各庄	—
	吴凌氏	女	满	1918.2	群众	马各庄	一般
	屠淑珍	女	汉	1907.1	群众	八百户	—
	梁　柱	男	汉	1915.2	群众	西七百户	健康
	杨素珍	女	汉	1917.1	群众	香城	健康
	赵洪芬	女	汉	1914.12	群众	田各庄	—
	姜　芳	男	汉	1913.11	群众	田各庄	健康
	郭玉荣	女	汉	1915.8	群众	石辛庄	健康
	张玉元	男	汉	1918.1	群众	周庄	健康
	何秀芝	女	汉	1909.4	群众	霍刘赵	不能自理
	李秀珍	女	汉	1917.9	群众	霍刘赵	不能自理
	金玉兰	女	汉	1912	群众	霍刘赵	—
	沙贵荣	女	汉	1918	群众	霍刘赵	—
	韩荣俊	女	汉	1914.4	群众	仓上	健康
	李秀珍	女	汉	1917.9	群众	霍刘赵	卧床
	王福荣	女	汉	1914.2	群众	于辛庄	
	张宝胡	男	汉	1917.5	群众	李庄	健康
	申董氏	女	汉	1918.7	群众	李庄	健康
	凌和江	女	汉	1918.1	群众	李庄	—
	李　兰	女	汉	1911.2	群众	李庄	—
	项　文	男	汉	1916.11	群众	前楼	—
	杨洁珍	女	汉	1916.6	群众	前楼	健康
	王广录	男	回	1917.5	群众	香椿营	健康
	尤永芝	女	回	1911.12	群众	香椿营	健康
刘宋镇	于高氏	女	汉	1908.10.11	群众	王家务	—
	马曹氏	女	汉	1907.9.4	群众	辛立屯	—
	杨秀兰	女	汉	1914.2.28	群众	刘宋村	良好
	张友民	女	汉	1918.9.7	群众	刘宋村	良好

续表 3-2-6

所属乡镇（街道办）	姓名	性别	民族	出生年月	政治面貌	户口所在地	身体状况
刘宋镇	张邳氏	女	汉	1911.3.12	群众	刘宋村	—
	李廷兰	女	汉	1915.3.1	群众	刘宋村	—
	李连云	女	汉	1916.4	群众	小刘庄村	—
	周栋民	男	汉	1916.6	群众	小刘庄村	—
	黄俊美	女	汉	1916.11	群众	中营村	良好
	孙有用	男	汉	1918.10	群众	中营村	良好
安头屯镇	翟　均	男	汉	1906.9.4	群众	小青庄务	—
	刘淑荣	女	汉	1918.3	群众	韩营庄	一般
	董桂香	女	汉	1918.5	群众	杨营庄	一般
	王哲元	男	汉	1917.11	群众	顾家屯	一般
	张凤英	女	汉	1913.4	群众	顾家屯	一般
	田荣岩	女	汉	1913.4	群众	后独立	一般
	王永芹	女	汉	1911.12	群众	东太平庄	一般
	喻黄氏	女	汉	1917.6	群众	安一	一般
	刘秀云	女	汉	1917.4	群众	孙营庄	一般
	李郭氏	女	汉	1917.10	群众	孙营庄	一般
	鲁勾氏	女	汉	1912.4	群众	孙营庄	一般
	殷广庆	男	汉	1916.12	群众	孙营庄	一般
	李文兰	女		1918.7	群众	孙营庄	一般
	张晋氏	女	汉	1915.3	群众	东口头	一般
	孙宋氏	女	汉	1911.5	群众	东口头	一般
	王仕荣	女	汉	1915.3	群众	大青庄务	一般
	张永合	男	汉	1915.2	群众	小青庄务	一般
	张家华	女	汉	1916.6	群众	商汪甸	一般
	汪振婷	女	汉	1918.7	群众	赵营庄	一般
	路宝仁	男	汉	1915.4	群众	安三	一般
	邳书英	女	汉	1917.9	群众	赵营庄	一般
渠口镇	于庆敏	女	汉	1908.7.2	群众	三岔口村	—
	薛奎英	女	汉	1917.12.9	群众	大七里庄	一般
	赵计银	女	汉	1918.10.16	群众	戴家阁	一般
	韩淑珍	女	汉	1918.11.30	群众	东梨元	一般
	王金氏	女	汉	1909.6.15	群众	金庄	一般
	金玉书	女	汉	1917.12.18	群众	金庄	一般
	薛宝善	男	汉	1915.11.3	群众	荣各庄	—
	张福林	男	汉	1915.1.16	群众	荣各庄	一般
	马桂芳	女	汉	1918.5.20	群众	石虎辛庄	一般
	陈书英	女	汉	1918.3.8	群众	石虎辛庄	一般

续表 3-2-6

所属乡镇（街道办）	姓名	性别	民族	出生年月	政治面貌	户口所在地	身体状况
渠口镇	李秀芳	女	汉	1916.12.5	群众	石虎辛庄	一般
	佟明栋	男	满	1918.11.20	群众	石虎辛庄	一般
	董子珍	男	汉	1914.5.26	群众	谭家务	一般
	李振营	男	汉	1914.6.25	群众	炭户	一般
	郭淑芹	女	汉	1914.2.6	群众	唐屯	一般
	陈　凤	女	汉	1918.11.15	群众	唐屯	一般
	杨淑英	女	汉	1914.4.28	群众	唐屯	—
	李淑媛	女	汉	1917.5.17	群众	王刘圈	一般
	刘福柱	男	汉	1918.5.18	群众	王刘圈	一般
	李胡氏	女	汉	1918.4.20	群众	西梨元	一般
	刘赵氏	女	汉	1916.12.8	群众	西梨元	一般
	黄王氏	女	汉	1918.4.26	群众	西魏各庄	一般
	许　成	男	汉	1913.12.10	群众	小圈	一般
	许宝树	男	汉	1918.11.4	群众	许庄	—
蒋辛屯镇	徐芝芳	女	汉	1917.12	群众	小马坊	良好
	李金山	男	汉	1915.12	群众	蒋辛屯镇直	良好
	潘　云	男	汉	1915.7	群众	蒋辛屯镇直	良好
	吴文周	男	汉	1918.7	群众	蒋辛屯镇直	良好
	陈树坚	男	汉	1917.6	群众	蒋辛屯镇直	良好
	魏有友	男	汉	1913.7	群众	蒋辛屯镇直	良好
	张秀兰	女	汉	1918.7	群众	北李庄	良好
	李永恒	男	汉	1918.7	党员	北李庄	良好
	冯玉清	女	汉	1917.2	群众	北五百户	良好
	胡国祥	男	汉	1915.6.28	群众	北六百户	良好
	薛艳玲	女	汉	1916.11	群众	头百户	良好
	杨仕芹	女	汉	1915.6	群众	王店子	良好
	史长荣	男	汉	1918.11	群众	梁务	良好
	刘玉兴	女	汉	1918.3	群众	梁务	良好
	郭书荣	女	汉	1916.7	群众	梁务	良好
	张张氏	女	汉	1917.9	群众	北吴村	良好
钱旺乡	陈书美	女	汉	1918.3.16	群众	袁官屯	健康
	靳文光	男	汉	1914.10.1	群众	大河各庄	健康
	崔文光	男	汉	1914.7.1	群众	钱旺村	健康
	杨金书	女	汉	1911.11.2	群众	钱旺村	健康
	张陈氏	女	汉	1911.11.1	群众	西大街村	健康
	刘玉珍	女	汉	1917.9.1	群众	西大街村	健康
	丁钱氏	女	汉	1911.1	群众	大高坨	健康

续表 3-2-6

所属乡镇（街道办）	姓名	性别	民族	出生年月	政治面貌	户口所在地	身体状况
钱旺乡	李福生	女	汉	1918.6	群众	大高坨	健康
	许淑英	女	汉	1917.8	群众	大高坨	健康
钳屯乡	赵金会	女	汉	1916.7.6	群众	二百户	良好
	王淑芹	女	汉	1914.2.22	群众	池屯	良好
	张德荣	女	汉	1918.7.20	群众	刘庄	良好
	刘振国	男	汉	1915.2.10	群众	叶屯	健康
	张宝华	女	汉	1917.4.5	群众	叶屯	良好
	高　吉	男	汉	1917.9.14	群众	窝头	良好
	果淑珍	女	汉	1916.6.24	群众	后湾	良好
	王廷相	男	汉	1916.4.4	群众	东延寺	良好
	冯玉兰	女	汉	1916.12.25	群众	东延寺	良好
	单立荣	女	汉	1917.9.24	群众	东延寺	良好
	于砚清	女	汉	1917.11.13	群众	赵屯	健康
	安玉林	男	汉	1913.4.17	群众	东延寺	良好
	李怀良	男	汉	1912.5.15	群众	红庙	良好
	石　山	男	汉	1917.11.7	群众	前延寺	良好
	刘少兰	女	汉	1910.3.11	群众	红庙	良好
	李凤兰	女	汉	1918.2.14	群众	前延寺	良好
	王桂荣	女	汉	1918.7.8	群众	起河屯	良好
	畅德明	男	汉	1917.11.3	群众	贾庄	良好
	王俊凤	女	汉	1916.11.30	群众	钳屯	良好
	高书珍	女	汉	1916.2.26	群众	钳屯	良好
	谢陈氏	女	汉	1914.1.24	群众	红庙	良好
	赵高氏	女	汉	1916.2.15	群众	钳屯	良好
	陈永兰	女	汉	1910.2.14	群众	雀林院	良好
	周桂荣	女	汉	1918.8.12	群众	红庙	良好
	刘丁氏	女	汉	1914.3.24	群众	钳屯	良好
	杨秀珍	女	汉	1912.12.15	群众	红庙	良好
	段金伶	女	汉	1913.6.18	群众	红庙	良好
	周淑珍	女	汉	1913.3.3	群众	张庄	良好
	毛　湘	男	汉	1917.4.3	群众	乡直	良好
	毛　浦	男	汉	1916.2.12	群众	乡直	良好
	范长友	男	汉	1917.3.5	群众	尚店	—
	张刘氏	女	汉	1917.11.5	群众	刘庄	—
	方　茂	男	汉	1918.6.25	群众	窝头	—
	陈　合	女	汉	1916.2.7	群众	池屯	—
	任　敏	女	汉	1918.1.9	群众	叶屯	—

续表 3-2-6

所属乡镇（街道办）	姓名	性别	民族	出生年月	政治面貌	户口所在地	身体状况
钳屯乡	董玉福	男	汉	1918.6.18	群众	叶屯	—
	张友才	男	汉	1918.5.4	群众	东延寺	—
	徐文兰	女	汉	1910.12.27	群众	后湾	—
	刘凤岐	女	汉	1915.10.4	群众	赵屯	—
	薛　旺	男	汉	1910.9.26	群众	西延寺	—
	单福珍	女	汉	1915.9.7	群众	后湾	—
	卢景香	女	汉	1912.12.22	群众	起河屯	—
	阚德山	男	汉	1917.12.14	群众	二百户	—
	高书兰	女	汉	1914.6.13	群众	起河屯	—
	乔玉芝	女	汉	1911.1.13	群众	起河屯	—
	李高氏	女	汉	1914.2.17	群众	前延寺	—
	胡庆金	女	汉	1908.9.16	群众	前延寺	—
	刘淑兰	女	汉	1914.7.14	群众	张庄	—
	成　林	男	汉	1916.7.17	群众	张庄	—
	陈德付	男	汉	1916.11.15	群众	张庄	—
	程志华	女	汉	1918.12.4	群众	张庄	—
	马桂伶	女	汉	1917.9.27	群众	赵屯	—
	石　同	男	汉	1918.11.15	群众	乡直	—
新开街道办	绳　会	女	汉	1918.11.15	群众	南台	健康
	董玉芬	女	汉	1917.6.21	群众	西南街	健康
新华街道办	胡文英	女	汉	1916.7	群众	西北街	健康
	杜长存	男	汉	1917.7	群众	西北街	健康
	孟文茹	女	汉	1918.7	群众	北岗子	健康
	李桂荣	男	汉	1913.3	群众	胡庄子	健康
	张　连	男	汉	1915.6	党员	胡庄子	健康
	甄　行	女	汉	1912.11	群众	白庙	健康
	任玉兰	女	汉	1918.6	群众	白庙	健康
	王　祥	男	汉	1914.8	群众	东北街	健康

附

长寿之星于庆敏

于庆敏：女，汉族，香河县渠口镇三岔口村人，生于1908年7月2日，经历了清末、中华民国和新中国三个风云交际的不平凡时代，伴随着新中国的崛起，老人的人生翻开了崭新的一页。岁月在老人的脸上留下了深深的痕迹，也记载了老人平凡亦伟大的一生。尽管已经102岁，老人依然思路清晰，每当她说“土地改革完成后，我们有了自己的土地，大家过集体生活，一起劳动，一起吃饭，那个时候虽然生活苦点累点，但是充实，身上总有使不完的劲”，老人眼里都会出现难以掩饰的光彩和激动。老人生育4个女儿，现在和女儿、女婿住在一起。让老母亲享受天伦之乐是女儿最大的心愿。女儿说：“家有一老，如有一宝。做儿女的一定要让妈妈心情愉快地安度晚年。妈妈现在年龄大了，心情不好时，我就哄着她，想法逗她开心，偶尔身体不舒服了，我就觉得比自己生病还难受，精心伺候，直到痊愈！”老人不挑食，不偏食，一日三餐很有规律，不多吃，也不少吃。老人坚持力所能及的事就要亲自来做，并笑称是做运动，就像城里人锻炼身体。老人平日和女儿整理房间，都要把床铺收拾的平平整整，一丝不苟。当别人问起老人的长寿秘诀时，她总说：“保持好心态，生活有规律，知足常乐就好。”2010年10月16日，老人荣获河北廊坊首届“福源老年公寓杯”长寿之星光荣称号，并在家人陪同下亲自参加了颁奖仪式。老人在活动盛宴上说：“我现在生活得好，很幸福，还给我颁发了长寿之星大奖，民政部门每月还有100元的生活补贴，孩子们都孝顺，有多少人能像我这样啊？满足了，满足了！共产党真好啊！”。

2010年10月

第四节 农业非农业构成

1979年，香河县总人口为247296人，其中，农业人口237216人，占总人口的95.92%；非农业人口10080人，占总人口的4.08%。随着农村青年参军、学生升学，大中专毕业生就业、军转人员安置、农转非等，农业人口所占比重逐年下降，非农业人口所占比重逐年上升。

1989年，香河县总人口为283997人，其中，农业人口263322人，占总人口的92.72%；非农业人口20675人，占总人口的7.28%。

1999年，香河县总人口为313684人，其中，农业人口280661人，占总人口的89.47%；非农业人口33023人，占总人口的10.53%。

2006年，全县人口中，农业人口与非农业人口的比重已为73.07%和26.93%，分别比1979年降低和提高了22.85个百分点。2008年，香河县总人口308376人，其中农业人口222601人，非农业人口85775人，农业人口与非农业人口的比重为72.18%和27.82%，分别比1979年降低和提高了23.74个百分点。

20世纪80年代初，农业户口与非农业户口居民差别很大。随着时代发展和改革深入，城镇非农业户口居民已失去了计划经济时期的诸多优越条件，与农业户口差别越来越小。90年代后，农村中越来越多的农民离开户口所在地到县城或城市定居或务工、经商等，给原有的户籍管理制度带来新问题。户口管理制度正逐步转为以属地（居住地）划分居民户口，以城镇户口和非城镇户口进行管理。

说明：2001年以后，由于户籍制度统计方法改革，取消农业户和非农业户两个指标。2003年以后，根据城镇化发展的需要，把淑阳镇和其他6个建制镇镇区人口纳入非农业人口统计。

第五节 文化构成

1982年，人口普查统计，全县250487人中，不识字、识字很少的有52810人，占总人口的21.08%；具有小学文化程度的96362人，占38.47%；初中52710人，占21.04%；高中17867人，占7.13%；受过高等教育的共533人，占0.21%，每千人拥有大专以上毕业生仅2.09人。

1990年，人口普查统计，全县293143人中，不识字、识字很少的有44457人，占总人口的15.16%；小学106823人，占36.44%；初中77093人，占26.29%；高中14751人，占5.03%；中专2619人，占0.89%；大专以上的1112人，占0.38%；千人拥有大专以上毕业生3.79人。

随着教育投入不断增加，全民文化素质有了较大提高。据2000年人口普查统计，全县308874人中，不识字、识字很少的有15173人，占总人口的4.91%，比“四普”时期下降了10.25的百分点；小学113766人，占36.8%，比“四普”时期提高了0.36个百分点；初中128803人，占41.7%，比“四普”时期提高了15.41个百分点；高中22122人，占7.16%，比“四普”时期提高了2.13个百分点；中专6810人，占2.2%，比“四普”时期提高了1.31个百分点；大专以上4459人，占1.44%，比“四普”时期提高了1.06个百分点。千人拥有大专以上毕业生14人。

第六节 职业构成

1980年，香河县就业人口127761人，占总人口51.47%。其中，农林牧渔113528人，占总人口45.74%；工业6591人，占总人口2.66%；建筑业1170人，交通邮电573人，商饮服务2147人，城市公用事业 15 人，科教文卫 2310 人，金融保险 199 人，机关团体 1228 人。

1990 年，香河县就业总人口 147165 人，占总人口 49.70%，在业总人口中，体力劳动者 138349 人，占在业人口的 94.02%；脑力劳动者 8816 人，占 5.99%。体力与脑力劳动者的比例为 15∶69∶1。在脑力劳动者中，各类专业技术人员共 4893 人，占在业人口的 3.34%。其中，农牧渔技术人员 717 人，占在业人口的 0.49%;国家工作人员 3058 人，占在业人口的 2.08%。

进入 21 世纪后，随着经济的飞速发展，劳动力有了充分的就业机会和空间。

2000 年，香河县就业人员 162057 人，占总人口的 52.92%。其中，第一产业从业人员 72439 人，占总从业人员的 44.70%；第二产业从业人员 44982 人，占总从业人员的 27.76%；第三产业从业人员 44636 人，占总从业人员的 27.54%。

2008 年，香河县就业人员 188708 人，占总人口的 61.19%。其中，第一产业从业人员 64928 人，占总从业人员的 34.41%；第二产业从业人员 72455 人，占总从业人员的 38.40%；第三产业从业人员 51325 人，占总从业人员的 27.20%。

第七节　人口普查

一　第三次人口普查

普查时间为 1982 年 7 月 1 日零时。

1981 年 11 月，香河县第三次人口普查开始。为满足市场经济发展的客观需要，对普查项目做了重大调整，从 1964 年的 9 项（姓名、年龄、性别、民族、与户主关系、文化程度、职业、阶级成分和出生年月）增到 19 项，即按人填报的项目 13 项（姓名、与户主关系、性别、年龄、民族、常住人口的户口登记状况、文化程度、行业、职业、不在业人口状况、婚姻状况、妇女生育子女数和现存子女数、1981 年育龄妇女生育状况），按户填报的项目 6 项（户的类别、本户住址、本户人数、本户 1981 年出生人数、死亡人数、在本地登记了户口外出 1 年以上人数）。阶级成分项目删掉。1982 年 11 月结束。

普查结果：1982 年 7 月 1 日零时，全县总户数 58131 户、总人口 250487 人。其中，男 125512 人，女 124975 人；常住户口 250059 人；汉族 248255 人，其他民族 2232 人；具有初中以上文化程度的 71110 人。

二　第四次人口普查

普查时间为 1990 年 7 月 1 日零时。

第四次人口普查，内容增至 21 项，增设 1985 年 7 月 1 日前常住地状况和迁来本地原因两项内容。1989 年 10 月，县建人口普查领导小组，主管副县长任组长，下设办公室，分宣传、统计、编码、秘书、后勤 5 个组，人员 46 人。各乡镇同时建立由乡（镇）长、秘书、公安特派员、民政员、统计员组成的人口普查办公室，专人负责宣传、普查登记、手工汇总等工作。行政村（街）设普查小组，由村主任、会计、治保和妇联主任、群众代表组成。全县乡、村两级人口普查干部和工作人员（含县直居委会）共 1500 人。

农村以行政村为单位划 300 个普查区，807 个普查小区；城镇以居民委员会为单位划 7 个普查区，7 个普查小区。对选调普查、编码人员分三批进行了培训，全县共培训 1070 人。同时建立以公安部门为主的户口整顿队伍，按照《中华人民共和国户口登记条例》，深入各村街，询问知情人，召开座谈会，逐户逐人登记核对，摸清全县户口底数，到 1991 年 5 月，普查工作结束。

普查结果：1990 年 7 月 1 日零时，全县总户数 71106 户，总人口 293143 人。其中，男 146311 人，女 146832 人。3～5 人的家庭 49784 户，三代以上家庭 18613 户。在总人口中，常住本地户口在本地的 290139 人，常住本地一年以上户口在外地的 880 人，常住本地不满一年以上的 93 人，常住本地户口待定的 2030 人。小学以上文化程度的 202398 人；6 岁以下学龄前儿童 46288 人，占总人口的 15.79%；6～15 岁的中、小学生 40492 人，占总人口的 13.81%。劳动力（男 16～60 岁、女 16～54 岁）168798 人，占总人口的 57.57%。61 岁以上的老人 29450 人，占总人口的 10.04%。

三　第五次人口普查

普查时间为 2000 年 11 月 1 日零时。

此次人口普查，分长表、短表两种，10%的户填长表，其余户填短表。短表户项目10个：户编码、户别、本户普查登记人数、本户户籍中外出不满半年人数、本户户籍人口中外出半年以上人数、暂住本乡镇（街道）离开户口所在地不满半年人数、本户1999年11月1日至2000年10月31日出生人数、本户1999年11月1日至2000年10月31日死亡人数、本户住房间数、本户住房建筑面积；短表人项目9个：姓名、性别、与户主关系、年龄、民族、户口登记状况、户口性质、是否识字、受教育程度。长表户项目23个：户编码、户别、本户普查登记人数、本户户籍中外出不满半年人数、本户户籍人口中外出半年以上人数、暂住本乡镇（街道）离开户口所在地不满半年人数、本户1999年11月1日至2000年10月31日出生人数、本户1999年11月1日至2000年10月31日死亡人数、本户住房间数、本户住房建筑面积、住房用途、本住房中是否有他合住房、住房建成时间、建筑层数、住宅外墙体材料、住房内有无厨房、主要炊事燃料、是否饮用自来水、住房内有无洗澡设施、住房内有无厕所、住房来源、构建住房费、月租房费用；长表人项目26个：姓名、与户主关系、性别、年龄、民族、户口登记状况、户口性质、出生地、何时来本乡镇（街道）居住、从何地来本乡镇（街道）居住、迁出地类型、迁出原因、五年前常住地、是否识字、受教育程度、学业完成情况、是否有工作、工作时间、行业、职业、未工作者状况、未工作者主要生活来源、婚姻状况、初婚年月、生育子女数、1999年11月1日至2000年10月31日的生育状况。

1999年7月，香河县成立第五次人口普查领导小组，设组长1人，副组长4人，由政府常务副县长任组长，下设办公室，有主任1人，副主任2人，领导小组及办公室成员共21人。2000年6月至9月，全县共抽调、培训普查工作人员近2000名。全县共设立301个普查区，1200多个普查小区。

根据国务院发布的《第五次全国人口普查办法》，香河县严格执行办法中所规定的原则和广泛动员全社会力量的办法，按照精心划分的普查区域，采取入户查询、当场填报等方式，于2000年11月1日零时（标准时间），在全县范围内进行逐户、逐人、逐项的普查登记工作。又经过事后质量抽查，圆满完成人口普查的现场登记工作和复查任务。普查的全部资料用电子计算机进行数据处理。

普查主要结果：

（一）总人口与人口增长

2000年11月1日零时，全县总户数82327户，总人口为308874人。

在总人口中，常住本地户口在本地的289767人，占总人口的93.81%；居住本地半年以上户口在外地的17328人，占总人口的5.61%；居住本地不满半年，但已离开常住户口登记地半年以上的1385人，占总人口的0.45%；居住本地常住户口待定的388人，占总人口的0.13%；原住本地普查时在国外工作或学习，暂无常住户口的6人。

同第四次人口普查1990年7月1日零时的293143人相比，14年零4个月共增加了15731人，增长5.37%，年平均增长率0.51%。

（二）人口出生、死亡情况

1999年11月1日至2000年10月31日，全县出生人口2586人，死亡人口2030人。

（三）家庭户人口

2000年11月1日零时，全县共有家庭户81505户，家庭户人口为302625人，占总人口的97 98%。平均每个家庭户的人口为3.71，比第四次人口普查的4.08人减少了0.37人。

（四）人口性别构成

全县总人口中，男性为154698人，女性为154176人。男性占总人口的50.08%，女性占总人口的49.92%，性别比（以女性人口为100，男性对女性的比例）为100.34。

（五）人口年龄构成

在全县308874人口中，0～4周岁人口14911人，占总人口的4.83%；5～14周岁56706人，占总人口的18.36%；15～64周岁210727人，占总人口的68.22%；65周岁以上26530人，占总人口的8.59%。

同1990年第四次人口普查相比，0～14周岁的人口比重由28.59%下降到23.19%，下降了5.4个百分点；65岁以上人口的比重由7.59%上升到8.59%，上升了1个百分点。

（六）民族构成

全县人口中,汉族人口为303588人,占全县总人口的98.29%;少数民族人口5286人,占全县总人口的1.71%。同第四次人口普查相比，汉族人口增加13914人,增长4.80%,各少数民族人口增加1817人，增长52.88%。

（七）各种受教育程度人口

在全县总人口中，接受大学（指大专以上）教育的4459人,占全县总人口的1.44%,接受高中(含中专）教育的28932人，占全县总人口的9.37%,接受初中教育的128803人，占全县总人口的,41.70%。

同1990年第四次人口普查相比，每万人拥有各种受教育程度人数有如下变化：

具有大专程度的由38人上升到144人；

具有高中程度的由593人上升到937人；

具有初中程度的由2630人上升到4170人。

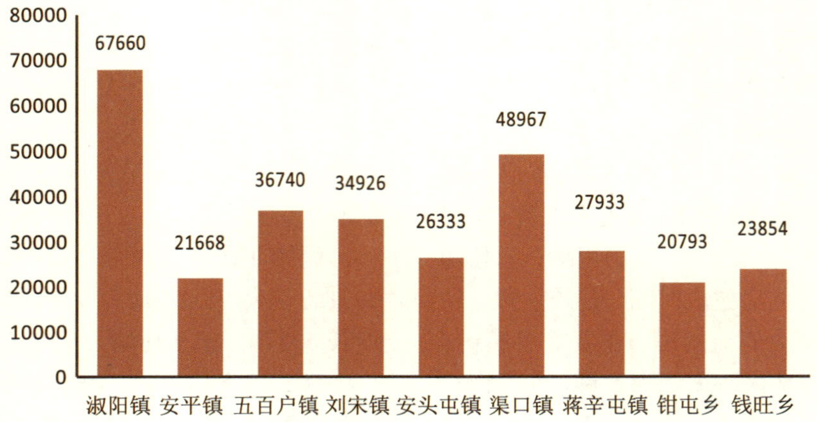

图3-3-1　第五次人口普查香河县各乡镇人口分布情况图表

附

第六次人口普查

第六次人口普查时间为2010年11月1日零时。

2009年11月，组建县人口普查领导小组，设组长1人,副组长4人,由政府常务副县长任组长,下设办公室，有主任1人，副主任4人，分普查、综合协调、宣传、户口整顿、数据处理5个组，领导小组及办公室成员共32人。2010年3月，各乡镇（街道办）及村（居）委会分别成立普查机构。全县共设立312个普查区，1994个普查小区，普查员、普查指导员共计2000多人。

根据国务院发布的《全国人口普查条例》，香河县严格执行条例中所规定的原则和广泛动员全社会力量的办法,按照第六次全国人口普查方案要求，划分普查区域，采取入户查询、当场填报等方式，于2010年11月1日零时（标准时间），在全县范围内进行逐户、逐人、逐项的普查登记工作。现场登记工作完成后，又经过复查，数据处理（普查的全部资料用电子计算机进行数据处理）后，于2011年4月，普查工作结束。

普查主要结果：2010年11月1日零时，全县总户数97866户,总人口为343372人(常住人口),其中男178957人,女164415人。共有家庭户95063户，家庭户人口为316643人，占总人口的92.22%。在总人口中，居住本地、户口在本地的275966人，居住本地、户口在外地、离开户口登记地半年以上的64596人，居住本地户口待定的2796人，原住本地普查时在国外工作或学习的14人。0～4周岁人口为17532人，5～14周岁的25408人，15～64周岁的268842人，65周岁以上的31590人。汉族人口为337677人，占总人口的98.34%。接受大学专科以上教育的17825人，接受高中教育的41376人，接受初中教育的175958人。

第四章 人口控制

第一节 宣传教育

一 政策引导

1980年9月25日，中共中央《关于控制我国人口增长问题致全体共产党员、共青团员的公开信》发表，香河县委、县政府号召全县党员、团员要在计划生育工作中起模范带头作用，提倡一对夫妇只生一个孩子。1981年1月1日，新《中华人民共和国婚姻法》颁布实施，香河县在大力提倡晚婚晚育、少生优生，一对夫妇只生育一个孩子的同时，采取有效措施，有力地控制了人口的出生。1984年，计划生育工作坚持贯彻“三为主”（宣传教育为主、避孕节育为主、经常性工作为主）工作方针。1987年，县计生委成立计划生育宣传指导站。1989年3月20日，《河北省计划生育条例》颁布施行。同年8月3日，省政府通过了《河北省计划生育条例实施细则》。从此，《河北省计划生育条例》成为主要宣传内容。农村育龄夫妻可有计划地安排生育第二个子女，但必须按规定落实安全可靠的节育措施，对于不符合条例规定生育的坚决采取外孕补救措施。全县各级党委、政府贯彻落实生育政策，分别成立由主要领导为组长的计生领导小组，将计生工作列入重要议事日程，党政一把手负总责，扩大专职计生队伍。县委、县政府把人口增长指标列入全县国民经济和社会发展规划，全县形成以宣传、服务和行政、经济管理促计划生育达标为主要内容的管理体系。计生部门积极为育龄妇女开展新婚期、孕产期、育儿期教育和服务。突击流动宣传被长期固定的宣传形式取代。在县城和乡村交通要道繁华地段刷写耐久性标语，各乡镇至少设置三幅铁质过路悬标，一个宣传橱窗，村级至少有一块黑板报。1995年始，不断加强计划生育宣传一条路、一条街的建设，书写永久性标语。宣传内容由生硬命令式变为规劝式或知识型，不断趋于规范，使人容易接受。2000年3月，中共中央、国务院作出《关于加强人口与计划生育工作稳定低生育水平的决定》。人口与计划生育工作转向稳定低生育水平、提高出生人口素质，开展优生优育、生殖健康及避孕节育优质服务。2001年12月，《中华人民共和国人口与计划生育法》颁布施行，计生工作有法可依。2003年10月1日，新的《河北省人口与计划生育条例》颁布实施，以人为本、依法行政、村民自治、利益导向成为新的工作方式，育龄妇女自主选择适合自身的节育措施，人口控制步入稳定低生育水平时期。2008年，开展以“倡导新风尚、培育新农民、争创新农家、建设新农村”为主题的“婚育文明村、婚育文明家庭”的双文明创建活动，全县共创建婚育文明村33个，其中典型示范村12个，创建文明幸福家庭3000户。同年10月，廊坊市“婚育文明村、婚育文明家庭”创建工作现场会在香河县召开。

1979—2008年，人民群众的生育观念发生了重大变化，多子多福、重男轻女生育观念已被少生优生、注重生育质量所逐步取代。1979年，总人口247296人，计划生育率为91.99%；出生3597人，人口出生率为14.6‰；增长人口2047人，人口自然增长率为8.3‰。2008年，总人口308376人，符合政策生育率为92.89%，出生3137人，人口出生率为10.02‰；增长人口941人，人口自然增长率为3.01‰。全县一孩率已达到50.24%。其间，1998年，香河县被人事部、国家计生委授予“全国计划生育系统先进集体”称号；2003年被评为“全省计划生育优质服务先进县”；2004年被国家人口计生委评为“全国人口计生系统作风建设先进单位”；2005年被中共中央宣传部、国家计生委评为“全国婚育新风进万家活动先进单位”；2008年被国家人口计生委评为“全国计划生育优质服务先进单位”。2005—2008连续四年被河北省人民政府评为“全省人口和计划生育工作先进县”。

二 关爱女孩

2006年后，“关爱女孩行动”成为宣传工作的一个主题，在淑阳镇成立了“关爱女孩爱心超市”，镇政府拿出2万元作为关爱女孩启动基金，并广泛吸纳企事业单位及个人捐赠，用于救助贫困计生家庭的女孩完成学业。同年 5 月，全县“关爱女孩”工作现场会在淑阳镇召开。

第二节　组织领导

一　领导责任制

1985 年始，香河县对各乡镇计划生育工作实行定任务、定指标、包经费的“二定一包”制度，利用经济杠杆，把责、权、利结合起来。1993 年始，全县实行人口目标责任制，每年年初，县与乡镇、乡镇与村街层层签订人口控制目标管理责任书。人口统计月报、半年报、年报由各级党政一把手审查把关、签字。同时，建立党政领导干部离职计划生育审计追踪奖惩制度，落实计划生育一票否决权。

二　宣传发动

1985—1988 年，主要是配合计划生育的突击活动进行宣传，通常是喊广播、贴标语，除“计划生育是基本国策”等政策性内容外，也有一些口号，如“一孩光荣，超生可耻”等。1989 年《河北省计划生育条例》颁布后，1990 年在钳屯、刘宋、金辛庄 3 个乡镇建立人口教育学校试点，县计生委建立标准较高的人口学校和人口宣传活动室。之后，其他乡镇和各村街都建起人口学校和活动室。各级学校有组织领导，有师资、有展牌、有教案、有教学计划和制度。县对乡镇、乡镇对村街、村街对育龄妇女逐级向下组织培训，学习人口与计划生育知识。另外，县计生局协同县电台、电视台、文体局定期举办计划生育专题节目，每年均组织相关文艺会演、知识竞赛等活动。在传统节日和人口纪念日，组织全县规模的计划生育宣传周、宣传月活动。1999 年始开展计划生育婚育新风进万家活动。将现行婚育知识和生育政策印制成明白纸和小册子，免费发放到育龄妇女手中。2005 年先后被评为“全省婚育新风进万家活动先进县”和“全国婚育新风进万家活动先进单位”。

第三节　计生管理

一　以突击型为主

1985—1988 年，以突击型为主，每年县委、县政府都要组织开展以动员做节育手术，落实补救措施，控制计划外怀孕为主题的集中活动。实行全党发动，全民动员，逐村查找问题，逐户核实情况。1988 年按照省委、省政府的统一部署，发动了全县“六清查”（1981 年以后的早婚早育、计划外怀孕、计划外生育、长效节育措施落实情况、超生子女费收缴、婚育问题上弄虚作假等不正之风）活动。此次活动时间服从质量，不许变通，不准减免，彻底澄清问题，全部处理到位。

二　突击与经常相结合

1989—1994 年以突击与经常相结合为主。1989 年 3 月 14 日《河北省计划生育条例》颁布后，全县在组织集中活动的同时，为解决各种遗留问题，加强了计生机构建设，扩大了专职计生队伍。在各乡镇配备了计划生育专职副书记，全县 17 个乡镇成立了有 5～7 名工作人员的计划生育办公室，由助理员、统计员、宣传员、四术员、政法员等人员组成。建立了孕检管理制度，使计划生育工作由孕后突击逐步转向孕前管理。自此全县计生工作步入了突击型与经常型相结合的管理轨道。

三　经常性、规范化管理

1994 年后，县、乡镇、村、组专职计生队伍已具一定规模，四级工作网络基本完善。孕检普查、按时落实节育措施已初步形成制度。1996 年实施“鱼水工程”，各乡镇在孕检普查时均采取 B 超和孕检液等先进器械，杜绝了以前手摸、内诊等落后现象，从而使计划外怀孕能及时发现。同时开展生殖健康检查。计生工作形成了时时有人管，层层有人抓的常抓不懈的规范化管理。“三结合”（计生工作与发展农村经济相结合，与帮助群众勤劳致富奔小康相结合，与建设文明幸福家庭相结合）是 20 世纪 90 年代后逐步形成的计划生育工作的新思路，1995 年 11 月，县委、县政府在钱旺村乡召开“三结合”经验交流会，表彰了 5 名先进集体和 5 名先进个人。自此，计划生育“三结合”在全县推行。“三结合”将利益导向机制引入计生管理，全县 20 个涉农部门和各乡镇、村街从提供优惠政策、制定相应措施和确定帮扶户、帮扶项目、帮扶资金等方面入手，使一批计生户迅速脱贫致富。1996

年全县确定了100个“三结合”示范村，1090个“三结合”示范户。2008年，全县“三结合”帮扶户已发展到7798户。

四 优质服务型管理

2000年始，县、乡两级通过实施避孕节育优质服务、出生缺陷干预和生殖道感染干预“三大工程”，围绕生育、节育、不育开展优质服务。同时完善了以县站为龙头、乡站为主体、村室为基础的技术服务网络，并依托网络，为育龄群众查体治病及开展生殖保健服务。2001年，国际计生联一行和全国人大常委会副委员长姜春云等领导先后到香河县考察计划生育工作；同年，香河县被省、市计生委确立为“计划生育优质服务综合示范县”；2003年12月，被省计生委授予“河北省计划生育优质服务先进县”。自2005年始每年3—8月，县乡两级组织实施“民心工程”，为农村已婚育龄妇女提供生殖健康免费服务，服务内容包括妇科查体、B超、化验、测血压、查心电图等，每年的服务人数均占全县农村已婚育龄妇女总数的81%以上，同时，对患病育龄群众进行医治，治愈率达95%以上。

第四节 流动人口计生管理

香河县地处京津之间，随着改革深入，商品经济发展，家具城、房地产业等兴起并不断发展，外来人口大量涌入，给计划生育管理带来新问题。1996年始，县计划生育局（简称县计生局）设流动人口管理科。1999年，将流动人口的计划生育管理纳入人口与计划生育责任考核之列。县委、县政府制定了与之配套的文件，并要求各级各部门要齐抓共管、综合治理，抓好流动人口计划生育管理。同时，落实计划生育“一证管多证”制度，要求公安、工商、劳动、计划生育等部门联合对流动人口实行综合管理，凡流动人口不接受计划生育部门管理和查验婚育证明的，公安部门一律不予办理暂住证，工商部门不予办理营业执照，劳动部门不予办理就业证。并集中开展流动人口大清理活动，兜清了底数。1999年，全县流动人口总数为2224人（其中，流入1719人，流出505人）。计划生育部门为流动人口全部建账立卡，同常住人口一样纳入经常性管理。

2005年，香河县开展创建流动人口计划生育居住地管理、居民化服务工程（简称“双居”工程）示范点活动。在流动人口及已婚育龄妇女聚集区域，通过创新工作机制，加强居住地管理，搞好居民化服务，维护流动人口合法权益，把流动人口与户籍人口同等对待。落实流动人口计划生育“五免费”规定，即宣传咨询免费、领取避孕药具免费、落实计划生育四项手术免费、查环查孕免费、办理婚育证明免费。2006年，全县流动人口共计11344人（其中，流入9180人，流出2164人）；2007年，流动人口共计12636人（其中，流入10332人，流出2304人）。2008年，全县共有流动人口16478人（其中，流入14136人，流出2342人）纳入人口和计划生育管理服务范畴。

第五节 计生服务

一 县计划生育技术服务站

1984年，县计划生育委员会设置技术服务站，有技术人员7名，有手术床、地灯、消毒锅和部分手术器械，主要负责县内引产、结扎手术、上取环等。1993年，一座建筑面积为1189平方米的技术服务楼落成，开设化验室、心电图室、X光室、计划生育专科门诊、妇产科、外科等科室，并设有病床和开展技术服务所需的全套设施，技术人员增至22人，承担全县全部结扎手术任务。2007年，将原香河县气管炎哮喘医院按国家计划生育优质服务先进县标准改造为计划生育技术服务站，使用面积3712平方米，更新配置多种医疗器械。是年8月正式投入使用，可以开展结扎、上取环手术及生殖健康服务。

二 乡镇（村街）计划生育技术服务站（室）

1985年，全县各乡镇均建起计划生育技术服务站，每乡镇有四术人员1人，有简单器械，可进行上环、孕检。1987年起，各乡镇选派人员进修培训，充实计生力量。按上级颁发的计划生育技术服务规范标准和要求，至1995年，全县各乡镇均达到用房3间以上，增购相应医疗器械设备。全县17个乡镇的“四术室”建设基本上达到省级小康县规范标准。此后，各乡镇每年都投入一定资金，用于改增建房屋，更新医疗器械，提高服务能力。业务由单纯孕检普查扩展到妇科疾病查治。淑阳镇率先设立生殖健康服务门诊。1999 年，村街服务室建设达到规范化。育龄妇女可以在村里进行安全规范的孕检普查及生殖健康检查。截至 2008 年，全县有 146 个村服务室达到优质服务型，90 个村服务室达到基本服务型。

第六节　依法管理

20 世纪 80 年代，计生工作主要依靠行政干预和行政处罚。1990 年始，为把执行《河北省计划生育条例》与实施《中华人民共和国行政诉讼法》有机结合，在全县对育龄夫妇推行“四证”（准生证、生育合同、四术登记证、罚款票证）管理，并多次对违纪超生的党员干部进行清查，对违纪者给予处罚。县乡两级严格执行国家规定的“七不准”（不准非法关押、殴打、侮辱违反计划生育规定的人员及家属；不准毁坏违反计划生育规定人员家庭的财产、庄稼、房屋；不准不经法定程序将违反计划生育规定人员的财物抵缴计划外生育费；不准滥设收费项目、乱罚款；不准因当事人违反计划生育规定而株连其亲友、邻居及其他群众，不准对揭发、举报的群众打击报复；不准以完成人口计划生育为由而不允许合法的生育；不准组织对未婚女青年进行孕检），严格履行执法程序和执法承诺制度。1998 年，全省计划生育依法行政、文明执法工作现场会在香河召开。1999 年始，香河县陆续制定《行政执法过错责任追究制度》《行政执法公示制度》和《行政执法监督检查制度》，并把计划生育“七不准”和各项收费全部公开。对工作中违反政策规定及有损党群干群关系的行为一律严查严处。并全面推行计划生育政务公开和村务公开，严禁收取各种计划生育抵押金和保证金，通过设立举报箱、举报电话、聘请义务监督员等形式，接受群众监督。

第七节　优生优育

一　优生四项检测

引起新生儿先天畸形的因素很多，其中感染因素就有弓形体、风疹病毒、巨细胞病毒、单纯疱疹病毒。妇女在怀孕早期感染上述任何一种病体，孕妇本人的症状极轻微或无明显症状和体征，这些感染因素却能通过胎盘感染胎儿，使胎儿或新生儿出现相同或相近的临床表现。2008 年按照国家省市要求，香河县积极开展出生缺陷一级预防服务。县乡两级利用开展健康普查的时机，摸清已婚待孕、现孕妇女的底数，并为她们建立系统完整的个人档案。同时，广泛深入地开展基线调查，对病残儿形成原因进行全面分析，制定有效的预防措施。并以县乡两级服务站为依托，向全县所有要求生育的育龄妇女广泛进行宣传，传授预防出生缺陷干预知识，推广服用营养素。是年，指导新婚育龄妇女做四项优生检测 2563 例，指导待孕、现孕育龄妇女服用营养素 2998 例。

二　优生宣传

1979 年 6 月，香河县提倡“一对夫妇只生一个孩子”并推行“少生、优生、优育”政策。进入 20 世纪 80 年代后，随着计划生育工作的加强，优生优育的宣传也同时展开。1990 年始，各乡镇利用人口学校，对已婚育龄妇女普及优生优育知识。1993 年起，县规定所有安排生育的夫妇在办理准生证时，必须到所属乡镇或计生委人口学校接受“三优”（优生、优育、优教）及婚育知识培训，为优生优育把好第一关。计划生育宣传部门和医疗部门采取多种形式大力进行优生优育宣传，为要求生育的夫妇提供优生优育知识咨询和指导，大力普及新法接生，提倡母乳喂养。

生一个健康、聪明的孩子，成为广大父母的共同心愿，优生优育知识逐步深入人心。新婚夫妇阅读优生、优育方面的书籍，做好孕前思想准备和自我保健的与日俱增，农村妇女生育改变了传统的土法接生和就地接生的习惯。截至 2008 年底，已孕妇女全部到医院进行孕期检查，由专业医务人员接生。

三　计生奖励

1979 年 6 月，香河县提倡“一对夫妇只生一个孩子”。当年，有 3000 多个家庭报名只生一个孩子。并规定独生子女家庭，从领证之日起到孩子 14 周岁止，由夫妻双方所在单位分别发给儿童保健费，干部职工每月 2.5 元，农村社员每人每年

30 元或等价工分、粮；如果愿意接受一次性奖励的，干部职工双方奖 300 元，农村社员奖给 300 个劳动日或相当于当年劳动力平均收入的 70%～100% 的现金。

1994 年 9 月，发放独生子女保健费由孩子 14 周岁延长至 18 周岁。对实行晚育的女职工（24 周岁生育第一个孩子的）在休正常产假的基础上，奖励加休 45 天产假。领取独生子女父母光荣证的，再加休 1 个月，最多不超过 5 个半月。产假期间，享受在岗待遇。

2003 年 10 月，根据新制定的《河北省人口与计划生育条例》之规定，独生子女奖励金额由每月 5 元增至 10 元。对符合政策规定可以生育第二个子女而自愿不再生育的夫妻，分别给予不低于一千元的一次性奖励。独生子女父母，是国家工作人员、企业事业单位职工的，退休时分别给予不低于三千元的一次性奖励。

2005 年始，按照上级有关要求，在已实施的计划生育奖励优惠政策基础上，香河县落实农村部分计划生育家庭奖励扶助制度。此项制度规定，农村独生子女和两个女孩的计划生育家庭，夫妇年满 60 周岁后，由中央、省、市、县财政安排专项资金给予每人每年 600 元奖励扶助金。当年，有 512 人符合奖励扶助条件，领取了奖励扶助金。2008 年，享受奖励扶助人员增至 960 人。

2008 年，香河县开始实行计划生育家庭特别扶助制度。对城镇和农村独生子女死亡或伤残、病残后未再生育或收养子女的夫妻，年满 49 周岁后，给予每人每月不低于 100 元或 80 元的扶助金。经过全县范围摸底、调查、登记，是年确认 47 人为特别扶助对象。

附

计划生育协会

1986 年 7 月，香河县计划生育协会（简称计生协）成立。协会设会长、副会长、秘书长。会长由主管计划生育的副县级领导兼任，副会长由县计划生育委员会（简称计生委）1 名副主任兼任。秘书长、办事员各 1 名。1992 年，县计生协与计生委机构分设。2002 年，机构改革，会长仍由主管计划生育工作的副县级领导兼任，常务副会长、副会长、秘书长各 1 名，办事员 1 名。至 2008 年，机构设置、编制未变。

县、乡、村三级均建立基层计生协组织。至 2008 年，全县有基层计生协组织 322 个，会员 3.5 人，会员小组 2448 个，确定会员联系户 7.1 万个。

一　开展幸福工程活动

1997 年，县计生协组织开展幸福工程活动，为贫困母亲治贫、治愚、治病爱心捐助。共为贫困母亲捐款 81672 元，提供免费医疗 3500 人次。

二　开展学科技活动

2002 年，县计生协组织开展百万会员学科技活动。通过学科学、用科技，提高会员生产、生活能力，达到脱贫致富改变生育观念的目的。2003 年，各级协会组建科技志愿队伍，吸收有科技才能、有致富能力、有一技之长的科技能人到协会中任理事，组织文化、科技、卫生“三下乡”活动，帮助、带动有困难的会员和群众致富。至 2008 年，全县共有科技致富志愿者 1910 人，下乡 573 次，服务群众 50 万人次。通过会员学科技活动，涌现出一大批种植能人、致富典型。3000 多家庭脱贫致富。

三　开展生育关怀活动

2002 年，国际计划生育联合会确定香河县为生殖能力宣传试点县。县计生协积极配合，投资 6 万元制作生育知识板块、条幅、标语等，发放宣传资料 10 万余份，得到国家计生的充分肯定。2007 年 3 月，县计生局、计生协、教育局联合举办关爱女孩书画比赛活动，旨在增强女孩参与社会的能力和意识。为提高育龄夫妇对计划生育的认识，改变重男轻女的传统观念，2008 年 1—5 月，举办了计划生育文艺会演，3000 余人参加，演出 25 场，4000 多对夫妇主动放弃生育二胎指标。2004—2008 年，计生协和计生局共救助计划生育贫困家庭 1500 户，救助贫困大学生 30 人，救助贫困计划生育工作者 46 人。

第四编　居　民

1979—2008 年，香河县家庭以二代户居多，家庭规模主要为 3 人户或 4 人户，家庭成员及邻里关系较和谐融洽。香河县农民人均纯收入连年增加，城镇职工工资多次增加，城乡居民生活水平在衣食住行各方面大幅度提升。与此同时，城乡居民在文化教育、医疗保健、休闲娱乐等方面消费也随之增长，生活质量得以改善。城乡居民恩格尔系数由 1990 年的 53.87%，降至 2008 年的 39.13%，总体下降 14.74 个百分点。表明这期间，全县人民生活基本处在小康生活水平。

第一章　家　庭

第一节　家庭构成

一　家庭规模

1979 年，香河县总人口 247296 人，总户数 55479 户，户均 4.34 人。

1982 年，全国第三次人口普查，香河县总人口 250487 人，总户数 58131 户，户均 4.31 人。

1990 年，全国第四次人口普查，香河县总人口 293143 人，总户数 70730 户，户均 4.08 人。在家庭户中，1 人户 2896 户，占 4.09%；2 人户 7058 户，占 9.98%；3 人户 13891 户，占 19.63%；4 人户 22931 户，占 32.42%；5 人户 12962 户，占 18.33%；6 人户 6520 户，占 9.22%；7 人户 2780 户，占 3.93%；8 人及其以上户 1692 户，占 2.39%。

2000 年，全国第五次人口普查，香河县总人口 308874 人，总户数 81505 户，户均 3.71 人，比 1990 年减少 0.37 人。在家庭户中，1 人户 3774 户，占 4.63%；2 人户 10963 户，占 13.45%；3 人户 21194 户，占 26%；4 人户 3916 户，占 29.34%；5 人户 14304 户，占 17.55%；6 人户 5827 户，占 7.15%；7 人户 1208 户，占 1.48%；8 人以上户 319 户，占 0.4%。

2008 年，香河县总人口 308376 人，总户数 100836 户，户均 3.06 人。

二　类型

家庭户类型以一对夫妇及未成年子女组成的二代户家庭为主。1990 年，香河县有一代户 4054 户，占总户数的 5.73%；二代户 42249 户，占 59.73%；三代户 17630 户，占 24.93%；四代及以上户 980 户，占 1.39%；2000 年，香河县有一代户 12915 户，占 15.85%；二代户 46293 户，占 56.80%；三代户 21224 户，占 26.04%；四代及以上户 1073 户，占 1.32%。

第二节　家庭成员

一　家庭生育

1979 年后，香河县城镇居民家庭一般生育 1～2 个孩子；农村居民生育多个子女的较多。到 20 世纪 90 年代后期，农村居民生育多个子女的逐渐减少。生活质量和医疗水平的提高，使全县婴儿活产率和存活率逐年提高。以 2000 年为例，在 8624 名育龄妇女中，活产子女 9228 人，其中活产男婴 4953 人，活产女婴 4275 人；存活子女 9175 人，存活率 99.23%，其中存活男婴 4925 人，存活女婴 4232 人。

二　成员关系

（一）父母与子女关系

1. 同居

子女与父母同居的情况以未婚子女居多。如果是独生子女家庭，子女结婚后大多居住在男方家里。年轻夫妇如果养育子女，又有自己的工作，一般由公公、婆婆帮助照看孩子，也有少数是由女方父母照看孩子。父母与自己的子女相处一般关系较好，即使有矛盾，也能很快化解。子女婚后与自己的父母相处也较和睦。

2．分居

香河县的传统习俗，女子结婚后一般离开自己父母，在婆家生活。如果是多个子女的家庭，儿子结婚后一般分家另过。父母尚有生活能力和经济来源的，一般单独居住，儿子按月供给生活费，女儿对此无特定要求，一般在看望父母时，给一定的钱物。父母年老体弱的，分三种情况：父母有自己的居所，由儿子、儿媳轮流照顾；父母轮流在几个儿子家中居住；父母由分家时多得财产的儿子赡养。

（二）夫妻关系

农村绝大多数家庭是“男主外、女主内”。女子除了生产劳动外，还要承担家务、养育子女、奉养公婆。随着社会经济的发展使女子有了更多的就业机会。经济的自主带来了家庭和社会地位的提高。夫妻之间能和睦相处，家庭事务共同做主。

（三）婆媳关系

改革开放后，随着妇女经济自主能力的增强和地位的提高，婆媳关系得到明显改善。婆婆对于媳妇的工作大多会给以支持，主动照看孩子、做饭、承担部分家务，婆媳矛盾减少，媳妇也能关心、孝顺婆婆。

（四）兄弟姐妹妯娌关系

家庭中兄弟姐妹之间的关系比较亲密。结婚后多数都分家另过。妯娌之间产生矛盾者，多由财产分配不公、老人赡养问题等引起。多数家庭能做到互相帮助。

（五）分家与继承

按传统习俗，农村分家时，往往只有儿子分得家中财产。分家时，有些家庭会由家中长辈主持写“分家单”，注明财产具体归属，并注明老人由兄弟轮流赡养，或由多得财产或房产的儿子赡养。城镇居民分家时，女儿也会得到一定的财产。独生子女家庭，子女结婚后，两个家庭的财产都会留给下一代新组成的小家庭。

（六）家庭赡养

香河县城乡居民家庭都能做到好好赡养老人，对父母尽孝。赡养主要由儿子承担。女儿通常会在过年、过节或放假期间回去看望父母，独生子女家庭，则由女儿、女婿或儿子、媳妇共同赡养双方老人。

（七）家庭教育

家庭教育主要由孩子的父母承担，孩子由老人照顾的，孩子的启蒙教育主要由老人承担。家庭教育的内容涉及是非观念、社交礼仪、理想信念、文理知识等。教给孩子认识周围的人、事、物，教育孩子什么样的事可做，什么样的事不可做，如何避免危险等。教育方式主要通过讲故事、做游戏、识字卡、彩色挂图、听录音、看电视等。进入21世纪后，家庭教育投入逐渐增多，许多孩子开始上各种辅导班、特长班，内容除了学校课程，还包括奥数、书法、美术、音乐、舞蹈、武术、游泳、乒乓球等。家长都希望孩子有一技之长。

三 家族邻里关系

（一）家族关系

香河县城乡家庭的家族意识比较强。在农村，一般未出“五服”（五辈）的亲属间来往较密切。在日常生活交往中，遇有婚丧嫁娶、生儿育女、清明祭祖等活动时互相“随礼”、帮忙，集聚操办。大年初一，要结伴在族内的亲戚间拜年。

（二）邻里关系

香河县城乡居民邻里之间的关系一般比较好，大多能互相照应，在农村，邻居之间常常互相串门。在城镇，由于工作、学习关系，许多邻居之间来往时间少，邻里关系不像农村居民之间密切，但也能做到互相照应，大多关系较和谐。家中有老人的，老人常常在一起聊天、打牌、下棋，邻里关系较和睦。

第二章 农村居民生活

第一节 农民收入

1979年后，香河县农村推行家庭联产承包责任制，并在农业生产中广泛应用农业科学技术，迅速提高生产力，大批剩余劳动力从繁重的农业劳动中解放出来，从事工商企业，提高经济收入，拓展收入来源。1979—2008年，随着经济的发展，香河县统计口径不断变化。从农村总劳动力构成中分析，农民收入来源有从事农林牧副渔业、建筑业和商业等。

1979—1992 年香河县农民人均收入结构统计表

表 4-2-1

年份	人均总收入（元）	人均纯收入（元）	从集体得到的收入		家庭经营收入		其他非生产性收入	
			收入（元）	比重（%）	收入（元）	比重（%）	收入（元）	比重（%）
1979	213.18	104	—	—	—	—	—	—
1980	220.68	112	—	—	—	—	—	—
1981	212.25	124	—	—	—	—	—	—
1982	249.00	184	—	—	—	—	—	—
1983	508.99	404	—	—	—	—	—	—
1984	586.15	511	—	—	—	—	—	—
1985	910.82	540	—	—	—	—	—	—
1986	792.60	579	109.70	13.84	626.90	79.09	56.00	7.07
1987	969.30	614	150.10	15.49	750.00	77.38	69.20	7.14
1988	1180.90	656	137.80	11.67	945.70	80.08	97.40	8.25
1989	1268.37	700	195.15	15.39	976.76	77.01	96.47	7.61
1990	1242.70	738	209.70	16.87	918.06	73.88	114.93	9.25
1991	1492.83	776	304.91	20.42	984.07	65.92	203.85	13.66
1992	1611.20	901	358.73	22.26	1077.09	66.85	175.38	10.89

1993—1999 年香河县农民人均收入结构统计表

表 4-2-2

年份	人均总收入（元）	人均纯收入（元）	基本收入		转移性收入		财产性收入	
			收入（元）	比重（%）	收入（元）	比重（%）	收入（元）	比重（%）
1993	1633.11	1101	1571.91	96.25	42.17	2.58	19.03	1.17
1994	6618.41	1548	6459.07	97.59	105.57	1.60	53.77	0.81
1995	3480.72	2579	3414.01	98.08	16.97	0.49	49.74	1.43
1996	4057.21	3111	4028.11	99.28	10.88	0.27	18.21	0.45
1997	4680.00	3602	4528.00	96.75	30.00	0.64	122.00	2.61
1998	5267.91	3796	5149.06	97.74	34.91	0.66	83.95	1.59
1999	5116.15	3861	4987.98	97.49	73.67	1.44	54.50	1.07

说明：1.基本收入含劳动者报酬和家庭经营收入

2.人均总收入是农村百户调查数据；人均纯收入是总农户统计数据

2000—2008 年香河县农民人均收入结构统计表

表 4-2-3

年份	人均总收入（元）	人均纯收入（元）	工资性收入		家庭经营收入		财产性收入		转移性收入	
			收入（元）	比重（%）	收入（元）	比重（%）	收入（元）	比重（%）	收入（元）	比重（%）
2000	6391	3976	1927	30.15	4231	66.20	86	1.35	147	2.30
2001	6490	4183	1956	30.14	4349	67.01	77	1.19	108	1.66
2002	6802	4355	2028	29.81	4593	67.52	91	1.34	89	1.31

续表 4-2-3

年份	人均总收入（元）	人均纯收入（元）	工资性收入		家庭经营收入		财产性收入		转移性收入	
			收入（元）	比重（%）	收入（元）	比重（%）	收入（元）	比重（%）	收入（元）	比重（%）
2003	7214	4609	1900	26.34	5156	71.47	50	0.69	108	1.50
2004	7210	4871	2033	28.19	4969	68.92	87	1.21	122	1.69
2005	7853	5253	2216	28.22	5444	69.32	61	0.78	132	1.68
2006	8668	5804	2519	29.06	5867	67.69	14	31.65	140	1.62
2007	9930	6686	2897	29.17	6743	67.91	12	41.25	166	1.67
2008	11477	7535	3447	30.03	7800	67.96	64	0.56	166	1.45

单位：元/人

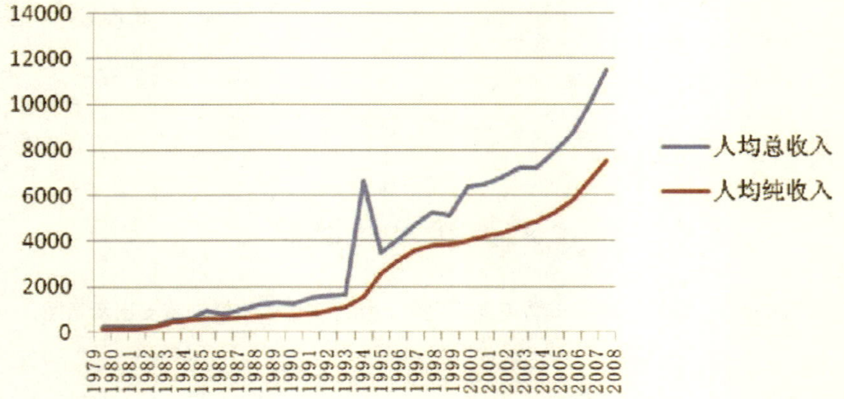

图 4-2-1　1979—2008 年香河县农民人均总收入、人均纯收入示意图

第二节　消费支出

1979—2008 年，香河县经济快速发展，农民收入逐年提高，消费支出波浪式快速增长，农村居民衣食住行等生活水平迅速提升。

农村居民膳食结构日趋改善。1979 年，全县农村居民人均吃粮 199 千克。1982 年，全县农村普遍实行家庭联产承包责任制，农民得以温饱，进而奔向小康生活。20 世纪 90 年代，主食由玉米转为小麦、大米；2000 年以后主食消费下降，鱼、肉、蛋、奶、瓜果、蔬菜等副食消费上升；喜吃瘦肉，很少吃肥肉；多食植物油，很少吃动物油；蔬菜由主食白菜、咸菜转为长年吃四季各种鲜菜；逢年过节，名酒也上了农民餐桌。农民生产的农产品自食有余后，向市场出售的商品量渐渐增多。

农村居民衣着消费日趋高档化。2000 年以后农民穿衣由购买布料自己做转向购买成衣。衣着由穿青、蓝裤褂、中山服、衬衣、秋衣、绒衣、棉衣、皮袄、布鞋、球鞋逐渐转向穿牛仔裤、喇叭裤、羽绒服、毛衣、呢子大衣、风衣、西装和皮鞋等。多数女士穿健身服、长短裙、高跟皮鞋、高跟凉鞋并饰有手镯，或戒指、耳环、项链等。在衣着消费中，高中档化纤、呢绒、绸缎衣购买量增长，棉布衣购买量下降。青年男女衣着消费讲究高档、名牌、时尚、款式新颖、花色靓丽。缝补衣裳绝迹，有些人穿腻的八成新的衣服就扔掉。

农村居民居住条件明显改善。1979 年后，农民住宅是砖瓦房。为节省建房开支，屋外墙壁用砖、内墙壁用土坯加黏土泥浆垒成；两间一明的屋子中间用一架较粗的木柁，两边可用较细短的木檩；都是木制门窗。2000 年前后，富裕起来的农民加大住房投入，向高大、宽敞、舒适方向发展，原五间房地盘改建成三间房，用黏土砖和混凝土垒成；木制门窗改为铝合金、塑钢门窗；门窗面积加大，透光度加强，室内装修明亮。有的村中个别户盖起二层楼房或在县城购买楼房。

20 世纪 90 年代，农民出行便利。在公交车快捷的条件下，农户普遍有自行车、电动车、摩托车，2000 年后富裕户购买了小轿车。

农村居民在不断改善物质生活的同时，精神文化生活也日益丰富。2000 年后，农民家中普遍购置有电视机、影碟机等，少数居民家中购置了家用电脑。

单位：元/人

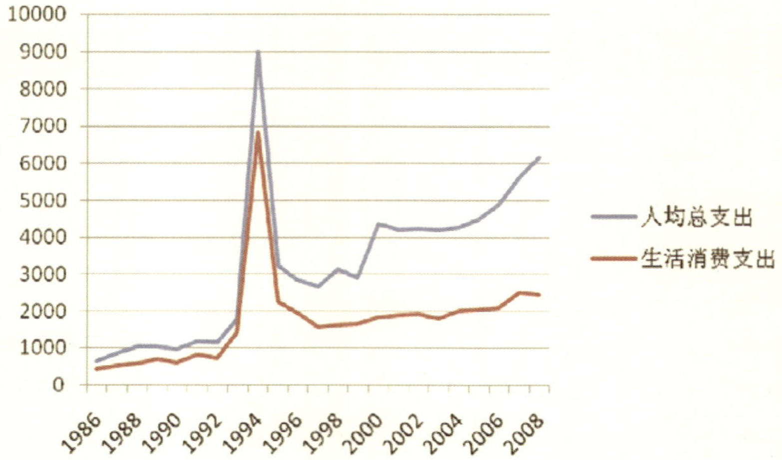

图 4-2-2　1986—2008 年香河县农民年人均总支出、生活消费支出示意图

1986—2008 年香河县农村居民恩格尔系数统计表

表 4-2-4

年份	人均食品消费支出（元）	人均生活消费支出（元）	恩格尔系数（%）	年份	人均食品消费支出（元）	人均生活消费支出（元）	恩格尔系数（%）
1986	217.30	439.20	49.48	1998	735.56	1619.13	45.43
1987	265.10	517.60	51.22	1999	780.20	1655.60	47.12
1988	350.90	597.70	58.71	2000	782.00	1828.00	42.78
1989	360.34	695.96	51.78	2001	748.00	1894.00	39.49
1990	361.00	625.90	57.68	2002	753.00	1932.00	38.98
1991	432.55	823.17	52.55	2003	703.00	1815.00	38.73
1992	436.40	724.73	60.22	2004	869.00	2006.00	43.32
1993	841.22	1420.28	59.23	2005	910.00	2055.00	44.28
1994	1303.23	6814.70	19.12	2006	904.00	2086.00	43.34
1995	1074.90	2259.38	47.57	2007	1007.00	2505.00	40.20
1996	938.43	1952.60	48.06	2008	1129.00	2454.00	46.01
1997	725.00	1579.00	45.92	—	—	—	—

说明：1. 恩格尔系数指家庭食品支出与家庭消费总支出的比值。其数值越小说明生活越富裕，数值越大说明生活水平越低

2. 恩格尔系数反映的是一种长期的趋势，而不是逐年下降的绝对倾向。它是在熨平短期的波动中求得长期的趋势

1986—1992年香河县农民年人均总支出结构统计表

表4-2-5　　　　单位：元

年份	人均总支出	其中					
		生活消费支出	家庭经营费用支出	购置生产性固定资产	缴纳税款支出	上交集体承包任务支出	非生产性支出
1986	656.80	439.20	183.80	12.00	6.70	6.40	8.70
1987	870.30	517.60	259.30	73.00	9.60	3.40	7.40
1988	1051.30	597.70	367.50	58.30	10.10	5.90	11.80
1989	1033.07	695.96	297.82	17.53	11.12	6.46	4.18
1990	990.40	625.90	279.25	37.54	11.33	17.74	18.64
1991	1183.72	823.17	279.58	28.00	9.94	19.62	23.41
1992	1146.00	724.73	286.47	55.95	20.04	23.99	34.82

说明：香河县1986年始有农村居民支出统计

1993—1999年香河县农民年人均总支出结构统计表

表4-2-6　　　　单位：元

年份	人均总支出	其中					
		生活消费支出	家庭经营费用支出	购置生产性固定资产	缴纳税款支出	上交集体承包任务	集体提留和摊派	其他非借贷性支出
1993	1791.28	1420.28	276.85	55.68	7.05	3.40	3.88	24.14
1994	8982.52	6814.70	1855.25	81.75	78.13	13.02	21.61	118.06
1995	3241.44	2259.38	739.82	95.37	44.17	15.79	26.68	60.23
1996	2848.38	1952.60	786.06	10.75	44.34	10.93	27.44	16.26
1997	2673.00	1579.00	885.00	108.00	50.00	24.00	20.00	7.00
1998	3153.96	1619.13	1255.50	158.22	62.69	12.26	35.62	10.54
1999	2904.48	1655.60	997.84	56.45	94.48	12.65	30.47	56.99

2000—2008年香河县农民年人均总支出结构统计表

表4-2-7　　　　单位：元

年份	人均总支出	其中					
		生活消费支出	家庭经营费用支出	购置生产性固定资产	税费支出	财产性支出	转移性支出
2000	4365	1828	2183	113	73	69	99
2001	4224	1894	2060	146	60	—	64
2002	4235	1932	2067	61	119	3	53
2003	4219	1815	2234	41	75	5	49
2004	4272	2006	2097	56	51	5	57
2005	4467	2055	2249	101	18	5	39
2006	4897	2086	2570	99	19	5	118
2007	5622	2505	3018	3	22	1	73
2008	6157	2454	3579	23	16	8	77

1986—1992 年香河县农民年人均生活消费支出结构统计表

表 4-2-8　　单位：元

年份	人均生活消费总支出	其中					
		食品支出	衣着支出	住房支出	燃料支出	其他用品支出	非商品支出
1986	439.20	217.30	33.90	62.30	30.90	87.50	7.30
1987	517.60	265.10	44.50	93.40	30.10	67.6	16.90
1988	597.70	350.90	56.70	62.50	33.50	76.20	17.90
1989	695.96	360.34	59.08	96.72	42.03	117.69	20.09
1990	625.90	361.00	56.70	63.30	38.40	83.50	23.00
1991	823.17	432.55	74.52	101.72	42.65	127.48	44.25
1992	724.73	436.40	60.19	48.24	33.96	103.33	42.61

1993—1999 年香河县农民年人均生活消费支出结构统计表

表 4-2-9　　单位：元

年份	人均生活消费总支出	其中							
		食品支出	衣着支出	住房支出	家庭设备、用品及服务	医疗保健	交通和通讯	文教娱乐用品及服务	其他商品和服务
1993	1420.28	841.22	83.05	322.80	61.13	29.49	10.59	52.95	19.05
1994	6814.70	1303.23	363.38	1325.30	296.72	200.52	464.61	681.23	2179.71
1995	2259.38	1074.90	254.50	412.94	173.91	73.65	66.12	161.24	42.11
1996	1952.60	938.43	233.23	396.73	96.35	67.86	72.65	130.23	17.11
1997	1579.00	725.00	229.00	275.00	88.00	45.00	47.00	125.00	45.00
1998	1619.13	735.56	186.69	227.74	71.60	63.41	102.48	206.78	24.87
1999	1655.60	780.20	156.50	223.19	132.26	—	—	—	363.45

2000—2008 年香河县农民年人均生活消费支出结构统计表

表 4-2-10　　单位：元

年份	人均生活消费总支出	其中				年份	人均生活消费总支出	其中			
		食品支出	衣着支出	住房支出	其他支出			食品支出	衣着支出	住房支出	其他支出
2000	1828	782	149	239	658	2005	2055	910	199	290	656
2001	1894	748	120	377	649	2006	2086	904	169	304	709
2002	1932	753	146	480	553	2007	2505	1007	200	549	749
2003	1815	703	151	299	662	2008	2454	1129	221	433	671
2004	2006	869	143	297	697	—	—	—	—	—	—

第三章　城镇居民生活

第一节　工资收入

1979 年，城镇居民经济收入主要是国有和集体机关企事业单位干部职工的工资性收入。进入 20 世纪 80 年代后，随着改革开放的步步深入，城镇居民从事商贸批发、零售、运输、修理服务等行业，拓宽了就业渠道，经济收入快速增长，生活水平由“温饱型”转向“小康型”。随着经济的发展，财政收入的增加，国家多次增长机关企事业单位干部职工工资，城镇居民生活日趋富裕。

单位：元/人

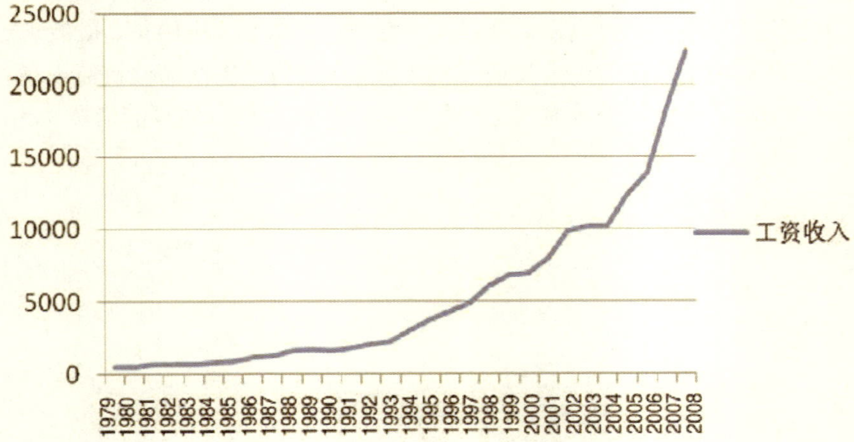

图 4-3-1　1979—2008 年香河县城镇职工年工资收入示意图

1979—2008 年香河县城镇职工年工资收入统计表

表 4-3-1

年份	年全员职工工资总收入（元）	年人均职工工资收入（元）	年　份	年全员职工工资总收入（元）	年人均职工工资收入（元）
1979	760.40	527.69	1994	6474.20	3102.16
1980	854.10	564.51	1995	7675.80	3790.89
1981	829.30	706.63	1996	8398.20	4336.57
1982	834.70	724.19	1997	8939.60	4864.82
1983	882.20	754.34	1998	10361.30	6035.24
1984	1010.40	838.99	1999	12198.80	6825.00
1985	1479.00	907.53	2000	12717.90	6974.00
1986	1818.70	1132.72	2001	16248.00	7938.00
1987	2143.10	1273.53	2002	19031.10	9890.91
1988	3063.60	1647.19	2003	20065.00	10182.00
1989	3248.80	1683.14	2004	22963.00	10179.00
1990	3120.90	1651.71	2005	27155.00	12344.00
1991	3687.20	1836.35	2006	31721.00	13861.00
1992	4091.50	2060.79	2007	43175.60	18360.88
1993	4890.90	2290.61	2008	52341.00	22308.00

第二节　消费支出

1979—2008 年，香河县随着经济发展，商品供应日益充足，城镇居民收入持续增长，消费水平不断提高，消费领域迅速拓展，生活质量明显改善。

城镇居民食品粮、油、肉等由定量供应先后转变为市场敞开、议价选购；米面主食及动物油脂消费比重逐渐下降，鸡、鸭、鱼、瘦肉、蛋、奶、海鲜、植物油、蔬菜、水果等副食消费相对上升；膳食讲究营养和绿色食品。居民衣着逐渐由普通、中低档向多样化、时尚化、高档化、品牌化转变。居民家庭设备用品消费日趋高档化：黑白电视机升级为彩色电视机、液晶超薄彩电；原有电风扇又增添空调器；科技含量高、功能齐全、环保节能的电冰箱、洗衣机、计算机、数码照相机、录像机、家用轿车、电动车、移动电话、互联网、有线电视、淋浴热水器等新耐用品进入普通职工家庭。居民住房条件明显改善，由居住平房逐渐向宽敞舒适的楼房转变；电饭锅、电磁炉、微波炉等成为厨房必备炊具。居民精神生活品位日益提高，用于娱乐、文教、医疗保健、健身体育的消费支出不断增长。

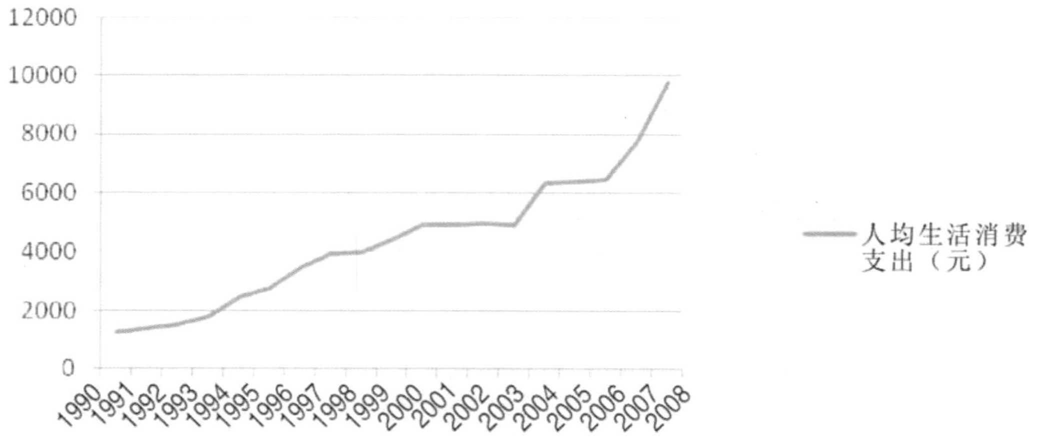

图 4-3-2　1990—2008 年香河县城镇居民年人均生活消费支出示意图

1990—2008 年香河县城镇居民恩格尔系数统计表

表 4-3-2

年份	人均食品消费支出（元）	人均生活消费支出（元）	恩格尔系数（%）	年份	人均食品消费支出（元）	人均生活消费支出（元）	恩格尔系数（%）
1990	647.00	1285.32	50.34	2000	1742.60	4952.00	35.19
1991	713.00	1403.00	50.82	2001	1813.70	4956.50	36.59
1992	758.00	1537.00	49.32	2002	1901.00	4980.00	38.17
1993	933.00	1832.00	50.93	2003	1949.00	4929.00	39.54
1994	1290.00	2487.00	51.87	2004	2144.00	6367.00	33.67
1995	1583.00	3406.00	46.48	2005	2202.00	6382.00	34.50
1996	1653.00	3486.00	47.42	2006	2280.00	6469.00	35.25
1997	1709.00	3990.00	42.83	2007	2498.00	7748.00	32.24
1998	1712.00	4142.00	41.33	2008	3385.00	9777.00	34.62
1999	1744.70	4474.00	39.00	—	—	—	—

1990—2008 年香河县城镇居民年人均生活消费支出统计表

表 4-3-3　　　　　　　　　　　　　　　　　　　　单位：元

年份	合计	其中							
		食品	衣着	家庭设备用品及服务	医疗保健	交通及通讯	娱乐教育文化服务	居住	杂项商品与服务
1990	1285.32	647.00	266.36	77.31	19.48	—	30.60	71.32	173.25
1991	1403.00	713.00	189.00	145.00	18.00	9.00	62.00	111.00	156.00
1992	1537.00	758.00	228.00	156.00	45.00	36.00	156.00	103.00	55.00
1993	1832.00	933.00	266.00	149.00	47.00	74.00	142.00	176.00	45.00
1994	2487.00	1290.00	354.00	151.00	78.00	121.00	208.00	211.00	74.00
1995	3406.00	1583.00	432.00	326.00	169.00	301.00	238.00	246.00	111.00
1996	3486.00	1653.00	469.00	201.00	285.00	182.00	310.00	273.00	113.00
1997	3990.00	1709.00	542.00	252.00	314.00	308.00	359.00	366.00	140.00
1998	4142.00	1712.00	559.00	252.00	341.00	330.00	358.00	432.00	158.00
1999	4474.60	1744.70	582.10	378.80	371.30	310.40	554.90	344.50	187.90
2000	4952.00	1742.60	586.80	517.00	393.80	413.20	513.70	557.80	209.10
2001	4956.50	1813.70	591.80	447.10	537.70	436.40	400.70	470.80	228.30
2002	4980.00	1901.00	445.00	296.00	465.50	603.10	392.80	569.00	307.60
2003	4929.00	1949.00	606.00	311.00	511.00	537.00	296.00	616.00	103.00
2004	6367.00	2144.00	608.00	354.00	496.00	1489.00	342.00	789.00	145.00
2005	6382.00	2202.00	772.00	404.00	702.00	624.00	560.00	953.00	165.00
2006	6469.00	2280.00	847.00	346.00	677.00	682.00	504.00	976.00	157.00
2007	7748.00	2498.00	887.00	634.00	677.00	795.00	553.00	1537.00	167.00
2008	9777.00	3385.00	1173.00	636.00	776.00	1281.00	704.00	1631.00	191.00

说明：1990 年香河县始有城镇居民年人均消费支出统计

第四章　居民习俗

第一节　婚育习俗

旧时的包办婚姻在新社会已绝迹。男女经媒人介绍相识或自由恋爱。亲朋好友的意见只作为参考。

一　相家

男女交往一段时间，双方有结婚意图后，由女方的父母、哥嫂等主要亲戚到男方家中，了解家庭情况、家中主要成员。“相家”成功，男方家长将准备好的喜烟喜糖送给女方带回。

二　定亲

定亲宴　相家后，如果双方亲属无异议，由男方举办定亲宴。男女本人、双方直系亲属参加。

见面礼　定亲宴开始前，向女方介绍男方父母、主要亲属，被介绍的人给女方见面礼，礼金由几十元渐长至一二百元。

过彩礼 定亲宴后，男方给女方定亲彩礼，彩礼装在一个皮包里，礼金由几百元逐渐涨到11000元，寓意女方“万里挑一”；也有16800元的，寓意“一路发发”。男方给女方家人带走喜烟喜糖，取带回喜气之意。

买首饰 定亲宴后，男青年给女青年买金银首饰，一般都是项链、耳环、戒指成套购买。

三　登记

定亲后如双方交往顺利，决定正式结婚后举行登记仪式。男女双方去民政局登记领取结婚证书。男方家庭举办登记宴，参加人员基本同定亲时一致。

四　结婚照

20世纪70年代，结婚照只是简单的二人合影，20世纪90年代，开始流行婚纱照。进入21世纪，结婚照的规格越来越高，许多有条件的家庭拍摄外景，个别人到外地旅游拍摄。价格高可达万元。

五　置新房

新房由男方提供，也有少数由女方提供。进入21世纪，许多家庭由男女双方家庭各出一半资金购置新房。新房装修及家具由男方出资，家用电器由女方用所得彩礼购置。

六　花朝

女儿出嫁前一天称“花朝”，取含苞待放之意。女方亲友往嫁妆箱里放礼物或钱，称“添箱”。钱要分四等分，偶数，分放箱内四角，取“四平八稳、成双成对”之意。

七　催妆

花朝当日下午，男方带礼品去女方家催嫁妆。礼品放在提盒中，有米、面各四盘，一刀肉，两块豆腐，两块碳，两根双傍葱拴着红线，象征生活富足、红火、女方家接礼后，将“一刀肉”包成饺子给催妆人吃，剔下骨头用红线包好，放在盒内交男方带回，寓意“爹的骨头娘的肉”。

八　演礼

娶亲前晚，男方亲戚到男方家中祝贺，新郎给长辈行礼，长辈给礼金，称“演礼”。演礼毕开席款待到贺亲友。

九　迎娶

娶亲的花车在头天装好，娶亲时带皮袄、棉被，象征将来日子暖暖和和。新娘腰间带红布缝制的“助腰子”。娶亲一般定在凌晨出发，如有其他娶亲队伍，则有谁早谁的日子过得更好的说法。男方迎亲队伍除新郎本人外，还有新郎的叔婶、哥嫂等组成。进入21世纪，随车带摄影师，录制娶亲过程。新娘离家要哭，眼泪称“金银疙瘩”，留在娘家可使娘家日子更富裕。娶亲回程时，如遇人截车，要给提前备好的喜烟喜糖。

十　婚礼

喜车迎回新娘，在男方家门口，新娘由两个全福人（儿女双全、配偶齐全）的妇女搀下车，踩在铺好的红毡上。新娘走的红毡有两块，由两个童男童女往前倒，直到拜堂的桌子前。也有的地方新郎背新娘进门。然后知客唱礼，新人拜天地。新娘按长幼顺序给男方长辈行礼，长辈给礼金，称“上拜”。礼金给新娘部分或全部，上拜过后开婚宴。

香河二中教师集体婚礼

（2001年10月摄于甜蜜蜜婚纱影楼）

进入21世纪，婚俗也发生了改变，一些家庭办喜事开始请婚庆公司，婚礼场所由家中改到了酒店。有的单位在同一时期结婚的青年男女较多，也举办集体婚礼。20世纪80年代，香河县团委、妇联组织机关团体举办集体婚礼；2001年10月，为香河二中教师举办集体婚礼；2004年9月19日，香河县开发区管委会为6对新人在第一城鸡尾酒会花园举行集体婚礼。

农村旅行结婚的极少。县城旅行结婚的一般在过完单九后去旅行度蜜月。

附：

婚庆公司司仪在主持婚礼时所用的台词

尊敬的各位来宾，亲爱的朋友们，大家好！

很高兴大家来参加 XX 先生和 XX 小姐的结婚典礼。首先，请允许我代表二位新人对各位的到来表示衷心的感谢！今天是公元 XXX 年 XX 月 XX 日，农历 XX 月 XX 日。今天世界上有两个最幸福的人，他们将携手走进这个婚姻的殿堂，即将开始他们的幸福生活，在这里让我们用热烈的掌声欢迎他们吧！

有请新郎 XXX 和新娘 XXX 入场！（开始播放"结婚进行曲"）

在这优美抒情浪漫的婚礼进行曲的伴奏下，在这个幸福的时刻，我们面前的这一对新人，他们心贴心、手牵手，面带着微笑向我们款款走来。这预示着他们幸福生活的开始。朋友们，让我们用衷心的祝福，为他们欢呼，为他们喝彩，为了他们完美的结合而热烈鼓掌，祝福他们拥有美好的未来！

有请新郎新娘上台！

英俊潇洒的新郎和美丽漂亮的新娘手牵着手站在这里，可以看得出，他们是那么的甜蜜和幸福。今天来参加你们婚礼的人非常多，可以说是高朋满座，各位的到来给你们的婚礼带来了欢乐，同时也使得这座大厅蓬壁生辉，充满了幸福的气息，下面我就介绍一下今天的主要来宾。

（介绍双方的父母亲友，双方的领导，证婚人）现在我代表在座的各位亲朋好友问你们一个问题。

XXX 先生，您愿意娶您身边这位 XXX 小姐为您的妻子吗？（愿意）无论是贫贱与富贵直到永远吗？（是的）

那么，好。请问 XXX 小姐：您愿意嫁给您身边这位 XXX 先生成为您的丈夫吗？（愿意）无论贫贱与富贵直到永远吗？（是的）好。让我们祝你们一生平安，前程灿烂，白头偕老！

好！各位亲朋好友，站在你们面前的这对新人，他们从相知相恋，到今天成为合法夫妻，可以说是天赐良缘。合法的夫妻需要有法律的保护，下面有请证婚人上场宣读他们的结婚证书！

（证婚人上场宣读新郎新娘结婚证书）

下面，新人将向双方父母献上深深的感恩礼，敬茶并改口。

有请双方父母上台！

一鞠躬　感谢父母的生育之恩；

二鞠躬　感谢父母的养育之恩；

三鞠躬　祝双方父母健康长寿！

向双方父母敬茶并改口。

请双方父母给我们的新人和来宾讲几句话！

（双方父母讲话）

下面合影留念！

下面请两位新人互相行礼

一鞠躬　一生一世一往情深；

二鞠躬　心心相映恩恩爱爱；

三鞠躬　三生有幸来宾作证！

接下来请两位新人互送新婚信物并喝下新婚交杯酒。

朋友们，这浓香的美酒将祝他们今后的生活幸福美满。

来宾们，让我们再次祝福他们！

温馨浪漫的时刻开始。（新郎和新娘亲密的动作，比如"接吻"、"新郎和新娘同吃一个苹果"等。这里要根据新郎和新娘双方的父母和亲戚朋友的情况，若他们比较保守，有人反对比较过火的动作，主持人不可强求，否则会很尴尬。必要时可叫新郎和新娘双方的父母和亲戚朋友暂时回避一下）

各位朋友，在两位新人生活和工作中，在座的亲朋好友，同学同事，单位领导，都给予过他们帮助，在此他们将献上深切的致谢礼。

一鞠躬　感谢同学同事的关心；

二鞠躬　感谢亲朋好友的关心；

三鞠躬　祝大家身体健康，万事如意！

下面我们的新人将给我们带来一个更温馨的时刻。他们将点燃新婚的生活，爱情的烛光 。（放抒情音乐）

朋友们，这烛光充满了温馨，充满了爱更充满了光明，今天 XXX 先生和 XXX 小姐在我们面前携手点燃了这新婚的圣火，愿他们今后的生活像这燃烧的烛光一样光明温馨！朋友们，让我们用热烈的掌声祝福他们吧！

来宾朋友们，在这美好的祝福和热烈的掌声

中，在此我宣布XXX先生与XXX小姐的结婚庆典到此礼成。

今天XXX先生和XXX小姐的婚礼是热烈而圆满的，在此我代表新人向大家再次表示感谢！下面请大家尽情地享用这幸福的美宴吧。

十一　婚宴

虽然登记在法定意义上就算结婚，但无论在农村还是城镇，举办了婚礼才算正式结婚。农村办喜事男方家请男“忙头”、账房和女知客。东家交代“忙头”婚宴规格，由“忙头”具体负责操办。农村多请专门走四乡承接各种宴席的炊事班子。城镇多在饭店包桌，婚礼上常邀请单位领导致辞。

十二　谢知

在农村，婚礼当晚，男方摆酒请“劳忙人”（帮忙办喜事的人），称“谢知”，感谢乡亲们帮忙，并送上烟酒点心之类礼物。

十三　洞房夜

新房被褥由两个“全福”妇女整理。两褥并排铺在底层，男被展开，仰铺在褥子上，女被展开面向上重合在男被上，称合子被，也叫“地天交泰”。新人吃“子孙饽饽”，即半生的饺子。在有人问生不生时，新娘答：“生！”意指生儿育女。碗里同时放面条，祝新人长寿。新郎的妹妹拿“子孙盆”，即便盆，“姑拿盆，先抱侄”。没有妹妹的，也可由新郎的弟弟或侄男侄女拿，新娘给喜钱。旧时洞房夜不吹灯，要等灯自然熄灭或由婆婆用柳编斗扣灭，有了电灯后只需关灯即可。

十四　回门

回门即新娘带新郎回娘家。回门一般在婚后第三天，当天回门称“当天红”。回门时，新郎带礼物，女方家中摆酒，邀亲友作陪。新人在日落前返家。蜜月中，新房不能空房。婚后第31天，娘家接女儿女婿回娘家，称“接回门”。

十五　瞧九

婚后第9天（称单九）或18天（双九），女方父母、近亲带着礼物来男方家看望，此后姻亲亲属之间即可经常走动。

十六　拜新年

婚后的第一个春节，新女婿要去新娘家拜年，日期一般选在正月初二。之后要到新娘的其他长辈家一一拜到。

十七　生育

产妇生产后，亲朋好友送白面、鸡蛋、红糖、童装、礼金等。第三天娘家送小被、尿布、米、面、鸡蛋等。产妇卧床休息，叫“坐月子”。未满月，生人不能随意进入房内，怕“踩风”。特别忌讳孕妇进入，怕“坐奶”（使产妇没奶汁）。家人晚上回来后要在水缸里照照，以防带回不祥之物。

十八　过满月

孩子12天时，称为小满月，亲友前来祝贺。到30天才是满月，娘家要送斗米、斗面、馒头。用3个馒头摞在一起，层中夹着熟肉，用力捏扁，产妇一口咬透，称满口。“满口”用的熟食只能由娘家人做，不能用别人。做满月，亲友来得比小满月多，婴儿要抱出产房让亲友们看，之后母亲带着婴儿去姥家住，叫“挪骚窝”。

婴儿的姑姑必须给孩子做鞋，因为姑与箍同音，要姑鞋，可箍住脚，别由着性地长。做鞋也要有讲究：猪样的鞋，盼孩子肥胖；狗样的鞋，盼孩子胆大护家；猫样的鞋，盼孩子灵巧温顺。姨必须给孩子做帽，因为姨与一近音，帽与冒同音，姨帽是盼孩子一冒便长大了。满月时还有为孩子剪胎发的习俗。现代多请理发店的人员到家中剪胎发，并制作成钥匙坠、胎毛笔等纪念品。

十九　做百岁儿

孩子到一百天的时候，亲友们到场祝贺，叫作“做百岁”。刻有“长命百岁”的金锁、银锁，取锁住孩子跑不了的吉利；有的给孩子做金银质的手、脚镯，还有的送衣帽鞋等。有了照相技术以后，家里都要在这一天给孩子照一张“百岁纪念”照片。

二十　过周岁

孩子周岁时，姥姥家送“一刀肉”，取的吉利是“整整齐齐”；送一只活鸡，即将到门口时把鸡撒开，任其跑掉，不再追回，取的是逃生的意义，小孩不再出恶事故，保险了。

第二节 丧葬习俗

香河的丧葬习俗在内容和形式上有很大变化，除回族外都实行火化，骨灰盒代替棺木，很多地方用公墓代替占地较大的私人墓地，有的家庭把骨灰盒寄放在村里集体的骨灰堂内。农村家庭办丧事时多按传统习俗办理，但迷信鬼神之意已淡，多为寄托哀思。城镇居民办理丧事时简化许多，丧事结束后，变穿孝为佩戴黑纱。机关单位遇有人去世，常开追悼会。

一 抬床

去世称“走了”“过去了”“辞世”“故去了”，或“没熬过来”。年高者去世，称“老喜丧”，即白事中的喜事。老人病危时，要备好寿衣和相关丧事用品。寿衣俗称“装裹”。老人即将咽气时，要马上找人给穿好鞋、帽、袍、套等全部寿衣。抬下灵床，称“抬床”。咽气后停在备好的门板上，上面蒙黄色寿单。在屋里停放时头朝西朝外，嘴里放一包茶叶，袖里放纸元宝。头前放供桌、倒头饭、打狗饼。点蜡烛或油灯，随时接续，不能熄灭，称“长命灯”。供桌前放烧纸盆和烧纸。

二 报丧

老人去世后，请“忙头”和“劳忙人”，村里常帮人料理婚丧的人称“劳忙人”。“忙头”安排人通知亲友。一般人家送口信，有的富裕人家送丧贴。丧贴写明去世时辰，料理丧事各个程序的时间等，落款祝注明全家成年男子名字，依辈分列下。丧贴折子状，用白纸写成或印成。旧时在农村，晚辈外出遇到人时，磕孝头，此习俗20世纪后渐无。

三 火化

死者去世第二天，送火葬场火化。把打狗饼塞入死者袖中，用供品中的棉球蘸香油或水擦抹亡者的眼，称“开眼光”。由直系亲属中的晚辈们将死者抬入棺中，送上火葬场的殡仪车。主要亲属晚辈跟车，其他亲属另乘车随去。火化后，亡者的骨灰盒由长子或者长女抱回。

四 停灵

骨灰盒放在家里搭好的灵棚里，上贴亡者遗像。灵棚内摆屋内移出的倒头饭、长命灯，并重新摆上大供。出殡前夜，请吹鼓手吹打，唱歌班子演唱，称“倒坐夜”。午夜12点，亡者家女性晚辈亲属哭“更（jīng）冥纸”。哭完后留部分人守夜，其他人回去休息。

五 接供

出殡当天早8时一过，开始接“供”。亡者是男的，第一道“供”接岳父家来人摆的“供”；是女的，先接其娘家摆的“供”，下边依次接女儿家摆的“供”、儿媳娘家摆的“供”等等。“供”的等级有连三、连五、连七、连九桌之分，亡者的娘家或丈人家的等级最高。供桌一般是前面桌上摆供品，后面桌上摆烧纸等物，中间的桌上放钱，钱多少不等。供桌上压钱要用烟，接完供后给抬供桌的“劳忙人”。第一道供必须要有猪头、果品等物，摆放到灵堂供桌上面。

六 吊唁

出殡前，孝男孝女一直在灵棚陪灵，男左女右。亲友们带着礼品（有帐子、果盒、烧纸、花圈之类）前来拜祭，吹鼓手奏乐。支客将香递与吊唁者后高喊：“上香了！”或“伺候着！”吊唁者是小辈的对亡者骨灰盒行跪拜之礼，同辈的三鞠躬，孝男孝女磕头还礼。果盒、烧纸留在灵堂，来人由人导引去后面交份礼钱和帐子，花圈则由人写上相关拜祭字条放在灵堂两侧。

七 哭灵

哭灵贯穿丧事的始终。“倒头”、安放骨灰盒、“出堂”时，集体哭灵。凡有亲友前来吊唁，须穿孝的在灵前边烧纸祭奠边哭，有亲友劝慰方停。出殡当天上午，亲友齐聚，孝子孝女常雇用唱歌班子的人代为哭灵。

八 出堂

中午就餐完出堂。出堂前先吃辞灵饺子。不用筷子，用手抓、意喻“抓财”。家里的男人和娶进门的女人都要吃，外人不许吃。女人们轮流用一双筷子，在供品中夹一筷子东西，装在没沿的柳编升里，用白纸蒙上包好，再用这双筷子穿两个馒头，由蒙着的纸处竖直插入升中，馒头露在外边，叫作“装罐”。将骨灰盒从灵堂放到棺罩里面去，叫出堂。供桌前盛纸灰的盆端到杠前，纸灰倒出包好带到坟地去。长孝子执“引魂幡”，其余孝子孝孙手拄哭丧棒，女眷到灵柩后上车等候。长媳乘第一辆车，怀中抱罐，其后依次是长子孙媳、次子媳、女儿、家族侄孙媳、娘家媳妇，也有把娘家媳妇安排在长子孙媳前的。

九 起灵

男支客发号令“起灵”，执幡者摔碎盛烧纸灰的盆，全场孝男孝女痛哭声骤起，灵柩起动。

十 送葬

送葬队伍前边放爆竹，意在告诉人们要出殡了。走在最前边的撒纸钱，其后是执事、吹鼓手、孝子、灵柩、载着女眷的送葬车。因火化广泛推行，棺罩里放骨灰盒，抬杠的人最多是八人杠。鼓乐队不进坟地。

十一 下葬

下葬时，鼓乐队在坟地外边吹奏一阵后返回。下葬时，先往坑底铺烧纸和纸灰，扔碎馒头和硬币。骨灰盒按山向放在坑里，材头放罐，亲属每人往坟中扔一把土。再有人跳到棺材盖上，抓一把刚埋的土，这叫“财土”。交给抱罐人带回家，放在炕席下，路上不与人说话。把坟堆成堆后，执幡的孝男把幡插在坟顶上，再拔三拔，即长三长，象征着后代步步高。

十二 圆坟

出殡后第三天“圆坟”，孝子身穿孝服到坟前，左右各转3圈，用秫秸折成3道门插在坟前，并把一碗饭菜埋在门内。此碗常被“偷走”，给孩子“压惊”，或希望孩子身体健壮，现已不多见。

十三 祭奠

死者去世后，家人在第35天（五七）、60天（六十）、1周年（周年）时，邀请亲属一起祭奠，清明节、麻姑节（农历七月十一或十五）、寒衣节（农历十月初一）自家人祭奠。

第三节 节日习俗

一 传统节日

春节 农历正月初一至初五是春节，中国传统农历新年，也是中国最隆重的节日。初一早晨，家家户户争先燃放鞭炮，互相拜年，并互祝“过年好”、“恭喜发财”等。正月初二后开始串亲戚。通常初二去岳父家，之后再去姥姥、姑、姨等亲戚处。正月初五也称“破五”，早晨起放鞭炮，打扫卫生，中午全家人要一起吃饺子。

元宵节 正月十五是元宵节，家家户户吃糯米包的元宵，可以蒸、炸、煎、煮等。每年县政府会组织民间花会会演。到了晚上，各单位、企业、店面将自制的各式彩灯汇集在县城中心地带，并附有灯谜供人赏猜。

二月二 二月初二也称“龙抬头”。这天吃饭都和龙扯上关系，吃面条是龙须，可以长寿；吃饺子是龙耳，可以耳聪；吃鸡蛋是龙眼，可保目明；吃米饭是龙籽，可以智力好能记数，等等。

清明节 4月5日是清明节，既属二十四节气之一，又是一个重要的民俗节日。清明这天扫墓祭祖。2007年，国家将清明节定为法定假期。清明节虽有定日，但前十天后十天均可过节。各学校也常会利于这机会组织学生去祭扫烈士墓，进行爱国主义和革命传统教育。

庙会 20世纪50年代，香河人有去平谷县丫髻山娘娘庙进香的习俗，伴有各道花会。丫髻山庙会从农历四月初一到四月十八。四月十五到四月二十八，是香河庙会的日子。四月二十八这天，人们在家摆酒庆祝，称“过庙”，因传说这天是王二奶奶生日。50年代后期，进香习俗中断，1987年后渐渐恢复，但只以物资交流和文娱活动为主。进入90年代，四月庙会只剩下二十八这天在家摆酒，接闺女回家过庙的习俗。

端午节 五月初五是端午节，为纪念战国中期爱国主义诗人屈原所设的节日。香河人称这一天为“五当（dàng）五”。这一天有吃粽子和煮鸡蛋的习惯。

中元节 民间七月十一是新麻姑日，是各家为当年七月十一日前亡故的人烧纸祭祀的日子。七月十五是陈麻姑日，为去年及以前亡故的人做麻姑烧纸祭祀。

七月十五日这一天也叫中元节，以前人们多有晚上放河灯的习惯。河灯是用半个西瓜皮，中心插蜡，点着后放入河中，任其漂流。

中秋节 八月十五是中秋节。中秋节这一天，全家人要尽量团聚在一起，过个月圆、人圆、食品圆的团圆节。晚上，全家人围坐在一起边赏月边吃月饼、糖饼、瓜果。如果遇有浮云遮月，人们非但不扫兴，反而增添情趣，有“八月十五云遮月，正月十五雪打灯”的说法，预兆着明年有个好的收成。

重阳节 九月九日是重阳节。老年人常在这一天组织登高、赏菊、郊游等活动。应节食品是菊花糕。

寒衣节 十月初一是寒衣节，即给亡故的亲人送寒衣的日子。这主要是后人对故去的老人表达一种哀思之情。寒衣节的晚上，人们把彩纸剪成的衣服装在纸糊的包袱中，并写上亡故人的姓名，到路口或村边火化。

腊月初一 腊月初一晚上家家要炒玉米花、瓜籽、花生。人们常说：“腊月初一蹦一蹦，孩子大人都没病。”

腊八 腊月初八，俗称腊八，人们有吃腊八粥的习惯。腊八这一天还有做腊八醋的习惯。

小年 香河地区称腊月二十三为小年。从二十三到三十，这几天人们都在紧锣密鼓地准备过年：“二十三，糖瓜沾；二十四，写大字（准备春联）；二十五，扫房土（搞卫生）；二十六，去打肉；二十七，宰年鸡；二十八，把面发（蒸团子、年糕、馒头）；二十九，全都有（准备齐全）；三十晚上坐一宿（守岁）。”

除夕 大年三十也叫除夕，除准备过节的丰盛午餐外，贴春联也是一项重要事项。大年三十的晚上，全家老少团圆，一块吃饺子。年三十晚上的饺子一般是多包多作，象征年年有余。三十晚上煮饺子前，各家各户都要燃放鞭炮，因时间接近，听起来鞭炮齐鸣，轰然作响，气势磅礴。吃饺子前，晚辈（一般是孙辈和没结婚的下辈）要给长辈叩头，名曰“辞岁”，长辈要给晚辈“压岁”钱，没出阁的闺女不叩头，但也能得到压岁钱。全家守岁时，一般是一边吃着花生瓜子糖果，一边观看电视春晚文艺节目。同宗或者近的本家之间要互相走一走，且长辈也要给晚辈压岁钱。

二 新中国节日

元旦 公元纪年的1月1日，又称元旦，始于辛亥革命后。国家机关、学校、工厂和企事业单位张灯结彩，影院及娱乐场所上演节目，以示庆贺。

国际“三八”妇女节 亦称“三八”节。3月8日这天，各机关团体的女职工休假半天，县各级妇联多举办座谈会和评比、表彰先进活动。

植树节 1979年五届全国人大常委会六次会议决定以3月12日为全国植树节。这一天前后，香河的党政机关、团体、学校、农村及各个阶层都会组织开展大规模植树活动。

国际劳动节 也称“五一”节，始于1880年。香河县自1951年开始，举办集会庆祝活动。

中国青年节 也称“五四”青年节。1949年12月，中央人民政府政务院正式宣布5月4日为中国青年节。1950年4月，团中央又确定5月4日同时作为中国共产主义青年团成立纪念日。中国共产主义青年团在节日期间组织“五四”座谈会、读书会、“文艺晚会、表彰先进会、举行新团员入团宣誓仪式等，对青年进行共产主义道德品质教育。

国际儿童节 6月1日是国际儿童节。全县小学及幼儿园组织各种文艺演出，师生共庆佳节。自1986年起，香河县教育局组织全县各小学参加庆“六一”文艺会演。

中国共产党诞生纪念日 7月1日是中国共产党诞生纪念日。各单位党的组织多举行小型座谈会和新党员的入党仪式等，对党员进行革命传统教育。

建军节 8月1日是建军节，又称“八一”建军节，县委和政府组织慰问团，向当地驻军、军事部门和烈军属慰问，开展全县性的拥军优属活动。

教师节 9月10日是教师节。1985年，香河县召开第一次教师节庆祝大会。教师节期间，县、乡、村各级领导到学校慰问，各学校也组织自己的庆祝活动。

国庆节 10月1日是国庆节。节日期间，县城内广场、主要街道两侧、各机关单位、学校内都摆放鲜花，装扮一新。

三　外来节日

随着对外开放的扩大、网络发展和经济全球化的影响，西方一些文化思潮也在不断地渗透，一些外来节日习俗也在年轻一代身上迅速传播。

情人节　2 月 14 日是情人节。情人节期间情侣间互赠玫瑰鲜花、巧克力。

母亲节　5 月的第二个星期日是母亲节。在这一天，人们会送给母亲鲜花、蛋糕等礼物，许多儿童会尝试着亲手为母亲做饭、洗脸、化妆，有的还为母亲演奏歌曲、绘制图画，让母亲快乐地过节。

护士节　5 月 12 日是国际护士节。这一天，香河县城内的各大医院都举行隆重的纪念联欢活动。

父亲节　6 月的第三个星期日是父亲节。孩子们会在父亲节送给父亲礼物表达爱心。

圣诞节　12 月 25 日是圣诞节。圣诞节的头天夜里是平安夜，学生为老师赠送平安果（用各种彩纸包裹苹果、橙子），同学朋友间也互送送平安果及其他小礼物。圣诞节当天朋友间也会互送小礼物。

第四节　礼仪习俗

一　问候

乡邻间问候，一般是晚辈先开口，内容因时间地点不同而异，称呼前加“您”，以示尊敬。朋友间较随意。如一段时间未见，再见面问候常互相关心对方近况，并对家人致以祝福。握手礼在新中国成立后较普遍，拥抱只限于亲近的人之间。

二　待客

随着生活水平的提高，通讯工具的发达，客人到访前通常会联系主人，约定时间。主人提前适当布置客厅，以示尊重。宾主间言谈、举止讲究礼貌礼节。介绍晚辈时，晚辈对客人有礼貌的打招呼，并主动倒茶，准备新鲜水果。旧时讲究敬烟敬茶，现代人注重健康，在做客时抽烟的已不多见。留客用饭，请客人坐主位，主动为客人布菜、添饭。饭后通常饮茶消食。客人告辞时，主人反复挽留。客人走时，主人送至大门外，待客人走远后方返回。

三　服务

宾馆、酒店等服务业的礼仪要求比较严格。服务人员着统一服装，微笑服务，举止端庄、动作文明。迎客在前，送客在后，不与客人抢道，不在客人中穿行。进入客房先敲门，对待询问积极作答。与客人交谈使用礼貌用语，欢迎语、问候语亲切热情：如“欢迎您来到我们酒店”“欢迎光临”“您好”“早安”“早上好”“午安”“下午好”“晚上好”“路上辛苦了”，等等。应答语、征询语简单明了：如“好的，我明白了”“不要客气”“没关系，这是我应该做的”“请问您有什么事吗”“需要我帮您做点什么吗”“您还有别的事情吗，请您告诉我”。道谢语、道歉语真诚：如“谢谢”“非常感谢”“对不起”“请您原谅”“打扰您了”“失礼了，多多原谅”等。告别语富有情感：如“再见”“晚安”“明天见”“祝您旅途愉快”“祝您一路平安”“欢迎您下次再来”，等等。

四　庆典、接待

在大型庆典活动中，有专门的司仪和礼仪服务人员。由礼仪服务员导引各级领导和重要来宾至指定位置。握手伸手时，上级在先、主人在先、长者在先、女性在先。握手时先脱去手套，用普通站姿，目视对方，大方热情，面带微笑，不卑不亢。握手力度不宜过猛或过轻，要适度。伸手时同性之间地位高的先向地位低的伸手，年长的先向年轻的伸手，异性间女性先向男性伸手。握手时不同时握两个人的手，不当面擦手。握手时间一般是在 2～5 秒之间。

递名片时，先递给长辈或者上级，文字向前方，双手递出，一边递一边清楚地说出自己的姓名。接对方名片时，双手去接，拿到手后马上看，正确记住对方姓名后，妥善保管收到的名片。如遇对方名片上有难认的文字，可以自谦地马上询问。

接待场合常要介绍双方人员。介绍时按照职务、地位、年龄的高低顺序。男女同行时，在地位、身份没有多大分别的情况下，先介绍女性。

庆典或接待引领宾客行进时，引领人员走在左侧，单行行进时，引领人员走在客人左前方约一米左右的位置，让客人在自己的右侧。几人同行时，中间为上宾，行进的速度与对方相协调。

陪同来宾在路上行走时，让女士走在内侧。至门前或电梯前主动开门让客人先行。上楼时让客人在前，下楼时让客人在后。遇有年龄较大的客人，适当搀扶。

至接待室让客人先落座，接待人员再坐下。

为来宾送行时，视身份、地位、职务或具体情况送到合适的地点，有的需要直接送到宾客来处，有的需要送到县境，有的要送到接待场合的大门口。与客人告别时，热情大方，并表达欢迎经常光临之意。

五　新兴习俗

（一）电子祝福

20 世纪 90 年代，电话拜年风兴起。2005 年后，兴起发短信拜年、节日问候热。人们把祝福语言、流行雅段、幽默诙谐短语、问候语、笑话等通过手机点发或群发给所有亲朋好友，以此联络感情，增进友谊。

（二）祝寿宴请

被祝寿者一定是家中辈分最高的。做寿规模大小，依家庭条件而定。有条件的家庭，邀请亲朋好友，开宴庆祝，条件一般的家庭，只自家庆祝一下。无论规模大小，都有吃长寿面、煮鸡蛋的习俗。

20 世纪 90 年代中期，县城的蛋糕制作店还很少，只有一两家，城镇居民过生日时送蛋糕的也是少数，农村基本上没有这种习俗。90 年代后期，城乡一些小康之家渐渐兴起过生日之风。城镇居民生日送蛋糕的越来越多，农村也有许多经济条件好的家庭讲究生日送蛋糕了。届时亲朋好友欢聚一堂，随送礼品、分吃生日蛋糕。21 世纪初，城镇居民中 90%以上家庭在生日、寿日送蛋糕，农村达到 30～40%的家庭。吃蛋糕前点燃蜡烛，许下心愿，然后一口气吹灭所有蜡烛。

第五章　方　言

第一节　语　音

香河县属北京官话区。香河县的语音、词汇、语法系统与北京话基本相同。渠口镇、刘宋镇以东部分村庄与天津市宝坻区的语音相近；安平镇一带类似通州区的语音；县城地区及县南、县北的语音较为标准。不同之处：古影疑二母开口一、二等字多加声母 n；古知、庄、章三组声母字中的个别字如策，香河方言读［ts’ɤ^{51}］；个别字声调不同，特别是古清八字，如革、国、福、幅、节、刮等，香河方言读音均为 214 调值，速为 35 调值。

香河县城关话与普通话读音对照表

表 4-5-1

项目	字例	普通话读音	香河县载官话读音
普通话开口呼零声字母	袄棉～袄	ǎo〔au^{214}〕	nǎo〔nau^{214}〕
	熬～夜	áo〔au^{35}〕	náo〔nau^{35}〕
	案～件	àn〔an^{51}〕	nàn〔nan^{51}〕
	河～岸	àn〔an^{51}〕	nàn〔nan^{51}〕
	挨～打	ái〔ai^{35}〕	nái〔nai^{35}〕
	安～全	ān〔an^{55}〕	nān〔nai^{55}〕
普通话开口呼零声字母	矮高～矮	ǎi〔ai^{214}〕	nǎi〔nai^{214}〕
	爱～护	ài〔ai^{51}〕	nài〔nai^{51}〕
	按～照	àn〔an^{51}〕	nàn〔nan^{51}〕
	肮～脏	āng〔a^{55}〕	nāng〔na^{55}〕
	昂～扬	áng〔a^{35}〕	náng〔na^{35}〕
	鹅～毛	é〔ɤ^{35}〕	né〔nɤ^{35}〕
	饿饥～饿	è〔ɤ^{51}〕	nè〔nɤ^{51}〕
	恶～心	ě〔ɤ^{214}〕	ně〔nɤ^{214}〕
	恩～人	ēn〔n^{55}〕	nē〔nn^{55}〕
	摁～钉儿	èn〔n^{51}〕	nèn〔nn^{51}〕
	怄～气	òu〔on^{51}〕	nǒu〔nou^{51}〕
	藕～粉	ǒu〔ou^{214}〕	nǒu〔nou^{214}〕

续表 4-5-1

项目	字例	普通话读音	香河县载官话读音
普通话少数齿音字	责～任	zé (tsɤ^{35})	zhé (tɤ^{35})
	择选～择	zé (tsɤ^{35})	zhé (tɤ^{35})
	厕～所	cè (ts‘ɤ^{51})	chè (t‘ɤ^{51})
	暂～时	zàn (tsan^{51})	zhàn (tan^{51})
其他	波～涛	bō (po^{55})	pō (p‘o^{35})
	哺～育	bǔ (pu^{214})	pǔ (p‘u^{214})
	朵花～朵	duǒ (tuo^{214})	tuǒ (t‘uo^{214})
	缔取～缔	dì (ti^{51})	tì (t‘i^{51})
	泊湖～泊	pō (p‘o^{55})	bò (p‘o^{51})
	碌～碡	liù (liou^{51})	niù (niou^{51})
	缰～绳	jiāng (tia^{55})	gāng (ka^{55})
	俊～俏	jùn (tyn^{51})	zùn (tsun^{51})
	膝～下	xī (i^{55})	qī (t‘i^{55})
	扬～场	yáng (ia^{35})	ráng (a^{35})

香河县个别字声调及读音差异表

表 4-5-2

字例	普通话读音	香河方言读音
会	huì (xuei^{51})	hèi (xei^{51})
啥	shá (A^{35})	há (xA^{35})
谁	shuí (uei^{35})	héi (xei^{35})
革	gé (kɤ^{35})	gě (kɤ^{214})
国	guó (kuo^{35})	guǒ (kuo^{214})
福	fú (fu^{35})	fǔ (fu^{214})
节	jié (ti^{35})	jiě (ti^{214})
速	sù (su^{51})	sú (su^{35})
刮	guā (kuA^{55})	guǎ (kuA^{214})
趣	qù (t‘y^{51})	qǔ (t‘y^{214})
就	jiù (tiou^{51})	zoù (tou^{51})

香河县地名沿袭读音表

表 4-5-3

地名	普通话读音	香河方言读音
谭家务	tán jiā wù (t‘an^{35}tiA^{55}u^{51})	tán jiā fǔ (t‘an^{35}tiA^{55}fu^{214})
店子务	diàn zi wù (tiɛn^{51}tslu^{51})	diàn zi fǔ (tiɛntsfu)
戴家阁	dài jiā gé (tai^{51}tiA^{55}kɤ^{35})	dài jia gǎo (tai^{51}tiA kar^{214})
乔各庄	qiáo gè zhuāng (t‘iau^{35}kɤ^{51}tua^{55})	qiáo gè zhuǎng (t‘iau^{35}kɤ^{51}ta^{214})
前独立庄	qián dú li zhuāng (t‘iɛn^{35}tu^{35}li^{51}tua^{55})	qián dú zhuǎng (t‘iɛn^{35}tu^{35}ta^{214})
魏家滩	wèi jiā tān (uei^{51}tiA^{55}t‘an^{55})	wèi jia tanr (uei^{51}tiA t‘er^{214})
土门楼	tǔ mé lóu (t‘u^{214}mn^{35}lou^{35})	tǔ mén lòur (t‘u^{214}mn^{35}lour^{51})
土堡子	tǔ pù zi (t‘u^{214}p‘u^{51}ts)	tǔ fǔ zi (t‘u^{214}fu^{214}ts)

第二节 词 汇

香河地区的方言词汇极为丰富，与普通话比较，在语音、语调、用字、语序方面都有差异。

香河方言与普通话对照表

表 4-5-4

方言		本地读音	普通话注释
时间	明儿个	míngr ge	明天
	今儿个	jīnr ge	今天
	昨儿个	zuór ge	昨天
	列儿个	lièr ge	昨天
	月亮地儿	yuè liàng dìr	有月光的夜晚
	五逢六月儿	wǔ féng liù yuer	五六月
	黑灯瞎火	hēi dēng xiā huǒ	夜晚
	成宿儿	chéng xiǔr	整夜
	晌活	shǎng huo	中午
	晌活歪	shǎng huo wāi	中午 12 点以后
	前晌儿	qián shǎngr	上午
	后晌儿	hòu shǎngr	下午
	侯晌	hóu shang	晚上
	起小儿	qǐ xiǎor	从小
	帮黑届儿	bāng hēi jièr	傍晚
口语	天头	tiān tou	天气
	改儿见	gǎir jiàn	再见
	干嘛喈	gàn má jie	干什么去
	知不道	zhī bū dào	不知道
	起不来	qǐ bù lāi	起不来
	揍不	zòu bu	就不
	干啥	gàn shá	干什么
	膀盯着	bǎng dīng zhe	从头到尾总是
	家走	jiā zǒu	回家
	稀罕	xī han	喜欢
	好着呢	hǎo zhe ne	谈着呢（指谈对象）
	好儿去了	hǎor qù le	非常好
	日头	rí tou	太阳
	觉着	jiǎo zhe	觉得
	赶趟儿	gǎng tàngr	来得及
	胡诌白咧	hú zhōu bái liě	没有根据地乱说
	死气百咧	sǐ qì bái liē	一根筋的～～非要怎么地
	不大离儿	bū dà lír	差不多

续表 4-5-4

方言		本地读音	普通话注释
口语	怨不得	yuàn bū dé	怪不得
	左呗	zuō bei	反正
	哼	hēng	可能，也许
称谓	大爷	dà ye	大伯
	亲家	qìng jia	亲家公
	亲奶奶	qìng nǎi nai	亲家母
	自个儿	zì gěr	自己
	老丈杆子	lǎo zhàng gān zi	岳父
	老丈人	lǎo zhàng ren	岳父
	丈母娘	zhàng mǔ niáng	岳母
	老娘婆	lǎo niáng pó	接生婆
	光棍儿	guāng gùnr	单身男人
	先生	xiān sheng	医生
	妗子	jìn zi	舅妈、舅母
	小妗子	xiǎo jìn zi	小舅子的妻子
	叔	shōu	叔
	兄弟	xiōng dai	弟弟
	老囡子	lǎo nǎn zi	老太太
	客	qiě	客人
	担儿挑	dànr tiāo	小姨子或大姨子的老公
	丫头片子	yā tou piàn zi	小姑娘
	的哥儿	dī gēr	男性出租车司机
	的姐儿	dī jiěr	女性出租车司机
	款儿爷	kuǎnr yé	有钱的人
	大款	dà kuǎn	有钱的人
动物	黄烂子	huáng làn zi	鹌鹑
	蝎里虎子	xiē le hǔ zi	壁虎
	园屁虎	yuán pì hu	蝙蝠
	马嘎	mǎ gá	蝉
	马儿了	mǎ jī liǎo	蝉
	小热热儿	xiǎo rè rèr	蝉
	知了	zhī liǎo	蝉
	肉牛儿	ròu niúr	蝉蛹
	疥尕	jiè gǎ	蟾蜍
	蚧蛤蟆	jiè há mo	蟾蜍
	癞蛤蟆	lài há mo	蟾蜍
	叫驴	jiào lǘ	公驴
	儿马	ér mǎ	公马

续表 4-5-4

方言		本地读音	普通话注释
动物	郎猫	lāng māo	公猫
	牤牛	māng niu	公牛
	跑栏	pǎo lán	公猪
	蚂蚱	mà zheng	蝗虫
	耗子	hào zi	老鼠
	家八	jiā bā	麻雀
	草驴	cǎo lǘ	母驴
	屎壳郎	shǐ ke làng	蜣螂
	蛤蟆	há mo	青蛙
	蚂蛉	mā ling	蜻蜓
	蛐蛇	qǔ she	蚯蚓
	长虫	cháng chong	蛇
	牲口	shēng kou	牲畜
	蚂屁	mā pi	水蛭
	刀螂	dāo lang	螳螂
	香螺子	xiāng luó zi	田螺
	地排子	dì pǎi zi	田鼠
	虼蚤	gè zi	跳蚤
	狗蹦子	gǒu bèng zi	跳蚤
	马蛇子	mǎ shé zi	蜥蜴
	蛐蛐儿	qū qur	蟋蟀
	蛛蛛	zhú zhu	蜘蛛
	爬子	pǎ zi	种公羊
	小麦穗儿	xiǎo mài suìr	小鱼
	小旁豆儿	xiǎo páng dòur	比小麦穗儿小的黄色小鱼
	小肉棍儿	xiǎo ròu gùnr	比小麦穗儿小的黄色小鱼
	鲫瓜子	jǔ guā zi	鲫鱼
	副铁儿	fù tiěr	蝴蝶
	咕喽蝈	gù lou guō	样子难看的蝴蝶
	虾爬子	xiā pá zi	皮皮虾
植物	秫秸花儿	shóu jiè huār	蜀葵花
	苍子	cǎng zer	苍耳子
	婆婆丁儿	pó po dīngr	蒲公英
	转莲	zhuàn lián	向日葵
	指根草	zhǐ gēn cǎo	凤仙花
	蚂蛉菜	mā líng cài	马齿苋
	棒子	bàng zi	玉米
	倭瓜	wō gua	南瓜

续表 4-5-4

方言		本地读音	普通话注释
植物	花生	huā shēn	花生
	土豆	tǔ dòu	马铃薯
	转日莲	zhuàn rì lián	向日葵
日用用	钢铝锅	gāng lǜ guō	铝锅
	洋火	yáng huǒ	火柴
	起灯儿	qǐ dēngr	火柴
	手巴掌	shǒu bā zhang	手套
	胰子	yí zi	肥皂
	电棒儿	diàn bàngr	手电筒
	起子	qǐ zi	小苏打
	趿拉板	tā la bǎnr	拖鞋
	水筲	shuǐ shāo	水桶
	褯子	jiè zi	尿布
	月亮牌儿	yuè liang páir	日历
	金镏子	jīn liù zi	金戒指
	针锥	zhēn zhuī	纳鞋底用的锥子
	顶根儿	dǐng genr	顶针
	开气儿	kāi qìr	上衣或裙子的开口处
	搌布	zhǎn bù	抹布
	拢梳	lǒng shu	梳子
	三马子	sān mǎ zi	机动三轮车
	狗骑兔子	gǒu qí tù zi	柴油农用三轮车
	三蹦子	sān bēng zi	柴油农用三轮车
	摩的	mó dī	三轮出租车
	大裤衩儿	dà kù chǎr	短裤
	铺盖	pū gài	被褥
	茅房	máo fáng	厕所
	茅厕	máo cè	厕所
	坎肩儿	kǎn jiānr	马甲
	蛇皮袋儿	shé pí dàir	塑料编织袋
	洋灰	yáng hūi	水泥
	洋车	yáng chē	自行车
生活用语	开板儿	kāi bǎnr	商店开始营业
	包了儿	bāo liǎor	全部买下
	来和	lái hú	用纸牌赌博
	炕角头	kàng jiǎo tou	炕靠烟囱的一侧
	锛儿头	bēnr tóu	前额凸起
	顶	dǐng	头发旋起儿

续表 4-5-4

方言		本地读音	普通话注释
生活用语	眵目糊	chī mo hū	眼屎
	耳残	ěr cán	耳屎
	胳肢	gé zhe	用手搔弄使人痒而发笑
	坎儿	kǎnr	指老年人 73、84 岁
	挪骚窝儿	nuó sāo wōr	满月抱孩子回娘家
	把屎	bǎ shǐ	端抱着小孩使其解大便
	扎母腾	zhā mǔ ting	潜水
	挨鼻儿	nái bír	受批评
	听听	tīng ting	用鼻子闻
	嘀咕	dí gu	放心不下
	瞎掰	xiā bāi	瞎说
	撺掇	cuān de	怂恿
	竟大意儿	jìng dà yìr	故意
	嘎杂琉球儿	gǎ za liú qiúr	调皮捣蛋的人
	下三烂	xià si làn	庸俗下贱的人、传闲话的人
	落道帮子	lào dao bāng zi	游手好闲、不务正业的人
	甩子骨	shuǎi zi gǔ	不务正业的人
	蔫土匪	niān tǔ fěi	耍手段而不务正业的人
	寒碜	hán chan	穿得脏破；长得难看；办事不体面
	消停	xiāo ting	平静
	刷利	shuà li	办事利索
	不着调	bù zhāo diào	不认真、不可靠
	二糊	èr hu	没把握，不肯定
	瘆人	shèn rén	令人恐怖
	能耐梗	néng nài geng	假充有本领
	寸劲儿	cùn jìnr	碰巧
	浑	hún	不讲道理
	轴	zhóu	脾气倔，心眼儿死
	抠门儿	kōu ménr	吝啬
	嘬瘪子	zuō biě zi	感到为难
	二了八荡的	èr le bā dàng de	办事不努力、不可靠
	烂糊	làn hu	做饭时间长把食物做得很软
	膈应	gè ying	讨厌
	腻歪人	nì wai rén	让人讨厌
	做水	zuò shǔi	烧水
	瞎日儿日儿	xiā rīr rir	瞎说
	砢碜	kē chen	难看
	揍性	zòu xing	德行

续表 4-5-4

方言		本地读音	普通话注释
生活用语	妨人	fāng rén	克别人
	绸衣服	chóu yī fu	洗衣服
	手丫子	shǒu yā zi	手
	脚丫子	jiǎo yā zi	脚
	撇了	piě le	扔了
	大屎包	dà shǐ bāo	能吃的人
	磨叽	mò ji	做事太慢
	败家子儿	bài jiā zǐr	好吃懒做的人
	窟窿	kū long	外债
	跋只	bá zhi	踩
	难揍	nán zòu	坏
	胡噜	hú lu	用手打扫；打人
	抹擦抹擦	mā ca mā ca	擦
	脖搂子	bó lōu zi	耳光
	掴的	guāi de	弹弹
	打瑟	dá se	弹弹；打扫
	仁义	rén yi	有礼貌，懂事
	牙碜	yā chen	食物中夹杂着沙子
	白眼儿狼	bái yǎnr láng	不孝顺的孩子
	趁	chèn	有
	不是啥省油儿的灯	bū shì shá shěng yóur dè dēng	不好惹
	闷得儿蜜	mēn der mì	睡觉
	大沿儿帽	dà yánr mào	警察
	拿大顶	ná dà dǐng	倒立
	炮儿灯	pàor dēng	说话不算话
	欠儿灯	qiànr dēng	闲不住
	拉虎	lǎ hu	马虎，毛躁
	打个卯	dǎ ge mǎo	转悠一下就回来
	胡数八遛	hú shǔ bā liū	说脏话
	裹乱	guǒ luàn	捣乱，添乱
	小玩儿闹	xiǎo wánr nào	流氓、无赖
	革儿喽着	gér lou zhe	让小孩骑在脖子上
	玩儿蝎了虎子	wánr xiē le hǔ zi	耍滑头
	哩个儿楞	lī gèr lēng	耍花招
	作	zuō	没事找事儿
	幺蛾子	yāo é zi	坏主意，鬼点子
	秃噜	tū lu	破；退缩
	屁股	pì huo	臀部

续表 4-5-4

方言		本地读音	普通话注释
生活用语	娄帮子	lóu bāng zi	二百五
	撩	liāo	跑
	没臊	méi sào	不知羞
	捯饬	dáo chi	打扮
	硌窝儿	gè wōr	指鸡蛋、鸭蛋在出窝之前受到破损
	打水漂儿	dǎ shuǐ piāor	浪费了，糟践了
	搂搂	lōu lou	看看
	餐	cèi	吃，也表示摔了
	糟践	zāo jin	糟蹋
	逗闷子	dòu mèn zi	解闷
	贫	pín	形容一个人话太多，惹人烦
	肝儿颤	gānr chàn	害怕
	怂	sóng	窝囊，害怕
	嘎	gǎ	小孩淘气
	垫波	diàn bo	吃点东西
食物	白果儿	bái guǒr	鸡蛋
	菜饽饽	cài bō bo	玉米面菜团子
	粥嘎渣儿	zhōu gā zhar	熬粥时锅底结的锅巴
	积酸菜	jī suān cài	将白菜腌酸
	干饭	gān fàn	米饭
	熬肉	nāo ròu	炖肉
	熬鱼	nāo yú	炖鱼
	馅儿饸子	xiàner hé zi	馅儿饼
农耕	土坷垃	tǔ kē le	土块
	杀地	shā dì	秋后翻地
	掐谷子	qiā gǔ zi	摘谷穗

第三节 俗 语

一 农谚类俗语

天上鱼鳞云，地上雨淋淋。
燕子低飞蛇过道，老太太叫鸡雨来到。
朝霞不出门，晚霞行千里。
一场秋雨一场寒，十场秋雨要穿棉。
七月十五枣红圈，八月十五枣落杆。
八月十五云遮月，正月十五雪打灯。
冬天麦盖三层被，来年枕着馒头睡。
腊七腊八，冻死寒鸦；腊九腊十，冻死小人。
风后暖，雪后寒。
饿不死的和尚，旱不死的葱。
人误地一时，地误人一年。
庄稼一枝花，全靠粪当家。
头伏萝卜二伏菜，三伏有雨多种麦。
先下牛毛无大雨，后下牛毛不晴天。
种地不上粪，等于瞎胡混。
霜降不出葱，必定葱心空。
立冬不出菜，必定受冻害。

稀留密，密留稀，不稀不密留大的。

二　事理类俗语

良药苦口利于病，忠言逆耳利于行。
只要功夫深，铁杵磨成针。
脚正不怕鞋歪。
吃一堑长一智。
人往高处走，水往低处流。
浪子回头金不换。
白日不做亏心事，夜半不怕鬼叫门。
好汉不吃眼前亏。
不蒸包子争口气。
心急吃不了热豆腐。
枪打出头鸟。
人怕出名猪怕壮。
树大招风。
儿不嫌母丑，狗不嫌家贫。
不当家不知柴米贵，不养儿不知父母恩。
与人方便自己方便。
帮人帮到底，送佛送到西。
大人不记小人过，宰相肚里能撑船。
打人别打脸，骂人别揭短。
宁跟明白人打顿架，不跟糊涂人说句话。
吃人家嘴短，拿人家手短。
画龙画虎难画骨，知人知面不知心。
路遥知马力，日久见人心。
明枪易躲，暗箭难防。
人善被人欺，马善被人骑。
念完经打和尚。
卸磨杀驴。
伴君如伴虎。
三个臭皮匠赛过诸葛亮。
兄弟同心，其利断金。
打虎亲兄弟，上阵父子兵。
打开天窗说亮话。
没有不透风的墙。
若要人不知，除非己莫为。
响鼓不用重锤。
早起的鸟有虫吃。
没有金刚钻，别揽瓷器活。
好钢用在刀刃上。
卤水点豆腐，一物降一物。
有理走遍天下，无理寸步难行。
当局者迷，旁观者清。
不怕不识货，就怕货比货。
人比人得死，货比货得扔。
人外有人，天外有天。
人不可貌相，海水不可斗量。
人无千日好，花无百日红。
世上无难事，只怕有心人。
近朱者赤，近墨者黑。
久在河边站，哪有不湿鞋？
阎王好见，小鬼难缠。
大难不死，必有后福。
此地无银三百两。
聪明反被聪明误。
人有失手，马有漏蹄。
老虎也有打盹的时候。
书读百遍，其义自现。
不怕慢，就怕站。
巧妇难为无米之炊。
鱼儿离不开水，瓜儿离不开秧。
双桥好走，独木难行。
姜还是老的辣。
包子有肉不在褶上。
狗咬吕洞宾，不识好人心。
鸡多不下蛋，人多瞎捣乱。
拿着鸡毛当令箭。
山中无老虎，猴子称大王。
没有规矩不成方圆。
砍的不如旋的圆。
敬酒不吃吃罚酒。
一朝天子一朝臣。

三　生活类俗语

二八月，乱穿衣。
好吃不如饺子，舒服不如倒着。
碗大勺有准。
在家千日好，出门一日难。
人穷志短，马瘦毛长。
咬人的狗不叫。
春困秋乏夏打盹，睡不醒的冬三月。
人是铁饭是钢，一顿不吃饿得慌。
买的没有卖的精。

甘蔗没有两头甜。
无事不登三宝殿。
金窝银窝，不如自己的狗窝。
八里地赶趟嘴，不如在家喝凉水。
穷家富路。
万事开头难。
好事不出门，坏事传千里。
佛靠金装，人靠衣装。
人挪活，树挪死。
吃不穷穿不穷，算计不到才受穷。
有钱不买半年闲。
千金难买早知道。
萝卜快了不洗泥。
内行看门道，外行看热闹。
三百六十行，行行出状元。
行家一伸手，便知有没有。
隔行如隔山。
矬子里面拔将军。
眼不见心不烦。

四　养生类俗语

饭后百步走，能活九十九。
笑一笑十年少，愁一愁白了头。
萝卜就茶，气的大夫满地爬。
人过四十天过午。
少吃一口，舒服一宿。
千金难买老来瘦。
三分吃药七分养。
桃养人，杏伤人，李子树下埋死人。

五　歇后语

竹篮打水——一场空。
麻杆打狼——两头害怕。
骑驴看账本——走着瞧。
兔子的尾巴——长不了。
隔着门缝看人——把人看扁了。
铁路警察——各管一段。
肉包子打狗——一去不回头。
大姑娘上轿——头一回。
秋后的蚂蚱——蹦跶不了几天了。
天桥把式——光说不练。
老鼠过街——人人喊打。
丈二的和尚——摸不着头脑。
瞎子点灯——白费蜡。
泥菩萨过河——自身难保。
王八吃秤砣——铁了心了。
大水冲了龙王庙——一家人不认一家人。
老虎的屁股——摸不得。
丫鬟带钥匙——当家做不了主。
洗脸盆子里扎猛子——不知深浅。
被窝里放屁——独吞。
脱了裤子放屁——多此一举。
隔着门缝吹喇叭——名声在外。
一张纸画个鼻子——好大的脸。
老鼠拉木锨——大头在后面。
擀面杖吹火——一窍不通。
猪八戒照镜子——里外不是人。
小葱拌豆腐——一清二白。
老鼠进风箱——两头受气。
芝麻开花——节节高。
剃头挑子——一头热。
铁丝穿豆腐——提不起来。
懒婆娘的裹脚布——又臭又长。
秃子头上的虱子——明摆着。
茅坑里的石头——又臭又硬。
麻子照镜子——个人观点。
狗掀门帘——全凭一张嘴。
狗带嚼子——胡勒。
西瓜皮擦屁股——一塌糊涂。
没头的苍蝇——乱撞。
狗拿耗子——多管闲事。
阎王爷贴告示——鬼话连篇。
黄鼠狼给鸡拜年——没安好心。
听评书落泪——替古人担忧。
周瑜打黄盖——一个愿打一个愿挨。
张飞穿针——大眼瞪小眼。
刘备摔孩子——收买人心。
姜太公钓鱼——愿者上钩。
孙猴子上天——慌了神。
司马昭之心——路人皆知。
张飞吃豆芽——小菜一碟。
六月天，孩儿脸——说变就变。
高射炮打蚊子——大材小用。
十五个吊桶打水——七上八下。

霜打的茄子——蔫了。
屎壳郎戴花——臭美。

六　谐音类俗语

梁山的军师——无（吴）用。
腊月生日——动（冻）手动（冻）脚。
老虎拉车——谁敢（赶）？
秃和尚打伞——无法（发）无天。
罗锅上山——钱（前）紧。
飞机上挂暖壶——水平（水瓶）高。
猪鼻子插大葱——装相（象）。
外甥打灯笼——照旧（舅）。
老太太上鸡架——笨（奔）蛋。
猪八戒摔耙子——不伺候（猴）。
孔夫子搬家——尽是输（书）。
旗杆上绑鸡毛——好大的胆（掸）子。
嗑瓜子磕出个臭虫——什么人（仁）都有。
蝎子拉屎——独（毒）一份。
猴吃麻花——满（蛮）拧

第四节　新兴词语

一　政界新词语

八荣八耻　三讲教育　“三个代表”重要思想　科学发展观　和谐社会　小康　公务员　新农村建设　先进性教育电视电话会议　可持续发展　综合国力　与时俱进　增收节支　医保　新农合　双赢　送温暖　以人为本接轨　对接　构建　聚焦　助推器　突破瓶颈　降低门槛　解读　定位　到位　强强对话　裸官

二　经济新词语

彩民　充值　股市　股民　拍卖　经济杠杆　结构工资　价格战　金融危机　泡沫经济　金融风暴　保额　投资银行　理财产品　网络银行　网络购物　不良贷款　便利店　楼市　跃层　楼盘　按揭　首付贷款　廉租房　套牢　崩盘　救市　牛市　熊市　K线　操盘手　基金　炒股　炒房　下海　原始股　滑坡　跳水　捆绑销售　零利率　猎头　卖点　软着陆　做大蛋糕　打造行业“航母”　水货　行货　光伏效应　产业链　第一桶金　环比增长　文化产业　高管

三　健康新词语

手足口病　艾滋病　厌食症　禽流感　非典　三高（高血脂、高血压、高血糖）症　健身瑜伽　水疗　磁疗　足疗

四　科技新词语

短信　微信　飞信　电子商务　克隆　试管婴儿　温室效应　液晶显示器　太空行走　太阳能　光伏技术　信息技术　虚拟　基因　转基因　空间站　蓝牙　纳米技术　白色农业　办公自动化　无纸化办公磁悬浮　干细胞　干扰素　软件　电子污染

五　教育新词语

高考移民　职业教育　应试教育　考研　社会办学　私立学校　多媒体教学　素质教育　择校生　普九普招　扩招　家教　陪读　减负　终身教育　老年大学　校校通工程　远程教学　自主学习　课件　枪手（替考者）

六　交通新词语

交强险　高速　外环　内环　国道　省道　高铁　轻轨　酒驾　临牌　套牌　燃油税　国航　招飞　空姐　空难　失联　提速　动车　轨道交通　代驾　摇号

七　生活新词语

超女　传销　直销　同居　分居　试婚　丁克　朋克　社区服务　超市　信用卡　银行卡　刷卡　公务卡　购物卡　IP 卡　IC 卡　买单　空头支票　黄昏恋　走红　全职　兼职　钟点工　家政服务　下岗再就业　司仪　选秀　充电　股民　网民　黄金周　保洁　搬家公司　护工　AA 制　拼车　拼客　放鹰碰瓷　准爸爸　准妈妈　二奶　小三　团购　留守儿童　空巢老人　物业搞定　打的　家庭暴力　家庭影院　偶像剧　假日经济　另类　作秀　大款　大腕　托儿　忽悠入围　生猛　花心　煲电话粥　派对房奴　车奴装嫩　桑拿　洗浴中心　饭局　晨练　广场舞　神曲　雾霾　PM2.5　潜规则　山寨　自驾游落地签证

八　服饰新词语

保暖内衣　羊绒衫　羽绒服　羽绒被　蚕丝被　竹纤维　竹炭绒　莫代尔　休闲装　布艺床品　韩服修身　家居服　正装　冰丝　婚纱　套装　马丁靴　松糕鞋　丝袜　牛仔裤　打底裤　哈伦裤　铅笔裤　卫衣　哈衣

九　电器新词语

电动车　笔记本（电脑）　电磁炉　电饭煲　电饼铛　微波炉　电烤箱　全自动洗衣机　液晶电视　小灵通　手机　随身听　数码相机　DV（数码摄像机）　单反（照相机）　数字电视　有线电视　浴霸　吸尘器　掌上电脑　MP3　MP4　MP5　点读机　学习机　豆浆机　榨汁机　加湿器　洗碗机　消毒柜　饮水机

十　饮食新词语

绿色食品　垃圾食品　色拉油　调和油　鸡精　速冻食品　快餐　外卖　大棚菜　反季蔬菜　素食主义纯净水　甜品　桶装水　防腐剂　苏丹红　三聚氰胺　烤吧　涮吧　自助餐　食品添加剂　反式脂肪酸

十一　网络新词语

主页　网页　博客　发帖　跟帖　沙发(第一个发言的位置)　搜索引擎　粉丝　网吧　闪(躲避)　有巢氏(有房族)　动漫　网络歌手　网购　网银　网友　宽带　网虫　GG(哥哥)　MM(美眉，漂亮姑娘)QQ（聊天工具）　PK（比拼）　追星族　坛子（论坛）　楼主（发起聊天主题的人）　顶楼（第一个帖）　插楼歪楼　楼上楼下　保持队形（回复帖要和楼上一样）　隔壁（论坛中的另外一个主题）　爬墙头（只光看帖子，但是不发言）　顶（支持）　灌水（发无关紧要的帖子）　拍砖（指提意见、批评、点评等等）　路过（随便看了一下帖子而已）　菜鸟　马甲（一个人的多个 ID）　新蚊连啵（被无数的蚊子咬了）　斑竹、板猪（版主，论坛版块的管理人员）　粉（很）　月光族（每月的个人收入全部消费掉，月存款额为零。特指收入较高但无存款的白领消费族）　负翁（“富翁”的同音。特指贷款消费族。比如贷款买房、贷款买车。“负”，欠别人的钱。负翁特指男性）　JJWW（叽叽歪歪）　BT（变态）　表（不要）　晕（看不懂）　闪客　靓号（号码不错的 QQ 号）

第六章　宗教信仰

第一节　域内宗教

香河县的宗教种类主要有佛教、伊斯兰教、天主教、基督教。2008 年底，全县信教群众 4994 人。其中，佛教 213 人，伊斯兰教 3023 人（主要是回族群众），天主教 1324 人，基督教 434 人。

一　佛教

佛教在香河有 1000 多年的历史。因无有活动场所，一般在自家。2006 年 5 月，由中信国安捐款在第一城内大安寺旧址重建的大安寺建成，并对外开放。重大佛教活动主要集中在香河第一城大安寺内，寺内方丈、法师、监院法师各 1 人。主要活动有诵经、祈福、法会等。2008 年，香河县共有佛教居士 213 人，企业老板信奉佛教呈上升趋势，无法统计。

二　伊斯兰教

明燕王扫北时，回回火器营的 5 员战将携眷定居香河，建香椿营村，香河县伊斯兰教随回民定居而传入。1982 年春，城关西北街回民聘请大厂县马振东作阿訇。1985 年初，安平回民请山东陵县张延武阿訇到寺主持。县内两座清真寺都成为伊斯兰教活动场所。1990 年底，全县信伊斯兰教者 2000 人。至 2008 年底，共有伊斯兰教徒 3023 人，涉及新华街道办、五百户和安平 1 个街道办 2 个镇，主要聚居村为新华街道办西北街、安平镇一街和五百户镇香椿营。

伊斯兰教的活动内容：阿訇、伊玛目、海里凡、四师傅及信仰虔诚者（掌教、乡佬）以每日5次礼拜为功，一般教徒于“主麻日”（星期五）聚礼一次，逢“开斋节”“古尔邦节”或“圣纪”等重大节日进寺礼拜，听诵经。在回族中盛行结婚念“尼卡”，生小孩取“经名”“举意”“还愿”，宰牛羊、办丧事要念纪祷告，给“无常”（即死去）的人办“年头”等。“文化大革命”中，宗教活动基本停止。中共十一届三中全会后，落实了民族宗教政策，宗教活动逐渐恢复。

三　天主教

清光绪二十年（1894年），天主教传入香河县。1954年，全县有天主教徒1665人。“文化大革命”期间，教堂被拆除，宗教活动基本停止。1982年后，有天主教徒的村基本恢复了天主教组织活动。县政府有关部门重新开辟了天主教活动地点，并落实归还和修建活动场所及设施。2008年底，香河县有天主教教徒1324人，涉及刘宋、安头屯、钳屯、渠口、安平、钱旺和蒋辛屯7个乡镇31个村街，其中，百人以上村街有刘宋镇庆功台村、张庄村，安平镇扁城村和蒋辛屯镇挠子庄村、头百户村5个村街。

四　基督教（新教）

基督教在香河县传播始于清光绪年间，“文化大革命”期间无活动。1980年，落实宗教政策后，部分信教者有念经祈祷活动。1990年，全县有基督教徒30人，到2008年，有基督教徒434人，主要集中在县城和五百户镇邢家营村、田各庄村。

第二节　活动场所

一　寺庙

香河县有佛教寺庙1座。大安寺位于香河第一城内，有“北方峨眉”之称。大安寺始建于唐贞观年间，由唐太宗李世民敕旨动用库银兴建。清末民初，大安寺因建寺久远，主体建筑严重老化，于中华人民共和国成立前期殿倒屋塌。1992年，根据广大佛教信众的请求，经政府同意，民族宗教局正式批准，10万信众捐款，由中信国安集团公司负责在旧址重建大安寺，2006年5月部分对信教群众开放。

万法归宗阁远景（第一城提供）

恢复重建后的大安寺占地16675平方米，建筑面积16000平方米，为一门十三殿的建筑格局，包括山门、第一殿、金佛殿、弥勒殿、大悲殿、大雄宝殿、五方佛殿、舍利宝殿、观音殿、文殊殿、普贤殿、七佛殿、释迦殿和玉佛殿。中心位置的万法归宗阁采取了叠加式方法建造，高达四层，周围裙殿相拥，错落有致。佛殿造像采用錾铜贴金、手工彩绘、镂空、雕刻等工艺。寺院建筑为全钢结构，用钢量是国内同类建筑之首。

2005年11月27日，中国佛协赠送的“舍利”供奉在大安寺舍利宝塔内。经政府同意、各级宗教部门批准，2006年9月13日，由中国佛协副会长、四川省佛协会长、峨眉山永寿大和尚出任大安寺方丈。2014年5月2日，中国佛教协会名誉会长一诚大和尚到大安寺指导，并亲笔题词为“圣地”。

大安寺先后举行过金佛殿洒净法会、佛像装藏洒净法会、永寿大和尚晋院法会、大安寺恢复落成庆典暨佛像开光法会、为奥运祈福法会等大型佛事活动，历次大型法会与会者都在数千人以上。每逢佛菩萨纪念日和农历初一、十五礼佛日等时间都要举行相应的法会。

放生法会（第一城提供）

祈福法会（第一城提供）

清真寺礼拜殿内景（高景全摄于 2016 年 5 月）

二　清真寺

香椿营清真寺　香椿营清真寺始建于公元1409年，礼拜大殿为三卷19间，“两面三刀”厢配以南北讲堂，建筑面积3500平方米，是中国民族传统建筑与阿拉伯风格相互融合的古式建筑。1976年，唐山大地震对清真寺主体建筑造成严重损伤。1980年，香椿营清真寺经过修缮，恢复使用，并聘请本村阿訇马云祥入寺主持教务。1997年，信教群众集资重建大殿，以黄琉璃瓦盖顶，殿内36根大柱支撑，使抱厦、大殿和窑三部分浑然一体，大殿西墙正中，凹壁绘有经文，主要建筑按原样修葺一新。大殿表瓦盖顶，飞檐四翘，雕花栏阁上有“龙牌一块”，整个清真寺尊威华贵，恢宏壮丽。

清真寺（高景全摄于 2016 年 5 月）

清真寺礼拜殿外景（高景全摄于 2016 年 5 月）

清真寺简介碑（高景全摄于 2016 年 5 月）

安平一街清真寺　19世纪中叶，通县、河西务等地部分回民逐渐来安平定居。清同治九年（1870年），集资建清真寺一座，聘请阿訇主持教务，依传统信仰参加宗教活动的教徒70人左右。中华人民共和国成立初期，宗教活动正常进行。“文化大革命”期间，回族教民除留某些生活习俗外，宗教活动完全终止。中共十一届三中全会后，落实了民族宗教政策，宗教活动逐渐恢复。1985年初，安平回民请山东陵县张延武阿訇到寺主持。至此清真寺重新成为伊斯兰教活动场所。安平镇一街清真寺第一次重建于1978年，占地面积3800平方米，大殿建筑面积90平方米，仅能容纳50人礼拜。第二次翻建清真寺于2009年9月，2010年6月10日正式投入使用。投入资金108万元，翻建后清真寺大殿面积264平方米，南北讲堂面积470平方米。寺内阿訇马治元系县第七届政协委员。安平镇一街清真寺曾先后接待过印尼、新加坡、马来西亚等国外友人，远近的教胞及教外慕名来访者络绎不绝。

一街清真寺（高景全摄于 2011 年 10 月）

西北街清真寺 淑阳镇西北街清真寺建筑面积 130 平方米，于 1990 年和 2005 年进行两次翻修，资金来源于西北街村集体出资和回民自筹。

西北街清真寺（高景全摄于 2011 年 10 月）

西北街清真寺，教民每周五集体做礼拜，其余时间每天中午、晚上都有活动。清真寺内阿訇刘增仁，系廊坊市广阳区南尖塔乡大屯村人。

三　天主教堂

扁城天主教堂 扁城村有天主教徒 232 人，天主教堂 1 处。天主教亦称罗马公教或加特利教。清道光二十年（1840 年）后，天主教传入，最初是比利时籍神父劝民入教，后南斯拉夫籍吕伯尔及察哈尔省蔚县陈哲民神父相继在县内各村发展教徒。清道光三十年（1850 年），信教者渐多，并在北京西什库总堂的授意下，组织教民于扁城村建分教堂 1 座，是香河最早的天主教活动场所，时信教者百余人。教堂选址于扁城村东侧，占地 3333 平方米。以砖土结构为主，窗户为半圆拱形，线条流畅，外观庄重而朴素。大门上方设一巨大玫瑰窗，两侧各耸立一座钟塔，塔身高 60 米，锥形塔尖上各竖一个 5 米高的巨大十字架，塔内悬有 1 口大钟。进入教堂，是高达 20 米、可容千人的宽敞明亮的大厅。大厅设有 1 个大祭台、2 个小祭台，厅两侧墙上挂满耶稣受难画像，灯光炫目，充满浓厚的宗教气氛。从抗日战争开始到中华人民共和国成立前，由于战乱，大多数信教者没有活动。中华人民共和国成立后天主教正常活动得到保护。1950 年，曾在扁城分堂执过教的武清县神父石永忠、王玉山二人，以会访教友的方式到扁城、张庄、挠子庄等村传教。同年，北京西什库总堂派阎文绪神父驻扁城天主教堂，宗教活动陆续开展起来。20 世纪 70 年代后期，扁城天主教堂因地震损毁，后在原址上修建 7 间平房暂时使用。2002 年扁城村投资 20 多万元重新修建天主教教堂。新建天主教堂建筑式样为欧式风格，建筑面积 900 平方米，占地面积 700 平方米，塔楼最高处约 20 米，天主教堂现供奉耶稣、圣约瑟、圣母玛利亚等神像。两侧墙上挂耶稣受难画像。此外，教堂内还设有东西祭台、忏悔室、跪椅等。每当礼拜日，钟声悠扬，教友们前来教堂做弥撒，复活节和圣诞节是天主教的盛大节日，教堂每年都举行隆重的庆祝仪式和活动，节日气氛十分热烈。除附近教友外，还常有香港客商来教堂做礼拜。

扁城天主教堂外景（左）和教堂大殿（右）

（高景全摄于 2008 年 10 月）

挠子庄天主教堂 挠子庄天主教堂始建于 1983 年，占地约 800 平方米，教友自筹资金建设。含主堂、多功能厅和生活区等。2008 年，挠子庄有村民 195 人，其中信教群众 160 人，会长李瑞军。

挠子庄天主教堂（王云鹏摄于 2008 年 11 月）

北头百户天主教堂 蒋辛屯镇北头百户天主教堂始建于 1983 年，由村集体出资 1500 元，教民集资 3 万多元兴建。教堂位于北头百户村西北角，占地面积 180 平方米。

北头百户村共有天主教徒 200 人，会长常德全。宗教活动主要有礼拜、四大瞻礼等。

北头百户天主教堂（田雁铭摄于 2008 年 11 月）

四　基督教活动点

香河县原有基督教堂 1 处，位于淑阳大街北、永明路东。由于信教群众少，且均为上年纪老者，平时无活动。20 世纪 80 年代初，作为城关派出所办公地。80 年代末由于县城改造，教堂拆除。2008 年，香河县有基督教活动场所 1 处，位于城区府前街东，临时活动点 2 处，分别位于五百户镇邢家营和田各庄村，分别设组长 1 名，负责组织日常活动。

第五编　家具业

香河县木器行业起源于过去的木匠铺。原始的木匠铺以打墙柜、棺材等一些古老的木制品为主。新中国成立初期，主要以修理农具和大车为主。1962 年后，开始生产一些普通家具和承揽北京、天津等一些单位的办公用品。从 1978 年开始，香河县开始生产沙发、桌椅、箱柜等普通家具。1980 年以后，个体家具厂逐步增多，普及了大衣柜、写字台、酒柜等新颖家具，现代化的自动打眼机、研磨机、抛光机、电刨子等替代了原始的锛、凿、斧、锯。经过十几年发展，家具产业初具规模。1998 年，王铁成创建私营春城家具城。淑阳镇党委、政府到广东、江苏等地家具城实地考察，认为香河县既有家具产业的深厚基础，又有依托京津得天独厚的区位优势，开发家具产业，前景广阔。2000 年由广东客商投资的北方广东家具城建成开业，吸引了众多域内外投资客商，家具展厅发展到 30 余座，香河家具城的规模迅速扩大，档次和知名度大幅提升。

香河家具产业从个体加工、零散销售起步，历经 30 多年的发展，成为“中国北方家具商贸之都”。县内家具产品由普通型提升到高雅、豪华型，至 2008 年各式办公用具、酒店设备、民用家具一应俱全，成为北方最大的家具集散地。产品销往国内多个省、市，以及欧、亚、非洲的部分国家和地区。全县家具制造业基地、家具材料市场、家具销售市场相互配套，产、供、销相互衔接，形成了以香河家具城为龙头，家具生产基地为支撑，仓储物流、餐饮服务为配套的家具产业体系。

第一章　家具制造

20 世纪 80 年代初，香河家具生产模式主要是家庭作坊式生产。1998 年 10 月，香河第一座家具城春城家具城挂牌营业，县内家具生产厂家生产的家具产品快速入驻春城家具城。进入 21 世纪，越来越多的外地生产商在香河兴建家具制造厂，把先进的家具制造工艺带入香河。

第一节　家具材料

常用的家具材料，除木材、金属、塑料外，还有藤、竹、橡胶、织物、装饰板、皮革、海绵、普通玻璃、钢化玻璃等。

一　实木

实木按照其制材又可分为硬木、软木。硬木材质适合透雕工艺，而用软木家具价格实惠。

硬木亦可称为“红木”，不是某一特定树种，而是明清以后对稀有优质硬木的统称。因为木性稳定，所制成的家具流传时间较长。常见的硬木有紫檀、黄花梨、花梨木、鸡翅木、酸枝木等。

软木种类繁多，家具价格大多数人能够接受。许多软木在使用时也多和硬木搭配。软木有榉木、楠木、樟木、松木、杨木、榆木、杉木等。

二　人造板材

（一）主基材　人造板是主基材，主要以木材的剩余物、人工速生丰产林木材等为原材料。基材打破了木材原有的物理结构，所以在温、湿度变化较大的时候，人造板的形变比实木小得多，质量比实木家具稳定。

（二）饰面材料　中密度纤维板、刨花板等材料用于家具贴面。薄木（俗称贴木皮），用于高档家具饰面；木纹纸（俗称贴纸）、PVC 胶板、聚酯漆面（俗称烤漆）等，用于中低档家具饰面。

三　曲木

利用木材外性的弹性原理，使它经过蒸汽处理弯曲成某种形状。常以水曲柳为材料，也有用榆木、柞木、桦木、白蜡杆的。

四　软料

软料是用于沙发、床垫等家具的海绵、织物、休闲布艺、真皮、仿皮、皮加布类等材料。

五　金属

优质薄壁碳素钢管材、不锈钢管材、钢管材，通过冲压、锻、铸、模压、弯曲、焊接等工艺制出各种造型，用电镀、喷涂、敷塑等工艺装饰表面。

六　玻璃钢

玻璃钢家具是采用性能优异的玻璃纤维增强不饱和聚酯玻璃钢为主要原料，配以少量的辅助木材、软包材料（海绵、布等）、油漆等制作而成的。玻璃钢家具较传统的木质家具具有机械性能优异、光泽和手感好、耐火性好、刚度大、寿命长、耐腐蚀、耐湿热、不怕烫、防霉菌、耐水、防火等优点，特别是不含有人造板家具对人体有害的甲醛等挥发物质，产品质量符合国家标准，其防火性能满足国家消防装备质量检测中心的测试标准要求。

七　竹藤

竹材料用于竹制、竹雕、竹编等类型的竹家具。藤是密实坚固、轻巧柔韧的天然材料，有弹性，不怕挤压。竹、藤材料编制的家具富有古香古色的风格。

第二节　制造工艺

一　实木家具制造工艺

（一）备料

板材干燥　没有干燥过的木材一般含水率在50%以上，要把木材的含水率控制在 8%～10%，干燥过的木材不容易爆裂变形。

平衡　把干燥过的木材自然放置几天，让木材恢复平衡。

选料配料　木制品按其部位可分为外表用料、内部用料、暗用料 3 种。外表用料是露在外面的写字台面、橱柜外皮等；内部用料指嵌装的内挡、底版等；暗用料是正常使用时看不到的抽屉导轨、包镶板、内衬条等零部件。选材时避开节疤、内裂、蓝变、朽木、端裂。

粗刨　给毛料板材定厚。

风剪　毛料板材修整长度。下料按所需长度加长 20 毫米。

修边　截去毛料板材上不能用的毛边。

配板　木料配板选材分直纹、山纹，颜色搭配一致，配板宽度按所需宽度合理留出余量。选料时把内裂、端裂、节疤、蓝变、朽木部分取下。

布胶　在木材之间均匀布胶，胶的配比：固化剂 10～15 克、拼板胶 100 克，每次调胶 500 克。

拼板　使用拼板机拼装木材，拼板注意高低差、长短差、色差、节疤。

陈化　布胶后的木材放置 2 小时左右，让胶水凝固。

砂刨　刨去木材之间多余的胶水，使木材板面无余胶。

锯切定宽　用单片锯给木材定宽。

四面刨成型　根据需要的形状刨出木材。

养生　将木材自然放置 24 小时。

（二）木工

宽砂定厚　完成机加工后用砂纸抛光，粗砂一次砂 0.2 毫米，抛光砂一次砂 0.1 毫米。

精切　给毛料定长，加工过程中做到无崩茬、发黑，长与宽加工误差不超过 0.2 毫米，1 米以下对角线不超过 0.5 毫米，1 米以上板片对角线应不超过 1 毫米。

成型　根据图纸将木材加工成型。加工时防止崩茬、毛刺、跳刀、发黑现象，加工后部件表面应光滑、平整、线型流畅一致，部件尺寸误差不超过 0.2 毫米。

钻孔　按图纸要求钻孔，做到无崩口、无毛刺，孔位加工误差不超过 0.2 毫米。

配件砂光　砂光配件，砂光好的成品平整无砂痕、边角一致。

小组立　组立不用在拆开的部件，组立前先备料，把所有要组装部件按图纸要求检查无误，开始组装。组装过程中胶水布涂均匀，组立好的半成品结合严密，无冒钉、漏钉现象，无胶水疲迹。

大组立　试装部件检查与图纸是否误差。与小组立区别在于大组立完成后的是成品。

成品检砂　砂光成品，做到平整、无砂痕、边角一致。

平衡　成品自然放置一段时间。

涂装上线检砂　把成品表面重新打磨一遍，特别是木材表面的毛细纤维。同时检查并处理好砂光不良、开裂、变形等。

吹尘　将成品表面的灰尘吹干净。

（三）涂装

擦色　擦色前由专业技术员将擦色剂搅拌均匀，直到没有沉淀物为止。先用色板调和、试擦，确认擦色剂适度。刷色毛刷干净，擦拭布条不掉色。用毛刷均匀刷遍家具，不能有漏白，再用布条快速擦净浮色，着色均匀无流挂。

底着色　根据色板的色度选用底色，把底色布匀。

头度底漆　喷涂前吹净灰尘，确认擦色效果良好。头度底漆浓度 16 秒，喷涂厚度一个十字。

干燥　喷涂完后待干 6～8 小时。

清砂　先填补所有碰剐伤，再用 320#砂纸轻磨一遍，把喷漆后的毛刺磨掉。

二度底漆　喷涂前吹净灰尘，底漆浓度 18 秒，厚度一个十字。

干燥　喷涂完后待干 6～8 小时。

清砂　填补缺陷后，用 320#砂纸把油漆面打磨光滑、平整，磨除较大亮点。

三度底漆　喷涂前吹净灰尘，底漆浓度 16 秒，厚度一个十字。

干燥　喷涂完后待干 6～8 小时。

清砂　用 400#砂纸将漆面打磨光滑、平整，漆面不留亮点。

修色　先检查确认产品是否合格，再清除家具表面灰尘和污染物。由技术人员调好颜色，比照色板修出产前样色，由现场主管人员确定颜色后作业。

油砂　修色后待干 4～6 小时，再以 800#砂纸打磨光滑，防止打漏，打花。

面漆　检查确认产品合格后布漆，面漆浓度 11～12 秒，厚度一个十字。

干燥　待干 4 小时。

（四）检验　包装

目视检验　在自然光下目视家具漆面有无流挂、不匀、橘皮、漏喷、雾白。

手摸检验　手触摸检查漆面有无颗粒，手感是否光洁、平整、柔滑。

点色　修补成品表面瑕疵。

吹尘　吹净成品表面灰尘。

包装　包装产品。

二　板式家具制造工艺

板式家具制造工艺流程

表 5-1-1

流程	使用设备	加工工艺
开料	电子开料锯或推台锯	1. 大幅面素板锯切时应平起平落，每次开料不超过三层 2. 人工锯切板件大小头之差小于 2 毫米 3. 锯切板件应在干燥处堆放，每个货位允许堆放 50 层左右，同时写清工艺卡片
定厚砂光	宽带砂光机	1. 定厚砂光芯料两面削量均衡 2. 每次单面砂削量不超过 0.5 毫米 3. 砂磨时，前后芯料首尾相接连续进料
涂胶	手工或滚轮机	经涂胶的材料胶量均匀地涂布在材料表面。无漏胶。边沿无余胶溢出
组胚	在组胚工艺台上人工操作	薄木与单板的纤维方向一致
胶压	冷压机或热压机	将板胚放入压机，加压，稳压，卸压，覆面板堆放
裁边	精密裁边圆锯机、双面裁边锯机	覆面板裁边时先用刻痕锯在背面锯出一条切槽，切断覆面板背面纤维，防止崩裂
封边	直线封边机、曲线封边机、异型封边机	覆面板封边要结合牢固、密封、表面平整、清洁，无胶痕，确保尺寸、形状精确
加工成型边	立式铣床、回转工作台　铣床、镂铣机	立式铣床加工大幅覆面板，回转铣床加工各种弯曲成型覆面板，镂铣机铣槽、雕花
加工装配孔	多轴排钻、32 毫米排钻机	按图纸钻出各个装配孔
组装	手工	组装家具成形
表面修整	卧式砂光机、立式砂光机	休整处理覆面材料，提高光洁度

三　曲木家具制造工艺

依据家具造型和功能，设计一些弯曲型零部件，通过实木锯制弯曲、实木加压弯曲、薄板胶合弯曲、胶合板弯曲、锯口弯曲、折叠成型、模压成型等工艺，制成各种弯曲件，与直料部件组装成家具。

（一）选材

曲木家具一般选用阔叶材的榆木、柞木、栎木、水曲柳木、山毛榉木、桦木、槭木、柚木、樟木、核桃木，针叶材的松木、云杉木等。实木、贴面薄板、胶合板表层一般使用纹理清晰、美观的水曲柳木。木材含水率，原材10%～15%；蒸煮软化处理后25%～30%；高频加热软化处理后10%～12%。

（二）实木锯制弯曲

用细木工带锯把木材锯成所需弯曲件毛坯，须留足刨削、铣削的加工余量。刨、铣后按图纸开榫、打眼、铣槽，表面手工刨、砂磨至光滑。

（三）实木加压弯曲

软化处理　有物理软化、化学软化两种工艺。物理软化包括蒸气蒸煮、水煮、微波加热3种工艺；化学软化有使用氨、尿素两种软化工艺。

加压弯曲　有手工、机械两种加压弯曲工艺。

干燥定型　有定型架定型、连同夹具一起干燥定型两种工艺。干燥时间20～30小时，温度60℃～70℃，干燥后含水量保持在10%左右。干燥后一般依定型架、定型夹具成型。

部件加工　定型后钻孔、铣槽、开榫、铣面、雕刻，加工成标准部件。

（四）薄木胶合弯曲

薄木选材　有芯层、面层两种材料，要求厚1～6毫米，含水率10%～12%。

涂胶配漆　使用白色脲醛树脂胶，用双面涂机涂刷，胶用量100～130克/平方米。涂胶后以纤维纹理合理匹配，用平行、交叉、混合3种配置工艺组坯。

胶合弯曲　部件有圆弧、半圆、圆环、L、U、Z等多种形状。弯曲工艺有硬模加压、软模加压两种。

部件陈放　加压弯曲后的部件往往回弹变形，必须放置于形状相同的模型架上，陈放一周左右再进入下一道工序。

（五）胶合板弯曲

与薄木胶合弯曲工艺相同。

（六）锯口弯曲与折叠成型

纵向锯口胶合弯曲　在方材零件一端顺木纹方向锯出若干纵向槽，插入两面涂胶薄板或单板、胶合板，由人工或机械压制成弯曲部件。

横向锯口胶合弯曲　在人造板上开出横槽，经涂胶、胶压制成弯曲部件。

横向锯口折叠成型　在用于贴面的刨花板、中密度纤维板，或多层胶合板内侧开出V形或U形槽，经涂胶、折叠、胶压，制成箱框、柜体等框架。

（七）模压成型

把边角碎料拌好胶黏剂，放进样模中加压、加热，压制成各种形状的弯曲件。

（八）组装家具

各种弯曲部件制成后，与已经同步加工好的直料部件组装为曲木家具。组装有入榫、黏合、螺钉连接工艺。

四　软体家具制造工艺

（一）沙发椅包制工艺

钉紧底带　把底带一头折转30毫米，用3只19～20毫米长的鞋钉把底带折转面钉在木骨架上，再折转钉4只鞋钉。拉紧底带到对面木框上钉3只鞋钉，再折转钉4只鞋钉后，留30毫米折头剪断。如此反复、交叉钉严底带。

扎绷弹簧　一般需缝扎3行弹簧，用线绳在底带上。把弹簧绷扎成一个整体，以3纵3横2对角共8条线16个固定点，固定在框架上。

钉麻铺棕　钉两层麻布，钉好第一层后，铺平事先拍松的棕丝，钉第二层麻布。两层麻布均应绷紧钉牢。

挟边锁边　用胖针穿纱线把麻布夹棕丝层周边一针针挟好；而后用拔针、胖头针穿纱线一针针缝扎固定，四周形成平实的轮廓线。

铺软包面　铺软料先把少量棕丝均匀铺在第二层麻布上，而后均匀铺上10毫米厚棉花。也可用泡沫塑料代替。套上已缝制成形的面料，拉紧后用泡钉钉牢。

扎包靠背　扎包靠背除不用弹簧外，其余工序与托制座椅面相同。

钉防尘布　最后在座椅底面、靠背后面钉牢一层防尘布。

（二）弹簧沙发制造工艺

与沙发椅包制工艺的不同点是：

弹簧固定　弹簧沙发底座使用 10 号 8 圈双圆锥形弹簧 9 个、11 号 8 圈双圆锥形弹簧 4 个，靠背用 12 号 5 圈双圆锥形弹簧 9 个。固定弹簧需用 3.5 毫米的钢丝弯曲成与底座弹簧外沿吻合的形状，而后以纱绳缠扎。

包制扶手　在扶手面上钉底带后，以麻布、棕丝或泡沫塑料包裹严紧，并包紧预制的面料。

其余工艺与沙发椅包制工艺相同。

（三）弹簧床垫制造工艺

串弹簧　弹簧的钢丝直径 1.3～2 毫米，弹簧自由高度 110～150 毫米，不少于 5 圈。弹簧覆盖率大于 60%，弹簧间净距小于 40 毫米，或紧密相连。串弹簧是用穿簧把所有弹簧的上下圈逐一按纵、横方向串联成床垫弹簧芯，把穿簧两端固定在弹簧圈上。

扎钢丝　用直径 3.5～5 毫米的钢丝弯曲成床垫周边钢丝圈，与弹簧芯周边弹簧吻合，用细纱绳把钢丝圈与周边弹簧上、下圈捆扎牢固。

缝麻布　用麻布包紧床芯，用弯针穿细纱绳把麻布缝固在上、下钢丝上。

铺软料　先把床芯两面铺上棕丝垫，并与周边钢丝缝固。而后在两面铺 15～30 毫米厚的泡沫塑料，也可铺一层棕丝。

缝床面　床面由一层底布、一层 6～10 毫米厚的泡沫塑料或薄棉被、一层面料缝制。床面分上、下、周边三部分，还有装嵌线。与沙发面料缝制工艺相同。

（四）其他软体家具制造工艺

蛇簧泡塑沙发　底座、靠背各用 5 条蛇形弹簧，各用 3 根拉簧联为一体，钉一层麻布，铺一层泡沫塑料（铺底座的厚 80 毫米、靠背 40 毫米），最后包面、钉防尘布。

麻带泡塑沙发　底座钉 7 纵 6 横共 13 条麻质底带、靠背钉纵横各 3 条，而后依次钉麻布、铺泡沫塑料、包面、钉防尘布。

橡带泡塑沙发　底座钉 2 纵 4 横共 6 条橡皮底带、靠背钉 4 条横带，余同。

五　金属家具制造工艺

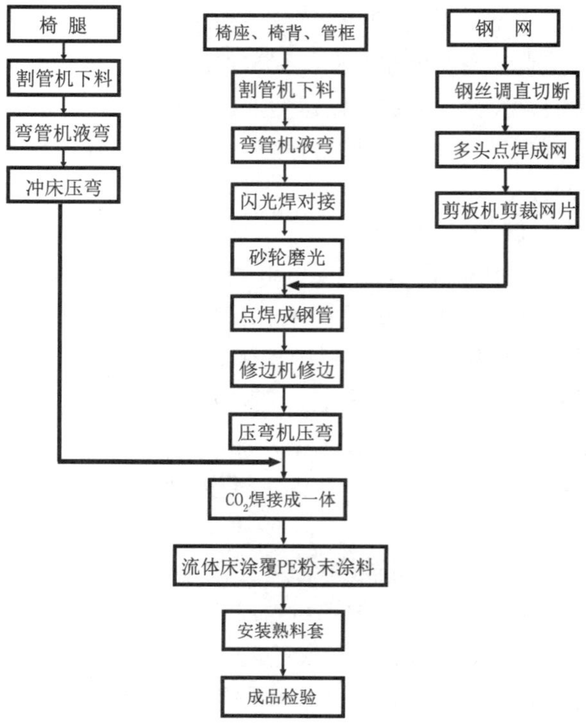

图 5-1-1　钢管网椅制造工艺流程图

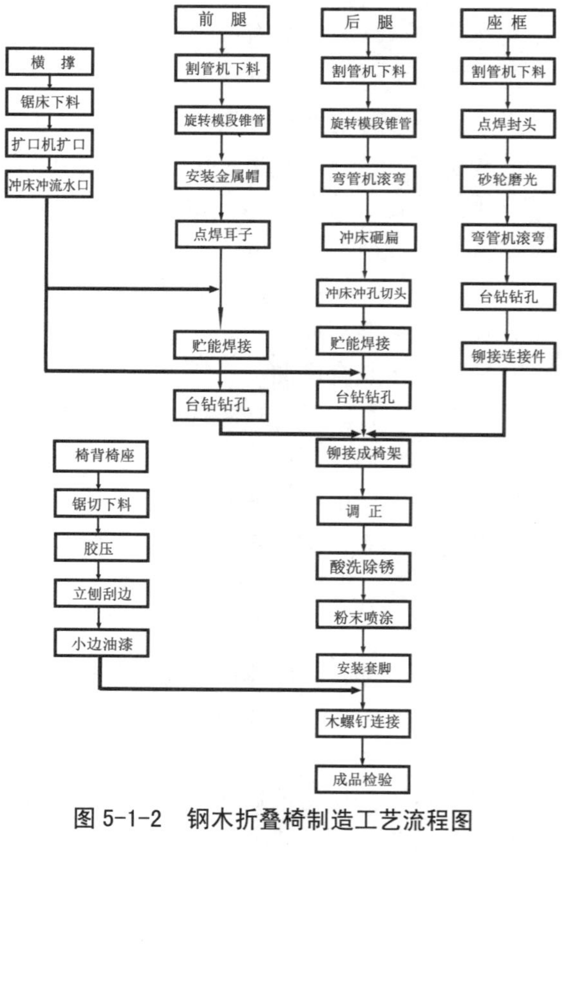

图 5-1-2　钢木折叠椅制造工艺流程图

六 竹藤家具制造工艺

（一）竹家具制造工艺

采选竹材 竹材采选杆材、片材、篾材 3 种。杆材分直杆材、弯曲杆材；片材是竹杆切劈成厚于 1 毫米的竹片，用于排板、编织等；篾材是剖切出细条的竹丝窄片，编织成各式各样图案的席片嵌于家具面框内。

制作框架 先选用加热、开凹槽、开三角槽方法，把竹杆弯曲成型；后选用包接、榫接、圆木芯（塞）接、并接、缠接方法把直杆件与弯曲件连接成框架。

制作板件 板件有竹条板、竹排板、竹帘版、麻将块板、编结板、竹黄扳，制成后待装配。

整边装配 板件制成后，包边、压边。使用打孔与销钉、压条、缠结、胶含等工艺与预制框架装配成竹制家具。

（二）藤家具制造工艺

采选材料 采选表面光滑、质地坚韧、弹性良好的藤条，以及藤条加工的藤皮、藤篾，并配合使用木材、人造板金属材料、柳条等材料。

制作框架 藤家具框架材质有藤、木、金属 3 种，制作木、金属框架工艺与制作实木、金属家具相同。制作藤框架，采用钉接法、包接法、榫接法把藤条连接成框架。

编制面层 框架制成后，用细藤条、芯藤、皮藤编织层面，有米字、人字、方孔、蛇目、胡椒、三角、立体方块等纹样；有蝴蝶结、吉祥结、袈裟结、平结、十字结、酢浆草结、万字结、平安结、双线结等编织结构。经编织收口、压边收口后成型。

第三节 重点企业简介

香河县华鑫集团有限公司

香河县华鑫集团有限公司创建于 2002 年，位于香河县淑阳工业园。纳税额 2006 年 1061.2 万元，2007 年 1720.5 万元，2008 年 2088 万元。集团公司经理魏江连年被聘请为香河县人民政府经济顾问。

集团所属香河县华鑫泡沫有限公司，是中国北方沙发家具生产基地的龙头企业，始建于 2002 年，占地 2.1 公顷，建筑面积 1000 平方米。员工 120 人，其中工程技术人员 15 人。主要产品有高档软质泡沫、高回弹泡沫、普通高密度硬质泡沫及高、中、低密度泡沫卷材等。2004 年公司通过质量和环境管理体系认证。曾荣获河北省守合同重信誉企业、河北省诚信守法企业、廊坊市百强企业、廊坊市模范职工之家、廊坊市光彩之星等称号。

泡沫发泡车间（牛宝森摄于 2016 年 9 月）

无纺布车间（牛宝森摄于 2016 年 9 月）

集团公司所属香河县华鑫非织造布有限公司，是合资企业，始建于 1998 年，占地 2 公顷，建筑面积 1 万平方米。员工 145 人，其中工程技术人员 20 人。主要生产纺粘法丙纶无纺布。有 FN2500 型和意大利 STP2×3500-III型纺粘法非织造布生产设备一套，以及 STP SMS4×3500-IV 型复合非织造布生产设备一套。年产纺粘法非织造布 1.50 万吨，产品广泛应用于工业、农业、水利、建筑、环保、医疗卫生、土木工程包装等行业，以及人们的日常生活中，特别适用于农业丰收布、汽车内饰、防水卷材、各类包装袋、防尘服、西服套、鞋材、家具、防护服、手术衣帽、口罩、一次性床单等产品。公司于 2004 年通过质量和环保管理体系认证，曾荣获全国乡镇企业系统管理基础工作合格证、河北省科技型企业、河北省守合同重信誉企业、河北省诚信守法企业等称号。

香河县希泉泡沫有限公司

香河县希泉泡沫有限公司，始建于 1988 年，位于香河县淑阳工业园，经理庹希泉。公司是全国大型聚氨酯软质泡沫生产厂家之一，固定资产 5000 万元，占地 10 公顷，职工 300 人，其中高、中级工程师 20 人。公司有国内先进的水平泡连续发泡生产线、垂直发泡生产线，圆盘切割机、立切机、轨道平切机、异形切割机等设备，年产量 8000 吨以上，产品销往全国各地，并出口美国、法国、澳大利亚、马耳他、乌拉圭、日本等国家和地区。纳税额 2007 年 334 万元，2008 年 376 万元。

希泉泡沫办公楼（牛宝森摄于 2016 年 9 月）

河北欧乐家具有限公司

河北欧乐家具有限公司，是一家大型专业家具生产企业，始创于 1954 年，位于香河县永泰路 1 号。其前身为香河木器厂。1980 年，县木器厂与北京金漆一厂协作，成立北京香河旅游家俬有限公司，隶属于北京旅游集团，生产大漆家具，当年产量 1615 件。1984 年，县木器厂生产的颤断平金屏风，在广交会上受到外商的赞扬。1985 年 8 月，获全国家具评比高档套装二等奖。同年 10 月，获河北省高级木制卧室成套家具第一名。12 月，获河北省质量评比优质奖。出口产品有金器套柜和大漆贴金屏风。内销产品有两三开衣柜、双人床、梳妆台、高低柜、酒柜、万宝柜、五斗柜、大小茶几等产品。1987 年，除继续生产大漆家具外，还开发高档宾馆、饭店家具。2002 年与美国欧乐集团合资成立河北欧乐家具有限公司。占地 11 公顷，厂房 3.60 万平方米，固定资产 8000 万元。有现代化加工机器 168 台套，其中包括意大利数控烘干窑、德国实木弯曲机、意大利四轴仿型铣、德国精细砂光机等先进设备。年生产酒店客房、机关办公、美式民用、外贸出口等系列家具 60 万套，产值 1 亿元。纳税额 2007 年 365 万元，2008 年 402 万元。

厂区大门（牛宝森摄于 2016 年 9 月）

香河宜美利嘉家具有限公司

香河宜美利嘉家具有限公司，1992 年创建，位于双安路南侧钳屯乡贾庄村，是华北地区较大的曲木家具生产基地，占地 8 公顷，法人代表冯金山。2008 年，职工 150 人，其中高中级技术人员 15 人。

公司生产办公及民用椅，总资产 1100 万元，其中固定资产 700 万元，有厂房 4500 平方米，办公用房和展厅 2000 平方米。年生产各类家具 2 万套。2006 年产值 520 万元，收入 430 万元，利润 53 万元，纳税 11 万元。2008 年纳税 30 万元。

公司是中国家具协会会员、北京家具协会会员，生产的曲木家具畅销 15 个省、市、自治区，宜美利嘉牌弯曲木家具被中国消费者协会评为“消费者信得过产品”。在第十二届国际家具（东莞）展览会暨 2004 年国际家具机械、材料展销会上，软体家具系列产品获得金奖；在第十三届国际家具（东莞）展览会暨 2005 年国际家具机械、材料展销会上，客厅家具系列产品获得金奖。华北地区连续两年在国际展览会上获得金奖的企业仅此一家。

公司产品设计全部采用人体工程力学原理，新颖、自然、简约、舒适。宜美利嘉品牌承北欧文脉，美见曲木之灵，利结千家故友，嘉纳四方高朋。宜美利嘉家具凭借超前的设计、先进的技术、完善的质量保障体系，创造出家具的精品，在家具产品中独树一帜。

宜美利嘉产品（牛宝森，摄于2016年9月）

第四节　新产品研发

一　设计理念

①强调产品设计精美实用，经久耐用；②充分利用产品设计、原材料选购和工艺流程管理，降低生产成本；③保持原在的设计风格和原创的设计经典，体现现代化风格；④不懈地追求完美，体现人性化，使产品贴近消费者。

二　研发依据

（一）三维立体效果图　用三维立体效果图将家具的形象用空间投影透视法显示出彩色立体、观感真实的产品形象，在充分表达设计创意内涵的基础上，从结构、透视、材质、光影色彩等元素上达到视觉上的立体真实效果。随着设计工具材料的发展和运用，特别是计算机辅助设计的快速发展，三维立体效果图的表现技法和技能更加丰富多彩。用手工绘制的麦克笔技法，线描加淡彩技法、色粉画法、水粉水彩画法、喷绘画法都具有不同效果的表现力。用计算机三维设计软件绘制效果图，更是普遍采用的方法。由于计算机三维造型设计软件效率更高、更逼真精确的三维建模渲染技术，特别是专业设计软件的开发与升级，使计算机三维造型设计的软件功能越来越强大，3D STUDIO MAX、ALIAXS、PRO/E、CATLA 等为效果图设计提供了更现代化的工具。虽然三维软件模型的生成速度比手工绘图并不见得有很大优势，但其高度的准确性和虚拟性是手工绘图不能比的。数字模型建成后，便于设计反复修改，对形状、材料及颜色的推敲都十分便利，还可以生成高度真实性的虚拟漫游动画，演示设计方案，论证修改。所以，计算机三维立体效果图已成为绘制产品开发设计效果图的首选数字化设计工具。

（二）模型　家具产品开发设计是立体的物质实体性设计，单纯依靠平面的设计效果图检验不出实际造型产品的空间体量关系和材质肌理。模型制作是家具由设计向生产转化阶段的重要一环。最终产品的形象和品质感，尤其是家具造型中的微妙曲线，材质肌理的感觉必须依据各种立体模型检测和修改。

（三）施工图　在家具效果图和模型制作确定之后，整个设计进程便转入制造工艺环节。家具制造工艺图是家具新产品设计开发的最后工作程序，是新产品投入批量生产的基本工程技术文件和重要依据。家具工艺图必须按照国家制图标准（SG137－78 家具制图标准）绘制总装配图、零部件图，详注加工说明与要求、材料等内容。

家具制造工艺图纸是设计文件的重要组成部分，尤其是需要掌握、熟悉、了解具体的生产工艺、产品结构、材料，以及需要外购加工的零部件，由于家具的标准化、部件化程度越来越高，有许多零部件可采用市场通用的标准成品，可进一步降低开发成本，便于批量生产。家具工艺图纸严格纳入工程技术革新文件档案，图号、图纸编目清晰，底图归档留存，以备复制、检索。

三　研发进程

20 世纪七八十年代，香河县第一代家具创业者们不辞辛劳、肩扛手提加托运，从南方及北京、天津等地将一件件先进的中西方现代家具带回自己的工厂，在模仿的基础上，中西结合改良设计，制造出一批批现代家具，迅速占领了周边家具市场，形成了中国北方最大的家具制造、销售，家具业机械、涂料、布料、配料产业群，成为香河县经济发展的支柱产业。

2002 年，香河县建立了以家具产品研发为主的科技研发中心，每年投资数十万元资金用于新技术、新产品、新工艺的研究开发。

香河家具研发制造企业运用改良性产品开发设计，首先有针对性的部位部件效果分析，分清产品存在的缺点，改进材料、工艺、结构；继而作增加功能、提升附加值的改良设计。有在会议椅上增加活动写字板，在床头靠板上增加床头灯、CD 音乐播放器的多功能设计等；最后改良材料结构设计。为保持竹藤家具天然纤维材料丰富优美的编织纹理，改良骨架结构采用金属不锈钢弯管，使传统的竹藤家具与现代家具风格和谐统一，既保持了竹藤家具的灵巧和编织美，又增强了家具的承压强度。

在现代家具行业中，为特定建筑工程配套的家具工程设计越来越专门化，市场空间也越来越大，专门生产办公家具、酒店家具、户外家具、商业家具、展示家具的工厂越来越多，在这些专门化的家具工厂中最大的设计开发业务就是参加相关建筑工程项目的家具招标设计，更需要从建筑学角度、从室内设计、环境设计角度，配套设计家具工程。

第二章　家具品种

现代家具品种多样，根据不同的划分标准，可以划分为诸多种类。现代家具款式追求自然化、个性化、高档化。随着生活方式的改变和生活水平的提高，人们的消费观念发生了巨大变化。回归自然的情趣已成为消费时尚。家具作为一种多元化的商品，既是生活、学习、工作、休闲用品，又是文化艺术精品。在家具造型、装饰设计中，以大自然为主线，把自然美与人工美、形象美与动态美、现代美与传统美有机结合起来，力求造型、装饰、功能、选材、工艺等谐和统一，充分展示“简明、朴素、自然、精湛、舒适”的生态风格和环境效能。

第一节　应用品种

按功用划分，有民用家具、办公家具、酒店家具、学校家具。

一　民用家具

民用家具是最能展现购买者自身个性特点的家具。在现代家居生活中，人们接触最多的是民用家具，所以民用家具的覆盖面最广，产品包括沙发、床垫、床、床头柜、梳妆台、衣柜、衣橱、餐椅、餐桌、餐具柜、椅子、凳子、茶几、电视柜、书柜、书架、橱柜等。针对消费者年龄段，生产、销售不同特色的家具。对于1980年以后出生的新生代，以美观动感、色彩多样的家具为主；对于中老年人，以温雅大方的实木类、质感好的家具为宜。

卧室家具（李秋成摄于2008年12月）

二　办公家具

办公家具是在办公室或家庭使用的工作家具，有黑色、灰色、棕色、暗红、素蓝色5种色调。不同种类的灰色用于办公桌；黑、棕色用于老板椅和会客室桌椅；素蓝和暗红多作办公室用椅。代表产品包括办公台、会议台、办公屏风、办公椅、培训椅、公共座椅、文件柜、沙发、茶几等。

办公桌椅（李秋成摄于2008年12月）

三　酒店家具

酒店家具，是酒店的工程项目，与室内环境配套设计，保持室内功能和环境的融洽，达到星级标准和风格要求。酒店客房家具多为固定家具，一般结构以板式为主，选用木螺钉、五金连接件和胶粘剂接合。一般酒店没有明确的甲醛游离量规定，但有家具防火要求，在酒店允许的情况下某些部位可以使用防火板、防烫油漆、阻燃面料等。高档酒店甚至要求制作家具的木材经过防火处理。酒店家具的含水率不超过12%，含水率高了，木材容易翘曲、变形。酒店家具的代表产品包括酒店套床、床头柜、行李柜、电视柜、梳妆台、妆凳、妆镜、茶几台面、写字台、衣柜、书柜、圈椅、休闲椅，以及餐厅设备等。衣柜一般由装修公司现场施工。酒店客房家具又分标准套房家具、商务套房家具、总统套房家具。

酒店客房家具（李秋成摄于2008年12月）

四　学校家具

学校家具多为板材和钢架结构，家具外观简洁、时尚，功能多种多样，制材轻便，拆装便捷。板材家具外形美观，时尚大方，钢架结构家具金属质感较强，颜色明快、自然，与学生心理相符合。板材与钢架结构家具经久、耐用，具有良好的质量保证，造型多变，安全性较强。代表产品有培训桌、课桌椅、学生床等。

学生宿舍家具（李秋成摄于2008年12月）

第二节　质地品种

按材料质地划分，有实木家具、板式家具、曲木家具、软体家具、金属家具、聚氨酯发泡家具、玻璃钢家具、竹藤家具。

一　实木家具

实木家具，是所有材料都是未经再次加工的天然材料、不使用任何人造板制成的家具。实木家具按照其制材又可分为硬木家具和软木家具。硬木材质适合透雕工艺，软木家具价格实惠。

（一）硬木家具

硬木即为阔叶树材，指由被子植物门的树所生成的木材。硬木分为两种，一种是杂木，有榉木、榆木、柞木等；一种是红木，木性稳定，家具流传时间长。常见的有紫檀、黄花梨、鸡翅木、酸枝木等硬木家具。

（二）软木家具

种类繁多，制成家具，价格上能为大多数人接受。许多软木在使用时也多和硬木搭配，常见的有桦木、楠木、樟木、松木、杉木等软木家具。

二　板式家具

板式家具是由中密度纤维板或刨花板表面贴面等工艺制成的家具，有很大一部分是木纹仿真家具。

板式家具以人造板为主要基材，以板件为基本结构，可拆装组合。全部经表面装饰的人造板材加五金件连接而成，不仅可拆卸，而且造型富于变化、外观时尚、不易变形、质量稳定、价格实惠。精度高的家具可以多次拆卸安装，方便运输。基材打破了木材原有的物理结构，在温、湿度变化较大的时候，人造板的形变比实木小得多，质量比实木家具稳定。

三　曲木家具

曲木家具利用木材外性的弹性原理，经过蒸汽处理后，弯曲成各种所需的形状。选材标准较高，以水曲柳为首选，也有用榆木、柞木、桦木、白蜡杆的。

进入21世纪后，有些厂家，开始采用进口榉木作为曲木家具的主要用材，榉木的硬度比柞木、水曲柳等树种高2～2.5倍；纹理自然、色泽淡黄，细腻的材质亦使家具表面光滑细致，手感舒适，观感雅致。

四　软体家具

软体家具是以海绵、织物为主体的沙发、床等家具。依靠手工工艺制造，软体家具分两类：①皮或皮布结合软体家具，有全皮、半皮、厚皮、皮布结合沙发、床垫、软床等。②布艺软体家具，有布艺沙发、床等。2008 年，软体家具行业在香河县已形成生产基地。

五　金属家具

凡以金属管材、板材或棍材等作为主架构，配以木材、各类人造板、玻璃、石材等制造的家具和完全由金属材料制作的铁艺家具，统称金属家具。钢木家具仅是金属家具中的一个种类。金属家具可以很好地营造家庭中不同房间所需要的不同氛围，也更能使家居风格多元化和更富有现代气息。

六　玻璃钢家具

玻璃钢家具是采用性能优异的玻璃纤维增强不饱和聚酯玻璃钢为主要原料，配以少量的辅助木材、软包材料（海绵、布等）、油漆等制作而成的。玻璃钢家具较传统的木质家具具有机械性能优异、光泽和手感好、耐火性好、刚度大、寿命长、耐腐蚀、耐湿热、不怕烫、防霉菌、耐水、防火等优点，特别是不含有人造板家具对人体有害的甲醛等挥发物质，产品质量符合国家标准，其防火性能满足国家消防装备质量检测中心的测试标准要求。

七　竹藤家具

用竹或藤制作的家具统称竹藤家具，既是实用价值很高的生活用具，又是具有欣赏价值的工艺品。造型新颖、色彩丰富、坚实耐用，具有清新、高雅、自然的风格，在原始中蕴含着高雅，使居室充满悠闲、宁静的自然情调和亲切、活泼而富有生命力的田园气息。随着人们崇尚自然、珍爱绿色观念的提升，竹藤家具以其自然、环保的优势得到了越来越多的应用。

第三节　结构类型

按结构形制划分，有柜类家具、桌类家具、坐具类家具、床类家具、箱架类家具。

一　柜类家具

以木材、人造板或金属等材料制成的各种用途不同的柜子，常见的品种有：

大衣柜　柜内挂衣空间深度不小于 530 毫米，挂衣棍上沿至底板内表面距离不小于 1400 毫米，用于挂大衣及存放衣物，有大衣橱、立橱、大立柜。

小衣柜　柜内挂衣空间深度不小于 530 毫米，挂衣棍上沿至底板内表面距离不小于 900 毫米，用于挂短衣及存放衣物，有小衣橱、五斗橱等。

床边柜　置于床头，用于存放零物的床头柜（橱）、夜物箱等。

书柜（橱）　放置书籍、刊物等的柜、橱。

文件柜　放置文件、案卷、资料的柜子。

食品柜　放置食品、餐具等的碗橱、碗柜、菜橱、餐具柜等。

行李柜　放置行李箱包及存放物品的低柜。

电视柜　放置影视器材及存放物品的多功能影视柜、电器柜等。

陈设柜　摆设工艺品及物品的柜子，玻璃柜（橱）、装饰柜、银器柜等。

厨房家具　用于膳食制作，具有存放及储藏功能的橱柜。

实验柜　用于实验室、实验分析的柜子、实验台。

二　桌类家具

以木材、人造板或金属等材料制成的桌几类家具，常见的桌类家具有：

餐桌　用于就餐的方桌、圆桌、折叠桌等。

写字桌　用于书写、办公的写字台、大班台、办公台（桌）。

课桌　学生上课用的桌子。

梳妆桌　供梳妆用的梳妆桌、台。

会议桌　供会议使用的桌子。

茶几　与沙发或扶手椅配套使用的小桌、茶台、小长台等。

折桌　可折叠的桌子。

阅览桌　供阅览报刊杂志、文件资料的桌子。

三　坐具类家具

以木材、人造板或金属等材料制成的坐具，也有以弹性和软质材料制成的软包坐具，常见的坐具类家具有：

沙发　使用软质材料、木质材料或金属材料制成，具有弹性，有靠背的坐具。

木扶手沙发　木制扶手出木沙发、明木沙发。

全包沙发　全部包面的满包沙发、包木沙发。

海绵沙发　座面主要使用泡沫塑料制成的沙发。

两用沙发　具有坐、卧两种功能的沙发。

沙发椅　采用木材制成，有靠背和扶手，形似沙发的实木沙发椅。

椅子　有靠背的座椅。

扶手椅　有扶手，内宽不小于 460 毫米的椅子，有扶手椅、罗圈椅等。

转椅　可转动变换方向，座面可调节高度的椅子。

课椅　学生上课坐的椅子。

公共座椅　公共场所内使用的坐具，有影剧院座椅、体育场馆座椅等。

折椅　可折叠的椅子。

凳　无靠背的长方凳、方凳、圆凳。

四　床类家具

以木材、人造板或金属等材料制成的床具，也有以弹性和软质材料制成的软体床具，常见家居品种有：

双人床　床面宽度不小于 1200 毫米的床。

单人床　床面宽度不小于 720 毫米的床。

双层床　分上下两层的床。

童床　供婴儿、儿童使用的小床。

折叠床　可折叠的木床、钢丝床。

床垫　以弹性及软质衬垫物为内芯材料，表面罩有纺织面料或软席等材料的卧具、软垫。

五　箱、架类家具

以木材、人造板或金属材料制成的箱、架类家具。其种类主要包括：

衣箱　存放衣物的箱子。

书架　放置书籍、期刊、文件资料的架子。

花架　放置花卉盆的架子。

屏风　用于室内分隔、遮挡视线或起装饰用可移动的一组片状用具。

隔断　用于室内办公场地分隔、遮挡视线的一组片状用具。

第四节　风格类别

按照风格划分，有中国古典风格家具、欧式古典风格家具、北欧风格家具、美式风格家具、后现代风格家居、现代风格家具。

一　中国古典风格家具

中国古典风格家具是在生活、工作中供人们坐、卧、支承、贮存物品的，包括旧式家具和仿古家具、民间家具和宫廷家具、软木家具和硬木家具、漆木家具和雕刻家具。近现代制品，只要具有中国古典风格，均可称为中国古典家具。中国古典风格家具是历史上社会生产力发展水平的标志，反映了各历史时期的社会生活方式、社会物质文明、历史文化特征，凝聚了丰富而深刻的历史文化。中国古典风格家具，可分为明式家具、清式家具两类。

清式家具（李秋成摄于 2008 年 12 月）

二　欧式古典风格家具

欧式古典风格家具是 17—19 世纪的工匠们专门为皇室、贵族制作的手工家具，风格历经数百年变化，一直没有改变精雕细刻、精益求精的特点。富于装饰性是欧式古典风格家具的最大特点，主要有意大利风格家具、法国风格家具、西班牙风格家具、德国风格家具。

欧式家具（李秋成摄于 2008 年 12 月）

三　北欧风格家具

北欧人创造了举世闻名的童话，也创造了举世闻名的家具。“古朴＋时尚，简洁＋精湛”的人本主义设计思想，充分体现了北欧人对生活的理解。以童真浪漫的心，设计出北欧家具里的森林、小屋、海浪，以及童话里的精灵。

北欧风格床（李秋成摄于 2008 年 12 月）

四　美式风格家具

美式风格家具，是欧洲风格融合了美国风俗文化的家具。特点是体积大、厚重、舒适，具有贴近大自然的气息。包括古典风格家具、仿古风格家具、乡村风格家具。

美式风格卧室金家具（李秋成摄于 2008 年 12 月）

五　后现代风格家具

所谓后现代主义，不能简单地理解为现代之后的，而是现代主义的继续和超越，是一种艺术风格。“后现代”在设计上是指现代主义设计结束以后的一段时间。20 世纪 70 年代以后，各种各样的设计探索都可以纳入后现代时期的设计。后现代主义主张大量采用古典装饰，追求装饰的、历史的折中主义风格。

后现代风格卧室家具（李秋成摄于 2008 年 12 月）

附

后现代风格

后现代主义，最早出现在西班牙作家德•奥尼斯 1934 年的《西班牙与西班牙语类诗选》中，用来描述现代主义内部发生的逆动。现代主义纯理性的逆反心理，即为后现代风格。

后现代风格在形式上修正现代主义的设计理念，室内设计完全抛开了现代主义的严肃与简朴，往往具有历史隐喻性，强调与空间的联系，使用非传统的色彩，充满大量的装饰细节，刻意制造出含混不清、令人迷惑的意境。

后现代风格强调建筑及室内装潢既具有历史的延续性，又不拘泥于传统的思维方式，讲究人情味并使用非传统的色彩，以期创造一种溶感性与理性、集传统与现代、揉大众与行家于一体的“亦此亦彼”的建筑形象。将古典与现代，传统与时尚的元素兼容并蓄，既对立又统一。设计手法达到多元化，灵活多变，利用多种不同的材质组合空间，光亮的，暗淡的，华丽的，古朴的，平滑的，粗糙的相互穿插对比，形成有力量但不生硬，有活力但不稚嫩的风格。

六　现代风格家具

现代风格家具主要分板式家具和实木家具，强调突破旧传统，创造新建筑，重视功能和空间组织，注意发挥结构的形式美，造型简洁，反对多余装饰，崇尚合理的构成工艺，尊重材料的性能，讲究材料自身的质地和色彩的配置效果，发展了非传统以功能布局为依据的不对称构图手法。现代风格强调家具设计从建筑设计出发，革新先前设计的表现形式。现代风格家具设计彰显个性，具有浓郁的现代感。设计的特色是，设计元素、制作材料都很单一，这种设计风格已经成为越来越多时尚潮人装修的首选。现代风格家具设计从整体到局部、从空间到陈设塑造，精雕细琢，一丝不苟。设计简约而不简单，时尚而又典雅，极具后现代主义经典设计元素。将空间装饰得深沉、雅致又不失灵性，适宜年轻人家庭。

现代风格卧室家具（李秋成摄于2008年12月）

第三章 家具营销

香河县毗邻京、津两市，劳动力资源丰富，家具制造起步较早，产业集群多，产业供应链完整、销售市场发达、产品多种多样、品牌优势明显，是中国北方最大的家具产销地和集散地。产品除畅销北方十余个省、市外，还远销至俄罗斯、加拿大、韩国、蒙古、中东、非洲以及东南亚部分国家和地区。

第一节 营 销

香河县家具营销模式多种多样，主要以香河家具城为产业依托，通过零售、批发、产销联手、网络营销等模式向各地销售。

一 零售

香河家具在起步之初，实行批发经营，随着经济发展，仅靠批发已经不能满足家具产业发展的需求，零售市场很快形成。香河县家具零售以“大卖场”模式经营，金钥匙国际家居品牌CBD、鑫亿隆家居文化广场等为代表的家具展厅都是这种营销模式。工厂或经销商在香河家具城内租用展馆对外销售，同时还有“夫妻店”式的经销商，夫进货，妻卖货。零售家具质量、档次、材质、价格较高，主要销售套房家具、高档欧美家具、红木类家具。

二 批发

香河家具城是中国北方最大的家具专业批发市场，有相应的家具生产厂区。有与家具批发市场相配套的仓储、运输、信息、管理、餐饮服务等设施，各地经销商都慕名到香河县批发家具。春城家具城、顺美家具展厅、华汇家具城、京达家具城、顺隆家具城、贵都家具城（办公家具展厅）、京达家具城（办公家具展厅）都是大型家具批发展厅，价格低廉，设施齐全。香河家具城的批发经营带动了物流行业的快速发展，市场辐射东北、华北、西北、华中等地区，优质的产品，配套的服务，营销的诚信，为各地家具批发商提供了良好的选购条件。

三 产销联手

亚太家居材料城入驻香河，占地100公顷，建筑面积150万平方米，储备用地533.33公顷，总计投资超过200亿元，分为亚太家具材料总部基地、亚太建材总部基地、亚太厨卫总部基地、亚太灯饰总部基地，是亚太地区规模最大的家居交易集散中心。亚太家居材料城的建立，为香河县家具的产销联手提供了重要的材料保障。香河家具城形成产、供、销一条龙的市场格局，产销联手模式成为家具行业的重要经营模式。

四 网络营销

家具网络营销以国际互联网为基础，利用数字化信息和网络媒体的交互性实现家具营销目标。网络营销产生于20世纪90年代，发展于20

世纪末21世纪初。网络营销是企业整体营销的组成部分。在信息网络时代，网络技术的应用改变了信息的分配和接收方式，改变了人们的生活、工作和学习、合作和交流环境。家具企业也利用网络新技术，促进企业发展。香河家具城为方便消费者网上查询，以带动家具产业发展，建立了家具城管委会官方网站，家具城内规模厂家也建有网站，传发产品介绍、厂家细则、产品营销等信息，以促进销售。

第二节　导　购

香河家具城兴建之初，导购员以香河县城及周边村街青年为主，学历多为初中毕业。随着时代变迁，经济发展，香河家具城规模越来越大，产品档次越来越高，“软件服务”的高质量需求越来越多，2007年始，许多综合素质较强的导购员到香河家具城就业，这些导购员学历较高，善于表达。他（她）们有本地的居民，有来自周边省市的人员，也有跟随厂家到香河“淘金”的导购人员。

作为北方最大的家具集散地，香河家具城初时不是“完美无瑕”。当时导购人员复杂多样，甚至还有蒙骗客商的“黑导购”。香河家具城管委会充分行使自身职能，清查“黑导购”。通过走访和调查，发现一起，处理一起。经几年大力整顿，“黑导购”现象杜绝，保障了香河家具城的良好秩序。

为提高香河家具城整体服务质量，家具城管委会成立了劳动服务培训中心，每年定期培训导购经理和服务人员，聘请北京知名培训讲师授课，每年培训4000人以上。

第三节　销售市场

香河县家具除畅销北京、天津、唐山、秦皇岛及辽宁、山西等北方十余个省市外，还远销至俄罗斯、加拿大、韩国、蒙古、中东、非洲以及东南亚部分国家和地区，并且形成了产、供、销一条龙的市场格局。香河家具城内销售市场已具规模，2008年已有家具城21座，拥有大型销售展厅39个，直接从业人员15000人，年客流量300万人次。家具城内物流公司125家，营运车辆500辆，员工3000人。年销售额120亿元，交纳税金3400万元。

第四章　香河家具城

香河县家具城始建于1998年10月，第一个商家“春城家具城”建筑面积12587平方米。1999年开始兴建北方广东家具城，建筑面积4.25万平方米。2000年，县委、县政府正式将香河家具城建设作为兴业强县的“一号工程”，香河家具城进入快速发展时期。至2008年，家具城展厅面积120万平方米，入驻商家6000户。规模、品牌、规格、质量、信誉在中国北方独树一帜，居全国第二位。

第一节　地理位置

香河家具城位于县城东南、永泰路西侧。地理坐标北纬39°37′～39°51′、东经116°51′～117°12′。西北距北京市45公里，南至天津市70公里，以京、津市场为依托，辐射华北、东北、西北地区。京哈（原京沈）高速及多条国道、省道公路贯通县境，四通八达的路网，为招徕各方家具客商提供了优越的交通环境。

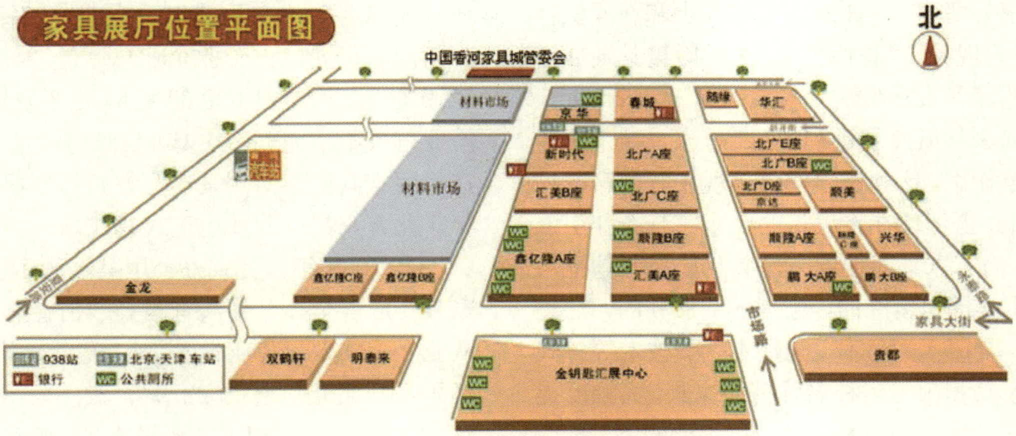

第二节　兴起与发展

一　兴起

20世纪80年代后，香河家具制造企业渐渐发展壮大，其中，县木器厂与北京市旅游局联营合作，成立了北京香河旅游家俬公司。1980年，安头屯公社庞营村复员军人温福生，参照从部队带回的图纸，制作出香河县第一对沙发，运到北京，卖了60元，净赚30元。这对于当时年收入二三百元的农民，是一笔可观的收入。消息很快传遍全县，各村农民纷纷效仿，沙发家具制作小作坊迅速发展起来。1983年以后，县内先后涌现出安抚寨、西北街、韩营庄、河南吴村等10多个沙发材料专业村，并在淑阳镇北岗子村自发形成了一个占地6000多平方米的沙发材料交易市场。此后，在历届县委、县政府的政策引导和行政推动下，市场规模不断扩大。1997年，沙发材料市场已有企业、摊点580个，从业1800多人，年营业额1亿元，销售市场覆盖京津等周边地区，远销至山西、内蒙古、东北等地，成为北方最大的沙发材料集散地。

由于多年良好的家具制造业基础，家具制造工艺也逐渐成熟，香河家具制造者依靠自己的智慧和勤劳的双手，制造出材质优良、造型美观、工艺精湛的家具产品。在沙发材料市场和全县家具制造业快速发展的影响和带动下，一些完成原始资本积累的本地企业主，开始逐步意识到沙发材料市场作为区域性专业集散中心所蕴含的商机。逐步扩展企业规模，扩大经营范围。1998年，靠经营泡沫致富的本地企业主王铁成，在北京市各个大家具生产厂家推销泡沫时了解到，北京的家具城展馆摊位非常紧张，有的租金每月400元/平方米还租不到摊位，而当时香河县沙发已在京津一带有了相当高的知名度，并且香河县与北京市有着人缘、地缘优势，可以在香河建一座家具城。1998年6月，王铁成向中共淑阳镇党委、镇政府提出了建家具城的建议，不仅镇党委、镇政府完全同意，而且得到了县委、县政府的大力支持。因此，香河第一座家具城——建筑面积12587平方米的春城家具城迅速动工，10月正式挂牌营业。展厅建成后，淑阳镇、刘宋镇、钱旺乡、渠口镇等本地的家具生产厂家适时而动，快速入驻。展位被本地生产企业租占一空。当年建设、当年开业，第二年就收回了投资。

二　发展

得天独厚的区位优势，基础雄厚的产业，辐射范围极广的沙发材料市场和春城等几座家具城广阔的发展前景，吸引了外地客商。1998年，年仅25岁的广东省顺德市家具商、在当地被誉为“茶几大王”的谭海良，到北方考察家具市场，1999年，他与人合作投资5000万元在香河县兴建建筑面积4.25万平方米的北方广东家具城（简称北广），包括A、B、C、D、E5座家具展厅，2000年全部投入使用。是年，香河县委、县政府正式将香河家具城作为全县的“一号工程”。

进入21世纪，香河家具城以发展速度快、整体规模大，品牌品种多、产品规格全、质量信誉好、流通领域宽、市场覆盖面广、管理有特色、市场吞吐量大而享誉海内外，被国内业界人士和新闻媒体誉为 “香河现象”“香河模式”“中国最具发展潜力和活力的家具市场”。

在香河家具城发展进程中，北广家具城发挥了领航和示范作用，这种作用不仅体现在香河家具城规模扩展上，更体现在将大量的广东家具企业引入香河参展。南方家具商把南方家具从广东整体拖运过来，有古典的、新潮的、豪华的、质朴的，汇集了花梨木、紫檀木、乌木、鸡翅木、酸枝木等各式高档红木家具和国内多种名优精品家具，大幅度提升了香河家具城的品位和档次。更重要的是，把南方先进的经营管理理念、经营管理方法引入香河。当时，香河家具城各城经营思路各不相同，存在南北差异，为了鼓励大家共同提高经营管理水平，谭海良出资带领香河家具城的老板到广东家具市场考察学习。经他倡议，“做大家具城必先做好广告”形成共识。本地家具城每平方米每月承担广告费 5 元，而他承担 8 元；为了打造诚信市场，树立香河家具城良好形象，谭海良在北广家具城率先推出每平方米收取 5 元家具质量保证金，顾客购买的家具一旦出现质量差错，在督促解决无果的情况下，实行“先行赔付”制度。同时承诺“顾客对购买家具不满意，7 天内包退换，一年内维修，报销京津及其他省市客户往返路费”。

2004 年，全县家具制造企业发展到 1600 家，产值 48 亿元，占工业企业总产值 35.3%;增加值 12.9 亿元，占全县 GDP 的 21%。由于香河家具整体产业链条不断完善，县委、县政府经过调研，决定在香河家具城东南侧兴建北方家具产业基地。2005 年，北方家具产业基地正式建成。

至 2008 年，各式办公用具、酒店设备、民用家具一应俱全。全县共有家具产销企业 1658 户，从业 24120 人。营业收入 93.7 亿元，增加值 22.4 亿元，同比分别增长 22.9%、22.6%。香河家具城有 31 座展厅、面积 120 万平方米。汇集了 6000 户商家，直接从业人员 15000 多人，经营 4000 个品牌。入驻商家来自广东、广西、浙江、福建、江苏、四川、重庆、安徽、山东、山西、内蒙古、辽宁、吉林、北京、天津等地。销售市场覆盖到华北、东北、西北及华东等十几个省、市、自治区，同时还远销欧洲、非洲及中东、东北亚、东南亚等部分国家和地区，年客流量 300 万人次，年交易额 120 亿元，成为中国北方最大的家具集散地。

“买家具，到香河，同样质量，批发价格。”这句广告语在京津地区家喻户晓。香河家具城以其发展速度快、整体规模大、品种品牌多、产品规格全、质量信誉好、市场覆盖面广、管理有特色、吞吐量大，在中国北方独树一帜。

2008 年香河家具城展厅登记表

表 5-4-1

名称	面积（平方米）	开业时间
春城家具批发城	12587	1998.10
随缘家具城	50000	1999.5
京达家具批发城	5300	1999.12
北广家具城（ABCDE）	42500	2000.6
顺隆家具批发城（AB）	22000	2001.10
鹏大家具批发城	80000	2002.10
汇美家具城（A）	88000	2002.10
明泰来家具城	12800	2002.12
兴华家具城	11000	2003.7
顺美家具城	14720	2003.8
国富家具城	20000	2003.8
新时代家具城	12081	2003.10
金钥匙国际家具（香河）汇展中心	190000	2003.11

续表 5-4-1

名称	面积（平方米）	开业时间
贵都家具城	35000	2003.12
汇美家具城（B）	6500	2004.1
顺隆家具城 C	7000	2004.3
京华家具批发城	3700	2004.4
双鹤轩家具城	9000	2004.9
鑫亿隆家居文化广场（ABC）	80000	2004.10
金龙家具城	63800	2005.8
好百年家具城	83800	2005.8
美家源藤竹木艺批发城	4022	2005.9
华汇家具批发城	82000	2006.7
中唐红木城	129200	2007.10
合计	1065010	

第三节　产品档次

1999—2001 年，香河县家具城的家具基本无高档产品，主要以低档次产品销售为主，低档家具占 80%，中档家具占 20%；2001 年下半年至 2003 年上半年，低档产品和中档产品各占 50%；2003 年，随着金钥匙国际家具（香河）汇展中心的建成，大量名优品牌家具的进入，改变了家具城品牌格局。2003 年下半年至 2008 年，高档家具产品达 20%，中档家具产品占 60%，低档家具产品降至 20%。

第四节　效　益

1998 年 10 月，香河家具城开业后，凭借得天独厚的区位、享誉北方的价格优势，铸就了“北方家具商贸之都”的美誉，展馆面积逐年扩展，经济社会效益逐年增长。是年，家具销售额 1000 万元。2005 年，投入营业的家具城 18 个，单体展馆 27 座，面积共 52.27 万平方米，日均客流量 2000 人次，市场年交易额 50 亿元，纳税 1537 万元，跨入河北省工业消费品类市场八强行列；2008 年，投入营业的展馆 31 座，面积共 120 万平方米，市场交易额 120 亿元，纳税 3400 万元。

因家具城的带动和需求，1000 余家辅助、服务性企业应运而生，直接和间接就业 5 万人。其中，香河县 2.80 万人，占全县劳动力的 21%，人均月工资 800 元，香河百姓每年在家具城工资性收入 26880 万元。

第五节　重点展厅介绍

金钥匙家居品牌 CBD　即原金钥匙国际家具（香河）汇展中心，西距北京 45 公里，南至天津 70 公里，距京哈（原京沈）高速公路香河出口 6 公里。2003 年开业，是北方规模最大、配套最齐全、行业最集中、功能最强大的超前商业中心。

金钥匙家具品牌 CBD 家具城外景（高景全摄于 2008 年 5 月）

金钥匙家居品牌 CBD 是全面引入“一站式购物”模式的企业。一楼经营整体家具、客厅家具、沙发、睡眠中心、红木家具、家居饰品；二楼经营国内一线知名品牌欧式家具与实木、软体、儿童、现代家具等；三楼罗浮宫是古典家具馆和现代家具生活馆；四楼是红木典藏馆。金钥匙家居品牌 CBD 是一个集欧式家具、美式新古典家具以及现代风格家具为一体的大型家具卖场。入驻了国内外的家具业领先品牌，为消费者提供家居装潢过程中所需的一切家具及配饰，满足消费者“一站式购物”需求，适应现代消费发展趋势。

金钥匙家居品牌CBD创建于2003年，投资3.60亿元，展厅面积 19 万平方米，是北方最大的家具销售连锁企业。

金钥匙汇展中心北广家具城纳税额 2006 年 1052 万元，2007 年 1632.4 万元，2008 年 999 万元。

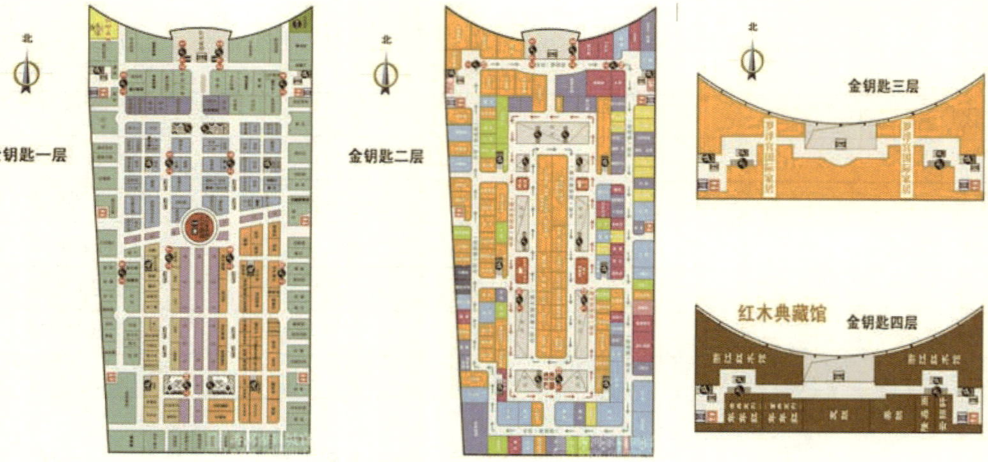

金钥匙家具城内部家具展厅分布图（2006 年 5 月，家具城管委会提供）

鑫亿隆家居文化广场 是鑫亿隆集团股份有限公司投资兴建的大型现代家具商城。经营面积 8 万平方米。参展企业 300 家。主要经营高档套房、品牌沙发、床上用品、餐桌椅、藤艺制品、家具饰品等 8 大系列上万种，除畅销北方 10 余个省、市外，还远销至欧、美、东南亚、俄罗斯、蒙古等地。年销售额 40 亿元，是香河县规模大、功能全、环境优、人气旺的大型高档家具商城。

鑫亿隆家居文化广及内部家具展厅（高景全摄于 2006 年 5 月）

广场坐落于香河家具城商业圈中心地段、十里家具大道的金点区。西北距北京 45 公里，南至天津 70 公里，距京哈（原京沈）高速公路香河出口 6 公里。区位优势使鑫亿隆捕捉到商机，成为全国各地知名家具品牌大家具厂商、投资商展示、销售家具，各地消费者选购家具的首选城。

广场拥有一支优秀员工团队，人员文化、年龄、工作经验等综合素质实现了最佳组合，并实行严格的军事化、正规化管理。下设物业部、市场部、财务部、售后服务部、服务员管理部、工程部、对市场实行无缝隙管理。鑫亿隆家居文化广场先后获得了“河北省十大商城”“河北省三星级诚信市场”“百城万店无假货示范街”等多项荣誉称号，成为中国家具协会理事单位，河北省家具协会副理事长单位。先后有 30 多位党和国家、省部级领导人到鑫亿隆家居文化广场考察，10 余个国家的政要、驻华使馆官员、国际友人参观访问。一楼是品牌区，二楼四周是套房区，经营品牌家具，中间是沙发区，小饰品、餐桌椅，档次齐全，主要有双叶、全友家具、我爱我家儿童家具，双虎、顾家工艺、中信等知名品牌。鑫亿隆家居文化广场 A 座纳税额 2007 年 712.9 万元，2008 年 842.3 万元。

中唐红木城

中唐红木城是在北方专门经营古典红木家具的展厅，2007 年开业后，始终坚持弘扬民族文化，以诚信为本的经营理念，以高品质、低价位为卖点打造出独一无二的“北方红木第一城”。

中唐红木城正在品牌升级中，求高品质、高质量为原则，已进驻多家高端品牌产品，有年年红系列、名鼎檁红木、国寿红木、苏州名佳红木、元亨利、浙江中信红木、新明红木、宏达、振业、品帅、东成、华成轩、祥兴等各地知名红木品牌。

中唐红木城位于香河绣水街中段，投资 1 亿多元，占地 6 公顷。家具城内设有双层停车场、中央空调、多部手扶电梯等配套设施，为顾客提供了优越的购物环境。

中唐红木家具城外景（高景全摄于 2008 年 10 月）

第六节　家具城管委会

一　机构设置

香河家具城管委会位于县城东部，坐落在淑阳镇周元村与计庄子村之间。1998 年至 2002 年 4 月，由淑阳镇党委、政府负责开发建设和管理，淑阳镇政府抽出一名副镇长专门负责家具城管理。当时对外称淑阳工贸小区，建有小区管委会，2000 年以后，更名为家具城管委会，由镇长直接负责。2002 年 4 月，组建家具城管委会，是正科级事业单位，直属县政府领导，业务受河北省家具协会指导。内设办公室、宣教办、消防科、财务室、协调办、城建办等 6 个科室。随后，根据工作需要，设置了中共家具城工委、工会，工作人员 14 人。2004 年，家具城管委会升格为副处级，正式工作人员增至 68 人。2008 年，家具城管委会机关内设办公室、政工科、财务科、消防监督检查科、广告科、集中收费中心、接待办、厅内管理办公室、厅外管理办公室、回访中心、驻京办、物业总公司、物流管理办公室、培训中心、家具协会管理办公室等 15 个科室，工作人员 80 人。

二　职责

家具城管委会负责家具城的宏观指导和管理，研究制定家具城发展规划；管理家具城的招商引资和各种商业洽谈活动，帮助乡镇为项目单位办理土地审批、开发建设、处理土地纠纷、协助商户办理入住手续；做好市场治安、消防、安全防卫，维护和规范正常的市场秩序；加强市场监督、证照发放、专利申报、商标确权，打击假冒伪劣产品及各种欺诈顾客、欺行霸市等不法经营行为；协调和处理家具城与各职能部门及周边村街的关系；受理消费者投诉、保护外地客商的合法权益，处理其他有关家具城发展事宜。

三　主要活动

2002 年 10 月，香河家具城参加全国首次 30 多家媒体组成的大型新闻发布会。2003 年 12 月，由中共香河县委主办，家具城管委会承办，在香河家具城举办了鲁能杯全国乒乓球俱乐部超级联赛，河北电视台现场直播。2004 年 5 月，举办首届“香河家具城杯”首都新闻界领导人保龄球大赛；同年 10 月，举办第一届国际家具文化节，以后每年利用“五一”和“十一”黄金周各举行一次。2008 年 4 月 13 日，以“广交朋友、共谋发展”为主题，以推介香河和香河家具城为目的，管委会组织各城企业负责人开展为期一周的“东北友好行”活动；4 月 28 日，先后在搜狐焦点家居网举办“2008 奥运‘中国之宜居家具’‘香河家具城 10 年崛起论坛’”，同日，协助中国家具协会在香河家具城举办全国《深色名贵硬木家具标准》实施新闻发布会；5 月 17 日组织大型赈灾募捐活动，为四川灾区捐款 120 万元； 9 月 30 日联合《廊坊日报》举办以“讲文明、促崛起”为主题的“香河家具城杯”摄影大赛。

四　扩大影响

2003 年以后，家具城管委会明确树立“宣传就是效益”“知名度也是生产力”理念，加强对外宣传和推介。从 2004 年开始，香河家具城每年广告费投入 3000 万元，年均每平方米广告投入 60 元；2007 年广告投入 3400 万元，全年客流量 300 万人次；在北京亮出“买家具，到香河，同等质量，批发价格”的口号，成为妇孺皆知的广告语。2004 年 1 月，中央电视台《商桥》栏目播出 10 分钟介绍香河家具城的宣传片；先后在京、津、冀、晋、鲁、内蒙古、辽、吉等省市 20 多家电台、电视台及报刊宣传香河家具城，以香河家具城为半径，方圆 1000 公里范围内都能听到香河家具城的声音、看到香河家具城的画面。2005 年，香河家具城成功申办图形文字商标，同时，家具城网站建成开通。据全球著名调查网站 ALEXA 统计，香河家具城网站日访问量 5000 人次，居全国家具网站之首。2007 年，举办香河家具城建城十周年庆祝活动，并邀请国内演艺界明星助兴，全国 60 余家新闻媒体报道，部分网站现场直播。

2007 年香河家具城建城十周年暨第七届国际家具文化节庆祝活动，右图为著名评书表演艺术家单田芳表演评书
（李秋成摄于 2007 年 9 月）

2008 年 3 月，全国“两会”召开期间，香河家具城宣传内容刊登在《中华儿女·两会特刊》，向 5200 多名全国人大代表、政协委员全面宣传推介了香河家具城；4 月 30 日，历时一个月，由中央电视台拍摄的大型电视宣传片《香河——中国北方家具之都》摄制完成；8 月上旬，奥运火炬在石家庄传递，主持人介绍河北特色产业时，第一个介绍香河家具城。2003—2008 年，先后接待韩国总理李寿成、苏丹总统夫人，阿富汗、利比亚、格鲁吉亚等国驻华使节，美国、日本、德国等参观团体，国家领导人及国内外考察团及友好人士 7500 余批次。

五　获得荣誉

2002 年，香河家具城管委会由河北省家具协会理事单位升格副理事长单位；

2003 年，香河家具城管委会被推选为河北省家具协会流通委员会主任单位；

2004 年，在河北省“十强”市场评比中，跻身全省工业消费品类“十强”市场第八位；

2005 年，在（博鳌）中国居家论坛上被评为全国十大家居城之首；

2006 年，先后获得中国著名家居建材城、中国十大著名家具城、中国家具业（2005—2006）年度十佳流通商业品牌、中国十大家具卖场、天津人喜爱的家具卖场、河北省十大最具影响力市场、河北省十大特色商城；5 月，河北省发改委、河北省统计局发布 2006 年全省工业消费品、农产品和生产资料三类市场“十强”排位，香河家具城位居工业消费品市场“十强”第 4 位，成为廊坊市唯一进入河省三类市场“十强”单位。

2007 年，获中国家居产业最具价值卖场品牌；

年初，在海南（博鳌）举行的第二届中国居家行业论坛上，再次荣登全国十大家具城榜首，家具城管委会主任陈刚获得了“中国装修家居行业流通行业杰出领袖奖、2007 影响中国家居产业年度风云人物”等荣誉称号；3 月，香河家具城被授予“中国北方家具商贸之都”称号；6 月，香河家具城荣获“全国质量服务双十佳信誉示范单位”“全国质量万里行理事单位”称号。

2008 年 3 月 9 日，家具城管委会主任陈刚荣获“2007 年度家居行业推动力人物”奖，并被中国家具协会授予“杰出贡献奖”；30 日，香河家具城被联合国人居环境发展促进会、世界华人联合会、世界旅游城市联合会评为“中国商业旅游品牌魅力家具城”；5 月，在省发改委、省统计局发起组织的河北省“百强”市场评比中，香河家具城排名前 5 位；6 月，被中国商业联合会等国家权威部门授予 2007 年度“全国十大交易市场第一名”荣誉称号；是月 13 日，被中国科学院城市发展与环境研究中心、中国世界贸易组织联合会评为“中国产业集群品牌 50 强”；7 月，被新闻媒体评为 2008 年“北京家居行业景气品牌”；9 月，荣获改革开放 30 年•中国家具协会 20 年杰出贡献奖；12 月，家具城管委会主任陈刚荣获“中国居家新视角•第四届中国居家论坛年度领袖人物”称号。

香河家具城部分荣誉

第五章　名优家具

第一节　民用名优家具

一　软体名优家具

爱依瑞斯沙发　北京爱依瑞斯家居用品有限公司于 1995 年在北京市通州区台湖镇垛子工业园 1 号成立，是集研发、生产、销售、配送、服务为一体的高档精品软体家具企业。后公司总部迁至香河家具城。董事长范姗姗，江西省瑞昌市政协委员，是一位成功的女企业家。爱依瑞斯成立伊始，即把“制作最舒服的沙发”作为座右铭，在同行业中率先通过 ISO 9001 国际质量管理体系、ISO 14001 国际环境管理体系、中国环境标志产品 3 个认证，在意大利、法国、美国、澳大利亚等地通过了质量和环境体系认证。产品销售网络遍布全球，形成以意大利设计研发，中国大陆工厂为生产基地，全球专卖店分销网络的专业家居用品供应体系。在中国大陆，爱依瑞斯拥有 500 余家专卖店。

软体沙发（照片由厂家提供）

爱依瑞斯北方生产基地——廊坊亨瑞家具有限公司，位于香河县淑阳工业园东外大街 29 号，占地 11.2 公顷，员工 1000 人，是国内最大的爱依瑞斯专业沙发生产基地。

爱依瑞斯沙发主体框架采用俄罗斯 30 年白桦木，经过防虫、防腐蚀、烘干、四面刨光处理，结构牢固、不易变形、不生虫，终身保用。爱依瑞斯沙发坐垫采用生态型高密度聚氨酯软泡，不含氟利昂或其他扩散剂；爱依瑞斯公司采用一次成型的聚氨酯，40 公斤／立方米超过国际标准（国际标准≥35 公斤／立方米），经过长时间压缩能快速回弹，恢复原样，不变形、不塌陷；爱依瑞斯沙发聚氨酯上面有 5 厘米厚羽绒坐垫，柔软、舒适，不变形。

顾家工艺沙发、软床

位于香河家具城的浙江顾家工艺沙发制造有限公司，品牌宣传口号是“因为顾家，所以爱家”，公司拥有“顾家家居——沙发”　“顾家家居——软床”两大系列产品。顾家家居把居家生活及客厅生活文化的深厚理解融入产品的设计研发中，汇集各学科和技术，不断创造出饱含科技设计领先、极富人性化的沙发系列客厅产品。公司引进国际顶尖沙发生产设备及先进制造技术，有完整的手工工艺标准，集中了一大批手工技艺精湛的技师。除了实力雄厚的本土设计团队，其国际沙发研发中心还拥有大量来自意大利、德国、法国、日本等地的国际知名设计师，每天至少产生 50 个创意，年均数百个沙发新款在全球同步发布。顾家家居在全国拥有员工 6000 人，是驰名全球的沙发制造领域生产企业。

沙发、桌椅（照片由厂家提供）

二　板式名优家具

红苹果家具　红苹果家具公司 1981 年成立于

香港，1987 年在深圳设立生产基地，1993 年开始内销。专业从事高档板式家具、床褥及沙发的研发、生产及经营，注册资金 10010 万元，资产总额 5.30 亿元，是国内大型家具生产企业。厂房面积 25 万平方米。

公司吸纳了大批专业设计、市场营销、企业管理人才，熟练工人 2000 人。公司重金投入技术引进和设备革新，拥有从德国、意大利、美国、瑞士引进的全套板式家具和床褥生产设备，实行优质、高效、现代、环保型生产。红苹果家具公司的家具品质优越，价格公道，风格简约，工艺精湛。2005 年 10 月（公司或产品）进入香河家具城。

书房家具（照片由厂家提供）

全友家具

全友家私有限公司是集研发、生产、销售为一体的大型民用家具企业。1986 年创建于四川省崇州市，始名崇州金羊家具厂，2002 年正式更名为成都市全友家私有限公司。主要研发、生产板式套房家具、沙发、餐桌椅、床垫、软床、办公家具等系列产品。2008 年有 30 个生产分厂、20 多个驻外办事处、3000 多家专卖店、50 多个产品系列、6000 多个产品款式，连续多年畅销全国，并远销欧、美、东南亚等地。2001 年 5 月产品进入香河家具城。

卧室家具（照片由厂家提供）

中至信家具

中至信家具公司位于广东省佛山市。是集家具设计、开发、家具文化传播、制造、营销、物流为一体的大型集团公司。拥有 1600 名富有凝聚力的工程技术、设计、营销、生产员工团队。公司有 15 万平方米的大型生产基地、6 万平方米的大型物流中心，并全线引进意大利、德国等世界先进自动化生产设备和产品检验设备，是专业化、规模化、系列化生产欧美高端家具的大型企业。主要生产卧房家具、客厅家具、餐厅豪华家具等 “圣洛克”“夏洛蒂”“美特美家”“美特世家”“法•路易娜”“简•卡罗”六大品牌七大系列产品。以橡木为主材，配以天然香樟木、无节松木，并采用精湛的手工实木雕花，花朵蜿蜒的曲线，微卷的花叶别具一格；雕花上镶嵌的金箔，线条流畅，层次分明，点睛的杰作使家具风采显明。中国传统贴金工艺与雕刻艺术完美融为一体，中至信家具手工细致、制作精良，显示出精致、典雅、富丽华贵特色。2006 年 10 月产品进入香河家具城。

卧室家具（照片由厂家提供）

三　实木名优家具

华日家具　廊坊华日实业集团 1992 年成立，是一家集研发、设计、生产、销售为一体的大型多元化企业集团。集团占地 27 公顷，建筑面积 10 万平方米，注册资金 9463 万元，在册职工 900 人，销售网点 180 处，是一家集生产、销售、科研为一体的大型企业集团，引进德国、意大利具有 20 世纪 90 年代先进水平的现代化生产设备，使华日品牌板式拆装家具的加工精度全部超过国家有关标准。1994 年起连续 8 年被国家家具质量监督检验中心确定为 A 级产品，这在家具行业里仅此一家。华日家具拥有多种风格的民居、儿童、办公、宾馆等使用的沙发、床垫、家居饰品、木门、橱柜等系列产品。2008年生产基地占地87公顷，建筑面积50万平方米，员工5000人，高等设计、管理、销售人员500人，700家销售网点遍布全国各大中城市。2006年5月产品进入香河家具城。

客厅家具（照片由厂家提供）

华丰家具

大连华丰家具集团有限公司，具有50年创业史，是世界家具界一流的大型现代化家具制造企业。占地600公顷，建筑面积200万平方米，下属20个工厂，职工1.20万人，年产华丰牌家具400万套（件）。客厅、餐厅、卧室、办公等系列产品上万种，日开发新产品十几种，产品畅销国内，远销日本、美国。2007年产值25亿元，销售额23亿元，创汇1.5亿美元，利税3亿元。创造了家具行业销售额、利税额、出口额3个全国第一。

大连华丰家具被评为全国家具行业百强之首和“效益十佳”第一名，华丰家具被评为“家具行业第一品牌”“中国消费者协会推荐商品”“中国首批环保产品质量信得过重点品牌”。 2005年5月产品进入香河家具城。

卧室家具（照片由厂家提供）

福升家具

天津市北辰区福升家具厂成立于1995年，是一家集研发、销售及服务于一体的大型家具生产基地。福升家具始终秉持“以人为本”的经营理念，结合中国古典家具神韵，设计现代中国人首选实木家具品牌。福升家具采用国内外先进的设备和生产工艺，追求现代、精致。选用俄罗斯进口优质水曲柳，其自然流畅的花纹，给人以天然美感。客厅、餐厅、卧房、书房四大系列产品，在选料、烘干、加工、涂饰、包装、运输销售等各个环节以高超的技术、环保指标、完善的售后服务体系，赢得了广大消费者的信任。2004年10月产品进入香河家具城。

卧室家具（照片由厂家提供）

康氏贵族家具

香港康氏贵族家具有限公司成立于2002年8月，内地两个生产基地位于河北省衡水市庆丰北街1008号桃城区永安民营工业园区北端，占地16公顷，建筑面积10万平方米。有两大类产品：康氏贵族家具、康氏贵族木门；员工1300人，是一家集生产、设计、销售民用家具为一体的大型公司。从法国、德国引进具有世界先进水平的生产设备，其中包括两条法国电脑数控油漆生产线、一条德国自动化喷涂生产线；制材生产线堪称国内一流。康氏贵族家具公司产品通过ISO 9001:2000国际质量认证和 ISO 14001 国际绿色环保体系认证。2006年8月产品进入香河家具城。

卧室家具（照片由厂家提供）

年年红家具

年年红红木家具是年年红家具集团有限公司产品，“年年红”商标被认定为中国驰名商标，被评为国家A级产品。“年年红” 牌产品有富典、金典、雅典、工艺品四大品牌2000个规格品种，材料全部采用东南亚、拉美、非洲等地进口的优质红木、名贵木材，产品主要有卧室、客厅、餐厅、书房等系列家具，经60多道工序，精制细作。有国内外经销商300家，产品畅销全国29个省市，并出口东南亚、欧、美等地，先后荣获“中国家具行业十大品牌”“中国古典家具十大品牌”“第三届中国国际家具博览会金奖”“第十届国际名家具博览会金奖”“第十三届香港国际家具博览会金奖”“第十届中国传统家具博览会金奖”“第二届中国科技精品博览会金奖”“浙江省信用等级AAA级企业”等称号。2006年8月产品进入香河家具城。

客厅家具（照片由厂家提供）

美联红木家具

1977年中国•美联家私有限公司在香港创立。美联红木家具采用现代化科学生产流程，严把质量关，从原料到成品的每一道工序，均属精雕细磨的全手工制做。各类山水花鸟、人物百兽、龙凤祥瑞、仙容神貌，欧美花卉等，都精工细琢，栩栩如生。漆饰采用历史悠久的传统大漆工艺结合现代化制作方式，达到耐磨、耐热、耐水、耐腐蚀、绝缘、绿色环保等优良特性。产品采用黄花梨、紫檀、酸枝木、黑檀木等高档国标红木材料，主要有“江山多娇”“名著千秋”“华夏盛世”“福满乾坤”四大系列客厅、餐厅、卧室、书房成套和单体家具，有桌、椅、床、沙发、橱柜、几、凳、架等品种。2006年5月产品进入香河家具城。

红木家具（照片由厂家提供）

连天红家具

连天红是连天红（福建）家具有限公司旗下的品牌。连天红公司于2007年创立，是一家大型的家居用品企业，开发的产品有中式宫廷家具。连天红红木家具是连天红公司专业生产的中式宫廷红木家具，选材包括鸡翅木、红酸枝、小叶紫檀、黄花梨等，主品牌是连天红，故名为连天红红木家具。2008年9月产品进入香河家具城。

红木家具（照片由厂家提供）

第二节　办公名优家具

国泰办公家具　广东省中山市国泰家具有限公司，是规模的家具生产基地。有先进的机械设备和技术力量，员工2000人。下设三大工厂，专业生产超五星级酒店家具、饰面板、门套门线、办公家具等。

老板桌、椅（照片由厂家提供）

国泰家具多次在国际家具博览会上荣获设计奖、优质产品奖。先后评为“中国环保质量信得过重点品牌”“中国质量服务信誉 AAA 级企业”“中国名优产品”“绿色选择绿色家具”等。率先通过 ISO 9002、ISO 9001:2000 国际质量体系认证、ISO 14001 国际环保认证，家具品牌享誉全国。入选“中国 500 最具价值品牌”，被评为“广东省著名商标”，连续 8 年被评为“重合同守信用”企业。2004 年 5 月产品进入香河家具城。

国景办公家具

广东省中山市国景家具有限公司是一家集办公最具设计开发和产销于一体的专业公司，有现代化生产厂房 10 万平方米，员工 2000 人。有从德国、意大利进口的多条先进生产设备，有资历深、素质高、开发型的管理人员。主要开发生产实木系列、软件系列、屏风系列及防火板系列等办公家具。公司先后通过：ISO 9001：2000 质量管理体系认证、中国环保产品认证、ISO 14001 环境管理体系认证、中诚标志认证、新十省 2005 年环保家具知名品牌、中国著名品牌证书、十八省市行业 2005 年诚信企业。2003 年 6 月产品进入香河家具城。

会客厅家具（照片由厂家提供）

第六章　创建北方家具商贸之都

2007 年 3 月 15 日，中国家具界盛典在河北省香河县启帷，香河荣膺“中国北方家具商贸之都”称号，4 月 25 日举行授牌仪式。自此，在中国家具业版图上，香河家具城与广东省佛山市顺德区乐从家具市场、四川省成都市武侯区家具市场、江苏省苏州市相城区蠡口家具城成为中国四大“家具商贸之都”。“北方家具商贸之都”落定香河，确立了香河家具城在中国北方家具市场中的主导地位，也标志着香河家具产业升级到全新阶段，实现了历史性跨越。

家具大道（高景全摄于 2013 年 10 月）

授牌仪式（高景全摄于 2007 年 4 月）

第一节　创建决策

2000 年初，中共香河县委、县政府把香河家具城作为全县的“一号工程”，责成 2 名县级领导主管家具城。县委、县政府坚持每年召开县“四大班子”联席会议，专门研究家具城发展。2004 年，把“打造北方家具之都”“打造家具产业新城”写进县委、县政府工作报告，凸显了香河家具城的发展定位。

第二节　政策保障

香河县人民政府1999年制定《关于加快香河家具城开发建设的优惠办法》，对入驻家具城企业明确规定了优惠条件和办法。之后又陆续下发《关于加快发展香河家具工业园的若干规定》《关于促进家具市场健康发展的若干规定》《香河县家具创造业基地招商引资优惠政策》等文件，为壮大家具城发展提供了政策保障。2006年，香河家具城管委会下发了《关于对售出商品追踪服务并实行连带责任的管理办法》，为提升香河家具城的知名度和美誉度提供了政策保障。

第三节　南资北引

1998年，广东省佛山市顺德区客商谭海良到香河实地考察后，投资兴建了北方广东家具城。从1998—2000年，共投资5000万元，其A、B、C、D、E座5个展厅全部建成开业，营业面积4.25万平方米。从此，大量引入南方及国内各地名优家具商到香河投资建立基地，提升了香河家具城在北方乃至全国的影响。2005年，在全国各地拥有100多家经营网点的广东新红阳家私集团，在香河家具城召开了北方区首届经销商联谊会暨新品发布会，并决定投资在香河县建立北方家具批发基地。这是继耀邦集团、掌上明珠、全友家私等全国驰名品牌落户香河之后，又一家全国著名家具品牌落户香河家具城。

南资北引，使香河县成为世界家具订货中心之一，陆续招徕了南方以及各地6000家企业持资落户，经销民用、办公、宾馆、饭店等4000个品牌、上万种家具，仅知名品牌就有上千种，既有来自香港、深圳等地的皇朝、大富豪、雅宝等精品，也有来自四川成都的掌上明珠、全友，京津地区的集美、昊拓等精品。

第四节　推进产业化

20世纪80年代初期，香河县上万名能工巧匠背起斧子、刨子走遍除台湾、西藏以外的全国各地，做家具、卖家具，因此香河县被誉为“家具之乡”。1984年，全县已有9200多户、1.10万人从事沙发生产，年产沙发45.90万件，年收入3330万元，为家具业的大发展作了“铺垫”。之后，香河县内先后出现了10多个沙发材料专业村，逐步自发形成了占地0.67公顷的交易市场。1997年，沙发材料市场已有企业摊点580个，从业1800人，年营业额1亿元，成为北方最大的沙发材料集散地。1998年，农民企业家王铁成，率先建起了春城家具城，展厅营业面积12587平方米，展位迅速驻满本地商户。随后，随缘、顺隆等家具城也先后开工建设，形成产业化的香河家具城雏形。2003年和2004年，相继建成营业总面积达19万平方米的金钥匙国际家具（香河）汇展中心、鑫亿隆家居文化广场，极大提升香河家具城的经营规模和档次。在此基础上，香河县邀请专家学者制定了《香河家具城管理提案书》《香河家具城综合管理计划提案书》，进一步明晰香河家具城以及香河家具产业发展轮廓。

香河县家具产业凭着实实在在、悠久深厚的产业根基，由“家具之乡”跨越为“北方家具之都”。至2008年，入驻各类家具生产企业6000家，香河家具城展厅面积突破100万平方米，成为全国第二，北方第一的产业化家具集散地。

第五节　产业基地

2005年6月20日，经河北省政府批准，设立省级产业聚集区——香河县家具制造业基地。

一　发展规划

香河县家具制造业基地位于香河县城及香河家具城南侧，规划范围四至界线：西起夏安（夏垫至安平）公路，东抵潮白河西岸，南至县道五宋（五百户至刘宋）公路，北接县城绣水街，规划面积51.95平方公里，涉及淑阳镇、钳屯乡、五百户镇、安头屯镇部分村街，其中起步区17.87平方公里。

香河县家具制造业基地规划为“一带”“一轴”“三心”“六片”。“一带”，依托潮白河南岸打造滨河景观绿化休闲带，拓展城市服务功能，提升产业品质；“一轴”，依据产业基地发展定位，依托东西向的发展大道和景观大道，形成一条“功能发展主

第五编　家具业

轴”，由西向东依次串联起基地内的各主要功能区，形成基地的“一”字形结构主轴；“三心”，沿东西方向发展主轴依次设置行政管理中心，会务展览中心、休闲娱乐度假中心，打造成产业基地的核心景观区，成为基地的三个主要城市展示空间；“六片”，依据产业基地发展综合需要，设置现代产业片区，居住生活风貌片区，公共服务片区，物流仓储片区，专业市场片区、混合功能区等6个片区。

二　发展定位

香河县家具制造业基地以家具制造为主，兼容少量原料加工配套项目，包括五金配件和家具涂料，是建设中全国最大的家具工业聚集区和制造业平台。基地产业发展定位于开发建设、环保、生态、创新型的“中国北方家具产业基地”，搭建集企业总部、研发培训、生产制造、休闲旅游等于一体的现代家具产业集约发展平台。

通过开发、建设、经营，使香河县成为北方现代家具产业集约发展平台，将北方家具产业基地发展成全国乃至全球具有影响力的集家具研发、设计、生产加工、贸易、展览、物流、培训、信息服务、行业休闲、生活配套等现代化多功能的综合产业基地，成为中国家具产业走向世界、世界家具产业进入中国的桥梁，将香河打造成中国家具产业之都，参与国内及国际产业分工。

三　规划建设

至2008年，香河县家具制造业基地基础设施投入1.2亿元，完成起步区A区范围内“三横三纵”路网规划设计，并已开工建设；入区企业222家，其中投产企业157家，从业1.60万人。

第七章　管理与服务

在全国家具市场中，香河县率先组建家具城管委会，作为政府的派出机构，“只参与管理，不参与经营”，引导市场经营进入良性循环，开创了全国家具行业统一管理的先例。统一管理独立经营的各个家具城，使香河家具城成为一个有机整体。坚持“一般管理不漏项、重点管理求突破、整体管理上水平”的原则，环环紧扣、步步紧跟，以方便消费者为己任，以保护经营者为职责，以带动县域经济发展为目标，最大限度地提升香河家具城自身的美誉度和诚信度，逐步探索出统一意志、统一宣传、统一收费、统一售后服务、统一招商的“五统一”经营模式。把家具城各独立经营法人单位的义务与利益融为一体，同心协力、携手发展、成果同享、风险共担。各企业均以香河家具城的整体名义对外广告宣传。2008年，广告投入3300万元，以香河家具城为半径，方圆1000公里范围内的城市、乡村都能接收到香河家具城的声音、形象信号；各展馆入驻商户只交场租费，其他费用一律不交；在开通京、津、唐周六、周日免费班车和面向全国开通免费咨询电话的同时，注重售后电话回访，征询客户意见；在县内，统一组织黄金周、文化节等大型促销活动，在县外，统一参与全国各大展会，形成了“以展招商、以会招商、以商招商、以节招商”的格局。

第一节　管　理

一　规划管理

2003年，请北京市专家整体规划家具城，制定《香河家具城管理策划提案书》《香河家具城综合管理计划提案书》，全面策划市场布局、经营管理、形象定位、广告策划、提升品位等，明晰发展走势、发展思路、发展举措，由家具城管委会负责落实。

二　市场管理

加强制度建设，相继制定了家具城管理实施方案、细则、规定、章程。根据市场需要成立家具协会、物业总公司、厅内厅外管理办公室、市场管理大队、香河工商局家具城工商分局、公安派出所、家具质量监督检测站、消防科、地税所、交警队、驻京办事处等机构。实施量化、细化管理；制定运输、装卸、组装工登记管理办法，物流公司管理规定，取缔无证、无照物流单位。维护正常的市场经营秩序。

三 售后服务管理

2005 年 4 月，香河家具城对京津消费者实行免费送货，让“顾客一分钱不用花，购买家具送到家”。同时，建立售后回访中心，“追着顾客给自己挑毛病”，率先实行了中国家具界售后管理。

四 销售人员管理

家具城管委会编印了《销售人员行为规范手册》，人手一册，规范销售人员统一着装、挂牌上岗。为从源头强化对销售人员管理，对全城服务员统一登记，并把个人资料和在家具城的所有奖惩记录存入电子档案。实行百分制考核，全年累计低于 60 分者，予以清退，其他企业不得录用。从 2004 年开始，每年进行一次文明诚信企业、文明诚信商户评比表彰。

五 收费管理

家具城自建城以后，始终坚持收费一费制，即各展馆入驻商户只交一项场租费，税务、工商等部门的税费各展馆法人负责交纳。2005 年 4 月，建起了集中收费大厅。

六 质量管理

从源头上做细入厅商品的质量管理，严格市场准入制度，在全省家具城市场中率先建起家具质量监督检验站，制定了《香河家具城商品质量管理办法》。各家具城设立质检员，收取质量保证金，实行先行赔付制度。建立由家具城管委会、厅内厅外调解办、工商分局组成的“三位一体”大调解格局，制定详细的质量投诉、纠纷接待制度，明确商户与顾客发生纠纷首先问责商户的原则。开展专项治理， 2008 年，专项整治顺隆、明泰来、春城、鹏大、鑫亿隆、汇美、北广、华汇等 8 个软体家具展厅的 293 家商户，对有缺点的 100 个商户现场纠正，处罚了 17 个缺点比较严重的商户。是年，管委会组织 13 个展厅、610 个摊位开展“百城万店无假货”竞赛活动，制作了参赛标志和展牌，所有摊位均做到货真价实，无假货。

七 卫生管理

统一制定《卫生管理办法》，以各家具城为单位，组建卫生清洁队，配备专门车辆，实行门前“三包”（包人、包片、包职责），责任到人。做到定点、定时、全天候清理厅内外卫生，垃圾日产日清，随时清理乱堆乱倒、乱摆乱放、乱贴乱画，保持城区干净整洁。

八 市场秩序管理

家具城派出所充实警力，重点查处盗窃自行车、电动车，撬机动车，敲诈勒索外地货车司机案件，与执法队、交警队、厅内厅外管理办公室、物业公司联手，查处“黑车”“黑导购”等。2002 年 9 月，北京电视台曝光香河“黑心床垫”事件，家具城管委会全力整顿，查处厂家 16 家，封存涉嫌质量床垫 56 张，使家具城重新恢复繁荣。2004 年初，随着家具城面积的扩展，市场的繁荣，城内黑导购公开活动，为顾客“领路”，参与买卖，误导消费，从中领取回扣，破坏正常的市场秩序，当时家具城各厅有黑导购数百人，遍布于家具城中，有十几个摊位先后撤出家具城。面对“黑导购不除、家具城难兴”的现实，市场管理机构于 2005 年 4 月，清除了各展厅外与黑导购相互串通、倒买倒卖的 53 张“交易桌”，禁止了黑导购活动。印发《顾客须知》《给家具城商户的一封信》《致家具城注册出租车、装卸工、板车工的公开信》，广泛宣传，形成对黑导购齐查共管的态势。对于黑导购人员，采取教育、处罚、签订保证书等形式，一一予以妥善处理，保障了家具城的健康运营。

九 消防管理

家具城管委会始终把消防安全作为头等大事，配合派出所、消防科制定了 17 项消防安全制度，推出了人防、物防、技防等一整套消防安全管理措施，落实定目标、定责任、定措施、定奖惩机制，由 430 名保安员组成兼职消防队，聘请两家专业安保公司，建立 24 小时巡更制度，每月定期检查各电路、电器、消防设施并留档拍照，每季度检查周边饭店、旅馆等消防安全。各家具城由单路供水、单路供电改为双路供水、双路供电。至 2008 年，消防投入 1 亿元。

第二节　服　务

一　成立家具协会

家具城建立后，淑阳镇牵头成立香河县家具协会，淑阳镇政府先后成为中国家具协会理事单位、河北省家具协会副理事长单位；广东顺德家具协会为更好地在香河家具城开展工作，成立顺德家具协会驻华北办事处，办公地点设在香河经纬家具城；经纬家具城是中国家具协会常务理事单位，投资商黎经纬先后被选举为中国工商联家具装饰业商会副理事长、河北省家具协会副理事长。2008 年，香河家具协会有单位会员 78 家，个人会员 1360 人。

二　成立家具质量监督检测站

为保证家具产品质量，提高档次，建立健全了家具产品的监督检测机制。2003 年 11 月，香河县家具质量监督检测站（属省级）成立，定期或适时抽查县内家具产品质量，发现产品质量不合格，立即责令企业停止生产、销售，限期整改。科研人员为多家企业解除了产品技术难题，帮助企业设计产品款式，开发新产品，保证了香河家具产品质量上档升级。

香河家具城家具质量监督检测站是河北省设备最先进、检测项目最齐全、承载能力最强的检测站，投资 550 万元，并引进一批科研技术人员，购买部分家具质量检测设备和办公设备，承担起香河家具的质量检测职能，提高了家具入城的准入门槛。

2008 年 12 月，国家家具质量监测检验中心迁至香河家具城，使香河县成为拥有全国第二家、北方第一家“国字号”机构的县。占地 2 公顷，建筑面积 10818.56 平方米。其中，检测楼 4217.5 平方米，相关附属设施 944.66 平方米。基础设施建设投入 2000 万元，检测设备价值总额 1500 万元。年检测家具 1 万件以上，检测水平全国一流。

国家家具质量监督检验中心奠基仪式
（高景全摄于 2008 年 12 月）

三　家具物流和售后服务

2005 年 4 月，香河家具城实行京、津、唐免费送货到家，并在全国家具行业中率先建起售后回访中心，首创电话回访制度。

香河县地处京津之间，交通便捷，为家具物流行业的发展提供了良好的硬件基础，家具城管委会充分行使自身职能，整合香河家具物流业，为消费者提供了方便、快捷、放心的物流环境。

以香河家具城为中心，在半径 300 公里的范围内实行服务的全面对接。半径 100 公里内是服务巩固区，以增加免费班车线路、实行全区域免费送货、开展跟踪服务巩固周边市场；半径 100～300 公里的区域是服务拓展区，通过在具有代表性的地级城市中开设服务站、建立物流合作单位，全面开展家具配送、组装、维修等售后服务。

在半径 300 公里的范围内，开辟了多条市场拓展线路与周边地级城市建立业务对接，合作范围包括家具商品交易、广告宣传、物流配送、人力资源等。以地级城市为支点，拓展周边市场份额。从 2007 年开始，家具城管委会投资 1000 万元，专项整建物流市场，依据《中华人民共和国公司法》，组建香河家具物流有限公司，邀请信誉度高，影响力大的管理公司加盟并作为股东参与管理。通过探索和建立股份有限公司模式，打造家具城安全、高效、方便、快捷、服务周到的物流体系，家具城周边有长途物流机构 128 家，短途物流机构 44 家，初步具备了辐射周边地区的配送能力。远途家具运输，由香河家具城物流货站发货至购买者当地物流货站，解除了消费者购买家具后的运输之忧。

四 开通免费购物班车

免费购物班车（高景全摄于 2008 年 10 月）

周六、周日及法定节假日，为方便消费者参观购物，2005 年 5 月 1 日，香河家具城开通北京、天津免费购物班车；同年 10 月 1 日，开通唐山免费购物班车。共设置 25 个免费购物班车站点。

（一）北京（7:00 人满发车，16:00 返回），16 个站点：

东城区（美术馆南）、西城区［宣武门崇光百货（SOGO）北侧肯德基门前］、甘家口商场门前、海淀区（当代商城正门口）、公主坟城乡贸易中心南门前、成府路中国地质大学东门、清河小营桥西南 50 米、朝阳区（中国国际展览中心正门）、双井桥西北角麦当劳门前、北四环东路小营华堂商场东 50 米、十里堡华堂商场对面云柏鞋业门前、丰台区（方庄方城园家乐福门前）、洋桥东南角大中电器门前、石景山区（石景山华联商场门前）、昌平区（回龙观龙华园美廉美超市门前）、立水桥城铁站 13 号线出口。

（二）天津（7:00 人满发车，16:00 返回），7 个站点：

河北区（金钟河大街乐购购物中心麦当劳门前）、河东区（万新村天山路与崂山道交汇处麦当劳门前）、河西区（华润万家超市南楼店门前）、南开区（复康路天津图书馆门前）、红桥区（西青道华润万家购物中心肯德基门前）、丁字沽汽车站对面凯莱赛门前、塘沽区（轻轨塘沽站西进出站口）

（三）唐山（6:30 人满发车，16:00 返回），2 个站点：

新华西道华联商场门前（市百货大楼西 100 米）、长宁道远洋城麦当劳门前（长宁道与建设北路交汇处）。

附

关于香河家具城及家具产业的调查与思考（节选）

中共香河县委研究室

2003 年 9 月

五 总体评价

几年来，香河家具产业尤其是香河家具城的发展成绩是有目共睹的，用“发展迅猛，成绩斐然”概括，毫不过分。但是，如果用理性思维做出冷静客观的判断，我们认为：

——香河家具城使香河充分借助县域传统产业优势，通过因势利导，形成了目前的集聚规模，但在整体上却档次不高、规划布局混乱、管理水平落后。即有规模、没水平。所以说，从发展进程讲，我们才刚刚走了半程路。

——香河家具城目前只是在京津地区的市场影响力较大，但在中国北方地区还称不上“一枝独秀、唯我独尊”，在全国乃至国际市场的开拓上更有欠缺。所以说，从市场开拓方面讲，香河只是刚刚有了一个好的开篇。

——香河家具城主要靠价位优势赢得了一定的市场份额，但在经营理念、品牌培育、管理机制、环境塑造等方面，还基本处于“摸着石头过河”的尝试摸索阶段。所以说，从内在素质提高上讲，香河才刚刚开始爬坡。

——香河家具城通过广招博纳，已经吸引了大量资金和众多商家，但在整合内部资源、衔接技术链条、打造和展示家具城综合实力上，思路还不清晰，成效还不明显。所以说，从整体形象策划和提升方面，香河只是刚刚打了半局牌。

因此，总体上看，与全国一流水平的家具城相比，香河家具城的准确定位应该是“二流”家具城，香河的家具制造业则属于“三流”产业层次。诚如外地商客所言，香河几年间在平地上起来一座家具城，犹如“天上掉下个林妹妹”，成绩固然可喜，但切不可由此盲目乐观、妄自尊大。二流家具城与三流家具产业的现状，是香河目前发展的真实反映。

六 分析思考

1. 市场前景

从总体需求上看，党的十六大提出全面建设小康社会的奋斗目标，标志着国内人民生活水平正在从温饱型和基本小康型向注重生活质量的全面小康型转变。2002 年，全国城镇居民家庭人均可支配收入为 7703 元，比 1997 年增加 2543 元，全国农村居民家庭人均纯收入为 2476 元，比 1997 年增加 386 元；2002 年城镇居民人均住房建筑面积由 1997 年的 17.8 平方米增加到 22 平方米，农村居民人均住房面积由 22.5 平方米增加到 26.5 平方米。人们有越来越多的钱可以用于食品以外的消费。据中国家具协会预测，中国家具产品的市场需求从 2001 年至 2005 年，每年将以 10%以上的速度增长，到 2005 年将达到 1800 亿元左右；从 2005 年至 2015 年，将保持在 5%左右的速度，2015 年可达 3000 亿元左右。市场需求总量的持续增长，为香河家具城的未来提供了极为广阔的发展空间。

从区域需求上看，中国北方尤其是华北地区，与南方尤其是东南沿海地区相比，经济发展水平普遍要落后 10 年以上。在经济超前发展的前提下，应该说南方地区已经基本上渡过了第一个家居需求增长期，而在北方尤其是华北地区，随着人均收入水平的不断提高和房地产业的蓬勃发展，目前正在迎来家庭家具消费的第一个高潮。因此，抓住区域性消费需求这个契机，香河就等于拥有了“半壁江山”的市场，在未来发展中也就占据了主动。

从个案需求上看，北京承办 2008 年奥运会的发展机遇，也为香河依托自身区位优势，进一步开拓新兴市场提供了可能。仅就酒店家具市场而言，北京现有星级酒店、涉外饭店 506 家，到 2008 年举办奥运会要具备 800 家以上。因此，北京 5 年内要新增 300 多家、更新 500 多家酒店；随之而来出现的，是这 800 家酒店必然要购置、更新家具的巨大市场。因此抓住奥运会契机，打好家居牌，抢占尽可能多的市场份额，必将为香河家具业的进一步发展壮大注入新活力。

2. 自身优势

首先是地理区位的比较优势。地邻北京这个全国政治、文化、经济中心，和天津这个北方第二大城市，应该是其他地区家具城所无法比拟的独特区位优势。当然，随着交通水平的不断提高和全球经济一体化进程的加快，区位优势在经济发展中的作用正在逐步弱化，但站在中国仍处于发展中国家水平的角度，香河一小时即可“上天入海”的独特区位，无论是相对家具城而言，还是郑州、济南等地的家具城，由运输成本降低产生的比较优势，都是香河赢得市场先机的一个重要砝码。

其次是发展成长期的潜质优势。据调查了解，目前位列一流家具城的广东顺德家具城，规模已达到 200 万平方米左右。市场规模不可能无限扩大，就经济水平和地价水平都相对较高的广东而言，这个规模应该已经达到饱和或正在趋于饱和。此外，目前在全国规模上堪称首位的顺德家具城，其发展历史也远比香河要长，因此其市场也已接近饱和。上述两点，应该说近年广东家具生产企业大量北迁，即是一个明证。而相对来说，仅有 5 年历史、目前近 20 万平方米展厅规模的香河家具城，正处于兴起之后的快速成长阶段，其发展必将有着较大的潜质空间。

三是市场多元化的广度优势。所谓一流家具城，出规模意义上的顺德家具城外，还应包括北京、上海、广州等地的高档次家具城。但这类家具城的高档次，也决定了其必然要面向城市消费群体和国际市场。与之相比，香河家具城不仅过来一直定位于中低消费群体，而且目前高消费群体市场开发力度也在逐步加大。因此，市场消费群体多元化，也是香河的一个优势所在。

3. 目标战略

依据未来一段时期全国家具市场的发展前景，从香河自身优势出发，香河家具城的发展目标，可以按近、中、远期，分三步走：

——近期目标，到 2005 年，规模上应按照循序、逐步、适度扩大原则，展厅面积控制在 60 万平方米内。这一时期为整合规范、积蓄力量阶段。要重点做好巩固市场，规范管理，提高档次工作，同时充分发挥市场对生产企业的拉动作用，加快生产基地建设，为香河整体家居产业的下一步更快发展奠定坚实基础。

——中期目标，到 2010 年，力争将展厅面积扩大到 120 万平方米以上。这一时期为第二高速成长阶段，工作重点是全方位向北方地区开拓市场，同时抓住奥运契机，积极开拓新兴市场。力争做到

"北方最大"名副其实。

——远期目标，到 2015 年，将展厅面积控制在 150 万平方米以内。这一时期为市场成熟阶段，将不再追求规模上的无限扩大，重点是优化发展环境，努力实现经营、管理水平与国际接轨，面向全国乃至国际市场，争创全国第一家具城。

近期发展战略为：调整、整顿、巩固、提高。即，调整现有规划，力争做到合理布局、设施配套、功能完善；整顿经营秩序，加大管理力度，努力实现市场有序、管理科学、服务优化；巩固现有市场份额，尤其是在牢牢巩固京津市场基础上，力争实现对华北市场的全覆盖；提高家具城档次和家具产业水平，在继续实施多元化战略的同时，努力使市场和产业水平向更高层次跃进。

七　对策建议

1. 统筹规划

结合家具城现状，聘请专家完善整体规划，合理布局，完善功能。划分出具体的家具城管委会管理区域，基本范围可界定为：永泰路以西，安抚路以东，华冷集团以北，淑阳大街以南；另外还应包括新开街和绣水街两侧向西延伸出来的家具城和材料城。同时把家具城划分为北、中、南三区，其中新开街以北为北区，需外迁的易燃生产企业有 10 余家，可迁至永泰路以东计庄子村内，生产企业迁出后，可规划建设高标准的家具材料城，并预留出停车场、餐饮休闲区。新开街以南、绣水街以北为中区，紧邻北广 C 座西侧的富华裥花厂、新时代家具城西侧的恒达裥花厂及段庄板市需外迁，外迁后空地作为中区综合功能区，设立停车场和餐饮休闲区。绣水街以南为南区，新建家具城均要立足高标准、高档次，做到设施配套，功能完善，管理规范。

2. 进行消防设施整改

在各城内设立消防安全宣传标语，强化家具城老板的消防安全意识，树立消防是头等大事的观念；限定期限进行消防设施整改，严重不合格的展厅坚决予以关停；负责消防安全的人员要定期检查消防设施，发现损坏及时修复。

3. 营造强烈的商业氛围

从高速路出口、宝坻、安平至香河家具城的 3 条路上，统一制作高标准、高密度的家具广告牌，既可对外地消费者起到引导和刺激消费作用，又能让客商进入香河就能强烈感受到"家具之乡"的浓厚氛围。

4. 全方位方便消费者购物

在家具城北、中、南三区入口处均要设立家具城总体平面图和分区导购图。导购图包括各区经营的家具种类、产地、档次等基本情况；标明顾客咨询处、投诉处的地点和电话；并在各展厅外面醒目位置设立产品种类和价位图，有条件的展厅设立电子显示屏；展厅内的家具一律实行明码标价，并逐步推行统一收款制度。

5. 整治装卸工扰乱市场现象

首先，在家具城入口和展厅入口设立提示牌，公布装运费收费标准，建议运费为每公里 3 元；装卸费为大车 80 元，小车 60 元，上楼每多一层分别加 13 元、10 元；组装费 50～100 元（视具体情况定）。同时提醒顾客，装运货物找统一着装、挂牌上岗的专业装运人员。其次，加快成立治安协理大队，家具城管委会已准备从部队招收 200 名高素质的退伍军人，人员到位后，在各展厅门口设岗 2 人，严格禁止装卸工、"黑导购"人员跟随顾客进厅，并成立巡逻小分队，对混入展厅内的跟客、拉客人员和厅外的非注册装卸人员，发现一个清理一个。三是在国际会展中心试行免费送货制度，并逐步在各城推广，从而最终彻底根除装卸工扰乱市场的现象。

6. 优化展厅内部形象

家具城内所有管理、销售、保安、服务人员都要实行统一着装、挂牌上岗；各摊位家具摆放必须按照有序合理美观的原则，不得超越摊位界限、不得挤占通道、不得超高超宽影响其他商家经营和整体布局，家具城管理人员发现摆放不合理现象要积极协调商家做出调整；对各类人员的管理由家具城管委会仔细研究制定出切实可行的管理制度，严格执行，逐步建设起规范管理的长效机制。

7. 完善售后服务体系

完善消费者投诉的接待、登记和处理机制，健全专门的顾客投诉处理和售后服务机构，针对北京市场需求大、质量要求高的实际，建议在北京设立办事处，负责办理售后维修等事宜，以周到的服务扩大香河家具城的信誉度和影响力。

8. 加大媒体宣传力度

改变由管委会筹划运作的传统模式，实行招投标，聘请有实力的专业广告策划公司，按照家具城的近、中、远期规划，制定总体宣传计划和方案，并负责具体运作，要长年有目标、阶段有计划、重点有爆发力；策划举办商品交易会展，促进全国名牌家具产品向家具城集结，进一步扩大家具城知名度。

9.建设绿色家具城

在北区和中区千方百计增添绿色，在南区建设中专门规划绿地面积和绿色景观，逐步提高家具城的环境品位。

10.壮大家具生产企业

可采取以下对策：一是发挥旅游家私公司等龙头企业的带动作用，引导小企业走专业化生产之路，搞二次加工、家具部件加工等专业特色生产。二是组建松散型企业集团，统一使用注册商标，统一制定产品质量标准，提高产品质量和档次，增强企业竞争能力和抗风险能力。三是引导外地知名家具生产企业直接到香河投资建厂，或是对香河生产企业进行嫁接改造，促使香河家具生产企业迅速上档升级。四是采取必要的政策扶持和信贷支持。对家具生产企业，减免工商、国地税之外的收费项目，并组织银企对话活动，搭建银企信息对接的平台，逐步构建新型的银企关系，特别是农村信用社应充分发挥小额贷款作用，简化信贷手续，最大限度地满足中小企业的投资需求。

11.筹备成立香河县家具协会

新成立的家具协会作为全县及相关行业协调管理机构，是政府和企业之间的桥梁和纽带。家具协会围绕以下几个方面开展工作：一是进行调查研究，制定家具产业发展规划和相关扶持政策，为县委、政府提供决策依据和建设；二是组织家具生产企业和全国各类家具展览会，开拓企业视野和发展思路；三是组织家具生产企业参加县委、县政府组织的招商引资活动，积极引进先进技术和资金、人才，提高企业生产规模和水平；四是组织家具生产企业组建松散型企业集团。

第六编　河北香河经济开发区

河北香河经济开发区（以下简称开发区）是经河北省人民政府于 1993 年 1 月 18 日批准的省级经济技术开发区，原名河北安平经济技术开发区；2003 年 5 月，为与河北省衡水市安平县相区分，经省政府批准更名为河北香河经济技术开发区；2005 年，国家清理整顿开发区。是年 12 月 30 日，国家发展和改革委员会公告：原香河经济技术开发区变更为河北香河经济开发区。规划面积 4.44 平方公里。县委、县政府依托安平镇毗邻京津的良好区位优势和第一城的影响力，组织报批通过并成立了安平经济技术开发区，成为香河县对外开放的窗口、经济发展的龙头，有力地促进了全县经济跨越式发展。建区后，先后有美国、德国、韩国及中国香港等十几个国家和地区的企业集团在开发区投资兴业，形成了以第一城国际会展中心及多家星级酒店为主的现代服务业；以爱生雅、高氏为主的印刷包装业；以阿尔特为主的电子信息业和以建安特、泰来华顿为主的现代制造业等特色产业；以香河贝德为主的建筑装饰制品 6 个主导产业。至 2008 年，开发区有省部级批准认证的高新技术产业达 19 家；纸制品包装业辐射带动了全县纸制品包装产业的发展，纸制品包装出口额占据全省外贸出口的 70%以上；具备接待承办国际国内大型会议及活动的第一城成为开发区会展旅游业的一道亮丽风景线。在全省 43 个省级经济技术开发区中各项指标综合排名第 10 位。

第一章　区位布局

第一节　区　位

开发区位于香河县域西部的安平镇内，距县城 12 公里。地处环渤海、环京津经济圈内，地理位置优越，交通运输便捷。北依首都北京，南邻天津，西挽廊坊，东拥唐山。西北依 103 国道与北京市通州区接壤，距北京市区 40 公里，距天安门 46 公里，距首都国际机场 56 公里，属京畿之地；南与天津相邻接，距天津市区 56 公里，距天津新港 106 公里，是河北省唯一与京津两市零距离的省级开发区。103 国道穿区而过；京秦、京广铁路，京津塘、京沈高速公路在开发区周边通过；京哈（原京沈）高速和第二条京津塘高速及京津高速铁路在临近开发区处均设有出口，使开发区具有了临两高、两空、三海港的立体交通优势；每 5 分钟一班次的北京市内 938 路公共汽车延伸至区内，极大方便了人们的日常出行，得天独厚的区位优势实现了与北京一体化发展，促进了与首都人员交流、经济交流与发展。

第二节　布　局

一　勘界

香河开发区总体规划于 1999 年，由北京大学设计院设计。控制规划面积 11.26 平方公里，规划面积 4.44 平方公里。2005 年 12 月，由中国有色金属工业公司地质勘查局测绘中心对开发区四至范围勘测定界：东至延福屯、成辛庄村，南至安平镇一街、四街、东庄、小友垡排干渠，西至 103 国道，北至扁城村、赶古庄村、谢屯村。

二　功能划分

（一）旅游休闲文化区

位于香安公路（夏安公路香河段）以北，京津公路以东，由“第一城”、文化博物馆和部分村落发展而来。通过迁村并点，形成新的住宅小区，规划成文体娱乐用地，引进多个休闲娱乐项目，并设置大型停车场、宾馆、饭店等配套设施，形成开发区的文体娱乐中心和新的经济增长点，主导产业是旅游休闲文化产业，同时发展部分居住用地和行政办公用地，以配合整个旅游休闲文化区建设。

（二）综合区

位于香安公路以南、京津公路以东，由安平镇政府所在地向东扩展形成。规划形成开发区的行政办公、教育科研、金融商业中心，并建设主要市政设施、医疗卫生设施，同时安排部分居住用地。

（三）工业区

位于香安公路以南，京津公路两侧，在原有少量工业基础上发展而来，处于开发区的西南角，以满足工业布局需求。重点发展轻工业和公路运输业，香安公路以东建设部分仓储用地，发展仓储业，配合工业区的整体发展。

第二章　基础设施

第一节　道　路

开发区建区之初只有 103 国道和夏安公路一横一纵两条国、省干线穿区而过。随着经济的发展，基础设施建设投入力度的不断加大，先后以平安大街为轴，规划三横四纵路网，修建了民安路、双兴路、正阳路、安泰路、延福路和新城街、中兴前后街等主要道路，总里程 31.7 公里，投资 2.1 亿元。

平安大街　原夏安路安平段。东起延福路，西至 103 国道，全长 3564 米，宽 24 米。1995 年重修拓宽至 60 米。后经 2004 年、2006 年两次大修，重铺沥青，更换路灯，道路绿化，成为开发区主要景观大道。开发区管委会、香河开发区医院（香河县气管炎哮喘医院）、第一城、帝都大酒店等沿街而建。

民安路　以平安大街为界，将民安路分为南、北路，道路南起中兴前街，北至新城街，宽 28 米，沥青路面。高氏纸制品有限公司、普润鑫印刷包装有限公司、正气纸制品包装公司等企业集中在此路。

双兴路　为沥青路面，道路南起中兴前街，北至新城街，双兴南路宽 28 米，双兴北路宽 6 米。阿尔特（香河）电子有限公司、贝德建筑装饰制品有限公司、香河华林印务有限公司、华兴包装公司等企业集中在此路。

正阳路　以仿老北京古城道路名称而得名，规划北起平安大街，南至南环路，宽 50 米，垂直于第一城坐标，正对第一城正阳门，因道路需穿越村庄，工程暂修 180 米。

安泰路　以平安大街为界，将安泰路分为南、北路，安泰北路原为平香线安平段，道路宽 40 米，沥青路面。隆福非织造布有限公司等企业集中在此路。

1992—2008 年香河开发区道路一览表

表 6-2-1

道路名称	起止点	长度（米）	宽度（米）	路面结构	始建年份	备注
平安大街	东起延福路西至 103 国道	3564	24	沥青	1992	省直大香线安平段
中兴后街	东起延福路西至 103 国道	4050	16	沥青	1994	
中兴前街	东起正阳路西至 103 国道	1240	10	沥青	1994	
新城街	东起正义路西至 103 国道	900	12	沥青	1993	
安定街	东起正义路西至 103 国道	1760	8	沥青	1992	
延福路（南）	北起平安大街南至小友垡排干渠	410	16	沥青	2006	
安泰路	北起北外环路南至小友垡排干渠	1850	16	沥青	1992	
建安路	北起平安大街南至小友垡排干渠	390	10	沥青	1992	
正阳路	北起平安大街南至南环路	1350	24	沥青	2006	未完工
双兴路	北起新城街南至中兴前街	1250	28	沥青	1993	

续表 6-2-1

道路名称	起止点	长度（米）	宽度（米）	路面结构	始建年份	备注
民安路	北起新城街南至中兴前街	1170	12	沥青	1993	
新兴路	北起开发区界南至新城街	360	8	沥青	1996	
正义路	北起安定街南至新城街	450	8	沥青	1992	
南环路	东起正阳路西至 103 国道	650	16	沥青	2007	未完工
北环路	东起安泰路西至北京界	3000	16	沥青	2005	未完工
103 国道	北起北京界南至天津界	4200	20	沥青	1992 年以前	103 国道河北段

第二节 供水 排水

一 供 水

（一）水源

香河开发区水文条件良好，浅层水含水层开采深度 100 米左右，深层水含水层开采深度 300 米左右；区内地质条件单一，以粉质黏土为主，地基承受载力 10～12 吨/立方米。地震烈度为 8 度，无不良工程地质因素，适宜进行基础工程建设。

（二）制水

开发区建区之初，不具备集中供水条件，机关、企事业单位自备水井，自建加压设备供水。2004 年开发区规划集中供水，引县城集中供水水源，实现了全区除第一城外集中供水。已完成县城水厂至开发区 16 公里主供水管线，管径 400 毫米，区内原有给水管道 35 公里，直径 200 毫米，有 2 台 10 吨水泵供水，日供水量可达 1.1 万吨，保证了全区用水需求。

二 排 水

（一）排水管线

建区之初，区内没有完整的地下排水管道，随着开发区路网建设逐步展开，在道路建设过程中，沿路铺设排水管道，雨水和污水沿街流入管网，汇入小友垡排干渠，已建成排水管道 124 公里，主干线（即夏安线、103 国道）管道直径 1500 毫米，以主干线为准分为南北两区，北区管道直径 800 毫米，南区管道直径 500 毫米，2007 年建小友垡排污泵站一座，日排水量 3000 立方米。

（二）排干渠

2007 年，由廊坊市华晟建筑设计有限公司设计，河北冀科工程建设监理有限公司监理，廊坊市海鹏建筑工程有限公司和北京城建四建设工程有限责任公司共同修建改造的小友垡排干渠正式启动，与东部正在规划建设中的开发区污水处理厂相接，达标后排入北运河。

第三节 供 电

一 变电站

安平电管所建立于 1992 年，下辖王家摆 35 千伏安、安平 110 千伏安 2 座变电站，高压输线全长 15.9 公里，实现开发区内行政、企、事业单位双路供电。区内有 10 千伏线路 12 条，总长 80 公里。其中，王家摆变电站 8000 千伏安、6300 千伏安 2 台主变压器，安平变电站 2 台 40000 千伏安主变压器，辖区内共有 346 台变压器，分布于区内各单位，总容量 107515 千伏安。

二 供电量

随着开发区开发开放力度不断加大，在建及投产企业不断增多，全区供电需求逐年增加，其中，2004 年全区用电量 5134 万千瓦时，2005 年 6013 万千瓦时，2006 年 7781 万千瓦时，2007 年 8824 万千瓦时，2008 年 9071 万千瓦时，年均递增 15% 以上。

三 街区照明

开发区街区照明始于 1993 年，路灯长度 5 公里，主要分布在 103 国道安平段、平安大街、民安路、双兴路、新城街等路段，有 400 瓦高压钠灯 360 盏，双臂灯杆 120 根，分布在平安大街，85 瓦节能灯单臂灯杆 37 根，分布于其他街道。

四　用电管理

区内各单位用电、设备维修等由开发区市政公司统一管理，电费统一收取，工业用电每度 0.80 元，居民用电每度 0.60 元。

第四节　供　热

开发区内有 4 座热力站，其中三强公司承建运营的有 2 座，展望公司 1 座，第一城供热站 1 座。

三强热力公司安平供热站　一座位于平安小区西侧，占地 0.4 公顷，建筑面积 1000 平方米，使用 30 吨锅炉一台，主管道直径 426 毫米，铺设管线 10000 米，最大供热面积 30 万平方米，2005 年投入使用，2008 年停用；另一座位于开发区 103 国道西侧，安平构件厂南侧，占地 4 公顷，总体装机容量 210 吨，半径 250 毫米供热管网体系，已投入使用 2 台 40 吨高温水锅炉，以及 15760 米的主管网（DN400 以上）铺设。随着开发区的发展和供暖需求的增加，预留出 130 吨容量的供暖空间（2 台 65 吨），2007 年开始供热。

展望供热站　占地 0.2 公顷，建筑面积 700 平方米，使用 10 吨锅炉一台，主管道直径 325 毫米，已供热面积 5 万平方米，最大供热面积 8 万平方米，投资 200 万元。2006 年冬开始供热。

第一城供热站　位于平安大街南侧，北京八方达 938 安平分站西侧。投资 2000 万元，占地 2 公顷，建筑面积 1000 平方米。使用 15 吨热水锅炉 2 台，20 吨热水锅炉 4 台，主管道管径 700 毫米，管道铺设达 10000 米，设计供热能力 60 万平方米，专门为第一城供热，面积 52 万平方米。

第五节　燃气供应

2007 年，廊坊百川燃气有限公司投资 6500 万元，铺设完成高压主管道 1.1 万米，高压分支管道 3000 米，中压管道 5500 米。至 2008 年 12 月，已对部分单位供气。

第三章　招商引资

第一节　项目建设

1992 年，由中信北京国安实业发展总公司、河北安平经济技术开发区房地产开发总公司、中国保利集团、中国交通银行北京分行、香港中国银行共同出资 30 亿元兴建的天下第一城娱乐有限公司落户开发区，成为京津冀闻名的娱乐城，是开发区会展娱乐业的龙头项目。1995 年 6 月 30 日，县委、县政府印发中共香河县委、香河县人民政府《关于加快安平经济技术开发区发展的优惠政策和招商引资的奖励办法》，对进入开发区的国内外企业，制定了相应的优惠政策。在第一城的带动下，帝都大酒店、廊坊翰林大酒店、香安宾馆等一批大型餐饮娱乐项目进驻开发区，为开发区聚集了人气，促进了繁荣。2003 年 9 月，第一城再次增资 30 亿元，由娱乐业向集会展、旅游、康体、娱乐等方向转变，并更名为“中信国安第一城国际会议展览有限公司”，同年，国家旅游局授予第一城“AAAA 级景区”，党和国家领导人吴邦国、李长春、吴仪、尉健行等多次参观第一城。第一城的成功转型和准确定位，为开发区会展经济注入了巨大活力，每年接待各种会议会展活动万余次。2004 年开发区第一个国际型会议——国际金融论坛在第一城召开，标志着第一城具备承揽国际大型会议能力，随后著名的“G20”二十国财长会、第三次“中美战略对话”等具有国际影响的重要会议在第一城成功召开，使第一城、香河开发区声名远扬。

随着会展经济的发展，开发区开始着力完善城市配套功能，2005 年 9 月 23 日，香河县气管炎哮喘病医院在开发区建成并投入使用，2008 年 6 月更名为香河开发区医院，成为一所覆盖全区的以哮喘病为专科的二级综合医院。房地产等项目快速发展起来。2005 年平安小区——开发区第一个房地产项目建成投入使用，均价 900 元/平方米。至 2008 年底，孔雀城、梅沙湾、观天下、平安丽景 A、B

区、京津花园 A、B 区等商品楼迅速投入市场，建筑面积 80 万平方米，平均每平方米售价 3100 元。

2008 年，香河开发区已引进各类项目 205 个，总投资 92.3 亿元，其中三资企业 78 个，投资额 5.5 亿美元，主要投资于印刷包装业、现代制造业、电子信息及服装轻纺业；已建成投产企业 143 家，属省以上批准的高科技项目 19 个，以中信国安第一城国际会议有限公司为龙头的会展旅游、纺织服装、纸制品包装等品牌企业已具备一定规模和水平。

第二节　财政收入

自 1993 年开发区建立以来，入区企业相继建成投产，财政收入逐年增多。1995—2001 年，财政收入 1934.4 万元；2003 年，财政收入 1243.6 万元，其中，国税 930.4 万元，地税 289.7 万元，契税 23.5 万元；2008 年，财政收入 3529.2 万元，其中，国税 1601 万元，地税 1827.6 万元，契税 100 万元。

1995—2008 年香河开发区财政收入表

表 6-3-1　　单位：万元

年度	合计	国税	地税	契税
1995—2001	1934.4			
2002	997	796	183	18
2003	1243.6	930.4	289.7	23.5
2004	809.3	393.9	341.7	73.7
2005	1227.7	808.7	371.8	47.2
2006	1831.2	649.2	1128	54
2007	3926	1185	2219	522
2008	3529.2	1601	1827.6	100.6

第三节　重点企业介绍

第一城国际会展中心

（详见第七编第一章第三节“国际会展中心”）

河北展望实业有限公司

河北展望实业有限公司系浙江展望控股集团有限公司独资子公司，成立于 2004 年 3 月，注册资金 6000 万元，公司坐落于“京津冀”三角地带—香河经济开发区。投资建设汽配轻纺园，2006 年 6 月全面投入运行，整个园区占地 20 多公顷，分期实施万向节、阳光衣佰内衣、专家公寓、沿街商铺 4 个项目。

年产 1000 万套万向节项目投资 1.97 亿元，投产后可实现产销约 2.36 亿元，创利税 5600 万元，于 2004 年被批准为河北省重点建设项目。

公司万向节产品有 500 多个品种，销售以配套市场为主，配套国内的 2 0 多家传动轴厂，有河南许昌传动轴厂，河北宇龙、北传、北汽福田、昌河飞机工业公司、南京标准厂等，国内市场占有率已突破 10%以上。主要配套车的国内品牌车型有：解放、东风、斯太尔、跃进、长安、上汽柳州五菱、北汽福田、长安之星等。

十字节万向节，主要用于汽车工业，机械和船舶工业的转向系统，采用国内外先进的加工技术和装配设备，产品广泛用于各类汽车的转向系统，中轴驱动系统以及工程机械，轧钢机械，建筑机械，船舶机械等领域，是各种汽车，工程机械等传动，转向装置中必不可少的关键部件。

项目 2007 年底，因生产运营成本过高、缺乏市场竞争力而停产。

爱生雅（香河）包装有限公司

爱生雅（香河）包装有限公司是由世界 500 强

之一的跨国企业瑞典 SCA 公司投资兴建的外商独资企业，投资总额 1145 万美元，注册资金 602 万美元。是主要生产和销售中高档瓦楞纸板制品、纸箱及 EPS（包括 EPE、EPO、EPP）制品的综合性包装及零部件生产企业，年销售量 2005 年 6079 万元，2006 年 7171 万元，2007 年 9584 万元。

爱生雅（香河）包装有限公司的前身是 2001 年 8 月 1 日成立的香河胜柏富达包装制品有限公司，2003 年 9 月 30 日，新加坡胜柏投资（亚洲）有限公司收购中方富达纸制品有限公司股份，成立外商独资企业——香河胜柏包装制品有限公司，2004 年 3 月 25 日，SCA 集团收购新加坡公司股份，变为瑞典独资企业，公司名为爱生雅（香河）包装有限公司。

公司坐落于河北香河经济开发区，占地面积 5.85 公顷，厂房面积 19018 平方米。公司于 2005 年 4 月正式成立工会组织，有员工 310 人，其中，男员工 220 人，女员工 90 人；高、中级技术人员共 17 人。公司每年为职工发放春秋工作服、遇节日发放过节费、每月为员工发放劳保用品、提供免费餐和洗浴设施，为全体员工投保了雇主工伤责任险和医疗保险的补充险等。

主要生产设备有进口 2.2 米瓦楞纸板生产线（台湾协旭）；国产 1.8 米瓦楞纸板生产线（湖北京山纸箱包装机械厂）；进口 PS500 高精度四色印刷开槽机（琏铁机械工业股份有限公司）；进口 2.4 米 LW 双色印刷机（堂城机械公司）；1.3 米、1.7 米、1.04 米平压平模切机（威海精密机床厂）；2.8 米圆压圆模切机（堂城机械公司）；1.4 米全自动贴面机（台湾顶顺）。EPS 设备（苏州胜柏包装技术开发有限公司）主要有预发机 1 台；CP-12VS 成型机 2 台；CP-25VS 成型机 4 台；CP-40VS 成型机 5 台；CP-70VS2 台。纸制品年生产能力 3500 万平方米，EPS 产品年生产能力 1500 吨，是中国北方包装重点骨干企业。

公司产品广泛应用于电器、电子仪表、医疗机械、食品工业、机械工业、汽车工业、电话电讯、复印、计算机、家具、建材等社会领域。与北京松下彩色显像管有限公司、北京松下电工有限公司、北京 JVC 电子产业有限公司、北京诺基亚航星通讯系统有限公司、北京东方冠捷电子股份有限公司、天津丰田汽车工业公司、奥柯亚国际瓶盖系统（天津）有限公司、天津三星影视界有限公司、天津通广三星电子有限公司、美国惠普公司、沃尔玛公司、韩国大宇公司、伊利乳业、蒙牛乳业、长城葡萄酒等几十家跨国企业及近百家国内企业建立了业务关系。公司曾荣获 2005 年度 AAA 级省级劳动关系和谐企业、省级先进企业、市级先进企业、市县文明单位、市级安全防范单位、省级重合同守信用单位、重质量守法守纪单位、贡献突出企业、连续多年荣获省先进包装企业称号。

2002 年 6 月，公司通过了 ISO 9001：2000 质量管理体系认证；2004 年 11 月，职业健康安全环境管理体系 GB/T14001、GB/T28001 颁布实施，2005 年 11 月通过认证；2006 年 9 月通过北京方圆认证公司监督审核。

香河高氏纸制品有限公司

香河高氏纸制品有限公司系中美合资企业，始建于 1993 年 5 月，是专业生产瓦楞纸板、纸箱、纸盒的大型生产基地，多次荣获省、市、县的“明星企业”称号，2000 年荣获国家先进包装企业 200 强称号；被省、市乡镇企业管理部门评为百强企业；2001 年企业法人被中共廊坊市委评为“十佳”国防教育事业管理者和优秀企业家；2002 年被河北省经贸局评为先进包装企业，被河北省质量检验协会评为产品质量信得过企业，被廊坊市人民政府评为重合同守信用单位；2003 年被国家评定为首批诚信守法企——至 2004 年被国家金融机构连续认定为 AAA 级信用客户和 A 级纳税企业；2005 年被廊坊市评为市级信用优良企业；2006 年被地方政府机关评为十佳诚信企业和先进职工之家；2007 年被河北省劳动和社会保障厅、总工会、企业家协会综合评定为 AAA 级劳动关系和谐企业，被河北省新闻出版局授予河北省十强印刷企业。

公司坐落于河北香河经济开发区，103 国道东侧，第一城西侧，距天津 70 公里，距北京 40 公里。公司占地 4.67 公顷，建筑面积 20868 平方米，注册资本为 1380 万美元，资产总额 2.4 亿元，4000 吨位的原纸仓储能力，纸张重量 80～600 克/平方米，规格 800～1800 毫米，按国内外不同品牌不同的厂家区域划分，为生产提供必备之需。按 5S 管理的 300 个货位，3000 平方米隔热、保湿、整洁、规范的成品库房和 40 部配有京、津牌照的送货车辆随时可向您提供准时、快捷、优质的 24 小时供货服务。

公司有专业工程师 10 人，专业技师 20 人，专业技术员 50 人，职工总数 400 多人，从设计、制造、试验、检测跟踪到确认均由本公司独立完成。从原材料入厂到成本核算各种数据管理全部由计算机网络统一完成。

公司有真空吸附电脑控制纸板生产线；全电脑控制双色印刷机；电脑分切压痕机；全自动纸箱成形机和自动装订机；有法国基尔四色印刷机，韩国印刷、模切、粘合一体机，有韩国 2.1 米大型自动焖切机等大型主力设备 200 多台套。年生产能力为 3500 万平方米，产值 2 亿元，实现利税 1700 万元。企业已经成为中国北方最大民营包装企业。

公司采用国际标准，业务网络遍及全国，通向国际，赢得了伊利、燕京、太子奶、联想、廊坊立邦、昆仑油脂等国内知名企业和雅马哈、三星、LG、飞利浦、雀巢、JVC、松下、京日等国际著名企业的信赖和认可，使经济效益飞速提高。

公司设置了纸箱加工的特殊和关键工序，对质量控制点加强管理，实施严格的首件检验和过程抽验。同时配备专职检验人员 20 多人，拥有 30 多台检测设备，可以自行对原材料入厂、过程监控及成品出厂进行全项物理性能试验，确保原材料入厂和成品出厂的质量合格。

1998 年 10 月，公司进行 ISO 9000 的质量认证；2003 年 10 月，通过 ISO 9001：2000 版转版工作，实施和运行 ISO 14001 环境管理体系认证工作，让企业在环保的氛围中谋生存、求发展，赢得更大市场和更多的客户。

香河普润鑫印刷有限公司

香河普润鑫印刷有限公司组建于 2001 年，是集包装装潢印刷、商标印刷、书刊印刷、各种高档精品彩盒、礼盒，纸浆吸塑、模塑及瓦楞纸箱制作的大型生产基地。

公司坐落于河北香河经济开发区，与 103 国道毗邻，北距北京 40 公里，南距天津 70 公里，西南距廊坊 30 公里，东距唐山 120 公里，距京哈（原京沈）高速公路香河出口 15 公里，与著名的旅游景点第一城隔路相望。

公司占地面积 6.67 公顷，建筑面积 2.5 万平方米。有职工 500 人，其中本科毕业生 20 人，专科毕业生 45 人，专业技术人员 250 人。同时，公司有残疾职工 150 人，是河北省最大的残疾人就业保障基地。

为提高企业的现代化管理水平，使公司的管理与国际惯例接轨，提高企业的竞争力，公司依据 GB/T19001-2000 和 GB/T24001-2004 标准，建立了标准的文件化管理体系，从而保证企业健康、持续的向前发展，为广大顾客提供优质的产品和满意的服务，并承担对环境保护的责任与义务。

公司固定资产 1 亿元，年产值 1.4 亿元。拥有先进的印刷及印后加工设备、精品制作设备和全套的产品质量检测设备。综合该公司设备及生产能力，各类型包装纸盒、彩盒、礼盒日生产 40 万只以上。日本雅马哈电子琴公司、北京富士康公司、天津三星通信公司、天津三星电子公司、北京天语朗通通信公司、天津 LG 电子公司、北京松下照明公司、北京西铁城表业公司、北京环宇之星软件科技公司、青岛啤酒公司、北京燕京啤酒公司、北京太子奶乳业公司、河北小洋人乳业公司、内蒙古牛妈妈乳业公司、北京瑞星杀毒软件科技公司等国内外知名企业与公司有业务往来。

香河鑫义时装有限公司

香河鑫义时装有限公司是港商独资经营企业，坐落于河北香河经济开发区，注册资本 302 万美元，公司法人梁虹。公司主要生产高级女式时装，2006 年销售收入 2503 万元，利润 25 万元。有员工 800 余人，产品全部出口国外。

公司占地 4 公顷，厂房 4500 多平方米，员工宿舍 4200 平方米，员工饭厅 1000 平方米，还有室内羽毛球场、乒乓球、桌球、健身场地及卡拉 OK 娱乐厅，以及图书室、电脑练习室等学习环境。

2002—2003 年，多次被省、市有关部门授予先进企业，模范职工之家光荣称号；2004 年度被评为河北省关爱进城务工人员十佳企业和授予五一奖状；2005 年 9 月被评为全国双爱双评先进企业，同年被河北省总工会评为河北省劳动关系和谐企业 AAA 级。

香河贝德建筑装饰制品有限公司

香河贝德建筑装饰制品有限公司是国内大型

专业高档塑料门窗组装企业，系德国 BEDE•GMBH 公司于 1994 年 8 月在中国河北安平经济技术开发区投资设立的外商独资企业。注册资本 150 万美元，占地面积 2.2 公顷，建筑面积 8000 平方米，生产面积 6000 平方米，拥有德国威格玛两条塑料门窗生产线，年生产、组装能力 30 万平方米。

公司采用德国门窗组装技术，主要使用德国 VEKA 公司型材和德国 GU 公司五金件，生产、销售、安装适合中国市场的各种档次的塑料门窗，其优良的保温性、隔音性、防火性、耐候性、耐腐蚀性等质量性能明显优于国内同类产品。

北京建安特西维欧特种设备制造有限公司

北京建安特西维欧特种设备制造有限公司位于河北香河经济开发区内，是一家专业生产 I、II、III 类压力容器及化工装备的大型企业。公司的主要产品有化工工业所需的各类塔器、换热器、反应器等设备及用于贮运液氧、液氮、液氩、液化天然气的低温贮罐、低温汽车罐车和罐式集装箱。公司前身为北京金属结构厂，1949 年建厂，是国内大型生产压力容器及金属结构厂家，原属国家大型 A 类企业，资产总额 7.5 亿元，其中设备资产 1.2 亿元。2004 年 10 月，公司进行全面改制，由国营改为民营企业，名称为北京建安特金属结构工程有限公司。2007 年 9 月与美国 CVA 公司成立合资企业，改称北京建安特西维欧特种设备制造有限公司。公司拥有一支 350 人的高素质员工队伍。公司率先通过压力容器设计证书及制造许可证、ASME 认证及钢印、TUV 认证、ISO 9001：2000 管理体系等资质认证。公司可以按中国 GB 标准、美国 ASME 标准、欧洲 PED97/23/EC 及 TPED99/36/EC 标准进行产品的研发生产。公司主要客户有中石油、中石化公司和德国林德公司、西班牙 PCC、美国普莱克斯公司和美国空气产品公司以及国内广钢气体公司、首钢氧气厂、唐钢气体公司等其他大型气体公司及终端客户。

北京泰来华顿低温设备有限公司

北京泰来华顿低温设备有限公司香河分公司组建于 2004 年，2005 年 10 月动工兴建，是由美国哈斯科集团控股的外商独资企业。公司坐落于河北香河经济开发区。

公司厂房面积 8585 平方米，有天车 6 台，最大吊装能力达 75 吨。北京泰来华顿有封头旋压设备，自己加工碳钢及不锈钢封头。公司年生产能力 350 台贮罐，规格从 2 立方米到 250 立方米。最大允许工作压力 4000 千帕。产品最终管路组装使用英国 BESTOBELL（贝斯特低温阀门）公司的阀门，调压阀和安全阀全部采用美国 Cashco 有限公司的产品，液位计为美国 BARTON（巴顿）公司或德国 SAMSON（萨姆森）公司的产品，罐体表面采用杜邦漆。在主体材料上，北京泰来华顿直接从日本或欧洲进口不锈钢板。公司产品达到国际质量标准，并在国内市场得到了一致好评。主要客户有普莱克斯（中国）、美国空气产品（中国）、梅塞尔（中国）、液化空气（中国）、林德气体（中国）、广州粤港气体、北京医院、中日友好医院、娃哈哈集团、唐山钢铁集团公司、北京渤海湾石油化工有限公司等。

第四章　管理机构

第一节　机构设置

1992 年 8 月，河北省安平经济技术开发区（简称安平开发区）成立。1993 年 1 月，经河北省人民政府批准为省级经济技术开发区；2003 年 5 月，经河北省人民政府批准更名为河北香河经济技术开发区；2005 年 12 月 30 日，通过了国家发展和改革委员会审核，名称公布为河北香河经济开发区。

1992 年 8 月，内设机构 4 个，有办公室、项目处、规划处、开发处，均属副科级建制；1993 年 4 月，增设财政、税务、工商、土地、公安 5 个职能分局，隶属安平开发区和县局双重领导，负责开发区内的有关职能工作。1995 年 8 月，撤销开发处。1995 年 9 月，撤销税务分局，设国税分局、地税分局。1996 年 4 月，规划处更名为规划建设处。1998 年 2 月，内设机构 10 个，有办公室、规划建设处、项目处、开发处、财政分局、国税分局、地税分局、工商分局、土地分局、公安分局，编制68人。2000年6月，安平开发区财政分局更名为安平开发区财政局，安平开发区土地分局更名为安平开发区国土资源分局。2003年1月，内设机构11个，有办公室、招商合作局、规划建设局、社会发展局、财政局、劳动人事局、国税分局、地税分局、工商分局、国土资源分局、公安分局。2006年6月，机构无变化，编制增至82人。2008年12月，机构、人员编制无变化。

第二节　组织沿革

一　工作委员会

1993年7月，经中共香河县委批准建立中共安平经济技术开发区工作委员会，由4名委员组成，其中书记1人，副书记2人。此后，经过调整，1998年2月，安平经济技术开发区工作委员会，由5名委员组成，其中书记1人，副书记1人。2003年1月，由5名委员组成，其中书记1人，副书记2人。同年5月，中共香河县安平经济技术开发区工作委员会更名为中共河北香河经济技术开发区工作委员会，由5名委员组成，其中书记1人，副书记2人。2005年12月，中共河北香河经济技术开发区工作委员会更名为中共河北香河经济开发区工作委员会。2008年12月，工委由7名委员组成，其中书记1人，副书记2人，委员4人。

1993—2008年香河开发区工委书记更迭表

表6-4-1

姓名	职务	任职时间	籍贯	备注
崔广华	工委书记	1993.7-1995.1	廊坊市安次区	
岳　辉	工委书记	1995.8-1996.2	河北省蠡县	
张志国	工委书记	1996.2-1998.2	河北省香河县	
张学义	工委书记	1998.2-2003.1	河北省香河县	
郭　军	工委书记	2003.1-2007.5	天津市宝坻区	
张玉林	工委书记	2007.5-2008.12	河北省香河县	2007.5-2008.10 兼安平镇党委书记

二　管理委员会

1992年8月，县委常委会研究决定，成立香河县安平经济技术开发区管理委员会，属县政府派出机构，全面负责安平经济技术开发区规划区内的开发建设、管理等事宜。设主任1人（由副县长兼任），副主任2人。1993年1月，经河北省人民政府批准设立河北省安平经济技术开发区管理委员会，2003年5月，经河北省人民政府批准更名为河北香河经济技术开发区管理委员会。2005年12月，河北香河经济技术开发区管理委员会更名为河北香河经济开发区管理委员会。

1992—2008年香河开发区管委会主任更迭表

表6-4-2

姓名	职务	任职时间	籍贯
崔广华	管委会主任	1992.8-1995.1	廊坊市安次区
岳　辉	管委会主任	1995.8-1996.2	河北省蠡县
张志国	管委会主任	1996.2-1998.2	河北省香河县
郭　军	管委会主任	1998.2-1999.12	天津市宝坻区
张学义	管委会主任	1999.12-2003.1	河北省香河县
郭　军	管委会主任	2003.1-2007.5	天津市宝坻区
张玉林	管委会主任	2007.5-	河北省香河县

第七编 第一城

第一城，全称“中信国安第一城国际会议展览有限公司”。位于香河经济开发区，西北至首都北京 45 公里，南至天津市 70 公里，西南至廊坊市 40 公里，是京、津、冀交界的黄金地段。第一城外仿北京故都风貌，内集中华古今文化精华，整体凸显民族风俗异彩，展现了现代高科技艺术，是融会展、观光、娱乐、美食、购物、休闲、度假于一体的大型综合性古典园林景区。占地 266.67 公顷，建筑面积 62 万平方米。分内城、外城两大部分。由 1 个中心，5 大景区，88 组景观构成。清晨 9 时，在这里举行仿古开城仪式，钟鼓齐鸣，充满了古风神韵。

第一城于 1992 年 10 月 18 日开工兴建，以明清两代北京城为蓝本，按 1∶1 的比例，修建内 9 外 7 共 16 座城门，6 座角楼，总计 22 座城楼。气势宏伟、蔚为壮观的座座城楼和城内各景观建筑，再现了昔日的京城威仪。城楼之间以高 8 米、底宽 10 米的城墙相连接。城墙周长 5 公里，均为空腹式，腹室用为客房、餐厅、娱乐室、管理办公室等。为了保证应用质量和效果，城墙砖一律在西安市定制。

外城以建筑面积 5000 平方米的前门商业街为界，分成东、西两区。圆明园景区居东，占地 17 公顷，景区内湖光水色、植被繁茂，亭台楼榭隐显其间，一派皇家园林景象。王府、四合院景区在西，体现了老北京风貌。内城设有景色怡人的高尔夫式草坪花园、设施完备的大型体育健身项目、别具一格的海景康乐宫等。

第一城（高景全摄于 2008 年 10 月）

第一城有 6 座风格各异的星级酒店，共有客房 3000 间(套)，可同时入住 6000 人；风味餐厅 18 个，可同时容纳 9000 人就餐；会议厅(室)80 余个，可同时接纳 80 场会议 1 万人；具备举办展览活动的室内面积 3.64 万平方米。第一城于 1998 年 4 月 28 日正式迎接八方宾客，至 2008 年底，先后有 300 余名各国部长级以上政府要员和 100 余名驻华使节到此出席各种会议、参观访问；接待了各种会议及活动 6000 余场次、宾客 600 余万人次。主要有迎澳门回归庆典、国际小姐全球总决赛、第一届和第二届中国新民歌演唱会、中国青少年宫协会主办的第二届中国青少年社会教育“银杏奖”颁奖晚会、西班牙皇家马德里足球俱乐部参观访问等。获得“国家 AAAA 级旅游景区”“中国 2000 年公园”“中国现代优秀民族建筑综合金奖”等荣誉，先后被命名为“爱国主义教育基地”“中国少年先锋队红领巾艺术团活动基地”“中国美术家协会艺术交流中心”。

第一章 投资建设

第一节 一期工程

一 立项

第一城从 1991 年开始酝酿，经反复考察、论证、规划、设计，到 1992 年初形成项目方案，称“天下第一城”娱乐有限公司。作为先期入驻河北省安平经济技术开发区的大型项目，得到了中共河北省、廊坊市、香河县党委和政府的大力支持，于 1992 年立项，廊坊市计划委员会下发了《关于北京国安实业发展总公司在香河县兴建“天下第一城”项目的批复》，首期项目占地 227.8 公顷，当年破土动工。

二 投资

1992 年 8 月 3 日，由北京国安实业发展总公司、河北安平经济技术开发区房地产开发总公司、中国保利集团公司、中国交通银行北京分行、香港中国银行共 5 家公司联合成立合资企业——“天下第一城”娱乐有限公司，共同出资 30 亿元，建设第一城。

三 建设

1992 年 10 月 18 日“天下第一城”一期工程奠基，开工建设。国安房地产开发公司是“天下第一城”建设的总承发包单位。其间，有单士元、罗哲文、张博等多位历史学家、古建筑学家、堪舆专家到现场指导。一期工程建起 10 座城楼：永定门、左安门、右安门、广渠门、广安门、东便门、西便门，还有 2 座角楼、1 座箭楼。10 座城楼与按原貌修建的城墙圈定了第一城外城所有建筑，既再现了历史，又跨越了历史，仿佛使老北京城得到了重生。一期工程于 1997 年底扫尾，建筑面积 38 万平方米，1998 年 4 月 28 日正式开放。

第二节 二期工程

2001 年 6 月 27 日，“天下第一城”娱乐有限公司变更为第一城娱乐有限公司，改为中信国安集团公司、中国保利集团公司、河北省香河经济技术开发区房地产开发总公司的合资项目，河北安平经济技术开发区管委会批复了调整后的《第一城总体规划》，由中信国安集团公司再次投资 30 亿元，第一城二期工程项目全面启动。2003 年 9 月 5 日，第一城娱乐有限公司变更为中信国安第一城国际会议展览有限公司。至 2006 年，二期工程项目陆续竣工并投入使用。2007 年，第一城福安宫项目落成并投入使用。第一城整体建筑面积 62 万平方米。

第一城建设工程从策划到立项，从设计到施工，从局部到整体，都遵循着对历史和未来负责的原则，始终围绕“文化城、会展城、旅游城、娱乐城、美食城、不夜城”的建设宗旨，精心设计、精心建造，不断完善各项配套设施，项目建设于 2007 年结束。

第二章 整体布局

第一节 城垣形制

一 布局

第一城仿照明清时期北京的城垣格局，“缩地不缩景”，建筑物空间距离按比例缩小，而城墙、城楼等实物景观均按 1∶1 比例修建。第一城外观轮廓呈“凸”字形，与明清时期北京的城垣相似，分为外城和内城 2 个部分，城门按老北京“内 9 外 7”的格局分布，“内 9”即安定门、德胜门、西直门、阜成门、宣武门、正阳门、崇文门、朝阳门、东直门；“外 7”即西便门、广安门、右安门、永定门、左安门、广渠门、东便门。1 个中心，五大景区，88 组景观分布于城中。

二 跨度

外城东西广宽 1174 米，内城东西广宽 960 米，内外城南北总长 835 米，城墙总长 5 公里。“第一城”的城墙外皮用特制灰色城墙砖砌筑，外表与原北京城的城墙相同，但是，内壁都是用普通砖与钢筋混凝土构筑的空腹式内室，号称“天下第一封闭走廊”。城墙内室高 8 米，分上下两层，上层高 2.70 米，下层高 3.60 米，内设客房、餐厅、娱乐区、管理办公室等。

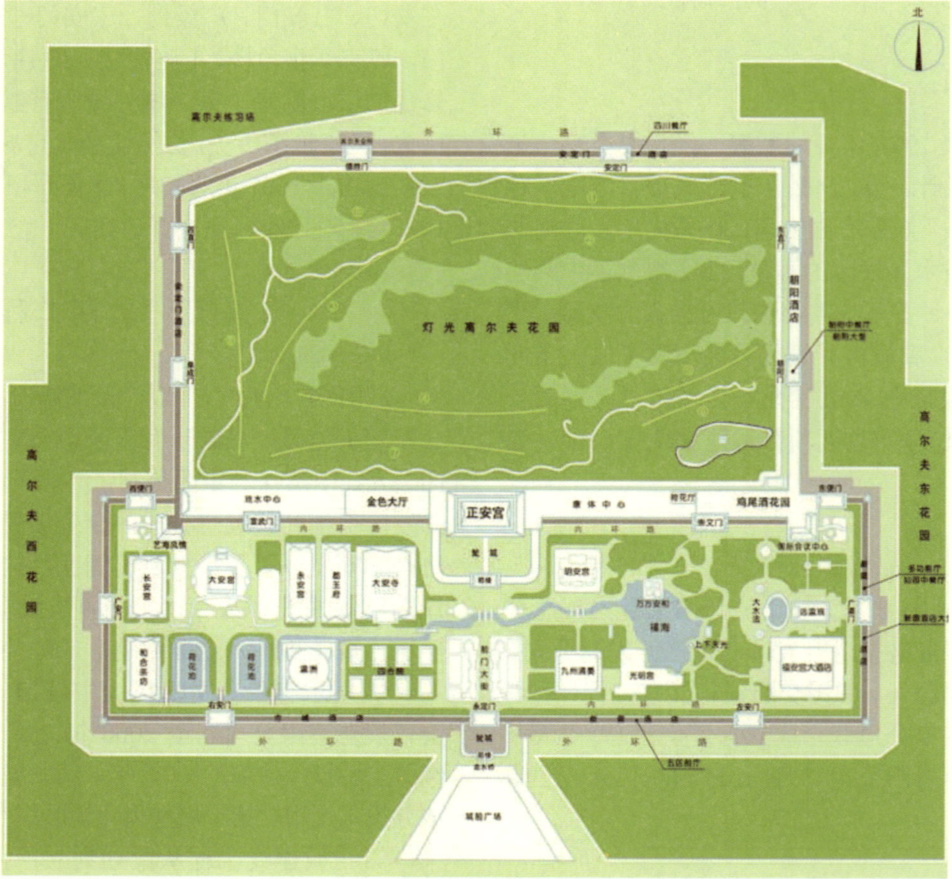

第一城布局图

第二节 园林景观

一 城墙城楼

老北京雄伟的城墙和高大的城楼，是中国建筑史上最值得怀念的瑰宝，具有独特的美学意义和文化价值。第一城城池完全按照明清时期老北京城的形状复制，厚重的青砖，绵延的城墙、壮观的城楼凝聚了几百年的历史积淀，再造了老北京独有的民族风格。城墙长 5 公里，外城墙高 7.15 米，内城墙高 10.5 米，顶宽 8 米。设计者巧妙地将城墙内部设计为酒店客房、餐厅、娱乐区、会议室、管理办公室等。

永定门城楼（高景全摄于 2008 年 8 月）

二 前门大街

第一城前门大街按老北京前门大街建造，长 180 米，建筑面积 4181.76 平方米。东侧是中信国安公司和中国美术家协会共建的中国美术家协会艺术交流中心，常年举办当代中国画提名展和全国获奖作品水粉画展览，为第一城 营造了浓厚的文化艺术氛围。西侧是老北京小吃一条街，有6家固定饭店。香河肉饼、特色煎饼、卤菜、酸辣粉、老北京炸酱面、爆肚、卤煮火烧、麻团、南瓜饼、驴打滚、山西刀削面、四川担担面等200余种风味小吃，供游客享用。

第一城前门大街（高景全摄于2008年8月）

三 正阳牌楼

正阳牌楼是北京古城的独特景观，又是中国特有的建筑艺术和文化载体，俗称五牌楼，匾额阳面雕有“正阳桥”3个大字。这是老北京最高大、最雄伟的牌楼，有“四门三桥五牌楼”之说。第一城的五牌楼位于正阳门三桥南面、前门商业街北侧，雕梁画栋、高大雄伟，与巍峨的正安宫交相辉映，和谐壮观。牌楼匾额阳面雕刻4个正楷镏金大字“国泰民安”，背面刻有借用北京颐和园东宫门牌楼面西匾额题字“罨秀”2字。“罨（读音Yǎn）秀”意为捕捉、欣赏到美丽的景色。它告诉游人，走过这座牌楼，就进入古典、辉煌、秀美、壮观的境界了。

五牌楼（高景全摄于2008年8月）

四 圆明八景

圆明园是清朝五代皇帝在150余年间建造的最宏伟、最优美的大型皇家宫苑，是中国古典园林艺术的杰出典范。被誉为“万园之园”的圆明园，不仅以园林著称于世，同时也是中国当时收藏珍宝、文物、图书的皇家博物馆，是中国传统文化精品宝库。不幸于1860年10月18日被英法侵略军纵火焚毁。香河第一城外城东区按1∶1的比例精选还原仿建了圆明园中最著名的八大景观：九州清晏、正大光明、平湖秋月、万方安和、上下天光、远瀛观、大水法、万花阵。亭、台、楼、榭交相辉映，再现了中式皇家园林的建筑风范。

大水法

万方安和

平湖秋月

圆明八景部分景区（高景全摄于2008年8月）

五 京都府宅

外城西区建有亲王府、郡王府、大安宫（荷宫水殿）、永安宫（空中四合院）、瀛洲、和合茶坊，还有8套老北京四合院。每一座建筑都是一座独立的小酒店，里面均配套有客房、会议室、餐厅，庭院中叠石造景，曲廊画榭，池塘鱼藕，花木叠翠，水流潺潺，既融入了江南园林风格，又体现了北方造园艺术，再现了古都的宅府风貌。

郡王府

大安宫

（高景全摄于 2008 年 8 月）

六　荷园溢香

为营造优美的园林环境，第一城共引种了中外驰名荷花 240 种。每至盛夏时节，“碧盘参差洒满湖,映日荷花满园香”，各类花色品种争奇斗艳、竞相开放，宛若人间仙境。2004 年，第一城举办首届荷花节，以后每年 6—8 月举办一次，至 2008 年已连续举办 5 届。

荷花园（高景全摄于 2008 年 7 月）

七　高尔夫草坪式花园

为与国际会议中心等高标准设施相匹配，并突出自身特色，给消费者提供优美的生活环境，根据《第一城总体规划》，于 2001 年 6 月动工，绿化改造了内城和城外东、西两侧的绿地。项目由澳洲 TWP 高尔夫设计公司设计，澳大利亚亚勋运动俱乐部有限公司施工，以高尔夫的形式挖湖造丘，做出蜿蜒起伏的优美造型，再覆以绿期最长的花草树木，运用均衡、对比、点染、夸张的造林技巧，因地制宜、恰到好处，景、物、情处理的十分巧妙。美丽的花园绿地、湖光山影（假山），与古朴的城楼、城墙浑然一体，城内、城外绿草茵茵、树木苍翠、高低相间、错落有致，漫步曲陌幽径，犹如飘然晋身于天然大氧吧，令人心旷神怡。这一独具特色的高尔夫草坪式花园，于 2002 年竣工。

坐落于第一城广场东侧的高尔夫草坪式花园

（2008 年 6 月，第一城提供）

第三节　会展厅馆

一　国际会展中心

第一城国际会议中心位于“前三门”（崇文门、正安宫、宣武门）一线东侧，介于康体中心和东便门之间，南侧以皇家风范的古典园林为依托，北侧紧邻内城九洞高尔夫球场，外部环境优美。会展中心由内城东南角楼、鸡尾酒会花园、前三门城墙、崇文门城台城楼和荷花厅几部分组成，占地 2.37 公顷，建筑面积 40156 平方米。有大小会议厅室 45 个，最小容纳 7 人，最大可容纳 1800 人。会议室装饰风格各异，既有中式皇家气派的“麒麟宫”，也有西方风格的欧式厅。所有会议室均按国际会议标准设计，配备六种语言同声传译系统、设有表决功能的即席发言系统、会议投影设备、视频系统等设施，是举办国内、国际会议的理想场所。

国际会议中心正门（高景全摄于 2008 年 8 月）

二　鸡尾酒会花园

鸡尾酒会花园建筑面积 10513 平方米，设有可容纳 2000 人的大宴会厅、阶梯式舞台、小型茶吧、酒吧。高耸的椰树，挺拔的棕榈，古朴的小木桥加上设计巧妙的喷水池，一派异国情调。可接纳盛大的鸡尾酒会、大型宴会、庆典、演出、展览。

鸡尾酒花园会议中心（高景全摄于 2008 年 7 月）

三　荷花厅

荷花厅位于第一城崇文门西北二层，东与鸡尾酒花园相接，楼下及西侧为康体健身中心。面积 2200 平方米，长 56 米，宽 38 米；吊顶面积达到 2400 平方米。饰顶为一巨大整体荷花造型，灯光开启，如繁星满天，熠熠发光，壮观别致，从面积、造型、施工上创造了一个里程碑，成为室内拉蓬天花的经典之作，其建筑结构堪称“亚洲之最”。党和国家领导人曾在此出席过重要会议。作为餐厅，可容纳 600 人同时用餐；作为会议场所，可容纳 2000 人。荷花厅，已作为第一城举办记者招待会、重要会议和庆祝会议的主要场所。2003 年竣工并投入使用。

荷花厅（2008 年 10 月，第一城提供）

四　八龙殿

八龙殿位于正安宫酒店二层东区，主厅面积 636 平方米，垂直高度 8 米。会议区的装饰全部由中国传统文化元素组成：手工实木雕刻的“百鸟朝凤”影壁，古香古色的仿商代“四羊方尊”，门头上镶嵌四块“青龙”“白虎”“朱雀”“玄武”实木雕花板，主厅独树一帜的贴金天花造型“八龙聚首”附加周边中式彩绘，使整个会场金碧辉煌，气势恢宏。会场配备了自动升降液晶显示屏、灯光调节系统、7 种语言同声传译系统、即席发言系统、视频会议系统等十二大数字化功能，是第一城设施最先进的会议室，可接纳 260 人参加的高标准国际会议。

八龙殿（2008 年 10 月，第一城提供）

五　金色大厅

位于正安宫酒店和宣武门之间，占地 1.03 公顷，建筑面积 16528 平方米，是一个集大型会议、演出、展览、宴会等功能于一体的多功能大厅。可同时容纳 4000 人。大厅长 205 米，宽 50 米，高 17 米，中间无立柱，天花板全部采用法国进口的金色天幕；大厅两侧飞檐斗拱、雕梁画栋。灯光打开，整个大厅金碧辉煌，气派非凡。

金色大厅（2008 年 10 月，第一城提供）

第四节　餐饮酒店

一　正安宫酒店

正安宫酒店位于第一城南北中轴线与“前三门”（崇文门、正安宫、宣武门）一线的交汇处（老北京正阳门位置），由主楼、箭楼、瓮城、连廊、瓮城花园组成，是第一城的中央标志性建筑。占地 1.02 公顷，建筑面积 63597 平方米，高 11 层，共 207 套客房。功能包括：游泳池、桑拿、按摩、茶室、美容美发、航空订票、商务中心、精品廊购物街、佛缘廊工艺品店、中餐厅、西餐厅、咖啡厅、酒吧、会议室、客房等，是一座雄伟壮观、设施高档、功能齐全的综合型大酒店。粤菜是其餐饮特色。2004 年 9 月开始营业。

正安宫酒店远景（高景全摄于 2008 年 10 月）

二　朝阳酒店

朝阳酒店位于东便门角楼至东直门城墙段，建筑面积 34548 平方米，有客房 179 间，可提供宽带上网、VOD 视频点播、电话、中央空调系统、有线/卫星电视等服务。酒店东西两侧窗外是绿色的高尔夫草坪花园，景色宜人、环境幽雅。酒店中餐厅由北京香港美食城经营管理，餐饮特色是湘菜、粤菜。2003 年 1 月开始营业。

朝阳酒店正门（高景全摄于 2008 年 10 月）

三　安定门酒店

内城北城墙段和西城墙段内室是安定门酒店，环绕内城高尔夫草坪式花园西北角，环境优美、空气清新。区域面积 26543.2 平方米，有客房 367 间（套）。酒店设有川菜厅、快餐厅、咖啡厅，可容纳 250 人同时就餐。2004 年 2 月开始营业。

安定门酒店（高景全摄于 2008 年 10 月）

四　古城酒店

古城酒店位于永定门至西便门城墙段内，有客房 361 间，房间类型丰富。瀛洲餐厅外观设计为龙船造型，四边环水，荷花簇拥，美景如画。瀛洲餐厅主要经营淮扬菜，浓而不腻，淡而味鲜，格调高雅，南北皆宜。2004 年 1 月开始营业。

古城酒店正门（高景全摄于 2008 年 10 月）

五　新圆酒店

新圆酒店位于永定门至东便门之间，有客房216间（套），是三星级会议酒店。紧邻圆明胜景区，外部环境优雅。九州清晏餐厅是仿古四合院建筑，突出宫廷氛围，能同时容纳400人就餐，餐厅主营宫廷菜、地方风味菜。“如园中”餐厅位于广渠门北侧，能容纳250人就餐，以经营家常菜为主。1998年5月开始营业。

新圆酒店正门（高景全摄于2008年10月）

六　福安宫酒店

福安宫酒店位于第一城外城东部圆明园景区远瀛观、大水法南侧，东西长157米、南北长70米，占地1.2公顷，建筑面积14万平方米。高16层、63.28米，有客房1428间套。东西南北对称，四平八稳，中间镂空，成“回”字形。是一座雄伟壮观、设施高档、功能齐全的综合型大酒店。包括餐饮、客房、会议、票务预订、水疗、桑拿、按摩、精品屋、商场、歌厅、酒吧等功能设施。2007年10月开始营业。

福安宫酒店远景（高景全摄于2008年11月）

第五节　娱乐健身中心

一　康体健身中心

位于国际会议中心和正安宫大酒店之间，建筑面积13139平方米，最大容客量302人。内设攀岩、网球、篮球、保龄球、壁球、沙壶球、飞镖、形体房、健身房、棋牌室、女子SPA等健身运动设施，是运动休闲的极佳场所。康体中心所有运动项目均由国家体育总局提供，按国际标准设计和施工，即可满足大众性的体育锻炼，又能为专业运动员提供标准训练场地。

康体中心球类场馆（2008年10，第一城提供）

二　嬉水中心

海景康乐宫（嬉水中心）位于宣武门和内城西南角楼之间，东侧与金色大厅相连，西至内城西南角楼，占地1.18公顷，建筑面积22235平方米。其中，洗浴面积4172平方米，客容量约200人；嬉水乐园面积2637平方米，客容量200人，设有造浪池、双滑道、太空旋涡盆，湿地树屋、海盗船、水蹦迪等戏水、风情洗浴项目。

海景康乐宫正门（高景全摄于2008年10月）

三　远瀛观

远瀛观位于第一城东区，为圆明园景区八大景之一。营业面积 1000 平方米，客容量约 280 人。一层为多功能大厅，为综艺文艺节目演出场所，可进行歌舞表演、影视观赏、Dissco 舞厅、卡拉 OK 等娱乐。二层分为 C、D 两区，设置大中小 KTV 包间，包间为 VOD 点歌系统。每区配有 VOD2 万首歌王卡拉 OK5 台、功放 5 台、29 寸电视 5 台，音箱 5 对，衣架 5 个，沙发 5 组、茶几 5 个。

远瀛观与大水法（2008 年 10 月，第一城提供）

第六节　宗教寺院

一　大安寺

根据广大佛教信众的请求，经县民族宗教局批准，10 万信众捐款，在具有 1300 年历史的大安寺旧址重建大安寺，于 2006 年 5 月部分开放，9 月正式营业。恢复重建后的大安寺占地 1.67 公顷，建筑面积 1.60 万平方米，呈 1 门 13 殿格局，包括山门、第一殿、金佛殿、弥勒殿、大悲殿、大雄宝殿、五方佛殿、舍利宝殿、观音殿、文殊殿、普贤殿、七佛殿、释迦殿、玉佛殿。佛殿造像采用錾铜贴金、手工彩绘、镂空、雕刻等工艺。整体建筑按照传统的寺庙结构建造，并配置了现代设备，使其古色古香又具现代气息，是古今建筑与寺庙文化的完美结合。

大安寺正门（高景全摄于 2008 年 10 月）

二　金佛殿

金佛殿位于第一城中心，与正阳门大酒店底层相连，紧邻康体中心西侧。占地 0.28 公顷，建筑面积 3200 平方米。殿内供奉佛像 9 尊：净土宗三佛——释迦佛、弥勒佛、阿弥陀佛，释迦佛两大上首弟子——迦叶、阿难，观世音、文殊、普贤、地藏 4 尊菩萨，这一组高大的群像在国内罕见。殿内四壁是 410 平方米的大型彩绘壁画。还有缠龙明柱、佛八宝等供具，盛唐玉佩等文物，均属中国佛教文化艺术瑰宝。2004 年 2 月开始营业。

金佛殿（高景全摄于 2008 年 10 月）

第三章　配套设施

第一节　供　电

一　电路

第一城城内供电方式采用两路主供，一路应急备用。安平 110 千伏变电站 10 千伏 213 一城 3 线路（电缆为 240×2）、221 一城 4 线路（电缆为 240×2）两路为主供电，一路安平 110 千伏变电站 10

千伏安运 223 一城 2 线路为应急供电。共有 23 个配电室、49 台变压器，总容量 49890 千伏安。

1997 年投入运行的配电室有 7 个，分别是广安门开闭站、右安门配电室、永定门配电室、左安门配电室、锅炉房配电室、远瀛观配电室、1#井。

2003 年投入运行的配电室有 11 个，分别是东便门、西便门、东直门、西直门、德胜门、假山、崇文门、宣武门 1#、宣武门 2#、正安宫、荷宫。

2007 年底投入运行的配电室有 3 个，分别是福安宫 1#配电室、福安宫 2#配电室、4#井箱变。

一城城外运行的配电室有 4 个，分别是生活区配电室、鱼坑杆变、总指杆变、培训学校箱变，变压器 5 台，总容量 3415 千伏安,电源取自安平 110 千伏站 10 千伏安平开发区 212 路。

二 照明

照明设施室内使用白炽灯、荧光灯、节能灯、LED 等光源，室外照明包括路灯，建筑物上夜景灯、地面亮化夜景灯，大部分采用节能灯、LED 光源、暖色及冷色卤化物光源。

三 用电量

第一城全年用电量约 3000 万千瓦时。包括全城室外路灯及建筑物夜景照明、建筑室内照明、南院锅炉房、空调设备间、水源井、污水泵房、设备机房、网络监控机房、消防控制机房等，用电高峰为每年 8 月份、用电低谷每年 5 月份。其中动力负荷占比约 60%，照明负荷占比约 40%。

第二节 供暖 供冷

一 供暖、供冷方式

全城采暖面积约 52 万平方米，设有 9 个供暖设备间 8 个中央空调制冷设备间，供暖由城外锅炉房一次水供热，通过设备间空调换热器二次换热方式，对第一城各区域供暖。供冷包括双良、19 台 LG 中央空调热水型溴化锂制冷机组、4 台美的中央空调电制冷机组。制冷量共 5.35 万千瓦。

二 管道

由锅炉房输送热力水管道至城内各空调设备间，1998 年始，热力管线分三期依次施工完成并投入使用，安装截门 50 个，膨胀节 122 个。管线长约 10 公里。

一期：锅炉房至污水泵房，管径 DN400，管线全长 1700 米，有节门 6 个，伸缩节 16 个。污水泵房至广安门，管径 DN350，全长 2200 米，有节门井 2 个，节门 4 个，伸缩节井 9 个，伸缩节 26 个。

二期：广安门至西直门，管径 DN300，管线全长 1600 米，广渠门至东直门管径 DN300，长 1700 米，节门井 6 个，伸缩节 40 个。

三期：锅炉房至污水泵房，管径 DN600，管线长 2100 米，有伸缩节井 16 个，伸缩节 40 个。

第三节 给排水

一 给水

全城自来水由城西北角 1#水源井和城外锅炉房院内 2#水源井供给，一备一用，每个水源井均为 300 米以下深层地下水，经过沉淀池、砂过滤、活性炭过滤、加药消毒后进入清水池，再由供水泵输出，每个水源井最大供水量 180 立方米/小时，压力 3.6 公斤，第一城日用水量约 1000 立方米，年用水量约 36 万立方米。

第一城自来水主管线为 DN300 铸铁管，全长约 4500 米，管道自水源井引出沿外环路环绕全城，再由支管引入各个用水点。

二 排水

第一城有外环雨水管道约 2400 米，管径 DN600，内环雨水管线 3600 米，管径主要有 DN200、DN300、DN400、DN500，在东闸门北侧合并成一路 DN900 雨污合流主管道，向南约 100 米流入平安大街开发区市政管道。

第四节 通 信

一 电话

第一城电话通信系统由两套交换设备组成，均配有独立话务系统，具备酒店通信服务所需计费、叫醒、内外部通讯，电话转接等功能，可通过接口系统实时向酒店管理系统传输计费信号。

福安宫程控交换机一台容量 2000 部，已经使用 1611 部，配有独立话务系统；正安宫程控交换机两台，其中河北联通公司程控交换机一台容量 4000 部，已经使用 2631 部，配有独立话务系统。另外，北京联通公司程控交换机一台，已经使用 15 部；

二　网络

第一城网络系统由一个中心交换机房及 140 余个分机房组成，全城共分布 3000 个数据点，保证办公及住宿客人上网所需，还有局域应用网络系统，用于酒店管理、财务、采购、库存、商业等网络系统。

第四章　演出 展览 影视剧拍摄

第一节　文艺演出

一　开城仪式

第一城大力挖掘和弘扬民族传统文化，使游客们感受到皇家文化的氛围。每天上午 9 时，在第一城前门外广场隆重举行清代皇家开城仪式，届时威武雄壮的八旗骁勇，身着朝服的王公大臣，端庄秀美的后宫佳丽，簇拥着少年皇帝，开城迎接各方游客。入城后，正大光明殿里也举行百官朝拜仪式，再现旧时早朝礼仪。

开城迎宾（2008 年 10 月，第一城提供）

二　祭天仪式

仿清宫乐舞《百官朝拜》是依据史书记载加以舞蹈修饰编排而成的。皇帝在每年的中秋、春节、元宵节都要举行祭天仪式，祈求来年风调雨顺、四海升平、五谷丰登、国泰民安、万国永朝。这项表演再现了古时皇帝祭天的礼仪场面。

百官朝拜（2008 年 10 月，第一城提供）

三　节日会演

从 2000 年开始，第一城文艺团体平时排练综合文艺节目，节假日为游客演出；同时，邀请吴桥杂技演员、香河少林文武学校学生、山西狮子杂技演员为游客表演吴桥杂技、少林武术、狮子登山等节目。2002 年 2 月 12 日至 18 日，香河县举行首届庆新春一城杯花会艺术大奖赛，参演 2 万人，观众及各地游客 10 万人，之后每年春节初一至初七都举办第一城花会调演，来自全县的中幡、大头会、舞龙等 12～13 道花会为游客精彩表演。

文艺演出

吴桥杂技

少林武术

狮子登山

中幡

大头会

舞龙

春节花会调演（高景全摄于 2008 年春节）

四 大型晚会

2005 年，在第一城金色大厅举办了多台大型文艺晚会。2005 年 7 月、2006 年 7 月举办了第一届、第二届中国新民歌演唱会，著名表演艺术家王昆、李谷一、李双江、阎维文等参加演出；2006 年 11 月举办了 2006 第 46 届国际小姐全球总决赛暨颁奖晚会；2007 年 1 月举办了公安部 “万家灯火平安夜”春节电视文艺主题晚会，最高人民法院院长肖扬，最高人民检察院检察长贾春旺等出席晚会，公安部及河北省公安厅 1800 余人观看演出；4 月，由中宣部、中央文明办、教育部、文化部、国家广电总局、新闻出版总署、国家体育总局、共青团中央、全国妇联、中国科协等主办，中国青少年宫协会承办的中国青少年社会教育“银杏奖”颁奖典礼晚会，全国人大常委会副委员长、全国妇联主席顾秀莲，共青团中央书记处第一书记周强，中央文明办专职副主任翟卫华，共青团中央书记处常务书记赵勇，教育部党组成员、部长助理郑树山，国家体育总局党组成员、局长助理晓敏，全国妇联书记处书记张世平，中国科协书记处书记程东红等出席颁奖典礼；2008 年 12 月，举办“中央电视台春节戏曲大联欢走进香河”戏曲晚会，原北京市常务副市长张百发观看演出。

中国新民歌演唱会

公安部春节电视文艺晚会

“银杏奖”颁奖典礼晚会

“中央电视台春节戏曲大联欢走进香河”戏曲晚会

文艺演出（2008 年 12 月，第一城提供）

第二节 艺术展览

一 艺术交流中心与画展

中国美术家协会与中信国安第一城合作的仿古式建筑——第一城艺术交流中心，位于第一城前门商业街，建筑面积 2026 平方米，展区分三层，是展现当代中国国画家和其他门类艺术家创作成果的展厅，为中外美术家们提供了艺术交流平台。在第一城艺术交流中心举办了“当代中国画提名展”“当代中国画学术邀请展”“刘大为个人画展”“红船颂纪念画展”。多次展出当代中国画名家刘大为、张道兴、刘文西、孙其峰、尼玛泽仁、李宝林、马振声、朱理存、苗重安等画家的作品。

二 敦煌艺术展

第一城与敦煌艺术文化公司合作的“敦煌音画、丝路回想”艺术展，还原了莫高窟文化佛国艺术殿堂的音乐内容及精美丝路艺术服装展示，营造了莫高窟的还原。正如外国友人所说“敦煌艺术不仅是中国人民的文化财富，也是世界人民的文化财富”。展览地点在第一城永定门城楼，展厅分四层，一层是莫高窟文化再现，二、三层是古典乐器精品汇聚，四层是服装服饰展览。

第三节 影视剧拍摄

一 拍摄场地

到第一城拍摄的电视剧、纪录片，多是反映清代上层社会的宫庭题材剧目，拍摄场地多选在明安宫正大光明殿，外城前门大街西侧王府宅邸、大安宫、永安宫，城墙、城楼、城门、玉带桥，外城前门大街东侧圆明八景，城区内古香古色的楼、亭、廊、榭，以及古典式园囿、池、溪等景点。这些景点拍摄入戏后，形象逼真，酷似当年的皇宫、王府、园囿。

二 拍摄剧目

1997 年，第一城开始接待影视剧拍摄剧组，至 2008 年，先后接待 50 家剧组到第一城拍摄影视剧场景。张国立、张铁林、王刚“铁三角”为主组成的剧组多次到一城拍摄《铁齿铜牙纪晓岚》2、3、4 部和《康熙微服私访记》2、3、4 部；邓超主演的《少年天子》；大山主演的《郎世宁》；曾宝仪主演的《名扬花鼓》；唐国强、焦晃主演的《雍正王朝》；杜雨露主演的《天下粮仓》；王刚、李成儒、刘金山主演的《前门楼子九丈九》；唐国强、鲍国安、李强主演的《江山风雨情》；方子哥主演的《珍珠翡翠白玉汤》；还有《皎洁的月亮》《走向共和》《布衣知县梵如花》《蓝色妖姬》《大清壮士》《再生缘》《家门》等剧目。纪录片《圆明园》《快乐北京》等部分场景也拍摄于第一城；宋祖英、刘媛媛、汤灿、陈思思著名歌唱家及歌坛新人常思思等到此拍摄 MTV。

第五章 园区管理

第一节 机 构

第一城自 1992 年奠基兴建后，经历了建筑、试营业、全面开业等阶段，为适应公司经营发展需要，公司组织机构设置也几经调整、不断完善，从筹备期的几个部门调整到 24 个部门，根据工作性质分划为职能、一线经营、二线经营、后勤保障 4 个部门。

一 职能部门

有总经理办公室、人力资源部、审计部、计划财务部、采购部，共 5 个部门。

二 一线经营部门

有公关销售部、正安宫酒店、古城酒店、新圆酒店、朝阳酒店、安定门酒店、福安宫酒店、高尔夫管理部、商业经营部、娱乐部、大安寺管理委员会、皇家庄园，共 12 个部门。

三 二线经营部门

有文化艺术部、酒店办公室、接待部，共 3 个部门。

四 后勤保障部门

有保洁部、工程信息部、行政后勤部、安全保卫部，共 4 个部门。

第二节 员 工

第一城建成后，随着公司规模不断扩大、设备设施不断完善，员工队伍也随之发展壮大，从筹备期的几十人发展到几百人、上千人。自 2004 年试营业后，6 家酒店相继开业，公司经营业务迅速扩展，人员需求量不断增加，特别是2008年北京奥运会接待期间，第一城用工达到3800人。

一 用工制度

第一城员工流动性较大，特别是一线服务人员，年流动量400～500人。因此，采取多种用工形式，在立足当地招聘合同制员工的同时，加强与相关院校联系，招用实习生，个别岗位采取临时用工，合理促进人员流动，优化人员结构比例。第一城合同制工人占员工总数的80%，实习生占6%，临时工占12%。

二 岗位结构

以“重经营、促发展”为指导思想，不断有计划地调整人员岗位结构，扩大酒店一线服务人员比例，控制职能保障及其他部门人员数量，充分体现二线部门为一线部门服务的原则。第一城经营部门人员占员工总数的60%，职能保障部门人员占40%。按岗位性质分，领班级以上管理人员占员工总数的14%；一线服务员占40%；专业技术人员29%；一般事务人员占4%；临时工占12%。

三 学历构成

随着公司不断发展，对人员素质需求提出了更高的要求，通过人员更替、加强培训、招收大中专毕业生，提高员工学历和文化素质。第一城本科学历以上人员占2%，大专学历占11%，高中（中专）学历占24%，初中及以下学历占63%。

四 地缘构成

第一城招聘员工，以“立足当地、辐射周边”为原则，大量招用香河县当地员工，包括大中专毕业生、下岗职工、复转军人，在一定程度上促进了香河县职工就业。至2008年，通过与香河劳动局人力资源市场合作，接收复转军人100人，同时安置下岗职工到第一城就业，缓解就业压力。第一城员工中香河县当地人占90%，外地人占10%。

第三节 管 理

一 财务管理

第一城财务由计划财务部统一管理。计划财务部由管理、收银、稽核、出纳、固定资产管理、档案管理、库房等23个岗位组成，涉及经理、副经理、主管、领班、收银员、库管员等35个职位，人员编制230人。其中，收银员130人，收银领班18人。主要职责包括财务相关制度的拟定、建立与修改；公司内控制度的建立与监督；依会计准则进行相关业务的核算（记账、算账、报账）；财务相关报表的编制与提报；税金的计提、交纳与税务筹划；资金的计划管理、筹集与控制；公司资产的管理（固定资产与流动资产）；预算相关工作的组织、管理、控制、分析报告；银行、税务等财务相关关系的维护；财务相关印信与证照的管理；财务相关档案（凭证、账簿、报表、报告等）的管理；财务人员专业知识的培训等12个方面。成品类、固定资产类、公司物资及库房、现金及银行存款、各类票据、会计档案等6个方面制定了严格的规章制度。其中，成品类制度包括餐厅毛利率低的处罚规定、低值及物料用品退库的管理规定、酒店原材料盘点制度的通知、完善物资盘点制度的补充规定、香烟调拨规定的通知、酒店成本管理规定、新商品成本管理制度7个方面。固定资产类制度包括固定资产折旧年限、固定资产管理责任制、固定资产管理制度、固定资产退库的管理规定、关于固定资产转移的通知5个方面。公司物资及库房管理制度包括物资申购管理制度、物资验收管理制度、库房物资管理制度、物资领用管理制度、存货核算管理制度、物资使用及报废报损管理制度、物资月末盘点管理制度7个方面。现金及银行存款管理明确规定：各项费用的开支严格按照国家规定，可参照国务院颁发的《现金管理暂行条例》，根据各级管理人员的审批权限，办理现金结算业务，对超过规定的现金支出，原则上拒绝付款，特殊情况需经本企业总经理和财务负责人签字方可付款；财务部按《中华人民共和国票据法》和《银行结算办法》规定，办理各种银行结算手续。

二 安全管理

第一城安全管理由安全保卫部负责。2005年11月，安全保卫部在公司领导下制定了安全保卫职责，包括：全面负责安全管理工作，重点对出入车辆、人员及物资实施监督和管理；落实公司公共区域的巡视安全检查，处理公共辖区内安全事件、事故，负责重大接待活动警卫和预案；负责公司日常及重大节假日内的防火工作，制定重点部位的防火预案，组织员工安全培训及消防演练，负责礼花燃放；负责维护公司停车场及内外环交通秩序；负责公司公共消防中控室及安保监控室的日常管理；负责公司日常安全工作检查及管理；完成公司赋予的其他安全工作。同时制定了安全保卫部内部岗位职责、安全保卫部值班管理规定、安全保卫部交通警卫岗位职责、安全保卫部外勤警卫岗位职责、安全保卫部消防（中控）岗位职责、安全保卫部内部警卫岗位职责等6项规章制度。所有规章制度上墙公开，安保人员根据自己的岗位职责，严格按照相应规章制度执行。

三　卫生管理

第一城卫生保洁由保洁部统一安排和管理。保洁部主要工作事项包括专业虫控、专业外墙、专业日保3项。专业虫控主要负责全城各酒店及相关部门（包括高尔夫、会展、生活区等）室内灭蚊蝇、灭鼠、灭蟑工作；公司内外城重点区域外围灭蚊蝇、灭鼠工作。专业外墙主要负责第一城可做范围内的外玻璃高位清洁工作。专业日保主要进行地毯清洗，硬地面清洗，理石结晶护理、抛光，真皮、布艺沙发清洗，真皮沙发上蜡、抛光，开荒清洁等专项保洁。人员编制47人。2008年4月，对部门经理、经理助理、日保主管、虫控主管、外墙主管、日保领班、日保员工、虫控员工、外墙员工、内勤、库管等职位，制定了岗位责任及任职条件。对大理石结晶护理、硬地面清洗、地毯清洗、真皮沙发清洗、八米伸缩梯清洁玻璃、高空下吊板清洁玻璃、灭蟑、灭蚊蝇、灭鼠等工作，制定了详细的工作流程和标准。对机器设备使用与维修保养、办公室管理、库房管理、安全管理、库房物资领取、员工宿舍管理、部门考核等，分别制定规章制度。同时，对环境保洁提出要求：全城无明显卫生死角的存在，城内垃圾清运要做到及时、彻底，做到当天垃圾当天出城、当天消化。《环卫保洁监督管理标准》，涉及地面卫生、公共卫生监督管理、公共设施3个方面，制定细则和标准46条。

四　绿化管理

园林绿化是第一城总体规划的重要组成部分，园艺部是主管园林绿化的职能部门，负责查处在园林绿化区域内堆放建筑垃圾、破坏园林景观等不良行为。绿化范围包括：园区内修建的广场及附属设施、亭阁、廊道、花坛、喷泉、各种公用照明灯具等；第一城建设以来种植的各种树木花草；各类公共建筑物周边的各种植被；各类道路、公共设施周边的各种植被；生活区各种植被；园区内人工湖形成的水面绿化及驳岸绿化等。《园林绿化办法》包括总则、建设与管理、设施维护管理、奖励与处罚、附则5章，共计28条。园区内绿化地内严禁践踏草坪，穿行绿篱；钉、拴、刻画、攀折树木，在树木上张贴、张挂各类宣传图文；擅自折枝摘花，采集种子、果实、割草；抛散、堆放、晾晒物品；倾倒垃圾，排放污水，倾倒油污；擅自搭棚建房，停放车辆；焚烧物品、燃放鞭炮、用火；其他损坏树木、绿地及园林绿化设施的行为。对有下列行为之一的，进行批评教育，对经批评教育仍不改正或情节严重的，报请主管领导批准按下列规定交纳赔偿费：未经批准擅自占用绿化地的，责令限期迁出。造成花草树木损伤、死亡的，按值双倍赔偿；擅自砍伐树木的，责令其补植被砍伐同类树木5倍的树木，或追缴购置同类树木5倍的赔偿费；擅自移植树木的，按照同类树木费5倍赔偿；擅自在园区内开地而损坏绿地和树木的，按有关规定进行赔偿；不按规定进行绿化养护的，责令其改正，并追究一定的经济责任；违反园林绿化设备管理规定，造成设备损毁或丢失的，责任人应照价赔偿经济损失。同时，符合下列条件之一的部门和个人，由园林绿化管理部门报请公司批准给予表彰或奖励：积极参加绿化，义务植树活动成绩显著的；为公司义务植树及绿化工作提供资金或提供苗木有突出贡献的；举报、制止违反本规定的行为，经查证属实的。

五　维修养护

维修养护由工程维修部负责。人员编制396人。具体负责：①为全城供应能源。工程部必须管理好为全城日常经营提供能源的设备如供电、供热、供冷、供气等，负责控制和运行这些设备，并保证公司各部门的需要。②维修全城设备设施。工程部负责全城设备、设施（后勤部、娱乐部、高尔夫草坪部除外）及土木建筑、用具等的维修和保养。③协助建设公司对设备和设施进行增建、更新和改造。为了发挥设备的综合效益和避免设备老化，并不断提高和完善工程部的形象，提高工程部的服务质量，应对所管辖的设备设施不断进行增建、更新和改造。④做好公司各部门及重大接待和会议的后勤保障。对电气专业、空调专业、设备维修专业、土建专业、酒店保障组提出具体任务。对设备维修专业、煤气站、库房、空调专业、锅炉房、福安宫酒店、电气专业、办公室等，制定严格的维修规章制度和维修流程。

第八编　经济综述

1979 年后，香河县改革国有、集体企业，建立现代企业管理制度，提高企业生产力，鼓励全民创业，发展民营经济，全面促进县域经济发展。2001 年，跻身全国最具发展活力的百强县行列。2003 年 12 月，县政府出台《关于促进经济和社会发展暂行办法》。2004 年，综合经济实力进入全省十强县行列，名列第七位。

经济的发展为小康建设奠定了物质基础。1994 年 5 月，中共香河县委六届三次全会通过《关于小康建设工程的规划》和《关于小康建设工程的实施意见》，全县启动小康建设。1995 年底，基本实现小康县目标。2002 年，中共十六大报告提出到 2020 年全面建设小康社会的奋斗目标，全县进入全面建设小康社会，加快推进社会主义现代化的发展阶段。

第一章　经济总量

第一节　发展速度

1979 年后，香河县全面改革促进了经济较快发展。在农业方面，1981—1982 年，全县农村实行家庭联产承包责任制，打破公社、大队、生产队三级所有，队为基础的经营体制，并实行调整产业结构、发展多种经营、活跃商品生产等一系列方针政策，增加农民收入。在工商企业方面，1987 年，县委、县政府出台《关于工商企业推行承包经营责任制试行方案》，推行国有、集体企业生产经营承包责任制，实行包盈亏、包利润，破解了企业经营者“干好、干坏一个样”的管理体制。1996 年，县委、县政府出台《关于放开搞活工商企业的实施意见》；1997 年，县委、县政府出台《关于企业产权制度改革中有关政策的暂行规定》；2000 年，县委、县政府出台《关于进一步加快县乡国有、集体工商企业改革的若干意见》。按照三个文件精神，全县国有（集体）工业、建筑、交通、商业、物资、县社、外贸、粮食等行业的企业分别进行了股份制、股份合作制、拍卖、破产、产权转让、抵债返租、兼并、分立重组、嫁接改造、租赁并举等形式的产权制度改革，建立了“适应市场经济要求，产权清晰，权责明确，政企分开，管理科学”的现代企业制度。1979—2008 年，香河县地区生产总值发展速度是：1980 年比 1979 年，同比增长 16.77%；1980—1985 年，年均递增 19.84%；1985—1990 年，年均递增 10.89%；1990—1995 年，年均递增 20.48%；1995—2000 年，年均递增 17.48%；2000—2005 年，年均递增 6.5%；2008 年比 2007 年，同比增长 5.17%。

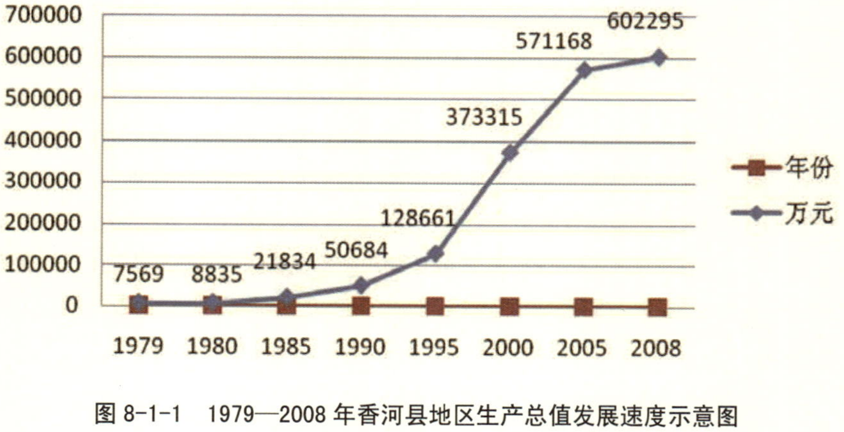

图 8-1-1　1979—2008 年香河县地区生产总值发展速度示意图

1979—2008年香河县国民经济发展速度统计表

表 8-1-1　　　　单位：万元

年份	地区生产总值	比上年增长%	年份	地区生产总值	比上年增长%
1979	当年价 7996	11.00	1994	当年价 138945	48.23
	1970 价 7569	6.16		1990 价 116435	33.10
1980	1980 价 8835	10.49	1995	当年价 171726	23.59
	1970 价 8838	16.77		1990 价 128661	10.50
1981	当年价 9850	11.49	1996	当年价 224952	30.99
	1980 价 10619	20.19		1990 价 163241	26.88
1982	当年价 11560	17.36	1997	当年价 270031	20.00
	1980 价 13306	25.30		1990 价 194756	19.31
1983	当年价 15299	32.34	1998	当年价 306772	13.61
	1980 价 17739	33.32		1990 价 226311	16.20
1984	当年价 17541	14.65	1999	当年价 333423	8.69
	1980 价 19455	9.67		1990 价 255683	12.98
1985	当年价 20659	17.78	2000	2000 价 373315	11.96
	1980 价 21834	12.23		1990 价 287942	12.62
1986	当年价 24927	20.66	2001	当年价 424908	13.82
	1980 价 22532	3.20		2000 价 417981	11.96
1987	当年价 32556	30.61	2002	当年价 475845	11.99
	1980 价 27184	20.65		2000 价 468138	12.00
1988	当年价 38027	16.80	2003	当年价 550688	15.73
	1980 价 31604	16.26		2000 价 520446	11.17
1989	当年价 43276	13.80	2004	当年价 562752	2.19
	1980 价 31998	1.25		2000 价 495179	-4.85
1990	1990 价 50684	17.12	2005	2005 价 571168	1.50
	1980 价 36607	14.40		2000 价 511589	3.31
1991	当年价 57168	12.79	2006	当年价 593994	3.40
	1990 价 56056	10.60		2005 价 553015	8.10
1992	当年价 72644	2.07	2007	当年价 666783	12.25
	1990 价 68228	21.70		2005 价 572704	3.56
1993	当年价 93735	29.03	2008	当年价 750026	12.48
	1990 价 87480	28.22		2005 价 602295	5.17

说明：2004—2008年GDP为2009年修订数

第二节　主要指标

1979年后，香河县全面贯彻落实中共中央和国家改革开放的方针政策，解放和发展生产力，国民经济主要经济指标实现大幅度增长。

1979—2008 年香河县国民经济主要指标统计表

表 8-1-2

年份	年末总人口（万人）	非农业人口（万人）	地区生产总值（万元）	人均地区生产总值（元）	全社会固定资产投资（万元）	财政收入（万元）	农林牧渔总产值（万元）	城镇居民人均可支配收入（元）	粮食产量（吨）	工业增加值（万元）	工业利税总额（万元）	邮电业务总量（万元）	社会消费品零售额（万元）	外商投资额（万美元）	城乡居民储蓄存款余额（万元）	农民人均纯收入(元)
1979	24. 70	1. 00	7996	324	142	1158	4539	—	92275	2696	549	40	3181	—	218	104
1980	24. 80	1. 00	8835	356	58	1221	6264	—	100055	3190	650	57	3567	—	449	112
1981	25. 00	1. 20	9850	396	37	909	7413	—	84120	3012	613	28	3492	—	400	124
1982	25. 40	1. 40	11560	459	61	916	8890	—	101265	3158	643	35	3785	—	549	184
1983	25. 60	1. 50	15299	600	73	964	9006	—	115665	3232	659	38	4786	—	773	404
1984	25. 90	1. 50	17541	682	23	1196	9256	—	120080	3905	796	44	7208	—	1179	511
1985	26. 20	1. 60	20659	792	420	2047	9422	—	128075	3087	1602	71	8903	—	5458	540
1986	26. 60	1. 70	24927	846	710	2072	11716	—	135335	3273	1688	52	9025	—	8057	579
1987	27. 20	1. 80	32556	1053	541	2098	13659	—	132560	6041	1966	56	11197	—	10861	614
1988	27. 70	2. 00	38027	1252	443	2341	15212	—	101133	6538	2994	68	12733	—	13344	656
1989	28. 40	2. 10	43276	1458	679	2802	16085	—	122204	10537	3425	81	13989	—	18380	700
1990	29. 60	2. 20	50684	1547	4432	3028	当年价 18547 1980 年价 8962	—	137720	7537	3108	92	13538	—	25803	738
1991	29. 80	2. 20	57168	1869	5849	3382	当年价 23034 1990 年价 21859	—	160463	8798	4187	332	16857	—	32561	776
1992	30. 10	2. 40	72644	2421	2202	3853	当年价 27883 1990 年价 24242	—	186227	10567	5631	468	17318	—	42845	901
1993	30. 30	2. 40	93735	3104	25788	4574	当年价 37343 1990 年价 29229	—	186445	20115	6800	810	18842	—	59300	1101

续表 8-1-2

年份	年末总人口（万人）	非农业人口（万人）	地区生产总值（万元）	人均地区生产总值（元）	全社会固定资产投资（万元）	财政收入（万元）	农林牧渔总产值（万元）	城镇居民人均可支配收入（元）	粮食产量（吨）	工业增加值（万元）	工业利税总额（万元）	邮电业务总量（万元）	社会消费品零售额（万元）	外商投资额（万美元）	城乡居民储蓄存款余额（万元）	农民人均纯收入(元)
1994	30. 50	2. 70	138945	4571	19571	5471	当年价 59039 1990 年价 37520	—	180320	27996	8137	7490	23820	—	76122	1548
1995	30. 60	2. 80	171726	5612	25929	6323	当年价 88830 1990 年价 44461	—	198276	35876	9570	2460	30251	—	102848	2579
1996	30. 80	3. 00	224952	7330	82127	7688	当年价 103257 1990 年价 52945	—	208172	44603	11362	2242	42974	192	127825	3111
1997	31. 00	3. 10	270031	8747	105717	10139	当年价 114052 1990 年价 62743	5058	226320	54878	14161	3091	55043	1008	161872	3602
1998	31. 20	3. 20	306772	9870	126894	12118	当年价 128986 1990 年价 68340	5564	235846	29034	8913	4151	69006	574	198485	3796
1999	31. 40	3. 30	333423	10659	154706	14019	当年价 118754 1990 年价 68765	6048	184257	36181	11793	2898	78000	1053	231671	3861
2000	30. 60	3. 40	373315	12042	173790	16123	当年价 121841 1990 年价 72922	6544	178342	39502	12652	3343	87700	416	243214	3976
2001	30. 70	—	424908	12286	198731	18838	当年价 138748 2000 年价 79381	7107	179584	175512	15798. 50	10870	98662	687	253340	4183
2002	30. 70	7. 26	475845	13939	223107	23137	当年价 150989 2000 年价 83770	7715	156073	198909	18401. 80	9377	110590	735	264311	4355
2003	30. 60	7. 86	550688	16049	262126	28108	当年价 162580 2000 年价 88169	8550	160959	230715	21514. 80	11835	123813	2052	295807	4609
2004	30. 50	8. 00	562752	18429	310125	30000	当年价 204687 2000 年价 93340	9365	184007	258875	21676	14601	143643	918	329695	4871
2005	30. 50	8. 15	571168	20419	424270	40025	当年价 207088 2000 年价 203658	10416	190976	257908	28200. 90	15915	280677	1269	367525	5253
2006	30. 50	—	593994	23854	618672	50266	当年价 215388 2005 年价 208779	11842	201148	278158	36572	18938	298840	245	419539	5804
2007	30. 60	—	666783	29286	1083365	55058	当年价 211958 2005 年价 180010	14733	203303	314117	40507. 70	29623	349062	548	465496	6686
2008	30. 80	—	750026	33281	1465309	63181	当年价 241708 2005 年价 215933	18106	201709	338626	64189. 20	36583	408217	128	621729	7535

说明：地区生产总值、工业增加值为当年价

第二章 经济结构

第一节 所有制结构

一 农业

自1963年起，全县农村土地及其他主要生产资料实行公社、大队、生产队三级所有，以生产队为基本核算单位的制度。至1982年秋，全县300个行政村全部实行家庭联产承包责任制，把生产队的土地按人口平均承包到户，独立经营，自负盈亏。但土地及水电设施仍归村集体所有，农民有经营及使用权；农机具及大牲畜归农民所有。土地收益分配是交足国家的（公粮、税金），留足集体的（公益金、公积金），剩下全是自己的，农民有种植自主权。2004年起，香河县同全国一样建立对农民直接补贴制度。农民享有种粮直接补贴、良种补贴、农资综合补贴及农机具购置补贴资金。是年，香河县取消农业特产税。2006年1月1日，全国延续2600多年的农业税全面取消。

二 工业

1979年，香河县工业企业主要有全民、集体两种所有制。是年，全县全部工业总产值3032万元，其中，全民所有制工业产值1097万元，占全部工业总产值的36.18%；集体所有制工业产值1935万元，占全部工业总产值的63.82%。

1984年，始有私营工业企业，产值1万元，占全部工业总产值的0.02%，标志工业企业出现个体所有制。1985年，全县不含村及村以下的工业总产值18340万元，其中，全民所有制工业产值1595万元，占全部工业总产值的8.70%；集体所有制工业产值16745万元，占全部工业总产值的91.30%。

1995年，全县全部工业总产值321663万元，其中，全民所有制工业产值6075万元，占全部工业总产值的1.89%；集体所有制（含村办）工业产值149866万元，占全部工业总产值的46.59%，联户及个体工业企业产值165722万元，占全部工业总产值的51.52%。

1996年，在工业统计数据中，首次出现外商投资经济及港、澳、台商投资经济，同时改变统计口径。2000年，全县年销售收入500万元以上工业企业总产值154505.60万元，其中，内资企业产值117203万元，占总产值75.86%；港、澳、台商投资企业产值2351.50万元，占总产值1.52%；外商投资企业产值34951.10万元，占总产值22.62%。在内资企业产值中，国有工业企业产值9434.70万元，占内资工业总产值的8.05%；集体所有制工业产值26896.40万元，占内资工业总产值的22.95%；有限责任公司企业产值12625万元，占内资工业总产值的10.77%；股份有限公司企业产值37705万元，占内资工业总产值的32.17%；私营工业企业产值30541.50万元，占内资工业总产值的26.06%。

2008年，全县规模以上工业企业总产值1054229.80万元，其中，内资企业产值813642.20万元，占总产值77.18%；港、澳、台商投资企业产值58703.10万元，占总产值5.57%；外商投资企业产值181884.50万元，占总产值17.25%。在内资企业产值中，国有工业企业产值28415.40万元，占内资工业总产值的3.49%；有限责任公司企业工业产值219576.90万元，占内资工业总产值的26.99%；股份有限公司企业产值29020.50万元，占内资工业总产值的3.57%；私营工业企业产值536629.40万元，占内资工业总产值的65.95%。

1979—2008年香河县工业总产值构成统计表

表 8-2-1

年份	合计产值（万元）	全民所有制		集体所有制		私营企业	
		产值（万元）	比重（%）	产值（万元）	比重（%）	产值（万元）	比重（%）
1979	3032	1097	36.18	1935	63.82	—	—
1980	3599	1223	33.98	2376	66.02	—	—
1981	3446	1043	30.27	2403	69.73	—	—
1982	3611	1175	32.54	2436	67.46	—	—
1983	3697	1266	34.24	2431	65.76	—	—
1984	4857	1077	22.17	3779	77.81	1	0.02
1985	18340	1595	8.70	16745	91.30	—	—
1986	13798	1568	11.36	12230	88.64	—	—
1987	40807	2124	5.20	20886	51.19	17797	43.61
1988	53999	2629	4.67	29392	54.63	21978	40.70
1989	65754	3363	5.11	34930	53.13	27461	41.76
1990	71798	4240	5.91	35078	48.86	32480	45.24
1991	86879	5783	6.66	43073	49.58	38023	43.77
1992	111984	6880	6.14	54871	49.00	50233	44.86
1993	156060	5628	3.60	76072	48.75	74360	47.65
1994	224971	4913	2.18	103917	46.19	116141	51.62
1995	321663	6075	1.89	149866	46.59	165722	51.52

年份	合计产值（万元）	内资企业		港澳台商投资企业		外商投资企业	
		产值（万元）	比重（%）	产值（万元）	比重（%）	产值（万元）	比重（%）
1996	135160	120560	89.20	5970	4.42	8630	6.39
1997	170445	147871	86.76	2112	1.24	20462	12.01
1998	98874	89486	90.51	—	—	9388	9.49
1999	133530	108271	81.08	4844	3.63	20415	15.29
2000	154506	117203	75.86	2352	1.52	34951	22.62
2001	183446	126410	68.91	12730	6.94	44306	24.15
2002	230662	159516	69.16	17734	7.69	53411	23.16
2003	276555	180755	65.36	34678	12.54	61121	22.10
2004	321129	217952	67.87	12453	3.88	90725	28.25
2005	430674	280993	65.24	39858	9.25	109824	25.50
2006	552966	374540	67.73	47394	8.57	131032	23.70
2007	743956	506566	68.09	70287	9.45	167103	22.46
2008	1054230	813642	77.18	58703	5.57	181885	17.25

说明：1. 1981—1986年不含村及村以下工业产值，其余年份为全部工业产值

2. 表中工业总产值为规模以上工业产值，1999—2000年为当年价

1996—2008 年香河县内资工业产值构成统计表

表 8-2-2

年份	内资企业产值（万元）	国有企业		集体企业		有限责任公司企业		股份有限公司企业		私营企业	
		产值（万元）	比重（%）	产值（万元）	比重（%）	产值（万元）	比重（%）	产值（万元）	比重（%）	产值（万元）	比重（%）
1996	120560	8413	6.98	112147	93.02	—	—	—	—	—	—
1997	147871	10781	7.29	129907	87.85	—	—	—	—	7183	4.86
1998	89486	9875	11.04	19118	21.36	—	—	38410	42.92	22084	24.68
1999	108271	11364	10.50	26102	24.11	10463	9.66	32600	30.11	27742	25.62
2000	117203	9435	8.05	26896	22.95	12625	10.77	37705	32.17	30542	26.06
2001	126410	1756	1.39	23224	18.37	25586	20.24	34644	27.41	41200	32.60
2002	159516	1382	0.87	14657	9.19	60965	38.22	41064	25.74	41449	25.98
2003	180755	1623	0.90	3804	2.10	46152	25.53	33658	18.62	95518	52.84
2004	217952	14555	6.68	2893	1.33	62373	28.62	16205	7.44	121926	55.94
2005	280993	15890	5.65	6015	2.14	65827	23.43	23416	8.33	169845	60.44
2006	374540	19005	5.07	—	—	99691	26.62	19874	5.31	235970	63
2007	506566	23442	4.63	—	—	132233	26.10	18549	3.66	332342	65.61
2008	813642	28415	3.49	—	—	219577	26.99	29021	3.57	536629	65.95

说明：表中内资企业产值为规模以上工业产值，1999—2000 年为当年价

第二节　产业结构

一　三次产业结构

按照市场经济发展规律，香河县不断调整产业结构，三次产业结构发生较大变化。1979—2008 年，全县第一、二、三产业增加值所占的比重由 49：22：40：13：10：64 发展为 19：04：50：66：30：30。从所占比例看，二、三产业比例结构大幅增长，一产比例虽有下降，但增加值总量却增长 35.28 倍。

1979—2008 年香河县地区生产总值构成统计表

表 8-2-3

年份	地区生产总值（万元）	第一产业		第二产业		第三产业	
		增加值（万元）	比重（%）	增加值（万元）	比重（%）	增加值（万元）	比重（%）
1979	7996	3936	49.22	3209	40.13	851	10.64
1980	8835	4072	46.09	3614	40.91	1149	13.00
1981	9850	3725	37.82	4597	46.67	1528	15.51
1982	11560	4338	37.53	5201	44.99	2021	17.48
1983	15299	5310	34.71	7065	46.18	2924	19.11
1984	17541	6167	35.16	8574	48.88	2800	15.96
1985	20659	5859	28.36	11372	55.05	3428	16.59
1986	24927	8466	34.00	12064	48.40	4397	17.60
1987	32556	9394	28.90	17133	52.60	6029	18.50
1988	38027	8408	22.10	22847	60.10	6772	17.80
1989	43276	8228	19.00	27042	62.50	8006	18.50
1990	50684	9617	18.90	31741	62.60	9326	18.50

续表 8-2-3

年份	地区生产总值（万元）	第一产业		第二产业		第三产业	
		增加值（万元）	比重（%）	增加值（万元）	比重（%）	增加值（万元）	比重（%）
1991	57168	10723	18.76	33556	58.70	12889	22.55
1992	72644	15893	21.88	37865	52.12	18886	26.00
1993	93735	19769	21.09	51780	55.24	22186	23.67
1994	138945	29520	21.25	71897	51.74	37528	27.01
1995	171726	46115	26.85	80646	46.96	44965	26.18
1996	224952	57790	25.69	103550	46.03	63612	28.28
1997	270031	62727	23.23	135852	50.31	71452	26.46
1998	306772	68621	22.37	161225	52.56	76926	25.07
1999	333423	62583	18.77	192607	57.77	78233	23.46
2000	373315	64025	17.15	224001	60.00	85289	22.85
2001	424908	71891	16.92	261052	61.44	91965	21.64
2002	475845	75764	15.92	299214	62.88	100867	21.20
2003	550688	87389	15.87	349609	63.49	113690	20.65
2004	562752	111178	19.76	296175	52.63	155399	27.61
2005	571168	113908	19.94	291791	51.09	165469	28.97
2006	593994	104647	17.62	310742	52.31	178605	30.07
2007	666783	124103	18.61	348120	52.21	194560	29.18
2008	750026	142797	19.04	379971	50.66	227258	30.30

说明：按当年价格计算，以地区生产总值为 100

二 产业内部结构

（一）第一产业结构

改革开放后，香河县坚持以拓宽农民增收为目标，不断调整农业结构，第一产业综合经济效益稳步提高。

1979 年，香河县农、林、牧、渔业产值 4539 万元，其中种植业产值 1891 万元，所占比重 41.66%；林业产值 21 万元，占比重 0.46%；牧业产值 389 万元，占比重 8.57%；副业产值 2233 万元，占比重 49.20%；渔业产值 5 万元，占比重 0.11%。

2008 年，全县农、林、牧、渔业产值 215933 万元，其中种植业产值 143382 万元，所占比重 66.40%；林业产值 651 万元，占比重 0.30%；牧业产值 66410 万元，占比重 30.80% ；渔业产值 1879 万元，占比重 0.90%。农林牧渔服务业产值 3611 万元，占比重 1.70%。第一产业总产值比 1979 年增长 46.57 倍。

1979—2008 年香河县第一产业结构统计表

表 8-2-4

年份	农业总产值（万元）	种植业		林 业		牧 业		渔 业		副 业	
		产值（万元）	比重（%）	产值（万元）	比重（%）	产值（万元）	比重（%）	产值（万元）	比重（%）	产值（万元）	比重（%）
1979	4539	1891	41.66	21	0.46	389	8.57	5	0.11	2233	49.20
1980	6264	2510	40.07	34	0.54	489	7.81	9	0.14	3222	51.44
1981	7413	3289	44.40	40	0.50	712	9.60	17	0.20	3354	45.20
1982	8890	4252	47.80	61	0.70	930	10.50	17	0.20	3630	40.80
1983	9006	4207	46.71	74	0.82	594	6.60	13	0.14	4118	45.73
1984	9256	3406	36.80	37	0.40	565	6.10	9	0.10	5239	56.60

续表 8-2-4

年份	农业总产值（万元）	种植业		林业		牧业		渔业		副业	
		产值（万元）	比重（%）	产值（万元）	比重（%）	产值（万元）	比重（%）	产值（万元）	比重（%）	产值（万元）	比重（%）
1985	9422	7538	80	85	0.90	1677	17.80	38	0.40	85	0.90
1986	11716	8548	72.96	171	1.46	1757	15	45	0.38	1195	10.20
1987	13659	9085	66.51	96	0.70	2837	20.77	67	0.49	1575	11.53
1988	15212	8367	55	76	0.50	3970	26.10	91	0.60	2708	17.80
1989	16085	9751	60.62	72	0.45	2961	18.41	64	0.40	3237	20.12
1990	8962	5594	62.40	76	0.80	1767	19.70	39	0.40	1486	16.60
1991	21859	12184	55.70	181	0.80	6791	31.10	226	1.00	2477	11.30
1992	24242	14285	58.90	183	0.80	7646	31.50	224	0.90	1904	7.90
1993	29229	16963	58	74	0.30	12020	41.10	172	0.60	—	—
1994	37520	17340	46.20	104	0.30	19693	52.50	383	1.00	—	—
1995	44461	20423	45.90	189	0.40	23365	52.60	484	1.10	—	—
1996	52945	22916	43.30	223	0.40	29295	55.30	511	1.00	—	—
1997	62743	27881	44.40	264	0.40	33906	54	692	1.10	—	—
1998	68340	31987	46.80	238	0.30	35326	51.70	789	1.20	—	—
1999	68765	30526	44.40	228	0.30	37193	54.10	818	1.20	—	—
2000	72922	33017	45.30	211	0.30	38864	53.30	830	1.10	—	—
2001	79381	38273	48.20	385	0.50	39839	50.20	884	1.10	—	—
2002	83770	39898	47.60	534	0.60	41263	49.30	959	1.10	1116	1.30
2003	88169	42806	48.50	353	0.40	42889	48.60	957	1.10	1164	1.30
2004	93340	47062	50.40	342	0.40	43562	46.70	996	1.10	1378	1.50
2005	203658	110621	54.30	582	0.29	87944	43.20	1758	0.86	2753	1.35
2006	208779	117230	56.15	602	0.30	86497	41.40	1561	0.70	2889	1.40
2007	180010	126056	70	666	0.40	48712	27.10	1352	0.80	3224	1.80
2008	215933	143382	66.40	651	0.30	66410	30.80	1879	0.90	3611	1.70

（二）第二产业结构

1979 年后，香河县充分发挥第二产业在国民经济中的支撑作用，工业生产和效益同步增长，成为拉动全县经济增长的主动力；建筑业平稳发展。1992 年，第二产业增加值 36350 万元。其中工业增加值 33660 万元，所占比重 92 60%；建筑业增加值 2690 万元，所占比重 7.40%。2008 年，第二产业增加值 293382 万元。其中工业增加值 262003 万元，所占比重 89.30%；建筑业增加值 31379 万元，所占比重 10.70%。

1992—2008 年香河县第二产业结构统计表

表 8-2-5

年份	第二产业增加值（万元）	工业		建筑业	
		增加值（万元）	比重（%）	增加值（万元）	比重（%）
1992	36350	33660	92.60	2690	7.40
1993	40357	37539	93.00	2818	7.00
1994	56390	52161	92.50	4229	7.50
1995	60958	56279	92.32	4679	7.68
1996	77234	73500	95.20	3734	4.80

续表 8-2-5

年份	第二产业增加值（万元）	工业		建筑业	
		增加值（万元）	比重（%）	增加值（万元）	比重（%）
1997	94001	86108	91.60	7893	8.40
1998	110090	98752	89.70	11338	10.30
1999	132190	118108	89.30	14082	10.70
2000	148400	132857	89.53	15543	10.47
2001	184295	159508	86.60	24787	13.40
2002	208741	181725	87.10	27016	12.90
2003	234694	204982	87.30	29712	12.70
2004	264500	232447	87.90	32053	12.10
2005	270620	237182	87.64	33438	12.36
2006	278070	246471	88.64	31599	11.36
2007	287208	254978	88.78	32230	11.22
2008	293382	262003	89.30	31379	10.70

说明：1991 年前第二产业增加值未分出工业与建筑业数据，未能列入

（三）第三产业结构

1979 年后，香河县第三产业发展迅速。1992 年，第三产业增加值 17942 万元。其中交通运输邮电通讯业增加值 3320 万元，所占比重 18.50%；批发零售贸易餐饮业增加值 8243 万元，所占比重 45.90%；金融保险业增加值 1824 万元，所占比重 10.20%；房地产业增加值 2408 万元，所占比重 13.40%；其他服务业增加值 2147 万元，所占比重 12%。

2008 年，第三产业增加值 205615 万元。其中交通运输邮电通讯业增加值 9028 万元，所占比重 4.39%；批发零售贸易餐饮业增加值 54591 万元，所占比重 26.55%；金融保险业增加值 20062 万元，所占比重 9.76%；房地产业增加值 40880 万元，所占比重 19.88%；其他服务业增加值 81054 万元，所占比重 39.42%。

1992—2008 年香河县第三产业结构统计表

表 8-2-6

年份	第三产业增加值（万元）	运输邮电业		商贸餐饮业		金融保险业		房地产业		其他服务业	
		增加值（万元）	比重（%）	增加值（万元）	比重（%）	增加值（万元）	比重（%）	增加值（万元）	比重（%）	增加值（万元）	比重（%）
1992	17942	3320	18.50	8243	45.90	1824	10.20	2408	13.40	2147	12
1993	21846	4147	19	9733	44.60	2279	10.40	2907	13.30	2780	12.70
1994	27224	5207	19.10	12216	44.90	2811	10.30	3725	13.70	3265	12
1995	29070	5541	19.06	12927	44.49	3033	10.43	4002	13.77	3567	12.27
1996	36414	7159	19.70	17155	47.10	3713	10.20	3794	10.40	4593	12.60
1997	44495	7853	17.60	21004	47.21	5488	12.30	3899	8.80	6251	14
1998	51557	8678	16.80	24470	47.50	6015	11.70	4386	8.50	8008	15.50
1999	54900	8045	14.70	28680	52.20	4836	8.80	4338	7.90	9001	16.40
2000	65068	8774	13.50	34718	53.40	5015	7.70	5685	8.70	10876	16.70
2001	105436	12799	12.10	54053	51.30	7393	7.00	8822	8.40	22369	21.20
2002	117403	13988	11.91	63191	53.82	8613	7.34	8337	7.10	23274	19.82
2003	131474	15176	11.54	73301	55.75	9380	7.13	8993	6.84	24624	18.73
2004	151180	13601	9.00	86788	57.41	10271	6.79	8872	5.87	31648	20.93

续表 8-2-6

年份	第三产业	运输邮电业		商贸餐饮业		金融保险业		房地产业		其他服务业	
	增加值（万元）	增加值（万元）	比重（%）	增加值（万元）	比重（%）	增加值（万元）	比重（%）	增加值（万元）	比重（%）	增加值（万元）	比重（%）
2005	161549	10604	6.56	81499	50.45	14150	8.76	13727	8.50	41569	25.73
2006	175116	9461	5.40	75780	43.27	17792	10.16	19563	11.17	52520	29.99
2007	183433	9093	4.96	67016	36.53	17864	9.74	22703	12.38	66757	36.39
2008	205615	9028	4.39	54591	26.55	20062	9.76	40880	19.88	81054	39.42

说明：1991 年前第三产业增加值未分出所构成行业数据，未能列入

第三节　投资结构

1979—1985 年，香河县固定资产投资只有基本建设投资，其投资结构只在某些行业系统划分。1986 年始有比较完整的统计资料。固定资产投资结构主要有资产构成和资产用途两种划分方法。因历年统计口径变动，故按年限分别列表如下：

1986—2008 年香河县固定资产投资结构统计表

表 8-2-7

年份	合计投资（万元）	按构成划分						按用途划分					
		建安工程		设备购置		其他费用		生产性		非生产性		其他住宅	
		投资（万元）	比重（%）	投资（万元）	比重（%）	投资（万元）	比重（%）	投资（万元）	比重（%）	投资（万元）	比重（%）	投资（万元）	比重（%）
1986	710	493	69.44	172	24.22	45	6.34	301	42.39	409	57.61	164	23.10
1987	541	249	46.03	292	53.97	—	—	485	89.65	56	10.35	—	—
1988	443	229	51.69	214	48.31	—	—	299	67.49	144	32.51	6	1.35
1989	679	375	55.23	304	44.77	—	—	614	90.43	65	9.57	—	—
1990	4432	1213	27.37	3039	68.57	180	4.06	4392	99.10	40	0.90	—	—
1991	5849	3663	62.63	2176	37.20	10	0.17	5824	99.57	25	0.43	—	—
1992	2202	805	36.56	1376	62.49	21	0.95	2202	100	—	—	—	—

年份	合计投资(万元)	按构成划分								按工程用途划分							
		建筑工程		安装工程		设备购置		其他费用		第一产业		第二产业		第三产业		住宅	
		投资(万元)	比重(%)	投资(万元)	比重(%)	投资(万元)	比重(%)	投资(万元)	比重(%)	投资(万元)	比重(%)	投资(万元)	比重(%)	投资(万元)	比重(%)	投资(万元)	比重(%)
1993	25788	11507	44.62	109	0.42	3602	13.97	10570	40.99	—	—	1509	5.85	23729	92.02	550	2.13
1994	19571	13651	69.75	889	4.54	4812	24.59	219	1.12	—	—	7246	37.02	9366	47.86	2959	15.12

年份	全社会投资(万元)	建设项目投资(万元)	按构成划分						按工程用途划分									
			建筑工程		安装工程		设备购置		农林牧渔业		工业建筑业		商业运输邮电		住宅		其他	
			投资(万元)	比重(%)	投资(万元)	比重(%)	投资(万元)	比重(%)	投资(万元)	比重(%)	投资(万元)	比重(%)	投资(万元)	比重(%)	投资(万元)	比重(%)	投资(万元)	比重(%)
1995	25929	25929	17367	66.98	392	1.51	6419	24.76	350	1.35	8267	31.88	3615	13.94	1947	7.51	11750	45.32
1996	82127	30405	22309	73.37	1483	4.88	3262	10.73	10	0.03	7072	23.26	3790	12.47	670	2.20	18863	62.04

续表 8-2-7

年份	全社会投资（万元）	建设项目投资（万元）	按构成划分						按工程用途划分									
			建筑工程		安装工程		设备购置		农林牧渔业		工业建筑业		商业运输邮电		住宅		其他	
			投资（万元）	比重（%）	投资（万元）	比重（%）	投资（万元）	比重（%）	投资（万元）	比重（%）	投资（万元）	比重（%）	投资（万元）	比重（%）	投资（万元）	比重（%）	投资（万元）	比重（%）
1997	105717	49694	36292	73.03	1967	3.96	10457	21.04	280	0.56	11993	24.13	11292	22.72	3616	7.28	22513	45.30
1998	126894	54086	30874	57.08	1556	2.88	11819	21.85	1839	3.40	20423	37.76	4135	7.65	3042	5.62	24647	45.57
1999	154706	84357	68644	81.37	1950	2.31	11342	13.45	2274	2.70	20930	24.81	42837	50.78	3026	3.59	15290	18.13
2000	173790	91799	63591	69.27	2384	2.60	24004	26.15	4600	5.01	43463	47.35	17285	18.83	—	—	26451	28.91

年份	全社会投资（万元）	建设项目投资（万元）	按构成划分						按工程用途划分							
			建安工程		设备购置		其他费用		农林牧渔业		制造建筑业		商贸服务邮运		其他	
			投资（万元）	比重（%）	投资（万元）	比重（%）	投资（万元）	比重（%）	投资（万元）	比重（%）	投资（万元）	比重（%）	投资（万元）	比重（%）	投资（万元）	比重（%）
2001	198731	98379	90323	91.81	8021	8.15	35	0.04	5664	5.76	30822	31.33	48282	49.08	13611	13.84
2002	223107	130888	91160	69.65	30327	23.17	9401	7.18	6065	4.63	71745	54.81	40521	30.96	12557	9.59
2003	262126	202584	146646	72.39	44551	21.99	11387	5.62	6700	3.31	78772	38.88	37755	18.64	79357	39.17
2004	310125	249222	166158	66.67	63142	25.34	19922	7.99	5013	2.01	141480	56.77	33305	13.36	69424	27.86
2005	424270	354213	256378	72.38	67244	18.98	30591	8.64	8410	2.37	187468	52.93	132953	37.53	25382	7.17
2006	618672	553982	357205	64.48	159084	28.72	37693	6.80	8840	1.60	367655	66.37	91017	16.43	86470	15.61
2007	1083365	991457	532700	53.73	396604	40.00	62153	6.27	11136	1.12	614549	61.98	365772	36.89	—	—
2008	1465309	1307435	680228	52.03	556451	42.56	70756	5.41	7200	0.55	758197	57.99	542038	41.46	—	—

说明：①非生产性用途中含住宅

②按构成划分中的“其他投资”略。

第三章　乡镇企业

第一节　规模及效益

1979 年后，香河县把发展乡镇企业作为全县经济建设的重点，社队、联户、个体企业蓬勃发展。1980 年社队企业 62 个，其中农机具修造厂 17 个，其他有城关珐琅厂、安平手风琴厂、王家摆木器厂、五百户羊毛衫厂、刘宋砂轮厂、渠口玉器厂等 45 个，从业人员 4028 人，企业总收入 3788 万元，总产值 3624 万元，其中社办工业产值 871 万元，占全县工业产值的 24.20%。

1985 年，全县乡镇企业 541 个，从业人员 14226 人，其中村办、户办、联户办企业 230 个，从业人员 2506 人，农民进城办商业、服务业 2610 家；全县乡镇企业营业收入 15348.14 万元，其中：乡办 2697.93 万元，村办 3580.59 万元，联户 4108.18 万元，个体 4961.44 万元。

1990 年，全县乡镇企业摊数 15153 个，从业人员 55272 人，占农村总劳动力 43.46%；营业总收入 58520 万元；总产值 64194 万元，占全县工农业总产值 79.49%，乡镇工业总产值（当年价）52775 万元；总利润 6373 万元，其中工业企业利润 4832 万元；税金 1676 万元，占全县财政收入 55.35%。1990 年，年利税 20 万元以上的大户 34 家，出现安平印刷厂、大华计算机辅助设备厂、蒋口汽车工具厂等一批明星企业，形成木材加工、建筑、造纸及文教用品、机械、商业饮食业、纺织、缝纫、皮革、运输、建材等主要行业。

1995 年，全县乡镇企业 11346 个，从业人数 49776 人，占农村总劳动力 38.12%；营业总收入 273400 万元，其中乡镇办 52683 万元，村办 38569 万元，联户个体办 182148 万元；总产值 322709 万元（1990 年价），占全县工农业总产值 88.14%，乡镇工业产值 28 亿元；利润 26100 万元；税金 3828 万元，占全县财政收入 60.40%。

2000 年，全县乡镇企业摊数 8431 个，从业人数 50923 人，占农村总劳动力 37.94%；营业收入 833062 万元，其中集体企业 21429 万元，私有企业 263223 万元，个体户 548410 万元；利润 63824 万元，出口交货值 29162 万元；税金 11590 万元，占全县财政收入 71.88%。

1994 年起，全县进行乡村集体企业产权制度改革，逐步建立现代企业制度。2004 年，全县完成乡镇企业产权改制。

2005 年，全县乡镇企业摊数 8457 个，从业人数 72946 人，营业收入 2622208 万元，产值 2864615 万元，利润 194675 万元，税金 34831 万元。

2006 年，香河县统计局将乡镇企业作为民营经济统计。

1979—2005 年香河县乡镇企业基本情况统计表

表 8-3-1　　单位：万元

年份	收入	产值	其中工业产值	利润	税金	出口值	摊数（个）	人数（人）
1979	—	635.40	—	—	—	43	—	
1980	3788	3624	871	1111	—	—	62	4028
1981	3862.50	3352.60	3352.60	1672.10	—	—	—	—
1982	4092.50	3881.20	3881.20	1563.30	—	—	—	—
1983	4215.60	3681.40	3681.40	1570	—	—	—	
1984	10460	11077	11077	3981	—	—	—	
1985	15348	18609	15093	5341	1991	—	541	14226
1986	22039	26179	20349	7218	2298	—	13538	53190
1987	32715	37854	29522	10125	2725	—	14588	60423
1988	44091	47980	39017	13987	3265	—	15440	64618
1989	53071	57173	9087	16911	3968	—	15551	60510
1990	58520	64194	52775	6373	1676	—	15153	55272
1991	70587	76549	63228	7916	1648	4764	15469	53379
1992	89412	97918	83623	10272	1743	6049	14747	55183
1993	125842	145522	124356	14501	2133	10857	14857	55872
1994	192440	226154	189637	23110	2792	11421	14609	57321
1995	273400	322709	280000	26100	3828	220557	11346	49776
1996	402127	471940	402638	42583	5223	30840	10487	54579
1997	558108	646411	541578	55446	6772	41643	8356	47798
1998	549925	640079	507846	49658	7492	17663	7805	47660
1999	619760	683133	—	49717	9316	23137	8262	50639
2000	833062	919610	—	63824	11590	29162	8431	50923
2001	1150904	1257774	—	86687	15240	33670	8353	52005
2002	1444384	1579764	—	107751	18486	40561	8181	52815
2003	1827145	1990502	—	134904	22552	37677	8026	53930
2004	2088223	2282278	—	134904	27816	17830	8170	56879
2005	2622208	2864615	—	194675	34831	20623	8457	72946

第二节　分类及分布

按照《乡镇企业统计规则》的行业划分标准，乡镇企业有农业企业、工业企业、交通运输业、建筑业、商业饮食业、服务企业和其他行业，香河县以工业企业为绝大多数；按产权属性分有乡镇办、村办、联户办和个体办企业。1986 年，全县有乡镇办企业 31 家，村办企业 413 家，联户办企业 1319 家，个体办企业 11776 家。1990 年，全县有乡镇办企业 124 家，村办企业 329 家，联户办企业 1014 家，个体办企业 13686 家。1995 年，全县有乡镇办企业 125 家，村办企业 192 家，联户办企业 454 家，个体办企业 10575 家。2000 年，全县有集体企业 101 家，私有企业 830 家，个体企业 7500 家。

香河县乡镇企业摊数分布统计表

表 8-3-2　　　　单位：个

乡镇名称	1986 年	1990 年	1995 年	2000 年	2005 年	乡镇名称	1986 年	1990 年	1995 年	2000 年	2005 年
淑阳镇	1543	1761	1604	3155	3162	刘宋镇	1614	1552	1200	699	712
大罗屯乡	968	1286	1282	—	—	安头屯镇	1123	1325	1381	339	410
金辛庄乡	463	661	472	—	—	钱旺乡	918	960	844	491	376
安平镇	843	645	500	720	538	渠口镇	796	862	513	1343	1343
王家摆乡	381	337	204	—	—	东鲁口乡	328	438	475	—	—
钳屯乡	677	1007	546	450	436	石虎辛庄	957	1043	768	—	—
五百户镇	995	1216	300	639	776	蒋辛屯镇	709	932	293	595	704
香城乡	480	349	398	—	—	梁家务乡	366	368	320	—	—
李庄乡	378	423	246	—	—	全　县	13539	15153	11346	8431	8457

第三节　经营管理

一　用工管理

1982 年前，社办企业用工通过公社政府下达指标，村街生产队按要求派遣社员去企业上班；生产队长可派社员到村办企业上班。1982 年后，生产队解体，随着集体企业体制改革逐步深入，企业渐渐有用工自主权，实行企业和职工双向选择，企业向社会公开招工，择优录用；求职者自愿应聘谋职业。企业厂长或经理对其工人有权留用或辞退。

二　工资管理

1982 年前，社办企业职工在企业领到工资，绝大部分交给生产队"买工分"，年终参加生产队实物和现金分配；社员在村办企业上班记工，回队记工分，企业有少量工资补助归个人。1982 年后，乡镇企业实行月工资制，有计件工资加奖金、基本工资加提成、计日工资等形式。不便实行计件工资企业，职工完成定额生产任务，按月发给基本工资。私营企业及个体工商户的职工实行协议工资制度，或计件工资，或固定工资，或基本工资加效益提成，年终有些奖金或福利奖品。

三　财务、质量、销售及安全管理

均与县属工业企业相同。

第四节　管理机构

香河县社队企业管理局建于 1977 年 5 月，前身系香河县革命委员会副业办公室。1984 年 7 月，香河县社队企业管理局随公社改称乡镇更名为香河县乡镇企业管理局，是县政府主管乡镇企业的职能部门。1987 年 11 月，机关设有：办公室、政工科、财务科、技术科、经营管理科和保卫科。1988 年 2 月成立生产科。1989 年 5 月，成立直属企业管理办公室。1990 年建立各乡镇经济委员会，经委主任主管乡镇企业工作。1992 年 7 月，撤销经营管理科。局下属单位有兴济实业总公司、紫辰实业发展总公司、友恒电子通讯器材有限公司、交电化轻公司、水暖安装公司、金属公司等。1998 年 2 月，内部机构有：办公室、企业管理一科、企业管理二科和科技项目科，人员编制 22 人。2002 年 4 月，撤销香河县乡镇企业管理局，其职责划归县经贸局（工业局）。

附

店子务钣金专业村调查

香河县渠口镇店子务村 2008 年有 482 户，有钣金企业 150 家；全村 1909 人，有 1300 人（含外村 400 人）从事钣金加工业；农民收入 80%来自钣金。

所谓钣金就是对钢板、铝板、铜板等金属板材进行加工，制作各种柜具。20 世纪 80 年代，村党支部和村委会在中共十一届三中全会精神鼓舞下，看中操作工艺男女皆宜的钣金业，借助村内钣金工人优势，成立钣金加工业领导小组，带领村民从小到大滚雪球式发展。2007 年村“两委”规划一个占地 33.33 公顷的创业产业基地，在基地内多方投资 200 万元，修建二横二纵 4 条道路长 1400 多米，铺设下水管道 2800 米，改造供电、通讯线路 1500 米。以良好的基础设施建设和低价成本吸引本村及外地企业投资，为钣金业发展提供广阔平台，并不断加强企业管理，提高产品质量，创新品牌，扩大销售范围，钣金业渐渐成为村内的主导产业。

截至 2008 年，有 10 家钣金龙头企业先后通过 ISO 9002 国际质量管理体系认证。产品由原来单一的文件柜，发展到更衣柜、配电柜、电器柜、网络机柜、超市货架及教学设备等十几大类上百个品种，村民创出的“圣环”“亿华”等十几个知名品牌产品被广泛应用于各个领域。正信钣金厂为西安卫星发射中心生产发射装置主要配件；琛宝电器设备厂生产的监控设备被北京大学、北京教育学龄前院及张家口市交通指挥中心等多家单位采用；宏远金属制品厂生产的自动控制柜被航天部十二所采用。2008 年，店子村钣金业产值 1.2 亿元，上缴税金 750 万元，村集体收入 20 多万元，农民人均纯收入 8852 元。全村拥有高级小轿车 70 余辆，货车 80 余辆，手机 500 余部，网通电话 400 多门，成为名副其实的富裕村。2002 年 10 月，渠口镇被农业部批准为全国乡镇企业科技园区。

（2010 年，渠口镇政府提供资料，杜怀银整理）

第四章　民营企业

第一节　企业兴起

1979 年后，香河县把发展个体工商企业作为公有制经济的必要补充，大力扶持个体经济的发展，帮助解决资金、场地等实际困难，民营企业在全县兴起。

1981 年秋，农村普遍实行家庭联产承包责任制后，从农业生产中解放出来的农民逐渐成为个体工商户。其经营的行业主要有餐饮业、商业、工业、手工业、建筑业、运输业、服务业等。1985 年后，在开放搞活的经济形势下，全县集贸市场逐步恢复和发展，促进个体工商户的发展，也使民营企业应运而生。香河县在国家鼓励发展个体经济政策的引导下，民营企业历经资金积累和滚动发展，以特有的优势占领市场的份额快速增长，显示出强大的生命力。1990 年底，全县有个体工商户 11043 户，从业人员 18074 人，注册资金 2138 万元，总产值 268 万元，商业营业额 305 万元。

1996 年后，香河县在实施县属国有和集体企业产权制度改革中，鼓励社会自然人、民营企业、外资企业和个体工商户购买、兼并、租赁县属国有、集体困难企业，建立公司制、股份制企业；并且公有资产从县乡工商企业中退出，非公有制经济全面进入。这为民营企业提供了大发展的空间，民营企业蓬勃发展起来。民营企业等非公有制经济从市场经济的重要补充变为重要组成部分。

第二节　企业发展

市场是民营企业发展的载体。改革开放后，香河县建立了蔬菜、家具、钢材等规模较大的市场，带动民营企业的发展。香河家具城始建于1998年，历经几年发展，成为北方最大的家具集散地，2007年被中国商业联合会等国家权威部门授予“全国十大交易市场第一名”称号。家具产业成为香河的支柱性产业，带动板材、泡沫、面料、皮革、五金等行业以及仓储、餐饮、住宿、运输、旅游会展等相关行业的迅猛发展，间接带动3万人就业。同时，加快城镇建设进程造就一批建筑企业及房地产开发企业。致使民营企业成为全县国民经济发展的主要增长点。1995年12月，省政府授予香河县工商局局长逯长亮“河北省发展个体私营经济先进工作者”称号；命名河北燕岭重工集团有限公司、香河县东华纸制品有限公司、香河县新星现代办公设备有限公司为“河北省百强私营企业”。

2006—2008年香河县民营企业基本情况统计表

表8-4-1　　　　单位：万元

年份	企业个数	从业人数	增加值	营业收入	税金	利润
2006	8445	75005	769021	2890021	34590	226397
2007	8334	76508	750177	2740294	33982	297070
2008	10924	121031	927592	3310059	44230	270112

说明：2006年县统计局将乡镇企业作为民营经济统计

第三节　全民创业

一　规模

2006年，香河县将全民创业与发展块状经济有机结合，本着宜工则工、宜农则农、宜商则商的原则，加强引导，初步形成百姓创家业、能人创企业、干部创事业的局面。在创业平台建设中，探索“政府支持中介、中介服务企业”的路子。以现代产业园开发为契机，将三强实业股份有限公司作为香河中小企业创业基地开发建设的主体，规划占地4公顷的香河中小企业创业基地，一期工程改造标准化厂房6000平方米。同时，依托区域特色，围绕家具制造、金属制品等主导产业，协调部门关系，谋划各具特色的工贸小区，助推全民创业。

2007年5月，制定《香河县人民政府关于推进全民创业工作的实施意见》。2007年底，全县300个村街中99个村街谋划建设村级产业结构调整基地。各基地开工项目406个，总投资7.10亿元。全县增加个体工商户1800个，增加私营企业121家。增加企业税收2416万元，占全县新增税收的比重21.60%。全县个体工商户总量8925家，私营企业841家。

2008年，全县增加民营经济单位2353家，总量12479家。其中：增加私营企业550家，总量1751家；增加个体工商户1803家，总量10728家。千人拥有民营企业数量5.60户。民营经济营业收入331亿元，增加值607592万元，利润27.40亿元。

二　模式

2007年底，全县初步形成五种村级创业模式：

以淑阳镇白庙村、渠口镇店子务村为代表的依托传统产业型创业模式。白庙村以家具城为依托，发展上下游配套产业，先后吸引13家企业入驻村级产业结构调整基地，总投资4200万元。店子务村围绕金属制品业规划占地33.33公顷的工贸小区，吸引7家企业相继入驻，总投资2980万元。

以安头屯镇北口头村、安头屯三村为代表的依托交通干线型创业模式。双安路、香五路两侧的30余个村街凭借紧邻“两路”的交通优势开展创业，开工项目总数近120项，其中北口头村上项目10个，投资4800万元；安三村上项目7个，总投资3700万元。

以钳屯乡张庄村、渠口镇石虎辛庄村为代表的依托特色资源型创业模式。张庄村发挥邻路和传统果品种植及紧邻北运河优势，除规划6.67公顷标准化工业厂房建设外，还发展餐饮住宿、观光采摘、农家体验三个功能区；石虎辛庄村农副产品深加工摊点300余个，拖布、笤帚等年加工能力500余万把。

以蒋辛屯镇闻庄村、北四百户村为代表的依托园区型创业模式。蒋辛屯镇和园区周边的20余个村街以工业园区和现代产业园区为依托开展全民创业，开工项目30余项，投资近2亿元。其中闻庄村和北四百户村先后引入三强汽配产业园、超达纸制品及成和办公家具等多个千万元以上项目。

以正大公司、紫辰公司为代表的依托龙头带动型创业模式。两公司发挥自身辐射带动作用，带动村街开展配套加工，实现互利双赢。全县为龙头企业配套的中小企业和个体工商户395家，带动就业2000余人。

第五章　小康建设

第一节　总体规划

1994—1995年，利用两年时间，基本实现小康县目标。即1995年底，至少有14个乡镇、240个村街实现小康。具体规划：

1994年底实现小康目标的乡镇8个:淑阳镇、大罗屯乡、五百户乡、石虎乡、钳屯乡、李庄乡、安平镇、金辛庄乡;1995年底实现小康目标的乡镇8个:钱旺村乡、东鲁口乡、蒋辛屯乡、王家摆乡、香城乡、渠口镇、刘宋镇、梁家务乡;1996年底实现小康目标的乡镇1个:安头屯镇。

1994年底实现小康目标的村街140个；1995年底实现小康目标的村街140个；1996年底实现小康目标的村街15个；1997年底实现小康目标的村街5个。

第二节　主要措施

香河县对照小康标准，根据基本状况，确定加快小康建设的主要措施：大力发展经济，使全县城镇居民人均生活费收入达到4200元，农民人均纯收入达到2300元；发展第三产业，使第三产业增加值在地区生产总值中的比重再提高7　　69%以上；县城建体育场1座，图书馆1座；九年制义务教育普及率再提高28　　40%；高中阶段学龄人口入学率再提高26　　30%；植树造林，使全县绿化达到甲级标准，即森林覆盖率12%以上，村庄覆盖率30%以上，农田林网化；接通148个村的公路，完成179个村的街道路面硬化；完成158个村程控电话安装；建村级文体活动场所224座，幼儿园299座。

第三节　达标检测

香河县小康标准共分县、乡（镇）、村（街）三个部分。小康县标准主要涉及人均地区生产总值，城镇居民人均生活费收入，普及九年制义务教育，城镇居民人均居住面积，文化馆、图书馆、体育场、影剧院、医院等公共服务设施建设，电视机普及率，农村通电、通电话、主要街道和外通公路硬化，城乡居民平均寿命，重大刑事案件发案率，街道绿化标准，乡镇、村街实现小康比率等基本内容。小康乡（镇）标准增加农民人均纯收入、卫生院、敬老院、“五保户”供养率、村街实现小康比率等内容。村（街）标准增加广播站、综合文体活动场所、卫生室、幼儿园等内容。为确保小康村建设质量，中共香河县委制定《关于小康村检查验收的具体办法》，对小康村实行百分考核。1994年、1995年分两期进行乡镇、村街达标检验。

第四节　考核验收

1995年底，全县基本达到小康县标准：人均地区生产总值5612元，高出标准1∶1倍；城镇居民人均生活费收入4049元，低于标准151元；农民人均纯收入2579元，高于标准279元；九年制义务教育全面普及；城镇居民人均住房面积15.20平方米，高于标准7.20平方米；农民人均住房面积22平方米，高于标准3.50平方米；县有文化馆1座，图书馆2座，影剧院1座，医院2座，体育场在建（后未建成）；农民家庭电视机、收音机普及率95%，高出标准5个百分点；全县300个村街实现村村通电、村村通电话；通公路村街292个，占 97.30%；街道硬化的村有 280 个，占 93.30%；城乡居民平均预期寿命 71 岁，高出标准 1 岁；重大刑事案件发案率为万人 1.80 件（三年平均），比标准少 3.20 件；全县森林覆盖率 15.60%，高于标准 3.60 个百分点；村庄绿化覆盖率 31.90%，高于标准 1.9 个百分点，达到甲级绿化标准；全县计划生育率 98%，高出标准 8 个百分点；14 个乡镇实现小康，占总数的 82.40%。

1996 年 4 月 11 日，中共香河县委、县政府向中共河北省委、省政府递交验收报告。5 月，省市联合考核验收组进行为期 5 天的考核验收全县小康建设情况，考核组一致认为香河县达到小康标准要求。中共河北省委、省政府于 7 月 1 日命名香河县为小康县。

第九编　经济体制改革

自 1953 年起，国家实行社会主义计划经济，由于管得过多、统得过死，束缚生产力的发展。1978 年 12 月召开的中共十一届三中全会，作出把党和国家的工作重点转移到社会主义现代化建设上来和实行改革开放的战略决策，由此揭开社会主义改革开放的序幕。1982 年，中国共产党第十二次全国代表大会提出“计划经济为主、市场调节为辅”的指导思想；1987 年，中国共产党第十三次全国代表大会提出社会主义有计划的商品经济体制；1992 年，中国共产党第十四次代表大会明确国家经济体制改革的目标是建立社会主义市场经济体制。香河县经济体制改革从计划排斥市场到容纳市场，再到实行市场调节为基础、国家宏观调控，经历不断深化的过程。香河县经济体制改革从农业开始，逐步扩展到工业、建筑业、商业、粮食、物资、供销、外贸等系统及相关计划、投资、财政、税收、金融、价格等部门。

1986 年 3 月，香河县建立经济体制改革领导小组，指导全县的经济体制改革工作。1988 年 10 月，建立香河县经济体制改革委员会，1996 年改称香河县经济体制改革办公室。至 1998 年底，全县 415 家县乡工商企业全部放开搞活。至 2003 年 1 月，全县有 380 家企业完成触及产权制度改革，占企业总数的 97.94%，累计融资 30251 万元，盘活存量资产 46203 万元。至 2006 年 6 月，全县企业完成 ISO 质量体系认证的企业 60 家，有 18 家企业初步建立现代企业制度。

第一章　农业经济体制改革

第一节　土地经营体制改革

1963 年，香河县农村土地等主要生产资料确定了人民公社、生产大队、生产队三级集体所有，以生产队为基本核算单位的经营管理体制。社员按出勤天数记工分，秋后以工分数额参加生产队农产品及现金分配。1979 年 2 月，中共香河县委召开县、公社、大队、生产队四级干部会议，提出农业实行生产责任制。是年，赵庄、梁家务、邵庄等大队先后实行联产到劳、定额管理、小段包工等形式的农业生产责任制。1980 年冬，蒋辛屯公社头百户大队率先实行“大包干”（家庭联产承包）责任制，同时，渠口、蒋辛屯、东鲁口等公社共 1133 个生产队相继推行各类形式的农业生产责任制，占全县总生产队数的 91.02%。1981 年 8 月 22 日，中共香河县委制定《包干到户责任制试行体例（草案)》。至 1982 年 4 月，全县有 1277 个生产队建立各种形式的生产责任制，其中 1014 个生产队实行大包工，占总队数的 79.40%。1981 年秋普遍推广至 1982 年秋扫尾，全县 300 个行政村，全部实行家庭联产承包责任制，打破公社、大队、生产队“三级所有，队为基础”的集体经营体制。家庭联产承包责任制是以土地承包经营为主的家庭经营责任制，为统分结合的双层经营体制。土地仍归村集体所有，农民有使用权和经营自主权。村集体投资在田间打机井、安装变压器，供村民使用。土地承包户每年向国家上交税费和按国家核定标准规定的粮、棉、油指标。农民上交的税费有农业税、水费、国防费、教育附加费及公积金、公益金、生产费基金、干部补贴等村集体提留。农民担负的这些税费在夏收和秋收交售公粮时扣齐。香河县交售的公粮主要是小麦、玉米和大豆，征购的油脂任务可以交售芝麻、花生、棉籽，未种植油料作物的可多交售小麦或玉米折价抵油脂。农村实行以家庭联产承包责任制为基础、积极引导农民调整产业结构、发展多种经营、活跃商品生产等一系列的方针政策。1983 年，香河县贯彻执行河北省出台的《促进联产承包责任制向横宽纵深发展》文件精神，把联产承包责任制推广到林、牧、副、渔及农村集体工业、商业、服务业和科技领域。全县农村涌现出种植、养殖、加工、服务、运销等多种经营承包或自营专业户。

1984年秋，全县农村各农户间的承包土地进行一次调整。在实行“按人分田”的同时，各村还留出5%左右的机动地及村集体果园，有偿承包给种养大户。1990年7月，香河县制定《农田包金“村有乡管”的实施细则》规定，农田包金必须用于增加农业投入，改善农业生产条件。1991年底，全县有268个村25333　33公顷土地实行有偿承包，形成韭菜、林果、西瓜草莓3个区域化种植专业乡。户均3　33公顷以上的种粮大户300多个，规模养猪、养鸡等1200户。1993年，香河县贯彻执行中央“土地承包到期后，再延长30年不变”等有关政策。提倡在承包期内实行“增人不增地，减人不减地”的办法。

1997—2000年，香河县根据中共中央《关于进一步稳定和完善农村土地承包关系的通知》等文件精神，开展新一轮土地延包工作。全县将“双田制”（责任田、口粮田）全部转为家庭联产承包责任制。

从2002年开始，全县开展土地承包经营权流转工作。2003年9月4日，中共香河县委下发《关于进一步规范和完善农村土地承包经营权流转工作的意见》。至2008年底，全县土地流转1269.07公顷。土地承包经营权流转，不得改变土地集体所有性质，不得改变土地用途，不得损害农民土地承包权益；时有的土地承包关系要保持稳定并长久不变。

第二节　林果业体制改革

香河县林木经营体制，在改革开放初期，营林主体以村街为主，实行“集体栽植，集体所有，集体支配”。

1981年，香河县政府发布《关于保护林木制止乱砍滥伐的布告》规定：采伐集体林木50株以下者由乡镇政府审批，采伐50株以上者由县农林局审批。1982年3月，中共中央、国务院《关于保护森林发展林业若干问题的决定》发布，香河县贯彻落实各项林业政策，开展全民义务植树活动，推行林业承包责任制；随着农业生产责任制的深入发展，农民认识到栽种果树的经济效益，纷纷承包沙荒地建果园；全县林果业生产出现生机。

1986年始，香河县引入“三北”（华北、西北、东北）防护林工程项目。国家对纳入“三北”防护林体系的绿化工程实行补助政策，每公顷补助150元，2001年提高到每公顷补助1500元。

随着林业生产责任制的推广，非公有制造林开始出现并发展。1989年，香河县产生第一个个体营林大户——河南止务村民王兴利，当年与村集体签订合同，承包造林2000株，承包期限15年。1997年，香河县第一例“拍卖造林”模式成功运作，商汪甸村将农田林网3700株树以每株7～9元的价格拍卖给15户农民，期限20年。1998年，县政府出台《关于实施潮白河堤防绿色长廊工程的优惠政策和管理办法》，实行“谁造林，谁所有，谁受益”，使非公有制造林逐步在全县“四河八堤”、四河流域沙滩地及主干公路两侧全面展开。从2001年开始，全县进行林权登记发证工作，并在辖区内实施征占用林地管理制度。至2008年，底共办理京沈高速路建设征用林地项目1宗，占用林地面积20公顷。

2002年，香河县林业局全面落实宜统则统、宜包则包、宜卖则卖等林业政策，因地制宜发展多种营林形式，以大户承包为主导，掀起全县非公有制造林的高潮，当年完成造林1733　33公顷。2003年实施退耕还林工程，退耕还林640公顷。2005年，香河县贯彻落实国家《关于加快林业发展的决定》，县林业局提出林业建设“五化”目标（实现河渠路林带化、沙荒地次耕地片林化、农田林网化、村庄森林化、城镇园林化）。2007年，县政府制定《香河县集体林业产权制度改革实施方案》，全县开展集体林权制度改革，完善营林机制，完成林改面积3824公顷，占总任务的95.60%，涉及265个村，发放林权证4650份。营林形式主要有：村栽村管、按股分利、大户承包、联户承包、拍卖造林、入股合作造林等。

2008年6月，中共中央、国务院颁发《关于全面推进集体林权制度改革的意见》，首次提出在集体林地所有权不变的前提下，将集体所有的林地经营权和林木承包到户，承包期延长至70年，期满可以续包。同时，集体所有的林地获准流转和抵押。2008年，全县发放林权证558份，登记面积51.20公顷，累计完成林木确权登记5140公顷，共发放林权证 2991 份。

附

县长四次进果园

香河县县长乔中四次进果园的事儿，在当地传为佳话。

1984 年春，大罗屯乡郭辛庄、赶水坝、姚止务、王止务等四个村农民，在中央一号文件精神的鼓舞下，决定在牛牧屯引河西与北运河汇流处的沙滩地联合开发 500 多亩果园。他们按各村的土地数量和质量分为十股，各村委会为股东，每村选一名农民为承包代表，自己组阁。乔中闻讯后，于三月中旬第一次来到果园。他亲自观察地形，询问如何开发，了解用工、投资情况，回县后批示贷款六万元。三月底，乔中第二次来到果园，听说这里买果树苗困难，他便联系车辆，几天后从外省购进一批优种树苗，满足了这个果园的需要。四月上旬，乔中第三次来到果园，了解到股东与承包者在执行合同中发生了矛盾。他进行调解，明确机井、电力设施和园房等固定财产归股东所有；农机具等使用财产为承包者所有，完善和稳定了果园承包合同。五月三日，乔中第四次来到果园，察看开发果园的落实情况。当他一踏进果园，展现在他眼前的是一排排的畦田。他边走边看边问，了解到栽种了苹果、梨、桃、李子等果树七千多棵，占地 300 多亩；葡萄 10 多亩，杆柳 40 多亩，树苗圃 50 多亩；果园的周围栽植了一万多棵的防风林；在果树的株距、行距间还复种了春小麦、棉花、花生、西瓜和各种蔬菜。昔日的一片沙荒地，栽种得井井有条，满满当当，一片生机。乔县长非常高兴，鼓励承包果农继续艰苦创业，科学管理，尽快建成稳产、高产、优质的果园。

（1984 年 5 月 22 日《廊坊日报》，作者为大罗屯乡通讯员杜怀银）

第三节　畜牧业体制改革

1981 年秋，香河县农村普遍实行家庭联产承包责任制，大牲畜由生产队作价归农户，集体的猪卖给社员饲养。从此，大牲畜、猪、羊、家禽实行私有私养。农民有饲养管理的自主权，养殖积极性提高。香河县畜牧业生产发生明显变化：

饲养大牲畜由役用向肉用转变　改革开放前，农民饲养大牲畜为拉车、耕田；改革开放后，随着交通运输现代化和农业生产机械化程度逐步提高，大牲畜使役功能逐渐消失。骡、马肉食用性能差，从县畜禽存栏数量统计表上分别于 2004 年、2005 年消失；驴肉营养丰富，但繁殖慢，生长慢，至 2008 年从县统计表上消失。唯有牛肉质好、育肥快，产肉率高，养牛业实现由役用向肉用转变，农村涌现饲养肉牛专业户。

猪、鸡生产加速发展　1985 年后，猪肉、鸡蛋价格的普遍提高，调动了农民饲养猪、鸡的积极性。全县普遍推广“饲养优良品种，使用优质配合饲料，建造科学猪舍，采用科学饲养方法”的养猪法。重点发展优质瘦肉型猪；猪食由杂草加粮食变为纯粮配合饲料，生猪成长快，出栏率显著提高。鸡、鸭由家庭小规模的散养变为成百上千只的笼养或舍养；鸡鸭食是营养配方的精料。蛋鸡、蛋鸭产蛋率高；肉鸡、肉鸭育肥快。

养羊业发展平稳　羊繁殖较快，生产成本低，但生产周期长，总的经济效益不算高。买 3 只母羊 1 只种公羊，饲养三四年就可发展到二三十只，需要天天去放牧，适合男女半劳力饲养。尽管羊肉价格比猪肉、牛肉高，但受平原农区荒草地和饲草资源制约，生产规模不宜过大，香河县的养羊业只能平稳发展，直至 2008 年，每年仍需从外地购进活羊充实县域菜篮子。

第四节　渔业体制改革

香河县主要水域有潮白、北运、青龙湾等河道和大小不等的洼地及坑塘 2666.67 公顷。各河均为行洪河道，汛期水多，旱季水少，河道养殖一直未发展起来。1979 年后，坑塘养殖有所发展。据县畜牧水产局 1981 年调查，在全县 1081 个坑塘中有 565 个坑塘 282.80 公顷水面用于水产养殖，占总水面的 11.6%。

1985 年，香河县村属坑塘养殖逐渐实行农民承包责任制，推广小面积养鱼新技术，改投单一精饲料为全价混合料或颗粒料，改变放鱼种投小不投大的习惯，并使用增氧机，改善鱼类生态环境，平均每公顷产15000千克以上。水产品全部实行市场调节，自由交易，随行就市，促进渔业发展。1990年，全县养鱼村210个，利用坑塘460个，水面316.4公顷，全部由户、联户承包经营。至2008年，香河县水产养殖业逐渐形成集休闲、垂钓、养殖于一体的新型养殖形式。

第五节　水利体制改革

1981年前，香河县农田中的变压器、机井、水泵等水利设施归村集体所有，由村集体统一管理、统一使用、统一维护、统一更新。1981年秋后，农村土地实行家庭联产承包责任制，农田中的水利设施仍为村集体所有、管理、更新，农民无偿使用，只是电动机、水泵由使用农户维修。一眼机井浇灌一片地，由承包这块土地的几个农户共同使用。机井处安有电度表，农民浇地按使用电量交纳水电费。

1998年香河县水利局改称水务局，对县域内水利工程进行管理，城镇的水资源管理权在建设部门。2003年起县域水资源归水务局统一管理。农村工业企业水资源费由乡镇水利管理服务站收取，农业水费的征收起于1982年、止于2006年，农民每年交售公粮时，乡镇水管站扣收水资源费。香河县青龙湾河以南及北运河以西地区每公顷地征收45元，其余地方每公顷地征收75元。

第二章　工业与建筑业体制改革

第一节　县属工业企业改革

一　生产经营管理体制改革

1979年前，香河县工业企业实行计划经济体制管理模式，上级按计划下达生产指标，产品统购包销。干部职工实行固定工资制，企业吃国家“大锅饭”，职工吃企业“大锅饭”，制约企业发展。中共十一届三中全会后，香河县全面贯彻中共中央《工业三十条》和“调整、改革、整顿、提高”的方针，调整工业布局，大力发展适销对路的轻工业产品。1984年，工业企业推行厂长负责制，全权处理厂内各项事务。实行“利改税”，把企业推向市场，使其在竞争中求发展。同时，逐步扩大企业用工、资金使用、产品开发、设备更新改造等各方面自主权，改产品统购包销为以销定产、自产自销，实行计划调节与市场调节相结合。推行生产经营承包责任制，实行盈亏、利润包干，调动企业经营者的积极性，企业的产品质量和经济效益均有明显提高。自1987年起，县政府对各企业主管部门实行各种目标管理责任制，重点考察企业利润、税收的指标，并制定奖惩办法。是年9月，县委、县政府提出《关于工商企业推行承包经营责任制试行方案》，完善厂长经理负责制，有30家企业签订为期三年的承包合同。至1988年底，全县企业全部实现承包经营，定死基数，超收全留或超收分档分成；在企业内部实行劳动工资制度配套改革，指标分解，联产计酬。1989年1月，县委、县政府制定《关于深化企业改革的几点原则意见》，对已承包的利税大户和相对经营稳定的企业，实行滚动承包责任制。至1990年底，全县全民、集体企业实行承包经营的有48家，有2家被兼并，有14家试行租赁制，有3家推行风险抵押，经营者责、权、利明确。

二　企业产权制度改革

1992年邓小平南方谈话关于计划经济不等于社会主义、市场经济不等于资本主义等重要论述，从根本上冲破姓“资”姓“社”的枷锁，使广大干部群众思想解放，为改革开放和加快发展产生深刻影响。香河县企业改革的思路是“不论哪种形式，能搞活就行；不论归谁所有，由谁经营，有贡献就行；不论规模大小，能发展就行”。1992年，试行企业产权制度改革。1998年，推行县乡工商企业“二次改制”。

按照县委、县政府《关于放开搞活工商企业的实施意见》等文件精神，1996年，县属工商企业115家（国有企业39家，集体企业76家），有62家企业改制。2003年，香河县制定《全县国有、集体企业“双退出”实施方案》，以公有资本、职工身份“双退出、双置换”为重点，加快公有制企业产权制度改革步伐。至2005年，全县有388家县乡工商企业改革，具体改制形式为：股份制74家，股份合作制16家，拍卖50家，破产（关停）28家，产权转让49家，抵债返租56家，兼并（合并）21家，分立重组3家，嫁接改造4家，租售并举87家。通过改革，累计融资38589.20万元，盘活存量资产50214万元。2005年香河县水泥厂实现改制和2006年香河县印刷厂实现改制，分别标志县属国有、集体企业产权制度改革基本完成。

附

改制企业选录

1. 廊坊华冷集团有限公司。香河县人民政府1995年5月3日批复、廊坊市经济贸易委员会1995年5月10日批复：同意以香河县电控制冷设备厂为核心企业，以香河县北方特种玻璃厂、香河县华北致冷设备有限公司、廊坊华北致冷器件有限公司为紧密层企业，以廊坊敬华高技电子有限公司为半紧密层企业，组建廊坊华冷集团有限公司。公司性质：集团公司为县办集体工业企业，其经营性质为有限责任公司，是具有法人资格的科工贸一体化的经济实体。集团公司固定资产3584万元，其中集体资产2266万元，占63%；利用外资1338万元，占37%。集团公司资产按企业性质分：合资企业2676万元，占74%；联营企业800万元，占22%；集体企业128万元，占4%。集团公司经济效益可达年产值10350万元，利税1450万元。集团公司成员香河县华北致冷设备有限公司于1996年7月制定建立现代企业制度的试点实施方案。1995年5月30日，廊坊华冷集团有限公司召开股东全体会议，选举李长林为董事长，刘玉海为常务副董事长，并聘任刘玉海为公司总经理（法定代表人）。2006年香河华北致冷有限公司入库税金421.60万元，2007年入库税金313.80万元。

2. 河北省政府股份制领导小组办公室1998年2月17日批复：同意以发起设立方式改制设立河北爱宝首饰股份有限公司。公司股本总额1025万元，1元1股。股权设置为法人股和个人股，其中国有法人股188万元，占股本总额18.35%；集体法人股246万元，占股本总额24%；工会法人股（职工持股会）475.80万元，占股本总额46.40%；个人股115万元，占股本总额11.25%。香河县体改办与县公有资产经营公司共同查账核实，王兆玉在原首饰厂（爱宝集团）任职期间，该企业净资产增加值为961.80万元；按香政〔1998〕27号文件规定，奖励王兆玉股金192360元；奖励股金从公司国有股中划拨。公司占地1.44公顷，使用权50年。2008年，河北爱宝首饰股份有限公司入库税金822万元。

3. 香河县紫辰集团有限公司。香河县人民政府1996年1月12日批复：经县政府1996年第一次常务会议研究，同意在香河县紫辰实业发展公司的基础上，组建“香河县紫辰集团有限公司”，实行公司领导下，各成员企业单独核算、自主经营的经营模式。公司组建后，划为计划单列企业，由县政府直接实施目标管理，其统计口径仍为系统外工业企业。上缴管理费问题按县政府〔1995〕1号决定执行。集团公司性质为县办集体工业企业，其经营性质为有限责任公司，是具有法人资格的科工贸一体化的经济实体。其核心企业是香河县紫辰实业发展公司，紧密层企业是香河紫辰铸造有限公司、香河紫辰炉具制造有限公司、香河紫辰液化气公司，半紧密层企业是香河县静电喷涂厂。集团公司经济效益年产值可达1.50亿元，利税1500万元。1996年1月15日，经县政府研究决定：魏子元为香河县紫辰集团有限公司法人代表、董事长。2006年度，紫辰机械制造有限公司入库税金1502万元。2007年紫辰机械制造有限公司入库税金1567.50万元。2008年紫辰机械制造有限公司入库税金1720万元。

4. 香河县经贸局2005年9月7日请示县政府：香河县印刷厂实行整体公开拍卖改制，所得费用优先用于安置职工，后偿还债务。截至2004年10月28日，该厂总资产506.60万元，总负债420.50万元，净资产86.20万元。该企业改制费用992.60万元。2006年11月底，经县土地局公开竞拍，该厂土地以1220万元成功拍卖。香河县印刷厂改制工作的结束，标志全县县办集体工业企业产权制度改革完成。

第二节　乡镇工业企业改革

乡镇企业早期称为“社队企业”。1979年后，县委、县政府确立以经济建设为中心的指导思想，在经济上逐步放开搞活，使香河县地邻京津的区位优势得以发挥，社队、联户、个体企业蓬勃发展。1981 年秋农村实行家庭联产承包责任制后，迅速提高了农业生产力，大批农民从土地上解放出来，成为非农劳动力，为社队企业快速发展提供了人力资源。

1984 年，社队企业随公社改为乡镇而更名为乡镇企业。1987 年，乡镇企业实行《关于对各乡镇企业责任目标的奖惩办法》，推动企业蓬勃发展。1989 年 8 月，香河县颁发《关于择优扶持大户乡镇企业的几点意见》，采取扶优限劣、重点支持企业上规模、上等级，带动整个乡镇企业发展的方针。1990 年 3 月，召开全县乡镇企业大会，表彰奖励实现利税 20 万元以上的大户企业，利润超百万元的乡镇、村街企业。同时，公布发展、搞活乡镇企业的优惠政策，包括减免税收、鼓励横向联合、支持新产品开发、承包经营责任制、厂长负责制、按劳分配为主，多种形式并存以及充分调动供销人员积极性等政策，为乡镇企业发展创造良好、宽松的外部环境。1990 年，建立各乡镇经济委员会，加强乡镇企业领导，并下发《关于完善乡、村集体企业承包经营责任制的试行意见》《关于评定县级先进乡镇企业的实施办法》和《关于加强乡镇企业财务管理的暂行规定》，调动企业经营者和职工的积极性，增强企业活力，促进企业健康发展。1992 年，乡镇企业利用外资实现“零”的突破，新办“三资”企业 5 家，协议利用外资 316.47 万美元。乡镇企业逐步成为农村经济的主要支柱和国民经济的重要组成部分。

香河县乡镇企业与县属工商业企业一道实行改革，1994 至 2001 年，全县基本完成乡村集体企业改制工作。2002 年 4 月，撤销香河县乡镇企业管理局，其职责划归县经贸局（工业局）。

香河县早期社队企业，村办企业沿用农业生产队对副业实行“统收统支”的办法，企业内部实行出勤记工，不发工资，回生产队记工分，与务农社员一样纳入生产队进行统一分配；社办企业职工领工资后，回生产队买工分，纳入生产队分配。1987 年，乡镇企业借鉴农业联产承包的经验，实行经营承包责任制，主要承包上缴利润和税金。企业所有权与经营管理权分开，即企业固定资产和流动资金属乡或村所有，交承包者使用，承包人有供、产、销和财务、人事、超额利润使用等经营管理的自主权。企业职工实行基本工资加奖励，或实行计件工资，但出现承包项目落实责任不清、短期行为、年终包盈不包亏等问题。

1997 年 10 月 14 日，召开全县企业改制工作会议，要求各乡镇制定集体企业产权制度改革方案，以建立现代企业制度为方向，按照清产核资、资产评估、界定产权、制定改革方案、组织实施、申报验收和规范完善七个步骤，实施组建企业集团、实行股份制、股份合作制、嫁接改造、出售、承包、兼并、拍卖、租赁、破产等形式的产权制度改革，建立“适应市场经济要求，产权清晰，权责明确，政企分开，管理科学”的现代企业制度。2004 年 4 月，安平镇四街村办企业构件厂向社会公开拍卖，成为全县乡镇企业产权改制的最后一家。

附

改制企业选录

1. 香河县淑阳镇埝口第一公司下属冲压件厂、汽车桥厂和宏兴食品厂 1998 年 5 月 11 日经县体改办批复实行抵贷返租经营。（1）将冲压件厂资产 388.80 万元抵顶第一工业公司所欠农行县支行等额贷款本息；将汽车桥厂全部资产 290 万元抵顶埝口金属冷压件厂、冲压件厂、造纸厂所欠县信用社联合社贷款本息 285.54 万元，余下部分归县信用社联合社；将宏兴食品厂总资产 154.50 万元抵顶县信用社联合社等额贷款。

（2）农行县支行将冲压件厂价值 330 万元的固定资产租赁给张仲山经营，租期 5 年，租金逐年分别按固定资产的 5%、6%、7%、8%、8%缴纳。张仲山享有和承担承租前后的债权债务；县信用社联合社将汽车桥厂全部房产及附属设施出卖给刘宋镇曹玉军，总价 1973474 元；县信用社联合社将汽车桥厂的机械设备总值 911969 元出租给张仲山使用，租期 5 年，租金逐年分别按 911969 元的 5%、6%、7%、8%、8%缴纳；县信用社联合社将宏兴食品厂全部财产作价 80 万元出卖给郭建华经营。

2. 香河县淑阳镇埝口第三公司下属香河县汽车工具厂、香河县汽车起重器械厂、香河县千斤顶厂、香河县模具厂、香河县喷涂厂1998年5月11日实行抵贷返租经营。(1)将模具厂总资产446万元抵顶第三公司所欠农行县支行贷款本息，抵顶不足部分的180万元，由蚍口农工商联合公司负责偿还本息。农行县支行将模具厂固定资产244万元租赁给张仲生经营，租期5年，租金逐年分别按固定资产的5%、6%、7%、8%、8%缴纳。张仲生以现款方式购买模具厂流动资产202万元，并享有和承担承租前后的债权债务。

(2)将其他4厂的固定资产761.90万元抵顶县信用社联合社等额贷款。县信用社联合社将汽车工具厂租赁给张秀元经营，租期5年，租金逐年分别按固定资产33.80万元的6%、7%、8%、8%、8%缴纳，并享有和承担承租前后的债权债务；县信用社联合社将起重器械厂、喷涂厂租赁给张仲宇经营，租期10年，租金逐年分别按固定资产3353276元的5%、6%、7%，2001年起至合同期满的7年按8%缴纳，并享有和承担承租前后的债权债务；县信用社联合社将千斤顶厂租赁给刘伯元经营，租期10年，租金逐年分别按固定资产393.20万元的5%、6%、7%，2001年起至合同期满的7年按8%缴纳，并享有和承担承租前后的债权债务。

3. 中共渠口镇委、镇政府根据香发〔1996〕35号文件、香发〔1997〕41号文件及1997年10月14日全县企业改制工作会议精神，1998年制定镇属集体企业产权制度改革的实施方案，对镇属企业改革：

(1)矿山机械集团总公司：始建于1984年，资产总计2800万元，负债总额3097万元，实行分组重立、抽资租赁改制。

(2)棉织厂始建于1974年，总资产630万元，总负债585万元，制定的方案实行股份合作制。香河县体改办1998年3月30日批复：该企业实行租赁经营，企业2899582元的固定资产和0.77公顷土地租赁给刘长元经营，企业存货和货币资金90.96万元由其使用并承担银行贷款348.55万元的本息，企业亏损和陈欠87.45万元，在镇资产运营公司挂账处理，租期15年，年租金5万元。

(3)农机站始建于1972年，由于经营不善，实行拍卖。

(4)链条厂总资产539万元，总负债499万元；誉德化工有限公司总资产208万元，总负债208万元；纸箱厂总资产263万元，总负债436万元；砖场总资产127.70万元，总负债53.50万元；搪瓷厂总资产477万元，总负债618万元。五企业均实行整体租赁。1998年12月誉德化工有限公司以其固定财产147.10万元抵顶石虎辛庄信用社贷款本金147.10万元，并将所占土地0.83公顷由该信用社有偿使用20年，合计使用费35万元抵顶余欠贷款本金102225元及利息247775元。

(5)风动工具厂总资产1749万元，总负债390.70万元；环宇致冷设备厂总资产65万元，总负债136万元；乐器厂总资产190万元，总负债285万元。三企业均实行转让。1998年12月将风动工具厂全部资产转让给县农行，抵顶该厂及环宇致冷设备厂、矿山机械厂所欠贷款本息（本金169万元）。

4. 香河县体改办2004年4月14日批复安平镇经委：同意安平镇四街村构件厂除土地以外的全部资产101.19万元，以200万元为底线向社会公开拍卖，拍卖所得优先偿还安平信用社贷款本息194万元，厂区占地2.59公顷，有偿转让使用权30年。原企业债权债务由四街村村委会接收并负责处理。此厂改制标志全县乡镇企业改制结束。

第三节 建筑业改革

一 行业改革

1980年后，香河县建设工程项目实行“拨改贷”，将国家拨给的流动资金改为企业贷款。1983至1984年，实行“利改税”，企业上交国家利润改为交税。从1988年起实行计划利润，建筑企业上缴利润税率调整为35%，后改为实行上交综合税率。实行统一税制强化建筑企业公平竞争意识，调动企业生产经营的积极性。

1988年成立县建筑工程质量监督站后，实行社会监督，由第三方认证，从而突破建筑企业自我评定质量的格局。评定在建工程质量，逐步做到对队伍的素质、设计、施工、制品生产全方位监督，努力实现公正性、科学性、权威性，促进工程质量总体水平的提高，全县建设工程质量合格率100%。

1994年，香河县运用市场机制，突破封闭式的承建方式，改行政分配任务为招投标制，形成开放型、竞争型的市场经济体制。

1995 年前，香河县一般建筑企业只要办理注册登记手续就可以经营施工项目；1995 年后，建筑企业管理模式由注册管理变为资质管理，国家对建筑企业的资格和素质提出明确要求，根据企业具备的条件核定资质等级。香河县贯彻执行国家《建筑业企业资质管理规定》，取得建筑业企业资质证书的企业，方可从事资质许可范围相应等级的建设工程总承包业务，方可从事项目管理和相关的技术与管理服务。

2001 年，香河县建立的建设工程监理公司机构是与大城、文安县合办的廊坊金辉工程项目管理有限公司，资质等级为乙级，在大城县注册的营业执照，香河县籍人刘春发任该监理公司副经理，为香河县监理机构负责人。2008 年底，外地有 5 家工程监理单位介入香河县开展工程建设监理业务，分别是：廊坊金辉工程项目管理有限公司、廊坊金桥工程建设监理有限公司、建研凯勃建设咨询有限公司、河北冀通工程建设监理有限公司（资质甲级）和廊坊市荣泰建设工程项目管理有限公司。香河县建设局依据国家《工程监理企业资质管理规定》，负责县行政区域内工程监理企业资质的统一监督管理。按照国家《建设工程监理与相关服务收费管理规定》和《建设工程监理与相关服务收费标准》收取费用。

二　企业改革

1984 年后，香河建筑企业普遍实行固定工、合同制工、临时工相结合的弹性用工制度。固定职工、合同制职工享有养老等社会保险。对临时工，忙时多用，闲时少用或不用，企业掌握用工自主权。

1987—1998 年推行承包。承包经营总的原则是，包死基数，确保上交，超收多留，歉收自补。随着改革的深入，县政府对企业完全以税率来控制，在保证上缴的前提下其余利润由企业支配。

1999 年企业产权制度改革后，企业领导体制突破建筑企业是行政机构附属物的观念，通过竞争优选合格经营者，全面实行企业经理负责制。在经理领导下，配备工程师、会计师，负责工程技术及财务管理等工作。

1999—2004 年，香河县属集体建筑企业经过资产评估，以企业净资产价格转让给原企业负责人，企业产权及债权债务都归其法人代表，实行股份制，组建有限公司，建立起现代企业制度。

第三章　流通体制改革

第一节　商业体制改革

1979 年以前，香河县商品流通行业是流通渠道单一，国营一统天下的局面。1979 年后，香河县在进行国有商业改革的同时，积极发展集体商业，恢复和发展个体商业，开放城乡集贸市场，兴建各种批发市场和零售商场，扩大工业自销，加快对外开放，打破商品市场国营经济单一结构、独家经营的格局，逐步形成多种经济成分、多种经营方式竞相发展的商品市场及商贸流通的局面。

1992 年，香河县贯彻执行廊坊市政府《关于在全市国合商业企业推行“四放开”改革的安排意见》，在全县国有商业企业和供销合作社企业（简称国合商业企业）推行“四放开”（经营放开、价格放开、分配放开、用工放开）改革，按照有计划商品经济的要求，注重发挥价值规律的作用，把企业推向市场。

2002—2003 年，香河县按照现代企业制度的要求，原百货公司、糖酒公司、食品加工厂进行公司制改造，组建多元持股、运作规范的百货有限公司、凌辰酒业股份有限公司、天城食品有限公司，共融资、引资 600 多万元。

2002—2005 年，香河县商业总公司围绕“产权制度改革”这条工作主线，开展商业体制改革，全县商业企业实现商业资产的合理流动和优化配置，推动现代企业制度的建立和健康发展。先后有 10 个下属企业分别采取“零资产转让、破产、以资抵贷、社会公开竞标出售、挂牌出让”等形式的产权制度改革。2004 年实现公有商业企业资产和职工身份“双退出”，2005 年基本完成商业企业产权制度改革。全系统盘活存量资产 3370.07 万元，偿还银行债务929.61万元，支付职工安置费、养老保险、下岗生活费等计1116.04万元。在改制过程中，县商业总公司国有资产不流失，债权、债务不悬空。

第二节　供销合作社改革

香河县供销系统经20世纪80年代实行承包经营改制后，1998年起进行企业产权制度改革。至2003年11月，实行先售后股、资产及人员双退出的企业有：渠口供销社、汽车修理厂、供销宾馆；完成部分资产重组、部分人员退出的企业有：五百户供销社、淑阳供销社、刘宋供销社及盐业公司、工业品公司、棉麻公司；完成部分人员退出的企业有：安平供销社、香城供销社、钳屯供销社、蒋辛屯供销社、大罗屯供销社、钱旺供销社、安头屯供销社、梁家务供销社及回收公司、农资公司、土产公司；京香养殖加工有限责任公司、京香回收有限责任公司实行股份合作制。在此期间，以土产公司、回收公司、棉麻公司、安平供销社、刘宋供销社及县供销社共5.64公顷土地及地上附属物抵顶全系统13家企业所欠农行贷款，本息共计2679万元。其中，1999年，土产公司实行分立重组改革：一方面采取利润大包干的形式，放开搞活土产、日杂品经营；另一方面组建新的股份合作制企业，集中力量搞好烟花爆竹专营。2001年，回收公司、镀膜玻璃厂破产。2002年，拍卖工业品公司、刘宋供销社部分土地、楼房，拍卖棉麻公司部分土地。是年底，在原淑阳供销社社址改建超市，并与廊坊民得利有限公司签订租赁合同，租期15年。2005年底，全系统有8个基层社进行整体改制，建成40个村级综合服务站（店）。2006年，县供销社将9宗土地划转至县公有资产经营公司。2007年，将安平供销社土地0.27公顷、盐业公司土地0.85公顷及地上建筑物进行公开挂牌拍卖；将钱旺供销社部分土地公开挂牌变现；将大罗屯供销社部分土地转让。是年8月1日起，将县供销社机关人员的养老、医疗等社会保险纳入事业保险机构统筹。11月22日，出台《香河县供销合作社联合社关于对下属单位职工安置的方案》。至2008年，县供销社所属6个公司仅有生产公司、盐业公司、土产公司能够维持正常的经营，工业品公司、棉麻公司、回收公司是有名无实的空壳，屠宰场倒闭，养殖场资产负债率400%，各基层供销社停止经营；对全系统11个基层供销社及6个公司的职工给予一次性补偿，依法解除劳动合同。至年底，县社有蒋辛屯供销社、安头屯供销社、钱旺供销社、工业品公司、刘宋供销社、五百户供销社部分土地待分期挂牌变现。

第三节　粮食流通体制改革

一　购销改革

从1953年起，国家对粮食实行计划收购和计划供应，即实行统购统销政策。1979年，允许农村征购后余粮进入集市贸易，国家开展粮油议购议销。1981年秋，香河县农村普遍实行家庭联产承包责任制后，农民粮食生产自足有余，商品量增加，实行粮食征购包干一定三年不变的政策。1983年后，对完成国家征购任务后的粮食，允许国营商业、供销合作社、农村其他合作商业组织和农民个人开展多渠道经营，粮食流通走向“双轨制”，即国家统购统销和市场议购议销并行的体制，打破统购统销的一统局面。1985年，香河县取消粮食统购政策，改为合同定购。定购品种为小麦、玉米和大豆。1990年，将粮食合同定购改为国家定购，对农民下达粮食定购任务通知书。1992年3月起，为搞活议价粮油经营，实行议价粮油由企业自主定价。1993年5月1日起，放开粮食统销价格，城镇居民口粮实行议价供应，香河县粮食购销市场化。1997年开始，实行按保护价敞开收购农民出售的余粮。2004年起，国家实行对种粮农民直接补贴政策。

二　企业改革

1984年，香河县县属国有粮食商业企业由统一核算改为各企业独立核算。1993年，香河县制定制止粮食财务新增挂账的政策和措施。2003年，县政府下发《关于推进粮食购销市场化改革实施意见》，以国有粮食企业产权制度改革、调整库站布局结构、调整职工劳动关系为重点，推进粮食企业改革。全县12个粮食购销企业撤销6个，分别是县粮食局直属库、李庄粮站、香城粮站、钱旺粮站、石虎粮站、梁务粮站。其余6个粮食购销企业和军粮供应站予以保留。粮食购销企业的职工全部置换身份，留用人员按购销企业经营量110万千克1个编制计算，其余人员按三个渠道分流：内部退养、承诺等退、解除劳动关系。2004年，香河县评估撤销的粮食购销企业资产，按照“债随资产走”的原则，将撤并企业的债务合并到保留企业。彻底解决“三老”（老人、老粮、老账）问题：（销售老粮26283吨，实现零库存；解决老人152人，在粮改中一次性留足各种经费，做到老有所养；老账问题，经县财政局、县审计局审计清理粮食购销企业的政策性亏损情况，并报省作为政策性亏损挂账）。粮食购销企业在职人员227人，留用73人，分流154人。留用人员全部置换身份，并重新签订劳动合同。2005年，按照县政府《关于印发香河县国有粮食购销企业产权制度改革实施方案的通知》精神，粮食局下属6家粮食购销企业和军供站全部改制为国有控股、职工参股的有限责任公司。在人员管理上，实行管理人员聘任制、员工合同制；在工资管理上，实行岗位工资加效益工资。是年8月，组建香河县兴粮国有资产运营公司。运营公司为国有独资企业，不进行经营活动，对县粮食企业有限公司行使出资人职能。2006年1月16日，廊坊市粮食局下发《关于确认香河县国有粮食购销企业产权制度改革合格的通知》，标志香河县国有粮食购销企业产权制度改革完成。

第四节　物资流通体制改革

香河县物资总公司所属三家企业：原物资局物资总公司有职工122人，于1996年9月关停，企业亏损1558.20万元；机电设备公司有职工19人，于1998年关停，企业亏损543.40万元；秋明化工厂有职工23人，于1997年关停，企业亏损828万元。三家企业因严重资不抵债，启动无望，职工长期下岗待业，社会保险费欠缴，生活费停发。县政府2003年1月20日批复县物资总公司“原则同意物资总公司按政策进行职工安置”。县物资总公司依据《香河县人事劳动和社会保障局关于未改制企业和已关停破产企业应注意的问题及解决问题的具体政策和办法》，多方筹措资金200万元，对涉及的164名职工予以妥善安置。

第五节　对外经济贸易体制改革

1999—2000年，香河县先后对县外贸包装箱厂、外贸珐琅厂采取零资产产权转让，建立股份制有限公司，公司性质为社会自然人；1998—2001年底，对原土畜产品出口公司和工业品出口公司、外贸金漆家具厂、外贸粮油食品出口公司、外贸总公司、桥香食品有限公司、外贸饲料公司、外贸纸管厂等8家企业依法破产。2002年9月开始，对外贸彩印厂、外贸轻工艺品公司、外贸特种工艺品公司3家企业实行破产，至2003年7月23日，妥善安置3家改制企业职工85人。

2004—2005年，县外贸局继续妥善安置破产企业职工和解决遗留问题，筹措养老、医保及安置费等资金284.30万元。全县13家外贸企业改制基本完成。

第四章　宏观调控体制改革

第一节　计划投资体制改革

一　计划体制改革

1978年始，逐步实行指令性计划、指导性计划和市场调节相结合的计划管理体制。1984年，实行计划体制改革，计划经济向有计划的商品经济过渡，指令性计划范围逐步缩小，指导性计划和市场调节的范围逐步扩大。1986年，香河县指令性指标主要是粮、棉、油定购，基本建设投资规模和计划生育。其他如工农业生产、商品流通及乡镇企业发展等计划，均由单位或企业根据需求变化，自行安排生产、流通，直接参与市场竞争。1990年，基本形成宏观调控与市场调节相结合的计划管理体制。1992年，在保证完成粮棉油定购计划的前提下，主要农产品的生产和乡镇企业的发展实行指导性计划管理。县实行粮食、棉花计划定购，并通过自下而上签订收购合同加以落实，超过收购计划部分全部放开。其他农副产品实行指导性计划和市场调节。1992 年后，逐步减少生产流通领域对企业的计划指标管理。工业产品产量计划，除国家和省实行指令性、指导性计划管理的产品产量外，其余全部放开。香河县大多数工业品生产实行指导性计划。对河北省指导性计划产品，企业可以根据香河县市场的需要自行安排生产和销售，实行市场调节。是年，香河县内贸主要商品购、销、存，廊坊市只下达价值量计划，品种除国家和省保留的以外，其余放开，由县自行安排。外贸出口廊坊市只下达出口收购值计划，实物量计划由县自行安排。1993 年后，内外贸易，逐步减少外贸出口商品收购计划，对仍保留指令性计划管理的内贸品种，视市场发育条件逐步放开经营。2000 年后，香河县国民经济和社会发展的各项计划，全部采用指导性的参考指标，如地区生产总值增长速度，一、二、三产业增加值及比例，节能减排、环境保护、提高人民群众教育素质和物质文化生活指标等，以便提高国民经济的发展质量和综合效益。

二　投资体制改革

计划经济时期，计划部门的主要工作就是定指标、分投资、批项目、分物资。1979 年 8 月，国务院批转国家计委、国家建委、财政部《关于基本建设投资实行贷款办法的报告》，1984 年 12 月，国家计委、财政部、建设银行联合发布《国家预算内基本建设投资全部由拨款改为贷款的暂行规定》。1980 年后，香河县对于国防科研、行政事业单位、各级各类学校等 10 类没有还款能力的建设项目不采取“拨改贷”方式，其余基本建设投资项目都实行拨款改为贷款的方式；扩大投资决策权，使企业成为一般性建设的投资主体；推行基本建设项目投资包干责任制、实行招标投标制。从而实现投资资金来源由单一财政拨款向多渠道的演变。香河县从 1986 年开始，编制固定资产投资计划。2003 年，香河县在全市率先推行财政投资评审制度，评审财政投资的基建项目，科学合理、客观公正的核算，确定工程造价，避免资金浪费，降低财政投资成本。2005 年后，县建设投资体制由单一审批制改为审批、核准和备案制，即由财政拨款的项目建设为审批制，国家控制或重大类建设项目为核准制，其他除审批、核准项目外的投资 50 万元以上的项目为备案制。

第二节　财税体制改革

一　财政体制改革

（一）县级财政体制改革

1979 年以前，实行“定收定支，收支包干，保证上缴，结余留用”的财政管理办法。廊坊地区对香河县规定的财政支出指标，由县在指标总额内包干使用，支出如有结余作为县机动财力，超支由县自行弥补。

1980—1993 年，实行“财政包干，分灶吃饭”的财政体制。其中，1987—1993 年实行“上解递增包干”的财政体制。具体为：1980 年起，实行划分收支，分级包干的管理体制。即工商税全部划为中央收入；企业利润、所得税、农业税、其他收入作为地方收入。自 1982 年起，改为收支挂钩，总额分成，超收奖励的财管办法。即地区对县确定收、支基数和分成比例。1985 年起，实行划分税种，核定支出，分级包干的财政体制。1987 年起，实行“上解递增包干”的财管办法。1989 年起，中央决定部分有上解任务的地区向中央贡献财力，香河县每年承担 62 万元。

1994—2001 年，在基本维持原财政体制分配格局的基础上实行分税制财政体制。其基本内容是：一方面是老体制，1993 年规定的上下级之间上解和补助关系保持不动；另一方面是中央在推进分税制财政体制改革时，贯彻的一条重要思想是保持各地原有既得利益不作调整，改革后中央集中地方上划收入中部分增量。由此，初步确定市场经济体制下各级政府分配关系的基本框架。

2002 年起，实行“四税”分享财政体制，即中央、省、市、县按比例分享增值税、营业税、企业所得税和个人所得税四个税种，其余税种及收入全部下划市、县。

2003—2008 年，为进一步改革完善分税制财政体制，实行“超分成增长率收入全返”激励性财政收入体制，即对超分成增长率部分，省、市分享的“四税”收入全额返还。

（二）乡镇财政体制改革

乡镇财政收入由县财税部门组织征收，统一缴入县级金库。1983—1993 年，乡镇（公社）财政基本实行“收支挂钩，总额分成”的财政体制。1985—1986 年，改为实行“定收定支，收支挂钩，收入上解，支出包干，增长分成，减收扣支”的管理办法。1987 年，实行两种财政管理体制，对经济条件比较差的李庄、香城屯、东鲁家口 3 个乡实行“总额分成”的办法；对其他 14 个乡镇继续实行“定收定支，收支挂钩，收入上解，支出包干，增长分成，减收扣支”的财政体制。1988 年，为加快安平开发区基础设施建设，安平镇由原来的“增长分成”改为“总额分成”办法。1990 年，改变香城屯、东鲁家口 2 个乡总额分成比例。

1994—2001 年，在基本维持原财政体制分配格局的基础上，比照市对县体制的做法，实施“分税制和老体制上解递增包干”双轨并行的财政体制。

2003 年起，实行“以收定支，税种总额分成加增长分成，支出包干”的激励性财政体制。2005 年调整为“以收定支，税种总额分成，收支挂钩，超收全留，支出包干”的财政体制。

2006 年，香河县对渠口镇实行相对规范的分税制，即“分级管理，支出定责，收入分享，责权统一”；对其他 8 个乡镇实行统收统支加激励体制，即“收支统管，核定收支，超收奖励，节支留用”。

2008 年 1 月 11 日，县政府印发的《关于对乡镇财政体制进行调整的通知》，自 2007 年 1 月 1 日起执行。确定全县乡镇实行统收统支加激励的财政体制，即实行“收支统管，核定收支，增收奖励，节支留用，超收返还”的管理体制。对超额完成年初总任务且完成地方级收入任务的乡镇，县政府返还其超收地方留成部分的 50%。为鼓励乡镇培植财源，香河县建立税收增长激励机制：房地产企业按年纳税额的 50%计算奖励经费；家具城按年纳税额的 75%计算奖励经费；乡镇年度内新增纳税企业项目，县财政相应新增奖励乡镇经费，新增企业年纳税额越大，新增奖励经费越多；反之，减少纳税企业项目，扣减该乡镇留成资金，新减企业纳税额越大，扣减留成资金越多。“通知”中并提出逐步实施“乡财县管”。

二 税收体制改革

（一）国家税收体制改革

1979 年以前，香河县征收工商税、工商所得税、屠宰税、牲畜交易税和农业税。1982 年 1 月，香河县财税局分设，重建香河县税务局。1980—1984 年 6 月，先后开征中外合资企业所得税、个人所得税、外国企业所得税、建筑税和国营企业奖金税。其中，1983 年 1 月 1 日起，香河县开始征收增值税和征集国家能源交通重点建设资金。在工商企业中，1983 年，香河县实行第一步利改税，1984 年实行第二步利改税。1986 年开征农林特产税。1987 年 4 月 1 日，始征耕地占用税。1990 年，县征税 24 种，即工商税收 21 种：产品税、增值税、营业税、工商统一税、集体企业所得税、个体工商户所得税、城建税、车船使用税、房产税、屠宰税、牲畜交易税、国营企业奖金税、事业单位奖金税、集体企业奖金税、国营企业工资调节税、建筑税、个人收入调节税、印花税、城建土地使用税、私营企业所得税、个人所得税；农税 3 种：农业税、农林特产税、耕地占用税。1994 年实施增值税制，并实行中央与地方分税制，是年 4 月，组建香河县国家税务局。2002 年，香河县取消屠宰税；2004 年，取消农业特产税；2006 年，取消农业税。

（二）地方税收体制改革

地方税制改革主要是营业税、企业所得税、个人所得税。1980 年起，开征个人所得税。1983 年 6 月开征国营企业所得税。1984 年恢复征收营业税。1985 年开征城市维护建设税。1986 年 10 月 1 日起开征房产税。1988 年 11 月 1 日开征城镇土地使用税。1994 年，国家把税种分为中央税、地方税和中央、地方共享税。是年 4 月，香河县地方税务局建立，负责征收地方税并作为地方固定财政收入。2002 年企业所得税实行中央与地方分享体制改革，从 1 月 1 日起凡“新办企业”的企业所得税一律由国税局征收管理，国税局征收的中央、地方共享税分别入中央库和地方库。2005 年 1 月 1 日起，香河县在交管车辆监测站设立车船使用税征收窗口，在车辆上牌及年检环节征收车船使用税。

第三节 金融体制改革

中共十一届三中全会作出把全党工作重点转移到经济建设上来的战略决策，揭开金融体制改革的序幕。

1949年10月，建立中国人民银行河北省香河县支行（以下简称人行香河县支行）。1980年人行、农行实行机构分设。1983年，人行香河县支行不再兼办工商信贷和储蓄业务，对县域金融机构缴存存款准备金、利率调节、开办再贴现等业务实施调控，初步形成中央银行通过调整利率来调节经济的机制，支持全县经济发展。1984年11月，人行香河县支行划归工商银行香河县支行，仍保留人行香河县支行的牌子，内设中国人民银行相关业务。1986年，人行香河县支行从工行香河县支行分设出来，隶属中国人民银行廊坊分行，对县域专业银行和其他金融机构在业务上实行“领导、管理、协调、监督、稽核”的职能。全县形成以中央银行为领导，国有商业银行为主体，多种金融机构并存，分工协作，相互补充的金融体系。1993年，人行香河县支行把工作重点放到执行国家货币政策、依法监管各金融机构，维护金融秩序稳定；逐步取消规模控制，运用利率等货币政策工具调节金融，由直接调控为主转向间接调控为主，扩大各金融机构的利率浮动权；实现政策性金融与商业性金融业务分离，推动国有专业银行向国有独资商业银行转化。

1981年12月，中国人民保险公司香河县代理处成立，隶属人行香河县支行。1985年5月，建立中国人民保险公司香河县支公司。1996年4月，中国人民保险公司香河县支公司分别改建为中国人民保险公司财产保险有限公司香河县支公司（以下简称财保香河县支公司）和中国人民保险公司人寿保险股份有限公司香河县支公司（以下简称寿保香河县支公司）。1999年5月1日，财保香河县支公司更名为中国人民保险公司香河县支公司，标志香河县保险业由国有控股分业经营向国有独资专业化经营的现代商业性保险的转变。2001年2月，开通国寿基本人身意外伤害保险。2006年7月1日，人保香河县支公司实行机动车辆交通事故责任强制保险。

1979年建立的中国人民建设银行香河县支行是管理地方基本建设资金的专业银行，具有财政、银行双重职能。1980年后，香河县将由建行代理财政基本建设资金无偿拨款改为有偿贷款拨款。1987年，开始办理居民储蓄业务。1994年，开设城市综合网络系统，实现储蓄存款活期通存通兑。1996年更名为中国建设银行香河县支行，所经营的业务打破专业化界限，开始正常办理各类人民币存贷业务，实现由国家专业银行向国有商业银行的转轨。1999年，实现全省建行储蓄业务通存通兑及龙卡联网。2004年，开设DCC（数据通信信道）网络系统，实现全国储蓄存款全面通存通兑。2004年9月，中国建设银行香河县支行更名为中国建设银行股份有限公司香河县支行，由国有商业银行改制为国家控股的股份制商业银行。2008年，开始发展外汇存贷款、国际结算、结售汇等重点国际业务。

1990年12月建立中国银行香河县支行，为县内外贸外汇专业银行。1992年，开始有外币存款。1993年底，由专业银行向商业银行转轨，经营范围和职能更加全面。2004年，进行股份制改革，组建中国银行股份有限公司香河县支行，成为功能齐全的商业银行。

1979年前，中国农业银行香河县支行（简称农行香河县支行）与人行香河县支行几经合并、分设。1980年3月，农行香河县支行恢复建立，农村信用合作社受其领导。1996年11月，农行香河县支行中的政策性支农业务划归中国农业发展银行香河县支行（简称农发行香河县支行），开始由农业专业银行向商业银行转轨，坚持商业银行的经营原则。1996年，农村信用合作社脱离农行香河县支行后，在资金筹集上由依赖信用社转存款为主向立足自身组织存款。1997年5月4日，农行香河县支行增加房地产信贷业务。2000年，农行香河县支行各项存款市场增量份额在全县各银行中列首位。

1996年11月15日，农发行香河县支行从县农行析出建立，是县内唯一政策性金融机构。1997年，开办农发行系统全国联行业务，在人民银行开立结算账户。农发行香河县支行不断完善内部管理经营机制，按照农业政策性信贷运行管理的要求，从信贷管理、风险防范、计划管理、财务会计管理、稽核监督和经营考核6个方面，建立健全经营管理体系，支持养殖业基地及蔬菜市场建设。粮棉油收购资金封闭运行是农发行香河县支行的中心工作。2005年，支持全县国有独资粮食购销企业改制为国有控股、职工入股的股份制企业，并将全县基层粮食企业由实行比较烦琐的购贷效还的信贷管理改为实行粮食流转收购贷款按期管理。至 2007 年，全县 6 个粮食企业信用等级评定和贷款资格确认，评为 AA 级企业 3 个，A 级企业 2 个，BBB 级企业 1 个。

1985 年初建立的中国工商银行香河县支行，由专业银行逐步转变为国有商业银行。2006 年 11 月更名为中国工商银行股份有限公司香河县支行，改制为国家控股的股份制商业银行。在经营管理体制改革中，全面推行资产负债管理。通过加强营业网点建设、完善存款竞争机制，提高对公存款和活期储蓄存款占比，实行超额利润分档次加提留的办法及绩效工资考核制等措施。至 2008 年，实现打造全县“第一零售银行”和“住房贷款精品行”的目标。在人事机构改革中，实行行长负责制。1993 年，开始招录大学本科以上毕业生，全行实行固定工制度。1999 年 12 月，行内实行全员劳动合同制。改善信贷资产质量，2005 年末实现不良贷款余额降至为零。

第四节　价格改革

一　以“调”为主的改革

1979 年，香河县贯彻落实中共十一届三中全会精神，按省市部署提高粮、棉、油等农副产品收购价格，提高肉、禽、蛋、水产品、牛奶、鲜菜等主要副食品的零售价格。1981 年，香河县计委、商业局发出《关于恢复猪肉正常销售价格的通知》，决定从 4 月 21 日起，调整猪肉零售价格。1982 年 1 月 30 日，香河县计委转发地区物委的通知，调整国产黑白电视机、半导体收音机和涤纶织物价格。1984 年，香河县按廊坊地区计委、供销社的通知要求，从 2 月 22 日起，全省尿素统一销售价格。3 月 5 日，香河县物价委员会批复县经委：同意县水泥厂生产的三字水泥瓦出厂价格。

二　以“放”为主的改革

（一）放开大部分农副产品价格

1981 年，香河县按省政府通知，对完成统购、派购任务的农产品，允许多渠道经营，议价议销，价格浮动。从 1985 年起，粮、棉、油由统购改为合同定购，合同定购以外的价格放开。是年 3 月起，全县取消生猪派购，放开生猪收购价格和鲜蛋购销价格。

（二）放开绝大部分工业消费品价格

1982—1984 年，全县分三批放开 1000 多种（类）小商品价格，实行市场调节。1982 年 9 月 10 日，县政府印发《关于转发省〈三类小商品工商企业协商定价试行办法〉的通知》，协商定价有 340 个品类日用小商品。1983 年，河北省物委印发的“实行企业定价的小商品目录”中有：食品类 23 种，日用杂品类 43 种，针棉织品类 29 种，百货类 108 种，文化用品类 83 种，五金类 29 种，交电类 25 种，化工类 2 种，其他类 11 种，共计 353 种。1985 年放开缝纫机、国产手表、自行车（永久、凤凰、飞鸽三大名牌除外）、收音机、电风扇等价格。1986 年放开电冰箱、三大名牌自行车、黑白电视机、洗衣机等工业消费品价格。1988 年 7 月，放开中华、云烟、玉溪、红塔山、红山茶、茶花、牡丹、阿诗玛、大重九、石林、红双喜、恭贺新喜、黄人参 13 种名烟价格；放开茅台、全兴大曲、五粮液、郎酒、泸州特曲、双沟大曲、古井贡酒、洋河大曲、剑南春、董酒、汾酒、西凤酒、特制黄鹤楼 13 种名酒价格。价格权限放给企业。

（三）放开生产资料价格

1982 年 10 月，县政府发出《关于对地产碳铵销售试行季节差价的通知》，对地产碳铵试行季节差价。香河县于 1983 年 12 月 1 日起，调整絮棉零售价格和对絮棉不凭票不定量敞开供应。六级絮棉（弹棉）零售价由每 50 千克 68 元调整为 120 元，全区一价。1985 年 1 月，国家生产资料价格“双轨制”政策正式出台，对生产资料实行计划内外两种价格，计划内执行国家定价，计划外价格放开，实行市场调节。1986 年 3 月 28 日，香河县物价局转发地区物价局《关于黏土砖瓦实行最高限价的通知》并制定及下发乡镇砖厂价格的通知，规定一等厂的黏土砖每千块最高不得超过 48 元，下浮不限。是年 10 月 1 日起，香河县对计划外购进的高价油品实行全省统一零售价格。

三　“调放控结合”的改革

1992 年 1 月 21 日，香河县絮棉销售价格实行企业定价。2 月 25 日，香河县物价局、香河县商业局发出《关于放开饮食业价格的通知》，自 3 月

1日起，放开全县除平价粮食制品以外的全部饮食业价格。4月22日，廊坊市物价局下发《关于取消议价粮油及相关产品最高限价的通知》，粮油及相关产品由企业自行定价。是年，香河县物价局下发《关于放开部分化工、玻璃等产品价格的通知》，决定放开氢氧化钾等40种化工产品价格；放开统配玻璃价格的范围是：普通平板玻璃、浮法平板玻璃、对辊法A级玻璃及平型钢化玻璃。所放开产品由生产企业根据市场供求情况自行定价。是年，县物价局印发省物价局《关于纯碱、烧碱计划内外价格并轨并实行国家指导价格的通知》。是年，香河县物价局、香河县粮食局向议价公司、各库站及有关经营单位发出《关于改革议价粮油销售作价办法的通知》，决定从3月10日起，实行企业按照规定的利润率，自主定价。

香河县从1993年5月1日起，放开全县粮食统销价格，实行议价供应。粮食统销价格放开后给予职工补贴，标准是干部职工每人每月补贴5元（包括定期发放生活费的优抚救济对象），在校大中专学生、中小学民办教师每人每月补贴3元。

1988年后，社会出现通货膨胀。县政府下发《关于下达一九九一年市场物价控制目标的通知》，继续对各乡镇政府、县直各部门各类商品价格指数控制目标实行网络控制责任制，确保1991年物价上涨幅度不超过5.50%的控制目标。1992年底，廊坊市物价局下发《关于生活用煤实行最高限价的通知》，从1993年1月1日起，取消市区计划内市场生活用煤及凭本供应液化石油气供应价格，对煤炭实行最高销售限价控制。蜂窝煤每吨150元，煤球每吨140元。1993年8月，国务院发出《国务院关于积极稳妥地推进物价改革抑制物价总水平过快上涨的通知》。是年底，香河县粮食局发出《关于做好平抑粮油价格工作的紧急通知》，从1993年12月31日起，全省所有粮店，对大路粮油一律实行明码标价销售。凡高于规定价格标准的，必须一律降下来，保证降价目标到位。1994年8月底，香河县对花生油、卫生油和猪肉实行最高限价。1998年，县委、县政府把控制物价上涨作为重要的考核目标，全县零售物价上涨幅度为负增长0.90%。2001年，香河县贯彻执行河北省下发的《关于进一步做好物价工作的意见》，在管好政府指导价、政府定价商品和服务价格的同时，强化"定规则、当裁判、搞服务、促发展"的职能，落实价格政策、法律规章制度、宏观调控措施，维护公平竞争的市场　环境。

2005年，除水、电、石油、热力、煤气等关系国计民生的商品由国家调控定价外，其他工农业产品均由市场调节。

附：改革文件（节录）

中共香河县委
香河县人民政府
关于放开搞活工商企业的实施意见（节录）

（一九九六年八月二日）

二、放开搞活工商企业的基本形式

1. 组建企业集团：对有一定规模，产品好，效益高的骨干企业、工业小区或村街，通过产权组合、产品联接的形式组建集团，改单体经营为群体经营，充分发挥规模优势，创造规模效益。

2. 股份制：依据《公司法》，通过改造、改组的途径，组建股份有限公司或有限责任公司。使企业由单一产权变为多元产权，构建新的利益主体。其主要形式有：

（1）由多方出资的新建企业和新上项目一开始就办成以法人持股为主的股份有限公司或有限责任公司。

（2）现有联合企业按有限责任公司的要求加以规范改组为股份制企业。

（3）新增投资的企业通过缴纳出资的办法，将原有资产进行评估、核股、改组为股份制企业。

（4）企业集团核心层企业可通过参股、控股的办法改组为有限责任公司。

（5）企业之间相互以有形资产或无形资产入股组建为法人持股的有限责任公司。

（6）将企业债权人拥有的债权虚拟或实转为企业股权，企业实行股份制改造。

（7）原企业依照《公司法》直接改制为股份有限公司或部分改制为有限责任公司。

（8）先售后股：即将企业全部出售或部分出售后，组建成股份有限公司或有限责任公司。

3. 股份合作制：对国有（集体）工商企业可采取多种形式实行股份合作制。

（1）横向参股联营型：即企业之间以资金、设备等生产要素相互参股而形成的股份合作制企业。

（2）职工入股共营型：即将原企业净资产按所有制关系折合股份后，广泛吸收职工投资入股而形成的股份合作制企业。

（3）多元联合群体共有型：即既有外来参股又有内部股份，采取多种股份而形成的股份合作制企业。

（4）先售后股型：具体有三种形式：一是内部职工持股型，即将企业净资产全部出售给企业职工，企业按其认购的数量发行记名式股权证；二是国有（集体）或部分职工共同持股型，即将企业现有存量资产一部分出售给部分职工，一部分留作国有（集体），其股权设置结构比例依企业而定；三是将企业的生产经营性净资产部分或全部出售给社会法人、自然人，组成股份合作制企业。

（5）整体改组型：即将企业净资产 70%左右划为集体股，30%左右量化给企业干部职工，作为基本股。企业职工在享受基本股的同时，必须拿出一定数量的资金股（普通股），具体比例在 1∶1 至 1∶3 之间。

4. 租赁经营：对国有（集体）企业可依据实际情况多途径租赁经营。

（1）整体租赁：即将企业全部资产以有偿形式面向社会公开租赁。

（2）抽资租赁：即将企业流动资金抽回，把房屋、设备、无形资产等租出，承租者预交租赁费，自筹流动资金，自主经营。

（3）抵押租赁：承租者实行全员风险抵押承包，在向企业的产权主体缴纳风险抵押金后，长期取得企业的经营权。

（4）还本租赁：企业产权主体按评估后的企业资产价格确定租金，承租人在承租期间分期向企业产权主体偿还资本金，最终企业产权主体发生变更。

（5）抵贷返租：即将企业以现有资产评估作价抵押给银行等债权人，再由债权人返租给承租者，待企业盈利后，逐年偿返原资产。

以上承租方可以是个人、合伙、全员承租，也可以是法人、外商、职工承租。

5. 企业兼并：效益好的优势企业通过承担债务、控股、购买或无偿划转等方式，全部或部分兼并劣势企业。主要形式有：

（1）承担债务式：即在资产与债务等价的情况下，由兼并方以承担被兼并方债务的条件而接受其资产。

（2）吸收股份式：即兼并方企业的所有者将被兼并企业的净资产作为股金投入，被兼并方成为兼并方的一个股东。

（3）购买式：即由兼并方企业出资购买被兼并方企业的资产。

（4）产权无偿转让式：即将企业全部债务和人、财、物、产、供、销全部无偿转让给优势企业。

（5）承担职工补偿式：即对个别微利或亏损额不大，但退休职工较多，在职职工无生产门路，企业又无力解决的，由兼并方企业承担职工以资产补偿形式实行兼并。

6. 企业托管：即在不进行产权变更的前提下，委托方（国有资产管理部门和投资机构或企业资产所有者或代表企业资产所有权的政府部门和机构），通过企业托管公司（资产经营公司或债务担保性中介机构）将企业经营管理权交给有较强管理能力并能够承担相应经营风险的法人或自然人（受托方）有偿经营，以实现国有（集体）资产的保值增值。其实现的基本形式有：

（1）整体委托式：即将微利或亏损的国有（集体）企业交受托方进行经营。

（2）部分委托式：即对国有（集体）企业中某条生产线或某个生产车间实行委托经营。

（3）专项委托式：即对国有（集体）企业中的某项业务、单个环节（如产品生产组织、产品销售、产品设计等）实行委托经营。

7. 企业代管：即对经营不善的困难企业由政府牵线（或受劣势企业资产所有者委托），委托给具有明显经营管理优势、实力较强的企业法人实行全面经营管理。待条件成熟后实行合并或兼并。代管形式主要有四种：

（1）多厂（公司）式：即由代管企业的厂长（经理）兼任被代管企业的厂长（经理），同时由新任厂长提名组建被代管企业的领导班子，其经营成果直接对所有者负责。

（2）行政隶属式：即代管企业的领导班子受被代管企业的资产所有者委托，有权管理和调整其领导班子，被代管企业的经营成果，对代管企业的领导班子负责，并由代管企业的领导班子对被代管企业的资产所有者承担经营后果。

（3）法人租赁式：即优势企业租赁劣势企业的资产，并向劣势企业的资产代表交付租赁费用，租赁企业的经济效益由优势企业收取。

（4）债权人代理式：即被代管企业的债权人受资产所有者委托，在一定时期内对被代管企业实施包括班子在内的全面经营管理并自己承担经营后果。

8. 合并：为盘活存量资产，形成规模经济效益和结构优化效益，对产品相近、优势互补的企业，政府（或资产所有者）在科学论证的基础上，决定或批准企业产权合并，组建新的公司制企业。

9. 嫁接改造：即企业利用其厂房、设备、场地等折股进行中外之间、中中之间合资改造。嫁接的主要方式有：企业整体嫁接，部分嫁接，企业原有资产折股、拍卖嫁接，引进资金、技术、项目嫁接。

10. 分立重组：对规模较大、包袱沉重、部分产品有销路，整体经营有困难的企业，在合理承担相应债务的前提下依法实行分立，进行财产分割、划小核算单位，实行新厂新制或一厂多制。企业分立的具体方式：可将原企业的资产划成几块变成若干新的独立核算的企业法人实体，取消原企业的法人地位；也可保持原企业法人地位不变，拿出一部分生产经营性资产，设立新的独立核算的企业法人实体。

11. 拍卖：对销售无市场、转向无条件、扭亏无望、启动无资金、连续三年亏损或微利的国有（集体）企业采取公开定价或采取竞价方式面向外商、境内各种法人及自然人拍卖。

12. 破产：对个别长期亏损、严重资不抵债、扭亏无望的企业，依据《破产法》和《公司法》的有关规定和程序实行破产。

中共香河县委
香河县人民政府
关于企业产权制度改革中有关政策的暂行规定（节录）

（一九九七年十月八日）

一、关于国有集体企业富余职工的分流安置

企业改制过程中，富余职工的分流安置主要有三种渠道：一是系统内部分流；二是劳动部门安置；三是自谋职业。具体措施是：

1. 加强用工管理。凡企业招录职工或在各种媒体上发布招录职工的信息均需经过劳动部门批准。新建、扩建企业招工时，招录的下岗、失业职工人数不得低于新招工人总数的20%，否则每少招一名下岗、失业职工，由劳动部门按每人每年600元的标准收取就业调剂金。企业清退的农民工、临时工、外地工，优先由下岗职工顶岗。

2. 允许企业职工停薪留职。经主管部门批准，职工可在交纳社会保险金和保职金的前提下，办理停薪留职手续。对两停一亏企业，下岗职工只需交纳社会保险金，即可办理停薪留职手续。经企业和主管部门同意，职工可将本人工作关系迁到职业介绍所办理档案寄存。同时与职业介绍所签订档案寄存合同，职工个人交纳社会保险金。合同期满后，职工可续合同也可自找接收单位，或由职业介绍所介绍工作。职工不交保险视为自动离职。

3. 实行工龄买断。经双方协商，正式职工可按每年工龄800元的标准买断工龄，但总额最多不超过2.4万元。买断后，职工与原企业即脱离劳动关系。保费由个人继续交纳的保龄可连续计算。

4. 实行企业内部退养。一般可提前五年，且工龄保龄满15年以上的企业职工，经企业同意可办理内部退养，报劳动部门备案，并由企业发给不低于原档案工资70%的生活费，企业和个人继续交纳养老保险金（交至男满60周岁，女满50周岁）。待办理退休手续后，由社会保险所发放退休费。两停一亏不能正常交纳养老保险金半年以上的企业，其离退休职工的基本生活费由社会保险所按月足额发放。

5. 参加县统筹的国有集体企业，其基本养老保险金按年度职工工资总额、离退休费用两项之和的28%提取，其中职工工资总额不得低于一九九四年职工档案工资。

6. 鼓励职工自谋职业，对富余下岗职工自谋职业或组织起来就业的，由劳动部门出具证明，可减免二年税费。

7. 对改制企业富余职工一时不能安置的，企业可以解除劳动合同。并按国家规定标准，农业户口的一次性发给补偿费；非农业户口的发给最低生活费。

四、关于税收政策

1. 亏损企业改制后，五年内新增增值税25%

（地方留成部分），所得税50%返还企业。

2. 对被兼并、收购企业以前年度经营性未弥补的亏损挂账，经同级税务部门批准，可视同兼并当年的亏损数额，允许在5年内用应纳所得税额弥补。

3. 利用内资达到1000万元以上进行股份制筹资改造的企业，从投产之日起五年内所得税50%返还企业，从第六年开始依率计征。

4. 通过同级财政列收列支的办法，对列入省百家优势企业和建立现代企业制度试点企业，实际上缴所得税超过上年实际上缴部分，财政返还50%。

5. 股份制、股份合作制企业股东分红五年内免征个人收入所得税。

6. 为安置失业（富余）职工新办的经济实体，安置失业（富余）职工人数超过从业人员60%的，经劳动部门确认，主管税务机关审查批准后，可在三年内免征企业所得税。

中共香河县委
香河县人民政府
关于进一步加快县乡国有、集体工商企业改革的若干意见（节录）

（本意见自2001年1月1日起施行）

2. 基本思路

围绕“一退一进”　“一建两转”和“卖、送、租”，不断深化县乡工商企业改革，实现盘活存量，优化增量，提高质量，建立充满生机与活力的运行机制，放开搞活县乡工商企业。

“一退一进”，即公有资产从县乡工商企业中退出，非公有制经济全面进入。

“一建两转”，即建立健全社会保障体系，促进职工身份的转变和就业观念的转变。

“卖、送、租”，即：

“卖”，将经评估后企业净资产出售给企业职工或社会法人、自然人，实行先售后股。

“送”，将资债相抵，没有净资产的企业或资不抵债的企业零价送给有项目、有产品、有资金、有管理能力的企业或自然人，然后组建有限责任公司。

“租”，对暂时卖送不出去的企业实行租赁经营，但坚持三条原则：一是只租赁固定资产（租壳卖瓤），二是先缴租金后经营，三是安置原企业职工，也称之为租售并举。

二、企业改革中有关问题的解决办法

（一）县属国有、集体企业职工安置

1. 县属国有、集体企业无论实行何种改制形式，都必须优先安置原企业职工就业。确实安排不了需转岗、下岗的，按临时工、农业合同工、非农业合同工、固定工的顺序安排。对于安排转岗、下岗的农业合同工、非农业合同工、固定工，可采取一次性经济补偿自谋职业；按法定退休年龄交足保费自谋职业；符合退养条件的申请退养；由原企业主管部门分流或进入劳动力市场；暂时不能安置的按上级关于实施再就业工程的有关政策办理。

2. 实行“先售后股”改制形式的企业：（1）经评估后有净资产且满足职工安置费用的，农业合同工按每满一年工龄一个月标准工资，但最多不超过12个月的标准给予一次性经济补偿；非农业合同工、固定工安置费标准按每满一年工龄最高不超过800元，总额最高不超过2　4万元的标准计算给予安置费；临时工没有安置费。安置费可直接记入职工个人股份，自愿自谋职业的，与企业解除劳动关系，安置费可一次性发给本人。改制中职工自行调转的，工龄连续计算，不发安置费。（2）经评估后有净资产但不能按规定标准足额支付安置费的，按实有净资产额降低标准支付。（3）经评估后净资产为零或为负数的，不发职工安置费。

3. 距法定退休年龄不足5年（含5年）的职工，可实行离岗退养。退养期间企业应发给不低于当地最低工资标准的退养费；距退养年龄不足3年（含3年）的职工，如本人自愿，可实行“承诺等退”，不再作为下岗职工。等退期间，由企业发给基本生活费，到达退养年龄后，享受退养待遇。离岗退养和承诺等退期间，企业和职工要按规定继续缴纳社会保险费；破产企业中距法定退休年龄不足5年（含5年）的职工，可提前办理退休手续。

4. 鼓励下岗、失业职工自谋职业。下岗、失业职工从事个体经营或个人合伙经营的，企业、企业主管部门和工商、税务、城管、金融等部门要在政策和所需场地、摊位、设施、资金等方面给予优先安排。下岗、失业职工，由劳动和社会保障部门出具证明，经工商、税务部门核准后，一年内免征个体工商户管理费和市场管理费，按国家税收政策规定减免税费。资金确有困难需小额、短期贷款的，经银行审查符合条件的给予贷款扶持。

5. 加强劳动用工管理。企业招用职工必须通过劳动和社会保障部门批准的职业介绍机构面向社会公开招收。新建、扩建企业招工时，必须优先招录下岗、失业职工。企业清退的农民工、临时工、外地工，优先安排下岗、失业职工顶岗。改制后企业对已安置的职工开除、除名、辞退、解除劳动合同等，必须严格按照《劳动法》《工会法》等有关政策法规办理。

6. 在未过渡到省或市级统筹之前，集体企业缴纳的基本养老保险费中企业缴费的比例由目前按工资总额和离退休费用两项之和的25%，改为按企业在职职工工资总额的22%缴纳。职工个人缴纳基本养老保险费的比例为6%，从2001年起每两年企业缴费降一个百分点，个人缴费增一个百分点，企业缴费降到20%为止，个人缴费增至8%为止。

7. 实行养老保险金全额缴拨，确保离退休人员养老金正常发放。

为了保证离退休人员养老金的正常发放，要尽快改变养老保险金的差额结算方式，全部实行养老保险金的全额缴拨。凡参加养老保险费用社会统筹的企业，离退休人员养老金由社会保险经办机构直接发放或委托银行代发等社会化发放形式。

（二）资产处置

1. 企业改制中，经财税和物价部门批准，库存积压产品（商品）可削价处理；逾期3年以上的应收货款，有合法证明不能收回部分，可从企业资产中剥离。

2. 企业挂账的待处理财产损失和未弥补亏损，经审计或评估确认后报财税部门批准，可从企业资产中剥离。

3. 对企业历年滚存的工资基金、奖励基金、福利基金，可按工龄、岗位、技术熟练程度和贡献量化给职工作为股份。职工对量化的股份有使用权、分红权、表决权。

4. 实行先售后股改制形式的企业，经评估企业净资产额度较大，一次性购买有困难的，可将非经营性资产剥离，对剥离的资产，企业投资主体可以面向职工或社会另行出售；也可以组成新的企业面向市场，自负盈亏；还可以委托改制后的企业有偿使用或管理。

5. 凡改制企业经评估有净资产的，应一次性扣除以下费用：

（1）抚恤费和遗属补助（按10年计算）；

（2）丧失劳动能力工伤人员基本工资和政策补贴、患职业病职工的诊疗费（按人均5000元计算）；

（3）离退休职工的医疗费（暂按本企业同类人员上年支出标准预留一年计算，待医疗保险方案出台后按规定执行）；

（4）实行“先售后股”的企业，原法定代表人继续担任新公司法定代表人的，按其任职期间企业账面净资产增值额（不包括评估增值、无形资产和减免税、贴息、拨款等）的2%给予的奖励股金；

（5）企业改制过程中，领取安置费后自谋职业的职工享受的一孩化补助费；

（6）原企业拖欠职工的社会保险费；

（7）土地出让金；

（8）改制经费，包括资产评估费、打印费等。

6. 凡改制企业经评估净资产为零或为负数的，只扣除前款（6）（7）（8）所列费用。

7. 企业内部职工全额购买企业净资产并一次性付清款的可优惠20%；一次性付清款有困难的，可分期付款，期限一般不超过3年，欠缴款额按财政周转金的标准收取资金占用费。

8. 国有、集体及其他各类企业、社会自然人有偿兼并或购买县属国有、集体困难企业并一次性付清价款的可优惠15%。

9. 对经过评估净资产为零或为负数的企业，购买者承担原企业债权债务，安置在职职工，可实行零价转让。转让对象按原企业法定代表人、原企业领导班子其他成员、原企业职工、社会法人及自然人、外商的顺序进行。

（四）税费

1. 对企业改制中的产权转让不视为产权交易。

2. 企业改制前所欠税费（资产评估时已列入负债的），由改制后企业承担，并与税务机关签订原企业欠税确认书。

3. 企业改制前所欠的地方税费，确实无力补交的，可延缓2年交纳。

4. 改制后企业承担的原县属国有、集体企业的资不抵债额，由县财政用改制后企业增值税地方留成及所得税返还的方式予以弥补，补齐为止。

5. 对被兼并、收购企业以前年度经营性未弥补的亏损挂账，经同级税务部门批准，可视同兼并收购当年的亏损数额，允许在5年内用应纳所得税额弥补。

6. 为安置富余职工新办的经济实体，安置富余职工人数超过从业人员60%，经劳动部门确认，主管税务机关审查批准后，可在5年内免征企业所得税。

7. 实行整体租壳卖瓤改制的企业，承租期内租金可税前列支。

（五）产权收益

1. 产权转让收益的收取：县办国有、集体企业产权转让收益，由县公有资产经营公司所属分公司收取，并于转让结束后上缴县公有资产经营公司专户；乡镇办企业由乡镇资产经营公司收取；村办企业由村合作经济组织收取。

2. 企业产权转让收益主要用于支持企业的发展，不得挪作他用，具体用途有以下几个方面：

（1）建立中小企业贷款担保基金。由公有资产经营公司与金融部门签订“贷款担保合作协议”，公有资产经营公司提供担保资金，金融部门按商定的存贷比例提供贷款。

（2）建立科技风险投资基金。鼓励企业采取先进技术，发展高新技术产业，或以孵化器的方式运作，进行投资—建设—运行—转让。

（3）对符合国家产业政策，有利于优化我县产业、产品结构的重点项目建设给予必要的资金支持。

（4）对有产品、有销路、有效益、信用好的企业，本着小额、短期、快周转的原则提供流动资金支持。

（5）按有关政策及合同规定支付国有、集体企业产权转让前在职职工、离退休职工安置费，社会保险费等。

（6）用于与企业发展有关的公共设施建设。

（7）用于改制企业偿还县级以上财政周转金。

凡直接支持企业发展的资金，一律实行有偿使用，按银行同期贷款利率计息，按期还本付息。

（七）金融债务

1. 在企业改制过程中，债权银行有权参与企业改制的全过程。不论采取何种改制形式，都不能悬空和逃废金融债务，必须明确金融债务的清偿责任，办理贷款转移手续。

2. 鼓励企业分立重组，采取逃生不逃债模式盘活存量资产。即划出企业的部分有效资产，组建一个新的股份（合作）制企业，而原企业依然存在。分立企业原则上按占用老企业资产数额等额承担债务。

3. 允许个别扭亏无望企业试行先分立后破产，即将部分有效资产分离出来，相应承担部分债务，组建新公司，原企业破产。

（八）鼓励非公有制经济参与国有、集体企业改革

1. 社会自然人、民营企业、外资企业和个体工商户整体购买乡以上工商企业产权，一次性交清价款的，可优惠15%；一次性付款有困难的，可采取分期付款方式，期限一般不超过三年，欠缴款数额按银行同期贷款利率收取资金占用费。

2. 社会自然人、民营企业、个体工商户整体购买县办工商企业，可按个体征税。

3. 社会自然人、民营企业、个体工商户整体购买县属国有、集体企业且安置原企业职工的，可按照每人2000元的标准，降低资产出售价格。

4. 租赁经营县以上国有、集体微亏企业固定资产，全部安置原企业职工并负责足额缴纳社会保险费的，可减半收取租金五年。

第十编　城乡建设

20世纪70年代，香河县始对县城街道、桥涵改造建设。1984年，制定《香河县县城总体规划》，并总体规划渠口、安平、刘宋3个镇，城区扩建，城乡建设加快。1983—1986年修建新开街中段。1985年拓宽修建淑阳大街。1987—1988年改建新华大街。1996年西延新开街。1997年拓宽改建五一路。1999—2000年修建安抚路。2001—2002年修建绣水街。城区道路宽广，绿树成荫；供水、排水、供热、供气、供电等公共设施齐全。公共及居民住房建筑发展迅速，楼宇林立，园林绿化，环境优雅；商贸、餐饮及公共服务场所聚集；宜于人民生产生活。1993—1999年连续7年被中共河北省委、省政府授予省级文明县城称号。其中，1998年被河北省政府授予城市环境综合整治优胜县城称号；1999年被国家建设部授予优秀县城称号。2002年7月，被中共河北省委、省政府授予省级文明县城称号。香河县在城乡一体化建设中，乡镇、村街的住房、路、水、电、学校、卫生院、商店、工业企业园区等基础设施建设逐渐发展起来。

第一章　城乡规划

第一节　城区规划

原始香河县县城街道以观音阁（淑阳大街与永明路十字路口）为中心，分东、西、南、北4条主街道，总长1.4千米，宽8.33米，胡同21条。城区建成面积0.45平方千米。县城起初规划建设面积1平方千米，基本为正方形。1984年，香河县城镇建设领导小组和城镇规划领导小组相继成立，制定《香河县县城总体规划》，县城建设迅速发展。至1989年底，县城面积扩展到3平方千米；1990年11月，县城规划面积扩大到10.2平方千米，其中，建成城区面积2.41平方千米。县城规划区分城区和郊区，含24个村街。城区含周园、安抚寨、东南街、西南街、东北街、西北街、西店；郊区含南台、北岗子、刘庄、万福辛庄、胡庄子、白庙、许台、前套、后套、大王庄、朱庄、计庄、矬口、段庄、闫庄、前店子、河北止务。

2002年6月，依据《中华人民共和国城市规划法》，县政府委托中国城市规划研究院修编《香河县城总体规划(1994—2010)》。2004年5月，规划纲要成果经廊坊市政府批准执行。城市总体规划划定城市规划区包括当时淑阳镇行政管辖的22个村街、钳屯乡10个村庄（尚店、草寺、赵屯、西刘庄、雀林院、池屯、叶屯、东延寺、西延寺、张庄)、蒋辛屯镇4个村庄（程辛庄、前建各庄、王庄子、百家湾)、钱旺乡4个村庄（马房顶、袁庄、北刘庄、田贾庄)，总面积76.90平方千米。将城市性质确定为全县政治、经济、文化中心和京津地区周边以发展加工业与物流业为主的小城市。规划到2005年县城人口为6万人左右，2010年为8万人左右，2020年为14万人左右；到2005年县域总人口31～35万人左右，2010年32～40万人左右，2020年35～45万人左右。远期城市建设总用地1835.55公顷，人均占地131.11平方米。城市用地发展方向是以县城中心为核心，主要在潮白河以南、以西地区发展，并适度发展潮白河北岸、京沈高速公路出入口地区。规划将香河建设成为服务京津、交通发达、产业优化、环境优美宜人的小城市。

2008年5月，县委、县政府委托河北省城乡规划设计研究院修编《香河县城总体规划（2002—2020年)》，12月完成规划纲要编制。此次总规修编工作包含道路交通、给水工程、排水工程、供电工程、电信工程、供热工程、园林绿化等各类专项规划的编制，并重点考虑县城西扩中的新农村建设组团规划，缓解严格的土地政策与建设项目用地之间的矛盾。将现代产业园、朗森工业园和家具生产基地起步区纳入县城总体规划范围。规划确定香河县城城市性质为中国北方家具之都，京津地区以发展现代制造业和现代服务业为主的亲水小城市，至2010年、2020年县城总人口分别为9万人和16.50万人。2008年人均建设用地151.80平方米。2020年，县城用地规模18平方千米。发展方向为“西延、北扩、南优、东控”。县城规划建设成为经济繁荣、社会文明、环境优美、各项设施配套完善，宜居宜业、独具特色的北方亲水小城市。

第二节 乡镇规划

2006年初，启动“六镇二乡”（安平镇、渠口镇，蒋辛屯镇、安头屯镇、刘宋镇、五百户镇、钳屯乡、钱旺乡）总体规划修编工作。规划统筹安排工业、商业、居住、文化、市政和环境保护等各项建设，科学处理近期与远期、需要与可能、经济发展与环境保护等方面的关系。2006年7月完成安平、渠口2个镇的总体规划纲要编制，于9月通过专家评审。是年12月完成蒋辛屯、钳屯、五百户、安头屯4个乡镇总体规划纲要编制，于2007年初通过专家论证。是年10月底完成刘宋、钱旺2个乡镇规划纲要的编制。至2007年底实现全县乡镇总体规划全覆盖。

2008年9月，在全县9个乡镇选定9个全民创业辅导基地进行规划设计，总占地面积1841.27公顷，是年12月完成9个全民创业辅导基地选址规划。

第三节 村街规划

一 县域村庄空间布局规划

2006年，香河县委托河北信达城乡规划设计院，开展县域村庄空间布局编制。规划本着以人为本、统筹城乡、保护环境、因地制宜、就近集中的原则，重点整合人口规模过小、自然灾害安全隐患和环境问题严重、城镇内部和近郊逐步与城镇相融合、地域空间接近且逐渐融为一体四种类型村庄。是年底完成县域村庄规划布局编制。2007年初，通过专家组论证并批准执行，完善全县城镇规划体系。

二 文明生态村规划

开展文明生态村创建工作，打造基础设施完善、环境舒适优美整洁、经济实用的田园式新农村，突出“文明生态”作规划。在硬件方面，着重规划村庄道路、排水、村两室、休闲广场等基础设施。在软件方面，注重生态环境与经济建设的平衡，充分按照村街的自然环境，因地制宜，突出“绿化、美化、净化、亮化”，大面积规划林木、草坪，见缝插绿，做到“村村有风格，街街有特色”。2004年首批完成17个文明生态村规划，到2008年底，5年完成121个文明生态村的规划编制，其中20个为精品村。

三 新农村建设规划

社会主义新农村建设是县城及乡镇规划建设的主要方向，通过成片开发、组团式设置、集约化发展的方式，达到节约土地资源、优化发展空间、最终实现配套基础设施共享的目标。2007年，县委、县政府加强建设社会主义新农村的力度，确定县城区北5村、南13村、西店村、欧陆豪庭西侧和蒋辛屯镇内、安平镇北3村、安平镇区中5村共7个新农村建设试点，因地制宜编制多套新农村建设规划方案。2007年9月，启动新民居示范村选址工作，通过走访调研，确定五百户镇十百户村、刘宋镇北村为新民居示范村。12月，完成两村的规划设计方案编制。2008年，按照“成片开发、组团布局、集约改造、试点先行”的思路，将159个村街规划整合为20个组团。完成20个组团的用地选址，确定用地面积、建筑面积等主要技术指标。

第四节 管理机构

香河县城乡规划局是主管全县县城规划和村镇规划的县政府直属事业机构。2004年5月成立香河县规划局，内设办公室、财务室、技术室、城区规划股、村镇规划股，核定事业编制20名。2007年11月，根据廊坊市人民政府《关于加强城乡规划工作的决定》要求，香河县规划局更名为香河县城乡规划局。局机关由5个股室增至7个股室，其中业务科室4个：城区规划股、村镇规划股、技术室、规划稽查队；内部职能科室3个：办公室、财务室、人事股。2008年，有干部职工52人。

第二章　县城建设

第一节　市政设施

一　街道

1979 年以前，香河县城街道未作大的修整。进入 20 世纪 80 年代以后，香河县城进行大规模的街道改造。至 2008 年底，香河县城主干街道发展到 8 横 8 纵计 16 条。

迎宾路　北起新华大街，南至绣水街，总长 1760 米，主街道宽 15—16 米，两侧人行道各宽 2.50—3 米。1971 年始建，1982 年路面重修，1985 年改建北段。2000 年改建南段，主路宽 12 米。

府前街　西起迎宾路，东至香宋路，全长 1360 米，主街道宽 10 米，两侧人行道各宽 3 米。始建于 1971 年。1985 年、1989 年两次改造拓宽，沥青路面。2000 年改造路牙砖。

永明路　北起新华大街，南至绣水街。全长 1754 米。1982 年、1987 年两次改建北段长 885 米，宽 8 米；1999 年，永明路北段拓宽改造长 882.50 米，宽 10 米。2002—2003 年改建南段长 869 米，宽 10 米。永明路由原县城北街至南街合成并向南延伸，1988 年命名。

向阳街　西起永明路，东至迎宾路，全长 368 米，宽 10 米。1982 年修建。

新开街　东起永泰路，1996 年西延与原夏（垫）安（平）公路相接。全长 4000 多米，主路宽 24 米。1983—1986 年修建中段，2000 年重铺路面。后分期改建全程。

五一路　即大（厂）香（河）线城区段，北起大王庄，南至雀林院，路段长 3000 米。1990 年称站西路，1994 年命名为五一路。1997 年 3 月拓宽改建，路宽由 7 米增至 24 米。

淑阳大街　西起五一路，东至永泰路。全长 2800 米，宽 13 米。1985 年拓宽修建东段。1994 年拓建西段。原其中间路段为东街和西街。

兴济路　北起新华大街，南至新开街。全长 910 米，宽 10 米。1985 年修建，1999 年 6 月改建竣工。

康平路　北起新华大街，南至新开街。全长 950 米，宽 10 至 12 米。1985 年修建北段，2002 至 2003 年改建全程。

文昌街　西起永明路，东至迎宾路。全长 300 米，宽 8 米。1985 年修建。

新立街　西起西南街村，往东穿过永明路，北折至文昌街。全长 1300 米，宽 6—7 米。1985 年修建。

康宁路　北起府前街，南至绣水街。全长 1330 米，主街道宽 12 米，两侧人行道各宽 3 米。1987 年修建。

新华大街　为唐（山）通（州）公路香河城区段。1987—1988 年改建加宽，西起五一路，东止义井大桥，长 3800 米，宽 24 米，两侧人行道各宽 6 米。1998 年 3 月，新华大街东段拓宽长 1050 米，宽 40 米。

安抚路　北起新华大街，南至绣水街。长 1600 米，宽 9—12 米。1999—2000 年修建。

绣水街　西起五一路，东至潮白河桥。全长 4300 米，主路宽 24 米。2001—2002 年修建。

永泰路　北起新华大街，南至绣水街。全长 1600 米，主路宽 12 米。2002 年拓宽改造。

2002 年后，持续改建城区主干路、小街小巷及居民区道路。

2002—2008 年香河县城区主次干道工程一览表

表 10-2-1

项目名称	施工日期	建设地点	长（米）	宽（米）	工程预算（元）
向阳街砼路面工程	2002 年 3—4 月	迎宾路—永明路	368	6	171669
康宁路主路改造工程	2005 年 4—6 月	康宁路南段	751	10	826100
康宁路次路改造工程	2005 年 4—6 月	康宁路南段	751	10	495660
淑阳大街西段砼路面工程	2008 年 4—5 月	淑阳大街西段	750	10	1278083

2003—2007 年香河县城区居民区道路工程一览表

表 10-2-2

项目名称	施工日期	建设地点	长（米）	宽（米）	工程预算（元）
花园街工程	2003 年 4—5 月	花园小区	354	6	464378
总建东侧工程	2003 年 4—5 月	新华嘉园东侧	327	6	
幼儿园西侧工程	2003 年 4—5 月	向阳街至文昌街	255	5	
龙盛建工公司南侧工程	2003 年 4—5 月	康宁小区南侧	351	3	
中医院康平路南段工程	2003 年 4—5 月	康平路南段	108	5	
东南街 18 米道工程	2004 年 9 月	东南街	373	6	570854.50
老党校住宅小区工程	2004 年 9 月	西南街原礼堂	198	4	
广播局东侧工程	2004 年 9 月	安抚区	247	3	
南台村道工程	2004 年 9 月	南台村	130	5	
闫段庄中心路工程	2004 年 9 月	闫段庄	367	5	
18 米道南侧工程	2004 年 9 月	东南街	120	2.50	
花园街中心路工程	2005 年 4—6 月	花园小区	347	5	838481.40
花园街东 1 号工程	2005 年 4—6 月	花园小区	99	4	
花园街东 2 号工程	2005 年 4—6	花园小区	99	4	
花园街东 3 号工程	2005 年 4—6 月	花园小区	99	4	
执法局南侧工程	2005 年 4—6 月	南台村	115	4	
执法局西侧工程	2005 年 4—6 月	南台村	148	3	
人大政协西侧工程	2005 年 4—6 月	文昌街北	63	5	
绣水街北花园街工程	2005 年 4—6 月	花园小区	238	3.50	
花园街中心路南工程	2005 年 4—6 月	花园小区	365	4	
中心路南南北路工程	2005 年 4—6 月	花园小区	159	4	
药材公司东侧工程	2007 年 7 月	人大政协东侧	325	4	172031.75
欧陆豪庭工程	2007 年 7 月	欧陆豪庭小区	164	4	62053.90
双圆浴池工程	2007 年 7 月	康宁路	106.40	3.60	50526.98
尖顶楼东西路工程	2007 年 7 月	绣水街南	261.70	5.20	191088.85
尖顶楼南北路工程	2007 年 7 月	绣水街南	170.20	3.10	88413
心悦宾馆东侧工程	2007 年 7 月	西店村东侧	56	4	94788.98

2002—2007 年香河县城区人行道工程一览表

表 10-2-3

项目名称	施工日期	建设地点	面积（平方米）	工程预算（元）
五一路彩砖硬化工程	2002 年 4—5 月	五一路	16843	1098763
绣水街彩砖硬化工程	2003 年 3—5 月	绣水街	22400	1036180
新华大街彩砖硬化工程	2003 年 3—5 月	新华大街	68150	3080229
康宁路彩砖硬化工程	2005 年 4—6 月	康宁路	10864	601152.87
迎宾路彩砖硬化工程	2007 年 4—5 月	迎宾路	20849.60	1213300

2003—2007 年香河县城区盲人道工程一览表

表 10-2-4

项目名称	施工日期	建设地点	面积（平方米）	工程预算（元）
绣水街彩砖硬化工程	2003 年 3—5 月	绣水街	2400	144000
新华大街彩砖硬化工程	2003 年 3—5 月	新华大街	8160	489600
康宁路彩砖硬化工程	2005 年 4—6 月	康宁路	1100	88000
迎宾路彩砖硬化工程	2007 年 4—5 月	迎宾路	2880	348480

二 渠、桥

1979 年后，县城区街道改造延伸，原城南门处的永明桥、城西门处的迎恩桥相继被拆毁改建。至 2008 年，新华大街、淑阳大街、新开街、绣水街（家具大道）跨越五一劳动渠，均建桥梁，一些邻五一渠居民小区或单位修建便民桥。在绣水街西段两侧经纬家居城、嘉亿龙家居城的展厅棚盖部分五一渠道，成为暗渠。

三 供水

1978 年香河县自来水管理所成立，1986 年改称香河县自来水公司。1979 年，县城部分机关企事业单位靠 1 座水塔供水。1986—1990 年，香河县自来水公司在县城区打深机井 5 眼，铺供水管道 9700 米，日供水量 2100 吨，机关、团体、学校、企事业单位和居民用上自来水。1993 年供水管道累计安装 12000 米，年供水能力 80 万吨，使用自来水单位 100 余个，居民 4000 余户。1999 年，机井 6 眼、供水管道线 25000 米，实现并网供水，年供水能力 150 万吨，使用自来水单位 200 余个，居民 7200 余户，自来水普及率 100%。2000 年，将 5 眼自备水源井的单位供水接收统管并网供水。2002 年，香河县自来水公司被香河县城镇房地产综合开发有限公司成立的香河县三强水厂接收。2003 年，在淑阳镇前小屯村西占地 4.13 公顷，建设三强水厂。是年投资 5936 万元，打取水井 6 眼，敷设井群联络管 8170 米，铺设输水及配水管线 45600 米，兴建 3000 立方米清水池 2 座，建设变电室、配电室、加氯间、机修间、办公用房 4300 平方米，日供水能力 3 万吨。水厂有办公室、施工队、监察队、维修队、技术科、收费科、财务科、中控室、化验室，职工 130 名。成为全县从事地下水开采和供水单位，行政上隶属县建设局。至 2008 年底，三强水厂有职工 179 名，总投资近 3 亿元，铺设输水及配水管线 50600 米，供水范围扩大至整个县城规划区、河北香河经济开发区及部分农村。城区自来水入户率 100%，日供水 6000 吨。

2007 年 4 月筹建双安水厂，2008 年 12 月 3 日竣工并投入运行。总投资 1919 万元，日供水能力 2922 吨，供水覆盖 38 个村，解决刘宋、安头屯两镇 4.90 万人的饮用水安全问题，为香河县第一个农村集中供水项目。

四 排水

（一）下水道

1980 年前，香河县城无完整的地下排水道，1984 年后，有计划地铺设排污排水设施。至 1985 年铺设下水道 1920 米。至 1990 年，共铺设地下管道 6762 米，治理臭水沟 3 条 712 米。至 1995 年，县城排水管道累计 22900 米。1996 年，铺设五一路下水主管道 1270 米，投资 60 万元。是年，铺设永泰路下水主管道 681 米，投资 20 万元；铺设新开街由西店至前小屯村的下水主管道 1051.70 米，投资 68 万元；铺设新华大街由老汽车站至五一渠的下水主管道 731 米，投资 30 万元。1998 年，铺设新开街由县医院至矬口排渠的下水主管道 1678 米，投资 109 万元。铺设新华大街由永泰路至义井桥的下水主管道 1341.50 米，投资 40 万元。1999 年，铺设永明路北段排水管道 850 米，投资 8 万元。2000 年，在永泰路建设排水方沟 1272 米，安抚路铺设排水管道 298 米。至 2008 年，县城不断铺设完善排水设施，逐步增强排水、排污和防汛能力。

2002—2008 年香河县城区排水工程一览表

表 10-2-5

项目名称	施工日期	建设地点	长（米）	工程预算（元）
五一路污水管道改造工程	2002 年 3—4 月	新开街—绣水街	1050	680160
新华大街污水管道改造工程	2002 年 5 月	永明路—五一渠	640	96842
永泰路南段污水管道改造工程	2002 年 4—5 月	绣水街—华冷厂	870	232014
永明路污水管道改造工程	2002 年 4—5 月	新开街—绣水街	730	180944
绣水街污水管道改造工程	2002 年 6—7 月	五一路—永泰路	2300	1893208
绣水街东段排水工程	2003 年 4—5 月	永泰路—矬口方沟	670	889344
汇文小区北侧排水工程	2003 年 7 月	汇文小区北侧	210	22590
五一路南头明渠污水管道工程	2004 年 4—5 月	帅达尔北侧	260	96992
康宁路管道改造工程	2004 年 9 月	新开街—绣水街两侧	831	332600
兴济路排水管道工程	2006 年 8 月	兴济路	530	117500
东排干排水系统改造工程	2007 年 4—7 月	东排干	701	7568200
府前街东段排水管道工程	2007 年 5 月	府前街东段	440	314300
新开街西段排水管道工程	2007 年 10 月	新开街西段	860	1815500
五一路（新华大街至新开街）排水工程	2008 年 4 月	五一路	1050	1689614
东排干方沟建设工程	2008 年 10—11 月	东排干	1031	9729887
唐通线西延及西外环排水工程	2008 年 9—10 月	唐通线	1898	2991980

（二）排水方涵

原香河中学（后为香河三中）南门至香绣渠有一排水明渠，是县城中西部排水要道。1990—1999 年逐年建成排水方涵，全线长 2674.40 米。原县城东一排渠分支渠承担县城东部排水。1996—1998 年，投资 13.50 万元，建石油公司西排水方涵，长 540 米。1999 年 5 月，建成香中（后为香河三中）至老南门口排污水方涵，全长 1100 米，投资 73.40 万元。

（三）排水渠

1980 年前，县城内雨水和污水沿街流入大小明渠、水坑。1984 年后，城区有计划铺设排污排水设施，新华大街、新开街、五一路下水道直通五一渠排水。1997 年，于五一渠新建涵洞 2 座。香绣渠位于城区南，承受县城中西部排水，1994 年和 1997 年先后清淤此渠，提高排水能力。一支流排干渠承受城区东部排水，1999 年清淤石油公司至计庄村渠段，长 1200 米。

五 供热

20 世纪 80 年代，县城机关单位及居民由用烧煤球转向改烧蜂窝煤取暖为主。20 世纪 90 年代，县委等大机关自建锅炉集中供热。2002 年前，居民小区住宅楼开始自建小区锅炉房分户集中供暖。2002 年后，城区建立热力公司，新建楼房集中供暖。后逐渐淘汰各居民小区锅炉，联网统一供暖。

（一）供热机构

1. 香河县热力公司

始建于 2002 年，隶属于县政府的正科级事业单位，实行企业化管理和自收自支、自负盈亏的运营机制。2008 年，公司有干部职工 78 人，内设办公室、财务股、工程技术股、设备器材股、经营管理股、企业股 6 个股室。

2. 香河县三强热力有限公司

2006 年建设城区东外环热力站并挂牌，民营性质。占地 4.07 公顷，总投资 3425 万元，安装 1 台 20 吨锅炉和 1 台 30 吨锅炉，当年 11 月中旬开始供热，供热能力 80 万平方米。2007 年，供热管网 14000 米，供热面积 20 万平方米。2008 年底，有供热管网 18000 米。

（二）供热设施

至 2008 年，县热力公司于城区建有新华、绣水、站西和北外环 4 个供热站，供热管网总长 122310 米。供热能力 230 万平方米，供热网络覆盖县城各个小区，为集中供热提供保障。

2003 年，县热力公司将原有几处小锅炉房并网，集中扩建新华供热站，占地 0.71 公顷，总投资 470 万元，于花园小区新上 2 台 7.80 吨锅炉，并进行锅炉维修、新上电控设备、安变压器、新建储煤场，铺设康平路、新华大街、永明路等路段的主管线和分支管线 13644 米，使新华供热站新增 30 吨锅炉安装及配套设施，新增供热面积 26.69 万平方米，总供热面积 50.20 万平方米，是 2002 年供热面积的 2 倍。

2004 年，建绣水、北外环 2 座供热站，各占地 1.33 公顷，累计投资 2000 万元，一期工程增设锅炉 70 吨（其中 3 台 10 吨，2 台 20 吨），实现供热能力 80 万平方米。

2005 年，扩建站西供热站（原有 1 台 10 吨锅炉），占地 1.47 公顷，一期工程投资 2245 万元，完成 50 吨锅炉（其中 1 台 20 吨，1 台 30 吨）及辅机的安装、调试等工作，当年投入使用，各项指标符合环保标准。

2006 年，县热力公司铺设管网 3767 米（双线合计），新增入网 22 万平方米。

2007 年，扩建绣水供热站，设计安装 3 台 40 吨锅炉，铺设管线 11880 米（双线合计），供热能力 120 万平方米。当年完成一期工程，投资 1744 万元，安装 1 台 40 吨锅炉，新增入网面积 20.40 万平方米。采用 115℃/70℃高温水换热站间供式供热。

2008 年，县热力公司完成天琴湾至五一公园直径 350 毫米主管道、五一路西侧直径 350 毫米主管道、迎宾路南段预埋直径 350 毫米主管道及电影院及宾馆（府前街北）迁移管道、花园市场一、二次管网的铺设；完成一中住宅楼、三中住宅楼、高氏二期住宅楼、第一小学、运管站等入网，共铺设管线 16518 米(双线合计)，新增入网面积 21 万平方米。完成 11000 平方米分户计量供热改造工程。投资 900 万元建成换热站 9 座，提高节能技术水平。

（三）供热范围

2008 年底，县热力公司供热覆盖安抚路延长线西至五一路西侧的县城各个小区，覆盖率 100%。其中居民入网面积 1759500 平方米，单位入网面积 310500 平方米，全县集中供热总面积 207 万平方米，集中供热普及率 85%。尚有一些单位和居民小区自行供暖。三强热力有限公司，供热范围安抚路东至潮白河大堤以西，供热面积 33 万平方米。

（四）取暖收费

采取入户收缴和业务大厅集中办理业务的方式收取。收费标准：2001 年前居民小区自行供暖，小区物业负责收取取暖费，每年冬季按建筑面积收费，每平方米 8～13 元。2002 年，城区实行集中供热，单位取暖每平方米 15 元，居民取暖每平方米 13 元。2005 年，单位取暖每平方米 18 元，居民取暖每平方米 15 元。2008 年,单位取暖每平方米 38 元，居民取暖每平方米 25 元。收缴率 98%。

（五）用暖稽查

2002 年，县热力公司设有稽查科，主要负责处理取暖费拖欠问题，协调公司与用户之间的关系。2007 年稽查科与收费科合并为经营管理科，负责城区入网审批、用热稽查和收费。

（六）取暖改革

2002 年，城区实行集中供热解决单位锅炉与居民取暖能源消耗大、环境污染重和供暖温度不恒定等问题，提高供暖质量。2007 年推行分户计量供热改造试点工作，年底完成 8 个小区 5 万余平方米改造工程。

六　供气

1979 年后，随着经济社会的发展，人民生活水平的提高，燃气逐渐进入千家万户，液化气站、燃气公司和燃气具销售点应运而生。20 世纪 80 年代末建立的县乡镇企业管理局直属集体企业——香河县液化气站，2000 年改制为私营企业。

（一）供气机构

2008 年，香河县公益燃气事业单位 2 个：

1. 天津华燊燃气实业有限公司香河分公司，为外商投资企业，占地面积 0.36 公顷，总投资 1000 多万元。1998 年建站，1999 年投入使用。2000 年，投资 130 万元，铺设主管道 3300 米，增加用户 600 户。2008 年底，公司设有综合办公室、经理室、财务部、工程部、营运部、客服部，有员工 28 人，其中专业工程管理人员、运行维修技术人员 10 人，为县城居民提供天然气供应和管理服务。

2. 廊坊百川天然气销售有限公司香河分公司，成立于 2006 年，总投资 2500 万元。2008 年底，公司设置财务部、管网部、客服部和办公室，有员工 30 余人，经营天然气销售、天然气设施安装及维修，担负香河县地区的天然气供应和管理任务。

（二）供气设施

2005 年，华燊燃气香河分公司有液化气储罐 4 个，储存总容量 80 万立方米，占地面积 150 平方米，天然气储存量 4000 立方米；铺设主管网 14088 米，庭院管网 23579 米。2008 年，铺设主管道 15594 米，庭院管网 32717 米。

2008 年，百川燃气香河分公司在香河县城及安平镇各建 1 座燃气调压门站，县城门站占地 0.67 公顷，安平门站占地 0.73 公顷，日供气量均设计为 30 万立方米；完成敷设高压管线 27580 米，其中沿安平、钳屯、淑阳、蒋辛屯至大厂高压分界处铺设高压管线总长 22 公里，县城高压分支管线 2780 米，安平高压分支管线 2800 米。县城区中压管网政府批复路由 16200 米，河北香河经济开发区批复路由 6000 米，管材以（聚乙烯）PE250 和 PE200 为主，县城形成闭合环形管网。

（三）燃气用户

2005 年，华燊燃气香河分公司供气设施覆盖绣水街、新开街、淑阳大街、府前街、新华大街、永泰路、安抚路、康平路、康宁路、迎宾路、永明路、兴济路等区域供气面积 6500000 平方米，65 个住宅小区使用管道燃气。实际用气 5261 户，燃气日销售 2500 立方米。2008 年底，为 82 个居民小区供气，居民用气 9288 户，工商单位用气 8 户，平均日销售燃气 5000 立方米。

百川燃气香河分公司供气设施可保障香河县城、安平镇、蒋辛屯镇各居民小区及工商户的正常用气。2008 年底，有育华小区、祥泰小区、康府佳苑、天琴湾小区、三中宿舍、一中小区、京津花园一期、外贸粮油小区、中央帝景、福缘小区、站西小区、西北街小区、师范家属楼、燕都新城等 3097 户居民用气；工商用户有华林印务、中信国安第一城、政府食堂大灶、三中食堂（2 户）、民族饭店、大四喜酒楼、站北饭店和香河一中食堂 9 家，平均日售气 4000 立方米。

（四）供气收费

2008 年底，全县管道燃气普及率 65%左右，未用管道燃气的居民自购钢瓶装液化气，价格随行就市，每千克 3.5 元左右；改天然气之前售混合液化气，每立方米 3 元；华燊燃气香河分公司和百川燃气香河分公司供气收费，均为每立方米 1.75 元。

（五）供气管理

20 世纪 80 年代后，香河县建设局对全县供气事业实施监督管理，至 2006 年，形成规范的燃气市场监督管理体制。用户在接通管道燃气之前，先到燃气公司申领燃气使用证，经检查使用合格发给使用证，并建立用户档案。之后，每年年检一次，燃气炉具不能超过使用年限，管道燃气用户要安有燃气报警装置。及时清理和禁止使用未检测及报废液化气钢瓶，发现使用废旧钢瓶进行购气、售气行为，将没收钢瓶及行政处罚小商贩及液化气站，杜绝倒罐现象发生。燃气具必须经过城市建设行政主管部门指定的检测机构检测，符合燃气使用要求，颁发准销证后方可销售。凡是用户使用未经检测的或没有安装资质人员安装维修的燃气具，禁止给其通气。

七　照明

（一）分布

1979 年，县城小街小巷无照明设备。1984 至 1990 年，县城安装路灯的街道有府前街、新开街、迎宾路、永泰路、康宁路、淑阳大街 6 条。随着县城发展，道路的增加，一些街道陆续安装路灯。2003 年底，香河县城内外有 13 条街道安装路灯。县城内街道安装路灯的有府前街、新开街、迎宾路、永泰路、康宁路、淑阳大街、新华大街、绣水街、五一路 9 条街道；县城外安装路灯的有夏安线、淑阳工业园、香五路、103 国道 4 条街道。

（二）杆线及灯型

2003 年底，县城路灯杆总数 1500 余根，平均档距为 35 米，线路总长 47.60 千米。1990 年县城所有路灯均为白炽灯。2003 年底，县城主要街道包括府前街、新开街、迎宾路等均更换为节能钠灯。2008 年底，县城各街道有照明路灯 1559 盏。

（三）亮化工程

2007 年，县供电局按照县委、县政府关于县城亮起来的部署，完成迎宾路、新华大街、府前街、新开街东段、五一路、新开街西段、五一路南段、康宁路北段和夏安公路等 9 条路灯线路的亮化改造工程及县委广场的亮化工程。2008 年，完成五一公园亮化工程和淑阳大街西段及安平检查站奥运安保路灯改造工程。

2008 年底香河县路灯分布一览表

表 10-2-6

街道名称	盏数	功率（瓦/盏）	灯型	街道名称	盏数	功率（瓦/盏）	灯型
迎宾路	121	400+250	钠灯	香五路	47	400	钠灯
新开街	216	400+250	钠灯	康宁路	67	400+250	钠灯
府前街	60	400+250	钠灯	五一路	280	800	钠灯
淑阳工业园	92	250	钠灯	淑阳大街	47	800+400+250	钠灯
新华大街	191	800	钠灯	夏安线	288	400+800	钠灯
103 国道	50	650	钠灯	绣水街东段	100	400	钠灯

第二节　公共建筑

1977 年，县花丝厂建 1 栋家属宿舍楼，县建筑公司建 1 栋宿办楼，为县城楼房建筑最早。进入 20 世纪 80 年代后，县城内大规模修建楼堂馆所。

2008 年底香河县城部分公共楼房建筑统计表

表 10-2-7

行业分类	楼房名称	结构	层数	建筑面积（平方米）	投资（万元）	建筑时间（年）
机关	财政局办公楼	砖混	5	5550.62	—	1986
	交通局办公楼	砖混	4	2057.89	64	1987
	县政府办公楼	框架砖混	4~5	3903.50	267	1989
	县人大、政协办公楼	砖混	4	2500	—	1989
	工商局办公楼	砖混	4	3567	159.41	1991
	农业局办公楼	砖混	4	1750	—	1991
	供电局调度楼	砖混	5	3814.23	400.70	1993
	民政局办公楼	砖混	3	1742	110	1994
	国土局办公楼	砖混	4~5	2649.56	280	1994
	武装部办公楼	砖混	3~4	2408.13	260	1995
	公安局办公楼	砖混	4~5	7000	650	1996
	法院办公楼	砖混	5	3900	300	1996
	地税局办公楼	砖混	4	2399.47	395.10	1996
	县委办公楼	框架砖混	6~8	10000	1000	1997
	人劳局办公楼	砖混	5	4706	500	1997
	水务局办公楼	砖混	5	2504	112	1997
	国税局办公楼	砖混	4~5	2894	390	1998
	食药监管局办公楼	砖混	3	1032.68	145.32	1998
	县供销社办公楼	砖混	3~4	2741.42	382.70	1998
	气象局办公楼	砖混	2	420	24	1998
	科技、环保办公楼	砖混	4	1600	—	1999
	工业局办公楼	砖混	5	2400	192	1999
	建设局办公楼	框架砖混	4~5	3131.39	—	2000

续表 10-2-7

行业分类	楼房名称	结构	层数	建筑面积（平方米）	投资（万元）	建筑时间（年）
机关	卫生局办公楼	砖混	5	3600	300	2000
	烟草局办公楼	砖混	5	2643	800	2000
	党校办公楼	框架	4	3290	240	2000
	教育局办公楼	砖混	4～5	3800	200	2000
	老干部局办公楼	砖混	3	3000	145	2000
	检察院办公楼	砖混	4～5	3200	—	2001
	执法局办公楼	砖混	3	1000	300	2003
	工会办公楼	框架	4	1976.76	300	2006
	园林局办公楼	框架	6	5077.52	642	2007
	供电局综合楼	框架	4	4700	455.93	2007
	法院智能化审判综合楼	框架	3	2383	700	2008
	房管局办公楼	框架	4	3000	1200	2008
	计生局办公楼	砖混	5	3646	202	2008
	广播局办公楼	砖混	4	3596	412	2008
电信热力	网通机房楼	框架	3	2014.35	163.59	1991
	网通办公楼	砖混	4	5458.19	561.25	1993
	移动公司办公楼	砖混	3	1649	150	2000
	邮政局办公楼	框架	5	2850	400	2002
	热力公司办公楼	砖混	4	3000	130.90	2003
金融	工行办公楼	砖混	5	1537	90	1989
	人行办公楼	砖混	5	1530	90.50	1991
	信用联社办公楼	砖混	4	1844	102.40	1991
	中行办公楼	砖混	4	2352.66	170	1992
	建行办公楼	框架	6～7	4100	1000	1995
	农行办公楼	砖混	6～7	5100	—	1995
	农发行办公楼	砖混	4	1310	287	2002
医院	县医院门诊楼	砖混框架	6	6600	750	1995
	县医院1号住院楼	砖混框架	6	9688.80	1200	1996
	县医院医剂楼	砖混	3	960	100	1998
	县医院后勤楼	砖混	3	900	96	1998
	中医院综合楼	砖混	6～7	3560	400	2000
	中医院医技楼	砖混	3	1410	200	2001
	气管炎哮喘医院门诊楼	框架	6	4716	—	2005
	气管炎哮喘医院住院楼	框架	6	6018	3000	
	气管炎哮喘医院制剂楼	框架	3	1690.31	—	
	县医院2号住院楼	框架	6	3334	648	2008
	中医院门诊住院楼	框架	6～7	8963.62	1700	2008

续表 10-2-7

行业分类	楼房名称	结构	层数	建筑面积（平方米）	投资（万元）	建筑时间（年）
学校	三中老学生宿舍楼	砖混	3	1534	12.80	1980
	三中图书馆楼	砖混	3	1132	20	1984
	三中原办公楼（改宿舍）	砖混	3	1432.20	25	1984
	三中原教学楼	砖混	3	1432	24	1984
	城内二小北教学楼	砖混	4	2443	100	1991
	城内二小办公楼 2 栋	砖混	2	895	13	1991
	城内二小南教学楼	砖混	4	2443	154.70	1994
	职教中心办公楼	砖混	4	4053	235	1995
	职教中心宿舍楼	砖混	4	2463	123	1996
	二中科技楼	砖混	4	4300	271	1997
	三中科技楼	砖混	4	5086.50	420	1997
	职教中心教研楼	砖混	4～5	2773	167	1997
	二中宿舍楼	砖混	5	4300	275	1998
	城内一小南教学楼	砖混	4	2084	150	1998
	二中门卫楼	砖混	3	500	46	1999
	二中教学楼	砖混	5	7023	489.80	2000
	三中女生宿舍楼	砖混	5	2437.50	160	2000
	三中北教学楼	砖混	5	5957.50	709.40	2002
	职教中心实验楼	砖混	4	2700	189	2002
	三中男生宿舍楼	砖混	5	4283.70	301.30	2003
	城内一小北教学楼	砖混	4	4542.08	387	2003
	三中办公楼	砖混	5	3488	413.90	2004
	一中主教学楼	框架	4～5	19691	2067.60	2005
	一中学生宿舍楼 4 栋	框架	4	20132	1882.53	2005
	一中学生生活服务楼	框架	3	10603	1089.81	2005
	职教中心南教学楼	框架	4～5	3196	304	2005
	一中图书楼	框架	7	22664.59	3085.16	2006
	一中实验楼	框架	5			
	一中艺术楼	框架	5			
	二中餐饮楼	框架	3	2600	290	2006
	城内三小教学楼	框架	4	3653	450	2008

第三节　房地产

一　住宅建筑

1985 年前，香河县国家干部职工实行福利分房。1985 年，实施住房制度改革，采取公助自建的办法，由主管部门统一规划、征地，财政投资修建道路、供电、给水、排水等公共设施。香河县公产房分为财政房管部门建管、全民单位自建自管和集体单位自建自管三类。是年，征地 2.07 公顷，职工建房 430 间，每户占地东西长 10.14 米，南北长11米，有居民140户。至1990年，在县城南附近职工自建住宅8万平方米，投资总额1500万元，人均居住面积由1985年7平方米提高到10平方米，初步解决1100户干部职工住房问题。1989年，香河县出台统建、自建私房有关文件，县城私房建设迅速发展，城南、城东、城北成片建起平房居住区，人均住房用地近50平方米，超过国家建委提出的人均居住用地面积的1倍，容积率过低。全县至1990年，房管部门自建自管住宅19869平方米；全民单位自建自管住宅44886平方米；集体单位自建自管住宅14051平方米；人均住房面积增至25平方米。1992年，居住用地开始呈组团布局，住宅建设以四至六层楼房为主，二层高级住宅楼为辅。1994年，县政府印发《香河县城镇建设综合开发管理暂行办法》，并批准组建香河县房地产综合开发办公室。是年，审批房地产开发项目10个，建筑面积41000平方米，投资2477万元；办理房产评估978户，收费725万元；办理房屋确权登记1758户，收费48.20万元；收房租、租赁费2.70万元。

（一）单位集资统建

2008年，全县有单位集资统建房屋43327平方米。其中，县工商局家属楼1993年竣工，面积4400平方米；农行家属楼1998年竣工，面积12300平方米；三强职工住宅楼2003年竣工，面积6247平方米；武装部职工住宅楼2005年竣工，面积2380平方米；香河经济开发区住宅楼2006年竣工，面积18000平方米；全部为砖混结构。

（二）商品住宅楼建设

1998年，香河县开始商品住宅楼建设。随着经济的持续稳定增长，香河县房地产业迅速发展，成为推动全县国民经济和社会发展的增长点和重要支柱。至2008年，全县共有房地产开发企业19家，3万平方米以上商品住宅小区18个，开发总面积336万平方米。

附

重点小区介绍

花园居住区。坐落在迎宾路南段东，绣水街北侧。1993年动工，1996年建成，占地13.47公顷，居住区分高层楼区和两层高级住宅区。建有四层以上楼房11栋，二层连体楼112栋，入住人口4000人，人均居住用地30余平方米。

胡庄子小区。坐落在新华大街北侧，万福辛庄南，占地6.80公顷。1995年始建，1997年竣工。居住区建五层楼2栋，建筑面积7200平方米；建二层高级连体住宅楼84幢、平房300间，居住人口1000人。

康宁园居住区。1999年11月，县政府批准兴建。规划用地2.63公顷，建筑用地1.86公顷，绿地0.45公顷，路占地0.32公顷。规划总建筑面积4.30万平方米，总居住户（套）数340户（套），总居住人口1200人，住宅面积净密度（万平方米/公顷）1.63，绿地率45%。

育龙香苑小区。位于香河县府前街，紧邻家具城，占地2.85公顷，总建筑面积10万平方米，露天泳池，篮球场，儿童乐园，舞池等公共设施齐全，建有全县首个人民防空袭工程。于2006年竣工。育龙香苑为4排8栋17层的板式小高层，共797户。经典一居、温情两居、舒适三居、豪华四居、花园跃层共50多种户型，且户户朝阳。建筑施工及材料采用外墙保温、双层中空玻璃、海螺塑钢型材、东芝电梯等节能先进工艺。小区物业由香河育龙物业管理公司承担，远红外监控系统，24小时保安巡逻，优质物业管理确保业主生活舒适、安全。

天琴湾小区。位于五一路东，紧邻家具城、五一公园、香河一中。由香河县城镇房地产综合开发有限公司开发建设，总建筑面积15万平方米，主力户型为70～160平方米，户型配比合理，空间布局方正实用，实现不同功能分区。小区于2007年4月份开盘，2008年建筑。

京津花园小区。位于京津公路东侧，安平镇小白楼市场南侧，总建筑面积12万平方米，全部为6层板式设计，共有住房1280套。于2008年建筑。北京至香河938公交客车途经小区，交通便捷。周边有医院、邮电、银行、学校等配套设施。

欧陆豪庭小区。位于县城新华大街北侧，总占地面积16.13公顷，总建筑面积18万平方米，总投资2.20亿元，绿化率40.50%，容积率1.12。小区共分6个组团37栋住宅楼，共2125户。由香河县城镇房地产综合开发有限公司开发建设，于2006年竣工。小区设有中心广场、会所、幼儿园、健身器材等基础设施，方便小区居民闲暇活动。小区内设有20多个监视摄像头，对小区无缝隙地24小时监控，保证安全。

我家公坊小区。地处香河县城五一路西侧，上海绿地集团2008年开发建设 总建筑面积约32万平方米，低密度高绿化的组团式社区规划，40～70平方米国际标准全装修的成品主力户型，7000平方米招商中心、2万平方米内街式的品牌商业及社区配套，星级物管专家提供的高端物业服务，全精装成品公寓四大户型的创意设计和信古典风情，承接国际先进建筑理念，开创崭新的居住模式。

大运河•孔雀城小区。位于香河经济开发区中信国安天下第一城对面，交通便利，路网发达。于2008年兴建。第一阶段规划总建筑面积40多万平方米，建筑形式包含类独栋、院墅、联排、叠拼等。小区自然状的绿化种植，森林步道中穿插小广场，有休息平台，雕塑，景亭场所，环境优美。2000平方米的生态体验会所，近万平方米的国际化休闲商业街，近3000平方米的双语高级幼儿园，满足业主对品质生活的渴望。小区实行24小时全监控安保；院墙电网系统、社区电子巡更、组团门禁、楼宇门禁和摄像监控系统联合打造安全之城；社区物业管理公司先后获"全国物业管理示范住宅小区""安全文明小区""防控体系示范小区"等称号。

二　房产管理

1979—1985年，香河县公产房实行"谁建筑、谁使用、谁管理"的办法。依据占用房质量、使用面积和用途等计收房租。企业用房一直按实用面积计收。职工住房租金沿用20世纪60年代的租金标准：新房以使用面积计租，每平方米月租0.18元；旧房以每间计，甲级每间月租1.8元，乙级每间月租1.5元，丙级每间月租1.2元。所收房租用于管理人员正常开支、房屋修缮。

（一）物业管理

香河县物业管理工作2002年起步。2005年，福宁园小区率先成立业主委员会。县政府先后出台《香河县城镇物业管理办法实施细则》《香河县物业维修基金管理办法》，并完善《小区物业管理方案》《前期物业服务合同》等一系列配套文件，规范全县物业管理工作。至2008年，全县有资质的物业管理企业9家（尚新物业、盛达物业、泰华名物业、育龙物业、香河物业、大众物业、恒安物业、住佳物业、金泰物业），物业管理人员101人，从业人员276人，实施物业管理的有38个住宅小区（其他小区无专门物业管理或以自我管理为主），管理面积178.04万平方米。

1. 新建小区物业管理

要求新开发房地产项目在规划设计时必须按物业管理条件设计，在预售前落实前期物业管理工作，签订《前期物业管理委托合同》，聘用有相应资质的物业管理公司参与小区的施工、验收全过程，使物业公司对小区的基础设施、建设布局、绿化植被、小区功能等了如指掌，维护管理得心应手，并按规定比例配置物业管理用房和经营用房。

2. 旧小区的监督管理

引导物业企业转变观念，将管理与服务有机地结合。要求物业企业抛开单一的卫生清洁项目，充分发挥自身优势，采取多种服务搞创收，并在企业力所能及的基础上多挤出一些资金，改善小区基础设施，如封闭管理、安装楼宇对讲、加强综合治理等。

3. 物业市场主体行为

要求物业管理人员必须参加上岗培训考核，实行持证上岗，切实提高物业管理行业的整体水平。严把市场准入关，按照建设部《物业管理企业资质管理办法》，每年核定全县9家物业管理企业的资质，并实行动态管理。

4. 物业维修基金归集管理

2007年，县政府制定《香河县物业维修基金管理办法》，规定商品房开发企业按照售房款2%的比例向购房人代收物业维修基金，并移交到县房管局代管，实行专户储存，专款专用。是年，投资安装维修基金管理系统软件，从购房人交维修基金到日后的使用、续交等全部采用微机操作，做到维修基金管理专业化、信息化、系统化。对于拖延交纳维修基金的单位和个人，适时发出追缴令，并对欠交单位和个人不予发放房屋所有权证。2008年，新建住宅小区物业维修基金收缴率100%，累计归集8100户，归集额3330.29万元。

（二）房屋交易管理

1. 房屋交易中心

2002年，县房管局打破传统管理体制，成立房屋交易中心，集房地产交易管理、房屋权属登记、契税收缴为一体，实行一体化办公，"一站式"服务，将勘测、初审、复审、缮证等环节进行联网，实行微机化管理。

2007 年 4 月，县房管局引入全国一流的数字房产综合网络管理系统软件，实现收件、初审、复审、税费收缴、缮证、档案查询等程序联网。在房屋交易中心集中房产、地税、财政、信用社 4 个单位联合办公，设置税费代征代收及银行服务窗口，群众进一个门，办结所有事。

2008 年，县房管局自筹资金 690 万元建起面积近 3000 平方米的房屋交易大厅，推行开放式办公，全力打造“阳光数字房管”工程。大厅增设国内一流水平的档案库，切实保障居民财产安全。

2．二手房交易资金监管机制

2007 年 8 月，香河县启动二手房交易资金监管服务机制，实现交易资金专款专用和交易过程安全、透明。买卖双方进行二手房交易，由买方将交易价款存入二手房资金监管专用账户，交易完毕后买方领取产权证，县房管局通过银行将房款直接支付给卖房人，有效避免房屋买卖交易资金往来由于第三方代理而造成占压、挪用房款等行为。

3．确权发证程序

2007 年始，新开发的商品住宅实行开发、物业、交易中心联合办公。在办理房屋权属登记手续时，由开发、物业前期把关，凡是开发手续不全、物业方案不落实、物业维修基金不到位、契税未交的，交易中心一律不予办理房屋权属证。

（三）住房公积金管理

2003 年初，县房管局成立住房公积金管理办公室，县政府出台《香河县住房公积金管理办法》。是年底，有 8 个单位建立住房公积金制度，建制人数 604 人，归集公积金 200 万元。至 2005 年，累计归集 1271.34 万元，全县建制单位 125 个，交存人数近 1 万人。2006 年，调整县级机构，撤销县住房公积金管理办公室，成立廊坊市住房公积金管理中心香河县管理部，并从县房管局析出。至 2008 年底，累计归集总额 10414.11 万元，归集余额 8194.14 万元，个人提取累计额 2219.97 万元；个人住房公积金应缴单位 276 个，实交单位 225 个，完成率 81.52%；应缴职工 2.29 万人，实交 1.32 万人，覆盖率 57.64%；交存比例按职工上一年度月平均工资单位和个人各 6%。国务院发布的《住房公积金管理条例》规定，职工个人交存的住房公积金和职工所在单位为职工交存的住房公积金，属于职工个人所有，用于职工购买、建造、翻建、大修自住住房；职工退休，可以提取职工住房公积金账户内的存储余额，同时注销职工住房公积金账户。

三　管理机构

香河县住房保障和房产管理局是主管全县房产工作的县政府直属事业机构，其前身是县房产管理所。1980 年底建立的县城镇建设房产管理局于 1983 年 12 月撤销，成立香河县房产管理所。1998 年 3 月县房产管理所更名为香河县房地产管理局，隶属县建设局管理的二级局，2002 年 4 月升格为一级局，并从建设局析出，有干部职工 79 人。2008 年 3 月更名为香河县住房保障和房产管理局，下设办公室、人事劳资股、房屋交易中心、房地产综合开发管理办公室、房管稽查队、房改办、物业管理办公室、物业管理维修基金管理中心 8 个股室，有干部职工 104 人。

附

房地产企业选介

（一）香河县龙盛房地产开发有限公司

始建于 1993 年 5 月 20 日，2008 年注册资金 3000 万元，拥有企业开发二级资质，下设建筑公司、劳务公司、物业管理有限公司和设备租赁公司。公司内设技术部、工程部、综合部、预算部、销售部、行政部 6 个职能部门，有员工 120 人，中级以上职称 58 人，高级职称 5 人，年产值 1.50 亿元以上。1999 年，该公司是廊坊市首家质量管理、环境管理、职业健康安全管理三标一体化认证企业。

2001 年，公司填补廊坊市的河北省建筑质量样板工程、河北省建设工程质量最高奖“安济杯”和省级文明样板工地三项空白。至 2008 年，公司成功开发建设花园小区、康宁小区、胡庄子小区、永泰小区、兴济小区、馥馨苑小区等工程。公司获得省优质工程奖（安济杯）9 项，市级优质工程 65 项，曾三年被评为河北省信用优良企业和河北省用户满意企业。

（二）香河县城镇房地产综合开发有限公司

1998 年成立。至 2008 年，公司在香河县开发建设康宁苑、欧陆豪庭、平安丽景、天琴湾、梅沙湾、香江逸景等数十个居民区工程，以及家具城、县中心敬老院、新一中等一系列商用、公用重点工程，还在北京、廊坊等地开发商品住宅楼近50万平方米。欧陆豪庭小区被中国基本建设优化研究会、建设部中国建筑文化中心评为“人文环境优化示范小区”和“中国房地产精品楼盘”。公司多次被廊坊市消费者协会授予消费者信得过单位称号，曾三次被河北省房地产行业协会评为先进单位，曾五次被建设部中国建筑文化中心评为“中国房地产知名企业”。此公司作为河北香河三强实业集团的最主要组成部分，十年间，集团为公益事业捐款2000多万元，上缴税金3亿多元。其中，2006—2008年入库税金分别为1156.30万元、2524万元、4855万元。董事长王尚新。

（三）香河县盛达房地产开发有限公司

成立于1999年5月，注册资金800万元，2008年注册资金3000万元。公司具有房地产开发三级资质，下设办公室、开发部、财务部、销售部、工程部、设备材料部6个职能部门，拥有各类专业技术人员100余人，总经理毛建忠。1999—2008年，公司在香河县先后开发建设香河中心小区住宅楼、淑阳商业街商住楼、物资商贸综合楼、文化苑住宅小区、新华嘉园住宅小区、青年社区等工程，连同在北京开发面积，总计约50万平方米。香河中心小区2000年被省建委评为优秀住宅小区。2005年，公司被省房地产协会评为先进单位，2008年被省消协评为河北省消费者信得过单位，多次被市房管局评为房地产开发先进企业。公司坚持“以质量求生存，以信誉求发展”的企业宗旨，所建商品房一次交验合格率达100%，优良品率80%，商品房销售率100%。公司2006—2008年入库税金分别为855 70万元、764万元、860万元。

（四）香河万泰房地产开发有限公司

成立于2004年，是经河北省建设厅批准的三级资质企业。公司为股份制企业，实行总经理负责制。董事长、总经理王秀东。公司固定资产2.30亿元，流动资金8000万元，各种建筑机械设备200余台（件）。公司下设办公室、经营科、财务科、技术科、预算科、安全科、质检科、材料科、设备科9个职能科室。有工程技术及管理人员80人，有职称者70人。其中，工程技术中级职称33人，高级职称8人。项目经理10人。2004—2005年，开发建设香河县新开园住宅楼和五百户汽车配件厂住宅楼等工程；2006年，开发建设香河县康府嘉苑住宅楼和百乐公寓住宅楼等工程；2007—2008年，开发建设大厂县“现代幸福城”商住楼18万平方米和香河县新一中住宅楼8万平方米等工程的先期工程。

第四节　环境卫生

一　街道清扫

1979年后，县城主要街道由县政府清洁队清扫。1982年有清洁工人15人，垃圾运输车11辆。1987年，有清洁工人24人，建立分片包干岗位责任制。1990年，清洁队有汽车2辆，洒水车1辆，双轮车57辆。1994年后，县城街道居民区卫生清扫由市政所统管，当年清扫面积56万平方米。1999年，县城清扫保洁面积110万平方米。2008年，县执法局环卫所担负着全城区8街8路125万平方米的清扫保洁任务。环卫所按照“责任全覆盖、保洁全天候、管理无缝隙”的总体要求，强化、细化环卫质量标准，对全体环卫作业人员实行定人员、定地段、定质量、定标准，落实清扫保洁责任制，变“条线”管理为“区域”集中管理，树立“城市建设到哪里、环卫作业延伸至哪里”的工作理念，确保城区良好卫生环境。

二　垃圾清运

1990年以前，分片清扫、集中清运垃圾。1990年，城区设果皮箱97个，垃圾池205个，每日清运垃圾1次。1993年，3辆机动车清运110个垃圾池，日清运垃圾1.10万吨。1994年后，城区垃圾由县城建委下设的市政所清运队统运。1999年，7辆机动车清运沿街30个垃圾集装箱和城区140个垃圾池，日清运垃圾2.20万吨。2002年，在城区设有垃圾点130余个，垃圾箱56个，果皮箱550余个。环卫所配备专用车辆20台，清运工人每天5点钟就投入垃圾清运工作，确保垃圾日产日清。2003年后，年均清运垃圾3万立方米。2004年和2006年分别建立占地2公顷和1公顷的生活垃圾填埋场2处，两填埋场大坑底部进行防渗处理，上面进行简单的填埋处理。县城区面积10.20平方千米，总人口约6万人，垃圾日产量约150吨，经收集、清运进行填埋处理。

三 公共厕所管理

1985年，县政府投资5万元，在城区主要街道和居民区修建公厕18个。1994年前，城区厕所除运无偿承包给农民，农民只得粪肥，后因粪便中不解物渐多，不便作农家肥，便雇人清除厕所。1999年，县城街道、居民区有公厕40座。2008年，县城区内共有公厕36座，其中水冲式公厕4座，旱厕32座。环卫所安排专人负责厕所的清掏、清扫、消杀工作。

四 环卫管理

（一）环卫机构

1994年4月，香河县城乡建设环境保护委员会成立，下设市政管理所。1998年3月，市政管理所更名为市政环卫局（二级局），负责城区街道清扫保洁、垃圾清运工作。2002年，环卫局有环卫工人50余名。2004年，环卫工作实行市场化经营，企业化运作，廊坊开发区东方保洁服务有限公司以107.50万元标价中标，是年4月1日投入运营。2007年6月5日后，因东方保洁公司未能达到合同约定的各项环卫工作标准，县执法局与其解除承包合同，并全面接管城区环卫工作。2008年底，环卫从业人员150多人，其中临时聘用环卫一线工人近130人。

（二）环卫收费

县执法局依据县政府2001年11月16日发布的《香河县城区环境卫生有偿服务收费的暂行办法》收费。收费标准是：

1．行政机关、企事业单位、部队按在册人数每人每月1元；社会福利单位、中小学校、幼儿园按教职工在册人数每人每月1元；均由所在单位经费交纳。大中专院校在校生每人每月0.5元，由校方交纳。

2．大型商场按实有从业人数每人每月1元交纳；室内餐饮业按每张餐桌每月3元至5元交纳；其他行业的室内门店，按营业面积每月每平方米0.2元交纳；各类市场的摊位按每月5元交纳；宾馆、旅社、招待所按床位实有数的50%收取，每张床位每月8元。

3.城区居民卫生收费标准：平房每间每月0.80元，楼房两室一厅每月3元，三室一厅每月4元。城区村民和流动人口每人每月1元。

4．由环卫部门代运的建筑垃圾收取代运费每立方米10元，收取处理费每立方米5元。由单位自行运输的建筑垃圾和生活垃圾每立方米收取处理费5元。

（三）门前“三包”和“五包”

2003年7月1日，县政府发布《香河县城区主要街道两侧环境卫生管理办法（试行）》，推行包卫生、包秩序、包绿化“门前三包”责任制、垃圾袋装化及定时定点倾倒制度。2007年7月27日，县人民政府发布《香河县规划区“门前五包”责任制管理办法》，在“三包”的基础上，增加包楼体亮化美化和包乱贴乱画治理两项内容，强化市容和环境卫生管理，提高广大居民的城市意识。

第五节 园林绿化

一 植树绿化

1979年，县城街道绿化无专门机构管理。1980年，城建局管理城镇绿化。1988年，市政管理所派员专管绿化工作。1986—1990年，在县城主要街道进行绿化，先后栽植垂柳、杨树、桧柏、馒头柳、国槐等优质树种5000株。1990年，城区绿化面积31204平方米，绿化覆盖率12%。到1999年，城区植草坪33862平方米，绿篱500延长米，栽植合欢、国槐、馒头柳等各类乔木14743株；黄刺玫、紫薇、榆叶梅、垂丝海棠等花灌50249株；大小叶黄杨、金叶女贞、紫叶小檗等常绿灌木1176650株；藤本月季等花卉40丛。

1999年后，加大城区绿化力度，选用40余种常用绿化苗木，先后绿化美化淑阳大街、康平路、迎宾路、府前街、新华大街、康宁路、绣水街等主要街道。

府前街：全长1300米，路两侧栽植320株桧柏、国槐、乔木与840株江南槐、龙爪槐。

新华大街：全长3600米，路两侧栽植乔木1943株，常绿灌木10530株，落叶灌木9170株，草坪2400平方米。

五一路：全长 3000 米，栽植雪松、桧柏、馒头柳 1300 株，河南松等小乔木 900 株，常绿灌木 172 万株，落叶灌木 4.50 万株，草坪 1.80 万平方米。

迎宾路：全长 1250 米，北段雪松、桧柏；中段国槐、桧柏；南段馒头柳。

至 2008 年底，城区绿化覆盖面积 349.40 公顷，城区绿化面积 319.50 公顷，公共绿地面积 33.24 公顷，绿化覆盖率 34.20%，绿地率 31.30%，人均公共绿地 5 平方米。

2008 年香河城区街道绿化带苗木一览表

表 10-2-8

绿化带名称	种类	数量（株）	种类	数量（株）
绣水街景观大道	紫叶小檗	11902	蜀桧	233
	金叶女贞	20916	铺地柏	44
	小叶黄杨	19779	榆叶梅	212
	大叶黄杨球	134	紫叶碧桃	15
	华山松	44	绿叶碧桃	5
	雪松	36	紫叶李	91
	油松	63	紫荆	4
	白皮松	32	紫藤	30
	紫薇	3311	海棠	48
	蔷薇	683	日本樱花	34
	连翘	724	五角枫	14
	木槿	699	云杉	29
	月季	6010	剑麻	140
	矮化月季	1816	丁香	3
	黄刺玫	81	红瑞木	6
	珍珠梅	5	常绿草	21404 平方米
府前街绿化带	丹麦草	2760 平方米	龙爪槐	337
新开街绿化带	大叶黄杨	149500	丰花月季	6000
	大叶黄杨球	520	紫薇	3000
	小叶黄杨	7000	连翘	3000
永泰路绿化带	大叶黄杨、紫叶小檗、金叶女贞色块	3620 平方米	大叶黄杨球	62
康宁路绿化带	大叶黄杨	13500	月季	3000
	花灌木	460	卫矛	90
五一路带状公园	乔木	2135	绿篱	456 平方米
	花灌木	1293	地被、草花	220 平方米
	色块	1740 平方米	紫穗槐	6617.40 平方米
	草坪	82700 平方米	绿地面积	83947.10 平方米

2008 年香河城区路旁植树一览表

表 10-2-9

街道名称	种类	数量（株）	街道名称	种类	数量（株）
新华大街	国槐	1116	安抚路	国槐	194
府前街	国槐	418	康平路	法桐	108
新开街	国槐	760	迎宾路	雪松、桧柏、国槐、龙爪槐、馒头柳、木槿	452
文昌街	国槐	73	永明路	法桐	239
花园街	国槐	137	兴济路	杨树	200
绣水街	国槐	685	康宁路	合欢、国槐	393
淑阳大街	国槐	854	五一路	馒头柳	1200
永泰路	毛白杨	400	—	—	—

2001 年，县城实施拆墙透绿工程。各机关企事业单位、居住小区的门前、庭院选用 20 余种花灌木进行绿化美化。至 2008 年底，全县单位附属绿地面积 13.80 万平方米，居住区绿地面积 67.47 万平方米，街道绿地面积 30.29 万平方米。先后多家单位被评为省、市级园林式单位，其中，省级园林式单位 13 个，即公安局、供电局、地税局、国税局、国土局、烟草局、劳动局、高速交警五大队、财政局、交通局、县医院、园林局、香河一中；省级园林式小区 1 个，即欧陆豪庭小区；市级园林式单位，除 13 个省级园林式单位外，还有中国移动公司香河县分公司、广播局、开发区管委会、高速公路管理处、县委办、心脑血管医院，共 19 个。

2004 年，在城区绿化中建成 2 个街边居民小游园：

（一）老叟园

位于绣水街与五一路交叉口东南角，占地面积 13200 平方米，绿地面积 12000 平方米，绿化苗木 21 种。

2008 年香河城区老叟园植物一览表

表 10-2-10

植物名称	数量（株）	植物名称	数量（株）	植物名称	数量（株）	植物名称	数量（株）
油松	12	银杏	5	紫叶李	18	江南槐	4
珍珠梅	5	云杉	5	黄刺玫	7	垂柳	3
馒头柳	15	雪松	5	法桐	7	西安桧	8
美人梅	3	春梅	5	爬地柏	170	月季	3252
木槿	40	紫薇	40	日本樱花	4	海棠	5
元宝枫	3	—	—	—	—	—	—

（二）创新园

位于永泰路与绣水街交口西北角，绿化面积 2772 平方米，绿化苗木 18 种。

2008 年香河城区创新园植物一览表

表 10-2-11

植物名称	数量(株)	植物名称	数量（株）	植物名称	数量(株)	植物名称	数量(株)
大叶黄杨球	8	紫藤	30	雪松	4	栾树	7
铺地柏	50	连翘	14	木槿	16	西府海棠	5

续表 10-2-11

植物名称	数量(株)	植物名称	数量（株）	植物名称	数量(株)	植物名称	数量(株)
紫叶李	7	早园竹	60	紫薇	7	丁香	5
黄刺玫	4	榆叶梅	8	日本樱花	5	蜀桧球	5
月季	50	白皮松	5	—	—	—	—

二　花卉栽植

香河县居民素有栽植花卉习俗，1979—2008年，院内、室内多摆放盆景。庭院花卉主要有：朱顶红、天竺葵、石莲花、仙人掌、仙人球、玉米石、狐尾兰、白芙蓉、一叶兰、金枝玉叶、虎刺梅、一帆风顺、韭菜兰、波斯顿蕨、花叶万年青、竹叶万年青、绿萝、文竹、鸭掌木、一品红、龙血树、也门铁、米兰、巴西木、小叶榕、滴水莲、虎皮兰、蟹爪兰、君子兰、令箭荷花等。

单位庭院以栽种榆叶梅、木槿等花灌木为主，辅以播种时令花草，宿根地被类。时令花草有凤仙花、紫茉莉、百日草、含羞草、月见草、大花萱草。宿根地被类有菊花、品种菊花、月季、丹麦草、白三叶、红花醡浆草。院内盆景有吊兰、芦荟、蟹爪兰、三角梅、铁树、荷花缸、石榴花等。室内摆放盆景有扶桑、玉树、君子兰等。

在县城街道花卉应用中，1997 年，新开街西段种植大花秋葵10平方米、丰花月季6000株。1998年，新开街东段种植大花秋葵 10 平方米、丰花月季6000株；是年，新华大街种植丰花月季500株。2000年，新开街中段种植丰花月季9000株。2001年，府前街栽植丹麦草2400平方米。2002年，五一路两侧绿化带栽植月季 1000 株，播种白三叶6000平方米，播种花草组合220平方米；2003年，播种白三叶、秋菊、蜀葵 1200 平方米；五一渠内种植观赏荷花 2600 株。是年，永泰路栽植地被常夏石竹3544平方米。2004年，绣水街景观大道建设工程中栽植荷花菊、黄小菊 300 平方米、蔷薇600平方米。2005年，康宁路栽植月季3000株。

2006 年建成的香河一中校园栽植曼海姆月季400平方米，紫叶矮樱28平方米，黄刺玫105墩，红王子锦带100平方米，丁香300株，牡丹、芍药200 平方米，丹麦草 2450 平方米，其他地被植物43000平方米。地被植物有绣线菊、萱草、鸢尾、假龙头、夏堇、菊花、紫花鼠尾草、矮牵牛、串红、孔雀草、鸡冠花、福禄考、金草鱼、雏菊、金盏菊、翠菊、石竹、万寿菊、三色堇、百日草等。

三　公园　广场

（一）五一公园

香河县五一公园位于县城新开街与五一路交叉路口东北侧，呈南大北小的三角形，占地约2.30万平方米，于2001年总投资450万元建设。园址曾是香河县汽车站。2003年，铺绿地4200平方米，铺鹅卵石小路450延长米，建凉亭两座。

公园南部为休闲广场，彩砖铺地，占地面积近1万平方米，矗立大型雕塑一座。宽广的平地是居民晨练健身场所。园内喷泉灯、瀑布灯、草坪灯、步道灯 60 余盏，夜晚明亮。公园中部为人工湖和假山，占地约7000平方米。假山上两座六角凉亭，山坡上绿草铺地，星罗棋布地点缀着青松翠柏和木本花卉，花草间曲径由鹅卵石铺成，拾阶而上登山顶凉亭，所到之处设有座位可稍事休息。人工湖绕山而形为半月状，内可植荷花。公园北部为绿地和月季园，总绿化面积 6000 平方米。公园设有各类健身器材，东侧为五一渠畔，微风吹动的垂柳枝条倒映在清澈渠水中，有雅兴的游人在渠坡的石阶上垂钓，享受着节假日的清闲娱乐。五一公园是人民休闲、健身、娱乐的好去处。

香河县教育工作者王青年到此赋诗一首《五一公园晨景》：曙染芳妍风舞柳，碧湖倒影假石山；妪翁相伴赏花卉，少壮群集比剑拳；树后缠绵呢燕语，亭前慷慨斥狼贪；清新明媚神怡处，忘返流连误早餐。

2008 年香河县五一公园植物一览表

表 10-2-12

植物名称	数量（株）	植物名称	数量（株）	植物名称	数量（株）
油松	15	云杉	30	黄杨	7000
白皮松	20	黄刺玫	7	月季	500
紫叶李	20	龙须柳	20	紫叶小檗	5000
女贞	10000	国槐	30	—	—
海棠	16	雪松	15	—	—

（二）广场

香河广场始建于 1997 年 4 月，1998 年 7 月建成，南北长 180 米，东西宽 110 米。2007 年，县政府投资 600 万元实施香河广场改造工程。改造面积为环形道中间部分的 1.40 万平方米，提高绿化率。广场中央地势比原有高程提高 60 厘米，保留高 26 米的两座塔灯，每塔安有 16 盏共 12.80 千瓦橙黄色灯；保留北部 18 根高大旗杆。广场东南角造假山一处，山四周坡地栽满花草树木；广场中央建有长方喷泉水池，近百个错落有致的泉眼喷出形状各异的水柱转射成雾状，十分壮观，并由弯曲的卵石渠桥与西南角的大水池相通；广场中星罗棋布矮墙花池 30 个，池中央栽有法桐等大棵落叶树，树下为花草；平地花池、草坪若干，花草林木俱全，其中常青松柏树 40 余株，落叶树 100 余株；花草间曲径相通，横竖成排的彩灯夜晚明亮，照耀着广场的各个角落。场内设有健身器材。改造后的广场，为县城居民休闲散步、运动健身、观赏风景提供一个优雅环境。观感广场硬化与绿化面积大抵相当，凸显人与自然的和谐之美。

四　管理机构

香河县园林绿化管理局是主管全县城区和村镇绿化美化建设工作的部门，其前身是 1994 年 4 月县建设局成立的园林绿化管理所、绿化办公室。1998 年 3 月，撤销园林绿化管理所、绿化办公室，成立香河县园林局，隶属建设局管理的事业单位（二级局）。2002 年 4 月，按照县直机构改革方案的要求，将副科级园林局提升为正科级单位，改名为香河县园林绿化管理局，从县建设局析出，属县财政全额拨款的事业单位。是年，县政府批准设置 7 个股室，即办公室、绿政股、财务股、规划设计股、社会绿化股、绿化施管股、车队。有干部职工 26 人。2008 年，将科室调整为 8 个股室 1 个公司，即办公室、财务股、绿政股、施管股、规划设计股、社会绿化股、人事科、监管科、工程公司。有干部职工 29 人。

第六节　城区管理

1979 年至 2002 年初，香河县城区由县城建局相关科室管理。2002 年 4 月 17 日，从县建设局析出并建立香河县城区管理综合执法局，是县政府城区管理的综合执法部门，依法管理、纠正或处罚影响市容环境卫生、违反城区规划、城区绿化、城区建设、占道经商、停放车辆等法规行为。是年 10 月 10 日，经县人大常委会审议通过的《香河县城区管理综合执法实施办法》是香河第一个内容比较系统的有关城区管理的法规。2004 年 10 月 28 日，县政府发布《香河县城区户外广告管理规定（试行）》，规定由城区管理综合执法局负责城区内户外广告的日常监督管理。2007 年 4 月 30 日，县政府发布《香河县户外广告设置管理办法（试行）》，规定由城区管理综合执法局负责户外广告设置的规划、审批、招标、拍卖、挂牌出让等管理工作。2008 年，局机关内设 8 个股室，分别是办公室、人事股、财务股、法规股、监察股、执法一、二、三队，并有环卫所及市政工程公司 2 个直属事业单位，共使用人员编制 90 名。

第三章　镇（乡）村建设

第一节　镇（乡）、街道办建设

淑阳镇

镇政府驻地位于县城新开街南侧、夏安路西侧的站西小区。镇政府投资890万元，兴建建筑面积7500平方米的五层办公楼，于1996年投入使用。淑阳镇公共设施与县城市政设施融为一体。道路交通方便，四通八达，每日都有北京、天津、唐山、廊坊及相邻各县市的客运、货运汽车往来，并邻近县汽车站。2004年，村村通公路，通自来水。2006—2007年，在推进农村城镇化进程中，全镇整修14条公路的路肩路坡，硬化道路8700米。至2008年底，全镇硬化道路249条，各村主街道均硬化。2006—2007年，在淑阳工业园区基础设施建设中，总投资2500万元，拓宽北排干渠，修建总长5230米的孟庄路、园区中路、池套路，铺设2085米的排水管道，架设1条电力专线。2008年，投资3000万元，用于道路、园区服务中心办公楼和商务街等设施建设，架设网通、联通专线，铺设总长1600米的潮阳路下水道。全镇有中学2所，共占地面积3.56公顷，校舍建筑面积10583.5平方米；有小学10所，共占地面积9.83公顷，校舍建筑面积12769.05平方米。全镇有商业、服务业、饮食业网点500余个。淑阳镇卫生院建有“香河县精神疾病专科”。2008年底，院有医疗用房面积2053平方米，病床80张。所辖村均有卫生室。

安平镇

镇政府驻地一街村位于县城西偏南12　50千米处、京津两大城市之间。镇机关建筑为平房，占地0.67公顷，建筑面积1080平方米。仿古北京建造的人文景观第一城和省级经济开发区在此镇域内。夏安路、双安路此为终起点，103国道（京津公路）在此通过，北京市938路公交车途经此镇。路旁有较大餐饮、商店。2004年，镇村投资400万元，全镇29个村街全部安装自来水，修路4000米，实现村村通公路、通自来水；全镇有11个村街建立文化活动场所，16个村街安装路灯，20个村街硬化街道。2005年，全镇文明生态村建设中，投资1480万元，硬化道路37.6千米，修建排水沟5200米，安装路灯480盏，各村绿化花木1.7万株，铺设绿地23300平方米，购置健身器材70套，改扩建村“两委”用房105间。2007年，全镇累计投资401.5万元，为各村硬化街道6150米，街道旁铺设方砖18.1万块，安路灯72盏，修排水沟700米；在环一城的6个文明生态村建设中，建健身广场6处，面积1500平方米，购置健身器材73件；建公园2处，面积930平方米。2008年，实施正阳大道、南环路建设工程。是年，在新农村建设中，竣工4栋回迁楼，一街村216户居民在全县率先迁入居民楼。镇内有多家金融机构；拥有程控电话1万门；新建110千伏变电站1座；给排水通畅。设有天然气门站1个。镇有香河县第七中学，占地3.34公顷，建筑面积5770平方米。镇有小学6所，总占地面积8.38公顷，建筑面积9470.40平方米。安平中心卫生院建筑面积1000平方米，有20张床位。村村有卫生室。

五百户镇

镇政府驻地在县城南10千米处的五百户村，两条主街道均为沥青路面。2001年后，路旁商业店铺林立，均为两层以上门面楼，总建筑面积5万平方米。镇政府建筑为平房，占地1.20公顷，建筑面积5000平方米。2004年后，五百户国税所、供电所、法庭、地税所、信用社、学校等单位均建成办公楼，并在主街道两侧铺设上下水管道5000米。2007—2008年，建成的全民创业辅导基地400公顷，投资300万元，修路1500米，铺设管道3000米，架线1600米。香武路、倪李路及双安路贯穿全镇。2005年建成的青龙湾河仉村大桥成为香河县与天津市交流的重要通道。村村通公路、主街道均硬化，村村通自来水。2008年，九百户村投资30余万元，整修主街道350米，安装路灯45盏，街道旁栽植观赏树2000株。镇域内有李庄蔬菜批发市场和五百户集贸市场，集贸设施齐备。五百户村建成商贸一条街，经营商家店铺近百家。镇域有香河县第五中学，占地面积 4.28 公顷，建筑面积 15522 平方米。全镇有小学 8 所，总占地面积 11.77 公顷，建筑面积 13653 平方米。五百户镇卫生院建筑面积 1256 平方米，22 张床位。村村有卫生室。

刘宋镇

镇政府驻地刘宋村位于县城东南 16 千米处。镇机关建筑为平房，占地面积 6679.29 平方米，建筑面积 2375.25 平方米。1979 年前，机关、企业、学校等公共建筑都是砖混结构平房；20 世纪 90 年代后，出现 2 层以上楼房。镇内有街道 5 条，共长 4000 多米，沥青路面。镇主街道旁，聚集商贸、饮食及公共服务设施。2000 年建成的占地 6.67 公顷的刘宋综合集贸市场内，商贸楼建筑面积 2 万多平方米。镇域内有倪李路、香北路、国安路通过，向东通天津市宝坻区，向南通天津市武清区，向北通香河县城。镇有汽车站一处。各村均通公路。镇区建有电网，能源充足。通讯设施完备，拥有中国移动、中国网通、中国联通等通讯网络。2005 年，在刘宋镇工业园，投资 50 万元，修建地下排水沟 1000 米；投资 8 万元，修建镇区 650 米硬化路，在镇区 3000 米街道安装路灯 50 盏；投资 15 万元，为园区打深水井 1 眼。2007 年，实现自来水与香河双安水厂对接，村村通自来水。2008 年，在刘宋镇工业园投资 170 万元，铺水泥路 9200 米；投资 3 万元，架桥 1 座；投资 5 万元，引进自来水；投资 15 万元，架高压线 500 米。园区实现水、电、路三通。国家、国安足球训练基地坐落在北务屯村。2005 年，北务屯村投资 40 万元，修建 1000 米柏油路和 1000 米砖路。镇有香河县第四中学，占地 4.90 公顷，总建筑面积 14300 平方米。镇有小学 7 所，共占地面积 12.39 公顷，建筑面积 15608.86 平方米。刘宋中心卫生院，2008 年建筑面积 1805 平方米，床位 32 张。全镇 25 个村有 33 个村卫生室。

安头屯镇

镇政府驻地安头屯村位于县城东南 9 千米处，香宋公路南侧。路旁有餐饮、商店。1997 年兴建镇机关办公楼，主体建筑为 3 层，建筑面积 1500 平方米。有香宋、双安、国安公路贯穿全镇。2005 年，镇村共同投资为各村修通公路、硬化主街道，并安装自来水。香宋公路沿线村民可乘坐县内第四路公交车、“双安”“国安”公路沿线村民可乘坐县内第五路公交车，出行方便。2004—2005 年，东口头等 4 个文明生态村在主街道两侧栽植绿化树木，东口头村修建健身广场，购置健身器材。2006—2007 年，在规划占地面积 200 公顷的全民创业辅导基地中，在“双安”路沿线建设设施农业区和沙发家具制造产业功能区；在“国安”路沿线建设机械制造产业功能区。全镇先后投资 380 多万元，全民创业辅导基地内水、电、路三通。镇内有占地 0.67 公顷的商贸交易市场。镇有香河县第十中学，占地面积 3 公顷，建筑面积 4479 平方米。全镇有 8 所小学，总占地面积 9.13 公顷，建筑面积 12992 平方米。镇有安头屯镇卫生院，建筑面积 1160 平方米，床位 20 张。村村有卫生室。1989 年，北京国安宾馆租用北务屯村 40 公顷沙荒地建度假村，1990 年 5 月 22 日，举行度假村竣工剪彩仪式。2000 年，在度假村内建有国家和国安足球训练基地。

渠口镇

镇政府驻地渠口村位于县城东 12.50 千米处，镇机关建筑为平房，占地 8000 平方米，建筑面积 2450 平方米。镇内路旁有餐饮、商店。唐通公路穿越全镇，向西通往县城，向东通往宝坻城区；有公路向北通往三河市。2003 年，在小城镇建设中，镇中心区唐通公路两侧建成两层商住楼，完成镇区 1500 米铺路工程，建绿化带 1500 米，统一安装路灯，在主要路口安装了红绿灯。2004 年，完成 16 个村的村村通公路工程，铺路总长 16401 米，完成 24 个村的村村通自来水工程。2006—2007 年，全镇完成村村通公路工程路 9 条，总里程 10.1 千米。镇内有大笤帚及原材料市场、渠口集贸市场。渠口镇全民创业辅导基地于 2008 年投资 300 万元，修路 1700 米，铺设排水管道 3400 米，架设通讯线路 2000 米，实现供排水、电力、通讯全覆盖。镇域有香河县第八中学，占地面积 5.73 公顷，建筑面积 21427 平方米。全镇有小学 9 所，总占地面积 12.33 公顷，建筑面积 18919 平方米。渠口中心卫生院建筑面积 4538 平方米，床位 35 张。村村有卫生室。

蒋辛屯镇

镇政府驻地蒋辛屯村位于县城北 10 千米处。

镇政府建筑除一栋2层小楼外，其余均为平房，总占地0.48公顷，建筑面积2000平方米。大（厂）香（河）公路贯通南北，京沈高速公路出口设在镇南部，村村通公路，交通方便。2005年，镇加强工业园区基础设施建设，投资400万元，修建了中辰路、后建路、闻庄路，共8700米，架设电力专线5000余米。2008年，占地37.33公顷的全民创业辅导基地基础设施建设投资300万元，修建道路2000米。其中，架桥18米，铺设排水管道3000米，架线2800米，实现水、电、路、通讯全覆盖。镇有蒋辛屯集贸市场，村镇路旁有餐饮、商店。百川天然气管道贯穿全镇南北。镇域有香河县第六中学，占地面积7公顷，建筑面积11744平方米。全镇有小学6所，总占地面积9.18公顷，建筑面积11732平方米。蒋辛屯镇卫生院建筑面积450平方米，有床位8张。村村有卫生室。

钳屯乡

乡政府驻地钳屯村位于县城西南4千米处。乡政府建筑为平房，占地1.08公顷，建筑面积3560平方米。大香线、双安路通过此乡与安平镇、京津塘国道相连。2004—2005年，乡政府先后筹措资金100余万元，打自来水井13眼，全乡21个村居民饮用自来水。2005年，投资59.43万元，为未通公路的东延寺等3个村建公路，总长3650米，实现村村通公路。是年，一期投资4亿元，总占地面积266.67公顷的香河县家具生产基地坐落在钳屯乡。是年，共投资156万元，硬化进村路及村内道路，其中水泥路1500米、柏油路3188米、砂石路400米、砖路1300米，修建村街主街道排水沟220米，在街道旁安装路灯147盏，栽植树木4520棵，建花池和草坪10500平方米。2006—2007年，共投资350余万元，硬化进村路及村内道路，其中水泥路3200米、柏油路11000米、砂石路1500米、砖路2400米，修建村街主街道排水沟1320米，在街道旁安装路灯261盏，建花池和草坪14500平方米。建成村民活动广场6个，购买健身器材50套。2007至2008年，在创业辅导基地投资285万元，修建水泥路3条，1200米；安315千伏安变压器1台；安路灯30盏；铺设上下水管道2800米；建设排水工程1200米。乡域有香河县第十一中学，占地面积1.71公顷，建筑面积3688平方米。全乡有小学6所，总占地面积20.63公顷，建筑面积8786平方米。钳屯乡卫生院建筑面积1620平方米，有床位30张。村村有卫生室。

钱旺乡

乡政府驻地钱旺村位于县城东4千米处。乡机关建筑为平房，占地0.72公顷，建筑面积2500平方米。乡内公路主要有唐通线和平香线，向西通往县城，向东途经渠口镇区通往宝坻城区，向北通往三河市。村村通公路。2005年村村通自来水。是年，在文明生态村建设中，小六王村投资50万元，建村支部、村委会办公室6间，修水泥路500米，主要街道安有路灯，绿化街道800米；义井村投资80万元，硬化主街道600平方米，硬化街巷2万平方米。2006—2007年，义井村投资18.5万元，修柏油路770米，增安路灯10盏。钱旺村投资31.5万元，修柏油路750米，加宽硬化主街道250米，修排水沟240米，绿化街道200米，建占地500平方米的村民活动广场，购置健身器材10套。2003—2007年创建的钱旺乡工业园及创业辅导基地，一期开发125公顷，至2008年，累计投资650万元，修水泥路24500平方米，铺设下水管道4150米，架设高压线5500米。工业园及创业辅导基地路、电、水、讯皆通。乡内有大河各庄集贸市场、后大街集贸市场及钱旺村商贸一条街，商贸设施齐全。乡有中学一所，占地面积1.69公顷，建筑面积4308平方米。全乡有小学5所，总占地面积0.71公顷，建筑面积1137平方米。钱旺乡卫生院建筑面积1000平方米，有床位25张。村村有卫生室。

新开街道办事处

新开街道办事处前身为香河县城街道办事处，2008年5月成立，位于新开街中段路南花园小区内。街道办事处机关建筑为2层楼房，建筑面积1255平方米。辖6个居委会、8个村街，总面积5.60平方千米。其他公共基础设施与县城同。

新华街道办事处

新华街道办事处于2008年5月成立，位于新华大街中段路北。街道办事处机关建筑为3层楼房，建筑面积500平方米。辖4个居委会、8个村街，总面积4.60平方千米，其他公共基础设施与县城同。

第二节 农村住宅建设

一 住宅布局

农村宅基地为村民集体所有，村民建房经批准有使用权。1979—2008 年，县内农村住宅多为平房，以坐北朝南的三间一院、五间一院者居多，也有四间或七间一院者。院内配有东或西三间厢房及一间太阳能洗浴室，门外西侧盖厕所。1979 年以前所建房屋多为三间，坐北朝南。正房中间（俗称“外屋”）两侧建锅灶；东西屋（俗称“里屋”）南半部用土坯垒炕，分别与外屋锅灶相连接；里屋北侧靠墙处放二节或三节衣柜、衣箱等简单家具。院墙多为泥土板打墙或篱笆墙；院内西南角为厕所和猪圈。家庭联产承包责任制后，一些家庭在猪圈北侧建起简易牛、马棚。20 世纪 80 年代以后，新建房屋多为五间，个别七间，一些户扒掉猪圈和牛、马棚，建 2～3 间西厢房（个别户建东厢房），低于正房。进入 21 世纪，倒房（俗称“倒座”）兴起，与正房间数相同，低于正房，倒房中间为门道，最西侧为厕所和洗浴间，其他房间为储藏室，或装修后为卧室。

二 房屋建造

1979 年以前所建房屋多为土木或土坯砖木结构，墙体内用土坯、外用蓝砖或直接用泥抹平，有的村房顶抹泥防雨。房屋进深一般在 5 米左右，低矮、狭窄。木质门窗，窗分上下两部，下半部不动，上半部向上翻支，窗户糊纸。1979 年后，农村新建房屋多为砖木结构，柁木檩架为本地产的杨木、榆木，个别富裕户用松木。房顶使用粘土烧制的小蓝瓦，屋内墙壁刷白，顶棚糊纸。20 世纪 80 年代末至 90 年代初，农村住房由小间变大间，建材用黏土红砖瓦，由矮房变高房，房屋进深 6 米左右，窗户镜玻璃上半部可左右对开（俗称“半装秀”）。进入 21 世纪，门窗由原来的木制改为铝合金，进而用塑钢制作，屋内顶棚吊石膏天花板，个别富裕户盖起二层楼房。

三 房屋造价

随着经济社会的发展、农民对居住条件的追求、建筑材料的涨价和建筑人工费的提高，农民建造房屋费用逐渐提高。1979—2008 年，农民盖房，自备物料，建材价格逐年上涨。建房施工对外承包，每间承包费由 300 元逐渐上涨到 3000 元。每千块黏土砖价格由 35 元逐渐上涨到 260 元。每千块黏土大瓦由 150 元上涨到 600 元。2008 年底，农民住宅每间造价 1.70 万元，建筑一座农宅需 8 万～12 万元。

四 宅基占地

1979 年后，农宅占地经村集体统一规划，一般东西宽 10～15 米，南北长 20 米左右，房前屋后通街道，街道宽度因村设计或主次街道不同而异，一般 5～14 米。1987 年，香河县规定，每户宅基地标准控制在 133.33～166.67 平方米以内，超出规定部分作为养殖用地，由农民长期使用。

第四章 环境保护

第一节 环境污染

一 水污染

1979—1990 年，主要污染源是乡镇企业的造纸厂、印染厂、交通局化工厂、电镀厂及县办塑料厂、五金电镀厂等 15 个，仅全县造纸行业年排放污水 30 万吨。县医院及居民区排放污水也较严重。北京排入香河县内北运河、潮白河的污废水对水产养殖、农作物种植和人类生活都造成有害的影响。1995 年全县小造纸厂 9 家、小电镀厂 5 家、小铸造厂 15 家、砖厂 13 家，工业废水排放量 8321 吨/月。1999 年，全县工业废水排放量约为 490 万吨，香河正大有限公司排放废水约 18 万吨，县交通局化工厂排污水 15 万吨，县城生活废水排放 300 多万吨，东鲁口屠宰场排放污水 2 万吨，全县 6 家熟料造纸厂排放废水 50 万吨。2000 年，排放污染水 77 万吨，化学需氧量 2291.10 吨，石油类 0.255

吨，氰化物0.00011吨。水污染主要集中在化工厂和废水排放量大的造纸厂。2002年，香河正大有限公司每天约有1500吨屠宰废水外排，超过原污水处理设施能力的50%，所排废水严重超标，安平镇曹店、谭庄两村部分群众反映该企业所排废水污染饮用水问题。2003年全县排放废水110万吨，化学需氧量227.75吨。刘宋镇八户村骨粉厂未经审批擅自开工生产，产生恶臭气味，并将污水未经处理排放，出现污染案件。2006年，全县工业废水排放量531.49万吨，工业废水中化学需氧量排放量2548.90吨。2008年，全县工业废水排放量974.38万吨，工业废水中化学需氧量排放量2155.66吨。

二　大气污染

1979—1990年，全县有7个砖瓦厂向大气中排放二氧化硫、一氧化碳等有毒物质污染空气。工业粉尘主要来自县水泥厂。1995年，空气中污染源有燃煤取暖污染、汽车尾气污染和二次扬尘等主要污染物，废气污染主要是工业炉窑生产过程中排放的烟尘、二氧化硫等有害气体，工业粉尘的污染主要是县水泥厂。1996年，香河县城区有工业锅炉16台，取暖锅炉95台，排放烟尘污染环境。是年6月，香河县冶炼厂建成，生产过程中排放烟尘、二氧化硫、氮氧化物、一氧化碳等多种有害气体，超过国家标准。1999年，全县排放二氧化硫2657.90吨，烟尘2039.30吨，粉尘749.10吨。2002年，刘宋镇辛立屯村4家无照无证烧炭户，烟尘污染周边群众，致使部分群众上访。2004年，香河县水泥厂产生大量粉尘污染环境。2006年，全县工业废气中烟尘排放量509.86吨，二氧化硫排放量3283.59吨。2008年，全县工业废气中烟尘排放量373.14吨，二氧化硫排放量2243.84吨。

三　固体废物污染

主要是生活垃圾和施工垃圾及工业生产中的煤渣。2003年，全县产生固体废物7365吨，其中，工业固体废物4374.44吨，全部综合利用。2007年，香河县工业固体废物全部为锅炉渣，产生量为7625吨，处置利用率为100%。是年，香河县第一个垃圾处理场投入使用，年处理垃圾能力5万立方米，生活垃圾无害化处理率90%以上。

四　噪声污染

影响城区声环境的噪声源按人们的活动方式分为交通噪声、生活噪声、施工噪声、工业噪声和其他类。2000年前，生活噪声和交通噪声是影响全县声环境的主要噪声源，施工噪声占第二位，工业噪声占第三位。2001年后，随着全县基础设施建设进入高速发展期，施工场地越来越多，施工噪声影响面积越来越广，声级值较高，成为影响全县城区噪声环境质量的主要问题。

第二节　环境监测

一　水质监测

香河县域北运河、潮白河受上游北京市工业废水和生活污水排放下泄影响，水污染程度较高。据廊坊市环境监测站数据显示，1986—1990年北运河水质属中重度污染，主要污染物为氨氮、石油类和高锰酸盐指数超标。1991—1996年北运河水质超Ⅴ类，属重度污染，且污染趋势加重。1997—1998年北运河水质除一次属Ⅳ类外，其余均劣于Ⅴ类，属严重污染，沿河两岸500米范围内地下水、饮用水均受到不同程度的污染，主要污染物为氨氮，石油类和高锰酸盐指数严重超标。随着北京市建立高碑店污水处理场，所排废水达到四级标准。2008年，廊坊市监测站监测香河县域北运河、潮白河，结果显示：两河水质均属于劣Ⅴ类，出县水质略好于入县水质。

二　大气质量监测

1999年，廊坊市环境监测站监测香河县的大气质量数据显示：空气综合污染指数为90，空气质量级别属于2级，空气质量良好，首要污染物为可吸入颗粒物（PM10）。2005年，县城区环境空气质量属轻度污染至中度污染水平，首要污染物是可吸入颗粒物，空气污染主要是尘污染。2006年，县城区环境空气质量属清洁至中度污染水平，首要污染物是二氧化硫，空气污染主要是燃煤污染。2007年，县城区环境空气质量属清洁至轻污染水平，首要污染物是可吸入颗粒物，空气污染主要是风沙。2008年、县城区环境空气质量属清洁，首要污染物是可吸入颗粒物，空气污染主要是风沙和取暖锅炉废气污染。

三　重点污染源监测

2005 年，香河县加大重点污染源的监测力度，建立重点污染源档案，全年完成省、市控污染源监测 13 家，全部达标排放。2007 年，香河正大有限公司、东兴纸业（香河）有限公司 2 家省控企业实现在线监控。2008 年，定期监测省、市控重点污染源 18 家，污染物排放全部符合国家标准。

四　汽车尾气监测

2005 年，香河县按照《中华人民共和国大气污染防治法》规定，加强机动车污染防治，把好年检关，限期治理年检尾气不达标的车辆，机动车尾气污染得到有效控制。2006—2008 年，香河县尾气达标率保持在 80%以上。2006 年，汽车年检 5790 辆，达标率 95%；2007 年，汽车年检 6146 辆，达标率 96%；2008 年，注册登记车辆 7100 辆，实际环保定期检测 6869 辆，机动车环保定期检测率 97%。

第三节　环境治理

一　水污染治理

1985 年，县五金电镀厂投资 3 万元，购置废水处理器 4 台，日处理能力 60 吨。处理后的废水经廊坊市环保监测站化验，达到国家规定的排放标准。是年，关闭污染严重的县磷肥厂，减少含氟废气排放量 1200 万标准立方米，含氰废水排放 6 万吨。1988—1990 年，香河县投资 140 万元治理砖瓦厂，减少废水排放 4000 万吨，节约标准煤 4000 吨。1996 年，县交通局化工厂投资 3.80 万元，废水经过清污改造，达到国家规定的排放标准。1997—1998 年，关闭 1 家小造纸厂，取缔 3 家小电镀厂，保留的 2 家电镀厂全部上废水处理设备。2000 年，限期治理 12 家超标排污企业，停产治理 13 家不达标企业，关停取缔小企业 10 家，年可削减化学需氧量 34 吨。2001 年，通利达纸业有限公司更换治污设备，全年可削减化学需氧量 15 吨，悬浮物 27 吨。2005 年，通利达纸业有限公司引进循环水利用装置，实现废水零排放，年可节约用水近 30 万吨，节约资金 24 万元。香河宏发化工有限公司引进甲苯回收技术，每天可回收废水中的甲苯 0.50 吨，年创收 50 多万元。2007 年，新建县城污水处理厂总投资 3400 万元，日处理能力 2 万吨。2008 年，完成 4 项废水治理工程，实际削减化学需氧量 591.13 吨。

附

香河县三强污水处理厂

坐落于县城东南部，占地 1.67 公顷，设计日处理能力 2 万吨，运营后实际日处理量 1.60 万吨。此厂 2004 年由河北省发改委批准立项，2005 年完成工程设计，2006 年开工建设，2007 年 11 月投入试运行。2008 年，处理城区生活污水 580.21 万吨，削减化学需氧量 1103.88 吨。

此厂构筑物有：粗细格栅、沉砂池、一体化生物反应池、污泥浓缩脱水机房、出水池。污水处理采用 CASS 处理工艺，即间歇式活性污泥法。运行时，进水曝气期 60 分钟、沉淀期 60 分钟、滗水期 60 分钟，用活性污泥处理污水，周期循环进行。在保证供氧的条件下，污水中的有机物绝大部分被曝气池中的微生物吸附，氧化分解成无机物。随着有机污染物被分解，曝气池每天都净增一部分活性污泥，用污泥泵排出系统之外——污泥池。

香河县三强污水处理厂出水浓度为 30～50 毫克/升，水质达到《城镇污水处理污染物排放标准》规定的二级标准，符合《农田灌溉水质标准》的旱作标准，可用于农田灌溉。

二　大气污染治理

1995 年，周园造纸厂投资 1.20 万元治理烟尘污染，县水泥厂增置高压静电除尘设施，县教育局润滑材料厂投资 6 万元，进行大气污染治理。1997 年，全县需治理的 27 台锅炉全部安装高效除尘器。1999 年，治理 8 家企业废气，收尘效率 99.50%以上，玛钢厂炉窑改用清洁燃料，鑫义时装、爱宝首饰等企业更换为合格的斜多管除尘器。2000—2002 年，县政府投资近 3200 万元新建集中供热站 3 座，集中供热面积可保证 90 万平方米，有 52 个单位停烧取暖锅炉，纳入集中供热网，城区集中供热面积 55 万平方米，占县城建成区总面积的 60%以上。

2003 年，改造 6 家重点企业的锅炉电除尘，监督 8 家单位拆除自备锅炉并入集中供热网，城区主次干道沿街餐饮行业一律由燃煤改用清洁能源。2004 年，香河县水泥厂引进 30 万元专项治理资金，关停立窑炉，改为大磨。增置静电除尘装置，除尘回收率 99%，年回收水泥 700 吨，增收 18 万元。2005 年，东华纸制品有限公司等 4 家用煤大户完成治理任务，全部更换为脱硫除尘器，年削减烟尘 18.50 吨、二氧化硫 139 吨。2007 年，投资 3700 万元兴建东外环供热站，至此，县城拥有新华、绣水街、站西、东外环 4 个供热站。2008 年，限期淘汰和治理城镇建成区内低吨位燃煤锅炉，逐步取缔 2 吨以下燃煤锅炉，更换新型节能环保锅炉，4 吨以上燃煤锅炉全部安装脱硫除尘设施。

三　建立 ISO 14001 环境管理体系

2002 年 4 月，廊坊市 ISO 14001 环境管理体系认证工作启动，香河县作为廊坊市环境管理体系的子体系，是年成立认证工作领导小组，开始进行筹划和初始环境评审，9 月，进行体系策划和文件编写。2003 年 1 月 15 日，颁布香河县 ISO 14001 环境管理体系二级环境管理手册和二级程序文件。自此，香河县 ISO 14001 环境管理体系运行。2003 年，成立香河县 ISO 14001 认证推进办公室，设在县环保局内，5 月 18 日，香河县通过 ISO 14001 环境管理体系认证审核，拿到 ISO 14001 认证证书。2005 年 8 月，根据创建 ISO 14000 国家示范区要求，全县 9 个乡镇纳入体系。2006 年 9 月 29 日，通过国家环保总局环境认证中心对香河县的第一次换证审核。2006 年，香河县推进办更名为香河县人民政府 ISO 14000 环境管理标准推进办公室。2008 年，全县体系中包含 44 个认证主体部门（含政府办）。

四　ISO 14000 国家示范区建设

2003 年 11 月，廊坊市召开 ISO 14001 环境管理体系认证工作表彰会暨 ISO 14000 国家示范区创建工作动员会，启动示范区创建工作。2005 年 1 月，国家环保总局 ISO 14000 国家示范区考核验收组到香河县验收示范区创建工作。通过查看创建《工作报告》《技术报告》和现场考察，26 项创建指标全部满足创建要求。香河县 ISO 14000 国家示范区创建工作通过国家环保总局的考核验收。

第四节　环境管理

一　环境目标管理

1980 年后，根据《中华人民共和国环境保护法》规定，全县新建、改建、扩建工程，实行严格防治污染的审批制度，控制新增污染源。到 1990 年，新办企业“两防三同时”（防污染、防公害设施，与主体工程同时设计、同时施工、同时投资）执行率 90%以上。1996 年后，严格执行环境影响评价法，环评率和“三同时”执行率均 100%。2008 年，全县形成家具制造、纸制品包装、金属制品三大特色产业与汽车配件、新型材料、纺织服装三大新兴产业的良性发展态势，建立起低消耗而富竞争力的产业集群。

二　排污费的征收与使用

1986 年起，征收超过国家发布的《工业“三废”排放试行标准》的企事业单位的排污费。1990 年，根据国家、省有关规定，扩大排污费的征收范围，增加分散小企业污染的收费。1981—2008 年，全县征收排污费共计 1232.6 万元。

1981—2008 年香河县征收排污费统计表

表 10-4-1　　单位：万元

年份	征收金额	用于治理资金	年份	征收金额	用于治理资金
1981	0.35	—	1995	16	24.06
1982	1.11	—	1996	22.10	—
1983	1.10	—	1997	38.43	—
1984	2.40	3.10	1998	38.19	3

续表 10-4-1

年份	征收金额	用于治理资金	年份	征收金额	用于治理资金
1985	2.40	—	1999	55.24	—
1986	1.83	—	2000	145.94	—
1987	2.92	—	2001	129.67	1
1988	3.39	—	2002	120.87	—
1989	4.30	—	2003	75.27	4.80
1990	6.50	4.70	2004	113.85	5
1991	6.30	—	2005	100.83	1
1992	6.85	—	2006	100.90	1
1993	6.58	—	2007	102.81	—
1994	10	—	2008	116.47	—

三　管理机构

1983 年，县政府环境保护办公室成立，并在县城建局内设环保股，1988 年改称环保科，负责环境保护和治理。1995 年 8 月，环保科从县城建局析出，建立香河县环境保护局，为科级事业单位。1996 年 6 月，县环保局内设 4 个职能科室，办公室、计划财务科、项目管理科、监理站。2002 年，县环保局设置办公室、计划财务股、人事股、政策法规宣传教育股、项目管理股、污染控制管理股、监理站、监测站、稽查队 9 个股室站。2003 年 5 月，成立 ISO 14001 认证推进办公室。7 月，监理站更名为环境监察大队。2008 年，环保局内设办公室、计划财务股、人事股、政策法规宣传教育股、项目管理股、污染控制管理股、监察大队、监测站、稽查队、ISO 14001 推进办公室、渠口镇环保所 11 个职能股室站，人员 63 人。是年 10 月，设立渠口镇环保所，为县环保局下属股级事业单位。

第十一编 交通 邮电 电力

改革开放后，香河县坚持“要想富，先修路”的发展理念，公路越修越宽，质量越来越高。1979年，香河县内有公路6条，里程总长78.80千米，其中油路51.10千米，碎石路9.30千米，土路18.40千米。1990年底，全县有公路23条，总长183.17千米，其中油路162.30千米。2008年底，全县有公路458条，总长834.58千米。其中，高速公路1条，县内长21.30千米；国道1条，县内长3.90千米；省道3条，县内总长55.30千米；县道4条，总长60.37千米；乡道16条，总长97.109千米；村道433条，总长596.60千米。公路通乡镇率和通村率均100%。

1979年，香河县邮电局主管辖区内邮电业务。从“送信、送报、寄钱、寄包”的产品单一经营，发展成为集特快专递、物流配送、集邮、保险、代办电信等业务于一身的多元化、市场化、规模化企业。1998年9月，实行邮电分营，撤销香河县邮电局，分别成立香河县邮政局和香河县电信局。1999年7月，实行电信分营，建立中国移动通信集团有限公司香河县分公司（简称中国移动香河县分公司）；香河县电信局经2002年更名河北省通信公司香河分公司后，2004年又更名为中国网通（集团）有限公司香河县分公司（简称中国网通香河县分公司）。2008年10月15日，中国联通和中国网通合并，称中国联合网络通信有限公司香河县分公司（简称中国联通香河县分公司）。2008年2月20日，中国电信集团公司香河县分公司成立。邮政、联通、移动、电信构成县域邮电产业。邮电业的发展，加快了信息传递速度，促进了经济发展，方便了人民生活。

香河县没有发电厂。香河县电源来自华北京津唐电网。香河县从三河市翟各庄220千伏变电站引出220千伏输电线路，经过大厂县进入香河县李辛庄110千伏变电站，然后通过全县9座35千伏变电站送到全县用户。1986年底，全县初步形成供电布局合理，输、变电安全可靠的电力系统。县、乡镇、村、户通电率100%，全县用电排灌保障率100% 。

第一章 交 通

第一节 公 路

一 高速公路

2008年，香河县域内只有京哈高速公路1条，县内通车里程21.3千米，途经淑阳、蒋辛屯、钱旺、渠口4乡镇。香河县内设有收费站和出口。1998年3月开工建设，称京秦（北京至秦皇岛）高速公路，1999年11月10日，正式通车运营。

二 干线公路

1979年，香河县有京津塘国道、唐通公路、夏安路3条干线公路通过，县内公路总长50.306千米。2003年，香三公路改建，称平香线，升格为省级干线公路。截至2008年，香河县干线公路4条，县内公路总长59.2千米 。

（一）103线（京津塘国道）

北京至天津塘沽。由香河县安平镇西部通过，县内路段长3.90千米。1979年，京津塘国道安平段加铺沥青试验路面，宽10米。2004年采取冷再生工艺进行大修，路面加宽至19.40米。

（二）唐通线

东起唐山，经丰润、玉田、宝坻、香河、西集等地，西止于京津塘公路沙古堆道口。省级干线公路。贯穿香河县，县内公路总长26.70千米。2002年进行改建。有大中型桥梁3座，小型桥梁5座。为香河县至北京、天津、廊坊、唐山及邻近各县的中枢。

（三）大香线

1997—1999年，夏安路改线，称大香线。北起国道102线（京哈线）夏垫道口，经大厂、蒋辛屯、香河县城、钳屯至安平镇，与京津塘国道相连。省级干线公路。县内长23.50千米。是通往天津、廊坊、大厂、三河、蓟县的主要干线，并与唐通线相通。2004—2005年和2007—2008年，对部分路段分别进行大中修。县内有大中型桥梁4座，小型桥梁4座。

（四）平香线

北起北京平谷，经三河、香河钱旺乡，与唐通线相连。省级干线公路。县内长5.10千米。2003年改建。县内有大中型桥梁3座，小型桥梁3座。是香河去三河、蓟县方向的主要公路。

三　县级公路

1979年，香河县有主要县级公路4条。即香三路（香河—三河）、香宋路（香河—刘宋）、香务路（香河—河西务）、香五路（香河—香城屯），公路总长60.459千米。2002年，香五路降为乡镇级公路。2005年，渠口至埝头公路改建，称蒋渠线，升格为县级公路。2006年，香宋路延伸改造，改称香北线。2007年，倪李线修建，纳入县级公路。截至2008年，香河县级公路4条，即香北线、倪李线、香务线、蒋渠线。县内公路总长60.371千米。

（一）香北线

香河县城至天津市武清区河北屯。经安头屯、刘宋、程官屯村西、中营村东，青龙湾河大桥，至天津市武清区河北屯。县内公路长22.688千米，路面宽7～12米。香河县通往天津市主要县道之一。2006年，刘宋西至河北屯5.763千米路段改建。2008年，大修香河县城至刘宋破损路段。

（二）倪李线

东起刘宋镇倪庄，经东张庄、刘宋、王家务、香城屯、五百户、西张庄、骡子王，西至五百户镇李庄，长18.643千米，路面宽4～7米。2006—2007年，由倪庄修建至香武路相接处。

（三）香务线

香河县城至天津市武清区河西务镇。起自钳屯乡与双安路相连接处，南经红庙、李庄、邢营等，止于双街桥。是通往天津市的县道之一，长12.512千米，路面宽6米，三级路。2005年，大修五百户镇前土门楼村至河西务路段；2008年，大修其余路段。

（四）蒋渠线

渠口镇渠口村至三河市蒋福山村。县内公路长6.528千米。2005年，改建渠口村至石虎辛庄村南路段，长4.20千米，路面宽7～12米；2008年，改建石虎辛庄村北至三河交界处，长2.328千米，路面宽7米。

四　乡（镇）级公路

1979年，香河县乡（镇）级公路13条，即渠口至埝头公路、大窑上至冯滦庄公路、刘宋至石辛庄公路、钱旺村至万木林公路、安平镇路、大罗屯乡路、钳屯乡路、大窑上至义井路、渠口至安头屯公路、五百户至李庄公路、刘宋至香城屯公路、王家摆至杨家洼路、刘宋至中营公路，县内公路总长65.375千米。除渠口至埝头公路、大窑上至冯滦庄公路、钱旺村至万木林公路（唐通路至钱旺乡政府1千米路段）、安平镇路、大罗屯乡路为沥青路面外，其余皆为土路。1996年，并乡扩镇，安平镇路、大罗屯乡路降为村级公路。2002年，原县级公路“香五路”（香河县城至五百户）降为乡（镇）级公路；2004年，县委、县政府在启动“村村通油路”工程的同时加强县、乡（镇）级公路建设。2006年，香北线开工建设，并被列为县级公路，原刘宋至中营公路并入香北线；2007年，倪李线开始修建，五百户至李庄公路、刘宋至香城屯公路并入倪李线，并升格为县级公路。截至2008年，香河县乡（镇）级公路16条，县内通车里程97.109千米。

（一）香武线

香河县至天津市武清区。1982年因油面老化，坑槽较多，对路面进行填补坑槽和罩面。1986年对香五路进行改建，并于2002年降级为乡（镇）级公路，全长10.394千米，三级路。跨钳屯乡、五百户镇，是香河县南部地区的交通要道，也是通往天津市的主要通道，又称“香武路”。2007年改建香武路，全长11.9千米，路面宽9～12米，二级路。

（二）国安路

中信国安度假村至安头屯镇。长6.282千米，路面宽16米，二级路。1998年始铺沥青路面；2004年改建。

（三）双安路

安平镇至安头屯镇。长9.409千米，二级路。1998年始铺沥青路面；2004年改建，路面加宽至16米。

（四）香安线

经香河城西、后小屯、大罗屯、王家摆至安平镇。长9.168千米，路面宽7～16米，三级路。

（五）香蒋线

由香河县城始，途经赶水坝大闸、程辛庄、闻庄至蒋辛屯镇，通向大厂县。长6.514千米，路面宽7米，三级路。

（六）钱旺至万木林公路

南起唐通线钱旺村道口，北至马家窝万木林。长5.585千米，路面宽4米，四级路。1979年，唐通线至钱旺乡政府1千米路段为沥青路面，宽3.5米，其余为土路。1989年全程始铺沥青路面。

（七）义井至大窑上公路

南起潮白河义井大桥东端，沿潮白河东堤向北行至夏安路潮白河赶水坝堤口，长8.058千米。路面宽4米，2006年修建，始铺沥青路面。是唐通路与夏安路的联络线。

（八）梁务路

大窑上至梁家务村，长5.286千米，路面宽4米，四级路。为原大窑上至冯滦庄公路香河路段。

（九）蒋辛屯至梁家务公路

由蒋辛屯向西北、经北三百户至梁家务。长3.378千米，路面宽4米，四级路。2006年修建，始铺沥青路面。

（十）蒋辛屯至万木林公路

由蒋辛屯向东，经双营、打鹌户，至马家窝万木林。为泥结碎石路段。1994年始铺设沥青路面。长5.881千米，路面宽4米，四级路。

（十一）谢屯至扁城公路

由谢屯向西，经赶古庄村至扁城。长3.828千米，路面宽4米，四级路。2005年开始修建，铺设沥青路面。

（十二）钳屯乡路

由钳屯北街口至双安路口。长0.941千米，路面宽4米。始建于1983年。

（十三）刘宋至度假村公路

由刘宋起，经八户，至北务屯中信国安度假村。长3.541千米，路面宽4米，四级路。1990年开始修建，铺设沥青路面。

（十四）渠口至安头屯公路

北起唐通线王刘圈道口，向南经小高坨、潮白河漫水桥、后独立庄、大青庄务、小青庄务，至安头屯香宋路口。长8.643千米，路面宽4米，四级路。原为古道。1994年始铺沥青路面。2004年11月改建，垫高路基，由于铺设沥青路面时气温低，春节后部分路段油面被车轧坏。2005年重新铺设沥青路面。

（十五）刘宋至庆功台公路

原刘宋至石辛庄公路香河段。1985年始铺沥青路面。长4.439千米，路基宽6米，路面宽4米，四级路。2006年重修。

（十六）刘宋至大田公路

南起倪李线路口，向北经马各庄至大田。长5.762千米，路面宽4米，四级路。2006年铺设沥青路面。

五　村街道路

1979年，全县300个行政村村街道路全部为土质。1979年后，随着村集体经济的发展，部分富裕起来的村街逐步整修道路，多为沙石路和砖路，少为柏油路和水泥路。2004年，中共河北省委、省政府启动“村村通油路”工程，并在资金上给予支持，农村公路建设得以快速发展。是年，香河县成立农村公路管理办公室。2005年，组建地方道路管理站，负责县级公路的养护与管理，指导乡村公路的养护与管理工作。2008年底，未通公路的180个村街均修通水泥路或沥青油路，通车里程224.18千米，全县实现村村通公路。

六　专用公路

蒋辛屯至杨各庄公路起于大香线的蒋辛屯道口，向东经匠庄、小朱庄、双营、万木林至三河市杨各庄，与平香线连接。全长6.62千米，路基宽6米。其中万木林至蒋辛屯段5.90千米，建于1964年4月。1967年，该段铺装泥结碎石路面，1994年，改建为路基宽6米柏油路面，为驻军专用路。

2008 年香河县国、省、县级公路一览表

表 11—1—1

路线名称	起止点名称	行政等级	里程（千米）	路基宽度（米）	路面宽度（米）	技术等级	修建时间	日交通流量	改建情况简介
京哈高速	北京—哈尔滨	国道	21.30	—	—	—	1998	—	—
大香线	大厂—香河 13+200~36+719	省道	23. 50	11. 60~26	11~24	一、二	1997 1999	21118	1997 年改建 K13+200~14+490 K22+255~K34+134 1999 年改建 K14+490~22+255 2004 年大修 K34+134~36+719 2005 年大修 K25+200~29+200 2007—2008 年大中修
唐通线	唐山—通州 84+690~111+065	省道	26. 70	9~26	6~24	一、二、三	2002 2004	23030	2002 年改建 K84+690~K102+587 2004 年大修 K105+537~K111+065
京津塘	北京—塘沽 32+800~36+670	国道	3. 90	20	19. 40	二	1992	—	1992 年改建，路面由原来的 9 米拓宽至 12 米 2004 年大修
平香线	平谷—香河 42+348~47+455	省道	5. 10	12	11. 40	二	2003	—	2003 年改建
县道合计	—	—	60. 371	—	—	—	—	—	—
香北线	香河—天津河北屯 0+000~23+670	县道	22. 688	5~13	4~12	三、四	1997 2003	9582	1996 年、1997 年香河—刘宋大修，路面由 6 米加宽至 7 米；2002、2003 年，县城段主道拓宽至 12 米，两侧慢车道各 5 米。2006 年改建，2008 年大修
倪李线	倪庄—李庄 0+000~18+900	县道	18. 643	7~10	4~7	四	1986	6224	2004 年 0+000~3+040 大修 2005 年 3+900~10+960 大修
香务线	香河—天津河西务 4+300~17+100	县道	12. 512	9	6	三	1984	7582	2005 年 12+600—17+100 大修、8+000—8+800 大修 2008 年大修
蒋渠线	三河蒋福山—渠口	县道	6. 528	9	6	四	1999	4900	1999 年 0+000~6+000 改建，石虎以东 3. 50 公里为田间土路。2005 年、2008 改建

2008 年香河县乡级公路一览表

表 11—1—2

路线名称	起止点名称	行政等级	里程（千米）	路基宽度（米）	路面宽度（米）	技术等级	修建年限	改建情况简介
乡道合计	—	—	97.109	—	—	—	—	—
香武线	香河—武清区	乡道	11. 90	10	9~12	二	1987	1986 年香五路路面由 6 米改为 7 米,2000 年由县道降级为乡道
香安线	香河—安平	乡道	9. 168	10	7	三	1986	1986 年路面由 6 米改为 7 米,2002 年由县道降级为乡道
香蒋线	香河—蒋辛屯	乡道	6. 514	10	7	三	1986	1986 年路面由 6 米改为 7 米,2002 年由县道降级为乡道
国安线	国安基地—安头屯	乡道	6. 282	19	16	二	2004	2004 年改建
双安线	安平—安头屯	乡道	9. 409	19	16	二	2004	2004 年新建
钱旺—万木林	钱旺—驻军	乡道	5. 585	6	4	四	—	
义井—大窑上	义井—大窑上	乡道	8. 058	6	4	四	—	
梁务路	大窑上—梁家务	乡道	5. 286	8	5	四	2000	2000 年大修
蒋辛屯—梁务	蒋辛屯—梁务	乡道	3.378	6	4	四	1988	2006 年改建
蒋辛屯—万木林	蒋辛屯—万木林	乡道	5. 881	6	4	四	—	
谢屯—扁城	谢屯—扁城	乡道	3.828	6	4	四	1991	2005 年铺沥青路面
钳屯乡路	钳屯乡	乡道	0. 941	6	4	四	1986	
刘宋—庆功台	刘宋—庆功台	乡道	4. 439	6	4	四	1986	2006 年修建
刘宋—大田	刘宋—大田	乡道	5. 762	6	4	四	1987	2006 年修建
渠口—安头屯	渠口—安头屯	乡道	8. 643	6	4	四	1986	
刘宋—度假村	刘宋—度假村	乡道	3.541	6	4	四	1990	

2001年香河县各乡（镇）村级公路里程统计表

表 11-1-3

乡镇名称	公路里程(千米)	乡镇名称	公路里程(千米)
渠口镇	39.11	安头屯镇	23.90
钳屯乡	15.25	蒋辛屯镇	34.07
淑阳镇	31.27	安平镇	19.40
刘宋镇	19.50	五百户镇	40.15
钱旺乡	14.85	合　计	237.50

说明：表中村级公路包括水泥路、油路、沙石路、砖路和小部分土路，为2001年普查数据

第二节　桥涵

一　桥梁

1979年，全县有桥梁58座，随着公路建设的不断发展，公路桥梁有显著增加。2008年末，香河县共有大、中、小桥梁175座，基本形成桥梁通贯、路不障水、水不阻路的交通格局。

主要桥梁基本情况如下：

潮白河特大桥　位于县城西北500米的大香线上，1999年建成，横跨潮白河。桥长805.06米，宽25米，40孔，跨径为20米。上部为预应力空心板，下部为桩柱墩肋板台，荷载汽车超20吨，挂车120吨。

东魏桥　1971年建成，分别于2000年、2002年进行加固加宽，横跨引沟入潮河。桥长229.64米，宽11.80米，16孔，跨径为14.10米。上部为T形梁，下部为桩柱式墩台。荷载汽车20吨，挂车100吨。

潮白河桥　位于县城东（达古庄）1千米的唐通线上，横跨潮白河。2002年修建，桥长465.06米，宽12米，23孔，跨径20米。上部为预应力连续空心板，下部为桩柱式墩台。荷载汽车20吨，挂车100吨。

中营桥　位于中营村南，横跨青龙湾河。建于1974年，2004年香河县与天津武清区共同重建，全长260.78米，宽7米，16孔，跨径16米。上部为空心板，下部为灌注桩。设计载重为公路Ⅱ级。

仉村大桥　位于仉村南，横跨青龙湾河。建于2005年，全长316米，宽11米，16孔，两端跨径为16米，中间跨径为20米。上部为预应力空心板，下部为灌注桩。设计荷载为公路Ⅱ级。

2008 年香河县桥梁一览表

表 11—1—4

路线名称	桥名	河流	桥位桩号	跨径及桥长 孔数—跨径（米）	跨径及桥长 全长（米）	桥宽组合（米）	桥高（米）	设计载重	跨径分类	桥梁结构 上部	桥梁结构 下部	修建年限
唐通线	石油管道桥	石油管道	84+800	1—6	6. 42	1—12. 63+ 2—0. 3	3	汽—20 挂—100	小	矩形板	石台	2002
	东魏桥	引沟入潮	85+509. 22	16—14. 1	229. 64	1—11. 8 +2—1	9. 10	汽—20 挂—100	大	T 梁	桩柱式墩台	1971 建 2000 加固 2002 加宽
	鲁口桥	窝头河	87+335. 1	2—8	21. 60	1—11+ 2—0. 3	3. 15	汽—20 挂—100	小	矩形板	桩柱式墩台	1989
	潮白河桥	潮白河	97+414. 03	23—20	465. 06	1—12 +2—0. 5	10. 55	汽—20 挂—100	大	预应力 连续空心板	桩柱式墩台	2002
	矬口桥 （斜 35°）	排污渠	99+020. 3	1—5	7. 30	1—30. 7 +2—0. 3	1. 89	超汽—20 挂—120	小	矩形板	八字式石台	2002
	南台桥 （斜 40° 52'）	排污渠	101+052	1—6. 6	7. 02	1—24	4. 72	超汽—20 挂—120	小	矩形板	浆砌石墩台	2002
	五一渠桥 （斜 35°）	五一渠	102+050. 2	2—13	31. 04	1—24 +2—0. 5	4	超汽—20 挂—120	小	空心板	桩柱式墩台	2002
	五一渠桥	五一渠	107+241	1—13	18. 04	9+2*0. 5	6. 10	汽—20 挂—100	小	空心板	桩柱式墩台	2005
平香线	武河桥	老武河	42+437. 1	2—13	30. 98	1—12+ 2—0. 5	3. 50	汽—20 挂—100	小	普通砼 连续空心板	桩柱式 墩台	2003
	梁务干渠桥 （斜 40°）	梁务干渠	45+127.7	1—13	20.91	1—12+ 2—0.5	3	汽—20 挂—100	小	普通砼 空心板	U 形石台	2003
大香线	后场桥	丰收渠	13+272. 3	1—13	19. 30	1×12+ 2×0. 5	2. 10	汽—20 挂—100	小	空心板	片石砼台	1997
	鹔池河桥 （斜 400）	鹔池河	15+792. 5	5—13	70. 336	1×24+ 2×0. 5	4. 74	汽—20 挂—100	中	空心板	桩柱式墩台	1999

续表 11—1—4

路线名称	桥名	河流	桥位桩号	跨径及桥长		桥宽组合（米）	桥高（米）	设计载重	跨径分类	桥梁结构		修建年限
				孔数—跨径（米）	全长（米）					上部	下部	
大香线	蒋辛屯桥（斜 300）	梁务干渠	16+867	1—13	25.198	1×24+2×0.5	5.27	汽—20 挂—100	小	空心板	桩柱式墩台	1999
	四百户桥	梁务干渠	17+835	1—13	20.04	1×24+2×0.5	4.27	汽—20 挂—100	小	空心板	U 形台	1999
	潮白河特大桥	潮白河	20+962.48	40—20	805.06	1×25+2×0.5	10	汽—超 20 挂—120	特大	预应力连续空心板	桩柱墩肋板台	1999
	五一渠桥（斜 400）	五一渠	22+160	3—13	44.286	1×24+2×0.5	5.80	汽—20 挂—100	中	空心板	桩柱式墩台	1999
	钳屯桥（斜 400）	自流干渠	28+215.9	1—13	18.28	1×12+2×0.5	3.60	汽—20 挂—100	小	空心板	桩柱式墩台	1997
	安运桥	北运河	31+522.13	12—13	160.04	1×12+2×0.5	5.60	汽—20 挂—100	大	空心板	桩柱式墩台	1997
原唐通线	义井桥	潮白河	98+371.45	33—14.1	466.30	1×7+2×0.75	8.80	汽—20 挂—100	大	T 梁	桩柱式墩台	1971 年建 2001 年加固
	五一渠桥	五一渠	102+622.5	1—15	21	1×24.7+2×1	2	汽—20 挂—100	小	空心板	片石 砼台	1995
香北线	金辛庄桥	东干渠	2+735.2	1—10	—	11+2×0.5	—	公路Ⅱ级	小	—	—	2006
	安头屯桥	安流排渠	9+074	1—10	22.10	7+2×0.25	4	汽—15 挂—80	小	板拱	石台	1975
	刘宋北桥	安流排渠	15+319	1—8	21.52	9+2×0.5	3.20	公路Ⅱ级	小	现浇板	石台	2004
	王务桥	香绣渠	—	1—8	—	11+2×0.5	—	公路Ⅱ级	小	现浇板	石台	2006
	程官屯小桥	排水渠	—	1—8	—	11+2×0.5	—	公路Ⅱ级	小	现浇板	石台	2006
	程官屯中桥	排水渠	—	3—13	—	9+2×0.75	—	公路Ⅱ级	中	空心板	石台桩柱	2006
	中营桥	青龙湾河	—	16—16	260.78	7+2×1	5	公路Ⅱ级	大	空心板	灌注桩	2004

续表 11—1—4

路线名称	桥名	河流	桥位桩号	跨径及桥长		桥宽组合（米）	桥高（米）	设计载重	跨径分类	桥梁结构		修建年限
				孔数—跨径（米）	全长（米）					上部	下部	
倪李线	刘宋东桥	安流排渠	—	1—10.7	16.50	7	4	汽—20 挂—100	小	空心板	砼台	1986
	王务闸桥	香绣渠	—	2—2.6	19	5.3+0.45×2	3	汽—8	小	矩形板	石台	1987
	刘庄桥	五一渠	—	1—13.7	15	7+0.5×2	5	汽—15 挂—80	小	空心板	石台	1995
	石辛庄桥	五一支渠	—	1—8	9.68	9+0.5×2	2.50	公路Ⅱ级	小	现浇板	砼台	2005
	黄小营桥	八百户支渠	—	1—10	15.70	7+2×0.25	3	汽—15 挂—80	小	板拱	砌石	1978
	香城桥	七百户支渠	—	1—8	11.54	9+0.5×2	2.50	公路Ⅱ级	小	现浇板	砼台	2005
	五百户桥	五一支渠	—	1—9	16	4.4+0.5×2	4	汽—10	小	板拱	石台	1998
	骡子王闸桥	自流渠	—	2—2	18.20	5.6+0.4×2	4	汽—8	小	∩型板	石台	1991
	骡子王桥	青龙湾河	—	11—10.1	115.50	4	6	汽—8	大	板拱	石台 桩柱	1969
	荒庄桥	自流渠	—	1—8	12	5.6	4	汽—8	小	板拱	石台	1968
蒋渠线	邱庄桥	梁务干渠	—	1—12	13	1×6.4+2×0.3	2.70	汽—20 挂—100	小	空心板	石台	2000
	闫胡套桥	自流渠	—	1—5.4	6	1×8.4+2×0.3	2.70	汽—20 挂—100	小	空心板	石台	2000
	庞各庄桥	引沟入潮	—	31—6.5	201.50	1×4.2+2×0.32	8.50	汽—8	大	T梁	灌注桩	1972
香务线	红庙闸桥	青龙弯河	10+137	12—11	154	6+0.2	7	汽—10	大	宽腹T梁	灌注桩 闸墩	1974
	双街桥	北运河	16+561.8	5—13	69.98	9.5+2×0.5	5.40	公路Ⅱ级	中	空心板	灌注桩	2004
香五线	南台桥	香绣渠	3+065	1—6	17.70	7	2.50	汽—15 挂—80	小	木行架拱	砌石	1983

续表 11—1—4

路线名称	桥名	河流	桥位桩号	跨径及桥长		桥宽组合（米）	桥高（米）	设计载重	跨径分类	桥梁结构		修建年限
				孔数—跨径（米）	全长（米）					上部	下部	
香五线	东干渠桥	东干渠	3+675.2	—	—	12+2×1.5	—	公路Ⅱ级	小	—	—	2004
	延寺桥	五一渠	5+293.1	2—8	25.47	12+2×1.5	—	公路Ⅱ级	小	—	—	2005
	仉村小桥	自流渠	10+110	1—13	25.96	12+2×0.5	—	公路Ⅱ级	小	空心板	砌石	2005
	仉村大桥	青龙湾河	10+958	2—16 14—20	316	11	—	公路Ⅱ级	大	空心板	灌注桩	2005
香安线	大罗屯桥	自流渠	27+677	1—8	13.30	9+2×0.25	3.90	汽—15 挂—80	小	矩形板	砌石	1986 2008 年改建
	王摆桥	北运河	29+700	11—14.1	165	7+2×0.75	8.73	汽—15 挂—80	大	T 梁	灌注桩	1973
	龙凤减河桥	龙凤减河	31+780	5—11.4	66.60	7+2×0.75	7	汽—20 挂—100	中	T 梁	灌注桩	1977
香蒋线	赶水坝桥	潮白河	—	2—5.3 2—4.825 6—5.1 12—4.65 12—4.5 6—4.9 2—5.775	200.22	1—5.23+ 1—0.95（左）	7.20	汽—8 挂—30	大	矩形板 T 梁	钢筋砼 闸墩台	1965
	杨簸箕桥	梁务干渠	—	1—24	30.60	1—6+ 2—0.45	4.70	汽—13 挂—60	中	钢筋混凝土拱	砌石台	1972
	蒋辛屯桥	梁务干渠	—	1—8	15.50	1—12.6+ 2—0.5	3.30	汽—20 挂—100	小	矩形板	砌石台	1987 建 1997 加宽
	鹌池河桥	鹌池河	—	1—13	23.20	1—12+ 2—0.5	3.90	汽—20 挂—100	小	空心板	片石混台凝土	1997
双安线	铁佛堂桥	香绣渠	—	1— 10.8 2— 6	24.20	12.05+ 0.55×2	3	汽—13 拖—60	小	板拱	石台	1998 建 2004 加宽

续表 11—1—4

路线名称	桥名	河流	桥位桩号	跨径及桥长 孔数—跨径（米）	全长（米）	桥宽组合（米）	桥高（米）	设计载重	跨径分类	桥梁结构 上部	下部	修建年限
双安线	八百户桥	五一渠	—	3—7.2	25	12.05+0.6×2	3.50	汽—13 拖—60	小	板拱	石台	1998 建 2004 加宽
	李辛庄桥	自流渠	—	1—10.4	22.10	12+0.6×2	3	汽—13 拖—60	小	板拱	石台	1998 建 2004 加宽
	钳屯桥	自流渠	—	1—11.4	17.10	11.9+0.5×2	3	汽—13 拖—60	小	T 梁	砼台	1998 建 2004 加宽
国安路	香绣桥	香绣渠	—	2—6.6	13.80	11.2+0.5×2	4.50	汽—20 挂—100	小	空心板	砌石台	1997
	五一渠桥	五一渠	—	1—11.52	13.70	11.1+0.5×2	3.50	汽—20 挂—100	小	空心板	砼石台	1997
渠安线	王刘圈桥	自流渠	—	1—5.6	7.30	4.6+0.5×2	3	汽—8	小	板拱	石台	1980
	小高坨桥	自流渠	—	1—8.2	24	4.1+0.3×2	3	汽—8	小	板拱	石台	1971
	小高坨公路桥	潮白河	—	16—6.5	104.60	6.5	6.50	汽—13 拖—60	大	矩形板	灌注桩	1971
	后独立桥	自流渠	—	1—8.2	23	4.2+0.3×2	4	汽—8	小	板拱	石台	1971
	大青庄桥	自流渠	—	1—8.2	11.50	4.2+0.3×2	2	汽—8	小	板拱	石台	1971
	安头屯桥	自流渠	—	1—5.2	10.80	4.9+0.5×2	3.50	汽—10	小	板拱	石台	1980
钱万线	武河桥	老武河	—	1—5.7	9.10	7+0.48×2	4	汽—15 挂—80	小	T 梁	石台	1984
蒋万线	双营桥	自流渠	—	4—2.5	17.50	6+0.4×2	3	汽—8	小	∩型板	石台桩柱	1969
刘宋—度假村	八户桥	香绣渠	—	—	—	—	—	—	小	—	—	2004
渠庆线	前独立桥	小湖支渠	—	—	—	—	—	—	小	—	—	1967
	马庄桥	排水渠	—	—	—	—	—	—	小	—	—	1998
	大田桥	北村支渠	—	—	—	—	—	—	小	—	—	1971
蒋辛屯—梁务	北三百户桥	梁务干渠	—	—	—	—	—	—	小	—	—	1977
	北三百户桥	梁务干渠	—	—	—	—	—	—	小	—	—	1980
香北线	刘宋西桥	香绣渠	—	1—10.6	24.10	3.3+0.3×2	3.50	公路Ⅲ级	小	旧 T 梁	石台	2004
	程官屯大桥	排水渠	—	10—5.7	58	3.8+0.45×2	5.80	汽—13 拖—60	中	∩型板	石台桩柱	1981

二　涵洞

1979—2008年，全县共有涵洞119个。其中干线公路中有89个，分布在大香线57个、唐通线28个、平香线4个；县村道路中有30个。

第三节　公路运输

一　运输工具

1979年，香河县有载重汽车153辆，大小拖拉机452台。1982年后，国营、集体和个体的各种机动车辆迅速增加。1994年后，随着改革开放力度的加大，个体经济得到快速发展，私人拥有的机动车发展迅速，并占据主导地位。2008年，全县有载货汽车5267辆，营运客车72辆。

二　汽车货运

1979年，全县货物运输主要以国营集体企业汽车一队、汽车二队为主，年货运量23.90万吨，年货运周转量1455.80万吨千米。1983年实施"放宽政策、搞活运输"的方针后，专业货运、企事业货运不断发展，个体机动车运输户随之涌现且不断增加。1985年，全县有货运汽车469辆（其中联户个体111辆），各类运货拖拉机1636台（个体占80%），货运量30.54万吨，货运周转量1144.50万吨千米。2001年，随着汽车二队的解体，汽车一队的改制，香河结束国营、集体企业从事货运的历史，汽车运输形成以个体为主导的格局。2008年，全县有载重汽车5267辆，各种型号拖拉机21台，货运量、货运周转量分别增至153万吨和2860万吨千米。

1979—2008年香河县公路汽车运输统计表

表11-1-5

年份	公路运输货运量（万吨）	公路运输周转量（万吨千米）	载重汽车（辆）	挂车（辆）
1979	23.90	1455.80	153	30
1980	19.90	979.30	153	30
1981	15.80	795.60	199	49
1982	51	4248	219	55
1983	32.50	1082	252	78
1984	17.60	859.60	282	94
1985	30.54	1144.50	469	136
1986	32.50	2219.10	481	186
1987	48.67	2226.20	628	126
1988	47.70	2304.80	839	141
1989	41.70	2487	867	159
1990	57.60	2867.20	811	2400
1991	95.30	5311.30	867	125
1992	96.20	5373.70	1107	156
1993	98.20	5670.10	1191	188
1994	99.20	5672.10	1400	60
1995	37.7	6863	1352	152
1996	22.6	1544.6	1766	198
1997	27	1545	1695	193
1998	98	1710	1740	189
1999	109	1960	1663	189

续表 11-1-5

年份	公路运输货运量（万吨）	公路运输周转量（万吨千米）	载重汽车（辆）	挂车（辆）
2000	116	2180	1541	181
2001	119	2320	1541	176
2002	121	2380	1639	154
2003	125	2450	1876	147
2004	133	2560	7978	126
2005	138	2660	5127	109
2006	139	2760	5207	84
2007	142	2800	5207	69
2008	153	2860	5267	44

三　汽车客运

1979 年，香河县日客流量 433 人次。1980 年，香河客运由廊坊运输公司接管，每日始发车 3 部，过路车 97 车次，日平均客流量 575 人次。1991 年 6 月，香河汽车站由城北门口外搬迁至县城西夏安路东侧，每日发车 87 部，过路车 228 车次，日平均客流量 5000 人次。1998 年 5 月，北京—香河 938 路公共汽车首次试运行；当年 7 月，县内 1、2、3、4、5 路小公共汽车开通运行。2001 年，廊坊通利运输有限公司香河分公司成立，长途运营客车 15 部。2008 年 4 月，鑫瑞出租汽车有限公司成立，投入运营车辆 100 部。当年，全县平均日客流量为 10000 人次。

（一）普通客车运营路线

香河至北京。途径大王庄、赶水坝、凌家吴村闸、西集、通县、北京。

香河至天津。途径王家摆、安平、河西务、大孟庄、杨村、北仓、天津。

香河至石家庄。途径永乐店、廊坊、霸州、石家庄。

香河至廊坊。途径安平、永乐店、廊坊开发区。

香河至唐山。途径义井、渠口、大七里、鲁家口、宝坻、玉田、丰润、唐山。

香河至三河。途径钱旺村、皇庄、三河。

香河至大厂。途径大王庄、赶水坝、蒋辛屯、大厂。

香河至宝坻。途径义井、渠口、大七里、东魏各庄、宝坻。

（二）938 路客车运营路线

主线：香河、雀林院、安平、长陵营、北苑、北京站。

支线：香河、赶水坝、凌家吴村、北苑、大北窑。

（三）县内小公共汽车运营路线

1 路：安平至石虎。途径王家摆、大罗屯、香河、钱旺、渠口、石虎。

2 路：李庄至梁家务。途径钳屯、香河、大窑上、梁家务。

3 路：香河至东王各庄。途径李辛庄、五百户、北务屯、八户、刘宋。

4 路：香河至庆功台。途径金辛庄、安头屯、刘宋。

5 路：香河至刘庆庄，途径钳屯、安头屯、刘宋。

鑫瑞出租汽车首次运行仪式（付立新摄于 2008 年 4 月）

四　管理

（一）公路管理

1. 养护

1979 年，根据农村经济体制改革和公路养护需要，经上级批准，改 183 名养路工为协议工。到 1985 年，有安平镇、王家摆、蒋辛屯、钱旺村、渠口镇、安头屯、五百户 7 个道班，共 61 人，养护里程 102.90 千米。1990 年底，全县有 7 个养护道班，养护工 75 人，养护工具有切割机、震动夯、压路机等。

1994 年，根据上级要求，养护道班改名为“公路所”，渠口公路所迁至渠口镇东侧；在钳屯乡南侧、香务线西侧新建县级公路所一处，取名为“钳屯公路所”。由于采取集中养护，公路所由原来的 7 个合并为渠口、钳屯、王摆、钱旺、大窑上 5 个公路所，共 70 名养路工，养护里程 102.90 千米。

1997 年，省道夏安线南段改线，同时改名为大香线（大厂—香河），原路线降级为乡道。1999 年，大香线北段改线，旧线降级为乡道，全段养护里程未变。2000 年，为带动区域经济发展，上级调整部分县乡道路，原县道三香线升级为省道，改名为平香线（平谷—香河）。香河县干线公路由原来的 3 条增至 4 条，里程由 50.90 千米增至 59.20 千米。县道仍为 4 条，原石虎路升级为县道，取名“蒋渠线”（三河蒋福山至香河渠口），倪李线（倪庄—李庄），香宋线改名为香北线（香河—武清县河北屯），香务线维持原名，但里程缩短。时年养护里程 120.90 千米，养护方式仍采取集中养护，养护道班由 5 个调整为 3 个：渠口养护中心、叶屯养护中心、钳屯公路所。

2005 年，香河县公路养护机构分为 2 个：公路管理站和地方道路管理站。公路管理站下属 2 个养护中心、1 个拌合场，分管国省干线公路，养护里程 55.90 千米；地方道路管理站分管县乡村公路，养护里程 269.40 千米。随着科学技术的广泛应用，公路养护机械化程度不断提高，养护机械有路面清扫车、锯缝机、割草机、草坪机、割灌机、洒油车、震动压路机、8 吨喷药喷水车等，养路工上路作业用专车接送。部分养护工程项目实行承包或招投标，养护机制改革初具雏形。

2008 年，公路交通量骤增，且大型车辆居多，道路、桥梁严重破损，养护任务加重。养护人员采取固定与临时相结合，招收多名季节性养路工，养护国省干线 55.90 千米，县乡村道路 381.80 千米。

2．绿化

1978 年 10 月，实行行道树管理责任制，每个道班的责任段确定 1～3 人专管，提高树的成活率。1979 年，补植树 2170 株。1980 年，栽树 4935 株。1982 年，补栽 4960 株。1985 年，县公路行道树有 52053 株。1990 年，县内公路行道树有 11 万株，绿化 171 千米，占总里程的 87.20%。1991 年，香河县干线公路绿化均属国有，县道除三香线路树属国有，其余均为集体和个人所有。绿化树种主要为毛白杨、北京杨、柳树等，绿化里程 171 千米，绿化率 100%。

1993 年夏安线西段改线，改线段栽植河南桧柏、毛白杨、火炬树，共计 2100 株，这是香河县公路野外段首次栽植常绿乔木。1997 年，大香线南段改线，改线段栽植毛白杨、河南桧柏、紫叶小檗等 11000 株。1999 年，大香线北段改线，改线段栽植了毛白杨、河南桧柏、金叶女贞、木槿、垂柳共计 9500 株，并扩展绿化面积，在外绿化台栽植垂柳。香河县乡级以上公路拥有乔木 5.72 万株，花灌木 0.83 万株，绿化里程 175.40 千米。

2002 年，唐通线中段改线 7.50 千米，新植国槐、毛白杨、河南桧柏、紫叶小檗、金叶女贞、火炬树 10000 株。2003 年，大香线南段树木更新，栽植毛白杨、河南桧柏、紫叶小檗、北京桧柏、龙爪槐共计 23731 株。2004 年，国道 103 线大修，路面加宽，两侧新植国槐 1300 株。2007 年，美国白蛾在香河县发生，为保护绿化成果，公路站在全县率先动用人力机械，对县以上公路两侧路树连续喷洒农药，并帮助乡镇防治美国白蛾。为使干线公路绿化整齐、美观，清理干枯、有缺陷的路树，补植乔灌木 7940 株。2008 年，干线公路补植乔灌木 1000 株。这时，干线公路绿化进入相对稳定阶段，新植路树减少，每年的绿化工作停留在补植及病虫害防治上。

3．路政

1983 年，公路管理站开始配备专职路政管理人员，结合公安等部门进行联合检查，并组成清理路障小组。1985 年，成立路政管理组，有 5 名人员负责路政管理。1998 年 3 月，正式组建路政执法大队，下辖 4 个中队。2008 年有路政执法员 29 人。

（二）运输市场管理

1984 年，在城关、刘宋、渠口、五百户、蒋辛屯、王家摆、钱旺村等处设立运输管理分站。并分别在安平、赶水坝、大王庄设置联合检查站。2003年，运输市场管理实现微机化，撤销各运输分站，统一在县运输管理站办理各项业务。

（三）养路费稽征管理

1977年8月，县公路管理站内设养路费征收组，农村由城关、刘宋、安头屯、蒋辛屯、渠口等运输分站代征，年收费38.40万元。1985年，养路费稽征人员增至10人。从是年4月起，由运输管理分站代征部分农村车辆的养路费。所征养路费全部上缴，由市统收统支，以路养路，专款专用。2008年，共征收养路费2100万元。

第四节 管理机构

一 交通局

1980年初，香河县交通运输局内交通、运输分别建立机构，成立香河县交通局，交通局内部机构几经调整，至2008年，设办公室、人事股、体改法规股、财务股。局机关干部职工16人。

二 公路管理站

1977年6月，成立香河县交通运输局公路管理站。站内设办公室、工程组、机务组、小修组、收费组。1979年，建立城关、大罗屯、王家摆、五百户、金辛庄、安头屯、刘宋、渠口、钱旺村、蒋辛屯、大七里（后改称东鲁口）、谢家屯12个道班，经历年压缩整合，2008年有养护中心2个。2008年底，县公路管理站共有机械46台，干部职工175人。

三 养路费稽征站

1985年1月，香河县养路费稽征站成立，属县交通局管理。1997年7月，稽征站上划市交通局管理。2008年底，有干部职工19人。

四 运输管理站

1980年1月，香河县交通运输局分为县交通局和廊坊运输公司香河运输站。1984年10月，运输站移交县交通局，改称香河运输管理站。2008年底，运输管理站有职工52人，下设客运站、货运业务室、维修站、稽查大队、出租车管理服务中心。

五 地方道路管理站

2005年，在县公路管理站农村公路管理办公室基础上建立香河县地方道路管理站，设办公室、养管科、工程科和计财科4个职能科室，并在各乡镇成立乡村道路管理所。2008年底，有干部职工17人。

第二章 邮 电

第一节 邮 政

一 邮运工具

1979年，县内邮运工具多为自行车。1985年，有二轮、三轮摩托车12辆，自行车20辆。1995年，有邮运汽车2辆，摩托车2辆，自行车20辆。2000年，有邮运汽车11辆，自行车15辆。2005年，有邮运汽车11辆，摩托车2辆，电动车8辆，自行车10辆。2008年，有邮运汽车10辆，摩托车2辆，电动车8辆，自行车10辆。

二 邮政业务

（一）函件

1979年，县邮政局办理的函件业务有信函、印刷品、明信片、挂号邮件、特种挂号信函、保价信函、航空邮件等。1988年，开办快件邮寄业务。2008年，函件业务有普通信函、挂号信函、印刷品、明信片、商业信函等国内、国外业务。

函件资费收费标准：1990年7月31日前，平常函件每件收费0.08元，8月1日后，平常函件每件收费0.20元；1996年12月1日后，平常函件每件收费0.50元；1999年3月1日后，平常函件每件收费0.80元；2006年11月15日后，平常函件每件收费1.20元。

1980年7月1日，全国推行邮政编码，使用标准信封。香河县为天津邮区，县城区邮政编码为302550。后推行工作停止。1986 年，全国重新推行邮政编码。1996 年 10 月 1 日，香河县改为廊坊邮区，县城区邮政编码改为 065400，渠口、安平、刘宋、五百户、蒋辛屯镇区邮政编码依次为 065401至 065405。

（二）包裹

1979 年，邮政包裹有普通包裹、保价包裹和快递小包。1988 年，开办包裹快件邮寄业务。1990年 7 月 1 日，包裹资费上调 150% 。1996 年 12 月1 日，包裹资费上调 50% ，并按件计收挂号费。2008年，县邮政局开办有普通包裹、保价包裹、国际包裹、快件包裹和特快专递包裹等业务。

（三）汇兑

1979 年，县邮政局经办的汇兑业务有普通汇款和电报汇款，每笔汇款最高额为 300 元。1981年，每笔汇款最高额调整为 5000 元，超过 5000 元则需分笔办理。1990 年 7 月 31 日，每笔汇款由最低汇费 0.1 元调整为 0.3 元，汇款超过 30 元者，仍按汇款额的 1%收取。1992 年 12 月 21 日，电报汇款收费由每笔 1 元调整为 2 元。1996 年 12 月 1日，汇款汇费调整为每笔最低 1 元，快件汇款 2 元。1998 年 10 月，电报汇款业务取消。2002 年始，县邮政局实现电子汇兑业务全国联网，汇款寄递时间由一周缩短为 3 天。

（四）报刊发行

1980 年，全县报纸发行量 254.20 万份、刊物8.96 万份。报纸种类有《人民日报》《河北日报》《廊坊日报》及各部门的专业报等。1990 年，全县报纸发行量 346.72 万份、刊物 1.06 万份。2003年 1 月，《廊坊日报》自办发行。2007 年 6 月，《今日香河》创刊，作为县委内部资料，委托县邮政局和《廊坊日报》香河发行站赠阅发行。2008 年，全县报纸及刊物发行量分别为 359.47 万份和 6.22 万份。

（五）集邮

1986 年 10 月，县邮政局开办集邮业务，设立集邮专柜。1990 年，全县集邮订户 230 户，发行各种纪念邮票 522 套、9800 枚，业务收入 2 万元。1998 年，邮电分营后，集邮业务不断开辟新的发展领域，是年，全县集邮订户 360 户，发行各种纪念邮票 752 套、1.26 万枚，业务收入 10 万元。2000年，全县集邮订户 450 户，发行各种纪念邮票 690套、1.18 万枚，业务收入 60 万元。2008 年，全县集邮订户 310 户，发行各种纪念邮票 36 套、264枚，业务收入 37 万元（含邮品费）。

（六）特快专递

1995 年，香河县开办特快专递业务，设专门办理业务和递送机构，配有 EMS 标识的专送车辆。是年，特快专递业务量 3 万件，业务收入 90 万元。从 1998 年起，先后开办居民身份证、行车证、驾驶证、高考录取通知书等速递业务。2000 年，特快专递业务量 7.38 万件，业务收入 170 万元。2005年，特快专递业务量 11.70 万件，业务收入 270 万元。2008 年，特快专递业务量 31.57 万件，业务收入 390 万元。

1980—2008 年香河县邮政业务量统计表

表 11-2-1　　单位：万件

年份	函 件	包 裹	汇 票	报 纸	杂 志	特快专递
1980	—	1.38	1.16	254.20	8.96	—
1983	41.89	3.28	1.05	358.70	15.36	—
1984	39.24	72	1.15	404.62	21.49	—
1985	50.04	4.49	1.41	337.41	24.64	—
1986	57.18	4.72	1.60	357.82	15.17	—
1987	57.37	4.74	1.73	407.76	16.40	—
1988	62.51	4.96	2.17	447.85	15.21	—
1989	97.64	5.24	2.01	315.19	10.54	—
1990	103.74	12.34	1.72	346.72	10.62	—

续表 11-2-1

年份	函 件	包 裹	汇 票	报 纸	杂 志	特快专递
1991	104.70	11.04	1.71	380.82	10.16	—
1992	61.31	14.90	2.45	463.99	9.99	—
1993	82.93	16.32	6.06	589.48	10.17	—
1994	89.21	12.88	6.10	590.67	9.96	—
1995	148.55	20.05	5.15	352.31	12.71	3.00
1996	70.12	14.40	4.87	325.07	6.84	—
1997	101.57	11.39	2.58	258.98	6.50	—
1998	69.95	1.03	2.47	371.98	6.06	—
1999	62.79	1.10	2.91	412.55	6.95	—
2000	148.71	0.97	3.12	468.92	7.89	7.38
2001	139.64	0.99	2.82	429.09	6.35	—
2002	128.22	0.89	2.36	443.00	5.33	—
2003	129.04	1.00	2.41	451.08	5.95	—
2004	291.00	—	—	310.00	4.00	4.00
2005	346.00	1.55	2.39	312.00	4.00	4.00
2006	347.00	—	—	313.00	5.00	4.00
2007	247.00	—	—	274.00	5.00	4.00
2008	512.14	4.01	1.52	359.47	6.22	31.57

三 邮 路

1979年，全县有邮路14条，村村通邮。1986年，全县邮路总长77千米，农村投递线路609.5千米。1990年，全县有邮路18条，即县城至钳屯；县城至大罗屯；县城至金辛庄和3条城内邮路及12条乡村邮路。邮路总长76千米，农村投递线路638千米。1991年，全县邮路总长75千米，农村投递线路638千米。至2000年，全县邮路无变化。2001年，全县邮路总长75千米，农村投递线路854千米。2002年，全县邮路总长75千米，农村投递线路742千米。至2008年，全县邮路无变化。

四 服务网点

1986年，香河县始有邮电基本情况统计。是年，全县邮电服务网点有邮电局1个，邮电支局2个，邮电所4个，报刊门市部1处，邮票代售处1个，信箱信筒25个。1990年，县邮电局服务网点有支局2个，邮电所4个，代办所5处，报刊零售亭1处，信箱信筒26个。1995年，县邮电局服务网点有支局7个，代办所2处，报刊零售亭1处，邮票代售处20个，信箱信筒50个。2000年，县邮政局服务网点有支局6个，电信公用电话点519个，邮政储蓄点7处，信箱信筒33个。2005年，县邮政局服务网点有支局9处，电信公用电话点686个，邮政储蓄点7处，信箱信筒64个。2008年，县邮政局服务网点有支局9处，电信公用电话点693个，邮政储蓄点7处，邮政报刊亭8处，信箱信筒68个。

第二节 电 信

一 有线通信

（一）电报

1980年12月，香河县电报电传机开始使用，年业务量23184张。1985年，有线电报电路2路（香河至廊坊），无线电报电路1路，电传电路1路，短波发信机2部，短波收信机2部，年业务量26105张。1990年，有电传机3台，全县有电报电路5路，并于5月并入全国自动转报网后，直接接收电文。是年，出口电报33032张，业务收入7.60万元。1995年，出口电报15528张。2000年，出口电报4567张。2001年后，随着程控电话的普及，拍电报者逐年减少。2004年，电报业务自然取消。电报资费执行全国统一标准：1992年12月12日，普通电报由0.07元/字调整为0.13元/字。

（二）固定电话

1978年，香河县市话实现自动化。1979—1980年，固定电话分为长途电话、市内电话、农村电话三类。1979年，县邮电局有400门纵横制小交换机，市话用户156户，农话用户278户。1980年，全县有长途电话电路20条，载波电路6条，载波电话终端机6部，长话交换机总容量60门。1991年10月21日，香河县投资320万元，开通2000门市话交换机，电话号码由3位升至6位，区号为03256，同时进入全国自动电话网。是年，市话装机993户，交换机实占门数1020户，共装国际、国内直拨电话154部。1993年取消农话，分为长途、区内、区间收费，不再单设农话收费项目。是年10月，总投资2588万元，开通万门程控电话机，淘汰模拟交换设备，电话全部程控化，实现全国直播，结束人工长途电话的历史，被河北省人民政府命名为“乡乡通电话先进县”。

1994年7月，香河县开始在人口比较密集的场所安装公用电话，当年安装20部。1995年1月15日，香河县电话号码升至7位，区号改为0316。县年有长途电话电路364条，全县交换机总容量15012门。是年12月15日，实现村村通电话，电话进入普通家庭。1998年9月，建立IC卡公用电话，用户刷卡消费。是年底，全县有IC卡电话85部。2000年，全县有IC卡电话1000部，达到高峰；由于手机等通信手段的迅速发展，IC卡公用电话逐年减少，2008年底基本消失。

2003年，计费系统实现固定电话和小灵通市、网、长话及信息清单于一体的查询功能。2004年4月，香河县开始安装智能电话，为有人值守的公用电话。电信部门委托商店、饭店、小卖部代理收费。2005年，全县有智能电话50部。

2008年，全县有智能电话1000部。是年，中国联通香河县分公司有程控电话交换机总容量11.33万门，小灵通通信基站79座。

（三）宽带业务

2000年，香河县开始拨号上网，为固定电话用户开通宽带业务，初期只覆盖县城区域，当年宽带用户350户。2005年后，光纤通信开通，网吧相继出现。2008年，全县有网吧40家。是年，全县宽带网点80个，总容量27866线，宽带用户22748户。

二 无线通信

（一）移动通信

1992年，香河县开通第一代移动通信系统，即模拟移动通信系统“大哥大”，建通信基站4个，覆盖半径10千米。1995年，开通第二代移动通信系统GSM数字移动通信网络系统，建立通信基站5座，1999年，中国移动香河县分公司成立。全球通号码升为11位。1993—1999年，建GSM第1～5期通信基站10座。2000年，建GSM第6期通信基站2座，年底有通信基站12座。是年，模拟移动通信系统退网，移动通信进入第二代纯数字化时代。

2002年，开通使用本地传输网、接入网，实现传输自动化，形成移动通信的三级传输网络——省网、本地网、传输网。2003年4月，中国移动在GSM网络建设基础上为高速数据通信叠加一个网络，全县移动通信升级为2.5G—GPRS网络，标志移动通信时代的到来。2001—2005年，分别进行第7至11期通信基站建设，建基站38座。2005年底有基站50座。是年，开通GSM1800系统，网络覆盖全县。至2008年，中国移动香河县分公司有通信基站76座；中心营业厅7个，城乡自办营业厅9个，移动专营店27家，村级服务点296个；有“全球通”“神州行”“感动地带”三大品牌，发放网号有139、138、137、136、135、134；全县移动电话用户152334户，其中，互联网接入用户24797户。手机销售、收费和售后服务网点遍布香河城乡。

（二）联通通信

2002年9月，香河县电信局更名为河北省通信公司香河分公司后，2004年又更名为中国网通香河县分公司。主要经营固定电话、小灵通、数据通信和网元出租等基础电信业务和增值电信业务。2003年，开通CDMA数字网络系统，实现联通通信网络无缝隙覆盖，建小灵通基站43座，开办无线市话小灵通业务。2005年底，中国网通香河县分公司拥有固定资产1.2亿元，有小灵通基站73座。2008年10月，中国网通与联通合并，组建中国联通香河县分公司。主要经营固定电话、基于MCDMA技术的第三代移动电话（3G）、GSM移动电话无线市话（小灵通）、数据通信和网元出租等基础电信业务和增值电信业务。2008年底，中国联通香河县分公司通信基站62座。网号为130、131、132、133、155、156、168。有中心营业厅1个，营业厅10个，联通专营店3家，村级服务点428个，有交换网点117个，有小灵通基站238座，客户8580户。是年，联通总客户147481户，在全县通信领域占主导地位。

无线寻呼　1991年6月13日，县邮电局开通无线寻呼业务，在县邮电局、刘宋支局建发射台2座，每座覆盖半径15千米，寻呼信号覆盖全县。寻呼机（BP机）功能只知谁在呼叫，却不能直接回话，需要附近有固定电话处回话。1992年，全县有无线寻呼机700部。1995年，全县有无线寻呼5000户。2000年，全县有无线寻呼用户58047户。由于移动通信快速发展，无线寻呼用户快速减少。2001年，无线寻呼业务退出历史舞台。

（三）电信通信

2008年2月20日，中国电信集团公司香河县分公司成立，地点设在县委广场西侧，具体负责经营电信业务及通信、信息业务相关的系统集成、技术开发、技术服务、技术培训、设计施工、设备销售、广告、信息咨询业务。网号为133号段。当年有电信移动用户2500户。建基站15座，移动网络传输半径1.5千米。是年11月15日，建大气层营业厅和迎宾路营业厅2个。

1986—2008年香河县邮电通讯统计表

表11-2-2

年份	电报（份）	电话电路（条）	交换机总容量（门）	城市电话用户（户）	农村电话用户（户）	移动电话用户（户）	互联网接入用户（户）
1986	27919	12	1050	459	632	—	—
1987	28690	12	1396	5916	1632	—	—
1988	35937	12	800	410	632	—	—
1989	35237	25	800	468	680	—	—
1990	33032	21	800	603	647	—	—
1991	30959	51	2000	1011	713	—	—
1992	33684	50	3442	1379	1068	—	—
1993	29468	114	12878	1996	1341	—	—
1994	22246	217	13314	4156	2118	—	—
1995	15528	364	15012	7162	4411	—	—
1996	10132	580	10000	9862	334	—	—
1997	6561	—	28040	10762	11020	—	—
1998	777	930	32000	12343	12978	—	—
1999	3922	—	36072	11389	14707	—	—
2000	4567	75600	47368	12919	24310	13402	—
2001	14054	16110	68000	17929	33409	—	—
2002	966	16020	74570	20980	41894	—	—
2003	1073	16020	85424	22973	40770	—	—
2004	—	17186	85424	24714	50347	46926	5027
2005	—	17186	118124	53059	53273	53649	7997
2006	—	17186	118124	39740	57244	—	11090
2007	—	17186	118124	39740	57412	—	11207
2008	—	17186	85040	41807	58274	152334	24797

第三节　邮电收入

1979 年后，香河县经济的快速发展促进邮电产业的大发展。2008 年，全县邮电业务总量 36583 万元是 1979 年 40 万元的 914.58 倍。1986 年，全县邮电业务总收入 55.10 万元，占全县地区生产总值的 0.22%；2008 年，全县邮电业务总收入 12307 万元，占全县地区生产总值的 1.64% 。

1979—2008 年香河县邮电业务总收入、业务总量统计表

表 11-2-3　　　　单位：万元

年份	业务总收入	业务总量	年份	业务总收入	业务总量	年份	业务总收入	业务总量
1979	—	40	1989	115	80.81	1999	3318	2898
1980	—	57	1990	148	91.70	2000	4100	3785
1981	—	28	1991	183	332	2001	5148	4050
1982	—	35	1992	374	468	2002	4828	5210
1983	—	38	1993	589.50	810	2003	6058	6307
1984	—	44	1994	1032	7490	2004	10959	14202
1985	—	71	1995	1984	2460	2005	20731	15915
1986	55.10	51.70	1996	2130	8022	2006	23745	18938
1987	61.29	55.60	1997	2558	3090.62	2007	17537	29623
1988	79.65	68.09	1998	3240	3789	2008	12307	36583

第四节　管理机构

一　香河县邮政局

1946 年成立，1953 年改称香河县邮电局。1990 年，县邮电局设邮政、电信、治安、后勤、财务、生产、办公室等科室，下属机构有 3 个邮电支局、4 个邮电所、5 个代办所，共有干部职工 130 人。1998 年 2 月，县邮电局内部机构 7 个：办公室、公安室、邮政部、电信部、后勤中心、督查办、设计室。是年 9 月，实行邮电分营，撤销香河县邮电局，分别成立香河县邮政局和香河县电信局。是月，县邮政局内设机构有：综合办公室、经营服务部、财务室，下属机构有 7 个：刘宋支局、渠口支局、安平支局、蒋辛屯支局、五百户支局、安头屯支局、永明路支局。人员编制 55 人。2001 年 2 月，增设储蓄经营部，12 月撤销永明路支局。2004 年 2 月，县邮政局内设机构 13 个：办公室、稽查部、财务部、函件部、集邮部、速递部、储蓄部、物流部、营业部、发行部、电信部、邮件处理部、递送部；下属机构有 6 个：渠口支局、安平支局、刘宋支局、蒋辛屯支局、五百户支局、安头屯代办所。人员编制 71 人。2006 年，增设同城配送部。人员编制 102 人。2008 年，县邮政局内设机构 11 个：办公室、稽查部、财务部、函件部、集邮部、速递部、物流部、邮件处理部、营业部、发投部、同城配送部；下属机构有 9 个：刘宋中心支局、安平中心支局、渠口支局、安平支局、刘宋支局、安抚路支局、蒋辛屯支局、五百户代办所、安头屯代办所。人员编制 110 人。

二　中国网通（集团）有限公司香河县分公司

1999 年，实行电信分营，香河县电信局历经 2002 年更名为河北省通信公司香河县分公司后，2004 年更名为中国网通（集团）有限公司香河县分公司，简称中国网通香河县分公司。2005 年，公司内设办公室、综合部、市场部、维护部、大客户营销中心、设备维护中心、管线维护中心及 11 个区域营销中心。共有员工 72 人。2008 年 10 月 15 日，中国联通和中国网通合并。合并后，国内（香河）运营主体名称为中国联合网络通信有限公司香河县分公司，简称中国联通香河县分公司。是年，分公司设有办公室、综合部、营销服务部、客户服务部、建设维护部、财务部、集团客户中心；设有营业部11个、自办营业厅10个、合作营业厅3个；另设有设备维修班、管线维护班。共有员工161人。

三　中国移动通信集团河北移动通信有限公司香河县分公司

1999年，成立中国移动通信集团河北移动通信有限公司香河县分公司，简称中国移动香河县分公司，内设3个科室及营业、大客户2个服务窗口，共有员工34人。2001年，开办站西、家具城、安平、刘宋、渠口、五百户、蒋辛屯等7个营业厅。2007年，开办府前街、绣水街、第一城、钱旺、安头屯、钳屯等营业厅，全分公司有3个科室和14个营业厅。共有员工128人。2008年，全分公司有网络部、综合部、市场部3个科室和16个自办营业厅。共有员工121人。

四　中国电信集团公司香河县分公司

2008年2月20日成立。公司内设机构3个，分别是政企组、建维组和个客组，员工7人。是年11月5日，在迎宾路北段西侧和大气层居民小区分别建有迎宾路营业厅和大气层营业厅。是年12月，分公司设有综合部、个客部、政企部、网建部、家客部、营业部。共有员工26人。

第三章　电　力

第一节　电力设施

一　变电站

1979年7月，香河县建成并投入运行庆功台水利变电站，主变3台，其中，2台容量为1800千伏安，1台容量为1000千伏安。此站为水利防汛专用变电站。1981年6月，建成并投入运行五百户变电站，主变2台，容量分别为1800千伏安和3200千伏安。1983年9月，安头屯变电站动工兴建，总容量3600千伏安，于1985年1月10日竣工。1985年，增容扩建香河110千伏变电站，安装二号主变压器，容量为31500千伏安，9月投入使用。

1990年，淘汰香河110千伏变电站容量12000千伏安的主变压器，增容1台31500千伏安的主变压器。使该站总容量达到63000千伏安。

1991年4月，建成并投入运行王家摆变电站，主变2台，容量分别为3150千伏安和2000千伏安。1993年1月，完成渠口变电站1台主变增容改造工程，将1台1800千伏安主变增容至5000千伏安；同年12月，建成并投入运行矬口变电站，主变1台，容量3150千伏安；同时投入运行蒋辛屯变电站，主变2台，容量分别为3150千伏安和2000千伏安。

1998年4月，完成王家摆变电站增容改造工程，2台主变容量分别增至3150千伏安和6300千伏安；同时完成矬口变电站增容改造工程，增加1台主变，容量为2000千伏安。

2000年6月，完成渠口变电站增容改造工程，将1台3150千伏安主变增容至5000千伏安；同时完成蒋辛屯变电站增容改造工程，将2台主变均增容至5000千伏安。2001年8月，建成并投入运行钳屯变电站，主变2台，容量分别为3150千伏安和2000千伏安；同时，建成并投入运行钱旺变电站，主变2台，容量分别为3150千伏安和5000千伏安。

2003年1月，建成并投入运行安平变电站，主变2台，容量均为8000千伏安；是年6月，完成安头屯变电站增容改造工程，2台主变均增容至5000千伏安，完成渠口变电站增容改造工程，2台主变均增容至8000千伏安；9月，完成五百户变电站增容改造工程，1台主变增容至6300千伏安；是年，河北电力设计院设计，北京送变电工程公司施工，开始建设淑阳220千伏变电站，2004年9月投入运行，主变2台，总容量240兆伏安。2004年5月，完成王家摆变电站增容改造工程，1台主变增容至8000千伏安；是年7月，完成矬口变电站增容改造工程，2台主变均增容至8000千伏安。

2005年4月，安平110千伏变电站投运，总容量80兆伏安。

2006年11月，金辛庄110千伏变电站投运，总容量100兆伏安，由淑阳220千伏变电站供电为主。

2007年2月，完成安头屯变电站增容改造工程，增加1台主变，容量为8000千伏安。

2008年1月，完成蒋辛屯变电站增容改造工程，将2台主变均增容至12500千伏安；是年3月，完成钳屯变电站增容改造工程，2台主变均增容至5000千伏安。

2008年底，香河县内拥有1座220千伏变电站，3座110千伏变电站，9座35千伏变电站（含水利变电站1座）。其中共有220千伏主变2台，总容量240000千伏安；110千伏主变6台，总容量280000千伏安；35千伏主变20台，总容量121900千伏安；10千伏配电变压器3111台、总容量474640千伏安。

二　输电线路

1979年6月，建成并投入运行五庆线（五百户至庆功台）35千伏线路，全长12858米。

1981年6月，建成并投入运行香五线（香河至五百户）35千伏线路，全长11406米。

1986年3月，建成并投入运行金香线（金辛庄至香河）和金香安支线（金香线T接安头屯）35千伏线路，线路全长分别为8744米和6666米。

1991年4月，建成并投入运行香王线（香河至王家摆）35千伏线路，全长7968米。

1993年6月，建成并投入运行金香矬支线（金香线T接矬口）和香辛线（香河至蒋辛屯）35千伏线路，线路全长分别为1063米和7394米。

1998年11月至2000年8月，进行一期农村电网建设与改造工程，新建35千伏线路37397米，新建10千伏线路102981米。

2001年7月，建成并投入运行香渠钱支线（香渠线T接钱旺）和香五钳支线（香五线T接钳屯）35千伏线路，线路全长分别为1498米和1227米。

2002年6月至2002年12月，进行二期农村电网建设与改造工程，改造农田水利排灌10千伏线路52332米。

2003年1月，建成并投入运行安钳线（安平至钳屯）和安王线（安平至王家摆）35千伏线路，线路全长分别为7078米和4096米。

2007年，完成旭明源路、南紫辰路和矬口路10千伏新建工程，新架10千伏线路18485米。

2008年，完成西城路、南城路、家具园、北城路、华鑫路和燕岭路10千伏新建工程，新架10千伏线路37330米。

2008年底，县域内有220千伏线路2条，26千米；110千伏线路6条，54千米；35千伏输电线路12条，82627米；10千伏配电线路57条，806283米；低压线路1666705米。

三　变压器

2008年比1979年，全县10千伏配电变压器增加2263台，容量增加459776千伏安。

1979—2008年香河县10千伏配电变压器统计表

表11-3-1

年份	配变台数（台）	容量（千伏安）	年份	配变台数（台）	容量（千伏安）
1979	919	56059	1994	1343	109685
1980	925	56371	1995	1371	114210
1981	930	56726	1996	1432	113735
1982	937	58940	1997	1470	119365
1983	1003	63865	1998	1540	126675
1984	1096	70980	1999	1602	133795
1985	1105	72515	2000	1791	152580
1986	1143	74805	2001	1839	165600
1987	1092	71395	2002	1999	197110
1988	1112	73060	2003	2236	235860

续表 11-3-1

年份	配变台数（台）	容量（千伏安）	年份	配变台数（台）	容量（千伏安）
1989	1156	80755	2004	2527	292565
1990	1168	79682	2005	2764	339635
1991	1183	84875	2006	2706	363895
1992	1270	99855	2007	2904	452355
1993	1317	106480	2008	3182	515835

第二节　电力供应

1979 年后，全县用电量逐年增加，执行电价种类增多。1985 年 1 月 11 日，容量为 31500 千伏安的大变压器正式接火送电，缓解香河县供电紧张的状况。1991 年，全县的用电结构比较简单，即：居民生活照明、工业和农业，其中居民生活占 40%，工业占 28%，农业占 32%。1993 年从居民生活电量中划分出非居民照明，2000 年从非居民照明中又分离出商业电量。全县执行的电价种类分为：居民生活照明、非居民照明、非普工业、大工业、农业。

自 2003 年始，全县用总电量增长较快：2003—2007 年每年的增长值依次为 13.67%、16.87%、15.29%、16.41%、22.13%。工业用电量的增长值分别为 10.60%、16.15%、7.23%、16.99%、32.99%。工业用电量由 1991 年的 1285 万千瓦时到 2008 年的 3.14 亿千瓦时，增加 30115 万千瓦时，表明工业发展迅速。随着工业用电的增加，居民生活和农业用电量在总用电量中的比例由 1991 年的 40%和 32%，下降到 2008 年的 21.97%和 5.32%。2000—2005 年，商业用电量每年以 50%左右的速度增长。2008 年，受全球性经济危机影响，全县用电量增长速度放缓，总用电量同比增长 10.64%，工业用电量同比增长 11.78%，商业用电量同比增长 4.50%。

1979—2008 年香河县用电情况统计表

表 11-3-2　　单位：万千瓦时

年份	购电量	售电量	其中			
			动力	排灌	照明	其他
1979	3362	2919	—	1274.90	—	1644.10
1980	3289.90	2881.80	—	1065	—	1816.80
1981	3626	3425	1796	1048	581	—
1982	3539	3413	1628	1280	505	—
1983	4050	3986	1667	1822	497	—
1984	4148	4044	1549	1894	601	—
1985	4459	4346	1800	1803	743	—
1986	5136	5043	1756	2285	1002	—
1987	4929	4785	2201	1314	840	430
1988	5651	5594	2749	1291	946	608
1989	5852	5787	2467	1398	1076	846
1990	5713	5281	2788	1167	1326	—

续表 11-3-2

年份	购电量	售电量	其中			
			动力	排灌	照明	其他
1991	6346	6187	2991	1391	1805	—
1992	8080	7927	3630	996	2397	904
1993	8964	8813	4056	944	2637	1176
1994	9431	9184	4449	1119	2248	1368
1995	9747	9533	4965	1113	2074	1381
1996	10353	10195	5149	1608	2301	1137
1997	11880	11508	5892	1854	2564	1198
1998	12964	12659	6128	1785	2532	2514
1999	15413	15145	7158	2254	2904	2829
2000	18307	17942	8525	2654	3252	3511
2001	21746	21084	10895	2422	3391	4376
2002	25167	24432	12726	2483	3665	5558
2003	28771	28073	14361	2796	4273	6643
2004	33552	32604	16048	2877	4787	8892
2005	37863	37557	18044	3681	6303	9529
2006	46686	43893	24263	4072	8287	7271
2007	55443	53677	29210	5124	10178	9165
2008	59267	58603	29457	5736	12393	11017

第三节　电业管理

一　计划调度

香河县供电局 1979 年调度模拟图板均为手工制作。随着电网的不断发展，电网结构日趋复杂，调度任务不断增多。1995 年开始使用电子模拟屏，2003 年调度值班员增加到 6 人，2005 年完成电子模拟屏升级改造。

1985 年，通讯系统开始使用无线电台、40 门电话交换机，后改用 80 门电话交换机，1995 年电话交换机更新为 PDS-256，无线电台逐渐淘汰。1994 年金辛庄 35 千伏变电站（后称矬口 35 千伏变电站）、蒋辛屯 35 千伏变电站安装电力载波。1996 年 7 月，5 座 35 千伏变电站安装 ZBD-2B 型载波机，为全县实现电网调度自动化系统打好基础。1998 年，建设县供电局一点多址微波系统，作为调度自动化系统的备用通道。2002 年开始逐步将老模拟载波机更新为数字载波机。2005 年建设卫星系统，一点多址微波系统退出运行。

在电网调度自动化系统方面：1993 年初调度实现对香河 110 千伏变电站的遥测、遥信。这是电网调度自动化系统的雏形。1994 年完成金辛庄 35 千伏变电站、蒋辛屯 35 千伏变电站的两遥工程。1997 年升级改造原有的电网调度自动化系统，新的调度自动化系统于 1998 年 7 月通过华北电业管理局的验收，并颁发“县级电网调度自动化系统达标单位”。2003 年升级改造电网调度自动化主站系统。2006 年初主站软件升级，2008 年 7 月通过华北网公司验收。

二　电费收缴

1979 年后，香河县用电量逐年增加，执行电价种类增多，县供电局加强电费收缴，并于 1986 年始有平均价格电费收缴统计。

1986—2008年香河县电费统计表

表11-3-3

年份	电费（万元）	平均电价（元/万千瓦时）	当年欠费（万元）	电费回收率（%）
1986	411	815.00	0	100
1987	434	907.00	0	100
1988	506	904.50	0	100
1989	603	1042.00	0	100
1990	650	1231.60	0	100
1991	625	1013.00	0	100
1992	791	997.30	0	100
1993	1573	—	0	100
1994	2083	2296.80	0	100
1995	2201	2351.80	0	100
1996	2637.60	2589.10	0	100
1997	3651.30	3214.50	0	100
1998	4321	3446.00	0	100
1999	5123.60	3403.50	0	100
2000	6311.80	3588.90	0	100
2001	7404.50	3577.00	0	100
2002	9026.30	3722.80	0	100
2003	10660.90	3867.40	0	100
2004	13115.30	4072.10	0	100
2005	15892.90	4280.50	0	100
2006	19004.80	4396.90	0	100
2007	23432	4438.60	0	100
2008	26316.90	4505.80	0	100

三　节约用电

1979—2008年，香河县始终注重节约用电。

（一）加强电力需求侧管理节约用电

1.电力负荷管理　在电力供应短缺时，引导用户错峰、避峰，降低电力需求；在电力供应富裕时，引导用户移峰填谷，提高发电机组使用效率。

2.电力能效管理　通过提高用户电力使用效率，达到减少电力投入目的。通过加强电力需求侧管理，实现节约发展、清洁发展、安全发展和可持续发展，推动电力工业与国民经济社会协调发展。

（二）加强线损管理

1.技术管理　完善电网结构，调整台区布局，缩短10千伏线路供电半径，减少线路电能损失；规范计量装置，杜绝窃电行为，减少电能损失；优化无功补偿，提高功率因数，减少系统无功电流输送，从而达到降损的目的。

2.组织管理　细化指标，落实责任，形成职责到位、目标明确、考核全面的线损管理体系；定期组织召开线损分析例会，查找原因，堵塞线损管理漏洞，实现线损的常态管理；建立健全营销精细化管理制度，实现营销管理精细化、规范化，确保售电量在抄、核、收环节上正确无误；完善体系，严格考核，充分调动全体职工的工作积极性。

（三）加强线路的运行维护

坚持日巡夜巡制度，巡视检查不同电压等级的供电设备和线路，消除安全隐患，确保设备和线路安全稳定运行。

（四）安装无功优化系统节约用电

利用有载调压提高末端电压质量，保证变电站出口电压合格率在99%以上。

（五）大力宣传节约用电常识

开展“节约用电、从我做起”宣传活动，向社会发放节约用电、安全用电常识宣传资料，倡导全县人民节约用电。

四　安全管理

1979—2008 年，香河供电局始终坚持“安全第一，预防为主”的工作方针，全面落实各级安全生产责任制，强化安全管理机制，广泛开展多种形式的安全教育活动，提高电业人员的安全生产意识；向全社会发放安全用电手册，让安全生产知识走进千家万户，让“安全发展”科学理念深入人心，从而营造出“以人为本、关爱生命、关注安全”的社会氛围；全面推行安全性评价工作，制定和完善安全生产责任制等一系列安全管理制度，深入开展“反人身事故和反习惯性违章”活动，狠抓施工现场的安全管理和设备维护消缺，每月定期到各乡镇企业、村街用电客户检查安全用电情况，消除各类安全隐患；进入 21 世纪后，县成立以由县政府牵头，公安、电力、建设、规划、国土、林业、安监、综合执法、交通、园林和各乡镇政府等部门参加的联合执法组织，组织开展联防、联治、联建等活动，有效消除输电线路保护区的树障、违章施工作业、违章建筑和盗窃、破坏电力设施等问题，确保电网的安全运行，维护社会稳定。2008 年 12 月 31 日，全县实现连续安全生产 8819 天。

第四节　管理机构

廊坊市农电管理局香河供电局是华北电网有限公司廊坊供电公司下属的趸售县局，为国有中二型企业，成为以上级业务部门领导为主的双重领导单位。

1979 年，供电局下设电力服务站、用电组、供电组、钳工组、工程队、修试车间、校表车间和办公室。1985 年建立人秘股、生产技术股、财务材料股、乡镇电管站等。

1989 年 1 月，县供电局划归廊坊市农电管理局归口管理，成为以上级业务部门领导为主的双重领导单位。局设供电科、用电科、财务科、材料科、人事劳资科和办公室。

2001 年按国家电力部“两改一同价”（改造农村电网、改革农电管理体制，实现同网同价）的要求，完成乡镇电管站的体制改革，实现县电力一体化管理，撤销原 17 个乡镇电管站，取消村级管电组织，成立 8 个供电所，即五百户供电所、安平供电所、城镇供电所、渠口供电所、钱旺供电所、蒋辛屯供电所、安头屯供电所和钳屯供电所，完成农村电工的考核聘用工作，农村用电实现规范管理格局。2002—2003 年，8 个供电所分别通过廊坊市农电管理局验收，全部达到规范化供电所标准。

2003 年 3 月，建起集报装、报修、投诉、咨询、查询、业务受理等多种功能为一体的客户服务中心，开通“95598”客户服务热线，成为电话业务受理、过程监督、信息反馈的高效、有序、闭合的服务指挥中心，实现对外信息口径一致，对外服务标准一致，供电抢修电话一致。在此基础上，与县移动公司协商，开办“企信通”业务，群发停电信息手机短信，让客户“早知道，早安排”。

2004 年 2 月，为加强城区居民低压用电统一、规范管理，适应县城电网改造后的管理要求，成立香河县城区低压供电公司，负责网改后城区居民低压安全用电、经营、服务管理；2008 年 4 月，成立刘宋供电所。是年，全局下设办公室、用电科、农电科、供电科、人劳科、财务科、政办室、安保科、设计室、稽查队、行政科、监察办、审计科、信息科、调通室、物业办、职教中心、客户中心 18 个职能科室，10 个供电所，1 个实业总公司，共有电业职工 319 人。其中，中层管理人员 72 名，工程师 14 名，高级工程师 1 名，助理工程师 32 名，助理经济师 13 名，会计师 2 名，助理会计师 8 名；农村电工 231 人。

第十二编　财政　税务

1979年香河县的财政收入为1158万元，其中工商各税收入为771万元，农业税收入为83万元。1985年，财政收入为2046.6万元。1990年，财政收入为3028万元。县财政税收部门，坚持“抓改革，促发展，保稳定”的基本思路，切实强化收支管理。2000年，财政收入为16123万元。在财政收入稳步增长的同时，各级财政部门克服减收增支的不利因素，优化财源结构，提高收入质量，严格支出管理。2003年，县财政管理改革稳步推进，实行农村税费改革、预算管理改革、财政集中支付制度改革等，有效发挥财政的职能作用。年末，财政收入为28108万元，财政支出为23345万元。2008年，财政预算收入为63181万元，财政预算支出为59546万元。

第一章　财　政

第一节　财政体制

一　县级财政体制

1979年前，实行定收定支，收支包干，保证上缴，结余留用的财政管理办法。对县级规定财政支出指标，由县在指标总额内包干使用，支出如有结余作为县机动财力，超支由县自行弥补。

1980年起，县财政实行划分收支，分级包干的管理体制。即工商税全部划为中央收入。企业利润、所得税、农业税、其他收入作为地方收入。支出指标以1979年预算为基数，并根据地方收入的多少，确定上解或补助比例。香河县的地方收入基数为465.9万元，上解比例为10.75%。自1982年起，改为收支挂钩，总额分成，超收奖励的财政管理办法，即(廊坊)地区对（香河）县确定收、支基数和分成比例。（香河）县留成比例基数为51%，超基数为58.7%。1983年，（香河）县财政超基数部分除上解省36%外，其余64%留（香河）县使用，并将基数内留成比例提高到57%。

1985年，实行划分税种，核定收支，分级包干的财政体制。以1983年收支决算数为基数确定（香河)县基数7979.6万元，支出为626.93万元，总额留成比例64%，上解（廊坊）地区36%。另外，按照1984年收入决算数经过调整，确定1984年可比收入部分，（香河）县留成69%，上解（廊坊）地区31%。1986年，（香河）县留成比例调整为64.5%，上解（廊坊）地区35.5%。

1987年，实行“上解递增包干”的财政管理办法，确定香河县上解包干数为741.5万元。当年，中央财政向地方第二次借款，香河县承担100万元。1988年上解额以过渡数836.6万元递增7.5%，应上解899.3万元，照顾54.3万元，实际上解845万元。1989年以此递增8%，上解912.6万元。1990年再递增8%，上解985.6万元。平时，金库执行的分成收入留解比例为留成59.8%，上解40.2%，每经结算，多退省补。1989年起，中央决定部分有上解任务的地区向中央贡献财力，香河县承担62万元。

1994—2001年，在基本维持原财政体制分配格局的基础上实行分税制财政体制。简称“新老体制双轨并行”。其基本内容是：一方面老体制1993年规定的上下级之间上解和补助关系保持不动；另一方面中央在推进分税制财政体制改革时，贯彻的一条重要思想是保持各地原有既得利益不做调整，改革后，中央集中地方上划收入中部分增量。由此，初步确定了市场经济体制下各级政府分配关系的基本框架。

2002年起，实行“四税”分享财政体制，即中央、省、市、县按比例分享增值税、营业税、企业所得税和个人所得税四税种，其余税种及收入全部下划市县。

2003—2008 年，为进一步改革完善分税制财政体制，实行“超分成增长率收入全返”激励性财政收入体制，即对超分成增长率部分，省、市分享“四税”收入全额返还。

二 乡镇财政体制

1983 年 9 月，建立公社财政所，1984 年建乡（镇）后更名为乡（镇）财政所，乡镇财政体制由此形成。

1983—1993 年，乡（镇）财政基本实行“收支挂钩，总额分成”的财政体制。

1994—2002 年，在基本维持原财政体制分配格局的基础上，比照市对县体制的做法，实施“分税制和老体制上解递增包干”双轨并行的财政体制。

2003 年起实行“以收定支，总额分成，增收分成，支出包干”的激励性财政体制。2005 年调整为“以收定支，税种总额分成，收支挂钩，超收全留，支出包干”的财政体制。

2006 年开始进行县乡（镇）财政体制改革工作。香河县对渠口镇实行相对规范的分税制，即“分级管理、支出定责、收入分享、责权统一”；对其他 8 个乡（镇）实行统收统支加激励体制，即“收支统管、核定收支、超收奖励、节支留用”。2008 年对统收统支加激励的财政体制进行调整，实行“收支统管、核定收支、增收奖励、超收返还”的管理体制。

第二节 财政收支

一 财政收入

财政收入分预算内收入和预算外收入。预算内收入主要来源于工商税收、农业税收和其他收入。

工商税收主要包括增值税、营业税、集体企业所得税、产品税、个人所得税、城市维护建设税、车船使用税、房产税、印花税等。

2004 年取消农业特产税，同时农业税率降低三个百分点，当年减征 789 万元。2006 年，全面取消农业税。累计征收契税、耕地占用税 2400 万元。

2008 年，财政预算收入为 63181 万元，其中中央级收入为 24924 万元，省级收入为 5855 万元，市级收入为 4197 万元，地方一般预算收入为 28205 万元；财政一般预算支出为 55292 万元。

预算外收入从 1979 至 2008 年的 30 年间，香河县经济全面、持续、快速增长，预算外资金迅速增加。1979 年县预算外收入为 788 万元，2008 年高达 5916 万元，为 1979 年的 7　5 倍，预算外收入主要来源于行政事业单位的预算外资金和乡镇自筹收入。

1979—2008 年香河县预算内财政收入统计表

表 12-1-1　　单位：万元

年份	收入合计	工商各税	农业税	其他
1979	1158	771	83	304
1980	1221	774.10	80.60	366.30
1981	909	823.50	80.50	5
1982	916.40	833.30	83.10	—
1983	963.90	865.60	98.30	—
1984	1196.10	934.10	92	170
1985	2046.60	1919	121	6.60
1986	2071.50	1928.80	121.30	21.40
1987	2097.80	1911.70	131.90	54.20
1988	2341	2209.40	114.50	17.10
1989	2802	2613.60	184.60	3.80
1990	3028	2829	172.80	26.20

续表 12-1-1

年份	收入合计	工商各税	农业税	其他
1991	3382	3010.10	170.30	201.60
1992	3853	3191.50	268.30	393.20
1993	4574	4070	259	245
1994	5471	4677	467	327
1995	6323	5397	471	455
1996	9688	8211	603	874
1997	10139	8326	836	977
1998	12118	9926	846	1346
1999	14019	11691	543	1785
2000	16123	13084	600	2439
2001	18838	15558	464	2816
2002	23137	17341	1656	4140
2003	28108	21023	1698	5387
2004	30000	21529	1468	7003
2005	40025	30630	1236	8159
2006	50266	39005	—	11261
2007	55058	50233	—	4825
2008	63181	56424	—	6757

1979—2008 年香河县部分年份预算外资金收入统计表

表 12-1-2　　单位：万元

年份	预算外收入	年份	预算外收入
1979	788	1996	1332
1980	1137	1997	4593
1981	622	1998	3556
1982	938	1999	4223
1983	647	2000	5235
1985	850	2001	5173
1988	1313	2002	3524
1990	1825	2003	5476
1991	1841	2004	5041
1992	1497	2005	7332
1993	1042	2006	6549
1994	1177	2007	6346
1995	1289	2008	5916

二　财政支出

财政支出分预算内支出和预算外支出。

财政预算内资金支出，主要用于支持农业生产、发展文教卫生科技事业、正常行政费开支和优抚社会救济费用等项开支。

在财政支出中，文教科学卫生事业费是重要部分，1979年为216万元，1990年为907.7万元，1995年为2848万元，2001年为7076万元，2008年达24024万元。农林水利气象费也是逐年增加，1979年为56万元，1987年为173.1万元，到2008年为5599万元。社会救济福利事业费及优抚费用亦是逐年增强，1979年为34万元，1990年为334.4万元，2006年达1320万元。

预算外支出是专款专用，一般用于基本建设、社会公益事业及重点工程。1979年预算外资金支出额为788万元，2008年预算外支出规模达到5916万元，是1979年的7.5倍。

1979—2008年香河县预算内资金支出统计表

表12-1-3　　单位：万元

年份 金额 项目	1979	1980	1981	1982	983	1984	1985	1986
企业挖潜改造	0.3	10	—	—	—	188.7	736	—
简易建筑费	—	—	—	—	—	—	1	0.5
科技三项费用	1	0.5	0.4	4.4	0.6	—	3.8	6.5
支援农村生产	3	25	—	—	35.7	—	36.1	59.5
农林水利气象费	56	34.9	125.8	78.5	49.5	—	61.3	88.5
工业交通事业费	—	—	0.1	0.1	—	—	1.6	1.6
城市维护费	—	—	—	—	—	—	130.8	96.6
城镇青年就业费	—	—	—	—	12.5	—	0.5	14.3
文教科学卫生事业费类	216	241	245.8	284.4	359.2	—	502.3	579.8
其他部门事业费	—	—	—	15.4	19.2	—	23	56.5
优抚和社会救济福利事业费	34	38.6	38.8	41.5	33.9	—	51.9	52.1
民兵事业费	—	—	—	—	—	—	—	—
行政管理费	89	95.4	106.3	138.4	143.3	—	240.1	321.8
价格补贴支出	—	—	—	—	—	—	20.5	67.8
其他支出类	35	37.5	29.3	60.4	16.6	—	44.2	77.9
专款支出类	—	—	—	—	—	—	—	—
公检法支出	—	—	—	—	—	—	—	
支援不发达地区类	—	—	—	—	—	—	—	—
社会保险基金	—	—	—	—	—	—	—	—

年份 金额 项目	1987	1988	1989	1990	1991	1992	1993	1994
企业挖潜改造	—	—	14.7	12.3	9.8	10.2	281	50
简易建筑费	—	—	—	—	—	—	—	36
科技三项费用	2.8	7.3	9.2	7.2	30.8	6.6	2	2
支援农村生产	141.7	105.6	234.2	297.3	215.2	113.1	193	168
农林水利气象费	173.1	190.4	92.8	124.3	111.8	159	185	359

续表 12-1-3

年份/金额/项目	1987	1988	1989	1990	1991	1992	1993	1994
工业交通事业费	3.5	108	11.4	13.7	19.8	5.2	7	25
城市维护费	86.9	71.5	82.3	83.1	57.1	65.6	92	99
城镇青年就业费	—	5.1	—	—	—	—	—	—
文教科学卫生事业费类	541.8	650.5	753.7	907.7	1035.7	1476	1381	1858
其他部门事业费	48	64.5	86	65.9	98.2	71.3	106	207
优抚和社会救济福利事业费	61.7	73.4	112.3	334.4	113.3	124.2	163	184
民兵事业费	—	—	—	—	—	—	—	—
行政管理费	362	336.5	332	454.7	486.3	587.2	935	1166
价格补贴支出	75.1	75.9	117.2	121.2	123.8	139.9	69	47
其他支出类	22.8	109.2	—	14.3	64.6	141.1	107	58
专款支出类	1	0.2	3.3	10.3	51.8	65.9	47	67
公检法支出	—	161.9	182.6	225	199.7	287	279	391
支援不发达地区类	—	—	—	—	—	—	—	—
社会保险基金	—	—	—	—	66.8	329.4	155	168

年份/金额/项目	1995	1996	1997	1998	1999	2000	2001	2002
企业挖潜改造	20	91	292	270	12	122	892	73
简易建筑费	—	—	—	3	—	—	—	—
科技三项费用	3	51	116	130	127	220	295	280
支援农村生产	297	432	111	77	196	153	108	94
农林水利气象费	326	457	350	711	1079	1051	1245	1275
工业交通事业费	14	16	24	58	60	141	222	275
城市维护费	113	113	348	909	922	890	1202	1369
城镇青年就业费	—	—	—	—	—	—	—	—
文教科学卫生事业费类	2848	2566	3965	2963	4124	5732	7076	6643
其他部门事业费	277	200	313	999	544	409	1069	907
优抚和社会救济福利事业费	313	187	207	204	260	411	511	521
民兵事业费	—	—	—	—	—	—	—	—
行政管理费	1335	1368	1647	1158	1291	2363	2796	3421
价格补贴支出	24	24	24	51	20	—	142	4
其他支出类	40	72	177	373	465	350	233	397
专款支出类	85	98	—	82	197	633	190	230
公检法支出	421	677	867	1157	1016	1583	1643	1317
支援不发达地区类	—	—	—	—	—	5	1	12
社会保险基金	245	488	—	—	—	—	—	—

续表 12-1-3

项目 \ 金额 \ 年份	2003	2004	2005	2006	2007	2008
企业挖潜改造	63	20	1686	6494	—	—
简易建筑费	—	—	—	—	—	—
科技三项费用	345	377	440	659	—	—
支援农村生产	891	—	—	—	—	—
农林水利气象费	1375	2085	2514	2639	5245	5599
工业交通事业费	372	274	330	383	1343	1378
城市维护费	637	1611	1590	1814	—	—
城镇青年就业费	—	—	—	—	—	—
文教科学卫生事业费类	7918	8570	10627	12317	16712	24024
其他部门事业费	1048	1187	1668	1845	—	—
优抚和社会救济福利事业费	804	736	1197	1320	—	—
民兵事业费	—	—	—	—	—	—
行政管理费	4038	4115	4753	5409	12985	10565
价格补贴支出	30	—	1	96	—	—
其他支出类	587	778	1797	5099	1884	1325
专款支出类	233	423	446	645	—	—
公检法支出	1869	1740	2705	2841	5622	4379
支援不发达地区类	26	15	—	23	—	—
社会保险基金	1070	1160	1405	2757	4234	3649

1979—2008 年香河县部分年份的预算外资金支出统计表

表 12-1-4　　单位：万元

年份	预算外资金支出	年度	预算外资金支出
1979	788	1996	1332
1980	1137	1997	4593
1981	622	1998	3556
1982	938	1999	4225
1983	647	2000	1508
1985	850	2001	5173
1988	1188	2002	3524
1990	1825	2003	5065
1991	1841	2004	5041
1992	1599	2005	7332
1993	1039	2006	6549
1994	1176	2007	6346
1995	1289	2008	5916

第三节　乡镇财政

1979年底，香河县正式建立起公社财政所编制，编制总计41人。其中，城关、安平、五百户、刘宋、安头屯、渠口、蒋辛屯7个公社财政所编制3人，孙止务、王家摆、钳屯、香城、李庄、金辛庄、钱旺村、大七里、石虎、梁家务10个公社编制2人。1980年1月，各公社财政所建立，受县财政局和公社双层领导，负责管理公社的财政工作。主要任务是负责管理农业税征收、国库券推销、公社机关行政经费和公社预算外资金管理。当时财政所人员调动频繁，一度成为公社机动和勤杂人员。

1983年8月初，香河县参加地区在固安县召开的财政工作现场会后，于9月1日起开始实施公社财政的准备工作，进行公社财政体制改革，实行“定收定支、收支挂钩、超支不补、超收奖励”财政机制。县下放公社收入2项：工商各税和其他收入；下放支出142项：公社行政经费、公社武装经费、财政所、税务所、农技站、林业员、经营管理者员、农机站、广播放大站、公社卫生院和县医院分院补助经费、公费医疗、优抚定期定量补助、社会困难户定期补助。9—11月，各公社收入150万元，与前8个月相比，月收入增长5.7%；与1982年同期相比，增长35.75%。年底，全县17个公社，9个公社财政决算有结余，结余总额22029元；8个公社决算亏损，亏损额11301元。

1984年，凡财政收支的所有项目，除机动开支的项目（修缮费、购置费等）外，县财政全部下放到乡镇。乡镇实行“定收定支、收支包干、总额分成”的财政体制。乡镇财政所编制增加到57人。5月7日，县长常务会研究决定，乡镇财政体制由“定收定支、收支包干、总额分成、超任务加提20%”。

1985—1986年，为发展小城镇建设，乡镇财政体制改行“定收定支、收支挂钩、收入上解、支出包干、增长分成、减收扣支”的管理办法。对城关、渠口、刘宋、安平4个镇按1985年实际完成的财政收入（工商各税以税务局提供的数字为依据，农业税收入扣除1985年增长的31.5%）比1984年实际完成增长部分，返还各镇35%；其余13个乡，按1985年实际完成的财政收入比1984年实际增长部分，返还各乡30%。乡镇财政分成资金使用范围按顺序首先弥补当年和上年包干经费不足，然后依次为留出一定数量的资金作为乡镇经费周转金、适当安排一些教育经费、用于支出乡镇企业的周转金、发展乡镇建设、举办乡镇级公共福利事业。

1987年，实行两种财政管理体制。对经济条件比较差的李庄、香城屯、东鲁家口3个乡实行“总额分成”的办法，分成比例为乡留60%，上解县财政40%；对其他14个乡镇继续实行“定收定支、收入上解、支出包干、增长分成”的财政体制，增长分成比例确定为镇25%、乡20%。1988年，为加快安平镇经济开发区基础设施建设，安平镇由原来的“增长分成”改为“总额分成”，其分成比例为上解县65%，镇留35%。

1990年，对香城屯、东鲁家口2个乡总额分成比例做适当调整，由原来上解县40%，乡留60%，分别改为：香城屯上解县50%，乡留50%；东鲁家口上解县60%，乡留40%。

1994—2001年，乡镇财政统一实行“分税制和上解额递增包干”新老体制双轨运行的财政体制。

2002年5月，乡镇机构改革，各乡镇成立财经办公室，负责乡镇经济发展规划的编写与组织实施，制定乡镇财政预算、税收、财会和基本建设财务管理制度；监督村街及乡镇企事业单位的财务活动，对违反财经纪律的事项进行查处；监督、指导各乡镇财政所、税务所、工商所等单位的财务审计工作。使用行政编制3人，财经办主任与财政所长一人兼；财政所为事业编，负责乡镇预算的执行，组织乡镇财政收支，做好各项税点征收等。

2003年1月1日起，调整乡镇财政管理体制，实行“以收定支、税种总额分成加增长分成、支出包干”。9月1日，乡镇范围内全部推行财政集中收付制度改革。在各乡镇财经办公室设立“财政集中收付中心”，统一办理和具体承担各预算单位的现金、转账等资金结算业务和经费的拨入、支出、往来款项的收付工作等。纳入集中收付的单位有党政办公室、财经办公室（财政所）、社会事务办公室（民政所）、计划生育办公室（计划生育服务中心）、城市建设办公室（土地所）综合治理办公室、司法所、教育办公室、农业服务中心、乡镇各中小学等单位。

2007 年 1 月 1 日后，乡镇财政体制进行调整，实行“收支统管、核定收支、增收奖励、超收返还”管理体制，各乡镇新上和技改工业项目，享受县委、县政府优惠的支出由县政府予以保障，不再由乡镇支出。

1985—2008 年香河县各乡镇财政收支统计表

表 12-1-5　　单位：万元

项目 金额 年份	收入				支出			
	合计	预算内	预算外	自筹资金	合计	预算内	预算外	自筹资金
1985	992	992	—	—	177	177	—	—
1986	990	990	—	—	378	378	—	—
1987	1169	1169	—	—	463	463	—	—
1988	1348	1348	—	—	512	512	—	—
1989	1672	1672	—	—	530	530	—	—
1990	1726	1726	—	—	585	585	—	—
1991	1812	1812	—	—	586	586	—	—
1992	2114	2114	—	—	722	722	—	—
1993	2372	2372	—	—	869	869	—	—
1994	3055	3055	—	—	1080	1080	—	—
1995	3712	3712	—	—	1248	1248	—	—
1996	4670	4670	—	—	1418	1418	—	—
1997	5683	5683	—	—	1985	1985	—	—
1998	6980	6980	—	—	2115	2115	—	—
1999	7120	6906	214	—	5351	2747	—	2604
2000	10578	7395	—	3183	7892	4709	—	3183
2001	11505	8965	—	2540	8685	6145	—	2540
2002	11438	10645		793	8413	7620	—	793
2003	13530	12691	—	839	4110	3271	—	839
2004	15143	14084	—	1059	4412	3353	—	1059
2005	17369	16409	—	960	5276	4316	—	960
2006	21378	20484	—	894	5721	4827	—	894
2007	36292	35359	—	933	8338	7405	—	933
2008	38728	37656	—	1072	7906	6834	—	1072

第四节　财政管理

一　预决算管理

（一）预算编制

1979 年，按省地财政统一规定，下达收支指标，专项结转，节余留作下年度继续使用，不结转项目的支出结余，全部归下年度统一安排。香河县 1980 年开始对全县行政、事业单位和公社实行预算包干，将专项结转支出结余外，其他支出项目结余全部留给单位下年度继续使用。以后年度的预算编制实行基数加增长的办法。1994 年分税制改革后，预算编制采用零基预算，实行定员定额，取消基数加增长的方法。2001 年起，在省、市财政的大力倡导下，香河县积极推行部门预算，即一个部门一本预算。根据预算法的规定，地方各级预算按照量入为出、收支平衡的原则编制，不列赤字。

（二）决算编制

决算工作在每年第四季度即着手进行准备。由县财政局在汇总各有关部门、单位决算的基础上进行编制。

二　预算外资金管理

财政专户储存管理是对事业和行政单位预算外资金实行财政管理的一种方式。香河县财政局认真落实收支两条线的规定，加强预算外资金监管。其中在加强票据的监管上，实施源头控制。对各单位用票始终坚持“凭证领票，验旧领新，限量领用，票款同行”的管理办法，对教育系统，实行“一生一票”制度，从源头上有效地防止了乱收费、乱罚款行为的发生，净化了香河的经济环境。对大额收费项目实行直收。从 2002 年开始，县财政局对城市公用设施配套费，采取了由县收费局直接征收的方法，征收过程中几个相关部门互相配合，相互牵制，有效杜绝了人情费，收到了很好的社会效益和经济效益。

三　政府采购

1987 年从严控制社会集团购买力，在专控商品审批时坚持以下审批原则:直接用于生产、科研和教学的专控商品，新成立单位必须配备的专控商品，符合报废更新条件需要更新的专控商品，本着勤俭节约的原则，按规定给以审批，对于求新求洋、铺张浪费和与民争购的紧俏商品原则上不批不供。

1988 年实行社会集团购买力实行指标控制，严格审批，从严掌握。地区分配香河县社会集团购买力指标 116 万元，其中专控商品指标 20 万元。

1989 年 1 月 1 日起征税社会集团购买力附加费，按实际购买金额的 10%至 20%的费率征收。1990 年为了防止公车上私人牌照，对个人购买新车进行审查。

1994 年继续执行指标控制，从严审批的原则，全年社会集团购买力支出完成 899.1 万元，占指标 910 万元的 98.8%。1995 年全年完成社会集团购买力支出 1014.4 万元，占指标 1064 万元的 95.30%

20 世纪 90 年代末期，不断地完善政府的采购制度。2000 年进行财政集中支付改革。2002 年 10 月制定了《香河县财政集中支付实施方案》和《香河县财政集中支付办法》，开通网上银行，全县 94 个行政事业单位全部实行财政集中支付，取消银行账户 101 个。2003 年 9 月，全县 9 个乡镇分别建立起乡镇集中支付中心。

政府将采购领域向使用财政性资金的工程服务延伸，设立政府采购资金专户，对纳入政府采购的财政性资金，从专业户直接支付给商品供应商或劳务提供者。2002 年，采购金额 367 万元，节约开支 53 万元。2003 年，香河县推行了财政投资评审制度，对基建项目进行评审、核算，降低财政投资成本，每年累计评审资金 3360 万元，审减资金 512.6 万元。2006 年，对 25 项工程完成预决（结）算评审，项目送审金额 11230.6 万元，审减资金 1564.6 万元。对采购实行公开招标，邀请招标，询价采购，误判采购形式完成。2007 年累计组织财政采购 32 次，实现采购金额 5798 万元，节约资金 744 万元。2008 年完成采购金额 8074 万元，节约资金 986 万元。

四　社会保障资金管理

1983 年初，香河县就制定了一套完整的公费医疗管理办法。离休人员和在香河县任过副处级以上实职的干部及二等乙以上残废军人的药费，实行实报实销制度。这个制度一直延续到 2009 年。

1998 年香河县将原有的公费医疗制度改为现行的职工医疗保险制度。费用由原来的财政全额担保。改为在职人员按工资总额 2%，财政按 7%共同缴纳医疗保险。同时全体人员（含退休人员）按每人每年 100 元缴纳大病统筹。收缴的医疗保险金和大病统筹费全部纳入财政专户管理，集中使用，按规定据实报销。

具体做法是：在职职工和退休人员实行住院定点，转院申请，住院产生费用时，县医保中心根据用药种类、品种，治疗项目等不同，按照有关政策实行不同档次和比例的报销制度。

因公致伤、计划生育后遗症实行实报实销，住院费用划分档次与个人一次性补偿挂钩。

随着香河县医疗保险统筹制度的不断改革与完善，到 2008 年香河县支出医疗费达到 4600 万元。

五　国库券的发行

香河县内国库券发行从 1981 年开始，由财政部根据《中华人民共和国国库券条例》，每年定期发行国库券。1981 年分配香河县 40 万元，实际完成 58.57 万元。到 1990 年共分配给香河县认购任务 925 万元，实际完成 959.67 万元。

1981—1996 年香河县发行国库券都是实物券，面值有 1 元、5 元、10 元、50 元、100 元、1000 元、1 万元、10 万元、100 万元等多种。

1992 年国家开始实行发行少量的凭证国库券，1994 年香河县特种定向债券任务为 11 万元，其中：养老保险基金 10 万元；待业保险基金为 1 万元。这次债券为五年期，年利率 15.86%。1997 年后开始全部采用凭证式和证券市场网上无纸化发行，各专业银行代理发行，每年发行 2 次。

1981—1990 年香河县认购国库券情况统计表

表 12-1-6　　单位：万元

年份＼项目	认购	完成	年份＼项目	认购	完成
1981	40	58.57	1986	103	103.1
1982	57	58.7	1987	103	103.3
1983	60	61.5	1988	127	127.4
1984	60	60.7	1989	136	137.5
1985	103	105	1990	136	144.9

第五节　财政监督

1989 年 3 月，香河县财政局增设会计事务监察股，在此之前局内设有财政监察员。1990 年 6 月监察股从会计事务监察股分离出来。1996 年 4 月，改称监督科。对财政系统业务部门、乡镇财政所及有关人员执行财经纪律的情况进行监督检查，对单位和个人违犯财经纪律的案件进行查处。

一　平时检查

即平时就某项内容进行的单项检查。自 1990 年开始，为随时掌握全县财政经济的运行状况，履行好财政监督职能，由县财政局直接组织或协同有关部门进行不定期检查。内容涉及企业财务、预算外资金、控购、基建、支农资金、农税、行政事业经费等 18 项内容。到 1992 年底统计，3 年共检查 3 次，累计为国家挽回经济损失 6938 万元。并依法处理了违纪违规的单位和个人，保证了财政经济的正常运行。

二　年度大检查

香河县自 1990 年起每年进行一次税收、财务、物价大检查。检查人员从财政、税务、金融、审计、商业等有关部门抽调组成检查组，采取自查和重点检查相结合的方法、分组、分部门、分业务对税收、财务、物价进行检查。一般每年 10 月开始，次年 2 至 3 月结束，并写出检查总结，通报全县。

1990—1992年香河县财务大检查情况统计表

表12-1-7　　单位：万元

项目/金额/年份	检查户数			违纪金额	应入库金额	实际入库
	总计	企业	事业			
1990	934	853	81	150.5	133.93	130.1
1991	81	41	40	37.7	21	19
1992	5923	5815	108	90.1	42.03	33.96

第六节　管理机构

1958年成立香河县财税局，内设税收股、预算股、秘书室。1962年财政局和税务局分建，1965年再度合并。1983年2月，财税分开，财政局下设办公室、企业股、预算股、农财股，有工作人员19人。1987年11月，机关内部设有：办公室、预算股、农财股、企业股、综合股。1989年3月，增设会计事务监察股和控制社会集团购买力办公室。1990年6月监察股从会计事务监察股分离出来；10月建立县财政税务物价大检查办公室、国债管理委员会办公室，国债办与综合股合属办公，大检办与监察股合属办公。1991年12月建事业股。局下属17个乡镇财政所（与各乡镇实行双重领导）。1996年4月局内股改称科，按照县政府“三定”（定机构、定职能、定人员）方案要求设置：办公室、预算科、行财科（事业股）、农财科、企业科、综合科、会计事务科、国债服务站（国债办）、监督科（监察股）、大检办、控制社会集团购买力办公室。同时，全县由17个乡镇财政所并成9个乡镇财政所，乡镇财政所改称财经办公室。1997年3月，成立财政局收费管理局（二级局）。1998年11月，成立公有资产经营公司。2000年12月，成立预算编审中心、集中支付中心、政府采购中心；2002年7月，成立国库股，由行财股分出社保股；收费局分设征管股、票据股；撤销农财科，成立农业股和农税股；撤销大检查办公室、控制社会集团购买力办公室、国债服务部；内设机构“科”改“股”；11月，成立香河县农业税收管理局。2003年4月，成立香河县财政投资评审中心，为股级事业单位，核定事业编制8人。2006年6月，香河县财政局内设机构18个：办公室、预算股、预算编审中心、行财股、农业股、农税股、企业股、国有资产管理办公室、财政监督股、综合股、会计股、集中支付中心、政府采购办、国库股、社保股、财政投资评审中心、收费局征管股、收费局票据股；下设2个二级局：收费局、农税局，挂靠机构香河县公有资产经营公司。人员编制83人。2008年，全局下设15个股室：办公室、预算股、预算编审中心、国库股、综合管理股、监督股、经济建设股、行财股、社会保障股、政府采购办公室、农税稽查股、会计股财政投资评审中心、财政集中支付中心；2个正科级单位：收费管理局（下设征管、股票据股）、城市建设投资公司，全局工作人员104人。

第二章　税　务

第一节　税制　税种

1950年1月，政务院颁布了《全国税政实施要则》，统一了税收，建立了新的税制。香河县除征农业税外，开始征收货物税、工商业税、存款利息所得税、印花税、交易税等6种税。

1952年12月31日，国家财经委员会公布了《关于税制修正及实行日期的通知》和《商品流通税试行办法》，对原工商税制进行了若干修改。税制修改后，香河县征收 7 种，即商品流通税、货物税、工商业税、印花税、利息所得税、牲畜交易税、城市房地产税。

1958 后 6 月，颁布《中华人民共和国农业税条例》，对农业税征收制度作了重要修改。香河县实行比例税制，正税为常年产量的 9%，县、乡附加征收正税的 10%和 5%。1962 年，国家贯彻“稳定负担，增产不增税”的政策，多年未变。同年，开征工商统一税，1966 年先后停征存款利息所得税、文化娱乐税等。

1973 年 1 月起，实行《中华人民共和国税收条例（草案）》，香河县征收工商税、工商所得税、屠宰税、牲畜交易税和农业税。

1977 年取消了合作商店加成征收的规定。1980 年至 1984 年 6 月，先后开征中外合资企业所得税、个人所得税、外国企业所得税、建筑税和国营企业奖金税。1986 年开始征收农林特产税。1987 年 4 月 1 日是，开始征耕地占用税。

1990 年后，香河县征税 24 种。即工商税收 21 种：产品税、增值税、营业税、工商统一税、集体企业所得税、个体工商户所得税、城建税、车船使用税、房产税、屠宰税、牲畜交易税、国营企业奖金税、事业单位奖金税、集体企业奖金税、国营企业工资调节税、建筑税、个人收入调节税、印花税、城建土地使用税、私营企业所得税、个人所得税。农税有 3 种：农业税、农林特产税、耕地占用税。

1994 年分税制后，县国家税务局征收的税种有：增值税、消费税、企业所得税、外商投资企业和外国企业所得税、车辆购置税。县地方税务局征收的税种有：营业税、企业所得税、个人所得税、城市维护建设税、印花税、房产税、城镇土地使用税、屠宰税、车船使用税、车船使用牌照税、土地增值税、教育费附加、社保费、残疾人就业保障金、工会经费。

第二节 农业各税

农业税 中华人民共和国成立初期，农业税的征收以户为单位，并以土地占有量多少累进负担。1957 年后，随着农业合作化的发展，农业税以农业生产合作社为单位征收。1958 年 6 月，实行评产计征的比例税制，并执行稳定负担、增产不增税的政策。1982 年，农村实行联产承包责任制后，农业税征收由向生产队征收改为以户为单位征收。人民政府不断降低农业税的征收比例，减轻农民负担。20 世纪 50—60 年代，农业税的征收比例为 15%至 20%。1990 年的征收率为 9%。2002 年，香河县农业税费改革，征收税率调整为 7%。2006 年 1 月 1 日，取消农业税。

1979—2005 年香河县部分年份农业税征收情况统计表

表 12-2-1　　单位：万元

年份	农业税额	年份	农业税额	年份	农业税额
1979	83	1990	172.80	1998	846.00
1980	80.60	1991	170.30	1999	543.00
1981	80.50	1992	268.30	2000	600.00
1982	83.10	1993	259.00	2001	464.00
1983	98.30	1994	467.00	2002	1656.00
1984	92.00	1995	471.00	2003	1698.00
1985	121.00	1996	603.00	2004	1468.00
1986	121.30	1997	836.00	2005	1236.00

农林特产税 1986 年开征，征收对象：凡从事农林特产品生产、取得农林特产收入的农村合作经济组织、国营农林场、国营和集体企业单位、机关部队等团体、学校和个体农民等均属纳税人。税

率 10%～15%。1989 年农林特产税完成 16 万元。1992 年农林特产税完成 37 万元。进入 2000 年农林特产税逐年减少，2003 年 5 月取消(除烟草外的)农林特产税。

1986—2003 年香河县部分年份农林特产税征收情况统计表

表 12-2-2　　单位：万元

年份	农林特产税额	年份	农林特产税额	年份	农林特产税额
1989	16	1994	32	1999	27
1990	15	1995	31.3	2000	17
1991	22	1996	32	2001	19
1992	37	1997	30	2002	7
1993	33	1998	32	2003	1

耕地占用税　1987 年 4 月 1 日开始征收。征收对象：凡占用耕地建房或从事非农业建设的单位和个人都是纳税人。耕地占用税由土地管理部门代征。

1989—2008 年香河县耕地占用税情况统计表

表 12-2-3　　单位：万元

年份	耕地占用税	年份	耕地占用税
1989	37.1	1999	146
1990	29	2000	160
1991	21	2001	26
1992	70	2002	10
1993	64	2003	22
1994	182	2004	25
1995	133.9	2005	20
1996	104	2006	21
1997	339	2007	266
1998	348	2008	178

契税　契税的征收对象是境内转移土地、房屋权属契税的纳税义务人，是境内转移土地、房屋权属承受的单位和个人；契税的计税依据是不动产的价格；契税实行 3%～5%的幅度税率。进入 2000 年以后，房屋交易量及土地流转增加，契税征收额大增。

1989—2008 年香河县契税征收情况统计表

表 12-2-4　　单位：万元

年份	契税征收额	年份	契税征收额
1989	2	1999	42
1990	3	2000	97
1991	3	2001	120
1992	3	2002	155
1993	4	2003	175

续表 12-2-4 单位：万元

年份	契税征收额	年份	契税征收额
1994	7	2004	600
1995	14.3	2005	800
1996	10	2006	830
1997	11	2007	1704
1998	32	2008	1416

第三节 分税制前税务

香河县征收的工商税及其他各税自 1979 到 1994 年 4 月（建立国家税务局和地方税务局）共有 21 个税目，工商税的税率最低为 3%，最高为 30%。

1981—1993 年香河县部分年份工商税收情况统计表

表 12-2-5 单位：万元

年份＼项目	工商各税税额	产品税	增值税	营业税	所得税
1981	676.7	—	—	—	—
1982	703.5	—	—	—	—
1983	744.7	—	—	—	—
1984	934.1	—	—	—	—
1985	1926.9	—	—	—	—
1986	1853.5	682.2	426	522.1	466.4
1989	2452.2	16	1090.1	732.8	420.5
1990	2720	19	1086	826	448.9
1991	3030	21	1230	968	533
1992	3401	45	1475	1124	442
1993	4264	270	1759	1312	456

工商所得税 1979—1985 年，实行 8 级超额累进税率，税率最低为 7%，最高为 55%，7 年共征收 2340 万元。1990 年征收 449 万元。1993 年征收 456 万元。

1979—1993 年香河县工商所得税征收情况统计表

表 12-2-6 单位：万元

年份	征收额	年份	征收额
1979	255	1987	371
1980	260	1988	433
1981	262	1989	421
1982	246	1990	449
1983	265	1991	533
1984	361	1992	442
1985	691	1993	456
1986	466	—	—

屠宰税 1973年，税制改革时屠宰税并入工商税内征收，为简化征收办法，由从价计征改为从量计征，税额规定猪每头3元；牛每头5元；羊每头0.5元；马和骡3元；驴2元。后屠宰税定额调整为每头猪4元，羊0.8元，牛和其他大牲畜6元。1985年中华人民共和国财政部颁发了《关于改进屠宰税征税办法的若干规定》。凡经营生猪（包括牛、菜羊）的单位或个人，由收购者根据所支付的金额和规定的税率计缴产品税，不再征屠宰税。农村税费改革以后，屠宰税已被取消。2002年1月1日，全省停征屠宰税。

1984—1990年香河县屠宰税征收情况统计表

表12-2-7　　单位：万元

年份	征收额	年份	征收额
1984	3.7	1988	4.5
1985	5.3	1989	7.6
1986	6.5	1990	6.2
1987	4.8	—	—

产品税 是在货物税、商品流通税、工商统一税和工商税的基础上演变而成的。1984年税制改革中，作为新的税种而独立存在。主要功能以工业品和农副产品为征收对象，工业品最高税率为60%，最低为3%；农林牧水产品税率最高为38%，最低为3%。1984年征收538万元。本县的产品税税目主要有轻工业类的烟、酒、食品饮料；重工业类化工、建材、玻璃及玻璃纤维制品；农林牧产品中的烟叶、水产品、原木、生猪等。由于增值税的试行，产品税的征收范围逐渐缩小。1994年实行新税制，停征产品税。

1984—1993年香河县产品税征收情况统计表

表12-2-8　　单位：万元

年份	征收额	年份	征收额	年份	征收额
1984	538	1988	9	1992	45
1985	668	1989	16	1993	270
1986	682	1990	19	—	—
1987	359	1991	21	—	—

营业税 1984年10月恢复征收。按经营单位或者个人所得营业收入征收。主要包括商业、建筑、交通、金融保险、饮食服务等行业，税率为3%～15%。

1984—1993年香河县营业税征收情况统计表

表12-2-9　　单位：万元

年份	征收额	年份	征收额	年份	征收额
1984	70	1988	754	1992	1124
1985	463	1989	733	1993	1312
1986	522	1990	827	—	—
1987	654	1991	968	—	—

增值税 是从工商税种中析出而成的一个独立税种。1984 年 1 月起征。征收范围：在中华人民共和国境内销售货物、提供加工、修理、修配、劳务以及进口的单位和个人为增值税的纳税义务人。税目 31 个，税率最高 45%，最低为 8%。1984 年征收 46 万元，1990 年为 1087 万元，分税制前 1993 年为 1759 万元。

1984—1993 年香河县增值税征收情况统计表

表 12-2-10　　　　单位：万元

年份	征收额	年份	征收额	年份	征收额
1984	46	1988	762	1992	1475
1985	57	1989	1090	1993	1759
1986	43	1990	1087	—	—
1987	46	1991	1230	—	—

牲畜交易税 交易税包括牲畜交易税、药材交易税、粮食交易税、土布交易税、棉花交易税。香河县开征的只有牲畜交易税，凡在县境内进行牛、马、驴、骡等牲畜交易的公民和机关、部队、团体、农村社队、企业事业单位，都要照章纳税。税率为 5%。1971 年停征，1984 年恢复征收。

国营企业所得税 1983 年 6 月开征，该税的纳税依据：纳税人每一纳税年度的收入总额（含营业外收入）减除成本费用，其税率依其企业规模大小，分别采用比例税率和超额累进税率。大中型企业税率为 55%，小型企业、饮食服务业、营业性的宾馆、饭店、招待所等采用八级超额累进税率。

国营企业奖金税 1984 年开征，凡未实行工资总额随经济效益挂钩浮动的国营企业，其发放的各种形式奖金，都属于国营企业奖金税的征收范围。国营企业奖金税采用超额累进税率。其间做过几次调整。1984 年，全年发放奖金总额超过工资两个半月至 4 个月的部分，税率为 30%；超过工资标准工资金 4～6 个月的部分，税率为 100%。超过标准工资 6 个月的部分，税率为 300%。1985 年，全年发放奖金总额人均超过标准工资 4～5 个月的部分，税率为 30%；超过 5～6 个月部分，税率 100%；超过 6 个月部分，税率为 300%。1987 年起，奖金税率分别由 30%、100%、300%降为 20%、50%、100%。超过标准工资 7 个月以上的部分税率为 200%。

城市维护建设税 1986 年 1 月 1 日开始征收。凡缴纳产品税、增值税、营业税的单位和个人，均为征收对象。纳税人在市区的，税率为 7%，在县城或镇的，税率为 5%，纳税人不在市区、县城、或镇的，税率为 1%。

国家能源基金 1983 年 1 月 1 日开征。一切国营企业单位、机关、团体、部队和地方政府的各项预算外资金以及这些单位所管的城镇集体企业，缴纳所得税的利润，均应交纳国家能源基金，税率为 15%。1987 年，对 1983 年尚未开生征的城乡集体企业和个体企业、工商业户进行扩征，税率为 7%。

城镇土地使用税 在城市、县城、建制镇、工矿区范围内使用土地的单位和个人，为城镇土地使用税以纳税义务人，应当按规定缴纳土地使用税，城镇土地使用税以纳税人实际占用的土地面积为计税依据，依据规定税额计算征收。

教育费附加 1986 年发布《征收教育附加的暂行规定》。

根据国务院的规定，凡缴纳增值税、消费税、营业税的纳税人，就其实际缴纳的上述三种税额征收的一种附加。附加率为 1%。教育附加由地方税务机关负责征收，专项用于发展教育事业。征收教育费附加。目的是为了贯彻落实《中共中央关于教育体制改革的决定》，扩大地方教育事业的发展。

第四节　国家税务

一　税种

1994 年 4 月建立香河县国家税务局后，征收的税种主要有：增值税、消费税、企业所得税、外商投资和外国企业所得税、个人利息所得税、车辆购置税等。

二 税率、税额

增值税 1994 年 1 月 1 日起施行。其征收范围：销售或者进口的货物；提供的加工、修理修配劳务。其计税依据是按货物的销售额、进口货物的金额、应税劳务销售额。其基本税率为 17%，低税率 13%，出口货物零税率，实行简易办法征收的小规模纳税人按征收率征收，其中商业 4%，工业 6%。

消费税 征收范围是：烟、酒及酒精、化妆品、护肤护发品、贵重首饰及珠宝玉石、鞭炮焰火、汽油、柴油、汽车轮胎、摩托车和小汽车等 11 类。根据消费品的销售额或销售数量实行定额税率以及比例税率进行计税。

企业所得税 是境内企业的生产、经营所得和其他所得征收的一种税。收入总额扣除成本、费用、税金、损失等后的净所得额为计税的依据。基本税率为 33%，另有 18%和 27%两档优惠税率。2008 年 1 月 1 日开始施行 2007 年 3 月 16 日第十届全国人民代表大会第五次会议通过的《中华人民共和国企业所得税法》。

外商投资企业和外国企业所得税 征收范围是外商投资企业和外国企业从事生产、经营所得和其他所得。按制造业、商业、服务业和其他行业四类不同情况分别进行计算所得额计税。其税率为 30%。

车辆购置税 征收范围包括汽车、摩托车、电车、挂车、农用运输车。计税依据：为纳税人购买应税车辆而支付给销售者的全部价款和价外费用，不包括增值税税款。其税率为 10%。

第五节 地方税务

一 税种税率

1994 年香河县地方税务局，负责征收的税种有：营业税、企业所得税、个人所得税、城市建设维护税、车船使用税、印花税、房产税、土地增值税、土地使用税、契税、耕地占用税及教育费附加、社会保险费、残疾人就业保障金、工会经费。

1993 年以前教育费附加的征收税率为 1%，1994 年后的征收税率为 3%。1993 年 10 月 31 日，个人所得税起征点为 800 元/月，2005 年 10 月 27 日，调整为 1600 元/月，2008 年 3 月 1 日，调整为 2000 元/月。2000 年 1 月 1 日，取消固定资产投资调节税。2002 年 1 月 1 日，取消屠宰税；同日起，凡“新办企业”的企业所得税一律在国家税务局征收管理。自 2002 年 3 月 1 日起，地方税务部门依据河北省人民政府令〔2001〕第 25 号《河北省社会保险费征纳暂行规定》，负责社保费的登记、缴费、征收、检查和办理缓缴事宜。2003 年 1 月 1 日，开始征收残疾人就业保障金。2005 年，开征地方教育费附加；2005 年 7 月 1 日，依据《中华人民共和国工会法》《河北省实施〈中华人民共和国工会法〉办法》，地方税务局代征工会经费。2006 年 12 月 27 日，颁布《中华人民共和国车船税暂行条例》后，废除车船使用牌照税。2008 年 11 月 1 日起，对个人销售住房暂免征土地增值税。

二 税额

1994 年，税收 2654 万元。2000 年，地方税收 10659 万元。2005 年，地方税收 19400 万元。2008 年，地方税收 28205 万元。

1994—2008 年香河县地方税务征收情况统计表

表 12-2-11　　　　单位：万元

年份	征收额	年份	征收额	年份	征收额
1994	2654	1999	9077	2004	15815
1995	3396.6	2000	10659	2005	19400
1996	4349	2001	12852	2006	26323
1997	6302	2002	11841	2007	23859
1998	7768	2003	14572	2008	28205

1994—2008 年香河县地方税务部分税种征收情况统计表

表 12-2-12 单位：万元

年份＼项目	营业税	企业所得税	城市维护建设税	印花税	房产税	土地使用税	车船使用税	屠宰税	土地增值税	固定资产投资调节税
1994	572	391	119	9	75	26	16	—	—	31
1995	521	751	118	14	108	30	23	0.1	5	74
1996	1050	667	159	15	142	26	24	24	—	70
1997	1530	568	175	24	145	46	26	60	—	106
1998	1913	779	176	45	156	88	29	35	—	107
1999	1945	1388	180	73	173	91	15	33	—	406
2000	2514	1980	254	107	194	75	14	30	0.1	152
2001	2643	2830	271	105	179	78	13	13	6	16
2002	3216	2707	307	125	310	69	13	1.9	31	—
2003	4367	2541	342	149	312	106	30	—	214	—
2004	6589	2326	477	172	293	95	39	—	876	—
2005	7704	3613	518	256	1107	238	81	—	841	—
2006	10974	3508	637	249	3073	416	139	—	—	—
2007	14228	4291	966	352	2761	726	95	—	—	—
2008	12979	4512	1003	418	2813	2327	193	—	—	—

第六节 税收减免

营业税起征点是指纳税人营业额未达到国务院财政、税务主管部门规定的营业税起征点的，免征营业税；达到起征点的，依照本条例规定全额计算缴纳营业额。营业税暂行条例实施细则关于营业税起征点的幅度规定如下：按期纳税的起征点营业额 200～800 元；按次纳税的起征点为每次（日）营业额 50 元。2003 年 5 月 4 日河北省地方税务局提高了全省营业税的起征点，自 2003 年 1 月 1 日起，将按期纳税的起征点幅度由现行月销售额 200～800 元提高到 1000 元；将按次纳税的起征点由现行每次（日）营业额 50 元提高到每次（日）100 元。2007 年 12 月 5 日河北省地方税务局发布关于提高全省营业额起征点的通知，自 2008 年 1 月 1 日起，全省营业税按期纳税的起征点调整为月营业额 3000 元；按次纳税的起征点为每次（日）营业额 100 元。上述起征点的适应范围限于个人。2008 年 11 月 18 日河北省地方税务局发布关于提高全省营业税起征点的通知，自 2009 年 1 月 1 日起，全省营业税按期纳税的起征点调整为月营业额 5000 元、次营业额 100 元。上述起征点的范围限于个人。文件下发之日起新办税务登记的个体工商户，自 2008 年 12 月 1 日起执行。

1980 年 9 月 10 日《中华人民共和国个人所得税法》获得通过，确定起征点为 800 元，但当时的纳税对象主要以在华的外国人为主。1986 年 9 月国务院发布《个人收入调节税暂行条例》，对本国公民的个人收入统一征收个人收入调节税，起征点 400 元。1993 年 10 月 31 日起征点 800 元。2005 年 10 月 27 日，根据第二次提请全国人大常委会会议审议的个人所得税法修正案草案，个人所得税工薪所得减除费用标准由原来的 800 元，调整为 1600 元。十届全国人大常委会第三十一次会议于 2007 年 12 月 29 日表决通过了关于修改个人所得税法的决定。根据决定，2008 年 3 月 1 日起，个税免征额将从 1600 元/月上调至 2000 元/月。

2003 年 5 月 4 日河北省财政厅、河北省国家税务局、河北省地方税务局联合下发了关于下岗失业人员再就业有关税收政策问题的通知中对下岗失业人员从事个体经营（除建筑业、娱乐业以及广告业、桑拿、按摩、网吧、氧吧外）的，自领取税务登记证之日起，3 年内免征营业税、城市维护建设税、教育附加税和个人所得税。2006 年 1 月 23 日财政部、国家税务总局联合下发了关于下岗失业人员再就业有关税收政策问题的通知中对持再就业优惠证人员从事个体经营（除建筑业、娱乐业以及广告业、桑拿、按摩、网吧、氧吧外），按每年每户 8000 元为限额依次扣减当年实际缴纳的营业税、城市维护建设税、教育附加税和个人所得税。此优惠政策审批期限为 2006 年 1 月 1 日至 2008 年 12 月 31 日。2009 年 3 月 3 日财政部、国家税务总局又联合下发了关于延长下岗失业人员再就业有关税收政策的通知对下岗失业人员从事个体经营（除建筑业、娱乐业以及广告业、桑拿、按摩、网吧、氧吧外）的，自领取税务登记证之日起，3 年内免征营业税、城市维护建设税、教育费附加和个人所得税，此优惠政策延长到 2009 年底。

2002 年企业所得税实行中央与地方分享体制改革，原征管范围从 2002 年 1 月 1 日起凡“新办企业”的企业所得税一律在国税征收管理。新《中华人民共和国企业所得税法》已由中华人民共和国第十届全国人民代表大会第五次会议于 2007 年 3 月 16 日通过，现予公布，自 2008 年 1 月 1 日起施行。原“企业所得税暂行条例”规定，企业所得税税率是 33%，另有两档优惠税率，全年应纳税额 3～10 万元的，税率为 27%，应纳税所得额 3 万元以下的，税率为 18%；特区和高新技术开发区的高新技术企业的税率为 15%。外资企业所得税税率为 30%，另有 3%的地方所得税。新所得税法规定税率为 25%，内资企业和外资企业一致，国家需要重点扶持的高新技术企业为 15%，小型微利企业为 20%，非居民企业为 20%。

第七节 税务稽管

一 税务征管办法

对国营和集体企业及个体工商户的税款征收办法有两种：一是对国营、集体企业征收税款采取三自纳税与核实征收。三自纳税是纳税单位自行计算、自行填写缴款书、自行向当地银行营业所缴纳税款，税务机关进行辅导检查。核实征收是纳税单位自行计算、自行填写申报，经税务机关审核填写缴款书，持缴款书到当地银行营业所缴纳。二是对个体工商户征收税款采取定期定额征收、查验征收、查账征收。定期定额征收是对一些没有汇账能力，无法查实其营业额和所得额的个体营业户，先由营业户自报，税务专管人员入户蹲、盘、查，最后由税务机关核定出每月应纳的税额，按期缴纳。如因故停业，须提前报告税务机关酌情核减，事后不报告者不予承认。查验征收是对零星分散不易控制其实际销售量的商品，纳税人在销售商品前须经税务机关对产品查验计数，加盖税务验戳记后方可销售，并照例纳税。查账征收是对有建账能力的个体户，由税务机关帮助其建账建制。应纳各税依据账簿记载，先计税款，经税务机关核实后多退少补。

二 分税制前的稽管

税务稽管是税务机关对纳税人进行税法宣传普及，加强监督，掌握税源，组织税收的一种手段。在税务分税制前主要包括税务登记、纳税申报、纳税辅导、纳税检查。

税务登记在 20 世纪 60—70 年代曾一度中断。1982 年，国家税务总局发布《关于办理税务登记的通告》，税务登记制度恢复。

纳税申报 1983 年前只有工商所得税和工商税两种申报表。1983 年后，国营企业实行利改税后增加到 10 种，即一般申报表（包括产品税、营业税通用）、增值税申报表、国营企业所得税申报表、集体企业所得税申报表、建筑税申报表、交通能源基金和调节基金申报表、国营企业奖金税申报表、集体企业奖金税申报表、事业单位奖金申报表、个人收入调节税申报表。申报后于纳税期限内，统一核定所纳税款，按时收缴。

纳税辅导是指税务机关帮助纳税单位和个人解决申报纳税方面存在的问题，使其能正确结算并提取应缴税金，其主要内容是帮助审核各项计税数据是否正确，建立健全企业各项财务管理制度，监督企业按财务制度办事，严格遵守财经纪律等。

纳税检查是县税务主管部门对税收政策贯彻执行及纳税人履行纳税义务的情况进行检查。1983 年以后，每年第一季度对国营、集体企业所得税进行清底检查，第二季度对纳税单位和个人的纳税情况进行全面检查。

三 国家税务稽管

加强固定税源的控管 对固定税源的管理，在2003年以前，主要是做好税务登记工作，包括税源登记、验证、核定。对新开业的纳税户，基层税务机关在税务登记环节，准确核定应征税的税种、适用税率、定税额。对登记在册的正常纳税户每年进行一次验证，每两年换发一次新证，并借助验证换证定期对其注册资本、经营范围等进行一次核定，及时掌握税源变化情况。对歇业、停业、破产和改组、合并、兼并、转业的税源户，进行认真核定，督促其重新进行税务登记，防止虚假和转移税源现象的发生。

建立重点税源联系制度 在2000年以前对于重点税源建立联系制度，对生产规模较大、上缴税收比重较大的企业和重要税源，指定专人管理，动态掌握和监控重点企业的税源变化情况。

实行分类管理和信用等级管理 2000年后由于计算机的网络平台的建立，加强税收信息化建设，不断提高税收征管效率，提高为纳税人服务质量，开设了总局、省、市、县四级计算机广域网。2001年后建立了"金税工程"(包括四个系统：增值税防伪税控开票子系统；增值税防伪税控认证子系统；增值税计算机稽核子系统；发票协查子系统)。全局共举办微机操作培训班20余期限，培训260人次，培训企业人员800多人次。2005年依托计算机网络，把纳税人全部纳入综合征管软件(CTAIS)监控，分户建立纳税人户籍档案，按照纳税人的经营规模、经营性质、行业特点进行科学分类，并按纳税情况、税法遵循情况等分成A、B、C、D四个纳税信用等级，推行纳税人分类管理。

推行税收管理员制度 2005年，全面推行税收管理员制度。税收管理员的主要职责：户籍管理，做到户数明、税源清，及时掌握税源的变化情况；催报催缴，提高按期申报率和税款入库率；调查核实，采取税源信息。

户籍清理，控制税源流失 不定期开展"拉网式"户籍清理，清理漏征漏管户，减少税款流失。

以票控税 严格落实《发票管理办法》，进一步完美增值税专用发票管理制度，使发票管理工作更好地为强化税收征管服务。在具体工作中，对小规模纳税人，根据经营规模、征收方式和纳税额度实行分类、限版管理，积极推行电脑发票；提高纳税人发票使用率。

四 地方税务稽管

税务登记 又称"纳税登记"。是税务机关对纳税人的生产、经营活动，包括开业、停业、歇业(复业)以及变更经营范围等进行登记管理的一项基本制度，也是纳税人向税务机关办理履行纳税义务的法律手续，凡经工商行政管理部门批准，从事生产、经营活动应纳地方税收的纳税人，均有自领取营业执照之日起三十内向地方税务机关申报办理税务登记。它是税务机关掌握税源的一个重要手段，也是纳税人已纳入税务机关管理的一项证明。中华人民共和国成立后，该工作已实行，但20世纪60—70年代曾一度中断。1982年，国家税务总局发布《关于办理税务登记的通告》，税务登记制度恢复。

纳税申报 有纳税义务的单位和个人，必须在法律、行政法规确定的纳税期限内，向主管地方税务机关办理纳税申报手续，报送纳税申报表、财务会计报表以及地方税务机关规定的其他纳税资料。

扣缴义务人必须在法律、行政法规或者地方税务机关依照法律、行政法规的规定确定的申报期限内向地方税务机关报送代扣代缴、代收代缴税款报告表以及地方税务机关规定的其他资料。纳税申报是纳税人和扣缴义务人履行纳税义务和扣缴税款义务的法定手续，也是税务机关核定应纳税额和应扣缴税款的法律依据。

发票管理 包括发票的代开、领购、开具、挂失、使用、保管、缴销、防伪等工作。1994—1996年，香河县地方税务局发票为普通纸质发票。1997年至2000年上半年，发票为专用纸张、专用油墨印制的发票，并有防伪水印，部分发票为剪贴式发票。2000至2004年，发票统一换版，发票简并，取消了剪贴式发票，增加了微机发票。2003年实施发票"双奖"制度。2005年以后，发票票面增加了发票代码、发票密码内容，发票用纸由防伪水印专用纸改为干式复写纸。

征管稽查 紧紧围绕"法制、公平、文明、效率"的新时期治税思想、注重提高全系统税务人员依法治税、依法行政的整体水平。税法宣传力度，营造全社会学税法、懂税法、提高税法遵从度的良好氛围；加大对纳税人税收政策培训辅导力度，实施分行业分类型有针对性的咨询辅导；加大税务稽查力度，依法对偷逃骗欠抗税等违法行为严厉惩处，提高税法的尊严和震慑力；加强税源管理与纳税服务有机结合，构建纳税分析、税源管理、纳税评估、税务稽查四位一体的良好互动机制；注重提高税收征管信息化水平，依托计算机网络系统，将税务登记、纳税辅导、发票管理、税款征收等征管全过程实施处处监控，提高警惕了科技治税含量；加大税收征管改革力度，逐步完善以纳税申报和优化服务为基础，以计算机网络为依托，集中征收，重点稽查，强化管理的税收征管模式，实现了科学化、规范化、精细化的税源管理。

促产增收 搞好税法宣传活动，开展送税法到集贸市场、到村街、到小区、到企业、到学校等宣传活动，同时加大媒体宣传力度，2008 年起在县电视台开设“地税之窗”专题栏目，让广大群众走进地税、了解税收、熟知税法，营造良好的税收环境。优化服务质量，不断加大对办税服务厅软硬件建设，推行首问责任制、限时办结制，实行一窗式、一站式服务，推行财税行横向联网、双定户银行代扣税款、网上报税等多元化申报纳税方式。为企业开展上门服务、预约服务，为企业排忧解难。提高执法水平，始终将干部队伍建设作为重点工作常抓不懈，组织开展分岗企业知识培训，提高执法水平。同时加强干部作风、廉洁从政、行风建设等工作，公开举报监督电话，杜绝吃、拿、卡、要等违法违纪行为，营造公平、公正的良好税收环境。

信息化管理 2003 年，河北省征管软件（网络版）正式运行。2005 年，香河县电子税源图正式使用，提高对重点税源管理水平；管理员工作日志系统投入使用，管理员将日常工作录入该系统。2008 年 10 月，房地产业联机备案税控系统正式运行，真正实现了地税、房管局、开发商三方信息共享，从备案、办证环节监控税款，提高管理水平。

第八节 管理机构

一 分税制前管理机构

1958 年 2 月，香河县税务局与财政科合并成立香河县财税局，设税收股、预算股、和秘书室。同年 11 月，香（河）宝（坻）并县，县财税局随之并入。1962 年 6 月，香宝分县，恢复香河县税务局，设税改、会计 2 个股。下辖城关、刘宋、五百户、蒋辛屯等 5 个基层税务所。

1965 年，税务局再度与财政局合并，成立财税局，直到 1982 年 1 月分设。分建后的税务局设人秘股和税改股。下辖城关、渠口、刘宋、五百户、安头屯、蒋辛屯、安平 7 个基层税务所。1983 年 8 月，改公社为乡（镇），全县 17 个乡镇均建立税务所。1987 年 11 月，局内部机构有：办公室、人教股、监交股、税政股、征管股、计会股。1988 年 3 月，监交股并入税政股，并与检察院共同组建税务检察室；4 月，组建香河县税务稽查队。根据河北省税务局冀税人教字〔89〕11 号文件精神，从 1989 年 7 月起，全省税务系统实行垂直管理。香河县税务人员、编制、经费、业务工作等受廊坊市税务局直接领导。1989 年 12 月，增设监察股，将税政股分为税政一股和税政二股。局下属单位有：直属税务分局（1990 年 1 月由直属税务所改建）、市场税务所（1990 年 2 月建）、17 个乡镇税务所和 1 个养殖场。1992 年 12 月，局内部机构有：办公室、人教股、监察股、税政一股、税政二股、计会股、征管股、税务检查室、税务稽查队。局下属单位有：直属税务分局、市场税务所、17 个乡镇税务所和 1 个养殖场。1994 年 4 月分别建立香河县国家税务局和地方税务局。

二 香河县国家税务局

1994 年 4 月，组建香河县国家税务局。其人员、编制、经费、业务工作等受廊坊市国家税务局直接领导。主要任务是：贯彻执行国家有关国税税收的方针、政策、法律、法令和征收管理制度，拟定本县国税税收计划和有关规定；加强国税税收管理，大力组织收入，确保国税税收计划的实现；坚持以法治税，搞好监督检查，严肃税收法纪；运用税收杠杆对经济进行宏观调控；搞活微观经济，促进社会生产力的发展。局内部机构 9 个：办公室、政工股、监察室、税政股、计会股、征管股、信息中心、稽查局、税务治安办公室。局下属单位有：直属分局、安平开发区分局、涉外税务所、9 个乡镇税务所和 1 个养殖场。人员编制 146 人。1999 年 4 月，计会股更名计财股、税政股与征管股合并成立税政征管股、撤销税务治安办公室、停办养殖场；撤销直属分局、淑阳税务所、钳屯税务所，合并组建城区税务所；撤销钱旺村税务所，其业务并入渠口税务所；撤销安平开发区税务所，其业务并入安平税务所。2001年9月，政工股更名人教股；信息中心由行政机构转为事业机构；新组建事业机构票证管理所。2001年11月，涉外税务所更名为涉外分局、城区税务所更名为城区分局、渠口税务所更名为渠口分局、安平税务所更名为安平分局。2002年6月，撤销涉外分局，组建管理分局、征收分局。2003年1月，内设机构8个：办公室、人教股、监察室、计财股、税政征管股、信息中心、票证管理所、稽查局；局下属单位9个：管理分局、城区分局、征收分局、渠口分局、安平分局、刘宋税务所、五百户税务所、安头屯税务所、蒋辛屯税务所，人员编制140人。2003年7月，撤销原税政征管股，设立税政管理股和征收管理股；撤销票证管理所，部分业务工作合并到征收分局。2005年6月，撤销管理分局、安头屯税务所；将人教股、计划财务股、征收分局、渠口税务分局、安平税务分局、五百户税务所分别变更为人事教育股、计划统计股、办税服务厅、渠口税务所、开发区税务分局、五百户税务分局。2006年6月，内设机构8个：办公室、人事教育股、计划统计股、信息中心、稽查局、办税服务厅、税政管理股、征收管理股；局下辖3个分局和3个税务所：城区税务分局、五百户税务分局、开发区分局、渠口税务所、安头屯税务所、刘宋税务所，人员编制115人。到2008年，有干部职工110人，下设8个职能股室（办公室、人事教育股、监察室、政策法规股、征收管理股、收入核算股、纳税服务股、办税服务厅）、1个直属机构（稽查局）、1个事业单位（信息中心）、4个基层税务分局（城区税务分局中、渠口税务分局、五百户税务分局、安平税务分局）。

三 香河县地方税务局

1994年4月设立香河县地方税务局。负责地方税收的征收管理工作。其主要职责是：贯彻执行国家的税收方针、政策、和各项税收法律、法规和规章；根据省、市、县国民经济发展计划和预算安排的要求，编制税收中长期规划和年度税收计划，完成税收任务目标；负责组织划归地方征收范围的各项地方税收和基金的征收管理；调查全县纳税户的生产经营情况，帮助指导纳税户改善经营管理；负责全系统人员、经费管理及干部政治工作、思想教育培训，负责对全县地方税务系统各级机关及其工作人员执行国家法律、行政法规和规章的情况进行监督检查；负责汇总、分析、统计工作和税收宣传工作。局内设机构7个：办公室、政工股、征管股、税政股、计会股、稽查队、检察室。1996年底检察室改为治安室。1998年2月，内部机构有7个：办公室、政工股、征管股、税政股、计会股、稽查队、治安室。下辖直属分局、安平开发区分局、淑阳、渠口、安平、刘宋、五百户、蒋辛屯、安头屯、王家摆、钱旺、钳屯12个基层征收单位。人员编制103人。1999年4月，成立计算机管理股；12月，撤销安平所、开发区分局成立安平分局。2000年1月，撤销治安室。2001年7月，撤销淑阳所、直属分局成立城区征收分局、城区管理分局；12月，撤销钱旺所、钳屯所，撤销计会股、税政股、计算机管理股成立计划会计股、税政征管股；2003年1月，内设机构6个：办公室、政工股、计划会计股、税政征管股、监察股、稽查局。下设基层征收单位8个：城区管理分局、城区征收分局、安平分局、渠口所、刘宋所、五百户所、蒋辛屯所、安头屯所。人员编制106人。2003年5月，管理分局更名为管理股；撤销税政管理股，成立征收管理股和税政法规股；计划会计股更名为征收计会股。2004年1月，将管理股更名为城区所。2006年6月，下设6个股室：办公室、政工股、征收计会股、稽查局、征收管理股、税政法规股。有7个下设单位：城区地税所、渠口地税所、安平地税分局、刘宋地税所、五百户地税所、蒋辛屯地税所、安头屯地税所。人员编制106人。2008年底，局机关内设办公室、政工股、监察股、征收计会股、税政法规股、征收管理股6个股室和1个稽查局，有6个基层征管单位：城区税务分局、家具城税务分局、渠口税务分局、五百户税务分局、开发区税务分局、征收分局。

附：香河县纳税大户情况表

2003年纳税前十企业名单

表12-2-13　　　　单位：万元

序号	纳税人名称	纳税额
1	中国农业银行股份有限公司香河县支行	1100478.23
2	香河华北致冷设备有限公司	1536954.79
3	中星建设工程有限公司	1616760.25
4	河北省通信公司香河县分公司	1624331.05
5	中信国安第一城国际会议展览有限公司	1705281.67
6	中国建设银行股份有限公司香河支行	2095152.33
7	香河国安建设开发有限公司	32446663.67
8	香河正大有限公司	930532.11
9	香河县盛达房地产开发有限公司	977445.09
10	中国移动通信集团河北有限公司香河分公司	983267.17

2004年纳税前十企业名单

表12-2-14　　　　单位：万元

序号	纳税人名称	纳税额
1	香河县三强建筑工程有限公司	1096449.23
2	香河县龙盛建设工程有限公司	1336731.46
3	中国农业银行股份有限公司香河县支行	1574663.94
4	香河县城镇房地产综合开发有限公司	1851651.37
5	河北省通信公司香河县分公司	1944696.66
6	中星建设工程有限公司	2326850.33
7	中国建设银行股份有限公司香河支行	2578310.96
8	香河县盛达房地产开发有限公司	2963398.56
9	香河国安建设开发有限公司	32827665.14
10	中信国安房地产开发有限公司香河分公司	7517885.92

2005年纳税前十企业名单

表12-2-15　　　　单位：万元

序号	纳税人名称	纳税额
1	香河县城镇房地产综合开发有限公司	1568766.84
2	中星建设工程有限公司	1678637.93
3	中国农业银行股份有限公司香河县支行	1754739.09
4	香河县龙盛房地产开发有限公司	2041026.37
5	中信国安第一城国际会议展览有限公司	21513057.78
6	中国建设银行股份有限公司香河支行	2164502.31
7	香河县龙盛建设工程有限公司	3457686.01
8	中信国安房地产开发有限公司香河分公司	3853500
9	香河国安建设开发有限公司	39390444.85
10	香河县盛达房地产开发有限公司	5480503.82

2006年纳税前十企业名单

表12-2-16　　　　单位：万元

序号	纳税人名称	纳税额
1	香河县龙盛建设工程有限公司	2450323.76
2	中国建设银行股份有限公司香河支行	2528122.40
3	香河国安建设开发有限公司	26893053.70
4	香河县淑阳镇南台村村民委员会	2777725.16
5	香河县汇鑫房地产开发有限公司	3361270.35
6	香河县城镇房地产综合开发有限公司欧陆豪庭住宅小区项目部	4002706.19
7	香河县城镇房地产综合开发有限公司	4475685.08
8	中信国安第一城国际会议展览有限公司	56072993.83
9	香河港龙贸易有限公司	6048500
10	香河县盛达房地产开发有限公司	8099865.42

2007年纳税前十企业名单

表12-2-17　　　　单位：万元

序号	纳税人名称	纳税额
1	北京国安宾馆香河福安宫大酒店	12817280.65
2	中信国安第一城国际会议展览有限公司	44117547.83
3	香河县三强建筑工程有限公司	6271954.77
4	香河县金钥匙国际家具汇展中心	6439836.19
5	香河佳龙实业有限公司	6661818
6	中信国安房地产开发有限公司香河分公司	7820981.41
7	香河县城镇房地产综合开发有限公司市场家园项目部	8375969.80
8	香河县城镇房地产综合开发有限公司	8828459.50
9	香河国安建设开发有限公司	9010964.85
10	香河县建筑工程总公司	9205032

2008年纳税前十企业名单

表12-2-18　　　　单位：万元

序号	纳税人名称	纳税额
1	香河国安建设开发有限公司	12293877.76
2	香河县城镇房地产综合开发有限公司	13211383.96
3	香河县城镇房地产综合开发有限公司五一馨园公寓项目部	15066368.53
4	中信国安第一城国际会议展览有限公司	42770803.63
5	国网冀北香河县供电有限公司	4365356.72
6	北京育龙房地产开发有限责任公司香河分公司	4505122.86
7	香河县忠信厨房设备有限公司	5491058.38
8	香河县三强建筑工程有限公司	6219807.01
9	香河县盛达房地产开发有限公司	8616912.18
10	香河佳龙实业有限公司	9895060.80

第十三编　金融业

经济改革开放后，居民生活水平提高，货币的持有量增加，存款数额增多，到1987年，全县存款余额达到14517万元，1995年存款余额达到118332万元，2008年存款余额达到756670万元。20世纪90年代前，金融机构发放贷款主要项目是用于支持工农业生产和基本建设，90年代中期开始发放住房贷款，2001年贷款余额为203845万元，2008年，贷款余额为405797万元。

1985年5月17日，开始组建中国人民保险公司香河县支公司，当年保险费收入为9.4万元。1986年，保险种类增加，业务量增多。2000年，完成保险费收入3371.1万元，赔付支出为585.4万元。2008年，保险费收入为20347万元，赔付支出为5360万元。

第一章　银行业

第一节　存　款

存款主要包括机关团体存款、企业存款、居民储蓄存款及其他存款。有存款业务为各专业银行：工行、中行、建行、农行、发展银行及农村信用社。1979年经济改革开放后，居民生活水平提高，同时货币的持有量增加，存款数额增多。1987年各金融机构存款余额达到14517万元，1990年为32527万元，1995年118332万元，2002年为328621万元，2008年为756670万元。

1987—2008年香河县金融机构存款余额统计表

表13-1-1　　单位：万元

年份	存款余额	年份	存款余额
1987	14517	1998	221945
1988	17118	1999	131164
1989	23124	2000	274131
1990	32527	2001	297856
1991	40891	2002	328621
1992	53258	2003	386505
1993	67533	2004	414858
1994	89642	2005	457945
1995	118332	2006	915205
1996	144327	2007	599639
1997	180425	2008	756670

一 建行存款

1988年，建行香河县支行开始储蓄业务。1990年存款余额为1808万元，其中储蓄存款为1335万元，当年新增651万元。1994年开设城市综合网络系统，实现储蓄存款活期通存通兑。1995年存款余额为1.1亿元，其中储蓄存款当年实现新增1137万元。2000年存款余额为21355万元，其中储蓄存款为17617万元。2004年开设DCC网络系统，实现全国储蓄存款全面通存通兑。2008年全行存款余额为76288万元，其中储蓄存款为52090万元。

二 农业银行存款

1979年3月香河县农业银行恢复建立，各项业务开始发展。1990年后，业务量迅速增长，1991年末各项存款余额为6372万元，其中储蓄存款5014万元，对公存款1358万元。2000年末各项存款余额49762万元。2005年为107220万元。2008年达188826万元，其中，储蓄存款172296万元，对公存款28435万元。

三 中行储蓄存款

1990年12月，中行成立，存款业务分人民币存款和外币存款两部分。1991年存款余额524万元，2008年存款余额51463万元，其中储蓄存款43380万元，企业存款8083万元。1992年开始有外币存款，年末存款余额为9万美元。2004年，外币存款余额达到535万美元。2008年，外币存款余额为138万美元。

四 工行储蓄存款

1985年1月1日成立，至2008年，香河县工商银行迅速发展壮大。1990年末，各项存款余额为7764万元，其中企业存款余额1770万元，机关团体存款额292万元，城镇储蓄存款额5637万元。2000年末，各项存款额为49048万元，为1990年的6.32倍。2008年末，各项存款额为117835万元，为1990年的15.2倍，为2000年的2.4倍。

五 农业发展银行存款

香河县农业发展银行是政策性金融机构，1996年11月15日成立营业，各项存款业务主要是粮食企业存款、单位应付利息存款、收购资金存款企业财务资金及专项存款等。

1996年末，粮食企业存款132万元。1997年，粮食企业存款312万元。2005年，粮食企业存款158万元，专项存款430万元。2007年，各项存款合计高达1183万元，2008年达到1446万元。

六 农村信用合作社存款

1996年9月，香河县农村信用社与农业银行“脱钩”，成为独立的农村金融系统。到2003年，信用社各项存款余额达到15.6亿元。2008年各项存款余额达到222831万元。

七 邮政银行存款

邮政银行利用网络优势，完善城乡金融服务功能。2008年5月成立，年底个金使用户5006个，发行绿卡通1412张，绿卡785张，代理保险467万元，代理基金35万元。存款余额5908万元。

第二节 贷 款

香河县各专业银行贷款主要为农业贷款、乡镇企业贷款、工商业贷款、基本建设贷款等项。工商业贷款包括商品流通贷款，农副产品预购定金贷款、工业流动资金贷款、集体企业小额设备贷款等。

20世纪80年代中期，为支持工农业生产、基本建设等各项经济的迅速发展，银行业的各项贷款增多。90年代中期金融机构为适应经济发展需要进行改革，由国家专业银行向商业银行转变，各专业银行业务纷纷深入经济生产的各个方面，90年代末各专业银行开始发放住房开发贷款。

1987年，香河县金融机构贷款余额为13460万元，1997年贷款余额增至118439万元，2001年达到203845万元，2008年为405797万元。

1987—2008 年香河县金融机构贷款余额情况表

表 13-1-2　　单位：万元

年份	贷款余额	年份	贷款余额
1987	13460	1998	170041
1988	16963	1999	187447
1989	21406	2000	196769
1990	27553	2001	203845
1991	36086	2002	228049
1992	46172	2003	270038
1993	56014	2004	299534
1994	70261	2005	326501
1995	84524	2006	371074
1996	98901	2007	366369
1997	118439	2008	405797

一　建设银行贷款业务

1980 年，香河建设银行开始对实行独立核算且有还贷能力的企事业单位改财政拨款为建设银行贷款，管理上改行政手段为经济手段，当年发放专项贷款 4 户，共 5.7 万元。其中基建投资性贷款 2 户，贷款 2.4 万元；技术措施贷款 2 户，贷款 3.3 万元，年内回收贷款 3.4 万元。1978—1990 年，建设银行发放各类专项贷款 2188.16 万元，增利税 1165 万元。1995 年，各类贷款余额 10385 万元，当年发放贷款 5570 万元。年内发放房产贷款 2133 万元，促进了房改和城市建设。1997 年，香河建行独家代理发放京沈高速公路香河段基本建设贷款。到 2000 年，建设银行贷款余额为 59057 万元，其中基本建设贷款 52000 万元，流动资金贷款 7057 万元。年内 6 月，建设银行开办个人住房按揭贷款业务。2007 年 5 月，全面负责全县住房公积金的归集管理，12 月开办本县个人住房公积金贷款业务。2008 年各项贷款余额为 88847 万元，其中基本建设贷款为 22000 万元，房地产开发贷款 7000 万元，流动资金贷款 16140 万元，个人住房贷款 42605 万元，个人消费贷款 1102 万元。

二　工商银行贷款业务

香河县工商银行的贷款业务主要包括工商企业流动资金贷款、技术改造贷款、个人住房及商用房贷款、个人消费贷款等。1988 年末，贷款余额为 4882 万元。1990 年末，贷款余额为 5521 万元。1995 年末，贷款余额为 15569 万元，年内增加 2924 万元。1998 年末，贷款余额为 20469 万元。2000 年末，贷款余额为 49048 万元，年内增加 3370 万元。为适应香河县家具城建设和房地产业发展的需要，工商银行调整信贷结构，打造住房贷款精品工程，实现了个人住房贷款与公司贷款齐头并进局面。2002 年，累计发放个人住房及商用房贷款 1027 万元，公司贷款 2600 万元。2003 年，累计发放个人住房及商用房贷款 3600 万元，年末住房贷款余额为 7266 万元，住房贷款成为效益增长点。2003 年，实现账面利润 1135 万元，封闭利润 929 万元。2007 年在个人住房信贷的基础上，拓宽小企业融资渠道，成功向 2 名个体借款人发放最高额担保贷款 88 万元；同时与县委、县政府职能部门建立密切银政关系，6 月初成功向公有资产经营公司发放首笔政府“搭桥贷款”5000 万元。全年新增贷款 1 08 亿元，全年实现利润 1790 万元。2008 年，个人客户贷款余额为 36261 万元。年内累放各项贷款 17832 万元，其中发放小企业贷款 3 笔，金额为 1060 万元，实现利润 2482 万元。

三　农业银行贷款业务

农业银行在 1979 年经济改革开放初期，主要发放社队农业生产费用贷款、农村从事种植业和养殖业贷款、农业固定资产投资贷款等。

20世纪90年代末期金融机构改革后，发放贷款范围增大，延伸到经济发展的各个领域。积极配合政府进行企业改制，投放贷款2800万元支持个体户整体买断乡镇企业及其他企业13家；通过兼并、债务重组，落实乡镇企业贷款债务3320万元，使26家企业起死回生。

2002—2003年，累计发放贷款4.6亿元，支持高氏、富士嘉利、长德利等纸制品行业；支持了以北方广东家具城、诚信沙发材料城等为龙头的专业市场项目建设；支持了香河县城内步行街建设。银行内部在发展业务的同时，加强廉政建设，优化资产质量，不良贷款余额逐年下降。2005年末不良贷款余额为8639万元，较年初下降256万元，年内收回不良贷款本息615万元，年末各项贷款额为69546万元。2008年末，各项贷款额为33310万元。

四　中行贷款业务

中国银行股份有限公司香河支行（简称香河中行）1990年12月成立，1991—2008年，累计发放人民币贷款28亿元，外币贷款累计1130万美元，没有不良贷款。零售贷款由单一的存折（单）抵押贷款拓宽为住房、消费等多个品种，贷款余额由2000年的154万元，增加到2008年的16713万。

五　农业发展银行贷款业务

农业发展银行香河支行（简称农发行），是县内唯一政策性金融机构，实行独立核算，自主保本经营，企业化管理，担负着县内粮食、棉花、油料、猪肉、食糖等农副产品的国家专项储备贷款、收购贷款及粮油调销、批发贷款等任务。农发行在贷款业务时，做好有效资产抵押工作，化解信贷风险，做到能贷出能收回。

1996年，各项贷款为8742万元。1997年，各项贷款合计为11157万元。2000年，各项贷款合计10305万元。2008年，各项贷款合计为7714万元。

六　信用社贷款业务

信用社1996年9月独立后。加大对农村中小企业的扶持力度，推行了“代理发放收回小额贷款本息协议”和“农户小额贷款初审报告”制度。1996年，贷款余额为37823万元。2003年，贷款额为101445万元。2008年，贷款余额为193018万元。

七　邮政银行贷款业务

邮政银行的贷款业务主要是个人商务贷款、小企业贷款、小额信贷及存单质押贷款。2008年成立当年贷款余额为2370.60万元。

第三节　银行业务的发展及结算改革

一　银行业务发展

1990年以前，各专业银行受理业务都是人工手写，纸制的单据、存折。1990年后，在少数储蓄所开始有了计算机，进入了电算化时代。1991年2月，中国农业银行香河支行开办的金穗信用卡首批发行。1993年，香河县内各专业银行实现了办公及各项业务受理电算化。1994年，各专业银行逐步推出定期存款部分提前支取业务。1999年，中国建设银行香河支行开办龙卡。2000年，香河县各商业银行基本开办银行卡业务，主要分借记卡和贷记卡两大类，其中借记卡分为：储蓄卡、理财卡、旅游联名卡、结算通卡；贷记卡分为：普通卡、金卡、白金卡、奥运白金卡、汽车卡、足球卡、财政公务卡、特色卡等。2000年，各商业银行开办代理股票交易、代销基金业务、代理保险等业务。建设银行香河支行到2008年为20余家基金公司代理200余支基金。2003年，建设银行在县城迎宾路的东关分理处安装了香河县第一台ATM自动取款机，此后，各专业银行陆续安装ATM自动取款机，一天24小时可随时取款，极大地方便了广大群众。2005年，各专业银行分别安装了ATM自动存取款机、受理账户金业务、受理实物金业务、网上购物业务、三方托管业务、电子银行业务等。电子银行业务主要包括产品有：手机短信、网上银行、电话银行、手机银行等。2007年，各专业银行陆续开办各种理财产品，主要销售保本型、信托型等理财产品。2008年，建设银行香河支行推出定期存款自动转存业务，同时为20余家基金公司代理200支基金。

农行香河支行的主要任务是统一管理支农资金，集中办理农村信贷，领导农村信用合作社，发展农村金融事业。从主要办理农业贷款和拨款，转变为全面办理农业地区各种金融业务、信贷产品种类突破了过去单纯的农贷类产品，不仅有各项存款产品和农业贷款产品，而且丰富了农村工业贷款产品、商业贷款产品、支付结算产品等新产品。1996年11月中国农业发展银行香河县支行分设，中国农业银行开始向国有独资商业银行转变。2007年农业银行全面启动股份制改革工作，2008年11月，农行香河支行完成不良资产剥离，为股改上市打好了坚实的基础。2009年1月15日，中国农业银行整体改制为股份有限公司，中国农业银行香河县支行则从2009年8月1日起正式更名为中国农业银行股份有限公司香河县支行。

农行一直重视金融产品研发工作，通过对产品不断优化组合，自主创新，形成了“五金”系列，即金钥匙、金光道、金穗、金e顺、金益农五大类几百种国际国内通行的金融产品，主要包括房地产贷款、个人贷款、个人理财服务、网上银行、开放式基金代理销售、外汇业务、银行卡业务等，能够全方位满足不同客户的金融需求。

2009年6月农行香河支行开办了以惠农卡为载体的农户小额贷款业务，此工作同时得到了当地党政部门的有力支持。当年发放惠农卡4536张，授信1024户，授信额度4553万元，发放小额农户贷款814户，3462万元，发放惠农信用卡670张。

建设银行香河支行主要是管理地方基本建设资金的专业银行，具有财政、银行的双重职能。1980年后，国家将由建行代理财政基本建设投资无偿拨款改为有偿贷款拨款。1996年3月26日，中国人民建设银行香河县支行根据总行要求正式更名为中国建设银行香河县支行，所经办的业务种类同时打破专业化界限，开始正常办理各类人民币存贷款业务。实现由国家专业银行向国有商业银行的转轨。

中行利用自身优势，发展特色业务，外币兑换、个人外汇买卖（实盘）、纸黄金等。个人信用循环贷款是中国银行根据个人客户的信用状况，为其提供的一种短期融资便利产品，借款人在中行核定的额度金额内可循环周转使用贷款。个人投资经营贷款是指中国银行发放的用于解决借款客户投资经营过程中所需资金周转的贷款，最高金额300万元，为中小企业融资提供便利。从1990年12月建行到2008年，国际结算业务量达5874万美元，实现人民币收益61万元。在2008年4月1日，撤销内设各部门并解聘各部门经理职务，进行扁平化改革，所有专业技术人员直接受行长领导。

工商银行香河支行其业务范围是：办理工商信贷、储蓄存款、信托投资和结算业务，并受人民银行委托，统一管理国营企业流动资金。2005年10月28日中国工商银行完成股份制改造。2006年10月27日，工商银行成功在上海、香港两地同步发行上市，创造了全球资本市场有史以来最大规模的IPO。经营分行拨给的营运资金和管理本支行的全部资产，办理各项存款、流动资金贷款、住房贷款、消费贷款，国内结算和支付结算代理、票据承兑和票据交易、保函、银行卡、电子银行及经分行批准的中间业务等。2007年3月29日，工商银行香河支行经河北省分行、廊坊分行批准，增办外汇业务。具体外汇业务功能为外汇存款、外汇汇款、国际结算、结售汇。

信用社主要是办理社员个人储蓄存款和生产、生活贷款，吸收、聚集闲散资金，为农民生产、生活服务。信用社的人事任免、业务计划、财产购置、股金分红等均由社员选举产生的理事会、监事会决定，县银行只在业务上给予指导。1958年后，农村信用社经营、基建、购置、和人事调动等改由银行管理。“文化大革命”期间几乎成为政府金融机构。到1973年，全县信用社贷款126.3万元，而社员贷款只有5.7万元，仅占贷款额的4.5%。1979年改革开放后，对农村信用社管理体制进行了改革，活跃了信贷业务。1987年，信用社各项存款、贷款余额达到756.7万元和5334.6万元。1990年，全县信用社事业得到发展，各项存款、贷款分别达到1.47亿元和1.03亿元。1996年9月，随着金融体制改革的不断深入，农村信用社与农业银行“脱钩”，成为独立的农村金融系统，全体员工围绕改革与发展两个主题，以服务“三农”为宗旨，克服困难，抢抓机遇。到2003年，香河县信用联社总资产达到20亿元，各项存款余额达到15.6亿元，占全县各家金融机构存款总和的48%，贷款余额达到10.1亿元，盈利74万元，实现了扭亏为盈的重大突破。强化规范管理，加大农业信贷的投放，扩大农业服务领域。调整信贷结构，加大对中小企业的支持力度，扶持民营经济发展，推行了“代理发放收回小额贷款本息协议”和“农户小额贷款初审报告”制度。2004 年，开通了“天地对接”、“网上银行”新的结算方式，实现计算机联网，储蓄通存通兑业务。2005 年，先后开设了企业个人支票户，开通了通存通兑、同城票据交换、京津廊支票清分系统，及现代化支付系统、网内联行等项服务。2006 年，开通廊坊市内存款通存通兑业务、大小额支付系统和京、津、冀支票影像系统。2007 年，信用联社立足县域经济大市场，继续深化农村市场，拓展细化城区市场，向科技型、产业型农业、特色支柱产业倾斜。特别是本县的家具生产、机械、钣金、印刷包装等特色产业及农副产品的深加工，如牛肉加工、饲料加工，香菇、蔬菜、花卉基地建设。并不断地完善贷款机制，有效防控风险。

二 银行结算改革

1979 年异地结算种类有：异地托收承付、信用证和汇兑结算三种。1980 年，增设了委托收款方式。1984 年恢复了票汇，1985 年开办了商业汇票，推广了收购农副产品定额支票。1988 年 8 月，国务院转发中国人民银行《关于改革银行结算的报告》，对银行结算进行了全国系统的改革。决定从 1989 年 4 月 1 日起废止托收无承付、付款委托书、保付支票、信用证、省内限额结算方式，同年 8 月 1 日废止托收承付结算方式。从 1990 年 4 月 1 日起恢复异地托付结算方式，以帮助承担国家指令性计划生产任务的企业收回货款。对于国家明令限制的企业和产品，不能恢复异地托收承付结算方式。

结算改革是建立以票据为主体的结算制度，因此，新的银行结算办法将结算方式改称为结算种类。新的结算种类是以汇票、本票、支票和信用卡（简称“三票一卡”）为核心，并保留和改进了汇兑结算和委托收款结算。

银行结算改革后结算原则为：钱货两清；维护收、付双方的正当权益；银行不予垫款。

三 同城票据交换情况

1986 年 7 月，香河县级支行成立后，即履行领导和管理同城票据交换的工作，直到 2009 年 5 月 1 日取消县级人民银行的交换职能。

同城票据采取系统内、外票据直接交换，由各自主管银行集中向人民银行清算差额的办法。清算范围包括各专业银行营业机构及其他金融机构之间代收、代付其他专业银行的票据、资金划转及代签发移卡清算的联行报单、其他结算凭证及单据的交换。

第四节 银行管理机构

一 银行机构

中国人民银行香河支行

1949 年 10 月，建立中国人民银行冀东分行香河支行，1951 年初，设立业务股、会计股、出纳股、农贷股和秘书、总务、文书、行长。同年 6 月，中国人民保险公司香河代理处开始代办火险、牲畜险、汽车险、简易人身险等业务。10 月，建立渠口镇营业所，年底增设刘宋镇、红庙营业所和一个流动组，计有 26 人。1956—1980 年，随着行政区划的调整，按上级批示，人、农两行经过几次分合，最后从 1980 年起，两行实行机构分设。

1983 年 9 月国务院发出《关于中国人民银行专门行使中央银行职能的决定》，中国人民银行专门行使中央银行职能，不再兼办工商信贷和储蓄业务。1984 年 11 月香河县人行划归香河县工商银行，仍保留中国人民银行香河县支行牌子，内设人民银行相关业务。

1986 年中国人民银行香河县支行从工商银行分设出来，原工商银行 7 人调入人行。至年底有干部员工 16 人，设会纳股、业务股、人秘股，隶属中国人民银行廊坊分行。

1988 年 6 月，人行香河支行撤销业务股和会纳股，分设综合计划股、金管稽核股、会计股、货币发行股、办公室 5 个股室，29 名员工；1991 年 8 月，增设保卫股；至年底计有 6 个股室，33 名员工；1992 年 4 月完成微机室装修和微机安装调试工作，6 月运用微机处理国库业务，脱离手工记账；8 月成立外汇管理局香河县支局；1993 年 4 月会计日常业务全部转入微机；1996 年香河支行改股室为科室，职能、级别不变；1998 年成立农村信用合作监管科，支行增至 7 个科室 42 名员工；1999 年各科室更名为各股室，职能、级别不变；2000 年机构改革，撤销原有股室，成立综合办公室、综合金融机构监管股、综合业务室、货币金银股、营业部、保卫股，计6个股室，42名员工；2004年成立银监会并与银行分设。人行香河支行内设机构更名为办公室、金融管理股、调查统计股、国库会计股、货币金银股、保卫股6个股室，39名员工；2005年12月，发行库实行零库存，货币金银股、保卫股合并成立发行保卫股；2008年撤销原有股室，成立金融管理部、综合业务部、综合办公室、纪检监察审计室4个部室，36名员工。

中国工商银行股份有限公司香河县支行

中国工商银行是根据国务院1983年146号文件决定，于1984年1月1日成立。人民银行香河支行同时挂工商银行的牌子，实行一套机构，两块牌子，资金分开，两套账目过渡办法。金融业务以人行名义办理。1985年1月1日，根据上级有关规定，成立中国工商银行香河县支行。原中国人民银行58名干部职工划为中国工商银行香河县支行编制。中国工商银行香河县支行设立办公室、人秘股、计划股、信贷股、会纳股、储蓄股和第一、第二两个储蓄所。1987年5月，工商银行香河县支行在县总工会设立东城街储蓄所。同年6月与县交通局联合成立第三储蓄所。7月，在支行营业室成立储蓄代办专柜。1988年7月，成立集体信用组织香河县鑫鑫城市信用社。1988年8月，经中国工商银行河北省分行批准，营建营业楼，总面积1576平方米，总投资60万元。1990年，设储蓄、信贷、计划、出纳、会计、人秘、办公室等股室和第一、第二、第三储蓄所，共有职工73人。行址地今府前街路北。1992年8月，香河县工商银行房地产信贷部挂牌成立。1994年1月，工商银行香河县支行在安平设立安平办事处。1994年4月，在迎宾路文昌街东口建立文昌储蓄所。1994年6月，第三储蓄所迁址到塑料厂东南角，并更名为香宁储蓄所，并在工业局院内设立华欣储蓄代办所。1995年5月香河县鑫鑫城市信用社与香县工商银行的人事及业务管理脱钩，独立办理各项业务。1997年，根据国务院关于清理金融机构的改革精神，香河县支行房地产信贷部撤销，成立向阳街储蓄所。1998年7月，东城街储蓄所撤销并入文昌储蓄所。1999年7月，香河县工商银行安平办事处撤销。2000年8月文昌储蓄所撤销并入向阳街储蓄所。2001年9月，香宁储蓄所迁至新开街东段的家具城。2002年1月31日，经中国人民银行廊坊市中心支行批准，香宁储蓄所、向阳街储蓄所升格为分理处，2003年12月31日，经中国人民银行廊坊市中心支行批准第一储蓄所升格为二级支行，并更名为中国工商银行香河县淑阳支行。2004年进行机构调整改革后，内设“二部一室”，即客户经理部、核算管理部和办公室，下辖营业室、第一储蓄所、第二储蓄所、向阳分理处、香宁分理处5个营业网点，共有62名员工。2005年，工商银行香河县支行完成第二储蓄所“零补偿”拆迁工作，并更名为迎宾储蓄所。2008年3月，迎宾储蓄所撤销，并入向阳分理处。年底，中国工商银行股份有限公司香河县支行内设“三部一室”，即客户经理部、核算管理部、个人金融业务部和办公室，下辖营业室、淑阳支行、香宁分理处、向阳街分理处4个营业网点，有员工57人。

中国农业银行香河县支行

1956年7月建立，设人事、秘书、信贷、计划、会计、出纳6个股，共有职工34人。所属营业所有刘宋、金辛庄、蒋辛屯、红庙4个。1958年7月，县农业银行并入县人民银行。11月，香河县并入宝坻县，银行机构相应合并。宝坻县支行在原香河县境内设有香河县办事处。

1962年5分县后，恢复香河县支行，下属城关、渠口、刘宋、蒋辛屯、五百户、河北屯6个营业所和城关储蓄所。12月，河北屯营业所撤销。1963年12月，人民银行香河县支行分建为中国人民银行香河县支行和中国农业银行香河县支行。人行在渠口、刘宋、安平3个镇建立办事处。1966年7月，人行和农行合并，原农行营业所与所在地人行办事处合并。

1980年，根据国务院《关于恢复中国农业银行的通知》和省有关建立农业银行的精神，中国农业银行香河县支行于3月正式恢复成立。1990年中国农业银行香河县支行设有：信贷存款、计划审稽、会计、保卫、人事、办公室6个科室和3个办事处以及刘宋、五百户、金辛庄、安头屯、蒋辛屯5个营业所，职工148人，行址在府前街路北。1996年迁址于新华大街2号，与县委毗邻。2002年3月16日，经中国人民银行香河支行批准，香河农行正式开办外汇业务。2003年农业银行香河县支行辖12个基层营业单位，机关内设四部一室。钱行共有员工116人。到2008年，机关内设计划财务部、信贷管理部、客户部、个人业务部、电子银行部、综合办公室，下辖8个营业网点：营业部、金辛庄分理处、秀水街分理处、淑阳办事处、淑阳分理处、安平办事处、渠口办事处、刘宋营业所，全行员工116人。

中国农业发展银行香河县支行

1996年，根据国务院农村金融体制改革部际协调小组《关于核定中国农业发展银行增设分支机构人员配备计划的批复》和农业发展银行总行关于《中国农业发展银行分支机构组建实施意见》以及河北省农村金融改革领导小组关于中国发展银行增设分支机构的有关精神，11月15日建立中国农业发展银行香河县支行。内设办公室、计划信贷部、营业室，员工17人。2000年，根据总行《关于河北省分行及所属地（市）分行“三定”（定职能、定机构、定编制）实施方案的批复》（农必行〔2000〕234号）的文件精神，香河县支行为四类行，设信贷部、综合业务部2个内部机构，定编17人。2002年根据总行《关于调整县（市）支行内设机构和中层班干部职数的通知》要求，撤销原来的综合业务部，设立办公室、会计出纳部。2006年将信贷部更名为客户部。2008年底，中国农业发展银行香河县支行内设机构：办公室、客户部、和会计出纳部，员工17人。

中国建设银行股份有限公司香河支行

1978年3月1日，中国人民银行香河县办事处成立，办公地点在县招待所，7月1日迁至香河县人民银行旧址正式开业（永明路北段东侧）；1979年4月，改建为中国人民建设银行香河县支行，设人秘股、拨款股、会计股，有工作人员7名。1987年10月19日，香河县支行开办储蓄，设储蓄专柜，隶属会计股，12月15日，根据上级行批准设立人秘保卫股、会计出纳股、业务股。年底全行干部职工19人（其中临时工3人）。

1988年6月13日，香河县支行康宁路储蓄所建成开业。8月7日，迁入府前街办公楼。9月10日，淑阳储蓄所成立并开业。9月17日，府前街储蓄所、新开街储蓄所、城镇建设信用社建成开业。10月28日，新华储蓄所成立开业，11月8日体育场储蓄所成立并开业。年内，增加7个储蓄网点，人员增加到65人，储蓄业务迅速发展。1996年，营业网点遍布城乡，有工作人员120人，支行内部机构有：办公室、会计出纳科、中介业务科、计划审计科、资产保全科、筹资科、保卫科、信用社、房地产信贷部、府前街储蓄所、东关储蓄所、体育场储蓄所、淑阳储蓄所、新华街储蓄所、迎宾路分理处、渠口储蓄所以及安平办事处（当时独立核算）。

1998年后，建设银行推进各项改革、精减冗员、提高素质、撤并网点，到2003年建行网点减少为4个。2004年，建设银行股改上市，香河建行改为“中国建设银行股份有限公司香河支行”。2008年，建设行香河支行，下设：办公室、综合业务部、营业部、新开街分理处、体育场分理处。

中国银行股份有限公司香河支行

1990年12月21日成立，内部机构有办公室、计划信贷科、会计出纳科，1991年末有职工17人。2004年进行股份制改革。2006年香河中行人员流程整合和机构改革，内设3个部室1个中心，即综合管理部、营业部、业务发展部和个人金融管理中心。2008年4月1日撤销内设部门并解聘部门主任（副主任）职务，进行扁平化改革，部门主任改任专业技术职位后不再具有管理职能（每个员工直接受行长领导）。年内支行下设两个网点：迎宾路支行、第一城支行。

中国邮政储蓄银行香河县支行

中国邮政储蓄银行香河县支行于2008年5月22日成立（原归属香河县邮政局），单位内设机构有：综合管理部、会计核算部、信贷部、综合业务部4个部室。有7个营业所，县城3个：新华大街、府前街、家具城；乡镇4个：渠口、刘宋、安平、蒋辛屯，工作人员38人。

国家外汇管理局香河县支局

国家外汇管理局香河支局成立于1992年，行政上隶属中国人民银行香河县支行，业务上受国家外汇管理局廊坊市中心支局领导。香河支局领导由中国人民银行香河支行行长兼任，副支局长由主管金融管理部副行长兼任。下设综合管理、外汇核销、国际收支申报岗，2003年以前，支局不负责独立事项。2004年，廊坊中心支局下放部分职能，负责指定范围的资本、经常项目服务。2008年，支局共参辖内40家中外合资企业办理了外汇登记、资本变更及询证业务，为65家企业开立了外汇经常项目账户，为35家出口企业办理出口收汇核销业务，随着经济技术的发展，支局业务逐步走向网络化办公。

中国银行业监督管理委员会香河监管办事处

2004年4月29日，中国银行业监督管理委员会廊坊监管分局香河办事处（简称香河监管办）成立。香河监管办是中国银行业监督管理委员会在香河县的派出机构，其监管范围：香河县辖内的农业银行、工商银行、农业发展银行、中国银行、中国建设银行的各支行及其所属的办事处、分理处、营业所、储蓄所等网点，农村信用社及分社，邮政储蓄等其他存款类机构。2009年1月撤销香河监管办事处。

二　非银行金融机构

香河县农村信用社合作社

香河县农村信用社合作社原属人民银行。1956年7月农业银行分建，农村信用社合作社受农业银行领导。香河县信用合作社是国家成立的第一个农村信用社合作社，是由“中国华洋义赈救灾总会”于1923年6月在河北省香河县成立的。

1984年11月9日，香河县信用合作社联合社成立，召开了“第一届信用合作联社代表会议”，选举产生了信用联社管理委员会，下设理事会、监事会、隶属农业银行领导。1990年全县共有17个农村信用社，249个农村信用站，有脱产人员179人，非脱产人员249人。1996年9月，随着金融体制改革的不断深入，农村信用社与农业银行“脱钩”，成为独立的农村金融系统。2003年底，香河县信用联合社机关设综合办公室、监察室、业务科、财务科、稽核科、资产保全科、信息电脑科、保卫科，下设1个营业部和20个信用社。2008年，信用合作联社有部室（含中心）11个：办公室、党委办公室、人力资源部、计划财务部、客户经理部、稽核监察部、授信审批部、风险监控部、风险资产管理经营中心、安全保卫部、营业部；4个客户经理部：城内客户经理分部、东片客户经理分部、西片客户经理分部、南片客户经理分部；20个信用社，7个信用分社，工作人员352人。

担保公司　2008年末，香河县只有1家担保公司，即河北三强信用担保有限公司。成立于2006年4月，注册资金1亿元，从业人员8名，与县农村信用联社、工行、农业发展及建设银行建立了以融资担保为主的业务关系。

2009年12月，成立了香河县中小企业信用担保有限公司，注册资金1亿元，从业人员10名，与香河县建设银行建立了以融资担保为主的业务关系。

金店　香河县内最早的金店是香河首饰厂的金饰门市部，进入2000年香河华联开业后，设有金饰专柜。至2008年底，香河县内有金店4家。

附

1991年11月中央十三届八中全会《决定》要求，各地要继续办好农村合作基金会。1992年，河北省委、省政府为深化农村经济体制改革，增强县级综合调控能力，对发展和办好农村合作基金会提出了明确要求。1993年起，香河县开始在各乡镇推广建立农村基金会。乡镇基金会以农经服务站为依托，人员采用公开招考，择优录用的方式，每个乡镇人员编制为5～7人。1995年7月，全县17个乡镇已有建起16个基金会，共吸收股金4531万元，借款余额达到2238万元，有力支持了农村经济发展。同时，为加强管理、协调，香河县由县委农村工作部负责具体组织，成立了农村合作基金会联合会，作为乡镇基金会的业务主管部门。此后，至1999年5月，香河县共有农村基金会18家，其中县联会1家，乡镇基金会17家，工作人员197人，股金余额15454万元，各项借款10692万元。1999年1月国务院发布文件，正式宣布全国统一取缔农村合作基金会，将之并入农村信用社。1999年9月，香河县18家农村合作基金会全部并入农村信用社，各项存、贷换据工作全部结束。

第二章　保险业

香河县保险公司坚持“以服务求生存、以服务求发展、以服务创效益”的经营理念。人寿保险自1996年成立到2008年，累计承保客户达20余万人。人保财险公司主要经营：机动车辆保险、企业财产保险、家庭财产保险、团体人身意外伤害保险、货物运输保险及各种责任险等险种。2000年后，保险业实现了“通保通赔”与“异地出险、就地理赔”。2002 年后，又有 10 余家保险公司入住香河县。到 2008 年，综合赔付率为 62.56%。

1985-2008 年香河县部分年份保险业收支情统计况表

表 13-2-1　　　　单位：万元

年份	保险费收入	理赔支出
1985	9.40	
1986	75.26	55.75
1989	245.20	63.54
1990	294.75	91.52
1991	639.00	202.80
1992	829.20	225.10
1993	597.00	239.00
1994	768.60	486.50
1995	993.00	376.00
1996	968.10	541.90
1997	936.70	525.70
1998	969.50	390.90
1999	1115.00	505.00
2000	3371.10	585.40
2001	4857	714.00
2002	8500	900.00
2003	9520	1035
2004	11037	1274
2005	13024	1478
2006	14978	4027
2007	18617	4873
2008	20347	5360

2002—2008 年香河县保险业务支出情况统计表

表 13-2-2　　　　单位：万元

年份	赔款支出	分出保费	手续费支出	佣金支出	医疗支出	伤残给付
2002	900	194	201	504	28	42
2003	1035	214	237	529	48	46
2004	1274	256	283	561	78	59
2005	1478	287	325	617	94	76
2006	1641	324	398	648	101	79
2007	1986	389	458	784	117	93
2008	2184	427	504	862	129	102

第一节　财产保险业务

一　业务发展情况

1951年6月，香河县已经开始出现保险业务，由中国人民银行香河支行经办，保办项目比较简单，主要有火险、牲畜险、汽车险、简易人身险等。1952年11月，中国人民保险公司香河支公司成立，隶属于中国人民银行香河县支行，不属于独立的经济实体。1953年5月，香河县保险支公司予撤销。1958年，人民公社化后，保险业务被停办。

1981年12月，根据上级金融部门的批准成立中国人民保险公司香河县代理处，隶属于中国人民银行香河支行领导，地址在原县政府招待所东院。1982年1月，代理处正式开业，属中国人民银行香河支行的一个股级单位。保险业务有企业财产保险、家庭财产保险和运输工具保险三种。随后新增了团体人身意外伤害保险、自行车险、货物运输险、牲畜险、简易人身险、养老金保险。1982—1984年每年的保险费收入为7～10万元。

随着改革开放的深入，香河县域经济迅速发展，县内建立独立的保险机构条件日臻成熟。1985年5月17日，中国人民银行香河县支行根据省人行和廊坊分行的批准，开始组建中国人民保险公司香河县支公司。7月，经上级批准，支公司征地5亩始建办公用房，启用“中国人民保险公司香河县支公司”印章。至此，香河县保险支公司工作全面进入正轨。在支公司成为独立经济实体的当年，完成保险费收入9.4万元。

从1986年开始，随着生产生活需要，险种不断增加。1990年保险种类有：企业财产保险、运输工具及责任险、家庭财产险、麦场火灾险、西瓜雹灾险、承包责任险、公路旅客意外伤害险、人身意外伤害险、学生平安险、独生子女险、简易人身险、养老金险、养殖业保险、果树雹灾险、麦场储金险、还本人身意外伤害险等，本年有2181人参加学生平安保险。保险收入294.75万元，赔款支出91.52万元，综合赔付率为44.3%。进入1991年后全县中小学生基本参加学生平安保险，4月公司试办小麦全程服务保险业务，承保麦田26万多亩，在全县范围内承保率为100%。当年6月，公司支付小麦遭受风、火灾害损失达73.89万元，真正起到了为农业生产和人民群众生活“保驾”的作用。9月，支公司的档案管理升级为省二级。年底，保险费收入为639万元。

1992年，支公司真对社会上车辆猛增、事故频发的情况，适时在淑阳、刘宋、安平、渠口四镇建立了专职保险代理所，使保险业务面扩大。这一年的保险费收入为829.2万元，赔款支出225.1万元。

1995年6月，《中华人民共和国保险法》经八届人大常委会十四会议通过，为保险业提供了可靠的法律保证。年底保险费收入为993万元，赔款支出376万元。到1995年底，保险种类有财产保险、运输工具保险、货物运输保险、责任保险、人寿保险、伤害保险、年金保险、健康保险九大类38种。

1996年4月，是在贯彻《中华人民共和国保险法》的基础上进行保险体制改革的一年。根据国务院的重要指示，中国人民保险公司的各级机构相继进行了改革，香河支公司分别改建为中保财产保险有限公司香河支公司与中保人寿保险有限公司香河营业部。这标志着保险业由财产、人寿合业经营发展为（控股）分业经营。新的支公司机构建立后，原人保香河支公司及所属的四个保险代理所被同时撤销。

中保财产保险有限公司香河支公司成立后，按照1996年7月中国人民银行发布的《保险管理暂行规定》，严格执行《中华人民共和国保险法》。1997年，中保财险香河县支公司经营的保险主要有：企业财产保险、家庭财产保险、机动车辆保险、货运保险、责任保险、承运保险、农用变压器保险、农用机井保险。支公司赔付金额为505万元，赔付率是72.88%。1998年10月，经国务院批准，撤销了中保集团公司，由中保财产保险有限公司继承人保公司品牌，恢复中国人民保险公司，各级的中保财产有限公司也随之逐渐更名。按上级安排，中保财产保险有限公司香河县支公司正式更名为中国人民保险公司香河县支公司的时间是1999年5月1日。这次改制，标志着保险业由控股分业经营，向国有独资专业化经营的现代商业性保险的转变。12月24日中国人民保险公司香河支公司的档案工作晋升为省一级。支公司的企业财产保险和家庭财产保险经营良好，到2000年12月31日，全年完成保险费收入931.1万元，赔款支出为464.5万元。进入2001年人保公司香河县支公司实行聘任制，增强了员工的责任意识，在工作中开展“强管理、降赔付、增效益”活动，为适应形势的发展需要，在渠口、金辛庄建立检测场，设立远程出单系统，方便客户投保，公金辛庄检测场在2003年4—12月就收取保险费60余万元。到2005年，公司的承保服务步入规范化、标准化轨道，理赔服务实行“上门服务、集中理算、限时赔付”。2006年7月1日国家开始实行机动车辆交通事故责任强制保险。人保香河县支公司是第一批被授权经营交强险的公司之一，当年实收交强险保险费325.5万元。2007年8月，在全县9个乡镇建立“交通安全管理、保险服务站”，方便群众办理验车、验本和办理保险手续。2008年公司经营的险种有：企业财产保险、家庭财产保险、机动车辆保险、货运保险、责任保险、农业保险、意外伤害保险、养殖业保险等八大类。年末，保险费收入为2597.31万元，赔款支出1675.84万元。

二　理赔实例

1989年4月13日，香河县包装公司泡沫厂发生火灾，造成直接经济损失25万元，经廊坊中心支公司财险科批准赔付其15.6万元。年末人保支香河支公司的赔款支出为63.3万元，年综合赔付率为38.6%。

1991年4月4日6时许，金辛庄乡前井亭纸箱厂因成品垛倾倒引致炉火造成火灾，直接经济损失近10万元。经支公司核损后给付赔款9.24万元。4月9日，在县政府和县财政部门及农行香河县支行的支持协助下，人保香河县支公司共承保全县麦田261052亩，承保面积达100%，收入储金261.1万元。7月29日，人保香河县支公司向政府支付因小麦遭受风灾、火灾造成损失的赔款73.49万元。到年底赔款总额为205万元，财险赔付率为69%，人险赔付率为9%。

1997年5月25日，希泉泡沫厂发生火灾，损失严重。事后，人保香河支公司按合同支付赔款27.92万元。这是香河支公司有史以来赔付私营企业财产险的最高金额。

1998年3月23日是，香河县渠口新兴办公设备有限公司的东风145型汽车一辆（车号R14568）在辽宁发生撞人车祸，损失严重。人保香河县支公司按合同支付赔款11万元。这是本公司在集体企业运输车辆险上一笔较大的赔偿金额。9月6日，香河支公司按保险合同向五百户镇香椿营村王玉忠支付车险赔款13.9万元。这是公司建立后第一笔支付私人车辆保险赔款最大的一笔金额。

2003年11月5日，香河县突降大雪，造成正大公司27栋温室养鸭大棚坍塌，直接经济损失200多万元。香河支公司接到报案，立即组成专案调查组负责勘查现场，帮助正大公司处理善后事宜，经请示省分公司，当即预付赔款40万元，用于企业生产自救。经过1个多月时间的调查、核赔工作，最终赔付正大公司100万元，是香河支公司保险史上单笔赔款数额最大的一笔。

1996—2000年香河县部分年份保险费收入与赔款支出情况统计表

表13-2-3　　　　单位：万元

年份	1996		1997		1998		1999		2000	
项目	收入	支出	收入	支出	收入	支出	收入	支出	收入	支出
责任险	18.6	2.79	37.2	40.6	25	15	33	19	45	30.3
运输工具险	590	299	410.6	284.7	591	270	609	310	642.8	333.7
家庭财产险	23	5.1	16.3	9.8	17	6	22	6	25.4	4.1
企业财产险	99.8	81	157.1	117.2	151	86	156	85	173.6	86.2
农险	3.7	1.3	3.8	1.7	7	0.5	5	3	4.3	0.2
团人总险	90	49	115	51.7	115	58	183	82	170	104.9
简易人身险	21.5	—	14.8	0	1	—	48	—	—	—

第二节 人寿保险业务

中国人寿保险股份有限公司香河支公司成立于1996年4月16日，当时称中保人寿保险有限公司香河营业部。公司成立时主要经营人寿保险、人身意外伤害保险和健康保险三大类保险。7月17日开办计划生育母子安康保险。10月初，在全县范围内招聘40名业务员，进行两个月的试运行期，完成“九九鸿福”保险344份，实现保费收入21.9万元。到12月25日实现保费收入397万元，其中寿险121.7万元，福寿安康险142.4万元。各项赔款支出48.8万元，赔付率为54.4%。1998年3月13日，开办《1100定期定额保险办法》《定期定额福寿安康保险办法》《定期限定额子女婚嫁保险办法》三个定额条款(廊保寿发〔1998〕6号)。4月27日，开办《小麦收获期团体人身意外伤害保险条款》(廊保寿发〔1998〕17号)。11月23日,开办88鸿利终身、99鸿福终身、66鸿运A型、66鸿运B型、鸿寿养老、重大疾病终身、重大疾病定期、简易人身、子女教育婚嫁备用金、福寿安康、个人养老金（A型)、个人养老金（B型)、养老金还本、独生子女两全、个人购房贷款定期以及义务兵养老保险等16个险种(廊保寿发〔1998〕85号)。1999年9月23日，根据廊国寿发〔1999〕50号与廊国寿发〔1999〕51号开通发祥和定期保险等13个新险种与国寿福瑞两全保险等17个险种。13个新险种分别为：祥和定期保险、祥运定期保险、附加定期保险A型、附加定期保险B型、祥瑞终身保险、祥瑞还本终身保险、康宁终身保险、康宁定期保险以及安居定期保险、人身意外伤害综合保险、人身意外伤害保险、建筑工程人身伤害保险和附加指定交通工具乘客等。17个险种分别是：国寿福瑞两全保险、福馨两全保险、少儿两全保险、附加意外伤害保险、附加残疾保险、附加意外伤害医疗保险、附加住院医疗生活津贴保险、附加意外伤害生活津贴保险、国寿简易人身保险、子女教育婚嫁备用金保险、独生子女两全保险、个人养老金保险、养老金还本保险、英才少儿保险、松鹤养老保险、松柏养老保险以及如意两全保险等。

2001年2月25日开通国寿基本人身意外伤害保险，4月25日开通国寿团体年金保险(修订版)，5月9日开通国寿团体终身寿险、国寿团体定期寿险和国寿团体重大疾病保险。12月29日根据国寿廊发〔2001〕110号（关于开办《国寿永泰团体年金保险（分红型)》）开通国寿永泰团体年金保险、国寿鸿福相伴两全保险、国寿鸿寿年金保险、国寿鸿泰两全保险、国寿鸿运少儿两全保险、国寿鸿盛终身保险和国寿鸿祥两全保险等7个分红型保险。2002年6月5日开通国寿鸿星少儿两全保险和国寿康宁重大疾病保险2个分红型保险，到11月30日人寿保险香河支公司实现年保费收入7354万元。12月30日开通分红型国寿鸿瑞两全保险。2003年春季发生传染性非典型肺炎疾病，5月13日支公司根据国寿廊发〔2003〕60号：关于开办国寿团体传染性非典型肺炎疾病保险等条款的通知，开通国寿团体传染性非典型肺炎疾病保险和国寿附加传染性非典型肺炎住院津贴保险2个险种。5月30日国寿康宁重大疾病保险（分红型）停止销售。8月15日根据国寿廊发〔2003〕128号开通国寿鸿宇两全保险和国寿鸿鑫两全保险2个分红型保险。2005年1月1日起，与劳动部门合作承保香河县城镇职工大额医疗保险。2007年10月1日开始销售“国寿祥福定期寿险”开通。2008年1月1日，在全省开始销售“国寿金彩明天两全保险（A、B款)（分红型)”产品，2月15日起开始销售“国寿团体补充工伤意外伤害保险（A款)”产品，3月4日起开始销售“国寿小额贷款借款人定期寿险”和“国寿小额贷款借款人意外伤害保险”两款产品，7月1日起开始销售“国寿瑞鑫两全保险(分红型)”及“国寿附加瑞鑫提前给付重大疾病保险”产品，7月10日起销售“国寿学生儿童定期寿险”等八款新学生险产品和国寿绿洲团体系列短期险产品，9月1日起开始销售“国寿安享一生两全保险（分红型)”产品。人寿保险公司香河支公司确立“以服务求生存、以服务求发展、以服务创效益”的经营理念，自成立至2007年，已累计承保客户20余万人。2008年的险种主要是：国寿金彩明天两全保险（A、B款)（分红型)、国寿团体补充工伤害保险（A款)、国寿小额贷款借款人定期寿险、国寿小额贷款借款人意外伤害保险、国寿瑞鑫两全保险（分红型)、国寿附加瑞鑫提前给付重大疾病保险、国寿学生儿童定期寿险、国寿绿洲团体系列短期险产品、国寿安享一生保险（分红型)。2008年，人寿保险公司香河支公司保费总量13594.1万元。

人寿保险香河支公司坚持“成已为人、成人达已”的保险理念，不断对理赔人进行专业培训。明确理赔承诺：对符合规定的投保件，在10个工作日内将正式保单送达客户。对符合柜台给付条件的赔案要即时给付；对重大疑难案件要加快理赔调查、理算及审结速度；对属于保险责任、单证齐全、手续合规的赔案，要在与客户达成有关协议后10日内履行给付义务；对大额赔案要送赔款上门。

公司自成立到2008年，保险费收入平均年递增37.53%，年平均赔付286.29万元。1996年赔付支出为48.8万元，赔付率为54.4%。2001年，赔付支出为135万元。2005年，赔付支出318.5万元。2008年，赔付支出为212万元。

第三节 其他保险公司

2002年9月11日，中国太平洋人寿保险股份有限公司香河支公司成立。主要经营个人意外伤害保险、个人定期死亡保险、个人两全寿险、个人终身寿险、个人年金保险等14种保险业务。随着保险业务的发展，不断有新的保险公司进驻香河县。到2008年，在境域内注册的其他保险公司有：中国平安财产保险股份有限公司香河支公司、泰康人寿保险股份有限公司廊坊中心支公司香河营销服务部、中华联合财产保险股份有限公司香河支公司、新华人寿保险股份有限公司廊坊中心支公司香河营销服务部、河北中友保险代理有限公司香河分公司、名阳保险销售有限责任公司香河分公司、河北三玉利保险代理有限公司香河支公司、中国平安人寿保险股份有限公司香河支公司、中国大地财产保险股份有限公司廊坊中心支公司香河营销服务部、中国太平洋财产保险股份有限公司廊坊市香河支公司。

第四节 保险业管理机构

1951年6月，香河县的保险业务由中国人民银行香河支行办理。1952年11月，中国人民保险公司香河县支公司成立，隶属于人行香河支行。1953年5月，人保香河支公司予以撤销，保险业务继续由人行香河支行办理。1958年人民公社化运动后，保险业务被停办。

1981年12月，中国人民保险公司香河县代理处成立，隶属于中国人民银行河县支行领导，1982年1月，香河代理处正式开业，属人行香河支行的一个股级单位。有1名负责人和1名业务员兼会计，1983年又增加1名业务员。1985年5月17日，人保香河支公司建立。其主要任务是：在县域内贯彻执行国家有关保险工作的方针和政策，开展各种保险业务，广泛收集保险费，为参加保险的单位和个人在发生灾害和意外事故时提供经济补偿，保障社会生产的持续进行和人民群众生活的安定祥和。1985年底，有副经理1名，会计1名，业务员4名。1986年公司人员增多，12月22日经中共香河县直属机关党委批准，成立党支部，设书记1名。年底，支公司设有办公室、计财股、业务股，工作人员有11名。1987年7月31日建立支公司党组，12月增设人险股。1988年8月撤销原业务股，成立车险股和财产险股。1991年1月，增设农险股。同年，3月28日，经廊坊中心支公司批准，香河县支公司股改科，设有办公室、人秘科、车险科、财产险科、农险科、人险科、计财科。年底工作人员为19名。1992年9月，分别成立淑阳、刘宋、安平、渠口4个保险代理所。1994年11月25日成立支公司工会，设主席1名。到1995年，支公司有工作人员25名。

1996年4月，中国人民保险公司香河县支公司分别改建为中保财产有限公司香河县支公司和中保人寿保险有限公司香河县营业部。改制后，中保财产保险有限公司香河支公司设办公室、人秘科（与办公室合署办公）、计财科、车险科、财险科，有工作人员18名。1999年5月1日，中保财产保险有限公司香河县支公司正式更名为中国人民保险公司香河县支公司。2001年4月9日，经中国人民保险公司廊坊分公司（廊坊人保工委〔2001〕22号文件）批准香河县支公司建立工会工作委员会及民主选举产生的委员。2002年1月15日人保香河县支公司内部科室进行改建后，内设营销一科、营销二科、理赔科、营业室，有工作人员14名。年内在渠口、金辛庄检测场设立远程出单系统，方便客户投保。2003年8月25日，中国人民保险公司香河县支公司变更为中国人民财产保险股份有限公司香河支公司。同年，10月11日，人保香河支公司机构人员重组，设有业务部、第一营业部、第二营业部、第三营业部、第四营业部、综合部，工作人员全部实行聘用制。到2005年，人保香河支公司内部设有6外科室：办公室、综合部、业务部、第一营销部、第二营销部、第三营销部，有工作人员12人。2008年，人保香河支公司内设经理室、综合部、业务部、第一营销服务部、第二营销服务部、第三营销服务部、第四营销服务部。

1996年4月16日，中保人寿保险有限公司香河县营业部成立，内设综合科、业务科，有工作人员6名。主要经营人寿保险、健康（医疗）保险、和意外伤害保险。7月17日开办计划生育母子安康保险，10月开始组建营销队伍，11月11日成立营销科，12月底公司由原址（香河县康宁路6号）迁往香河县淑阳镇新开街东段路北（县人民医院东500米）。1998年1月，科室调整后设有综合科、业务管理科、售后服务科、业务一科、业务二科、业务三科、业务四科。2000年1月，增设理赔科。2002年1月，内部设置综合管理科、业务管理科、营销管理科、客户服务科、续保科，实行科长负责制，进行“定岗、定责、定编、定薪”。4月12日，香河营业部更名为香河支公司。2003年2月，公司科室实行聘任制，专业岗位人员实行聘用制。公司内设综合管理科、营销一科、营销二科、团险中介科、理赔科。8月28日，公司更名为中国人寿保险股份有限公司香河支公司。2006年1月，内设科室有：综合科、个险科、客服中心科、中介科、团险科、政研物管科。2008年，公司内设5个科室：经理室、综合管理部、客户服务部、个险销售部、团险销售部、银行保险部。

第十四编　经济综合管理

1979 年后，香河县全面加强国民经济管理。在计划管理中，由实行指令性计划逐步过渡到自觉运用价值规律的计划管理体制；在统计管理中，全面整理全县国民经济和社会发展的翔实数据，为县委、县政府决策和全县国民经济平稳较快发展提供依据；在工商行政管理中，维护全县市场经营秩序；在物价管理中，维护市场价格及收费秩序；在技术监督管理中，全面加强产品质量、计量、标准化和特种设备综合管理及其质量技术监督行政执法，确保全县人民生产生活质量安全；在审计管理中，审计监督县本级财政预决算执行情况和各乡镇政府财政决算以及本级各部门、事业单位、国有企业、金融机构和其他国有资产单位的财政收支、资产负债、损益、效益情况，维护财经法纪；在土地管理中，实行土地社会主义公有制，贯彻执行“十分珍惜和合理利用每寸土地，切实保护耕地”的基本国策，加强全县土地宏观调控和计划管理。2004—2008 年，香河县连续 5 年被河北省政府授予“国土资源执法模范县”称号。

第一章　计划管理

第一节　计划编制

1979 年始，香河县贯彻中共十一届三中全会精神，实事求是地制订计划，按时间分为长期计划、中期计划和短期计划。长期计划为 10 年或 10 年以上，中期为 5 年，短期即年度计划。香河县中期计划的“六五”“七五”“八五”“九五”“十五”计划和“十一五”规划都是按规定编制下达的。1984 年，香河县贯彻执行国务院批转国家计委《关于改进计划体制的若干暂行规定》，改革计划编制工作，简化年度计划。1985 年，香河县国民经济计划内容有农业、工交邮电、基本建设、财政金融、商贸、科教文卫、人口和劳动就业计划。从 1986 年开始，编制固定资产投资计划。1987 年增加物价计划。1989 年年度计划内容有农业、工交邮电、全社会固定资产投资、财政金融、商贸、物价、科教文卫、人口和劳动就业计划。

1990 年后，香河县缩小生产、经营等方面计划范围，扩大宏观经济方面的计划范围，减少工农业生产和商业等计划内容，增加国民生产总值、国内(地区)生产总值、工农业总产值、乡镇企业总产值、全社会消费品零售总额、环境保护、利用外资、科技进步贡献率、城镇登记失业率和乡（镇）主要经济指标计划。从 1995 年起，国民经济和社会发展年度计划指标，采用调控目标的形式下达。2002 年后，国民经济和社会发展年度计划指标，采取预期目标的形式下达。2005 年后，香河县年度计划内容有 13 项，即地区生产总值、农林牧渔业总产值、规模以上工业总产值、全社会固定资产投资、居民消费价格指数、社会消费品零售总额、实际利用外资、地方级一般预算收入、城镇居民人均可支配收入、农村居民人均纯收入、就业、社会保障、人口自然增长率。

第二节　计划实施

一　“六五”计划(1981—1985）

1985 年，全县地区生产总值 21834 万元（1980 年价格），比 1980 年的 8835 万元增长 147.13%，年均递增 19.84%；人均地区生产总值 792 元，比 1980 年的 356 元增长 122.47%，年均递增 17.34%；农林牧渔业总产值 9422 万元，比 1980 年的 6264 万元增长 50.42%，年均递增 8.50%；粮食总产 128075 吨，比 1980 年的 100055 吨，增长 28.00%，年均递增 5.06%;工业增加值 3087 万元，比 1980 年的 3190 万元减少 3.23%，年均递增-0.07%（负增长）；全社会固定资产投资完成 420 万元，比 1980 年的 58 万元增长 624.14%，年均递增 48.60%；财政收入 2046.6 万元，比 1980 年的 1221.4 万元增长 67.56%，年均递增 10.88%；农民人均纯收入 540 元，比 1980 年的 112 元增长 382.14%，年均递增 36.97%；社会消费品零售总额 8903 万元，比 1980 年的 3567 万元增长 149.59%，年均递增 20.10%。

二 “七五”计划（1986—1990）

1990 年，香河县地区生产总值 50684 万元（1980 年价格为 36607 万元），比 1985 年的 21834 万元增长 67.66%，年均递增 10.89%；人均地区生产总值 1547 元，比 1985 年增长 95.33%，年均递增 14.30%；农林牧渔业总产值 18547 万元，比 1985 年增长 96.85%，年均递增 14.50%；粮食总产 137720 吨，比 1985 年增长 7.53%，年均递增 1.50%；工业增加值 7537 万元，比 1985 年增长 144.15%，年均递增 19.50%；固定资产投资 4432 万元，比 1985 年增长 955.24%，年均递增 60.20%；财政收入 3028 万元，比 1985 年增长 47.95%，年均递增 8.15%；农民人均纯收入 738 元，比 1985 年增长 36.67%，年均递增 6.40%；社会消费品零售总额 13538 万元，比 1985 年增长 52.06%，年均递增 8.70%。

三 “八五”计划（1991—1995）

1995 年，香河县地区生产总值 128661 万元（1990 年价格），比 1990 年的 50684 万元增长 153.85%，年均递增 20.48%；人均地区生产总值 5612 元，比 1990 年增长 262.77%，年均递增 29.40%；农业总产值 44461 万元（1990 年价格），比 1990 年增长 139.72%，年均递增 19.11%；粮食总产 198276 吨，比 1990 年增长 43.97%，年均递增 7.60%；工业增加值 35876 万元，比 1990 年增长 376%，年均递增 36.60%；全社会固定资产投资 25929 万元，比 1990 年增长 485.04%，年均递增 42.30%；财政收入 6323 万元，比 1990 年增长 108.82%，年均递增 15.90%；农民人均纯收入 2579 元，比 1990 年增长 249.46%，年均递增 28.40%；城镇居民人均生活费收入 4048 元，比 1994 年的 3151 元增长 28.47%；社会商品零售总额 30251 万元，比 1990 年增长 123.45%，年均递增 17.40%。

四 “九五”计划（1996—2000）

2000 年，香河县地区生产总值 373315 万元（1990 年价格为 287942 万元），是 1980 年 8835 万元的 42 倍，超额实现“翻两番”的战略目标，比 1995 年的 128661 万元增长 123.80%，年均递增 17.48%。人均地区生产总值 12042 元，比 1995 年增长 114.58%，年均递增 16.50%；农业总产值 121841 万元（1990 年价格为 72922 万元），比 1995 年增长 64%，年均递增 10.40%；粮食总产 178342 吨，比 1995 年下降 10.05%，年均下降 2.1 个百分点；工业增加值 39502 万元，比 1995 年增长 10.11%，年均递增 1.90%；全社会固定资产投资 173790 万元，比 1995 年增长 570.25%，年均递增 46.30%；财政收入 16123 万元，比 1995 年增长 154.99%，年均递增 20.60%；农民人均纯收入 3976 元，比 1995 年增长 54.17%，年均递增 9%；城镇居民人均可支配收入 6544.20 元，比 1999 年的 6048.20 元增长 8.20%；社会消费品零售总额 87700 万元，比 1995 年增长 189.91%，年均递增 23.70%。

五 “十五”计划（2001—2005）

2005 年，香河县地区生产总值 571168 万元（2000 年价格为 511589 万元），比 2000 年 373315 万元增长 37.04%，年均递增 6.5%；全县人均地区生产总值 20419 元，比 2000 年 12042 元增长 69.56%，年均递增 11.10%；全县农林牧渔业总产值 203658 万元，比 2000 年增长 67.15%，年均递增 10.82%；粮食总产 190976 吨，比 2000 年增长 7.08%，年均递增 1.40%；工业增加值 257908 万元（2000 年价格 237182 万元），比 2000 年增长 500.43%，年均递增 43.12%；固定资产投资 424270 万元，比 2000 年增长 144.13%，年均递增 19.50%；财政收入 40025 万元，比 2000 年增长 148.25%，年均递增 19.90%；农民人均纯收入 5253 元，比 2000 年增长 32.12%，年均递增 5.70%；城镇居民人均可支配收入 10416 元，比 2000 年增长 59.16%，年均递增 9.70%；社会消费品零售总额 280677 万元，比 2000 年增长 220.04%，年均递增 26.20%。

六　“十一五”规划(2006—2010)

2008年,全县地区生产总值602295万元(2005年价格),比上年的572704万元增长5.17%;人均地区生产总值33281元,比上年的29286元增长13.64%;农林牧渔业总产值215933万元,比上年的180010万元增长19.96%;粮食总产201709吨,比上年的203303吨下降0.78%;工业增加值262003万元,比上年的254978万元增长2.76%;固定资产投资1465309万元,比上年1083365万元增长35.26%;财政收入63181万元,比上年的55058万元增长14.75%;农民人均纯收入7535元,比上年的6686元增长12.70%;城镇居民人均可支配收入18106元,比上年的14733元增长22.89%;社会消费品零售总额408217万元,比上年的349062万元增长16.95%。

第三节　管理机构

香河县发展改革局内设机构几经调整。1976年,县计划委员会重新建立。1993年7月,香河县外经委撤销,保留香河县协作办,与县计委合署办公,新增外资股。1996年4月县计划委员会改称县计划局。1998年2月,下设4个科室:办公室、综合计划科、技改科、外资科,人员编制15名。4月,县政府撤销开放办成立县招商局,同县计划局合署办公,一套人马,两块牌子,协作科划入县计划局,成立基建科;5月,农业区划办由农业开发办公室划入县计划局,人员编制24人。1999年12月,县招商局、计划局分设,协作科同招商局一并划出,撤销农业区划办,其职能并入综合计划科。2002年4月,计划局改称县发展计划局;2003年1月,内设机构4个:办公室、综合计划股、基建股、项目股、人员编制14人。2006年3月,香河县发展计划局与香河县经济体制改革办公室整合,成立香河县发展改革局,内设机构8个:办公室、综合计划股、固定资产投资股、项目股、重点项目股、外资股、农业区划股、体改股,人员编制21人。2008年9月,撤销纪检组长编制,人员编制20人。

第二章　统计管理

第一节　统计内容

一　专项调查统计

（一）小康建设指标调查统计

1995年,香河县开始县级小康建设指标调查,采取抽样调查方法,样本单位是统计部门农调队的农村住户调查和城镇居民收入调查所抽取的全部记账户。为配合县级小康达标工作,农村住户调查调整为10个行政村,每村10户,改称农村百户记账工作。以后,经过几次调点换户,到2008年全县小康记账10个调查点分别是白庙、宋家止务、西大街、宣教寺、八户、前口头、西张庄、西刘庄、头百户、谢屯。通过记账户对家庭现金日记账、产品产量账和实物消费账的登记,经县统计部门微机录入汇总,计算得出农民人均纯收入指标和恩格尔系数,作为评价县级小康建设标准。

香河县城镇居民收入调查起于1989年,在县城辖区内有效居民户抽取50户作为样本单位,通过对居民家庭收入和日常生活开支的逐笔登记,取得每个记账户的详细信息,经县级统一汇总得出全县城镇居民生活收入支出状况。1998年以后,城镇居民调查主要指标“生活费收入”调整为“城镇居民可支配性收入”,将城镇居民年内获得的房租等财产性收入列入其中。

（二）第三产业普查统计

1993年6月,香河县进行首次全国第三产业普查。清查1991年和1992年的全县第三产业单位数、从业人员数和第三产业增加值数等基本情况。

2003年8月31日,香河县进行第二次全国第三产业普查。清查时期资料为2002年1月1日至2003年8月31日。旨在查清全县第三产业单位数量、规模、结构、效益等基本情况。清查采用“条块结合,以块为主”的方式。清查对象是全县行政区域内从事第三产业活动的法人单位、产业活动单位和个体经营户。为确保清查数据的高质量,各级各部门严格执行统一的清查标准，坚持实事求是、依法清查，逐级实施数据质量评估制度。随着第二次全国第三产业普查并入第一次全国经济普查中，第三产业清查工作中止。

二　专业定期统计

（一）农业统计

1979 年，主要是农业基本情况、农业生产的播种面积和产量、农业总产值等统计指标。1981 年增加农业生产责任制情况统计；1983 年改为乡、村、户农村经济情况统计；1984 年增加农村专业户、新农业联合体情况统计；1989 年农业统计扩大为农村统计；1991 年，为适应国民经济核算体系的需要，农村社会经济统计内容进行较大调整，开始执行国家统计局与农业部、民政部等五部门联合颁发的《农村社会经济科技统计一套表制度》，经过两年的试行，由于调查填报涉及面广、工作量大、基层统计力量薄弱等诸多因素制约，停止填报。从 1993 年起，改为农林牧渔业统计报表制度。1996 年增加农业产业化统计；2000 年、2005 年、2008 年分别增设县、乡、村基本情况统计；2004 年试行农产品价格指数缩减法计算农业发展速度；2005 年，农业统计中取消计算 1990 年不变价产值的内容；2008 年，为满足省市调查总队的数字需要，增加畜禽产量调查。到 2008 年，农业统计内容包括：农业基层组织情况、农村劳动力、耕地、农业机械、农业“四化”、农业总产值、商品产值、增加值、农村住户、镇街和县社会经济发展情况等统计指标。

（二）工业统计

1979 年，香河县工业统计按照县办全民、集体、联营、乡办、村办、联办、联合体和个体进行统计。主要是工业总产值、净产值、产品产量、企业个数、从业人员、固定资产、流动资金、主要技术经济指标、主要工业产品生产能力、主要工业产品单位成本等项指标的统计。1991 年按照国家统计局修订并下发的工业综合统计报表制度，逐步淡化生产指标，强化效益指标，改进工业经济运行评价指标。1998 年，工业统计范围由按隶属关系划分改为按企业规模统计，改革后的统计范围为辖区内全部国有和年销售收入在 500 万元及以上的非国有工业企业。是年，开始以试算工业生产指数来计算工业生产发展速度，1999 年 7 月，开始试用工业品出厂价格指数计算工业发展速度。2003 年，县级工业统计依照全国统计规定作相应调整，取消工业总产值（不变价格）指标的统计，采用价格指数缩减法计算工业发展速度；企业填报同期数有明确规定；大中小型企业分组执行国家统计局制定的《统计上大中小型企业划分办法（暂行）》。2004 年开始，月报采用价格指数缩减法计算工业发展速度。2007 年开始，定期统计规模以上工业企业划分标准改为年主营业务收入 500 万元及以上的全部工业企业，不再包括未达到 500 万元的企业。

（三）能源统计

1992 年以前，香河县能源统计归属于物资统计。1993 年，取消物资统计报表制度，在《工业统计报表制度》中增设《能源消费与库存》年报和季报。1994 年，年报建立《原材料、能源综合统计报表制度》。1998 年，年报取消，将其纳入工业等专业统计范围。2004 年，国家统计局报表制度中增设《能源统计报表制度》，将工业、运输、邮电统计中有关能源统计的内容纳入。2006 年，增加工业企业水消费半年报。2008 年 5 月，县统计局成立能源统计股，在能源统计中增加重点能耗工业企业单位产品能源消耗情况季报，增加电力收支平衡及全社会用电量情况和煤炭、石油、天然气的资源和销售去向情况；“工业企业能源购进、消费与库存表”、“主要耗能工业企业单位产品能源消耗情况表”加报规模以上且年综合能源消费量在 1 万吨标准煤及以上工业企业的月度报表。

（四）固定资产投资和建筑业统计

1991 年起，计算机处理固定资产投资年报数据。1993 年，固定资产投资统计的范围基本固定为基本建设投资、更新改造投资、其他固定资产投资、房地产开发投资、城镇和农村集体固定资产投资、农村私人建房投资。2005 年，固定资产投资统计的范围变更为城镇 50 万元以上项目投资、农村非农户 50 万元以上项目投资、房地产开发投资、农村私人建房投资。2006 年，增加季度财务指标，以满足季度核算的需要。

（五）商业统计

20 世纪 90 年代，由计划经济向市场经济转型步伐加快。1993 年，香河县商业统计进行重大改革，主要内容包括批发零售贸易业商品购进、销售、库存总额、类值和数量，批发零售贸易、餐饮业机构、网点、人员情况、财务情况，社会消费品零售总额等。1994 年，由批发零售贸易业商品销售、库存数量的统计，改为大中型批发零售贸易业商品销售、库存数量的统计。1997 年，增加小型和个体批发零售贸易业商品购进、销售、库存总额的统计。1998 年，大中型批发零售贸易业商品购进、销售、库存总额统计改为限额以上批发零售贸易业商品购进、销售、库存总额统计，将小型和个体批发零售贸易业商品购进、销售、库存总额统计改为限额以下批发零售贸易业商品购进、销售、库存总额统计。对限额以上批发零售贸易、餐饮业实施全面调查，对限额以下批发零售贸易、餐饮业实施抽样调查，对个体户利用工商行政管理等有关部门的统计数据加工推算的办法。社会消费品零售总额统计和批发零售贸易业、餐饮业机构网点、人员统计采用重点调查和利用有关部门统计数据推算的方法。2008 年，批发业和零售业、住宿业和餐饮业的统计限额标准改为：批发业，年主营业务收入 2000 万元及以上；零售业，年主营业务收入 500 万元及以上；住宿和餐饮业，年主营业务收入 200 万元及以上。

（六）劳动工资统计

1993 年，香河县取消原劳动工资统计办法中按全民所有制单位、城镇集体所有制单位和其他各种所有制单位分别统计的制度，统一列入《全部职工和工资》统计报表。1994 年，国家统计局将《劳动工资统计报表制度》改名为《劳动综合统计报表制度》。1995 年，设《从业人员和劳动情况》月报表。1997—1998 年，贯彻执行《职工个人收入情况》报表，1998 年予以取消。2008 年，香河县执行国家统计局制定并下发的《城镇私营单位工资统计报表制度（试行）》。

（七）国民经济核算统计

香河县改革开放初期，国民经济核算沿用物质产品平衡表体系。2 0 世纪 8 0 年代中期以后，逐步采用国民账户体系。为适应市场经济发展和要求，1992 年 8 月，国务院发出《关于实施新国民经济核算体系方案的通知》，从 1993 年开始，全国执行新的统计报表制度。县统计局执行省统计局按照新国民经济核算体系要求印发的《国民生产总值统计报表制度》，原《国民收入统计报表制度》停止执行。按照上级要求，从 1995 年起只计算国内（地区）生产总值，以此代替国民生产总值。1997 年，年报执行省统计局印发的《国民资产统计报表制度（试行）》。1998 年的统计年报将原《国民生产总值统计报表制度》改为《国内生产总值统计报表制度》。2002 年开始实施《中国国民经济核算体系（2002）》。2005 年，地区生产总值报表制度执行的国民经济行业分类标准，年报地区生产总值分为 94 个大类，季度数据分为 19 个门类。2007 年，地区生产总值核算制度中将“可比价格”改为“不变价格”。2008 年，实行国民经济核算下管一级制度，县统计局计算的地区生产总值，需经市统计局认定，方可对外公布。

（八）外经统计

随着国家对外开放政策不断向纵深发展，1993 年县统计局开始设立外经统计，统计县内实际利用外资、外资企业财务状况、注册家数、到位资金、投资总额等指标。2003 年 7 月，县统计局成立外经统计股，增加开发区统计项目。2004 年，随着香河家具城和第一城会展业的发展，带动香河旅游业的发展，旅游业主要经济指标被列入统计范围。

（九）服务业统计

2003 年以前，服务业统计的是交通运输业主要经营指标。随着国民经济的发展和城市化进程的加快，服务业对经济增长的贡献率不断提高。从 2003 年起，全县建立全社会服务业统计工作。是年 7 月，县统计局成立服务业统计股，执行全省统一下发的《其他服务业统计报表制度》《运输邮电业统计报表制度》《服务业个体户统计报表制度》，统计辖区内行政事业单位、服务业企业法人单位、个体户服务从业人员工资、雇工情况、营业收入、上交税费、固定资产原价等指标。

三　专题调查统计

（一）普查统计

1978 年后，县统计局承接多项普查任务，大型普查活动有人口普查、工业普查、农业普查、第三产业普查、基本单位普查、经济普查。

1. 人口普查统计　对全县总户数、总人口、人口的姓氏、性别构成、年龄构成等各种数据的登记调查与全国同步。1982 年、1990 年、2000 年分别进行第三、四、五次人口普查，普查标准时点分别是 1982 年 7 月 1 日零时、1990 年 7 月 1 日零时和 2000 年 11 月 1 日零时。普查的主要目的是查清各个历史时期全国人口数量、基本素质、结构和居住环境等方面的变化情况，为各时期国民经济发展计划和远景规划提供可靠依据。第五次人口普查增加人口迁移内容。

人口普查结果（见第三编人口）

2．农业普查统计　对农业生产要素的规模结构、农村劳动力的使用、转移以及乡镇企业和农村小城镇发展基本情况的调查。1996 年，开展第一次全国农业普查，在全县范围内入户登记各种类型的农业生产经营单位、农村住户、乡镇企业、行政村和乡镇的 38 个调查项目、687 个指标，普查内容涵盖农村经济社会发展的方方面面。2006 年，开展第二次全国农业普查，在第一次农业普查经验总结的基础上，普查内容进一步细分，突出“三农”内容。如农业方面的农业生产条件、经营情况、土地利用情况；农村方面的农村基础设施情况，农村社会化服务情况，农村组织建设情况，乡村两级的债务、财务、投资情况，以及村干部的一些基本情况；农民方面的劳动力就业情况，外来人口和外出人口流动情况，农民的一些生活条件情况，包括农民的住房、生活设施等。

3．工业普查统计　对县内全部工业企业，重点是国有企业、乡镇企业和外商投资企业的生产经营基本情况，包括生产、销售、库存和成本、费用、价格、盈利等情况，资产负债状况及其构成，生产能力利用及技术装备等状况的调查。1986 年，举行第二次全国工业普查，普查 1985 年全县工业企业情况。1996 年，实施第三次全国工业普查，普查 1995 年全县工业企业情况。

第二次工业普查结果：1985 年，全县工业总产值 16911 万元，净产值 2825 万元，98 家企业，从业 8523 人，销售价值 10988 万元，库存价值 847 万元，产品销售收入 11001 万元，产品销售工厂成本 9085 万元，销售单价（平均定价）432 元，利润总额 1141 万元，税金 554 万元。

第三次工业普查结果：1995 年，全县工业企业和生产单位 3094 个，工业总产值 234876 万元，企业人员 35174 人，工业增加值 35893 万元。

4．基本单位普查统计　对全县所有法人单位及其所附属的产业活动单位的基本信息、主要属性、基本经济活动、其他信息等情况的调查。1996 年、2001 年，分别进行全国第一次、第二次基本单位普查。以后列入全国经济普查中一并进行。

5．经济普查统计　将原定 2003 年进行的第二次全国第三产业普查推迟，与原计划在 2005 年开展的第四次全国工业普查和 2006 年开展的第三次全国基本单位普查合并，同时将建筑业纳入普查范围，于 2004 年开展第一次全国经济普查。这次普查的标准时点为 2004 年 12 月 31 日，时期资料为 2004 年度。普查对象是在县区域内从事第二产业、第三产业的全部法人单位、产业活动单位和个体经营户。普查主要内容包括单位基本属性、就业人员、财务状况、生产经营情况、生产能力、原材料和能源消耗、科技活动情况等。第一次经济普查结果：2004 年，全县全部法人单位 965 个，产业活动单位 1156 个，从业人员 52920 人；企业法人 514 个，从业人员 40836 人，企业资产 685564 万元，全年营业收入 497644 万元；第三产业法人单位 156 个，从业人员 5618 人。

全部工业企业单位 336 个，总产值 396814 万元，资产总计 307408 万元，主营业务收入 341306 万元，税金 3436 万元，利润 19331 万元，从业人员 21320 人。

2008 年，进行第二次全国经济普查。普查的主要内容包括单位基本属性、从业人员、财务状况、生产经营情况、生产能力、能源消耗、科技活动情况等。第二次经济普查结果：2008 年，全部法人单位 1487 个，产业活动单位 1675 个，就业人数 58388 人；企业法人单位 909 个，就业人数 45245 人。全部工业企业单位 536 个，工业总产值 1268709 万元，主营业务收入 1045245 万元，税金 7377 万元，规模以上工业利润总额 40889 万元，全部从业人员 24544 人。全县个体经营数 24591 户，从业人员数 77687 人。

（二）抽样调查统计

1．1%人口抽样调查统计

1987 年、1995 年和 2005 年，香河县进行三次 1%人口抽样调查。

1%人口抽样调查以户为单位进行登记，户分为家庭户和集体户。登记采用入调查点询问、当场填报的方式进行。人口调查登记前制订调查登记计划，登记时调查员按计划深入到每户，实地询问了解每个人的实际情况后，填写相应的调查表。

2．人口变动抽样调查统计

人口变动抽样调查，是在2005年1%人口抽样调查的基础上，于2006年开始实施的人口变动和劳动力情况抽样调查制度，每年进行一次。2006年和2007年，按照省市统一部署，全县抽取5个乡镇、10个村街、10个小区进行调查，小区常住人口在250～300人之间，对小区内常住人口逐一登记。2008年，抽样样本有所缩小，抽中县内新华街道办、刘宋镇、渠口镇和钳屯乡等4个乡镇街道办的5个村街、5个小区。

第二节　监管服务

县统计局依照《中华人民共和国统计法》和《河北省统计条例》，全面推进依法统计，切实加强统计法制建设，加大统计数据监督检查力度；按月编制《香河县国民经济月报》，按年编辑《香河县国民经济统计资料》，每隔五年将分年度《统计资料》辑印成册为《统计资料汇编》，并及时发放到县内各领导机关和有关部门，为各级领导及有关部门了解经济发展情况、检查计划完成情况、制定政策提供翔实的数据。

2008年底，县统计局配备电脑30台，实现人手一台，县、乡两级全部接入国家统计骨干网，县内大中型企业实现网上直报。县统计局下发文件，要求基层统计单位严格按照规定及时、准确报送各种统计报表，切实加强数据源头管理。对基层单位不依法统计，造成统计报表资料严重失真，按照有关规定追究相关责任。

第三节　管理机构

香河县统计局是县政府主管全县经济和社会统计及国民经济核算工作的职能部门，业务上受廊坊市统计局指导。1978年12月，县计划经济委员会中的统计组划出，组建县统计局，时有工作人员8名。1984年5月，成立农村社会经济调查队。1990年8月，成立城镇社会经济调查队。10月，成立人口调查队（2002年9月更名为普查中心）。1995年3月，为配合小康建设工作，将农村家庭调查专业由农村社会经济调查队划出，组建监测科（2002年4月更名为监测股），主要负责全县农村小康监测和百户调查记账工作。2002年4月，县级机构改革后，根据“三定方案”要求，统计局人员编制29人，其中行政编制9人，事业编制19人，工勤1人；设局长1人，副局长1人，纪检组长1人。下设办公室、法规股、综合股、监测股、城镇股、农村社会经济调查队、城镇社会经济调查队、人口调查队8个股室。2003年7月，成立服务业股和外经股。2008年5月，成立能源股。是年底，内部机构有办公室、法规股、综合股、监测股、外经股、城镇股、服务业股、能源股、农村社会经济调查队、城镇社会经济调查队、普查中心11个股室队，在编人数29人；局长1人，副局长2人。

第三章　工商行政管理

第一节　集贸市场管理

一　市场管理

1979年后，香河县相继建立李庄蔬菜批发、云霄蔬菜批发、三强、华克、绿缘等市场。是年有市场管理人员141人。1990年有市场管理人员248人。1994年有市场管理人员262人。1995年，工商行政管理机关与所办市场脱钩。2001年，香河县市场建设服务中心成立，各市场产权、债权、债务移交给市场建设服务中心，全权负责市场的各项服务工作。根据季节特点，适时组织开展元旦、春节、五一、国庆等节日市场专项整治；根据监管的重点，适时组织食品、日用消费品、农资及无照经营等专项整治，维护市场正规经营秩序。

市场管理人员依据规定为经营户分派摊位，协调解决市场交易纠纷，维护市场良好经营秩序。市场主办方根据市场需要搭建棚架、售货台，修建简易房、平房、楼房等服务设施，平整市场地面。

二　管理收费

香河县工商行政管理部门对进入集市交易的

商品，分别按规定的比例收取市场管理费，收费起点为成交额 5 元。工业品、大牲畜费不超过 1%，其他商品不超过 2%。1992 年，收费标准调整为：工业品、大牲畜按成交额的 0.8%收取，其他商品按成交额的 1.6%收取。2008 年 9 月，市场管理费停止征收。

1978—1987 年，多方投资 140 多万元，先后建售货棚 2300 平方米，售货台 1200 延长米，平房 3225 平方米，楼房 5312 平方米，市场柏油路面 2400 平方米。1988—2008 年，先后投资 380 多万元，建立胡庄子沙发板市场和花园市场，购置市场巡查车 9 辆、锅炉 1 台、变压器 2 个。

1979—2008 年香河县市场管理收费统计表

表 14-3-1　　单位：元

年份	市场管理费	年份	市场管理费	年份	市场管理费
1979	79050.77	1989	987355.42	1999	1400194.29
1980	141785.38	1990	492279.68	2000	1081231.07
1981	162898.72	1991	1188534.24	2001	1282597.69
1982	228570.59	1992	1179364.74	2002	953545.87
1983	272910.17	1993	1275895.53	2003	651738.56
1984	296771.90	1994	1070595.60	2004	807713.00
1985	330678.50	1995	1308636.49	2005	621667.00
1986	403770.93	1996	1509161.48	2006	322462.00
1987	321869.13	1997	1704592.11	2007	1012920.00
1988	630646.56	1998	2211952.91	2008	437742.00

第二节　工商企业登记

1979 年前，香河县工商企业登记管理陷于瘫痪。1980 年后，工商企业登记管理转入正轨。1990 年，全县登记乡镇、村办工商企业 469 户，从业 23234 人。从 1996 年起，县工商局对全县个体工商户、私营工商企业和国有集体工商企业登记注册，发放营业执照，建立健全企业登记档案，用以保护企业合法经营，监督企业执行国家政策法令。1999 年，全县登记个体工商业 8185 户，从业 16674 人，注册资金 7062 万元；私营工商企业 254 户，从业 4260 人，注册资金 17851 万元；国有集体工商企业 742 户，注册资金 62556 万元。2005 年，全县登记个体工商业 8059 户，从业 17278 人，注册资金 14783.96 万元；私营工商企业 631 户，从业 12258 人，注册资金 101911 万元；国有集体工商企业 394 户，注册资金 85481 万元。2008 年，全县登记个体工商业 9097 户，从业 24945 人，注册资金 24533.06 万元；私营工商企业 880 户，从业 6196 人，注册资金 257911 万元；国有集体工商企业 347 户，注册资金 164708 万元。

第三节　商标广告管理

一　商标管理

（一）商标注册

1982—1983 年，国家相继颁布《中华人民共和国商标法》和《商标法实施细则》，县工商局依法管理全县注册商标和未注册商标。至 1990 年底，全县注册商标 31 件。至 2000 年底，全县注册商标 230 件。至 2008 年底，全县注册商标 400 件。

（二）设计印制

县工商局依据《商标印制管理办法》实施监管全县商标印制经营单位，组织商标印制单位法规培训，建立健全商标印制台账。至 2008 年底，全县有商标印制经营单位 30 户。

（三）防冒查假

国家《商标法》颁布后，县工商局定期组织开展注册商标专用权的相关法律法规知识宣传，提高经营户的合法经营意识，严厉打击各种商标侵权行为，保护注册商标专用权。至 2008 年底，查处商标侵权案件 20 起。

二　广告管理

（一）广告经营单位管理

1982 年 5 月，国家《广告管理暂行条例》发布施行后，由县工商局企业股负责广告管理业务，至 1990 年底，重点做好广告法宣传和解释工作。1991 年，全面启动电视台、广播电台、户外、印刷品、互联网广告的监管，严厉打击各种广告违法行为。至 2008 年底，查处广告违法案件 25 起。

（二）广告经营单位审核批准

县工商局经检科依据《中华人民共和国广告法》，审核香河县内发布的广告，审查广告发布者的经营主体资格、广告内容等。1991 年至 2008 年，县工商局共审核批准各类广告经营单位 185 家。

（三）户外广告管理

县工商局依据《户外广告登记管理规定》实施监管全县户外广告，审查户外广告的发布场所、发布样件、发布合同、主体资格，审查合格后发放户外广告登记证。至 2008 年底，发放户外广告登记证 180 个。

第四节　经济合同管理

一　鉴证、监督

自 1985 年 8 月 13 日始，县工商局经济合同股审查合同当事人资格和合同内容是否真实、合法，给予证明。自 1997 年 11 月 3 日始，县工商局经济合同管理科根据双方当事人的申请，鉴证法人、其他经济组织、个体工商户、农村承包经营户、个人合伙相互之间订立的合同。2004 年 6 月 30 日，鉴证工作终止。自 1999 年 3 月 15 日始，县工商局市场监督管理科监督处理利用合同危害国家利益、社会公共利益的违法行为。1999—2008 年，县工商局共处理违反经济合同行为 36 起。

二　调解、仲裁

1993 年 9 月 2 日，县工商局设立经济合同仲裁委员会，受理当事人提出的仲裁申请。1994 年 8 月 31 日，县工商局撤销经济合同仲裁委员会。1995 年 6 月 30 日，县工商局经济合同股开始为财产在香河县的企业办理抵押物登记，有效架起银企桥梁，促进资金融通和商品融通。至 2008 年底，办理抵押登记 1500 余份。

三　打击假冒伪劣商品

改革开放后，县工商局贯彻落实国家《中华人民共和国经济合同法》《中华人民共和国商标法》和《工商行政管理机关行政处罚暂行规定》等法律法规，开展“3•15”国际消费者权益日宣传维权知识、打击制售假冒伪劣商品行为、受理消费者投诉等活动，依法查处各类经济违法案件，保护国家和广大消费者的合法权益。2006—2008 年，查处案件 1232 件，罚没款 437　65 万元；受理投诉 3376 件，为消费者挽回经济损失 324 万元。

第五节　管理机构

香河县工商行政管理局是全县市场监督管理和行政执法部门，成立于 1972 年 6 月。其内部科室几经调整。1996 年 10 月机构改革，规范为 12 个科室：办公室、人事教育科、纪检监察室、市场监督管理科、经济检查科、财务审计科、政策法规科、经济合同管理科、个体经济监督管理科、企业注册管理科、商标广告监督管理科、外商投资企业注册管理科。1999 年 1 月起，实行省以下垂直管理。2008 年 5 月，内设机构有办公室、财务装备科、监察室、法制科、经济检查科、市场规范管理科、注册管理科、消费者权益保护科 8 个科室。是年底，全局有干部职工 134 人。

工商行政管理所。1983 年 9 月，以公社建所，全县共建工商行政管理所 17 个。1994 年 8 月，东鲁口、梁家务、大罗屯、香城屯、李庄 5 个工商所分别并入渠口、蒋辛屯、王家摆、五百户、钳屯工商所，原机构改设办事处。1996 年 5 月，大罗屯办事处、石虎工商所、李庄办事处、王家摆工商所分别并入淑阳、渠口、五百户、安平工商所。1998 年 11 月，设立市场巡查大队。2001 年 11 月，淑阳专业市场管理所更名为金辛庄工商所。

工商行政管理分局（经济检查大队）。1993 年

4月，设立安平开发区分局，级别副科级。2004年5月，撤销10个工商所和1个分局，以经济区域设立淑阳、家具城、刘宋、渠口、开发区5个工商分局，级别正股级。2007年3月，改市场巡查大队为经济检查大队，级别正股级。2007年12月，5个分局和经济检查大队升格副科级，同时淑阳分局更名为城区分局。

第六节　行业协会

一　个体劳动者协会

1982年7月24日，香河县个体劳动者协会联合会成立。第一次会员代表大会选举米怀珠、茹福德分别为正、副主任。1988年5月12日，召开第四次会员代表大会，与会代表143人。会议同意改个体劳动者协会联合会为个体劳动者协会，工商局局长彭士杰兼任会长，选出理事23人。2005年7月15日，召开第六次会员代表大会，与会代表123人，工商局局长姚祥兼任会长，选出副会长3人，秘书长1人，理事21人，常务理事9人。2006年9月20日至2008年，工商局局长信振杰兼任会长。

二　私营企业协会

1996年5月20日，香河县私营企业协会成立，同时召开第一次会员代表大会，与会代表78人。工商局局长彭士杰兼任会长，选举副会长2人。2005年5月15日，召开第二次会员代表大会，工商局局长姚祥兼任会长，选举副会长3人、秘书长1人、理事21人、常务理事9人。2006年9月20日至2008年，工商局局长信振杰兼任会长。

1992年始，个体劳动者协会在全县率先开展“光彩之星创建”活动。1996年私营企业协会成立后，“两个协会”联合开展活动，使个体、私营企业者树立爱国敬业、诚实劳动、守法经营、优秀服务、乐于奉献的职业道德风尚。

2003年，在抗击“非典”期间，县个体、私营企业者为国家捐献。通过协会捐款30余万元，通过社会各种渠道捐款100万元。2006年初，“两个协会”与县文明办、县工商局联合在全县个体、私营企业中开展“文明诚信”创建活动。至2008年，有5家个体、私营企业被评为省级“光彩之星”；有6户个体、私营企业被评为省级“文明诚信示范店”；县城步行街被评为“文明诚信示范街”；累计为残疾人捐款17万元，为贫困家庭捐款20余万元。

2008年，汶川大地震，“两个协会”组织个体、私营企业者为灾民捐款捐物。通过社会各种渠道捐款100余万元，通过协会捐款27万元。

三　民用品维修协会

1997年7月30日，香河县民用品维修协会成立，当日召开第一届理事会，副县长王新为名誉会长。选出会长1人，副会长5人，秘书长1人，副秘书长1人，理事28人，常务理事11人。2002年8月2日，召开第二届理事会，副县长魏子元为名誉会长。选出会长1人，副会长6人，正、副秘书长各1人，理事28人，常务理事11人。2008年9月10日，召开第三届理事会，县委常委、政法委书记王辉云为名誉会长。选出会长1人，副会长7人，正、副秘书长各1人，理事18人，常务理事11人。

2006年10月26日，协会组织海天电脑销售有限公司、宝琦摩托车经销处、宏声电器修理部、鸿雁通讯设备有限公司等企业技术人员在渠口镇新世纪超市前开展“维修服务到乡村”活动，当场为农民维修电视机3台、VCD机1台、自行车1辆、电话机1部。2007年6月10日，协会从会员中抽调5名技术人员组成农机修理服务队，在抢收抢种期间，深入田间地头为农用机具维修保养，排除故障。先后为4个乡镇检修农机具434台，现场排除故障116处。2008年1月24日至30日，协会组织会员开展维修服务进社区、进乡村公益活动，邀请家电、通信器材、交通工具、农用机械等几家经销商的技术人员，分成两组，每组5人，一组在县城工会安居楼前，为10余户消费者维修空调。一组到农村，为农民修理农机具20多台。

四　消费者协会

1986年11月4日，香河县消费者协会成立，同时召开第一届理事会，副县长侯国强为名誉会长。选出副会长2人，秘书长3人，理事39人，常务理事11人。1990年9月11日，召开第二届理事会，副县长魏敬贤、县人大副主任杜慎微为名誉会长。选出会长1人，副会长3人，秘书长1人，理事43人，常务理事13人。1998年6月8日，召开第三届理事会，副县长王新为名誉会长。选出会长、副会长各1人，秘书长1人，理事45人，常务理事15人。2004年3月25日，召开第四届理事会，副县长王小卫为名誉会长。选出会长1人，副会长4人，秘书长1人，理事47人，常务理事15人。至2008年，全县建消费者协会分会11个，消费者投诉站331个，以及“12315”联络站。

1986—2008年，县消协每年的3月15日都要联合工商行政管理局、公安局、质量技术监督局、烟草专卖局等行政执法机关举办宣传活动。在活动中展示假冒伪劣商品，并向消费者详细讲解伪劣商品的鉴别方法及常识；现场受理消费者投诉；揭穿各类侵权行为的骗局、陷阱。2003—2008年，重点对移动电话、电动车、农机具等产品开展了消费热点、难点问题专题调查活动。在县电视台发布消费警示30条，引导合理消费。配合工商部门开展食品安全专项整治，查处变质过期饮料、食品、茶叶等，价值64800余元。农播期，检查农资市场，查处劣质种子、过期农药，价值5000余元。2005—2008年，累计出动巡回宣传车95辆次，出动宣传人员630余人次，散发宣传资料83900余份，接待消费者3000人次，悬挂横幅、标语300余份，县领导发表电视专题讲话5次。2008年，组织开展“消费者信得过单位”评选活动，67户商家被评为“河北省第九届消费者信得过单位”，50户商家的产品被评为“廊坊市第八届消费者信得过产品”，颁发了奖牌和荣誉证书。

附

案例选介

2006年5月7日，蒋辛屯镇梁家务村村民梁孝兰和史长胜到县消费者协会投诉香河县辅洋农资门市部，诉说春天由该门市部购买的“普利奥”化肥施用后，麦苗出现缓长现象，怀疑“普里奥”化肥有质量问题。接到投诉后，消协工作人员立即随投诉者到麦田实地查看，发现11户农民的56亩麦田与相邻施用其他化肥的麦苗有明显缓长现象。第二天，消协工作人员邀请农业专家实地考察，认定麦苗缓长与施用化肥有关。消协工作人员与双方当事人协商达成共识。辅洋农资门市部，按每亩减产125公斤、每公斤1.28元标准给予补偿，补偿小麦损失8960元，其他费用320元，11户农民共得到补偿金9280元。

第四章 物价管理

第一节 价格管理

一 工业品价格管理

计划经济时期，县域工业品价格管理权全部由国家定价，县物价部门负责管理。从1982年1月15日起，香河县销售黑白电视机统一执行廊坊地区零售价格。是年4月20日，香河县计委发出的《关于下达“香河县工业企业物价管理规定（试行）”的通知》规定，计划内产品要严格执行国家规定的价格，生产企业不准自行定价；各种产品价格（收费标准）的规定和调整，要严格按照物价管理权限的分工和报批程序逐级上报审批。是年9月10日，县政府转发省关于《三类小商品工商企业协商定价试行办法》，商业部门经销的产品，由生产企业和经营单位协商制定出厂价格，销售价格的进销差率一般掌握在8%～15%左右，初步协商定价的三类日用小商品有340个品类。从1986年10月1日起，香河县计划外购进的高价油实行全省统一零售价。1989年8月21日，香河县物价局发出《关于加强工业品流通领域价格管理的通知》，加强放开商品价格管理。

1992年2月25日，县物价局、商业局发出《关于放开饮食业价格的通知》，从3月1日起，实行企业定价。8月4日，县物价局转发省物价局《关于纯碱、烧碱计划内外价格并轨并实行国家指导价格的通知》。是年，县物价局发出《关于放开化工、玻璃等产品价格的通知》，放开化工产品价格的品种为氢氧化钾等40种，放开统配的普通平板、浮法平板、对辊法A板、平型钢化玻璃价格。

1996年后，部分药品、成品油、电价、化肥等工业品价格由国家统一定价，其他绝大部分商品价格放开。2000年根据国家计委《关于改革药品价格管理的意见》，列入政府定价目录药品1500余种，占市场流通品种10%左右，政府定价以外的药品实行市场调节价。2003年国家制定药品省级以上管理目录，实行最高限价。2005年，除水、电、石油、热力、煤气等关系国计民生的商品由国家调控定价外，其他工农业产品均由市场调节。

二　农副产品价格管理

1979年后，香河县依据国家物价政策，管理农副产品价格。1983年，对农民完成征购、超购任务以后的余粮，允许多渠道经营。粮食议价议购价格，随行就市，有升有降，以质论价。是年12月，絮棉零售实行全地区统一价格。1985年3月，香河县取消生猪派购，放开生猪收购价格、猪肉和鲜蛋购销价格。是年，粮食比例收购价格实行总水平不突破“倒三七”的原则。是年起，除粮、棉、油合同订购任务实行国家订购价格外，其余农副产品价格放开。

1986年，国家供应城镇人口的粮油执行国家定价，对议价粮油实行国家指导价，花生、棉籽由统购改为合同定购。合同定购以外的，由农民自由购销。

从1992年3月10日起，议价粮油实行企业按照规定的利润率，自主定价。1993年4月，香河县人民政府转发廊坊市政府《关于放开粮食统销价格的通知》，从5月1日起，全县放开粮食统销价格，由市场调节，取消城镇居民粮油定量供应，实行议价供应。

1993年，县粮食局发出《关于执行最高限价和指导价的通知》，统一规定成品议价粮油指导价格。是年底，县粮食局发出《关于做好平抑粮油价格工作的紧急通知》，从12月31日起，全县所有粮店，对大路粮油一律实行明码标价，公开挂牌销售保证降价目标到位。

1995年10月，香河县按照省市关于定购内玉米、稻谷、大豆购销价格的通知，玉米收购价每50千克43元，稻谷收购价每50千克60元，大豆收购价每50千克95元，玉米销售价格每50千克60元。1996年，由国家直接管理的农副产品主要有城镇居民口粮销售价和国家定购粮收购价格。

1997年，全国粮食出现供大于求局面，为保护农民利益，收购粮食实行定购价与保护价并存政策。1998年，放开棉花价格。2001年10月，取消收购粮保护价，向市场价格机制转轨。2004年，实行种粮直补农民。2005年，发放粮食直补资金347万元；2006年，发放粮食直补资金352万元，综合直补资金440万元；2008年，全县兑付粮食直补资金422万元，综合直补资金2300万元，农机补贴资金85.70万元，共补贴76台套农机具；小麦良种补贴资金150万元，供应小麦良种150万千克；玉米良种补贴资金150万元，供应玉米良种33万千克。

1979—2008年香河县集市贸易主要粮食肉蛋价格统计表

表14-4-1　　　　单位：元/千克

品种 价格 年份	小麦	玉米	大米	小米	黄豆	绿豆	高粱	猪肉	羊肉	牛肉	鸡蛋
1979	0.70	0.42	0.84	0.66	0.80	1.00	0.36	2.20	2.40	2.40	2.20
1980	0.64	0.34	0.84	0.64	1.06	1.06	0.30	2.40	2.40	2.40	2.80
1981	0.64	0.34	0.96	0.66	1.10	1.10	0.32	2.40	2.60	2.40	3.00
1982	0.62	0.32	0.94	0.68	1.10	1.10	0.32	2.40	2.60	2.60	3.00
1983	0.62	0.32	0.96	0.60	1.10	1.10	0.32	2.40	2.80	2.40	2.80
1984	0.64	0.32	0.96	0.62	1.08	1.08	0.32	2.40	2.90	2.40	2.90
1985	0.66	0.32	0.98	0.60	1.10	1.10	0.32	2.60	3.20	3.20	2.80
1986	0.70	0.48	0.98	0.64	1.00	1.00	0.32	3.00	4.40	4.40	3.20

续表 14-4-1

品种 价格 年份	小麦	玉米	大米	小米	黄豆	绿豆	高粱	猪肉	羊肉	牛肉	鸡蛋
1987	0.70	0.36	1.16	0.64	1.20	1.20	0.32	4.80	5.60	5.20	3.60
1988	0.64	0.36	1.10	0.84	1.20	1.20	0.36	4.80	6.40	4.80	3.40
1989	1.14	0.70	2.16	1.60	1.36	1.36	0.40	6.40	8.60	7.20	3.60
1990	0.80	0.46	1.46	1.40	1.30	1.30	0.48	6.40	7.00	7.00	4.60
1991	0.80	0.50	1.60	—	1.40	2.40	—	6.60	8.00	7.00	4.00
1992	0.80	0.56	1.70	—	1.80	2.60	—	5.60	9.00	7.00	4.40
1993	0.88	0.66	1.60	—	2.40	4.80	—	9.00	12.00	9.00	5.00
1994	1.56	1.30	1.70	—	2.80	4.00	—	15.00	20.00	13.00	6.00
1995	1.78	1.50	2.00	—	2.80	5.00	—	14.00	18.00	14.00	7.00
1996	1.66	0.94	2.20	—	3.6	6.00	—	14.00	16.00	11.00	5.80
1997	1.52	1.04	2.40	—	—	—	—	14.00	18.00	12.00	5.00
1998	1.46	1.26	2.40	—	—	—	—	13.00	16.00	13.00	5.40
1999	1.64	1.10	2.60	—	—	—	—	11.00	16.00	14.00	4.80
2000	1.32	1.10	2.40	—	3.00	—	—	11.00	16.00	14.00	4.80
2001	1.40	1.10	2.40	—	—	—	—	10.00	18.00	13.00	5.40
2002	1.40	1.24	2.50	—	—	—	—	10.00	18.00	13.00	5.40
2003	1.50	1.30	2.40	—	—	—	—	14.00	16.00	14.00	5.40
2004	1.62	1.30	3.00	—	—	—	—	14.50	17.00	15.00	5.60
2005	1.62	1.40	3.42	—	3.60	—	—	13.00	18.00	16.00	5.60
2006	1.60	1.40	3.50	—	3.60	—	—	14.00	22.00	19.00	5.70
2007	1.60	1.50	3.60	—	—	—	—	20.00	25.00	23.00	5.80
2008	1.60	1.60	3.60	—	—	—	—	25.00	30.00	24.00	6.00

三　生产资料价格管理

（一）工业生产资料价格管理

1984 年 3 月 5 日，香河县物价委员会批复县经委，同意县水泥厂生产的水泥瓦每千块出厂价格为 130 元。1985 年，国家物价局、物资局发出《关于放开工业生产资料超产自销产品价格的通知》。1986 年 3 月 28 日，香河县物价委员会关于转发地区物价局《关于黏土砖瓦实行最高限价的通知及制定乡镇、联办砖厂价格的通知》决定：一等厂砖定价 44 元/千块，可上下浮动 10%，最高不得超过 48 元/千块。从 1986 年 4 月 1 日起，廊坊地区物价局最高限价：一级黏土砖每千块 45 元，一级红平瓦每千块 160 元。1988 年钢材全部执行最高限价。1993 年，大部分国家定价产品价格权放给企业。

（二）农业生产资料价格管理

1982 年，香河县试行化肥季节差价。1986 年 3 月，化肥、农药、农用柴油和农机排灌商品等属于计划内分配的执行国家牌价，属于计划外的由企业定价。1988 年，化肥、农药、柴油由供销社专营。1989 年 3 月，农用聚乙烯薄膜不分计划内外，一律执行综合零售价。1991 年，农村照明和生产用电执行平价用电；粮棉油挂钩尿素、美国产磷酸二铵转为议价。1992 年 4 月，取消议价粮油及相关产品最高限价，由企业自行定价。

1993 年 2 月 20 日，国务院发出《关于加强农业生产资料价格管理以及对其主要品种实行最高限价的通知》，香河县计划外自采化肥、农药价格报县物价局审批，实行一批一定。2004 年 5 月，全县化肥等农业生产资料价格实行最高限价。

四　农产品成本调查

1986 年及 1987 年主要农产品生产成本调查结果：

（一）粮食类

1986 年平均每公顷产量 2565 千克，产值 1681.05 元，物质费用、用工、税费等总成本 534 元，纯收益 1147.05 元；1987 年平均每公顷产量 2370 千克，产值 1261.65 元，物质费用、用工、税费等总成本 718.65 元，纯收益 543 元。其中，1986 年小麦每公顷产量 3705 千克，产值 1933.95 元，物质费用、用工、税费等总成本 1102.95 元，纯收益 831 元；1987 年小麦每公顷产量 3639 千克，产值 1903.50 元，物质费用、用工、税费等总成本 1354.35 元，纯收益 549.15 元。1986 年玉米每公顷产量 4875 千克，产值 2021.10 元，物质费用、用工、税费等总成本 550.95 元，纯收益 1470.15 元；1987 年玉米每公顷产量 4170 千克，产值 1645 80 元，物质费用、用工、税费等总成本 658.05 元，纯收益 987.75 元。

（二）油料类

1986 年平均每公顷产量 1485 千克，产值 1634.85 元，物质费用、用工、税费等总成本 716.10 元，纯收益 918.75 元；1987 年平均每公顷产量 1380 千克，产值 1747.95 元，物质费用、用工、税费等总成本 869.10 元，纯收益 878.85 元。

（三）蔬菜类

1986 年平均每公顷产量 49110 千克，产值 8480.40 元，物质费用、用工、税费等总成本 3297.45 元，纯收益 5182.95 元；1987 年平均每公顷产量 39810 千克，产值 10390.80 元，物质费用、用工、税费等总成本 4669.50 元，纯收益 5721.30 元。

（四）干鲜果类

1986 年平均每公顷产量 9240 千克，产值 10577.85 元，物质费用、用工、税费等总成本 1846.95 元，纯收益 8730.90 元；1987 年平均每公顷产量 11775 千克，产值 13170 元，物质费用、用工、税费等总成本 3188.10 元，纯收益 9981.90 元。

（五）鲜蛋

1986 年平均每千克鲜蛋出售值 2.62 元，生产成本 1.93 元，纯收益 0.69 元；1987 年平均每千克鲜蛋出售值 2.86 元，生产成本 1.86 元，纯收益 1 元。1986 年平均每只蛋鸡一年产蛋量 10.20 千克，出售金额 27.74 元，生产成本 19.67 元，纯收益 8.07 元；1987 年平均每只蛋鸡一年产蛋量 13.50 千克，出售金额 38.61 元，生产成本 22.63 元，纯收益 15.98 元。

（六）生猪

1986 年平均每头 50 千克肥猪饲养 247.6 天，出售毛重 126.30 千克，出售金额 235.60 元，生产成本 199.75 元，纯收益 35.85 元。1987 年平均每头 50 千克肥猪饲养 242.2 天，出售毛重 121.90 千克，出售金额 298.06 元，生产成本 232.27 元，纯收益 65.79 元。

第二节　收费管理

1988 年，省政府出台《河北省收费许可证执行管理办法》，实行行政、事业和经营性收费的单位和个人收费许可证制度。香河县在所有收费单位逐个进行全面清理整顿的同时，核发《河北省收费许可证》2338 本，强化收费管理、维护收费秩序。

根据中共中央、国务院《关于坚决制止乱收费、乱罚款和各种摊派的决定》，从 1991 年开始，全县行政、事业、经营性收费全面清理整顿，治理“乱收费”。1992 年根据河北省人民政府办公厅关于深入价格改革、完善价格宏观调控体系的通知要求，放开旅店收费等 12 项经营性收费标准，由企业灵活作价，实行市场调节。此后除少量垄断性行业的收费仍实行国家定价以外，绝大部分经营性收费实行市场调节。从 1996 年开始，香河县把涉农收费的管理工作作为物价工作的重点来抓，在全县 300 个村街公示涉农收费项目和标准，受理价格投诉，治理整顿涉农收费。2008 年，取消涉农收费项目 22 项，标准 48 个，降低收费标准 15 个，减轻农民负担。

从 1997 年开始，在全县实行企业交费登记制度，所有进入企业收费的单位必须持收费许可证到县物价局开具《进企业收费通知书》，执法收费单位按规定的时间和标准进入企业收费，并填写企业收费登记卡，净化全县的投资环境，规范收费行为。1998 年取消收费项目 36 个。

2002—2003 年，完成全县中小学及电信、邮政、乡镇卫生院、电力等部门有关涉农价格、收费的公示任务，减轻农民负担 170 多万元。2004 年在全县中小学实行“一费制”，收费内容包括杂费、课本费和作业本费。2006 年，审验收费许可证 580 本，调整收费标准 3 项，降低收费标准 7 项，取消收费标准 2 项，减轻群众负担 500 余万元。2007 年，国家全部免除农村义务教育阶段的学杂费，取消取暖费、体检费、上机费等，减轻群众负担 1000 余万元。是年 5 月，查处县某停车场超规定标准收取停车费，退还消费者 1000 多元。2008 年，审验河北省收费许可证 218 本，注销收费许可证 18 本，取消收费项目 36 项，降低收费标准 58 个，减轻群众负担 700 多万元。

第三节　价格评估鉴定

1997 年 7 月 8 日，香河县价格事务所成立。2001 年 2 月 16 日，更名为香河县物价局价格认证中心，进行市场价格主体、价格行为的合法性、价格水平的合理性认定和涉案物品价格鉴定认证。

2002 年开始车损鉴定业务。2002—2003 年，共评估鉴证案件 526 例，总金额 13596 万元。其中刑事案件、民事案件 152 起，鉴证金额 1433 万元；价格认证 49 起，认证金额 12072 万元；车辆定损 325 例，鉴证金额 91 万元。2004 年 6 月，鉴证评估展望集团投资 5 亿元在县经济技术开发区所租 33.33 公顷地上附着物和香河一中 25.33 公顷新校区地上附着物。2005 年，评估香河经纬家居城 33.33 公顷地上附着物价格。2006 年，完成鉴证案件 363 例，评估金额 217553 万元，其中刑事案件 150 起，鉴证金额 35 万元；民事案件 42 起，鉴证金额 50 万元；价格认证 10 起，认证金额 217348 万元；车辆定损 161 起，鉴证金额 120 万元。2006 至 2007 年，鉴证案件 579 例，评估认证金额 221896.60 万元。其中包括潮白河生态防洪工程一、二、三期工程占土地 14 平方千米的资产评估认证项目，评估认证金额 21.73 亿元（2006 年完成）；运河大道 1040 万元鉴证项目；唐通线拓宽改造 1986 万元鉴证项目；香五路拓宽改造 245 万元鉴证项目；安平朗森工业园 760 万元鉴证项目。2008 年，完成价格鉴证 365 件，其中为上海绿地集团、河北建设工程公司、香河现代产业园、香河家具生产基地等单位建设项目价格鉴证，累计评估金额 5000 余万元。

第四节　物价监督检查

一　职能机构监督检查

1984 年后，香河县物价检查所物价检查逐步规范化，依法监督检查全县有价有费单位。重点监督检查粮油、日用品、工业品，副食和农贸市场价格，打击乱涨价行为。1988 年 9 月，为刹住乱涨价风，开展工业生产资料、农业生产资料及农副产品价格大检查。重点检查全县商业、供销、物资、工业等生产经营部门营销的群众生产必需品、钢材、水泥、砖瓦等商品的价格，平抑市场物价。1992 年，香河县开展税收、财务、物价大检查，重点检查行政事业单位、国营企业、集体企业、私营企业和个体户共 2580 户，占总户数的 44%，查出违纪金额 58.54 万元。1993 年，检查垄断性商品销售行为。重点检查电信，供电、石油、交通等部门。1995 年，围绕减轻农民负担，全面开展农业生产资料价格检查；以粮油价格为中心，全面开展人民生活必需品和服务收费价格的检查。1996 年，进行涉农价格专项检查，重点检查柴油、化肥、农药、种子等商品价格。1997 年，开展涉农收费专项检查，检查全县 15 个执法收费单位和 9 个乡镇。1998 年起，专项检查涉企收费，规范涉企收费行为。2002—2003 年，先后检查全县教育、医疗卫生、公安交警、交通、房产等十几个系统 110 多个有价有费单位的物价，查出违法价费 270 多项，涉及金额 1600 多万元，均按照《中华人民共和国价格法》的要求进行处罚。2003 年“非典”期间，防治非典药品和相关商品价格暴涨，县物价局检查全县 40 多个零售药店及乡镇卫生院，对防治“非典”的 22 种药械物品实行最高限价。2004 年，全县农资市场，检查化肥、农药经营门店 40 多个，加油站点 15 家，纠正违法价格 13 个，处罚金额 3.50 万元。2004 至 2005 年，开展乱收费、乱涨价行为大检查 160 多次，查处违法金额 450 多万元；检查中小学教育收费和医疗、医药价格，查处违法案件 39 起，取缔不合理收费 7 项，纠正违法价格 23 个，经济处罚67万元。2006年4月，针对化肥、农药、成品油价格上涨趋势，检查全县31家经营农业生产资料门店，按照国家价格政策，降低11家销售价格，退还群众涨价款2470元。2006年下半年，在基层卫生院集中招标采购药品价格和医疗服务价格检查中，查处违法案件20起，处罚金额708万元。2006年，价格检查90多次，查处违法金额1210多万元。在农资价格检查中，先后出动检查人员60余人次，检查农资门店、加油站点55个，查处违法案件5起，处罚金额1.60万元；在全县中小学教育收费检查中，发现7所学校有违规收费行为，自立收费项目13个，涉及违法金额45万元，责令全部退给学生。

二　群众监督检查

1984年，成立职工义务物价监督检查站4个，包括县总站、渠口站、刘宋站和安平站。主要是监督检查农村商业机构和农贸市场的价格，重点打击缺斤短两、以次充好、哄抬物价等违法行为，维护市场价格秩序，保护消费者利益。2003年5月，在全县9个乡镇和300个村街全部设立农村义务物价监督员，重点监督涉农价格和涉农收费的执行情况，县物价局定期培训物价监督员，及时沟通情况，及时查处物价监督员反映上来的乱收费乱涨价的问题。2007年4月，香河县刘宋镇一农民举报某县级医院住院费偏高问题。县物价局查处该院一次性物品超规定差率加价问题，责令退款400元。

三　“双信”活动

1985年开始，县物价局和县质量技术监督局联合在全县范围内开展“物价、计量信得过”活动。评选出“双信”单位25个，并以县政府名义颁发牌匾。2004年，全县开展“价格（收费）诚信单位”评比活动。至2008年开展三届，全县评出廊坊市级“价格（收费）诚信单位”9个。

第五节　管理机构

香河县物价局是县政府主管全县物价工作的职能部门。1982年3月，成立县物价科。1983年7月，撤销县物价科，建县物价委员会。1984年1月，撤销县物价委员会，建立香河县物价局。1987年7月，县物价局调整机构，建“一室两股一所”，即办公室、工价股、农价股和物价检查所。1989年2月，香河县物价局成立收费管理股，负责全县行政、事业、经营性收费的管理。2002年4月，根据中共廊坊市委、市政府《关于印发香河县机构改革方案的通知》，设置香河县物价监督检查所（仍沿用香河县物价局牌子及公章）。内设机构有办公室、价格管理股、收费管理股、物价检查所，下属事业单位价格鉴证中心。机关使用人员编制14人。2008年，人员编制16人，内设机构无变化。

第五章　技术监督

第一节　计量管理

1979年，香河县计量检修项目有台秤、案秤、温度计、血压计，并检定万能量具及五等砝码增砣。1980年增加四等标准砝码量值检定。1984年，检修项目有木杆秤、地秤、台秤、血压计（表）、卡尺、千分尺、百分表、高度尺、深度尺。1985年，《中华人民共和国计量法》颁布实施，香河县检查商业、供销社、粮食系统和农贸市场所使用的木杆秤、地、台、案秤87台件，合格率93%，抽查包装商品96包，计量准确率96%。1986年7月1日起，全县推行国家法定计量单位，禁用市制，采用公制。在流通领域废止用于贸易结算的市斤秤和市尺，推广使用千克秤和米尺。1987年和1988年春节期间，计量监督检查各集镇市场，没收不合格计量器具32支，处理违法案件32起，罚款314元。1990年底，全县有18家企业取得计量等级证书，13家获得三级计量认证。

1996年，县计量测试所深入全县各企业、乡镇、农村检测各种计量器具，保证量值传递的准确性，基本消除缺斤短两现象。全县开展计量定级，安平石油化工厂、钱旺水泥厂、店子务卷柜厂、紫辰集团通过三级计量定级，企业耗能下降，经济效益明显上升。1997 年，县物资局燃料公司安装地秤，实行成品煤出厂称重，每年避免原煤流失 200 吨。1998 年，购置电表检测设备，开展电表检定工作。7 月初，建立香河县公正计量称重站，一次称重可达 100 吨。2003 年“非典”期间，县质监局监督检查各大医院、卫生所、乡医药店的计量器具，对没有按周期检定的计量器具责令使用单位申请检定，共补检血压计、体温计等计量器具 100（台）件；2004 年，成立定量包装检验室，并配合市局检查全县饲料、面粉、食品等生产加工企业定量包装。2003—2005 年，配合全县“村村通自来水”工程，加强水管管材及水表的质量监督，检定水表 8200 多块，查出不合格水表 560 块，拆除粗制滥造水表 110 多块，保护农民利益。2008 年 5 月开始，集中开展“四个走进”（诚信计量进市场、健康计量进医院、光明计量进眼镜店、服务计量进社区乡镇）主题活动，检查集贸市场计量器具 258 台件，受检率 96.50%；检测医用血压计 85 台件，义务为社区的离退休职工免费检定维修血压计 25 台件；发放计量宣传资料 2276 份。至 2008 年底，香河县质量技术监督检验所有加油机标准装置、电能表、水表、燃气表、天平、砝码、定量包装称重秤等检定专用设备 857 台件，价值 200 万元。有 24 个建标检定项目，可开展 29 种计量器具的检定、测试和商品定量检测。其中，大质量砝码检定项目在全省的县级计量检测机构中处于领先地位。1996—2008 年，依法检定、维修销售计量器具 372255 件次。

第二节 标准化管理

1988 年，县标准计量局协助部分企业单位制定和完善产品标准、技术标准、管理标准和工作标准。1989 年，制定香河标准实施细则，为企业搜集和购买各类标准 2000 个。1997 年，县质监局为 10 家企业起草制订企业标准 11 个，为 2 家企业完成“双采”（采用国际标准和国外先进标准）验收，其中为安头屯汽车配件厂的“汽车节油净化器”制定的企业标准，使企业获益 140 多万元。1998 年，开展消灭无标生产活动，集中为县内家具生产企业起草制定企业标准 31 个；1999 年，为企业办理各类标准 231 个，其中备案国家、地方、行业标准 167 个，制定、修订企业标准 64 个，标准覆盖率 99.70%，通过省级验收。2000 年，成立方城技术咨询服务部，实行从准备资料、起草文本草案、征求意见、标准评审、标准备案一条龙服务。2002 年，与县畜牧水产局联合起草廊坊市《无公害食品肉牛饲养管理技术规程》《无公害食品瘦肉型生猪饲养技术规程》和《无公害食品蛋鸡笼养技术规程》农业标准 3 项；2005 年，香河正大千万只养鸭项目被批准列入全国第五批农业标准化示范项目；2006 年，参与制定廊坊市《无公害食品青源叶生产技术规程》地方标准；2007 年起草的“无公害食品香菇生产技术规程，国家级肉鸭饲养及加工农业标准化示范区”通过国家验收。

1996—2008 年，办理代码换证、办证 3278 个。其中，2006 年整改问题数据 1600 条；2007 年电子档案扫描 7397 份。

第三节 质量监管

一 质量检定

1988 年 4 月，香河县开始质量监督检验工作，当年检定血压计 223 块，合格率 82.4%；压力表 90 块，合格率 50%；万能量具 520 件，合格率 52.7%；杆秤 7865 支，合格率 97%；地、台秤 1642 台，合格率 82.4%。1989 年，增加检定汽车车速表、里程表 800 辆，占全县应检定数的 80%。1990 年，检定计量器具 18300 台件，检定量比上年提高 50%。

1997 年，监督检查全县 260 家企业的小麦粉、植物油、家具等，共抽查产品、商品 360 批次，综合抽样合格率 75%，比 1996 年提高 5 个百分点。2002 年产品质量监督检验所增加注水肉检测项目。2004 年将全县 85%的家具生产企业列入定期监督检验计划，开展定期监督检验。

二 质量管理

1997 年为 7 家企业办理省级生产许可证和市级准产证 7 个；评选出市级“质量信得过”企业 6 家，县级 3 家。2002 年，全面开展“质量兴县，名牌兴企”活动，县质监局成立“香河县 ISO 9000 认证服务中心”，负责为全县质量体系认证的企业提供技术服务，推荐认证中介组织，对认证企业跟踪监管，做好调查、摸底、培训、汇总，年内有14家企业取得ISO 9000质量体系认证证书。2004年，香河县建筑工程公司申报省级质量经济效益型企业，香河县华香肉类有限公司申报省级农业类优质产品；推行ISO 9001国际质量体系认证，年内有19个单位取得认证证书；开展质量状况调查；在开展老五类食品（小麦粉、植物油、大米、酱油、醋）市场准入的基础上，开展新十类［乳制品、肉制品、调味品（含糖、味精）、方便面、饼干、罐头、速冻饮品、速冻米面食品、膨化食品］市场准入的宣传、贯彻、培训。2005年，为香河华北致冷设备有限公司的电导体制冷器件申报国家级名牌产品，香河贝德建筑装饰制品有限公司的塑料窗、铝合金窗申报省级名牌产品；调查危险化学品有机类产品生产企业，宣传贯彻《危险化学品有机类产品生产许可证实施细则》；2006年，完成72家产值500万元以上企业质量调查档案；开展中国产品质量电子监管入网，有53家企业加入电子监督网，8家入网企业完成码制转换。

三　质量监督

1998年，县质监局印发《关于整顿农资市场的通知》和《关于整顿饲料市场的通知》，全县农资、饲料市场进行整顿，捣毁制造假饲料窝点1个，查处过期农药40箱，化肥110吨。2003年监督重点转移到“非典”防护用品及与人民群众息息相关的用品上，共监督产品30余种，监督检查面粉、糕点生产企业40家，药店、卫生院、超市等经销企业202家。与县监察局、药监局等职能部门联合执法，监督检查县内医院、卫生院、防疫站、药店，封存一批无厂名、无厂址、无检验合格证的防护服，并派业务骨干与防疫站的工作人员购进质量可靠防护衣400多套和大量口罩，使“非典”防护储备用品基本能够满足全县需求。2007年，全县开展产品质量和食品安全专项整治，出动执法人员339人次、执法车辆122辆次，检查生产、经营企业和个体、集贸市场等293家，发放宣传材料4000份，接待咨询群众500人。查处无证生产的面粉加工厂4家、无证生产冷饮的加工点2家、使用无生产许可证面粉的馒头坊1家。取缔无证无照食品企业2家，检查特种设备使用单位27家，检验设备46台，查处非法制造特种设备案件1件。与廊坊市纤维检验所联合对县城内的学校、医院、宾馆等集团采购的生活絮用纤维制品监督检查12家，查处1家宾馆的不合格絮用纤维制品。2008年，以10类重点产品和进京涉及奥运会食品为重点，先后开展17次专项整治，出动执法人员360人次、执法车辆148辆次，检查生产、经营企业和个体、集贸市场等287家，发放宣传材料3300份，接待咨询群众450人。

第四节　特种设备安全监察

2003年12月19日，县政府将特种设备安全监察职能由县人劳局划入县质监局，开始负责锅炉、压力容器和特种设备的安全监察管理。2004年，全县特种设备安全普查登记169台；开展特种设备检定报装，办理设备安装审查备案11台，总体验收9台，检验设备106台，帮助9家企业申办气体充装许可证；举办特种设备操作人员培训，104名操作人员经培训合格持证上岗；拆除非法安装电梯6部，没收违法流动充装气瓶79只。2005至2008年，共举办特种设备操作人员培训班8期，检查特种设备生产、使用单位450家（次）、特种设备833台（次），检验特种设备524台（件），发出安全监察意见指令书239份。

第五节　管理机构

香河县质量技术监督局，其前身为香河县计量管理所，1984年改称香河县标准计量管理所。1987年8月5日，建立香河县标准计量局，实施标准化、质量、计量管理。香河县计量所为其下属事业单位，主要负责计量器具管理。1988年4月，成立香河县质量监督检验所，为自收自支事业单位，主要负责产品质量检验。1993年9月，更名为香河县技术监督局。1996年6月，依据县政府批准的《香河县技术监督局职能配置、内设机构和人员编制方案》，内设办公室、综合管理科、执法一队、执法二队，行政编制10人，事业编制9人。2000年7月，实行省以下质监系统垂直管理，更名为香河县质量技术监督局，行政编制24人，内设5个股室，即办公室、综合股、标准计量股、质量监督股（加挂锅炉压力容器安全监察股牌子）、稽查股（加挂打假办公室牌子）。2003 年 11 月 9 日，河北省质量技术监督局批准河北省家具产品质量监督检验站（香河）成立，主要承担家具产品质量及有害物质限量检验。2006 年 1 月，完成事业单位机构改革，将全局所有事业编制人员充实到香河县质量技术监督检验所（由原计量所和质量监督检验所合并组成）和河北省家具产品质量监督检验站（香河）。2008 年底，全局有干部职工 68 人。

第六章　审　计

第一节　国家审计

一　预算执行及其他财政收支情况审计

自 1983 年 9 月起，县审计局在依照国家新修订的《中华人民共和国审计法》《河北省预算执行情况审计监督办法》实施预算执行及其他财政收支情况审计时，就审计方案、审计方法、审计步骤进行尝试和探索，摸索出规范财经管理与促进经济发展相统一的三个延伸审计：有关行政部门财政资金收支情况的延伸审计；工交企业年度纳税情况的延伸审计；重点建设项目财政投入资金使用情况的延伸审计。1984 年，开始行政事业单位的财务收支情况审计，至 1990 年，审计 37 个单位，查出违纪违规金额 12.40 万元。

1985 年，审计 8 个单位，审计总金额 112.80 万元，查出违纪违规金额 64 万元，上缴财政 8.70 万元，做其他处理 1.30 万元。1987 年 2—3 月，进行县服装厂 1984—1986 年生产经营情况审计。1984 年底上报利润总额 9374 元，1985 年底上报利润总额 3863 元，1986 年底上报为不亏不盈。审计结果，1984 至 1986 年该厂共亏损 245107 元。

从 1988 年起，进行行政事业一级预算定期审计，至 1990 年，审计 21 个单位，审计总金额 3644 万元，查出违纪违规金额 85.40 万元。1990 年，定期审计工商企业 56 户，行业审计 8 户，审计总金额 11501.60 万元，查出违纪违规金额 85.40 万元，上缴财政 7 万元。1995 年，审计单位 40 个，审计项目 173 个，审计总金额 15797.89 万元，查出违纪违规金额 327.83 万元，收缴财政 9.55 万元。2000 年，审计项目 32 个，查出违规行为金额 885 万元，促进增收节支 103 万元。2003 年，通过 ISO 14001 和 ISO 9001 国际认证。2005 年，审计项目 77 个，查出违规行为金额 1371 万元，促进增收节支 101.6 万元。2008 年，审计项目 57 个，查处主要问题金额 3576 万元，促进增收节支 422 万元。

1983—2008 年，审计项目和单位 2588 个，查处各种违纪违规资金 30.59 亿元，上缴财政 3565.63 万元，返还侵占挪用资金 239.40 万元，基本建设项目审计核减工程款 5.56 亿元。

二　固定资产投资项目审计

为规范全县基本建设市场，监控基本建设项目，维护国家利益以及建设项目单位的合法权益，节约财政资金，提高投资效益，县审计机关审计监督重点项目的资金来源、使用情况的真实性、合法性，提供有针对性的审计意见和切实可行的审计建议。1983—2008 年通过固定资产投资审计项目，审计总金额 438.70 亿元，查处违规、违纪资金 9820 余万元，收缴入库金额 876.80 万元，有效规范固定资产投资项目。其中，2008 年审计三强污水处理厂建设资金筹集及建设支出情况，审计总金额 3155.75 万元。是年，审计房地产开发企业的配套费交纳情况。审计涉及县发改局、规划局、建设局、收费局和开发商等 12 各部门和单位，审计出部分项目少批多建、未批先建等问题。开发商少交漏交的款项全部收缴入库。

三　专项资金审计

1985 年起，县审计局开展专项资金审计项目，至 2008 年底，审计项目 239 项，查处各种违规金额 3876.50 万元。其中：2005 年，审计全县扶贫资金、救灾资金、农业补贴资金、农村劳动力转移资金、计划生育药具资金、农村中小学危房改造和布局调整资金、公共卫生体系建设资金、新一中建设资金、农村公路和自来水“村村通”工程、公路和桥梁等公用基础设施建设专项资金。2007 年，专项资金审计项目包括：企业职工基本养老保险基金、机关事业养老保险基金、农村社会养老保险基金、城镇职工基本医疗保险基金、失业保险基金、工伤保险基金、生育保险基金、民政抚恤金等八项。2008 年，县审计局审计全县五项社会保险（职工、机关、医疗、工伤、失业）资金、土地出让金和土地开发整理资金管理和使用情况、中小学两免一补专项资金及经费收支、民政抚恤、新型农村合作医疗基金、农村卫生基础设施改造等项目。

四　领导干部经济责任审计

县审计局将领导干部经济责任审计贯穿于干部管理全过程，促进管理的公开、有序。至 2008 年底，完成经济责任审计项目 155 项。通过审计有 5 人得到升迁，15 人得到重用，4 人免职，3 人受到党纪、政纪处理和刑事处罚。其中，2002 年，配合机构改革工作，完成对 26 名科级党政“一把手”任期经济责任审计，审计总金额 20070.94 万元，查出各种违规行为金额 1986.36 万元。2004 年后，全县经济责任审计形成任中、离任、专项审计相结合的格局，并实施审计公示。2005 年 1 月，香河县被中共河北省委、省政府命名为“经济责任审计工作先进县”，被国家人事部、审计署授予“全国审计机关先进集体”称号。是年，下发《香河县关于加强对领导干部进行审计监督的实施办法》，推出《香河县党政领导干部经济责任审计操作规程》，推动全县经济责任审计工作。

在审计实践中，县审计机关实施审计公示制度，实施领导干部经济责任审计公示。2008 年，首次开展乡镇党委书记的经济责任审计，经济责任审计覆盖更加全面。

第二节　内部审计

从 1985 年起，香河县按照《国务院关于审计工作的暂行规定》和河北省政府的要求，开始建立内部审计机构，配备专兼职内部审计人员。内部审计机构是行政、事业单位、国有企业、金融保险部门为加强内部经济监督和经营管理的需要而产生的。最初内部审计范围主要是查资产、资金是否安全、资产是否完整，揭摆舞弊行为，开展财务收支审计。之后，内部审计范围逐渐扩大，从单位财务收支扩大到经营管理等方面，评价内部控制制度的健全性、有效性等。2002 年，全面审计 1998—2001 年度县城内排污管道工程、新开街路面硬化亮化工程、府前街亮化工程、永宁路路面硬化工程等市政 24 项重点工程，总计报审金额 1092.29 万元，审定金额 945.84 万元，审减金额 146.44 万元，审减率 13.41%；热力公司前期投资工程审计，报审金额 3324 万元，审减金额 790.50 万元，审减率 23.78%。到 2008 年底，全县内部审计机构 98 个，专兼职内部审计人员 276 人。累计内部审计项目 8556 个，查处违纪金额 597586 万元，查出损失浪费 7911687 万元，被采纳的审计建议 28765 条，促进增收节支 70346579 万元。

第三节　社会审计

1988 年 8 月 27 日，香河县审计事务所设立，1992 年改制为“香河诚信会计师事务所有限责任公司”。承接全县国有、集体企业改制审计，重点是全县引进项目的会计报表审计，注册资本验证以及基建预决算审计、资产评估、会计咨询、会计服务、代理纳税申报等业务。1992—2008 年，诚信会计师事务所有限责任公司在县审计局的监管下，审计全县 36 家外资企业和 460 余家内资企业的会计报表，年均审计总金额超过 18 亿元；年均新增内、外资企业 4 亿多元的注册资本验证；年均为 22 亿元资产提供准入、把关、规范等项常规服务。

第四节　管理机构

1982 年前，国家未设专门的审计机关，对国家机关、企事业单位的财政、财务收支和一切经济活动的监督，都是由财政、税务、银行等部门进行的。1983 年 8 月 15 日，香河县审计局成立。是年 9 月 16 日，香河县审计局开始正常运作。1988 年 8 月，经县政府批准成立香河县审计事务所，属审计机关领导的全民事业单位，经济上独立核算、自负盈亏，有工作人员 3 人，使社会审计工作步入正轨。1990 年，审计局内设办公室、行政事业审计股、商粮贸审计股、工建交审计股、审计事务所，工作人员 19 人。1992 年，香河县审计事务所改制为香河诚信会计师事务所有限责任公司，有执业注册会计师6人，非执业注册会计师8人，直接从业人数18人。1995年1月1日，开始施行新《中华人民共和国审计法》。1996年7月，县政府批准县审计局职能配置、内设机构和人员编制方案，内设办公室、财政金融审计科、行政事业审计科、工业交通审计科、商贸审计科和建设审计科。1996年底，有工作人员25人。1997年1月16日，香河诚信会计师事务所有限责任公司更名为廊坊市审计集团香河事务所。2002年，以机构改革为契机，打破传统用人机制，机关内部中层领导职位全部实行竞争上岗，通过自我推荐、业务考试、施政讲演、问题答辩、定岗考核、民主选举、组织考察等程序，12名审计干部走上中层领导岗位。2008年，审计局内设7个职能股室：办公室、法制股、财政金融审计股、行政事业审计股、经贸审计股、固定资产投资审计股、经济责任审计股。有在职干部职工26名。

第七章　土地管理

第一节　土地规划

一　农用土地规划

1981年5月至1983年8月，开展县内农业资源普查。按照自然资源、生态环境、社会经济技术条件和农业生产特点，将全县划分为两个综合农业区。

（一）粮、棉、油、菜类型区

包括安平、王家摆、大罗屯、钳屯、五百户、李庄、城关、金辛庄、蒋辛屯、梁家务10个公社的全部，钱旺村和香城屯2个公社的大部分，安头屯、渠口、石虎辛庄3个公社的部分大队，共220个大队（村），总耕地面积18599.80公顷，占全县总耕地的64.90%，平均每个农业人口占有耕地0.12公顷。

（二）低洼粮食类型区

包括刘宋、东鲁家口2个公社全部，安头屯、渠口2个公社大部，香城屯、钱旺村、石虎辛庄3个公社部分大队，共80个大队（村）。耕地10039.87公顷，占全县总耕地的35.10%，平均每人占有耕地0.12公顷。每6.67公顷地有一眼机井。

全县分北部、东部中低产田综合开发区，包括蒋辛屯、钱旺村、渠口、安头屯、刘宋5个乡镇，土地面积26604.90公顷，占全县总面积的59.40%；南部、西部粮食经济作物稳产高产区，包括淑阳、五百户、钳屯、安平4个乡镇，土地面积18147.73公顷，占全县总面积的40.60%；1990—2000年，粮食作物由24000公顷压缩到17333.33公顷，每公顷产量由5640千克提高到15000千克，总产2.60亿千克。棉、油各1333.33公顷。瓜菜种植面积3333.33公顷，其他经济作物2000公顷以上。经济作物占耕地的比重由13.80%提高到25.64%。

二　县城用地规划

1989年香河县土地利用现状调查，城区占地243.28公顷。20世纪90年代，城区逐年扩展，1996年城区占地1086.10公顷。依据全县在规划期内用地总量指标1090.10公顷，规划县城2000年增加84公顷，2010年增加143公顷。

三　镇村用地规划

（一）总体规划

1992年3月至10月制定《香河县土地利用总体规划》。规划以1990年为基期年，2000年为目标年。经省市验收合格，并通过廊坊市政府批准实施。1994年5月，香河县人民政府批准各乡镇政府实施“关于实施1990—2000年土地利用总体规划”，各乡镇根据县总体规划的基本原则，制定土地利用总体规划。

2000 年香河县乡镇土地利用规划面积统计表

表 14-7-1　　　　单位：公顷

名称	总面积	耕地	园地	林地	牧草地	居民点及工矿用地	交通用地	水域	未利用土地
淑阳镇	1964.42	1041.19	5.49	3.16	0.04	574.53	61.02	266.79	12.20
大罗屯乡	2098.22	1256.34	142.32	27.89	22.27	340.76	54.45	244.33	0.86
王家摆乡	1848.01	1174.47	116.81	69.77	—	255.77	41.54	175.22	14.43
安平镇	1463.87	803.74	52.19	3.38	—	453.88	58.33	87.62	4.73
钳屯乡	3438.90	2401.40	84.29	113.55	18.99	432.07	85.91	298.21	4.48
五百户乡	3128.46	2176.33	88.77	47.39	0.05	393.56	122.09	273.04	27.20
香城乡	1768.55	1285.73	25.85	33.74	8	208.34	73.69	123.29	10.48
李庄乡	1249.68	859.81	9.62	18.87	6.94	142.91	32.63	161.37	17.53
刘宋镇	6297.56	4273.53	126.61	178.64	85.04	681.61	185.27	720.78	46.08
安头屯乡	4611.35	3174.87	53.90	26.80	32.66	573.03	181.40	545.97	22.72
金辛庄乡	1187.58	833.27	7.24	8.42	6.22	198.60	45.09	82.41	6.33
钱旺乡	3670.24	2324.35	39.59	66.44	173.99	576.81	136.41	339.71	12.94
渠口镇	3749.43	2584.08	37.35	30.38	52.41	592.86	147.39	278.83	26.13
东鲁口乡	1307.84	861.49	10.08	12.65	—	174.81	35.09	195.45	18.27
石虎乡	1401.78	950.85	15.97	19.09	0.78	229.03	24.38	124.88	36.80
蒋辛屯乡	3166.86	2182.23	21.41	49.55	20.28	400.51	96.53	313.91	82.44
梁家务乡	2399.80	1525.32	19.53	27.89	51.33	309.36	80.34	335.83	50.20
合计	44752.60	29718	856.45	737.61	479	6538.44	1461.56	4567.67	393.82

（二）建制镇镇区用地规划

1996 年前，香河县有淑阳、安平、刘宋、渠口 4 个建制镇；1996 年 4 月，并乡扩镇后，增加五百户、安头屯、蒋辛屯 3 个建制镇。淑阳镇为县城所在地。

安平镇 1989 年占地 80.68 公顷，1996 年占地 81.75 公顷。安平镇为经济技术开发区，规划 2000 年增加 43.67 公顷，2010 年增加 66.70 公顷。

渠口镇 1989 年占地 49.83 公顷，1996 年占地 121.43 公顷。规划 2000 年增加 3.67 公顷，2010 年增加 10 公顷。

刘宋镇 1989 年占地 60.68 公顷，1996 年占地 61.81 公顷。规划 2000 年增加 2 公顷，2010 年增加 6 公顷。

五百户镇 1989 年占地 44.10 公顷，1996 年占地 51.94 公顷。规划 2000 年增加 1.33 公顷，2010 年增加 2.17 公顷。

蒋辛屯镇 1989 年占地 30.71 公顷，1996 年占地 32.38 公顷。规划 2000 年增加 3.33 公顷，2010 年增加 14.03 公顷。

安头屯镇 1989 年占地 89.53 公顷，1996 年占地 95.97 公顷。规划 2000 年增加 3 公顷，2010 年增加 7.67 公顷。

（三）村庄用地规划

1989 年香河县土地利用现状调查，查清全县村庄占地 5170.37 公顷。20 世纪 90 年代，县土地局制定每个村庄的用地规划，复垦村庄周围乱占的耕地，严禁建房占用耕地，1996 年全县村庄占地减少到 5142.61 公顷。规划 2000 年全县在村庄内部挖潜土地面积 240 公顷，2010 年内部挖潜 181.10 公顷。

第二节　土地保护

一　基本农田保护

（一）第一次农田保护区的划分及保护

1992 年，香河县在全县确定基本农田一级保护区 352 个，地块 879 块，面积 17434.82 公顷；二级保护区 373 个，地块 465 块，面积 4763.19 公顷；三级保护区 446 个，地块 450 块，面积 1742.35 公顷。整个基本农田保护面积 23940.36 公顷，占全县耕地总面积的 80.10%。

是年，制定的基本农田保护措施：在基本农田保护区内严禁任何单位和个人建厂、建房、葬坟等，不准毁田造林、栽种果树、取土挖沙，不准破坏水利设施，违反规定要严肃处理。对必须征用保护区内耕地的建设项目，原则上征多少开发多少，要求占补平衡。

（二）第二次农田保护区的划分及保护

1996 年，根据全县土壤质地的不同，划定 864 个保护区，2263 个保护区块，设定 27 个永久性保护标志。全县一级保护面积 20836.84 公顷，占耕地总面积的 70.80%；二级保护面积 2807.83 公顷，占耕地总面积的 9.55%；三级保护面积 2959.59 公顷，占耕地总面积的 9.58%。耕地保护率 90%。

是年，制定的基本农田保护措施：根据《河北省基本农田保护条例》的有关规定，非农建设用地一般不得占用基本农田保护区。确需占用，必须严格审批手续和控制占地面积。用基本农田保护区耕地的必须经省人民政府批准方可占用。未经批准或采用其他手段骗取批准，非法占用基本农田保护区土地的，责令其退还占用的基本农田，恢复耕种，并处以每平方米 10 元至 15 元罚款。禁止在基本农田保护区取土、挖鱼塘、葬坟等。禁止擅自改变基本农田用途。严禁污染基本农田保护区，严禁农田荒芜。对破坏耕地，造成无法耕种的，依法严肃处理。2003 年，全县有耕地 29092.7 公顷，其中划定的基本农田面积 25577.7 公顷，基本农田保护率 87.90%。

二　改善农田生产条件

（一）防治土地旱灾

在引水灌溉中，1996 年，全县有大中型扬水站（点）12 处，安装机泵 70 台套，提水能力 96 立方米/秒，浇地面积 32600 公顷。在打井抗旱中，1985 年，全县有机井 6569 眼，保浇面积 22280 公顷；1990 年，全县有机井 6587 眼，保浇面积 2.2 万公顷，平均每 3.33 公顷一眼机井；1996 年，全县耕地面积 29131.67 公顷，有机井 6244 眼，保浇面积 19933.33 公顷。2008 年，全县耕地面积 27916.79 公顷，有机井 6609 眼，保浇面积 27934 公顷。

（二）改良土壤

香河县通过长期营造固沙林和种植果树，全县 10200 公顷风沙地得到改造。1984 年，王家摆乡在风沙地上种植西瓜，每公顷收入 22500 元；1985 年发展草莓种植，1990 年，全县草莓种植面积 466.67 公顷，年收入 1876 万元。大罗屯乡 20 世纪 80 年代在沙土地上栽果树，至 1987 年全乡发展果园 26 个，面积 146.25 公顷，总收入 15.55 万元。

20 世纪 80 年代末，香河县约 1133.33 公顷盐碱地全部得到改造。20 世纪 90 年代，随着猪、鸡等养殖业的发展，每公顷平均施优质有机肥 45000 千克左右，提高土壤肥力。

第三节　建设用地管理

一　国家建设用地管理

（一）征地审批管理

1978 年，香河县执行中共河北省委规定，征用县土地 0.2 公顷以下的，由地委批准；0.2 公顷以上的，报省委批准。1981 年 3 月，省政府发出《关于严格控制占用土地的通知》后，县级政府用地批准权限被取消。1982 年 5 月，国务院发布《国家建设征用土地条例》规定，用地单位除持批准的设计计划书向县土地管理部门申请外，还要进行选址、实地核定用地面积、商定征用补偿和安置办法。1984 年 7 月，征用土地实行分级管理，征地 0.33 公顷以内由县人民政府审批。1987 年，《中华人民共和国土地管理法》和《河北省土地管理条例》相继颁布施行，征用划拨耕地 0.2 公顷以下，其他土地 0.67 公顷以下的，由县人民政府批准，并逐级上报省土地管理部门备案。1992 年始，依据《中华人民共和国城镇国有土地使用权出让转让暂行条例》，对出让城镇国有土地使用权，执行预报、报批、审批程序。1997 年 4 月 15 日，中共中央、国务院下发《关于进一步加强土地管理切实保护耕地的通知》。这一年起，县级政府用地审批权限被取消。1999 年，按《中华人民共和国土地管理法》，县征用土地，凡涉及农用地转为建设用地的应先办理农用地转用审批手续，同时办理征地审批手续；在批准的农用地转用范围内，具体建设项目用地，由县人民政府批准。

1987—1996 年，审批建设用地 660.53 公顷，其中国家建设用地 264.47 公顷，乡镇村集体建设用地 139.73 公顷，农民建房用地 256.33 公顷。其中，1990 年，审批建设用地 667 宗，批准占用耕地 9.91 公顷，非耕地 7.32 公顷，旧宅基地 6.46 公顷，划拨国有土地 0.15 公顷；1995 年，征地 36 宗，总面积 20.36 公顷，其中耕地面积 17.35 公顷，非耕地面积 3 公顷。2000 年，征地 9 宗，总面积 20.15 公顷，其中耕地面积 18.14 公顷，非耕地面积 2.02 公顷。2005 年，征地 19 宗，总面积 36.84 公顷，其中耕地面积 33.15 公顷，非耕地面积 3.68 公顷。2008 年，征地 15 宗，总面积 78.12 公顷，其中耕地面积 63.82 公顷，非耕地面积 14.30 公顷。

（二）征地补偿与安置

1. 土地补偿费标准

1983 年前，香河县征用土地按前 3 年至 5 年平均产值发给被征用土地农民补偿费。1983 年 9 月 24 日，省政府公布施行《河北省执行<国家建设征用土地条例>实施办法》，按其规定，香河县征用县城城关所辖范围内的耕地的补偿标准为该耕地年产值的 6 倍，征用农村耕地的补偿标准为该耕地年产值的 5 倍。县城附近的安抚寨、周园、东北街、东南街、西南街、西北街、西店、南台、白庙、胡庄子、北岗子等村的土地，征用价格为 75000～105000 元/公顷。1986 年 6 月 25 日《中华人民共和国土地管理法》颁布后，河北省制定《河北省土地管理条例》规定：征用集体所有耕地及果园、苇塘、鱼塘、藕塘按其年产值的 4～6 倍计算。1996 年底，香河县政府制定《关于征用土地补偿费和安置补助费标准的实施意见》规定：香河县粮食产量每公顷按年产小麦 6000 千克，每千克 1.80 元和年产玉米 7500 千克，每千克 1.20 元计算；秸秆按粮价的 30%计算，补偿费标准为 102960～154440 元/公顷。农业人口平均耕地 0.07 公顷以上的，征地补偿费按按年产值的 6 倍补偿；人均耕地 0.07 公顷以下的，投入较多，产量较高，按年产值的 10 倍补偿。补偿费标准为 154440～257400 元/公顷。

2. 安置补助费标准

1987 年，香河县按照《河北省土地管理条例》规定，人均耕地 0.07 公顷以上的安置补助费按前 3 年年均产值的 3 倍计算；人均耕地 0.07 公顷以下的安置补助费按 10 倍计算。安置补助费标准为 77220～257400 元/公顷。

补偿与安置两项合计，香河县每公顷征地费为 22.50 万元至 52.50 万元。县城规划区的标准为每公顷 52.50 万元以下，安平开发区的标准为每公顷 45 万元。

香河县按照自 1999 年 1 月 1 日起施行至 2004 年 8 月修改继续施行的《中华人民共和国土地管理法》规定，征收耕地的土地补偿费，为该耕地被征收前三年平均年产值的 6～10 倍。征收耕地的安置补助费，按照需要安置的农业人口数计算。需要安置的农业人口数，按照被征收的耕地数量除以征地前被征单位平均每人占有耕地的数量计算。每一个需要安置的农业人口的安置补助费标准，为该耕地被征收前三年平均年产值的 4～6 倍。但是，每公顷被征收耕地的安置补助费，最高不得超过被征收前三年平均年产值的 15 倍。土地补偿费和安置补助费的总和不得超过土地被征收前三年平均年产值的 30 倍。

新增建设用地的土地有偿使用费，30%上交中央财政，70%留给有关地方人民政府，都专项用于耕地开发。

3. 地面附着物补偿

（1）青苗补偿标准：1997 年，香河县一般粮食作物按市场价格补偿，蔬菜类（含特产）按粮食价格的 1.5～3 倍补偿。（2）树木补偿费：果树按年产值的 5～8 倍补偿；苗圃移植补助费每公顷 1500～9000 元，经济树移植补助费每棵 1～3 元；一般树木按胸径粗细每株补偿 0.50～20 元，松柏树增补 50%。（3）农村建筑物拆迁补助费按结构特征执行，民建瓦房每平方米补助 20～30 元，一般民房每平方米补助 15～20 元，猪圈每个补助 80～150 元，机井每眼补助 1800～4000 元。（4）坟墓迁移费：每个坟墓补助 10～15 元。

（三）征地报批程序

1. 1987 年，用地单位持国务院主管部门或县级以上地方人民政府批准的设计任务书或其他批准文件，向县土地管理局提出书面申请。需持有关材料：（1）可行性研究报告；（2）计划任务书；（3）初步设计批准文件；（4）书面申请报告；（5）年度投资计划，进驻香河县的外地单位还应持省市定点文件；（6）规划许可证。

2. 县土地管理局组织征地与被征地单位签订征地协议，并签证盖章。

3. 县土地管理局协助用地单位填写用地申请书和征地协议书。

4. 用地单位绘制总平面图。

5. 用地单位将有关批准文件，建设用地申请书、征地协议书、总平面布置图或建设用地图报送县土地管理局，并预交土地管理费，按批准权限逐级报批。

6. 征地申请被批准后，县土地管理局组织有关部门勘测，划拨土地。并将征用耕地的面积（平方米）用文字通知县财政局；征地单位需持批准文件到县财政局申报纳税，持税票到县土地管理局正式划拨土地。

7. 征占地单位在施工中和竣工后，县土地管理局检查验收核实占地面积和基建计划的落实情况。纠正错误，处理违法案件。

8. 办理批准手续后，核减被征单位耕地亩数。

二 乡镇企业用地管理

1979 年后，乡镇企业发展中出现占地问题。香河县乡镇企业用地依据 1987 年 11 月实施的《河北省土地管理条例》进行管理，其申请、审核、批准权限、占地补偿、违法处罚等，同于国家建设用地的规定，实行统一的标准和管理办法。

（一）对砖瓦窑生产用土占地，严格控制全民所有制和集体所有制单位的砖瓦窑生产占用耕地。确需占用耕地的，应根据恢复土地条件的要求，合理设计取土范围和取土深度，用土后必须负责恢复土地的耕种条件。个人或合伙以及人均耕地 0.05 公顷以下的村都不准占用耕地建砖瓦窑。

（二）乡镇村街兴办企业，应首先利用现有设施和非耕地，严格控制占用耕地。占用土地须持县以上计划部门批准的计划任务书和有关批准文件，向县、市人民政府土地管理部门申请，按征地审批权限办理手续。

（三）农村个体户或合伙兴办企业，应首先利用自有的房屋庭院。确需占用集体所有土地，须提出书面申请，经村民委员会同意，签订土地使用合同，经乡镇人民政府审查，按征地审批权限报批。

（四）乡镇办企业占用集体所有土地，按国家建设征地补偿费标准，给予被占单位补偿，并须妥善安置农民的生产和生活。

（五）农村个体或合伙企业占用集体所有土地，每年应按照土地年产值的 2～3 倍向集体支付土地使用费。

（六）乡镇村企业非法占用土地的，每公顷处以 7500～15000 元的罚款，并给予主要责任人行政处分。

三 农村住宅用地管理

1979 年后，农民对于宅基地仍只有使用权，没有所有权。《中华人民共和国宪法》规定：宅基地属于集体所有，任何组织和个人不得侵占、买卖、出租或者以其他形式非法转让土地。

（一）农村住宅用地原则

凡能利用闲散地的，不准占用耕地；要因地制宜，合理布局，充分利用荒地和闲置的宅基地；自留地和承包责任田属集体所有，任何人不得在上面盖房；有条件的地方提倡建楼房。

（二）农村住宅用地标准

1982 年 4 月，香河县对农村宅基地的用地限额确定为：人均耕地不超过 0.07 公顷的村，每户控制在 166.67 平方米以内。1987 年，根据《河北省农村宅基地管理规定》，香河县确定每户宅基地用地标准为：人均耕地不足 0.07 公顷（含 0.07 公顷）的村，控制在 133.33 平方米以内；人均耕地 0.07 公顷以上的村，控制在 166.67 平方米以内；因村因户制宜，超出规定部分作为养殖用地，由农民长期使用。

（三）农村住宅用地报批

1. 审批程序

1987 年，县土地局对农村居民宅基地报批程序做出规定：先由本人提出申请；组织村民代表评议并签名；村委会集体讨论把关，同意者上报乡镇；被批准领取宅基地使用证后，村委会负责定点、再线，明确地基及房屋高度；竣工验收合格后，填发宅基地使用证。

2. 申请条件

1987 年，香河县按照《河北省土地管理条例》规定，符合下列情形之一的，允许申请宅基地：农村居民户，除身边留一子女外，其他子女男到女方落户或女到男方落户，确需另立门户的；农村居民户人口超过本村居民户人口平均数一倍，确属缺少宅基地的；集体经济组织招聘的技术人员要求在当地落户的；回乡落户的离休、退休、退职、退伍的干部、职工、军人，确实无房居住的；回乡定居的华侨、港澳台同胞。

农村居民户有下列情形之一的不划给宅基地：年未满十八周岁的；男到女方落户或女到男方落户，一方已立门户的；原有宅基地能够解决子女另立门户需要的；出卖或出租住房的；超计划生育的。

3.审批权限

1987年，香河县农民使用原有宅基地和村内空闲地的建房户，由乡镇人民政府批准，报县土地管理局备案。使用耕地和其他土地的，经乡镇人民政府审查，上报县土地局，由县人民政府批准。

（四）宅基地使用费

1992年5～7月，农村宅基地有偿使用试点试行。同年12月，农村宅基地有偿使用在全县展开，原则是新老宅基地均每年交纳一次宅基地使用费。标准为：266.67平方米以内的每平方米0.05元；266.67～333.34平方米的每平方米0.10元；340～400平方米的每平方米0.15元；400平方米以上的每平方米0.2元。1993年7月5日，为减轻农民负担停收。

1996年，农村居民生活住宅用地，面积在200平方米以内每宗地收地籍测绘费5元，200平方米以上每宗地收10元；个人住宅每证收注册登记发证费5元。经乡级人民政府批准，居民在旧宅基地及村内空闲地上建住宅，原则上不超过266.67平方米，其中166.67平方米为宅基地，以外部分按养殖用地批准，每平方米每年收0.50元有偿使用费，收取10年，一次缴清。

四　建设用地计划管理

1987年前，建设用地随项目使用。1987年后，实行非农业建设用地计划管理，每年都层层下达占地控制指标，无特殊情况不得突破，出现较大建设项目必须提前申请，追加指标，方能批准。建设用地计划分为耕地、非耕地两种，其中耕地作为指令性计划，非耕地作为指导性计划。1987—1996年，全县计划各类非农业占地799.67公顷，其中耕地216.67公顷；实际使用土地660.54公顷，节省139.13公顷。1997—2008年，全县计划各类非农业占地601.36公顷，实际使用土地541.65公顷（不含农民住宅），节省59.71公顷。

1987—2008年香河县建设用地计划执行统计表

表14-7-2　　单位：公顷

年份	计划	实用	其中		
			国家建设	乡村集体建设	农民住宅
1987	66.67	58.31	8.09		50.21
1988	66.67	56.03	8.09	29.40	18.54
1989	66.67	61.99	13.59	6.18	42.23
1990	33.33	27.92	14.57	0.86	12.49
1991	40	51.80	6.82	3.38	41.60
1992	38.67	25.11	6.87	4.44	13.80
1993	133.33	131.33	55.83	39.83	35.67
1994	113.33	131.30	76.53	33.33	21.43
1995	128	88.24	61.86	16.48	9.90
1996	113	28.51	12.21	5.85	10.45
1997	12.96	10.80	6.76	4.04	—
1998	55.92	62.13	58.80	3.33	—
1999	73.60	64	64	—	—

续表 14-7-2

年份	计划	实用	其中		
			国家建设	乡村集体建设	农民住宅
2000	12.33	9.11	8.31	0.80	—
2001	51.50	49.63	49.63	—	—
2002	30.55	21.19	21.19	—	—
2003	44.12	38.13	38.13	—	—
2004	85.60	93.93	89.44	4.49	—
2005	50.22	44.16	39.66	4.50	—
2006	63.43	60.55	57.14	3.41	—
2007	62.65	42.31	41.19	1.12	—
2008	58.48	45.71	43.90	1.81	—

第四节　占地税费

一　农用土地承包费

土地承包费是农民耕种集体土地向集体交纳的租金。1981年秋，全县实行土地联产承包到户的农业生产责任制，实行“交足国家的，留够集体的，剩下全是自己的”分配原则。每个土地承包户，每年向国家上交农业税和按国家核定标准规定的粮、棉、油指标，同时交足公积金、公益金、生产费基金、干部补贴、教育经费、水费和国防费6项集体提留。县政府规定提留标准不得超过年人均纯收入的5%。1996年，全县土地承包费791万元。2006年，随同农业税的全面取消而取消。另外，各村种养大户的承包土地和承包的机动地仍按所签订的合同规定交纳承包费，随合同终止而停交。

二　土地税

（详见第十二编第二章税务）

三　征占土地收费

（一）征地管理费

征地管理费用包括土地补偿费、安置补助费、青苗补偿费、地上、地下附着物和拆迁补偿费。香河县征地管理费自1987年开始征收，征耕地66.67公顷以上，其他土地133.33公顷以上，征收的管理费为征地费总额的2%；征耕地66.67公顷以下，其他土地133.33公顷以下，征收的管理费为征地费总额的2.50%。1992年12月，根据国家物价局、财政部《关于发布土地管理系统部分收费项目与标准的通知》进行调整。征收对象为涉及到征用土地的用地单位。

1. 实行全包征地方式的，按征地费总额的以下比例收费：

一次性征用耕地在66.67公顷（1000亩）以上（含66.67公顷）、其它土地133.34公顷（2000亩）以上的（含133.34公顷），征地管理费按不超过3%收取；征用耕地66.67公顷以下、其它土地133.34公顷以下的，征地管理费按不超过4%收取。

2. 实行半包方式的，按征地费总额的以下比例收费：

一次性征用耕地在66.67公顷以上（含66.67公顷）、其它土地133.34公顷以上的（含133.34公顷），征地管理费按不超过2%收取；征用耕地在66.67公顷以下、其它土地133.34公顷以下的，征地管理费按不超过2.5%收取。

3. 实行单包方式征地的、按征地费总额的以下比例收费；

一次性征用耕地在66.67公顷以上（含66.67公顷）、其它土地133.34公顷以上的（含133.34公顷，）征地管理费按不超过1.5%收取；征用耕地在66.67公顷以下，其它土地133.34公顷以下的，征地管理费按不超过2%收取。

党政机关、全额预算管理的事业单位、中小学校、幼儿园、福利院、敬老院、孤儿园、妇幼保健、防疫站、残疾人企业征用土地，以及抢险救灾使用土地，免收征地管理费；差额预算管理和自收自支管理的事业单位为修建办公楼、宿舍楼征用土地，减半收取征地管理费。

2001年，根据河北省物价局、财政局《河北省建设项目其他费用标准和依据》，征地管理费调整为按征地价的2.8%收取。

2008年11月起，根据河北省物价局、省财政厅《关于调整、规范行政事业性收费项目和标准的通知》，对现行收费标准减半征收。

1987年1月至1996年底，共征收土地管理费（出让业务费）240万元。

（二）土地登记费

1987年始，香河县征收土地登记费，收费对象为国有、集体土地使用者和集体土地建设用地使用者。1990年7月，根据国土资源部《关于土地登记收费及其管理办法》，调整收费。1987年1月至1996年底，共收取土地登记费28.30万元。2012年1月1日取消收费。

1.党政机关、团体土地使用面积在2000平方米（含2000平方米）以下宗地收200元，每超过500平方米以内加收25元，最高不超过700元。

2.企业土地使用面积在1000平方米（含1000平方米）以下每宗地收100元，每超过500平方米以内加收40元，最高不超过40000元。

3.全额预算管理事业单位用地执行党政机关、团体收费标准；差额预算管事业单位土地用面积在5000平方米（含5000平方米）以下每宗地收300元，每超过500平方米以内加收25元，最高不超过10000元；自收自支预算管理事业单位用地执行企业收费标准。

4.城镇居民住房用地面积在100平方米（含100平方米）以下每宗地收13元，每超过50平方米以内加收5元，最高不超过30元。

5.农村居民生活用地面积在200平方米（含200平方米）以下每宗地收5元，200平方米以上每宗地收10元。

土地注册登记发证，个人5元/证，单位10元/证，三资企业和其他用国家特制证书20元/证.

（三）建设用地批准书工本费

1987年开始征收，8元/证，至1996年底，共收取建设用地批准书工本费10000元。

（四）土地使用权出让金

香河县自1987年开始收取土地使用权出让金。按评估地价或基准地价金额收取。出让金包括征地费、开发费、级差地租。土地出让金制度的确立，盘活了土地资源。大量卖地和圈地，有的一次性收取40～70年的出让金，为地方政府充实财政收入提供了机会，获得短期高额收益。至1996年底，共收取土地使用权出让金733.20万元。2006年12月，国务院办公厅下发了《关于规范国有土地使用权出让收支管理的通知》，从2007年1月1日起，土地出让收支全额纳入地方基金预算管理，收入全部缴入地方国库，支出一律通过地方基金预算从土地出让收入中予以安排，实行彻底的“收支两条线”，在地方国库中设立专账，专门核算土地出让收入和支出情况。

（五）土地使用金

1987年始，香河县开始征收，每平方米一年的收费标准不超1元。至1996年，共征收土地使用金27万元。

（六）土地使用费

1987年，根据用地类型，香河县开始征收土地使用费。收费标准：一级土地（分1、2、3级），商业、宾馆、游乐、金融用地，每年每平米收取8～20元；工业、仓储、交通及营业性供水、暖、电、气用地，每年每平米收取2～5元。二级土地（分1、2、3级），商业、宾馆、游乐、金融用地，每年每平米收取5～10元；工业、仓储、交通及营业性供水、暖、电、气用地，每年每平米收取1～2.5元。三级土地（分1、2、3级），商业、宾馆、游乐、金融用地，每年每平米收取2～6元；工业、仓储、交通及营业性供水、暖、电、气用地，每年每平米收取0.5～1元。四级土地，商业、宾馆、游乐、金融用地，每年每平米收取2～3元；工业、仓储、交通及营业性供水、暖、电、气用地，每年每平米收取0.40～0.60元。以后根据物价波动进行微调，一般三年调整一次。1987年1月至1996年底，共征收土地使用费50万元。

（七）土地闲置费

根据中华人民共和国《城市房地产管理法》、国务院《城市房地产开发经营管理条例》，1995年1月始，对取得土地使用权满一年未动工而有未开发的部门收取土地闲置费。收取标准为出让合同约定的动工开发期满一年未动工开发的，可以征收相当于土地使用权出让金20%以下的土地闲置费；满两年未动工开发的，可以无偿收回土地使用权。

（八）土地复垦费押金和土地复垦费

1993 年始，根据河北省土地复垦实施办法，开始征收土地复垦费押金，砖瓦窑生产占地每公顷收复垦押金 7500～15000 元。1987 年 1 月至 1996 年底，共征收土地复垦押金 24000 元。

造成土地破坏，根据《河北省土地管理条例》，自 1999 年 9 月始，对未按要求复垦的单位和个人，按每平方米 5～20 元的标准征收土地复垦费。

（九）耕地开垦费

根据《河北省土地管理条例》，自 1999 年 9 月始，对非农建设占用耕地的单位和个人，按每平方米 10～15 元的标准征收耕地开垦费。

第五节　土地监察

一　监察范围

1987 年起，香河县土地管理部门监察县行政区域内的下列案件：全民所有制单位、城镇集体所有制单位以及乡（镇）、村街未经批准或采取欺骗手段骗取批准非法占用土地的案件；城镇非农业户口居民非法批准，非法占用土地建住宅的案件；买卖或者以其他形式非法转让土地的案件；非法批准占用土地的案件；非法占用征地补偿费和安置补助费的案件；临时使用土地，期满不归还的，或者土地使用权被收回，拒不交出土地的案件；违反法律规定，在耕地上挖土、挖沙、采石、采矿等严重毁坏种植条件的，或者因开发土地，造成土地严重沙化、盐渍化、水土流失的案件；侵犯土地的所有权或者使用权的案件；违反《土地复垦规定》的案件；其他违反土地管理法律、法规的案件；县人民政府和上级土地管理部门交办的案件。

二　违法查处

香河县土地局监察人员每年深入基层监督检查，发现问题及时查处。1986 年 2 月至 1987 年 11 月 10 日，开展非农业用地清查，收取补偿费 17 万多元，收回非法占地 712 宗 16.33 公顷，恢复地貌 13 处 0.73 公顷，拆除违法建房 87 处 231 间，拆除圈所、门楼、院墙 248 处，查处解决案件和纠纷 7690 起。查处乡镇、村集体非法占地案件 150 起，罚款 4570 元，恢复地貌 0.35 公顷。

1987—1996 年香河县查处土地案件统计表

表 14-7-3

年份	查处案件个数	年份	查处案件个数
1987	34	1992	14
1988	39	1993	8
1989	43	1994	4
1990	52	1995	26
1991	12	1996	21

三　行政处罚

香河县土地管理局发现违法占地案件及时依法进行行政处罚。

北京市光华建材综合商场香河光华建材分店于 1993 年 10 月占用耕地 0.20 公顷，非耕地 0.46 公顷，期限 15 年。自筹建至 1996 年 8 月 31 日，仍有 0.40 公顷土地荒芜。依法处以每公顷荒芜费 30000 元，计 12000 元。

某村刘某于 1994 年初与村党支部书记口头议定在沙发城东侧耕地上占地 0.27 公顷。1995 年初，又以上述同样方式，向南延伸 0.18 公顷，并盖有临街房屋 7 间进行出租。刘某未经批准占用耕地建厂是违法行为，依法没收其所建泡沫厂所有地上建筑物及其他设施；处以罚款 67000 元；处以在非法占用集体土地所建房屋进行出租的非法所得，并处以50%的罚款；土地交还集体。

某村委会于1992年在某镇政府互调新旧校址时，未经批准卖土地0.73公顷，获款7.20万元；出租土地0.41公顷，获款8850元。实属违法。1996年12月依法没收卖地款7.20万元，租地款8850元，合计80850元。

某镇政府未经批准，于1993年擅自占用某村集体土地0.43公顷，进行房地产开发，严重违法。依法处以65100元，于1996年12月31日前，到香河县土地局补办用地手续，并交齐罚款。

陈某于1989年3月未经批准，借扒旧房盖新房之机，在原宅基地西侧接盖2间。经查宅基地使用证和土地丈量，原老房占地266.67平方米，新房占地345.34平方米，比原来多占地78.67平方米。依法拆除在78.67平方米土地上非法强建的房屋，将多占的78.67平方米土地退还村集体；并处以罚款500元。

芦某于1987年5月，未经县乡两级政府批准，建住房9间，占地533.34平方米。芦某所建房屋属非法建筑。而且其原买生产队房屋剩下的3间尚未拆除，土地未交回。根据《河北省土地管理条例》第五十六条第三款规定处罚如下：

立即拆除非法新建9间中的西4间，并退还土地；罚款500元；原买生产队6间库房剩下的3间立即拆除，退回土地；9间中保留的东5间，由乡村清理丈量核准，超标部分拿赔偿费。

四　用地清理

1986年7月，香河县成立非农业占地清理办公室，于1986年2月至1987年11月10日，开展村民宅基地、国家建设、乡镇村街集体建设三项非农业用地清查。

（一）农村居民建房用地

1986年10月11日，县政府发布《关于农村宅基地清理发证工作的暂行规定》，明确农民建房用地原则。全县300个村应发证76019处，全部清查完毕后，确权发证75259处，占应发证的99%。

（二）全民单位建设用地

1986—1987年，香河县应清查49个单位，516处，3665453.33平方米，全部清完，确权发证516处，占应发证的100%。

（三）乡镇、村街集体建设用地

1986—1987年，香河县应清317个单位，961处，3816913.33平方米，全部清完。确权发证904处，占应发证的94.07%。查处违法占地案件163起，结案150起，占92.01%。罚款4570元，拆除房屋215间，恢复地貌0.35公顷。接待来访95人次，接收信件20件，全部结转。县、乡共收缴堪丈费74823.67元，占应收缴堪丈费总数的100%。

第六节　管理机构

1979年，香河县城乡土地征用先后由县民政局、城建局、计委和农业局审批和管理。1983年3月，由县计划委员会管理淑阳、刘宋、安平、渠口4个镇的土地；县农业局管理大罗屯、王家摆、钳屯、五百户、李庄、香城、安头屯、钱旺村、金辛庄、蒋辛屯、梁家务、石虎、东鲁口13个乡的土地。1987年1月19日，香河县土地管理局成立，2002年8月年改称香河县国土资源局，统一管理全县城乡地政。2008年，全局设办公室、规划股、耕保股、地籍股、利用股、地产交易中心、地矿股、土地储备中心、土地开发整理中心9个股室，下辖安平经济技术开发区土地分局，11个乡镇、街道办土地管理所，全局有干部职工110人。

第十五编 农 业

香河县交通便利，区位优势独特，素有“京畿明珠”之美誉。全县地势平坦，土壤质地好，耕层有机质丰富，属大陆性季风气候，处于暖温带半湿润气候区，四季分明，光照充足，雨热同季，温差较大，全年日照时总数2674小时，年平均气温为11.3℃，全年大于0℃积温平均为4482.2℃，年平均降水量613毫米，无霜期平均179天。适宜各类农作物生长。主要作物有玉米、小麦及高粱、谷子、大豆、棉花、花生、芝麻等。境内水利设施较为完备，河道总蓄水量近3000万立方米，有效灌溉面积2.33万公顷。自1979年改革开放以来，随着家庭联产承包责任制的确立，对农业投入逐年增加。进入20世纪90年代，农业结构深化调整，优势农产品区域布局日趋合理，如拱棚韭菜、大棚苦瓜、食用菌等经济作物栽培。农业生产基本实现机械化，为农业生产的可持续发展奠定了坚实的基础。

中共十一届三中全会以后，农村改革突破人民公社制度，实行家庭联产承包责任制后，生产力等得到极大发展。进入21世纪后，党中央、国务院坚持“多予、少取、放活”的方针，不断加强支农、惠农政策，2006年1月1日起在全国彻底取消农业税和农业特产税，终结了延续2600多年农民种田交税的历史，对种粮农民进行“四补贴”（直接补贴、良种补贴、农机具购置补贴和农业生产资料综合补贴），对主要粮食品种实行保护价收购政策，农业生产持续稳步增长。主要农产品产量以及人均占有量均大幅度增加，农产品品种优质化，农产品供求总体基本平衡，农业机械化水平逐年提高，农田水利等基础设施建设逐步加强，以设施农业为代表的现代农业发展加快，农林牧渔业结构不断优化，农产品生产专业化分工和区域化生产格局基本形成，农民收入大幅提高，收入结构呈现新的特点，农村劳动力供求关系和就业呈现新格局，农村劳动力结构趋于优化，农村劳动力流动呈现新格局。1979年全县粮食总产量9.23万吨，粮食单产145千克，农民人均纯收入104元；随着农业科学技术的普及，农业机械化的推广，新品种、新技术的增加；到2008年全县粮食总产量20.17万吨，平均单产430千克，农民人均纯收入6428元。分别比1979年增长了1.19倍、1.97倍和60.8倍。2008年，香河县坚持以拓宽农民增收渠道为目标，把各项惠民政策落实到实处，以农业结构调整为主线，实现农林渔业总产值24.2亿元，比2007年（21.2亿元）增加3亿元。

第一章 农业区划

依据土壤养分状况，旱涝威胁程度，水源分布差异和农作物生产特征的不同，将全县划分为两个综合农业区：粮棉油菜区和低洼杂粮区。合理利用有限资源实行一种（种植业）二养（养殖业）三加工（加工业），提高经济效益。

第一节 粮棉油菜区

粮棉油菜区位于县中、西部平原地带包括淑阳镇、安平镇、钳屯乡、五百户镇、蒋辛屯镇的全部及钱旺村乡、安头屯镇、渠口镇的部分村庄，共220个村，总耕地面积18599.73公顷，占全县总耕地面积的64.9%。区内地势平坦，黄海高程8～15.7米，自然坡度较大，地表水排泄通畅，地下水埋2～3米，水量充足。轻壤、沙壤质土占绝大多数，土质耕性良好，通透性强，适合作物生产。耕作制度一年两熟或三熟，主要种植农作物有小麦、玉米、高粱、棉花、豆类和瓜果菜。是本县农业生产水平较高的农业经济区。

第二节　低洼杂粮区

低洼杂粮区主要分布在县域东部、东南部。包括刘宋镇、渠口镇、安头屯镇、五百户镇、钱旺村乡的 80 个村，耕地面积 10039.89 公顷，占全县总耕地面积的 35.1%。地势低洼且为大型盆状洼地，地表高程 5～8 米。自然坡降小，地下水位高，少数盐碱地块养分含量较低。因土壤湿黏干裂，耕性不良，通透性差，含盐量高，抑制了农作物的生产，农作物一年一熟或两年三熟，主要种植有高粱、玉米、黑豆（稗子种植量很少，主要种在低洼易涝和沟渠中种植）等。

中共十一届三中全会以后，全区扩建续修以改土治水为中心的排涝治碱工程。上高地以小麦、玉米两茬小畦（5 尺洼）种植，变一年一熟为一年两熟；下洼地推广水稻生产，实行水稻、杂粮轮作；荒坡及积水坑塘，发展畜牧、水产养殖等多种经营。

第二章　农业生产资源

第一节　耕　地

一　耕地面积

中华人民共和国成立后，逐年灭荒造田，耕地面积逐年增加。但随着政区改划、修路、农田水利、生产生活用地，耕地仍是减多增少，到 1979 年境内耕地面积 28625 公顷，其中水浇地为 22615.07 公顷，旱地为 6009.93 公顷。1990 年，耕地面积有 28561.80 公顷，其中水浇地为 22761.47 公顷，旱地为 5800.33 公顷。2004 年，香河县土地总面积 44772.10 公顷，其中农用地面积 32657.40 公顷，占总面积的 72.94%；全县耕地总面积 27376 公顷，其中水浇地 23310 公顷，占耕地总面积的 85.15%；旱地 2161 公顷，占耕地面积的 7.89%；菜地 1905 公顷，占耕地面积的 6.96%。

1979—2008 年香河县耕地状况统计表

表 15-2-1　　　　单位：公顷

年份	总计	其中水浇地	年份	总计	其中水浇地
1979	28625.00	22615.07	1994	28333.47	23713.13
1980	28378.33	20439.73	1995	28263.87	23701.60
1981	28637.27	22326.67	1996	28192.07	25996.93
1982	28632.80	22359.00	1997	28165.20	26004.13
1983	28629.67	22610.00	1998	28131.27	26662.40
1984	28625.73	22505.93	1999	28131.27	26662.40
1985	28611.73	23256.80	2000	28122.47	25312.20
1986	28603.00	23304.27	2001	27833.13	25000.00
1987	28597.80	23278.93	2002	27783.00	23481.00
1988	28585.87	22107.73	2003	27376.00	23332.40
1989	28574.67	22894.00	2004	27376.00	23310.00
1990	28561.80	22761.47	2005	27376.00	23310.00
1991	28555.47	22761.20	2006	28265.00	23310.00
1992	28521.40	23760.00	2007	28265.00	23310.00
1993	28430 73	23860.47	2008	28245.00	23520.00

二 耕地质量

香河县境内土壤主要有褐土、潮土和风沙土3个土类，8个亚类，10个土属，56个土种。土壤耕层养分含量：有机质丰富较丰富的耕地占21%，全氮含量丰富和较丰富的耕地占23.07%，速效磷丰富和较丰富的耕地占1.42%，速效钾丰富和较丰富的耕地占18.8%。有53.5%的耕地缺有机质或极缺有机质，55.9%的耕地缺全氮或极尽缺全氮，82.64%的耕地缺速效磷或极缺速效磷，0.83%的耕地面积缺速钾或极缺速效钾。

实行农村生产责任制后，农民对其耕种的土地进行合理施肥，特别是农家肥和有机肥量增加。2004年香河县进行土壤普查，大田耕地土壤有机质平均值为1.22%，全氮含量0.89%，速效磷含量40.3PPM，速效钾含量128PPM，与1982年土壤普查数值相比较，有机质高0.11%，全氮高0.82%，速效磷高10.1PPM，速效钾低117PPM。

香河县大田耕地土壤养分状况对比表

表15-2-2

年份	有机质（%）	全氮（%）	速效磷（PPM）	速效钾（PPM）
1982	1.11	0.07	30.20	245
2004	1.22	0.89	40.30	128
差值	0.11	0.82	10.10	-117

经过加强科学施肥，调节氮、磷比例，提高有机质含量，尤其是蔬菜地的养分状况良好。土壤养分状况如下表：

2004年香河县蔬菜地土壤养分状况表

表15-2-3

有机质（%）	全氮（%）	速效磷(PPM)	速效钾(PPM)	缓效钾（PPM）
1.71	1.10	117.30	157	806

三 土地资源综合评价

香河县是一个平原农业县，土地利用的主要地类以耕地为主。2004年，实有耕地面积27376公顷，各乡镇分布中比较均衡，其中淑阳镇3662.80公顷，蒋辛屯镇3230.9公顷，渠口镇3918.7公顷，安头屯镇3251.4公顷，安平镇1559.7公顷，刘宋镇4323.8公顷，五百户镇4379.3公顷，钱旺乡1998.3公顷，钳屯乡2053.5公顷。全县土地利用率高达96.0%，土地开发潜力有限。农业利用率达72.9%，建设用地率为23.1%。

（一）人均占有土地量

土地拥有量：1980年，全县耕地面积为28378.33公顷，总人口24.8万人，人均0.114公顷。2004年全县耕地面积为27376公顷，总人口30.51万人，人均0.09公顷。

土地产出效益分析：2004年，香河县农业总产值20.4亿元，平均每公顷创产值4.56万元。1982年农业总产值0.7413亿元，平均每公顷创产值为0.17万元。2004年是1982年农业土地产出效益的26.82倍。

（二）合理利用土地建议

1．充分开发一切可利用土地。减少田间不必要的道路，降低不必要的沟渠宽度，增加耕地面积。在2004年农业资源的调研中，县内田间不必要的田间小道和不通的三级路，占地面积近133.33公顷，应加以开发利用。

2．改善生产条件，加快中低产田的改造。抓好水利建设，提高灌溉效益。修复旧井，补打新井，全面配套，合理布局，同时铺设防渗管道，降低水损失，修渠清淤，做到旱能浇，涝能排，建设高产稳产田。加快良种繁育体系的建设，完善农业技术推广体系。绿化秃渠、秃路，搞好农田林网建设，提高森林覆盖率，维护生态平衡；增加基本建设投资，在依靠农民集资、投工的同时，适当增加农田基本建设投资；提高农作物的复种指数，提高土地利用率，促进农业的增产。

第二节　农业劳动力

一　劳动力数量

2003 年，全县农村劳动力资源总规模为 145325 人，占农村总人口的 52%，劳动年龄（男 18～60 岁，女 18～55 岁）内人口数 134808 人，乡村从业人员 131843 人，劳动力系数（劳动力占人口总数比例）为 47.07%。随着机械化的发展，劳动生产率和专业文化程度的不断提高，农村劳动力已不断地从农、林、牧、渔业中分离出来，剩余劳动力不断增加，从一产业向二、三产业转移已成为大的发展趋势，特别是各级政府对农村劳动力就业的重视，转移速度明显加快。

二　劳动力质量

全县的劳动力文化程度仍处于较低的水平。2003 年全县农村男性劳动力为 6.8 万人，占从业人员的 51.5%；女性劳动力 6.4 万人，占从业人员的 48.5%。从文化构成看，2003 年全县大专及大专以上文化程度 10 人，占乡村从业人员数的 0.01%；中专文化程度 263 人，占乡村从业人员数的 0.2%；高中文化程度 1.76 万人，占乡村从业人员数的 13.3%；初中文化程度 6.5 万人，占乡村从业人员数的 49.2%；小学文化程度 4.84 万人，占乡村从业人员数的 36.7%；文盲、半文盲 98 人，占乡村从业人员数的 0.11%。由此可见，香河县农村尽管拥有数量可观的劳动力，但在现代化的生产系统中可利用的高素质劳动力并不富余，这种现状决定了其劳动生产率较低。随着九年义务教育的普及，虽然农村劳动力素质较以前有了提高，但仍然很难适应农业生产对人才素质的要求，面对就业压力，显然缺乏竞争力，所能选择的就业机会十分有限，即使就业也只能选择从事简单的劳动，主要集中在苦、脏、累等岗位上，劳动的回报必然难以提高。

三　劳动力利用结构

1979 年后，农业生产开始实行生产责任制，充分调动了农民的积极性，加之农业机械化的发展和农田基础设施的完善，劳动效率大大提高，出现许多剩余劳动力，从事农业劳动的只占劳动力的 60%，而从事农业的劳动力又有相当多的剩余劳动时间，于是这些剩余劳动力和剩余劳动时间便开始向其他产业转移，从事其他行业生产，同时也出现了兼业。按第一、二、三产业划分，农村劳动力在第三产业所占的比重最大，第三产业比重有明显增长的趋势。1986 年，据对全县 70 户农民家庭的典型调查，70 户农民共有劳动力 160 个，其中，从事第一产业 102 人，占 63.8%，从事第三产业 6 个，占 3.8%。到 1990 年，70 户劳动力总数 165 个，其中从事第一产业的 92 人，第三产业的 20 人，分别占 55.8%和 12.1%。

香河县劳动力利用总体结构欠合理，2003 年全县 13.2 万农村劳动力中，有 6.9 万劳动力从事第一产业，占全部农村劳动力的 52.3%。其中以种植业为主体，有 5.6 万人，占一产总劳动力的 81.2%；有 4.17 万人劳动力从事第二产业，占全部农村劳动力的 31.6%；有 2.13 万劳动力从事第三产业，占全部劳动力的 16.1%。全县农村劳动力从事第一产业的劳动力比从事第二、三产业劳动力之和还多。作为大量吸纳农村劳动力的二、三产业在香河县的发展明显滞后，在产业结构上分布呈现明显不合理。

四　农村劳动力利用率

全县农村劳动力利用率仍然处于较低水平。存在大量农村剩余劳力，人多地少、农业机械化的提高、粗种农业的简易性与耕作时间的自由性等诸多因素都将继续使剩余农村劳动力不断增加；劳动生产率低下，从统计数据上看，农村劳动力在一产就业的人数过半，呈现就业人数过多、效率偏低的特点，已成为制约农村经济发展的一大障碍。

五　农村劳动力资源的开发

香河县应当采取以农业内部转移为基础、以农村民营经济为着眼点、以小城镇转移为手段、以劳务输出为补充的多种转移形式，重点发展“精细农业、劳动密集型产业”，多层次、多途径、多方位的拓展转移，使农村劳动力“人人有活干，人人有事做”。要充分利用现有教育设施，相对延长基础教育时间，使新生的劳动力具备更高的文化素质。加强技能培训，不断加强劳动力技能增强整体就业能力，使农村劳动力的转移由“苦力型”向“技术型”转变。

第三节 农业机具

香河县位于京、津两市交界地区，农业定位于都市城郊型农业，农村家庭联产承包责任制的普遍推行和允许农民自主购买经营农业机械政策的出台，使农业机械先于其他生产要素进入农业生产，农业机械增长动力机制实现了“外力推动型”转化为“效益驱动型”。农业机械拥有量快速增长，农业机械化水平不断提高，结构不断优化。农业机械化适应新技术推广面积迅速扩大，加快了农业技术进步和高效优质高产的步伐。深耕深松、机械铺膜、节水灌溉、化肥深施、精量半精量播种、机械收获、秸秆粉碎还田以及高效安全施药植保等机械化适用新技术的推广面积迅速扩大，小麦跨区域收获作业。

一 农业机具的发展

1979 年，实行家庭联产承包责任制后，农机化的发展和其他县一样，经历了三个阶段。农户的劳动工具由生产队时大拖拉机、大畜力拉大农具变成了以驴（牛）为动力，小驴拉小车，这是第一阶段；由于农业连年丰收，农户的经济实力和生产能力明显提高，小型拖拉机、小型农具迅速发展，这是第二阶段。随着农业的进一步发展，特别是 1996 年农业获得特大丰收，农民全面解决温饱问题以后，农村开始分工、分业，出现了农机户、农机作业合作组织，而政府也开始组织和扶植跨区作业，这样大型农机具就应运而生了，农机化发展进入一个新时期。全县农机总动力 266333 千瓦。进入 2000 年后，大田作物的播种、收获基本上实现了机械化。到 2008 年，全县农机总动力 446549 千瓦。

（一）整地机具

1979 年，有机引犁 443 台，机引耙 18 台。1996 年，全县机引犁 681 台，旋耕机 1764 台。随着农业耕作模式的改进和农机技术的不断进步，机具向大中型发展。到 2008 年底，机引犁 62 台，旋耕机 1208 台。

（二）播种机具

1979 年，有播种机 547 台，1996 年全县播种机 1685 台，随着玉米播种机械的逐步推广全县玉米贴茬播种机，到 2008 年底达到 3690 台，其中免耕播种机 5 台。

（三）植保机具

1979 年，有喷雾机 3701 台，喷粉机 2439 台。到 2008 年底，全县共有各种类型的喷粉（雾）器 7862 台。

（四）收获机具

1979 年，有收割机 121 台，脱粒机 1739 台，扬场机 947 台。进入 20 世纪 80 年代，联合收割机不断增加，1996 玉米脱粒机达 584 台，大型收割机 74 台，玉米联合收割机达到 34 台。割晒机逐年减少，到 2008 年已经没有，全部为大型小麦收割机代替，小麦已经开始实行跨省市收获。

（五）农用运输机具

1979 年，全县有拖拉机 1131 台，到 1996 年，全县共有大中型拖拉机 431 台，小型拖拉机 5545 台，农用三轮 5664 台，农用四轮 435 台，2008 年，全县共有大中型拖拉机 1076 台，小型拖拉机 4231 台，农用三轮 9913 台，农用四轮 2228 台，柴油机、电动机、农用水泵等排灌机械 32485 台。

（六）排灌机具

1979 年，有水泵 6907 台，主要是离心式水泵。1996 年，有水泵 7341 台。进入 21 世纪初期，农用灌溉基本使用潜水泵，省力、省时、适合深水井使用，2008 年有潜水泵 14868 台。

（七）农田基本建设机具

21 世纪末，平整土地等农田基本建设以人力、畜力为主。进入 21 世纪后，农田基本建设开始使用大中型机械。2002 年，全县共有挖土机 28 台，推土机 30 台，装载机 24 台，开沟机 5 台。2008 年，全县共有各类农田水利基本建设机具 377 台。

二 农业机械作业

（一）机耕 1979 年，机耕 22100 公顷。1980 年后，土地实行家庭联产承包，分田到户，以家庭为生产单位，机耕面积一度减少，但随着小型农机具迅速发展，1990 年机耕面积达到 21339.73 公顷，占总耕地面积的74.72%。1996年，机耕面积24000公顷。2008年机耕面积23333.33公顷。

（二）机种 1979年，机播面积增至16560.00公顷。1980年后土地实行家庭联产承包，机播一度减少。进入1985年后，小型播种机不断增加，1990年机播种面积为12673.33公顷。1996年，机种面积21400公顷。2008年，机种面积30533.33公顷。

（三）机收 20世纪70年代，由于粮食作物实行间作套种，不适合使用收割机和联合收割机，1979—1980年，共机割小麦2653.33公顷。1984年后，小型收割机增加，机收面积增加到5333.33公顷，1990年小麦收获基本机械化。1996年，小麦机收面积14000公顷。进入21世纪后，由于优良品种的引进，小麦、玉米实行"平田作"，以及大型联合收割机的发展，小麦全部机械收获。玉米收获也开始实行机收，到2008年玉米机收面积5333.33公顷。

（四）机电排灌 20世纪70年代，排灌能力不断增强，1985年达到23333.33公顷，占全县总耕地面积的83%。1990年，全县大部分地块做到旱能浇涝能排。90年代初，方便、安全、省时、省力的潜水泵逐渐代替离心式水泵，迅速提高了排灌能力，1996年机电排灌能力63333.33公顷。进入21世纪，机电排灌全部使用潜水泵，2008年达70333.33公顷，已基本实现节水灌溉。

1979—1990年香河县主要农业机械机具作业量统计表

表15-2-4　　单位：公顷

年份	机耕面积	机播种面积	年份	机耕面积	机播种面积
1979	22100.00	16560.00	1985	8374.33	5280.00
1980	24164.80	17133.87	1986	10550.40	12666.67
1981	22593.33	11880.00	1987	11055.80	58000.00
1982	14726.67	11680.00	1988	10938.53	52666.67
1983	15560.33	10040.00	1989	13218.67	7953.33
1984	13764.27	7406.67	1990	21339.73	12673.33

1996—2008年香河县主要农机具作业量统计表

表15-2-5　　单位：公顷

年份	机耕面积	机播面积			机收面积			秸秆还田
		合计	玉米	小麦	合计	玉米	小麦	
1996	24000.00	21400.00	6666.67	14000.00	14000.00	—	14000.00	—
1997	23333.33	28200.00	13333.33	14866.67	14866.67	—	14866.67	—
1998	30666.67	30333.33	15000.00	15333.33	15333.33	—	15333.33	—
1999	30666.67	30666.67	15333.33	15333.33	15333.33	—	15333.33	—
2000	25933.33	25933.33	13666.67	12266.67	13666.67	—	13666.67	—
2001	27866.67	25333.33	13333.33	12000.00	13466.67	133.33	13333.33	17333.33
2002	26666.67	30000.00	18000.00	12000.00	12000.00	133.33	12000.00	24000.00
2003	26666.67	29533.33	18000.00	11533.33	11533.33	133.33	11533.33	21666.67
2004	22666.67	29533.33	18000.00	11533.33	11533.33	133.33	11533.33	24333.33
2005	22666.67	30333.33	18000.00	12333.33	12533.33	200.00	12333.33	24666.67
2006	22666.67	31133.33	18533.33	12600.00	17533.33	4933.33	12600.00	30066.67
2007	22666.67	30333.33	18000.00	12333.33	17533.33	5200.00	12333.33	29200.00
2008	23333.33	30533.33	18000.00	12533.33	17866.67	5333.33	12533.33	27866.67

三 农业机械发展效益

香河县的农业机械发展，经历了1983年实行责任制后农户劳作工具由人民公社生产队时的大拖拉机、大畜力拉大农具变成以驴（牛）为动力拉小车、小农具；由于农业的连年丰收，农户的经济实力和生产能力明显提高，小型拖拉机、各种小农具广泛使用；1996年后，农业产量大幅度提高，农民的温饱问题全面解决以后，农村的农业生产开始实行分工分业，出现农机户、农机作业合作组织，政府也开始组织扶植跨区作业，各种大型农机具应运而生，农业机械发展进入一个新时期。

机种设备总量充足，配置合理。从农业机械化装备情况看，随着农村经营规模的调整，农业产业化的发展，大中型田间作业机械、农产品加工机械、饲养与饲料加工装备产销量明显上升，农业机械社会化服务的规模和范围增大，使农业机械成为农民致富的手段。2003年全县拥有农业机械总动力400668千瓦，其中大中型拖拉机710台，小型拖拉机5729台；农用排灌动力机械122325千瓦，16665台；农用运输车11794辆，141362千瓦。农业机械化水平的提高及农产品的深加工、精加工等农业产业链条的延伸，使相关设备得到大幅提升。其中联合收割机338台；农副产品加工机械动力861台，17098千瓦。在农副产品加工机械中，粮食加工机械571台、棉花加工机械64台、油料加工机械126台。从土地机械化使用情况看，2003年实际机耕地面积26500公顷、机械播种面积31202公顷、机械收获面积11556公顷。联合收割机的大力推广，使机械化收获率得到大幅度的增长，农民的“打谷场”已派不上用场。

促进农业丰收，保证粮食安全。据香河县2004年上半年统计，县内粮食作物耕、播、收农机作业水平分别达到99%、96%、97%。

减轻劳作强度，促进农村剩余劳力转移。首先是向非农业转移，其次是农业内部农民分工分业。2004年底，农业生产的专门从业人员为41200人，农村劳动力转移8万人以上。

解决秸秆焚烧，保护生态平衡。2004年底，香河县秸秆综合利用率达到78%，其中机械化秸秆还田达到66%，机械化秸秆青贮达到11%，秸秆压块、秸秆汽化和食用菌基料达到1%。

推动二元农业向三元农业发展。通过机械秸秆粉碎、青贮和压块等，促进秸秆还田和养殖业的发展，开拓二元农业向三元农业转移的渠道。2004年底，县内规模化养牛户已达到25个（养牛均在50头以上），养羊户1000个（养殖均在50只以上）。年底牛存栏7万头，羊存栏12万余只。

拓宽农机具的外延。在保证农作物正常耕作的前提下，通过引进、加工、创新，将农机具扩大到设施农业机械、农产品加工机械和畜牧养殖机械等。2004年底，香河县设施农业机械达到450台，农副产品加工机械900台套，畜牧加工机械2560台套。

农机化服务向市场化转变。由于计划体制下的推广服务体系“网破、线断、人散”，香河县按照“管理靠协会，经营、推广、培训、服务和农机作业靠合作组织、大户、经纪人”的思路，筹建香河县农机协会，有效地推广农机服务进入市场化。

农机执法步入正轨。随着《中华人民共和国道路交通法》和《中华人民共和国农机促进法》的颁布实施，香河县农机法走上独立执法的轨道。

培训、维修和职业技能鉴定工作有序开展。按照农业部《农机成人教育暂行规定》《关于开展农机大户培训工作的通知》和《河北省农机管理条例》的要求，结合香河县“农民培训工程”香河县通过“农机演示会、专题培训班、电视讲座、以修代训、以推代训”等形式培训农机管理人员、农机推广人员和农机手11000人，维修农机具30000台次，考评农机修理和作业人员19800人。

第三章 农业综合开发

第一节 开发项目

1988年，香河县开始立项实施农业综合开发，并于1989年8月1日成立香河县农业开发办公室。1988—2008年共计改造中低产田21493.33公顷，其中，1995年以前治理面积1733.33公顷，由于当时投入较少，未能改造彻底，尚有13066.67公顷仍属中低产田，需重新开发，加上未开发过的5213.33公顷中低产田，香河县尚需治理的中低产田面积共计18280公顷。

一　改造中低产田

香河县的农业开发主要任务是改造中低产田，1988—2008年共计改造中低产田21493.33公顷。项目实施主要进行平整土地、改良土壤、推广良种、建立种子田、科技推广与培训、植树、建立苗圃、打井、修井、修渠、修路、铺设防渗管道、修建闸涵、架线通电、安装变压器、增添农机具、新农村建设等。

1988—2008年香河县农业开发项目及投资情况统计表

表15-3-1

年份	开发项目	开发面积（公顷）	投资额（万元）
1988	中低产田改造项目	2000.00	350
1989	中低产田改造项目	1333.33	206
1990	中低产田改造项目	1333.33	250
1991	中低产田改造项目	1200.00	190
1992	中低产田改造项目	1200.00	184
1993	中低产田改造项目	1400.00	189
1994	中低产田改造项目	1067.67	229
1995	中低产田改造项目	1533.33	346
1996	中低产田改造项目	800.00	207
1997	中低产田改造项目	1333.33	388
1998	老项目区改造	1333.33	298
	“双安”百亩大棚建设项目	6.67	150
	农业现代化试验区项目	2000.00	1106
1999	现代化试验区项目	2000.00	992
2000	农业开发区续建项目	2000.00	991
	花卉优质种苗脱毒速繁及配套技术示范基地扩建项目	17.33	600
2001	中低产田改造项目	800.00	360
	农业节水示范项目	333.33	300
	花卉优质种苗脱毒速繁及配套技术示范基地续建项目	17.33	150
2002	中低产田改造项目	1466.67	777
	农业开发科技推广项目	1666.67	48
	香河县京香屠宰加工厂项目	1.00	525
2003	农业开发节水示范项目	666.67	359
	香河县泽普特种苗木快速繁育基地项目	17.33	370
2004	中低产田改造项目	1360.00	959
	农业开发科技推广项目	—	24
2005	中低产田改造项目	1666.67	1266
2006	中低产田改造项目	1000.00	843
2007	农业开发支持新农村建设试点项目	1533.33	1869
2008	农业开发土地治理项目	1453.33	2036

二 基地建设

1998 年开始进行基地建设，当年投资 150 万元，建设香河县“双安”百亩大棚项目，生产扩繁盆花、鲜切花，品种有菊花、以色列玫瑰、剑兰、三色堇、仙客来、比利时杜鹃等 20 余个及生产平菇。项目建成后，实现年销售收入 162 万元。

2000 年，总投资 600 万元，扩建花卉优质种苗脱毒速繁及配套技术示范基地。建培组车间 6 间，库房、宿舍 16 间，种苗繁殖及生产示范用日光温室 63 栋，打深井 1 眼，安装变压器 1 台及供水系统。2001 年投资 150 万元，更新 50 个温室的保温设施，并购置自动卷帘机、粉碎机、混合机、成型机；建基质加工车间 160 平方米、建成基质加工流水线、完善育苗温室设施（移动式苗床系统、育苗盘、防虫网和降温设施）。项目投入使用后，年产鲜切花 200 万株，优质脱毒种苗 100 万株，盆花 2 万盆，花卉种子 500 千克。

2003 年，总投资 370 万元，建设香河县泽普特种苗木快速繁育基地项目 17.33 公顷。建日光温室 8 栋 5000 平方米，组培车间 1 栋 400 平方米，购置组培育苗设备 1 套、锅炉及供暖系统 1 套、供水系统及其设备 1 套、50 千伏安变压器 1 台、滴灌设备 10 套、喷灌设备 4 套、全光照自动喷雾扦插繁殖设备 4 套、引进优质苗木 2000 株、组培原材料等。

第二节 开发资金

农业开发资金主要是财政资金、自筹资金、银行贷款三部分组成，财政资金由中央、省、市、县四级政府提供。1988—2008 年，香河县农业开发资金 16562 万元。其中，中央财政资金 6273.10 万元，省级财政资金 2354.30 万元，市级财政资金 1112.70 万元，县级财政资金 941.80 万元，自筹资金 4951 万元，银行贷款 929.10 万元。

1988—2008 年香河县农业开发项目投资统计表

表 15-3-2

年份	总投资（万元）	财政资金（万元）					自筹资金（万元）	银行贷款（万元）
		小计	中央	省级	市级	县级		
1988	350	180	118	23.5	18.5	20	118	52
1989	206	106	66	13	7	20	68	32
1990	250	127.90	83	16.60	8.30	20	82	40.10
1991	190	121.60	63.69	9.34	6.57	42	35.70	32.70
1992	184	115.60	60.83	6.70	5.57	42.50	35.70	32.70
1993	189	120.80	63.78	7.86	6.56	42.60	35.60	32.60
1994	229	165	80.80	32.30	24.90	27	33	31
1995	346	250	123	49	36.30	41.70	53	43
1996	207	137	69	28	19	21	70	—
1997	388	228	114	46	33	35	160	—
1998	1554	907	465	171	129	142	602	45
1999	992	554	284	106	79	85	283	155
2000	1591	963	490	189	137	147	490	138
2001	810	636	322	127	94	93	174	—
2002	1350	715	342	136	134	103	410	225
2003	729	432	241	77	54	60	227	70

续表 15-3-2

年份	总投资（万元）	财政资金（万元）					自筹资金（万元）	银行贷款（万元）
		小计	中央	省级	市级	县级		
2004	983	676	439	176	61	—	307	—
2005	1266	856	588	235	33	—	410	—
2006	843	602	401	161	40	—	241	—
2007	1869	1335	890	356	89	—	534	—
2008	2036	1454	969	388	97	—	582	—
合计	16562	10681.90	6273.10	2354.30	1112.70	941.80	4951	929.10

第三节　开发效益

香河县的农业开发主要是中低产田的改造，在20世纪90年代投入少，改造不彻底，效益低。进入21世纪初农业开发工作成绩显著，先后被确定为省重点县、重点示范县、国家农业综合开发北京周边重点示范县。

一　提质提效促进农业生产

实施农业开发，农业种植由单季田变成双季田，低产田变成高产田，一般农田变成高效农田。仅2003—2005年增加灌溉面积1153.33公顷，改善灌溉面积2540公顷，重点推广了节水灌溉、配方施肥、蔬菜无公害栽培等优新技术和先进科技措施，项目区内亩均增效127元，有效提升农业的产出水平。

二　提高农民收入

实施农业开发后，每亩大田作物省浇地电费30元，节省劳动力40%，节省土地4%，2003—2005年项目区内增加农民收入707万元，平均每人增收213元。

2003—2005年香河县农业开发基本情况统计表

表 15-3-3

时间	性质	总投资（万元）	建设规模（公顷）	受益群众（人）	亩均投资（元）
2003	一般县	359	666.67	4002	359
2004	重点县	983	1360.00	13066	481
2005	重点示范县	1266	1666.67	16014	506
合计	—	2608	3693.33	33082	—

2003—2005年香河县农业开发主要经济效益统计表

表 15-3-4

时间	增加灌溉面积（公顷）	改善灌溉面积（公顷）	年节水（万立方米）	新增粮食生产能力（吨）	新增蔬菜生产能力吨）	项目区内农民增收（万元）	项目区内人均增收（元）
2003	133.33	533.33	50	1810	4030	74	186
2004	353.33	1006.67	201	1530	17200	301	230
2005	666.67	1000.00	183	6600	8500	332	207
合计	1153.33	2540.00	434	9940	29730	707	—

说明：2004年项目区内蔬菜种植面积大，节水较多，人均增收也较多

三 改善农业生产条件

2003—2005年，项目区内共打井282眼，安装变压器27台，每眼机井灌溉面积为4.67公顷，保障农作物需要；铺设防渗管道333.4公里，增加灌溉面积1153.33公顷，改善灌溉面积2540公顷，项目区内全部实现节水灌溉；修建桥涵闸131座，硬化、整修农路126公里，为农产品运输和农事作业提供方便。

2003—2005年香河县农业开发项目统计表

表15-3-5

时间	打修机井	整修硬化农路（公里）	铺设防渗管道（公里）	安装变压器（台）	植树（万株）	修建桥涵闸（座）
2003	35	13	70	2	3.60	28
2004	115	57	123.40	12	6.10	53
2005	132	56	140	13	7.50	50
合计	282	126	333.40	27	17.20	131

四 促进农业结构调整

农业开发项目建设，调动了群众进行连片开发、规模种植、标准化生产的热情。2005年中低产田改造项目区中的钱旺乡田贾庄村，有耕地133.33公顷，是个蔬菜种植专业村。未实施农业开发前，共种植蔬菜53.33公顷。在2005年项目建设中，该村新打机井13眼，维修配套机井29眼，铺设防渗管道19024米，安装变压器1台，加设低压线路3950米，新建桥涵6座，维修桥1座，硬化农路5公里。农业生产条件的极大改善，带动蔬菜种植面积迅速增加，仅一年时间，该村蔬菜种植面积发展到80公顷。

第四章 种植业

香河县的粮食作物生产，在20世纪80年代发展高产作物种植；90年代发展高产、耐旱、抗病虫、抗倒伏作物种植；进入21世纪，发展高产优质作物种植。从调整品种结构，到重点发展优质粮食生产。在小麦生产上重点发展优质强筋小麦种植，玉米生产上重点发展种植高淀粉玉米，适当发展鲜食玉米、青饲玉米等。经济作物种植在改革开放初期以棉花、花生为主，发展形成了韭菜、食用菌、苦瓜等特色种植。农业生产的复种指数达到200%，生产过程中进行测土配方施肥，保护地种植。

2004年，对全县种粮大户进行摸底，初步统计种植粮食作物在2公顷以上的农户21户，主要分布在渠口、钱旺、蒋辛屯三个乡镇，主要种植小麦、玉米，土地来源为村集体机动地。随着种粮经济效益降低，部分农户改种树苗、棉花、大葱等作物。在2008年的调查摸底中，只有现代产业园马洪海短期租用26.67公顷土地种植玉米。

第一节 粮食作物

1979年后，全县粮食作物以小麦、玉米为主，辅以高粱、谷子、薯类、豆类。到1998年以后，高粱、谷子、薯类、豆类种植面积大幅度减少，小麦、玉米种植面积占粮食作物种植面积99.17%，小麦、玉米的总产量占粮食总产量的99.40%

一 小麦

小麦种植以大畦为主，广泛种植优质小麦，小麦播种面积逐年减少，亩产逐年增加。1998年，小麦播种面积15131公顷，每公顷产量为6525千克。2003年，小麦播种面积11556公顷，受风灾影响，发生大面积倒伏，每公顷产量为5730千克。2008年，小麦播种面积12586公顷，每公顷产量为5985千克。

1990年以后，陆续引进“中麦9号”“北农8866”“京双16”“京冬8号”等品种。1995年，小麦主栽品种为“京411”“北京837”“京冬8号”“农大146”。1996年，政府组织大面积更换优良品种，调入“京冬8号”种子1800吨，种植面积达到40%左右。1999年，引进优质小麦“中优9507”，由于秸秆较高，产量一般，种植面积较小。2000年以后，引进“京9428”“京9843”“北农9549”“轮选987”等品种，逐步替换混杂退化的“京冬8号”“北京837”等品种。2004年，开始实施良种补贴，主推品种“京9428”“轮选987”。2006年，引进“农大3432”“京冬12”“中麦175”等品种。2008年，良种补贴面积1万公顷，主栽品种“京9843”“京冬12”“沧麦119”“轮选987”“中麦175”。

二　玉米

1979年，玉米种植主要是与小麦套种。随着玉米优良品种的引进，到20世纪90年代，香河县玉米种植主要春播和夏播，套种面积很少，春播面积逐年减少，夏播面积逐年增加，春播时间长，与春季降雨早晚有关。特别是2000年后，春播玉米以抢墒播种为主，品种也以春播品种为主，逐步过渡为中晚熟春夏兼用品种。1998年，玉米播种面积达到20153公顷，每公顷产量为6660千克。1999年、2000年、2002年受自然灾害影响，亩产较低，分别为4200千克/公顷、4455千克/公顷、4440千克/公顷。2008年，播种面积18400公顷，每公顷产6810千克，总产12.52万吨。

1990年后，引进以“农大108”“蠡玉13”“掖单13”“沈单十”等品种。1996年，春播品种以“农大108”“蠡玉13”为主，夏播品种以“掖单4”“唐抗五”为主。1998年，引进“冀单26”“郑单958”“新纪元一号”“高优一号”“农大80”等品种，“农大108”“掖单4”“唐抗五”播种面积逐渐缩小。2000年后，“郑单958”播种面积逐年增加，成为春夏播玉米主栽品种，2005年占玉米播种面积80%左右，当年该品种病虫害发生较重，2006年以后播种面积有所减少。随后引进“浚单20“”浚单22”“先玉335”“宽诚15”“京单28”“中科11”“秀青73-1”“富友16”“农大84”“丰玉四”等优质玉米品种。2008年，实施良种补贴1万公顷，主栽品种“郑单958”“浚单20“”浚单22”“宽诚15”“京单28”“中科11”。

三　高粱

高粱种植主要是春播和夏播的杂交高粱，实行生产责任制后，因杂交高粱品质差，被农户弃种。20世纪90年代，香河县高粱种植面积逐年减少，主要种植于低洼易涝的闲散地，由1991年859公顷减少到2008年的42公顷，单产每公顷由1875千克增加到3360千克，总产由1615吨减少到141吨。主要种植品种“同杂2”“晋杂12”“晋杂15”。

四　谷子

20世纪60—70年代，种植谷子为增加牲畜饲草，生产责任制后，种植开始减少，谷子种植面积由1991年544公顷减少到1997年3公顷，单产每公顷由2355千克减少到1530千克，总产由1284吨减少到4吨。1998年后，只有个别农户零星种植。其间，主栽品种“豫谷一号”“晋谷20”“晋谷21”。

五　薯类

20世纪60—70年代播种面积保持在666　67公顷至3333.33公顷，单产在3000千克左右。80年代年播种面积不足666公顷，单产每公顷在3750千克左右，20世纪90年代后，全县薯类种植面积逐年减少，由1991年512公顷减少到2008年的98公顷，单产每公顷由4365千克增加到6960千克，总产由2231吨减少到679吨。其间，先后引进推广“徐的薯25”“北京553”“烟薯18”“烟薯21”等优良品种。

六　豆类与杂粮

香河县豆类种植以大豆为主，主要是春季平播。从1979年至1994年播种面积在1000公顷到2000公顷。1980年单产量，每公顷为3645千克。90年代末期，由于农田基础设施建设加强，复种指数增加，大豆的播种面积减少。1995年，大豆播种面积为887公顷，以后播种面积逐年减少，到2008年大豆播种面积为118公顷，大豆单产量随着优良品种和先进农业技术水平的提高而增加。2000年每公顷达到4095千克，2008年每公顷为3180千克。

20 世纪 80—90 年代，大豆主要品种是“密夹黄”“铁丰 13 号”“辽农 2 号”“冀豆 4 号”“科丰 6”等品种。进入 2000 年后，主要品种是“科丰 6”和“中黄十三”。

杂粮主要是指红豆、绿豆、花豆等。1979 年，播种面积为 1673.33 公顷，每公顷产量为 1245 千克。20 世纪 80 年代，主要是与玉米套种及零散地种植。90 年代，播种面积逐年减少。1997 年，播种面积为 310 公顷，单产量为 1935 千克。1999 年为 30 公顷，2008 年为 1 公顷。

1979—2008 年香河县主要粮食作物面积、产量统计表

表 15-4-1

年份	小麦			玉米			高粱			谷子		
	面积（公顷）	总产（吨）	单产（千克/公顷）	面积（公顷）	总产（吨）	单产（千克/公顷）	面积（公顷）	总产（吨）	单产（千克/公顷）	面积（公顷）	总产（吨）	单产（千克/公顷）
1979	17753.33	40660.00	2295.00	15493.33	37660.00	2430.00	1360.00	905.00	675.00	2713.33	2865.00	1065.00
1980	17133.33	23045.00	1350.00	17566.67	61420.00	3480.00	826.67	1170.00	1425.00	2246.67	3600.00	1605.00
1981	15960.00	25110.00	1575.00	17393.33	4720.00	2715.00	846.67	780.00	930.00	1973.33	3035.00	1545.00
1982	12673.33	20240.00	1605.00	17260.00	66135.00	3840.00	946.67	1525.00	1620.00	2086.67	4245.00	2040.00
1983	15953.33	47800.00	3000.00	17033.33	55210.00	3990.00	940.00	1070.00	1140.00	2033.33	4825.00	2370.00
1984	16053.33	48920.00	3045.00	16553.33	58070.00	3510.00	746.67	1020.00	1365.00	2233.33	5390.00	2415.00
1985	16066.67	52200.00	3255.00	15706.67	62460.00	3975.00	846.67	1085.00	1290.00	1900.00	3750.00	1980.00
1986	15866.67	52480.00	3315.00	16780.00	69530.00	4125.00	860.00	1405.00	1635.00	1573.33	3630.00	2310.00
1987	16246.67	47600.00	2940.00	17460.00	73250.00	4200.00	900.00	1405.00	1575.00	1220.00	2715.00	2235.00
1988	16333.33	55415.00	3390.00	17666.67	40500.00	2295.00	860.00	765.00	885.00	1100.00	775.00	705.00
1989	16666.67	63315.00	3795.00	18260.00	51880.00	2835.00	966.67	1385.00	1395.00	806.67	935.00	1155.00
1990	16860.00	64430.00	3825.00	19233.33	65540.00	3405.00	920.00	1160.00	1260.00	586.67	920.00	1560.00
1991	17402.00	66490.00	3825.00	19446.00	83869.00	4320.00	859.00	1615.00	1875.00	544.00	1284.00	2355.00
1992	16914.00	85577.00	5055.00	19414.00	92240.00	4755.00	819.00	1704.00	2085.00	474.00	1119.00	2370.00
1993	16100.00	82203.00	5100.00	19317.00	96199.00	4980.00	979.00	2101.00	2130.00	219.00	402.00	1830.00
1994	15288.00	78465.00	5130.00	17620.00	93991.00	5340.00	926.00	2144.00	2340.00	141.00	346.00	2460.00
1995	14579.00	88100.00	6045.00	17806.00	103071.00	5790.00	875.00	2084.00	2385.00	98.00	282.00	2865.00
1996	15067.00	91633.00	6075.00	18512.00	110384.00	5970.00	737.00	1951.00	2655.00	33.00	67.00	2040.00
1997	15298.00	98594.00	6450.00	19151.00	122644.00	6405.00	699.00	1749.00	2505.00	3.00	4.00	1530.00
1998	15131.00	98786.00	6525.00	20153.00	134290.00	6660.00	422.00	1079.00	2565.00	—	—	—
1999	15350.00	98002.00	6390.00	19973.00	83899.00	4200.00	395.00	959.00	2430.00	—	—	—
2000	14642.00	88070.00	6015.00	19747.00	87944.00	4455.00	397.00	904.00	2280.00	—	—	—
2001	12322.00	74487.00	6045.00	18568.00	102733.00	5535.00	356.00	909.00	2550.00	—	—	—
2002	12152.00	73488.00	6045.00	18101.00	80478.00	4440.00	290.00	634.00	2190.00	—	—	—
2003	11556.00	66284.00	5730.00	18010.00	92001.00	5115.00	286.00	677.00	2370.00	—	—	—
2004	11654.00	68889.00	5910.00	18082.00	112848.00	6240.00	212.00	635.00	3000.00	—	—	—
2005	12573.00	75438.00	6000.00	18078.00	113296.00	6270.00	212.00	655.00	3090.00	—	—	—
2006	12593.00	74954.00	5955.00	18309.00	124080.00	6780.00	212.00	718.00	3390.00	—	—	—
2007	12593.00	75088.00	5970.00	18384.00	124965.00	6795.00	154.00	522.00	3390.00	—	—	—
2008	12586.00	75336.00	5985.00	18400.00	125176.00	6810.00	42.00	141.00	3360.00	—	—	—

1979—2008年香河县薯类、大豆、杂粮播种面积、产量统计表

表15-4-2

年份	面积（公顷）	总产（吨）	单产（千克/公顷）	面积（公顷）	总产（吨）	单产（千克/公顷）	面积（公顷）	总产（吨）	单产（千克/公顷）
1979	740.00	1570.00	2130.00	1033.33	3005.00	2925.00	1673.33	2095.00	1245.00
1980	533.33	1650.00	3105.00	973.33	3555.00	3645.00	1460.00	2235.00	1545.00
1981	506.67	1530.00	3000.00	1060.00	2475.00	2340.00	1346.67	1880.00	1395.00
1982	646.67	2165.00	3345.00	1273.33	2660.00	2100.00	1493.33	3870.00	2265.00
1983	520.00	1555.00	3000.00	1213.33	2210.00	1815.00	1233.33	2100.00	1710.00
1984	513.33	1670.00	3270.00	1366.67	2425.00	1785.00	880.00	1885.00	2145.00
1985	646.67	2375.00	3675.00	1680.00	3260.00	1950.00	1340.00	2370.00	1770.00
1986	280.00	1970.00	3510.00	1940.00	3850.00	1995.00	1246.67	1890.00	1650.00
1987	246.67	1890.00	3825.00	2033.33	3310.00	1635.00	1253.33	1965.00	1575.00
1988	260.00	970.00	1860.00	1993.33	1840.00	930.00	1280.00	655.00	510.00
1989	246.67	1360.00	2940.00	1920.00	2075.00	1080.00	1233.33	1195.00	975.00
1990	540.00	1635.00	3030.00	1906.67	2500.00	1320.00	1233.33	1415.00	1140.00
1991	512.00	2231.00	4365.00	1629.00	2774.00	1710.00	767.00	790.00	1035.00
1992	477.00	1987.00	4140.00	1408.00	2405.00	1710.00	985.00	1159.00	1170.00
1993	510.00	2010.00	3945.00	1165.00	2083.00	1785.00	955.00	1447.00	1515.00
1994	473.00	1900.00	4020.00	1095.00	2316.00	2115.00	748.00	1158.00	1545.00
1995	365.00	1582.00	4335.00	887.00	1902.00	2145.00	656.00	1256.00	1920.00
1996	352.00	1598.00	4545.00	715.00	1641.00	2295.00	447.00	898.00	2010.00
1997	297.00	1373.00	4620.00	578.00	1358.00	2220.00	310.00	598.00	1935.00
1998	182.00	1039.00	5715.00	226.00	519.00	2295.00	72.00	133.00	1845.00
1999	168.00	898.00	5355.00	167.00	441.00	2640.00	30.00	40.00	1350.00
2000	178.00	877.00	4920.00	200.00	518.00	4095.00	20.00	29.00	1455.00
2001	172.00	897.00	5235.00	184.00	512.00	2775.00	28.00	46.00	1665.00
2002	172.00	911.00	5310.00	184.00	506.00	2760.00	27.00	56.00	2070.00
2003	169.00	1447.00	8565.00	181.00	494.00	2730.00	28.00	56.00	1995.00
2004	154.00	990.00	6435.00	180.00	591.00	3285.00	28.00	54.00	1920.00
2005	154.00	940.00	6105.00	181.00	594.00	3285.00	28.00	53.00	1890.00
2006	153.00	936.00	6135.00	154.00	507.00	3300.00	15.00	17.00	1125.00
2007	141.00	856.00	6075.00	133.00	437.00	3285.00	14.00	20.00	1425.00
2008	98.00	679.00	6960.00	118.00	376.00	3180.00	1.00	0.10	795.00

2004 年、2008 年香河县种粮大户调查情况表

表 15-4-3

乡镇	村街	姓名	面积（公顷）
钱旺乡	袁官屯	袁英民	2.00
	成自务	何连起	2.00
		李志刚	5.33
		勾连祥	9.33
	小六王	李　山	4.00
	大六王	陆连生	2.00
		甄子龙	4.00
蒋辛屯镇	打卜户	张铁华	4.67
	梁务	董永奎	4.00
现代产业园	—	马洪海	26.67
渠口镇	店子务	贾连富	20.00
	宣教寺	赵廷福	4.67
		李长伦	18.00
		单自强	10.00
	小河各庄	胡凤起	5.07
		邱荣民	3.33
		张广军	3.47
	大鲁口	薛宝刚	12.27
	窦庄	宗广波	6.00
	闫胡套	张殿如	3.33
		张金生	3.67
		张振环	3.53

第二节　经济作物

一　棉花

棉花为香河县主要的经济作物，1966—1981 年的 16 年间，棉花平均占地 3080 公顷，1982 年开始推广地膜覆盖技术，引进优质高产棉种，产量大幅度提高，1984 年棉花每公顷产量为 1260 千克，1990 年后，由于棉花收购政策的调整，播种面积开始减少，1991—2000 年播种面积由 1136 公顷减少到 225 公顷，10 年间平均单产每公顷 484 千克。2001 年每公顷产量为 630 千克，2005 年以后，播种面积逐年萎缩，到 2008 年播种面积 152 公顷，每公顷产量为 660 千克，地膜棉面积占 60%左右。

20 世纪 90 年代中期，棉花品种以“鲁棉 1 号”“冀棉 6、10 号”“冀农 1 号”为主。由于棉铃虫发生较重，1997 年以后，引进美国抗虫棉品种“DP33B”“DP99B”，这两个品种播种面积曾占到 70%左右。2003 年以后，陆续引进“冀 668”“邯杂 284”“邯杂 289”“邯棉 5158””冀棉 22””银瑞 361”等优良品种。

二 油料

香河县主要油料作物包括花生、芝麻。1991年后，播种面积逐年减少，由1991年1416公顷减少到2008年的150公顷，每公顷产量由2295千克增加到2475千克，总产由2265吨减少到373吨。

芝麻 进入20世纪80年代后，芝麻播种面积有所扩大，1984年为740公顷，每公顷产量为780千克。1991—1996年，播种面积由168公顷减少到10公顷，6年间平均单产不足600千克。主栽品种仍为“冀芝一号”“文安白”。由于产量低及在芝麻开花期雨水多不利结果等原因，种植面积逐年减少。1997年后，芝麻已不再种植。

花生 1980年后，推广地膜覆盖技术，产量不断增加。1985年，每公顷达到2700千克。到2001年，每公顷产3045千克。2000年以后，引进“冀油4”优良品种，2008年主栽品种有“海花七”“冀油4”等中大果型花生。

1979—2008年香河县主要经济作物面积、产量统计表

表15-4-4

年份	棉花			花生			芝麻		
	面积（公顷）	产量（吨）	单产（千克/公顷）	面积（公顷）	产量（千克/公顷）	单产（吨）	面积（公顷）	产量（吨）	单产（千克/公顷）
1979	2906.67	500.00	180.00	426.67	395.00	945.00	446.67	110.00	240.00
1980	1893.33	515.00	270.00	586.67	655.00	1110.00	406.67	250.00	615.00
1981	2253.33	585.00	255.00	646.67	555.00	825.00	453.33	250.00	585.00
1982	2660.00	1530.00	585.00	513.33	635.00	1245.00	533.33	360.00	675.00
1983	3326.67	3025.00	915.00	480.00	520.00	1095.00	653.33	490.00	720.00
1984	4073.33	5150.00	1260.00	453.33	660.00	1440.00	740.00	575.00	780.00
1985	2900.00	2055.00	705.00	873.33	1700.00	2700.00	1113.33	300.00	270.00
1986	1786.67	795.00	450.00	1126.67	1850.00	1590.00	820.00	155.00	195.00
1987	1780.00	790.00	450.00	1113.33	2035.00	1830.00	586.67	165.00	285.00
1988	1666.67	335.00	195.00	1260.00	1020.00	810.00	440.00	35.00	60.00
1989	1373.33	290.00	210.00	1206.67	1445.00	1200.00	320.00	115.00	375.00
1990	1580.00	485.00	300.00	1233.33	1940.00	1575.00	220.00	95.00	435.00
1991	1136.00	558.00	495.00	1248.00	2171.00	1740.00	168.00	94.00	555.00
1992	898.00	447.00	495.00	1181.00	2014.00	1710.00	168.00	86.00	510.00
1993	710.00	328.00	465.00	1203.00	1839.00	1530.00	133.00	78.00	585.00
1994	474.00	125.00	270.00	1022.00	1595.00	1560.00	33.00	20.00	600.00
1995	468.00	241.00	510.00	970.00	1794.00	1845.00	33.00	21.00	630.00
1996	469.00	251.00	540.00	838.00	2121.00	2535.00	10.00	7.00	675.00
1997	427.00	231.00	540.00	791.00	2336.00	2955.00	—	—	—
1998	300.00	164.00	540.00	853.00	2361.00	2760.00	—	—	—
1999	289.00	147.00	510.00	841.00	2227.00	2655.00	—	—	—
2000	225.00	119.00	525.00	722.00	2120.00	2940.00	—	—	—
2001	249.00	156.00	630.00	711.00	2164.00	3045.00	—	—	—
2002	270.00	185.00	690.00	669.00	1611.00	2415.00	—	—	—

续表 15-4-4

年份	棉花			花生			芝麻		
	面积（公顷）	产量（吨）	单产（千克/公顷）	面积（公顷）	产量（千克/公顷）	单产（吨）	面积（公顷）	产量（吨）	单产（千克/公顷）
2003	305.00	208.00	675.00	667.00	1642.00	2460.00	—	—	—
2004	408.00	284.00	690.00	660.00	1647.00	2490.00	—	—	—
2005	276.00	190.00	690.00	664.00	1646.00	2475.00	—	—	—
2006	164.00	112.00	675.00	296.00	774.00	2610.00	—	—	—
2007	191.00	131.00	690.00	295.00	768.00	2610.00	—	—	—
2008	152.00	101.00	660.00	150.00	373.00	2475.00	—	—	—

第三节 农技农艺

一 耕作制度

1979—1989 年，香河县一直以一年一熟、一年两熟并存的耕作制度，一年一熟主要以春季作物及旱地，如春玉米、棉花、花生、高粱及豆类等，一年两熟在 20 世纪 80 年代主要以小麦—玉米为主。1990—2008 年，县农业局研究推广小麦—玉米一年两熟高产高效栽培技术模式，随着农业生产条件的不断改善，稳定二熟制，减少一熟制，两熟制面积不断扩大，复种指数逐渐提高。到 2008 年，全县复种指数达到 200%。

二 作物栽培

1979 年至 20 世纪 80 年代，香河县农作物栽培模式主要以小麦—玉米或春玉米为主，蔬菜等经济作物种植面积相当小。1990 年后随着农业种植结构的优化调整，作物栽培模式得到改进和丰富，并形成多种较成熟的栽培模式，大田作物以小麦—玉米播种为主，蔬菜等经济作物的种植模式比较多样，已形成成熟的栽培模式有：韭菜（有春季小拱棚一年收三茬、露地韭菜一年收获三至四茬、晚秋韭菜一年收获三茬等），主要分布在五百户、安头屯、刘宋等；香菜一年可播种收获三至四茬，主要分布在五百户、安头屯、刘宋；香菜—菠菜—茴香一年三作制主要分布在五百户；甘蓝—大葱一年两熟，甘蓝—玉米、甘蓝—甘蓝、甘蓝—莴笋、莴笋—冬瓜、冬小麦—冬瓜等主要分布在渠口；春甘蓝（或春莴笋）—夏黄瓜—秋莴笋一年三作制，主要分布在钱旺村乡；保护地蔬菜种植也有成熟的栽培模式，主要有：秋延后大棚莴笋—春茬莴笋；秋延后大棚黄瓜—春提早黄瓜；秋延后大棚莴笋—春提早黄瓜（番茄），主要分布在淑阳和五百户镇等地；多种多样的栽培模式充分的满足人们对优质农产品的需求，也增加农民的收入，改善人民的生活水平。

三 施肥

1980 年以前农民种地施肥以农家肥、有机肥为主，化肥的投入很少（投入的化肥也以氨水、硫酸铵、碳酸氢铵等氮肥为主），粮食产量长期在低水平徘徊。在 1981 年，香河县进行全县耕地土壤普查，初步摸清全县耕地的养分含量状况，确定全县耕地普遍缺磷，耕地中过磷酸钙的施用为全县粮食产量的提升打开突破口，20 世纪 80 年代美国产磷酸二铵也开始进入香河县市场，效果明显好于过磷酸钙，在 20 世纪 80 年代中后期磷酸二铵是香河县农作物施用的主要化肥，在当时香河县土壤严重缺磷的情况下，磷肥为全县农业生产的增收起到了重要作用。在当时追肥以碳酸氢铵为主、尿素为辅。从 1990 年开始，单一的磷肥已不能起到明显的增产作用，农民开始使用含有氮、磷、钾肥的复混肥料，当时各种专用肥的使用很广泛（如小麦专用肥、玉米专用肥等），追肥以尿素为主，碳酸氢铵为辅。到 2000 年，测土配方施肥技术开始在香河县推广，它是在充分考虑土壤供肥性能、作物需肥规律、目标产量的基础上提出合理的施肥方案，以满足作物对养分的需要，这样既满足了农民增产增收、又不浪费肥料和污染环境，充分发挥了肥料的增产作用。到2008年，全县累计推广测土配方施肥面积达60多万亩，增收节支1000余万元。

四　浇水

20世纪80年代，农业灌溉浇水主要以沟渠等地表水为水源，以土垄沟为输水方式的大水漫灌的形式为主。90年代后，受自然降水减少、地下水缺乏的影响，地表水严重减少，许多地方的地表水几乎没有，这样主要靠地下水来灌溉，地表水也有季节性积水可利用，县政府投入大量的资金用于农田基础设施、小水利工程等改善农业生产条件。灌溉方式也就随之发生了变化，水源以地下水为主、季节性利用地上积水，输水方式有地下防渗管道、田间地下小白龙等，栽培模式也由长畦改为短畦或小方田（以节约灌水量）。到2008年，香河县地下防渗管道控制面积达13333.33公顷。

五　中耕

20世纪80年代，农田中主要以人畜为动力进行耕作，由牛、马、驴、骡等牲畜为牵引，由人扶犁进行翻耕、播种、镇压等田间耕作，机械化水平很低，机械作业率在20%左右，从90年代后，机械化水平不断提高，中耕作业以机械为主，到2000年开始推广保护性耕作，以取代传统的耕作技术，保护土地和生态环境。保护性耕作对传统耕作制度的一场革命，由于传统耕作制度追求精耕细作，作物的地上部分全部被收获，从秋收直到第二年中期地表完全处于裸露状态，因此极容易造成水土流失。所以保护性耕作得到越来越多农民的认识，它实际是一种“免耕或少耕”的耕作技术，主要特点是：深松打破犁底层，有利于雨水下渗和作物根系生长，建立源源不断的土壤水库；利用免耕、少耕技术，减少对土壤层的破坏；用大量秸秆和残茬覆盖地表，以减少雨水地表径流和水分的蒸发；秸秆腐烂形成大量的有机质，增加土壤肥力。保护性耕作必须有先进的机械设备相配套，如香河县的王指挥庄村保护性耕作做得比较成功，土壤肥力得到明显提升。

六　保护地种植

香河县1982年开始推广地膜覆盖技术，主要用于棉花、花生种植。到1985年，保护地种植面积为1746.67公顷。1986年后，因地膜价格上调和收购政策改变，到1990年全县保护地种植面积为267.60公顷。进入20世纪90年代，香河县蔬菜种植面积逐年增加，保护地种植规模增大。从简单的地膜覆盖发展到小拱棚、中棚和大棚。2004年，香河蔬菜播种面积1.2万公顷，其中，保护地面积3000公顷（日光温室400公顷、塑料大棚700公顷、中小棚1900公顷），地膜菜2600公顷，裸地菜6260公顷。主要分布为：五百户镇1133公顷，钳屯乡520公顷，安平镇353公顷，淑阳镇333公顷，其他乡镇均在100公顷以下。2008年全县保护地面积3066.67公顷（日光温室400公顷，大棚766.67公顷，中小棚1900公顷），地膜菜2333.33公顷，裸地菜7600.00公顷。全县日光温室档次低，多数温室采光角度差，只适宜在冬季生产韭菜、芹菜等需弱光产品；应提高大棚的高跨比，提高高效能温室的建造，以适宜冬季生产，满足京津市场和人民群众生产生活的需求。

第四节　植物保护

一　病、虫种类

香河县常见的农作物病、虫、草、鼠害有120种，每年受害（指达到防治指标）面积约225573.33公顷。

病害有39种，包括真菌、细菌、病毒及生理性病害。危害最大的有21种，年受害面积约52573.33公顷。病害种类：80年代病害主要有：麦类锈病、白粉病、黑穗病等。玉米病害：大、小斑病；黑粉病等。棉花病害主要有：立枯病、炭疽病、角斑病、棉枯、黄萎病。蔬菜病害主要有：病毒病、软腐病、黑斑病、霜霉病、疫病、角斑病等。90年代随着产业结构调整的不断深入，蔬菜生产发展迅速，蔬菜病害发生逐年加重。如根腐病、枯萎病等。2000—2008年麦类病害增加了赤霉病。玉米病害增加了褐斑病、弯孢霉叶斑病、顶腐病、玉米病毒病。蔬菜病害不断加重。尤其是生理性病害如花打顶、脐腐病、干烧心等。

虫害有46种，危害最大的有23种，以鳞翅目、鞘翅目、同翅目、膜翅目最多，年危害面积约

192573.33公顷，主要害虫有麦蚜、麦蜘蛛、小麦吸浆虫、麦叶蜂、黑斑麦潜蝇、玉米螟、玉米异跗萤叶甲、玉米蓟马、玉米红蜘蛛、黏虫、草地螟、东亚飞蝗、土蝗、蟋蟀、高粱蚜、大豆天蛾、棉蚜、棉铃虫、棉花红蜘蛛、菜青虫、小菜蛾、烟青虫。地下害虫有蝼蛄、蛴螬、金针虫、地老虎，其中，小麦吸浆虫、蚜虫、玉米螟、玉米异跗萤叶甲、黏虫、东亚飞蝗、土蝗、地老虎、蝼蛄、蛴螬在本县危害最大。小麦吸浆虫、玉米异跗萤叶甲、草地螟、黑斑麦潜蝇是2000年以后增加的虫害。

草害有35种，年受害面积39600公顷，主要有荠菜、播娘蒿、藜、雀麦、狗尾草、苦苣、打碗花、田旋花、刺菜、马唐、葎草，其中以2009年5月本县发现的麦田禾本科杂草“雀麦”危害最大。

二 预测预报

香河县植保植检站是国家级有害生物防控预警站，设7名专业测报人员，主要工作是：病、虫、草、鼠害监测预报；新农药、药械试验推广；植物检疫执法。测报主要是利用黑光灯进行数值预报，大田普查、系统调查相结合。每年常规测报项目19种，一般项目49种，年发布病虫情报16～22期，重大病、虫、草、鼠害周报24～30期，黑光灯成虫诱测表24～30期。拍发模式电报12期。

三 防治

（一）病害防治 农业防治：轮作倒茬，引进选育抗病品种；物理防治，播前晒种、种子处理；加强肥水管理，增施有机肥和磷钾肥，做好清沟排渍，降低田间湿度可减轻危害；化学防治，土壤处理、药剂拌种、喷施农药、消灭传播媒介等。

防治用药20世纪80年代主要有三唑酮、退菌特、托布津、多菌灵等。90年代治疗真菌性病害的有百菌清、杀毒矾、代森锰锌、普力克、甲霜灵等。治疗细菌性病害可杀得、春雷霉素、链霉素、新植霉素等；治疗病毒病用病毒A、植病灵、小叶敌等。2000年以后，各种农药复配、交替使用。如雷多米尔、金雷、灭克、烯酰吗啉等。

（二）虫害防治 农业防治，轮作倒茬、耕翻灌溉土壤、晾晒、选育抗虫品种；物理防治：杀虫灯、诱杀虫板、防虫网等；生物防治，天敌防治、性诱剂诱捕成虫；化学药剂防治。

20世纪80年代，虫害防治主要采用农业防治和化学防治。化学防治用药主要是有机磷类、氨基甲酸酯类。90年代，虫害防治主要采用农业防治、物理防治、化学防治。防治用药有机磷类、氨基甲酸酯类、菊酯类。

2000年，虫害防治在原有基础上增加了生物防治。防治用药：有机磷类药物逐渐被替代，菊酯类、生物农药等迅速发展。

（三）草害防治 农业防治，精选农作物种子，防止草籽侵入农田，实行伏耕、秋耕和播前深耕、翻灭杂草；化学除草，包括封地除草、苗后除草。

80年代，农田化学除草刚刚起步。只是用于一少部分菜田，如韭菜田化学除草。除草剂种类只有乙草胺、地乐胺、施田补等。90年代，除草剂被广泛应用于麦田、玉米田、蔬菜田。如麦田除草用2、4—D丁酯，玉米田除草主要采取封地除草，药剂主要是“乙阿合剂”；蔬菜田除草主要用药：氟乐灵、施田补、使它隆等。2000年以后，麦田除草使用2、4—D丁酯与苯磺隆混合使用；为防治田旋花使用“使它隆”。玉米田除草在原来封地除草基础上，推广了“一封一杀”除草技术，玉米苗后除草技术等，用药主要有玉农思、乙草胺、百草枯、烟嘧磺隆。蔬菜田除草增加了阔锄、闲锄、打阔等。

（四）种子包衣 全县种子生产经历了由常规种子—单变种—杂交种的演变；由原先的不包衣到实现包衣率的30%～70%的演变，种子商品化率、精品化率显著提高。

第五节 种植成本效益

1980年后，随着家庭联产承包责任制的确立，对农业投入逐年增加，农业生产条件逐步改善，农业生产水平进一步提高。2004年后，国家免除农业税，增加粮食补贴、良种补贴，但由于生产资料及农机作业价格上升较快，生产成本加大，农户种植效益增加不明显。

一 小麦玉米成本效益

1983—1991年，生产资料价格、农机作业及人工成本比较低，小麦价格每千克0.60～1.0元，每公顷生产成本1125～1800元，每公顷收益675～

1950 元。玉米价格每千克 0.35～0.70 元，每公顷生产成本 675～1125 元，每公顷收益 450～1875 元。

1992—2000 年，生产资料价格、农机作业及人工成本逐年增加，小麦价格每千克 1～1.16 元，每公顷生产成本 1950～3150 元，公顷收益 3000～4050 元。玉米价格每千克 0.75～1.1 元，每公顷生产成本 900～1800 元，公顷收益 2100～3900 元。

2001—2008 年，生产资料价格、农机作业及人工成本上涨较快，小麦价格每千克 1.18～1.65 元，每公顷生产成本 3435～5625 元，公顷收益 3705～4245 元。玉米价格每千克 1.1～1.5 元，每公顷生产成本 1800～3900 元，公顷收益 4350～6300 元。

2001—2008 年香河县小麦成本效益统计表

表 15-4-5　　单位：元

年份	种子	化肥	农药	灌溉	农机	用工	合计	公顷产值	公顷效益
2001	390	1065	195	615	870	300	3435	7140	3705
2002	405	1095	195	615	870	300	3480	7530	4050
2003	450	1215	210	645	945	375	3840	7440	3600
2004	495	1320	210	645	1050	450	4170	7680	3510
2005	525	1425	210	675	1125	525	4485	8400	3915
2006	525	1545	225	690	1245	600	4830	8940	4110
2007	630	1635	225	690	1275	750	5205	9555	4350
2008	675	1755	225	570	1550	850	5625	9870	4245

（二）棉花成本效益

棉花生产成本包括种子、农药、化肥、地膜及人工（整枝、采摘）。其中用工量比较大，人工成本常常不计算在内。20 世纪 90 年代以后，国家收购逐渐减少，棉花销售以市场为主，棉花种植面积逐年减少，且种植分散。1991—2000 年，市场价皮棉每千克 8～16 元，每公顷效益 3000～6000 元。2000 年以后，以自产自用为主，皮棉价格每千克 16～20 元，每公顷效益 8250 元左右。

（三）花生成本效益

花生生产成本包括种子、底肥、农药、地膜及人工费用。1991—1999 年花生价格每千克 2.3～3.4 元，每公顷种植成本 1200～1800 元，每公顷效益 2850～7200 元。2000～2008 年花生价格每千克 3.5～4.8 元，每公顷种植成本 1950～1050 元，每公顷效益 8250～9300 元。

(四)蔬菜成本效益

香河县蔬菜种植在 20 世纪 90 年代末，就形成了规模种植。随着品种优化、先进种植技术的应用及设施蔬菜的增多，蔬菜单产水平稳定在每公顷 6 吨。1984 年大白菜生产成本、每公顷 1723.05 元，总收益为 5028.15 元，纯收益为 3305.10 元；到 2003 年生产成本 8190 元，总收益 22680 元，纯收益 14490 元。西红柿（大棚）在 1984 年生产成本 3510.30 元，总收益 5666.25 元，纯收益 2155.95 元；在 2003 年生产成本 41836.50 元，总收益 84480 元，纯收益 42643.50 元。

第六节　科技服务

香河县农业局通过举办各类培训班、组织科技大集、印发资料、发放科技书籍的形式适时开展科技培训。并于 2003 年 12 月 31 日正式开通香河县农业信息网。全县建立了 5 个省级科技进村服务站。2008 年累计举办各类培训班 750 余期，组织科技大集 10 次，累计培训农民 3.5 万余人次，发放技术资料 7 万余份。先后编写《农业信息》30 期。在电视台发布菜篮子价格信息 150 期，同时，在农业信息网上发布李庄市场菜价信息 130 期，为全县广大菜农提供了及时有效地服务。

第五章　蔬　菜

1990年后，香河县大力发展蔬菜生产，到2004年底，全县蔬菜占地面积6500公顷，播种面积近1.2万公顷，总产量77万吨，商品量62万吨，省外销量46万吨。到2008年全县瓜菜占地7000公顷，播种面积达到了13000公顷，蔬菜总产量79.3万吨，商品量65.2万吨，省外销量57万吨，蔬菜总产值59480万元。

第一节　种植品种

香河县蔬菜主要有白菜、韭菜、芥菜、芹菜、香菜、菠菜、洋白菜、油菜、西红柿、黄瓜、萝卜、西葫芦、丝瓜、南瓜、冬瓜、葱头、大葱、豆角、辣椒、茴香、苦瓜、茄子、莴笋。新增加品种有香芹、樱桃番茄、香葱及适宜冷棚生产的“良庆”和“春大强”牌春白菜。香河县蔬菜的种植品种以韭菜面积最大，栽培历史久远，是全省最大韭菜生产基地，2008年全县发展到3133.33公顷，总产量22.6万吨。

韭菜面积最大的是五百户镇，该镇4133.33公顷耕地，种植韭菜2000公顷，产品远销全国北方9个省市自治区。韭菜种植品种主要以河南平顶山“平韭2”和“久星”为主，该品种耐低温，高产且品质佳。香河县韭菜生产通过露地、小拱棚、温室等设施栽培模式，已实现全年供应，“运青”牌韭菜已成为冬季餐桌上常见的新鲜美食。食用菌是另一个有特色的蔬菜品种。全县自1980年开始引进香港大平菇、日本姬菇等食用菌品种。1994年又引进浙江磐安香菇套袋技术，进行中小棚和日光温室栽培。有焦康庄、田贾庄、袁刘庄基地，该基地是由来自具有香菇之城美誉的浙江庆元人自带资金、技术人员来本地发展壮大的，2008年发展到133.33公顷，年产量2万吨。其中香菇113.33公顷，平菇、毛木耳等品种面积20公顷，以蒋辛屯镇和钱旺乡栽培面积最大，面积均在33.33公顷以上。主要栽培“武香一”“939”“241”香菇品种，采用架式立体栽培方式，亩立体放香菇棒3万棒，充分利用了立体种植空间，2007年，带动蒋辛屯镇北六百户村发展香菇生产10公顷，充分利用秸秆、棉籽皮、麸皮等农产品。第三个有特色的蔬菜品种是大棚苦瓜，主要栽培地在安平镇的王家摆、曹店和五百户镇的前后楼、四百户等村。全县苦瓜面积333.33公顷，总产量3万吨以上，产品主要销往京津二市。1992年，由香河籍在廊坊农科院工作人员赵山引进的优质“伊丽莎白”甜瓜品种在王家摆村广为种植，该品种亩产万斤，亩纯收入万元以上，经济效益高，深受广大农民和京津消费者的好评。香河甘蓝种植以田贾庄及东魏各庄和魏西魏各庄为两大种植中心，总面积近200公顷，当家品种为中甘21、中甘22。2008年，香河县富民甘蓝合作社正式注册成立，为这一产业持续发展提供了保障。是年，“运清牌”韭菜、苦瓜；“淑阳牌”大蒜、香菇；“曹店牌”苦瓜；“淑阳牌”冬瓜；“淑阳牌”香菇；“淑阳牌”晚秋黄梨等10个产品被评为廊坊市第十二届农产品交易会名优产品。

第二节　温室大棚菜

进入2000年，蔬菜产业发展迅猛，特别是实施食品放心工程，进一步改良棚室结构，引进优良品种，按照无公害蔬菜生产技术规程组织生产，大力推广无公害蔬菜生产技术，进一步提高了蔬菜产品的质量和市场竞争力。全县设施蔬菜种植面积3000公顷，无公害蔬菜生产基地6666.7公顷，通过环评认证面积100%。建立了具有区域特色无公害蔬菜生产基地12处。蔬菜种植成为农民增收的主要途径之一。

五百户镇大力推进农业产业化，2007年，李庄的无公害蔬菜种植面积达2333.33公顷，设施蔬菜达1733.33公顷，为使新种植园的蔬菜达到绿色无公害产品销售一条龙服务，五百户镇在吴打庄村成立了“绿德龙”蔬菜营销协会，使老百姓的蔬菜在北京、天津等各大超市打开了销售渠道，从而实现国内市场销售水平的上档升级。

蔬菜种植由于设施条件的改变，成本效益与1979年相比有很大不同，引进诸多优良品种，如黄芯白菜、樱桃番茄等；逐渐变粗放管理为精耕细作，逐渐向设施栽培、无公害管理、绿农业方向发展。2000年后建一亩塑料温室大棚需2万元左右，年纯收入在一万元以上，是一项高投入、高产出的行业。

第三节　经营与管理

一　组织管理

蔬菜产业发展正朝着集中大面积种植、高投入、高产出、绿色环保、无公害方向发展，全县蔬菜种植区已形成五百户镇的韭菜；蒋辛屯镇和钱旺乡的食用菌；安平镇的王家摆、曹店和五百户镇的前楼、后楼、四百户等村的大棚苦瓜；渠口镇东卫、西卫村的甘蓝、西河头村的冬瓜；田贾庄的莴笋几大种植区。为促进全县蔬菜产业的发展，规范助推全县蔬菜产业再上新的台阶。2008年，全县已注册登记20个农民专业合作社。

二　农药管理

随着蔬菜产业的发展壮大，农药使用的不断增多，保护群众的正常的生产、生活秩序。1998年，香河县农业综合执法队正式成立，为促进农业可持续发展发挥了积极作用。

农资经营基本情况，全县农资经销单位(个人)148个，其中淑阳镇16个，渠口镇14个，钱旺乡11个，蒋辛屯镇5个，刘宋镇33个，五百户镇37个，钳屯乡12个，安平镇10个，安头屯镇10个，其中常年销售经营户100个，季节性销售经营户48个。韭菜种植主要分布在五百户镇、钳屯乡、刘宋镇、安头屯镇、蒋辛屯镇、安平镇。是全省最大韭菜种植基地。进入21世纪韭菜用药主要有辛硫磷、高效氯氟氰菊酯、毒死蜱等。

为了提高香河县农产品质量，降低农药残留量，达到无公害生产要求。根据国务院《农药管理条例》的有关规定，2001年，县政府决定在全县行政区域内禁止销售和使用剧毒、高毒、高残留农药，推广使用高效、低毒、低残留农药品种。禁止销售和使用的高毒、高残留农药名单如下：甲拌磷(3911)、治螟磺(苏化203)、对硫磷(1605)、甲基对硫磷(甲基1605)、内吸磷(1059)、杀螟威、久效嶙、磷胺、甲胺磷、异丙磷、三硫磷、氧化乐果。磷化锌、磷化铝、甲基硫环磷、甲基异柳磷、氰化物、呋喃丹、氟乙酰胺、砒霜、涕灭威(铁灭克)、杀虫脒、西力生、赛力散、溃疡净、氯化苦、五氯酚钠、二溴丙烷、401、六六六、滴滴涕、氯丹、除草醚、苯磺隆。

三　种子管理

种子存在的主要问题有两个方面，一是种子质量问题，有些种子没有包装或者包装不规范，有假劣种子混杂其中，有的种子纯度、净度、水分不符合标准。必要时需对其进行抽样检测。二是种子审定问题，有的经营户经营的种子在本地区没有经过审定，把不适宜在本县种植的种子卖给农民，因气候等原因，有可能造成减产或绝收，应严格按照《种子审定公告》逐一品种进行审查。

农业局对县内销售种子的公司、站点，经常进行抽查和检验，防止假种子、劣种子进入市场。按照种子质量检验技术规程，对种子的入库、储藏、出库销售等环节进行监督和质量检测。2002年，在种子执法中，查处经营未审定品种及审定品种越区销售、无经营许可证经营种子、销售无包装、无分装种子、销售无标签等违法行为，共查出21家未备案的种子经营户，全部责令其补办了备案手续，查处7起经营未审定的种子，责令其停销。对全县种子营销户实行统一销售票据，建立销售档案，以备接受检查。

第四节　李庄韭菜种植业

香河县韭菜种植历史悠久，五百户镇王家务、李庄、土门楼等村的芽韭、紫根韭最为有名，它以叶肥、味香、色美而享誉北京、天津，久销不衰。但从中华人民共和国成立初期发展到1976年，全县韭菜种植面积为46.67公顷，总产量约为17.5万千克。中共十一届三中全会后，韭菜种植有了较大发展。1980年，扩大到133.33公顷，总产量约为240万千克。随着韭菜生产规模的扩大，栽培技术与品种不断更新。1982年，境内在保留传统牙韭、紫根韭的基础上，先后引进“791”“平顶山2号”“津南韭”“汉中韭”等优良品种。1985年，韭菜种植普遍采用暖棚、小拱棚和温室大棚等保护地栽培新技术，韭菜产量和经济效益逐年增加。1987年，李庄乡种植106.67公顷韭菜，其中冬季中棚0.8公顷，春季小拱棚33.67公顷，露地20公顷，露地风障埋沙52.13公顷。冬季中棚亩收入4800元，春季小拱棚亩收入2000元，地膜覆盖亩收入1000元，露地风障沙埋亩收入为700～800元。1990年，李庄乡9个行政村种植韭菜146.67公顷，平均单产54435千克，总收入为416万元，约占农业总收入的82%。随着李庄韭菜的发展，带动了钳屯、五百户、香城屯等乡镇的农民踊跃种植。

进入2000年后，香河县韭菜种植进入了科学种植阶段。首先是选种优良品种，产量高、品质优良、抗病虫害、耐寒、耐热、不易倒伏、口感好等优点。主要品种有：“平韭二号”“汉中东韭”“红根韭（北京铁丝苗）”等品种。二是采用保护地种植技术，韭菜种植主要有露地栽培、风障栽培、塑料薄膜覆盖栽培三大类栽培方式。20世纪70年代前是露地栽培。80—90年代出现了风障畦栽培及粪土和柴草覆盖栽培，增加了早春和晚秋韭菜的上市量。2000年后，开始大面积塑料薄膜覆盖种植，有大棚、中棚、小拱棚、半拱圆棚（改良阳畦），以及大棚扣小棚和近地面覆盖等多种形式。香河县以中棚加草帘和改良阳畦为主。这样充分利用光照，冬季进行韭菜栽培，第一茬韭菜可在元旦上市供应。确保一年四季都有韭菜上市，满足百姓生活需要。百姓主要使用竹骨架和钢筋骨架的无滴防老化塑料薄膜封棚，并加盖草帘，白天充分日照，傍晚加盖草帘保温。每年10月用塑料薄膜棚，11月根据天气变化适时加盖草帘。2005年韭菜种植开始进行育苗移栽、定植方式，这样可以合理密植、把大小苗分开，淘汰弱苗，确保韭菜长势整齐划一，产量高。三是合理施肥用药，根据韭菜生长的不同时期根据需要合理施肥与使用高效低农药，让肥料作用充分发挥，达到用药少且效果显著，合理降低生产费用成本。农业局发挥人员优势与镇政府合作，利用广播、赶科技大集、举办现场技术咨询、深入田间进行技术指导等多种形式对村干部进行培训。向群众讲解蔬菜生产技术规程、棚室建造技术、错季生产技术、茬口安排和蔬菜用药等农业实用技术。为保证香河县无公害蔬菜生产迅速发展，经县政府同意制定了《2003至2005年无公害蔬菜和绿色食品生产发展规划和实施细则》《2004至2008年农产品（蔬菜）加工业发展规划》，并制定了《蔬菜生产供应应急预案》。2005年，香河县成立了蓝天绿色食品有限公司，并与北京市7个大型农产品批发零售市场签订无公害蔬菜销售合同，解决群众卖菜难的问题。

1990年后，香河县韭菜种植业发展迅速，到2004年底，全县韭菜种植面积为3000公顷，其中五百户种植韭菜2000公顷，总产量达到20万吨。香河县大力推广标准化生产技术，无公害蔬菜生产技术规程、滴灌节水、高垄栽培技术、棚室建造、错季菜生产、茬口安排和秸秆反应堆技术及综合防治病虫害等农业实用技术，并加大蔬菜农药残留的检验检测力度，县财政陆续投资购置5套农药残留测定仪，建立农产品检测室，加强蔬菜品质检测，每年定期或不定期进行抽样检测蔬菜样品。到2008年，全县优质韭菜发展到3133.33公顷，主要分布在五百户镇李庄、土门楼等一带，种植韭菜成了部分农民的主要经济来源。

1993年，为将李庄韭菜销往外地，建立了五百户镇李庄韭菜专业批发市场，方便了（北）京（天）津唐（山）地区及山西、内蒙古、黑龙江、吉林、辽宁，最远黑河市的菜车亦进场交易，每天早晨和傍晚达到交易高峰期。

附

五百户经纪人协会

五百户经纪人协会成立于2003年，成立之前，李庄蔬菜批发市场，已出现了十余个各自为营、单兵作战的蔬菜站，负责联系客商，拉菜进菜，也为市场的繁荣做出了应有的贡献，但是随着市场知名度的提高，交易量、交易额的增加，各菜站之间抢夺货源，欺农害商的事时有发生，再加上北京“毒韭菜”事件的影响，为市场的发展蒙上了阴影。2003年新上任的李庄村村主任李瑞春在看到这一情况后，及时与村“两委”人员研究，与各菜站经纪人协商，后报请五百户镇人民政府，决定成立五百户经纪人协会，把经纪人的队伍变零为整，变一盘散沙为团结的力量。他首先发动蔬菜集中产区有影响的种菜大户和市场销售能人加入协会，再利用这些人的影响以点带片，很快发展会员 60 余人，达到了法定协会会员数量。2003 年 8 月，五百户经纪人协会召开了第一次大会，大会通过了协会章程，选举了李瑞春为会长、王洪臣为秘书长，会上正式确定协会的名称为“五百户经纪人协会”，并顺利地在工商局进行了注册，取得了营业执照。

《章程》规定，协会的宗旨是坚持党的基本路线，建设社会主义市场经济，团结、教育、引导全镇蔬菜经纪人守法经济、优质服务，为建设社会主义物质文明和精神文明、为全镇农民发家致富做出应有贡献。协会的任务是维护蔬菜经纪人的合法权益，兴办为蔬菜经纪人服务的经济实体，提供信息服务，组织经验交流，帮助蔬菜经纪人解决经济活动中的困难，发展村级蔬菜协会，开展业务技术培训，为广大种植户排忧解难。

经过几年的发展，五百户经纪人协会已发展成为拥有总资产 210 万元（其中固定资产 150 万元），经纪人会员 150 人，种植大户会员 1320 人，拥有固定客商 1300 余人，年经营蔬菜 20 余万吨，年服务收入 300 余万元的远近闻名的组织。

协会的发展依托李庄蔬菜批发市场的繁荣与发展，依托全体农民朋友的辛勤耕作，依托各地客商的辐射作用，更要有自身坚硬的素质、为人民服务的宗旨，因此筹划、组建蔬菜服务有限公司，彻底解决假种子、假化肥、假农药坑农害农等问题，同时发展签约蔬菜，彻底解决菜农的后顾之忧，让菜农安心种菜、安心种好菜、安心种好绿色无公害蔬菜。

第六章　养殖业

第一节　畜禽品种

一　家畜

牛　1980 年引进荷兰黑白花种牛，其后代表现良好，作为肉奶兼用很受欢迎。据 1981 年普查，全县牛的品种主要有 3 个，本地黄牛占 94%，役肉改良牛占 4.2%，南阳牛占 1%，其他牛的品种（如中国黑白花牛等）所占比例不足 0.8%。2000 年，利用世行贷款发展肉牛项目在香河正式启动，肉牛品种主要有西门塔尔、夏洛莱、皮埃蒙特，肉牛养殖迅速兴起，2004 年全县肉牛养殖 5 万头。由于农业机械化的迅速发展，牛的饲养主要用于生产肉、奶，出现个体养牛场。2008 年肉牛、奶牛存栏 15600 头。

马　1979 年，全县马的品种主要有苏高血杂交马、川马、伊犁马等。进入 90 年代，随着交通运输现代化和农业生产机械化，马由使役变为休闲观赏，饲养量减少，2004 年马存栏仅有 100 匹，到 2008 年，县境内马已经很少见到。

驴　以本地黑驴为主，另外关中、渤海等驴种在本县也有养役。进入 20 世纪 90 年代，以肉用为主，饲养量减少，2007 年全县驴存栏 1000 头。

骡　饲养普遍，役用能力强。随着优种驴、马的引进杂交，优种杂交骡达到 60%。进入 20 世纪 90 年代，少有饲养。2003 年骡存栏仅 200 头。

猪　1979—1990 年，对引种、繁育加强了管理，全县除有长白、内江等纯种猪外，杂交猪有内江、金华、北京黑、长白等品种。90 年代，随着人民生活水平的提高，猪的饲养量急剧上升，品种不断改良。2000 年，猪的品种已经全部优种化。2005 年，引进斯格种猪 300 头，用于提高瘦肉率，猪存栏达到新高 15600 头。2008 年全县猪存栏 89200 头。

羊　20 世纪 80 年代初，引进杂交奶山羊和细毛绵羊等几个品种。90 年代，推广工厂化养羊技术，引进皮肉兼用小尾寒羊，无角道赛特肉用羊，波尔山羊等新品种。进入 2000 年后，山羊以杂交山羊为主，细毛绵羊全部为优种。2008 年，全县羊存栏 67600 只。

兔　20 世纪 80 年代末，逐步引进哈白、安哥拉等优良兔种。90 年代引进皮用獭兔，1997 年獭兔存栏 2000 只。2002 年，兔存栏 6900 只。2008 年，兔的饲养少，只是农户散养。

此外，境内还有狗、猫、貂、海狸鼠、狐狸、貉、鹿、肉狗等动物少量饲养。

二 家禽

鸡 1981年普查统计，全县有鸡56.41万只，其中柴鸡47.97万只，占鸡总数93.05%，1982年后，优种鸡迅猛增加，1983年达332900只，占养鸡总数的93.2%。90年代，家庭现代化养鸡技术迅速推广，养鸡数量迅猛增加，优种鸡普及率100%，2003年，引进蛋用优种鸡海兰、海花，鸡存栏达到4572600只。2008年，全县养鸡存栏2216600只。

鸭 农村有少量饲养。当地品种有白鸭、麻鸭两种，适应性强，产肉产蛋量低。引进了北京鸭、康贝尔鸭、樱桃谷鸭等。1982年有鸭7016只。2002年，正大公司养鸭项目落户香河，依托技术和资源优势，樱桃谷肉鸭养殖迅速兴起，种鸭10万套。2008年，全县鸭存栏994400只，出栏3891300只。

鹅 本县饲养量较少，且品种单一。农村散养蛋、肉两用的白鹅，以皮糠、草籽为食。1982年有鹅8897只，1998年鹅存栏1000只。

鸽 少量饲养，20世纪90年代前，以本地柴鸽饲养为主。进入90年代，随着人民生活水平的提高，肉用鸽养殖开始兴起，品种有美国落地王鸽，1997年肉鸽存栏5860只。2001年，全县肉鸽存栏3450只。信鸽饲养量比较少，2012年11月16日成立了信鸽协会。

此外，境内还有少量乌骨鸡、火鸡、鹌鹑、珍珠鸡、贵妃鸡、山鸡及少量鸟类饲养。

1979—2008年香河县畜禽存栏数量统计表

表15-6-1

年份	牛（头）	猪（头）	羊（只）	骡（匹）	驴（头）	马（匹）	家禽（只）	其中	
								鸡（只）	鸭（只）
1979	5870	105680	31487	2766	2681	3751	—	—	—
1980	5677	96987	38062	2945	2346	3367	—	—	—
1981	4904	80429	76150	2990	1971	2990	—	—	—
1982	5143	76150	68373	2727	2164	2318	—	—	—
1983	5619	68373	66124	2635	2832	1990	—	—	—
1984	7266	66124	69396	2669	3448	1763	—	—	—
1985	9938	69396	62927	2767	3979	1605	—	—	—
1986	11656	62927	58314	2950	4855	1576	480764	—	—
1987	14020	58314	58446	3171	5908	1551	667175	—	—
1988	16409	58446	50046	3080	6466	1429	879987	—	—
1989	18186	50046	59462	3032	7123	1381	543863	—	—
1990	19905	59462	50291	2881	7068	1186	646000	627154	—
1991	21362	69234	49321	2958	7373	1174	1084818	1020930	—
1992	31621	72180	46281	2683	7326	996	1159700	1082412	—
1993	44276	71045	49765	2524	7538	853	1480408	1395497	—
1994	71875	103940	79280	2473	7978	850	2874077	—	—
1995	70675	118725	85981	2077	7634	729	3266972	1707480	—
1996	73758	124420	95843	1744	7530	858	4197816	—	—
1997	74623	131879	104013	1599	7106	995	4407663	—	—
1998	69381	142418	109163	1326	6641	1001	4424600	4244600	17000
1999	63600	128500	111500	1300	6400	1000	46470	—	—
2000	62500	142700	113100	1200	6000	1000	4793000	—	—
2001	62800	145800	116700	300	4900	800	4678800	—	—
2002	65000	148600	118500	300	4800	700	4825000	4494300	329100
2003	65200	151500	119800	200	5000	400	5108600	4572600	532600

续表 15-6-1

年份	牛（头）	猪（头）	羊（只）	骡（匹）	驴（头）	马（匹）	家禽（只）	其中	
								鸡（只）	鸭（只）
2004	65600	155700	123600	—	3900	100	5222400	4472000	749400
2005	65600	156000	123800	—	3300	—	5236900	4481500	755400
2006	65400	144300	124200	—	2200	—	5251100	4403600	846500
2007	49700	145700	100100	—	1000	—	5268200	4403900	864300
2008	15600	89200	67600	—	—	—	3211000	2216600	994400

第二节　饲草饲料

20世纪80年代，畜禽养殖向科学化发展，饲料品种也有传统饲料转向科学配方的混合饲料。1982年饲料用量325.7吨。到1989年，牛、猪、鸡、鸭等配混饲料已有4大类10多个品种。其中，雏鸡、青年鸡、蛋鸡和猪的配混饲料年产量4000吨左右。进入90年代，随着养牛业、养羊业的发展，饲料需求增加，适时推广了秸秆青贮、氨化、微贮技术，节省饲料用粮30%。20世纪90年代末期，县内养殖业迅速发展。但2000年后，由于企业的发展，特别是家具城的兴旺，农民养殖的积极性下降，养殖规模迅速减小。2008年，青贮秸秆12万吨，节省饲料用量36000吨。饲料品种增加了浓缩饲料、预混合饲料，2008年饲料产量10万吨。

1997—2004年香河县部分年份混合饲料产量统计表

表15-6-2　　单位：吨

年份	配合饲料	浓缩饲料
1997	644870	40000
1998	604500	100000
1999	810000	70000
2000	700000	300000
2001	1004000	660000
2003	880000	320000
2004	775000	225000

第三节　疫病防治

一　疫病防治队伍

1981年后，县畜牧系统有67人评定了技术职称，其中畜牧兽医师（包括高职）5个，助理畜牧兽医师50人，技术人员8人。进入20世纪90年代，随着养殖业的发展，畜牧兽医队伍不断壮大，办公设备得到加强。1990年，全县畜牧兽医人员59人，农村防疫员300人。90年代末，家庭养殖迅速发展，养殖户纷纷参加各种培训班，购置有关养殖技术书籍，养殖技术迅速提高，防疫水平大大提升。1999年办公地址迁入府前街23号，2008年，全县畜牧兽医人员144人，农村防疫员300人，高级职称人员4人，中级职称人员8人，初级职称人员87人。

二　传染病防治

1980年前，境内畜禽的传染病时有发生。随着畜牧业的发展，防病治病水平的提高，一般传染病都能及时防疫和治疗。

猪瘟 80 年后，为控制猪瘟，县兽医部门在春秋两季除对成猪普遍进行猪瘟弱毒疫苗注射外，还采取在仔猪割骟时给母、仔猪补注和给公猪进行定期防疫等办法，提高了防疫能力。1981 年后，基本上控制了猪瘟的大面积流行。防免率 100%

鸡新城疫 “鸡瘟”。发病率、死亡率高。县兽医站分春秋两季用鸡瘟新城疫苗刺种防疫，控制了鸡瘟疫情。1979 年后，改刺种防疫为注射防疫，效果明显。20 世纪 90 年代，由于防疫及时，基本得到控制，防免率 100%。

禽霍乱 980 年，王家摆乡王指挥庄大队禽霍乱流行，436 只鸡鸭染病，死鸡 227 只，死鸭 26 只，死亡率 52%。经县兽医实验室化验为多杀性巴氏杆菌所致。对此，及时进行了有效的防疫和治疗，控制了病情。

随着医药科学的发展和医疗技术的提高，不仅对畜禽的寄生虫病、中毒症和普通病能自治自愈，而且对大牲畜的胃炎、肺炎、结症、骨折脱臼、难产、不育症等治愈率可达 80%。1990 年后，由于畜禽新品种的不断引进，出现了一些新传染病、诸如猪流感、猪水肿、禽类喉气管炎、鸡法氏囊病、葡萄球菌病等，也都有效地进行了防治。

第四节 畜禽养殖的发展与规划

一 养殖业发展状况

畜牧业养殖经过 1979—2008 年的发展，香河县的养殖业企业有了一定的规模：香河正大有限公司是养鸭业的龙头，现存栏种鸭（香河）10 万只，年放养肉鸭 1000 万只，采取公司加农户的形式，带动规模养殖户 340 户。有肥牛加工企业 3 个，其中，以华香肉类有限公司为龙头，该公司年屠宰肉牛 2 万头，年产量 2000 吨，固定资产 1000 万元，流动资金 200 万元。蛋鸡养殖以周庄第一鸡场、三强养殖场为龙头的蛋鸡养殖一直是香河县的养殖主流，年供鲜鸡蛋 2000 吨，固定资产 750 万元，流动资金 260 万元，带动 8 个专业村，70 个专业户，2009 年投入 60 万元新建自动化、高标准鸡舍 3200 平方米，项目基本完成。三强生猪屠宰厂，年产量 12000 吨，固定资产 3000 万元，流动资金 500 万元，带动 16 个专业村，200 个专业户。刘宋庆功台井轩奶牛养殖场，2008 年，奶牛存栏 1800 头，日产奶 8 吨。大王庄潮源奶牛场占地 8 公顷，2008 年有奶牛 200 头，日产奶 1.5 吨。

2008 年，香河县共有养殖小区 6 个，其中养鸡小区 2 个，即五百户周庄养殖小区和淑阳镇万辛村养殖小区；养猪小区 1 个，即五百户兴隆庄养猪小区；养鸭小区 1 个，即刘宋倪庄养鸭小区；奶牛标准化小区 1 个，即刘宋庆功台井轩奶牛小区。

养殖小区、规模养殖场远离主要交通干线，适合畜牧养殖要求。养殖鸡、猪、鸭小区主要是自发形成、自主经营，缺乏统一管理、集中销售的规模化经营方式。从养殖方面讲建立小区不利于防病灭病要求，规模养殖场是以后畜牧业发展方向。

二 养殖基地规划

按照合理利用资源配置，坚持“因地制宜，科学规划”的原则，进一步优化畜牧产业化的县域布局。

（一）肉牛产业规划布局

规划肉牛产业发展乡镇 5 个，即刘宋镇、五百户镇、蒋辛屯镇、安头屯镇、钳屯乡，建肉牛养殖小区 5 个，肉牛养殖场 20 个。

（二）生猪产业规划布局

规划生猪产业发展乡镇 5 个，即渠口镇、刘宋镇、蒋辛屯镇、五百户镇、钱旺乡，建生猪养殖小区 5 个，生猪规模养殖场 200 个。

（三）肉羊产业规划布局

规划肉羊产业发展乡镇 5 个，即五百户镇、安平镇、渠口镇、淑阳镇、钱旺乡，建肉羊养殖小区 8 个，肉羊养殖场 120 个。

（四）奶牛产业规划布局

规划奶牛产业发展乡镇 2 个，即刘宋镇、淑阳镇，建奶牛养殖小区 4 个，奶牛养殖场 4 个。

（五）蛋鸡、肉鸭产业规划布局

规划蛋鸡、肉鸭产业发展乡镇 7 个，即五百户镇、蒋辛屯镇、钳屯乡、钱旺乡、渠口镇、安头屯镇、刘宋镇，建蛋鸡、肉鸭养殖小区 40 个，规模养鸡场 120 个。

附

主要政策措施

（一）转变畜牧业生产方式，加快现代畜牧业

建设

一是布局县域化，提高畜牧业整体效益。结合香河县产业基础和资源优势，科学规划、合理布局的要求，坚持因地制宜，科学规划的原则，进一步完善生猪、肉牛、家禽、肉羊、奶牛特色畜牧产业发展规划，充分利用合理资源配置，优化产业县域布局，为提高畜牧总体效益打好基础。二是养殖规模化，提高养殖效益和资源综合利用率。规模化养殖是经济发展客观规律的需要，也是现代畜牧业的重要标志。要重点培育规模养殖场、养殖小区和规模养殖户。通过政策引导、产业带动、技术帮扶等综合措施，改善生产条件，提高适度规模养殖水平，走分工分业、规模化、专业化饲养的路子。三是生产标准化，提高畜产品质量，促进畜产品品牌化。按照现代畜牧业“圈舍标准、设施配套、品种改良、管理规范、产品安全、资源节约、环境友好”的要求，统一圈舍设计图纸，以圈舍及配套设施标准化建设为突破口，同步推进优良品种、饲养规模、饲料兽药投入、生产防疫技术等畜牧生产标准的应用，促进畜牧业生产标准化，加快畜牧业现代化进程。四是经营产业化，大力培育龙头企业，构建一体化产业链条。推进产业化经营，关键在于发展龙头企业，加强龙头企业与农户的利益联结。坚持外引内联相结合，通过扩大开放、优化环境，招商引资、承接产业转移，引进生产、加工、流通等龙头企业，积极支持龙头企业做大做强。积极创新利益联结机制，大力发展专合组织，推广“订单养殖”等企业与农户利益联结机制和生产模式，提高组织化程度，加快转变经营方式，使养殖户与龙头企业形成风险共担、利益共享的共同体，实现企业“低成本”发展，农民“零风险”增收。五是服务社会化，强化政府公共服务，促进配套服务业发展。认真做好产前、产中、产后的技术指导和信息服务，畜牧生产设施、良种、饲料、防疫等物资供应，产品质量监督检测和市场开拓营销等工作。重点抓好科技、防疫、融资等方面的公共服务，以专业合作社和龙头企业为平台，为农户提供品种改良、饲料兽药供销、市场信息、产品销售为主的服务，实现互动共赢。

（二）改造传统养殖模式，提高农民组织化程度

加快推进现代畜牧业提质扩面，关键在于改造传统养殖模式，大力发展养殖专业合作社，提高农民组织化程度。一是加大传统养殖模式改造力度。坚持走农户标准化养殖为基础、适度规模为主导、种养结合为方向的生态循环畜牧业发展路子，积极推行“生态养殖”模式；坚持“依法、科学、谨慎”的原则，总结推广生态养殖技术，大力发展自然养猪法和自然养鸡法；推行“龙头企业+专业合作社+适度规模养殖农户”的发展模式，把广大分散农户引入现代畜牧产业体系。二是大力提高农户养殖组织化程度。发展养殖专业合作社是推进现代畜牧业提质扩面的着力点和重要抓手。结合现代畜牧业生产要求，要从政策、项目、资金等方面加大扶持力度，依托专业合作社，联结农户、联结市场、联结龙头企业，推进畜牧业标准化、良种化、规模化、产业化，实现降本增效，增强养殖户自我发展能力和抵御市场风险能力。

（三）健全防疫监督体系，确保畜产品质量安全

一是强化重大动物疫病防控。突出抓好强制免疫，加强疫情监测和报告，完善应急预案，果断处置疫情，强化动物卫生监督执法，营造群防群控的社会氛围。进一步加强县动物疫病诊断中心建设，强化技术人员培训，充分发挥抗体检测、病原学监测和动物疫源诊断作用。加强冷链体系建设，完善县级动物疫苗冷冻中心和乡镇疫苗冷藏设施，确保生物药品质量安全。加强防护用品、消毒药品、无害化处理等应急物质贮备，搞好应急队伍建设和应急演练工作，确保动物卫生安全。二是强化动物及产品检疫监管。严格执行《中华人民共和国畜牧法》《中华人民共和国动物防疫法》《中华人民共和国农产品质量安全法》《兽药管理条例》《饲料和饲料添加剂管理条例》等法律法规，强化行业管理，严格执法监督，保障动物产品卫生安全。一是强化动物及产品检疫。切实抓好动物产地、运输、屠宰检疫，严禁病害动物及产品进入市场；二是加强畜产品质量安全监管。对生产、加工、经营动物产品的各个环节实行严格监管，严肃查处违法经营行为，切实保护消费者的利益；三是狠抓兽药饲料等投入品管理。对生产、销售、使用兽药、饲料各个环节实行严格监管，严禁使用瘦肉精、苏丹红、三聚氰胺、莱克多巴胺等有害、有毒兽药、饲料，严格控制药物残留超标；四是严格实行市场准入制度。凡进入香河县的动物及产品、兽药、饲料均严格实行登记备案，建立备案追溯制度，严禁病害动物产品

和伪劣兽药、饲料进入本县。

（四）加强畜产品认证，创建优质畜禽品牌

积极发展优质、高产、高效、环保、安全型畜产品，大力发展特色产品、名牌产品、无公害产品、绿色产品和有机食品。以绿色产品产地认定和产品认证为突破口，以畜禽养殖业的投入品监管为重点，按照绿色产品的生产要求，严格操作规程和质量控制措施，大力推广绿色产品标准化健康养殖技术，以标准化推进现代畜牧业发展。组织申报绿色和有机畜产品产地认定和产品认证工作。

（五）加强技术培训，实现从业人员技能化

一是努力提高养殖户的科学文化素质。大力开展对养殖户的技术培训，加强对把养殖户的技术培训，改变农村的卫生习俗和养殖习惯，提高养殖技术水平。二是加快对畜牧兽医从业人员的技术培训。到 2015 年，各畜禽规模养殖场均要配备大专以上学历水平的兽医和畜牧专业人员，各乡镇畜牧兽医人员达到大专以上专业水平。全县所有兽药经营单位必须经过 GSP 认证。

（六）加强组织领导，落实各项措施。

各乡镇政府和畜牧兽医部门要切实加强组织领导，把大力发展畜牧业列入重要议事日程，作为促进农民增收的首选项目和主导产业来抓，认真落实各项目标任务和工作措施。建立激励机制，帮助解决生产中遇到的疑难问题，为养殖场户提供技术指导、信息咨询、产品销售、新品种引进等方面的优质服务。同时，加强县、镇、村三级科技服务体系和基层队伍建设，提高基层专业人员的文化素质和业务水平，进一步增强为养殖场（户）服务的能力，确保完成各项工作任务。加大向上争取力度，严格项目资金运行监管，确保项目资金用在畜牧业的发展上，整合涉农资金，配套完善各项基础设施建设。制定优惠政策，吸引社会资金发展畜牧业，形成全社会支持和参与畜牧业发展合力，促进畜牧业健康快速发展，推动全县经济社会又好又快发展。

第五节 水产业

一 水产资源

香河县主要水域有潮白河、北运河、青龙湾河、潩池河等河道和大小不等的洼地及坑塘约 2666.67 公顷。1979 年后，坑塘养殖才有较大发展，多为村属坑塘。因塘小水浅，不适宜规模养殖，产量一直低而不稳。据县畜牧水产局 1981 年调查，在全县 1081 个坑塘中已有 565 个坑塘 282.8 公顷水面用于水产养殖，占总水面的 11.6%。进入 90 年代，随着人民生活水平的提高，水产品需求量加大，水产养殖迅速兴起，形成了集休闲、垂钓、养殖为一体的新型养殖形式。2008 年，全县利用坑塘 310 个，养殖面积 343 公顷。

二 水产种类

香河县水产种类主要有鱼、虾、蟹、鳖、蚌、蛤蟆等，以鱼最多。其中虾、蟹、螺、蚌及鲫鱼、鲢鱼、泥鳅、鳝鱼等均系自然繁殖。中华人民共和国成立后，由于河道上游建库修坝，水源无保证，加之工业废水排入污染，致使河蟹、河蚌已经很少见，只有境内各渠沟、洼地还有小草虾、蚌、鳖和螺等，洄游鱼已绝迹，自然繁殖的鱼类数量极少。20 世纪 60 年代末，人工养鱼业有很大发展，鱼种数量和产量不断增加。据县畜牧水产局统计，1967—1988 年，先后从外地引进荷元鲤、日本鲫、罗非鱼等 4 个品种。1990 年后，先后引进了中华绒螯蟹、彭泽鲫鱼、异域银鲫、大口胭脂鱼、锦鲤、罗氏沼虾等新品种。

三 水产养殖

1979 年后，坑塘养殖实行了承包责任制，推广小面积养鱼新技术，改投单一精饲料为全价混合料或颗粒料，改变放鱼种投小不投大的习惯，并使用增氧机，改善生态环境，平均每公顷产量达 15 吨以上。1990 年养鱼村达到 210 个，利用坑塘 460 个，水面 316.40 公顷，主要由户、联户承包经营，随着水产业的发展，人工养殖技术和管理水平也不断提高。全县水产品产量 316 吨，其中河渠捕捞 102 吨，水产养殖 246.53 公顷，总产 214 吨，总产值 39 万元。1990 年后，水产养殖进入品种优良、养殖技术先进、防疫健全的科学养殖。发展到 2008 年，全县水产品产量 2630 吨，其中淡水养殖 1780 吨，捕捞 850 吨。

1990—2008年香河县部分年份水产统计表

表15-6-3

年份	水产品总产量（吨）	养殖产量（吨）	捕捞产量（吨）	养殖面积（公顷）
1990	316	214	102	246.53
1991	537	260	277	313.33
1992	544	290	254	316.60
1993	424	285	139	296.00
1994	930	540	390	315.00
1995	1050	640	410	315.00
1996	1240	780	460	328.00
1997	1540	925	615	333.00
1999	1830	1085	745	343.00
2000	1960	1140	820	343.00
2001	2155	1270	885	343.60
2002	2315	1415	900	343.60
2003	2385	1490	895	343.00
2004	2460	1580	880	343.00
2005	2515	1635	880	343.00
2008	2630	1780	850	343.00

第六节　饲养业管理

饲养业的管理在20世纪90年代分为饲料、兽药、渔政、动物检疫进行分工协作管理。

饲料管理　饲料管理人员2名，对全县37家饲料生产经营户进行管理

兽药管理　兽药管理人员2名，兽药经营40余家。

渔政管理　渔政管理人员4名，90年代初期，全县有淡水捕捞网具6300条，非机动渔船125艘，随着水产养殖的发展，捕捞业日趋减少，2008年有非机动渔船15艘。

动物检疫管理　动物检疫管理人员55名，对全县动物进行产地和屠宰检疫。2008年检疫生猪16.2万头，牛7.05万头，羊17.8万只，禽兔840万只，肉类4.3万吨，消毒皮张31.4万张，消毒车辆2.1万辆，查处违反动物防疫法律法规案件80起，无害化处理病害动物67头，病害动物产品3000余千克。

附

香河万邦牧业有限公司

香河万邦牧业有限公司成立于2000年，经过多年的稳健成长，已发展成为集生产销售饲料、饲料原料、饲料添加剂，畜禽养殖，兽药销售等于一体的初具规模的现代化的农牧企业。于2005年被评为“市级重点龙头企业”，2007年成为廊坊市畜牧业协会理事单位。2008年销售达1860万元。

随着公司实力的增强，企业科研投入力度不断加大。公司成功研究开发的肉牛、肉羊预混合饲料和浓缩饲料在实际生产中经济效益明显。万邦牧业在香河牛羊饲料市场上的份额已达30%以上。

公司不断加大投入资金对生产设备进行升级改造，提升企业的工艺水平，实现精细化、规范化

的饲料生产管理。满足不断发展的市场需求。公司饲料的年生产能力已达到万吨。2010 年底企业在本县众多的饲料企业中率先通过国家职能部门的资格审查。

为适应市场的需要，公司建立动物营养研究室、畜禽病理实验室和两个畜禽门诊部，提高公司开展技术营销，服务养殖户的能力。

香河县尚新养殖场

尚新养殖始建于 1994 年，位于蒋辛屯镇六百户村北，占地面积 8 公顷，法人代表王尚新。经过十几年的发展，资产总额已达到 3000 万元，固定资产 2600 万元，年产值已超过 6000 万元。

2005 年，尚新养殖场投资 300 万元，建办公大楼一座，建筑面积 800 平方米。2008 年底又投资 1000 万元，对原有鸡舍进行改建全封闭式鸡舍 8 栋、全部引进自动化养殖设备、鸡舍内有全阶梯蛋鸡笼架，行走式自动上料机，饮水设备，刮粪板，每栋 6 台风机，纵向通风及湿帘通风降温设备。养殖场从厩舍的建盖到养殖的技术都严格实行五统一即：统一厩舍、统一品种、统一防疫、统一饲料、统一销售。场内均实行自动化封闭式饲养管理，并聘请专业技术人员 2 名。

养殖场的规模为蛋鸡 15 万只，全部由北京正大科技有限公司提供的优质青年鸡，可实现年销售额 2000 万元。

香河正大有限公司

香河正大有限公司为泰国正大集团在华的独资企业之一。公司集种鸭饲养、孵化、肉鸭养殖、屠宰加工、肉鸭深加工生产，羽绒及羽绒制品加工一体化，产供销一条龙大型农牧企业，也是亚洲大型肉鸭饲养加工企业之一，公司有员工 1800 多名。

公司成立于 1997 年 12 月，公司总部位于北京、天津、河北廊坊三市交界处的香河县境内。公司总投资近 2 亿元，占地 20 公顷，资金和技术力量雄厚。公司分加工部、品管部、研发部、仓储部、动保中心、销售部、种禽部、肉禽部、采购部、设备部、人力资源部、行政部等部门。

加工部拥有屠宰加工车间面积 7000 平方米，引进了荷兰梅恩公司自动屠宰流水线、自动称重系统、自动控温浸烫系统、浸蜡系统等肉鸭加工设备，配以国际最先进的雾式风冷预冷设备，为打开鲜品市场奠定基础。毛鸭经吊挂、电击昏、宰杀、浸烫、脱羽、浸蜡、冷却、脱蜡、取脏、拔毛、预冷等工序进入分割车间，在分割车间通过链条输送到各岗位进行分割、包装后速冻或鲜品保鲜，其中有部分原料进入熟食车间进行深加工。

仓储部有制冷车间 2 个，0℃库 1 座，容量为 100 吨，-38℃速冻库 7 个，日速冻能力 100 吨，-20℃冷库 1 座，容量为 1200 吨；

设备部建有污水处理站 1 座，日处理能力 2500 吨，执行国家《肉类加工工业污染物排放标准》中二级排放标准。锅炉房设有 6 吨燃煤蒸汽锅炉两台。有配电室 3 座，设备总装机容量为 2800 千伏安，年耗电 540 万千瓦•时。

品管部设置在生产区内，负责生产现场质量管理，品管部下设化验室，负责产品微生物、车间环境的检验。

动保中心负责种鸭、肉鸭保健、疾病预防和治疗的技术指导，指导肉鸭饲养用药，负责种鸭场、孵化厂日常环境卫生监测，出栏肉鸭药残检测和出口产品 AI、ND 的监测。

从 1998 年试生产以来通过不断地发展壮大，到 2010 年总产值达 3.8 亿元，公司以正大集团的“国际化、一贯化、多角化、草根化”经营理念指导鸭肉一条龙作业，在生产规模不断增长的同时，产品质量也同时得到不断提高，以市场为龙头，效益为中心，引进国外的先进技术，不断开发鸭肉新产品，引导市场消费，逐步建成国内规模最大、技术最先进的鸭肉及其制品生产加工企业之一。

香河正大有限公司以国内外市场为导向，以提高经济效益为中心，将肉鸭的孵化、饲养、屠宰、加工、销售等环节整合成为专业化生产、一体化经营、社会化服务、企业化管理的一条龙的经营机制，积极地推动畜牧产业的市场化、集约化、社会化。

香河正大有限公司已经在经营实践中不断发展壮大，肉鸭养殖户发展到 2500 家，直接从业人员 3000 余人，年出栏肉鸭 1800 万只，社会养鸭产值可达 1.4 亿元，农民年收入达 3000 万元以上。年屠宰毛鸭 1800 万只，生产鸭肉产品 32000 吨。

一、构建标准体系，起草操作规程

在认真执行国家标准、行业标准的基础上，结合企业和养殖场户的生产情况，组织制定切实可行的技术规程和操作规范。重点围绕肉种鸭饲养、种蛋孵化、饲料生产、商品肉鸭饲养和流通等重点环节，制定了肉种鸭饲养管理标准体系、孵化工艺操作规程、肉鸭饲养管理操作规程、产品质量管理体系、食品安全质量管理体系等。

二、开展技术培训，推广技术标准

公司按不同的区域，共安排20余名专业技术人员作为区域片管员和技术服务人员，并分别配备了专门车辆，负责合同养鸭户的生产监督和技术指导工作。香河正大肉禽放养员长期坚持按村串户做养殖宣传技术指导，多次聘请中国农科院及农业大学的专家、教授来公司或下乡讲学、培训。轮训农民2.8万人次，印发培训资料及宣传册2.6万份，电教80余次，专家现场指导400余人次，组织合同养鸭户到正大参观1700人次。全面提高农民的科技水平及综合素质，把农民从肉鸭养殖“门外汉”，培养成肉鸭养殖技术能手。

三、加强检验监测，开展督导检查

公司制定肉鸭疫病监测程序和监测标准，严格按照程序进行监测，对不合格的项目及时查找原因，并给予纠正。公司严格执行消毒程序，重点加强疫病的防控工作，在动检系统“抓龙头企业监督管理关，搞好肉鸭检疫”的监控与扶植下，充分保证肉鸭产地检疫、屠宰检疫、外运动物、动物产品检疫工作的全面到位。

公司就种禽喂养、防疫消毒、肉鸭饲养、屠宰、加工、运输、销售等各环节进行全过程记录跟踪，形成从农场到餐桌的可追溯体系，一旦出现问题，就可以根据相关记录找出问题的症结所在。

四、带动农民致富

香河正大引进世界肉鸭优良品系英国樱桃谷种鸭，以“公司+政府+农户”“合同+服务”的方式，形成产供销一体化的产业链。具体方式为：由公司提供鸭苗、饲料及技术支持；合同饲养户统一负责饲养；达到统一标准后，公司以统一的保护价全部回收屠宰。使养殖户的养殖风险降低至最小限度，保证养殖户一定的获利水平。

在香河县及县周边区域县市已建立拥有商品鸭养殖户2500余户，年饲养能力达到2100万只的商品鸭养殖基地，香河县已成为世界最大的肉鸭基地之一。按公司养殖基地平均毛利水平2.3元/只计算，仅在肉鸭养殖这一项副业上，农民年获利达4830万元。实现了“要想致富发家，就养正大肉鸭。”的共同发展、实现双赢的目标。

为更好地保证从农场到餐桌的食品产业链安全，公司大力推广“万只标准化规模饲养工程”，并不断探索养殖技术。推广网上养殖技术，极大地减少了肉鸭在饲养过程中的污染概率，达到了节能降耗的目的。进行规模化养殖，单只饲养成本可下降1元，农民获利大幅度提高。

为加快“万只标准化规模饲养工程”的发展速度，公司又进一步制定扶持政策，对率先进行标准化规模鸭舍改造的农户每栋补贴8000元，香河县政府也予以5000元的补贴。

五、社会贡献

公司直接从社会招聘员工从事种鸭养殖、屠宰加工及羽绒加工近2000人。商品代肉鸭养殖基地从业人员已达5400多人。解决了社会人员的就业问题，增加了社会稳定因素。

公司一直将与合作的农民伙伴和客户看作是一个整体，在意识上形成共识，保持着共进退、共繁荣的价值理念。

通过香河正大这条纽带，县内原有的养殖业、包装产业、运输行业及其他服务业蓬勃发展。其中，肉鸭养殖饲料中所需的玉米原料每年需求量为5万吨，折合人民币7000万元，极大地促进周边地区种植业的发展；包装方面，公司年消费可达1500万元；另外已建设年饲养10万只以上的鸭场40个；租用各种车辆200余辆。

六、良好的生态效益

肉鸭社会饲养基地，通过推广网上饲养，不仅保证饲养环境不受污染，还能够得到纯鸭粪干物质，经有效处理后可用于喂猪、喂鱼或发酵后用做耕作施肥。使土壤有机质含量大大提高，减少化肥农药的污染。公司成立以来，提供有机肥料40万吨，促进当地蔬菜业、果树业的发展，间接带动香河县种植业的进步。同时，提高农民的生态保护意识，使生态环境更有利于农业的可持续发展。

作为肉鸭生产行业的龙头企业，公司拥有较大的生产规模、较强的辐射带头能力、产销一体化经营模式，成为当地农业产业化的核心和支柱。通过香河正大有限公司10年发展，形成“龙头围绕市场转，农民跟着龙头干”的产业化生产格局。

河北华香清真肉类加工有限责任公司

河北华香清真肉类加工有限责任公司于2000年3月24日在香河县工商行政管理局注册登记，原名为香河华香肉类加工有限责任公司，2004年更名为河北华香清真肉类加工有限责任公司，注册资本1000万元，法定代表人为李洪贵，经营范围：牛羊屠宰加工销售。注册地点：香河县经济技术开发区。公司总面积56420平方米，建筑面积7500平方米，地处103国道(河北段安平镇)西侧，东距京沈高速公路香河出口10公里。是一家大型集肉牛饲养、屠宰、加工、销售于一体的现代化综合加工企业。公司完全按照伊斯兰传统方法屠宰加工，采用先进的德国进口设备，一流的制冷系统，低温排酸处理技术，国际领先的肉后成熟工艺，严格的卫生检疫制度，确保“京华香”牌牛肉品质的鲜嫩、美味、卫生、安全，肉质结实，色泽光鲜，富含大理石花纹，营养价值高。精益求精的品质与服务，良好的信誉，极具竞争力，质量优异、供应量充足，该项目已成为带动全县养牛业发展的龙头企业。2002年获标准化双星工作先进企业，廊坊市工商局重合同守信用单位，廊坊市知名商标单位，是河北省第六届消费者信得过产品；2003年已通过ISO 9001：2000质量论证体系，并被评为市级龙头企业；2005年被评为市级优秀龙头企业。2006年、2008年被评为河北省农业产业化重点龙头企业。

公司是在董事会领导下的总经理负责制，管理人员中70%是大专以上文化，普通员工上岗全部经过岗位培训，适应企业快速发展的需要。企业规模与产品档次不断提高，已形成了产、供、销一条龙的格局，公司为农民提供牛副产品和中低档牛肉，农民为公司提供玉米、玉米秆等，形成了以公司为龙头，公司+农户，贸工家一体化的产业链条，经过多年投资，对车间、冷冻库、养牛场进行了扩建与整改，公司年屠宰加工能力可达4万头，2010年公司年生产加工牛达1.6万头，累计加工生产牛肉3200吨，销售收入6729万元。

公司注重对环境的保护，严格控制废水、废气、废渣等三废的排放，2003年公司投入大型污水处理设备，减少污水的排放。2005年6月取得廊坊市环境保护局发布的河北省排放污染物许可证。并且历年经环保局监测污染物排放均达标。

为推动农业结构调整，推进农业产业化进程，河北华香清真肉类加工有限责任公司在香河县委、县政府、安平镇党委、镇政府的领导下，在香河县信用合作社的大力支持下，发挥龙头企业作用，带动农户养牛致富，推行“公司+农户”的形式，形成与农民利益均沾、风险共担的统一整体。一是先在公司所在地安平镇建立存栏2000头的养牛示范场，让农户集中到牛场饲养，解决农户没有牛舍问题；二是农户申请饲养，公司统一提供鲁西黄牛架子牛；三是在安平镇养牛经验基础上向其他乡镇推广。饲养架子牛的农户可申请信用社贷款，饲养户承担主债务，由公司为担保人，农户不需自投本金。对公司和信用社核定合格的农户，饲养开始后，农户必须在两户以上为担保人方可公司签订饲养合同，以实现“公司+农户”的完整体系，公司可随时组织牛源发放到户进行饲养，技术人员对农户进行巡回技术指导，做到“五统一”即统一品种、统一饲料、统一防疫、统一用药、统一收购，实现从饲养到餐桌食品安全卫生。经测算，“公司+农户”形式下，农户不需自投资本，生活可达小康水平，是农民增收的好途径，该模式既解决了牛源的问题，有利于企业的发展，又为农民增加了收入，还消耗了大量的农作废弃物—玉米秆，极大地减少秋后的黑色污染。2010年带动周边农户2000多户养牛，出栏近8000头，占公司屠宰量的70%，为农户带来纯收入近300万元。

香河华盈养牛专业合作社

香河华盈养牛专业合作社是以省级农业产业化龙头企业河北华香清真肉类加工有限责任公司为依托，由河北华香清真肉类加工有限责任公司与李洪贵、李牧泽、李洪亮、李茂英共同设立的，资产总额100万元。至2010年底合作社成员扩大到50名，带动农户300户，年底资产达到1823万元。本社坚持谋求全体成员的共同利益为宗旨，实行成员入社自愿、退社自由、地位平等、民主管理、自主经营、自负盈亏原则，利益共享，风险共担，盈余主要按照成员与本社的交易额比例返还。制定了《香河华盈养牛专业合作社章程》。主要业务范围：

活牛的养殖、销售及养牛技术、信息服务等。制定了财务管理规定：实行独立的财务管理和会计核算，建立健全财务和会计制度，实行公开制度，每年扣除生产经营和管理服务成本，弥补亏损，提取公积金和公益金后的可分配盈余，进行比例分配。通过采取一系列措施，提高社员的养殖积极性，抵抗市场风险，扩大生产养殖规模，增加社员的经济效益，极大地发展农村经济。

一　市场需要，政府重视，依据特色产业创办合作组织

在活牛出售价格逐步上扬时，农户喂养牛的积极性有所提高。但由于农户喂养牛的技术低下，牛品质低劣，导致农户养殖效益不高。为了改变这种现状，在河北华香清真肉类加工有限责任公司及李洪贵的带动下，一方面以华香公司养殖场为示范，引导农户改良牛的品种，促进新技术推广，另一方面由华香公司进行保护价收购牛，将养殖户喂养的一批牛全部销售给河北华香清真肉类加工有限责任公司，使农户养殖效益增加近一倍，农户养殖热情普遍高涨。为进一步降低养殖成本，抵御市场风险，让利于民，李牧泽、李洪亮、李茂英等养殖大户决定创办合作社，把所有养殖户联合起来共同创市场，该想法得到当地党委、政府大力支持，华盈养牛专业合作社正式成立。

二　确定目标，形成规模，合作社不断发展壮大

华盈养牛专业合作社在成立之初，就确立了以优质鲁西南黄牛和西门塔尔改良牛来占领市场，提高养殖效益的主体思路。专业合作社主要是良种牛的繁育喂养及技术服务。由于安平镇是一个以粮食、饲料作物种植为主的农业乡镇，农民利用手中余粮和玉米秸秆喂养牛，通过过腹转化增值已经成为习惯。在合作社的带动下，良种牛繁育喂养在当地逐步发展起来，加之人们的生活水平逐步提高，消费观点发生改变，良种牛比一般普通劣质牛的出肉率高，所以产品市场需求大，价格高，深受厂家及市场消费者的欢迎。

由于合作社的规范诚信运作，合作社的规模也逐渐发展壮大，有效地为农户与市场之间架起一座桥梁，帮助养殖户改良品种，技术改优，规模改大，帮助养殖户抗御市场风险。在牛养殖合作社带动下，本社养殖户及周边部分养殖大户也纷纷要求参加，促进了养殖规模的发展。

三　健全机制，规范运作，维护农民合法利益

（一）完善机制，合理规范运作。1.成员结构：华盈养牛专业合作社成立后，设理事长一名，副理事长一名，理事一名。社员围绕龙头企业华香公司进行养殖。2.组织结构：合作社认真按章程进行操作，成立了社员代表大会、理事会和执行监事等组织机构，并积极开展活动，经常召开合作社理事会，研究肥牛养殖生产、销售及饲料加工、配送产品等过程中的事情，每年召开一次成员大会，公布合作社运作中各项开支情况，增强合作社运作公开性及透明度。3.股权结构：合作社股权采取集资入股的办法进行认定，凡本区域范围内的肉牛养殖户，只要交纳1000元资金即可入股，合作社承担入股资金银行的同等利息。同时，养殖户成为社员后除可以享受合作社其他优惠外，另外可以赊欠同等股金价值的饲料货款，但农户养殖的牛出栏后，必须迅速补足股金，否则作自动退会处理，股金可以在合作社内部进行转让。

（二）民主管理，保障农民利益。1.决策管理：合作社成立后，其最高权力机关是成员大会，在重大事项决策时，合作社往往通过成员大会进行民主决策，决策时采取一人一票的方式进行民主投票决策，参加大会的成员人数必须超过总社员的三分之二方可开会，投票表决按照少数服从多数的原则进行，所投票必须超过半数始为通过。2.责任人管理：合作社责任人的产生，按照“股权为主，成员推荐，民主选举，民主管理”的方式运作，即根据合作社投资股金多少确立合作社组成人员，由筹备小组推荐候选人，再通过社员大会民主选举产生。合作社组成人员具有明确分工，具体为理事长李洪贵分管全面工作，理事分工负责，其中一名负责原料供运及养殖户防疫生产技术、股金筹集、饲养质量及牛销售，一名负责办公室及财务管理等，认真做到责、权、利三者关系的协调统一。

（三）围绕生产，开展系列服务。合作社按照“龙头企业牵头、参加自愿、集资入股、统一购销、统一喂养、统一销售”的方式进行运作，从产前、产中、产后加强服务。其具体运作方式是：产前服务注重全程配料和统一购料。配料按华香公司专家提供的科学配方为养殖户提供饲料，购料依托华香公司，统一低价位进购饲料，和华香公司签订协议，实现企业与合作社互利互惠，达到双赢。产中服务

搞好定点加工和药物预防、技术培训及送料服务等，加工即在华香公司进行饲料配合加工、药物预防则对合作社社员统一服务，统一预防，免除养殖户防疫费，同时对养殖户进行定期培训，每月聘请专家技术人员对养殖户进行专业技术培训；解答难题，为养殖户解决牛养殖中的疑难问题；产后服务主要执行统一销售，社员养殖的牛统一销售给华香公司。凡成为合作社社员的养殖户，还可以享受以下四方面服务：一是可以赊欠二倍股金的养殖配合料，牛销售后再还款；二是合作社加工的饲料价格低于同产品市场价 0.1 元/千克；三是合作社对社员养殖的牛免费进行防疫；四是牛外销由合作社统一代理销售到华香公司。

（四）多方让利，增加农民收。合作社为非营利的农民专业合作经济组织，其运作过程主要为合作社利用社员股金低价位购进饲料，再按照华香专家指导的技术配合加工成各种层次的配合料，其价格低于市场价 5%左右，一是饲料销售过程中让利5%；二是集中统一在养殖厂饲养，减轻养殖户劳动强度；三是养殖户牛免费防疫（当地执行 6 元/头标准）；四是帮养殖户统一外销牛；五是利润年底按股金比例分红。

香河县华海肉类有限公司

香河县华海肉类有限公司成立于 2001 年，前身为华海肉类加工厂。坐落于京沈高速香河出口北 300 米，夏安公路西侧。

公司占地面积 85000 平方米，固定资产 2300 万元，带动养殖农户 1100 余户。是以肉牛饲养、屠宰加工、产品销售于一体的现代化肉类加工企业，牛源品种主要是山东鲁西黄牛，并严格按照穆斯林教规的要求和卫生标准屠宰，宰后通过紫外线杀菌和 0—4℃肉体中心温度为 2℃的排酸处理，肉表层有一层薄膜、肉有弹性且有一种特殊的芳香气味，肉多汁、味美、口感好、蛋白质含量高，易于消化。

公司产品有烧烤类、韩餐类、日餐类、西餐类、中餐类、火锅类六大系列几十种产品，产品覆盖全国各地，既是国内各宾馆、酒店的原料来源，亦是进入在中国的外国餐饮企业的最佳选择。分别在北京、上海、广州、成都、哈尔滨设立经销处。

公司始终本着质量第一、顾客至上、优质服务的宗旨。在同行业内率先通过 ISO 9000 质量体系认证。质量是企业生存的基本保证，先进的技术和规范的工艺流程确保了华海产品的卫生和质量。公司拥有现代化的排酸、储藏和冷冻系统。严把储、运、销环节，并用完善的服务提高广大顾客的满意度。

公司成立以来，在取得良好经济效益的同时，带动了周边大批养殖户，取得了良好的社会效益。屡次获得地方政府好评，先后被评为县级文明单位及授予香河县农业产业化经营重点龙头企业的称号。

第七章 林果业

改革开放之初，受 1976 年唐山大地震影响，因重新建房砍伐树木，使全县林木株数和蓄积量都有所下降。1979 年，全县有林地面积为 284 公顷，比地震前减少了 260.67 公顷。80 年代初，落实林业政策，推行林业承包责任制，开展全民义务植树活动，使林业生产步入了持续稳定增长的轨道。从 1986 年开始，本县引入了“三北”（华北、西北、东北三个地区）防护林工程项目，国家对纳入“三北”防护林体系的绿化工程实行补助政策，每公顷补助 150 元，对调动群众造林的积极性产生了良好作用。到 1990 年，全县有林地面积达到 3373.33 公顷，果园面积达到 680 公顷，“四旁”（村旁、宅旁、路旁、水旁）各类树木 327 万株，森林覆盖率为 13.2%，林业总产值为 76 万元，是 1979 年的 2.53 倍，当年被河北省林业厅授予“林业达标县”。1991 年 4 月，香河县被林业部命名为“平原绿化达标县”。1998 年，县政府出台了《关于实施潮白河堤防绿色长廊工程的优惠政策和管理办法》，在工作实践中，此办法得到不断完善和充实，加快了全县“四河八堤”（潮白河、北运河、青龙湾河、引沟入潮）防护林建设。2001 年，国家对纳入“三北”防护林体系的绿化工程加大投资力度，补助标准由每公顷 150 元提高到 1500 元。2002 年，县林业局由农林局中独立出来，主管全县林业工作，全面落实宜统则统、宜包则包、宜卖则卖等林业政策，因地制宜地发展多种营林形式，以大户承包为主导，掀起了全县非公有制造林的高潮，当年完成造林1733.33公顷。林业生产继续保持了快速增长的势头，到2008年底，香河县有林地总面积达到10993.33公顷，其中防护林5660公顷，用材林3666.67公顷，经济林1666.67公顷；村庄绿化折合占地面积1486.67公顷，村庄绿化覆盖率达到25%；全县森林覆盖率达到24%；农田林网防护面积达25333.33公顷，农田林网控制率达90%。全县形成了以河渠路堤绿化为框架，以速生丰产林、经济林基地为主体，以农田林网为脉络，以城镇绿化为亮点，以乡村绿化为点缀的比较完善的综合生态防护林体系。

1979—2008年香河县林业发展成果统计表

表15-7-1

项目/年份	年末实有林地面积（公顷）	当年造林（公顷）	当年实有四旁植树（万株）	当年育苗（公顷）	林业产值（万元）	果品总产（吨）
1979	284.00	26.67	1512	156.73	30	868
1980	292.67	30.00	1002	79.13	39	720
1981	298.00	40.00	859	72.67	40	900
1982	409.33	40.00	430	126.67	61	995
1983	324.00	13.33	368	119.47	100	1400
1984	334.00	20.00	464	158.27	69	839
1985	334.67	13.33	444	187.00	68	1674
1986	333.33	7.20	481	160.53	115	2035
1987	348.67	34.00	532	84.87	58	2109
1988	355.33	25.60	557	84.87	72	1708
1989	399.33	49.67	572	61.53	37	2308
1990	3373.33	68.20	327	31.20	76	2866
1991	4112.80	266.67	350	20.00	159	3266
1992	4122.00	106.67	360	20.00	331	4287
1993	4259.40	200.00	370	20.00	766	4292
1994	4900.60	600.00	375	20.00	1565	5750
1995	4900.60	333.33	380	20.00	3003	6468
1996	6686.80	332.67	385	20.00	4350	7603
1997	6686.80	333.33	390	39.67	8977	10012
1998	6824.20	340.00	395	36.27	11983	11000
1999	6960.00	353.33	398	41.40	22196	11003
2000	6960.00	666.67	400	97.00	33688	11500
2001	7560.00	866.67	400	261.00	43445	11996
2002	8700.00	1733.33	400	240.00	45600	12005
2003	8933.33	1200.00	400	33.33	49658	15498
2004	9253.33	533.33	400	40.00	53003	18000
2005	9620.00	1000.00	400	20.00	63043	23950
2006	10213.33	800.00	400	46.67	51345	27953
2007	10486.67	533.33	400	20.00	53325	28900
2008	10993.33	1333.33	400	20.00	55991	29401

第一节　林木种类

境内传统树种主要有杨、柳、榆、槐、椿、桑、枣、杜、桧、松、梨、桃、杏、海棠等，其中杨、柳、榆、槐最多。银杏、楸树、黄檗（又称黄菠萝）、枫杨、皂角等是境内稀有树种，数量极少。河堤、荒坡、农田渠路两侧等处多植杨树；榆、槐、椿以房前屋后为多。柳树以河渠、鱼塘栽植较多。

现存古树名木有银杏、楸树。古银杏树生长于五百户镇香城屯村小学操场上，共2株，南北斜列，南株直径1.16米，北株直径1.06米。树高达23米，冠幅东西达24米，南北达22米。树荫罩地面积达660平方米。树龄约1000年。楸树位于渠口镇戴家阁村北，独株，树高达18米，冠幅东西达8米，南北达7.9米，树龄约200年。

进入21世纪后，全县林业发展突飞猛进。林木数量、品种不断增多。除广泛栽培传统优质树种外，还不断引进、推广优良树种。其中，用材林有加拿大杨、毛白杨、沙兰杨、波兰杨、意大利214号杨、小叶杨、美国钻天杨、小美旱杨、白榆、法国梧桐、旱柳、垂柳、大叶桑、白皮松及油松、三倍体毛白杨、四倍体刺槐、欧美107杨、中林系列杨、窄冠白杨3310、荷兰3930、中华红叶杨等；经济林木以果树为主，苹果有元帅、王林，梨有廊坊蜜梨、晚秋黄梨、五景香、七九香、贵妃梨，桃有重阳红、朵子、超沙红、京春、平顶香、白凤、红星水等，李有黑宝石、蓝宝石，枣有金丝小枣、冬枣，葡萄有黑提、红提、玫瑰香等，樱桃有先锋、美早、早大果、佳红、沙密脱、红灯、乌克兰系列等，经济林木中还有少量枸杞、白蜡、紫穗槐等。随着绿化美化城乡环境需要，又引进了龙爪槐、金枝国槐、合欢（即绒花树）、江南槐、金丝垂柳、紫丁香、木槿、连翘、迎春、小檗、女贞、大叶黄杨、紫叶李、五角枫、火炬、栾树、玉兰、沙地柏、碧桃系列、海棠系列等绿化美化树种。经多年栽培观察，除境内长期定植适应性强、表现较好的毛白杨、榆、臭椿、国槐等乡土树种外，引进的欧美系杨、苏柳、洋槐、中林46杨、中林2025、中林美荷杨、沙兰杨等均为本县易培、速生的优质树种。适生、丰产且品佳味美的红星苹果、金冠苹果、鸭梨、雪花梨、巴梨、黄杏、香白杏、黄李、京白李、红李、樱桃、久保桃、深州桃、红果、金丝枣、牛心柿及巨丰和红玫瑰葡萄等已广为栽培。引进的廊坊蜜桃、冬枣、黑宝石李等新品种丰产、质佳、味美，适宜推广。

据县林业局2008年调查，全县共有林木35科、59属、276种。其品种分布，杨、柳、榆、槐、椿，境内各地均有；果树多集中淑阳、钱旺、五百户、安平等乡镇；绿化树种多分布城镇街道两侧、游园、广场、工矿企业、机关校园内；其余树种散落于各村镇周围。

2008年香河县种植树木名目表

表15-7-2

科名	属名	树种（品种）
杨柳科	杨属	毛白杨、北京杨、加拿大杨、意大利214、沙兰杨、波兰杨、小美旱、小美12、健杨、唐杨、大官杨、日本杨、小叶杨、新疆杨、中林46、中林2001、2003、2025、欧美107、廊坊杨、中林美荷杨、中绥12、荷兰3930、窄冠白杨3310、中华红叶杨、三倍体毛白杨
	柳属	旱柳、垂柳、馒头柳、龙爪柳、杞柳、苏柳、金丝垂柳
榆科	榆属	白榆、春榆、小叶榆
蝶形花科	槐属	国槐、龙爪槐、金枝国槐
	紫穗槐属	紫穗槐
	刺槐属	刺槐、江南槐、香花槐、四倍体刺槐
	紫藤属	紫藤
含羞草科	合欢属	合欢
悬铃木科	悬铃木属	悬铃木

续表 15-7-2

科名	属名	树种（品种）
壳木科	栗属	板栗
胡桃科	核桃属	新疆核桃、麻核桃
	枫杨属	枫杨
桑科	桑属	桑树、大叶桑、龙爪桑
	榕属	无花果树
	构树属	构树
柽柳科	柽柳属	柽柳
蔷薇科	苹果属	元帅、金冠、白龙、印度、倭锦、小国光、大国光、红玉、鸡冠、红魁、黄魁、徘之一、早生旭、红星、葵花、胜利、金丰、富士、秦冠、国庆、锦江、醇露、甜黄魁、赤阳、新红玉、伏花皮、向阳红、延光、延丰、王龄、陆奥、慧、早金冠、新红星、沙果、海棠、山丁子、祝光、王林、绚丽海棠、西府海棠、道格海棠、美国海棠、贴梗海棠、芭蕾海棠、阿斯、额鲜、俄矮二号、红津轻、燕山红、美夏、八棱海棠
	梨属	鸭梨、广梨、京白梨、红霄梨、苹果梨、巴梨、大雪花、小雪花、慈梨、酥梨、来阳瓶梨、蜜梨、麻梨、秋白梨、早酥梨、茄梨、瓢梨、二十世纪梨、金梨、酸梨、晚秋黄梨、廊坊蜜梨、糖梨、贵妃梨、七九香、五景香、安梨、香水梨、鸭蛋梨、新水、丰水
	樱属	黄李子、中国红李子、西瓜李子、冰糖李子、牛心李子、小核李子、香扁李子、火杏、土杏、驴耳朵杏、香白杏、樱桃、毛桃、蟠桃、六月白桃、五月鲜、白瓦、白凤、水蜜桃、岗山白、岗山 100 号、岗山 500 号、大久保、重阳红、深州蜜桃、北京 1 号、北京 23 号、北京 26 号、北京 27 号、晚黄金、桔早生、超沙红、红星水、朵子、平顶香、京春、早凤王、白凤、国红、黑宝石、蓝宝石、先锋、美早、早大果、佳红、沙密脱、红灯、乌克兰系列、108、廊坊蜜桃
蔷薇科	山楂属	山楂、红果
	榆叶梅属	榆叶梅
石榴科	石榴属	大石榴、小石榴
鼠李科	枣属	婆枣、金丝小枣、龄枣、酸枣、大冬枣
葡萄科	葡萄属	红玫瑰、白玫瑰、巨丰、黑汉、龙眼、法国兰、加利酿、白牛奶、玫瑰香、红提、黑提、美人指
柿树科	柿树属	牛心柿、盖柿、黑枣
芸香科	花椒属	花椒
	黄檗属	黄檗
苦木科	臭椿属	臭椿
楝科	香椿属	香椿
槭树科	槭树属	五角枫
木犀科	白腊属	白腊
	丁香属	紫丁香
	连翅属	连翅
	流苏木属	流苏树
	素馨属	迎春花
	女贞属	金叶女贞
紫葳科	梓树属	楸树

续表 15-7-2

科名	属名	树种（品种）
茄科	枸杞科	枸杞
玄参科	泡桐属	毛泡桐
锦葵科	木槿属	木槿
	扶桑属	扶桑
银杏科	银杏属	银杏
松科	松属	油松、白松、华松、白皮松
	云杉属	云杉
	雪松属	雪松
柏科	侧柏属	侧柏
	园柏属	园柏、沙地柏
	刺柏属	刺柏
无患子科	栾树属	栾树
云石亚科	皂荚属	皂角
李亚科	李属	紫叶李、大石早生、美丽李、黑琥珀、廊坊大李子、长李 109 号、六月玫瑰
	桃树	垂枝碧桃、红花碧桃、粉花碧桃、寿星桃、秋百桃、白蜜桃、雪桃、雨花露、麦香、早香玉、庆丰、京红、京玉、燕红、春蕾、黄露、绿化 9 号
小檗科	小檗属	紫叶小檗
黄杨科	黄杨属	大叶黄杨
漆树科	盐肤木属	火炬
木兰科	鹅掌楸属	鹅掌楸
	木兰属	白玉兰、紫玉兰
梧桐科	梧桐属	青桐
忍冬科	忍冬属	金银花

第二节　林木营造

一　育苗

改革开放初期，境内以县办苗圃场和乡镇苗圃地育苗为主，个人育苗较少。随着非公有制造林的蓬勃发展，个体苗圃大量涌现并逐步成为育苗主体，集体育苗逐渐消失。

20 世纪 80 年代初，县农林局在河北吴村有 13.33 公顷的苗圃场，县交通局在大马房村有 3.33 公顷的苗圃场。另外，李庄、钱旺村、钳屯、五百户、香城屯、渠口等 6 个乡镇也都建有小农场，全县苗圃面积 143.33 公顷，年产杨、榆、刺槐和国槐等可供造林苗木 205 万株。

随着联产承包责任制的全面推行，境内开始出现个体育苗户，并逐年增加。1999 年，本县产生了第一个育苗大户高氏集团所属高氏农业公司，其在刘宋镇中营村承包 53.33 公顷土地全部用于育苗，引进繁育主要优良品种有三倍体毛白杨、新疆杨、中林 46 杨、廊坊杨等。育苗业在本县迅猛发展，至 2001 年，全县个体育苗户发展至近 200 户，育苗总面积达 678.67 公顷。其中，规模最大的育苗大户是渠口镇金庄村民褚玉宾，他在引泃入潮河东侧承包 66.67 土地，育苗面积 55.87 公顷，苗圃除繁育欧美 107 杨、三倍体毛白杨、中林系列杨、速生柳等造林苗木以外，还繁育五角枫、油松、云杉、白蜡、女贞、小檗、大叶黄杨等一系列城市绿化苗木，每年向本县及周边京津地区供应优质苗木达 75 万株。

2002 年以后，随着“三北”防护林工程在香河县的深入实施，对造林优良品种率要求提高，因市场调节和苗木品种的优胜劣汰。2003年，引进抗病强、品质好、生长快的抗虫杨北抗一号、中林2025、创新杨1号等优良绿化树种。至2008年，个体育苗面积稳定在573.33公顷，育苗专业户稳定在100户左右，其中苗圃面积达3.33公顷以上的有40户，20公顷以上的有5户。全县从事育苗业总人数1000余人，专业技术人员130名。苗木年总产量达2500万株，每年可提供苗木800万株。苗圃育苗品种达到近100个。其中用材林树种达23个，主要以欧美107杨和中林系列杨为主，占用材林苗木总面积的75%；观赏苗木品种达70余种，主要有国槐、龙爪槐、香花槐、金枝槐、红端木、北海道黄杨、合欢、紫薇、丁香、木槿、樱花、玉兰、海棠、紫叶李、白皮松、碧桃等。

二　植树造林

（一）防护林建设

改革开放以后，香河县委、县政府每年有计划地组织营造防风固沙林带和片林。特别是1986年以后，香河县引入“三北”防护林工程项目，国家对纳入项目计划的工程造林每公顷补助150元，对全县的造林绿化工作起到了助推作用。至1990年底，全县森林覆盖率达到13.2%，被河北省林业厅授予“林业达标县”。此时期造林树种以乡土树种为主，小美旱、加拿大杨、北京杨为主栽树种，有少量沙兰杨。

进入20世纪90年代后，优良造林树种如欧美107、沙兰杨、中株46杨、廊坊杨等开始在本县推广，全县防护林建设向规模化发展，至2000年底，全县有林地达6960公顷，森林覆盖率达到15.2%。

从2001年开始，国家对“三北”工程投入加大，每公顷补助提高至1500元，促使防护林建设规模、质量大幅提高。2002年，县林业局由农林局中独立出来，主管全县林业工作，全面落实宜统则统、宜包则包、宜卖则卖等林业政策，因地制宜地发展多种营林形式，以大户承包为主导，大力发展非公有制造林。在市场需求、政策引导、行政推动等多方面因素作用下，香河县防护林建设进入了跨越式发展的轨道。仅2002年就完成造林1733.33公顷，为历年之最。2001—2008年，香河县造林共投入4900万元，其中国家投入933万元。境内“四河八堤”、主干公路、重点农田渠路，在八年之间基本实现绿化。至2008年底，全县有林地达10993.33公顷，森林覆盖率达24%。

（二）四旁植树

改革开放之初，本县以“四旁”植树为主。受1976年唐山地震影响，农村建房砍伐树木大量增加，到1980年，全县“四旁”树木由地震前的2105万株减至1002万株。1986年，香河县引入“三北”工程后，植树造林走向规模化、标准化，四旁植树范围相对缩小，仅局限于村屯坑塘周围，因此，四旁植树数量没有大幅增加，稳定在400万株。

三　林木经营管理

改革开放初期，香河县营林主体以村街为主，实行“集体栽植，集体所有，集体支配”。随着林业生产责任制的推广，非公有制造林开始出现并发展。1989年，香河县产生了第一个个体营林大户——河南止务村民王兴利，当年与村里签订合同，承包造林2000株，承包期限达15年。1997年，香河县第一例“拍卖造林”模式成功运作。安头屯镇商汪甸村将农田林网3700株树以每株7～9元不等价格拍卖给15户农民，期限20年。1998年，县政府出台了《关于实施潮白河堤防绿色长廊工程的优惠政策及管理办法》，通过宣传发动，调动群众参与到堤防绿化中来。在之后的几年里，不断完善政策，健全营林机制，实行“谁造林，谁所有，谁投资，谁受益”，使非公有制造林逐步在全县“四河八堤”、四河流域沙滩地乃至主干公路两侧全面展开。2002年，香河县产生堤防绿化中承包规模最大的个体营林户——淑阳镇大王庄村民李万光，他当年承包潮白河大堤7公里绿化任务，造林面积达66.67公顷，植树5万株。2003年，香河县产生治理河滩地承包规模最大的个体营林户——淑阳镇胡庄子村民张亚民，他在北运河西承包钳屯乡红庙村和安平镇小友垡等村的土地77.33公顷，植树58000株。2007年，全县9个乡镇深入开展集体林权制度改革，共完成林改面积3824公顷，使营林机制进一步得到完善，营林形式主要有：村栽村管按股分利、大户承包、联户承包、拍卖造林、入股合作造林等。

林业机制改革明晰了产权关系，使责、权、利挂钩，调动群众造林积极性和主动性，县内个体营林大户逐年增多，承包规模越来越大，从十几亩、几十亩发展到几百亩甚至千亩。2008 年底，全县个体营林户达 2900 余户。其中，千亩以上造林大户 3 户，500 亩以上造林大户 5 户，100 亩以上造林大户 110 户。

第三节　果树果品

在改革开放之前，受单一发展粮食生产的政策影响，香河县果园面积一直没有太大的增长。1979 年，全县果园面积为 368.73 公顷。进入 20 世纪 80 年代后，逐步调整和落实林业政策，林果生产出现转机，果园面积逐年扩大，品种、产量也不断增加。1986 年，全县果园面积为 600 公顷，干鲜果总产量为 2035 吨，其中苹果 735 吨，梨 235 吨，葡萄 320 吨，桃 510 吨。随着生产责任制的深入发展，农民认识到了栽种果树的经济效益，纷纷承包沙滩地建果园。到 1990 年，果树面积发展到 680 公顷，形成了钳屯乡（包括张庄、二百户、草寺村等）、安平镇（包括鲁务、孙家务、延福屯等）、刘宋镇（包括庆功台、刘庆庄、中营、程官屯、北务屯等）、淑阳镇（包括大罗屯、姬止务、前小屯等）、渠口镇（包括阎胡套、梨园等）、钱旺村乡（包括大河各庄、钱旺村等）六大果树生产基地。栽培品种主要有苹果、梨、葡萄、桃、李等。1994 年，县政府对农业结构进行调整，发展经济作物，开展多种经营，把发展果树生产作为一项主要措施。果树栽植得到突飞猛进的发展，当年新定植果树面积 2014.86 公顷，主要以苹果、梨为主。全县果树总面积一度达到 2686.13 公顷。2000 年后，由于农产品结构调整，以及老果园树龄老化、更新等，果树种植面积逐步下降。2008 年底，香河果树面积 1619 公顷，果品产量 2.94 万吨，经营果园的个体户总数为 632 户。

一、果树品种。果树开始栽植时，栽培树种少，品种单调，只有苹果、梨、桃。到 2008 年，树种达十几种，有苹果、梨、桃、葡萄、李、杏、杏梅、樱桃、核桃、枣、板栗、柿子等，品种也极大丰富，从开始的十几个品种，发展现在的近百个品种。而且过去的品种也基本上淘汰，被优质、高效的果品新品种取代。例如：苹果小国光、大国光、侨锦、鸡冠红 E 等已经被品质好、产量高的红富士系列、五代红星、王龄等取代。

二、栽培模式。开始栽植果树，一个果园主要栽植 1 至 2 个树种，定植密度一般在 7×8 米，造成见效慢、效益低，现在定植果树树种一般在 3～5 个，品种在十几个，而且定植密度在 3×5 米或 3×6 米，大幅度提高土地利用率，果树见效快，能提早 3～4 年结果。由于树种、品种的多样化，使果品成熟期限延长，有利于旅游观光采摘。

三、栽培技术。（一）修剪技术更新。由过去的重截改为轻剪、长效；由大冠型改为高光照、透风的小冠型。（二）果树投入品的更新换代。由于过去单一的高毒、高残留有机磷农药，改用低毒、低残留的高效菌酯类及生物农药；由过去以化肥为主改为以有机肥主，少用或不用化肥；浇水使用无污染、达标的水源，使果树生产环境界得到明显改善。2005 年，全县 1600 公顷果园通过环境认证，达到无公害果品生产所需的环境标准。（三）栽培管理技术更新。大量有利于提高果实产量和品质的先进技术在实践中得到更加广泛的应用。如：采用人工辅助授粉包括放蜜蜂、喷授精剂、人工兑粉等方法，来提高坐果率；果品管理大面积推广套袋技术，全县苹果套袋率达 95%以上，提高了果品品质。

1979—2008 年香河县主要林果品种产量情况统计表

表 15-7-3

年份	果树面积（公顷）	干鲜果产量（吨）	苹果（吨）	梨（吨）	葡萄（吨）	桃（吨）	李（吨）	红果（吨）	核桃（吨）	柿子（吨）	杏（吨）	红枣（吨）	其他（吨）
1979	368.73	868	254	252	48	353	5	2	1	1	1	25	23
1980	409.73	720	269	134	29	221	10	3	1	2	8	30	6
1981	410.00	900	346	230	42	222	25	4	2	3	1	25	1
1982	410.33	995	256	257	61	350	39	3	1	2	2	20	1

续表 15-7-3

年份	果树面积（公顷）	干鲜果产量（吨）	苹果（吨）	梨（吨）	葡萄（吨）	桃（吨）	李（吨）	红果（吨）	核桃（吨）	柿子（吨）	杏（吨）	红枣（吨）	其他（吨）
1983	416.00	1400	737	132	103	369	38	6	1	3	1	15	2
1984	429.67	839	137	86	363	196	42	9	1	1	1	3	2
1985	534.00	1674	743	137	245	464	72	7	1	1	1	3	3
1986	600.00	2035	735	235	320	510	73	10	5	10	25	40	72
1987	680.00	2109	915	174	255	520	70	13	3	16	33	5	105
1988	700.00	1708	758	138	167	490	35	11	3	19	27	48	12
1989	700.00	2308	991	144	216	824	35	18	3	17	21	30	1
1990	680.00	2866	770	197	128	1112	80	18	4	15	27	37	478
1991	576.27	3266	826	200	174	1266	252	72	15	31	122	130	178
1992	582.80	4287	1023	250	400	1685	279	79	15	32	140	160	224
1993	671.27	4292	942	250	480	1851	274	78	15	31	120	140	111
1994	2686.13	5750	1260	283	608	2365	325	107	16	41	170	165	410
1995	2800.00	6468	1187	266	1211	2236	525	168	20	58	235	198	364
1996	2001.00	7603	1203	164	687	3692	962	192	20	57	327	195	104
1997	2001.00	10012	1875	146	1800	4785	576	147	20	56	241	203	163
1998	1934.33	11000	2234	150	1980	5090	566	228	20	54	302	171	205
1999	1928.33	11003	2234	150	1980	4909	766	216	20	51	311	162	204
2000	1889.00	11500	2214	150	2335	4810	974	202	20	62	343	198	192
2001	1857.00	11996	2635	350	3120	5027	357	122	20	48	164	55	98
2002	1619.00	12005	2683	339	3152	5074	307	102	20	36	107	61	124
2003	1610.00	15498	3657	417	4104	6415	358	146	20	51	122	98	110
2004	1669.00	18000	4546	417	4750	7426	337	141	20	40	98	106	119
2005	1619.00	23950	8700	395	4870	8530	345	49	20	940	9	29	63
2006	1619.00	27953	10147	505	5689	9912	356	49	20	1064	9	33	169
2007	1619.00	28900	11121	535	5765	9710	367	81	35	1072	72	36	106
2008	1619.00	29401	10340	600	5805	9800	679	90	35	1082	81	40	849

第四节　病虫害防治

一　林业有害生物种类及危害

改革开放后，受县内林地面积增加、苗木引进渠道多样化及经贸活动频繁等因素影响，林业有害生物的种类也不断增加，危害程度加重。1990 年，全县共发现林业病虫害 21 种。到 2008 年，全县林业有害生物种类达到 95 种，其中病害 23 种，虫害 72 种，涉及 6 个目、37 个科。

在全县发生及危害较为严重的林业有害生物有：

（一）杨树蛀干害虫　主要虫种是光肩星天牛、桑天牛。

（二）杨树叶害虫　主要有美国白蛾、杨扇舟蛾、杨毒蛾、舞毒蛾、扁刺蛾及春尺蠖等。

1. 美国白蛾：它是一种世界性检疫对象，自 2003 年 9 月从天津市宝坻区、武清区传入本县并开始蔓延，当年在本县发生疫情的村街就达到 105 个，林木虫株率为 15.90%，呈点、片发生，部分地块发生严重。2006 年，美国白蛾发生最为严重，全县 300 个村街皆有不同程度的发生，部分村街地段发生严重，树上遍布白色网幕，树下农作物叶片被吃秃。

2. 春尺蠖：自 2000 年，春尺蠖的发生呈上升趋势。2001 年春尺蠖在五百户镇四百户林带爆发，发生面积近 133.33 公顷，所有树木的树叶全部被吃光。由于全县大面积营造杨树纯林，所引进苗木渠道复杂，给春尺蠖的蔓延创造了有利条件，2007 年、2008 年连续两年发生严重，主要发生在夏安线、双安路、国安路、潮白河大堤、京沈高速路两侧及部分片林，部分地段树木的叶片全部被吃光。

（三）林木病害 主要包括杨树腐烂病、溃疡病、杨树黑斑病、杨树灰斑病、根癌病等，如果林木种植密度过大，再加上雨水充足，发病率就会很高，发生程度在全县各乡镇均有不同程度的上升，已成为杨树幼龄林的一大灾害。

（四）果树病虫害 主要包括苹果腐烂病、炭疽病、轮纹病、梨黑星病、葡萄霜霉病、桃蛀螟、梨小食心虫、苹果红蜘蛛等。

二 林业有害生物防治

预测预报 改革开放初期，在县城关、河北止务、南二百户和农职中学设有虫情预报点。2001 年，在五百户镇、钱旺乡建立了两个蛀干害虫工程治理示范区。2003 年，在钱旺乡养鸭场、渠口镇郁林苗圃、潮白河跨河养鸭场等处设立了 13 个黑光灯监测点，并确定专人负责观测。同时，组织技术人员针对各种有害生物的各个龄期确定地块和随机抽查的方式进行调查，确定各种有害生物的始发期、高峰期，及时掌握病情、虫情，及时向全县发布预测预报，并提供信息和技术指导。

人工防治 在实践中，香河县主要采取的人工防治形式有：挖蛹、剪除网幕、草把诱集、黑光灯诱杀等。这些方法简便易学、效果直接，多由林农自发组织人力进行。为控制美国白蛾的蔓延态势，调动广大群众集中参与防治，林业部门面向全县开展了收购美国白蛾越冬蛹和网幕工作。2007 年，全县共投入资金 34.30 万元，收购美国白蛾越冬蛹 293 万头，收购网幕 25 万个。2008 年，全县共投入资金 28.50 万元，收购美国白蛾越冬蛹 113 万头，收购网幕 20980 个，举报虫株 17483 个。2003—2008 年，全县共利用黑光灯诱杀美国白蛾成虫约 12 万头。

天敌防治 通过繁育和释放有害生物的天敌，能有效地降低有害生物的发生程度。县林业部门先后于 2003 年和 2004 年释放管式肿腿蜂 20 万头，用于防治蛀干害虫，2005—2008 年，连续四年释放周氏啮小蜂 3.60 亿头，用于防治美国白蛾，收到了良好效果。

药物防治 有两种形式：地面喷药和飞机喷药

在药物选择上，改革开放初期，香河县在药物防治中多选用一些高效高毒高残留农药。进入 21 世纪以来，为了保护生态环境，减轻因喷用农药带来的污染，采用并推广灭幼脲 3 号、除虫脲、苦烟乳油、bt 病毒等生物制剂进行防治作业。在开展防治的组织形式上，2003 年以前，按照“谁所有、谁防治”的原则，由林业部门提供防治信息及技术，各乡镇、村街及造林大户自行进行地面喷药防治。2003 年美国白蛾传入香河县后，针对其传播速度快、危害范围广的特点，全县开始组织大面积地面防治，由县政府统一部署，全县九个乡镇统一行动，进行联防联治。2003—2008 年，全县共筹措资金 850 余万元，组建林业有害生物防治专业队 100 余个，购置防治机械 100 余台套，投入防治人员 5 万余人次，防治率达到 100%。

2004 年，香河县引入了飞机喷药这种全新的作业形式，和地面喷药相比，它作业时间短、覆盖面积大、防治效率高，特别适用于那些集中连片的大面积片林、林带，及那些因交通不便或树木高大而难以进行地面人工喷药的区域。飞防作业开展以来，对控制美国白蛾、春尺蠖等有害生物的蔓延态势、降低危害程度发挥了重要作用。

2004 年 5 月，利用飞机喷药防治美国白蛾。作业区域为“四河八堤”和主要公路干线，共飞行 23 个工作日，64 架次，作业时间 1871 分钟，飞防面积 6480 公顷，喷洒药液 29.20 吨。

2005 年 5 月，利用飞机喷药防治美国白蛾。作业区域为“四河八堤”、主要公路干线、片林及部分发生严重的村街，共飞行 5 个工作日，26 个架次，作业时间 800 分钟，飞防面积 5.30 万亩，喷洒药液 5.20 吨。

2006 年 5 月，利用飞机喷药防治美国白蛾。作业区域涉及渠口镇、刘宋镇、蒋辛屯镇及安平镇 4 个乡镇 44 个村街以及京沈高速路、双安线、香五路、运河东堤，共飞行5个工作日，20架次，作业时间696分钟，飞防面积3.60万亩，喷洒药液4吨。同年9月，利用飞机喷药防治美国白蛾，作业区域涉及9个乡镇181个村街，共飞行6个工作日，91架次，作业时间2468分钟，飞防面积6133.33公顷，喷洒药液18.2吨。

2007年6月，利用飞机喷药防治美国白蛾。作业区域涉及"四河八堤"、主要公路干线、部分片林以及42个发生严重的村街，飞行7个工作日，81架次，作业时间2217分，飞防面积7020公顷，喷洒药液16.2吨。

2008年4月，利用飞机喷药防治春尺蠖。作业区域涉及"四河八堤"、主要公路干线及部分片林，共飞行2个工作日，34架次，作业时间400分钟，飞防面积1586.67公顷、喷洒药液6.8吨。同年6月，利用飞机喷药防治美国白蛾。作业区域涉及"四河八堤"、主要公路干线、片林及部分村街，共飞行5个工作日，114架次，作业时间1825分钟，飞防面积5566.67公顷，喷洒药液22.8吨。

第五节　花　卉

1979—1993年，全县只有少数花卉爱好者搞一些零散种植，数量很小，种植一些适合家庭观赏的盆花，主要有瓜叶菊、茉莉花、菊花、串红、月季花、文竹、龟背竹等，年产量2000盆，主要在县城的街边市场销售。1994年初，香河县农林局和国家农业部农业司合作试验生产花卉种子（地址：淑阳镇孙止务村北），产品直接出口日本坂田种苗株式会社，当年种植1.33公顷，主要有鸡冠花、串红、翠菊和凤仙花，其产量和品质达到日本客商的认可，所生产的花卉种子全部出口日本。1995年扩大规模，将合作繁种面积扩大到3.33公顷。县农林局以此为依托成立了香河县花卉服务中心，在生产花卉种子的同时，开始试验生产盆花10000盆，主要销往北京市场。1996年，全县花卉种植面积增加到3.2公顷，盆花产量达到30000盆。1996—1998年，县政府连续三年举办庆祝"十一"国庆花卉节活动，要求各单位在门前和指定的街道摆放花坛，这一活动推动了全县花卉业的发展。1998年，全县花卉种植面积23.33公顷，其中设施花卉面积13.33公顷，盆花产量达到15万盆，主要有瓜叶菊、串红、彩叶草、天门冬、小菊、一品红等十几个品种；切花产量200万支，主要品种有唐菖蒲、菊花、百合等。生产地点主要集中在香河县农业高新技术园区、淑阳镇和蒋辛屯镇。进入21世纪，花卉业进入快速发展阶段。

2003年，在花卉生产上，充分发挥毗邻京津的优势，重点发展月季、玫瑰、百合、非洲菊的生产，以农业园区为基地，以服务为龙头，大力发展新品种、新技术的引进、试验、示范和推广，发展剑兰生产专业户5户，木瓜示范种植0.23公顷，提升了花卉市场的竞争力，是年，全县花木面积353.33公顷，生产盆花62万盆，鲜切花2346万株，观赏苗木28万株。到2008年，全县花卉种植户达到1500户，花卉种植面积达到380公顷，其中设施花卉面积25.7万平方米。年产切花切叶1760万支，主要品种有菊花、百合、唐菖蒲、香石竹等；盆花30万盆，主要品种有仙客来、瓜叶菊、串红、矮牵牛、小菊、杜鹃、彩叶草、万寿菊、长春花、鸡冠花、凤仙花等；观赏苗木15万株，主要品种有月季、木槿等；草坪面积46.67万平方米。其产品除供应本县市场外，还销往北京、天津两大市场。县城拥有花卉销售门市部7个，全县从事花卉生产和销售人员1550人。

2008年香河县主要花卉品种一览表

表15-7-4

名称	科	属	主要栽培品种及特点用途
菊花	菊科	菊属	平头黄、夏白、北京小菊，用于切花、花坛
香石竹	石竹科	石竹属	康乃馨，用于切花
唐菖蒲	鸢尾科	唐菖蒲属	青骨红剑兰，用于切花

续表 15-7-4

名称	科	属	主要栽培品种及特点用途
百合	百合科	百合属	亚洲百合、东方百合，用于切花
仙客来	报春花科	仙客来属	卡门、康色托，用于盆花
月季	蔷薇科	蔷薇属	切花月季、观赏月季
瓜叶菊	菊科	瓜叶菊属	用于温室盆花
鸡冠花	苋科	青葙属	头状鸡冠、羽毛鸡冠，用于花坛、花径
凤仙花	凤仙花科	凤仙花属	可用作花坛及盆栽
一串红	唇形科	鼠尾草属	用于花坛
万寿菊	菊科	万寿菊属	用于盆花、花坛、绿化
三色堇	堇菜科	堇菜属	蝴蝶花，用于花坛、盆花
翠菊	菊科	翠菊属	用于花坛、花径、盆花、切花
矮牵牛	茄科	碧冬茄属	用于花坛、盆花
彩叶草	唇形科	鞘蕊花属	用于花坛、盆花
长春花	夹竹桃科	长春花属	用于花坛、盆栽

第六节 林业经营与管理

一 占用征用林地管理

按照《中华人民共和国森林法》《中华人民共和国森林法实施条例》和国家林业局《占用征用林地审核管理办法》的有关规定，凡进行勘察、开采矿藏和各项建设工程需要占用、征用林地的单位和个人必须到林业部门办理占用征用林地手续，批准后方可实施。香河县自 2001 年开始在辖区内实施征占用林地管理制度，2008 年底，办理京沈高速路建设征用林地项目一宗，占用林地面积 20 公顷。

二 林权管理

根据《中华人民共和国森林法》规定，对国家所有的和集体所有的森林、林木和林地，个人所有的林木和使用的林地登记、造册，发放证书。2001 年始，香河县对全县 9 各乡镇 300 个行政村进行林权登记工作。2001—2008 年，全县累计完成林权确权面积 3824 公顷，涉及村街 265 个，发放林权证 4650 份。

三 林木采伐管理

1979 年，国务院《关于保护森林制止乱砍滥伐的公告》发布后，全县范围内迅速查处多起乱砍滥伐事件，刹住了乱砍滥伐的歪风。1981 年，县政府发布了《关于保护林木制止乱砍滥伐的布告》，规定采伐集体林木 50 株以下者由乡（镇）人民政府审批，采伐 50 株以上者由县农林局审批。国家《森林法》实施以后，林木采伐统归县农林局审批，并按政策规定收取育林基金。2003 年，为合理采伐林木，及时更新采伐迹地，恢复和扩大森林资源，香河县结合实际，制定完善了《香河县林木采伐管理办法》。境内每年实际采伐林木量 3800 立方米左右。

四 林政执法

2006 年 4 月 25 日，经香河县机构编制委员会办公室批复成立林业行政综合执法队。负责本辖区森林和野生动植物资源保护的行政执法；负责木材、林板和野生动植物运输的检查监督及违法运输案件的查处；负责木材经营、加工用材单位的检查监督和违法违章案件的查处；负责超限额采伐森林或者其他林木案件的查处；负责买卖或伪造采伐许可证，林木种苗生产经营许可证，木材运输证，野生动物运输证、进出口文件、进出口证明书，植物检疫证，种苗质量检验证书和种苗标签等案件的查处；负责木材市场和贮运木材的货场的检查监督及违法违章案件的查处；负责非法征、占用林地案件的查处；负责盗伐、滥伐林木案件的查处；负责对乱捕滥猎、违法经营加工野生动物案件的查处；负责违法采挖野生植物资源案件的查处；以及对违法生产经营假冒伪劣的种苗的行为进行稽查和处罚；负责其他林业行政执法处罚等工作。

第八章　管理机构

第一节　农业局

1979年，香河县农林局，主管全县的农业生产和林果的发展，设人秘、技术、林业、公社、生产5个股，有工作人员50人。1980年11月，农林局在17个公社建立农业经营管理站，每站有工作人员1～3人。

1983年12月，机构改革，农业机械管理局、农林局、畜牧水产局合并为农业局。下设办公室、财务经营管理、农情、技术、林业、畜牧水产股和土肥、技术推广、植保、家畜改良、农机管理、拖拉机站及种子、农机公司、良种、苗圃、畜禽养殖场、兽医院、冷冻厂等。1987年11月，局机关内设：办公室、经营管理股、农情股、财务股、科教股、林业股、农业股、农机管理股、畜牧水产股。1989年3月，农业股并为技术站，农机管理股改为农机管理站，畜牧水产股改为畜牧兽医站，林业股改为林业站。1988年3月扩建冷冻厂，4月建畜牧水产技术推广中心，6月建森林植物病虫防治检验站。1989年3月，建水产站。1990年，农业局的下属单位有：农业技术中心、农业广播电视学校、种子公司、原种场、农机中心、农机监理站、拖拉机站、农机培训学校、农机公司、农机推广站、种子监理检验站。家畜改良站、畜牧水产公司、兽医站、动物检疫站、家禽养殖场。

1996年4月，农业局更名为农林局。6月，县乡机构改革后，农林局共设3个行政科室和14个直属事业科室（站）。分别为：办公室、财务科、科教科、农业技术服务中心、林业站、农机服务中心、农广校、经营管理站、农业技术站、植保站、土肥站、农情科、蔬菜站、农机管理站、农机监理站、农机推广站、农机培训学校。至1998年2月人员编制为90人。1998年4月，组建农药监督管理站，该站挂靠在县植保站，实行一套人马两块牌子。8月，撤销农村经济管理站，成立农村经济管理局，为二级局。2001年2月，撤销林业站成立香河县林业局；撤销蔬菜站成立香河县蔬菜局，均为二级局，属全民事业单位。

2002年4月，农业局和林业局分设。2002年7月，成立种子农药监督检验站。2003年1月，农业局内设机构调整为3个：办公室、科教股、财务股。事业股站8个：农业广播电视学校、农业技术站、植保站、土肥站、农情站、种子农药监督检验站、农机监理站、农机管理站。下属事业单位2个：农村经济管理局、蔬菜局。人员编制55名。2006年，增加新能源办公室。2008年内设机构有：办公室、财务股、科教股、农情股、农业技术站、植保站、土肥站、农机监理站、农机管理站、农业技术广播电视学校、新能源办公室、农村经济管理局、蔬菜局，人员编制74人。

第二节　农业机械管理局

1972年1月，建立香河县革命委员会农业机械管理局。1979年内设机构有：生产、机务、财务、文秘4个股室。1980年1月改称香河县人民农业机械管理局。下属单位有：农机公司、农机修理厂、农机研究所、农机培训班和县拖拉机站。1982年10月，在县城北关内路东建立香河县农机监理站，配备干部和技术人员8名，主要任务是负责农用拖拉机和驾驶员年检、审验、核发牌证及监督机具维修保养，纠正违章作业，处理农机事故，落实安全生产等措施。1983年11月，改公社农机管理站为乡镇农机管理服务站。12月，撤销农机管理局，并入农业局。

第三节　林业局

2002年4月，成立香河县林业局。7月，林业局内设机构有：办公室、计划财务股、林业站、林政站、林业公安派出所、森防森检站、果桑花卉管理站。下属单位有苗圃场和蔬菜花卉服务中心，人员编制24名。2006年4月，林业局增设林业行政综合执法队。2008年1月，撤销下属的蔬菜花卉服务中心。年底，林业局有8个股室（站），人员编制24人。

第四节 畜牧水产局

1977年9月，成立畜牧水产局。1979年，畜牧水产局设有兽医、畜牧、水产股，有干部、技术人员及职工33人。1983年12月，并入农业局。

1990年7月建立，畜牧水产局。局内部机构有：办公室、畜牧兽医股、水产股、财务股。下属单位有：动物检疫站、兽医院、改良站、防疫站、水产公司、冷冻厂。1992年，内设机构增加了动物检疫站和畜禽疾病防治站。下属单位变为4个（兽医院、改良站、水产公司、冷冻厂）。1996年7月，“股室”改称为“科室”。1998年2月，内部机构有6个：办公室、水产科、畜牧兽医科、财务科、动物检疫站、畜禽疾病防治站。下属单位有：兽医院、改良站、水产公司、冷冻厂，下辖9个基层畜牧兽医站。人员编制为35名。2002年7月，内设机构“科室”改“股室”。增设化验室、香河县饲料工业办公室。2003年1月，内设机构8个：办公室、财务股、畜牧兽医股、水产股、动物检疫站、饲料工业办公室、化验室、畜禽疾病防治站，下辖9个基层畜牧兽医站。

2006年3月机构调整，改称香河县畜牧兽医局，全局有工作人员150人。8月，动物检疫站更名为兽医卫生监督所，同时组建香河县动物疫病预防控制中心，在畜牧兽医股挂牌。2007年9月，水产股划归畜牧兽医股管理。2008年，内部机构无变化，工作人员增到152人。

第十六编　水　利

1979 年以前，香河县水利发展经历了防洪工程建设、自流排灌工程建设及综合治理工程建设三个阶段。1979 年以后，水利建设以农业生产为主。1980 年，以打井抗旱为主，进行治河防洪、开渠排灌、平整土地、治碱等水利建设。到 1990 年，境内的河流、渠道疏通，有灌排扬水站 12 座，机井 6587 眼，水利工程达到涝能排旱能浇。2000 年，水利工程建设进入维修、清淤、扩挖阶段及修井、打井、节水设施建设阶段。2008 年，有机井 6609 眼，每眼机井负担耕地 4.23 公顷，铺设防渗管道 1241000 米，小部分蔬菜种植使用喷灌设施。1979—2008 年，水利工程达到旱能浇，涝能排，建立了节水设施。

第一章　农田灌溉工程

1979—1985 年，香河县的农田灌溉主要是用井水灌溉，少部分农田用河水及渠水灌溉。1979 年有水井 5014 眼，1985 年达 6569 眼。20 世纪 80 年代后期，由于地表水量减少，地下水位下降，农田灌溉基本为井水灌溉，发展使用了喷灌技术及防渗管道工程。2008 年，有水井 6609 眼，防渗管道 124.1 万米。

第一节　地表水灌溉工程

一　引水灌溉工程

香河县地表水引水工程有 3 处，即赶水坝进水闸、杨百庄进水闸和岭子进水闸。赶水坝进水闸建于 1965 年，位于潮白河右岸，赶水坝村东北，其设计过水流量 20 立方米/秒。杨百庄进水闸建于 1966 年，位于潮白河左岸，杨百庄村西南，设计过水能力 6 立方米/秒。岭子进水闸建于 1977 年，位于潮白河左岸，岭子村西北，设计过水能力 12 立方米/秒。

香河县境内在 20 世纪 80 年代初期，地表水充足。在雨季坑塘水满，河渠水丰。80 年代末期，河道上游来水量大减，工农业生产用水量增加，加之干旱因素，地表水减少，河、渠、坑、塘水位降低，干旱季节无水，河道时常出现断流。1990 年，开始对上水的引水量进行统计。

1990—2008 年香河县地上水引水量统计表

表 16-1-1　　　　单位：万立方米

年份	引水量	年份	引水量
1990	7377.64	2000	12118.00
1991	3976.00	2001	7993.00
1992	4738.17	2002	8651.40
1993	4105.50	2003	8137.60
1994	2174.00	2004	7582.00
1995	2888.50	2005	7920.10
1996	4565.00	2006	7527.10

续表 16-1-1

年份	引水量	年份	引水量
1997	3592.00	2007	7625.00
1998	7360.50	2008	7595.00
1999	8588.20	—	—

二　拦蓄工程（曹店跌水橡胶坝）

曹店跌水橡胶坝位于北运河王家摆下游 240 米处，1996 年建成使用，坝袋宽 80 米，坝高 3.5 米，坝底板高程 8.7 米，相应坝上行洪水位为 14 米(黄海高程，下同)，坝下水位 12.3 米，校核洪水 20 年一遇，流量 1330 立方米/秒，蓄水水位 12.2 米。工程建成后可一次性引蓄水 2183 万立方米，同时可调坡缓流稳定河槽。

第二节　地下水管理

香河县，水资源一直未能得到统一的管理，始终处于一种分割分权管理的状态。1988—1998 年，县水利局一直对域内的水利工程进行管理，城镇的水资源管理权在建设部门。由于农村工业企业的规模较小并以个体工商户的形式出现，且分布在各个村街，对其用水的管理很难进行，只能由乡镇的水利站对其按照 0.07 元/吨，收取水资源费，对于农业水费的征收起于 1982 年，终止于 2006 年，征收标准：青龙湾河以南、北运河以西按每公顷 45 元，其余地区每公顷 75 元。

1998 年水务局成立后，水资源管理的范围在水利部门得到扩展，除县建设部门辖制下的自来水公司以外，广大农村及城区的自备井用户都划归水务局管理，但由于历史遗留问题，县节约用水办公室，同时参与了城区自备井用户的用水管理。2003 年，县节约用水办公室划归县水务局，水资源的管理进入统一规划。

河北省物价局、河北省财政厅 1998 年下发《关于调整水资源费标准的通知》，给水资源的征收标准进行了调整，将原来的 0.06～0.07 元/立方米调整到地表水 0.2 元/立方米，地下水 0.3 元/立方米，另外对地热水的征收标准明确规定为 1.2 元/吨，这样利用经济杠杆加强对水资源费进行市场调控的力度大大加强。县水务局机井队在 1998 年实行改制，由原来的水务局直属改为股份制向社会公开吸收股份。2002 年由原来的股份制改为个人拥有的个体式经营模式，更加适合了经济社会的运行机制。2002 年 8 月 29 日，新的《中华人民共和国水法》修订完成，并于同年 10 月 1 日正式施行，为水资源的统一管理提供了有力的法律依据。香河县的钻井施工队伍随着改革开放的深入，市场经济进一步的发展和市场竞争愈发激烈，县井队由原来的 17 支，减少为 14 支，2008 年底，有资质的井队有 9 支。

第三节　农田灌溉

一　渠灌

全县渠灌分潮南、潮北两大灌区，控制面积约 22333.33 公顷，分别由赶水坝、后建各庄及岭子三座渠道闸控制，从潮白河引水灌溉，设计引水能力 36 立方米/秒。拥有主干渠 26 条，其中潮南 11 条，潮北 11 条，北运河以西 2 条，运河滩地 1 条，青龙湾河以南 1 条，全长 221.4 公里。2006 年冬，扩挖刘庄支渠为干渠，长度 1864 米，动土方 5.77 万立方米，这样全县干渠增至 223.26 公里。2008 年，全县拥有支渠 115 条，其中潮南 51 条，潮北 58 条，北运河以西 4 条，潮白河滩地 1 条，北运河滩地 1 条，总长度 297.04 公里。

二　井灌

1979 年有机井 5014 眼，每眼机井负担耕地面积 2.77 公顷。20 世纪 80 年代初主要是 70 年代修建的 149 米以下的水井。1979—1983 年，香河县处于家庭联产承包责任制初期，新增机井少，原有机井破损，造成年末实有机井量少。随着地下水位的下降，新修建机井为深水井，井深达到 150 米以上。1985年，有机井6569眼。80年代末，全县耕地达到旱能浇涝能排。1990年有机井6587眼，每眼机井负担耕地面积3.37公顷。1995年，有机井6169眼，配套能用的机井6083眼。2000年，有机井6440眼，每眼机井负担耕地4.37公顷。2008年，由于报废机井增多和打新机井速度减缓，有机井6609眼，每眼机井负担耕地4.28公顷。

1979—2008年香河县实有机井情况统计表

表16-1-1　　单位：眼

年份	年末实有机井	年份	年末实有机井
1979	5014	1994	6132
1980	4767	1995	6169
1981	4890	1996	6244
1982	5568	1997	6279
1983	6093	1998	6383
1984	6447	1999	6384
1985	6569	2000	6440
1986	6211	2001	6520
1987	6263	2002	6630
1988	6360	2003	6720
1989	6457	2004	6914
1990	6587	2005	6914
1991	6698	2006	6914
1992	6209	2007	6522
1993	6132	2008	6609

三　喷灌

喷灌始于1977年春，当年，由国家投资，县水利局派员引进半移动喷灌设备2套，在五百户公社南四百户大队试验成功，每套设备保浇面积约13.33公顷。1978年后，城关公社白庙、胡庄子大队、蒋辛屯公社百家湾大队、金辛庄公社矬口等大队又先后购进固定式和半固定式设备共6台套。但因造价高，使用和维修复杂，加上实行生产责任制后地块零散，发展较为缓慢。到1990年，全县喷灌面积仅133.33公顷，占总灌溉面积的0.4%。1998年秋，省市财政补贴与群众自筹结合，在双安路两侧布置安装移动式喷灌设备256套，灌溉面积2906.67公顷。2002年秋，在钳屯乡建立国家级高效节水灌溉示范区，安装半固定式喷灌设备20台套，灌溉面积246.67公顷。由于喷灌方式不适合北方大田作物灌溉，且耕地由农民承包，条块分割严重，无法集中使用喷灌设备，因此逐渐被农民闲置放弃。到2008年底，使用的喷灌设备只有8台套，只用于蔬菜灌溉。

四　防渗管道

1988年春，廊坊地区水利局支持县水利局4000米软塑输水管道（俗称小白龙），并应用到农业灌溉。此后，群众自发的购买软塑输水管道，大大提高了灌溉效率，节水效果比较明显。由于这种管道保管时难度大，易折损老化，浪费了农民大量的人力和资金，给群众带来诸多的困难。1989年春，梁家务乡李庄村在县水利局的帮助下，埋设硬塑料低压输水管道，较明渠和软塑管具有省时，省电，省地和节支、节劳，增产效益高的优点，倍受农民欢迎，当年铺设管道7000米，保浇小麦100公顷。1990年，将发展防渗管道工程列入全县规划，并采用民办公助的办法，建设速度明显加快。到年底，全县7个乡镇13个村铺设防渗管道总长7.56万米，防渗节水灌溉面积933.33公顷，占总耕地面积的9.51%，每年均有部分防渗管道工程建设，廊坊市财政局每年拨付一定的资金，给予防渗管道工程建设每米3元的财政补贴。到2001年底，全县防渗管道已铺设86.3万米，控制面积11213.33公顷。

由于原来生产的管道及配件质量差，施工工艺落后及亩均管道密度小等原因，很多低压防渗管道使用几年后就无法再使用而报废。随着生产工艺的提高和施工技术的成熟，从2002年以后，国家和省颁布了节水工程技术规范，管道及构配件质量得到了有效的提高。同时国家和省也加大了节水灌溉工程建设的资金支持力度。2003年，省拨财政资金30万元，支持钱旺乡万亩节水灌溉项目；2004年，省拨付30万元支持五百户镇万亩节水灌溉项目；2005年，省拨付42万元支持刘宋镇560公顷节水灌溉项目；2006年，省拨付50万元支持刘宋镇万亩节水灌溉项目；2007年，省拨付30万元支持安头屯镇250公顷节水灌溉项目；同年国家投资72万元，省配套28万元，群众自筹资金150万元，建设了刘宋镇东王各庄、西王各庄、荆庄、大田、东张庄、南孙庄833.33公顷小型农田水利工程节水灌溉项目工程。2008年，利用国家专项资金300万元，建设了刘宋镇粮食生产核心区中营、刘庆庄、程官屯、八户、小陈庄、刘宋村11573.33公顷高效节水灌溉项目。同时，利用省级抗旱节水专项资金发展节水灌溉面积122公顷。到2008年底，全县通过县水务局、农业开发办公室、国土资源局等部门的努力和群众积极筹资投劳，全县拥有防渗管道总长度已达124.1万米，防渗节水灌溉面积12600公顷。

第二章 防洪除涝

香河县的防洪除涝工程，依托境内的潮白河、北运河、青龙湾河及引沟入潮河工程，采取以机排为主，本着高水高排，低水低排，建成20条排水干渠，建成12座排水站。设立防汛指挥部，各堤岸渠坡责成专人负责，及时发现问题解决问题。

第一节 河流治理工程

一 潮白河治理

1981年6月，完成潮白河百家湾桥上险工，新建钻井柱导流排三排，共26棵桩，另外完成南桥夹浆砌石异样18米，有效缓解了当地的险情。

2001年4月16日，潮白河郭辛庄涵洞拆除，总投资60万元，于2001年5月16日竣工，工期31天，其主要工程量：开挖土方9600立方米，回填土方11800立方米，引道填筑12250立方米，引道拆除7000立方米，外购壤土18800立方米，旧砌体拆除967立方米，铺筑沥青碎石路面650平方米。

2007年，维修潮白河百家湾桥，百家湾漫水桥位于香河县淑阳镇北岗子村北潮白河上，此工程总投资57.96万元，钢筋混凝土185.45立方米，开挖土方428立方米，浆砌石92.25立方米，回填土方300立方米，改善当地的交通条件。

二 北运河治理

1980年，北运河孙务险工，完成钻井柱导流排8排，共计58棵桩。1981年，北运河红庙西险工，完成钻井柱导流排4排，共计36棵桩。1999年，对北运河姚止务西险工进行了治理，工程总投资60万元，有效改善了北运河的行洪条件。

1995年，香河县北运河曹店村橡胶坝工程，于10月破土动工，1996年5月31日完工，主要工程量：土方161977立方米，砌石4460立方米，砼及钢筋砼3623立方米，钢筋制安121吨，金属结构24.9吨，橡胶坝袋1166平方米，提高了香河县的引蓄水能力。

2004年7月，香河县北运河姚止务险工，总投资50万元，新建护坡长50延米，工程用料：浆砌石656立方米，土方21190立方米，工期23天，有效防止险情的恶化。

三　青龙湾河治理

1981年7月，青龙湾左堤复堤工程，仉村、刘庆庄段，全长1750米，动土6万立方米。1982年，青龙湾左堤复堤工程，霍刘赵段，全长4850米，动土54000立方米。1982年11月，青龙湾左堤复堤工程，仉村段，全长516米，动土5000立方米。1984年7月8日，青龙湾复堤，兴隆庄段，长1620米，土方14137立方米，后土门楼段，长156米，土方8699立方米，两项工程共动土22836立方米，于7月29日竣工。

1985年7月5日，在青龙湾河北岸仉村西砌石坝3道，用块石1500立方米，地区投资3万元，于7月23日竣工。

1986年5月9日，青龙湾刘庆庄复堤工程，复堤长1200米，宽6.7米，坡度1:3，土方量为22212立方米，于5月25日竣工。青龙湾河仉村石坝工程，新建3边铅丝笼石坝，加固4道，石方量为1159立方米，5月22日竣工。拆除青龙湾河过堤营两处，土方量为4796立方米。

1987年4月29日，拆除青龙湾河左堤霍刘赵至茅庄过堤营5处，于6月8日完工；7月2日，青龙湾王务导流排2道扫尾加固，于17日完工；8月10日，加固青龙湾河刘庆庄险堤，长1200米，边坡1∶2，总动土32000立方米，动用大小拖19台，于31日竣工。

1988年4月19日，拆除青龙湾河4处过堤营，（后湾南、四百户、骡子王、三百户南）全长105米，动土8450立方米，用工4243个，投资20953.2元，于6月13日竣工。

1990年5月10日，青龙湾河左堤中营险堤加固。全长780米，投资7.23万元，完成土方4.4万立方米，专业队施工，6月15日完工。

1992年5月30日，青龙湾左堤复堤工程（三百户村南）全长500米，动土5665立方米，6月12日全部完成。

1993年4月14日，青龙湾河仉村险工新建铅丝笼装石堆石坝1道，新建石坝长14米，高4.5米，底宽8米，顶宽2米，铅丝笼规格4米×4米×0.6米，维修加固堆石坝2道，铅丝笼装石结构，投资13万元，5月24日完工。4月17日，青龙湾河左堤霍刘赵堤段加固，全长1700米，动土62000立方米，于5月26日竣工。7月1日，青龙湾河四百户堤段堤顶加固，长500米，完成土方15000立方米，于同月12日完工。8月1日，青龙湾河左堤骡子王险工木桩护岸，打木桩35棵，同月13日完成。

2002年，绿色长廊工程，共植树40万株，绿化面积480公顷。

同年，完成骡子王桥及西侧引道的维修、加固工程，工程总投资60万元。同时对四百户骡子王的3000米堤段进行修整。

2008年，青龙湾减河后家湾险工，工程总投资70万元，工程用料:铅丝笼块石2138立方米，土方8745立方米。

四　引泃入潮工程

为减轻泃河、蓟运河引洪压力，导部分泃河入潮白新河下泻，在本县东部，开挖北起躲各庄东北三河县界南，到魏各庄南至宝坻县境内入潮白新河的人工河道—引泃入潮开挖工程，境内长7.88公里。该工程由河道省根治海河指挥部设计施工，两岸堤距200米，堤顶平均高程12.88米，河底宽100米，设计泻量830立方米/秒。1972年秋破土，1973年竣工，完成土方81万立方米，占地145.53公顷。

2007年，谭家务大桥修复工程，谭家务大桥位于香河渠口镇谭家务村东引泃入潮上，工程总投资26.51万元，工程用料:钢筋混凝土131.47立方米，混凝土48.36立方米，开挖土方100立方米，回填土方100立方米，2007年11月底竣工。

第二节　排水渠扩挖改造

香河县涝灾频繁，据统计，1949—1979年的30年中，每两年发生一次，平均每年受灾面积6333.33公顷，占总耕地面积的23.3%。1969年以后，采取以机排为主，本着高水高排，低水低排，分散建站，就地入河的方法，分别在潮白河两岸，青龙湾减河左岸，卜池河北运河右岸，先后建立了田贾庄、百家湾、西河头、商汪甸、庆功台、荣各庄、小友垡、后骆港8座国营排水泵站。1991年3月，又对西河头排水泵站进行了扩建改造，建设西河头新站。新增排水能力6.0立方米/秒，使原西河头泵站排涝标准由3年一遇提高到5年一遇。

1991 年，全县拥有排水泵站 12 座，其中有乡镇管理小型排涝泵站 4 座，排水干渠 20 条，支渠 50 条，易涝治理率为 70%。

五一渠 1951 年开挖，为本县最早引水灌溉渠道。从本县潮白河南岸的赶水坝引水，向南流经淑阳、钳屯、五百户、刘宋 4 个乡镇，汇入中营村附近的香绣渠，全长 19.7 公里。1958 年改为半地下渠道。1975 年扩挖加深，用工 4 万多工日，动土 4.07 万立方米，竣工后引水量 29.4 立方米/秒，控制面积 46.22 平方公里。1997 年 11 月，对五一渠上段进行清淤，长度 1530 米，动土方 5077 立方米。2000 年对该渠下段 7100 米渠段进行清淤扩挖，动土方 10.8 万立方米。2001 年对该渠中上段 2158 米渠道进行清淤扩挖护砌工程建设，动土方 5.48 万立方米，护砌渠坡面积 3.98 万平方米，浇筑混凝土 2590 立方米，2002 年 10 月，对该渠中下段 7421 米渠段进行清淤，动土方 12.96 万立方米。

东干渠 1958 年开挖，由雀林院（闸）东五一渠引水，经淑阳、安头屯、刘宋 3 个乡镇流入天津市宝坻区南干渠，全长 19.95 公里，有支渠 9 条，长 33.7 公里，建有主要闸涵 5 座。经 1965 年、1975 年加深拓宽，引水、排水量分别为 4 立方米/秒和 16.7 立方米/秒，灌溉和排水面积分别为 9333.33 公顷和 4666.67 公顷。1993 年 11 月对该渠中段进行了清淤扩挖，长度 9800 米，动土方 14 万立方米。1995 年 4 月对该渠下段 9816 米长度清淤，动土方 139753 立方米。

香五渠 又称自流渠，1958 年开挖，从赶水坝引水，经淑阳、钳屯、五百户 3 个乡镇到仉村东入霍刘赵排渠，全长 16.3 公里。1975 年春清淤加深，引水流量 4 立方米/秒，灌溉面积 2666.67 公顷，配套支渠 8 条，长 21.82 公里（含闸、涵 3 座），1991 年，清淤扩挖该渠下段，长度 8 公里，完成土方 13 万立方米。1992 年，对自流渠上段 11250 米渠段进行清淤，动土方 215570 立方米。

梁家务干渠 1957 年修建，自梁家务村西引水，经蒋辛屯、钱旺、渠口 3 个乡镇流入窝头河（西河头排渠），全长 29.5 公里，后经 3 次扩建与加深，引水量增至 12 立方米/秒，排水量 11.6 立方米/秒，配套闸、涵 6 座，灌溉、排水面积分别为 11333.33 公顷和 8000 公顷。1991 年 12 月，清淤扩挖该渠下段，长度 3753 米，动土方 68012 立方米。

老武河引渠 习称老武河故道，1970 年施工，自梁务干渠焦康北引水，沿香河、三河两市县边界东流，入三河市境内的三河渡槽，香河县境内 13.05 公里，经 1971 年、1974 年扩挖，引水、排水量各为 8 立方米/秒和 30 立方米/秒，灌溉，排水面积为 4000 公顷和 6666.67 公顷。

中绣排渠 有支渠 2 条，1954 年开挖，西起五一渠口，东南经淑阳、刘宋等乡镇，过庆功台入绣针河，全长 5.24 公里，动土 133.45 万立方米，用工 86.14 万工日。排水量 17～20 立方米/秒，排水面积 66.99 平方公里。1980 年对该渠 4083 米渠段进行了扩挖，动土方 18 万立方米。

香绣排渠 有支渠 8 条。北起城关南门外，南经淑阳、安头屯、刘宋镇入庆功台总排干渠，全长 19.74 公里。1956 年开挖，1969 年清淤，1971 年延展，累计土方 124.19 万立方米，用工 79.65 万工日。排水量 12.5 立方米/秒，排水面积 49.65 平方公里。1992 年 5 月，对该渠中段进行清淤，长度 6730 米，动土方 9.1 万立方米。1999 年对该渠下段 7200 米渠段进行清淤，动土方 12.9 万立方米。

霍刘赵排渠 原为香五灌渠下段，1969 年扩挖后称霍刘赵排渠。西起仉村，东接五一渠入中绣渠，长 7.18 公里。动土 35.55 万立方米，用工 23.02 万工日。1982 年扩挖，排水量达 17.5 立方米/秒，排水面积 46 平方公里。

北排干渠 1962 年开挖，西起城关油库，东沿潮白河南侧入商汪甸村北天津市宝坻区的南干渠，全长 15 公里。有支渠 6 条，长 13.9 公里。全渠动土 180.95 万立方米，用工 115.81 万工日，后经清淤扩挖直通商汪甸排涝泵站，排水量达 9.45 立方米/秒，排水面积 20 平方公里，2007 年对该渠上段 308.1 米渠段进行清淤，动土方 88923 立方米。

香五西侧排渠 1964 年秋动工，1965 年完成。自雀林院南五一渠起，经钳屯、五百户镇入霍刘赵排渠。全长 7.81 公里，动土 43 万立方米，用工 28.67 万工日，排水量 3 立方米/秒。1996 年 11 月，对该渠全段进行清淤扩挖，动土方 25 万立方米。

庆功台总排干渠 连接庆功台排涝泵站的总排渠，长 2.03 公里。1978 年开挖，排水量 36 立方米/秒，总排水面积 139.97 平方公里。

牛济河排渠 有支渠 9 条。1954 年开挖，西起达古庄，沿潮折河北侧入天津市宝坻区张贾庄北排干渠。1971年扩挖，直入荣各庄排水泵站，长8.6公里，动土146.75万立方米，用工91.66万工日，排水量10.3立方米/秒，排水面积30.1平方公里。

丰收排渠 1960年开挖，自后场村蚂蚱沟起，沿香河、大厂两县边界入卜池河。长8.37公里，动土22.1万立方米，用工14.73万工日，排水量35立方米/秒。

田贾庄排渠 有支渠13条，1971年开挖，自双营村至田贾庄，长3.86公里，动土135.11万立方米，用工71.94万工日，排水量6立方米/秒，排水面积19.83平方公里。

西河头排渠 有支渠6条，1972年开挖，自东梨园村至西河头排水泵站，长6.92公里。动土135.11万立方米，用工71.94万工日。排水量8立方米/秒，排水面积28.2平方公里。

商汪甸排渠 有支渠6条，1974年开挖，自北村支渠口至商汪甸排水泵站，全2.73公里，动土方46.3万立方米，用工28.6万工日，排水量9.8立方米/秒，排水面积32平方公里。2005年对该渠道2730米进行清淤扩挖，动土方11.9万立方米。

百家湾排渠 有支渠5条。自蒋辛屯桥至百家湾排水站，长5.85公里。1973年开挖，动土161.44万立方米，用工107.63万工日，排水量4立方米/秒，排水面积14平方公里。

荣各庄排渠 有支渠2条，自窝头河至荣各庄排水站，长2.57公里，1978年开挖，动土50.3万立方米，用工29.48万工日，排水量22立方米/秒。

卜池河排渠 蒋辛屯村北至打卜户闸，长5.3公里，排水量55立方米/秒，1965年续挖，1969年，1977年清淤扩挖，动土46.1万立方米，用工38.29万工日。

小友垡排渠 有支渠4条，1962年开挖，赶古庄至小友垡排水站，长2.78公里，动土56.7万立方米，用工34.13万工日，排水量5.39立方米/秒，排水面积13.62平方公里。2000年11月，对该渠进行清淤扩挖，动土方5.2万立方米。

1979—2008年香河县部分河、渠挖修情况统计表

表16-2-1

渠道名称	工程内容	时间	长度（米）	工程量（立方米）
庆功台排干渠	扩挖	1979.5	1970	248378
中绣渠	扩挖	1980.10	4083	180000
霍刘赵排干渠	扩挖	1982.4	4390	95000
东香联接渠	清淤扩挖	1983.7	1167	12200
香绣渠下段	清淤	1983.7	1875	19800
梁务干渠下段	清淤	1991.10	3753	68012
自流渠下段	清淤扩挖	1991.11	8000	130435
香绣渠中段	清淤	1992.5	6730	90955
自流渠上段	清淤	1992.10	11250	215570
东干渠上段	清淤	1993.10	4470	80000
东干渠中段	清淤	1994.11	9816	140000
东干渠下段	清淤	1995.4	9816	139752
香五西侧排干渠	清淤	1996.11	7941	250000
五一渠上段	清淤	1997.11	1530	5077
香绣渠下段	清淤	1999.10	7200	129000
梁务干渠进水口	清淤扩挖	1999.10	1100	33200
五一渠下段	清淤	2000.10	7100	108000

续表 16-2-1

渠道名称	工程内容	时间	长度（米）	工程量（立方米）
小友垡排干渠	清淤扩挖	2000.11	2781	52000
五一渠中上段	清淤扩挖	2001.10	2158	54842
五一渠中下段	清淤扩挖	2002.10	7421	129573
商汪甸排干渠	清淤扩挖	2005.11	2730	118840
刘庄排干渠	扩挖	2006.11	1864	57698
北排干渠	清淤扩挖	2007.10	3081	88923

第三节　排水站改造维修

1962 年，在境内北运河、青龙湾河畔，分别兴建了小友垡、中营排水站，排水面积 28.3 平方公里，占全县控制面积的 6%。1970 年后，采取高水高排，低水低排，分散建站，以机代劳的工程设计，先后建排水站 12 座（国属 8 座，乡镇属 4 座），共 86 台机组，总装机容量 9111 千瓦，排水能力 97.76 立方米/秒，排水面积 326.65 平方公里，占全县总面积的 71.3%，基本控制了涝灾，各排水站的基本情况见表。1989 年 4 月，庆功台排水泵站压力管道更新，压力池底板加固，投资 44 万元。1989 年 11 月，对田贾庄排涝泵站配电间更新。1996 年，对西河头旧站压力池进行加固维修。2008 年 12 月，对庆功台开关柜和补偿器进行更新，投资 29 万元。每年，县水务局都对 8 座国有排涝泵站进行预防性试验和应急维修。

2008年香河县国有扬水站机电设备情况统计表

表 16-2-2

站名		电机型号	功率（千瓦）	电机台数	功率合计（千瓦）	水泵型号	单台流量（立方米/秒）	台数	流量合计（立方米/秒）	允许开车水位（米）		主变压器型号容量（千伏安）	站用变压器型号容量（千伏安）	受益面积（平方公里）	受益耕地（平方公里）
										排涝	排咸				
庆功台扬水站		JSL—14-12	155	20	3100	36ZLB—70	1.8	20	36.0	5.0	4.0	SJL-1800/351 台 S9—1600/35 2 台	SJ—10/0.4—50	137.97	16.0
商汪甸扬水站		JSL—12-8	155	7	1085	28ZLB—70	1.5	7	10.5	5.445	4.4	JSL—10/0 4—1800　1 台	SJ—10/0.4—30	38.48	3.46
荣各庄扬水站		JRL—14—12	165	8	1320	36ZLB—70 36ZLB—85	1.9	71	15.2	5.3	4.3	SJ—10/0.4—1800	1 台	SJ—10/0.4—50	51.0
西河头扬水站	新	JSL—12—8	155	4	620	28ZLB—70	1.5	4	6.0	5.5	4.5	S7—10/0.4—800 1 台	SJ—10/0.4—30	41.0	5.5
	旧	JS—125—8	95	8	760	24 丰产—50	0.8	8	6.4			SJL—10/0.4—1000 1 台			
田贾庄扬水站		J093—6—13	55	10	550	20ZLB—70	0.6	10	6.0	9.3	8.3	SJ—10/0.4—1000　1 台	SJ—10/0.4—20	20.0	2.1
百家湾扬水站		J02—92—8	55	8	440	TL—20—35	0.525	8	4.2	9.9	8.9	SJL—10/0.4—560　1 台	SJ—10/0.4—10	14.0	1.93
后骆驼港扬水站		AD93—4	75	3	225	20 丰产—50	0.63	3	1　89	10.0	9.0	SJ1—10/0.4—320　1 台	—	6.0	0.72
小友堡扬水站	新	J02—91—6	55	5	275	20ZLB—70	0.6	5	3.0	11.0	10.0	SJ—10/0.4—560 1 台	SJ—10/0.4	18.2	1.91
	旧	J0116—8	80/75	21	235	20 丰产—50	0.63	3	1.89			SJ—10/0.4—320 1 台			
合计		—	—	76	8610	—	—	76	91.08	—	—	—	—	32.　65	37.62

第四节 防 汛

一 防汛组织

中华人民共和国成立初期，防汛由人民委员会水利科管理。1958 年后成立水利局，负责全县防汛工作。每年汛期前县成立防汛指挥部，并设立秘书室、组教科和财务科，且配备 20 余名脱产干部，负责具体的防汛事宜。各村成立防汛委员会，并建立常备队、抢险队，后备队由基层群众组织。各堤段设防汛铺，有巡堤员日夜巡视。1951 年全县本着“有限保证，无限负责”的防汛原则，建立 137 个防汛铺，274 名汛工，50 名水手。1954 年有汛铺 105 个。1955 年后，按乡、镇划分出责任段，由专人负责，看堤守埝，保护堤岸树木，以保障堤防安全。

2000 年防汛抗旱指挥部下设办公室、防洪组、除涝组、城镇防洪组、后勤组、保卫组、安置组、气象组、政工组。县防汛抗旱指挥部按河系下设潮白河、北运河、青龙湾减河、引沟入潮河 4 个分部。

2005 年指挥部下设办公室、气象水文组、物资供应组、防洪调度组、除涝蓄水组、抢救安置组、治安保卫组、通信网络组、宣传报道组、城区防洪组。

2006 年按要求组建城区防汛抗旱指挥分部、开发区防汛抗旱指挥分部。

二 防汛通汛

1951 年架设 6 条防汛电话线，全长 20 公里。1975 年，架设通汛专线 158.8 公里，电话发展到 34 门，并备一部交换机，1982 年 5 月 12 日，建成通汛发射塔，有 12 部电台可与上级指挥部门直接呼号讲话和发电报。

1995 年 5 月 10 日，香河县防汛办对 12 部无线超短波通信系统进行了更新。

第五节 抢 险

1972 年，北运河自牛牧屯闸裁弯取直后，至青龙湾河分水口形成 90 度转弯，汛洪直冲青龙湾左岸，塌方严重，经紧急抢险未成大灾。1975 年 11 月至 1976 年 7 月，连续奋战 8 个月，抢筑了以鸡嘴为主的防护工程，确保了大堤安全。

1975 年和 1979 年，北运河汛中最大洪峰流量为 1040 立方米/秒和 935 立方米/秒，造成河坡剥落河道变形，淤耕地 140 公顷，毁桥 3 座，险工多达 8 处，总长 10 多公里。经采用块石护坡、挑水埽坝等疏流保护设施，使大堤安全度汛。

1984 年 8 月 8 日夜到 12 日，北京地区连降大雨，北运河暴发洪水。11 日凌晨 2 时，土门楼枢纽最大洪峰流量达到 795 立方米/秒，由青龙湾河下泄 710 立方米/秒，北运河下泄 85 立方米/秒。洪水普遍上滩，水深 0.5 米到 1 米，11 日晚 7 时半，县五套班子领导和县直各有关部门负责人亲临防洪第一线，并配有 24 部汽车时刻准备投入抢险运输。

1994 年潮白河吴村闸以上来水，受北京水处工程制限制分流缓泄错峰，因此属于正常工程运用泄洪，7 月 14 日 5 时，吴村闸最大分泄流量 577 立方米/秒，至 7 月 19 日下泄水量 0.8397 亿立方米；7 月 12 日 20 时，青龙湾减河土门楼分洪闸流量为 148 立方米/秒，13 日 2 时流量为 305 立方米/秒，10 时猛增至 905 立方米/秒，16 时达到 1030 立方米/秒，相应北运河木厂闸下泄流量 188 立方米/秒。土门楼站最大泄流量为 1180 立方米/秒，至 7 月 26 日青龙湾河分泄水量 2.5414 亿立方米，北运河分泄水量 0.089 亿立方米，共计分泄水量 2.6304 亿立方米。

1996 年，汛期降雨主要集中在 7、8 两个月，吴村闸以上潮白河水系 8 月份平均降雨量为 225.0 毫米，由于降水过于集中，强度大，时间短，尤其吴村闸以上、北京通县兴各庄橡胶坝拦蓄水与洪沥水突然下泄，人为因素影响造成峰值高，传播时间短，相距 24 公里，仅 2～3 小时洪水就到吴村闸，冲毁吴村闸下游海漫 1000 米。

北运河北关拦河闸至土门楼区间，8 月份平均降雨量 321.0 毫米，最大一日降雨量 121.0 毫米（土门楼），连续 3 日最大降雨量 154 毫米（榆林庄），连续 7 日最大降雨量 252.0 毫米（土门楼）。北关拦河闸 8 月 5 日 22 时 54 分最大下泄流量 382 立方米/秒，相应水位 20.08 米，凉水河榆林庄 8 月 5 日 22 时最大下泄流量 301 立方米/秒，相应水位 17.61 米，青龙湾减河土门楼泄洪闸 8 月 6 日 2 时最大下泄流量 750 立方米/秒，相应水位 12.03 米，从 7 月 27 日至 9 月 30 日下泄洪水总量 6.98 亿立方米。

青龙湾河土门楼泄洪闸最大下泄流量 750 立方米/秒，冲刷坍塌严重，导致河上口迅速向外扩展，堤埝受到洪水威胁，后家湾险式段长1000米，1978年修建的导流排护岸工程15道，由于年久老化失修，加之1994年洪水冲击未彻底修复，最下游第15道导流排被冲毁。

1979—2008年香河县主要河道险工工程统计表

表16-2-3

河道/工程量	险工数量		防护长度（米）	工程量（立方米）		用工（万工日）	投资（万元）
	扫坝（排）	护坡（米）		土石方	混凝土		
潮白河	171	968	13000	13453	226	22.00	41.08
北运河	61	820	4970	94615	1148	14.38	161.59
青龙湾河	80	—	5150	39809	1361	18.05	76.04
总计	312	1788	23120	147877	2735	54.43	278.71

第三章　水利管理

第一节　管理机构

一　县级机构管理

1979年6月，县水利局设工程管理、人秘、基建设计、扬水站、财务、车队5股1队，另设机井指挥部等，全局有干部职工282人。1981年12月，县根治海河指挥部并入水利局。1986年3月，全局调整为6股1室1队，即农水股、规划设计股、河道堤防股、综合经营股、财务后勤股、保卫股和办公室、汽车队。1989年后增建水政水资源办公室，全局共有干部职工191人。

1996年6月27日机构改革中，全局内设股室调整为11个，即办公室、人事科教科、财务综合经营科、水政水资源科、农田水利科、河道堤防管理处、规划设计科、防汛抗旱指挥部办公室、水利河道堤防治安派出所、潮南灌区、潮北灌区。全局共有职工219人。

1998年12月，水利局改为香河县水务局。2002年7月机构改革中，水务局内设股室更名为：办公室、人事科教股、财务综合经营股、水政水资源综合办公室、农田水利股、河道堤防管理股、规划设计股、防汛抗旱指挥部办公室、水利河道堤防治安派出所、潮南灌区办公室、潮北灌区办公室、全局共有干部职工230人，其中水利专业毕业的专业技术人员24人。2008年共有干部职工119人。

二　基层机构

1958年5月，香河县建立赶水坝电灌站。1961年至1962年先后建立湖南、湖北引潮灌区管理站。1963年建立小友垡排涝扬水管理站。1965年建立机井队，1986年建立县公安局水利堤防治安派出所，主要负责宣传法制、保护水利设施、维护好堤防和水利设施的安全。经常巡逻发现问题及时破案，杜绝破堤取土和堤防树木丢失现象，依法打击破坏水利设施的行为。1990年的基层管理机构有：乡镇水管站、排灌站、河道堤防管理处、公安堤防派出所和机井队65个及先后办起的汽车运输、水泥构件、电机水电维修、面粉加工、灌溉设备供应、毛织品厂等17个加工、代销、维修摊点，达到以站办厂，以厂养站的目的。到1995年后由于市场经济的发展，各个摊点相继改变经营模式。到2002年机构改革中，一些基层水利管理服务站点先后撤销、合并划归乡镇管理。到2008年，局下属单位有10个，分别是8座国营扬水站、北运河曹店橡胶坝管理所、机井配套服务部。

第二节　水资源管理

将水作为一种资源进行国家统一管理是在

1988 年《中华人民共和国水法》颁布实施以后才逐步推广开的。香河县水资源一直未能得到统一的管理，始终处于一种分割分权管理的状态。在 1988—1998 年之间，水利局一直对县域内的水利工程进行管理，城镇的水资源管理权在建设部门。由于农村的工业企业才悄然起步，且都以小规模及个体工商户的形式出现，分布在各个村街内部，水资源管理很难进行，只能由乡镇的水利站对其按照标准进行适当收取。

自 1998 年水务局正式挂牌成立以后，水资源管理的范围在水利部门得到了相应的扩展，除县建设部门辖制下的自来水公司以外，广大农村及城区内的自备井用户都划归县水务局统一管理，但因历史遗留问题，县节约用水办公室，也参与了城区内自备井用户的用水管理。直到 2003 年，县节约用水办公室划至县水务局，这一纷乱的局面才得以结束。

1998 年，河北省对水资源费的征收标准进行了调整，将原来的 0.06～0.07 元/立方米调整到 0.3 元/立方米，利用经济杠杆加强对水资源费进行市场调控的力度大大加强。

2002 年 8 月 29 日，《中华人民共和国水法》修订完成，并于当年 10 月 1 日正式施行，为水资源的统一管理提供了有力的法律依据。

第十七编　工业　建筑业

1979年后，香河县全面贯彻“调整、改革、整顿、提高”的方针，调整工业布局，大力发展适销对路的轻工业产品；建筑业平稳发展。1987年9月，县政府制定《关于工商企业推行承包经营责任制试行方案》，推行和完善各种形式的经济责任制，实行盈亏、利润包干，提高企业经济效益。1990年，全县工业增加值7537万元，利税3108万元，分别比1980年增长1.36倍和3.78倍；1990年，全县建筑业总产值2815万元，比1985年增长0.13倍。1996年后，实行企业产权制度改革，有效调动企业生产积极性，经济效益提高。2008年，全县工业增加值338626万元，利税64189万元，分别比1995年增长8.44倍和5.71倍；全县建筑业总产值91345万元，比1995年增长4.38倍。

第一章　工　业

第一节　企业选介

河北高氏纸制品股份有限公司

河北高氏纸制品股份有限公司下属五个公司，分别是香河东华纸制品有限公司、香河高氏纸制品有限公司、香河高氏农业开发有限公司、香河普润鑫印刷有限公司和内蒙古高氏纸制品有限公司。

河北高氏纸制品有限公司起源于1993年5月，成为河北省百强私营企业，董事长高德谦筹集80万元，租用闫庄村土地0.79公顷与日本合资办香河东华纸制品有限公司，当年有职工43人，产值181万元，利润25万元。至1996年，公司固定资产1600万元，职工400多人，产值4500万元，税金150万元。

1997年8月，投资4100万元，在香河经济开发区征地4.67公顷，与美国亿利来商贸公司合资建成香河高氏纸制品有限公司。从法国、德国、韩国等国家及中国台湾地区购置纸箱及彩印生产的先进设备，年生产纸箱2100万平方米。

1999年，投资1500万元，在香河县农业高新技术园区征地2.2公顷，建起高氏农业开发有限公司。由韩国帮助构筑高档温室大棚3栋18座，种植错季优种蔬菜、育苗，培育美国优种红松树。法国汉兹勒公司帮助建造具有国际水准的水果保鲜气调库。在刘宋镇中营村南改造66.67公顷沙滩地，种树苗43.33公顷，鱼坑占地3.33公顷，其他作物占地6.67公顷。

2001年，投资3000万元，在香河经济开发区征地5.47公顷，建起香河普润鑫印刷有限公司，从法国、日本购进世界一流的印刷设备，年产值5000万元，利润500万元，解决了企业自身生产纸箱所需彩色面纸的问题。

高氏纸制品公司在发展中，与一些中外知名大企业建立长期合作关系，提升企业发展质量，取得令人瞩目的经济效益。2000年，产值1.60亿元，税金999.90万元；2001年，产值2.20亿元，税金1700万元；2002年，产值2.40亿元，税金1750万元。税金连续多年居廊坊市非公有制企业之首，获全国包装行业200强企业称号。2003年，被河北省轻工企业联合会授予全省50强企业、河北省轻工业优秀企业称号。该公司是金融系统“AA”“AAA”级企业，连续多年成为全县企业纳税大户。2006年，高氏集团入库税金1206.80万元。2007年入库税金1285.70万元。2008年，入库税金1483万元，企业总资产2.50亿元，从业人员500名，技术人员20人，主要生产各种瓦楞纸板、纸箱、纸盒，年产量3000万平方米，主要销往京、津、鲁地区。

阿尔特（香河）电子有限公司

阿尔特（香河）电子有限公司是美国阿尔特公司在华投资的独资企业，公司地址位于河北香河经济开发区，成立于1997年，注册资金200万美元，公司经理许儒宪，专业生产各类开关电源。产品涉及数据通讯、计算机、仪器仪表、手机充电器、变换器等多种行业。产品销往世界各地。公司具有8条开关电源生产线，自动贴片机、自动插件机、多功能电源测试仪等全套电源生产设备，年生产能力500万台。2002年，公司使用ERP企业管理信息系统，管理体系更加数据化、科学化。该公司2006年入库税金523.10万元，2007年入库税金690.50万元，2008年入库税金401万元。连续三年成为全县企业纳税大户，受到县委、县政府的表彰和奖励。

香河佳龙实业有限公司

香河佳龙实业有限公司于2000年11月1日成立，董事长付书全，公司地址河北香河经济开发区，主要经营生产丝绢纺织品、针织品；销售本公司产品及化纤原料，注册资本1780万元。公司办公地址设在香河经济技术开发区，在职员工140名。该公司2006年入库税金604.90万元，2007年入库税金666.20万元。2008年入库税金1156万元。连续三年成为全县企业纳税大户，受到县委、县政府的表彰和奖励。

香河中冶长城重型机械制造有限公司

香河中冶长城重型机械制造有限公司源于“三河长城链条厂”。该厂1993年投资700万元，在上海、香河、三河市李旗庄等地建6个链条分厂。香河分厂选址在县城西大罗屯村东路北，1993年投资20万元，征地1.2公顷建厂；2005年，在公司后面租用土地4公顷，扩大厂区规模。初称“香河中冶长城链条输送机械制造有限公司”（简称长城链条），2006年，改称为香河中冶长城重型机械制造有限公司（简称长城重机）。2009年，改称为中冶长城重型机械制造有限公司。

公司是以制造销售大节距非标链条、板链式输送机械、步进梁式运输机、中宽带钢运输机、铸铁机、冷床、移钢机等见长的专业化公司，其中热轧中宽带钢运输链链条和滚动移动氏铸铁机获得国家专利。该公司2002年6月，通过国家ISO 9001：2000质量管理体系认证。2005年，产值5855万元，利润351万元，税金398万元；2006年，产值6980万元，利润425万元，税金503.60万元。2007年入库税金659万元。2008年，公司有固定资产1.20亿元，流动资金5000万元，年生产各种输送机200余套，链条及输送机械配件8000吨，产值15407万元，利润770万元，税金689万元。

公司面向全国各大专院校招录员工。2008年，公司有干部职工268人，其中教授级高工5人，高级工程师10人，工程师15人，车间主任以上管理人员70%具有大专以上学历。干部职工50%以上是来自北华航天工业学院、河北石油职业技术学院等院校的毕业生。公司坚持走“企业和院校结合，以科技兴企业”的经营道路，长期与北京钢铁研究总院、北京科技大学、吉林工业大学等高等院校和科研单位合作，具备从事各种输送机械研究、设计、改造及安装调试的综合能力，在同行业中具有领军地位。公司长期与中国一重、二重、天津重型机械集团等大型企业合作，并被其定为重点加工基地。承接制造的主要产品有：唐山建龙钢铁公司、本溪钢铁公司、津西钢铁公司等13家850毫米中宽带钢设备运输线、步进梁、升降台架、辊道等辅助设备；武汉钢铁公司、首钢迁安钢铁公司、唐山国锋钢铁公司、山东泰山钢铁公司、迁安轧一联盛钢铁公司等十几家1250毫米、1580毫米、1850毫米、2250毫米宽带项目中运输链、辊道等设备。该公司在为国家级多个重点工程配套中，生产的热轧中宽带钢运输链链条、滚轮移动式铸铁机，取得国家知识产权局颁发的专利证书。2005年，承制天钢、唐钢3500毫米中厚工程项目中冷床、辊道、移钢机等设备；承制津西大H型钢工程项目中冷床、输入和输出辊道、翻钢机等冷床区域设备，产品整机质量达到国际先进水平，填补国内外空白。2006年，该公司被鞍钢集团、包钢集团吸收为合格供应商，10月初再次中标包钢集团4100毫米中厚板工程项目中冷床等辅助设备制造；2006年，中标鞍钢集团5500毫米宽厚板工程中步进式冷床、辊道等设备。业务源充足，生产科技含量高。

长城重机公司2006年被河北省工商局授予“AAA诚信企业”称号；被列入中国一重集团大连加氢反应器制造有限公司“合格供方”。2007年9月，被授予河北省“第三届诚信守法企业”称号；2008年3月，被省工商局授予2007年度守合同重信用企业称号。2007—2008年，被中国二重列为协作制造A级授牌供方。企业法人代表张莉，被授予2008年度“河北省优秀女企业家”称号。

香河华北致冷设备有限公司

香河华北致冷设备有限公司组建于1994年，

是上市公司国能集团的子公司，占地3.4公顷，建筑面积1.80万平方米。有职工700人，公司经理曹建一。总资产1亿元。1997年11月，生产管理体系通过ISO 9002国际质量体系认证。该公司主导产品为半导体致冷器件，年生产能力300万片。半导体致冷器件产品特点是体积小、重量轻、无污染、无噪音、环保节能等，主要用于军事、航天航空、电子、医疗及民用等领域。产品获第二届中国国际电子产品贸易博览会金奖，并于1996年、1997年被评为部级优等品，1998年产品获河北省科技进步一等奖和河北省名牌产品，拥有资产5000多万元，产值7500万元，利税1100万元。产品畅销西欧、北美、东南亚及港台等20多个国家和地区。2006年香河华北致冷设备有限公司入库税金421.60万元，2007年入库税金313.80万元，2008年入库税金430万元。连续三年成为全县企业纳税大户，受到县委、县政府的表彰和奖励。

香河富士嘉利纸制品有限公司

香河富士嘉利纸制品有限公司系中日合资企业，1999年成立，公司位于河北香河经济开发区，拥有固定资产4500万元。生产设备有日本三菱1.60米流水线和国产全电脑1.80米流水线，单面机1台，自动贴面机1台，配有日本三菱印刷机、台湾地区产四色印刷机及国产三色、四色印刷机共5台，全自动平压模切机1台以及其他相关设备，年设计生产能力为3600万平方米，可提供A楞、B楞、E楞、三层或五层的优质高档纸箱。2006年富士嘉利集团公司入库税金324.40万元，2007年入库税金659.60万元，2008年入库税金533万元。连续三年成为全县企业纳税大户，受到县委、县政府的表彰和奖励。

香河第一城酒业有限公司（金星酒厂）

香河第一城酒业有限公司建于1993年，坐落在淑阳镇，占地0.8公顷，有员工100人，是廊坊市百强企业、香河县重点骨干企业之一。该公司有现代化灌装流水线，固态法白酒年生产能力3000吨。主导产品第一城牌香酒、香神酒、香酒王系列产品多次获国际、国家、省、市名优产品、消费者信得过产品、金榜畅销产品、质检好产品、社会公认满意产品称号。2003年，该公司通过ISO 9001：2000质量管理体系认证。公司2007年入库税金327万元。2008年入库税金649万元。连续二年成为全县企业纳税大户，受到县委、县政府的表彰和奖励。

第二节　特色产业

2003年6月，香河县政府办公室拟定《加快园区经济发展实施细则》，立足区位优势、资源优势，把发展特色产业作为县域经济跨越式发展的突破口，大力促进特色产业链条的延伸和集聚，逐步形成优势突出、特色鲜明、富有竞争力的产业舰队，托起县域经济的半壁江山。全县家具制造、印刷包装、金属制品、汽车配件、纺织服装五大特色产业由小到大、由弱到强，成为县域经济发展的支柱产业。2008年，全县2505户特色产业经济单位，累计营业收入171.73亿元，增加值305785万元，税金2.24亿元，同比分别增长22.70%、22.40%和20%。

2008年香河县主要特色产业统计表

表17-1-1

特色产业	企业个数（个）	从业人员（人）	营业收入		增加值		税金	
			本年完成（万元）	增幅（%）	本年完成（万元）	增幅（%）	本年完成（万元）	增幅（%）
印刷包装	131	7865	149794	21.80	27287	20.40	5290	22.60
沙发家具	1658	24120	937374	22.90	163789	22.60	6282	17.90
纺织服装	56	2021	38000	20.20	10700	20.80	1007	17.60
汽车配件	13	2269	44994	23.40	10931	21.30	3189	20.60
金属制品	647	19493	547160	23	93078	22.90	6631	

一 香河家具产业

香河县家具产业发展始于20世纪80年代初，一批能工巧匠外出加工沙发家具，积累一定资本后回乡创业。以个体加工、零散销售起步，历经十几年发展，成为“中国北方家具商贸之都”，逐步形成一个产、供、销一条龙的家具产业链条。（详见第五编）

二 金属制品产业

香河县金属制品行业兴起于20世纪80年代，最初以简单的钣金加工业为主，经过近30年的滚动发展，成为香河县支柱产业，农民增收致富的主要渠道。从事钣金行业的地区，由渠口镇店子务村逐渐发展到以渠口镇为中心，辐射钱旺、淑阳、蒋辛屯、安头屯、五百户等乡镇90多个村街。2007年，渠口钣金园区被省科技厅命名为“河北省机械钣金特色产业基地”。2008年，渠口镇从事钣金制品生产的个体、私营企业240余家，从业人数3500多人。钣金行业营业收入13.70亿元，增加值3.10亿元，利润1亿元，分别占全镇个体、私营经济总量的78%、88%和77%。

三 汽车配件产业

2008年，全县有汽车零配件生产企业13家，其中紫辰、华美粉末冶金、港龙汽配、大鹏汽车配件有限公司4家企业为三资企业。港龙、紫辰、华美粉末冶金3家企业通过ISO 9001：2000质量管理体系认证和QS 9000认证，产品执行IS 16949等质量标准，并建立厂办科研机构。产品主要包括刹车盘、车架、车身覆盖件、减震器和汽车工具等，市场销售范围包括欧美、华北、东北等地区，与北京汽车制造厂、北汽福田、河北中兴、保定长城、北京京华客车等汽车生产企业建立广泛业务合作关系。

附

香河县紫辰铸造有限公司：1993年成立，公司地址：香河县城北、夏安线东侧。生产和销售铸铁件、汽车散热器及相关的塑料配件。产品全部出口美国、意大利、丹麦、英国等十几个国家和地区，在美国汽车维修市场占有率30%。公司有日本光洋产自动造型机，台湾产数控立式车床以及国产先进数控机床100多台套，拥有先进的德国进口光谱检测仪及国产三坐标，生产工艺和设备达到国际先进水平。该公司2006年入库税金1502万元。2007年入库税金1567.50万元。2008年公司入库税金1720万元。

香河港龙汽车配件制造有限公司：1982年创建，公司地址：五百户镇政府东南。前身为香河燕龙汽车配件制造有限公司。2001年7月1日通过北京新世纪质量体系认证中心ISO 9002质量体系认证，同年12月与香港投资人合资，成立“香河港龙汽车配件制造有限公司”，公司董事长晋宝光，总经理晋广志。公司占地面积14公顷，有职工1000人，其中高级技术人员150名。公司设有新产品研发中心、模具加工制造中心、各种产品加工制造生产线，拥有各类大中型设备600多台套，公司总资产超亿元。

2006年11月，公司与天津理工大学建立产学研联合体，主责新产品研发和技术改造工作，同时进行科技成果转化。先后成功研制出纵梁、横梁落料机、纵梁冲孔机、1200吨、1500吨油压机，多功能车架专用检测台等。2006年度公司入库税金814万元；2007年入库税金1002万元。2008年受金融危机影响交纳税金1004万元。

2008年自主开发研制的纯电池电动汽车，通过路试，性能达到设计标准，即时速50千米，续航80~120千米/每充电一次。日生产能力30台。

香河华美粉末冶金制品有限公司。1991年创建，公司位于刘宋镇政府北、香宋路东侧，占地2公顷，有员工230人。是生产铜基、铁基粉末冶金的专业科技型企业，是京津地区产销量最大的粉末冶金企业之一。汽车冶金件年产量超过1000吨。相继研制开发出的汽车粉末冶金同步器齿毂、离合器分离拨叉、油泵转子、粉末冶金防抱死齿圈等200多种型号的产品，成为天津汽车齿轮制造有限公司的固定供应商，为夏利、浙江吉利等多家汽车供应商生产配套产品。研制的粉末冶金防抱死齿圈打开美国市场。公司先后获得县科技进步一等奖、廊坊市科技进步二等奖、河北省科技进步先进企业、省级高新技术企业、河北省民营科技型企业等多项称号。

香河旭明源汽车配件有限公司。成立于2002

年，位于淑阳工业园区，占地面积7公顷，企业总资产1.30亿元，主要生产汽车刹车盘，年产350万片，销往意大利、德国、丹麦、波兰等国家。公司拥有先进的日本光洋刹车盘铸造流水线、迪砂砂处理生产设备、各种型号的数控机床80余台；检测设备有德国购进的刹车盘专用检测仪、三坐标检测仪、光谱仪、意大利进口的电子数显圆周跳动检测仪，在全国同行业中处于领先水平。公司通过ISO/TS 16949:2002质量管理体系认证，按ISO 14001:2004年国际标准要求，建立环境管理体系，公司环境保护工作达到同行业先进水平。

四　纺织服装产业

2003年后，随着鑫义时装、立鑫针织、世王针织、瑞康衣业等一批纺织服装企业入驻香河，香河的纺织服装产业呈现了稳步、健康、快速增长的发展势头。全县纺织服装企业主要集中在香河经济开发区、淑阳镇和五百户镇等辖区，产品主要包括儿童成衣、高级女士时装、大豆蛋白纤维天然环保服饰、内衣等。产品全部出口日本、美国、欧洲等国家和地区。全县纺织服装产业56家，实现营业收入3.8亿元，完成工业增加值1.07亿元，实现利润2343万元，税金1007万元。

五　印刷包装业

随着高氏纸制品有限公司、爱生雅（香河）包装有限公司、富士嘉利有限公司等骨干企业的发展壮大，全县基本上形成以淑阳镇为中心、辐射周边的产业分布格局，产品整体水平达到中高级的档次，主要销往北京、天津、内蒙古、重庆等地区，成为北方最大的纸制品生产基地。

香河县的印刷包装始于20世纪80年代初期，经过多年的发展，企业管理完成由粗放式管理向现代化管理方式的转变，部分骨干企业采用CAD（计算机辅助设计）、CAM（计算机辅助制造）、MRPII（制造资源计划）和ERP（企业资源计划）等先进技术和先进管理系统，不断整合自身资源，整体水平有明显提升。其中，高氏集团引进现代管理模式，发展电子商务，具备远程交易能力，现代企业管理制度初步建立，促进企业发展。2008年该集团有5个子公司，成为中国北方最大的包装企业，总资产超过4亿元，被评为河北省百强私营企业，全国同行业排名第55位。爱生雅包装公司为瑞典CAS集团下属企业，该集团在世界500强企业中排名第371位。

香河县原有的印刷包装企业主要以家庭小作坊式的粗加工为主。改革开放后，企业规模不断发展壮大。在2007年河北省印刷包装企业60强评比中，香河县高氏纸业、新华纸业、东兴纸业、超达纸业、爱生雅包装公司、华林印务、长德利纸制品公司等7家企业入围，其中高氏集团列第3位，华林印务有限公司列第10位。2008年，全县印刷包装企业资产超亿元企业1家，超千万元以上企业12家，整体适应能力有明显增强，龙头骨干企业带动作用明显。香河县富士嘉利有限公司有固定资产4500万元，有日本三菱生产线、国产纸箱生产线各1条，其他设备60台套。主要生产各种规格的中高档瓦楞纸箱和异型纸盒，并与LG、雀巢等多家国内知名公司建立长期稳定的合作关系，很多产品出口国外。香河县长德利纸制品有限公司被河北省经贸委命名为“全省先进包装企业”，被河北工商局授予“重合同守信用单位”称号，连续3年被中国农业银行评为“AAA”级信用企业。

全县印刷包装行业拥有世界一流的印刷设备，如法国罗兰四色印刷机、日本小森印刷机、三色水墨印刷机、双色水墨印刷机等先进生产设备在骨干企业中被广泛采用，产品质量和产品档次都有明显提高，能够承接彩色印刷、多色印刷等技术含量较高的业务。种类和档次可满足社会各界不同层面的需求。香河县印刷包装企业与雅马哈公司、三星电子、北京四通松下电工、LG电子、乐百氏、蒙牛、伊利、燕京啤酒等众多中外知名企业建立稳定的合作关系，企业生存空间有明显的扩张。

第三节　经济效益

1979年后，香河县工业得以快速发展。1980年，全县工业总产值3599万元，工业增加值3190万元，利税总额650万元。1985年，全县工业总产值31540万元，工业增加值3087万元，利税总额1602万元。随着农村经济体制改革的深入和各项政策的放宽，乡镇工业蓬勃发展起来，逐渐成为农村经济和工业经济的重要组成部分。1990年，全县有8528个工业企业，从业人员43301人，工业总产值当年价为 75272 万元（1980 年价格为 71798 万元），工业增加值 7537 万元，利税 3108 万元。1995 年，工业总产值当年价为 324878 万元（1990 年价格为 321663 万元），工业增加值 35876 万元，利税 9570 万元。2000 年，全县全部工业总产值当年价为 706373 万元（1990 年价为 652272 万元），其中年销售收入 500 万元以上工业企业总产值 142702 万元，全县工业增加值 39502 万元，利税 12652 万元。2005 年，全部工业产值当年价为 1364049 万元，其中国有及规模以上工业产值 430674 万元，全县工业增加值 257908 万元，利税 28201 万元。2008 年，全县工业总产值当年价 2381505 万元，其中国有及规模以上工业产值 1054230 万元，规模以下产值为 1327275 万元，全县工业增加值 338626 万元，利税 64189.20 万元。

1979—2008 年香河县工业经济指标统计表

表 17-1-2　　单位：万元

年　份	总产值	增加值	利　税	年　份	总产值	增加值	利　税
1979	3032	2696	549	1980	3599	3190	650
1981	6715	3012	613	1982	7212	3158	643
1983	9180	3232	659	1984	14759	3905	796
1985	31540	3087	1602	1986	31189	3273	1688
1987	40807	6041	1966	1988	53999	6538	2994
1989	65754	10537	3425	1990	75272	7537	3108
1991	86734	8798	4187	1992	110163	10567	5631
1993	158824	20115	6800	1994	226898	27996	8137
1995	324878	35876	9570	1996	357069	44603	11362
1997	498315	54878	14161	1998	591782	29034	8913
1999	597256	36181	11793	2000	706373	39502	12652
2001	881525	175512	15799	2002	1026190	198909	18402
2003	1198373	230715	21515	2004	1423086	258875	21676
2005	1364049	257908	28201	2006	1551632	278158	36572
2007	1937442	314117	40508	2008	2381505	338626	64189

说明：表中工业增加值：2001—2004 年为根据 2004 年经济普查核定数据；2004—2008 年为 2009 年 GDP 修订数据

第四节　经营管理

一　企业管理

（一）用工管理

1979 年，香河县县属国有、集体企业实行固定、临时、计划外等用工制度。1984 年，始有合同制职工，在县属国有、集体企业长年性岗位的计划内临时工可转为合同制工人。1986 年 7 月，国务院公布《国营企业试行劳动合同制暂行规定》后，劳动合同制成为各企事业用人单位的用工制度。体制改革后，企业有用工自主权，实行企业和职工双向选择，企业向社会公开招工，择优录用；求职者自愿应聘谋职业。企业厂长或经理对其工人有权留用或辞退。

（二）工资管理

1979 年，县属国有、集体工业企业推行“工资总额与效益挂钩”制度，干部职工实行岗位工资、计件工资、加班加点工资和各种奖金、津贴等工资管理，职工并享有退休等社会保险。1996 年改制后，下岗职工有最低生活保障金，或“买断”后，等到退休年龄实行退休；私营企业及个体工商户的职工实行协议工资制度，或计件工资，或固定工资，或基本工资加效益提成，年终有些奖金或福利奖品。县办企业中的劳动合同制工人实行社会保险制度。退休养老待遇包括退休费、医疗费、丧葬补助费、供养直系亲属抚恤费、救济费。企业临时工有工伤保险待遇。

（三）财务管理

1979 年后，全县企业根据“建立健全企业内部财务管理制度，做好财务管理基础工作，如实反映企业的财务状况，依法计算和缴纳国家税收，保证投资者权益不受侵犯”的原则，各企业均制定适合本企业实际的财务管理制度，并不断修改完善。一般企业设立会计一职，较大规模企业设立财务科室，由会计员、统计员、出纳员等人组成，以凭证为依据，通过记账、算账、报账和查账等程序，综合反映和监督企业再生产过程中的资金运行情况，从事企业财务管理。1996 年企业改制后，大部分变成民营企业，其财务自主管理。县工业主管部门不断加强对企业财务人员的业务指导、培训、考核，提高财务人员业务水平。考核企业财务制度执行情况，帮助解决财务管理中出现的问题。

（四）质量管理

1979 年后，香河县在市场经济运行中，加强产品技术质量管理是企业求生存、促发展的根本措施。企业管理工作重点抓全面质量管理，从主管部门到企业的车间、班组层层建立质量管理机构，建立健全产品质量检查验收制度，开展质量品种效益年活动，确定质量专职管理人员，严把产品质量关；开展研究、引进、开发新产品活动，提高产品科技含量，促进产品质量上档次、上水平。1990 年，全县有 4 种产品被评为省部优产品。县主管部门注重提高企业生产技术和产品质量，对企业各种技术质检人员进行培训，评定工程专业技术职称，不断推进产品技术质量管理工作。

（五）销售管理

1979 年，工业生产按年、季、月下达生产指标，产品统购包销。自购原材料企业，产品自行销售。2000 年建立市场经济体制后，企业产品自产自销，自主安排生产与销售，并在政策允许范围内，自主确定产品销售价格和销售方式。为增强销售，提高经济效益，积极培训销售队伍，把推销员工资与销售额挂钩，调动销售人员的积极性。采取来料加工、薄利多销、代销产品等措施，拓宽营销渠道。各企业积极开展市场调研、建立销售网络、落实激励措施，牢固树立品牌意识、强化售后服务及广告宣传等现代市场营销理念和方式，使产品产销保持平衡。

（六）安全管理

1979 年后，县委、县政府高度重视安全生产工作，每年与各政府职能部门签订安全生产责任状，实行一票否决权，对出现重大生产安全事故单位，取消当年一切评选先进资格。各企业设立安全科，建立健全安全生产规章制度。班组、车间设安全员，加强安全教育，提高职工安全生产意识，严格按安全生产规定组织生产。县主管部门经常采取互查、抽查、联查方式进行安全生产大检查，发现安全隐患限期整改直至停产治理，确保企业生产安全。尽管如此，职工伤亡、火灾事故仍偶有发生，造成重大损失。

二　管理措施

1979 年前，香河县工业企业管理措施主要是贯彻执行国家方针政策、制定各项规章制度和开展比、学、赶、帮、超群众性劳动竞赛。改革开放后，不断改进企业管理措施。

2002 年，创新企业管理机制，组织召开全县标准化建设暨“双兴”工作会议，制定印发《香河县人民政府二〇〇二年“双兴”工作计划》和《香河县标准化建设实施方案》，全面推进 ISO 9000 质量管理体系认证，加快推进质量兴县、名牌兴企战略的实施。至 2008 年，有 30 家企业通过 ISO 9000 质量管理体系认证。扶持和引导企业加强与京津高等院校、科学院所的合作，引进高级专业技术人才和先进适用技术，努力构筑企业技术开发体系，增强企业市场竞争力。全县高新技术企业发展到 23 家，有 19 家企业设立厂办科研机构。建立生产力促进中心，为企业提供项目包装、申报立项、人员培训、技术交易、管理咨询等全方位服务。

2003 年，开展工业生产、技术改造、项目建设、园区建设、产业调整、市场整顿、酒类、定点屠宰、安全生产、煤炭以及墙体改造等项管理工作。组织协调公安、工商、技术监督、药监、文化、物价等职能部门，开展大规模联合执法行动，对食品、药品、建材、煤炭、通信产品等多个市场集中整治，打击生产加工销售环节中的制假、售假等违法违规行为。全县查扣注水、病害猪肉1000余千克，假冒“佳酿”牌白酒141箱，假北京“二锅头”酒3290瓶，并先后通过电视等媒体公开曝光10余起违法案件，规范全县市场经济秩序。在企业管理中，实行工作程序、审批时限、承办单位、收费标准四公开，简化办事手续，为经济发展构筑“绿色通道”。以提高企业管理水平为目标，指导和帮助企业开展ISO 9000质量管理体系认证工作，2003年完成标准化认证企业16家。

2004年，县委、县政府出台《关于促进工业经济发展的若干规定》，从政策、资金、服务等各方面支持工业经济发展。2005年，县委、县政府出台《香河县关于治理经济发展软环境的责任追究规定（试行）》，各部门加强协调，为引进企业提供一条龙、一站式服务。引导企业运用现代管理模式，完善法人治理机构，加强人力、资源、财务和质量管理，逐步建立起现代化的管理体制和竞争机制。引导企业建立健全内部信用管理制度，依法督促企业建立财务预决算制度、客户资信管理制度、内部授信制度和应收账款管理制度，提升企业的信用管理水平。

2008年，县工业局优化民营经济发展环境。每季度组织召开工业经济联席会议，认真研究分析经济运行态势，准确把握制约发展的突出矛盾，为县委、县政府决策提供科学依据。建立重点行业及企业监测分析联络员制度，组织乡镇有关人员交流经济运行情况，提高对各种运行数字的分析解读能力和敏感性，随时掌握重点行业和企业的运行动态，增强经济运行工作的前瞻性和预见性。按照《关于治理经济发展软环境责任追究规定》《关于对重点企业实行绿卡保护》等文件要求，推行企业“宁静日”制度，严格落实《廊坊市推进全民创业加快民营经济发展若干规定》、香河县《关于振兴县域经济发展特别措施十六条》等一系列扶持政策，公布维权举报电话。编制河北省《支持工业发展政策摘编》，并印发到每一家重点企业，为企业健康持续发展创造宽松的政策环境。建立健全企业用工需求台账，及时反馈给职业教育等相关部门，按需设置培训课程，开展大规模的培训活动。

三　管理机构

香河县工业经济运行局机构几经调整。1982年8月，撤销县政府工建交办公室和工业局，建立县经济委员会。1996年7月，撤销原香河县经济委员会和原经济贸易局，组建新的香河县经济贸易局。1998年3月，香河县经济贸易局更名为香河县工业局。2002年4月，香河县企业局和香河县工业局同时撤销，成立香河县经济贸易局。并撤销县商业局、物资局、外贸总公司，分别组建集团公司，其职能交由县经济贸易局承担。2002年5月，县安全生产委员会办公室职能由县人事劳动和社会保障局移交至县经济贸易局。2004年11月，成立县安全生产监督管理局，安全生产职能划归该局管理。

2006年3月撤销县经济贸易局，成立香河县工业经济运行局，是县政府主管全县工业经济工作的职能部门，业务受廊坊市中小企业局、廊坊市工业发展运行局、廊坊市发展和改革委员会指导，并挂香河县中小企业局牌子。

2008年12月，局机关内设办公室、人事教育股、综合股、行业管理股、技术项目股、财务股和经济运行股7个股室，在职干部职工39人。

第二章　建筑业

第一节　企业发展

香河县建筑企业有独特发展条件：农村一些青年把学当瓦、木匠作为追求较好家庭生活的途径，或以家族相袭，或以师徒相传，以瓦、木匠为骨干的建筑队伍源源不断发展壮大；邻近北京市和县域城镇化步伐加快，建筑工程项目增多，为建筑企业发展提供广阔空间。1979年7月1日，成立香河县社队企业管理局建筑建材公司。年末，全县建筑业集体单位有职工1193人。1984年，县委、县政府把建筑作为龙头企业，在资金、技术、原料、运销等方面予以大力扶持，使其逐步成为引导全县农民致富，全面发展农村经济的支柱行业。1985年末，全县建筑业集体单位有职工4489人。1987年，县建筑总公司所辖分公司、直属队和乡镇建筑施工队，统编为57个施工队，有职工1.20万人。1988年，县建筑工程总公司拥有机械设备1300台（件），固定资产800万元，年产值3610万元，利税75万元，年人均工资3075元。1990年，香河县被北京市和河北省定为“建筑劳务基地县”。是年全县有建筑企业1053家，从业人员7921人，年收入2815万元，实现利润378万元。2000年，县建设局核发施工许可证27项，建筑面积18.90万平方米，投资11827.40万元。1999—2004年，县建总公司原下属7家建筑企业完成改制，企业债权债务问题得到解决，职工全部得到安置。

在市场经济激烈竞争中，香河县建筑业企业优胜劣汰，且行业分工不断细化。有发展成为集土建施工、建筑安装、装饰装潢、钢结构及门窗制作安装、机械租赁等于一体的综合性大型建筑业企业，同时还建起相应的房地产业开发公司；有因人制宜发展为装饰装潢、门窗制作、劳务施工、建材及机械租赁等专业承包企业。2008年底，全县有建筑资质企业20家。其中，国家房屋施工总承包资质企业8家，专业承包资质企业10家，劳务分包资质企业2家。是年，建筑业增加值41345万元，有资质的建筑企业利润1567万元，税金2092万元。

由于城镇建设需要和县政府优惠政策，外埠建筑企业进入香河县。2007年，有北京中宏基建筑工程有限公司、中国航空港建设总公司进入香河县从事建筑施工。2008年，有北京建工集团有限责任公司、江苏中苑建设工程有限公司、河北华都建筑有限公司、北京建工一建工程有限公司进入香河县从事建筑施工。另外，县内农村中还约有100个小型无资质的建筑施工队，有的从事民间平房或厂棚建设，有的投靠有资质的建筑企业从事劳务施工。是年，全县从事建筑行业有2万人。

2008年香河县建筑资质企业一览表

表17-2-1

企业名称	资质等级	法人代表
中星建设工程有限公司	施工总承包资质1级	毛建忠
香河县龙盛建设工程有限公司	施工总承包资质2级	程合林
香河县三强建筑工程有限公司	施工总承包资质2级	王尚新
香河恒泰建筑有限公司	施工总承包资质3级	刘　栋
香河鑫源建筑工程有限公司	施工总承包资质3级	张永德
香河万泰建筑工程有限公司	施工总承包资质3级	王秀东
香河鑫鑫建筑工程有限公司	施工总承包资质3级	任自新
香河中安建筑有限公司	施工总承包资质3级	张忠林
香河县金龙不锈钢工程有限公司	专业承包资质3级	常金龙
香河县盛达建筑装修工程有限公司	专业承包资质3级	宋玉桥
香河县赛克轻钢装饰工程有限公司	专业承包资质3级	路海涛
香河贝德建筑装饰制品有限公司	专业承包资质2级	澄　宇
香河县天运门窗有限公司	专业承包资质2级	王　栋
香河县欣欣塑钢工贸有限公司	专业承包资质2级	武光欣
香河松柏门窗有限公司	专业承包资质3级	晋广付
河北省香河县钱旺乡皋原构件厂	专业承包资质3级	田中原
香河果园水泥构件厂	专业承包资质3级	张美双
廊坊市华兴现代建筑材料有限公司	专业承包资质3级	周兴月
香河香建建筑劳务有限公司	劳务分包资质1级	毛建忠
香河县龙盛建筑劳务工程有限公司	劳务分包资质1级	薛　军

1980—1990 年香河县建筑总公司建筑安装统计表

表 17-2-2

年份	竣工面积（平方米）	产值（万元）	利润（万元）	平均人数
1980	60342	589	15	1414
1981	37603	680	25	1261
1982	80824	961	20	1054
1983	53635	1110	30	1267
1984	60093	764	44	2810
1985	48281	2088	64	4164
1986	92721	2138	73	3893
1987	57596	2084	55	3459
1988	55752	2328	45	3987
1989	39716	2143	43	3200
1990	31330	2123	25.50	2057

说明：表中安装工程产值不包括其他劳务产值。

1984—1990 年香河县建筑工程公司基本情况统计表

表 17-2-3

年 份	产值（万元）	利税（万元）	年人均工资（元）	固定资产（万元）
1984	2001.30	30	2100	640
1985	2500.50	32.40	2400	690
1986	2840	35	2700	730
1987	3102.50	69.50	2900	780
1988	3610	75	3075	800
1989	3600	74	3050	817
1990	2515.30	32	3100	825

说明：此表数据源于前志

1986—2008 年香河县建筑业总产值统计表

表 17-2-4　　单位：万元

年 份	总产值	年 份	总产值	年 份	总产值	年 份	总产值
1986	1499	1987	1530	1988	2000	1989	1588
1990	2815	1991	3018	1992	4211	1993	6392
1994	11163	1995	16987	1996	10172	1997	11189
1998	17556	1999	19146	2000	24046	2001	27947
2002	28628	2003	32913	2004	38840	2005	41312
2006	48436	2007	61623	2008	91345	—	—

1986—2008 年香河县房屋建设面积统计表

表 17-2-5　　单位：平方米

年份	施工面积	竣工面积	年份	施工面积	竣工面积
1986	21236	16330	1998	201455	150955
1987	12585	11310	1999	425970	246042
1988	9142	4342	2000	447800	331640
1989	10821	10821	2001	144705	115449
1990	30818	23057	2002	502095	198170
1991	54394	52007	2003	761584	—
1992	11722	11722	2004	929644	600310
1993	40961	39361	2005	701420	628220
1994	156905	155115	2006	815590	423200
1995	137681	99816	2007	97630	83000
1996	84696	68759	2008	1151810	10660
1997	234807	126773	—	—	—

说明：1979—1985 年无此相关统计资料

第二节　施工管理

一　房屋拆迁管理

香河县建设局拆迁办公室实施管理全县范围内的房屋拆迁工作。1979 年后，随着城镇化进程的加快，县政府拆迁主管部门不断加大房屋拆迁管理工作力度。县政府依据国务院《城市房屋拆迁管理条例》及河北省《城市房屋拆迁管理实施办法》，先后制定《香河县城市房屋拆迁管理实施办法》《香河县城市房屋拆迁细则》《香河县城市房屋拆迁补偿安置资金监督管理办法》《香河县平房改造实施办法》和《香河县城中村改造暂行规定》等相关法规政策，全县拆迁工作走上法制化、规范化轨道。

2005 年，县拆迁办办理建设项目拆迁手续 7 个，拆迁面积 1.20 万平方米。2008 年，发放拆迁许可证 2 个，拆迁面积 2000 平方米。

二　建筑业资质管理

1995 年 10 月，县政府印发《关于加强城镇建设和建筑市场管理的补充规定》加强建筑资质管理，凡没有资质证书，又没有具有相应资质的单位和个人，严禁从事建筑产品生产、交易及有关活动，坚决取缔无资质证书工程队。2007 年后，香河县建设局依据建设部重新颁布的《建筑业企业资质管理规定》，实施监督管理全县建筑业企业资质。

三　招投标管理

香河县建设工程招标投标办公室对全县建设工程招标代理机构、招标代理专职人员开展建设工程招标代理业务实施具体的管理工作，依法规范建设工程招投标活动，查处活动中的违法行为，维护建筑市场秩序和建设工程招标当事人的合法权益。

1994 年 6 月，县政府发布《香河县建设工程施工招标投标管理暂行办法》规定，凡香河县行政区域内新建、改建、扩建和技术改造等建设项目，建筑面积在 600 平方米以上或建安工程在 40 万元以上者，必须实行招标。招标投标工作必须坚持公平、等价、有偿、讲求信用的原则，以技术水平、施工质量、管理水平、社会信誉和合理报价等情况开展竞争。

香河县不断整顿规范建筑市场，贯彻落实《中华人民共和国招投标法》，制定相关配套法规和实施办法，实行招投标登记备案式监管。1994 年 9 月 2 日，香河县招投标办公室组织县城内二小教学楼工程实行招投标，是香河县第一个实行招投标工程。从 1998 年全县建设工程招投标工作步入正轨至2008年底，应招标工程招投标率100%，应公开招标工程招投标率100%。其中，2000年，应招标工程14项，总建筑面积6.20万平方米，投资4054万元。2008年，招标办受理招标登记备案工程39项，其中，公开招标19项，邀请招标18项，直接发包2项，总建筑面积84.52万平方米，建设投资8.23亿元。

四　安全生产管理

1987年，县政府及其建设管理机构设立的安全生产科室监管建设工程安全生产。2004年后，

香河县建设局安监站依照国家《建设工程安全生产管理条例》等法律法规，对全县的建设工程安全生产实施监督管理。建设工程安全生产管理坚持安全第一、预防为主、综合治理的方针。建设单位、勘察单位、设计单位、施工单位、工程监理单位及其他与建设工程安全生产有关的单位，必须遵守安全生产法律、法规的规定，保证建设工程安全生产，依法承担建设工程安全生产责任。施工单位主要负责人依法对本单位的安全生产工作全面负责。为实现全年“杜绝三级以上重大伤亡事故、安全生产事故频率控制在2.4%以下”的目标，每年县政府与建设局、建设局与安监站、安监站与施工企业都层层签订安全生产承诺书。要求全县建筑施工企业做到安全生产工作组织机构、责任主体、资金投入、培训教育、应急预案、风险保障六落实。

2008年，县建设局培训全县建筑施工企业主要负责人、项目负责人、专职安全生产管理人员等安全生产三类人员196人，免费发放事故宣传挂图和宣传标语30套，检查工程项目26个，下达整改通知书40份，责令停工整改工程5个，办理安全监督登记备案8份，检测塔吊91台，外用电梯9部，实现全县建筑施工安全无事故。

五　文明施工管理

为加强建设工程安全生产监督管理，保障人民群众生命和财产安全，提高施工现场安全生产和文明施工水平，推动施工单位安全生产标准化管理，激励施工企业争优创先，香河县建设局依法实施辖区在建工程文明施工管理。

2000年，县医院高知楼、财政局住宅楼工地被授予省级文明工地称号。2004—2005年，全县创建省级文明工地4项，市级文明工地1项。

六　工程质量管理

1980年12月，县城建局监督管理全县建设工程质量。1988年，县建筑总公司设立建设工程质量检查站，1994年4月，县城建委员会改设的香河县建设工程质量监督站依据有关建设工程质量的法律、法规和强制性标准实施工程质量监督检查。

县质监站人员按照质量监督方案，采取施工过程巡回监督和工程验收现场同步监督的方法，监督检查工程实体质量。在监督检查中，发现有影响工程质量的问题时，责令限期整改；发现涉及结构和使用安全质量隐患的，责成建设单位委托有资质的质量检测机构进行检测；对违反建设工程质量的法律、法规、规章和强制性标准的行为，依法责令整改、局部暂停或全面暂停施工，确保工程质量，保护人民生命财产安全。1980年，监督检查竣工面积60342平方米，优良工程率98%。1990年，监督检查竣工面积31330平方米，优良工程率60%。2000年，受理监督工程85项，建筑面积23万平方米；竣工工程43项，竣工面积8万平方米，优良率60%；无质量事故和投诉上访事件。2004—2005年，香河县建设工程质监站对全县在建工程集中巡查、专项巡查、随机巡查及验收2000余次，发放工程质量整改通知书书500余份，培训建筑企业质检员100余人次，解决质量投诉案件9起。办理工程监督手续50个，总面积71.50万平方米；竣工验收工程57个，总面积80万平方米，工程质量合格率100%。2002—2006年，全县建筑业共获得河北省建筑工程质量最高奖—“安济杯”奖9项。2008年，受理监督工程29个，其中办理监督登记手续11个，建筑面积7.30万平方米。竣工验收工程5个。

七　建设工程监理

香河县建设局负责县行政区域内建设工程监理企业的监督管理工作。为规范建设市场行为，确保建设工程质量，2001年12月底，县政府批转执行《关于实行工程建设监理制的暂行规定》，全县建筑工程实行工程建设监理制。实行监理的建设工程，建设单位委托具有相应资质等级的工程监理单

位进行监理；工程监理单位依据国家相关管理规定和收费标准收取监理与相关服务费用，履行监理工作职责。

2008 年底，香河县尚无真正有资质的工程监理企业，只有与大城县合办的廊坊金辉工程项目管理有限公司一家监理企业（资质乙级，在大城注册）。另有一些外地具有不同资质等级的监理单位介入香河县从事工程建设监理活动。是年，香河县建设局为 5 家监理单位办理工程监理备案 23 项，总面积 59.59 万平方米。

八　装饰装修管理

1987 年 12 月 10 日，香河县装修装饰集团成立，第一批吸收 10 个企业，这是香河县第一家建筑企业集团。1988 年 4 月，香港达利实业有限公司与香河建筑装修公司合作，共同投资 100 万美元，成立生产壁纸的友谊装饰技术材料有限公司，为香河县第一家与港合资企业。香河县建设局依据《河北省建筑装饰装修管理规定》和《廊坊市建筑装饰装修管理办法》，负责全县建筑装饰装修管理工作，确保建筑装饰装修的质量和安全，维护当事人的合法权益。

九　建筑市场整治

1995 年 10 月，县政府印发《关于加强城镇建设和建筑市场管理的补充规定》明确，建筑市场应遵循统一规划、统一建设和统一管理的原则，实行公平竞争、合法交易。县政府责成县建委负责全县建筑市场管理工作，县工商局依据有关法律、法规，参与建筑市场的监督管理。1999 年 4 月，县政府批转县建设局《关于建设市场治理整顿实施方案》的工作目标是：工程报建率 100%，招标覆盖率 100%，工程交验合格率 100%。杜绝重大伤亡事故。整顿和规范的范围是县行政区域内所有投资 20 万元以上、500 平方米以上在建的各类房屋建筑和城市基础设施专业工程、装饰装修工程的项目法人以及所有的勘察设计施工单位。县政府确定 2007 年为全县建筑市场治理整顿年，组织建设、规划等 10 部门，全面整顿和规范建筑市场秩序。

在履行基本建设程序方面，重点查处未办理规划许可证、施工许可证私自开工建设行为；不办理工程竣工验收备案行为；符合国家规定的监理工程不实行监理的行为；招投标中弄虚作假、规避招标、勘察、设计、施工单位转包、非法分包、监理单位违法转让业务以及无资质承接工程业务等行为。

在施工现场管理方面，依据《建设工程质量管理条例》《建设工程勘察设计管理条例》及《工程建设标准强制性条例》文件精神，监督检查建设、勘察、设计、施工、监理单位偷工减料影响工程主体安全和私自变动承重结构等降低工程质量行为。落实《中华人民共和国安全生产法》《国务院关于特大安全事故行政责任追究的规定》文件精神，监督检查建筑企业建立健全安全生产制度，加强安全生产管理，增加安全防范设施的投入，搞好机具设备维修，消除事故隐患。对发生重大安全事故的，依法追究有关领导和主管人员的行政责任。

在农民工工资发放方面，重点检查工程担保、诚信卡、农民工工资保障金等三项制度落实情况，要求施工企业必须按月发放农民工工资，并在施工现场显著位置张贴《河北省关于支付建设领域农民工工资公告》，接受农民工监督。

十　建筑节能管理

1979 年后，香河县城镇化建设得到快速发展，尤其是居住建筑达到营造的高峰，但也付出消耗大量能源资源和污染环境的代价，出现能源供求矛盾和环境恶化问题。为实现城乡建设事业的可持续发展，香河县严格执行国家出台一系列实施建筑节能的法规政策。为扎实推进建筑节能工作，香河县建设局加大建筑节能执法工作力度。把禁用实心粘土砖与建筑节能工作纳入设计、施工图审查、施工、监理、竣工验收等各个工作环节，每个环节都设专人负责，建立健全建筑节能“闭合”管理机制。2006 至 2007 年，香河县建设局工程报建中心为 27 项建设工程办理了施工图文件审查备案及其建筑节能标准审查备案，施工图审查面积 123 万平方米，建筑节能备案面积 121.40 万平方米，执行的是 50% 节能设计标准。

2008 年 10 月 1 日，河北省《居住建筑节能设计标准》施行，规定新建民用建筑必须执行建筑节能强制性标准，对既有建筑实行节能改造。即日起，香河县城市居住建筑全面执行 65%节能设计标准，公共建筑全面执行 50%节能设计标准。是年，施工图文件审查备案 17 项，建筑面积 76.90 万平方米，施工图审查合格率和节能备案率均100%。

十一 清欠农民工工资

2003年，《国务院办公厅关于切实解决建设领域拖欠工程款问题的通知》，要求全国各地利用2004年、2005年和2006年三年时间基本解决建设领域拖欠工程款和农民工工资问题。2003年底，香河县建设领域拖欠工程款和农民工工资4975.85万元。全县三年累计完成清理建设系统网上拖欠工程款和农民工工资4846.85万元，占总拖欠额的97.40%。其中，省内政府工程网上拖欠工程款和农民工工资775.92万元，全部解决；香河县省外进冀网上拖欠工程款和农民工工资4199.93万元，累计完成4070.93万元，剩下129万元为第一城体育中心装饰工程拖欠中建二局装饰工程公司工程款。按照上级有关精神，请示省、市清欠办协调北京市建委予以解决。

进入2007年后，香河县建设局为严防新的拖欠农民工工资现象发生，采取五项措施：建设单位必须向行政主管部门提供银行出具的资金到位证明，到位资金不低于工程合同价的30%～50%，否则不予办理报建手续；实行农民工工资保障金制度，建筑企业开工前，必须交纳工程造价的6%左右的工资保障金，否则不予发放施工许可证；建设项目实行“诚信卡”制度，对拖欠工程款或农民工工资的工程不予竣工验收；各施工企业在施工现场张榜公布农民工工资发放情况，接受农民工监督；严格审查农民工劳务合同是否有损农民工利益条款，避免工资纠纷，确保农民工的合法权益。

第三节 管理机构

1976年1月，复建香河县建筑工程公司（后称第一建筑工程公司），建筑行业管理机构得以恢复和发展。1979年，县政府社队企业局筹建农民建筑公司（第二建筑公司），为农民建筑队提供服务、承揽业务、进行技术培训和经营管理。1984年7月，成立香河县建筑工程总公司，辖第一、第二建筑工程公司。1986年，蔡庄建筑队改属县建筑建材总公司直属队（1987年，称第三建筑工程公司）。1988年4月5日，成立香河县建筑业管理局，形成县建筑工程总公司与县建筑业管理局“一套人马，两块牌子”的管理体制。县建筑工程总公司下设3个建筑工程公司（1989年分别改称香河县建筑工程公司一处、二处、三处）和5个直属施工队，以及建筑设计室、化验室、质量检查站等科室。1997年9月，香河县建筑工程公司获国家建筑一级资质证书。

一 香河县建设局

县政府主管全县城乡建设工作的职能部门。1980年12月，县政府工作部门城镇建设管理局建立，1983年12月并入县计委，1988年4月与县建筑工程总公司合署办公。1988年10月，香河县城乡建设环境保护局建立，并由县计委析出。1994年4月29日，撤销城建局和建管局，合并成立香河县城乡建设环境保护委员会，设在原城建局院内。建委会下设市政所、房管所、自来水公司、建筑设计室、建筑工程质量监督站和8个建筑工程处（含城建公司）。建委机关设办公室、政工科、财务科、城建科、环保科、建管科、村镇科和监察队8个股室。1995年8月31日，香河县环保局成立，建委所属环保科并入环保局；香河县城乡建设环境保护委员会改称香河县城乡建设委员会。1996年5月，香河县城乡建设委员会改称香河县建设局。2002年4月，园林局、房管局、综合执法局从建设局析出。2003年4月，成立香河人民防空办公室，挂靠在建设局内，负责全县人民防空建设管理，人防办主任由建设局一名副局长兼任。2004年1月，成立香河县人民政府清理建设领域拖欠工程款和农民工工资领导小组办公室（简称清欠办），清欠办设置在建设局内，办公室主任由建设局局长兼任。是年12月，撤销规划股和村镇股，建立城建股、安监站和建稽办，建设局原城乡规划职能划归规划局。至此，建设局内设办公室、人事股、财务股、招标办、建管股、档案股、拆迁办、建稽办、城建股和安监站等10个行政股室；设有监理公司、检测站、咨询中心、造价中心、报建中心、工程质量监督站、公园管理所和广场管理所等8个事业单位。下辖香河县三强水厂（2002年8月，原香河县自来水公司被香河县城镇房地产综合开发有限公司兴建的香河县三强水厂接收）和香河县龙盛建设工程有限公司。2008年底，局机关有干部职工167人。

二　香河县建筑工程总公司

是负责管理全县建筑工作的县政府组成部门。1984 年 7 月，香河县建筑建材总公司建立。1987 年，县建筑建材总公司所辖分公司、直属队和乡镇建筑施工队，统编为 57 个施工队，拥有职工 1.20 万人。1998 年 12 月，县建设局与县建筑工程总公司机构分设。香河县建筑工程总公司为县属正科级事业单位，实行企业管理，党委建制，全额自收自支，2007 年底进行资产重组，组建中星建设工程有限公司。

三　香河县建筑业管理局

1987 年，县政府工作部门增设建筑业管理局，是县政府主管建筑安装业的职能部门，统一管理全县的建筑业及安全生产。下辖 7 个工程处和建筑工程质量监督站。1988 年 4 月 5 日，正式成立香河县建筑业管理局，与县建筑建材总公司合署办公。1994 年 4 月 29 日，撤销县城乡建设环境保护局和县建筑业管理局，两局合并建立香河县城乡建设环境保护委员会。

四　专门管理机构

（一）香河县工程建设招投标管理办公室

1984 年国家计委、建设部下发《建设工程招投标暂行规定》，1991 年河北省成立建设工程招投标管理办公室。1995 年，香河县建设工程招标投标办公室成立，负责全县建设工程项目勘察、设计、施工、监理以及与工程建设有关重要设备、材料的采购等招投标专门监督管理机构。2000 年，为规范全县建筑市场招投标管理，成立香河建翔建设工程造价审查中心和建翔建设工程咨询服务中心，其主要工作前者是保密为建设单位编制标底或负责县招标工程标底审定工作，后者是负责县内建设工程招标代理工作。并专门设立开标厅，配备计算机、摄像机为建设工程交易活动创造一个公开、公平、公正的竞争平台。是年底，香河建翔建设工程造价审查中心改制，组建香河煜新建设工程造价审查有限公司，并与县建设局脱钩，实现人、财、物的完全独立（不久倒闭）。全县建设工程造价中介机构转变成为适应社会主义市场经济的独立自主、自担风险、自负盈亏的经济实体。2002 年，建立香河县阳光建设工程交易服务中心有限公司，县内建设工程承发包交易必须在交易中心大厅举行。至 2008 年县招标办对招投标管理由直接参与型的监督管理变为监督备案式管理。

（二）香河县建筑工程质量监督站

1988 年，香河县建筑总公司下设工程建设质量检查站。1994 年 4 月，香河县城乡建设环境委员会成立，下设建筑工程质量监督站。香河县建筑工程质量监督站依据建设部《建筑工程质量条例》等法规，负责建设工程的技术质量监督工作。质监人员采取施工过程巡回监督和工程验收现场同步监督的方法，监督检查工程实体质量。发现有影响工程质量的问题时，责令限期整改；发现涉及结构和使用安全质量隐患的，责成建设单位委托有资质的质量检测机构进行检测；对违反建设工程质量的法律、法规、规章和强制性标准的行为，依法责令整改、局部暂停或全面暂停施工，确保工程质量，保护人民生命财产安全；负责受理工程质量投诉案件和申报省市级优质工程。

（三）香河县建设工程质量检测机构

2008 年，香河县有两个建设工程质量检测机构，一个由县建筑总公司设置，另一个由县建设局组建。1984 年 7 月，成立香河县建筑建材总公司，所辖第一建筑工程公司设置建设工程质量检测站。1994 年 4 月，检测站随同建筑工程总公司并入县建设委员会。1995 年 4 月，经县机构编制委员会批准，香河县建筑工程质量检测站为事业单位，实行企业化管理。2003 年 12 月，县政府将建筑工程总公司一处（一建）所属该质量检测站的相关职能、设备及资质划归县建设局，企业检测资质等级为 2 级。2004 年，进行体制改革，检测站重组为香河大方建设工程质量检测有限公司，企业经理赵海涛。经营范围是对建材鉴证取样、使用功能及工程主体结构检测。2004 年，国家取消检测资质等级划分。

香河县第二个建设工程质量监测机构是香河常悦建筑工程质量检测有限公司，成立于 2004 年，由县建设局组建，经理康立兴。其经营项目有建材检测和工程主体检测。

（四）香河县建筑施工安全监督站

1987 年，县政府及其建设管理机构设有安全生产科室，2004 年专门成立香河县建筑施工安全监督站，依照国家建设工程安全生产管理的法律法规，监督管理全县的建设工程安全生产。

（五）香河县工程建设造价管理办公室

1998 年，香河县建设局设置工程建设造价管理办公室。2006 年，全县有 50 人取得全国建设工程造价员资格，其中 2 人通过全国造价工程师的资格考试。造价管理人员依据国家《建设工程工程量清单计价规范》，检查全县各建筑公司及其建筑工程的计价行为。

（六）香河县建筑设计室

1976 年，县建筑工程公司设工程设计预算室，有技术管理人员 5～7 人。在设计砖混结构建筑的基础上，开始设计 2～3 层楼房。1987 年，香河县建筑建材总公司始设建筑设计室，负责县内外建筑工程勘测与设计。2000 年 12 月，县建筑总公司所属集体企业香河县建筑设计所（室）改制，组建香河嘉蓝建筑设计有限公司，经营范围为民用建筑勘察设计。随着全县建筑业的发展，有资质的建筑企业均有施工图设计人员，县建设局担负起建设工程勘察设计审查工作，县建设局设置的建设工程报建审查中心（2002 年成立）的职责之一是负责勘察设计审查。

第四节 企业选介

中星建设工程有限公司

前身系建于 1984 年的香河县建筑建材总公司（建筑工程公司）。1998 年 12 月，总公司与县建设局机构分设，是县属正科级事业单位，实行企业管理。2002 年 4 月，经国家建设部审查批准并颁发施工总承包 1 级资质后，逐渐成为以建筑工程施工为主的国家房屋建筑总承包一级资质、市政工程二级资质和劳务分包一级资质的建筑企业，形成建筑、安装、装饰装潢、房地产开发、设计、建材实验、劳务输出、商贸等多种经营格局。2007 年，香河县建筑工程总公司实行资产重组变更为中星建设工程有限公司，总经理毛建忠。2008 年，公司通过 GB/T19001：2000、GB/T24001：2004、GB/T28001：2001 三个标准第三方认证。是年，公司拥有固定资产 8300 多万元，大中型机械设备 2188 台（件），工程技术及专业管理人员 300 余人，年施工生产能力 40 万平方米以上，建安产值超两亿元，利税 1000 万元以上。

在北京市，公司参加过北京饭店、国际信托大厦、国贸大厦、长富宫等国家大型重点工程建设，并先后承建北京市医学院第二传染病医院高层住宅楼、北京石景山高科技园区高层住宅楼及第一批住宅楼、国家财政部财经出版社营业楼、国务院老干部活动中心、全国妇女活动中心、北京市旅游局方舟宾馆等公共建筑。2003 年，公司被北京市建委授予“财务管理先进企业”称号。2005 年，被北京市建委授予外地进京建筑企业 A 级诚信纳税单位称号。公司承建的盛华园二期工程 3#楼工程被北京市优质工程评审委员会评为 2006 年度结构长城杯银质奖工程。

在廊坊市，香河县建筑工程公司 1990—1991 年承建的市交通局综合楼，1994 年被评为省优质工程（安济杯奖）。1993—1994 年承建的廊坊武警学院消防实验楼，1995 年被评为省优质工程（安济杯奖）。1994—1995 年承建的香河县外贸包装公司综合楼、廊坊武警学院风雨训练场，均被评为省优质工程。1997—1998 年承建的解放军 58046 部队综合服务楼和家属住宅楼，1999 年均被评为国家建设部优质工程。1999 年和 2002 年总公司分别承建的廊坊市特殊教育学校住宅楼、市地税局综合办公楼，均被评为市优质工程；承建的廊坊地税局综合办公楼工程获省建筑工程质量最高奖“安济杯”奖（省优质工程），文化苑 3 栋、4 栋住宅楼获得“河北省用户满意建筑工程”，被河北省产品质量监督检验院授予“双星级质量信誉保护单位”称号。

在县内，香河县建筑工程公司承建的县土地局住宅楼工程、税务局住宅楼、县供销社住宅楼、香河一中教学楼、教师住宅楼等工程均为省优或市优工程。1996 年 11 月，公司获建设部颁发的建筑企业质量最高奖—“金屋奖”。2002 年，总公司被河北省质量奖审评委员会评为“河北省质量效益型先进企业”，被省建设厅授予“河北省建设系统先进单位”称号。2003 年，被省建协授予“质量管理先进单位”称号，被省建设厅授予“安全管理先进单位”称号，连续 3 年被中共廊坊市委授予“市级文明单位”称号。2004—2006 年被省建协授予“先进建筑施工企业”称号，被省工商局授予“重合同守信用单位”称号。2005 年，被授予全市建筑系统安全生产先进单位称号。2008 年，总公司承建的香河新天地广场工程获省“安济杯”奖和省级文明工地称号。

2002 年，公司产值 2.80 亿元，税金 528 万元；2003 年，产值 2.70 亿元，税金 465 万元；2004 年，产值 2.70 亿元，税金 420 万元；2005 年，产值 2.65 亿元，税金 293 万元；2006 年税金 36 万元；2007 年税金 80 万元。

香河县龙盛建设工程有限公司

前身系香河县建筑工程总公司中城市建设工程公司，成立于 1993 年，为国家一级企业，隶属县城建局。2001 年企业改制，建立香河县龙盛建设工程有限公司，为县建设局下属单位。2002 年通过 ISO 2000 质量认证；2004 年通过中国方圆认证中心 ISO 9001：2000 质量管理、ISO 14001 环境管理和 GB/T28001：2001 职业健康安全管理三标一体认证。2002 年公司取得施工总承包三级资质，2005 年 11 月晋升为二级资质，另还有劳务分包一级资质。公司下设 2 个分公司（房地产开发有限公司和物业管理有限公司）、8 个项目部、1 个设备租赁站、1 个塔吊队、1 处建材经营部，拥有固定资产 650 万元，大中型机械设备 300 多台件。公司各科室齐全，办公现代化，有高级工程师 2 名、高级经济师 1 名、工程师 12 名、助理工程师 28 名、会计师 2 名。

公司视工程质量为企业生命。承建的香河四中教学楼和香河县中医院高知楼两项工程于 2002 年均被评为安济杯奖。这两项工程还同时获得 2001 年度“省优质样板工程”“河北省用户满意工程”荣誉。公司施工的香河天城食品加工有限公司商住楼工地，被授予 2001 年度省级文明工地称号。2003 年 3 月，公司被评为河北省质量效益型先进企业。公司承建的香河凌辰糖酒公司商住楼于 2004 年 12 月被评为河北省用户满意建筑工程。承建的香河馥馨苑商住楼工程获 2005 年度河北省建筑工程安济杯奖（省优质工程）。承建的香河一中迁建工程 2# 及 4#宿舍楼工程、承建的香河县气管炎哮喘医院病房楼及门诊楼工程、承建的香河永泰 7#住宅楼工程均获 2006 年度河北省建筑工程安济杯奖（省优质工程）。公司施工的香河县一中迁建项目教学楼工程 2006 年 3 月获省级文明工地称号。2006 年 11 月，公司被授予河北省用户满意企业称号。公司总经理兼董事长程合林被省建协授予 2004 年度工程建设质量管理先进工作者称号、2007 年度河北省建筑业优秀企业管理者称号。

高质量的工程建设带来显著的经济效益。2005 年，开工建筑面积 21.73 万平方米，竣工 17 项工程总面积 157970 平方米，年产值 1.20 亿元，税金 602 万元，比上年增长 404 万元，增长率 204%，创历史新高。2006 年税金 504.30 万元。2007 年，建筑面积 32470 平方米，产值 6052 万元，税金 358 万元。2008 年，竣工建筑面积 7.30 万平方米，产值 8700 万元，税金 220 万元。

香河县三强建筑工程有限公司

2002 年，在原香河县建筑工程公司三强项目部的基础上组建成立，注册资金 2450 万元。公司属于 1998 年建立的三强实业集团。该集团有房地产开发公司、建筑工程公司、水厂、热力公司、污水厂、铝合金门窗厂等 10 多家全资公司，有员工 1500 余人，固定资产总值 10 亿元。10 年间，集团为公益事业捐款 2000 多万元，累计上缴税金 3 亿多元。其中 2006 年度，三强集团入库税金 1156.30 万元，2007 年度入库税金 2524 万元，2008 年度入库税金 4855 万元。三强建筑工程公司与城镇房地产综合开发有限公司实为一体，房地产开发工程均为建筑公司承建，同为三强实业集团中的最主要组成部分。2006 年，公司施工总承包资质由三级晋升为二级，成为集土建施工、建筑安装、装饰装潢、门窗及钢结构制作安装、设备租赁、建筑物拆迁于一体的建筑企业。2008 年，公司拥有固定资产 4 亿元，大中型机械设备 300 多台（件），“120”搅拌台站 2 个，下辖 28 个施工队，年施工能力 120 多万平方米；有高级工程师 3 人，工程师 22 人，助理工程师 109 人，经济师 3 人，助理经济师 6 人，会计师 2 人，助理会计师 9 人，统计师 2 人，助理统计师 4 人。公司承接的建筑工程施工任务主要有商贸楼、影剧院、大型工业厂房、住宅楼群等。2003 年，董事长王尚新被中共廊坊市委、市政府授予第十届“十大优秀青年”称号，被团中央、农业部授予“全国农村青年创业致富带头人”称号。2006 年被中共廊坊市委、市政府授予“社会主义建设者”称号。

香河县万泰建筑工程有限公司

2006 年 2 月，在香河县建筑工程总公司第十项目部（属县第五工程处）的基础上成立，具有房屋建筑施工总承包三级资质，法人代表王秀东。公司注册资金 600 万元，企业净资产 1000 万元，拥有建筑施工机械设备 200 余台（件）。公司下设办公室、经营科、财务科、技术科、预算科、安全科、质检科、材料科、设备科 9 个职能科室。共有工程技术及管理人员 80 人，其中有职称 70 人（工程技术中级以上职称 33 人，高级职称 8 人），项目经理 10 人。公司追求的宗旨是“以质量求生存，靠诚信求发展；建一流工程，建人民满意的工程”。至 2008 年，公司先后在北京、通州、廊坊、香河县城及大厂县城等地总承包房屋建筑工程总建筑面积 70 余万平方米，其中有多项工程分别被北京市、河北省、廊坊市评为优质工程。2006 年，建筑面积 20640.95 平方米，产值 1001.54 万元，税金 73.68 万元。2007 年，建筑面积 58564.96 平方米，产值 8748.05 万元，税金 103.25 万元。2008 年，建筑面积 67947.23 平方米，产值 9931.64 万元，税金 50.38 万元。

香河恒泰建筑有限公司

2004 年 9 月成立，注册资金 710 万元，为股份制企业，法人代表刘栋。公司有先进施工机械设备 40 多台（件），高级工程技术人才 50 名，从业员工 200 多人。2005 年取得房屋建筑施工总承包资质三级及古建园林、管道安装、起重设备安装的专业承包资质。至 2008 年，公司先后承建香河县师范住宅楼、香河县残疾人联合会办公楼、香河县淑阳镇敬老院、香河县新开街道办小区、第一城西区四合客房（清式仿古建筑）、第一城金色大厅、第一城大安宫西配殿（清式仿古建筑）、第一城水榭、第一城热力、中式会所、国安庄园别墅、国安足球训练基地热力、国安足球训练基地四合院（清式仿古建筑）、国安足球训练基地教练员公寓楼、承德市滦平富万家超市、香河县华克公寓楼、华克商贸楼、盛星商业广场等工程，工程质量优良率 100%。公司参建第一城福安宫大酒店、大安寺等古建工程及国安足球训练基地运动员公寓等工程。总建筑面积 53950 平方米，年均纳税 50 多万元。

第十八编　商业贸易

20 世纪 50 年代初，香河县相继成立了以国营和集体所有制为骨干的百货、纺织、煤炭、粮食等商业公司，国营商业逐步取得市场的主导作用。1950 年，全县农副产品收购总值 9 万元，1952 年增加到 223 万元。随着大规模的经济建设，城乡人民生活水平不断提高，消费口粮有所增长，私营粮商趁机抬高物价，影响粮价稳定。1953 年香河县人民政府根据国家规定，对粮食、油料实行统购统销政策。1954 年 9 月，国家对棉布、棉花实行统购统销，并有计划有步骤地以国营商业代替私营批发商，通过经销、代销形式将私营商业纳入国家计划轨道。年底，国营商业和合作商业零售额在社会商品零售总额中的比例增长到 62.97%。

1958 年，由于“共产风”“浮夸风”的影响，商业部门推行“大收大购”，盲目收购了大量质次价高或没有使用价值的商品，造成很大损失。“大跃进”时期“左”的错误和连续三年国家困难时期（1959—1961 年），给国家经济造成极大损失，农业大幅度减产，物资奇缺，市场供应全面紧张，导致商品购销额大幅度下降。

1961—1965 年，全县依据“调整、巩固、充实、提高”的方针政策，在商品流通体制中恢复了供销社、合作商店、合作小组和农村集市贸易，并采取多种渠道，组织城乡物资交流，鼓励商品生产，活跃了经济。

“文化大革命”期间，集市贸易、合作店组、个体商贩被视为资本主义尾巴砍掉，同时将供销合作商业再次并入国营商业，流通渠道单一，形成独家经营的垄断局面。1966 年，全社会商品零售额为 1533 万元，到 1976 年为 3680 万元，10 年只增长 1.4 倍，其中国营商业零售额 3334 万元，占全县商品零售额的 90.6%。中共十一届三中全会后，全县进行商业体制改革，建立了以国有商业为主导的多种经济形式、多种经营方式、多渠道、少环节的流通体制，逐步形成城乡通达、地区交叉、纵横交错的商业流通网络，全社会商品零售总额迅速增长，1990 年为 16575 万元。1990 年后，消费品市场运行平衡，商品供应充足丰富。1997 年，全年完成社会消费品零售额 55043 万元，从经济类型看，国有经济完成零售额 8303 万元，占零售额总数的 15.1%；集体经济完成零售额 6210 万元，占零售额总数的 11.3%；个体经济完成 40530 万元，占零售额总数的 73.6%。从各类型完成的零售额看，香河县通过改革开放搞活经济，个体销售业得到了充分发展。进入 2000 年后，市场现代化建设步伐加快，零售业呈多元化趋势日益增强，超市、连锁店、专卖店等网点大增，零售业蓬勃发展壮大，明显改善城乡居民的购物环境。2005 年，社会消费品零售总额 280677 万元，按销售区域分，县以上零售总额 161445 万元，县以下零售总额 119232 万元;按行业分，批发和零售贸易业 227095 万元，住宿、餐饮业 50269 万元，其他 3313 万元。2008 年全县实现消费品零售额 408217 万元，按销售地区分，县以上零售额 219021 万元，县以下零售额 189196 万元;按行业分，批发和零售贸易业 280412 万元，住宿、餐饮业 113614 万元，其他 14191 万元。

第一章　经济成分

第一节　国营商业

1971 年 8 月，在商业服务组基础上建立商业局，1978 年 12 月，县供销社从商业局分出，商业局下设办公室、业务室、会统室，有干部职工 25 人，1984 年 8 月，局机关有办公室、业务股、会统股、保卫股，有干部职工 25 人。1987 年 9 月，增设纪检组、审计股。1990 年，增设专卖股，改会统股为财会股，干部职工增至 36 人。所属的批发零售企业有：百货公司、五交化公司、纺织品公司、糖酒公司、饮食服务公司、食品加工厂、百货大楼、食品公司。

1990 年饮食服务公司将东风旅店和东风饭店改建为特别特商店，1992 年特别特商店划归纺织公司后，又扩建为友谊商城。

1992 年 12 月，机关内部机构有 5 个，1993 年 1 月，撤销业务股、审计股。1994 年 1 月，成立核查股。1997 年 5 月，成立酒类专买办公室。1998 年 2 月，机关内部机构有 5 个：办公室、财务股、保卫股、核查股、酒类专买办公室。1998 年 12 月，撤销核查股。2002 年 2 月，撤销酒类专卖办公室；8 月，撤销保卫股。4 月，撤销香河县商业局，组建集团公司，改称为香河县商业总公司。香河县商业总公司是县政府主管国营商业工作的职能部门。主要职责：在县政府的领导下，贯彻执行上级有关商业工作的政策和规定，研究拟定本县商业发展规划和工作计划，协同有关部门组织市场综合平衡，加强经营管理，强化企业资金的合理运用与监督。搞好商业体制改革，实现国有资产和职工身份的合理置换。2003 年 1 月，内设机构 2 个，即办公室、财务室，人员编制 24 人。到 2004 年后，国有商业下属单位基本完成改革转型，商业总公司成了职能部门。

进入 2000 年后，商业局对所属企业单位进行经济体制改革。

2000 年 4 月，关闭香河县百货公司，5 月，商业局对公司场地进行商贸开发，实行先售后股的股份制改造，商业系统职工均可入股，所得利润用于安置职工和偿还债务。2000 年 8 月 28 日，商业局对食品加工厂进行体制改革，组建香河县天城食品加工有限责任公司，新公司负责安置原企业职工，并承担其债权债务。2001 年 10 月 8 日，将国有企业香河县糖酒公司实行拍卖，组建香河县凌辰糖酒有限责任公司，组建的公司负责原企业职工安置和原企业的债权债务。2001 年 9 月 6 日，商业局对国有企业五交化公司进行改制。对其资产进行评估抵押，按照〔2000〕58 号文件规定，固定工、非农业合同工工龄每满一年发放安置费 800 元，总额不超过 2.4 万元，给予一次性安置。农业合同工按每满一年工龄一个月标准工资，最多不超过 12 月的标准，给予一次性的经济补偿。2003 年 4 月 20 日，经请示县政府，商业总公司对所属企业纺织品公司、友谊商城、饮食服务公司、百货大楼、食品公司实行产权制度改革，实行资产评估挂牌出售方式，筹措资金安置职工。到 2005 年，商业局系统下的所属单位完成改制转型。

第二节　个体商业

在人民政府的大力扶持下，私营个体商业和服务业迅速发展。1953 年，国家对私营商业实行“利用、限制、改造”的政策，把主要的工业品和主要农副产品批发控制在国营商业和合作商业手中。1959—1961 年，国家三年困难时期，资金匮乏，货源没有保证，大部分私营个体商业户停业或转业。“文化大革命”中，因视私营工商业为走资本主义道路而被取缔。

中共十一届三中全会后，私营个体工商业得以迅速发展。1980 年，全县个体商户 738 家，从业人员 861 人。到 1990 年，个体商户发展到 5940 家，从业人员 8034 人。其中，经营百货、副食的个体商户 4680 家，从业人员 6130 人；饮食业 312 家，从业人员 747 人；服务业 632 家，从业人员 827 人；修理业 316 家，从业人员 330 人。个体商业年营业额 3719 万元。随着经济改革开放深入搞活，个体工商迅速增加，1996 年在县工商管理局登记的工商户有 17332 户，从业人员数 34829 人，注册资金 6196 万元，年营业额 44432 万元。由于国营商业的改制转型，企业职工多从事个体再就业，使得个体工商户增多，2001 年达到 23435 户，从业人员 42577 人，注册资金达 24018 万元，年营业额 239328 万元。进入 2000 年后，各种专卖店、连锁店、加盟店、大型综合商店的出现。特别是 2000 年 9 月 8 日香河华联香百超市入驻香河，及 2002 年在原淑阳供销社北院建立 4000 平方米的“民得利”大型连锁超市后，一些微利的小店铺被迫关闭。2004 年，登记在册的工商户有 7245 家。随着人民收入水平的提高，出现了提供休闲娱乐养生会所，如音乐厅、养生馆、茶社等。饮食住宿服务行业的水平有了很大提高，高档餐饮店不断增多，如香河宾馆、香安宾馆、地都、瀚林、紫伦饭店、顺隆宾馆、民族饭庄等。2008 年，在工商管理局登记在册的工商户有 9097 家，从业人员 24945 人，其注册资金 24533.06 万元，年营业额达 29184 万元，年总产值为 16592 万元。

1996—2008 年香河县个体工商登记情况统计表

表 18-1-1

年份	户数	从业人员	注册资金（万元）	总产值（万元）	营业额（万元）
1996	17332	34829	6196	19113	44432
1997	17644	28843	7478	23098	54565
1998	19198	34835	17961	157470	72050
1999	8185	16674	7062	—	—
2000	16185	29518	16356	210078	305062
2001	23435	42577	24018	161480	239328
2002	12520	25297	15755	82370	139268
2003	12750	25734	16024	90607	153195
2004	7245	15898	23182	90608	154196
2005	8059	17278	14783.96	11124.8	14914.73
2006	9009	19839	17271	14334	17479
2007	8925	19006	139203.97	14109.71	12948.74
2008	9097	24945	24533.06	16592	29184

第三节　供销合作商业

供销合作商业与国营商业几经合并分设，1978 年 12 月分设。内部机构有：办公室、财计科、业务科、人事科、基层科、多种经营科。1983 年 7 月 20 日，香河县社召开第四次社员代表大会，将名称改为香河县供销合作社联合社。1984 年在机构改革中调整内部机构设置，下设办公室、业务、财计、基层社、人事、多种经营、储保、物价各科和监事会、办公室。1988 年，供销合作商业所属公司有：生产资料、土产、废品回收、棉麻、副食品、储运 6 个公司和 17 个基层社。1989 年 1 月，县供销社与英国樱桃谷农场集团、台湾巨轮企业有限公司联营筹建香河县英香鸭养殖加工有限公司。7 月，成立香河县工业品公司。同年 8 月，香河县储运公司更名为香河县汽车修理厂。1992 年 5 月，香河县英香鸭养殖加工有限公司全部建成投产，辖有种鸭场、饲料厂、屠宰场、冷库和羽绒厂。

1990 年，农副产品购进总值 820 万元，生产资料、生活用品年零售额 4375 万元。1993 年 9 月 22 日，县联社成立香河县供销集团总公司，实行“一套人马，两套牌子”。原机关人员按企业化管理，对外开展业务承担法人应承担的民事及法律责任。1994 年，香河县英香鸭养殖加工有限公司年生产商品鸭 78.5 万只，生产鸭肉 2297.9 万吨，实现产值 1838 万元，出口创汇 104.37 万元，但由于经营不善等原因，1996 年公司破产。1995 年，全系统年销售额 7170.5 万元，实现利润 28.12 万元。1999 年 1 月，由市、县、基层三级供销社和农户合资入股，组建了京香养殖加工有限公司。年内全系统完成商品销售总额 10500 万元，实现利润 91.9 万元。

随着经济改革的深入，县联社系统内不断进行优化经济结构和人员重组，以求适应社会需求及自身的生存能力。根据企业改制的要求，按照“三个有利于”（是否有利于发展社会主义的生产力、是否有利于增强社会主义国家的综合国力、是否有利于提高人民的生活水平）的标准，以产权制度改革为重点，对所属企业分别进行抽资、租赁、兼并、拍卖、连锁经营、股份合作、先售后股等多种改制办法；以盘活存量资产为突破口，实行合作开发、引资进厂、竞价拍卖、变现再开发等多种形式活化资产存量，发挥闲置、低效资产的最大潜能；以减员增效、拓业分流为重点，搞活用工机制，实行“双向选择”（企业择优用工、职工实现合理的择业），把企业和职工真正推向市场；建立现代化企业制度，强化内部管理，使企业真正成为“产权清晰，责权明确，政企分开，科学管理”的经济实体。

1997,香河县供销联合社的基层社开始进行改制，“以改革求生存，以改革促发展”作为体制改革的方向。以大集镇为中心，按照经济区域调整基层社的建制，对17个基层社进行全面重组，金辛庄社并入淑阳社，石虎辛庄社和东鲁家口社并入渠口社，王家摆社并入安平社，到4月底完成重组，全县有13个基层社，即淑阳、安平、刘宋、渠口、钱旺村、梁家务、蒋辛屯、大罗屯、香城屯、李庄、钳屯、安头屯、五百户。实行并社留店，合理配置资源，以强带弱，共同发展。推行抽资经营，调动干部职工的积极性，结合基层社的零售班组和工业品公司的在职职工一次性买断企业流动资产的基础上，进一步实行“五自一包”(职工竞争上岗，班组自由组合，自筹资金，自主经营，自负盈亏，自缴税费和社会保险金，包上缴企业资产占用费)的抽资经营。实行先售后股的方式改革，以增强企业活力。对渠口供销社实行部分资产先售后股，由职工出资买断企业全部净资产805万元中的350万元，组建股份合作制企业——同心物资贸易中心，妥善分流68名职工。又在职工自愿集资入股的基础上，投资450万元(其中固定资产300万元，流动资金150万元)筹建了集购物、娱乐、餐饮、住宿等多功能大型综合企业——渠口供销商城，新增营业面积3450平方米，库房1500平方米，安置职工62人。对整体出租的汽车修理厂，实行先售后股的改制办法，组建新的合作制企业，妥善安置原企业职工和离退休人员。调整供销社下属企业组织结构，构建竞争强势。将农业生产资料公司的经营与各乡镇、各村街的农资销售网点联合，兴办22个农资专业合作社，与市农资公司实行“五统一”(统一计划、统一进货、统一配送、统一价格、统一规范服务)的连锁经营。李庄、安头屯、蒋辛屯三个乡镇建起的直销门市部成立后，同时开展批发和零售业务，方便农民购买，降低成本，同时保障供应。李庄的农资专业合作社，依托当地的韭菜种植业的主导产业，增加供应品种，两年时间内吸收发展社员325户，吸收股金8.57万元，累积资产64.5万元，为农民增收29万元，专业社盈利10.35万元，为社员返利2万元。采取裂变重组、兼并、拍卖、租赁、破产等多种形式改组改造亏损企业。1997年对扭亏无望的土产公司进行分立重组，采取利润包干，放开放活土产、日杂经营，组建新的股份合作制，搞好烟花爆竹专营业务。棉麻公司因香河县农业结构的调整，县内棉花种植面积锐减，企业无棉可收、扭亏无望，适时进行企业改制。根据县城的规划要求，利用公司的优越地理位置，投资500万元，进行商贸楼开发。至1999年11月，全系统共融资2098万元，减债2096万元，盘活存量资产3290.5万元，分流企业员工450人，安置再就业人员310人。年内，全系统共完成商品零售额12222.4万元，实现利润84.47万元。

2000年，对生产资料公司进行改制，根据职工个人意愿采取工龄买断、其他安置再就业等方式进行改制。供销社对公司原址，依据县规划进行商贸开发改造。2001年11月7日，根据县委、县政府的〔2000〕58号文件及相关法律政策，对供销宾馆进行先售后股的方式进行改制。2002年9月，经过几年的改制，全系统19个下属企业中，破产重组2家、竞价拍卖2家、先售后股2家、股份合作2家、以资抵贷11家，通过改制累计融资4929万元，减债7117万元，盘活存量资产3916.3万元，净资产增加2747.52万元，分流职工791人，共支付职工安置费487.5万元，有职工309人。2002年底，在原淑阳供销社旧址投资1200万元新建设的超市完工，与廊坊民得利有限公司签订租赁合同。2003年，对工业品公司进行资产评估，总资产706.87万元，其中固定资产257.94万元，负债503.82万元，职工31人。主要经营日杂百货、五金交电、服装等。年内，公司采取公开拍卖净资产的改制办法。

2004年，根据市场需求，盐业公司发挥专营主体作用，构建遍布全县的食盐专营网。土产公司与山东鲁阳烟花有限公司合作，建立香河县域内烟花专营网点。

按照省盐业专营公司的统一部署，以食盐零售门店为依托，在全县构建起“海晶食盐加盟连锁”经营网点，到2007年加盟经营网点230家，食盐代销点860家。实现了食盐销售的统一标识、统一配送、统一管理、统一服务规范、统一经营方针、统一销售价格的连锁形式。

2007年，依照劳动法有关规定，对全系统13个基层社、6个公司(生产公司、盐业公司、土产公司、工业品公司、棉麻公司、回收公司)及养殖场、屠宰场的职工给予一次性补偿，及时清退职工的集资款、风险金等各项欠款 100 余万元。2008年底，供销联合社机关有 6 个科室：办公室、综合科、保卫科、物业管理委员会、资产运营公司；下属 3 个公司：土产公司、农业生产资料公司、盐业公司。具有经营、服务、组织、管理四大职能，主要负责农村、农业、农民的生产、生活资料供应；提供与“三农”（农村、农业、农民）相关信息、技术服务；组织与农民合作；实行“盐业专卖”“烟花爆竹专营”，并在县域内对盐业、鞭炮市场进行规范管理。

第二章　生产资料购销

第一节　农用生产资料的购销

香河县的农业生产资料主要由县供销社及基层供销社和县农机公司供应，供应的商品主要是：化肥、农药、农机具、小农具、塑料薄膜等。1979年，全县农业生产资料经营网点有 11 个。1990 年，县工商行政管理局和县供销社联合下发《关于加强化肥、农药、农膜专营管理的通知》，规定：各级供销社的农资部门是国家指定的农资经营专营单位。自此，化肥、农药、农膜等农业生产资料由供销社一家专营。当年，全县农业生产资料经营网点增至 18 个，到 2005 年增至 21 个营业网点。随着经济体制改革的深入发展，个体和联合体手工业兴起，各种中小农具自产自销量大增。总之，农业机械及小农具的进货及销售渠道增多，充分地满足了农民的需要。

一　化肥

1970 年后供应的化肥主要是氨水、碳酸氢铵、磷肥等。1986 年，全县供应的化肥有 10 种，主要是碳酸氢铵、尿素、硝酸铵、磷酸二氢钾等复合肥。其供应量为 14581 吨。1990 年后开始大量供应复合肥及用于植物叶面喷洒的微量元素肥料。复合肥主要有钙镁磷钾肥、氮钾二元复混肥、硝酸铵钙、硝酸铵磷、磷酸二氢钾等多种复合肥。微量元素化肥主要有锌肥、稀土微肥、硼肥、硅肥、硫镁肥、叶面肥、高效叶面肥、农用硫酸锌、氨基酸锌等。1995 年，县供销社的化肥供应量为 33170 吨，随着生产资料放开经营，个体经营者逐渐增多，供销社的化肥销售量逐年减少。2006 年，供销社的化肥供应量为4270吨，2007年供应量为3685吨，2008年供应量为 3230 吨。

20 世纪 90 年代初，县境周边的农民到京津的通县、武清、宝坻及三河县、大厂县等地购买化肥，亦有外县到境内销售化肥。1993 年末，部分基层供销进行业务承包制，农村个体商户开始经营化肥。1995 年，个体商户销售化肥 411 吨。2006 年，销售量迅速到达 62100 吨，2008 年为 63170 吨。

二　农药

香河县农业生产中开始使用农药的时间为1952 年，当时的品种为六六粉、敌百虫、滴滴涕粉，当年销售农药只有 0.3 吨。1960 年后品种增加，有了 1605 乳剂、3911 粉剂等高效农药。随着农民对农药认识的提高，农药销售量也增加了，1969 年为 196 吨，1978 年达到 652 吨。1990 年，为 800 余吨。进入 2000 年后，农药供应品种有 150余种，但主要是低毒高效的农药，同时生物制品不断增加。主要有乐斯本、辛硫磷、杀毒矾、百毒清、粉绣宁、施田补、Bt 乳剂、杀虫菌、杀螟杆菌、白僵菌、农用抗菌素、植物抗菌素等。随着农业科技的发展，农民生产技术水平的提高，及农药的高效性，农药的施用量大大减少，2008 年，农药销售量为 50 吨。

三　农膜

塑料薄膜的销售始于 20 世纪 60 年代，最初每年销售量只有 2 吨左右。1982 年，随着农村普遍推行生产责任制，农民广泛应用塑料薄膜进行覆盖育苗和种植大棚瓜菜，塑料薄膜的销售量猛增。1990 年销售量为 85 吨。进入 2000 年后，随着农业生产的不同需要，塑料薄膜的供应种类繁多，农民可根据生产需要选购育秧薄膜、无滴薄膜、有色薄膜、超薄覆盖薄膜、防雾薄膜等。香河县塑料薄膜的销售量年均在80吨左右。

四　农机具

香河县在1960年后，开始推广使用各种农业机械，品种增多，销售量大。1982年，销售各种机械737台，销售总额为118.54万元。1990年，销售各种农业机械量达2010台，销售总额200余万元。1990年后，各种农业机械种类繁多，如适合田间作业的小型旋耕机，收获小麦玉米的联合收割机（出净粒），用于植保的动力喷雾（粉）机，新型灌溉用潜水泵，各种机具具备性能好、省力、易操作等优点，种类达几十种。随着个体工商户的增加，经营农机具的店铺增多。1990年，全县的农业机械总动力为128567千瓦。2000年，农业机械总动力为358420千瓦，平均每百亩耕地占有84.97千瓦。2004年后，河北省出台了购置农机具有补贴的优惠政策后，加大了农民购买的积极性。又由于大型农机具跨区域作业规模已形成，县内夏收夏种只用10天，秋收秋种20天即可。2004年，农业机械总动力为410482千瓦，平均每公顷耕地占有12.75千瓦。2008年，农业机械总动力为446549千瓦，平均每公顷耕地占有15.99千瓦。

第二节　建筑材料销售

砖瓦、水泥、玻璃、钢材等建筑材料1979年以前，主要是物资部门根据计划经济指标进行购进销售来供应生产需求。1980年后开始有议购议销，随行就价，高价进高价出售。1990年后，根据市场需求购进销售，满足要求。改革开放后，市场经济迅速发展。至1994年，各种物资形成多渠道、多家经营，其中厂家直接销售给用户占市场的62%，个体销售占14%，物资系统市场占有率由原来的100%降到24%。进入2000年后，物资部门各系统改制后，物资经营全部市场化。建筑装修材料品种增多，如铺地面的大理石板、通体地板砖，木质地板；墙壁装修有各种壁纸、无毒防潮涂料等。

一　砖瓦

1968年后，县砖瓦厂改手工扣坯、土法生产为机械制坯、轮窑生产。砖瓦产量有了很大提高。1974年供应砖瓦2753.37万块（片）。1980年后，县砖瓦厂不断增容扩建，生产能力提高。1985年，销售红砖3500万块，红瓦200万片。1990年，销售砖瓦4000万块(片)。随着人民生活水平的提高，翻盖旧房、增建新房的家庭日益增多，砖瓦需求量大增，此时县域内新增了几家个体私营砖瓦厂，砖瓦的销售量亦增。同时境外的砖瓦输入量逐年增加，至此，县内砖瓦销售情况彻底放开市场化。

二　水泥

水泥由县物资部门按计划委员会审批的计划供应。1962年，供应250吨。1976年3月香河县建立水泥厂，缓解了水泥供应紧张状况。1977年，供应水泥4300吨。1979年改革开放后，随着市场需求量的增加，县物资局多渠道购货，以满足需要。到1990年，物资部门供应水泥2178吨。由于个体经营成本低，销售价低，私营销售的份额在市场上占的比例不断增加。1991年，物资部门销售水泥516吨。进入2000年，物资企业部门改制后，水泥全部由个体私营经营销售。

三　玻璃

1980年以前，主要用于机关、企事业单位，需求量少。1977年供应1671标准箱，1986年供应2879标准箱，1990年供应1656标准箱。由于市场机制的变化，物资销售多渠道多家经营，尤其个体销售户迅增，造成物资部门销售量减少，进入2000年后，主要是个体经营、厂家直接销售。

四　木材供应

1979年物资部门计划供应木材1480立方米，计划外购进1480立方米。1980年开始有议购议销木材，1980年物资部门议购木材851立方米。因香河沙发业的迅速发展及建房需求，木材需要量增加。1985年后供应渠道增加，1986年供应木材1581立方米，1990年供应木材5929立方米。由于个体私营企业参与经营，物资部门销售量减少，1992年销售木材2119立方米。1998年后，物资部门开始进行改制，香河县内的木材经营个体化、市场化。

五　钢材供应

1979年前，金属材料供应主要是计划供应，

1977年供应钢材1146吨，1980年开始有议购议销，1984年供应钢材2183吨，1990年供应钢材16081吨，随着生产、生活的发展，钢材的需要量大增，1992年，物资部门购进钢材50687吨，销售50441吨。1995年由于受市场需求影响，销售钢材25000吨。随着市场经济发展迅速，钢材经营渠道多，物资部门销售骤减，改制后，钢材销售市场化。

六　地砖供应

1979年前房屋内地面以铺砖为主，1980年以后，以水泥地面为主。1985年后，开始出现水磨石板，规格以40厘米×40厘米和30厘米×30厘米为主。1990年后有了天然理石板和人工理石板。2000年以后，出现了彩釉地板砖，有20厘米×20厘米、30厘米×30厘米、40厘米×40厘米、60厘米×60厘米、80厘米×80厘米等多种规格，品质档次在十几元到百元以上不等，满足不同消费群体的需求。彩釉地砖以可节省施工时间，而且整齐美观，耐磨性强为百姓认可，60厘米×60厘米、80厘米×80厘米规格的地砖销售量大。2005年后，合成木质地板开始走进百姓人家，主要有合成木纤维地板和竹纤维地板。2008年，在香河县境内销售的各种地板有彩釉地板砖和木质地板两大类，彩釉地板砖有100余种，木质地板20余种。

第三节　机电供应

20世纪60年代，机电产品统配供应品种有200余种，1975年供应品种增加到400余种，年销售额130万元。70年代末，农业机电供不应求，物资部门贯彻计划调节和市场调节相结合的经营方针政策，实行多渠道进货，1981年，推行计划调节为主市场调节为辅的经营方向。1985年，经营品种增到600余种，1986年，物资部门销售交流电动机188台，电磁线6吨，工业轴承9771套，销售额199万元。

1990年，贯彻落实市场经济，经销单位有了自主权，购销活跃，全年销售额838万元。

1979年经济改革开放后，个体私营及厂家直接销售机电五金等到产品的商家迅速增多。2002年后，县内商业、物资、供销系统基本完成改制，机电类产品进入市场购销。

第四节　机动车供应销售

1980年以前，汽车、农用车等机动车及机电化工产品主要由县物资局根据计划需要进行购进销售，1981年后，推行计划调节为主和市场调节为辅的经营方针，1985年，经营品种达600余种。

1986年，销售汽车41辆，电磁线6吨，交流电动机188台，销售额为199万元。1990年开始贯彻市场调节为主，经销单位有了自主权，购销活跃，出现了个体经营者，满足了市场需求，年内物资部门机电销售额838万元。物资部门进行改制后，机动车供应市场化，百姓需要即购进供应，出现了汽车、摩托车、三轮摩托等销售门市。2008年，城内有摩托销售6家，汽车销售1家。

第五节　石油、煤炭

一　石油

香河县石油公司始建于1978年，时称香河县商业局石油煤炭公司，1980年改为香河县商业局石油公司。1985年从商业局划出，由河北省石油公司廊坊公司管理，为河北省石油总公司香河公司。1996年，改为河北石油集团香河县石油有限责任公司。2000年2月，改建为中国石油化工股份有限公司河北香河分公司，全县有19座加油站。公司内部不断根据市场需要，进行体制改革调整，以适应市场需求。到2008年，公司有14个加油站经营。

1982年前，煤油、柴油、汽油均为计划供应，1983年起增加议价石油销售。1990年，柴油销售量为559吨，汽油销售量为573吨。油料供应随着根据市场需求而购进销售，随着汽车拥有量的增加，汽油销售量不断增加，煤油销售量大大减少。2002年，香河县石油公司系统内汽油、煤油、柴油、润滑油的销售总量为22118吨，销售收入5867万元，利润49万元。随着个体经营企业的增加，公司系统内销售量有所减少，2005年，销售量为19100吨，销售收入为9210万元。2008年，销售量为26704吨，销售收入15019万元。

油料市场化经营后，有了个体经营者，且随着市场经济的发展，购进渠道的增多，个体经营户也在增加，到 2008 年，全县有注册登记的成品油销售企业 59 家。其中有 7 家歇业，3 家改建，49 家正常营业，15 家归属中国石油化工股份有限公司河北廊坊香河销售分公司，34 家为个体。

二　煤炭

1979 年前，煤炭实行计划经营，每年按上级分配指标调入，不足部分求援调购，均按国家规定的牌价进行销售。1980 年，煤炭经营改计划分配与市场调节相结合的调购办法进行。随着需求的大量增加，议价市场调节部分逐步加大，到 80 年代末，议价煤炭购进量占每年总购进量的 50%以上。因煤炭市场的放开，票证供应随之取消，又因个体煤炭销售销售点增多，燃料公司的销售量逐年下降。

1990 年后，煤炭市场分国营、集体、个体三方面经营。集体、个体经营成本小且价格低，有竞争优势，使得县燃料公司销售量少，公司只能靠质量和信誉及增加服务项目的种类来盈得客户。1991 年，销售煤炭 22933 吨。1995 年，销售煤炭 26500 吨。到 1996 年，全县煤炭的需求总量为 27 万吨，但全县有私营煤点 30 多家，煤炭销售量占市场总需求量的 90%，燃料公司销售煤炭量只占市场总需求量的 10%。燃料公司在市场份额少的情况下，以质量好的优势打开外销市场，与山西大同煤矿运输公司建立经营关系，开拓市场。1997 年，物资系统对燃料公司进行了股份制改革，县燃料的供应为多渠道的私营销售。2000 年后，县内煤炭销售全部为个体私营。20 世纪 90 年代末期，农户一般安上小型燃煤暖气，农村用煤量迅速增加、一般是用煤户与销售者联系，送煤到户。

第六节　物资经营管理

物资局是全县物资供销的主管部门。主要任务是：贯彻执行有关物资工作的政策、规定，制定企业经营计划，组织物资购销，提高经济效益，为国家提供积累。1984 年初，将木建材股改为木建材公司，金属机电股改为金属机电化轻公司，建立生产资料公司，接收商业划归的燃料公司，各公司实行独立经营单独记账。1987 年 11 月，局机关设有办公室、财务室、业务股和协作股。1989 年 1 月，协作股改为审计股。至 1990 年，物资局下属单位有金属机电化轻公司、木建材公司、燃料公司、生产资料服务公司、供销公司、金属材料回收公司、贸易中心、渠口物资供应站。1991 年撤销审计科、业务科，9 月建保卫股。1992 年 12 月，局内部机构有 5 个。1996 年机构改革，各股改称科，同时增设清欠科。年内，根据香发 35 号文件精神，结合局内实际情况，对全局经营亏损的 6 个公司（生产资料服务公司、供销公司、金属材料回收公司、贸易中心、金属材料公司、物资销售有限公司）进行撤并，成立了物资总公司。集中资金、降低成本、裁减多余人员，搞好物资经营。1997 年，对物资总公司、燃料公司、机电设备公司进行转机改制，采取租赁、承包、股份制、股份合作制等形式改制。1998 年 2 月，局内部机构有 6 个：办公室、财务科、业务科、保卫科、审计科、清欠科。2000 年 10 月，撤销保卫科。2002 年 4 月，撤销香河县物资局，组建香河县物资总公司，其行政职能交经济贸易局承担。香河县物资总公司是县政府主管物资流通的企业管理机构。主要职责：贯彻执行有关物资工作的政策、规定，制定企业经营计划，提高经济效益，为国家提供积累。2002 年 10 月，撤销清欠科；年底，物资总公司完成改制，为维护正常工作开展，返聘公司办公室主任等 9 人（聘期一年）。2003 年 1 月，内设机构 2 个：办公室、财务科。人员编制 5 名。到 2008 年底，机构无变化。

第三章　生活资料销售

生活资料的供应，在 1979 年前，主要有粮食局所属的库、站，商业局的各公司及零售门市部，供销合作社的各门市部及各基层社。1980 年后，出现了个体、私营、联合体经济销售各种生活资料的小卖部、供销点、商店、综合商场，大型综合销售场所有香河华联超市、民得利超市。2003 年后，国营、集体商业经济体制改革后，生活资料的供应销售全部为个体私营企业经营。

1980 年前，商品货源以计划调拨为主，不足部分自行采购。经济体制改革后，以市场调节为主，根据市场需求进行采购销售，货源充足，品种大大增加。1990 年前的国营、集体商店品种全，包含百姓生活必需品的全部，而个体经济以副食品为主，以后逐渐增加日用小百货，到 2008 年，个体经营点囊括百姓生活的全部商品。

第一节　副食品

副食品包括：食盐、肉食、糕点、食糖、糖果、罐头、茶叶、调味品、乳制品、蜜制品、豆制品、茶料、饼干、小食品以及烟、酒、奶、果品等。1979 年，香河县的副食品基本敞开供应，随着经济发展，副食品的发展迅速，散装副食品越来越少，大都是独立小包装，商店内各类副食品货架上，琳琅满目，应有尽有，极大地方便群众生活需要。

调味品　食盐为供销社系统专营，味精、鸡精等调味品 20 世纪 80 年代只有几个品种，90 年代有十几种，进入 2000 年后，有了几十种。

糕点　在经济体制改革初期，香河县内加工的有月饼、蛋糕、桃酥等几个品种，在北京、天津等调入的糕点中、高档品种亦是几个，随着需求的增加，全国各地的名吃糕点不断进入香河市场。2005 年后，供糖尿病人食用的糕点种类增加。批发市场的普通糕点有上百种，香河华联超市中、高档糕点有 50 余种，比较驰名的有苏州的稻香村系列、保定的德谊系列。

食糖　在境内销售的主要有红糖、白糖、冰糖、水果糖、饴糖等。1978 年前，红糖是凭证供应的。1980 年后，各种食糖货源充足，敞开供应。1990 年后，各种食糖的品种开始增加，1992 年后，商店有了糖尿病人专用糖（木糖醇），到 2008 年，市场的红糖品种七八种，水果糖、饴糖达到 30 多个品种。

肉食　经营以生猪为主，兼牛、羊肉。1980 年，农村开始多种经营，牛、羊饲养量增加，市场开放，肉食满足供应。1990 年后，境内出售的肉类有猪、牛、羊、鸡、鸭等。1996 年后，猪肉在出售时分割比较细，尤其在超市或专门肉店内，被分为里肌、外肌、前臀尖、后臀尖、五花肉、硬排骨、软排骨、腔骨、肉皮肘子、猪蹄等种类进行出售。牛、羊肉除了炒、炖外，被加工成肉片出售。鸡、鸭也被分为骨架、胸脯、脖、翅、腿、爪等分别出售。

饮料　在 1990 年前种类只有几种果汁饮料，随着食品工业的发展，饮料种类不断增加，陆续进入市场，到 2008 年，饮料有百余品种。如可乐、雪碧、杏仁（核桃、花生）露、茶饮料、汇源果汁类、营养快线系列等。

牛奶　产品在 1995 年香河食品城成立前，出售的都是各种奶粉。食品城开张后，从北京地区购进三元袋装鲜奶，鲜奶制品开始进入香河市场。2000 年，香百华联超市建成后，鲜奶制品增多，同时也出现了奶制品专卖店。奶制品根据需要种类繁多，奶粉分年龄段有婴儿及幼儿配方奶粉、中老年营养奶粉，鲜奶主要分纯奶、酸奶及各类口味的奶制品等，2008 年，香河境内出售为三元、伊利、蒙牛、光明、三鹿等品牌的奶产品，品种有 100 余种，婴儿、幼儿的母乳化奶粉的进口品种达 10 余种。

酒　在 1979 年经济体制改革初期，香河境内供应销售以中低档酒为主，种类有几十个。其中，散装白酒销量占一定的比例，主要为农村家庭饮用。1990 年后，高档酒销售量开始增加，如茅台、五粮液、剑南春等。燕京啤酒、雪花啤酒及各种品牌的红酒也相继出现。群众生活水平提高后，平常饮用的散装酒大减，瓶装酒大增，中、低档酒销量大增。2000 年，出现了各类名酒的专卖店，如茅台酒专卖店、北京二锅头专卖店。到 2008 年，市场销售的各类酒高达几百种。香河县自产的香神酒，也由开始的几个品种，增加到近 35 个品种。

酒类监管职能部门始建于香河县商业局，1997 年 5 月，成立酒类专卖办公室，主要负责全县酒类商品流通监管工作。2002 年 5 月该职能部门从商业局转入县经济贸易局，经贸局成立酒类监督管理股，挂香河县酒类监督管理局牌子；编制 7 人，并成立综合执法股，具体负责全县酒类监管工作。2006 年 5 月，该职能由经贸局转入县商务局，商务局成立酒类监督管理股，挂香河县酒类监督管理局牌子，编制 3 人，主要负责此项工作。具体职能为：实施国家和省、市、县有关酒类商品监督管理的法规、规章和政策；负责监督管理全县酒类商品的生产流通；承担酒类商品零售许可证的发放和年检工作，依法查处无证生产、销售和制售伪劣酒类商品等违法行为。到2008年底，商务局共发放酒类零售许可证557个；在对全县酒类市场检查中，对“浏阳河”“金六福”等假酒进行查处，并对相关人进行处罚。此外，对县域内违法酒类经营批发户进行查处。这些工作震慑了违法者，净化了香河县的酒类市场。

茶叶 在1979年后，随着经济的快速发展，茶叶销量逐年增加。1990年后，茶叶品级由过去的低档转为中、高档，出现了茶叶专卖店。茶叶成了人民生活中的必需品，人们由原来喜欢花茶改为喜欢绿茶。2000年，出现了各种保健茶，如减肥茶、降压茶等，市场常见的茶叶品类多达100个。

第二节 日用工业品

日用工业品主要有煤油、燃气、炊具、火柴、棉布、服装、鞋帽、针线、缝纫机、家用电器、自行车、手表、洗涤用品等，2000年，汽车开始进入家庭，成了人民生活中的普通工具。

日用工业品的销售，1990年前，主要是由商业系统及县供销社系统的商店经营。随着商业改制的进行，由国有制和集体所有制改为个体经营。2005年改制后为个体和股份制经营。2008年，全县经销商达150余家。较大的经营场所有：香百华联超市、民得利超市、新时代家电超市、盛达家用电器商场、海尔专卖店等。

一 厨房用品

1979年以前，城镇居民主要是用铁炉灶烧煤取火做饭，即所谓的小锅小灶；农村百姓用的是连炕的大锅大灶，烧柴做饭同时取暖。厨具只有铁锅、铁勺、铁铲、铁盆、陶瓷盆碗、搪瓷盆碗，用具比较简单。1980年后，出现了煤气灶，不锈钢的各种锅、碗、瓢、勺、刀等，传统的陶瓷、搪瓷用具亦升级上档，更加美观耐用。1983年，有了铝铸平底饼铛，方便了面食的加工。1985年，部分百姓用上了电饭锅、电蒸锅。1995年，家用电冰箱、电磁炉、电火锅、电饼铛、各种料理机（榨汁机、打浆机、绞馅机）、抽油烟机为百姓厨房的常用品。1999年，县城的居民开始使用燃气，罐装煤气的用量减少。2000年，微波炉、烤箱、电饭煲、电压力锅、电砂锅、无烟炒锅等现代厨具进入百姓厨房。2007年，市场上有了碗筷消毒机、豆芽机、酸奶机、饮水机。2008年与1979年相比较，百姓的厨房从简单到复杂，从纯手工到现代化，家庭主妇远离了烟熏火烤的痛苦，在厨房的劳动强度大大降低，厨房环境逐渐环保，劳动时间从30年前的1小时左右，到现在的30分钟左右（买回的食物中熟食的半成品增多）。

1990年，农村百户电冰箱拥有量为4台，至2008年，百户拥有量为70台，增加了17.5倍。城镇居民在1992年百户拥有电冰箱62台，电炊具12个，脱排油烟机6台。到2008年，百户拥有电冰箱100台，微波炉76台，消毒碗柜2台。

二 家用电器

1979年前，家庭电器主要有收音机、录音机等，有电视机家庭较少，香河县当年销售的电视机仅售50余台。1980年后，随着人民生活水平的提高，黑白、彩色电视机的销量不断增加，1990年电视机销量达1800台。1992年，黑白电视机销量骤减，彩色电视机开始进入百姓人家。90年代中期，洗衣机、电风扇、电冰箱、空调机等家用电器进入普及阶段。2000年，电视进入液晶显示时代，各种家用电器开始升级为节能环保型。2005年，百姓在选择家用电器时注重的是节能、环保、美观、少占空间。2008年，各种家用电器，每个家庭是应有尽有。

1992年，农村百户拥有电风扇74台，洗衣机51台，黑白电视机77台，彩色电视机24台，收录机41台，照相机4台，收音机84台；城镇居民百户拥有吸尘器6台，淋浴热水器4台，组合音响8套，游戏机12台，电风扇124台，洗衣机92台，录放像机10台，彩色电视机82台，黑白电视机26台，立体声收录机38台，普通收录机38台，照相机28台，其他高档乐器6件。至2008年，农村百户拥有洗衣机100台，彩色电视机114台，影碟机62台，空调机40台，家用计算机6台；城镇居民百户拥有空调机142台，洗衣机96台，彩色电视机110台，家用电脑78台，组合音响26套，照相机46台，淋浴热水器100台，健身器材4台。

三 家用交通工具

1979年前，家用交通工具只有自行车、三轮车等。1980年农村实行了家庭联产承包经营责任制后，畜力小型车辆发展迅速，用于交通和农业生产。1983年，各种形式的拖拉机、农用车开始使用，摩托车开始进入家庭。1990年，自行车成为百姓日常出行工具。1995年，城内有了销售自行车、摩托车的个体户，不少家庭拥有摩托车。90年代末，电动自行车开始进入家庭。2005年，有了快速山地车，方便出行，锻炼身体。2008年，县内有自行车销售部10余家。自行车的种类、品种繁多，主要有捷安特、跑狼、永久、飞鸽、富士达、三枪等几大种类；电动自行车品种增加，主要有追风鸟、捷安特、爱玛、小刀、雅马哈、跑狼、富士达等品牌；山地车受到青年人的喜爱，品牌有捷安特、富士达等。摩托车销售部3家。香河县内销售的摩托车品牌有嘉陵、建设、轻骑、大运、钱江、金城、新世纪等。汽车陆续走进百姓生活，百姓出入比较方便。

1992年，农村百户拥有自行车234辆，摩托车1辆；城镇居民百户拥有自行车286辆，摩托车2辆。2003年，农村百户拥有自行车238辆，摩托车58辆，生活用汽车2辆；城镇居民百户拥有自行车222辆，摩托车66辆，汽车2辆。2008年，农村百户拥有自行车205辆，摩托车61辆，生活用汽车11辆；城镇居民百户拥有电动助力车18辆，摩托车52辆，生活用汽车14辆。

四 通信用品

1993年12月26日，香河县万门程控电话开通使用，固定电话逐渐进驻家庭。1995年1月15日，香河县电话号码由6位升为7位，家庭用固定电话迅速增多。20世纪90年代末开始使用移动电话。2000年，移动电话更新换代，大部分家庭有了固定电话，通信用品迅速进入市场。2005年，手机品种增多，手机门市部一般销售品种达几十种。

2002年，城镇居民百户拥有普通电话98.17部，移动电话55.33部。2003年，城镇居民百户拥有普通电话102部，移动电话58部。农村居民百户拥有电话94部，移动电话28部。2008年，城镇居民百户拥有普通电话92部，移动电话186部。农村居民百户拥有电话99部，移动电话79部。

五 手表、缝纫机

手表、缝纫机在1979年前属于限量供应，80年代后敞开供应。

缝纫机的销售在1985年2489台，1990年为986台。90年代随着生活水平提高，百姓大多购买成品服装，或到服装加工点加工服装，购买缝纫机的欲望下降。2000年后，出现了剪裤边、换拉锁等服务店，家用缝纫机的利用率大大降低。2005年后，一般家庭没有缝纫机。

1980年后，手表货源充足，销量大增，1982年销售2300块，1984年销售6700块。80年代中期，电子表深受群众喜爱。各式各样的电子小闹钟准时、便宜、美观，一般每块只有15～50元不等。90年代后期，随着手机的使用，手表使用降低。2000年，手表档次升级，特别是2005年一少部分人佩带名表，价格一般都上千元、几千元、上万元乃至几万元。

第三节 药品与器械

一 药品销售

1979年，香河县的药品销售门市主要有县城的药材公司、县人民医院、县中医院的药房，各乡镇卫生院的药房，各村街的卫生室。香河县药材公司发展到1990年，有建筑面积2200平方米，营业面积525.4平方米，成为中型国营企业，下有医药门市部、收购站、中西药业务股、两个批发部、财计物价股、办公室、工会，有职工70人。主要经营医药、医疗器械、卫生材料等。

2001年7月，香河县有了第一家个体药店：香河县永泰药店。2003年，香河县药材公司国粹大药房所属的23家连锁店试点在全县启动。调整全县零售药店的布局，重点发展乡村药店。年底，全县有51家药品零售网点，初步解决了农村购药难及零售药店药价虚高的问题。2004年，香河县药品监督管理局在全县范围内实施GSP（药品经营质量管理规范）的工作要求和安排。2005年底，全县有76家药店通过认证。2007年，全县已经建成药品零售药店93个，其中县城药店31个，乡镇药店21个，村街药店41个，村街药店占村街数的35%，全县2000人以上的村街都建立了药店。县域内的各药店经营范围有中成药、化学制剂、抗生素制剂、生化药品、微生态类生物制品等，品种有1200余种，中药类饮片1000余种。

二　器械销售

1979 年随着改革开放的发展，医疗器械逐渐增多。20 世纪 80 年代，只有简单的术用刀、剪、镊、钳、针等。90 年代，增加了一些简单的仪器。血压计、按摩棒、救急包等。进入 2000 年后，家庭用医疗器械迅速发展，县城及乡镇的药店有零售。如轮椅、制氧机、护理床、血压计、血糖仪康复颈椎病枕头、保健枕、腰椎间盘护腰带、美臀瘦臀坐垫、护膝、腰枕、手链项链、颈椎病的治疗仪器、语音腕式(臂式)电子血压计、便携电子血压计、血糖仪、治疗仪、电子体温计等。到 2008 年，有了家庭保健器材、家庭用保健按摩产品、家庭医疗康复设备、家庭护理设备等各种家用医疗器械百余种。

三　经营管理

1995 年 8 月，建立香河县医药管理局。主要职能：对辖区内药品、医疗器械的研究、生产、流通、使用进行行政监督和技术监督，保证全县人民用药安全有效。内部机构有 3 个，分别为办公室、稽查股、监督股，人员编制 14 名。每年对全县的医疗机构、药品经营企业、医疗器械生产企业、乡村医生、个体诊所进行拉网式检查，检查覆盖率达 100%。2002 年，对全县范围内的 45 家药店的药品购进、储运、销售、组织机构、职责制度及设施设备等进行全面检查。2003 年 3 月，香河县医药管理改称为香河县药品监督管理局。2005 年，组织全县所有药品经营、使用单位直接接触药品人员进行健康检查，参加体检人数 1000 余人次，未发现不合格者。年内，全面推进 GSP（药品经营质量管理规范）认证工作。2006 年 4 月，改称为香河县食品药品监督管理局，增设食品安全股。制定了《香河县食品放心工程实施方案》《香河县食品安全专项整治实施方案》《香河县食品安全社会监督网络建设实施方案》等各项措施，起草了《香河县食品安全事故应急预案》。开展以元旦、春节、“五一”、“十一”等节假日及高考期间学校食堂的食品安全整治行动，净化香河县食品市场。2007 年 7 月 9 日和 11 日下午，在香河县两个门诊部共查获假冒福尔生物制药有限公司生产的“人用狂犬病疫苗”13 盒（批号为：2007040602）及 3 盒（批号为：2007032622），立即向县政府主管领导汇报，并及时向公安局、卫生局进行了通报，对案件及时处理。2008 年，开展了“食品安全质量提高年”活动，制定《开展食品安全年行动方案》《香河县打击违法添加非食用物质和滥用食品添加剂专项整治方案》等实施方案。同时，通过拉网式检查对克伦特罗、硝基呋喃、盐酸氯丙嗪、氯霉素片共等人药兽用情况进行检查，未发现可疑情况。年内，出动执法人员 6018 人次，出去执法车辆 2036 车次，检查各类企业 7526 家，下达责令限期整改通知书 187 份，端掉制售假冒伪劣产品窝点 4 个。

第四章　农副产品收购及废旧物资的回收

第一节　农副产品收购

一　棉花收购

棉花收购由县供销社的棉麻公司按国家规定标准及时收购，棉花作为一种物资，从农民手中收购时，按国家规定标准及时奖励其他物资。

1979 年，按生产定购基数，实行斤棉斤奖励。每超交 0.5 千克皮棉，奖售化肥 1 千克。超定购基数部分按 30%加价收购，对社员自留棉按 30%加价收购和换购。1980 年，收购棉花 397541 千克。1983 年，国家实行“倒二八”（80%加价，20%平价）的加价办法鼓励农民棉花生产，同时奖售粮食、化肥。1984 年，全县共设 13 个棉站，收购皮棉 560 万千克。1990 年，改变棉花奖售办法，每交售 50 千克皮棉，奖售化肥 35 千克，柴油 2.5 千克。1995 年，收购籽棉 38200 千克。1996 年，收购籽棉 4000 千克。1997 年，由于香河县境内的气候变化，种植业结构调整，棉花种植面积锐减，棉麻公司无棉可收，至此香河县停止棉花收购业务。进入 2000 年后，农民种植棉花多为自产自销，但种植面积不大。

二　畜产品收购

畜产品收购主要包括生猪、鲜蛋及畜皮、猪和羊肠衣、毛、鬃等。生猪由供销社进行收购、销售及加工出售。1979 年，供销社一度停止生猪的代购代销。1980 年恢复，当年收购生猪 3444 头，销售 2762 头。1985 年 3 月，取消生猪的派购，实行议价议销，1987 年收购生猪 6466 头。1990 年县供销社停止收购生猪；鲜蛋由商业局和供销社部门共同进行收购。1979 年收购鲜蛋 14.75 万千克，上调 8.40 万千克。1980 年后，市场开放，自由贸易，收购量大减，1987 年停止收购；畜皮、肠衣、毛等由供销社进行收购，1984 年取消统购，允许个体经营。香河县经营牛羊皮毛的销售主要是香椿营的百姓，自行收购、加工及外销等。鲜蛋亦是自产自销，价格随行就市，为市场调节。

三　干鲜果品的购销

1980 年前，香河县的果树种植面积小，干鲜果品一般由外地购进。1979 年经济改革后，农村实行生产承包经营责任制，县内果树的种植量大增。80 年代后期，县内的果品产量迅速增加，由供销社购进的干鲜果品减少，1990 年仅有 7400 千克。1990 年后，果农自己销售其果品。百姓所需果品到自由市场购买。

第二节　废旧物资回收

1980 年，废旧物资回收的品种达 65 个。9 月，废旧物资回收工作实行岗位责任制。当年，废旧物资回收总值为 106 万元。80 年代后期，个体废旧物资回收网点增加，解决了供销社回收点的不足，又方便了群众。1990 年，回收总值 485 万元。90 年代以后，因个体经营户的成本低、效益高，废旧物资回收进入个体经营时期。经营户根据市场需求及自己的经营情况制定回收品种、价格、总量，并自己联系销售等各项事宜。2000 年以后，废旧物资回收网点遍布全县各个乡镇及村街。

为方便废旧物资的购销，1990 年在新华大街东段胡庄子村南建立了占地 0.37 公顷的废旧物资市场。开始主要经营板材、型材、管材、线材、钢筋、废铁、角钢、槽钢、圆钢、旧钢材等废钢铁收购。到 2000 年前后，业务范围扩大到通讯、电力、化工、食品等设备废旧设备回收及销售，涉及京、津、冀等地。2008 年始，废旧物资市场陆续迁到淑阳镇大罗屯村东（改名为香河县钢材市场）。

第五章　专卖品经营

第一节　盐业专卖

1980 年香河县供销社成立副食品公司，食盐由副食品公司调入后批发给经营商店。1991 年副食品公司更名为副食品盐业公司。1992 年 9 月，成立香河县盐政管理所，在法律范围内行使盐政专项治理的一切权力。1995 年开始在全县范围内实行零售盐盐业经营许可证制度，同年全县实行标准食用碘盐小包装经营。1998 年 7 月副食品盐业公司分立重组，成立香河县盐业专营公司，对全县食盐和工业盐统一经营。1998 年供应食盐 527.2 吨，2000 年供应 630 吨，2002 年 1650 吨。2004 年，公司发挥盐业专营的作用，构建遍布全县的专营网络，提高产品质量和服务质量，年底全县拥有 12 个代批点，600 个销售网点，全县碘盐覆盖率 100%。2005 年，共销售食盐 1429 吨；销售工业盐 699 吨。2006 年，根据省盐业公司的统一部署，在原有的食盐销售网络系统基础上，建起“海晶食盐加盟连锁”店，年底，已加盟连锁网络 230 家，食盐代销点 860 家，实现了食盐销售的统一标识、统一配送、统一管理、统一服务规范、统一经营方针、统一销售价格的连锁形式。进一步完善供应链管理，提高食用碘盐的流通效率。2008 年，盐购进总量 2275 吨，盐销售总量 2743 吨，销售总额 285　13 万元，上缴税金 7.82 万元。

在抓好食盐专营的同时，依法行使盐政执法的职能作用，严厉打击非法运输、购销和使用无碘盐、劣质盐、工业用盐等不法行为。依据国家和河北省盐业管理政策规定，坚持依法治盐，通过盐政、公安联合，加强执法手段，强化联动稽查，把握住关键环节，对私盐贩销的重点区域、重点私盐贩子（包括私盐贩销团伙、私盐贩销惯犯）以及涉黑社会闲散人员、公职人员插手私盐倒卖活动进行集中打击，稳定市场秩序，实现盐业市场稳定，供应有序，确保食用盐市场安全。2004—2008年共处理违法案件269起，查获私盐291吨，上缴罚款13.9万元。保障了香河县盐业市场，确保香河县人民吃上放心盐。

第二节 烟花爆竹专营

烟花爆竹属于易燃易爆的特殊商品，实行“统一经营，归口管理”，1990前，香河县的烟花爆竹归土产公司主营、批发到各商户出售。1990年，按照国家有关规定，经香河县人民政府授权，县供销社与公安局、工商局、税务局联合发文规定：香河县供销社为全县烟花爆竹进货的唯一单位，由县供销社土产公司负责在廊坊市公司进货，对基层供销社土产公司统一批发、零售经营，其他单位和个人不得经营。

为方便群众购买，满足市场需求，每年春节期间，在县城及各个乡镇设置临时销售网点。1998年，有销售网点65个，销售额40万元。2000年，有销售网点25个，销售额52万元。2003年有销售网点30个，销售额70万元。2006年有25个销售网点，销售额105万元。2008年，有35个销售网点，销售额110万元。在经营中，严格加强管理，严把进货关、储存关、运输关、销售关，确保全县烟花爆竹安全经营。

第三节 烟草专营

一 烟草品种及销售

1986年7月前，卷烟批发业务由县商业局糖业烟酒公司经营。成立烟草专卖局后，由其负责批发业务，各种所有制商店、摊点均有零售。1979年，改革开放前，以低、中档卷烟为主，“恒大”“前门”等名牌烟货源较少。1980年开始，中、高档烟销售量增加。“石林”“阿诗玛”“大重九”为高档烟。1980年销售1297万条。

20世纪80年代，县内销售的高档烟主要品牌有：中华、恒大、大前门、石林、大重九、云烟、红梅、翡翠。中档卷烟品牌有：红梅（无嘴）、翡翠（无嘴）、春城、五朵金花、恒大、友谊、香山、八达岭、天坛等。低档卷烟的品牌有：红缨、春耕、福、大港、菊花、金鱼等。

20世纪90年代，县内销售的高档卷烟品牌有：中华、红塔山、云烟、5555、万宝路、骆驼等。中档卷烟品牌有：红梅、石林、红山茶、金桥、中南海（蓝）、牡丹、希尔顿等。低档卷烟品牌有：吉庆、龙泉、金健、长乐、中南海（白）、五朵金花、北戴河、都宝、胜宝、天虹、红三角等。

进入2000年卷烟的销售货源充足，满足不同人群的需求。销售的高档卷烟品牌有：中华、云烟（珍品）、555、万宝路、小熊猫、玉溪、新石家庄（特珍）、钻石（120长嘴）等。中档卷烟的主要品牌有：红梅、云烟（红）、红塔山、红河、钻石（蓝）、钻石（紫）、石林、恭贺新禧、阿诗玛、红山茶、白沙、一品黄山、中南海（10mg）、骆驼等。低档卷烟的主要品牌有：春城、吉庆、灵芝、新石家庄、北戴河、牡丹、哈德门、都宝、前门、乘风、中南海（软）、双叶等。

1989年1月，13种国产名烟价格放开。1991年7月，全省三级站批发和零售卷烟价格放开。在卷烟经营中，业务量逐年扩大，经济效益逐年增加。1987年卷烟销量8473箱，毛利额30.68万元，实现利润5.77万元。2008年卷烟销量10910箱，毛利2419万元。销量比1987年增长28.76%，毛利约为1987年的79倍。

1987—2008年香河县烟草经营情况统计表

表18-5-1

年份	销量（箱）	销售额（万元）	毛利（万元）	利税（万元）	实现利润（万元）
1987	8473	782	30.7	8.4	5.7
1988	9450	1100	36	14.3	9.8
1989	12620	1741	75	14	38.4

续表 18-5-1

年份	销量（箱）	销售额（万元）	毛利（万元）	利税（万元）	实现利润（万元）
1990	12910	2512	83.5	26.6	16.8
1991	—	4793	256	21	69
1992	8177	5626	207	48	19
1993	—	7413	83	55	27
1994	27319	3310	445	55	26.5
1995	—	8643	220	—	31
1996	6883	632	63	97	31
1997	—	1957	102	64	31
1998	6876	2251	175	136	125
1999	8702	3200	153	201	85
2000	7300	2800	163	91	50
2001	6600	2500	197	171	119
2002	7055	3105	357	340	280
2003	7914	4080	488	446	311
2004	10297	7489	1301	—	—
2005	11535	10035	1971	—	—
2006	10053	8524	1583	—	—
2007	10371	9634	2121	—	—
2008	10910	10591	2419	—	—

二　烟草经营管理

香河县烟草专卖局成立后，对境内烟草专卖市场进行全面行政管理。1992年1月，《中华人民共和国烟草专卖法》实施，把卷烟、雪茄烟、烟丝、复烤烟叶、烟叶等规定为烟草专卖品，国家对烟草专卖品的生产、销售依法实行专卖管理，并实行烟草专卖许可证制度。县烟草专卖局对县内零售户进行审批、发证和年检。1998年，卷烟在出售前贴防伪标识。2003年，粘贴防伪标识改为防伪条码。2008年，香河县内有830户烟草零售商，均有许可证。

1987—2008年，在卷烟市场管理中，共查处涉烟案件43起，没收违法经营卷烟和假冒卷烟530件，罚没款2.26万元。其中，1994年破获制售假烟团伙1个，没收产烟机1台，假天坛烟14箱，假红梅烟20余条及部分半成品、假商标、卷烟纸及烟丝等。2006年捣毁制假窝点一个，查获制假烟机一组，抓获制假人员10人。

三　烟草管理机构

1986年12月29日，香河县人民政府党组会议决定，并提交县委研究，决定组建香河县烟草专卖局。1987年2月14日，县人民政府决定本县卷烟从糖烟酒公司划出，划拨12人组建香河县烟草专卖局烟草公司。实行“一套人马，两块牌子”，属县政府领导，具有行政管理和业务经营双重职能。下设办公室、财务股、业务股3个股室。1991年6月，香河县烟草专卖局和烟草公司上划河北省烟草专卖局和河北省烟草公司管理，更名为河北省香河县烟草专卖局和河北省香河县烟草公司。1996年，按照国家局、市局关于抓紧建立农村基层卷烟批发网点的要求，建立淑阳、城关、安平、刘宋、渠口5个下设批发网点。2004年2月，根据《河北省烟草专卖局关于对廊坊市烟草专卖局（分公司）企业组织机构调整的批复》精神，撤销香河县烟草公司，成立河北省烟草公司廊坊分公司香河卷烟营销部，撤销法人资格，注册为非法人分支机构，香河县烟草专卖局其职能不变并与卷烟营销部合署办公，同时撤销下设批发网点，实行“一库制零库存”，由廊坊分公司统一销售配送卷烟。2007 年 3 月，根据《河北省烟草专卖局、中国烟草总公司河北省公司关于建立母子公司体制机构名称变更的通知》精神，河北省烟草公司廊坊分公司香河卷烟营销部更名为河北省烟草公司廊坊市公司香河县卷烟营销部，下设科室有综合办公室、专卖科、配送中心，人员编制 42 人。

第六章　集市贸易

第一节　集贸市场

一　定期集市网点

1980 年恢复各乡镇原有的集贸市场后，建立 2 个集贸市场，至 2008 年香河县有 9 处集市。淑阳集市日期为农历每月一、三、五、七、九；渠口集市日期为农历每月二、四、六、八、十；刘宋集市日期为农历每月一、四、七、九；安头屯集市日期为农历每月二、六、八；蒋辛屯集市日期为农历每月二、五、八、十；五百户为农历每月二、六、十；安平集市日期为农历每月二、四、六、八、十。1982 年，增设金辛庄沙发材料市场，每日为集。1983 年 9 月，增设石虎辛庄集市，集市日期为农历每月三、五、九。

二　日常市场

1979 年改革开放政策实施后，工商行政管理局从人民生活需要出发，依据原有的集贸网点建立集市贸易市场，又相继建立几个方便群众的日常市场，至 2008 年建成了李庄蔬菜批发市场、云霄蔬菜批发市场、刘宋集贸市场、三强市场、安头屯集贸市场、绿缘市场、花园市场。

2008 年香河县部分市场基本情况统计表

表 18-6-1

序号	名称	地址	主办单位	市场类型	占地面积（平方米）	建筑面积（平方米）	固定摊位（个）	临时摊位（个）	建立年份
1	李庄蔬菜批发市场	五百户镇李庄村	五百户镇李庄村	集　体	10005	10005	0	300	1993
2	云霄蔬菜批发市场	五百户镇李庄村	卢宣召	个人独资	3000	3000	0	100	2003
3	刘宋集贸市场	刘宋镇压刘宋村	刘宋村	集贸市场	26000	2000	90	50	1992
4	安头屯集贸市场	安头屯镇安头屯村	华克公司	集贸市场	13000	1000	60	30	1994
5	三强市场	永明路	三强公司	农贸市场	5000	2000	130	40	2004
6	华克市场	花园小区	华克市场建筑有限公司	农贸市场	5000	3000	150	50	2004
7	绿缘市场	赵庄村	淑阳镇经委	农贸市场	10000	3000	100	200	1998
8	三强服装鞋帽综合市场	香河华联超市东侧新华大街北	三强公司	综合市场	800	500	300 平方米经营面积	—	2002

三　专业市场

工商管理局依据人民的生产需要，先后建立了几个专业市场，至2008年底专业市场有：沙发材料市场、大秕子（高粱秕）市场、沙发板市场、废旧钢材市场。

沙发材料市场，在县城东计庄子村西。1982年建立，有固定的营业室76间，售货大棚800平方米。进入2000年后，沙发在工艺、舒适度、品种、样式等诸多方面迅速提高，沙发成为香河县一个特色产业，沙发市场发展规模迅速扩大，逐渐融入香河家具城。

大秕子市场在20世纪90年代较为兴盛，市场在渠口镇东、通唐公路线南，占地1.33公顷。进入2000年后，由于通讯设施不断发展，大笤帚加工户与客商直接联系，原材料直接进家，成品直接销往外地。另外，至2005年，大秕子市场名存实亡，并逐渐被旧木材市场所取代。其他清洁用具的增加，日常生活对大笤帚需求量逐年减少，造成大秕子市场销售量很少。

1990年，在胡庄子村南、新华大街北建立了废旧钢材市场及沙发板市场，占地0.37公顷。2008年迁至淑阳镇大罗屯村东、原香安公路南，更名为香河县钢材市场。

20世纪80年代初，沙发成品市场设在安平车站附近公路两侧，长达200米，每天有300套左右各种样式沙发上市，1990年前后的年交易额达4000万元。随着香河家具城的兴盛，市场交易量减少，2000年市场取消。

第二节　物资交流会

20世纪80年代，每年5月1日前举行一次物资交流大会。由1名主管县长指导，县供销社具体组织实施，周边各县及县内的各基层供销社参加，集中在县城的主要街道，搭棚设摊进行商品展销。主要商品有日用百货、五金电料、儿童用品、各种小型农具等，展销会时间一般在2～3天，成交额在30万～50万元。1990年后，由于集市贸易发展迅速，物资交流会不再举办。2000年后，每年春秋两季，在县城汽车站东侧和县委广场北侧两个地方，由外地客商不定期举行日常百货展销会，年均组织展销会10余次。

第三节　主要商业企业

1979～2000年，香河县主要商业企业有商业局系统的百货大楼、百货公司、食品公司、糖烟酒公司、五交化公司、纺织品公司、饮食服务公司、食品加工厂、燃料公司；县供销社系统的生产资料公司、副食品公司、工业品公司及17个基层供销社；物资局系统的金属机电化轻公司、木建材公司、燃料公司、贸易中心、生产资料服务公司、供销公司、渠口物资供应站；粮食系统有4个粮油门市部。

1984年前后开始出现个体百货经营部，且随着改革深入个体私营商品户不断增加。1990年后，国营集体商业内部进行部分承包经营责任制，进行班组内改革经营。1995年后，企业内进一步改革，实行柜台整体租赁承包责任制，进入2000年后，商业企业开始经营体制改革，此时，商业经营进入个体、私营、联营等多种形式经营阶段。各种大中型的综合商业店、专业型店铺、连锁型铺面纷纷开张营业，2000年9月8日香河华联超市正式营业，2002年民得利超市投入运营。2003年国有集体企业改制完成后，原企业职工以个体、联体的商业形式进行再就业。2008年，香河县域内的商业经营主要是个体、私营、联体、有限公司等形式。

附

香河华联香百超市有限公司

香河华联香百超市位于香河县城新开大街中段北侧，2000年9月8日正式开业。公司坚持“一切以顾客为中心”的经营理念。超市的营业面积为16700平方米。是香河县内唯一集百货、服装、鞋帽、家电、食品、生鲜、餐饮为一体的综合性商场。

香河华联香百超市有限公司是在有5年经营历史的“香百食品城”（现迎宾路中段东侧原商业局百货公司）的基础上迁址扩大发展而成的。2002年1月28日华联香百新华嘉园店开业，2008年8月28日华联香百颐和店开业，同年12月19日华联香百超市河西务店开业，年内启动了万村千乡工程，同时物流中心的基础设施全面竣工。2008年底，公司拥有在香河、大厂、三河、天津等4个大型综合超市（购物中心、社区店），建立覆盖北三县（香河、大厂、三河）的连锁零售网络，拥有自己的配送中心。公司拥有总资产5亿元，员工2000余人，中高级职称员工达300人。

绿源综合批发市场

绿源综合批发市场位于香河县赵庄村北，距京沈高速出口仅2公里，总占地面积约11.33公顷，该市场是县城内唯一的综合批发市场。

1998年初，由于农村产业化结构的调整，使市场流通量迅速加大，农副产品的集散矛盾日益显现出来，规范经营交易，建设一个规模较大的综合批发市场，必将促进产品的流通和发展。此时，经淑阳镇政府及赵庄村委会联合承建的绿源蔬菜水果批发市场开始营业。绿源蔬菜水果批发市场经过多次扩建，除经营蔬菜水果的批发与零售外，还经营肉类、农副产品、鸡、鱼、海鲜、烟酒茶糖、日用百货等的批发与零售。

2005年，随着无公害蔬菜的发展，绿色食品的兴起，又为扩建市场提供了良好的契机。市场已有5家冷库，容积为100立方米，用于储存果蔬、鱼、虾、肉、冷饮等。

为规范管理市场、让经营者进行公平交易，专门成立市场管理委员会和销售服务中心；制定、健全各种规章制度：（1）值班制度。昼夜24小时有人值班，及时处理各种问题，做好客商的接待工作等。（2）门卫保卫制度。维护正常的治安、通行、车辆管理等。（3）行政执法制度。工商管理人员依据城乡集贸市场管理规范，依法进行管理。（4）调解纠纷制度。坚持安内让外、大事化小、小事化了的原则，客商发生的纠纷都得到了及时调解处理，没有发生过刑事案件。（5）公平交易服务制度。设立公开、公平，严防缺斤少两。在这个市场里没有欺行霸市、哄抬物价、强买强卖的行为。（6）进场交易制度。经营者一律进场交易，决不允许沿路设点，乱摆乱放，阻碍交通，管委会人员不定期地进行巡回检查，及时清理和整治场外设点。（7）合理收费制度。以扶持发展和培育为原则，适当收取服务费。（8）市场卫生制度。坚持定人天天打扫市场场地，创造一个洁净的卫生环境。（2011年8月迁到白庙村南，2013年春迁至县城南香五路西侧。）

良好的区域优势和方便的交通环境吸引了来自京、津、唐、内蒙古、山西、山东、河南等十几个省市的客商。市场有固定门市部150家，固定摊位700个，临时摊位500个，拥有固定资产1800万元；日客流量3000人次，全年交易额2.8亿元，税收300万元，市场管理费收入30万元。市场内现有蔬菜摊位200个，每天上市新鲜蔬菜20000千克以上，每户月收入近3000元，纳税300元；瓜果摊位100个，日上市量10万千克以上，平均每户月收入3000元，纳税200余元；鸡、鱼摊位达80个，日上市量8000千克，每户月收入2500元左右，纳税150元；烟酒茶糖、日用百货批发点300家，每户月纳税额在500元以上；餐饮业20户，月平均纳税300元。

李庄蔬菜批发市场

五百户镇李庄蔬菜批发市场位于香河城西南15公里，紧邻香务路，离京津公路仅3公里，地理位置优越，交通便利。该市场始建于1993年，是集体所有制企业，分为南北两个市场，南市场以净菜加工、住宿、餐饮、娱乐为主；北市场以鲜菜批发为主。两个市场占地约7.67公顷，累计投资600余万元，市场内路面全部硬化，并安装地磅、路灯、遮阳篷，建起旅馆、饭店及微机服务网络等交易、休闲设施。南市场有4个保鲜库和2个冷库，总容积达6000多立方米。北市场有无公害蔬菜检测站，每天对进出市场的蔬菜全部进行检测。

重视基地建设，充分落实市场+基地+农户模式在保证蔬菜质量的基础上，扩大设施蔬菜的种植规模，形成前楼村周边333.33公顷棚菜生产基地、四百户周边200公顷日光温室蔬菜生产基地，黄小营周边666.67公顷无公害韭菜示范基地。市场辐射面积达到3333.33公顷，带动农户万余户。

加强环评区域村街蔬菜生产　五百户镇环评区域村街已达40余个，涉及蔬菜种植面积2666.67公顷，全部实现无公害种植，生产绿色蔬菜，环评区域内的菜农全部使用低毒、低残留农药，既稳定市场，又保护菜农的根本利益。2003年，市场投资30多万元购进蔬菜检测设备一套，以无公害蔬菜生产为突破口，全面提高蔬菜产品质量，建立完善的无公害蔬菜标准质量体系、检验检测体系，使无公害成为技术推广、生产指导、产品监测、市场管理的基本要求。

诚实守信，组建中介服务机构　外地车辆来市场交易，需要有懂菜价、知产区、论好坏、重信誉的中介人为其服务，从而使客商全身心地投入到市场营销环节上来，客观上繁荣了李庄蔬菜批发市场。中介服务机构已有10个，掌握各地客商600余人，年服务量达到10余万吨。

完善市场体系，提高蔬菜储藏流通能力　冷库及保鲜库的建设，让鲜菜当适时入市、净菜当天入库，解决菜农的后顾之忧，市场年加工净菜近万吨，直接进入京津各大超市。

李庄蔬菜批发市场已形成了以本地蔬菜为主，异地精菜为辅，批发零售兼营的大型蔬菜集散地，2010年市场年成交量30余万吨，交易额达到3.3亿元，高峰期市场交易车辆达到1000余辆，产品主要销往京、津、冀、东北、内蒙古等地。

云宵精品蔬菜有限公司

云宵精品蔬菜有限公司位于香河县五百户镇五百户村南，公司始建于2002年9月，总投资1100万元，占地面积近2公顷，建有蔬菜保鲜库3000平方米，库容达到150吨，冷库500平方米。公司主要以净菜加工、保鲜、鲜菜销售批发为主，可实现反季销售、适时销售，从而解决群众蔬菜销售难题，进一步促进农业增效、农民增收，其产品包括韭菜、黄瓜、莴笋、苦瓜、香菜、菠菜等20余个品种。

公司已形成了以本地蔬菜为主，异地精品蔬菜为辅的蔬菜加工基地，所加工生产“云宵”牌蔬菜主要销往京、津、冀、东北、内蒙古、山东、广州、深圳、福州、上海、南昌、长沙等省市和地区，年储运加工能力1万吨，销售收入达2700万元。

公司采取“公司+基地+农户”的农业化模式，与农户签订生产购销合同，并积极引导农户对蔬菜种植品种进行改良。逐步形成“龙头带农户，基地连企业”的产、供、销一条龙产业化格局，对全县蔬菜产业的发展起到极大的促进作用，到2008年公司带动农户达到2000户。

第七章　饮食服务业

20世纪80年代，国营、集体、个体开设的饮食服务铺店、摊点大量涌现，遍布县城、乡镇及村街，为群众提供吃、穿、住等各种服务。1990年后，国营、集体饮食服务业实行初步改革，主要形式是内部人员租赁承包经营，极大地调动了工作人员的积极性。2000年后，进一步深入改革，主要是职工工龄买断，自行交纳社会养老保险，原企业职工有优先经营权，饮食服务业进入个体私营企业时期。特别是2005年后，各种饮食服务业服务周到，档次升级，满足群众各种不同的需求。

第一节　饮食业

香河县的饮食业在1979年前，主要是经营传统的食品。如肉饼、麻花、油饼、豆腐脑、豆腐丝、油粉豆腐、烧饼、包子等。随着改革开放的发展、外来人口的进入同时带来了全国各地的特色食品。

至2008年，境内的外来风味饮食主要有：重庆火锅、粤菜、兰州拉面、新疆内蒙古的烧烤、东北的炖菜、天津包子、云南米线、凉皮等。

一　国营饮食业

1979年，县城内有国营饭店4家：东风饭店、人民饭店、回民饭店、新风饭店。1984年体制改革后，饭店全部实行租赁经营，饭店业务开始出现生机，货源充足，花样齐全，品种增多，主食有久负盛誉的哈家肉饼和大饼、焖饼、烩饼外，又增加了水饺、馒头、麻花、火烧、元宵等10多个品种。副食由原来的十几种增加到40余种，并增设单间雅座，同时承办各类酒席业务。1990年后，国营饭店进一步改制，成为私营经济。

二　集体饮食业

1979 年以前，香河县的集体饮食业主要有城关饭店及渠口、刘宋、安平、五百户、蒋辛屯等 25 家，属县供销社系统的下属企业。从业人员有 175 人，年均营业额 2 万元左右，利润 8000 元。1980 年后，因个体饮食业兴起，集体饭店转为租赁经营或承包给个人经营。至 1990 年，集体饮食业 8 家，从业人员 49 人，经营额为 100 万元，营利 9 万元。随着个体饮食业兴旺发达，集体饮食业经营不善及竞争压力大，纷纷实行改制。

三　个体饮食业

1980 年后，个体饭店、小摊点等蓬勃发展，80 年代后期，仅县城就有近百家饭店及摊点。较为有名是淑阳春、味美鲜、食为先。1990 年，从事个体餐饮业的有 944 家，从业人员 1574 人。90 年代经营比较好的个体饭店有曙光、利口福、回民、香安宾馆、帝都、环宇宾馆。2000 年以后，香河县的饮食业开始升级上档次，出现了一些较大规模的综合饭店，主要有紫伦饭店、顺隆宾馆、福华、民族饭庄、新郭林、蜀一蜀二、中海天华等。到 2008 年，县内饭店各种服务水平全面提高，达到了豪华水准，从事个体餐饮 1000 余家，从业人员 4000 余人。

第二节　服务业

改革开放前，香河县内的服务行业有国营旅店 1 个，照相馆 1 个，理发店 2 个，大车店 1 个，染业 1 个。在渠口、刘宋、安平、五百户、安头屯、蒋辛屯等乡镇有集体的理发、染房、自行车修理等行业。

1979 年，服务行业内部进行经营承包责任制，个人承包或租赁给个人经营。1980 年后，服务行业的个体户，开始不断出现。如理发、照相、旅店、修理自行车、修理钟表、修鞋、家用电器维修等迅速发展。1990 年，个体经营有 103 家，其中理发 27 家、照相 9 家、旅店 8 家、钟表修理 13 家、自行车修理 21 家，家用电器维修 16 家、修鞋 17 家。1990 年后，出现了美容美发、婚纱摄影、洗浴、机动车维修、歌唱摊点等。2000 年后，出现了配备电视、洗浴条件的高级旅店、足疗场所、娱乐厅、健身房。2005 年，县城开始有了婚庆公司、保洁公司，家用电器维修升级为修理、维护、清洁等多项全方位的服务。2007 年，开始出现了家政服务行业。

一　旅店业

1979 年以前，香河县城内有东风旅店 1 家、大车店 1 家。1980 年后，开始出现个人私营旅店，到 1990 年有旅店 8 家。旅店只能提供床铺、饮用热水及洗脸、洗脚温水，1 间房屋内多的可住 7～8 人，好一点的住 2～3 人，没有单独的洗浴条件。住宿费用 2～10 元/天。1990 年后，住宿条件开始好转，有洗浴设施，好点的提供早餐，费用在 10～30 元/天。1995 年后，有了单人间，房内装有电话、电视，费用也增到 50～60 元/天。2005 年，旅店住宿条件进一步提升，以单人间、双人间为主，室内又增加了空调、电脑及卫浴设施，让客人有了宾至如归的感觉，费用达到 80～120 元/天。2008 年，县域内条件较好的宾馆有香安、顺隆、环宇、紫伦等。

二　修理业

传统的修理业主要是修理家用炊具（锅、盆、壶、碗）、自行车、钟表、鞋等，随着家用电器的普及，其维修行业悄然兴起。1980 年，修理家用收音机、录音机、缝纫机、电视机、洗衣机的专业人员，走街串户，开展业务。维修自行车人员在路边设个摊支个位点，修鞋、修理钟表的摊点主要设在县城的淑阳大街中段，同时在各乡镇的集贸市场也有修理点。1990 年，有钟表修理 13 家、自行车修理 21 家、家用电器维修 16 家，修鞋 17 家。

至 1995 年，工农业迅速发展，各种收录机、单放机、电视机、洗衣机、冰箱、空调、抽油烟机、摩托车、小汽车等走进了百姓之家。出现了家用电器维修部、汽车修理业，并在县城及乡镇驻地设有营业厂、点。2000 年后，手机、电脑、家用汽车增多，出现了手机维修部、电脑安装设计部、汽车维修保养清洗店。汽车的清洁由原来简单的清洗发展到上腊、抛光美容等业务。手机、电脑成了群众生活日用品，维修服务业增多。2008 年，共有修理业 179 家。汽车进入寻常百姓家，随之汽车保养的连锁店、4S 店等，汽车装饰行业开始兴起。

三　美发美容照相业

1980 年前，香河的理发店只有在县城及各公社有，业务量不是很大，多数人是在家里理头发，或邻居互为理发，主要是把头发剪短些。随着生活水平的提高，大家纷纷到理发店请专业师傅修理头发，20 世纪 80 年代初，有了洗染烫业务；90 年代又添了彩色染发、拉直、文眉、打耳眼、干洗按摩美发美容业务；进入 2000 年，出现了专业美容业务，有了各种类型的美容护肤馆，主要业务有去痦、去痘、去皱、美白、嫩肤、美体减肥、拔罐刮痧等业务，2008 年有理发、美容、保健等 200 余家。

1979 年以前，香河县只有 1 家照相馆，以黑白相片为主。1980 年后，出现了个体照相馆，仍以黑白照片为主产品，只有少量的彩色照片，如云泉照相馆。1985 年出现了家庭相机，以 120、135 型相机为多，照相馆的洗相业务开始增多。1990 年，黑白相片逐渐退出市场，彩色照片盛行，且品种类型增多，特别是新婚、新生儿的彩色照片特写深受百姓喜爱。2000 年，照相业有了外景拍摄业务。随着电子计算机的普及，出现电脑刻盘，照相业务升级为一种程序过程，出现了瞬间相片定影、过程留影。为满足百姓需求出现了婚庆服务公司、儿童专业影楼，到 2008 年，县内照相、摄影、婚庆公司 20 余家，如甜蜜蜜、新新娘、非常台北、格林天使等。

四　娱乐业

香河县内供百姓娱乐场所主要是电影院，1995 年开始出现卡拉 OK 歌厅，供群众休闲抒情歌唱，香河影剧院在其二楼建 1 个歌舞厅，亦有不少饭店增添演唱功能。有的傍晚在路边店门口摆上电视机、VCD 机等，几个乃至十几个人一起休闲娱乐。1998 年 7 月，县内建立了香河广场后，为百姓增添了休闲娱乐场所，每天早晚都有很多人跳舞、舞剑、扭秧歌等。2005 年，在新开街东段路南出现第一家专门从事演唱场所——“大本营”歌厅。至 2008 年，全县有专门歌厅 4 家。

1999 年 5 月，香河县第一家网吧“世纪通”成立。2005 年后，网吧发展迅速，至 2008 年底，香河县网吧增到 49 家。

五　家庭服务业

家庭服务主要有保洁、幼儿托管、看护老人、做饭等。没有专门的营业部门，百姓根据需要，经人介绍自行协商解决。

2000 年后，出现了家庭保洁行业，几人至十几人不等，有一人具体负责，发广告，联系用户，根据需要再临时组织工作人员。在新房入住前，一些条件好的家庭请专业人员进行卫生清洁。春节前，不少家庭请保洁人员打扫卫生。主要形式是几个人一起干活，各有分工，用时短，方便群众，费用一般一户 100 元左右。2007 年，香河县有了第一家保洁公司。

六　其他服务

随着人民群众法律意识的增强，司法局及各乡镇的司法所有了法律顾问处，进行法律援助。1994 年 4 月县内有了第一家宝成法律服务所，至 2008 年增加到 10 余家。

1995 年后，房产交易开始增加，其交易办法是，通过熟人关系进行联系，达成交易。随着交易量的增加，卖方将出售信息以小广告的方式贴出，买方根据信息与其进行联系而达成协议。1999 年 3 月香河县房产局成立了房地产评估事务所，有房地产注册估价师 1 名，工作人员 4 名。2001 年 8 月进行体制改革，成立香河县正廉房地产评估有限公司，到 2008 年有注册估价师 3 名，工作人员 12 人。

至 2004 年 11 月 19 日，香河有了第一家房产交易所：祺智房地产经纪有限公司，为百姓进行房产交易、房屋出租提供服务，2007 年又新成立房屋中介 3 家。到 2008 年，全县有房地产服务中介 4 家。

第三节　风味食品

一　地方风味食品

香河县内有几种价廉味美，独具特色的传统风味食品，像肉饼、麻花、腐乳、豆腐脑、豆腐丝、油粉豆腐、烧饼、包子等，至今畅销。

肉饼　主要是香河哈家店肉饼，畅销香河，远销京津，为饼中之佳品。哈家店肉饼的制作工艺已经为香河百姓所传承和发扬，成为寻常百姓的家常便饭的一种。主要种类有：面饼、馅饼（素馅、肉馅、混合馅、海鲜馅等），肉饼的做法已经演变了十几种，成了招待亲朋好友的一个特色主食，香河境内饭店均以香河肉饼作为一种主食。如今京、津、唐等地均有香河肉饼经营店。

麻花　以唐瑞麻花最为著名，现市面上虽然没有专门的麻花店铺，但百姓家里经常在冬春季节自己制作一些，作为零食来食用。

包子　以杨记包子为特色，分死面、发面两种，由杨永明、杨永顺二兄弟合伙经营，已有百年历史。改革开放后，随着人民群众的生活水平不断提高，亦成为百姓生活中的日常小吃。早晨的小吃摊、店经常有包子，主要有牛、羊、猪肉馅及各种素馅，种类多样，任其选择食用。

烧饼　以吊炉烧饼最有名，出于香河县城内西街王永明烧饼铺，现如今的烧饼分油酥、麻酱、甜味、咸味等多种多样，主要是群众生活早餐的一种。

腐乳　又名青方，香河俗称臭豆腐。以优质大豆做成豆腐，经发酵，加工精制而成。风味独特，回味无穷，为佐餐佳品，远销京、津、内蒙古、辽宁等地。随着人民群众生活水平的提高，腐乳因其含盐量高，群众日常食用量变少。

传统的豆腐脑、豆浆、油条、油饼、各种米粥等亦是早餐的特色小吃，深受广大群众的喜爱。豆腐丝也深受群众欢迎，可用来直接食用，可与其他蔬菜一起凉拌，又可用来炒、炖、涮等吃法。进入2000年，由于心脑血管病增多，由大豆加工而成的豆腐、豆腐丝、豆腐脑等豆制品越来越受群众喜爱。

二　外来风味食品

1980年后，外来人口不断进入香河县境内。因香河各行各业的迅速发展，尤其是2005年后，香河县房地产业迅猛发展，需要大量劳动力，外来人口进入的同时也带来了全国各地特色食品，极大地丰富了香河人民的饮食文化。

2008年，香河县境内的外来风味饮食主要有兰州拉面，新疆、内蒙古的烧烤，重庆的火锅，东北的炖菜，粤菜，以及天津的包子、云南米线、凉皮等小吃。

第八章　粮油经营

从中华人民共和国成立初期到1978年，粮食采取统购统销等一系列政策，稳定粮食市场，保障人民用粮。1978年后，在农村实行家庭联产承包责任制，推进粮、棉、油、菜等作物的优良品种，粮食产量稳步提高，农民踊跃交售粮食支持国家建设。香河县粮食局也随着粮食的迅猛发展，管理体制逐步向经营型、服务型转变。进入21世纪后，主要工作是掌握全县粮食系统企业生产经营情况，干部职工情况，汇总会计、统计报表；负责管理所属各单位的国有资产，实现保值增值。会同有关部门管理和任免（聘用、解聘）所属各单位的法人代表及副职。落实年度各项指标，监督检查审计完成情况；审查和批准所属各企业单位的中、长期发展规划，年度生产经营计划；财务预决算，呈报技术、设备更新改造，新上项目计划，推行现代化企业管理制度改革，加强企业管理，加强党的思想、组织建设，加强党风廉政建设，加强职工的业务、技术培训，提高经济效益和社会效益。

2002年，粮食局各部门经营量14.2万吨，粮食销售收入5835万元，上缴税金25.1万元。2003年，粮食经营量为11.5万吨，销售收入达到6204万元。

2008年，香河县粮食局系统适应市场经济，加强国有资产、粮油市场的监管及粮食流通管理。

香河县各粮食企业积极走向市场，与国家大型粮食企业联姻，开辟市场。落实“重点发展，以点带面，分工合作，共同发展”的经营思路，培育2个粮食龙头企业（兴旺粮油有限公司、兴源粮油有限公司）。为兴旺公司争取利息补贴贷款30万元启动资金；与北京万家园粮油有限公司签署合作豆类精加工项目，年可加工豆类1200吨，实现利润12万元。跳出单一粮食收购、销售模式，采取多种方式实现企业利润最大化。

第一节　粮油统购统销

一　统购

1953年11月，粮食油料实行统购，香河县粮食局对农村余粮户实行粮食计划收购的同时，加强市场管理，禁止私商自由经营。1955年开始，粮食实行“三定”（定产、定销、定购）政策，直定到户，一年一变。1965年，粮食征购实行“一定三年不变”的政策，采取超购超奖和重灾适当调减征购的办法。1971 年，粮食征购改行“一定五年不变”的政策。

1979 年，为鼓励粮、油生产，在普遍调减粮油征购基数的基础上，粮食收购价平均提高 20%，超购加价由高于统购价的 30%提高到 50%，销售价不变。1982 年，农业实行生产责任制，实行粮食包购“一定五年”和油脂包购“一定三年”的不变政策。1985 年，粮食定购改为合同定购，各粮油站与 300 个行政村的农户签订收购合同，定购粮食 1293 万千克，油脂 21.5 万千克。1990 年，征购粮食 1510 万千克，征购油脂 20 万千克。1991 年后，只征购粮食不再征购油脂，当年征购粮食 1555.5 万千克。1993 年 4 月，取消统购统销，实行市场定价供应，实行合同定购。1998 年，取消定购改为市场收购。

1979—1997 年香河县粮油征购统计表

表 18-8-1　　　　单位：吨

年份	征购粮食	征购油脂	年份	征购粮食	征购油脂
1979	12840	40	1989	15640	205
1980	11805	85	1990	15100	200
1981	10765	70	1991	15555	—
1982	14080	95	1992	15555	—
1983	16380	105	1993	15555	—
1984	17845	210	1994	14600	—
1985	12930	215	1995	15100	—
1986	16010	200	1996	15555	—
1987	14760	205	1997	15555	—
1988	13195	200			

说明：1998 年取消定购改市场收购

二　统销

1953 年 11 月，粮油实行统销后，县粮食管理部门对城镇非农业户口、经济作物区、灾区及农村缺粮户、民工口粮补助、奖励粮、工商行业用粮等，核定缺粮数额，发给购粮凭证，实行计划销售粮油。1993 年 4 月，取消统购统销，实行市场价供应。1993 年 4 月—1997 年 6 月底，实行的是凭证供应，供应价格属于半开放，供应价格为：合同定购粮价 + 加工费 + 运费 + 合理利润。1997 年 6 月粮油销售为市场化。

第二节　粮油供应

一　城镇非农业人口供应

香河县城镇非农业人口主要是按人分等定量，以户为单位计算，凭票证供应。在定量内实行“储粮自愿、取粮自由、节约归己”的政策。粮食标准是河北省人民委员会规定的统一标准。油脂供应在 1960 年后每人每月 0.10 千克，1975 年后每人每月 0.15 千克，1976 年后每人每月 0.2 千克，1982 年后每人每月 0.25 千克。1993 年 4 月—1997 年 6 月，粮油供应实行市场定价供应。随着市场的繁荣，粮油供应市场化，自行按需到市场自由选购。

二　工商行业粮油供应

按照国家规定，对以粮油为原料的工商企业（如食品加工业、酿造等行业）按生产经营情况供应粮油。1960—1990 年，向工商企事业供应粮食 16727 吨。1978 年，随着经济的改革开放，食品加工业及酿造业生产规模不断扩大，供应粮食量已经不能满足生产需要，各个企业不断从市场购进所需用粮以满足生产需求。1993 年 4 月取消了统购统销，企业经营进入市场化。

三 农业口粮返销

农业粮返销是指因灾减产或国家购粮偏多，农业人口粮食不足以及对低产队、缺粮队、经济作物区和农民参加国家举办的水利、筑路等基本建设工程，按照规定标准补助口粮差额部分和供应适量粮油。1966—1980 年，全县返销粮食 280 吨。1980 年后，农村开始实行生产责任制，粮食生产迅猛发展，产量稳步提高，农民家家有余粮。

四 饲料、奖励粮供应

饲料粮指国家组织的短途运输牲畜饲料补贴和仔猪、鱼等饲料补助。1966—1990 年，共补助饲料粮食 7670 吨。1978 年后，随着机械动力的发展，畜力运输迅速减少。但养殖业发展迅猛，所需饲料大增，饲料的需求很快市场化。

奖励粮是指国家收购生猪、农副土特产品奖售的粮食。1966—1985 年共奖售粮食 37790 吨。20 世纪 80 年代末至 90 年代初，生猪屠宰加工主要是个体经营，农副土特产品收购基本停止，奖励粮随之停止供应。

五 定量外粮油补助

定量外粮油补助，包括农业户口住宿中学生、民兵集训、会议、支援三夏劳动、从事有毒有害工作人员、农业户口住院病人、接受绝育和人工流产者，以及孤老病残和老红军、合同工等给予定量外粮油补助。1966—1990 年共补助粮食 12940 吨。1990 年以后，主要补助定量口粮及少量的食品加工业粮食补助。1996 年后，粮食供应市场化，停止补助粮供应。

1979—1996 年香河县粮食供应分项统计表

表 18-8-2　　　　单位：吨

年份	总计	非农业销售						农业销售				
		合计	其中					合计	其中			
			定量口粮	食品业	酿造业	事业	其他		统销口粮	饲料	奖售	其他
1979	9490	3050	1820	600	305	90	235	6440	65	105	6125	145
1980	7865	2985	1825	580	305	70	205	4880	345	100	4390	45
1981	7160	3305	1980	645	395	85	200	3855	75	40	3705	35
1982	5890	3790	2690	555	345	60	160	2100	35	50	1960	55
1983	5290	3865	2840	500	310	55	160	1425	40	—	1370	15
1984	12325	1043	3450	655	1025	50	5250	1895	20	810	1025	40
1985	4390	3875	3040	380	295	55	105	515	55	455	20	—
1986	4690	4120	3306	558	113	55	88	570	108	462	—	—
1987	5573	4476	3081	423	207	104	661	1097	17	1000	—	—
1988	4973	4013	3254	446	183	77	53	960	36	924	—	—
1989	6154	4193	3657	309	82	75	70	1961	18	1160	—	783
1990	4609	3590	3062	270	91	89	78	1019	—	1019	—	—
1991	3816	3816	3708	108	—	—	—	—	—	—	—	—
1992	3921	3921	3801	120	—	—	—	—	—	—	—	—
1993	3868	3868	3868	—	—	—	—	—	—	—	—	—
1994	3984	3984	3984	—	—	—	—	—	—	—	—	—
1995	4036	4036	4036	—	—	—	—	—	—	—	—	—
1996	4160	4160	4160	—	—	—	—	—	—	—	—	—

第三节 议购议销

香河县粮食部门，从20世纪60年代初期按照国家统一规定开始粮油议购议销。1980年，为繁荣经济，活跃和稳定市场，满足人民群众生活需要，城乡开放了粮食市场。1983年粮食局成立议价公司，有组织地议购议销粮油。1990年以后，议价公司从职能部门改为粮食局的1个基层企业，实行独立核算，价格随行就市，一般议购价高于统购价。主要经营品种有小杂豆、籼米、玉米、面粉、葵花油、香油等。香河县1980—1990年，粮食部门共议购粮食84156吨，油脂6165吨；议销粮食34863吨，油脂9300吨。

随着粮食需求量的大增，粮食部门主要经营议价粮食，议价油脂经营量很少。其经营方式主要是：根据市场统计需求量、统一购进、分配到各个粮油库站经销。议购议销的粮食逐年增加，基本上满足了香河县域内的市场需求，保障了生产生活的需求。1998年议购议销粮食43000吨，2006年猛增到90000吨，2008年的议购议销粮食115000吨。

1979—1990年香河县农油议购议销情况统计表

表18-8-3　　单位：吨

年份	粮食议购	油脂议购	粮食议销	油脂议销	年份	粮食议购	油脂议购	粮食议销	油脂议销
1979	565	1	375	—	1985	3365	84	2900	191
1980	2425	3	460	1	1986	13043	108	5958	202
1981	1645	11	505	22	1987	14987	17	3175	284
1982	4280	4	1735	60	1988	7658	296	3056	365
1983	3845	69	3910	36	1989	14396	318	1820	316
1984	5995	172	3225	79	1990	14322	151	1069	304

1991—2008年香河县粮食议购议销情况统计表

表18-8-4　　单位：吨

年份	议购议销粮食	年份	议购议销粮食
1991	7000	2000	38000
1992	8000	2001	23500
1993	15000	2002	41500
1994	11000	2003	38000
1995	21000	2004	5600
1996	27000	2005	7000
1997	31500	2006	90000
1998	43000	2007	120000
1999	31500	2008	115000

第四节 储 运

一 仓储

1948年12月，香河县始建粮食局直属库（地址为今育龙香苑小区所在地），有旧仓房100多间。1953年建立安平、五百户、安头屯、渠口、河北屯（1958年划归武清县）、刘宋、蒋辛屯、成自务（后改称钱旺村）8个粮站。1959年建立梁家务粮站，1962年3月建立李庄粮站，1973年建立石虎辛庄粮站，1975年建立香城屯粮站。至此香河县有 12 个粮站，1 个直属库，基本能够保障香河县境内的粮油储存。

在粮油贮存容量不断增加的同时，储存设备不断更新。从 20 世纪 60 年代开始，对土圆仓、简易仓进行修理改造。1985 年 8 月，县直属库投资 50 万元建房式仓、拱仓各一处。至 1987 年，全县共有苏式、房式、拱形、立筒形等各类仓房 453 间，可储粮 2500 吨，基本上实现了入库站的粮油仓内存储。1993 年，直属库建立 16 个立筒仓，其每个仓的储存量为 300 吨。同年，又更新改造 12 个仓号（36 间），每个仓号储粮达到 250 吨。1998 年，刘宋粮站建立 5 个仓号（15 间），每个仓号储存能力为 250 吨。同年，渠口粮站 6 个仓号（18 间），每个仓号储粮 200 吨。2000 年，安头屯粮站建立 3 个仓号（9 间），每个仓号储粮 200 吨。2001 年，蒋辛屯粮站建立 9 个仓号（27 间），每个仓号储粮 250 吨。梁家务粮站建立 6 个仓号（18 间），每个仓号储粮 250 吨。

20 世纪 50 年代，粮食搬、倒、装、卸均靠体力劳动。进入 60 年代陆续添置机械、仪器设备，到 1990 年，全县共有 150 多台仓储机械，各类化验器材 1100 多件。进入 2000 年以后，仓储机械和化验器材不断增加更新，基本上机械化仓储粮食。

随着仓储设备的更新改进，粮油安全卫生储存措施也逐渐加强。全县粮站达到“四无”（无虫、无霉、无鼠雀、无事故）标准。仓储主要靠热入封闭，低温冷冻，沙土压盖和化学药物熏蒸等方法防虫灭虫。进入 80 年代，开始采用机械通风贮藏新技术，以降低粮食水分和温度。首先在渠口、直属库、刘宋、安平粮站，改拱形仓挂瓦，仓温平均降低 2℃至 3℃。至 1990 年，全县 12 个全粮站都建有化验室，专门从事粮食品质和残毒量测定分析等。各个粮站的仓房达到了机械通风、低温贮藏、按时化验分析，准确掌握粮食储存期间的动态变化，使粮食在仓储过程的损耗大大减少。随着仓储设备和仓储技术的发展，2000 年后，香河县内各粮站的仓房达到通风良好、密闭防潮、低温仓储，各种仓储设施完善。

1990 年香河县粮食局直属库（站）基本情况统计表

表 18-8-5

项目/名称	建筑年份	占地面积（平方米）	建筑面积（平方米）	库房间数	储粮能力（吨）	营业范围（乡镇）
直属库	1948	29499	5748	122	6092.5	淑阳镇、大罗屯乡、钳屯乡、金辛庄乡
安平粮站	1953	11404	2171	39	1730	安平镇、王家摆乡
李庄粮站	1962	4711	614	21	405	李庄乡
五百户粮站	1953	9399	1933	51	1477.5	五百户乡
香城屯粮站	1975	8814	1180	33	972.5	香城屯乡
刘宋粮站	1953	14016	2011	45	1675	刘宋镇
安头屯粮站	1953	18079	1156	36	1000	安头屯乡
渠口粮站	1953	11763	2032	42	1387.5	渠口镇、东鲁家口
石虎辛庄粮站	1973	5739	520	17	342.5	石虎辛庄乡
钱旺村粮站	1953	12276	1241	40	825	钱旺村乡
蒋辛屯粮站	1953	16126	1236	34	782.3	蒋辛屯乡
梁家务粮站	1959	13656	1279	45	1093	梁家务乡

2003年香河县粮食局直属库（站）基本情况统计表

表18-8-6

项目	建筑年份	占地面积（平方米）	库房号数	储粮能力（吨）
直属库	1948	29499	74	15000
安平粮站	1953	11404	40	3700
李庄粮站	1962	4711	20	1400
五百户粮站	1953	9399	38	3400
香城屯粮站	1975	8814	30	1950
刘宋粮站	1953	14016	45	4675
安头屯粮站	1953	18079	35	3200
渠口粮站	1953	11763	46	4400
石虎辛庄粮站	1973	5739	16	800
钱旺村粮站	1953	12276	35	2825
蒋辛屯粮站	1953	16126	40	4780
梁家务粮站	1959	13656	30	2093

二　调运

20世纪60年代，以汽胶大车、汽车。为运输工具70年代初，香河县粮食部门在通县火车站设粮食转运站，县粮油的调入和调出，皆经此站。80年代到90年代，经过天津大港和秦皇岛港口出口玉米、红小豆及杂粮，从湖南、东北各地购入大米等。1978年10月，香河县粮食局系统组建汽车队，有汽车2辆，司机4人。1988年，有汽车5辆，司机9人，修理工3人。但不能满足调运需要，运粮仍启用社会运输工具，1978—1990年，动用社会运输汽车3700辆次，调入调出粮油共37000吨。1992年，从其他市县调入汽车4辆，随后根据具体情况更新汽车7辆，到1996年有汽车12辆。2001年，车队进行改制，此后，粮油的调运全部雇佣社会车辆运输。

第五节　粮油机构管理

1952年成立香河县粮食局。1953年11月，局机关设秘书室、行政股、财务股、业务股、计划股、保管股。1984年，粮食部门实行体制改革，由经营型改为服务型，县局所属粮食商业企业由统一核算改为企业独立核算。1987年11月，局内设有办公室、人秘股、财务股、业务股、保管股、购销股、审计股。1988年10月建工业办公室；1990年底，下设办公室、行政股、业务股、购销股、保管股、饲料股、审计股、所属商业企业22个，即面粉加工厂、饲料公司、4个粮油门市部、直属库、议价公司、汽车队、粉丝厂、11个基层库站和通县粮食转运站。全系统有工作人员351人。1991年11月，建监察股和保卫股。1992年，撤销第三粮油门市部。1995年5月工业办公室撤销，改设多种经营科。1996年8月，监察股、保卫股撤销；人秘股撤销，改设政工科；财务股和审计股合并为财审科；业务股、保管股、购销股合并为储调科。1998年2月，局机关内部机构有5个：办公室、财审科、储调科、政工科、多种经营科。下属单位有饲料公司、直属库等21家企业，局机关人员编制为22名。2000年，撤销通县粮食转运站，面粉厂进行改制撤销，加工厂兼并到第二粮油门市部。2001年，进行汽车队改制撤销。

2002年8月，“科”改“股”，同时成立人事股。内设机构5个：办公室、财审股、多种经营股、储调股、人事股。人员编制19人。2003年，粉丝厂和饲料公司破产，第一、第二粮油门市部及直属库改制撤销。

根据河北省人民政府《关于进一步推进粮食流通体制改革的意见》（冀政〔2003〕20号）和廊坊市人民政府《关于推进粮食购销市场改革的实施意见》（廊政〔2003〕52号），等省市文件精神，香河县制定了《香河县粮食购销市场改革实施方案》。香河县粮食购销企业按照方便收购、有得销售、运转灵活的原则，合理调整改革布局，对香河县粮食购销企业市场进行改革。

至2004年6月，香河县的12个粮食购销企业，保留6个粮食购销企业，撤销6个。保留的国有粮食购销企业是：香河县粮食局渠口粮油食品站、香河县粮食局五百户粮油食品站、香河县粮食局安平粮油食品站、香河县粮食局刘宋粮油食品站、香河县粮食局蒋辛屯粮油食品站、香河县粮食局安头屯粮油食品站。撤销的企业是：香河县粮食局直属库、香河县粮食局钱旺粮油食品站、香河县粮食局香城屯粮油食品站、香河县粮食局李庄粮油食品站、香河县粮食局石虎辛庄粮油食品站、香河县粮食局梁家务粮油食品站。按照“债随资产走”的原则，将撤销企业的债权债务合并到保留企业。撤销的6个粮食购销企业全部按照程序进行资产评估，公开拍卖。香河县军粮供应站（原为第四粮油门市部）为保留企业，企业职工在改革事全部置换身份。粮食附营企业一并改革，改革后退出国有企业行列。

按照省、市改革文件精神，在册职工全部置换身份，建立新的用工机制，妥善安置离、退休干部职工及退职、退养人员。留用人员签订用工合同，其余人员按3个渠道分流：内部退养、承诺等退、解除劳动合同。

2005年，进行粮食企业产权制度改革工作，8月，组建香河县兴粮国有资产运营有限公司，运营公司为国有独资企业，注册资金1579万元，运营公司不进行经营活动，对各个企业有限责任公司行使出资人职能。设经理1人，副经理1人，工作人员4人，人员由粮食局聘任。9月，香河县粮食局全面完成各企业有限责任公司的组建工作。原香河县粮食局安平粮油食品站，组建为香河县兴达粮油有限责任公司；原香河县粮食局五百户粮油食品站，组建为香河县兴业粮油有限责任公司；原香河县粮食局刘宋粮油食品站，组建为香河县兴发粮油有限责任公司；原香河县粮食局安头屯粮油食品站，组建为香河县兴盛粮油有限责任公司；原香河县粮食局渠口粮油食品站，组建为香河县兴旺粮油有限责任公司；原香河县粮食局蒋辛屯粮油食品站，组建为香河县兴源粮油有限责任公司；原香河县军粮供应站，组建为香河县兴军粮油有限责任公司。改制后的7家新公司，全部为国有控股，职工参股企业。国有股本共1169万元，占总股本的89.58%；职工入股共136万元，占总股本的10.24%。从业人员原有227人，改制后为41人。在人员的管理上全面实行了管理人员聘任制、员工合同制。在工资管理上实行岗位工资加效益工资的办法。

2006年6月，办公室与政工科合并，成立办公室。2008年，香河县粮食局内设5个职能科室（办公室、人事股、财审股、监督检查股、行发股），人员编制19人。

第九章　对外贸易

1978年后，香河县大力发展首饰、地毯、绣花、家畜产品出口的同时，不断开发新品种，1986年，出口额达1087万元，占工农业总产值的2 78%。1987年，开始发展出口创汇和中外合资、合作为主的外向型经济，1990年，有合资企业5家，引进技术444项，引进资金1877万元。全县出口商品涉及工艺品、粮油食品、土产品、畜产品、工业品、服装、地毯、医疗器械等50多个品种，行销38个国家和地区。1995年后，直接出口的工艺品、土特农产品减少。2000年，进行招商引资及合资企业的经营，引进先进技术和资金发展生产。2005年，全县有对外贸易企业22家，贸易公司2家。2008年，有对外贸易企业27家。

第一节　出口产品

20世纪80年代初，香河县内出口的地毯、珐琅、首饰、家具刻刀等产品出口额增长很快，同时也组织了红小豆等农产品的出口。80年代中期，又增加了古瓷器、纸盒包装、磨玉制品、千斤顶、钥锁等品种。1990年，出口产品有50多种。主要是粮油食品：红小豆、高粱、棉籽、绿豆、玉米等。土畜产品：苏籽、玉米碎、牛皮、羊皮、地毯。工艺品：硬木家具、绣片、羊皮箱、锦盒、首饰、珐琅、金漆柜等，绣片、首饰、珐琅为传统出口产品，在国际市场享有盛誉。工业品：千斤顶、扬声器、阀门等。

1990年后，外贸出口有所降低。20世纪90年代末，为了开放搞活，立民强县，力足科技进步。2000年，为更好地发展对外贸易经济，首先引进外资和技术，发展高科技出口产品。2003年，利用“中国香河”门户网站，增强与世界各国的信息交流，当年新注册三资企业3家，利用外资2052万元。2005年，全县有22家对外贸易企业，对外公司2家。以阿尔特（香河）电子有限公司和香河县紫辰铸造有限公司为最大出口企业。2008年，有贸易企业27家，出口产品有建材产品、金属构件、合金制品、环保产品、机械电子设备、汽车配件、玉嵌工艺品、家具等。

第二节　进口产品

1979年后，香河县进口产品逐渐增加。主要是：农药、化肥、农机具、医药、医用仪器、汽车、生产设备及家用电器等。20世纪80年代，农村实行家庭联产承包经营责任制，农业生产方面发展迅速，进口的化肥主要是磷酸二铵、尿素等，农药有溴清菊酯、速效杀虫剂等。90年代，随着生活水平提高，家用电器进口量开始增加。如日本产三洋、松下等彩色电视机、冰箱。2000年后，医药、医用仪器、汽车、先进生产设备仪器等产品增多。如医院用的CT扫描仪、彩超仪，汽车有日本尼桑、韩国的现代、法国的标致、德国奔驰等，进口产品出现在人民生产、生活的各个领域。

第十九编　中国共产党地方组织

1941 年 1 月，东梨园村农民、党组织秘密交通员于德恒，在宝坻县宜城村入党，成为香河县第一位中共党员。1942 年 7 月，建立东梨园村党支部，成为香河县第一个党的基层组织。党支部配合上级党组织，领导人民群众和日军展开多种形式的斗争。1946 年 1 月，中共香河县委建立。时辖 6 个区委（第一区在城关、第二区在蒋辛屯、第三区先在孙止务后迁往王家摆、第四区在渠口、第五区在刘宋、第六区在五百户）。1979 年，有党委 18 个，党总支 1 个，党支部 513 个，中共党员 10779 人。以后，因机构撤并或增加，党基层组织机构数量随之变化，党员队伍逐年扩大。至 2008 年底，中共香河县委下辖 16 个党委、45 个党组、52 个党总支、680 个党支部、17953 名党员。

中共香河县委贯彻中共十一届三中全会制定的路线、方针、政策，领导全县人民纠正“文化大革命”的错误。把工作重心转移到社会主义现代化建设轨道上来，摒弃以“阶级斗争为纲”的指导思想，加强对经济建设的领导，加强党组织自身建设。各级党组织通过开展“真理标准”大讨论和彻底否定“文化大革命”的宣传和教育，提高了广大党员的党性，党的组织生活逐步走向正常化、规范化。为加速县域经济的发展，中共香河县委谋划了对工业、农业、经济体制、机构等方方面面的改革，使之适应社会主义现代化的发展。中共香河县委在抓经济建设的同时，狠抓了精神文明建设、党风廉政建设、小康县建设、文明生态村建设等。改革，使香河县各行各业焕发勃勃生机，城镇、乡村面貌日新月异。

至 2008 年底，中共香河县委下辖 16 个党委、45 个党组、52 个党总支、680 个党支部、17953 名党员。

第一章　党　员

第一节　党员发展

中共十一届三中全会后，香河县党组织贯彻“坚持标准、保证质量、改善结构、慎重发展”的方针，把从生产、工作一线中发展党员作为工作重点。并继续提出在知识分子、青年、妇女及多年不发展党员的村（时称“白点”村）、生产班组中发展党员。进入 20 世纪 80 年代，发展重点放在工农业生产第一线。吸收优秀青年工人、农民和知识分子入党，使党员队伍的结构和分布状况逐步得到改善。为保证质量，发展的新党员必须经过党组织一两年以上的培养和党的基础知识培训，填写入党积极分子培养考察登记表。实行组织员谈话制度，及时做好预备党员转正工作。1989 年，县委在调查研究的基础上，经过自上而下、自下而上、上下结合反复论证和预测，制定了《香河县发展农村党员工作四年规划》（简称《规划》）。力争在 3～5 年内基本解决农村党员老化、支部班子后继乏人的问题。为确保《规划》的实施，坚持开展“一帮一”“二带一”活动，对积极分子实行分级管理。基层党委定期对积极分子进行短期集中培训，每年 1～2 次，实行发展党员工作“一票否决”制度。充分发挥共青团、妇联、民兵连组织作用，认真执行共青团组织向党组织推荐优秀青年团员作为入党积极分子的制度。进入 20 世纪 90 年代，开始在品学兼优的高中学生中培养入党积极分子，有计划地发展党员。

2002 年，发展党员 362 名。其中，35 岁以下 257 名，高中以上文化 252 名，妇女 108 名，均达到或超过廊坊市 70%、70%、25%的标准要求。2004 年，发展党员 325 名。其中，35 岁以下 241 名，高中以上文化 242 名，妇女 81 名，农村党员 140 名。2005 年，注重把能够带头致富和能带领群众共同致富的“经济能人”培养成党员。是年，在发展的 114 名农村党员中，“经济型”人才占

91%。

2008 年，为解决部分村街多年不发展党员问题，实施了“两年村”集中整顿活动。要求集中整顿的村街一年内至少培养 5 名入党积极分子，两年内发展 1～2 名党员。年内，完成了 450 名党员年度发展目标。

1979—2008 年香河县部分年份党员文化构成统计表

表 19-1-1

学历／百分比(%)／年份	大专占比（%）	中专占比（%）	高中占比（%）	初中占比（%）	小学占比（%）	文盲占比（%）	党员总数（人）
1979	1.20	2.41	5.28	25.31	59 29	6.51	10779
1984	1.55	3.45	8.33	29.03	52 84	4.81	12360
1989	3.59	5.79	10.58	34.21	42 85	2.97	13532
1994	5.25	7.89	13.60	34.75	38 52	—	15020
1998	6.80	9.22	14.18	37.30	32 50	—	15691
2002	12.26	10.85	16.98	35.22	24 69	—	16762
2004	15.14	10.80	17.43	56.63		—	17283
2006	17.68	10.14	15.79	56.39		—	17424
2008	21.71	9.27	15.99	53.03		—	17953

1979—2008年香河县中共党员基本情况统计表

表 19-1-2

单位：人

年份	总数	性别		民族		年龄					文化程度						行业分布			
		男	女	汉	少数民族	25岁以下	26至35岁	36至45岁	46至60岁	61岁以上	大专以上	中专	高中	初中	小学	文盲	职工	乡企职工	农民	其他
1979	10779	9121	1658	10735	44	518	1676	1821	3278	3486	129	260	569	2728	6391	702	2828	50	7626	295
1980	11205	9501	1704	11161	44	504	3472	3262	2143	1824	134	282	731	3089	6311	658	2772	10	7835	588
1981	11567	9924	1643	11521	46	435	3376	3345	2249	2162	147	313	731	3209	6505	662	2773	—	8052	742
1982	11886	10255	1631	11840	46	405	3207	3580	2276	2418	159	343	838	3394	6606	546	2765	—	8254	867
1983	12023	10314	1709	11977	46	385	3066	3495	2662	2415	166	372	960	3525	6417	583	2903	—	7824	1296
1984	12360	10730	1630	12313	47	268	2919	3783	2772	2618	191	427	1030	3588	6530	594	2919	216	7757	1468
1985	12637	10982	1655	12586	51	314	2918	3874	2882	2649	234	499	1055	3908	6413	528	2623	227	8278	1509
1986	12845	11232	1613	12791	54	377	2716	3921	3014	2817	268	601	1172	3895	6432	477	2812	285	8060	1688
1987	13194	11553	1641	13126	68	446	2653	4065	4377	1653	249	757	1323	4167	6154	544	3511	314	8297	1072
1988	13333	11681	1652	13258	75	437	2524	4116	4492	1764	388	691	1361	4207	6167	519	3668	396	8000	1269
1989	13532	11870	1662	13461	71	424	2309	4387	4785	1627	486	784	1432	4629	5799	402	3852	453	8128	1099
1990	13738	12071	1667	13674	64	420	2169	4390	4893	1866	512	842	1644	4702	5636	402	3934	467	8201	1136
1991	13987	12297	1690	13906	81	411	2155	4441	5038	1942	578	934	1751	4791	5531	402	4015	423	8317	1232
1992	14286	12544	1742	14205	81	420	2141	4397	5374	1954	667	1016	1825	5003	5775		4181	411	8428	1266
1993	14664	12852	1812	14579	85	427	2247	4351	4107	1512	2020	690	1102	1920	5125	5827	4859	413	9127	265
1994	15020	13186	1834	14930	90	522	2285	4374	4131	1621	2087	789	1185	2042	5219	5785	4482	480	8712	1346
1995	15377	13504	1873	15281	96	608	2439	4353	3985	1685	2307	896	1288	2140	5425	5628	4728	581	8592	1476
1996	15685	13728	1957	15590	95	664	2586	4205	4206	1784	2240	1014	1314	2274	5812	5271	4831	610	9146	1098
1997	15860	13822	2038	15754	106	653	2532	4227	4151	1853	2444	1074	1410	2286	5995	5095	4668	504	9186	1502
1998	15691	13573	2118	15562	129	482	2041	3371	4486	1878	3433	1066	1447	2225	5853	5100	4691	274	9296	1430
1999	16018	13845	2173	15884	134	516	1946	3265	4493	1848	3950	1288	1575	2328	5854	4973	4588	306	9568	1556
2000	16347	14080	2267	16210	137	560	1998	3247	4676	1815	4051	1429	1680	2924	5823	4491	4955	381	9577	1434
2001	16533	14227	2306	16395	138	619	2123	3096	4405	1886	4404	1797	1714	2838	5894	4290	4843	323	9783	1584
2002	16762	14351	2411	16619	143	592	2229	3057	4329	1948	4607	2055	1819	2846	5904	4138	4872	255	9898	1737
2003	17269	14594	2675	17134	135	329	785	3989	4221	2499	5446	2874	1824	2628	9943		4868	2396	9779	226
2004	17283	14637	2646	17145	138	331	796	4004	4133	2708	5311	2617	1866	3012	9788		5095	1812	10107	269
2005	17025	14460	2565	16883	142	331	751	3657	4490	2732	4064	2333	1858	2932	9902		4978	1798	10039	210
2006	17424	14663	2761	17283	141	330	724	3742	4341	2582	5705	3080	1767	2752	9825		4850	2257	9833	484
2007	17729	14838	2891	17567	162	3092	3205	3073	2361	5998	3682	1600	2864	9583	9583		4887	2462	9855	525
2008	17953	14926	3027	17771	182	3195	3227	3036	2263	6232	3898	1665	2870	9520	9520		5096	2457	9791	609

说明：因从1993年起统计的年龄段有变化，故表格单列

第二节 组织生活

香河县各级党组织，坚持“三会一课”（党员大会、支委会、生活会、党课）制度。定期学习党的路线、方针、政策，确保党员的思想随时和党中央保持一致。坚持开展批评与自我批评，使党员永远保持不骄不燥，随时随地为人民的优良作风。研究培养党外积极分子，讨论接纳新党员。1979—2008 年，县内各级党组织多数都能利用小组会、支部会开展民主评议党员、开展批评与自我批评、学习贯彻党中央一系列文件、方针、政策。20 世纪末，由于改革开放、经济体制改革，一些党员外出务工或异地经商办企业，使党员流动性加大，个别党组织以党员难以召集为由，忽略“三会一课”制度，或将全体党员会代替“三会一课”。

第三节 党费缴纳

根据党章规定，香河县共产党员都能主动按月缴纳党费。20 世纪 70 年代末至 80 年代，农村党员一般每人每月 0.2 元，有工资收入的职工干部党员，按工资比例缴纳。收入在 400 元以下的按 0.5%缴纳，收入在 400～600 元的按 1%收缴纳，收入在 600～800 元的按 1.5%缴纳。随职工工资的提高，党费缴纳基数随之提高。2008 年，香河县委组织部严格按中组部规定收缴党费。每月工资收入（税后）在 3000 元以下（含 3000 元）者，交纳月工资收入的 0.5%；3000 元以上至 5000 元（含 5000 元）者，交纳 1%；5000 元以上至 10000 元（含 10000 元）者交纳 1.5%；10000 元以上者，交纳 2%。不按月取得收入的从事个体经营的党员，每月以个人上季度月平均纯收入为计算基数。离退休干部、职工中的党员，每月以实际领取的离退休费总额或养老金总额为计算基数，5000 元以下（含 5000 元）的按 0.5%交纳党费，5000 元以上的按 1%交纳党费。农民党员每月交纳党费 0.2～1 元。学生党员、下岗失业的党员、依靠抚恤或救济生活的党员，每月交纳党费 0.2 元。交纳党费确有困难的党员，经党支部研究，报上一级党委批准后，可少交或免交党费。党费主要用于订阅党报、党刊，表彰先进党组织和先进个人，补助特殊困难的老党员，慰问特殊贡献的老党员等。

2008 年，香河县党员共交纳党费 77 万余元。是年 5 月 12 日，四川省汶川大地震后，香河县党员共交纳特殊党费 135 万余元。

第二章 党的代表大会

第一节 代表的产生

中国共产党香河县第三至第九次代表大会的代表，均由各选举单位召开党代表大会、代表会议或党员大会差额选举产生。县委根据《中国共产党章程》规定和县内党员数量，确定代表大会代表总名额。各选举单位按照县委分配的代表名额和各项比例要求，由基层党支部召开党员大会民主推荐，提出初步人选。然后，经上级党组织对初步人选进行考察，征求各方面人员意见，再由选举单位召开党委会或支委会，确定代表候选人预备名单。经县委审查同意后，各选举单位即可召开党的代表大会、代表会议或党员大会。

县党代表大会代表采取差额选举办法进行选举，代表候选人的差额占应选代表名额的 20%。选举采取无记名投票方式，候选人按姓氏笔画为序排列。大会选举时，有选举权的到会人数超过应到会人数的五分之四，选举有效。每次代表大会代表名额的分配，少数民族和妇女代表要占一定比例。对代表相对集中的县级领导机构的部分代表，采取将名额分配到各选区的方式参加选举。

第二节 历次代表大会

一 中共香河县第三次代表大会

1980 年 4 月 1 日至 5 日，中共香河县第三次代表大会在县礼堂召开。大会是在落实中共十一届三中全会精神，实现拨乱反正的形势下召开的。在全县 11205 名党员中，选出代表 395 名，占党员总数的 3.53%。其中，妇女代表 57 名，占 14.43%。代表中，党政干部 67 名，占 16.96%；农民代表 247 名，占 62.53%；工交财贸代表 51 名，占 12.91%；文教卫科技代表 25 名，占 6.33%；离退老干部代表 3 名，占 0.76%；解放军代表 2 名，占 0.51%；少数民族代表 4 名，占 1.01%。代表中，有全国农业、财贸系统先进单位的支部书记 2 名；全国“三八”红旗手 2 名；省人大代表和省级劳动模范 6 名；先进党支部书记 32 名；优秀党员 138 名。大会既注意了代表的广泛性，又体现出代表的先进性。大会设秘书处、代表资格审查委员会、提案审查委员会等机构。大会由大会主席团主持，会议听取、审议并通过上届县委工作报告，民主选举产生中共香河县第三届委员会和中共香河县纪律检查委员会，王洪廉当选为县委书记。

二　中共香河县第四次代表大会

1985 年 12 月 18 日至 21 日，中共香河县第四次代表大会在县城召开。从全县 12637 名党员中选出会议代表 365 名，占党员总数的 2.89%。代表中，各级领导干部 220 名，占代表总数的 60.27%；各类专业技术人员 76 名，占代表总数的 20.82%；各条战线先进人物 68 名，占代表总数的 18.63%；解放军代表 1 名，占代表总数的 0.27%。其中，妇女代表 73 名，占代表总数的 20%；少数民族代表 5 名，占代表总数的 1.37%；45 岁以下代表 177 名，占代表总数的 48.49%。大会设有秘书处、代表资格审查委员会等机构，会议由大会主席团主持。代表们听取、审议并通过了李健民代表上届委员会所做的《锐意进取，开拓前进，为建设现代化的香河县而团结奋斗》的工作报告和县纪律检查委员会的工作报告，并通过了相应决议。会议经过反复酝酿，按照新时期干部“革命化、年轻化、知识化、专业化”的要求，采取差额选举的方法，民主选举产生中共香河县第四届委员会和中共香河县纪律检查委员会，李健民当选为县委书记。

三　中共香河县第五次代表大会

1989 年 12 月 14 日至 16 日，中共香河县第五次代表大会在县城召开。从全县 13532 名党员中选出参会代表 145 名，占党员总数的 1.07%。代表中，各级领导干部 87 名，占代表总数的 60%；各类专业技术人员 29 名，占代表总数的 20%；各条战线先进模范人物 28 名，占代表总数的 19.31%；解放军代表 1 名，占代表总数的 0.69%。代表中，妇女代表 29 名，占代表总数的 20%；40 岁以下代表 58 名，占代表总数的 40%。张树藩受中共香河县第四届委员会委托，向大会作题为《进一步搞好治理整顿和深化改革，夺取我县社会主义现代化建设新顺利》的工作报告。大会审议、批准了县委工作报告和纪委工作报告，并通过了相应决议。按照大会通过的《选举办法》，经过全体代表充分酝酿、讨论，以无记名投票的方式，差额选举产生中共香河县第五届委员会和中共香河县纪律检查委员会，张树藩当选为县委书记。

四　中共香河县第六次代表大会

1992 年 12 月 24 日至 26 日，中共香河县第六次代表大会在县城召开。从全县 14286 名党员中选出 147 名代表参加会议，占党员总数的 1.02%。代表中，各级领导干部代表 88 名，占代表总数的 59.86%；各类专业技术人员 30 名，占代表总数的 20.41%，比上届增加 0.41%；先进模范人物 29 名，占代表总数的 19.72%，比上届增加 0.41%。在代表中，大专以上学历 44 名，占代表总数的 29.93%；中专（含高中）94 名，占代表总数的 63.94%；小学 9 名，占代表总数的 6.12%。代表中，妇女 23 名，占代表总数的 15.64%；少数民族代表 3 名，占代表总数的 2.04%；40 岁以下代表 61 名，占代表总数的 41.50%。此次党代会列席会议人员 70 名。大会代表资格审查委员会对代表资格进行了审查。大会审议批准中共香河县第五届委员会工作报告和中共香河县纪律检查委员会工作报告。大会审议、批准侯国强代表中共香河县第五届委员会所作的工作报告；批准中共香河县纪律检查委员会工作报告。经与会代表充分酝酿讨论，采取无记名投票方式，差额选举产生了中共香河县第六届委员会委员和中共香河县纪律检查委员会委员，侯国强当选为县委书记。

五　中共香河县第七次代表大会

1998 年 2 月 16 日至 18 日，中共香河县第七次代表大会在县城召开。与会代表 178 名，代表全县

15691 名党员，占党员总数的 1.13%。代表中，各级领导干部代表 109 名，占代表总数的 61.23%，比上届增加 1.37%；各类专业技术人员代表 34 名，占代表总数的 19.10%，比上届减少 1.31%；先进模范人物 35 名，占代表总数的 19.66%，比上届减少 0.06%。代表中，大专以上学历 58 名，占代表总数的 32.58%，比上届高 2.65%；中专（含高中）110 名，占代表总数的 61.80%，比上届低 2.14%；小学 10 名，占代表总数 5.62%，比上届低 0.5%。代表中，妇女代表 27 名，占代表总数的 15.17%；少数民族代表 4 名，占代表总数的 2.25%。此次党代会列席会议人员 98 名。大会代表资格审查委员会对代表资格进行了审查。大会审议批准中共香河县第六届委员会工作报告和中共香河县纪律检查委员会工作报告。大会审议批准孙殿高代表中共香河县第六届委员会所做的工作报告，孙殿高当选为县委书记。

六　中共香河县第八次代表大会

2003 年 1 月 6 日至 8 日，中共香河县第八次代表大会在县城召开。与会代表 177 名，代表全县 16762 名党员，占党员总数的 1.06%。代表中，各级领导干部代表 123 名，占代表总数的 69.49%，比上届增加 8.26%；各类专业技术人员代表 27 名，占代表总数的 15.25%，比上届减少 3.85%；先进模范人物 27 名，占代表总数的 15.25%，比上届减少 4.41%。在代表中，妇女代表 38 名，占代表总数的 21.47%，少数民族代表 4 名，占代表总数的 2.26%。此次代表大会列席人员 96 名。大会代表资格审查委员会对代表资格进行了审查。大会审议批准中共香河县第七届委员会工作报告和中共香河县纪律检查委员会工作报告。大会批准石锡贵代表中共香河县第七届委员会所做的工作报告；批准中共香河县纪律检查委员会工作报告。第八次党代会根据《中国共产党章程》规定，经到会代表充分酝酿、讨论，采取无记名投票方法，差额选举产生了中共香河县第八届委员会和中共香河县纪律检查委员会，石锡贵当选为县委书记。

七　中共香河县第九次代表大会

2006 年 6 月 18 日至 20 日，第九次代表大会在县城召开。从 17424 名党员中选出党代表 261 名，占党员总数 1.50%。代表中，各级领导干部代表 159 名，占代表总数的 60.92%，比上届减少 8.57%；各类专业技术人员代表 49 名，占代表总数的 18.77%，比上届增加 3.52%；各类先进模范人物代表 52 名，占代表总数的 19.92%，比上届增加 4.67%；解放军代表 1 名，占代表总数的 0.38%。代表中，妇女代表 51 名，占代表总数的 19.54%；少数民族代表 7 名，占代表总数的 2.68%；45 岁以下代表 142 名，占代表总数的 54.41%。大会代表资格审查委员会对代表资格进行审查。大会审议批准中共香河县第八届委员会工作报告和中共香河县纪律检查委员会工作报告。第九次党代会根据《中国共产党章程》规定，经到会代表充分酝酿、讨论，采取无记名投票方法，差额选举产生了中共香河县第九届委员会和中共香河县纪律检查委员会，殷志刚当选为县委书记。

1979—2008 年香河县历次党代会统计表

表 19-2-1　　单位：人

届次	召开时间	应到代表	其中		实到代表	选出委员	选出候补委员	选出书记	选出副书记	选出常委
			男	女						
三	1980 年 4 月 1 日—5 日	395	338	57	385	29	4	王洪廉	赵　诚 王惠连 李杏田	王洪廉　王惠连 白荣华　张岐山 李杏田　李健民 杨玉本　赵　诚 康巨英
四	1985 年 12 月 18 日—21 日	365	292	73	363	29	4	李健民	张树藩 董　林 吴志忠	李健民　张树藩 董　林　吴志忠 刘　志　魏敬贤 张宝琛　徐利民 刘　玉（女）

续表 19-2-1

届次	召开时间	应到代表	其中		实到代表	选出委员	选出候补委员	选出书记	选出副书记	选出常委
			男	女						
五	1989年12月14日—16日	145	116	29	145	26	4	张树藩	董林 刘玉（女）	张树藩 侯国强 董林 刘玉（女） 刘志 曹春生 齐自祥 李守义 王怀远
六	1992年12月24日—26日	147	124	23	147	26	4	侯国强	杨汭 董林 刘志	侯国强 杨汭 董林 刘志 李守义 张万福 李守政 姜兆雨 魏敬贤 马再兴
七	1998年2月16日—18日	178	151	27	177	27	4	孙殿高	尹志峰 杨国林 殷志刚	孙殿高 尹志峰 杨国林 殷志刚 马再兴 张志国 高树义 邓小社 邳振一 王凯军 李凤霞（女）
八	2003年1月6日—8日	177	139	38	177	29	5	石锡贵	殷志刚 尹广泰 邳振一 张贵金	石锡贵 殷志刚 尹广泰 邳振一 张贵金 杨继宗 魏子元 张学义 栾建平 张显强 杨培苏（女）
九	2006年6月18日—20日	261	208	53	261	37	8	殷志刚	于宝华 张贵金 张显强	殷志刚 于宝华 张贵金 张显强 刘永红 冯印涛 王辉云 张学义 王建生 刘雪松 纪艳玲（女）

第三节 乡镇党代表大会

20世纪50年代末，香河县各公社分别召开了第一次党代会。至80年代初，各乡镇先后在不同时间召开了不同届次的党代会。

1984年3月至6月，在17个乡镇中，城关镇（1989年2月更名为淑阳镇）、王家摆乡、金辛庄乡、钳屯乡、李庄乡、石虎辛庄乡、安平镇召开第四次党代会；大罗屯乡、东鲁家口乡、梁家务乡召开第五次党代会；渠口镇召开第六次党代会；刘宋镇、钱旺村乡、蒋辛屯乡、安头屯乡、香城屯乡召开第七次党代会；五百户乡召开第十次党代会。1989年9月和1992年11月，17个乡镇分别召开了下一次党代会。

1996年4月，并乡扩镇，全县由7个镇10个乡，合并为7个镇2个乡。并乡扩镇后，9个乡镇分别召开了不同届次的党代会。

1999年1月，淑阳镇、安平镇、钳屯乡召开第七次党代会；渠口镇召开第九次党代会；刘宋镇、安头屯镇、钱旺乡、蒋辛屯镇召开第十次党代会；五百户镇召开第十三次党代会。

2006年3月，淑阳镇召开第八次党代会，渠口镇召开第十次党代会，刘宋镇、安头屯镇、钱旺乡、蒋辛屯镇召开第十一次党代会，五百户镇召开第十四次党代会。是年8月，安平镇、钳屯乡召开第八次党代会。

第三章 组织机构

第一节 县 委

一 全体委员会

1979—2008 年，中国共产党香河县委员会，经历第二至第九届委员会。每届委员会均由党代会选举产生。 中共香河县第二届委员会，委员 29 名，候补委员 4 名。在委员和候补委员中，解放军占 15.1%，干部占 39.4%，工人占 3%，农民占 42.5%。

中共香河县第三届委员会，委员 29 名，候补委员 4 名。

中共香河县第四届委员会，委员 29 名，候补委员 4 名。具有大专以上学历 15 名，高中（含中专）9 名，平均年龄 44.8 岁。

中共香河县第五届委员会，委员 26 名，候补委员 4 名。

中共香河县第六届委员会，委员 26 名，候补委员 4 名。连任的委员 13 名，占全体委员的 50%；连任候补委员 1 名，占全体候补委员的 25%。委员、候补委员中少数民族 1 名，占全体委员的 3.3%；妇女委员 3 名，占全体委员的 10%。平均年龄 44.6 岁，最大 57 岁，最小 29 岁。40 岁以下 4 名，占全体委员的 13.3%；41～45 岁 11 名，占全体委员的 36.7%；46～50 岁 12 名，占全体委员的 40%；51 岁以上 3 名，占全体委员的 10%。委员中，大专以上文化 14 名，占全体委员的 46.7%；高中（含中专）文化 12 名，占全体委员的 40%；初中以下 4 名，占全体委员的 13.3%。

中共香河县第七届委员会，委员 27 名，候补委员 4 名。4 名委员连任，占全体委员的 14.8%。委员、候补委员中少数民族委员 1 名，占全体委员的 3.2%；妇女委员 3 名，占全体委员的 9.6%。平均年龄 43 岁，最大 53 岁，最小 32 岁。40 岁以下 10 名，占全体委员的 32.3%；41～45 岁 10 名，占全体委员的 32.3%；46～50 岁 7 名，占全体委员的 22.6%；51 岁以上 4 名，占全体委员的 12.8%。委员中，大专以上文化 18 名，占全体委员的 58.1%；高中（含中专）文化 11 名，占全体委员的 35.5%；初中以下 2 名，占全体委员的 6.4%。

中共香河县第八届委员会，委员 29 名，候补委员 5 名。连任委员 13 名，占全体委员的 38%。委员、候补委员中有妇女委员 3 名，占全体委员的 8.8%。平均年龄 42.4 岁，最大年龄 56 岁，最小 30 岁；40 岁以下 17 名，占全体委员的 50%；41～45 岁 6 名，占全体委员的 17.6%；46～50 岁 8 名，占全体委员的 23.5%；51 岁以上 3 名，占全体委员的 8.9%。委员中大专以上文化 27 名，占全体委员的 94.1%；高中（含中专）2 名，占全体委员的 5.9%。

中共香河县第九届委员会，委员 37 名，候补委员 8 名。连任委员 14 名，占全体委员的 43.8%。委员、候补委员中有妇女委员 5 名，占全体委员的 15.6%。平均年龄 41.3 岁，最大年龄 55 岁，最小 29 岁；40 岁以下 18 名，占全体委员的 56.3%；41～45 岁 5 名，占全体委员的 15.6%；46～50 岁 7 名，占全体委员的 21.9%；51 岁以上 2 名，占全体委员的 6.3%。委员中大专以上文化 30 名，占全体委员的 93.8%；高中（含中专）2 名，占全体委员的 6.2%。

二 常务委员会

1979 年 1 月，为中共香河县第二届委员会时期，有常委 14 人。其中，书记 1 人，副书记 4 人。

1980 年 4 月 5 日，在中共香河县三届一次全体会议上，选举产生新一届常务委员会。常务委员会由 9 名常委组成，其中，书记 1 名，副书记 4 名。

1985 年 12 月 21 日，在中共香河县四届一次全体会议上，选举产生新一届常务委员会。常务委员会由 9 名常委组成，其中书记 1 名，副书记 3 名。具有大专以上学历 7 人，平均年龄 42.3 岁。

1989 年 12 月 16 日，在中共香河县五届一次全体会议上，选举产生新一届常务委员会。常务委员会由 9 名常委组成，其中，书记 1 名，副书记 3 名。

1992 年 12 月 26 日，在中共香河县六届一次全体会议上，选举产生新一届常务委员会。常务委员会由 10 名常委组成，其中，书记 1 名，副书记 3 名。

1998 年 2 月 18 日，在中共香河县七届一次全体会议上，选举产生新一届常务委员会。常务委员会由 11 名常委组成，其中，书记 1 名，副书记 4 名。

2003 年 1 月 8 日，在中共香河县八届一次全体会议上，选举产生新一届常务委员会。常务委员会由 11 名常委组成，其中，书记 1 名，副书记 4 名。

2006 年 6 月 20 日，在中共香河县九届一次全体会议上，选举产生新一届常务委员会。常务委员会由 11 名常委组成，其中，书记 1 名，副书记 3 名。

1980—2008 年中共香河县委历届常委会组成一览表

表 19-3-1

届别	职务	姓名	学历	任职时间	籍贯
三届 1980.4—1985.12	常委书记	王洪廉	初中	1980.4—1982.2	河北省任丘市
		赵　诚	初中	1982.2—1983.12	天津市武清区
		李健民	大专	1983.12—1985.12	廊坊市安次区
	常委副书记	赵　诚	初中	1980.4—1982.2	天津市武清区
		李杏田	初中	1980.4—1983.11	河北省蠡县
		王惠连	初中	1980.4—1980.10	河北省永清县
		张岐山	初中	1980.4—1983.5	天津市宝坻区
		张志诚	初中	1980.10—1983.7	河北省香河县
		李健民	大专	1982.11—1983.12	廊坊市安次区
		乔　中	大学	1983.8—1985.12	河北省涿州市
		王玉明	初中	1983.12—1985.12	河北省香河县
		张树藩	大学	1983.12—1985.12	天津市宝坻区
		董　林	大学	1985.1—1985.12	河北省香河县
		吴志忠	大学	1985.11—1985.12	河北省香河县
	常委	李健民	大专	1980.4—1982.11	廊坊市安次区
		白荣华		1980.4—1981.7	山西省昔阳县
		杨玉本	初中	1980.4—1982.7	河北省玉田县
		康巨英	初中	1980.4—1982.7	河北省香河县
		肖洪珍	—	1981.7—1983.3	—
		李宝光	初中	1982.7—1983.6 1983.12—1984.6	河北省香河县
		蒙承启	初中	1982.7—1983.12	河北省涿鹿县
		李登海	—	1983.3—1985.11	—
		张树藩	大学	1983.8—1983.12	天津市宝坻区
		董　林	大学	1983.12—1985.11	河北省香河县
		吴志忠	大学	1984.6—1985.11	河北省香河县
		张宝琛	大学	1983.1—1985.12	河北省香河县
		刘玉（女）	大学	1983.1—1985.12	河北省饶阳县
		魏敬贤	大学	1985.11—1985.12	天津市武清区
		刘　志	大学	1985.11—1985.12	天津市宝坻区
		徐利民	—	1985.11—1985.12	—
四届 1985.12—1989.12	常委书记	李健民	大专	1985.12—1987.4	廊坊市安次区
		张树藩	大学	1987.4—1989.12	天津市宝坻区
	常委副书记	张树藩	大学	1985.12—1987.4	天津市宝坻区
		董　林	大学	1985.12—1989.12	河北省香河县
		吴志忠	大学	1985.12—1987.4	河北省香河县
		侯国强	大学	1987.4—1989.12	天津市
		刘玉（女）	大学	1987.4—1989.12	河北省饶阳县

续表 19-3-1

届别	职务	姓名	学历	任职时间	籍贯
四届 1985.12 — 1989.12	常委	刘　志	大学	1985.12—1989.12	天津市宝坻区
		刘玉（女）	大学	1985.12—1987.4	河北省饶阳县
		魏敬贤	大学	1985.12—1989.12	天津市武清区
		徐利民	大学	1985.12—1986.1	天津市宝坻区
		曹春生	中专	1987.11—1989.12	河北省香河县
		齐自祥	中专	1987.11—1989.12	天津市宝坻区
		张宝琛	大学	1985.12—1989.11	河北省香河县
		凌崇瑜	大专	1986.1—1989.12	河北省香河县
五届 1989.12 — 1992.12	常委书记	张树藩	大学	1989.12—1991.5	天津市宝坻区
		侯国强	大学	1991.5—1992.12	天津市
	常委副书记	侯国强	大学	1989.12—1991.5	天津市
		董　林	大学	1989.12—1992.12	河北省香河县
		刘玉（女）	大学	1989.12—1992.12	河北省饶阳县
		储延平	大专	1991.5—1992.10	河北省文安县
		杨　汭	大学	1992.10—1992.12	河北省霸州市
	常委	刘　志	大学	1989.12—1992.12	天津市宝坻区
		曹春生	中专	1989.12—1992.4	河北省香河县
		齐自祥	中专	1989.12—1992.9	天津市宝坻区
		李守义	中专	1989.12—1992.12	河北省大厂县
		王怀远	初中	1989.12—1992.12	河北省香河县
		马再兴	初中	1990.8—1992.12	河北省香河县
		张万福	大专	1992.9—1992.12	河北省香河县
六届 1992.12 — 1998.2	常委　书记	侯国强	大学	1992.12—1994.8	天津市
		王会平	在职研究生	1994.8—1998.1	河北省霸州市
		孙殿高	在职研究生	1998.1—1998.2	廊坊市安次区
	常委副书记	杨　汭	大学	1992.12—1996.2	河北省霸州市
		董　林	大学	1992.12—1998.1	河北省香河县
		刘　志	大学	1992.12—1998.1	天津市宝坻区
		孙殿高	在职研究生	1996.2—1998.1	廊坊市安次区
		李长林	在职研究生	1996.2—1998.1	河北省香河县
		尹志峰	大专	1998.1—1998.2	河北省永清县
		杨国林	在职研究生	1998.1—1998.2	河北省固安县
		殷志刚	大学	1998.1—1998.2	河北省三河市
	常委	李守义	中专	1992.12—1998.1	河北省大厂县
		张万福	大学	1992.12—1996.2	河北省香河县
		李守政	大专	1992.12—1996.6	河北省三河市
		姜兆雨	大学	1992.12—1995.4	北京市
		魏敬贤	大学	1992.12—1996.11	天津市武清区
		马再兴	初中	1992.12—1998.2	河北省香河县
		杨国林	在职研究生	1996.2—1998.2	河北省固安县
		李洪焜	大专	1995.4—1997.10	河北省香河县
		张志国	大专	1996.2—1998.2	河北省香河县
		邓小社	大专	1998.1—1998.2	河北省文安县
		邳振一	大学	1998.1—1998.2	河北省香河县
		王凯军	大学	1998.1—1998.2	河北省满城县
		李凤霞（女）	大学	1998.1—1998.2	河北省香河县

续表 19-3-1

届别	职务	姓名	学历	任职时间	籍　贯
七届 1998.2 — 2003.1	常委　书记	孙殿高	在职研究生	1998.2—1999.5	廊坊市安次区
		石锡贵	大学	1999.5—2003.1	河北省大城县
	常委副书记	尹志峰	大专	1998.2—2001.8	河北省永清县
		杨国林	在职研究生	1998.2—1999.8	河北省固安县
		殷志刚	大学	1998.2—2003.1	河北省三河市
		韩少奇	研究生	1999.8—2000.9	廊坊市安次区
		邳振一	大学	1998.2—2003.1	河北省香河县
		尹广泰	大学	2001.8—2003.1	河北省沧州市
		张贵金	在职研究生	2001.8—2003.1	河北省三河市
	常委	马再兴	初中	1998.2—2003.1	河北省香河县
		张志国	大专	1998.2—2000.8	河北省香河县
		高树民	在职研究生	1998.2—2001.5	河北省沧县
		邓小社	大专	1998.2—2002.9	河北省文安县
		王凯军	大学	1998.2—2000.11	河北省满城县
		李凤霞（女）	大学	1998.2—2003.1	河北省香河县
		张学义	大学	1999.12—2003.1	河北省香河县
		栾建平	在职研究生	2000.11—2003.1	江苏省滨海县
		武建国	大学	2001.4—2003.1	河北省平山县
		杨继宗	大专	2001.5—2003.1	河北省廊坊市
八届 2003.1 — 2006.6	常委书记	石锡贵	大学	2003.1—2003.4	河北省大城县
		殷志刚	大学	2003.6—2006.6	河北省三河市
	常委副书记	殷志刚	大学	2003.1—2003.5	河北省三河市
		尹广泰	大学	2003.1—2003.5	河北省沧州市
		邳振一	大学	2003.1—2004.1	河北省香河县
		张贵金	在职研究生	2003.1—2006.6	河北省三河市
		于宝华	大专	2003.5—2006.6	河北省大城县
		高树民	在职研究生	2003.5—2005.1	河北省沧县
		张显强	大学	2004.7—2006.6	河北省香河县
	常委	杨继宗	大专	2003.1—2004.4	河北省廊坊市
		魏子元	大专	2003.1—2006.4	河北省香河县
		张学义	大学	2003.1—2006.6	河北省香河县
		栾建平	在职研究生	2003.1—2006.5	江苏省滨海县
		杨培苏（女）	大学	2003.1—2005.4	河北省武安市
		张显强	大学	2003.1—2004.7	河北省香河县
		刘振江	大专	2004.4—2005.12	河北省固安县
		王建生	大专	2004.7—2006.6	河北省香河县
		王辉云	大学	2005.6—2006.6	河北省香河县
		冯印涛	大学	2005.7—2006.6	河北省献县
		刘永红	大学	2005.12—2006.6	天津市宝坻区
		刘雪松	在职研究生	2006.5—2006.6	河北省香河县
		纪艳玲（女）	大学	2006.5—2006.6	河北省固安县
九届 2006.6 — 2011.8	常委书记	殷志刚	大学	2006.6—2007.3	河北省三河市
		杨文华	在职研究生	2007.3—	河北省文安县
	常委副书记	于宝华	大专	2006.6—2007.3	河北省大城县
		张贵金	在职研究生	2006.6—	河北省三河市
		张显强	大学	2006.6—	河北省香河县

续表 19-3-1

届别	职务	姓名	学历	任职时间	籍　贯
九届 2006.6 — 2011.8	常委	冯印涛	大学	2006.6—2008.7	河北省献县
		刘永红	大学	2006.6—	天津市宝坻区
		王辉云	大学	2006.6—	河北省香河县
		张学义	大学	2006.6—	河北省香河县
		王建生	大专	2006.6—	河北省香河县
		刘雪松	在职研究生	2006.6—2007.5	河北省香河县
		纪艳玲(女)	大学	2006.6—	河北省固安县
		周国雄	大学	2007.5—	内蒙古清水河
		赵振海	大学	2007.5—	河北省承德市
		凌少奎	大学	2008.8—	河北省香河县

第二节　县委工作部门

一　县委办公室

县委办公室是中共香河县委的综合职能部门，负责对县委日常工作协调与服务等，是县委的主要参谋和助手。1979 年，县委办公室设主任 1 人、副主任 2 人，下设秘书组、行政组、档案馆、机要室。1983 年机构改革，各组配备组长。1990 年，有主任 1 人、副主任 2 人，下设秘书组、行政组、机要室、调研组，工作人员 46 人。1992 年底，下设秘书组、综合信息组、督查组、行政组、县委政策研究室（与县委办公室合署办公）。1995 年 8 月，撤销督查组，成立督查室。1996 年 4 月，原机要局并入县委办公室，对外保留名称。10 月，机构改革，组改科。1998 年 4 月，撤销综合信息科，成立县委信息中心。1999 年 11 月，建立香河县保密局，设在县委办公室，对外保留名称。2001 年 4 月，建立香河县委防范处理邪教问题领导小组办公室，挂靠县委办公室。2002 年 7 月，机构中科改股。8 月，增设一股、二股、三股、四股。

2008 年底，县委办公室有主任 1 人、副主任 4 人。下设信息中心、秘书股、行政股、一股、二股、三股、四股、机要室、政策研究室、督查室、保密局、610 办公室（2004 年 1 月，改称中共香河县委、香河县人民政府防范和处理邪教办公室）。

二　组织部

县委组织部是中共香河县委负责组织工作和干部工作的职能部门。1979 年，设部长 1 人、副部长 3 人，1980 年底，增设副部长 1 人，此后，副部长职数时有变化。1987 年，县委组织部内部机构设有办公室、组织组、干部组、青年干部组和干部教育组。1990 年 8 月，撤销组织组，设立党员管理组和基层组织指导组，增设组织员 6 人，共有工作人员 38 人。1994 年 3 月，设立干部档案室。1995 年 8 月，香河县委成立香河县干部考核工作委员会，下设办公室，挂靠县委组织部，1996 年 7 月，设立研究室。10 月，内设机构，组改科，职能不变，人员编制 29 人。1997 年 4 月，成立组织员办公室，为县委常设机构，挂靠县委组织部，编制 9 人。1998 年 4 月，各科改称干部一科、干部二科、干部三科、组织科、党员电化教育中心。2000 年 9 月，增设干部监督科，人员编制不变。2002 年 4 月，撤销干部考核工作委员会及内设机构，设干部考核科。7 月，内设机构，科改股，职能不变。

2008 年底，县委组织部设部长 1 人、副部长 5 人。下设办公室、干部一股、干部二股、干部三股、组织股、党员电化教育中心、组织史办公室、研究室、干部监督股、干部考核股、组织员办公室（正科级单位，挂靠县委组织部），编制 30 人，实有 25 人。

三　宣传部

县委宣传部是中共香河县委负责全县意识形态方面工作的职能部门。1976 年 2 月，县委宣传部恢复建立（“文化大革命”中撤销）。1979 年 1 月，有部长 1 人、副部长 2 人。下设宣传教育组、理论教育组、通讯报道组。1983 年，机构改革后，各组设组长。1990 年底，有部长 1 人、副部长 2

人。下设办公室、宣传组、理论组、党教组，工作人员18人。1993年4月，建立外宣科。2002年4月，撤销党教科、外宣科，设立新闻科，增设文化科、文明办综合科，7月，科改股。

2008年底，县委宣传部有部长1人、副部长4人。下设办公室、理论股、宣传股、文化股、新闻股、文明办综合股，编制18人。

四　统战部

统一战线工作部（简称统战部）是中共香河县委负责全县统战工作的职能部门，“文化大革命”中裁撤，1982年6月重建，设部长1人、副部长2人，干事1人。1990年底，工作人员增至6人。1992年底，有部长、副部长各1人。同年，建立台湾工作办公室，与统战部合署办公。县委统战部下设办公室、党外人士组、民族宗教组。1996年4月，台湾工作办公室并入统战部。10月，下设机构组改科，2002年4月，科改股。

2008年底，县委统战部有部长1人、副部长2人，下设办公室、党外人士股、民族宗教股，编制8人。

五　农村工作部

县委农村工作部是中共香河县委负责农村工作的职能部门。“文化大革命”中撤销，1980年9月重建，设部长、副部长各1人。1984年3月，改称农村经济指导部，增设副部长1人。1991年复称农村工作部，下设办公室。1993年4月，增设乡企组、农经组。1996年9月，撤销农企组、农经组，改设调研科、农村基层建设科，编制12人。2002年8月，调研科更名为综合调研股，农村基层建设科更名为农村基层建设股。

2008年底，县委农村工作部有部长1人、副部长2人。下设办公室、综合调研股、农村综合建设股，人员编制10人。

六　老干部局

老干部局是由县委组织部管理的，负责全县老干部工作的行政机构。1983年7月，将县委组织部老干部组改建为老干部局。初设副局长1人，下设办公室，工作人员3人。1984年2月，有局长1人、副局长2人。下设办公室、安置管理科、老干部活动中心。1991年1月，增设保健服务科。2002年7月，机构改革，内设机构科改股，8月，增设财务室。

2008年底，有局长1人、副局长3人。下设办公室、安置管理股、保健服务股、财务室、活动中心。另设2名专职副科级秘书长，分别负责关心下一代工作委员会（简称关工委）、老年体育协会（简称老体协）和老年大学的协调工作。全局有工作人员25人。

七　政法委员会

政法委员会1981年10月建立。设书记1人（县委副书记兼任）、副书记2人，其中1名副书记由县政府主管政法工作的副县长兼任。1983年4月，增设1名专职副书记。公安、司法、民政、检察院、法院各有1人为委员会委员。下设办公室，设主任1人。1988年8月，政法委员会撤销，成立政法领导小组。1989年10月，撤销政法领导小组，恢复政法委员会。1993年4月，政法委员会办公室（科级）下设秘书组和调研组。1996年4月，由1名县委常委任专职政法委书记。1997年4月，撤销秘书组、调研组和办公室，设人秘科、调研督办科和社会治安综合治理科，编制12人。2002年4月，内设机构科改股，人秘科更名办公室。2004年4月，成立政治处。8月，县矛盾排查调处办公室由县委办挂靠政法委。2007年5月，县“三位一体”（人民调解、司法调解、行政调解）矛盾纠纷排查调处中心成立（办事机构简称排调办）。

2008年底，内设机构有办公室、政治处、调研督办股、社会治安综合治理股、排调办，编制12人。

八　党　校

1979年，县委党校坐落在钱旺村公社马家窝村北。1984年4月，搬至县政府招待所，1995年9月，搬至西礼堂法院院址。2000年10月，搬至县城西现址。1979年，县委书记不再兼任党校校长，由1名县委副书记兼任。1990年底，设常务副校长1人、副校长2人。1996年4月，副校长增至3人。下设机构有办公室、教研室、总务室，有教职工25人。2001年3月，成立函授部。2002年8月，撤销总务室成立培训部。2007年6月，校长改由县委组织部部长兼任。

2008年底，设校长1人，常务副校长1人，副校长2人，下设办公室、教研室、函授部、培训部，有教职工 19 人。

九　党史办公室

党史办公室是负责全县党史资料搜集、整理、编辑工作的县委直属事业单位。1982 年 4 月，县委党史资料征集领导小组建立，下设办公室，为常设办事机构。有主任 1 人，工作人员 3 人，1989 年 11 月，改称党史研究室。1993 年 4 月，党史研究室下设秘书组。1996 年 9 月，撤销秘书组，改设办公室，编制 2 人。2002 年 8 月，党史研究室更名为党史办公室，同时增设资料室，编制 3 人。至 2008 年底，机构和人员编制均无变化。

第三节　党委　党组

一　机关党委

1979 年，有党委 3 个：县直机关党委、党校党委、县人民武装部党委。1981 年，增设经济委员会党委，1985 年 12 月，增设建筑工程总公司党委，使党委总数达到 5 个。1990 年 11 月，撤销党校党委，1991 年 11 月，撤销县直机关党委（建县直属机关工作委员会，简称县直工委）。1993 年 7 月，建公安局党委。1994 年 4 月，撤销建筑工程总公司党委，建城乡建设环境保护委员会党委，1996 年 4 月，更名为建设局党委。同时撤销经济委员会党委和经贸局党组，建立经济贸易局党委。1998 年 3 月，撤销经济贸易局党委，建工业局党委。2000 年 10 月，建供电局党委。2002 年 4 月，撤销工业局党委和乡镇企业局党组，建经济贸易局党委。2006 年 1 月，撤销经济贸易局党委，建工业经济运行局党委。

至 2008 年底，有党委 6 个，分别是：公安局党委、建设局党委、工业经济运行局党委、建筑总公司党委、供电局党委和武装部党委。

二　基层党（工）委

（一）工委

中共香河县工作委员会（简称工委）为县委派出机构。至 2008 年底，共有 5 个工作委员会。1991 年 11 月，撤销县直党委，建中共香河县直属机关工作委员会（简称县直工委）。1993 年 7 月 28 日，建立中共安平经济技术开发区工作委员会（简称安平开发区工委）。1999 年 12 月，建立中共香河县农业高新技术园区工作委员会（简称农业园区工委）。2002 年 12 月，建立中共香河县家具城工作委员会（简称家具城工委）。2003 年 5 月，经河北省政府批准，安平开发区更名为河北香河经济技术开发区（简称香河开发区）。安平开发区工委随即更名香河开发区工委。2005 年 6 月，建立中共香河县家具制造基地工作委员会（简称家具基地工委）。

（二）公社党委

公社党委的全称为人民公社革命委员会，是“文化大革命”期间，在特定历史时期产生的党政合一的组织形式，实行党的一元化领导。1980 年 12 月，人民公社革命委员会改称人民公社委员会，同时建立人民公社管理委员会，实行党政分家。1979 年，有 17 个人民公社党委。分别是城关、孙止务、王家摆、安平、钳屯、五百户、香城屯、李庄、刘宋、安头屯、金辛庄、钱旺村、渠口、大七里庄、石虎辛庄、蒋辛屯、梁家务人民公社党委。1982 年 4 月，孙止务人民公社党委更名为大罗屯人民公社党委，大七里庄人民公社党委更名为东鲁家口人民公社党委。

（三）乡镇党委

1984 年 3 月，17 个人民公社党委改建为 17 个乡镇党委。1988 年 10 月，改城关镇党委为淑阳镇党委。1994 年 6 月，撤销蒋辛屯乡、五百户乡、安头屯乡，分别建镇，原乡党委改建为镇党委。全县由 4 镇 13 个乡党委改建为 7 个镇 10 个乡党委。1996 年 4 月，并乡扩镇后全县由 7 个镇 10 个乡党委组建为 7 个镇 2 个乡党委。1999 年 1 月，钱旺村乡党委更名为钱旺乡党委。

到 2008 年底，香河县有淑阳、刘宋、渠口、安平、蒋辛屯、五百户、安头屯 7 个镇党委和钳屯、钱旺 2 个乡党委。

（四）街道办事处党委

1998 年 3 月，建县城街道办事处党委，2008 年 5 月 23 日撤销。分别建立新开街街道办事处党委和新华街街道办事处党委。

三　党　组

1979 年，有党组 24 个。分别是法院、检察院、公安局、民政局、科学技术委员会、农林局、水利局、农业机械化管理局、畜牧水产局、商业局、财税局、粮食局、社队企业管理局、工商行政管理局、对外贸易局、广播电视局、文教局、交通局、物资局、供电局、邮电局、气象局、供销合作社联合社、中国人民银行香河支行党组。

1980年12月，建立城镇建设房产管理局党组。1981年9月，建立县人大常委会党组和县人民政府党组。1982年6月，撤销财税局党组，分建财政局党组和税务局党组。8月，建立经济委员会党组。1983年1月，撤销经济委员会党组（建党委）。同月，建设银行党组建立。年底，县政协党组建立。农林局、农业机械化管理局和畜牧水产局合并为农业局，建农业局党组。同时撤销城镇建设房产管理局党组。

1983年底，机构改革后，保留县人大常委会、县人民政府、县政协、法院、检察院、公安局、中国人民银行香河支行党组，其余党组撤销。由于机构在不断改革，因此，党组数量和名称也在变化。1989年11月，撤销文教局党组，建教育局党组和文化局党组。1991年8月，撤销税务局党组，建立地方税务局党组和国家税务局党组。1995年8月，撤销文化局党组和体育运动委员会党组，建立文化体育局党组。1996年4月，计划委员会党组更名为计划局党组。科学技术委员会党组更名为科学技术局党组。计划生育委员会党组更名为计划生育局党组。1998年12月，水利局党组更名为水务局党组。技术监督局党组更名为质量技术监督局党组。2002年4月，撤销乡镇企业局党组、地震局党组、物资局党组、外贸局党组、商业局党组。计划局党组更名为发展计划局党组、物价局党组更名为物价监督检查所党组。8月，土地管理局党组更名为国土资源局党组。劳动人事局党组更名为人事劳动和社会保障局党组。2006年3月，发展计划局党组更名为发展改革局党组。计划生育局党组更名为人口和计划生育局党组。

2008年底，有党组45个，分别是：档案局、总工会、县团委、妇联、科学技术协会、文学艺术界联合会、工商联、残疾人联合会、人大常委会、县政协、法院、检察院‘县政府、发展改革局、财政局、民政局、人事劳动和社会保障局、司法局、国土资源局、交通局、教育局、农业局、水务局、科学技术局、卫生局、人口和计划生育局、审计局、环境保护局、统计局、安全生产监督管理局、食品药品监督管理局、物价监督检查所、农业开发办公室、商务局、园林绿化管理局、畜牧兽医局、综合执法局、粮食局、广播电视局、文化体育局、林业局、住房保障和房产管理局、热力公司、城乡规划局、供销合作社联合社党组。

第四节　基层党总支、支部

一　总　支

1979年，工业系统建党总之1个。1983年，香河县有党总支4个，其中农业1个、交通1个、党政机关2个。1986年，党总支增至15个，其中工业系统2个、农业系统2个教育系统3个、党政机关8个。1991年，有些党总支改建为党组，党总支减至5个，其中工业系统1个、农业系统1个、教育系统1个、党政机关2个。从1992年起，县直党总支数不断增加，至1997年达到22个，以后不断调整又逐年减少，至2003年16个。2004年，9个乡镇和部分村街相继建起党总支。

至2008年底，县直党总支有县人民医院、第一中学、职业中学、国家税务局、地方税务局、邮政局、老干部局、三强公司。乡镇村街党总支有淑阳镇政府、蜒口、河南止务、淑阳教联、安平镇政府、王指挥庄、钳屯乡政府、二百户、西延寺、张庄、五百户镇政府、后马坊、五百户村、刘宋镇政府、刘宋村、庆功台、中营、安头屯镇政府、大青庄务、后独立、石辛庄、铁佛堂、钱旺乡政府、成自务、大河各庄、姜吴街、田贾庄、义井、渠口镇政府、店子务、宣教寺、蒋辛屯镇政府、大窑上、打鹏户，总计42个。

二　支　部

1979年，全县有党支部513个，其中工业系统45个、交通系统6个、农业系统320个（含村街）、财贸系统49个、文卫系统42个、机关47个、其他系统4个。随着党员数量不断增加，全县党支部数量也随之扩大。1986年达到599个，1990年达到662个，至2008年底，全县有党支部680个。

1979—1990 年香河县党组织基本情况统计表

表 19-3-2　　　　单位：个

类别 数量 年份	党委	总支	支部	行业分布							
				工业	交通	农业	财贸	文卫	机关	基建	其他
1979	18	1	513	45	6	320	49	42	4	—	74
1980	18	1	533	58	8	319	52	40	5	—	15
1981	18	—	531	52	9	317	56	39	12	—	5
1982	18	—	538	51	10	317	60	37	56	3	4
1983	19	4	537	55	8	316	57	38	5	—	94
1984	21	14	551	59	12	311	62	36	62	3	6
1985	21	16	575	60	10	309	61	42	65	11	17
1986	22	15	599	63	10	313	66	49	76	10	12
1987	22	8	630	76	11	19	53	55	83	11	22
1988	20	8	630	73	11	315	58	56	94	11	12
1989	21	7	662	22	11	386	59	56	94	15	19
1990	22	7	662	22	11	386	59	56	94	15	19

1991—2008 年香河县党组织基本情况统计表

表 19-3-3

类别 数量 年份	党委	党组	总支	支部
1991	22	43	5	672
1992	22	47	14	681
1993	21	44	21	688
1994	27	46	21	699
1995	27	48	21	699
1996	18	48	17	690
1997	17	47	22	687
1998	17	47	19	669
1999	15	38	18	657
2000	15	38	17	743
2001	15	38	16	677
2002	15	51	16	646
2003	15	51	16	647
2004	15	50	33	684
2005	15	52	41	673
2006	15	51	38	654
2007	15	36	38	676
2008	16	45	51	680

第四章　全体委员会会议

第一节　职　能

其主要职权是：

一　贯彻执行上级党组织重大决策,具体落实县党代表大会决议、决定等。

二　对香河县经济建设、政治建设、文化建设、社会建设、生态文明建设和党的组织建设及其他涉及全局性重大问题作出决策。

三　听取和审议县委常委会工作报告，对常委会及其成员的工作进行监督和评议。

四　决定召开香河县党代表大会或党代表会议。

五　选举香河县委常委会和书记、副书记。通过县纪律检查委员会全体会议，选举产生县纪委常委会和书记、副书记。

六　推荐乡镇党委、政府正职及县委、县政府重要部门主要负责人拟任人选（全委会闭会期间可书面征求全委会成员的推荐意见）；表决由县委常委会提名的乡镇党委、政府正职及县委、县政府重要部门主要负责人拟任和推荐人选。

七　讨论决定香河县委常委会提请决定的事项或必须由全委会决定的其他重要事项。

八　受理香河县党代表大会代表提出的，属于全委会职权范围内的，提议或有关工作意见和建议；按照党内有关规定，采取适当方式，向香河县党代表大会代表通报贯彻执行党的决议、决定情况及党内其他重要情况。

第二节　会　议

本节按时间顺序记述有史料记载的部分届次的全委会会议情况。

1983—2008 年中共香河县委部分届次全委会议一览表

表 19-4-1

年份	届	次（月、日）	会议内容
1983	三	三（2.23）	通过县委书记赵诚所作的《坚定不移地沿着改革的方向胜利前进》的工作报告。会议指出，要继续贯彻落实中共十二大精神及提出的各项任务，做到“思想更解放一点、改革更大胆一点、工作更扎实一点”认清“左”的影响，大力推进改革，开创各项工作新局面
		四（8.5）	听取县委书记李健民所作的《上半年工作情况和下半年主要任务》的报告。会议指出，要以经济建设为中心，继续搞好改革，全面完成国民经济计划指标，争取财政经济状况的尽快好转；继续加强社会主义精神文明建设和党的建设，争取社会治安明显好转，党风进一步好转
1986	四	三（7.11）	会议通过《中共香河县委上半年工作总结》，对下半年工作做出具体安排部署
1988	四	四（1.15）	会议听取、审议县委、县政府《关于提前走好全县经济发展第二步的意见》，对促进全县经济发展做出安排部署
		五（11.9）	全委（扩大）会议传达、贯彻中共中央十三届三中全会和省委三届六次全委（扩大）会议精神；县委书记张树藩作《统一思想，坚定信心，全面落实党的三中全会精神》的工作报告
1989	四	六（7.8）	全委（扩大）会议传达贯彻中共十三届四中全会和省委三届七次全会会议精神；听取审议并通过县委书记张树藩作《认真学习贯彻党的十三届四中全会精神和省委三届七次全会精神，把全党的改革和建设事业继续推向前进》的报告
		七（12.7）	全委（扩大）会议通过县委向中共香河县第五次代表大会作报告；讨论通过大会议程和日程

续表 19-4-1

年份	届	次（月、日）	会议内容
1990	五	二（6.9）	全委（扩大）会议审议并通过县委《关于加强党同人民群众联系的规定》；听取审议并通过县委书记张树藩作《认真贯彻六中全会精神，努力实现密切党群关系明显进步》工作报告
1991	五	三（3.26）	全委（扩大）会议审议并通过《中共香河县委关于国民经济和社会发展“八五”计划和十年规划的建议》及《中共香河县委 1991 年工作指导纲要》
		四（2.24）	全委（扩大）会议传达学习中共十三届八中全会、省委四届三次全委（扩大）会议和廊坊市委一届三次会议及全市计划工作会议精神；听取审议并通过《中共香河县委 1992 年工作指导要点》；《中共香河县委 1992 年工作安排意见》
		五（12.19）	会议审议通过县委向第六次党代会作《工作报告（草案）》；审议通过县第六次党代会有关事宜
1992	六	一（12.26）	会议以无记名投票方式，差额选举产生常务委员会委员 10 名（暂缺 1 名）；等额选举产生书记 1 名、副书记 3 名
1993	六	二（7.31）	全委（扩大）会议上，传达贯彻中共中央、国务院（中发［1993］6 号］文件和廊坊市委一届五次全会精神；听取审议并通过县委书记侯国强所作《认清形势、坚定信心，推动全县经济建设持续快速健康发展》的报告
1994	六	三（5.25）	全委（扩大）会议审议并通过《关于小康建设工程规划》《关于小康建设工程的实施意见》
1995	六	四（1.10）	全委（扩大）会议听取审议并通过县委书记王会平作《统一思想，明确目标，努力把全县各项事业推向前进》的工作报告；通过了《香河县 1995 年经济和社会发展纲要》《中国共产党香河县委员会工作条例》《1995 年工作指导纲要》《关于加强基层党的建设工作的决定》《关于培养选拔使用干部的有关规定》
		五（4.28）	全委会选举出席廊坊市第二次党代会候选人预备人选 38 名
		六（7.13）	全委（扩大）会议传达贯彻河北省农村基层组织建设工作会议和市第二次党代会精神；听取审议并通过县委书记王会平所作《振奋精神，开拓进取努力完成今年各项工作任务》的报告
1996	六	七（1.9）	全委（扩大）会议听取审议并通过县委书记王会平作《坚定信心，奋力开拓，夺取“九五”计划开局年两个文明建设新胜利》的报告；通过《中共香河县委 1996 年工作指导纲要》《香河县 1996 年经济和社会发展计划纲要》《中共香河县委关于制定全县国民经济和社会发展“九五”计划及 2010 年远景目标的建议》
		八（7.17）	在全委（扩大）会议上县委书记王会平作《提高认识，明确思路，切实发展壮大农村集体经济》报告。会议在总结上半年工作的基础上，贯彻落实全省乡镇党委书记会议和全市农村经济工作会议精神，要求全体党员干部提高认识，明确思路，推动全县农村集体经济实现新飞跃
		九（12.26）	全委（扩大）会议学习贯彻中央十四届六中全会、省委五届三次全会和市委二届四次全会精神；听取审议并通过县委书记王会平所作《振奋精神，开拓前进，努力开创我县两个文明共同进步的新局面》的报告；通过《香河县社会主义精神文明建设“九五”规划》《香河县 1997 年经济和社会发展纲要》
1997	六	十（7.16）	全委（扩大）会议听取审议并通过《香河县“九五”农业产业化规划及近期工作重点》；县委书记王会平作《总结经验、再鼓干劲，全面完成和超额完成全年各项工作任务》报告

续表 19-4-1

年份	届	次（月、日）	会议内容
1998	六	十一（2.5）	会议决定召开县第七次党代会，并就换届选举工作进行研究和部署
1998	七	二（7.17）	全委（扩大）会议听取审议并通过县委书记孙殿高作《再接再厉，开拓进取，确保全年各项目标任务全面完成》的工作报告；会议号召全县各级党组织、全体共产党员要肩负起“富民、强县、升位”的历史重任，按照第七次党代会确定的目标任务，奋发有为地开展工作
		三（12.24）	全委（扩大）会议传达学习中共十五届三中全会、省委五届七次全委（扩大）会议和市委二届九次全委（扩大）会议精神；听取审议并通过县委书记孙殿高作《团结拼搏，再铸辉煌，以优异成绩向建国50周年献礼》的工作报告；审议通过《中共香河县委关于贯彻党的十五届三中全会精神，进一步加强农业和农村工作的意见》
1999	七	四（8.3）	全委（扩大）会议传达贯彻市委二届十次会议精神；听取审议并通过县委书记石锡贵作《振奋精神，狠抓落实，推动两个文明建设再上新台阶》的工作报告；县长尹志峰作《再接再厉，乘势而上，确保今年经济工作各项目标任务全面完成》的工作报告；县纪委作《中共香河县委关于加强全县党员干部思想作风建设的意见》的报告；最后石锡贵作《突出重点，狠抓落实》的讲话
		五（12.28）	全委（扩大）会议传达贯彻市委二届十一次全委（扩大）会议和市经济工作会议精神；听取审议并通过县委书记石锡贵作《认清形势，坚定信心，努力开创全县经济工作新局面》的工作报告；审议通过《中共香河县委关于2000年加强农村基层组织建设的意见》
2000	七	六（8.17）	全委（扩大）会议听取审议并通过县委书记石锡贵作《深入实施特色立县战略，力促全县各项事业再上新台阶》的工作报告；县委、县政府《关于发展壮大县城特色经济的实施意见》
		七（12.29）	全委（扩大）会议听取审议并通过县委《鼓劲谋发展，乘胜上台阶，努力实现“十五”计划的良好开局》的工作报告；讨论审议《中共香河县委关于制定国民经济和社会发展第十个五年计划的建议》
2001	七	八（5.23）	全委会议听取审议并通过县委书记石锡贵作县委工作报告；会议对上半年工作进行总结，对下半年工作进行部署；选出出席市第三次党代会代表候选人37名
		九（12.29）	全委（扩大）会议，传达了省第六次党代会和省委六届一次全会精神；县委书记石锡贵作《抓住奥运契机，应对入世挑战，为实现全县经济和社会发展的新跨越而努力奋斗》工作报告；通过《中共香河县委关于加强和改进党的作风建设的意见》
2002	七	十（7.25）	全委（扩大）会议审议并通过县委《与时俱进，加快发展，以优异成绩迎接党的十六大胜利召开》的工作报告
		十一（11.18）	全委（扩大）会议审议通过县委《统一思想，集中精力，做好各项工作确保县委换届顺利进行》的工作报告；审议通过《关于召开中国共产党香河县第八次代表大会的决定》
2003	八	二（12.25）	全委（扩大）会议听取审议并通过县委书记殷志刚作《奋发有为，追求卓越，向着提前实现“两个率先”的奋斗目标阔步前进》的报告
2004	八	三（7.26）	全委（扩大）会议听取审议并通过县委书记殷志刚作《弘扬求真务实精神，争做进位追赶先锋》的报告
		四（12.29）	全委（扩大）会议听取审议并通过县委书记殷志刚作《争做进位追赶先锋，推动香河和谐发展》的报告

续表 19-4-1

年份	届	次（月、日）	会议内容
2005	八	五（8.8）	全委（扩大）会议审议并通过县委《坚定不移推动工业强县凝心聚力促进和谐发展》的工作报告
		六（12.30）	全委（扩大）会议听取审议并通过县委书记殷志刚作《高扬率先发展旗帜，加快工业强县步伐全力打造实力香河、魅力香河、活力香河》的工作报告
2006	八	七（3.10）	全委（扩大）会议审议并通过《关于召开中国共产党香河县第九次代表大会的决议》
		八（6.1）	全委（扩大）会议以表决方式通过《香河县出席廊坊市第四次党代会代表候选人预备人选建议名单》，推选出香河县出席廊坊市第四次党代会代表候选人预备人选 44 名
		九（6.13）	全委（扩大）会议审议并通过县委八届工作报告（草案），县纪委工作报告（草案）；研究了九届县委、县纪委委员候选人预备人选名单；讨论通过县委八届九次全会会议决议
2006	九	二（12.15）	全委（扩大）会议审议并通过《中国共产党香河县第九届委员会第二次全体会议决议》，同意王增力、殷志刚、马文龙、孙玉茹、张莉、刘希贵 6 人为香河县出席党的十七大代表候选人初步人选
2008	九	三（1.6）	全委（扩大）会议审议并通过县委书记杨文华作《深层次解放思想，全方位打牢基础，在新一轮发展中推动香河加速崛起》的报告。会议充分肯定 2007 年工作成绩，对 2008 年工作进行部署。明确 2008 年工作指导思想是深入贯彻党的十七大精神和省市委决策部署，用思想大解放推动事业大发展
		四（7.21）	全委（扩大）会议审议并通过县委书记杨文华作《统一意志，坚定信心，向着既定目标大踏步前进》的工作报告。会议实事求是地总结了上半年成绩和经验；会议强调，要干成事业，就必须排除干扰、讲究策略、具体深入，全县上下务必在统一意志、坚定信心、强化执行三个层面达成共识
		五（12.17）	全委（扩大）会议审议并通过县委书记杨文华作《增强信心，奋力争先，在克难制胜中推动香河加速发展》的工作报告

第五章　日常党务工作

第一节　组织工作

一　干部管理

1979—2008 年，香河县干部管理实行分级、归口管理。分别由组织部、政府人事科（1983 年 11 月为劳动人事局，2002 年 8 月为人事劳动和社会保障局）、文教局（1989 年 11 月为教育局）管理。其中党委（工委）群团及政府部门副科以上干部由县委委托县委组织部管理；政府部门及事业、企业一般干部由人事科管理；教育系统教职工由文教局管理。县一中党政副职以上、二中至十三中行政副科级以上副校长、职中、师范党政正副职由组织部管理。

县委组织部，根据党的路线、方针、政策和县委指示、决议，制定有关党组织工作的方针、政策。提出实施党组织路线的具体措施；检查督促乡局级领导班子贯彻民主集中制、坚持集体领导和组织生活情况，总结推广经验，提出改进意见、措施；贯彻执行党的干部路线和干部政策，深化干部制度改革，搞好内部监督，做好对干部的考核、考察及奖惩工作。根据形势和任务的需要，大力培训干部，切实提高干部队伍素质；按照革命化、年轻化、知识化、专业化的要求，调整、配备和建设乡局级领导班子；按照德才兼备的标准及领导干部基本条件，积极培养、选拔优秀中青年干部；认真做好知识分子和人才管理工作；负责办理干部任免、工资待遇、离退休审批及党员干部统计工作；管好干部档案；受理党员、干部申诉，做好党员、干部的来信来访工作；承办因公出国、出境人员的政审工作。

二　考察考核

运用述职、测评、座谈、实绩分析等方法，考察、考核乡镇及县直科局级领导班子及领导成员。目的是打造团结、和谐、务实的领导班子，建设高素质的党员、干部和人才队伍。考察、考核工作，一般每半年或一年一次，有时根据具体情况进行不定期的考察。

对领导班子，重点考察班子凝聚力、战斗力、有无政绩以及班子团结情况、廉政建设情况、班子成员构成情况等。对班子成员，主要从德、能、勤、绩、廉（2002 年起增加对干部廉政考察）五个方面进行考察。对乡局级领导班子及成员考察考核，采取个别谈话、民主测评的方法进行。1995 年，实施公务员制度后，机关公务员年终考核，分为优秀、称职、基本称职、不称职 4 个档次。企事业单位党员干部，年终考核分为优秀、合格、基本合格、不合格 4 个档次。被评为优秀人员人数，一般不超过本单位总人数的 2%。县直及乡镇科局级干部、工青妇、党群部门一般干部，由县委组织部负责考核；企事业单位一般干部，由劳动人事局负责考核；教职工由教育局负责考核。

1998 年，强化一个核心（以改进和完善干部考核机制为核心）、抓好 4 个重点（重点抓关键性环节，抓基础促巩固、抓制度促完善、抓典型促提高）激发干部积极性；重点围绕市考核任务抓好分析、协调、调度、督导，充分发挥参谋作用；实现市下达任务目标和全县整体工作上档升级的目标。1998 年 10 月、2001 年 10 月和 2002 年 7 月，县委、县考核委印发了《乡局级领导班子及领导干部工作实绩考核办法》《关于印发党的建设等专项工作考核办法的通知》等，进一步规范、健全和完善乡局级领导班子和领导干部考核机制。

2002 年，制定出台《关于试行领导干部考察预告的实施办法》，全面实行拟任干部任前公示制度。年内提拔的 111 名领导干部全部进行任前公示。2003 年，对 104 名干部实行考察预告，对新提拔的 104 名干部实行任前公示，对 56 名干部实行为期一年的试用期。

2006 年，按照年初考核指标，对全县 102 个乡科级领导班子和 939 名领导干部进行客观、全面的考察考核。共评出实绩突出领导班子 76 个，实绩比较突出领导班子 25 个，实绩较差领导班子 1 个；优秀干部 176 名，称职干部 762 名，不称职干部 1 名；记三等功 30 名，嘉奖 146 名。参照全国组织系统“12380”干部监督举报电话有关规定，开通香河县干部监督举报电话“8312380”，加强对干部选任工作的监督。先后对拟提拔任用的 44 名人选，进行考察预告和任职公示，对 17 名科级干部进行经济责任审计。

2008 年 10 月中旬，采取单位自查与组织部门抽查相结合的形式，对全县乡科级领导班子和领导干部一至三季度目标完成情况进行考核。年底，对全县 103 个乡科级领导班子和 1031 名领导干部进行年度考核，评出实绩突出、创优争先领导班子 43 个，实绩突出领导班子 60 个；优秀干部 215 人，称职干部 816 人，记三等功 35 人，嘉奖 180 人。

三　干部招聘

1979 年，香河县主要从退伍转业军人和大中专毕业生中选拔招聘领导干部。由于干部退休、退职等原因，使得一些单位员额不足。1979—1984 年期间，招收农村经营管理员 11 名，计划生育助理员 9 名，税务助征员 26 名，行政机关 50 名，政法系统 59 名，财贸系统 81 名，农业系统 74 名，工交系统 25 名，文教卫系统 77 名，共计 412 名。1984 年，经考核，将 293 名“以工代干”人员转为国家正式干部。对拟提拔到领导岗位的干部，需经各单位民主推荐、领导审核确定后备干部培养对象，有针对性的培养。凡拟提拔的干部均采取“双推双考”（组织推荐、自我推荐，考试、考核）的办法，推广完善公开选拔领导干部机制。提拔前要对拟提拔干部进行德、能、勤、绩、廉等方面考察，尤其对工作实绩进行全面考察。经组织部研究通过后上报县委常委会讨论通过。通过后由组织部找本人谈话，经一周公示后行文。乡局级行政正职由县人大常委会发文，行政副职由县政府发文。1998

—2008 年，县委组织部通过“双推、双考”公开选拔副科级以上干部 218 名。

第二节 组织建设

一 整顿作风

1978 年 3 月至 9 月，农村整党整风开始。县委向各村街派出工作组宣讲中央文件。通过整党整风，肃清“文化大革命”和江青反革命集团的流毒和影响。1985 年 3 月，遵照《中共中央关于整党的决定》，香河县委成立整党整风领导小组。按照“统一思想、整顿作风、加强纪律、纯洁组织”的要求，分期分批进行县、乡、村整党，后期对党员重新登记。对问题一时未查清的 46 名党员暂缓登记。对在“文化大革命”中犯严重错误或“三种人”（造反起家的人、宗派思想严重的人、打砸抢分子）进行组织处理。其中，党内严重警告 12 人、留党察看 4 人、开除党籍 4 人。1986 年 12 月，整党基本结束。全县参加整党的党员 11695 名，占当年党员总数的 92.5%。

1979—1992 年，对钻改革空子、贪赃枉法、贪污受贿、失职渎职，损坏国家和集体利益的违法违纪者进行查处。受到处分的党员 728 人，其中开除党籍 137 人，留党察看 138 人，警告、严重警告 423 人，其他处分 30 人。1996 年底，在乡镇党委开展为期两个月的思想作风整顿工作。

1998 年 3 月，县委对全县领导班子进行思想作风整顿，制定《关于组织开展领导班子思想作风整顿的实施意见》。通过整顿，解决班子成员精神状态和工作标准不适应的问题。特别是学习气氛不浓、中心意识不牢、工作作风不良、进取意识不强、机关形象不佳、执行纪律不严 6 个方面的问题。1992—1998 年，对违纪的党员干部，纪检监察机关共立案 188 件，全部查结，受到党纪处理 136 人，挽回经济损失 120 万元。1999 年，对 2 名干部进行任期经济责任审计，对 8 名科级干部进行了诫勉谈话，辞退 2 名严重违反机关工作纪律、经诫勉谈话后仍未改正的科级干部。2001 年 3 月，县委印发《实行党员教育管理“警示谈话”制度的意见》，进一步规范处理违纪党员制度。1998—2003 年，以查办案件为重点，教育、警示党员干部。期间，县乡两级纪检部门共立案 308 件，处分党员干部 279 人，其中开除党籍 63 人，移送司法机关追究刑事责任 40 人。2006 年，香河县委加大对贪污腐败惩治力度。全年立案 35 件，结案 33 件，处分党员 33 人。

2008 年，纪检监察部门查办案件 31 件，51 名党员干部受到处分，受到党纪处分的 49 名，其中科级干部 1 名，一般党员 48 名，受到刑事处罚的 2 名。

二 反腐倡廉

1988 年 7 月，香河县委召开常委扩大会议，研究讨论“经济要发展、党政机关要廉洁”两者之间关系问题，会上印发了《关于党政机关保持廉洁的十条规定》。1989 年 1 月，香河县委召开全县检查清理工作会议。重点检查党政机关、干部在和企业交往过程中，有无凭借职权索贿受贿，以各种名誉从企业领取工资、补贴等；有无财务手续不清、拖欠公款、占用公物长期不还问题；企业公司有无账内账外、巧立名目私分公款问题；有无虚报产值利润，骗取名誉地位问题。1991 年，党风廉政建设的重点是纠正行业不正之风；严肃党纪，查处党内违纪案件；清理“三乱”（乱设站卡、乱罚款、乱收费）。1997 年，对干部违法施政、加重农民负担、财务混乱和公款吃喝四个方面进行专项治理。1998 年，全县党政机关清理超标小汽车 7 部，违规小汽车 31 部，公费住宅电话 157 部，移动电话 32 部，并一次性处理到位。县五套班子成员及全县副科级以上干部均建立了住房档案，并在一定范围内公开。

2000 年，为从源头遏制腐败，采取“三管住”措施。管住权：对容易发生暗箱操作、钱权交易的建筑市场招投标、经营性土地使用权转让、政府采购和企业产权交易全部按市场机制运作。管住钱：成立财政投资评审中心，凡是政府性投资的建设工程项目，均由财政投资评审中心全程介入，全程监督。推行乡镇财政集中支付制度。将乡镇本级的基层所站和中小学所有资金收支行为，全部纳入统筹管理范畴，避免坐收坐支、私设小金库和虚假做账等违纪发生。管住人：对干部的选拔任用，严格执行《党政领导干部选拔任用工作暂行条例》，实行民主推荐、民主测评、考察预告、任前公示、公开招录、竞争上岗。不断加强领导干部任中、离任经济责任审计。

2002年，针对部分党员干部婚丧事宜大操大办和公款大吃大喝问题，香河县委制定了《关于党员干部婚丧喜庆事宜“十不准”》（不准利用职务之便在操办婚丧喜庆中讲排场、比阔气，铺张浪费，借机敛财；不准收受管理和服务对象的钱物；不准在曾经工作的地方重发操办；不准办理个人和配偶、父母、子女以外的婚丧喜庆事宜；不准搞事前超规模预情，事后续请或分批宴请；不准用公款报销或由他人支付应由本人承担的费用；不准动用公车和占有公共资源；不准影响正常公务活动、机关工作秩序和交通秩序；不准搞封建迷信活动；不准用公款送礼）和《关于党员干部公款吃喝奢侈浪费的有关规定》。2003年，香河县委为落实党风廉政建设责任制，制定并下发了《党风廉政建设责任制分工》《党风廉政建设责任制实施意见》《党风廉政建设责任制实施办法》《党风廉政建设责任分解办法》《党风廉政建设责任制追究办法》《党风廉政建设责任分解办法》《党风廉政建设责任制报告制度》7个文件。

2004年，在领导干部述廉、评廉、考廉基础上又增加了诺廉和询廉两个环节（诺廉，即要求每名领导干部认真填写“廉洁从政承诺书”，承诺内容在本单位公示，并印发全县各单位，广泛接受群众监督；询廉，即在评廉之前由测评人员对述廉者履行廉洁自律有关规定和责任制方面提出质询，由述廉者当面解答）。是年，对全县7个单位存在用公款为干部职工购买商业保险及5个单位机关干部借用公款问题进行处理。　2008年，香河县委制定出台了《关于进一步加大预防腐败力度的工作方案》《党风廉政建设责任制牵头单位责任》《2008年党风廉政建设责任制分工意见》《关于进一步规范科级领导干部廉政档案的实施办法》《关于对领导干部实行函询和诫勉谈话的暂行办法》《关于严禁个人通讯工具捆绑单位办公电话问题的通知》，以便使党员干部受到廉洁从政教育，增强抵御侵蚀的能力。

三　基层组织建设

针对部分农村党组织存在班子不健全、软弱涣散、缺乏活力等问题，香河县委从1987年底起，在全县300个农村党支部开展班子升级活动。根据农村党支部实际情况，按好、中、差制定了一、二、三类分类的十二条标准。为使升级活动落到实处，县、乡镇党委采取三条措施。即：乡镇党委在调查研究、摸清底数的基础上，正确划分支部类别；乡镇党委指导二、三类支部，采取自下而上，民主评议的方法，制定党支部班子升级措施；县委每半年对党支部班子分类升级活动进行一次检查总结，推广经验，提出解决问题的办法。至1989年6月，有22个二类党支部上升为一类，13个三类党支部上升为一类。8月，香河县委印发《关于当前加强党的建设的意见》，对一类党支部班子重点做好巩固提高工作；对二类党支部班子提高素质，促进升级；对三类和处于瘫痪、半瘫痪党支部班子，重点做好整顿和转化工作。1991年7月，香河县委在全县企业党组织中开展“达标创先”活动，同时制定下发了《香河县企业党组织建设工作标准》。

为全面加强农村基层党组织建设，香河县委于1992年7月制定《关于农村基层党组织建设工作四年规划》。1993年起，县委集中培训党支部书记，乡镇党委培训党支部委员。至1998年，共举办培训班219期，培训农村干部20000人次。1996年底，乡镇党委开展思想作风整顿工作。通过整顿，解决干部“一手硬一手软”问题，“两手抓”意识普遍增强。

2000年，县委制发《2000年农村基层组织建设工作意见》。要求在基层党建工作中要做到远期有规划、近期有目标、阶段有重点。制定定期研究、月汇报、季交流目标责任制。县委抽调干部定期对有关单位、部门督导检查，对存在突出问题县委领导亲自批发督办卡，年内批发督办卡15张。2002年8月15日至30日，开展农村基层组织大调查活动。由县委副书记带队，对全县300个村街的党组织建设逐村逐项检查，找出薄弱环节。在深入调查的基础上，实施“511”工程，即先进党支部正排5%抓典型，中间党支部10%抓升级，后进党支部倒排10%抓整顿转化。对倒排出的33个后进村街党支部，按照党政部门包难村、政法部门包乱村、经济部门包穷村的办法帮扶转化。至9月底，33个后进村街全部转化。

2005年，香河县委制定并下发了《关于2005年加强基层组织建设的意见》，提出对农村基层组织建设要常抓不懈，要抓好乡镇党委组织建设、农村党员队伍建设。进一步规范党建工作责任、工作例会、督导检查等制度。2006年9月，在农村后进班子和社区党组织集中整顿过程中，按照倒排10%的比例，确定32个村街作为集中整顿的对象，由县级领导直接分包，抽调32个县直部门重点帮扶。2007年7月初，香河县委组成9个调研组，分包9个乡镇300个村街，就农村“两委”班子建设、党员队伍建设、活动阵地建设等方面进行全面调研，摸清存在的薄弱环节。

2008年，全县300个村街，共建立村级党总支23个，设立各种产业型、协会型专业党支部87个，分类党小组742个。按照廊坊市委“511”过程部署，香河县委年内确定了15个优秀党支部、30个中间状态升级党支部、32个经济发展长期滞后的党支部。当年，全县32个后进村中，调整村党支部书记3名，培养后备干部97名，培养入党积极分子128名。

第三节　党员教育

一　思想路线教育

1979年2月25日至28日，香河县委召开县、公社、生产大队、生产小队四级干部会议。会上传达了党的十一届三中全会精神，学习了中共中央《关于加强农业发展若干问题的决定》和《农村人民公社工作条例（试行草案）》，明确将工作重点转移到社会主义现代化建设上来，提出了农业推行生产责任制。10月，县委对全县10905名党员、干部进行普训。主要学习中共十一届三中全会、四中全会文件、全国五届人大二次会议《政府工作报告》等。通过普训，使全体党员、干部进一步端正思想，划清社会主义和资本主义界限。1979至1980年底，共办培训班9期，2131名党员参加学习。1981年8月，香河县委组织全县党员干部认真学习十一届六中全会文件，使广大党员干部从思想上拨乱反正，在思想路线和组织路线上和党中央保持一致。

1987年12月至1988年3月，对全县党员进行一次普遍轮训。轮训以十三大文件精神为中心，以加速和深化改革为目的，以克服僵化思想为主要任务，紧紧围绕社会主义初级阶段理论和党的基本路线，使全县党员牢牢掌握一个中心（以经济建设为中心）、两个基本点（坚持四项基本原则、坚持改革开放）。1988年4月，为贯彻落实地委基本路线教育座谈会精神，县委制发了《1988年基本路线教育规划》。以中共十三大文件为主要教材，以学习社会主义初级阶段理论为重点，以解放思想、解放生产力为目的，以加强组织领导为保证，深入持久、扎实有效地抓紧抓好基本路线教育工作。1996年8月，制发了《香河县1996至2000年干部教育培训规划》和《香河县乡村两级干部“九五”培训规划》，提出“九五”期间干部教育培训基本目标，使干部教育培训工作有章可循。是年，举办理论骨干培训班、组工干部培训班、乡镇党政干部理论培训班、国有集体企业经营管理者专题讲座等6个主体班次，培训干部1600余人。1993—1998年，县委利用县、乡党校，每年集中培训支部书记、支委。共办培训班219期，培训农村党员干部20000人次。

二　专题教育

（一）“三讲”及“三个代表”重要思想学习教育活动

2000年3月14日，香河县第一批县（处）级以“讲学习、讲政治、讲正气”为主要内容的“三讲”教育开始。经过自我剖析、听取意见，交流思想、开展批评，认真整改、巩固成果三个阶段，于5月12日结束。16日，香河县学习“三个代表”重要思想及“双思”（致富思源、富而思进）教育实践动员大会召开。会议号召全县党员干部要以“三个代表”重要思想武装头脑，对照“三个代表”重要思想查找存在的问题，按照“三个代表”重要思想的要求制定整改措施，努力完成各项任务。2003年8月至12月，按中央、省、市部署，全县各级党组织迅速掀起学习贯彻“三个代表”重要思想高潮。为确保活动扎实开展，成立了领导小组，制定下发了活动方案，对全县开展学习教育活动提出具体要求。县委先后举办科级干部政治理论培训班、农村“两委”主要干部理论培训班、乡村干部岗位素质培训班，培训各级党员干部3500人次。

（二）保持共产党员先进性教育活动

2005年2月至2006年6月，开展了保持共产党员先进性教育活动（简称先进性教育活动）。全县先后分三批在县四大班子、县直部门、乡镇、街道、城镇中小学、企业、村街党组织中开展此项活动。在学习动员阶段，坚持“不漏掉一个支部、不落下一个党员”，学习覆盖面达 100%。

第一批先进性教育活动（2005 年 2 月 2 日至 7 月 12 日），有 67 个单位参加。其中，党委 8 个，总支 10 个，支部 111 个，受教育党员 2947 名。受教育单位自行组织专题党课 157 次，进行形势教育 104 次，召开座谈会 285 个，走访党员群众 4　1 万余人，发放征求意见卡 2　6 万余份，设置意见箱 129 个，设置电子信箱 7 个，征求意见建议 2　1 万条。第一批先进性教育活动中，各级党员干部为群众办实事办好事 4520 件，涌现出县财政集中支付中心岗位模范“七姐妹”“全国模范人民调解员”钳屯乡司法所长任春艳等一批先进典型。

第二批先进性教育活动（2005 年 7 月 12 日至 12 月 13 日），有 29 个单位参加。基层党组织 135 个，其中党委 12 个，总支 5 个，党支部 118 个，受教育党员 2718 名。此次教育活动抽调宣传部、组织部、党校人员组成培训组，负责整个先进教育活动的学习培训，巡回辅导；明确学习内容，把《保持共产党员先进性教育读本》作为必读教材，做到人手一册；坚持自学与集中学相结合；在保证教育覆盖面上，坚持不漏掉一个支部，不落下一名党员，做到应学尽学。对 48 名临时外出不能参加学习的党员，一律安排补课；对 66 名流动党员组织关系全部结转到位，组织学习；对 7 名长期卧床、生活不能自理的离退休职工党员，分别由所在支部明确一名党员重点联系，送学上门；对 270 名下岗职工党员、自谋职业党员、学生党员、军转未安置党员及毕业待分配党员（简称“五员”），分别由所在支部组织学习，并明确专人联系，结成帮扶对子。

第三批先进性教育活动（2005 年 12 月 13 日至 2006 年 7 月 31 日）。有 359 个基层党组织，11618 名党员参加。主要分布在农村、农村学校和组织关系在乡镇的企事业单位三个层面。共建立先进性教育联系点 148 个，占参加先进性教育党组织总数的 41.2%。组成 9 个督导组，分包 9 个乡镇，全程指导教育活动。对接受教育的 359 个基层党组织，全部派驻指导联络员，每个党组织确定 3～5 名学习骨干，协助搞好活动。2006 年 4 月 21 日，县委召开专题会议，总结第三批先进性教育工作，部署巩固和扩大整改成果工作。会后，县委各督导组全部深入乡镇，协助搞好回顾总结、查漏补缺。在整改提高工作中，针对存在问题，建立“公开承诺、领导带头、台账管理、重点督办、群众参与、媒体监督”六项落实机制，确保把各项整改措施落到实处，把教育活动办成群众满意工程。

2006 年 5 月 27 日，县委组织召开先进性教育活动，群众满意度测评工作大会。由第一、第二、第三批先进性教育单位，100 名党员和群众代表（党员 66 名群众 34 名）参加群众满意度测评大会。会议采取随机抽样测评和座谈测评形式进行。在随机抽样测评中，第一批先进性教育单位共 20 名党员、群众（党员 13 名，群众 7 名）参加测评；第二批先进性教育单位 30 名党员、群众（党员 20 名，群众 10 名）参加测评；第三批先进性教育单位共 50 名党员群众（党员 33 名，群众 17 名）参加测评。

三　学历教育

1996 年 9 月，省委党校函授大专班香河站开班，录取学员 115 名。1997 年 4 月，香河县开办全市唯一的党校函授本科班，45 名副科级以上干部进校学习。2001 年，县委研究并下发《香河县 2001—2005 年干部教育培训规划》，以提高党员干部政策理论水平。坚持重点干部重点培养、优秀干部优先培养、紧缺干部加紧培养、年轻干部全面培养的原则，加大对党员干部教育培养力度。

第四节　宣传工作

一　社会宣传

1979 年，重点宣传中共十一届三中全会精神，摒弃以“阶级斗争为纲”的指导思想，明确将工作重点转移到社会主义建设上来，提出农村实行生产责任制。1981 年，重点宣讲中共中央《关于建国以来党的若干历史问题的决议》，继续坚持“四项基本原则”的宣传教育，进一步加强社会主义精神文明建设的宣传教育。1984 年，着重进行以经济建设为中心的党的政策教育，鼓励一部分人先富起来。是年 7 月 15 日，香河县委、县政府召开县、乡、村三级干部会议，表彰“两户一体”（专业户、重点户、经济联合体）。1987 年，在对 1984 年后，香河县企业改革状况进行调查的基础上，编辑《香河县乡镇企业发展战略论文选》及改革成果的宣传材料，结合宣传贯彻中共十三大精神，加大对改革的宣传。是年11月，香河县委印发《关于学习宣传党的十三大文件的安排意见》，要求各级党组织认真组织广大党员、干部、群众深入学习、宣传和贯彻中共十三大精神，以此作为各级党组织的中心任务。1989年春夏之交，北京发生政治风波，为稳定全县广大党员、干部、群众思想，县委组织全县党员、干部、群众学习中央领导重要讲话，宣传部门及时做好舆论导向工作。

1992年，加强对农村经济政策的宣传。在县广播电台、电视台举办“时事问答”“政策解说”栏目，结合实际和群众的疑难点，开展农村经济政策宣传；利用集市人员汇集的有利条件，设置集市宣传站；建立一支600多人的农村宣传队伍入户宣传；在全县300个自然村，每村设立2～3块黑板报，更新或恢复广播室、科技活动室和党员活动室。年底，全县60%的村街建起图书室、阅报栏。全县10个集贸市场全部建立了宣传站，设立橱窗70个、展牌42块、刷新黑板报55块，全县有农村宣传员659人。

1994年，为配合全县小康建设，以翻番致富奔小康为主题，县委宣传部在全县开展大宣传、大鼓动、大动员活动。采取散发宣传资料、组织参观等形式，在全县开展奔小康大讨论。1996年6月，全县开展文化“十下乡、十进村”活动。县委宣传部组织职能部门和群众团体，按照职责范围，分工负责，做好图书、电影、科技、戏剧和文娱活动、广播电视、政策宣传、法律咨询、体育活动、医疗卫生、生活新风等相应工作。年内，开展“鱼水工程”宣传，强化农村小康建设宣传。县电台、电视台共播出小康建设新闻稿件480篇，播出《小康建设在香河》专题节目86期。2000年，宣传工作的指导思想是以邓小平理论为指导，深入学习宣传、贯彻中共十五大精神。2004年12月起，组织“科技大篷车”下乡售书、科技咨询、发放科普资料和科技知识讲座等活动。2005年1月28日，刘宋镇举办文化、卫生、科技“三下乡”活动。市县文联的书画家免费为农民写春联；市县科技部门向农民发放农业实用技术书籍，并进行现场咨询和解答疑难；市“心连心”艺术团及县文艺工作者为农民表演文艺节目，《廊坊日报》对整个活动进行了跟踪报道。

2008年，宣传工作主要围绕全县招商引资、项目建设和经济大发展进行宣传。集中宣传香河县新农村建设取得的成果及村街典型经验和做法；围绕群众关心的社会热点问题进行宣传；将县人民医院、地方税务局等单位，供电局低压施工队队长周永明等先进个人作为典型进行宣传。组织开展“创业之星”“和谐之星”“感动员工企业”评选活动。有10家企业获“感动员工企业”荣誉称号，10名个人获“创业之星” 荣誉称号，30名个人获“和谐之星” 荣誉称号。

二　理论教育

1979年，县委宣传部联合县委党校，举办各级党员干部理论培训班，主要学习党建理论、社会发展史、政治经济学等。1980年4月至1981年1月，对全县党员进行轮训。主要学习中共十一届三中全会后一系列文件，学习社会主义初级阶段理论。1987年12月至1988年3月底，分期分批分层次对全县党员进行普遍轮训，此次轮训紧紧围绕社会主义初级阶段理论和党的基本路线，使全县党员牢牢“掌握一个中心、两个基本点”（以经济建设为中心，坚持四项基本原则、坚持改革开放）。1988年11月，县委安排部署了以形势教育为主题的全县党员轮训活动。

1992年4月8日至10日，举办乡局级干部党建理论骨干培训班。主要学习《马克思主义党的建设理论学习纲要》。1995年5月至6月，两次举办全县正副科级干部培训班。主要学习建设有中国特色社会主义理论基础知识、党章、现代科技知识、市场经济知识等。

2000年，在全县党员中重点进行“三讲教育”“三个代表”重要思想及“双思”（致富思源、富而思进）教育、入世问题与对策、警示教育、五中全会精神、现代科学知识教育、农村法规和马克思主义唯物论、无神论教育。邀请中共中央政策研究室副主任郑科扬、北京理工大学教授赵瑾璐、中共中央宣传部研究室副处长夏学平作辅导。在全县先后组建21个理论学习电教网点，组织征订了《学习时报》《党的十五届五中全会精神学习辅导》《WDO基本知识》，编写8期“党员教育材料”和23期“中心组理论学习参考”。2004年3月举办农村干部理论培训班；举办 “三农”问题是全面建设小康社会重大任务的专题讲座。2006年，围绕“三个代表”、十六届六中全会、科学发展观、“十一五”规划、新农村建设等专题开展理论和实用技术培训。

1979—2008 年，香河县委宣传部联合县委党校举办全县党员、各级领导干部理论培训班。先后举办各类培训班 272 期，受教育党员、干部 47543 人次，受教育率达 82%。

三　外宣工作

1988 年，县委宣传部外宣科成立，旨在加大对外宣传香河县改革开放后巨大变化。是年，在各级各类报（台）刊播稿件 780 篇；完成 30 多种新产品的推广宣传。

1992 年 4 月 21 日，香河县举办首届草莓新闻发布会。发布会邀请《人民日报》《经济日报》和北京、天津电视台等十几家新闻单位参加。

1993 年初，对安平经济技术开发区和第一城重点宣传。《人民日报》《北京周报》《台湾时报》《大公报》《申报》等，陆续刊发关于香河县得天独厚的地理位置及发展前景消息 32 条；《廊坊日报》开辟专栏，系统连续报道。通过宣传，引进“北方家具城”“辽宁办事处”两个项目，引进资金 7000 万美元。承办了“京东五彩城”奠基大型新闻发布会，全国 20 多家重点报（台）作了较系统报道。为了进一步提升香河县在国内、国际的知名度，编辑出版了大型宣传画册《京畿明珠——香河》。拍片 1400 多幅，搜集整理资料 10 万多字，征集老照片 49 幅。集图片、照片、中英文于一体的画册，全面展示了前进中的香河风貌。

1996 年，集中开展“巧用京津战略”宣传攻势。加强“三强一重”（强乡镇、强村街、强企业、重点技改项目）工程报道。对北京香河旅游家俬公司与北京市旅游局联合开发新产品、香河县华北制冷集团引进技术开发高科技产品的典型、香河县外贸纸制品厂拓展京津市场的典型等进行广泛宣传。在县电视台开办“香河人在北京”专栏，每月播 2～4 期，为香河人民与在京工作的香河籍老乡架起沟通的桥梁。

1997 年 4 月 11 日，举办“香河扩大开放记者招待会”“天下第一城”试营业新闻发布会、迎国庆贺香建公司获国家建筑一级资质记者招待会、全国部分省区市新闻界禁止有偿新闻座谈会、香河县记者招待会和河北省（香河县）农业高新技术园区信息发布会等大型活动。邀请《人民日报》、新华社等 90 多家新闻单位 120 名记者参加，累计发稿 150 多篇。

2002 年，邀请中央电视台《乡村大世界》栏目组一行 8 人，深入乡村企业采访，制作香河专题节目，全方位介绍香河，节目长达 1 小时 30 分。召开香河县家具城新闻发布会，邀请了《光明日报》副总编辑翟惠生、《科技日报》副总编辑陈泉涌、《人民日报》经济部副主任潘刚等近 40 位国内媒体朋友对香河县家具城进行实地参观、采访。发布会后，《人民日报》《光明日报》、中央人民广播电台、中央电视台等共同刊发《香河建成北方最大家具集散地》的新闻通稿。

2003 年，先后组织了“6•29”千万元以上项目开竣工庆典新闻发布会、“10•18”省经贸洽谈会签约项目新闻发布会、“11•10”和“11•23”（金钥匙）中国香河国际会展中心新闻发布会。《人民日报》《经济日报》《光明日报》《科技日报》、中央电视台等国内 70 多家新闻媒体，200 多位新闻工作者参加发布会。会后，在全国各大新闻媒体刊发新闻 152 条，《河北日报》以整版篇幅报道了香河县家具产业发展情况。

2004 年，《廊坊日报》先后刊登“诚信香河”“平安香河”“金融论坛”“生态文明建设”4 组连续报道；《人民日报》以近三分之一版面介绍香河经验，《农民日报》《河北日报》头版头条解读香河；《廊坊日报》开辟了“学习香河经验，建设平安廊坊”专栏。

2005 年，对外着力宣传县域经济发展、构建和谐社会。在第一批先进性教育活动中，《农民日报》《廊坊日报》在头版头条的位置刊发《香河县把先进性落实到发展实践中》；《河北日报》在头版头条刊发《香河县春节党员先进性教育“不断线”》；《人民日报》4 次刊登香河县先进性教育活动开展情况；中央电视台 3 次介绍香河县以先进性教育活动为契机，推动经济、社会和谐发展的典型做法；中共中央宣传部党建杂志，推出香河县先进性教育活动经验。

2007 年 10 月，与新华社合作建立新华网河北频道香河网站，内容涵盖香河动态、特色产业、招商引资、公共事业等，旨在全方面介绍香河、展示香河，成为宣传香河的重要网络平台。

2008 年，《人民日报》《经济日报》、新华社等国家级报刊刊发《河北香河发展家具市场促进富民强县》等稿件；《河北日报》《河北经济日报》刊发《香河构筑环京津现代服务业高地》《香河县投资 500 亿元打造京津后花园》等稿件；《廊坊日报》刊发《城乡遍谱和谐曲——香河发展纪实》等稿件。向省市委宣传部报送舆情信息 1000 余条篇，在省市《宣传信息》上刊发香河信息 12 篇。

1988—2008 年，先后在国家及省市报（台），刊播宣传香河县稿件 23143 篇，起到宣传香河、推介香河的作用。

1988—2008 年香河县对外宣传稿件发表数量统计表

表 19-5-1 单位：篇

年份 数量 项目	稿件发表			
	合计	国家级报、台	省级报、台	市级报、台
1988	780	83	124	573
1989	733	35	118	580
1990	736	38	133	565
1991	791	41	140	610
1992	872	27	165	680
1993	1116	16	366	734
1994	1120	10	220	890
1995	969	19	150	800
1996	1203	23	280	900
1997	1321	21	300	1000
1998	1225	25	300	900
1999	1417	17	400	1000
2000	1359	38	441	880
2001	1053	33	160	860
2002	1045	25	120	900
2003	1224	19	365	840
2004	1188	38	320	830
2005	1400	45	395	960
2006	1143	73	350	720
2007	1198	68	330	800
2008	1250	78	312	860
合计	23143	772	5489	16882

第五节 统战工作

一 组织各界人士参政议政

县委统战部重视对个体私营工商业者、非党知识分子、民主党派、少数民族、宗教界人士的日常考察。1987 年，县委统战部从各界人士中选拔推荐有政治觉悟、工作实绩突出、有一定参政议政能力人员，向县人大、县政协推荐。至 2008 年，在“两会”换届选举中，各界人士中的精英，有 89 名被选为县、市人大代表或聘为政协委员。其中，29 名当选香河县人大代表，49 名被聘为香河县政协委员，4 名当选廊坊市人大代表，7 名被聘为廊坊市政协委员。在“两会”期间，各界人士中的人大代表或政协委员和其他代表、委员一道参政议政。

在县内各项重大决策过程中，均邀请各界人士代表参加考察、调研。2002 年，在科技、文化、教育、卫生等党外知识分子集中的单位，设立 14 个党外知识分子参政议政箱，在党委网上建党外知识分子建言献策电子邮箱。是年，党外知识分子所提 15 条意见和建议被县委、县政府及有关部门采纳。2004 年，组织党外知识分子对香河县政治、经济建设情况进行调研、考察，提高其参政议政和民主监督的能力。2006 年，党外知识分子参政议政箱由 14 个增加到 16 个。共收集整理各类意见建议 61 条，编发《参政议政快报》13 期。是年，有 8 条党外知识分子所提意见、建议被县委、县政府采纳，涉及经济、教育、城建、社会安定等。

2008 年，县委统战部把开展“政治交接学习教育活动”（“政治交接学习教育活动”旨在推动各民主党派中央领导班子在实现新老交替的同时，把民主党派老一辈在长期革命、建设和改革实践中形成的政治信念、优良品质和优良作风一代一代传下去）与提高党外人士的参政议政能力，和参政议政所发挥的作用紧密结合。是年，党外人士提案、议案 97 件，其中《关于治理整顿废旧回收行业的建议》《关于落实农民工培训经费的建议》等得到县政府高度重视。

二　协商党外人士领导职务

1981 年，县内有 10 余名党外人士加入中国共产党，有 6 名担任县、科级领导职务。1983 年，香河县委统战部会同县委组织部，按照德才兼备选拔干部的标准，通过召开党外人士、人大代表座谈会等，推荐安排了 1 名非党副县长。历届人大常委会均安排非党人士和少数民族人士各 1 名为县人大副主任；历届县人民政府均有 1 名非党人士为副县长。是年，筹建中国人民政治协商会议香河县委员会。县委统战部、县委组织部向筹委会推荐民革成员么志远，无党派人士杜慎微、杜兴甫为县政协副主席人选，3 人当选政协香河县第一届委员会副主席。从第一到第七届共推荐安排党外人士 24 人次为县政协副主席，140 余人次为县政协委员，20 余人次为市政协委员。

1994 年，多数乡镇卫生院及县医院均安排有非党副院长。1993—2008 年，共安排科级党外领导干部 18 名。2005 年，培养 100 名优秀的党外知识分子代表人士，从中选出 10 名作为县级领导重点联系对象，20 名作为统战部领导重点联系对象，并进入非党后备领导干部人才库。

三　对台工作

1984 年 4 月，去台人员高健先生途经美、日等国返回原籍鲁家务村定居。县乡村领导热情接待，妥善安置，使高老先生倍感家乡温暖，出资为家乡修路，受到乡亲赞扬。为做好对台工作，1986 年，县成立台湾事务办公室，主要负责香河县籍台胞回大陆探亲访友、观光旅游、洽谈经贸等事宜。至 1990 年，共接待来香河的台胞达 100 多人次。1993 年，有 10 位台商来香河洽谈经贸。其中，王先生投资 43.3 万美元建起香河鸿庆泡沫棉有限公司。1994 年，到香河县探亲考察的台胞胎商 8 人，台湾事务办公室工作人员热情接待，解答疑难，为 5 家台商办理资格证书。2002 年，接待观光、探亲、经贸洽谈的台胞 30 人次，走访台胞台属 60 户。是年，促成台资企业东兴纸业（香河）有限公司，增资 1000 万美元的扩建项目。2004 年，利用春节慰问等多种形式，开展对台方针政策和两岸形势的宣传教育咨询活动。举办咨询活动 10 期，500 人次接受教育，在各级报台上发表对台宣传文章 96 篇，利用邮寄、携带等形式输入涉台宣传制品 280 余件。2005 年，协助台湾台中市张森楠先生寻找渠口镇北渠口村亲属，并于 5 月双方取得联系。2006 年，走访台胞台属 60 人次。为加强与台胞台属联系，加深与台胞台属感情，为台胞台属免费体检；为台属苏宝中办理遗产继承手续；走访台胞台属 60 人次，多次看望高健先生，并送去慰问品。

2008 年，对台胞台属服务工作突出“三心”。工作中做到有爱心，把台胞台属当成亲人、朋友，关心、体贴；做到有诚心，做台胞台属的贴心人，诚心诚意待人，尽心尽力办事；做到有恒心，为台胞台属服务做到持之以恒，不厌其烦。3 月，开展“台企服务月活动”，针对台企在土地征用、税收、贷款、环保等方面困难和问题予以协调解决。6 月底，帮扶 10 户困难台属家庭完成“三夏”麦收工作，为一户台属解决3万元的养殖起动资金。是年，共访台属30余户，解决台属生活、工作困难20余件。为做好对台稳定工作，统战部工作人员深入基层，调查走访，掌握翔实的第一手材料，完善台胞台属档案管理系统，做到动态管理；成立对台工作领导小组，统筹指导对台宣传、经贸合作、联络、交流交往等各项对台工作；制定《香河县涉台突发事件应急预案》，协调处理涉台应急事件。

四　民族宗教工作

从2002年起，每年5月为民族政策宣传月。利用各种宣传手段，宣传《河北省宗教事务条例》《国务院宗教事务条例》《宗教活动场所年度检查办法》等。2004年，结合民族政策宣传月活动，召开民族宗教中上层人士座谈会，在9个乡镇举办民族政策培训班，共举办20期次，800人参加培训。8月，举办有各单位一把手，全县各村街党支部书记参加的民族宗教政策培训班，在县电视台举办两期民族宗教相关知识专题讲座。是年，对参与“传福音”组织的群众进行密查。涉及全县除五百户镇的8个乡镇，54个村街，415名群众。钳屯、蒋辛屯、淑阳3个乡镇参与人员较多。调查中还了解到安平镇一自称“门多会”组织，涉及3个村街共9人。对此，统战部制定三项防控措施：在相关村街安排信息员，随时关注其动向；每周五为信息反馈日，重大情况第一时间反馈；每月召开一次专题分析会，集中分析当前情况和发展动态。为做好转化工作，着重做好三方面工作：组织重点参与者参加文化大院活动，进行正面的、积极的文化灌输；安排就业，挤占非法活动时间；帮助帮扶，增加经济收入，解决生产生活困难。2006年，在宣传宗教政策的同时，引导信教群众在宪法和法律规定的权利和义务内活动。任何人不得利用宗教反对党的领导和社会主义制度，不得妨碍社会秩序、工作秩序和生活秩序。发放《宗教事务条例》1000余份。针对县内基督教发展较快，活动不规范及非法跨区传教等问题，县宗教主管部门多次深入教徒较集中的村街及活动点宣讲国家政策，要求信教群众要在国家法律允许范围内开展活动，不允许私设聚会点、宗教场所传教。

2008年，为确保民族宗教领域安保工作顺利开展，先后制定了《香河县宗教领域奥运安保工作总体方案》《香河县宗教领域奥运安保工作应急处置预案》《预防和处置民族宗教领域群体性事件工作预案》。为做好对内、对外宣传和接受境内外新闻媒体的采访工作，正确引导舆论，制定了《香河县民族宗教局新闻发言人制度》，将《香河县民族宗教涉奥对外宣传答复口径提纲》下发各乡镇。为应对境外媒体采访，就国家民族宗教基本政策，对全县包村干部及奥运安保志愿者进行培训，以提高全县民族宗教工作者对外宣传工作水平。为维护社会稳定和做好奥运安保工作，把责任落实到人。按照属地管理，分级负责和谁主管谁负责的原则，实行乡镇政府包村，统战、民宗部门包宗教活动场所，统战、民宗领导班子成员包教职人员的“三包”责任制，确保重点村街控得住，重要场所管得住，重点人物稳得住。由于周密安排，认真工作，使得香河县在2008年北京奥运会期间，社会和谐稳定。

五　落实政策

1979年始，对145名“文化大革命”中被冲击的统战人员落实政策，并妥善安置；被征用、查抄的房产、财务全部清还；对47名原国民党起义人员，经查实颁发起义证书，妥善安置工作和生活；对运动中受到冲击，遭受不公正待遇的党外各界人士经本人申诉，有关部门进行认真复查落实，妥善解决。为了充分发挥爱国人士在社会主义物质文明和社会主义精神文明两个文明建设中的作用，香河县委不定期的组织党外人士参观访问、办学习班等，领会党的各项方针政策，落实“长期共存”“肝胆相照、荣辱与共”的统战方针，促进党与非党合作共事。

第六节　精神文明建设

一　思想道德教育

1980年起，各公社均建起文化站，216个大队建起俱乐部，开展群众文化活动，帮助群众学习政治、文化和科学知识，使群众逐渐摆脱愚昧落后的束缚。1981年3月19日，召开全县“掀起学雷锋树新风建设社会主义精神文明教育活动”电话会。会后，县武装部、公安局、文教局、电影公司干部职工走上街头清理垃圾。全县有学雷锋小组1753

个，做好事 12234 件。1983 年，100 多名公安干警和报告员深入社队、学校、厂店，进行法制宣传 600 多场，受教育者达 70000 多人，1143 名好赌者及 12 名算命先生受到教育。全县由 171700 多人组成 2550 个学雷锋小组，送温暖、做好事 35000 多件。1992 年，为净化社会环境，开展了“扫黄打非”（黄色书刊、音像制品，非法出版物），除“六害”（卖淫嫖娼、拐卖妇女儿童、利用封建迷信骗钱害命、聚众赌博、制作贩卖传播淫秽物品、吸食制作贩卖毒品）活动。

1997 年 3 月，重点解决一些单位存在的“门难进、脸难看、事难办”的衙门作风和各种不良习气，确立“三服务”（为上级服务、为同级服务、为基层服务）思想。制定、完善《机关干部挂牌上岗制度》《党政干部行为规范》《机关干部文明用语和忌语》等制度。2000 年，制定《香河县特色文化建设五年规划》。重点抓好三项建设活动：抓好文化示范村建设。2001—2002 年，刘宋村、北三百户村、西店村和义井村先后被省委宣传部评为“河北省宣传文化示范村”；抓“彩色周末”和“三下乡”（文化、科技、医疗）活动。平均每年组织大型下乡活动 4 次，组织有关部门下乡 90 余次，举办文艺演出 80 余场；抓好“三个形象”（市民形象、机关形象、县城形象）建设。2002 年 8 月 15 日，在香河广场举行公民道德实践千人签名活动。来自全县各行各业 1200 余人在两块 10 米长的红布上签名，活动中发放公民道德宣传材料 2000 余份。广泛开展“诚信香河”活动，利用广播、电视、报刊、宣传栏等宣传“爱国守法、明理诚信、团结友善、勤俭自强、敬业奉献”20 字公民基本道德规范。以《香河人民文明公约》《廊坊市民文明手册》《市民行为规范》及《中华道德文明歌》为教材，采取分工负责、层层落实、分类施教的方法，抓好职工、中小学生、团员青年、个体工商户、居民 5 个层面的文明市民思想道德教育。2007 年 6 月 29 日，在县影剧院举办“构建和谐的心灵——和谐香河大讲堂”主题讲座活动。聘请北京师范大学于丹教授现场演讲，县各级领导及教师聆听了讲座。

2008 年，在全县开展首届道德模范推荐评选活动，评出道德模范 44 名。王培胜荣获河北省“孝老爱亲”模范提名奖。王楠、何永利、王占喜、门德志、何风娟 5 人被中央文明办评为“中国好人”。王培胜一家 3 口人被评为“河北省十大热心肠人物”。

附：

搭起幸福的“三姓”之家
——王培胜一家人事迹材料

王培胜，男，汉族，1963 年出生，中共党员，高中文化，原籍廊坊市安次区。2005 年任香河县淑阳镇计生办副主任，2008 年任段庄居委会副主任。王培胜 20 年如一日，照顾残疾老人陈金城。王培胜、郭万华夫妇和 18 岁的女儿王楠，还有王楠没有血缘关系的爷爷——陈金城组成了一个互敬互爱、和谐融洽、温馨与幸福的“三姓之家”。

1986 年，王培胜在廊坊市建筑公司当木工，因眼伤住进廊坊眼科医院。基本痊愈时病房里住进一位双目失明、驼背达九十度的老人陈金城，老人生活完全不能自理且无人陪护。见到此景王培胜便主动承担起每天老人的吃喝拉撒睡全部护理工作，即使闲下来，也从不离左右，不是帮老人读报，就是和老人促膝谈心。

一年以后，陈金城的眼睛彻底失去了复明的希望，决定出院回家。恰好就在这时，有位姓丁的朋友介绍王培胜到廊坊地震局当门卫。王培胜正对陈金城回家没人照顾而放不下心，听了这个喜讯，急忙跑到地震局找领导商量，能不能带着陈金城老人上班？结果令王培胜大失所望。此时，王培胜便毅然决定跟陈金城一起回香河照顾老人家。王培胜的决定遭到陈金城的反对，因为陈金城在县城房无一间、地无一垄，租住两间低矮的小屋，王培胜还没成家，唯恐误了他的终身。因此，他只答应王培胜送他回家，以后可以作为好朋友常来常往。谁知到了香河，王培胜就再也不肯离开老人。

1988 年，王培胜与郭万华结婚，住进了两间低矮的小屋，陈金城住里间，王培胜夫妻住外间。婚后夫妻二人无微不至照顾陈金城，就这样这个特殊的家庭开始了新的生活。为了生活，陈金城托人让王培胜到水泥厂做包装工，就是把散水泥装袋，车间里烟尘四起，不仅脏，而且累，下班回家，话都不想说。但是，每当回家后看到陈金城依然伏案写作，就会把劳累忘得一干二净。因为眼睛失明，陈金城写字经常串行，王培胜就照着稿纸的格子刻了一块铝板，扑在纸上，让陈金城摸着格子写。王培胜夫妻的到来，使房东有了后顾之忧，找借口催他们搬家。无奈，三人只好搬离，租了三间破土房，每月租金三十元，当时陈金城的月工资是六十元，房子租金占去了一半。为了贴补生活，郭万华不得不带着身孕到街头卖服装。收摊回来，还要做饭、洗衣，有时还要帮陈金城誊写稿子。

邻居们问她："你们两口子这样做到底图个啥呢？"万华说："陈老师房无一间地无一垅，要说图，就图他能有个幸福的晚年。"水泥厂的领导了解王培胜之后，向他提出疑问："你在廊坊好歹找个工作就比这儿强，干嘛非到这儿受这份罪。"确实，不少人把王培胜夫妻看成了另类，对他们的行为不能理解。与此相反，时任廊坊市市长知道了这件事，指示残疾人联合会予以关注。王培胜的事迹很快上报到省，并出现在千家万户的电视屏幕上，特殊家庭的美誉不胫而走，妇孺皆知。1990 年底，王培胜被评为扶残助残先进个人，参加了河北省表彰大会。1991 年 5 月，王培胜作为助残先进个人，参加了全国首届自强模范及助残先进集体、个人表彰大会，受到了党和国家领导人江泽民、李鹏、乔石、李瑞环等的亲切接见，并合影留念。时任香河县委书记登门看望，问暖嘘寒，协调有关单位把王培胜夫妻和小女儿王楠的户口落入淑阳镇。王培胜入了党，还被安排到淑阳镇政府上班。有关部门为他们盖起了新房，自此，陈金城老人"三姓"四口之家开始了新的生活。

陈金城老人失明后始终没有停止写作， 1995 年他一口气写出了《作文三步走》和《幼儿话法》两本书，这下可忙坏了王培胜夫妻，因为陈金城的稿子必须经过誊写，不然没法排版。两部书稿大约六万余字，他们除去忙工作、忙家务，就是忙誊写。为解决陈金城的写字难，2000 年，王培胜夫妻商量着买来一台带有语音功能的电脑，以便让陈金城自己打字，经过一番苦练，终因很难操作，以失败告终。后来，听说清华大学自动化系的老教授茅宇航专门为盲人研究出一种打字软件，他们当即买回安装在电脑上，小孙女王楠手把手教爷爷打字。先后打出五本书稿，两部戏曲剧本和四部电视剧文学脚本，计百万余字。王楠在陈金城身边长大，深受爷爷宠爱，尽管她和爷爷没有血缘关系，爷孙二人却比亲祖孙还亲。爸妈给她买好吃的，她先让爷爷吃；爷爷有个头疼脑热，她比爸妈都着急，一个劲儿催着爸妈去找医生或者买药；有高兴的事，她第一个先告诉爷爷，有烦心的事，她总要和爷爷诉说，有时还会在爷爷面前掉几滴眼泪。

王培胜及家人用一颗爱心谱写了一曲动人的颂歌。1990 年底王培胜被评为扶残助残先进个人，参加了河北省表彰大会；1991 年 5 月，王培胜成为助残先进个人。《人民日报》《中国青年报》及河北电视台、北京电视台、天津电视台等新闻媒体先后刊播了他们的先进事迹。王培胜以"孝老爱亲好人"入选 2008 年 12 月中国文明网"中国好人候选人"。

（县文明办提供资料，陈述龙编写。）

二 创建文明城镇

1982 年 3 月，香河县开展第一个"文明礼貌月活动"。全县开展"五讲四美三热爱"（讲文明、讲礼貌、讲卫生、讲秩序、讲道德；心灵美、语言美、行为美、环境美；热爱祖国、热爱社会主义、热爱中国共产党）活动，组成学雷锋小组 3725 个。是月，组织 4 次全县规模的突击活动，20 万人走上街头巷尾，大搞净化、绿化活动。参加植树、搞卫生计 198312 人次。出动车辆 16308 辆，清除垃圾 122150 车，挖蝇蛹 134.6 斤，灭鼠 83297 只，治理污水沟 47 条，植树 632055 棵，造青年林近 2 公顷，绿化青年路 52 条。1983 年，县委制定文明商店、文明工厂、文明学校标准，以便在执行中有所遵循。1983 年第二个文明礼貌月，全县有 89700 多人参与清理街道、植树绿化活动。清运垃圾 3134 车，清运粪土 20 万方，植树 739300 棵，育苗 320 公顷。1987 年 12 月，经省、地有关部门批准，香河县城被评为地区级文明县城。

1991 年，开展文明城镇创建活动。制定《关于开展县城容貌环境治理竞赛的决定》《关于加强县城规划建设管理的暂行规定》《关于县城容貌综合治理的通告》。沿县城主要街道的机关、企事业单位，全部拆掉围墙，大搞绿化美化。拆墙透绿既改变了机关、企事业单位在群众心中的形象，又提高了县城品位。劳动人事局、交通局、园林局、国税局、地税局等变成了花园式绿色机关。制定沿街店铺、门店门前三包（包卫生、包秩序、包绿化）。

规定每周五下午，机关、企事业单位抽出一定数量人员到责任区内清扫街道、清运垃圾、清除小广告；中小学生利用课余时间到公园、广场等公共场所打扫卫生、捡拾垃圾。1999 年，县委宣传部协同政法委及有关部门，开展安全文明小区创建活动，达标小区 43 个，达标率 80%，1500 个居民户被评为“五星级文明家庭”。在创建文明村镇基础上，开展农村“十星级”文明户创建活动，至年底，8 万农户已有 3 万户达到“十星级”文明户标准。是年，淑阳镇被评为市级文明乡镇、市级精神文明建设示范区，县委、县政府被省委、省政府评为文明村镇创建工作先进县。2006 年底，全县市级文明乡镇 3 个，省级文明乡镇 1 个。

1991—2008 年，每年春季，香河县委、县政府召开的双文明表彰大会上都会对文明村街、文明乡镇、文明单位进行表彰。1991—1998 年，每年评选出 2 至 4 个文明乡镇；至 2008 年底，全县 9 个乡镇全部被评为文明乡镇。2007 年起，增加对城镇文明居民小区的表彰。

1997 年、2002 年，香河县城两次被省委、省政府命名为省级文明县城。2001 年，淑阳镇参与“创建全国文明村镇”活动。2003 年，淑阳镇被命名为环京津文明小城镇。2005 年 10 月，淑阳镇被评为全国文明村镇。

三　创建文明村街

1983 年 3 月，县委宣传部制定了文明村街标准。全县 300 个村街掀起平整街道、清理垃圾、绿化美化，争创文明村街热潮。1987 年 12 月，矬口村被命名为省级文明村。1988 年以后，开展“文明家庭”创建活动。同时开展“文明新风进万家”“争创学习型家庭”“美德在农家”“家庭助廉读书”等系列活动。另外，根据不同家庭的不同特色，全县培树 200 户“十大特色家庭”典型。1989 年针对社会上赌博盛行，团员青年组织禁赌纠察队 235 个，张贴标语 3000 余幅，办宣传栏 115 个。1990 年，针对农村婚丧嫁娶大操大办恶习，全县大部分农村建起红白（喜事、丧事）理事会、道德评议会等群众自治组织，大力宣传移风易俗，喜事、丧事从简。1992 年，全县评出文明村街 78 个。1998 年，文明村街 115 个。2007 年，对评选出的 300 户“十大特色家庭”进行表彰。2008 年，评出文明村街 125 个。

四　创建文明单位

1991 年，县文明办按照省文明办的安排和部署，在工商、税务、公安、交通、电力、商业、卫生、县联社八大窗口单位开展以职业理想、职业道德、职业纪律、职业技能和纠正行业不正之风为主要内容的“四职一纠”竞赛活动。1994 年，活动扩展到邮电、城建、土地、司法、法院、检察院、银行等 15 个系统。各参赛单位和部门联系行业特点，做到职业理想抓教育、职业道德抓形象、职业纪律抓执法、职业技能抓培训。2002 年，组织 20 多个文明单位和贫困村街结成帮扶对子，从组织建设到资金、技术等方面给予全方位帮助，使他们尽快脱贫致富。为充分调动各行各业参与文明创建的积极性，县文明办组织开展群众评议、督导员评议和行业互评，对行业创建工作进行整体测评。2003 年，开展对十佳文明示范单位评议活动，发放评议表 4000 份，2004 年，评选文明单位，发放评议表 4500 份。各行各业的代表及 50 名县人大代表、政协委员参与评议。

2006 年，县文明办以“窗口”行业和行政执法部门为重点，突出抓好职业道德建设。开展以诚实守信、敬业奉献为主题的教育活动。是年，香河县淑阳镇司法所、香河县国税局开发区分局、香河县地税局征收大厅、香河县城区管理综合执法局、香河县公安局车辆管理所被评为市级“文明示范窗口”单位。

至 2008 年，有县级文明单位 247 个，市级文明单位 55 个，省级文明单位 6 个，文明居民小区一个。

第七节　农村工作

一　“社教”工作

1991 年 7 月，香河县委制定《关于在农村深入开展社会主义思想教育的意见》（简称“社教”），“社教”工作从 1991 年下半年开始，利用三年时间，每年搞三分之一村街。县直党政机关和乡镇，每年抽三分之一的干部参加“社教”工作。工作之初，建立县农村社会主义思想教育领导小组。县委书记任组长，主管副书记和县委、县政府有关领导任副组长，下设办公室。各乡镇建立相应的领导小组和办事机构。县五套班子领导每年确定三分之一人员到农村“社教”第一线具体指导，并担任乡镇“社教”工作队队长。1991 年 8 月，第一期农村“社教”工作开始。重点搞好五个教育。即进行社会主义制度优越性教育，坚定农民的社会主义信念；党的基本路线和党在农村现行政策教育，增强农民对政策的稳定感；进行爱国主义、集体主义思想教育，引导农民摆正国家、集体、个人三者利益关系，树立集体主义观念；进行社会主义民主法制教育，移风易俗，促进农村精神文明建设；对党员、干部、团员、青年深入进行宗旨教育和理想教育，使他们牢固树立全心全意为人民服务的思想，做到清正廉明，扎实工作，掌权为人民，服务为群众。推进“三项建设”，即加强以党支部为核心的农村基层组织建设；全面贯彻落实党在农村的各项方针政策，巩固壮大集体经济，加强社会化服务体系建设；加强社会主义精神文明建设。达到“一个目标”，即翻番致富奔小康，建设富裕文明的社会主义新农村。

1992 年 8 月，第二期农村“社教”工作开始。第二期“社教”主要任务是要解决好三个问题：抓好以党支部为核心的村级组织建设，重点抓好村党支部班子建设，同时抓好村委会、经济合作社以及共青团、妇联、民兵连等组织的配套建设和以党小组为骨干的“三组一区”（党小组、村民小组、服务小组、党员责任区）建设，充分发挥群众自治组织作用；落实党在农村的各项方针政策，切实解决好群众反映强烈的阻碍村街改革与发展的难点和热点问题；结合村情，帮助村街找准致富奔小康的门路，做到村有规划，户有计划，村干部有目标，家家有奔向。

1993 年 10 月，在全县 17 个乡镇开展第三期“社教”工作。工作中，各乡镇党委、社教工作队围绕经济建设这个中心，致力于乡镇领导班子建设，转变乡镇所、站等职能部门的思想作风和工作作风。

二　农业产业化调整

香河县农业产业化调整，始于 1996 年，形成以粮食、瓜菜、林果、畜禽为主的四大主导产业。经营模式开始从分散经营向规模经营转变，涌现出蔬菜、果品、养殖、笤帚 4 个专业乡镇，58 个专业村街，6800 个专业户。形成以五百户镇养牛，钱旺村乡、刘宋镇养鸡，安头屯镇、蒋辛屯镇养鸭，渠口镇养猪的区域化格局的养殖业；以双安农业综合开放示范区为龙头，以各乡镇专业生产为补充的区域格局的种植业；以沙发城带动的家具产供销一条龙，渠口镇以大秕子市场带动的大笤帚、扫把产供销一条龙的加工业。1999 年，开始从单一性生产向产业化转变，主要包括侨香食品有限公司、粮食局特种养殖场、五百户孙秀峰养牛场、县供销社联合社养猪场、安平穆斯林肉联场、八户实验场、香河县生物工程研究所、东方花卉公司等带有龙头性质的各类产业组织。2008 年底，形成了县城果品批发、粮食交易、李庄韭菜、渠口镇大秕子等 12 个批发销售市场。

三　农村财务管理

1979 年，农村财务管理没有统一规定，财务管理混乱。为改革农村财务管理体制，解决原生产队财务上的遗留问题，1985 年 10 月至 1986 年 8 月，香河县开展撤队并账工作。全县 269 个有并账任务的村街，除 7 个村街因村班子问题暂缓外，其余 262 个村街全部完成撤队并账工作。通过撤队并账，清理账目，摸清家底，落实债权，集中资金，强化管理，减轻了农民负担。1987 年初，在撤队并账基础上，又开展村级清账工作，至 6 月初，共有 295 个村街完成账目清理。1991 年 4 月起，针对一些农村账目不全、财务不清、白条下账等问题，又进行一次彻底清理，全面推行资金、账目“村有乡管”。

1998 年，对农村财务管理进行规范。建立以“三提五统”（公积金、公益金、管理费；教育附加费、计划生育费、民兵训练费、民政优抚费、民办交通费统筹）为主的农村财务管理和使用制度。为进一步规范农村集体资金的管理和使用，2001 年在蒋辛屯镇开展农村财务结算中心试点工作，撤销村会计，各村街只设一名报账员，并建立相关工作准则和财务管理制度。2002 年，9 个乡镇全部建立农村财务结算中心。为管好、用活农村集体资金、资产、资源（简称“三资”），年内，全县推行农村集体“三资”委托代理服务制度。以原有的农村财务结算中心为依托，建立农村集体“三资”委托代理服务中心，具体负责对村集体“三资”使用、运作、开发等情况的审核、监督，进一步建立健全财务制度，严格票据管理。

2006 年底，县委召开全县落实农村干部待遇工作会议。会上印发《关于农村干部享受离任保障金、退休金和年度慰问金待遇的规定（试行）》。

四　小康建设

1994 年 5 月，香河县小康建设正式启动。明确到 1995 年底，至少有 14 个乡镇、240 个村街实现小康的总体目标。经过大力发展经济、提高第三产业在县内国民经济中的比重。完善文化体育设施，提高九年制义务教育普及率和高中阶段入学率。提高森林覆盖率，硬化农村道路，接通农村程控电话，极大提升了农村软硬件设施。1995 年 2 月 19 日，香河县小康建设总结命名大会召开，108 个村为首批小康村。同时，表彰 1994 年小康建设中做出突出贡献的 22 个先进工作组和 52 名工作人员。到年底，香河县基本达到小康县标准。1996 年 7 月 1 日，省委、省政府正式命名香河县为小康县。

2004 年 4 月 14 日，香河县推进农村小康社会建设宣讲活动动员大会召开。县委制定了《中共香河县委关于组织开展推进农村小康社会建设宣讲活动的实施意见》。县委书记殷志刚在动员讲话中指出：统一思想，提高认识，切实增强开展好此次活动的责任感；明确责任，扣紧主题，推进宣讲活动扎实有序开展；求真务实，严于律己，树立机关干部良好形象；加强领导，协调联动，形成开展工作的强大合力。廊坊市驻香河宣讲团团长卢文生，为宣讲成员进行集中授课。7 月 13 日，全县推进农村小康社会建设宣讲工作总结大会召开，会议对香河县小康社会建设工作进行全面总结与回顾。

五　文明生态村创建

香河县文明生态村创建活动始于 2004 年。2005 年 6 月 6 日，县委、县政府在安平镇召开文明生态村创建工作现场会。8 月 19 日，召开全县文明生态村创建工作调度会。会议听取各乡镇创建工作和县直单位帮建工作汇报，会议对开展好的乡镇和单位给予表扬，对工作较差单位进行批评。并就下一步工作从加大宣传、环境治理、帮建督查和创建精品村街进行安排部署。

在创建文明生态村活动中，安平镇王指挥庄村、扁城村、西贾庄村，安头屯镇东口头村，钳屯乡张庄村，淑阳镇后套村，五百户镇九百户村共 7 个村街，安平镇、钳屯乡、渠口镇 3 个乡镇受到市级表彰。安平镇扁城村、王指挥庄村，钳屯乡张庄村 3 个村街和安平镇受到省级表彰。

2005 年按照市委提出的“组团联片”创建要求，香河县确定以“一镇三路”（安平镇、夏安路、双安路、国安路）附近村街为重点开展创建工作。在具体工作中，搞好五个结合，即与宣传教育工作相结合，营造全民参与创建的浓厚氛围；与政策扶持相结合，加大创建工作资金投入力度；与“村村通”工程相结合，加强农村基础设施建设；与挖掘历史文化内涵相结合，丰富农民群众业余文化生活；与完善机制相结合，使文明生态村创建常建常新。2006 年 6 月 6 日，在贵宾楼大会议室召开全县文明生态村创建工作总结表彰暨动员大会。会上 42 个先进单位和 258 个先进个人受到表彰。2007 年，创建工作围绕两个“环城”（环县城、第一城周边村街）、三个“连线”（双安路、夏安路、唐通路两侧村街）、四个“组团”（钳屯乡、五百户镇、安头屯镇、渠口镇乡镇政府周边村街）的创建思想，建立健全了督导检查、资金筹措、定期调度等多项工作机制，确保全县 62 个村街的文明生态村建设活动取得就明显成效。

2006 年 3 月 21 日，中共中央政治局常委、全国人大常委会委员长吴邦国，到香河县安平镇扁城村视察文明生态村创建工作，并题写了“建设社会主义新农村”。4 月，中共中央政治局常委李长春到安平镇一街视察文明生态村创建工作，对新农村建设给予高度评价。4 月 25 日，安平镇扁城村在河北省创建文明生态村观摩会议上，做了题为《创建文明生态村党支部是关键》的典型发言。5 月 18 日，韩国前总理李寿成一行到安平镇扁城村了解新农村建设情况，充分肯定了新农村建设取得的成果。

2008 年文明生态村创建工作继续按照“环城、组团、沿线”的总体思路，推进通唐公路、夏安公路两个沿线村街为工作重点。制定下发了文明生态村创建工作实施意见，全面启动第四、五批共 48 个村街的创建活动。是年 4 月 28 日，在廊坊市召开的全省城乡文明生态村创建工作会议上，钳屯乡张庄村作为会议观摩村街之一，得到了省、市领导及与会人员的肯定。

截至2008年底，共有132个村街开展了创建活动，累计投入资金7214.16万元。其中县财政累计拨付专项资金500万元用于以奖代补，其他各级投入资金为6714　16万元。创建活动中，各村街以“五化”（硬化、净化、绿化、亮化、美化）建设为重点，累计硬化通村路、主街道以及小街小巷179公里。拆除私搭乱建2401间，清理垃圾、柴草等杂物13598吨，建立垃圾存放点783处，粉刷美化墙壁30　5万平方米，栽植树木32万株，安装路灯近3310盏。为丰富群众业余文化生活，建设文化活动场所100处，室外健身场地54个，安装活动器材472套，31个村街建成了为群众提供综合服务的“村民中心”。

六　农村民主政治建设

1995年8月，香河县农村普遍推行党员干部“五不准”①“两公开”②制度，制定开展村务公开活动的实施细则。各村街通过民主选举产生“村民代表会议”，建立村务公开领导小组、村务公开监督小组，设置公开专栏，规范村务活动的审议程序以及村务公开的方法步骤，形成了全县基层民主政治建设的雏形。1998年，香河县开始推行以“民主选举、民主决策、民主管理和民主监督”为基本内容的基层民主政治建设，重点做好村务公开和民主管理工作。其间，对农村“两会”（村民会议和村民代表会议）及“民主议事日”制度和程序进行了规范。规定涉及村民利益的重大村务，都必须召开村民会议或村民代表会议进行民主决策；村民会议每年至少召开一次，村民代表会议每季度至少召开一次，遇到重大事项随时召开；“民主议事日”在每季度首月的10日，由全县统一组织召开。同时，对农村村务公开进行了集中整治，300个村街统一了公开版面，修建了铝合金框架公开栏，明确了公开程序、时限及内容。全县形成了“四本一档”（村民会议、村民代表会议记录本，民主议事日民主评议村干部记录本，村务公开领导小组记录本，村务公开监督小组民主理财小组记录本；村务公开档案）为主的基层民主政治建设档案资料管理体系。

2002年，香河县村务公开实现率先在全市实行档案县、乡、村三级管理。9个乡镇全部建立农村财务结算中心，并实现农村财务管理电算化，加大对农村资产、资源的管理力度。是年6月及2003年8月，市委先后两次在香河召开现场会，推广香河县“三资”管理经验。

2004年，就进一步健全、完善和落实村民会议、村民代表会议、村务公开、民主议事日、农村“三资”管理、乡镇农村财务结算中心六项工作进行培训。通过总结钱旺乡强化村务公开管理、刘宋镇规范村务管理、五百户镇深化村级财务监督管理、安平镇推行村级民主决策等经验，发挥帮带、辐射、示范作用。9个乡镇、274个村街达到示范标准，香河县整体达到示范县标准。2006年，开展农村民主政治建设“三级示范”工程和“361”提升活动。对全县300个村街按照好、中、差三个档次进行分类排队。正排30%村街抓深化，中排60%村街抓完善，倒排10%村街抓规范。

2008年，香河县制定下发《香河县村务公开和民主管理工作要点》《关于进一步完善村务公开制度深化村务公开工作的实施意见》《香河县村务公开和民主管理工作目标评价体系及评价办法》《关于进一步发挥农村“两会”作用，加强民主决策的意见》4个文件，进一步加强基层民主政治建设。

七　土地延包与流转

1993年，香河县贯彻执行中央“土地承包到期后，再延长30年不变”等有关政策。但由于干部、群众对政策理解不透，土地延包工作没有真正铺开。1997年，中共中央《关于进一步稳定和完善农村土地承包关系的通知》下发后，香河县在对

注：①“五不准”1.领导干部达到退休年龄并办理有关手续后，三个月之内腾出办公用房、交出所使用的公务用车，不准以任何理由继续占用办公室、办公用具和公务车。2.领导干部和有关人员工作调动后，三个月之内办毕党组织关系转移和行政关系、工资关系等有关手续，不准继续占有原单位办公室、办公用具和公务用车。3.领导干部工作变动，不准违反有关规定随带工作人员。确因工作需要并经批准，所带工作人员半年内办毕随调手续。4.未经领导班子集体研究决定，不准以任何理由借调下属单位或外单位工作人员长期在所属单位工作。5.准借用非正式国家公职人员在行政管理、执法执纪岗位上工作。

②“两公开”1.党政机关、事业单位录用人员情况一年公开一次，由录用主管机构和单位在一定范围内公开，公开内容包括录用人数、录用形式、录用时间、录用岗位等，一般在次年1月公开。2.执行“五不准”情况一年公开一次，一般在次年1月公开。

全县土地延包状况进行深入调查摸底的基础上，全面开展土地承包期再延包 30 年工作。土地延包过程中，对于人地矛盾较小的村街，土地承包期进行顺延。对于人地矛盾突出的村街，在不打破原生产队界限的基础上，重新调整土地后再延长土地承包期到 30 年。对农村普遍存在的“双田制”（责任田、口粮田）全部转为责任田。对各村街机动地进行规范，要求严格按照中央政策执行。至 1998 年底，全县共有 168 个村街完成土地延包工作，占全县农村总数的 56%。1999 年底，共有 264 个村街完成土地延包，占全县农村总数的 88%。至 2000 年底，全县土地延包工作基本完成，并颁发了土地承包经营权证书，签订了承包合同，共涉及耕地 2.53 万公顷。至 2001 年，全县 9 个乡镇共签订土地延包合同 69455 份，占农村总户数的 96%。

2002 年，在全面落实土地延包政策 30 年工作的基础上，引导农村土地承包经营权流转，通过制定政策、广泛宣传等措施，保证流转工作健康、稳妥、有序进行。至 2003 年底，全县土地流转面积已达 2031.4 公顷。在流转形式上，采取互换方式流转 283.1 公顷，委托流转 122.8 公顷，转让 192.7 公顷，出租 753.4 公顷，转包 609.6 公顷，入股 20 公顷，委托代耕 38.6 公顷，其他形式流转 11.2 公顷。至 2005 年底，全县土地承包经营权流转面积 2082 公顷，占全县耕地总面积的 7.6%。其中，采取转让方式 285.8 公顷，互换流转 172.2 公顷，转包 633.84 公顷，委托流转 124.13 公顷，出租 808.83 公顷，其他形式流转 37.2 公顷。为规范土地流转，香河县委下发了《关于进一步规范和完善农村土地承包经营权流转工作的意见》。

2008 年，通过采取完善机制、搞好服务、树立典型、建立中心等手段，土地承包工作重点向土地流转、适度规模经营方面转移。至年底，土地流转 1269.07 公顷，占全县家庭承包耕地总面积 5.45%。其中，采取转让方式 141.2 公顷，互换流转 254.6 公顷，转包 569.4 公顷，出租 222.86 公顷，入股 0.67 公顷，其他形式流转 80.33 公顷。

八　村庄整理

2008 年，香河县规范村庄整理工作开始。按照“一年搞试点、两年见雏形、三年全面铺开”的步骤进行。宗旨是改变农民生产生活方式，支持园区项目建设，促进城镇化进程。7 月，下发《香河县委、香河县人民政府关于成立规范村庄整理工作指挥部的通知》。指挥部由县委副书记任总指挥，县委组织部部长任副总指挥。成员有各乡镇党委书记及相关职能部门一把手，指挥部办公室设在县建设局。之后，香河县村庄整理指挥部下发了《关于规范村庄管理工作若干问题的指导意见》，并制定具体优惠政策。村庄整理坚持“政府引导、村民自愿、民资投入、市场运作”的基本思路开展工作。政府引导，即从行政事业性收费、土地出让金、税收等各方面在政策上给予倾斜。村民自愿，即由村党支部、村委会召开党员会、村民代表会后，深入每个家庭，广泛征求村民意见、建议，同意村改的村民达到 95%以上，方可组织实施；民资投入，即由有诚信、有经济基础、有技术实力、有改造经验的开发企业投资运作；市场运作，即按照市场经济规律，改造村街与开发企业双向选择，县、乡镇两级政府把关，实现利益共享，风险开发企业承担。

至 2008 年底，全县规划 18 个组团，149 个村街（含 10 个城中村），启动和初步确定的村庄整理改造村街有 68 个，涉及 4 个乡镇、2 个街道办事处。其中，51 个村街确定了开发公司，15 家开发企业参与开发与整理，38 个村街在村两委班子会和村民代表会上通过。制定并批准了 10 个拆迁补偿方案，涉及 30 个村街。安平镇一街、新华街道办事处、西北街、万福辛庄，新开街道办事处、南台村。蒋辛屯镇小朱庄村，共计 5 个村街已完成土地变性。其中，安平一街、西北街、小朱庄已完成招标、拍卖、挂牌工作。已完成拆迁协议签订工作的村街有 4 个，分别是小朱庄、程辛庄、西北街、南台村；正在开展拆迁补偿协议签订工作的村街有 6 个，其中，蒋辛屯镇大马房村协议签订已完成 80%，新华街道办事处的万福辛庄村拆迁协议签订已完成 91.2%，淑阳镇宋止务村拆迁协议签订已完成 28.3%，王止务村拆迁协议签订已完成 3.2%，前小屯村拆迁协议签订已完成 36.7%，安平镇一街拆迁协议签订已完成 80%。西北街、南台村拆迁工作基本完成，安平镇一街回迁楼主体工程建设基本完工，小朱庄村回迁楼正在进行基础设施建设。

第八节　老干部工作

一　老干部管理

对离退休老干部管理，主要做好离退休老干部的安置工作（包括异地安置）；督促、检查各部门落实离退休老干部政治待遇和生活待遇；抓好离退休老干部党组织建设；加强和改进新形势下离退休老干部的政治思想工作。1983 年 7 月，香河县县委老干部局成立。是年，将全县离退休干部纳入老干部局管理。逐步完成了离休干部的各项基本信息的核档及录入微机工作，实现离休干部管理的信息化、快捷化、网络化。

二　老干部待遇

（一）政治待遇

1.落实制度

落实离退休老干部（简称老干部）工作各项制度，是做好老干部工作的基本保证。联系制度：为便于联系老干部，老干部局为每位老干部制发联系卡。通过电话、入户、座谈会、信函等多种形式与之沟通。每年春节、党的生日、建军节等重大节日，各级领导都要慰问老干部，并送去慰问信、慰问金、慰问品。县委规定，每位县委常委，每年要联系 3 名离休干部，征求意见、联络感情。情况通报制度：县委、县政府利用新年老干部团拜会、重阳节，向老干部通报全县政治、经济情况。在重阳节，组织老干部参观、考察县内重大项目建设和市容市貌，使老干部目睹香河县改革开放后的巨大变化。阅文制度：每周一、四开放阅文室，让老干部翻阅县委、县政府、县人大、县政协有关文件，了解县情。每年阅文的老干部有 4000 人次。订阅报刊制度：为使老干部及时了解国际国内大事，为老干部订阅报刊。厅级离退休老干部订阅三级党报，处级离退休老干部订阅《人民日报》《廊坊日报》，科级退休老干部订阅《廊坊日报》，其他退休老干部订阅《老人世界》刊物。参加会议制度：党代会，县人大、县政协历年两会及一些工作会议，都会邀请老干部代表参加或列席。县纪检部门组织的行风听证会、测评会等也要邀请部分老干部代表参加，听取老干部的意见和建议。

2.健全组织生活

老干部党支部由 20 世纪 80 年代的 4 个增至 2008 年底的 15 个。各支部配齐了支部书记、委员，每个支部建 3～5 个党小组。支部定期组织老干部集中学习。

3.创办老干部党校

2000 年，老干部局创办了老干部党校。党校根据老干部生理、心理特点，做到集中学与分散学相结合，课堂学与外出考察相结合，利用多种方式培训学员。老干部每年参加党校学习达百次，近千人参加。使老干部离休不离志、退休不褪色，坚定理想信念，保持革命晚节。由于制度健全，活动规范，老干部党校对老干部具有一定凝聚力。在 2008 年的四川汶川大地震中，香河县老干部共向灾区捐款 10.27 万元，缴纳特殊党费 4.1818 万元。

（二）生活待遇

1979—1997 年，行政事业单位的离休干部工资、医疗费、活动经费（简称“三费”），由县财政拨给原工作单位，由单位负责发放。1998 年，改为由老干部局统一管理，统一发放，以确保离休费足额、按时发放，医药费按规定实报实销。针对企业对离休干部医疗费支付困难的问题，2003 年，县政府制定出台了《关于企业单位离休干部的医药费分批转入县财政统管的实施办法》。该办法中规定对企业离休干部医药费采取“减一补一”，特困企业“整体转入”等办法，以保证老干部医疗不受影响。是年 6 月，经县委常委第十六次会议研究决定，将 38 名中华人民共和国前参加工作的退休干部医药费享受离休干部同等待遇。2004 年底，将企业离休干部医药费全部转入由县财政支付，以确保企业离休干部医药费按时足额报销。从 2007 年起，又将企业离休干部活动经费全部纳入财政预算，统一管理。使企业离休干部的报刊订阅、体检、节日慰问等待遇有了保证。

三　医疗保障

（一）医疗机构建设

1991 年，老干部局始设保健服务科，有医务人员 2 名，并备有少量药品。1992 年 6 月，老干部局综合门诊部建立。医务用房 15 间，面积 400 平方米；医务人员 10 人，其中，主治医师 1 人，医师 5 人。2004 年，投资 3.56 万元购置血液检测生化仪，装修了病房，安装了空调、电视，购置家具等设备。2006年，投资13万元装饰、装修了门诊部、药房、护理部，改善老干部的医疗环境。2008年，投资11万元添置救护车1辆，以方便老干部就医。

（二）提高服务质量

为提高服务质量，老干部局机关开展了“规范化管理，高标准服务”活动。要求医护人员与前来就医的老干部“聊天问候五分钟”，拉近与老干部的距离，使老干部一到门诊部就会感到温馨。在治疗过程中向老干部介绍科学养生知识、保健方法。针对老干部大多腿脚不灵便，又多有高血压等慢性疾病，门诊部的医务人员坚持送医送药上门，并设立100多个家庭病床，增加巡诊次数，使患病的老干部不出家门就能得到及时医治。

（三）定期体检

每年八九月份，利用40余天时间为全县2000多名离退休干部进行体检，项目包括血压、心电图、B超、胸透、验血等，对查出有问题的患者安排定期复查，及时医治。

四　老年大学

1996年10月，老干部局成立老年大学。老年大学以“增长知识、丰富生活、陶冶情操、促进健康、服务社会”为办学宗旨。开设国画、书法、文艺、体育、音乐、卫生保健、时事政治、名家讲座等课程。聘请专兼职教师9名。县财政每年拨款3万元用于经费开支。2002年，为改善办学条件，县财政先后投资20余万元建成高标准图书资料室、书画装裱室、电教室。

老年大学健全了《校委会会议制度》《教师座谈会制度》《学员座谈会制度》《教学研究制度》《教务处职责》《教师职责》《学员条例》等，学校走上规范化、制度化轨道。规范教材选取、学籍管理、考勤、奖励4制度。针对学员实际，教学中，学校贯彻“少而精、学而会”的原则，逐渐提高学员的学习兴趣。至2008年底，共举办师生画展12次，展出作品1500余幅。体育班、音乐班学员共组织各种文体表演30余场次，演出节目200多个，在市级各项比赛中先后获得冠军18个，优胜奖33个。老年大学让老干部老有所学，学有所用。有的学员被中小学聘为校外义务辅导员，有的被聘为行风监督员、民事调解员、党风廉政建设监督员。

老年大学不断发展壮大，由1996年成立时的4个班80余人，发展到2008年的8个班352人，已结业400人。

第九节　党校工作

一　干部培训

1979年，举办农村生产大队大队长、基层党组织理论宣传骨干、被落实政策人员、民兵指导员、民兵连长、一般党员培训班（学习班），累计77天。培训内容主要是党的基本知识、社会发展史、政治经济学中共的十一届三中全会文件等。1980—1985年，针对农村经济体制改革新形势，举办各级党员干部培训班（学习班）19期，主要学习《关于建国以来党的若干历史问题的决议》《政治经济学》《中共中央关于经济体制改革的决定》《增强企业活力是经济体制的中心环节》等。1990—2000年，围绕社会主义市场经济、建设有中国特色社会主义、关贸总协定、企业管理、民主政治建设等理论举办各类培训班。2001年5月28日—6月1日，党校举办理论骨干培训班，聘请了北京大学李茂春教授、中央党校吴振坤教授、北京自修大学校长李燕杰教授讲解“WTO”（世界贸易组织）知识、“第十个五年计划”、“以德治国”等。5月31日举办“双休日”培训班，各乡镇党委书记、镇长、主管政工副书记参加，由李燕杰教授作学术报告。7月18日，举办第二期“双休日”培训班，由中央党校王昭峰教授作学术报告。2002年，党校成立培训部并开始办短期培训班。2003年，按中央关于五年内将在职干部轮训一遍的指示精神，党校举办了科级及以下干部培训班。先后开办企业厂长、经理培训班，商务知识培训班，执法人员培训班等。2003—2007年，党校自主举办培训班17期，培训5425人，股级及以下干部培训班9期，培训3916人。2008年4月，举办党务理论干部提高班，培训150人。10月，举办新提拔干部培训班，培训207人。11月，举办农村两委（党支部、村委会）培训班，600人参加培训。

二　函授教育

1996年，始设农村后备干部中专函授班，招收学员86人。1997年，在继续招收中专函授班的同时，开设经济管理专业大专班，当年招收学员311人。设邓小平理论教程、当代西方经济学、国际经济法教程、涉外经济学等15门课程。党政专业本科班招收学员243人，设刑事诉讼法教程、行政法与行政诉讼法、刑法教程、国际法教程、马克思主义哲学简明教程等17门课程。1996—1998年，共招收中专班学员284人，毕业277人，毕业率97.5%。在函授教育中，党校狠抓教务、教学管理，对函授班招生严格把关，对学员采取自学与集中面授相结合的教学方法。学校制定教师管理、学员管理、学籍管理、考务管理、学员档案管理等规章制度。1996—2007年，共招收本科班学员10期，学员1584人，毕业学员1532人，毕业率96.7%；招收专科班学员6期，学员1043人，毕业学员990人，毕业率94.9%。1999年，中专函授班停止招生。2003年，专科班不再招生。2007年，本科学历班不再招生。2005年底，在全市党校工作会议上，香河县委党校被廊坊市委党校授予“函授管理先进单位”荣誉称号。

三　教研工作

1997年始，教研工作纳入香河县委党校整体工作。确定科学发展观、和谐社会、建设新农村、党建及思想政治工作4个教研课题组。

各课题组分别与中央、省、市委党校，清华大学、北京工商大学等高等院校建立教学联系关系，聘请大学教授为党校顾问。1997—2008年，进行较大教研课题59个，涵盖了党史党建、作风建设、科学发展观、社会主义市场经济、改革开放、新农村建设等方面的内容。撰写论文、调研报告315篇，在省、市以上报刊发表255篇。其中，13篇论文获市级以上奖励。

四　教师队伍

1979年，党校有教师6名，其中大专学历2名。1984年，有教师9名，其中大专以上学历4名。1987年，开始职称评定，当年有4名教师被评为讲师，3名教师被评为助理讲师。之后，教师不断提高自身素质，陆续有教师被评为高一级职称。1988年有高级讲师1名，讲师4名，助理讲师6名，教员2名。其中，大学本科1名，大专2名。1996年有高级讲师、讲师各3名，助理讲师2名，教员4名，均有大专以上学历。2001年，有教师16名，其中高级教师4名，讲师2名，助理讲师6名，教员4名。

2008年底，有教师15名，其中高级讲师3名，讲师5名，政工师2名，助理讲师4名，教员1名，均为大专以上学历。

第六章　县委决策

第一节　推进农业产业化进程

香河县是传统的农业县，历届县委、县政府重视农业生产。中共十一届三中全会后，为改变传统的种植模式，改善生产环境，提高农民生活，1996年，香河县委从实际出发，经充分调查研究，确立了“富民、强县、升位”总体目标和“六业”（无公害蔬菜种植业、优质果品种植业、优质花木种植业、养猪、养鸭、养鸡）富民工程。提出要以“引进、示范、推广、服务”为重点，推动农业结构调整和农业产业化进程。

1996年7月17日，县委召开六届八次全委（扩大）会议提出，要加快农业产业化进程就要大力发展农村经济，巩固农业基础地位，就要努力改善农业发展环境，加强农业基础设施建设。1997年7月16日，县委召开六届十次全委（扩大）会议，对加快香河县农业产业化进程进行深入研究和充分讨论。会议听取审议并通过《香河县“九五”农业产业化规划及近期工作重点》，将推进农业产业化进程作为“九五”期间的指导思想。2002年，以“引进、示范、推广、服务”为重点，推动农业结构调整和产业化经营，促进农业发展。2006年，县委提出，牢固树立项目兴农意识，把项目建设作为农业产业化工作的主要抓手和重要载体，以工业化思路谋划农业产业化发展。

第二节　工业强县战略

中共十一届三中全会后，香河县委为了尽快实现“两个率先”（率先全面建成小康社会，率先实现现代化宏伟蓝图），把发展工业作为尽快实现“两个率先”的助推器。1987年起，先后制发《关于工商企业推行承包责任制试行方案》《关于进一步促进乡镇企业发展的几项政策规定》《关于县办工商企业改革的意见》等政策性文件。多次在全委扩大会议上研究讨论特色立县、项目建设、工业强县等议题，并形成相关决议。中共香河县第五届委员会第四次全委（扩大）会议，审议通过的《中共香河县委1992年工作安排意见》中提出要认真抓好县办工业、乡镇企业。1996年底召开的中共香河县七届二次全委（扩大）会议，确定1997年全县经济和社会发展基本思路是“优二兴三”，强化一产（一产农业，二产工业，三产服务业），把发展工业作为全县经济和社会发展的重中之重。

2000年，中共香河县七届六次全会通过实施特色立县战略，培育家具制造、机械钣金、印刷包装、工艺美术、电子五大特色产业。2003年，县委提出“一区五园”（以香河经济技术开发区为龙头，以淑阳、钱旺、渠口、蒋辛屯、五个工业园区为龙身的特色产业带）发展战略，以发展工业，振兴香河经济，以工业化促进城镇化。2006年，香河县委、县政府围绕“全党抓经济、重点抓工业、集中精力上项目”，以及“工业经济园区化、园区经济集群化”的发展思路进行谋划。提出依托“一区五园”和家具生产基地，实施“三极带三线”布局方略。即以香河开发区、淑阳工业园、蒋辛屯工业园为重点，把政策、资金、项目、服务等要素集中向三个园区倾斜，发挥聚集效应。

第三节　科技兴县战略

香河县委、县政府坚持科学发展观和科学人才观，坚持党管人才原则大力实施“科技兴县”战略，加快科技创新步伐，实现科技与经济的双赢。1991年，制定“八五”（1991—1995年）香河县科技发展规划。“规划”提出“八五”期间继续坚持“经济建设必须依靠科学技术，科学技术必须面向经济建设”的方针。以“高科技、外向型”为导向，走“研究开发、引进消化、推广应用”相结合的路子，组织好关键技术的攻关、高新技术及产品的引进开发、传统产品的技术改进、先进实用技术的推广。为发挥广大知识分子的积极性、创造性，鼓励知识分子为经济发展做贡献。1996年10月，县委、县政府出台《关于设立科技进步奖的实施办法》。1997年制定《关于加强科技人才队伍建设的意见》。1998年4月，香河县创建“全国科技先进县”，通过省、市两级科学技术委员会代表国家科学技术委员会的验收。香河县成为廊坊市首批“全国科技先进县”。

1999年，以引进技术、人才为着眼点，加强知识分子队伍管理。按县委、县政府“人才项目带动战略”的总体部署，大力引进域外人才、技术、项目。2000年，县委组织部制定出台了《关于在乡镇科技示范服务基地建设中发挥科技副乡镇长作用的意见》《关于对全县知识分子工作实行目标考核的意见》。2003年，为进一步加强对科技带头人、学科带头人的管理、培养和使用，县委印发了《关于推荐选拔第一批市管优秀专家的实施意见》，对优秀专家的管理、培养和使用进行规范。为紧紧抓住培养、吸引、用好三个环节，县委制定了《关于引进人才若干优惠政策的意见》。对引进人才的工作待遇、配偶就业、子女入学等一系列问题提供优惠政策。

香河县委充分认识到，经济社会可持续发展必须依靠人才可持续发展。2006年，制定出台了《香河县“十一五”期间人才发展规划》。2008年出台了《关于进一步加强人才工作的实施意见》。香河县委把人才工作摆在首要战略位置，充分发挥人才在全面建设小康社会中的关键作用。

第七章　纪检监察

第一节　组织机构

1980 年 4 月，恢复建立中共香河县纪律检查委员会（简称县纪委），初为科级单位。1983 年 3 月，机构升格为县级，纪检委书记由县委常委兼任。历次县党代会，同时选出纪委委员、常务委员、书记、副书记，组成新一届纪检委。纪检委下设办公室、纪检科、审理科、信访科、调研室、教育室。1988 年 4 月，设立香河县监察局，下设办公室、审理股、信访股、监察股。1993 年 4 月，与县监察局合署办公，两块牌子一套人马。同时履行党的纪律检查和行政监察两项职能，县监察局局长同时任县纪检委副书记。下设 10 个室，即办公室、监察综合室、纪检监察一室、纪检监察二室、信访室、执法监察室、宣传教育室、政策法规研究室、案件审理室、党风廉政建设室（含县政府纠风办）。

2008 年 5 月，增设干部管理室，负责管理全县纪检干部。7 月，开展县级纪检监察派驻（派出）机构改革，撤销县直科局级纪检组（委）。组建 8 个纪工委、监察分局，履行纪检监察职能，实行集中办公分片负责的管理模式。

第二节　党纪监督

一　落实党风廉政建设责任制

1986 年，香河县 80 多个党组织，建立并落实“党政一把手全面抓、领导成员分工抓、各个系统重点抓、纪委和端正党风组织专门抓”的抓党风责任制。1999 年，制发《香河县委、县政府领导党风廉政建设和反腐败工作责任分工》《1999 年度党风廉政建设责任制考核目标》。同年 4 月，完成县委与 96 个科局级单位“一把手”《党风廉政建设责任状》的签订工作。2000 年，县纪委将党风廉政建设和反腐败工作 5 个方面、28 项任务层层分解，逐项细化，并签订《党风廉政建设责任书》1200 余份。同年，县纪委对 2 名科级干部、2 名股级干部、1 名村党支部书记进行了责任追究。

2002 年，县委将落实党风廉政建设责任制情况列入年终考核内容。并将考核结果作为对领导干部业绩评定、奖励惩处、选拔任用的重要依据。对责任制考核中不合格的单位和个人，实行“一票否决”制。2003 年，实行廉政打招呼制度。对在落实党风廉政建设责任制工作中措施不力、落实不到位以及存在苗头性、倾向性问题的乡局级领导班子及主要领导干部，县委、县纪委主要领导对其进行诫勉谈话。年内，对 2 名正科级干部进行责任追究，分别给予党政纪处分。2004 年，县纪委建立“落实党风廉政建设责任制目标管理标准化程序”，将责任制定、分解、控制、考核、追究五个步骤形成统一完整的周期。突出日常考核，强化领导干部履行“一岗双责”（对岗位工作负责、对党风廉政建设负责）。2005 年，制定《县委常委、县政府副县长党风廉政建设责任制分工实施意见》，明确县委书记、县长党风廉政建设第一责任人的责任，明确县委、县政府领导成员党风廉政建设责任。年内，将党风廉政建设责任制，责任范围扩大到村两委及县直各单位二级机构的责任人。2006 年，制定《党风廉政建设责任制实施意见》《党风廉政建设责任制实施办法》《党风廉政建设责任制责任分解办法》《党风廉政建设责任制考核办法》《党风廉政建设责任制追究办法》《党风廉政建设责任制报告制度》，对责任目标实行分解、控制、考核等全方位、全过程制度化管理。2007 年，制定《2007 年党风廉政建设和反腐败工作的责任分工》。制定并实施《香河县关于加强农村基层党风廉政建设工作的分工意见》，将各乡镇农村基层党风廉政建设工作，纳入建设社会主义新农村的总体规划。

2008 年，县委出台《关于进一步加大预防腐败力度的工作方案》，强化党政领导班子和“一把手”的责任主体地位，进一步细化工作责任和目标要求，层层签状，延伸到村级和基层所站。

二　领导干部廉洁自律

1982 年，县纪委查出脱产党员干部自建房中存在问题的有41人，盖房164间，涉及公社副主任、县科级以上干部31人，一般干部10人。在批评教育的基础上给予责任人以房屋充公、罚款、补齐物料款等处理。1989年，县纪委对领导干部收受礼品、用公款大吃大喝、滥发奖金实物、多占住房、超标准建私房、私设小钱柜、预算外资金使用不合理等不廉洁问题进行检查。同时，对乡镇直属机关及所属企业财务管理状况进行检查清理，清理出违纪资金45　5万元。1991年，县纪委在全县党政机关开展思想作风教育整顿活动，并与廉政办、监察局一起，通过明察暗访、督促检查等方式，狠刹公款吃喝等问题。

1994年，为开好县、乡两级领导干部廉洁自律民主生活会，县纪委监察局于会前成立专门调查小组。调查小组先后走访了5个乡镇的部分村街和13个县直单位，接触党员干部、群众129人，征求意见31条，下发了《关于召开乡局级领导班子廉洁自律民主生活会的通知》《党政机关、领导干部廉洁自律统计表》及《领导干部廉洁自律申报表》。

1995年，县纪委将领导干部廉洁自律自查自纠范围，划定为县五套班子、17个乡镇和87个县直局级单位以及24家国有企业领导班子全体成员。1996年，县委办、政府办联合下发《关于进一步清理纠正领导干部乘坐小轿车有关问题的通知》。组建工作组对全县各单位领导干部的乘车情况逐人、逐车登记审核，对清纠出来的15部超标车进行处理。对全县科（局）级以上领导干部、执法执纪部门和掌握一定财力物力单位的工作人员的住房情况进行清查，并将县五套班子领导及科级干部的住房情况进行公布，接受社会监督。县委、县政府下发《关于党政机关领导干部进一步加强廉洁自律的规定》，狠刹用公款“吃喝玩乐”问题。全县招待费较1994年下降了41.5%。

1996年，对全县副处级以上领导干部重大事项报告、个人收入申报情况和礼品登记落实情况进行了检查。6月下旬至7月中旬，全县县级领导班子、9个乡镇、87个县直局级单位、24个国有企业领导班子、各基层所站、300个村街党支部，陆续召开了廉洁自律民主生活会。

1998年，制定认真落实“三费”（招待费、电话费、差旅费）管理的具体措施，县纪委与92个科（局）级单位的“一把手”签订《“清话”和落实“三费”管理责任状》。县纪委、监察局、财政局、邮电局、清话办配合，对全县领导干部移动电话、公费住宅电话进行清理，收缴所有违规配备的移动电话。经县委批准，为87部允许保留的公用移动电话逐机核发《香河县移动电话使用通知书》和《香河县移动电话审批卡》，并报市备案。同时，对87部允许保留的公用机全部出售给个人，防止干部调动、机随人走，回收资金15.6万元。另外，将允许保留的移动电话话费限额，由原来的每年6000元减少到5000元，全年共节约资金85万元。

2001年，制发《关于领导干部廉洁自律反对奢侈浪费的通知》和《关于“两节”期间厉行节约严禁奢侈浪费的纪律规定》，开展多项清理活动，规范全县党员干部的从政行为。

2002年，狠刹乡镇领导干部“走读”风、公款大吃大喝风、婚事大操大办风和超标准用车风，以此促进领导干部廉洁自律。通过推进“五小”（小食堂、小菜园、小浴室、小图书室和小活动室）建设，实行“一线工作法”等措施，治理乡镇干部“走读”问题。

2003年，县纪委负责人同下级党政主要负责人谈话157人次，开展任前廉政谈话26人次，诫勉谈话12人次，县（处）级领导干部大事报告79人次。2004年，探索“用制度规范从政行为、按制度办事、靠制度管人”的领导干部廉洁自律长效机制。全面细化《中国共产党党内监督条例（试行）》规定的十项监督制度。对违反条例规定，不履行或不正确履行党内监督职责、不遵守党内监督制度的行为，制定详细、严格的追究细则。2008年，建立完善“廉政谈心制度、廉政提醒制度、廉政谈话制度、岗前教育制度、回访教育制度”。

第三节　执法监察

1993年，对全县党政机关兴办经济实体进行清理。全县35个机关所办的52个经济实体，保留31个（已和机关彻底脱钩），注销14个，划转7个。清理整顿收费单位416个，清理整顿收费项目844个，清理收费文件220份，取消28份，经修改后可继续执行14份，清理罚款资金85.5万元，全部上缴县财政。1994年，清理、整顿乱摊派问题。查出全县有4个单位向32个部门或企业摊派款25.9万元，用于购买小汽车。对此，县委、县政府责令涉事单位作出统一还款计划。对19个执法单位的25个罚款项目进行清理，未发现乱罚款现象。对36个单位416个收费项目进行清理，清理出违纪资金12.7万元，修改收费项目81个，废止98个。1997年，规范建筑市场，把抓“回扣”作为重点。对全县1995年以来50万元以上的25个竣工、在建工程进行检查。对中国人民银行香河县支行办公楼、外贸住宅楼等10个项目进行重点抽查，未发现违法违纪行为。1998年，对50家有建筑项目的单位招投标情况进行检查。对粮食局直属库粮仓、办公楼等工程未经招投标而私自转包等问题进行处理。1999年，开展粮改执法监察工作。县纪委监察局会同粮食、工商、财政等部门组织，56个相关单位参加自查自纠。全县9个乡镇、6个局级部门、12个收储企业、118个加工企业分别与主管部门签订目标管理责任状。2个粮食收储企业收回13.3万元玉米拖欠款，对32个私自从农民手中收购余粮的企业给予11万元的经济处罚，没收粮食43吨，2名责任人受到政纪处分。是年，成立招投标标底管理小组。制发《招投标管理办法》，对全县在建工程进行6次联合检查，7家存在质量安全隐患的施工单位被停工整顿，5家“三无”工程（无报建手续、无施工许可证、无招投标手续）被勒令停工。2000年，县纪委监察局共完成国债资金、粮改、有形建筑市场、减轻农民负担、土地、执收执法部门入企收费、环保等省、市、县监察立项20个，查处违纪案件11件，下发执法监察建议书58份，建章立制130项。全面推行“建筑工程廉政合同”，规范当事人的廉政行为。2002年，对中小学收费、执收执罚部门进企收费、建筑工程质量等3个自立监察项目，自办案件9件，为国家集体挽回经济损失32万元。年内，对建筑市场招投标、经营性土地出让、政府采购和企业产权交易全部按市场机制运作，公开招投标。对存量经营性土地，一律停止政府审批，全部通过土地交易大厅公开拍卖。对全县行政事业性单位的主要办公用品、车辆、用油、车保、烤火用煤和大宗教学设备全部实行政府招标采购。2003年，全面推行“六公开”（公开出让计划、公开土地信息、公开集体决策、公开程序、公开竞价、公开结果）制度和双向备案制度。2006年，对县内排污企业进行拉网式清查，对13家存在问题的企业进行整治；对6宗非法占地行为进行查处；开展商业贿赂专项治理工作，制定《关于开展治理商业贿赂专项工作的实施意见》，明确重点治理领域和牵头单位，细化分解治理工作步骤。2007年，配合有关部门开展信用社贷款清收工作。对部分拒不还贷的党政干部和公职人员坚决实行停职、停薪、停岗，不提拔、不调动、不评优、不晋级措施。

2008年，制定《香河县土地收购储备供应中心内设机构职能职责》和《香河县土地收购储备供应中心工作人员行为规范》等一系列规章制度，严格土地收购、储备、供应等环节的操作程序，进一步完善土地有形市场。挂牌拍卖土地3宗，面积155639　4平方米，交易额14917万元。开展查处土地违法违规专项行动，共查处和纠正各类违规案件14件。

第四节　效能监察

1991年，对全县25个行业，273个基层所站，7878名干部职工，进行以查纠行业不正之风为内容的第二轮脱岗集中整顿。查纠以权谋私，吃、拿、卡、要等侵占群众利益问题1700余次，收回违纪金额7.57万元。1995年，开展清理虚报浮夸工作。对12家超百万销售收入的企业进行重点抽查，纠正和整顿一些单位年报销售收入与账面实际收入不符，上报数高于实际数等问题。1996年，县纪委监察局采取“五清五查”（清收费项目，查是否有文件规定；清收费标准，查是否按规定标准收取；清收费票据，查票证使用是否规范；清支出项目，查是否有违纪问题；清账户，查是否有多开户问题）的方法，共清理有预算外资金收支的单位52个，收费项目185项，清理账户52个，违纪金额1188.2万元，划转财政专户存储资金533.3万元，对43个违纪单位处以罚没资金109.4万元。1997年，通过对预算外资金执法监察，共为财政集中资金1850万元，初步建起预算内外资金综合统筹的财政管理体制。1998年，组织财政、银行、审计等部门对预算外资金“收支两条线”进行专项检查。查处坐支、截留、挪用预算外资金9起，私设“小金库”4起，收缴违纪资金515.5万元，对存在问题的15个单位，下发监察建议书。1999年，县纪委监察局与县财政局联合制发《关于公、检、法、工商四部门切实做好清理预算外资金，落实“收支两条线”规定自查自纠的通知》。通过专项检查，取消收费项目2个，规范收费项目3个，对个别部门未能将罚没款及时上缴财政问题进行处理。2000年，全县74个执收执法单位全部实行“罚缴分离”“票款分离”。2002年，取消行政审批项目157项，由审批改为核准、备案的65项。

2003年，全县取消审批408项，取消审核163项，取消核准181项，取消备案18项。又审批该核准23项、审核该核准14项，审批审核该备案8项，消减率为62.5%。年内，评审中心共接受评审业务18项，评审金额3360万元，审减资金512.6万元。将各乡镇本级的各个所站和中小学校，所有资金收支行为全部纳入乡镇结算中心统管。2004年，县本级94个行政事业单位全部实行财政集中支付。支付中心累计接受移交资金1434万元，取消银行账户101个。全县9个乡镇的集中支付中心，共纳入乡镇下属单位、中小学176个，村街300个，取消银行账户420个，集中支付在县域内全方位覆盖。依托“中国•香河”网站，将香河县具有行政审批职能单位的行政审批项目全部上网公开。2006年，围绕行政管理体制改革，将政务公开的内容按照职能、许可、服务、决策、法规文件和工作动态等六大类进行规范。完善政务公开网络、服务大厅和网上政民互动等公开形式，保障群众的知情权、参与权和监督权。将行政权力公开透明运行工作，在县政府本级、9个乡镇人民政府和具有行政职能的42个县直部门，及下属基层所站全面推开，全县共清理出各类行政权力2051项。两所县级医院分别成立了由院长任组长的院务公开工作领导小组，制定院务公开方案，编制公开内容，创新公开形式。

2008年，出台《关于对2008年政府重点工作开展效能监察的实施方案》。根据《2008年〈政府工作报告〉任务分解表》，将监察内容分解为13项36子项，明确政府办、监察局、审计局等16个部门为重点责任单位。制定《关于保障重点项目建设顺利实施开展专项效能监察的实施方案》。2007至2008年，共取消审批项目514项，取消审核项目239项，取消核准项目228项，取消备案31项，审批改核准14项，审批审核改备案8项，保留行政审批事项376项，削减率达到69.48%。

第五节　纠正行风

一　阳光投诉

2001—2006年的每年6月，县民主评议领导小组共组织全县参评部门在县委广场及迎宾路两侧集中举办6次“阳光投诉”活动。2007—2008年，各参评部门按照年初下发的民主评议工作方案自行安排开展“阳光服务”活动。各参评部门按照方案要求，累计发放行风承诺、征求意见表等16万份，受理群众咨询8万人次，处理群众投诉举报100余件次。

二　民主评议

民主评议工作从2001年开始，参评部门由41个增加到2008年的55个，并延伸到基层所站，由原来的每年底测评一次调整为年中、年底两次评议。2001年，组织开展“为经济建设服务，树行业新风”最佳最差单位行风评议活动。2002年，县委、县政府将行风评议工作列为各级政府部门的一把手工程。50个参评部门加快由管理型向服务型转变，社会满意率都在94%以上。50个参评部门共制定和落实各项整改措施270多条，主动为企业和群众解决困难794件，收到群众表扬信1370封，牌匾、锦旗210面。2003年，将全县221个基层所站纳入评议范畴，组成11个督导组，对57个参评部门进行督导检查。清理纠正执纪执法部门私设“小金库”、19所国办及乡镇中小学乱收费等问题。

2004年，制定《香河县民主评议行风工作规范（试行）》《民主评议日常考核实施细则》《民主评议免评机制细则》《民主评议未达标单位整改工作实施细则》等相关文件，使民主评议工作持续、健康、有序开展提供可靠机制保障。

2005年，将教育、工商、农业等10个部门，以及与群众联系密切的中层科室和基层所站作为评议重点。在评议方法上，由举办大型听证质询会，改为以单位自查自评和调查问卷为主。在评价上，一看履行职责是否到位，二看为群众和企业办实事是否有真举措，三看队伍建设是否严格。在县电视台创办《行风建设及机关效能建设访谈》栏目，由20个单位“一把手”结合本单位实际谈行风、谈效能。2006年，全面调整政风行风监督员，将企业代表比重由原来的60%增加到80%。明确规定监督员职责，充分发挥监督员监督评议作用。

2008年，县纠风办以“优化发展环境、服务和谐社会”为评议主题，对全县60个参评部门和200多个基层所站的政风行风建设情况实施动态考核、动态评议。采用机读卡形式进行民主测评，并现场统计、公布测评成绩，体现民主测评工作的公平、公正，使民主评议工作更加规范化。

三　治理公路“三乱”

1995年，治理公路“三乱”(乱设卡、乱收费、乱罚款)工作被国务院确定为全国纠风专项治理重点项目。是年，香河县交警协同公安、交通、工商等部门开展“学济南交警”活动。并采取上路检查、设立路风监督员等措施，遏制公路“三乱”。1999年，县纪委、监察局与公安、交通、工商、农林、畜牧等单位“一把手”签订责任状8份，聘请公路“三乱”监督员120名，设立举报箱20个，举报电话18部，先后上路检查16次。2006年，县纠风办下发《关于严防公路“三乱”反弹的通知》，将治理公路“三乱”工作进行责任分解，层层签订责任状，明确相关单位“一把手”为具体责任人，并成立3个督导组，不定期对县内大香线（大厂至香河）、三香线（三河至香河）等主要路段及县内各交通岗明察暗访。

2007年8月，按照省治理公路“三乱”办公室安排部署，香河县组建治理公路“三乱”专门机构。建立由纠风办、交通、公安、建设、农业、林业等部门有关人员组成的举报投诉站。开通治理公路“三乱”举报非紧急类公益服务平台电话12346。坚持例会制度，各成员单位定期汇报执法情况，分析存在问题，并部署下一阶段治理任务。实行涉路涉车执法执收违法违纪举报明白卡制度。从12月1日起，各涉路涉车执法执收部门的执法执收人员在送达执法文书时，必须同时送达涉路涉车执法执收违法违纪举报明白卡。对于来信、来访或其他事后举报，要求于15日内办结，并向举报人反馈调查处理结果。

2008年，以“优化发展环境，构建和谐交通”为主题，进一步健全治理公路“三乱”快速反应机制。编辑整理了《涉路涉车部门执收执罚解答指南》，录制了治理公路“三乱”快速反应机制运行情况专题片。成立公路“三乱”举报受理站，下设6个督察组，实行24小时轮流值班制度。

四　治理教育乱收费

1996年10月，县纪委监察局组织教育、审计、物价、财政等部门对全县中小学乱收费情况进行联合检查，共查处违规资金18　8万元。1997年，成立中小学乱收费专项治理领导小组。制定《教育系统纠风减负专项治理工作实施方案》，对全县80余所中小学进行重点抽查。1998年，对195所中小学的各种收费项目和收费标准进行清理，取消无省级以上文件依据的收费内容8项。1999年，县纠风办先后6次对全县80多所中小学收费和支出情况进行检查，使教育乱收费得以有效遏制。2006年，制定《2006年治理教育乱收费工作实施意见》，落实“一费制”。会同教育局组成检查组，对全县各乡镇中心总校财务管理和乡镇中学收费情况进行检查。

2008年，对县域内14所国办中小学、2所农村小学、4所乡镇中心总校，贯彻落实义务教育经费保障机制政策情况以及财务管理情况进行重点检查。对学校存在超标准收取中考报名费、有偿补课等问题进行纠正。

五　纠正医购不正之风

1999年，香河县开始纠正医药购销中的不正之风。县纠风办在全县建立药品价格公开栏24个，设立举报箱16个，公布举报电话18部，从社会各界聘请监督员120名，向患者发放明白卡10000余份，发放承诺信2600份，开展各类检查15次。查处非法行医摊点4个，罚款2万元，没收销毁伪劣药品146种，价值3.5万元。一乡镇卫生院院长在医药购销中收受回扣被免职。2000年，对全县所有医疗单位、个体诊所、国营、集体、个体药店进行全面检查。共查获假劣药品34批次，收缴伪劣、过期药品260余种，价值人民币35万元。查处违反证照规定生产经营1起，对189种药品重新核定价格，降价累计达300余万元。2002年，全县17所乡镇卫生院和所有乡医、村医用药一律纳入招标采购范畴。乡镇卫生院的药品、药械采购由县医药招标办统一招投标。乡医、村医用药由属地乡镇卫生院统一配送，堵住多头进药和假劣药品流入渠道。

2008年，县纠风办深入县人民医院、县中医院，开展治理商业贿赂、医疗收费、中标药品采购和医德医风建设等专项检查。推进医疗卫生体制改革，督导成立新型农村合作医疗定点机构药品配送中心，从源头防止假冒伪劣药品流入农村医疗市场。

六　农民减负

1995年，开展清理整顿向农民乱摊派、乱收费及农村电价工作。在3个乡镇6个村街建立联系点，聘请5个监测户和1名观察员，随时沟通情况，反馈信息。1996年，全面推行农民负担监督卡制度，将农民负担中的乡统筹、村提留等缴费项目全部填入卡中，年内共发放监督卡7.4万张。县纪委监察局联合农业局、农工部、县联社组成检查组，先后对9个乡镇、58个村街、126户农民负担情况进行定期重点检查。年内，立案查处涉及农民负担案件3起，涉及金额2万元，制止2起违纪行为，直接减轻农民负担34万元。1997年，与农工部、农业局等单位联合组成9个督查组，进村入户，对全县农民负担状况进行两次大规模检查，取消不合理收费48项，核减34项，直接减轻农民负担72万元，纠正清退结婚登记中的搭车收费3.4万元。1998年初，县纪委监察局召开现场会，在全县推广渠口镇村干部、村民代表、电工三方参与管理电价的工作经验；3月份，对9个乡镇的减轻农民负担落实情况进行检查，核减涉农收费项目11项，为农民减轻负担1374.7万元。1999年，对农民负担监督卡入户情况，及农民负担专项审计情况进行4次检查。全年共受理农民负担案件8起，制止违纪行为3起，查纠各类问题11个，减轻农民负担200余万元。2007年，建立农民负担监测制度。全面实行涉农价格和收费公示制度，村干部报酬、五保户供养、村办公经费全部做到专款专用。

2008年，对全县减轻农民负担工作进行抽查，完善农民负担监测，涉农价格和收费公示等制度。进一步清理涉农收费文件和项目，防止农民负担反弹。

第六节　案件办理

1985年，遵照查案件、正党风、促改革的指导思想，狠抓干扰破坏经济体制改革和“四化”建设的案件。1989年，建立查办案件联席会议制度。每月16日召开监察局、公安局、税务局、工商局、财政局、物价局、审计局、信访办、法院、检察院等单位主要负责人联席会，旨在提高办案效率和质量。1993年，采取大要案领导亲自办、经济案件集中力量办、热点问题优先办等措施，查处违纪案件。1994年，县纪委监察局与执纪执法、经济监督管理部门密切配合、协同作战，发挥整体效能，深入基层、深挖线索，重点突破大案要案。1996年，通过采取健全办案责任制、领导包案、巧施“两规”（规定时间、规定地点）、审理工作提前介入、广辟案源、加强办案力量、深挖案件线索、联合办案等措施，使案件查处工作有新的突破。1998年，采取交叉办案、联合办案、支持基层独立办案等措施，坚持快立案、快调查、快结案原则，查办案件工作取得新进展。2000年，改善办案条件，增强办案力量。划拨办案专用车辆2台，增调办案人员3名。2003年，实行办案时限制、重大案件领导亲自挂帅制、联合办案制和责任追究制等措施，集中力量查办一批有影响的大案要案。2005年，制定《案件检查工作内部规定》，实现案件调查、审理、管理三项职能的合理配置，规范大案管理工作格局。完善《“两规”“两指”工作暂行管理办法》，保证“两规”“两指”工作的合理、顺利实行。编制《党员违纪模拟案卷》，使工作人员更直观形象地学习办案知识。2007年，县纪委监察局作为全省审理助辩试点县，制定并施行《关于建立党纪案件审理助辩制度的实施意见》。

2008年，实行案件公开审理和审理助辩制度。明确案件公开审理和审理助辩的原则、程序和方法，体现以人为本的工作宗旨，提升案件审理质量，扩大党纪处分的社会效果。这一成功经验被市纪委在全市范围内推广。

1979—2008 年香河县纪委（监察局）案件查办情况统计表

表 19-7-1　　　　　　　　　　　　　　　　　　　　　单位：人

项目/人数/年份	案件总数	大要案件	受处人数	其中			处分类别												
							党纪处分					政纪处分							刑事处罚
				科级干部	一般干部	一般党员	开除党籍	留党察看	撤销党内职务	严重警告	警告	开除	开除留用察看	撤职	降级	记大过	记过	警告	
1979	13	1	13	1	0	12	0	3	0	0	1	5	0	1	0	0	1	2	0
1980	16	0	16	0	9	7	7	5	0	3	1	0	0	0	0	0	0	0	0
1981	9	0	9	0	4	5	3	0	1	1	0	0	0	0	0	0	2	2	0
1982	20	0	20	0	10	10	9	1	1	6	3	0	0	0	0	0	0	0	0
1983	16	0	16	0	2	14	7	4	0	2	3	0	0	0	0	0	0	0	0
1984	15	3	14	3	4	7	7	2	0	1	4	0	0	0	0	0	0	0	3
1985	21	4	21	4	6	11	7	4	1	5	4	0	0	0	0	0	0	0	3
1986	20	2	20	2	5	13	14	4	1	1	0	1	0	0	0	0	0	0	3
1987	24	1	24	1	7	16	20	2	0	0	2	0	0	1	1	0	0	0	2
1988	9	0	9	0	0	9	9	0	0	0	0	0	0	0	0	0	0	0	0
1989	27	5	27	4	8	15	23	2	0	0	2	3	0	1	1	0	0	0	1
1990	32	0	32	0	6	26	27	4	0	1	0	0	0	0	0	0	0	0	0
1991	10	1	10	1	2	7	9	0	1	0	0	0	0	0	1	0	0	0	1
1992	11	0	11	0	6	5	11	0	0	1	0	0	0	0	0	0	0	0	4
1993	6	0	6	0	2	4	4	0	0	1	0	1	0	0	0	0	0	0	2
1994	6	0	5	0	1	4	5	0	0	0	0	0	0	0	0	0	0	0	2
1995	8	1	8	1	1	6	6	1	0	1	0	0	0	0	1	0	0	0	2
1996	17	3	17	1	6	10	9	2	1	3	2	0	0	1	0	0	0	0	4
1997	12	1	11	1	4	6	6	3	0	1	1	1	0	0	0	0	0	1	1
1998	44	8	42	2	5	35	10	9	5	10	5	2	0	2	0	1	0	0	
1999	45	8	45	8	8	29	14	8	2	6	8	0	0	1	0	1	2	3	0
2000	50	11	48	9	4	35	14	12	4	7	10	0	0	0	0	2	0	0	2
2001	50	14	47	12	11	24	10	11	2	8	7	0	0	4	5	1	1	0	2
2003	43	5	35	5	4	26	9	4	1	4	14	0	0	0	1	0	2	0	0
2004	43	7	43	1	0	42	8	5	0	2	28	0	0	0	0	0	0	0	6
2005	42	5	35	0	4	31	4	6	0	3	20	3	0	0	0	0	0	0	5
2006	30	6	30	1	4	25	9	6	0	8	7	0	0	0	0	0	0	0	5
2007	33	7	33	1	1	31	9	9	0	2	12	0	0	0	0	0	0	1	6
2008	49	3	47	1	0	46	12	14	0	7	14	0	0	0	0	0	0	0	2

说明：1. 有些案件经研究对违纪人员免于处分，因此会出现案件总数大于处理人数现象；2. 受到刑事处罚的人员一定给予党纪或政纪处分，因此受处分人数小于或等于各处分之和；3. 有的违纪人员可能受到党纪或政纪双重处分，因此受处分人数计算方法如下：A：受处分人数=科级干部人数+一般干部人数+一般党员人数；B：受处分人数=受党纪处分人数+受政纪处分人数-受到双重处分人数

第七节　下访工作

1995年，改变接访方式、变坐等上访改为主动下访。是年，县抽调骨干力量组成调研组，深入17个乡镇、23个村街，走访党员、群众156人，召开座谈会52次，了解群众的呼声，为群众解决疑难问题，避免个体访和集体访。1996年，抽调100多名机关干部，深入300个村街，采取超前排查、跟踪排查、专项排查的方法，共排查各类矛盾纠纷584起，排查信访苗头146个。1997年，采取快立案、快调查、快查结、稳处理，在全县开展集中排查活动4次，化解矛盾116个，解决信访老户24个。县纪委监察局推行承办单位与信访人之间订立“信访双向责任书”制度，全年共制定“信访双向责任书”38份。1998年，抽调党员干部80人次，组成27个信访稳定矛盾排查小组，深入基层，现场办公。10次深入乡镇和县直部门进行矛盾排查，召开4次现场会，化解大规模集体访4起，排查信访隐患108个。由于工作中超前防范，2002年，信访总量同比下降58%，赴县集体访同比下降64%，赴市以上信访量同比下降45%。实现了小访不出村、难访不出镇、群访不出县的局面。

2003年，由县纪委主管信访领导带队，坚持每周两天巡回下访，到信访隐患村街与群众面对面征求意见，化解矛盾纠纷。全年共下访80次，排查信访隐患127个，解决群众反映强烈的热点难点问题280个。在全县300个村街设立信访密报员，通过密报员报告，使4起越级集体访妥善化解在基层。2004年，开展对乡镇信访积案集中清理活动，使4件信访积案得到妥善解决。2006年，在9个乡镇建立集信访接待、矛盾排调、法律援助、政策咨询和“三农”服务为一体的信访服务中心。共开展矛盾排查活动20余次，发现信访苗头33个，超前化解集体访隐患6个。2007年，成立县纪委寻访工作队，登门下访8次，排查矛盾隐患15个，平息集体访4起。

2008年，开通纪检监察信访网站，将各乡镇、县直单位及300个村街全部纳入管理系统，畅通网络信访渠道。年内，受理网上举报89件，通过矛盾排查系统反馈信息57件，超前化解越级、群访隐患44件。

1995—2008年香河县纪委受理信访案件情况统计表

表19-7-2

年份	来信(件)	来访（人次）	电话访（次）
1995	91	110	3
1996	83	142	—
1997	78	89	—
1998	195	184	—
1999	182	147	—
2000	250	219	—
2001	127	113	—
2002	63	39	—
2003	21	71	—
2004	41	49	—
2005	8	29	4
2006	9	35	1
2007	6	42	—
2008	14	27	—

第八节 优化发展软环境

1996年，香河县开始实施重点企业挂牌保护措施。当年，县纪委监察局经过调查，选择县、乡、村18家企业实施挂牌保护，公布举报电话。1997年，重点挂牌保护企业增加到51家。对涉企收费项目进行清理，共清理出各种收费64项，核减取消13项，直接减轻企业负担190余万元。2000年，县纪委监察局与财政局、物价局联合下发《关于进一步规范执收执法部门向企业收费行为的有关规定》。

2006年，对涉企收费、检查实行限量限期及审批备案制度，每年集中4次进行。对年纳税100万元以上的重点工业企业和投资亿元以上的新上、在建工业项目实行挂牌保护。聘请30名优化经济发展环境监督员，在全县各类企业、重点项目、纳税人中选择20个作为软环境建设监测点，定期走访座谈，实时实地监测执法部门及其工作人员的执法行为。成立企业投诉中心，开通企业投诉专线及网上投诉信箱，向全县企业下发《致全县企业家的一封公开信》，将投诉中心的工作职责、投诉内容及投诉途径向社会公开。

2007年，制定《进一步优化经济发展软环境十项规定》，明确规定党政机关工作人员严禁无故干扰项目建设和企业的正常生产经营。

2008年，就企业融资问题、中梗阻现象、部门服务态度以及企业负担等方面广泛征求意见和建议。公开投诉电话和投诉信箱，指派专人负责，确保及时受理企业投诉。年内，共受理企业投诉5件，全部办结。

第八章 机构改革

第一节 职能转变

2002年4月，香河县委按照精简、统一、效能的原则，实施党政机构改革。改革分动员部署、报批“三定”（定职能、定机构、定编制）方案，人员定岗与分流安置，建章立制、检查验收三个阶段。按照“三定”方案，制定了《香河县县直党政机构设置方案》《香河县乡（镇）机构改革方案》等机构改革文件。对全县64个需制定“三定”方案的科级以上单位及9个乡镇的职能配置、机构设置、人员编制方案进行初审，科学界定职能分工，理顺部门之间、县直与乡镇之间、内设机构之间的关系，严格核定各单位内设机构数、编制数、领导指数。

撤销经济委员会（工业局）、乡镇企业局，设立经济贸易局，原经济委员会、乡镇企业局职能划归经济贸易局；撤销外贸局、物资局、商业局，分别组建外贸总公司、物资总公司、商业总公司，转为经济实体，行政职能移交经济贸易局；撤销干部考核委员会办公室，其职能划归县委组织部；撤销市政环卫局，设立城区管理综合执法局，原市政环卫局职能划归城区管理综合执法局；撤销物价局，设立物价监督检查所（挂物价局牌子）；撤销地震局，其职能划归科学技术局。取消48项行政审批项目，做到不搞过渡、不留尾巴。对农业局、林业局、建设局、执法局、园林局、科技局、人事劳动和社会保障局等单位的职能进行重新调整、界定。强化财政、审计、保险、纪检、执法、监督、环保、林业8个部门的职能。按照《乡镇机构改革方案》规定，将涉农和为基层服务的农机、农经、农技、水管站的人、财、物由县局划归乡镇管理。

第二节 机构调整

根据市委、市政府批准的《香河县机构改革方案》，2002年4月，香河县党政机关机构设置28个，比改革前36个减少8个，精简22%。

一 县 委

工作部门设置8个，包括办公室、组织部、宣传部、统战部、政法委员会、农村工作部、直属机关工作委员会、纪委。其中，纪委机关与监察局合署办公；政法委员会与社会治安综合治理委员会合署办公；台湾工作办公室（县政府台湾事务办公室）设在统战部，对外保留名称；机要局、保密委员会办公室（保密局）设在县委办公室，对外保留名称；

精神文明建设委员会办公室设在县委宣传部，对外保留名称。

另外，议事协调办事机构2个：县政府防范和处理邪教问题办公室，为县委处理邪教问题领导小组的常设办事机构，挂靠县委办公室；县机构编制委员会办公室为县机构编制委员会常设办事机构，设在人事劳动和社会保障局，为县委、县政府共同机构。部门管理机构3个：县委信访办公室（县政府信访局），以县委办公室管理为主；老干部局由县委组织部管理；国防教育办公室，业务工作由县委宣传部和县武装部共同负责。直属事业机构3个：档案局（馆）、党史办公室、县委党校。群众团体8个：县团委、县妇女联合会、县总工会、县科学技术协会、县文学艺术界联合会、县工商业联合会、县计划生育协会、县残疾人联合会。

二　县政府

工作机构21个：政府办公室、发展计划局、财政局、民政局、人事劳动和社会保障局、公安局、监察局、司法局、国土资源局、经济贸易局、建设局、交通局、教育局、农业局、水务局、科学技术局、卫生局、计划生育局、审计局、环境保护局、统计局；直属事业机构10个：城区管理综合执法局、粮食局、广播电视局、文化体育局、畜牧水产局、林业局、开放办公室（挂招商合作局牌子）、园林局、房产管理局、热力公司。部门管理机构8个：民族宗教事务局、地方志办公室（事业机构）、经济体制改革办公室、产业化办公室，由县政府办公室管理；农业开发办公室（事业机构）、收费管理局，由县财政局管理；农经局、蔬菜局，由农业局管理。对外保留名称1个：物价监督检查所（挂物价局牌子）。

另外，更名单位7个：计划局更名为发展计划局、劳动人事局更名为人事劳动和社会保障局、土地管理局更名为国土资源局、农林局更名为农业局、招商局更名为开放办公室（挂招商合作局牌子）、民族宗教事务办公室更名为民族宗教局、房地产管理局更名为房产管理局。

三　人大、政协

人大机关内设机构5个：办公室、法制科、代表联络科、经济科、文卫科。政协机关内设机构3个：办公室、宣传科、联络科。

第三节　精简编制

一　行政编制

香河县县乡行政编制由1998年底的791名减为2002年机构改革后的641名，减少150名，精简19%。精简后行政编制总数为648名（含1999年增加乡镇编制7名）。其中，县直由428名减为351名，减少77名，精简18%，精简后行政编制356名（含1998年后增加军转编制5名）。乡镇由363名减为290名，减少73名，精简20%，精简后行政编制为292名（含1998年后增加的专项编制2名）。

二　政法编制

政法系统专项编制按国家编制精简9%，地方编制精简30%，基层不精简的原则和标准，核定香河县编制334名（国家编制313名，地方编制21名），比精简前减少24名。其中，检察系统编制42名（国家编制38名，地方编制4名），比精简前减少5名；法院系统编制72名（国家编制66名，地方编制6名），比精简前减少8名；公安系统编制176名（国家编制169名，地方编制7名）；司法系统编制44名（国家编制40名，地方编制4名），比精简前减少3名，自定的政法专项编制全部清理。

三　工勤编制

机关工勤人员编制、老干部服务人员编制，按照市委、市政府（廊发[2002]4号）文件精神，县直行政机关工勤按行政编制8%核定计29名，乡镇机关工勤按每乡镇2名，共核定18名，全县共核定机关工勤编制47名。老干部服务人员编制按离休干部10∶1、退休干部30∶1的标准核定48名。

四　事业编制

直属事业机构人员编制精简30%，减少50名；乡镇事业编制精简20%，减少74名。

五　领导职数

香河县党政机关领导职数的配备严格按照机

构改革方案中核定的领导职数配备干部。县委、县政府工作部门设正职1人副职2人，人员较少的部门设一正一副，党政各部门领导职数控制在137人以内。

第四节　分流及待遇

一　分　流

香河县行政事业单位，机构改革前共有1808人，机构改革后定编1434人，分流324人。其中，党群、人大、政协有352人，定编299人，分流53人；政府部门机构改革前共有1456人，机构改革后定编1185人，分流271人；乡镇机构改革前共有1153人，按20%精简分流230人；政法系统精简分流157人。全县共计分流761人。

按照《香河县机关事业人员分流实施办法》，分流渠道是：（1）成建制或部分建制转体分流。凡是有自收自支能力的科股级单位，转变职能，组建各类技术信息服务等中介组织、经济服务实体或其他企事业单位。实行自负盈亏，减少或中断财政拨款。（2）分离后勤服务人员。根据单位特点，组织后勤人员创办各类面向社会的服务实体，实行自收自支。（3）到规定年龄必须退休。对达到退休年龄的及时办理退休手续。各部门所属企事业单位也要严格执行，及时腾出岗位接纳机关分流人员。（4）提前退休、离岗。按照《国家公务员条例》规定，男满55周岁、女满50周岁，或工作年限满30年的，本人自愿申请，经组织批准，可以提前退休。截至2002年6月底，县正科级单位正职男满52周岁，女满50周岁，副职（包括保留正科级的副职）及其以下干部满50周岁，工勤人员男满50周岁，女满45周岁，符合上述条件的人员一律要提前离岗（不含医生、教师）。（5）鼓励干部参加学习培训。（6）清理、清退机关临时工和借调人员，分流编外合同制人员。（7）根据工作需要，选派有培养前途或有一定专业知识和管理能力的人员，充实到所属企业、事业或乡镇、农村任职锻炼。（8）鼓励机关事业单位人员辞职或自谋职业。（9）编内岗位积极推行竞争上岗、双向选择的办法，公开、公正地解决超编问题。所有超编人员自2002年7月起，三年内分流完毕。

二　待　遇

提前退休和提前离岗人员，按国家有关政策执行。离岗人员在法定退休年龄前遇有国家（省）调整工资时，按在职人员同等对待；县机构改革动员大会之日（2002年4月17日）至2004年12月31日期间，经组织批准辞去公职自谋职业的人员，按有关政策给予经济补偿；分流到企、事业单位的人员，可直接申报相应的专业技术职称。在首次参评时，其在机关工作时间可连续计算，外语水平可不做要求，按有关规定直接评定相应的专业技术职称，并享受新职位的工资及各种待遇，同新单位一样实行养老保险制度。其分流前工作年限由社会保险机构确认，视同养老保险缴费年限，单位和个人不需要补交养老保险金；机构改革后的三年内，县级机关有职位空缺时，优先从经过培训、符合职位要求的分流人员中免试录用；撤销部门转为企业或服务实体的，其人员在机构改革后三年内保留原工资，经费渠道不变；对被清理、清退的临时工和编外的合同制人员，根据其工作年限，由单位发给一定数量的经济补偿金；对机构改革后三年内未找到工作的分流人员工资照发。此次机构改革于2002年10月底基本结束。

第二十编　政权　政协

1979年，人民代表大会制度处于不完善状态。同年7月，五届全国人大二次会议通过的《中华人民共和国地方各级人民代表大会和地方各级人民政府组织法》规定："县以上地方各级人民代表大会设立常务委员会。"1980年4月，以县六届人大一次会议选举产生人大常委会为标志，县人民代表大会制度开始恢复。各乡镇（公社）人民代表大会制度也于同年开始恢复，并于1984年初，相继召开乡镇人民代表大会第一次会议。至2008年，香河县先后经历了八届人大及其常委会。各届县人大及其常委会和各乡镇人大作为地方国家权力机关，依法行使各自职能，实现人民当家做主的民主权利。认真贯彻国家各项法律法规，为坚持和完善人民代表大会制度，推进民主法治建设发挥了重要作用。

1946年1月，撤销联合县，恢复香河县建制，建立香河县人民政府。1955年4月，香河县人民政府改称香河县人民委员会。1966年5月，"文化大革命"开始后，机构瘫痪。1968年1月，建立有解放军代表、群众代表、干部代表组成的香河县革命委员会，党政合一。1980年4月，召开香河县六届人大一次会议，恢复建立香河县人民政府。香河县人民政府在县人大、县政协的监督支持下，认真实施香河县委一系列决策，使香河县各项事业不断发展、壮大。

根据1982年中共河北省委统战工作会议和1983年1月中共中央办公厅《关于县设立政协的通知》精神，于1983年4月开始筹建中国人民政治协商会议河北省香河县委员会（简称县政协），并于1984年1月召开县政协第一届委员会第一次会议。

至2008年，县政协已历七届。在县委领导下，县政协牢牢把握团结、民主两大主题，紧紧围绕经济建设和全县中心工作，认真履行政治协商、民主监督、参政议政的基本职能，通过政协提案、考察、视察、专题调研等形式，组织各人民团体和各界人士参政议政，反映社情民意。香河县政协在全县政治、经济、文化等各个领域，发挥越来越重要的作用。

第一章　人民代表大会

第一节　人民代表

一　代表产生

香河县遵照《中华人民共和国全国人民代表大会和地方各级人民代表大会选举法》（简称《选举法》），由选民直接选举产生历届人代会代表。香河县第六至第十三届人大代表的换届选举由县第六至第十三届人大常委会设立的选举委员会及其办公室负责。在历届人民代表大会第一次会议召开之前，先召开换届选举工作会议。整个选举过程历经宣传动员、选区划分、选民登记、代表比例确定、代表候选人提名、协商确定、投票选举、选举总结等阶段，历经1至2个月。经直接选举产生的县人大代表资格先由县人大常委会代表资格审查委员会审查，提交县人大常委会审议，对符合《选举法》规定的确定其代表资格有效。

1980—2008年香河县各届人民代表大会选举情况统计表

表20-1-1

届别	普选时间	选区数（个）	选民登记数（人）	选举日	参选率（%）	实选代表（人）
第六届	1980.2.4—4.10	385	154919	4月11日	94.4	437
第七届	1984.3（下旬）—5.20	82	164876	5月20日	95.2	219

续表 20-1-1

届别	普选时间	选区数(个)	选民登记数（人）	选举日	参选率（%）	实选代表（人）
第八届	1987.2.13—3.20	79	184925	3月30日	90.6	152
第九届	1989.12—1990.3.17	83	195771	3月17日	94.2	192
第十届	1992.10—1993.1.10	83	200321	1月10日	97.5	198
第十一届	1997.10.5—12.22	88	204879	12月22日	98.4	180
第十二届	2002.11.6—12.30	90	211988	12月30日	95.1	181
第十三届	2007.1.1—3.31	88	192537	3月30日	85.4	180

说明：第六届选举前全县300个自然村各设选区。为便于组织和领导，以后各届代表大会选举对选区做出调整

二　代表构成

香河县第六至十三届人民代表大会代表构成，均按《选举法》规定和省、市委的具体要求，结合香河县实际确定。就党政干部、知识分子、工人、农民、解放军、中共党员、妇女、非党人士、少数民族在代表中所占比例，与有关方面协商确定人选。使人民代表具有广泛性、先进性和代表性。第六至十三届人大代表选举中，重视人大代表的革命化、年轻化、知识化、专业化。

1980—2008年香河县各届人大代表结构比例统计表

表 20-1-2

项目/数字/届别	代表人数	职业构成										党派				少数民族		妇女	
		工人		农民		解放军		知识		干部		中共党员		党外					
		人数（人）	占比（%）	人数（人）	占比（%）	人数（人）	占比（%）	人数（人）	占比（%）	人数（人）	占比（%）	人数（人）	占比（%）	人数（人）	占比（%）	人数（人）	占比（%）	人数（人）	占比（%）
第六届	437	41	9.4	301	68.9	4	0.9	31	7.1	60	13.7	340	77.8	97	22.2	5	1.1	73	16.7
第七届	219	7	3.2	146	66.7	2	0.9	30	14	34	15.5	123	56.2	96	43.8	5	2.3	51	23.3
第八届	152	5	3.3	96	63.2	1	0.6	14	9.2	36	23.7	75	49.3	77	50.7	2	1.3	35	23.0
第九届	198	8	4.0	123	62.1	1	0.5	7	3.6	55	28.6	96	50.0	96	50.0	6	3.1	41	21.4
第十届	198	8	4.0	123	62.1	1	0.5	9	4.6	57	28.8	105	53.0	93	47.0	7	3.5	46	23.2
第十一届	180	2	1.1	96	53.3	1	0.6	12	6.7	69	38.3	117	65.0	63	35.0	6	3.3	47	26.1
第十二届	181	18	9.9	83	45.9	—	—	12	6.6	68	37.6	127	70.2	54	29.8	4	2.2	45	24.9
第十三届	180	27	15.0	67	37.2	—	—	14	7.8	72	40	125	69.4	55	30.6	7	3.9	41	22.8

项目/数字/届别	年龄构参展						文化构成					
	35岁以下		36～55岁		56岁以上		大中专		初高中		小学及以下	
	人数（人）	占比（%）	人数（人）	占比（%）	人数（人）	占比（%）	人数（人）	占比（%）	人数（人）	占比（%）	人数（人）	占比（%）
第六届	127	29.1	267	61.1	43	9.8	13	2.9	196	44.9	228	52.2
第七届	43	20	143	65	33	15	30	13.7	106	48.4	83	37.9
第八届	45	29.6	78	51.3	29	19.1	42	27.6	58	38.2	52	34.2
第九届	52	27.1	113	58.9	27	14.1	36	18.8	103	53.6	53	27.6
第十届	53	26.8	128	64.6	19	9.6	62	31.3	103	52	33	16.7
第十一届	27	15	140	65.6	13	7.3	95	52.8	78	43.3	7	3.9
第十二届	20	11.1	149	82.3	12	7.6	108	59.7	70	38.7	3	1.6
第十三届	8	4.5	155	86.1	17	9.4	122	67.8	58	32.2	—	—

第二节　人民代表大会会议

1980—2008年，香河县共召开32次人民代表大会会议。历次会议均在中共香河县委和大会临时党委领导下，由大会主席团主持进行。会议主要议程：审议香河县人民政府工作报告、审议县财政预决算报告、审议人大常委会工作报告、审议人民法院工作报告、审议人民检察院工作报告，并做出相应决议；按照大会选举办法，选举产生县人大常委会正副主任、人民政府正副县长、县人民法院院长、县人民检察院检察长（须报市人民检察院检察长提请市人大常委会批准）；做出事关全县改革、发展、稳定大局的决议；收集代表议案、意见和建议，会后由人大常委会转交“一府两院”及有关部门办理。至2008年，县人代会共做出关于重大事项建议160项，征集代表建议、批评、意见650件。1984年1月，自六届人大三次会议始，邀请县政协委员列席人大全体会议，增加了政协委员听取人大和“一府两院”报告程序；同时安排不是县人大代表的各乡镇党政正职、县直单位“一把手”列席大会，使大会的透明度、严肃性和民主化程序大为提升。

1980—2008年香河县历届人民代表大会历次全体会议一览表

表20-1-3

届	次	时间	主要内容
第六届	一次会议	1980年4月27—30日	听取和审议“一府两院”工作报告；审查和批准《香河县1979年财政决算和1980年财政预算草案的报告》《香河县人大常委会工作报告》；选举王惠连为县人大常委会主任，选举杨玉本、陈洪彬、杜廷焕、陈效农、陈禹申、凌恩福为副主任，委员8名；选举赵诚为人民政府县长，选举张岐山、康巨英、杨树昌、薛弼臣为人民政府副县长；选举李之华为县人民法院院长、魏珍为县人民检察院检察长。会议收到代表议案158件
	二次会议	1983年3月1—3日	听取和审议“一府两院”工作报告和《香河县人大常委会工作报告》《香河县1980—1982年财政决算执行情况和1983年财政预算草案的报告》；选举李健民为县长；选举赵文德为副县长；选举王秀峰为县人民法院院长；选举张英为县人民检察院检察长；选举孙贞惠、李健民、齐续晖、高洪为出席省第六届人代会代表。会议收到代表议案67件，意见10件
	三会议次	1984年1月5—7日	讨论和决定香河县政权机构领导班子调整问题；补选李杏田为县人大常委会主任，吴广福、何志诚、蒙承启、杨树昌为副主任；补选乔忠为县人民政府县长，郭玉璞、冯乃民、张绍鹏、侯国强为县人民政府副县长，吴侠为县人民检察院检察长
第七届	一次会议	1984年11月26—30日	听取和审议“一府两院”工作报告和《香河县人大常委会工作报告》《香河县1983财政决算执行情况和1984年财政预算草案的报告》；会议选举李杏田为县人大常委会主任，选举杜廷焕、吴广福、蒙承启、杨树昌、刘长乘为副主任，委员8名；选举乔忠为县人民政府县长，选举侯国强、冯乃民、张绍鹏、郭玉璞为县人民政府副县长；选举张殿相为县人民法院院长，吴侠为县人民检察院检察长；会议收到代表提案55件
	二次会议	1986年4月15—18日	听取和审议《香河县人民政府工作报告》《香河县人大常委会工作报告》《香河县1985财政决算执行情况和1986年财政预算草案的报告》；会议补选王玉明为县人大常委会主任；选举张树藩为县人民政府县长。会议收到代表议案46件
	三次会议	1986年11月29日	会议补选王廷栋、张庆生、姬印恒为县人大常委会副主任

续表 20-1-3

届	次	时间	主要内容
第八届	一次会议	1987年5月4—7日	听取和审议“一府两院”工作报告和《香河县人大常委会工作报告》《香河县1986财政决算执行情况和1987年财政预算草案的报告》；选举王玉明为县人大常委会主任，选举蒙承启、王廷栋、张庆生、姬印恒、杜慎微、李锡福为副主任，委员8名；选举侯国强为县人民政府县长，魏敬贤、冯乃民。王怀远、张绍鹏为县人民政府副县长，选举张殿相为县人民法院院长，吴侠为县人民检察院检察长
	二次会议	1988年3月25—27日	听取和审议“一府两院”工作报告、《香河县人大常委会工作报告》《香河县1987财政决算执行情况和1988年财政预算草案的报告》；会议选举孙贞惠、张国仁、林世清、赵诚、侯国强为出席省第七届人代会代表
	三次会议	1989年2月26—27日	听取和审议《香河县人民政府工作报告》《香河县人大常委会工作报告》《香河县1988财政决算执行情况和1989年财政预算草案的报告》《香河县人民法院工作报告》《香河县人民检察院工作报告》；选举出席廊坊市第一届人代会代表31名。会议收到代表议案31件
第九届	一次会议	1990年4月12—15日	听取和审议“一府两院”工作报告和《香河县人大常委会工作报告》《香河县1989财政决算执行情况和1990年财政预算草案的报告》；会议选举王玉明为人大常委会主任，选举张宝琛、冯乃民、凌崇瑜、杜慎微、吴侠为副主任，委员8名；选举侯国强为县人民政府县长，魏敬贤、王怀远、张绍鹏、李长林、崔广华、殷相岐为人民政府副县长，选举张殿相为县人民法院院，杨秀廷为县人民检察院检察长。会议收到代表议案40件、意见5件
	二次会议	1991年4月2—5日	听取和审议“一府两院”工作报告和《香河县人大常委会工作报告》《香河县1990财政决算执行情况和1991年财政预算草案的报告》；议案委员会向大会作了代表议案审查报告。会议收到代表议案31件、意见建议15件；
	三次会议	1992年4月14—16日	听取和审议“一府两院”工作报告、《香河县人大常委会工作报告》《香河县1991财政决算执行情况和1992年财政预算草案的报告》；听取了县政府关于农田水利建设及设施管理使用情况的专题发言；补选曹春生为县人大常委会副主任；选举储延平为县人民政府县长。会议收到代表议案案28件
第十届	一次会议	1993年3月2—4日	听取和审议“一府两院”工作报告和《香河县1992财政决算执行情况和1993年财政预算草案的报告》《香河县人大常委会工作报告》；会议选举董林为县人大常委会主任，冯乃民、曹春生、凌崇瑜、吴侠、张绍鹏为副主任，委员9名；选举杨汭为县人民政府县长，魏敬贤、李长林、王新、崔广华、石文芝（女）、杨景祥、徐凤君为县人民政府副县长，选举 张殿相为县人民法院院长，杨秀廷为县人民检察院检察长；选举出席廊坊市第二届人代会代表31名。会议收到代表议案34件
	二次会议	1994年3月22—24日	听取和审议“一府两院”工作报告和《香河县1993财政决算执行情况和1994年财政预算草案的报告》《香河县1993年国民经济和社会发展计划执行情况与1994年国民经济和社会发展计划草案的报告》《香河县人大常委会工作报告》
	三次会议	1995年3月7—9日	听取和审议“一府两院”工作报告和《香河县1994财政决算执行情况和1995年财政预算草案的报告》《香河县1994年国民经济和社会发展计划执行情况与1995年国民经济和社会发展计划草案的报告》《香河县人大常委会工作报告》。会议收到代表建议50件

续表 20-1-3

届	次	时间	主要内容
第十届	四次会议	1996 年 3 月 7—9 日	听取和审议“一府两院”工作报告、听取、审议并批准《香河县国民经济和社会发展“九五”计划和 2010 年远景目标纲要草案的报告》《香河县 1995 年国民经济和社会发展计划执行情况与 1996 年国民经济和社会发展计划草案的报告》；听取和审议《香河县 1995 年县本级预算及县总预算执行情况和 1996 年县本级预算及县总预算草案的报告》，批准 1996 年县本级预算；听取和审议《香河县人大常委会工作报告》；会议补选孙殿高为香河县人民政府县长。会议收到代表建议 45 件
	五次会议	1997 年 3 月 11—14 日	听取和审议“一府两院”工作报告和《香河县 1996 年国民经济和社会发展计划执行情况的报告》；审查和批准《香河县 1996 年国民经济和社会发展计划执行情况和 1997 年国民经济和社会发展计划草案的报告》；审查和批准《香河县 1996 年县本级预算及县总预算执行情况和 1997 年县本级预算及县总预算草案的报告》《香河县人大常委会工作报告》及选举事项。会议收到代表建议 32 件
第十一届	一次会议	1998 年 2 月 7—9 日	听取和审议“一府两院”工作报告、审查和批准《香河县 1997 年国民经济和社会发展计划执行情况与 1998 年国民经济和社会发展计划的报告》；审查和批准《香河县 1997 年县本级预算及县总预算执行情况和 1998 年县本级预算及县总预算草案的报告》、听取和审议《香河县人大常委会工作报告》；会议选举董林为县人大常委会主任，刘志、张绍鹏、石文芝（女）、董连发为副主任，委员 13 名；选举尹志峰为县人民政府县长，张万福、魏子元、张志国、刘玉海、王世强、陈新建、侯凯为副县长，选举魏伟业为县人民法院院长，祁福旺为县人民检察院检察长；选举廊坊市第三届人代会代表 31 名，其中市直当选代表 7 名，香河县当选代表 24 名。会议收到代表议案 13 件
	二次会议	1999 年 3 月 5—6 日	听取和审议“一府两院”工作报告、《香河县 1998 年县本级预算及县总预算执行情况和 1999 年县本级预算及县总预算草案的报告》；听取和审议《香河县人大常委会工作报告》
	三次会议	2000 年 2 月 22—24 日	听取和审议“一府两院”工作报告、《香河县 1999 年县本级预算及县总预算执行情况和 2000 年县本级预算及县总预算草案的报告》；听取和审议《香河县人大常委会工作报告》
	四次会议	2001 年 1 月 15—16 日	听取和审议审议“一府两院”工作报告、批准《香河县国民经济和社会发展第十个五年计划纲要报告》；听取和审议《香河县国民经济和社会发展计划执行情况和 2001 年国民经济和社会发展计划草案的报告》《香河县 2000 年县本级预算及县总预算执行情况和 2001 年县本级预算及县总预算草案的报告》；听取和审议《香河县人大常委会工作报告》
	五次会议	2001 年 9 月 20 日	大会补选殷志刚为香河县人民政府县长
	六次会议	2002 年 1 月 22—23 日	听取和审议“一府两院”工作报告和《香河县 2001 年国民经济和社会发展计划执行情况与 2002 年国民经济和社会发展计划草案的报告》《香河县 2001 年县本级预算及县总预算执行情况和 2002 年县本级预算及县总预算草案的报告》；听取和审议《香河县人大常委会工作报告》
	七次会议	2002 年 3 月 29 日	大会补选石英为县人大常委会副主任

续表 20-1-3

届	次	时间	主要内容
第十二届	一次会议	2003 年 1 月 9—11 日	听取和审议“一府两院”工作报告和《香河县 2002 年国民经济和社会发展计划执行情况与 2003 年国民经济和社会发展计划草案的报告》《香河县 2002 年县本级预算及县总预算执行情况和 2003 年县本级预算及县总预算草案的报告》《香河县人大常委会工作报告》；会议选举张万福为县人大常委会主任，董连发、李建新、焦连江、李春发（回族）为县人大常委会副主任，委员 14 名；选举殷志刚为县人民政府县长，魏子元、王世强。王辉云、凌少奎、王小卫、刘士良为副县长，选举赵万江为县人民法院院长，祁福旺为县人民检察院检察长；选举出席廊坊市第四届人代会代表 31 名
	二次会议	2003 年 2 月 18—19 日	会议接受殷志刚辞去香河县人民政府县长职务，选举于宝华为香河县人民政府县长
	三次会议	2004 年 2 月 2—4 日	听取和审议“一府两院”工作报告和《香河县 2003 年国民经济和社会发展计划执行情况与 2004 年国民经济和社会发展计划草案的报告》《香河县 2003 年县本级预算及县总预算执行情况和 2004 年县本级预算及县总预算草案的报告》《香河县人大常委会工作报告》
	四次会议	2005 年 1 月 18—20 日	听取和审议“一府两院”工作报告和《香河县 2004 年国民经济和社会发展计划执行情况与 2005 年国民经济和社会发展计划草案的报告》《香河县 2004 年县本级预算及县总预算执行情况和 2005 年县本级预算及县总预算草案的报告》《香河县人大常委会工作报告》；补选王永久为县人大副主任，补选 4 名委员
	五次会议	2006 年 2 月 13—15 日	听取和审议“一府两院”工作报告和《香河县 2005 年国民经济和社会发展计划执行情况与 2006 年国民经济和社会发展计划草案的报告》《香河县 2005 年县本级预算及县总预算执行情况和 2006 年县本级预算及县总预算草案的报告》《香河县人大常委会工作报告》
	六次会议	2006 年 5 月 3—31 日	补选魏子元为香河县人大常委会主任
第十三届	一次会议	2007 年 5 月 28—30 日	听取和审议“一府两院”工作报告和《香河县 2006 年国民经济和社会发展计划执行情况与 2007 年国民经济和社会发展计划草案的报告》《香河县 2006 年县本级预算及县总预算执行情况和 2007 年县本级预算及县总预算草案的报告》《香河县人大常委会工作报告》；会议选举魏子元为县人大常委会主任，李建新、焦连江、李春发（回），王永久为副主任；选举张贵金为县人民政府县长，张学义、凌少奎、闫再兴、冯印涛、赵玉（女）、戴文光为副县长，选举赵万江为县人民法院院长，仇海全为县人民检察院检察长
	二次会议	2008 年 2 月 24—26 日	听取和审议“一府两院”工作报告和《香河县 2007 年国民经济和社会发展计划执行情况与 2008 年国民经济和社会发展计划草案的报告》《香河县 2007 年县本级预算及县总预算执行情况和 2008 年县本级预算及县总预算草案的报告》《香河县人大常委会工作报告》；选举出席廊坊市第四届人代会代表 32 名，其中市直参选代表 8 名，县内选出代表 24 名

第三节 人大常委会

一 机构设置

（一）历届常委会

1980 年 4 月，香河县第六届人民代表大会召开。会上选举产生香河县人民代表大会常务委员会（简称人大常委会），为常设机构，负责主持人民代表大会闭会期间的日常工作。县人大常委会由主任、副主任、委员组成。

香河县历届常委会机构组成统计表

表 20-1-4　　单位：人

届次	主任委员	副主任委员	委员	任期（年）	届次	主任委员	副主任委员	委员	任期（年）
六届	1	6	8	4	十届	1	5	7	5
七届	1	6	9	3	十一届	1	4	14	5
八届	1	6	8	3	十二届	1	4	14	4
九届	1	6	8	3	十三届	1	4	18	5

（二）常委会办事机构

1980 年 4 月，香河县人大常委会下设办公室，办公室有主任 1 人，工作人员 5 人。1982 年 11 月，增设政法科、文卫科、经济科、农村工作科。1983 年 12 月，各科撤销，只设办公室。办公室下设政法组、文卫组、经济组、代表联络组。1986 年 4 月，办公室下设各组撤销，增设政法科、文卫科、经济科、代表联络科。至 2008 年底，下设科室未变，各科室有正副主任、正副科长各 1 人。

1980—2008 年香河县历届人大常委会主任、副主任任职一览表

表 20-1-5

届	职务	姓名	任职时间	籍　贯
第六届 1980.4—1984.11	主任	王惠连	1980.4—1983.11	河北省永清县
		李杏田	1983.11—1984.11	河北省蠡县
	副主任	杨玉本	1980.4—1984.11	河北省玉田县
		陈洪彬	1980.4—1983.12	河北省香河县
		杜廷焕	1980.4—1984.11	北京市门头沟区
		陈效农	1980.4—1983.12	河北省香河县
		陈禹申	1980.4—1983.12	北京市平谷区
		凌恩福	1980.4—1983.10	河北省香河县
		吴广福	1982.5—1984.11	河北省香河县
		何志诚	1983.12—1984.11	河北省望都县
		蒙承启	1983.12—1984.11	河北省涿鹿县
		杨树昌	1983.12—1984.11	河北省盐山县
第七届 1984.11—1987.5	主任	李杏田	1984.11—1985.11	河北省蠡县
		王玉明	1985.11—1987.5	河北省香河县
	副主任	杨玉本	1984.11—1986.5	河北省玉田县
		杜廷焕	1984.11—1986.4	北京市门头沟区
		吴广福	1984.11—1986.4	河北省香河县
		蒙承启	1984.11—1987.5	河北省涿鹿县

续表 20-1-5

届	职务	姓名	任职时间	籍贯
第七届 1984.11—1987.5	副主任	杨树昌	1984.11—1987.4	河北省盐山县
		刘长乘	1984.11—1987.4	辽宁省
		王廷栋	1986.11—1987.5	河北省大厂县
		张庆生	1986.11—1987.5	河北省香河县
		姬印恒	1986.11—1987.5	河北省香河县
第八届 1987.5—1990.4	主任	王玉明	1987.5—1990.4	河北省香河县
	副主任	蒙承启	1987.5—1990.4	河北省涿鹿县
		王廷栋	1987.5—1990.4	河北省大厂县
		张庆生	1987.5—1990.4	河北省香河县
		姬印恒	1987.5—1990.4	河北省香河县
		杜慎微	1987.5—1990.4	河北省清苑县
		李锡福	1987.5—1990.4	河北省香河县
第九届 1990.4—1993.3	主任	王玉明	1990.4—1993.3	河北省香河县
	副主任	张宝琛	1990.4—1993.3	河北省香河县
		冯乃民	1990.4—1993.3	北京市通州区
		凌崇瑜	1990.4—1993.3	河北省香河县
		杜慎微	1990.4—1993.3	河北省清苑县
		吴　侠	1990.4—1993.3	江苏省张家港市
		曹春生	1990.4—1993.3	河北省香河县
第十届 1993.3—1998.2	主任	董　林	1993.3—1998.2	河北省香河县
	副主任	冯乃民	1993.3—1998.2	北京市通州区
		曹春生	1993.3—1998.2	河北省香河县
		凌崇瑜	1993.3—1998.2	河北省香河县
		吴　侠	1993.3—1998.2	江苏省张家港市
		张绍鹏	1993.3—1998.2	河北省香河县
第十一届 1998.2—2003.1	主任	董　林	1998.2—2003.1	河北省香河县
	副主任	刘　志	1998.2—2003.1	天津市宝坻区
		张绍鹏	1998.2—2003.1	河北省香河县
		石文芝（女）	1998.2—2003.1	河北省香河县
		董连发	1998.2—2003.1	河北省香河县
		石　英	2002.4—2003.1	河北省香河县
第十二届 2003.1—2007.5	主任	张万福	2003.1—2006.4	河北省香河县
		魏子元	2006.4—2007.5	河北省香河县
	副主任	董连发	2003.1—2005.1	河北省香河县
		李建新	2003.1—2007.5	河北省蠡县
		焦连江	2003.1—2007.5	河北省香河县
		李春发（回）	2003.1—2007.5	河北省香河县
		王永久	2005.1—2007.5	河北省香河县

续表 20-1-5

届	职务	姓名	任职时间	籍　贯
第十三届 2007.5—	主任	魏子元	2007.5—	河北省香河县
	副主任	李建新	2007.5—	河北省蠡县
		焦连江	2007.5—	河北省香河县
		李春发（回）	2007.5—	河北省香河县
		王永久	2007.5—	河北省香河县

二　常委会工作会议

县人大常委会会议每两个月召开一次，如遇人事任免等重大事项可决定临时增开。会议由县人大常委会主任主持，或由主任委托副主任主持。历届县人大常委会一、二次会议的主要内容是任命县政府组成人员；县法院副院长、审判员、正副庭长、审判委员会委员；县检察院副检察长、检察员、检察委员会委员；制定、完善常委会各项工作制度等。

1980—2008 年香河县历届人大常委会会议议事统计表

表 20-1-6

届别	例会次数	学习传达上级文件（件次）	审议“一府两院”报告议案（件次）	审议财政预决报告（件次）	政府部门专题报告（件次）	研究县人大工作（件次）
六	26	17	9	5	19	20
七	17	10	9	3	32	6
八	19	7	9	5	24	8
九	24	10	9	3	16	6
十	34	15	15	5	21	16
十一	41	8	15	7	18	27
十二	37	12	15	11	23	31
十三	34	10	12	8	20	28
合计	232	89	93	47	173	142

第四节　主要工作

一　制度建设

1980 年 7 月 5 日，县第六届人大常委会第二次会议通过县人大常委会《关于职权范围和工作意见的试行草案》。1981 年 3 月，香河县第六届人大常委会第六次会议制定通过《香河县人民代表开展工作试行办法》。1988 年 4 月 12 日，县第八届人大常委会第七次会议通过香河县《乡镇代表联络工作试行办法》。1991 年 6 月 6 日，县第九届人大常委会第十次会议通过《香河县人大常委会议事规则（试行）》。1993 年 3 月 30 日，县第十届人大常委会第一次会议通过《香河县人大常委会议事细则（试行）》。是年 12 月 22 日，县第十届人大常委会第六次会议通过《香河县人大常委会关于常委会会议议题的若干规定（试行）》。1994 年 2 月 2 日，县第十届人大常委会第七次会议通过《香河县人大常委会关于代表建议、批评和意见的提出与办理的规定（试行）》。1995 年 10 月 17 日，县第十届人大常委会第十七次会议通过《香河县人大常委会关于乡镇人大议政日实施办法》《香河县人大常委会关于在全县推行错案和执法过错责任追究制的决议（草案）》。2002 年 11 月 18 日，县第十一届人大常委会第四十一次会议通过《关于建立香河县换届选举委员会的决定》《香河县人民代表大会关于换届选举实施方案》。

二　代表工作

（一）联系代表

香河县第六届人民代表大会后，制定《香河县人民代表开展工作试行办法》。依据该试行办法，常委会将437名代表划分102个代表小组，民主选出组长，制定小组活动制度。驻会人大常委会主任、委员、常委会工作人员每人定期联系2—3名常委会代表，及时收集代表意见和建议。至1980年底，共联系代表392名，收集意见和建议50条。1983年，走访代表370名，占代表总数的87.8%。1991年，走访、座谈代表169人（次），寄发代表联系卡153件。1993年4月，走访代表100余人（次），给每位代表寄发了征求意见卡。常委会收到人大代表对人大常委会和"一府两院"工作的意见、建议20多件。全年走访代表120人（次），给全县198名代表发放问卷调查。1995年，走访代表300人（次），召开各种座谈会60多次，为乡镇以上人大代表印制法律选编3000册。是年，80名人大代表列席县人大常委会会议。1996年，先后组织130名人大代表对县内有关单位和部门进行视察、检查，常委会将代表建议归纳整理后转与有关部门。1998年起，每年利用《人大工作简报》宣传代表的先进事迹。各级代表参加香河县委举办的"千人建言献策"活动，24名代表的建议被县委选中。

2000年后，通过为每名代表订阅、寄送《县人大会刊》《人大工作简报》《地方人大建设》《公民与法制》等杂志和刊物的形式与代表沟通、联系。县人大常委会组成人员根据分工和职业特点，每人每年联系10名县人大代表。主管代表工作的常委会副主任带领相关科室人员深入基层，走访代表，征求意见和建议。2003年始，在代表中开展代表述职评议和人民好代表评选活动。

（二）组织视察

1980—1982年，常委会4次组织代表对香河县农贸市场，商业，12个供销系统零售单位和网点的商品质量、服务态度、卫生状况、缺斤少两等进行检查。把检查出的问题反馈给主管部门，限期整改。1986年，全国人大代表王志在县人大常委会有关领导及工作人员陪同下，对农业机械厂、国营机械厂、水泥厂、包装箱厂4家县属全民所有制工业企业进行视察，并分别召开座谈会。1988年3月15日至18日，省人大代表侯国强、孙贞惠、张国仁在县人大常委会副主任张庆生等陪同下，对香河县整顿经济秩序情况进行视察。1990年12月至1991年2月，县人大常委会组织省、市人大代表对香河县1990年国民经济执行情况、1990年财政预算执行情况、廉政建设及纠正行业不正之风情况、农业情况进行视察。1991年常委会组织省、市、县、乡人大代表对县人民法院进行视察。8月至11月，先后两次组织县、乡人大代表对17个乡镇《河北省计划生育条例》执行情况进行视察。1994年11月，组织省、市人大代表视察安平、淑阳两个集贸市场建设、管理情况并听取县工商局、县计划委员会、县财政局工作汇报。1995年11月8日至9日，县人大常委会组织由2名省人大代表、10名市人大代表组成的视察团，对香河县贯彻落实《中华人民共和国农业法》情况进行视察，并听取县农业主管部门工作汇报。年内，组织部分人大代表到安次区、永清县参观考察。1996年春节，组织县人大代表和执法人员分5路对农贸市场注水猪肉和计量器具执法检查。对查出的注水猪肉和不合格计量器具当场没收。1999年，组织80多名代表参观、视察等活动计11次。

1998—2002年，共组织代表视察36次，调查31次，检查17次，评议11次，座谈90多次。先后组织300多名县、乡人大代表听取县检察院检察长、县公安局局长、法庭庭长等述职并进行评议。2005年，组织代表对全县农业高科技项目、"一园五区"项目建设和县政府"十件实事"落实情况进行专题视察。

（三）代表培训

1993年11月，人大常委会分两次培训县人大代表40名。组织代表学习、座谈《代表法》，并将《代表法》辑印成册，发至全县1000余名县、乡人大代表手中。1998年5月起，利用一个月时间对县、乡两级人大代表进行《代表法》学习辅导。举办各种形式的培训班10次，培训代表500多名。1999年，对县、乡两级人大代表集中进行《代表法》学习培训，参训677人，占县、乡代表总数的93%。2002年，举办代表培训班22次。分期分批组织县、乡人大代表学习《中华人民共和国宪法》

《中华人民共和国地方组织法》《中华人民共和国代表法》等法律法规，进一步明确人大代表的地位、作用、权利和义务。2003 年，对全县 700 余名县、乡人大代表进行《代表法》培训。2004 年，开展人大代表《宪法修正案》学习培训工作。

三 监督工作

（一）检查、视察

1983 年，常委会有关人员在文教、科卫、工交、财贸和政法等系统搞了 14 个专题调查，针对每个部门均写出调查报告，指出存在问题，要求写出整改报告，限期整改。同年，对餐饮及食品生产、零售部门《中华人民共和国食品卫生法》执行情况进行检查。对存在的生熟食混放、食品过保质期等问题当面纠正。1988 年，第八届人大常务委员会第十次会议通过《香河县人民代表大会常务委员会关于在全县开展执法检查的决定》，使依法监督成为常态化、制度化。1989 年 8 月上旬、1990 年 7 月 10 日，县人大常委会、县政府两次开展生育政策执行情况、惩罚政策落实情况、贯彻《河北省计划生育条例》情况检查工作。

1991 年，常委会开展《中华人民共和国义务教育法》《中华人民共和国全民所有制工业企业法》《河北省土地管理条例》《河北省国民教育暂行条例》《中华人民共和国档案法》5 部法律、法规执法检查。在对《中华人民共和国义务教育法》执法检查中，针对存在问题，向县政府提出加强师资培训、发展职业教育、合理调整中学布局、解决边远乡镇教师待遇 4 条建议。1993 年 8 月下旬至 9 月初，开展对 17 个乡镇，10 行业的基层所站检查评议活动。1994 年，对《全国人大常委会关于加强社会治安综合治理的决定》和《河北省社会治安综合治理条例》执行情况进行检查。1996 年，为落实县人大常委会通过的《在全县推行错案和执法过错责任追究制的决议》，年底，对全县司法机关和执法部门落实情况进行监督检查。

1998 年，对《河北省村集体财务管理条例》《中华人民共和国审计法》《中华人民共和国促进科技成果转化法》《中华人民共和国税收管理法》《中华人民共和国母婴保健法》《河北省母婴保健条例》《中华人民共和国义务教育法》7 部法律法规执行情况执法检查。在对《中华人民共和国义务教育法》执行情况检查时，发现蒋辛屯镇中学因经费不足，造成校舍破败、生源流失，教职工情绪低落等问题。将存在问题反映到教育局及蒋辛屯镇政府，镇政府投资 10 万元，重选校址，再建新校，改善了办学条件。年内，常委会组成人员及有关科室、人大代表先后深入 9 个乡镇派出所、司法所、6 个基层法庭、18 个乡办中小学、9 所乡镇卫生院、5 个乡镇计生站、5 个乡镇文化站、5 个音像销售店和部分执法部门、村街、企业等进行调研，写出调研报告 11 篇，对“一府两院”工作提出意见、建议 12 条。2001 年、2002 年，连续两年对《中华人民共和国环境保护法》实施情况进行检查，针对交通局化工厂排污问题，东鲁家口屠宰场和小友垡干渠污染严重问题，县人大常委会提出治理意见，使污染得到有效治理。

2003 年 10 月，常委会组成人员及部分县人大代表，对全县“一区五园”项目建设进展情况进行视察。是年，对《中华人民共和国职业教育法》等 3 部法律法规贯彻实施情况及全县公、检、法、司各部门执行“五条禁令”情况进行专项检查。2004 年 8 月，依照《中华人民共和国食品卫生法》，对不同类型的 4 所学校学生食堂进行检查。检查发现卫生状况极差，要求卫生主管部门督促学校对学生食堂进行整改，使其达到规定的卫生标准。是年，围绕群众关心的热点、难点问题进行多次调研，撰写专题调查报告 15 篇，提出意见、建议 65 条，为“一府两院”改进工作提供借鉴。在 2006 年的执法检查中，常委会责成执法部门对未达到卫生标准的饭店，依法做出停业整顿、限期整改的处理。

2007 年 6 月、11 月，两次对香河县现代产业园、全县项目建设和重点工程进行视察。11 月，常委会组成人员，对县政府办理十三届人大一次会议上代表提出的 45 件议案落实情况进行视察。

2008 年，常委会组成人员和部分人大代表，对县公安局交警大队、看守所及奥运安保工作进行视察；组织相关科室，深入全县不同类型企业调查研究，重点对涉企职能部门在执法、收费、服务等方面进行调查；对全县乡镇卫生院和村级卫生室建设进行视察。

（二）审议报告

1980—2008 年，人大常委会共听取和审议“一府两院”及部门工作报告 314 次。其中“一府两院”

工作报告96次，财政决算执行情况及财政预算报告46次，政府部门专题报告172次。在监督过程中，对社会治安、“三农”、重点项目、城镇建设、社会保障与下岗再就业等，不但听取审议报告，常委会还要组织相关科室人员检查落实情况。听取和审议《关于全面贯彻执行土地管理法情况的汇报》《关于物价执法检查情况的汇报》《关于反贪污、贿赂工作情况的汇报》《关于治理“三乱”工作情况汇报》等40多部法律法规条例贯彻实施情况的报告。共提出建议、意见580余条，均转交“一府两院”，限期整改。

1991年初，县人大常委会审议县水利局6个水利管理实施办法和规定。审议后指出，县水利局扩大了其下属的水政、水资源办公室的决定权和处罚权，并针对办法和规定中不合法的条款提出修正方案；审议县政府关于香河县《“三资”企业治理“三乱”情况的报告》时，向县政府提出要加强对“三资”企业管理的建议。

1992年6月16日，县九届人大常委会第十九次会议，听取、审议并通过了香河县政府关于兴建“天下第一城”工作报告。会后，发布了关于审议县人民政府兴建“天下第一城”报告的决议。7月4日，二十次会议审议县政府关于安平开发区总体规划的说明。1996年，十届人大常委会第十八次会议，审议县政府《关于维护社会治安秩序和公安队伍建设情况的报告》。1999年，县十一届人大常委会第十二次会议，审议县政府关于《河北省村镇规划建设管理条例》贯彻实施情况报告时，常委会组成人员深入基层调研，将问题归纳整理，提出4条建议和意见，并对进展情况跟踪监督。

2002年7月，审议县政府上半年预算执行情况的报告，针对个别项目超预算较多，挤占挪用专项资金等问题，向县政府提出要加强预算管理，严格执行代表大会批准的预算和强化专项资金兑付的意见。2003年，针对香河县农业产品档次低、品种少，影响农民增收问题，常委会召开主任会议，听取县农业局关于标准化生产的报告后，提出抓引导、抓典型、抓服务等意见和建议，促进全县农业产品上挡升级。

2004年3月25日，县十二届人大常委会第十二次会议，审查批准《香河县人民政府关于香河县第一中学扩建工程贷款贴息纳入县财政预算的报告》。会议决定：将香河一中扩建工程贷款贴息纳入县财政预算；若香河一中不能按期足额偿还贷款本金，其差额部分由县财政支付。5月27日，十二届常委会第十四次会议听取、评议县公安局局长李建国述职报告。会议向公安局班子成员及全体干警提出4点要求：继续加强宪法及有关法律的学习，进一步增强依法行政意识，加强与人大代表的沟通和联系；加强相关防范知识宣传，及时向社会发布发案形势通报，提高群众的防范意识及本领；进一步优化警力配置，把更多的警力充实到基层；继续坚持从严治警方针，注重发挥全省乃至全国公安系统正、反面典型教育和警示作用；坚持抓好公安队伍的思想、组织、作风建设，进一步提高公安队伍的战斗力。

2007年，围绕群众普遍关心的医疗、教育等问题，县人大常委会召开会议，听取和审议县政府关于新型农村合作医疗工作开展情况和全县教育资源整合情况的报告。委员们根据调查掌握的情况，提出了合理确定农民报销补偿比例，规范定点医院药品价格，简化审核结算流程，加大相关制度和政策宣传力度的意见和建议；提出继续加大对教育投入力度，合理调配农村小学布局，均衡优秀教师资源等建议。

2008年3月6日，县十三届人大常委会五次会议，审议批准香河县人民政府调整《香河县城总体规划（2002—2020）》中部分土地用地性质。将新开街南侧，淑阳镇政府西侧，新一中北侧，规划面积17.48亩（1.17公顷）的土地用地性质由教育科研用地调整为二类居住用地。是年，审议县人民法院关于人民陪审员工作情况的报告；审议县政府及有关部门提交的调整规划、调整预算等事项。

附

香河县人民代表大会常务委员会
关于审议县人民政府兴建“天下第一城”报告的
决　议

（1992年6月16日香河县第九届人大常委会第19次会议通过）

一九九二年六月十六日，香河县第九届人大常委会第19次会议在县招待所大会议室举行。会议听取和审议了县人民政府县长储延平所作的关于兴建“天下第一城”的工作报告。

会议认为，由中信公司北京国安实业开发总公司在我县安平镇投资兴建“天下第一城”，对弘扬民族文化，振兴香河经济是一件大好事，县政府及有关部门在前期工作中不失时机，积极主动，于六月六日双方举行了签字仪式，工作是卓有成效的。

会议强调，全县各部门、各行业和全县人民要通力协作，大开“绿灯”，为“天下第一城”的兴建提供方便。要以此为契机，吸引更多的中外客商来我县投资，力争使我县经济更快地上一个新台阶。

会议要求，县政府要尽快组建一个精干有力的、有权威的组织指挥机构，确保“天下第一城”各项筹备工作顺利进行。

兴建“天下第一城”，全县瞩目，全省瞩目，全国瞩目，可谓是天大的好事。我们要以第一流的工作，第一流的服务，第一流的效益，把“第一城”建好，把好事办好。

（三）评议工作

1980—2008 年，县人大常委会定期听取“一府两院”及县直有关部门的工作汇报，并对工作情况进行评议。使人大常委会的监督由无形变有形，由概念化变为具体化，极大强化了监督力度。

1980—1982 年，县人大常委会听取县政府关于人民代表议案处理情况汇报；计划委员会关于国民经济计划执行情况汇报、物价执行情况汇报、环境保护情况汇报；农办关于农业生产情况汇报；文教局关于中小学教育情况汇报；财政局关于财政预决算执行情况汇报；卫生局关于卫生防疫工作汇报；公安局关于社会治安情况汇报；司法局关于法制教育和民事调解工作汇报。1984 年 12 月 9 日至 14 日，到县经委所属的木器厂、两个乡镇、县电影公司等单位就贯彻落实《中共中央关于经济体制改革的决定》情况召开座谈会，听取汇报。1988 年 3 月 15 日至 18 日，县人大常委会副主任张庆生等陪同省人大代表侯国强、孙贞惠、张国仁视察并听取县计划委员会、县财政局和县经委关于 1988 年国民经济计划及财政预算执行情况及治理经济环境、整顿经济秩序情况汇报。1990 年 7 月，人大常委会听取县人民检察院关于反贪污、贿赂工作情况汇报。

1992 年 7 月至 10 月，县人大常委会召开市、县、乡人大代表座谈会，对县人民法院及下属 6 个法庭，县人民检察院承办的民事、刑事及经济案件情况进行评议。共召开座谈会、调查会、评议会 48 次，384 名代表对近百起民事、刑事及经济案件进行走访、调查、评议，提出建议 38 条，意见 136 条。1995 年，人大常委会强化法律监督，加强对政府依法行政和“两院”严格司法的检查监督，多次听取有关部门工作汇报。1996 年，县人大常委会听取“一府两院”承办代表意见、建议情况汇报后提出五点要求：提高认识严格办理程序，依法按时办理并答复代表；注重实效；突出重点；坚持联系代表制度，及时征求代表对办理结果的意见；加强督促检查，确保承办工作善始善终。1998 年 4 月，听取县政府关于《治安管理处罚条例》贯彻实施情况汇报。1999 年，县人大常委会先后 3 次召开 16 个行政执法部门和法院、检察院负责人参加的“两错”责任追究座谈会，对部分执法部门开展“两错”责任追究情况进行督导。县人大常委会还从县法院 1998 年的 18 起收还改判案件入手，两次听取法院工作汇报，并要求办案人员吸取教训，提高执法水平。2000 年，组织县乡人大代表对县公安局及执法情况进行评议，提出 19 条意见和建议。是年底，组织 50 名人大代表对县政府 30 个职能部门工作进行满意度测评。2001 年，县直 6 个局级单位“一把手”主动要求向县人大常委会汇报工作，希望得到监督。2003 年，4 次召开主任会议，听取香河县国家税务局、地方税务局、供电局、工商局、科技局等执法部门执法情况及司法局“四五”普法情况汇报。2005 年，主任会议听取县供电局、工商局、气象局、技术监督局工作情况汇报；听取县公安局关于打击经济犯罪情况汇报；县法院案件执行情况和县检察院预防和查处职务犯罪情况汇报；听取县检察院执法情况汇报；听取县农业局、县审计局、县一中、县监察局工作汇报。

2002—2006 年，第十二届人大常委会工作期间，先后组织 300 多名县、乡人大代表对县检察院检察长、县公安局局长、法庭庭长等“一府两院”选举任命的干部进行述职评议。2007 年，主任会议听取县检察院法律监督工作情况汇报和县司法局“五五”普法工作情况汇报。

2008 年，主任会议听取县检察院预防和查处职务犯罪情况汇报；听取县工商局、建设局、技术监督局等涉企职能部门工作汇报。常委会会议听取县法院关于人民陪审员工作情况汇报，听取县公安局安保工作和县检察院预防和查处职务犯罪情况汇报。

四　信访管理

1980—1982 年，受理来信来访 31 件，涉及干部作风、诉求复职复工等，已落实 21 件。1983 年，处理 5 件涉及土地承包、干部作风等信访案件。1991 年，接待来信来访 54 件，其中来信 24 件次，来访 30 件次；重信重访 20 件次。属于“一府两院”办理的案件，及时交办，适时催办。1993 年，来信来访 33 件，其中来信 18 件次，来访 15 件次。12 月 1 日，一封由 25 名群众集体签名反映县养鸭场拖欠鸭款的上访信件，县人大常委会立即批转有关部门调查处理，并动员当地党政部门做好群众思想工作，深入企业出主意想办法。经过努力使问题得以解决，避免一起集体上访事件发生。1995 年始，除保证机关正常接待来访外，坚持每月 5 号主任接待日制度；坚持来信来访主任批办制度。对每个信访案件做到接待热心、工作细心、解决问题诚心，使一些群众反映强烈的问题及时得到妥善处理。

五　人事任免

香河县人大常委会根据法律有关规定，对选举任命的“一府两院”组成人员，换届选举后均重新任命。1990 年 9 月 4 日，县人大常委会进行颁发任命书大会，向 38 名县政府组成人员颁发任命书。1993 年 6 月 30 日，向 38 名县政府组成人员颁发任命书。2003 年，任命县政府组成人员 20 名，同时颁发任命书。是年，依法任命“一府两院”组成人员 54 人次。2007 年，依法任命干部 43 人次。2008 年，依法任免干部 19 人次，依法接受 20 人辞去县人大代表职务请求，免去 2 名人民陪审员职务。

历届县人大常委会通过为“一府两院”组成人员颁发任命书，对其进行严守法规、尽职尽责、接受人民监督、全心全意为人民服务的再教育。人大常委会对任命的国家工作人员，随时安排述职评议，对德、能、勤、绩等方面进行考评，并进行法律知识考试。2000 年 7 月 27 日，听取评议县公安局局长段上禾述职报告；2001 年 6 月 8 日，听取评议县检察院检察长祁福旺述职报告，8 月 31 日，听取评议县政府副县长殷志刚述职报告，9 月 28 日，听取评议县交通局局长王永久和县计生局局长路景瑜述职报告。2003 年，被任命的 20 名县政府组成人员（科级）均及时向县人大常委会递交了述职报告。是年，组织人大代表对县公安局局长、建设局局长进行述职评议。2005 年 1 月 15 日，听取评议县司法局局长谢万顺述职报告，7 月 13 日，听取评议县政府副县长王小卫述职报告。

2008 年 7 月，任命高伟凯为香河县人民政府副县长，免去冯印涛副县长职务。9 月免去凌少奎副县长职务，任命王建生、马文龙为副县长。

六　代表议案办理

在历次县人代会上，人大代表都要围绕全县经济和社会发展的全面性问题，向大会提出议案。对符合议案要素，属于本级人大会议职权范围内的议案，经主席团会议决定列入会议议程，交付代表审议，表决通过相应决议，使人民意愿通过法定程序转变成为具有普遍约束力的国家意志。1994 年，县人大常委会通过《关于代表建议、批评和意见的提出与办理的规定（试行）》，以便规范代表议案办理工作。

1980—2008 年，香河县举行了 32 次人民代表大会会议，代表共提出议案 448 件，建议和意见 202 件，人大常委会均召开专门会议，逐渐进行审查研究，归纳整理，及时转交政府及有关部门办理，并将办理结果答复代表，基本做到件件有着落。

第五节　指导乡镇人大工作

1980 年 4 月，香河县第六届人民代表大会召开后，17 个人民公社陆续召开公社社员代表大会，并分别组成代表小组。县人大常委会组成人员分片包组，定期参加公社社员小组活动，指导公社社员代表参政议政，履行代表职责。1980—1987 年，乡镇人大制度建设尚处探索、完善阶段。1988 年 4 月 12 日，县第八届人大常委会制定了香河县《乡镇代表联络工作试行办法》。1990 年 3 月，县人大常委会参照有关法律、法规，就乡镇人大主席团及其常务主席的工作范围、职责及工作程序提出指导意见。同时，提出了抓紧健全、完善乡镇人大工作机构、规范乡镇人民代表大会会议等8条建议，并指导各乡镇开展相关工作，完善工作制度。

为提高乡镇人大代表素质和议政能力，1991年后，县人大常委会多次组织乡镇人大代表学习《代表法》，组织乡镇人大代表对基层所、站依法检查和评议活动。1995年，县人大常委会通过《香河县人大常委会关于乡镇人大议政日实施办法》。1996年后，县人大常委会多次组织、指导乡镇人大代表对派出所所长、法庭庭长向乡镇人大主席团述职活动。

2000年后，县人大常委会从几个方面指导乡镇人大工作：定期举办乡镇人大干部培训班；请乡镇人大代表列席县人大常委会组织的各项活动；举办乡镇人大工作经验交流会；组织乡镇人大干部外出参观考察，学习外地经验；抓乡镇人大制度建设，完善软硬件设施；指导乡镇人大换届选举工作。2004年，县人大常委会利用1个月时间采取百分考核及"听、查、看"相结合的方式组织各乡镇人大主席对乡镇规范化情况观摩检查。1984—2008年，县人大常委会组织、指导乡镇人大代表视察、调研、检查、评议等活动158次。

第二章 人民政府

第一节 香河县革委会

1968年1月，成立三结合（老干部、军人、造反派）的香河县革命委员会。革命委员会实行党政合一，采取一元化领导。依据1979年7月1日第五届全国人民代表大会第二次会议通过修改的《中华人民共和国宪法》若干规定的议案，1980年3月，县革命委员会主任不在由县委书记兼任，党政分家，机关分设。1980年4月，召开县人民代表大会，建立香河县人民政府，革命委员会退出历史舞台。

1979—1980年香河县革委会主任、副主任任职一览表

表20-2-1

职务	姓名	任职时间	籍贯
主任	马振生	1979.1—1979.3	河北省涞水县
	王洪廉	1979.3—1980.3	河北省任丘市
	赵　诚	1980.3—1980.4	天津市武清区
副主任	陈洪彬	1979.1—1980.4	河北省香河县
	王惠连	1979.1—1980.4	河北省永清县
	李继岐	1979.1—1980.4	河北省香河县
	杨树昌	1979.1—1980.4	河北省盐山县
	杨玉本	1979.1—1980.4	河北省玉田县
	吴亚东	1979.1—1980.4	天津市蓟县
	赵　诚	1979.1—1980.3	天津市武清区
	李健民	1980.1—1980.4	廊坊市安次区
	张岐山	1980.3—1980.4	天津市宝坻区

第二节　香河县人民政府

一　领导机构

1980 年 4 月，县第六届人民代表大会第一次会议宣布县革委会结束工作，县人民政府作为地方国家行政机关行使职权。会议选举县长 1 名，副县长 4 名。此后，每届政府领导成员均由县人民代表大会选举产生，每三年一届，县长一般为交流干部。自 1993 年起，实行每五年一届。

1988 年 10 月，增设科技副县长 1 名。1992 年 10 月始，个别副县长实行干部异地交流。增设挂职副县长 1 名，挂职时间一般较短。1997 年 9 月以后，不再设立科技副县长之职。2008 年底，有县长 1 名，副县长 7 名（其中挂职副县长 1 名）。

1980—2008 年香河县历届人民政府县长、副县长任职一览表

表 20-2-2

届别	职务	姓名	学历	任职时间	籍贯	备注
第六届 1980.4— 1984.11	县长	赵　诚	初中	1980.4—1982.10	天津市武清区	—
		李健民	大专	1982.10—1983.11	廊坊市安次区	1982.10—1983.2 代理
		乔　忠	大学	1983.11—1984.11	河北省涿州市	—
	副县长	张岐山	初中	1980.4—1983.5	天津市宝坻区	—
		康巨英	初中	1980.4—1984.9	河北省香河县	—
		杨树昌	初中	1980.4—1983.12	河北省盐山县	—
		薛弼臣	初中	1980.4—1984.8	天津市蓟县	—
		李健民	大专	1982.7—1982.10	廊坊市安次区	—
		王玉明	初中	1982.7—1983.12	河北省香河县	—
		赵　松	初中	1982.7—1983.12	河北省香河县	—
		何志诚	大专	1982.7—1983.12	河北省望都县	—
		赵文德	大专	1983.3—1983.12	河北省大城县	—
		乔　忠	大学	1983.8—1983.12	河北省涿州市	—
		郭玉璞	大学	1983.12—1984.11	天津市	—
		冯乃民	大专	1983.12—1984.11	北京市通州区	—
		张绍鹏	大学	1983.12—1984.11	河北省香河县	—
		侯国强	大学	1984.9—1984.11	天津市	—
第七届 1984.11— 1987.5	县长	乔　忠	大学	1984.11—1985.12	河北省涿州市	—
		张树藩	大学	1985.12—1987.4	天津市宝坻区	—
		侯国强	大学	1987.4—1987.5	天津市	—
	副县长	侯国强	大学	1984.11—1987.4	天津市	—
		冯乃民	大学	1984.11—1987.5	北京市通州区	—
		张绍鹏	大学	1984.11—1987.5	河北省香河县	—
		郭玉璞	大学	1984.11—1986.5	天津市	—
		王怀远	初中	1986.7—1987.5	河北省香河县	—
第八届 1987.5— 1990.4	县长	侯国强	大学	1987.5—1990.4	天津市	—
	副县长	魏敬贤	大学	1987.5—1990.4	天津市武清区	—
		冯乃民	大专	1987.5—1990.4	北京市通州区	—
		王怀远	初中	1987.5—1990.4	河北省香河县	—
		张绍鹏	大学	1987.5—1990.4	河北省香河县	—
		殷相岐	大学	1988.10—1990.4	江苏省江阴市	科技

续表 20-2-2

届别	职务	姓名	学历	任职时间	籍贯	备注
第九届 1990.4— 1993.3	县长	侯国强	大学	1990.4—1991.5	天津市	—
		储延平	大专	1991.5—1992.4	河北省文安县	代理
		储延平	大专	1992.4—1992.10	河北省文安县	—
		杨　汭	大学	1992.10—1993.3	河北省霸州市	代理
	副县长	魏敬贤	大学	1990.4—1993.3	天津市武清区	—
		王怀远	初中	1990.4—1993.3	河北省香河县	—
第九届 1990.4— 1993.3	副县长	张绍鹏	大学	1990.4—1993.3	河北省香河县	—
		李长林	研究生	1990.4—1993.3	河北省香河县	在职
		崔广华	大学	1990.4—1993.3	廊坊市安次区	—
		殷相岐	大学	1990.4—1992.4	江苏省江阴市	科技
		杨景祥	大学	1992.10—1992.12	河北省大城县	挂职
第十届 1993.3— 1998.2	县长	杨　汭	大学	1993.3—1996.3	河北省霸州市	—
		孙殿高	研究生	1996.3—1998.2	廊坊市安次区	在职
	副县长	魏敬贤	大学	1993.3—1996.12	天津市武清区	—
		李长林	研究生	1993.3—1996.3 1996.12—1998.1	河北省香河县	在职
		王　新	大学	1993.3—1998.2	河北省香河县	—
		崔广华	大学	1993.3—1995.1	廊坊市安次区	—
		石文芝（女）	大学	1993.3—1998.2	河北省香河县	—
		杨景祥	大学	1993.3—1994.10	河北省大城县	挂职
		徐凤君	大学	1993.3—1993.11		挂职
		杜武峰	大学	1994.6—1997.9	河南省	科技
		岳　辉	大学	1995.3—1996.12	河北省蠡县	—
		张新生	大学	1995.6—1996.6	山西省	挂职
		刘玉海	大学	1996.3—1998.2	河北省香河县	—
		张万福	大学	1996.3—1998.2	河北省香河县	—
		王世强	大专	1996.6—1998.2	河北省香河县	—
		侯　凯	大学	1997.6—1998.2	辽宁省沈阳市	挂职
第十一届 1998.2— 2003.1	县长	尹志峰	大专	1998.2—2001.8	河北省永清县	—
		殷志刚	大学	2001.9—2003.1	河北省三河市	—
	副县长	张万福	大学	1998.2—2003.1	河北省香河县	—
		魏子元	大专	1998.2—2003.1	河北省香河县	—
		张志国	大专	1998.2—2000.8	河北省香河县	—
		刘玉海	大学	1998.2—2003.1	河北省香河县	—
		王世强	大专	1998.2—2003.1	河北省香河县	—
		陈新建	大专	1998.2—2003.1	河北省大城县	—
		侯　凯	大学	1998.2—1998.9	辽宁省沈阳市	挂职
		王辉云	大学	1998.6—2003.1	河北省香河县	—
		凌少奎	大学	1999.12—2003.1	河北省香河县	—
		张学义	大学	1999.12—2003.1	河北省香河县	—
		邓小社	大专	2000.8—2002.8	河北省文安县	—
		杨培苏（女）	大学	2002.4—2003.1	河北省武安市	—

续表 20-2-2

届别	职务	姓名	学历	任职时间	籍贯	备注
第十二届 2003.1— 2007.5	县长	殷志刚	大学	2003.1—2003.5	河北省三河市	—
		于宝华	大专	2003.5—2007.5	河北省大城县	—
	副县长	魏子元	大专	2003.1—2007.5	河北省香河县	—
		王世强	大专	2003.1—2007.5	河北省香河县	—
		王辉云	大学	2003.1—2007.5	河北省香河县	—
第十二届 2003.1— 2007.5	副县长	凌少奎	大学	2003.1—2007.5	河北省香河县	—
		王小卫	大学	2003.1—2006.5	河北省三河市	—
		刘士良	大学	2003.1—2006.5	河北省大厂县	—
		闫再兴	大学	2005.7—2007.5	河北省香河县	—
		郭　军	大学	2005.10—2006.6	天津市宝坻区	—
		张学义	大学	2006.5—2007.5	河北省香河县	—
		王文生	大学	2006.5—2006.6	河北省大城县	—
第十三届 2007.5	县长	张贵金	研究生	2007.5—	河北省三河市	在职
	副县长	张学义	大学	2007.5—	河北省香河县	—
		凌少奎	大学	2007.5—2008.9	河北省香河县	—
		闫再兴	大学	2007.5—	河北省香河县	—
		冯印涛	大学	2007.5—2008.7	河北省献县	—
		赵玉（女）	博士研究生	2007.5—	山东省胶州市	—
		戴文光	大学	2007.5—	河北省文安县	—
第十三届 2007.5— 2008.12	县长	高伟凯	博士	2008.7—	江苏省淮安市	挂职
		王建生	大专	2008.9—	河北省香河县	—
		马文龙	大学	2008.9—	河北省香河县	—

二　工作部门

（一）常设工作部门

1980 年，香河县政府工作部门有办公室、计划委员会、统计局、人事科、科学技术委员会、民政局、公安局、司法局、农林局、水利局、农林水利办公室、工建交办公室、工业局、交通局、财税局、工商行政管理局、粮食局、外贸局、社队企业管理局（1984 年 7 月改称乡镇企业管理局）、财贸办公室、文教局、卫生局、体育运动委员会、计划生育委员会等 24 个工作部门。1981 年 3 月，建档案科，5 月设信访科（1982 年 6 月称信访办公室），6 月建劳动局。1982 年 6 月，信访科改称信访办公室。1982 年 2 月，撤销财税局，建财政局和税务局；3 月建物价科；8 月撤销工业局、工建交办公室，建经济委员会；12 月农林局改建农业局。1983 年 7 月，撤销物价科，建物价委员会；8 月建审计局；11 月撤销财贸办公室、农林水利办公室；1984 年 1 月，撤销物价委员会，建物价局；同月，撤销人事科、劳动局，建劳动人事局。6 月，建成人教育中心。

1986 年 6 月，建经济协作办公室（1993 年 6 月撤销）。1987 年 1 月，建土地管理局、档案局、烟草专卖局。1988 年 4 月，建监察局；10 月，建经济体制改革委员会办公室和城乡建设环境保护局。1989 年 11 月，撤销文教局，建教育局和文化局。1991 年 8 月，建立对外经济委员会。1993 年 4 月，监察局与县纪委合署办公；7 月，建经济贸易局。1994 年 4 月，撤销城乡建设环境保护局和建筑业管理局，组建城乡建设环境保护委员会。1996 年 4 月，城乡建设环境保护委员会改称建设局、科学技术委员会改称科学技术局、计划委员会改称计划局、计划生育委员会改称计划生育局、信访办公室改称信访局（划归县委下属机构）、农业局改称农林局、撤销经济委员会和经济贸易局，建立新的经济贸易局。同时，档案局划归县委下属机构。成人教育中心并入教育局，建立职业技术教育中心。编制委员会办公室既是县委工作机构又是政府工作机构，挂靠劳动人事局。

1998年3月，经济贸易局改称工业局；9月，成立农业产业化办公室，挂靠政府办公室；12月，水利局改称水务局。1999年12月，招商局由计划局析出。2002年4月，计划局改称发展计划局；成立民族宗教事务局（原为民族宗教事务办公室，正科级单位，挂靠政府办公室）；撤销乡镇企业管理局和工业局，成立经济贸易局；物价局改称物价监督检查所；8月，劳动人事局改称人事劳动和社会保障局；土地管理局改称国土资源局。2004年3月，成立安全生产监督管理局。2006年3月，将经济体制改革委员会办公室和发展计划局整合，成立发展改革局；将经济贸易局整合建立工业经济运行局。

2008年底，政府工作部门分别是：政府办公室、发展改革局、统计局、人事劳动和社会保障局、科学技术局、民政局、公安局、司法局、农林局、水务局、工业经济运行局、交通运输局、财政局、教育局、文化局、物价局、建设局、安全生产监督管理局、卫生局、人口和计划生育局、审计局，共计21个。

（二）直属事业单位

1980年，县政府直属事业单位有地震办公室、农林局、农机局（1982年撤销）、商业局、畜牧水产局（1982年撤销职能划归农业局）、广播事业管理局（1980年10月改称广播事业局，1983年7月改称广播电视局）、城镇建设房产管理局（1983年12月撤销）。1984年6月，建成人教育中心。1985年10月，建地方志办公室。1987年7月建立建筑业管理局（1998年3月改称建筑工程总公司）；8月，建标准计量局（1993年9月改称技术监督局）。1989年8月，建海河流域平原农业开放办公室，后改称黄淮海农业综合开发办公室。1990年7月，成立畜牧水产局。1995年8月，成立环境保护局。1996年4月，撤销体育运动委员会和文化局，建文化体育局；地震办公室改称地震局、成人教育中心并入教育局，建立职业技术教育中心。1998年4月，撤销开放办公室，成立招商局，与计划局合署办公；2002年4月，建立房产管理局、园林绿化管理局、城区管理综合执法局、林业局；热力公司；撤销地震局，职能由科技局承担；8月，粮食局改为事业机构。2004年5月，成立规划局。2006年3月，建立畜牧兽医局，由农业局管理；由招商局和工业经济运行局部分职能整合建立商务局。

2008年底，县政府直属事业单位分别是：广播电视局、黄淮海农业综合开发办公室（简称开发办）、县志办公室、畜牧水产局、环境保护局、文化体育局、粮食局、林业局、房产管理局、园林绿化管理局、城区管理综合执法局、热力公司、规划局、商务局，共计14个。

（三）企业管理部门

1979年，企业管理部门有供销合作社联合社、物资局、外贸局3个。1983年7月，建供销合作社联合社监事会。1995年8月，建医药管理局。1998年3月，建立建筑工程总公司。2002年4月，撤销物资局、外贸局、商业局，建立物资商业总公司、外贸总公司、商业总公司。

2008年底，县政府企业管理部门分别是：供销合作社联合社、供销合作社联合社监事会、医药管理局、建筑工程总公司、商业总公司、外贸总公司、物资总公司，共计7个。

（四）双重领导部门

1979年，双重领导部门有中国人民银行香河县支行、中国建设银行香河县支行、中国农业银行香河县支行、气象局、供电局、邮电局6个。1985年1月，设中国工商银行香河县支行；5月，建立中国人民保险公司香河县支公司。1987年11月，建气象局；同月，建河北省石油产品销售公司香河县公司（前身为商业局下属石油公司）1989年7月，税务局划归双重领导部门。1990年12月，成立中国银行香河县支行。1991年1月，烟草专卖局划归双重领导部门。1992年8月，成立国家外汇管理局香河县支局。1996年4月，中国人民保险公司香河县支公司分为中保财产保险有限公司香河县支公司和中保人寿保险有限公司香河县营业部；9月，成立太平洋保险公司香河代理处；11月，成立中国农业发展银行香河县支行；12月，信用合作社联合社与农业银行香河县支行析出单设。1999年1月，工商行政管理局划归双重领导部门；12月，技术监督局更名为质量技术监督局，同时划归双重领导部门。

河北省石油产品销售公司香河县公司，1992

年 12 月改称河北省石油集团香河县石油有限责任公司，1998 年 2 月改称中国石油化工股份有限责任公司河北香河石油分公司。1994 年 8 月，税务局分为国家税务局、地方税务局，并划归双重领导部门。1998 年 9 月，撤销邮电局，成立邮政局和电信局。1999 年 7 月，电信重组，析出移动电信业务。2000 年 7 月，香河县电信局更名为河北省电信公司香河县电信局。2002 年 9 月，河北省电信公司香河县电信局更名为河北省通信公司香河县分公司。

2003 年 3 月，成立药品监督管理局，为廊坊市药品监督管理局直属单位，与医药管理局一套人民两块牌子。12 月，国土资源局划归双重领导部门。2004 年 11 月，河北省通信公司香河县分公司更名为中国网通（集团）有限公司香河县分公司。2008 年 10 月，中国联通和中国网通合并，称中国联合网络通信有限公司香河县分公司，为中国联合网络通信有限公司河北省分公司的分支机构。2006 年 4 月，药品监督管理局更名为食品药品监督管理局。

2008 年底，县政府双重领导部门分别是：中国人民银行香河县支行、中国建设银行香河县支行、中国农业银行香河县支行、中国工商银行香河县支行、中国银行香河县支行、烟草专卖局、国家外汇管理局香河县支局、中保财产保险有限公司香河县支公司、中保人寿保险有限公司香河县营业部、太平洋保险公司香河代理处、中国农业发展银行香河县支行、信用合作社联合社、工商管理局、质量技术监督局、中国石油化工股份有限公司河北香河石油分公司、国家税务局、地方税务局、食品药品监督管理局、中国联合网络通信有限公司香河县分公司、国土资源局，共计 20 个。

第三节　施政纪略

一　推进农业产业化进程

为推进农业产业化进程，香河县政府相关职能部门深入农村、园区实地调查研究，全面掌握农村、农业、农民现状，为开展好农业产业化工作奠定基础。1998 年，香河县政府成立农业产业化办公室，负责协调、组织、督导农业产业化具体工作。

（一）园区基本建设

香河县的农业基础设施薄弱，历史欠账较多，为加快推进农业产业化进程，1998 年，香河县政府加强农业配套基础设施建设。重点实施了抗旱水源、农田水利基本建设土方、节水灌溉、桥闸涵建设治理四大工程和国省道绿色通道工程、潮白河绿色通道工程、百亩以上片林工程。至 2002 年底，完成基础设施投资 1500 万元，实现水、电、路、讯“四通一平”。引进项目 37 项，累计完成投资 1.73 亿元。引进新技术 40 项，新品种 100 项，辐射面积 1666.67 公顷。2005 年，完成投资 5600 万元，引进新技术 5 项，新品种 5 项，新上技改项目 7 个。分别是：台湾珠海皇达兰花栽培基地二期、蛋鸡养殖小区、清大贞苑生物园、肉鸭养殖基地、良种肉羊繁育基地二期、世外城桃花村和佳泰园度假村项目。2006 年，完成 1666.67 公顷中低产田改造、18 条干支渠清淤治理、改造工程，重建桥闸涵 70 座。2007 年，完成投资 7000 万元，引进新技术 18 项，新品种 17 项，新上技改项目 6 个。分别是：新贵花卉基地项目、高档花卉项目、立东垂钓园项目、宏祥亚飞赛鸽工程项目、宝奇生态园续建项目、生物有机复合肥续建项目。

至 2008 年底，共改造中低产田 6866.66 公顷。有效改善了农业生产条件和生态环境，提高了农业抵抗自然灾害能力。

（二）实施“六业”富民工程

为实施“六业富民”工程，2002 年先后印发《香河县人民政府关于发展无公害蔬菜生产的实施意见》《香河县人民政府关于发展无公害畜禽产品的实施意见》等相关文件。组织相关部门成立了农产品检测中心，制定了 10 余种蔬菜产品和 3 个畜禽产品的标准化生产规范，使无公害农产品的生产实现了规范化和标准化。

1. 无公害蔬菜种植

2002 年，利用京津大市场成立蓝天绿色食品有限公司，大力发展订单农业。与北京市签订 100 万吨的购销协议，正式成为北京市指定的蔬菜准入企业。至 2002 年底，无公害蔬菜面积发展到 3333.33 公顷。2005 年，种植面积 3000 公顷，产量 15 万吨，带动 2.5 万农户从业。2007 年，种植面积 1.27 万公顷，产量 79 万吨，带动 1.9 万农户从业。

2008 年，大力推广标准化蔬菜生产技术，加大蔬菜农药残留量检验检测力度。购置 5 套农药残留测定仪，建立农产品监察室，加强蔬菜产品质量检测。

2. 果品生产

针对全县果品生产品种严重老化，品质低劣，产品滞销，严重影响果农收入问题，政府及时引导，重点发展大棚油桃、大棚樱桃、廊坊蜜桃、美国黑提等优新品种。2002 年，果树种植面积 1866.67 公顷，果品优质率超过 90%。

2008 年，成立果品质量安全工作领导小组，对全县果园进行无公害环评，环评无公害果园 1466.67 公顷。引导果农使用高效、低残留量农药，减少化肥用量，增加有机肥的施用，使全县果品生产无公害率达 95%以上。利用冬春季对果农进行培训，在果树生产关键季节，分片分期对果农进行有针对性的技术指导。做好苹果高光照修剪技术的推广。是年，全县果园面积 1600 公顷，果品产量 2.94 万吨。其中苹果 1.03 万吨，桃 0.98 万吨，葡萄 0.58 万吨，其他果品 0.35 万吨。

3. 花木种植

2003 年，重点发展月季、玫瑰、百合、非洲菊、剑兰种植和培育。引进云杉、桧柏、香花槐、红瑞木、北海道黄杨等美化树种。是年，全县花木种植面积 353.33 公顷，生产盆花 62 万盆，鲜切花 2346 万支，观赏苗木 28 万株。2005 年，花木种植面积 386.67 公顷,3380 万株，带动 1680 农户从业。

4. 养猪养牛业

2002 年，全县养猪 40 万头。进行了“三元”猪杂交改良，在专业大户、大场建设二级母猪繁殖场。全县建基础母猪 50 头以上规模的二级母猪繁殖场 50 多个，存栏 100 头以上的改良育肥猪场 100 多个。2005 年，饲养量 42.5 万头，带动农户 2400 户。2007 年，引进皮杜、皮特兰等优质种猪，使全县二元杂交猪改良率达 85%，“三元”杂交猪改良率达 95%。

2002 年，建存栏 50 头牛以上养殖场 2 个，建金城奶牛养殖场 1 个。2006 年，利用世界银行贷款 858 万元发展养牛业，建存栏 300 头育肥牛场 1 个，100 头育肥牛场 2 个。

2008 年，屠宰加工肉牛 1.5 万头，肉品产量 3000 多吨，实现销售收入 7000 多万元。带动 2000 农户从业。

5. 养鸭业

2000 年，全县养鸭 377 万只，千只以上养殖场 18 个。2004 年，饲养量 440 万只，带动农户 380 户从业，标准化养鸭大棚 210 个。2007 年，饲养量达到 650 万只，带动农户 390 户农户从业。香河正大有限公司是香河县养鸭业的龙头，集种鸭饲养、孵化、肉鸭养殖、屠宰加工、熟食制品、羽绒制品加工的产、供、销一条龙大型企业。是亚洲最大的樱桃谷肉鸭饲养加工企业之一，被河北省畜牧水产局认定为省级无公害畜产品生产基地。香河正大有限公司，无公害万只肉鸭饲养屠宰加工标准示范区，被列入全国第五批农业标准化示范项目。

2008 年，香河县钳屯乡凡祥肉鸭养殖专业合作社、香河县安头屯镇于涛肉鸭养殖专业合作社，为香河县养殖业龙头企业。是年，香河正大有限公司生产鸭肉 3.8 万吨，生产鸭熟食制品 1800 吨，加工羽绒 1500 吨，销售收入 6 亿元，为农民增收 4500 多万元。

6. 养鸡业

2002 年，鸡饲养量 630 万只。2007 年，蛋鸡饲养量 650 万只，蛋产量 5.2 万吨，肉产量 4.4 万吨，带动 2850 农户从业。五百户镇周庄高克友养鸡场的珊珊牌鸡蛋，被河北省畜牧水产局认证为无公害产品。养鸡场定为省级无公害畜产品生产基地。

（三）择优扶强

2004 年，随着农业产业化进程不断推进，随时对产业结构进行调整，生产开始向规模化、产业化方向发展。按照择优扶强的原则，扶持发展香河正大有限公司、京香养殖加工有限责任公司、河北华香清真肉类加工有限责任公司、蓝天绿色食品公司等一批有基础、有潜力、有规模的龙头企业。实现龙头带产业、产业连基地、基地富农户的经营模式。2005 年，从 50 余家农字型企业中，筛选出 17 家规模较大，带动能力较强企业认定为香河县重点龙头企业。定期掌握企业生产经营情况，协调财政、农业、畜牧、银行、水利等相关部门，帮助解决生产经营中存在的主要问题。协助有发展潜力、有贷款需求的企业与银行进行沟通，搭建起银企合作平台。为鼓励龙头企业发展，县政府下发文件，对从事种植业、养殖业和农林产品初加工的龙头企业，暂免征收企业所得税，对投资1000万元以上的龙头企业，土地出让金县政府收取部分按50%优惠。

至2008年底，全县共发展各类农产品购销组织52个，各类农业协会65个，农民经纪人2000余人，初步形成产前、产中。产后衔接紧密的系列化体系。农业产业化经营率，2002年48%、2003年52%、2004年52.02%、2005年56.4%、2006年57.9%、2007年59%、2008年59.3%。

二　实施工业强县战略

1988年，为落实县委《关于工商企业推行承包责任制试行方案》，县政府在县办工业企业中推行经营承包责任制。普遍推行“工资总额与效益挂钩”的方法，实行全额计件或超额计件工资、全浮动或半浮动工资、结构工资、岗位工资、提成工资、效益工资等多种工资形式，调动企业经营者和生产者积极性。1992年，贯彻实施县委关于要认真抓好县办工业、乡镇企业工作意见。贯彻改革开放政策，香河县企业与国内的有关大中型企业，和5个国家、地区的外商建立联合协作关系。投资1112万美元建起一批规模较大的外向型企业。县、乡、村共投入技改资金6500万元，完成234个项目的技术改造，开放新产品100多种，其中获省、部优产品10余种。县办工业年利税超百万元以上企业8家，乡镇企业年收入50万元以上企业91家。1992年，全县工业总产值111984元，占当年工农业总产值的79.8%。

1997年，为落实县委1996年底在七届二次全委（扩大）会议确定的，1997年在全县优先发展工业这一基本决策，县政府掀起大上工业热潮。县乡工业共完成投入资金5.6亿元，新上技改项目700多个，开放新产品54种，其中9种填补国内空白。年内，全县工业总产值598315万元，占当年工农业总产值的84%。2000年，为实施县委七届六次全会通过实施特色立县战略，重点实施“五业强县”工程，规划建设工贸小区，为民营企业构筑发展平台。全县工贸小区面积达到13.9平方公里，进区企业2000多个。至2002年底，淑阳工贸小区和渠口工贸小区先后被农业部评为“全国乡镇企业示范区”、“全国乡镇企业科技园区”。家具制造业发展到1500多家，展厅面积23万平方米，年销售额突破13亿元，市场辐射长江以北地区，形成“南有顺德、北有香河”的市场格局。以渠口镇为核心的机械钣金业，辐射周边的钣金产业群，其中店子务村成为京东有名的钣金第一村。印刷包装业，发展到60家，外贸出口总额占到全省同行业总额的70%，跨入全国纸制品包装百强企业。电子行业，以阿尔特（香河）电子有限公司等企业为首，其中华北致冷设备有限公司吸收国际领先的美国麦尔考公司生产技术，技术性能达到国外同类产品水平。生产的电制冷组件在国际市场占有率达到50%，国内市场占有率达到70%，产品畅销美、德、东南亚等国家和地区。工艺美术业，香河爱宝首饰集团开发和引进24k金中空首饰工艺等技术，产品远销全国大中城市并出口多个国家和地区。

为实施县委提出的“一区五园”发展战略，2003年，规划建设了“一区五园”，大批项目向园区集中。2006年，全县已有40%的企业入区经营，入区企业达1600多家，从业人员达1.4万人。2007年，通过不断完善工业园基础设施建设，园区经济再创新高，有力带动县域经济发展。全县入区经营企业93家，从业人员8622人，实现营业收入25.8亿元，工业增加值7.9亿元，利润2亿元，同比分别增长22.5%、23.2%、23.5%　。

2008年，香河县立足区位和资源优势，把发展特色产业作为县域经济跨越式发展的突破口。以现代产业园、开发区和家具生产基地“三大板块”为依托，大力促进特色产业链条的延伸和集聚。家具制造、金属制品等五大主导产业达到2300家，实现增加值35亿元，实现利润10.5亿元，同比分别增长29.6%和25.3%，占全县民营经济单位总量的51%以上。

三　实施科技兴县战略

（一）农业科技

20世纪80年代初，农村实行土地承包，农民自主经营，出现农民学科技、用科技热潮。

针对农民渴望科学种田这一现状，县政府职能部门先后聘请北京农业大学、中国果树研究所、北京市农业局、北京市蔬菜研究所、天津市蔬菜研究所科技人员来香河讲解农作物栽培、植物保护、合理施肥、果树修剪、蔬菜栽培、食用菌、养鸡养鸭、温室大棚等实用技术。全县建立 17 个乡镇农业技术推广站、21 个农民技术研究会、62 个科技示范村、1100 个科技示范户。为贯彻邓小平“科学技术是第一生产力”和“科技兴农”方针，1988 年引进玉米模式化栽培技术和小麦精量播种技术。全县推广棉花地膜覆盖，平均单产皮棉 100 公斤以上，较传统种植增产 50 公斤左右。1993 年引进粮食、蔬菜、草莓等优良品种 30 个。1995 年推广绿风 95、无籽西瓜等新品种。1997 年，在普及优种的基础上，重点推广高产栽培、病虫害防治、日光温室高效节能栽培等 19 项先进技术。推广吨粮田配套栽培等 100 多项农业新技术，使全县小麦、玉米优种率达到 90%以上，基本实现一村一品或一方一品。1997 年，全县农业总产值达到 11.4 亿元，比 1992 年增长 1.6 倍。

1998 年 12 月 15 日至 16 日，第一届首都科技界农业成果展示会在香河县召开。北京 28 家科研单位、6 家新闻单位出席。会议期间共举办了 60 多场次的科技讲座，发布种植、养殖深加工及农业机械方面的科研成果 200 多项，发布各类实用信息 6000 多条，宣传品 1 万多件，签订合作意向 100 多项。1999 年 12 月 7 日至 8 日，第二届首都科技界农业成果展示会在香河县召开。展示期间，共签订协议 14 项，达成合作意向 20 多项。1999 年，推广 9428 小麦、津研 5 黄瓜、白兰瓜等新品种 26 个，推广达尔丰施用技术、日光温室蔬菜种植技术、生物肥料生产技术 35 项，推广面积达 1.73 万公顷。

2000 年，开展“科技联姻”活动。先后组织全县 5 个涉农单位，51 名科技人员与 9 个乡镇，60 个村街近 300 个农户结成“联姻”对子。5 月 25 日至 26 日，第三届首都科技界农业成果展示会在香河召开。首都 25 家科研单位的 50 余位专家，现场发布信息 300 余条，发放各种技术资料 3 万余份，举行科技讲座 20 余场次，与香河县签订各种协议 10 项，达成合作意向 60 余项。展示会期间，共有 300 多人次的农民、技术干部、种养大户代表听取讲座。2001 年 5 月 25 日至 26 日，第四届首都科技界农业成果展示会在香河县召开。展示会上，首都 30 家科研单位的 50 余位专家共举行科技讲座 30 余场次，现场发布各类信息 300 条，发放各种科技资料 3 万余份，参加展示会听取科技讲座的农民达 3 万人次。此次科技展示会共引进新技术、新成果 50 项，与首都科研单位签订合作协议 10 项，达成合作意向 50 项。9 月 20 日至 28 日，第五届北方（廊坊）农副产品暨农业技术交易会在香河召开。会上，香河县共发布项目 30 个，签约项目 11 个，合同金额 4440 万元。

2003 年，重点推广无公害农作物栽培技术、无公害生产操作规程、病虫害防治技术和机械化免耕播种等技术。举办各类涉农培训班，累计培训农民 12 万人次。实施“千名科技干部进村入户”活动。把科技人员按学科、专业整合，结合农时、农事深入田间地头、大棚菜园，现场指导，为农民提供科技服务。2005 年底，优质小麦种植面积 6666.67 公顷，优质玉米种植面积 1.33 万公顷。

2008 年，大力推广标准化生产技术、无公害蔬菜生产技术、滴灌节水、高垄栽培、错季菜生产、秸秆反应堆技术及综合防治病虫害等农业实用技术。

（二）工业科技

1982 年，香河县锅炉厂研制成功 CRS 型立式双层燃烧热水锅炉。当年完成样机并通过地区级技术鉴定，1983 年，获廊坊地区科技成果二等奖。1984—1985 年，研制开发了 WWW 系列卧式快装热水锅炉。该系列产品结构简单合理，热效率高，节能，消烟除尘效果好，煤种适应性强，使用寿命长。其中 WWW30-0.4-95/70-AⅢ卧式快热水锅炉于 1984 年通过省级鉴定，并获得地区科技成果二等奖。1986 年开发了 QXG 系列卧式快装热水锅炉。该系列产品结构紧凑，热效率高，消烟除尘效果好，填补了国内空白，通过升级鉴定并获廊坊地区科技成果三等奖。LCX-1200 立式旋转炉排茶浴炉，煤通过炉排旋转 360° 燃烧，升温快，节能，消烟除尘，该产品属国内首创并获国家专利。1987 年，安平镇乐器厂生产的爱迪牌手风琴系列产品畅销国内，并销往美国、日本、澳大利亚等世界 20 多个国家和地区。其中，自主研制的 25 贝斯至 120 贝斯系列自由低音手风琴获国家专利。安平镇乐器厂成为河北省百家科技示范企业。

“七五”（1986—1990 年）期间，香河县建起各类科技服务组织 317 个，星火计划和科技攻关计划计 24 项，获省市科技成果奖及推广奖。县、乡、村企业共投入技改资金 6500 万元，完成 234 个项目的技术改造，开发新产品 100 余种，其中获省、部优产品 10 余种。1990 年，香河县被省政府授予“科技重点县”。1992 年起，在企业中开展创建“科技先导型企业”活动，以适应全县“高科技、外向型”经济发展的需要，推动企业依靠科技进步促进生产发展，加速科学技术向生产力转化。香河华北致冷设备有限公司吸收国际领先的美国麦尔考公司生产技术，技术性能达到国外同类产品水平。生产的电致冷组件在国际市场占有率达到 50%，在国内市场占有率达到 70%，产品畅销美、德、东南亚等国家和地区。

香河县港龙汽车配件制造有限公司是省级科技型民营企业。自主研发的“钢—低温合金”汽车车身覆盖件模具获得国家专利，完全可以替代进口，为企业降低成本近 1000 万元。该公司于 2001 年 7 月 1 日正式通过北京新世纪质量体系认证中心 ISO 9002 质量体系认证。相继开放 1020、1027、五十铃系列皮卡车架、后装保险杠、多点电喷消声器等产品，成为河北省“民营科技型企业”、廊坊市“十大创新科技企业”。2008 年，自主研发一次充电可行 150 公里的“燕龙”牌电动汽车，拥有自主知识产权达 60%以上。与天津理工大学建立产学研联合体，开展新产品研发和技术改造工作，进行科技成果转化。先后成功研制出纵梁、横梁落料机、纵梁冲孔机、1200 吨、1500 吨油压机、多功能车架专用检测台等。利发粉末冶金制品有限公司与北京冶金研究所、天津粉末冶金研究所、天津汽车研究所等科研单位保持长期合作关系。与北京冶金研究所共同研制的汽车冶金件，以较高的科技含量替代进口产品。研制的粉末冶金防抱死齿圈打入美国市场，先后获得香河县“科技进步一等奖”、廊坊市“科技进步”二等奖、河北省“科技进步先进企业”、“省级高新技术企业”、河北省“民营科技型企业”等荣誉称号。

经过不断改革和发展，香河县企业管理不断由传统、粗放式管理向现代化管理方式转变。部分骨干企业采用 CAD（计算机辅助设计）、CAM（计算机辅助制造）、MRPII（制造资源计划）和 ERP（企业资源计划）等先进技术和先进管理系统。高氏集团引进现代管理模式，大力发展电子商务，具备远程交易能力，现代企业管理制度初步建立，极大促进了企业发展。富士嘉利有限公司引进日本三菱生产线，大大提高了经济效益。县印刷包装行业拥有世界一流的印刷设备，如法国罗兰四色印刷机、日本小森印刷机、三色水墨印刷机等，使产品质量和档次明显提高。

（三）医疗科技

1979 年，香河县医院接受河北省科委、计生委关于棉酚控制男性精子科研项目，由医师田书明负责此项科研项目。对县内 48 名男性服“棉酚”实验者，观察三个月，每隔 15 天检查一次精子数量、形态、变化及血钾肝功能的变化。实验结果表明“棉酚”对精子有抑制作用，能导致不孕，但接受实验者有一半出现不同程度的恶心、高血钾症，实验结果曾在“内参”上发表。1980 年 3 月，县医院医师杜兴甫投资 1000 元，研制“按键式疾病诊断仪”。用灯泡显示常见病的症状，如阑尾炎键，一按即出现阑尾炎症状、诊断、化验等项目。天津医学院曾派人来院参观，后因实用价值不大被停用。1984 年 12 月 20 日，医师杜兴甫研制的“酒精注射骨刺局部，治疗跟骨骨刺疼痛”获得疗效，一般一次即可收效，廊坊日报对此作有专题报道。1986 年 5 月 4 日，杜兴甫又研制“背弓形动态颈椎牵引器”，用于治疗颈椎病获得成功，好转率 80%。1986 年，在全国骨伤科外固定协会第二届学术交流会上获全国优秀论文奖。1999 年，县医院研制仙果丹用于临床。川芎嗪、尼莫地平静脉治疗脑梗塞、钻颅血肿碎吸术、弓形板治疗股骨粗隆间骨折、急性心肌梗塞的抗凝溶栓治疗、外伤性脾破裂自体脾组织移植、后腹膜巨大肿物切除术、输卵管整形术、术后除痛技术等均取得重大进展。

1998 年，县医院把科技兴院作为基本院策。要求医务人员做到人人有科研项目，各科室有科研课题，医院有科研成果。2001 年 7 月 28 日，县医院脑血管科科研题目《隔日双针脑脊液置换术治疗蛛网膜下腔出血和脑室出血》通过省级鉴定，达到国内先进水平，在县级医院有广泛推广价值，获廊坊市科技进步三等奖。11 月 26 日，中医科的《肿块消治疗乳腺增生》通过省级鉴定，达到国内领先水平。2002 年骨科的《半螺纹斯氏针加钢丝张力带内固定治疗股骨颈骨折的研究》通过省级科研成果鉴定，达到国内先进水平，该项目获廊坊市科技进步三等奖。脑血管科的科研课题《脑出血行微创颅内血肿碎吸术后的高压氧治疗》通过省级鉴定，达到国内先进水平，年内获廊坊市科技进步三等奖，获卫生部推广奖。2003年11月，普内科的《胃肠安胶囊治疗慢性浅表性胃炎疗效观察》，中医科和普外科合作的《养血通络胶囊治疗糖尿病周围神经病变》，耳鼻喉科的《中西医结合治疗突发性耳聋疗效观察》同时通过省级鉴定，均达到国内先进水平。2004年，三项成果均获廊坊市科技进步三等奖。同年12月24日，脑外科的《术前快速硬通道穿刺持续抽吸引流颅内血肿配合手术抢救外伤性脑疝》通过省级鉴定，达到国内领先水平，获廊坊市科技进步三等奖。

2005年，12月9日，县医院康复科的《药物理疗颈椎自动牵引器治疗颈椎病效果观察》通过省级科技成果鉴定，达到国内先进水平，获市科技进步三等奖。全年有技术创新22项，护理新技术、新业务开展11项。2006年，制定20个科研题目。其中，心内科的《氯吡格雷治疗不稳定性心绞痛疗效观察》通过省级科技成果鉴定，达到国内先进水平。全年共有技术创新15项，护理新技术、新业务开展11项。2007年，制定22项科研课题。其中，口腔科课题《眶—上颌—颧骨复合骨折的临床治疗及影像学分析》通过省级科技成果鉴定。外科《散瘀止痛胶囊在外科手术后病人的应用》、《无张力疝修补术的疗效观察》、普内科《金水宝胶囊治疗糖尿病肾病疗效观察》、脑外科《去骨瓣减压术后皮瓣减张临床探讨》等均取得重大突破。全年开展技术创新15项，包括普内科《胰岛素泵治疗糖尿病》、妇科《腹腔镜手术的应用》、放射中心《CR的应用》等均取得满意疗效。

2008年，县医院骨科的《第二足趾血管神经蒂岛状皮瓣治疗拇指背侧皮肤缺损》通过省级科技成果鉴定，达到国内领先水平。全年开展技术创新18项，其中包括产科《无痛分娩》、耳鼻喉科《多导睡眠呼吸监测》、检验科《细菌培养+药敏》、口腔科《数字X线影像系统的临床应用》等。

第四节　办理议案和提案

办理人大代表意见、建议、议案和政协委员提案，是县“两会”闭会后县政府一项重要工作。“两会”结束后1个月内，县政府办公室将议案、提案分门别类。属县政府办理的，由主管县长负责，属县直部门办理的，由主管县长主持召开相关部门办公会议，对办理方式、办结时间及回复等提出要求。重要议案或提案经县长办公会研究办理和答复。

1980—2008年，县政府及相关职能部门共办理议案和提案1187件，办结率100%，解决问题的比例平均达76.6%；1984—2008年，县政府及相关职能部门共办理提案1450件，办结率100%，解决问题的比例平均达80.8%。对于暂时不能办理的议案及提案，均向人大代表及政协委员做出答复和说明，满意率平均达94.1%。

1980—2008年香河县政府承办议案提案统计表

表20-2-1

类别	届别	议案和提案（件）	按时办结率（%）	解决问题比例（%）	满意率（%）
县人大代表议案	六	235	100	68	93
	七	113	100	72	95
	八	123	100	69	95.6
	九	119	100	78	89
	十	154	100	82	87
	十一	148	100	83	98
	十二	157	100	76	96.4
	十三	138	100	85	92.7

续表 20-2-1

类别	届别	议案和提案（件）	按时办结率（%）	解决问题比例（%）	满意率（%）
县政协委员提案	一	167	100	64	96
	二	113	100	70	97.2
	三	151	100	80	98
	四	295	100	81.3	93
	五	305	100	100	94
	六	204	100	85.6	90
	七	215	100	85	95.6

第五节　乡镇人民政府

1979年，全县有17个公社革命委员会，党政合一。1980年12月党政分家，建17个公社管理委员会，行使乡镇政府职能。1984年3月，公社管理委员会改称乡镇。全县17个乡镇届时陆续召开人民代表大会，成立乡镇人民政府。分别为城关镇（1989年2月更名为淑阳镇）、大罗屯乡、王家摆乡、安平镇、钳屯乡、李庄乡、五百户乡、香城屯乡、刘宋镇、安头屯乡、金辛庄乡、钱旺村乡、渠口镇、石虎辛庄乡、东鲁家口乡、蒋辛屯乡、梁家务乡。各乡镇设乡镇长1名，副乡镇长2～4名。1987年5月，各乡镇相继成立农工商联合公司，设经理1人。1990年8月，各乡镇建立经济委员会，设经委主任1人。各乡镇下设办公室、财政所、司法所、税务所、工商所、供电所、土地管理所、民政所、农机站、农技站、水管站、广播站、农经站、文化站、计生办、文化站。

1994年6月，五百户乡、蒋辛屯乡、安头屯乡撤销，设立五百户镇、蒋辛屯镇、安头屯镇。1996年4月，香河县并乡扩镇，全县由7个镇10个乡改设7个镇2个乡。即淑阳镇、刘宋镇、渠口镇、安平镇、蒋辛屯镇、五百户镇、安头屯镇、钳屯乡、钱旺村乡。同时撤销大罗屯、王家摆、金辛庄、李庄、香城屯、东鲁家口、石虎辛庄、梁家务8个乡，并按法律程序免去原乡长、副乡长职务。1990年3月，各乡镇陆续撤销农工商联合公司，建乡镇经济委员会。各乡镇设乡镇长1名，副乡镇长4～5名。乡镇经济委员会设主任1人。

2008年底，全县有7个镇2个乡，辖300个行政村街。各乡镇下设办公室、财政所、派出所、司法所、土地管理所、民政所、供电所、工商所、国税所、地税所、文化站。

第三章　人民政协

第一节　政协委员

一　委员产生

1983年4月，筹建中国人民政治协商会议香河县委员会（简称县政协）。按照统筹兼顾、全面安排、集思广益、细致周到的原则，经过广泛宣传和各方推荐，反复酝酿协商并提交县委审定，确定政协委员会构成界别，委员名额和人选。确定从全县农业、工业、交通、财贸、文教、卫生、科技等界推荐委员。每届政协换届，成立换届领导小组，在县委领导下工作。每届政协委员的所属单位、名额和人选及界别设置，由上届政协委员会主席会议审议同意后，再由常务委员会协商决定。政协委员中，中共党内的人选由县委组织部提名，党外人选由县委统战部提名。政协委员任期与本届政协委员会任期基本一致，根据需要，委员可以连任或提前免任。

二　委员构成

香河县政协从第一至第七届，委员的界别分布逐步趋于多元。特别从第五届起，基本涵盖各个行业和部门。委员人数逐届增加，从第一届120人增至第七届156人。由于党外人士多为行业精英，故多从各界选出政协委员。

1984—2008年政协香河县历届委员会委员构成一览表

表20-3-1　　　　　　　　　　　　　　　　单位：人

项目 人数 届别	委员总数	其中														
		中共党员	工青妇	科技科协	工商联	工业交通	农林水利	民族宗教	经济企业	教育	文艺体育	医药卫生	社会法制	台属侨眷	特邀	党外人士
第一届 1984.4—1987.5	120	4	9	17	0	0	3	4	0	8	7	8	0	1	11	48
第二届 1987.5—1990.4	171	4	12	25	5	0	6	5	8	11	7	8	0	0	13	67
第三届 1990.4—1993.3	193	5	10	0	13	14	16	6	17	11	8	10	0	6	6	71
第四届 1993.3—1998.2	130	4	8	8	0	25	12	6	14	17	5	10	0	6	12	3
第五届 1998.2—2003.1	131	6	8	5	3	19	12	6	19	20	3	9	3	4	14	0
第六届 2003.1—2007.5	140	6	8	5	3	20	14	5	27	14	4	11	5	5	11	2
第七届 2007.5—	156	9	12	4	10	20	12	9	23	13	4	10	9	6	13	2

三　优秀委员（以姓氏笔画为序）

为激励政协委员更好地履行职责，激发参政议政热情，经各工作组评选和主席会议审议，确定表彰优秀委员人选。（由第四届五次会议开始评选优秀委员）

第四届五次：（1997.3.11—1997.3.13）

于起瑞　王会珍　王洪林　王振森　张万智　张宝霞　冯莲慧　张淑敏　李长明　李秀英　陈　文　宋万章　宋景鑫　孟庆平　高永义　钱学成　崔宝印　绳俊雨　谢长宏

第五届三次：（2000.2.22—2000.2.24）

于秀彦　尹玉如　张　环　张志远　张建华　冯莲慧　李　辉　成春荣　成宝忠　朱　江　刘玉宝　孟洪生　曹建一　赵万侠　绳俊雨　董风瑞　盛泽良　樊永清

第五届五次：（2002.1.22—2002.1.23）

王晓文　王　银　毛凤云　付东岩　张志远　张桂芸　张德功　刘玉宝　李春发　李桂芬　成春荣　杜唯艳　金振声　赵万侠　曹建一　康艳云　盛泽良　董建军　薛松海　魏庆友

第六届四次：（2005.1.18—2005.1.20）

王　金　王　银　王尚新　王素荣　张宝芙　张浩波　张德功　朱　江　李玉革　李承志　李树峰　陈光云　杜昕民　吴树林　宋景鑫　周殿仲　赵瑞民　郭增伟　崔长林　盛泽良　韩桂忠　谢长宏　樊德祥

第六届五次：（2006.2.13—2006.2.14）

王永胜　王秀东　王艳茹　王素荣　张宝岗　张宝芙　张玉清　张玉静　张福田　张浩波　张德功　田德富　冯莲慧　刘玉宝　李玉革　李　俊　朱连冬　宋景鑫　陈光云　吴树林　周殿仲　武　装　赵凌云　谭海良　樊德祥

第七届二次：（2008.2.24—2008.2.25）

马士民　王素荣　王丽云　王玉来　张福田　张玉静　张浩波　刘　月　李永亮　李一超　吴春英　赵以志　信振杰　崔福军

第二节　政协例会

一　委员会会议（全体会议）

香河县政协,从1984年至2008年底，经历第一至第七届委员会。委员会会议每年至少举行一次。会议的主要议程是：听取并审议政协常委会工作报告和提案工作报告；列席县人大全体会议，听取县政府工作报告和其他报告；通过有关决议，按照工作需要进行选举事项。从1984年1月县政协一届一次会议至2008年七届二次会议，共召开27次全体会议。

1984—2008年香河县政协历届全体会议一览表

表20-3-2

届次		时间	应到委员（人）	实到委员（人）	主要内容
届	次				
第一届 1984.1—1987.5	一	1984.1.3—1984.1.7	72	68	听取并审议政协筹备工作的报告；选举陈效农为县政协主席，薛弼臣、杜慎微、郄万成、方峒钰、么志远、杜兴甫为副主席，常务委员12名；列席县人大六届三次会议
	二	1984. 7.26—1986.7.27	62	62	听取政协主席陈效农讲话；听取县委副书记张树藩所作的报告；听取政协副主席薛弼臣传达全国政协六届二次会议和省政协五届三次会议精神
	三	1984.11.25—1984.11.30	65	65	听取并审议《政协香河县第一届常委会工作报告》；学习《中共中央经济体制改革的决定》；听取并审议《政协香河县第一届委员会提案审查委员会关于第三次会议提案审查情况的报告》；列席县人大会议
	四	1986.4.14—1986.4.17	102	100	宣布新增补政协委员名单；听取并审议《政协香河县第一届委员会常委会工作报告》；学习《政协章程》及全国人大、全国政协六届四次会议有关文件；列席香河县人民代表大会七届二次会议；听取县委副书记董林的报告；听取并审议提案审查委员会关于一届四次会议提案审查情况的报告；通过大会有关决议
第二届 1987.5—1990.4	一	1987. 5.3—1987.5.6	101	101	听取政协香河县第一届常委会工作报告；听取县委领导讲话，并协商有关领导人选；选举郄万成为政协主席，张申、方峒钰、么志远、杜兴甫、李巨发为副主席，常务委员13名；列席香河县第八届人民代表大会第一次会议；听取并审议提案审查委员会关于二届一次会议提案审查情况的报告；通过大会有关决议
	二	1988.8.31—1988.9.2	113	113	听取并审议政协常务委员会关于一年来的工作报告；听取并审议提案审查委员会关于二届一次会议以来提案落实情况的报告；听取县委、县政府领导讲话；补选张以浚、赵彤君（女）、成信民为政协副主席；传达省政协六届一次会议精神；讲解视察证的使用；通过有关决议

续表 20-3-2

届次		时间	应到委员（人）	实到委员（人）	主要内容
届	次				
第二届 1987.5—1990.4	三	1989.6.91989.6.10	111	107	听取并审议县政协二届二次会议以来常务委员会工作报告、提案工作情况报告；讨论县政府工作报告；增选县政协常务委员1名；通过县政协二届三次会议各项决议
第三届 1990.4—1993.3	一	1990.4.11—1990.4.14	113	113	听取并审议政协香河县第二届常委会工作报告、提案审查委员会关于提案工作情况的报告；列席县人大九届一次会议；协商有关领导人选；选举董林为县政协主席，张申、成信民、李巨发、杜兴甫、张以浚、赵彤君（女）为副主席，常务委员12名；通过大会有关决议
	二	1991.3.29—1991.3.30	113	103	听取并审议政协香河县第三届常委会工作报告、提案委员会工作报告；通过大会有关决议
	三	1992.4.13—1992.4.16	113	107	听取并审议政协香河县第三届常委会工作报告；提案工作委员会关于提案工作报告；听取和协商财政预算报告；协商政府主要领导人选；审议通过；政协三届三次会议各项决议
第四届 1993.3—1998.2	一	1993.3.1—1993.3.3	130	130	听取和审议第三届常务委员会工作报告；听取和审议提案委员会关于提案工作情况的报告；选举刘玉（女）为政协主席，张宝琛、成信民、李巨发、张以浚、董振洲为副主席，常务委员13名；列席县人大十届一次代表大会；通过大会各项议程
	二	1994.3.21—1994.3.23	131	115	听取并审议政协香河县第四届常委会工作报告；提案工作委员会关于提案工作情况的报告；列席县人大十届二次会议，听取和协商县政府工作报告、1993年国民经济和社会发展计划执行情况与1994年国民经济和社会发展计划报告、财政预决算报告；审议通过政协香河县第四届委员会第二次全体会议各项决议和本次会议提案审查情况的报告
	三	1995.3.6—1995.3.8	121	121	听取并审议政协香河县第四届委员会工作报告，提案工作情况的报告；列席县人大十届三次会议；讨论协商香河县人民政府工作报告及其他报告；通过大会有关决议
	四	1996.3.12—1996.3.14	121	119	听取和审议政协商香河县第四届常委会工作报告，提案工作情况的报告；列席县人大十届四次会议，协商讨论香河县人民政府工作报告及其它报告；补选石英、何立海为政协副主席；通过大会决议
	五	1997.3.11—1997.3.13	121	118	听取和审议政协香河县第四届常委会工作报告，提案工作情况的报告；列席县人大十届五次会议，协商讨论香河县人民政府工作报告及其他报告；补选政协常委，张国有为秘书长；通过大会政治决议
第五届 1998.2—2003.1	一	1998.2.6—1998.2.8	131	129	听取和审议政治商香河县第四届常委会工作报告，提案工作情况的报告；列席县人大十一届一次代表大会；选举刘玉（女）为政协主席，李守义、王新、董振洲、何立海、石英、王国生为副主席，张国有为秘书长，常务委员13名；通过大会各项决议

续表 20-3-2

届次		时间	应到委员（人）	实到委员（人）	主要内容
届	次				
第五届 1998.2—2003.1	二	1999.3.4—1999.3.6	131	127	听取和审议政协香河县第五届常委会工作报告，提案工作情况的报告；列席县人大十一届二次代表大会；大会发言；通过大会决议
	三	2000.2.22—2000.2.24	142	135	听取和审议政协香河县第五届常委会工作报告，提案工作情况的报告；列席县人大十一届三次代表大会；大会发言；表彰优秀委员；通过大会决议
	四	2001.1.15—2001.1.16	140	128	听取和审议政协香河县第五届常委会工作报告，提案工作情况的报告；务委员会关于五届三次会议以来提案工作情况的报告；列席县人大十一届四次代表大会；大会发言；通过大会决议
	五	2002.1.22—2002.1.23	140	132	听取和审议政协香河县第五届常委会工作报告，提案工作情况的报告；列席县人大十一届六次代表大会；大会发言；通过大会决议
第六届 2003.1—2007.5	一	2003.1.9—2003.1.11	140	135	听取和审议政协香河县第五届常委会工作报告，提案工作情况的报告；列席县人大十二届一次代表大会；选举刘玉海，为政协主席，李明、王国生、何立海为副主席，常务委员 14 名；通过大会各项决议。
	二	2004.2.2—2004.2.3	145	133	听取和审议政协香河县第六届常委会工作报告，提案工作情况的报告；、提案工作情况的报告；列席县人大十二届二次代表大会；大会发言；通过大会决议
	三	2004.8.20	145	121	补选常玉国为政协副主席
	四	2005.1.18—2005.1.20	149	137	听取和审议政协香河县第六届常委会工作报告，提案工作情况的报告；列席县人大十二届四次代表大会，听取并协商《政府工作报告》及其他报告；补选刘学海、盛泽良为政协副主席；大会发言；表彰优秀委员，提案工作先进单位及个人；通过大会决议
	五	2006.2.13—2006.2.14	149	137	听取和审议政协香河县第六届常委会工作报告，提案工作情况的报告；列席县人大十二届五次代表大会，听取并协商《政府工作报告》《香河县国民经济和社会发展"十一五"规划纲要》和其他报告；大会发言；表彰优秀委员、六届四次会议以来优秀提案和反映社情民意委员及先进承办单位；通过大会决议
第七届 2007.5—2012.2	一	2007.5.28—2007.5.29	156	152	听取和审议政协香河县第六届常委会工作报告，提案工作情况的报告；列席县人民代表大会十三届一次会议；选举刘玉海为政协主席，常玉国、刘学海、盛泽良、金贵婷为副主席，刘赛为秘书长，常务委员 19 名；通过大会政治决议
	二	2008.2.24—2008.2.25	155	150	听取和审议政协香河县第六届常委会工作报告，提案工作情况的报告；列席县人大十三届二次会议，听取并协商《政府工作报告》；大会发言；通过大会决议

二　常委会会议

常务委员会（简称常委会）由主席、副主席、主任（秘书长）和常务委员组成。常委会会议一般每半年召开一次，但根据需要，随时都可召开。从第一至第七届共召开常委会会议135次。常委会会议一般是学习党的方针政策及上级政协的有关文件、法规等；协商讨论政府工作报告；听取县政府年度经济社会发展情况通报；听取关于财政预决算情况通报；听取法院、检察院工作情况通报；协商通过政协常委会工作报告、提案工作报告及报告人；讨论通过副主席人选，及委、组、办人事任免；评选优秀提案；通过委员辞职增补委员等事项。

1984—2008年香河县政协常委会历次会议一览表

表20-3-3

届次		时间	主要内容
届	次		
第一届	一	1984.1.3	成立香河县政协常委会并召开第一次全体会议
	二	1984.3.31	通过了1984年工作计划和第二季度工作安排；决定成立工交、工商税务、农业、农民、文教、医药卫生、群团、台侨，金融9个工作组；决定五月份与统战部、科协联合召开各界人士为四化做贡献经验交流会
	三	1984.5.23	通过提案审查委员会和学习委员会名单；通过香河县政协一届二次会议议程及会议文件
	四	1984.6.5	传达全区党与非党干部合作共事经验交流会精神，介绍各县先进经验
	五	1984.7.6	重点学习、讨论（中共中央关于经济体制改革的决定）
	六	1984.11.22	研究召开政协一届三次全会有关问题
	七	1985.3.28	研究修改1985年政协工作计划和第二季度活动安排；听取并讨论政协副主席薛弼臣去山东省参观学习情况的汇报；由政协副主席杜慎微宣读省政协编印的关于对台工作的有关参考资料；经研究，决定成立文史资料委员会，并着手进行文史资料搜集和整理工作；经讨论通过，该委员会主任由郄万成 担任，副主任由李巨发 周启太担任，委员有赵金山 、丁振宇、 尹俊如 、尹玉如
	八	1985.7.9	学习《人民政协报》1985年6、7月刊登的介绍安徽省固镇县政协工作经验的报道《固镇新步》；总结上半年工作；研究讨论第三季度工作安排
	九	1985.10.24	总结第三季度工作，研究部署第四季度工作；讨论通过《关于学习和贯彻中国共产党全国代表会议精神的决议》
	十	1986.3.19	学习有关领导讲话，了解上级精神、县委工作部署，明确今后努力方向；总结1985年工作，研究制定1986年的工作计划和第二季度活动安排；学习三河县政协开展专业组活动的经验，研究讨论香河县政协工作组如何开展活动问题
	十一	1986.4.10	研究关于召开一届政协四次会议的有关问题，审议大会的议程、日程及常务委员会的工作报告等；决定新增聘的政协委员；传达地委统战工作会议精神
	十二	1986.4.17	听取提案审查委员会关于一届四次会议提案审查情况的报告；关于常务委员会工作报告的决议；关于政协香河县委员会一届四次会议的政治决议；一届四次会议闭幕词结论报告
	十三	1986.7.17	政协副主席杜慎微传达县委、县政府召开的“横向经济联合表彰会”会议精神；总结了政协半年来的工作，研究制定第三季度活动计划；政协办公室副主任李泰山代表提案审查委员会汇报一届四次会议以来委员提案办理情况
	十四	1986.10.23	根据地委通知精神，近期召开各市县政协工作交流会，研究讨论发言材料和典型材料；结合总结政协一年来工作，研究修订第四季度活动安排

续表 20-3-3

届次		时间	主要内容
届	次		
第一届	十五	1986.11.14	传达贯彻地委召开的“市、县政协工作经验交流会”会议精神，研究部署香河县县政协今后的工作
	十六	1987.1.6	讨论 1986 年工作总结；研究制定 1987 年工作计划及第一季度活动安排；郄万成介绍去山东参观学习情况
第二届	一	1987.6.3	重点传达地委于最近召开的全区统战工作会议精神，然后结合我县实际情况就如何进一步做好统战、政协工作进行了研究讨论
	二	1987.8.15	传达中央领导在全国政协工作组（委）工作会议上的讲话；通报二届一次会议以来政协委员提案的办理情况
	三	1987.10.19	由政协办公室汇报各界人士为两个文明建设服务经验交流暨表彰大会筹备情况，商定大会有关事宜；汇报去天津市静海县学习的情况；讨论工作组如何开展活动；汇报去全国政协农业组汇报的情况
	四	1987.12.29	总结 1987 年工作，研究制定 1988 年工作计划；传达地区召开的全区第三次各界人士为两个文明建设服务表彰会会议精神；协商委员持证考察问题
	五	1988.1.8	协商办公室主任人选
	六	1988.3.18	县委领导与政协常委协商出席省人代会代表人选；县政府领导与政协常委协商政府工作报告
	九	1988.8.4	协商讨论新增补政协委员名单；审议二届二次会议有关文件
	十	1988.8.22	县委领导与政协常委协商增补政协副主席人选问题；协商二届二次会议议程和日程安排
	十一	1988.11.15	听取侯国强县长传达省委三届六次全会精神；传达学习县委书记张树藩在香河县四届五次全会上的讲话；讨论通过《关于贯彻执行中共香河县委四届五次会议精神的决议》；讨论通过关于调整政协专门委员会和工作组的提议；听取各工作组组长关于前段工作情况和下段活动计划的汇报
	十二	1989.2.16	侯国强县长就准备提交县人大八届三次会议审议的政府工作报告征求政协常委意见；学习全国政协关于政治协商、民主监督暂行规定；讨论通过县政协 1989 年工作要点
	十三	1989.4.4	传达贯彻廊坊市政协一届一次会议精神；学习全国政协七届二次会议有关文件；研究部署当前工作
	十四	1989.6.6	协商讨论即将召开的政协第二届第三次会议的有关内容；讨论二届二次会议以来的常委会工作报告草稿，并提出修改意见；还讨论增补本届政协常委候选人，一致同意张申代表县委提出的增补成春荣委员为本届政协常委的建议；学习杨尚昆、李鹏、乔石、姚依林 5 月 22 日重要讲话
	十五	1989.7.14	传达贯彻中共十三届四中全会精神和中共河北省委三届七次全委扩大会议精神；通过《关于认真学习贯彻十三届四中全会精神的决议》，并对当前工作进行了安排
	十六	1989.10.10	学习江泽民在国庆四十周年大会上的讲话；政协副主席张申传达市政协一届常委会第三次会议精神；政协副主席成信民根据市政协常委会议精神和主席办公会议讨论情况对香河县县政协第四季度工作讲安排意见
	十七	1990.3.20	学习《中共中央关于坚持和完善中国共产党领导的多党合作和政治协商制度的意见》；由政协副主席、县委统战部长张申传达党中央及省、市委召开的统战会议精神；依据市、县委安排部署，研究讨论有关政协换届问题；议定于 3 月 24 日由市、县政协委员组成联合视察组围绕食品卫生问题开展一次视察活动；会议决定：各委员会、工作组于 4 月中旬以前分别组织一次活动，学习有关文件，总结本委、组三年来的工作

续表 20-3-3

届次		时间	主要内容
届	次		
第三届	一	1990.5.5	决定建立三届政协工作机构，共设五个工作委员会、九个工作组。五个委员会是：提案工作委员会，经济工作委员会，学习文史工作委员会，科教文卫工作委员会，社会法制祖统工作委员会。九个工作组：教育组、文艺体育组、医药卫生组、农林水利组、民族台侨组、群团组、财政金融组、工业科技组、工商贸易组；讨论通过《政协香河县委员会 1990 年 5—12 月份工作要点》
	二	1990.5.30	讨论并原则通过《政协香河县委员会常务委员会工作规则》，会议决定：办公室根据常委们提出的意见对原稿进行修改后以正式文件形式印发；成信民副主席传达了廊坊市政协一届六次常委会和区、市、县政协主席座谈会精神
	三	1990.7.17	讨论通过了政协机构设置和人事任免事项
	四	1990.10.26	办公室汇报六月份以来各委组活动情况；汇报了三届一次会议以来委员提案办理落实情况；通过《政协香河县委员会常务委员会关于在全县政协委员中深入贯彻全国统战工作会议精神的决定》
	五	1991.3.18	原则通过《政协香河县委员会 1991 年工作要点》；研究讨论了关于召开三届二次会议有关问题
	六	1991.6.11	讨论通过《政协香河县委员会委员科技示范活动规则》《政协香河县委员会提案工作规则》；联络科汇报各委组本年度的活动计划；会议议定在 6 月底至 7 月初组织政协常委对本县外向型企业进行一次视察，并议定进一步加强与邻县政协的联系，寻求适当时机组织有关常委、委员去参观学习
	七	1991.6.17	讨论刘富的问题
	八	1992.1.14	讨论 1992 年工作安排要点;通过有关人事任免事项
	九	1992.3.30	讨论通过政协香河县委员会三届三次会议议程；原则通过了由办公室起草的常委会工作报告；会议推举董林主席代表常务委员会作工作报告，并对其他几位主席在大会期间的分工进行了研究部署
	十	1992.6.16	听取县长储延平关于北京国安实业发展总公司在安平镇合资共建“天下第一城”的报告
	十一	1992.9.5	会议任命岳和为政协办公室主任
	十二	1993.1.13	研究决定四届政协全体会议日程和议程；原则通过县政协第三届委员会常务委员会工作报告。讨论通过四届政协委员和主席团、秘书长、副秘书长及提案审查委员会主任、副主任委员名单；决定在大会上表彰三届三次会议以来优秀提案者和先进承办单位；议定在换届大会召开之前，召开部分退下来的老委员座谈会，会议由董林同志主持
	十三	1993.2.5	代县长杨汭就县十届一次人代会《政府工作报告》征求政协常委的意见
第四届	一	1993.3.15	通报主席分工；通过了政协四届委员会五个工作委员会和九个工作组组成人员名单；通过了县政协 1993 年工作安排要点
	二	1993.6.12	县政协主席刘玉传达廊坊市政协二届一次常委扩大会议精神；省政协常委董凤瑞介绍省政协七届一次会议盛况
	三	1993.8.31	原则通过《政协香河县委员会 1993—1997 年委员科技示范活动规划》；座谈讨论“香河县住房制度改革实施方案”
	四	1993.11.13	听取县长杨汭关于香河县 1—10 月份经济发展形势和 1994 年经济发展目标的情况通报
	五	1994.1.17	原则通过政协香河县委员会 1994 年工作重点，根据常委会讨论意见，经修改后印发全体委员

续表 20-3-3

届次		时间	主要内容
届	次		
第四届	六	1994.3.10	协商讨论杨汭县长在县十二届二次人代会上所作的《政府工作报告》；研究通过县政协四届二次会议有关事宜；研究讨论增聘3名委员
	十	1995.2.17	决定政协香河县四届三次会议于1995年3月6日至8日在香河宾馆召开；审议通过第四届常委会关于四届二次会议以来工作情况的报告
	十二	1995.7.26	邀请县政府领导通报香河县上半年国民经济和社会发展计划执行情况及下半年工作安排；县委农工部李长敬通报香河县小康建设情况
	十三	1995.10.25	视察部分乡镇企业并就如何加快乡镇企业发展与县政府协商；讨论通过《政协香河县委员会关于政治协商、民主监督、参政议政的规则》，并决定将此规则报请县委转发
	十六	1996.5.10	根据中共香河县委提名和县政协四届三十一次主席会议的建议，决定任命张国有为县政协代秘书长，并增聘为县政协委员；讨论通过主席分工及部分委组人员调整
	十七	1996.6.8	视察香河县小麦生产情况，并听取县政府关于农业生产情况的通报
	十八	1996.7.25	视察县重点企业华北制冷设备有限公司；邀请县政府领导到政协通报情况
	十九	1996.11.7	赴安平经济技术开发区视察
	二十	1997.3.3	协商讨论《政府工作报告》；通过县政协四届五次会议各项议程、日程
	廿一	1997.5.20	视察香河县农业产业化发展情况并听取政府主管领导关于推进农业产业化工作情况的通报
	廿二	1997.7.22	视察“三强一重”工程（“三强”指强乡镇、强村街、强企业；“一重”指重点项目）；听取县政府关于上半年经济情况的通报
	廿三	1997.11.11	视察十五项工程，协商城镇建设工作；任免事项
	廿四	1997.12.26	审议四届常委会向五届一次全会提交的工作报告
第五届	一	1998.3.13	讨论通过《政协香河县委员会1998年工作要点》《政协香河县委员会1998年至2002年委员科技示范活动规划》；讨论通过政协香河县委员会各委、组的主任、副主任、组长、副组长的任命；明确政协主席、副主席分工；听取县精神文明办主任绳秀兰关于文化市场加强精神文明建设的情况汇报；视察县城文化市场及生活消费品市场
	三	1998.7.29	讨论人事安排；听取政府副县长陈新建通报香河县农业产业化建设进程
	四	1998.11.18	组织常委视察改制后的部分县办工业企业，就视察中发现的问题提出建议
	五	1999.2.3	协商讨论政府工作报告；协商新增补政协委员名单；审议五届政协常委会工作报告；决定召开政协五届二次会议有关事宜
	六	1999.3.26	去固安县参观考察农业产业化情况；协商讨论1999年县政协工作重点
	七	1999.5.11	就以美国为首的北约对我驻南使馆进行导弹袭击问题学习中央及地方党委有关文件并举行座谈
	八	1999.6.30	常委视察县城形象工程；县政府通报秸秆综合利用情况
	九	1999.7.30	县政府通报上半年工作情况；讨论学习中共中央关于处理和解决邪教“法轮功”问题的通知和有关文章
	十	1999.9.22	讨论通过人事任免事项；视察县内部分投资500万元以上向国庆献礼项目；政协常委集体收听收看庆祝全国政协成立50周年大会电视转播实况
	十一	1999.12.2	视察安平经济技术开发区、双安农业高新技术园区、县家具综合批发市场；座谈视察情况
	十二	2000.1.26	讨论通过县政协五届三次会议议程、日程；原则通过准备提交县政协五届三次全会审议的常委会工作报告；协商通过准备提交县人大十一届三次会议审议的《政府工作报告》

续表 20-3-3

届次		时间	主要内容
届	次		
第五届	十三	2000.3.30	讨论通过县政协2000年工作要点；介绍县级“三讲”教育开展情况；参观考察三河市高新技术产业；收听形势报告录音
	十四	2000.6.9	视察香河县“城镇建设管理年”实施情况
	十五	2000.7.27	县政府通报上半年工作情况；县政府通报五届三次全会提案的办结情况
	十六	2000.9.14	视察并讨论香河县“六业富民”情况
	十七	2000.12.14	视察安平开发区及安平镇新上重点项目
	十八	2001.1.4	讨论通过县政协五届四次全体会议召开时间、议程、日程、常委会工作报告、提案工作报告、委托报告人；协商县政府《关于香河县国民经济和社会发展第十个五年计划纲要的报告》
	十九	2001.2.28	讨论通过县政协 2001 年工作要点和县政协 2001 年常委会、工作委组活动计划；到大城县考察非公有制经济
	二十	2001.5.31	视察香河县农业无公害蔬菜情况；讨论视察情况及其他事项
	二十一	2001.7.30	县政府通报上半年工作情况；汇报上半年提案办结情况
	二十二	2001.9.12	视察安平经济技术开发区新上企业并听取开发区管委会工作报告
	二十三	2001.11.29	视察县政府“民心”工程，并听取有关情况通报
	二十四	2002.1.16	讨论通过县政协五届五次会议召开的时间、议程、日程；增补委员事宜；审议县政协五届常委会工作报告；协商政府工作报告
	二十五	2002.3.26	传达县委文件，介绍新委员情况；讨论增补五届政协新委员；讨论确定县委补选李建新政协副主席；讨论通过政协五届六次会议议程、日程和选举办法；讨论通过县政协 2002 年工作要点
	二十六	2002.4.10	常委参观考察霸州市优秀企业
	二十七	2002.6.7	研究人事问题；视察香河县去冬今春绿化工作
	二十八	2002.7.24	县政府通报上半年工作情况；县政府通报县政协五届五次全会以来委员提案办理情况
	二十九	2002.9.24	视察香河县2002年部分重点新建项目
	三十	2002.11.1	视察香河县2002年的城建工程
	三十一	2003.1.3	协商讨论《政府工作报告》；通过县委统战部提交推荐的政协香河县委员会第六届委员建议名单；通过县政协六届一次会议议程、日程；推荐王国生副主席代表五届政协常委会作《工作报告》，并通过了《工作报告》；推荐何立海副主席代表五届政协常委会作《提案工作报告》，并通过了《提案工作报告》；县委的决定，任命刘玉海为政协党组书记，李明、李宏焜任党组副书记，王国生、崔国强任党组成员
第六届	一	2003.2.21	讨论通过县政协 2003 年工作要点和 2003 年常委会、工作组活动计划；明确领导分工和科室责任；任命各委员会委组主任、副主任、组长、副组长
	二	2003.3.21	通报常委赴北京市南宫新村参观考察纪要
	三	2003.6.25	视察香河县传统农业向现代农业转化的典型；讨论通过《政协香河县委员会常务委员会工作规则》；研究有关人事问题
	四	2003.7.24	县政府通报上半年工作情况；讨论通过《政协香河县委员会关于进一步发挥委员作用的若干规定》；研究有关人事任免
	五	2003.9.29	视察“一区五园”建设情况；审议通过《中国人民政治协商会议香河县委员会提案工作条例》

续表 20-3-3

届次		时间	主要内容
届	次		
第六届	六	2003.11.27	视察2003年县委、县政府实施的部分重点“十大民心工程”，并听取建设情况通报
	七	2004.1.31	协商讨论《政府工作报告》；决定县政协六届二次全体会议事宜
	八	2004.3.4	审议通过县政协《2004年工作要点》；常委会、委组活动计划；学习、讨论《香河县政协委员视察工作实施细则》《关于搞好调查研究，认真履行参政议政职能的通知》
	九		考察没出纪要
	十	2004.6.1	提出《进一步优化发展环境，推行办事全程代理制的建议》作为政协常委会建议案呈报中共香河县委、香河县人民政府领导参阅
	十一	2004.7.21	听取县政府通报上半年工作情况；县政府通报县政协六届二次会议以来委员提案办理情况
	十二	2004.8.20	王国生辞去县政协副主席职务，提名常玉国为政协副主席
	十三	2004.11.24	视察2004年香河县实施的“十件实事”和重点项目建设情况，并听取有关情况通报
	十四	2005.1.15	协商讨论《政府工作报告》；会议决定县政协六届四次全体会议于2005年1月18日至20日召开，会期3天，通过政协六届四次会议议程、日程；讨论《中国人民政治协商会议香河县第六届委员会常务委员会工作报告》和《中国人民政治协商会议香河县第六届委员会常务委员会关于六届二次会议以来提案工作情况的报告》；会议决定推举常玉国副主席为《常委会工作报告》的报告人；县六届政协委员、常委、副主席调整事项
	十五	2005.1.19	县政府领导听取对《政府工作报告》及其他报告讨论情况的汇报；听取各组对县委领导讲话讨论情况的汇报；听取政协常委会工作报告和六届二次会议以来提案工作情况报告讨论情况的汇报；审议通过本次会议的选举办法；听取各组协商候选人情况的汇报并确定正式候选人，提交六届四次会议第三次全体会议选举；审议通过本次会议政治决议（草案），提交六届四次会议第五次全体会议审议通过
	十六	2005.3.31	审议县政协2005年工作要点；审议通过县政协2005年常委、委组活动安排；研究讨论2005年政协委员调研重点题目
	十七	2005.7.15	县政府通报上半年工作情况；县政府通报县政协六届四次会议以来委员提案办理情况；审议通过《政协香河县第六届委员会常务委员会关于编制我县“十一五”规划的建议案》；审议通过《政协香河县委员会关于政治协商、民主监督、参政议政的规定》
	十八	2005.11.9	审议通过《政协香河县第六届委员会常务委员会关于进一步深化农村改革、破解“三农”难题的建议案》和《政协香河县第六届委员会常务委员会关于我县“城中村”改造的建议案》
	十九	2005.12.6	听取县政府关于今年实施的“十件实事”进展情况和县政协六届四次会议以来委员提案办理情况的通报；视察新一中、康宁大街、仉村大桥、倪李路以及钳屯乡至五百户镇李庄蔬菜批发市场道路建设和县城内环境卫生综合整治情况
	二十	2006.2.9	协商讨论《政府工作报告》和《香河县国民经济和社会发展第十一个五年规划纲要》；会议决定县政协六届五次全体会议于2006年2月13日至14日召开，会期2天；讨论通过政协六届五次会议议程、日程；讨论《中国人民政治协商会议香河县第六届委员会常务委员会工作报告》和《中国人民政治协商会议香河县第六届委员会常务委员会关于六届四次会议以来提案工作情况的报告》；研究决定县六届政协委员调整事宜；协商决定对优秀政协委员、六届四次会议以来优秀提案和反映社情民意委员及先进承办单位表彰名单；讨论通过县政协2006年工作要点和委组活动计划

续表 20-3-3

届次		时间	主要内容
届	次		
第六届	二十一	2006.2.14	县政府领导听取对《政府工作报告》及其他报告讨论情况的汇报；听取各组对县委领导讲话讨论情况的汇报；听取对政协常委会工作报告和六届四次会议以来提案工作情况报告讨论情况的汇报；审议通过本次会议选举办法；听取各组协商候选人情况的汇报并确定正式候选人提交六届五次会议第三次全体会议选举；审议通过本次会议政治决议（草案），提交六届五次全体会议审议通过
	二十二	2006.3.30	学习考察固安县工业区和天津市武清开发区的规划、建设和管理经验；学习和讨论《中共中央关于加强人民政协工作的意见》
	二十三	2006.5.10 和 6.1	学习考察迁安市新农村建设与农村合作医疗制度建设的经验与做法；学习考察大兴区社会主义新农村建设，创新村级民主管理制度，“服务农村、稳定农村、促进和谐发展”的经验和做法
	二十四	2006.8.15	县政府通报上半年经济和社会发展情况、县政协六届四次会议以来委员提案办理情况；审议通过《政协香河县第六届委员会常务委员会关于社会主义新农村建设的调研报告》；研究有关人事问题
	二十五	2006.10.31	学习贯彻中共十六届六中全会精神；通过有关人事任免事项
	二十六	2006.10.31	听取县政府关于 2006 年经济社会发展情况和县政协六届五次会议以来提案办理情况的通报
	二十七	2007.5.16	协商讨论县政府工作报告；协商决定聘任香河县政协第七届委员名单
第七届	一	2007.7.27	县政府通报上半年经济和社会发展情况；协商讨论《政协香河县委员会关于县政协委员管理的若干规定》；协商讨论关于成立香河县慈善会的有关事宜
	二	2007.9.4	视察县“三位一体”社会矛盾纠纷调解工作体系建设情况
	三	2007.10.30 2007.11.2	学习贯彻中共十七大精神；学习考察宝坻区城镇化建设、工业园区建设、社会主义新农村建设等方面的经验、作法
	四	2007.12.20	听取县政府 2007 年经济社会发展情况和县政协七届一次会议以来提案办理情况的通报
	五	2008.1.23	审议政协七届二次会议议程、日程，会议决定政协香河县第七届委员会第二次全体会议于 2008 年 2 月份召开，会期两天；审议县政协七届常委会一次会议以来的工作报告和提案工作报告；会议决定推举常玉国副主席为常委会工作报告的报告人，刘学海副主席为提案工作报告的报告人
	六	2008.2.25	听取各组对县委领导讲话讨论情况的汇报；听取委员对《政府工作报告》讨论情况的汇报；听取对政协常委会工作报告、七届一次会议以来提案工作报告讨论情况的汇报；审议通过本次会议政治决议（草案），一致同意提交七届二次会议第四次全体会议审议
	七	2008.3.20	审议通过 2008 年政协工作要点及常委会、委组工作计划；听取县政府重点建设项目（已申报及在谈）进展情况通报
	八	2008.7.16	听取县政府对政协七届二次会议以来委员提案办理情况的报告；听取 2008 年上半年全县经济社会发展情况的通报；人事任免
	九	2008.12.2	听取县政府关于香河县 2008 年十大重点工程建设完成情况和县政协七届二次全会以来提案办理结果的通报

1984—2008 年香河县政协历届常委会人员构成统计表

表 20-3-4　　单位：人

届别	职务	人数	政治结构			文化结构			年龄构成				
			党员	民主党派	无党派	大中专以上	高中	初中	30 岁以下	30～40 岁	40～50 岁	50～60 岁	60 岁以上
第一届	主席	1	1	—	—	—	—	1	—	—	—	1	—
	副主席	6	3	1	2	3	1	2	—	—	1	5	—
	常务委员	12	3		9	7	1	4	—	1	6	5	—
	合计	19	7	1	11	10	2	7	—	1	7	11	—
第二届	主席	1	1	—	1	—	—	1	—	1	—	1	—
	副主席	5	2	1	2	2	2	1	—	—	—	5	—
	常务委员	13	4	—	9	9	2	2	—	1	12	—	—
	合计	19	7	—	11	11	4	4	—	1	12	6	—
第三届	主席	1	1	—	—	1	—	—	—	—	1	—	—
	副主席	6	2	—	4	4	1	—	—	—	—	6	—
	常务委员	12	4	—	8	5	3	4	—	1	11	—	—
	合计	19	7	—	12	11	4	4	—	1	12	6	—
第四届	主席	1	1	—	—	1	—	—	—	—	1	—	—
	副主席	6	2	—	4	3	1	1	—	—	1	3	—
	常务委员	12	4	—	8	9	2	2	—	1	8	4	—
	合计	19	7	—	12	13	3	3	—	1	10	7	—
第五届	主席	1	1	—	—	1	—	—	—	—	—	1	—
	副主席	6	3	—	3	2	1	—	—	—	3	3	—
	常务委员	14	3	—	11	13	3	1	—	7	3	4	—
	合计	21	7	—	14	16	4	1	—	7	6	8	—
第六届	主席	1	1	—	—	1	—	—	—	—	1	—	—
	副主席	3	2	—	1	5	1	—	—	—	1	2	—
	常务委员	14	4	—	10	13	1	—	—	4	8	2	—
	合计	18	7	—	11	16	2	—	—	4	10	4	—
第七届	主席	1	1	—	—	1	—	—	—	—	—	1	—
	副主席	4	2	—	2	4	—	—	—	1	2	1	—
	常务委员	20	7	—	13	19	1	—	—	3	13	4	—
	合计	25	10	—	15	24	1	—	—	4	15	6	—

三　主席会议

主席会议一般每月召开一次，由主席、副主席、办公室主任组成。主要讨论党和国家大政方针在香河县的贯彻落实情况，及香河县人民群众所关心的热点难点问题；议定以香河县政协委员名义，向香河县党政领导机关提出的建议案；决定召开政协常委会日期、提出会议议题、审议提交政协常委会文件；讨论研究政协委员学习、视察、调研等活动；讨论确定机关科室工作安排等事项。

1984—2008年香河县历届政协主席、副主席任职一览表

表 20-3-5

届次	职务	姓名	政治面貌	任职日期	籍贯	备注
第一届	主席	陈效农	中共党员	1984.1—1987.5	河北省香河县	驻会
	副主席	薛弼臣	中共党员	1984.1—1987.5	天津市蓟县	驻会
		杜慎微	无党派	1984.1—1987.5	河北省清苑县	驻会
		郄万成	中共党员	1984.1—1987.5	河北省涿鹿县	不驻会
		方峒钰	中共党员	1984.1—1987.5	天津市宝坻区	不驻会
		么志远	民革成员	1984.1—1987.5	天津市宝坻区	不驻会
		杜兴甫	无党派	1984.1—1987.5	山西省清徐县	不驻会
第二届	主席	郄万成	中共党员	1987.5—1990.4	河北省涿鹿县	驻会
	副主席	张　申	中共党员	1987.5—1990.4	北京市通县	不驻会
		方峒钰	中共党员	1987.5—1988.9	天津市宝坻区	不驻会
		杜兴甫	无党派	1987.5—1990.4	山西省清徐县	不驻会
		么志远	民革成员	1987.5—1988.9	天津市宝坻区	不驻会
		李巨发	无党派	1987.5—1990.4	天津市军粮城	不驻会
		张以浚	无党派	1988.9—1990.4	河北省香河县	不驻会
		赵彤君（女）	无党派	1988.9—1990.4	河北省香河县	不驻会
		成信民	中共党员	1988.9—1990.4	河北省香河县	驻会
第三届	主席	董　林	中共党员	1990.4—1993.3	河北省香河县	不驻会
	副主席	张　申	中共党员	1990.4—1993.3	北京市通县	不驻会
		成信民	中共党员	1990.4—1993.3	河北省香河县	驻会
		李巨发	无党派	1990.4—1993.3	天津市军粮城	驻会
		杜兴甫	无党派	1990.4—1993.3	山西省清徐县	不驻会
		张以浚	无党派	1990.4—1993.3	河北省香河县	不驻会
		赵彤君（女）	无党派	1990.4—1993.3	河北省香河县	不驻会
第四届	主席	刘　玉（女）	中共党员	1993.3—1998.2	河北省饶阳县	驻会
	副主席	张宝琛	中共党员	1993.3—1998.2	河北省香河县	不驻会
		成信民	中共党员	1993.3—1998.2	河北省香河县	驻会
		李巨发	无党派	1993.3—1996.3	天津市军粮城	驻会
		张以浚	无党派	1993.3—1996.3	河北省香河县	不驻会
		董振洲	无党派	1993.3—1998.2	河北省香河县	不驻会
		何立海	无党派	1996.3—1998.2	河北省香河县	不驻会
		石　英	无党派	1996.3—1998.2	河北省香河县	不驻会
第五届	主席	刘　玉（女）	中共党员	1998.2—2003.1	河北省饶阳县	驻会
	副主席	李守义	中共党员	1998.2—2003.1	河北省大厂县	驻会
		王　新	中共党员	1998.2—2003.1	河北省香河县	驻会
		董振洲	无党派	1998.2—2001.2	河北省香河县	不驻会
		何立海	无党派	1998.2—2003.1	河北省香河县	不驻会
		石　英	无党派	1998.2—2002.3	河北省香河县	驻会
		王国生	中共党员	1998.2—2003.1	河北省香河县	不驻会
		李建新	中共党员	2002.3—2003.1	河北省香河县	不驻会

续表 20-3-5

届次	职务	姓名	政治面貌	任职日期	籍贯	备注
第六届	主席	刘玉海	中共党员	2003.1—2007.5	河北省香河县	驻会
	副主席	李　明	中共党员	2003.1—2004.12	河北省香河县	驻会
		王国生	中共党员	2003.1—2004.8	河北省香河县	不驻会
		何立海	无党派	2003.1—2007.5	河北省香河县	驻会
		常玉国	中共党员	2004.8—2007.5	河北省香河县	不驻会
		刘学海	中共党员	2005.1—2007.5	河北省香河县	驻会
		盛泽良	无党派	2005.1—2007.5	天津市武清区	驻会
第七届	主席	刘玉海	中共党员	2007.5—	河北省香河县	驻会
	副主席	常玉国	中共党员	2007.5—	河北省香河县	驻会
		刘学海	中共党员	2007.5—	河北省香河县	驻会
		盛泽良	无党派	2007.5—	天津市武清区	驻会
		金贵婷（女）	无党派	2007.5—	河北省香河县	驻会

第三节　政协机构

一　工作机构

1984年1月，建立政协香河县委员会办公室，为政协常设办事机构，设主任1人，副主任1人。1990年7月，增设联络科和宣传科，各设科长1人，副科长1人，至2008年底机构没有变化。办公室负责财务、文件起草、收发、日常接待等工作；宣传科负责组织委员宣传、学习、参观、调查等工作；联络科负责委员联络和提案办理等工作。

二　政协组、委

1984年1月，县政协建立，随即组建学习、提案审查、文史资料3个委员会和工交、商业、工商税务、农业、农民、文体、教育、医药卫生、群团、台侨、金融11个工作组。1986年1月，将11个工作组调整为9个，即农业、工交、财贸、文化、教育、医药卫生、台侨、两户一体、群众团体。1988年政协委、组调整为5个委员会：学习委员会、提案委员会、经济委员会、文史资料委员会、台侨联谊委员会；10个工作组：农业组、工业组、乡镇企业组、商业组、工商金融、文体组、教育组、卫生组、台侨组、群团组。1990年4月，建立县政协5个工作委员会：提案工作委员会、经济工作委员会、学习文史工作委员会、科教文卫工作委员会、社会、法制、祖国统一工作委员会；9个工作组：教育、文艺体育、医药卫生、农林水利、民族台侨 、群团、财政金融、工业科技、工商贸易组。

1998—2008年，县政协工作委员会有：科技经济委员会、提案委员会、教文卫委员会、社会法制祖统委员会；工作组有:工业组、农业组、经济组、群团组、医药卫生组、文教体组、民宗台侨组。

第四节　主要工作

一　参政议政

1984年起，县政协历届会议，与会委员都列席历届县人大会议。会前征求县政协对“一府两院”工作报告的意见，协商领导人选。会中听取、讨论“一府两院”工作报告。1988年，县委领导与政协常委共同协商出席省人大代表人选及县政协副主席人选。县政府每年7月，要向县政协通报上半年国民经济和社会发展计划执行情况及下半年工作安排，征求常委和委员意见。1993年8月，对香河县住房制度改革实施过程中，可能出现的问题与县政府协商。1995年，就乡镇企业如何加快发展与县政府协商。1998年11月，政协常委及部分委员，视察改制后的县办工业企业，对出现新问题如何解决，与政府主管部门沟通、协商。1999年12月，就如何安置下岗职工，如何解决下岗职工基本生活保障向县委、县政府提出6点建议。2000

年，对香河县环境保护、乡镇机构改革进行专题调查，就如何保护县城周边生态环境，防止污染和乡镇机关精简机构、分流人员向县委提出12条建议。

县政协围绕县委、县政府中心工作，提出事关全县政治、经济、民生等100多个调研、考察题目，使委员建言有目标、献策有方向。2001年，向县委、县政府提交《关于解决我县水资源污染问题的几点建议》《吸纳人口入县城，发展经济带全县——关于实施城镇化的几点建议》。2002年，经过调查研究，向县委、县政府提交《关于进一步加快我县小城镇建设的几点意见》。2004年，向县委、县政府提交《政协香河县委员会关于进一步优化发展软环境推行办事全程代理制的建议》。2005年，向县委、县政府提交《政协香河县第六届委员会常务委员会关于编制县“十一五”规划的建议案》《政协香河县第六届委员会常务委员会关于进一步深化农村改革、破解“三农”难题的建议案》《政协香河县第六届委员会常务委员会关于县“城中村”改造的建议案》。2006年，向县委、县政府提交《政协香河县委员会关于工业园区建设的考察报告》。2007年，提交《推行“办事全程代理制”，进一步优化民营企业发展环境》。

2008年，向县委、县政府提交《政协香河县委员会关于开展节能减排工作的调查报告》。

二 民主监督

1990年3月，常委和委员对食品卫生状况开展监督检查。对查出的无生产厂家、无生产许可证、无卫生许可证的食品向主管部门通报。1995年后，县政协推荐50多名政协委员，受聘担任政府政务公开监督员，参加政府有关部门召开的听证会、行风评议会、执法检查等，对执法、执纪部门进行民主监督。2001年，委员们通过社会调查及对游艺厅、网吧检查，写出《不要让“电子鸦片”毁了孩子们——关于游艺厅、网吧对青少年学生危害情况的调查报告》。2002年，监督员5次参加执法、执纪部门的行风评议会。2003年，召开座谈会、征求意见会、集中评议会对全县221个基层所站集中评议，填写各类民主评议行风意见卡1921人次。2005年，监督员参与教育、工商、农业等10个部门的评议工作。2006年，监督员参与公路“三乱”专项整治活动。

2008年，监督员参与对全县部分中小学，贯彻落实义务教育经费保障机制政策情况、财务管理情况、教师有偿补课等情况监督检查。

三 视察、调研、考察

1987年，针对农村实行土地承包责任制后出现的新问题，县政协组织常委、委员深入农村调研，写出《香河县农田规模经营情况的调查报告》。1991年，常委、委员视察县内外向型企业，并到邻县参观、考察。1996年，视察县办工业企业、安平开发区、县内形象工程，对存在问题与县政府主管部门沟通、协商。1999年，视察县内投资500万以上、向国庆50周年献礼项目。2001年，视察安平开发区新上企业，并听取开发区管委会工作报告；视察县政府“民心工程”，并听取有关情况通报。2002年，为配合县委、县政府“特色立县”总体战略目标的实施，由政协主席带队，科室人员参加，对香河县家具业进行调研，写出《乘胜而上正当时——关于香河县家具业的调查》调研报告。2003年，视察“一区五园”（香河开发区、淑阳、刘宋、渠口、蒋辛屯、钱旺村工业园）建成情况。写出《以园区建设为突破口，推进工业化、产业化、城镇化进程》调研报告。2004年11月，视察县内重点项目建设，并听取有关情况通报。2005年12月，视察新一中校区、县城环境卫生综合治理情况；视察康宁大街、仉村大桥、倪李路、钳屯乡至五百户镇李庄蔬菜批发市场道路及桥梁建设情况。2006年，学习、考察固安县工业区、武清区开发区的规划建设及管理经验。2007年9月，视察县“三位一体”社会矛盾纠纷调解工作体系建设情况。

2008年，就推进节能减排、优化发展软环境和推进村庄整理三件大事，广泛调研。

四 编辑文史资料

1985年3月，县政协增设文史资料委员会。邀请社会各界人士写回忆录、出专稿，按照“忠于事实、不拘观点、形式多样、图文并茂”的要求，广征博采组编文章。至1990年底，已出版《香河文史资料》3辑，完成《安平事件始末》《香河事变和大汉奸武桓》《两次受敕封的安头屯中幡》《著名京剧表演艺术家郝寿臣小传》等十几编专题资料。其中，《安平事件始末》和《香河事变与大汉奸武桓》已载入《河北文史资料选集》。至2008年底，陆续出版的文史资料有：《华夏名城，千古奇观》《情献篇：十年改革开放各行各业优秀人才》《香河文史资料集存（4辑）》《京东风物——记述香河民俗风俗习惯》《东方大侠张策》《调研成果集存（3辑）》《千载香河》《香河历史名人》《委员的风采》等。

大运河保护与申请非物质遗产是全国政协发起的，县政协抓住这一契机，积极配合。在拍摄并及时报送北运河实景及安头屯中幡等资料的同时，通过调查走访，广泛搜集资料，组织编辑《香河文史资料集存》第十五集《话说北运河》。

五　联谊活动

1985年，政协副主席薛弼臣到山东参观学习；1987年1月，政协主席郄万成到山东参观考察。1991年6月，在政协三届六次常委会上，议定进一步加强与邻县（市、区）政协联谊交往。香河县政协先后接待全国政协及省市政协等友好参观考察团组，彼此在各领域、多方面进行交流。2007年9月20日至21日，县政协承办晋冀鲁豫4个省20个县（市、区）会员单位县级政协联谊会第二十八次会议。来自晋冀鲁豫的政协主席、秘书长，围绕"政协组织在构建社会主义和谐社会中的地位和作用"交流经验。县政协组织委员赴国内各地、市、县学习考察。

2008年，协助省政协在第一城举办首届"京津冀晋蒙政协区域经济发展论坛"。县政协抓住机遇，与兄弟市、区政协同人进行广泛沟通与交流，既增加了感情，又达成多项共识。

第五节　政协提案

政协委员提案是人民政协行使政治协商、民主监督、参政议政的重要渠道。从第一至第七届委员会，共征集委员提案1597件。涉及农业科技、文化教育、组织建设、行政管理、城镇建设、环境卫生、企业交通、社会治安、计划生育、劳动人事、统战侨务、市场及物价管理等方面。

一　提案征集

1984年1月，县政协一届一次会议成立提案审查委员会，主要负责提案审查工作，并向全会提出提案审查情况的报告。每届政协第一年度提案委员会都要通过组织专题学习、委员培训、经验介绍、印发学习资料等方式，使委员认识提案工作的重要意义。增强委员的光荣感、责任感和使命感，并引导、帮助委员书写提案，写好提案。每次政协全体会议前，提案委员会要进行情况通报，围绕县委、县政府工作部署、编写提案参考题目发给委员。围绕县委、县政府确定的重点工程，组织委员视察，为委员书写提案提供第一手资料。

二　提案办理

第一届委员会提案委员会共收到委员提案167件，已全部办理完毕。其中106件提案中的意见和建议，先后被各有关部门采纳实施，占提案总数的64%。

第二届委员会提案委员会共收到委员提案157件。涉及城乡建设规划、农田水电建设、文教卫生、科技教育、劳动人事、统战侨务、公安司法、落实党的政策以及市场和物价管理等12个方面。已全部办理完毕，其中113件得到落实，占提案总数的70%。

第三届委员会提案委员会共收到151件。涉及农业科技、文化教育、组织建设、行政管理、城镇建设、环境卫生、企业、交通、社会治安、计划生育等12个方面的问题。各项提案由于立案审查快、转交及时，已全部办理完毕，其中123件得到落实，占提案总数的80%。

第四届委员会提案委员会共收到委员提案295件，立案265件。到1997年12月底，除问题比较复杂，办理难度较大的3件尚未办复外，其余均已办复，占立案总数99%。所提问题已经得到解决和部分解决的216件，占已办复总数的81.3%。已列入规划逐步解决的31件，占11.8%，因政策、体制、条件所限暂不能解决，征求提案人意见后，已做出解释说明的18件，占6.9%。对于不符合立案条件的30件提案，经与提案者协商，已分别作为委员来信转给有关部门妥善处理。

第五届委员会提案委员会共收到委员提案305件，办复率为100%。已解决和部分解决241件，占80.3%；列入规划逐步解决的38件，占12.7%；因条件所限暂时未能解决的21件，占7%；对不符合立案条件的5件来信，经与提案者协商，已分别转给有关部门妥善处理。

第六届政协委员会提案委会共收到委员提案204件，经提案委员会审查立案198件，常委会建议案9件。提案内容涉及经济建设和社会发展各个方面。至2006年底，已全部办复完毕。其中，被有关部门采纳实施的177件，占提案总数的85.6%；正在解决和列入计划解决的15件，占总数的7.2%；因政策、体制和条件所限，难以解决的15件，占总数的7.2%；经审查不符合立案条件的6件，已作为委员来信转交有关部门参考。通过走访、征求意见，委员对提案办理结果满意和基本满意率达到100%。

第七届委员会提案委员会共征集到委员提案318件，经提案委员会审查立案300件。涉及经济建设方面115件；科教文卫体方面120件；政治、法律和社会保障等方面65件。至2008年底，已全部办复完毕，办复率达到100%。其中，被县政府及有关部门采纳273件，占总数的88%。

三　优秀提案者（以姓氏笔画为序）

为调动政协委员参政议政积极性和提高提案办理质量，每届主席会议对办理政协委员提案先进承办单位和优秀提案委员及反映社情民意的委员予以通报表彰。

三届三次先进承办单位及优秀提案者

先进承办单位：政协财政金融组

优秀提案者：王廷和　李巨发　张以浚　张景琛　董振洲　董凤瑞　裴振芸

财政金融组

四届一次先进承办单位及优秀提案者

先进承办单位：工商局　教育局　劳动人事局　政法委

优秀提案者：王廷和　石　英　成宝中　孙哲民　刘忠田　李巨发　张景琛　周树森　赵广文　崔宝印　裴振芸

四届二次先进承办单位及优秀提案者

先进承办单位：建委　工商局　广播局　农业局

优秀提案者：尹玉如　王梦贤　李秀英　张景琛　高永义　董振洲

政协群团组

四届三次优秀提案者

马铁铃　王会珍　王廷和　成宝忠　刘维新　李庆元　张以浚　张景琛　赵广文　郭　颖　裴振云

四届四次优秀提案者

王　银　成春荣　陈光云　张淑敏　李春发　孟庆平　周开锋　高永义　常玉国　董凤瑞　董振洲　蔡玉芬

五届五次优秀提案者

于秀彦　尹玉如　冯莲慧　刘金才　刘金龙　成宝中　李长连　李成志　张建华　宋景鑫　何　义　陈光云　周开锋　高永义　绳俊雨　韩立冬　董凤瑞

六届四次先进承办单位及优秀提案者

先进承办单位：县政府办公室　交通局　水务局　综合执法局　公安局　建设局　教育局　淑阳镇政府　蒋辛屯镇政府

优秀提案者：于秀彦　王晓文　王永胜　王丽云　王艳茹　王福胜　王金霞　祁洲沙　李　俊　张宝岗　陈　文　吴连军　杨德振　金贵婷　魏书沆

六届五次先进承办单位及优秀提案者

优秀承办单位：县政府办公室　交通局　综合执法局　公安局　教育局　环保局　家具城管委会

优秀提案者：王丽云　王　金　王金霞　王秀丽　王福胜　陆　军　李宏振　李承志　张建华　金贵婷　罗玉良　曹宏艳　崔玉霞　崔振营　韩立东

七届一次先进承办单位及优秀提案者

优秀承办单位：县政府办公室　教育局　综合执法局　水务局　财政局　公安局　交通局

优秀提案者：

于晓梦　王永胜　王晓文　王艳茹　王福胜　刘德旺　张吉安　陆　军　陈　文　陈光云　李一超　李宏振　吴树林　孟宪玲　赵玉环　崔玉霞　韩智慧

七届二次优秀提案者

王秀东　王克友　尹建伟　孙志坚　佟德新　周志广　孟繁华

第二十一编　人民团体

1979—2008年，香河县各人民团体积极参与政治体制改革、经济建设和各项社会事业的发展，致力于做党联系人民群众的桥梁和纽带。按照各自章程，开展服务基层和服务群众的送温暖工程、希望工程、春蕾计划、科普培训、科技成果推广、扶贫助残、残疾人康复、光彩事业等系列活动。香河县各人民团体，在全县经济建设和社会发展中发挥着重要作用。

第一章　工　会

第一节　组织机构

一　县总工会

香河县总工会始建于1952年11月28日。1979年，工会有主席、副主席各1名。1991年12月，内部机构始设办公室、工人俱乐部，各设主任1名。1992年，增设生产部、组宣部。1997年11月，增设副主席1名。1998年，编制14人。2002年6月，撤销工人俱乐部、生产部，设立经济保障部，人员编制12人。2007年6月，县总工会主席由县委常委兼任。2008年底，县总工会有主席1名、常务副主席1名、副主席2名。内设办公室、组宣部、经济保障部，人员编制12人。

二　基层工会

1979年，全县有基层工会98个，工会小组280个，工会会员4300名。1985年6月，渠口镇建立镇工会，为全县首家乡镇工会组织。1990年6月，后建各庄瑞龙气体厂和大河各庄镶嵌厂建立工会组织，为全市最早建立的民营企业工会组织。1993年，全县11家“三资”（中外合资、中外合作、外商独资）企业全部建立工会组织，基层工会组织总数66家。1996年，新建基层工会组织16个，全县共有基层工会135个。2000年，县总工会开展基层工会组织建设工作，全县基层工会组织达到716个，发展会员17035名。2004年，县总工会对全县基层工会进行逐一调查摸底，工会联合会中涵盖的企业不再纳入统计总数。截至2008年12月，全县工会组织共计448家，涵盖企业600家，发展会员50600人，职工入会率达98.6%。

1979—2008年香河县基层工会数量统计表

表21-1-1　　单位：个

项目/数量/年份	机关单位工会	企事业单位工会	合计	项目/数量/年份	机关单位工会	企事业单位工会	合计
1979	—	98	98	1994	12	78	90
1980	—	101	101	1995	13	83	96
1981	—	107	107	1996	19	116	135
1982	—	110	110	1997	20	106	126
1983	—	110	110	1998	29	181	210
1984	—	111	111	1999	34	192	226
1985	—	101	101	2000	49	667	716
1986	4	101	105	2001	49	667	716

续表 21-1-1

年份＼数量＼项目	机关单位工会	企事业单位工会	合计	年份＼数量＼项目	机关单位工会	企事业单位工会	合计
1987	4	97	101	2002	49	667	716
1988	4	93	97	2003	49	667	716
1989	6	78	84	2004	55	401	456
1990	7	81	88	2005	64	437	501
1991	7	74	81	2006	67	488	555
1992	7	68	75	2007	67	518	585
1993	8	58	66	2008	67	381	448

2008年香河县工会会员系统分布统计表

表 21-1-2

单位（系统）＼数量＼项目	基层工会数（个）	职工总数（人）	会员总数（人）
党政机关及系统工会	42	2301	2257
事业单位工会	25	1166	1163
教育系统工会	31	5002	4993
卫生系统工会	22	1421	1351
粮食系统工会	6	73	73
县直企业工会	32	19309	19275
建筑系统工会	9	538	482
供销系统工会	3	58	57
淑阳镇工会	59	4126	4097
安平镇工会	56	3834	3814
五百户镇工会	13	1766	1765
刘宋镇工会	15	1121	1081
安头屯镇工会	14	1005	978
渠口镇工会	42	2637	2569
蒋辛屯镇工会	21	2159	2134
钱旺乡工会	19	1034	901
钳屯乡工会	23	1017	910
开发区工会	16	2751	2700
合计	448	51318	50600

第二节 会员代表大会

1979年3月26日至28日，香河县总工会第五次代表大会召开，出席会议代表175名。会议主要任务是：贯彻落实中共十一届三中全会、全国总工会第九次代表大会和省工会第五次代表大会精神，进一步动员全县工人阶级，高举毛泽东思想伟大旗帜，紧密团结在党中央周围，在县委和上级工会组织的领导下，为发展香河县的经济和文化，加快实现四个现代化的步伐，实现新时期的总任务而奋斗。会议选举产生香河县总工会第五届委员会，选出委员25名。

1983年12月18日至19日，香河县总工会召开第六次代表大会，出席会议代表112名。大会主要任务是：总结第五次代表大会以来的工会工作，贯彻中央书记处关于工会工作指示精神，确定今后的任务。选举产生县总工会第六届委员会委员19名，选举出席省总工会第六次代表大会代表；审议和通过工会财务工作报告。大会选举县总工会第六届委员会，选举常委5名。

1987年5月20日，香河县总工会召开第七次代表大会，出席会议代表129人。大会主要任务是以中共十二届六中全会《中共中央关于社会主义精神文明建设指导方针的决议》为指针，坚持四项基本原则，旗帜鲜明地反对资产阶级自由化；总结第六次代表大会以来的工会工作，确定今后的工作任务；团结和动员全县职工艰苦奋斗、团结一致，为实现“七五”计划，充分发挥工会组织在两个文明建设中主力军的作用，推动各项改革顺利进行。会议民主选举香河县总工会第七届委员会委员19名和经费审查委员会委员5名。七届一次全委会，选举常委5名。

1992年6月18日，香河县总工会第八次代表大会在县城召开，会议应到代表135名，实到104名。根据大会通过的《选举办法》，选举产生香河县总工会第八届委员会委员21名、经费审查委员会委员5名。八届一次会议，选举常委7名。

1997年11月16日至17日，香河县总工会第九次代表大会召开，出席会议代表79名。大会选举香河县总工会第九届委员会委员23名和经费审查委员会委员5名。九届一次会议，选举常委7名。

县总工会第九次代表大会后至2008年，工会代表大会未召开。

第三节 主要活动

一 参与民主管理

（一）落实职代会制度

1981年7月，在全县推行职工代表大会（简称职代会）制度。1982年，全县共有82个国营企业建立了职代会制度。1985年，全县29个工交企业全部建立职代会和职工大会制度，39个财贸企业中已建立健全职代会制度的有20个。1990年，全县建立职代会制度的企业48个，占应建数的70%；有55个企业组建管理委员会，13家企业建立由职工代表组成的内部监督机制。年内，共召开各种职代会98次，审议企业重大决策或方案240件。评议干部169人，经评议免职4人，提职17人，奖励22人。1994年，随着市场经济的确立，各类企业普遍实行股份制，县总工会协调、确立企业职代会和董事会、委员会的关系，使企业的各项重大决策置于职代会的监督之下。全县80%的企业建立职代会制度，职代会达标单位达到45个。年内，召开职代会的企业共69个，职工代表共提交各种提案4097件，创经济效益200多万元。1998年，16家改制后的企业建立职代会制度。工会主席依法进入董事会或监事会，职工代表大会制度进一步规范。

截至2008年，全县企业建立职代会制度达412家。全年召开职代会审议企业重大决策和方案652件，提交各种提案8323件，创经济效益1200多万元。

（二）推行厂务公开制度

1996年起，在32家企业推行厂务公开制度。1997年，全县33家推行厂务公开制度的企业全部完成了建制工作。至2001年，全县36家国有、集体企业全部完成建制工作，推行面达100%。在外资企业、合资企业、乡镇企业、私营企业等各类新建企业中，有25家企业推行厂务公开。2002年，随着企业改制，全县新建企业推行厂务公开数达到315家，达标企业180家。2005年后，推进全县工会规范化建设工作。至2008年，厂务公开工作推行企业数达304家，企业全部完成建制并达到规范化建设标准。

（三）健全集体合同制度

1996年起，抓建立健全企业集体合同制度。当年，全县有128家企业签订集体合同和区域性企业集体合同。1997年，有132家企业签订集体合同和区域性企业集体合同。1998年，随着市场经济的确立，全县签订集体合同企业102家。2002年，486个非公企业签订集体合同和区域性集体合同。签订区域性工资协议10个，涉及68个企业，覆盖面达100%。2005年起，把每年4月作为集体合同、工资协商活动月。引导企业依法、依规按照程序签订集体合同和工资协议。

2008年，全县签订集体合同、工资协议的企业累计达304家，区域性集体合同、工资协议10家，覆盖面和履约率均为100%。

二　实施扶贫济困工程

（一）送温暖工程

1995年12月，香河县送温暖工程基金会成立，负责送温暖工程活动的实施。2003年，非典型性肺炎（简称"非典"）疫情发生后，基金会筹集资金4万元，购置防"非典"药品等急需物资送到防"非典"一线和29名特困职工家中。2005年8月，建立困难职工帮扶中心。对全县特困职工进行调查摸底，建立档案，保证失业和特困职工及时得到救助。2007年，帮扶中心通过省、市总工会的联合验收，成为全市首批达标单位。至2008年，共筹集资金81.42万元，帮扶慰问困难职工978人次。

2006年10月始，对全县市级以上劳模生活情况进行摸底。至2008年，共慰问救助劳模7人，发放劳模救助金1.9万元。

（二）"三个一"工程

为做好下岗职工分流及再就业工作，1999年9月，县总工会创建"三个一"（一个职业介绍所、一个职业培训中心、一个生产自救基地）工程。2005年8月，县总工会恢复建立职业介绍所。1999—2005年，先后举办各类培训班172期，培训下岗职工。通过工会职业介绍所，帮助1246名下岗职工实现再就业。2006—2008年，为提高下岗职工再就业技能，举办安全生产知识培训班，并对有关企业发光盘、录像等相关培训资料。

三　开展劳动竞赛

1979年后，组织全县各个系统和行业围绕"增产节约""双增双收"广泛开展各种形式的劳动竞赛。通过技能革新、技术攻关、技术比赛、发明创造和合理化建议等竞赛活动，使广大职工学习到先进知识、文化和技能，从而增强岗位竞争能力。1996年，在全县基层工会范围内开展以"小康杯"为主要内容的劳动竞赛。2000年，把组织开展职工技术创新和合理化建议活动作为一项竞赛内容来抓。是年，提出合理化建议8310多条，被采纳1216条，实施217条。截至2008年，全县广大职工共提出合理化建议28770条，被采纳6556条，实施5328条，实现创新成果341项。

四　落实劳保条例

1980—1984年，按照全国总工会要求，香河县总工会连续5年在全县企业开展"安全月"活动。活动期间，共举办"劳动保护学习班"12期。1991—1998年，开展"安全生产周"活动，办各类"劳动保护培训班"23期，参训人员9200人次。1999—2008年，每年开展"安康杯"竞赛活动。全县参加竞赛的企业累计达316家，参加活动的职工36476人次。

五　举办文体活动

1980年，县总工会建工人俱乐部，内设图书室、阅览室、乒乓球室、电视室、游艺室等。建有篮球场、双杠、吊环等体育设施。至1983年，举办乒乓球比赛16次，足球比赛8次。1984—1995年，共组织12届"花丝杯"职工篮球比赛。

1985年，成立职工业余文工团。先后深入县内企业和大厂、三河县进行12场文艺演出。1986年，职工业余文工团坚持"自编、自导、自演"的三自方针，先后编排节目45个，深入8家企业为职工演出。同年4月，参加了河北音乐之春会演和地区工会举办的文艺调演。2005—2008年，举办三届全县职工文艺会演。协助县开发区工会举办11家企业职工"开发杯"篮球赛。高氏集团工会，组织职工举办篮球、乒乓球、拔河等11个项目的春季运动会及职工消夏文艺晚会等。

第二章　共产主义青年团

第一节　组织机构

一　团县委

中国共产主义青年团香河县委员会（简称团县委），1979—1994年设书记、副书记各1人。内设办公室、组宣部、县直团委、青工青农部，编制8人。1995年，增设1名副书记。2001年7月，有书记1人，副书记3人。2002年8月，机构改革后，设书记、副书记各1人，撤销组宣部和青工青农部。

2008年底，设书记、副书记各1人，内设办公室、县直团委，编制6人。

二　基层团委

1979年，全县有17个公社团委和香河中学团委。1981年，建立渠口中学、刘宋中学、五百户中学、蒋辛屯中学团委，全县有基层团委22个。1982年，建立二中团委和县直机关团委。1983年，建立县农业技术中学团委和经委团委，全县基层团委26个。1984年3月，机构改革，17个人民公社团委改为17个乡镇（4个镇13个乡）团委。渠口、刘宋、五百户、蒋辛屯中学团委分别改建为第三、第四、第五、第六中学团委。1985年，建立县建筑建材总公司团委。1991年，建立县个体劳动者协会团委。1996年，撤乡并镇，乡镇团委9个，学校团委7个，县直机关团委5个，共有基层团委21个。县经委团委改建为县经贸局团委，县建筑建材总公司团委改建为建设局团委。1997年，县农业中学团委改建为职教中心团委。1998年，建立县建筑工程总公司团委。1999年，经贸局团委更名为工业局团委。2002年，恢复经贸局团委。撤销商业局团委，同时建立水务局团委。2005年，建立县城街道办事处团委和县规划局团委。2006年，县政府将乡镇中学与6所国办中学整合为13所国办中学。9月，新成立的7所国办中学相继建立团委。年内，经贸局团委更名为工业经济运行局团委。2007年，撤销个体劳动者协会团委，同时建立县人民医院团委。

2008年，建立香河开发区团委和少林武术学校团委。年底，团县委下辖9个乡镇团委，15个学校团委，7个县直机关团委，计31个。各团委设专（兼）职团委书记1人。

1979—2008年香河县基层团委分布统计表

表21-2-1　　　　单位：个

年份＼项目＼数量	乡镇团委	学校团委	机关团委	合计	年份＼项目＼数量	乡镇团委	学校团委	机关团委	合计
1979	17	1	0	18	1994	17	7	5	29
1980	17	1	0	18	1995	17	7	5	29
1981	17	5	0	22	1996	9	7	5	21
1982	17	6	1	24	1997	9	7	5	21
1983	17	7	2	26	1998	9	7	6	22
1984	17	7	2	26	1999	9	7	6	22
1985	17	7	3	27	2000	9	7	6	22
1986	17	7	3	27	2001	9	7	6	22
1987	17	7	3	27	2002	9	7	6	22

续表 21-2-1

项目/数量/年份	乡镇团委	学校团委	机关团委	合计	项目/数量/年份	乡镇团委	学校团委	机关团委	合计
1988	17	7	3	27	2003	9	7	5	21
1989	17	7	3	27	2004	9	7	5	21
1990	17	7	4	28	2005	9	7	6	22
1991	17	7	5	29	2006	9	14	7	30
1992	17	7	5	29	2007	9	14	7	30
1993	17	7	5	29	2008	9	15	7	31

第二节　历次团代会

1981 年 5 月 7 日至 8 日，共青团香河县第八次代表大会召开，出席会议代表 339 名。会议讨论并通过团的工作报告和团费收缴及使用情况的报告，大会一致通过团县委给全县广大团员青年的《号召书》。大会选举共青团香河县第八届委员会，委员 29 名、候补委员 2 名。

1986 年 4 月 20 日至 22 日，共青团香河县第九次代表大会召开，出席会议代表 380 名。会议讨论并通过团的工作报告和团费收缴及使用情况的报告，听取县委领导讲话。大会选举共青团香河县第九届委员会，委员 29 名、候补委员 2 名。

1991 年 5 月 3 日至 4 日，共青团香河县第十次代表大会召开，出席会议代表 385 名。会议讨论并通过团的工作报告和团费收缴及使用情况的报告。大会选举共青团香河县第十届委员会；委员 31 名、候补委员 4 名，选举常委委员 11 名。

1995 年 5 月 4 日至 5 日，共青团香河县第十一次代表大会召开，出席会议代表 402 名。会议讨论并通过团的工作报告和团费收缴及使用情况的报告。大会选举共青团香河县第十一届委员会，委员 27 名、候补委员 12 名，选举常务委员 11 名。

第十一次团代会后，至 2008 年，未再召开团代会。

第三节　共青团员

一　组织发展

1979 年，发展团员 2174 名。1985 年，各基层团委做到培养一个、成熟一个、发展一个。年内，有 3040 名优秀青年加入共青团组织。1991 年，团县委坚持“积极地、有计划地发展团员，向一切进步青年‘敞开团的大门’的工作方针，下发了《一九九一年团员发展规划》。年内，发展团员 2165 名，比 1989 年多发展 544 名。1994 年，团县委狠抓农村和乡镇企业团员发展工作。年初，给各基层团委制定发展任务，并以此作为考核团委书记的一项重要依据。1998 年，各级团组织以农村、企业、学校等领域为重点，发展新型产业和新型经济组织中的先进青年入团。2003 年，团县委重点推动农村、各中学团组织发展工作，加强社区和非公有制经济组织团员发展工作。2006 年，团县委开展“我优秀所以我入团，我入团所以我更优秀”主题团日活动，增强青年的政治意识、组织意识和模范意识，以提高团组织凝聚力。

2008 年，以增强团员意识教育为重点，广泛开展“新团员入团宣誓”“争当光荣的共青团员”知识竞赛。同时，在广大青年中进行国情教育和近现代史教育。

二　违纪处理

1988 年 11 月，团县委在全县开展颁发团员证工作，1989 年底颁证工作结束。通过考核、验收，对因违纪经教育后仍无悔改的 1964 名团员，清出团组织。

三　超龄离团

根据《中国共产主义青年团章程》规定，团县委坚持积极稳妥地做好团员超龄离团工作。超龄团员一般可保留团籍到 28 周岁，对超龄团员人数多，适龄青年人数少的单位，采取保留骨干，先大后小，分期分批办理。

1979—2008 年香河县共青团员情况统计表

表 21-2-2　　　　单位：人

年份	发展团员数	超龄团员数	团员总数	年份	发展团员数	超龄团员数	团员总数
1979	2174	1366	20734	1994	2756	804	12936
1980	1975	1201	10780	1995	2185	793	13573
1981	1798	1212	10018	1996	2791	884	13746
1982	1963	992	11196	1997	2812	788	14726
1983	2628	663	11837	1998	2763	1107	15274
1984	2955	1392	12054	1999	2486	992	15852
1985	3040	1247	12426	2000	2134	773	16617
1986	2410	1401	11986	2001	2850	681	17035
1987	2195	1291	11416	2002	2861	518	17437
1988	1699	1099	10965	2003	3080	708	18117
1989	1621	1163	10818	2004	3120	374	18598
1990	2764	1215	11460	2005	3038	472	19551
1991	2165	1215	11129	2006	3011	1211	19387
1992	2772	1182	11468	2007	2015	926	19566
1993	2387	786	12046	2008	2064	1186	16662

说明：因团员参军、升学等转出未作统计，故表中数字无因果关系

第四节　政治思想教育

一　团课

20 世纪 80 年代，鉴于农村团组织整顿——瘫痪——再整顿——再瘫痪的现状，香河县各级团组织加强对团员青年进行政治思想教育和团的基本知识教育。1992 年，各乡镇建起团校，制定实施意见和教学大纲，对团员青年的思想、道德、文化教育形成“三位一体”。为做好学生入团前的思想教育，进入 21 世纪后，团县委开办“少年团校”，通过培训，随时有适龄、合格青年踏入团组织大门。

二　“四有”新人教育

1985 年，提出在实践中培养和造就一代有理想、有道德、有文化、有纪律（简称“四有”）的共产主义新人。做“四有”新人的活动，在全县各级团组织中展开。为加强对少年儿童的“四有”教育，团县委开展“雏鹰争章”活动。根据少年儿童的特点，对少年儿童的思想道德素质、科学文化素质和健康素质等方面具体内化为若干枚“雏鹰”奖章，鼓励少年儿童从日常生活及学习的具体环节入手，通过定章、争章、考章、颁章、护章，不断为自己确立新的奋斗目标。另外，还开展“新世纪我能行”“手拉手读书交友”“五自”（自学、自理、自护、自强、自律）学习实践活动，以提高青少年综合素质。1998 年，韩雪和李晓月两名少先队员荣获全国“手拉手文明好少年”活动奖章。2005 年 3 月，团县委以“胸怀成才梦，走进清华园”为主题，组织全县 300 余名团员青年参观了清华大学校园，与高考状元交流学习经验和成长历程。为提高家庭教育水平，4 月 17 日，团县委联合团市委，邀请中国青年研究中心副主任曹萍教授，为全县 1000 余名中小学生家长作题为“成功的家教培养成功的孩子”的讲座。为增强青少年法制意识，2004 年 8 月，举办法制讲座、图片展、报告会、建立青少年法律学校等形式，学习《中华人民共和国宪法》

《中华人民共和国未成年人保护法》和《中华人民共和国预防未成年人犯罪法》等法律法规，使青少年增强“认识社会、拒绝诱惑、远离危险、防范侵害”的自护理念。2006年11月，团县委联合县法院、县检察院、县教育局、县司法局等单位，开展青少年模拟法庭实践活动，以此提高青少年法制教育实效。

三　“两史一情”教育

1991年，为贯彻江泽民总书记关于“加强近代史、现代史教育和国情教育”指示精神，团县委开展以坚定社会主义信念为重点的思想教育活动。通过举办座谈会、报告会、讨论会和演讲比赛等，使团员青年了解国情。1997年7月1日香港回归和1999年12月20日澳门回归前夕，各级团组织组织团员青年详细了解香港、澳门沦为殖民地的屈辱历史和改革开放后祖国的强大。1998年，团县委确定蓟县盘山烈士陵园、北京天安门广场为青少年爱国主义教育基地。各级团组织开展了成人预备期教育、爱国主义歌曲演唱月、爱国主义影片联展，中共党史、国情知识竞赛等活动。

第五节　组织活动

一　素质培训

（一）政治素质

1980年起，团县委对基层团干部、团员、青年工人、青年农民进行素质教育和技术培训。年内，对全县2000名团支委以上干部培训，以提高团干部在改革开放新形势下的领导能力和水平。1983年3月16日，在县委党校举办中共十三大文件基层干部培训班，238人参加培训。1984年，组织两期专职干部培训班，以端正团干部对改革的认识，坚定改革的信心。1992年7月，为贯彻落实邓小平南方谈话精神，举办为期5天的基层干部培训班，聘请团中央、中央党校的部分领导和专家教授讲课，200余名团干部参加培训。2001年10月31日至11月2日，举办为期3天的基层干部培训班，学习江泽民在建党80周年庆祝大会上的讲话和中共十五届六中全会精神。

2008年6月，举办团干部及团员150人参加的培训班。结合县域经济发展概况，系统学习中共十七大文件，领会文件精神。

（二）业务素质

1983年，团县委与17个公社团委联合开办11所农民业余技术学校。主要学习农业科技知识，帮助农村青年尽快致富。1988年，团县委与县兽医院检疫站联合举办“活牛取胆汁，提取胆红素技术”培训班，广开农村青年致富门路。1991年，对青年工人开展技术培训。通过自学、办班、观摩、练兵、比赛等多种形式学习车钳铣刨、电气焊等技术，办班800多期，参训青工2万人次。年内，对农村青年农民进行农业技术培训，办班600多场，培训农村青年8万人次。1990年，针对企业改制后出现下岗职工的现实，团县委建立了下岗青年再就业培训基地，办班4期，培训下岗青工100多名。1993—1995年，针对不同行业、不同工种的青年职工进行生产经营技能、行业技能、计算机等培训，共办250期，培训8040人次。2000年，对120名下岗职工进行计算机、服装裁剪和烹饪等职业培训。

二　实施希望工程

1989年，香河县希望工程正式启动，全县掀起“手拉手”“一帮一”活动。团县委发动全县中小学生向希望工程捐款，帮助贫困地区失学儿童重返校园。1993年，团县委筹措资金为东鲁家口乡唐屯小学制作桌凳36套，建起县内第一个“希望班”。1995年，团省委发出“为贫困失学儿童奉献爱心，缴纳特殊团费”的号召，团县委在全县少先队员中开展“少吃一根冰棍，献出一份爱心”活动，全县缴纳特殊团费和爱心捐款6700多元。1997年，开展“手拉手情系贫困小伙伴”“手拉手红领巾助残扶困行动”等活动，与县内贫困小学生结成手拉手帮扶对子，捐献学习文具和生活用品。共筹措救济资金69242元，297名特困生得到救助。2001年，县城内一小和承德市围场县四合永镇玛琥沟小学结成友好学校，向对方赠送图书2000余册，救助金2800元。2004年，开展“希望工程圆大学梦”活动，建立“救助贫困生基金会”，帮助贫困家庭的学生顺利完成学业。

至2008年，活动已救助县内大学生86名，提供助学金107100元，结成手拉手帮扶对子541个。

三　开展特色活动

（一）“双万里”活动

1985年3月，团县委按照团省委、省交通厅发起“修万里路、种万里树，为四化服务、为人民造福”活动的要求，组织全县团员青年修建县乡公路，修补乡村土路并进行绿化。每个乡镇修一条1.5～2.5公里的“共青团路”或“青年路”。全县3万多青少年参加了“双万里”活动。植树10万余棵，修路120千米，修青年路25条，少年路11条。

（二）青年科技活动

20世纪80年代后，各基层团组织以青年之家为阵地，设立科技指导站、农技咨询处，推荐农技方面的书籍。工交、财贸、文教、卫生等战线的团员青年，立足本岗位开展五小（小发明、小革新、小改造、小设计、小建议）智慧杯竞赛和争创活动。20世纪90年代后，团县委以青工技术培训，练兵比武为重点，培养造就科技人才，开展争当“青年岗位能手”等活动。2000年后，各级农村团组织通过培养青年种养典型，建立科技示范基地。科技协会用送科技下乡等形式，带领农村青年学科技、用科技。各企业团组织在青年职工中开展“五小”公关活动，以科技创新、管理创新、营销创新、服务创新为主要内容的青年科技创新活动。

（三）青年志愿者活动

1994年3月6日，团县委建立“青年志愿者服务中心”。将每月第一个星期日，定为青年志愿者集中服务日，随时制定活动主题。1995年，推出“人生的一步”青年志愿者活动。要求青少年在入团、入党、成人、生日等人生中具有值得纪念意义的时刻，做一件有意义的事或参加青年志愿者服务活动。1996年，开展以“送温暖工程、富民工程、净化工程”为主题的青年志愿者活动，并把活动日改为每月第一个星期六。1997年，实施“送温暖工程”“净化工程”“深化工程”。先后和60名“三老”（老红军、老党员、老干部）结成帮扶对象，志愿者与县内9个光荣院、敬老院结成互助对子。

2006年底，开展“送温暖”活动。在元旦、春节期间，组织各级团组织为困难户捐款4000元，并送去米、面、油等生活用品；团县委机关为钱旺村乡成自务村两户残疾人家庭送去500元的生活用品。

2008年，建起“青少年生态环保队伍”和“绿色志愿者队伍”。以增强青少年保护地球，保护生态环境的意识和自觉性。

（四）学雷锋树新风活动

每年3月5日，在县城繁华地段，开展“3•5”志愿服务活动，并把3月份定为“学雷锋树新风活动月”。1990年3月，为纪念毛泽东题词“向雷锋同志学习”27周年，4日至11日，团县委组织以“学雷锋树新风、建香河做贡献”为主题的学雷锋活动周。25000人参加，做好事18000余件，清扫街道40千米。活动中涌现出的典型，团县委于“五四”青年节给予表彰。2000年后，学雷锋活动以“求实、务实、落实、扎实”为指导思想。把学雷锋活动与四个文明（物质文明、精神文明、政治文明、生态文明）紧密结合，深化学雷锋活动的内涵。

（五）创建“青年文明号”活动

1994年，团县委下发《关于在全县开创“青年文明号”活动的安排意见》。参赛单位实行挂牌营业制度，并制定文明经营、优质服务的细则，开展岗位培训，技术练兵、比武等活动。1997年，推行青年文明号服务承诺卡优质服务活动，并统一制作标志牌和承诺卡。1998年，在总结规范青年文明号服务承诺卡的基础上，开展青年文明号服务卡助万家活动。把青年文明号的优质服务从岗位延伸到社区、家庭。通过开创青年文明号商场、青年文明号市场、青年文明号班组活动，扩大青年文明号的影响。

2008年，县公安局刑警大队被评为“全国青年文明号”，县交通警察大队、县中医院、县地税局安平分局、县检察院起诉科荣获“省级青年文明号”。其中，县中医院、县公安局刑警大队荣获市“青年文明号十大标杆”称号，县检察院起诉科荣获第四届河北省十大青年文明号标杆优秀奖。

（六）创优活动

1993年，开展首届“香河县十大杰出青年”评选活动。至2008年，共举办8届。1人被评为“全国农村青年创业致富带头人”，1人被评为“省级优秀青年”，5人被评为“市十杰青年”，1人被评为“市科技十杰青年”，1人被评为“市优秀青年企业家”，1人被评为“市优秀创业青年”。80名优秀青年荣获“香河县十佳杰出青年”称号。

（七）其他活动

1988年5月，团县委向全国各地县级团组织发出700多封联谊信，与二十几个县（旗）团委结为友好团委。内蒙古的土默特左旗等5个团委派团来香河实地参观考察，共商团的改革大计。2004年，团县委在党委网和搜狐网上开通“香河青年”网站，为青年间学习、交流提供服务。2005年，对网站进一步完善，做到及时更新，按时维护；筹集资金为3个示范团委配备了电脑；9个乡镇团委都建立了独立网页，完成了团县委网站链接。

第六节　少年先锋队

一　组织

1979年，全县建少先大队143个，中队640个，少先队员16821人，聘请少先队总辅导员809名。1980年，团组织贯彻“使全体少年儿童都戴上红领巾”的方针，做好组织发展和辅导员队伍建设工作。1984年，各级团组织加强对辅导员队伍和全童入队工作的领导。全县建少先大队128个，中队678个，校内少先队员25019名，配备专兼职辅导员844名，在校儿童入队率达98%。1992年，团县委利用一个月时间，对17个乡镇和3所国办小学的少先队辅导员重新聘任。聘任17名乡镇总辅导员，负责乡镇少先队工作。2008年，全县建立少先大队69个，校内少先队员16416名。

二　活动

20世纪80年代初，在少年儿童中开展“双爱”（热爱祖国、热爱党）活动和“红领巾读报奖章活动”。1989年，在少先队建队40周年前夕，团县委在全县少先队员中广泛开展“热爱中国共产党、热爱社会主义祖国、热爱人民解放军”主题教育活动。各少先大队采取举办专题讲座、演讲、图片展和爱国歌曲赛等形式，对少先队员进行“三热爱教育”。是年，“六一”儿童节前夕，团县委在全县少年儿童中开展争当“香河好少年、好儿童”活动。对在活动中表现突出的少年儿童予以通报表彰。5名少先队员被《中国少先报》《中国儿童报》授予“中国好少年”“中国好儿童”光荣称号。1990年，开展“学十佳，争做赖宁好少年”活动，全县共建学赖宁活动小组1000余个。少先队组织共收到表扬信300余封，接到感谢电话100余次，做好事15万件。1名辅导员和6名少先队员受到团省委表彰，3个少先大队和11名少先队员受到团市委表彰。1996年，组织开展“香河县万名少先队员抵制腐朽思想”签名活动。向广大少先队员发出公开信，信中要求少先队员读好书、看好片、唱好歌，不进电子游戏厅、歌舞厅。推荐百本健康向上书籍、百首歌曲和百部影片。

2004年，加强县城与农村、健康儿童与残疾儿童手拉手结对活动，引导少年儿童体验社会主义大家庭的温暖。2006年，开展以争做“小帮手、小标兵、小伙伴、小卫士、小主人”为内容的“五小”教育活动和争做“好学生、好孩子、好公民”的“新三好”教育活动。城内一小少先队员王冰昕，始终以一名优秀少先队员的标准严格要求自己，勤奋学习，积极投入活动之中。

2008年，王冰昕被共青团河北省委员会、河北省教育厅、河北省少工委联合授予“河北省十佳少先队员”荣誉称号。

第三章　妇女联合会

第一节　组织机构

一　县妇联

1979年，香河县妇女联合会（简称县妇联）有主任1名，副主任2名。1989年8月，县妇联内设办公室、权益部，有办公室主任1名、权益部部长1名。1990年底，增设县直妇委会，有工作人员5名。2002年4月，撤销县直妇委会，建立妇儿部，人员编制6名。

2008年底，县妇联有主任1名，副主任2名。下设办公室、权益部、妇儿部，有工作人员6名。

二　基层妇联

1979年至1984年3月，辖17个人民公社妇联会。1984年3月至1996年3月，辖17个乡镇妇联会。1996年撤乡并镇，辖9个乡镇妇联会和1个街道办事处妇联会，各妇联会均设主任1名。至2008年底没有变化。

三　村街妇代会

1979年后，全县300个行政村均建有妇联组织，并设1名专（兼）职妇代会主任。

四　机关妇委会

1989年起，县直机关先后有25个单位成立妇委会。2002—2008年，先后增设经贸局、交通局、建设局、人事劳动和社会保障局、环境保护局、职教中心、家具城管委会等妇委会。至2008年，有行政事业单位妇委会32个。

第二节　代表大会

1979年1月13日至15日，香河县妇女联合会第五次代表大会召开，参加会议代表500名。会上，学习了党的十一届三中全会公报，通过了由周凤英代表第五届执行委员会关于《全县妇女团结起来，为社会主义现代化建设充分发挥“半边天”作用》的报告。选举产生了第五届执行委员37名。会上总结交流了妇女工作经验，部署了今后工作任务。

1989年8月21日至23日，召开香河县妇女联合会第六次代表大会，出席会议代表200名。大会听取、审议并通过上届委员会的工作报告；由刘玉代表第六届执行委员会所作的题为《发扬自尊、自信、自立、自强精神，为深化改革、振兴香河建功立业》的工作报告。选举产生第六届执行委员会委员29名。六届一次委员会选举产生常务委员7名，其中主任1名、副主任1名。委员选举出席廊坊市妇女代表大会代表。

第六次代表大会后至2008年，未召开妇女代表大会。

第三节　主要活动

一　“双学双比”活动

1989年，在农村妇女中开展“学文化、学技术，比成绩、比贡献”（简称“双学双比”）竞赛活动。成立由主管副县长任组长，由妇联、科协等11家涉农单位共同组成协调领导小组。1991年8月，参加协调领导小组的单位增加到14个，各乡镇同时成立了协调小组。小组以提高妇女素质为目的，以实现小康目标为宗旨，动员全县广大农村妇女积极参与“双学双比”活动。1989—2008年，全县共建立县乡村三级培训学校310所，举办各种类型的培训班万余期。开展“科技培训月”“巾帼科技服务月”“科普大集”“三下乡”等一系列培训活动。参加培训达百万人次，掌握两门以上实用新技术者达3万人。县乡两级农村妇女科技指导中心有10个，开设咨询热线10部，拥有志愿服务技术人员55人。340名妇女荣获初、中级专业技术职称。“双学双比”领导小组还组织开展女能手与贫困妇女帮带工程。扶持百余户贫困妇女和下岗女工发展短、平、快项目，户年增收2000—3000元。全县461名农村妇女参加农函大、农广校学习，260名农村妇女被评为农民技术员，1070名妇女成为科技带头人。

2008年，全县共结帮扶对子3000对，有3000余名妇女通过技术信息等扶持走上致富道路。“双学双比”活动开展后，涌现出省级“双学双比”女能手11人，市级“双学双比”女能手62人，县级“双学双比”女能手50人。

二　“巾帼建功”活动

1991年，香河县妇联在全县城镇60个单位成立了巾帼建功领导小组。年内，举办妇女技术比武、岗位练兵活动，提高女干部、女职工业务能力和技术水平。1999年，在全县城镇女职工中开展“十行、百岗、千颗星”为主要内容的巾帼建功活动。2000年，县妇联以社区为重点，扩大创建“巾帼文明示范岗”行业范围，全县有9000名女职工参加创建活动。全年共计在30个参赛单位举办行业竞赛150场，参赛人数达5000人，女职工参赛率达95%。涌现出省级文明岗1个、市级文明岗2个、县级文明岗10个；市级巾帼明星4名，县级巾帼明星10名。2002—2005年，在女性为主的行业或窗口，开展“巾帼文明示范岗”“巾帼明星”争创评选表彰活动。全县女职工集中的30余家单位（岗）均参加到“巾帼文明示范岗”星创建和“巾帼行业特色杯”竞赛活动中。在县电视台开办“为香河增辉、展巾帼风采”专栏，录制“巾帼建功”先进集体和先进个人的典型事迹。2006 年，与县广播电视局联合录制市级“巾帼文明示范岗”县供电局客户服务中心、县地税局城区办税服务厅的典型事迹。宣传两个岗位在全县三个文明建设中发挥的作用。

2008 年，以“创造新岗位、岗位建新功”为主题，开展“巾帼建功”活动。组织开展各具特色的演讲、竞赛、座谈、展示等活动，各级妇联共组织活动 500 余场次，参与妇女 10 万余人次。

三 文明家庭建设

1985 年，香河县先后开展“文明新风进万家”“争创学习型家庭”“美德在农家”“巾帼文明生态庭院”“家庭助廉读书”等文明家庭创建活动。利用“母亲节”“重阳节”等传统节日，把家庭文明建设与中华传统美德宣传实践活动相结合。先后举办四届主题鲜明的“母亲节”庆祝活动，以“母亲颂”为主题，在全县家庭中开展征文活动。2005 年，表彰 20 名来自全县各条战线的爱国母亲、坚强母亲、敬业母亲代表。2006 年，慰问、宣传、表彰了 10 名“单亲自强”母亲代表。2007 年，启动“香河县十大杰出母亲”评选活动，在全社会营造敬母、爱母的良好氛围。在县电视台《百姓话题》栏目中开设《女性谈家》访谈节目，邀请典型家庭讲述自己工作、家庭和生活故事，指导女性如何协调好工作、生活两者关系；开设《关注单亲家庭》专题节目，现场访谈单亲自强母亲代表，宣传坚强、伟大母亲精神，呼吁社会共同关注单亲家庭。录制《美德之花映农家》——全国“五好文明家庭”刘淑芹一家典型事迹。为才艺家庭孙雪莲一家拍摄了《其乐融融一家人》专题片。为 17 年照顾孤残弃婴的张贵香一家录制大型宣传片等。同时，利用每年“三八”国际妇女节，对全县“五好文明家庭”典型进行表彰奖励。2007 年，首次表彰“香河县十大特色家庭”。

至 2008 年，全县树立特色家庭典型 300 余户，表彰 50 余户先进家庭代表。另外，还组织开展“反对家庭暴力”签名活动，并与农村“十星级文明户”等创建活动有机结合。在全县开展“廉政文化进家庭”活动，在文明家庭创建活动中突出家庭廉政教育内容；在农村及城镇家庭中开展“绿色家庭”创评活动，号召家庭成员保护环境、节约能源、勤俭持家。

四 维护妇女权益

1990 年后，县妇联逐步建立完善县、乡、村三级妇联接待、登记、结案等维权网络，结合“普法”，开展以《中华人民共和国妇女权益保障法》《中华人民共和国婚姻法》《河北省预防和制止家庭暴力》等法律法规为重点的宣传活动。利用”三八维权周”开展法律宣传咨询活动。法律工作者与百姓面对面，解析百姓心中的法律疑惑，现场受理诉讼案件。共举办各类法律现场宣传活动近百场次，发放宣传单 10 万余份，现场咨询万余人，现场受理案件近百起。2003 年，县妇联与县人事劳动和社会保障局开展“春风送岗位”及劳动法律、法规宣传咨询活动。聘请专业人员进行咨询服务，主要宣传《中华人民共和国劳动法》《中华人民共和国劳动保障条例》《进城务工指南》劳动技能与就业等相关知识，发放宣传资料近万份。县妇联充分发挥维权协调组和三级维权网络作用，接到信访案件及时协调处理不拖延，不能独立解决的协调相关部门和人员予以解决。履行信访维权职能，信访接待做到“五到位”（领导到位、协调到位、解决到位、帮扶到位、回访到位）、“四抓”（妇女关心的热难点问题重点抓、能控制不利后果的信访案件立即抓、特殊信访案件巧妙抓，复杂信访案件合力抓）。

至 2008 年，全县妇联系统共接待来信、来访 500 余件次，全部得到妥善解决，依法维护了妇女合法权益。

五 家庭教育

1990 年后，全县各级妇女组织注重家庭教育工作。县、乡镇、村三级共建家长学校 436 所，学校达到有教师、有教材、有计划、有教案“四有”标准。在授课内容上，分为基础课和专业课两大类，同时，根据不同年龄段的儿童家长，分期分批进行授课，对不同年龄段儿童家长授课的内容、形式、方法均有所不同。各家长学校与家长建立联系卡，以便联系。另外，还举办教育教学开放日、创建家校联系小报、开办家长论坛专栏、家教直通车版块等特色活动，使家教工作开展得有声有色。利用广播电视等宣传工具，面向全社会广泛宣传家教知识，做到家喻户晓、尽人皆知。在县电视台开办“新时期家长课堂”，共计播出121期，收看观众达30万余人次。电视台还开办表现幼儿家教的《儿歌朗朗看童心》、小学生家教的《有个女儿上小学》、表现子女与父母关系的《我和爸爸妈妈》、表现烈士子女成长的《王少奇烈士的后代》、表现家庭教育的《走上神州大舞台》等家庭教育电视节目。利用集市、节假日上街开展宣传咨询。各家长学校充分发挥自身优势，利用基层妇联干部、中小学生、家教志愿者多方搜集家教刊物，开展“科普知识进万家”活动。在全县组织开展示范家长学校及“好摇篮”示范户争创活动，涌现出一批新时期家庭教育典范。在全县9个乡镇选树家教工作示范乡镇3个，每乡镇选树家教典型村2个，示范家长学校2所。

2007年，香河县被评为省、市家庭教育工作示范县。县妇联被评为省、市家庭教育工作先进集体。在省妇联举办全省“双合格”家庭教育表彰活动中，香河县被评选为省“双合格”家庭教育工作先进集体、廊坊市家庭教育先进单位、家教工作示范县称号。

六　儿童工作

（一）关爱留守儿童

2000年起，对全县各乡镇、村街、学校留守儿童情况进行调查摸底。建立留守儿童动态管理档案，为每名留守儿童填写基本情况登记表，建立一张与父母的亲情联系卡。通过建立表卡，可随时了解留守儿童基本情况、留守儿童监护人情况、留守儿童父母外出务工去向及联系电话等方面的信息。县妇联在全县范围内公开招募一批关爱留守儿童志愿者，与留守儿童结成“一助一”帮扶关爱对子，为每位留守儿童确定一名“代理家长”，从留守儿童的学习、生活、心理健康等开展帮扶活动。县电视台“百姓话题”栏目，开办留守儿童专题节目，扩大宣传力度。利用“三八”妇女节向全社会发出倡议，号召大家都来关注留守儿童，为他们奉献一份朋友之爱、师长之爱，让他们尽快摆脱缺失父母亲情的阴霾，健康、快乐成长。将县留守儿童比较集中的“鑫鑫双语幼儿园”关爱留守儿童的做法、经验及留守儿童日常生活、学习等情况录制成专题片在电视台播放。2003年，在完成全县留守儿童、流动人口子女摸底调查工作的基础上，将留守儿童中典型事迹进行集中整理，从中评选出10名自强自立、刻苦学习、助人为乐的典型，在“六一”儿童节到来之际进行表彰。

2008年，县妇联将留守儿童家长学校中表现突出的城内第三小学家长学校的先进事迹作为典型上报，被全国妇联评选为“全国留守儿童、流动人口子女示范家长学校”，为全国1000所获此殊荣学校之一。

（二）春蕾救助活动

1995年，县妇联实施“春蕾计划”。向全县发出“人人奉献一份爱，托起祖国的未来”的倡议，组织开展“爱心捐助月活动”。武警支队香河中队的官兵从津贴中每月拿出100元长期捐助2名贫困儿童，2名儿童以优异成绩考入重点中学。女童陈玉洁父亲病故，母亲改嫁，与祖父母相依为命，2004年，祖母因病去世，家境极为贫寒，武警香河中队张保国得知后，与县妇联取得联系，要求资助400元；县网通公司李建华与家具城张宝春资助陈玉洁至高中学业，顺利考入大学。县农业银行职工捐资1500元救助1名贫困孤儿。五百户镇派出所将救助活动作为一项长期工作，从不间断。渠口镇张强救助贫困女童杨静，从学前班开始，每月捐助600元从未间断。廊坊市大庆道桥工程公司与7名贫困孤儿签订“爱心救助卡”。香河企业家刘栋捐资6000元资助4名女童完成小学至初中学业。蒋辛屯镇妇联倡导镇领导干部与贫困儿童结对帮扶，全镇23名干部结对帮扶23名贫困儿童，每人每年资助200元，使贫困儿童的学业得以保证。

2004年，县妇联在全县启动“代理妈妈”活动。活动前，县妇联对全县品学兼优的贫困孤儿调查、摸底，后由单位和个人自愿认领，出任“代理妈妈”。首批由县财政局、供电局、县医院、地税局、公安局、第一中学等单位认领了贫困儿童，结成“一家人”。“代理妈妈”定期与孤儿交流与沟通，从生活上、精神上给以关爱，帮助孤儿走出心灵上的阴霾，促其健康快乐地成长。

至2008年，全县在春蕾救助活动中共资助特困女童1240名，资助款达31万元。

附：

百善德为本　敬老孝当先
——教师何凤娟的模范事迹

何凤娟，女，1974 年 12 月出生于刘宋镇刘庄村。1994 年 6 月毕业于廊坊师范学校，届时分配香河四中任数学教师，2002 年 4 月加入中国共产党。何凤娟常年如一日精心照顾身患重病的父母、公婆。在精力、经济双重压力下，她没有退缩，而是勇敢面对。在学校，她是一位德艺双馨的优秀教师；在家里，她是一个体贴入微的好女儿，好儿媳。2009 年，何凤娟当选为“香河县十大孝顺儿媳”“廊坊市第二届十大孝星”，并荣登“2009 年中国好人榜”。2010 年被评为市“教书育人先进个人”，2011 年成为“十佳岗位标兵”，2011 年、2012 年连续两年被评为“优秀共产党员”。

何凤娟的父亲于 1998 年患肾病综合征，病尚未痊愈，母亲又于 1999 年得了糖尿病。生活似乎一直都在考验她，2003 年 3 月 30 日，她唯一的哥哥因车祸去世，留下了身体欠佳的双亲和临产的嫂子，以及一个只有 9 岁的侄女。同年 10 月，嫂子就带着两个侄女改嫁了，赡养父母的重担自然落在何凤娟的肩上。人常言“福无双至，祸不单行”，2004 年秋，公公因心脏病，做了心脏支架，花费 10 余万元。时隔一年多，婆婆因脑血栓，造成半身不遂，多次转院治疗，花费两万余元，病情虽有好转，但生活仍不能自理。婆婆刚出院 3 天，母亲又因脑血栓住进医院。不过还好，经治疗没留下后遗症。2006 年 5 月 27 日，公公因出现脑血栓症状住进县医院，后又两次去北京宣武医院看急诊。并于 7 月下旬住进了宣武医院，需做颈动脉支架手术，住院押金六万元，前后 20 多万元的医疗费用，这对于年轻的工薪阶层无疑是雪上加霜。公公住院，由丈夫在北京陪护，何凤娟在家里照顾不能自理的婆婆和年幼的孩子，手术的前一天何凤娟赶到医院。丈夫看着因过度劳累而日渐憔悴的妻子，心疼地说：“你太辛苦了。”而她却笑着安慰丈夫：“没什么，我身体棒，再说老人病了，已经够可怜的了，我们一定要尽力伺候好。”何凤娟精心陪护，时刻不离左右，整个病区的病友和家属最初都以为她是老人的女儿，在知道了实情后，一位来自山东的大娘称赞说：“这些年，我老伴做了九次介入手术，全国的大医院我们去了不少，接触不少陪护家属，还是头一次见到这么好的儿媳妇，我真是太感动了。”

两位老人出院回到老家，为让老人身体尽快恢复，借钱又将两位老人送到县医院康复科进一步治疗，并雇保姆陪护。因康复治疗病情未见明显好转，半个月后她将老人接到四中家属院。家属院只有里外两间屋，外间卧室兼伙房，要住三代五口人，她将老人安排在里间，自己和孩子则睡在外间。在学校，她教两个班的数学课，当着班主任，年级组长，教研组长。回到家，要照顾两位生活不能自理的老人和年幼的孩子的生活起居。而丈夫在县城工作，不能及时回家，雇佣的保姆皆因老人事多，难侍候，前后换了八九个，总也不能稳定。在没有保姆的日子，每天夜里她都要起来几次为公公换尿垫，天还没亮，当别人还在睡梦中，她就早早地起床，帮婆婆穿衣服，为公公洗刷夜里换下来的床垫子，然后还要为他们洗脸刷牙，做饭，帮孩子洗漱，把饭端到老人床头，再把孩子送到学校，然后连忙跑着去上课，从未因家务而迟到。生活的压力使她明显地衰老了，但她依然是那样乐观，对工作依然是一丝不苟。男同事无限慨叹地说：“何大姐的承受力，让我们男子汉都佩服！”她的孝道和坚韧获得全校师生及学生家长的广泛称赞。她的成绩也得到了上级领导的肯定，多次获得县政府嘉奖、师德标兵和骨干教师称号，在青年教师优质课评比中获二等奖，她的课件、论文和课题也多次获得国家，省，市，县级的奖励。

2007 年 8 月，何凤娟调入香河二中任教，父母、公婆四位老人也随之来到县城。一开始公婆不愿住楼房，只能在外面租房子住，由保姆照料。每天两个人除了工作，一有空闲马上跑去看望租住平房里的公婆及楼房里的父母，来回上下奔波实在让他们难以招架。于是她给公婆做工作让他们搬上了楼，因住房紧张便婉辞了保姆。晚睡前要给他们洗脸、洗脚，擦洗身子。担心老人夜里发生意外，有时一夜要起来六七次，因睡眠不足时而血压升高，服了降压药后照常工作。同事们在学校看到的何凤娟总是精神乐观、情绪饱满，丝毫看不出巨大的生活压力。她用善良的心、炽热的爱、无私的奉献，谱写了一篇感人至深，尊老孝老的美好诗篇。

（县妇联提供资料，陈述龙编写）

第四章 文学艺术界联合会

第一节 组织机构

香河县文学艺术界联合会（简称县文联）是全县广大文艺工作者的群众组织，是县委联系文学艺术界人士的桥梁和纽带。县文联1990年8月开始筹建，11月28日召开成立大会。选举产生领导班子，选出主席、副主席各1名，委员12名。县文联内设机构有办公室、编辑部、组织联络部，各部室设主任1人。

至2008年底，县文联有主席1人，副主席2人，内设机构未变，编制6人。所属协会分别是作家协会、美术协会、书法协会、民间文学协会、戏迷协会、摄影协会、音乐舞蹈协会、诗词协会、民俗协会。在香河县文联中，有国家级会员19名，省级会员30名，市级会员50名。

第二节 主要活动

一 创作活动

香河县文学艺术创作门类繁多，文学类有儿童文学、民间文学、散文、诗歌、杂文（随笔）；艺术类有戏曲创作、曲艺小品创作、美术创作、书法创作、篆刻创作。20世纪90年代，时任全国文联副主席高运甲亲笔题词“南有江阴北有香河”，对香河文学艺术创作给予很高的评价。

2005年，为了提高香河县文学艺术创作者的水平，开阔视野，县文联邀请中华诗词学会名誉会长刘征、中国散文学会王宗仁及《北京文学》和《儿童文学》《青年文学》编辑、河北省文联主席、中国美协创作交流中心、北京画院创作中心等专业人士到香河讲学、举办书画作品展览。

2006年，县文联组织作家深入基层，体验生活，搜集素材搞创作。出版文学类作品有《香河庙会、花会与民间习俗》《乡村往事》《成长如裂》《回家》《黑土地与红高粱》。2007年5月，李开平创作的诗词书画作品，入选当代中华诗词书画大展。

2008年，为配合税务部门宣传税法，县文联开展了“国税杯”诗歌书画展，使全县人民在欣赏诗歌书画中获得税法知识。是年，完成出版《中国民间文学大系香河卷》上下册的扫尾工作。2009年9月，由中国戏剧出版社出版《香河儿童文学精品集》上下册，全书45万字，由新华书店公开发行销售。该书囊括了香河县改革开放30年，在省级以上文学刊物发表的全部儿童文学精品，附录了所有长篇小说目录及获奖作品，集文学成果、资料汇编于一体。香河县文学艺术工作者编写并正式出版书刊，在市级以上报刊发表文学艺术作品的作者有30多位[①]。

二 表彰

2003年1月22日，县委县政府召开香河县文学艺术界表彰大会，40余名优秀文学艺术工作者受到表彰。是年，张玉清科幻小说《你是我的杰西》获东方少年科幻作品征文一等奖。王永的《穿红衣的女孩》获河北省第二届艺术展二等奖。郇夫获中国乡土文学奖。2004年3月，陈建伶的论文《西路评剧的诞生、发展与演出习俗》获河北省民俗研究论文一等奖。是年，李开平的长诗《北海中秋饮酒歌》《听李祥霆大师弹琴并序》均获得河北省交通杯诗歌大赛第一名，并获《燕赵都市报》颁发的优秀作品奖。

2006年，民俗协会获河北省精神文明办颁发的百城新风大调研活动先进集体奖。尹玉如获国际中华艺术先协会颁发的国际优秀作家称号，《姥家门口唱大戏》获国际金球奖评定中心颁发的首届国际文化艺术金球奖。

为发现和培养新人，使文艺创作队伍后继有人，2008年举办“三强杯”全县文学艺术创作大奖赛。活动为期两个月，由专家组成评委会，本着公开、公平、公正的原则，评出作品一、二、三等奖。为鼓励和培养少年儿童创作兴趣，评委会设立14周岁以下少年儿童作者特别奖。

注：①众多作者、作品情况在《文化编》均有详细记述。

第五章 科学技术协会

第一节 组织机构

1980 年底，香河县科学技术协会（简称县科协）建立，初由科委兼管。1981 年 12 月，县委副书记李杏田兼科协主任，另设副主任 1 人。1984 年 1 月始设专职主任。1987 年 7 月，各乡镇普遍建立科学技术普及协会，配有兼职干部。1999 年 2 月，科协设办公室。2002 年 8 月，成立综合股。

2008 年，科协有主任 1 人，副主任 2 人，副主任科员 1 人，下设办公室和综合股，工作人员 3 人。县直有学会 20 个，农业科技协会 46 个，会员 2469 人。

第二节 历次会议

1981 年 12 月 3 日至 4 日，县科协第一次代表大会召开。出席会议代表 95 人，正式代表 73 人，列席代表 22 人。县委、县政府、县人大有关领导出席会议。会议传达中国科协、省科协第二次代表大会文件。地、县级领导分别讲话；审议通过县科协工作报告、协会章程和向全县科技工作者的倡议书。选举产生县科协第一届委员会，委员 11 名。

1987 年 10 月 22 日，县科协召开第二次代表大会。出席代表 75 人，其他代表 24 人。大会的中心任务是进一步学习贯彻中国科协三大和省科协三大会议精神，进一步学习邓小平理论，动员全县科技工作者为振兴香河经济，促进精神文明建设贡献力量和才智。中心议题是审议和通过县科协第一届委员会的工作报告；讨论通过《香河县科学技术学会章程》；选举县科协第二届委员会，委员 15 人。

1999 年 12 月 17 日，科协召开第三次代表大会，出席大会正式代表 58 人，特邀代表 2 名。大会贯彻中共十五大和十五届四中全会精神，全面实施“科教兴县”战略。大会选举产生科协第三届委员会，委员 22 名。

2007 年 1 月 12 日，成立香河县全民科学素质工作领导小组，领导小组办公室设在县科协。组长由副县长担任，副组长由县科协主任和县科技局局长担任，成员由县直 20 个单位副职组成。领导小组负责对全县《全民科学素质行动纲要》实施工作进行指导，研究制定《全民科学素质行动纲要》实施工作的政策措施，协调解决实施工作中有关问题。对各乡镇、县直有关部门的实施工作情况进行督导检查。是年 8 月 29 日，科协召开了全民科学素质领导小组第一次会议。会上宣读了关于《全民科学素质工作领导小组工作规则》和《全民科学素质行动计划纲要工作方案》的说明。

第三节 主要活动

一 科普宣传

1982 年，县科协与县农林学会、县畜牧兽医学会、县医学会联合制作 20 块 40 平方米的科普活动宣传展牌，采取固定、流动相结合的形式进行展出。在城关镇科普大集上，发放各种科普资料万余册。1983 年，科协组织工农业技术人员、工程师、农艺师等，在城关公社成立技术咨询服务站，印制小麦、玉米、棉花、花生、养鸡等 10 多种科学技术资料。年内，更换展牌内容 4 次，县、社两级共搞科普集日咨询 135 次，印发科普宣传材料 8 万多份，出版农业科技小报 6 期，共计 2 万多份。

1984 年春季，县科协与农业局、卫生局等单位，根据农时季节，利用展牌、宣传车、发放科普图书等普及科学种植、春季防疫等知识。年内，共搞大型咨询、宣传活动 3 次，深入乡镇 35 次，发放科技图书 25 种 600 多册。1985 年，为贯彻中共中央 1 号文件精神，组织农业局、卫生局、科委等有关部门科技人员，开展科普大集活动。深入 12 个乡镇，20 个村街达 60 多次，发放科普资料 4500 多册、河北科技报 2500 多份，举行科技讲座 56 次，受教育者达 15000 人次。1986 年 3 月，县科协历时 10 天，开展小麦春季管理技术、香河县高效益农田模式介绍、新农药使用技术及麦田除草剂、微肥使用技术等科普宣传和咨询。1987年，开展以“破除迷信”为主题的宣传活动，宣传科技图片60幅，并承办“香河科普小报”3期，发放7500份。1988年，组织卫生防疫保健宣传活动。到各乡镇宣传甲肝病的发生规律、防治措施等卫生保健知识，受教育群众达5万多人次，发放科技资料2000多份。1989年，编写秋粮作物病虫害防治技术资料，并制成展牌深入5个乡镇进行宣传，受教育群众达4万人次。设永久性宣传横标15个，展牌12个，橱窗18个，发放科普资料5000多份、《河北科技报》300多份、各种图表100多份。1990至1991年，开展“科普文明乡、村”竞赛活动。1991年，4个村被市科协验收后评为市级科普村。1992年，向群众发放医学卫生知识小资料19000多份，在电视台举办“计划免疫”“食品卫生”等专题电视讲座8次，制作展牌40块。青少年辅导员协会在3月份组织各中小学校学生开展“科普宣传周”活动，有264所中小学学生通过广播、板报、主题班会等形式接受科技知识教育。1995年，全年共印发科普资料5万份，办板报250多块，印发科技简报300期。

1999年，县科协共组织科普下乡87次，发放科普宣传资料和科技杂志2000多份，咨询人数3000人次，并于10月18日至24日，组织开展第十二届城市科普周活动。共组织农学会、畜牧学会、医学会、机械工程学会等12个学会128名科技人员参加宣传活动。使用宣传车11辆，制作展牌43块，挂图35张，印发宣传资料3　7万份，宣传标语12幅，专场电影2场，接待咨询4500人次。

2003年4月，“非典”疫情发生，成立由科协主任任团长的“中国科普志愿者香河服务团”，共发展团员65名。科普志愿者先后将《非典型肺炎的预防》《农村防治非典型肺炎》《崇尚科学、反对迷信》《依靠科学、众志成城、战胜非典》等近千幅图画和《防治非典型肺炎宣传手册》《防治非典实用手册》《传染型非典型肺炎预防手册》等近2000本，分发到各乡镇、居委会、医院、学校、县直各单位。协同县电视台利用午、晚两个时间段，播放中国科协制作的《防治非典型肺炎》DVD光盘，发放宣传资料2万份。2004—2005年，科协利用“科普之冬”，开展形式多样的“科技下乡”活动。组织农业、林果、畜牧、医学等部门的科技人员深入乡镇、村街，以科技服务、技术咨询等形式共为农民解答技术难题80余件，发放种、养、加工、文教卫等技术宣传资料16000余份。

2006年，《中华人民共和国科学技术普及法》公布实施四周年之际，县科协和县医学会、中医学会的科普志愿者，在香河文化广场联合举行大型科普宣传活动。其间，共展出科普挂图100多米；发放各种宣传资料3000余个；解答科普咨询40余条；接待来诊人员50人次。

2008年，科协利用“三下乡”（文化、科技、卫生）活动，向农民提供科技知识、技术咨询等项服务，为农民解答技术难题30余件，发放种、养、加工，文教卫等技术宣传资料5000余份。

二　科技培训

1982年，举办科技培训班42次，参加人数4233人次；广播讲座235次；现场宣讲4392次，听众88482人次，集中公社讲课66次，听众1276人次；以会代训60次，受众8286人次；现场会37次，受众8324人次；大队夜校办班14次，培训478人次。全县共印发技术材料63964份。

1983年，在重点公社、大队办农民科学技术培训班140个。13个公社共开办22个专业班，有学员669名，131个大队办各种专业班140个，有学员2800多名，聘请教师212名。1985年，以乡级农技业余学校为阵地，向农民传授科技知识，共举办培训班150期，培训各类人才4500多人。1986年，举办西瓜栽培技术学习班、果树培训班、水产养殖班等。1987年，举办各类培训班150个，外请专家讲座12人次。其中，食用菌学会举办草菇、黑木耳学习班2期，培训80多人次，同时为专业户提供优良菌种。1989年，农机学会不仅常年对60名拖拉机手进行培训，还在麦收前对100多名机手进行岗前培训。举办农业学习班46次，外请专家5人次，培训人员1200人次。培训内容有小麦、玉米育种知识、高产栽培技术、新品种介绍等。参加农函大学习班105人，80人学习期满取得毕业证书。

1990年1月，科协与科委、农业局共同举办果树栽培管理技术培训班，全县30多个果园近百名果农参加培训。9月，分片举办小麦种植管理技术培训班，发放培训资料5万份。1991年，科协结合全县生产实际，以讲授新技术、新品种、新农药应用为主，共举办培训班100期，人员达20万人次。1992年，举办农牧业专题技术培训班12期，广播讲座16期。1993年，培训拖拉机手600人。1995年，坚持“实际、实用、实效”的原则，共举办各类技术培训班90期，培训达8万人次。1996年，举办林果、蔬菜、养殖、防治病虫害等技术培训班近百期，参加培训达10万人次。针对全县统一调换“京东8号”冬小麦，乡镇科协普遍进行冬小麦播前专门培训，从拌种到播种、管理等事项，向广大农民传播新技术。1997年春季，县直学会和乡镇科协先后举办日光温室栽培技术、大棚香菇生产技术、热杂果栽培技术、瘦肉型猪饲养管理、乡镇企业管理知识、计量土地法规、幼儿防疫保健等各类新知识、新技术培训班124期，受训人数达1.5万人次。1999年，共组织实用技术培训68期，培训人数10960人，组织外出学习考察27次。

2006—2008年，各学会共组织举办科技培训班45期，培训人数达2500人次，组织外出学习24人次。

三　新品种新技术推广

1981—1983年，香河县引进农业新品种26个，新技术3项。县科协与农林学会、畜牧兽医学会及各公社科普协会联合在全县扶持示范户100多个。全县推广棉花地膜覆盖76.5公顷，平均每公顷产皮棉1500公斤以上。1984年，推广新技术3项，推广新农药作物激素5种。1986年，引进钢管大棚4个，引进蔬菜优良品种15个。1991年，引进新品种10个，全县新增效益500万元。其中，玉米新品种使用后单产达6750公斤。引进优质化肥长效碳铵，使用后的玉米株高较一般植株高20～30厘米，干粗、叶绿，单产增加750公斤。1992年，引进柴油机改造、增容、柴油添加剂、金属清洗剂等新技术，全县节油185吨，节约资金20余万元。引进桂林3号背负式联合收割机、小麦精量播种机、液压翻转犁等多种农机269台。1993年，推广光合促进剂2800万支，面积达166.67万公顷，使农民增加经济效益80万元。引进粮食、蔬菜、草莓等优良品种30个。引进柴油机测试技术，通过测改，全年节油20吨。1994年，继续推广光合促进剂5400支，综合经济效益可达5　4万元。引进“方棚”温室技术加以改造，全县推广100公顷，每公顷可增产值7.5万元。1996年，共引进先进技术项目71个，推广项目60个，其中引进的中国农科院研究的蛋鸡予混料，试喂成功。1999年，推广以9428小麦、津研4、津研5、黄瓜、白兰瓜等新品种26个，推广达尔丰施用技术、日光温室蔬菜种植技术、生物肥料生产技术35项，推广面积达1.73万公顷。2002年，引进新品种50余种，优良小麦品种超优66、67、69，京9428、9509等；玉米优良品种郑单958、陕单902、葫芦岛等；果树优良品种夕阳红、美人指、维多利亚葡萄、黑宝石李子等。推广红富士苹果幼树早期半产技术、人工自挖式温室滴灌技术等新技术35项，推广面积达1.67万公顷。2003—2008年，推广新技术项目80项，推广新品种72种。

四　金桥工程

“金桥工程”是1993年由中国科协发起并组织的一项为经济建设服务的实践活动，1994年在香河县首次开展。1995年，县科协同北京、河南、山东等地科研单位、大专院校建立联系，共收集各方面技术信息450条，为香河木器厂牵线搭桥加工项目。1998年，为蒋辛屯镇燕北印刷厂牵线搭桥，建成投资50万元、养殖80头的养鹿场。1999年，共为企业搭桥项目3个：穆斯林博览中心项目；五百户科协培训中心项目；安头屯兴隆庄养鹿项目，引进优质种鹿13只。

2002年，为企业搭桥项目37项。项目范围涉及养殖业、种植业、加工业、技术服务等。项目投资在500万元以上2个，300万～500万元3个，100万～300万元7个，其余均投资在10万元以上。项目年效益在800万元以上2个，400万～800万元2个，300万～400万元4个，100万～300万元7个。2003年，为香河县利发粉末冶金制品有限公司搭桥，为富民奶牛小区搭桥。2004—2005年，为淑阳镇鑫峰养殖小区、蒋辛屯镇香河金城养牛场、蒋辛屯镇玉米自交繁育基地搭桥。

2006—2007年，为渠口镇永兴饲料厂、刘宋镇龙津生物工程有限公司、蒋辛屯镇卫东金鱼养殖厂、蒋辛屯镇碧禾肥料生产开发项目搭桥。2008

年，为香河县华添新能源开发有限公司和香河县金路旺汽车模具制造有限公司搭桥。

五　学术交流

1984 年，为提高科技工作者业务水平，选送 20 名科技工作者到外地进修。聘请 16 名专家、教授来香河讲学，组织 400 多人到外地参观学习。1985 年，共举办学术讲座 75 次，参加人数达 10000 人次。农学会聘请小麦专家到各乡镇讲座 8 次，医学会讲座 20 多次，参加人数 2500 人次；组织外出学习 6 次，共计 35 人。1987 年 8 月，科协与县业余理论研究会召开“全县乡镇企业发展战略理论研讨会”，对全县乡镇企业发展方向、战略地位等进行论述，精选 21 篇论文辑印成册，发放到县直、各乡镇。

1988 年，开展学术交流，编写论文 51 篇，其中 5 篇在省级刊物上发表。1991 年，县科协邀请省顾问团专家来香河县讲解“屯粮田”“粮棉高产”技术，活动进行 7 天，参加人数达 1400 人次。1992 年，组织护理学会开展“护理学研究小论文”活动，发表有价值的论文 15 篇，其中 3 篇通过省级鉴定。1999 年，各学会共组织各类学术活动 38 次，参观考察 27 期，外出交流 83 人次，撰写论文 24 篇。

2000 年，上报学术论文 6 篇，3 项成果获奖。2001 年，县直学会、协会撰写学术论文 121 篇，在省级以上医刊发表 52 篇。

2008 年 4 月，县科协与教育局联合开展青少年科技辅导员论文征集活动，全县 37 所中小学校科技辅导员参加。共收到论文 97 篇，最终评出县级论文一等奖 5 篇、二等奖 15 篇、三等奖 21 篇，选送市级 1 篇。

六　科普示范

1998 年，香河县确立 9 个科普基地，其中蒋辛屯镇前建各庄种植基地为县管科普基地。科协多次组织农林水产专家到基地开展技术培训、咨询和指导。外请技术专家 2 人，作为基地技术顾问。2002 年，创建 9 个科普示范基地。其中，钳屯乡科普示范基地占地 80 公顷，固定资产达 30 万元，年总产值达 500 万元，每公顷经济效益达 5.7 万元。

2003 年，创建 4 个科普示范基地：钱旺乡田贾庄蔬菜种植示范基地。基地设施完备，制定了章程和守则，建有图书室、科普画廊等。蒋辛屯镇挠子庄香菇种植示范基地，发展起香菇种植大棚 310 多个。年人均收入达到 7300 元，使全村人走上共同致富道路，成为“调结构、促增长”的示范村。另外还有淑阳镇万福养殖示范基地和大杨苗木科普示范基地。同年 7 月，钳屯乡张庄葡萄科普示范基地已正式命名为省级科普示范基地。2004 年，争创市级科普示范基地 2 个（淑阳镇鑫峰奶牛养殖基地、淑阳镇秀美花卉基地），并与县教育局一起承担科技示范学校创建工作。2005 年，店子务小学、五百户镇第二小学被市科协评为市级科普示范学校。2006 年，争创市级科普示范基地 2 个（钱旺乡大河各庄林果科普示范基地、钱旺乡田贾庄科普蔬菜基地），并与县教育局一起承担科技示范学校创建工作。2007 年，城内三小、钳屯小学被市科协评为市级科技教育示范学校。

2008 年，全县共有科普基地 35 个，科普示范户 18500 户。县城内三小和钳屯小学被评为廊坊市青少年科技教育示范学校。

第六章　工商业联合会

第一节　组织机构

香河县工商业联合会（简称工商联），成立于 1952 年 11 月。其会员为个体工商户、私营企业主及部分从事非公经济人士。工商联是在县委领导下具有统战性、经济性、民间性的群众组织，是县委、政府联系非公有制经济人士的桥梁和纽带。1968 年秋工商联机构撤销，1987 年 8 月 25 日，在工商联第六届会员大会上，宣布香河县工商联恢复建立。1995 年增挂香河县总商会牌子，和工商联一套人马两块牌子。工商联有主任 1 名、副主任 1 名，正、副主任分别兼任总商会会长、副会长，有工作人员 1 名。2001 年 12 月，工商联主任、副主任改称主席、副主席。2005 年 4 月，增加 1 名工作人员。

2008 年底，工商联有主席、副主席各 1 名，工作人员 2 名。为便于领导与沟通，县统战部常务副部长兼任工商联党组书记，工商联主席任党组副书记。

第二节　主要工作

一　参政议政

参政议政是工商联一项重要职能。为发展壮大香河县非公经济，全面了解和掌握全县非公经济状况，2002 年，县工商联与县委统战部一起，对全县非公企业的规模、行业、效益、职工状况及发展环境等方面进行调研。在掌握基本情况后，写出调研报告上报县委，为县委决策提供第一手资料。为提升非公企业家的综合素质，与县委组织部联合，进行了在非公企业家中开展素质教育的调研活动。调查走访了 25 名非公企业家，召开 5 次不同类型的座谈会，听取企业家们对香河县经济发展的意见和建议后，写出调研报告上报县委。工商联支持和鼓励会员中的人大代表、政协委员书写提案，提供调研题目，为会员创造考察调研机会，帮助会员查找香河县在促发展、保稳定工作中的问题和不足，写出提案、议案。每年两会期间，会员积极参政议政，主动书写提案、议案，为香河县的经济发展出谋划策。2002 年，会员中的人大代表、政协委员 30 人次提交了 40 条提案、议案，涉及工业、农业、交通、教育、卫生等方面。工商联对会员提出的优秀提案、议案给予表扬和奖励。2008 年两会期间，会员中的人大代表、政协委员 33 人次提交议案、提案 29 条。县工商联也结合本职工作，向大会提交了《关于搭建政协工作网络平台的建议》《关于打造香河文化名片的建议》。对于委员工作和企业文化建设提出意见和建议，得到县委、县政府的肯定和采纳。

1987 年后，县委统战部、县工商联向上级及有关部门重点介绍、推荐了一大批政治上有觉悟、经济上有实力、对人民有贡献而且有参政议政能力的民营企业家，担任相关部门的领导职务，为工商联参政议政搭建了平台，疏通了渠道。2007 年县两会换届前，县委统战部、县工商联向县人大、县政协介绍、推荐了一批非公经济人士。其中，有 29 名当选为县人大代表、49 名被聘请为县政协委员，有 4 名当选为市人大代表，有 7 名被聘请为市政协委员。县工商联 7 名非公经济人士副会长中，有 4 名当选为县人大代表，3 名被聘请为县政协委员。

二　弘扬光彩事业

工商联始终坚持在非公经济人士中开展“致富思源、富而思进”的教育活动。引导非公经济人士牢固树立盈利不忘国家、致富回报社会，为群众解困、为国家分忧的理念。1998—2002 年，会员捐资光彩事业和公益事业的资金，每年都在 100 万元以上。三强建筑装饰有限公司总经理、会员王尚新捐资光彩事业和公益事业资金 80 万元，安置下岗职工 200 多人。华鑫非织造布有限公司总经理、会员魏江捐资光彩事业和公益事业资金 20 多万元，安置下岗职工 80 多人。顺达皮革有限公司总经理、北广家具城经理崔长林捐资光彩事业和公益事业资金 10 万多元，安置下岗职工 100 多人。由于会员在光彩事业和公益事业中做出的贡献，县委统战部、县工商联推荐王尚新为光彩之星、市光彩事业促进会副会长，魏江、崔长林为促进会理事。2003 年“非典”期间，县工商联立即组织非公企业和非公经济人士参加防灾减灾捐赠活动。香河县有 14 家非公企业因在活动中做出贡献，被市委统战部、市工商联授予“抗击非典先进民营企业”称号。2006 年 1 月，县工商联组织开展了“送温暖、献爱心”活动。共筹集爱心捐款 10 万元，为 100 户贫困家庭送去彩色电视机，为 22 名贫困家庭学生送去学习和生活用品及每人 300 元助学金。2007 年 5 月，香河县工商联组织企业参加市委统战部、市工商联开展 的为廊坊市爱心家园（孤儿院）募捐活动。香河县 17 家企业共捐献善款 113 万元。 2008 年 1 月，举办“电视进百家”扶贫助残捐赠活动。华鑫非织造布有限公司，将 100 台彩色电视机捐赠给 100 户残疾人贫困户。是年，“5•12”汶川大地震后，县工商联响应县委、县政府的号召，向全县广大非公经济人士发出了为汶川地震灾区人民奉献爱心的倡议。非公经济人士积极响应，踊跃捐款捐物，十几天捐款达 300 多万元。是月，香河县工商联组织非公经济人士，为钳屯乡学校捐赠100套课桌椅和体育用品。2006—2008 年，非公经济人士参与救助34名家庭贫困的中小学生完成学业。

三 参与企业发展

香河县工商联为促进民营企业发展，选派香河县企业家代表参加上级统战部、工商联举办的“企业管理论坛暨企业竞争力提升工程”“绿野阳光民营企业家培训工程”，以全面提升企业家素质和企业竞争力。2008 年 7 月，香河县工商联与顺达皮革有限公司共同举办大型企业管理培训班。培训内容是企业管理、营销知识等，200 名企业界人士参加培训学习。工商联多次深入三强集团、中冶长城、河北高氏集团调查走访，参与协调瑞盛现代产业园、朗森工业园等立县大项目与有关各方的关系，及时帮助解决企业发展中遇到的困难和难题。工商联针对企业存在的资金不足等问题，协调银企关系。与民生银行、工商银行联合开展了中小企业贷款可行性调查，申请成为全国小型企业贷款试点县。与信用联社协调，对全县 59 家工业企业进行授信，授信总额达 4.71 亿元。组织申报信用担保风险补偿金，引用信用担保机构开展为中小企业提供各种形式的信用担保。到年底，已为富士佳丽等63家企业提供75笔信用担保业务，发挥工商联的桥梁和纽带作用。是年，面对国际金融危机和香河县企业实际，工商联先后组织 20 人次的民营企业家到清华大学、北京大学、上海同济大学进行金融知识、经营管理、市场开拓等方面的知识培训，增强企业应对金融危机的能力。组织相关企业进行行业对接，在同行企业中建立联系，共享信息资源，让发展良好的企业带动暂时发展滞后的企业。利用现有的生产技术，完成企业之间的资源整合，实现共赢。

香河县工商联按照国家有关规定，为会员提供管理、法律、会计、审计、融资、咨询等服务；利用商会接触广泛的有利条件，为民营企业提供转产、转型的建议；组织会员举办和参与对内对外展销会、交易会，帮助会员进入国内外市场；为企业协调关系，调解经济纠纷；负责联系与增进与港、澳、台地区和世界各国工商社团联谊，协助引进资金、技术、人才等。

为促进香河县家具业、餐饮业发展，香河县工商联协助成立家具协会、餐饮协会，筹备成立浙江客商香河商会，整合香河家具行业协会等工作。行业协会的建立，为县工商联与企业交流、沟通搭建了平台，为企业家提供了互相切磋、取长补短的场所。

第三节 代表大会

香河县工商联，自 1952 年 11 月建立至 1968 年，共召开 5 次会员代表大会。1987 年 8 月，召开香河县工商联第六次会员代表大会，会员代表大会一般每 4～5 年召开一次。大会的主要议程是听取工商联工作报告；听取县委领导讲话；选举产生新一届工商联领导班子。从 2001 年 12 月第九次会员代表大会起，开始在大会上发布对全县非公经济人士倡议书。2006 年 11 月，香河县工商联召开第十次会员代表大会。工商联从 1987 年筹建到 2008 年，共召开 5 次会员代表大会。

第二十二编　综合政务

民政、人事、劳动、信访工作，涵盖了百姓的家庭婚姻、生老病死、生产生活、民族宗教、军转安置、劳动就业、工资福利、养老医保、意见诉求等，每一项都关系百姓的切身利益。相关职能部门按党的方针政策，为百姓排忧解难，做到权为民所用，情为民所系，利为民所谋。

第一章　民　政

第一节　拥军优属

一　拥军

20世纪70年代末，适逢建军节、国庆节、春节等重大节日，由县委、县政府、县人大、县政协主要领导组成慰问团，到县人民武装部、县内驻军部队及驻军单位走访慰问，并送去猪肉、米、面、油、水果等慰问品。县文艺工作者为部队干部、战士慰问演出文艺节目。

1985年，义务兵家庭户均优抚款154元。1986年，农村义务兵优抚款提高到260元，城镇义务兵优抚款提高到300元。是年，按上级规定，对433名1945年前入伍，未享受定补的复员军人，每人每月补助12元；解放战争时期入伍的，每人每月补助10元；新中国成立后入伍的，每人每月补助8元。1987年，年户均达到420元。1989年，规定农村现役军人家属优待金，年户均不得低于500元，超期服役1年，增发优待金50元。1998年，为鼓励现役军人安心服役，对荣立军功的现役军人予以奖励。一等功奖励300元，二等功奖励200元，三等功奖励100元，优秀士兵奖励50元。对二等乙级以上伤残转业军人，医药费实行实报实销。三等伤残军人，每年每人在县民政局报销医药费150元。

1996年起，香河县每季度召开一次由县委书记、县长、主管副书记、主管副县长、武装部政委、部长等参加的双拥领导小组会议或专题县委常委会议，研究部署双拥工作。先后出台《义务兵优待金发放政策》《优抚对象地方优待政策》《城镇义务兵和军转干部安置政策》《香河县拥军优属工作规定》《香河县征兵工作条例》等文件。

2000年，为筹备河北省人民武装部全面建设工作会议，县财政划拨30万元用于人武部民兵训练、自身正规化建设及环境改造等。在军队转业干部安置上，县直各部门根据自身行业特点，开展拥军工作。县公安局优先为军队家属及子女办理户口迁移手续；教育部门优先安排部队子女就近入学、入托；劳动人事部门想方设法解决随军家属就业问题。对历年军队转业干部的安置，县委组织部、劳动人事部门根据转业干部本人的实际情况妥善安置。

2001年，中国人民解放军63军执行任务，途经香河县境并宿营。县乡各级双拥机构自发组织群众为子弟兵送去瓜果、蔬菜、矿泉水等慰问品，让出房子、被褥供部队官兵使用。6月上旬，某集团军进行“挥戈—01”演习，途经香河县境；2005年10月23日，北京军区组织的代号“猛虎05”的战役演习部队，沿京沈高速公路向香河县境机动。3次军事行动，香河县有关部门积极配合，做好安全保卫、道路畅通、支前保障等项工作，使部队安全、顺利通过香河县境。

二　优属

优属，就是对烈士家属、伤残军人、在乡老复员军人、现役军人家属，从生产、生活等方面进行慰问、优待和抚恤。

1979年，香河县各村街对军属年终奖励工分，参与年终分配。1981年，农村实行联产承包责任制，对军属的奖励由工分改为现金。1982年，香河县再次明确优抚标准，内容包括：烈军属、残废军人的生活略高于一般群众的实际生活水平；义务兵家属，优待一个劳动力全年实际收入的三分之二；烈属高于军属；复退军人有困难就优待等。1982年起，各乡镇烈军属优抚款实行乡镇统筹，平均负担。1990年底，香河县义务兵家属，优抚标准由1989年的500元提高到600元；烈士、因公牺牲者家属，抚恤金由每人每月25.65元调整到40元；病故军人家属，由每人每月22.78元调整到35元；抗日战争时期入伍的复员军人，由每人每月12元调整到30元；解放战争时期入伍的，由每人每月10.49元调整到25元；新中国成立后入伍的，由每人每月8.7元调整为20元。义务兵优待金以每人每年3000元标准发放给家属（至2008年仍执行此标准），淑阳镇每人每年标准达到3600元。同时实行地方优待政策，即“三属”（烈士家属、因公牺牲军人家属、病故军人家属）每年另优待600元。1997年7月，农村义务兵家属，年优待金由1000元、1200元、1900元3个档次平均提高到2600元；“三属”年优待金由每月300元调升到每月600元；特一等伤残军人每月500元，二、三等伤残军人每月400元，带病复员退伍军人每月150元；城镇待业青年入伍，家属由每月300元提高到每月360元（至2008年仍执行此标准），按年增5%逐年增加；抗日战争时期，退伍军人月补助标准由月30元调升到42元，解放战争时期，复员军人补助标准由月25元调升到37元；中华人民共和国成立后，补助标准由月20元调升到32元；二等乙级以上伤残军人医药费实报实销，三等伤残军人、退伍精神病患者每年人均补助150元。2000年8月，县委、县政府出台《香河县关于建立优抚对象抚恤补助标准自然增长机制的通知》，使伤残抚恤金额和“三属”抚恤金额在国家标准之上，平均每人每年增长325元。抗日战争时期，老复员军人定补标准每人每月130元，解放战争时期，每人每月120元。新中国成立后，每人每月100元。优抚对象生活水平与当地群众生活水平同步提高。

1993年，县政府筹资18万元，解决11名一等伤残转业军人住房困难问题。1995年，投资170万元，建成占地1.17公顷的光荣院。2000年，陆续投资180万元，进行光荣院二期工程。结合“光荣工程”，县内40多个单位开展帮扶活动，有效解决了优抚对象“生活难、看病难、就医难”（简称“三难”）问题。2000—2001年，香河县投资60余万元搞种植养殖、经商扶持、培训就业等“光荣工程”，妥善解决80余户优抚对象“三难”问题。成立退伍军人安置开发中心，共安置280名志愿兵、城镇义务兵和退伍军人。

2005年，香河县先后出台“义务兵优待金发放政策”“优抚对象地方优待政策及城镇义务兵和转业干部安置政策”。各乡镇、村街和规模较大企业的双拥组织也根据实际情况，制定一系列优惠措施。民营企业在招工时明文规定，退伍军人优先录用；淑阳镇万福辛庄村、东北街等村街规定每走一名新兵，在县、乡优待的基础上另增发优待金500元。淑阳镇老复员军人、烈属较为集中，为方便军烈属有病及时就医，镇政府筹资8万元建立镇级优抚医院。各乡镇相继建立优抚对象医疗点。2007年，出台《香河县一至六级伤残军人医疗保障实施办法》，保证六级以上伤残军人和孤老烈属医药费实报实销；其他优抚对象（三属、伤残军人、老复员军人）酌情解决或按比例报销。

2008年，为方便优抚对象就医，完成“一站式结算”各项程序，出台《香河县重点优抚对象医疗保障实施办法》，按照上级有关重点优抚对象医疗补助的政策，落实住院医疗补助。

1979—2008年香河县优抚、救济金发放金额统计表

表22-1-1　　　　单位：元

项目 / 金额 / 年份	优抚定补	临时救济	项目 / 金额 / 年份	优抚定补	临时救济
1979	13135.66	55244	1994	1093019	4080
1980	28858	29295.07	1995	1481949	4800
1981	47776	13058.21	1996	1357329	5400
1982	50960.01	29140	1997	1469613	4950

续表 22-1-1

年份＼金额＼项目	优抚定补	临时救济	年份＼金额＼项目	优抚定补	临时救济
1983	56737	33231.52	1998	1607705	5100
1984	57000	16211.63	1999	1718506	5900
1985	43000	13267	2000	1821425	13350
1986	61000	27413	2001	2171460	13500
1987	86000	25553	2002	2399908	16660
1988	11200	—	2003	2500903	23140
1989	107000	—	2004	2857988	21060
1990	380000	—	2005	3241440	19600
1991	970497	3450	2006	3428610	26970
1992	992986	7350	2007	3704020	34000
1993	1047308	4420	2008	3906360	42500

第二节 复退军人安置

1979 年，复员退伍军人回到家乡后，各级部门及企事业单位，根据其特长及本人意愿，多数复员退伍军人都会得到妥善安置。有的被聘为赤脚医生，有的当选生产队长、民兵连长或治保主任，有的被聘为民办教师，还有的被安置在国营或集体企业工作。20 世纪 80 年代，本着“从哪里来，回哪里去”的原则接收安置复员退伍军人。属城镇户口的退伍军人，大部分分配到县属企事业单位。1987 年，为 6 名伤残军人重新安排了适当工作。此后，凡城镇户口的退伍军人，在部队荣立二等功以上的，照顾本人志愿；在部队荣立三等功或被评为优秀士兵并超期服役的，在条件允许的情况下，照顾本人志愿；在部队通过专业技术培训并获得职业资格证书的，优先对口安排；对志愿兵优先照顾，对口安排。对农村退伍义务兵，向乡镇企业推荐；对 1979 年参加对越自卫反击战、进藏、戍边的退伍军人给予特殊照顾；对参加 1998 年抗洪抢险、2008 年 5 月 12 日，参与汶川大地震抢险的退伍军人，安置时给予特殊照顾；对回到农业第一线或经商办企业的退伍军人，在生产生活等方面给予支持和帮助。2002—2003 年，共接收退役义务兵 262 人（其中城镇退役义务兵 53 人），转业士官 25 人，全部得到安置。开发军地两用人才 52 人，开发使用率达 96%。2007 年、2008 年，落实安置政策，共接收退役义务兵 217 人（其中城镇退役义务兵 50 人），转业士官 11 人，提出自谋职业申请的 52 人，其余按政策全部得到安置。

1979—2008 年香河县退伍军人安置情况统计表

表 22-1-2　　单位：人

年份＼人数＼项目	退伍军人总数	政治面貌			安置情况	
		党员	团员	回农村	安置工作	
					城镇退伍军人	志愿兵
1979	215	96	119	149	51	15
1980	223	86	137	158	53	12
1981	204	78	126	142	51	11
1982	211	83	128	152	46	13

续表 22-1-2

项目 人数 年份	退伍军人总数	政治面貌			安置情况	
		党员	团员	回农村	安置工作	
					城镇退伍军人	志愿兵
1983	198	75	123	147	39	12
1984	207	82	125	132	59	16
1985	212	88	124	156	44	12
1986	227	95	132	161	51	15
1987	218	89	129	159	46	13
1988	212	76	136	160	37	15
1989	209	81	128	154	42	13
1990	219	87	132	151	55	13
1991	203	78	125	143	45	15
1992	220	89	131	147	61	12
1993	225	98	127	155	54	16
1994	203	95	108	138	51	14
1995	204	86	118	136	31	37
1996	196	93	103	136	40	20
1997	138	56	82	93	38	7
1998	224	87	137	160	48	16
1999	203	108	95	141	43	19
2000	239	59	180	185	40	14
2002	157	43	114	122	28	7
2003	131	47	84	88	24	19
2004	169	77	92	110	43	16
2005	121	49	72	84	33	4
2006	107	47	60	67	34	6
2007	96	29	67	73	23	0
2008	121	43	78	83	27	11
合计	5745	2255	3490	4063	1275	407

第三节　社会救济

一　扶贫

1979 年后，扶贫资金主要用于扶持农民发家致富上。1981 年底，县政府下拨扶贫款 10056 元，扶持 213 户。1982 年底，下拨扶贫款 26920 元，扶持 430 户。据 1982 年底统计，扶贫款拨到户后，年内发展养猪 379 头、羊 793 只、鸡 361 只、蝎子 1500 只，购化肥 1250 公斤，购麦种 70 公斤。至 1985 年底，共发放扶贫款 64856 元，先后扶持 889 户，有 631 户脱贫。1987 年，脱贫 390 户，还款 27280 元，占放款数的 42.06%。至 1989 年底，有 470 户摘掉贫困帽子。1990 年底，有 195 户致富，偿还扶贫款。回收的扶贫款作为周转金，再扶持新的贫困户。

1985 年，根据省“双扶”（扶贫、扶困）会议精神，香河县扶贫出现 3 个转向，即由一家一户的分散扶持转向扶持开办福利扶贫厂；由给钱给物转向技术咨询；由民政部门扶持转向县、乡、村企业和“两户一体”（专业户、个体户、联合体）多层次扶持。是年，先后投资81140元建扶贫经济实体5个。此后，钳屯、刘宋等乡镇也相继建起扶贫厂，安排大量贫困户成员从业。对扶贫经济实体，县政府从厂子初建到投产，都投入一定量扶持资金。

2004年，扶贫工作转向为经济困难的农户修缮危旧房屋划拨扶持资金。经县、乡深入调查、摸底，确定扶持对象。为保证危房改造工程质量，香河县统一规划、统一标准、统一实施、统一时限，由县规划局对用料、房高、墙宽等做出严格规定，施工中确保质量。

至2008年，修缮危旧房屋共投入资金236.1万元，对全县9个乡镇，1747间危房进行修缮、改造。433户、1025名贫困群众住上安全、宽敞、舒适的房子。

2005年起，对因病住院按比例自行负担的费用，家庭难以支付的困难户，县政府予以酌情解决。

二　受灾救济

1976年，唐山大地震，全县倒塌房屋22527间。至1981年，国家先后拨震灾救济款535.89万元。1990年，香河县推行农村救灾合作保险试点工作。开展了小麦、玉米等农作物以及劳动力意外伤害、农房3项保险业务。入保劳动力19.9万人（占人口总数的72.5%），入保农房287间，入保小麦1.5万公顷，占播种面积的88.14%；入保玉米1.9万公顷，占播种面积的97.05%。全县共收保险费98.79万元。当年，发生风雹灾害5次，保险理赔85.97万元。后因农民认识、保险制度及灾害相对减少等诸多原因，保险业务暂停。

1990年6月29日凌晨，香河县境内遭遇风雹袭击，成灾面积达1.14万公顷，县政府拨救灾款219.2万元。2000年秋季，遭受风灾、旱灾和部分乡镇风雹灾，成灾面积达1.4万公顷，农房受损608间，电线杆折断99根，树木折断、倒伏900棵，县政府拨救灾款41.05万元。2001年，前期秋旱，后期暴雨、风雹，成灾面积5.8万公顷，受灾人口7万余人，县政府拨救灾款50.66万元。2002年，前期大旱，后期洪涝，成灾面积1.4万公顷，县政府拨救灾款17.58万元。2003年，遭遇洪涝灾害，成灾面积0.43万公顷，县政府拨救灾款24万元。2004年，年初至7月，滴雨未降，受灾面积1.2万公顷，县政府拨抗灾款40万元。2005年，遭遇风雹灾，受灾面积0.13万公顷，4360户、17209人受灾，县政府拨救灾款71万元。2006年，因旱灾、风雹，致使0.33万公顷农作物受灾，县政府拨款30万元。2007年，前期干旱，7月份后遭遇强降雨，成灾面积0.48万公顷，县政府拨救灾款25万元。

2008年，全县范围内出现不同程度雷雨、大风，受灾人口达到145171人，县政府拨款68.5万元。

三　城镇低保

香河县城镇居民最低生活保障始于1998年。凡为香河县户籍城镇居民、共同生活家庭成员、月总收入低于县内家庭生活最低标准线的，补到最低标准线。是年，纳入低保共23户、61人，发放低保资金30639元。

1998—2008年香河县城镇居民低保补助统计表

表22-1-3

项目 数量 年份	户数	人数	月家庭最低标准（元）	全年共发放款（元）
1998	23	61	120	30639
1999	55	152	120	106239
2000	59	197	156	156234
2001	100	301	156	174510
2002	390	1171	156	318256

续表 22-1-3

项目 数量 年份	户数	人数	月家庭最低标准（元）	全年共发放款（元）
2003	464	1309	156	712164
2004	506	1421	175	985590
2005	570	1623	175	1065002
2006	576	1638	175	1112792
2007	678	1861	175	1723299
2008	778	2189	280	3109251

四　农村低保

香河县农村居民最低生活保障始于 2003 年。凡具有香河县正式农业户口、家庭年收入低于全县当年农村家庭最低标准、属低保范围，补到最低标准。最低标准的制定是根据香河县维持农村居民基本生活所必需的衣、食、住等费用，并适当考虑水、电、燃煤（柴）及未成年人义务教育费用的确定。低保标准由县民政局会同县财政、发改委、统计、物价等部门研究确定，由县政府批准后执行。

2003—2008 年香河县农村居民低保补助发放统计表

表 22-1-4

项目 数量 年份	户数	人数	年家庭最低标准（元）	全年共发放款（元）
2003	1166	2470	780	218534
2004	1478	3079	780	519463
2005	1482	3092	780	549058
2006	2239	4001	780	652383
2007	2889	5290	1000	2008653
2008	2983	5389	1200	2908861

第四节　社会福利

一　干休所

1986 年 4 月，香河县军队离休退休干部休养所（简称干休所）建立，为民政局管理的财政全额拨款事业单位。位于县城新开街南侧新绣小区，占地面积 2044.1 平方米，建筑面积 288 平方米。内设办公室、图书室、阅览室、娱乐室、浴室、车库等。至 2008 年，共接收军队离退休干部 36 名。其中香河籍 28 名。

干休所的主要职责是负责保障和落实军队移交地方政府安置管理的离、退休干部及退休士官的政治、生活待遇，服务管理；组织开展各项文化、体育活动等。定期组织学习有关文件及资料，使军休干部及时了解党的方针、政策；“八一”节、春节按时足额发放军休干部离退休费和各项福利待遇，解决军休干部的后顾之忧，让军休干部的晚年生活开心、舒心、顺心。

二　光荣院

香河县光荣院始建于 1958 年，原坐落于王家摆乡陈辛庄村（现属安平镇）。因原基础设施不能满足事业发展需要，故迁址。现址建于 1995 年，坐落在香宝公路义井大桥东侧，占地 1.17 公顷，建房186间，总建筑面积3412平方米。2000年，又投资180万元，完成光荣院二期工程，完善硬件设施。光荣院建有厨房、锅炉房、卫生间、洗澡间、大小会议室、健身娱乐室、配电室等各种生活设施。光荣院集供养、托养、保健、娱乐为一体，为入院老人营造舒适、温馨的生活环境。

县内“三属”（烈属、因公牺牲军人家属、病故军人家属）和符合条件的优抚对象家属经本人同意都能入住光荣院。

光荣院实行规范化管理，建立健全院党支部工作职责、院委会工作职责、院长工作守则、工作人员工作守则、老人守则等20多项规章制度；积极开展人性化服务，使入院老人感受到亲人的关怀、家庭的温馨。至2008年，光荣院未出现老人走失、意外伤害、非正常死亡及火灾等事故。

2008年，光荣院入住老人36名，有工作人员9名。老人伙食费标准每人每月240元，零花钱每人每月80元，服装费每人每年400元。后随物价上涨，费用标准随之增加。老人卧室宽敞明亮，两人一间，人均住房面积12平方米。室内配备有电视机、电风扇、床头柜、春秋椅等生活日用品。

2002年，香河县光荣院被省委、省政府、省军区评为拥军优属先进单位，被省政府评为民政工作先进单位；1996年、2000年、2005年、2006年，先后4次被省民政厅授予甲级光荣院荣誉称号；1996年、2002—2006年，6次被县委、县政府评为文明单位。

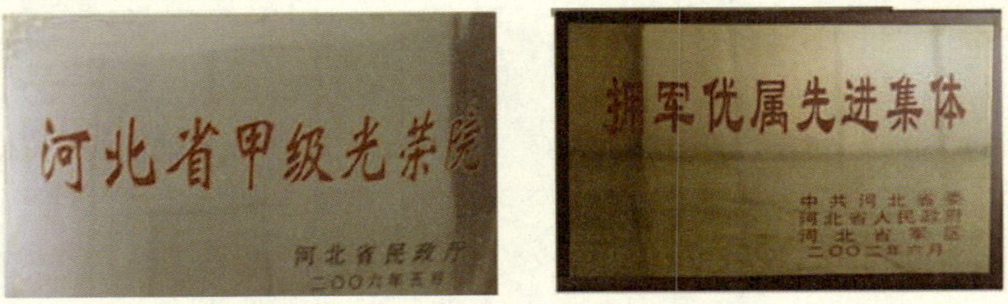

县光荣院获奖奖牌（高景全摄于2015年10月9日）

三　敬老院

20世纪80年代，香河县17个乡镇相继建起敬老院。至1990年底，全县敬老院有工作人员49人，床位205张，收养140人。入院老人，由所在村为每人每年交1500元的养老费，后随物价变化逐年提高标准。县民政局每年给各敬老院拨一定量的经费，以保证老人的生活水平逐渐提高。1989年，每人每月生活费46元，1990年底提高到66元，零花钱由每人每月10元增加到15元，以后逐年有所提高。1996年，撤乡并镇后，原各乡镇敬老院逐步撤销。2006年，县集中财力建淑阳、刘宋、渠口3个中心敬老院，共投入资金1200万元。

淑阳中心敬老院：淑阳中心敬老院建于2006年初，位于淑阳镇王庄子村东，占地2公顷，总投资500万元，有房屋152间，床位160张。可接收“五保”老人90人，辐射淑阳镇、安平镇、钳屯乡3个乡镇。2008年底，入住老人75人。刘宋中心敬老院：刘宋中心敬老院建于2006年年初，位于刘宋镇德辛庄村东，占地2.67公顷，总投资350万元，有房屋154间，有床位164张。可入住“五保”老人80人，辐射刘宋镇、五百户镇、安头屯镇3个乡镇。2008年底，入住老人64人。渠口中心敬老院：渠口中心敬老院位于渠口镇渠口村南侧，占地1.87公顷亩，总投资350万元，有房屋129间，床位130张。可接收入住“五保”老人70人，辐射渠口镇、蒋辛屯镇、钱旺乡3个乡镇。2008年底，入住老人54人。

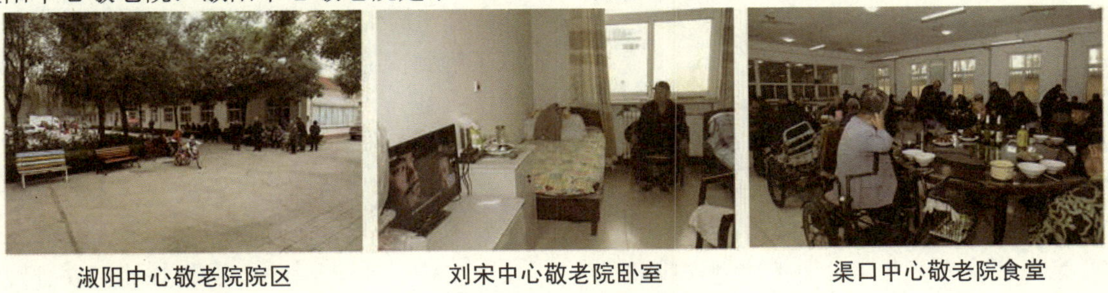

淑阳中心敬老院院区　　刘宋中心敬老院卧室　　渠口中心敬老院食堂

（高景全摄于2015年10月9日）

2008 年，有 265 名“五保”（保吃、保穿、保住、保医、保葬）老人迁入，全县“五保”集中供养率由原来的 31．54%提高到 52．79%。3 所敬老院共占地 6.54 公顷，有床位 469 张，工作人员 50 人。是年，全县“五保”对象 502 人，集中供养 410 人。中心敬老院设有娱乐室、浴室、餐厅、理发室、医务室。有院长 1 名，实行院长聘任制，服务人员实行招聘制，全员实行劳动合同制，浮动工资制。县政府为集中供养的老人每人每年拨款 2600 元，零花钱每人每月 30 元。对不能入院的老人仍采取分散供养，由县民政局按入院标准拨给生活费。

2008 年，3 个中心敬老院落实“五个一”（建一个菜园、养一群猪、养一群鸡、建一个沼气池、开展特色文娱活动）工程，投资 50 万元开辟菜园、果园、葡萄园，建起沼气池、猪圈、鸡舍。老人在参加力所能及劳动的同时，使老人的生活更加充实。

四　儿童福利院

香河县儿童福利院建于 2007 年，位于县光荣院内，占地 0.18 公顷，投入资金 350 余万元，有床位 56 张。全县 48 名孤儿全部供养在县儿童福利院。聘请爱心教师 6 名，全程照顾孤儿的学习和生活。将 48 名孤儿纳入城镇低保，按照统一标准给予生活保障。除 3 名学龄前孤儿外，其他孩子集中在一小、二中和三中就读。县政府将孤儿城镇低保及生活补助资金列入财政预算，每人每月标准不低于 275 元。投入 100 余万元购置生活和娱乐设施，完善设施功能。福利院设有餐厅、卫生间、娱乐室、阅览室、婴儿室。集生活、教育、娱乐为一体，满足了不同年龄段孤儿需求。

第五节　为残疾人服务

一　残疾人就读就业

1991 年，香河县福利厂建立，当年安排残疾人就业 35 名。2002 年，针对残疾人自身特点，开展职业培训，为残疾人就业提供帮助。当年，集中安置 200 余名残疾人就业，分散按比例安排 65 名残疾人就业。2004 年初，对全县 16 周岁以下残疾少年儿童入学情况进行调查，登记造册。为这些少年儿童跟班就读和县特殊教育学校招生提供生源保障，残疾少年儿童入学率达到 85.6%。对考上大学、大专、中专的残疾学生经济上给予资助；对残疾人子女上学困难的家庭，实行“两免一补”，即免学费、免杂费，补书费。2007 年，在普通学校随班就读的残疾学生 31 名，在县特殊教育学校就读 20 名，到外地特殊教育学校就读 2 名。

2005 年，香河县有残疾人 9289 人，处于就业年龄段、有劳动能力且有就业愿望的残疾人 4698 人。县残联与有关部门联合建立 5 个残疾人培训基地，培训残疾人 110 名，解决了残疾人教育和就业问题。分散按比例安排城镇残疾人就业 45 人，集中安置城镇残疾人就业 200 人。农村残疾人从业 3989 人，使有劳动能力的农村残疾人就业率达到 90%，高出全国残疾人就业率 6.1 个百分点。

2007 年，香河县有残疾人 22318 人，处于就业年龄段、有劳动能力且有就业愿望的残疾人 16698 人，经残疾人培训基地培训过的残疾人 499 名。分散按比例安排残疾人就业 37 人，集中安置残疾人就业 363 人，扶持个体残疾人就业 124 人，残疾人就业率达 90%。何永利，男，钱旺乡大高坨村人，1971 年出身于农民家庭。自幼患小儿麻痹症，右腿肌肉萎缩。1997 年，取得了中医大专学历证书，在县残联的帮助下，2005 年 3 月在县城开办西南街卫生室。为回报社会，至 2008 年底，义务为残疾人出诊 78 次，减免医疗费总计 2.6 万元，为残疾人解决实际困难 100 多件。2007 年 6 月被中国残疾人联合会授予“全国优秀残疾人专职委员”荣誉称号；2008 年 9 月，入选中国文明网“好人榜”。张秀元，男，60 岁，中共党员，淑阳镇矬口村人。下肢残疾，行动不便，但他自强不息，克服重重困难，成立大鹏汽车配件有限公司。2006 年，公司周转资金遇到困难，面临严峻考验，县残联了解到情况后，扶持部分资金，使生意出现转机。为回报社会，为淑阳镇残联免费制作十余套残疾人康复器材，受到各界好评。

2008 年，香河县共救助残疾人考生和残疾人子女考生 12 名，救助资金 1.9 万元。对 267 名残疾人安排了就业。其中，分散按比例安排残疾人就业 48 人，集中安置残疾人就业 204 人，扶持个体残疾人就业15人。在县残联的扶持下，残疾人不但有了就业机会，个别人还做得很出色。

二　残疾人康复

2002年，将县医院、中医院、大罗屯精神病医院、各乡镇卫生院等定为残疾人康复医疗点。是年，完成白内障手术102例，弱视配镜14例，肢体康复训练19人，精神疾病康复6人。

2004年，县政府制定并下发《香河县残疾人康复工作示范镇村细则》。街道办、居委会建立残疾人协调小组，开展社区残疾人康复工作。2006年，县政府投资2.5万元，为9个乡镇配备60件残疾人康复器械和残疾人用品用具；免费为贫困白内障患者做手术40例，低视力配镜10例，康复训练19人；为2名聋儿配备了助听器，为4名肢体残疾人送去轮椅，为白内障患者手术补贴6000元。2007年，免费为贫困白内障患者做手术24例，为2名残疾人安装假肢。对5名聋儿及家长、3名智残儿童及家长进行培训，对4名脑瘫儿童和2名偏瘫的肢体残疾人进行康复训练，使残疾者得到不同程度的康复。

2008年，免费为贫困白内障患者做手术40例。其中，为迎接奥运，中残联和中央人民广播电台联合举办贫困白内障复明活动，河北省的2个名额被香河县争取到。是年4月11日，钱旺乡义井村王玉琴和钳屯乡钳屯村钳玉华到北京同仁医院进行免费复明手术。

三　扶贫助残

香河县助残日活动始于1991年。至2008年，经历18个“全国助残日”。在助残日期间，先后为377户贫困残疾人送去慰问金、慰问品，总价值82500元。通过义务咨询、发放宣传单、张贴标语等形式，在全县营造关注残疾人事业、帮扶残疾人良好社会氛围。

四　爱心超市

2004年3月26日，香河县在全省首家建立接受社会捐赠、赈济贫困残疾人的“爱心超市”。至2008年，共接收捐款9.2万元、衣物8万余件，已发放特困救助款6.1万元、衣物6万余件。对75名特困残疾人进行救助，为137名特困残疾人家庭发放价值3万元的生活用品。

五　落实优惠政策

1998年，县政府出台《香河县残疾人劳动就业实施办法》。县残联对有就业意向的残疾人分别安排到普润鑫印刷有限公司和通利达纸业有限公司2家福利企业就业。至2008年，已安排200名残疾人在2个福利企业就业。

1999年，出台《香河县扶助照顾残疾人暂行规定》。规定对残疾人在就医、入学、经商三方面的扶助照顾进行详细阐述。在就医方面，每年为千名残疾人减免挂号费，至2008年底，已为上万人减免了挂号费；在入学方面，每年为残疾人及残疾人子女减免费用3万元，至2008年底，已为残疾人及其子女减免费用30万元；在经商方面，香河县工商局为残疾人减免营业执照办理费及验照费，香河县税务部门为从事服务行业的残疾人减免费用。从2005到2008年共减免费用199.1万元。

第六节　婚姻登记

1979年，香河县按1950年制定的《中华人民共和国婚姻法》（简称《婚姻法》）办理结婚登记手续，结婚年龄为男20周岁、女18周岁。1981年1月1日，施行1980年9月新修改的《婚姻法》，结婚年龄为男22周岁、女20周岁。1979—1997年10月31日，婚姻登记工作由乡镇、街道办办公室负责。1997年11月1日，婚姻登记工作改由县民政局婚姻登记处负责。为保障《婚姻法》的贯彻执行，杜绝非法婚姻，香河县于1988年4月，对婚姻登记工作进行检查。对未办理婚姻登记手续而形成事实婚姻，符合结婚条件的，经批评教育后，补办结婚登记手续；对未到结婚年龄就以夫妻关系同居的，采取一定的行政措施予以处理，以维护《婚姻法》的尊严；对违犯《婚姻法》，尤其是对破坏军婚、买卖、包办婚姻等要进行批评教育，触犯法律的，移送司法机关处理。

一　结婚

凡男女双方达到法定结婚年龄，自愿申请结婚的，须持本人户口证明和所在村街（居）民委员会或工作单位出具本人出生年月、民族和婚姻状况的证明，共同到男女任何一方户口所在地乡镇政府、街道办事处或县民政局申请办理结婚登记手续。如一方丧偶须出具当地村街或单位证明，如一方离过婚，须持离婚证件。一经登记结婚，领取婚姻证书，即为合法夫妻，受法律保护。

二 离婚

夫妻双方自愿离婚，并对子女抚养和财产分割等问题已达成协议，男女双方同时到户口所在地乡镇政府、街道办事处或县民政局申请办理离婚登记手续，领取离婚证书，从此解除夫妻关系。办理离婚手续前，在查明原因的基础上，调解在先，办理在后。如男女双方一方执意离婚，另一方不同意，须经人民法院做出调解或判决。

三 复婚

离婚后，男女双方自愿恢复夫妻关系的，到一方户口所在地乡镇政府、街道办（1997 年 11 月 1 日改为县民政局）申请重新办理结婚登记手续，领取结婚证书，同时退回离婚证书。

1979—2008 年香河县婚姻状况统计表

表 22-1-5

项目/数量/年份	全县总人口（万人）	结婚对数	结婚率（%）	离婚对数	占结婚人数（%）
1979	24.73	2714	2.19	51	1.88
1980	24.82	2784	2.24	47	1.69
1981	25.00	2894	2.32	44	1.52
1982	26.38	3044	2.40	57	1.87
1983	25.59	3258	2.50	56	1.72
1984	25.90	3544	2.70	57	1.61
1985	26.21	1786	2.36	64	3.58
1986	26.58	2531	1.90	54	2.13
1987	27.24	3579	2.70	78	2.18
1988	27.71	3570	2.58	71	1.99
1989	28.40	2470	1.74	105	4.25
1990	29.61	2636	1.78	129	4.89
1991	29.84	2582	1.73	94	3.64
1992	30.11	2619	1.74	84	3.21
1993	30.32	2744	1.81	72	2.62
1994	30.49	2493	1.64	78	3.13
1995	30.62	2773	1.81	66	2.38
1996	30.76	2435	1.53	62	2.55
1997	30.98	2101	1.36	53	2.52
1998	31.18	1514	0.97	44	2.91
1999	31.37	1916	1.22	38	1.98
2000	30.62	2211	1.44	59	2.67
2001	30.69	1974	1.29	59	2.99
2002	30.68	1940	1.26	63	3.25
2003	30.57	2101	1.37	91	4.33
2004	30.51	2352	1.54	140	5.95
2005	30.52	2220	1.45	213	9.59
2006	30.52	2675	1.75	231	8.64
2007	30.62	3073	2.01	291	9.47
2008	30.84	3016	1.96	304	10.08

第七节　殡葬管理

20世纪80年代后，旧的殡葬习俗有所抬头，极个别丧户偷偷将遗体装棺土葬。据此，县殡葬管理所联合有关部门，在宣传教育的基础上，以行政手段予以制止，劝其火化，对群众起到警示教育作用。20世纪90年代末至2008年，全县遗体火化率均在100%。火化后，除个别村故人骨灰存放在村建骨灰堂外，有的村辟出废弃地作为全村共用墓地。县内绝大多数都是丧户自选坟地，有的埋在承包地，有的埋在荒坡河滩，也有个别户暂存在县殡仪馆。

一　殡仪馆设施

香河县殡仪馆建于1972年，占地3.13公顷，建筑面积2700平方米。1996年，对燃煤火化间等设施进行升级改造。2008年，有中档燃油火化机3台，金杯牌运尸车3辆，尸体冷藏柜4组20门，柴油发动机2组。有较为宽敞的火化车间、休息室、告别大厅，为国家三级殡仪馆。2000年，对旧骨灰堂进行拆除改造。新建110平方米的新式骨灰堂4间，内设格位1302个，全部使用铁制喷塑，室内宽敞整洁，安监设施齐全。

二　殡仪馆服务项目

服务项目包括遗体接运、抬卸、寄存、清洗、整容、换衣、告别、火化、代装骨灰、骨灰寄存、骨灰查询（寄存证遗失或过期）、骨灰处理。另外还有殡葬用品销售、出租花圈白花、非正常死亡遗体收尸、入户服务（穿衣整容）、焚烧花圈衣物、送葬用车、刻碑、祭扫骨灰、应急服务等。

三　公墓

香河县天香园公墓位于殡仪馆南侧，建于1994年，占地1.78公顷，可容纳墓穴3000座。至2008年，累计销售墓穴529座。墓区绿树环抱、松柏掩映、三季有花、四季常青，墓穴排列整齐划一，环境肃穆、整洁、优雅。墓穴档次齐全，可满足不同层次人群的需求，价位在8600～78800元之间。

第八节　福利彩票有奖销售

福利彩票坚持“扶老、助残、救孤、济困”的发行宗旨和“公平、公正、公开”的发行原则。发行福利彩票，筹集福利彩票公益金主要用于社会福利事业，资助老年人、残疾人、孤儿和社会困难群体。香河县民政局于20世纪80年代末开始，每年的5月和10月都要开展隆重的福利彩票抽奖、兑奖活动，活动一般开展3～5天。适逢活动日，锣鼓喧天、彩旗招展、热闹非凡。对中大奖者，都要燃放鞭炮表示祝贺，奖品小到生活日用品，大到自行车、摩托车、汽车等。针对以前发行彩票存在的问题，进入21世纪，福利彩票销售规范化，将有奖销售彩票权收归到廊坊市福利彩票中心，各县设投注站。至2008年，香河县共设投注站37个。

2003—2008年香河县福利彩票公益金资助项目统计表

表22-1-6

序号	专项资金名称	项目实施单位	拨款年份	项目资助额（元）
1	上半年福彩公益金	县光荣院	2003	80000
2	下半年福彩公益金	县光荣院	2003	85000
3	老年福利综合服务中心维修改造及配套设施项目	县光荣院	2004	100000
4	星光计划福彩公益金资助项目	县光荣院	2004	150000
5	星光计划福彩公益金资助项目	县殡仪馆	2004	230000
		县光荣院	2004	1000
6	星光计划福彩公益金资助项目	县光荣院	2004	100000
7	2004年度福彩公益金	县光荣院	2005	449091
8	2004年度省甲级敬老院资金	钳屯乡敬老院	2005	50000

续表 22-1-6

序号	专项资金名称	项目实施单位	拨款年份	项目资助额（元）
9	老年福利综合服务中心维修项目	县光荣院	2005	200000
10	2005 年度福彩公益金	各敬老院	2006	1850000
11	社会福利项目补助	各敬老院	2007	200000
12	创建市星级敬老院奖金	各敬老院	2007	62000
13	2007 年度福彩公益金项目补助	县光荣院	2008	20000
14	2007 年度上半年福彩公益金	县光荣院	2008	1000000
15	光荣院、养老院、福利院补助资金	县光荣院	2008	500000
16	维修项目补助资金	县光荣院	2008	100000

第九节　地名管理

1981 年初，香河县地名管理领导小组成立，下设地名办公室，具体负责地名管理工作。1984 年 6 月，香河县地名委员会成立，下设办公室，办公地点设在县民政局。1985 年 11 月，香河县地名委员会办公室改由县地方志办公室兼管。1987 年 11 月重新划归民政局管理。

一　地名普查

1981 年 6 月，县组织近 60 人的专门班子，对全县 17 个人民公社（含香河县城）、300 个大队的地名状况、历史沿革等进行全面普查。经过外业调查、内业整理和地名标准化处理等，至 1982 年 7 月，普查工作基本结束。绘制出香河县标准地名图，撰写了自然村沿革及村名来历，编写了《香河县地名汇编》，建立了地名卡片。撰写重要地名概况 37 篇、自然村现状及沿革 286 篇、地名录 631 条及附录等。依照《国务院关于地名命名、更名暂行规定》，对县内重名的 24 个村庄重新命名。1986 年 2 月，完成廊坊市分配给香河县的《中国地名大词典》34 个条目及《香河概况》的编写任务。1987 年，全县进行第二次地名普查，并对全县姓氏及分布做全面调查统计，时香河县境内有姓氏 255 个。

二　命名与更名

1988 年，更改并命名了县城淑阳大街等 10 个主要街路和 3 个居民小区。1988 年 10 月，城关镇更名为淑阳镇。

1996 年，将全县 17 个乡镇合并为 7 个镇 2 个乡。1997 年 6 月 9 日，在原来 13 个居民小区基础上成立并命名 7 个居民委员会。1998 年 3 月 26 日，将淑阳街道办事处更名为县城街道办事处，下辖 7 个居民区委员会。2002 年，将原来 7 个居民区委员会命名、更名、调整为 10 个居民区委员会。

1999 年，将钱旺村乡更名为钱旺乡。2004 年，对城区 13 条主要街路和 6 条次要街道进行命名、更名，对沿街单位、门市、商铺进行初步编码。13 条主要街路为新华大街、府前街、淑阳大街、新开街、绣水街、永泰路、安抚路、康平路、康宁路、迎宾路、永明路、兴济路、五一路；6 条次要街道为文昌街、东立新街、西立新街、步行街、花园街。

2005 年，为保证在换发第二代身份证工作中个人信息准确，对全县 94 个居民小区的街、巷、门、楼、户进行了统一编码、规范命名。渠口镇的王刘“[illegible]”、小“[illegible]”，安头屯镇的商汪“淘”中的“淘”和“[illegible]”字典里不存在，属生僻字，为方便以后的工作，2007 年 2 月 10 日经县政府批准，将 3 个村的村名更改为王刘圈、小圈、商汪甸。

2008 年，对城区区划进行调整。将城区街道办事处划分为新开街道办事处和新华街道办事处。相应的 10 个居民委员会更名为社区居民委员会。

三　设立村碑

1987 年 7 月，县政府召开全县地名资料更新会议。11 月，县政府召开安平至东鲁家口等 7 个乡镇、村设置地名标志工作会议。拟在安平、王家摆、大罗屯、城关、钱旺村、渠口、东鲁家口 7 个乡镇沿路 29 个村设置地名标志。1989 年 12 月，香河县设置县城至东魏各庄、县城至安平、县城至后场、县城至金辛庄沿路村庄石质村名碑。碑的正面为村庄名称并加注汉语拼音，背面为村名来历。由雕刻之乡曲阳负责制作和安装。1990 年初，香河县完成设立地名标志任务。后因新农村改造、道路拓宽等原因，多数村名碑不复存在。

第十节 收容遣送

1982 年，国务院发布《城市流浪乞讨人员收容遣送办法》中规定，收容遣送的范围是：家居农村，流入城市乞讨者；城市居民中流浪街头乞讨者；其他露宿街头生活无着落者。县民政局对这些人主要采取收容—教育—安置（遣送）的办法。首先把他们收容起来，经教育后送回原籍。

改革开放后，随着香河县知名度的提升，外省市流入香河县的流浪乞讨人员也在增加，这些人大多游手好闲，以乞讨为业，见到帮助人员东藏西躲，拒绝民政部门救助，有的被遣送廊坊市收容站，几天后又故地重游，此项工作存在一定难度。1981—2008 年，县民政局共遣送 968 人。其中，遣送原籍 691 人。转收容站（廊坊）277 人。

1981—2008 年香河县收容遣送情况统计表

表 22-1-7　　单位：人

年份＼项目 数量	遣送人数	遣回原籍	转收容站（廊坊）	年份＼项目 数量	遣送人数	遣回原籍	转收容站（廊坊）
1981	157	154	3	1995	27	13	14
1982	58	44	14	1996	31	20	11
1983	12	10	2	1997	23	15	8
1984	26	21	5	1998	34	20	14
1985	38	25	13	1999	27	15	12
1986	52	42	10	2000	31	15	16
1987	45	40	5	2001	30	18	12
1988	37	37	—	2002	36	19	17
1989	22	21	1	2003	31	18	13
1990	15	13	2	2004	32	20	12
1991	18	15	3	2005	33	15	18
1992	25	19	6	2006	18	8	10
1993	26	16	10	2007	21	9	12
1994	17	8	9	2008	46	21	25
总计	—	—	—	—	968	691	277

第十一节 民族宗教事务

一 宗教活动场所管理

2004 年，香河县下发《关于做好 2004 年度宗教活动场所年检工作的通知》，对年检工作提出要求。县民宗局工作人员深入各清真寺、天主教堂、基督教活动点，对各活动场所各项制度执行情况和宗教活动情况进行检查，对存在问题及时纠正。年内进行 4 次季节上站培训活动，包括 3 座清真寺阿訇、3 座天主教堂点、2 个基督教活动点负责人。活动中，就《河北省宗教事务条例》《宗教活动场所年度检查办法》进行培训，发现问题及时纠正，对存在困难尽量予以解决。是年，县城西北街清真寺修缮资金遇到困难，县有关部门经过协调，解决修缮资金1.3万元。县民宗局为安平一街清真寺争取修缮资金1万元，并为清真寺购置了生活用品。2007年，落实宗教人士聘请确认制度、海里凡考核前培训制度，宗教活动场所民主管理、民主理财、大事汇报等规章制度。

2008年7月，对全县少数民族群众、信教群众及对大安寺、西北街清真寺等7个宗教活动场所进行重新登记、发证，并对13名教职人员进行登记备案，建立教职人员档案库，实行规范化管理。

二　保障清真食品安全

2002年，对15户清真饭店、食品店、摊点进行检查。2004年，对全县清真食品生产经营企业、饭店、食品店、摊点的有关情况进行摸底统计，印发年检、换证工作通知。深入经营企业、饭店、食品店、摊点宣讲《河北省清真食品条例》。按照条例核实从业人员的民族身份，对清真标牌的悬挂、产品的包装、器具的使用等进行重点检查。对不符合规定的经营企业、饭店、食品店、摊点，有关部门不予颁发清真食品准营证。2007年，对福华肥牛城、民族饭庄、哈家饭店等13家清真饭店和清真食品销售摊点进行检查，对发现问题提出解决办法。

2008年，对县内所有清真食品生产、加工、销售企业（含个体），清真饭店、摊点进行拉网式检查，以确保清真食品安全。

三　为少数民族群众排忧解难

2004年，为五百户镇香椿营、董家湾、六百户3个少数民族聚居村筹集资金21万元，村村通自来水，解决少数民族群众饮水困难。2005年，安平镇民族村在创建“文明生态村”活动中资金困难，经协调，省民宗厅拨款5万元，镇财政拨款20万元支持此项工作。2006年，省财政厅、民政厅为安平镇民族村拨道路建设专项资金8万元。县民宗局协调有关单位，为香椿营村建起占地5000平方米集屠宰、加工为一体的小区，改变了一家一户屠宰加工模式，全村污水横流、臭气熏天的恶劣环境得到改善。

2008年8月，县民宗局联合县财政局为五百户镇香椿营、六百户两个民族村争取省“少数民族发展专项资金”10万元，用于两村道路硬化和基础设施建设。

四　打击非法传教活动

针对基督教在县内发展较快，活动不规范及非法跨区传教等问题，县宗教工作主管部门加大对教徒非法活动的监控力度。2005年4月26日，4人乘车在香河境内沿途向行人散发福音宣传单，被县公安局查获。经查，4人均为外县人，系基督教徒，在其乘坐的车辆内发现大量宗教宣传书籍、手册。经鉴别，4人属从事非法传教活动，县公安局扣押了所有书籍和宣传品，对4人进行了批评教育。

第十二节　管理机构

香河县民政局主管全县民政工作。1979年，有局长1人，副局长3人，下设办公室。1981年，设办公室、优抚组、社会救济组。1987年11月，下设办公室、基层政权建设股、民族宗教股、社救股、优抚股、民政股、募捐办、复退军人安置办公室、地名管理办公室、福利企业管理站。1989年7月，成立农村互济办公室。1991年4月，成立社团登记管理办公室。1992年7月成立双拥办公室。12月，社救股与农村互济办公室合并为农村互济保险股。1996年4月，民族宗教工作划归县政府办公室。12月，增设农村养老保险科，原各股改称科。下属单位有殡仪馆、光荣院和干休所。2002年10月，机构改革科改称股。农村互济保险科更名为救灾救济股，基层政权建设科与地名管理办公室合并，成立建政和地名管理股。福利企业管理站与社团登记管理办公室合并，成立综合股。优抚科与双拥办公室合并，成立优抚股。

2008年，内设9个股室：办公室、优抚股、安置股、救灾救济股、建政和地名管理股、民政股、社会募捐办公室、殡葬管理所、综合管理股。下辖殡仪馆、光荣院、干休所，人员编制30人。

第二章 人 事

第一节 干部来源

1979—2000 年，县内干部来源多数是招收、录用大中专毕业生、接收安置军队转业干部、以工代干人员转干、上级委派及异地调入等。

一 招收录用

1980—1982 年，招收农村经营管理员 11 人，计划生育助理员 9 人，税务干部 26 人。1974—1984 年，共计招收干部 366 人，其中，行政机关 17 人、政法系统 59 人、财贸系统 81 人、农业系统 74 人、公交系统 25 人、文教系统 77 人、公社（乡镇）机关 33 人。1979 年后，随着改革不断深入和教育事业的发展，一些民办、私立、成人教育高校毕业生大量涌现。为充分挖掘、利用这些人才资源，疏通就业渠道，根据人事部关于《国家不包分配大中专以上毕业生择业暂行办法》，结合县内实际情况，从 2001 年起，遵照公开、平等、竞争、择优的原则，至 2008 年，共为 208 名各类院校大中专以上毕业生办理录用手续。

二 军转安置

1979 年后，军队转业干部安置工作不断改革，探索如何与经济体制改革相适应。从完全的计划安置到计划安置与复员安置相结合，再到计划安置与自主择业相结合。办法也从单一的指令性到与考试考核相结合、与双向选择相结合。20 世纪 80 年代后，随着国家不断裁减军队员额，县内转业干部安置人数呈上升趋势。至 2008 年，共接收安置 630 名军队转业干部到党政机关、企事业单位工作。

1979—2008 年香河县军转干部安置情况统计表

表 22-2-1　　单位：人

项目 人数 年份	合计	职务级别				安置去向			
		团职	营职	连职	排职	技术干部	党政	事业	企业
1979	17	2	8	5	2	—	9	2	6
1980	32	1	16	10	5	—	15	6	11
1981	91	4	24	51	5	7	23	6	62
1982	89	3	18	29	36	3	53	25	11
1983	3	—	1	2	—	—	—	—	—
1984	20	1	9	7	3	—	11	6	3
1985	68	4	29	24	10	1	38	20	10
1986	54	1	29	13	3	8	26	9	19
1987	26	2	12	5	6	1	6	8	12
1988	22	1	7	12	—	2	13	7	2
1989	24	1	11	6	3	3	10	4	10
1990	27	1	9	7	4	6	7	12	8
1991	6	1	2	1	—	2	6	—	—
1992	8	—	—	3	—	5	4	1	3
1993	8	—	1		—	7	2	1	5

续表 22-2-1

年份 \ 人数 \ 项目	合计	职务级别				安置去向			
		团职	营职	连职	排职	技术干部	党政	事业	企业
1994	15	—	6	6	—	3	3	—	12
1995	9	—	4	2	—	3	2	—	7
1996	8	1	2	2	3	—	4	1	3
1997	12	1	4	3	1	3	5	1	6
1998	10	1	7	1	—	1	6	1	3
1999	18	1	7	5	1	4	18	—	—
2000	18	1	6	5	2	4	18	—	—
2001	5		4	1	—	—	5	—	—
2002	3	1	—	2	—	—	3	—	—
2003	3	—	—	2	1	—	3	—	—
2004	10	—	5	5	—	—	10	—	—
2005	7	—	2	5	—	—	7	—	—
2006	7	—	2	4	—	—	7	—	—
2007	9	1	6	2	—	—	8	—	1
2008	1	—	1	—	—	—	—	—	1
总计	630	29	232	220	85	64	325	110	195

三　毕业生分配

1979—1995 年，国家对大中专毕业生实行统一分配。此间，全县共接收分配的大中专毕业生 1297 人。1996 年起，随着毕业生分配制度的改革，毕业生开始进入人才市场自主择业，采取双向选择与指令性分配相结合的方法。2000 年后不再实行统一分配，全部进入人才市场，实行“双向选择、自主择业”。1979—2008 年，共接收毕业生 7265 人，其中 4770 人被分配到机关、企事业单位工作。

1979—2008 年香河县大中专毕业生接收分配统计表

表 22-2-2　　单位：人

年份 \ 人数 \ 项目	合计	学历情况			分配去向							
		本科	专科	中专	教育	医药	农林水牧渔	企业	财贸	政法	机关	其他
1979	20	0	2	18	0	0	3	10	2	0	5	0
1980	151	0	78	73	82	20	20	18	6	1	4	0
1979	20	0	2	18	0	0	3	10	2	0	5	0
1980	151	0	78	73	82	20	20	18	6	1	4	0
1981	168	3	64	101	35	18	72	21	8	4	7	3
1982	180	8	82	90	44	69	15	28	4	3	12	5
1983	155	5	63	87	67	18	22	18	12	7	9	2
1984	103	10	65	28	24	26	18	17	10	5	3	0
1985	177	9	89	79	42	38	58	20	8	4	6	1

续表 22-2-2

项目/人数/年份	合计	学历情况			分配去向							
		本科	专科	中专	教育	医药	农林水牧渔	企业	财贸	政法	机关	其他
1986	177	16	73	88	55	56	39	12	6	5	4	0
1987	92	3	70	19	12	20	40	6	4	0	7	3
1988	155	4	88	63	40	8	44	24	10	9	12	8
1989	143	5	94	44	34	49	0	32	15	8	4	1
1990	139	7	80	52	27	27	28	31	10	9	7	0
1991	115	2	23	90	10	6	11	18	1	9	47	13
1992	164	5	34	125	18	10	8	23	0	6	50	49
1993	156	2	24	130	21	15	15	26	0	3	65	11
1994	185	8	32	145	37	19	10	20	0	1	78	20
1995	205	10	38	157	23	26	38	23	28	13	44	10
1996	308	4	65	239	0	39	40	186	0	9	34	0
1997	339	17	44	278	65	57	49	38	44	1	70	15
1998	400	14	55	331	35	35	30	72	35	5	156	32
1999	398	7	24	367	1	1	45	125	29	0	144	53
2000	261	12	34	215	0	26	20	149	18	0	48	0
2001	267	5	21	241	1	39	17	42	3	0	132	33
2002	333	13	64	256	0	0	0	11	0	0	19	303
2003	451	28	102	321	2	4	18	56	2	0	96	273
2004	390	41	171	178	0	11	1	29	0	1	50	299
2005	358	41	168	149	24	4	1	22	0	0	44	263
2006	409	91	192	126	7	5	0	11	0	0	82	304
2007	458	96	246	116	0	1	0	0	0	0	6	451
2008	408	108	202	98	2	14	1	5	0	0	43	343
总计	7265	574	2387	4304	708	660	668	1093	255	103	1288	2495

说明：2000 年后，对大中专毕业生不再包分配，自谋职业，自主择业人数均统计在其他栏内

第二节　干部管理

2008 年，全县干部总数 6185 人，为 1979 年干部总数 3000 人的 2.06 倍，年均增长 106 人。1979—2008 年 30 年间，全县干部队伍结构发生显著变化。1979 年，妇女干部总数 807 人，至 2008 年增长到 3679 人，少数民族干部 1979 年 20 人，2008 年增至 40 人。在文化结构上，1979 年初中以下文化程度有 1385 人，占干部总数的 46.61%。2008 年，具有高中以上学历的 6149 人（本科 2467 人，大专 2784 人，中专 885 人），占干部总数的 99%。

一　任免

根据《中华人民共和国地方各级人民代表大会和地方各级人民政府组织法》规定，县人大常委会主任、副主任，县长、副县长、县人民法院院长、县人民检察院检察长，乡镇人大主席、副主席，乡镇长、副乡镇长，分别由县、乡镇人民代表大会选举产生。在县人民代表大会闭会期间，县人大常委会决定副县长的个别任免。根据县长的提名，县政

府办公室主任、县政府所属工作部门局长，由县人大常委会任免。按照人民法院组织法和人民检察院组织法的规定，县法院副院长、庭长、副庭长、审判委员会委员、审判员，县检察院副检察长、检察委员会委员、检察员，由县人大常委会任免。1984年，根据“简政放权”精神，香河县曾一度把股级干部任免审批权下放到主管局，后发现诸多弊端，不久，又将审批权收回县政府党组，由县劳动人事局办理任免手续。按照党管干部的原则，副县级以上干部一般由市委组织部管理；科级、副科级干部由县委组织部管理，行政单位股级干部由人事部门管理，中、小学校股级干部由教育行政部门管理，专业技术干部由人事部门管理。各级领导干部任免须经组织部门考核，党委审查，坚持德才兼备的方针。

二　考核

1979—1995 年，考核优秀者实施 7 种奖励，即先进工作者、记功、记大功、模范工作者、升级、升职、通令嘉奖。行政处分分为警告、记过、记大过、降级、降职、撤职、开除留用察看、开除 8 种。1996 年起，按照《国家公务员考核暂行规定》《河北省事业单位工作人员考核实施办法》的通知要求，考核内容分为“德、能、勤、绩”4 个方面。根据考核情况划分为优秀、合格（称职）、基本合格（基本不称职）、不合格（不称职）4 个等次。考核为优秀等次的人员，所占比例一般不超过 10%，最高不超过 12%。考核结果与培训、辞退以及调整职务、级别和工资福利挂钩。连续两年考核评定为合格（称职）以上等次的人员，晋升一档职务工资；机关行政单位人员连续 3 年考核评定为优秀等次的，晋升一档级别工资；事业单位人员连续两年考核评定为优秀等次的，晋升一档职务工资，每次晋升人数不超过单位人数的 6%。2006 年 7 月起，取消行政事业单位人员奖励工资。

1979—2008 年香河县干部基本情况统计表

表 22-2-3　　　　单位：人

类别/人数/年份	总数	性别		民族		政治状况			文化程度					年龄			系统分布		
		男	女	汉	少数民族	党员	团员	无党派	本科	大专	中专	高中	初中以下	25 岁以下	26～45 岁	46 岁以上	行政人员	事业单位及教师	企业
1979	3000	2193	807	2980	20	1181	275	1544	—	385	—	1230	1385	165	1755	1080	750	1260	990
1980	3185	2320	865	3167	18	1268	277	1640	—	426	1228	257	1274	257	1901	1027	872	1472	841
1981	3366	2460	906	3347	19	1300	377	1689	—	470	1379	287	1230	358	1513	1495	851	1584	931
1982	3558	2613	945	3452	16	1306	412	1840	—	484	1498	325	1251	409	1561	1588	910	1647	1001
1983	3418	2496	922	3405	13	1247	475	1696	—	519	1569	324	1006	458	1591	1369	1187	1676	555
1984	3795	2748	1047	3776	19	1507	445	1843	—	526	1656	418	1195	418	1910	1467	1148	2186	461
1985	3923	2886	1037	3900	23	1666	411	1846	—	558	1756	474	1135	445	188	1598	1184	2312	427
1986	4113	3081	1032	4081	32	1784	472	1857	—	635	1879	201	1098	588	2469	1056	1450	2323	340
1987	4331	3298	1033	4303	28	1459	535	2337	—	709	2001	587	1034	629	2617	1085	1330	2402	599
1988	4425	3153	1272	—	—	1962	430	2033	—	892	2123	503	907	553	2727	1145	1671	2374	380
1989	4399	3121	1278	—	—	2018	472	1909	—	961	2179	380	879	593	2569	1237	1647	2382	370
1990	4413	3195	1218	—	—	1966	497	1950	—	1094	2231	381	707	585	2563	1265	1773	2358	282
1991	4511	3245	1266	4485	26	2011	503	1997	—	1143	2244	399	725	605	2614	1292	549	3962	—
1992	4623	3266	1357	4596	27	2104	499	2020	—	1217	2335	387	684	701	2611	1311	643	3980	—
1993	4671	3305	1366	4644	27	2197	408	2066	—	1321	2451	365	534	795	2648	1228	572	4099	—
1994	4770	3321	1449	4742	28	2167	358	2245	—	1402	3000	368	—	953	2516	1301	607	4163	—
1995	4851	3327	1524	4822	29	2098	327	2426	—	1497	3040	314	—	1094	2437	1320	593	4258	—

续表 22-2-3

类别 人数 年份	总数	性别		民族		政治状况			文化程度					年龄			系统分布		
		男	女	汉	少数民族	党员	团员	无党派	本科	大专	中专	高中	初中以下	25岁以下	26～45岁	46岁以上	行政人员	事业单位及教师	企业
1996	4933	3249	1684	4904	29	2091	309	2533	—	1550	3087	296	—	1184	2216	1533	578	4355	—
1997	4998	3105	1893	4967	31	2176	318	2504	—	1642	3081	275	—	1392	2167	1439	533	4465	—
1998	5127	3155	1972	5097	30	1964	352	2811	—	1871	2967	289	—	1543	2032	1552	521	4606	—
1999	5170	3233	1937	5138	32	1937	366	2867	—	1943	3005	222	—	1694	1951	1525	564	4606	—
2000	5231	3037	2194	5196	35	1984	—	3247	1287	2003	1734	207	—	1753	1864	1614	552	4679	—
2001	5345	2996	2349	5312	33	1867	—	3478	1320	2079	2103	157	—	1982	1740	1713	537	4808	—
2002	5476	2925	2551	5445	31	1821	—	3655	1534	2199	1880	137	—	2079	1652	1745	573	4903	—
2003	5589	2910	2679	5558	31	1756	—	3833	1864	2319	1275	131	—	2261	1672	1656	518	5071	—
2004	5793	2902	2891	5759	34	1748	—	4045	1910	2497	1246	122	—	2371	1554	1868	459	5334	—
2005	5836	2677	3159	5800	36	1724	—	4112	2049	2573	1114	100	—	2497	1433	1906	448	5388	—
2006	5947	2679	3268	5909	38	1697	—	4250	2116	2549	1200	82	—	2571	1347	2029	452	5495	—
2007	6017	2441	3576	5977	40	1657	—	4360	2359	2687	894	77	—	2684	1283	2050	461	5556	—
2008	6185	2506	3679	6145	40	1638	—	4547	2467	2784	885	36	—	2760	1191	1874	452	5733	—

三　人才引进

1984 年，香河县人才交流服务中心成立。编发《香河县人才引进使用规定》《引进人才优惠政策》等材料，通过报刊、网络发布招聘信息、举办招聘会、赴外地招贤纳士。至 2008 年，全县共引进各类专业技术人才 3226 名。其中，高级人才 662 人，中级人才 1196 人，初级人才 1368 人。

1984—2008 年香河县引进人才统计表

表 22-2-4　　单位：人

类别 人数 年份	合计	其中			类别 人数 年份	合计	其中		
		高级	中级	初级			高级	中级	初级
1984	74	24	30	20	1997	60	20	30	10
1985	82	22	25	35	1998	185	22	52	111
1986	97	17	35	45	1999	142	30	60	52
1987	103	16	28	59	2000	232	28	75	129
1988	56	6	12	38	2001	130	25	46	59
1989	68	12	14	42	2002	266	80	96	90
1990	101	13	22	66	2003	130	25	51	54
1991	98	18	38	42	2004	130	25	51	54
1992	56	12	25	19	2005	130	25	51	54
1993	74	14	25	35	2006	232	60	102	70
1994	89	18	32	39	2007	245	54	107	84
1995	102	15	45	42	2008	254	56	109	89
1996	90	25	35	30	—	—	—	—	—
总计	—	—	—	—	—	3226	662	1196	1368

四　推行公务员制度

香河县推行和实施公务员制度分两个阶段进行。第一阶段：1996—1997年为推行和过渡阶段。通过这一阶段的工作，完成职位设置、编写职位说明书和人员过渡工作。第二阶段：2006年,《中华人民共和国公务员法》实施，公务员制度不断完善阶段。这一阶段于2007年底通过全省公务员考试，录用符合规定的公务员；学习与贯彻公务员管理的各单项法规，推动建立科学分类管理体制；树立公开、公平、公正选人、用人新理念;增强机关生机和活力，使公务员素质不断提高。至2007年初，公务员登记613人。其中，在职435人，离岗178人；参照公务员登记140人,其中在职60人，离岗80人。

第三节　工资福利

一　工资

（一）工资调整

1981年，文教、卫生、科技系统职工普调一级。翌年，国家机关、事业单位职工，普调一级，个别调升两级。1985—1986年，按照国家规定，国家机关和事业单位工作人员，实行以职务工资为主要内容的结构工资制，分为基础工资、职务工资、工龄津贴和奖励工资四个组成部分。这次工资改革人数为3996人，县财政拨发工资总额60多万元。1986年，香河县上调为六类工资区。对所有工作人员的工资按六类工资区予以调整，给88名工资偏低的离退休干部增发了工资，月增资总额566.64万元。

1988年，按照国家统一部署，给全县中小学教师提高工资10%；为532名评聘技术职称的各类技术人员增加了工资，月增资额6131元；为2375名国家行政事业机关专业技术人员和部分离退休人员晋升工资。

1989年，依据国务院有关文件规定，给1989年9月31日前在岗的行政机关，事业单位的正式职工干部普遍上调一级工资。香河县4234人增资，月增资额为40多万元。

1995—2005年，逢奇数年份，分别为机关事业单位工作人员提高工资标准，年月增资总额分别为17万元、34万元、89万元、217.4万元、75万元、22万元。

（二）工资改革

1993年，按照国家关于机关事业单位工作人员工资改革三个实施办法的通知，香河县对机关事业单位工作人员进行工资改革。机关干部实施职务工资、级别工资、基础工资和工龄工资；机关工人实施岗位工资、技术等级（职务）工资和奖金；事业单位实施职务等级工资和津贴，并实行分类管理。根据事业单位各自特点和经费来源不同，采取全额拨款、差额拨款和自收自支三种不同工资形式。香河县8921人增资，月增资额为280多万元。按照规定，机关干部工龄到16年、21年、26年、31年、36年、41年等，年度考核连续5年为称职，或连续3年考核为优秀的，晋升一档级别工资；机关事业单位所有工作人员，考核2年合格、称职以上的每2年晋升一档职务工资。

2006年，按照国家改革公务员工资制度和规范公务员收入分配秩序及事业单位工作人员收入分配制度改革方案，香河县于2006年7月实施工资改革。机关干部实行职务工资和级别工资，机关工人实行技术等级工资和岗位工资，事业单位实行岗位工资和薪级工资。按规定：从2006年7月1日起，公务员年度考核累计5年称职及以上的，从次年1月1日起在所任职务对应级别内晋升一个级别，级别就近就高套入晋升后级别所对应的工资标准，公务员及机关工人考核累计2年称职及以上的分别晋升一档级别工资和岗位工资；事业单位工作人员上年度考核合格的晋升一个薪级工资。香河县10801人增资，月增资额121万；2007年、2008年，月增资额分别为17万元和32万元。

二　福利

1979年底，依照国家规定，给干部职工每人每月增发5元副食补贴，1980年增至10元。是年，对终生只要一个孩子的干部职工，由夫妻双方所在单位各发给独子女费2.5元，1989年增至5元，并给独生子女保健费20元。1986年起，对教师（护士）发给教（护）龄津贴，教（护）龄满5年每人每月津贴3元，满10年津贴7元，满20年以上津贴10元。到1990年底，津贴补贴有书报费，县处级每人每月8元，一般干部6元；洗礼费男干部8元，女干部10元；副食价格补贴17.5元，交通费3元，取暖费32元。1993年7月，月增发物价综合补贴22.5元，增发目标管理津贴20元。1993年10月，工资改革将各类补贴的64元纳入工资，剩余补贴作为综合物价补贴予以保留。月标准：男干部、工人59.5元，女工人61.5元，女干部67.5元。按照省规定，1993年10月后将原按职务发放的奖金改为职务津贴。

按照国家规定，香河县从1997年1月1日执行误餐补贴标准为100元，1998年1月1日后提高到160元，2005年再次调高到200元。

依据国家有关规范，公务员津贴补贴的办法，2007年1月1日，香河县对公务员津贴补贴进行规范，将机关工作人员的各项津补贴统一归并为生活补贴和工作津贴两类。

事业单位工作人员，月津贴补贴从2007年1月1日实施预增发：正高职960元、副高职780元、中级600元、助理级525元、员级450元；正厅级1080元、副厅级960元、正处级840元、副处级720元、正科级600元、副科级540元、科员480元、办事员450元；高级技师630元、技师570元、高级工540元、中级工480元、初级工450元。

第四节　编制管理

1980年后，县委、县政府多次精简结构，压缩编制，但都未达到预期效果。到1986年，全县干部总数4113人，其中党政机关行政干部1450人，事业单位2663人。在干部队伍中，行政干部编制不断突破，农村中小学教师却有不程度地缺员，致使不少地方只能由民办、代课教师顶编。

1990年8月，为强化编委职能，严格编制手续，县编委会、县委组织部、县劳动人事局联合下发《关于严格机构编制管理工作的通知》。从通知发布之日起，凡属增设、撤销、合并、更改名称的必须报县编委审查批准。单位增员要有编委下达的“编制变动通知单”，方可由组织、人事部门办理调动手续。对企事业单位除特殊工种或急需专业人才外，一般不再从外地调入，事业单位人员，不得调入行政机关。凡达到离退休年龄的干部，都要及时办理离退休手续；对因身体或其他原因不能坚持正常工作的男满58周岁、女满53周岁以上的，经本人申请、所在单位同意，可试行编外离岗休养的办法。为适应本县教育事业发展的需要，解决农村中小学公办教师严重缺乏的问题，规定师范院校毕业生，一律由教育局统一安排和使用，从教育系统调人、借人须经县编委同意，县主管领导批准。

1999年11月，对乡镇机关及事业单位不在编人员进行清理和清退，共清退人员749人，其中机关、事业单位清退274人，教师475人。

2005年初，根据市委办公室、市政府办公室《关于实行全市财政供养人员总量控制的通知》要求，香河县财政供养人员总量控制的目标：从2004年起利用3年时间，将全县财政供养人员由9003名减为7672名，共精减1331人，精减比例为14 78%。至2006年8月，共减少财政供养人员1358人，占任务数的102%。

2005年1月，对事业单位进行摸底、分类、规范与整顿，共清理整顿事业单位34家，撤销7家，合并2家，规范经费形式2家，递减财政补贴23家。

2006年3月，清理全县在编不在岗人员110人，其中借调54人，长期请病假37人，自动离岗15人，失踪1人，考研1人，辞职1人，其他1人。清理机关、事业单位吃“空饷”人员21人。是年底，香河县共核定编制9346名，其中，行政编制1469名，事业编制7806名，工勤编制71名。2007年底，核定编制9361名，其中，行政编制714名，政法编制395名，事业编制7806名，工勤编制71名。

2008年，为了强化机构编制日常动态管理，形成组织、人事、编制、财政、社会劳动保障等部门共同参与、互相制约的机构编制管理新格局，巩固改革成果，使机构编制管理工作逐步走上规范化、法治化、科学化轨道，经香河县编委领导批准，在机关、事业单位施行了机构编制管理证制度。是年底，核定编制9363名，其中，行政编制714名，政法编制396名，事业编制8182名，工勤编制71名。

1984—2008年香河县党政群机关及事业单位人员编制统计表

表22-2-5　　单位：人

年份	合计		党政群机关及事业单位		乡镇	
	编制人数	实有人数	编制人数	实有人数	编制人数	实有人数
1984	2867	3795	2805	3537	62	258
1985	2397	3923	2335	3605	62	318
1986	3297	4113	3235	3779	62	334
1987	3962	4787	3900	4362	62	425
1988	4378	4815	4006	4453	372	362
1989	5161	5586	4789	5238	372	348
1990	1297	5240	940	4885	357	355
1991	1604	5595	1247	5228	357	367
1992	1205	7205	848	6848	357	357
1993	1205	5780	848	5381	357	399
1994	1205	6427	848	6021	357	406
1995	1298	1674	914	1259	384	415
1996	1384	1530	992	1138	392	392
1997	6058	7947	5666	7555	392	392
1998	7852	8338	7460	7946	392	392
1999	7279	7623	6887	7623	392	413
2000	7651	7869	7259	7628	392	425
2001	7833	8186	7441	7640	392	546
2002	8387	8013	8095	8013	292	299
2003	10025	9304	9733	9014	292	290
2004	10209	10030	9890	9713	319	317
2005	10288	9913	9969	9596	319	317
2006	9346	9793	9027	9793	319	319
2007	9361	9819	9042	9517	319	302
2008	9363	10005	9044	9703	319	302

第五节　离退休、退职退养

一　离休

1980年，香河县开始补办干部离休手续。1982年4月，国务院颁布《关于老干部离职休养制度的几项规定》（以下简称《几项规定》），对干部离休进行界定。此前已经办理退休手续，经审核符合离休条件的，均改为离休，并落实相应待遇。《几项规定》中阐明：凡1949年9月30日及其以前参加革命工作的脱产享受供给制待遇的和从事地下工作的老干部，达到离休年龄（男年满60周岁、女年满55周岁）者，均予办理离职休养。因身体状况不佳，不能坚持正常工作的，或因工作需要，本人又能坚持正常工作的，可以提前或推迟离休。

1982年，按《几项规定》，离休时依级别发给一次性房屋修建补助费。县团级及以上老干部补发4000～5000元，一般干部补3000元。离休后，原享受政治待遇不变，原工资照发。对1937年7月6日以前参加革命工作的，每年增发2个月工资；1937年7月7日至1942年12月31日期间参加革命工作的，每年增发1个半月工资；1943年1月1日至1945年9月2日参加革命工作的，每年增发1个月工资，作为生活补贴。为保障离休干部的生活，自20世纪80年代起，县内多次给离休干部增发各项生活补贴。每年春节，县直各有关部门都对离休干部进行慰问。

1985年工资改革，离休干部每人月增加17元生活补贴，香河县有90名离休干部，月增资1530元。1993年10月，机关事业单位工作人员工资制度改革时，离休人员均按其所在单位的性质，分别执行机关、事业单位工资制度改革的有关政策，参照同职务、同条件在职人员的增资额增加离休费。享受省级、厅级、处级政治生活待遇的，分别按相应副职对待，任职时间按5年以下办理。

2001年1月1日，企业离休人员参照国家机关同等职务、同等条件离休人员进行工资套改。香河县企业离休干部64名，年增资21832元。

2006年7月，机关事业单位170名离休人员参加工资改革，月增资76097元。离休人员误餐补贴、职务津贴、综合物价补贴按同条件、同职务在职人员发放。2007年1月1日，规范津贴补贴，离休人员与在职人员同步进行，标准为在职人员的80%。

二　退休

1979年，县内干部退休依据《国家机关工作人员退休处理暂行办法》办理。规定为：男年满60岁、女年满55岁，工作满5年不足10年者，发原工资的50%退休金；工作满10年不足15年，发原工资60%退休金；工作满15年以上，发原工资70%退休金。因公致残丧失工作能力，工作年满15年以上退休者，发原工资的80%退休金。

1982年4月，国务院颁布《关于老弱病残干部的暂行办法》，规定为男年满60周岁、女年满55周岁，参加革命工作年限满10年的；或男年满50周岁、女满45周岁，参加革命工作年限满10年，经医院证明完全丧失工作能力的；或因公致残，经医院证明完全丧失工作能力的，均准予退休。新中国建立后，参加工作的干部退休金标准为：工作年限满20年的，按本人标准工资的70%发给；工作年限满10年不满15年的，按本人标准工资的60%发给；退休费低于25元，按25元发给。

1982—1990年，全县为244人办理了退休手续。1991—2008年，退休人员增至2893人，并颁发了荣誉证和纪念品。考虑到物价上涨等因素，依据国家有关政策规定，香河县多次为他们提高退休金标准和各种生活补贴。

1985年，工资改革，退休人员每人增发17元生活补贴。至年底，香河县退休人员867人，月增资14739元。1986年9月，将教龄、护龄津贴纳入离退费基数。1989年、1991年，给退休人员调整了退休费和粮价补贴。1993年10月，按国家规定，对退休金进行改革。是年，9月1日前已办理退休手续的，均按其所在单位性质分别执行机关、事业单位工资制度改革的有关政策核算退休金。香河县1657名退休人员参加工资改革，按同职务、同条件在职人员的增资额折算比例后增加退休金。中华人民共和国成立前参加工作的干部参照正科级、中华人民共和国成立后参加工作的干部工作年限满30年的参照正科级、30年以下的参照副科级，任职时间按5年以下计算。机关工人工作满20年比照高级工、20年以下比照中级工，年增资497100元。按照规定，香河县退休人员于1995年、1997年、1999年、2001年、2003年、2005年6次正常增加退休金。月增资标准分别增资38700、91480、262700、358400、226050、11300元。2006年下半年，香河县2906人参加工资改革，月增资813680元。2007年1月1日规范津贴、补贴，退休人员与在职人员同步进行，标准为退休人员是在职人员的70%。

2006年7月1日以前的退休人员基本工资计发比例：男工作年限满35年，女满30年的，按95%计发；男工作年限满30年，女满25年的，按90%计发；工作年限满20年的，按85%计发；工作年限满15年的，按80%计发；2006年7月1日以后的退休人员基本工资计发比例：工作年限满35年的，按90%计发；工作年限满30年不满35年的，按85%计发；工作年限满20年不满30年的，按80%计发；工作年限满10年不满20年的，按70%计发。

三　退职

1979年，香河县依据1978年国务院《关于工人退休退职的暂行办法》规定，不具备退休条件，由医院证明，并经劳动能力鉴定委员会确定，完全丧失劳动能力的干部、工人，应该退职。退职后，按月发给相当于本人标准工资40%的生活费，低于20元的，按20元发给。以后随退休人员正常增加退职费，比例低于正常退休人员。1979—1987年，共办理退职手续34人，1988年以后无退职人员。

四　退养

1988年5月，按国家规定，家居农村的老工人、1957年底以前参加工作的可以办理退养手续，按本人标准工资60%至75%发给生活费。1989年2月，放宽到1959年底以前参加工作的老工人也可以办理退养手续，退养后不计算工龄，达到退休年龄时正式办理退休手续。1988—1995年，香河县共为110人办理退养手续。以后，随退休人员正常增加退养费，比例低于正常退休人员。

1979—2008年香河县离退休退职退养统计表

表22-2-6　　单位：人

项目/人数/年份	离休	退休	退职	退养	项目/人数/年份	离休	退休	退职	退养
1979	3	15	0	0	1994	0	86	86	0
1980	4	21	21	0	1995	0	192	192	110
1981	16	28	28	0	1996	0	135	0	0
1982	15	24	24	0	1997	0	217	0	0
1983	4	8	8	47	1998	0	188	0	0
1984	11	48	48	15	1999	0	152	0	0
1985	9	15	15	26	2000	0	146	0	0
1986	3	43	43	0	2001	0	165	0	0
1987	5	54	54	0	2002	0	131	0	0
1988	8	15	15	0	2003	0	142	0	0
1989	14	18	18	0	2004	0	156	0	0
1990	5	22	22	0	2005	0	177	0	0
1991	0	68	68	22	2006	0	97	0	0
1992	0	105	105	0	2007	0	122	0	0
1993	0	122	122	0	2008	0	140	0	0
总计	—	—	—	—	—	145	2852	34	110

第六节　管理机构

1979年，人事工作由县委组织部人事科负责。1980年5月，人事科从组织部析出，建香河县人民政府人事科，负责全县副科级以下人事管理工作。时有科长1人、副科长1人，工作人员2人。1983年11月机构改革，撤销人事科和劳动局，建劳动人事局，负责全县副科级以下干部及职工人事管理。时有局长1人、副局长2人，工作人员8人。2002年，劳动人事局更名为人事劳动和社会保障局。

2008年，人事劳动和社会保障局有行政编制24人，事业编制7人，工勤编制2人。内设办公室、考核录用任免奖惩股、县政务公开办公室、人才交流中心（县军队转业干部安置领导小组办公室）、专业技术人员管理股（香河县职称改革领导小组办公室）、工资福利股、劳动争议仲裁股（香河县劳动争议仲裁委员会办公室）、医疗保险股、劳动监察大队、劳动关系与就业股10个股室。

第三章　劳　动

第一节　劳动管理

一　用工制度

1979—1992年，香河县基本延续计划体制下的用工制度。企业扩大劳动指标需向劳动主管部门提出申请，经审核同意后劳动主管部门开具派遣证。用工来源主要是城镇待业青年、部队转业士官、城镇退伍兵。1993年起，对城镇待业青年不再包分配，进入人力资源市场，实行自主择业，双向选择。对部队转业士官、城镇退伍兵统一分配工作。2006年起，对部队转业士官、城镇退伍兵实行自主择业和分配相结合。选择自主择业的，可得到政府一定数量的经济补偿。1996年起，对全县企业职工实行全员劳动合同制管理。

二　农民工管理

1994—2008年，来香河务工的外籍农民工，须到香河县劳动主管部门登记造册，发放外来务工人员就业证，实行统一管理。

2003年起，劳动主管部门对县内农民向非农业转移情况进行了调查、摸底。

2003—2008年香河县农村劳动力向非农转移人数统计表

表22-3-1　　　　单位：人

项目 人数 年份	转移情况及人数		
	合计	县内就业	异地转移
2003	5000	3000	2000
2004	6000	3100	2900
2005	7000	3800	3200
2006	8000	4500	3500
2007	10000	5800	4200
2008	10000	5700	4300

三　劳动监察

1979年，劳动局设安全生产办公室。1996年10月，劳动人事局设劳动保障监察大队，负责劳动保障监察工作。劳动保障监察机构对用人单位遵守劳动保障、法律、法规和规章制度进行经常性检查。对检查中发现的问题及时予以纠正和查处，并记入用人单位档案。

香河县劳动保障监察大队依照国家相关政策法规清查雇佣童工，拖欠工资案件。2001年5月25日，接到某家具厂5名青年职工投诉，称被该厂拖欠2个月工资，共计1万余元，多次讨要未果。劳动保障监察大队接到报案后，监察员立即到家具厂了解情况，经核实情况属实后，依法律法规，促使厂方负责人于当日将拖欠的1万元工资发放到职工手中。同日下午，20余名江苏籍农民工投诉，他们跟随某包工头来香河县某建筑工地打工，活已干完钱未拿到，包工头不知去向。劳动保障监察大队在了解案情后，深入工地，通过项目部的负责人联系到包工头，后经协调，包工头与项目部达成协议，于次日上午，20余名农民工领到了工资，共计10万余元。

2001年8月，香河县劳动保障监察大队被共青团中央、劳动和社会保障部授予“优秀青少年维权岗”。2000—2007年，连续8年被廊坊市劳动和社会保障局评为“劳动保障监察先进单位”。2003年3月，被河北省劳动和社会保障厅评为劳动和社会保障监察“执法示范单位”。2004、2005年度，评为全省劳动保障系统“优质服务窗口”称号。2005年10月，被河北省劳动和社会保障厅、河北省总工会评为劳动保障监察执法、法律监督工作“先进单位”。

2000—2008年香河县劳动保障监察大队受理案件统计表

表22-3-2

年份			2000	2001	2002	2003	2004	2005	2006	2007	2008
主动监察（户）			889	1560	1650	1904	1706	1980	2030	2050	2060
投诉举报	件数	1	6	15	51	150	114	120	127	172	
	人数	35	56	82	224	300	400	457	351	180	

四　劳动争议仲裁

发生劳动争议，当事人不愿协商、协商不成或者达成和解协议后不履行的，可以向调解组织申请调解；不愿调解、调解不成或者达成调解协议后不履行的，可以向劳动争议仲裁委员会申请仲裁；对仲裁不服的，可以向人民法院提起诉讼。

2001—2008年香河县劳动争议仲裁机构及仲裁案件统计表

表22-3-3

项目 数量 年份	仲裁(机构)			案件处理（件）			劳动合同鉴证（份）			企业劳动调解委员会		
	合计（人）	专职（人）	兼职（人）	调解	仲裁	占仲裁总数	鉴证劳动合同	纠正违法无效合同	监督补签合同合计	机构（个）	工作人员 专职（人）	工作人员 兼职（人）
2001	51	3	48	97	120	80.8	2652	4	13	635	635	1270
2002	52	4	48	175	202	86.6	3445	7	154	641	641	1282
2003	58	5	53	151	176	86.8	3577	12	166	687	687	1374
2004	67	5	62	172	209	82.3	2863	15	204	704	704	1408
2005	71	7	64	211	247	85.4	3108	15	195	710	710	1420
2006	78	7	71	285	320	89.1	3228	8	233	233	722	1444
2007	83	8	75	221	265	83.4	2124	3	109	803	803	1606
2008	85	7	78	355	435	81.6	1815	5	23	837	837	1674

五　职业技能鉴定

1999年6月3日，成立香河县国家职业技能鉴定所。鉴定工种有电工、计算机录入、家电维修、烹调、摩托车汽车修理、美容美发师、服装裁剪制作10个工种的初、中级职业技能鉴定。

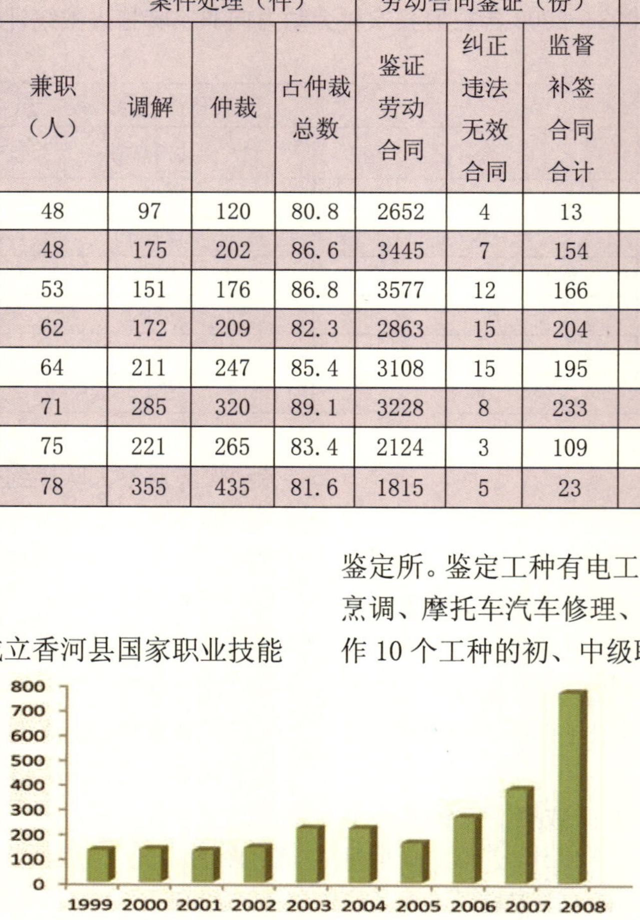

图22-3-1　1999—2008年香河县职业技能鉴定人数示意图

第二节　劳动工资

1979 年，工资区类别由三类调为四类。调升工资级别的有 2685 人，其中全民所有制职工 1246 人，集体所有制职工 1439 人，占总人数的 40%。1983 年，企业职工普遍升级。1984 年，给 2278 名工资偏低的工人提高工资。

1985 年企业工资改革，县内企业职工 8410 人调整了工资，其中全民企业 5581 人，人均增资 13.14 元；集体企业 2829 人，人均增资 12.25 元。

1988 年，在县机械厂搞经济效益与工资总额挂钩试点。1989 年，全县有 57 家企业实现工资总额同经济效益挂钩，占企业总数的 90%。同时，有 115 人实行了聘任职务工资，有 95 名企业领导和 340 名技术人员调整了工资。

1990—1995 年，按工资总额同经济挂钩及包干企业升级计算方法，1990 年，11000 人晋升整级差，5000 人晋升了半级差，年增资 121500 元；1991 年，12100 人晋升整极差，4600 人晋升半级差，年增资 129600 元；1992 年，13200 人晋升整级差，4700 人晋升半级差，年增资 139950 元；1993 年，13500 人晋升整级差，4800 人晋升半级差，年增资 164700 元；1994 年，13100 人晋升整级差，4600 人晋升半级差，年增资 138600 元；1995 年，10100 人晋升整级差，7010 人晋升半级差，年增资 122445 元。1996 年起，县劳动人事局将权力下放给企业，实施宏观调控。1997 年，县首饰厂首先改制，实施买断工龄。1997—2008 年，全县 68 家企业改制完毕。其中，国有 43 家 11000 人，集体 15 家 8000 人实施买断工龄。改制后经济重组，职工下岗分流，对职工进行安置。

1979—1995 年香河县工人工资变动情况统计表

表 22-3-4

项目 数量 年份	职工人数（人）		工资总额（万元）		人均月工资（元）	
	全民	集体	全民	集体	全民	集体
1979	7109	7301	424	429.9	48	43.6
1980	7367	7763	515	314.5	56.6	46.1
1981	7578	4158	532	301.1	57.3	63
1982	7738	3788	532	301.1	57.3	66.2
1983	7589	4106	559	323.2	61.4	65.6
1984	6628	5415	535	476	67.3	73.3
1985	7141	9156	647	832	75.5	75.7
1986	7663	7789	797.4	1021.3	87.4	109.2
1987	8396	8910	988.3	1144.8	99.1	107
1988	8979	9761	1304.9	1758.7	121.1	150.1
1989	9377	10290	1492.6	1756	132.6	142.2
1990	9583	9922	1672.1	1448.8	145.4	121.1
1991	9763	9856	1750.1	1526.8	149.4	129.1
1992	9855	9845	1833.5	1610.2	155.1	136.3
1993	9954	9843	1953.5	1688.2	163.6	143
1994	9968	9945	2006.7	1801.4	167.8	151
1995	9946	9913	2079.9	1874.6	174.3	157.6

第三节　劳动保险

一　养老保险

（一）机构

1986 年 12 月，劳动人事局下设社会保险事业管理所，负责企业干部职工养老保险费收缴及离退休费发放。

2000 年 1 月，社会保险事业管理所增设机关事业养老保险经办机构。负责机关、事业单位干部职工养老保险费收缴及离退休费发放。

2002 年 9 月，社会保险事业管理所增加了农村保险工作。

2004 年 1 月，工作范围增加企业、事业单位干部职工工伤保险费收缴及工伤保险金赔付事项。

（二）保险统筹

1986 年 12 月底，香河县劳动合同制职工开始纳入养老保险统筹。1992 年 1 月 1 日，香河县国有企业职工全部纳入养老保险统筹，对参保企业实行职工个人缴费。

1998 年，香河县社会保险事业管理所养老金发放做到了按时足额发放。至 2000 年，企业离退休人员的基本养老金社会化发放率达 100%。

1999 年，县政府印发《香河县党政机关全额、差额拨款事业单位工作人员养老保险暂行办法》，2000 年 1 月，香河县党政机关、事业单位工作人员纳入养老保险统筹。

2004 年 1 月，开始收缴企业、事业单位干部职工工伤保险费，同时办理保险金赔付事项。

1986—2008 年香河县退休费统筹及支付统计表

表 22-3-5　　　　单位：万元

年份＼人数＼项目	基金征集		费用支出		年份＼人数＼项目	基金征集		费用支出	
	机关	企业	机关	企业		机关	企业	机关	企业
1986	5	—	3	—	1998	1299	—	1503	—
1987	38	—	20	—	1999	1092	—	1377	—
1988	166	—	86	—	2000	1366	2174	1478	1931
1989	314	—	119	—	2001	1610	2115	1662	2190
1990	345	—	132	—	2002	2040	3200	1747	2954
1991	580	—	194	—	2003	1737	3847	1741	3607
1992	309	—	231	—	2004	1853	3960	1885	3591
1993	437	—	321	—	2005	2437	4198	2204	4208
1994	520	—	490	—	2006	4156	4567	3012	4697
1995	659	—	632	—	2007	5668	5852	3512	6422
1996	914	—	871	—	2008	5122	7217	4571	6809
1987	1218	—	1246	—	—	—	—	—	—

二　医疗保险

2001 年 1 月始，香河县城镇职工基本医疗保险实施。2008 年 11 月始，香河县城镇居民基本医疗保险实施。

2001—2008 城镇职工基本医疗保险费收支统计表

表 22-3-6

年份	参保人数	参保率（%）	总收入（万元）	总支出（万元）	结余（万元）
2001	10263	50.12	747	327	420
2002	12417	63.31	1117	703	414
2003	16866	87.78	1664	1112	552
2004	17326	76.80	2189	1163	1026
2005	19508	88.68	2606	2368	238
2006	21563	94.22	3213	2755	458
2007	22294	94.80	3608	3162	446
2008	23921	98.76	5276	4600	676

三 失业保险

1986 年，建立失业保险制度。至 2008 年，共收缴失业保险金 165 万元，发放 163 万元。失业保险已覆盖全县 12613 名职工。根据失业人员缴纳失业保险费的年限不同，失业人员所获得的失业补助金也有所不同。失业补助金逐年有所增加，2002 年，失业补助金每月 248 元，2005 年 305 元，2008 年 345 元。

第四章 信 访

第一节 信访机构

一 县级机构

1978 年，建县革命委员会信访科，有工作人员 5 人。1981 年，建立中共香河县委、香河县人民政府信访科。1982 年 6 月，改称中共香河县委、香河县人民政府信访办公室。为科级单位，有工作人员 6 人，其中主任 1 人，副主任 2 人。1996 年 4 月，机构改革，更名为信访局，有局长 1 人，副局长 1 人。内设办公室、执法指导科、编研管理科，编制 13 人。2002 年 8 月，内设机构科改股。

2008 年，机构定编 9 人，实有 14 人，局长 1 人，副局长 2 人。内设办公室、查办室、督查室。

二 基层机构

1979 年，17 个人民公社的信访工作由各公社办公室秘书负责接待办理。1984 年，各乡镇、县直各部门均建立信访办公室或信访接待站，各村街设有信访员。1988 年，17 个乡镇建立信访民调站，配有信访助理员。1990 年，17 个乡镇建立信访办公室（站），由 1 名副书记或副乡镇长主管，有专职人员 1 至 3 人。县直部门由 1 名副职负责信访工作。1996 年 4 月，并乡扩镇，全县有 9 个乡镇信访办公室（站）。1998 年 3 月，增设县城街道办信访办公室。

2008 年 5 月，县城街道办信访办公室撤销，设新华街道办信访办公室和新开街道办信访办公室。

第二节 来信来访

不同时期，群众信访诉求有所不同。1979 至 1989 年，群众所反映的问题主要是落实党的各项政策，解决历史遗留问题；解决房产抄家问题；反映农村土地承包责任制问题；揭发干部违法违纪；民事纠纷等，占信访量的 55%。进入 20 世纪 90 年代，群众揭发检举违法违纪信访案件数量占 26%。进入 21 世纪，随着新农村建设、城镇化进程、土地扭转、项目建设不断深入，与农民利益相关的土地问题、房屋拆迁问题、失地农民补偿问题突出，信访量剧增。

1990 年，信访办公室从大量的信访案件中发现和提取共性的东西，从而及时、超前、准确地作出符合社情民意的决策，信访量较 1979 年后明显减少。1994 年有效解决集体上访 6 件，进京上访 5 件。1995 后，信访工作出现新动向：访多信少。由投书访发展到登门上访，且上访者个别人情绪激动，有些问题虽已解决，但仍纠缠不休；揭发检举农村干部违法违纪信访案件增多；集体访骤增。主要原因是访者对上级的方针政策、法规不理解或理解片面，干部缺乏耐心细致的思想工作，致使一些人盲目上访。

2003 年，实行“信访案件交办卡”制度。明确办案要求、办案时限等，督促涉案单位和部门及时妥善处理群众各类信访案件。对上级交办的信访案件，及时对涉案单位和部门进行督导，确保交办案件及时、按时查清。年内，共下发信访案件交办卡 23 件。2006 年，信访工作重点实行定期排查、敏感期矛盾排查、巡回检查制度。每月 5 日、20 日为乡镇和县直部门信访苗头隐患排查日。通过排查、调处，使大量矛盾隐患化解在萌芽。

2008 年，因房屋拆迁和土地征用，使上访案件增多。对越级上访者，信访工作人员及时与所在乡镇及部门取得联系，以便掌握动态，随时做好疏导工作。对来访者反映问题难度较大且当事人情绪激动者，先稳定情绪，及时向县委、县政府主管领导汇报。对围堵县委、县政府机关大规模的群体访，工作人员向上访群众宣传党和国家的方针、政策，希望依法、逐级、有序表达诉求。对于缠访、闹访的，严明政策，以理服人。对群众来信，及时阅批，并下发相关涉案部门限期解决通知书，防止由信访演变为人访。

1979—1989 年香河县信访情况统计表

表 22-3-7　　　　单位：件

项目/数量/年份	信访量	其中		问题分类															集体访		越级访			上级交办	领导批办
		来信	来访	精减下放	遗留问题	党政处分	拘捕管制	揭发违法乱纪	成分问题	宅基树木	农村责任制	工资劳保优抚	民事纠纷	经济调整	户口问题	房产抄家	工作问题	其他	批次	人数	中央	省	市		
1979	932	485	438	—	137	—	—	20	25	—	85	65	37	—	35	121	78	320	2	10	34	30	18	185	160
1980	957	506	451	—	141	—	18	19	—	99	74	43	—	31	131	63	338	1	8	13	25	16	201	211	—
1981	891	41	481	138	140	10	97	22	46	30	135	85	188	27	30	21	194	120	—	—	—	—	—	—	—
1982	967	527	440	26	7	152	22	163	2	24	23	181	18	11	65	121	84	68	4	20	25	31	18	261	14
1983	684	397	287	28	9	41	6	105	5	52	43	76	17	4	—	146	56	96	11	120	21	25	12	160	213
1984	557	257	300	6	—	27	5	52	—	33	32	70	49	—	—	125	20	148	7	38	7	15	6	143	169
1985	351	170	181	4	—	22	3	65	—	28	—	98	55	2	5	8	3	58	5	40	9	16	5	105	134
1986	1001	319	682	1	—	13	26	203	—	20	—	117	438	1	13	23	10	136	7	52	19	24	12	58	256
1987	233	85	148	2	—	5	2	41	—	15	—	42	51	2	4	5	2	62	5	21	14	20	10	75	68
1988	249	93	156	8	30	9	2	6	—	—	—	31	26	—	3	16	5	113	3	18	17	22	15	82	79
1989	215	89	126	6	25	8	1	12	—	—	28	30	—	2	8	6	89	2	11	19	25	14	81	105	—

1990—1999 年香河县信访情况统计表

表 22-3-8　　　　单位：件

项目/数量/年份	信访量	其中		问题分类																集体访		越级访			上级交办	领导批办
		来信	来访	批评建议	咨询	党政处分	拘捕管制	经济案件	民事纠纷	工资工龄	优抚救济	工作问题	精简下放	揭发检举	城镇建设	土地承包	宅基纠纷	计划生育	其他	批次	人数	中央	省	市		
1990	194	115	79	6	3	7	3	3	21	4	16	3	12	57	—	14	10	2	33	1	7	31	34	35	56	95
1991	184	90	94	7	10	2	—	6	18	3	15	3	11	47	—	6	1	1	55	4	29	22	28	26	35	59
1992	164	86	78	9	3	3	1	4	24	3	17	3	7	40	—	3	7	5	35	—	—	1	—	6	28	71
1993	137	69	68	—	2	1	2	3	22	3	12	5	5	38	—	5	11	5	23	5	30	13	13	13	25	65
1994	218	90	128	—	11	1	3	3	34	16	13	14	12	49	—	2	8	4	48	7	62	11	35	16	46	78
1995	310	92	218	—	5	—	14	—	52	21	14	9	9	74	—	15	6	6	85	17	254	18	35	34	52	60

续表 22-3-8　　单位：件

项目/数量/年份	信访量	其中		问题分类																集体访		越级访			上级交办	领导批办
		来信	来访	批评建议	咨询	党政处分	拘捕管制	经济案件	民事纠纷	工资工龄	优抚救济	工作问题	精简下放	揭发检举	城镇建设	土地承包	宅基纠纷	计划生育	其他	批次	人数	中央	省	市		
1996	302	115	187	4	14	—	22	7	38	30	12	5	18	62	8	3	3	6	70	25	361	28	58	22	45	70
1997	184	71	113	7	—	—	16	3	16	17	2	1	—	38	3	—	—	2	79	6	45	18	31	11	21	83
1998	218	91	127	5	9	—	—	5	23	12	3	—	—	70	—	17	—	1	73	13	266	17	39	10	55	69
1999	272	81	191	4	9	—	1	7	30	22	1	—	—	88	1	4	4	1	104	14	168	7	4	12	58	78

2000—2008 年香河县信访情况统计表

表 22-3-9　　单位：件

项目/数量/年份	信访量	其中		问题分类								集体访		越级访			上级交办	领导批办
		来信（件）	来访（件）	土地问题	涉法涉诉	建筑拆迁农民工	优抚救济历史遗留	村干部选举	环保	供水电暖	其他	批次	人数	中央	省	市		
2000	267	70	197	18	22	—	37	59	—	21	110	28	332	10	5	35	62	50
2001	263	90	173	30	21	6	19	68	—	—	119	12	156	11	3	39	58	62
2002	258	81	177	37	12	3	34	36	—	—	136	20	215	7	3	34	42	95
2003	256	81	175	—	31	—	—	40	—	—	185	23	464	8	5	16	35	80
2004	245	65	180	—	17	—	—	56	—	—	172	26	496	3	5	20	38	73
2005	242	74	168	55	22	18	20	78	5	29	15	15	408	37	40	21	43	182
2006	238	64	174	40	19	10	38	55	10	25	41	15	320	30	32	15	19	115
2007	529	185	344	144	116	58	48	54	15	70	24	56	821	25	30	18	36	132
2008	517	38	479	161	145	68	44	44	11	6	38	51	743	28	35	21	31	217

第三节　领导接访

一　接待日

1984 年始，确定农历每月初一、十五为县级领导信访接待日，县委常委或县政府正副县长在接待室接待来访者。2002 年，群众进京赴省市集体访前，县级领导接待率达到 80%以上。2004 年始，各级领导接待日统一规定为每周三。把领导接访的时间、地点、领导名单通过广播、电视、公开栏等形式向社会公布。2005 年，信访局为 6 名县级领导编排了接待日程，每周安排 2 名领导，以县委、县政府两办通知形式公布。2006 年，人大、政协主要领导参与接访，每周安排 3 名县级领导轮流接访。领导接访做到谁接待谁签批，谁协调谁解决。

二　接访

1992 年 10 月 27 日，时任县长杨汭，接到市长批转的刘宋镇中营村党支部书记孙元利的信件。信中诉说自己已 70 多岁，身体瘫痪，老伴半身不遂，急需解决医药费。杨汭立即责成信访、民政、刘宋镇政府联合调查，了解实情，听取汇报后当即指示对孙元利给予必要照顾。经协商，民政局拨款 500 元，刘宋镇政府解决 200 元，中营村解决 500 元，计 1200 元，孙元利表达了对各级政府的感激之情。是年，五百户乡夏辛庄村村民董生写信给时任县委书记侯国强，反映家有 5 口人，母亲和妻子有病，两个孩子上学，外欠 5000 元债务，本人靠种地微薄收入，生活困难。侯国强阅后，责成信访局、民政局进村了解情况，经调查，信中反映情况属实。经研究决定，民政局将董生户定为 1993 年定补户，每月 12 元，并给一次性救济款 400 元。五百户乡建起董生脱贫致富专包组织，帮助解决种子、化肥等生产资料；安排董生到集市存车处看管自行车，每集 6 元，月收入 72 元；村减免了两个孩子的学杂费，使董生的生活得到改善。

2002 年，发生县职教中心学生家长和县锅炉厂职工大规模集体上访事件。为此，县领导共召开协调会 12 次，调度会 17 次，及时化解了矛盾。是年，县级领导共接待群众来信来访 63 件，乡镇及县直部门领导共接待群众来信来访 774 件。2003 年，规定哪位领导接访的案件，要全程负责到问题解决。是年，县级领导共接待群众来信来访 53 次、62 件、135 人（次），乡镇及县直部门领导共接待群众来信来访 432 件。2004 年，县级领导共接待群众来信来访 74 件 191 人（次），乡镇及县直部门领导共接待群众来信来访 432 件。2005 年，县级领导共接待群众来信来访 182 件 276 人（次），乡镇及县直部门领导共接待群众来信来访 369 件。2006 年，将群众来信来访案件经分析筛选，确定 28 件为不稳定信访案件，将这些信访案件分包给四大班子负责到底。是年，县级领导共接待群众来信来访 57 件 115 人（次）。

2008 年，为确保全国人大、政协两会及奥运会在北京顺利召开，每天安排 1 名县级领导接访；各乡镇、县直各单位安排专职领导负责信访工作；提前公布接待时间、地点、接访人职务。

第四节　信息反馈

信访部门在下访和来信来访中，注意收集、整理各方面信息。经筛选、提炼，对香河县政治、经济及社会发展有益的信息反馈给县委、县政府，为县委、县政府在决策时提供依据。对存在的不稳定因素和倾向，及时反馈给县委、县政府，以便提前制定应对措施。

2002 年始，加大信访信息反馈力度。是年，编写“信访专报”25 期，“信访信息”38 条，“人民建议”4 条，“文字材料”9 篇。在国家级报刊杂志上发表 1 篇，在市级报刊上发表 2 篇。2003 年，加大信访信息搜集、编辑、写作工作力度，与县委组织部、县纪委、县人大、县政协等部门密切沟通，在第一时间获得新情况，掌握新信息，及时上报主管领导。编印“信访专报”8 期，“信访信息”54 条，“人民建议”7 条，“文字材料”8 篇，国家级刊物转发 1 篇，《河北信访》转发 2 篇，《廊坊信访》转发 12 篇。2004 年，编印“信访专报”27 期，“信访信息”54 条，“人民建议”5 条，“文字材料”6 篇，《廊坊信访》转发 7 篇。2005 年，编印《信访专报》38 期，“信访信息”30 条，“人民建议”8 条，“文字材料”5 篇，《廊坊信访》转发 3 篇。2006 年，对情绪激烈的集体上访者，及时与国家、省、市信访部门进行信息沟通，争取主动。同时编写《信访专报》，向主管领导汇报案情，提出解决问题的意见和建议。在抓好日常来信来访基础上，坚持每月编报《信访通报》，便于县、乡及县直部门领导及时掌握香河县的信访形势和动态。

2008 年，上报“信访信息”16 篇，搜集上报“群众语言”284 条，“群众意愿”38 条，“不符现象”13 条，“先进事迹”6 篇。

第五章　外事管理

第一节　外事出访

因改革开放，香河县部分企业负责人及政府领导走出国门，对国际市场进行考察，寻求合作，使县域经济和企业与国际市场接轨。20 世纪 80 年代，为增加金银首饰的花色品种，县首饰厂多次派技术人员到日本研修。1992 年 3 月，应加蓬共和国有关人员的邀请，常务副县长王怀远率北京香河旅游家俬联合公司有关人员赴加蓬共和国考察在加蓬建木器厂事宜。1993 年 10 月，以县长杨汭为团长的赴日本鹿岛町经济考察团对日本进行为期 7 天的考察。2005 年 7 月 24 日至 30 日，县长于宝华、副县长王小卫应韩国统一株式会社的邀请，带领县开放办公室、经济贸易局、淑阳镇和高氏集团、燕岭公司的负责人赴韩国进行为期 7 天的招商考察。

1985—2005 年香河县出国考察人员一览表

表 22-5-1

姓名	职务	工作单位	考察国家	考察内容	时间
单　友	农民	淑阳镇大王庄	日本	多种经营	1985.5
李志刚	副厂长	县首饰厂	日本	首饰专业技术研修	1988.9
周云清	车间主任	县首饰厂	日本	首饰专业技术研修	1988.9
倪本富	副厂长	县首饰厂	泰国	首饰流行趋势及市场情况	1988.10
王怀远	常务副县长	县政府	加蓬共和国	在加蓬建厂事宜	1992.3
杨　汭	县长	县政府	日本鹿岛町	经济考察	1993.10
于宝华	县长	县政府	韩国	招商考察	2005.7
王小卫	副县长	县政府	韩国	招商考察	2005.7

第二节　外宾到访

改革开放后，香河县在国际的知名度不断提升，外籍华人，外国商界、政界、科技界人士到香河，对教育、卫生、经济等多领域进行参观考察，洽谈业务，寻求合作。

1986—2008 年外国友人到香河县参观考察一览表

表 22-5-2

国别	时间	来访者情况	接待单位	事由
日本	1986.8.3	日本株式会社，高岛屋本社贩壳促进部早崎昭夫、长山口哲夫 2 人	县首饰厂	洽谈业务
美国	1986.8.24	美商 AVIDUDAI 先生 1 人	县首饰厂	参观
德国	1987.2	联邦德国青少年参观团	香河中学	访问
联合国	1987.5.6	世界卫生组织、联合国儿童基金会、中国儿童计划免疫检查团	县卫生局	检查香河县疫苗接种率、覆盖率
美国	1987.5.27	美籍华人王亚男女士	县首饰厂	洽谈业务
美国	1987.7.12	美籍华人（美国大学教授）率家人	县首饰厂	参观
美国	1987.7.14	美籍华人王亚男协子雅本杰	县首饰厂	参观
日本	1987.8.13	日本国营商水野芳香、铃木雅一、本池秀夫、佐佐木正男	县首饰厂	参观、洽谈业务
法国	1987.11.18	汉字家兼记者纪可梅女士	县文教局	拍新凤霞深入农村培养演员专题片
美国	1988.2.12	美籍华人陈绍玲女士	县首饰厂	参观
日本	1988.5.25	商人木代哲郎、福地高士 2 人	县首饰厂	洽谈业务
美国	1988.11.9	约翰安得森·埃米乐普来特尤女士	县首饰厂	洽谈业务
美国	1988.12.7	美国国际贸易发展有限公司助理采购李玉华女士、美国国际贸易发展有限公司商克动有限公司商务顾问秦正光和马成义 3 人	县首饰厂	洽谈业务
日本	1989.5.20	商人佐佐木正男、符布隆 2 人	县首饰厂	洽谈业务
瑞士	1989.10.19	黑天鹅钟表总公司迪安东尼奥	县首饰厂	洽谈业务
美国	1989.10.20	美国千花公司 MICHAELJ	县首饰厂	参观

续表 22-5-2

国别	时间	来访者情况	接待单位	事由
日本	1989.10.30	商人佐佐木正男、森田兼吉、竹下翔上、中岛帆喜 4 人	县首饰厂	洽谈业务
新加坡	1989.11.4	客商陈胥强、陈逊敏、吴志发	县首饰厂	洽谈业务
新加坡	1990.4.19	客商	县首饰厂	洽谈业务
美国	1990.4.20	美国民间色彩公司设计师金哥女士	县首饰厂	参观
美国	1990.5.18	再来公司夏论·海伦女士、嘎利赛多、大卫·丽英、王亚男女士	县首饰厂	洽谈业务
美国	1990.8.11	客商未克工业品公司总经理未哈尔克里赫力、总经理助理美籍华人于士伟	县首饰厂	洽谈业务
日本	1990.8.20	客商 MINORVOKUDA 先生等 3 人	县首饰厂	洽谈业务
美国	1990.8.23	美商波恩	县首饰厂	洽谈业务
荷兰	1990.11.9	贝哈沃工艺美术公司经理多料民科	县首饰厂	洽谈业务
日本	1990.11.30	客商奥田实等 5 人	县首饰厂	洽谈业务
日本	1990.12.30	客商奥田实、腾井正范	县首饰厂	洽谈业务
英国	1991.9.30	农渔食品大臣内阁成员约翰戈默	县供销社	考察英香鸭场
加蓬	1991.10.29	加蓬共和国驻华特命全权大使莱尼翕戈·恩敦巴本杰明	县首饰厂、县木器厂	考察
加尔梅斯	1992.3.12	加尔梅斯等拉美九国驻华大使	县政府	参观考察
日本	1992.17	以五十显武为团长的日本木鹿鹿岛町考察团对香河为期 7 天参观考察	县政府	参观考察
伊朗	1995.10.27	卫生考察团一行 5 人	县政府	考察香河妇幼保健工作
美国	1996.9.11	美国疾控中心主任撒切尔博士率代表团考察合作项目	县政府	预防神经管畸形项目
	1996.10.11	海外企业家、科技专家考察团一行 42 人	县政府	考察
以色列	1999.3.2	国家博物馆项目负责人罗尼一行 3 人	县政府	考察、交流
乌干达	1999.7.25	驻华大使菲利普一行 5 人	县政府	洽谈经营合作项目
日本、英国	1999.9.18	日本桑原正明夫妇、英国 MrWilIiamj.cahdier 等 150 名专家	县政府	考察香河安平开发区
以色列	1999.9.22	农业专家达尼尔一行 2 人	县政府	考察、讲学
以色列	2001.7.12	驻华使馆农业处公使衔参赞欧慕然	县政府	考察农业
	2003.4.16	东南亚国家驻京专家代表团一行 35 人	县政府	参观考察“第一城”、家具城
	2003.9.4	加勒比地区国家部长培训班一行 15 人	县政府	参观考察“第一城”
日本	2003.9.27	企业界和财界考察团一行 5 人	县政府	考察投资环境
美国	2003.10.17	奥乐集团投资公司董事长鲍勃先生等 7 人	县政府	参观考察
卢旺达	2004.3.10	驻华大使约瑟夫博内萨一行 4 人	县政府	参观考察
韩国	2004.8.26	21 世纪韩中交流协会会长金汉圭一行	县政府	参观考察
柬埔寨	2004.9.1	前首相洪森到香河县	县政府	参观考察
阿联酋	2004.9.21	驻华大使朱马·拉西德·贾西姆到香河新华珐琅有限公司	县政府	参观考察

续表 22-5-2

国别	时间	来访者情况	接待单位	事由
美国	2005.4.2	卫生部长助理阿尔玛·戈尔登博士、卫生和福利部卫生专员克雷格·夏皮罗博士及兰斯顿先生一行3人	县政府	参观考察
蒙古国	2005.5.18	前总统奥其尔巴特先生一行	县政府	参观考察
韩国、澳大利亚	2005.5.19	海外侨商代表团一行40余人	县政府	参观考察
以色列	2005.7.6	驻华大使海逸达博士与农业参赞及以色列联合发展公司负责人一行8人	县政府	参观以色列现代温室示范项目
爱尔兰	2005.10.20	贸展团一行15人	县政府	参观考察
韩国	2005.11.28	韩中自然医学研究会会长韩国万民救援汉方医院院长杨钟润、副院长姜声义	香河县哮喘医院	参观学习
韩国	2006.5.18	韩国前总理李寿成及夫人金京顺带队的考察团一行15人	县政府	参观考察
美国	2006.5.29	前任州议员、市长代表亚瑟·蔡斯先生率伍斯特市政府代表团一行10人	县政府	参观考察
美国	2007.4.16	美国哈斯科公司董事长兼首席执行官哈德威先生及商务部、驻华使馆、美中商会等人	香河开发区	出席项目竣工典礼仪式
美国	2007.5.29	华尔街投资公司董事长王国金	县政府	洽谈运河开放项目
美国	2007.5.9	华尔街投资公司董事长王国金一行4人	县政府	考察投资项目
美国	2007.10.8	美国国家疾控中心考察团一行3人	县卫生局	参观考察
	2008.7.16	中美商会代表团一行	县工商联	参观考察
卢森堡	2008.11.8	前欧盟主席、卢森堡前首相、中欧联合商会主席雅克·桑特一行	县政府	参观访问 交流洽谈

第二十三编　政法　国防

1979—2008 年，香河县牢固树立“稳定压倒一切”思想，坚持政治建警、素质强警，发挥职能作用，维护全县政治稳定和社会安定，实现公安部提出的“发案少、秩序好、社会稳定、群众满意”目标。自 1996 年始，香河县公安局先后获“全国优秀公安局”4 次、“全省优秀公安局”6 次、“全国公安保卫战线英雄模范立功集体”2 次、“全国公安系统奥运安保先进集体”1 次、“全国公安机关‘三基工程’建设先进集体”9 次称号。

香河县检察机关把破坏发展环境、影响经济发展、社会关注的案件作为重点，开展批捕、公诉、反贪污受贿、反渎职侵权、民事行政检查等工作。1979—2008 年，香河县人民检察院受理公安机关和自侦部门移送起诉案件 1942 件 2282 人，提起公诉 1758 件 2655 人。共获省级集体记功、表彰 13 次，连续两届被评为省级“综合治理十佳优胜单位”，先后获省级“五好检察院”“先进检察院”“人民满意检察院”“模范检察院”等称号。

1979—2008 年，香河县审判机关发挥审判职能，严厉打击各种犯罪分子，维护社会主义法制尊严，保护国家、集体和人民合法权益，加强民事调解能力建设。至 2008 年底，共受理各类刑事案件 2631 件、民事案件 25381 件、经济合同案件 874 件、行政案件 98 件。

香河县司法行政系统注重普法宣传，开展农民、学生和干部等各类人群法制教育，健全法律服务体系，为人民提供法律援助，做好刑释解教、“两劳”回归人员安置帮教工作。2008 年底，全县共建人民调解组织 324 个。

1979—2008 年，县委、县政府大力支持武装和驻香河部队建设。随着国家战略方针的调整，香河县不断深入民兵工作改革，健全民兵组织，开展多种形式的政治教育和军事训练。民兵在执勤保卫、抢险救灾、“两个文明”建设中发挥积极作用。

香河县利用历史资源、战争遗址和具有国防教育功能等设施，开展形式多样的国防教育活动，建设县、市、省级国防教育基地 14 个。至 2008 年底，仅第一城省级国防教育基地就接待中小学生和社会各界游客 9 万人。

人民防空机构健全，队伍精良，人防宣传和教育扎实开展，认真落实防空警报试鸣日制度。县人武部和驻香河部队积极参与地方建设，为香河县的稳定、繁荣、发展不断做出新贡献。

第一章　政法工作

第一节　政法队伍建设

1982 年，为激励广大干警爱岗敬业，开展评先进、争先进、赶先进活动，涌现一批先进工作者和模范共产党员。年内，为密切警民关系，开展了爱民月活动。1984 年，围绕“从严治警”，对干警着重抓四个方面教育：思想路线和政治路线教育；社会主义法制教育；廉洁奉公，抵制资产阶级思想侵蚀教育；职业道德、职业责任和职业纪律教育。1986 年，第一个全民普法五年规则（“一五”普法）教育开始。政法委组织全县政法干部学习“十法一例”（《中华人民共和国宪法》《中华人民共和国民族区域自治法》《中华人民共和国刑法》《中华人民共和国刑事诉讼法》《中华人民共和国民法通则》《中华人民共和国民事诉讼法》《中华人民共和国婚姻法》《中华人民共和国继承法》《中华人民共和国经济合同法》《中华人民共和国兵役法》《中华人民共和国治安管理处罚条例》）。1991—1992 年，组织公安系统干警学习《刑事侦察学》《公安决策学》。法院系统干部学习《中华人民共和国担保法》《中华人民共和国建筑法》《中华人民共和国经济合同法》《中华人民共和国劳动合同法》等相关法律，以提高执法者素质和水平。

1993 年，开展宗旨教育、职业道德教育、遵纪守法教育。在政法系统开展纠正行业不正之风整训工作，重点整顿政法队伍和机关作风。经过组织学习培训、个人认格、互相评比、组织考核认定，最后清退合同制干警 1 名，纯洁了队伍，教育了干部。1998 年，开展执法大检查及思想作风集中教育整顿活动。以达到转变执法理念、提高执法能力、改进执法作风的目的。

2001 年，开展以“三个代表”重要思想（代表先进生产力的发展要求；代表先进文化的前进方向；代表最广大人民的根本利益）为主要内容的学习教育活动。通过学习教育活动，使广大政法干部明确权应为民所用，情应为民所系，利应为民所谋。同时开展评选“十佳干警”“十佳贤内助”“十佳治保主任”“十佳调委主任”“十佳支持政法综治工作热心人”为内容的“五十佳”活动。使政法系统学有榜样、行有示范，激励斗志。

2003 年，开展以“执法为民教育、违法违纪大检查和涉法涉案清理”为主要内容的“三项活动”。下发活动实施方案，制定并完善督导检查、定期调度、信息上报等七项制度。

2005 年，全面开展“规范执法行为，促进执法公正”专项整改活动。制定了《关于在全县政法系统开展“规范政法行为，促进执法公正”专项整改活动的实施方案》，同时制定了《关于加强政法系统中层干部监督管理工作的实施意见》。建立了中层干部述职制度、涉法涉诉信访案件台账制度，以及“两错”（错案、执法过错）责任追究制度。2006 年，开展社会主义法制理念、社会主义荣辱观教育活动。活动中，共举办培训班 13 期，累计培训领导干部 211 人，培训干警 480 人。

2007 年，组织全县政法干警参加省、市统一安排的社会主义法治理念教育网上考试，香河县政法干警平均 97.8 分。同时，开展坚持“三公”（树公心、行公道、做公仆），提高“三执”（执言、执文、执法）能力主题教育活动。开展演讲比赛、征文、比武等活动，以提高全县政法队伍整体素质和业务水平。经过资格审查、文化考试、政审、体检等程序，为法院公开招录 15 名工作人员和 163 名公安特警。

2008 年，以提高干警严格、公正、文明执法为核心，以强化教育培训为基础，坚持从严治警与从优待警并重，组织全县政法系统干部开展“大学习、大讨论”主题教育活动。印发了《廊坊市政法系统“大学习、大讨论”活动学习材料汇编》，政法干警人手一册。开展“岗位大练兵、大比武”活动，以提高政法干警的政治思想素质和业务工作能力。深入开展“五民”（听民生、察民情、知民意、解民忧、护民权）主题教育活动，与学习实践科学发展观和作风建设年等主题教育活动相结合，强化政法干警公正执法理念，确保公平正义。年内，政法系统招录工作人员 55 名，充实政法队伍。

第二节　社会治安综合治理

1979 年，对旅店、刻字、印刷等特殊行业规范管理。旅店业严格实行统一登记制度，刻字业刻制公章凭公安局证明，保留印模到公安局备案。1981 年，香河县贯彻中央关于从重从快打击犯罪分子，狠抓社会治安秩序综合治理的方针政策。县委要求各公社、各部门、各单位都要由党委“一把手”亲自挂帅，建立社会治安领导小组，把综合治理工作列入党委重要议事日程，作为一项重要任务来抓。1985 年，县委制定未来五年社会治安综合治理总体规划，并且以县委文件形式下发。为普及法律知识、提高香河县公民法治意识，利用广播、电视、条幅、展牌等各种形式宣传法律法规。全县选配法制宣传员 1700 人到各乡镇、各单位，进行宣传至年底。共发放各种版本普法课本 5384 册，给中小学生上法制课 95 次，接受法制教育中小学生达 9000 人。1989 年，继续贯彻中央严打方针。经过三年“严打”专项斗争后，县委对香河县治安形势进行分析，认识到严厉打击刑事犯罪不能放松，依法从重从快打击的方针不能变。因此，年内开展了打现行专项行动，召开公捕公判大会，组织统一行动，集中打击重点对象等活动。同时，继续开展好公民普法教育，进一步加强公民遵纪守法自觉性。1993 年，重点整顿文化娱乐市场、旅店业、废旧金属收购站、收缴枪支弹药等。1995 年，加强内保单位和保卫科室的建设、农村治保会和调委会的组织建设，促进综治工作向科学化、制度化、规范化方向发展。是年，有 9 个乡镇和 70 多个单位与县政府签订了社会治安承包责任书。1996 年，重点整顿歌舞厅、录像厅、桑拿浴、卖淫嫖娼等。1990 年北京亚运会、1997 年香港回归、1999 年澳门回归、2008 年北京奥运会及历年全国人大、政协“两会”等，世界关注的关键时刻，各单位、各部门昼夜有人值班，各居民区、企事业单位有义务治安员巡查，各村街路口昼夜设岗盘查。9 个乡镇分别组建一支 6～12 人的治安联防队，由乡镇公安派出所统一调配，参与辖区治安巡逻。各个进京路口 24 小时守卫，嫌疑人有专人负责看护。2006 年，为加强社会治安综合治理工作，调整乡镇、街道办综治办副主任 5 人，9 个乡镇和 2 个街道办综治委主任全部由党委书记兼任。

第三节　严打专项斗争

一　严打整治

根据全国人大常委会《关于严厉打击刑事犯罪活动的决定》，香河县从 1983 年下半年起至 1985 年，两次集中统一行动。共收捕各类刑事犯罪分子 125 名，破案 270 起，召开公审公判大会 6 次，依法严惩了少数首恶分子，清除了一批社会渣滓，有数十名犯罪分子投案自首，争取宽大处理。2002 年，贯彻中央“两年内社会治安要有明显好转”的指示精神，侦破“4•6”系列杀人案等一系列有较大影响的案件。全县共立刑事案件 453 起，检察机关批捕 103 件 132 人，起诉 103 件 142 人；法院受理刑事案件 146 件，全部审结；治安案件共受理 543 件。2003 年，破获“3•9”“5•8”“6•10”等一系列杀人案件。全县共立各类刑事案件 360 起，破获 229 起，抓获犯罪嫌疑人 169 名。查处治安案件 342 起，处罚 1261 人。

2004 年 9 月 25 日至 10 月 25 日，开展为期一个月的社会治安集中整治突击月活动。共立各类刑事案件 380 件，破案 313 件，抓捕犯罪嫌疑人 232 人，逮捕 145 人。2006 年，组织开展侦破命案、“打盗抢、除黑恶”等集中打击和专项整治行动。成功侦破“6•3”绑架案、“6•21”强奸抢劫案、“11•16”特大杀人案。全县共立各类刑事案件 503 起，破案 334 起，抓获各类犯罪嫌疑人 292 人，查处治安案件 551 起。年内，打掉一个由廊坊市南尖塔镇南尖塔村、承德市双滦河镇、内蒙古自治区等地犯罪嫌疑人组成的黑社会团伙，从中侦破案件 26 起。2007 年，侦破“1•2”特大抢劫汽车案、“4•30”和“5•1”故意杀人案、“8•25”特大杀人案。全县共立各类刑事案件 559 件，破案 520 件，抓获犯罪嫌疑人 418 人。

2008 年，组织开展侦破命案、“打盗抢、除黑恶”、打击“两抢一盗”等一系列集中打击和专项整治行动。破获“11•16”故意杀人案、周某某，段某某团伙盗窃摩托车案等重大刑事案件。全县共立各类刑事案件 441 件，破案 819 件（含积案），抓捕犯罪嫌疑人 486 人。

二　打击破坏农田机电设施犯罪

1979 年起，针对县域农用水电设施屡遭破坏这一现实，开展打击破坏农用设施专项斗争。1985 年 12 月，破获京津唐电网 22 万伏输电铁塔破坏案，50 万伏超高压输电铁塔破坏案。1988 年冬，发生县域东部乡村输电光铝线被盗割、变压器盗砸案件。2006 年 3 月，破获流窜于香河、大厂、通州区盗贼盗割光铝线案。

三　打击拐卖妇女儿童犯罪专项斗争

1987 年 9 月，开展了打击拐卖妇女儿童犯罪活动专项斗争。县公安局出动 123 名警力会同法院、检察院、司法局及乡镇有关部门开展工作，对涉案的 35 人进行处理。1989 年，继续开展打击拐卖妇女儿童斗争。侦破拐卖妇女儿童案 8 起，解救妇女儿童 8 名，逮捕犯罪嫌疑人 1 名。1993 年 11 月，抓获 2 名涉嫌强奸妇女、拐卖少女犯罪嫌疑人。2002 年，抓获 2 名拐卖朝鲜籍妇女的犯罪嫌疑人。2003 年，解救被拐卖的 13 岁女童（天津市武清区河北屯村人）1 人。至 2008 年，多次开展查禁取缔卖淫嫖娼专项行动，对洗浴、按摩房、小旅馆等场所进行清理、整顿。

四　打击“车匪路霸”专项斗争

1990 年 4 月，开展打击“车匪路霸”专项斗争。当年，打掉一个“车匪路霸”4 人团伙。1993 年 3 月，针对“车匪路霸”活动规律，确定唐通线香河路段、淑阳镇、渠口镇为整治重点区域，共打掉“车匪路霸”团伙 4 个。以后，打击“车匪路霸”纳入社会治安综合治理长效机制。

第四节 建立“三位一体”调解体系

“三位一体”调解体系的基本内涵是用调解的方式解决社会矛盾。将人民调解工作范围延伸至民事诉讼案件的诉前、诉中、诉后和行政调解的全过程，把纠纷解决在萌芽状态，化解在基层。整合人民调解、司法调解、行政调解三种方式，形成解决社会纠纷的合力。2006 年，香河县初步完成“三位一体”调解体系建设。

一 建立“三位一体”调解中心。

县政府投资 80 万元对 3000 平方米的调解中心进行重新装修，购置现代化办公设施，安装视频监控系统和电子显示屏。为随时掌握全县矛盾纠纷排查动态和工作进展情况，建设了县、乡镇和县直有关部门局域网。制作专门网页，通过信息技术将调解中心与 9 个乡镇和 21 个县直部门调解中心联网，做到资源共享；研发居民信息分布软件，以村街、社区为单位，以家庭为基点，将居民的姓名、性别、年龄、身份、职业及有无前科劣迹等内容全部录入微机，实行动态管理。制作调解电子档案，为排查调处矛盾纠纷提供第一手基础性资料。制定接待室、调解室、综合室等相关工作制度 23 项 137 条，统一表格台账，统一上墙内容，统一标识，规范工作程序，为“三位一体”调解工作的开展提供保障。

二 建立规范化的调解中心。

全县 9 个乡镇、县城街道办、家具城管委会和县直 21 个行政执法部门及法院、检察院均按要求建立了调解中心。其中，法院和公安局的基层法庭和派出所建立了温馨调解室。

三 建立标准化的调解室。

截至 2007 年底，精品调解室数占到了全县村街总数的 43.67%。2008 年，发挥县、乡、村街三级调解中心（调解室）作用，以网络平台为载体，整合各种资源，做到各类矛盾纠纷早预防、早发现、早介入，使 90%以上的矛盾隐患化解在基层，消灭在萌芽状态。

第五节 青少年法制教育

20 世纪 80 年代初，全县各中小学每学期都要聘请公社（乡镇）司法员、公安派出所干警进校对中小学生进行遵纪守法教育。1986 年，国家“一五普法”开始，县政法委向各中小学、各级共青团组织印发了“十法一例”。各中小学以“十法一例”为教材，每周安排一课时的法制课，旨在使青少年从小学法、知法、懂法、守法。

1999 年 6 月，开展青少年法制教育宣传月活动，与县公安局联合成立法制教育巡回演讲报告团，到各乡镇、学校举办巡回演讲 25 场次。8 月，下发《关于针对“法轮功”问题在全县团员青年中开展思想教育活动的通知》。各级共青团组织团员青年学习、宣传党中央的重要大决策，深入揭批邪教“法轮功”，在思想和行动上与党中央保持高度一致。各学校注重对学生的法制教育。香河二中，在“三五”普法中被授予“廊坊市三五法制宣传教育先进集体”“优秀青少年维权岗”；香河三中与当地公安派出所、学生家长建立“警校共建”“家长委员会”，形成学校、家庭、社会一体化教育网络；县职业中学把依法治校贯穿于学校各项工作的始终，做到依法行政、依法育人、依法管理。

2006 年，通过举办法制讲座、图片展、报告会、录像观摩、模拟情景训练、建立青少年法律学校等形式，宣传贯彻《中华人民共和国宪法》《中华人民共和国未成年人保护法》《中华人民共和国预防青少年犯罪法》等法律、法规。11 月，县委组织县法院、县检察院、县教育局、县司法局等单位，开展青少年模拟法庭实践活动，以此来提高青少年法制教育的实效。

2008 年，各学校在法制课上以《中华人民共和国宪法》为重点教材，组织学生学习《中华人民共和国教育法》《中华人民共和国未成年人保护法》《中小学管理规程》等法律、法规，利用广播、板报、橱窗等形式广泛宣传。

第二章　公　安

第一节　机　构

一　机构设置

1979年，县公安局内设10个股级机构:秘书股、政工股、政保股、经保股、治安股、消防股、刑侦股、预审股、看守所、交通队，局下设城关派出所、安平派出所。1981—1982年，先后增设刘宋、渠口、五百户、蒋辛屯、王家摆、孙止务（1982年4月，改称大罗屯派出所）、钳屯、李庄、安头屯、金辛庄、大七里（1982年4月，改称东鲁家口派出所）、石虎辛庄、钱旺村、梁家务、香城15个派出所，每所设正、副所长1人。1984年7月，增设安平治安检查站。1987年7月，县公安局与交通局举行交通监理合并仪式，成立公安局交通队。是年11月，公安局成立行政股。1988年5月28日，成立市场派出所。是年10月，城关镇改称淑阳镇，城关派出所随之改称淑阳派出所。1989年11月，公安局成立法制股。1990年5月，原“保安服务公司”更名为“保安大队”，经济独立。1992年10月，县公安局成立工会组织。

1993年2月9日，县公安法医门诊部成立。是年4月9日，安平开发区公安分局成立，同月，香河县公安局治安巡逻队成立，隶属县公安局治安股。同时，县交通局与西店村联合建立“香河县社会车辆管理站”，隶属淑阳派出所。1994年7月，安平开发区派出所成立。1996年，第一城派出所成立。6月18日，公安局所属单位股改名为科，队改名为大队，政办室改名为政治处。9月24日，增设户政科、机要通信科、信访科。10月24日，由于并乡扩镇全县撤并建制派出所，原淑阳派出所、大罗屯派出所、金辛庄派出所合并建立淑阳派出所；原五百户派出所、李庄派出所、香城派出所合并建立五百户派出所；原渠口派出所、东鲁口派出所、石虎派出所合并建立渠口派出所；原蒋辛屯派出所、梁家务派出所合并建立蒋辛屯派出所；原安平派出所、王家摆派出所合并建立安平派出所；原刘宋派出所、安头屯派出所、钳屯派出所、钱旺派出所设置不变。此时，公安局所属单位由34个减为26个。

1997年3月，档案室与办公室分设。6月，“110”报警服务台开通，成立指挥中心。10月8日，刑侦体制改革，刑侦大队下设技术、预审、综合及4个责任区中队。2000年7月，警务督察大队成立。2001年5月1日，等级管理量化考核实施办法在县公安局正式启动，成立专门的考核机构——考核办公室。10月25日，家具城派出所成立。2002年5月20日，成立经侦大队。公安局内部机构20个：政治处、办公室、刑侦大队、经侦大队、国内安全保卫大队、法制科、行政科、内保科、户政科、巡警防爆大队、机要通信科、治安警察大队、档案室、看守所、控告申诉科、交警大队、保安大队、警务督察大队、消防大队、考核办；派出机构13个：安平开发区、市场、家具城、第一城4个治安派出所、9个建制（乡）镇派出所。2003年3月31日，治安大队、内保科、户政科合并成立治安大队。2004年9月6日，香河县成立综合执法局，内设治安办公室，由3名民警到综执办现场办公。考核办与政治处合并，公安局所属30个科、所、队、处、室。2005年8月4日，消防大队与消防科（现役）合并。2006年，香河县公安局内设机构8个：政治处、办公室、警务督察大队、机要通信科、档案室、法制科、控告申诉科、行政科；下属单位22个：刑侦大队、经侦大队、国保大队、巡警大队、治安大队、看守所、治安拘留所、交警大队、保安大队及安平开发区、市场、第一城、家具城4个治安派出所、9个建制（乡）镇派出所。

2007年12月，档案室与办公室合并。此间，公安局所属28个科、所、队、处、室，分别为政治处、办公室、警务督察大队、刑警大队、交警大队、治安大队、国内安全保卫大队、法制科、经侦大队、巡警大队、保安大队、行政科、看守所、机要通信科、控告申诉科及淑阳、渠口、安平、刘宋、五百户、蒋辛屯、安头屯、钳屯、钱旺9个建制(乡)

镇派出所、一城、开发区、家具城、市场4个治安派出所。至2008年底，机构设置没有变化。

二　队伍建设

1979年，全县公安民警96人，1989年增至199人。1986—1989年，在全体民警中开展法制教育，重点是股、所、队长以上领导干部和治安、刑侦、政保、预审、内保、交通及基层派出所民警，学习《中华人民共和国宪法》《中华人民共和国刑法》《中华人民共和国刑事诉讼法》《中华人民共和国民事诉讼法（试行）》等十项法律。1991—1992年，先后聘请中国人民公安大学刑法教研室主任陆中俊教授、进修部教研室主任王明新副教授讲授《中华人民共和国刑法》《中华人民共和国刑事侦察学》《公安决策学》等，切实提高干警法律素质和执法水平。1992年，根据公安部要求精减机关，充实基层，17个乡镇派出所由53人增至77人。1993年4月30日，举行首次人民警察授衔仪式，建立警诫、请示报告、考勤考绩等7项制度。

1998—2000年，香河县公安局与中国人民公安大学联合举办刑侦及治安专业大专专业证书班，公安局党委成员、48岁以下中层干部、45岁以下民警200人参加学习。1999年10月17日，全省公安机关人民警察基本素质考试在县职教中心举行，公安局男55周岁以下、女50周岁以下在编民警计264人参加考试，参考率、合格率均为100%。

2000年底，各乡镇党委为各派出所分配4名乡镇干部，共计增加36人，此时公安局有民警319人。2001年4月30日上午，公安局举行99式新警服换装仪式，300多名民警参加了换装仪式。2004—2007年，在全体民警中开展大练兵活动，按照“干什么，练什么，缺什么，补什么”的原则，把练兵工作拓展到公安工作的方方面面，真正使基层民警的政治、业务、体能素质大幅度提高。2006年，从全县党政机关、事业单位有财政编制的30岁以下男性干部中选调53人、军队转业干部5人充实到基层所队。2007年，组建100人的巡特警大队。2008年底，共计增加警力158人。

第二节　治安管理

一　特种行业管理

1979年6月，香河县公安局将旅店业、旧货业、刻字业、修理业等列入特种行业范围，全县共有特种行业34家，其中旅店业11家，印刷业4家，旧货业18家，刻字业1家。特种行业管理以派出所为主，公安局治安股与派出所相结合。1981年始，各旅店坚持来客登记制度，全县统一店簿，派出所每周一检查；刻字业凭公安局证明刻制公章，保留印模到公安局备案。1993年10—12月，开展“三整顿一收缴”，重点整顿文化娱乐市场、旅店、废旧金属收购冶炼、收缴枪支弹药等。此次检查处罚违规经营旅店3家，废旧金属收购点5家。1996年，把机动车修理、废旧汽车拆卸、出租车、歌舞厅、电子游戏厅、录像厅、桑拿浴、射击等行业纳入特种行业管理。为使管理规范化，集中整顿原有和新纳入的特种行业，重新登记发证。同时，借鉴外地经验完善管理办法，加大管理力度。1999年3月，投资4万元购置微机一台，对所有特种行业实行微机管理。2001年，按照“严而有序，活而不乱，突出重点，服务优质”的原则，加强信息网络建设，对全县旅店、大型歌舞场所等治安复杂的行业全部实行微机化管理，健全各项规章制度，严管重罚违规操作的特种行业点。当年，全面检查县内492家特种行业，取缔违法、违规经营14家，停业整顿17家。通过严格管理，查处卖淫嫖娼案件36起，处罚涉案人员157人；查处赌博案件89起，处罚参赌人员293人；查处传播淫秽物品案件31起，处罚涉案人员95人。2008年，按照“实名、实数、实情、实时”的要求，强化旅店业管理，对全县87家旅馆“日访夜查”，共停业整顿48家，取缔无特行许可7家，确保入住香河外来人员底数清、情况明。

1979—2008 年香河县特种行业统计表

表 23-2-1

年份	特行总数	旅店	印刷	旧货	刻字	洗浴	歌舞娱乐	机动车修理	其他
1979	34	11	4	18	1	—	—	—	—
1980	34	11	4	18	1	—	—	—	—
1981	35	11	4	18	2	—	—	—	—
1982	35	11	4	18	2	—	—	—	—
1983	41	14	7	18	2	—	—	—	—
1984	43	14	9	18	2	—	—	—	—
1985	46	16	10	18	2	—	—	—	—
1986	52	21	10	18	3	—	—	—	—
1987	68	29	15	21	3	—	—	—	—
1988	91	33	29	26	3	—	—	—	—
1989	144	36	42	64	2	—	—	—	—
1990	126	35	39	49	3	—	—	—	—
1991	126	35	37	51	3	—	—	—	—
1992	82	38	39	3	2	—	—	—	—
1993	84	40	39	2	3	—	—	—	—
1994	101	32	40	26	3	—	—	—	—
1995	192	38	43	107	4	—	—	—	—
1996	180	40	36	101	3	—	—	—	—
1997	216	40	62	110	4	—	—	—	—
1998	200	54	—	142	4	—	—	—	—
1999	193	57	—	132	4	—	—	—	—
2000	349	64	—	128	4	17	8	128	—
2001	492	76	—	129	4	21	4	124	134
2002	492	76	—	129	4	18	17	163	85
2003	491	75	—	123	5	24	15	140	109
2004	475	69	—	122	3	41	13	131	96
2005	541	59	—	122	5	24	17	122	192
2006	355	55	—	68	3	37	6	112	74
2007	375	79	—	69	3	37	6	122	60
2008	381	87	—	68	3	24	5	126	68

二　危险物品管理

（一）民用爆炸物品管理

1984 年，根据《民用爆炸物品管理条例》规定，县公安局把烟花爆竹生产、运输、储存、销售列入爆炸物品管理范围，检查全县销售烟花爆竹的供销社和村里代销点，收缴 30 千克硝铵炸药和 200 米导火索。1990 年 12 月 19 日，县供销社、公安局联合整顿烟花爆竹市场，要求所有经营烟花爆竹单位和个人必须持有公安局签发的销售许可证和工商局核发的营业执照，到土产杂品公司签订购销合同，并在指定地点销售。

1998 年在清缴烟花爆竹、爆炸物品专项治理活动中，安平派出所捣毁一非法制造烟花爆竹窝点，查获烟花爆竹 7500 头及大量半成品，收缴制造工具 2 副。2008 年强化爆炸、剧毒物品管理，对全县 12 家剧毒物品使用单位、16 家易制爆化学品使用单位、1 家涉爆单位、5 家涉枪单位、危爆物品及土产公司的烟花爆竹仓库予以清库，并采取一天一检查方式，杜绝违规使用。

（二）非军用枪支弹药管理

1981 年 9 月，县政府颁发《关于清理登记枪支弹药的通知》，清理登记全县所有枪支，共登记各类枪支 1196 支。其中，公检法部门手枪 131 支、子弹 683 发；党政干部手枪 65 支、子弹 292 发；机要、交通部门手枪 4 支、子弹 35 发；兼职保卫手枪 5 支、子弹 43 发；银行手枪 5 支、步枪 3 支，子弹 98 发；体委运动枪 54 支；个人所有的火药枪 839 支、气枪 87 支、小口径步枪 3 支。11 月 6 日，县公安局根据省政府文件和廊坊地区行政公署紧急通知，组织人员到全县各公社、县直单位收缴枪支弹药，仅 3 天枪支弹药全部收缴。1984 年，县公安局 4 次清理检查全县枪支弹药。国庆 35 周年之际，安平治安检查站扣留火药 1.5 千克、手枪 4 支、子弹 46 发、氢氧化钠 5 卡车。1993 年 10 月 18 日，县公安局发布《关于收缴仿真枪支、警用器械和对民用枪支登记发证的通告》，严禁任何单位和个人非法销售或持有钢珠枪、点击枪、催泪枪、麻醉枪、小口径步枪、手枪等仿真类枪支。此次行动取消枪支销售点 1 个，收缴炮弹、手榴弹各 1 枚，各类枪支 4 支，炸药 2 千克，雷管 105 枚。1994 年国庆节期间，收缴各类枪支 216 支，炸药 2 千克，雷管 160 枚，各类枪弹 318 发，管制刀具 32 把，警服 146 件，警用标志 9 枚，警棍 11 支，手铐 20 副。1995 年，捣毁制贩火药枪窝点 2 个，追回已贩卖的火药枪 14 支。

1996 年，《中华人民共和国枪支管理法》实施。8 月、9 月份，在全县开展夏季“集中打击、集中荡污、集中整治”三项活动，集中组织大规模非法枪支弹药收缴活动，消除隐患，共收缴各类枪支 3550 支，各类军用、民用枪弹 29573 发，炸药 5.5 千克，雷管 130 枚，管制刀具 93 把。

2001 年，“治爆缉枪”历时半年，通过宣传争取群众主动上交，深入群众摸查涉枪涉爆线索，共收缴散存在社会上的枪支 250 支，子弹 5242 发，炸药 1.3 千克。2002 年 8 月 27 日下午，将 2001 年以后收缴的 356 支民用枪支（气枪 182 支、火枪 120 支、猎枪 54 支）在县城玛钢厂内公开销毁。

2006 年 9 月，在集中整治爆炸物品、枪支弹药、管制刀具专项行动中，共检查重点部位 43 处，收缴管制刀具 842 把、枪支 122 支。其中，仿真枪 111 支、子弹 106 发、弩 1 支。

三 治安案件查处

1978 年 8 月，第三次全国治安工作会议明确提出：必须坚持“党委领导、依靠群众、预防为主、管理从严、及时打击、保障安全”的治安方针。2005 年 8 月 28 日，《中华人民共和国治安管理处罚法》经第十届全国人大常委会第十七次会议通过并公布，自 2006 年 3 月 1 日起施行。同时废止 1987 年 1 月 1 日施行的《中华人民共和国治安处罚条例》。2006 年，为贯彻落实《中华人民共和国治安管理处罚法》，治安大队对群众反映强烈的治安热点、难点问题，因地制宜，主动出击，有针对性地开展治安专项整治，打击卖淫嫖娼、赌博，专项整治校园周边环境。

1981—2008 年香河县治安案件及处罚人员统计表

表 23-2-2

年份	发生并查处案件	处罚人员					扰乱公共秩序	妨害公共安全	侵害人身权利	妨害社会管理	违反户口管理	侵犯公私财物	其他
		总数	其中										
			警告	罚款	拘留	其他							
1981	135	128	—	13	115		—	—	—	—	—	—	—
1982	204	—	—	—	—	—	—	—	—	—	—	—	—
1983	54	71	0	5	66	0	10	0	32	2	0	0	10
1984	56	60	0	4	56	0	17	0	25	5	0	0	9
1985	71	140	26	17	97	0	9	0	33	11	0	0	18
1986	126	210	58	27	125	0	31	0	75	7	0	0	13

续表 23-2-2

年份	发生并查处案件	处罚人员					扰乱公共秩序	妨害公共安全	侵害人身权利	妨害社会管理	违反户口管理	侵犯公私财物	其他
		总数	其中										
			警告	罚款	拘留	其他							
1987	128	302	50	141	111	0	14	0	60	9	0	0	45
1988	131	427	16	291	120	0	25	0	62	8	0	0	36
1989	196	584	10	429	145	0	20	0	59	49	0	0	68
1990	152	481	12	370	99	0	19	0	68	26	0	0	39
1991	134	463	9	349	105	2	25	0	51	16	0	0	42
1992	107	342	7	218	113	4	25	6	28	37	10	0	1
1993	140	456	29	374	53	0	43	7	24	30	3	0	33
1994	142	489	20	381	88	0	31	5	36	38	1	28	3
1995	116	351	5	237	109	0	39	11	19	25	0	22	0
1996	233	744	3	639	102	0	40	14	32	113	2	25	7
1997	152	464	6	351	107	0	5	0	21	35	0	19	72
1998	124	331	5	231	95	0	26	4	18	41	0	15	20
1999	862	2013	10	1587	416	0	69	47	54	377	13	72	230
2000	1253	2709	24	2146	535	4	107	32	188	461	6	101	358
2001	607	1877	8	1574	291	4	43	9	86	335	20	50	64
2002	543	1473	14	1172	222	65	54	23	110	245	3	87	21
2003	391	1247	1	1159	228	39	49	1	71	235	0	27	8
2004	357	1357	0	1022	279	56	48	6	66	221	0	16	0
2005	403	901	0	634	267	0	40	2	187	133	3	35	3
2006	374	740	2	326	298	114	42	5	266	61	0	0	0
2007	351	741	0	290	451	0	49	3	171	124	0	0	4
2008	673	1323	3	578	713	29	47	26	228	174	0	0	198
合计	8215	20604	318	14563	5406	317	927	201	2070	2818	61	497	1302

说明：2008 年包括补立案件

四　社会治安综合治理

香河县公安局始终把维护稳定放在首位，全力打造“平安香河”，采取多种形式，多措并举，多管齐下，为群众营造良好社会治安环境。1991 年 4 月 18 日，廊坊市社会治安综合治理会议在香河安平召开，推广以熟悉户情为中心的基层基础工作经验。2004 年 4 月 21 日，“香河经验”研讨会在淑阳派出所召开，河北省政法委副书记刘宝宣、省政法委综治办副主任卢玉中、廊坊市政法委书记孙殿高等领导、专家、记者 50 余人专程赴淑阳派出所参加会议。

（一）治安巡逻队

1980 年冬，由县公安局牵头，各公社具体组织保卫人员巡逻。1988 年 8 月，在全县 17 个乡（镇）组建 17 支治安联防队，公安机关统一组织管理。任务是本乡镇农村（居民区）和党政机关、金融单位、商业区等治安巡逻防范，维护公共场所和企业周围秩序。1989 年，组建淑阳治安巡逻队，将居民区划分为 13 个责任片，每片由 1 名联防队员负责。联防队组建以后，城区秩序明显好转，刑事案件比 1988 年下降 72.7%。1990 年，公安局组建 20 人的巡逻防暴队，亚运会期间防暴队充实到 25 人。1993 年，香河县公安局组建了治安巡逻控制网络，隶属治安股，由 22 人组成，与淑阳派出所干警带领的联防队员街面巡逻和夜间城区道路巡逻相衔接，形成县城区域内全天候巡逻控制体系。2007 年 10 月，组建 100 人的巡特警大队，配备警用摩托车 24 辆，巡逻面包车 12 辆，索纳塔汽车 3 辆，金杯汽车 1 辆，特警指挥车 1 辆，运兵车 1 辆，单警装备 97 套，坚持 24 小时不间断巡逻防范。2008 年奥运安保期间，以巡特警大队为骨干，各派出所巡逻警力辅助，群防群治力量为补充，形成全时空覆盖、点线面结合的大巡防机制，城区可防性案件同比下降 23.1%。是年 6 月 19 日，抓获多次骑摩托车抢夺行人黄金饰品的犯罪嫌疑人 2 名，成功破获抢夺行人黄金饰品案 30 起。

（二）群防群治

1979 年，恢复村街治保会，每年培训一次治保主任。1981 年，全县 300 个村街中建有治保会 287 个，其中发挥作用好的 114 个，一般的 130 个，较差的 43 个。1984 年，各乡镇党委、派出所督促各村街建立健全治安保卫委员会。年底，全县 300 个村街都建立了治保组织，设有治保人员。1986 年，县公安局整顿治保组织，充实治保会力量，淑阳镇 22 个治保会治保人员从 22 人增加到 71 人。是年，全县共有治保组织 355 个，其中内部单位 55 个，城镇 87 个，农村 213 个；治保小组 235 个，治保人员 934 人。1989 年 10 月 30 日，全县基层基础工作现场会在刘宋镇政府召开，推行领导、组织、任务、报酬、措施"五落实"标准，到年底，全县有 115 个治保会和调委会实现达标要求。1990 年底，全县有 228 个农村治保会达标，标志着以农村治保会为主的群防群治和社会治安综合治理局面初步形成。2003 年，在全县 300 个村街及县城建立以村街治保会、居委会为主体的群防群治网络。2006 年 9 月 15 日，派出所长"月例会"在钱旺乡召开，推广钱旺派出所治保会"硬件建设分级管理、软件建设一律看齐"管理模式。

（三）保安服务公司

香河县保安服务公司成立于 1988 年 8 月，是年发展员工 36 人。其中，干警 3 人，离退休干警 3 人，复员军人 12 人，社会招聘青年 18 人，先后为县砖厂、钢木家具厂、外贸局包装公司等 8 家单位提供保安服务。1989 年 1 月，县砖厂保安成功制止了厂内打架斗殴事件；大华计算机辅助设备厂保安依法协助厂方追回伸缩椅专用图纸 2 套，避免直接经济损失 7 万元，间接经济损失 100 万元；发现扑灭火险隐患 3 起，防止被盗财物 10 起；协助公安机关破获刑事案件 19 起，抓获违法犯罪嫌疑人 9 人。1990 年 5 月，保安服务公司改名为保安大队，为全县 10 个企业单位提供有偿服务，当年为企业挽回经济损失 60 万元。2003 年"非典"期间，200 名保安人员活跃在全县厂企和居民区，在"非典"第一线，对外来车辆和过往人员逐一检查，经过消毒和测量体温后才能放入，确保了无一例"非典"病例发生。

第三节　刑事案件侦查

一　刑事案件侦破

1983 年后，刑事犯罪呈上升趋势，为遏制这一现象，坚决贯彻依法从重从快的方针，先后开展各项严打整治行动。同时，针对季节特点和刑事案件发案规律，组织"防护会战"，夏季开展打击"两拦"（拦路抢劫、拦路强奸）案件，冬春季节重点放在农田水电设施的安全防卫上。1979—2008 年发生刑事案件 7697 件，侦破 4977 件，40 多个专案组和 400 余人次民警立功受奖。2000 年，香河县公安局刑警大队被共青团中央及公安部联合授予全国"青年文明号"。2007 年 12 月，全国深化刑侦改革十周年研讨会在安徽合肥召开，五百户刑警队作为责任区刑警队代表在会上做典型发言。

1979—2008 年香河县刑事案件统计表

表 23-2-3

年份	发案	破案	破案率%	其中大案			刑事案件分类					
				发案	破案	%	强奸	伤害	盗窃	杀人	抢劫	其他
1979	93	60	64.5	4	3	75	11	0	77	1	0	4
1980	167	97	58.1	19	18	94.7	14	3	141	3	0	6
1981	135	85	63	12	10	83.3	10	5	106	2	0	12
1982	110	62	56.4	5	5	100	10	6	87	1	2	4
1983	74	58	78.4	15	14	93.3	19	3	40	2	0	10
1984	88	65	73.9	16	15	93.8	17	1	60	4	0	6
1985	108	62	57.4	19	16	84.2	22	3	77	4	1	1

续表 23-2-3

年份	发案	破案	破案率%	其中大案			刑事案件分类					
				发案	破案	%	强奸	伤害	盗窃	杀人	抢劫	其他
1986	86	71	82.6	15	12	80	16	0	38	4	0	28
1987	77	69	89.6	22	18	81.8	15	1	48	5	0	8
1988	95	82	86.3	26	19	73.1	10	5	63	6	3	8
1989	87	72	82.7	26	23	88.5	9	3	58	4	3	15
1990	123	113	91.9	19	17	89.5	7	3	95	4	1	13
1991	186	171	91.9	49	39	79.6	18	1	144	10	5	8
1992	93	84	90.3	35	31	88.6	13	3	52	8	3	14
1993	118	110	93.2	36	28	77.8	9	2	90	3	3	11
1994	120	100	83.3	48	34	70.8	11	4	90	3	5	7
1995	159	139	87.4	84	69	82.1	20	0	101	12	9	17
1996	131	122	93.1	67	60	89.6	11	2	99	5	4	10
1997	108	101	93.5	43	41	95.3	9	4	68	2	4	21
1998	105	94	89.5	5	5	100	5	5	70	5	4	16
1999	116	115	99.1	61	60	99.1	12	7	70	3	11	13
2000	591	251	42.5	—	—	—	12	16	377	3	24	159
2001	521	248	47.6	—	—	—	9	13	277	2	13	207
2002	453	506	111.7	—	—	—	11	15	291	7	17	112
2003	380	275	72.4	—	—	—	13	17	259	8	14	69
2004	397	206	51.9	—	—	—	12	43	253	8	16	65
2005	430	345	80.2	—	—	—	12	35	275	10	17	81
2006	497	337	67.8	—	—	—	9	38	345	7	16	82
2007	601	566	94.2	—	—	—	12	39	385	7	16	142
2008	1443	291	20.4	—	—	—	5	90	840	5	14	489
合计	7697	4977	64.7	—	—	—	363	367	4976	148	205	1638

说明：发案只包括年内案件，破案包括历年案件，2000 年以后，大案发、破案不作统计

二　抓获处理人员

1979—2008 年，共抓获刑事作案成员 4634 人。其中，流窜犯 200 人，刑事处罚 97 人，行政处罚 41 人，农民身份 4212 人，女犯 249 人。

1979—2008 年香河县刑事案件作案成员统计表

表 23-2-4

年份	抓获人员	其中女犯	违法经历			流窜犯	身份					
			受过刑罚	受过行处	其他		干部	工人	农民	学生	社会闲散人员	其他
1979	65	0	0	0	65	0	0	0	61	2	0	2
1980	92	0	5	0	87	19	1	2	84	2	0	3
1981	80	0	3	0	77	0	1	4	72	3	0	0
1982	71	0	3	0	68	0	0	7	61	3	0	0
1983	72	0	0	6	66	0	0	0	58	6	0	8

续表 23-2-4

年份	抓获人员	其中女犯	违法经历			流窜犯	身份					
			受过刑罚	受过行处	其他		干部	工人	农民	学生	社会闲散人员	其他
1984	53	2	3	0	50	2	0	0	53	0	0	0
1985	73	2	6	1	66	1	1	1	64	5	0	2
1986	79	14	6	2	71	25	0	3	68	4	2	2
1987	81	3	6	5	70	6	1	6	57	12	4	1
1988	93	5	1	5	87	3	3	4	76	3	2	5
1989	105	1	4	2	99	17	2	4	92	0	1	6
1990	79	2	0	5	74	8	0	3	73	3	0	0
1991	137	2	5	6	126	0	18	6	97	10	4	2
1992	91	0	5	1	85	9	0	1	89	0	1	0
1993	112	5	5	3	104	0	0	0	104	7	1	0
1994	89	2	6	0	83	7	1	1	75	7	4	1
1995	119	7	7	3	109	13	0	13	92	14	0	0
1996	114	5	5	2	107	4	2	5	107	0	0	0
1997	76	2	4	0	72	8	0	2	66	6	1	1
1998	139	7	5	0	134	56	0	7	129	0	0	3
1999	133	4	6	0	127	3	0	0	133	0	0	0
2000	320	22	1	0	319	3	2	8	295	7	0	8
2001	288	20	7	0	281	16	3	4	249	21	4	7
2002	211	24	0	0	211	0	0	0	203	1	7	0
2003	158	6	0	0	158	0	0	0	158	0	0	0
2004	216	7	0	0	216	0	0	0	216	0	0	0
2005	249	24	0	0	249	0	1	0	244	3	1	0
2006	236	19	1	0	235	0	0	0	223	0	0	13
2007	450	28	0	0	450	0	0	0	382	15	0	53
2008	553	36	3	0	550	0	0	4	531	0	6	12
合计	4634	249	97	41	4496	200	36	85	4212	134	38	129

三　打击犯罪团伙

1979—2008 年，香河公安局共打掉犯罪团伙 500 个，涉及人员 1500 人。

2000 年 12 月 3 日，京东特大抢劫、强奸犯罪集团主要团伙人员被抓获，犯罪集团共 10 人，主犯秦××。仅 8 至 12 月，这个犯罪集团就在京东一带作案 30 起，抢劫物品及现金数额高达二三百万元，强奸、轮奸妇女多人，号称“搬家公司”。10 月 1 日、11 月 28 日、12 月 1 日凌晨，犯罪集团先后三次窜至香河，洗劫安平镇王家摆废旧物品收购站、县建筑工程七处工地和县农业高新技术园区，将各处“守夜”人员捆绑，嘴贴封条，抢走保险柜、电视机、VCD、现金及有色金属等大量物品，价值 20 万元，强奸妇女 1 人。香河县公安局破获此案后，公安部部长贾春旺作出批示：“对香河县局予以表彰，充分肯定他们一举除掉这个流氓团伙、为民除害。”

四　协外侦查

随着经济发展，流窜犯罪日益突出，为打击流窜犯罪，香河县公安局重视与友邻地区公安局的横向联系，互通信息，协同作战。2000 年开展网上追逃后，协助友邻地区及外省市公安局抓捕逃犯，受到省公安厅表彰。1979—2008 年，香河县公安局共协助外地公安局抓获犯罪嫌疑人 200 名，破案 500 件。1997 年 1 月 15 日，香河县公安局破获轰动两省市五个县（市）的系列强奸幼女、少女案，抓获犯罪嫌疑人孙××（男，37 岁，三河市皇庄镇小××庄人）。1995 年 12 月份后，孙××先后在香河、三河、大厂、天津宝坻、蓟县等地劫持强奸幼女、少女，作案 14 起。

第四节　经济案件侦查

一　队伍建设

1979 年，香河县经济侦查工作是刑事侦查工作的一部分，刑警队负责侦破全县经济犯罪案件。随着经济犯罪案件日益突出，2002 年 5 月，成立专门的经侦大队，股级单位，下设两个中队，编制 4 人。主要负责侦破生产、销售假冒伪劣商品犯罪案件，侵犯知识产权犯罪案件，妨害公司、企业管理秩序的犯罪案件，部分扰乱市场经济秩序犯罪案件，部分侵犯财产犯罪案件。

二　案件侦破

1982 年，侦破 8 起经济犯罪案件，抓获 10 人，其中起诉 5 人，免予追究刑事责任 5 人。1994 年 10 月份，大厂回族自治县陈府乡养鸭户王××采取盗窃并填写过磅单据的手段诈骗“英香鸭养殖加工有限公司”现金 11 万余元，经四昼夜的努力，将案犯抓获，为企业追缴被骗现金 7 万余元。1995 年 6 月，摧毁以张××、高×为首的贩卖假币团伙，二人先后三次从河南省项城县购买假币 9 万元在香河县销售，侦破后追缴假币 49920 元。1997 年，在清理基金会工作中，香河县对非法贷款、金融诈骗、侵占等违法犯罪行为依法予以打击，7 月 16 日至 25 日，依法刑拘金融犯罪嫌疑人 8 名，为国家清缴欠款 1600 余万元，保证了基金会的如期划归。

2001 年 7 月，成功侦破一起职务侵占案。县石油公司安平第七加油站职工吴×利用职务之便非法占有公司汽、柴油 9000 公升，总价值 2 万余元；2002 年 8 月，香河县抓获涉嫌诈骗和非法吸收公众存款罪的犯罪嫌疑人吴××，吴以高息回报为诱饵，变相吸收附近村民存款近 30 万元。

2004 年 5 月，经侦大队协助滦县警方抓获涉嫌诈骗的犯罪嫌疑人刘××、吴××，二人采取签订消费贷款合同的方式，诈骗挖掘机货款金额 96 万元；同年 9 月，侦破一起偷税案，犯罪嫌疑人唐××在 1998 年 6 月至 2001 年月 12 月任南台村玛钢厂法定代表人期间，伙同出纳徐××隐瞒销售收入，未如实向税务机关申报纳税，私设账外账，偷税 24 万余元。

2006 年 6 月，香河县经侦大队将位于京津公路安平路段西侧厂房内制造假冒卷烟的犯罪团伙摧毁，查获制造假烟人员 10 人，缴获制烟机、烟丝、过滤棒、未包装假烟等涉案物品，3 名涉案人员被刑事拘留；7 月，公安部经济犯罪侦查局孙欣夫副局长一行 4 人到香河县进行调研，对香河县在打击经济犯罪、经侦队伍建设、经侦基层基础工作中取得的成绩予以充分肯定；10 月，一举打掉以推销化妆品为名进行非法传销的团伙，涉案 50 余人全部被遣送回原籍。2007 年，香河县加大对金融、涉税等方面经济犯罪案件的侦破力度，成功破获经济案件 11 起，抓获犯罪嫌疑人 17 人；同时，为维护社会管理秩序，组织开展了打击非法传销活动，共捣毁非法传销窝点 30 个，解救被骗群众 11 人，遣散参与人员 479 名，刑拘 3 名非法传销组织 A 级人员。

第五节　专项治理

一　打击破坏水电设施

香河县公安局针对农用水电设施丢失破坏情况，以防为主，人防、技防齐上，以打促防，有效防止此类案件发生。1985 年 12 月 3 日，香河县公安局抓获犯罪嫌疑人邳××，破获京津唐电网 22 万伏输电铁塔、50 万伏超高压输电塔被破坏案。这两起案件是中央领导和北京市委、市政府极为关注的重大案件；1988 年冬，香河县潮东一带与宝坻接壤地区连续发生光铝线被割、变压器被盗砸案件，香河县公安局主动与宝坻县公安局取得联系，联合侦破5人盗窃犯罪团伙，破获8起盗窃、破坏农田水电设施案件；2006年3月3日，香河公安局刑警大队将流窜于香河、大厂及北京通州等地多次盗割光铝线的刘××、王××（二人均为内蒙古人）2名电力大蠹抓获，从中破案26起。2006年后，农田水电设施防护以技防为主，人防加技防，筑起一道牢固的保护农田水电设施被盗毁防线。2008年奥运安保期间，采取"定人、定责、定岗、定时间"方式落实管控措施，并组建专职巡逻队日夜巡查，确保水电设施安全。

二　打击拐卖人口

1987年9月23日至24日，香河县开展集中打击拐卖妇女儿童犯罪统一行动，县公安局出动123名民警，会同检察院、法院、司法局和乡（镇）共45人，印发张贴《关于打击拐卖妇女儿童犯罪活动的通告》500份，传唤涉嫌拐卖妇女儿童的违法犯罪嫌疑人35人，审讯情节严重的20人，情节轻微的15人给予批评教育；1989年，公安局统一开展打击拐卖妇女儿童、查禁取缔卖淫嫖娼活动专项行动，查破拐卖妇女儿童案件8起，解救妇女儿童8人，逮捕犯罪嫌疑人1人，转外地1人，其他处理6人；1993年11月23日，抓获涉嫌强奸、拐卖少女的犯罪嫌疑人卢××（男，31岁，河南省人）、刘××（女，24岁，贵州省人），二人以招工为名在北京崇文门劳务市场将17岁少女刘×骗至香河县梁家务乡王店子村，以找对象为名将刘介绍给此村王×，向王索要现金3000元，12月2日，被拐骗少女被家人接回；2002年4月上旬，公安局抓获拐卖朝鲜籍妇女的犯罪嫌疑人李××、李××，二人供认，1999年将偷渡到吉林延边的朝鲜籍妇女金××拐带到香河，卖给刘庆庄村吴某为妻；2003年9月9日上午，淑阳派出所解救被拐骗幼女赵×（女，13岁，天津市武清区河北屯村人），抓获犯罪嫌疑人胡××。

三　打击车匪路霸

1990年4月29日，香河县公安局打掉"车匪路霸"4人团伙1个，抓获犯罪嫌疑人胡××、陈×、陈××、陈××。胡××交代，自1989年11月以后，多次伙同陈××、王××、陈××等人盗窃汽车电瓶5块、自行车3辆、面粉1袋、羊1只，涉案金额6000元。1993年3月至5月，县公安局根据车匪路霸活动特点，确定"一线两镇"（唐通线香河路段、淑阳镇、渠口镇）为重点治理区域，开展打击车匪路霸专项行动，破获刑事案件79起，其中重特大案件13起，打掉车匪路霸团伙4个、涉案成员23人。

四　打黑除恶专项斗争

2000年12月16日，县公安局刑警大队打掉一个带有黑社会性质的特大抢劫团伙，犯罪嫌疑人张×雇佣两人绰号分别叫"王大""王二"，将李×（女）挟持走，并抢走现金1.3万元。

第六节　国内安全保卫

香河县在情报研判、安全防范等方面统筹部署，不断强化警卫基础，完成北京亚运会、奥运会、香港回归庆典、中共十七大等安全保卫，完成在香河国家足球训练基地举行的亚足联U-13足球节安全保卫。2003年，第一城调整发展方向，由娱乐向会展、旅游、康体等方向转变，国际、国内一些重大会议相继在第一城召开。自2004年以后，在第一城完成第二届国际金融论坛年会、第七届二十国集团（G20）财长和央行行长会议、国际反贪局联合会第一次年会暨会员代表大会、公安部春节晚会、第二届中国金融市长年会暨中国金融生态城市发展年会等重大会议安全保卫；2008年，第29届奥运会和第13届残奥会期间，白俄罗斯、哈萨克斯坦、吉尔吉斯斯坦三国总统入住第一城，并有大批境外游客和记者出入第一城。为保证警卫目标安全，出动警力400人，执行路线警卫任务26次，第一城内警卫任务44次，应对临时性警卫任务29次，完成外宾在第一城的安全警卫。1979—2008年，香河县公安局完成大型保卫和警卫任务300次，仅2006—2007年就完成各类警卫任务60次，其中一级警卫任务18次，二级警卫任务17次，大型会议活动7次。

第七节　户政与出入境管理

一　户政管理

（一）常住人口管理

1981年，城关派出所管理县直非农业集体户

（包括城关人民公社直属单位）、城关居民及四街（东南街、东北街、西南街、西北街）大队农业户口；安平派出所管理安平人民公社直属单位非农业户口，计272人。1982年，各派出所均接管户口。1990年5月，全面清查县内户口，经查，全县共有常住人口285390人，有人无户4235人，出生未报户口7230人（含超计划生育3176人），重登户口97人，漏登274人，应销未销473人（含已死未销户180人）。1996年9月24日，成立户政科，负责县内常住人口、暂住人口、居民身份证管理。1999年，户政科及9个乡镇派出所购置微机，全县户口管理实现微机化管理。2001年，香河县率先完成人口数据库转换和人口信息系统升级，实现常住人口微机化管理。2005年，推出便民利民举措，“进百户、访千人”，熟悉掌握社区情况，让民警成为社区“活地图”和“活字典”。2007年，出台《服务经济发展十八条措施》，研究制定《香河县户籍制度改革实施细则》，放宽户口迁移政策，为在县内购房户和为香河经济发展做出特殊贡献的78人办理户口登记，实现农村人口城市化，外来人口本地化。年底，办理户口迁入2929人，迁出2429人。

1981—2002年香河县农转非统计表

表23-2-5

年份	合计	招生	招工	中小学教师家属	随军家属	科技干部家属	职工居民家属	落实政策	其他
1981	16	0	0	0	0	0	0	16	0
1982	23	0	0	0	0	0	0	23	0
1983	26	0	0	0	0	0	0	36	0
1984	29	0	0	0	0	0	0	29	0
1985	505	0	0	397	12	22	0	14	60
1986	118	0	0	3	9	46	0	36	24
1987	103	0	0	41	11	20	0	21	10
1988	210	0	0	120	15	22	42	11	0
1989	284	0	0	12	15	14	48	6	189
1990	139	0	40	0	21	12	50	9	7
1991	148	0	43	0	36	0	53	8	8
1992	191	0	41	0	21	12	88	20	9
1993	151	0	23	0	18	0	90	0	20
1994	1677	9	21	0	14	10	110	3	1510
1995	889	190	4	0	10	32	104	0	549
1996	329	140	3	0	15	0	140	0	31
1997	302	81	0	0	12	32	97	2	78
1998	142	0	0	0	11	11	106	0	14
1999	308	71	2	0	11	4	169	0	51
2000	151	53	0	0	34	4	1	0	59
2001	451	187	0	0	8	16	0	0	240
2002	520	213	0	0	20	2	0	0	285

（二）居民身份证管理

1988年11月，香河县第一代居民身份证颁证全面展开，县财政拨款5万元用于颁证。至1989年10月底，全县277061居民，颁发居民身份证171819人，占应发证人数（192923人）的89.06%。1998年，集中开展全县常住居民身份证纠错，为户籍管理正规化奠定基础。2006年，第二代居民身份证换发全面启动，截至2007年，制作居民证

41179个。

（三）流动人口管理

1979—2008年，全县流动人口采用管理站、用工单位和个人三级管理责任制，对来香河探亲访友、务工经商、旅游、就医或从事其他经济活动的非本县户口人员，临时居住三日以内，由居委会协管人员负责登记，居住三日以上由户主或本人到派出所申请登记，离开前申报注销。清理来历不清、身份不明、手续不全的"三无"人员，限期返回原籍。2000年，对流动人口实行微机管理，通过全国CCIC网上逃犯数据库比对，查获外地逃犯3人。2001年，开展流动人口、出租房屋清理整顿，共清理流动人口3642人，清理出租房屋540户，破获刑事案件55起，抓获网上逃犯36人，遣返三无人员217人。2008年6月，为"奥运安保"，县公安局与县房管局协作，成立流动人口办公室，认真清查外来人员，做到"镇不漏村、村不漏户、户不漏人"。"奥运安保"前全县流动人口微机注册18930人，出租房屋3402户。到7月1日，通过流动人口管理，协助查处治安案件34起，破获刑事案件19起，抓获网上逃犯1人。

1985—2008年香河县流动人口统计表

表23-2-6

年份	流动人口总数	外　省	流动人口中犯罪人员数	年份	流动人口总数	外　省	流动人口中犯罪人员数
1985	1520	240	5	1997	6740	2689	3
1986	1730	100	4	1998	5581	2189	11
1987	2676	356	4	1999	3530	1344	4
1988	6526	1458	8	2000	6922	3342	148
1989	16045	3873	14	2001	3389	2596	32
1990	8861	2449	10	2002	5442	4321	68
1991	5584	2777	9	2003	4158	2905	8
1992	2712	1595	4	2004	6236	5150	12
1993	6837	3038	10	2005	14236	11730	15
1994	3036	2033	2	2006	19124	16116	21
1995	4685	1887	3	2007	24612	21704	25
1996	9586	2109	13	2008	31510	27710	35

二　出入境管理

1979年，为简化公民因私出境手续，县公安局将护照直接交给本人，由本人直接寄给或亲自去有关国家驻华使馆办理入境、过境手续。1984年，对申请办理边境通行证人员，公安局负责联系有关单位调查本人的现实表现，对已经办理边境通行证的人员进行安全教育，是年共签发边境通行证84份。1998年，公民因私出境审批政策不断放宽，手续不断简化，为加强出境人员管理，公安部印发了《关于实行对法定不批准出境人员通报备案制度的通知》，明确规定各级公安机关认定的犯罪嫌疑人、被判处刑罚依法由公安机关执行的罪犯、有其他违反法律行为人身未被限制的人员，其限制出境的决定由县（市）级以上［含县（市）级］公安机关或者国家安全机关作出，并向所在地地（市）级以上［含地（市）级］公安机关通报备案。2002年，出入境管理大力推进四级网建设，6月13日，全省出入境管理四级网建设现场会与会代表专程到香河县实地观摩。2004年，通过加强公安四级网建设，强化报备工作，不断加大对境外人员的管理力度，是年，共受理公民因私出国（境）88人（次）［其中，廊坊市公安局直接受理组团旅游84人（次）］，管理临时来华境外人员27人（次），未发生因审核不严出境而造成对国家不利的案（事）件。2005年，出入境管理部门落实廊坊市公安局70条便民措施，完善出入境管理按需申领护照程序。2008年，推行首问负责、限时服务、上门服务等措施，加快办理各种出入境手续速度，全年受理公民因私出国（境）410 人（次），管理临时来华境外人员 3848 人（次）。

第八节　预审　看守

一　预审

1979 年，预审工作贯彻“以事实为根据，以法律为准绳”的原则，重证据、重调查研究，不搞逼供信，为《中华人民共和国刑法》和《中华人民共和国刑事诉讼法》的实施奠定基础。1984 年，预审部门受理人犯 81 名，拘留转捕 37 人，直捕 44 人，转捕率 100%。此外，通过预审挤出案件线索 14 件，逮捕漏网分子 6 人，缴获凶器 12 件，追缴赃物一批，赃款 6000 元。1993 年，预审部门和刑侦部门互相配合，通过一起盗窃妇女背心案件一举破获曹××系列奸淫幼女案。1997 年，预审科并入刑侦大队，成为大队属下的一个中队，办公地点设在县看守所。

二　看守所

1979 年，看守所位于县城内东南街村东南角，于 1974 年在原址翻建而成，占地 3121.3 平方米，建筑面积 1021.66 平方米，围墙 229 米，平房 49 间（县武警中队占地 2021 平方米，建筑面积 393.7 平方米，建营房 20 间；看守所占地面积 1100.3 平方米，建筑面积 627.96 平方米，建监室 16 间、办公室、宿舍，伙房 13 间，可容纳人犯 60 人）。1995 年 8 月 15 日，香河县公安局看守所迁至钳屯乡草寺村东北角，占地 13333 平方米，建筑面积 4200 平方米，设封闭式监房 31 间，可容纳羁押人员 200 人；设行政拘留所 12 间，可容纳 80 人；其余建筑为预审、看守所和武警中队办公、审讯、接待和宿舍等用房，计 48 间。2005 年 11 月，看守所和治安拘留所搬迁至淑阳镇大罗屯村西。新建成的看守所和治安拘留所从基础硬件设施到内部管理均达到省、市一流标准。2006 年 5 月，为看守所新增监控系统、门禁系统、周界控制系统、手机信号屏蔽系统、会见监听系统、应急报警系统等 9 套设施，提升了监所的安全指数。2006 年后，看守所把人性化管理、改造育人作为工作重点，邀请廊坊市心理咨询师为留所服刑人员作“感受阳光，认识自我，重新生活”心理教育讲座。2008 年探索人性化管理模式，开展“写给最亲爱的人的一封信”，开通“亲情热线”，使“人性化管理”深入人心，在确保刑事诉讼顺利进行的基础上，成为教育人、改造人、净化人的平台。

第九节　交通安全管理

一　管理机构

1980 年 4 月，香河县交通监理站隶属廊坊地区交通监理站，1983 年，站内设办公室、业务室、会计室。1984 年，县交通监理站成立路检队，增编路检人员 10 人，分别在安平、赶水坝、钱旺村等处设立固定和流动检查站。1987 年 3 月，接管全县车辆的监管业务，成立香河县交通警察大队及公安局车辆管理站。当年 7 月 2 日，县公安局与交通局正式举行监理交通队交接合并仪式，有干部职工 32 人。1990 年，交警大队设办公室、事故组、车管组、路检队、宣传组、会计室，干部职工 47 人。2004 年 10 月，成立家具城中队，设中队长、指导员各 1 人，协勤人员 9 人。2008 年，香河交警大队有干部职工 62 人，工勤人员 109 人。

二　装备管理

1987 年 3 月，交警队配侧三轮警车 3 辆，212 吉普汽车 1 辆，雷达测速仪 2 台，车载对讲机 8 台。1989 年，新增汽车尾气仪 1 台，塑封机 1 台。1994 年，交警大队配备第一台电脑，负责车管站上牌、办证、年检等业务。1996 年购买第一辆桑塔纳轿车。1999 年 1 月，新增电脑 12 台，传真机 1 部，摄像机 1 台，事故清障车 1 辆。2002 年新增电脑 10 台。2003 年，更新电脑 10 台，新购数码摄像机 1 台。

2000—2003 年，筹资 400 万余元，在唐通线与平香线交汇处建立钱旺公路巡警中队，购置、更换事故勘查车、执勤车、清障车 25 辆，安装内部程控电话、350 兆无线通讯网络和公安四级网，交通违章记分、事故处理、车管业务、会计、收费均实行微机操作，文秘实行无纸办公自动化。2004

年，投资数十万元，购置先进“流动电子警察”系统，并成立电子警察巡逻中队，配备警车 2 辆，民警 8 名。

2006 年，投资 300 万元，在全县国、省道及县道 8 个主要路口，安装电子监控系统，进行远程监控，并为交警各执勤中队配备电子警察，进行交通违章抓拍、雷达电子测速，提高对违章、逃逸查处、侦破力度，有效遏制交通事故发生。是年 9 月，交警大队新建指挥中心大楼正式启用，内有业务大厅、办公室、餐厅、值班室、民警宿舍、多功能会议室等现代化、高标准的办公、生活设施，占地 33330 平方米，建筑面积 7000 平方米。2007 年，交警大队有制式警车 20 辆，对讲机 28 台，测速仪、酒精仪各 5 台，计算机 74 台。2008 年，投资 550 万元，建成集指挥室、安检室、装备室、候问室、物证保管室、重点人员信息比对室、图书室、洗衣房等一体的安平公安检查站，安装智能卡口及监控系统，配备搜爆仪、防爆毯、二代身份证检测仪等技防装备，成为北京外围的一道坚实屏障。

三　道路交通整治

（一）道路交通设施

1987 年，在县城百货大楼路口、县委路口设立交通岗亭 2 个。1990 年在安平、大六王设固定岗点 2 个，民警 6 人，机动车 2 台，对讲机 2 台。1991 年，县城内公路新增交通标志牌 72 块，重划路面标线。1997 年，夏安线钳屯刘庄加油站至安平路段开通，10 月，在五一路与新开街交叉口新增交通岗亭 1 处。1999 年，在国、省、县道增置交通指挥信号灯 4 组，路口标志 99 块，村庄标志 38 块，学校标志 26 块，弯道标志 38 块，事故多发路段标志 24 块，限重标志 2 块，限速标志 20 块，指示标志 23 块，警告标志 4 块，直行标志 2 块。2000 年，在县医院路口设立交通岗亭 1 处。2002 年 8 月，在县城区新开街与迎宾路交叉路口安装长臂式交通信号灯。2000—2003 年，施划交通标线 50000 平方米。2004 年，在新华大街与五一路交叉口、绣水街与五一路交叉口、唐通路与夏安路交叉口处增设红绿灯，以保证交通顺畅有序。2006 年，在新华大街与永泰路、新华大街与康平路、新华大街与永明路、新开街与永明路、新开街与永泰路、绣水街与迎宾路、平香道与唐通路、双安路与香五路交汇路口、大香线一城路口等处安装 15 组交通信号灯，主要路段、路口、学校门前增设交通标志 28 个，施划交通标线 1200 平方米，设置减速垄 60 个。2008 年，在新开街、府前街和永泰路设置隔离带，安装隔离护栏，改造路口 12 个，实行机动车、非机动车分道行驶。同时，对城区 8 条街道进行罩面，重新施划交通标线 15000 米，改建公共汽车站 18 处，在主要街道宽阔地带施划停车位 320 个，更换路灯 900 盏，对供水、供电、热力、通讯等设施进行综合改造，城区街道更加美化和亮化。是年，完善公路限速、让行、指路标志及交通隔离等设施，在交通事故多发、交通流量大的路口设置交通信号灯 6 组，更新交通标志 98 块。

（二）安全宣传与交通整治

1987 年，整顿交通警察队伍，开展以减少交通事故为主要内容的交通安全专项治理。队长上路，干警分段承包，开展交通安全宣传月、加强路查路检、纠正违章等具体措施。当年出动宣传车 21 次，图片展 5 期，集市广播 28 次，印发宣传材料 2800 份。1995 年 7 月，交警大队会同城建、工商、交通部门组成 50 人的整顿队伍，整顿县城区三街（新华大街、新开街、府前街）二路（迎宾路、康平路）的交通秩序，迁移路边违章占道摊点，拆迁沿街 200 多个违章堆物、临建、广告牌匾，严管重罚不按规定停放的机动车，教育驾驶人员，设立机动车停车场 2 个，县城交通秩序大为改观。1999 年，针对城区机动车乱停乱放、违章占道、摆摊设点、私搭乱建等交通秩序混乱现象，进行为期一个月的专项治理，通过电视台、电台发布通告，仅一周时间就纠正各种违章 4230 起，处罚 3600 人（次），暂扣车辆 266 辆，整顿路边市场 2 个，清理违章摊点 427 个，堆物 13 处，牌匾 228 块。是年，针对政协委员提出的治理运输鸡粪车洒漏鸡粪现象提案，交警大队会同执法大队，采取重罚、教育等措施，杜绝了洒漏鸡粪污染交通环境现象。2003 年，为防止“非典”疫情在香河传播，在 103 国道和唐通省道两处省界路口设立两个检疫站，民警 24 小时执勤，配合卫生防疫部门做好进出县车辆的消毒和驾乘人员的卫生检查。为保证运输蔬菜肉类等农副产品的进京车辆畅通无阻，交警大队为他们开设“绿色通道”。“非典”期间，交警大队共出动警力 1200 人（次），检查车辆 1.60 万辆，检查人员 2.75

万人（次）。2007年，以预防道路交通事故为重点，开展“春运”期间交通治理、“五一”黄金周交通安全整治、“无牌无证机动车专项整治”、“城区交通治理”等专项行动，不断优化交通民警执勤方式，提高管理效率。共查处交通违法行为57万起，处罚47万人，暂扣机动车4650辆，清理违法占道2640处，有效预防了交通事故发生。2008年，围绕“平安奥运”总目标，全面启动“护城河”工程，安排精干警力把守103国道进京卡口，从严控制进京车辆和人员。“奥运”期间，香河安平进京卡口共检查进京机动车20.6万辆，检查进京人员31.8万人，劝返违规车辆3196辆、人员4827人，查扣被盗抢机动车3辆，抓获网上在逃人员2人，收缴管制刀具32把，查扣非法安装警报器35套，为“奥运”期间的首都安全筑牢坚实的外围屏障。

四　机动车和驾驶员管理

1987年，全县有机动车4700辆。为加强机动车和驾驶员管理，廊坊地区规定县级只负责小型拖拉机、轻便摩托车及其驾驶员的检审验工作，汽车、汽车挂车、大型拖拉机及挂车、二轮摩托或三轮摩托车、专用机械的检审验证和上述驾驶员的考试、审验由地区办理。是年10月21日至22日，香河县驾驶员在城关3所中学考试，合格率85%。1988年底，香河县摩托车驾驶员培训班成立，每年培训驾驶员200人。1990年，全县有机动车6250辆，机动车驾驶员7200人。1991年4月，整顿汽车站治安、交通秩序，规定“凡在汽车站营业的大小客车、三轮车、二轮车、人力车所有司乘人员停驶3天到县招待所集中整训，同时恢复机动车、驾驶员月上站管理办法，由派出所参与机动车、驾驶员管理，同时恢复月上站车辆检验制度和驾驶员安全活动制度”。1993年，县机动车驾驶员培训学校成立，属交警大队管辖，经济独立。1995年，全县有机动车15640辆，驾驶员1.21万人，全年培训考核驾驶员1400人。1996年，为改善交通环境，利用一个月时间开展专项治理无牌无证机动车辆活动，仅一周时间就查获无牌照车辆289辆，无证驾驶人员246人，暂扣机动车162辆，发放二轮摩托车、三轮摩托车，三四轮农用车牌照357副，协议办证138个。是年，全县有机动车20959辆，驾驶员23795人。1999年3月，专项治理无牌无证农用运输车、摩托车，为期一个月，共检查车辆9398辆，暂扣无牌无证车辆1706辆，办理牌照1767副、驾驶证1639个，行政拘留4人。2001年，在创建平安大道、实施畅通工程基础上，继续开展重点路段治理，整治无牌无证驾驶、机动车乱停乱放等违法违章行为，将城区所有街道纳入“严管街（区）”管理。为查根堵源，与全县大的用工单位签订《禁止使用货运汽车、农用运输车及拖拉机违章运输民工的交通安全责任状》，强化用工单位安全生产意识，控制严重违章行为。2006年，全大队民警检查机动车27.5万辆（次），纠正交通违法25.5万起，处罚18万人（次），行政拘留126人，违法记分13000人（次），累计分值34221对分。年检机动车1.7万辆，审核驾驶员22000人，办理二轮摩托车、三轮摩托车、农用运输车牌照910副；悬挂标语230幅，印发宣传材料25万份，出动宣传车1300辆（次）。2008年底，全县实有机动车57312辆，驾驶员49799人。是年交警大队共检查机动车48 5万辆，纠正交通违法22.6万起，行政拘留无证驾驶员84人；年检机动车7472辆，审核驾驶员12453人，办理二轮摩托车、三轮摩托车、低速载货汽车牌照1241副，办理摩托车驾驶证1089个。此外，纠正电动三轮车交通违法行为5800起，扣留违规车辆850辆（次）；查处违法行为2万起，行政拘留无牌无证驾驶员22人。

五　交通事故处理

1979—2008年，香河县共计发生交通事故4847起，死亡390人，伤2505人，直接经济损失645.98万元。

2004年4月30日以前，交通事故处理主要依据1960年2月11日国务院批准、交通部发布的《机动车管理办法》，1988年3月9日国务院发布的《中华人民共和国道路交通管理条例》，1991年9月22日国务院发布的《道路交通事故处理办法》。2004年5月1日起，《中华人民共和国道路交通安全法》和《中华人民共和国道路交通安全法实施条例》开始实施。河北省公安厅根据河北省统计局公布的上一年度有关数据陆续印发河北省本年度道路交通人身损害赔偿标准有关数据，包括城镇居民人年均可支配收入、农村居民人均年纯收入、城镇居民人均年消费性支出、农村居民人均年生活消费支出、职工平均工资、分行业职工平均工资等。河北省交通管理局会同中国保监会河北监管局制定《河北省道路交通事故快速处理办法（试行）》，于2008年6月1日起施行。

为了保障机动车道路交通事故受害人依法得到赔偿，促进道路交通安全，于2007年7月1日起施行《机动车交通事故责任强制保险条例》。

1979—2008年香河县重大交通事故统计表

表23-2-7

年份	起数		致死人数	致伤人数	直接经济损失（万元）
	总计	其中重大			
1979	24	—	0	6	—
1980	23	—	0	3	—
1981	41	—	0	7	—
1982	30	—	0	8	—
1983	59	1	2	7	—
1984	83	1	1	13	1.11
1985	42	8	12	21	2.58
1986	41	12	12	22	2.71
1987	102	22	22	47	10.05
1988	85	19	19	44	8.51
1989	82	8	8	42	8.17
1990	94	26	25	57	7.65
1991	62	10	10	38	6.17
1992	61	10	10	36	12.37
1993	74	15	15	36	49.82
1994	69	13	13	29	56.33
1995	100	29	29	35	68.78
1996	105	12	14	66	52.95
1997	38	14	11	20	29.97
1998	25	21	12	13	18.96
1999	1079	17	28	385	53.69
2000	695	26	33	378	39.40
2001	689	29	28	437	54.72
2002	752	38	41	278	91.33
2003	96	11	12	113	20.40
2004	71	—	8	82	13.41
2005	62	—	9	87	13.79
2006	60	—	5	73	9.62
2007	55	—	7	73	5.24
2008	48	—	4	49	8.25
合计	4847	342	390	2505	645.98

六　重大交通事故

1990年7月13日5点时许，廊坊市安次区北史家务乡许各庄村曹玉生（男，35岁）驾驶湖南大货车，途经香河县城去县电杆厂拉电杆，行至通唐公路22公里+440米处，因主车拖勾销脱落造成活络拖斗失控，滑入逆行线，将对面驶来的一辆自行车撞倒，致骑车人刘凤祥（男，37岁，北京80830部队少校副政委）当场死亡，其妻牛丽申（女，37岁，香河县供电局干部）坐在自行车后座受重伤，送往医院抢救途中死亡。

1996年2月5日7时40分，石虎辛庄乡政府司机王宏宝（男，25岁）驾驶“华丰牌”面包车行至通唐公路25公里+900米处，与三河市昝辛屯乡张永明驾驶的“巨力”牌柴油三码车相撞，三码车上乘坐人员张占福（男，45岁，昝辛屯乡戈中马房村人）当场死亡，其余6人中3人重伤、3人轻伤。

1996年7月30日3时30分，蓟县三岔口乡谢新军（男，30岁）驾驶一辆双排座汽车行至通唐公路27公里+200米处，与丰润县王官营镇刘亚民驾驶的解放141汽车相撞。双排座汽车上乘坐人员谢新军、张国（男，36岁，三岔口乡人）死亡，其余2人轻伤。

1999年8月9日14时30分，固安县柳泉乡刘家营村村民蒋万成（男，33岁）驾驶一辆“天牛牌”大型货车（主机号冀R16454，挂车号冀B4829，此车车主系三河市人）沿唐通公路自东向西行驶至香河、宝坻两县交界处，驶向逆行，在香河一侧与天津市宝坻县北谭乡北辛庄村村民杨海亭（男，41岁）驾驶的一辆“友谊牌”小型客车（车牌号津A03725）迎面相撞，致小客车司乘人员2人当场死亡，3人受重伤，6人受轻伤，小型客车严重损坏。

1999年8月11日14时30分，遵化市辛电镇东北宅村李猛（男，25岁）驾驶大型货车（车号：冀B13550）沿双安路由西向东行驶，至双安（安头屯—安平）路与香务（香河—河西务）路十字路口处与香河县淑阳镇北岗子村包太平驾驶的沿香务路由南向北行驶的小型货车（车号：冀R32517，车主为安头屯镇铁佛堂村韩学文）相遇，由于双方违章，两车相撞，并翻入钳屯桥北侧香五自流渠内，致大型货车司机和小型货车3名司乘人员当场死亡。

2005年3月4日21时40分，在香河县辖区唐通路98公里处发生一起死亡4人、伤4人的特大交通事故。死者分别为冯如岭（男，保定市曲阳县人）、路会凤（男，香河县淑阳镇段庄村人）、李云峰（男，29岁，香河县钳屯乡西延寺村人）、李秋英（女，江西人）；伤者分别为崔宝省（男，46岁，香河县店子务村人）、马铁军（男，30岁，香河县安头屯镇北口头村人）南春明（男，保定市曲阳县人）、吕春明（男，19岁，吉林省人）。

附

1999—2002年香河县交通事故分析

1999—2002年，香河县内共发生交通事故3215起，死伤1608人，直接经济损失239万余元。占1979至2008年全部交通事故的66.3%，其中重大交通事故占32.2%，死亡占33.3%，致伤占59%，直接经济损失占37%（详见前面交通事故统计表）。事故多发原因：

一、国、省、县道交通设施不全，司机超速行驶。1999年8月9日，在唐通线魏各庄大桥东与宝坻交界处发生一起大型货车与中巴客车相撞事故，造成5人死亡，2人重伤，4人轻伤。事故发生路段缺少弯道标志及事故多发路段标志。同月11日，在双安路、香务路十字路口处，一大型货车与一小型货车相撞，造成4人死亡，此处缺少“十”字路口标志。两起交通事故均为外地司机。夏安线新修路段交通标志设置不全，司机在村庄路口违章超速行驶，仅1999年1至8月份就发生重大交通事故4起，死亡4人，伤1人，直接经济损失17600元。

二、机动车驾驶员严重违章和操作不当。（一）超载现象严重。一些个体车主受经济利益驱使私自改装车辆，超载成倍运行，车辆部件严重受损，机动车操作不稳，制动性能降低，影响了车辆的正常行驶。（二）超速行驶现象普遍。小型汽车灵便、提速快，但易破坏机动车操作的稳定性，制动距离延长，扩大机动车制动的非安全区，驾驶员判断险情的时间缩短，突然发生险情来不及应付。（三）疲劳驾驶问题突出。2002年3月20日凌晨3时，李金刚驾驶斯太尔大货车（冀C04277）沿香大省道由东向西超速行至安平路口时，恰遇刘金岭驾驶的另一辆大货车（津 A09107）由 103 国道从北向南行驶，刘金岭因疲劳驾驶，未来得及采取措施，造成两车相撞，致本人及乘车人龚某当场死亡。（四）个别驾驶员不按规定超车，驶入逆行，诱发交通事故。（五）酒后驾车，反应迟钝，判断错误。2002 年 2 月 4 日 14 时，张文福酒后驾驶二轮摩托车载其女，沿唐通路由北向南行至 108 公里处，撞到前方一辆顺行的油罐车，反弹后又撞到另一辆小货车，造成张受伤，其女当场死亡。此类交通事故占全部交通事故的 48%。

三、交通参与者法规意识淡薄。这方面小型汽车驾驶员表现尤为突出，占发案总数的 56%。行人和非机动车驾驶员遵守交通法规的意识更为淡薄，因横穿公路、左转弯违章行为引发的重大交通事故占发案总数的 36%，因无证驾驶引发的重大交通事故占发案总数的 12%。

第十节　消防管理

一　消防队伍

1975 年下半年，消防工作从县公安局治安股分离出来，成立消防股；1980 年底，消防股单独办公，消防人员 2 人；1983 年 1 月，消防人员纳入武装警察编制，由武警部队管理；1990 年，专职消防人员 10 人；1996 年 6 月，消防股改为消防科；2005 年 8 月 4 日，消防科与现役武警中队消防科合并，隶属廊坊市武警消防支队管理；2006 年底，香河县公安局消防科改为香河县公安消防大队；2008 年底有专职消防人员 25 人。

二　消防设施

1990 年有消防车 3 辆。1999 年 1 月 31 日，消防大队购置东风 140 水罐消防车 1 辆。2001 年，县委、县政府拨专款 20 万元，公安局自筹 10 万元，购置东风 HG03 型 6 吨消防车 1 辆，空气呼吸器 2 套，防火隔热服 2 套，防毒面具 4 个，13 型水带 300 米，泡沫发生器及泡沫液等灭火工具和器材。2002 年，家具城派出所安装一套高科技监控管理装置——火灾智能巡查监控管理系统，既提高了派出所对保安人员的管理调控能力，又保证了保安人员不间断定点、定路线巡逻，提高展厅内火灾发现控制能力。2004 年，家具城新增配手提灭火器 2247 个、内外消防栓 625 个，烟感报警器 955 个、温感报警器 4571 个、防火卷帘 316 道，新建、改建总容量 10980 立方米自动蓄水池 16 个；配备现代化高科技不停电非接触安全检测系统、自动喷淋系统，高科技智能巡更等先进的现代化系统，为家具城消防安全筑牢第一道防线。

三　防火

1985 年，将 15 个县直属机关和企事业单位列为消防重点管理单位，每月检查一次，消除火灾隐患，规定正建、待建的城镇建筑设施要有安全消防设备，否则不准施工。1990 年，贯彻“以防为主，以消为辅”方针，元旦、春节等重大节日及农村麦收、大秋农忙季节等，以政府名义召开消防安全会议，组织机关、企事业单位和农村，特别是供水、供电、金融、粮食、物资及仓库等重要部门安全大检查，消除隐患、落实措施。2001 年，重点加强全县造纸业、家具业、泡沫业等重点企业消防管理。2002 年，为增强全民防火意识，在县贵宾楼举办了“预防火灾是全社会共同的责任”为主题的“119”消防宣传文艺晚会。2003 年，共发放消防隐患整改通知书 60 份，行政处罚 8 起。

1979—2008 年香河县发生火灾统计表

表 23-2-8

年份	火灾起数		死亡人数	致伤人员	直接经济损失（万元）
	总数	重大			
1979	8	0	1	1	0.35
1980	6	0	0	0	0.26
1981	7	0	0	0	0.46
1982	8	0	0	0	1.04
1983	5	0	0	0	0.58

续表 23-2-8

年份	火灾起数		死亡人数	致伤人员	直接经济损失（万元）
	总数	重大			
1984	8	0	0	0	1.14
1985	8	0	0	0	2.40
1986	12	0	0	0	3.05
1987	11	0	2	0	2.90
1988	10	0	0	0	1.99
1989	4	1	1	2	2.93
1990	9	0	0	0	2.73
1991	4	3	0	0	6.50
1992	4	0	0	0	8.43
1993	9	0	1	0	12.57
1994	6	2	0	0	47.15
1995	5	2	0	0	24.73
1996	12	0	0	0	21.49
1997	3	0	0	0	12.10
1998	8	0	0	1	53.17
1999	8	0	0	0	22.20
2000	30	0	0	1	36.88
2001	61	0	0	0	22.62
2002	53	0	0	0	42.26
2003	46	0	0	0	30.72
2004	44	0	0	0	20.30
2005	63	1	0	0	341.60
2006	45	0	0	0	9.69
2007	42	0	0	0	4.91
2008	32	0	0	0	2.67
合计	571	9	5	5	590

第三章　检　察

第一节　机　构

一　机构设置

1978 年 7 月，县检察院恢复重建。1979 年 5 月，按照全国第七次检察工作会议精神以及省、地区指示，香河县人民检察院设刑事检察科、法纪检察科、经济检察科和办公室，人员增至 22 人。1980 年 5 月，成立检察委员会，12 月，增设监所检察科。1983 年 3 月，增设控告申诉检察科，人员增至 31 人。1984 年 3 月，改“五科一室”为“三股一室”即刑事检察股、法纪检察股、经济检察股和办公室，编制 34 人。1985 年 2 月，恢复“五科一室”建制。1987 年 9 月，将刑事检察科分为批捕检察科和起诉检察科。1987 年 11 月，建立税务检察室，地点在税务局。1989 年 10 月，改经济检察科为反贪污贿赂检察科。1990 年 6 月，设立研究室。1994 年 5 月，增设民事行政检察科，在渠口镇设立检察室。1996 年 12 月，反贪污贿赂检察科更名反贪污贿赂局。1997 年 10 月，税务检察室撤销，成立预防科。1999 年 10 月，成立政工科、技术室、法警队。2002 年 6 月，起诉科更名公诉科，批捕科更名侦查监督科，法纪检察科更名渎职侵权检察科，技术室更名检察技术科，政工科更名政治处，下设组织干部科和教育宣传科。2006 年 10 月，渎职侵权检察科更名反渎职侵权检察局。2007 年 6 月，法警队更名司法警察大队。8 月，增设法律政策研究室和反贪局综合科。2008 年底，香河县人民检察院设立办公室、政治处（组织干部科、教育宣传科）、研究室、侦查监督科、公诉科、检察技术科、控告申诉检察科、民事行政检察科、监所检察科、司法警察大队、反贪污贿赂局（反贪一科、反贪二科、反贪综合科、预防科）、反渎职侵权检察局（反渎侦查科、反渎职综合科）12个职能部门。

二　干警编制

1978年，检察院有干部5人，最高学历为初中毕业。1998年，检察机关进行检察官等级评定，县检察院有高级检察官1人，一级检察官12人，二级检察官9人，四级检察官1人。2008年底，香河县人民检察院在编干警41人。其中，检察官24人；检察长1人，副检察长2人；检察委员会委员13人；检察员24人；法警1人；工作人员10人。全体检察干警均为本科学历，工勤人员学历为大专以上。

1979—2008年香河县人民检察院检察长任职情况一览表

表23-3-1

姓名	性别	籍贯	政治面貌	职务	任职时间
魏　珍	男	河北省香河县	党员	检察长	1979年1月—1980年4月
张　英	男		党员	检察长	1980年4月—1984年1月
吴　侠	男	江苏省	党员	检察长	1984年1月—1990年4月
杨秀廷	男	河北省香河县	党员	检察长	1990年4月—1996年6月
祁福旺	男	大厂回族自治县	党员	检察长（代理）	1996年6月—1997年5月
祁福旺	男	大厂回族自治县	党员	检察长	1997年5月—2006年1月
仇海全	男	天津市蓟县	党员	检察长	2006年1月—2007年6月
仇海全	男	天津市蓟县	党员	检察长	2007年11月—2008年12月

第二节　刑事检察

一　审查批捕

1979年，受理公安机关提请逮捕人犯55人，经审查批准逮捕36件38人，不批准逮捕7人，公安局撤销案件6人，退查、待批4人。1983—1984年，县检察院履行侦查监督职责，贯彻依法“从重从快”方针，严厉打击刑事犯罪，公安部门提请逮捕123件176人，经审查批准逮捕114件151人。1993年，把杀人、抢劫、强奸、盗窃枪支等暴力犯罪和团伙犯罪作为打击重点，共批准逮捕54件86人。2008年，受理公安部门提请逮捕140件210人，经审查批准逮捕138件210人。

1979—2008年香河县检察机关批捕备案统计表

表23-3-2

年份	公安提请逮捕		经审查批准逮捕		不捕		撤卷		退查、待批	
	件	人	件	人	件	人	件	人	件	人
1979	48	55	36	38	6	7	4	6	2	4
1980	36	37	31	32	2	2	3	3	-	-
1981	48	64	39	49	4	8	3	3	2	4
1982	39	48	36	44	3	4	—	—	—	—
1983—1985	114	151	114	151	—	—	—	—	—	—
1986	45	60	38	52	—	—	7	8	—	—
1987	52	66	44	58	—	—	8	8	—	—
1988	50	56	41	45	2	4	4	4	3	3

续表 23-3-2

年份	公安提请逮捕		经审查批准逮捕		不捕		撤卷		退查、待批	
	件	人	件	人	件	人	件	人	件	人
1989	56	78	56	78	—	—	—	—	—	—
1990	45	66	42	63	—	—	3	3	—	—
1991	60	82	56	78	4	4	—	—	—	—
1992	63	76	62	74	1	2	—	—	—	—
1993	54	87	53	86	1	1	—	—	—	—
1994	63	80	61	78	2	2	—	—	—	—
1995	63	99	63	99	—	—	—	—	—	—
1996	73	110	70	105	—	—	1	1	2	4
1997	40	60	38	57	—	—	—	—	2	3
1998	77	120	76	119	1	1	—	—	—	—
1999	82	132	82	132	—	—	—	—	—	—
2000	81	134	81	134	—	—	—	—	—	—
2001	93	132	92	130	1	2	—	—	—	—
2002	102	131	100	129	2	2	—	—	—	—
2003	95	121	90	115	5	6	—	—	—	—
2004	108	143	107	141	1	2	—	—	—	—
2005	103	136	102	135	1	1	—	—	—	—
2006	127	175	127	175	—	—	—	—	—	—
2007	129	215	129	215	—	—	—	—	—	—
2008	138	210	138	210	—	—	—	—	—	—
合计	2084	2924	2004	2822	36	48	33	36	11	18

二 公诉

1979年，受理公安机关移送起诉的案犯47人，经审查决定提起公诉40人，免于起诉2人。对“1•9”案23名犯罪嫌疑人出庭支持公诉。受理打击报复等违法乱纪案件10起17人，均做妥善处理。1980年，《中华人民共和国刑法》《中华人民共和国刑事诉讼法》实施，提起公诉25件28人。

1980—1989年，审查提起公诉389件491人，出庭支持公诉337次，发表讼词296篇。1990至1999年，公安移送起诉503件937人，审查提起公诉438件794人，其中公安退查2件2人，公安撤回1件1人。2000—2008年，公安移送起诉1073件1589人，审查提起公诉931件1330人。

1979—2008年香河县检察机关起诉备案统计表

表 23-3-3

年份	公安移送起诉		审查提起公诉		免诉		退查		公安撤回		不起诉		追诉	
	件	人	件	人	件	人	件	人	件	人	件	人	件	人
1979	35	47	30	40	2	2	1	2	2	3	—	—	—	—
1980	28	31	25	28	3	3	—	—	—	—	—	—	—	—
1981	31	40	29	36	—	—	2	4	—	—	—	—	—	—
1982	37	54	26	43	4	4	7	7	—	—	—	—	—	—
1983—1984	100	132	100	132	—	—	—	—	—	—	—	—	—	—
1985	56	68	44	50	5	10	3	3	1	1	—	—	3	4
1986	35	46	35	46	—	—	—	—	—	—	—	—	—	—
1987	51	69	45	43	3	12	3	14	—	—	—	—	—	—
1988	38	46	38	46	—	—	—	—	—	—	—	—	—	—

续表 23-3-3

年份	公安移送起诉		审查提起公诉		免诉		退 查		公安撤回		不起诉		追诉	
	件	人	件	人	件	人	件	人	件	人	件	人	件	人
1989	58	87	58	87	—	—	—	—	—	—	—	—	—	—
1990	34	52	32	44	2	8	—	—	—	—	—	—	—	—
1991	86	75	79	68	5	5	1	1	—	—	—	—	1	1
1992	66	87	56	72	9	14	—	—	1	1	-	-	-	-
1993	55	90	49	81	3	3	3	6	—	—	—	—	—	—
1994	60	90	54	83	6	7	—	—	—	—	—	—	—	—
1995	105	87	105	87	—	—	—	—	—	—	—	—	—	—
1996	65	95	62	92	2	2	1	1	—	—	—	—	—	—
1997	25	34	25	34	—	—	—	—	—	—	—	—	—	—
1998	72	102	72	102	—	—	—	—	—	—	—	—	—	—
1999	79	127	79	127	—	—	—	—	—	—	—	—	—	—
2000	80	120	76	116	—	—	—	—	4	4	—	—	—	—
2001	91	127	91	127	—	—	—	—	—	—	—	—	—	—
2002	110	152	103	142	—	—	—	—	7	10	—	—	—	—
2003	101	122	97	103	—	—	—	—	4	19	—	—	—	—
2004	101	134	101	134	—	—	—	—	—	—	—	—	—	—
2005	124	161	124	161	—	—	—	—	—	—	—	—	—	—
2006	131	184	131	184	—	—	—	—	—	—	—	—	—	—
2007	119	187	119	187	—	—	—	—	—	—	—	—	—	—
2008	134	208	109	183	—	—	5	5	20	20	—	—	—	—
合计	2107	2854	1994	2678	44	70	26	43	39	58	0	0	4	5

三 刑事诉讼监督

（一）侦查监督

人民检察院监督公安机关的侦查活动是否合法，纠正以下违法行为：1. 对犯罪嫌疑人刑讯逼供、诱供的；2. 对被害人、证人以体罚、威胁、诱骗等非法手段收集证据的；3. 伪造、隐匿、销毁、调换或者私自涂改证据的；4. 徇私舞弊，放纵、包庇犯罪分子的；5. 故意制造冤、假、错案的；6. 在侦查活动中利用职务之便谋取非法利益的；7. 在侦查过程中不应当撤案而撤案的；8. 贪污、挪用、调换所扣押、冻结的款物及其孳息的；9. 违反刑事诉讼法关于决定、执行、变更、撤销强制措施规定的；10. 违反羁押和办案期限规定的；11. 在侦查中有其他违反刑事诉讼法有关规定的行为的。

1996 年，《中华人民共和国刑事诉讼法》进行修改，明确检察机关刑事立案监督权。采取“保持优势、加强难点、扎实稳妥、平衡发展”的办案方针，对侦查机关应立案不立案或以罚代刑案件依法立案监督，通过审查批捕、起诉工作向公安机关发出《说明不立案理由通知书》《立案通知书》，敦促公安机关对应立未立案侦查、追捕、追诉漏犯。在实施修改《中华人民共和国刑事诉讼法》三年起步中，县人民检察院共办理立案监督案件 18 件。

（二）审判监督

审判监督是指对人民法院审判工作的监督。监督的主体有国家权力机关、人民检察院、新闻媒体等，人民法院体系内还可以有上级人民法院对下级人民法院审判工作的监督。

1980 年，依据《中华人民共和国刑法》《中华人民共和国刑事诉讼法》的规定，检察机关审查判决或裁定，监督法院审判活动是否合法，认定事实适用法律是否正确。纠正定性不准，量刑不当的案件以及审判和审判活动中的一般违法行为。

（三）未成年人刑事检察

县检察院按照宽严相济刑事司法政策的要求，

在对严重刑事犯罪从严惩处、从快打击、保持高压态势的同时，对未成年人犯罪和轻微刑事犯罪，坚持“教育为主、惩罚为辅”的原则。根据未成年人犯的生理、心理特点，讲究方式、方法，有针对性地做好有罪错未成年人的教育、感化、挽救工作，不断探索“捕、诉、防”一体化处理未成年人犯罪案件新路子。

对未成年人犯罪案件，落实“教育、感化、挽救”方针，通过适用轻缓的处理方法引导未成年人走向正确的道路。对在校学生犯罪，尽可能与未成年人犯罪嫌疑人所在学校、教育局、妇联、工会、公安派出所共同研究帮教措施，切实保障未成年人能够在重返社会后得到全方位的帮助和挽救。

2006 年，县检察院从速逮捕一起未成年人盗窃杀人案。郭某和高某因盗窃网吧电脑零件被网吧老板当场抓住后将网吧老板残忍杀死。其中，高某17 周岁，郭某 18 周岁。2007 年，某校学生因被教唆聚众斗殴至一学生死亡，犯罪嫌疑人均为在校学生。这些案件的诱因一般为不良宣传物的侵蚀，不良习惯的恶化和被教唆犯罪。

2006—2008 年，共受理和审结未成年人各类审查批捕案件 51 件，批准逮捕未成年人 71 人。

第三节　反贪污贿赂检察

一　查处贪污贿赂案件

1980—1983 年，香河县人民检察院受理经济案件 19 件 19 人，挽回经济损失 21.53 万元。1985 年，调查 96 个较大的乡镇企业、102 个村办企业和 16 个校办工厂及 32 个个体企业，对管理不善及不安全因素提出建议，研究解决办法，制定措施，防止重大责任事故的发生。1986—2005 年，受理经济案件 167 件 175 人，挽回经济损失 572.27 万元。2006 年，立案查处受贿案 6 件 11 人，参与查办了中纪委和最高检交办的“山西焦煤集团贪污受贿案”。2008 年，办理贪污贿赂案件 5 件 6 人，集中力量查办了中纪委和最高检交办的“中国民航华北空管局系列贪污、受贿案”，所查办的人员中，厅级干部 2 人，处级干部 1 人。

1979—2008 年香河县检察机关反贪污贿赂案件统计表

表 23-3-4

年份	件	人	挽回经济损失（万元）	年份	件	人	挽回经济损失（万元）	年份	件	人	挽回经济损失（万元）
1979	2	—	—	1989	10	13	8.44	1999	8	8	400.00
1980	3	—	—	1990	6	—	—	2000	8	8	—
1981	3	3	—	1991	10	11	30.00	2001	11	19	—
1982	3	5	1.53	1992	10	10		2002	8	8	—
1983	10	11	20.00	1993	8	12	18.00	2003	11	11	—
1984	—	—	—	1994	7	10	18.80	2004	8	8	—
1985	—	—	—	1995	9	—	—	2005	5	8	—
1986	2	3	13.29	1996	13	13	17.50	2006	6	11	—
1987	9	9	—	1997	11	11	35.20	2007	5	8	—
1988	5	5	16.54	1998	8	8	14.50	2008	5	6	—

二　预防职务犯罪

1997 年 10 月，县人民检察院成立预防科，加强职务犯罪预防组织网络建设，构建大预防格局，筹划建立预防职务犯罪协会。至 2008 年，56 家单位申请入会。对预防单位开展大规模系统预防宣教活动，将最高检察院编制的《罪案鉴戒》和人民日报社出版的《预防职务犯罪构建和谐社会》等资料送到预防单位，增强预防宣教效果。

2007 年，香河县人民检察院应香河县工商局邀请，为县工商系统干部职工作了预防职务犯罪专题讲座。反贪局预防科为大家讲解反腐败意义，并以案示法把与工商系统有关的职务犯罪逐条进行讲解，用身边人身边事，从内因、外因、环境以及监督等方面讲述工商干部如何依法行政、把握自己、走好人生的每一步。是年，组织县医院干部职工和县内部分单位负责人，分别赴太行监狱和北京军事博物馆接受现场说法，并参观打击职务犯罪成果展。其中，赴北京军博参观活动被正义网、廊坊日报、香河电视台等多家媒体报道。

第四节　反渎职侵权检察

1981—1982 年，受理法纪案件 8 件 12 人，立案 2 件 3 人，不立案转有关单位处理 3 件 5 人，为国家挽回经济损失 1.27 万元。1987—1991 年，受理法纪案件 12 件 21 人。1990 年，深入 17 个乡镇 150 个村，搜集案件线索 13 件，查办重大责任事故案件 2 件。1993 年，受理法纪案件线索 5 件，立案查处 1 件。2005—2006 年，调查渎职侵权案件线索 7 件，立案 2 件 6 人，其中“李某、张某、程某滥用管理公司职权”案作为典型案例，被省、市检察院评为优秀案例。2007—2008 年，调查各类渎职侵权案件线索 7 件，立案 2 件 4 人。

1979—2008 年香河县检察机关反渎职侵权案件统计表

表 23-3-5

年份	反渎办案情况		年份	反渎办案情况		年份	反渎办案情况	
	件	人		件	人		件	人
1979	—	—	1989	2	3	1999	3	3
1980	8	—	1990	2	4	2000	5	5
1981	3	4	1991	2	3	2001	5	5
1982	2	3	1992	—	—	2002	4	4
1983	—	—	1993	1	1	2003	4	4
1984	1	2	1994	—	—	2004	3	3
1985	—	—	1995	1	—	2005	1	3
1986	—	—	1996	—	—	2006	3	4
1987	4	7	1997	—	—	2007	1	3
1988	2	4	1998	—	—	2008	1	1

第五节　监所检察

一　监所内检察

1978 年，县检察院恢复成立后，即开始行使监所检察职权。

1998 年，提出检察建议 23 份，防止重大事故 3 起；审查起诉缓刑期间再犯罪案件 3 件 5 人，打击监外服刑人员再犯罪活动；开展驻所检察规范化建设，完善并规范业务登记制度，监所检察工作走上规范化轨道，成为廊坊市院驻所检察规范化建设两个试点单位之一。2001 年，监所检察重点监督监管部门有无超期羁押、无证关押等违法现象，并考察监外“五种”人（管制、缓刑、监外执行、假释、剥夺政治权利）。全年共教育在押人员 540 人（次），考察监外执行罪犯 176 人（次）。与此同时，监管部门开展“创十无”和“建立长效机制，防止超期羁押”活动，防止各种事故苗头 41 起，维护县看守所监管秩序的稳定，为各阶段诉讼提供保证。2008 年，开展预防超期羁押检查，坚持预期提示、催办工作制度，共提出催办意见 21 次，确保在各诉讼环节无超期羁押现象发生。

二　监外执行检察

1982 年，协助管教干部教育在押犯，搞好文明管理，落实监管措施，提高改造质量。摸底考察分散在社会上被判处管制、缓刑、监外执行、假释的 18 名罪犯的执行情况。1991 年，监外执行 3 次。通过走访罪犯家属、周围群众确定 8 名罪犯为重点帮教对象，为保证8名重点监外罪犯认真改造重新做人，县检察院每年两次为他们进行法律知识培训，并要求他们每月到派出所汇报思想和活动情况，直接参与监督管理。2008年，为保障奥运会的稳定，监管考察监外“五种”人，共考察监外执行罪犯97人次，纠正脱管失控7人，保障监外罪犯执行效果。

第六节　控告申诉检察

1979年，共收到人民群众来信97件，接待人民来访207人次。在办理信访案件的过程中，向广大群众宣传党的方针、政策，宣传刑法、刑事诉讼法等法律，加强社会主义法制教育，从而减少上访、重访案件，促进安定团结。1984年，共受理群众来信来访272件（次），规定每月初一、十五为检察长接待日，接待和处理重要信访。1993年，共接待来访群众53人，处理来信18封，解决集体上访6次，化解矛盾趋于激化的事件4起。同时，受理重婚案件1件，处理不服免诉决定申诉案件1件。1998年，控申检察不断强化为人民服务的宗旨观念，注重发挥窗口作用。坚持文明接待，做到“四心”，即接待来访热心，询问情况细心，解答问题耐心，排忧解难诚心。尤其对告急访，变被动问案为主动出击，及时化解矛盾。同时，开展检察长接待日活动，接待来访25件（次）。所接待的73件信访无一件重复信访和赴京、省、市访。2003—2006年，共受理群众来信来访143件（次），均得到妥善处理，县检察院连续20年无涉检越级赴省、进京上访事件发生。

1979—2008年香河县检察机关控申接访统计表

表23-3-6

年份	件（次）	年份	件（次）	年份	件（次）	年份	件（次）
1979	207	1988	73	1997	—	2006	26
1980	356	1989	88	1998	73	2007	15
1981	174	1990	118	1999	93	2008	21
1982	210	1991	104	2000	101		
1983	—	1992	97	2001	73	—	—
1984	272	1993	53	2002	55	—	—
1985	130	1994	106	2003	59	—	—
1986	166	1995	56	2004	46	—	—
1987	140	1996	-	2005	12	—	—

第七节　民事行政检察

1994年，设立民事行政检察机构，全年受理案件2件，其中提请抗诉1件。2001年，严格按照《人民检察院民事行政抗诉案件办案规则》的要求，开展民事行政检察。一方面，对确有错误的民事、行政判决、裁定，依法提出抗诉。当年提出抗诉2件，经法院再审，依法获改判1件；另一方面，做好息诉工作。当年息诉5件，庭外调解执行1件。2006年，共受理民事、行政申诉案件10件，经审查，立案5件，其余5件做息诉处理。向市院提请抗诉3件（其中，廊坊市检察院支持抗诉1件，提出检察建议2件），法院采纳检察院建议1件。2008年，对确有错误的判决裁定依法立案、审查、提请抗诉，当年共受理民事行政申诉案件13件，立案审查4件，承办廊坊市检察院交办案件1件，其余8件均做息诉处理。

第八节　刑事技术检察

1999年10月，县检察院成立技术室，负责勘验有关案件现场，收集、固定和提取与案件有关的痕迹物证并进行科学鉴定，负责审查、鉴定有关业务部门办理案件时涉及技术性的证据等工作；负责本院计算机网络的建设和管理。2004 年，实现省、市、县三级联网办公。2008 年全程同步录音录像 35 次，提供视听资料 35 份。

第四章 法 院

第一节 机 构

一 县人民法院

1973 年，香河县人民法院（以下简称“县法院”）恢复。1982 年 1 月，成立经济审判庭。1987 年 3 月，增设来信来访接待室，是年 4 月，设立行政审判庭、执行庭。1988 年 5 月，成立告诉申诉庭。1993 年 3 月，成立经济纠纷调解中心，是年 4 月，成立法警队。1995 年 5 月，撤销告诉申诉庭，设立案庭和审判监督中心，是年 7 月，成立研究室。1996 年 6 月，经济纠纷调解中心并入经济庭。是年，县法院有刑庭、经济庭、行政庭、告诉申诉庭、执行庭、法警队。1997 年 8 月，法警队更名为香河县人民法院司法警察大队（简称法警大队）。1998 年 2 月，法院内设机构有办公室、政工科、刑事审判庭、民事审判庭、经济审判庭、行政审判庭、告诉申诉庭、执行庭和法警大队。是年 9 月，设立法庭违纪投诉中心。2002 年 8 月，县法院机构改革，调整为办公室、政治处、立案庭、刑事审判庭、民事第一审判庭、民事第二审判庭、行政庭、审判监督庭、法警大队、执行庭、法医鉴定技术室、书记官处、监察室。2003 年 9 月，成立执行局。2005 年 12 月，成立信访工作办公室。2008 年，县法院内设机构 18 个：办公室、民事审判第一庭、民事审判第二庭、执行局（下设执行庭、协调管理处）、刑事审判庭、立案庭、法警大队、政治处、法医技术鉴定室、审判监督庭、行政审判庭、书记官处、监察室、安平法庭、安头屯法庭、渠口法庭、五百户法庭、蒋辛屯法庭，编制 78 人。

二 基层法庭

刘宋人民法庭 1983 年 5 月恢复。管辖刘宋镇范围内的一审民事案件，1984 年 5 月并入安头屯人民法庭。管辖刘宋镇、安头屯乡范围的一审民事案件、轻微刑事案件、经济纠纷案件。

渠口人民法庭 1976 年 11 月恢复。管辖渠口、东鲁口、石虎辛庄、钱旺村 4 个乡镇（公社）的一审民事案件、轻微刑事案件、经济纠纷案件。1996 年 4 月，石虎辛庄乡、东鲁口乡并入渠口镇，从此，渠口人民法庭管辖渠口镇的一审民事案件，轻微刑事案件及简易经济纠纷。

五百户人民法庭 1973 年 11 月恢复。管辖五百户、李庄、香城屯、钳屯 4 个乡镇（公社）的一审民事案件。1996 年 4 月，李庄、香城屯两乡并入五百户镇，从此，管辖五百户镇、钳屯乡一审民事案件，轻微刑事案件及简易经济纠纷。

蒋辛屯人民法庭 1985 年 1 月成立。管辖蒋辛屯、梁家务乡范围内一审民事案件、轻微刑事案件及简易经济纠纷案件。1996 年 4 月，梁家务乡并入蒋辛屯镇，从此，蒋辛屯人民法庭管辖蒋辛屯镇范围内一审民事案件、轻微刑事案件及简易经济纠纷案件。

安平人民法庭 1981 年成立。1984 年 5 月，与城关人民法庭合署办公。1991 年 9 月成立安平人民法庭，管辖安平镇、王家摆乡的一审民事案件、轻微刑事案件及简易经济纠纷。1996 年 4 月，王家摆乡并入安平镇，至此，安平人民法庭管辖安平镇范围内一审民事案件、轻微刑事案件及简易经济纠纷案件。

城关人民法庭 1982 年成立。管辖城关、大罗屯、王家摆、安平 4 个乡镇（公社）及县直机关一审民事案件。1989 年 1 月至 1991 年底，大罗屯和县直机关案件由民事审判庭管辖。1991 年 9 月，安平法庭成立，至此，城关人民法庭管辖大罗屯、城关、钱旺村 3 个乡镇及县直单位案件。1996 年 4 月，大罗屯乡、金辛庄乡并入城关镇，城关人民法庭管辖城关镇、钱旺村乡 2 个乡镇的一审民事案件、轻微刑事案件及简易经济纠纷案件。

三 干警编制

1978 年后，部队转业干部、大中专毕业生、其他机关的年轻干部相继充实到法院。2002 年 4 月，法院系统实行机构改革。2008 年，县法院有干警 78 人。其中，审判员 68 人，三级高级法官 1 人，四级高级法官 21 人，一级法官 13 人，二级法官 18 人，三级法官 15 人。队伍建设情况：办公室 4 人，政治处 3 人，立案庭 4 人，刑事审判庭 4 人，民事审判一庭 4 人，民事审判二庭 4 人，行政审判庭 5 人，执行局内设执行一庭、二庭和协调管理处共 19 人，法警大队 4 人，法医技术鉴定室 2 人，书记官处 4 人，监察室 2 人，基层人民法庭 11 人；副处级院长 1 人，正科级副院长 4 人，纪检组长 1 人，政治处主任 1 人，工会主席 1 人。

第二节　案件审理

一　刑事审判

县法院依据《中华人民共和国刑法》，在审理各类刑事案件中，坚持“以事实为依据，以法律为准绳”，做到事实清楚，定罪有据，不枉不纵，经得起历史检验。1980—2008 年，审结刑事案件 2631 件，判决 3291 人，其中，判处 10 年以上有期徒刑 278 人。

1983 年，根据中共中央关于严厉打击严重刑事犯罪的决定，集中打击严重威胁社会秩序的犯罪分子。1979—1983 年，审结刑事案件中，反革命案件 4 件，投毒 2 件，诈骗 16 件，杀人 8 件，伤害 21 件，盗窃 45 件，强奸 92 件，破坏军婚 4 件，妨害婚姻家庭犯罪 19 件，流氓抢劫 21 件，贪污 5 件，投机倒把 5 件，其他犯罪 15 件。量刑判处涉案人员 261 人，其中，判处重大刑事犯罪 47 人。2005 年，全县“严打”整治，从重从快惩治罪犯，特别是对抢劫、抢夺、强奸、盗窃等暴力犯罪和严重犯罪，一律顶格处刑，共审结各类刑事案件 113 件，判处罪犯 136 人。全年刑事案件无一超审限，无一超羁押。2006 年，共审结各类刑事案件 143 件，判处罪犯 198 人，其中 3 至 10 年有期徒刑 11 人，10 年以上有期徒刑 18 人。同时，坚持“无罪推定、疑罪从无、宽严相济”原则，强化刑事诉讼中人权保障意识，维护刑事被告人特别是青少年的合法权益。2007 年，全年受理审结刑事案件 141 件，判处罪犯 231 人，判处 3 年以上有期徒刑 44 人。加大刑罚财产刑的执行力度，增强刑罚的震慑力，维护法律的严肃性，共适用罚金刑 49 人 110 万元。对具有法定从轻、减轻情节的罪犯依法给予改过自新出路，减少社会矛盾。2008 年，受理案件 126 件，审结 126 件，判处罪犯 157 人。

1980—2008 年香河县法院刑事案件统计表

表 23-4-1

年份	旧存案（件）	收案（件）	结案（件）	判决（人）	判决生效（人）	生效情况			未结案（件）
						10 年以上	3-10 年	3 年以下	
1980	8	52	53	43	43	7	10	26	7
1981	7	67	64	67	48	5	3	40	10
1982	10	40	50	54	54	5	8	41	—
1983	—	81	75	94	94	24	25	45	6
1984	6	73	67	103	103	10	25	68	12
1985	12	45	57	69	69	8	11	50	—
1986	—	65	57	43	43	10	15	18	8
1987	8	65	64	67	67	3	18	46	9
1988	—	71	71	91	60	5	30	25	—
1989	—	81	81	97	97	11	16	70	—
1990	—	63	63	57	57	11	20	26	—
1991	—	55	55	61	61	3	22	36	—
1992	—	81	81	106	106	9	19	78	—

续表 23-4-1

年份	旧存案（件）	收案（件）	结案（件）	判决（人）	判决生效（人）	生效情况			未结案（件）
						10 年以上	3-10 年	3 年以下	
1993	—	64	64	76	65	10	8	47	—
1994	—	86	86	90	68	4	31	33	—
1995	—	82	82	90	65	12	15	38	—
1996	—	98	98	141	141	8	30	103	—
1997	—	64	107	107	107	3	8	96	—
1998	—	89	89	130	130	10	30	90	—
1999	—	100	100	147	147	12	31	104	—
2000	—	110	110	164	164	18	27	119	—
2001	—	92	92	130	130	14	27	89	—
2002	—	146	146	170	170	16	21	133	—
2003	—	171	171	206	145	11	24	110	—
2004	—	125	125	166	166	6	8	152	—
2005	—	113	113	136	136	6	26	104	—
2006	—	143	143	198	198	18	11	169	—
2007	—	141	141	231	231	14	30	187	—
2008	—	126	126	157	157	5	9	143	—
合计	51	2589	2631	3291	3122	278	558	2286	52

二 民事审判

1979—2008 年，共受理各类民事案件 25381 件，审结 25381 件。其中，判决 2899 件，撤诉 2001 件，调解 20355 件，其他 126 件。挽回经济损失 41180 万元。

1983 年，《中华人民共和国民事诉讼法（试行）》实施，民事审判工作走上严格依法办案轨道，坚持"依靠群众、巡回审理、着重调解、就地办案"原则，是年共受理民事案件 190 件，审结 182 件，结案率 96%。处理来信 230 件，接待来访 1916 人（次），调处简易纠纷 96 件。

2003 年，共受理民事案件 1597 件，结案 1597 件，结案率 100%。坚持"能调则调、当判则判、调判结合、案结事了"的原则，切实把调解工作放在化解社会矛盾、构建和谐社会的大局中定位、实践，用诚心、细心、耐心和真心去做调解工作。在实践基础上，推出《规范化七段式调解法》，即将诉讼调解分为采集调解信息、筛选分流案件、推行双向选择、推行调审分离、庭审适时调解、庭后补救调解、确认调解协议七个步骤。通过运行《规范化七段式调解法》，民事案件调解率 84%。所结案件呈现"五高两少两无"的局面，即民事调解率高、刑事附带民事调解率高、行政撤诉率高、执行和解率高、调解自行履行率高，缠诉闹庭少、申诉上诉少、无矛盾激化、无越级进京上访。

2008 年，共受理民商事案件 2109 件，审结 2132 件。加强婚姻家庭案件的审理。认真贯彻《中华人民共和国婚姻法》的有关规定，审慎离婚、赡养、继承以及家庭财产分割纠纷案件，依法维护妇女、儿童、老人的合法权益，制裁虐待、遗弃妇女、儿童、老人的不良行为，倡导良好的家庭伦理道德，促进家庭和睦，共审结婚姻家庭纠纷案件 358 件；加大涉农案件审理的力度，坚持把审理民商事案件作为化解社会矛盾、维护社会稳定的重要手段，注重做好当事人的疏导、教育工作，消除不稳定因素，防止小矛盾酿成大纠纷，为群众创造睦邻友好的生活和工作环境。审结涉及农村相邻、土地承包、赔偿纠纷案件 312 件，保障农村社会稳定和农业生产发展，促进新农村建设；探索保障和规范金融秩序措施，加大对金融贷款案件的审判、执行力度，共受理案件571件。另外，加强商事案件的审理，平等保护各类市场主体的合法权益，规范市场行为，维护市场秩序，推动市场经济健康有序发展。共审结买卖合同、租赁等纠纷案件900件。

1979—2008年香河县法院民事案件统计表

表23-4-2

年份	旧存案（件）	收案（件）	结案（件）	结案标的（万元）	判决（件）	撤诉（件）	调解（件）	其他（件）	未结案（件）
1979	—	110	110	50	5	15	85	5	—
1980	—	130	130	180	4	3	107	16	—
1981	—	188	159	150	16	20	120	3	29
1982	29	205	234	100	10	30	190	4	
1983	—	190	182	150	9	21	142	10	8
1984	8	194	191	190	13	12	165	1	11
1985	11	193	204	120	14	15	175	—	—
1986	—	157	157	160	15	11	126	5	—
1987	—	269	259	150	23	27	209	—	10
1988	10	273	253	120	13	20	200	20	30
1989	30	475	505	300	55	45	405	—	—
1990	—	487	487	250	24	129	334	—	—
1991	—	510	510	300	40	51	410	9	—
1992	—	577	577	420	30	17	520	10	—
1993	—	516	516	510	46	30	435	5	—
1994	—	580	578	650	70	56	450	2	2
1995	2	557	559	690	105	32	420	2	—
1996	—	609	609	510	100	34	470	5	—
1997	—	847	847	480	120	51	670	6	—
1998	—	992	992	540	121	89	781	1	—
1999	—	1382	1382	1050	151	300	930	1	—
2000	—	1131	1131	1300	100	36	990	5	—
2001	—	1181	1181	1400	120	99	961	1	—
2002	—	1460	1460	1050	150	99	1201	10	—
2003	—	1597	1597	1160	132	200	1260	5	—
2004	—	2035	2024	3900	304	120	1600	—	11
2005	11	2115	2117	4800	212	104	1801	—	9
2006	9	2250	2259	5200	293	130	1836	—	—
2007	—	2062	2039	5900	306	120	1613	—	23
2008	23	2109	2132	9400	298	85	1749	—	—
合计	133	25381	25381	41180	2899	2001	20355	126	133

三 经济审判

1981 年，建经济审判庭，主要审理经济合同纠纷案件。1984 年，全国第一次经济审判工作会议后，把保护专业户、联合体的合法权益作为经济审判重点。1981—1990 年，共审理经济纠纷案 623 件，审结 623 件，为国家、集体和个人挽回经济损失 928 万元，解决争议标准金 313 万元。1993 年 8 月，设立经济调解中心，与经济庭专职审理经济案件。1996 年 5 月，调解中心并入调解庭。1998 年 6 月，香河县进行机构改革，县法院将经济审判庭变更为经济审判第一庭、经济审判第二庭，明确和扩大经济审判庭收案范围，确立经济审判的司法地位。2002 年 8 月，经济第一庭、经济第二庭变更为民事一庭、民事二庭，经济案件全部统称为商事案件与民事案件，合称民商事案件。1991 年至 2002 年 8 月，县法院共收经济案件 8745 件，结案 8745 件，结案标的 11 亿元。

1981—2002 年香河县法院经济案件统计表

表 23-4-3

年份	旧存案（件）	收案（件）	结案（件）	结案标的（万元）	判决（件）	撤诉（件）	调解（件）	其他（件）	未结案（件）
1981	—	10	10	30	5	—	5	—	—
1982	—	7	7	5	2	—	5	—	—
1983	—	7	6	20	1	2	3	—	1
1984	1	12	8	15	2	2	4	—	5
1985	5	11	16	10	3	3	10	—	—
1986	—	29	29	120	—	10	19	—	—
1987	—	52	43	153	3	3	37	—	9
1988	9	61	51	75	10	5	36	—	19
1989	19	265	281	300	11	20	240	10	3
1990	3	169	172	250	15	25	130	2	—
1991	—	182	182	328	50	32	100	—	—
1992	—	239	239	571	19	16	200	4	—
1993	—	187	187	553	15	35	130	7	—
1994	—	230	229	1011	20	9	195	5	1
1995	1	257	258	1200	18	15	220	5	—
1996	—	189	189	1334	29	10	150	-	—
1997	—	1123	1123	3716	300	100	713	10	—
1998	—	534	534	5800	100	36	392	6	—
1999	—	945	945	7073	150	39	755	1	—
2000	—	859	859	1630	120	39	699	1	—
2001	—	701	701	2500	105	51	540	5	
2002	—	661	661	3700	146	59	453	3	—
合计	38	6730	6730	30394	1124	511	5036	59	38

四 行政审判

1987 年 3 月，设立行政庭。1988 年，受理行政案件 2 件，结案 2 件。1989—2003 年，共受理审结行政案件 56 件。其中，维持行政机关具体行政行为 42 件，原告撤诉 4 件，判决撤销具体行政行为

10 件。县法院在严格按照行政诉讼法办案的同时，加强宣传，让老百姓知道不但可以“民告官”，而且让他们敢于告“官”（指行政单位），不断改善内部和外部的行政诉讼环境，促进行政审判健康发展。2004—2008 年，行政受理案件 40 件，审结 40 件。其中，维持行政机关具体行政行为 21 件，原告撤诉 5 件，判决撤销具体行政行为 11 件，驳回起诉 3 件。在非诉行政执行案件中，注重加强与政府有关部门的沟通，研究最佳执行方案，既保证行政行为的顺利开展，又注意维护人民群众的合法权益。共受理非诉执行案件 161 件，执结 161 件。

1988—2008 年香河县行政案件统计表

表 23-4-4

年份	收案（件）	结案（件）	维持原判（件）	撤诉（件）	驳回（件）
1988	2	2	2	0	0
1989	1	1	1	0	0
1990	1	1	1	0	0
1991	2	2	2	0	0
1992	6	6	6	0	0
1993	7	7	5	2	0
1994	2	2	2	0	0
1995	9	9	9	0	0
1996	2	2	2	0	0
1997	2	2	2	0	0
1998	5	5	5	1	1
1999	3	3	2	1	0
2000	4	4	4	2	0
2001	5	5	5	2	0
2002	5	5	5	2	1
2003	2	2	2	0	0
2004	8	8	8	2	1
2005	7	7	3	1	1
2006	16	16	9	2	1
2007	4	4	4	0	0
2008	4	4	2	1	1
合计	97	97	75	16	6

第三节　审判监督与执行

一　审判监督

1993—1998 年，县法院不断加强告诉申诉和审判监督，着力解决群众“告状难”，对当事人的来信来访特别是初信初访严格审查，认真办理。共接待群众来信来访 2700 人（次），受理审结申诉案件 27 件。

2002 年，梳理全年受理审结的 2000 起案件，共摸查影响稳定的案件 43 件。其中，重点案件 9 件，有上访苗头案件 13 件。对排查出的 9 件重点案件，法院采取重点突击，死看死守的方法，保证当事人不出县、不赴省、不进京。

2005 年 11 月，率先在廊坊市法院系统设立信访办公室，改变以往立案庭在办理立案的同时兼管信访工作的格局，强化信访工作管理力度。〖JP2〗完善《来访处置工作预案》《处置突发事件预案》《首问责任制》《回访反馈制度》《信息预警制度》等行之有效的制度规范，实现信访工作各个环节有章可循，坚决做到“四个不转化”，即来信不转化为来访、初访不转化为重访、本地访不转化为越级访、个体访不转化为集体访，实现信访从时间到空间上的全覆盖，成为无缝隙控访法院的典型。经过4年多的努力，清理出600件积案，全部得到解决，从根源上减少涉诉信访案件发生。当年，共接待来信来访80件325人（次），稳妥处理9件群体性涉法案件，维护社会稳定。

2006年，评查各类案件2229件，发出整改通知42次。对申诉、再审案件的处理，坚持正确把握和处理好维护裁判文书既判力与依法纠错的关系，切实维护申诉人的合法权益。年审理再审案件9件，其中，维持原判4件，调解处理1件，改判4件。

2007年，进入再审程序3件，办结3件，其中，调解2件，改判1件。严格落实内部案件质量监督管理制度，继续实行案件质量评查、发改案件检查和案卷归档管理一体化的监督机制。全年共评查各类案件2351件，优秀率69%。

二 审判执行

1979—1986年，共有审执案件51件，绝大多数由各法庭和各业务庭自审自执，执法水平整体不高，执行程序不规范。

1987年3月，县法院执行庭成立。1987至1998年，受理执行案件2364件，执结2364件。

1999年，对50名被执行人采取拘留罚款等强制措施。同时，凡有重大执行活动，均请电视台跟踪报道，形成强大的舆论攻势，收到实效。一些“死案”“难案”得以执行，使社会各界及人民群众充分认识到法院裁决必须执行，树立执行司法权威。是年进入执行程序案件702件，全部执结。

2005年，召开被执行人大会4次，由分管执行工作副院长和执行局局长分别对被执行人进行法制宣传教育，讲案例，讲法律，讲责任，讲公德，讲后果，给债务人限时间、督促履行。让法理入心，用法威震撼，促使当事人自觉履行义务。100名被申请人“受训”，先后有21名被申请人主动履行法律义务。在执行中，大胆采取搜查、查封、扣押、冻结、拍卖、变卖等强制执行措施，共查封、扣押、冻结财产4500万元，为执行创造有利条件。同时，加大对拒不履行法院裁判和暴力抗法行为的惩处力度，共拘留130人（次）。在经纬家具城强制拆除违法建房过程中，县法院将阻碍执行的康某等7人予以拘留，促使余下6户拆迁钉子户自觉进行拆迁。对构成犯罪的严惩不贷，如王某非法处置法院查封财产，致使法院的生效判决无法执行，县法院以非法处置法院查封财产罪判处其有期徒刑三年，缓刑五年。是年，受理执行案件711件，执结641件。6月24日，县法院受理的《王某诉张某租赁合同纠纷》一案顺利执结，这是县法院204件小标的额案件的最后一件，它标志着全院清理出的小标的额案件提前一个月全部告捷，执结总标的额7500万元。

2006年，针对被执行人难找、执行财产难寻、应执行财产难动、协助执行人难求的“四难”问题，县法院启动执行工作社会联动机制，形成由法院当指挥，全社会共同参与的执行工作“大联唱”。即县法院在受理执行立案后，迅速将被执行人的有关信息通过网络、文书等形式向可能涉及的单位进行通报，并同时向涉及单位送达协助执行的相关法律文书，启动联动机制，协助单位在收到法院协助的法律文书后，根据协助执行的内容，依法履行各自职责。另外，建立公告悬赏执行制度，发动知情人举报相关线索，最终建立起一套执行威慑机制，形成全社会参与执行的格局。

2008年，进入执行程序案件618件，执行标的额8500万元。另外，坚持“以人为本、情法并重、宽严相济、公正文明”的执行方法，将和谐要求贯穿于执行过程始终，使对抗执行、逃避执行、威胁执行、执行上访等不和谐现象以及执行难得到解决，有30%的执行案件通过和解得到有效解决，最大限度地减少不和谐、不稳定因素。

1983—2008年香河县法院案件执行统计表

表23-4-5

年份	旧存案（件）	收案（件）	执结案（件）	标的（万元）	强制执行（件）	终止执行（件）	和解执行（件）	自动履行（件）	备注（移送）
1983	—	17	17	3	2	2	3	10	—
1984	—	10	10	5	15	4	—	—	—
1985	—	5	5	2	12	2	—	—	—
1986	—	7	7	12	13	3	—	—	—
1987	—	13	11	50	11	—	2	—	—
1988	2	53	50	100	5	5	30	10	5
1989	5	65	67	120	5	4	7	51	3
1990	3	74	77	150	7	5	30	35	—
1991	—	437	437	300	15	10	50	362	—
1992	—	68	68	150	5	5	10	48	—
1993	—	67	67	206	4	2	8	53	—
1994	—	202	202	355	12	5	26	159	—
1995	—	179	179	830	9	11	10	149	—
1996	—	176	176	395	5	1	20	140	10
1997	—	516	516	2599	11	5	25	475	—
1998	—	514	514	1600	4	9	31	470	—
1999	—	702	702	907	12	10	200	480	—
2000	—	643	643	2500	21	11	201	410	—
2001	—	782	782	4500	8	10	160	604	—
2002	—	713	713	5100	10	20	190	493	—
2003	—	661	661	3200	11	19	170	441	20
2004	—	644	640	3600	39	10	256	335	4
2005	4	707	711	7500	43	5	285	378	—
2006	—	900	900	4800	26	15	395	464	—
2007	—	908	908	5900	19	8	380	501	—
2008	—	618	618	8500	27	7	289	295	—
合计	14	9681	9681	53384	303	179	2797	6372	44

第五章　司法行政

第一节　机　构

1980年12月，香河县司法局成立，编制9人，主要负责法制宣传教育，领导律师组织开展公证活动以及指导基层调解委员会工作等。随着改革开放的深入发展，局内机关部门设置与人员编制不断增加。1982年初，局设办公室、民调股、宣教股。当年5月，建法律顾问处，人员增到17人。1984年8月，17个乡镇分别建法律服务站，各站配司法助理1人。2008年，司法局内设办公室、政办室、法制宣传股、公证律师工作管理股、基层工作管理股、法律援助中心、公证处、纪检组及9个乡镇司法所。局机关政法编制29名，其中，局长1名，副局长3名，纪检组长、监察室主任1人，正股级干部7名，副股级9名，工作人员8名。9个乡镇司法所政法编制27名，其中司法所长9名，工作人员18名。

第二节 法制宣传

1979 年，重点宣传刑法、刑事诉讼法。县采用以会代训形式培训骨干 750 人，印发宣传资料 5 万余份，并利用幻灯、展牌、墙报、讲座等多种形式宣传法律条文，加强人民群众对法律的理解。1985 年 6 月，开展保护妇女儿童合法权益宣传月活动，成立由县领导、司法局、共青团等单位负责人组成的领导小组。在宣传月活动中，出动宣传车巡回演讲 8 次，领导下基层宣讲 10 多个场次，受教育面 8500 人次。

一 普法

1985 年 11 月，中共中央、国务院转发中宣部、司法部《关于用五年左右时间向全体公民基本普及法律常识的五年规划》。是年 12 月，全国人大常委会作出《关于在公民中基本普及法律常识的决定》，由此展开一场全民普法活动。

（一）“一五”普法

1986—1990 年。普法的重点是“八法一例”，即宪法、刑法、刑事诉讼法、民事诉讼法、婚姻法、继承法、经济合同法、兵役法、治安管理处罚条例。县城府前街为法制宣传一条街，办宣传橱窗 14 块，展出照片、布告等 9571 张。开展法律知识竞赛 2 次，编写和散发宣传材料 17248 份。五年中培训 3300 人（次）。重点对象是工人、农民、知识分子、干部、学生、军人、其他劳动者和城镇居民一切有接受教育能力的公民。

（二）“二五”普法

1991—1995 年。重点是以宪法为核心，以专业法为重点，推进各项事业的依法管理。重点对象是领导干部、执法执纪人员和青少年。

（三）“三五”普法

1996—2000 年。重点是对科级以上领导干部、司法人员、企业经营管理人员和青少年，宣传普及市场经济法律知识。。

（四）“四五”普法

2001—2005 年。普法的重点内容是“两个转变、两个提高”，即：努力实现提高全民法律意识向提高全民法律素质的转变，全面提高全体公民特别是各级领导干部的法律素质；实现由注重依靠行政手段管理向注重依靠运用法律手段管理的转变，提高全社会法制化管理水平。重点对象是科级以上领导干部、司法人员、行政执法人员、企业经营管理人员和青少年。

（五）“五五”普法

2006—2010 年。普法的重点内容是全面开展法律进机关、进乡村、进社区、进学校、进家庭、进企业、进单位、进市场活动。深入学习宣传宪法，与经济社会发展的相关法律法规，与群众生产生活密切相关的法律法规，整顿和规范市场经济秩序的法律法规，维护社会和平与稳定、促进社会公平正义的相关法律法规。重点对象是领导干部、公务员、青少年、企业经营管理人员和农民。

（六）专项普法

1979—1985 年，开展刑法和刑事诉讼法的专项普法工作；1985 年 6 月，开展保护妇女儿童合法权益的宣传月活动；针对 1989 年春夏之交北京发生的政治风波，在全县组织开展以《中华人民共和国宪法》为核心，以《中华人民共和国行政诉讼法》和《中华人民共和国集会游行示威法》为重点的法制宣传教育活动；1999 年，开展全国人大常委会和最高人民检察院司法解释的宣传活动；2001 年，针对全县农村民间纠纷、突发性事故、群体性事件等原因引起的信访问题，在全县广泛开展“法律三进家”活动，即“法律条文送到家、学法用法抓到家、守法责任定到家”；2003 年，为配合“非典”防治工作，在全县范围内开展《中华人民共和国传染病防治法》学习宣传活动；2004 年，为配合新修订的《中华人民共和国宪法》和《中华人民共和国行政许可法》的贯彻实施，举办副处级以上领导干部法制讲座 2 期，科级干部法制培训 5 期，行政执法人员培训考核 4 期，共培训 2000 人；2005 年，为进一步推动县司法医学鉴定工作的开展，在全县范围内开展《全国人大常委会关于司法鉴定管理问题的决定》、司法部《司法鉴定机构管理办法》《司法鉴定人管理办法》和《河北省司法鉴定管理条例》的普法宣传活动；2007 年，开展《中华人民共和国物权法》集中宣传月活动；2008 年，为提高企业经营管理人员、个体经营户的法律意识和法律素质，推进市场经营管理法制化，进一步规范市场经营秩序，促进市场繁荣稳定，打造法制化市场品牌，为“中国北方家具商贸之都”更好更快发展营造良好的法制环境，以家具城为切入点开展系列法制宣传教育活动。

二　宣传形式

在普法活动初期，普法宣传机构在人员少、经费少的情况下，创造许多法制宣传的好方法，如制作永久性标语口号，编制板报、橱窗，印制、散发普法宣传资料、物品，组织举办各种法律培训班、咨询会，组织开展法律知识竞赛，组织宣讲团深入机关单位、厂矿企业、学校、农村进行法制演讲。随着时间的推移和工作条件的改善，把传统宣传方法与现代媒体紧密结合，创建“电视台、电台、报刊、网络传媒”四大固定法制栏目。到2008年底，实现八有，即“电视上有影、电台上有声、报刊上有栏目、网上有页、重要路段有标语、村村有板报、重点学校有橱窗、宣传日有声势”，形成法制宣传的浓厚大氛围。1979—2008年，制作永久性标语口号1580条，办法制宣传栏、板报2650期，设立普法展牌、橱窗1860块，印制、散发普法宣传材料50万份，组织举办各种法律培训班860班（次），组织举办法律知识竞赛10次，组织各类义务法律咨询会180次，组织宣讲团深入机关单位、企业、学校、农村进行法制宣讲140次，电台、电视台制作普法宣传类节目280期。受教育人员20万人（次）。

三　普法成果

1979—2008年，香河县的法制宣传教育工作取得重大成就，普法工作取得巨大进展，以宪法为核心的法律知识得到广泛普及，广大公民的法律意识逐步增强，依法治理工作深入开展，各项事业的法治化管理水平逐步提高。普法作为基础工程，在推动依法治县、建设社会主义法治社会进程的同时还取得了丰硕的成果。“一五”普法，香河县被评为全省普法先进县，时任县委书记张树藩被评为全国先进个人；“二五”至“四五”普法，香河县均被中宣部、司法部评为全国普法先进县，时任县委副书记董林和司法局局长谢万顺先后被评为全国普法先进个人。2002年，香河县被河北省综治办、河北省司法厅、河北省法宣办评为法律“三进家”先进集体。

附

普通农妇与第25条法规

2005年5月24日，省十届人大常委会第十五次会议在石家庄召开。

5月27日，省十届人大常委会第十五次会议通过了关于修改《河北省土地管理条例》的决定，《河北省土地管理条例修正案》删去了原条例第二十五条，并正式生效。

删去原二十五条，就是王淑荣致信全国人大常委会的结果。

2002年7月，香城屯村小范围调整土地承包现状，一共批了3块地，作为养殖专业用地。但承包者不敢申请发展养殖，因为按照当时的《河北省土地管理条例》和《河北省城镇国有土地使用权出让和转让实施办法》，养殖业用地不仅不好审批，而且土地复垦很高，每亩地要2500元。

作为村委会主任的王淑云坐不住了，她找出了《中华人民共和国土地管理法》一条一条地研究。仔细对照法律条文，王淑荣发现：《中华人民共和国土地管理法》第五十七条中并没有把养殖业用地列入临时用地范围，不需要重新审批。

“二者之间存在矛盾”。王淑荣觉得，如果省里的有关规定不修正，村里的养殖业就没法发展，就会加重农民的负担。2002年8月10日，她致信国务院法制办协调司提出了对《河北省城镇国有土地使用权出让和转让实施办法》进行审查的建议，并建议把第二十五条作为审查的重点。

2003年1月21日，国务院法制办对王淑荣的建议回信答复。可认真看过之后，王淑荣觉得回复还是没有说清心中的疑虑。是年5月1日，她致信全国人大常委会，建议对《河北省土地管理条例》和《河北省城镇国有土地使用权出让和转让实施办法》进行审查，并修正有些条款。

王淑荣的来信得到了全国人大常委会的重视。经法律委员会、环境与资源保护委员会和农业与农村委员会共同研究后，认为《土地管理法》第五十七条规定，需要临时使用国有土地或者农民集体所有的土地仅限于建设项目施工和地质勘查两种情况，不包括养殖业，《河北省土地管理条例》第二十五条的规定确实与《土地管理法》第五十七条的规定不相一致。

一切从此进入法制的轨道内并按程序开始运行——

2004 年 4 月，全国人大常委会办公厅秘书一局致函河北省人大常委会办公厅，建议省人大常委会对《河北省土地管理条例》的有关规定进行修改。省政府法制办会同省国土资源厅进行了认真研究，认为王淑荣提出的意见正确，《河北省土地管理条例》的规定没有依据，并提出议案。

省人大常委会城建环保工委接到此项议案后，很快专门召开省市两级座谈会征求修改意见。征求意见的结果同样是认为《河北省土地管理条例》第二十五条与《行政许可法》相抵触，是为政府设定的审批事项，已在清理范围之内，不删除已无法执行。

得知自己的一封信改变了一部地方法规，王淑荣很高兴。她说，她是后来从报纸上知道了《河北省土地管理条例》得到修正的，虽然省人大常委会在修正法规前没有找她核实、了解情况，但这无所谓，只要省人大常委会做出了一个正确决定就是好的结果，今后会有很多老百姓能从中受益。

人们都说王淑荣“爱较真”，她说这是一个褒义词。王淑荣说，既然《中华人民共和国立法法》赋予了公民对国务院工作提出批评和建议的权利，既然《中华人民共和国立法法》赋予了公民对违法立法行为向有关国家机关提出审查建议的权利，她就应该正当行使这些国家法律赋予她的权利。

当了 5 年多的村委会主任，王淑荣说她还发现现行法律法规中存在不少这样或那样的问题。她说，她还会给有关部门写信认真反映这些情况，“直到这些法律没有一丝一毫的偏颇，能更符合我们的国情、民情”。

在王淑荣看来，普通农民致信全国人大常委会要求审查地方法规的不当之处，这样的事情今后一定还会发生，她“只不过是一个头而已”。

第三节 法律服务

一 律师事务所

（一）河北正昊律师事务所

1995 年 8 月，香河县法律顾问处更名为河北正浩律师事务所（以下简称事务所）。1999 年 4 月，正浩律师事务所又更名为正昊律师事务所。建所伊始，追求“高标准、高素质、高水平、高效益”，不断开拓服务领域，为当事人提供优质、高效的法律服务，多次被省、市、县主管部门评为律师事务所“规范化建设先进单位、人民调解工作先进单位、普法依法治理先进单位”。建立健全并规范了《统一收案、收费制度》《承诺制度》《律师违纪行为处罚制度》等十项律师自律制度。2008 年，有律师及工作人员 5 人，其中执业律师 3 人，律师助理 2 人，办公面积 200 平方米，配备现代化的办公设备。

1982—2008 年，代写法律文书 3920 份、担任法律顾问 1872 家、民事代理 3835 件、刑事代理 841 件、非诉讼代理 782 件、为群众解答法律咨询 44278 人次。

（二）河北宝成律师事务所

1998 年 4 月，经河北省司法厅批准，建立河北宝成律师事务所。办公地点设在文昌街西段路北，办公面积 40 平方米，配备电脑 2 台、打印机 1 台等现代化办公设备。2008 年 12 月，律师及工作人员 5 人，其中，律师 3 人，律师助理 2 人。

1994—2008 年，代写法律文书 1560 份，担任法律顾问 13 家，民事代理 1716 件，刑事代理 515 件，非诉讼代理 312 件，为群众解决法律咨询 3120 人次。先后被省、市、县主管部门评为律师事务所“规范化建设先进单位、人民调解工作先进单位、普法依法治理先进单位”。

二 公证处

1982 年 5 月 10 日，香河县公证处成立。是年，办理公证 3 件。其中，收养公证 2 件，亲属关系公证 1 件。1983 年，开始办理经济合同公证，是年办理 18 件。1999 年，第二轮土地延包，土地延包合同纳入经济合同公证范围。是年，全县经济合同公证达到峰值，达 20437 件。

1988 年，香河县首次进行计划生育合同公证，是年公证 22 件。2000 年，全国第五次人口普查，受普查影响，集中办理计划生育合同公证 1558 件。

1982—2008 年，公证种类不断增加，至 2008 年，由公证处成立之初的 2 种，增加到 33 种。共办理各类公证 34134 件。其中，经济合同公证 27689 件；计划生育合同公证 4278 件。

1982—2008 年香河县公证处办理公证统计表

表 23-5-1

年份	公证类别																															
	经济合同	房屋租赁	收养	亲属关系	涉外	遗嘱	房屋买卖	声明	继承	委托	赠与	男到女家落户	签字、印鉴属实	职务	赡养	身份	与原本相符	协议书	出生	计划生育合同	现场监督	保全证据	放弃继承权声明	死亡证明	生存	抓阄分配买卖合同	借款合同	用地合同	拆迁合同	承包合同	提存	出生证明	未受刑事处分证明
1982	—	—	2	1	—	—	—	—	—	—	—	—	—	—	—	—	—	—	—	—	—	—	—	—	—	—	—	—	—	—	—	—	—
1983	18	—	4	—	1	2	2	1	1	—	1	1	—	—	—	—	—	—	—	—	—	—	—	—	—	—	—	—	—	—	—	—	—
1984	169	—	2	—	—	2	—	—	2	3	1	1	1	—	—	—	—	—	—	—	—	—	—	—	—	—	—	—	—	—	—	—	—
1985	456	—	1	—	—	1	—	—	—	7	2	—	—	3	2	1	—	—	—	—	—	—	—	—	—	—	—	—	—	—	—	—	—
1986	419	—	1	—	—	—	—	—	1	1	—	—	—	1	3	—	1	—	—	—	—	—	—	—	—	—	—	—	—	—	—	—	—
1987	230	—	1	—	—	1	—	1	—	1	1	—	—	—	2	2	—	2	—	—	—	—	—	—	—	—	—	—	—	—	—	—	—
1988	148	3	1	—	1	1	—	—	—	4	—	—	—	—	—	3	—	4	—	22	1	1	—	—	—	—	—	—	—	—	—	—	—
1989	469	1	1	3	13	1	—	5	—	1	—	—	—	—	—	1	—	3	—	—	—	—	—	—	—	—	—	—	—	—	—	—	—
1990	352	11	2	2	1	—	—	1	—	3	2	—	1	—	3	—	—	3	—	—	2	—	3	—	—	—	—	—	—	—	—	—	—
1991	524	7	3	—	—	2	—	9	1	1	2	—	2	—	4	—	—	6	—	—	1	—	1	—	—	—	—	—	—	—	—	—	—
1992	269	6	1	1	—	4	—	5	—	2	3	—	—	—	2	—	—	6	1	—	7	—	—	2	1	—	—	—	—	—	—	—	—
1993	475	5	—	—	—	1	1	—	—	1	2	—	—	—	1	—	—	—	—	—	13	—	—	1	—	390	—	—	—	—	—	—	—
1994	389	7	1	—	—	2	18	4	—	1	—	—	1	—	—	—	—	6	—	—	1	—	—	—	—	—	—	—	—	—	—	—	—
1995	289	20	—	—	—	1	6	1	—	—	—	—	—	—	1	—	—	54	—	—	7	—	—	—	—	—	—	—	—	—	—	—	—
1996	94	8	—	2	—	—	—	5	—	2	—	—	—	—	—	—	—	4	—	—	25	—	—	—	—	—	—	—	—	—	—	—	—
1997	160	7	—	1	—	2	1	7	—	1	1	—	1	—	—	—	2	5	1	—	5	—	—	1	—	—	—	—	—	—	—	—	—
1998	124	9	1	2	—	—	—	3	1	2	—	—	—	—	—	—	3	5	—	780	59	—	—	2	—	—	—	—	—	—	—	—	—
1999	20437	1	—	—	—	—	—	3	2	5	2	—	—	—	1	—	—	8	1	873	34	—	—	—	—	—	—	—	—	—	—	—	—
2000	138	3	—	2	—	1	—	2	—	4	—	—	1	—	2	—	1	4	—	1558	—	9	—	—	—	—	1	—	—	—	—	—	—
2001	97	1	—	1	—	7	—	1	5	9	2	—	3	—	1	—	—	5	—	449	8	10	—	—	—	—	—	—	—	—	—	—	—
2002	72	—	—	3	—	1	—	11	6	6	2	—	5	—	—	—	2	11	—	472	6	35	—	1	—	—	—	—	—	2	—	—	—
2003	463	2	—	1	—	3	1	11	2	10	2	—	—	—	—	—	8	10	—	124	13	20	—	4	—	—	—	2	21	1	—	—	—
2004	938	—	—	4	—	2	2	22	8	16	4	—	1	—	—	—	8	13	—	—	22	19	—	—	—	—	1	—	—	—	1	—	—
2005	939	—	2	1	—	2	—	16	18	27	6	—	1	—	1	—	9	28	—	—	21	28	—	—	—	—	—	—	—	—	2	—	—
2006	20	—	—	1	—	2	1	23	14	24	8	—	—	—	1	—	9	8	—	—	29	26	—	2	—	—	—	—	—	—	—	1	1
2007	—	—	—	2	—	2	1	24	23	48	38	—	—	—	—	—	6	16	—	—	10	34	—	4	—	—	—	—	—	—	1	—	—
2008	—	6	—	1	—	1	—	20	24	40	18	—	1	—	—	—	11	85	—	—	10	17	—	5	—	—	—	—	—	—	1	—	—
合计	27689	97	23	28	16	41	33	175	105	218	100	2	18	1	24	11	60	287	3	4278	274	199	23	3	1	390	2	2	21	3	5	1	1

第四节 人民调处

一 人民调解组织建设

1979年后，按照“调防结合，以防为主”的工作方针，狠抓人民调解工作的组织、制度、工作、报酬四落实，17个乡镇全部建立民间纠纷排查调解工作领导小组，300个行政村建立人民调解委员会。1990年，在全县推行十户调解员到村、村调解主任到乡（镇）、司法所长到县“三级上站”人民调解工作制度，进一步加强对人民调解工作的指导，当年，“十户调解员”队伍发展至6520人。1996年，香河县重大疑难纠纷调解指导中心成立，主任、副主任由县主管领导担任。2002年3月，在全县9个乡镇建立乡（镇）级人民调解委员会。2007年3月，全县开展新型人民调解组织建设，企业、学校、市场等新兴组织和领域相继建立调解委员会，进一步扩大人民调解组织覆盖面，从而在全县初步形成县、乡、村三级人民调解工作网络。2008年，全县9个乡镇全部建立司法所和乡级人民调解委员会，司法所工作人员27人，乡级调委员会成员65人，村级调委员会成员1253人。2005年10月，香河县司法局被司法部评为“基层司法行政建设先进单位”。

二 防止矛盾纠纷激化工作

1986年，做好防止矛盾纠纷激化，总结出容易发生纠纷的“三个高峰”（春季和秋末是宅基地纠纷发生高峰期，节假日是婚姻家庭纠纷发生高峰期，农忙季节是农村发生争水争电争农机具纠纷高峰期）和“四种可能”（久拖不决的纠纷，当事人认为无人管，解决无望可能引发激化；文化低、法制观念差的人，往往想靠武力解决问题的，可能引起激化；脾气暴躁的人，遇事不冷静，情绪激动，可能引发激化；事关当事人前途命运的纠纷，可能引起激化）。实行乡镇、村街民调主任月上站制度，从而有效预防民间纠纷激化案件发生。2003年4月，香河县司法局被河北省司法厅评为防止民间纠纷激化工作先进单位。

三 矛盾纠纷集中排查调处

1996年，乡镇、县直各部门普遍建立矛盾纠纷排查活动领导小组，制定实施方案，实行重大矛盾纠纷领导包案、部门负责制，对重点纠纷建立台账，实行销号制度，推进政务公开，解决群众关心的热点、难点问题。围绕全国“两会”“两节”、抗击“非典”、北京奥运会等重大节日和重要时期，适时组织开展矛盾纠纷集中排查活动，化解矛盾纠纷。1996—2008年，平均每年排查调处矛盾纠纷1000件，促进全县政治、经济和社会的稳定。2005年12月，全市冬季民间矛盾纠纷集中排查调处工作现场会在香河县召开，大会推广香河县的工作经验，《河北法制报》专门撰文刊载香河县淑阳司法所工作经验。1997年始，为做好纠纷排查基础性和延伸性工作，香河县司法局充分发挥基层司法所、调委会点多线长的特点，实行民情分析制度，创办报送领导及相关单位的《民情分析》，坚持每月报送民情分析报告，成为各级领导了解民情的“千里眼”和“顺风耳”，成为化解各类矛盾纠纷的“预报站”。2001年，按照省、市规定，司法所进行达标规划建设，在乡镇司法所、村街调委会建立调解室。2004年，香河县9个乡镇和300个村街的调解室全部达到省级标准。是年，钳屯司法所被国家司法部、最高人民法院评为全国人民调解工作模范司法所。

第五节 法律援助

2000年8月，香河县“148”法律指挥中心电话开通。2002年8月，香河县法律援助中心成立。2003年12月，法律指挥中心改为法律服务中心，电话由“148”改为“12348”。2008年6月，“12348”法律服务中心自上而下全面开通，全县9个乡镇实现“两级接听、三方通话、上下衔接、内外联动”，群众只要拨打一个求助电话，便可同时得到县和乡镇两级

“12348”法律服务专线的帮助。同时，在县电视台开办“148”专题栏目，把“12348”职能、免费咨询电话，便民服务承诺等向社会公布。2005年4月15日，村民王某因为其父在20年前与村委会签订的荒地承包合同没有履行完村委会就拒不履行，王某起诉后一直没能解决。王某万般无奈之下打电话求助“12348”法律服务中心，言语中流露出上访倾向。接案人员立即前往王某家中，后多次奔波于村委会和法庭之间，终于调解了一起将要激化的矛盾。是年，“12348”法律服务中心接待解答法律咨询400次，调解各类纠纷40件，挽回经济损失20万元，避免矛盾激化9起，上门服务20次，接待上访5件，全部得到妥善处理。被群众称为利益的“守护神”、致富增收的“智多星”、排忧解难的“开心锁”。

随着援助力度的不断扩大，香河县法律援助中心办理涉及农民工的法律援助案件不断增多。2006年6月，来自江西的27位民工在香河安平某工地打工，直到当年12月包工头范某也没给他们一分钱的工资，而此时，这27位民工身上带的钱已花光，连吃饭的钱都没有，并且还有个民工受伤急需用钱治疗。在走投无路的情况下，这些人从安平步行30多里路来到县城，找到县法律援助中心。法律援助中心了解这个情况后，立即决定对他们进行法律援助，并指派律师具体负责此案。经过工作人员的努力，于2007年1月初，被告范某付清27位民工的工资，共计2.4万元。

2005—2008年，共接电接访1270人次，办理各类法律援助案件181件，调解纠纷121起，为群众免费书写各种文书324件，共使210人次得到了法律援助，为弱势群体挽回直接经济损失142万元。

第六章　国　防

第一节　组织机构

一　县国防动员委员会

1997年1月，香河县国防动员委员会成立，与县人民武装委员会为同一机构。设第一主任、主任、副主任和委员。第一主任由县委书记兼任，主任由县政府县长兼任，县人民武装部（以下简称县人武部）部长负责国防动员委员会的常务工作。国防动员委员会下设4个办公室和1个组：人民武装动员办公室、经济动员办公室、人民防空办公室、交通战备办公室、秘书组。

2000年5月，根据河北省国防动员委员会指示，秘书组更名为综合办公室。

2004年3月，根据廊坊市委、廊坊市人民政府、廊坊军分区《关于市国防动员委员会设立秘书长调整成立有关机构的通知》，经县委、县政府、县人武部研究决定，县国防动员委员会设立秘书长一人，由县人武部军事科科长兼任；副秘书长2人，分别由县委办公室一名副主任和县政府办公室一名副主任兼任。至2008年底，县国防动员委员会机构设置没有变化。

二　县人民武装委员会

1978年，按照中共中央《关于恢复中央军委和各级地方党委人民武装委员会的通知》，恢复县人民武装委员会，由县政府县长兼任主任。县人民武装委员会的成员均无任职年限规定，一般以武装委员会主任的变动为一届。1979—2008年，县长（革委会主任）王洪廉、赵诚、李健民、乔中、张树藩、侯国强、储延平、杨呐、孙殿高、尹志峰、殷志刚、于宝华、张贵金先后兼任县人民武装委员会主任。1986年5月始，县委书记不再兼任武装部第一政委。

三　县人民武装部

1987年1月，香河县人武部移交地方管理，工作人员改归地方编制，改称河北省香河县人民武装部，为副县级机构，设办公室。1990年12月，人武部设政工科、军事科、办公室，参谋干事12人。1996年1月，县人武部由地方建制重归中国人民解放军编制，称中国人民解放军河北省香河县人民武装部，下设军事科、政工科、后勤科和民兵训练基地，但民兵训练基地未收归军队建制，仍属地方建制，除现役干部外，有地方干部职工15人。至2008年底，县人武部内部机构设置没有变化。

1979—2008年香河县人武部部长、副部长任职一览表

表23-6-1

姓名	职务	任职时间	备注
武成锁	部长	1969.8—1981.4	
肖洪珍	部长	1981.4—1982.8	
韩洪德	部长	1983.6—1985.3	
徐利民	部长	1985.3—1986.1	
凌崇瑜	部长	1986.1—1986.3	
王洪玉	部长	1986.3—1996.4	
温　平	部长	1996.5—1999.3	
管福顺	部长	1999.4—2001.3	
刘振江	部长	2001.3—2005.11	
刘永红	部长	2006.1—	
张春增	副部长	1970.3—1981.4	
陈春兰	副部长	1972.8—1981.4	
肖洪珍	副部长	1978.10—1981.4	
马　骏	副部长	1978.10—1981.4	
孙富坤	副部长	1981.4—1984.8	
李新华	副部长	1983.6—1985.12	
王洪玉	副部长	1985.12—1986.3	
	副部长	1986.4—1992.2	空缺
魏德山	副部长	1992.3—1998.3	
杨继宗	副部长	1998.3—2000.11	
于永刚	副部长	2000.11—2003.1	
张国华	副部长	2003.2—2005.12	
孙瑞生	副部长	2006.5—	

1979—2008年香河县人武部政委、副政委任职一览表

表23-6-2

姓名	职务	任职时间	备注
李登海	政委	1981.4—1986.5	
凌崇瑜	政委	1986.5—1989.12	
	政委	1990.1—1990.8	空缺
马再兴	政委	1990.9—1996.3	
高树义	政委	1996.4—2000.11	
杨继宗	政委	2000.11—2004.2	
刘永红	政委	2004.3—2005.12	
梁泽银	政委	2006.1—2008.2	
张洪升	政委	2008.2—	
白荣华	第二政委	1970.4—1981.4	1981年4月以后不再设第二政委
可贵平	副政委	1970.3—1979.4	1984年8月以后不再设副政委
王洪志	副政委	1978.10—1979.4	
樊　悦	副政委	1976.10—1980.2	
于嘉洪	副政委	1979.11—1984.8	

1979—2008年香河县县委书记兼任县人武部党委领导一览表

表23-6-3

姓名	职务	任职时间	备注
王洪廉	第一政委	1979.4—1982.4	
赵　诚	第一政委	1982.4—1983.12	
李健民	第一政委	1983.12—1986.5	
李健民	第一书记	1986.5—1987.11	1986年4月以后，县人武部不设第一政委，改设第一书记
张树藩	第一书记	1987.11—1991.5	
侯国强	第一书记	1991.6—1994.7	
王会平	第一书记	1994.8—1997.12	
孙殿高	第一书记	1998.1—1999.4	
石锡贵	第一书记	1999.5—2002.12	
殷志刚	第一书记	2003.1—2007.3	
杨文华	第一书记	2007.3—	

四　基层武装部

1977年，建立县直机关武装部，主要负责县直机关民兵、预备役建设，设部长1人。城关、渠口、刘宋、五百户4个人民公社武装部增设1名副部长。1984年3月，由原来17个人民公社武装部改为4镇13乡人民武装部。1991年，按照省委组织部、省军区政治部“关于乡镇人民武装部部长是乡镇领导成员之一，一般应参加同级党委”的指示精神，县人民武装部部长报请县委同意，17个乡镇武装部部长和1个县直武装部部长享受副乡级待遇，全部参加同级党委，保证了基层武装工作的开展。1996年4月，乡镇机构改革，17个乡（镇）合并为7镇2乡，基层武装部也随之变为7镇2乡人民武装部。1998年3月，县设立县城街道办事处人民武装部，部长1人。2008年5月，县城街道办事处划分为新开街道办事处和新华街道办事处。2008年，全县有12个基层人民武装部，即：淑阳镇、五百户镇、安平镇、蒋辛屯镇、安头屯镇、渠口镇、刘宋镇、钱旺乡、钳屯乡、县直机关、新开街道办事处、新华街道办事处武装部，有基层专职武装部干部19人。

五　驻　军

93500部队　1979年11月2日在山西省代县正式组建，全称为中国人民解放军93500部队，1986年由山西代县移至香河县，进驻城关镇周园村南。主要任务是培养报务、无线与有线通讯技术人才等。2005年2月24日撤编，改为原93500部队善后办公室。

93695部队　1979年进驻香河县西马家窝村北，负责防空任务。自建队后转战南北，出色完成各项战斗任务，先后获集体三等功、二等功各1次。1996年4月10日，排长孙耀佳获空军授予“见义勇为英雄排长”称号。

中国人民解放军武装警察部队香河县公安消防大队　始建于1992年8月，辖1个中队，3个班，有队员25人，主要负责全县消防宣传、防火监督，火灾隐患排查和无火战备执勤等。驻地在县城内绣水街东端路北，装备有执勤消防车4辆，监督检查车2辆和11类个人防护、执勤、抢险等专用工具。截至2008年，共接出警3270次，为国家和人民挽回经济损失106万元，被评为“先进中队”“标兵单位”。

武警香河中队　前身是1955年组建的香河县公安警察队，驻地在淑阳镇大罗屯村西北，主要负责维护社会治安和看守所外围警戒。1966年县人武部接管公安警察队；1976年归属县公安局，称中国人民武装警察部队香河中队；1983年3月划归武警廊坊市支队编制。1974—1998年，县中队先后立三等功3次，被河北省武警部队授予“基层建设先进中队”称号。

第二节 征 兵

一 征集准备

（一）兵役登记

1984年，第二部《中华人民共和国兵役法》颁布实施，香河县正式建立兵役登记制度。兵役登记工作于每年9月30日前，在县人武部统一安排下，由机关、团体、企事业单位和各乡（镇）、街道办事处具体组织，按照户口管辖范围，对当年年满18周岁的男性公民进行兵役登记，摸清适龄公民的政治、身体、文化状况，确定他们是服兵役、免服兵役，还是不得服兵役，并按条件挑选各方面比较优秀的青年确定为当年预征对象，每年约占兵役登记人数8%左右，为年度征兵做好准备。

（二）建立组织

1987年以前，征兵领导小组由县委副书记或革委会副主任任组长，人武部军政主官任副组长，吸收公安、民政、宣传、劳动人事、纪检监察、工会、共青团、妇联、财政、工业、商业、交通、卫生等部门负责人组成征兵工作领导小组，统一协调和领导征兵工作。1987年后，为强化征兵工作责任制，征兵领导小组组长由县长担任，同时成立由县人武部副部长为主任的征兵工作办公室，下设综合宣传组、政审组、体检组、监察组和后勤保障组，责任更加明确，分工更加细致，保障更加有力，效果更加明显。各乡（镇）、街道办事处也建立相应的领导小组和征兵办公室，统一掌握征兵政策，协调各方面力量，把握征兵进度，及时解决征兵过程中出现的问题。

（三）集训人员

1985年以前，征兵体检前对体检人员进行集训已形成制度。1985年后，集训范围扩大到全体征兵工作人员，特别是征兵办公室工作人员。集训内容主要是：学习《中华人民共和国兵役法》《中华人民共和国征兵工作条例》和征兵政策、规定、条件等。2003年9月和2004年8月，国防部及其征兵办公室先后下发《应征公民体格检查标准》和《关于征兵体检有关问题的通知》，香河县除有6人参加廊坊市举办的培训班外，并于2004年10月、2005年10月分别举办两次较大规模的集训班，共培训65人次，有力保障了征兵体检及政审等工作的实施。

二 征集实施

（一）宣传发动

1979年以后，国家的工作重点转移到经济建设上来，农村实行联产承包责任制，城乡市场开放，商品经济大发展，人民群众的生活走向富裕，有些地方一度出现当兵“冷落”现象。据此，在征兵中，着重教育广大青年和人民群众增强国防意识，正确处理建设祖国和保卫祖国、个人利益和集体利益的关系，树立致富不忘国防的思想。进入20世纪80年代后，思想教育纳入社会主义精神文明建设整体规划，从县政府至村民委员会、企事业单位，普遍建立国防教育和“双拥”（拥政爱民、拥军优属）领导小组和办公室，把国防教育、征兵教育同拥军优属结合起来，增强全民拥军尚武精神，使征兵工作走上法制化、制度化、规范化轨道。

（二）征兵体检

1979—1997年，每年征兵体检工作均由县人武部统一组织，由县卫生部门统一抽调人员，组成体检组（站），采取定点或巡回办法，按照国防部颁发的《应征公民体格条件》和有关规定进行。其中，1985年以前，按照《应征公民体格条件》和《应征公民体格检查办法》，统一体检工作程序。1985年，征兵体检中增加肝功能化验项目。1990年后，增加文身检查项目。1997年后，根据上级指示，规范征兵工作程序，在县人武部四楼设立体检站，实行封闭式体检。2005年，增加艾滋病检查项目。根据每年体检工作的新要求和新规定，香河县征兵办公室每年都对体检人员进行培训，特别是对新体检项目和规定，严格执行，保证体检质量。

（三）政治审查

应征青年体格检查合格后，按照公安部、总参谋部、总政治部《关于征集兵员政治条件的规定》进行政治审查。服现役的公民必须拥护中国共产党，忠于祖国，以保证部队政治纯洁。政治审查标准是根据中国共产党总的方针、政策确定的。1981年6月前，着重审查被征人员的阶级成分和社会关系，被划定地主、富农、资本家等剥削阶级家庭出身的成员、反革命、右派、坏分子的家庭成员以及社会关系复杂的人，一般不得征集。1981 年 6 月后，政治审查的重点是应征公民的现实表现。首先由机关、团体、企事业单位的保卫部门和乡（镇）人民政府的公安派出所根据县兵役机关安排要求，审查体格检查合格的应征青年,然后再由县兵役机关复审，防止把流氓、偷盗分子和其他思想品质不好的人征入部队。2000 年后，政审工作有新发展，即在征兵体检站政审时，基层派出所和人武部必须出示每个应征青年的预征对象审批表和预征对象管理教育审查登记表，才可参加复审。整个政审工作实行岗位责任制，谁审查、谁签字、谁负责，出现问题追究当事人责任。

（四）审批定兵

香河县的审批定兵工作，在征兵领导机构的统一组织下，先由乡（镇）、街道办事处征兵领导机构根据上级下达的任务，组织深入到户进行家访，再与接兵部队沟通，对合格青年提出推荐意见；县征兵领导小组根据基层推荐情况召开定兵会议，对合格青年全面衡量，择优选定。定兵会议吸收体检组负责人、主检医生、政审组全员和接兵部队负责人参加。审批定兵中严格按照择优录取和坚持条件、秉公办事、不徇私情、严格把关、确保质量的原则，优先批准政治思想好、身体好、文化程度高的青年服现役。同时，为便于群众监督，使定兵工作公开化、透明化，20 世纪 90 年代后，张榜公布定兵名单，有被举报经查实确有问题，立即调换。

（五）新兵交接

1985 年以前，以县为单位进行新兵交接工作。交接方式是由部队派人接收新兵并带回部队。1985 年冬季征兵，全国实行由接兵改为送兵，县兵役机关把征集好的新兵，按方向、分批次由县兵役机关派领导、体检医生、政审人员、基层专武干部组成送兵小组，携带交接文书、手续和新兵档案，护送新兵到部队营房后，方进行交接仪式。手续办完后，无遗留问题，告别新兵和部队返回。1986 年，恢复部队派干部到地方接兵的办法，交接新兵手续仍按 1984 年前的程序办理。2005 年冬季，香河县被定为征兵方式改革试点单位，征兵部队不派员参加征兵全过程，而是在新兵起运前办理新兵交接手续，然后带新兵回部队。

第三节　民　兵

一　政治教育

（一）教育内容

20 世纪 70 年代末至 80 年代初，教育内容以围绕“四化”（农业、工业、国防、科学技术现代化）办民兵，办好民兵保“四化”为提纲，进行国防形势、战备和社会主义思想教育。从 80 年代中后期开始，充分发挥“政治教育三级辅导站”和“青年民兵之家”的作用，教育内容主要包括：党的基本路线、四项基本原则、革命人生观、法律常识、国际局势、民兵性质和任务等。结合民兵思想实际，先后编写《民兵要正确对待个人前途》《民兵要树立无产阶级幸福观》《民兵要正确对待婚姻问题》《民兵的道德规范》四个教材，为搞好民兵教育创造条件。2005 年，胡锦涛总书记提出社会主义荣辱观，按照省军区、廊坊军分区的统一安排，县人武部在民兵中开展社会主义荣辱观教育，教育广大民兵自觉践行社会主义荣辱观，并在群众中宣传社会主义荣辱观。

（二）教育形式

1. 政治教育

20 世纪 70 年代末，本着“农闲多搞、农忙不搞”的精神建立一套适合生产季节的政治教育制度。冬季农村一般一周或 10 天一次；夏秋大忙季节暂停民兵政治课；其余时间一般 1 个月一次。1980 年，总政治部在调查研究、总结历史经验的基础上，规定了民兵教育的三项制度：基干民兵每月上一次政治课；从民兵年度军事训练中拿出 10%的时间进行政治教育；结合征兵、整组和重大节日进行四至五次教育。1982 年，县人武部组织召开民兵政治教育准备会，落实民兵每月一堂政治课责任制。1984 年 11 月，总政治部根据当时形势，将基干民兵一月一堂政治课调整为每年六次政治教育，普通民兵每年结合征兵、整组和重大节日进行一两次教育。这样调整，使民兵政治教育适应了农村经济体制改革和商品经济发展形势。2004 年，北京军区制定《关于进一步加强民兵工作的意见》，规定基干民兵的政治教育每年不少于 16 课时，普通民兵教育要结合整组、征兵、重大节日，每年不少于两次。按照上级对政治教育的要求，县人武部组织现役干部备课试讲、示教，按照每名干部所承包的单位给民兵上课，民兵政治教育得到有效落实。

2. 宣传教育

组织民兵读报、听广播、看电影、看电视等。读《解放军报》（民兵版）和《华北民兵》《民兵工作简报》，让报纸起到不见面的民兵指导员的作用；充分利用县、乡、村有线广播，定期举办民兵政治教育讲座，鼓舞民兵士气，推动各项任务完成；组织民兵国防知识竞赛，开展爱我国防书画展。

3. 随机教育

针对民兵不脱离生产的特点，除按上级规定上政治课，还利用民兵重大活动随机教育。这种“见缝插针”的教育方式，把民兵政治教育渗透到民兵的各项活动中，起到了政治动员、政治鼓动的作用。

4. 文化活动

结合民兵任务和斗争实际，组织民兵自编自演文艺节目；开展书法、美术创作，组织先进典型事迹报告会，反映民兵斗争历史和英雄事迹；举办民兵题材各种展览，反映民兵历史和现实作用；开展歌咏比赛和体育活动，鼓舞民兵士气。通过这些活动使民兵获得健康情趣，促进精神文明建设的开展。

二 组织建设

1979 年以后，全党的工作重点转移到“四化”建设上来，民兵组织规模压缩。1981 年，压缩调整民兵组织。组织层次由原来普通民兵、基干民兵、武装基干民兵改为普通民兵和基干民兵。兵员动员任务按建制落实到基干民兵组织中并做到清编班、排，这样做减少了数量，提高了质量，使民兵更加适应“四化”建设和反侵略战争的实际要求。

1986 年以后，认真贯彻执行《民兵工作条例》，在“减少数量，提高质量”方针指导下，每年都整顿民兵组织，达到组织健全，编制合理，官兵相识，队伍纯洁，制度落实。调整后，取消基干团、基干连两级设置，改编成乡镇设基干营，村设基干排、班。

2002 年，民兵组织向社区、企业、院站拓展，提高民兵组织科技含量。结合年度整组，把信息化、专业化、技术化、计算机等方面的 500 多人编进来，进行人才储备。2003 年，为适应市场经济特点，着力解决民兵编组布局滞后于产业调整步伐、科技含量滞后于生产力发展水平、管控手段滞后于社会管理模式等问题，坚持跟着人员流向找兵源、随着兵员建组织的思路整顿民兵组织，较好地实现了民兵组织三延伸，即：将民兵组织向新兴企业延伸、向社区街道延伸、向科技含量高的单位延伸。在高氏纸制品厂、天力轻钢集团和润香水暖件厂建立了民兵组织。

三 军事训练

（一）普通民兵训练

中共十一届三中全会以后，经济建设成为中心工作。随着社会主义“四化”建设形势和经济体制改革的深入发展，1981 年起，对民兵军事训练进行全面调整改革。改革的中心问题是减少训练任务，精减训练内容，减轻群众负担，服从经济建设大局，为经济建设服务。调整改革后，训练形势发生很大变化。

1. 指导思想

从准备“早打、大打”战略思想转变为和平建设的轨道，理顺了国防建设与经济建设的关系，解决了训练与生产的矛盾。

2. 训练时间

训练周期由 4 年改为 2 年，每年训练时间由 15 至 20 天改为 15 天。

3. 训练人数

1981 年后，根据总参《关于调整改革民兵军事训练的试行意见》精神，民兵军事训练进行调整，将过去训练全体武装基干民兵和每件武器训 3 个人或 2～3 套人员，改为每件武器训 1 个人或 1 套人员。1983 年后，干部和民兵训练人数逐年下降，1987—1990 年，每年训练 250 人，不足民兵总数的 10%。

4. 训练重点

本着“抓好重点、打好基础”的原则，主抓干部和技术兵训练。至 1990 年，每年干部和技术兵训练任务占训练任务总数的 50%。

5. 训练方法

过去的训练方法基本上是游击式的，教学设施简陋，教员、教材、器材难以保障。1984 年，随着县民兵训练基地的建成和投入使用，逐步将过去的小型、分散、游击式的训练方式过渡为以县为单位在基地实施集中训练。这样领导力量集中，教学力量集中，教学设施先进，既节省经费开支，又便于实施规范化的训练和管理，有效提高训练质量。经过考核，每年训练合格率均98%以上。

6. 训练领域

利用训练机会，在完成规定训练课目和保证训练质量前提下，一般利用3～5天时间（不占训练时间），开设种植、养殖、维修等科学技术课，使参训民兵学会一两项科学知识和致富本领。在非训练期，县人武部同有关部门协作，利用民兵训练基地的有利条件，举办各类学习班，为经济建设培养人才。

20世纪90年代后期，注重训练改革，突出科技练兵。1999年，县人武部改革训练内容，把提高民兵科技参战、科技支前、科技保障能力作为着眼点，加大高科技知识学习比重，突出高技术条件下反侦查、反干扰、反空降和反空袭等训练，增加新“三打三防”训练内容。改革训练方法，把重、难点科目制作成多媒体课件和录像片，使教学更加形象直观。坚持实装操作与模拟训练相结合，充分利用模拟训练器材和计算机网上训练系统进行训练，提高训练效果。根据民兵专业分队特点和战时可能担负的任务，组织带战术背景的拉动演练，增强民兵专业技术分队训练的针对性和有效性。引进科技资源，开展科技练兵，拓宽训练渠道。

2000年以后，民兵训练内容总体要求是训用一致、突出重点、分类施训、注重实效。从过去以基础训练为主改变为以按建制训练为主，特别是加大科技含量训练。是年，组织民兵应急分队1个建制连（120人），演练民兵应急分队集结、动员、组织指挥程序，训练警棍术、棍盾术、擒拿术和民兵伪装组作业，并在当年全省人武部建设现场会上表演。

（二）专业技术兵训练

1980年后，民兵训练进行调整改革，专业技术兵成为整个民兵训练的重点，训练比重逐步上升。

1. 区域性训练

从1986年开始，河北省军区提出了建立技术兵储备区的设想，即在全省范围内，以军分区为单位建立若干个技术兵储备区，各军分区按照所担负的兵员储备任务，调整武器装备，编组相应的专业技术分队，训练相应的专业技术，做到“战、组、训、装、储”一体化。经过几年的实践，后备兵员训练、储备的专业结构基本形成，布局与所担负的作战、动员任务不相适应的状况有所改变，后备兵员的质量有所提高。

2. 统筹施训

每种技术分队，都是由若干项专业技术兵员组织的统一整体，各种专业之间既有科学分工，又有紧密的相互配合。每年训练一般均以建制为单位，统一进行，各种专业兵先分训，后合练。分训以学会本职专业技术和基本战术动作，合练以练指挥、练协同。

3. 自训、代训

民兵技术分队组建初期，为使民兵尽快学会操作和使用手中的技术装备，各地利用省内驻军校多的优势，采取“走出去”“请进来”或民兵与部队挂钩的方式，请当地技术兵部队帮助训练。

四　参建活动

1979年以后，民兵组织活动一般以应急应险和时令性活动为主。其主要内容有：在民族传统节日、重大节庆期、重大政治活动期间组织民兵执勤护线、护路、设卡，以维护社会治安；承担地方生产和建设上急、难、险、重突击性任务；在防汛、防火高峰期到来前制定预案，组建民兵抢险队伍、应急突发事件；参加军区、军分区技术演练、技能比武等。

（一）执勤保卫

民兵在维护社会治安，保持社会稳定中发挥了作用。1989年6月，北京政治风波平息后，为应付突发事件，县、乡两级成立民兵应急分队21个，2000人。其中，部分人员进驻民兵训练基地和弹药库，集中食宿、昼夜值勤2个月。其间，还组织了对县党政首脑机关、交通邮电、广播机要等部门警卫的实兵演练，保证民兵武器装备安全，维护了社会生产、生活秩序。

1990年9月至10月，第11届亚运会期间，县、乡两级组织应急分队11个，配合公安部门执行保卫任务。县内唐通、京津两条骨干公路的10座桥梁、11个道口和5座变电站都设了执勤民兵，与北京毗邻的安平、梁家务、王家摆、大罗屯4个乡镇15个村安排了民兵巡逻。全县每昼夜上岗民兵800人，历时20天，确保了进京参赛运动员乘车过往香河的安全。

2001年6月上旬，某集团军“挥戈—01”演习，途经香河县。为确保演习部队宿营安全和顺利演练，县紧急出动民兵应急分队200人，对口专业分队150人，号房860间，开设粮油供应站、饮食供应站、蔬菜供应站、油料供应站、医疗救护站、拥军饮水站。民兵道桥抢修分队修路150米，医疗救护分队接诊病员150人（次），军械修理分队协助修复车辆12台（次）。

2003年春，中国南方首先发现非典型肺炎病例，为防止疫情波及本县，4月21日，县、乡、村相继建立防治非典型肺炎工作领导小组，组织县、乡两级应急分队13个，出动民兵5500人，进出本县的主要路口、车站、旅店、超市及公共场所都派有执勤民兵；县城居民区、乡镇、村街也有专人负责对居民及外来人口的检查登记。5月21日，全县开展“整治环境，关注健康”爱国卫生活动月，城内民兵坚持执勤、防范，到6月底，全县未发生非典疫情和突发卫生事件，确保全县人民安全。

每逢传统节日，尤其在除夕、正月花会和元宵节灯会期间，为使人民群众温馨祥和欢度节日，每年都组织上千名民兵配合公安干警巡逻于观灯人流较多的街道和花会演出、烟火燃放场地，确保节日安全。2002年，正月十五日全县花会灯会会演会展，县出动民兵500人与公安干警一起维护花会灯会场地秩序。

2008年8月，第29届奥运会在北京举行。其间，县人武部组织60名基干民兵配合公安干警在进京路口安全检查，组织民兵应急分队随时做好应付突发事件准备。

（二）抢险救灾

县内遇干旱、洪涝、冰雹、大风、虫灾、低温、连阴雨等灾害时，民兵充分显示了主力军突击队作用。1987年7月4日晚9时10分，县内遭暴风雨、冰雹袭击30分钟，冰雹最大直径10厘米，全县受灾面积32333公顷。县组织民兵4000人，到田间扶苗补苗，对灾情较重地块采取大面积移栽补种和加强秧苗后期管理等办法，把灾害损失减少到最低程度。1998年夏，北运河陈辛庄岔口出现50米长淤坎，致使河水绕流，每次大雨之后都有近2公顷禾苗被冲走。县人武部接到县委、县政府炸坎导流任务后，派员急赴天津、唐山等地购买雷管、炸药，组织60名民兵于汛前完成了炸坎导流任务，周围数百公顷粮田免受冲漫。

2007年7月，在汛期来临之前，县人武部组织50名民兵加固北运河堤岸。

（三）“两个文明”建设

1980年，全县民兵开展积肥运动，到年底，民兵共积肥28万车，送肥11万车，平整土地200公顷，动土273万立方米。

1979—1990年，每年“植树节”期间，都组织民兵参加植树造林，年均造林30公顷。到1990年，县内河、渠、路、坑塘已基本绿化，森林覆盖率13.2%，被河北省林业厅授予“林业达标县”称号。

1982年，农村实行联产承包责任制，民兵刻苦学习文化和科学技术知识，发展工业、种植业、养殖业、运输业，涌现出一大批专业户、重点户，成为勤劳致富的先进人物：五百户镇周庄村民兵副指导员高克友、东华纸业有限公司董事长兼东华民兵连连长高德谦等。是年，县开展“五讲四美三热爱”和建设文明村活动，全县90个农村和企业民兵连队办起了“青年民兵之家”，购置电视机及各类图书文体器材等，吸引青年民兵学政治、学科学文化知识，开展文体活动，自觉做建设社会主义精神文明带头人。当年，不仅涌现出文明致富的带头人，还发现好人好事20850件（次）。

1998年，县人武部机关干部下乡200人次，直接参加地方扶贫帮困、“三提五统”（“三提”：公积金、公益金、管理费；“五统”：乡村两级办学、计划生育、优抚和民兵训练、修建乡村道路、农村卫生事业）、“百村解剖调研”和“十五届三中全会千人宣讲团”活动。引进无偿资金7万元，为起河屯和杨营庄村打井接电，改变后进村面貌，并筹资救助8名因家庭困难而失学的儿童，使其重返校园。

1999年，县人武部与农业局、工业局、畜牧水产局，农业开发办公室和农技推广学校等10个单位联办科技培训中心，发挥民兵训练基地科技兴农作用，举办各类培训班12期，培训民兵1265人。

2003—2005年，县人武部注重发挥民兵组织优势，对重点工程建设实施集团攻坚。出动民兵连队224个、投工10万个，运土20万立方米，整修路基42公里，修建“民兵路”18条，承担工程量60%。民兵连队参加退耕还林、饮水解困、环县城绿化、103 国道和“双安”（安平至安头屯）路拓宽等大项工程建设，都发挥了民兵主力军作用。

2007 年，县人武部组织全县民兵投入平安创建活动，在全县民兵中广泛开展争当“五员”（民兵要成为平安建设的宣传员、安全稳定的信息员、化解矛盾的疏导员、维稳处突的战斗员、遵纪守法的示范员）活动。

五 武器装备

1982 年，全县民兵武器装备、弹药和器材集中到县统一管理，有专职人员维修保管，日常保养，分库存放，定期检查，每次军事活动后，统一擦拭、维修。在军分区军械部门的指导下，定期与不定期检查武器性能、数量，及时组织人员维修、清理，确保武器装备和弹药始终处于良好状态。武器装备、军用品和消费品分级管理，连续多年实现达标要求。1997 年县人武部被总参谋部授予民兵武器装备管理先进单位称号。1999 年 5 月，全县部分民兵武器弹药由廊坊军分区封存保管，县只存放民兵应急分队武器弹药，以备应急使用。2002 年后，按训练任务和使用武器、弹药数量，由县人武部请示军分区审批，统一到军分区民兵武器装备仓库领取，用完后由县人武部集中清查交回。

第四节 国防教育

一 机 构

1990 年 10 月 16 日，根据廊坊市委办公室通知，县成立国防教育领导小组及国防教育领导小组办公室。国防教育领导小组组长由县委一名副书记担任，副组长由一名政府副县长、县人武部政委、县委宣传部长、党校常务副校长担任，成员由宣传部、广播局、妇联、民政局、财政局、县委办、政府办、县直工委、工业局、教育局、文体局、司法局、团县委、总工会、企业局、县国教办等 16 个单位的“一把手”或政工副职担任。县国防教育领导小组办公室为正科级常设机构，人员配备由地方正式列编 3 人，按人武干部待遇。办公地点设在县人武部，办公室主任由县人武部政委兼任，设专职副主任，由地方干部担任，职务按副科或正科级配备。

2001 年，香河县国防教育领导小组撤销，香河县国防教育领导小组办公室更名为河北省香河县国防教育办公室。2002 年，根据中共香河县委、香河县人民政府《关于印发〈县直宣传机构设置方案〉等 3 个机构改革文件的通知》，设置香河县国防教育办公室，为香河县国防动员委员会的办事机构，办公室设在县人武部，人员编制不变，日常工作由县委宣传部和县人武部共同承办。

二 教育基地

在利用历史资源、战争遗址和具有国防教育功能等设施的基础上建立国防教育基地 14 个。其中，县级国防教育基地 12 个：第一城、文博馆、渠口镇店子务、钳屯乡起河屯、安头屯镇杨营庄、钱旺乡大河各庄、刘宋镇程官屯、蒋辛屯镇河北吴村、淑阳镇矬口、五百户镇前马房、马家窝驻军北空导弹营、周园驻军北空通信教导大队；市级国防教育基地 2 个：第一城、县民兵训练基地；省级国防教育基地 1 个：第一城。

第一城国防教育基地组织机构健全，工作职责和工作制度完善。2003 年，县国防教育办公室对第一城圆明园遗址中正大光明殿东西两侧配房重新测绘，2 个展室面积 120 平方米，展示图片 60 幅、文字资料 9 份。投资 1 万元，在圆明园 8 个景区（正大光明殿、九州清宴、平湖秋月、万方安和、上下天光、远瀛观、大水法、万花阵）分别设立国防教育简介标志。至 2008 年底，共接待中小学生和社会各界游客 9 万人。

三 主要活动

（一）普及全民教育

每年初，把全县各级干部、民兵预备役人员和中小学生的国防教育放在首位，由县委党校、基层武装部、教育局 3 个部门主管，明确教育内容，提出具体要求。同时，编写国防教育讲课教案，为基层开展国防教育活动提供教材。教育形式，（一）通过县委党校实施全县副科级以上干部、后备干部、农村干部和各类学历班学员的国防教育，做到开班必讲国防课。（二）利用民兵政治流动学校、民兵整组和民兵训练有利时机，实施全县民兵预备役人员国防教育。（三）采取多种形式实施中小学生国防教育。与县教育局共同落实全县各学校对《小学、初中国防教育纲要》和《学校国防教育常规》，扩大中小学国防教育开课率；督促指导各学校开展学科渗透、参观烈士陵园、举行升旗活动、请老干部作传统报告、上法制课、参观天安门升旗仪式、上国防知识课、开展军训活动、观看爱国主义教育影视片等各种形式教育活动。

（二）抓典型建设

至2008年底，建国防教育典型农村9个：淑阳镇万福辛庄、钳屯乡起河屯、安平镇扁城、五百户镇前马房、刘宋镇程官屯、渠口镇店子务、安头屯镇杨营庄、蒋辛屯镇北李庄、钱旺乡田贾庄；典型企业12个：淑阳镇环保设备厂、金山办公设备公司、金辉医用设备有限公司、水泥厂、旅游家私公司、高氏纸制品有限公司、香河公路管理站、润香水暖件厂、香河县医院、第二印刷厂、天力轻钢有限公司、富士嘉利纸制品有限公司；省、市、县三级业余军警校12所：一中、二中、三中、四中、六中、一小、二小、三小、职教中心、淑阳中学、店子务小学、安头屯镇中学。所有典型单位都达到上级国防教育领导部门规定的“六有”：有组织、有展室、有队伍、有活动、有经验、有资料标准。

（三）抓“三员”队伍建设

“三员”即国防教育宣传员、国防教育报告员、国防教育兼职教员。县国防教育办公室自1990年成立就注重“三员”队伍建设，及时调整充实“三员”队伍，并发挥“三员”队伍作用。至2008年底，先后调整5次，调整“三员”1200人。为进一步规范“三员”队伍建设，2004年县国防委员会专门制定了国防教育“三员”人员工作制度、“三员”人员联系制度、“三员”人员培训制度、“三员”人员职责等规章制度。

第五节　人民防空

一　机　构

香河县人民防空办公室成立于2000年5月，设在县政府办公室，主任由县政府办公室副主任兼任，设工作人员1～2名，负责防空工作。2002年10月，香河县人民防空办公室挂靠在县建设局，办公室设主任1人，由建设局副局长兼任，设专职工作人员6人，由建设局内部协调，不增加编制。县人民防空办公室接受县委、县政府、县人武部以及上级业务主管部门的领导。

二　人防工程

县人民防空办公室成立后，贯彻“平战”结合，统一规划，布局合理，统筹兼顾，突出重点，分期建设的原则，本着保证战时使用的前提下，有利于平时的经济建设，有利于群众生产生活和工程开发利用的思想，建设人防工程。2005年，香河县在育龙香苑住宅小区建设首个县级人防工程，地下室投资786.42万元，建筑面积5256平方米，2007年1月29日通过廊坊市人防办质监站等部门验收。至2008年，香河县共建人防工程5444.52平方米，使用面积4355.9平方米；普通地下室42个，建筑面积27104.52平方米，可使用面积16187.58平方米。在人武部、消防队、淑阳镇和建设局各安装1台防空警报器，警报音响覆盖率100%，并配备有线、无线双信号接收控制装置，实现了网络联结和全市统一组织防空警报试鸣时市、县警笛同响。

2004年7月29日，香河县首次防空警报试鸣成功。

三　人防队伍

根据《中华人民共和国人民防空法》规定和未来防空袭斗争的需要，按照省市人防办统一部署，县建立了抢险抢修、医疗救护、防化防疫、消防、通信、运输、治安7种人防专业队伍，并组织各人防专业队岗位练兵。根据国家人民防空委员会颁发的《人民防空专业队伍训练大纲》，采取集中办班、函授作业、岗位练兵、组织演练等形式每年训练一次，每次训练队伍人数的五分之一，时间5~10天。组训形式，实行分类指导，区分层次，灵活施训。同时，根据专业分队特点和战时可能担负的任务，组织带战术背景的拉动演练，拓宽训练渠道。充分利用京、津、唐、廊等大中城市驻军多、院校多、科研机构多、科技密集的优势，与北空电子训练大队、地空某导弹部队和华北航天工业学院、唐山科委等13个单位建立关系，引进科技资源开展科技练兵；与本地科技密集型的通信、工程、卫生等12个企事业单位合作，开展军地共育、加速人才培养。通过训练，提高防空专业队伍的专业技能，基本具备遂行作战能力。

2008 年香河县人防专业队统计表

表 23-6-4

专业队名称	人员（人）	设备（台、部）
抢险抢修专业队	150	7190
治安专业队	150	10
防化防疫专业队	40	306
通信专业队	40	11
运输专业队	80	446
医疗救护专业队	320	1579
消防专业队	30	消防车 4
合　计	810	9546

四　人防教育

县人防办公室为切实加强人防教育，探索教育方法、教育内容、教育手段，在县城内初级中学开设防空知识课程，调动师生学习防空知识热情，丰富师生防空知识，提高学生国防观念。采取分散与集中相结合的方式，运用广播、电视、标语、墙报、张贴宣传标语、宣传车等手段，在县委广场、家具城、车站以及人口密集的地方开展防空知识宣传活动。通过宣传教育，干部、群众清楚认识到，人防建设是一项功在当代、利在千秋的公益事业。

第二十四编　教育　科技

1979 年后，香河县大力发展教育事业，着力调整学校布局，整顿教师队伍。社会主义教育方针得到贯彻执行。重视对学生进行坚持四项基本原则、坚持改革开放，热爱共产党，热爱祖国和热爱社会主义的教育，加强道德法治教育，培养学生树立共产主义人生观。1993 年，香河县认真贯彻实施《中国教育改革发展纲要》，推进教育改革，巩固发展基础教育，全面实施素质教育，发展成人教育、职业技术教育，增加教育投入，切实加强师资队伍建设，教育教学质量稳步提高。2004 年，河北省依法治校现场会在香河召开，依法治校的“香河模式”在全省推广。2006 年，香河县围绕“推进县域教育均衡发展”，突出普及学前教育、义务教育、高中教育、特殊教育，推进中小学标准化建设、中小学危房改造、现代学校制度建设、农村中小学现代远程教育、新世纪园丁建设、新课程改革六项工程。2008 年，香河县教育基础设施建设实现新突破，71 所中小学取暖设施改造全部完成，114 间 C 级危房全部消除；高中布局调整取得重大进展；国拨教育经费 12259 万元，是 1979 年 145 万元的 84.5 倍。香河县教育科研取得丰硕成果，多次获省市教委好评，大量师生在国家级竞赛中获奖，为经济建设输送了大量人才。

中华人民共和国成立后，香河县科学技术稳步发展。20 世纪 60 年代，工业技术改造和技术革新兴起，70 年代，落实知识分子政策，香河县的科学研究获得了新动力，科技成果不断涌现，新技术得到广泛推广。1979—2008 年，香河县科技队伍不断壮大，厂办科研机构陆续发展，科技经费投入逐年增长，申报、承担国家、省、市级科技计划项目共计 221 项、取得市以上科技成果 68 项。1996—2008 年，全县通过认定专利 466 项。2008 年，科技进步对经济增长的贡献率达 59%。香河县的气象测报和地震观测工作，除引进先进仪器和技术以达到及时、准确外，还主动提供好气象服务、进行防灾宣传，为人民的工作、生产和生活提供保障。

第一章　教育

第一节　教育体制改革

一　学校布局调整

1979 年，县城有完全小学（以下简称完小，具备 1 至 6 年级全部年级）1 所，完全中学 1 所，初中 1 所；全县 17 个公社有小学 271 所，初中 20 所，渠口公社有完全中学 1 所。2008 年，县城有完小 3 所，初中 1 所，高中 2 所；全县 9 个乡镇有小学 65 所，初中 10 所。逐步形成位置适中、设施完备的中小学校布局。

（一）小学布局

1979 年，全县有小学 272 所，根据党中央提出的“调整、巩固、整顿、提高”的方针，加强其中 4 所重点小学、52 所中心小学的建设，乡村小学适当合班并校，调整学校网点布局。1980 年，增加 2 所中心小学。1981 年，把四、五年级学生集中到较大的完小。全县完小由 86 所调整到 68 所；原有一至四年级的学校 67 所调整到 46 所；“戴帽”初中班（指小学附加两年初中教育）小学保留 16 所。1985 年 5 月，《中共中央关于教育体制改革的决定》颁布，实行分级办学体制，调动地方办学积极性，拓宽资金渠道，加快学校布局改革。

1988 年，香河县贯彻落实《中华人民共和国义务教育法》，全面规划实施普及九年制义务教育方案，初步拟定以淑阳镇、安平镇、金辛庄 3 个乡镇为试点。调整不具备办学条件的小学，调整后全县小学 190 所，中心小学 58 所，完小 16 所。1989 年，合并 8 所办学条件较差的小学，全县保留小学

182所。其中，中心小学61所，比上年增加3所；完小13所，比上年减少3所。

1999年5月28日，香河县唯一一所回民小学——五百户镇香椿营小学教学楼落成。是年，全县小学总数从1998年的170所减少到166所，其中农村小学163所。2000年，全县农村小学调整到129所。是年4月，廊坊市小学布局调整现场会在香河县召开，推广香河县调整小学布局成功经验。8月，北头百户小学、杨簸箕庄小学、程辛庄小学并入大窑上中心小学。2001年，全县降低村办学率，加快合班并校进程，撤并22所小学，村办学率为35.67%。

2002年，实行以中心校为单位“一体化”管理，教师、设备等教育资源共享。全县小学调整到83所，村办学率降至28%，2004年，香河县小学教育继续实施学校布局调整。9月，五百户镇前马房中心小学、四百户中心小学、八百户中心小学、后马房完小撤并组建五百户第二中心小学。2005年8月，县教育局按照《香河县2005年中小学标准化建设实施方案》，将安平二小并入周庄中心小学。2008年，全县有小学79所，城乡小学生均可就近入学，小学校布局趋于合理。

（二）中学布局

1980年，香河县撤销完小“戴帽”初中班，保留6所国办中学，即香河县第一中学（以下简称一中）、香河县第二中学（以下简称二中）、渠口中学、五百户中学、蒋辛屯中学、刘宋中学。一中和渠口中学为完全中学，全县招生；17个公社各保留1所社办中学，初中学生可就近入学。1984年，渠口中学改为第三中学（以下简称三中），刘宋中学改为第四中学（以下简称四中），五百户中学改为第五中学（以下简称五中），蒋辛屯中学改为第六中学（以下简称六中）。其余17所社办中学均改为乡镇中学。

2005年8月，县教育局按照《香河县2005年中小学标准化建设实施方案》，将王家摆中学并入安平中学，李庄中学并入五中。为缩小校际差距，促进均衡发展，彻底消除择校现象，2006年初，县教育局依据《香河县中小学标准化建设规划》，在广泛调研，充分论证的基础上，制定了《关于整合全县普通中学的实施方案》，该方案经县委常委会研究通过，以政府行为实施。8月，按照香河县政府《关于2006年整合普通中学的实施方案》，一中迁入新校区，三中迁入一中原校区；刘宋镇中学并入四中；五百户镇中学、香城中学并入五中；蒋辛屯镇中学、梁家务中学并入六中；渠口镇中学、东鲁口中学、石虎中学合并组建香河县第八中学（以下简称八中），迁入三中原址；金辛庄中学并入淑阳中学组建香河县第九中学（以下简称九中）；安平中学、安头屯中学、钳屯中学、钱旺中学、大罗屯中学分别改称香河县第七中学（以下简称七中）、香河县第十中学（以下简称十中）、香河县第十一中学（以下简称十一中）、香河县第十二中学（以下简称十二中）、香河县第十三中学（以下简称十三中）。全县普通中学由23所压缩到13所，并且全部升格为国办中学，按统一标准办学。同时，按照“免试、划片、就近”的原则，均衡分布生源，取消择校生。整合全县普通中学的措施，在全省产生深远影响。2006年第三期《河北教育》以《好事是如何办成的》为题，大篇幅报道香河县中小学标准化建设的做法；中央电视台、中国教育电视台、河北电视台、河北日报先后对香河县经验进行专题报道。

二　教育管理改革

（一）办学管理体制

1983年1月，县政府制定《关于中小学教育体制改革方案（草案）》，有步骤地把农村中小学改为民办。1985年，除6所国办中学归县管理外，其余17所乡镇中学全部划为乡镇管理；中学教师调动和学校领导干部的任免由县文教局管理；除保留城关小学1所国办小学外，其余全部实行分级办学，划归地方管理。1986年，《中华人民共和国义务教育法》颁布施行，进一步明确分级办学、分级管理的方向，并把普及九年制义务教育确定为发展基础教育的总方针。

1993年，香河县施行初中教育体制改革。一中、三中逐步办成纯高中，不再招收初中学生；二中招收县城内非农业户口的小学毕业生；四中、五中、六中面向全县，重点招收择校生，除择校生外，各乡镇小学六年级毕业生就近入学。是年11月，香河县通过省政府“基本普及九年义务教育、基本扫除青壮年文盲”的“两基”工作验收。

1998年，初中在校生人数大幅增加。县政府决定在四中设置高中班，当年招收2个班，共104人；五中也设置高中班，招收2个班，共97人。全县基本普及高中教育。是年9月，根据国务院《关于深化教育改革全面推进素质教育的决定》，香河县加快不同类型教育相互衔接，将职业教育与普通教育相互沟通。即一般普通高中开办普教分流班；职教中心与重点普通高中联合或独立开办综合高中班；中等专业学校开设特色高中班。三中有107名高二生、103名高三生自愿进入职业高中班，实现各类教育资源优势互补，使学校毕业生有更多的继续深造的机会和更广阔的就业渠道。

2003年9月，一中、三中经县政府批准，在满足本地招生的情况下，适当招收域外生。2003年为香河县高中学生增幅最大的一年，全县普通高中招生2882人，高中在校生6788人。

2006年7月，三中、四中、五中、六中恢复公办学校的办学体制。是年8月，按照县政府规定，十三中招收原大罗屯乡除河南吴村小学以外的六年级毕业生，九中招收淑阳镇其他村街的六年级毕业生，其余各中学招收本乡镇的学生。义务教育阶段学校在全县范围内取消重点校和重点班，取消择校生。

2007年9月，香河县继续整合优化中学教育资源，停止四中、五中高中招生，两校高二学生并入三中就读。

2008年2月，香河县对外来务工人员子女就学，依据“就近入学”的原则，规定：城区内，小学接收学校为北岗子小学、白庙小学、蜓口小学，中学接收学校为第九中学；乡镇中小学均实行“就近入学”。对外来务工人员子女，各接收学校在教育教学方面与当地学生一视同仁；在评优奖励、入队入团、课外活动等方面与当地学生同等对待，维护外来学生在校的正常权益。8月，县政府决定撤销四中、五中高中班设置，恢复为全日制初中学校。

（二）实行聘任制度

1999年，香河县在二中、城内一小开展“实行校长负责制和校长、教职工聘任制”试点改革。是年11月，廊坊市教委下发《关于清退中小学代课教师的实施意见》，香河县乡镇中小学1986年以后使用的农业户口代课教师、农业合同制工人、临时工属于清退范围之内，全县共计清退教职工781人。

2000年，香河县继续扩大实行聘任制试点校范围，增加的试点校有一中、三中、四中、五中、六中、二小、三小、淑阳镇中小学等65所学校。2001年，香河县学校教职员工一律实行聘任制。

2002年，香河县加强高中师资建设，先后到廊坊和东北大学招聘优秀毕业生补充师资，有13人签订招聘协议。通过试讲，从初中教师中选拔50名本科学历教师到高中任教。

2005年，为引进人才和先进的教育理念，全县继续从高校招聘应届师范类本科毕业生50人，以考试、试讲方式择优录用应、往届专科以上毕业生65人。

（三）德育、法治建设

学校德育工作和法治建设是学校管理的重点。1981年9月，香河县贯彻《小学生守则》，结合“五讲四美”“学雷锋创三好”“评戴小红花”等活动，把《小学生守则》教育渗透在各种活动中。1990年，《中华人民共和国国旗法》颁布后，香河县中小学开始执行升降国旗制度，开展“国旗下讲话”活动，利用升旗时间开展爱国主义教育。1991年6月，国家教委颁发《关于在中小学进一步开展爱国主义教育活动的意见》，香河县在中小学生中开展以热爱中国共产党为重点的爱国主义教育活动。1997年，组织中小学开展“迎香港回归读书活动”等一系列爱国主义教育活动。

2002年11月，在教育部关心下一代工作委员会等单位联合举办的首届全国“小公民道德建设”实践创新系列活动中，二中获集体二等奖，并获“小公民道德建设活动实验学校”称号。

2003年7月，河北省教育厅确定香河县为依法治校试点县，同时二中、三小被河北省教育厅确定为依法治校试点校。是年12月，根据教育部关于《学生伤害事故处理办法》文件精神，组织全县中小学生投保意外伤害保险。2004年11月，河北省依法治校现场会在香河县召开。省政府授予二中“全省依法治校工作示范学校”，授予县教育局“全省教育法制工作先进单位”。2007年3月26日是第十二个全国“中小学安全教育日”，香河县启动“关爱学生安全成长工程”，开展法制法规教育、交通安全教育、健康卫生教育、安全自救教育、心理安全教育等。

第二节 教育结构

一 学前教育

1979 年，香河县只有县城内一所幼儿园，各村小学附设育红班。育红班管理松散，教养员没有经过专业培训，发展极不稳定。1984 年起，育红班经整顿，陆续归属所在小学管理，更名为学前班，农村的幼儿教育纳入了正常的教学轨道。随着国家恢复农村幼教，有条件的乡镇、村街陆续兴办幼儿园，一些企业为解决职工的后顾之忧，也陆续办起了幼儿园。1999 年起，全县小学入学年龄从 7 周岁改为 6 周岁，幼儿园招收幼儿年龄为 3～5 周岁。全县幼儿园大班和学前班 6 周岁的儿童可转入小学一年级，继续接受教育。2000 年以后，民办幼儿园陆续发展起来。2008 年，香河县有县直幼儿园 1 所，乡镇办幼儿园 64 所，企业办幼儿园、民办幼儿园及早教中心等 15 所。全县学前三年教育入园率达 99%；“三类残儿”入学率达 95%。

（一）幼儿园

1983 年，县幼儿园有在园幼儿 120 人，教师 12 人。1986 年，全县在园幼儿 412 人。1990 年，香河县各乡镇幼儿园和学前班共招收 4826 名幼儿，其中在园幼儿 514 人。

2001 年，全县幼儿 4 周岁入园全面普及，部分 3 周岁儿童也开始入园学习，幼儿在园人数 3277 人。2002 年，香河县接受学前教育的幼儿 4200 人，其中 5 周岁幼儿入园率 100%，4 周岁幼儿入园率 30%，3 周岁幼儿入园率 6%；幼儿教师 200 人，学历合格率 99%。

2004 年，全县 3 周岁儿童入园率由 2003 年的 17%提高到 70.6%。2008 年，全县有县直幼儿园 1 所，乡镇办幼儿园 64 所，企业办幼儿园、民办幼儿园及早教中心等 15 所。

2002—2004 年，香河县投入资金 1189 万元，购置大型玩教具 228 件，“三机一琴”（电视机、VCD 机、录音机和电子琴或脚踏琴）195 套，绿化美化园区 12000 平方米。2005 年，县政府投资 30 万元改善幼儿园办学条件，增置大型玩教具 40 件，添置电视机、VCD 机 4 套，电子琴 3 件，建幼儿用房 8 间，砌围墙、花墙 200 米。是年 5 月，县教育局举办全县幼儿骨干音乐教师培训班，18 名幼儿教师全部以优良成绩结业。

2008 年 11 月，县教育局在县直幼儿园举办活动，聘请国家儿童心理研究员作《关注孩子的生存智慧》的专题讲座。

1. 县办幼儿园

香河县幼儿园创办于 1968 年 12 月，是全托制幼儿园，园内附设托儿所。园址设在城内迎宾路西侧，隶属于香河县教育局。

1983 年，由县直机关部分单位集资和财政拨款，县幼儿园共筹资 1.8 万元，购置原粮食局 11 间平房，作为教室、办公室、厨房。园内设教学班 6 个，在园幼儿 120 人，教师 12 人，保育员 6 人。按国家下发的幼儿教学大纲安排教学，行政管理系统健全，为全县内教学条件最好，最正规的一所幼儿园。

1993 年庆“六一”文艺演出（照片由县幼儿园提供）

1993 年，县幼儿园取消户口限制，面向社会普遍招生。1996 年 12 月，通过河北省幼教专家小组的评估验收，评为河北省一级一类幼儿园。

1998 年，县幼儿园占地面积由 2106.67 平方米，扩大到 4880 平方米，用房增加到 84 间，建筑面积扩大到 1260 平方米，室外面积扩大到 2477 平方米。

2000 年，园内增设大大班（相当于小学的学前班，使用小学学前班教材）1 个。是年 3 月，县幼儿园开设《帮你早读书》阅读识字活动；12 月，有 10 名幼儿参加首次“全国幼儿计算机表演赛”。

2001 年 7 月，建筑面积 1600 平方米的四层教学楼和 3000 平方米的教师住宅楼建成并投入使用。

2002 年 3 月，开设英语教学，成为教育部科学教育子课题“相似性原理在幼儿潜能开发中的应用”的实验幼儿园。是年 12 月，县幼儿园开办珠心算兴趣班。

2003 年，各教学班购置电视机、VCD。2004 年 8 月，县幼儿园成为香河县幼儿教育示范基地；9 月，幼儿园购置新型大型玩具攀岩，利用教学楼楼道，布置艺术长廊，前院操场改建为迷宫式草坪；11 月，通过河北省普三专家评估小组验收；12 月底，成立法制处、教务处、总务处。2006 年 1 月，县幼儿园兴趣班增设“启智训练班”。

2008 年，县幼儿园占地面积 4818 平方米，建筑面积 2500 平方米，有四层综合楼 1 栋和平房 31 间。园内设有幼儿活动室、寝室、舞蹈排练厅、多功能活动厅、幼儿微机室、保健室和幼儿食堂。户外活动场地充足，配有功能多样的娃娃城堡、健身乐园、攀岩、爬山坡等现代大型玩具和荡船、转椅、摇摇椅、钻精灵、滑梯象等小型玩具，寝室安装冷暖空调。各厅室配备办公电脑，并开通局域网、互联网，实现园内办公现代化。是年底，园内设 13 个教学班，其中大班 2 个、中班 7 个、小班 4 个；在园幼儿 650 人，教职工 67 人，其中中级职称教师 36 人，初级职称 31 人，大专以上学历 52 人，学历合格率 100%。

2. 村办幼儿园

20 世纪 70 年代后，国家恢复农村幼教。随着科学教育事业的发展，一些经济条件较好的村街相继办起幼儿园。1983 年，金辛庄乡矬口村建村幼儿园，有教学用房 12 间，招收 3 至 6 岁儿童 70 人，大班 30 人，小班 40 人，园长 1 人，教师 5 人。大班课程设有计算、常识、语言、美术、故事、游戏；小班课程有儿歌、游戏。一切教学用品及经费均由村里提供。

1983 年 6 月，安平镇首建“安平镇幼儿园”。由安平镇二街负责建筑、教室修缮及教学用品购买；教师工资由镇财政拨发。大小班各招 30 人，教师 2 人。课程设置和教学安排均符合《幼儿教学大纲》的要求。

2002—2004 年，全县投入资金 1189 万元，建农村标准化幼儿班 75 所。

2007 年，蒋辛屯镇利用北六百户小学撤并后的校舍，在前建各庄村建蒋辛屯镇中心幼儿园 1 所。

2007 年 11 月下旬，县教育局重新评估验收全县农村幼儿园。评估组成员参照《廊坊市农村幼儿园等级评估标准》，分别对农村幼儿园的园舍设备、师资条件、园务管理、保教工作等方面进行逐项考核与评估。全县有 9 所符合廊坊市示范性幼儿园办园标准，33 所符合廊坊市一级幼儿园办园标准，33 所符合廊坊市二级幼儿园办园标准。

3. 企业办幼儿园

1984 年 8 月，香河县农机厂开办农机厂幼儿园，入园幼儿 24 人，教师 2 人。幼儿 1 岁半至 6 周岁。一切费用由厂负责。是年，县花丝厂（后改名香河县首饰厂）出资建房 24 间，办幼儿园 1 所，选聘幼儿教师 6 人，任命厂内职工赵玉青为园长。招收本厂职工的幼儿，设大、小班各 1 个，每班 30 人。按有关规定设置课程和各种活动计划。

2005 年 3 月 10 日新建“天使幼儿园”开园，院领导与幼儿园教师合影

1989 年，县企业局和县农业银行投资 50 万元，在老干部局西侧建兴济幼儿园。幼儿园占地近 4000 平方米，建有楼房、平房共 62 间校舍。投资 6000 多元购置滑梯等大型玩器具 1 套，配备彩色电视机、电子游戏机、组合音响、手风琴等教学用品。园内 60%幼儿来自县企业局和农行系统，少部分来自其他单位。

2005 年，香河县人民医院为解除职工的后顾之忧，提高职工的待遇，在新华大街心脑血管医院院内东北角建天使幼儿园。幼儿园占地 2600 平方米，建筑面积 860 平方米。设幼儿班 3 个，在校幼儿 56 人；教职工 11 人。其中，幼教专业毕业 8 人，专科以上学历 9 人。

4. 民办幼儿园

香河海天双语幼儿园（李然摄于 2006 年 10 月）

2004 年 8 月，县教育局批准成立海天双语幼儿园，系全日制民办幼儿园，由张芳杰投资兴建并任园长。位于香五路绣水街南，总投资 200 万元，占地 4000 平方米，园内设 40 平方米沙池 1 个及 200 平方米操场 1 个。

2005 年，香河幼儿艺术特长培训学校、香河东方金子塔儿童潜能培训学校、廊坊外语培训学校香河分校具备办学条件，批准成立。

2006 年，有 5 所民办教育机构被批准成立，分别是：艺术幼儿园、鑫鑫幼儿园、安平一街幼儿园、爱婴早期智力开发培训中心、阳光多元智能双语幼儿园。

2007 年 11 月，香河七彩星幼儿园、王家摆幼儿园等民办幼儿园获批准成立。

2008 年，香河县有民办幼儿园 8 所，在校幼儿 600 人，教学班 29 个，幼儿教师 42 人。

（二）学前班

1979 年，各村小学几乎都办有育红班。据 1981 年统计，全县有育红班 135 个，入班儿童 2298 人（不包括县直幼儿园）。育红班一般附设在当地小学校内，没有专门管理人员，发展很不稳定。1982 年，县直幼儿园保留 3 个班、乡村育红班 48 个，有儿童 1284 人，教养员 54 人。

1984 年，县文教局全面检查和调整全县“育红班”，停办一部分条件过于简陋的育红班，对于较好的育红班给予各方面的支持，使之巩固提高，同时扩大招生数额。各乡镇育红班陆续归属所在小学校管理，更名为学前班。

1992 年，在省、市举办的自创幼儿玩具展览赛中，香河县有 10 件展品获奖。其中获省一、二等奖各 1 件，三等奖 2 件（同时获市一等奖），四等奖 2 件（同时获市二等奖），获省参展证书 2 件（同时获市三等奖），获市优秀奖 2 件。

2004 年，香河县学前三年教育适龄人口 7466 人，在园、在班人数 6489 人，普及率 86.9%。全县幼儿教师 212 人，其中专科以上学历 134 人，占 62.9%。11 月，香河县通过河北省“普及学前三年教育”验收。2008 年底，全县有学前班 293 个，在班人数 6674 人，教师 172 人。

二　小学教育

1979 年，全县有小学 272 所，教学班 1104 个，在校学生 32043 人，教师 1367 人，招生 6035 人，毕业生 5252 人。1983 年，全县各乡镇（社队）掀起群众集资办学的热潮。至 1991 年，全县各乡镇新建小学 25 所。2002 年，香河县实行以中心校为单位“一体化”管理，降低村办学率。经过多次调整，香河县小学布局趋于合理，城乡小学生均可就近入学。2008 年，全县共有小学 68 所，教学班 582 个，在校生 17447 人；教师数 1907 人，其中专任教师 1695 人。全县小学专任教师学历合格率 100%，专科率 89%。全县小学入学率、巩固率、升学率均 100%。

（一）县办教育

1. 香河县城内第一小学

香河县一小的同学正在进行电子阅读（摄于 2012 年 6 月）

香河县城内第一小学，始称香河县公立第一完全小学校，一度改称城关小学，位于县城内西街路北（后为淑阳大街 56 号），是香河县第一所公立完全小学。1986 年，成为县文教局直接管理的国办小学。1991 年 8 月，分为两所学校（原校区为城关一小、新校区为城关二小）。1992 年，城关一小更名"香河县城内第一小学"（以下简称一小）。2008 年，学校占地 1.74 万平方米，总建筑面积 9446.48 平方米；在校生 2162 人，教学班 35 个；教职工 175 人，专任教师 143 人。其中，本科学历 65 人，专科学历 53 人；小学高级教师 81 人，一级教师 93 人。

1998 年，县投入资金 150 万元，建成 1 栋面积 2084 平方米教学楼；2003 年，县投入资金 387 万元，建成第二栋面积 4542.08 平方米教学楼。建有图书阅览室、美术教室、音乐舞蹈教室、多媒体教室、卫生室、计算机室等专用教室，现代化教学设备齐全。学生来自县城永明路以西的西南街、西北街和站西区的非农业居民住户。

作家杨沫曾于 1931 年和 1936 年两次在此校任教，河北英烈王少奇曾就读于此，著名学界泰斗张中行曾为学校题词。

1984 年，一小被评为河北省电化教学先进单位。1993 年 12 月，一小的劳动实践活动获全国少工委全国"一百个优秀活动"之一，获得中国少年报社颁发的"劳动实践优秀活动"奖。1997 年 11 月，全国少工委命名城内一小的"白鸽小队"为"全国文明雏鹰假日小队"。1999 年，教师崔文彦的《田忌赛马》一课获全国目标教学研讨会一等奖。2000 年 12 月，全国目标教学专业委员会授予一小"目标教学研究先进单位"称号。2002 年，获全国中小学生良好品德养成教育系列活动集体组织二等奖。2003 年，获全国小公民道德建设活动集体一等奖；2005 年 6 月，获国家教育报社、关工委等单位颁发的"小公民道德建设三等奖"。2006 年 7 月，参加"红色之旅"演讲比赛获河北省三等奖。是年 10 月，在"知荣明耻，从我做起"演讲赛中，一小荣获廊坊市一等奖、河北省二等奖。

2. 香河县城内第二小学

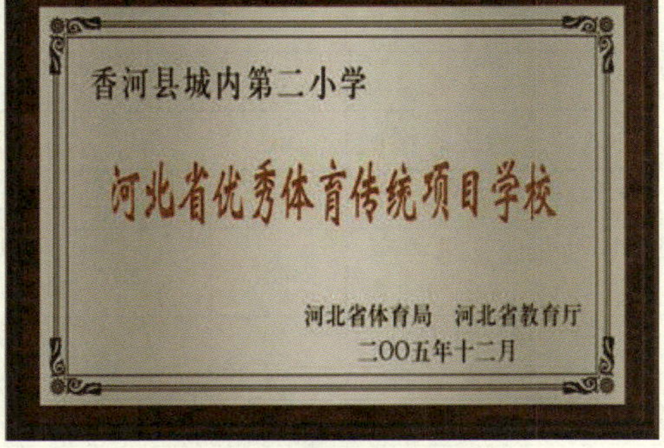

香河县城内第二小学（以下简称二小），成立于 1991 年 8 月，位于县城新开街与迎宾路交口。学校占地面积 1.79 万平方米。1991 年，投资 100 万元建成北教学楼，建筑面积 2443 平方米。是年建成北教学楼南、东、西小楼，建筑面积均 256.5 平方米，总投资 13 万元。1995 年，投资 154 万元建成南教学楼，建筑面积 2443 平方米。学校配有微机室、光盘播放室、语音室、音美教室、实验室、体育器材室、图书室、少科室、多媒体教室等功能教室，各室配备均达到省级标准。学生来自县城新开街以南、五一路以东、周园村、驻军家属区、大气层小区、迎宾路南段两侧居民住户。

2001 年 9 月，香河县第一个交互式多媒体教学网在二小落成，为当时全省先进的校园网络系统。多媒体教学网的建成对香河县的"校校通"工程和远程教育起到促进作用。

2002 年，二小成为全省首批"自主学习、自主发展"实验校，被教育部命名为"现代教育技术实验校"。

2001 年 8 月，在全国"晨晖杯"少儿门球大赛中，二小门球队代表廊坊市参加比赛，夺得冠军。2004 年，二小门球队在全国"东华绿源杯"少儿门球大赛中夺魁。

2006 年，二小科研课题《优秀电影促进学生言语文字表达能力的有效性研究》获河北省教研成果二等奖。2007 年 1 月，河北省教育厅授予二小"河北省体育传统项目学校输送人才先进集体"。是年 9 月，二小学生参加第十二届廊坊市青少年科技创新大赛，获一等奖。2008 年 4 月，河北省教育厅授予二小"河北省校务公开先进校"。

2008 年，二小有在校学生 2300 人，教学班 30 个，毕业生 246 人。教职工 110 人。其中，大专以上学历 84 人，中师 26 人；小学高级职称 70 人，初级职称 40 人。

3. 香河县城内第三小学

香河县城内第三小学（以下简称三小），位于香河县新华大街 23 号，始建于 1991 年。占地面积 1.45 万平方米，建筑面积 2974 平方米。建校初期属淑阳镇管辖，1992 年转为国办小学，命名香河县城内第三小学。有教学楼 1 栋，建于 1993 年，建筑面积 2500 平方米。学校招收县城淑阳大街以北、永明路北段以东范围内的适龄儿童，以及新华大街以北非农业户口的学生。2008 年，在校生 912 人，教学班 16 个。在校教职工 67 人。其中，专任教师 60 人。大专以上学历 52 人。小学高级职称 52 人。

1995 年，在全国目标教学研讨会上，三小教师的研究课获得一等奖。1999 年，三小申报的《小学生心理教育的研究与实验》，获省级科研课题；《小学生自主学习的研究与实验》，获全省重点课题。教师刘海霞代表河北省参加全国小学课堂教学比赛荣获一等奖。2001 年 10 月，廊坊市小学生自主学习座谈会在香河县召开，三小的“自主学习、自主发展”科研成果模式课获河北省第一名，代表省参加评奖获国家一等奖。香河县成为省级“自主学习、自主发展”教育改革实验区。

2002 年，三小成为全省首批“自主学习、自主发展”实验校。2003 年 12 月，省教育科学研究所命名“2002—2003 年度河北省创新教育实验先进学校”；省教育厅命名为“创新教育实验学校”。

（二）乡镇办小学

1979 年，香河县 17 个公社有乡镇（公社）办小学 43 所。随着香河教育的不断发展，至 2008 年，全县 9 个乡镇办小学发展到 65 所。

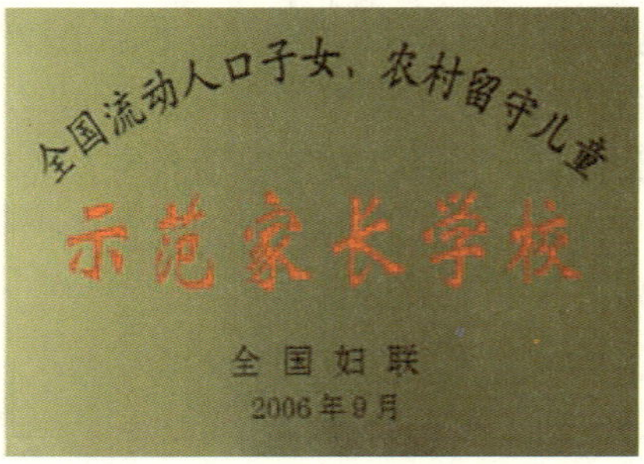

2008 年香河县乡镇小学一览表

表 24-1-1

乡镇	学校	初建校年份	校址	生源地	教学班（个）	在校学生（人）	教职工（人）
淑阳镇	后彭家务中心小学	1985	后彭家务	后彭家务、前彭家务、南王庄子、南刘庄、前井亭、中井亭、后井亭、小店子、黄院	6	172	16
	㙡口中心小学	1985	㙡口	㙡口、金辛庄、前店子、闫乔各庄、段乔各庄、计庄	14	460	53
	池套小学	1950	池套	杜屯、孟庄、郎庄、池套、前套、后套	7	168	21
	北岗子小学	1923	北岗子	北岗子、大王庄、朱庄、刘庄	7	120	22
	白庙中心小学	1989	白庙	白庙、胡庄子、许台、万福辛庄	7	109	19
	大罗屯中心小学	1975	大罗屯	大罗屯、小罗屯、前小屯、赵庄	6	112	21
	姬止务中心小学	1987	姬止务	姬止务、王止务、河北止务	6	128	20
	河南止务小学	1956	河南止务	河南止务、后小屯	6	79	19
	孙止务小学	1957	孙止务	孙止务、宋止务、姚止务	6	74	19
	河南吴村小学	1977	河南吴村	河南吴村、凌家吴村、郭辛庄、赶水坝	6	88	20
安平镇	安平镇第一小学	1984	安平乡一街	一街、二街、四街、后庄、东庄、赶古庄、扁城	8	306	25
	安平镇第三小学	1993	赶古庄	谢屯、扁城、赶古庄	6	134	17
	周庄中心小学	1950	周庄	成辛庄、小友垡、草沙河、延福屯一村、二村、周庄、贾庄、甘露寺	6	187	21
	王家摆小学	1986	王家摆	王家摆、太平庄、谭庄、曹店	6	88	13
	王指挥庄中心小学	1949	王指挥庄	王指挥庄、乔庄、枳根城、三间房、堡尚	6	122	18
	鲁家务小学	1946	鲁家务	鲁家务、陈辛庄、孙家务	6	134	17
五百户镇	五百户　中心小学	1942	五百户	五百户、六百户、黄营、西张庄、马各庄、高辛庄、曹庄、蔡庄	13	359	45
	五百户镇第二小学	2004	后马房	头百户、三百户、四百户、东七百户、西七百户、八百户、九百户、十百户、孙小营、骡子王、前马房、后马房	11	397	51

续表 24-1-1

乡镇	学校	初建校年份	校址	生源地	教学班（个）	在校学生（人）	教职工（人）
五百户镇	仉村小学	1969	仉村	仉村、兴隆庄、夏辛庄	6	89	14
	香城中心　小学	1956	香城	香城屯、于辛庄、仓上、董家湾、南石辛庄、霍刘赵、南张庄、南周庄、田各庄	6	228	24
	香椿营村回民小学	1958	香椿营	香椿营、董家湾	6	100	14
	李庄中心小学	1991	李庄	李庄、西王家务、邢家营	6	174	25
	前土门楼小学	1989	前土门楼	前土门楼、后土门楼、吴打庄	6	132	19
	荒凌庄小学	1990	荒凌庄	荒凌庄村、南太平庄村、东双街村	6	101	13
刘宋镇	刘宋小学	1927	刘宋	刘宋、王家务、八户、程官屯	18	444	38
	大田小学	1942	大田	大田、荆庄、南孙家庄、东王各庄、西王各庄	12	387	35
	北务屯小学	1909	北务屯	北务屯、辛立屯、小陈庄、小刘庄、西太平庄、德辛庄	10	236	25
	庆功台小学	1938	庆功台	庆功台	7	185	20
	幞头屯小学	1925	幞头屯	吴庄、尹庄、北村、幞头屯	6	127	20
	张庄中心小学	1949	张庄	东张庄、马庄、倪庄	8	189	21
	中营小学	1916	中营	中营、刘庆庄	12	325	24
安头屯镇	安头屯中心小学	1984	安头屯	安一村、安二村、安三村、安四村、孙庄子、兴隆庄	7	237	21
	东口头小学	1949	东口头	东口头、西口头、北口头、前口头、庞营	6	142	22
	铁佛堂小学	1917	铁佛堂	铁佛堂、石辛庄	6	140	19
	四营中心小学	1990	孙营庄、赵营庄、韩营庄、杨营庄4个村的交界处	孙营庄、赵营庄、韩营庄、杨营庄	6	116	15
	后独立小学	1965	后独立	后独立、前独立、大青庄务、小青庄务	6	86	12
	黄顾小学	1989	顾家屯	顾家屯、黄庄	6	99	13
	商太小学	1990	商汪甸	商汪甸、太平庄	6	101	11
	大青庄务小学	1978	大青庄务	大、小青庄务	5	91	11
渠口镇	渠口小学	1922	渠口	金庄、渠口、许庄、炭户、卢庄、邱庄、韦各庄、三岔口、高山庄	11	358	45
	店子务中心小学	1990	店子务	店子务	9	217	30
	牛济河小学	1993	牛济河	牛济河、戴家阁、荣各庄	6	166	19
	东梨园小学	1904	东梨园	东梨园、西梨园、北渠口、小圈	7	189	21
	王刘圈小学	1990	王刘圈	王刘圈、邵庄	6	121	13
	小河各庄小学	1992	小河各庄	小河各庄、温庄、孙各庄、宣教寺、康庄、魏家滩	7	186	22

续表 24-1-1

乡镇	学校	初建校年份	校址	生源地	教学班（个）	在校学生（人）	教职工（人）
渠口镇	石虎辛庄中心小学	1949	石虎辛庄	石虎辛庄、固庄、躲各庄、韩庄、窦庄、卸甲庄、黄沙务、闫胡套	14	539	53
	蔡庄小学	1988	蔡庄	蔡庄、谭家务	6	92	13
	大鲁口小学	1954	大鲁口	大鲁口、东鲁口、张庄、唐屯、青寺、青户庄、西河头、东魏各庄、西魏各庄、大七里庄、小七里庄、渔阳院	13	477	44
蒋辛屯镇	蒋辛屯中心　小学	1956	蒋辛屯村	北四百户、五百户、北六百户、大马坊、小马坊、蒋辛屯、后场、匠庄、挠子庄、小祁庄、祁羊店、后骆驼港、小朱庄、姬庄、大荒庄	12	302	41
	北吴村小学	1917	北吴村西北	河北吴村、王店子村	9	109	21
	后建各庄小学	1945	京沈高速香河出口北	后建各庄、前建各庄、　王庄子、　百家湾、　小尹庄村	6	128	26
	梁家务小学	1928	梁家务村	梁家务、北李庄、岭子、北三百户、苍头	7	177	25
	大窑上小学	1966	大窑上村	大窑上、杨簸箕庄、头百户、程辛庄	9	129	20
	打鶣户中心小学	1952	打鶣户村南	打鶣户、双营、前骆驼港	11	152	21
钱旺乡	钱旺村小学	1976	钱旺村	钱旺村、大高坨、义井	6	120	24
	成自务小学	1956	成自务村	成自务、小六王	6	128	19
	大河各庄中心小学	1980	大河各庄村	大河各庄、富各庄、东马家窝	7	170	21
	田贾庄小学	1979	田贾庄村	田贾庄、马房顶、北刘庄、袁庄、土堡子、焦康庄	8	170	28
	西马家窝小学	1949	西马家窝村	西大街、后大街、和平街、姜吴街	6	199	22
钳屯乡	钳屯中心小学	1968	钳屯乡政府东侧	贾庄、窝头、坨子、叶屯、钳屯	8	267	32
	红草湾小学	1965	红庙、茅草店、后家湾 3 村交界处	红庙、茅草店、后家湾	6	158	18
	天都希望小学	1940	二百户村西	二百户、起河屯	6	132	14
	西延寺小学	1906	西延寺村南	东延寺、西延寺、前延寺、李辛庄	6	141	16
	池屯小学	1958	池屯村北	池屯、张庄、尚店	6	128	15
	雀林院小学	1987	县城南 100 米，夏安线东侧	刘庄、赵屯、草寺、雀林院	8	152	24

三　中学教育

（一）初、高中教育

1979 年，全县有 6 所国办中学和 17 所社办中学。其中，初中 21 所，349 个教学班，在校生 18557 人；高中 2 所，18 个教学班，在校生 938 人。2008

年，全县有高中2所，134个教学班，在校生7380人；初中11所，234个教学班，在校生10104人。全县初中入学率、巩固率分别为100%、99%；高中入学率93%。

香河县普通中学经过布局调整，由1983年开始的分级办学体制，至2006年全县23所普通中学压缩到13所，全部升格为国办中学。按照“免试、划片、就近”的原则招生，取消择校生。1998年，香河县基本普及高中教育之后，加快不同类型教育相互衔接，将职业教育与普通教育相互沟通，实现各类教育资源优势互补，拓宽就业渠道。2008年，香河县以办人民满意教育为目标，深化教育改革，强化教育管理，打造香河教育品牌，高中布局调整取得重大进展，高中阶段教育形成“三强并立”（一中、三中、职中）格局。

（二）县办中学

1.香河县第一中学

香河县第一中学（以下简称一中），是省级示范性高中学校，闻名中外的“安平事件”谈判曾在一中旧址举行。

一中始建于1940年，校址在城内西北街周家园子，学校只有1个初中班，学生45人，教职工7人，校舍70余间，占地6666.67平方米，校名为“香河县立初级中学”。1956年，由河北省政府命名为“河北香河中学”，增设高中班，成为完全中学。1994年秋，停止初中招生，更名为“河北省香河县第一中学”。2004年，县委、县政府筹资1.2亿元，在县城站西区兴建新校区。2006年8月，一中全部迁址新校园。新址占地15.67万平方米，总建筑面积72000平方米，多媒体教学设备、计算机教室、电子备课室、校园网、天文观象台、理化生实验室、塑胶运动场、师生健身房、健身广场、学生公寓、浴室等设施齐备，藏书10万册的图书馆实行微机化管理，100余种报刊供师生阅览。

2003年，一中成为河北省多种教学媒体综合运用实验学校。2008年高考，陈超获得廊坊市文科状元，卢正阳考取廊坊市文科第三名，宋一杰考入清华大学；文理本科总上线率、理工本科上线率、文史本科上线率分别为79.48%、82.31%、72.3%，均居廊坊市第一名。

至2008年，一中输送健将级体育人才13人，学生体育达标率年年保持在100%。学校先后被评为全国《推行国家体育锻炼标准》先进单位、河北省青少年体育先进集体、河北省体育传统项目学校“输送人才”先进单位。

2008年，学校教职员工392人，其中，高级教师71人，省市级骨干教师15人；在校生3815人。

香河第一中学（杨金刚摄于2008年）

2.香河县第二中学

香河县第二中学（以下简称二中），为初级中学，位于新华大街19号，始建于1979年。学校占地34000平方米，建筑面积18733平方米，总投资1382万元。拥有教学楼、科技楼、宿舍楼、门卫楼、餐饮楼、图书馆、操场等基础设施，各种专用教室及教学仪器设备均达到省级一类标准。主要招收城内一、二、三小毕业的非农业户口学生。2008年，教学班38个，在校学生1615人，教职工199人。具有本科学历的教师151人，占教师总数的76%；具有中学一级以上职称的教师占55.3%。先后有20名教师获省、市、县“优秀教师”“明星教师”“学科带头人”等称号，80人次获省、市、县优质课奖。

2003—2008 年，有 20 名学生被省重点中学破格录取。2001—2008 年，在全国英语、数学、物理、化学等知识竞赛中，参赛学生共获得国家级奖项 400 个。二中是“国家基础教育实验中心外语教育研究中心外语实验校”“河北省自主学习、自主发展教育教学改革实验校”“现代教育技术示范校”“多媒体综合运用实验研究学校”“实验教学研究与课程资源开发利用实验校”。

2004 年 4 月，二中通过 ISO 9001 和 ISO 14001 质量环境管理体系认证。是年，评为“全省依法治校示范校”，河北省依法治校现场会在香河召开。2006 年 1 月，教育部确定二中为国家级依法治校示范校。

2000—2008 年，香河二中先后获“全国小公民道德建设先进校”及河北省“中小学德育工作先进集体”“国防教育先进单位”“依法治校示点校”“优秀少年军校”“巾帼文明示范单位”“五四红旗团委”等称号。

3. 香河县第三中学

香河三中（一中旧址）（高景全摄于 2008 年 9 月）

香河县第三中学（原渠口中学，以下简称三中）于 1956 年建校，原校址位于渠口镇。最初学校占地 1733.34 平方米，有教室 11 间，招初中班 2 个，有教师 4 人。

1979 年后，渠口中学成为县重点中学。1984 年，渠口中学改称香河县第三中学，全校教学班 18 个（其中高中班 12 个），在校生 1200 人，教职工 85 人。学校占地 38700 平方米，有校舍 257 间。

1985 年，县拨款 60 万元，建饭厅 1 座，翻新教室 34 间，新建教室 18 间，改建师生宿舍 125 间。1990 年建 800 平方米的实验楼。

1999 年，三中建宿舍楼 1 幢，建筑面积 2750 平方米。2000 年，建教学楼 1 幢，建筑面积 4026 平方米。2001 年，建学生宿舍楼 1 幢，建筑面积 4100 平方米。2002 年，筹建科技楼 1 幢，建筑面积 5700 平方米。至 2005 年，学校占地 67000 平方米，有教学楼 1 栋，科技楼 1 栋，宿舍楼 2 栋，实验楼 1 栋，并设有微机室、主控室、语音室、图书馆、阅览室、食堂、饭厅、浴池、小卖部等各种教学与服务设施，各种专用教室及教学设备全部达到省级一类标准。先后有 18 名教师成为省、市、县级学科带头人。

2006 年，三中迁到淑阳镇原一中校址。校园占地 60000 平方米，总建筑面积 30000 平方米，固定资产总值近 1600 万元。有教学楼 2 栋、科技楼 1 栋、男女生宿舍楼 3 栋、办公楼 2 栋、图书馆楼 1 栋；有学生专用食堂、餐厅、浴池；拥有设备先进的物理实验室 4 个，化学实验室 4 个、生物实验室 2 个；有现代化的多媒体教室、微机室、校园宽带网、藏书 10 余万册的图书馆。

2008 年，三中有教学班 64 个，在校生 3565 人。有教职工 299 人，本科及以上学历的教师 194 人，占 64.9%；中学高级教师 18 人，占 6.0%；一级教师 84 人，占 28.1%。

自 1993 年起，朱凤群、杨海洋等 5 名学生先后夺得廊坊市高考总分第一名。2002 年，407 名考生中有 172 名上本科录取分数线。学校先后获河北省全民健身先进单位、勤工俭学工作省级先进单位等称号。

三中与日本吹田市第三中学建立友好关系，多次进行互访交流。教师孟锦明、学生康宝东曾应邀赴日本交流学习。

4. 香河县第四中学

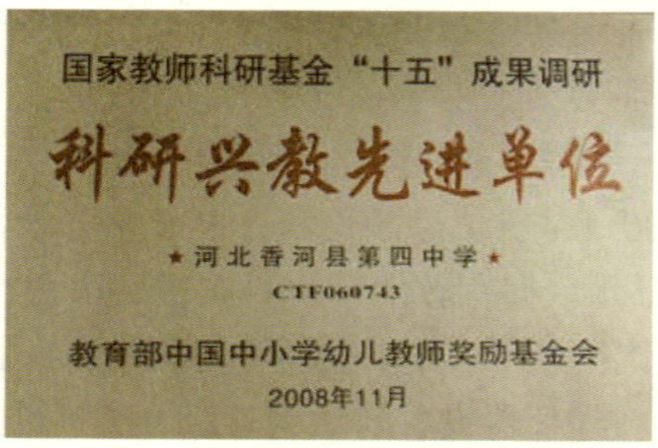

香河县第四中学（以下简称四中）建于 1956 年，原名香河县刘宋镇初级中学，1969 年更名为香河县刘宋中学，1984 年被县政府命名为香河县第四中学。按照小学毕业考试成绩择优录取安头屯、刘宋两乡镇的优秀毕业生。1998 年恢复高中招生。2000 年开始面向全县招初中生。2006 年，与刘宋镇中学合并重组。学校占地面积 4.90 万平方米，总建筑面积 1.43 万平方米，固定资产总值 1000 万元。建有综合教学楼 1 座，建筑面积 6100 平方米，总投资 560 万元；学生宿舍楼 1 座，建筑面积 3100 平方米，总投资 220 万元；大型多功能厅 1 座，建筑面积 1200 平方米，投资 130 万元；设施齐备的标准 400 米跑道田径运动场 1 个；现代化的理、化、生实验室和仪器室 9 个，信息技术教室 3 个，多媒体语音教室 1 个，教师电子备课室 2 个，每个教室配备多媒体计算机、投影仪等现代化教学设施；学校图书馆藏书 4.8 万册，各类报刊 80 余种，实行微机化管理，并建有阅览室，2006 年 12 月，四中通过河北省一级图书馆验收。

2007 年校园网建设完成光纤接入，实现“班班通，室室通”和网上远程教育资源的共享。2008 年，学校停止高中招生，只招初中生 308 人，初、高中毕业 564 人。是年，四中被评为全国科研兴教先进单位。

5. 香河县第五中学

香河县第五中学（高景全摄于 2008 年 9 月）

香河县第五中学，创建于 1956 年 7 月，位于五百户镇。1999 年增设高中班。2006 年 7 月，原五百户镇中学、香城中学并入五中，统称香河县第五中学。学校占地 42790 平方米，建筑面积 15522 平方米，固定资产总值 1090 万元。2008 年，毕业生 421 人，招录新生 305 人，教学班 24 个，在校生 955 人。教职工 137 人，其中高级职称 2 人，中级职称 55 人，初级职称 78 人。

2008 年，最后一届高中班毕业，结束办高中的历史。是年，高考本科上线 3 人，专科上线 152 人，上线率 87%。

6. 香河县第六中学

省校务公开现场会（刘洪洋摄于 2007 年 6 月）

香河县第六中学始建于 1956 年，原名蒋辛屯中学，1984 年后更名为香河县第六中学，为国办初级中学。学校占地面积 70035 平方米，建筑面积 11744 平方米，固定资产 1200 万元。建有配置完备的实验室、仪器室、语音室、计算机室、多媒体教室、多功能厅、图书馆（藏书 24750 册）、校园网、400 米标准环形跑道等教学及辅助设施，有近千平方米的综合训练馆，可容纳乒乓球、羽毛球等项目室内训练或学校大型集会活动。2008 年，有 18 个教学班，在校生 1200 人，毕业生 401 人，招收新生 321 人；教职工 97 人，学历合格率 100%，大学本科学历 50 人；10 人获得高级职称，38 人获得中级职称。

7. 香河县第七中学

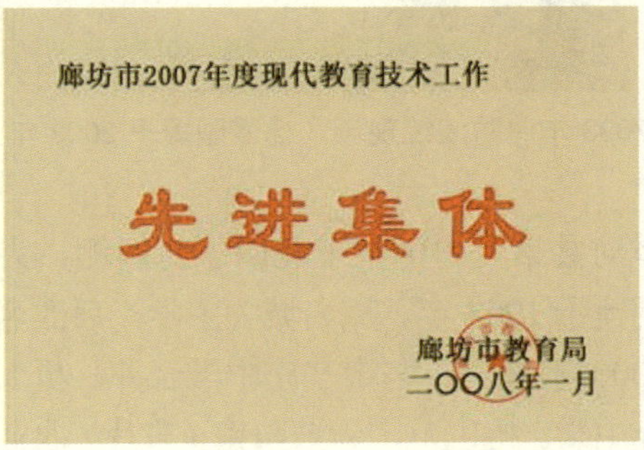
廊坊市2007年度现代教育技术工作

先进集体

廊坊市教育局
二〇〇八年一月

香河县第七中学为初级中学，坐落于安平镇延福屯村南，始建于 1964 年。当时校名是安平人民公社农业中学，校址在安平镇二街，1974 年学校迁至安平镇谢屯村；1978 年，更名为安平镇中学；1994 年迁至安平镇延福屯村。2005 年 9 月，王家摆中学并入安平镇中学。2006 年 9 月，升为国办初级中学，改称香河县第七中学。学校占地 45874 平方米，建筑面积 5771 平方米，固定资产总值为 3734291 元。

图书馆藏书 3.2 万册。2008 年，毕业生 199 人，招录新生 182 人，教学班 14 个，在校学生 596 人。

8. 香河县第八中学

香河县第八中学（杨松海摄于 2007 年）

香河县第八中学坐落于渠口镇许庄村北，创建于 2006 年 9 月，由原渠口镇 3 所中学（渠口镇中学、石虎中学、东鲁口中学）整合后，在原香河三中校址重新组建而成，同时升为国办初级中学。学校建筑面积 21427 平方米，固定资产总值 2326 万元，图书馆藏书 49210 册，被命名为“河北省一级学生图书馆”。2008 年，教学班 36 个，在校生 1514 人，毕业生 452 人，招录新生 492 人。教职工 144 人，其中，高级职称 2 人，中级职称 64 人，初级职称 78 人。

9. 香河县第九中学

2008 年消防演练现场（杨爱国摄于 2008 年）

香河县第九中学位于北岗子村西侧，为初级中学，创建于 1968 年。原名城关中学，后改名淑阳中学。2006 年 8 月，与金辛庄中学合并，更名为香河县第九中学。招生范围为淑阳镇（东片）农业户口的学生、长期在县城居住的外乡镇户口的学生、在县城内务工的外地人员子女。学校占地 17107 平方米，建筑面积 6241.5 平方米，固定资产总值 3602007 元。图书馆藏书 24355 册。2008 年，教学班 26 个，在校生 1188 人，招收新生 335 人，毕业 214 人。

10. 香河县第十中学

香河县第十中学位于安头屯镇安一村东，创建于 1967 年，原名安头屯中学，2006 年 9 月升格为国办初级中学，改称香河县第十中学。学校占地 3 万平方米，建筑面积 4479 平方米，固定资产总值 210 万元。2008 年，招录新生 186 人，毕业生 187 人，其中 31 人被香河一中公助录取。2008 年，学校被省创新创造学会授予“河北省创新创造示范基地”；课题《农村初中学困生成因及转化对策》被确定为河北省教育科研“十一五”规划课题。

图书借阅室（杨爱国摄于 2006 年 9 月）

11. 香河县第十一中学

香河县第十一中学（刘起红摄于 2007 年 12 月）

香河县第十一中学位于钳屯村南，始建于 1968 年，原名钳屯中学。2006 年 9 月，更名为香河县第十一中学，升为国办初级中学。学校占地 17110 平方米，建筑面积 3688 平方米，绿地覆盖率 26%。有多媒体教室、物理化学实验室、生物实验室、语音室、综合实验室、音美活动室、体育器材室、远程教育教室、微机室、图书室、劳动器材室、档案室，专用教室 14 个。图书馆藏书 22000 册，仪器室和教学仪器设备达到省级一类标准。2006 年，被评为“河北省依法治校先进单位”。2008 年，教学班 16 个，在校生 580 人，其中，新生录取 171 人，毕业生 175 人；教职工 62 人，其中，高级职称 2 人，中级职称 31 人，初级职称 29 人。

12. 香河县第十二中学

香河县第十二中学位于钱旺村乡钱旺村东南侧。创建于 1970 年，原名钱旺中学，2006 年 9 月更名为香河县第十二中学，升为国办初级中学。2008 年，毕业生 180 人，招录新生 121 人，教学班 16 个，在校生 595 人。

拔河比赛（刘金艳摄于 2008 年）

13. 香河县第十三中学

香河县第十三中学位于淑阳镇姬止务村西，始建于 1969 年 9 月，前身是“大罗屯中学”，由著名教育家、学者叶圣陶题写校名。2006 年 6 月，更名为香河县第十三中学，升为国办初级中学。占地 18500 平方米，建筑面积 4342 平方米，固定资产总值 116.79 万元。学校图书室藏书 16000 册。2008 年毕业 58 人，招录新生 82 人，教学班 6 个，在校学生 258 人。教职工 36 人，专任教师达标率 100%。其中高级教师 2 人，中级教师 25 人。

1979—1990 年香河县教育系统基本情况统计表

表 24-1-2

项目 \ 年份		1979	1980	1981	1982	1983	1984	1985	1986	1987	1988	1989	1990
幼儿园及学前班	学校数	1	1	1	1	1	1	1	1	1	1	1	1
	班数	53	91	135	51	36	31	57	101	119	136	154	176
	本年招生数	846	1876	1647	748	675	1050	1207	2513	3645	3424	4128	4826
	本年学生数	1361	2422	2298	1284	933	1445	1684	3267	4249	4104	4721	5623
	教师总数	56	65	73	54	43	46	69	100	132	139	173	159
小学	学校数	272	263	261	250	225	216	199	197	194	190	182	184
	班数	1104	1046	1050	945	819	784	759	809	822	839	875	915
	毕业生数	5252	4912	4822	5042	5289	4516	3705	1955	3345	3217	2933	3031
	本年招生数	6035	5665	4362	3706	3187	3363	4040	4287	4407	4490	5182	4862
	本年学生数	32043	30343	29618	27152	24133	21986	22129	23678	24020	24883	26906	28509
	教师总数	1367	1655	1261	1156	786	703	969	849	947	904	905	905
	公办教师	476	493	227	253	297	311	385	396	408	485	571	583
	民办教师	562	534	316	310	244	213	304	215	239	254	268	274
	代课教师	604	628	712	593	245	179	281	238	299	165	66	48
初中	学校数	23	22	21	21	21	21	21	21	21	21	21	21
	班数	349	332	268	224	210	200	190	167	166	162	157	162
	毕业生数	6256	5734	4876	2976	2370	1955	2205	2257	2198	2115	1746	1864
	本年招生数	6137	3782	4132	3847	3760	3362	2992	1610	2868	2588	2411	2566
	本年学生数	18557	16607	12400	10403	10022	9451	9186	7304	7334	6936	6855	7022
	教师总数	1131	1300	935	693	775	715	690	714	678	714	764	707
	公办教师	891	1096	782	555	631	628	612	656	621	606	636	655
	民办教师	93	76	57	96	79	56	39	43	46	49	58	17
	代课教师	147	128	96	42	65	31	39	15	10	57	62	22
高中	学校数	2	2	2	2	2	2	2	2	2	2	2	2
	班数	18	18	21	23	27	30	30	30	30	30	30	30
	毕业生数	407	418	435	486	519	496	497	443	483	527	502	523
	本年招生数	523	536	589	501	498	500	500	503	516	497	495	515

续表 24-1-2

项目 \ 年份		1979	1980	1981	1982	1983	1984	1985	1986	1987	1988	1989	1990
高中	本年学生数	938	1018	1198	1203	1298	1476	1530	1532	1544	1506	1566	1527
	教师总数	63	72	74	89	89	103	100	122	118	122	122	129
	公办教师	58	63	61	88	88	95	98	105	103	106	117	123
	民办教师	5	9	13	1	1	8	2	17	7	4	2	3
职业中学	学校数	1	1	1	1	1	1	1	1	1	1	1	1
	班数	4	5	7	8	6	6	8	7	5	9	5	5
	毕业生数	64	71	76	12	136	200	95	93	124	97	82	45
	本年招生数	87	94	105	60	107	142	200	107	103	175	80	102
	本年学生数	175	179	192	205	200	200	439	499	350	299	182	186
	教师总数	15	17	19	19	32	32	56	58	66	59	59	66
	公办教师	15	17	19	19	32	32	56	58	66	59	59	66

1991—2000 年香河县教育系统基本情况统计表

表 24-1-3

项目 \ 年份		1991	1992	1993	1994	1995	1996	1997	1998	1999	2000
幼儿园及学前班	学校数	1	1	1	1	1	1	1	1	1	1
	班数	195	212	241	261	244	243	205	197	181	158
	本年招生数	6173	7385	8950	9107	8523	7641	5816	4605	4737	3440
	本年学生数	6985	7888	9402	9857	8966	7976	6165	4755	4897	3590
	教师总数	163	148	203	217	172	163	157	164	142	122
小学	学校数	183	183	179	178	175	176	171	170	166	129
	班数	952	1010	1067	1160	1250	1310	1351	1331	1282	1140
	毕业生数	3464	3919	4319	4396	4488	4764	5552	6355	7510	9181
	本年招生数	5259	6142	7722	9387	9308	7955	7436	5362	4548	4475
	本年学生数	30105	32351	35421	40231	44424	47446	49255	48009	45094	40147
	教师总数	1798	1793	1830	1875	2138	2274	2420	2419	2003	2132
	公办教师	736	787	820	967	1032	1067	1352	1707	1912	2132
	民办教师	324	149	247	95	351	567	19	14	—	—
	代课教师	716	832	677	703	689	474	831	475	—	—
初中	学校数	21	21	21	21	21	21	21	20	19	19
	班数	163	173	190	204	229	250	270	292	334	466
	毕业生数	1886	192	1972	2279	2775	3536	3236	3996	4568	5308
	本年招生数	3002	3211	3700	3943	4488	4764	5552	6355	7500	9198
	本年学生数	7590	8017	8947	9976	11060	12062	14257	16207	18733	21934
	教师总数	743	787	752	936	1011	1030	1084	1206	1200	1406
	公办教师	655	647	621	737	845	917	984	1134	1153	1377
	民办教师	21	35	45	95	51	6	4	2	4	—
	代课教师	46	81	47	76	97	65	50	32	17	2
高中	学校数	2	2	2	2	2	2	2	3	4	4
	班数	30	30	30	30	33	38	44	48	55	60
	毕业生数	478	505	494	455	446	422	504	598	652	769

续表 24-1-3

项目	年份	1991	1992	1993	1994	1995	1996	1997	1998	1999	2000
高中	本年招生数	519	494	480	564	664	702	807	1024	1099	1287
	本年学生数	1532	1494	1438	1478	1658	1856	2095	2489	2901	3386
	教师总数	133	136	129	147	173	240	248	295	310	331
	公办教师	126	132	126	123	148	216	248	251	289	319
	民办教师	3	—	—	—	—	—	—	—	—	—
职业中学	学校数	1	1	1	1	1	1	1	1	1	1
	班数	6	7	5	11	16	17	24	25	23	23
	毕业生数	23	87	77	90	58	337	96	270	397	494
	本年招生数	134	135	76	405	285	415	460	215	239	463
	本年学生数	267	305	231	528	724	776	1127	1106	948	917
	教师总数	59	53	56	61	58	85	119	138	117	114
	公办教师	56	51	56	61	58	85	119	138	117	114
	代课教师	3	2	—	—	—	—	—	—	—	—

2001—2008 年香河县教育系统基本情况统计表

表 24-1-4

项目	年份	2001	2002	2003	2004	2005	2006	2007	2008
幼儿园及学前班	学校数	1	1	1	1	1	1	1	1
	班数	140	140	182	226	254	261	281	293
	本年招生数	3046	3372	3980	4294	2856	2443	3065	3217
	本年学生数	3277	4200	4203	4947	6589	6849	6518	6674
	教师总数	134	200	177	172	164	183	174	172
小学	学校数	84	83	84	80	79	74	72	68
	班数	980	862	805	729	656	599	591	582
	毕业生数	8975	7400	7306	5830	4480	4513	3196	3576
	本年招生数	3060	2854	2714	2548	2434	2346	2742	2648
	本年学生数	33991	28213	23661	20413	18382	16283	16817	17447
	教师总数	2085	2063	2002	1988	2072	1953	1998	1907
	公办教师	2085	2063	2002	1988	2072	1953	1998	1907
初中	学校数	19	19	19	19	17	9	9	11
	班数	457	453	431	395	327	291	252	234
	毕业生数	5885	6556	8034	7743	7412	6491	4851	4053
	本年招生数	8975	8346	7036	5830	4480	4513	3427	2150
	本年学生数	24119	24947	22999	20233	16510	13874	12033	10104
	教师总数	1655	1640	1591	1551	1403	1277	1185	1197
	公办教师	1655	1640	1591	1551	1403	1277	1185	1197
高中	学校数	4	4	4	4	4	4	4	2
	班数	71	89	110	132	146	164	155	134

续表 24-1-4

项目 \ 年份		2001	2002	2003	2004	2005	2006	2007	2008
高中	毕业生数	948	1250	1513	1899	2208	2816	2954	3210
	本年招生数	1656	2012	2882	3209	3721	3739	2807	1927
	本年学生数	4214	5183	6788	8321	9261	9945	9063	7380
	教师总数	371	421	481	568	679	732	714	690
	公办教师	371	421	481	568	679	732	714	690
职业中学	学校数	1	1	1	1	1	1	1	1
	班数	45	43	41	39	39	40	36	33
	毕业生数	215	270	176	861	913	1156	926	876
	本年招生数	805	913	695	1130	710	648	743	581
	本年学生数	1507	1894	2314	2842	2303	1886	1857	1248
	教师总数	134	150	156	154	154	161	167	166
	公办教师	134	150	156	154	154	161	167	166

说明：本表幼儿园学校数只统计县直幼儿园

四 民办教育

香河县星宇学校 2002 年，廊坊友田化工有限公司投资 120 万元，在香河县建立民办小学——香河县星宇学校，校址在新华大街石油小区 314 号。2003 年，与香河县城市建设发展有限公司合作，成立初中部，校址设在淑阳镇原金辛庄中学院内。学校实行董事会领导下的校长负责制，日常工作由校务委员会主持。学校除文化课外，还开设音乐、美术特长班，培养学生艺术特长。2003 年，在第四届世纪之星全国少年儿童美术书法摄影艺术教育成果展活动中，获“艺术教育特色单位”称号，所参赛 11 名学生和 11 件作品全部获奖。其中金奖 2 名，银奖 4 名。2005 年 7 月，小学部迁至中学部，两部合并，在校生 188 人。2007 年，星宇学校成为“河北省民办教育团体会员单位”。2008 年，学校占地 53360 平方米，建筑面积 7600 平方米，固定资产 700 万元；教学班 9 个，在校生 180 人，教职工 30 人，其中，中级职称 5 人；图书馆藏书 5600 册；招新生 76 人，小学毕业生 45 人，初中毕业生 32 人。

香河县少林文武学校 2000 年 3 月，少林寺三十四代护寺武僧释延云（俗名蒋云先）投资 82 万元，创办香河县少林文武学校，校址在安平镇，占地 2 万平方米，建筑面积 2 万平方米，拥有教学楼、住宿楼、大型练功房，有远程教育室、多媒体教室、语音室、微机室等教学设施，图书 6000 多册，固定资产 4000 万元。文化课形成幼儿、小学、初中、中专等教育体系，中专毕业可考全国各大体育院校；武术课开设套路、散打、拳击、跆拳道、武术表演、影视演员等专业。多次参加国家、省武术大赛，连续多年获廊坊市青少年武术比赛男女团体总分第 1 名。2008 年，有 14 个教学班，在校生 485 人，招生 89 人，毕业 32 人。

少林寺方丈释永信大师莅临香河县少林文武学校
（韦峰摄于 2013 年 6 月）

培训班　至 2008 年，通过评估符合举办短期培训班条件，经县教育局批准成立的民办教育机构共计 13 个，即香河县乾正计算机培训学校、五百户兴农电脑培训班、小博士英语培训学校、清大学堂培训学校、中兴计算机培训学校、地平线培训学校、新起点美术培训学校、飞跃电脑培训学校、星科电脑培训学校、新中华电脑培训学校、香河县新星英语学校、香河县清华英语学校、香河县英才培训学校。

五　特殊教育

2003 年，香河县有 6～17 周岁残疾少年儿童 182 人。小学随班就读 31 人，初中随班就读 1 人，在外地特教学校就读 7 人。

2004 年 12 月 12 日，香河县特殊教育学校成立，位于新华大街东段，占地 3000 平方米，建筑面积 600 平方米。学校招收义务教育范围内智障、聋哑、盲三类少年儿童，有 4 个教学班，学生 21 人，教师 9 人，其中 8 人专任教师经过特教专业培训，校长经过国家级培训，学历达标率 100%。2005 年 11 月 15 日，香河县通过省教育厅普及特殊教育县认定。是年，县政府投资 25 万元，为学校建成律动室、活动室、微机室等，购置各种教学仪器及康复设备，同时社会各界为学校捐资 20 万元，改善办学条件。2006 年，特校争取爱心捐赠基金 3 万元，建设感觉综合室，购置电教设备。2008 年，学校有教学班 4 个，在校生 23 人；教职工 13 人，专任教师 11 人，其中本科 6 人，专科 5 人，中专 2 人。

六　专业教育

（一）师范

1983 年，香河县师范学校与县教师进修学校合并办公，统一领导，一个领导班子，两支教学队伍，挂两个牌子。1998 年 10 月，香河县师范学校停办。校舍、资产、师资充实于县教师进修学校。

1. 香河县师范学校

1983 年，招一年制学员班 2 个。师范班、短期师训班各 1 个，分别招收在编小学民办教师和在职小学教师；1966 年前（包含 1966 届）中师、高中毕业生或20 世纪 60 年代初由国办下放仍为民办教师，具有高中毕业文化水平，5 年以上教龄，年龄不超过 45 周岁者均可报考。是年，教职工 12 人，第一期招收学员 32 人。此后，县师范学校每年从民办教师中招收学员。

1984 年，香河县师范由西马家窝村北（原“五七大学”）迁至县城淑阳大街北、兴济路西侧，占地面积 13100 平方米，建筑面积 2700 平方米。1999 年，为改善办学条件和教职工居住问题，在校址东侧改建四层教研楼 1 栋，在南侧建五层商住综合楼 1 栋，建筑面积共 7290 平方米。2004 年，在校内筹建教学商贸楼 1 栋、住宅楼 2 栋；县政府投资 40 万元，建教室、宿舍、实验室、图书馆及校办厂用房 85 间，购置 3000 多册图书，为师生定购百余种杂志。

2. 香河县教师进修学校

1980 年 7 月 29 日，香河县“五七大学”改为“香河县教师进修学校”，属于中等专业学校，负责全县小学教师的学历教育及培训。1983 年后，校内有集办公、教研、教学于一体的综合楼 1 幢，有标准教室 10 个，其中语音室、微机室、电化教室、音乐教室、美术教室、多媒体教室各 1 个；建有卫星接收装置 1 个，建成校园局域网，实现与宽带网连接；图书室备有各种教学图书 5000 册。2008 年，学校有教职工 52 人，其中专任教师 39 人；本科学历有 16 人，专科学历有 16 人，中专 7 人；高级讲师 3 人，讲师 24 人，助讲 12 人。县教师进修学校通过举办幼儿教师、小学教师、初中教师、校长和主任 4 个层次的培训班，采取脱产、函授、长班、短期 4 种培训形式以及通过全日制中师、中师自考培训班、教材教法过关、专业合格证书、“三沟通”学历培训、高师自学考试、教材教法培训、非师范类教师教育专业的学历培训等渠道，开展教师培训、干部培训工作，累计培训教师 3 万人次。

（1）中师班　1983 年 10 月 24 日，香河县恢复师范学校，学校有教职工 12 人，第一期中师班招学生 32 人。此后县师范每年由民办教师中招收学员。1987—1990 年，地区每年给香河县 10 名师范生名额，全部由三河县师范培训，香河学员由香河县每月发给补助费 23 元。1988 年前香河县师范毕业生，以及 1989 年和 1990 年两届三河师范就读的香河毕业生，均在县内分配任教。

（2）中师进修班　1988 年始，学校没有师范班，只有进修班。中师系统进修班分高中毕业的教师系统进修班和初中毕业的教师系统进修班，均属在职进修。是年，招学员75人，均为初中毕业以上的代课教师。其中，高中毕业的系统进修班32人，学制二年，学习的课程主要有“教育学”“小学语文”“数学教学教法”“语文基础知识”等；初中毕业的系统进修班43人，学制4年，学习的课程是“教育学”“心理学”“小学语文教材教法”等12门课程。

1994年4月，县职教中心成立前，学校承担县职教中心师资班的办班任务。其中，幼师班1个，50人，普师班5个，250人（含1个高中毕业应届班）。普师班课程设置依据《河北省县办师范教学计划》，设24门课程。幼师班执行《全日制幼儿师范教学计划》，开设幼师专业课和基础课。1996年底，县进修学校代职教中心招收的普师班学生学完规定课程，转入职教中心继续学习；幼师班学完全部课程，转入教育实习。

1988—2000年，中师进修班共举办8届，招生学员1714人，取得省教委颁发的中师毕业证书1600人。

（3）幼儿教师培训班　1990年，举办初中毕业的幼儿教师培训班，招学员25人。主要开设“三学六法”（幼儿心理学、教育学、卫生学；语言、计算、常识、体育、音乐、美术）。根据省厅计划，学校除加强音、体、美三项技能外，还增设口语训练课、习字课，增加基本技能课的学时数。全年总教学时数960学时，教材采用人民教育出版社出版的《幼儿培训教材》。1992年6月，25名学员参加全市统考，成绩合格，取得市教委颁发的职业高中毕业证书，同时纳入民办教师编制。

1991年4月6日，举办县幼儿教师脱产和在职培训班，招学员73人（含代培生2人）毕业后均转为国办合同制教师。分为初中毕业和高中毕业幼儿教师两个班。其中，高中毕业的幼儿教师培训班为脱产培训，48人，主要设幼儿教师专业课，学制一年；初中毕业的幼儿教师培训班属在职培训，25人，学制二年，开设幼儿师范文化课和专业课。

（4）“三沟通”学历培训

1995年暑假始，进修学校对初中学历未达标的教师进行“三沟通”（函授、卫星电视教育、自学考试）培训，学制3年。是年9月，学校被定为“河北省‘三沟通’培训”辅导站，进修学员193人，包括中文、政教、历史3个专业。此后每年招收一期学员。1996年6月，学校被省教委评为“三沟通”培训先进单位。1998年暑假，学校完成为期三年的初中教师“三沟通”学历培训任务，37名学员获得首批颁发的毕业证书。

（5）高师自学考试　高师自考是提高教师学历的主要途径。县进修学校开展的学历培训项目是小学教育专科班和高师自考本科班（包括中文、英语、政教、数学、教管等专业）。1985—1990年，中学教师进修高师自考共计709人。

1998年，根据国家教委《小学教师进修高等师范专科小学教育专业文科方向/理科方向》文件精神，香河县教师进修学校举办函授小教大专班，即“大文大理”班，学制三年。课程设置政治理论课，教育理论与技能课，综合基础课、文科、理科基础课。是年下半年，按市教委安排招生第一期小学教育自学考试大专班，共148人。1999年，河北省自学考试委员会同意在香河县增设“小学教育大专班”和“学前教育大专班”自学考试考点。1998—2002年，共招收小学教育自考大专班三期共238人，毕业98人；学前教育自考大专班45人，毕业10人；招专升本三期，1000人。2003年，招专升本和小教大专班，共926人；2004年，招中文、政教、小教、英语、教管5个专业，共168人。至2004年底，全县学历不达标（除超龄的以外）教师全部参加学历培训。2005年，招专升本学员74人。

至2008年9月，进修专科的332名教师和进修本科的1214名教师中，有226名学员取得专科学历，402名学员取得本科学历。

（二）职教中心

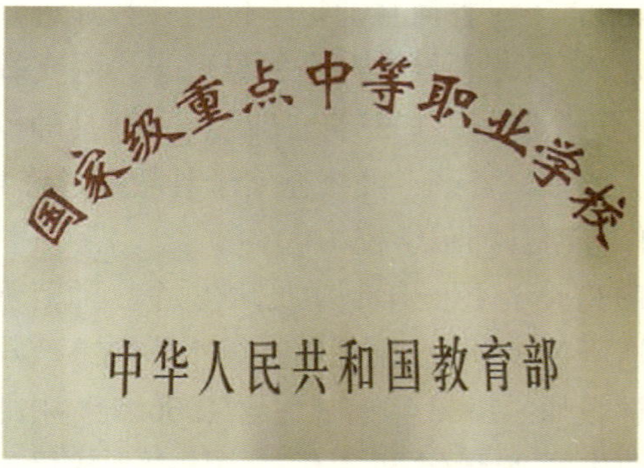

香河县职教中心（程永志摄于2004年11月）

职教中心前身是县农业技术中学和县职业技术中学。1983 年，校址在西马家窝的原香河县师范进修学校改为香河县农业技术中学。1986—1987 年，香河县有四年制初级农业中学 2 所（渠口中学和城关中学）。1987 年，初级农业中学只有城关中学 1 所，教学班 8 个，学生 320 人，毕业 77 人；渠口农业中学改为普通中学。1988—1990 年，香河县农业技术中学与城关农业技术中学并存。城关农业中学后改为普通中学。1989 年，县农业技术中学建立名优特产品实验基地，面积 3866.67 平方米，引进兴津油桃和弗扎德油桃；引进早熟品种京春桃和无核白桃。1990 年，推广草莓冬季拱棚栽培技术和“巨峰”葡萄大棚栽培技术。

1990 年，县农业技术中学改称县职业技术中学，县政府下发《关于对非农业户口的初、高中毕业生进行职业技术教育的意见》，强调非农业户口的初、高中毕业生不通过职业培训不得安排就业。是年，县职业技术中学开办商业班、养鸭班和电子通讯班，招收非农业户口的初、高中毕业生。另外，还有短训班，学生毕业后由县分配工作。普通班继续招收农业户口的初中毕业生，毕业后以回当地发展经济为主要目标，少数人升入高一级学校。1993 年，县职业中学继续由农业技术培训向职业技术教育转化，招收普通中专班 1 个。1994 年，增设幼师班 1 个。

1995 年，县职业技术中学在淑阳镇选址重建，投资 740 万元，完成基础配套设施建设。是年，开设 2 个普师班和 1 个幼师班。1996 年，原县职业技术中学搬迁至淑阳镇前小屯村西，改名“香河县职业技术教育中心”（以下简称县职教中心），并由原国家主席杨尚昆题写校名；是年，县职教中心建成 1 幢 4053 平方米的教学楼和 1 幢 2463 平方米的宿舍楼。1996—1997 年，县政府先后投资 1123.37 万元，建成 2773 平方米教研楼、1700 平方米的礼堂，购置实验仪器、电教器材等必备办学设备。1997—1999 年，县职教中心与一些部门、企业联合办学，联办专业有旅游（为第一城委培），机电一体化（与县人劳局），法律专业（与县司法局）。1999 年，县政府投资 170 万元，筹建学生实验楼。

2000 年 1 月，县职教中心被省教委评定为“省级重点职业学校”；县职教中心春季高考，旅游、农学、建筑、机电、林果 5 个专业大专上线率 100%；全校各专业 130 名考生中有 118 人在大专录取分数线以上，大专上线率 91%，高出全省 8 个百分点。是年，县职教中心与河北医科大学联合举办五年制高职大专班，开设中西医结合专业，学完全部课程，成绩合格者发河北医科大学专科毕业证书。2001 年，县职教中心与河北师大和驻廊中国石油天然气管道局职工学院达成联合举办五年制高职大专班协议。河北师大职技学院在县职教中心开设计算机应用专业，招生 100 人；管道局职工学院在县职教中心开设会计电算化、机械制造、计算机通讯三个专业，各招生 100 人。与河北医科大学联办中西医结合高职大专班，招生 200 人。

2002 年，县职教中心建 2700 平方米的科技楼。是年，与河北师范大学联合增设旅游专业，与河北石油职业技术学院联合增设现代焊接工艺及设备专业 2 个五年制高职大专班。2004 年 3 月，县职教中心成为全国唯一的县级“中国创造学会实验基地”，被教育部命名为首批“国家级重点中等职业教育学校”。2005 年，筹建 3196 平方米的南教学楼。2006 年，县职教中心建一幢 3500 平方米教学楼，投资 350 万元。2006 年 12 月，根据《河北省中等职业教育助学金、奖学金管理暂行办法》，县政府拨付补助资金 25.81 万元，用于资助县职教中心贫困家庭学生和奖励品学兼优学生，受益学生 500 人。

2007 年，县职教中心按照企业需求，推行产教结合，加强实训基地建设，投资 30 万元，建成占地 1.67 万平方米、建筑面积 4200 平方米的数控技术专业实训基地；投资 50 万元建成焊接实训车间。2008 年，投资 50 万元购置更新汽修车间实训设备，完成劳动力培训 1550 人次。

七　成人教育

（一）文化学习

1980 年，县政府拟定《关于今冬明春开展农民业余教育的几点意见》，加强农民业余教育，明确农民教育以扫除青壮年文盲为主。1981 年，香河县根据中央《关于加强职工教育工作决定》，恢复职工干部教育，县政府设置职教办公室。1982 年，按照地区要求，农民教育转入以技术培训为主，同时扫除剩余文盲。是年，香河县获得地区行署颁发的“基本无盲县”奖状。1984 年，香河县建立

“成人教育中心”。1985年，干部职工教育由县成人教育中心负责。

1988年，全县建成农民业余学校172所，有课桌凳681套，价值8.15万元的实验仪器和电教仪器，图书资料12930册。是年，县成人教育中心开办农民函大班，学制一年，主要学习农民致富技术。1990年，成人教育中心开办两个干部补习班，学制一年，学习高中文科课程，培养文秘人才。1992年，香河县全部扫除青壮年文盲。

1996年，县成人教育中心与教育局合并，成立职教科和成教科，负责全县成人教育。1997年，县教育局根据省市教委指示精神，依托各乡镇成人学校面向农村招收初中毕业生，举办成人高中班。同时，香河县以广播电视学校为基地，培养适于经济发展的人才。县广电校设有中文、财会、法律等专业。

1994年始，香河县连续举办三届农村后备干部中专班，突出教学内容为农村经济服务这一主线。

1998年12月，县政府命名渠口镇、五百户镇、安平镇3所成人学校为县级成人教育示范校。1999年10月，河北省自学考试向农村延伸现场会在香河县召开。香河县在全国第一个实现“考试在县、辅导入乡、服务进村”。在河北省确认的廊坊市12所省级示范性乡镇成人学校中，香河县占6所。国家教育部向全国推广香河做法，并称赞“香河自考工作为全国带了个好头”。在全省电大工作会议上，省广播电视大学向全省推广香河经验，普及香河做法。

2000年1月，由教育部考试中心组织的全国高等教育自学考试助学工作会议在香河县召开。3月4日，廊坊市农村成人教育现场会在香河县召开。

2001年，全县9所成人学校达到组织健全、规章制度健全、图书设备配套标准。淑阳、五百户、钱旺、渠口、安头屯、蒋辛屯6所成人学校达到省级示范校标准。2003—2008年，成人高中累计招生1132人，成为全县普及高中阶段教育的重要补充。

1980—2008年，全县累计3万多名成年人参加各类辅导、进修。

（二）技术培训

1982年，香河县恢复技术培训，主要形式采取工厂办学，至1986年，均采取在岗培训的形式。农民教育也转入以技术培训为主，同时扫除剩余文盲。是年，全县有7个公社办起农民技术学校，学习专业技术知识，至11月底，全县300个大队中有42个大队的农民夜校开学上课，社队两级有农技班68个、农机班9个、林果班39个、养殖班6个、卫生班4个、地膜技术班68个、业余中学班2个、业余小学班2个，参加学习2019人。

1985年，县成人教育中心开办瓦工班、木工班和沙发班，学制半年。瓦工班120人，木工班有20人。沙发班一直开办到1988年，三个月一期，主要学习制作沙发技术，398人参加学习，全部取得结业证书。

1987年，县成人教育中心进行在岗职工岗位培训，培训对象为复员军人和会计，培训期三个月，160人参加培训，153人取得毕业证书。1990年，120名复员军人在成人教育中心参加岗位培训，培训期半年，全部取得毕业证书。

1988—1990年，全县农民有10374人参加中级技术业务培训，4286人结业；33650人参加初级技术业务培训，14855人结业；9406人参加岗位技术业务培训，6958人结业；225257人参加短期业务培训，217441人结业。

1991—1994年，农民技术培训班2354个，参加培训201328人，结业193607人。

1996年，香河县大力实施“燎原计划”，全县各级各类成人学校举办各种培训班2396期，参加文化技术培训的农民8万人次，农民全员培训率85%。全县有5所乡镇成人学校被省教委确认为示范性学校。

1997年，香河县成人教育总校举办农机修理、美术、计算机技术、外事管理等专业技术短训班，共9期，培训1055人。同时与县劳动局联合开办技工培训长班，学员40人。

2001年，香河县劳动力实用技术培训6.5万人次，劳动力转岗培训8600人，农村科技能人再提高培训4300人，乡村干部管理培训1500人，回乡中学生技能培训3100人，扶持科技示范户3350户。是年，淑阳镇成人学校聘请北京、天津和河北省、廊坊市及香河县的果树专家为果农讲学、辅导，现场示范指导。2001—2002年，举办培训班38期，培训果农2100人次，印发科技资料900份。

2003—2005年，香河县成人学校建设总投入560万元。全县有县级成人教育总校1所，乡镇级成人学校9所，专职教师28人。各乡镇成人学校强化实用技术培训，淑阳镇、刘宋镇成人学校开设家具制作与营销专业；渠口镇成人学校开设钣金加工专业；五百户镇成人学校开设大棚蔬菜与栽培专业；安头屯镇成人学校开设养鸭、养鸡及疾病防治专业；安平镇成人学校开设旅游与酒店服务专业。成人学校被广大群众誉为“育人中心，致富摇篮”。

2006年，各成人学校继续举办农业产业化培训，农村劳动力转移培训，全年完成各类培训4.30万人次。渠口镇成人学校被评为“河北省职业教育工作先进单位”。2007—2008年，各成人学校完成各类培训7.8万人次。

（三）电视教育

1979年，香河县在文教局设立香河县电大工作站，负责招生、辅导和考试诸事宜。是年秋，首届招收1个教学班，共19人。因多数学员未能坚持学完课程，所以，1980年首届毕业生只有1人。

1986年2月，经县政府批准建立香河电大工作站，隶属成人教育中心。1996年4月，更名为香河县职广校，隶属于县教育局，12月正式命名为香河县广播电视学校（简称电大），并由府前街迁址到站西小区。

1986—1990年，县成人教育中心开办电大高考补习班，学制半年，主要补习高中文科课程。先后有561人参加电大高考补习，毕业561人。1987年，县成人教育中心设专人负责函授教育，内容有经济管理和商业管理，均属大专课程。1987年县成人教育中心开办电大财会班和文秘班，学制三年，有14人参加学习并取得毕业证书。1987—1989年，293人在县成人教育中心参加函授学习，156人取得毕业证书。1988—1990年，县成人教育中心开办财会、文秘、企业管理、汉语教学4个电大班，学制三年，135名学员参加学习。1990年，开办电视教育中专班，54名学员参加学习。

1996年电大有教职工41人，有职称的31人，工人10人。2008年，有教职工22人，教学班30个，在校生782人。1979—2008年，香河电大累计向社会输送毕业生2600人。

八 家庭教育

“文化大革命”期间，学校停课，正常的教学秩序被打乱，家庭教育几乎无从谈起。1979年，党的十一届三中全会后，落实了知识分子政策，学校教育得到恢复。80年代，“学好数理化，走遍天下都不怕”的口号影响了一代人，家庭和学校都重视理科教育。农村家庭孩子参加补习班的很少，城镇居民已经有少数孩子开始参加补习班。21世纪初，家庭教育得到极大重视，高考的"千军万马挤独木桥"现状，迫使许多学生开始课外补习。补习的科目除了高考必考的科目外，还包括音乐、舞蹈、美术、乒乓球等。家长对学习情况关注变多，许多中学生在节假日都奔波于不同的补习班之间，费用从每小时5元逐渐涨到30元，艺术类如钢琴需一对一教学的，费用可高达每小时一两百元。小学生学习压力相对较小，补课现象较少，但家长付出的辛苦更多，除了帮助孩子检查作业，还要帮助孩子预习、复习。家庭教育除了学习外，家长还注重培养孩子的艺术修养，身体素质，丰富课外知识，增长见闻。在2016年对四小五年级一班68名学生的调查中，家长每天都过问学习情况的有36人，经常过问的27人。家长会基本都由父母参加。参加校外补课的有36人，其中16人补语文，12人补数学，19人补英语，13人上舞蹈班，19人上美术班，14人上声乐班，6人参加其他体育类特长班。假期除了补课，还有17名学生参加夏令营，部分家庭会出外旅游。

第三节 教师队伍

一 教师结构

（一）体制结构

1979年通过文化考核，全县中小学压缩281名民办教师后，公办教师1425人，民办教师655人，代课教师756人。1980年，全县中小学专任教师2501人。

1981年，在全县2270名中小学在职教师中，民办教师373人，占教师总数的16.43%；代课教师827人，占教师总数的36.43%。

1992年，凡1986年12月31日前经县教育行政部门批准，正式在册的农村中小学民办教师和代课教师，通过考核和文化考试相结合的方式，按成绩由高到低依次录用为公办教师，为6名民办教师办理转正手续。1993年，73名代课教师办理合同制手续，4 名民办教师办理转正手续，5 名民办教师办理农转非手续。1994 年 4 月，廊坊市教委颁发《关于小学和学前班优秀代课教师转为非公办（民办）在册教师的意见》，香河县共转民办教师 670 人，并在县师范举办师范速成班。1994 年起，每年从民办教师、代课教师和应届高中毕业生中经过成绩考核，择优录取招收学员 100 名，学员毕业后转为县内公办教师，待遇与国办教师相同。是年 9 月，县教育局从大专以上学历的民办教师和代课教师中录用 50 名县内公办教师，并办理户口农转非，待遇和国办教师相同；28 名代课教师办理合同制手续，6 名民办教师办理农转非手续，5 名民办教师办理转正手续。是年，县职业中学开办师资班，从民办教师、代课教师中招生 250 人，毕业后统一分配为县内公办教师。1995 年，经县委、县政府研究，以考核加考试的标准，由高分到低分依次录取，从民办教师中直接录用 50 名为县内公办教师。1996 年 3 月，107 名民办、代课教师转为县内公办教师。1997 年，129 名民办教师转为公办教师。

1999 年 11 月，廊坊市教委下发《关于清退中小学代课教师的实施意见》，香河县乡镇中小学 1986 年以后使用的农业户口代课教师、农业合同制工人、临时工属于清退范围之内，全县共计清退 781 人。

2001 年起，全县中小学教师均为公办教师。

1979—2008 年香河县学校在职教师统计表

表 24-1-5

年份	在职教师数															职专	进修	离休	退休
	合计				小学				初中				高中						
	公职	民办	代课	合同	公职	民办	代课	合同	公职	民办	代课	合同	公职	代课	合同				
1979	1425	655	756	—	476	562	604	—	891	93	147	—	58	—	5	—	—	—	—
1980	1652	610	765	—	493	534	628	—	1096	76	128	—	63	9	—	—	—	—	—
1981	1070	373	827	—	227	316	718	—	782	57	96	—	61	13	—	—	9	—	—
1982	896	406	636	—	253	310	593	—	555	96	42	—	88	1	—	—	1	—	91
1983	1016	323	311	—	297	244	245	—	631	79	65	—	88	1	—	1	—	22	269
1984	1034	269	218	—	311	213	179	—	628	56	31	—	95	8	—	—	—	38	271
1985	1095	343	322	—	385	304	281	—	612	39	39	—	98	2	—	—	2	64	273
1986	1157	258	270	—	396	215	238	—	656	43	15	—	105	17	—	—	4	62	277
1987	1132	285	316	10	408	239	299	1	621	46	10	1	103	7	8	—	6	61	280
1988	1197	303	226	20	485	254	165	6	606	49	57	2	106	4	12	—	—	60	310
1989	1324	326	130	17	571	268	66	6	636	58	62	8	117	2	3	—	—	57	326
1990	1361	291	73	20	583	274	48	4	655	17	22	13	123	3	3	—	—	56	363
1991	1517	345	765	47	736	324	716	22	655	21	46	21	126	3	4	—	—	54	381
1992	1566	184	913	53	787	149	832	25	647	35	81	24	132	—	4	—	—	50	417
1993	1567	292	724	127	820	247	677	85	621	45	47	39	126	—	3	—	—	49	459
1994	1827	190	779	162	967	95	703	110	737	95	76	28	123	—	24	—	4	54	483
1995	2025	402	786	109	1032	351	689	66	845	51	97	18	148	—	25	—	—	50	523
1996	2200	573	539	232	1067	567	474	166	917	6	65	42	216	—	24	1	—	44	550
1997	2584	23	881	288	1352	19	831	218	984	4	50	46	248	—	24	—	—	44	571
1998	3092	16	507	285	1707	14	475	223	1134	2	32	40	251	—	22	—	—	—	618
1999	3354	4	17	146	1912	—	—	91	1153	4	17	30	289	—	25	—	—	—	723
2000	3828	—	2	39	2132	—	—	—	1377	—	2	27	319	—	12	—	—	—	—
2001	4111	—	—	—	2085	—	—	—	1655	—	—	—	371	—	—	—	—	—	—
2002	4124	—	—	—	2063	—	—	—	1640	—	—	—	421	—	—	—	—	—	—
2003	4074	—	—	—	2002	—	—	—	1591	—	—	—	481	—	—	—	—	—	—
2004	4107	—	—	—	1988	—	—	—	1551	—	—	—	568	—	—	—	—	—	—
2005	4154	—	—	—	2072	—	—	—	1403	—	—	—	679	—	—	—	—	—	—
2006	3962	—	—	—	1953	—	—	—	1277	—	—	—	732	—	—	—	—	—	—
2007	3897	—	—	—	1998	—	—	—	1185	—	—	—	714	—	—	—	—	—	—
2008	3794	—	—	—	1907	—	—	—	1197	—	—	—	690	—	—	—	—	—	—

第二十四编 教育 科技

（二）性别、年龄结构

1. 性别结构　1979 年，全县中学专任教师 994 人，女 458 人，占 46%；小学专任教师 1167 人，女 482 人，占 41%；幼儿园、小学附设学前班专任教师 56 人，女 54 人，占 96%。1992 年，全县中学专任教师 723 人，女 347 人，占 48%；小学教师 1593 人，女 844 人，占 53%；幼儿园、小学附设学前班专任教师 128 人，全部是女教师。2008 年，中学专任教师 1487 人，女 907 人，占 61%；小学有专任教师 1507 人，女 1296 人，占 86%；幼儿园、小学附设学前班专任教师 142 人，全部是女教师。

2. 年龄结构　1979 年，香河县各类学校专任教师中，年龄在 35 岁以下的占 50%以上，普通高中及职业高中均在 70%以上。2004 年起，25 岁以下的年轻教师比例开始下降，2008 年达到最低值。

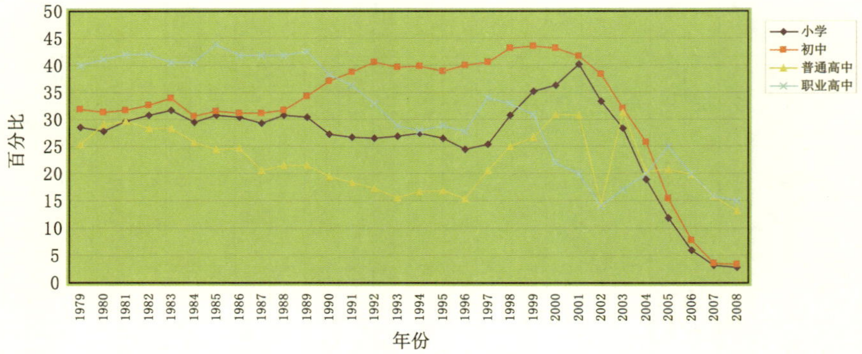

图 24-1-1　1979—2008 年香河县各类学校专任教师年龄结构示意图（25 岁以下）

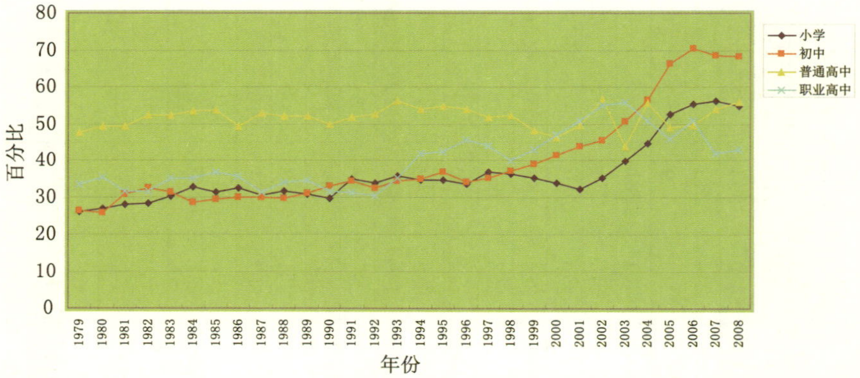

图 24-1-2　1979—2008 年香河县各类学校专任教师年龄结构示意图（26～35 岁）

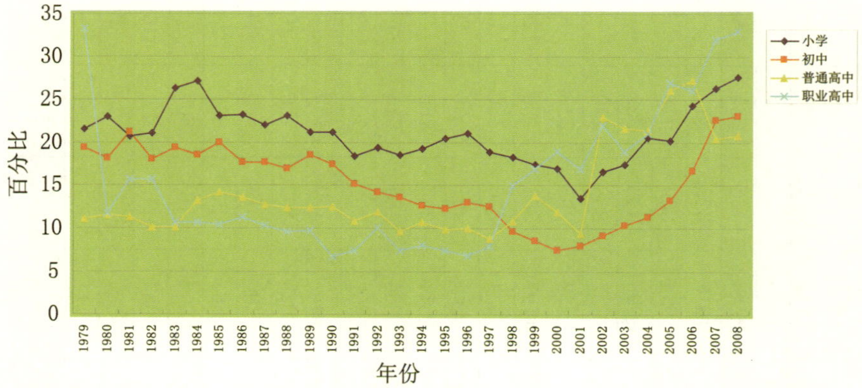

图 24-1-3　1979—2008 年香河县各类学校专任教师年龄结构示意图（36～45 岁）

2008 年香河县专任教师年龄结构统计表

表 24-1-6

年份	年龄段	小学		初中		普通高中		职业高中	
		各年龄段人数	占比%	各年龄段人数	占比%	各年龄段人数	占比%	各年龄段人数	占比%
2008	25 岁以下	50	2.8	29	3.3	73	13.1	23	14.84
	26～35	987	54.9	605	68.2	311	55.8	66	42.58
	36～45	496	27.6	204	23	116	20.8	51	32.9
	46～55	227	12.6	42	4.7	57	10.2	15	9.68
	56～60	39	2.2	7	0.8	0	0	0	0

（三）职称结构

1986 年 12 月，根据《中学教师职务试行条例》和《小学教师职务试行条例》规定，香河县文教系统职称改革评选开始，在中学教师职务系列中，评出中学高级教师 37 人，占中学教师总数的 4.3%；中学一级教师 210 人，占中学教师总数的 24.1%；中学二级教师 301 人，占中学教师总数的 34.6%；中学三级教师 233 人，占中学教师总数的 26.8%。在小学教师职务系列中，评出中学高级教师 1 人，占小学教师总数的 0.1%；小学高级教师 202 人，占小学教师总数的 24%；小学一级教师 451 人，占小学教师总数的 53.6%；小学二级教师 127 人，占小学教师总数的 15.1%；小学三级教师 5 人，占小学教师总数的 0.6%。在中小学民办教师评选中，中学在编民办教师参评 29 人，评出二级教师 12 人，三级教师 17 人；小学在编民办教师参评 158 人，评出一级教师 62 人，二级教师 68 人，三级教师 28 人。

1988 年，文教系统职称改革中有 50 个单位 2298 人参评，评出中学高级教师 40 人，中学一级教师和小学高级教师 439 人。2008 年，全县中学专任教师中有高级职称教师 84 人，一级职称教师 641 人，二级职称教师 683 人，三级职称教师 35 人；小学专任教师中有高级职称教师 667 人，一级职称教师 1112 人，二级职称教师 15 人。

1986—2008 年香河县教育系统职称统计表

表 24-1-7　　单位：人

年份	中学				小学			
	高级	一级	二级	三级	高级	一级	二级	三级
1986	37	210	301	233	203	451	127	5
1987	56	276	243	201	234	502	124	8
1988	47	294	240	218	240	476	143	7
1989	38	305	251	175	218	487	158	11
1990	29	294	254	187	184	514	164	9
1991	31	261	369	154	197	571	150	5
1992	27	263	348	203	185	583	173	7
1993	24	243	394	195	193	561	175	16
1994	23	198	423	162	184	584	168	8
1995	21	157	486	152	172	524	179	3
1996	17	115	357	133	158	491	239	2
1997	18	131	414	198	176	541	347	5

续表 24-1-7

年份	中学				小学			
	高级	一级	二级	三级	高级	一级	二级	三级
1998	10	117	435	246	147	552	510	5
1999	12	124	544	321	158	626	682	1
2000	12	123	687	391	174	733	725	3
2001	16	131	799	472	166	667	698	7
2002	15	207	848	477	309	835	675	3
2003	21	352	748	465	418	808	551	0
2004	26	452	788	397	484	929	385	0
2005	29	470	826	372	475	1171	228	24
2006	26	463	888	190	563	1107	98	17
2007	34	517	794	108	606	1140	43	7
2008	84	641	683	35	667	1112	15	0

二　教师管理

（一）人事管理

1980 年起，香河县加强民办教师聘任、辞退管理。1996 年，根据《中华人民共和国教师法》《教师资格条例》《教师资格认定的过渡办法》，全县在职教师资格过渡，教师资格认定。2002 年始，在全县推行中小学教师聘任制度。2007 年秋季起，在全县范围内实施教师轮岗制度，120 名优秀教师异地交流任教。

（二）师德管理

县教育部门注重教师职业道德培养，通过多种途径进行师德培训。1992 年，全县各级各类学校贯彻落实《中共中央关于加强和改革中小学德育工作的通知》，并在安平召开德育工作现场会，表彰 24 个德育先进校，67 个德育先进个人。1997 年 8 月，组织教师师德报告团，深入乡镇、学校做巡回报告 9 场。1999 年暑假，开展“教育颂”巡回演讲活动。2000 年，利用暑期，组织师德报告团在全县范围内巡回演讲。2001 年，组织全县教师观看《师德风范——全国优秀教师师德报告会》录像，在县内举办优秀教师师德报告，并组织考试。2004 年，组织师德演讲团，弘扬甘于奉献、爱岗敬业的崇高师德。共计作报告 5 场，受教育教师 4500 多人。2005 年，举办师德报告会、组织师德标兵评选等活动，加强师德教育。教师节期间，全县评选出百名优秀教师、教育工作者和 30 名师德标兵。2006 年，组织 4300 名教师参加师德培训，评选出 46 名师德标兵。2008 年，学习教育部新修订的《中小学教师职业道德规范》，大力倡导“终身从教的敬业精神、严谨笃学的探索精神、爱生如子的园丁精神、奋争一流的拼搏精神、不计得失的奉献精神”。

加强职业道德教育和法制教育，引导教师规范教育教学行为，树良好行业风气。1996 年，县教育局重点考察部门教育干部和骨干教师的德、勤、能、绩、责，广泛征求群众意见，任免调整 28 名学校教育干部。1998 年，县教育局下发关于转发《廊坊市教育委员会关于严禁中小学有偿补课的意见》的通知，严禁学校和教师有偿补课。2002 年至 2003 年，就师德建设等内容向社会做出郑重承诺，并将承诺印发到学校，严肃处理群众反映的教师体罚学生等问题。2008 年，制定出台《关于加强教职工管理的暂行规定》，加强干部教师管理力度。

三　教师培训

（一）学历培训

1984 年，香河县各乡镇总校长抓教师进修工作，以乡镇为单位编班，以中心校为单位划组，设有班、组长，实行层层负责制。

1985 年，小学教师 420 人参加中师进修，中学教师 93 人进修高师，中、小学教师学历达标率分别为 20.5%和 46.3%。

1986 年，中学教师 217 人参加自学进修，教师学历达标率 28.9%；小学教师 420 人参加中师系统进修，教师学历达标率 64.7%。1987—1990 年，中学教师 186 人参加自学进修，356 人参加在职进修；小学教师 717 人参加中师系统进修。全县参加各级各类进修的中小学教师中 653 人获得中师学历，278 人获得大专学历。

1992 年，根据市教委《关于教育学院举办应届中师毕业生自学考试脱产班的通知》精神，应届中师毕业生参加师专自考辅导脱产班，香河县 14 人被录取。1994—1998 年，香河县 4289 人参加各种学历进修班和师资培训班。

1999 年 3 月，省考试院批准，香河县设立电大和自学考试“两沟通”考点。凡未取得大专学历的小学教师和未取得本科学历的初中教师，均可参加学习，以取得大专学历和“二学历”（除取得的第一学历外取得的高等教育考试第二专业的学历）。

2001 年，香河县开设小学教师大专班、幼儿教师大专班、“两沟通”大专班、“三沟通”本科班、电大、自考及函授等形式的学历进修班，参加进修 1851 人，取得高一级学历的本科 56 人、专科 27 人、中师 8 人。2008 年，全县小学专任教师学历合格率 100%，专科率 90%；初中专任教师学历合格率 99%，本科率 62%；高中专任教师学历合格率 88%，比上年提高 2.7 个百分点。

（二）业务培训

1. 集中培训

（1）教材教法培训　1982 年起，香河县教师进修学校（简称县进校）采取业余面授的形式，重点抓初中和小学教师教材教法过关辅导工作，并兼顾小学教师的系统提高。1985—1990 年，全县 156 名幼儿教师参加“三学六法”考试，至 1990 年，36 名幼儿教师取得“三学六法”结业证书。2003 年 9 月，分期培训初中、小学教师，成绩合格颁发香河县基础教育课程改革师资培训合格证书。是年起，把教材教法考试成绩作为年度考核的重要部分。2004 年秋，全县教师参加“新课程理念与教学策略”培训并统一考试。2008 年 11 月，全县 3500 名中小学、幼儿园教师参加继续教育省级必修课程“课程与教学论”考试。

（2）英语培训　根据省、地委教育局“要在全日制中小学逐步开设英语课，教师自己培养”的指示，1978 年始，在县教师进修学校举办英语教师培训班。2000 年起，多次举办乡镇初中、国办小学英语教师短期强化培训班，10 名英语教师去廊坊参加脱产培训，并聘请外籍教师对全县初高中英语教师进行短期强化培训，重点放在口语能力训练。2003 年 4 月，国家留学基金管理委员会设立“中小学优秀外语教师出国留学奖学金”项目，一中教师杨占岭、三小教师马学文经考试选拔，进行了 6 个月的出国培训。是年 11 月，香河县中小学教师参加全省统一组织的英语考核，考试合格者颁发证书，作为教师参加职称评定、晋级、考核、奖励的重要依据。

（3）计算机培训　1997 年 2 月，县教育局在职教中心对全县中小学微机教师进行培训。2000 年，有 12 名微机教师去廊坊参加脱产培训。2001 年 7 月，香河县每校各选派 1 名微机教师去河北省参加教育技术装备现代化的进程和校园网建设的培训。2002 年 8 月，全县推行信息技术教育和“校校通”工程，切实发挥现代教育技术基础设施和软件资源在教学中的作用，由教育局培训全县信息技术教师。

2000 年起，全县中小学教师在县教师进修学校进行培训并考核。2005 年，分两批对全县中小学教师进行《传统与现代教育技术应用课程》培训。培训的主要内容是网络科技制作和动态网站建设。

（4）校长培训　1999 年 6 月，廊坊市教委在香河县举行第二期中学校长提高培训班。2004 年 12 月，县教育局在香河二中开办校长培训班，52 名新任小学校长、副校长参加培训。

（5）素质教育　1996 年始，县教育局根据市教委部署的“小学教师素质教育培训工程”，利用 5 年时间对小学教师进行素质教育培训。香河县教师在教研活动中，有 9 人获国家级奖，15 人获省级奖，8 人获市级奖。

2. 教学视导

1979 年后，香河县加强学校教学常规管理和教学视导。初中教学视导的主要学科是语文、数学、外语、物理、化学、政治、历史、地理、生物；小学教学视导的主要学科是语文、数学。从 2000 年起，小学三年级以上开设英语，为视导学科。初中教学视导由县文教局教研室负责，小学教学视导由各乡镇总校负责。在每学年学期初，县教育局和各乡镇总校分别组织教研员、业务干部到各学校进行教学视导。

在教学视导中，各学科教研员到教学一线听课，查备课、作业，及时与教师面对面交流，着意支持及协助教师改进教学行为，重在反馈教学实际，加强教学管理。教学视导以“规范日常教学行为，促进全县教学效益再提高”为目的，坚持以“视”的准确性、“导”的科学性，为各学校开展有效教学活动提供技术性与策略性支持，把各校先进的经验和模式进行整合并传播，实现优质教育教学资源共享，促进全县教学质量全面、持续、优质和均衡发展。

四　工资福利

（一）工资

1979 年，全县公办中小学实行班主任津贴，津贴标准根据班容量不同，每人每月 4～7 元不等。1980 年，全县国办教师按 40%升级面调级，644 名教师升级。是年，香河县教育系统 1464 人由三类工资区调到四类工资区标准。1983 年 1 月，县政府制定《关于中小学教育体制改革方案（草案）》，民办教师和国办教师在招聘后收入有所提高：小学民办教师每月增加 6 元浮动工资，中学民办教师每月增加 7 元浮动工资；中小学国办教师在最低基本工资限额基础上增加一级浮动工资。

1984 年 7 月 1 日起，民办教师的补助费划归乡（镇）村负担；辞退在编民办教师由国家发给一次性生活补助费；新调入教师及新分配的大中专毕业生工资由乡（镇）村负担。是年 10 月，民办教师全部实行工资制，由乡（镇）村自筹资金拨发。1985 年 1 月起，国家每月为民办教师增加 9 元生活补助费。

1985 年 6 月，香河县工资改革，9 月，各类学校 1600 多名教职工工资改革结束。1987 年，全县中小学校长、教导主任实行职务工资。1988 年，全县国办中小学教师工资提高 10%，部分教师晋升工资。是年，县教育系统职称评定工作结束，有职称的教职工享受职称工资待遇。此后，香河县中小学教师按期评定职称，工资晋升、调级按国家规定执行。

1993 年 9 月，实行工资套改，教师工资提高 10%。1996 年 5 月，县政府对全县教师的工资进行普调。1999 年 1 月，对全县农村中小学教师给予上浮两级工资待遇。1997 年 7 月，全县教师普调工资。

2002 年，香河县教职工工资由县、乡分级管理转为县政府统一管理，为教师开设银行个人工资账户，每月 10 日前拨发到位。

2006 年 7 月 1 日起，教育系统实行岗位绩效工资制度，由岗位工资、薪级工资、绩效工资和津贴补贴四部分组成，以教师实绩和贡献为依据，合理拉开差距。在原基础上，岗位工资和薪级工资标准提高 10%。

（二）福利

1980 年 11 月 19 日，县政府发出《关于改善民办教师生活待遇的通知》，民办教师医疗补助费提高 0.5 元，工分享受各种劳动奖励。1984 年，香河县公费医疗改为分线掌握，教职工凭看病收据在本系统内报销，每人每月 3.75 元以内按 100%报销，多者按 60%报销。是年，县财政局给教职工增加报费，其中中教五级、小学三级及行政 19 级以上者报费每人每年 25 元，其余一律 12 元。2001 年始，县政府为全县 4500 名教职工办理养老保险和医疗保险；同时，县财政按每人每年 40 元标准为教师投入大病统筹资金，解除教师后顾之忧。

五　尊师重教

（一）平反错案　1980 年，香河县组织调查组，复查中华人民共和国成立后教育系统在历次政治运动中的案件。本着实事求是、有错必纠的原则，为在“文化大革命”中受处理的 151 名中小学教师平反，其中 134 人适当安置；为被错划为“右派分子”的 50 名教职工平反，其中 48 人重新安置工作；1958—1963 年受开除处分的 62 名教职工，根据中央有关规定重新安置 44 人，其余，经复查，事实无出入，维持原结论不变。1987 年，为 1957 年和 1958 年被划为“右派”的 44 名教师复查、平反，并为其中 21 人工资升级，5 户办理农转非。

（二）政治待遇　1980 年，各公社和国办中学建立教联支部，43 名教职工加入中国共产党。是年，香河县建立教育工会基层组织。1983年12月29日，经县政协筹备委员会决定，聘请县文教系统11名干部、教师为县政协第一届委员会委员。是年，经河北省廊坊地委研究同意，香河中学教师幺志远出任香河县政协副主席。1987年，香河中学教师苏连硕当选香河县第八届人民代表大会代表。

（三）住房安置　1979年，发放70名双职工教师住房补助费。1985年，为39名两地分居教师调动至一地工作。1996年，县教育局与县建筑装饰装潢公司实施园丁康居工程，兴建教师宿舍楼1幢，建筑面积3400平方米。2003年7月，县第五中学在校园内建教职工宿舍楼1幢，建筑面积1200平方米，投资75万元。2008年，香河县实施教师公寓建设工程，建家属楼13栋。是年9月26日，河北省解决教师住房工作经验交流现场会在香河县召开，香河县重视和满足教师住房的成功经验在全省推广。

（四）表彰奖励　1981年，钳屯中学贾瑞民被评为全国优秀体育教师。1984—1987年，香河县共有64名教师获河北省“园丁奖”。1991年，香河中学教师徐铁华被评为全国优秀教师。1995年，二小教师韩淑萍被评为河北省劳动模范；三中教师苏金陵被评为全国教育系统劳动模范。1999年，一中教师赵克玉被中国教育学会授予“全国优秀外语教师”称号。1981—2008年，香河县教育系统受省级以上表彰77人次。1985年9月10日，县政府举行第一个教师节庆祝大会，为123名中小学教职工颁发教师节纪念册；为321名满30年教龄的教职工颁发荣誉证书和奖状。此后，每年教师节都召开教师节庆祝大会，表彰优秀教师，并给予部分教师晋升工资的奖励。

第四节　学制、课程

一　学制

1979年，香河县各中小学实行全日制五年制。即“初中修业三年，高中修业二年”；小学修业五年。1981年，教育部颁发《全日制六年制中学教学计划（试行草案）》，各中学恢复“三三制”，即“初中修业三年，高中修业三年”，中学学制六年。

幼儿园一般设置小班、中班和大班，学制三年。1984年，香河县各小学恢复全日制六年制，除一至六年级外设学前班。全年上课34周，复习考试3周，集体教研活动机动时间2周。

二　课程

（一）幼儿

1981年，香河县办幼儿园根据国家教委颁布的《幼儿教育纲要》安排教学，课程设置语言、计算、常识、音乐、美术、体育6个学科，使用全国统编教材，教师有参考用书，幼儿无教材。1993年后，幼儿园成立舞蹈、乐器、自制玩教具、水墨画等各种兴趣小组。

1996年，按照河北省教委统一规定，县幼儿园使用河北省省编教材。课程设置不变，实施“健康、社会、科学、语言、艺术”五领域教学，幼儿有教材。投影仪、录音机等电教手段开始进入课堂。是年11月，县幼儿园开设微机课。2000年3月，增设“帮你早读书”阅读识字课。2002年3月，增设英语教学，12月，大、中班开设“珠心算”课程。2003年9月，县幼儿园全部改用人民教育出版社出版的教材，实施五领域教学。课程设置“体育、健康•社会、音乐、美工、数学、语言、自然”7门，有教师参考用书和幼儿用书，并配以教学挂图、录音磁带。此外，幼儿园继续进行微机教学、早期阅读识字教学以及英语教学。2004年8月，县幼儿园开办舞蹈、绘画、珠心算特长班。

（二）小学

1979年，香河县各中心小学撤销初中班，教学内容增加品德、地理、珠算、农业，取消手工课。1984年，小学各年级均设思想品德课，进行以“五爱”（爱祖国、爱人民、爱劳动、爱科学、爱社会主义）为基本内容的共产主义思想品德教育。一、二年级开设语文、数学、体育、音乐、美术，三年级增设自然常识，四年级增设劳动课，五年级增设地理常识，六年级把自然常识改为农业常识课，将地理常识改为历史常识。2000年，香河县严格执行国家和河北省教学大纲，小学三年级以上开设英语课，中学、中心小学和部分完小开设信息教育课。2004年，起始年级执行新课程标准，使用人民教育出版社出版的教材，一、二年级课程设置语文、数学、品生、音乐、体育、美术、地方，三年级课程增加外语、心理、微机、综合、科学，四至六年级在三年级的基础上增加法制课，停开地方课程。

（三）中学

1.初中

1979 年，一年级开始使用全国统编教材，开设政治、语文、外语、地理、历史、数学、生物、生理卫生、体育、音乐、美术等课程，二年级增设物理、化学课。1981 年，初中政治课分年级设青少年修养、法律常识、社会发展简史。1982 年后，香河县各中学陆续使用人民教育出版社新版十二年制中小学全国统编教材，开设政治、语文、数学、物理、化学、外语、历史、地理、生物、生理卫生、体育、音乐、美术等课程，另外每周 1 节劳动课。全年上课时间 34～36 周，复习考试 3～4 周，寒暑假、农忙假及其他节假日 12 周。1985 年，教育部制定初中数学、物理、化学、外语四科教学的调整意见，降低教材难度，减轻学生负担。是年，中学政治课增设普及宪法知识。

1988 年，国家教委对中学政治课作重大调整。初中政治课改称思想品德课，初一设公民课（取代青少年思想修养），初二设社会发展简史，增加一些时事政治课。2003 年 8 月，全县小学五六年级、初中、高中、职教中心在暑假开学后全部开设法制教育课。2004 年始，起始年级执行新课程标准，使用人教版教材，七年级课程设置语文、数学、外语、政治、历史、地理、生物、音乐、体育、美术、微机、法制、综合实践、课外活动、心理、校本教研，八年级增设物理，九年级增设化学。

2.高中

1981 年，开设政治、语文、数学、物理、化学、外语（英语、日语、俄语）、历史、地理、生物、生理卫生、体育、音乐、美术等课，每周另加 1 节劳动课。1982 年，改用全国统编全日制中学课本甲种本教材；政治课增设普及宪法知识。1988 年，高一至高三分别开设科学人生观、经济常识、政治常识课。1990 年，国家教委对高中教学计划进行调整，课程结构由学科课和活动课两部分组成。学科课采取必修课和选修课两种形式，活动课包括课外活动和社会实践。1998 年，高中增设微机课。2008 年秋季，高中阶段起始年级进入高中课程改革。

第五节 教学研究

一 小学教研

1983 年，香河县小学使用全国统编教材。1984 年始，小学教研总的指导思想是“狠抓双基、培养能力、开发智力”。全县小学课堂结构改革试验主要在数学、语文两科进行。语文侧重课堂教学的整体性，在语言环境中教学识字、培养学生的自能作文能力、课堂环节改革实验等；1985 年始，数学教学打破原来的“五步法”课堂结构，全县大范围推行“尝试教学法”。1985 年后，小学数学推广“发现法”教学，教师提供资料，学生自己动手、动脑、讨论，发现思路，发现解题规律，发现结论。1989 年始，香河县小学教育形成县、乡镇、校、教研组一体化教研网络，每月一次例会制度，由县教研室负责，向全县范围布置教学任务，研究教改题目、教改计划，交流教改经验，评估教研成果，全县小学教学与教研形成统一领导、多种形式、全面开花的局面。

1990 年，全县普遍把“迁移规律”引进课堂，即把学生已有的知识、技能、兴趣、能力等引进课堂，从而引发对新知识的理解。1992 年，实验电化教学，城内一小和二小从幼儿班到三年级全部实现电化教学。1994 年，在小学教师中开展“三课活动”（过关课、合格课、优质课）和“学科带头人”评选活动。1996 年后，实施素质教育，对各学校督导评估，研究自主学习、创新教育。1999 年，香河县有国家级科研课题 1 项（目标教学与素质教育的课堂教学达标艺术的研究与实验），省级科研课题 6 项，市级科研课题 8 项。是年，香河县科研论文有 8 篇被中央教科所编入《建国五十周年教育成就巡礼》一书。城内一小教师崔文艳作为全省唯一小学代表参加第十三届全国目标教学观摩研究会，研究成果获一等奖；城内三小教师刘海霞代表河北省参加全国小学课堂教学比赛获一等奖。

2001 年秋季开始，在全县小学四至六年级开展学生素质教育综合评价。9 月，香河县第一个交互式多媒体教学网在城内二小落成。10 月，香河县第一个校园网站——后建小学网站正式建成；城内三小的“自主学习、自主发展”科研成果模式课获省第一名，代表省参加评奖获国家一等奖。香河县被确立为省级“自主学习、自主发展”教育改革实验区，并被省教育厅命名为“自主学习、自主发展”实验县。

2002 年，城内三小被确认为全省首批“自主学习、自主发展”实验校；城内二小等多所学校先后被省教育厅确定为“双自”实验校。

2003 年秋季，全县小学阶段一年级进入全国第八次课程改革实验。

2005 年起，香河县组织中小学校开展以校为本的教学研究活动（校本教研）。全县有 10 所学校被命名为“教育科研先导型学校”，30 所学校被命名为“自主学习、自主发展”实验学校，11 所学校被命名为“创新教育学校”，14 所学校被命名为“心理健康教育实验学校”。城内一小、刘宋镇中心总校等单位被确定为县级校本教研基地。

2006 年，233 个教研课题立项并启动实施，确定 37 所学校为校本教研基地，深化校本教研；开展小班化教学研究，确定 28 所学校为小班化教学研究基地。

2007 年 5 月，“农村小学推行小班化教育”课题被正式批准为河北省教育科学“十一五”规划课题。全县 76 所小学实施小班化教育，1200 名教师参与课题研究，16000 多名小学生接受小班化教育。小班化教育成为香河县实施素质教育、推进课程改革的有效途径。

二　中学教研

1979 年，中学课堂教学研究以开发学生智力、培养学生能力为目标，普遍使用“讲练结合”或“精讲多练”的教学方法。1985 年，全县中学在语文学科广泛开展第二课堂活动，办起 23 个文学社团，学生投稿、编辑出版，当年全县出刊 50 期。1987 年，中学教研向多维方向发展，政治课的“读忆讲练法”教学，初中生物、化学两科的“自学诱导法”，初中英语课尝试“语音教改”，初、高中语文、数学实施“目标教学”“单元教学”。是年，各中学文学社团刊物作品在国家级报刊发表 4 篇，省级报刊发表 23 篇。1991 年，县教育局开展目标教学实验，理科教学演示实验开出率 100%，提高学生使用能力；同时开展“双三课”活动，即说课、讲课、评课和过关课、合格课、优质课，定期举办目标教学观摩课、研究课、公开课，推广教研成果。是年 11 月，县教育局选送一中教师研制的“液体对流演示器”在河北省自制教具评选中获三等奖。1998 年，县教育局张庆华被中国教育学会命名为“优秀教研员”。2001 年，启动“名师带动”计划，与京津地区名校名师交流、学习，提高教师的业务素质及教研经验。

2002 年，县教研室在课堂教学中提出“三突出、四优化”原则，即突出分层教学、突出学生的主体作用、突出现代教育技术的运用；即优化备课过程、优化课堂导言、优化教学过程、优化课堂练习。2003 年 3 月，经河北省教育厅批准，香河一中教育科研课题《综合运用多媒体提高高中化学课堂教学效果》，被确定为省级科研课题。2004 年秋，全县初中阶段七年级进入全国第八次课程改革实验，开展以校为本的教学研究活动。香河二中、渠口中学被确定为县级校本教研基地。

2005 年 4 月，中央电视台少儿频道《异想天开》栏目组，在香河县二中、四中、六中拍摄五集《刮“木”相看》节目，展现全县素质教育成果。2008 年 11 月，县四中 2 名教师参加第十二届全国多媒体教育软件大奖赛现场决赛分别获全国一、二等奖。

第六节　考　试

一　小学

1979 年，期中、期末考试主要以语文、数学为主。2000 年，小学三年级以上开设英语课。2001 年始，开设英语课的年级，英语作为考试科目。

小学考试主要有期中、期末、毕业和升学考试。期末考试成绩不合格的留级，毕业考试不合格者不能毕业。由于义务教育的贯彻实施，逐渐取消留级制度。2002 年 12 月，教育部颁发《关于积极推进中小学评价与考试制度改革的通知》，明确要求在已普及九年义务教育的地区，公办学校实行义务教育阶段就近免试入学，民办和各类进行办学体制改革的小学、初中也不得以考试的方式选拔新生。

2006 年 6 月起，香河县各小学每学期只进行期末一次考试。期中、期末考试统一由县文教局教研室命题，考试成绩排名作为教学参考，不对学生公布。

二　初中

（一）期中、期末考试

初中每学期主要进行期中和期末两次考试。初一年级所考内容主要是语文、政治、代数、英语、地理、历史、植物；初二年级为语文、政治、代数、英语、地理、历史、动物，增加物理、几何；初三年级为语文、政治、代数、英语、物理、几何、地理、历史、生理卫生，增加化学。1993 年，课程发生变化，在初一下学期增设几何，生理卫生课放入初二学习。期中考试由各学校自己命题，期末考试由县教研室统一命题。

（二）中考

1981 年，香河县恢复中考。1987 年，考试科目及所占分数：语文、数学各 120 分，英语、政治、物理、化学各 100 分，地理、历史、生物一张卷计 100 分。1988 年，地理、历史、生物在 1987 年暑假前地区统一命题进行结业考试，将三科成绩按比例折合 100 分计入 1988 年的中考成绩。1993 年，增加体育考试，计 60 分。1996 年，增加理化试验操作，计 30 分。2000 年，增加历史。考试科目除语文、数学、英语外，将物理、化学合并为综合理科，将政治、历史合并为综合文科，每科均为 120 分。2004 年，中考科目增加信息技术，分数 100 分，折合成 20 分计入中考成绩；体育测试成绩改为 30 分。中考总分共 680 分。

三　高中

（一）会考

1991 年秋季入学的普通高中学生开始实行会考。考试科目有语文、数学、外语、政治、物理、化学、生物、地理和历史。每科单独考核，A、B、C 等为合格，D 档为不合格，占总考生人数 5%。至 2008 年无变化。

（二）高考

1977 年恢复高考制度，文科、理科分别考试。文科考语文、数学、外语、政治、历史、地理；理科考语文、数学、外语、政治、物理、化学、生物。

2002 年，高考科目调整为“3+X”。语文、数学、外语均为文、理科必考科目，每科 150 分；文科综合卷考政治、历史、地理，计 300 分；理科综合卷考物理、化学、生物，计 300 分；文科、理科满分均为 750 分。

1979—2008 年香河县高考（文、理）前三名人名录

表 24-1-8

年份	理科			文科		
1979	成　林	高洪山	张庆松	李桂平	郄中亮	孟昭军
1980	刘利科	赵丙贤	孙　飚	张建军	丁云梅	吕振明
1981	刘振合	蒙　坦	吴雪松	果振邦	张建国	周春华
1982	马伯华	邱秀芬	黄万顺	种　立	王俊全	钱桂平
1983	何起民	赵桂霞	陈　勇	董铁牛	邳克江	孙玉战
1984	张学军	李学雷	王乐文	吴继雷	陈效禹	孔祥军
1985	陈凤森	王继芳	牛立新	魏国龙	丁海英	张艳荣
1986	崔　立	张立军	王宝艳	刘甚秋	姚立民	李春龙
1987	韩傅龙	杨德春	冯长青	乔德水	王育芳	高　宇
1988	唐明浩	李光辉	张金良	魏秀梅	张瑞芹	王文江
1989	高　勇	刘振龙	张金宇	陈　光	张　宇	高　浩
1990	张庆栋	高　发	佟占英	刘雪松	李春霞	黄　洁
1991	李　军	王　刚	成志云	牛　燕	王士敏	赵慧玲
1992	张朝阳	刘建忠	王　磊	周小波	李　光	田伟伶
1993	陈　虎	倪　岳	陈晓梅	贾甚杰	张朝阳	高建辉

续表 24-1-8

年份	理科			文科		
1994	何海军	陈晓松	李国臣	李　静	路　通	邵凤芝
1995	王洪云	刘　然	韩大力	姜林海	李晨鹏	韩景慧
1996	田雪利	刘金霞	张婉童	张　莉	石　柱	侯红涛
1997	史丹丹	宋巨峰	吴　琼	刘长礼	程　维	韩秀梅
1998	高东辉	李　菱	金　猛	来　彦	王　冰	侯红莲
1999	佟　兴	吴少华	张占宇	郭红松	田　佳	屈雅静
2000	贾　艳	张　静	荆俊发	黄桂香	张轶明	郑大为
2001	盛　雷	雷　光	何东岳	荆　晶	张　健	徐　坤
2002	卢佳平	康　颇	邢贺仁	孙玉杰	刘金良	杨文海
2003	贾　浩	魏　刚	孟宪春	苗继元	计　晓	王颐秋
2004	周建鹏	李　哲	杜　滢	李继东	罗淑玉	王达非
2005	胡春爽	刘　冲	吴建林	王天祥	张　培	杜秀翠
2006	黄玉昆	刘东旺	程建超	刘丛薇	张慧鹏	祁秀丽
2007	王文雍	冯　伟	谭云龙	魏文兰	黄丽娇	韩　佳
2008	崔万鹏	王宝军	王　帅	陈　超	卢正阳	史额黎

四　学生竞赛成绩

香河县中小学生在各级各类竞赛中，取得了优异的成绩。1990 年，河北省小学数学知识竞赛中，香河县 6 名学生获奖（含第一、第二名）；成自务小学学生勾国新、石虎乡学生李文龙、五中学生王轶然获全国“少年华罗庚金杯邀请赛”铜牌。

1994 年 3 月，香河县第六中学学生李晓波获全国初中应用物理知识竞赛二等奖。5 月，香河县第六中学学生高东辉在第二届全国奥林匹克物理竞赛中获初中组一等奖，香河县第四中学学生佟远明获二等奖。

1996 年，香河县中小学生在各级各类竞赛中，28 人获国家级奖，4 人获省级奖，5 人获市级奖。

2003 年 4 月，在河北省初中数学、化学、物理竞赛中，香河县取得省级一、二、三等奖学生数分别为：数学学科 3 人、7 人、21 人；物理学科 2 人、21 人、26 人；化学学科 2 人、18 人、28 人。2004 年 3 月，在河北省初中生英语能力竞赛中，香河县获得省级奖励 23 人。4 月，香河县初中生分别参加河北省初中数学、化学、生物、物理竞赛，其中香河县省级一、二、三等奖学生数分别为：数学学科 0 人、1 人、28 人；化学学科 1 人、8 人、15 人；生物学科 2 人、8 人、9 人，物理学科 1 人、3 人、12 人。

1990—2008 年香河县中小学生级竞赛成绩一览表

表 24-1-9

年份	竞赛名称	获奖级别	人数
1990	全国“少年华罗庚金杯邀请赛”	铜牌	3
1994	全国初中应用物理知识竞赛	全国二等奖	1
	全国奥林匹克物理竞赛	一等奖	1
	全国奥林匹克物理竞赛	二等奖	1
1996	全国竞赛	—	28

续表 24-1-9

年份	竞赛名称	获奖级别	人数
1997	全国初中数学竞赛	一等奖	2
		二等奖	1
		三等奖	3
	全国中学生英语能力竞赛	特等奖	3
		一等奖	6
		二等奖	12
		三等奖	18
1998	全国初中物理知识竞赛	一等奖	2
		二等奖	2
		三等奖	9
	全国初中数学竞赛	一等奖	1
		二等奖	3
		三等奖	9
1999	全国初中生英语口语竞赛		3
	全国初中物理知识竞赛	一等奖	1
		二等奖	3
		三等奖	9
2000	全国中学生英语能力竞赛　（高中组）暨首届全国英语教师　教学技能大赛	一等奖	1
		二等奖	3
		三等奖	7
		优胜奖	12
	全国中学生生物学联赛	一等奖	1
		二等奖	1
	全国高中数学联合竞赛	一等奖	1
		三等奖优秀奖	5
2001	全国中学生生物学联赛	一等奖	5
		二等奖	16
		三等奖	11
2002	全国初中物理知识竞赛	一等奖	5
		二等奖	8
		三等奖	32
		优胜奖	15
	全国初中数学竞赛	一等奖	3
		二等奖	2
		三等奖	25
2003	全国中学生英语能力竞赛	一等奖	3
		二等奖	37
		三等奖	38

五 人才输送

1979 年，香河县高考报名 3245 人，达到历史最高点。由于大多数学生长期参加劳动，学业荒废，考入大专以上院校的仅 64 人，考入中专 148 人。1982 年起，国家教委规定，参加高考逐步转为在校生。1984 年，有 11 名考生考入清华、北大、南开、天大等全国重点大学。1988 年，1 人被录取为飞行员。1993 年，香河县高考综合评价排廊坊市第二。1995 年，县教育局在中考招生制度上进一步改革，把中等院校招生名额分配到 21 所初中学校，当年共有 93 人被省市中专（中师）录取。2003 年，香河县高考成绩取得“三个突破”“九个第一”“三个百分之百”。“三个突破”是考生总数 1506 人，本科上线 513 人，总上线 1377 人。“九个第一”：重点本科上线率居全市第一，万人上线率全市第一，一中重点本科上线率、本科上线率、专科上线率三项重要指标居全市重点中学第一，三中及职教中心的本科、专科上线率稳居全市学校第一，一中苗继元、职教中心高春娜、三中宋秋丽分别获全市文史类、农林类、机械类状元。“三个百分之百”：一中文史类考生上线率百分之百；一中计划内招生的考生上线率百分之百；四中、五中输送的对口招生考生上线率百分之百。2007 年高考，一中学生王文雍夺得廊坊市理科状元。2008 年，一中学生陈超夺得廊坊市文科状元。

1979—2008 年香河县大中专人才输送统计表

表 24-1-10

年份	高考					中考	
	参考人数	考入大专以上	考入中专	录取小计	录取率%	考入师范	考入中专
1979	3245	64	148	212	6 53	26	27
1980	2905	76	171	247	8 50	34	29
1981	1754	58	78	136	7 76	42	36
1982	512	39	71	110	21 48	38	34
1983	445	102	90	192	43 15	40	30
1984	439	62	79	141	32 12	36	48
1985	379	102	91	193	50 92	49	58
1986	323	136	56	192	59 44	50	42
1987	325	124	46	170	52 31	28	46
1988	650	114	47	161	24 77	30	43
1989	492	116	30	146	29 67	35	31
1990	729	116	34	150	20 58	31	61
1991	749	135	25	160	21 36	48	78
1992	733	140	53	193	26 33	45	77
1993	494	258	79	337	68 22	84	126
1994	473	218	88	306	64 70	146	184
1995	412	188	51	239	58 01	115	293
1996	438	213	63	276	63 01	137	324
1997	470	363	49	412	87 60	118	594
1998	658	308	22	330	50 20	97	697
1999	785	512	8	520	66 20	84	753
2000	943	561	—	561	59 51	67	851
2001	1262	932	—	932	73 82	59	925

续表 24-1-10

年份	高考					中考	
	参考人数	考入大专以上	考入中专	录取小计	录取率%	考入师范	考入中专
2002	1343	1200	—	1200	89 40	—	1027
2003	1506	1377	—	1377	91 40	—	852
2004	1884	1560	—	1560	82 80	—	1157
2005	2451	2083	—	2083	85 00	—	876
2006	3320	2424	—	2424	73 00	—	324
2007	3123	2463	—	2463	78 80	—	209
2008	3046	2565	—	2565	84 20	—	442

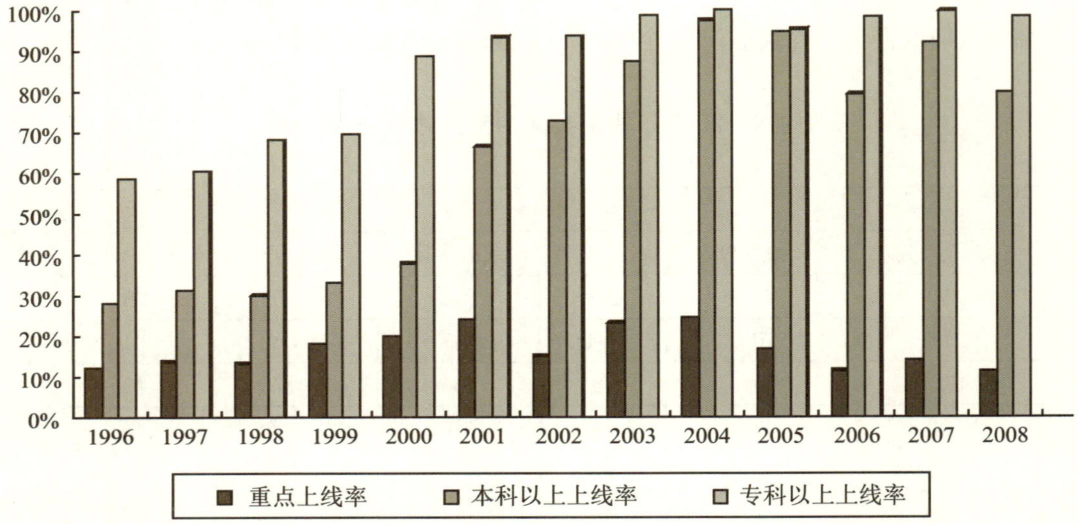

图 24-1-4　1996—2008 年香河县第一中学高考成绩示意图

第七节　教育经费

一　经费来源

1979 年以前，对所有小学按一定比例下拨教育经费，经费不足部分由社队补齐。1983 年，教育经费的征集本着“谁办学、谁投资、谁受益”的原则，社办学校社筹社管，队办学校队筹队管，联办学校合筹共管。多渠道筹措经费，改善中小学办学条件。

1985 年，根据《中共中央关于教育体制改革的决定》，香河县除 6 所国办中学外，其余 17 所乡镇中学全部划为乡镇管理。乡镇中学的部分教师工资由县政府拨给，其余办学经费均由乡镇自筹。

1994 年，县财政在安排年度预算时，确保教师个人工资性支出；预算内教育经费改由县管，由县级财政按月将教育经费划拨；农村教育费附加实行乡征县管；依法征收城市教育费附加。

2007 年起，香河县免除义务教育阶段学杂费，将义务教育经费足额纳入财政预算。

（一）国拨经费、教育费附加

1979—2008 年，香河县教育经费拨款总额 81802.3 万元。其中，1994 年教育经费拨款增长幅度最大，比 1993 年增加 385.3 万元，增长 53.43%。1995 年开始，县财政加大对教育的拨款，教育拨款的增长高于财政经常性收入的增长。

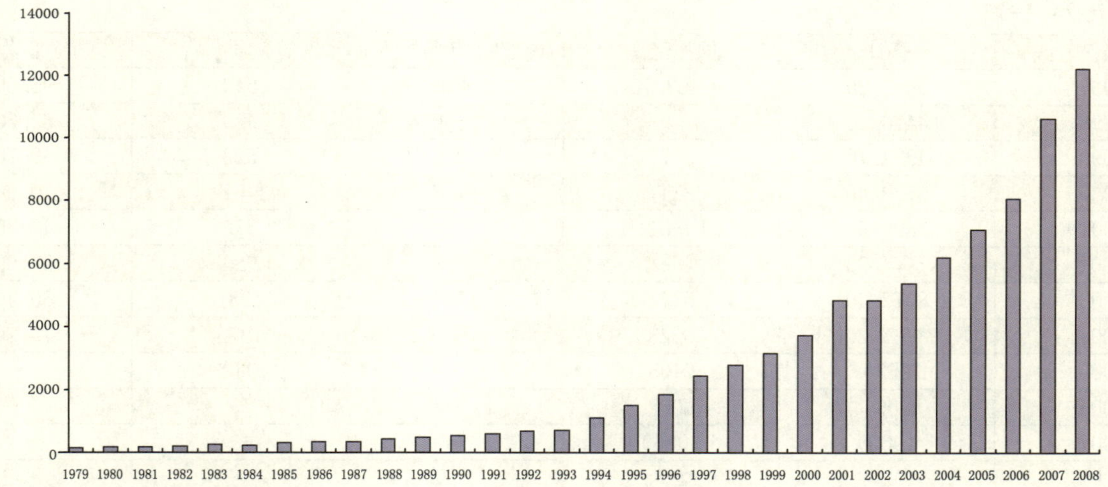

图 24-1-5 1979—2008 年香河县国拨经费示意图（单位：万元）

1985 年 10 月，香河县按照国家规定开始征收教育费附加。农村征收教育费附加有三个渠道：按工商税征收比例的 0.5%～1%，或按企业销售收入征收 10%～15%；按农业税征收比例的 10%～40%，或按人口征收，农业人口每人 1～2 元，按土地征收，每亩 1～2 元；从乡镇企业的上缴利润中补充教育费附加。1985—2005 年共计征收教育费附加 14394.6 万元。2006 年，随着农业税的取消而取消。

（二）勤工俭学收入

1979—2004 年，全县勤工俭学收入用于教育支出累计 1392.10 万元。其中，1987 年全县勤工俭学总收入用于发展生产基金占总收入的 68%，用于实际改善办学条件的占 17%，用于个人福利占 5%，用于集体福利占 8.6%，上交县文教局管理费占 1.4%。

1979—2008 年香河县教育经费来源情况统计表

表 24-1-11　　单位：万元

年份	合计	国拨经费	教育费（附加）	借读学杂费	勤工俭学收入
1979	150.60	145	5.60	—	—
1980	177.20	170.30	6.90	—	—
1981	188.30	180.70	7.60	—	—
1982	211.80	203.80	8	—	—
1983	256.50	247.30	9.20	—	—
1984	243	232.30	10.70	—	—
1985	365.40	326	19	—	20.40
1986	426.60	346	37	—	43.60
1987	468.80	352	41	—	75.80
1988	545.10	435.30	64	—	45.80
1989	608.90	487.10	68	—	53.80
1990	678.30	547	75	—	56.30
1991	792.20	606.8	127	—	58.40
1992	1027.70	683.70	284	—	60
1993	1814.50	721.10	487.60	535.80	70
1994	2287.40	1106.40	592	504	85
1995	2869.80	1524.80	712	487	146
1996	3261	1856	784	517	104

续表 24-1-11

年份	合计	国拨经费	教育费（附加）	借读学杂费	勤工俭学收入
1997	3993.20	2463.70	891	542	96.50
1998	4476.20	2798	1106	489	83.20
1999	4984.70	3177	1216	523	68.70
2000	5732.80	3747	1158	751	76.80
2001	6899.30	4861	1124	872	42.30
2002	7174.90	4861	1275	985	53.90
2003	8072.40	5377	1354	1281	60.40
2004	8751.20	6228	1407	1073	43.20
2005	9620	7105	1573	942	—
2006	8094	8094	—	—	—
2007	10660	10660	—	—	—
2008	12259	12259	—	—	—
合计	107090.80	81802.30	14394.60	9501.80	1392.10

（三）集资办学

1983 年始，全县各社队开始集资办学。1984—1985 年，乡、村、群众筹集教育经费 170.86 万元。1985 年，金辛庄乡矬口村率先投资 20 万元，建成矬口中心小学。1986 年，梁家务乡北李庄村投资 12 万元，建成北李庄小学；金辛庄乡政府和后彭务等村集资 12 万元建成后彭务中心小学。1987 年，梁家务乡大窑上村投资 32 万元，建大窑上中心小学三层教学楼 1 栋；刘宋镇张庄村投资 8 万元建张庄小学；渠口镇魏家滩村投资 6 万元，建魏家滩小学；石虎乡蔡庄村投资 20 多万元，建蔡庄中心小学二层教学楼 1 幢。1988 年，以刘永森为代表的钳屯乡建筑队集体投资 18 万元，建雀林院小学。1989 年，安头屯乡黄庄、顾家屯 2 村投资 10 万元，合建黄顾小学；淑阳镇政府投资 19 万元，建北岗子中心小学；钱旺乡焦康庄投资 10 万元，新建焦康庄小学；钱旺乡后大街建后大街小学；李庄乡前土门楼、后土门楼、吴打庄 3 村集资 10 万元，建李庄乡第二中心小学。至 1990 年，各乡镇共新建重建小学校园 21 所。1991 年，王家摆乡王指挥庄校办厂投资 30 万元建王指挥庄中心小学；安头屯乡孙营、赵营、杨营、韩营 4 村采取共同征集土地，分摊建校资金的办法，建立四营小学；钳屯乡红庙、茅草店、后家湾 3 村创建红草湾小学；李庄乡李庄、王家务、邢营筹建李庄乡第一中心小学。1999—2001 年，在农村中小学危房改造、布局调整工作中，各项捐集资 1390 万元。

1983—1990 年香河县个人和集体捐资助教情况统计表

表 24-1-12　　　　单位：元

姓名	工作单位或住址	捐资年份	捐款金额
李国政	王家摆乡贾庄	1983	20000
赵如顺	蒋辛屯乡百家湾	1988	26000
王作智	钱旺村乡后大街	1988	30000
阚广义	渠口镇王刘圈	1990	36000
陆　成	渠口镇店子务	1990	110000
蔡永祥	渠口镇店子务	1990	10000
蔡永峰	渠口镇店子务	1990	10000

说明：捐资助教 6000 元以下者姓名从略

1983—1990年香河县单位捐资助教情况统计表

表24-1-13　　单位：元

捐资单位	捐资年份	捐款金额
钳屯乡刘永森建筑队	1988	180000
香河县税务局	1988	18000
香河县交通局	1989	120000
金辛庄乡金星木器厂	1990	20000
香河县供电局	1990	9700
五百户乡羊毛衫厂	1990	10000
香河县建筑公司五处	1990	50000

说明：捐资助教5000元以下者单位从略

2000—2006年香河县部分单位、个人捐资助学情况一览表

表24-1-14

年份	金额（万元）	物资	方式	捐赠人	捐赠单位	受益单位、个人
2000	200	—	捐建	—	中信国安公司	北务屯小学
2000	5	—	捐资、与二百户小学共建	—	廊坊市天都大酒店	天都希望小学
2000	—	20台电脑	捐赠	—	北京通产投资公司、北方交通大学经济管理学院	香河县大罗屯中学、河南吴村小学
2000	0.85	—	捐赠	李廷佑	—	河南吴村小学
2002	—	标准篮球架等体育器材、篮球场	捐建	—	北方交通大学	河南吴村小学
2002	—	20台电脑	捐赠	—	廊坊市天都大酒店	天都希望小学
2003	—	600套新型连体式课桌椅	捐赠	—	北方交通大学	河南吴村小学
1998～2003	30	教室、篮球场等	捐建	张永德	香河建筑公司八处	安平中学
2006	1	生活、学习用品	捐赠	张　莉	香河县中冶长城重型机械设备有限公司	三中的5名孤儿

二　经费管理

20世纪80年代，教育经费为乡办学校乡筹乡管、村办学校村筹村管、联办学校合筹共管。进入90年代，教育经费统一由县管理，统一纳入县财政预算。

2004年9月，根据《河北省物价局、教育厅、财政厅关于在全省义务教育阶段推行“一费制”收费办法试行方案》，香河县在义务教育阶段推行“一费制”，制定收费标准，治理教育乱收费行为，切实减轻学生及家长的经济负担。2006年7月，根据省教育厅《关于进一步加强中小学办学体制改革管理的通知》和《关于规范普通中小学办学行为有关规定的通知》，义务教育阶段学校经费一律由县政府投入，优化全县教育资源。

2007年，根据《国务院关于深化农村义务教育经费保障机制改革的通知》和河北省人民政府《关于农村义务教育经费保障机制改革的通知》，香河县全面启动农村义务教育经费保障机制改革。按照“财政集中支付、教育集中结算”的管理模式，

在县教育局成立教育集中核算中心，负责监督、管理学校财务收支及会计核算工作；按照“集中管理，统一开户，分户核算”的办法，在县财政集中支付中心设立“义务教育经费专户”，将省、市、县所有机制改革资金纳入专户管理。

三　义务教育补助

2004 年，为确保“一费制”的顺利推行，国家为义务教育阶段学生补助公用经费，小学每生每年 60 元，初中每生每年 90 元，保障义务教育持续健康发展。

2005 年，为全面落实针对农村义务教育阶段贫困学生的“两免一补”（免除贫困生杂费、课本费和补助寄宿生活费）政策，香河县共投入资金 76 万元，使 4420 名贫困生受益。2006 年，香河县享受“两免一补”的贫困生 3094 人，共投入资金 71.86 万元。2007 年秋季，县补助贫困寄宿生 259 人，发放金额 1.99 万元；2008 年春季补助贫困寄宿生 554 人，发放金额 20.66 万元。

2007 年秋季学期开始，根据《财政部、教育部关于进一步加强免费提供教科书工作的若干意见》和《河北省农村义务教育阶段免费教科书循环使用办法(试行)》等文件，国家向全国农村（含县镇）义务教育阶段学生全部免费提供教科书。2008 年秋季，香河县免费提供教科书 34 万册，共计 170.69 万元。

四　教育投入

1984—1990 年，香河县为改善中小学的办学条件，共投入资金 1200 万元。其中，县专款 513 万元，乡镇拨款 169 万元，教育费附加投入 304 万元，集体群众集资捐资 101 万元，全县各类学校勤工俭学投入 113 万元。8 所学校增添操场，72 所学校安装旗杆，132 所学校解决水源。

1993—2008 年，香河县投资 54524.4 万元改善办学条件。迁建学校 21 所，建教学楼、办公楼 51 幢，建校舍 20081 间，建围墙 39424 米，安校门 252 副，建操场 86053 平方米，打水井 26 眼，建厕所 245 间。全县共添置课桌凳 79292 套，购置教学仪器 2785284 件，电教器材 1306 件，文体器材 35125 件，图书资料 696498 册。

1997—1999 年，全县各级各类学校为绿化、美化校园，共植树、种草坪、建花坛 3250 平方米，硬化路面 54235 平方米。

2002 年，校舍标准化程度大幅度提高。中心小学、中学都配备微机室，建立卫星地面接收站，较大规模的中学和市级“明星校”的小学都装备校园网和多媒体教室、大型综合训练馆。全县累计建计算机教室 60 个，购计算机 1825 台，建语音教室 20 个，卫星接收站 52 个，校园网 20 个，多媒体教室 11 个，综合训练馆 10 个。新增计算机教室 31 个、计算机 1050 台、校园网 20 个。是年，实施“校校通”工程投入 1500 万元。

2003 年 5 月，香河县教育城域网建成，覆盖全县 111 所中小学，实现全系统办公自动化、网络化。2005 年 10 月，香河县农村中小学现代远程教育工程通过市、省级国家验收。2008 年，香河县中小学形成网络教研。

2003—2005 年，购置计算机 3430 台，创建“绿色学校”18 所，学校植树 24500 棵、花木 5500 棵、草坪 9600 平方米。

2006 年，县政府投资 20 万元，上级配发装备价值 30 万元，建数字化实验室 2 个，科技活动室 3 个。

2008 年，香河县政府全额承担农村义务教育。为 27 所学校的 13 栋教学楼重做防水，改造厕所 38 间，原地改造学校 5 所。11 月，香河县义务教育阶段中小学取暖设施改造工程全面竣工，全县 2.7 万名义务教育阶段中小学在校生受益，1.1 万名乡镇小学生当年冬天用上暖气。煤炉取暖在香河县中小学成为历史。取暖改造工程总投资 1021 万元，其中，上级专项资金 75 万元，县级配套资金 819 万元，县财政拨付城内一小并入县城集中供热管网资金 127 万元。全县共改造学校 71 所，改造总面积 12.6 万平方米（不含城内一小并入县城集中供热管网面积），安装锅炉 154 台，新建、改造锅炉房 154 间。

1979—2008年香河县教育事业费拨款统计表

表 24-1-15　　　　单位：万元

年份	幼儿	小学	中学	民办	中专	职业	扫盲	进修培训	其他教育	特殊教育	合计
1979	0.3	61.4	62.8	0.5	2.8	4.7	5.1	0.2	7.7	—	145
1980	0.4	71.5	80.4	0.4	3.8	5.7	4.7	0.4	3.3	—	170.3
1981	0.7	74.8	84.9	0.7	4.3	6.5	5.3	0.3	8.5	—	180.7
1982	0.5	72.6	98.2	0.2	5.8	7.4	4.3	0.4	14.6	—	203.8
1983	0.3	95.5	120.4	0.4	6.5	8.3	—	0.8	15.5	—	247.3
1984	0.7	79.7	111.5	0.6	7.2	7.9	—	1.9	19.8	3	232.3
1985	0.8	124.5	143.7	1.2	8	11	—	2.3	34.5	—	326
1986	0.9	135.6	158	1.5	8.8	12.5	—	3.7	24.6	—	345.6
1987	1.1	133.1	171.4	0.3	5	11.5	—	3.7	25.8	—	351.7
1988	2	214.5	161.8	12	2.5	13.2	—	5.7	23.6	—	435.3
1989	2.2	221.3	184.5	13	1.7	14.6	—	11.3	38.5	—	487.1
1990	4.3	251.6	213.4	17	2.6	18.4	—	13.5	26.2	—	547
1991	6.8	273	247	21	8	23	—	16.5	21.5	—	606.8
1992	9	289	294	24	10.5	30.6	—	19	31.6	—	683.7
1993	11	293	312	27	13	32.6	—	21	11.5	—	721.1
1994	35	415	475	—	56	64.8	—	37	23.6	—	1106.4
1995	73	572	658	—	75	104.3	—	27	14.5	—	1524.8
1996	104	702	748	—	46	218	—	13	25	—	1856
1997	163	814	967	—	38	427	—	24	30.7	—	2463.7
1998	152	951	1084	—	24	543	—	26	19	—	2798
1999	187	1092	1176	—	29	605	—	41	47	—	3177
2000	237	1284	1348	—	51	748	—	12	67	—	3747
2001	314.3	1582	1754	—	72.7	902	—	36	200	—	4861
2002	287	1497	1873	—	67	1003	—	72	62	—	4861
2003	314	1554	2076	—	53	1251	—	57	72	—	5377
2004	404	1598	2403	—	74	1530	—	38	55	126	6228
2005	572	1642	2784	—	124	1728	—	45	73	137	7105
2006	614	1952	3120	—	184	1985	—	35	59	145	8094
2007	704	2827	4187	—	357	2241	—	75	107	162	10660
2008	813	3286	4679	—	389	2697	—	98	124	173	12259

2008年底香河县中小学楼房建筑情况统计表

表 24-1-16

校名	楼房	栋数	面积（平方米）	投资（万元）	建筑年份	校名	楼房	栋数	面积（平方米）	投资（万元）	建筑年份
香河一中	主教学楼	1	19691	2067.6	2005	香河八中	综合楼	1	840	42	1993
	学生宿舍楼	4	20132	1882.53	2005		北宿舍楼	1	2750	137.5	1999
	学生生活服务楼	1	10603	1089.81	2005		教学楼	1	4260	213	2000
	图书楼	1	22664.59	3085.16	2006		南宿舍楼	1	4100	205	2001
	实验楼	1					科技楼	1	5700	313.5	2002
	艺术楼	1				香河九中	教学楼	1	3876	185	1997
香河二中	科技楼	1	4300	271	1997	香河十中	教学楼	1	1253	67	1998
	宿舍楼	1	4300	275	1998	香河十二中	教学楼	1	1350	78	1996
	门卫楼	1	500	46	1999	香河职教中心	北教学楼	1	4053	235	1995
	教学楼	1	7023	489.8	2000		宿舍楼	1	2463	123	1996
	餐饮楼	1	2600	290	2006		教研楼	1	2773	167	1997
香河三中	老学生宿舍楼	1	1534	12.8	1980		科技楼	1	2700	189	2002
	图书馆楼	1	1132	20	1984		南教学楼	1	3196	304	2005
	原办公楼	1	1432.2	25	1984	城内一小	南教学楼	1	2084	150	1998
	原教学楼	1	1432	24	1984		北教学楼	1	4542.08	387	2003
	科技楼	1	5086.5	420	1997	城内二小	北教学楼	1	2443	100	1991
	女生宿舍楼	1	2437.5	160	2000		办公楼	2	895	13	1991
	北教学楼	1	5957.5	709.4	2002		南教学楼	1	2443	154.7	1994
	男生宿舍楼	1	4283.7	301.3	2003	城内三小	教学楼	1	2500	171	1993
	办公楼	1	3488	413.9	2004	淑阳镇铗口小学	教学楼	3	2530	132	1985
香河四中	教学楼	1	6300	500	2000	淑阳镇白庙小学	教学楼	1	1159	50	1996
	宿舍楼	1	3000	240	2002	安平镇周庄小学	教学楼	1	1256.5	95	1994
	多功能厅	1	1200	120	2004	安平镇三小	教学楼	1	2100	98	1993
香河五中	教学楼	1	2650	150	1997	五百户镇第二小学	教学楼	1	3415	220.55	2004
	教研楼	1	2400	160	2001	五百房镇香椿营回民小学	教学楼	1	1500	150	1999
	科技楼	1	2400	155	2001	刘宋镇北务屯小学	教学楼	1	2700	350	1999
	学生宿舍楼	1	3117	265	2003	蒋辛屯镇大窑上小学	教学楼	1	1800	32	1987
	教师公寓楼	1	1820	109	2003	渠口镇蔡庄小学	教学楼	1	1240	20	1987
香河六中	教学楼	1	5217	520	2006	渠口镇王刘圈小学	教学楼	1	1000	12	1990
香河七中	教学楼	1	2100	200	1994	香河县星宇学校	教学楼	1	5600	445.8	2004

1979—2008年香河县中小学校舍情况统计表

表 24-1-17

年度 项目	学校数（所）									学校占地面积（平方米）									校舍建筑面积（平方米）								
	普通中学			农职中学			小学			普通中学			农职中学			小学			普通中学			农职中学			小学		
	合计	县镇	农村	合计	县镇	农村	合计	县镇	农村	合计	县镇	农村	合计	县镇	农村	合计	县镇	农村	合计	县镇	农村	合计	县镇	农村	合计	县镇	农村
1979	23	6	17	1	—	1	272	1	271	426832	86852	339980	63699	—	63699	783573	14065	769508	50863	8976	41887	3204	—	3204	82367	1832	80535
1980	23	6	17	1	—	1	263	1	262	425893	86954	338939	63699	—	63699	789671	14163	775508	51367	9089	42278	3204	—	3204	83258	1832	81426
1981	23	6	17	1	—	1	261	1	260	428271	87756	340515	63699	—	63699	798635	14236	784399	50145	9046	41099	3204	—	3204	81752	1847	79905
1982	23	6	17	1	—	1	250	1	249	434084	89845	344239	63699	—	63699	794330	14674	779656	48820	8992	39828	3204	—	3204	80717	1935	78782
1983	23	6	17	1	—	1	225	1	224	485069	90045	395024	63699	—	63699	742158	14674	727484	48689	8097	40592	3204	—	3204	86925	1935	84990
1984	23	6	17	1	—	1	216	1	215	485675	98765	386910	63699	—	63699	738652	16752	721900	48498	10257	38241	3204	—	3204	80856	2413	78443
1985	23	6	17	1	—	1	199	1	198	498763	134255	364508	63699	—	63699	726345	28634	697711	50249	13854	36396	3204	—	3204	76532	3247	73285
1986	23	6	17	1	—	1	197	1	196	494832	244189	250343	63699	—	63699	716158	39753	676405	51649	27783	23866	3204	—	3204	71991	5339	66652
1987	23	6	17	1	—	1	194	1	193	494247	249391	244856	63699	—	63699	720827	37019	683808	54800	32123	22677	3204	—	3204	73167	5161	68006
1988	23	6	17	1	—	1	190	1	189	519860	221644	298216	63699	—	63699	763448	37352	726096	60823	35906	24917	3204	—	3204	78754	7893	70861
1989	23	6	17	1	—	1	182	1	181	516925	221604	295321	63699	—	63699	723028	37359	685669	58228	32599	25629	3204	—	3204	80593	7896	72697
1990	23	6	17	1	—	1	184	1	183	512923	249458	263465	63699	—	63699	734367	52693	681674	50601	24502	26099	3204	—	3204	89214	7906	81308
1991	23	6	17	1	—	1	183	2	181	521527	263131	258396	63699	—	63699	821677	70702	750975	57356	32328	25028	3649	—	3649	89749	9986	79763
1992	23	6	17	1	—	1	183	2	181	522127	263131	258996	63699	—	63699	904185	75304	828881	59534	34038	25496	3649	—	3649	99116	10704	88412
1993	23	6	17	1	—	1	179	3	176	523662	266789	256873	93936	—	93936	918185	79273	838912	64258	38574	25684	3649	—	3649	112354	12242	100112
1994	23	6	17	1	—	1	178	3	175	537966	392925	145041	93936	—	93936	960306	52604	907702	65118	41488	23630	3649	—	3649	116600	63973	52627
1995	23	6	17	1	—	1	175	3	172	561355	229529	331826	66667	—	66667	974984	50805	924179	72925	41063	31862	3649	—	3649	136556	10736	125820
1996	23	6	17	1	1	—	176	3	173	565360	236727	328633	66184	66184	—	986702	50805	935897	76339	41185	35154	7416	7416	—	144906	11030	133876
1997	23	6	17	1	1	—	171	3	168	608611	261234	347377	66184	66184	—	1028276	52425	975851	94647	50656	43991	12480	12480	—	160209	16157	144052
1998	23	6	17	1	1	—	170	3	167	604272	259234	345038	66184	66184	—	1054371	52426	1001945	105697	56286	49411	12480	12480	—	164719	14568	150151
1999	23	6	17	1	1	—	166	3	163	639776	264351	375425	66184	66184	—	1067102	52885	1014217	115090	57144	57946	12480	12480	—	166028	14568	151460
2000	23	6	17	1	1	—	129	3	126	698460	278484	419976	66184	66184	—	1036355	52885	983470	136854	68656	68198	12480	12480	—	165741	18001	147740
2001	23	6	17	1	1	—	84	3	81	754968	276086	478882	66184	66184	—	936429	48198	888231	158486	80466	78020	12480	12480	—	143368	18475	124893
2002	23	6	17	1	1	—	83	3	80	736985	290901	446084	66184	66184	—	942306	48198	894108	149678	77401	72277	12480	12480	—	144612	18787	125825
2003	23	6	17	1	1	—	84	3	81	744003	300252	443751	73218	73218	—	955463	60189	895274	169248	97076	72172	17810	17810	—	141289	24894	116395
2004	23	6	17	1	1	—	80	3	77	746003	300252	445751	73218	73218	—	926009	64666	861343	171927	98261	73666	17810	17810	—	136762	25335	111427
2005	21	6	15	1	1	—	79	3	76	721040	309384	411656	73218	73218	—	937683	65347	872336	162407	100228	62179	17810	17810	—	135780	25675	110105
2006	13	13	—	1	1	—	74	3	71	819270	819270	0	73733	73733	—	959203	115302	843901	225506	225506	—	27274	27274	—	139470	26778	112692
2007	13	13	—	1	1	—	72	3	69	819269	819269	0	75033	75033	—	951490	115302	836188	224845	224845	—	22594	22594	—	135680	26778	108902
2008	13	13	—	1	1	—	—	3	—	819269	819269	0	75033	75033	—	947458	115302	832156	225017	225017	—	23760	23760	—	137255	26778	110477

第八节 勤工俭学

一 管理

1976—1984 年，香河县的勤工俭学处于调整提高阶段。县文教局有专人抓，各乡镇有专人管理。

1985 到 1990 年，香河县勤工俭学从调整步入正规化发展阶段。由县教育局整顿全县所有校办厂，清理冒名的校办厂或使其变成名副其实的学校企业。校办农场配合国家的“星火计划”，主营科技实验推广。1993 年，由县教育局下发《香河县中小学勤工俭学达标标准》，并配之以相应的奖励办法。10 月底，在香河三中召开全县勤工俭学工作会议，推广香河三中校办企业发展方法。

1997 年，廊坊市勤工俭学暨校办产业工作会议在香河县召开。引进资金 70 多万元，用以帮助企业的资金周转。

2001 年，香河县校办企业勤工俭学总产值 1.38 亿元，纯收入 2100 万元。2003 年，香河县把开发校园经济作为学校勤工俭学活动的重要载体，扶持骨干校办企业壮大经济实力，勤工俭学收入 1190 万元。

二 规模

香河县早期的勤工俭学主要依靠开办工厂、农场、饲养场等，此外还组织学生积肥、拾柴拾粮、拔草等。1979 年，全县有校办工厂 24 个、农场 90 个、林场 39 个。1984 年起，勤工俭学进入调整提高阶段。这一年，香河县有校办工厂 26 个、农场 16 个、林场 4 个，校办厂（场）工人 350 名工人，固定资产 20 万元；勤工俭学创总产值 121.3 万元，获纯收入 20.4 万元。1985 年，全县有校办厂 29 个，农场 31 个，林场 5 个，工人 523 名，固定资产 43.09 万元。

1989 年，全县校办工厂 55 个，农场 19 个，林场 2 个，职工 930 人，固定资产 246 万元，总产值 1202.6 万元。王指挥庄印刷包装厂实现利润 40 万元。香河县师范泡沫厂 1987 年筹建，到 1990 年，平均年创利润 30 万元。1990 年底，全县 87%的中小学办起校办厂、校办农场、校园经济。全县校办工厂 38 个，农场 33 个，林场 1 个，校办工厂（场）工人 767 人，固定资产 296 万元，全年勤工俭学创总产值 2888 万元，

1992 年，校办企业 52 家，涌现出一批骨干厂。县教育局机关成立“香河县校办企业工贸公司”作为校办企业的龙头，带动全县校办企业的发展。1993 年，香河三中建北京市小型压缩机厂香河分厂，总投资 30 万元,年产值 300 万元，年利润 16 万元；全年全县勤工俭学总产值 3056 万元，纯收入 476 万元；全县新增校办企业 16 家，校企总数 68 家。

1999 年，香河县校办企业引进资金 183 万元，县教育局引进资金 73 万元,校办企业总产值 11324 万元，利润 1774 万元。

2003 年，把开发校园经济作为学校勤工俭学活动的重要载体，有 4 所学校申报市校园经济开发达标校，全县达到省市校园经济开发标准的学校 26 所。三中校办厂征地 1.53 万平方米，投资 200 万元上防火门项目。

2004 年起，校办厂陆续由集体所有制改为股份制或私有制，许多经营不善的校办厂拍卖或出租，逐渐解体。勤工俭学工作逐渐停滞，至 2008 年，仅剩校办厂 1 家，林果业 22 家，勤工俭学收入 162 万元，固定资产 454.1 万元。

三 收入与使用

1979 年全县勤工俭学纯收入 11.4 万元，1980 年收入 110.9 万元，1990 年收入 162 万元，2001 年收入 2100 万元，22 年增长 2088.6 万元，183 倍。2003 年收入 1190 万元，之后由于企业改制，集体企业大多改为私有制或股份制，挂靠在学校名下的校办工厂等陆续改为个人所有，勤工俭学收入到 2004 年仅有 440 万元，2008 年勤工俭学收入减少到 162 万元。

勤工俭学的收入主要用途有纳税、扩大再生产、改善办学条件、师生福利等。1986—1989 年，纳税 121 万元；1994—1996 年，纳税 766 万元；2001—2008 年，纳税 2901.1 万元。1984—1996 年用于改善办学条件 527 万元，用于师生福利的资金共计 242 万元；2001—2008 年，用于改善办学条件 703 万元，用于师生福利 214 万元。

1979—2008年香河县勤工俭学情况统计表

表 24-1-18

年份	校办工厂						种植业						林果业					畜牧业				商饮服务业						职工人数		
	校数			店（摊）数			校数			小农场			校数			面积(公顷)	株树	校数			畜禽饲养量只	校数			店（摊）数					
	合计	中学	小学	合计	中学	小学	合计	中学	小学	合计	中学	小学	合计	中学	小学			合计	中学	小学		合计	中学	小学	合计	中学	小学	合计	中学	小学
1979	24	18	6	—	—	—	—	—	—	90	17	73	39	3	36	2.66	67639	34	9	25	103	—	—	—	—	—	—	—	—	—
1980	27	20	7	—	—	—	—	—	—	46	12	34	27	5	22	2.33	—	11	7	4	72	—	—	—	—	—	—	—	—	—
1981	—	—	—	—	—	—	—	—	—	—	—	—	—	—	—	—	—	—	—	—	—	—	—	—	—	—	—	—	—	—
1982	40	11	29	—	—	—	—	—	—	22	2	20	6	—	6	0.75	—	3	1	2	18	—	—	—	—	—	—	267	177	90
1983	—	—	—	—	—	—	—	—	—	—	—	—	—	—	—	—	—	—	—	—	—	—	—	—	—	—	—	—	—	
1984	26	—	—	—	—	—	—	—	—	16	—	—	4	—	—	—	—	—	—	—	—	—	—	—	—	—	—	350	—	—
1985	29	—	—	—	—	—	—	—	—	31	—	—	5	—	—	—	—	—	—	—	—	—	—	—	—	—	—	523	—	—
1986	31	5	26	31	20	11	14	8	6	14	8	6	2	2	0	0.88	4400	3	3	0	—	17	—	—	—	—	—	596	—	—
1987	43	21	22	32	16	16	17	9	8	17	9	8	2	2	0	22.27	11004	1	1	0	22	12	7	5	12	7	5	1110	—	—
1988	58	25	33	34	16	18	—	—	—	26	15	11	2	0	2	—	4390	—	—	—	—	12	7	5	12	7	5	1179	540	639
1989	55	23	32	36	17	19	—	—	—	19	11	8	2	1	1	—	4699	—	—	—	—	9	6	3	9	6	3	930	429	501
1990	38	15	23	35	14	21	—	—	—	33	16	17	1	1	0	—	2356	—	—	—	—	—	—	—	—	—	—	767	316	451
1991	41	16	25	31	12	19	12	3	9	21	10	11	1	1	0	7.07	1235	—	—	—	—	—	—	—	—	—	—	896	412	584
1992	52	13	39	34	13	21	16	4	12	17	9	8	1	1	0	6.47	1232	—	—	—	—	—	—	—	—	—	—	907	426	481
1993	68	13	55	53	16	37	13	3	10	16	8	8	2	1	1	12.6	1963	—	—	—	—	—	—	—	—	—	—	1136	528	608
1994	52	13	39	67	14	53	12	2	10	14	5	9	2	1	1	13.27	1800	—	—	—	—	11	2	9	—	—	—	1347	520	827
1995	54	13	41	94	9	85	18	2	16	13	5	8	1	1	0	13.27	3500	—	—	—	—	94	9	85	—	—	—	1464	321	1143
1996	52	22	30	86	23	63	7	1	6	9	2	7	1	1	0	11.33	3320	—	—	—	—	—	—	—	—	—	—	—	—	—
1997	52	22	30	86	23	63	—	—	—	—	—	—	—	—	—	—	—	—	—	—	—	—	—	—	—	—	—	—	—	—
1998	55	19	36	92	23	69	—	—	—	—	—	—	—	—	—	—	—	—	—	—	—	—	—	—	—	—	—	—	—	—
1999	60	22	38	97	23	74	—	—	—	—	—	—	—	—	—	—	—	—	—	—	—	—	—	—	—	—	—	—	—	—
2000	62	18	46	98	23	75	—	—	—	—	—	—	—	—	—	—	—	—	—	—	—	—	—	—	—	—	—	—	—	—
2001	47	5	42	101	23	78	—	—	—	—	—	—	79	12	67	26.33	—	—	—	—	—	—	—	—	—	—	—	678	432	246
2002	47	5	42	102	23	79	—	—	—	—	—	—	79	12	67	26.33	—	—	—	—	—	—	—	—	—	—	—	527	305	222
2003	5	4	1	108	24	84	—	—	—	—	—	—	78	12	66	26.00	—	—	—	—	—	—	—	—	—	—	—	496	287	209
2004	2	1	1	108	24	84	—	—	—	—	—	—	42	12	30	25.00	—	—	—	—	—	—	—	—	—	—	—	468	276	192
2005	1	—	1	108	24	84	—	—	—	—	—	—	36	12	24	8.00	—	—	—	—	—	—	—	—	—	—	—	406	243	163
2006	1	—	1	62	13	49	—	—	—	—	—	—	22	—	—	4.68	—	—	—	—	—	—	—	—	—	—	—	373	219	154
2007	1	—	1	62	13	49	—	—	—	—	—	—	22	—	—	4.68	—	—	—	—	—	—	—	—	—	—	—	383	229	154
2008	1	—	1	61	13	48	—	—	—	—	—	—	22	—	—	4.68	—	—	—	—	—	—	—	—	—	—	—	383	229	154

第二十四编　教育　科技

附

安平镇王指挥庄小学祥达印刷厂

1984年，王指挥庄农民王振森联合4家农民，办起王指挥庄小学印刷包装厂。1985年，创产值30万元，利润7万元。1986年，偿还工厂部分个人投资，使校办工厂的经营权、财产权全部转归学校，年产值70万元，利润12万元。1987年、1988年，共创产值292万元，利润63万元。1989年利润40万元，成为全县勤工俭学标兵厂。经济效益在河北省校办工厂同行业居第一名，连续两年被省教委、省计经委等五部门评为“勤工俭学先进单位”，1990年，厂长王振森被评为香河县“农民企业家”。被国家科委、团中央授予“全国农村青年星火带头人标兵”。是年，建成全自动车间1个，有印刷配套机械16台，固定资产110万元，流动资金80万元，技术工人100人，产值325万元，利润60万元。1994年，王振森获河北省“勤工俭学先进个人”称号。1996年，获河北省“勤工俭学先进集体”称号，再次获河北省“勤工俭学先进个人”称号。

1999年，从北京德氏派克包装装潢设计责任有限公司引进73万元，扩大企业规模，产品质量上档升级。2002年，同外地企业合作，共同投资8000万元，在安平开发区创办了大型印刷、装潢企业。

从1986年起为全校学生免除全部学杂费、定期发放校服、文具，给全校教师每人每月增加50元补贴。1990年，校办厂拿出20万元建成1所高标准小学校舍，图书室、实验室、科技室、娱乐室设备齐全，音乐、体育器材完备，办公室内电视机、电风扇、录音机、广播器材配套。同时，又拿出资金为村里作公益事业。1988年，投资13万元为全村安装自来水，20世纪90年代投资修建村内道路，净化村街环境。

第九节　管理机构

香河县教育局主管全县教育，担负贯彻执行国家教育方针、政策，制定并落实全县教育工作规划、计划，指导全县教育教学改革和发展的任务。从20世纪50年代起，乡（公社）配备文教干部1人。1980年1月，香河县革命委员会文教局改为香河县文教局，下辖全县中小学、文化馆、书店、评剧团、县直幼儿园、电影发行放映公司等。1983年，局内设人秘股、文化股、财务股。1984年，改人秘股为办公室，增设政教股。1985年，增设教研室。1987年，增设保卫科。1988年，增设督导室。1989年，局内增设审计科和德育科，并设有办公室、文化股、财务股、教研室、体育组、招生办、电教站、勤工俭学股、老干部管理股、保卫股。1990年，文化、教育分开，建立香河县教育局。2008年，县教育局内设办公室、人事股、核算中心、基建环境法制保卫股、成人职业教育股、师训股、监察室、招生办、勤工俭学股、督导室、计财审计股、教育股、教研室、电教站、调解中心15个股室。编制50人。

第二章　科　技

第一节　科技人员

一　分布

1979—2008年，香河县科技人员主要分布在医疗卫生、文化教育、农业、工程建筑等5个系统、36个专业。2008年，全县5786名科技人员，在医疗卫生科技人员中，有医疗（包括内科、外科、儿科、口腔科、耳鼻喉科、妇产科等）、中医、中药、检验、护理、西药等6个专业1095人，占全县科技人员总数的18.92%；在文化教育科技人员中，有中等专业学校教师和中小学教师3536人，占全县科技人员总数的61.11%；在农业科技人员中，有农学、植保、土肥、林学、畜牧、兽医、水产、农机、农经等9个专业，共278名，占全县科技人员总数的4.81%；在工程技术人员中，有工程建筑、机械、机电、仪器仪表、公路、水利、食品加工、工业管理等8个专业，共401人，占全县科技人员总数的6.93%；其他专业的科技人员包括：经济、统计、会计、艺术、新闻、出版、体育、档案、图书、律师、公证、工艺美术等12个专业476人，占全县科技人员总数的8.23%。与1979年相比，全县科技人员分布卫生、文化系统占比提升，分布在工程及其他专业系统占比下降。

1979—2008年香河县部分年份科技人员分布比例统计表

表24-2-1　　单位：人、%

年份	人数	人员分布									
		卫生系统		文化系统		农业系统		工程系统		其他	
		人数	比例	人数	比例	人数	比例	人数	比例	人数	比例
1979	935	132	14.12	549	58.72	34	3.64	98	10.48	122	13.05
1985	2873	430	14.97	1709	59.48	125	4.35	212	7.38	397	13.82
1990	3768	512	13.59	2263	60.05	203	5.39	352	9.34	438	11.62
1995	4937	835	16.91	3013	61.03	235	4.76	382	7.74	472	9.56
2000	5130	878	17.12	3153	61.46	241	4.70	388	7.56	470	9.16
2005	5674	1037	18.28	3491	61.53	268	4.72	402	7.08	476	8.39
2008	5786	1095	18.92	3536	61.11	278	4.81	401	6.93	476	8.23

二　结构

（一）职称结构

1981年，香河县开始专业技术职称套改、评定、晋升。是年，全县有工程及农业技术干部132人，套改或晋升为初级职称77人，占58.33%；技术员55人，占41.67%。1990年，高级技术职称62人，占科技人员总数1.65%；中级职称781人，占科技人员总数20.73%；初级及以下技术职称2925人，占科技人员总数77.63%。2000年，高级技术职称156人，占科技人员总数3.04%；中级职称1012人，占科技人员总数19.73%；初级及以下技术职称3962人，占科技人员总数77.23%。2008年，高级技术职称285人，占科技人员总数4.93%；中级职称1139人，占科技人员总数19.38%；初级及以下技术职称4362人，占科技人员总数75.39%。

（二）学历结构

1979年，全县935名科技人员中，大学本科毕业22人，占2.35%；大学专科毕业67人，占7.17%；中等专业学校毕业487人，占52.09%；高中及以下毕业359人，占38.39%。1985年，全县2873名科技人员中，大学本科毕业156人，占5.43%；大学专科毕业325人，占11.31%；中等专业学校毕业1548人，占53.88%；高中及以下毕业844人，占29.38%。1990年，全县3433名科技人员中，大学本科毕业216人，占6.29%；大学专科毕业516人，占15.03%；中等专业学校毕业1878人，占54.70%；高中及以下毕业823人，占23.97%。2000年，全县5130名科技人员中，大学本科毕业383人，占7.47%；大学专科毕业1059人，占20.64%；中等专业学校毕业2876人，占56.06%；高中及以下毕业812人，占15.83%。2008年，全县5786名科技人员中，大学本科毕业785人，占13.57%；大学专科毕业1404人，占24.27%；中等专业学校毕业2799人，占48.38%；高中及以下毕业798人，占13.79%。

三　职称评定

1981年1月，香河县开始专业技术干部技术职称的套改、评定、晋升。评定范围包括在乡镇企业、民营科技企业（含非国有企事业）从事专业技术工作的专业技术人员。是年，全县工程技术干部98人，包括工业、交通、供电、气象、水利、农机、科委等部门。套改助理工程师的32人，套改工程技术员的8人。经地区主管局专业技术审核批准，全县确定助理工程师18人，工程技术员36人。

另有6人经地区主管局批准由工程技术员晋升为助理工程师。农业技术干部，套改为助理农艺师的17人，套改为助理畜牧兽医师的4人，套改为农业技术员的13人。

1982年2月至8月，经廊坊地区批准，有12人晋升为工程师，9人晋升为农艺师，1人晋升为兽医师。全县有中级专业技术职称39人。其中，农艺师10人，兽医师1人，经济师1人，医师15人，工程师12人。

1986年，县职称改革领导小组研究制定《香河县职称改革工作的总体规划》，统一部署全县职称改革。1987年8月上旬始，重点是事业单位，第一批设6个试点：卫生系统（县医院）1个，教育系统（第五中学、城关小学）2个，农业系统（农业局）1个，水利系统（水利局）1个，经委下属全民企业（汉川机械厂）1个，初级职称由县进行评聘，中级职称由廊坊地区审批，高级职称由河北省审批。事业单位职称改革工作历时1年零5个月。2008年底，全县共有各类科技人员5786人，其中高级技术人员285人，中级1139人。

1987年香河县首批专业技术人员统计表

表24-2-2　　单位：人

职称类别	高级	中职	助理级	员级	小计
全民企业	—	38	173	89	300
集体企业	3	42	208	75	328
全民事业	55	624	1164	644	2487
集体事业	—	32	66	57	155
农民	—	25	47	39	111
民办教师	—	—	74	113	187
合计	58	761	1732	1017	3568

1988年开始评定农民和乡镇企业技术人员的职称，由县职称改革办公室统一组织实施。涉及建筑工程、农村会计、农业果树、乡镇企业管理等。1988—2008年，共评定职称1111人，其中评出高级职称19人，中级职称400人，初级职称692人。

1988—2008年香河县农民职称评定统计表

表24-2-3

年份	人数	职称结构（人）		
		高级	中级	初级
1988	40	—	3	37
1989	61	—	5	56
1990	51	—	7	44
1991	104	—	35	69
1992	174	—	17	157
1993	109	—	22	87
1994	127	2	27	98
1995	112	2	34	76
1996	62	6	31	25

续表 24-2-3

年份	人数	职称结构（人）		
		高级	中级	初级
1997	58	3	50	5
1998	66	2	46	18
1999	42	4	32	6
2000	55	—	48	7
2001	20	—	20	—
2002	23	—	23	—
2004	3	—	—	3
2005	2	—	—	2
2008	2	—	—	2

四 人才引进

香河县重视引进、培养科技人才。1998 年成立知识分子工作领导小组和香河县专家咨询委员会。2000—2001 年，制定《关于进一步落实 2002 年人才引进计划的通知》《关于引进研究生、国家重点院校本科生的十条暂行规定》；2003—2004 年，制定《关于选拔第一批市管优秀专家的实施意见》《关于引进人才若干优惠政策的意见》。1999—2008 年，通过调入、“双休日”指导等多种形式，全县共引进人才 2634 人。其中，大学以上学历的 1417 人；高级以上职称 637 人，中级职称 1644 人；聘请各类“双休日”中职技术人才 831 人。

1999—2008 年香河县引进人才统计表

表 24-2-4 单位：人

年份	大学以上	高级职称以上	中级职称	“双休日”中职技术人才
1999—2000	68	53	120	79
2001—2002	154	124	190	104
2003—2004	254	164	230	174
2005—2006	454	164	530	474
2007—2008	487	132	574	—
合计	1417	637	1644	831

第二节 科技管理

一 人员管理

1979 年以前，香河县没有专门的科技人员管理机构，科技人员与行政人员一样，按所任职务分别由县委组织部和劳动人事局管理。1979 年后，为落实党的知识分子政策，县政府将学非所用的大中专毕业生调整归队，恢复科技人员晋升技术职称，落实技术人员待遇，并由县科委确定一名工作人员专门负责科技干部管理工作。1986 年 1 月，县科委始建科级干部管理组，设干部 2 人，1987 年增至 3 人。

二 项目管理

1979 年后，香河县科技项目立项程序日趋完善。至 1990 年，列入计划项目 94 项。其中，农业项目 57 项，占 60.64%；工业 23 项，占 24.47%；其他 14 项，占 14.88%。

1979—1990 年香河县科研项目统计表

表 24-2-5　　单位：个

年份	项目总数	省	市	县	工业	农业	卫生	林果	畜牧	蔬菜
1979	14	1	13	—	2	11	1	—	—	—
1980	9	1	8	—	2	6	1	—	—	—
1981	4	1	3	—	1	3	—	—	—	—
1982	3	—	3	—	1	2	—	—	—	—
1983	6	2	4	—	2	3	—	—	1	—
1984	7	2	5	—	3	4	—	—	—	
1985	7	—	7	—	2	2	—	1	1	1
1986	10	3	3	4	3	5	—	1	1	—
1987	16	5	1	10	3	11	—	1	1	—
1988	4	3	1	—	1	2	—	1	—	—
1989	8	4	1	3	2	4	—	2	—	—
1990	6	—	2	4	1	4	—	1	—	—
合计	94	22	51	21	23	57	2	7	4	1

香河县自 1998 年创建全国科技进步先进县开始制定科学技术研究与发展计划，筛选科技含量高，有市场前景的科技项目列入县科技计划，县财政给予项目研究与开发专项经费支持，由每年科学技术支出中列支。建立县级科技计划管理体制和运行机制，制定实施方案，项目的立项管理、实施管理、结题管理按规定程序操作。1998—2008 年，列入香河县科技计划项目 48 项，每年投入的科技研究与开发经费比例均占当年本级财政决算支出的 1.3%以上。1996—2008 年，香河县申报、承担国家、省、市级科技计划项目计 120 项，其中国家级 6 项，省级 48 项，市级 66 项。

1996—2008 年香河县科技计划项目一览表

表 24-2-6

年份	国家级	省级	市级
1996	—	申报 3 项：四立柱多锯片石材切机；自由低音手风琴；全自动发泡机	立项 3 项：高效脱硫除尘器；自由低音手风琴；双向恒温保健床垫
1998	—	立项 5 项：全自动方底阀口糊底机，钢—铜铅双金属柱塞缸体，∮23mm 腔体小顶锤合成∮26mm 大腔体新工艺，超高温刚玉莫莱石轻质耐火砖，钙长石结合莫莱石轻质耐火砖	立项 1 项：汽车高性能粉末冶金齿轮
1999	—	申报 2 项，煤矸石合成堇青石—莫来石隔热砖、冷拔螺杆钻具马达转子	申报 7 项，感应式小便池清洗器、大棚油桃栽培技术等
2000	—	申报 5 项，双金属固体润滑滑动轴承、农作物秸秆精制板生产新工艺、连续式带状泡沫镍等	申报 5 项，TS 系列专业逆变电源、电动机断相保护开关等
2001	—	申报 12 项，省指导计划 5 项，省重点项目 7 项，常温助剂法生产精细胶粉、汽车车身覆盖件二合一模具开发等	—
2002	申报科技部星火项目 1 项	申报省重点科研计划项目 6 项	申报市科技计划项目 9 项
2003	科技部星火项目 1 项：国外优质肉羊快速繁育与产业化技术开发	申报省科技计划项目 6 项	申报市科技计划项目 8 项

续表 24-2-6

年份	国家级	省级	市级
2004	科技部星火项目 1 项：引进肉用种羊综合评定体及肉用种羊示范；国家农业成果转化资金 1 项：新型优质木本饲料——四倍刺槐生产技术示范	香河电子政务建设项目申报省信息产业厅	申报市科技计划项目 12 项
2005	国家级星火计划 1 项：香河县农村科技信息服务体系建设	申报 5 项；“无公害肉鸭产业的研究与推广”列入“一县一业”招投标计划；立项 1 项：中国香河家具城网站正式申报为“绿色环保家具网站”	申报市科技计划项目 4 项
2006	申报 1 项	申报 5 项	申报 3 项
2007	—	承担 3 项：二次电装模块项目列入科技支撑计划，金刚石刀具磨床、高效聚合氯化铝项目列入 2007 年河北省创新基金支持计划	申报 11 项，立项 1 项：无公害肉鸭生产技术传播与示范项目等
2008	—	申报 1 项，HT　3 添加剂列入河北省中小企业技术创新基金计划	申报 4 项

三　经费管理

科技经费、科技事业费分别由省、地、县财政按计划拨发。经费的使用，按地区科委、计委、财政局联合下达的科技项目计划执行。1984 年前，科研经费使用由县科委与承担项目单位签订合同书，明确拨款办法，回收比例，分期偿还。对理论研究不直接产生经济效益、但有社会效益的，作为无偿投资，不回收经费。科研项目直接产生效益的，一般回收投资的 10%～50%或低息贷款，回收的科技经费回交地区科委。1984 年后，按照香河县科学技术研究与发展计划，每年县财政拨付的项目研究与开发专项经费确保按时足额到位，并由县科技局和财政局共同监督项目承担单位经费使用和项目进展情况，保证经费用于项目研发，推动企业自主创新。1979—1988 年，香河县科技计划项目经费共投入 34.29 万元，其中农业 4.98 万元，工业 24.1 万元，科学试验 1.3 万元，切块 1.85 万元，新能源 2.06 万元。1998—2008 年，累计投入经费 3994.2 万元。其中 1998 年投入科研经费 66 万元，2008 年投入经费 711 万元，是 1998 年的 10.77 倍。科技计划项目涉及农业、工业、汽车制造、网络科技等新技术开发与应用。

单位：万元

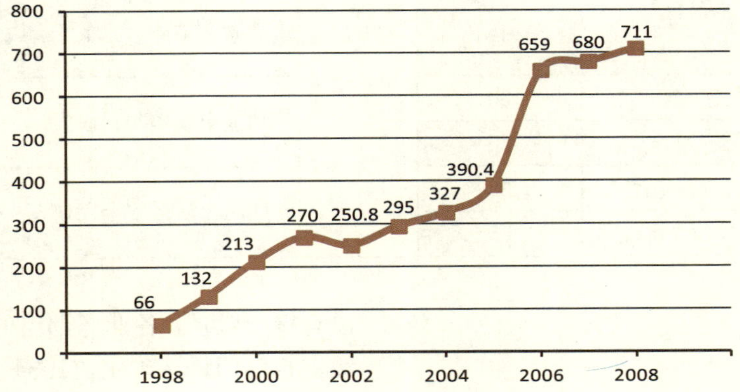

图 24-2-1　1998—2008 年香河县科技经费投入图表

1998—2008 年香河县科研经费投入情况一览表

表 24-2-7

年份	项目	经费（万元）
1998	11 项	66
1999	5 项	132
2000	6 项	213
2001	5 项	270
2002	4 项	250.8
2003	无公害韭菜基地生产配套技术示范及推广	35
	饲草优质、高产配套栽培技术推广	20
2003	舍饲养羊（波尔山羊）技术推广	25
	小麦玉米秸秆资源综合利用	20
	汽车制动盘 D.T.V 控制新工艺的研究与应用	40
	太极柔力球拍	25
	凿岩机阀组	25
	高分子蓄电池	30
	电子手风琴	40
	粉末冶金汽车同步器齿毂	35
2004	鑫峰优质奶牛的养殖与示范	34
	鲜菇保鲜技术的应用与推广	15
	优质高产青贮玉米栽培技术集成与示范	18
	优质高产小麦良种良法配套生产技术推广	26
	万亩节水技术示范与推广	34
	粉末冶金油泵转子	40
	国外优质肉羊快速繁育与产业化开发	45
	科技信息服务体系建设	30
	TJ6341 汽车消声器	25
	阀控密封式高导钠盐蓄电池	25
	全自动地下车库	35

年份	项目	经费（万元）
2005	优质荷斯坦奶牛的养殖与示范	34
	鲜菇保鲜技术的应用与推广	15
	青贮玉米栽培技术示范	18
	优质专用小麦良种生产技术推广	26
	高标准节水灌溉示范项目的建设	34
	粉末冶金烧结齿轮	40
	澳大利亚肉羊快速繁育与产业化开发	45
	农村科技信息服务体系建设	30
	SJ 汽车消声器系列	25
2005	阀控密封式高导钠盐蓄电池	25
	全自动地下车库	35
	香河县电子政务建设	63.4
2006	精密挤压成型新工艺生产石油钻杆接头	160
	建安特异型钢构的引进与开发	178
	ERP 在纸箱生产中的应用与推广	181
	YHC-500 型全自动纸箱粘合机	140
2007	低温集装槽车的开发与应用	270
	低温实验用容器的研制与开发	180
	二次控制电装模块	110
	PLC 程序控制三单元组合可偏置载荷宽大台面液压机的研制	120
2008	低温集装槽车的开发与应用	260
	低温集装槽车的开发与应用	40
	激波吹灰节能技术的示范与应用	191
	多功能电视墙项目研发	100
	智能防火防盗安全门研发	120

四 成果管理

（一）科技成果评定

1984 年前，科技成果管理无章可循，县科委没有统一管理，各业务部门的科技成果，每年由上级主管部门评选确定。1984 年 2 月，国家科委发布《关于科学技术研究成果管理的规定》。9 月，发布《中华人民共和国科技进步奖励条例》，河北省制定实施细则。按此规定，县科委每年登记、审查上年的科技成果，将列入科技计划的项目和虽没有列入计划，但经过鉴定的重要成果，按国家、省、地级成果条件，及时报省、地科委评审。各业务部门的科技成果仍按隶属关系直接上报地区主管部门评审确定。奖励办法按国家、省、地有关奖励条例和办法执行。

1979—2008 年，全县科技成果获奖 68 项，其中省部级奖励 8 项，地厅级 60 项。1996—2008 年，全县取得市以上科技成果奖 30 项，其中省级 15 项，市级 15 项。1999 年，香河县被评为河北省科学技术普及工作先进县；2004 年，中国香河网站获河北省首届政府系统网站评比最佳创意奖，县级网站综合得分第一名。

1979—2008 年香河县部分获奖科研成果一览表

表 24-2-8

序号	成果项目名称	获奖等级	受奖单位	获奖年份
1	钢筋混凝土井柱丁坎	地区科技成果一等奖	水利局	1979
2	农副产品加工机械选定型	地区科技成果一等奖	农机厂、农具厂	1979
3	晚麦高产栽培技术	地区科技成果一等奖	西店大队、四百户生产队	1979
4	井柱基础扬水站及机组布置	地区科技成果二等奖	水利局	1979
5	玉米中耕培土机	地区科技成果三等奖	农机具研究所	1979
6	农田杂草普查及化学防除	地区科技成果三等奖	农业局植保检验站	1980
7	应用土壤普查成果推广及科学施用磷肥技术	省、市一等奖	农业局土肥站	1982
8	东方红 18 型背负式机动植保多用机喷雾技术及应用	农牧渔业部技术改进二等奖	农业局植保站	1982
9	纯青III型蜂窝煤炉	省科技成果二等奖	燃料公司	1983
10	小麦叶龄促控技术推广	省农业厅一等奖	农业局技术股	1983
11	天湖牌 PG　2 型滚筒式洗涤脱水两用洗衣机	地区科技成果一等奖	洗衣机厂	1983
12	LPS　立式双层燃烧热水锅炉	地区科技成果二等奖	锅炉厂	1983
13	PzP—1.6 型圆盘式铡草机	地区科技成果二等奖	锅炉厂	1983
14	OW 型低坡度往复炉排	地区科技成果三等奖	农具厂	1983
15	棉花喷硼	地区农林局二等奖	土肥站	1983
16	玉米施磷	省技术成果三等奖	农业局技术股	1984
17	小麦丛矮病改进及应用	农业科学技术进步成果三等奖、省农业厅二等奖；农牧渔业部	农业局植保站	1984
18	谷子线虫病防治	省农业厅三等奖	农业局植保站	1984
19	棉花枯病预防	地区成果三等奖	植保站	1984
20	农业鼠害调研及防治	省农业厅农业科技三等奖	农业局植保站	1985
21	昆虫性诱剂在测报上应用研究	省农业厅农业科技三等奖	农业局植保站	1985
22	土壤普查	省农业厅三等奖	农业局植保站	1986
23	电算预报	省农业厅植保总站三等奖	农业局土肥站	1986
24	玉米规范化栽培技术	地区推广成果一等奖	农技站	1986
25	棉花配方施肥	地区推广成果二等奖	土肥站	1986
26	微电脑在农业上应用	省农业厅农业科技进步二等奖	农业局植保站	1987
27	二代黏虫预测	省农业厅二等奖	农业局植保站	1987

续表 24-2-8

序号	成果项目名称	获奖等级	受奖单位	获奖年份
28	低产果园改造	地区科技进步二等奖	农业局林业股	1987
29	麦田化学除草	地区农林局一等奖	植保站	1987
30	瘦肉型商品猪只改良	地区科技成果一等奖	农业局畜牧水产股	1987
31	小麦模式化栽培技术	省农业厅推广成果三等奖	农业局技术站	1988
32	保护地韭菜高产配套技术	省丰收三等奖	李庄乡技术站	1988
33	大漆工艺美术家具	市科技成果二等奖	木器厂	1988
34	QXG·AⅢ快装双层热水锅炉	市科技成果三等奖	锅炉厂	1988
35	小麦大面积高产	市丰收一等奖	淑阳镇技术站	1988
36	万亩小麦丰产高产示范	市丰收二等奖	蒋辛屯技术站	1988
37	千亩千斤高产渔塘	市丰收二等奖	农业局水产股	1988
38	HEFu　A 滤尘器	市科技成果三等奖	国营机械厂	1990
39	高纯氮气	市科技进步二等奖	瑞龙气体厂	1990
40	LOX—1200 立体旋转炉排茶浴炉、XLZ—D 型组合式滤尘器、玻璃瓶装高压稀有气体	市科技进步二等奖	—	1991
41	IUC 特护病床	省科技进步三等奖	金辉医用设备有限公司	1996
	IUC 特护病床	市科技进步二等奖	金辉医用设备有限公司	
	现代乔治式宾馆套装家具	市科技进步三等奖	香河县旅游家私	
42	2505 型波纹金属陶瓷 X 射线管	省级	京华精密电子仪器厂	1996
	液压剪式支架	省级	矬口汽车工具厂	
43	化工材料井盖井篦	省级	香河县京华复合材料制品厂	1997
	双面生长法生产人造金刚石	省级	香河广大金刚石有限公司	
44	半导体温差电致冷器	省级	香河华北致冷设备有限公司	1998
	CTS 系列多功能除尘脱硫器	省级	香河金星环保厂	
	汽车高能点火线圈和高能分电器	省级	香河县金山汽车电器有限公司	
45	半导体温差电致冷组件	省科技进步一等奖	香河华北制冷设备有限公司	1998
	双面生长法生产人造金刚石	市科技进步一等奖	香河广大金刚石有限公司	
46	汽车高性能粉末冶金同步器齿毂	省级	利发粉末冶金制品有限公司	1999
47	樱桃谷肉鸭工厂化养殖与加工科技工程	市级	香河正大有限公司	2000
	名贵兰花种苗克隆及栽培技术研究与开发	市级	清如奥利生物工程有限公司	
	中西医结合治疗支气管哮喘病研究	市级	香河县支气管哮喘医院	
	汽车高性能粉末冶金离合器分离拨叉	省级	香河利发粉末冶金制品有限公司	
	连续式带状泡沫镍	省级	香河县格林尼克电子科技有限公司	
	DSCJ—I 型电话语音数据查询报警系统	省级	香河县创佳自动化电子设备有限公司	

续表 24-2-8

序号	成果项目名称	获奖等级	受奖单位	获奖年份
48	高性能点火线圈和高能分电器	市科技进步二等奖	香河县金山汽车电器有限公司	2000
	汽车高性能粉末冶金同步器齿毂	市科技进步二等奖	利发粉末冶金制品有限公司	
	深刺睛明穴治疗脑梗塞急性期与东菱克栓酶的对比观察	市科技进步三等奖	香河县钳屯医院	
49	连续式带状泡沫镍	市科技进步一等奖	香河格林尼克电子科技有限公司	2001
	樱桃谷肉鸭工厂化养殖与加工科技工程	市科技进步一等奖	香河正大有限公司	
	名贵兰花种苗克隆及栽培技术研究与开发	市科技进步二等奖	清如奥利生物工程有限公司	
49	中西医结合治疗支气管哮喘病研究	市科技进步二等奖	香河县支气管哮喘医院	
	汽车高性能粉末冶金离合器分离拨叉	市科技进步三等奖	香河利发粉末冶金制品有限公司	
	DSCJ—I 型电话语音数据查询报警系统	市科技进步三等奖	香河县创佳自动化电子设备有限公司	
50	双针置换治疗蛛网膜下腔出血	市级	香河县人民医院	2001
	肿块消治疗乳腺增生	市级	香河县人民医院	
	粉末冶金油泵转子	省级	利发粉末冶金制品有限公司	
	电动 ICU 病床	省级	金辉医用设备有限公司	
	小压机双面生长法生产高品级人造金刚石	省级	利易得超硬材料有限公司	
51	中西医结合治疗支气管扩张	市级	香河县气管炎哮喘医院	2004
	中西医结合治疗缓解期肺心病	市级	香河县气管炎哮喘医院	
	术前快速硬通道穿刺持续抽吸引流　颅内血肿配合手术抢救外伤性脑疝	市级	香河县人民医院	
52	药物理疗颈椎自动牵引器治疗颈椎病效果观察	市级	香河县人民医院	2005
	升清降浊汤治疗消化性溃疡的临床研究	市级	香河县中医院	
53	GSM—150 型金刚石刀具磨床	市级	香河成天发机械设备制造有限公司	2006
	氯吡格雷治疗不稳定型心绞痛分析	市级	香河县人民医院	
	中医综合康复在脑血管病恢复期的应用	市级	香河县中医院	
	破解小学数学应用题“多层面多角度实现法”的研究与应用	市级	香河城内第一小学	
54	药物理疗颈椎自动牵引器治疗颈椎病效果观察	市科技进步三等奖	香河县人民医院	2006
	升清降浊汤治疗消化性溃疡的临床研究	市科技进步三等奖	香河县中医院	
55	GSM—150 金刚石刀具磨床	市科技进步二等奖	香河成天发机械设备制造有限公司	2007
	氯吡格雷治疗不稳定型心绞痛分析	市科技进步三等奖	香河县人民医院	
56	智能电机保护器	省级	香河县恒通电器设备有限公司	2008
	第二足趾神经血管蒂岛状皮瓣治疗足拇趾背侧皮肤缺损	市级	香河县人民医院	

（二）专利认定

1996 年，香河县开始专利认定工作。1996—2008 年，香河县通过认定专利 466 项。1997 年，京香五金水暖器材厂被认定为市级专利试点企业。1999 年，ICU 特护病床和半导体冷暖饮水机获全国专利博览会金奖。2001 年，香河利易得超硬材料有限公司被评为河北省十大发明创造单位。

1996—2008 年香河县获得专利项目数量

表 24-2-9

年份	获得专利数量	年份	获得专利数量
1996	12	2003	40
1997	14	2004	45
1998	13	2005	48
1999	16	2006	50
2000	23	2007	46
2001	38	2008	60
2002	61	合计	466

（三）技术转化

香河县对拥有自主知识产权的技术项目，优先推荐申报国家、省、市各类科技计划，促进专利技术的转化和产业化；鼓励科技人员以专利专有技术等知识产权作为投资股本兴办科技型企业，其股本可占注册资本的35%；发明专利可直接推荐参评市、县科技进步奖，同等条件下优先推荐参评科技进步奖；对在从事发明创造及专利技术转化活动中做出突出贡献者，评定技术职务时可破格晋升；实施专利申请费用补助措施，以调动企业及个人申请专利的积极性。发明专利每项资助 4000 元，实用新型专利资助 2000 元，外观设计专利资助 1000 元。专利授权后，专利权持有者可到香河县科技局知识产权办公室办理补助经费申请。1996 年，“樱桃谷肉鸭养殖及加工科技工程”完成立项申报，“双向恒温保健床垫”项目投入生产并申报市科技计划。2002 年，香河县民悦环保设备厂“环保型油烟净化器”取得国家专利并获得环保认证批量生产。2003 年，培育省市重大专利实施项目 1 项。2004 年，申报重大实施项目 1 项。2007—2008 年，培育专利试点企业 4 家。

五　科技创建

1997 年，香河县双安农业高新技术园区被认定为省级农业高新技术园区。1999 年，全县大规模开展创建科技工作先进乡镇活动，至 2002 年，先后有 6 个乡镇成功创建市级科技工作先进乡镇。是年，创建县级生产力促进中心、香河县钣金民营科技产业园区。2003 年，香河县生产力促进中心升级为省级示范中心，开通“中国•香河”网站。2004 年，争创国家科技工作试点县。2005 年，香河县被列入国家首批科技富民强县专项行动计划试点县，获国家 300 万元专项资金支持。2006 年，香河县对外科技合作交流办公室挂牌成立。2007 年，香河县开展新农村星火科普示范建设，安平镇和王指挥庄村被确立为省级社会主义新农村建设科技示范乡镇和示范村街。2008 年，争创省级区域特色产业基地，县钣金园区被命名为“河北省机械钣金特色产业基地”。

第三节　科技应用

一　一般技术

（一）农业技术

1．建立服务组织

1979 年后，香河县围绕农业产业发展，多层次、多成分、多形式的科技组织快速发展，科技示范户、科技示范村、农研会、民营科技型企业、农字型企业不断发展壮大，形成以农业技术服务中心、蔬菜花卉服务中心、农机服务中心、畜牧兽医服务中心四大中心为龙头，9个乡镇的农业技术综合服务站、兽医站为骨干，300个村级农技服务组织为基础，2000余个农业科技示范户为补充的全方位、多层次的农业技术推广体系，为农民提供产前、产中、产后系列化服务。至2002年，全县建立科技示范村76个，科技示范户2069户，服务组织279个（乡级19个，村级260个），农民产业技术研究会61个，科技管理培训累计3450人，引进各类专业技术人员113人，推广农业科技成果64项。2003年，为促进科技经济一体化进程，香河县不断建立和完善县、乡、村科技创新服务体系，立足面向“三农”，以县为枢纽、乡镇为骨干、村为基础的原则建立了上下贯通的三级农业科技推广网络。县建有人员、设备齐全、职责分明的农技、林业、水利、畜牧、农机五大行业推广中心，各乡镇设有农业科技服务站，负责果树、林业、畜牧、农机、水利的管理和农业技术推广。同时，成立县农业信息中心，与农业科技110合署办公，乡镇全部成立农业信息综合服务站。2007—2008年全县共引进农业科技人才138人。

2. 引进新品种、新技术

香河县与中科院、中国农科院、清华大学、河北工业大学、北京科技大学等院校建立长期全面的合作关系，强化科技成果的推广应用。1979—2008年，香河县先后从中国农科院、北京科技大学等院校引进玉米、冬小麦、大豆、花生、芝麻、棉花、瓜果、生物农药等新品种275个，农业生产新技术90项。至2008年，农作物优良品种覆盖率达98%。

（二）工业技术

1997年，香河县引进天津粉末冶金研究所粉末冶金制造技术、天津石油化工技术研究所快餐盒技术。1998年，引进呼和浩特畜牧机械研究所收获牧草设备技术和国外打秸器技术、兰州化工学院秸秆缠膜技术。2000年，从美国引进“粉末触媒生产细颗粒高品级人造金刚石”技术。2001年，转化北京晶鑫磊非金属材料有限公司成果“粉末触媒合成细颗粒高品质人造金刚石”技术。2002年，从北京电器研究所引进“环保型油烟净化器”。2003年，引导传统工业应用CDA、CAM、CIMS、ERP共性高新技术，十余家企业得到应用。2006年，香河燕岭重型锻造有限公司与北京通利公司就其新上“石油钻杆接头”项目实施过程中信息化应用达成实质性合作意向。

二　信息技术

（一）信息中心

2003年3月，香河县信息中心成立，挂靠县科技局。信息中心是集信息查询、信息开发、信息应用、信息服务、信息管理于一体的全方位信息网络服务部门。主要为县委、县政府提供宏观决策信息，为微观经济提供信息导向，为社会提供信息技术和业务服务。2008年，信息中心有工作人员7人，配有高标准机房和完善的配套设施，中心软硬件建设初具规模。

（二）政府门户网站

2003年6月，信息中心正式开通香河县首个政府级门户网站——“中国·香河”网站(http://www.xianghe.gov.cn)。先后开辟和建立“香河县学习实践科学发展观活动”专栏、“香河县干部作风建设监督岗”专栏、“两会”专题、“全会”专题、“5•18和9•26”专题及“香河招商网”“香河党建网”“香河农村科技服务网”等60多个专题和网站。2004年6月，“中国•香河”网站获“河北省首届政府系统国际互联网网站评议最佳创意奖、优秀奖”，在县级网站综合得分中排名第一。2005年6月，河北省信息产业厅、河北省政府信息化工作办公室授予中国•香河网站“河北省县域经济特色网站”。

“中国•香河”网站配合县委、县政府中心工作，参加县内外新闻采访活动，采集、发布各类新闻信息，当好县委、县政府的喉舌。至2008年，共发布县重要新闻信息41550条，政策信息10548条，党政信息22960多条，企业信息23500多条，实现了网站新闻的实时发布、动态更新；网站总访问量突破600万人次，平均日访问量3000人。

（三）农村信息化建设

2006年，在全县范围内开展推进农村信息化服务体系建设。2007年1月17日，香河县被国家科技部评为“农村科技信息化服务体系试点”成员单位。至2008年，县科技局农村科技信息服务中心（暨县信息中心）建起企业综合信息库、专家信息资源库、技术信息资源库、人才供求信息库等多个数据库，实现农村科技信息资源的集成与共享。

（四）科技信息网站

2006年4月，县科技局与“中国万宣网”合作共同建立“香河县农村科技信息服务网”，将原有的“科技信息网”“星火科技网”“三农信息网”三网合并。网站设农技栽培、畜牧养殖、林果种植、农业机械、政策咨询、就业维权、特色产业、风土民情、龙头企业、供求信息、市场行情等栏目，形成统一的综合性网站，为全县的农村信息服务体系建设搭建起一个完整的信息网络平台。依托中国万宣网的农村科技网络服务体系建立功能完善、智能化的科技网站，配置农村科技论坛、全国科技数据（信息）检索查询、科技企业网站自动生成、科技信息自动发布、全国农村科技网络电视联播、供求信息及招商项目数据库等大型数据系统。

（五）农村科技信息应用

1.数字家园示范带动工程。挑选有实力的代表村街，为其建立电子信息室、村级网站、农村信息综合管理系统，配备电脑，农民不离土离乡就可以查找到所需信息、发布农业信息、观看专家视频讲座、学习农技知识、了解村务公开情况等。

2.机顶盒—电视上网系统。挑选试点的村街，装配机顶盒和电视机，以村委会为阵地，农民可随时通过电视上网查阅所需资料。

3.互联网查询系统。与廊坊华夏神农有限公司合作开通了农村信息互联网查询系统，农民只需拨打一个电话便能迅速查找到自己需要的农业信息。

4.吉威特（JIVET）远程监控实施技术。与上海欣泰通信技术有限公司合作，为绿色东方农牧科技发展有限公司提供了一辆价值200万元的装有电子眼和光纤网络的运输车，作为其“移动实验室”，并在该公司总部安装了大型服务器和电子眼，利用专业软件使总部实验室与“移动实验室”相连接，实现在不同地区的演示操作。

5.触摸屏查询系统。为使农民更快更方便地了解蔬菜行情和病虫害防治知识，在五百户、李庄等大型蔬菜、农产品批发市场安装了触摸屏查询系统，农户在触摸屏里可以方便快捷地查询到所需的农业技术和农资行情等信息。

6.科技短信服务系统。针对手机在农村发展较快，用户群体较多的特点，建立农村科技短信服务系统，利用移动通信的优势，向农户发送农业科技信息短信，把最新的农资信息送到田间地头。

三　新能源开发利用

（一）沼气

1974年，在前马房大队知识青年食堂修建第一座沼气池，用于食堂做饭和照明。1985年5月，县内开始按全国统一标准建造厕所、猪圈、沼气池相结合的混凝土沼气池，并在矬口、闫庄、谢屯、扁城、赶古庄、北头百户、大窑上、河南止务、河北止务、周庄等处建沼气池30多个。

1986年，在沼气池建设中加强宣传，通过外出参观和技术培训，培养技术骨干10人，严把质量关，坚持修复旧池与建设新池并举。是年，共建沼气池25个。其中，安平镇谢屯村建12个，投入正常使用的11个，使用期从6月中旬至11月，除一日三餐、日常烧水，还可用于照明。

1989年，在梁家务乡大窑上建1处三位一体、自动上料形式的农用沼气池，猪的粪便可自动入池，即省工省力，又生产优质肥。

1990年后，因煤炭供应充裕和液化气的普及，沼气池建设终止。

（二）太阳能

香河县太阳能的开发利用，主要有太阳能热水器、塑料大棚及日光温室。1980年，县爱国卫生委员会安装第一台采光面积4.8平方米的太阳能热水器，每天可供30人次淋浴。1984年，城关镇前套村开始安装太阳能热水器。至1990年，全县有太阳能热水器3850台。之后，太阳能热水器得到快速发展。2000年，推广普及太阳能热水器1500平方米，太阳能禽舍8000平方米。2001—2002年，整顿规范能源市场，发放新能源经营许可证60家，完成5个品牌的太阳能热水器和9种规格民用采暖炉的省级新能源产品的检测。太阳能热水器的应用在城乡逐渐普及。

1981年春，钳屯公社东延寺大队刘振东，在自家责任田利用塑料大棚栽培黄瓜0.03公顷，是年收入5000元。第二年，全村有4至5家农户搞塑料大棚，之后全县相继铺开。至1990年，保护地蔬菜栽培面积711.67公顷。其中，大棚666.67公顷，日光温室45公顷；蔬菜平均单产44.85吨，效益76095元/公顷。至2002年，日光温室94公顷，省柴节煤灶3万户。其后塑料大棚和日光温室在蔬菜种植户中得以广泛应用。

四 科技创新

1996年，香河县有科研机构1个，至2008年发展到40个。科研机构与企业建立密切联系，加快科技成果转化，为工农业生产服务。1996—2008年，共开发新产品24个，所开发的新产品全部投入生产并创造良好的经济效益。

1996—2008年香河县新建科研机构一览表

表24-2-10

年份	科研机构	
	数量	名称
1996	1	香河县华北半导体器件致冷应用研究所
1997	2	廊坊香河人造金刚石研究所、廊坊香河泡沫机械研究所
1998	2	廊坊市香河粉末冶金研究所、廊坊市香河县耐火材料研究所
1999	4	香河县绿华生物工程有限公司、香河县地神生化全元肥料农业服务处、香河县宏盛新技术开发有限公司、香河县巍光助禾科技咨询有限公司
2000	15	廊坊香河千斤顶研究所、廊坊香河高纯稀有气体研究所、廊坊金辉医用病床研究所、廊坊香河矿山机械研究所、廊坊香河环保设备研究所、京华电真空器件研究所、廊坊市瑞华科技有限公司自动化仪表研究所、长风无油润滑轴承研究所、廊坊市润香水暖器材研究所、廊坊市香河燕龙高新汽车配件研究所等
2001	2	香河利发粉末冶金研究所、燕龙汽车配件研究所
2003	3	1家企业管理咨询中心、开发区和农业园区2个科技企业孵化器（香河易灵通数码科技有限公司、香河县绿色环保设备厂）
2007	5	市级企业技术研发中心1个，企业科研开发机构4个
2008	6	申报市级企业研发中心1个（香河恒通电气设备有限公司），建立厂办研发中心5个（香河华美粉末冶金制品有限公司、香河县银丰科艺家具有限公司等）。

1996—2008年香河县开发新产品一览表

表24-2-11

年份	名称	单位
1996	2505型波纹金属陶瓷x射线管	京华精密电子仪器厂
	液压剪式支架	蛭口汽车工具厂
1997	化工材料井盖井篦	香河县京华复合材料制品厂
	双面生长法生产人造金刚石	香河广大金刚石有限公司
1998	省级 半导体温差电致冷器	香河华北致冷有限公司
	CTS系列多功能除尘脱硫器	香河金星环保厂
	汽车高能点火线圈和高能分电器	香河县金山汽车电器有限公司
1999	钙长石结合莫莱石轻质耐火砖	阿莫莱特耐火材料厂
	刚玉—莫来石轻质耐火砖	阿莫莱特耐火材料厂
	汽车高性能粉末冶金同步器齿毂	香河利发粉末冶金制品有限公司
2000	汽车高性能粉末冶金离合器分离拨叉	香河利发粉末冶金制品有限公司
	连续式带状泡沫镍	香河县格林尼克电子科技有限公司
	DSCJ—I型电话语音数据查询报警系统	香河县创佳自动化电子设备有限公司

续表 24-2-11

年份	名称	单位
2001	粉末冶金油泵转子	香河利发粉末冶金制品有限公司
	电动 ICU 病床	香河金辉医用设备有限公司
	小压机双面生长法生产高品质人造金刚石	利易得超硬材料有限公司
2002	冷拔螺杆钻具马达转子	香河县天龙电源厂
	利用城市污染及废弃物生产有机复混肥	天地新生力生物技术发展有限公司
	汽车高性能粉末冶金齿轮	香河利发粉末冶金制品有限公司
2003	无磁带可视数码复读机及其存储卡	香河易灵通数码科技有限公司
2004	聚硅氯化铝水处理剂	香河县绿色环保设备厂
2005	省级 1 项	—
2007	省级 1 项：GSM—150 金刚石刀具磨床	成天发机械设备制造有限公司
2008	省级 1 项	—

第四节　创建全国科技先进县

一　组织领导

为全面实施《中华人民共和国科学技术进步法》，落实《中共中央国务院关于加速科学技术进步的决定》，1997 年 8 月，香河县委、县政府提出关于开展争创科技工作先进县活动试行方案。首先成立县科技工作领导小组，由县长任组长，主管科技的副书记、副县长任副组长，科技局等 14 个单位一把手为成员，负责科技进步目标责任制考核指挥和协调，领导小组办公室设在科技局。

二　考核验收

1998 年 4 月，香河县创建全国科技先进县通过国家科技部验收，成为廊坊市首批全国科技工作先进县。1999—2008 年，每两年一考核，全部通过。其中，2001—2002 年度、2005—2006 年度、2007—2008 年度被科技部授予全国科技进步先进县称号。

三　政策支持

县委、县政府高度重视争创“全国科技进步先进县”工作，科技工作领导小组每年多次召开专题会研究科技工作，1997 年后，相继制定颁发《关于鼓励肉鸭产业基地发展的若干规定》《关于促进工业企业发展的若干规定》《关于落实科技型企业发展规划的实施意见》《加快园区经济发展的实施意见》等 20 多个政策性文件，多方筹资，每年确保科技三项费用（新产品试制费、中间试验费和重大科研项目补助费）足额到位。2007 年，科技三项费用 895 万元，占全县财政支出的 1.68%科技创新能力和科技实力不断增强。2008 年，科技进步对经济增长的贡献率 59%，名列廊坊市前列。

第五节　气象与地震测报

一　气象测报

（一）气象观测

县气象观测始于 1964 年，以观测项目为主，同时担负有关气象发报任务。编发电报，向省、地防汛指挥部编发汛期雨情报，向省、地区气象台编发气象旬、月报，墒情、雨情报，绘图天气报、重要天气报等。编制气象报表，每月初、年初对上月上年的观测记录作月、年统计，整理制作气象观测月、年报表。

1. 观测项目

县气象站坚持每天 8 时、14 时、20 时定时地面观测。观测项目有风向、风速、气温、气压、云、能见度、天气现象、降水、日照、小型蒸发、地面温度、雪深等。每天编发 3 个时次的定时观测电报。

2. 观测手段

观测场内有风向风速仪（感应部分），小百叶箱（内有干、湿球，温度表，冬季安装毛发温度表，最高、最低温度表），大百叶箱（内装温度计、湿度计），蒸发器，雨量器，自记雨量计，地面及浅层地中温度表，日照计，冻土器。室内有风向风速计指示器及自动记录部分，蒸发秆，雨量杯，专用气压室安置气压表、气压计。

2000 年 9 月 11 日，建立 PCVSAT 小站和以 MI-CAPS 工作平台的业务流程，使用亚洲 2 号卫星和中国气象局、河北省气象局、廊坊市气象局联网，可随时接收各种气象信息。2005 年 3 月，安装使用 2M—VPN 局域网专线，代替 X.25 数据交换网，用于气象数据传输、局域网建设和与全省气象系统传输文件。2008 年，安装省市可视对讲系统，提高预报质量，拓展服务范围。是年，自动站与人工站双轨运行，对比观测。

（二）天气预报

1979 年，县气象站通过有线广播向全县发布天气预报。1983 年 4 月，安装 C2—80 型气象传真接收机、无线超高频电话等，对旱、涝、风、冻、雹等灾害性天气总趋势基本能够探明。气象观测，有地面观测：按照规定的项目，一日三次定时观测和拍发绘图板；农气观测：主要是玉米、小麦、棉花三大农作物的生长期观测和物候观测。天气预报主要有长期预报（即月报、春播、三夏、三秋季节预报）、中期预报（旬预报）和短期预报（48 小时和 24 小时）。

1999 年 5 月，与县电视台开展电视天气预报和旬预报业务，定时在香河新闻后播出。2004 年 5 月，设备升级，原有天气预报制作系统全面升级改造。引进北京微智达高新技术有限公司“剑鱼二代”PRO 数字实时非线编电视天气预报节目制作系统，实行数字化移动硬盘播出，增加知识量、信息量，提高画面质量，使天气预报节目更为老百姓认可，还增加声像广告，取得明显的社会效益和经济效益。

1996 年 7 月，香河县开通固定电话“121”天气预报自动答询服务业务，系统采用模拟信号；2004 年 9 月，升级为数字式工作平台；2005 年 1 月，“121”天气预报自动答询电话号码升位为“12121”，成为科技服务的产业之一。

（三）气象服务

气象服务是在为农业生产服务的同时，通过天气预报、情报、资料和气候分析等，为工业、科研、基建、保险等行业提供专业性气象服务。服务分无偿和有偿两种。无偿服务包括通过广播、电视逐日对外发布短期天气预报，为政府领导机关及防汛、军事、公检法等部门提供社会公益服务。为一般事业单位、工厂企业、各专业户提供气象有偿服务。

1983 年，开始实行气象有偿服务。是年，完成《气候资源调查和区划报告》。1988 年，经县政府批准，设立专业气象服务电台，为各乡政府与专业户提供气象警报接收机，每日数次向用户提供气象科技信息。2007 年，气象局收集全县村支书、村主任和种养殖大户的联络方式，录入到短信信息发布平台，传播内容包括雷雨大风等预警、增雨通知、雨量分布、麦收期预报等，使气象信息的发布覆盖全县农村。

（四）增雨作业与防雹减灾

人工影响局部天气的工作有人工增雨、人工消雹、人工防雹等。2000 年 6 月，气象局购买人工影响天气作业火箭发射架 1 部，配置闪电定位仪，人影作业点有 3 个，“奥运安保”期间增加到 4 个，增雨防雹作业效果明显。2007 年，在李辛庄、孙营庄成功实施 3 次人工增雨（增雪）作业，共发射 WR 型火箭弹 8 枚、BL 型 46 枚，均取得明显效果。

二 地震测报

（一）测报网点

1979 年，全县有 23 个地震测报网点，包括 7 个公社和香河中学、五百户中学、渠口中学、蒋辛屯中学、刘宋中学、孙止务（大罗屯）中学。1996 年，测报网点调整为 9 个（9 个乡镇），并在安头屯增设水位观测站。

（二）测报手段

1968 年，香河县首创土地电应用于地震观测。1979 年，县地震办公室及各业余测报点在 1978 年开展测氡、水气分析、水氯离子分析的基础上，增加水温、水声、地光等宏观观测。1996 年，增加观测井 1 眼，井深 295 米，全封 150 米，由于全封的深度比较深，水位变化基本不受地表水及雨水的干扰，是观测地下水位变化难得的一眼井，位于县东西向的一条断裂带上。利用地下水观测水位，观测人员 24 小时监测，及时记录水位变化。2003 年，增加强震仪 1 台。

2008年4月30日，发现水位异常，5月12日发生汶川大地震。

第六节　科技机构

一　科委、科技局

1976年2月，香河县生产指挥部科技组定名为香河县科学技术委员会（简称县科委），设主任1人，副主任3人，委员6人。后经过几次调整，到1988年县科委设有工业组、农业组、干部组、情报组、办公室、新能源办公室和技术服务部，并开办带有经济实体性质的沼气、太阳能设备商店。1990年，增设技术市场管理办公室，统一负责全县技术贸易机构的审批和管理，技术合同的认定、登记和技术市场的统计，技术贸易活动的组织、协调、管理、检查。

1996年4月，县科委改为香河县科技局。6月，内部机构及人员相应调整，内设9个科室，编制24人，其中，行政编制7人，事业编制17人。2002年4月，香河县县直党政机构设置调整，保留香河县科技局，是县政府科技工作的综合管理机构。原香河县地震局承担的地震监测预报、震灾预防、地震应急及震灾评估等职能交给香河县科技局，更名为香河县地震办公室。香河县科技局设8个职能股（室），即办公室、农业科技股、社会发展科技股、科技成果与技术市场管理办公室、工业科技股、专利股、地震办公室、信息网络部。机关编制24人，其中行政编制6人，事业编制18人。行政编制分配局长1人，副局长2人，纪检组长1人，办公室主任1人，办公室副主任1人。事业编制股长4人，主任3人，工作人员11人。是年7月，生产力促进中心成立，是不以营利为目的的事业型科技中介服务机构，隶属于县科技局。人员由科技局内部调配。2003年10月，香河县信息中心成立，挂靠县科技局，为股级单位。信息中心核定事业编制8人，设主任1人，副主任1人，工作人员6人；同时，新能源办公室划归农业局管理。2007年5月17日，县无线电管理委员会的职能划转到科技局，在科技局加挂无线电管理办公室牌子，不增加机构及人员编制。2008年1月15日，香河县政府信息化工作办公室，在县科技局挂牌，工作职能由信息中心承担，不增加机构及人员编制。是年2月20日，在县科技局加挂县地震局牌子，不增加编制和领导职数。至2008年底，香河县科学技术局共设8个职能股（室）：办公室、农业科技股、社会发展科技股、科技成果与技术市场管理办公室、工业科技股、专利股、地震办公室、信息中心。人员编制24人。

二　乡镇科技站

1979年以前，香河县各公社科技工作由公社党委副书记或公社管委会副主任兼管。1979年后，科技体制发生变化，至1986年，各乡镇普遍建起科技领导小组。科技推广工作由各乡镇农技站承担。1987年，县始设科技副县长，并为各乡镇配备科技副乡（镇）长，建立县、乡、村三级科技领导小组。1990年，各乡镇农技推广站有40人。2002年，香河县机构编制改革，乡级农技推广体系职能主要由各乡镇农业综合服务中心和畜牧兽医站承担。全县9个乡镇均设农业服务中心，共核定编制203人，实有171人。9个乡镇畜牧兽医站，共核定编制48人，实有29人。至2008年，各乡镇农业综合服务中心均设办公室、电教室，负责农业新品种的引进、推广和新技术的培训等。

第二十五编 文 化

1979—2008 年，香河县政府对群众文化事业高度重视，不断改善文化馆的工作条件，在乡镇、街道办事处建立文化站，在村街、厂企建立文化室，鼓励个体文化户发展。1999 年，在河北省首届民间艺术评戏节活动中获一等奖 1 个、二等奖 2 个、三等奖 4 个。云鹏工艺品被香港世界工业博览会评为“百花奖”；2001 年被河北省人民政府评为文化先进县；2002 年被评为“河北省民间文化艺术之乡”。至 2008 年底，全县 300 个村街普遍组建自娱自乐的群众性文化组织，筹建活动场所，一些村街有戏迷协会、小剧团、民间花会等。

香河县是有广泛群众基础的文学大县，有中国作家协会会员 2 人，省级会员 24 人，市级会员 41 人。香河县文化市场和文化产业从无到有，蓬勃发展，形成由娱乐市场、演出市场、音像市场、电影市场、网络文化市场、艺术品市场等组成的统一、开放、竞争有序的文化市场体系，建立以综合行政执法、社会监督、行业自律、技术监控为主要内容的文化市场监管体系。

香河县历史悠久，人文积淀深厚，非物质文化遗产种类丰富。社会经济的快速发展，工业化和城镇化的快速推进，人民非物质文化遗产赖以生存的社会意志淡薄，许多优秀的非物质文化遗产项目濒于失传。保护非物质文化遗产，是在保护民族文化的根脉。2005 年后，香河县以申报各级非物质文化遗产名录为契机，开展非物质文化遗产保护，在申遗与保护中实现优秀非物质文化遗产项目的传承和发展。2008 年 6 月，安头屯中幡被列入国家级非物质文化遗产。12 月，香河县安头屯镇获“中国民间文化艺术之乡（中幡会）”称号。

在儿童文学界享有“南有江阴、北有香河”的美誉。到 2008 年底，香河县籍作者在省级以上出版专著 65 部，累计发行 300 万册；在全国 200 多家报刊发表作品 2903 篇，1000 万字；获冰心图书奖 1 部，陈伯吹儿童文学奖 1 篇，国家级优秀儿童文学奖 2 篇，河北省文艺振兴奖 5 篇，河北省作协金牛文学奖 2 篇，河北省十佳优秀作品奖 1 部，河北省“五个一工程”奖 2 部，各大刊物奖 46 篇。

第一章 群众文化

第一节 文化组织

一 文化馆

1979 年,香河县文化馆重建。1990 年，文化馆设创作组、群艺组、图书室、美术组、文物组和摄影组。主要负责组织群众文化活动，繁荣群众文化事业，文化宣传及相关培训，指导业余创作和业余文艺活动，保护非物质文化遗产。2008 年，工作人员 4 人。

二 文化站

1979 年，安头屯、渠口公社成立文化站各有 1 名工作人员。1980 年以后，各公社均建文化站。1986 年底，全县 17 个乡镇文化站相继建成。1990 年，乡镇文化站专职人员 40 人。1996 年，并乡扩镇，全县改设 9 个乡镇文化站。2003 年，机构改革时将乡镇文化站改为乡镇文化广播服务中心。2008 年底，全县有乡镇文化广播服务中心 9 个。

三 文化室

文化室建设始于 20 世纪 90 年代。1995 年，随着小康建设的推进，基层文化室建设纳入规划。到 2008 年底，香河县 300 个行政村全部建起文化室。村文化室由村委会安排专职管理人员，内有文体设施、器材和图书、报刊等。

四 文化户

个体文化户是改革开放、城乡经济快速发展后出现的新事物。初期，多系一家或一人常年从事戏剧、曲艺、音乐、舞蹈、杂技、武术、电影、图书、雕刻等活动。20世纪80年代中后期，增加音像、印刷、打印、复印等个体经营服务。进入90年代，经营电子游戏厅、歌舞厅和音像制品、书报刊、文物古玩的个体文化户发展较快。2000年后，随着国际互联网的普及，专门经营网吧的个体文化户相继出现。2008年，全县个体文化户1500户。

五　文化大院

2000年，香河县开始农村文化大院建设。2008年底，全县农村文化大院45个，其中规模较大的6个：刘宋村文化大院、张庄村文化大院、王指挥庄文化大院、扁城村文化大院、打鹳户文化大院、起河屯文化大院。较有特色的文化大院2个：张庄村文化大院投资15万元，建有文体活动室、健身广场和篮球场；刘宋村文化广场占地1.3公顷，建有100平方米的多功能表演厅，有占地60平方米、藏书2万册的全县最大的村级图书室，有乒乓球室、广播室、篮球场、门球场等活动场所，购置各种活动所需要的道具和器材，组建“树新风”文艺演出队、“星期五大家来欢乐”演出队、秧歌队、戏迷协会和老年门球队5个文体团队。

第二节　表演团体

一　专业表演团体

香河县评剧团　1979年8月，重建香河县评剧团。应时代要求，恢复《秦香莲》等30多种传统剧目，当年演出100多场，观众场场爆满。进入20世纪80年代，随着改革开放和精神文明建设的推进，编演《分西瓜》《青枝绿叶》《新官上任》《大蒲扇分家》《儿大不由爹》等剧目。2000年，创编评戏《进山》参加河北省农村题材地方小戏调演，并代表河北省参加在北京长安大戏院举行的全国部分省市地方小戏进京调演，受到文化部领导及北京观众的好评。在所有进京参加调演的单位中，香河县评剧团是唯一一个县级专业演出单位。2000年后，由于人员大都流入第一城剧团活动减少，至2005年已名存实亡。

二　群众表演团体

（一）香河县老干部文艺队

成立于1998年，原名夕阳红秧歌队，隶属香河县老干部局，成员20人，以秧歌为主。2000年，归属香河县老年体育协会管理，代表香河县参加廊坊市老年体协举办的各项比赛。2006年，获廊坊市老年体协举办的柔力球比赛一等奖。除参加各项比赛，每年重阳节还为全县老干部表演节目，得到人们的喜爱和赞扬。2008年，成员发展到80人，表演项目有柔力球、健身球、健身秧歌、健身腰鼓、大秧歌等。

（二）香河县文工团

成立于1998年，招收艺校毕业生及社会文艺爱好者50人，筹资150万元购置音响、乐器、服装、灯光及舞台演出设备，每年在县城组织2～3次大型文艺演出，其余时间下乡为群众演出，并承担第一城每天开城仪式演出。

（三）戏迷协会

1987年上半年，有戏迷4人，在县委党校医务办公室学唱京剧，自娱自乐。1992年，香河戏迷协会成立。1993年4月，协会办理社会团体组织登记证，活动地点在淑阳镇西店村委会。1993年4月至2003年元月，人员分流为两个独立京剧小团体，在不同地点活动，人员互有交流。至2008年，全县各乡镇村街共有戏迷协会、俱乐部10个，人员400人。规模比较大的有3个：

香河京剧戏迷俱乐部

1992年成立。2008年，有成员45人，其中乐队20人，平均年龄55岁。成立后，香河京剧戏迷俱乐部一直坚持走出去、请进来，到京津等地向名家学习，请京剧名家到香河指导；坚持下乡、下厂、去敬老院演出，活跃广大群众文化生活。戏迷协会成员多次在中央电视台、北京电视台、廊坊电视台和互联网上演出。2002年始，先后3次承接廊坊市京剧票友大赛伴奏任务。2006年6月，获廊坊市“明珠杯”十大名票选拔赛“最佳伴奏”奖。2003年，在廊坊举办“梅花杯”戏曲电视大赛上，有10人获得不同奖项。2005年　6月　，央视戏曲频道《过把瘾》栏目为俱乐部录制戏曲专场——《走进香河》；2006年《过把瘾》栏目改版，特邀俱乐部乐队伴奏。

香河县戏迷冯连华（右）、崔长林（左）在央视戏曲频道《过把瘾》栏目《走进香河》录制现场唱《智取威虎山》选段——“这些兵急人难”（2005 年 6 月，李百万提供）

香河县长虹戏迷俱乐部

2007 年 2 月成立，以评戏、歌曲为主。成员 38 人，平均年龄 56 岁。活动范围北至通州，东至宝坻，南至武清，西至永乐店等地，参加厂矿开业庆典活动；每年两次参加通州区漷县镇组织的星火工程演出。2008 年 4 月，参加廊坊广播电台戏迷演唱比赛，获得优秀组织奖；是年 8 月，在宝坻电视台参加评剧演唱比赛，2 人获奖。

香河总商会企业家京剧票友协会　2008 年 5 月 8 日，香河县总商会企业家京剧票友协会成立，吉林省京剧院副院长、著名麒派老生裴家杰等艺术家及廊坊剧社、廊坊文化馆领导参加庆典。是年 12 月，协会一行 25 人参加在第一城由央视戏曲频道举办的春节戏曲联欢晚会，演唱现代京剧《智取威虎山》选段、传统京剧《洪羊洞》选段《为国家那何曾半点闲空》，均受到观众欢迎。

（四）其他表演团体

广场吉祥秧歌花会

2008 年 7 月成立，人员 60 人，每晚在县文化广场活动，周末着装表演，为香河县业余文化生活增添一道靓丽风景。也为县内企业、个体商户演出，获经济效益和文化效益双丰收。

星期五“大家来欢乐”

2000 年，刘宋镇刘宋村李自国老人牵头组织成立，人员 100 人，每周五集中活动。因内容新、质量高、活动时间有规律，被村民形象地称为星期五“大家来欢乐”。北京京剧院、县内各戏迷协会及天津宝坻等地的业余爱好者云集于此，成为夜晚新农村一处特殊景观。李自国本人擅长二胡，爱好京剧，会打门球，为吸引众多群众，腾出自家三间房作为活动场所，并购置文体器材，组建刘宋村老年活动中心，成为全村老人的乐园。

第三节　表演种类

一　民间花会

花会是香河县传统群众文化活动之一，2008 年底，花会种类超过 100 道，参与花会表演人员 5000 人。主要花会有小车会、高跷会、地秧歌、梅花桩、狮子会、龙灯会、中幡会、竹马会等。香河历史上出现最早的是大河各庄竹马会，已有三千年的历史。1989 年 2 月 20 日（正月初五），大河各庄竹马会应邀参加在北京龙潭湖举办的第三届民间花会比赛——“龙潭杯”大奖赛，获二等奖。2007 年 6 月，大河各庄竹马会被收录为河北省非物质文化遗产名录。声望最大的是受到清乾隆、咸丰两朝皇帝御封的安头屯中幡会，2008 年 6 月，被收录为国家级非物质文化遗产名录。流传最普遍的是地秧歌和小车会，几乎遍及县内各村街；扮演内容最多的是文武高跷会和梅花桩。每逢重大节日，他们都披红挂绿，串街闹会。年年受邀参加京、津、冀、廊及县里花会调演，获得省市各种奖励 100 多次。

高跷会（高景全摄于 2015 年 2 月）

狮子会（高景全摄于 2015 年 2 月）

安头屯中幡会（高景全摄于 2015 年 2 月）

小车会（高景全摄于 2015 年 2 月）

大河各庄马会（高景全摄于 2015 年 2 月）

二　戏曲　曲艺

（一）戏曲

1978 年后，群众喜闻乐见的种类有评剧、京剧、河北梆子、豫剧等剧种，在香河分布以评剧为最，几乎遍及全县。“文革”中曾一度被京剧代替，各村镇“毛泽东思想宣传队”均上演《沙家浜》《红灯记》等现代京剧。

（二）曲艺

活动种类有快板书、天津快板、天津时调、山东快书、相声、京东大鼓、京韵大鼓、单弦等，以京东大鼓影响最广。2008 年，京东大鼓的传统书目有 100 多部，其中长篇 31 部，中篇 23 部，短篇唱词 43 篇，书帽 19 篇。京东大鼓主要演员王从民。

第二章　文艺创作

第一节　文学创作

一　儿童文学

20 世纪 70 年代中后期，李巨发、田志庆创办文学刊物《香河文艺》，发表业余作者作品。1978 年，赵金山创作小说《枣花蜜》在上海《文艺少年》第 11 期上发表，系香河县作者在公开刊物上发表的第一篇儿童小说。随后，在全县把有写作能力的教师和社会青年发动起来，选定 23 篇儿童小说，于 1980 年经中国少儿出版社出版了香河县第一本儿童文学集《对手》。之后，县文化馆鼓励中学生写稿，发展小作者，将优秀作品辑印成册，其间出过两期大型刊物《香河》。1978 年，团中央举办首届儿童文学学习会，《儿童文学》编辑部推荐赵金山参加会议，聆听冰心、严文景、徐光耀、刘心武等 20 多位知名作家讲座。1983 年，《儿童文学》编辑部推荐尹玉如参加第二期学习会。1984 年，《儿童文学》编辑部邀请赵金山和刘文凤参加在北戴河举办的儿童文学笔会。

1984 年，香河县号召有条件的学校创办文学社团。是年，23 所中学办起文学社，其中钱旺村中学的“白天鹅文学社”和渠口中学的“柳丝”文学社最活跃。1985 年后，香河县先后保送王红舒、王长久、陈建玲、高勤、曹苗苗参加河北省作协在廊坊师专、河北师范大学举办的作家班学习。至 1989 年，香河县业余作者相继在《儿童文学》《少年文艺》《东方少年》《儿童小说》《金色少年》《中学生》《儿童故事》《中国校园文学》等发表儿童小说、童话、儿歌、儿童诗、儿童谜语等作品。1990 年，香河县成立文学艺术界联合会（以下简称县文联），重点繁荣儿童文学创作，涌现出张玉清、李树松、王德宝 3 位新人。1979 至 2008 年，先后出版儿童文学作品 21 部，在各文艺刊物发表儿童文章 221 篇。

主要作者与作品

赵金山，男，1938 年生，香河县四百户村人。河北省作家协会会员。先后担任县文化馆馆长、县文联副主席。1986 年，小说《神虫》获河北作家协会首届金牛文学奖，《对手》《宝驹》《求师记》收到诸多好评。1998 年，长篇儿童小说《青桃子绿李子》，由河北省少年儿童出版社出版，获第八届河北省文艺振兴奖。

田志庆，男，1942 年生，香河县西南街人。中国民间文艺家协会会员，河北省民间文艺家协会会员，廊坊市民间文艺家协会理事。1979 年始，一心为孩子们写作，主攻幼儿文学和学生作文。先后编写出版了《有趣谜语 100 条》《儿童趣味谜语》《拼音谜语（1～2）》《猜猜是什么》《趣味谜语娃娃猜》《少儿谜语儿歌 200 首》《含谜儿歌你来猜》《新编 200 则儿童谜语》《乖乖猜谜》《巧嘴娃娃绕口令》《神探汪汪狗（1～3）》《含谜儿歌 160 首（1～4）》《趣味益智新儿歌》《宝宝益智金钥匙（1～4）》等。对小学生写作记叙文有独到见解，与人合作编写出版了《小学作文自学自通 60 法》《小学生怎样写好作文》《轻轻松松学作文（小学）》《小学作文顺序学写一遍通》。

张玉清，男，1966 年生，香河县安头屯人。中国作家协会会员，河北省作家协会理事，河北文学院签约作家，中国少年儿童报刊工作者协会小作家分会导师团导师，廊坊市作家协会副主席，县文联副主席，二级作家。2007 年，河北省作家协会在香河召开全省儿童工作会议，当选为河北省儿童文学艺术委员会主任。1992 年，上海《少年文艺》、天津《儿童小说》两个编辑部联合召开张玉清作品讨论会，作品受到儿童文学理论家周晓的赞扬。校园小说《危险的夏天》《画眉》获得冰心图书奖 2 次，获得河北省文艺振兴奖 2 次，获得读者投票的《少年文艺》“最佳作品奖”6 次。2004 年，童话《少女安琪》获读者投票的《儿童文学》童话擂台赛金奖。2005 年 11 月，被评为第二届河北省“十佳青年作家”。由人民文学出版社出版长篇小说及中短篇小说集《跑，拼命跑》《青春风景》《红泳衣》《少年行》《危险夏天》《我愿做只斑马》。其中，《青春风景》由日本作家笠原肇译成日文。2005 年，转向成人文学创作，曾在《人民文学》《花城》《山花》《天涯》等杂志发表《地下室的猫》《谁是叛徒》等中短篇小说。其中《安全》入选《2008 年短篇小说》和《2008 中国短篇小说年选》。至 2008 年，共发表作品 12 部，200 万字。

李树松，男，1968 年生，香河县红庙村人。河北省作家协会会员。1990 年，在《儿童文学》发表作品《雨渡》；1996 年，小说《冬渔》被《小说选刊》选载；1998 年，小说《二子》获第十七届陈伯吹儿童文学优秀作品奖、河北省作家协会优秀作品奖；2002 年，《开满花的海子》获第十三届冰心儿童文学新作奖，《白色鸟》获《儿童文学》年度优秀作品奖；2006 年，江苏少年儿童出版社出版长篇小说《成长如裂》，并被《中学生阅读》（初中版）选中。2008 年 12 月，此小说获河北省第九届“五个一工程奖”，同时获得第十三届河北省文艺振兴奖。至 2008 年，发表小说 100 万字。

王德宝，男，1984 年生，香河县四百户村人。河北省作家协会会员。2005 年在《少年小说》发表处女作《咱俩一块儿走》。至 2008 年，发表文学作品 20 万字，儿童文学作品《咱俩一块儿走》《催命太岁》《小老鼠的故事》《大蛹不该离开泥土》先后在《少年小说》《少年文艺》《儿童文学》发表。

1979～2008 年香河县儿童文学作品出版一览表

表 25-2-1

作者	作品名称	类别	出版单位	出版年份	获奖及转载
刘文凤等	浪花丛	儿童小说集	天津新蕾出版社	1979	
赵金山等	对手	儿童小说集	中国少儿出版社	1984	
田志庆	儿童趣味谜语	儿童谜语集	中国妇女出版社	1991	
田志庆	猜猜是什么	儿童谜语集	华夏出版社	1992	
田志庆	趣味谜语娃娃猜	儿童谜语集	航空工业出版社	1994	
田志庆	乖乖猜谜	儿童谜语集	农村读物出版社	1995	廊坊市第三届文艺繁荣奖
张玉清	青春风景	儿童小说集	北京师范学院出版社	1995	河北省文艺振兴奖
张玉清	红泳衣	儿童小说集	河北省教育出版社	1996	
付凤鸣	新儿歌大王	儿歌集	农村读物出版社	1997	

续表 25-2-1

作者	作品名称	类别	出版单位	出版年份	获奖及转载
张玉清	少年成吉思汗	儿童中篇小说	未来出版社	1998	
张玉清	画眉	儿童小说集	河北省教育出版社	1998	廊坊市第四届文艺繁荣奖（特）
赵金山	青桃子、绿李子	儿童长篇小说	河北少儿出版社	1999	第八届河北文艺振兴奖
张玉清	少年行	儿童长篇小说	河北少儿出版社	1999	第八届河北文艺振兴奖，1999 至 2000 河北省“五个一工程”入选奖
尹玉如	女儿国的秘密	儿童小说集	中国文学出版社	1999	
张玉清	我要做一匹马	儿童长篇小说	四川少儿出版社	2000	河北省作家协会 2000 年优秀作品奖
张玉清	危险的夏天	儿童长篇小说	四川少儿出版社	2000	
张玉清	你不知我在想什么	校园小说集	少年儿童出版社	2000	
田志庆	神探汪汪狗	卡通	农村读物出版社	2000	
张玉清	长不大的男孩和长不大的女孩	儿童长篇小说	少年儿童出版社	2001	河北省作协“十佳”优秀作品奖
田志庆	含谜儿歌你来猜	谜语集	新疆青少年出版社	2001	
李树松	成长如裂	儿童长篇小说	江苏少年儿童出版社	2006	

二　民间文学

1985 年，香河县开始搜集并整理民间口头文学，成立故事、歌谣、谚语三套集成 5 人领导小组，发动各乡（镇）文化站工作人员、作者，深入民间，仅一年时间，搜集民间故事 300 篇，歌谣 60 首，谚语 7500 条。1986 年，辑印 25 万字的资料本《石猴盗酒》获河北省三套集成长城奖。田志庆、陈建伶等合编的民间故事集《京东八大怪》，1992 年在国家重点社科项目河北省民间文学三套集成优秀作品评奖中获长城奖，并记三等功，同时，获首届中国北方民间文学奖三等奖。赵金山、范丽婷、陈建伶编辑的《香河庙会、花会与民间习俗》，2007 年由天津古籍出版社出版发行。

主要作者与作品

丁振宇，男，1935 生，香河县义井村人，中国曲艺家协会会员，以曲艺和民间文学故事创作为主。20 世纪 90 年代，在《民间文学》《山海经》《故事会》等刊发传奇故事《飞毛腿的后代》《三道士命丧娘娘坟》《血溅运河滩》《贼偷贼三盗转心壶》等 30 多篇。《知县审皇上》在《山海经》发表后，被《民间故事选刊》选载，收入漓江出版社《２０００中国年度最佳故事》集；《文劫》在《民间文学》发表后，收入漓江出版社《２００１年度最佳故事》集；《血溅运河滩》在《山海经》发表后，收入浙江出版社《人头南瓜案》故事集。

2008 年香河县省以上民间文艺家协会会员一览表

表 25-2-2

姓名	性别	出生年月	协会名称	工作单位	职务
崔永生	男	1940.2	民间文艺家协会	钱旺中学	
田志庆	男	1942.12	民间文艺家协会	县文联	会长（原）
尹玉如	男	1945.3	民间文艺家协会	县文联	副会长
尹俊如	男	1948.8	民间文艺家协会	县委党史办	
陈建伶	女	1963.6	民间文艺家协会	县文联	会长

三　散文

20世纪70年代末，香河县形成散文创作群体。进入80年代，作家群已经成熟，除儿童文学、民间文学、成人小说创作外，散文创作也颇有成果。香河第一中学教师苏连硕以散文、随笔见长，几乎每日一篇，发遍周围省市大小报刊；第五中学教师王宏任以文评和杂文跻身于《文艺报》；石宝海的文评随笔文笔锐利，刻画颇为到位；王红舒笔调清新婉约，散文《药园小记》《冰糖葫芦》发表在《中国妇女》杂志上；尹玉如在撰写儿童小说和成人小说的同时，也写一些散文发表。

20世纪90年代至21世纪初，香河县散文创作蔚然成风，大小报刊、网站经常看到香河籍作者的作品。陈建伶2次在全国获奖，《阿里的路》被选进中国散文家代表作集，《失约的情思》被散文选刊选进全国散文奖获奖作品集；王洪勇的散文《音乐与生活》获第四届中国冰心散文奖，《沉重草筐》获全国精短散文奖。

主要作者与作品

尹玉如，男，1945年生，香河县淑阳镇刘庄村人。河北省作家协会会员、中国民间文艺家协会会员、中国散文家协会会员。他的文路宽广，小说（包括儿童小说）、散文、诗词、报告文学、故事、民间文学、文艺理论都曾涉足，尤以小说、散文见长。出版的散文集有《梦绕神州路》《相思情未了》《飘逝了的声音》。另外，他还出版了小说集1部，短篇小说集2部，与人合作长篇小说1部，儿童小说集1部，故事集1部，论文集1部，诗词集1部。截至2008年，累计发表作品300万字。

王红舒，女，1952年生，香河县孙止务村人。中国作家协会会员，任上海《东方经济》《体育纵横》杂志社总编辑。1979开始文学创作，以小说和散文为主。同年在《中国妇女》发表散文《药园小记》，当时在河北省广播电台配乐广播半个月之久，收到全国各地1000封读者来信。出版散文集《我依然爱你》，长篇小说《紫葡萄》，纪实长篇小说《中国大资本家传》。中篇小说《杨默的初恋》因涉及杨沫隐私而成为中国第一个文字官司，当时在中国甚至国外都有很大影响。

王洪勇，笔名原野，1958年生，香河县孙止务村人。中国散文学会会员，中国民间文艺家协会会员，河北作家协会会员，河北文学院签约作家。散文《音乐与我们的生活》获第四届冰心散文优秀奖；《沉重的草筐》获全国精短散文奖；《生产队记事》发表于2008年《天津文学》，同年进入河北作协散文排行榜；《沉重乡村》入选《中国散文家大词典作品选》，并入选多种中国年选本；《渐行渐远的乡村》发表于《散文百家》，入选河北散文排行榜，同时入选中国散文年选，中国年度佳作，并被选入北京大学研究生辅助教材；散文《乡村四季》入选中国散文学会选编的《我最喜爱的散文100篇》（2006年编选），同年被《读者》选载；《文化站干事》被《布老虎丛书》选载。

李开平，男，1959年生，香河县西南街人。中国近代史史料学会会员，中华诗词学会会员，河北省书法家协会会员，廊坊书法家协会理事。精于诗词、散文、评论，擅长书法。1998年3月，散文《张中行的故乡情》在全国首届吴伯箫散文大奖赛中获纪念奖。2001年12月，由香港天马图书出版公司出版散文集《孤棹斋随笔》，20万字，张中行题写书名并作序。

马军，男，1962生，香河县黄沙务村人。中国散文学会会员，河北省作家协会会员。2000—2008年，先后在《山花》《山东文学》《新一代》《百家讲坛》《人民日报》《文史天地》等国内近百家文学杂志和报刊发表散文、随笔、杂文500多篇。其中，多篇被《青年文摘》《人民文摘》《学习博览》《晚报文萃》《杂文选刊》及人民网、搜狐、网易、中国广播网、大众网、中国经济网、星岛环球网等80多家有影响的国内外媒体转载。《吮吸的功用》等多篇文章引起杂文界关注。2008年，散文《小雪》获第二届《红豆》杯全国精短散文大赛三等奖。

陈建伶，女，1963年生，香河县池屯村人。河北省儿童文学艺术委员会副主任，中国散文学会会员，中国民间文艺家协会会员，河北省作家协会会员，河北省民间文艺家协会理事，河北省民俗协会理事。2000年3月，散文《班公湖上观鸟岛》在《廊坊日报》上发表，同年9月，发表《失约的情思》；2001年，在《散文百家》相继发表《夜宿兵站》《阿里的路》；2004年，《我骄傲，我是廊坊人》发表在《与廊坊一起成长》一书；2005年，在《当代人》发表《世界屋脊上的川妹子》。

巨凤霞，女，1966年生，香河县茅草店村人。

中国散文学会会员，河北省作家协会会员，河北省民俗协会会员，香河县民俗协会会长。1995年开始文学创作，先后在《人民日报》《人民法院报》《河北法制报》《河北税务》《河北审判》《廊坊日报》《鸭绿江》《苍生文学》发表小说、散文、通讯、专题调研、报告文学等作品。2000年，出版散文合集《柳岸月萧》；2001年，散文《香河肉饼》在《人民日报》上发表；《布鞋》《烟雨南京》《无锡街头寻阿炳》分别收进2004年、2005年和2006年《中国当代散文精品》集；2008年，《她们的情事》发表在《廊坊文学》上。

四 诗歌

香河县诗歌创作分两个阶段。第一阶段，从1978年开始，以新诗为主，代表作者有李巨发、田志庆、崔永生、陈星、曹茁苗。作品发表在《河北文艺》《廊坊文艺》《廊坊日报》上。第二阶段，从2000年开始，新诗创作渐弱，旧体诗词创作渐强，以王新、李开平、曹春生、丁震邦、赵金堂为代表。作品发表在《中华诗词》及各地方诗词刊物上。2002年，钱旺乡义井村诗词学会成立，成立时会员仅8人，但队伍很快得到扩大，不但村内有识之士踊跃参加，钱旺、焦康庄等附近村庄的文人墨客也积极参与，至2003年，会员发展到30多人。2003年元月，义井诗词学会创办《潮白诗词——义井专刊》，至2007年出期刊8期，刊出会员作品400多件。作品大都以宣传和反映党的富民政策、农村田园风光和新农村建设的喜人景象为宗旨，散发着浓浓的乡土气息。2005年冬，河北省委副书记刘德旺到义井村调研，反复翻阅诗词创刊，肯定了义井村诗词学会的成绩，并赞扬说："这是建设社会主义新农村的特色"。2006年，香河县委、县政府邀请中华诗词学会名誉会长、著名学者、诗人刘征，中华诗词学会常务副会长、著名文艺理论家郑伯农，顾问、著名诗人周笃文，秘书长王德虎等名家来学会讲学，指导诗词创作。至2008年，《潮白诗词——义井专刊》相继刊出了《"创建文明生态村"作品专刊》《"廉政"专刊》《践行"八荣八耻"系列作品》等与时俱进诗词刊物，反映出新农村建设的可喜成果。

主要作者与作品

付凤鸣，笔名郇夫，男，1936年生，香河县刘宋村人。河北省作家协会会员，中国散文学会会员，中国乡土作家协会理事。他酷爱文学，一边教书，一边写作。截至2008年，先后在全国80余家报刊发表文学作品600篇，140万字，出版诗集有《红叶集》《露珠集》《石人招亲》《新儿歌大王》《郇夫抒情诗选》。

崔永生，男，1940生，香河县钱旺村人。中国诗歌学会会员，河北省作家协会会员，中国民间文艺研究会河北分会会员。1978年，创作民歌《汗珠变成亮星星》在《人民日报》发表，此后共创作发表1000多首民歌。1994至1995年，文津出版社先后出版诗集《人生驿站》和《崔永生诗选》；1997年，农村读物出版社出版少儿诗精选《假如我遇到外星人》；2001年，天马图书有限公司出版《崔永生少儿诗选》。除了诗歌，还写散文和民间故事。他写的思念自己女儿的散文《寻找女儿坟》《新艳又回来了》感情真挚浓厚，诉说着一个父亲对女儿深深地想念和怀念，这两篇散文被《永恒的母爱》刊用。2001年，开始涉足格言，他的格言相继发表在《中国优秀格言集》《中外哲理名言》《中华名人格言》上。2008年，天马图书有限公司出版其格言集《人生感悟》。

陈星，男，1958生，香河县石虎辛庄人。河北省作家协会会员。1982年，开始业余诗歌创作，当年在《廊坊日报》发表处女作《细雨蒙蒙》。1995年11月，由远方出版社出版的诗集《爱的流动》《静夜遐思》《小蜜蜂的梦》。至2008年，先后在《儿童文学》《诗歌报》《太阳神》《河北日报》《诗神》等报刊发表诗歌500首，代表作有《海边少女》《相思》《笼中鸟》《乡村小夜曲》《冬日小景》《冬夜，真的好冷》《那是一个秋季》。

马荣华，1958年生，香河县北口头村人。河北省作家协会会员、河北省楹联学会会员。1980年开始创作，以诗歌为主，兼顾楹联、散文。诗歌《柳魂》《中年》《永远的太阳——纪念毛主席诞辰100周年（组诗）》《独目老红军》《记住英雄》分别编入《滴水见世界》（中国百子文学大选赛获奖作品集）《中国诗歌》《中华颂•圣诗宝典》。2001年，诗集《爱不能修改》由香港天马图书有限公司出版。

五 杂文、随笔

香河县杂文创作较为沉寂。进入20世纪80年代后，改革大潮汹涌澎湃，社会生活纷繁万象，一些作者开始尝试杂文创作。

主要作者与作品

王宏任，男，1947年生，香河县孙止务村人。中国无神论学会理事，中国散文学会会员，河北省作家协会会员廊坊文艺评论家协会副主席。1975年开始发表作品，以散文、杂文为主，兼写评论、随笔。先后在《人民日报》《经济日报》《文艺报》《天津日报》《天涯》《科学与无神论》《长城》《山西文学》《延安文学》《散文百家》《炎黄春秋》《杂文月刊》《西部散文家》等报刊发表作品300篇，100万字。2006年，获《山西文学》杰出作家奖；2007年，获《杂文月刊》年度优秀作品奖。《熄灭在我周围的人物》获"杰出作家奖"，选入《2006年中国散文排行榜》；杂文《民国二十五年香河县志一瞥》选入《2006年中国杂文排行榜》。

王瀛，女，1970年12月生，河北香河人，笔名九月、九月核桃、王九月、淘丫、绿衣核桃。独立撰稿人，《知音》杂志特约记者、故事会传媒集团《金色年代》杂志专栏及封面名人特稿记者、《北京纪事》杂志特约记者、丛林天润影视公司编导、云峰影视公司撰稿合作编剧、九月传媒工作室主编。1988年开始发表作品。至2008年底，在《知音》《读者》《演讲与口才》《今古传奇》《青春诗歌》《东方少年》《都市故事》《故事世界》等110家各类刊物上发表诗歌、散文、小小说、故事、社会话题评论、新闻报道等作品700篇。2001年，获"文学创作一等奖"，同年，以代表作《把手张开》入选"二十一世纪中国诗人档案"；2004年12月，诗词作品入选《河北风华诗词集》；2006年，被评为"首届全国最受读者喜爱的优秀故事家百杰"，同年，应邀参与《民间文学》杂志下半月创刊号的策划；2006年，在第3期《散文百家》发表散文《姥姥的端午》，同时被选为全国30个城市高三语文考试阅读题；2008年5月至7月，参与评书"中国好人颂"道德楷模103回评书创作，负责4个人物9回书稿撰写，篇目有《义无反顾钟南山》《捐肾救父曹于亚》《慈母大爱蒋利萍》《桥吊司机许振超》，其后在中央人民广播电视台、中央电视台第七套曲苑杂坛节目及全国各地130家广播电台播出。

2008年香河县省以上作家协会会员表

表25-2-3

姓名	性别	出生年月	协会名称	工作单位	职务
李巨发	男	1932.11	河北省作家协会	县政协	
付凤鸣	男	1936.8	河北省作家协会	张庄小学	
赵金山	男	1938.4	河北省作家协会	县文联	
崔永生	男	1940.2	河北省作家协会	钱旺中学	副会长
刘文凤	男	1943.12	河北省作家协会	第三中学	副会长
尹玉如	男	1945.3	河北省作家协会	县文联	会长（原）
王洪仁	男	1947.10	河北省作家协会	县文联	
尹俊如	男	1948.7	河北省作家协会	县委党史办	
石宝海	男	1952.4	河北省作家协会	渠口镇政府	
王红舒	女	1952.12	中国作家协会	上海《东方经济》《体育纵横》杂志社	总编辑
王　新	男	1954.6	河北省作家协会	县委	
陈　星	男	1958.2	河北省作家协会	县规划局	
马荣华	男	1958.4	河北省作家协会	街道办事处	
王洪勇	男	1958.10	河北省作家协会	县广播局	
李开平	男	1960.5	河北省作家协会	县文联	
马　军	男	1962.5	河北省作家协会	县文联	
高　勤	女	1963.5	河北省作家协会	县国税局	
陈建伶	女	1963.6	河北省作家协会	县文联	
王国勤	女	1964.2	河北省作家协会	安头屯镇孙营庄村	

续表 25-2-3

姓名	性别	出生年月	协会名称	工作单位	职务
巨凤霞	女	1966.1	河北省作家协会	县法院	
张玉清	男	1966.2	中国作家协会河北省作家协会	县文联	会长
李树松	男	1968.6	河北省作家协会	淑阳诊所	
刘清宇	男	1969.3	河北省作家协会	县纪委	
王德宝	男	1984.4	河北省作家协会		

第二节　艺术创作

一　戏剧创作

改革开放后，香河县重建评剧团，除恢复演出一些传统剧目外，一些文艺作者开始创作新的评戏剧本。1979—1981 年，赵金山、刘希春创作多部评戏并参加廊坊地区会演，主要作品有《喜临门》《桃花坞》《分西瓜》《青枝绿叶》。1986 年，郝自强、张跃江创作评剧《新官上任》；1985—1986 年，张跃江与他人合作创作评剧《大蒲扇分家》《儿大不由爹》；1996 年，丁震宇、张跃江创作评剧《夜审儿媳》参加廊坊市会演；2000 年，创编评戏《进山》。2000 年后，因香河县评剧团名存实亡，演出停止，没有新编剧本。

二　曲艺小品创作

香河县曲艺小品创作人员稀少，主要以陈金城、丁震宇、田志庆为代表，主要作品集中在 20 世纪 80 年代。1979 年后，陈金城、丁震宇等开始曲艺小品创作。1980 年，丁震宇创作快板书《生财有道》，发表在《农村金融》第二期；1981 年，针对农村婚丧嫁娶铺张浪费现象，创作相声《买脸》。同年，丁震宇与陈金城合作改编越剧《胭脂》为中篇说唱《吴知县三断胭脂案》，计 9 万字，由河北曲协印发；1982 年，创作相声《恭贺新禧》，反映中共十一届三中全会以后呈现出的繁荣景象。1983 年，陈金城与田志庆合作，改编长篇小说《燕子吕三》为同名中篇说唱；同年，又改编中篇小说《半月唐传奇》为中篇说唱；《雪梨传》，由省曲艺团公演。进入 21 世纪，邳万宇自 1998 年与全国著名快板表演艺术家常志结识学习快板后，在不断参加各种文艺演出的同时，开始尝试创作，先后制作编写了《致敬装甲旅》《香河颂》《宝坻颂》《清廉的税官》《香河肉饼传奇》等快板书作品。

三　美术创作

香河县美术创作人才济济，20 世纪 80 年代初，县内专业或业余书画家、爱好者群体不断发展壮大，参展、获奖作品不断涌现。主要代表有：王永泉、李建波、罗会英、王云石、姬志民等。

王永泉，男，1954 年 3 月生，河北香河人。中华诗词协会会员、河北省美术家协会会员、廊坊市美术家协会理事、香河县美术家协会主席。1990 年考入北京画院山水画研修班，师从著名画家马泉，1995 年 5 月，在张中行先生帮助下，在中国美术馆举办个人画展，是香河县在国家级美术馆办展第一人。作品先后在《人民日报》《光明日报》《文艺报》《文化报》《北京晚报》《台湾日报》《中国书画报》《黑龙江日报》《山西文化生活报》《河北科普杂志》等报刊上发表。

国画山水·《秋水无声》（王永泉作于 2008 年）

1995 年，获中国艺术研究院美研所“中国画精诚奖”银奖；2001 年，获北京民族文化宫“民族情”书画大赛优秀奖并被收藏；是年，中国文联办公厅、西藏自治区办公厅主办“庆祝西藏和平解放50周年全国书画名家邀请展”，编入《中华民族书画家大典》；2004年，参加河北省人大、河北省文联、河北省美协主办的“河北省纪念人民代表大会成立50周年作品展”，获优秀奖；是年，参加河北省文联、河北省美协主办的“庆祝中华人民共和国成立55周年河北美术作品展”，入选首届农民画展；2005年，参加中国野生动物保护协会主办的首届“促进人与自然和谐发展全国书画作品大展”，获三等奖，同时，获得“保护野生动植物公益事业爱心大使”；2006年，获“关爱环保、从我做起”海内外书画环保作品大赛二等奖；2007年，被中国残联华夏文化集团授予爱心使者，出版《王永泉山水画集》。书画作品先后入编《中华中青年国画名家集萃》《当代世界书画家大辞典》《中华民族书画家大典》，在美国、日本、中国台湾、荷兰、苏丹等国家和地区均有收藏。

李建波，男，1962年生，河北香河人。河北省美术家协会会员，香河县美术家协会副主席。经北京画家毓恒继明的多次指导，创作一批反映香河两河沿岸生活的山水画作品，代表作有《潮白风光》《潮白渔趣》《运河人家》等。其中，大部分作品都参加河北省、廊坊市所举办的书画展，部分作品在报刊发表。2000年，成为北京画院画家刘克宁入室弟子；2004年，山水画《家住潮白柳岸西》获河北省人大常委会等单位举办的“纪念河北省人民代表大会成立50周年书画作品展”二等奖；画作《燕山人家》获“河北省个体私营经营者首届书法美术作品摄影大赛”三等奖；2008年，山水画《燕山深处》入选“第十一届全国美术展览河北省选送作品”。

《乡情》（李建波作于2007年春）

汪华，女，1963年3月生，河北香河县人。河北省民间文艺家协会会员，廊坊市美术家协会会员、廊坊市作家协会会员，廊坊画院中国人物创作室高级创作员。2008年获河北省政府授予的二级工艺美术大师称号。

2003年，工艺美术作品参加由中国文联、中国美术家协会、中国民间文艺家协会、中国书法家协会举办的中国文学艺术界“永结同心”主题艺术展，漆器“百寿葫芦”被列入艺术展作品集。工艺品描金漆器“龙凤瓶”“福禄寿禧”瓶等6件作品及《收藏流行：风漆器》在中国民间文艺家协会主办的《民间文化》刊物上刊登。2006年，漆画作品获得第六届廊坊“文艺繁荣奖”。

绘画作品《东方红》入选“庆祝中华人民共和国成立五十周年”河北省美术作品展。2002年，《悠悠岁月》《淡淡四月天》等作品分获廊坊市首届青年美术展二等奖。

《金漆葫芦如意瓶》（汪华创作于2003年6月）

罗会英，又名罗晓颖，女，1963年生，河北香河人。河北省美协会员。1982年，师从袁宗甫，2003年，拜北京工笔花鸟画家张玉清为师。2001年，作品《荷花》在河北省艺术联展中获三等奖；2002年，作品《农家秋韵》在廊坊市首届青年美展中获优秀奖；2004年，作品《秋酣》在河北省纪念人民代表大会成立50周年画展中获一等奖。

《溪塘过雪》（罗晓颖作于2002年）

王云石，男，1969 年生，河北香河人。国家一级美术师，中国美术家交流协会会员，中国长城书画家协会会员，河北省美术家协会会员，北京齐白石研究会会员，北京大学中行国学会理事，香河美协副主席。师从香河县画家袁宗甫、赵志勇，受到娄师白、马海方、谢永增等名家言传身教。1996 年 10 月，中国画《家园》获河北省首届书画大展优秀奖；1999 年 10 月，第一本生肖挂历由浙江人民美术出版社出版，发行 10 万册。2000 年 10 月，生肖挂历 5 本由岭南美术出版社出版发行；2001 年 9 月，金盾出版社出版处女作专著《写意动物画技法》，介绍了写意画的基础知识，逐一演示畜兽、禽鸟、鱼虫等 75 种动物的写意步骤，并附有文字提示，书中还介绍了这些动物的形态，习性等有关知识，并精选部分示例作品，供读者临摹学习和参考；2002 年 5 月，参加第五届北京国际艺术博览会，获二等奖；2003 年 5 月，《绿野》获第二届河北艺术联展二等奖，并入选画集；是年 6 月，第二本专著《怎样画马》由金盾出版社出版发行；2004 年 3 月，《连环画报》发表连环画《范蠡贩马》；是年 10 月，《范蠡贩马》入选第十届全国美术展河北省展，获优秀奖；2005 年 1 月，完成《中国古代刀马人物图谱》，由天津人民美术出版社出版发行。8 月，中国画《父老乡亲》入选第三届全国中国画展；2006 年 6 月，《连环画报》发表彩色连环画《草上飞》；2007 年 5 月，重彩国画《千年去赋喜迎秋》获第四届河北艺术联展二等奖，并入选画集。7 月，在美术杂志发表。10 月，印成明信片发行。2008 年 5 月，中国画《守望》获河北省文联首届画展二等奖。9 月，北京皇城当代艺术中心举办个人画展。

《八骏图》（王云石作于 2006 年 11 月）

姬志民，男，1972 年 8 月生，河北香河人，别号省心，斋号省心斋。中国美术家协会创作中心创作委员，河北省美术家协会会员，中国文联书画艺术交流中心创作员，河南省中国画院研究中心高级艺术顾问，中国书画家协会理事，新加坡艺术协会常务理事，中国艺术家协会名誉会长，世界华人艺术家协会副主席。作品多在日本、新加坡、俄罗斯、巴西、法国等国家和中国香港、台湾地区展出，并多有收藏。20 篇美术论文获中国教育报、河北省教委一、二、三等奖。先后辅导的学生有 200 人次在国际及国家级大赛中获奖。

国画山水·《秋水东去》（姬志民作于 2006 年）

1996 年 8 月，世界 16 个艺术组织联合授予其“世界书画艺术名人”称号；1999 年 9 月，国画作品《秋韵怡心》被中国文联授予特别金奖，个人获“海峡两岸德艺双馨艺术家”称号；2000 年 7 月，国画作品《大好河山》获世界华人展铜奖，被文化部、中国文联授予“世界华人铜奖艺术家”称号；2000 年 9 月，书画作品获文化部 ISC 2000 艺术质量认证；2001 年 12 月，国画作品《运河人家》获中国文联书画艺术中心金奖；2005 年 2 月，美术作品《秋实图》参加中国美术家协会、中国书法协会组织的法国巡回展，获一等奖；2006 年 7 月，美术作品《荷塘情趣》被中国书法家协会、中国美术家协会授予银奖；2006 年 12 月，美术作品《秋江东去》获第三届河北艺术联展青年组一等奖；2007 年 1 月，世界华人艺术家协会姬志民（省心）艺术工作室成立；2008 年 1 月，美术作品《秋韵》入选中央文明办、中央电视台、中国美术家协会等主办的中国职工艺术节；2008 年 12 月，中华慈善总会授予“慈善书画家”称号，书画作品捐赠中华慈善总会义卖援作慈善事业。

2008 年香河县省以上美术家协会会员表

表 25-2-4

姓名	性别	出生年月	协会名称	工作单位	职务
王永泉	男	1954.3	河北省美术家协会	县计生局	会长
李建波	男	1962.6	河北省美术家协会	胡庄子村	副会长
罗晓颖	女	1963.10	河北省美术家协会	颐和家园	
王　永	男	1969.4	中国美术家交流协会 河北省美术家协会	青年社区	
姬志民	男	1972.8	河北省美术家协会	城内第二小学	教师

四　书法创作

香河县书法爱好者众多，无论老人孩童，均有执笔挥毫之墨客。进入 20 世纪 90 年代，机关、企业、街道、乡村爱好书法、长于写字者日益增多，离退休干部提笔练字者更是不乏其人。

主要作者及作品

刘树材，字添翼，1964 年 9 月生，河北香河人。1986 年毕业于上海艺术学校书法系，受教于任政、钱沛云，多次得到欧阳中石、谢德萍指点。1990 年正式为刘炳森入室弟子，深得恩师书艺之真谛。1998—2000 年随刘炳森多次出访日本、新加坡等国家进行书艺交流。擅长楷、隶、行草诸体，书风凝重稳健且俊逸潇洒。

《卧虎藏龙》（刘树才书于 2003 年 6 月）

多件作品被清华大学、中国人民对外友协、钓鱼台、中南海、中华慈善总会及国内外友人收藏。为中国青年书法家协会会员，中国书画家协会理事，中国现代书画家协会理事，中国长城书画院特约书法家，山东省文心阁书画院签约书法家，获“河北省地域特色艺术创作领军人物”称号，省政府设立的河北书画艺术院院士，河北神州书画院副院长。作品入选当代书画名家精英大典，20 世纪中国著名书画家大典。2004 年春，参加天津塘沽国际书法艺术节；2005 年，参加“秦皇岛之夏”书画展览；2006 年 4 月，在武夷山举办“茶之韵”书法展览，30 米长卷“武夷山九曲棹歌”被武夷山市政府收藏；2008 年 11 月，参加海南三亚天涯海角国际书画艺术节。

张宝义，字逸云，1950 年生，河北香河人。中国书画家协会理事，廊坊市书法家协会会员，香河县书法家协会副主席。

老子《道德经》节选（张宝义书于 2008 年 10 月）

2005 年在中国书法家培训中心深造学习，得到书法家欧阳中石及刘文华、刘恒、李松等名家的指教。其书法作品曾多次在全国及各省市书法大赛中获奖。2001 年 2 月，获“翰墨情缘”杯全国书画大赛三等奖；2002 年 3 月，获“希望杯”中国书画大展赛二等奖；2004 年 8 月，获“纪念邓小平同志诞辰 100 周年”书画展一等奖；2005 年 9 月，获文化部中国硬笔书法协会中国书画研究院举办的全国书法美术大展铜奖；2008 年 10 月，获中国书法家协会国家机关分会、东方艺术鉴赏家协会、国际华人书画家协会举办的全国书画艺术大展二等奖。

墨童，本名吕永杰，1956 年生，河北香河人。中国现代书画家专家委员会副主席，石家庄经济学院客座教授。曾任中国传统文化促进会副秘书长兼书画活动委员会主任，中华书学会理事兼对外联络部部长，香河文联主席。工诗词、书法，以行草书驰名。出版有《墨童诗书作品集》《中华正气歌》《墨童书法集》等。

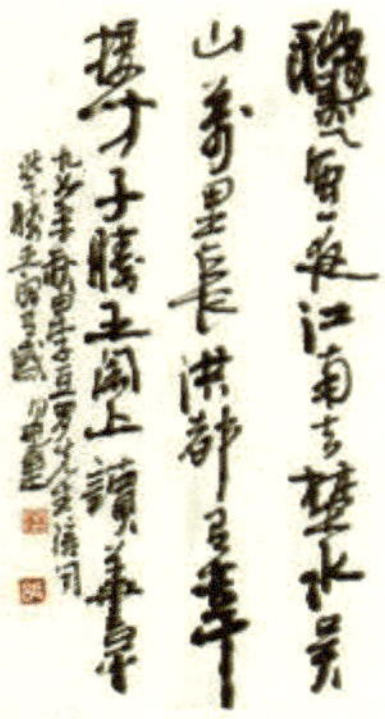

“秋风一夜江南去，楚水吴山万里长。
洪都有幸接才子，腾王阁上读华章”
——李豆罗《登腾王阁有感》（墨童书于 1997 年秋）

姬志民（美术创作已介绍），河北省书法家协会会员、中国硬笔书法家协会会员、中国楹联学会会员、中国教育学会书法教育专业委员会委员、中国现代作家协会会员。

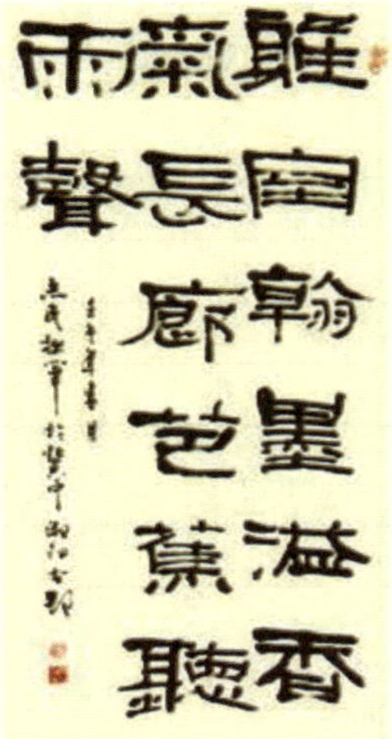

“雅室翰墨溢香气，长廊芭蕉听雨声”
（姬志民书于 2002 年 3 月）

1998 年 7 月，国际文化出版公司出版了《姬志民书法作品集》，启功题签；1998 年 10 月，书法作品赴俄罗斯展出并获国际金奖；2003 年 12 月，中国美协、书协等机构主办世界和平大展，获书法一等奖；2006 年 7 月，作品被中国书法家协会、中国美术家协会授予银奖；2006 年 7 月，获中国现代作家协会银奖，并授予“中国当代作家百杰”称号；2006 年 12 月，书法作品被中纪委、纪检报社收藏。

2008 年香河县省以上书法家协会会员表

表 25-2-5

姓名	性别	出生年月	协会名称	工作单位	职务
薛连清	男	1948.4	河北省书法家协会		
张宝义	男	1950	中国书画家协会		理事
吕永杰	男	1956.6	中华书法家协会 河北省书法家协会	县文联	会长
姬志民	男	1972.8	河北省书法家协会	城内第二小学	教师
张宗颐	男	1981.11	河北省书法家协会	师范小区	

五　篆刻创作

20 世纪 80 年代初，篆刻创作在香河已有人涉足，但由于篆刻技术难度大、要求高，从事这门艺术的人一直不多。代表人物有薛连清、张宗颐。

薛连清，男，1948 年生，香河县马房顶村人。

中国书法艺术研究院常务理事，中华书画人才研修中心研究员，世界禅佛书画家协会研究员兼常务理事，上海民族画院院士兼常务理事，深圳“中华成功者研究会”研究员，河北省书法家协会会员，廊坊市书协理事，沧海印社名誉理事，廊坊市二、三、四届政协委员，《中国当代印坛大观》编委。1999年9月，被中国文联命名为“海峡两岸德艺双馨艺术家”。师承河北著名篆刻家韩焕峰。作品谨严工整，刀法瑞重雅致，骤妥安详，自然纯朴中不乏典雅庄重，形成自己独特风格，擅长篆刻十二生肖、佛像、八仙人物等印章。篆刻作品曾在加拿大、日本和中国、香港国际中心及北京中国美术馆、中国历史博物馆、石家庄等地展出并被收藏。多次在《廊坊文艺》《廊坊日报》《沧海印》《神州艺苑》《篆刻》《中国农民书画报》《河北日报》《乡音》《中国收藏》《人民政协报》等报刊上发表篆刻作品。其作品在第二届红军杯全国书画大展赛获二等奖、第二届王子杯海峡两岸书画大赛获铜奖，在全国业余书法篆刻大赛首届中国农民书画大展赛、第二届御苑杯海内外艺术大展赛、纪念抗日战争胜利五十周年书画展获优秀奖。篆刻作品入选纪念毛泽东诞辰一百周年全国书画艺术大展、中华各民族大团结书画展、卫生部举办的首届全国皇家杯书画大赛、沧海金石书画展、河北省大型书画展、1992年跨世纪书画精品台历、中国《观音阁》碑林并刊石造像，入选山东省蒙山百寿崖石刻，曾为著名学者张中行、著名山水画家梁树年、著名人物画家黄均、著名花鸟画家张世简、郑克明治印，并得到好评。篆刻作品及传略被编入《中国当代印坛大观》《中国当代诗书画印精品集》《中国国际书画篆刻家年鉴》《世界当代书画篆刻家大辞典》《书画家作品润格》《中华成功者》等10余部大典。1996年中华全国总工会、全国人大民委、中央统战部、国家文物局联合发出通知，邀请他参加在北京国际展览中心举办的“香港回归国际书画艺术大展”，篆刻作品被卫生部、中央人民广播电台、中国文联、中国侨联收藏。

张宗颐，男，1981年生，香河县袁庄村人。河北省书法协会会员。2005年，为中国佛教协会会长一诚法师和尼泊尔永增仁波如意活佛治印；2006年，求学于西泠印社，篆刻作品入展《中国印大展》。作品多次发表于《中国书画》《光明日报》《中国书法》等报刊，先后入展《河北省书协首届书法展》《河北省书协会员优秀作品展》。

第三章　国学大师张中行

第一节　中行文学社

香河县中行文学社是以著名学者、作家、语文教育家张中行先生的名字命名的群众文学社团。经中共香河县委、县政府批准，香河县民政局注册登记，于2006年7月20日正式挂牌成立，成员50人。宗旨是研究学习张中行，弘扬中行文风，研究文史哲艺，创作散文诗词，享受和谐人生。

一　组织

2006年，一代学者，国学大师，著名思想家、语文教育家、散文家，香河人民的优秀代表张中行先生去世。作为深受他恩泽的弟子，李开平、丁振邦、赵金堂、陆海涛、石宝海等决心弘扬他的精神，让香河人民和全国的文化人世世代代铭记他，为香河打造一块永世发光的文化品牌，遂决定发起组织一个研究学会。起初叫“中行文学社”，是香河县文化艺术研究会的组成单位，后研究会解散，中行文学社独存下来。

文学社成立后，联系了全国各地的中行热友，尤其是北京等地的高等学府、国学精英、社会名流，成为具有全国性的群众学术组织。为更全面地反映张中行的成就以及组织发展状况，经理事会研究并经张中行亲属同意，2009年12月27日，在北京鲁迅博物馆举办“百年中行（1909—2009）纪念座谈暨张中行国学网开通仪式上正式更名为香河县张中行国学会（简称“中行国学会”）。

二　活动

中行文学社成立后，紧紧把握研究张中行、弘扬传统文化的宗旨，发展壮大组织，召集沙龙讲座，研讨创作诗、书画，撰写研究成果，策划开展对外交流，维护更新网站，活跃团体生活，筹备、召开理事会。

（一）研究张中行

召开北京方面张中行生前友好、文史专家出席的“张中行文化资源开发研讨会”，提出切实可行的建议；收集整理张中行文物史料，关于张中行的回忆录、散文随笔；与廊坊电视台协作拍摄电视纪录片《张中行》并多次播放；发表会员研究撰写的国内首部《张中行年表》《张中行著作系年》；出席在北京鲁迅博物馆举办的《说梦楼里张中行》一书出版座谈会，并介绍了张中行与香河；创办“张中行国学网”；密切联络张中行研究学者，为研究开发张中行提供文化资源。

（二）扩大影响

1.对内

由10人组成的书画小分队开展送书画（春联）到基层活动，先后进行50场；举办书画展10场；协助安平等地开展传统文化活动10场；邀请河北省抚宁县学者到第一城、家具城、新农村采风10场，组织人员到河北省抚宁县回访采风；多次邀请名人刘征等到县里讲学、书画笔会等，并撰写评论文章交流。

2.对外

前往安徽泾县、霍邱、湖南凤凰、黑龙江镜泊湖、望奎、山西晋城、陕西西安、山东济南、昌邑、秦皇岛、坝上、海南儋州等等，除福建、新疆以外，几乎走遍全国各地，宣传张中行、应邀讲学；出席中日、港台诗词研讨会，中华诗词学会理论研讨会；联谊北京大学、中国人民大学、中国社科院、中华诗词学会、人民教育出版社、北京出版社、大运河博物馆、中国国学院以及相关网站，发展壮大张中行文学社。

（三）打造香河文化品牌

经过研究论证，根据香河县文化历史和现实情况，中行文学社提出打造“香河县十大文化之乡”，即以革命烈士陈然为代表的红色文化；以张中行为代表的国学文化；以郝寿臣为代表的戏剧文化；以张策为代表的武术文化；以王乐亭为代表的中医文化；以大运河为载体的民俗文化；以第一城为载体的旅游会展文化；以家具城为载体的家居文化；以香河肉饼为代表的美食文化；以优秀企业家、能工巧匠为代表的传统商业、企业文化。

第二节　张中行系年

1909年，1岁

1月7日（农历十二月十六日），生于香河县河北屯镇石庄(1958年11月划归天津市武清县管辖)，一兄一妹。父亲张万福，母亲蓝氏。兄张璞，字一真，历任香河县县立小学校长、教育局局长，对张中行的人生选择影响很大。

1912年，4岁

患病，高烧，几死，已经停于席片之上，赖大祖母慈心佑护，抱在怀里，转危为安。

1916年，7岁

春，上小学，就读于乡绅石显恒所创之镇初立小学。课程有国文、算术，教材为商务印书馆出版石印本共和国教科书。教师刘瑞墀，前清秀才。据《尚书•舜典》：“在璿玑玉衡，以齐七政”拟学名“璿”，字仲衡。

1921年，13岁

就读于初小扩建的镇立高级小学。课程有国文、算术、史地、自然、音乐、图画、体育。期间，养成浏览习惯，广泛阅读《水浒传》《三国演义》《西游记》《今古奇观》《说岳全转》《儿女英雄传》《老残游记》《粉妆楼》《七剑十三侠》等中国古代小说，尤其钟爱《聊斋志异》。

1924年，16岁

7月，高小毕业。从长兄主意，决定考通县师范学校。适逢青龙湾决口，交通阻断，投考未成，在乡里闲居一年，务农，读书。

1925年，17岁

暑期，由长兄率领香河县五六人投考通县京兆师范学校。考生200多人，录取40人，同行者仅张中行榜上有名。在校6年，课程有国文、数学、英语、历史、地理、物理、化学、博物、体育、音乐、图画、手工以及教育、心理、教学法、法制、医学等。课上学习新知识，课下阅读。长期经营学校图书馆，得以阅读中外文学作品。

1926年，18岁

春，以冯玉祥为代表的国民军与直鲁联军混战，学校停课，汽车停运，步行60公里回家，为平生走路最远的一次。冬，与父母包办的“娃娃亲”

武清县沈氏女成婚。婚后育儿、女各一。张在生活上一直给以补贴，直至80年代去世。

1928年，20岁

暑期后，京兆师范学校更名为河北省第十师范学校；始记日记。

1931年，23岁

6月，河北省第十师范学校毕业。因不想教书而进京报考大学。7月，考取北京大学文学院，以此受到家乡人的敬慕，称之为“二先生”。8月，到沙滩北京大学报到，入读中国语言文学系。暑假末，结识杨成业。杨17岁，反对包办婚姻离家谋独立，托人请张谋得香河县立小学教书，书信往来定情。

10月，“九•一八”事变爆发后，参加200多人组成的北大学生南下示威团，乘车到南京，示威游行，被捕至孝陵卫军营关押，后遣送回京。

北大期间，所学趋于中国古典。在治学上追求怀疑和追根问底，毕业前后确立志向探讨人生哲学。

1932年，24岁

春，杨成业由香河回北京，与张在北京沙滩银闸北口路西大丰公寓租房而居。张求学穷困，杨出去工作，二人常因琐事争吵。杨改名“君茉”，又改名“君默”。20世纪50年代发表《青春之歌》时署名“杨沫”。4月，张中行在北大第三院风雨操场聆听章太炎号召青年拯救国家危亡演讲。暑期，杨沫于京郊小汤山产一子，取名“萍”，一岁半，患白喉夭折。感情平复后，二人度过了一段贫困却平静安谧、和睦融洽的生活。

1933年，25岁

1月16日，购乾隆五十年重印青柯亭本《聊斋志异》，陪伴终生。选修刘半农“古声律学”，旁听者众多，选修者只有张一人。杨沫开始接触革命青年，阅读革命书籍，二人产生分歧、隔阂。

1934年，26岁

年初，顾颉刚创办《禹贡》会刊，张参加，作《香河小志》。

1935年，27岁

北大毕业，以名字难认，故将“仲衡”二字去人去鱼，改名“中行”，恰合孔子“不得中行而与之，必也狷狂乎!”(《论语•子路》)之意。8月16日，至天津南开中学教书，开始语文教学生涯。

1936年，28岁

春，杨君默再次到香河教书，与革命者马五江(后更名马建民)过从甚密，遂将杨接到天津，“已经有了隔阂”。不久张被南开中学解聘，携杨回京，由同学王崇武介绍，在私立进德中学代国文。为“使无尽的苦有尽”，与杨分手。5月9日，于天津南开作《北平的庙会》，刊于12月宇宙风社出版的《北平一顾》。9月，经北大同学李耀宗介绍，至保定私立育德中学。10月10日，由同事李列武陪同，至容城相亲，女方李芝銮，系李列武堂姐之女，白洋淀大北流村人，世家出身。12月上旬，回京成婚，旋回保定教书。11月，杨君默产一女，因杨追随马参加革命，后寄养在一徐姓老乡家。

1937年，29岁

“七•七”事变爆发，保定沦陷，育德中学毁于战火，存物荡然无存，只带出一口绿色帆布箱子，1928年暑期起近10年的日记遗失。9月初，经同学李九魁的熟人介绍至北京布商南长街杨宅教家馆，月工资25元。9月24日，妻临产，倚仗李九魁典当衣服相助入院，产一女，即长女张静。

1938年，30岁

春，由白塔寺迁往鼓楼以西，租住后海北岸的鸦儿胡同北40号李宅。在此宅院度过31个春秋。就近至北京鼓楼民众教育馆就职，任阅览部主任，月工资60元。亲自整理图书。半年后，改任教学部主任。此后大量购书，阅读方向由东改西，主要阅读西方思想著作，深受罗素、穆勒、弗洛伊德等的影响。同时，为张子杰所编期刊写文章，文章皆不存。夏，辞家馆教职。秋冬之际，传周作人出任伪职，张遵爱人以德古训，写信给周，表达忧虑和劝谏。

1939年，31岁

继续在民众教育馆任职。每周一至宣武门外下斜街以西土木学校兼4小时国文课。12月3日，次女张文降生。

1940年，32岁

5月，购英国哲学家薛知微《伦理学之方法》。次年6月25日读完。

1942年，34岁

春，民众教育馆解散。同学李九魁奔走，得赵荫棠关照，找周作人，至北京大学文教院任助教，授“中国学术思想”课程。同时在外兼课，写大量文字，刊于各报刊，皆不存。8月4日，三女张彩降生。

1944 年，36 岁

4 月，周作人公开声明，将原弟子沈启无逐出师门，张收周作人《破门声明》明信片。5 月 13 日，因友人于澄清游西北回京后曾与张见面，清晨，日本宪兵队将张捕至天津会馆宪兵队部，审问数次，关押 6 周后放还。一本日记被查抄。其后，日本特务屡次登门威胁，张佯病方得解脱。

1945 年，37 岁

6 月 22 日，为生计至上海。7 月中旬，编《上海论坛》仅 3 期。8 月，日本战败，决计离沪。颠簸 3 周，回京。重回北大文学院，授散文习作，后教国文课，同时在第四中学兼课。6 月 24 日，四女张莹出生。

1946 年，38 岁

年初，张离开文学院，至第四中学教国文。同时，在广化寺为僧人授逻辑、国文、英文，并为北京南星主编《文艺时代》撰文；在天津张域宁、马秋英主办的《新生晚报》开专栏“周末闲谈”（后改为“一夕话”），文皆不存。长女张静开始帮助父亲校对文稿。

1947 年，39 岁

年初，因课上对时局多异端激愤之语，学校婉劝，辞四中教职，至教会学校贝满女中教初中修身课，后渐改教高中国文。主编佛学月刊《世间解》，7 月印成第 1 期。张作《关于苦度》，刊于第 2 期。为期刊征稿与朱自清、林宰平、废名、周叔迦、俞平伯、邓念观、吴晓铃、金克木、王恩洋、虞愚、任继愈、师觉月（印度）等结识或进一步交往。由贝满女中同事曹家琪介绍，认识启功，为启功家中常客。

1948 年，40 岁

春，积劳成疾，患胸膜炎住院。5 月，朱自清会见张中行。10 月，《世间解》出至第 11 期，停刊。

1949 年，41 岁

年初，父母等还乡。2 月 3 日，与学校师生一起被分配至东交民巷一段，参加迎接解放军入城集会。8 月 14 日，周作人返京，19 日张前往看望。10 月，参加天安门开国大典。

1950 年，42 岁

陈铭枢、巨赞、周叔迦等筹划期刊《现代佛学》，巨赞法师任编辑，张应邀参与其事。巨赞南行，张任代主编，月编辑费 20 元。

1951 年，43 岁

身处新旧更迭时代，思想也曾挣扎，欲努力维新，终奈怀疑种子未灭，成为一些人眼里的不积极人物。1 月下旬，因讲课缺少新思想、新语言，招致学生不满，离开贝满中学。2 月 1 日，由校长陈哲文引荐，至位于西单大木仓口叶圣陶任副署长的出版总署任编辑，编辑中学语文教材，一年后调总编室检查科。人民教育出版社成立后，即在其检查科任职。5 月 29 日，“一生最亲近”同学梁政平因患肺结核病逝，张向单位借支工资，为其购置棺木。20 世纪 50 年代，忙里偷闲，写《顺生论》第一分。

1952 年，44 岁

1 月 1 日，父亲在家乡病故。2 月，“三反五反”开始，因每月领取天津大众书店附属《语文教育》的编委费 30 元，以未经国家批准，定为“贪污分子”，拘留单位一间房里，达 4 周。5 月，宣布处理结果：由 3 人小组机关管制 1 年，每年写思想汇报 1 份；开除工会；停发工资 1 年，每月只发生活费 16 元（半年后工资复原）。为生计，妻为邻居佣保，月收入 20 元（仅维持一个半月）；同时，开始变卖家中旧物。暑期，长女张静考入医师学校。

1953 年，45 岁

8 月，贪污问题查清，当众宣布为“同志”，解除管制。作《传心与破执》一文，受顾随奖掖，刊于 11 月号《现代佛学》。

1954 年，46 岁

2 月。吕叔湘主持编写《汉语》课本，张参与。因语言研究所陈治文结识文物鉴定家陈保之。其间，中国佛教协会成立，《现代佛学》由协会接管，编委会解散。暑期，长女张静被保送入张家口河北医学院学习。

1955 年，47 岁

应周叔迦居士相约，为锡兰百科全书写“佛教与中国文学”条目。初夏，《佛学与中国文学》5 万字完稿，以太长未被采用。5 月 9 日，至八道湾访问周作人，周与谈《鲁迅的故事》另行出版事宜。是年起，月工资定位 125.5 元，一直未变。

1956 年，48 岁

春，与同事郭翼舟到保定地区考察教材使用情况。为挣取稿酬，养家糊口，开始作“汉语知识讲话”丛书。有《简略句、无主句、独词句》（80 年代修订，由上海教育出版社出版，改名《非主谓句》和《紧缩句》《词组和句子》。为《中国语文》写语法方面的文章。帮助叶圣陶整理文稿，叶付稿酬。11 月，与郭翼舟、吕翼平往济南、泰安、调查了解语文教学情况。是年，职工评定，张被评为七级编辑。

1957 年，49 岁

4 月，整风运动开始，“理智分析对待”，未被划为右派。5 月中旬，与郭翼舟往保定、徐水、定兴、涿县、良乡、昌黎，调查了解语文教学情况。借昌黎之行，东游北戴河，平生第一次看海。

1958 年，50 岁

2 月 16 日，最后一次回乡省亲，拜会诸亲友，21 日返京。8 月，单位组织到徐水和天津某村参观大跃进成果，张未去。与同事郭翼舟在人教社工字楼西北小屋整理、简化不再试用的《汉语》课本，编《汉语知识》。

1959 年，51 岁

1 月，到八达岭一代林场劳动，历时半个月。母病，至天津省亲。春，母移居北京，由张奉养，户口亦进京。与同事郭翼舟同编《汉语知识》出版。

1960 年，52 岁

人教社为表示跃进，几乎一整年，每晚及周末加班。年底，以人多浮肿作罢。

1961 年，53 岁

因以饥饿浮肿。全家 8 口，定量和炊分食。1 月 27 日至 2 月 7 日，到崇文门外东兴隆街教育部招待所休养。夏，单位精简机构，张接到下放通知，故未成行。年底，领到人教社“乙字购买证”，每月可买肉、鸡蛋、黄豆各 1 公斤，糖 0.5 公斤。依妻决定，全家只有张独自享用，以期尽快恢复，支撑全家。

1962 年，54 岁

年初，母亲因迷糊摔倒，终日卧床。参编《古代散文选》上册出版，吴伯箫主持，隋树森定稿。

1963 年，55 岁

2 月 10 日，母亲去世，火化。3 月 28 日，由乡友裴世五陪同，返乡葬母。参编《古代散文选》中册出版。吴伯箫主持，隋树森定稿。1956 年起至此，工资除外，得稿酬约 6000 元。

1964 年，56 岁

年初，知堂老人（周作人）将届 80，张与张铁铮联名赠送翡翠图章，上端青绿，下端葱白，取“常青”之意，印文事先征得周同意，为“知堂八十以后作”。周回赠二人手书陆游《书适》诗斗方各一。

1966 年，58 岁

8 月下旬，“文化大革命”风起，妻精神受刺激，近于失常，被迫破“四旧”。抛弃（有张东荪、潘光旦的书）、烧毁图书字画（有莫有芝手卷），毁弃花瓶、挂镜一类饰件物品。部分图书（有周作人早期作品），用“封存”形式得以保存。20 世纪 50 年代初作《顺生论》第一分亦烧掉。9 月，加入单位红旗车队，将所藏书画上交联队，一年后返还。12 月，熊十力移居上海，张前往送别，熊以自己悬挂字条相赠并为座右铭：“每日于百忙中，须取古今大著读之。至少数页，毋间断。寻玩义理，须向多方体究，更须钻入深处，勿以浮泛知解为实悟也。”

1967 年，59 岁

3 月 8 日，北大同学好友李九魁至家中拜访，未遇，因贫病死于永定门车站候车室。

1968 年，60 岁

运动中靠边站，离开正常工作岗位，与人教社很多年长者一道，清扫院落。其间，多次接受外调。北京文联杨沫专案组找张调查，张说：“那时候，我不革命，杨沫是革命的。”

1969 年，61 岁

6 月下旬，通知下放安徽凤阳“五七”干校。8 月 5 日，私携《唐诗三百首》《白香词谱》合订本，往凤阳黄泥铺三合输教育部干校七连（人教社番号）参加搞基建、收麦、采石、积肥、卸石灰、稻田插秧、挑水等劳动。同劳动有副总编辑吴伯箫。11 月，位于北京后海的家被人强占，被迫搬往北京大学二女儿张文处。第九版《大英百科全书》、多种版本的《六祖坛经》，及所存中华人民共和国成立前刊有发表的旧报刊，均被迫处理或误当废品卖掉，20 余年心血丧失。一捆画轴，包括扬州八怪之一黄慎的《东方朔偷桃图》、熊十力相赠的字条，均被误作废品卖掉。

1970 年，62 岁

4 月 18 日，在干校挑水，水桶掉井里，捞而未得，次日第一次受批斗。至 1971 年 3 月 14 日，近 1 年未记日记。因连续在晚上观察百纳特彗星，及钻研旧体诗词，被查出携带《唐诗三百首》《白香词谱》，接连遭受批斗2次。又因国庆节特许买酒而竟买了，遭写检查处分1次。秋冬之际，由干校回京探亲，住新北大燕园二女儿家。

1971年，63岁

在凤阳，开始被派烧锅炉，凌晨三点半起床，自称“炉行者”。3月下旬，办理退休手续。4月22日，离干校回北京，退休改为退职。4月底，办理户口迁移，还乡，因住处未安排妥返京。其间又回香河一次，看住处准备情况。10月14日，小女张莹陪伴，正式还乡，接受改造。自此，五年中往返京、香之间，共5次，累计在家乡居住一年，拾粪积肥，行走自由。串门、走亲戚，读《史记》《水经注》《唐诗别裁集》《清绮轩词选》等杂书，临褚遂良《孟法师帖》碑帖。重写出《顺生论》第一分的9个题目及《怀南星》（后略入《负暄琐话》）。写旧体诗词，与昔日同事孙玄常、王芝久、郭翼舟等书信唱和。

1972年，64岁

10月，在乡间被激进者要求劳动，牵驴轧场，后免除。

1973年，65岁

2月27日，老友曹家琪患肾炎，不治而逝。

1975年，67岁

8月24日，急病，挣扎到三里外张庄村马德山表弟（中医）家救治，解除危险。9月，最后一次离乡。

1976年，68岁

3月，由北大朗润园8公寓一楼、一间半迁居至11公寓二楼、两间，至1994年迁居马甸，居住近20年。4月7日，由北京出发，与天津郭翼舟、王芝九等游南京、苏州、杭州、无锡、扬州等地，其间曾往返太湖桥，看望老社长辛安亭，5月23日返京，作《姑苏记游十五绝句》。7月28日，唐山大地震，家乡老屋被毁，再未还乡居住。长兄张璞在震中丧生。

1971—1978年，除在家乡居住累计一年外，在北京生活则以探亲友、博览群书、练毛笔记、写诗词为主。每次返京，凭乡村大队开具路条办理临时户口，颇多烦忧。年底，在张家度过后半生的岳母病逝于北京。

1978年，70岁

反复写请求信。11月17日，得到复查办公室答复，更改干校处理，落实政策，恢复退休待遇，户口回京，决定落户于北京大学女儿家。11月23日，黄光硕到家相邀，望张回人教社工作。12月21日，接隋树森信，约编《古代散文选》。

1979年，71岁

1月15日，回人教社工作，移居香山饭店，主编《古代散文选》下册，并写附录《文言句法的一些特点》（上、中册）。2月14日，回村办理户口手续，19日返京，29日往海淀派出所落口，办理粮食关系，每月获定量32斤（通常28斤）。反社不久，曾有机会填写申请算工作人员，可由退休职工转为在职职工，张放弃，因而此后不再有职称、工资晋级机会。月退休工资94元，终身。6月7日，迁至西苑饭店办公。10月中旬，隋树森患脑血栓，张成为编选《古代散文选》主力。11月30日，迁出西苑饭店，入人民教育出版社新楼办公。是年，接到多年未联系的女儿徐然（杨沫生）来信。

1980年，72岁

暑期，游北戴河，作《北戴河即事十首》。年底，《古代散文选》下册编注结束，始编《文言文选读》。

1981年，73岁

5月始，人教社分宿舍1间。6月28日至7月13日，参加哈尔滨“全国语法和语法教学讨论会”。9月23日至10月7日，到上海查看《古代散文选》下册清样改正情况。10月，《文言文选读》第一册选编完成，12月，人民教育出版社出版。

1982年，74岁

完成《文言津逮》，吕叔湘作序并择书名。9月，写成《负暄琐话》的第一篇《庆珍》。是月下旬，偕妻与内侄，奉岳母骨灰回村下葬。秋，由京出发，至张家口，与大学同学王造年一同乘车往山西大同，住起火老店，游云冈石窟。

1983年，75岁

3月，《文言文选读》（第二册）出版。4月，开始在《中学语文教学》连载《作文杂谈》。4月，应吕叔湘之请，编《文言文读本续编》。

1984年，76岁

5月，《文言文选读》第三册完稿。7月，《作文杂谈》出版，周慧珺题签，刘国正作序，南星写“读后记”。8月，作万言长文《关于学文言》。年底，《负暄琐话》完稿。

1985年，77岁

组织编写《文言常识》，作《文言和白话》。7月，《关于学文言》刊于此月张志公、胡明扬主编的《语文论集》。年底，张与杨沫在北师大小红楼最后一次见面。

1986年，78岁

7月，《文言和白话》完稿。夏，与妻子至北戴河度假一周，纪念结婚50周年。9月，《负暄琐话》出版，萧劳题签，吕冀平作序，重印时周汝昌写《〈负暄琐话〉附骥篇》长跋。

1987年，79岁

年初，人民教育出版社始予“特约编审”称号。3月，动笔作《禅外说禅》。9月，参加顾随90寿诞纪念会，见南开中学时所教学生、著名剧作家黄宗江。12月，谷林在《读书》杂志发表《负暄琐话》书评《而未尝往也》。

1988年，80岁

4月，《禅外说禅》完稿。夏，作《顺生论》3个题目，与原写成的9个题目构成《顺生论》第一分“天心”部分。8月，写《彗星》1篇，遂始作《负暄续话》。

为纪念北京大学建校90周年，写《怀疑与信仰》，提出：不信任任何权威；有所知，都要问个所以然，才比较靠得住。

1989年，81岁

5月，《负暄续话》完稿。6月7日，启功作《哲人?痴人——〈负暄琐话〉读后》。10月，始作《诗词读写丛话》。11月，患心脏病。

1990年，82岁

7月，出版《负暄琐话》，萧劳题签，启功《哲人?痴人——〈负暄琐话〉读后》为代序刊于书前。7月，参加华北五省教育出版社年会，到海拉尔，游呼伦贝尔。12月，宋远（赵丽雅）作《暄也有价》，刊于《读书》12月号。

1991年，83岁

3月，《禅外说禅》出版，封面设计张守义，启功作序《〈禅外说禅〉读后记》。4月，始作《顺生论》第二分。6月，启功《说八股》完稿，张作《〈说八股〉补微》，发表于《读书》1992年第1期。

1992年，84岁

3月，《文言常识》繁体字版出版。7月，《诗词读写丛话》出版，封面设计张守义，启功题签，张厚感、陶文鹏作序，后附诗词集《说梦草》。5月，《顺生论》完稿。暑期，由弟子范锦荣协助，编《谈文论语集》，交内蒙古教育出版社。12月，《张中行小品》（王小琪编）出版。

1993年，85岁

年初，就钱穆《从中国历史来看中国民族性及中国文化》否定古代封建帝王专制，作《关于吾师》，发表于《读书》杂志第2期。5月，分得人教社马甸新居，三楼，72平方米三居室。8月，写《读书》第8月号。9月，《顺生论》出版，封面设计张守义，启功题签，书前列《我与读书》长文为代序，系统回顾一生读书治学经历，为张最重要的人生哲学著作。传入东瀛后，被日本汉学家波多野太郎誉为“一部中国当代《论语》”。10月29日，由弟子徐秀珊陪同游通县张家湾。年底，《负暄三话》完稿。

1994年，86岁

1月15日，动笔作《流年碎影》。2月2日，参加吴祖光、新凤霞书画展开幕式。4日，参加北师大出版社《启功絮语》首发式。4月，往内蒙古通辽，改定《谈文论语集》。5月，至郑州，游览大河村先民住房遗址，往开封，游相国寺、铁塔，西行至洛阳，游龙门、白香山墓、白马寺、少林寺。8月，游承德，看避暑山庄，游览棒槌山、外八庙。10月，由北大11公寓迁居至建德门外马甸华严里新居，友人王玉书刻闲章“元大都建德门外之民”。

1995年，87岁

1月，中央电视台“东方之子”栏目做专访。4月，因心脏病发作住安贞医院，5月初出院。6月，因药物中毒患黄疸，8月“扫黄”结束。10月，游石家庄、正定大佛寺，至赵州，游赵州桥和柏林桥，南行至邯郸，游黄粱梦、丛台、学步桥、回车巷。返京后患肺炎，住解放军305医院。编人民日报出版社“名人名家书系”《桑榆自语》。12月，《读书》杂志第12期发表《有关史识的闲话》。12月2日，杨沫去世，张以思想和感情都距离太远未参加遗体告别仪式。年底，患支原体肺炎，住解放军305医院。

1996年，88岁

1月，作长文《评历史人物的标准问题》，达1.5万字，为晚年重要文字。后收入《散简集存》《民贵文辑》。6月12日，与上海沈诗醒等友人往京北怀柔游红螺寺。7月，北京师范大学召开启功

《汉语现象问题论丛》研讨会，论文结集，由文物出版社出版，张题签。9 月，由北京出版社吴坤定陪同至太原，参加华北五省市教育出版社年会，游晋祠、平遥、祁县乔家大院、壶口瀑布、洪洞。秋，回家乡。11 月《流年碎影》完稿。徐秀珊女士助编《张中行自述文录》之下卷《留梦集》。年底，回通县。

1997 年，89 岁

1 月，《张中行自述文录上卷•写真集》《张中行自述文录下卷•留梦集》出版。5 月，《流年碎影》出版。12 月，《读书文学碎语》出版。

1998 年，90 岁

8 月，由友人孟素琴陪同，乘 938 路公交车，回香河小住。9 月，《闲话八股文》（刘德水代笔）出版，为出版社“茗边老话”丛书之一，亲自写“开场白”一节。

1999 年，91 岁

1 月 30 日，接受《中学语文教学》杂志史有为、刘德水采访，以《世纪老人话语文——张中行先生访谈录》为题发表于 7 月号刊。2 月 4 日，“庆祝张中行 90 寿诞暨《说梦草》首发式”在北京师范大学举行，启功、钟敬文、王世襄、郭预衡及各界友好近 100 人参加。随后往郑州，在友人孟素琴协助下编《张中行散文》，付浙江文艺出版社。5 月 29 日，由孟素琴陪同，参加苏州大学举办的“新世纪教育文库”（《顺生论》入选）编印研讨会。游苏州 3 日，南行，游吴江、南浔、嘉兴、杭州、绍兴，瞻仰鲁迅纪念馆、鲁迅故居兼百草园、三味书屋、沈园，看古轩亭口，宴于咸亨酒店，留连兰亭。6 月 9 日，返回石家庄。10 月，主动撰写“《顺生论》外编”——《望道杂纂》，交付群言出版社。11 月，因劳累于复印资料途中患脑血栓，住安贞医院，随后转入解放军 305 医院。此后即辍笔。

2000 年，92 岁

10 月 15 日，季羡林 90 寿诞庆祝会在北大芍园举行，张恭书寿联：“颂大业人皆万岁，行百里者半九十。”

2001 年，93 岁

2 月 3 日，老友启功登门探望。8 月，启功再次登门，送来点心和张 90 寿诞时与钟敬文、启功、王世襄、郭预衡等合影照片及北师大出版社《启功临帖集》、文物出版社《启功论书法》等新著。

2002 年，94 岁

3 月，接受记者采访，采访记《张中行：最舍不得的是生命》发表于《东方》杂志第 3 期。7 月，启功 90 寿诞，张贺词：“元白上人望百荣寿，老幼共庆，朝野同欢。壬午岁除，后学张中行敬贺。”

2003 年，95 岁

5 月 27 日，老伴李芝銮去世，享年 96 岁。家人以张年事高，一直隐瞒。

“非典”期间，张与启功等应邀为抗击“非典”题词。

2004 年，96 岁

9 月，由家人陪同，坐轮椅，游广化寺。

2005 年，97 岁

6 月 30 日，启功去世，家人以年事高，未告诉张。9 月 8 日，以进食少，营养不良住进解放军 305 医院内三科。

2006 年，98 岁

1 月 7 日，在医院与全家三代及友人快乐度过 98 岁生日。2 月 24 日，在北京解放军 305 医院逝世。27 日，人民教育出版社张中行先生治丧委员会发布讣告。3 月 2 日，在八宝山公墓竹厅举行送别仪式并火化。人教社同仁、亲朋好友、读者及社会各界人士 600 多人送行。次日，骨灰安葬万佛园公墓。

1980—2006 年张中行主要作品一览表

表 25-3-1

作品名称	出版时间	出版单位	备　注
《古代散文选》第三册	1980. 12	人民教育出版社	
《文言文选读》第一册	1981. 12	人民教育出版社	
《文言文选读》第二册	1983. 3	人民教育出版社	
《文言津逮》	1984. 5	福建教育出版社	入“张中行作品集”第一卷

续表 25-3-1

作品名称	出版时间	出版单位	备　注
《文言文选读》第三册	1984.6	人民教育出版社	
《作文杂谈》	1984.7	人民教育出版社	入“张中行作品集”第二卷
《佛教与中国文学》	1984.9	安徽教育出版社	入“张中行作品集”第三卷
《非主谓句》	1984.9	上海教育出版社	
《紧缩句》	1984.9	上海教育出版社	
《复指和插说》	1985.3	上海教育出版社	叶南熏原著，张中行修订
《负暄琐话》	1986.9	黑龙江人民出版社	入“张中行作品集”第五卷
《文言和白话》	1988.4	黑龙江人民出版社	封面设计张守义，启功题签。入“张中行作品集”第一卷
《文言读本续编》	1988.4	上海教育出版社	
《文言常识》	1988.5	人民教育出版社	启功题签
《负暄续话》	1990.7	黑龙江人民出版社	入“张中行作品集”第五卷
《禅外说禅》	1991.3	黑龙江人民出版社	入“张中行作品集”第三卷
《文言常识》	1992.3	三联书店（香港）有限公司	繁体字版
《诗词读写丛话》	1992.7	人民教育出版社	入“张中行作品集”第二卷
《张中行小品》	1992.12	中国人民大学出版社	王小琪编
《顺生论》	1993.9	中国社会科学出版社	入“张中行作品集”第四卷
《谈文论语集》	1994.5	内蒙古教育出版社	启功题签
《负暄三话》	1994.6	黑龙江人民出版社	萧劳题签、谷林作序，入“张中行作品集”第五卷
《文言津逮》	1994.6	三联书店（香港）有限公司	繁体字版更名为《文言漫步》
《说八股》	1994.7	中华书局	与启功、金克木合著
《观照集》	1994.12	中原农民出版社	徐秀珊编，入“当代名家感悟人生丛书”
《留梦集》	1995.1	中国文联出版社	封面设计张守义，版式设计范用，题字赵丽雅
《张中行选集》	1995.4	内蒙古教育出版社	范锦荣助编，启功题签
《张中行作品集》（1-6 卷）	1995.6	中国社会科学出版社	
《关于妇女》	1995.9	国际文化出版公司	靳飞、韩小蕙编
《横议集》	1995.11	经济管理出版社	徐秀珊编，入“张中行作品集”第六卷
《月旦集》	1995.11	经济管理出版社	徐秀珊编，入“张中行作品集”第六卷
《说书集》	1995.12	北京师范大学出版社	高莉芙编，入“张中行作品集”第六卷
《桑榆自语》	1996.1	人民日报出版社	
《说梦楼谈屑》	1996.3	北京出版社	徐秀珊编，启功题签，入“张中行作品集”第四卷
《中国二十世纪散文精品·张中行卷》	1996.3	太白文艺出版社	王华、乔继堂编选
《当代散文名家精品文库·张中行卷》	1996.9	四川人民出版社	

续表 25-3-1

作品名称	出版时间	出版单位	备　注
《张中行散文选集》	1996.11	百花文艺出版社	孙郁编，入“百花散文书系”
《张中行自述文录上卷·写真集》	1997.1	作家出版社	范锦荣编，封面设计张守义、张秀题字
《张中行自述文录下卷·留梦集》	1997.1	作家出版社	徐秀珊编，封面设计张守义、张秀题字
《流年碎影》	1997.5	中国社会科学出版社	启功题签
《读书学文碎语》	1997.12	湖南人民出版社	徐建华编，入“书海浮槎文丛”
《东方赤子·大家丛书：张中行卷》	1998.1	华文出版社	徐秀珊编〖BG)F〗
《补学集》	1998.1	山西教育出版社	吴小如、谢蔚明主编，入“读书阅世丛书”
《张中行精品欣赏》	1998.6	中国和平出版社	韩小蕙、靳飞编
《闲话八股文》	1998.9	辽宁教育出版社	刘德水代笔
《安苦为道》	1998.9	中国青年出版社	靳飞编
《话说老北大·张中行自选集》	1998.10	人民中国出版社	
《南郭芋声·张中行自选集》	1998.10	山东教育出版社	入季羡林主编“世纪学人文丛”
《心声偶录》	1998.10	新世纪出版社	徐建华编，季羡林主编，入“学者小品经典”
《当代学者自选文库·张中行卷》	1999.1	安徽教育出版社	
《说梦草》	1999.2	北京师范大学出版社	诗词集，社友李世中作《读后记》长跋
《散简集存》	1999.3	中国社会科学出版社	
《笔花选录》	1999.4	中国世界语出版社	庞旸编
《民贵文辑》	1999.6	河南文艺出版社	
《张中行世道美文》	1999.6	广东人民出版社	林秀钰选编
《晨光》	1999.9	吉林摄影出版社	季羡林主编，入“二十世纪中国著名作家散文经典”
《张中行散文》	1999.12	浙江文艺出版社	
《步痕心影》	2000.1	中国旅游出版社	马力编，入“学人游记丛书”
《望道杂纂》——《顺生论》外编	2000.3	群言出版社	
《旧燕》	2000.3	北京广播学院出版社	徐丹晖编，封面设计张守义
《顺生论》	2000.4	苏州大学出版社	“新世纪教育文库”之一；再版
《不衫不履文钞》	2000.5	上海书店出版社	方成插图，沈诗醒编
《乡园旧梦》	2000.5	云南人民出版社	
《世纪老人的话·张中行卷》	2000.7	辽宁教育出版社	张吉霞采访
《桑榆琐话：张中行散文精选》	2001.5	海天出版社	龙协涛选编，入季羡林主编“当代中国散文八大家”丛书
《开卷集》	2002.1	中共中央党校出版社	徐觉民、陈祥主编
《文言津逮》	2002.1	北京出版社	入“大家小书”，再版
《北京的痴梦》	2002.8	三联书店（香港）有限公司	白烨编
《负暄絮语》	2004.8	江苏文艺出版社	冯亦同编
《张中行讲北京》	2005.1	北京出版社	陆昕编，入“北京通丛书”
《诗词读写丛话》	2005.4	中华书局	再版
《顺生论》《禅外说禅》	2006.3	中华书局	再版
《流年碎影》	2006.8	作家出版社	再版
《负暄琐话》《负暄续话》《负暄三话》	2006.9	中华书局	再版

第三节　故乡情

张中行是中国著名学者和散文家，他的成就跨越若干学术领域，包括语文、中国古典、人生哲学、古玩鉴赏、写作等，人推为杂家，也有称其为畅销书作家。光绪三十四年腊月十六(1909年1月7日)生于河北省香河县河北屯镇石庄村（1958年划归武清县）。人民教育出版社特约编审。

一　有求必应

1987年，张中行应邀担任《香河文史资料集存》顾问。这个书刊地位低，发行量小，但他却不以善小而不为，不但自己担任顾问，还请启功先生给书名题签，请美术家刘承汉设计封面，自撰序言，赐以大作。张中行《负暄续话》书中的《起火老店》一文，首次在此书刊上发表。由于他的鼎力相助，《香河文史资料集存》曾获得河北省社科类图书编辑、装帧一等奖。

故乡的人去北京看望，他发自内心的欢迎，陪你说故乡的旧事，陪你转游老北大。有的文学爱好者出版诗集，他给作序；美术爱好者办画展，他给题跋，还联系书画界名流给题额。他书法好，有《圣教序》的味儿，求字者每天都有，他有求必应，写字为必备“节目”。出版的著作，每一部都是应香河籍作者李开平的请求，赠一签名本。有一次李开平索要《负暄琐话》再版本，他说：“就剩一本了，是打算送给启功先生的，你要，先送给你。”李开平一看，内封上确实已赫然题好“再拜呈元白上人教正，沙弥弟子、中行，已已中秋”的字样。在这几行字旁又写到“改赠开平同志”几个字，并钤一朱文印章“负暄野老”，盖上一小块宣纸，合上，递他，李开平把这本书当作非常珍贵的“版本”收藏。

二　吃家乡饭

张中行于饮食文化深有研究，对于“吃”也是曾经沧海，但他最喜欢吃的仍是家乡饭。并将其上升为一种精神——俭朴。他说：“我总想吃到小时候常吃的东西，比如芝麻红糖夹心蒸饼、糖火烧、玉米渣粥……”最具香河风味的食品要数京东肉饼和香河的豆腐脑了。张中行每次回香河，早晨必到街上吃豆腐脑，以致豆腐脑师傅都能记住这位北京来的家乡老人。请先生到家吃饭，必须言明是吃香河肉饼、棒渣粥，否则不去。

他久居京都，常回香河是不可能的，吃家乡饭的愿望如何满足？好在京城，他交了一个同乡老友，且是真正的美食家——凌公。凌老退休前在西城区饮食业担任一定职务。张中行与凌公很谈得来，吃饭却一般不进高级饭店，而是每周到凌公家让凌大嫂给做家乡饭吃。对于吃，他的主张就是吃完了还想吃，但盘子里已没有了，最好。

他喝酒量不大，且喝什么都可以，茅台、西凤、人头马，但即便是二锅头，也喝得津津有味。据记载，二锅头本是香河老根，清末香河有五大烧锅生产这种老酒，后连工艺带人马都跑到北京，这使他喝得亲切有味。

三　狐死首丘

狐死首丘是个成语，传说狐狸死时总把头朝向自己生长的那个山丘，比喻人们永远怀念故乡。语本《楚辞•九章•哀郢》：“鸟飞反故乡兮，狐死必首丘。”张先生以这个成语为题，写过一篇散文，收在了《负暄三话》和《留梦集》里，说的就是对故乡的深切怀念之情。

“我出生地，就出生时说，是京东香河县的南端，北距运河支流青龙湾十里，西北距香河县城五十里。这出生地的家乡受了两次严重打击，一次是解放之后，政治区划变动，青龙湾以南划归武清县；另一次是1976年唐山大地震，家乡的老屋全部倒塌，家中早已无人，砖瓦木料充公，地基改通道。我只好放弃这个出生地的家乡，原因一是无房可住，关系较小；之二关系大，是改说为武清县人，心情难以接受。但无家可归也不好过，恰好这时候与香河县城的一些人士有了交往，他们有救困扶穷的雅量，说欢迎我把县城看作家乡，并且叮嘱，何时填写籍贯，要写香河县。我不胜感激涕零之至，并每有机会填写籍贯，必大书香河县，以表示至死不渝的忠心。”——《留梦集•狐死首丘》。

为什么对香河一往情深？他说：“是对县城早已有怀念之情。还是在出生地上小学时期，为开全县的观摩会，我到过县城。那是第一次看见城墙，高墙上有连绵的垛口，由城门洞穿过，面前是那样直而长的大街，都感到惊奇，至今七十年过去了，印象还很清楚。”关于香河旧县城风貌的回忆：“其后是长兄到县里教育部门工作，有事或无事，我也就免不了间或进城住几天。次数多了，尚在记忆中并可怀念的事物不少。处在第一位的是那个小城，不大，据说周围只有四华里，可是完整，不知为什么，每次闭目想到它，就联想到《东京梦华录》。城门尤其有诗意，靠近它，无论内外，住小店，吃小馆，想到秦少游词的‘画角声断谯门’，真可以说是神游中古了。可惜多年不见，到八十年代旧地重游，已经片砖无存。城内的建筑，印象深的有三处，城中心双层的观音阁（土音简称为 gao），东门以北城上的魁星楼，西门内路北的文庙，现在只剩下文庙的大成殿，旧瓶装新酒，改为文化馆的办公室。有时想到，因为是家乡旧物，就不免有禾黍之思。”——《留梦集•狐死首丘》。

香河县城，是他青年时期与一位妻子恋情发生地，时间是 1931 年暑假以后。与这位妻子共同生活了 4 年，即从 1932 年到 1936 年，当时他正在北京大学读书。“怕听空梁落雁泥，闲庭小径草凄凄，乡关旧梦恨迷离。”这是不是就是怀念呢？

20 世纪 80 年代，张中行得以重回故里，并且此后与县里许多人士有过往，起始是因为香河县教师王红舒的联系。1986 年 8 月 27 日，王红舒为写一篇纪实文学而去北京采访并认识了张中行。同年，王红舒调任县政协文史办，遂请他担任《香河县文史资料集存》的顾问，1987 年 3 月下旬，他到香河县政协指导征编。此后几乎每年初春或中秋都来香河小住几日。在这里，上至县委书记、县长、政协主席，下至普通百姓，他结交了大量的人缘，家乡人对他非常敬重。

他对家乡的一草一木都充满怀念之情。游览了青龙湾与运河的分合处，参观了新建的安平开发区，漫步于县城的大街小巷，品尝了家乡的肉饼，收集了故土生产的玉米、香瓜，伏枕谛听了乡村的鸡鸣犬吠……

他一回到故乡，就流露出赤子般的兴奋。有一次晚上在“东郭孟宅”写字，满屋子人，他以 80 多岁的老眼，先将毛笔上的一根不顺的毫毛掐掉，然后蘸墨运笔，书到最后，老翁一个“白鹤亮翅”，胳膊腿儿作展翅欲飞状，笔头险些就擦到了旁人的脸上。逗得满堂喝彩，真是亦庄亦谐，就像他的散文一样，很严肃，忽然一下就逗你乐得合不上嘴。

就因热爱家乡而有叶落归根之愿。他多次谈起并郑重委托时任副县长王新，想在香河买几间平平常常、朴朴实实的平房，一个小院，作为安老之所，听听鸡鸣犬吠，出门踏乡土，听乡音……。但好梦未必就能成真，人生不如意的事常有十之八九，他也就想开了，于是赋诗一首《己巳荷月述梦》记此无奈：“幽怀记取故园瓜，欲出东门路苦赊，月落天街同此夜，也曾寻梦到梨花。”

四　衣褐还乡

成语“衣锦还乡”，意思是富贵后回到故乡，含有向亲友乡里夸耀之意。他当然不肯夸耀，故反其意而用之，云“衣褐还乡”。意思是在外边混得不好，这当然是自谦又含蓄。其实，张中行一生的经历、成就、名气，都是很了不起的，是很值得夸耀的。

1925 年张中行离开故乡到通县师范求学，六年后考入北京大学，1935 年北大中文系毕业。在北大，胡适、马叙伦、黄晦闻、马一浮、林宰平、熊十力、周作人、俞平伯、刘半农、朱自清、顾羡季、魏建功等都是他的老师。大学毕业后，在天津南开中学、保定育德中学、北京贝满女子中学及北京大学任教。1947—1948 年主编佛学期刊《世间解》，此后还代编过《现代佛学》(50 年代)。中华人民共和国成立后一直在叶圣陶先生领导下的人民教育出版社语文教材编辑室任编辑，有许多语文方面的著述。80 年代初，他已到耄耋之年，却以一年一本巨著的速度，在中国文云掀起了一股“老旋风”，成为罕见的畅销书作家。全国各地报刊纷纷抢发他的随笔，文章铺天盖地，中央电视台《东方时空•东方之子》节目中以专题片的形式，报道了中国 10 多位老学者（哲学、社会科学），包括胡绳、季羡林、启功、张中行等等，每人分上、下集，社会反响强烈。各地报刊、电台等传媒纷纷报道他的学识事迹，《负暄琐话》系列，《禅外说禅》《顺生论》等著作被评为 90 年代畅销书，形成了 90 年代中国文化一大景观——张中行热。

他在《我与读书》一文中讲道：“根据时风加市风，印成铅字的名字见三次以上，就有明眼人或不明眼人大注其意。”不免有人要问他的学问怎么来的。他回答：“这家底，大部分由读书来，小部分由思考来；思考的材料、方法以及动力也是由读书来，所以也可以说，一切都是由读书来。”从少小时期读石印本旧小说，到通县师范读中外新文学作品，到北大图书馆钻研经史子集，文史杂著，再到毕业后研究中外人生哲学著作，以致读到自然科学著作，如《相对论》等，先生说：“所读书怎么也得过万了。钱钟书、周作人他们那样的大学者读书都是过万！”一个人一生如果活 100 岁，一年读书 100 卷，100 年才能读完 1 万卷，平均三天半就要读完一本书。据杨沫回忆他青年时代：“每天清早他早饭都不吃，就挟着书包，或上课或上图书馆里去……”到晚年，手不释卷，笔不停挥，即使在安贞医院住院期间，他仍然是手捧一本书安静地读，把读书当作了“终身大事”。

第四章　图书发行　阅览

第一节　图书发行

一　新华书店

香河县新华书店成立于 20 世纪 50 年代。地址在县城淑阳大街 59 号，营业面积 700 平方米。1979 年，随着发行工作全面整顿，古今中外名著、科技读物、文学艺术、学生课本、儿童读物大量发行。1985 年发行 35 万册，1990 年发行图书 100 万册。2000 年，在原址翻建四层楼房，总建筑面积 1200 平方米，一、二层经营图书、音像制品、电子出版物、中小学教材、文体用品、数码产品、小家电、其他出版物等，三、四层为办公区。至 2008 年，固定资产 700 万元，员工 15 人，年销售额 761 万元。

香河新华书店大楼（2008 年 10 月，新华书店提供）

二　图书网点

20 世纪 80 年代，香河县个体图书摊点（站）数目较少，规模也较小。进入 90 年代，实行多渠道发行，发展个体代销员及个体售书亭，摊点（站）发展迅速。2008 年底，全县共有图书发行单位 58 家。

1999—2008 年香河县新华书店图书发行统计表

表 25-4-1

年份	数量（册）	销售额（元）	利润（元）
1999	1153988	9231906.03	572053.77
2000	1126786	9014294.37	606130.11
2001	1276711	10213689.32	778003.39
2002	1096571	8772570.30	636699.49
2003	1136262	9090102.49	681054.80
2004	1143581	9148651.65	620717.54
2005	1084644	8677154.07	600123.12
2006	908469	7267758.67	172277.54
2007	884862	7078900.06	511400.09
2008	951667	7613343.20	250588.14

第二节 图书阅览

一 县图书馆

1995年2月,县图书馆成立，馆址租借文昌街县工会大楼一层，设有图书阅览室、藏书室、办公室，县政府拨款10万元购置图书10万册，社会捐书5万册。1999年，5万册图书及书架借县一中图书馆。2006—2007年，全国信息资源共享工程中，由省、市、县分二期向图书馆置办电脑及路由器等设备30台（套），建成香河数字图书馆，以方便群众网上看书、查资料，并开通香河数字图书馆网站。2007年9月,县工会商业改造，县图书馆迁址于新开街站西新华书店库房三层。

二 基层图书室

2003年，香河县开始基层文化书屋建设。2008年底，全县60个村街建成藏书量超过1000册的图书室。部分图书室配有微机，管理图书，藏书超过3000册的村街20个。藏书最多的是刘宋镇刘宋村图书室，图书馆面积60平方米，藏书2万册。

三 个人藏书

20世纪90年代，个人收藏图书成为时尚，文学爱好者大多都有收藏。藏书从文学类到专业类都有涉及。至2008年底，全县个人藏书30万册，藏书爱好者1300人，藏书最多达5000册。

第五章 广播 电视 电影

第一节 广 播

1979年，香河广播站小喇叭入户率98%，是廊坊地区的先进县。1985年5月，实现广播机房标准化，县城喇叭低音化。1992年7月，在原香河县广播站的基础上成立调频广播电台，同年10月1日正式播出，呼号“香河人民广播电台”，频率105.5兆赫，功率100瓦，具有现场转播功能。有发射机2台（主备机），中心控制台1个，635、637录音机2台。2006年6月，广播电视局更换一整套全新音频设备，新上全固态调频发射机，与单田芳艺术传播有限公司签约，组建香河FM105.5频率中心，开办长书频道，并于8月1日试播。

节目设置：广播站除转播中央、省、市节目外，自办《本县新闻》《为听众服务》《学习节目》，分早、中、晚3次播音，全天播音6小时。建立调频广播电台后，在继续转播原有节目同时，对自办节目进行调整，开办《香河新闻》《今日香河》《文艺欣赏》《音乐与广告》《小说连播》节目，自办节目时间3小时。2006年，设有《香河新闻》《早间书场》《午间书场》及各类直播专题节目，全天播出时间20小时。2007年1月，在原有节目改版的同时，开办《相声小品乐翻天》《歌语人生》《艺海方舟》《戏曲嘉年华》《生活全方位》5个栏目。6月，全天24小时播出。

第二节 电 视

一 设施设备

1983年，香河县广播电视局成立。1991年7月1日，香河电视台（以下简称电视台）落成试播，10月1日，正式播出，发射频率31CH。拥有DXC-1820单管摄像机1部、VO-4800录像机1部、VO-9800编辑放机1台和VO-9850编辑录机1台。1992年下半年，广播电视局靠自身发展，购置DXC-1820单管摄像机1部、DXC-M3A三管摄像机1部、VO-4800录像机1部、VO-6800录像机1部，电视台的摄录设备由建台之初的一套，发展到三套。1996年，县政府投资50多万元，购买1部索尼DXC-BT637和1部索尼DXC-100BP摄录一体机，2部索尼UVW-1600和UVW-1800编辑机，1台UVW-1200放机，成功实现由VO系列向UVW系列的转换。1997年，广电局购置了2部松下AJ-D215数字摄录一体机，2部松下EZ1数字摄录一体机、1台松下AJ-D440编辑放机，1台非线性编辑机，标志着电视台向数字化迈出了第一步。1999年，电视台31CH发射机由电子管换成半固态发射机，覆盖半径进一步扩大。2001年，电视台对已有非编系统进行升级改造，并从安徽现代新购置2台非线编辑机，实现了非线性编辑机由两维到三维的转变。2003年，广电局购置全自动盘带播出系统，电视节目播出由手动改为自动，实现播出自动化。2005年，完成全固态发射机的安装使用。2006年6月，电视台新建多功能演播厅1个。2007年，购置3部AJ—D615型摄像机、2部板卡式摄像机、2套非线编辑系统。2008年底，电视台前期采访有5部数字摄录一体机，后期编辑5套非线性编辑系统，摄、录、编全部实现数字化。

二　节目

1991年，每天转播中央台《新闻联播》，播放电视剧和广告，每周一和周五各播出一组《香河新闻》，每组时长15分钟，全天播出时段为19：00至22：30，时长3小时30分钟。1992年，除完成每周两组《香河新闻》自办节目外，不定期增加反映全县“两个文明”建设的专题片。1993年，电视台在原有总编室、新闻部、广告部、播出部基础上，成立文体部和专题部。文体部主办《点播台》《艺海集萃》两个栏目，每个栏目时长30分钟；专题部主办《香河魂》栏目，时长15分钟；总编室开设《红绿灯》栏目，时长10分钟。4个栏目每两周一期，每周播出两次。1996年，《香河新闻》由每周两组改为每周三组，周一、周三、周五首播，周二、周四、周六重播；专题栏目新增加《致富有路》《香河采风》《农家事》《中国农民致富报道》4个栏目，全天播出时段为每晚18：00-0：00，时长6小时。1997年以后，电视台的专题节目随着群众的需求，对节目不断进行更新改版，先后开办《医疗与保健》《人口与计划生育》《家长课堂》《交管时空》栏目。其中，2005年9月，开办《百姓话题》栏目，系电视台第一个访谈形式的自办栏目。2007年5月1日，电视台播出时段为早6：00至次日凌晨2：00，时长20小时。2007年9月，《香河新闻》节目由原来的每周三组改为每天一组，发稿数量也由原来的每月106篇增加到每月160篇。改版后的《香河新闻》以大容量、内容鲜活、时效性强得到观众认可和好评。

三　广告

1991年，广告信息部开始承接广告业务。当时的广告业务多数为香河县及唐山、北京等周边市、县。广告信息部从成立到2008年，业务范围逐步扩展到全国29个省、市，收入由1991年的20万元逐步增加到2008年的400万元。

2006年，组建香河FM105.5频率中心后，广播电台开始与北京单田芳广告艺术传播有限公司金色时空广告有限公司联合开展广告业务，年创收200万元。

第三节　有线电视

1993年9月，香河有线电视台成立，台址设在广播电视局。开始只传输中央、北京、天津等12套节目，到2007年底，传输节目陆续增加到46套。建台初期，只有县城可以安装有线电视，从2000年开始逐渐向农村发展。1993年9月至2000年12月，发展有线电视用户1000户。2000年12月，有线电视经营管理权划归电信局。2003年1月，按照国务院有关规定，经营管理权重新划归香河县广播电视局。2005年9月，香河广播电视局与天津蓟县广电局签署《香河农村有线电视网络工程建设协议》，由蓟县广电局出资2000万元用于工程建设，攻克了农村有线电视发展难的瓶颈。从此，农村有线电视得到飞速发展，至2008年，全县300个村街全部接通有线光缆，安装村街由29个增加到103个，用户1.09万户，与城区用户合计突破3万户。

随着数字产业的不断发展，县广播电视局于2008年投资建成具有监看200套节目能力的数字电视监控中心，搭建发展数字电视的平台。

第四节　业务流程

新闻　由香河县广播电视局办公室接收采访信息并传达至新闻部主任，或由新闻部记者直接联系采访业务——撰写新闻稿件——新闻编辑修改整理——与画面素材一起交给总编室制作合成整组新闻——总编室主任及主管局长审阅——上传播出部——播出节目。

专题　选题——专题部主任确定选题——撰稿——拍摄——制作合成——主管局长及被采访单位或个人审片——上传播出部——播出节目。

广告 承接广告或广告部主动联系广告业务——洽谈——交费——总编室制作合成——广告编辑与客户审阅——上传播出部——播出广告。

有线及数字电视安装（移机） 用户填写安装（移机）申请——签订用户协议书——工作人员为用户办理入户手续、填写安装（移机）施工单——施工人员持安装（移机）施工单入户安装——用户在施工单上签字——施工人员将用户签字的施工单交客户服务中心——客户服务中心为用户办理书面和微机档案。

第五节 电 影

20 世纪 80 年代，初期香河县电影放映事业繁荣，县电影放映自然上座率平均 85%以上，17 个乡镇（公社）电影队活跃在农村，规划放映、普及放映。80 年代中后期，由于电视的普及、其他文化娱乐活动增多，各种书刊日益丰富，城乡文化娱乐呈现多元化，电影放映出现滑坡，县电影院上座率下降，放映场次减少，农村放映队放映场次也减 40%。至 2008 年，城内无电影放映，农村电影放映稀少。

一 管理机构

香河电影公司是全县电影发行放映管理机构，属自负盈亏、独立核算的文化事业单位。1981 年有职工 9 人，1991 年增至 13 人，到 2008 年减为 5 人。公司内设发行组、放映组、机修组、财会组、宣传器材组。

放映单位有：

县放映队 1979 年，县放映队 1 个。1979—1988 年，年均放映场次 450 场，观众 45 万人次。1990 年以后逐渐衰退，放映场次减少，出现亏损。2008 年 9 月，香河县电影院拆迁改造，电影公司迁至香河县第二中学院内，除保证县委、县政府重要会议电影放映之外，还担负着全县中小学生爱国主义教育电影放映任务。

乡镇（公社）放映队 1978 年，全县 17 个公社先后成立放映队，年放映场次均在 300 场以上，渠口、钱旺、王家摆等放映队年放映高达 400 多场，受到文化部的奖励。1996 年以后，乡镇放映队曾先后停止放映。

村街放映队 1981—1990 年，刘宋、铁佛堂等 19 个村先后成立电影放映队，年放映 100 场，由于放映设备保管不善及其他原因，先后停映。

个人放映队 1985 年成立 2 支个体放映队，每年放映几十场。由于放映范围小、收入低，时放时停，断续几年后停映。

二 影片发行

（一）发行渠道 1985—1992 年，35 毫米、16 毫米影片拷贝均由省公司购买。其中，35 毫米影片拷贝由地、市公司发行，16 毫米、8.75 毫米影片拷贝由县电影公司发行。1993 年，16 毫米影片拷贝购买权下放县级公司，香河县电影公司因资金不足未购买。1988 年，省公司供应拷贝最多，达 160 部；1992 年供应最少，只有 70 部。2008 年底，县电影公司库存 16mm 影片 200 部。

（二）发行种类 影片分艺术片、科教片、纪录片三大类。艺术片内故事片最多，有 1000 部，如《南征北战》《大决战》等；喜剧片有《二子开店》《离婚合同》；武打片有《少林寺》《大上海》；舞台艺术片有《杨三姐告状》《嫁不出去的姑娘》；动画片有《大闹天宫》《哪吒闹海》；科教片有《大棚蔬菜》《配方施肥》；纪录片有《较量》等。

1978—2008 年电影放映统计表

表 25-5-1

年 份	城区		农村	
	年均放映（场次）	观众（万人）	年均放映（场次）	观众（万人）
1978—1988	450	45	250	25
1989—1998	350	35	150	15
1999—2008	150	15	50	5

第六章　文化经济

第一节　文化市场

20世纪80年代，文化市场悄然萌生，歌星演唱会、营业性舞会（厅）、民间剧团、台球、录像放映、电子游戏、卡拉OK歌厅等一系列文化娱乐方式不断进入市场。1987年2月，文化部、公安部、国家工商行政管理局联合下发《关于改进舞会管理的通知》，解除对营业性舞会的禁令，赋予文化经营活动以合法地位。1988年2月，文化部、国家工商管理局联合发布《关于加强文化市场管理工作的通知》，第一次明确使用“文化市场”的概念，规定文化市场的管理范围、任务和方针。20世纪90年代，文化市场管理从行政管理为主到依法管理为主。2008年，全县有歌舞娱乐场所8家，音像经营场所20家，主要集中在县城和乡镇政府所在地。

第二节　文化产业

1979年后，香河县的文化产业具备一定的规模和实力，初步显现文化产业在国民经济和社会生活中重要作用。2000年，香河县把发展文化经济作为提升可持续发展能力新的经济增长点和支柱产业来培养，文化产业呈多元化发展，势头强劲。文化产业类型主要有网吧、影视剧制作、印刷包装、文艺团体、歌舞厅、电影公司、文物经营、民间手工艺品、广告咨询、策划等门类。至2008年，全县有文化类企业240家，其中，印刷包装企业131家，从业7865人，固定资产总额201555万元，成为县域经济发展的支柱产业之一。

第三节　文化消费

文化消费作为在文学、艺术、教育、科学等方面的支出和消费活动，越来越为人们所关注。2004年，香河县城镇居民文化娱乐平均支出342元，2008年704元。虽然城镇居民文化消费在日常生活中占据重要部分，但文化消费还处在初级阶段；在消费结构上出现一些新变化，娱乐型、享受型、消遣型的精神文化消费占比偏大，而发展型、智能型文化消费却表现不足。

1992—2008年香河县城镇居民人均文化消费支出统计表

表25-6-1

年份	金额（元）	年份	金额（元）	年份	金额（元）
1992	156	1998	358	2004	342
1993	142	1999	554.9	2005	560
1994	208	2000	531.7	2006	504
1995	36	2001	400.7	2007	553
1996	310	2002	392	2008	704
1997	359	2003	296		

第四节　文化管理

1990年前，香河县文化工作划归县文教局文化股管理。1990年，文化、教育分开，建立香河县文化局。文化局文化股负责文化市场管理。当年，实行文化经营许可证制度，从事文化商品经营活动须办理工商营业执照，到县税务局注册登记。为确保文化市场健康发展，打击违法经营，净化文化市场，县文化局人员坚持集日下乡，检查集日流动书刊经营点，对印刷厂每月检查一次，发现非法印刷出版物及时处理和收缴。

第七章　非物质文化遗产

第一节　保护政策

香河县非物质文化遗产保护，坚持“保护为主、抢救第一、合理利用、传承发展”的方针和“政府主导、社会参与、明确职责、形成合力；长远规划、分步实施，点面结合、讲求实效”的工作原则，逐步建立非物质文化遗产保护制度和保护体系，在全社会形成自觉保护非物质文化遗产的意识和氛围，抢救、保护、传承和发扬非物质文化遗产。

建立名录体系。采取有效措施，抢救保护县内具有重大历史、文化和科学价值、地方特色鲜明，又处于濒危状态的项目。改善年事已高、掌握特殊传统技艺的民间艺人的生活条件，抓紧记录、整理和传承其技艺。按照分级负责的原则，尽快征集珍贵、濒临消失的非物质文化遗产实物、资料等，收藏和保存。

开展非物质文化遗产普查。在充分利用已有成果和研究成果的基础上，精心组织，统一部署，全面开展全县非物质文化遗产现状调查，彻底摸清各村街非物质文化遗产资源的种类、数量、分布状况、生存环境、保护现状。运用文字、录音、录像、数字化媒体等方式，真实、系统和全面记录非物质文化遗产，建立档案和数据库。

第二节　遗产名录

按照《河北省非物质文化遗产代表作申报评定暂行办法》，建立县级非物质文化遗产代表作名录体系。加强非物质文化遗产的研究、认定、保存和传播，做好国家级、省级、市级非物质文化遗产代表作名录的申报。截至2008年底，香河县有国家级非物质文化遗产名录1项、省级名录2项、市级名录8项。

2008年香河县非物质文化遗产名录

表25-7-1

序　号	项目类别	项目名称	备　注
国家级非物质文化遗产名录			
1	杂技与竞技	安头屯中幡	2008年6月收录
省级非物质文化遗产名录			
1	传统舞蹈	大河各庄竹马会	2007年6月收录
2	杂技与竞技	安头屯中幡	2007年6月收录
市级非物质文化遗产名录			
1	民间音乐	王家摆民间吹打乐	2007年6月收录
2	传统戏剧	西路评剧	2007年6月收录
3	传统舞蹈	大河各庄竹马会	2007年6月收录
4	杂技与竞技	安头屯中幡	2007年6月收录
5		张策五行通臂拳	2007年10月收录
6		文武高跷会	2007年10月收录
7	传统手工技艺	花丝制作技艺	2007年10月收录
8		珐琅镶嵌制作技艺	2007年10月收录

说明：国家级、省级名录项目同时也是市级非物质文化遗产名录项目

第三节　传　承

非物质文化遗产项目代表性传承人是非物质文化遗产活的宝库，也是非物质文化遗产代代相传的重要载体，掌握着非物质文化遗产的丰富知识和精湛技艺，是非物质文化遗产活态传承的代表性人物。2008 年底，香河县拥有省级非物质文化遗产项目代表性传承人 2 人。

刘贺伶，男，1931 年 10 月生人，安头屯中幡省级第一批非物质文化遗产项目代表性传承人。18 岁随父开始学习中幡表演技术，系统掌握中幡的表演动作与要领，能够表演背花、摘肩、就地十八滚、托塔、插剑、过肩、晃肘等几十个动作，且表演动作娴熟。同时开展中幡技艺传承活动，培养一大批中青年中幡表演人才。2000 年，参加河北省首届民间艺术节，获二等奖。

王从民，男，1948 年 2 月生人，香河县安平镇王指挥庄人，京东大鼓省级第一批非物质文化遗产项目代表性传承人。1968 年开始表演京东大鼓，40 多年演出近千场。他在继承老一代艺术家的唱腔和表演风格的同时融入自己的风格。创作了《听完了不能尽管乐》《劝君莫要把酒贪》等数十段京东大鼓唱段，这些唱段与现实生活紧密结合，深受群众喜爱。1985 年，被河北省文化厅命名为“农民艺术家”；1989 年，被廊坊市科委评为文化馆员，同年，被评为廊坊市劳动模范；1991 年，被河北省文化厅命名为“省级文化热心人”。

第八章　档　案

第一节　管理机构

一　县档案馆

1962 年 6 月，建立香河县人民委员会档案室，工作人员 1 人，负责全县档案接收、收集、整理、保管和提供利用各分管范围内的档案。1981 年 3 月，香河县委、县政府档案科建立（局级），下辖档案馆。1984 年初，档案馆新建馆舍，面积 160 平方米，其中，库房面积 100 平方米，馆址在县委院内。是年 3 月，档案科撤销，档案馆归县委办公室管理。1987 年 1 月，香河县档案局成立，下设办公室、档案馆，人员编制 4 人。1996 年县乡机构改革，档案局与档案馆一个机构两块牌子，局馆合一，下设办公室、执法指导股、编研管理股，属县委直属事业单位，事业编制 9 人，工勤编制 1 人，设正、副局（馆长）各 1 人，股级 3 人。1997 年，档案局（馆）与县委办公楼合建，位于县委办公楼一层西侧，当年 12 月投入使用，产权属于县委办公室，档案局只拥有使用权。2002 年，机构改革确定香河县档案局（馆）为主管全县档案工作的县委直属事业机构，编制总数为 10 人（事业编制 9 人，工勤编制 1 人）。其中，局（馆）长 1 人，副局长 1 人，股级 3 人，工作人员 5 人。2008 年，档案局有办公用房 8 间，建筑面积 190 平方米；档案库房 1 间，建筑面积 134 平方米，加上“公摊面积”档案局总建筑面积 500 平方米。

二　机关档案室

县直机关一般以科级单位设立综合档案室，配备专（兼）职档案员，综合保管本单位的文书、会计及本机关业务档案。2008 年底，县直机关档案室 90 个。

三　乡镇、村街档案室

1979 年，香河县 17 个公社均建有档案室。至 2008 年底，全县各乡镇及城区 10 个社区均建立起综合档案室，配备专（兼）职档案员，少数条件比较好的村也建立档案室，县域档案网络形成。各乡镇档案室达到“四有一能”即有领导分管，有房屋设备，有专兼职人员，有管理制度要求，能对农村建档工作进行指导，确保推动农村建档工作开展。

第二节　档案收藏

一　档案接收

1979 年以前，接收全县各机关文书档案 2169

卷；1985 年，接收县直机关和乡镇人民公社档案 5703 卷。是年，按照国家规定，将各单位的文书档案 2664 卷接收进馆。1987 年后，接收撤销单位的文书档案。至 1990 年，香河县共收存档案 12852 卷。其中，中华人民共和国成立前档案 91 卷，中华人民共和国成立后档案 59 个全宗 12617 卷，各种图书资料 4000 册，各类照片 1000 多张。

2001 年，接收农村土地延包合同档案，9 个乡镇土地延包合同档案 2986 卷。其中，合同 69455 份，占当年全县农村总户数 96%。2003 年，接收县“非典”办档案 1089 件。2004 年，开始接收县直单位 1980 年以后、乡镇 1984—1995 年档案，2008 年，完成 1995 年以前（县直撤并单位至 2002 年，乡镇至 1996 年）77 个单位档案接收进馆任务，共接收档案 12895 卷。至 2008 年，香河县档案馆馆藏 106 个全宗，主要有文书档案、声像档案、科技档案及专门档案。其中文书档案 28510 卷 1122 件；声像档案包括照片档案和音像档案，其中黑白照片 131 张，彩色照片 247 张，录像带 4 盘，录音带 4 盘，光盘 4 张；科技档案 471 卷；土地延包合同 2986 卷；吴邦国委员长题字 1 幅。馆存图书资料 6368 册。其中，珍贵档案有敌伪档案 40 卷，中华人民共和国成立前革命政权档案 11 卷，珍贵照片 4 张；珍贵资料有万历四十八年（1620 年）《香河县志》4 册、康熙十四年（1675 年）《香河县志》4 册、民国 25 年（1936 年）《香河县志》12 册、《御刻三希堂石渠宝笈法贴》14 册、韩复榘题字《张母段太夫人荣哀全录》2 册、吴邦国题“建设社会主义新农村”题字 1 幅。

二　档案保管

1984 年，县档案馆内部设备有档案柜 87 套（个）。其中，铁制档案柜 30 套，木制档案柜 46 套，木制资料柜 10 套，专题长片柜 1 个；吸尘器 1 台；泡沫灭火机 2 架。1998 年初，县新馆库正式投入使用，馆库面积为 134 平方米。1999 年，档案库房安装 5 匹大功率空调 1 台；2001 年，更换全部木质档案柜为铁制档案柜；2004 年，新购置电脑 1 台、档案柜 50 套，安装了监控、监视设备。

三　档案利用

2004 年，香河县现行文件查阅中心成立。每年接待查阅档案人数 750 人次，调卷 2500 卷次。1987 至 2008 年，共接待查阅档案人员 2990 人次，提供档案资料 9682 卷（册）次。1978 年以前应向社会开放的档案全部开放，共开放永久卷 330 卷，长期卷 335 卷，为编史修志、化解纠纷、确定工龄、办理退休、户口农转非等提供较为翔实的依据，收到良好的社会效益。

1987—2008 年香河县馆藏档案利用统计表

表 25-8-1

年　份	利用档案（卷次）	利用档案（人次）	年　份	利用档案（卷次）	利用档案（人次）
1987	7061	1439	1998	763	402
1988	5487	1273	1999	2089	497
1989	3247	1074	2000	1678	240
1990	3728	1052	2001	2200	526
1991	4136	1312	2002	2103	593
1992	3836	1410	2003	2113	693
1993	2312	586	2004	2106	632
1994	952	486	2005	2113	693
1995	1050	621	2006	2013	332
1996	863	626	2007	2089	705
1997	705	416	2008	2562	895
合计	—	—	—	55206	16503

第三节　档案管理

一　目标管理

1989 年始，香河县开展机关、企业档案管理上档升级活动。至 2008 年，有 73 个基层档案室达省三级以上，其中，省一级 11 个，省二级 23 个，省三级 50 个。企业升级单位有县供电局和县石油公司。2001 年，香河县进行省四级档案馆认证；2004 年，香河县达到省三档案馆标准，升入省三级。通过档案室目标管理认定，逐渐使县档案管理走上规范化、法制化轨道。

二　档案执法

县档案局建立后加强档案执法检查，实行依法治档。2000 至 2007 年，先后印发《关于村级档案整理方法的具体意见》《高标准地做好土地延包档案工作》《香河县档案局关于加强档案工作的意见》《香河县档案接收和收集管理办法》《香河县档案局关于收集县直机关现行文件的通知》《香河县档案馆“十一五”期间国家重点档案抢救和保护工作规划》《香河县国家档案馆灾害应急预案》《档案信息化建设发展规划》《档案行政执法责任制暂行规定》《关于倡导开展建立家庭档案的通知》等业务文件，依法治档水平得到普遍提高。

第九章　编史修志

第一节　志鉴编修

一　志书编修

《香河县志》　香河县地方志编纂委员会编，主编许生，副主编王佩君、马慧琴。1985 年 11 月，香河县地方志编纂委员会成立，副县长冯乃民兼任主任；此后又先后两次调整地方志编纂委员会成员，县长孙殿高、殷志刚先后为主任。2001 年 6 月，中国对外翻译出版公司出版，开本 1/16 开，46.75 印张，92 万字，印刷 2000 册。上限溯至发端，下限止于 1990 年，志补到 1998 年。开篇置图照 105 幅。全书由概述、大事记、专志、附录、志补组成。按中编设置，共 26 编，依次是建置区划、自然环境、人口、经济总情、水利、基础设施、农业、工业、乡镇企业、建筑业、沙发与大笤帚制作、商业、财税 金融、经济综合管理、中国共产党、政权 政协、党政主要活动纪略、人民群众团体、中国国民党、政务、公安 司法、军事、教育 科技、文化、体育 卫生、民情、人物。重点记述中华人民共和国成立后 42 年的史实，特别是 1978 年中共十一届三中全会以后改革开放所取得的重大成就，以突出时代特色。对中国共产党执政前的革命活动和执政后的决策，对人民政府的施政举措，都有详尽记述。在人物编，详细列出了香河县籍辽至民国文武职衔资料。善恶分明，对日伪军和国民党反动武装暴行载录不遗。

《香河县交通志》　香河县交通局编，主编刘学文、李逢仲。1986 年 9 月开始编修，1987 年 10 月作为资料内部出版。书型 1/32 开本，20 万字。上限起于 1912 年，下限止于 1985 年，部分记载上溯至古代。开篇置黑白、彩色图照 9 幅。全书由总述、大事记、专志组成。专志采用章、节、条目体，依次设交通机构、公路建设、渡口、公路桥涵、陆路运输、水路运输、货运搬运、交通管理、先进集体和个人、文存 10 章、33 节、94 目。重点记述中华人民共和国成立后香河县公路建设的主要过程、方法，以及养修公路技术的提高。同时，也记载了这一时期的运输发展情况和有关交通、运输管理的系列内容。

《香河县教育志》　香河县文教局编，主编汪树宽。编修工作始于 1987 年 1 月，1992 年由香河第二印刷厂印刷。书型 1/16 开本，40 万字，25.25 印张，印 1000 册。上限上溯到明代，下限止于 1990 年。开篇置黑白图照 55 幅。章节条目体，志首设概述。专志依次为香河县教育大事记，教育方针和考试制度，学前教育，初等教育，中等教育，学校体育，教学仪器、实验室建设与电化教学，中小学思想政治教育，教育行政，教育系统的党、团、工会、少先队组织及活动，教师，成人教育，教育经费和勤工俭学，教育人物14章，志尾为后记。如实记载香河县教育的成就和失误，总结经验和教训，为认识研究香河县教育实况、教育体制改革、教育结构调整、教育内容和方法改进提供重要依据。

《香河县体育志》 香河县体育运动委员会文史办公室编。田巨兴、刘富执笔，蒙振国摄影。卷首设13幅黑白照片，专志插图40幅。1984年编写《香河县体育大事记》，1988年7月15日开始编写《香河县体育志》，1992年10月作为资料内部出版。书型1/16开本。上限始于事物发端，下限止于1988年。全书分为概述、香河县中华人民共和国成立后体育大事记、香河县体育发展史略、群众体育、体育竞赛、体育组织机构、体育人才培养、体育经费、体育名人录、附体育名人10章。在编写工程中，本着详今略古，宁缺毋滥的原则，力求切合实际，重点记述了解放后的体育发展和成就。

《香河县土地志》 香河县土地志编纂委员会编，主编王富。1997年6月，组建编纂委员会，拟定篇目着手编修；2001年1月，中国大地出版社出版。该志为河北廊坊土地志系列丛书第6卷。书型1/16开本，11.3印张，20.7万字，印230册。上限不求统一，下限止于1996年。全志分自然地理概况、土地资源、土地所有制、土地使用制、土地规划、土地保护、土地开发与复垦、地价地税与收费、地籍管理、建设用地管理、土地监察、土地科技与宣传、土地管理档案、土地管理机构14章。开篇设概述、大事记，片尾设附录，辑存历年来香河县人民政府关于加强土地管理的重要文件。成就、问题兼书，在对违法占地案件依法处理上既有案例，又有处理方法。

《香河县地方税务局税务志》 香河县地方税务局编写的一部县内地方税务志书，上限始于1994年，下限止于2001年。周玉良、冯晓霞负责编写，李建平、张克芳、高芳、王克友审稿。重点记述香河县地方税务局及其所属分局、基层税务所的建立和发展历程、组织机构沿革、领导人变更、征管工作开展和大事记载等内容。2002年10月内部出版。

《中国人民保险公司香河县支公司保险志》 上限始于1951年，下限止于1998年，主编宋桂祥，整理、撰写尹俊如。设大事记、保险机构、保险业务3章，重点记述公司的建立、发展、机构沿革、人员变动、业务开展和大事记载等内容。1999年6月内部出版。

《中国农业银行香河县支行金融志》 上限始于1956年，下限止于2000年。尹俊如、刘国忠、沈淑薇、邳永会、陈永红负责编写。设大事记、机构、金融业务3章。重点记述中国农业银行香河县支行的建立和发展历程、组织机构沿革、领导人变更、金融业务开展和大事记载等内容。2001年6月内部出版。

《香河县人民医院志》（首部） 香河县人民医院编。1998年7月着手编写，2001年3月内部出版印刷。书型1/16开本。上限始于1950年12月建院，下限止于2000年6月30日。开篇置彩照14幅、图3幅（1950—1978年医院旧址平面图，1995年医院改建前门诊、病房楼平面图，2000年新建医院平面及位置图）。章节条目体。志首设序、凡例、概况、大事记，专志依次为沿革、党组织机构、行政机构、行政管理、社区活动、先进集体 先进个人、医疗工作、临床科室、医技科室、护理工作、科研 教学 医疗设备、论文篇目、培训 进修、历届院领导 副主任医师简介、后勤工作、财务、建筑17章。志后设附录、后记。从医疗、护理、思想政治、行政管理、人员更迭、后勤供应等方面，翔实记述香河县人民医院自建院以来的发展历程和巨大变化，不但记述了成功经验，同时也记述了应当汲取的教训，为研究和探索县医院未来发展提供了宝贵资料。

2004年7月，着手编修第二部，2005年9月，内部出版印刷。上限始于2000年7月，下限止于2004年12月；2006年11月，着手编修第三部，2007年9月，内部出版印刷。上限始于2005年1月，下限止于2007年7月。

二 年鉴编修

《香河年鉴（2002—2003）》是第一部反映香河县“四五”期间县情的综合性资料，由香河县地方志编纂委员会办公室负责编纂。编纂委员会主任于宝华，副主任王建生、刘振江、李春发、王世强、何立海、安国亮，主编马金华。设特载、大事记、概况、人物、政治、军事、政法、公安司法、综合管理、农业、工业、建设环保、交通邮电、贸易、财政税务、金融保险、科学技术、教育、文化体育、卫生、社会生活、乡镇概况等 20 篇。全面汇集各类重要资料，客观反映各行业新成果、新经验。书型 1/16 开本，21　25 印张，39　3 万字，2006 年 8 月内部发行，印册 500 本。之后，又分别于 2007 年 9 月和 2008 年 12 月，内部出版发行《香河年鉴(2004—2005)》和《香河年鉴(2006—2007)》两部年鉴，主编高景全。字数分别为 78.3 万和 95 万，各印 300 册。

第二节　史料征集

一　党史资料

1982 年始征集香河县党史资料。1987 年元月开始编写，年底完成征求意见稿。1988 年经过核实、修改，于当年 10 月完成初稿并付印。其间，党史研究室工作人员先后走访 13 个省、市有关老党员、老干部，行程数万公里，重点核实挖掘资料 30 多万字，查阅档案 100 多卷。第一辑《中共香河县党史》起止时间为 1931—1949 年，主要内容是香河县人民在中国共产党领导下在抗日战争和解放战争中英勇不屈的精神及所做的贡献。

二　组织史资料

1985 年，根据中共中央党史资料征集委员会、中央档案馆统一部署，香河县组织史征编办公室开始组织资料征集编纂。按照中共香河县地方组织和中华人民共和国成立后香河县的政权组织、地方军事组织、统一战线组织、群众团体组织 5 个系统分别编纂，并合订成书。撰写中，组织史资料采用综合内容文字叙述，机构和领导人以名录载述及图表结合展示的编纂体例。从 1985 年 10 月至 1990 年 6 月，经过 5 年的资料征集，核实整理，反复征求意见，多次修改补充，终于内部出版印刷第一卷《河北省香河县组织史资料》，上限始于 1944 年，下限止于 1987 年。至 2008 年底，共编纂组织史资料 5 卷，计 160 万字。

三　地情资料

《香河县地名资料汇编》 编修工作始于 1981 年 6 月，成书于 1983 年 12 月。由香河县地名普查领导小组组织安排。组长薛弼臣，副组长张子香。曾组织 60 多人广泛外出调查，反复查访和认真考证全县 600 多条地名现状和历史沿革，其间参阅了《香河县志》《顺天府志》及二十四史等重要史籍。所获资料形成地名普查 4 项成果：标注标准地名图、重要地名文字概况、地名成果表、地名卡片。经河北省、廊坊地区验收机构审验抽查，4 项成果符合标准。

收编内容有香河县标准地名图 1 幅，重要地名概况 37 篇，自然村现状、沿革 286 篇，地名录 631 条，并备有附录。全书 95 千字，书型 1/32 开本，71/4 印张，内部发行，印行 1000 册。

1985—2008 年香河县组织史资料出版统计表

表 25-9-1

史料名称	断　限	征集起始年月	出版时间	文字总数（万）	出版量（册）
中国共产党河北省香河县组织史资料（第一卷）	1944—1987	1985.10	1990.9	41	2000
中国共产党河北省香河县组织史资料（第二卷）	1987.11—1992.12	1993.4	1997.4	30	1000
中国共产党河北省香河县组织史资料（第三卷）	1992.12—1998.2	1999.3	2000.6	25	1000
中国共产党河北省香河县组织史资料（第四卷）	1998.2—2003.1	2004.2	2004.11	33	600
中国共产党河北省香河县组织史资料（第五卷）	2003.1—2006.6	2006.10	2007.8	32	400

四　文史资料征集

1985 年 3 月，县政协增设文史资料委员会，由政协办公室抽 1 名副主任为主编，邀请社会各界人士写回忆录、出专稿，按照“忠于事实、不拘观点、形式多样、图文并茂”的要求，广征博采组编文章。到 2008 年底，出版文史资料有《华夏名城，千古奇观》《情献篇：十年改革开放各行各业优秀人才》《香河文史资料集存》共 4 辑、《京东风物—记述香河民俗风俗习惯》《东方大侠张策》《调研成果集存》共 3 辑、《千载香河》《香河历史名人》《委员的风采》等，计 300 万字。

第二十六编　医药卫生　体育

中共十一届三中全会后，香河县注重医药卫生建设，每年都要从各大专院校引进医疗大、中专毕业生。1979年，香河县有医疗机构22个，医疗卫生人员413人，病床385张。2008年，全县有医疗机构24个，医疗卫生人员1087人，医用建筑面积16132万平方米，病床1078张。1979—2008年，县投入基础设施建设资金10亿元，改建、扩建3所县级医院及乡镇卫生院。

1979—2008年，县委、县政府把体育工作视为提高全民身体素质和精神文明建设的重要内容，列入全县经济和社会发展的总体目标。学校体育、竞技体育、群众体育得到长足发展，各类体育设施逐年增加。香河县群众体育划分为职工体育、农民体育、老年体育、民间体育、武术、全民健身等。1979年9月，香河县体委在全国第四届全运会先进集体代表会上被评为全国先进集体，颁发奖旗。1983年9月，香河县体委参加在上海举行的全国第五届运动会，被评为全国群众体育先进县。2007年被廊坊市体育局授予体育工作优秀单位。2008年底，全县有各类体育活动场所、全民健身中心445处。

第一章　医药卫生

第一节　医疗系统改革

一　乡镇卫生院改革

20世纪80年代初期，全县农村逐渐形成按行政村建村诊所、乡镇卫生院的预防保健网络，乡镇卫生院主要靠县级财政与农村集体经济联合支撑。80年代后国家进入转型时期，特别是1992年，随着市场经济体制改革的推进，卫生院“三权”（人事权、财权、管理权）下放到乡镇，由于集体经济支撑的缺失、乡级财政困难与投入的不足，乡镇卫生院为自救，融入改革洪流，变成单纯提供医疗服务的竞争性机构。以营利为目的，依靠市场，发展医疗服务。2002年10月19日，中共中央、国务院《关于进一步加强农村卫生工作的决定》为全县农村卫生服务体系建设与改革明确方向。2008年3月3日，县委、县政府制订下发《关于进一步加强农村卫生工作的决定》，明确提出“乡镇卫生院是农村卫生服务网络的枢纽，每个乡镇建设一所由政府开办的卫生院，为差额拨款事业单位，县财政卫生事业经费适度向乡镇卫生院倾斜，将各级支持香河县卫生事业的资金重点用于乡镇卫生院，进一步改进、更换医疗设备，并按服务区域、服务人口核定事业编制总额，原则上一般乡镇卫生院由县财政供养7～10人，中心卫生院财政供养人数可适当递增”。

二　城镇公费医疗改革

1987年4月以前，实行“公费医疗证”制度，职工凭证可到全县各医疗机构挂号、看病、取药，个人只负担挂号费用，医疗单位记账，财政局结算。5月，实行干部公费医疗制度改革，改为“住院门诊包干，超支由单位和个人分担”的管理办法，干部工人每月发放一定数额的医疗补助，国家和单位不再负担个人的医疗费用。

2000年，再次推行公费医疗改革，实行城镇职工医疗保险制度。是年，县政府下发《香河县城镇职工基本医疗保险实施细则》及8个配套办法，2001年1月正式启动。香河县城镇职工基本医疗保险费由用人单位和职工个人共同交纳。用人单位按本单位职工上年度工资总额的8%交纳，职工按本人上年度工资的2%交纳；退休人员个人不交纳基本医疗保险费；大病统筹基金每人每年150元，其中，单位交纳90元，个人交纳60元。参加城镇职工基本医疗保险的职工，在交纳医疗保险费的当月，由医保中心为其建立个人医疗账户，职工个人交纳的医疗保险费（2%的部分），全部计入个人账户；用人单位交纳的基本医疗保险费分为两部分：一部分用于建立统筹基金，另一部分划入个人账户。划入个人账户的比例为：30周岁以下按交费基数的3%划入个人账户，31～45周岁职工按交费基数的3.2%划入个人账户，46周岁至退休的职工按交费基数的3.4%划入个人账户，退休人员按交费基数的3.6%划入个人账户。

三　实行新型农村合作医疗

2002年，香河县被列入河北省新型农村合作医疗试点县。2005年12月22日，召开县、乡、村三级干部新型农村合作医疗实施动员大会，制定《香河县关于新型农村合作医疗工作安排的实施意见（草案）》，成立香河县新型农村合作医疗筹备领导小组，县委常委、常务副县长魏子元任组长，副县长王世强、王小卫、刘仕良、凌少奎为副组长，成员有县卫生局、财政局、农业局、民政局、计划局、审计局、药监局及各乡镇主管领导人。具体负责新型农村合作医疗人员调剂、资金筹备、宣传发动、部门协调、办公场所安排及办公设备的购置等，及时向县委、县政府领导汇报工作进展情况。办公室设在县卫生局，办公室主任由卫生局一名副局长担任。组建具有独立法人资格的事业单位——香河县新型农村合作医疗管理中心，人员30人。包括医学专业8人，药学专业5人，财会管理人员14人，计算机专业3人。其中，县合作医疗管理中心工作人员12人，派驻各定点医疗机构18人。人员主要由财政编制的卫生、教育等部门调剂解决，人员工资和办公经费列入县级财政预算。2006年1月10日，完成新型农村合作医疗个人参合资金收缴工作。是年，全县217095人参加新型农村合作医疗，收取个人参合资金213.65万元，参合率83%。按照上级规定，是年1月1日正式启动新型农村合作医疗制度，参合人员在1月1日零时后所发生的各种医疗费用，均按规定给予一定比例的报销补偿。资金来源：中央财政资助参合者每人每年20元，省、市、县三级财政资助参合者每人每年20元，参合者以家庭为单位每人每年交纳10元，每人每年筹资总额50元。住院补偿方案：在乡级定点医疗机构就诊，起付线200元，按可报费用的45%报销；在县级定点医疗机构就诊，起付线600元，按可报费用的40%报销；在县外医疗机构就诊，起付线2000元，按可报费用的35%报销。是年7月，县、乡两级补偿方案调整为乡级定点医疗机构就诊，起付线100元，按可报费用的55%报销；在县级定点医疗机构就诊，起付线500元，按可报费用的45%报销；以上住院补偿封顶线均为每人每年累计不超过1.5万元。当年共为31691位参合患者办理报销补偿手续，报销总金额667.36万元。2008年3月，补偿方案调整为乡级定点医疗机构就诊，起付线200元，按可报费用的70%报销；县级定点医疗机构就诊，起付线500元，按可报费用的55%报销；县外医疗机构就诊，起付线2000元，按可报费用的45%报销；住院补偿封顶线调整为每人每年累计不超过2万元。4月，中央财政资助参合人员每人每年增加到40元，省、市、县三级财政资助参合人员每人每年增加到40元，参合人员以家庭为单位每人每年交纳10元，每人筹资总额为90元。

第二节　医疗机构与队伍

一　医疗机构

香河县人民医院　始建于1950年。1979年11月由淑阳街北侧搬到新开街30号，占地233公顷，建筑面积9200平方米。门诊部二层楼一栋，60间；病房两排，180间；职工151人，其中，中西医师32人，西医士32人，护士27人，检验士6人，中西药师9人，工勤45人。1981年，首次用尿激酶治疗脑血栓。1982年，成立超声波室。1983年，首例外伤性肝破裂缝合术成功。1984年，县医院实行以科室为单位的经济承包责任制，实行定额管理，指标与奖金挂钩。是年，内科与儿科分建，成立儿科门诊和病房。1992年，首次施行结肠癌患者右半结肠切除术，取得成功。1993年，成立急诊科、康复理疗科、肛肠科，运用四肢骨折切开钢板固定术。1995年3月，投资750万元在医院原址建设六层门诊楼，建筑面积6600平方米，1996年8月，门诊楼竣工并投入使用。9月，投资1100万元建病房楼，建筑面积9688.8平方米，1997年11月，病房楼落成；1998年8月13日，县医院首次为一位不全断腕患者成功进行神经、血管、肌腱吻合术。是年11月，香河县医院更名为香河县人民医院。1999年，120急救中心成立，救护车免费接送病患者。在内科基础上组建普内科、心内科、急救中心。1 月 12 日，首例输卵管再通术成功，受术者于 2000 年 4 月顺娩。2000 年，在五官科基础上组建口腔科、眼科、耳鼻喉科。2002 年 10 月心内科和脑血管科迁址新华大街 42 号，组建心脑血管病医院和泰康老年公寓，2004 年 6 月 28 日零时，正式启用河北省统一编制的医疗收费软件。是年 8 月，购入日本核磁共振机 1 台，结束了县内病人去外地做核磁的历史。2008 年投资 600 万元兴建 3300 平方米的 2 号住院楼，占地面积 2 万平方米。是年，县医院占地面积 4.9 万平方米，建筑面积 4.2 万平方米，固定资产 1.55 亿元，床位 450 张，设 37 个科室。其中，临床科室 20 个：急诊科、普内科、心内科、外一科、外二科、妇科、产科、儿科、骨科、脑血管科、颅脑外科、皮肤科、肛肠科、眼科、耳鼻喉科、口腔科、中医科、康复理疗科、麻醉手术科、妇产麻醉手术科；医技科室 7 个：药剂科、放射检查中心、检验科、超声科、内窥镜室、心电图室、供应室；职能科室 10 个：办公室、人事科、医务处、护理部、财务科、总务科、信息科、医院感染管理科、门诊科、器械科。在城区建有心脑血管病医院、妇产医院、口腔医院、6 个社区服务分院、泰康老年公寓及天使幼儿园；全院行管、医、技、护、药及其他工作人员共 690 人，其中，医生 297 人，护士 241 人；全院在职副高职称 14 人，中级职称 140 人；有核磁共振机 1 台，CT 机 2 台，生化分析仪 2 台，彩色 B 超 4 台，800 和 500 毫安 X 光机各 1 台，透析机 4 台，碎石机、腹腔镜、体外循环机、全身摄影(DR)系统等 250 台件，其中，90%为进口设备。另建有中心供氧系统、负压吸引系统、床边呼叫系统、危机管理系统等。2008 年收入 1.15 亿元，是 1997 年的 17 倍。1998 年以后，在财政无投入、银行无贷款的情况下，固定资产累计投入 1.3 亿元，偿还 1998 年以前债务 1496.18 万元，先后获“全国百姓放心示范医院”“全国巾帼文明示范岗”“全国院务公开示范点”“河北省文明单位”“河北省诚信医院”“河北省优质服务百佳医院”等 100 个国家、省、市、县荣誉称号，在廊坊市卫生系统率先通过 ISO 9001 认证。

香河县人民医院门诊大楼（靳立祥摄于 1997 年 9 月）

香河县心脑血管医院门诊楼（靳立祥摄于 2003 年 10 月）

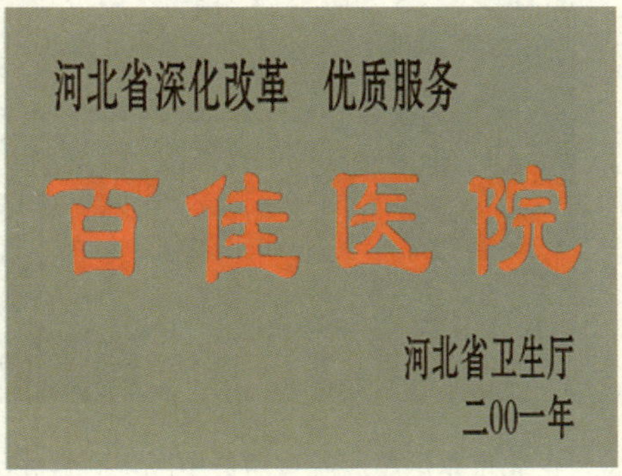

香河县中医院　前身是城关卫生院，1987 年 7 月，经省中医药管理局批准改建为县中医院，建筑面积 1300 平方米，房屋 61 间。其中，家属宿舍 13 间，职工 39 人（其中，中医师 4 人、中医士 8 人、西医士 6 人、药剂士 2 人、药剂员 7 人、老药工 1 人、其他 11 人）。医院内设中医科、西医内科、西医外科、妇产科、针灸科、理疗科、注射室、检验科、心电图、药房等科室；设病床 30 张；常用医疗器械 20 台件，救护车 1 辆；医院在县城及周边设有 3 个门诊部，备有中药 500 种。1997 年 7

月，租用原成人教育中心办公区（中医院对面东侧），正式组建中医院住院部，设普内科、外科、妇产科3个住院病区，1999年底撤回。1998年初，建六层门诊住院楼和二层医技楼，2000年竣工投入使用。2001年，门诊、住院、收费、药房、行政办公全部实行微机化管理与操作。2003年，医院先后成立急诊科、骨科、神内科，开通995（救救我）救助电话，救护车免费接送病患者。是年，全院职工增至133人,开始面向社会招聘人才，向医学高校招聘医护人员，至2008年，共招聘医学临床大学生和护理人员152人。2005年，中医院相继与北京军区总医院、二炮总医院成立联合体医院，开展业务协作，是一所集医疗、教学、科研、预防、保健、急救为一体的综合性国家二级甲等中医院，是北京中医药大学东方学院、承德医学院、廊坊卫校教学实习医院，先后购进日本东芝CT扫描机、德国艾克发数字成像X光机（CR）、日本东芝彩超、美国血小球计数仪、尿检分析仪、电解质、化学发光免疫、C型臂、血液透析仪及多台心电监护仪等大型医疗设备，医院拥有万元以上大型设备68台（/件），设临床、医技、职能、专科等科室42个，社区门诊3个，医院职工总数285人，其中，在编人员124人。北京军区总医院各科专家每周“六、日、一”定期到院门诊、急诊、会诊、手术、查房、带教。2006年12月5日，经河北省卫生厅专家组检查验收，县中医院在全省“医院管理年”和“中医特色年”两项创建活动中成绩优异，获廊坊市唯一“河北省示范中医院”称号；29日，被河北省卫生厅命名为“河北省示范中医院”。先后获“全国农村中医工作先进县龙头单位”“河北省示范中医院”“河北省医药卫生系统先进集体”“医德医风先进单位”“文明单位”“青年文明号”“消费者信得过单位”“文明服务三星级窗口单位”“物价计量先进单位”等国家、省、市、县荣誉40项；承担国家、省、市级科研课题8项，获省卫生厅科技进步三等奖1项,获省科技成果奖2项，获市科技进步三等奖1项。2007年10月，中医院投资2000万元新建9000平方米星级住院综合楼，2008年10月，竣工投入使用。当年门诊量15.86万人次，住院量5150人次，经济效益2700万元。

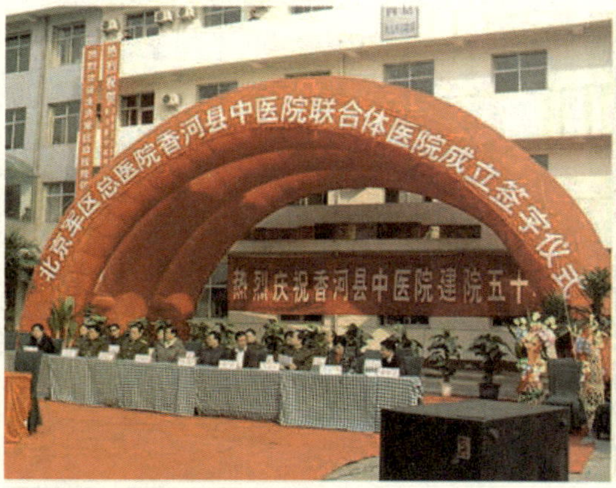

北京军区总医院香河县中医院联合体医院成立签字仪式及香河中医院院区（梁俊摄于2005年）

香河县气管炎哮喘医院 坐落在河北香河经济开发区，中信国安第一城对面路南，前身是蒋辛屯卫生院。1991年拆掉蒋辛屯卫生院门诊房，改建15间病房，增设气管炎专科。1992年建起三层门诊楼，增设制剂室。1993年6月，经县委、县政府批准，廊坊市卫生局审批，蒋辛屯卫生院由乡卫生院升格为香河县气管炎专科医院。

2001年3月，经县委、县政府批准，香河县气管炎专科医院迁至香河县城，临时租用人口和计划生育局办公楼为门诊楼，更名为香河县气管炎哮喘医院。蒋辛屯卫生院为香河县气管炎哮喘医院分院。

2004年，在河北香河经济技术开发区筹建香河县气管炎哮喘医院新院，2005年9月，建成并投入使用，同时与蒋辛屯卫生院分开。9月23日，安平中心卫生院合并到香河县气管炎哮喘医院。占地2.7公顷，其中，绿地面积1.2公顷，建筑面积2.15万平方米，医疗技术人员121人。是一所集预防、保健、医疗、教学、科研为一体专科特色突出的大型综合性全民所有制二级医疗机构，属“河北省重点专科”医院，纳入国家中医药管理局重点建设项目。医院设有气管炎哮喘专科、内科、外科、急诊科、妇产科、中医理疗科、放射科、化验室、制剂中心等 30 个临床医技科室，有气管炎哮喘病区 3 个，综合病区 1 个，开放式床位 120 张，万级净化手术室 2 个；有 CT、彩色 B 超、生化检测仪、高压氧舱、X 光机、心电监护、血气分析仪等大型检查、检验、治疗仪器设备 100 台件，建有现代化的集中供氧系统，微机管理系统，集团通讯系统，数字监控系统等配套设施。自 1993 年 6 月建院后，医院在院长孟庆云带领下成立气管炎哮喘专科科研小组，经过多次实验，以中医中药为主，配合腧穴注射三法合一的疗法（中药汤剂+中药胶囊+穴位注射）治疗慢支、哮喘、肺气肿、肺心病、支气管扩张等呼吸系统疾病疗效显著而闻名国内外。气管炎哮喘医院被确定为“中国传统医药国际交流协作单位”，获“河北省十大优秀发明创造单位”称号，全国行业技术形象认证委员会表彰的“全国治疗支气管哮喘明星单位”“中国知名专科医院”，河北省精神文明建设委员会表彰的“三星级窗口单位”，光明日报集团（生活时报）表彰的“京城百姓信得过医疗单位”，中国社会调查事务所认定的“香河县气管炎哮喘医院为社会公认满意单位”，中国教育电视台授予其“信得过单位”。

香河县气管炎哮喘医院（高景全摄于 2006 年 11 月）

2008 年 3 月，安平中心卫生院人员纳入香河县气管炎哮喘医院管理。6 月，在香河县气管炎哮喘医院基础上成立香河开发区医院。10 月，经廊坊市卫生局和廊坊市技术监督局批准，将廊坊市亚太中医哮喘病研究所设在香河县气管炎哮喘医院。2004 至 2008 年，门诊量逐年增加，2008 年达 43207 人，收入 2422.48 万元。

香河县儿童医院 2006 年 5 月，与北京首都儿科研究所共同建立香河县儿童医院。位于蒋辛屯镇政府驻地，占地面积 0.6 公顷。医院分工作区、生活区、办公区、休闲区。设有专家门诊、急诊科、治疗室、留观室、手术室、普通病房、高级病房，开放床位 50 张。候诊大厅 350 平方米，日门诊 400 至 500 人（次）；医护人员 39 人，5 名首都儿科研究所专家常年坐诊，除有效诊治儿童常见病、多发病外，还开展呼吸系统、消化系统、神经系统、小儿外科等疾病的诊断和治疗。2008 年，收入 530 万元，年门诊量 8356 人（次）。

香河县妇幼保健院 1979 年称香河县妇幼保健站，1998 年，妇幼保健站改建为妇幼保健所，2008 年，提升为妇幼保健院。由单纯对妇女、儿童保健，发展为集医疗、保健、科研为一体的综合性保健医疗机构。保健院有干部职工 88 人，专业技术人员 73 人。其中，副高职 2 人，中级职称 27 人。房屋建筑面积 2789 平方米。其中，办公用房 400 平方米，儿童、妇女保健用房 800 平方米，门诊、住院用房 1400 平方米。床位 63 张。设儿科、妇产科、妇女儿童保健科、检验科、功能科、乳腺科等临床科室，承担全县育龄妇女和 7 岁以下儿童的保健、指导。

香河县卫生防疫站 1980 年，香河县卫生防疫站设防疫科、食品卫生科、地方病科、宣传科、检验科、财务科，干部职工 16 人，重点负责传染病、地方病的防治和食品卫生监督。1984 年，增设环境卫生科，开展公共场所卫生监督。1988 年，增设防痨科，管理肺结核病。1992 年，增设劳动卫生、放射卫生、学校卫生科。1995 年，开设结核病防治门诊部。1996 年，增设预防接种门诊部。1997 年，通过卫生部县级一级站审评。1999 年，增设性病艾滋病防治科。2001 年，增设综合科，负责体检、办证和档案管理。11 月 6 日，实验室通过河北省技术监督局计量认证。2006 年 1 月，艾滋病初筛实验室通过河北省卫生厅考评。2 月 10 日，根据香河县人民政府《关于对县卫生局部分医疗机构名称变更请示的批复》，撤销县卫生防疫站建制，在原基础上成立香河县疾病预防控制中心、香河县卫生监督所。

渠口中心卫生院 始建于 20 世纪 50 年代初。1979 年，称香河县医院渠口分院，1986 年，改称香河渠口中心卫生院。1990 年，全院有工作人员 40 名，门诊有内科、外科、妇产科、中医科、针灸、口腔、激光及化验、放射等 10 个科室，主要设备有心电图机、牙科器械、X 光机。1997 年化验室增设血流变。1999 年，增设 B 超、半自动生化仪、脑血流图。2000 年，新建四层门诊楼，使用面积 2080 平方米。2002 至 2008 年，先后购置心电监护仪、X 光机、彩超、经颅多普勒和除颤仪等仪器设备。2008 年，收入 496 万元，同比增长 22%。

刘宋中心卫生院 前身为 20 世纪 50 年代初，由 3 名个体医生创办联合诊所。1979 年，成为香河县医院刘宋分院。1982 年设口腔科。1986 年，改称香河县刘宋中心卫生院，增设理疗、正骨科，购进激光综合理疗机 1 台。1987 年，建防保科。1988 年，增设皮肤科。1990 年，有病床 30 张；病房 9 间，门诊部 21 间，手术室 4 间。1998 年，建三层门诊楼，设内科、外科、妇产科、口腔科、皮肤科、理疗科、正骨科、中医科、放射、化验、心电图、药房等。1998—2008 年，先后购置 X 光机、心电图机、分析天平、温箱、高倍显微镜、激光综合理疗机、电蒸馏器、骨刺治疗机、牙科综合治疗机等医疗器械。2008 年，卫生院有职工 47 人，其中，主治中医师 1 人，主治医师 2 人，主管护师 3 人，主管检验师 1 人，医师 4 人，护师 1 人，药剂师 4 人，医士 12 人，护士 1 人，药剂士 1 人，其他 17 人；收入 235 元，比 2007 年同比增长 17%。

安平中心卫生院 1979 年，称香河县医院安平分院。1982 年，扩建医院 30 间，开设病床 20 张。1986 年，改称香河县安平中心卫生院。2008 年 3 月，安平中心卫生院人员纳入香河县气管炎哮喘医院管理；6 月，王家摆卫生院改建更名为安平中心卫生院。

王家摆卫生院 始建于 1973 年 4 月，时称王家摆公社卫生所。1986 年，更名王家摆乡卫生院。1989 年，建门诊用房 8 间，西厢房 4 间，增设病床 11 张。1992 年，增设 B 超室，心电图和化验室及相应设备。1993 年 9 月，增设肛肠门诊，建立肛肠科。1997 年，更名为王家摆卫生院。2000 年 10 月，增设口腔科，购进口腔综合治疗机和配套设备，开展口腔专科门诊。2007 年 3 月，改造新建住院病房 4 间，新增病床 20 张。有职工 22 人，执业医师 7 人，检验士 2 人，药师 1 人，执业护士 2 人；设有内科、心脑血管科、外科、肛肠科、中医科、儿科、妇产科、口腔科、放射科、防保科、妇幼科等职能和辅助科室；有光机、全自动血球分析仪、尿液分析仪、综合口腔治疗机、多功能电离子肛肠手术治疗机、血流变检测仪等医疗设备。2008 年，更名为安平中心卫生院，当年收入 113 万元，同比增长 25%。

淑阳镇卫生院 1956 年建立。1964 年改称孙止务公社卫生院，1971 年改称大罗屯公社卫生院，1975 年迁址大罗屯村北，建房屋 14 间，职工 9 人，建成化验室、X 光室。1993 年，改建房屋 15 间，购置 B 超、心电图机、X 光机。1994 年，扩建门诊部 16 间。1996 年撤乡扩镇，改称大罗屯卫生院。1998 年，扩建住院部 23 间。2001 年，扩建精神科住院部 32 间，购置大生化等仪器设备。2005 年 6 月，更名为淑阳镇卫生院。有病床 80 张，房屋建筑面积 2053 平方米，职工 45 人。2008 年收入 280 万元，同比增长 19%。

钱旺乡卫生院 前身是钱旺村卫生所。1970 年 4 月，成立钱旺村人民公社卫生院，1986 年更名为钱旺村乡卫生院。1999 年改称钱旺乡卫生院。2001 年 5 月，重建卫生院，建筑面积 820 平方米。2005 年 5 月，建门诊部用房 15 间，建筑面积 1000 平方米。有干部职工 21 人，卫生技术人员 21 人，中级职称 2 人，助理级职称 3 人，医护士 14 人，病床 25 张，医疗器械 40 台套。设内科、外科、妇产科、骨科、中医科、放射、化验、心电图、B 超、护理部、注射室、药房等科室。2008 年收入 132 万元，同比增长 18%。

钳屯乡卫生院 1977 年以前，钳屯卫生院由西延寺医疗站、池屯医疗站和二百户医疗站 3 个医疗站组成，以中医中药为主，设备简陋。1977 年，卫生院由西延寺搬到钳屯村，建门诊房 33 间。1985 年建立 X 光室，1986 年公社改为乡，卫生院随之改称钳屯乡卫生院。1987 年，成立护理部，与北京西城区中医院联合建立香河县第一家骨伤科。1993 年，建 B 超室。1997 年，修建双安路，卫生院向北移 20 米，建门诊部 20 间。2002—2005 年，先后改造业务用房 32 间，总建筑面积 5902. 49 平方米。卫生院开放病床 30 张，拥有 X 光机、心电图机、血流变、微波治疗仪、血液生化仪等医疗设备 26 台件，有职工 31 人，其中，副主任医师 1 人，主治医师 1 人。2008 年收入 281 万元，同比增长 20%。

安头屯镇卫生院 1962 年以前一直是刘宋公社卫生院的一个诊所，与刘宋分开后建立安头屯公社卫生院。1986 年，安头屯镇卫生院改建，设有防保站、口腔科、理疗室。2006 年，重建安头屯卫生院，建筑面积 1160 平方米，有病床 16 张，门诊及辅助科室 12 个，建立手术室，拥有 X 光机、彩超、全自动血球分析仪、血流变、微量元素分析仪、呼吸机、心电监护仪等医疗设备；有职工 19 人，其中，主治医师 1 人、医师 8 人、药师 1 人。2008 年收入 139 万元，同比增长 21%。

蒋辛屯镇卫生院 1956 年由私人诊所合营形式过度而来。1991 年，拆原门诊房，改建病房 15 间，增设气管炎专科。1992 年，建三层门诊楼。2006 年，与县气管炎哮喘医院分开。2005 年，蒋辛屯镇卫生院改造成香河县儿童医院。在蒋辛镇政府所在地暂租商用房，重新筹建蒋辛屯镇卫生院，临床使用房屋 16 间，设病床 8 张，有职工 19 人，设立内科、外科、妇科、中医科等临床科室，购置除颤机、心电图机、B 超、洗胃机、吸痰器、吸氧机、血生化分析仪等医疗器械。2008 年收入 41 万元，同比增长 12%。

五百户镇卫生院 1956 年成立。1979 年称五百户公社卫生院，1983 年改称五百户乡卫生院，1996 年改称五百户镇卫生院。是年，建二层门诊楼，占地面积 2000 平方米。2007 年，建 576 平方米的住院病房。至 2008 年，全院有职工 24 人。其中，主治医师 2 人，医师 4 人，医士 2 人，护师 2 人，护士 2 人，药剂师 1 人，药剂士 2 人，技师 3 人。开设内科、外科、妇产科、骨科、中医科、放射、化验、心电图、B 超、护理部、注射室、药房等科室；拥有 X 光机、B 超机、心电图机、半自动生化仪、血球计数仪、尿十一项检测仪、血流变仪等设备。内科、妇科等均能开展常见病、多发病的诊断与治疗，外科开展阑尾炎、疝气、子宫肌瘤卵巢囊肿切除等手术。2008 年收入 170 万元，同比增长 16%。

2008 年香河县中心卫生院、乡镇卫生院统计表

表 26-1-1

名称	建筑面积（平方米）	床位（张）	职工人数	其中					收入（万元）
				副主任医师	主治医师	医士	其他技术人员	工勤管理人员	
渠口中心卫生院	4538	35	60	1	10	24	22	3	496
刘宋中心卫生院	1805	32	42	—	3	3	22	14	235
安平中心卫生院	1000	20	22	0	3	8	8	3	113
淑阳镇卫生院	2053	80	45	—	3	23	16	3	280
安头屯镇卫生院	1160	20	18	—	1	6	6	—	139
钱旺乡卫生院	1000	25	21	—	2	14	4	1	132
钳屯乡卫生院	1620	30	31	1	1	15	12	2	281
五百户镇卫生院	1256	22	24	—	2	4	17	1	170
蒋辛屯镇卫生院	450	8	21	—	—	4	10	7	41

县直机关医疗机构

1992 年 6 月，香河县老干部局成立县内第一家机关门诊部，主要服务于全县离退休老干部，同时，也面向社会医诊。有病房 4 间，病床 8 张，能够为病情较轻的病人打针、输液。之后，香河卫校、香河一中、香河职中、香河县人口和计划生育局相继建立医务室和医疗机构。

2008 年香河县县直机关医疗机构统计表

表 26-1-2

项目名称	建立时间	医务用房面积（平方米）	医务用房间数（间）	主要设备（件）	设备价值（元）	医务人员						位置
						总数	职称					
							主任医师	副主任医师	主治医师	医师	护师	
香河县计生医院	2007.9	2000	20	15	200000	16	—	—	6	3	6	新华大街南，永明路西
香河县老干局综合门诊	1992.6	400	15	5	50000	10	—	—	1	5	2	新开街南，迎宾路西
香河卫校门诊部	1997.7	400	10	3	30000	10	—	—	—	3	3	新开街北，迎宾路东
香河一中医务室	2006.7	100	3	2	2000	3	—	—	—	2	1	五一路西，新开街南
香河职中医务室	2007.6	60	3	1	500	2	—	—	—	1	1	五一路西，新开街南

村街卫生室（所）

1979 年后，由于农村集体经济资金短缺以及家庭联产承包责任制的推行，集体性质村卫生室陆续停办，“赤脚医生”多数注册为乡村医生，办起私有性质的村卫生室（所）。1980 年，卫生体制改革，实行国家、集体、个人三种形式并存，把个体行医作为全民和集体所有制卫生机构的补充，加强对个体医生扶持和管理，确保服务质量。此后，城乡个体医疗迅速发展，“赤脚医生”随之变为个体。是年，全县 300 个行政村，每个村都建有医务室，有医务人员 300 人。1983 年，经考核，合格者发放乡村医生证书。1990 年，全县个体开业 47 处，乡村医生发展到 549 人，县政府委托县卫生局对个体开业医生实行统一发证，定期验照。1994 年，开始实行乡村卫生组织一体化管理。即由各乡镇卫生院对所辖各行政村卫生室（所）人员聘任、养老保险、行政、业务、财务、药品、收费，以及乡村医生培训等方面统一管理，形成乡村合作式联合。1997 年，省卫生厅下达《河北省乡村卫生组织一体化管理办法》，提出经营管理具体要求，建立起约束机制，规范农村医疗服务和药品市场，提高服务质量，方便群众就医。2008 年，全县有村级卫生室（所）318 个，注册乡村医生 364 人。

1979—2008 年部分年份香河县乡村卫生室（所）统计表

表 26-1-3

年份	总个数	医务用房总间数（间）	医务人员数
1979	300	500	300
1988	357	1071	404
1998	332	920	344
2008	318	1000	364

民营医院

民营医院作为县、乡、村三级医疗网络的补充，运用中西医药诊治常见病、多发病，对超出一般医疗服务范围或限于医疗条件和技术水平不能诊治的病人及时转诊。1985 年 4 月，香河锉口医院是第一家民办医院，之后，相继开办香河利康儿童医院、香河县新开区医院等。2008 年，香河县有民营医院 7 家，医务人员 118 人。

2008 年香河县民营医院统计表

表 26-1-4

项目名称	建立时间	医务用房面积（平方米）	医务用房间数（间）	主要设备（件）	设备价值（元）	医务人员						坐落位置
						总数	职称					
							主任医师	副主任医师	主治医师	医师	护师	
香河新华医院	2008.5	1000	20	15	150000	14	—	—	2	2	5	新开街北
香河同济医院	2007.10	1500	40	25	250000	19	—	1	1	5	6	新开街北
香河利康儿童医院	2002.6	1500	50	20	250000	19	—	—	1	3	6	新开街南，五一路西
香河风湿骨病专科医院	2006.7	900	30	8	100000	14	—	—	—	3	5	新开街南，五一路东
香河县矬口医院	1985.4	1000	16	10	100000	14	—	—	—	3	5	矬口村
香河县社区医院	2006.6	1000	40	15	200000	24	—	2	3	2	5	新华大街南，迎宾路西
香河县新开区医院	2004.6	900	20	10	150000	14	—	—	2	2	5	新开街

二　医疗队伍

香河县医疗队伍来源主要是第四军医大学、承德医学院、张家口医学院、河北医科大学、华北煤炭医学院等各大专、院校毕业生。1979 年，香河县医疗卫生系统有副高级技术职称 2 人，中级技术职称 30 人，初级职称 180 人，其中医师 100 人，医士 80 人。2008 年底，医疗卫生系统有正高级技术职称 2 人，副高级技术职称 44 人，中级技术职称 182 人，初级职称 635 人，其中医师 291 人，医士 344 人。

1979—2008 年部分年份香河县医疗卫生系统人员统计表

表 26-1-5

年份	总计	身份结构		性别结构		文化结构				中西医结构			技术职称结构				
		干部	工人	男	女	本科	专科	中专	其他	西医	中医	中西医	正高级	副高	中级	初级	其他
1979	396	177	219	187	209	3	10	159	224	100	30	5	—	2	30	180	184
1983	496	201	295	213	283	8	19	191	218	120	35	5	—	4	40	210	242
1988	594	286	308	285	309	15	30	202	347	160	40	5	—	6	60	280	248
1993	890	369	521	397	493	24	44	355	467	200	40	5	—	8	116	455	311
1998	1053	450	603	407	646	40	71	521	421	300	50	10	—	14	118	520	401
2003	1130	649	481	545	585	65	193	568	304	425	75	20	—	21	139	764	206
2008	1095	670	425	431	664	106	382	430	177	550	90	30	2	28	182	671	212

第三节　医疗技术与科研

一　医疗技术

（一）中医治疗

香河县中医药历史悠久。20 世纪 50 年代末，人们不大相信西医，患者多找中医求治，当时县医院中医科日门诊量 100 余人次，主要以饮片、汤剂为主。1979 年后，香河县提倡西医学习中医，培养中青年中医。在治疗眩晕、失眠、浮肿、带下病、崩病、小儿腹泻、咳嗽以及中医男科等症状有独特疗效。1987 年，香河县中医院建立，有中医师 4 人，中医士 8 人，备有中药 500 种。90 年代后，香河县中医医疗水平进一步提升，运用中医、中药治疗脑血管病，成为廊坊市重点中医专科；同时，治疗肝胆及消化系统疾病、胃病、内分泌疾病，男性功能障碍性疾病、前列腺增生、泌尿系感染、男性不育，女性不孕、更年期综合征、乳腺增生、妇科杂症，骨伤骨病等病症，利用针灸与中药相融的“绿色免疫增强体系”治疗哮喘均有显著疗效。1994 年，县医院康复理疗科与廊坊导弹部队卫生所联合，用“中药离子导入法”治疗骨质增生。进入 21 世纪，中医医务人员结合临床治疗，潜心钻研。2000 年，县医院肝病专科研制中药降酶灵胶囊、菌白颗粒、肝宝颗粒治疗慢性肝炎效果明显。2002 年，县医院中医科“肿块消″”治疗乳腺增生通过省级鉴定；2003 年，“非典”时期，自行熬制防治“非典”中草药 2 万余人份；是年，县医院中医科与普内科合作的″养血通络胶囊治疗糖尿病周围神经病变″通过省级鉴定，并于 2004 年获得廊坊市科技进步三等奖。2008 年，香河县中医门诊量 15.86 万人次。

（二）西医治疗

1979 年前，香河县医院内科只有一个听诊器和一个血压表，治疗疾病多为风心病、肺心病、肠炎、胃及十二指肠溃疡，传染病多为伤寒、麻疹、流行性脑膜炎、乙型肝炎、肝炎、肺结核等。1979 年，香河县号召内科医务人员开展全面系统的心电生理、小儿肺炎、乙型脑炎、中毒性痢疾、水电平衡等专业技术学习，提高医疗技术水平。进入 90 年代，由于各种疾病预防措施的加强，居民生活水平的不断提高，传染病、消化道疾病患者逐年下降，但高血压、冠心病、心肾功能衰竭、糖尿病却逐年增多，病房收治冠心病、急性心肌梗、心绞痛、心肌炎、心包炎、心律失常、高血压病、肺心病居多。90 年代末，内科对心脑血管病、肾炎、肺炎、肺心病、高血压、心脏病、肾病、常见的传染病等均有很好治疗方法。进入 21 世纪，香河县各医院相继聘请北京同仁医院、积水潭医院、空军总医院等十几家大医院的 30 多位知名专家来香河坐诊，并分别与解放军总医院第一附属医院、北京军区总医院、二炮总医院等成立联合体医院，建立了长期的技术合作关系，实现了专科、专病、专家、专药、专用设备“五专”到位。通过专家的传、帮、带和送出去人员进修，促进了技术水平的提高，能独立开展心胸外科、颅脑外科、腹腔镜、脊柱、关节置换等高难和微创手术，成功抢救了许多心肌梗塞、羊水栓塞、脑出血、脑梗塞、肝脾破裂、心脏外伤等急危病人。患者基本上不用转院，就能得到治疗，减少了进京看病的费用和麻烦。

（三）中西医结合治疗

20 世纪 60 年代末，香河开始中西医结合治疗乙型脑炎，治愈率 95%。之后，医院重视对患者实施中西医结合治疗，不断取得新的成绩，特别是进入 90 年代，医院大部分科室都做到了中西医结合。脑血管科对所有住院病人实行中西医结合诊疗，中医辨证施治，汤剂内服，开展中医康复、针灸、蜡疗、穴位封闭疗等，出院病例中医诊治率达到 95%。脑血管科开展了卒中单元，设立重症监护室、功能康复室，高压氧治疗中心，配备专职心理治疗师，开展卒中早期、恢复期及后遗期的康复治疗。骨科的急慢性损伤及骨折愈合期患者、普内科糖尿病末梢神经病变患者及肝炎和胃肠病患者的中药治疗，皮肤科的皮肤病患者、新生儿湿疹及黄疸的药浴治疗，均取得了很好的疗效。骨科、脑外科、脑血管病科、康复理疗科都配备有专职中医康复师。医院为中医科、中医骨伤科、脑血管科、普内科、心内科、脑外科、骨科、外一科、妇科、耳鼻喉科、眼科、肛肠科、皮肤科等共 13 个科室配备了中药煎药机，都有本科室的特色中药汤剂，在西药治疗的基础上，开展特色中医药治疗。医院住院患者的中西医治疗达 90%以上。1994 年，县医院脑血管科根据解剖、生理基础和急慢性脑血管病的病理、生理变化，结合中医活血化瘀、芳香开窍理论，经大量临床病例观察研究，开展中药加氧治疗急慢性脑血管病。1998 年 9 月 16 日，中国中医药学会脑病专业委员会 8 名专家与县医院 10 名中西医结合医务人员，在香河广场为群众进行联合义诊。2000 年 5 月，购置肺功能仪辅助诊断哮喘，采用正规西药+传统中药+背肌针治疗哮喘，病症得到迅速缓解和治疗。

二　医疗科研

（一）县医院科研成果

1984 年 12 月 20 日，县医院外科医生杜兴普研制的“酒精注射骨刺局部治疗跟骨骨刺疼痛”获得很好疗效，《廊坊日报》对此做专题报道；1986年5月4日，杜兴普研制的“背弓形动态颈椎牵引器”用于治疗颈椎病获得成功，好转率80%，疼痛缓解率90%。同年，论文《背弓形动式态式颈椎器在颈椎病中的应用》入选为全国骨伤科外固定协会第二届学术交流会全国优秀论文；2001年7月28日，县医院脑血管科“隔日双针脑脊液置换术治疗蛛网膜下腔出血和脑室出血”通过了省级鉴定，并于2002年获廊坊市科技进步三等奖；是年11月26日，县医院中医科“肿块消”治疗乳腺增生通过省级鉴定，达到国内领先水平；2002年，县医院骨科“半螺纹斯氏针加钢丝张力带内固定治疗股骨颈骨折的研究”通过省级鉴定，并于2003年获廊坊市科技进步三等奖。脑血管科“脑出血行微创颅内血肿碎吸术后的高压氧治疗”通过省级鉴定，并于2003年获廊坊市科技进步三等奖，当年，获卫生部推广奖；是年11月，县医院普内科“胃肠安胶囊治疗慢性浅表性胃炎疗效观察”、中医科和普内科合作的“养血通络胶囊治疗糖尿病周围神经病变”、耳鼻喉科“中西医结合治疗突发性耳聋疗效观察”均通过省级鉴定，并于2004年均获得廊坊市科技进步三等奖；2004年12月24日，县医院脑外科“术前快速硬通道穿刺持续抽吸引流颅内血肿配合手术抢救外伤性脑疝”通过省级科技成果鉴定，达到国内领先水平，并于2005年获廊坊市科技进步三等奖。2005年12月9日，县医院康复科“药物理疗颈椎自动牵引器治疗颈椎病效果观察”通过省级科技成果鉴定，并于2007年7月获廊坊市科技进步三等奖；2006年11月，心内科“氯吡格雷治疗不稳定性心绞痛疗效观察”通过省级科技成果鉴定；2008年，县医院骨科“第二足趾血管神经蒂岛状皮瓣治疗拇趾背侧皮肤缺损”通过省级科技成果鉴定，当年医疗创新18项。

1998年，县医院领导班子把科研兴院作为基本院策，要求医院医务人员做到人人有科研项目，各科室有科研课题，医院有科研成果，随之，科研工作在县医院兴起。2001—2008年，县医院各科室共制定科研课题88个；2005—2006年，技术创新37项，护理新技术、新业务开展11项。

（二）中医院科研成果

2003年7月26日，县中医院胡廉君、刘瑞波、贾春华、韩春生、赵勇合作的“牛膝滑膜炎冲剂治疗膝关节滑膜炎的临床研究”获河北省卫生厅三等奖；2003年12月30日，中医院胡廉君、刘建新、李一超、成玉明、夏原、李金环、程秀清、梁金波、李会文、韩春生合作的“肺心口服液治疗肺心病肺动脉高压的临床治疗”和胡廉君、李一超、刘建新、王淑芹、夏原、程秀清、王立强、李世强、王艳芳、韩春生合作的“泻浊纳气法治疗慢性呼吸衰竭（Ⅱ）的临床研究”均获河北省科技成果奖；2006年1月12日，梁金波、李一超、王淑琴、李金环、王立强、徐冬梅、张秀春、胡廉君合作的《升清降浊汤治疗消化性溃疡的临床研究》获河北省科技成果奖。

（三）气管炎哮喘医院科研成果

2004—2005年，县气管炎哮喘医院研制5套专科药物（治疗缓解期慢性支气管炎、治疗缓解期肺心病、治疗支气管哮喘、治疗肺气肿、治疗支气管扩张）获国家知识产权局五项国际发明专利金牌奖。“中西医结合治疗缓解期肺心病”和“治疗支气管哮喘的药物”两个科研项目，列入河北省科技厅科技攻关项目。“中西医结合治疗阻塞性肺气肿”列为河北省中医药管理局科研课题项目，“中西医结合治疗支气管扩张”列为廊坊市科技局科技攻关项目。“治疗支气管哮喘药物”通过河北省科技成果鉴定。专家认定，这项成果在治疗支气管哮喘方面取得突破进展，与其他同类比较，操作简便、疗效快、复发率低、费用低，具有科学性、先进性和推广应用价值，疗效达到国内领先水平。

（四）卫生防疫站科研成果

2005年5月4日，县卫生防疫站历经一年的“叶酸增补模拟研究”项目圆满结束，此项目研究成果对全国乃至世界有关增补叶酸的公共卫生预防政策的制定和实施产生重要影响；是年8月3日，中美合作孕期营养项目香河启动会在香河县卫生局召开，这是继中美预防神经管畸形、叶酸增补模拟研究两大项目在香河县研究成功后的又一重要课题。

三　典型病例

1981年，县人民医院首次进行腹蛇抗栓酶加液体静脉点滴治疗脑梗塞后的成功，经25天治疗，痊愈出院后病人照常工作；首次用尿激酶治疗脑血栓5例，其中4例收到满意疗效，突破脑血管治疗常规，降低死亡率；成功将卡在一名6岁儿童气管内的瓜子取出。1983年，首例外伤性肝破裂缝合术成功。1986年2月16日，县医院在北京医学院附属人民医院主治医师张国良的指导下，为一患者成功切除重345克增生的甲状腺，4月20日，《健康报》予以报道。1987年，成功实施输尿管取石手术。1992年6月10日，县医院外科首次对结肠患者行右半结肠切除术，取得成功。1993年，用氯胺酮全麻替代乙醚全麻。1994年，聘请北京积水潭医院刘得全完成第一例人工股骨头置换术；是年9月，首次应用外固定架治疗胫骨粉碎性骨折，获得成功。1996年10月，县医院购进日本岛津全身CT扫描机1台，结束县内病人不能在当地做CT的历史。1998年6月9日，县医院成功为一位86岁老人实施胆管巨大结石取出术，术后患者生命体征平稳，神志清醒；是年8月3日和9月8日，县医院在北京专家协助下，成功为两位伤于车祸的男青年实施开颅手术；8月13日，县医院首次为一位不全断腕患者成功进行神经、血管、肌腱吻合术。1999年1月12日，首例输卵管再通术取得成功，受术者于2001年4月顺娩。2001年3月3日，顺利完成首例心脏手术，开创县级医院直视体外循环下心脏手术先例；4日，烧伤专科为一烧伤患者行坏死颅骨清除术、大网膜游离移植术、自体皮瓣移植术获得成功；12日，成功完成首例腹腔镜胆囊切除术；是年，首个科研成果《双针隔日脑脊液置换治疗原发性蛛网膜下腔及脑室出血》通过省级鉴定。2002年7月，开展首例宫内膜瘤次广泛+盆腔淋巴清扫术，获得成功。2004年，完成首例开胸心脏破裂修补术，胸壁塌陷开胸内固定术1例。2005年，开展异丙酚—瑞芬太尼全凭静脉复合麻醉技术，术后病人立即完全清醒，成为全麻技术上的一种突破；是年，县中医院在北京军区总医院专家指导下，成功抢救呼吸心跳骤停30分钟患者1例，抢救大面积心梗引发心脏停搏1例，成功开展永久性心脏起搏器植入1例。2008年3月23日，县医院骨科成功为一位76岁退行性骨关节病患者老人行单膝关节置换手术，术后第一天老人就能下地行走，使老人摆脱16年残腿的困扰；5月30日，成功为一位65岁患者行双膝关节置换术；9月3日，成功为一位98岁患者完成左侧人工股骨头置换术。

四　医疗服务

以德治院，把患者利益放在第一位，是香河医疗服务的初衷。1997年7月1日，县医院率先在全县提出“首问负责制”“一次申告待岗制”“120免费接送患者”。2日，又承诺“病人不满意免收住院费”。2000年始，推出“女儿式服务”“责任制服务”“没有终点的服务”“监督式服务”“自我加压服务”“品牌式服务”，把服务标准交给患者，让患者当裁判员和监督员，把心贴心的服务送到病人身边。

第四节　卫生防疫

一　卫生

（一）公共卫生

1.饮水卫生　1979年，全县农村手压井11638眼，受益人口127755人。1985年，全县农村普及手压井达到每户一眼，结束饮用大口井水不卫生的历史，成为香河县消化道传染病发病率大幅度下降标志性的一年；县城自来水全部来自深水井，无加氯措施，除余氯外的多项指标监测基本符合国家标准。2003年，香河县开始实施自来水“村村通”工程，2005年，全县农村居民都喝上了自来水，但水质监测显示有108个行政村的深井水氟含量超过1.0毫克/升的国家标准，地方性氟中毒的防控形势严峻。

2.食品卫生　1979年，国家颁布《食品卫生管理条例》；1980年，县卫生防疫站设立食品卫生科，在管食品生产经营单位不足20家；1982年，国家颁布《食品卫生法试行》；1984年，食品卫生监督员统一着装，开始审发食品行业卫生许可证，从业人员体检后发放健康证。2001年，设立卫生监督一科、监督二科；2006年，设立卫生监督三科，分东、西、北三片管理。2001年始，常年保持一个卫生监督科承担第一城卫生监督任务。2004年11月始，完成世界金融论坛、二十国集团财长、世界各国央行行长会议、国际反贪局联合会首届年会、中美战略经济对话、第十六届世界外科年会、奥运会接待等6次重大卫生监督任务。2008年奥运会期间，第一城承担四国总统、五国青少年管乐团 1386 人、荷兰徒步皇家旅行社 650 人的涉奥接待，完成卫生监督任务。

1984 年后，加强饮食服务行业的卫生监督，由宾馆饭店小吃摊引发的食物中毒事件极为少见，食物中毒大多发生在未纳入管理范围的农村红白喜事聚餐。1997 年，田贾庄村丧事聚餐引发沙门氏菌食物中毒，戴家阁村丧事聚餐引发副溶血性弧菌食物中毒。2002 年，义井村喜事聚餐引发副溶血性弧菌食物中毒；发病人数都过百例。2007 年 9 月，第一城发生由漕香虾烹调时间过短引起副溶血性弧菌食物中毒，发病人数 261 人，无一人伤亡。

3. 学校卫生　1985 年，对 1723 名在校学生进行常见病调查，发现视力低下 182 人，视力低下率 10.6%；2003 年，县卫生防疫站在城内一小、二小、三小、星宇小学、二中、一中、职中等 7 所中小学学生中作常规体检，体检 11989 人，检出视力不良 5031 人，视力低下率为 36.3%，且呈现小学一至四年级、小学五年级至初中二年级、初中三年级至高中三年级 3 个台阶式分布；检出营养不良 1748 人，占 12.5%；检出肥胖 1634 人，占 14.4%。

1999 年 4 月 20 日至 5 月 25 日，先后有红草湾、王家摆、铁佛堂、西延寺、梁家务等 5 所中心小学病毒性甲型肝炎暴发，疫情波及全县，月内报告 116 例，发病率 37.2/10 万；2003 年 4 月中下旬，香河县第四中学暴发肺结核病，在 309 名学生中查出肺结核病人 20 人，结核菌重度感染者 42 人。对这两起学校内暴发的疫情，县卫生防疫站进行了及时果断的处理，疫情得到控制。

（二）创建卫生县城

1994 年，香河县被河北省爱国卫生运动委员会命名为“省级卫生县城”，连续十年保持省级卫生县城称号。2004 年，河北省爱卫会决定对全省省级卫生县城称号全部取消，重新进行考核、验收、命名。经县委、县政府批准，2005 年 8 月 25 日，香河县向河北省爱卫会提交申请，申报“创建省级卫生县城”，并制定《香河县 2005 年创建省级卫生县城实施方案》及《环境卫生综合治理活动的实施方案》。2007 年 3 月，香河县被河北省爱卫会命名为“省级卫生县城”。

（三）环境卫生整治

20 世纪 70 年代中期，农村环境卫生实行全面规划，综合治理，分步实施。1988—1990 年，全县灭鼠灭蝇，统一投放灭鼠药，药物喷洒，降低苍蝇密度；1996—2008 年，重点改水、改厕，治理“五乱”（乱倒垃圾、乱倒粪便、乱垛柴草、乱砍树木、乱占马路），农村环境卫生得到全面改善。至 2008 年底，全县所有机关单位均达到卫生标准，并涌现出市级以上文明卫生单位 50 个。

（四）灭鼠杀虫

1988 年，县成立灭鼠办公室，设 13 人，开展全县灭鼠宣传。每年春秋两季对县城内的重点单位、乡镇村街进行灭鼠活动，预防鼠传疾病和虫媒疾病发生。1991 年后，香河县不再组织全县统一投药灭鼠行动，由家庭户根据鼠害情况自行灭鼠。

（五）健康教育

1980 年，县卫生防疫站设宣传科，配备照相机、幻灯机、电影放映机，开展有限的卫生宣传和健康教育活动。1990 年后，配合计划免疫宣传开始工作量逐年加大，主要配合各种宣传日和重大活动，在县电视台开展专题讲座、字幕宣传、新闻报道，年均印发各种宣传单 5 万余份，开展集市咨询 10 余次。2003 年防控非典型肺炎，县卫生防疫站及时印制并发放《非典型肺炎知识问答》《恐惧没有用，预防要科学》《洗手学问大》《非典型肺炎预防之自我防护篇》《防治非典型肺炎 100 问》等各类宣传品 45 万份。是年，开始对艾滋病高危人群、肺结核高危人群实施干预性健康教育。

（六）机构设置

1981 年，根据中央及省编委、爱卫会等单位联合通知精神，调整、充实爱卫会组织，吸收有关部门负责人为委员，同时设立办公室。2008 年，香河县爱卫会设主任 1 人，副主任 2 人，委员 17 人，办公室成员 5 人。

二　防疫

（一）传染病防治

1. 免疫　1985 年，香河县在全市率先推行儿童计划免疫保偿制。由于没有装备冷链设备，只能在每年冬季的 11 月至次年春季的 3 月实行 3 次突击性接种和有限的补种，周岁内儿童全程接种率仅 20%～40%；1991 年，在全省率先实行乡镇卫生院门诊按旬接种，全县固定接种日为每月 5、6 日，15、16 日，25、26 日，建立新生儿建卡通报制度，实现了预防接种经常化、制度化、规范化，周岁内儿童接种率迅速上升至95%以上；1992年，在全省率先实行新生儿乙肝疫苗接种；1997—2000年，实施世界银行贷款儿童计划免疫项目（卫七项目），冷链设备全面配套，规范化水平提高；2002年12月1日，乙肝疫苗开始免费接种，同卡介苗、脊髓灰质炎疫苗、百白破混合制剂、麻疹疫苗共称一线疫苗；2006年10月，全县停收儿童计划免疫保偿费，中央财政和县财政每接种一人次各补助1元；2008年7月1日，国家实施扩大免疫规划，免费接种的一线疫苗扩展到流脑菌苗、乙脑疫苗、甲肝疫苗、麻风腮三联疫苗、麻风二联疫苗、麻腮二联疫苗等，即由六苗防七病扩展至十四苗防十五病，疫苗接种、冷链运转、信息化水平都上新台阶。

（1）脊髓灰质炎　1986年后无病例发生。

（2）麻疹　1979和1985年，两次局部流行，原因是接种率过低。1986—2005年，年发病率一直控制在10/10万以下。2003年后发病向高年龄组和八月龄以下儿童组转移，发病率波动在10～25/10万之间，但1～14岁目标人群发病率仍控制在极低水平。2001年2月，开始实施消除麻疹目标行动（计划2015年完成）。

（3）百日咳　1985年后发病率控制在10/10万以下。1988—2008年，全县仅发病6例。

（4）白喉　1965年后无发病。

（5）流行性脑脊髓膜炎　1979—1989年，发病率控制在5/10万以下；1990年后无本地人群发病报告。

（6）流行性乙型脑炎　1979—1989年，发病率控制在2/10万以下；1990年后无本地人群发病报告。

（7）病毒性甲型肝炎　1999年，红草湾等5所中心小学发生病毒性甲型肝炎后，香河县迅速采取隔离现症病人、停止学校集中供水、全县儿童普种甲肝疫苗等果断措施，及时控制疫情扩散，至年底报告病例138例，此次疫情处理成为香河县历史上以普种疫苗为主导措施成功控制疫情的典范。在这次普种之后，香河县每年进行一次适龄儿童常规接种，病毒性甲型肝炎发病率一直控制在5/10万以内。

2.消化道传染病防控　1985年以前，香河县每年细菌性痢疾发病率都在400/10万以上，伤寒及副伤寒在10/10万以上，个别村庄时有暴发；1985年，全县农村达到每户一眼手压井，结束了饮用大口井不卫生的历史，成为消化道传染病防控划时代的第一年。1986年，香河县细菌性痢疾发病率210.3/10万，下降了50%，伤寒及副伤寒无病例发生。1987年以后细菌性痢疾的发病率始终波动在100/10万的水平，伤寒及副伤寒的发病波动在1～6例的散发状态。

3.霍乱防控　1985年9月10日，香河县黄院村发生1例霍乱，是01群埃尔托生物型非流行株小川血清型，由县医院腹泻病门诊日常监测发现；1997年5月26日，窝头村发生1例，是01群埃尔托生物型流行株小川血清型，由北京市儿科研究所确诊，转北京市第一传染病院救治。由于采取严格的防控措施，没有二代病例发生。

4.猩红热防控　1979年以前发病率在20/10万以上，1980年后由于青霉素等抗生素的广泛应用，年发病率下降至5例以下。

5.结核病防控　1994年5月23日，启动实施世界银行贷款结核病控制项目，每年涂阳肺结核病人发现率均在30/10万以上。之后，疫情逐年略有上升，2004年后成为香河县第一大传染病。

卫五项目（世界银行贷款中国结核病控制项目）：1994年5月23日至2001年12月31日实施项目，8年间县财政累计贷款22.40万元，提供配套资金10.10万元，县卫生防疫站结核病防治门诊部共落实免费治疗管理涂阳肺结核病人778人。

卫十项目（世界银行贷款/英国政府赠款/日本援助中国结核病控制项目）：2003年3月24日至2010年12月31日实施项目，县财政向世界银行贷款25.71万元。至2008年12月31日，县疾病预防控制中心结核病防治门诊部共落实免费治疗管理涂阳肺结核病人498人、涂阴肺结核病人270人。

2006年2月1日，开始实施中央经费转移支付项目，对涂阴肺结核病人落实免费治疗管理。从此，香河县已对除复治涂阴以外的所有肺结核病人实现了免费诊断治疗管理。

6.性病、艾滋病防控　20世纪50年代关闭妓院、性病普查普治后，性病绝迹，至1995年一直无性病疫情报告。1995年，廊坊市部分县单采浆献血员中发现艾滋病感染者，性病/艾滋病防控开始全面启动。1996 年，香河县报告首例淋病。1999 年，淋病 74 例，达到高峰，其后年报告在 50 例以内；2002 年，报告梅毒 1 例；2007 年，妇幼保健所在产前筛查中发现并经省疾病预防控制中心实验室复核，确证艾滋病感染者 1 例，为外地来县务工人员；2008 年，到廊坊市中心血站香河采血，在义务献血员中发现并经省疾病预防控制中心实验室复核，确证艾滋病感染者 1 例，为外地迁入人员。2003 年，开始实施中央转移支付艾滋病防治项目，开展大众宣传、安全套推广、免费自愿咨询检测、高危人群行为干预。

7. 自然疫源性传染病防控　香河县自然疫源性传染病有地方性斑疹伤寒、流行性出血热、狂犬病和布鲁氏菌病。

（1）地方性斑疹伤寒　1996 年以前，香河县地方性斑疹伤寒发病处于极低水平，多数年份无发病。1997 年，发病人数陡然上升到 85 例，主要临床表现高热和剧烈头痛，多数病人无皮疹，外斐氏反应阳性，四环素治疗有效。病例多位于村边，养殖专业户较多；当年 9 月开始上升，11 月达高峰，1998 年 1 月开始下降，其后疫情逐年上升，1998 至 2001 年，上升为香河县第一大传染病。其中，2000 年为高峰年，达 403 例。2003 年后迅速下降，2006—2008 年，年报告不超过 5 例。地方性斑疹伤寒是由莫氏立克次体通过鼠蚤传播的一种自然疫源性传染病，香河县流行数年的传染病，没有采取任何灭鼠灭蚤等干预措施，但 2004 年后，鼠密度监测结果明显呈现下降趋势，这与猫狗数量的迅速增加使老鼠数量减少有关，也是地方性斑疹伤寒疫情得以下降的主要原因。

（2）流行性出血热　1985 年报告首例，其后多年无报告。2000 年报告 1 例，2001 年报告 3 例，2003 年报告 4 例，2005 年后无本地发病报告。其流行规律与地方性斑疹伤寒几乎同步。流行性出血热是由汉坦病毒通过老鼠传播的一种自然疫源性传染病，香河县流行的病例为家鼠型，发病多在每年春季。县内未采取灭鼠措施，也未进行出血热疫苗的普种。

（3）狂犬病　1956—2008 年，共报告 18 例，全部死亡。香河县多数年份无报告或报告 1～2 例，1984 年达高峰，报告 6 例。1984 年后，狂犬疫苗接种逐渐被人们认识，多年无报告。2008 年报告 2 例，都未接种狂犬疫苗。

（4）布鲁氏菌病　2007 年，出现首例报告，当年发病 4 例。2008 年，发病 4 例。病例全部集中在香椿营村屠宰专业户或来村打工人员。

8. 新传染病防控

（1）传染性非典型肺炎　简称“非典”。

2003 年 4 月初，香河县委召开常委会，传达贯彻全市防治非典型肺炎紧急会议精神，安排部署全县“非典”防治，成立香河县“非典”防治指挥部。县卫生局组成突发公共卫生事件应急处置指挥部，充实防治“非典”领导小组，设立办公室、信息宣传组、医疗救护保障组、督查组，同时成立“非典”疫情处置应急小分队和“非典”医疗救治机动小分队；制定印发“非典”防治方案，编制印发宣传单 45 万份；举办卫生系统防治“非典”业务培训班，重点培训《传染病防治法》《突发公共卫生事件应急条例》《传染病防治法实施办法》《传染性非典型肺炎防治管理办法》《非典型肺炎防治方案》等“非典”防治知识，举行卫生系统防范“非典”模拟应急演练；在县电视台开设关注“非典”专栏，发放“非典”防治书刊 2000 份。县财政划拨 41 万元专项经费，县卫生防疫站又附加投入 25.8 万元，利用社会各界捐款，7 天内在县城东南建成“非典”定点医院一所，全县启动疫情网络直报系统。至 2003 年底，全县无疑似病例和确诊病例报告。2004 年，在“非典”定点医院内建成县疾病预防控制中心实验室。

（2）人感染高致病性禽流感　2003 年始，纳入常规监测病种，至 2008 年无病例发生。

（3）O139 群霍乱　1993 年始，纳入常规监测病种，至 2008 年底无病例发生。

（4）肠出血性大肠杆菌 O157：H7 感染　2000 年始，纳入常规监测病种，至 2008 年底无病例发生。

（5）艾滋病　2008 年底在管艾滋病感染者 2 例，无确诊艾滋病病人。

（6）手足口病　2008 年 5 月 2 日，纳入丙类法定传染病管理，当年报告 214 例，死亡 1 例。病例多发于 10 岁以下儿童，其中，3 岁以下儿童占 74.8%。县疾病预防控制中心对学校和托幼机构出现的每起疫情都按卫生部《手足口病防控指南》严格处理，学校停课 5 所，幼儿园停课 4 所，控制了学校和幼儿园的疫情。

（二）地方病防治

1.地方性甲状腺肿防治　主要流行区域在县南部的土山村、蔡庄村、三百户村、四百户村、骡子王村、前土门楼村、后土门楼村等7个村。1974年普查，病区人口4673人，普查4454人，受检率95.3%，查出地方性甲状腺肿患者772人，患病率16.5%。1975年开始食用人工加碘盐，1984年改为盐场直接供应碘盐。通过服药和食盐加碘，1989年病人数下降至177人，1990年下降至6人，1993年普查出9人。1996年6月至7月，为全县3至14岁儿童普服50毫克/粒剂量碘油丸，计2.8万粒。2001年后侧重碘盐监测，对县盐业公司每月采样一次，年监测108份，合格率100%；对居民户每年一次，年监测300份，合格率90%以上。2008年，普查地方性甲状腺肿，未检出患者。

2.地方性氟中毒防治　主要流行区域在潮白河流域，病例多为氟斑牙，未发现氟骨症患者。1979年，全县普查，查出病区主要分布在6个公社的61个生产大队，病区人口46942人，查出氟斑牙患者32035人，患病率68.3%，未发现氟骨症患者。1980年，检测病区53个生产大队水氟，结果均高于1.0毫克/升的国家标准，其中刘宋公社马庄村、北务屯村在2.0毫克/升以上。1979—1995年，香河县为病区42个行政村改水降氟打了新井。2006年，监测病区62个行政村，18个村水氟含量高于1.0毫克/升国家标准；检查儿童3828人，查出氟斑牙2039人，占53.3%。2007年，监测8至12岁儿童139人，查出氟斑牙99人，占71.2%。

2003—2005年，香河县实施自来水“村村通”工程，全县农村都打了深水井，家家喝上了自来水。但由于香河县地质状况比较复杂，水氟监测显示有108个村水氟超过1.0毫克/升国家标准，其中25个村超过2.0毫克/升，7个村超过4.0毫克/升，严重区域分布在刘宋、安平、淑阳3个乡镇。全县9个乡镇，仅钱旺乡各村全部符合国家标准。

（三）职业病防治

改革开放初期，重点防治县水泥厂的尘肺、县印刷厂的铅中毒、县砖瓦厂的中暑。2001年，国家颁布实施《中华人民共和国职业病防治法》，职业病防治成为县重点之一。进入21世纪，家具行业成为香河县主导产业，职业病防治重点逐渐转入对家具业的监督监测和接毒接害工人苯中毒和尘肺的防治。2001—2008年，累计完成企业建档71家，健康体检297名接苯和92名接尘作业工人，未发现可疑职业病病人。

（四）机构设置

1980年，香河县卫生防疫站设防疫科、食品卫生科、地方病科、宣传科、检验科、财务科，全站16人。1984年，设环境卫生科。1988年，设防痨科。1990年，设办公室。1992年，设劳动卫生、放射卫生与学校卫生科。1995年，开设结核病防治门诊部，由防痨科管理。1996年，增设预防接种门诊部。1999年，设性病艾滋病防治科。2001年，设综合科。是年，将食品卫生科与环境卫生科合并后分为监督一科、监督二科。2006年2月10日，撤销县卫生防疫站建制，成立县疾病预防控制中心和县卫生监督所。2006年，将原劳动卫生、放射卫生、学校卫生科改为监督三科，将原防疫科划分为应急办、免疫规划科，由应急办负责疫情网络直报、传染病流行病学调查、消毒杀虫灭鼠、传染病监督监测、医院内感染监督监测等，开设信息中心，由应急办和办公室双重管理。2007年，增设监督四科，管理职业卫生、放射卫生、学校卫生、学校食堂卫生。2008年，增设稽查科，管理卫生监督档案与执法活动，将原综合科改为申办体检科；是年底，由监督四科管理学校卫生、学校食堂卫生、放射卫生，增设职业卫生科管理职业卫生；是年，县疾病预防控制中心和县卫生监督所有科室17个，在岗职工94人，汽车8辆，千元以上仪器设备106台（件）。

第五节　妇幼保健

一　妇女病普查普治

1990年，为维护女职工的合法权益，减少女职工在劳动和工作中因生理特点造成的特殊困难，县总工会与县妇幼保健站联合普查普治全县机关、企事业单位女职工妇科病，为期两个月，检查446人，普查率92%，查出患病人数203人，患病率45.5%。主要疾病有宫颈糜烂、滴虫性阴道炎、霉菌性阴道炎等，并对检出疾病的妇女进行相应的治疗。此后，县妇幼保健站对城区已婚育龄妇女 2～3 年进行一次妇科病的普查普治，为普查妇女建立健康档案，对特殊病例进行监督治疗。

二　孕产妇儿童保健

1988 年，按照"孕产妇和儿童系统保健分级管理的要求"，各乡镇均开展 2～4 个村的孕产妇系统管理点。1989 年 7 月，实行母子保健系统管理，降低孕产妇和婴儿死亡率。主要是从孕前保健到孕产期各阶段的孕产妇保健，从新生儿到学龄前各年龄组的儿童保健。由县、乡、村组建成三级保健网络，负责管理区域内孕妇、0～7 岁儿童的统计、访视等；进行婚姻保健知识宣教，优生遗传咨询，避孕方法指导；提倡住院分娩，严格执行新法接生；建立孕产妇保健手册、0～7 岁保健系统管理手册；设立高危门诊、儿童保健门诊，配备必要设备；负责产前检查，筛查高危孕妇并追访、治疗，接受孕产妇分娩和产后 42 天母婴健康体检，专案管理体弱儿、高危儿。1992 年，组建县围产保健协助组和高危孕妇抢救小组，减少孕期并发症，保护了胎儿、新生儿的健康成长。是年，有 50 个村开展系统管理，管理率 83.4%人。1994 年，开始在全县范围内推行妇幼保健服务，孕产妇系统管理覆盖面逐年扩大，开展孕产妇系统管理的村由 1992 年 50 个增至 1995 年 100 个，系统管理覆盖面 93%。1999 年，孕产妇系统管理在全县铺开。2008 年，全县孕产妇住院分娩 3595 人，产妇建卡 3487 人，孕产妇入保率 97.0%，系统管理率 96.3%，住院分娩率 99.8%，高危产妇管理 399 人，高危住院监护率 100%，无一例孕产妇死亡。全县出生活产儿 3605 人，监测出生缺陷儿 84 例，较大缺陷 15 例。其中，神经管畸形 5 例，唇腭裂 6 例，脑积水 4 例，出生缺陷发生率 2.3%，神经管畸形发生率 0.14%。

三　机构设置

1998 年，香河县妇幼保健站改建为县妇幼保健所，2008 年，县妇幼保健所升为县妇幼保健院。内设有内儿科、妇产科、妇女儿童保健科、检验科、功能科、乳腺科、内儿科住院部、产科住院部、微机室、宣传科、办公室，下设 2 处社区门诊部。

第六节　医政药政管理

一　医政管理

（一）医疗机构管理　1994 年 9 月 1 日，《医疗机构管理条例》开始实施，1999 年 5 月 1 日，《中华人民共和国执业医师法》开始施行。随着国家对医疗机构设置审批的逐年开放政策及并乡扩镇后乡镇辖区发生的变化，根据河北省卫生厅"一个乡镇保留一所卫生院"的工作标准，香河县对原医疗机构进行多次整改和调整，最后重新设置审批。2008 年，香河县医疗机构共计 355 家。其中，二级综合医院 1 家（香河县人民医院），二级甲等中医院 1 家（香河县中医院），预防保健机构 2 家（香河县疾病预防控制中心、香河县妇幼保健院），特色专科医院 4 家（香河县气管炎哮喘医院第二名称香河县开发区医院、香河县儿童医院、香河利康儿童医院、香河风湿骨病医院），一级综合医院 13 家（香河县五百户镇香城医院、香河县五百户镇李庄医院、香河县淑阳镇金辛庄医院、香河县蒋辛屯镇梁家务医院、香河县渠口镇鲁口医院、香河县渠口镇石虎医院、香河县计生医院、香河社区医院、香河新开区医院、香河新华医院、香河同济医院、香河北大医院、香河矬口医院），乡镇中心卫生院 3 家（香河县渠口中心卫生院、香河县刘宋中心卫生院、香河县安平中心卫生院），乡镇卫生院 6 家（香河县淑阳镇卫生院、香河县钳屯乡卫生院、香河县五百户镇卫生院、香河县安头屯镇卫生院、香河县蒋辛屯镇卫生院、香河县钱旺乡卫生院），门诊部 4 家（香河县老干部局门诊部、香河县卫生学校门诊部、香河县定点医疗机构药品配送中心中西医结合门诊部、香河信氏口腔门诊），诊所 22 家，疾控门诊 2 家（接种门诊、结核病防治门诊），村卫生室 240 家，卫生所 55 家，学校医务室 2 家。

（二）医院业务管理

1. 院长管理　1983 年以前，医院实行院长分工责任制，1983 年始，香河各医疗单位实行院长目标管理责任制，避免职责不清，分工不明，人浮于事。1988 年，县卫生局与各医疗防保单位签订以"提高医疗质量，改善服务态度，促进自我发展"为核心的承包经营合同，调动基层干部的积极性，改善服务态度，提高医疗服务质量，扩大服务范围，发展卫生事业。是年，实行院长聘任制，强化院长责任意识和危机意识，调动干部职工积极性。

2.横向联合　1987年，各医院打破条块分割，实行对外横向联合。是年11月，县医院与北京口腔医院建立协作关系，从此，香河县与京津大医院联合开设多种形式的专科及特色医院建设。大罗屯卫生院(后称淑阳镇卫生院)与北京回龙观医院联合，开设精神病专科；香城卫生院与天津的某医院联合开展儿科、妇产科、骨伤科等特色专科；2006年，在蒋辛屯卫生院的基础上与北京儿研所联合办起香河县儿童医院；2007年，县中医院与北京军区总医院联合办起联合体医院；2008年，县人民医院与北京解放军某医院建起联合体医院。

（三）医疗队伍管理

1979年，香河县卫生系统医疗人员396人，其中副高级职称2人，中级职称30人；乡村赤脚医生归县和省市卫生厅（局）的统一部署，办理执业资格医师360人。对未认定的693名乡村医生，按照《乡村医生从业管理条例》和省市有关文件，实行诊所准入标准制度。

2008年底，全县有注册执业医师407人，注册执业助理医师263人，执业注册护士386人，注册乡村医生396人。根据《中华人民共和国医师法》和《护士管理办法》，县卫生局每年组织两次培训，省、市每两年组织一次考核。

（四）医疗事故处理　2002年，国务院《医疗事故处理条例》颁布并实施，县卫生局受理医疗纠纷的调节与处理，并受理医疗事故技术鉴定的申请和负责委托市医学会进行医疗事故技术鉴定。至2008年，香河县无医疗事故。

二　药政管理

（一）药品管理

1.药品经营管理　1979年，县卫生局联合县工商局对全县药品经营门店每年清理检查一次。1985年，全县贯彻《中华人民共和国药品管理法》，县卫生局设药政科，药品制售单位按国家规定使用药品许可证。1987年，根据《关于集体和个人经营医药商品的意见》，允许集体和个人经营一般常用药品。1995年后，县内从事药品经营的个体工商户逐步增多，县医药管理局充分发挥政策指导和技术指导职能，通过药品经营企业帮扶活动促进全县医药市场繁荣发展。2002年，全县所有药品经营、使用单位建立统一药品购进登记制度、购药途径备案制度，建立企业信用档案。将全县50个药品、医疗器械经营单位基本情况输入微机，详细记录企业法人、基本情况、经营地址、经营范围，按照药品经营质量管理规范，制定25条评分标准，检查辖区内45家药店（房）的药品购进、储运、销售、组织机构、职责制度、设施设备。2008年，全县药品零售业企业90个，其中县城药店31个，乡镇药店26个，村街药店33个。

2.药品质量管理　1979年，药品质量管理主要由县医药公司负责，各医院均建立药品出入库有效建卡制度。2000年4月30日，国家药品监督管理局发布《药品经营质量管理规范》(GSP)，将GSP认证作为药品经营单位开办的强制性经营标准。2004年，全县第一批15家药品经营单位通过药品经营质量管理规范认证，标志着香河县药品经营质量管理进入有章可循的规范化管理轨道。至2008年底，全县有58家药品经营单位通过GSP认证，药品经营单位经营行为得到规范。

3.麻醉药品管理　1978年后，麻醉药品只供给公社以上卫生院。1995年，县医药管理局成立以后，认真执行1987年国务院发布的《麻醉药品管理办法》，严格要求药品经营、使用单位对麻醉药品实施专人负责、专用账册、专柜加锁、专用处方、专册登记的“五专”管理制度。2005年8月，按照国务院发布的《麻醉药品和精神药品管理条例》，县食品药品监督管理局加强对药品经营单位麻醉药品购进销售的监督管理，严禁定点批发企业现金交易麻醉药品，严厉查处不具备麻醉药品经营资质的单位购销麻醉药品的违法行为，严防麻醉药品流入非法渠道。至2008年末，全县没有发生过麻醉药品使用引发的事故。

4.药品价格管理　政府管理药品价格分三个阶段。第一阶段：20世纪80年代以前。药品实行政府定价，绝大部分药品价格从出厂、批发和零售三个环节严格控制，药品企业少，流通领域为三级批发、一级零售，医院按批发价购进药品，加价15%销售；第二阶段：20世纪80年代末至1996年。药品价格向市场经济的方向靠拢，到1996年绝大部分药品价格放开；第三阶段：1996年以后。1996年下半年，国务院要求物价部门改革药品价格管理体制，9 月，国家计委印发《药品价格管理暂行办法》，政府干预药品价格。1996—2000 年，临床应用量大面广的少数国产药品及进口药品，纳入政府定价范围，由价格主管部门制定出厂、批发和零售价格；2000—2005 年，印发《药品定价办法》，定价方式从原来的出厂、批发、零售三个环节定价，调整为只制定最高零售价格，放开出厂、批发价格，生产经营企业和医院在不突破政府规定的最高零售价格前提下，依据市场竞争情况确定实际出厂、批发和实际零售价格。

5.执法监督　1985—1994 年，县卫生局贯彻《中华人民共和国药品管理法》，切实加强对县内药品、医疗器械生产、经营、使用单位的日常监督管理，开展药品、医疗器械市场秩序整顿，并协同公安、工商、医药等部门，对药品经营单位和各类医疗机构的药品质量每年普检 1～2 次，并随时不定期进行抽查检验。1995 年，县医药管理局成立，接管药监工作。药品监督管理局严格落实《中华人民共和国药品管理法》及实施条例、《药品流通监督管理办法》，认真制定监督检查计划，实行分区划片、包干负责，组织执法人员监督检查辖区内药品生产、经营、使用单位，检查 45 家药店（房）的药品购进、储运、销售、组织机构、职责制度、设施设备。2003 年，检查全县所有医疗机构、药品经营企业、医疗机械生产企业、乡村医生和个体诊所进行，覆盖率 100%，抽检药品 170 批次，查处 193 起，立案 51 起，结案 51 起。2008 年，组织开展中药饮片、含麻黄碱复方制剂、非药品冒充药品、终止妊娠药品、生物制品、血液制品、疫苗等高风险品种、流通领域抗菌药物等专项整治行动，严厉禁止各类制售假劣药品违法违规行为，整顿规范药品市场秩序，确保人民群众用药安全。

（二）管理机构

1982 年，县卫生局设医政股，负责监督检查全县药品生产、收购、销售质量标准和价格。1985 年 7 月，《中华人民共和国药品管理法》实施，县卫生局成立药政科，负责执行《中华人民共和国药品管理法》及有关药政管理规定，监督检查县内药品的使用、批发、零售等环节。要求各医疗机构、药品批发企业、药品经营门店必须经过正常渠道进货；普通制剂必须经主管部门检验合格后发给“制剂许可证”方可自制；经营一般药物必须持有“药品经营许可证”，凭卫生主管部门发放的“购药证”供给药品。1995 年，香河县医药管理局成立，是县政府管理全县医药企业的职能部门。2003 年，在香河县医药管理局的基础上组建了香河县药品监督管理局，是廊坊市药品监督管理局的直属机构。2006 年，香河县药品监督管理局改称香河县食品药品监督管理局，增设食品综合监管职能，内设办公室、稽查股、监督股、食品安全股 4 个内设机构，编制 14 人，主要负责辖区内药品、医疗器械研究、生产、流通、使用的行政监督和技术监督，保证全县人民用药安全。

第二章　体　育

第一节　学校体育

一　发展历程

按照教育部和国家体委 1979 年制定的《中小学体育卫生工作暂行规定》和 1982 年 8 月制定的《国家体育锻炼标准》，香河县要求各中小学把体育课当作一门必修课，开齐课程，配齐教师，授足课时。体育活动项目主要有队列练习、徒手体操、跳高、跳远、投掷、拔河、篮球、垒球、乒乓球、游戏等。学校体育开展“两课、两操、两活动”，即每周两节体育课，每天做早操、课间操，每天有晨练和傍晚的课外活动。1980 年 11 月 13 日，河北省体委、省教育厅、共青团河北省委公布河北省传统体育项目学校，廊坊地区共计 7 所中小学校，其中，香河中学（田径）、香河县钳屯中学（体操）、香河县西王各庄小学（篮球）榜上有名。1983 年后，学校运动场地不断扩大，体育器材及活动项目日渐增多，体育教师业务水平有较大提高。香河中学从 1979 年起（其他中学从 1981 年起，小学从 1984 年起），对学生进行体育达标测验。1984 年，全县中小学体育达标率 84.1%，1986 年 92.6%，1990

年上升到97.6%。1985—1990年，香河县先后5次被地（市）评为体育达标先进县。1990年，第十一届亚洲运动会在北京举行，在全国迎亚运“雏鹰起飞”体育活动中，大罗屯小学、安头屯小学被评为全国迎亚运“雏鹰起飞”获奖学校。2002年，教育部、国家体育总局下发并实施《学生体育健康标准（试行方案）》和《学生体质健康标准（试行方案）》，香河县自2003年9月1日起实施新标准，同时，停止执行1982年8月18日，国家体委、教育部等8单位下发的关于做好《国家体育锻炼标准》推行的联合通知。2007年4月4日，教育部、国家体育总局下发关于实施《国家学生体质健康标准》的通知，从2007年实施。

香河中学的体育发展进程，在全县具有代表性。1980年，香河中学被命名为“河北省学校体育田径业余训练点”；1983年，被命名为“廊坊地区篮球传统项目学校”；1986年，获“全国体育传统项目学校先进集体”称号；1989年，被评选为“全国推行国家体育锻炼标准先进单位”。1989年9月，全县开始执行《中学生体育合格标准》，代替《国家体育训练标准》。进入20世纪90年代后，全县学校体育以《全民健身计划纲要》为指针，促进应试教育向素质教育接轨，提高广大师生健康水平。2003年，香河一中被命名为“河北省体育传统项目学校”。2006年6月，香河县体育传统项目布局学校：省布局为二中、六中、城内二小；市布局有三中、城内一小、店子务小学；县布局是四中、八中、九中、前马坊小学、延福屯小学、刘宋小学、五百户小学、城内三小。2007年4月，学校贯彻执行教育部、国家体育总局下发的《国家学生体质健康标准》。

二 体育赛绩

1979—2008年，香河县学校在县、市历届中小学生田径运动会竞赛中，取得良好成绩。

1979—1990年香河县初中男子田径最高纪录一览表

表26-2-1

项 目	成 绩	创造者	单 位	运动会名称	时间
100米	11″9	刘 宾	安头屯乡	香河县中小学生田径运动会	1988.5
400米	55″5	杨玉有	金辛庄乡	香河县中小学生田径运动会	1990.4
800米	2′9″1	王振明	王家摆公社	香河县中小学生田径运动会	1979.5
1500米	4′17″2	赵继丰	刘宋镇	廊坊市青少年田径运动会	1990.4
110米栏	16″	宗福旺	香河中学	香河县中小学生田径运动会	1982.5
4×100米接力	48″8	—	六中	香河县中小学生田径运动会	1990.4
跳高	1.86米	孙雪山	香河中学	廊坊地区中学生运动会	1983.10
跳远	6.07米	胡东江	二中	香河县中小学生田径运动会	1989.5
三级跳远	12.97米	胡东江	二中	香河县中小学生田径运动会	1989.5
铅球	13.98米	李长舟	二中	廊坊市青少年田径运动会	1990.4
铁饼	47.34米	王怀海	二中	廊坊市青少年田径运动会	1990.4
标枪	57.22米	孙长录	钱旺村公社	香河县中小学生田径运动会	1983.5
手榴弹	66.44米	孙长录	钱旺村公社	香河县中小学生田径运动会	1983.5

1979—1990年香河县初中女子田径最高纪录一览表

表26-2-2

项 目	成 绩	创造者	单 位	运动会名称	时间
200米	28″	赵俊华	二中	香河县中小学生田径运动会	1988.5
400米	1′2″2	马秀新	香河中学	廊坊地区第三届运动会	1982.6
800米	2′29″2	张凤芹	二中	香河县中小学生田径运动会	1987.5

1979—1990 年香河县小学男子田径最高纪录一览表

表 26-2-3

项 目	成 绩	创造者	单 位	运动会名称	时间
100 米栏	16″3	李长敬	梁家务乡	廊坊市青少年田径运动会	1990.4
4×100 米接力	53″3	—	钳屯乡	香河县中小学生田径运动会	1989.5
跳远	5.16 米	池俊伶	香河中学	香河县中小学生田径运动会	1986.4
铅球	11.34 米	张雪莲	二中	香河县中小学生田径运动会	1990.4
铁饼	36.50 米	张雪莲	二中	香河县中小学生田径运动会	1987.5
标枪	39.56 米	张雪莲	二中	香河县中小学生田径运动会	1987.5
60 米	8″2	王德林	安头屯公社	香河县中小学生田径运动会	1980.5
100 米	12″5	苏少营	刘宋镇	香河县中小学生田径运动会	1989.4
200 米	26″6	赵建喜	刘宋镇	香河县中小学生田径运动会	1988.4
400 米	58″7	周志勇	刘宋镇	廊坊市青少年田径运动会	1990.4
800 米	2′17″	周志勇	刘宋镇	廊坊市青少年田径运动会	1990.4
1500 米	4′56″	王爱东	淑阳镇	香河县中小学生田径运动会	1982.2
4×100 米接力	51″4	—	刘宋镇	香河县中小学生田径运动会	1989.5
跳高	1.59 米	崔向阳	城关小学	香河县中小学生田径运动会	1989.5
跳远	5.72 米	苏少营	刘宋镇	香河县中小学生田径运动会	1989.5
铅球	13.89 米	苏少营	刘宋镇	香河县中小学生田径运动会	1989.5
手榴弹	63.04 米	李国权	五百户公社	香河县中小学生田径运动会	1982.2

1979—1990 年香河县小学女子田径最高纪录一览表

表 26-2-4

项 目	成 绩	创造者	单 位	运动会名称	时间
200 米	29″2	安立霞	五百户乡	廊坊市青少年田径运动会	1990.4
400 米	1′6″9	王春伶	城关小学	廊坊市青少年田径运动会	1990.4
800 米	2′36″6	孔春艳	安头屯乡	香河县中小学生田径运动会	1989.5
1500 米	5′28″5	孙秀华	城关镇	香河县中小学生田径运动会	1984.4
4×100 米接力	51″	—	香河代表队	廊坊市青少年田径运动会	1990.4
跳高	1.32 米	张雪杰	安平镇	香河县中小学生田径运动会	1988.5
跳远	4.53 米	李艳荣	安头屯乡	香河县中小学生田径运动会	1989.5
铅球	9.28 米	杨淑文	香城屯乡	廊坊市青少年田径运动会	1990.4
手榴弹	43.78 米	李淑芬	刘宋公社	香河县中小学生田径运动会	1981.5

说明：1991—2008 年各项体育成绩记述于第三节《竞技体育》

1979—2008 年香河一中田径运动最高纪录一览表

表 26-2-5

项目	男 子 组			女 子 组		
	姓 名	成 绩	时间	姓 名	成 绩	年份
100 米	周 凯	11″6	1998	赵金凤	13″2	1979
200 米	罗向前	23″1	2002	张秀芝	26″5	1978
	罗向前	22″9	2004	—	—	—
400 米	—	—	—	马秀新	1′2″2	1982
	胡金龙	53″85	2001	凌 娜	1′05″19	2001
	胡金龙	52″4	2002	杨海苹	1′03″45	2003

第二十六编 医药卫生 体育

续表 26-2-5

项目	男子组			女子组		
	姓 名	成 绩	年份	姓 名	成 绩	年份
800 米	杨金国	2′5″7	1979	王桂满	2′14″5	1979
	周文涛	1′56″68	2000	王桂满	2′14″1	1980
1500 米	杨金国	4′17″	1979	王桂满	4′26″9	1978
5000 米	孙志春	17′24″6	1992	王桂满	9′34″8	1979
4×100 米	校 队	47″	1998	校 队	57″04	1999
		45″96	2000		—	—
		45″64	2004		53″66	2005
4×400 米	校 队	3′50″02	1999	校 队	4′39″08	1999
		3′46″17	2000		4′25″14	2001
		3′38″34	2001		—	—
100 米栏	—	—	—	胡文华	17″5	1992
110 米栏	宗福旺	16″	1982	毕立茹	18″2	2000
	王宝东	15″6	1993	—	—	—
400 米栏	田铁钢	58″3	1986	刘卫平	1′1″	1978
跳 高	孙雪山	1　86 米	1983	—	—	—
	孙雪山	1　88 米	1984	—	—	—
	孙雪山	2　07 米	1986	凌书云	1.63 米	1980
跳 远	孙雪山	6.70 米	1986	池俊伶	5.16 米	1986
	郑 杰	6.86 米	2008	—	—	—
三级跳	吴建东	13.45 米	1991	毕立茹	10.45 米	1999
	吴建东	13.52 米	1992	毕立茹	10.74 米	2000
	陈 光	13.91 米	2000	王红莲	10.96 米	2003
	—	—	—	许立君	11　20 米	2009
铅 球	王怀海	12.9 米	1985	李仕艳	11.78 米	1979
	高国栋	15.5 米	1991	刘瑞芝	12.14 米	1992
	宁雪山	15.15 米	2002	—	—	—
	高云龙	16.10 米	2008	—	—	—
铁 饼	王怀海	33.88 米	1985	—	—	—
	董世杰	36.25 米	1999	刘瑞芝	36.74 米	1991
	高国栋	45.75 米	1991	—	—	—
	刘 浩	47.80 米	2004	—	—	—
标 枪	王佳富	61.50 米	1983	杨万荣	42.6 米	1979

说明：此表选自香河一中校史

第二节　群众体育

一　职工体育

1979 后，香河县职工体育活动活跃，项目有篮球、乒乓球、羽毛球、拔河、象棋、围棋、角力、工间操、台球等，单位内部及单位之间经常自发组织友谊赛。1984 年 4 月，县花丝厂举办首届“花丝杯”篮球赛，19 个队参赛，县花丝厂女队和县供电局男队分别获得冠军。此后每年举办一次“花丝杯”篮球赛，以及经委系统的篮球赛、乒乓球赛。至 2008 年，全县有 75%的职工参加各种体育健身活动，每年举办职工乒乓球比赛。

二　农民体育

1979 年后，随着农村经济的发展及农事、家务的减少，农民越来越注重体育健身活动。1979 年 1 月 31 日，钳屯公社召开第六届农民春节运动会；1981 年，河北省体委在香河召开农村体育调查会。1986 年后，香河县农民体育活动越来越多，并出现个人办体育、家庭办体育的新事。王家摆乡贾庄村刘振海，春节期间自筹资金，邀请全县象棋高手欢聚家中友谊比赛；石虎辛庄乡窦庄村刘炳武，王家摆乡贾庄村李国政捐资为学校购置体育器材。1987 年 7 月，成立香河县农民体育协会。20 世纪 90 年代中后期，各村街相继出现秧歌队，多数群众自发参加扭秧歌健身活动，并逐步取代大型体育比赛。

三　老年体育

县内老年人体育活动有太极拳、扑克、棋类、钓鱼、野游、球类、养生功等。1986 年 4 月，成立县老年体育协会，组织离退休干部、职工体育健身。是年，在廊坊地区第一届老年运动会上，县门球队取得第 2 名；同年 8 月，香河县退休教师卢唤民（女）参加廊坊地区老年人门球队（共 10 人），作为国家老年人门球队之一，参加日本札幌市举办的第一届世界门球锦标赛。1987 年，香河县老年门球队在石家庄市“中日燕山杯”门球赛上，与日本队、省医学院队比赛。8 月 22 日，卢唤民入选河北省代表队，受国家体委派遣赴日本札幌市，参加有 170 多个国家和地区的国际比赛。9 月 19 日，廊坊地区举行老年人“导引养生功”比赛，香河县老年队获优秀奖。1993 年 5 月 10 日至 15 日，参加北京市体委、门球协会在通县举办的首届“运河杯”门球赛，来自全国各地 100 个代表队，香河一队获第 4 名。1996 年 4 月 6 日至 17 日，参加廊坊市老年门球赛和省九运会社团组老年门球选拔赛，香河县获第 2 名。2002 年，刘宋村门球代表队在河北省门球大赛中获第 4 名，在廊坊市“公益杯”乡镇百强队老年人门球赛中获第 3 名。2003 年，在廊坊市第四届全市运动会的 6 个老年体育项目中，香河县获老年象棋、太极拳 2 项封号。2006 年，香河县代表队获廊坊市教工门球赛老年组第 1 名。2007 年 7 月，香河县获廊坊市第五届运动会老年组中国象棋比赛冠军；9 月，代表廊坊市参加在唐山举行的全省老年人中国象棋比赛，获团体第 6 名；2008 年 4 月 14 日至 18 日，廊坊市老年人体育协会以香河县为主体组队参加在邯郸市举行的河北省第一届体育大会，获老年组中国象棋比赛总分团体第 9 名，女子团体第 7 名；10 月，廊坊市评选“三好健康老人”，香河县 43 名老人榜上有名。

四　武术

香河县武术源远流长，民间多有练拳习武之风。流传的武术门类主要有太极拳、少林拳、通臂拳、形意拳、八卦掌、鹰爪拳等。练习方法有徒手、对练；器械有十八般兵器。其中，以通臂拳最为普遍，传人张策 1867 年出生于香河县，张策通臂拳是中华武林中的一枝奇葩。张策于 1905 年在香河县教练通臂拳，从学弟子甚多。1990 年，全县约有 33 个村的群众习练武术。1990 年后，香河县建立钳屯武术馆，学习通臂拳，45 人参加，教师赵建国。2008 年，县内习练通臂拳者约千人，香河县因有张策而在武术界驰名。

2006 年春，香河县武术协会成立“张策通臂拳研究会”。征得张策嫡孙张庆宗、张庆余，重孙张国安、张国圣、张国俭、张国起等人的同意并授权，由香河县武术协会、张策通臂拳研究会发起主办，在张策众多再传弟子徐崇武、王海龙等人参与下，于 2006 年 10 月 8 日张策逝世 72 周年之际，在张策故里为其举行立碑仪式及纪念活动。北京、天津、山东、廊坊、保定、三河、文安、霸州、香河等地张策再传弟子及武术界、文化界嘉宾 200 多人到张策故里，在墓前祭奠英魂。新华社、中华武术杂志社、武魂杂志社及北京电视台记者到现场采访。2008 年 7 月 5 日，张策通臂拳研究会、北京石景山武协联合主办的“2008‘恒信杯’全国通臂拳交流大赛”暨中央电视台康龙武林大会全国通臂拳选拔赛在第一城举行，来自北京、天津、河北、辽宁、山东等省的 16 支代表队 400 人参加比赛。这次通臂拳专项拳种比赛在全国尚属首次，确立了通臂拳在全国武术界的地位，为北京市举办更大规模通臂拳比赛奠定了基础。2007 年，入选廊坊市非物质文化遗产保护名录。

1982 年，县武术队参加廊坊地区第三届运动会，取得武术比赛总分第 6 名。1986 年，廊坊地区第四届运动会在文安县举行，香河武术队获男、女团体第4名，2项对练第1名，7项个人第2名。2004年，香河县武术代表队参加廊坊市比赛，获男、女团体第1名。2005年，在廊坊市体育年度八项赛中，获得武术团体总分第1名。2007年，廊坊市第五届运动会，香河县代表队获社会组武术团体第3名，太极拳获得优秀表演奖。2008年10月，中央电视台举办康龙“武林大会”通臂拳全国总决赛，香河县选手包揽个人前3名。

五　全民健身

2002年，香河县贯彻落实《全民健身计划纲要》，到社区、村街，辅导秧歌、腰鼓、健身球、健身舞，举办球类、棋类赛事，推动全民健身运动，居民休闲健身成为时尚。2004年，全县建立基层社会体育辅导站17个，培养社会体育指导员780人，乡镇、村街及县城新建健身路径40条，建立排球、跆拳道训练基地2个。为激发全民健身的活力，每年举办农民乒乓球赛、篮球赛、台球赛、象棋赛、围棋赛、迎春长跑赛、“华联杯”跳绳赛、“足协杯”足球赛等各种赛事30场（次）。

2005年，开展全民健身周活动，举办农民乒乓球赛、篮球赛、台球赛、象棋赛、围棋赛、迎春长跑赛、“华联杯”跳绳赛、“足协杯”足球赛等15场（次）。

2006年，成立以县政府副县长为组长、相关部门负责人为成员的香河县全民健身周活动领导小组，在全县范围内广泛宣传全民健身目的和锻炼方法，开辟健身路径3条。

2007年，全民健身周活动在县电影院前进行体育科普知识定点宣传，发放体育知识宣传单。是年，廊坊市举办第五届运动会，香河县老年健身秧歌获得优秀表演奖。

2008年，以北京奥运会为契机，以“全民健身与奥运同行”为主题，开展全民健身活动。1月19至20日，县直机关乒乓球赛拉开全县迎奥运全民健身活动的序幕。之后相继开展围棋赛、象棋赛、县直机关篮球赛、通臂拳交流大赛、中小学生乒乓球赛、小学生门球赛、中小学生田径运动会、中小学生篮球赛、老年健身秧歌和健身球表演赛等赛事12场（次），参加人数达1500人。是年11月25日，香河县举行老年健身秧歌、健身球表演赛，全县80名老年人参加比赛。

第三节　竞技体育

一　田径比赛

1979年后，香河县国办中学以学校为单位，乡镇办中小学以乡镇为单位，每年春、秋各举办一次运动会；县田径运动队经常出县参加比赛。至2008年，体育训练、比赛达到“周周有活动、月月有大赛”，每年3月举办中小学乒乓球赛，4月份举行全县运动会，5月至6月中小学篮球赛、门球赛，12月份长跑赛。

（一）参加地（市）竞赛成绩

1979年，香河县田径运动队参加廊坊地区秋季中学生田径运动会，取得高中男、女团体总分第1名；初中男、女团体总分第1名。

1980年10月，凌书云参加廊坊地区田径业训点赛，创廊坊地区田径女子少年组跳高最高纪录，成绩1.63米。

1981年，参加廊坊地区中小学生田径运动会，取得高中、初中、小学组第2名。

1982年，参加廊坊地区第三届运动会，获得团体总分第1名。其中，男子篮球第6名、女子篮球第1名，男子射击第3名、女子射击第6名，男女武术第6名，男子乒乓球第6名。是年，参加廊坊地区初中田径运动会，获得男、女团体总分第1名。

1983年10月，参加廊坊地区中学生田径运动会，香河中学获得初中组第1名、高中组第2名，学生张雪山以1.86米的成绩打破地区少年跳高1.85米的纪录。

1984年，参加廊坊地区中学生田径运动会，取得高中男、女团体总分第1名；初中女子团体总分第1名。

1985年，参加廊坊地区第一届青少年运动会，取得男、女团体总分第4名；王怀海铅球成绩12.09米，破地区11.17米记录，铁饼成绩37.88米，破地区34.84米纪录。

1986年，参加廊坊地区第四届运动会，获总成绩第2名。其中，田径成年男、女组第1名；少年女子组第1名、少年男子组第9名；女子组篮球第2名、男子组篮球第6名；女子象棋比赛团体第

3名、男子团体第9名；武术男、女团体第4名；乒乓球男、女第4名。

1987年，参加廊坊地区公路越野赛，获男、女队第1名。

1989年，参加廊坊市第一届中学生运动会，香河队获团体总分第1名。其中，获女子团体总分第1名，男子团体总分第2名；甲组女子400米第1、2、3名；初中组男子跳高、跳远、三级跳第1名。

1990年，参加廊坊市田径运动会，获男子团体总分第1名；女子团体总分第4名；取得48项中17项第1名。

1991年5月，参加廊坊市少年儿童田径运动会，获女子团体总分第1名、男子团体总分第3名。

1992年，参加廊坊市第一届运动会，香河县代表团获团体总分第2名，同时获体育道德风尚奖。其中，获田径比赛团体总分第1名；青少年组男、女篮球第1名；青少年女子象棋比赛第1名、男子比赛第2名；王东宝破青少年男子组200米栏廊坊市纪录。

1995年，参加廊坊市第二届运动会暨第三届中学生运动会，香河县获团体总分第5名，金牌总数11枚。同时，香河体育代表团获体育道德风尚奖。

1999年，参加廊坊市第三届运动会，香河县获青少年组团体总分第3名、成年组团体总分第4名。

2003年，参加廊坊市第四届运动会，香河县获金牌42块，银牌26块，铜牌16块，取得金牌总数第2名、青年组总分第2名、成年组总分第6名、老年组总分第5名。

2005年，在廊坊市体育年度八项赛中，香河县获举重比赛女子组第2名，自由摔跤比赛获第3名，跆拳道比赛获第5名。

2007年5月12日至9月24日，历时130天，廊坊市举行第五届运动会。香河县代表团366人参加15个大项和4个老年表演项目的比赛，以15金列全市金牌榜第5位，以团体总分169分列全市第5位。其中：在青少年组举重比赛中，香河县获女团第3名，运动员赵颖以115公斤的总成绩打破廊坊市女子48公斤级的纪录；在青少年组田径比赛中，香河县获女团第3名，运动员白玉娇以14″5的成绩刷新廊坊市女子100米栏纪录。

2008年9月20日，在廊坊市青少年田径锦标赛上，香河县获女子团体第1名、男子团体第2名。

（二）参加省以上竞赛成绩

1979年，马翠青参加全国第四届运动会，获手榴弹掷远第2名，成绩60米。

1980年4月，香河县田径队参加省中学生田径等级赛，获河北省第1名；9月，香河中学代表队参加河北省重点中学田径通讯赛，获团体总分第1名，田各庄获第5名；是年8月，王桂满参加第二届全国中学生运动会，获女子800米第6名；6月，王桂满参加在意大利都灵举行的第四届世界中学生运动会，获田径女子少年组800米第5名，成绩2′14″1，创廊坊地区最高纪录。是年，马翠青参加第二届全国中学生运动会，获手榴弹掷远第3名。

1981年，参加（全国）北京田径分赛区女子1500米竞赛，王桂满获第2名，成绩4′26″9，破全国少年、成年记录。7月，香河运动员王洪兴参加在保定举行的业余体校体操比赛，获全能第5名；8月，王贵满参加在日本举行的中日加少年对抗赛，获女子1500米第2名，成绩4′33″1，获800米第3名，成绩2′14″6。

1982年7月至9月，参加河北省第六届运动会，王桂满获女子800米、1500米第2名，成绩分别为2′21″7和4′38″4；王玉海在90公斤级举重项目上，抓举、挺举和总成绩均获第1名，总成绩287.5公斤（127.6+160），破省285公斤纪录。王金辉获高低杠第5名，石宝环获跳马第6名。

1984年，参加在锦州举行的全国中学生运动会，孙雪山跳高成绩1.87米，获第2名，破廊坊地区纪录；8月，孙雪山参加华东东北田径比赛，获田径男子少年组跳高第3名，成绩1　87米，破廊坊地区纪录。

1986年，孙雪山参加在大连举行的全国大学生第二届运动会，获男子跳高第2名，成绩是2.07米；3月，参加在鞍山举行的全国第一届中学生运动会，创廊坊市跳高最高纪录，成绩2.07米；2月至9月，参加河北省第七届运动会，香河县运动员张凤芹获女子成年组200米、400米和400米栏3块金牌，成绩25″8、58″、1′04″5；王桂满获女子800米、1500米、3000米3个第2名，成绩2′20″、4′46″6、10′19″8；孙雪山获跳高第2名，成绩1.97米；王铁钢创廊坊市男子400米栏（96.4厘米）最高纪录，成绩58″3。是年5

月，孙雪山参加在昌黎举行的河北省中学生运动会，创廊坊市跳远最高纪录，成绩6.70米。

1987年6月，参加在郑州举行的全国第六届运动会（预赛），张凤芹获女子400栏第2名，成绩58″60；11月，参加广州举行的全国第六届运动会，张凤芹获女子400栏第2名，成绩58″18，同时，破河北省纪录；王贵满破女子3000米河北省纪录，成绩9′23″40。

1988年，香河县19名运动员参加河北省第二届青少年运动会，获84分，名列廊坊市第2名。

1990年，参加在石家庄举办的河北省重点项目青少年运动会田径赛，李长静创田径女子400米栏廊坊市最高纪录，成绩1′06″4。赵俊华获100米第2名，成绩12″4；获跳远第2名，成绩5.25米。赵俊华参加省中学生运动会，获100米第1名，成绩13″15；获200米第1名，成绩26″5，破省中学生记录。李春英参加省中学生运动会，获标枪第1名，成绩39.08米；获铅球第2名，成绩12.16米，破省中学生纪录；获铁饼第2名，成绩38.62米。

1997年，参加河北省青少年田径锦标赛，佟维云获女子乙组1500米第1名，成绩4′47″50。

1998年，参加河北省第四届青少年运动会，香河籍运动员李志新在男子自由式摔跤76公斤级赛中获金牌。佟维云获女子乙组1500米和3000米两块金牌，成绩分别是4′31″48和9′55″51；获女子乙组5000米银牌，破运动会记录。马二勇在自由式摔跤90至115公斤级赛中获铜牌。勾秀艳在女子甲组4×400米接力赛中与三河运动员杜启燕、安次运动员孟亚玲、大厂运动员王金玲获铜牌。佟维云、刘秋风在女子乙组4×400米接力赛中与三河运动员张伟、固安运动员刘培获铜牌。

1999年，李立新参加河北省青少年摔跤锦标赛获男子自由65公斤级第1名。

2000年，参加河北省第十届运动会，香河籍运动员刘艳宾获自由跤65公斤级铜牌；李立新获自由跤70公斤级铜牌；晋华获柔道女子+72公斤级铜牌；刘婷获跆拳道女子51公斤级铜牌；郑文君获跆拳道男子62公斤级铜牌。

2002年，参加河北省第五届青少年运动会，贾琳获女子跆拳道乙组47公斤级比赛金牌；田亚斌获自由跤39~43公斤级比赛金牌；蒙亚萍获女子柔道48公斤级比赛银牌；安彩霞获女子柔道63公斤级比赛铜牌；魏军获男子自行车20公里个人赛、80公里个人赛两块铜牌。

2003年，在河北省青少年摔跤锦标赛中，香河籍运动员田亚斌获古典式摔跤男子甲组45～48公斤级第1名；在河北省青少年跆拳道锦标赛中，香河籍运动员贾琳获女子甲组65公斤级金牌；在河北省青少年皮划锦标赛中，香河籍运动员康伟获男子赛艇2000米单人双桨第1名，成绩是15′11″44，获男子赛艇2000米双人双桨第1名；陈洪获女子赛艇500米单人双桨第1名，成绩是2′20″22；香河籍运动员宗猛、王新平获男子双人划艇2000米第1名，成绩47″12。

2004年，参加河北省第十一届运动会，香河籍运动员周玉玉在女乙组标枪赛中获金牌；佟维云在女甲组800米、1500米比赛中，获两块金牌；康伟在2000米单人双桨皮划赛中获金牌；张磊在古典式摔跤乙组50公斤级赛中获金牌；安彩霞在女子跤63公斤级赛中获金牌。是年，安彩霞获全国女子自由式摔跤第2名；田亚斌在自由跤乙组50公斤赛中获金牌；陈洪在2000米双人双桨赛皮划中与霸州运动员张丽丽一起获银牌；宗猛在1000米双人皮艇赛中与安次运动员刘建涛一起获银牌；蒙亚萍在柔道女甲52公斤级、赵四朴在柔道女乙63公斤级、王海霞在柔道女甲63公斤级赛中均获银牌；李思源在男甲10000米竞走赛中获铜牌；康伟在1000米单人双桨赛皮划中获铜牌；宋志瀚在2000米双人双桨皮划赛中与安次运动员杨民民一起获铜牌；宗猛在500米双人皮艇赛皮划中与安次运动员刘建涛获铜牌；曹春龙在500米双人划艇赛中与霸州运动员康永明获铜牌；王帆在跆拳道女子43公斤级、贾林在女子65公斤级赛中均获铜牌；张光跃在古典式摔跤甲组45～48公斤级赛中获铜牌。

2005年，蒙亚萍参加国际柔道邀请赛获女子柔道第3名；在河北省青少年皮划锦标赛中，香河籍运动员宗猛与刘建涛获男子2000米双人皮艇第1名，成绩是7′15″86；在青少年古典摔跤赛中，张光跃获男子甲组46～50公斤级第1名。在省青少年田径锦标赛中，白玉娇获女子五项全能第1名，成绩2924分；在省田径冠军赛中，白玉娇获女乙五项全能第1名，成绩是3395分。

2006年7月20日至25日，在河北省传统体育项目学校中学生田径赛上，香河籍运动员获得男子铅球第3名、女子1500米第3名、女子800米第4名、男子标枪第4名。是年8月16日，香河籍李雪妹参加全国场地自行车锦标赛，以12″24的成绩夺得女子青年组200米争光赛金牌，并打破河北省纪录；以39″005的成绩获得女子青年组场地500米比赛银牌。

2006年6月至2007年6月，参加河北省第十二届运动会，香河籍运动员取得8金、7银、6铜奖牌的成绩，破3项运动会纪录。

李雪妹在场地自行车200米行进赛中获女子组金牌，成绩13″005；获场地自行车1公里个人计时赛金牌，成绩1′18″460，破运动会记录。张光跃在古典式摔跤甲组56公斤级赛中，获金牌。周玉玉获女子甲组标枪金牌，成绩47.92米，破运动会记录。白玉娇获女子甲组110米栏金牌，成绩14″64。康伟获男子1000米单人双桨赛皮划金牌，成绩4′08″40。陈洪获女子500米单人双桨赛皮划金牌，成绩2′50″81。宋志瀚获男子500米单人双桨赛皮划金牌，成绩2′17″06。

李雪妹在公路自行车1000米个人计时赛中获银牌，成绩1′34″130；张磊获古典式摔跤男子甲组56公斤级赛银牌；高玉兴获武术散打+90公斤级赛银牌；赵颖获女子举重44公斤级赛银牌，成绩121公斤，破运动会记录；史艳军获女子举重75公斤级赛银牌，成绩205公斤；陈洪获女子2000米单人双桨皮划赛银牌，成绩9′39″07；康伟获男子2000米单人双桨皮划赛银牌，成绩8′57″74；

蒙东海获男子拳击71公斤级赛铜牌；白玉娇获女子甲组五项全能赛铜牌；何丽媛、白玉娇在女子甲组4×400米接力赛中，与固安运动员王立雯、三河市运动员张玉获铜牌；康伟、王杰获男子赛皮划双人双桨2000米铜牌，成绩7′35″36；程艳亭获柔道女子乙组70公斤级赛铜牌。

二　球类比赛

（一）篮球

1979年6月，廊坊地区基层小篮球赛在大厂县举行，香河县梁家务小学男队和西王各庄小学女队分别夺冠。8月1日，代表廊坊地区参加在兴隆举办的河北省基层小篮球分区赛，梁家务小学男队取得第1名。1980年7月，在廊坊举行的业余体校篮球赛中，县中学生篮球队分别获男、女队第1名。8月，县小篮球队代表廊坊地区参加在易县举行的河北省基层小篮球赛，获女队第1名，男队第2名。1981年，香河中学女篮获河北省重点中学篮球赛第1名；9月，香河中学女子篮球队代表廊坊地区参加在沧州举行的河北省中学生三好杯篮球赛，获第1名。1983年5月，香河中学篮球队代表廊坊地区参加在衡水举行的河北省业余体校篮球赛，女队获得第3名，男队获第4名；8月1日，梁家务小学男篮代表地区参加在香河县举行的河北省基层小篮球赛，获香河赛区男篮第1名。1984年5月19日，廊坊地区中学生篮球赛，香河中学篮球队获高中男、女队和初中男、女队4块金牌。1987年8月，河北省中学生篮球赛，香河县代表队取得第5名。2002年，香河一中男女篮球队在廊坊市举行的重点中学篮球赛中双获冠军。2004年，香河县第二中学代表队获河北省第十一届全运会乙组男篮第3名。2005年，在廊坊市体育年度八项赛中，县第一中学篮球代表队在全市中学生篮球比赛中统揽男女冠军。2007年，廊坊市第五届运动会，香河县获青少年组篮球女团第2名、男团第3名。

（二）乒乓球

1979年前后，香河县乒乓球运动在学校、机关、工厂、农村都有开展。1984年2月8日，香河县体委组织全县农民乒乓球比赛，钳屯、城关、王家摆、五百户、渠口、安平代表队分获男队前六名；城关、安平、渠口、刘宋、王家摆、五百户代表队分获女队前六名。1985年10月22日至26日，廊坊地区举办小学专业训练点乒乓球比赛，香河县城关小学代表队获得男子团体第3名，女子团体第4名，李志宇在男单赛中摘金。2004年，香河县乒乓球代表队参加廊坊市比赛获女团第1名，男团第2名。是年，香河县乒乓球代表队参加河北省县级乒锦赛获男子团体总分第3名。2005年，县青少年乒乓球代表队获河北省县级市“青少年乒乓球锦标赛”男子乙组团体总分第2名、男子丙组团体总分第2名；是年，县青少年乒乓球代表队获河北省“信德杯”青少年乒乓球锦标赛男子团体第3名。2005年，在廊坊市体育年度八项赛中，香河县代表队获乒乓球男团第2名、女团第3名，2007年，廊坊市第五届运动会，香河县获社会组乒乓球比赛男团第 2 名、青少年组乒乓球女团第 3 名。2008 年 10 月 11 日，在廊坊市青少年乒乓球锦标赛中，香河县代表队获女子团体第 3 名。

（三）门球

香河县门球运动始于 1986 年，时为老年人健康、娱乐。是年，廊坊地区第一届老年运动会，香河县门球队获第 2 名。2000 年 8 月，城内第二小学代表队参加在廊坊举行的全国少儿门球赛，获乙组第 7 名。2001 年 8 月，在天津大港举行的来自 17 个省市和解放军系统的 47 支少儿门球队参加的“晨辉杯”全国少儿门球赛上，香河城内第二小学代表队获乙组第 1 名。2002 年 3 月，参加廊坊市“三八”妇女节门球赛获第 1 名；是年，刘宋村门球代表队在河北省门球大赛中获第 4 名，在廊坊市“公益杯”乡镇百强队老年人门球赛中获第 3 名；是年 7 月，参加在河南开封举行的第五届全国少儿门球赛，香河城内第二小学代表队获乙组第 5 名；参加廊坊市第五届小学门球赛，香河城内第二小学代表获乙组第 1 名；是年 11 月，参加廊坊市首届“园丁杯”门球赛获第 3 名。2003 年 1 月，《廊坊市开展少儿门球活动文件文章汇编》一书内部出版，第六部分是香河县门球俱乐部、香河县城内第二小学门球活动经验；是年 9 月，参加廊坊市第四届运动会青少年组门球比赛，香河城内第二小学代表队获少年组第 1 名。2004 年 8 月，参加在廊坊举行的“北京东华绿源杯”全国少儿门球赛，香河县城内第二小学代表队获甲组冠军、香河城内第三小学代表队获乙组亚军。2005 年 8 月，参加在河南举行的“新安杯”全国少儿门球赛，香河城内第二小学代表队获乙组第 5 名。2006 年 3 月，参加廊坊市“三八”妇女节门球赛获冠军；是年 7 月，参加廊坊市第四届“园丁杯”门球赛，获第一名。是年，廊坊市教工门球赛，香河县代表队分别获老年组第 1 名、成年组第 1 名。2007 年 7 月，参加廊坊市小学生门球赛，取得甲组第 1 名、第 2 名，乙组第 2 名、第 3 名。是年，香河县门球协会被中国门协授予“全国门球先进单位”称号。2008 年 7 月 22 日，在天津举行的“振东杯”全国少儿门球赛，全国 13 个省、市区的 42 支代表队参加比赛，香河城内第二小学队获得乙组第 3 名，与刘宋小学队获本次比赛体育道德风尚奖。

2008 年，全县已建成高标准草坪场地 22 片，组建门球队 22 支，门球队员（含中小学生）350 人，每个乡镇都有 1～2 片标准化门球场地，少儿门球已进入全国先进行列。县门球协会主席武学儒被评为全国门球工作先进个人；12 月，县门球协会被评为廊坊市门球工作先进单位。

三　体操比赛

1980 年 5 月，河北省十单位体操比赛，香河县男、女队均获得团体总分第 3 名。1981 年 7 月，钳屯体操队代表廊坊地区参加在保定举行的河北省业余体校体操比赛，王洪兴获男子个人全能第 5 名。1982 年，香河县参加在唐山举行的河北省少年儿童体操比赛，陈伶获高低杠第 5 名，石金环获女子跳马第 6 名。同年 8 月，在河北省第六届运动会上，王金辉获高低杠第 5 名。1983 年 7 月，在保定举行的河北省少年儿童体操比赛中，钳屯体操队分别获男队、女队总分第 4 名，田玉芝获跳马第 5 名。

四　其他比赛

2002 年，在廊坊市举行的柔道冠军赛中，香河县运动员分别获 65 公斤级第 1 名和 60 公斤级第 2 名。2006 年 10 月，全市老年柔力球比赛，香河县代表队获最佳奖。同年，全国信鸽竞翔赛，香河县代表队获第 7 名。2007 年 9 月 10 日，香河县代表廊坊市参加河北省“万里香杯”老年象棋赛，获第 6 名。2007 年，廊坊市第五届运动会，老年组象棋比赛获团体第 1 名；健身秧歌、太极拳、健身球和柔力球比赛均获优秀表演奖。2008 年 4 月 28 日，廊坊市举行第 25 届钓鱼比赛，香河县代表队获团体第 3 名；是年 9 月 26 日，廊坊市举行第 26 届钓鱼比赛，香河县代表队获优秀奖。是月，廊坊市“银色世纪杯”九九重阳健身球第八套、柔力球第三套比赛，香河县代表队均获菊花奖。

第四节　人才培养

一　培养机构与队伍

1979 年前后，香河县逐渐建立健全体育训练机构和训练队伍。20 世纪 80 年代起，开展“传统体育项目学校”活动。1980 年 11 月 13 日，河北省体委等部门公布省传统体育项目学校有香河中学田径、钳屯中学体操、西王各庄小学篮球。1984年，香河中学、渠口中学（地区级）、钳屯中学、西王各庄小学分别被河北省、廊坊地区命名为田径、体操、篮球等体育传统项目学校。1986 年，香河中学开设第一个音体美特长班，坚持以增强学生体质为主、普及为主、经常锻炼为主，发现和培养人才。1990 年，香河中学被评为河北省先进体育传统项目学校。1986 年，香河县业余体校招收学员 26 人；1990 年，有体育训练学员 105 人，主要训练项目有篮球、乒乓球、田径、象棋。2000年后，全县有体育教师 120 人，各学校基本配齐专业体育教师，训练比赛队伍小学 70 个，中学 76 个。

二　优秀运动员

1979 年以后，香河县在参加国内、国际重大体育比赛中，涌现出一批优秀运动员。

刘卫平，女，香河中学学生，1978 年入选河北省体工大队，田径运动健将。1978—1979 年先后 9 次打破全国 400 米栏记录。

王桂满，1978 年入选河北省体工大队，1979年毕业于香河一中。全国女子 800 米、1500 米金牌得主，田径运动健将。1995 年 7 月，廊坊市体委批准为中长跑一级教练员。

张凤琴，女，香河中学学生，1980 年入选河北省体工大队，田径一级运动员、运动健将。全国400 米栏冠军得主。

王玉海，男，香河中学学生，1977 年入选河北省体工大队，运动健将，全国轻量级举重纪录创造者。

李明俊，庞营小学学生，1985 年入选河北省射击队，1987 年参加全国射击比赛，获青年组小口径步枪射击第 1 名。

孙雪山，男，香河中学学生，田径一级运动员。

（其他优秀运动员在第三节《竞技体育》竞赛成绩中记述）

三　裁判员

1979 年以后，香河县在体育赛事中，涌现出国家级裁判员 34 人，其中，国家一级裁判员 7 人，二级 10 人，三级 17 人。

2008 年香河县国家级裁判员一览表

表 26-2-6

姓 名	性 别	项 目	等 级	批准年月	所在单位
武学儒	男	篮 球	国家级	1959.3	县体委
王守贤	男	田 径	一级	1986.2	第二中学
蒋宝林	男	篮 球	一级	1986.2	第六中学
刘 富	男	武 术	一级	1987.11	县体委
邱兆英	男	乒乓球	一级	1998.1	香河一中
赵文博	女	门 球	一级	2006	香河县六中
殷亚娟	女	门 球	一级	2006	香河县
任志全	男	门 球	一级	2006	香河县
王红艳	女	门 球	一级	2006	香河县
王洪录	男	排球篮球	二级	1981	县体委
贾瑞民	男	体 操	二级	1982.7	钳屯中学
孟召义	男	篮 球	二级	1985.10	香河中学
蒙建国	男	篮 球	二级	1985.10	县体委
张明臣	男	篮 球	二级	1986	县体委
王和峰	男	乒乓球	二级	1986	城内第二小学
李 印	男	乒乓球	二级	1986	马家窝中学

续表 26-2-6

姓名	性别	项目	等级	批准年月	所在单位
李传卫	男	乒乓球	二级	1986	安平中学
路润祥	男	篮球	二级	1987	第四中学
邱兆英	男	乒乓球	二级	1996	香河一中
宋满囤	男	田径	三级	1980.5	县师范
李玉双	女	田径	三级	1980.5	第六中学
李凤敏	女	田径	三级	1980.5	刘宋镇
高秀英	女	田径	三级	1980.5	香城屯乡
李向荣	女	田径	三级	1980.5	城关小学
刘树华	女	田径	三级	1980.5	渠口镇
李太城	男	田径	三级	1982.7	刘宋中学
石东飞	男	篮球	三级	1982.7	香河中学
宋大福	男	田径	三级	1982.7	县供电局
田德才	男	田径	三级	1982.7	五百户乡
牛德仓	男	田径	三级	1982.7	蒋辛屯乡
吴振山	男	田径	三级	1982.7	钱旺乡
杨德宝	男	田径	三级	1982.7	城关镇
闫兆怀	男	田径	三级	1982.7	农业中学
王守会	男	田径	三级	1982.7	第四中学
韩金兰	女	田径	三级	1982.7	城关镇
马淑英	女	田径	三级	1982.7	钳屯乡

四 优秀体育教师

1981年12月，钳屯中学体育教师贾瑞民，在全国“千名优秀体育教师”评选活动中被评为优秀体育教师；

1988年，香河中学体育教师孟召义被国家体委授予全国优秀教练员称号；1989年，香河中学体育教师王友泉获河北省体育传统项目学校输送人才先进工作者称号；1990年7月，香河县前马坊中心小学袁德利、刘宋小学闵建华被评为河北省百名优秀体育教师；同年，袁德利评为国家体委、国家教委表彰的全国农村千名优秀体育教师。1992年，王友泉获“全国千名优秀体育教师”称号，至1997年，并先后培养出刘卫平、王桂满、王玉海、刘艳庭、张东海等多名运动健将、一级运动员。

五 竞赛最高纪录

1979—2008年香河籍运动员参加市级（含）以上体育比赛最好成绩一览表

表 26-2-7

项目	成绩	创造者	运动会名称	时间	赛地
1500米	4′46″	王桂满	地区中学生田径运动会	1979.10	香河
3000米	10′12″9	王桂满	省中长跑运动会	1979.11	沧州
800米	2′14″1	王桂满	四届世界中学生运动会	1980.6	意大利
跳高	1.63米	凌书云	地区田径业训点赛	1980.10	廊坊
跳高	1.83米	孙雪山	华北东北分区田径赛	1984.3	锦州

续表 26-2-7

项 目	成 绩	创造者	运动会名称	时 间	赛 地
铅球 7.25 千克	12　09 米	王怀海	地区一届运动会	1985.5	廊坊
跳高	2.07 米	孙雪山	全国第一届中学生运动会	1986.3	鞍山
跳远	6.70 米	孙雪山	省中学生运动会	1986.5	昌黎
铁饼 2 千克	39 米	王怀海	地区四届运动会	1986.5	廊坊
400 米栏	58″3	田铁刚	省七届运动会	1986.9	唐山
手枪 60 发	570	李俊芳	河北省地区射击比赛	1987.8	赵县
小口径自选手枪速射 60 发	570	李俊芳	河北省地区射击比赛	1987.8	赵县
3000 米	9′23″40	王桂满	全国第六届运动会	1987.11	唐山
400 米栏	58″18	张凤芹	全国第六届运动会	1987.11	唐山
小口径标准手枪	562	李俊芳	河北省二青会	1988	望都
62 公斤级男子举重	195	王伟	省四青会	1998.7	山海关
77 公斤级男子举重	197.5	任志权	市群体艺术节青少年赛	1998.9	廊坊市
94 公斤级男子举重	230	李洪波	河北省十运会	2000.8	衡水市
85 公斤级男子举重	195	项洪伟	市第四届运动会	2003.9	廊坊市
63 公斤级女子举重	150	王洪娟	市第四届运动会	2003.9	廊坊市
69 公斤级女子举重	160	史艳军	市第四届运动会	2003.9	廊坊市
44 公斤级女子举重	121	赵颖	河北省十二运动会	2006.8	唐山市
75 公斤级女子举重	205	史艳军	河北省十二运动会	2006.8	唐山市
100 米栏	14″64	白玉娇	省十二届运动会	2007.6	唐山
标枪 600 克	47.93 米	周玉玉	省十二届运动会	2007.6	唐山

第五节　体育机构与设施

一　体育机构

1979 年，香河县各项体育活动及赛事由县体育运动委员会组织，设主任 1 人，副主任 1 人，教练 2 人，会计 1 人，1990 年，教练增至 6 人。1996 年 4 月，香河县文化局与县体育委员会合并为香河县文化体育局(简称县文体局)。2008 年，县文体局设 6 个职能股室，人员编制 25 人。体育股贯彻落实国家关于体育工作的路线、方针、政策，管理体育训练、比赛，开展全民健身活动。香河县体育总会设在县文体局，有老年体协、门球协会、武术协会、钓鱼协会、乒乓球协会、篮球协会、象棋协会、7 个体育协会。其中，老年体协设在县老干部局。

香河县业余体校成立于 1974 年，设在香河中学，全县统一招生，集中食宿，开设篮球、田径、乒乓球三个项目。县教育局、体委、香河中学组织领导，由香河中学一名副校长主管体校。学校体育组负责专项训练，经费由教育局发给运动员营养补助，体委发给运动员训练服装和教练员补助费。成立后，香河县一直重视体育运动的开展及体育人才培养，1999 年，香河中学被评为“河北省体育传统项目学校输送人才先进单位”。1979—2008 年，香河中学为高校、省体校等单位培养输送体育人才有 261 人。1988—1992 年，被评为省先进业余体校，1990 年，专职教练员 8 人，兼职教练员 6 人，在校学生 90 人。进入 21 世纪，业余体校停办。2002 年 2 月，创建香河县少林文武学校，成为廊坊市唯一一个专门培养武术人才基地。

二　体育设施

1979 年前，香河县境内体育设施建设缓慢，城镇与农村的体育活动场地简陋，运动器材种类较少，只有篮球、乒乓球、体操器材等。

20世纪80年代后，全县经济迅速发展，群众参加体育锻炼的热情日渐高涨，县政府和一些团体增加体育设施投资，主要运动场地与器材基本齐全。1990年，有400米跑道标准田径运动场1个、小运动场32个、篮球场129个（其中灯光球场8个）、排球场8个、足球场1个、乒乓球房35个、棋类室2个、老年门球场2个、室外游泳池1个、综合训练房1座。

1996年，廊坊市第四次体育场地普查，香河县有体育场地145个，其中运动场2个，小运动场49个，训练房9个，篮球场79个，排球场6个。

2004年7月，廊坊市开展全国第五次体育场地普查，香河县有体育场所405个，其中标准场地224个，非标准场地181个。场地类型有21类，场地面积70万平方米，占地面积84.5万平方米，拥有体育设施787件（套）；全县场地投资9254万元，其中财政拨款225万元，单位自筹8970万元，社会捐赠36万元，其他渠道融资23万元。

2008年4月15日，完成全县300个村街现有场地、设施调查、登记、汇总。5月，完成国家、省、市级农民健身工程申报、选址。6月，完成10个村街的农民健身工程器材安装。

是年，全县有体育场地405个，分布校园198个、乡村86个、企事业单位21个、小区100个。其中，具备举办大型体育赛事的高标准塑胶跑道操场4个，有6所学校建成门球场，县委广场、五一公园配置安装健身器材46件。全县健身路径95条，其中，乡镇村街73条，县城22条。全县有三级社会体育指导员780人。

三 体育经费

香河县体育事业经费主要靠政府拨款。自20世纪80年代起，随着全县体育运动的开展，提倡社会办体育，一些热心体育的单位、团体，每年为体育事业捐款2万余元，用于运动员伙食补助、服装、医药开支和购置体育器材等。1990年前，香河县体育经费投入严重不足。其中，1979年投入1万元，1980年0.93万元，1985年5　7万元，1990年2.2万元。21世纪后，体育经费进展较快，至2008年，全县体育器材每年投入购置费130万元，部分学校基本具备篮球场、乒乓球室等用于开展体育比赛的场地、器材；田径赛项目小学有12项，中学有16项，每年比赛投入50至60万元。

第二十七编　旧迹辑存

香河县历史悠久，早在6000年前人类的祖先就在此生息繁衍。香河县建制上溯至宋辽时期，文化积淀丰厚。社会在发展，人类在进步，社会事物生生灭灭，纷繁复杂，留下了诸多历史的印记，形象而真实地镌刻着不同时代的不同印迹，是社会科学研究不可多得的宝贵资料。旧城区是旧时全县政治、商业、金融、文化教育的中心，古城建筑以城楼、县学、楼阁、庙宇为主，突出反映了古时候人们崇儒、信佛、重义的社情民风。各个时代不同样式的民宅则是人民生活的真切记忆。旧时的生产工具、手工行业、生活用具、度量衡器，以及旧货币、旧票证等，亦是人们生产、生活水平发展变化的见证，发挥着一物、一图胜千言的重要作用。编下辑录照片626幅、平面图4幅、图画2幅，以期尽量多地辑存下已经消失的事物。

第一章　旧时城区

第一节　旧县城

香河县自辽太宗会同元年(1938年)建县，已历经千余载。旧时香河县城坐落在所谓的“玄武”之地上。“玄武”乃北方之神，由龟蛇交融而成，因此香河县城有“玄武城”之称，并建有“玄武雄镇”庙宇。从地势上来讲，县城坐落在一个年久风化的土山之上，中间称为龟背，四面顺坡而下。龟的西北部则连着被称为黄龙岗的龙头，这则是一条经年久风化形成的土龙（蛇）状的土山，由城西北向正北经北岗子、刘庄、百家湾、建各庄一直延续到梁家务一带。旧县城整个布局是个四面城墙、东西稍长、南北稍窄的方形城郭。县城墙旧为土墙，明正德二年（1507年）砌砖；嘉靖四十二年（1563年）增高5尺，修角楼4座；隆庆二年（1568年）修敌台14座；万历二十年（1592年）增高2尺。至万历四十八年(1620年)，城墙围长876丈，高2丈5尺，垛口1700个，敌台围长3丈4尺。城壕宽2丈5尺，深1丈5尺。城内有十字街，十字街的中心处建有观音阁，是县城地势最高处（龟背），称为“阁底下”。十字街的外出口正好对着东、南、西、北4个城门，北为拱极门，南为永明门，东为淑阳门，西为迎恩门。香河县城异于其他县城之处即城外没有迎送官员的十里长亭。传说因明初燕王朱棣扫北时曾经驻于香河城，还打算在此建都，并在周元铸币。后都城虽西迁北平，但朱棣毕竟登上了皇帝宝座，皇帝住过的地方，还用得着迎送官员吗？故此香河城外没有迎送官员场所。

民国时期香河县城楼

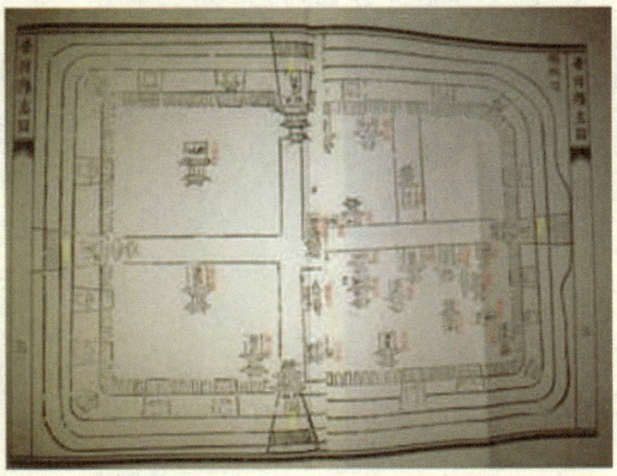

明万历年间《香河县志》载香河县城区图

第二十七编　旧迹辑存

第二节　古建筑

一　玄武雄镇

香河县城有“玄武城”之称，建有玄武庙。建在城北门内迤西处。殿宇隆耸，平台与城墙等高，由城外远眺，若挂于城头，其势雄镇全城，故有“玄武雄镇”之说。玄武大殿前有33级台阶，周围古槐环绕。明万历年间，山东布政使司右参政王豫立到香河，观玄武庙巍峨殿宇，颇为赞叹，留五言绝句一首：“绀殿何璀嵬，古苔绣鸳飞。入夜鬼神朝，云旗拥风马。”万历三年（1575年），山东章丘人马以闲到香河任教谕，曾写一首七律赞玄武雄镇：“巍巍祠庙挂城头，坐镇千家山郭幽。画栋凌云侵碧汉，回廊抱月隐丹丘。森森古木冲天起，闪闪轻旗北斗浮。不独一方承默庇，还期长护帝王州。”

玄武庙大殿飞檐

明万历年间玄武庙正殿

明后期先后有湖广孝感名士胡其俊和湖广公安县名士熊膏到玄武殿宇游览，各留律诗一首。胡其俊五律曰：“鹫岭蹲城状，龙宫落影摇。晓看阡陌辨，静听市廛嚣。巷午香云复，街静冷雨飘。前朝皈礼地，古树尚萧萧。”胡诗既道出了殿宇如鹫岭蹲城之雄势，又记载了殿宇建于明代之前，及殿前古槐的繁茂。熊膏的七律：“北极高寒帝子宫，千秋杳杳获侯封。如云仕女精为炷，傍日旌旗望作峰。古貌背郛还绕雉，老槐当砌欲成龙。四民有祷真如响，似隔红云只一重。”熊诗记载了玄武庙的气势，道出了有关的传说。

玄武殿外古槐

二　观音阁

观音阁位于旧县城中心，准确位置是南街与西街的夹角处，西街有它的北门，南街有它的东门。此地因是县城最高处，至今人们仍称此地为“阁（gǎor）底下”。院内主阁楼底层塑的关羽坐像，二层是铜铸的观世音坐像，三层以上是一口一人高两搂粗的大铁钟。古时候开关香河城门，就在这里敲钟发出信号，钟声能传出数里。在观音阁的大院内，还有南殿和西殿。南殿供奉的是财神赵公明，西殿内塑的是土地神。南殿与西殿相交处有一小殿，塑的是子孙娘娘。在观音阁二层殿外的北山墙正中，还镶着石刻的魁星。因为这里是全城的最高点，所以节日身处阁楼之上，白日可俯览全城，夜晚可以看各家各户高挑的红灯和到处燃放的鞭炮。

清代康熙年间观音阁楼

观音坐像

关羽坐像

阁内大铁钟

三　文庙

文庙坐落在县城西街路北。三间正殿是古色古香的高大建筑，坐落在月台上。大殿正中檐下悬着黄边蓝地木牌匾，上面竖雕着 3 个大金字“大成殿。”月台周围有 1 米多的花墙。文庙创建于明万历四十五年（1617 年），重修于清康熙五十二年（1713 年），月台西侧石雕大龟上驮着的石碑上刻有重修的记述。正殿正中供奉着“至圣先师孔子之神位”，正座顶梁处悬着“德配天地”横匾。东西两侧还有亚圣孟子、宗圣曾子、复圣颜子、崇圣子思子等牌位。正殿东西两侧有耳房，前面月台下的东西两面各有四间配殿。

清康熙年间重修的文庙正殿

正殿侧观

孔子画像

孔子牌位

“德配天地”横匾

从月台顺阶而下，穿过腰厅，是文庙前院。前院正中有三座玲珑剔透的小石拱桥，被称为一步三座桥。桥下的月牙池即是泮池，也叫笔洗池，这桥即为笔架之意。与桥几乎对齐的东西两侧各有两间书房。前院东侧有一个两丈多高一搂多粗磨砖砌成的“文笔”，中腰有“文笔”两个大字。文庙的正南面，是一个三洞牌楼门，是由四根立柱边架而成的层 层叠斗拱木结构。正中的门楣上悬着一块竖雕的“文庙”二字的木牌，蓝地金字黄花边，遮映在牌楼檐下。牌楼四根立柱的顶端，各卧着一只约一尺高的铁狮子。整个牌楼的造型美观，古朴典雅。古时县内出了秀才、举人、进士（惜未出过状元），都要到此拜祭。

文笔

文庙前院三洞牌楼门

四　隆兴寺与文笔干霄

古时，香河县城县衙的西侧有一座隆兴寺，隆兴寺前有一座古塔。相传建于元代，原名孙百万宝塔，后倒塌，至万历四十年（1612 年），知县徐一鸣重修，高于原塔，以为文笔，因塔势高耸，人们称为“文笔干霄”，列为古淑阳八景之一。明代有人写七律诗赞文笔干霄：“凌嶒古塔插云间，眺远凭高共一攀。星斗平临瞻紫极，川原尽处见青山。恒峰西去双峦秀，孤鹤南来一剑斑。雄览乾坤聊纵日，飘飘神思出尘寰。”还有一首五言诗赞文笔塔之高势：“瑞塔倚层霄，摇摇幡影随。飒尔天风鸣，法铃空外播。”另有明万历年间佚名人写七绝、五律各一首，赞香河城内这个巨大的“毛颖”。七绝：“谁将彩笔插云端，北斗裁成墨未干。百尺若教攻草檄，雄文飞羽定三韓。”五律：“百尺摩空峻，千重复地阴。傍檐飞鸟度，当壁暗云侵。滴雨垂乔水，平风送远岑。更疑毛颖在，隐隐射横参。”

明代万历年重修的隆兴寺

文笔干霄

五　隆安寺和东寺晓钟

古香河城内县衙东有一座隆安寺。隆安寺建筑年代不详。相传明宣德年间，寺内住持福海大师修缮寺院，未能完成而圆寂。后其徒戒明募缘，于成化三年（1467 年）重修，至七年（1471 年）完工。修缮后，殿宇山门，禅堂僧舍，中殿巨佛，俱焕然一新。到明万历七年（1579 年），知县王道定在寺内设钟楼一座，每日清晨，钟声悠扬，响彻全城。从此东寺晓钟也成为古香河一景。明万历代《香河县志》载有四首写东寺晓钟的诗作。第一首七律：“长闻萧寺疏钟起，轻逐东风落枕边。罗汉松声应共发，观音柏韵似相连。敲残淡月晨光白，送尽稀星曙色玄。传与主僧莫惊觉，还容残梦到齐川。”知县王道定是山东济阳人，从“残梦到齐川”之句中可确定是王知县之作。明《香河县志》还记载了三首写东寺晓钟的诗作，作者已无法考证。其一五绝：“漏彻曙钟鸣，泠泠云外度。音闻两无着，为向耳边悟。”其二五律：“寺岂寒山寺，钟非夜半钟。曙星犹隐隐，斜月尚溶溶。响与鸡声乱，音随谯鼓重。晨门时伫立，应候启花封。”其三七绝：“夜火琉璃僧梦残，忽惊早曙到旃檀。疏钟一阕千家醒，城郭依稀变阑干。”

明代成化年重修之隆安寺

隆安寺中殿作佛

隆安寺大钟

六　魁星楼

也称文昌阁，是供奉文曲魁星的庙宇。它坐落在香河县东城门楼北边的城墙上。顶层殿内塑有面朝西的魁星站像。底层正西门有对联，刻在蓝地抱柱瓦形的木牌上，字呈金黄色：“文运赖主持桂公遍撒三霄露，昌期欣聚会蓬岛祥生五彩云”，横批是“文昌阁”。楼北面是正房三间，楼南侧房三间，西边是正山门。正对山门的楼楣处有牌匾“魁星楼”三个大字。出山门往北有下城墙的马道可到城根处。沿着马道的地面上有两行高高的垂柳，西面则是几十亩的大莲池。据说，文昌阁原在县城北街路西处，因多年失修倒塌，当值僧人为重修此楼出外化缘未归。数年后，有人重新筹款，把新的魁星楼改建在县城东城门楼南的城墙上。清道光年间，家住县城东北角的举人张晓楼捐款，将此楼拆迁到东门楼北的城墙之上，并为阁楼题上述对联。

清道年间所修之魁星楼

魁星站像

魁星楼牌匾

七　三义庙

三义庙在县城西门外护城河桥西，是一座纪念三国时代刘备、关羽、张飞桃园三结义，以昭感世人的庙宇。此庙初建年代不详。到了明万历年间，云南人徐一鸣在香河任知县时曾重修庙宇。正殿内塑刘备、关羽、张飞像，两旁有关平、周仓的站像。大殿内的墙上画着壁画，描绘着刘、关、张桃园三结义的情景，人物栩栩如生。三义庙外有小溪穿绕，流水潺潺。徐知县又在庙左侧溪流上修石桥一座，名为迎恩桥。小桥流水，殿宇巍峨，塑像逼真，义举感人，庙内桥畔，相映成趣。到万历四十三年（1615年），浙江人沈万钶任香河知县，又撰写了一篇《三义庙迎恩桥记》。其记文笔优美，记中并附有诗歌一首：“古义凛如冬烈兮，新恩煦若春温。惟民直道载口碑兮，羌慕义而怀恩。千秋庙貌兮，一水蜿蜒。争芳而流馨兮，翳棠荫之长存时。”从“羌慕义而怀恩”“千秋庙貌兮”两句看，此三义庙当是建于东晋后羌族后秦政权时期。

明代万历年所修之三义庙

刘备（中）关羽（右一）张飞（左一）塑像

桃园三结义图

八　关帝庙

除三义庙和观音阁有关羽塑像外，在香河旧城南门内西侧还专门有一座关帝庙，离城墙两丈，庙内有两座山门，东西对称高高屹立，中间有一个拱形的戏楼。进大山门两丈，在西门的西侧和东门的东侧，各有一座大石狮。东门里东侧有钟楼，西门里西侧有鼓楼。穿过七级高台阶的过厅，是关帝庙殿前。三间正殿前檐有厦，厦内两旁摆着兵器架。厦的中檐下面悬着一块“亘古一人”的大匾。殿内正中塑着关羽坐像，左右站着周仓和关平。正殿旁还有东西耳房各四间。高大浓密的古槐笼罩着整个大庙。

民国时间关帝庙东山门

关帝庙前戏楼

关帝庙正殿内关羽塑像，左周仓右关平

正殿上方“亘古一人”牌匾

九　王二奶奶祠堂

位于香河东门外庙群中。王二奶奶是京东一带一个被神化了的人物。相传她娘家是香河县乔各庄，她姓乔行二，被称为乔二姑娘，嫁给了本县雀林院的王二哥。出嫁那天刚拜完天地，丈夫就被抓去当兵，从此一去没回来。她便和小叔子一起做豆腐为生。乔二姑娘出嫁王家后，被称为王二嫂。她因家传会看病，医术高，没架子。王二嫂在做豆腐之余便给人看病。穷人有病，什么时候请都到，而且从不收钱；阔人家看病，则要收钱，收来的银子用来施舍穷人。她的名声越来越大，大伙都很崇敬她。上了年纪以后，人们都称呼她为王二奶奶。去世后，人们传说她因为生前积德行善而成为神仙，修仙在平谷县丫髻山的娘娘顶。据康熙六十年《怀柔县志》载：“护国天仙宫，在丫髻山，山旧有碧霞元君庙三间。明嘉靖中，有王姓老媪发愿修建，以山高风烈，瓦易飘失，募化铁瓦，独身运至山上，往来迅速，人异之，施者渐众，殿以告成。”清康熙《怀柔县志》中记载的护国天仙宫也就是“铁瓦殿”，“王姓老媪”即王二奶奶。据此推断，王二奶奶应出生在明成化年间。为了纪念这位传说中的神仙式人物，香河县人在县城东门外修了王二奶奶祠堂。在平谷丫髻山旅游景点则修有王娘娘庙。过去香河县人在四月二十八日过庙会时，都在王二奶奶祠堂前举行祭祀、纪念活动。

王二奶奶坐像

民国时间所建王二奶奶祠堂前戏楼

十　天齐庙与药王庙

天齐庙在香河县城东门外，坐北朝南。庙内除塑有东岳大帝黄飞虎坐像外，还有著名将领岳飞坐像。殿外月台上，塑有秦桧跪像。因秦桧以奸诈出名，又有杀害爱国忠良岳飞的罪行，所以他的像不能在殿内，要放在殿外受风吹雨淋日晒，还要挨游人的踢踹啐骂。药王庙也坐北朝南，共有三座大殿。对着大门的殿内，正座塑着神农坐像，左座是药王孙思邈，右座是医圣张仲景。

药王庙后面有吕祖堂，堂内塑吕洞宾坐像。吕祖堂东面大殿，内塑女娲氏坐像。和药王庙正殿东山相连处还有三间大房和三间西厢房，自成一院，称为双修堂，是道教用来劝人戒烟戒酒的地方。双修堂大门口用红漆写着一副对联："因火成烟，若不撇开终是苦；官舍为馆，入不回头怎做人。"此联直接说出吸烟吸毒的危害，可见劝人之诚心。

香河县城内和城外附近的古建筑还有白衣庵、龙王庙、城隍庙、火神庙、八蜡庙、遗爱祠、子孙娘娘庙、八臂观音庙等。

民国时间所建天齐庙正殿

岳飞塑像

庙外秦桧跪像

神农塑像

医圣张仲景

药王孙思邈塑像

第二章　旧时民居

第一节　小砖楼

香河县旧城内民宅中，过去只有一两座小砖楼，南街路东康姓人建魁胜楼和西街集贤楼。

魁胜楼三层，里面有天井、回廊、木楼梯，三层楼之间可穿行，建筑比较讲究；西街路北的集贤楼挨着二水不流胡同，两层，建筑简单。两座小楼通体都是蓝砖蓝瓦，白灰浆灌注，十分坚固。

民国时期县城南街之魁胜楼

民国时期县城西街之集贤楼

第二节　合院式建筑

一　四合院

无论城镇还是乡村，有钱的大户都修建四合院。是四面房屋，中间宅院的布局，也叫四合房。建筑讲究，用蓝砖浑砖到顶，磨砖对缝，挑灰灌浆（白灰），十分坚固。上脊坡度很大，用蓝瓦和灰做出一条条瓦垅排水沟，很难漏水。四合院北正房高大，东西厢房稍小，倒座房又稍大些。正房有走廊，走廊上有油漆彩画。东西厢房及倒座讲究的也有走廊。院落的大门洞建在倒座房中间，也有出门楼的，门楼上有雕饰。再讲究的进了大门有精致的影壁，影壁后还有一个门楼，叫作垂花门。从大门到垂花门之间的小院落两边还有一些小房，称为路顶房。一般放杂物或长工居住之用。

民国时期的四合院

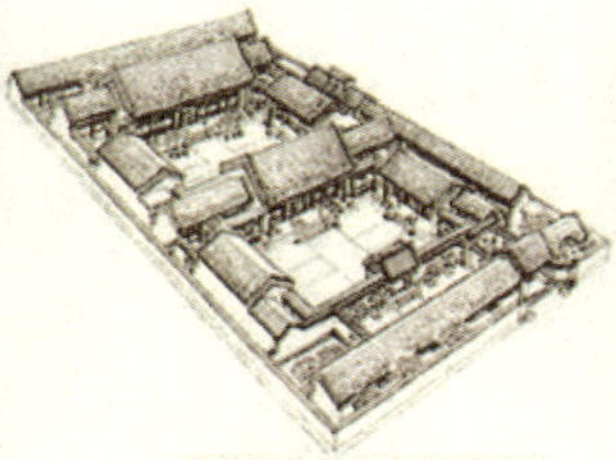
两进四合院造形图

民国时期的两进四合院

油漆彩画走廊

四合院大门

影壁墙

月亮门

垂花门

门楼彩绘

进了垂花门，两边有游廊连通厢房和正房。再大一点的四合院还有跨院，跨院与主院之间有月亮门相通。最大的四合院是分前后两进，形成两个院落，称为内外宅。

二　三合院

砖瓦结构的三合院（也叫三合房）稍逊于四合院。三合即宅院，三面是房，坐北朝南的正房高大，东西厢房小；中间是院落；对着正房的前面有门楼。三合院一般也是浑砖到顶，蓝砖蓝瓦，房脊较大，挑灰灌浆。正房前檐建有走廊，走廊上方讲究的还有油漆彩画。门楼上一般也有雕饰。这种砖瓦结构的三合院县城居多，农村少。

民国时期的三合院

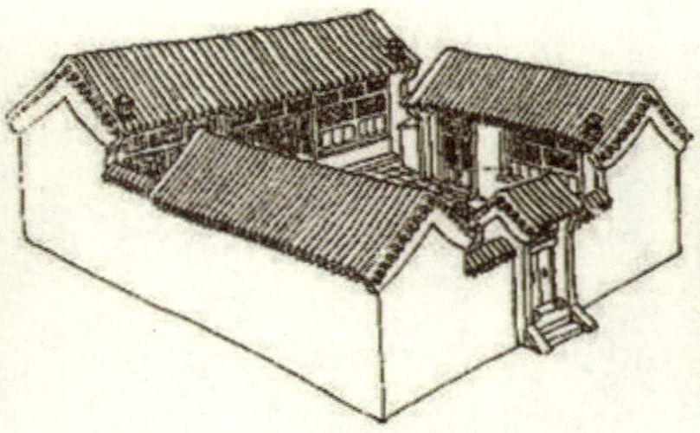

三合院造型图

20 世纪 50 年代三合院门楼

第三节　简陋房宅

一　砖土混建房

半砖半土的院落在农村居多，是旧时农村大多数人的住宅。这种房宅有五间或三间正房加东西两面厢房的三合院，也有五间或三间正房或五间一跨的正房外加一面厢房的。其院落有的是砖土共砌的小门楼或小门垛。这种房的质地比起砖瓦房来差多了。有的是地基和地基以上几层至十三层（为单数）用的是蓝砖。十三层以上有的是外皮包砖，里面用土坯；有的是墙基和四墙角用砖，其他地方用土坯填充，然后用泥抹上墙皮。有的房顶用瓦覆盖，有的则用泥抹顶。

20 世纪 70 年代农村砖土混建房门楼

后房檐

前房檐

20 世纪 60 年代农村三间一跨房院落

五间房院落

20 世纪 70 年代五间一跨房院落

二　泥土房

这是旧农村最穷苦人家的住宅，除地基和个别户的房脊外，房宅上几乎没有砖瓦。有的房顶是铺秫秸，然后抹泥；有的是铺苇箔，上面抹泥。墙体大都是地基用几层旧砖，然后往上堆大土坯，外面抹泥。有的房子的墙体是纯黏土的“板打墙”结构，即墙的两面夹上门板，中间砸黏土。这样的房子整体简陋，室内用大土坯砌垒土炕，窗户、门都非常破旧。院墙有的是两面用夹板打成的土围墙，然后门口处垒一个小门垛。有的用树枝或玉米秸、秫秸夹成篱笆，门口没有门垛，而是在门口处竖两根木柱，再拴上一个用秫秸、玉米秸或树枝编成的柴门。这种简陋的泥土结构房舍在旧时农村中居多。

20世纪40年代之出脊泥土房

20世纪40年代之平脊泥土房

泥土房内墙

砖基土坯墙

板打墙

树枝篱笆门

20世纪40年代之土房简陋前檐

旁开篱笆门

篱笆院墙

第四节　旧时民宅附着结构

一　窗户

旧时窗户整体样式有大方格左右对扇窗，下亮窗扇不动上扇能支起放下的上下对扇窗，有上下亮扇不动中间左右对扇窗等。窗上造形，有复杂与简朴之分。有的窗户有各种复杂的图案，甚至上下亮窗扇有精巧的雕刻图形，十分美观，这是精致四合院和砖瓦结构的三合院才有的。那种简朴的大扇窗户，则是半砖半泥土房屋常用的。泥土房的窗户，只用几根木框和木杆钉成，无造型和图案。

上下对扇窗

左右对扇窗

双层窗户

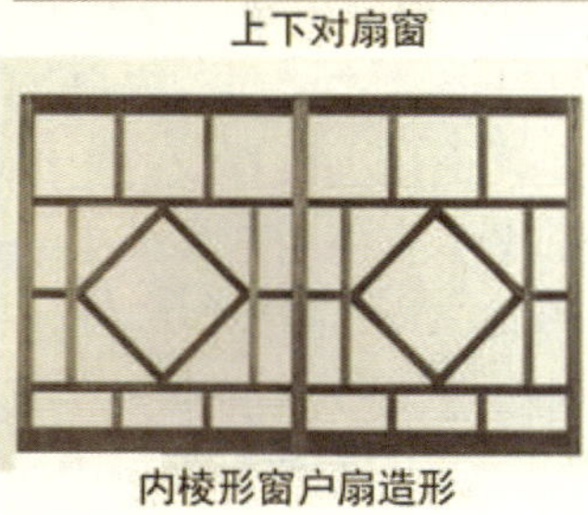

内棱形窗户扇造形

八角形窗扇

雕刻的上亮窗扇

矩形内加多角形玻璃窗

以上各式窗户为民国时期所流行

二　房门

旧时房门有对扇和单扇之分。讲究的人家门口都较大，双扇门底部有雕刻图案的门墩，门上有铁环或铜环，有人叫门时则叩打门环。而穷人家门口较小，门很简陋，虽然有单扇也有双扇，但门的质地没法和大户人家的门相比，门上也没有门环等饰物，底部甚至没有门墩。但不论双扇、单扇，质量如何，每个门里面都有门栓，也叫“门插关儿”。

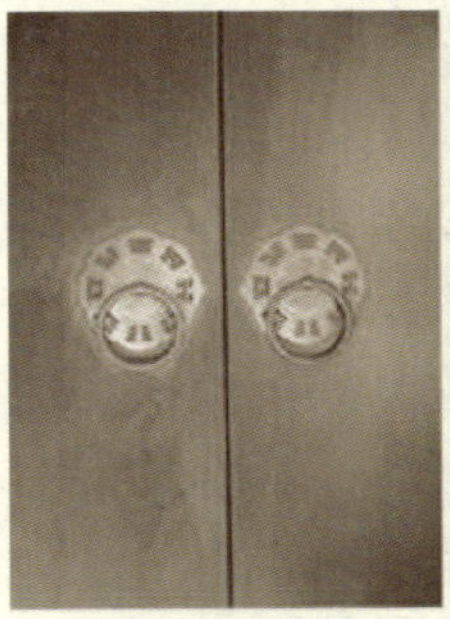
铁环双扇大门

铜环双扇大门

有门墩的双扇大门

无门环双扇门

简陋双扇门

简陋单扇门

以上各样式门为民国时期所流行

三　房内摆设

旧时房内摆设有很多种，其中最主要的有墙柜（有三节和两节之分）、立柜、橱柜、皮箱、八仙桌子、太师椅、大春凳、掸瓶、帽镜、靠山镜、四扇屏等等。

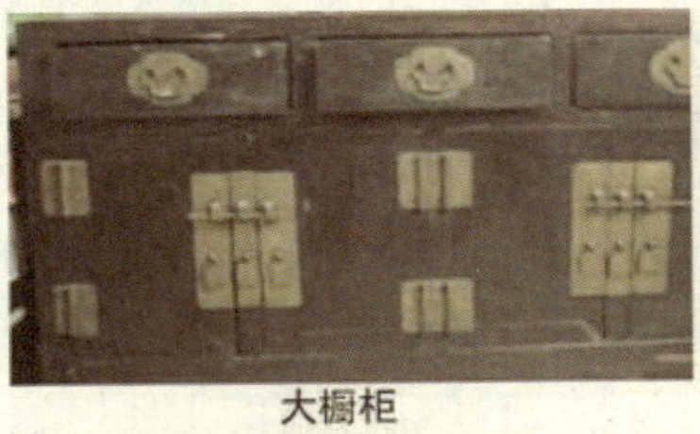
大橱柜

皮箱

小橱柜

四扇屏

太师椅

大春凳

墙柜

掸瓶

帽镜

靠山镜

以上各种摆设为民国时期所流行

第三章　旧时农具

第一节　生产农具

一　耠子、犁

耠子和犁是旧时农业生产的重要工具之一，主要用于开沟播种、植物生长期间植株间锄草松土的中耕和空白地的翻松。耠子的结构与犁基本相似，只是耠子是向两侧翻土，犁是把土地犁出一道沟，向一侧翻土。耠子比犁轻巧。耠子由木制部分的犁把、拿手、拉扯木、千斤、梭子、犁底，杖辕、辕头和铁制犁铧头等部分组成。犁铧头呈三角形，安装在犁底的头部。耠子分躺耠子和架耠子两种，犁地时，躺耠子人只用一只手扶把手，架耠子是人站在两个把手中间，用两只手扶把手，并轻轻驾起。耠子耠地时的辅助用具还有耥圈，挂在犁底的后部。如果是翻白地时，在犁铧的上方还要加上犁镜。犁镜是用铸铁或钢制成的一块表面光滑的弯板，用它安装在犁铧的上方，翻地时可使土向一侧倾斜，达到翻土深耕或起埂的作用。

耠子过去主要靠畜力（也有时靠人力）牵引。20 世纪六七十年代以后，随着拖拉机的推广使用，耠子逐渐被机械牵引的播种机（播种楼）和机械牵引的翻地机械所替代，但仍有一些农户使用。

20世纪50年代前使用的躺耠子

架耠子

犁

20世纪60年代畜拉耠子犁地

二　轧地磙

旧时播种后要使用轧地磙镇压。轧地磙用整块石头凿成，两头细中间粗，两头有凹心，用一个半圆铁环的尖头套住。轧地时在轧地磙的前面还要拴上一个弧形的铁车瓦，主要作用是刮土将种子埋住，后面的石磙则将刮埋在种子上面松软的土轧实，以免漏风，这样才适合种子的发芽成长。轧地磙的牵引有人力，也有用毛驴等牲畜拉动的。

20 世纪 70 年代前用的轧地磙

三　盖

盖，在旧农具中也是一个重要的工具。它三面有木框，中间有两个横杆。中空部分用秫秸或荆条像串花篱笆一样编满。盖的主要用途是将翻过的土地大土块压碎，将不平的地方拉平，以保持水分。也有用它将播过种子的地重新盖一遍以保墒。为了增加盖的重量，在盖土时，盖上要加上石块或用土筐装满土压在上面。盖在应用时，主要是畜力牵引，为了增加重量，也有人站在盖上面盖地的。

盖

四　碌碡

碌碡是用石头做成的一种圆柱形农具。它的四面有木框，框两侧有轴与石磙两头上的凹心相合。碌碡有大有小，重的有一二百公斤，小的也有50多公斤。它的用途主要是轧场，辗轧谷子、高粱、麦子等等，达到脱粒脱皮的作用。用碌碡轧初冬麦地，以便保墒少冻死麦苗。乡间盖房时，用碌碡轧地基，铺一层土轧一次，以使其坚固。牵引碌碡的动力主要靠牲畜，拴牲畜套时，要在木框的中间拴上耍杆，以使碌碡能随着牵引转圈。

20世纪70年代前用的碌碡

第二节　运载农具

一　花轱辘车

木制花轱辘车是旧时农村的主要生产运输工具。它的轱辘外圆围边和增强支撑力的多根半径撑木一般都是由硬木制成，再由铆钉将外边和半径支撑木固定住。两轮之间的横轴一般是用枣木制成，承载力强。上部车身车辕、车板、车厢也大都用硬木制成，再刷上桐油，十分坚固。花轱辘车载运长杆庄稼时，一般要配以刹绳和角根。载运玉米、谷穗、送粪时还要用秫秸串编的或荆条编的围帘子。花轱辘车在运输时，主要牵引力是马、驴、骡、牛。

20世纪70年代前的花轱辘车

二　独轮车

独轮手推车在手工式农业中用途很广。它的下部是单个轱辘，一般由木轮加皮垫做成，后来用充气的小胶轮。它的上部是木制，两个木把。手推车一般有两种样式：一种是与把齐有横承的平顶，上面可以放土簸箕，土簸箕有木制、铁制的两种，推土、推粪时常用；另一种是中间高起，两边下落与把平，可以放驮筐，用它运上市的水果蔬菜之类非常方便。

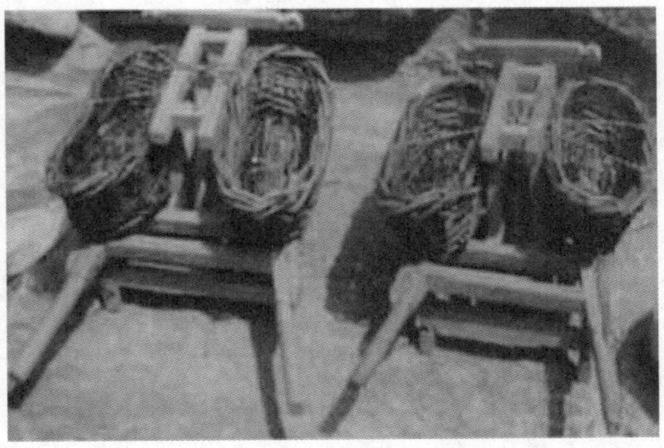

20世纪70年代前的独轮车

旧时，人们去外地贩运货物，常用推独轮推货车。这种车上面是木车架，架两边下落，有可外翻的货架，放平后可多装货物，也容易用绳子拴绑。中间的轮子过去多是木制的，后来多采用铁制中间有钢轴的胶皮轱辘，可充气，走起来轻多了。

胶轮独轮车载物

人力胶轮独轮车

人推木质花轱辘独轮车

第三节　辅助农具

一　辘轳

这是农村利用老的轮轴原理制成的一种起重工具，通常是安装在菜园的井上汲水浇园。辘轳的主体部分是一个木制的中空的圆柱体木套，中间穿过一个木轴，整个架在井边的木架上。圆柱木套的外端有一个摇把，里端将一根大绳固定住一头，另一头拴住一个木桶或铁桶。人力摇动辘轳，使绳子缠绕在圆柱体上，将装满水的水桶吊上来，用来浇园。

20 世纪 60 年代前的辘轳

二　筐

筐也是旧时农业的一种工具。按编织材料分，有荆条筐、竹篾筐、柳条筐。论大小样式可分为大筐、小筐、背筐、粪箕子、土筐。

土筐主要用于装土、挑土、挑粪；粪箕子，人们下地时带着随时拣粪用；背筐是下地掰玉米、砍高粱、找谷穗时，用它来装收获的庄稼，有时下地拔草带回家也要用大背筐。较精致的竹篾筐用于装水果、蔬菜。

荆条土筐

竹篾筐

荆条粪箕子

肩背荆条筐

以上筐类农具为 20 世纪 70 年代前常见工具

三　铡刀

农用铡刀由刀、底槽两部分组成。刀片的一头有眼，可用穿钉与底槽相连，另一头有圆孔，可安上木把。铡刀的用途主要是用来铡喂牲口用的青秸、豆秸、毛草等各种草料，也可用来将麦捆中的根部铡掉，还可以将麦秸铡短，以方便和泥时用。操作一般是两个人，一人蹲地往底槽刀下续草秸，一人按刀。进入 20 世纪 70 年代，由于机制铡草机、粉碎机的出现，这种笨拙的工具陆续被淘汰。

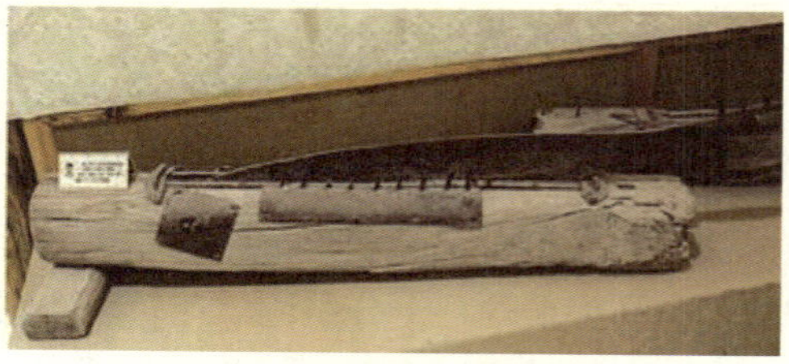

20 世纪 70 年代前的铡刀

四　小件农具

旧时农业的小件农具很多，有锄、大镐、小镐、铁锹、木锨、挠钩、三齿子、三股叉子、禾叉、粪叉子、提斗子、镰刀、钉耙、铁筢子、竹筢子、找镰、菜拉子、扫帚等。锄有大、中、小之分，用途最广泛，可用于菜园子开沟埋土、庄稼地中耕除草等；大镐用于刨庄稼秧、刨沟，收红薯、土豆、花生等地下果实及和泥等。镰刀用于割麦子、割谷子、打玉米秸、砍高粱等。钉耙用于平整土地和平整菜畦等。三股或两股叉子是用来装车、垛垛、翻场等。筢子用于将散落的柴草谷物等挠聚拢。三齿子、挠钩在播种小颗粒种子或和泥时用。菜拉子在种园子给菜秧松土时用。木平板锨、推板、扫帚等在打轧场时用。

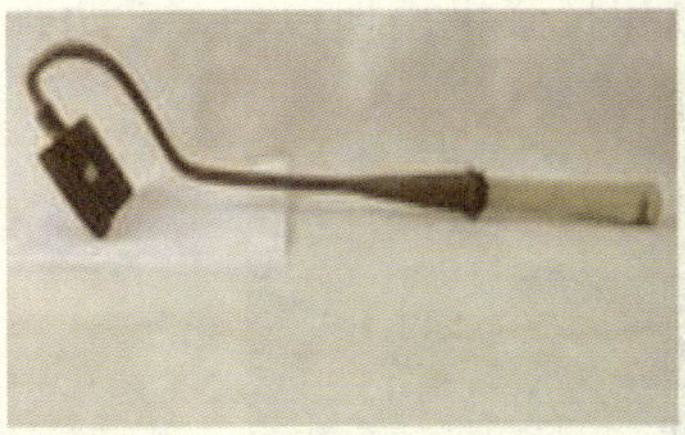
锄

三股叉子

镐头、斧头、钉耙等

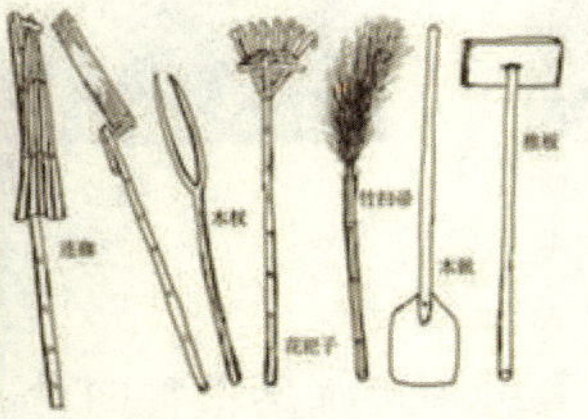
扫帚、推板、木平板、锨等

以上小型农具为 20 世纪 70 年代前所常用工具

五　牲畜套

牛马驴骡拉车、拉碌碡、拉磨等，都要用套。牛套比较简单，前面有一个可活动绳索的牛鞅，拉套时将牛鞅架在牛脖子上方的突起部分，两边是粗绳索。如果拉碌碡、拉耠子，后边都要有耍杆。相比之下，马、驴、骡套复杂得多。马、驴、骡套车或拉耠子等前边都要有套包子，将套夹子套在套包子前面，用底绳固定，使套夹牢固夹在套包子前部，两边的套绳则与套夹子相连。但是，驴的套夹、套包子都比马、骡小些。拉车时，马、驴、骡的身上还要有小鞍，上面可滑动，用来架车辕子皮带，下部垫上软垫，以免摩擦牲畜背部。在马、驴、骡、牛等轧场、拉碾子、拉磨需转圈时，都要戴捂眼，以免产生晕状。

牛拉车套

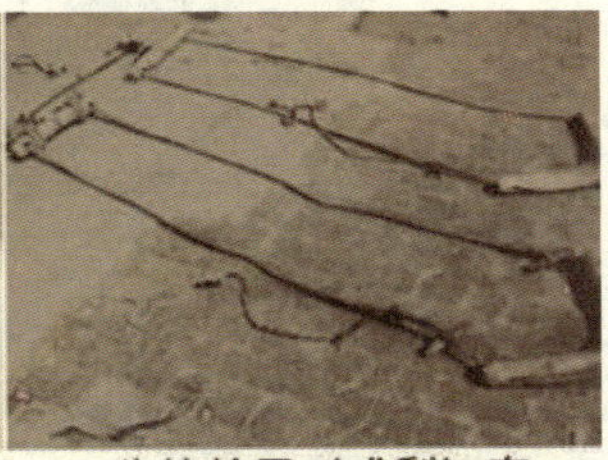
牛拉耠子（或犁）套

马、骡拉车套

驴拉车套

以上牲畜套为 20 世纪 90 年代前所常用农具

第四章　旧时生活器具

第一节　石制生活器具

一　碾子

碾子，农村旧时用于谷物脱皮、破碎，或者使大盐、豆饼、棉籽饼、麻饼等破碎的石制器具。它的主要部分是圆柱形的石磙子，也叫碾砣子，四周有木框，框上有铁轴可与圆柱体的石碾磙平面的凹心相扣。石磙子的下面是石制大碾盘。碾盘正中有个凹心，有立轴，可与碾磙上的木框相连。木框上还有可以插木杆的圆孔，插上木杆以后，可以套上绳套用牲畜拉动，也可以人力推动。为了能碾压谷物，增加摩擦，碾盘上一般凿有许多小沟，上下碾动摩擦时便可将谷物的皮去掉。进入 20 世纪 70 年代，电动碾米机普及到农村，碾子逐步被淘汰。

20 世纪 70 年代前的生活用具—碾子

二　石磨

旧时的石磨主要有两种，一种是磨小麦面、玉米渣面、黄米面、高粱面等粮食的旱磨，一种是磨豆腐的水磨。这两种石磨都分上下两扇。一般上扇厚重并且有漏孔，边上连有磨杆；下扇薄并固定在磨盘上。磨盘有石头的和木制的两种。上下扇中间有磨脐相扣。人推磨时要绑上长一点的磨杆，可以绑两面，用两个人推。用牲畜拉磨时，在磨杆拴上套，给牲畜蒙上捂眼，防止它眩晕。石磨磨粮食时，根据要的面的粗细和玉米渣的大小来决定磨的遍数。磨豆腐的豆子要提前泡好，在磨浆时要不时在石磨的上孔加水，以便使豆浆流下来。磨豆腐的石磨一般小些，其盘上有围槽，一面有流浆的凹长槽沟。自从米面加工机械和打浆机出现以后，这两种笨重的石磨已无人使用。

20世纪60年代前的生活用具——石磨

室内石磨

畜拉石磨

第二节　编织类生活器具

一　笸箩　箩　箩床

笸箩、箩、箩床都是在磨面时必不可少的器具。笸箩一般用柳条经过加工再用细绳穿勒而成，外有高起的帮。箩，最早称“马箩子”，它的帮是用木片围成圆形，但底部最早是用马尾穿织绷紧做成，用其缝隙可筛落粮食面粉，后来用细铁丝网子做成。箩床是用两根长方形木条，两头穿入两块木板内做成，木板下头锯出两个三角形腿。磨面时，将木制箩床架在笸箩中，上面放上箩，从石磨上撮下来的半成品的面皮，放在箩内来回拉动，将面筛下来。箩有粗、细之分，筛麦子面粉用细箩，筛玉米面用粗箩。笸箩有大小、圆形、长方形之分，所以箩床和箩也要根据笸箩的大小而变化。

20世纪70年代前的生活用具——笸箩、箩和箩床

圆笸箩

箩和箩床

二　簸箕

簸箕有大、中、小之分，一般也是以经过加工后的柳条用细绳勒制而成，前面敞平，边上有一个窄条木板，其他三面有帮。农村簸箕用途很广，一般用来扬场、撮粮食、撮面、沙出米中的杂物、簸糠秕等。

20世纪70年代前的生活用具——簸箕

用簸箕灌装粮食

用簸箕扬场

三　筛子

筛子有两种，一种是铁丝筛子，底部用铁丝穿织而成，下面用铁丝做底托，上面用三两片竹板将铁丝网固定住并用其做边框。另一种是竹篾筛子，其形状与铁丝筛子差不多，主要区别是原料全是用竹篾子做成。筛子有糙、细之分，其用途主要有筛米、筛粮食中的土和杂碎物、筛铡过的牲畜草料等。

20 世纪 70 年代前的生活用具筛子，上为铁丝筛子

竹篾筛子

四　囤粮茓子

囤粮茓子一般是用高粱秆或芦苇等的篾子编制的狭长的粗席子，可以环形地一圈圈绕起来囤粮食。20 世纪 80 年代中后期，由于薄铁片制成的圆桶形囤粮器物的出现，旧式茓子逐步被淘汰。

20 世纪 70 年代前的生活用具茓子，
上为茓子囤粮

高粱篾茓子

第三节　其他生活器具

一　夯

夯是旧时农村砸实地基的主要工具，有木夯、石夯、铁夯，木夯居多。有的木夯是用一根整硬木干，将上面掏出两三根或四根竖杆，两人扶着砸地基；有的是将一块重树根削平，上端钉两个把杆，砸地基时一人操作。铁夯或石夯是用一个圆形或方形的铁块或石块，上面有几个孔，穿上绳子保持平衡，砸地基时一般四人握四根绳将夯抬起砸下。为了打夯时一齐用力，一般要喊打夯歌。

20 世纪 70 年代前生活器具——单人木夯

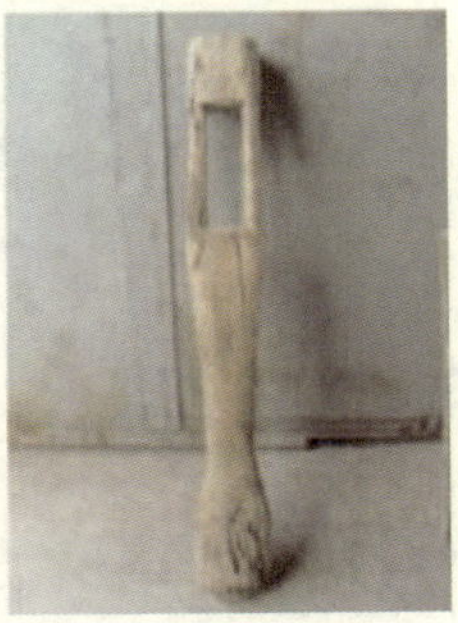

双人木夯

四人石夯

二　纺线车

纺线车是旧时农村纺线工具，它有手摇和脚踏等不同样式。用纺线车可以将丝、棉、毛、麻等纤维物拧成纱线。手摇的纺线车只能一只手摇车，一只手续棉丝絮，靠轮子的转动将丝拧成线。脚踏的纺线车更好操作一些，可以用脚将轮子转动，然后两手撮续棉丝絮。机动纺线机械出现后，旧式纺线车便很少见了。

20 世纪 60 年代前生活用具——纺车

上图为手摇纺车

脚踏纺车

三　风箱、火盆、氽子

风箱是旧时农村鼓风旺火的木制器具，常见的是由木箱、活塞、活门、拉杆组成，通过压缩空气产生气流使灶火或炉火旺盛。火盆是盛炭火的盆子，有土做成的，也有用铁盆的，里面放上炭火后，可以取暖和用来烘干衣物。氽子是旧时农家常用的烧水器具，它是用薄铁板做成的圆筒，上边有把，烧水时将它放入火炉、灶坑、火盆内，使水烧开得快。

风箱

火盆

氽子

上图为 20 世纪 60 年代前农村生活用具

四　缸

缸是旧时农村常用的生活器物。从质地上分，缸有用陶土、砂子等制成，然后外面涂上釉烧成的；也有用瓷、搪瓷、玻璃、珐琅等材料制成的。从用途上分，一般用陶土制成的缸瓦质地的缸，大的用于盛水，小的用于腌咸菜、做酱、做酱豆腐、做臭豆腐等。而用瓷、玻璃、珐琅等做的高档缸用于养鱼、养荷花等。

20世纪70年代前生活用具——缸瓦水缸

缸瓦花纹水缸

缸瓦咸菜酱缸

第四节　旧度量衡具

一　旧度具

度是计量长度的用具。旧计量长度的单位有分、寸、尺、弓、丈、引等，其中用得最多的度具是尺。各个朝代的度具长度标准都有出入。秦代统一度量衡时，度具定为 1 引 10 丈，1 丈 10 尺，1 弓 5 尺，1 尺 10 寸，1 寸 10 分，但当时的尺只相当于现代公制米尺的 27.7 厘米，明显小于现代的尺寸。三国时期以后，引已不用。明代以后，尺寸已接近现代的标准，但却出现了三种：其一是裁衣尺，1 尺等于现代的 34 厘米；其二是量地尺，1 尺等于现代的 32.7 厘米；其三是营造尺，1 尺等于现代的 31.1 厘米。清代时，尺寸标准又有变化，裁衣尺等于现代 35.5 厘米，量地尺等于 34.5 厘米，营造尺等于 32 厘米。到了现代，旧度尺与公制标准进行了对应调整，国际公制的 1 米相当于 3 市尺，1 市尺等于 33.33 厘米。作为 5 尺的弓，只是丈量土地时用，自合式皮尺、米绳出现后，弓已不用。

20世纪70年代前所用的尺

民国时期丈量土地时所用的弓

20世纪50年代丈量土地

二　旧量具

量是测量东西多少的容器具，旧量具有斗、升、合、勺、撮等。旧制 10 撮 1 勺，10 勺 1 合，10 合 1 升，十升 1 斗，十斗 1 石。按现代的公制容量单位，1 撮等于 1 毫升；10 撮等于 1 勺，10 毫升；1 合等于 10 勺，100 毫升；1 升等于 10 合，1000 毫升。升、斗，旧时只用于计量粮食多少。

民国时期所用的木制斗具

民国时期的各种升、斗具

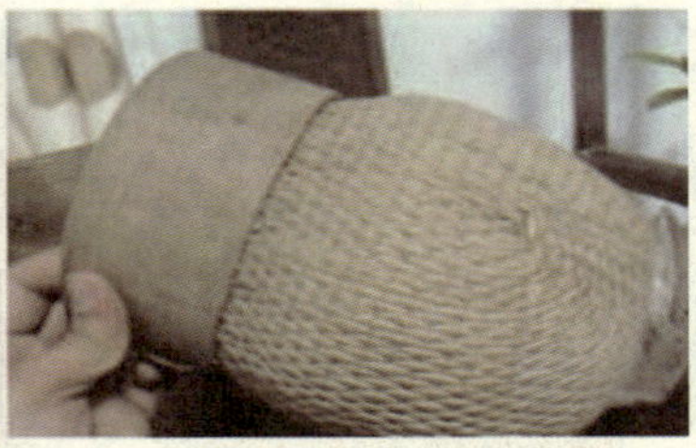

20世纪50年代之柳编斗具

三　旧衡具

衡原意指秤杆，后泛指称重量的器具。秦统一度量衡时，其衡的定制有石、钧、斤、两、铢，1 石等于 4 钧，1 钧等于 30 斤，1 斤等于 16 两，1 两等于 24 铢。以后各朝代都有变化。到了清代，钧早已消失，衡制有石、斤、两、钱、分，1 石等于 120 斤，1 斤等于 16 两，1 两等于 10 钱，1 钱等于 10 分。此衡制一直沿至现代。称量的衡具有特大、大、中、小、特小等各种秤具。到 1959 年，全国开始实行以国际公制为基本计量单位，将市制的 16 两 1 斤改为 10 两 1 斤。与国际公制的换算为 2 市斤等于公制 1 公斤，1 市斤等于 500 克，1 市两等于 50 克，1 公斤等于 1000 克，1000 公斤等于 1 吨，合 2000 市斤。与公制统一计量以后，实行的衡具有磅秤、电子秤、天平秤等多种。

20世纪60年代前药店所用之小盘秤

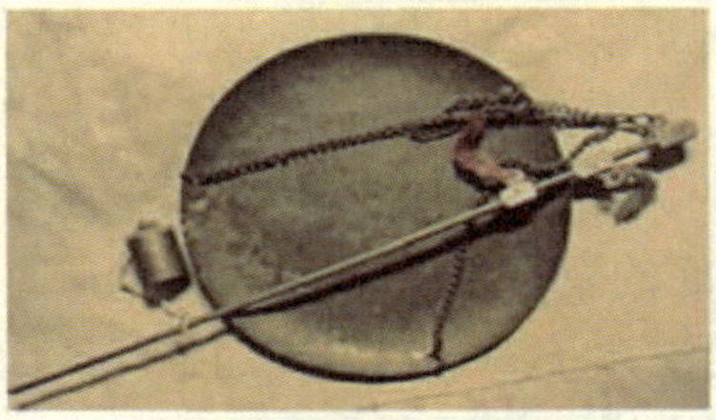

20世纪70年代前之大盘秤

民国时期之天平盘秤

20世纪70年代前之小钩秤

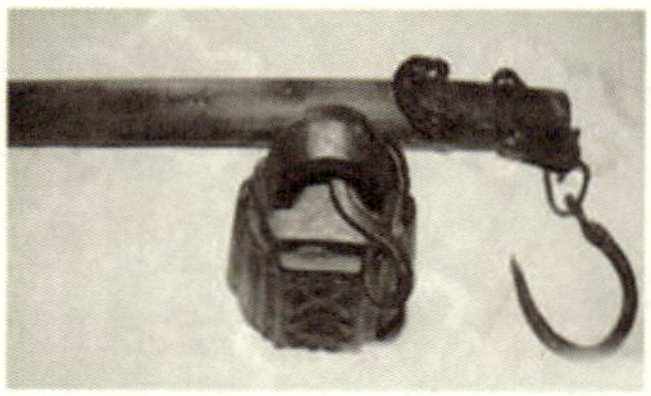
20世纪70年代前所用之大钩秤

民国时期粮店的特大钩秤

第五章　旧时手工行业

第一节　铁匠　锔补匠

一　铁匠

旧时在香河县城和渠口、刘宋、安平、安头屯等小镇子里大都有铁匠铺。小铺子最少两个人，多的有五六人至七八人不等。铺内设有烧煤的烘炉，还有风箱、钩子、铲、砧子、钳子、大锤、手锤、锉等。铁匠铺一般以铸造和锻造生活用具和生产用具为主。铸造的生产用具有犁铧、铁锃等，生活用具有铁锅等。锻造的生活、生产工具主要有刀、勺、铲、锄、镐、锹、镰、锛、凿、斧、锯等，自产自销，小手工业作坊。也有下乡串村的铁匠，一般是一个师傅和两个小徒弟，带着小烘炉、风箱、砧子、锤子，在街头支上烘炉点着火，开始营业。师傅用铁钳子夹着烧红的铁器，徒弟抡大锤随着师傅的手锤走，叮叮当当，铁火星飞溅，人汗流浃背。下乡铁匠，以修理生产、生活用具为主。

20世纪60年代的铁器烘炉

20世纪60年代的手锤锻造

手锤大锤锻造

大锤锻造

二　锔补匠

锔锅、补锅是古老的传统工艺。补锅匠最初担的是一头风箱和炉子，一头是柳条筐的挑子，筐里放工具和被窝卷，称为单柜头。又因担风箱那头扁担上安一个钩子，又称单挂钩。后来，又吸收了锔盆锔碗匠的一些工艺和活计，把柳条筐变成了工具柜，又称为双柜头。单柜头的专锔锅，双柜头的除补锅外，兼做锔盆锔碗锔缸的活计。补锅匠工具柜放前边，上面挂着一面小锣，行话叫淌子，走起路来叮叮当当响。在补锅时，一般厚锅底的裂缝要锔，即在裂缝两边打眼，然后用自制的铁锔子一一钉好，用锤轻敲，把锔子钉好后再用石灰泥一抹，就算完活了。锅底薄又有漏洞的，要用小尖锉在漏处打磨出一个洞，再拉风箱生火，用小坩锅化铜水，锅底漏处垫厚布，用小勺舀铜水，从锅上小漏洞灌入，再用布卷一接，两手一挤，锅就补成了。如果用铁补，就把锅漏处化铁水倒入，方法与铜水相同。俗话说，没有金钢钻，不揽瓷器活。锔盆锔碗锔缸的工具要有一个金刚钻头，连在长木杆头上，根据活儿难易会有粗细不同的钻头。另外还要有一根横杆与竖杆用皮带子相连，做活时通过一手拉动横杆使竖杆产生极快的旋转效果，钻头则通过快速旋转将瓷器等打出眼来，再用铜锔钉钉好砸好，把破裂的缸瓷器修理完整。

20世纪60年代的补锅匠

补锅打眼化铜水

补锅

民国时期的锔碗匠

20世纪60年代的锔碗匠

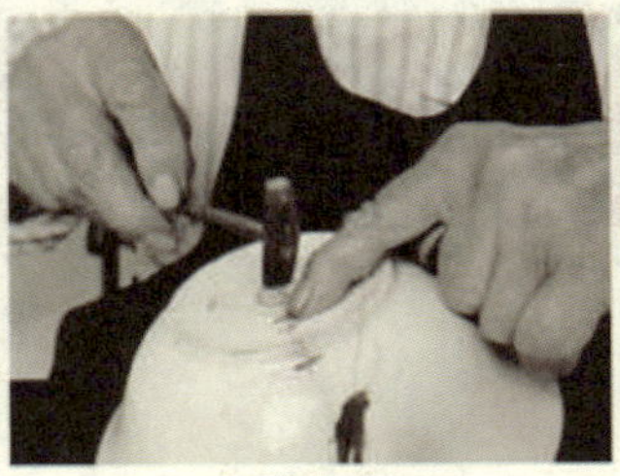
碗上钉锔

补碗

锔补瓷碗

锔补瓦碗

20世纪60年代锔缸匠

第二节　烧窑匠

一　砖瓦烧制

烧窑业历史悠久，香河县主要有砖瓦窑和盆罐窑两种。烧窑技术性很强，烧砖瓦先制好砖瓦坯子，半干时立起，用攒板整形，晾干后装窑。装窑技术性很强，也非常危险，几万块砖或瓦立着码在窑里，弄不好会倒塌发生工伤事故。在马蹄形的窑内，要码成前面直，三面弧形，肚子大，上头小，留七八个灶眼。窑装好封好洞口后点火。火道里底下铺好秫秸，上面放煤。点火后先以大火猛烧，烧一天一宿后变慢火。慢火烧三四天后封火门，闷烟一天一夜。旧时烧的都是蓝砖蓝瓦，要给砖上色，把所有灶眼用泥封好后，开始从窑顶浇水，再闷两夜一天，之后打开晾晾，一窑砖瓦就算烧成了。

20世纪60年代的砖瓦烧制

烧窑

出窑

二　盆罐烧制

烧盆罐制作毛坯时麻烦得多，但其烧制工艺与烧砖瓦差不多。自从铝、钢、搪瓷盆罐出现后，烧制陶土盆罐的就很少见了，现已绝迹。

盆罐窑

第三节　瓦木石匠

一　瓦匠

瓦匠是一个大行业。无论百姓建造家宅，还是建庙筑桥，都需要他们。建筑瓦匠都是成群的，有领作、师傅、大工、小工。要完成一项工程，少则十几人，多则几十人，甚至几百人。瓦匠的工具并不复杂，有瓦刀、抹子、轧嘴、砍砖斧、灰斗子等。要建造讲究的建筑物，需要手艺高超的瓦匠。讲究的瓦房，要盘龙卧脊，有九鞍脊、五级脊、清水脊、马鞍脊、透龙脊、四大坡、六级挑等，各有千秋。瓦房脊正中的砖刻叫坐脊花，庙脊正中的小人叫坐脊佛。庙脊两端还要盘着两条龙，叫鸱吻。如果建房需要瓦、木、石等工匠一起施工时，都要听瓦匠头指挥，不可乱了章法。

封天井　封山　做古式飞檐

砌高墙　灰浆砌墙　水泥砌墙

上图为20世纪80年代瓦匠施工时图片

二　木匠

木匠有大木匠、小器作之分。大木匠制作车船、农具、起房立架；小器作制作镂花家具雕刻等。木匠的家具主要有：曲尺，又叫鲁班尺；锯，包括大搂锯、小搂锯，是根据带齿叶子发明的；墨斗，也叫母留，还有墨线，其墨线的小钩又叫巧女；斧子、矩尺；凿子、铁锤；大刨子、小刨子。木匠行业最隆重的仪式就是建筑房屋上梁，要有对鲁班先师敬重的祭拜仪式。小器作的木雕分两类：一是建筑物或日用木器上的装饰性雕刻，另一是木雕像。

做房料

上檩铺檐

盖房上梁

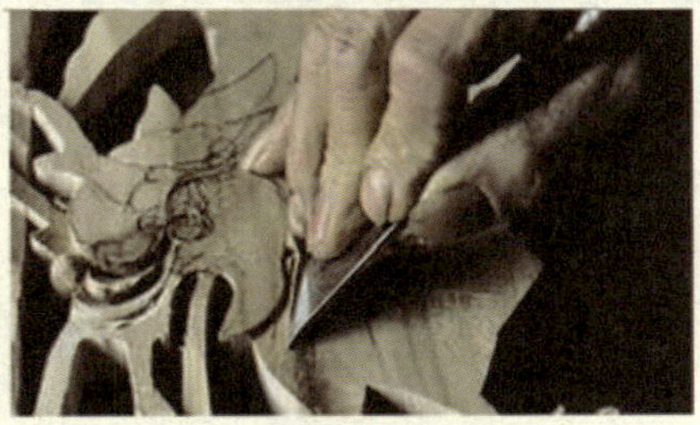
雕刻

墨线盒、锛、凿具

锯

上图为 20 世纪 70 年代木匠做活及木工工具

三　石匠

石匠，据说也是鲁班传下来的。传说当年鲁班为鲁昭公建大殿，把楠木柱截短三尺，鲁班听从妻子建议，底下加了柱石，上面加了斗拱，不但坚固，而且富丽堂皇，从此也兴起了石匠行业。石匠的工具有铁锤、铁凿、铁杆、墨线（红线）等。旧时石匠是个大行业，修桥铺路，建庙造塔，立碑勒铭，修台阶、立门礅、凿碾触磨，都与群众生活相关。

刻石槽

匠凿石料

凿石墩

刻石盘

上图为 20 世纪 50 年代石匠做活图片

第四节　油漆彩画和扎彩裱糊匠

一　油漆彩画匠

油漆匠和彩画匠虽是两种行当，可在实际操作中常常联合作业。油漆匠除去刷油漆外，也会画些简单的画；彩画匠也会刷油漆。油漆匠的祖师传说是春秋时的鲁班，而画匠的祖师传说是唐代擅长画壁画的吴道子。油漆匠的工具有油刷、棕刷、拭扫、色线、皮条线等。彩画匠除去有这些工具外，还要有画笔、长尺、花边箍头、木角边尺及各种图案等。油漆彩画过去用的全是大漆，是漆树上流下来的一种乳汁，勾兑红、黄、蓝各种颜色。在漆画画廊、亭台殿阁和人文景观修复及油绘各种家具图案时，用红漆还要加银朱，用黄漆要加姜黄，这样可保证光亮无比。油漆匠和彩画匠在合作时，一般技术性较强的工艺则由油漆匠处理，一些艺术性较强的工艺则由彩画匠完成。装饰亭子时，需要披麻扎灰，工艺流程比较复杂，火候筋劲必须拿准，这就需要老练的油漆匠来做。而大木三件（檩、垫盖、方子）上的图案，万字不到头。猫眼、米字、竹节之类，主要由彩画匠绘画。有的油漆匠也参与，两者分工合作。

油漆器具

油漆门窗

彩画廊檐

壁上彩画

上图为 20 世纪 50 年代油漆彩画匠做工及彩画图

二　扎彩裱糊匠

扎彩裱糊匠又称棚匠，是用大小杉木槁、长短竹杆、苇席、布幕和粗细麻绳等搭建戏台、喜棚、丧棚、天棚、货棚、茶棚、牌坊等。在香河，每逢春秋两次庙会，棚匠们大显身手。届时，商贾云集，各种戏班、马戏班、杂技班纷纷在此展现绝技。这时，棚匠们要搭起客商们的货棚、表演的戏台、饮水的茶棚。农村红白喜事，都需要棚匠搭棚。喜事搭喜棚，宴请亲朋好友；丧事搭灵棚，悼念亡灵。旧时扎彩和裱糊业在香河农村也很兴盛。住户中的顶棚需要裱糊匠操作。扎彩主要用于丧事和祭祀活动。富户出大殡，扎糊各种冥器、祭品。到了“五七”的时候还要糊花盆、库楼、金山银山等。

裱糊顶棚

搭好的喜棚

搭好的戏棚

上图为 20 世纪 50 年代扎彩衣裱糊匠及喜棚戏棚

第五节　攒筲匠　张箩匠

一　攒筲匠

攒筲匠和木匠一样，同属鲁班行。不过，木匠是吃直线的，攒筲匠是吃圆线的。攒筲匠是用木板制作圆形或椭圆形的水筲、木盆、花盆、面桶、马桶、鱼槽、文艺用的鼓类，技术性很强。攒筲的木材以净木杰佳，此木出于湖南，纹理细致，有韧性，重量轻，不怕水浸。在制作时，行家都是用斧子顺纹路劈成一条条筲板，用刨子刨好，标上“由、中、人、天、主、井、羊、非”等字样，作为排号，用时有序，操作自如。这些规矩行话叫“奎称”。箍木筲时，分文箍和武箍，文箍用竹篾，武箍用铁箍。文箍适合河水，武箍适合井水。攒筲匠出外做活时，其挑子前挑的椭圆形工具箱叫龙头，后面挑的马蹄形工具箱叫龙尾。斧子叫吃木虎，凿子叫实路，刨子叫削子，仰放着的大刨子叫翻天印，圆刨子叫吞木狼，圆规叫规矩。还有一个铁制的一头圆一头扁如宝剑的捻凿叫避水龙。旧时，攒筲匠十分吃香，因为百姓家家都得用这些木制生活器物。自从白铁传入中国，兴起了白铁制的“洋桶、洋壶”等，这种木制攒筲匠渐渐地稀少甚至绝迹。

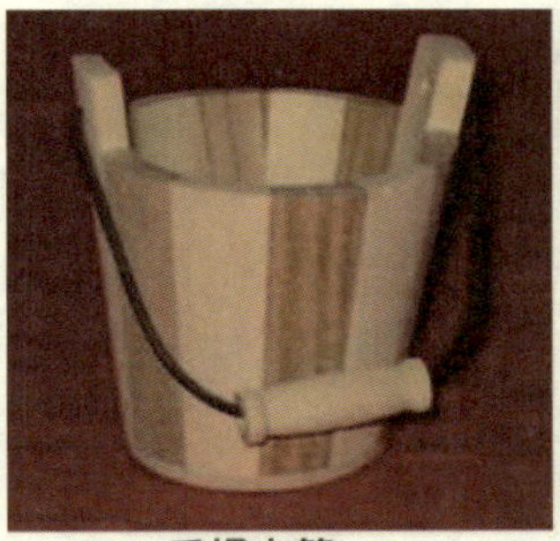
手提木筲

担挑木筲

放物木筲

攒木筲

修木筲

上图为民国时期攒筲匠及木筲

二 张箩匠

旧时，农村使用石磨磨面粉，磨下来的面碎末儿要过粗、细箩，贫困人家用粗箩，箩出黑面粉；富裕人家用细箩箩出白面粉。箩，成了农村磨面不可缺少的工具，张箩也成为旧时很普遍的手工行业。张箩匠一般下乡做活。他们下乡时，一头担着工具箱，一头担着大小箩圈，一进村就吆喝：“张马尾箩喽——。”张箩匠在做活时，粗箩都是用铜、铁丝网做底，而箩白面用的细箩，则是用马尾织成的花底箩。张箩匠的工具有刨子、拉条刀、小榔头、小木铲等。张箩技术性强，特别是他们张马尾箩时，要分双丝和单丝两种，张时要用里反手或外反手，非过人技术很难把底绷紧绷平。他们用锯拉罗圈，一般不用线，一样能拉得整整齐齐。箩帮接口重叠处扎 7 个眼，用藤条穿织，外面两条，里面一条，成麦穗花形。张箩匠在当地做生意的叫坐箱，到外地做生意的叫盘香。后来由于电动机磨的出现，这种张箩手艺便很少见了。

张箩匠

粗箩底

细箩底

张箩底

扎箩帮

上图为 20 世纪 50 年代的张箩匠及箩

第六节 兴秤匠

一 兴秤匠产生

古无货币时，以物易物。进入封建社会后，人私心渐重，投机取巧的多起来，以物易物失去公平。到春秋末期便有了秤，也叫权衡器，权是秤砣，衡是秤杆。制权衡之人以天上 16 位星君为秤杆上的 16 个星，为 16 两，总称 1 斤。旧制秤杆上都有福禄寿三星把关，少给 1 两者损寿，少给 2 两的损禄，少给 3 两的就要丢福。这样一来，心术不正的人就得考虑严重后果了。秤要制得准确，所以就产生了兴秤匠。

二 兴秤

兴秤匠不吆喝，挑子十分特别，一头是个方形柜，下面有四条腿，上面有一个高架，中间有牢固的台面。柜子里装的是修秤工具，柜子就是工作台。另一边是方形斗子，上面是斜抹茬的敞口，放秤杆之类的东西。兴秤匠的挑子上还挂一杆古秤，长二尺二寸，秤砣重 1 斤，有三个提毫，而且有一个能打 12 斤半的称量。这杆古秤就是兴秤的标志。兴秤时用标准较秤叫较龙头。新秤用的秤杆叫光条子，师傅要在上面打眼用铜丝钉星子，颗颗星都有固定标准。兴秤匠出门做生意，遇到同行必须道辛苦，不可抢生意，很讲义气。

秤称东西

修理秤杆

各种钩、盘秤

大盘秤

小盘秤

上图为 20 世纪 70 年代前的兴秤匠及各种秤

第七节 织染坊

一 织布

旧时，很少有人能穿得起城市中“洋”机器所织的“洋花布”，人们大多穿土织布机织的土布。中华人民共和国成立初，全县有这种土织布机两三千台，年织土布近 5 万匹。那时，几乎家家都有纺线车，纺出的棉线除自用外，大多卖予织布小作坊。

织布机侧视

织布机正视

大小织布机

上机织布

上图为 20 世纪 50 年代的各种织布机

二 染布

织出的布主要是土白布，需要染坊染出各种颜色。染坊主要工具是大染缸和晒布竹木架子。染坊收活都有特别记号，通常会交给来者一块木牌，取活时对号领取。染行旧称查青邱，染绸缎的工人称为场头，染大布的称大行邱，染小布的称小行邱，技艺难度不同。

染布匠

布料下染池

染缸

染布晾晒

上图为 20 世纪 50 年代的染布匠及染布作坊

第八节　酒坊烧锅

一　酿酒器具、原料

旧时在香河一带有不少酿酒烧锅，城北北岗烧锅在京东赫赫有名。酒坊中有造酒缸、酒坛漏斗、酒提等。酿酒时需要有麦曲虫屑，用的粮食最好是高粱，酿成的酒称乐水，其渣滓称酒糟。

酿酒粮食加工

酿酒车间

上图为 20 世纪 70 年代酿酒车间

二　酿酒

酿酒师傅有大把式、二把式、普通工人。酿酒时一般是昼夜两班倒，每班有大把式一人负责掌令盘，二把式一人负责掌温度和浆头。另有拉小锨两人负责搬抬等力气活。过去没有仪器，主要是看酒花多少判断酒的度数。用 10 盅酒内掺进 5 盅水，从高处倒进碗内，酒花罩满碗，就是 5 个浆头的酒。以罩满碗的酒花为标准，酒的比量少，说明酒的度数高；反之，酒的度数低。

酒曲制造

酒出原浆

酒入坛封存

上图为 20 世纪 70 年代酿酒窖藏情景

第九节　柳编匠

一　柳编匠

香河县内四水环流，生长喜水的杞柳（当地称水柳）资源丰富，因此旧时柳编业很发达。特别是杨簸箕庄，多数人家以编笸箩、簸箕为生，故有此村名。北五百户村则是有名生产柳罐头的村。柳编用的原料都是水柳条，特别柔软，可以编出笸箩、簸箕、提斗、柳罐头、饭篮、土筐、背筐、粪箕等。旧时，柳编匠与扎柳匠互不往来。因为扎柳匠是要修理笸箩、簸箕，往往会贬低活儿编得不好，不结实，非得经过他们修理一番不可，这自然引起柳编匠的不满。过去在集上出摊，编柳匠和扎柳匠都离得远远的。

刷清漆提篮

饭篮

提篮

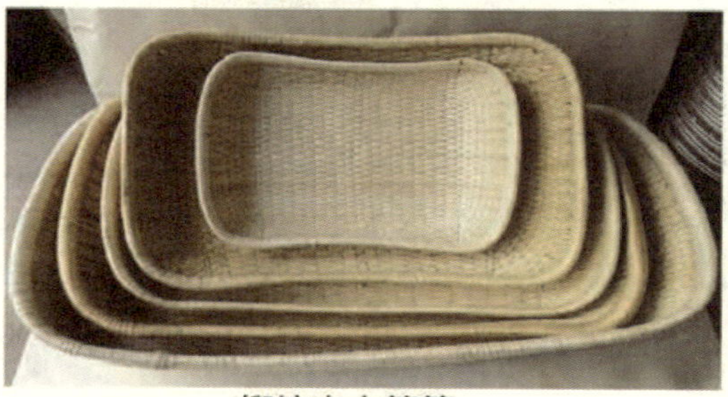
柳编大小簸箩

柳编大小簸箕

柳编匠做活

上图为20世纪70年代柳编情景及产品

二　扎柳匠

扎柳匠上集出摊儿、串乡做活时，一般是挑两个圆形柜子。前头的柜子叫卧虎，里面放锥子、小镰刀、榔头、竹夹子、挣子等专用工具；后头的柜子叫盘龙，里面放着被卷及麻经、铁丝、竹篾子等原料。扎柳匠以修理笸箩、簸箕和扎扫帚等为业。下乡串巷时，他们手持唤铁，又叫七星板，每个铁片上有两个眼，用皮条相连，一端有个木把，一抡，呱嗒嗒作响，不用吆喝。扎柳匠做活时，坐的是用绵柳制作的板凳，板凳的四条腿是用火煨成的条木板，上面有木框相连。扎柳匠的活儿非常规矩，扎炕笤帚必须扎五绺，地笤帚扎四绺，扎九道经。修理笸箩、簸箕时，活更要讲究，每根条都要麻经接紧勒实，不能有空隙，穿笸箩和簸箕帮上用的竹篾更要选好扎牢靠，不能有半点含糊。

修筛子

修簸箕

修笸箩

扎条帚

炕条帚

上图为20世纪60年代扎柳匠修活情景

第十节 磨剪子抢菜刀

磨剪子抢菜刀是过去很常见的手工行。磨，是用磨刀石或砂轮将刀剪类打磨锋利；抢，是用砂轮或抢刀石将刀具刮掉或抢掉一层而使其锋利，比磨力度大。磨剪子抢菜刀的师傅下乡有的是扛一个长板凳走街串巷，上边绑一个磨刀石，一边走一边喊："磨剪子来——抢菜刀——。"后来讲究一点的，有用手推车或骑自行车下乡串街，上边放着板凳、磨刀石，有的带着手摇砂轮机。不管多么钝的剪子或刀具，只要到了磨刀师傅手里，不一会儿就会锋利。直到现在，这个行业的人还经常出现在街巷之中，因为它与人们的生活息息相关。

磨剪子

砂轮剪子开刀

磨菜刀

菜刀开刃

抢菜刀

上图为20世纪60年代磨剪子抢菜刀业者在做活

第十一节 绱鞋修鞋匠

一 绱鞋匠

绱鞋匠称双线行，也叫夹板行。绱鞋是用两条线，纳底子时，是用一个两尺多高下宽上窄的木板夹住，纳出的鞋底瓷实。绱鞋的工具还有针、锥子、锤子、鞋楦子、刀子、剪子、刷子、鞋拐子。绱鞋时，要先钉四柱。过去多翻上鞋底，先把鞋帮固定在鞋楦上，前后各钉三个鞋钉，中间两个，叫四柱。为了便于干活，事先用刷子蘸水把鞋刷一刷，行话叫粉一粉。棉鞋粉鞋里，夹鞋粉鞋面。绱鞋时先从鞋后跟往中间绱，讲究"腮满、根圆、腰里硬，就怕梁子钉不正"。

20 世纪 70 年代的绱鞋匠

绱好的布鞋

二 修鞋匠

修鞋匠又称皮匠，以修鞋补鞋为业。皮匠挑子一头大一头小。大头叫龙头，上有一块长方形木板，上插两把木制宝剑，作为缠麻绳之用。小头叫龙尾，是一个圆形的两层工具箱，内盛工具。修鞋的工具原料主要有鞋拐子、锥子、针、钳子、切皮口、切皮板，麻线，榔头、钉子、皮子、水刷、水槽、剪子等。修鞋的手艺很讲究，无论是包鞋头、补后跟、配鞋底都靠精湛的手艺。修鞋的是单线行，绱鞋的是双线行，两者不混淆。

修布鞋

修皮鞋

上为20世纪60年代修鞋匠

第十二节 皮革、熟皮作坊

一 皮革行

皮革行是把牛、猪、羊、驴、马皮毛去 掉制革，用来做皮鞋、皮包或其他皮革制品。

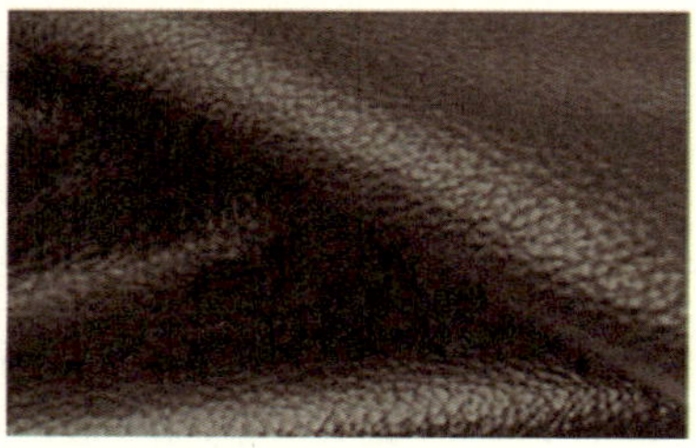
皮革料

皮包

皮鞋

上为20世纪80年代皮革料

二 熟皮行

熟皮行又称裘皮行，它和皮革行不同，重点在于留毛，取材多是狗、羊、狐、兔、黄鼬、水獭、旱獭之类，这些皮毛质轻毛细，可缝制皮褥、裘皮大衣、皮围脖等，是人们冬季御寒佳品。

未加工皮毛料

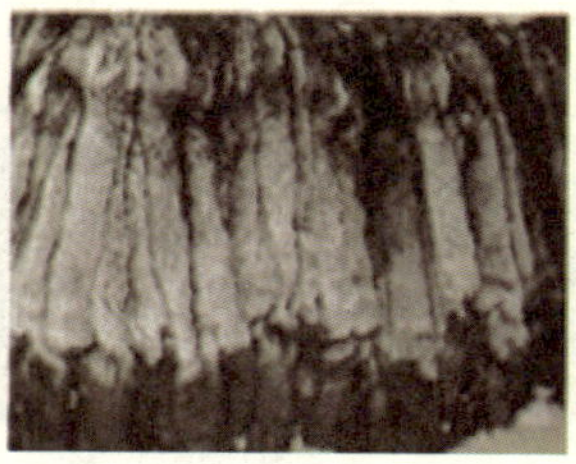
经加工的皮毛料

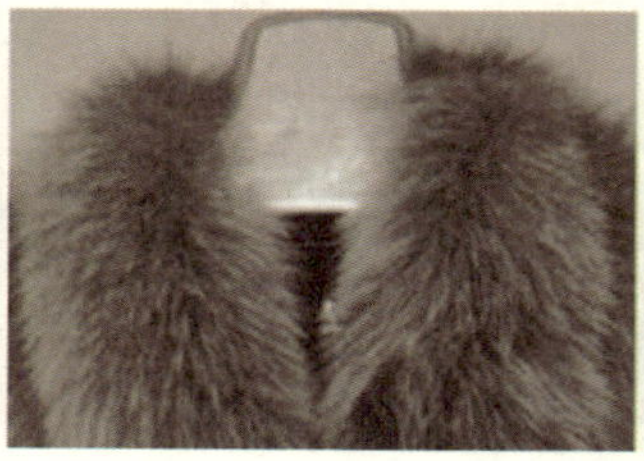
水獭毛

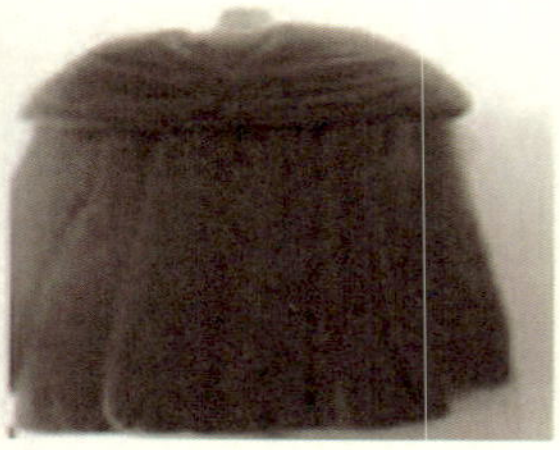
黄鼬毛

上为20世纪80年代熟皮料

第十三节　屠宰行

熟皮匠熟的皮货，大都是屠宰行剥下来的。屠宰行与人们的生活密不可分。逢年过节，招待亲友，人们的餐桌上要有肉食。早在春秋时期，就有专门从事屠宰行业的，以后代代相传。屠宰行一般不滥杀。宰牲畜，一般是宰那些滚蹄、打膀、咬人踢人的坏牲口，而且不屠杀白马。至于杀猪、狗、兔、羊等，就没有那么多讲究了。夏天，尽量少屠宰，以防剩肉，实在卖不完的剩肉放在干井或地窖里。屠户买牲口，除直接向农户购买外，也跟牲口贩子打交道。

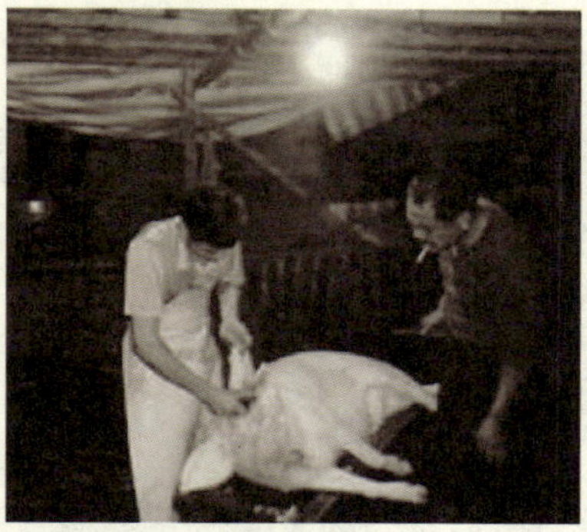
杀猪

猪肉

上图为 20 世纪 80 年代的屠宰业图片

第十四节　白铁业

白铁匠源于锡匠。用锡焊补铜器和锡器，原来很盛行，俗称焊锡壶的。下乡时，担着挑子一边走一边吆喝。自从西方石油传入中国后，白铁做成的煤油桶也随之传入。人们开始用煤油桶改成水桶，称为洋桶，同样也改做水壶、水吊子之类。从此，不爱长锈的白铁逐渐代替了铜器和锡器。锡匠也逐渐地变成了白铁匠。白铁匠的工具设备主要有锤子、剪子、烙铁、拐针、炉子等。白铁匠除生产一些生活用品如铁壶、水舀子、喷壶、水桶、烟筒等，也为人们修补铁壶、铝壶、搪瓷盆等。一般在街头营业，没有标志，也不吆喝，生个炉子就开始做活。有铺面的在门口挂个牌子，上边写着“黑白铁业”。

民国时期的白铁匠挑子

20 世纪 50 年代的白铁业小作坊

20 世纪 80 年代的白铁活外滩

白铁活成品

第十五节　玉器行

香河县玉器行颇有历史。玉雕是硬活，有白玉、岫玉、翡翠等硬玉加工，工艺突出庄重典雅凝重的传统民族风格。作品以人物为主，有佛道人物、红楼人物等。玉器加工的流程大致是：选料、设计、水凳（粗细加工）。加工时，先断底平，打外褙找平、找轮廓、找型，然后做脸、上衣纹、轧面子等细加工处理。加工玉器，一般都要进行旱凳抛光加工，先用糙胶打磨表面去糙，再用细胶细磨和过细打磨上亮，要用白泥浆罩亮，用皮砣罩足亮。还有刷活，用酸去浮面杂质，最后过腊，即上锅加温、上腊、打罩光腊，以使其晶莹剔透。

民国时期的玉佛

民国时期的小件玉器

清末时期玉器匠

民国时期玉器匠

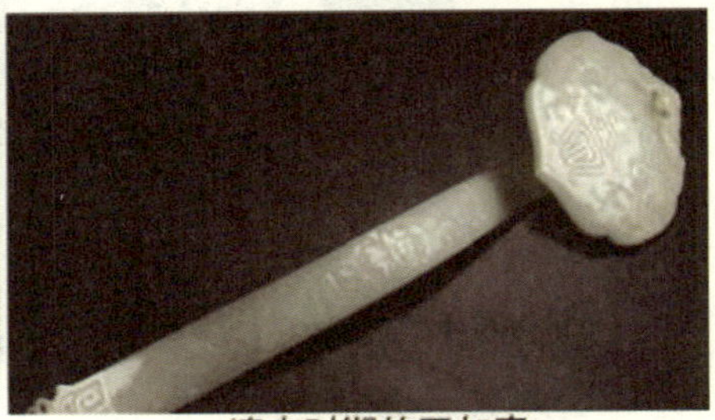
清末时期的玉如意

第十六节　理发匠　修脚匠

一　理发匠

理发业分行（xíng）行(háng)和坐行两种。坐行是一间小门店。行行是挑着担子，走街串巷。挑子的一头是红木桶，里面放着火炉，上有一个铁架，铁架上放着一个脸盆，以备温水之用。挑子的另一头是个坐凳，也是红色，中间有个抽屉，可以盛理发工具。因此有“剃头挑子一头热”的说法。坐行是在理发店（旧称剃头棚），门口标志多悬挂一面白色小旗，周围镶红色锯齿边。旧时的理发师傅兼按摩捶背，按摩是在刮光剃净之后，按摩相应穴位可以去火消烦。理发的工具有刀子、推子、剪子、脸盆、围苫、钢刀布、手巾、肥皂、篦子、梳子、镜子、磨刀石、胡刷、扁担、担子、凳子、椅子等。

民国时期理发

20世纪50年代的理发

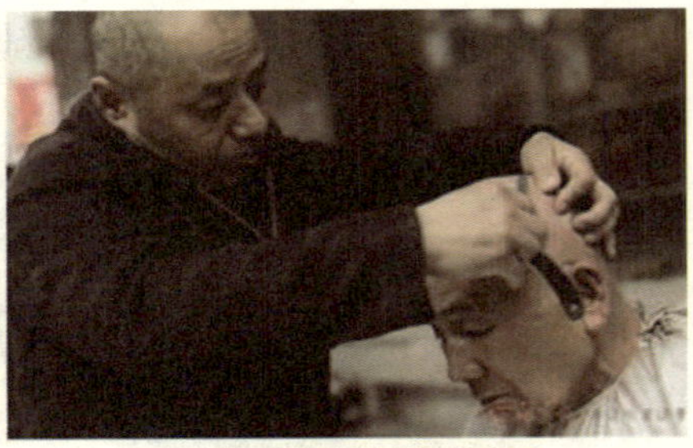
20世纪50年代的剃头

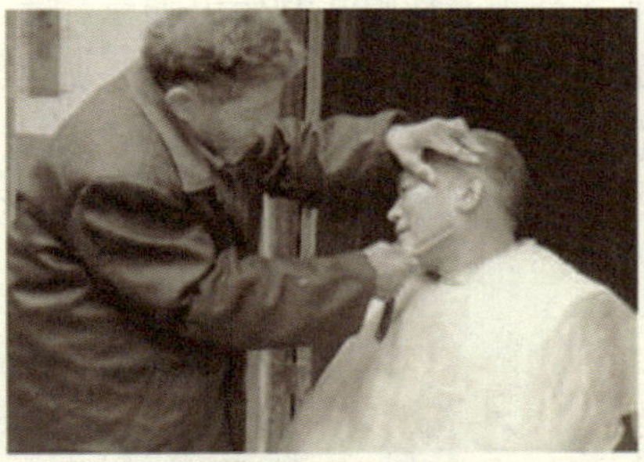

20世纪50年代的刮脸

20世纪80年代的剪发

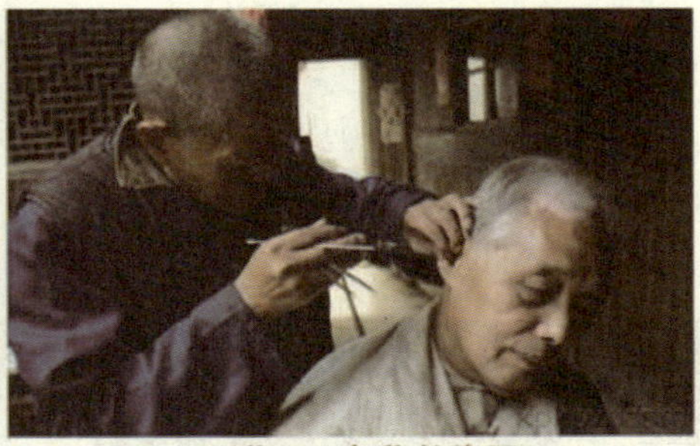

20世纪60年代的掏耳

二　修脚匠

修脚常做的是给长趾甲的修理整齐，给有足疾的人治疗脚部皮肤和趾甲病。足部常见的病有嵌甲、灰甲、畸形趾甲、鸡眼、脚垫、刺瘊等，给人们带来很多不便。修脚匠运用锋利的修刀，运用锛、削、起、劈等手法，对症下刀，一般都能当场见效。修脚匠一般有三种类型：第一种是街头出摊。他们多用竹竿搭成布棚，绳子往里缠，不系扣，棚子上横竹竿 3 根，下竖 6 根，名为“三教九流”。棚子里下面铺一块红布，墙上挂一块白布。第二种是浴池服务的修脚匠，除修脚外，还负责修趾甲，捏脚气，脚部按摩等，行话叫作平活的。第三种是走街串巷的，背着工具，手里拿着两块木板，一边走一边敲，招揽生意。

清朝时期修脚

20世纪90年代户外修脚

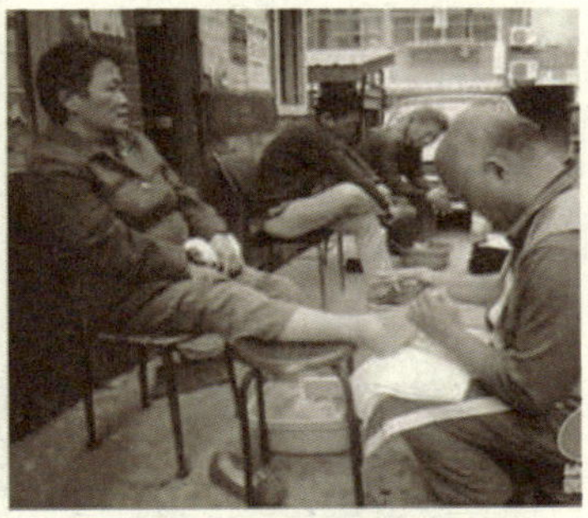

户外修脚

第十七节　金银首饰、宝华蓝业

一　金银首饰业

旧时，香河县城有金银首饰业，以做工精巧而著称。金银首饰以作坊式进行生产，主要制作戒指、戒箍、耳环、簪子、金银钗、手镯等金银首饰。工具有龙冲榔头、雀尾铁扁担、哑锤、剪刀、喷银喷钩、工字形阳提拐针、挑提拐针、风炉、熔银炉等。

民国时期的金银首饰

民国时期金银首饰宝华蓝店

二　宝华蓝业

宝华蓝在香河县历史悠久。据 2001 年出版《香河县志》载，清末民初的香河人安迪生（安厚斋）在北平发明了宝华蓝。利用其制作出勋章、瓶、鼎、钟等物，精美绝伦，名驰中外。民国时参加全国国货展览会获优质奖，在巴拿马国际博览会获金奖。当时，在北平和香河都有安厚斋开的宝华蓝店铺。

宝华蓝香炉

宝华蓝瓶

宝华蓝盒

宝华蓝盘

宝华蓝动物造型

上图为民国时期的各种宝华蓝产品

第十八节　画匠　塑匠

一　庙宇画匠

旧时香河县庙宇很多，县内不乏画匠、塑匠高手。画匠与塑匠很难分清，画匠也会塑像，塑匠也会绘画，只不过各有侧重。这种行业往往是家班或师傅带徒弟，他们是一个群体，有活计一班人一起上。画匠与塑匠都有很多行话。画匠的活计称绘彩生；画前打底称打衬子；画人像称劈青开盘子，画神像称通天宇，画花鸟称打小样；写字称标认记；画笔称搠彩。画匠画神像前祭拜画圣吴道子，画出的神像、佛像才能栩栩如生。

民国时期庙宇中如来佛画像

菩萨画像

观世音画像

二　庙宇塑像

塑匠的活计称塑灵生；刻木刀称画骨；塑佛头称灵于，塑神龛称云盖，佛座称法台，塑口称开金声，塑脚称托身，塑如来佛称塑大佛，塑观音称塑慈悲大士。塑匠塑完神像、佛像之后，彩绘完毕，脸也开了，最后一道工序开光，就是点眼睛，要选良辰吉日。因为“传神写照，俱在阿睹之中”。点睛之日，寺庙主持要准备好 3 尺红绫，1 只活公鸡，1 支新笔。事先还要请当地知名人士到场参加开光大典。开光前，要祭拜塑匠祖师杨惠之，然后取公鸡头上之血研墨，口念开光咒语，一笔点睛。一笔下来，神像、佛像神采流动，顾盼生辉。开光后，神像或佛像就可以供人们焚香顶礼膜拜了。

清代庙宇中如来佛塑像

菩萨塑像

观世音塑像

罗汉塑像

第六章　旧时衣着

第一节　民国时期衣着

一　民国初期衣着

民国初年，除男人剪掉辫子外，男女装束跟清朝时没有多大分别。有点身份的男子穿绸缎长袍马褂，帽子一般戴六角中间有一个抓揪的帽盔儿，普通男子穿粗布长衫，普通劳动者平日穿对襟短褂和长裤。有钱家的女子一般穿旗袍，普通女子穿右开襟上衣和裤子。

民国时期老年人衣着

青年男子长马褂

民国时期青年女子旗袍

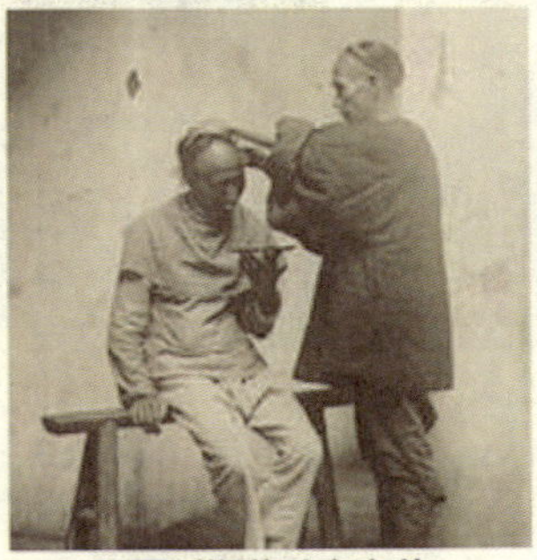
民国时期劳动者衣着

粗布中长衫

对襟夹袄

二　“五四”运动后衣着

五四运动后，受新文化影响，中式服饰发生了很大变化，男子的长袍马褂除一些老年人外，中、青年穿的人逐渐变少；西服礼帽传入国内，一些年轻人较青睐礼帽加西服。穿长衫的青年男子都配上一个浅色的围巾。这时，孙中山先生所提倡的“中山装”开始流行。旗袍比原来开口更大些，一些年轻的女学生喜欢右襟浅色上衣下面配裙子的装束，在当时比较新潮。而普通劳动者的装束变化不大，对襟短衣裤很普遍。

20世纪20年代旗袍

20世纪30年代男女青年装

20世纪30年代中山装

礼服礼帽

20世纪40年代
成年男子礼服礼帽

第二节　中华人民共和国成立后衣着

一　中华人民共和国成立初期衣着

中华人民共和国成立初，虽然民国时的一些服饰仍然存在，但没延续几年。存在几千年的长袍马褂由于不适应劳动逐渐被前面敞开有扣子的大衣所代替。虽然也有在大城市生活过的人回县穿穿西服，个别妇女偶尔穿旗袍，但由于解放后提倡全民参加劳动，劳动装束成为大众流行装。很多贫困人家仍然与中华人民共和国成立前一样，常年穿补丁衣服。一般妇女穿带点素花的右侧开襟的上衣，里面再穿个肚兜儿，下面配素花或无花的裤子。农村男子一般夏天就穿开襟有疙瘩袢的白粗布衫，有的干脆穿没有袖子的“汗钻”，又凉快又便于干活；春秋之季则穿夹袄夹裤，夹袄一般也是对襟布疙瘩袢儿，而夹裤一般是缅裆裤系裤腰带，裤腰肥大。当时的布料，在县城有机织的所谓“洋布”，既有斜纹哔叽、礼服呢、支贡呢等，也有平纹府绸、平纹布等。丝织品较少，有彩绸、纺绸、黑胶绸、绵绸、塔夫绸等。农村人除买些便宜的平纹布外，还多用市布、粗棉布（又称大五幅）、麻布做面料，粗棉布和麻布需要用颜料煮染漂洗。冬天，县城讲究的人做棉袄棉裤，外面的料儿多用纺绸、府绸，而农村大都用平纹布或染过的粗布大五幅来做面料。实冷的时候，有条件的外面再穿一件皮袄，里有羊皮的也有狗皮的。

20世纪50年代初的右大襟棉衣

50年代男女春秋装

50年代妇女夏装

50年代男子夏装

二　20世纪50年代衣着

20世纪50年代中期后，长袍马褂消失，被认为是资产阶级或小资产阶级情调的西服和旗袍也不见了踪影，随之中山装、列宁装、卓娅装兴起。中山装庄重严谨，上衣纽扣多，四个口袋平平整整，人们简称为制服。当时，有一件毛料中山装是令人羡慕的，在上衣口袋插上一支钢笔，是有知识有文化的象征。后来，又有人根据中山装的特点，设计出了简洁明快的人民装、青年装、学生装等。在改进中，逐渐将领口儿开大，翻领也由小变大，很受人们的欢迎。

1956—1957年，列宁装、卓娅装流行到香河县。列宁装是一种制服，西装开领，双排扣，各有3个纽扣，腰间穿一条布带。卓娅装开领更大些，用花条儿布料做成，也是双排扣。

随着人们生活的好转，服装的色彩也从单调的蓝色、灰色变得多起来。大缅裆裤在青年人中间很少见了，变成了前开门的裤子，女裤则为侧开门，还出现了背带裤。从苏联传入的连衣裙“布拉吉”也在城内妇女中兴起。这个时代人们崇尚节俭，服装大多买布自己制作，到商场中买成品服装的人只占少数。

20世纪50年代
明兜中山便服

50年代
暗兜中山便服

50年代列宁服

50年代卓雅装

50年代布拉吉连衣裙

前开门男裤

侧开门女裤

三　20 世纪 60 年代衣着

到了 20 世纪 60 年代初，受国家三年困难时期影响，人们的生活进入了艰苦时期，买服装、棉布和各种纺织品都要凭布票、棉票。每人发过 2 尺 7 寸、21 尺、17 尺 3 寸布票不等。为了尽可能地节约，人们在做制和购买服装时，尽量少用布。由中山装演化而来的制服这时由明兜改为暗兜。人们选择布料时，大都选耐磨耐脏的灰、黑、蓝流行色，季节不分，且男女间的区别也不大。人们穿衣观念依然恢复中国人传统的说法：“新三年，旧三年，缝缝补补又三年”。

60年代初期棉上衣

60年代初期暗兜收领制服

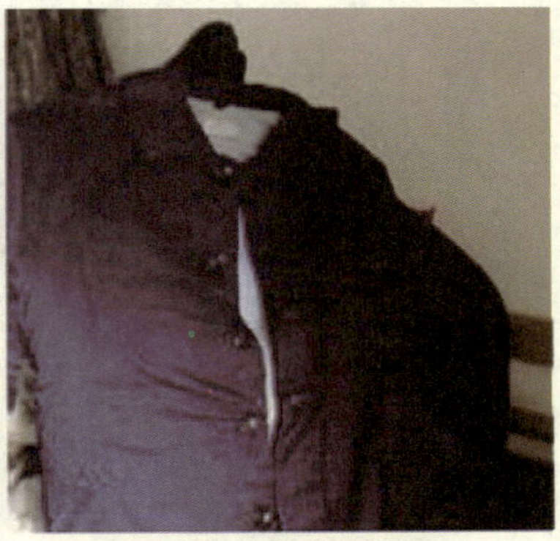
60年代初期暗兜翻领制服

“文化大革命”时期，拥有一套军装是当时很多青年人的追求。青少年大都穿草绿色的军装，不仅春、夏、秋三季穿单衣军装，冬天还要购置一身棉军装，再配以棉军大衣。那时，身穿军装，头戴草绿色军帽，肩挎草绿色挎包，是青年人时兴的打扮。

“文化大革命”时期演出着装

“文化大革命”时期拉练着装

“文化大革命”时期单人照相装束

“文化大革命”时期双人照相装束

“文化大革命”时期三人照相装束

四　20世纪70年代衣着

20世纪70年代前期，仍有一部分人在穿绿军装，到中期就逐渐减少了。70年代后期，布票仍在实行，人们的主流服饰颜色恢复了灰、黑、蓝色，布料仍以棉布为主，主要面料品种有平纹布、的确良、条绒、哔叽、礼服呢、支贡呢、府绸、纺绸、绵绸等。这时候，用大五幅粗白布染色做衣服的人已经很少了，改变了“新三年，旧三年，缝缝补补又三年”的穿衣传统，城镇农村补丁衣服消失了。

70年代男女留影时装束

70年代的妇女秋装

70年代男女夏装

十一届三中全会以后，人们在穿着打扮上朴素单调的理念逐渐被打破，服装的花色、款式逐渐多样化，面料、质地发生变化，色彩已从单调的蓝、黑、白、灰、绿等变得五颜六色、多姿多彩。

第七章　旧时交通运载工具

第一节　驮　轿

一　牲畜驮运

驮运牲畜主要有驴、马、骡等几种牲畜。民国中期以前，香河人上京下卫或走亲戚，亦或驮人连并载货，常骑驴、马、骡等牲畜，称为脚力。骑的牲畜有的是自己的，也有的是雇别人的。雇的脚力如果是有人牵拉着的，那人就被称为拉脚的。香河也曾有过用骆驼驮运货物去张北内蒙古等地的。

民国时期自骑驴脚力

民国时期有拉脚的驴脚力

民国时期有赶脚的驴脚力

民国时期自骑马脚力

二　轿子

轿子是旧时的一种交通工具。一般为方形，用木头或竹子制成，外面套上帷子，帷子有不同的颜色。方形轿子的两边各有一根长杆，有的由两人抬着走，也有由四人抬着的，抬轿的则称为轿夫。至于由八人抬着的大轿，则称八抬大轿。也有的轿子坐落在车上，由驴、马、骡等牲畜拉着走，前面有赶车的，走起来则轻便多了。

民国时期四人抬小轿

民国时期四人抬娶亲花轿

民国时期畜力空轿车

民国时期人赶驴拉轿车

民国时期人赶马拉轿车

第二节　车

一　人力车

黄包车　黄包车是载客用的两轮人力车。19世纪末期出现在亚洲，后来传到西方各国。中国的人力车由日本传入，所以称东洋车，又称洋车、黄包车等。这种两轮人力车，20 世纪 20—30 年代以后在香河县城出现过，不过很少。洋车有两个胶皮车轮，圈椅状的木制车厢，上搭可折叠的车篷，有的甚至前挂车帘用以遮阳挡雨，可以乘坐 1~2 人。车厢前伸出两根辕杆，前端有横木把手相连。提起辕杆以后，乘车人身躯后仰，可减轻挽车力。车夫两手握着辕杆在其间拉着车奔跑。

民国时期黄包车夫等客

民国时期黄包车夫载客

三轮车　三轮车是一种由黄包车和自行车衍变而成的交通工具。前面一个轮子，后面并行两个轮子，人坐在车座上脚踏前行。20 世纪 30 年代后非常流行，逐步取代黄包车的地位。

脚踏载客三轮车

自行车　自行车是 20 世纪初由外国传入，原来也称洋车，两个轮子一前一后，由一人骑行，也可以后架载人或载货。在 20 世纪 20—30 年代，自行车传入香河。自行车是有钱人家的奢侈品，一般人家买不起。中华人民共和国成立后，自行车逐渐进入普通百姓家。到了 70 年代以后，自行车普及了城乡。

民国时期自行车

解放初期自行车

70年代自行车

70年代的自行车存放处

二　畜力运输车

畜力运输在农业生产中有牛、马、驴、骡等拉的车，长途载人或载货运输，一般用马拉车。因为马走得快，耐力强，所以畜力运输车一般称马车。马拉的花轱辘车很普遍，车辕、车厢、车板和轱辘都是木制的。轱辘外轮、轴，连接外轮及轴部的半径都是硬木做成，用铁铆钉连接起来，十分坚固。花轱辘车虽然很结实，但车体笨重，行进慢。随着柏油马路的出现，花轱辘车已不适应长途运输。50 年代后期，出现充气胶轮大车，适合在柏油马路上行走，长途运输中逐渐淘汰了花轱辘车。60 年代后，拖拉机运输逐渐兴起，80 年代，汽车运输逐渐普及，木制马车退出运输业。

民国时期空木制花轱辘运输大车

民国时期驴拉花轱辘车

20世纪50年代马拉胶轮运输大车和运输车队

三　公共汽车

1950 年，香河县出现公共汽车。是年 8 月，北京市长途汽车公司在香河县城东门外设立了公共汽车站。虽然这时的公共汽车体积较小，但是毕竟方便了许多，人们出行乘坐公共汽车的多了。随着公共汽车的不断增加，逐渐取代了各种旧的载人交通工具。

20世纪50年代公共汽车

20世纪60年代公共汽车

20世纪70年代大型公共汽车

第八章　旧时饮食

第一节　20 世纪 50 年代饮食

一　主食

中华人民共和国成立之初，经济上承接的是国民党政府留下的烂摊子，加上连续两三年严重洪涝虫灾，粮食作物产量很低，造成人们生活十分困难。政府采取发展工副业等许多急救措施，才使群众勉强得以温饱。这一时期饮食十分简单。早晚主食是玉米粥、高粱稀饭或小米粥加玉米饼子、玉米窝头，中午是玉米饼子、玉米面或高粱面窝头、玉米面打糊饼、玉米面馅糊饼、玉米面菜饽饽、玉米面粑粒儿等。只有待客或春节时能吃上面粉、小米干饭等主食。

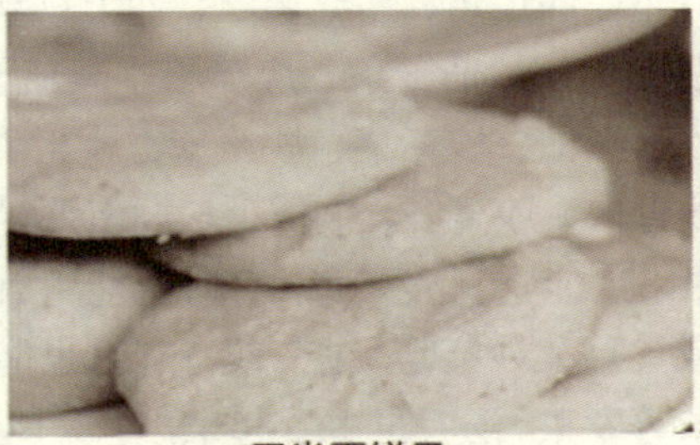
玉米面饼子

玉米面窝头

玉米面菜饽饽

玉米面馅糊饼

玉米面炒粑粒儿

玉米面粥

上图为 20 世纪 60 年初期的各种主食

1954 年以后的几年，农业合作社粮食产量较前提高，开始种植红薯，农民还有些自留地种植粮菜。这时的群众不但得以温饱，主食样式也增加了。粗粮除经常吃玉米主食外，还吃玉米面蒸丝糕、玉米面或荞麦面摇饸饹、焖红薯、小米干饭、高粱米饭或黏高粱米饭等。几天中偶尔还能吃上一顿白面烙饼或蒸馒头、花卷、蒸懒龙、烙饸子、蒸豆包、菜包子等。小麦面粉一般分白面和黑面。白面省着过年过节或待客吃；黑面烙旋饼、春饼，然后卷上大葱和酱当主食吃。夏季大麦熟后，有时做大麦辗转儿、炒面。一个月或几个月能吃上一顿大米饭。到秋后有时能吃几回糜黍面做的“驴打滚”等黏食。红薯收获后，有时焖着吃，有时也放在玉米渣中熬红薯粥吃，或者切成红薯干蒸着吃。

大米饭

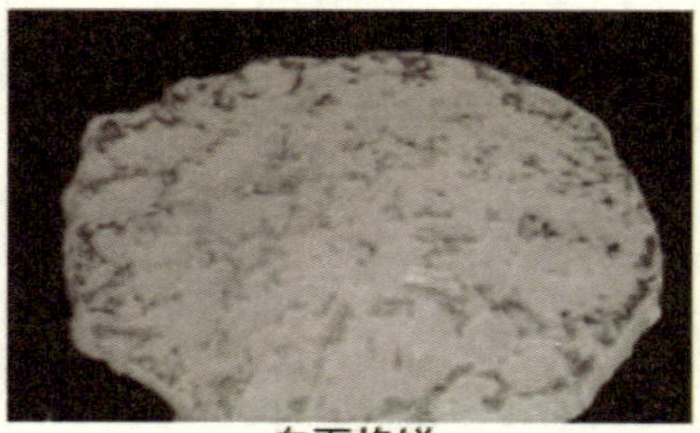
白面烙饼

小米饭

驴打滚

焖红薯

蒸花卷

上图为 20 世纪 50 年代后期的各种主食

二 副食

建国初期，早晚副食主要是芥菜疙瘩或萝卜、豆角、黄瓜等腌的咸菜，中午是简单的熬白菜、炒黄瓜片、拌黄瓜、炒豆角、焖倭瓜、炒茄子条等，用油很少，只有待客或春节时能吃上熬豆腐或有少量的肉。

1954 年后，油料作物种植增加，蔬菜种植种类和面积增加，自留地可重些蔬菜，菜肴种类增加。这时的炒菜能多放一点油了。用的油一般是农业社或后来生产队分的大豆油或棉籽油，也有一些是过年时分的肉里熬出的肥膘油（俗称大油）。这时菜的品种明显多了起来，除去白菜外，平时换着样炒的菜有熬豆角、炒豆角、炒红薯丝、炒土豆丝、熬土豆、熬萝卜片、炒茄子条、烧茄子、蒸茄子泥、拌菠菜、炒西红柿、炒芹菜、炒丝瓜、炒韭菜、炒西葫芦、炒青椒、炒莴笋、焖倭瓜、焖南瓜等几十种。偶尔中午也能吃到熬豆腐，有时也能用自家生的绿豆芽或黄豆芽炒菜吃。过节或待客时也能吃到猪肉炖粉条等荤菜。汤肴也多了起来，有萝卜丝汤、鸡蛋韭菜沫汤、白面疙瘩汤、片汤、条汤、玉米面汆汆汤等。但不注重营养搭配。

炒土豆丝

猪肉炖粉条

熬豆腐

白面片汤

上图为 20 世纪 50 年代的各种菜肴

这时期，因为不存在河道排污，香河人常能吃上箭杆河、五河、大运河里自然产的黄瓜鱼、石鲢鱼、鲶鱼、刀鱼、鲢鱼、鲤鱼。箭杆河、五河鲤鱼是金翅金鳞，运河鲤鱼是黑翅黑鳞。

鲶鱼

白鲢鱼

鲫鱼

上图为 20 世纪 50 年代适用的主要鱼类

水果，这时人们吃到的主要是自家院落或房前屋后果树产的桃、李、杏、枣、桑葚等。苹果、梨、沙果等，只有在年节时从外地进入香河。瓜果，是当地产的打瓜、菜瓜、黑皮甜瓜、八道沟甜瓜等。

桃子

杏

李子

菜瓜

打瓜

上图为 20 世纪 50 年代食用的主要水果

饮品简单，酒类有二锅头和散装白酒，茶一般人饮用的都是大包沫茶（茶叶制作过程掉下来的碎末）和茉莉花茶（一般茶叶中加些茉莉花，有香味）。

沫茶

瓶装白酒

散装白酒

上图为 20 世纪 50 年代主要饮用的茶、酒种类

从 1959 年冬至 1961 年春，处于三年困难时期，生活上一度是瓜菜代替。

第二节　20 世纪六七十年代饮食

20 世纪 60 年代初期的几年中，由于逐渐消除了盲目大跃进所带来的影响，经济得到恢复，人们的饮食生活逐渐恢复到 50 年代中后期的水平。但接着而来的“文化大革命”又造成了人们饮食生活的一定困难。到 70 年代初期，虽然“文化大革命”尚未结束，但由于国家进行国民经济调整，从一定程度上消除了“文化大革命”造成的困难，使人民生活得到了一定的提高。

自从 1978 年底国家实行改革开放，特别是进入 80 年代以后，随着粮食产量的不断增加和瓜果蔬菜种植的多样化，加上鱼、肉养殖业的兴起，人们不仅解决了温饱问题，且主、副食也发生了极大变化：馒头、烙饼、花卷、烙盒子、大米饭

第二十七编　旧迹辑存

逐渐成为人们的家常便饭；多种多样的炒菜也端上了饭桌，不仅是素油，时不常是肉炒，煎炒鸡蛋、煎豆腐和吃顿炖肉炖鱼也是常事儿；早晚的玉米粥、小米稀饭、大米稀饭等常放些红绿豆。中午都要配以鸡蛋汤、西红柿汤等。这时，各种从外地引进的水果、瓜果在当地得到种植，稀有的水果、瓜果也能从外地进入本地销售。酒类逐渐从单调的几个品牌变得琳琅满目。不仅各种各样的高档茶叶进入寻常百姓家，也多了冰淇淋、可口可乐、汽水等多种饮品。且从此以后，人们开始注意膳食的营养搭配。

第九章 旧货币

香河县内旧时流通过的货币有金、银、铜、镍等硬币和纸币两大类。历代民间流通铜质钱币，而金、银币较少。铜质钱币，县内尚有少量上古铜钱，有唐、宋、元、明、清制钱，清铜元；银币有清、民国银元。近现代货币很多，有民国年间“关金”“法币”“金圆券”“银元券”等；有中国共产党领导下晋察冀边区币以及“香河县流通券”；有中国人民银行在中华人民共和国建国前后陆续发行的，第一至四套人民币。

第一节 旧硬币

一 清代及以前硬币

清代及以前香河县内流通的货币，以铜质钱币居多。能见到的有上古、中古“五铢钱”；唐代“开元通宝”；宋代“天禧通宝”“咸平元宝”“祥符元宝”；明代“洪武通宝”“永乐通宝”“天启通宝”；清代“顺治通宝”“康熙通宝”“雍正通宝”“乾隆通宝”“嘉庆通宝”“道光通宝”“咸丰通宝”“同治通宝”“光绪通宝”等。

汉代五铢钱

秦半两钱

唐·开元通宝

宋·天禧通宝、咸平元宝、祥符元宝

明·洪武通宝、永乐通宝、天启通宝

清代顺治通宝、康熙通宝、雍正通宝、乾隆通宝、道光通宝、咸丰通宝、同治通宝、光绪通宝

清光绪铜元

清代顺治、康熙、雍正、乾隆、嘉庆铜钱

二　清末至民国年间硬币

清末至民国年间流通的硬币有银元、铜元和角、分镍币。能见到的有“大清金币”“大清银币”“大清铜元”“光绪元宝（铜元）”；民国年间的硬币有中华民国3年、6年、9年、10年、23年、26年、27年等年份铸造发行的银元（袁世凯头像银元流行最广，俗称“袁大头”）、铜元、镍币。

清代光绪金币

清代宣统银币

清代光绪银币

中华民国银元

中华民国铜元

中华民国镍币

中华民国镍币

第二节　旧纸币

在香河县内，清代以前的纸币“交子”“会子”等，已无收藏。即便清代的“大清宝钞”(俗称银票)，也极为罕见。民国时期官方发行的3000多种纸币中，曾在香河县流通的主要有关金券、法币，而金圆券、银元券、铜圆券、军用票、商业银行与交通银行等特种银行发行的纸币所见甚少。

1931年5月1日，国民政府中央银行发行竖条型关金券，面额有拾分、贰拾分、壹圆、伍圆、拾圆5种，作交纳关税专用。1942年2月1日，国民政府以关金1元折合法币20元，与法币并行流通，关金变为大面额流通货币。至法币急速贬值时，又多次发行大面额关金券代替法币流通。

1935年11月4日，国民政府规定，禁止白银流通，以中央银行、中国银行、交通银行(后增加中国农民银行)发行的纸币作为法定货币，时称法币，至1948年8月19日被金圆券替代。

中华民国政府为支撑其崩溃局面，于1948年8月19日开始发行金圆券，至1949年7月停止流通。金圆券贬值已形同废纸后，国民政府于1949年7月3日，宣布停止流通金圆券，同时发行银圆券，以5亿元金圆券兑换银圆券1元。

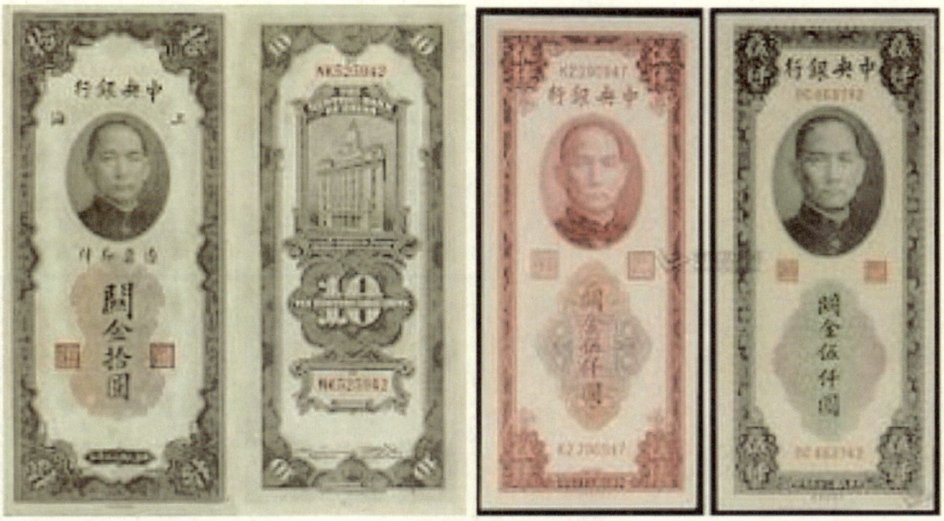

中华民国关金券

中华民国法币

中华民国金圆券

中华民国银圆券

第三节　边区币

1938 年 2 月至 1948 年 5 月，晋察冀边区银行先后发行的贰拾枚（1 种）、壹角（1 种）、贰角（2 种）、伍角（1 种）、壹圆（2 种）、贰圆（1 种）、伍圆（4 种）、拾圆（7 种）、伍拾圆（7 种）、壹佰圆（8 种）、贰佰圆（3 种）、伍佰圆（6 种）、壹仟圆（5 种）、贰仟圆（1 种）、伍仟圆（4 种）共 15 种面额、53 种版别的晋察冀边区纸币。虽然发行第一套人民币时多已兑换回收，但民间仍有零星收藏。

上图均为晋察冀解放区边区券

第四节　香河县流通券

1946 年 1 月，中国共产党领导的香河县民主政府，按照晋察冀边区银行币制，在县内印刷发行了“香河县流通券”壹百圆、伍拾圆两种纸币，与晋察冀边区币等值流通。壹百圆券正面蓝色，背面灰绿色；伍拾圆券正面红色，背面也是红色。两种纸币背面均印有 4 条说明：

一　本券与边币等价使用；

二　本券在香河境内流通；

三　本券以后用边币收回；

四　本券由民国卅五年一月发行。

上图为1946年1月发行的香河县解放区流通券

第五节　人民币

一　第一套人民币

1948年12月1日，以华北银行为基础，在河北省石家庄市成立中国人民银行，经中共中央批准，同时发行第一套人民币，流通至1955年5月10日，由第二套人民币取代。第一套人民币12种面额，62种版别，其中壹圆2种，伍圆4种，拾圆4种，贰拾圆7种，伍拾圆7种，壹佰圆券10种，贰佰圆券5种，伍佰圆6种，壹仟圆券6种，伍仟圆券5种，壹萬圆券4种，伍萬圆券2种。最小面额壹圆，最大面额伍萬圆。香河县收藏爱好者认为，伍圆“水牛图”，伍拾圆“水车和矿车”，伍佰圆“瞻德城”，壹仟圆“牧马图”“帆船图”，伍仟圆“牧羊图”“蒙古包”“渭河桥”，壹万圆“骆驼队”“牧马图”，伍万圆“新华门”“收割机”等图案票面是第一套人民币中收藏的“珍品”。

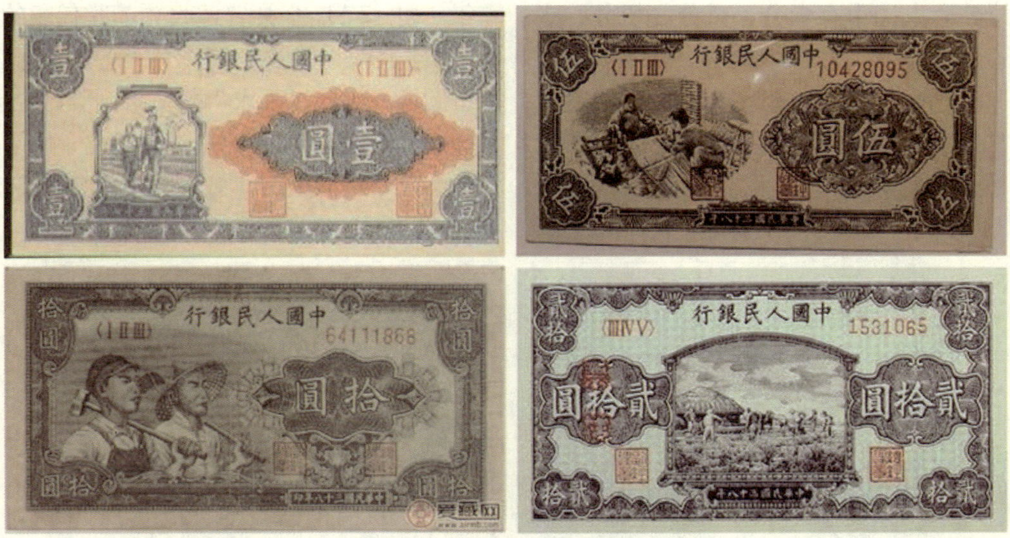

上图为1949年发行的第一套人民币

上图为1949年发行的第一套人民币

二　第二套人民币

1955 年 3 月 1 日，人民银行香河县支行同全国一道，开始发行第二套人民币，同时收回第一套人民币。第二套人民币和第一套人民币比率是 1:10000。第二套人民币有壹分、贰分、伍分、壹角、贰角、伍角、壹圆、贰圆、叁圆、伍圆、拾圆 11 种面额、16 种版别。其中壹圆券 2 种（原红色，1961 年 3 月 25 日发行了黑色壹圆券），伍圆券 2 种（原酱紫色，1962 年 4 月 20 日发行了棕色 5 元券），票面图案、花纹分别作了调整。为便于流通，1957 年 12 月 1 日起发行壹分、2 贰、伍分三种硬币，与纸分币等值流通。由于大面额钞票技术要求很高，当时叁圆、伍圆、拾圆由苏联代印。于 1964 年 4 月 15 日，全县普遍收兑苏联代印的深绿色“井冈山”图案叁圆券、酱紫色“各民族大团结”图案伍圆券、黑色“工农”图案拾圆券，全县共收兑现金 350.34 万元。

上图为1955年发行的第二套人民币

上图为1955年发行的第二套人民币

三 第三套人民币

第二套人民币在香河县发行 7 年后，开始发行第三套人民币。1962 年 4 月 20 日发行 1960 版壹角券；1964 年 4 月 15 日，发行 1960 版贰圆券、1962 版贰角券；1966 年 1 月 10 日，发行 1965 版拾圆券、1962 版壹角券；1967 年 12 月 15 日，发行换色 1962 版壹角券；1969 年 10 月 20 日，发行 1960 版壹圆券、伍圆券；1974 年 1 月 5 日，发行 1972 版伍角券；1980 年 4 月 5 日，发行壹角、贰角、伍角、壹圆硬币。先后 19 年，共发行 壹角、贰角、伍角、壹圆、贰圆、伍圆、拾圆 7 种面额、30 种版别。第三套人民币从 1962 年 4 月 20 日发行枣红色壹角纸币起，到 2000 年 7 月 1 日停止流通，前后历时 38 年。

第二十七编 旧迹辑存

上图为1962年至1980年发行的第三套人民币各币种

四　第四套人民币

1987年4月27日，香河县同全国一道发行第四套人民币，与第三套人民币等价、同时流通。第四套人民币有壹角、贰角、伍角、壹圆、贰圆、伍圆、拾圆、伍拾圆、壹佰圆9种面额，还有壹角、伍角、壹元硬币。与第三套人民币相比，增加了伍拾圆、壹佰圆大面额币种。为适应人民群众辨别、清除假币的需要，1992年8月20日，又发行了改版的1990年版伍拾圆、壹佰圆券，增加了防伪安全线与无色荧光油墨印刷等工艺。到1999年发行第五套人民币，第四套人民币贰角、壹圆、贰圆、伍圆、拾圆、伍拾圆、壶佰圆7种面额纸币，连同仍在流通的第三套纸币停止流通。至2008年底，香河县同全国一样，流通着第五套人民币和第四套人民币壹角、伍角纸币与逐年铸造发行的壹角、伍角、壹圆硬币。

上图为1987年至1992年发行的第四套人民币各币种

第十章　旧票证

票证，是时代的产物，历史的见证，真实地反映着所在时代的经济、政治、文化、社会状况。过去，香河县曾经流通、使用过很多种票证。对于各种票证，不同年龄的人有不同的记忆，但是旧时票证在县内多已实物难寻，只有少数收藏爱好者有各自不同的收藏。清代、民国年间票证很多，但留存至今者甚少。即便中华人民共和国成立后发行使用过的粮票、布票，以及各种票证，民间也所存无几，很多青少年人已不知票证为何物。二轮修志中，能搜寻到的票证，也只有曾经在县内流通过的全国粮票、河北省粮票、军用粮票；河北省布票、棉花票；以及清代“大清宝钞”，民国年间的“粮食库券”，晋察冀边区米票，解放军米票，结婚证、购粮证、转粮证，购货证、肉票、烟票、自行车票、缝纫机票等。

第一节　粮　票

一　中华人民共和国成立前粮票

中华人民共和国成立前，在香河县流通过的粮票，有民国 32 年（1943 年）9 月 1 日民国政府发行的明欠实掠的军用“粮食库券”；有中国共产党领导下晋察冀边区的米票、解放战争时期人民解放军米票等。

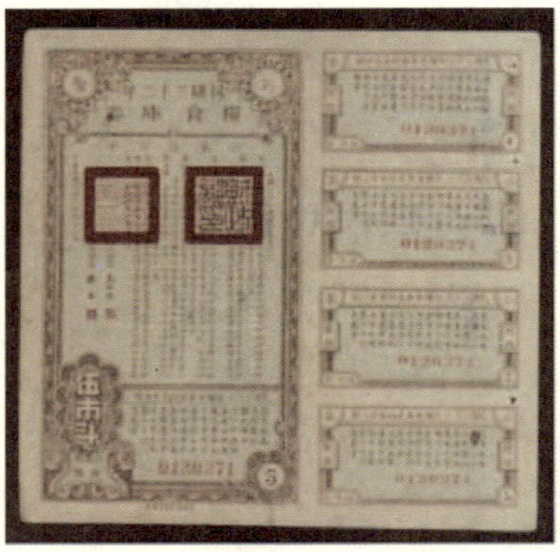

民国32年粮食库券

晋察冀边区米票

解放战争时期
解放军米票

二　中华人民共和国成立后粮票

（一）全国通用粮票

中华人民共和国成立后，在香河流通过的粮票主要有1955年至1980年发行的两套全国通用粮票和七套河北省地方粮票。中华人民共和国成立初期，百废待兴，粮食供不应求，不法商人囤积居奇，扰乱市场秩序。所以国家实行粮食统购统销政策，口粮定量，城乡分别按单位集体户和居民家庭户发放购粮证。1955年发行第一套全国通用粮票，1965年发行第二套全国通用粮票。

1955年发行的第一套全国通用粮票

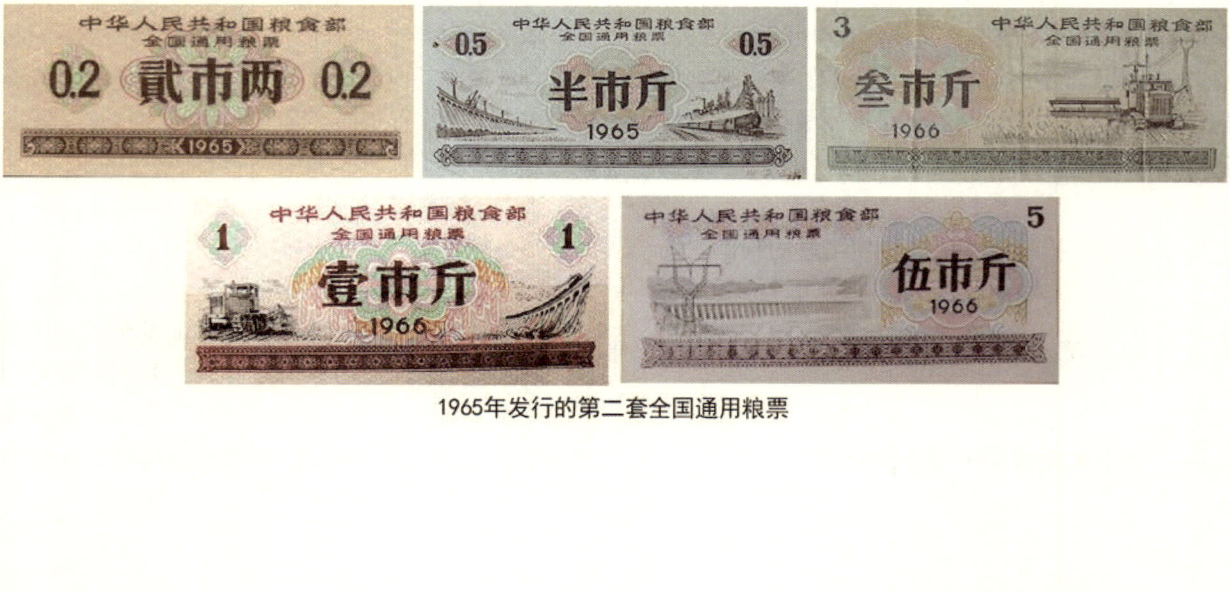

1965年发行的第二套全国通用粮票

（二）河北省粮票

1954 年，河北省发行第一套地方粮票。之后，从 1955 年起至 1980 年又陆续发行 6 套地方粮票。至 1992 年，历时 38 年，粮票停止流通。

1954年发行的第一套河北省粮票

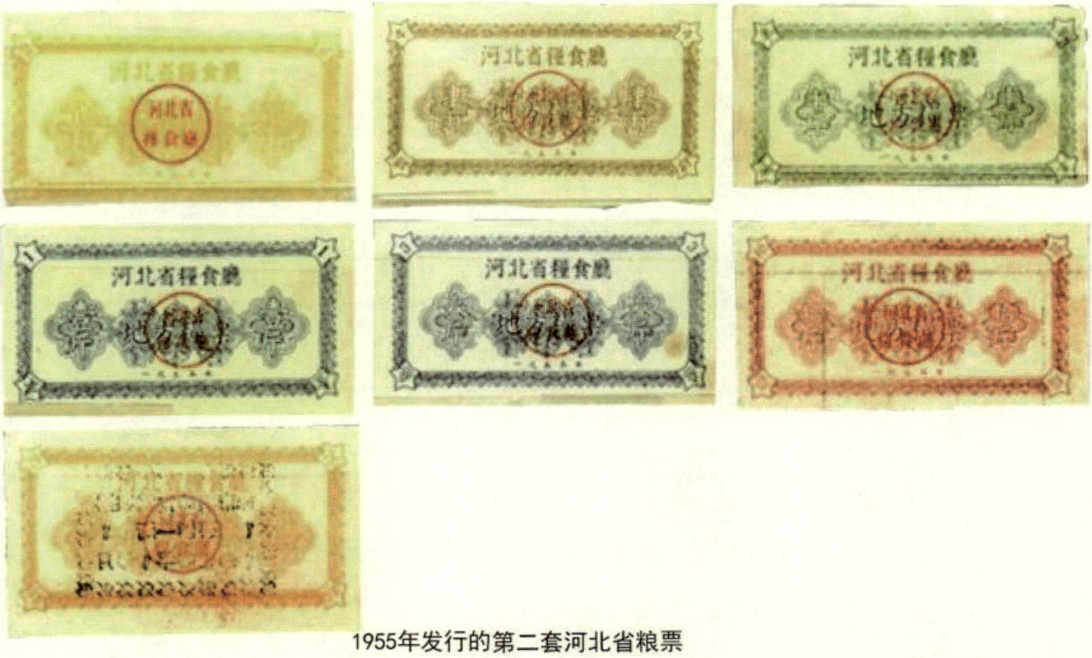

1955年发行的第二套河北省粮票

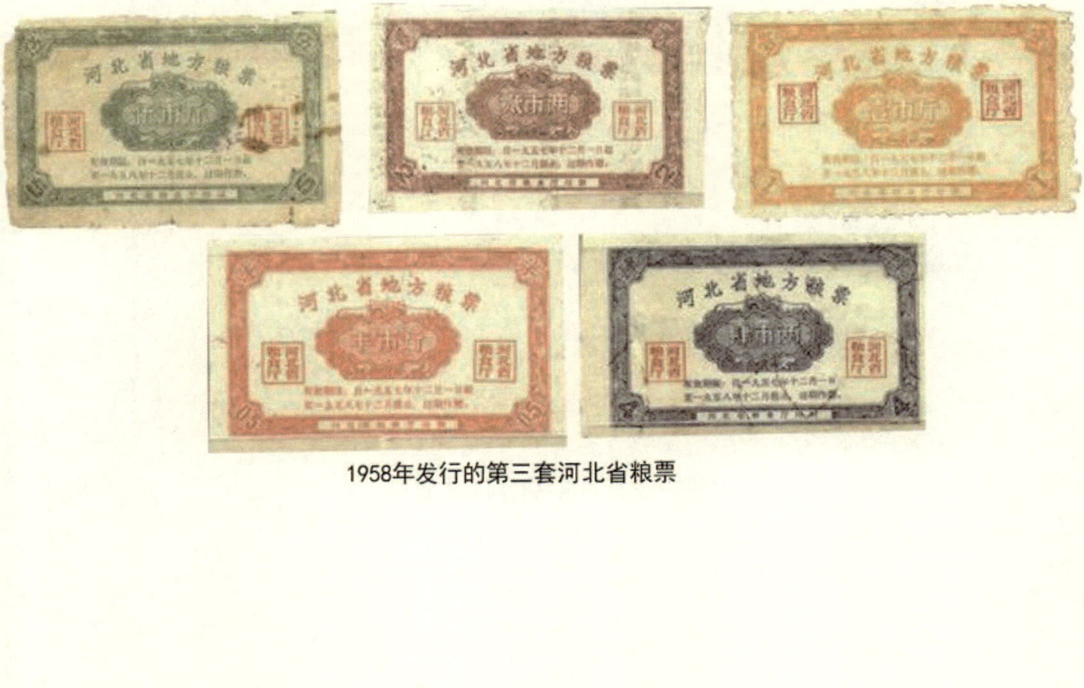

1958年发行的第三套河北省粮票

第二十七编　旧迹辑存

1962年发行的第四套河北省粮票

1972年发行的第五套河北省粮票

1975年发行的第六套河北省粮票

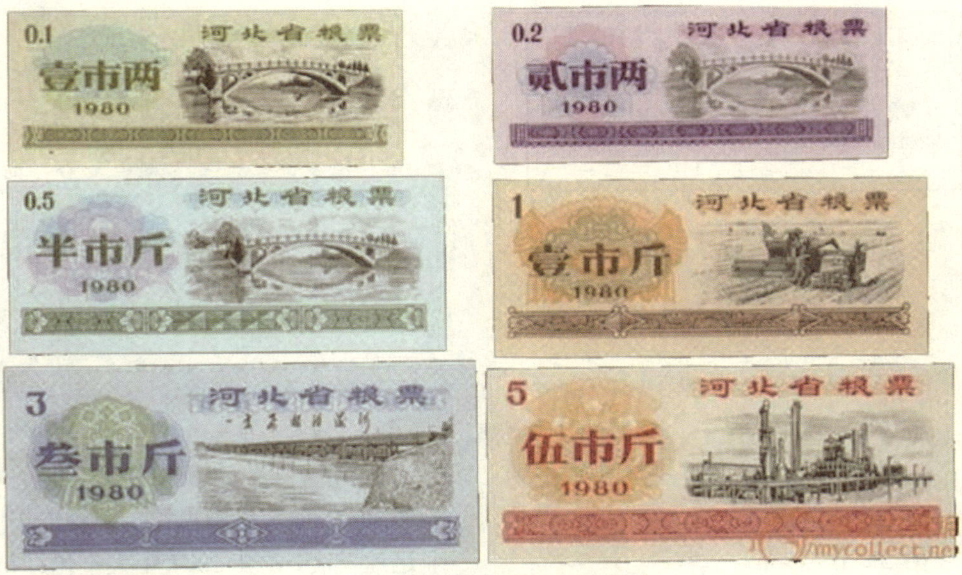

1980年发行的第七套河北省粮票

中华人民共和国成立后全国、河北省粮票发行一览表

表 27-10-1

类　别	版　别	枚　数	面　额
全国	1955	5	伍市斤、叁市斤、壹市斤、半市斤、肆市两
	1965	5	伍市斤、叁市斤、壹市斤、半市斤、贰市两
河北	1954	5	壹佰斤、伍拾斤、叁拾斤、拾斤、伍斤
	1955	7	贰拾斤、拾斤、叁斤、壹斤、半斤、肆两、贰两
	1957	5	伍市斤、壹市斤、半市斤、肆市两、贰市两
	1962	5	伍市斤、壹市斤、半市斤、贰市两、壹市两
	1972	2	贰市两、壹市两
	1975	4	拾市斤、伍市斤、叁市斤、壹市斤
	1980	6	伍市斤、叁市斤、壹市斤、半市斤、贰市两、壹市两

（三）军用粮票

在革命时期和抗日时期，中国人民解放军曾发行过非常时期的借谷票、米票、粮券等。解放战争，在全国许多战场，由野战部队各自发行使用的粮票证券可算是中国人民解放军早期的军用粮、料票。

中华人民共和国成立后，1951 年由中央人民政府财政部印制“军用支粮证”，即行军粮票，是中华人民共和国成立后最早的军用粮票。此后，从 1957 至 2000 年，粮食部、商业部、国内贸易部和国家粮食局先后 9 次印刷、发行过不同版面的军粮票。其中，1957 年和 1958 年，粮食部正式印制发行“军用粮定额支票”，品种有面粉、大米、粗粮、马料 4 种，面额分别为 50 斤、100 斤、1000 斤、5000 斤，票面有编号，是部队领粮、领料的凭证。为了方便领薪金的军官和军队在编职工购粮，1960 年又印制了“军用价购粮票”。香河流通过的军用粮票主要有下面 4 种。

第二十七编　旧迹辑存

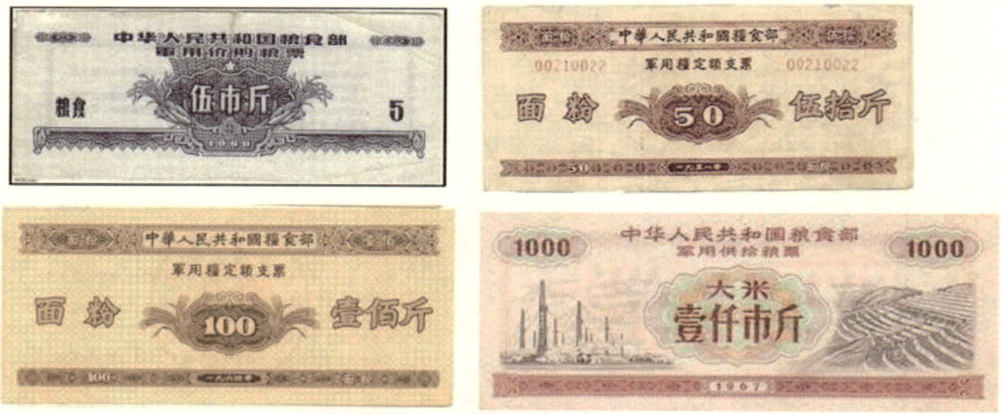

军用粮票、军用粮定额支票

第二节　布　票

20 世纪 50 年代初，国民经济正在大力恢复时期，各种物资供应不足，棉布、棉絮都实行计划供应。香河县从 1954 年 9 月底见到河北省人民政府印发的“棉布购买证”有壹寸、贰寸、半尺、壹尺、贰尺、伍尺、拾尺、贰拾尺 8 种面额。之后，棉布购买证、棉絮票逐年发放到户。1959 年，棉布购买证改称“布票”。发放数量多的年份每人 1 丈 8 尺 6 寸，少的年份（1959—1961）每人 2 尺 7 寸。到了 70 年代，全国棉花、粮食连年增产，纺织工业迅速发展，尤其 1977 年大量化纤布料进入市场，县内工农群众开始改变“新三年，旧三年，缝缝补补又三年”的穿衣状况，补丁衣服逐年消失，布票在人民生活中的地位大幅度下降。1983 年 12 月 1 日，商业部通告，全国免收布票、絮棉票，棉布、絮棉敞开供应。成为国家纺织业迅速发展，满足内需，转向出口的重要标志。布票，伴随香河县人民度过了发奋图强、勤俭建国的 29 年又 3 个月（史称布票流通了 30 年）。

1954-1956年河北省发行的部分“棉布购买证”

1959年河北省发行的壹市寸、伍市寸布票

1960年版河北省壹市尺布票；1961年版河北省伍市尺、壹市尺、壹市寸布票

1962年河北省发行的部分“针织品购买证”

1964年9月1日至1965年12月底河北省奖售布票

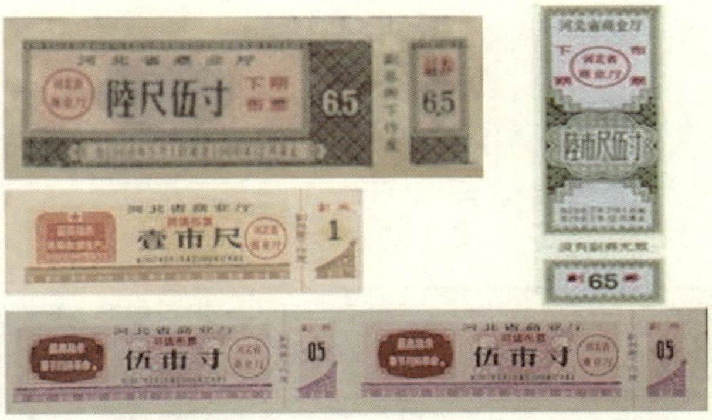

1967年版下期河北省陆市尺伍寸布票，1966年版河北省陆尺伍寸布票；1967年版9月1日至1968年底河北省壹市尺布票；1967年版9月1日至1968年底河北省伍市寸布票

1968年版河北省柒市尺、伍市尺、五市寸、壹市寸布票

第二十七编 旧迹辑存

1969年版河北省1套5枚布票

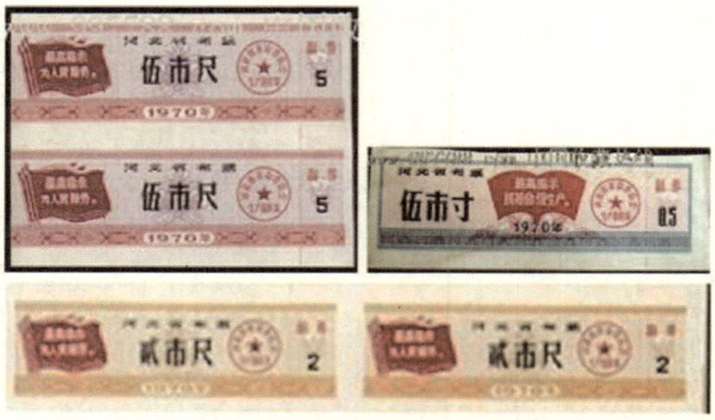

1970年版河北省伍市尺、贰市尺、伍市寸布票

1971年版河北省1套6枚布票

1972年版河北省伍市寸布票

1979年版河北省1套7枚布票

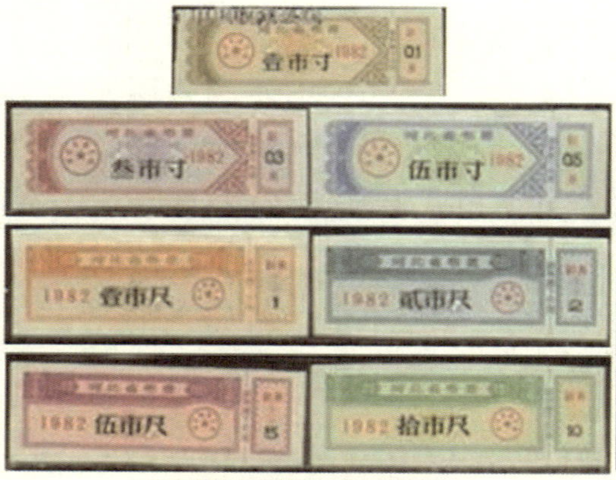

1982年版河北省1套7枚布票

1983年版河北省1套7枚布票

第三节 证簿购物票

20世纪50—80年代，国家处于计划经济时期，除粮票、布票外，在香河县还发行使用过很多票证，但是停止使用或换用新证后，旧的票证多已回收销毁，或被作为废品丢弃，能留存下来的非常稀少。据老年人回忆和二轮修志启动后多年收集，旧时票证尚有20世纪50—70年代的结婚证、购粮证、转粮证、购煤证、第一代身份证、购货证、选民证、户口簿、记工簿；肉票、香烟票、自行车票、缝纫机票、河北侨汇专用肉票与糖票、奖售化肥票、饭票、邮票等。这些证、簿、购物票真实地承载着时代的特点，反映着当时的社会现实。

50年代—70年代结婚证

肉票

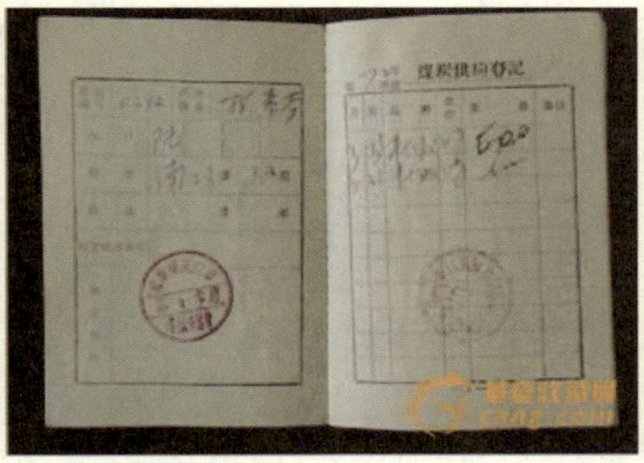

城镇居民煤炭供应证

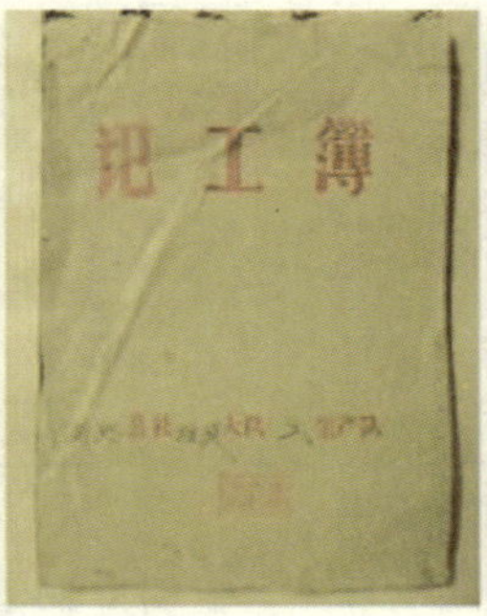

人民公社记工簿

肉票

购粮证

转粮证

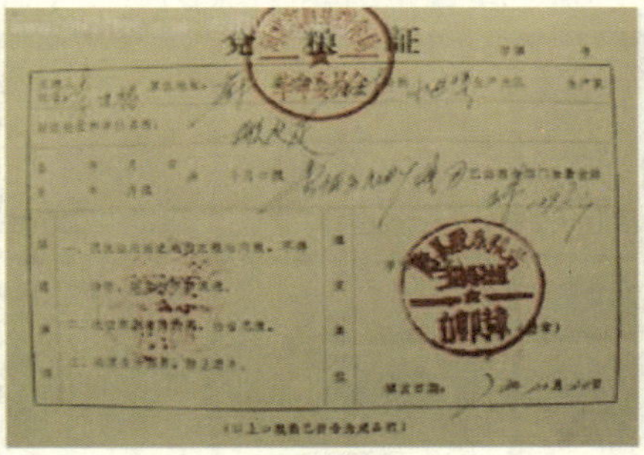

兑粮证

香烟票

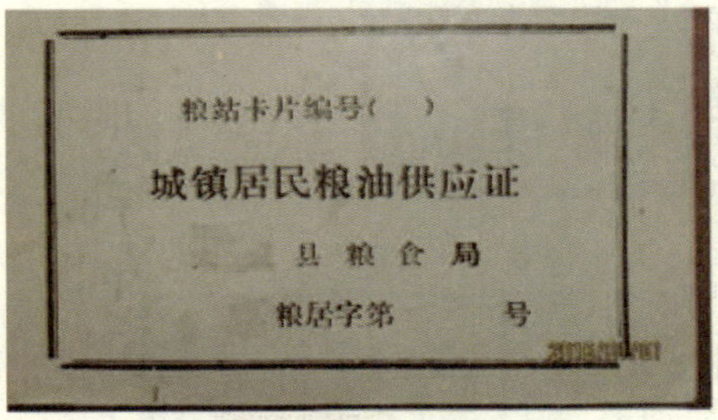

粮油供应证

第一代居民身份证

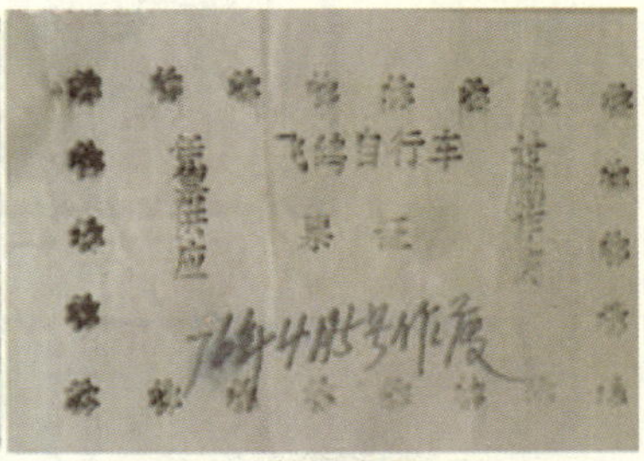

自行车票

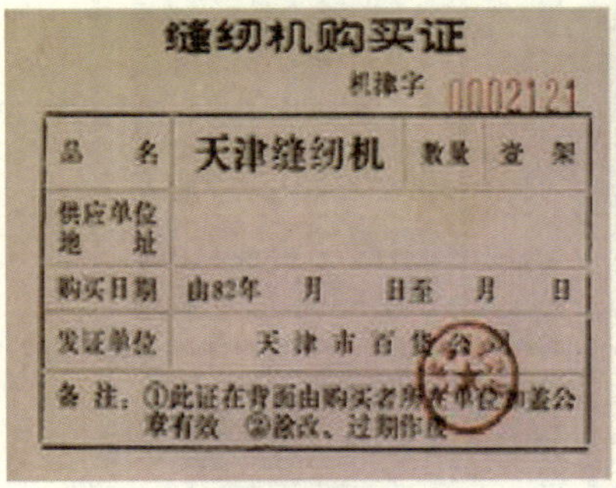

缝纫机票

购货证

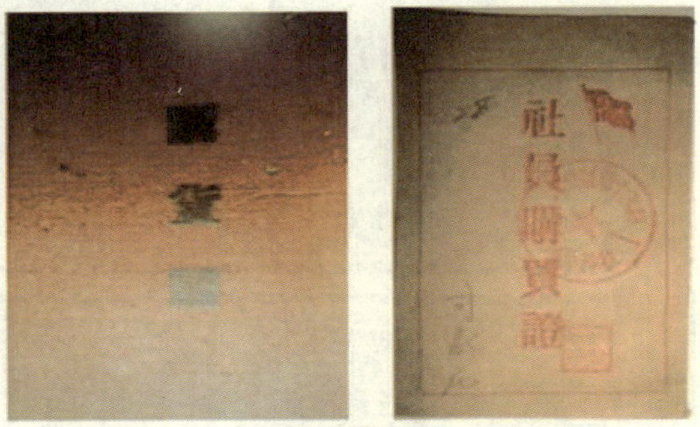

社员购买证

上图为 50 年代—80 年代各种证簿

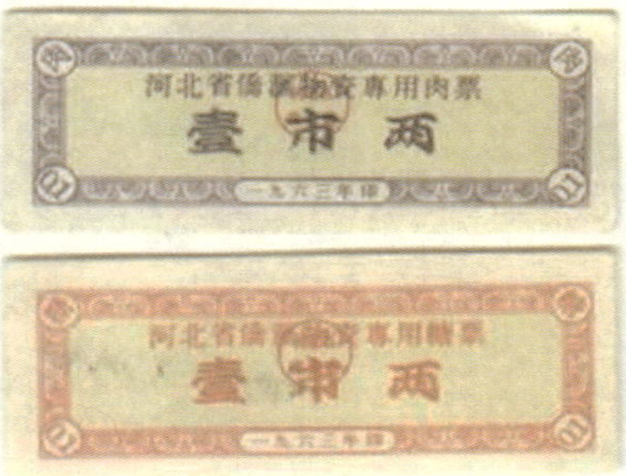

河北侨汇专用肉票、糖票

饭票

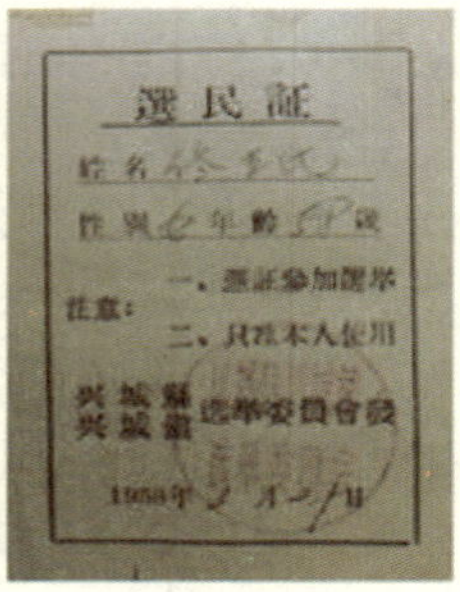

选民证

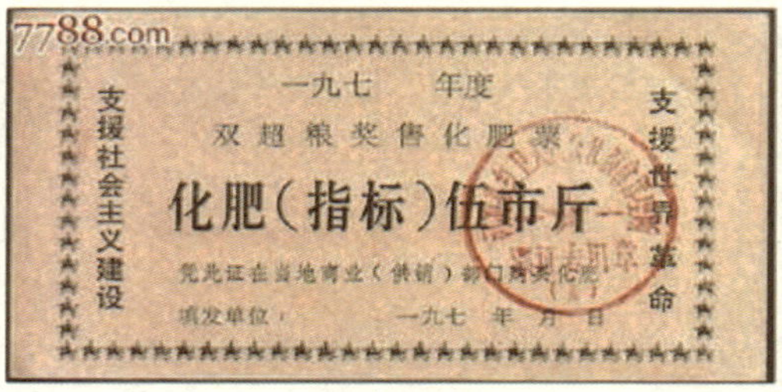

奖售化肥票

邮票

上图为20世纪80年代前的各种证票

下图除大清龙票外，均为50—80年代的邮票

邮票

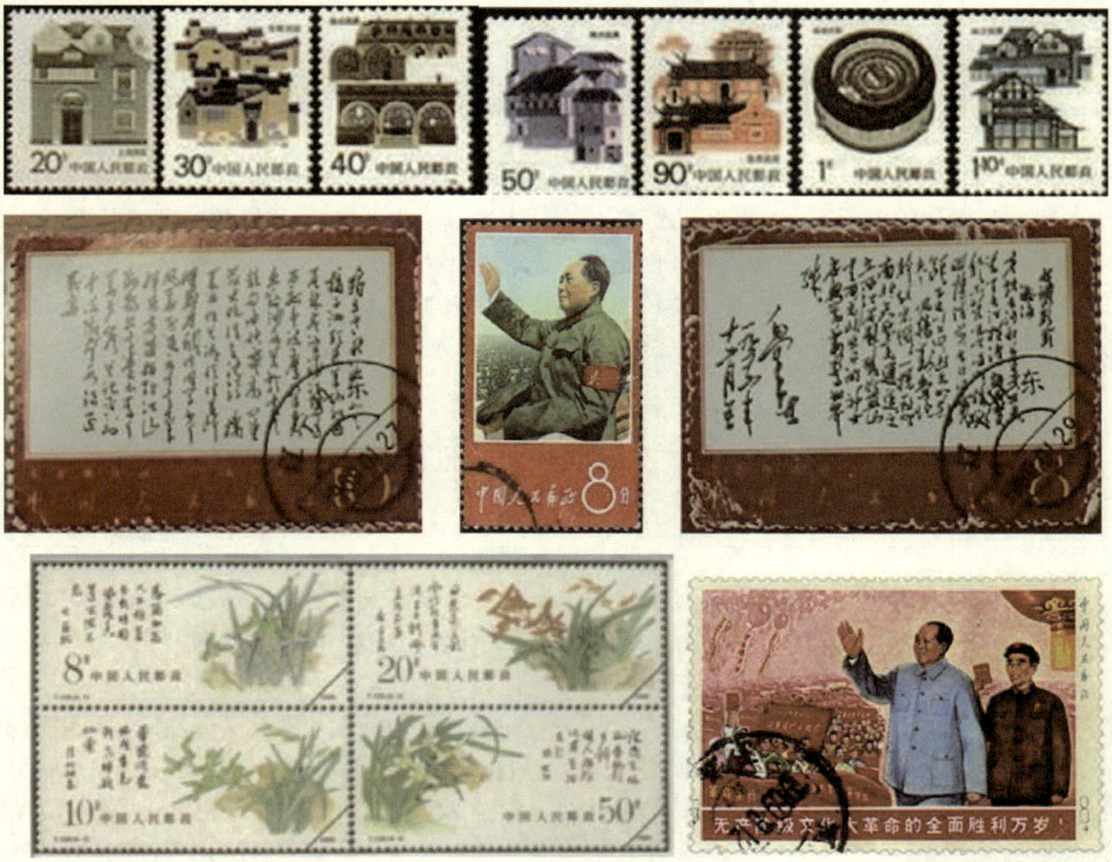

邮票

第二十八编　人　物

香河县地近京畿，史越千年，古称人才荟萃之地。中华人民共和国建国前后，各行各业人才辈出，经济界、文化界，涌现出一大批杰出人物，创造出辉煌的业绩或取得丰硕的成果。一些基层党员干部和普通民众在政治文明和精神文明建设中做出了贡献，出现了一件件感人事迹。人物编共收录各界人物 652 人（次），采取传、表等形式，立传 8 人，表 644 人（次）。人物表副师级以上人物 29 人，学者名人 100 人，专业副高职 285 人，省部级劳动模范 28 人，省级及以上先进人物 202 人（次）。

第一章　人物传

王乐亭

王乐亭（1895—1984），名金辉，号乐亭，香河县王指挥庄人。1929 年考取“医师执照”后开始使用针灸行医治病，人称“金针王乐亭”。1953 年，被聘至北京中医学会，曾任北京市第二中医门诊部顾问、北京中医医院针灸科主任、北京第二医学院（现首都医科大学）教授、北京中医学会理事、针灸学会理事、《中医杂志》编委等。著有《王乐亭临床经验》。

王乐亭幼时，在京东某农村拜塾师乔书阁学习汉语，攻读勤奋，深得乔书阁的欢心。乔之祖父是清代当地的典狱官，曾得一南方犯人的祖传秘法，用六寸银针透刺双侧曲池至臂臑穴治疗淋巴结核，然而此秘法在乔氏家族中白白传了三代，未曾有人付诸实践，乔书阁便把它传授给王乐亭。时值乔书阁在京某首饰楼工作的亲友返乡省亲，患颈淋巴结核已数年，屡治未效，曾向乔书阁吐诉病患之苦。乔书阁遂嘱其亲友立即返京打制六寸银针一对，准备治疗。乔书阁把祖传的针灸秘法悉心口授给对医学一无所知的王乐亭，并由他拿起六寸银针为患者治病，扎过几次之后，竟奏奇效。患者为答谢乔书阁师徒，就将一对银针送给他们。王乐亭就这样拿着一对六寸银针，开始了针灸行医。

王乐亭初学时，兴趣比较浓厚，来诊者一律免费接待，义务治疗。由于疗效明显，远近数十里的乡亲邻友，凡患“鼠疮脖子”（即瘰疬）者均来求治，民间流传“南有陆瘦燕，北有王乐亭”美誉。但为时不久，他便赴京谋生，开始在荣宝斋学徒，业余时间仍持六寸银针义务治病，所治病种也只限于瘰疬。后考入中国大学学习，业余时间仍然治病。读了两年大学，当时他感到毕业后仍无出路，而六寸银针反而会给病人解除痛苦，于是毅然决然放弃学业，拜针灸名师陈肃卿为老师，正式学习针灸。他感到六寸银针仅能治疗一种病，而系统学习针灸理论才能治疗多种病。陈肃卿是祖传针灸的第二代，其父陈丹仙（尊称“陈半仙”），针灸技艺高超，誉满北京城，传到陈肃卿，因其针、药并施，技术更加全面，就这样他的眼界大开，学识与技术日益增进。

1929 年，王乐亭正式考取针灸“医师执照”，并取得独立开业许可证。他的主考官是当时名针灸医师孙祥麟，对他甚为赏识，在王登门答谢时，发现孙氏所用针具都是金针，启发很大，随即到金店打制一套金针（包括各种型号的毫针与六寸金针）。从此之后，王乐亭开始使用金针治病，而且逐渐获得“金针王乐亭”的称誉。

1956 年，王乐亭任北京中医医院针灸科主任。他以“金针”起家，提出的“手足十二针”“五脏俞加膈俞”“督脉十三针”“老十针”等针灸组方形成于 20 世纪 60 年代，在当代针灸处方学发展中占有重要的学术地位，他对针刺技法、对透穴的运用等，成为北京中医医院针灸科学术特色的组成部分。

张中行

张中行（1909—2006），原名张璇，学名张璿，字仲衡，名字源于《尚书•舜典》“在璇玑玉衡，以齐七政”。北京大学毕业后因名难认，便删繁就简，去仲字人旁，衡字游鱼，以字的简化“中行”（《论语》有“不得中行而与之，必也狂狷乎”）为名。香河县石庄村〖HT5F〗（今属天津市武清区河北屯镇。1958 年 11 月，河北屯乡等 36 个原属香河管辖的自然村归划武清县管辖）人，著名学者、哲学家、散文家，未名湖畔（未名湖，北京大学校园内最大的人工湖，位于中北部）三雅士（张中行、季羡林、金克木）之一。

1931 年通县师范学校毕业，1935 年北京大学中国语言文学系毕业。曾任中学、大学教师，副刊编辑、期刊主编。1949 年后，任人民教育出版社编辑、特约评审，主要从事语文、古典文学及思想史的研究。曾参加编写《汉语课本》《古代散文选》等。合作编著《文言文选读》《文言读本续编》；编著《文言常识》《文言津逮》《佛教与中国文学》《负暄琐话》《负暄续话》《负暄三话》《禅外说禅》《文言与白话》《作文杂谈》《顺生论》《横议集》《月旦集》《散简集存》等。他涉猎广泛，博闻强记，遍及文史、古典、佛学、哲学诸多领域，人称“杂家”，但以专者为语文、中国古典文学和人生哲学为专。以“忠于写作，不宜写者不写，写则以真面目对人”为信条，被季羡林先生称为“高人、逸人、至人、超人”。

张中行一生低调澹泊、无欲无求，常年寓居于燕园女儿家。他一生清贫，85 岁时才分到一套普通的三居室，屋里摆设极为简陋，除了两书柜书几乎别无他物，为自己住所起雅号“都市柴门”。书房里书卷气袭人，桌上摊着文房四宝和片片稿纸，书橱内列着古玩，以石头居多。谦称书房像“仓库”，而于治学方面，则一丝不苟，晚年仍拍案而起，痛批台湾某“国学大师”。

张中行治学严谨，博学多识，造诣深厚，精通中国古典文学，熟悉西方哲学。他与季羡林，金克木，邓广铭等人被称为“民末四老”。

张中行的夫人比他大一个半月。夫人生前，张中行称她为姐。他把婚姻分为四个等级：可意，可过，可忍，不可忍。关于自己的婚恋，他说婚姻大部分“可过”加一点点“可忍”。他曾说：“添衣问老妻。”并解释道：“吃饭我不知饥饱，老妻不给盛饭，必是饱了；穿衣不知冷暖，老妻不让添衣，必是暖了”。

于德恒

于德恒（1909—1989），香河县东梨园村人。1937 年“七七”事变后，日军、汉奸加紧搜捕屠杀共产党员和地下工作者，千方百计摧毁党的基层组织。为积蓄抗日力量，保存自己，打击敌人，1938 年 10 月，根据冀东党组织的指示，一部分人转移到平西（现北京西部），一部分人转移到地下，坚持斗争。冀东党组织派白砥忠到香河，西梨园村以教书为公开身份进行秘密革命活动，并结识东梨园村农民于德恒。在交往中，觉得于德恒人性好，胆大心细，能办事，经常派他去蓟县邦均等地探听消息，把情报及时报告冀东党组织。1939 年 9 月下旬，王少奇（河北香河人）由平西返抵冀东，担任蓟（蓟县）遵（遵化）兴（兴隆）支队政委。此时，白砥忠派于德恒与王少奇取得联系。为便于工作，王少奇、白砥忠两人将于德恒改名永昌，东魏各庄人。之后，白砥忠调玉（玉田）蓟（蓟县）宝（宝坻）联合县任秘书，于德恒担任交通员。1941 年 1 月，联合县委根据于德恒的一贯表现，在宝坻县宜城村刘庭彦家里，由白砥忠介绍，批准于德恒为中共候补党员。是年 7 月在蓟县下仓转正，成为香河县第一位农村共产党员。

1941 年下半年，王少奇任蓟宝三（三河）联合县县长，于德恒担任交通班班长，不久被提升为冀东军区通讯排副排长，经常到香河活动。

1942 年 1 月起，于德恒受王少奇的委托，与蓟宝三联合县委负责组织工作的何林相互配合，着手进行东梨园村党员发展工作。是月，他们把敢于同敌人斗争，掩护地下工作人员的骨干许祥富、张志、赵常志、王占奎等人介绍入党。1942 年 7 月，又发展了王义如入党，并经蓟宝三联合县委批准建立东梨园村党支部，成为香河县最早建立的党的基层组织。许祥富为党支部负责人，属蓟宝三联合县委领导，有共产党员 5 人。

杨　沫

杨沫（1914—1995），女，（原名杨成业，笔名还有杨君默、杨默，湖南省湘阴人）生于北京，当代著名作家。1936年加入中国共产党，第三、五、六、七届全国人大代表，第五届全国人大常委会委员，曾任中国文联委员、中国作协理事、北京市文联主席、《北京文学》主编。

1931—1936 年，杨沫两次到香河小学教书，她的力作《青春之歌》创作原型源自香河，是一部描写中国共产党领导的爱国学生运动的优秀小说，成功塑造了知识青年林道静这一艺术典型。1958年问世后，多次再版，在读者中特别是青年学生中影响深广。小说曾由作者改编为电影剧本，拍成同名电影上映。

1931 年春，因父亲工厂破产，逃亡不知去向，家庭瓦解，母亲强迫 16 岁的她嫁给一个国民党军官。她毅然反抗包办婚姻。张中行对抗婚的女中学生充满好奇和同情，两人相处密切，张给自己的哥哥张一真（时任香河县县立高级小学校长，现香河城内第一小学）去信，询问学校是否需要教师，并把杨沫介绍给哥哥。1931 年 9 月初，杨沫前往香河教书。两个月后，杨沫因母亲生病，返回北京家中。

1936 年春，杨沫第二次到香河教书，当时杨沫有一个叫贾汇川同事，也在学校教书，与马建民相识。是年 3 月的一天，马建民突然到学校找贾汇川，贾汇川即介绍杨沫认识了马建民，并告诉杨沫“马建民是因为在北京有个同志被捕，为预防万一才到香河来躲避的”。马建民听了贾汇川的介绍，对杨沫很信任。课外时，他们常在一起谈话，他鼓励杨沫参加革命，并给她讲当时的政治形势，还教给她当时进步青年都喜欢学的拉丁化新文字。认识了共产党员马建民之后，很快相爱。

为了使马建民能够在香河栖身，不被敌人发现，贾汇川叫杨沫找张一真（时任香河县教育局长），请他为马建民安排个小学教员的位置。张一真看在杨沫和弟弟的关系答应替马建民打听一下。4 月初，马建民到香河河北屯教书。之后，贾汇川和马建民又向杨沫提出，叫她替马建民到北京取东西，并打听马建民出走后北京的情况。杨沫认为这是革命者对自己的信任和考验，欣然接受。4 月 5 日，学校放春假，杨沫离香河去北京前，马建民写了一封介绍信，叫杨沫到北京西单附近找当时在中国大学读书的侯薪，叫他帮助了解情况和取东西。杨沫回香河后，马建民已去河北屯教书。杨沫给马建民写信，过了几天，马建民到香河来找杨沫，并把东西取走。

杨沫和马建民认识后，时间虽短，接近却频繁，引起张一真怀疑，他写信向张中行告密。不久，张中行突然从天津回到香河，在张中行兄弟二人的压力下，杨沫只得和张中行离开香河，一起去天津。6 月，杨沫回北京，并给张中行写信要求断绝关系。

1934 年开始文学创作，发表作品，多是反映抗日战争的散文和短篇小说。主要作品有中篇小说《苇塘纪事》，短篇小说选《红红的山丹花》《杨沫散文选》，长篇小说《青春之歌》《东方欲晓》《芳菲之歌》《英华之歌》，长篇报告文学《不是日记的日记》，散文集《自白——我的日记》以及《杨沫文集》等。

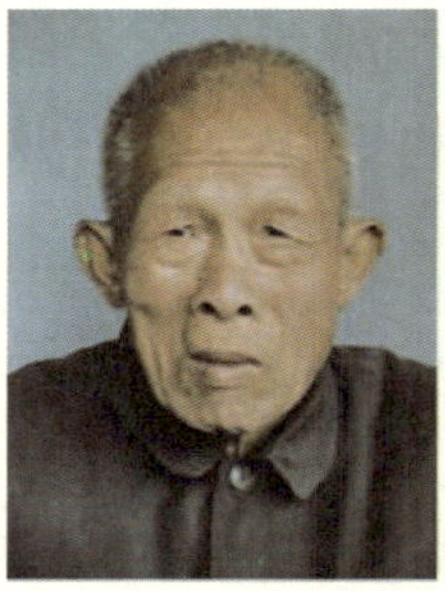

王　志

王志（1924—2003），汉族，中共党员，香河县四百户村人。五届、六届全国人大代表，河北省劳动模范。

1938 年，在天津忠善堂药店学徒，当年回村务农。1948 年，任村财粮委员。1954 年，兼任红耀合作社会计。同年 7 月，加入中国共产党。1956 年，任 7 个村组成的骡子王高级合作社会计。1958 年，任 56 个村组成的五百户人民公社财贸部现金出纳员。1959 年，任骡子王联村大队会计。

四百户村是远近闻名的穷沙窝，而且风沙还陆续侵漫村里的土地和房屋。全村 70 多公顷耕地，有 10～12 米高的大沙陀 28 个，大洼坑 15 个。春天播种时，遇几场大风白撒几次种，秋天收获时，逢上沥涝更是白盼一年，村中粮食亩产仅 44 公斤（单产 660 千克），村民处在饥饿之中。许多房屋被风沙侵吞只剩下“前脸”，有的甚至被沙子压塌。村民十分渴望把风沙锁住。

1959 年底，五百户公社党委派王志回村任党支部书记。王志不负重托，和村干部、群众共谋改变家乡面貌大计。他带领群众治沙，处处走在前面，成为群众信得过的带头人。1960 年，经过一年的初步治理，全村面貌发生变化，粮食总产由原来的 45 吨上升到 105 吨。干部、群众看到了希望，鼓起了更大的干劲。王志会同其他村干部制定了一个大规模改变村貌的计划:“苦战 15 年，沙荒变良田，亩产八百斤，沙岗变果园”。他带领村干部、群众在村北筑起一道长 800 米、宽 20 米、高 10 米的防风固沙围堤，搬走了 28 个大沙坨，填平了 15 个大坑，前后动土 75 万立方米，把耕地全部变成林、渠、路成行，土地成方的良田。村里先后修建多处电灌点，打机井 40 眼，建成了旱能浇、涝能排的稳产高产田。1972 年，全村粮食亩产超过 400 公斤（单产 6000 千克）；1973—1975 年，连续 3 年亩产超 500 公斤（单产超 7500 千克）；1978 年，粮食亩产达 650 公斤（单产 9750 千克）。村里先后植树 60 多万棵，建起防风林带 11 条，把 20 多公顷荒沙岗变成了果木园。至 1978 年，全村盖起砖瓦房 1000 多间，家家户户住上新房。

《廊坊日报》《河北日报》、河北电台、中央电台曾多次报道王志的先进事迹。1968 年，王志当选为河北省革命委员会委员。是年，当选为香河县革命委员会常委。1969 年，当选为中共天津地委委员。1976 年 12 月，作为农业学大寨先进集体代表参加“全国农业学大寨先进集体和先进个人代表大会”。同时，四百户大队被国务院授予“农业学大寨先进集体”。1978 年 7 月，王志作为全国人大代表参加了第五届全国人民代表大会。1983 年，被评为“河北省劳动模范”。1983 年 6 月，出席第六届全国人民代表大会。1984 年 6 月，不再担任村党支部书记，调五百户乡经委工作。

印质明

印质明（1928—2008），香河县钳屯村人。中国著名电影、电视和话剧表演艺术家，曾任中国电影表演艺术学会名誉理事，天津市电影艺术家协会主席、名誉主席。

印志明出生在工商业资本家家庭，从小过着殷实的生活，不愁吃穿，并一直接受着高等良好教育。在耀华高中的话剧社里，印质明第一次接触表演。1949 年，考入天津津沽大学工厂管理系。1950 年肄业。当年，作为第一批学员考入文化部电影局在北京创办的表演艺术研究所（今北京电影学院），1953 年结业后，成为北京电影制片厂、长春电影制片厂演员。1963 年任天津人民艺术剧院编导。曾在《神秘的旅伴》《虎穴追踪》《国庆十点钟》《铁道卫士》等影片中扮演主要角色，被称为“银幕上的侦察员”。同时，演出话剧《同甘共苦》《千万不要忘记》等；导演话剧《枫叶红了的时候》《丹心谱》等；曾创作电视剧本《追》《红三角》《难》等。编有话剧剧本《海霞》和电影剧本《婚礼》等。

1950 年，就读天津津沽大学管理系二年级，多次向学校提出转学申请，希望到刚刚成立的北京电影表演艺术研究所系统学习戏剧与电影知识，但一直未得到校方批准。当时，印质明正半工半读，每天晚上都到夜校教书，与工人老大哥们混得很熟。后经工人联名，在开具的介绍信上盖上夜校的公章，结束大学生涯，弃学从艺。

1956 年，毛泽东主席提出要接见包括印质明在内的一批当时活跃在银幕上的电影演员。接到通知，印质明兴奋不已，能有机会与毛主席见面，是很荣幸的。第二天，正在开准备会的印质明被长影厂叫走，通知他明天参加在哈尔滨举行的电影首映式。“当时，我也没有办法，哈尔滨那边已经准备就绪，而且宣传声势很大，在影迷中影响也很大，不能让影迷们失望啊，晚上我就乘火车回哈尔滨了。”“首映式当天，人山人海，把电影院围得水泄不通，致使周边地区交通堵塞，我们是在警察的保护下，从电影院后门的一条小胡同走进场的。”首映式第二天，毛主席接见了那些电影演员，在那幅长长的照片中没有印质明的身影，但在成千上万的影迷心中却始终珍藏着印质明，这个他们心中的“明星”。

1958 年《工地青年》《春雷》后期录音结束以后，印质明参加了长影演员剧团排练和演出的大型话剧《红旗谱》。这次，导演王逸满足了印质明饰演反面人物的愿望，他也一改过去只演正面人物的戏路，饰演了剧中的匪班长，并兼李德才的“B”角。春节前后，话剧《红旗谱》在北国冰城哈尔滨连演一个月，场场告满。不想，最后一场告别演出，由于印质明已经完全投入到了演出中，在台上误将自己的手用手枪打伤。手术后未精心护养，造成发炎、化脓、引流以致连日低烧，就这样带着伤痕，拖着病体的印质明又进入了《铁道卫士》的筹备组。

在拍戏的过程中，印质明的伤手一直未好，虽然不用挎“木板”了，可仍在“引流”。为避免观众发现，印质明借此机会便为人物设计了个习惯动作，经常把手插在裤子口袋中，因而构成了高科长这个人物的特色。

作为演员，印质明在银幕上塑造的人物多为儒雅的“侦察员”，这种儒雅的气质归功于印质明深厚的文化底蕴。他对自己作为演员的要求是“表现世界、演绎人生”。作为演员除去要有丰富的生活体验、广阔的视野外，还要有丰富的知识，甚至博古通今，中外皆知。他以实际行动践行和阐释了“艺海无涯”“学无止境”的精神。

边贵祥

边贵祥（1928—2008），香河县大青庄务村人。1944年参加革命，曾参加过辽沈战役、平津战役和对越自卫反击战等战役。

1944年8月，刚入伍便到了冀东第18纵队，不久担任排长。与日本侵略军拼刺刀时，他曾以一敌三，一人俘敌一个排。在1948年的隆化攻坚战——董存瑞舍身炸碉堡的战斗中，边贵祥担任爆破任务，一次又一次地挟着炸药包冲向敌人的阵地，炸掉不少敌人的碉堡，正打得起劲，敌人从堑壕射来一梭子弹，他身中数弹，其中头部一弹，当场倒下不省人事，救护队将他抬下战场时已生命垂危。

边贵祥作战非常勇猛，他常说：“我不要功，也不要钱，只想消灭敌人。”解放战争时，眼睛在一次战斗中被敌人的子弹打出眼眶，他将掉出悬挂着的那只眼球一把揪掉，继续冲锋。因作战勇猛，被授予“战斗英雄”称号。1953年起先后任红一团一营参谋长、营长、军作训参谋、团长等职。

1967—1968年，边贵祥曾以中国军事顾问的身份到越南抗美援越。1970年1月任163师师长。1979年对越自卫反击战中，他带着163师再赴越南。由于他此前曾参与筹划过越军的一些重要军事行动，对越南的战略、战术和兵力配置比较熟悉，加之素以勇猛出名，越南军队都怕他。当年越军的《作战宣传手册》就写着“消灭163，活捉边贵祥”。两军交战时，越军也在战壕里用高音喇叭喊“消灭163，活抓边瞎子”“打到凭祥吃早饭，打到南宁过春节”“谁提边贵祥的人头来，便给3万美金”……

在对越自卫反击战的同登和谅山战役中，163师共有600多位烈士安葬在广西隘口卡凤隧道附近的山坡上。

1979年任海南军区副司令员。1989年离休。

杜兴甫

杜兴甫（1935—2000），汉族，山西省清徐县人，大学本科学历，副主任医师，曾任香河县人民医院副院长、县政协副主席、河北省政协第六届委员、中华医学会河北分会会员、河北省骨伤科外固定学会理事、中国中西医结合研究会廊坊分会理事，被聘为《全国骨伤外固定博览》编辑部副主任。1987年3月，被中共河北省委、省人民政府命名为“河北省科技战线树比学活动先进个人”，学术论文被评为全国骨伤科外固定领域优秀论文。

1961年7月，天津医科大学医疗系毕业后分配到香河县，在香河县卫生学校任生化教师兼教研组长，是香河县卫生系统第一位大学生。一年后调到香河县人民医院外科。1994年退休。

初到医院外科，没有实践经验，医疗设备差，可请教的经验丰富的老医生又很少。他刻苦钻研外科技术，探寻疑难病症的治疗方法，为钻研国外的医疗技术，他熟练地掌握了英、俄两门外语。

在外科手术中，成功地抢救了溃疡病穿孔、肠梗阻、脾破裂、胆囊炎、胆结石等较危重病人。两次遇到因血栓闭塞性脉管炎大医院要给截肢的病人，在医院领导的支持下，他果断为病人做了腰交感神经节切除手术，并配合中西药治疗，保住了下肢，使病人减少了痛苦和不幸，保存了生活和劳动的能力。

1968年，他患严重肝炎，仍长期坚持工作，终因劳累转成肝硬化，两次出现腹水。领导责令他休息，他虽然住在医院，但是一有危急病人，随叫随到。1974年，终因肝硬化门脉高压症，出现了消化道出血，再次腹水，面色苍白而躺倒。领导和主要医生共同讨论他的治疗方案。后来，他的老师天津老医师刘自宽亲自为他做脾、肾分流大手术，使他获得了第二次生命。术后不到3个月，他又不顾疲劳地开始了临床诊断。

1976 年 7 月唐山大地震，香河成了灾区，他家的房子倒了，可他没有顾及自家的安危和自己病痛缠身，毅然投入抗震救灾医疗。尽管下肢浮肿迈步都费力，可一看到病人，他立即不顾一切地抢救诊治。在总结抗震救灾时，他先后出席了县、地、省和全国抗震救灾先进集体和先进个人代表会议。

1979 年以后，落实知识分子政策，他晋升为外科主治医师并担任外科主任职务。他拖着重病的身体，解除了一个又一个危重病人的痛苦。为了攻克破伤风液体疗法难关，尽管他工作一天下肢已浮肿难受，仍在业余进行反复地研究探讨，终于摸索出一套新疗法，收到良好效果，使县内新生儿破伤风死亡率大大降低。针对因机动车辆增加而骨伤病人猛增的情况，他加深学习骨科技术，并向外地著名专家请教，使科内技术人员水平大大提升。他经过反复研究试验，创制了“酒精注射疗法”治疗骨刺病人。这种疗法在廊坊地区骨科年会上作了介绍并被推广。他还进行了男子输精管再通手术研究，使男性绝育手术有了很大改进，有利于计划生育，在全县推广。另外，他还研究了肋软骨炎、慢性溃疡和不愈痘道、脚癣和骨质增生等病的治疗，收到了一定疗效。

他多次受到上级表彰。1976 年被评为“全国抗震救灾先进个人”；1978 年获廊坊地区“卫生科技先进个人”称号；1982 年，出席省“各界人士为四化服务经验交流会”；1983 年被评为省“卫生系统先进个人”；1984 年获地区、行署“优秀知识分子”奖状；1987 年 3 月被省委、省政府命名为“河北省科技战线树比学活动先进个人”；1987 年、1988 年、1991 年，先后被县委、县政府授予“两个文明建设先进个人”“专业技术拔尖人才”“科学技术先进工作者”等荣誉称号；1992 年 1 月，被中共廊坊市委、市政府授予“为两个文明建设服务先进个人”称号。

第二章 人物表

2008 年香河籍部队副师级以上人物表

表 28-2-1

姓名	性别	籍 贯	出生时间	入伍时间	曾任职务	职级军衔
周华民	男	刘宋镇东王庄	1922.3	1945.1	中国人民解放军西安政治学院院务部政委	正 师
黄廷栋	男	淑阳镇白庙	1938		原中央军委办公厅杨尚昆副主席办公室秘书	正 师
杨 贵	男	淑阳镇孙家止务	1942.9	1963.8	总后车船研究所副所长、总后驻北京汽车制造厂总代表、总后车船军代表局局长	正 师
张启禄	男	淑阳镇万福辛村	1943.12	1962.7	中国人民解放军 81021 部队炮兵指挥部主任	正 师
于国防	男	钱旺乡富各庄	1955.7	1974.12	廊坊武警学院院务部副部长	正 师
刘玉龙	男	钱旺乡钱旺	1956.11	1974.12	河北省邯郸军分区司令员	正 师
张庆华	男	刘宋镇王家务	1958.1	1976.2	中国人民解放军 95830 部队副译审	正 师
杨学强	男	淑阳镇胡庄子	1962.8	1980.9	装甲兵工程学院教授	技术六级正师
白江涛	男	淑阳镇西南街	1963.10	1981.8	空军地空导弹六师师长	正 师
贾旭东	男	淑阳镇小罗屯	1964.2	1981.10	中央电视台总装备部记者站主任	技术六级 正师
种 山	男	钳屯乡尚店	1964.11	1984.9	海军装备部军代表	技术六级正师
张庆春	男	钱旺乡焦康庄	1934.1	1951.7	沈阳军区军事法院行政司法科科长、直属法院院长、政治部研究室研究员	副 师
贾绍富	男	钳屯乡贾庄	1936.1	1955.7	总参测绘局器械处参谋	副 师

续表 28-2-1

姓名	性别	籍贯	出生时间	入伍时间	曾任职务	职级军衔
马士贵	男	刘宋镇刘宋村	1936.8	1955.7	总参谋部测绘局工厂管理处助理员	副 师
李士成	男	刘宋镇北务屯	1940.12	1960.9	保定市委常委、人武部政委，保定市警备区政治部主任、副政委	副 师
李绍荣	男	蒋辛屯镇前骆驼港	1941.9	1960.9	廊坊军分区副司令员、承德警备区副司令员	副 师
姜克生	男	五百户镇田各庄	1948.12	1968.2	北京军区总医院营建指挥部主任	副 师
李振清	男	渠口镇石虎辛庄	1949.1		北京军区房地产管理局局长	副 师
杨金波	男	淑阳镇西店	1953.3	1972.12	解放军 304 医院副局级协理员	副 师
王占祥	男	刘宋镇北务屯	1954.8	1972.12	中国人民解放军第二炮兵 22 基地后勤部部长	副 师
马玉生	男	钱旺乡大六王	1956.3	1974.12	武警海南总队后勤部副部长	副 师
杨会龙	男	五百户镇十百户	1956.7	1976.12	南京军区空军后勤部总指挥	副 师
白树才	男	钱旺乡成自务	1961.8	1978.7	北京南苑机场飞行大队大队长	副 师
方殿立	男	安头屯镇商汪甸	1961.9	1979.11	天津市西青区人武部政委	副 师
付志新	男	刘宋镇刘宋	1962.2	1980.11	廊坊预备役后勤保障旅工程师	副 师
王连生	男	五百户镇孙小营	1964.8	1981.10	总装备部政治部干事	副 师
赵世祥	男	蒋辛屯镇梁家务	1964.12	1981.7	空军装备研究院总体论证研究所研究员	副 师
秦 林	男	五百户镇霍刘赵	1965.3	1983.11	中央军委办公厅直属工作局助理员	副 师
何起民	男	淑阳镇段庄	1966.8	1983.9	中国人民解放军第二炮兵北京代表局驻北京地区军事代表室代表	副 师

2008 年香河籍机关干部、学者名人表

表 28-2-2

姓 名	性别	出生年月	籍 贯	工作单位及职务	职 称
卢玉昆	男	1933.2	钳屯乡二百户	华北石油职工大学基础课部原副主任	高级工程师
周松岭	男	1933.12	淑阳镇西北街	国家贸易学院原党委书记、院长，中国人民公安大学党委常委、公安管理系和公安政工系主任、校领导小组成员	教授
张百发	男	1934.6	淑阳镇金辛庄	北京市原常务副市长	—
王连清	女	1935.1	淑阳镇西北街	中国中医学院知名专家；中华医学会激光分会委员；香港保健协会医学顾问；《北京晚报》健康快车大课堂列车长；北京京城岐黄国医馆首席国医	主任医师
周振刚	男	1935.2	钱旺乡土堡子	北京航空航天大学	高级工程师
佟勖功	男	1935.7	刘宋镇幞头屯村	长春社会科学院研究员	正高级
曹永元	女	1935.11	安头屯镇安头屯村	北京第六制药厂	高级工程师
孟庆武	男	1936.10	五百户镇后马坊	中国林业出版社原副总编辑	正编审
秦忠义	男	1937.7	安头屯镇庞营	山西省测绘局原队长	高级工程师

续表 28-2-2

姓 名	性别	出生年月	籍 贯	工作单位及职务	职 称
张宝文	男	1937.12	安平镇王家摆	中国钢研科技集团有限公司（原冶金部钢铁研究总院），慕尼黑生态中心原客座教授	正教授级高级工程师
陈美文	女	1938.1	淑阳镇西北街	南开大学化学学院	教授、国家一级运动员
孟昭臣	男	1938.4	钳屯乡赵庄	中国五矿集团党委原副书记、宁波联合集团原第一副总裁、宁波经济技术开发区（国家级）管理委员会原第一副主任	高级政工师
马连义	男	1938.8	五百户镇香椿营	总政话剧团高级编剧、中国作家协会会员、中国少数民族作家学会理事	二级演员
吴世昌	男	1938.9	五百户镇后土门楼	河北省测绘局原生产技术科科长，《河北省志·测绘志》副主编	高级政工师
周　德	男	1938.10	淑阳镇西北街	中共天津市纪律检查委员会原副书记、天津市政协社会法制委原主任	—
孟庆增	男	1939.1	钳屯乡钳屯村	延安市水务局原副局长	高级工程师
张淑华	女	1939.3	钱旺乡义井村	延安市水务局水保队	高级工程师
李存友	男	1939.4	五百户镇五百户村	河北省体委原副主任、河北体育馆原馆长、中国体育馆协会原副主席	—
王　强	男	1939.8	淑阳镇前小屯	天津中华职专学校原校长兼天津市和平区体育学校校长	运动健将高级教练
李秉新	男	1940.4	蒋辛屯镇北吴村	河北省政协文史委原副主任（副厅），享受国务院特殊津贴专家	正编审
孟宪仪	男	1940.5	钳屯乡钳屯村	国务院重大技术装备办公室原副处长、国家经贸委原处长、国务院国资委中国国际热能工程公司总工程师	高级工程师
侯瑞兴	男	1942.1	河北香河	《北京铁道报》原主任编辑兼美术编辑，现中国版画家协会会员、北京美术家协会会员、香港红荔书画会会员、中国铁路老年书画研究会艺术顾问	高级编辑
刘文波	男	1942.8	五百户镇香城屯	《河北日报》社财贸部原主任	高级编辑
孟宪琦	男	1942.8	钳屯乡钳屯村	大连第二机床厂原厂长兼党委书记、冶金起重电机行业标准化学会原副主任委员。获终身国务院专家级政府津贴	高级工程师
王廷儒	男	1942.10	钳屯乡东延寺	河南省鹤壁市城建设计研究所原所长	高级工程师
康志诚	男	1943.4	淑阳镇阎乔各庄	中国印刷总公司编辑、记者、美术设计兼原党支部书记	工程师
靳宝雨	男	1943.6	钳屯乡西延寺	河北医科大学校长办公室原主任	副教授
李桂萍	女	1943.8	淑阳镇郭辛庄	河北省中医院妇产科原主任	主任医师
吴志忠	男	1945.4	五百户镇后土门楼	曾任永清县县长、县委书记、廊坊经济技术开发区工委书记	—

续表 28-2-2

姓 名	性别	出生年月	籍 贯	工作单位及职务	职 称
康万生	男	1946	渠口镇康庄	天津京剧院铜锤花脸、中国戏剧家协会会员、天津剧协理事。	国家一级演员
李绍全	男	1947.2	河北香河	湖北省水产局原纪检组长、巡视员（正厅）	—
杨秀廷	男	1947.5	渠口镇青户	曾任香河县检察院检察长、大厂县检察院检察长	—
陈振生	男	1948.10	淑阳镇段庄	解放军260医院胸外科主任	主任医师
王志国	男	1949.12	钱旺乡大河各庄	上海财经大学浙江学院原常务副院长	教授
李士林	男	1950.1	刘宋镇北务屯	中国中信集团公司常务董事、副总经理，中信国安集团公司董事长。	高级经济师
成　功	男	1950.12	钳屯乡张庄	河北省人民检察院原纪检组专职副书记	高级检察官（三级）
范玉书	男	1950.10	淑阳镇后井亭	河北省人民政府国资委原副书记、监事会主席（正厅），现任河北省国有企业党建研究会会长、国务院国资委党建特约研究员	—
王　松	男	1952.7	安头屯镇杨营庄	河北省政府驻京办事处信息处处长	—
高瑞霞	女	1952.4	安平镇枳根城	中国农业大学档案与校史馆馆长	副研究馆员
王红舒	女	1953.12	淑阳镇孙家止务	中国作家协会会员，上海《东方经济》《体育纵横》杂志社总编辑	初级编审
沙万全	男	1954	刘宋镇程官屯	北辰集团原党委书记兼董事长	高级经济师
高国强	男	1955.10	淑阳镇东北街	北京澳加源科技发展有限公司副总经理	高级工程师
张金霞	女	1955.12	渠口镇渠口村	中国农科院农业资源与农业区划研究所食用菌研究室主任	研究员
高善罡	男	1955	安平镇鲁家务村	中宣部新闻局局长	—
许津荣	女	1956.2	钱旺乡打古庄	江苏省镇江市委书记	—
康维民	男	1956.5	钱旺乡成自务	锦州输油气分公司党委书记	高级政工师
吕永杰	男	1956.6	钳屯乡二百户	中国现代书画家专家委员会副主席，石家庄经济学院客座教授	—
郭　岩	女	1956.11	钳屯乡红庙	北京大学公共卫生学院博士生导师，世界卫生组织健康社会决定因素委员会委员	教授
王一丁	男	1957.3	渠口镇邱庄	山东中石油天然气有限公司原党委副书记、纪委书记、工会主席、副总经理，现中国石油管道公司销售处副处长	工程师
马提福	男	1957.4	渠口镇卸甲庄	石家庄市地税局局长	—
高国明	男	1957.5	淑阳镇东北街	河北省人大机关纪委书记	高级政工师
杜守军	男	1959.7	淑阳镇大罗屯	河北科技大学建筑工程学院院长	教授
陈桂珍	女	1959.10	淑阳镇西北街	河北农业大学原副院长，现河北科技大学	教授
杨述韬	男	1960.10	蒋辛屯镇打卜户	河北师范大学化学与材料科学学院	副教授
王玉海	男	1961.2	蒋辛屯镇北头百户	河北省体育馆馆长兼河北省体育局小球运动管理中心主任	—
孙连辉	男	1961.8	钳屯乡二百户	北京市公安局特警总队政委	二级警监

续表 28-2-2

姓 名	性别	出生年月	籍 贯	工作单位及职务	职 称
张 生	男	1961.8	蒋辛屯镇小尹庄	公安部老干部局副局长	—
倪 文	男	1961.10	刘宋镇程官屯	北京科技大学土木与环境工程学院党委书记、博士生导师	教授
孙 飚	男	1961	淑阳镇万辛村	美国加利福尼亚大学博士	高级工程师
刘艳庭	男	1962.4	蒋辛屯镇打卜户	廊坊师范学院体育学院，民盟廊坊第六届市委委员、师范学院廊坊民盟一支部主委	教授
高洪山	男	1962.6	安平镇高庄	中国北方工业公司万宝矿产有限公司，现住非洲津巴布韦	总工程师兼研究生导师
李淑萍	女	1962.10	钱旺乡马房项	河北中核岩土工程责任有限公司实验中心主任	工程师
成 林	男	1962	安平镇王指挥庄	美国 Nektar 生物制药公司，Oklahoma 大学化学系博士	主任科学家
王世强	男	1963.3	蒋辛屯镇北吴村	廊坊市人大常委会副主任、民进廊坊市委主任委员	工程师
毛建忠	男	1963.4	五百户镇头百户	北京盛达置地有限公司董事长	高级工程师
李 广	男	1963.9	渠口镇王刘圈	廊坊师范学院音乐系	教授
邳克江	男	1963.10	渠口镇荣各庄	河北医科大学图书馆馆长	副教授
赵丙贤	男	1963.11	蒋辛屯镇杨簸箕庄	北京中证万融投资集团有限公司董事长、总裁	高级经济师
曹学军	女	1963.12	刘宋镇刘庆庄	工业和信息化部消费品工业司纺织处处长	高级工程师
王书玲	女	1963	淑阳镇东北街	美国洛杉矶中文学校校长	—
程登富	男	1964.6	淑阳镇大王庄	廊坊师范学院体育学院原副院长，现廊坊师范学院图书馆馆长	教授
张建国	男	1964.9	淑阳镇河北止务	山东省胶南市副市长、党组成员	—
王桂满	女	1964.10	渠口镇豆庄	廊坊市体育运动学校	运动健将 高级教练
赵桂霞	女	1964.11	刘宋镇王家务	河北科技大学老干部处党委书记（正处）	高级政工师
付书全	男	1965.5	安平镇高庄	北京佳龙投资集团董事长	高级工程师
董宝忠	男	1965.5	淑阳镇后套	上海电视台驻北京记者站主任	中级摄影师
赵丙辉	男	1965.5	蒋辛屯镇打卜户	北京同沃科技有限公司、北京天行圣地科贸有限公司董事长、总经理	高级工程师
王春宏	男	1965.6	淑阳镇后小屯	中国黄金集团投资公司项目部经理	高级工程师（教授）
李国海	男	1965.8	刘宋镇辛立屯	中粮集团物流部副总经理	—
李 刚	男	1965.8	安平镇一街	廊坊职业技术学院	教授（三级）
陈效禹	男	1965.9	蒋辛屯镇百家湾	中国世界贸易组织研究会副秘书长	高级经济师
杨月枝	女	1966.2	渠口镇谭家务	河北师大外语学院	副教授
张更生	男	1966.3	淑阳镇	河北名世锦簇纺织有限公司董事长	高级工程师
尹连永	男	1966.3	钳屯乡贾庄	廊坊师范学院体育学院	副教授
高洪海	男	1966.3	安平镇高庄	英国 RFMICRODEVICELtd 工作	英国 LANCASTER 大学博士后学位

续表 28-2-2

姓 名	性别	出生年月	籍 贯	工作单位及职务	职 称
张东海	男	1966.5	安平镇王家摆	廊坊师范学院体育学院	副教授
张志国	男	1966.7	钳屯乡西延寺	国家安全局副处长	—
刘 忠	男	1966.8	安头屯镇孙庄子	华北电力大学能源与动力工程学院	副教授、硕士生导师
魏子峰	男	1966.10	蒋辛屯镇前建各庄	上海天骠集团董事长，博士	高级工程师
傅宝光	男	1967.1	刘宋镇刘宋村	国家体育场有限责任公司综合部主任	—
刘甚秋	男	1967.9	钳屯乡张庄	北大青鸟国际投资株式会社和北大青鸟系统开发日本公司董事长	—
乔德水	男	1968.5	安平镇乔各庄	日本相惠有限公司，从事中日两国人员友好交流，北京大学国际关系学院亚洲经济与文化研究中心	主任研究员
陈启望	男	1969.4	刘宋镇东张庄	北京住宅总公司装饰公司副总经理	高级工程师
高 勇	男	1970.1	淑阳镇	吉林大学商学院博士	副教授
徐光才	男	1970.5	淑阳镇北岗子	河北德森电梯设备有限公司总经理	高级工程师
张宝东	男	1970.12	淑阳镇万福辛村	河北晨鼎祥科技有限公司总经理	工程师
张颖新	男	1971.5	淑阳镇前小屯	最高人民法院民事审判第一庭正处级审判员	高级法官
陈 光	男	1972.5	安头屯镇庞营	《长江日报》报业集团常务副总编	高级记者
王国权	男	1972.7	蒋辛屯镇北五百户	中国电信河北省公司副总经理	—
白 玥	女	1978.3	刘宋镇尹庄	中国健康教育中心（卫生部新闻宣传中心）医学博士	副研究员
刘志芳	女	1979.5	五百户镇香城屯	中央广播电视大学经济系主任，财政学博士	副教授

2008 年香河县党政机关企事业单位专业副高职人物表

表 28-2-3

姓 名	性别	出生年月	工作单位	职 务	职 称	评定日期	聘用日期
石凤怀	男	1936.6	香河县水务局	—	高级工程师	1994.8	1994.8
李春福	男	1942.1	香河县委党校	副校长	高级讲师	1996.07	1998.12
王桂清	女	1953.4	香河县委党校	—	高级讲师	1998.8	1998.12
李成志	男	1958.1	香河县农业局	蔬菜站站长	高级农艺师	1998.10	1998.12
马宏岭	女	1960.10	香河县农业局	农广校办公室主任	高级农艺师	1998.10	1998.12
李金中	男	1964.12	香河县农业局	农情股股长	高级农艺师	1999.9	1999.12
刘建华	男	1960.3	香河县农业局	局长	高级经济师	1999.10	未聘
沙廷英	女	1966.10	香河县畜牧兽医局	—	高级兽医师	2001.1	2002.1
李秀英	女	1950.1	香河县文化馆	馆长	国家二级演员	2001.2	2001.2
赵以志	男	1965.5	香河县农业局	副局长	高级农艺师	2001.2	2001.2
丁云梅	女	1963.8	香河县委党校	教研室主任	高级讲师	2001.12	2002.1
王双同	男	1958.8	香河县畜牧兽医局	动物检疫站站长	农业技术推广研究员	2001.12	2002.1

续表 28-2-3

姓 名	性别	出生年月	工作单位	职 务	职 称	评定日期	聘用日期
顾彩华	女	1952.9	香河县委党校		高级讲师	2001.12	2002.1
许增明	男	1946.12	香河县水务局		高级工程师	2001.12	2002.1
赵广富	男	1962.3	香河县广播电视局	副局长	主任记者	2001.12	未聘
杨万海	男	1963.7	香河县畜牧兽医局	畜牧兽医股股长	高级兽医师	2002.12	2003.6
关玉波	男	1964.8	香河县审计局	副局长	高级审计师	2003.11	未聘
蔡恩利	男	1968.7	香河县畜牧兽医局	化验室主任	高级兽医师	2003.11	2004.6
唐 富	男	1948.12	香河县广播电视局		主任编辑	2003.12	未聘
王建平	女	1958.10	香河县文体局	文化股股长	国家二级演员	2003.12	2004.1
张金旺	男	1966.9	香河县农业局	农机管理站站长	高级农艺师	2003.12	2004.12
宋品军	男	1968.7	香河县农业局	土肥站站长	高级农艺师	2003.12	2004.12
李春林	男	1967.3	香河县供电局	副局长兼主任工程师	高级工程师	2004.11	2004.11
张跃江	男	1952.10	香河县文化馆	馆长	国家二级演员	2004.12	2005.1
黄桂荣	女	1963.4	香河县文工团	副团长	国家二级演员	2005.1	2005.1
杨会新	女	1966.10	香河县委党校	函授部副主任	高级讲师	2006.11	未聘
贾秀丽	女	1963.7	香河县农业局	农广校教师	高级农艺师	2006.11	未聘
王玉梅	女	1957.2	香河县农业局	技术站站长	高级农艺师	2007.12	未聘
孙冬云	女	1967.12	香河广播电视局	105.5 频率中心主任	主任播音员	2007.12	未聘
陈淑伶	女	1966.9	香河县农业局	土肥站站长	高级农艺师	2008.11	未聘

2008 年香河县教育系统专业副高职人物表

表 28-2-4

姓 名	性别	出生年月	工作单位	职 务	职 称	评定日期	聘用日期
张华云	女	1933.9	香河电大	教师	中学高级	1987	1987
张宝银	女	1937.3	香河电大	教师	中学高级	1987	1987
刘修贞	男	1944.12	香河电大	教师	中学高级	1987	1987
付万新	男	1942.11	香河县第四中学	教师	中学高级	1987.12	1988.12
张凤元	男	1931.2	香河县第四中学	教师	中学高级	1987.12	1988.12
邢立文	男	1956.3	香河县第一中学	教师	中学高级	1993.10	1997.12
路保全	男	1957.10	香河县第一中学	副校长	中学高级	1998.8	1998.12
杜文成	男	1950.11	香河县第一中学	工会主席	中学高级	1998.8	1998.12
孙玉洙	男	1950.8	香河县第三中学	教师	中学高级	1998.11	1998.12
吴振山	男	1955.10	香河县第一中学	校长	中学高级	1999.9	2000.1
姬书芳	女	1960.7	香河城内二小	教导处主任	小学特级	2000.1	2000.1
赵玉娟	女	1963.5	香河淑阳中学	教师	中学高级	2001.2	2002.2
吴德忠	男	1963.11	香河县第一中学	教务处副主任	中学高级	2001.2	2001.2
邢志军	男	1962.9	香河县教育局	督导室主任	中学高级	2001.12	2001.12
邱兆英	男	1962.5	香河县第一中学	教师	中学高级	2001.12	2002.12
王建明	男	1953.3	香河县第一中学	教师	中学高级	2001.12	2002.12

续表 28-2-4

姓 名	性别	出生年月	工作单位	职 务	职 称	评定日期	聘用日期
韩桂发	男	1964.10	香河县职教中心	副校长	中学高级	2001.12	2002.12
崔长瑞	男	1965.5	香河县第一中学	教师	中学高级	2001.12	2002.12
殷中革	男	1962.1	香河县第一中学	教师	中学高级	2001.12	2002.12
杨殿国	男	1954.4	香河县第三中学	教师	中学高级	2001.12	2002.1
周育路	女	1963.4	香河县第二中学	教师	中学高级	2001.12	2001.12
高宝山	男	1950.3	香河县教师进修学校	副主任	中学高级	2002.8	2003.12
宋万永	男	1948.8	香河电大	教师	中学高级	2002.12	2003.1
方志强	男	1961.11	香河县教育局	仪器电教站站长	中学高级	2002.12	2003.1
李 波	男	1964.5	香河县教育局	督导室副主任	中学高级	2002.12	2003.12
王小文	女	1964.12	香河县第二中学	教师	中学高级	2002.12	2003.1
王旭江	男	1964.12	香河县第三中学	校长	中学高级	2002.12	2003.1
何 义	男	1948.12	香河县第四中学	教师	中学高级	2002.12	2003.12
李书民	男	1961.10	香河县职教中心	副校长	中学高级	2002.12	2003.12
靳洪波	男	1963.6	香河县第一中学	副校长	中学高级	2002.12	2003.12
马 辉	男	1967.7	香河县第一中学	教务处副主任	中学高级	2002.12	2003.12
王连江	男	1960.2	香河县第一中学	教师	中学高级	2002.12	2003.12
张玉琴	女	1963.1	香河县教师进修学校	教师	中学高级	2002.12	2003.12
王家森	男	1965.2	香河县第一中学	信息处副主任	中学高级	2003.12	2004.11
宋文龙	男	1962.2	香河县第一中学	副校长	中学高级	2003.12	2004.11
高振清	男	1963.9	香河县第一中学	教务处主任	中学高级	2003.12	2004.11
贺 海	男	1958.8	香河县第一中学	教师	中学高级	2003.12	2004.11
陈凤君	女	1965.7	香河县第一中学	教师	中学高级	2003.12	2004.11
庄树华	男	1962.7	香河县第四中学	副校长	中学高级	2003.12	2004.11
周 成	男	1948.11	香河县职教中心	主任	中学高级	2003.12	2004.11
张 忠	男	1953.6	香河县职教中心	主任	中学高级	2003.12	2004.11
闫福东	男	1966.1	香河县教育局	教研员	中学高级	2003.12	2004.11
陈松宽	男	1959.2	香河县第二中学	教师	中学高级	2003.12	2004.11
张国臣	男	1959.9	香河县第三中学	教师	中学高级	2003.12	2004.11
常学民	男	1965.9	香河县第三中学	教师	中学高级	2003.12	2004.11
韩立军	男	1966.5	香河县第三中学	教师	中学高级	2003.12	2004.11
孟锦明	男	1967.9	香河县第三中学	教师	中学高级	2003.12	2004.11
刘剑平	男	1965.7	香河县第三中学	副校长	中学高级	2003.12	2004.11
李树峰	男	1964.11	香河县第六中学	校长	中学高级	2003.12	2004.11
韩立东	男	1966.3	香河县第十中学	校长	中学高级	2003.12	2004.11
李长征	男	1957.6	香河县第二中学	教师	中学高级	2004.11	2005.12
赵广文	男	1949.1	香河县第三中学	教师	中学高级	2004.11	2005.12
张庆华	男	1958.6	香河县教育局	教研室主任	中学高级	2004.11	2005.12
崔秀红	女	1959.12	香河县教育局	教研员	中学高级	2004.11	2005.12

续表 28-2-4

姓 名	性别	出生年月	工作单位	职 务	职 称	评定日期	聘用日期
郑向阳	男	1964.8	香河县第二中学	教师	中学高级	2004.11	2005.12
李少芳	男	1964.3	香河县第一中学	教务处副主任	中学高级	2004.11	2005.12
刘凤义	男	1967.1	香河县教育局	教研员	中学高级	2004.11	2005.12
于青海	男	1963.4	城内第二小学	校长	中学高级	2005.11	2006.12
张丛林	男	1965.6	香河县第二中学	教师	中学高级	2005.11	2006.12
陈玉梅	女	1968.11	香河县第二中学	教师	中学高级	2005.11	2006.12
孙 海	男	1956.1	香河县第六中学	副校长	中学高级	2005.11	2006.12
闫振凯	男	1958.4	香河县第六中学	校长	中学高级	2005.11	2006.12
陈玉梅	女	1968.11	香河县第二中学	教师	中学高级	2005.11	2006.12
赵建强	男	1967.4	香河县第一中学	副校长	中学高级	2005.11	2006.12
史广和	男	1962.1	香河县教育局	副股长	中学高级	2005.11	2006.12
单淑萍	女	1955.9	香河县教育局	副股长	中学高级	2005.11	2006.12
张慧英	女	1963.8	香河县第一中学	教师	中学高级	2005.11	2006.12
吕学丰	男	1964.2	香河县第一中学	教师	中学高级	2005.11	2006.12
韩艳君	女	1965.8	香河县第一中学	教师	中学高级	2005.11	2006.12
李桂新	女	1964.4	香河县第一中学	教师	中学高级	2005.11	2006.12
成立文	女	1965.6	香河县第一中学	教师	中学高级	2005.11	2006.12
张海青	女	1966.5	香河县第一中学	教师	中学高级	2005.11	2006.12
王维山	男	1964.12	香河县第一中学	教务处主任	中学高级	2005.11	2006.12
李晓东	男	1970.11	香河县教育局	副主任科员	中学高级	2005.11	2006.12
周连祥	男	1952.6	香河县第四中学	教师	中学高级	2005.11	2006.12
王凤海	男	1954.9	香河县第四中学	教师	中学高级	2005.11	2006.12
张永清	男	1956.3	香河县第四中学	教师	中学高级	2005.11	2006.12
王永民	男	1960.5	香河县第四中学	教师	中学高级	2005.11	2006.12
张淑菊	女	1966.5	香河县第九中学	教师	中学高级	2006.12	未聘
贾德新	男	1966.7	香河县教师进修学校	教师	高级讲师	2006.12	未聘
许增建	男	1966.7	香河县第八中学	校长	中学高级	2006.12	2007.1
齐万军	男	1967.1	淑阳镇中心总校	总校长	中学高级	2006.12	未聘
马振栋	男	1955.6	香河县第六中学	副校长	中学高级	2006.12	未聘
王素荣	女	1960.6	香河县教育局	教研员	中学高级	2006.12	未聘
程有全	男	1957.12	香河县第二中学	教师	中学高级	2006.12	未聘
李素华	女	1953.9	香河县第二中学	教师	中学高级	2006.12	未聘
李润生	女	1966.12	香河县第二中学	教师	中学高级	2006.12	未聘
王金辉	女	1966.9	香河县第二中学	教师	中学高级	2006.12	未聘
甄文才	男	1956.10	香河县第三中学	教师	中学高级	2006.12	未聘
李新生	男	1968.3	香河县第一中学	教务处主任	中学高级	2006.12	未聘
张凤芸	女	1969.4	香河县第一中学	党总支副书记	中学高级	2006.12	未聘
常国华	女	1968.9	香河县第一中学	信息处主任	中学高级	2006.12	未聘

续表 28-2-4

姓 名	性别	出生年月	工作单位	职 务	职 称	评定日期	聘用日期
凌怀丽	女	1970.9	香河县第一中学	教师	中学高级	2006.12	未聘
赵红艳	女	1968.4	香河县第一中学	教师	中学高级	2006.12	未聘
白永芹	女	1967.8	香河县第一中学	教师	中学高级	2006.12	未聘
马丽平	女	1967.3	香河县第一中学	教师	中学高级	2006.12	未聘
王金辉	女	1966.9	香河县第二中学	教师	中学高级	2006.12	未聘
刘丽芳	女	1971.1	香河县第二中学	教师	中学高级	2007.12	未聘
王立国	男	1973.3	香河县第二中学	教师	中学高级	2007.12	未聘
阚清武	男	1965.1	香河县第九中学	校长	中学高级	2007.12	未聘
张德清	男	1966.5	香河县第九中学	教师	中学高级	2007.12	未聘
陈桂茹	女	1966.9	香河县教育局	教研员	中学高级	2007.12	未聘
刘　俭	男	1964.9	香河县教育局	教研室主任	中学高级	2007.12	未聘
周永洪	男	1966.8	香河县教育局	招生办主任	中学高级	2008.12	未聘
李润童	男	1967.11	香河县教育局	招生办副主任	中学高级	2008.12	未聘
徐宝珍	女	1971.6	香河县教育局	教研员	中学高级	2008.12	未聘
王希贤	男	1966.3	香河县教育局	教研室副主任	中学高级	2008.12	未聘
王　欣	女	1973.8	香河县教育局	教研员	中学高级	2008.12	未聘
李国荣	女	1960.8	香河县第二中学	教师	中学高级	2008.12	未聘
薛春莹	女	1965.1	香河县第二中学	教师	中学高级	2008.12	未聘
安美荣	女	1971.8	香河县第二中学	教师	中学高级	2008.12	未聘
邱秀春	女	1957.11	香河县第二中学	教师	中学高级	2008.12	未聘
王素珍	女	1964.5	香河县第二中学	教师	中学高级	2008.12	未聘
周广婷	女	1960.7	香河县第二中学	教务处主任	中学高级	2008.12	未聘
周玉宏	女	1956.9	香河县第二中学	教师	中学高级	2008.12	未聘
果淑萍	女	1969.4	香河县第二中学	教师	中学高级	2008.12	未聘
李振春	女	1968.12	香河县第二中学	教师	中学高级	2008.12	未聘
罗俊霞	女	1967.5	香河县第二中学	教师	中学高级	2008.12	未聘
孙玉先	女	1972.5	香河县第二中学	教师	中学高级	2008.12	未聘
张洪杰	男	1970.7	香河县第二中学	教师	中学高级	2008.12	未聘
王立平	女	1967.11	香河县第二中学	教师	中学高级	2008.12	未聘
刘瑞凤	女	1969.5	香河县第二中学	教师	中学高级	2008.12	未聘
刘国顺	男	1969.7	香河县第三中学	教师	中学高级	2008.12	未聘
卢　宏	男	1968.10	香河县第三中学	副校长	中学高级	2008.12	未聘
庞振军	男	1974.4	香河县第三中学	教师	中学高级	2008.12	未聘
齐晨霞	女	1971.5	香河县第三中学	教师	中学高级	2008.12	未聘
王金栋	男	1967.8	香河县第三中学	教师	中学高级	2008.12	未聘
温亚路	男	1966.6	香河县第三中学	副校长	中学高级	2008.12	未聘
张　成	男	1963.7	香河县第三中学	教师	中学高级	2008.12	未聘
张希炜	男	1968.4	香河县第三中学	副校长	中学高级	2008.12	未聘

续表 28-2-4

姓 名	性别	出生年月	工作单位	职 务	职 称	评定日期	聘用日期
张秀荣	女	1969.12	香河县第三中学	教师	中学高级	2008.12	未聘
陈敬源	男	1963.7	香河县第四中学	校长	中学高级	2008.12	未聘
张志强	男	1969.09	香河县第四中学	副校长	中学高级	2008.12	未聘
张 发	男	1957.5	香河县第五中学	教师	中学高级	2008.12	未聘
王 跃	男	1955.12	香河县第六中学	副校长	中学高级	2008.12	未聘
王洪庆	男	1960.7	香河县第六中学	教师	中学高级	2008.12	未聘
李长军	男	1968.2	香河县第七中学	副校长	中学高级	2008.12	未聘
任庆海	男	1958.1	香河县第十中学	副校长	中学高级	2008.12	未聘
白景海	男	1958.2	香河县第十三中学	教师	中学高级	2008.12	未聘
金跃明	男	1966.2	城内第三小学	校长	中学高级	2008.12	未聘
杨雪露	男	1975.9	香河县第九中学	副校长	中学高级	2008.12	未聘
朱景才	男	1966.3	香河县第九中学	教师	中学高级	2008.12	未聘
吕淑美	女	1964.8	香河县第九中学	教师	中学高级	2008.12	未聘
刘学东	男	1959.10	香河县第八中学	校长	中学高级	2008.12	未聘
贾德江	男	1962.4	钳屯乡中心总校	校长	中学高级	2008.12	未聘
杨卫军	女	1969.5	雀林院完全小学	校长	中学高级	2008.12	未聘
勾建伟	男	1973.8	香河县第四中学	教师	中学高级	2008.12	待聘
王 林	男	1971.7	香河县第四中学	副校长	中学高级	2008.12	待聘
吴笑梅	女	1974.4	香河县第九中学	教师	中学高级	2008.12	待聘
牛颖元	男	1971.8	五百户中心总校	校长	中学高级	2008.12	待聘
金月明	男	1966.2	香河城内三小	校长	中学高级	2008.12	待聘
赵洪海	男	1969.8	安平中心总校	科长	中学高级	2008.12	待聘
杜振龙	男	1972.8	香河县职教中心	副校长	中学高级	2008.12	待聘
吴中艳	女	1968.8	香河县职教中心	教导处副主任	中学高级	2008.12	待聘
阚振华	男	1964.11	香河县职教中心	就业处主任	中学高级	2008.12	待聘
王书珍	女	1971.3	香河县职教中心	教师	中学高级	2008.12	待聘
王秀红	女	1970.7	香河县职教中心	教导处副主任	中学高级	2008.12	待聘
王玲霞	女	1969.12	香河县职教中心	教师	中学高级	2008.12	待聘
张柏林	男	1965.1	香河县职教中心	教师	中学高级	2008.12	待聘
孟昭忠	男	1962.1	香河县职教中心	副校长	中学高级	2008.12	待聘
李志玲	女	1961.1	香河县职教中心	教师	中学高级	2008.12	待聘
赵秀红	女	1968.7	香河县职教中心	教科处副主任	中学高级	2008.12	待聘
许国华	男	1965.7	香河县第一中学	教师	中学高级	2008.12	待聘
杨占岭	男	1967.8	香河县第一中学	教师	中学高级	2008.12	待聘
赵庆顺	男	1971.5	香河县第一中学	教师	中学高级	2008.12	待聘
张继芬	女	1964.9	香河县第一中学	教师	中学高级	2008.12	待聘
秦淑霞	女	1969.3	香河县第一中学	教师	中学高级	2008.12	待聘
刘海红	女	1968.11	香河县第一中学	教师	中学高级	2008.12	待聘

续表 28-2-4

姓 名	性别	出生年月	工作单位	职 务	职 称	评定日期	聘用日期
杨权利	男	1974.2	香河县第一中学	教师	中学高级	2008.12	待聘
崔文彦	女	1969.4	香河县第一中学	教师	中学高级	2008.12	待聘
艾金茹	女	1974.12	香河县第一中学	教师	中学高级	2008.12	待聘
吴桂兰	女	1966.9	香河县第一中学	教师	中学高级	2008.12	待聘
张建军	男	1975.5	香河县第一中学	法制处主任	中学高级	2008.12	待聘
王汝涛	男	1974.1	香河县第一中学	教师	中学高级	2008.12	待聘
段桂颖	女	1965.1	香河县第一中学	教师	中学高级	2008.12	待聘
李桂玲	女	1967.3	香河县第一中学	教师	中学高级	2008.12	待聘
荆爱君	女	1968.2	香河县第一中学	教师	中学高级	2008.12	待聘
张春来	男	1971.2	香河县第一中学	教师	中学高级	2008.12	待聘
赵晓红	女	1970.11	香河县第一中学	教师	中学高级	2008.12	待聘
郭占和	男	1966.3	香河县第一中学	教师	中学高级	2008.12	待聘
董桂荣	女	1968.10	香河县第一中学	教师	中学高级	2008.12	待聘
闫春艳	女	1968.3	香河县第一中学	教师	中学高级	2008.12	待聘
王春明	男	1973.12	香河县第一中学	督查室主任	中学高级	2008.12	待聘
高国栋	男	1972.8	香河县第一中学	教师	中学高级	2008.12	待聘
黄春营	男	1962.2	香河县第一中学	教师	中学高级	2008.12	待聘
王晓蕾	女	1972.8	香河县第一中学	教师	中学高级	2008.12	待聘
石燕华	男	1966.7	香河县第一中学	教师	中学高级	2008.12	待聘
李永春	女	1967.12	香河县第一中学	教师	中学高级	2008.12	待聘
杨永平	女	1964.7	香河县第一中学	教师	中学高级	2008.12	待聘
程凤云	女	1970.1	香河县第一中学	教师	中学高级	2008.12	待聘
李长春	男	1965.3	香河县第一中学	教师	中学高级	2008.12	待聘
张宝清	女	1966.3	香河县第一中学	教师	中学高级	2008.12	待聘
刘 红	女	1968.11	香河县第一中学	教师	中学高级	2008.12	待聘
王书艳	女	1970.6	香河县第一中学	教师	中学高级	2008.12	待聘
钱玉红	女	1970.6	香河县第一中学	教师	中学高级	2008.12	待聘
薛亚茹	女	1971.8	香河县第一中学	教师	中学高级	2008.12	待聘
邓桂红	女	1971.1	香河县第一中学	教师	中学高级	2008.12	待聘
杨志国	男	1972.1	香河县第一中学	教师	中学高级	2008.12	待聘
窦云霞	女	1973.5	香河县第一中学	教师	中学高级	2008.12	待聘
李玉荣	女	1973.4	香河县第一中学	教师	中学高级	2008.12	待聘
田术兴	男	1973.12	香河县第一中学	教师	中学高级	2008.12	待聘
修玉红	女	1974.7	香河县第一中学	教师	中学高级	2008.12	待聘
高永连	男	1975.12	香河县第一中学	教师	中学高级	2008.12	待聘
赵秀荣	女	1968.7	香河县第一中学	教师	中学高级	2008.12	待聘
王艳红	女	1969.9	香河县第一中学	教师	中学高级	2008.12	待聘
武海燕	女	1970.5	香河县第一中学	教师	中学高级	2008.12	待聘
杨艳芳	女	1970.6	香河县第一中学	教师	中学高级	2008.12	待聘

2008年香河县医药卫生系统专业副高职以上人物表

表 28-2-5

姓名	性别	出生年月	工作单位	职务	职称	评定日期	聘用日期	备注
贾金萍	女	1951.11	香河县妇幼保健院	妇产科主任	副主任医师	1976.7		
李维军	男	1939.11	香河县人民医院	医务处主任	副主任医师	1988.4	1988.5	
邰桂英	女	1928.12	香河县人民医院	计划生育主任	副主任医师	1988.4	1988.5	2007.4病故
陈有信	男	1938.9	刘宋中心卫生院	—	副主任中医师	1988.4	1988.5	
秦　又	女	1937.8	香河县人民医院	口腔科主任	副主任医师	1988.4	1988.5	
王文刚	男	1935.9	香河县人民医院	医务处主任	副主任医师	1988.4	1988.5	
陈金录	男	1936.10	香河县人民医院	院长	副主任医师	1989.4	1989.5	
孟庆云	男	1929.4	香河县人民医院	副院长	副主任医师	1989.4	1989.5	
杜兴甫	男	1935.12	香河县人民医院	副院长	副主任医师	1990.4	1990.5	2000.7病故
张春山	男	1936.9	香河县人民医院	老干部门诊主任	副主任医师	1990.12	1991.1	
王新培	男	1940.6	香河县人民医院	—	副主任医师	1993.7	1993.8	
张荣泉	男	1944.10	香河县人民医院	脑外科副主任	副主任医师	1995.7	1995.8	
韩金茂	男	1945.9	香河县人民医院	外科主任	副主任医师	1995.7	1995.8	
孟庆云	男	1937.6	香河县气管炎哮喘医院	院长	副主任医师	1995.7	1995.8	
黄玉春	男	1951.10	香河县人民医院	脑血管科主任	副主任医师	1997.11	1997.12	
李　俊	男	1948.12	香河县人民医院	—	副主任医师	1997.11	1997.12	2007.9病故
员保和	女	1950.4	香河县人民医院	心内科副主任	副主任医师	1997.11	1997.12	
李家赞	男	1956.5	香河县人民医院	办公室主任	高级政工师	1999.7	1999.9	
张金英	女	1951.1	香河县人民医院	院感科科长	副主任医师	1999.11	1999.12	
潘　密	男	1958.7	香河县人民医院	脑外科主任	主任中医师	2000.9	2001.3	
白连营	男	1965.11	香河县人民医院	党总支书记	副主任医师	2001.3	2002.1	
李玉海	男	1950.8	香河县人民医院	药剂科主任	副主任药师	2001.3	2002.1	
王玉兰	女	1955.12	香河县人民医院	儿科主任	副主任医师	2001.3	2002.1	
仇艳春	女	1963.4	香河县人民医院	妇科副主任	副主任医师	2001.3	2002.1	
李秀成	男	1965.10	香河县人民医院	—	副主任医师	2001.3	2002.1	
冯　福	男	1949.6	香河县人民医院	—	副主任医师	2001.3	2002.1	
张长华	女	1964.10	香河县中医院	医务科长	副主任中医师	2001.3	2001.3	
仲威振	男	1962.9	香河县中医院	内一科主任	主任医师	2001.8	2001.9	
韩贵忠	男	1963.1	香河县卫生局	防疫站站长	副主任中医师	2001.12	2002.1	
王守平	男	1957.3	钳屯乡卫生院	副院长	副主任中医师	2001.12	2002.1	
苑洪波	男	1949.6	渠口镇中心卫生院	—	副主任医师	2001.12	2002.1	
胡连军	男	1966.3	香河县中医院	院长	主任中医师	2001.12	2002.1	
孙仲英	女	1957.6	香河县中医院	门诊部主任	副主任中医师	2001.12	2002.1	
李文成	男	1967.10	香河县人民医院	药剂科主任	副主任药师	2003.12	2004.11	
郭玉霞	女	1963.8	香河县人民医院	普内科副主任	副主任医师	2003.12	2004.11	
李和祥	男	1967.9	香河县人民医院	普内科主任	副主任医师	2003.12	2004.11	
刘建新	男	1966.3	香河县中医院	副院长	副主任中医师	2003.12	2004.11	

续表 28-2-5

姓名	性别	出生年月	工作单位	职务	职称	评定日期	聘用日期	备注
成玉明	男	1967.9	香河县中医院	皮肤科主任	副主任中医师	2003.12	2004.11	
尹志光	男	1963.11	香河县钳屯卫生院	院长	副主任医师	2004.11	2005.7	
薛福霞	女	1955.12	香河县人民医院	检验科主任	副主任检验师	2005.12	2006.12	
程秀清	女	1965.1	香河县中医院	针灸科主任	副主任中医师	2005.12	2006.12	
梁金波	女	1971.2	香河县中医院	门诊主任	副主任中医师	2006.12	未聘	
夏　原	男	1965.7	香河县中医院	外一科主任	副主任医师	2006.12	未聘	
郭　光	男	1965.3	香河县妇幼保健院	院长	副主任医师	2007.12	未聘	
李一超	女	1964.11	香河县中医院	副院长	副主任医师	2007.12	未聘	
窦建宏	女	1965.6	香河县人民医院	心内科主任	副主任医师	2008.12	未聘	
张秋香	女	1971.8	香河县人民医院	中医科副主任	副主任中医师	2008.12	未聘	
张彩银	女	1963.3	香河县卫生防疫站	—	副主任检验技师	2008.12	未聘	

1979—2008 年香河县省部级以上劳动模范一览表

表 28-2-6

姓名	性别	出生年月	获奖时工作单位	劳模类别	授予单位	授奖时间	备注
王　志	男	1924.3	五百户公社经委	河北省劳动模范	河北省人民政府	1979.1	病故
吴玉兰	女	1935.8	刘宋信用社	河北省劳动模范	河北省人民政府	1980.8	病故
赵庆贤	男	1930.5	香河县五百户镇仉村	河北省农业劳动模范	河北省人民政府	1981	
贾瑞民	男	1942.12	香河县钳屯中学	河北省劳动模范	河北省人民政府	1982.2	
马松林	男	1951.12	香河县汽车一队	河北省劳动模范	河北省人民政府	1982.2	
王怀远	男	1933.12	香河县人民政府	河北省劳动模范	河北省人民政府	1986.1	病故
张进军	男	1948.1	香河县灌装机械厂	河北省劳动模范	河北省人民政府	1989.1	
周　勤	男	1943.1	香河县渠口镇政府	河北省劳动模范	河北省人民政府	1989.5	
张国仁	男	1935.3	香河县金辛庄乡矬口农工商公司	河北省农业劳动模范	河北省人民政府	1989.5	
赵光远	男	1944.8	香河县建筑工程总公司	河北省劳动模范	河北省人民政府	1990.7	
魏子元	男	1958.4	香河紫辰公司	河北省劳动模范	河北省人民政府	1992.1	
徐铁华	男	1948.2	香河县第一中学	河北省劳动模范	河北省人民政府	1992.4	
赵　凤	男	1940.1	香河县计生委	河北省劳动模范	河北省人民政府	1993.1	病故
王兆玉	男	1949.1	香河县首饰厂	河北省劳动模范	河北省人民政府	1994.8	
张景闻	男	1949.4	香河县第二印刷厂	河北省劳动模范	河北省人民政府	1995.1	
王永和	男	1955.3	香河县公路站	河北省劳动模范	河北省人民政府	1995.4	调离
韩淑萍	女	1954.7	香河城内二小	河北省劳动模范	河北省人民政府	1995.4	
郜桂英	女	1928.11	香河县人民医院	河北省劳动模范	河北省人民政府	1995.5	病故
苏金陵	女	1947.1	香河县第三中学	河北省劳动模范	河北省人民政府	1995.9	
胡连君	男	1966.3	香河县中医院	河北省劳动模范	河北省人民政府	1999.4	
张大军	男	1954.1	香河县蒋辛屯镇北吴村	河北省农业劳动模范	河北省人民政府	1999.4	
任福全	男	1952.3	香河县淑阳镇西店村	河北省农业劳动模范	河北省人民政府	1999.4	

续表 28-2-6

姓 名	性别	出生年月	获奖时工作单位	劳模类别	授予单位	授奖时间	备 注
绳秀兰	女	1951.1	香河县总工会	河北省劳动模范	河北省人民政府	2000.5	
彰井钟	男	1958.06	香河县供销社	全国供销社系统劳动模范	全国供销合作总社	2002.11	
高开香	女	1958.7	香河县淑阳镇政府	河北省劳动模范	河北省人民政府	2004.1	
晋宝光	男	1946.9	香河县五百户镇五百户村	河北省农业劳动模范	河北省人民政府	2004.1	
李显阳	男	1954.5	中国网通（集团）有限公司香河县分公司	河北省劳动模范	河北省人民政府	2004.4	
刘学海	男	1952.6	香河县卫生局	河北省劳动模范	河北省人民政府	2004.6	

1979—2008 年香河县获省部级以上表彰先进人物一览表

表 28-2-7

姓 名	性别	工作单位	职 务	荣誉称号	授予单位	授予年份
屈淑银	女	大窑上中心小学	教师	三八红旗手	全国妇联	1979
付淑兰	女	仓上村	村干部	三八红旗手	全国妇联	1979
秦福兰	女	香城屯村幼儿园	教师	三八红旗手	全国妇联	1979
李淑芬	女	淑阳镇农技站	站长	先进个人	河北省政府	1981
吴玉兰	女	刘宋信用社	副主任	1981 年度金融红旗手	中国人民银行总行	1982
武兴元	男	梁家务乡岭子小学	教师	模范班主任	河北省政府	1982
孙贞慧	女	城关小学	教师	模范班主任	河北省政府	1982
冉宝芹	女	香河县医院	医生	计划生育先进工作者	河北省政府	1982
刘德明	男	香河县文教组	教师	模范班主任	河北省政府	1982
郭连香	女	香河县妇幼保健站	医生	儿童少年先进工作者	河北省政府	1982
冉宝芹	女	香河县医院	医生	河北省计划生育先进工作者	河北省政府	1982
段 明	男	渠口粮站	粮食员	模范粮食员	河北省政府	1983
李传海	男	延福屯中心小学	教师	优秀园丁	河北省政府	1983
杜兴甫	男	香河县医院	医生	河北省先进工作者	河北省政府	1983
刘德成	男	仉村中心小学	教师	优秀园丁	河北省政府	1984
路德勋	男	石虎辛庄中心小学	教师	优秀园丁	河北省政府	1984
李金凤	女	安平中心小学	教师	优秀园丁	河北省政府	1984
侯庆文	女	城关小学	教师	优秀园丁	河北省政府	1984
石 儒	男	田各庄小学	教师	优秀园丁	河北省政府	1984
刘玉华	女	钳屯小学	教师	优秀园丁	河北省政府	1984
刘忠田	男	庆功台小学	教师	优秀园丁	河北省政府	1985
焦玉书	女	西延寺小学	教师	优秀园丁	河北省政府	1985
李士平	女	荒凌庄中心小学	教师	优秀园丁	河北省政府	1985
陈立新	男	城关小学	教师	优秀园丁	河北省政府	1985
王凤凯	男	安平文教组	教师	优秀园丁	河北省政府	1985
王廷成	男	渠口小学	教师	优秀园丁	河北省政府	1985

续表 28-2-7

姓名	性别	工作单位	职务	荣誉称号	授予单位	授予年份
何建芸	女	五百户乡八百户小学	教师	优秀园丁	河北省政府	1985
何国起	男	县第六中学	教师	优秀园丁	河北省政府	1985
姚凤仪	男	县第二中学	教师	优秀园丁	河北省政府	1985
史长禄	男	县第一中学	教师	优秀园丁	河北省政府	1985
侯静秋	女	县幼儿园	教师	优秀园丁	河北省政府	1985
刘学东	男	石虎辛庄中心小学	教师	优秀园丁	河北省政府	1985
崔淑云	女	渠口中心小学	教师	优秀园丁	河北省政府	1985
李巨发	男	县成人教育中心	主任	先进工作者	河北省政府	1985
李志刚	男	香河县首饰厂	副厂长	中国美术创作设计一等奖	轻工业部	1985
马光跃	男	刘宋地毯厂	厂长	青年能手	河北省政府	1985
程克生	男	钱旺村乡卫生院	医生	先进工作者	卫生部	1986
郜桂英	女	香河县医院	医生	全国计划生育先进个人　计划生育先进个人	国家计生委 河北省政府	1986
王文君	男	县第一中学	教师	优秀园丁	河北省政府	1986
孟昭毅	男	县第一中学	教师	优秀园丁	河北省政府	1986
王占荣	男	渠口农技站	站长	先进工作者	河北省政府	1986
王立生	男	钳口中心小学	教师	优秀园丁	河北省政府	1986
赵秀云	女	金辛庄中学	教师	优秀园丁	河北省政府	1986
蒋秀芬	女	钱旺村乡田贾庄小学	教师	优秀园丁	河北省政府	1986
赵桂华	女	城关小学	教师	优秀园丁	河北省政府	1986
董志国	男	前骆驼港小学	教师	优秀园丁	河北省政府	1986
毛俊友	男	红庙小学	教师	优秀园丁	河北省政府	1986
董　仁	男	大鲁口小学	教师	优秀园丁	河北省政府	1986
郜玉江	男	大田中心小学	教师	优秀园丁	河北省政府	1986
赵华远	男	县第一中学	教师	优秀园丁	河北省政府	1986
赵俊德	男	县第三中学	教师	优秀园丁	河北省政府	1986
王守贤	男	县第二中学	教师	优秀园丁	河北省政府	1986
刘志忠	男	钳屯乡中学	教师	优秀园丁	河北省政府	1986
陈连富	男	县农业技术中学	教师	优秀园丁	河北省政府	1986
尹汉民	男	县第六中学	教师	优秀园丁	河北省政府	1986
王占海	男	县第五中学	教师	优秀园丁	河北省政府	1986
杨连山	男	淑阳镇文教组	总校长	优秀园丁	河北省政府	1986
齐桂青	女	仉村小学	教师	优秀园丁	河北省政府	1986
高伯才	男	淑阳镇工商所	所长	先进工作者	河北省政府	1987
侯桂林	男	大罗屯中学	教师	优秀园丁	河北省政府	1987
姬淑芳	女	石虎辛庄中心小学	教师	优秀园丁	河北省政府	1987
李凤珍	女	安平中心小学	教师	优秀园丁	河北省政府	1987
陈桂英	女	延福屯小学	教师	优秀园丁	河北省政府	1987

续表 28-2-7

姓 名	性别	工作单位	职 务	荣誉称号	授予单位	授予年份
李长征	男	县第六中学	教师	优秀园丁	河北省政府	1987
佟玉明	女	县第四中学	教师	优秀园丁	河北省政府	1987
吴起春	男	县第二中学	教师	优秀园丁	河北省政府	1987
杨　震	男	县第五中学	教师	优秀园丁	河北省政府	1987
吴振山	男	香城中学	教师	优秀园丁	河北省政府	1987
高希芬	女	香城中学	教师	优秀园丁	河北省政府	1987
王世臣	男	钱旺村中学	教师	优秀园丁	河北省政府	1987
崔永生	男	钱旺村中学	教师	优秀园丁	河北省政府	1987
董凤香	女	城关小学	教师	优秀园丁	河北省政府	1987
王　莹	男	五百户乡八百户小学	教师	优秀园丁	河北省政府	1987
李长山	男	钳屯文教组	教师	优秀园丁	河北省政府	1987
杨　华	男	北岗子中心小学	教师	优秀园丁	河北省政府	1987
黄　富	男	县水利局	职工	优秀水利水保员	水利部	1988
朱春仲	男	县农业局	职工	先进调查员	农牧渔业部	1988
徐玉光	男	县卫生局	局长	全国文明卫生建设先进工作者	卫生部	1988
董　林	男	香河县委	副书记	全国普法先进个人	中宣部、司法部	1989
高宝山	男	县第一中学	教师	全国优秀教师	国家教委、劳动人事部	1989
赵广文	男	县第三中学	教师	省优秀教师	河北省政府	1989
段玉珊	男	渠口中学	教师	先进工作者	河北省政府	1989
魏子元	男	县企业局冲压件厂	厂长	全国科技星火带头人	国家科委、团中央	1989
张国仁	男	矬口村党支部	书记	农民企业家	河北省政府	1989
赵　凤	男	县计生委	主任	先进工作者	河北省政府	1989
王　银	男	安头屯乡农技站	站长	优秀科技工作者	河北省政府	1989
高希凤	男	县中医院	院长	优秀知识分子	河北省政府	1989
王佩君	女	县计生委	副主任	先进工作者	国家计生委	1989
崔淑华	女	县计生委	统计员	先进工作者	国家计生委	1989
陆云平	女	大罗屯乡计生委	统计员	先进工作者	国家计生委	1989
赵彤君	女	县计生委	副主任	先进工作者	国家计生委	1989
张立志	男	县公安局	局长	平暴先进个人	河北省委、省政府	1989
王廷永	男	县公安局	—	平暴先进个人	河北省委、省政府	1989
田　尚	男	县公安局安平检查站	—	平暴先进个人	河北省委、省政府	1989
何体富	男	县公安局	—	平暴先进个人	河北省委、省政府	1989
魏庆友	男	县第四中学	教师	儿童少年先进工作者	河北省政府	1990
闵建华	男	刘宋小学	教师	省优秀体育工作者	河北省政府	1990
田　尚	男	县公安局安平检查站	站长	亚运卫士	河北省政府	1990
曹家骥	男	渠口镇派出所	所长	亚运卫士	河北省政府	1990
徐铁华	男	县第一中学	副校长	全国优秀教师	国家教委、劳动人事部	1990
张　善	男	县土地局	局长	普法先进个人	河北省委、省政府	1990

续表 28-2-7

姓名	性别	工作单位	职务	荣誉称号	授予单位	授予年份
王庭祥	男	县兴济实业总公司	经理	先进个人	农业部	1990
王振森	男	县祥达印刷厂	厂长	全国农村青年星火带头人标兵	国家科委、团中央	1990
李景珍	女	县农行	工会主席	女职工之友	中国人民银行总行	1990
董　林	男	香河县委	县委副书记兼县政协主席	河北省普法先进个人	河北省委、省政府	1991
门德志	男	县医院	院长	优秀共产党员	河北省委	1991
杨兴树	男	县公安局	—	颁发身份证先进工作者	公安部	1991
李长福	男	县公安局	—	颁发身份证先进工作者	公安部	1991
于清海	男	安头屯镇四营小学	校长	河北省优秀教师	河北省政府	1991
李金中	男	县农业局	—	先进工作者	河北省政府	1991
张进军	男	香河县灌装机械厂	厂长	全国“五一”劳动奖章	全国总工会	1991
郭贺昌	男	县经委	主任	全国城镇集体工业联社先进工作者	建设部	1991
焦连江	男	县农业开发办	主任	农业综合开发先进个人	河北省政府	1992
门万和	男	县农业开发办	项目科科长	农业综合开发先进个人	河北省政府	1992〖BHDG2〗
王素荣	女	县城内第三小学	教师	河北省优秀教师	河北省政府	1993
王兆玉	男	县首饰厂	厂长	全国轻工系统先进工作者	轻工部、劳动人事部	1993
董　林	男	香河县人大	人大常委会主任	全国计划生育优秀工作者	国家计生委	1994
杜唯艳	女	县妇幼保健站	站长	计划生育万例手术无事故	国家计生委	1994
陈　洁	女	县妇幼保健站	—	计划生育万例手术无事故	国家计生委	1994
李淑兰	女	县妇幼保健站	—	计划生育万例手术无事故	国家计生委	1994
曹金会	女	县妇幼保健站	—	计划生育万例手术无事故	国家计生委	1994
董　林	男	香河县人大	人大常委会主任	河北省法制宣传教育先进工作者	河北省委、省政府	1995
谢永森	男	县公安局	政委	优秀党务工作者	河北省委、省政府	1995
王素荣	女	县城内第三小学	教师	全国优秀教师	国家教委	1995
郭　军	男	王家摆乡政府	经委主任	乡镇企业建工会积极分子	全国总工会	1995
张振华	男	钱旺村乡姜吴街	调解委员会主任	河北省人民调解工作先进个人	河北省委、省政府	1995
逯长亮	男	县工商局	局长	河北省发展个体私营经济先进工作者	河北省政府	1995
王素荣	女	县城内第三小学	教师	河北省特级教师	河北省政府	1996
宋　昆	男	香河县农业银行	行长	全国金融系统劳动模范	中国人民银行总行	1996
杜唯艳	女	县妇幼保健站	站长	全国妇幼卫生先进工作者	卫生部	1996
谢永森	男	县公安局	党委副书记	河北省优秀党务工作者	河北省委	1996
韩　友	男	县林业局	站长	全国绿化奖章	全国绿化委员会	1997

续表 28-2-7

姓 名	性别	工作单位	职 务	荣誉称号	授予单位	授予年份
李长龙	男	县民政局	副局长	河北省扶贫先进个人	河北省省委、省政府	1997
张凤云	女	县民政局	股长	河北省扶贫先进个人	河北省省委、省政府	1997
彰井钟	男	县供销社	主任	河北省流通企业深化改革扭亏增盈先进个人	河北省政府	1998
宋文龙	男	香河第一中学	教师	全国优秀教师	国家教委	1998
孙殿高	男	香河县委	县委书记	全国科教兴县先进个人	科技部	1998
尹志丰	男	县政府	县长	全国科教兴县先进个人	科技部	1998
白树仁	男	县财政局	局长	1997 年度税收财务物价大检查全国先进个人	财政部	1998
姬淑芳	女	县城内第二小学	教师	河北省特级教师	河北省政府	1999
刘希贵	男	渠口镇渠口村	党支部书记	全国模范人民调解员	司法部	1999
彰井钟	男	县供销社	主任	河北省流通企业深化改革扭亏增盈先进个人	河北省政府	1999
王　宇	男	县工商局	局长	发展个体私营经济先进工作者和省级市场建设先进工作者	河北省委、省政府	1999
张志勇	男	县工商局	副局长	粮食市场管理先进个人	国家工商总局	1999
郑玉山	男	县建设局	副局长	全国村镇建设先进工作者	建设部	1999
张志勇	男	县工商局	副局长	国家工商粮食市场先进个人	国家工商总局	1999
赵振国	男	县水利局	局长	全国农村水利先进个人	水利部	1999
王凯军	男	县委组织部	县委常委组织部长	河北省优秀党务工作者	河北省委	1999
王　宇	男	县工商局	局长	全国工商管理系统优秀管理人员	国家工商总局	2000
吴广芝	男	县公安局淑阳派出所	所长	2000 年度全国优秀人民警察	公安部	2001
王素荣	女	县教育局	教师	国家级骨干教师	教育部	2001
韩淑桂	女	淑阳镇司法所	所长	人民满意司法助理员	司法部	2001
栾建平	男	县委组织部	县委常委组织部长	河北省优秀党务工作者	河北省委	2001
高开香	女	淑阳镇政府	民政所长	全国民政系统先进工作者	民政部、人事部	2002
门德志	男	县医院	院长	中国百业专家人才	中国管理科学研究院	2002
许胜永	男	钱旺乡政府	副乡长	中国计生协会理事	中国计生协会	2002
王福忠	男	县教育局	督导室主任	全国教育督导先进工作者	教育部	2003
刘学海	男	县卫生局	局长	全国卫生系统先进个人	人事部、卫生部、中医药管理局	2004
于宝华	男	县政府	县长	2001—2002 年度全国市（县、区）科技进步先进个人	科技部	2004
闫再兴	男	钱旺乡政府	党委书记	2003 年度全国绿化奖章	全国绿化委员会	2004
任春艳	女	钳屯乡司法所	所长	标兵人民调解员 全国模范司法所长	司法部	2005

续表 28-2-7

姓 名	性别	工作单位	职 务	荣誉称号	授予单位	授予年份
杨广义	男	县文体局	副局长	2001—2004 年度全国群众体育先进个人	国家体育总局	2005
薛建平	女	县计生局	—	全国人口和计划生育系统药具工作先进个人	国家人口和计划生育委员会	2005
薛东兴	男	县统计局	副局长	第一次全国经济普查国家级先进个人	国务院第一次全国经济普查领导小组	2005
魏子元	男	县政府	副县长	2003—2004 年度全国市（县、区）科技进步工作先进个人	科技部	2005
刘永红	男	县武装部	县委常委武装部长	优秀人民武装干部	河北省军区	2005
王玉梅	女	县农业局	—	全国农业技术推广先进工作者	农业部	2005
王双同	男	县畜牧局	—	全国农业技术推广先进工作者	农业部	2005
贾金红	女	县计生协会	秘书长	2005 年度全国计划生育协会先进工作者	中国计划生育协会	2005
高开香	女	淑阳镇	民政所长	全国优秀乡镇残联理事长	中国残疾人联合会	2006
谢万顺	男	县司法局	局长	全国法制宣传教育先进个人	中宣部、司法部	2006
崔振方	男	安平镇政府	镇长	河北省优秀党务工作者	河北省委	2006
李宝明	男	县人口和计划生育局	工会主席	全国人口和计划生育科技工作先进个人	国家人口和计划生育委员会	2006
刘希贵	男	渠口镇渠口村	村党支部书记	河北省优秀党务工作者	河北省委	2006
何永利	男	香河西南街卫生室	医生	全国优秀残疾人专职委员	中国残疾人联合会	2007
戴文光	男	县公安局	党委书记局长	全国公安信访工作先进个人	公安部	2007
王秀丽	女	淑阳镇政府	副镇长	全国计划生育协会先进志愿者	中国计划生育协会	2007
高振宇	男	县安监局	副队长	安全生产监管、煤矿安全监察先进个人	国家安全生产监督管理局	2007
戴文光	男	县公安局	局长	全国公安信访工作先进个人	公安部政治处	2007
路宝全	男	香河一中	教师	特级教师	河北省政府	2007
闫振凯	男	县第六中学	校长	全国优秀教师	教育部	2007
刘顺生	男	刘宋镇刘宋村	村党支部书记	平安家庭示范户	全国“平安家庭”创建活动领导小组、全国妇联	2008
阮艳霞	女	县总工会	主席	全国优秀工会工作者	全国总工会	2008
史长城	男	县教育局	副局长	河北省法制工作先进个人	河北省政府	2008

1979—2008年香河县籍烈士名录

表28-2-8

姓 名	性 别	出生年月	籍 贯	参加革命时间	牺牲时间	牺牲地点	牺牲时所在单位职务
薛宝廷	男	1947.11	渠口镇东鲁家口	1971.3	1981.1	天津市	五二八五二部队连长
付广玉	男	1958.5	钳屯乡二百户	1978.10	1982.4	山西省宁武县	中国人民解放军总政治部代班长
韩凤仪	男	1947	钳屯乡张庄	1965	1983.6	山西省大同	一八七六部队排长
黄志强	男	1957.10	渠口镇唐家屯	1992.1	2006.6	安徽省广德县	九四七一零部队 连长

附　录

一　前志补遗

（一）香河县流通券

为繁荣香河经济，1946 年，香河县发行了“流通券”。但是，由于流通时间短，回收彻底，香河县很少有人知道“流通券”一事，所以，前志编修过程中将此事遗漏。1991 年 10 月《香河县文史资料集存》（政协香河县委员会、学习文史工作委员会编印）刊登了王柏山、陈唯一合写的《香河县流通券》一文，世人方知“香河县流通券”一事；2006 年 10 月，香河县文化艺术研究院、香河县文化艺术研究会主办的《梅苑》创刊号登载了行之（张宗颐）的文章——《已经鲜为人知的“香河县流通券”》。两篇文章都印证了香河县曾发行过“流通券”，但有分歧，故原文收录。另外，为进一步印证“香河县流通券”一事，先后调查走访了渠口镇闫胡套、卸甲庄村，并将调查结果一并登载。

香河县流通券

王柏山　陈唯一

1945 年日本投降，八路军解放了香河县。在被国民党占据的平、津、唐三大城市之间刚刚建立的县级民主政权，承受着强大的军事压力和经济封锁。香河人民挺着腰板紧跟着共产党在战争废墟上，努力发展生产，恢复经济，医治战争创伤，克服着一连串的困难：没有盐，自己熬小盐；没有火柴，用火镰；没有“洋布”，自己纺线织土布；没有煤油，点豆油灯；还有一个困难，没有流通货币。日伪“联合”票已作废，国民党“法币”禁用，解放区的“边币”流过来的不多。不论是集市上还是商店里，都是以货易货。需要什么，都必须拎着、背着、驮着自家农副产品去“货换货”，这就给人民生活、活跃市场、繁荣经济增加了困难。

中共香河县委书记程文、县长张祥通过会议作出决定：自己印钞票。在向上级申报同时，也抓紧筹划印钞事宜。1946 年 2 月在本县阎胡套村开机印刷了。

这个村里只有用石版印灶王爷和蜡花纸的匠人和设备，工具简陋、笨重，人力摇动，没有套色技术。一般的纸都是奇缺的，印钞票的纸更没有了，只好把两层毛草纸或高丽纸（红心纸），重叠粘在一起成“夹层纸”，用以增加强度和韧性。

2 月底印成了：单一的水红色钞票，有伍角和壹元两种面额，面值在票面正中，面值上横印着“香河县流通券”字样。它带着与“晋察冀边币”的兑换率一问世，市场上马上活跃起来。

“安平事件”爆发之后，国民党于 8 月底进占了香河，这种县印的纸币只流通了半年，时间虽短，但它在活跃解放区经济、加强对封锁的抵制力上起到了不小作用。这种纸币现在虽然见不到了，但它却留在我们印象中。

已经鲜为人知的“香河县流通券”

行　之

翻阅新版《香河县志》，其中有货币一章，但是，遗漏了重要一项：香河县货币史上是最具特色的“香河县流通券”，殊为憾事。

“香河县流通券”百元券的基本特征：正面主图深蓝色，底色土黄。上方正中楷书“香河县流通券”6 字，左右为红色 6 位号码，两上角面额楷书竖式“壹佰”2 字，两下角数字“100”。正中右侧环线花纹上覆面额“壹佰元”3 字楷书，下方并列红色印章两枚，分别是“香河县府”与“县长之印”，左侧椭圆形框内主图长城及牧羊图案，最下方正中年号，“民国三十五年一月”字样。背面白底，主图案草绿色，四角分别是阿拉伯数字“100”，正中花纹环绕“100”方形大字，上方弧形英文，下方英文“壹佰元”，最下方公元年号“1946”。

左右两侧分别是说明文字：一、本券与边币等价使用；二、本券在香河境内通用；三、本券以后用边币收回；四、本券由民国卅十五年一月发行。实测规格 150×76 毫米。

1998 年，县政协学习文史工作文员会编辑出版的王柏山先生所著《京东风物》一书中曾提到香河流通券一事，但与实物多有不符之处（编者注：县政协学习文史工作委员会 1991 年 10 月出版的《香河文史资料集存》第三集著有“香河县流通券”一文，作者：王柏山、王唯一）。

王先生文中称：“中共香河县委书记程文、县长张祥通过会议作出决定：自己印钞票，定名为‘香河县流通券’。在向上申报同时，也抓紧筹划印钞事宜。1946 年 1 月在本县阎胡套村开机印刷了。”

“这个村里只有用石版印灶王爷和蜡花纸的匠人和设备，工具简陋、笨重，人力摇动，没有套色技术。一般的纸都是奇缺的，印钞票的纸更没有了。只好把两层毛草纸或高丽纸（红心纸），重叠粘在一起成“夹层纸”，用以增加强度和韧性。”

“2 月底印成了：单一的水红色钞票，有伍角和壹元两种面额，面值在票面正中，面值上横印着‘香河县流通券’字样。它带着与‘晋察冀边币’的兑换率一问世，市场上马上活跃起来。”

“‘安平事件’爆发之后，国民党于 8 月底进占了香河，这种县印的纸币只流通了半年，时间虽短，但它在活跃解放区经济，加强对封锁的抵制力上，起到了不小作用。这种纸币现在虽然见不到了，但它却留在我们印象中”。

但阅王柏山先生文与予所见实物多有不符之处：

一、王先生称此券在本县阎胡套村印刷，据予观察实物印刷精致，应是 1945 年初中共中央北方分局和晋察冀边区政府在玉田县设立的晋察冀边区银行冀热辽分行所属的冀东印钞厂印刷。其正面黄色波纹底色十分精致，恐非土法木版石版所能做到。实物通过 30 倍放大镜观察，图案应是机器印刷，6 位编号及下方“香河县府”与“县长之印”两枚印章为红色印油加盖。通过两枚实物对比观察印章与编号位置稍有错位。

二、王先生文中称印币用纸为“两层毛草纸或高丽纸重叠粘成，甚至是日伪印‘良民证’剩余用纸。”据观察，实物整体设计美观大方，用纸厚实、洁白、挺括，迎光观察有网纹，应为机制胶版纸，绝非手工毛草纸或高丽纸。

三、王先生文中称面额“伍角”和“壹圆”，此为最大分歧之处。可能是时代久远，王先生记错了。实物面额“伍拾圆”与“壹佰圆”两种，并无“伍角”与“壹圆”。

四、“香河县流通券”并未因“安平事件”爆发而停止流通。“安平事件”爆发可能对香河县流通券的流通造成影响，但“香河县流通券”的终止流通应为 1948 年。中国人民银行成立并发行第一套人民币后 1949 年春冀东地区逐步回收各种地方流通券，至此，“香河县流通券”方彻底被人民币所取代，因回收彻底至今香河县已鲜为人知。

五、“香河县流通券”的印刷是由晋察冀边区银行冀热辽分行发行的纸币，并不能满足市场需求，经冀热辽区署批准，由部分分署、县印发了多种临时性的流通券，作为边币的补充，与边币等值使用。根据目前掌握的资料与实物来看，至今有十四、十六、十七 3 个专署和宝坻、香河两个县发行了流通券。其中，“宝坻县流通券”面额有壹佰圆与伍拾圆两种。

事隔 40 余年后，“香河县流通券”的再次发现，是在 1993 年 1 月前后的玉田县鸦鸿桥镇古玩市场上。伍拾圆券和壹佰圆券同时被发现（伍拾圆券可能在此以前已单独发现过，因《中国钱币》1993 年第一期张弛先生文中称伍拾圆券已见实物，壹佰圆券尚未发现实物）。1997 年 1 月，玉田县城内又发现了数张壹佰圆券。据称，这几张壹佰圆券是当时一位收购旧物的农民在距玉田县城 20 余里的某村收得，此户人家 1946 年初经常到香河县城做生意，当时收下，后来遗忘，无意中保留至今。

“香河县流通券”至今披露发现的数量总共壹佰圆券与伍拾圆券各 10 余枚，分藏在各地藏家手中。因当时在香河境内回收彻底，所以，近年来并未在本县内有所发现。

2006 年 7 月，从宝坻县朋友处得到消息，称唐山市某古玩市场尚有 2 枚壹佰圆面额的“香河县流通券”，欣喜之余，遂与崔建文于今年 7 月 14 日（笔者注：2006 年 7 月 14 日）驱车前往，2 枚一并购得。至此，寻觅已久的“香河县流通券”在发行 60 周年之际再次回归香河，殊为幸事！

资料援引：《收藏》杂志总第 57 期

《中国钱币》1993 年第一期

《晋察冀边区银行》中国金融出版社

感谢香河县流通券实物收藏者崔建文先生

“香河县流通券”调查散记

香河县地方志办公室 高景全

关于“香河县流通券”一事，王柏山先生和张宗颐先生都分别撰文进行了说明，证实了香河县发行流通券一事，但二人存有分歧之处。王柏山先生提到：流通券在闫胡套村印刷，面额为伍角和壹元两种。但是，王先生已故，无法核对；张宗颐先生提到：流通券为中共中央北方分局和晋察冀边区政府在玉田县设立的晋察冀边区银行冀热辽分行所属的冀东印钞厂印刷，面额为“伍拾圆”与“壹佰圆”两种。我多次与张宗颐先生沟通，并于2012年8月8日，亲自去渠口镇闫胡套村和卸甲庄村座谈、采访，先后座谈采访了佟玉荣（女，1929年生人，闫胡套村）、胡汉章（男，1927年生人，闫胡套村）、李敬（男，1925年生人，闫胡套村）、胡玉婷（女，1928年生人，卸甲庄村）等4位老人，进一步证实了“香河县流通券”在闫胡套村印刷一事。

据李敬老人回忆，1946年2月14日（正月十三），在闫胡套村开机印刷“香河县流通券”。当时共计8台印刷机，其中，4台从宝坻运来，另外4台从香河运来，印刷用纸也是从外面调运。流通券面额为“伍拾圆”与“壹佰圆”两种。同时，香河、宝坻各派来一部分印刷工人。香河主管印刷的叫邳建文，宝坻主管印刷的叫鹏飞，但二人均无法联系。李敬老人当时在印刷厂负责手摇印刷机器。一直到8月份，印刷厂搬至渠口，开始从事书刊印刷业务，从此不再印“流通券”。

通过与张宗颐先生多次联系，张先生将“香河县流通券”照片通过邮件发送给我，用以对李敬老人回忆的佐证。

据胡玉婷老人回忆，面额为“伍角”和“壹圆”两种。“伍角”的为水红色，“壹圆”的为蓝色。两种面额颜色正好与实物“伍拾圆”与“壹佰圆”相符，是否是年代久远老人记错？胡玉婷老人当时在印刷厂负责往流通券上盖章，流通券上盖两个章、两个号码，章有香河的，也有宝坻的。

通过调查，可以肯定地说，在闫胡套村开机印刷了“香河县流通券”；印刷机器并非用闫胡套村石版印灶王爷和蜡花纸的匠人和设备，而是从香河和宝坻运来；流通券面额为“伍拾圆”与“壹佰圆”，并有实物佐证，“伍角”和“壹圆”两种面额未见实物；印钞用纸绝非“两层毛草纸或高丽纸重叠粘成，甚至是日伪印‘良民证’剩余用纸”，而是从外面调运专业印钞纸。

（二）烈士补录

1. 佟诚

佟诚（1919—1942），原名佟述功，字诚民，满族，正蓝旗，河北省香河县幞头村人。因属羊，故家人称之为“羊羔”。

他小的时候在村读私塾，后到通州读初中，1934年考入北平师大附属中学。1935年以“香河民兵”的身份参加了北平“一二九”学生爱国运动。1937年他放弃高考，投笔从戎，中共北平地下党派他到冀中革命根据地十区武工队从事抗日革命，并加入中国共产党，改名佟诚。

1939年，佟诚被调到冀中军区青救会武装部，后任冀中军区第八军分区第九专署青救会副主任兼武装部部长、民政科长（县团职）等职。第八军分区工作环境险恶，斗争形势严峻，但他以乐观的精神、旺盛的斗志发动群众、组织群众、武装群众开展游击战争。他负责组织第八军分区各县青年武装干部培训班，亲自讲课。他讲的课有理论、有实践，条理清晰、生动形象、通俗易懂，颇受学员的欢迎和好评。

1942 年，日寇对抗日根据地进行“五一大扫荡”，残酷地实行杀光、烧光、抢光的“三光”政策。冀中根据地党委为了粉碎日本侵略者的扫荡，以滏阳河为基线，分河东、河西两个战场。佟诚随冀中地委组织部长罗玉川（中华人民共和国成立后任农林部副部长）到河东地区开展反扫荡工作。7 月 12 日，罗玉川同志召集河东几个县负责人开会，布置工作。佟诚时任冀中专署民政科科长，以专署领导组成员的身份参加会议。当时，敌人活动非常猖獗，环境极其残酷，会议只能在野地里边走边开。当走到献县南城村村边时已是午夜，地委决定进村稍事休息，不幸，进村时被汉奸、坐探发觉，告知了附近的岗楼，敌人聚集兵力包围了村庄。13 日凌晨，与冀中公安局科长曹植、献县公安局局长齐昆岗、政府秘书宋淳朴等人突围时暴露了目标，在激烈的战斗中寡不敌众，壮烈牺牲，年仅 23 岁。

冀中军区第八军分区司令部严军同志将四位烈士用棺木装殓，就地埋在献县南城村殉国地。这就是冀中抗日根据地历史上所称的"南城村事件"。

2. 付山清

付山清，男，1908 年 5 月生人，香河县刘宋村人。1948 年 2 月牺牲于香河县大罗屯。牺牲前系刘宋村民兵、农会主任。

3. 段福海

段福海，男，1909 年生人，香河县前土门楼村人。1948 年 10 月，牺牲于锦州。生前系 9 纵队 26 师 26 团营机炮连战士。1983 年 6 月 1 日，中华人民共和国民政部批准为革命烈士。

4. 陈玉山，男，1948 年 9 月参加革命，香河县安头屯镇铁佛堂村人。1950 年 12 月 31 日牺牲于朝鲜战场。

附

迟到的烈士证

2007 年 11 月 14 日，《廊坊日报•晨报》B1 版刊登了题为《一纸烈士证保定香河两家情》的通讯，李红旗的善心义举引起了强烈的社会反响，省内媒体也纷纷报道。

1997 年一次偶然的机会，保定市定兴县固城镇青年李红旗从古玩市场上花 500 元买了一张烈士家属证明书，上面写着“陈玉山同志系河北省礴河县二区铁佛堂村人”“给陈玉清”。

烈士为国捐躯，亲属理应知道这个消息，并享受应得的荣誉和待遇。古道热肠的李红旗决定，将这张烈士证明书交还烈士亲属，以告慰烈士的在天之灵。一念之间，决定了他长达十年的慢慢寻找。

为了实践一个无言的承诺，十年间，李红旗大海捞针般苦苦寻觅，费尽周折。将这张证明书亲手交还烈士亲属，成了他心头的一桩夙愿。

2007 年 8 月，李红旗得到线索，河北省香河县安头屯镇有个铁佛堂村，会不会证明书上误将“香河县”写成了“礴河县”？几经周折，李红旗查询到香河县安头屯镇铁佛堂村却有陈玉清其人，正是陈玉山烈士的弟弟。随后，他与陈玉清取得联系，并将证明书传真过去。

2008 年 4 月 8 上午，李红旗特意来到烈士生前所在的部队，请档案管理人员对陈玉山的烈士家属证明书进行验证，证实确为原件。9 日上午，失散 60 年的烈士终于“回家”，在香河县安头屯镇铁佛堂村一个普通的农家小院里，75 岁的陈玉清老人手抚二哥陈玉山的烈士家属证明书老泪纵横。

1948 年，陈玉山因与家人怄气，一声不响地离开家，从此杳无音讯。

中国人民志愿军第三十八集团军烈士家属证明书

兹有陈玉山同志系河北省礴河县二区铁佛堂村人。于 1948 年 9 月志愿参加革命，原在本军任战士职务。于 1950 年 12 月 31 日在朝鲜战场为人民解放事业光荣殉职，其家属则按革命军人牺牲抚恤条例领受抚恤，并得享受革命军人家属应有之优待。

此证

右给 陈玉清

政治部主任 吴岱

副主任 王树君

1951 年 7 月

二 前志勘误表

页 行	错 误	更 正
1 页倒 7 行	金大定三年（1172 年）	金大定十二年（1172 年）
20 页正 23 行	缴战	激战
22 页正 17 行	损款	捐款
30 页倒 5 行	革命会	革委会
34 页倒 14 行	报导了南四百户	报道了四百户
42 页正 6 行	北纬 39° 45' 至 39° 51'	北纬 39° 37' 至 39° 51'
43 页正 5 行	乾元元年（923 年）	后唐同光元年（923 年）
43 页正 8 行	杨家杨	杨家场
44 页倒 5 行	1988 年 3 月，廊坊地区改廊坊市，辖香河县至今	1988 年 9 月 13 日，廊坊地区改廊坊市，辖香河县至今
44 页正 13 行	永乐十九年（1420 年）	永乐十九年（1421 年）
44 页倒 16 行	香（河）、武（清）、宝（坻）联会县成立	香（河）、武（清）、宝（坻）联合县成立
45 页正 1 行	别为四屯	分为四屯
50 页正 10 行	全县划 6 区、298 年行政村	全县划 6 区、298 个行政村
54 页倒 8 行	共建 4 镇 13 乡。即城关镇、安平镇、刘宋镇、渠口镇；	共建 1 镇 16 乡。即城关镇。1984 年 4 月，刘宋乡、渠口乡改称刘宋镇、渠口镇；是年 8 月，安平乡改称安平镇。
54 页倒 10 行	1387 年生产队	1387 个生产队
55 页倒 4 行	1983 年 3 月，实行政、社分开	1984 年 3 月，实行政、社分开
56 页倒 15 行	1983 年 3 月复称安平镇	1984 年 8 月改称安平镇
57 页正 4 行	1983 年 3 月改称刘宋镇	1984 年 4 月改称刘宋镇
57 页倒 16 行	1983 年 3 月改镇	1984 年 4 月改镇
58 页正 6 行	1983 年 3 月改为东鲁家口乡	1984 年 3 月，改为东鲁家口乡
58 页倒 17 行	1983 年 3 月建乡	1984 年 3 月建乡
59 页正 1 行	1983 年 3 月建乡	1984 年 3 月建乡
59 页正 15 行	1983 年 3 月改乡	1984 年 3 月改乡
59 页倒 7 行	1983 年 3 月改乡	1984 年 3 月改乡
60 页正 10 行	1983 年 3 月改乡	1984 年 3 月改乡
60 页正 14 行	乡办企业有饮具	乡办企业有炊具〖BH〗
60 页正 20 行	25 年行政村	25 个行政村
60 页倒 11 行	1983 年 3 月改乡	1984 年 3 月改乡
61 页正 9 行	1983 年 3 月改乡	1984 年 3 月改乡
61 页倒 12 行	1983 年 3 月改乡	1984 年 3 月改乡
62 页正 4 行	1983 年 3 月改乡	1984 年 3 月改乡
62 页倒 18 行	1983 年 3 月改乡	1984 年 3 月改乡
62 页倒 1 行	1983 年 3 月改乡	1984 年 3 月改乡

续表

页 行	错　误	更　正
63 页正 1 行	乾元元年（923 年）	后唐同光元年（923 年）
63 页正 17 行	1983 年 3 月改乡，辖 13 个行政村	1984 年 3 月改乡，辖 13 个行政村
73 页倒 19 行	清治年间	清同治年间
76 页倒 7 行	取各卸甲庄	取名卸甲庄
82 页倒 11 行	洪桐县	洪洞县
92 页正 3 行	香河县属大陆性季风气候，为温暖带河北半湿润气候区	香河县属暖湿带大陆性季风气候
92 页正 4 行	四委按月份划分	四季按月份划分
104 页倒 1 行	占潮土面积的 3.97%	占潮土面积的 4.49%
105 页正 9 行	占总土地面积的 0.67%	占总土地面积的 0.07%
106 页表格正 12 行 3 列	1	4743
109 页表正 18 行	种子	种子 药用
110 页中部	1998 年全县进行了土地资料评查	1988 年全县进行了土地资料评查
110 页中部	占总土地面积的 2.46%	占总土地面积的 2.64%
120 页表正 12 行	（1977 年总人口）236090	（1977 年总人口）246090
120 页倒 4 行	及其公布	及其分布
120 页表倒 1 行	（1990 年农村劳动力）29193	（1990 年农村劳动力）127193
122 页正 1 行	占总人口的 98.9%	占总人口的 86.59%
123 页表倒 2 行	（1989 年总人口）238997	（1989 年总人口）283997
123 页表倒 8 行	（1983 年性别比）103.93	（1983 年性别比）103.9
123 页倒 10 行	（1981 年女）12081	（1981 年女）124081
123 页倒 11 行	（1980 年性别比）102.31	（1980 年性别比）101.96
143 页倒 1 行	56.71 所百分点	56.71 个百分点
169 页倒 9 行	堤坊	堤防
172 页倒 9 行	1965 年，毛泽东提出“一定要根治海河”号召	1963 年 11 月 17 日，毛泽东提出“一定要根治海河”号召
182 页正 9 行	大罗屯的河北止务为郊区	大罗屯乡的河北止务为郊区
190 页倒 2 行	交井	义井
236 页倒 3 行	学习大赛	学习大寨
239 页倒 3 行	挂勾	挂钩
245 页倒 8 行	1967 至 1988 年的 33 年间	1967 至 1988 年的 22 年间
277 页倒 9 行	常委副市长	常务副市长
319 页正 1 行	三、国家饮食业	三、国营饮食业
320 页正 16 行	肠前等出口	肠衣等出口
408 页倒 14 行	占代表总数的 98.88%	占代表总数的 89.80%
433 页正 5 行	（通称《五四指标》）	（通称《五四指示》）
511 页表格正 13 行	1987.11—1992.12	1986.3—1996.4
511 页表格倒 4 行	1990.9—1992.12	1990.9—1996.3

续表

页 行	错 误	更 正
521 页正 11 行	在城内西大街东侧	在城内西大街北侧
551 页正 14 行	安平镇城屯村	安平镇谢屯村
555 页倒 8 行	底邸虽好	府邸虽好
559 页正 6 行	正赶八路在驻房	正赶八路在驻防
614 页倒 12 行	县城东门外我座庙宇出门大开	县城东门外各座庙宇出门大开
614 页倒 11 行	各村花会轮流在高前争演绝技	各村花会轮流在庙前争演绝技
616 页正 2 行	腊月三	腊月三十
616 页正 14 行	吃饼子前	吃饺子前
616 页倒 10 行	香河沿例举办群众订会庆祝	香河沿例举办群众集会庆祝
617 页正 12 行	当进驻军	当地驻军
618 页正 5 行	男方要抬出一项花轿	男方要抬出一顶花轿
618 页正 9 行	新娘核妆打扮后	新娘梳妆打扮后
619 页倒 2 行	由长媳抱住墓地	由长媳抱往墓地
620 页 16 行	提近年，重办丧事有所抬头	但近年，重办丧事有所抬头
621 页倒 8 行	象征今扣的日子红红火火	象征今后的日子红红火火
622 页正 3 行	王家摆乡陈辛屯人	王家摆乡陈辛庄人
623 页正 4 行	扭送到村宋镇派出所	扭送到刘宋镇派出所
625 页倒 14 行	褥告	祷告
625 倒 11 行	1979 年中共十一届三中全会以后	1978 年中共十一届三中全会以后
626 页正 2 行	幞间屯	幞头屯
628 页倒 6 行	热热非凡	热闹非凡
636 正 13 行	号九叔	号九叙
642 页倒 16 行	冶病	治病
646 页倒 16 行	《皇帝内经》	《黄帝内经》
582 页倒 11 行	张凤芹	张凤华
657 页表格倒 15 行	吴玉兰 全国金融系统	吴玉兰 中国人民银行总行
657 页表格倒 14 行	贾瑞民 劳动模范 1981	贾瑞民 河北省劳动模范 1982
657 页表格倒 8 行	王志 劳动模范 1982	王志 河北省劳动模范 1979
657 页表格倒 7 行	刘松林 劳动模范	马松林 河北省劳动模范
657 页表格倒 4 行	先进儿童、少年工作者	少年儿童先进工作者
657 页表格倒 2 行	朱红民 三八红旗手 河北省政府	朱红民 三八红旗手 河北省妇联
658 页表格倒 6 行	周红林 劳动模范 河北省政府	周红林 河北省供销系统劳动模范 河北省供销合作社
659 页表格正 14 行	齐桂清 男	齐桂清 女
660 页页眉	第三章 革命烈士英名录	第二章 人物
660 页表格正 5 行	魏子元 劳动模范 1989	魏子元 河北省劳动模范 1992
660 页表格正 6 行	张国仁 全国劳动模范	张国仁 河北省农业劳动模范
660 页表格正 7 行	赵凤 劳动模范 1989	赵凤 河北省劳动模范 1993
660 页表格倒 10 行	袁德利 （空格处）	袁德利 《中国学校体育》杂志、中央电视台体育部

续表

页 行	错 误	更 正
660 页表格倒 6 行	徐铁华 劳动模范 1990	徐铁华 河北省劳动模范 1992
660 页表格倒 2 行	李景珍 女职工之一 全国金融系统	李景珍 女职工之友 中国人民银行总行
666 页表格倒 1 行	张玉	刘玉
678 页表格正 11 行	邳执和	邱执和
715 页正 15 行	享受小城特有的温譬	享受小城特有的温馨
715 页正 17 行	香河广场西 10500 平方米的扩建工程	截至 2008 年底未动工

三 香河老人

香河老人不腐之谜（上）

2006 年 6 月 29 日

概述：1992 年，河北省香河县的一个普通村庄发生了一起神秘事件：一位普通老人去世后身体发生了奇怪的变化。有人说老人修成神仙了，具有神秘的力量，还有人说老人睡着了，过段时间还会醒来。老人名叫周凤臣，是一位普通的农家妇女，去世时 88 岁。随后的两三年间，有众多媒体相继报道了这一事件。当时老人究竟发生了什么变化能让世人众说纷纭？老人是不是真的还能醒来呢？敬请关注《走近科学》《香河老人不腐之谜（上）》。

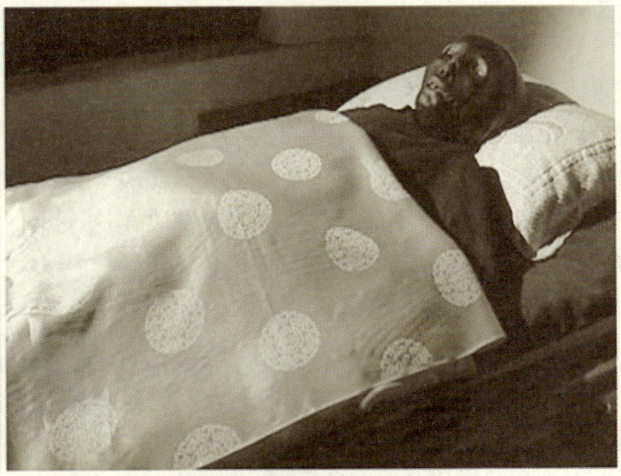

地处北京东南部的河北省香河县，有一个叫胡庄子的小村子，十四年前，也就是 1992 年，一位普通老人的离世，给这个小村子笼罩上了一层神秘的色彩。

杨学强：停止呼吸以后，奶奶身体没有出现任何僵硬、尸斑还有腐败现象，人死之后尸体不腐，并且保存完好，这一消息迅速在村里传开，有人说老太太成仙了，还有人怀疑家属对老人做了什么处理，这一事件众说纷纭，神秘莫测，同时，多家海内外报纸报道了这一消息，香河老人身体不腐事件一时间被传得沸沸扬扬。

村民：我们都知道香河老人的事。

当年，这个普通小院里每天都要接待一百多人前来参观，其中有科学工作者，也有文化界人士，还有慕名而来的普通百姓。

参观的老太太：我从东北来的。

农妇：常州来的。

十四年来，虽然一直有人研究老人身体不腐的现象，但是至今没有得出确切的结论，超越常理的现象不仅令人费解，还被加入了更多的想象和传说。2006 年 3 月，《走近科学》的记者数次探访胡庄子村，寻找老人身体不腐的秘密。

虽然现代科技的发展日新月异，但是在我们的生活中，还是有太多领域的问题需要我们去认知。提起香河老人周凤臣死后神秘不腐事件，很多人在十年前就听说过，现在我们在网络上仍然可以搜出大量相关信息，在一些报道中，人们总是把老人的不腐现象与灵魂，鬼神什么的联系在一起，给这一事件增添了不少神秘色彩，那么香河老人周凤臣究竟是一个什么样的人，去世之后经历了什么才能让她的身体一直没有腐败？老人的身体现在又是什么状态呢？我们和您一样，对老人神秘不腐事件的来龙去脉感到好奇，在我们今天的节目中，就和您一起探索香河老人身体不腐之谜。

2006 年 3 月，我们来到河北香河的胡庄子村，周凤臣老人的长子杨守德接待了我们。据杨守德介绍，周凤臣老人 1992 年 11 月 24 日在北京去世，半年以后被送回香河老家，就安置在这个小院的一间房子里，从 1992 年到现在，时间已经过去了十四年，老人的身体一直没有腐败。

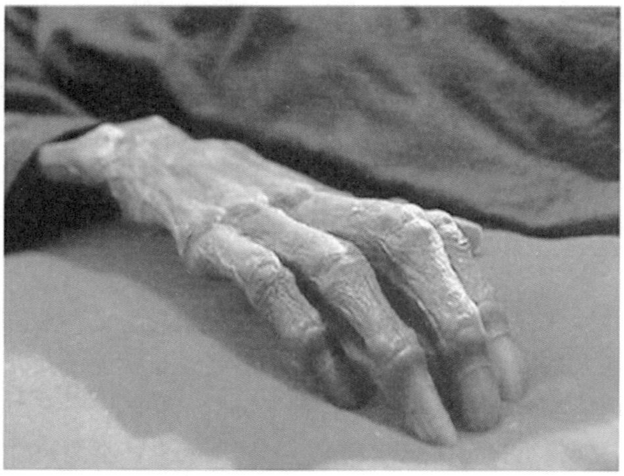

杨学强：奶奶就是从 93 年 7 月 5 号晚上 10 点多钟回到香河的，然后从那开始以后，就一直在她现在住的房子里安置。

在周凤臣老人去世后的两三年里，因为有很多慕名而来参观的人，杨守德一家为老人做了一个展室，免费开放，详细介绍老人的生平以及老人去世后身体的变化情况，来参观的人先看展室，然后再隔窗观看老人身体。

我们进到老人的房间，闻到一种淡淡的油脂味，除此之外，没有药水和其他味道。老人的身体就简单安置在农家的土炕上，为了防尘，家人还为老人定做了一个可以拆卸的玻璃罩。

杨守德：玻璃罩是两三年以后，家具厂给送的，当时我们跟他们提出来让他们给做一个玻璃罩为了清洁卫生，专家也建议给她罩上点。

杨学强：后来就说考虑到这个空气中的尘土和环境中的虫子，弄了个玻璃罩。

这次为了让我们近距离地拍摄老人的状态，家人特地把玻璃罩拆掉，其实玻璃罩的作用就是为了防止灰尘落在老人脸上不好清扫，玻璃罩内并不是密闭的空间。

杨学强：实事求是地说，奶奶现在这种环境，远远没有达到医学上说的恒温恒湿程度。

我们近距离地观察老人的身体，发现老人的面部颜色较深，而身体的颜色较浅，皮肤呈现出一种干枯收缩的状态，皮肤表面还有一层油脂，看起来似乎是放置时间长，身体水分大量流失的一种状态。

杨学强：奶奶这十几年来，无论是寒冬还是酷暑、盛夏奶奶就在自然环境中，就是在这种自然状态下保护下来的，保持身体的状况。

由于种种原因，当年老人的身体曾被转移到几个不同的地方安置，在多次转移安置的过程中，老人的身体历经各种环境，始终保持着干枯的形态，没有腐败。

杨学强：中间等于奶奶辗转这个过程中，由我们单位的库房，当时那个房子条件也很简陋，最恶劣的条件是在我妹妹家，我妹妹家当时有一个煤棚子，因为你没法安在人家里，就在煤棚子里待着，晚上就在我妹妹家一个偏房里待着，那时候那个煤棚子四面都透风，就到 1993 年的 6 月份的时候，天气已经很热了，当时我们也不知道奶奶身体会不会出现其他情况，所以又回到我们单位去了。

当年参与老人身体转移的还有杨守德长子杨学强的一些同事，他们在周凤臣老人去世后不久就看过老人的身体，那个时候老人的身体和现在有什么不一样的地方呢？

程霆：我见到老人是后来和专家一起去考察的时候，看到老人，肤色比正常人显得黑一些，牙齿呀、头发呀都和现在非常接近。

杨宏伟：颜色是我感觉是跟现在目前状态差不多，就是面部也是比较深褐色或者棕褐色，头发是银白色很安详。

王玉泉：反正这个皮肤比较干燥了，那个时候，摸着不像咱们常人的这种肉乎乎的这么一种感觉，感觉好像就是跟摸着蜡似的。

后来，杨守德父子三人做了大量工作，终于把老人的身体送回香河老家，一直就安放在这个小屋里，建好展室以后，这个普通小院就开始接待来自全国各地的参观者。

据周凤臣老人的家人介绍，老人去世后，他们没有对老人采取任何防腐措施，老人的身体就在普通的常温环境下保存，我们调查也发现，这一家人就是一个普通家庭，没有一位学医的家庭成员，他们也没有条件对老人采取复杂的医学防腐措施。但是发生在老人身上的现象却实在很奇怪，所以后来很多人就因为好奇或是迷信的原因来看老人，甚至还有人向杨家索要水井里面的饮用水，认为老人就是喝这个水成仙的。说老太太成仙了显然是一种唯心的说法，没有科学根据，但是老人的身体为什么会奇怪地不腐？我们先从老人去世前后发生的事情开始调查。

1992 年年末，88 岁的周凤臣老人从香河回到北京的长子杨守德家中，回北京之前，老人因为身体不舒服，在香河医院住院治疗了几天。回到北京后，老人的身体比较虚弱，一直没有吃饭，只是喝一点水。11 月 24 日，周凤臣老人在长子家中去世。

杨守德（老人长子）：最后五天就不吃饭了，每天就喝点凉水，就光喝水，每天就吃一颗牛黄清心丸，一包人丹中的半包人丹，她再也没吃别的东西。

杨学强：到那天晚上 10 点 45 的时候，奶奶就说我要睡觉了，不需要这个了，她就伸手把鼻腔插的氧气管拔掉了，这时候再一摸呼吸、心跳都没有了。

可是奇怪的是，停止呼吸后，周凤臣老人的身体并没有像常人一样很快冰凉僵硬，而是像平时睡觉一样，神态安详。老人的家人为我们介绍情况的时候，一直认为老人当时就是睡着了。

杨学强：24 号晚上停止呼吸，体温保持 24 小时，等到晚上 10 点多钟的时候，不是冰凉，就是没有原来那么热乎了，体温没有了以后她身体也没有僵硬，一直柔软如初。一直跟正常人一样，睡觉一样，很安详身上是有体温，而且到第二天上午 9 点钟的时候，我们还是希望，可能奶奶要睡觉了，可能醒了呢？

正常情况下，人死之后体温会在两小时左右下降，尸体会出现尸僵和腐败绿斑等现象，法医学常常根据这些现象来断定死者的死亡时间。

法医贾明春：人死了以后，24 小时以内的话都属于早期的尸体现象，早期的尸体现象主要是开始尸体温度下降，尸冷，以后就出现尸僵，温度的下降是随着气候环境和人的死亡原因不同，尸体的温度下降的话，有的快一些有的慢一些。

因为老人体温降得慢，杨学强和家人以为老人睡着了，没有惊动老人，可是到了第二天，杨学强就发现老人的身体开始有了一些变化。

老人长孙杨学强：25 号开始，发现奶奶的指尖在变红，血液没有凝固。

接下来的几天里，老人的身体一直在逐渐变化，第七天，家人又发现了老人身体一些新的奇怪变化。

杨学强：等到了 12 月 1 号，奶奶停止呼吸 7 天的时候，就发现这个位置，就已经是很多血水了，当时拿起胳膊以后，她胳膊还能动，这个水能从这流到这个地方，然后再放回去以后水还能流到这个地方。

奇怪的现象一个接一个，这时候杨学强和他的父亲及弟弟一家人，都没有想到应该尽快为老人处理后事，他们固执地认为，老人就是睡着了。

杨学强：到 12 月 3 号的时候，奶奶身体又出现了一个很特殊的变化，就是开始逐渐地充气，而且身体一点一点地充气了。

老人的身体这时候慢慢变成了一个气囊，家人用手指按压，还感觉到非常有弹性。

杨学强：她那整个身上我们看就跟气囊似的，表皮弹性非常好，你按下去以后就跟皮球似的，一按下去一下就弹起来，浑身都充气了，就是整个脸也变得大一些了，圆了。

据家人介绍，老人身体充气的状态保持了两天，之后开始慢慢渗出液体，家人所说的能在皮肤里流动的水，就开始渗出。

杨学强：大约 12 天左右的时候，就开始往外渗了，而且一点点渗透，随着水分的渗出，气越来越少了，到 12 月 20 号左右奶奶身体又基本上恢复到原来那种状况了，和原来相比就没有什么水分了，就跟现在我们看到的情况差不多了，就 1 个月的时间。

虽然说周凤臣老人去世以后，她的身体发生了一些奇怪的变化，让家里人没有随便对老人的身体进行火化安葬，可是在家里总放着老人的尸体也不是办法，就连老人的家属也有不同意见。长子杨守德一家，希望不要处理，他们认为老人的现象太奇怪了，应该再看看，而家里其他人则认为，老人已经去世，应该尽早入土为安，由于意见不一致，老人停尸家中的事情被长子杨守德所在单位知道了，于是，单位领导建议他们尽快处理，不要再放在家中。可是，杨学强始终认为老太太的事情不同凡响，他想了很多办法保护老人的身体，并在以后的半年中，辗转了四五个地方安置老人，可是，是什么原因促使杨学强那么执着地保留老人的身体呢？

老人去世的时候，住在北京的长子杨守德家中，这是一栋有些年头的老房子，从 1976 年开始，老人就和长子一家生活在这里。

老人去世后经历一个月的时间，不再渗水、充气，逐渐恢复到刚去世时的样子，据当时的录像资料观察，那时候，老人的身体还不太干枯，当时家人还为老人换过一次衣服。

杨学强：当时给奶奶换衣服，衣服和她的身体粘到一起了，但是撕的时候，往下撕了以后她皮肤都没有坏，家里人就觉得很奇怪，换完衣服以后，我弟弟就告诉我，奶奶的身体，就跟蜡似的，非常光滑，非常透亮，也就是在那个时候，就是 1993 年元旦的时候，才第一次看到奶奶身体的情况。

据家人介绍，当时老人在这间屋子里放置了近半年，开始的一个多月充气排水的时候，闻不到有什么腐败的味道，楼里住的其他人也并不知道，他们家放置着老人的遗体。

杨学强：没有什么异味，这个因为当时我们确实也很担心，就说奶奶会不会出现那种腐败什么的，我弟弟他很细心，因为他给我奶奶擦这个水的时候，他拿这个手沾了水自己尝了是咸的我没尝，然后别的没有什么任何异味。

杨学顺：闻的时候就稍微有一点淡淡的咸味，后来我为了验证一下，我就是蘸了一点老人家的体液在舌尖舔了舔，是一种咸味。

按照中国人的传统思想，老人去世后都要入土为安，可是杨守德父子三人，为什么那么执着地保留老人的遗体，宁愿跟家里其他人闹翻，也不愿意火化老人的遗体呢？其实当时，杨学强一家人心里也没有底。

杨学强：但是那时候奶奶停止呼吸已经十多个小时了，身体仍然有体温没有僵硬，所以那时候我觉得就是等等看，看看后面什么状况，当时也不知道后面会出现什么事。

家里人以为杨学强疯了，找到杨学强的同事，希望同事能带杨学强去医院看看精神科。

张瑞清：他的爱人小孔，突然间找到我，找到我说什么呢，说杨学强神经有问题了，我当时很纳闷我说怎么了，她的意思是让我找两个人去把杨学强从老家弄出来，弄到安定医院去查一下。

杨学强：实际上我没有病，她做不通工作，回家以后，又把我们单位同事叫来，来做我的工作，给奶奶办后事。

本来受托准备带杨学强去精神病医院看病的张瑞清和几个同事，来到放置老人的房间，听杨学强介绍了情况以后，反而逐渐站到了杨学强这一边。

张瑞清：当时老人头朝北躺着，杨学强拿着老奶奶的手，这样大幅度的转，他说张瑞清你看，腿，左腿也是很大幅度的蜷、伸都可以，头部左右这么摆这样转和这样俯仰，当时我就感觉到，我说这个老人确实是不一样，我看杨学强也没有什么，神志不清。

后来，张瑞清也一直跟杨学强参与安置老人遗体的事情，在 1992 年 12 月到 1993 年 7 月期间，老人曾被他们分别转移到几个地方安置。同事的帮忙，给了杨学强信心，并且杨学强看到奶奶的情况逐渐稳定，大概不会再腐烂了，因而才下定决心，把奶奶的身体保留了下来。

从 1992 年 11 月老人去世到 12 月底，老人的遗体就在杨学强父亲的家里放置，后来因为家人意见不一致，老人的身体经过了多次转移，在恶劣的环境中安置依然没有腐败，并且越来越干，看到这种情况，很多人分析老人不腐的原因究竟是什么，有人说可能与香河的水质有关，可是老人从 1976 年起就住在北京长子家中，晚年基本上没有在香河生活，并且香河历史上也并没有出现过这样的情况，而且除非水质严重超出正常标准，才有可能出现这样的情况，但是如果水质严重超标，早就会引起有关部门的重视了，因此水质影响的说法被排除了。那么老人去世前曾经回香河住了三个月，去世前她曾经在香河医院住过院，她去世前的病会不会与死后不腐有关呢？在去世前她又经历了什么？她的经历与她死后不腐有没有直接的联系呢？请您继续关注下期节目。

责编：戴昕

香河老人不腐之谜（中）

2006 年 6 月 30 日

观众朋友大家好，欢迎收看今天的《走近科学》。在昨天的节目里，我们看到了周凤臣老人去世以后，她的身体发生了一系列奇怪的变化，并且在十四年的时间里，保持着一种奇特的稳定状态，没有采取任何防腐措施，至今也没有任何腐败的迹象。她的身体为什么不腐并能保存到今天？我们在调查中排除了那些迷信的说法，一直想找到老人不腐的真正原因。在调查中我们了解到，在老人去世前的一个星期，曾经因为身体不舒服，住进了香河县医院，老人得的是什么病？住院期间又发生了什么？老人当时的病是不是和她身体神秘不腐有关呢？

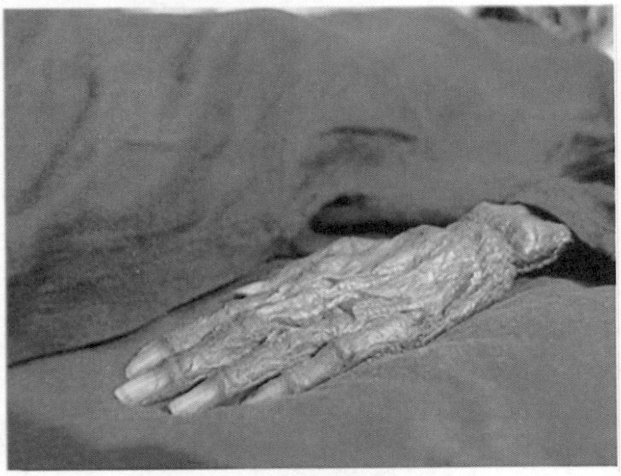

1992年8月，在北京长子家里居住了16年的周凤臣老人回到香河，住在次子杨守玉家里，到了11月初，她感到身体有些不舒服，连续几天咳嗽，发烧，并且开始拒绝进食，家里人把她送到香河医院就诊，并在香河医院住院治疗。

我们在香河医院找到了老人生前住院的病历纪录，当年为老人看病的医生已经退休了，现在香河县医院内科病房的负责人接待了我们，并且根据老人的病历，为我们介绍了当时的情况。香河医院内科李和祥医生：当时在门诊查了一下胸透，还有血常规。血向升高，然后胸透有一点肺内增粗，符合肺内感染的诊断，当时还查了心电图有房颤当时入院诊断就是肺部感染还有房颤，住院以后就给予是青霉素还有先锋霉素等抗生素，治疗肺部感染，然后还有一些治疗房颤的一些药物，通过治疗4天以后症状稍微缓解。

当时医生的诊断是急性肺炎，本来应该继续巩固治疗，可是老人在医院住了四天以后，自己要求回家，并于11月10日回到家中。

杨学强：到11月10号上午，奶奶就强烈要求不住院了，然后就要求回家，我叔叔和姑姑他们没办法就只好把她从医院送回家了，奶奶在住院期间，后来他们回忆出现了异常的呕吐，就是喝一碗水，她也能吐出很多东西来，而且呕吐物里面有红色蝌蚪状的和黑色颗粒状的东西。杨学强的叔叔：不知道她为什么吐，人家检查，也没检查出什么毛病，回到家以后，家人开始为老人准备后事，可是奇怪的是，老人在接下来的几天里，身体出现好转的迹象，她停止了呕吐，又可以吃一点东西了。

杨学强：当时我们还是按照奶奶的那种生活习惯给她做的粥，而且还热的时候就给奶奶喝，奶奶当时尝的第一口就说，哎呀太热了我不喝，然后把这个粥晾凉了再喝的，恰恰从那天开始，奶奶以后再也没喝过热水也没有吃过热饭。

那时正是寒冷的冬天，老人突然喜欢上吃凉饭喝凉水，并且在这几天里还出现大量腹泻和咳痰的现象。

杨学强：没有吃饭的情况下，她要求排大便，这次排大便跟以前根本不一样，呼呼地往外喷，而且呈喷涌状往外出很多，颜色是棕褐色的，量很大。

呕吐腹泻之后，老人基本上把身体里面的废物排泄干净，并在随后的几天里，连续24小时不停漱口。

杨学强：10月16号她早晨，她要求我们家人给她漱口，当时呢，就是连拿那个凉水，一遍一遍地漱，一直漱了24小时，而且就是说最后她让我姑姑，她拿个树枝，柳树枝，刮她那舌苔、舌头。

这天已经是1992年的11月19日，老人要求家人用凉水为其擦拭身体，用清凉油涂抹身体的手心脚心，太阳穴等地方，并且对家人说了一句话。

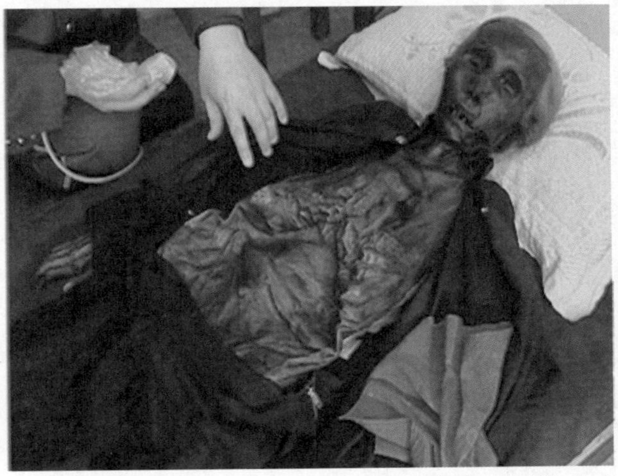

杨学强：她说了一句话，17号那天，那天下午她就跟我说，她说“我的事大着呢，不但要让香河知道，还让全中国知道，最后让全世界都知道”当时我听这话，我一点都不理解，我跟我弟弟还商量，我说奶奶一个普通老太太，怎么能让全世界都知道还让全国都知道，当时都不理解什么意思，这是奶奶对她这个事的非常正式说的这种情况，我们

当时都不明白。

就在完成了一系列身体方面的准备之后，老人安排好家人，于当晚回到北京的长子家中。回到北京后，她每天只喝少量的白开水，并在四天之后，安详地去世了。

急性肺炎是一种常见疾病，香河医院医生给老人使用的都是常规的消炎药，以减轻老人肺部的感染，这些药平时我们也会经常使用，对人体的影响是帮助我们消灭身体里面的致病菌。老人去世前使用了抗生素，这会不会是老人身体不腐的原因呢？但是到目前为止，没有任何证据能证明，使用抗生素可以使人体不腐。我们只能推测使用了抗生素，有可能会减少老人身体里面的细菌，但是，细菌减少并不能直接导致人的身体死后不腐。现在，抗生素的问题我们暂时放置，我们注意到，老人在住院期间曾经出现了奇怪呕吐和腹泻现象，这又是什么原因造成的呢？老人的身体现在应该是什么状态呢？我们在调查中找到了法医学专家了解相关情况。

关于周凤臣老人现在的状态，中国刑事科学技术协会的常务理事贾明春教授认为，老人的身体是干尸状态。

法医贾明春：它是属于异常的尸体现象，异常的尸体现象的话，主要我们讲的话，比较多见的就是干尸。

贾明春提到，短时间内身体大量失水是形成干尸的条件之一，而香河老人周凤臣生前在住院期间，曾经大量呕吐、腹泻，在短时间内老人使身体里的水分快速流失。

法医贾明春：你比如说这个人，生前有一些疾病，就是大量的失掉水分，你比如说呕吐，他生前大量的呕吐，就身体本身就失掉了一些水分，再一个人体的水分，丧失了75%这样的话，一般就不利于细菌的滋长。

人死之后会腐败，是因为有细菌，除了细菌，人体内的各种组织蛋白酶，也会在生命体死亡之后进行分解细胞的作用。

纪小龙教授：细胞之所以腐烂是因为细胞里面有酶，这种酶就像强酸、强碱一样，到哪儿有，哪儿就被腐蚀掉，这种酶它可以把蛋白质都给它分解掉，糖、脂肪都给分解掉。

生物的有机体死亡之后，在强大的细菌和酶的作用下，会逐渐被分解掉，也就是我们平常所说的腐败。可是，在周凤臣老人的体内，细菌和组织蛋白酶的分解活动为什么没有进行呢？难道老人的身体就一直没有出现腐败的现象吗？

贾明春：尸体开始腐败，逐渐地往深度腐败开始的时候，就形成了腐败的水泡，腐败的水泡开始是小的水泡，最后大了以后，就慢慢融合成片状了，水分丢了以后，最后慢慢收缩，这个收缩了以后慢慢形成干尸了。

据法医学专家介绍，老人在去世后身体出现的充气现象，有可能就是腐败过程中产生的腐败水泡，水泡连成片状甚至更大面积，就被家人理解为全身充气，后来，老人的身体停止了腐败，逐渐干燥下来，形成了我们现在看到的状态，这就是说，老人的身体曾和常人一样，发生过腐败的现象，但是后来在老人身体大量失水之后，这个过程却停了下来，形成了干尸。干尸在古往今来各种尸体现象中，是比较常见的一种，在我国西北部地区，就出土过很多具干尸，这些干尸是在自然环境中迅速脱水而形成的，虽然没有经过人工处理，但西北恶劣干燥的气候能使人体快速失水，经过风化从而形成干尸。

埃及木乃伊也是干尸，埃及人相信人死后会有灵魂，保存完好的尸体就是灵魂夜晚的居所，他们用复杂的人工程序，对尸体进行多道工序的处理，并对尸体涂抹填充香料，最后形成的木乃伊与香河老人周凤臣的情况也完全不同。

在我国考古界，很多地方曾经出土过古尸，1985 年，在湖南的沅陵，曾经出土了一对元代夫妇尸体，当时出土的时候，两个人的面目栩栩如生，肌肉还有弹性，但是出土以后接触到空气，尸体就发生了一些变化。医务人员对女尸进行解剖发现，在女尸的腹腔里有竟然有大量的水银。

湖南沅陵卫生学校何敏：原来皮肤还有弹性，一下这个皮肤好像颜色都变乌黑了，结果就把这个腹腔打开一看，大量的水银就流出来了。大约有2500CC 的水银，当时我们看到满腹腔都是水银，但是她的肠道，肠胃还是比较完好的。

为什么在尸体的腹腔内会有大量水银呢？水银会起到什么作用呢？

湖南沅陵博物馆馆长夏湘军：灌水银的做法，在宋代时候就流行，元代时候，它也仍然用这种做法，也就是民间一种做法就是对古尸的，对它尸体的一种保存措施。

我们不难看出，香河老人周凤臣的情况与其他各种形式的尸体不腐现象都不太一样，因为老人的身体在初步形成的时期，没有经历极端恶劣的环境，也没有经过人工处理，而只是在北京的冬天，放置在自己家里曾经住过的房间，经过自然演变而形成的，因此也有人说，这是因为老人一辈子做好事而修来的结果，其实这种说法也仅仅只是带有中国传统文化烙印的一种说法而已，没有任何科学依据。要找到老人身体神秘不腐的真正原因，我们必须弄清楚为什么老人的身体在去世后先是有腐败现象，但最后这个腐败的过程却停了下来，形成了干尸。要解决这个问题，我们只能对老人的身体做一次全面检测，看看能不能找到一些线索。

武警总医院病理科的纪小龙教授是研究病理学的专家，他曾经解剖过上百具尸体，诊断过上千份病理切片，具有丰富的临床经验。对于周凤臣老人神秘不腐事件，他也感到十分好奇，希望能和我们一起研究这一现象。

纪小龙本来希望能对老人做取样检查，可是杨学强和他的父亲及弟弟却不同意，家属担心取样会对老人的身体造成破坏。我们只好尊重家属的意见，准备先对老人做无创的检查。检查这天，纪小龙与负责 B 超的王宜志医生一起，对老人进行检测，那么，做B超能检查出什么结果呢？

武警总医院超声科副主任医师王宜志：通过看老人的身体，她存在一种比较僵硬、干燥的一种状态，皮肤表面有一层油性的分泌物，我们正常的B超检查，超声探头与皮肤接触有一种耦合剂，增加探头与皮肤接触的密度，但老人的皮肤凹凸不平比较僵硬。

超声检查，通常能通过超声波检查腹腔内部情况，超声波遇到腹腔里面的器官，会产生返回到屏幕上的波纹，医生根据这些波纹，判断内脏器官的病变情况，然而对老人所做的超声检查，我们在屏幕上却看不到任何返回的超声波。

王宜志：没看到一些脏器的回声，敲打老人的腹腔，它呈现一种鼓性的回音，按照我的经验，估计她里面的脏器，腹腔里的脏器呈一种脱水状态，也是跟表皮一样比较僵硬。

B超检查的结果多少让我们有点失望，由于周凤臣老人的身体已经放置了十四年，体内没有什么水分，腹腔已经严重塌陷，内脏器官完全干枯，用B超仪已经看不到超声波的回音，所以，我们放弃了观察老人内脏器官的想法。

其实，早在十年前，武警总医院就曾经派人对老人做过一次身体检查，那次检查项目包括目测检查，心电图等。当时组织检查的是武警总医院卫生部，由李深带队，他为我们讲述了当时的情况。

李深：当时我还担任着武警的卫生部长，我就和武警总医院的专家联系，样由于家属不同意做有创的检查，我们就做了一个无创的检查，主要是两项，一个是心电图，一个是病理学的一般的肉眼的检测，检测的结果是这样的，就是皮肤已经没有弹性了。另外就是发现她在两眉之间，就是在印堂穴那个地方，有一些油状的分泌物。

当时由于没有更多的检测手段，所以检查小组就顺便对老人做了一次心电图。按理说尸体是没有心电的，但是当时检查时，老人的心电图却显示了奇怪的细小波形，一时间，香河老人还有能量的说法又流传开来。

李深：对心电图的结果有不同的看法，严格地说它已经不是心电图了，因为人死了以后心脏就没有跳动了，但是呢，有一些波形，这个波形我们感到就比较奇怪。

但是后来事实证明，当时做心电图的条件简陋，没有接地线，不排除仪器受到附近电磁的影响，才会出现细小的波形。而并不是老人仍然保持生命特征，更不是老人具有超乎常人的神力。

李深：严格地说这个不能叫老人的心电图，她是生理的电现象，因为我们人的任何地方都有电的现象，是否老人在那个时候还存在着局部的电的现象我们不敢讲。

上次的检查已经过去了十年，然而直到现在，周凤臣老人的家人，仍然不同意我们对老人进行有创伤的检查，所以我们准备只做在家属允许范围内的不损伤老人身体的检查。经过艰难的说服工作，家人终于有所让步。这次检查，我们先在老人的枕边收集到了几根头发，并从老人的额头提取了油脂样本。那么，周凤臣老人的身体究竟还是不是当年保存下来的身体，现在的状态与当年相比有什么变化，这一切问题的谜底在检查结束后，能不能水落石出呢？

十年前由于检测方法比较少，所以对老人的检测可以说是很简单的，只是记录下老人的基本情况，这些情况和我们现在看到的基本一致，和现在老人的样子变化不大。也就是说，周凤臣老人的身体现在已经达到了一个相对稳定的状态，即便是放在平常的环境里，不采取任何保存措施，她的身体也还是处于这种接近静止的状态，缓慢地演变着。可是，虽然我们对老人做过基本的检测，还做了B超的检查，但这些检测都没能给我们一个明确的解释，就是为什么老人的身体在没有外在作用的情况下却停止了腐败，变成了干尸。那么，我们是否还有办法对老人的身体作进一步的检测呢？能不能从这些检测中，找到老人身体神秘不腐的原因呢？请您在明天继续收看我们的节目。

责编：戴昕

香河老人不腐之谜（下）

2006年7月1日

在上集的节目中大家了解到，周凤臣老人去世前曾经在香河县医院住院治疗急性肺炎，在这期间发生了奇怪的呕吐和腹泻现象，法医学家认为，周凤臣老人现在的状态就是干尸，呕吐和腹泻帮助她事先排出了肠胃里的水分，是去世后形成干尸的条件之一。在我们的调查中我们还发现，周凤臣老人其实跟常人一样，在去世后她的身体也发生过腐败现象，不过后来腐败停了下来，老人才逐渐演变成了我们现在看到的样子。那么是什么原因让腐败停止了呢？我们的检测能不能帮助我们找到答案，最终找到周凤臣老人身体神秘不腐的原因呢？在今天的节目中，我们就一起来看看病理专家对老人所做的进一步检测的情况。

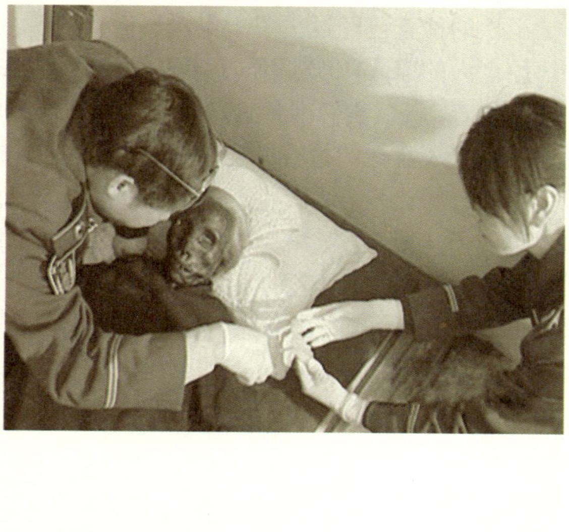

做完B超，武警总医院病理科的纪小龙教授开始对周凤臣老人的身体做全面检查。做完基本检查之后，纪小龙教授提出不同看法，他认为只做简单的检测并不能解释老人身体不腐的原因，希望能够提取身体组织，做深入的研究。

经过艰难的说服工作，杨学强和他的父亲及弟弟终于同意纪小龙用细小的专用钢针，在老人身体不易被发现的部位提取样本。

纪小龙：主要采取了三个标本，一个是她尸体额部的一些外观看起来有些像渗出物一样，这是一个标本，第二个标本，我们就在她头上，掉在枕头上的头发捡了有五六根，第三个经过协商，我们在保护不损伤尸体的前提下，用针从小腿的部位，取得了一些小腿部的组织，就是肉。

这次取样，我们得到了老人家属的理解和支持，他们也希望能帮助专家找到老人身体不腐的原因，更好地研究人体的未知现象。

杨学强：我们真没有什么目的，而且从我现在对奶奶身体的理解，我希望更多的科学家来研究奶奶，来研究她身体的形成过程，也研究她停止呼吸前后的一系列特殊的过程，这样的话，可能能够从中发现对我们治病，或者是对我们人有益的东西。

经过一段时间的处理和研究，纪小龙教授针对检测所取回的老人头发，额头的油状分泌物，以及老人小腿部位的肌肉组织三种样本，向我们逐一分析了处理结论。

对于老人额头的油状分泌物，纪小龙认为，那就是老人的皮下脂肪从固态变成液态渗透出来的油。

纪小龙：皮肤表皮没有油，皮下都有脂肪组织，所以她的脂肪组织析出来的，就是液化了，这样从皮肤上渗出来了，

贾明春：由于外边的皮肤开始形成干燥以后，皮肤的收缩，皮肤收缩了以后就把皮下的脂肪受挤压了，皮下脂肪一压就把这个油脂挤出到了皮肤的表面了，老人的身体还在分泌油脂，说明老人的体内还在进行着某种代谢，只不过这种代谢的速度极其缓慢，由于老人的身体状况已经趋于稳定，所以现在不用采取措施也可以在常温下保存。

纪小龙教授：我们不光从她的额部看到油脂滴，我仔细观察她穿的那个衣服，这衣服上也有斑斑片片的这种，就像咱们不小心油撒上衣服一

样的油，说明这个肌体，这个尸体不是固定的一成不变的。

那么，这次取样，纪小龙教授还在老人枕边取回了头发样本，我们是否能从头发的成分分析中，找到老人身体不腐的原因呢？

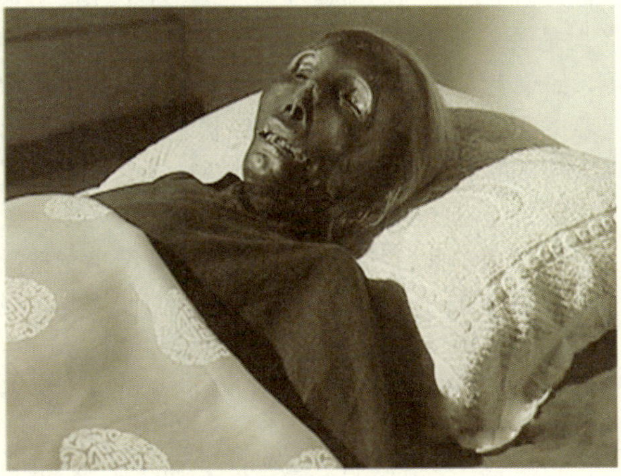

纪小龙：头发影响因素太多，因为你自然界里面，在路上走灰尘里面，都有大量不同成分的微量元素，所以你这样没法来，检测出来的结果差别，就是没有一个标准，拿不出一个正常值，所以检测出来没有意义。

贾明春：就是说她原来生前吃了什么药材什么东西，这个分析一般做头发的微量物质的分析的话，难度是比较大的，因为在头发里这个微量元素含的很少。

由于头发受到太多的因素影响，分析的结果并不能说明老人的真实状况，所以，纪小龙教授放弃了对头发的检验。

这次检查，最重要的样本是老人小腿部位的肌肉组织，老人身体神秘不腐的原因，似乎就在这几粒小小的肌肉组织当中。纪小龙把取回的肌肉组织样本做成了细胞切片，那么，一张细胞切片能否解释众多的谜团呢？

纪小龙：这个是我们看到的这个老太太的右小腿部位的穿针出来的肉，做成的切片，找不到一个活着的细胞了，就是说死亡肯定是没有问题的，而且这里面一个细胞核，细胞浆里的成分都没了，一片荒凉，每一个细胞只剩下一个轮廓。

纪小龙：说明她这个尸体，在她死亡以后，没有进行过，目前我们所能够知道的，像医院里面或者医学方法的处理。

为什么仅仅通过病理切片就可以断定，周凤臣老人的身体是没有经过任何医学方法处理过的呢？

纪小龙：如果要经过医学方法处理，应该看到细胞核、细胞浆里的成分，这个没有，这是我觉得这一点可以明确的，这个尸体，在自然状态下，它没有腐败，机理到底是什么，目前我们在这张图片上还拿不出这样的结果。

从这张病理切片上看，我们只能证明老人的身体是没有经过医学手段处理的，却不能解释周凤臣老人神秘不腐的原因究竟是什么，也不能说明老人是因为什么原因，使去世后的腐败过程停了下来。不过，纪小龙教授却为我们提出了一个新的看法。

纪小龙：我们还是从医学的角度还是可以认为，这个尸体在它没有完全死亡之前还在活体的状态下，有过一些化学物质进入到她的体内，至于物质是什么我们现在不知道，但是一定是有一样化学物质进入她体内，进入体内之后，使她这些支架，细胞支架的部分，不能够按照常理进行酶的消化、溶解然后逐渐地解体。

那么，是否真的有一种化学物质进入到周凤臣老人的身体，造成了老人身体神秘不腐的结果呢？

最重要的样本就是老人腿部的这几粒肌肉组织，分析之后，却给了我们这样一个看似确定却又让人迷惑的答案：检测的结果和细胞切片可以完全确定，老人的身体是没有经过任何医学防腐手段处理过的，但是为什么不腐败的原因却很复杂，从细胞切片上看，纪小龙教授不能给出不腐原因的答案。然而，纪小龙教授怀疑，在老人身体里面，曾经有一种化学物质进入到她的体内，从而使老人在去世后，细胞没有溶解，腐败过程停止。究竟有什么化学物质会有可能进入老人体内，起到这样的作用呢？我们的记者第三次去到香河县胡庄子村，探访周凤臣老人生前的故事。

周凤臣老人出生于1905年11月2日，20岁结婚，养育了7个子女。38岁的时候，她患上一场大病，从此开始吃素食，并坚持了50年。据家人介绍，年轻时她曾经跟一位住在村里的道士学过一些治病的方法，会给别人看病，尤其擅长治疗小儿惊风之类的疾病。

杨守德（周凤臣老人长子）：那道士就是我们这个村边有一个庙，他就是那里的，因为他是家里的，也姓杨，有时候做一些交流，他告诉她一些咒语之类的。

道士不是医生，怎么会给人看病呢？按照家人的描述，我们了解到，原来老人跟道士学的是一些奇怪的方法。

杨守德：她给人扎针的时候，不是像咱们中医的那种针灸，她是用做活的小针，在穴位上轻轻地扎一下就行了，有时候根本不需要用针，揉一揉，推一推，在这儿一试，手指头按一按。

村民：她确实给不少小孩看好过病。

我们在香河胡庄子村走访了多家村民，过去和老人相处过的人都说，老人是一个和蔼可亲，平易近人的人，谁家孩子有什么毛病，都找老人给看看，老人也从不推辞，总是很热心地帮忙，并且她医术高超，好多小儿惊风之类的疾病，老人都是手到病除。

村民尉成才：老太太按现在说，就是说没有私心，爱帮助人，说帮助谁，只要是好了就得了。

除了热心帮助别人，周凤臣老人对子女的教育方式也很独特。

杨学顺：奶奶对我们很好，有什么好东西都给我们留着。

关于老人给人治病的方法，事隔多年，我们无法考证，但是，老人跟道士学习的经历，却给了我们一个推测的结论：因为懂一些医疗方法，或许老人自己服用过什么特殊的物质，也就是纪小龙教授推测的某种化学物质，才使她的身体在去世后发生了奇怪的变化。

为了证实这个推测，我们找到了老人的部分遗物，在一堆平常的小物件中，发现了一张包裹红色粉末的纸，家人介绍，这是老人包朱砂用的，以前老人经常用朱砂调水喝，用来安神，去头疼。

杨学强：我记得有过那么一两次，奶奶身体实在吃别的药都不管用，她就说心里闹得慌的时候，她让我爸他们给沏点朱砂水喝，喝完以后就基本上没什么事了，我看到过两次，她喝，非常少，量非常少。

杨守德：她有时候给别人也用，朱砂就是她给别人看病的时候，采集点什么什么，把这个朱砂放在一起。

我手里拿的就是朱砂，别名丹砂，它是一种天然矿石，研成细末之后可以入药，主要成分是95%的硫化汞，主治心神不宁，小儿惊风等症，在中医的治疗当中属于常见药。可是，朱砂还有一个特点，那就是不宜久服，如果长期服用，会引起汞中毒，此外，朱砂还可以用作丸药外衣，有安神，防腐的功效。周凤臣老人因为向道士学过一些治病的手法，所以她一定知道朱砂应该怎么用，她自己也用朱砂缓解心神不宁、烦躁等等症状。我们无法考证老人是否知道汞中毒会引起的后果，但是可以推测，如果老人长期服用朱砂，就会在她身体里累积足量的重金属：汞。汞中毒的症状之一，就是会出现大量的呕吐、腹泻等，这就能解释老人在香河医院期间奇怪呕吐的原因了。

在调查中我们发现，朱砂可能就是纪小龙教授所提到的特殊的化学物质。但是老人去世多年，服用朱砂的事情我们无法向她亲自求证，这只是一种推测。那么是不是每个人服用过朱砂都可以身体不腐呢？

贾明春：多方面的元素，有环境的因素，也有个人的因素，有疾病的因素，与消化道的因素都有关系，个体的因素也不一样，有些可以形成，有些不可以形成，但是毕竟干尸的话还是少，并不多的，尤其是现在就是在老太太这样的环境里形成干尸来讲，是比较少见的。

虽然我们这次检测只能证明周凤臣老人的身体没有经过防腐处理，但是现代科学是否就对这一现象无能为力，而只能任凭不科学的说法到处散布呢？我们是否还有更多的证据来解释这些看起来神秘的现象呢？

纪小龙：如果能取得更多的样本，我们来找它的线索，这是一个，如果要做得话，要取得更多标本，还有一个可以用动物实验，验证哪一些化学物质或者哪一种化学物质能够导致这样的改变，那我们可以，因为科学要有证据，而且是可重复性，那么我们只有做到那一步才能解决这么一个只保持细胞框架而不溶解的这么一个原因。

由于家属对老人身体的保护，这次检测所取老人身体的样本太少，我们只能得到目前的结论。虽然不能明确老人身体不腐的原因，但是这些工作也为我们对香河老人的研究提供了更进一步的线索。

通过这次我们对香河老人周凤臣身体不腐现象的调查，我们可以认为，老人身体神秘不腐的现象是一个有多方面原因综合作用而形成的一个巧合事件。比如说，老人去世前的住院治疗，抗生素有可能消灭了她身体里面的部分细菌，另外，老人呕吐、腹泻、很少喝水，去世前一周不吃饭，长期服用朱砂，去世以后被放置在干燥通风的房间，这些情况都有可能对老人的身体产生影响，也都符合尸体形成干尸的条件。

在记者得调查中，专家还曾介绍说，对老人不腐现象的研究，能够帮助我们弄明白到底是什么方法能够让有机物长时间保存，找到这样的方法，我们可以广泛应用在人类生活的很多方面，这对于推动科技进步具有很大意义。所以现在我们来看这件事，老人的身体仍然具有一定的科研价值。在节目的最后，我们也希望更多的人能够认识到身体不腐这一现象的科学性，对那些我们暂时不能解释的现象，能够以一种科学的态度去认识和探索。同时，也不要再用那些不科学的眼光来看待老人不腐的事，给周凤臣老人的家人一个安静的空间，让逝者安息，这也是对他们一家人的尊重。

责编：戴昕

附：专家评论

周凤臣老人身体不腐现象，引起了社会各界有关专家的浓厚兴趣，他们纷纷发表意见，阐明自己的观点。中国人体科学学会原理事长张震寰，生前对周凤臣老人的保护、研究工作给予了极大关注。1994 年 1 月 9 日他在家中听取了杨学强等人的专题汇报，观看了有关录像资料，对如何搞好周凤臣老人的保护和科研工作提出了具体要求。他还在百忙之中数次写信，了解事态发展情况，指导工作的开展。他在专门致杨学强所在单位领导的函中强调指出：“对周凤臣老人身体变化过程的研究工作意义重大，与 21 世纪人体科学研究需要突破的前沿密切相关，此项研究也将在国际上引起震动和反响。”

中国军事医学科学院病理学教授王德文考察后说：“老人的遗体确实与木乃伊不一样。老人遗体保存的这么好，我觉得是综合因素造成的。我搞病理学研究，在考察后感到需要解释的就是老人的内脏如何能在常温下保存至今?如今是什么样?体内究竟还有多少含水量?”

航天医学工程研究所宋孔智教授认为：“香河老人现象尽管人们不理解，但却否定不了这一事实，它的意义比社会上特异功能现象的意义还要重大。这一现象从传统医学、气功、宗教内核里都能解释，但现代科学解释不了。这也说明新科学的诞生已为期不远了，而且是必然的。”

1994 年 2 月，云南中医学院杨林同志受中国人体科学学会张震寰理事长的委托在考察老人后指出：“老人遗体特异演化实例，实质上除了带来科学研究价值外主要是启发人进一步认识自我，净化心灵，促进精神文明建设。”“她的生物场还在频频活动，也有力证明生命形神一体化，即得气则生，气失则死的观点，她的自身特异调控过程为人体科学的进一步研究提供了难以估计的价值。

周凤臣老人 1997 年 11 月 15 日，武警后勤部卫生部、武警总医院派出医学专家，对老人目前身体情况进行了全面的体表检查。专家们考察后认为：一、周凤臣老人的死亡过程与常人不同。老人逝世五年遗体未加任何处理，在自然状态下，仍处于干燥状态，这个现象值得深入研究；二、感谢家人对老人的保护。希望继续保存好遗体，供长期研究之用；三、每年系统进行医学观察 1 ~ 2 次，建立记录档案。有条件时做进一步的仪器测定和做组织学、细胞学以至分子生物学方面的研究；四、为拓展研究成果，组织多学科、多层次、多领域的研究。必要时成立一个非常设机构，不定期进行研讨交流。

毛主席纪念堂管理局原局长、毛主席遗体保护专家徐静教授和北京协和医院病理学专家刘彤华教授，1993 年 6 月考察老人后认为：老人临终前持续相当一段时间“上吐下泻”“咳痰”“体表排液”等，导致身体大量脱水；老人辞世后被置于暖气边，室温高而空气干燥，躯体内水分蒸发，二者是造成躯体干枯的重要原因。快速失水，似木乃伊，暂不腐坏是可以解释的。

1994 年 4 月，北京大学生物学教授陈守良和蔡益鹏作现场考察后认为，老人躯体在自然状况下不腐的现象值得研究，需要科学地进行解释，在正常情况下不可能保存至今，因为在躯体保存上甚感困难的就是大肠杆菌的繁殖问题。

航天医学工程研究院庄祥昌教授认为：考古学界比较熟悉的木乃伊是在特定的干燥环境下形成的，但在常温下就不行。至今未发现对老人身体进行过特殊的药物处理，这个现象需要解释。

中国科学院牛实为教授从生命科学的角度对

周凤臣老人生命现象提出了自己的见解。他认为：人作为宇宙和地球极端苛刻选择出的“万灵之长”，原本具有许多包含自我调控在内的强大功能，但由于后天“能量”的耗散，致使这些功能被大大削弱。香河老人以极小的“物质”消耗，聚集了极大的生命能量。她能如此有序地控制自己的身体演变，实在需要认真研究。

中国气功科学研究会李之楠秘书长认为：香河老人所反映的不仅仅是一个奇迹和超自然现象，她是在旧世纪即将结束、新世纪即将来临的世纪之交出现的，有其必然性。他认为：老人生前行善、信佛、茹素、吃苦及所在环境，都应该是形成这种现象的因素。我们最难解释的是：她的肉身死了，但仍具有一种能量，具有免疫能力。她的体能没有死亡，甚至智能也没有死亡，正如老子所说的“死而不亡者寿”。

海军总医院副院长、国际气功科学联合会副主席、世界医学气功学会副主席冯理达教授在香港回归祖国前夕，专程到香河对周凤臣老人进行了考察。她在留言中写道：“凤臣老人生前生后留给世界科学的宝物是我们急需大力研究的，也是需要抓住机遇，埋头苦干的。……衷心祝愿香功、香河在咱们的香港回归之际能为祖国、中华民族开出更艳丽更香之花，留香千古！！！”

北京大学哲学系强昱博士在考察香河老人后认为：香河老人的生命奇迹，是传统文化历史价值的再现；香河老人又是一个道德的典范，她平凡而又极不普通的人生告诫我们，只有做一个符合时代道德要求和价值规范的人，才是有意义有价值的自觉人生。……香河老人实实在在改变了世界，她改变了我们根深蒂固的观念。

对于周凤臣老人特异生命演化现象的奥秘和内涵，一些学者也从不同的角度，进行了探索和发掘。

著名的中国传统文化研究者、中华炎黄文化研究会太极专业委员会主任、道家太极门传人陆锦川先生认为：肉身不腐，自古分“圣”“凡”两类。圣，佛家称为“金刚琉璃体”、道家称为“紫金琼玉身”，如广东韶关南华寺供奉的唐代高僧惠能的肉身；凡，就是“木乃伊”。这两者是不能等同的，因为其成因完全不同：“凡”体不腐的致因是特殊的环境条件或人为的加工处理，而“圣”体不腐则是自然形成的。“圣”“凡”两者间的鉴别，可以从三个方面来看，一是颜色和润泽：圣体明亮而有光泽，凡体则晦暗而晦涩；二是气味：圣体有“异香”或称为“奇香”，凡体则有“异味”；三是存放：圣体可以自然以处，不需要人为的处置，凡体则依赖特殊的环境，或靠人为的保护。我看到的周凤臣老人，身体如玉石玛瑙，身上有“奇香”，没有人为的处置，与一般的“凡”体有本质的差别，很像佛家讲的“金刚琉璃体”、道家讲的“紫金琼玉身”。

陆锦川先生指出：香河老人这样一个很平常的农村妇女，能够成道，历史上还是第一次。她有这样几个特点：第一，她的成道是一个自然无为的过程，没有归入宗教；第二，她是一个普通女性，成道是很难能可贵的，具有十分重大的意义；第三，她成道于现代社会。鉴于这些，她的价值就不同凡响。她给了我们一个很重要的启示是：一个平常的人，一个现代社会的普通人，在日常生活中，同样可以成道，可以留下“真身”。这也说明了平常就是道。我国历史上留下的“肉身”，如惠能大师，都是以宗教形式出现的，而且人们总认为，他们是和尚、是修行人。但香河老人却不一样，她在平常之中得道了。陆锦川先生说：肉身不腐的内涵十分丰富，非常值得我们去研究。香河老人“肉身”的存在，具有很高的科学价值，说明人类有许多奥秘，特别是关于生命的奥秘，需要我们去探索。她属于全人类，相信全世界的专家学者都会来保护她、研究她！

我国佛教界著名人士对老人“肉身”存世，十分欣慰和推崇，充分肯定了老人修持所达到的境界，纷纷前来老人故居拜望老人。

1993 年 4 月，北京广化寺怡学法师考察老人后，在给老人家人的信中写道：“周临终的种种征兆甚为明显，极言家人积德行善，孝亲尊老，可乃社会公德。在世风日下的今天，实为难得。若能立为榜样，成为生动活泼的真实楷模，必能教育和感化有缘人，达到治理社会、净化人心的目的，是难得之素材。”“周凤臣信女的一生言行及临终遗言，意义深远，功德无量，令人钦佩和尊敬。我希望周氏家人应顺老人旨意，成全老人遗愿，圆满老人所做功德，必能不负功心，受龙天护法，得人间欢慈。”

1996 年 5 月，中国佛教协会副会长、青海省佛教协会会长、塔尔寺寺主阿嘉洛桑图旦活佛，专程来老人故居了解情况，并欣然为老人题字：“功德圆满”。

著名科学家钱学森曾指出：“21世纪将是人体科学和工程技术相结合产生继信息革命后又一次新的革命的时代。”人们期待着社会各界有识之士积极探索，早日揭开谜底，为人类科学和文明的进步做出贡献！

四 谱牒

（一）刘氏族谱

前 言

偶得我刘氏祖（族）谱，经反复研读族谱原叙、重修族谱叙、增修族谱叙，深感我刘氏家族，既有驰骋疆场、武震华夏、被皇帝赐受正千户、荫及子孙六代的大功二功；有造福一方、万民立去思碑、荣任知府的伯纶大夫；有敢于拍案而起、为民请命、后被皇帝恩准树碑立传的武贞公；又有不畏艰辛、倾尽家财为先祖正名，被撰入孝子卷、尊为孝毅公的八世祖；也有往返诸城香河数次、为家族事务鞠躬尽瘁、撰修家谱、开宗明义的孔钧公；还有十一世、十四世祖先以及1989年族人的续谱，让后世子孙明先辈伟绩、知自己身世；还有很多入太学、府学、县学，做知县、知府，功成名就的先辈们，均为我刘氏后世子孙之楷模。我族人应奋发图强，精忠报国，青出于蓝而胜于蓝。

阅读时，对谱中古句有诸多不解之处，想我大学毕业处级干部尚且如此，虽刘氏后人不乏有识之士，或有对古文不解之人。为让后世子孙便于阅读，我与汪女士对古谱去繁从简、释义段句。因学识浅薄，难免有错漏之处，请族人不吝赐教。今将古谱复印几份，一份赠香河原籍、一份赠禹城二支。其他族人若需，可向我索要，但定要珍藏。

第十七世孙 刘国林

2005年12月14日

刘氏族谱原叙（序）

吾族刘氏，原籍系直隶顺天府香河县，离城五里许，在城西北，地名大汪庄（编者注：应为大王庄。隋时，已成村落。相传，隋炀帝元德太子之子代王杨侑，曾过宿此村，得名代王村。明初，改为大王庄）。西临运粮河，河边有西汪（王）庄，故我村以大汪（王）庄为名。庄前有壑，壑下有大道，西通北京，东通县北门，又通宝坻县。大道壑之南，有东小道，通县西门。又有西小道，通止务，又通西庄子。地，乃古世谷家废庄也，我家有几许之地在焉。我庄之北，有后营（茔）庄，庄前有河，是西茔洲卫军庄也，故名后营。又北，有新庄、夏庄、北吴村等庄。

大汪（王）庄西北，离庄一里许，在大道之北，新庄之南，我刘氏之祖茔在焉。我官门之祖鉴祖在内，又有江祖在内。江祖之子纯祖，乃移葬新茔。纯祖生七子，皆葬新茔。长子葬东，二子葬西，三子葬东，四子绝葬祖茔，五子葬西，六子藏东，七子葬西。六子谦亨祖之子天秩公，来山东青州府诸城县指挥庄（注：现址山东省诸城市吕标镇指挥四村），后葬指挥庄东，后茔乙山辛向。

刘氏香河县新茔，在大汪（王）庄前，大道之南。惟纯祖之子孙在内，河祖、汉祖之子孙，皆徙葬祖茔。纯祖之六子谦亨生天秩，即来山东诸城。凡我六门谦亨祖之后，当念谦亨祖之墓，尚在香河新茔。盖时因占风水之说，未移来诸。后有能至香河，或香河能至诸城者，继修族谱，则甚可慰也。

刘氏之族，原（源）自辽东、小兴县来也。其所由来之始祖，一讳大功、一讳二功，盖随明成祖建功立业。一功升正千户，一实受百户，在燕京神武左卫，袭爵食禄，其后嗣、舍人、余丁皆发顺天府香河县，入坊市社二甲（注：古时居住地址）为民。但我始祖以武功承家，不知修立家谱绪记，名氏、辈数自此。大、二功祖之后，并祖来袭爵之，掌门遂失其传。延及第五世讳好学、第六世讳聪祖，袭一实受百户，其子舍人长讳应隆、次讳应盛袭爵，随自此止。然自大、二功祖之后，谱牒错落，不知我鉴祖系出自大功，或系出二功，是憾也！故今之谱系，但以我鉴祖为始祖续下。

刘氏，香河县大汪（王）庄，纯祖官门后，旧宅园图式：

——略——

香河县旧茔、新茔，监石柱八块，俱归刘宅茔。有我祖孔钧所立合同，原稿存焉。其略曰：立合同人刘孔钧。因甘十八有祖坟一处，四外有间地数亩。孔彰在甘十八居住，私典于程姓，钧用钱赎出，以作阖族三丁之费，仍交孔彰耕种。及钧回山东，孔彰又典于王姓，钧来又赎回。钧又回山东，因立合同一纸，交于书手黄有成。孔彰又私压租于王姓，以致丁差无凑，书手将合同禀于县董老爷，追过京钱五千。至乾隆十八年（公元 1753 年），钧来应考，又将压租钱找于王姓，恐其后再租典，钧又于县蔡老爷案下，具呈存案，当堂交于书手黄有成、保正尹二查看，每年交差钱五千，不许租于别人。至三十四年（公元 1769 年），钧又来，见坟内尽开，坟墓将平，方知又租于别人。至冬间，钧同合族商议，使孔彰将此地退于永禄经管，除差钱五千之外，合族上坟，省有重租盗典之弊，孔彰仍种地三亩，以上坟添土之费，有合同一纸。今三十五年（公元 1770 年）三月内，孔彰病故，其子炳，请钧向合族说，棺木无凑，因公议，合族出现，交钱十千，秋后再完七千，使炳将所种之地以并退出，添土栽树尽属永禄经管。炳说合同无有，因当立退契一纸。至十月初一日上坟，将柳枝压栽前后左右四行，以作界线。树内不许耕种，四外计地十五亩，或租或种，只许一年完算清楚。又有大汪（王）庄、新庄坟一处，亦出京钱三千，使作添土上坟之费，交刘忠同永禄管理，恐后无凭，立合同存照。合族人有刘忠、刘雨、刘赋、刘交、刘凤、刘蕃、刘芳，同孔照、永教、永贵、永禄、永辉、永炜共刘魁、刘炳等经管。乾隆三十五年（公元 1770 年）十月初一日立合同，刘孔钧亲笔。

我族刘氏，世居香河县。自武贞公官居诸城，瑞石公分居禹城，相距道路迢遥，谱系不得相续。今将蓬莱县事，我伯纶公，序次谱牒，聊为尊祖、敬宗、睦族之一助云。盖香河在顺天府东南一百二十里，禹城在济南西北一百里，又济南至北京九百六十里。时，乾隆四十七年（公元 1782 年）正月壬寅朔，涓阳（注：涓河水之阳面。水之阳是北面，山之阳是南面）孔钧志。

重修族谱序

吾刘氏之离香河，入诸邑者，始自我六世武贞公。武贞公之父伯纶公，系前明岁进士。任清朝蓬莱县事，报满两次，升江西南安府同知，去后，邑民立“去思碑”于蓬莱阁。后由南安府署广信府知府。子三人，长讳之鹏，即武贞公也；次讳之麟；三讳之麒，三于蓬莱县少亡。武贞公以官升任（注：依赖祖上荫德任职）青州府通判，顺治十七年（公元 1660 年），署诸城县事。时前令（注：当时上一届县令）星汉（注：地名）邦纪陈公（注：名子叫陈邦纪），遇寇变。兵备海防道崔启鹏，与五莲山富僧有隙，思借此屠之。遂倡言民变，知府夏一风，据以上按察司。县祸且不远，民半皆逃窜胶莱去。公奋然曰：“吴岂以民命媚上官哉！”申父力辩谓：“陈令夕寅夜被害，必贼伤，非民变。”请以缉贼为己任，且以全家保诸。过限，贼弗获，全家限囹圄矣。后数日，乃获贼，民获安诸。以失上官意，罢职。邑民留之，为治田宅，居指挥庄。方邑人之留公也，公意谓去，则违阖邑士民眷恋之心，留则弃香河祖曾之墓。踌躇久之，会伯纶公由广信府携次子来诸。公遂请命伯纶公，以禹城田园，悉让于弟回禹城县，自奉伯纶公入诸邑籍。终于康熙三十三年（公元 1694 年）十二月二十九日。邑人又为治墓田，葬之涓水崖，称为刘公墓。迨乾隆初年（公元 1736 年），八世孝毅公，以武贞公没世数十年，当入名宦祠。具呈请行，而上下索费甚奢。公泣然曰：“先人有功德而不彰之，吾不忍；先人有功德而籍贿（注：晚辈们凑钱）以彰之，吾不敢。”乃控诉请行，奔走数年。阖邑士民聚而谋曰：“武贞公之功德，被（注：泽被、恩泽的意思）吾祖父，逮（注：波及、以及的意思）吾子孙，顾使没世已久，未叨祀典，反令公之后人疲于控诉，吾曹之咎也。”乃具呈，由本县学公恳祥，请及乾隆，十一年（公元 1746 年）十二月十七日。

旨下，准叨祀典，十二年（编者注：公元 1747 年）四月初一日。阖邑人等，恭送文庙名宦祠。时值大旱，是日甚晴，及夜半大雨，邑人称为刘公雨。昌基等少时，杳不知先人旧德。先父每与伯父大人为道：“邑乘《武贞公传》，及碟亭臧先生《孝毅公传》（注：名字叫藏蝶亭的写了孝毅公传），未尝不三复流涕，以为武贞公之德，自艰难中成之：孝毅公之不忘先德，于贫时彰之。”体斯言也，所以感基等者深，而望基等者切矣。呜呼！言犹在耳，而先父去世已三十余年，伯父去世亦二十余年。数十年来，苦守先人旧庐，每思与榆圃、榆村两伯兄共修家乘。又于咸丰十一年辛酉（公元 1861 年）八月初五日，据遭捻匪之扰焚特苦，家乘无存。若复迟之不修，基等之后世，将不知木本水源之所由来矣。爰亟与堂弟嘉禾等稽，吾于之系邑籍者，叙为一谱，俾侄孙辈上而溯之，当念先人德，勿贻邑人羞。后之人，若能考禹城二之，后脉（注：原稿字：左半部“三点水”、右半部“爪”。原稿字无从考证）合为一谱，而武贞公之灵慰，讵（原稿字：左半部“巨”、右半部“耳刀旁”。原稿字无从考证）伯纶公之灵亦慰。此尤基等之所厚望也夫。

同治二年（公元1863年）五月二十日。

十一世孙：玉峨（原稿字：左半部“王”、右半部“我”。原稿字无从考证）、嘉树、嘉禾、昌基谨志

增修族谱序

吾刘氏之来诸邑，本自香河。香河之居，徙自燕京。燕京之入，原自辽东小兴县也。自小兴入燕京之时，方当明初（公元1368年）。明世难以定鼎，四方犹未平靖，我祖大功、二功，世以武职袭爵，南冲北御，不暇修立谱牒，是以中有四世，名氏失传。其后，虽载有名讳，而自中间失传，宗脉（注：原稿字：左半部“三点水”、右半部“爪”。原稿字无从考证）则莫得其祥。故吾族修谱世，以鉴祖为始。自鉴祖而下，世系详明载在谱牒。自明及清纂修相继，谨以守藏。讵意至咸丰辛酉（公元1861年），南捻汹窜入吾指挥居里，将祖祠、谱牒尽皆焚毁。迨捻匪窜去，幸吾嘉禾祖等，于谱系犹能记忆。乃纠合族人继修前谱，然宗支次序虽极详细，而祖妣姓氏不无缺略。幸后二十余年，吾族人修改祖宅，又于壁中，得出自香河带来谱牒原稿，里宅图式、分支、世脉载录俱备。噫！此殆先人之灵，恐世远年湮谱系，偶有废坠而特藏之欤。抑吾后世子孙，其有昌者，感及玄冥而不使泯欤，书等追此。熏沐叩拜，同吾昆弟敬以续之。以待后有能至香河原籍，或至禹城二支者，共相考证，辑为一谱，是诚所望也。

民国20年（公元1931年）庚寅月中浣二日。

十四世孙：学圃、书圃、钦荣、钦明、善礼、松海等谨志

注：以上括号中的内容、除注明“编者注”以外，其它所有括注内容均为族谱提供者括注。

(二)高氏家谱

高氏总谱序

吾聞人倫有五，首重親親，而敬長次之。雖然而尊祖敬宗之道，尤不可以不急講焉。倘宗廟不修，則秋霜春露，無以書祭祀之誠。而親親之道廢，譜牒莫存，則零分星處，罔以辯尊卑之序。而敬長之義疎，此孝子慈孫不能無餘憾焉。茲有高氏名廷選者，其人克篤孝道，意重敦倫，常以此事為兢兢焉。上慮祖宗之名號不傳，下憂子孫之源流罔溯，因以名世億者為始祖，而歷代之昭穆詳分。於是索序於余，余興高氏素属戚誼，交情雅厚，知之為深。高氏之家譜，雖系新修，追今五百歲之久。觀其德厚族繁，源源不絕，後必有賢哲者出焉。按圖而續之，以至書善書美，是余之厚望也夫。

旹

同治元年歲次壬戌仲夏之月（公元1862年7月）上浣潞河楊芬撰於高氏宗祠

高氏家谱序

嘗思祖宗者，子孫之本源也；子孫者，祖宗之枝派也。蓋枝派雖分萬殊，而本源寔出一體，為孝子者，宜急講焉。意吾高氏，由大明初年，自隴西延平關北小興州，遷集燕城香河縣西十二里高家莊。凡我族人宗派，世系譜牒，遠近備詳。特因村近漕河，屢經水患，房屋漂沒，非第一番。舊譜因而失闕，吾等抱憾已多年矣。茲因同治之初，景運方隆，會合族人，創脩祖廟，上繼宗祖，下啟子孫，補著斯譜，庶無愧耳。於是上追列祖之名號，而昭穆分焉。合諸異姓之里居，而姓氏著焉。授之宗人，傳之後世，使尊親之道明，而睦族之義篤，此吾等之深心也。況流離遷徒，事不能無。倘或分離，兩無譜牒，則不免遐邇相忘而尊卑失序矣。其防閑可不慎乎。歷觀往古，堯舜世隆，皆以孝弟為重；文武德盛，恒以纘緒為先。古今來未見有薄宗祖而克昌大者焉。因知祖廟修，而體統嚴、昭穆分，而彝倫序。於是廷選以著譜之說，謀諸族弟存讓、存辟、恩峰，胞姪卿洞，族姪卿憲、卿宴、榮、興、環廷、舉，堂孫遇春、罡等，莫不願然。由是約之合族，瑾建宗祠，敬修譜牒。遂以世億公為始祖，輯成居

香河高家庄高氏總譜一卷，復修支譜六卷，分布各門收執，以申報本追遠之義云爾。

旹

同治元年歲次壬戌仲夏之月（公元 1862 年 7 月）上浣裔孫眾等瑾識

续修高氏家谱序

家有家譜，與國有史等，國史之例。立之表而世系著，立之傅而事蹟昭，千秋萬世之遥，資考據而證源流者，胥於是乎在。家若無譜，則子復有子，孫復有孫，傅之又久，不惟祖若宗之流風餘韻，無所據以佑啟後人。即子若孫之支分派別者亦無由定親疏、序昭穆，篤敬宗收族之情。而九族既睦之風，因之將墜。高氏譜牒，始修於同治壬戌，至今垂四十年矣。生齒日繁，名氏莫紀，且值光緒庚子之變，各門譜牒，大半銷亡。今其次門長支族眾，約馮君舉先、家弟叔棠，與其族中號捷卿者，續繕本支譜牒。於是仍其舊式，前仿史表以序支派，後仿史傅以著事蹟。繕既竣，囑予誌弁言於首。夫敬宗收族之情，最足正人心而厚風俗，茲之汲汲於修譜，即以親親為本。而興仁講讓，必有生生不窮者。其有關於風俗人心，豈淺鮮哉。

旹

光緒三十年歲次甲辰（公元 1904 年）春正月喬楷春書閣氏拜撰

续修高氏次门长支家谱序

吾族人丁素盛，無論世居故里者，生齒日繁。即寄籍他鄉，亦皆瓞衍瓜綿，日益稠密。相逢異地，非溯及三代以上。其於祖孫叔姪兄弟間，有懵然不得其稱者矣。此譜牒之修，誠亟亟也。存義常縈於衷不能忘。今族孫廷信，得璜族曾孫立中、永泰、永祥，皆以續修支譜請。因亟奬之以成此舉。然此舉也，可喜而亦有可懼者也。何則？庚子之亂，得璜適遊幕於外，其母氏曹，倉忙避難，衣飾概不暇顧，惟負總、支譜两卷而出，曰家計尚可重整。若譜牒一失，吾子若孫雖有報本追遠之念。而宗之莫考，霜露徒怆，何以篤本原而書仁孝。於是防燥溼、慎磨搓、險難頻經，守護益瑾。亂定後，族中譜牒盡遺失於兵燹之中，此雨卷獨完全無恙。故既喜宗支之尚有可考，因轉懼宗支之幾可考焉。此吾祖宗呵護之靈歟，抑吾族衆振興之兆歟，惟是由尊祖而敬宗，由敬宗而收族，以培元氣而慰先靈，願吾族衆共勉之爾。

旹

光緒三十年歲次甲辰春正月告日

十一世孫存義

十三世孫廷信、得璜

十四世孫永泰、永祥、立中

熏沐瑾志

五　香河县初、高级农业合作社奠基人

——许雅霖

许雅霖（1911—1975），香河县赵屯村人。1952 年加入中国共产党，历任村长、村党支部书记，初、高级农业生产合作社社长、书记等职。他酷爱农业，敬学好问。懂技术、善经营、会管理，时有“种田能手”绰号。

1951 年，他与赵屯村农民首先结成互助组。翌年春，建起以他为社长的十几户农民入股的初级农业社。1955 年 12 月，在初级社的基础上，他带头建立起县内第一个农业生产高级社，创县农业合作化生产组织之先河，受到省、专区、县领导的大力支持与肯定。合作社土地和其它生产资料归集体所有，人力、物力、资金统一使用，扩大了集体积累，改善了农民生产、生活条件，成为远近闻名的红旗社，对推动县内高级农业合作化运动广泛深入地健康发展起到模范带头作用。据此，河北省政府奖励合作社双轮双铧犁及其农业生产工具，以资鼓励。1958 年，人民公社化实行社会化大生产，因身体原因，改抓社办工副业生产，至退休。曾先后荣获河北省、通县专区政府授予的劳动模范称号。

六　台湾人事民主化、效率化、科学化的开拓者和奠基人

——佟迪功

佟迪功（1915—1972），字惠民，河北省香河县蝶头村人。自幼刻苦读书，成绩优异，连续跳级。小学毕业后在河北通州邮电局做职员，后考入河北省立第十师范学校（通州师范），只读两年就以同等学历考取北京师范大学教育系。1937 年北师大毕业后随其妻魏佩兰（北师大国文系毕业）去甘肃

省兰州市，应聘甘肃省立兰州女子师范学校教务科（教导处）工作人员和英语教师；1939 年，经公务员高等考试合格，任甘肃省教育厅编审主任，又调任督学兼武威中学校长；1943 年，通过甘肃省县长考试，任命秦安县县长。当时正是抗日战争时期，国共合作抗战，所以要为国共两党征收军粮。他统筹安排，征敛有度，在不增加农民负担的情况下，圆满完成两军兵粮任务。这是恰好修县境的宝天铁路，它采用以工代账的办法减轻农民的负担，利益遍布穷乡，惠及全县百姓。但由于县政复杂，匪祸猖獗，处境艰难，再三请辞，经得批准，再任甘肃省教育厅督学。1946 年，政府考试院派他到北平冀鲁考铨处任科长主任秘书，主持北平市冀鲁考铨处工作，办公地点在中南海迎春堂。同时创办北平市燕冀中学。1947 年 11 月当选为第一届国民大会河北省香河县代表，于 1948 年 3 月参加了第一届国民大会第一次会议。8 月，赴南京任考选部专门委员。1949 年随国民政府去台湾。

1950 年，台湾当局举办第一次高普考试，他任主管司司长。当时，台湾政坛风雨飘摇，事事皆空白。他白手起家，从实际出发，草拟制定高普考规划，论证人事制度革新，政绩显著，受到台湾当局最高领导核心的嘉奖，成为台湾人事民主化、效率化、科学化的开拓者和奠基人。随后去日本考察职位分类，返台后任铨叙部分类司司长，在工作步入正轨以后，擅自从教以自娱。

教育是他所学的专业，他热爱教育，离不开教育，到台湾以后先后兼任军法学校、国立艺专、政工干校、文化大学等高校的教授。他执教人事管理、教育心理、心理学、社会学、各国教育管理、教育统计测验等课程。他讲授的课程提纲挈领、引人入胜，深得学生的欢迎。

1972 年 6 月 30 日在台湾去世，中将军衔。去世后总统蒋介石亲笔题写匾额：“惠民同志千古’说论流徽’蒋中正”，副总统严家淦到灵堂吊唁，并送花圈，上书“立言不朽”。

七 正说金刀令公埋骨香河

马国栋

杨家将故事流传广泛深远，北宋欧阳修撰写《供备库副使杨君墓志铭》，即赞杨业、杨延昭“父子皆名将，其智勇号称无敌，天下之士至于里儿野竖，皆能道之”。两宋诗文、元代话本杂剧、明清小说戏曲以至今日之影视传播，已经塑造了深入人心、妇孺皆知的杨家将文化形象，甚至日本、韩国、英美已有不同译本，可谓“千年不倒杨家将”。

明代《杨家将演义》作者熊大木曾讲：不能把历史和小说混为一谈。本文试从史料角度求证方家，探幽寻隐，对杨业之死、死后影响，以及埋骨香河厘清传说演绎，考其春秋正义，以求流布乡党，传诵杨业忠勇爱国，殁而不朽之事！

一、名将之殇——败俘陈家谷

杨业之死让民间耿耿于怀，据《太宗实录》主要执笔人杨亿《谈苑》记载，杨业死后，“天下冤之，闻者为流涕”，杨业之死，不是历史故事，而是时政新闻，雍熙北伐失败杨业冤死轰动朝野。

杨业战死于雍熙三年（986 年）七月，杨亿编撰《太宗实录》必能见到第一手资料，欧阳修与宋祁同修《唐书》，又独修《新五代史》，对杨业父子评价应该客观公允：唐宋八大家之一曾巩所著《隆平集》有《杨邺传》；王安石曾说杨业被奸人所害，“不得其死”，仁宗时监察御史包拯在《论边将》都盛赞骁将杨业。

《宋史•杨业传》记载，“太宗征太原，素闻其名，尝购求之”。既杨业归宋后，“帝以业老于边事，复迁代州兼三交驻泊兵马都部署，帝密封橐装，赐予甚厚。会契丹入雁门，业领麾下数千骑自西径而求，由小径至雁门北口，南向背击之，契丹大败。以功迁云州观察使，仍判郑州、代州。自是契丹望见业旌旗即引去”。

南宋遗民徐大焯《烬余录》甲编曰：“兴国五年，太宗莫州之败，赖杨业扈驾，得脱险难。……杨业及诸子奋死救驾，始得脱归大名，密封褒谕。”近代著名古文献学家余嘉锡先生在其考证严谨详细的《杨家将故事考信录》中认为，杨业父子救驾，绝不见他书，盖官书之所讳言，流传於故老之口，其事容或有之，未必纯出於捏造。余先生又考证杨无敌之称号，“乃知业战功湮没者多矣”。

杨业老于边事，洞晓敌情，又能为政简易，与士卒同甘苦共死生，久经沙场，战功卓著，是宋辽西北战场上最为杰出的将领，但因此遭到戍边主将嫉妒和诽谤。此时雍熙北伐，潘美为主帅，杨业为副帅，王侁、刘文裕为监军，杨业父子浴血奋战，战功巨大却被潘美揽在头上，正确的作战部署却被王侁污辱、挑唆、讽刺、责难，刘文裕附和王侁，潘美坐视，纵容二小，从而导致杨业置身死地。

先说杨业之功。宋史除了雁门关之战，对杨业战绩记载少之又少，此次雍熙三伐，宋军三路，只有潘美、杨业的西路军功绩最大，攻取了云应寰朔四州，这是幽云十六州割给契丹后收复故土的重大成果（虽然没有巩固）。北京大学中国古代史研究中心张希清教授在首届全国杨家将历史文化研讨会开幕式主题报告会上做了《杨业与云应寰朔四州》的报告，认为四州得失系于杨业一身。宋军出雁门关攻占四州之后，就可直取幽州，军事意义非常重大。但攻下四州，《宋史•太宗本纪》都记在潘美名下，《辽史•圣宗本纪》以及耶律斜轸诸传记都记载杨业攻陷山西诸郡，北据云、朔数州。《宋史•杨延昭传》可看到，“业攻应、朔，延昭为其军先锋，战朔州城下，流矢贯臂，斗益急。”杨业父子在前线攻城陷阵，出生入死，宋人一直公认为是出类拔萃的名将。

次说三人之恶。雍熙北伐先是东路曹彬、中路田重进相继落败，太宗命令全部撤退，潘杨西路军掩护四州之民迁到内地。杨业主张派兵佯攻，吸引辽军主力，伏精兵于退路，掩护军民撤退，王侁沮其议，要求大张旗鼓而行，并嘲讽杨业，“君候素号无敌，今见敌逗挠不战，得非有他志乎？”杨业为保生民，只好去打头阵，临行恳请潘美在陈家谷口埋伏步兵强弩作为增援。“美即与侁领麾下兵陈于谷口。自寅至巳，侁使人登托逻台望之，以为契丹败走，欲争其功，即领兵离谷口。美不能制，乃缘灰河西南行二十里。闻业败，即麾兵却走。”

小人面目跃然纸上，潘美当初不能坚定采纳杨业战术，此后又闻风而逃，约束不力，以至杨业败死，难辞其责！事后宋太宗痛惜杨业之死，诏书中对其冤情描述：尽力死敌，立节迈伦。群帅败约，援兵不前。独以孤军，陷于沙漠，劲果飙厉，有死不同；给潘美定性：不能申明斥堠，谨设堤防，陷此生民，失吾骁将；评判王侁、刘文裕：堕挠军谋，窘辱将领，无公忠之节，有狼戾之衍。违众托情，彼前我却。太宗对此事的认定和评判是客观公正的。

再说杨业之死。宋史载杨业见无人接应，再率帐下将士力战，身被数十创，犹手刃数十百人。马重伤不能进，遂为契丹擒，不食三日死。宋史没有叙述杨业被俘情况及死后情况。小说《杨家将演义》及京剧《李陵碑》都以悲壮郁结色彩描写杨业头碰李陵碑死去，而史实中杨业激战一天，身受数十处创伤，还能杀死辽兵辽将百八十人，也的确英勇壮烈。《辽史》中记叙，杨业遇耶律斜轸伏兵，匿深林中，耶律奚底望袍影而射，杨业在力尽丧失战斗力情形下堕马被擒，军令要求生擒杨业，以便招降，杨业抱必死之心，疮发不食，三日而死。于是函其首以献，辽主下令传首军中，提高士气。被俘于陈家谷口，即今山西怀仁县西北 10 公里山峪口，当时为雍熙三年七月，杨延昭因攻朔州中箭疗伤幸免于难，其弟杨延玉追随老父身边惨死陈家谷一役。《续资治通鉴长篇》记，端拱二年（989 年）知制诰田锡奏疏称：“近代候伯，各有厅直三五十人，习骑射为腹心，每出入敌阵，得以随身，后来不敢养置。昨杨业陷阵，访闻亦是无自己腹心，以至为敌人所获”。看来，杨业如配备自己的警卫连，再多带几个儿子，也许能从陈家谷口冲杀出去。

二、千秋庙享—建祠古北口

头颅盛于木匣传示辽军营中，不知可否有人为老将军马革裹尸。著名学者余嘉锡在《杨将军故事考信录》里赞叹：业以一身当辽之兵冲，前后三十余年，未尝败衄，及陈家谷口之战，为人所牵制，兵败被擒，卒能从容就义，以一死报国，此岂两宋孱将庸臣所敢望哉，宜其声明播在人口，久而不忘欤？余嘉锡在《杨业传索隐》文末总结说：观辽史之论耶律斜轸，隆平之论杨业，知辽之所以存，宋之所以弱，皆系於业之死，业之一身，有关於天下亦大矣。

辽朝认为杨业被俘和杨业之死，是标志性大事，故辽史中大书特书：《圣宗本纪》写秋七月丙子，枢密使斜轸擒宋将杨继业，以捷告天地；诏传其首于越休哥，以示诸军，仍以朔州之捷宣谕南京、平州将吏。并在大辽诸名将列传中多次提及擒杨继业之事。杨业之死对辽朝士气有巨大影响，辽史中对于陈家谷口擒杨业和高粱河之战击溃宋军相提并论。《辽史》卷八十三列传第十三论曰：宋乘下太原之锐，以师围燕，继遣曹彬、杨继业等分道来伐。是两役也，辽亦岌岌乎殆哉！休哥奋击于高粱，敌兵奔溃；斜轸擒继业于朔州，旋复故地。宋自是不复深入，社稷固而边境宁。《辽史•圣宗本纪》也写到：

自是宋守云、应诸州者，闻继业死，皆弃城遁。

余嘉锡于《杨家将故事考信录》言：杨业祖孙三世，皆欲为国取燕云以除外患，其识乃高过赵普等，使当时能用其言，则金元无所凭籍以起，靖康之辱，祥兴之祸，皆可以不作。且业有无敌之名，辽人望见旌旗辄引去，隐然若一敌国，故曾巩作隆平集，元人修辽史，皆以业之生死定辽、宋之盛衰。业即被擒，辽人欲重用之，业义不负国，遂不食以死。以区区一身，关系之重如彼，忠贞之节复如此，岂不诚大丈夫哉！此所谓国亡之后，遗民叹息歌咏杨家将，久而不置也欤？

然而杨业败俘死节之后，北宋朝廷最初是不认可的，正如小说所演义，潘美等人诬陷谗谤杨业身后之名，必有人为之申雪。

据《宋会要》第三十四册礼四十四《赙赠》类记载：云州观察使杨业，雍熙三年八月北征阵殁，赐绢布各百匹，粟一十石。据考凡观察使卒，赐钱三百贯，绢布各二百匹，酒五十瓶，羊五十口。杨业作为国家烈士，不光没有抚恤金和羊酒，绢布各减半，比同级善终官员还不如，肯定有人诋毁他，否则为什么后来宋太宗又下诏罪责群帅失约，援兵不前，对杨业高度赞扬呢？潘美王侁等人必定不会自首，太宗何以知之？《续修岢岚州志》节妇类提到杨业妻折氏：后业战死于陈家谷，潘美、王侁畏罪，欲掩其事，折上疏辩夫力战获死之由，遂削二人爵。其中经过诸史都未提及，但从民间演义、史料方志仍可窥一斑，可叹我大宋朝廷朝政如此，怎不令义士扼腕寒心！人间正道是沧桑，在杨业申雪冤情之后，太宗皇帝痛惜下诏：执干戈而卫社稷，闻鼓鼙而思将帅，褒杨业诚坚金石，气激风云，追赠太尉大同军节度使，赐布帛千匹，粟千石。大将军潘美降三官，监军王侁除名隶金州，刘文裕除名监登州。

辽朝方面，承天皇太后萧绰（小字燕燕）摄国政，先是下令军中必欲生擒杨业待其屈服而后重用，遣兵押送途中杨业绝食自尽，萧太后敬其忠勇，命按辽人习俗将其尸身火化入坛，葬在古北口（今北京密云界内），并于古北口旧城北门外修建一座杨无敌祠。也有资料记载，杨令公祠始建于 1025 年，由辽圣宗耶律隆绪敕令所建，后徐达、冯玉祥曾重修。顾炎武《昌平山水记》以为杨业死于陈家谷口，在雁门北口建祠为宜，厉鄂《辽史拾遗》考订其错误，认为古北口杨无敌祠创建于辽，无敌忠义，感动敌境，纪昀《槐西杂记》也修订顾炎武之误，杨令公祠在古北口内，祀宋将杨业，盖辽人重业之忠勇，为之立庙。综合诸书都以为，杨业战败于陈家谷，非死于陈家谷，必押送于燕京（辽人以之为南京，宋人为幽州）途经三日而死。杨令公祠至今尚在，坐落于密云古北口镇河东村北门坡，历代修缮，千年不颓，闻名天下。

景德元年（1004 年）澶渊之盟宋辽议和后，宋使赴辽中京（内蒙古赤峰南）必取道古北口，面对辽国也崇仰的令公庙，感慨良多：

宋仁宗至和二年（1055 年），曾协助司马光编撰《资治通鉴》的名臣刘敞奉使贺契丹太后生辰，写下了《过古北口杨无敌庙》：

西流不返日滔滔，
陇上犹歌七尺刀。
恸哭应知贾谊意，
世人生死两鸿毛。

宋神宗熙宁元年（1068 年），后官至丞相的苏颂奉命贺契丹主生辰，有诗《和仲巽过古北口杨无敌庙》：

汉家飞将领熊罴，
死战燕山护我师。
威信仇方名不灭，
至今遗俗奉遗祠。

宋哲宗元祐四年（1089 年），苏轼之弟苏辙奉命贺契丹主生辰，留诗《过杨无敌祠》（此时杨业已去世百年）：

行祠寂寞寄关门，野草犹知避血痕。
一败可怜非战罪，太刚嗟独畏人言。
驰驱本为中原用，尝享能令异域尊。
我欲比君周子隐，诛彤聊足慰忠魂。

三、碧血忠魂—埋骨香河县

近代余嘉锡先生发出了杨业死后不知曾否归葬的疑问，千百年来似乎没有哪部史书那个人对此说出个究竟，给出个定论。

《乾隆一统志》卷十一保定府，云：杨业墓在唐县西北一百十里，相传业战殁葬此。读过宋史辽史的人都会认为此说于理于史不通。明《清凉山志》卷二云：令公塔，在九龙冈，宋杨业忠死，子五郎收骨建塔，《畿辅通志》于昊天寺下注″俗传寺旧有塔，辽以贮杨无敌骨″，以小说戏剧的内容附会，不足信，甚至是诞妄之语。

从元代开始孟良盗老令公骨骸归宋的曲艺表现就经久不衰。元杂剧朱凯《昊天塔孟良盗骨》是一部经典大戏，包括《杨令公》《五郎为僧》《孟良盗骨》三部分，演述杨令公撞死李陵碑后，骨殖被辽人挂在昊天塔上，每日遭射三百箭，幽魂受辱，托梦杨六郎搭救，六郎与孟良前去盗骨，辽将追来，六郎逃至五台山相遇五郎，二人计杀韩延寿，祭奠亡父。此剧是元杂剧名篇，昆曲、京剧、湘剧、川剧都有演出。关汉卿也有一部《孟良盗骨》，可惜仅存两句。后来又衍生了《洪羊洞》，此剧目为谭鑫培代表作，接前所言，昊天塔所盗非真骨，老令公再次托梦，杨延昭命孟良前往辽邦洪羊洞盗取杨业骸骨，焦赞暗随，因洞内黑暗，孟良误以为敌将将其劈死，发现后哀悔不已，将遗骨交老军送回宋地安葬，自刎洞外，杨延昭闻耗，惊痛而死。

小说戏剧原不足信，但《孟良盗骨》广为流传，似已深入人心，如骨骸果已回宋地安葬，官方必定要封墓祭扫，形成影响，见于典册。那么老令公尸骨到底埋在何处呢？

《山西历史文化丛书》在杨家将遗迹举要中记，杨令公墓在河北省香河县南一公里处，相传杨业葬于此。“相传”二字似乎不敢肯定。五百年前明万历年间《香河县志》卷二丘墓一节记：杨令公墓在城南一里，颜令公墓在城南十里，年代人氏具不可考。除此数语，并无多余记载，清康熙年间《香河县志》和民国年间《香河县志》也有此语，应是因袭传抄。明代香河修志之人能确定是杨令公墓，但又说不出什么时间、为什么埋在这里。

所幸北宋《杨氏祖谱》印证了《香河县志》的记载，并解开了上述疑问。瀛西（武清县）杨氏存有历代沿传下来的祖谱、宗谱、族谱多部。其中北宋年间杨业曾孙杨充广（后改为杨文广）创修的《杨氏祖谱》最为珍贵，向来由长门长子严加保管，虽亲支近派也难得一见。宋版原谱毁于“文化大革命”，传抄纸本隐匿流传下来。

《杨氏祖谱》（嫡长内谱）上追杨端为始祖，下迄杨文广，共录十代。其中：杨重贵字绍祖，名继业。仕北汉，累迁建雄军节度使。后归宋，只名业。授光禄大夫，检校太傅，左领军卫大将军，兼御史大夫，郑州将军史，郑州刺史，防御河堤等史。代州刺史，云州观察史。卒赠太尉，大将军节度使。追封开国公，赠太师。墓在香河县南，距祖杨球公墓地北八里，大枣树林中。

此谱不记杨业生死功绩，只记官职葬地。作为族内密谱，所记杨业葬地香河其时尚在辽邦幽州境内，杨文广宋神宗年间离世，修谱之时距杨业去世约五六十年。“黄尘余霸气，白骨冷幽州”，老令公声名在北宋朝野正是有口皆碑，作为家族史的《杨氏祖谱》可以看作为一篇信史。

陈景山先生等人考证六年所著《武清瀛西杨家将》，据祖谱、宗谱和杨氏后人家传口碑，把这段历史披露如下：

杨延昭为莫州刺史，驻守在今天的任丘、献县及霸州一线。在此期间，他密派数名家将潜入辽境，从古北口将其父骨灰盗回。在返至香河县以南时，因辽军追赶甚急，遂躲入一片枣树林中，情急之下，只得将骨灰秘密掩埋，为便于日后寻找，便在原地堆成一座土门楼，权当记号。这几名家将最终被辽军截杀于途中，其中一人未被伤及要害，侥幸逃回莫州，禀报了杨延昭。从此老令公尸骨便永久埋于香河县五百户镇土门楼村。

杨令公墓是在五百户镇土门楼村，还是城南一里的淑阳镇南台村？明万历、清康熙及民国版《香河县志》都记载“杨令公墓在城南一里”。

据族谱大明杨氏更迭记载，景泰元年（1450年）9月，业祖墓年久失修，无碑。是年6月，杨洪命从子杨经迁祖杨业墓，迁于瀛西（武清区河西务）。因业祖墓在香河之地土门楼，香河县令力争迁葬香河，终听父母官之命，迁至香河城南一里。墓高两丈，县令作序立碑，正面书“杨令公墓”四字。清末，每年6月，杨氏族人从土门楼招魂祭祖至香河城南祖坟，人多时达千人以上。

最后一次修墓，由清末瀛西的最后一位庄头（乡村小吏）杨志庄出资整修。

结 语

北宋名将杨业败于陈家谷，死于古北口，埋在香河县，“英雄岂以成败论，千古志士推奇节”，千年追思尚英风烈烈！宋太宗之时，国家尚强盛，倘能重用杨无敌以取燕云，则女真族远隔塞外，无力无心侵犯大国也未可知，然而历史不能假设！靖康二年（1127年），宋徽宗北上五国城途经香河县，他肯定不知名将杨业埋骨此地，只是凄哀地在留宋村写下了一首《宴山亭•北行见杏花》。正是：千古伤心有开运，几人临死问幽燕。

八 香河赋

王怀勇

京为国都，津为海口，京津明珠，是为香河。

倚燕麓而朝海，奉四水①而善民。看彤日之蒸蒸，观星河之澹澹。由春秋之撰册，至如今之争鸣，从无名之弹丸，到贯耳之福祉，千年文明孕育其中，万载沧桑历经其里。虽无高山险峻、长河大川，但涓涓细水，润物无声；虽无海阔无垠、城长万里，但鱼米之地，处处生香。春来杨柳、夏送荷花、秋添硕果、冬与银妆。

千年白果②，根书铭、干刻记、枝画流年，叶舞变换。虽经灾劫磨难，依旧蓬勃长青，取义楼桑之意，送来一片吉祥；万里潮白，堤畅远，岸贯遥，桥承天堑，筏通迢迢。盈满则生鱼虾，不足则长良田，摘引河清海晏，共祝国泰民安。

天下第一城，雄伟瑰丽，厚重沉稳。飞檐斗拱之内，雕梁画栋之间，彰显鬼斧神工之妙；琼台水榭之旁，鳞次栉比之畔，成就空前绝后之功。盖天下雄关者，只因居庸，故第一城垣者，必显安平。

香河家具，名扬天下，十年兴业，万人同心，共建中国家具之都。百万展厅，千万商品，时尚雍容、华贵雅致，步入其中忘返流连。看城内车如流水，马若蛟龙，知不虚也。

五百热土，广现比古世情，卅万百姓，多出麟角人物。香河老人，呈入定坐化之德，显好生大悲之善。修金刚身，为琉璃体，天下广为传颂，世界为之称奇。昭显香河风土，乐善好施、厚德载物。

清廉北袁③，指引风云，重振华夏威仪。驾鹤西游，朝野震动，老幼尊卑，无不扼腕捶胸，死后哀荣，莫过大也。妙手乐亭④，博百家之长，行回春之术。悬壶济世，医德双馨，号曰金针。名角寿臣⑤，尝受凄苦，然锋从磨砺、香自苦寒，声动华夏，终成大家。先驱陈然⑥，枕戈待旦，志向救亡，乃映“烽火峥嵘多烈士，金戈铁马正尘寰”之志……

千年沉淀，万众积累，香河底蕴悠长。无需引经据典，何用旁征博论，香河遍地珠玑。自是有“南有江阴、北有香河”之说。昔曾有文人墨客，引高楼之上，倚栏高歌，唱人生千般美妙；看而今风发儿女，于岗位之中，由心而感，抒建设万丈情怀。

钟灵毓秀，鸾翔凤集，香河风物，放眼长量，今乃张开双臂，迎来八方。追古抚今，香河多有奇志。所谓物华天宝、人杰地灵是也。

注：

①四水，指香河境内四条河流，即：潮白河、北运河、青龙湾河、沟河。

②白果，指香城屯村银杏树。

③北袁，指袁懋功（1611—1671年），号九叔，香河县人。自幼聪敏，笃志好学。顺治三年（1646年）中进士，十七年（1660年）官户部侍郎。十八年（1661年），帝于朝选臣入滇，袁中选，改兵部左侍郎，兼督察院右副督御史，巡抚云南。到任后，就地安置散兵游勇，命归农人籍，不咎既往。又屡奏皇帝，请求降低征粮，以减轻民众负担。几年后云南大治。康熙八年（1669年），调任山东巡抚。时山东连年灾荒，民不聊生。袁为官清廉，常筹资赈济灾民。数月后，山东面貌焕然。

康熙十年（1671年），帝诏令袁巡抚浙江，山东省民联名奏请留任，其情真意切，帝为之感动，乃止。九月卒于任。帝御赐祭文并立碑志之，赠光禄大夫、工部尚书，谥号清献，葬于香河城西北大王庄。

④乐亭，指王乐亭（1894—1984年），名金辉，号乐亭。香河县王指挥庄人。著名针灸专家、北京中医医院针灸科主任、教授。

⑤寿臣，指郝寿臣（1886—1961年），艺名小奎禄，香河县蒋辛屯镇五百户村人，著名京剧表演艺术家，戏曲教育家。七岁拜艺人王德正为师，学唱花脸。

⑥陈然（1923—1949年），原名陈崇德，香河县人。抗战爆发后参加了救亡工作。1938年参加“抗战剧团”，1939年加入中国共产党。“皖南事变”后辗转入川，与党失去了联系，1947年底1948年初重新入党。当时，中共地下党重庆市委已经发行了《挺进报》，陈然任《挺进报》特支书记，担任了更重要、更机密的印刷工作。后来又印《反攻》及各种小册子。1948年4月22日被捕，在白公馆看守所里经受最严峻的考验。在狱中坚持斗争，写下了不朽的《我的“自白”书》诗篇，1949年10月28日在重庆大坪刑场壮烈牺牲，年仅26岁。陈然是红色经典小说《红岩》中成岗的原型；《我的“自白”书》一诗曾收录入小学《语文》课本。

索　引

本索引为主题索引，以汉语拼音音序排列，所记载为全志一、二、三、四级目主题名，不含凡例、目录、大事记、附录等内容。主题名后的阿拉伯数字表示在志书中所处的页码位置。

A

B

C

D

E

F

G

H

I

J

索
引

K

L

M

N

索引

O

P

Q

R

S

T

W

X

Y

编后记

2009年4月，《香河县志（1979—2008）》编纂工作启动，2017年5月付梓出版，历时8年，大致经历了编目撰写、宣传发动、业务培训、资料搜集、撰写初稿、总纂合成、征求意见、一审、二审、三审、终审，以及出版社初审、复审和终审等环节，反复修改，先后数易其稿。掩卷回首，甘苦备至，回味如醇。

2002年5月，《河北省第二轮市、县（市、区）志编纂实施方案》将《香河县志》纳入二轮编修范畴。2001年，中华人民共和国成立后首部《香河县志》出版，廊坊市地方志办公室领导考虑时间短，未安排香河修志任务。2006年3月，高景全从乡镇人大主席的位置调入县地方志办公室工作，并担任主任一职。时地方志办公室有主任、副主任和工作人员，计4人，办公用房4间，即无电脑，又无打印机，办公条件非常简陋。2008年12月，高景全主动向县政府和市地方志办公室提出申请，启动《香河县志》编修，并亲自担任主编。2009年初，县地方志办公室一班人多次开会研究、酝酿，并小范围召开有关部门领导参加的沟通会，同时，汲取已出版二轮志书县（市、区）的做法和成功经验，在多次听取有关专家、学者意见和建议的前提下，由主编主笔，历经三个月，近8万字的《香河县志（1979—2008）》撰写编目完成。之后，广泛征求意见。一是，召开县地方志办公室退休人员座谈会，虚心听取前辈意见；二是，召开部分单位领导座谈会，征求各单位、各系统对编目的意见和建议；三是，走出去，面对面请教。县地方志办公室全体工作人员先后两次前往唐山市丰南区，虚心向省内方志界专家、《丰南县续志》主编李继隆请教，并恳请李主编对《香河县志（1979—2008）》撰写编目提出意见。是年4月24日，召开《香河县志（1979—2008）》续修工作会议，县政府办公室主任刘建华主持，县地方志办公室领导宣读县委、县政府“两办”关于续修《香河县志》工作方案，县委常委、副县长王建生代表县委、县政府讲话，《香河县志（1979—2008）》编纂工作从此拉开了序幕。

为进一步提高全体编修人员的政治素质和业务水平，2009年5月8日，举办《香河县志（1979—2008）》撰稿人培训班，聘请市地方志办公室主任黄志强和大城县地方志办公室原主任缴世忠围绕县志资料收集、鉴别、整理、利用，撰写县志稿的基本要求及需要注意的问题等方面进行培训。同时，为了搞好《香河县志（1979—2008）》编修工作，经县政府主要领导同意，自2009年8月起，聘用2名同志为县志编修人员，同时，又临时借调2名教师（后经组织正式调入县地方志办公室工作）为修志人员。至此，县地方志办公室机关修志人员8人。

针对资料搜集过程中个别单位应付了事，对与首部志书重叠的部分，只是机械地照搬照抄志书中的内容（首部《香河县志》下限止于1990年），其它年份资料没有认真进行搜集、整理，更谈不上改革、发展的主线。根据这一情况，中共香河县委办公室、香河县人民政府办公室于2009年9月17日联合下发了关于《〈香河县志（1979—2008）〉编纂实施细则（暂行）》的通知和《香河县志（1979—2008）》行文规则，对进一步规范《香河县志（1979—2008）》资料搜集及编写工作起到了积极的推动作用。

为改善机关办公环境和条件，根据县政府指示精神，县地方志办公室自2009年7月办公用房增至6间，资料室1间，先后投资5万余元用于装修办公用房、购买办公桌椅、安装空调、购置电脑等。至此，县地方志办公室配有激光打印机及打印、复印、扫描多功能一体机各1台，办公电脑人手一台，每人都能熟练掌握电脑操作技术。同时，2008年5月，县政府调剂汽车一部作为县地方志办公室办公用车，费用由县财政按县局级单位统一用车标准拨付。

经过全县上下的共同努力，至2012年8月底，200万字的《香河县志（1979—2008）》初稿完成。之后，经县地方志办公室全体编修人员多次修改、补充和完善，是年10月，征求意见稿完成。11月始，对《香河县志（1979—2008）》稿进行第一次评审。首先，向编委会成员，乡镇、街道办、县直各有关部门负责人，以及部分老干部和政协委员代表，共计 80 多个单位和个人征求意见。历经三个月，28 个单位和个人提出了 180 余条修改意见和建议。县地方志办公室全体编修人员，根据征求上来的意见和建议，对初稿进行了修改、补充和完善，形成二次评审稿。同时，邀请市地方志办公室原主任黄志强，大城县地方志办公室原主任缴世忠，石家庄市地方志办公室副主任、《石家庄市志》常务副主编马富香，河北省安国市地方志办公室副编审、《安国市志》主编于盼粘，以及市地方志办公室主任陈晓炜对《香河县志（1979—2008）》稿进行第二次评审。

2014 年 1 月 8～10 日，《香河县志（1979—2008）》稿二审评审会在香河县第一城召开。廊坊市政府副秘书长李冬梅、香河县政府副县长李艳霞出席会议并讲话，市方志办主任陈晓炜主持会议。会上，市评审组专家黄志强、缴世忠、马福香、于盼粘等分别对《香河县志（1979—2008）》稿进行深入点评，与会专家对志稿予以充分肯定，认为此部志书评审稿时代特点突出、地方特色浓郁、对前志纠错补遗妥当，同时也从编目设计、应补记内容及行文规范等方面提出了修改意见和建议。

县地方志办公室全体编修人员本着“尊重历史、对历史负责”的态度，根据专家评审意见，对志稿进行反复修改、补充和完善，先后六易其稿。同时，根据香河特点，增加第一城编和全国县级二轮志书普遍缺少的“旧迹辑存”编。2015 年 11 月，志稿修改完成。

2016 年 1 月 25～27 日，召开《香河县志（1979—2008）》稿第三次评审会议。廊坊市政府办公室副调研员霍立新，香河县政府副县长李艳霞出席会议并致欢迎词。会议由廊坊市地方志办公室主任王福民主持，廊坊市地方志办公室副主任张宏胜、李王娜列席评审会。会上，中国地方志指导小组办公室科研处处长、研究员、博士生导师张英聘，河北省地方志办公室副主任王蕾，保定市地方志办公室主任孙进柱，廊坊市地方志办公室原主任黄志强，秦皇岛市地方志办公室副主任李淑萍，大城县地方志办公室原主任缴世忠，安国市地方志办公室原主任、《安国市志》主编于盼粘，对《香河县志（1979—2008）》稿进行了认真点评。会后，县地方志办公室全体编修人员重点围绕评审会上各位专家提出的意见和建议，精心组织，强化措施，逐条梳理，细校细改，制定修改工作流程，细化工作内容和工作任务，层层督促落实，严把各个环节和关口。是年 11 月，《香河县志（1979—2008）》稿通过河北省终审。

2017 年 3 月，将《香河县志（1979—2008）》稿送方志出版社评审，先后经过初审、复审、终审三个环节，获得了中国地方志指导小组办公室主任，中国地方志学会方志学研究会会长，方志出版社社长、总编辑冀祥德“《香河县志（1979—2008）》较为全面、真实地记述了香河县的政治、经济、文化、社会生活等各项工作的发展状况，为各级党政机关及中外人士认识、了解香河县提供了基本资料，有较大的出版价值”的评价，并“同意出版”。

这次县志编修工作能够顺利完成，得益于县委、县政府领导的高度重视，得益于全县各级各部门的大力支持，得益于社会各界的无私帮助，同时，也凝聚着《香河县志（1979—2008）》编纂委员会办公室全体编纂人员的心血和汗水。值此《香河县志（1979—2008）》出版之际，特向所有关心和支持县志编修工作的各级领导，向社会各界朋友，向积极参与县志编纂的各级各部门工作人员，向一直关心和支持《香河县志（1979—2008）》编修的大城县地方志办公室原主任缴世忠和首部《香河县志》主编许生表示衷心的感谢！

志书编修是一项系统、浩瀚的文化工程。在编修过程中，虽经多次反复修改、补充和完善，力求成为一部高标准的志书，但由于涉及内容庞杂，同时受编修水平所限，志书肯定会有许多疏漏和不足，在此，恳请读者批评指正。

编　者

2017 年 5 月

ISBN 978-7-5144-2416-4